PONS
Großes Fachwörterbuch
Wirtschaft

PONS

Großes Fachwörterbuch Wirtschaft

Englisch - Deutsch
Deutsch - Englisch

von

Peter Collin
Sigrid Janssen
Anke Kornmüller
Rupert Livesey
Roland Torkar
(Autoren, Übersetzer, Redaktion)
Christiane Grosskopf
(Fachlektorat)

Ernst Klett Verlag
Stuttgart · Düsseldorf · Leipzig

PONS Großes Fachwörterbuch Wirtschaft
Englisch - Deutsch / Deutsch - Englisch

Von Peter Collin, Sigrid Janssen, Anke Kornmüller, Rupert Livesey, Roland Torkar
(Autoren, Übersetzer, Redaktion) Christiane Grosskopf (Fachlektorat)

Die Deutsche Bibliothek - CIP- Einheitsaufnahme

PONS grosses Fachwörterbuch Wirtschaft : englisch-deutsch, deutsch-englisch
/ von Peter Collin ... - 1. Aufl. 1994, Nachdr. - Stuttgart ; Düsseldorf ; Leipzig : Klett, 1999
ISBN 3-12-517933-5

1. Auflage 1994 - Nachdruck 1999

Internetadresse: http://www.pons.de / e-mail: info@pons.de

Einbandentwurf: Erwin Poell, Heidelberg
Computersatz: Microgen, Welwyn Garden City, Herts.
Druck: Werner Söderström Osakeyhtiö, Helsinki
Printed in Finland
ISBN 3-12-517933-5

PREFACE

The aim of this dictionary is to give the user the essential business vocabulary of German and English, with translations into the other language.

The entries cover the main areas of day-to-day business usage, including office practice, sales and purchases, shops, banking, invoices, credit control, international trade and communications and business travel. These are the situations in which the user may frequently require to translate from one language to the other. In addition, terms used in marketing and distribution, accounting, personnel management, computing, personal and company finance and the stock exchange are also included.

The dictionary covers usage not only current in Britain, but also in the USA and other English-speaking areas.

Many examples of usage are given, both to show how the words are used in context and how they can be translated; these examples are supplemented by short quotations in both languages from newspapers and magazines from various countries where English and German are currently used. These show the world-wide applications of the two languages.

VORWORT

Das Ziel dieses Wörterbuchs ist, dem Benutzer den wesentlichen Wirtschaftswortschatz in Deutsch und Englisch zu erschließen.
Die Einträge umfassen die Hauptgebiete des täglichen Wirtschaftssprachgebrauchs, einschließlich Bürowesen, Einkauf und Verkauf, Betriebswirtschaft, Bankwesen, Rechnungen, Kreditkontrolle, internationale Kommunikation und Geschäftsreisen. Das sind die Situationen, in denen der Benutzer wahrscheinlich oft Übersetzungen von einer Sprache in die andere benötigt. Zusätzlich sind Fachausdrücke aus den Bereichen Marketing und Vertrieb, Buchhaltung, Personalmanagement, Privat- und Firmenfinanzen, internationaler Handel, Börse und Computerwesen einbezogen.

Das Wörterbuch umfaßt nicht nur den gegenwärtigen Wirtschaftssprachgebrauch in Großbritannien, sondern auch den in den USA und in anderen englischsprachigen Gebieten.

Viele Anwendungsbeispiele zeigen, wie die Wörter im Zusammenhang benutzt werden und wie sie übersetzt werden. Diese Beispiele werden von kurzen Zitaten in beiden Sprachen ergänzt, die aus Zeitungen und Zeitschriften aus verschiedenen Ländern stammen, in denen Deutsch und Englisch gegenwärtig benutzt werden. Sie machen den weltweiten Gebrauch der beiden Sprachen deutlich.

Using the Dictionary

The dictionary aims to provide a clear layout which will help the user find the required translation as easily as possible. Each entry is formed of a headword in bold type, with clearly numbered divisions showing different parts of speech, or lettered divisions showing differences of meaning. Words which are derived from the main entry word are listed under that word, each time preceded by a ◇.

Where adjectives clearly indicate the gender of a noun, no gender abbreviation has been used: e.g. 'sicherer Arbeitsplatz = secure job'. Where two or more nouns are given whose endings are the same, the gender is not repeated: e.g. 'schedule = Zeitplan m; Arbeitsplan; Terminplan'. Where a noun headword reoccurs in examples underneath the headword, the gender is not repeated. Where alternative feminine endings to nouns are given as '/-in', or nouns are declined like adjectives, the genders are omitted: e.g. 'employee = Arbeitnehmer/-in; Angestellte(r)'

Hinweise zur Benutzung des Wörterbuchs

Das klare Layout des Wörterbuchs ist darauf abgestimmt, dem Benutzer zu helfen, die benötigte Übersetzung so schnell wie möglich zu finden. Jeder Eintrag besteht aus einem fettgedruckten Stichwort mit entweder deutlich numerierten Unterteilungen, die verschiedene Wortarten beinhalten, oder alphabetischen Unterteilungen, die verschiedene Bedeutungen beinhalten. Wörter, die vom Stichwort abstammen, stehen unter dem Stichwort, jedesmal mit einem ◇ versehen.

Wenn das Geschlecht eines Substantivs durch das Adjektiv klar bestimmt ist, wird keine Abkürzung für das Geschlecht benutzt: z.B. 'sicherer Arbeitsplatz = secure job'. Wenn zwei oder mehr Substantive vorkommen, deren zweite Teile gleich sind, wird das Geschlecht nicht wiederholt: z.B. 'schedule = Zeitplan m; Arbeitsplan; Terminplan'. Wenn ein Substantiv als Stichwort noch einmal in den Textbeispielen erscheint, wird das Geschlecht nicht wiederholt. Wenn alternative feminine Substantivendungen als '/-in' angegeben sind, oder wenn Substantive wie Adjektive dekliniert werden, wird das Geschlecht weggelassen: z.B. 'employee = Arbeitnehmer/-in; Angestellte(r)'

ABBREVIATIONS - ABKÜRZUNGEN

As far as is possible, abbreviations are not used in the dictionary, apart from the following:

Abkürzungen werden im Wörterbuch soweit wie möglich nicht verwendet, bis auf die folgenden:

	equivalent	*entspricht*
abbr	abbreviation	Abkürzung
adj	adjective	Adjektiv
adv	adverb	Adverb
cf	compare	vergleiche
comm	commercial	kaufmännisch
comp	computer	Computer
conj	conjunction	Konjunktion
dat	dative	Dativ
EU	European Union	Europäische Union
f	feminine	Femininum
fin	financial	finanziell
fig	figurative	figurativ
fpl	feminine plural	feminin Plural
GB	Great Britain	Großbritannien
gen	genitive	Genitiv
indef pron	indefinite pronoun	Indefinitpronomen
inf	informal	Umgangssprache
inv	invariable	unveränderlich
jd		jemand
jdm		jemandem
jdn		jemanden
jds		jemandes
jur	law	juristisch, Rechtswesen
m	masculine	Maskulinum
math	mathematics	Mathematik
mf	masculine or feminine	Maskulinum oder Femininum
mn	masculine or neuter	Maskulinum oder Neutrum
mpl	masculine plural	maskulin Plural
n	neuter	Neutrum
npl	neuter plural	Neutrum im Plural
num	numeral	Zahlwort
pl	plural	Plural
pol	politics	politisch
pref	prefix	Vorsilbe
prep	preposition	Präposition
print	printing	Druckwesen
pron	pronoun	Pronomen
suf	suffix	Nachsilbe
tel	telecommunications	Telekommunikation
TV	television	Fernsehen
umg	informal	Umgangssprache
US	American	amerikanisch
vi	intransitive verb	intransitives Verb
vr	reflexive verb	reflexives Verb
vt	transitive verb	transitives Verb
vti	transitive & intransitive verb	transitives & intransitives Verb
vtir	transitive, intransitive & reflexive verb	transitives, intransitives & reflexives Verb
vtr	transitive & reflexive verb	transitives & reflexives Verb

English-German
Dictionary

Englisch-Deutsches
Wörterbuch

Aa

A, AA, AAA *(bond or share or bank rating)* A, AA, AAA Bewertung *f*; **these bonds have an AAA rating** = diese Anleihen haben eine AAA Bewertung (NOTE: you say 'single A', 'double A', 'triple A')

> QUOTE the rating concern lowered its rating to single A from double A, and its senior debt rating to triple B from single A
>
> *Wall Street Journal*

'A' shares *plural noun* Stammaktien *fpl* mit bestimmtem oder keinem Stimmrecht

A1 *adjective* **(a)** 1A *or* erstklassig; **we sell only goods in A1 condition** = wir verkaufen nur Ware in erstklassigem Zustand **(b) ship which is A1 at Lloyd's** = Schiff, das von Lloyd's als erstklassig klassifiziert wird

◇ **A1, A2, A3, A4, A5** *noun (standard international sizes of paper)* DIN A1, A2, A3, A4, A5; **you must photocopy the spreadsheet on A3 paper** = du mußt die Tabellenkalkulation auf A3 Papier fotokopieren; **we must order some more A4 headed notepaper** = wir müssen Din A4 Briefpapier mit Briefkopf nachbestellen

abandon *verb* **(a)** aufgeben; **we abandoned the idea of setting up a New York office** = wir gaben unsere Absicht auf, eine Filiale in New York zu eröffnen; **the development programme had to be abandoned when the company ran out of cash** = das Entwicklungsprogramm mußte aufgegeben werden, als dem Unternehmen das Geld ausging; **to abandon an action** = eine Klage zurückziehen **(b)** verlassen *or* aufgeben; **the crew abandoned the sinking ship** = die Mannschaft verließ das sinkende Schiff

◇ **abandonment** *noun* Verlassen *n or* Aufgabe *f*; **abandonment of a ship** = Aufgabe eines Schiffes *or* Abandon *m*

abatement *noun* Senkung *f or* Kürzung *f*; **tax abatement** = Steuernachlaß *m*

above the line *adjective* **(a)** eingestellt die Gewinn- und Verlustrechnung der Unternehmung **(b)** Posten des ordentlichen Haushalts **(c) above-the-line advertising** = Werbung ,über dem Strich' *or* vergütungsfähige Werbung *(cf* BELOW-THE-LINE)

abroad *adverb* ins *or* im Ausland; **the consignment was shipped abroad last week** = die Sendung wurde letzte Woche ins Ausland verschifft ; **the chairman is abroad on business** = der Vorsitzende ist geschäftlich im Ausland unterwegs; **half of our profit comes from sales abroad** = Auslandsumsätze machen die Hälfte unserer Gewinne aus

absence *noun* Abwesenheit *f*; **in the absence of** = in Abwesenheit *(+ Genitiv)* **in the absence of the chairman, his deputy took the chair** = in Abwesenheit des Vorsitzenden übernahm sein Stellvertreter den Vorsitz; **leave of absence** = Beurlaubung *f*; **he asked for leave of absence to visit his mother in hospital** = er bat um Beurlaubung, um seine Mutter im Krankenhaus zu besuchen

◇ **absent** *adjective* abwesend; **ten of the workers are absent with flu** = zehn Arbeiter fehlen wegen Grippe; **the chairman is absent in Holland on business** = der Vorsitzende ist auf Geschäftsreise in Holland

◇ **absentee** *noun* Abwesende(r) *or* Nichterschienene(r)

◇ **absenteeism** *noun* unentschuldigtes Nichterscheinen (am Arbeitsplatz) *or* Arbeitsausfall *m*; **absenteeism is high in the week before Christmas** = in der Woche vor Weihnachten fehlen besonders viele; **the rate of absenteeism** *or* **the absenteeism rate always increases in fine weather** = die Abwesenheitsquote nimmt bei schönem Wetter immer zu

> QUOTE the reforms still hadn't fundamentally changed conditions on the shop floor: absenteeism was as high as 20% on some days
>
> *Business Week*

absolute *adjective* absolut *or* unbeschränkt; **absolute monopoly** = absolutes *or* unbeschränktes *or* vollkommenes Monopol; **the company has an absolute monopoly of imports of French wine** = das Unternehmen hat ein absolutes Importmonopol für französische Weine

◇ **absolutely** *adverb* absolut *or* vollkommen *or* völlig; **we are absolutely tied to our suppliers' schedules** = wir sind vollkommen an die Terminpläne unserer Lieferanten gebunden

absorb *verb* **(a)** absorbieren *or* aufnehmen; **to absorb overheads** = die Gemeinkosten tragen; **to absorb a surplus** = einen Überschuß (an Ware) auffangen; **overheads have absorbed all our profits** = die Gemeinkosten haben unsere ganzen Gewinne geschluckt; **to absorb a loss by a subsidiary** = den Verlust einer Tochtergesellschaft auffangen **(b) a business which has been absorbed by a competitor** = ein Unternehmen, das von einem Konkurrenzunternehmen übernommen *or* geschluckt wurde

◇ **absorption** *noun* **(a)** Übernahme *f* **(b) absorption rate** = Rate, um die sich bei höheren Gemeinkosten die Fertigungskosten erhöhen

abstract *noun* Kurzfassung *f*; Auszug *m*; **to make an abstract of the company accounts** = eine Zusammenfassung der Geschäftsbücher anfertigen

a/c *or* **acc** = ACCOUNT; **a/c payee only** = nur zur Verrechnung

ACAS = ADVISORY, CONCILIATION AND ARBITRATION SERVICE Schlichtungsstelle für Arbeitskonflikte

accelerated *adjective* beschleunigt; **accelerated depreciation** = beschleunigte Abschreibung *or* Sonderabschreibung

◇ **acceleration clause** *noun (US)* Verfallsklausel *f or* Fälligkeitsklausel

accept *verb* **(a)** *(to take something offered)* annehmen *or* akzeptieren; **to accept a bill** = einen Wechsel akzeptieren; **to accept delivery of a shipment** = eine Warensendung abnehmen **(b)** *(to agree)* akzeptieren *or* annehmen; **she accepted the offer of a job in Australia** = sie nahm das Stellenangebot aus Australien an; **he accepted £200 for the car** = er akzeptierte £200 für den Wagen

◇ **acceptable** *adjective* akzeptabel *or* annehmbar; **the offer is not acceptable to either party** = das Angebot ist für keine der Parteien akzeptabel

◇ **acceptance** *noun* **(a)** *(of bill of exchange)* Akzept *n or* Annahme *f*; **to present a bill for acceptance** = einen Wechsel zum Akzept vorlegen; **acceptance house** *or (US)* **acceptance bank** = Akzeptbank *f* **(b) acceptance of an offer** = Annahme *f* eines Angebotes; **to give an offer a conditional acceptance** = ein Angebot bedingt annehmen; **we have his letter of acceptance** = wir haben seine Annahmeerklärung; **acceptance sampling** = Abnahmekontrolle *f* mittels Stichproben *fpl*

◇ **accepting house** *noun* Akzeptbank *f*

access 1 *noun* **to have access to something** = zu etwas Zugang *m* haben; **he has access to large amounts of venture capital** = er hat Zugang zu hohen Risikokapitalsummen; *(computers)* **access time** = Zugriffszeit *f* **2** *verb (computers)* aufrufen *or* zugreifen auf; **she accessed the address file on the computer** = sie rief die Adressendatei im Computer auf

accident *noun* Unfall *m or* Unglück *n*; **industrial accident** = Betriebsunfall *or* Arbeitsunfall; **accident insurance** = Unfallversicherung *f*

accommodation *noun* **(a)** *(money lent)* Überbrückungskredit *m* **(b) to reach an accommodation with creditors** = zu einer Übereinkunft mit Gläubigern kommen **(c) accommodation bill** = Gefälligkeitswechsel *m* **(d)** *(place to live)* Unterkunft *f*; **visitors have difficulty in finding hotel accommodation during the summer** = Besucher haben im Sommer Schwierigkeiten, ein Hotelzimmer zu finden; **they are living in furnished accommodation** = sie wohnen in einer möblierten Wohnung; **accommodation address** = Briefkastenadresse *f* (NOTE: no plural in GB English, but US English can have **accommodations** for meaning (d)

> QUOTE an airline ruling requires airlines to provide a free night's hotel accommodation for full fare passengers in transit
> ***Business Traveller***
>
> QUOTE any non-resident private landlord can let furnished or unfurnished accommodation to a tenant
> ***Times***
>
> QUOTE the airline providing roomy accommodations at below-average fares
> ***Dun's Business Month***

accompany *verb* begleiten; **the chairman came to the meeting accompanied by the finance director** = der Vorsitzende kam in Begleitung *f* des Leiters der Finanzabteilung zur Konferenz; **they sent a formal letter of complaint, accompanied by an invoice for damage** = sie schickten einen offiziellen Beschwerdebrief zusammen mit einer Schadensrechnung (NOTE: accompanied **by** something)

accordance *noun* **in accordance with** = entsprechend *or* gemäß; **in accordance with your instructions we have deposited the money in your current account** = gemäß Ihren Anweisungen haben wir das Geld auf Ihr Girokonto eingezahlt; **I am submitting the claim for damages in accordance with the advice of our legal advisers** = ich reiche die Schadenersatzforderung dem Rat unseres Rechtsberaters entsprechend ein

◇ **according to** *preposition* nach *or* laut *or* gemäß; **the computer was installed according to the manufacturer's instructions** = der Computer wurde gemäß der Bedienungsanleitung des Herstellers angeschlossen

◇ **accordingly** *adverb* (dem)entsprechend; **we have received your letter and have altered the contract accordingly** = wir haben Ihren Brief erhalten und den Vertrag (dem)entsprechend geändert

> QUOTE the budget targets for employment and growth are within reach according to the latest figures
> ***Australian Financial Review***

account 1 *noun* **(a)** Konto *n*; (Ab)rechnung *f*; **please send me your account** *or* **a detailed** *or* **an itemized account** = schicken Sie mir bitte Ihre (Ab)rechnung *or* eine detaillierte *or* spezifizierte (Ab)rechnung; **expense account** = Spesenkonto; **he charged his hotel bill to his expense account** = er setzte die Hotelkosten auf die Spesenrechnung **(b)** *(in a shop)* Kundenkonto *n*; **to have an account** *or* **a charge account** *or* **a credit account with Harrods** = ein Kundenkonto bei Harrods haben; **put it on my account** *or* **charge it to my account** = belasten Sie es meinem Konto; *(of a customer)* **to open an account** = ein Konto *or* ein Kundenkonto eröffnen; *(of a shop)* **to open an account** *or* **to close an account** = ein Konto *or* Personenkonto eröffnen *or* auflösen; **to settle an account** = ein Konto ausgleichen; eine Rechnung begleichen; **to stop an account** = ein Konto sperren (lassen) **(c) on account** = als Anzahlung; **advance on current account** = Kontokorrentkredit *m*; Überziehungskredit *m*; **to pay money on account** = eine Anzahlung leisten *or* Geld anzahlen **(d)** Kunde/Kundin; **he is one of our largest accounts** = er ist einer unserer größten Kunden; **our salesmen call on their best accounts twice a month** = unsere Verkäufer besuchen ihre besten Kunden zweimal monatlich; **account executive** = Kundenbetreuer/-in *or* Sachbearbeiter/-in für Kundenwerbung **(e) the accounts of a business** *or* **a company's accounts**

= Geschäftsbücher *npl or* Bücher; **to keep the accounts** = die (Geschäfts)bücher führen *or* die Buchhaltung machen; **the accountant's job is to enter all the money received in the accounts** = Aufgabe des Buchhalters ist es, alle eingehenden Beträge in die Geschäftsbücher aufzunehmen; **account(s) book** = Geschäftsbuch *n*; **annual accounts** = Jahresabschluß *m*; **management accounts** = Rechnungsbericht *m* als Grundlage für Entscheidungen der Unternehmensleitung; **profit and loss account (P&L account)** = Gewinn- und Verlustrechnung *f* (NOTE: the US equivalent is the **profit and loss statement** or **income statement)** **accounts department** = Buchhaltung *f*; **accounts manager** = Buchhaltungsleiter/-in; **accounts payable** = Verbindlichkeiten *fpl*; Kreditoren *mpl*; **accounts receivable** = Außenstände *mpl*; Debitoren *mpl* **(f) bank account** *or (US)* **banking account** = Bankkonto *n*; **building society account** = Bausparkassenkonto; **savings bank account** = Sparkassenkonto; **Girobank account** = Postsparkassenkonto; **Lloyds account** = Konto bei Lloyds; **he has an account with Lloyds** = er hat ein Konto bei Lloyds; **I have an account with the Halifax Building Society** = ich habe ein Konto bei der Halifax Bausparkasse; **to put money in(to) one's account** = Geld auf sein Konto einzahlen; **to take money out of one's account** *or* **to withdraw money from one's account** = Geld von seinem Konto abheben; **budget account** = Haushaltskonto; **current account** *or* **cheque account** *or (US)* **checking account** = Girokonto; **deposit account** = Sparkonto; **external account** = Auslandskonto; **frozen account** = gesperrtes Konto; **joint account** = gemeinsames Konto *or* Gemeinschaftskonto; **most married people have joint accounts so that they can each take money out when they want it** = die meisten Ehepaare haben ein gemeinsames Konto, um jederzeit darüber individuell verfügen zu können; **overdrawn account** = überzogenes Konto; **savings account** = Sparkonto; **to open an account** = ein Konto eröffnen *or* einrichten; **she opened an account with the Halifax Building Society** = sie eröffnete ein Konto bei der Halifax Bausparkasse; **to close an account** = ein Konto auflösen; **he closed his account with Lloyds** = er löste sein Konto bei Lloyds auf **(g)** *(stock exchange)* Börsenhandelsperiode *f*; **account day** = Liquidationstermin *m or* Liquidationstag *m*; **share prices rose at the end of the account** *or* **the account end** = die Aktienkurse stiegen zum Ende des Abrechnungszeitraums *m* **(h)** *(notice)* Berücksichtigung *f*; **to take account of inflation** *or* **to take inflation into account** = die Inflation berücksichtigen **2** *verb* **to account for** = erklären *or* Rechenschaft *f* ablegen *or* sich verantworten; **to account for a loss** *or* **a discrepancy** = einen Verlust *or* eine Diskrepanz erklären; **the reps have to account for all their expenses to the sales manager** = die Handelsvertreter müssen dem Verkaufsleiter über sämtliche Spesen Rechenschaft ablegen

◇ **accountability** *noun* Verantwortlichkeit *f*

◇ **accountable** *adjective* verantwortlich; **to hold someone accountable for something** = jdn für etwas verantwortlich machen

◇ **accountancy** *noun* Buchhaltung *f or* Rechnungswesen *n*; **he is studying accountancy** *or* **he is an accountancy student** = er macht eine Ausbildung im Rechnungswesen (NOTE: US English uses **accounting** in this meaning)

◇ **accountant** *noun* Fachmann/Fachfrau des Rechnungswesens *(schließt ein Buchhalter/-in; Hauptbuchhalter/-in; Kostenrechner/-in; Revisor/-in; Buchsachverständige(r); Wirtschaftsprüfer/-in; Steuerberater/-in)* **he is the chief accountant of a manufacturing group** = er ist Hauptbuchhalter eines Fertigungskonzerns; **I have passed all income tax queries on to my accountant** = ich habe alle Fragen zur Lohnsteuer(abrechnung) an meinen Steuerberater weitergeleitet; **certified accountant** ≈ geprüfte(r) Buchhalter/-in; *(US)* **certified public accountant** ≈ Wirtschaftsprüfer/-in; **chartered accountant** ≈ amtlich zugelassene(r) Wirtschaftsprüfer/-in; **cost accountant** = Kostenrechner/-in; **financial accountant** = Finanzbuchhalter/-in; **management accountant** = Fachmann/Fachfrau des entscheidungsorientierten Rechnungswesens (für die Unternehmensleitung)

◇ **accounting** *noun* Buchhaltung *f*; Rechnungswesen *n*; Abrechnung *f*; Rechnungslegung *f*; **accounting machine** = Buchungsmaschine *f*; **accounting methods** *or* **accounting procedures** = Rechnungslegungsmethoden *fpl or* Buchungsmethoden *or* Buchführungsmethoden; **accounting system** = Buchführungssystem *n*; **accounting period** = Abrechnungszeitraum *m*; **cost accounting** = Kostenrechnung *f*; **current cost accounting** = Rechnungslegung *f* zum Wiederbeschaffungswert *m* (NOTE: the word **accounting** is used in the USA to mean the subject as a course of study, wher British English uses **accountancy)**

> QUOTE applicants will be professionally qualified and have a degree in Commerce or Accounting
> *Australian Financial Review*

accredited *adjective* akkreditiert *or* autorisiert *or* bevollmächtigt

accrual *noun* **(a)** Auflaufen *n or* Zuwachs *m* **(b)** *pl* **accruals** = Verbindlichkeiten *fpl* **(c) accrual of interest** = Zinszuwachs *m or* Zinsthesaurierung *f*

◇ **accrue** *verb* auflaufen *or* anwachsen; **interest accrues from the beginning of the month** = ab Monatsanfang laufen Zinsen auf; **accrued interest is added quarterly** = aufgelaufene Zinsen *mpl* kommen vierteljährlich hinzu; **accrued dividend** = aufgelaufene Dividende

acct = ACCOUNT

accumulate *verb* akkumulieren *or* anhäufen; **to allow dividends to accumulate** = Dividenden *fpl* auflaufen lassen; **accumulated profit** = Gewinnvortrag *m*; thesaurierter Gewinn

accurate *adjective* genau *or* exakt *or* fehlerfrei; **the sales department made an accurate forecast of sales** = die Verkaufsabteilung machte eine genaue Umsatzprognose; **the designers produced an accurate copy of the plan** = die Konstrukteure fertigten eine genaue Kopie des Plans an

◇ **accurately** *adverb* genau *or* exakt *or* fehlerfrei; **the second quarter's drop in sales was accurately forecast by the computer** = der Umsatzrückgang im zweiten Quartal wurde exakt vom Computer vorhergesagt

accuse *verb* beschuldigen *or* anklagen; **she was accused of stealing from the petty cash box** = sie wurde beschuldigt, aus der Portokasse gestohlen zu haben; **he was accused of industrial espionage** = er wurde der Werkspionage beschuldigt (NOTE: you accuse someone **of** a crime or **of** doing something)

achieve *verb* erreichen *or* schaffen *or* erlangen; **the company has achieved great success in the Far East** = das Unternehmen erzielte große Erfolge im Fernen Osten; **we achieved all our objectives in 1993** = 1993 erreichten wir alle unsere gesteckten Ziele

> QUOTE the company expects to move to profits of FFr 2m for 1992 and achieve equally rapid growth in following years
> ***Financial Times***

acknowledge *verb* bestätigen; **he has still not acknowledged my letter of the 24th** = er hat immer noch nicht den Empfang meines Briefs vom 24. bestätigt; **we acknowledge receipt of your letter of June 14th** = wir bestätigen den Empfang Ihres Briefes vom 14. Juni

◇ **acknowledgement** *noun* Bestätigung *f*; **she sent an acknowledgement of receipt** = sie schickte eine Empfangsbestätigung; **they sent a letter of acknowledgement** = sie schickten eine Empfangsbestätigung

acoustic hood *noun* Lärmschutzhaube *f*

acquire *verb* erwerben; übernehmen; **to acquire a company** = ein Unternehmen übernehmen

◇ **acquirer** *noun* Erwerber/-in *or* Ankäufer/-in *or* Aufkäufer/-in

◇ **acquisition** *noun* Anschaffung *f or* Erwerb *m*; Übernahme *f*; **the chocolate factory is his latest acquisition** = die Schokoladenfabrik ist seine neuste Übernahme *or* Erwerbung; **data acquisition** *or* **acquisition of data** = Datenerfassung *f*

acre *noun (measurement of land = 0.45 hectares)* Acre *m* (NOTE: the plural is used with figures, except before a noun: **he has bought a farm of 250 acres** *or* **he has bought a 250 acre farm)**

across-the-board *adjective* allgemein *or* generell; **an across-the-board price increase** = ein genereller Preisanstieg

ACT = ADVANCE CORPORATION TAX

act 1 *noun* **(a)** Gesetz *n; (GB)* **Companies Act** ≈ Unternehmensrecht *n*; **Finance Act** = Finanzgesetz; **Financial Services Act** = Gesetzesbestimmungen (1988) für praktisch alle Bereiche des britischen Finanzsektors; **Health and Safety at Work Act** ≈ Gesetz zum Schutz der Gesundheit und Sicherheit am Arbeitsplatz **(b) act of God** = höhere Gewalt **2** *verb* **(a)** *(to work)* fungieren *or* handeln *or* agieren; **to act as an agent for an American company** = ein amerikanisches Unternehmen vertreten; **to act for someone** *or* **to act on someone's behalf** = jdn vertreten *or* in jds Auftrag handeln **(b)** *(to do something)* handeln; **the board will have to act quickly if the company's losses are to be reduced** = der board of directors muß schnell handeln, wenn die Unternehmensverluste gemindert werden sollen; **the lawyers are acting on our instructions** = die Anwälte verfahren gemäß unseren Anweisungen; **to act on a letter** = etwas auf einen Brief hin unternehmen

◇ **acting** *adjective* stellvertretend; **acting manager** = stellvertretende(r) Leiter/-in; **the Acting Chairman/Chairwoman** = der/die stellvertretende Vorsitzende

◇ **action** *noun* **(a)** *(thing done)* Handlung *f or* Vorgehen *n*; **to take action** = etwas *or* Schritte *mpl* unternehmen; **you must take action if you want to stop people cheating you** = Sie müssen etwas unternehmen, wenn Sie verhindern wollen, daß man Sie betrügt **(b) direct action** = direkte Aktion; **to take industrial action** = in den Arbeitskampf treten **(c)** *(lawsuit)* Klage *f or* Prozeß *m or* Rechtsstreit *m*; **to take legal action** = Klage erheben *or* klagen *or* verklagen; **action for damages** = Schadenersatzklage; **action for libel** *or* **libel action** = Verleumdungsklage; **to bring an action for damages against someone** = jdn auf Schadenersatz *m* verklagen; **civil action** = Zivilprozeß *or* zivilrechtliche Klage; **criminal action** = Strafprozeß; strafrechtliche Verfolgung

◇ **active** *adjective* aktiv *or* tätig; **active partner** = tätige(r) *or* geschäftsführende(r) Teilhaber/-in; **an active demand for oil shares** = eine lebhafte Nachfrage nach Ölaktien; **oil shares are very active** = Ölaktien werden stark nachgefragt; **an active day on the stock exchange** = ein lebhafter Börsentag ; **business is active** = die Geschäfte gehen gut

◇ **actively** *adverb* aktiv; **the company is actively recruiting new personnel** = das Unternehmen sucht aktiv nach neuem Personal

◇ **activity** *noun* Aktivität *f or* Betriebsamkeit *f or* Tätigkeit *f*; **a low level of business activity** = wenig Geschäftstätigkeit; Konjunkturtief *n*; **there was a lot of activity on the stock exchange** = die Börse war sehr lebhaft; **activity chart** = Aktivitätsdiagramm *n*; **monthly activity report** = monatlicher Tatigkeitsbericht

> QUOTE preliminary indications of the level of business investment and activity during the March quarter will provide a good picture of economic activity in 1985
> ***Australian Financial Review***

actual 1 *adjective* tatsächlich *or* effektiv; **what is the actual cost of one unit?** = wie hoch sind die Ist-Kosten *pl* einer Einheit?; **the actual figures for directors' expenses are not shown to the shareholders** = die tatsächliche Höhe der Direktorenspesen wird den Aktionären nicht mitgeteilt **2** *plural noun* Ist-Zahlen *fpl*; sofort verfügbare Waren *fpl*; **these figures are the actuals for 1993** = dies sind die Ist-Zahlen für 1993

actuary *noun* Versicherungsmathematiker/-in

◇ **actuarial** *adjective* versicherungsmathematisch; **the premiums are worked out according to actuarial calculations** = die Beiträge werden durch versicherungsmathematische Berechnungen *fpl* ermittelt; **actuarial tables** = versicherungsstatistische Tabellen *fpl*

ad = ADVERTISEMENT

add *verb* **(a)** hinzufügen *or* dazugeben; **to add interest to the capital** = das Kapital durch Zinsen *mpl* vermehren; **interest is added monthly** = Zinsen werden monatlich gutgeschrieben; **added**

value = Mehrwert *m* **(b)** erweitern; **we are adding to the sales force** = wir vergrößern unseren Vertreterstab; **they have added two new products to their range** = sie erweiterten ihr Sortiment um zwei neue Produkte; **this all adds to the company's costs** = all dies erhöht die Kosten der Firma

◊ **add up** *verb* zusammenzählen *or* addieren; **to add up a column of figures** = eine Zahlenkolonne addieren; **the figures do not add up** = die Zahlen *fpl* stimmen nicht

◊ **add up to** *verb* ergeben *or* sich belaufen auf; **the total expenditure adds up to more than £1,000** = der Gesamtaufwand beläuft sich auf über £1.000

◊ **adding machine** *noun* Addiermaschine *f*

◊ **addition** *noun* **(a)** *(thing added)* Ergänzung *f or* Zusatz *m*; **the management has stopped all additions to the staff** = das Management stellt kein neues Personal mehr ein; **we are exhibiting several additions to our product line** = wir stellen mehrere neue Produkte *npl* unserer Produktlinie aus; **the marketing director is the latest addition to the board** = der Marketing Direktor ist das neuste Mitglied des board of directors **(b) in addition to** = zusätzlich *or* dazu *or* extra; **there are twelve registered letters to be sent in addition to this packet** = zusätzlich zu dem Paket sollen zwölf Einschreibebriefe aufgegeben werden **(c)** *(calculation)* Addition *f*; **you don't need a calculator to do simple addition** = für einfache Additionen braucht man keinen Taschenrechner

◊ **additional** *adjective* zusätzlich; **additional costs** = Zusatzkosten *pl*; **additional charge** = Aufpreis *m*; **additional clause to a contract** = Zusatzklausel *f* eines Vertrags; **additional duty will have to be paid** = zusätzliche Zollgebühren *fpl* müssen bezahlt werden

address 1 *noun* Adresse *f or* Anschrift *f*; **my business address and phone number are printed on the card** = meine Geschäftsadresse und Telefonnummer stehen auf der Karte; **accommodation address** = Briefkastenadresse; **cable address** = Telegrammanschrift; **forwarding address** = Nachsendeadresse; **home address** = Privatadresse; **please send the documents to my home address** = schicken Sie die Unterlagen an meine Privatadresse; **address book** = Adreßbuch *n*; **address label** = Adressenaufkleber *m or* Adressenanhänger *m*; **address list** = Adressenliste *f*; **we keep an address list of two thousand addresses in Europe** = wir haben eine Adressenliste mit zweitausend Adressen in Europa **2** *verb* **(a)** adressieren *or* richten an; **to address a letter** *or* **a parcel** = einen Brief *or* ein Paket adressieren; **a letter addressed to the managing director** = ein an den geschäftsführenden Direktor adressierter Brief; **an incorrectly addressed package** = ein falsch adressiertes Paket **(b)** *(to speak)* sprechen zu; **to address a meeting** = vor einer Versammlung sprechen

◊ **addressee** *noun* Adressat/-in; Empfänger/-in

◊ **addressing machine** *noun* Adressiermaschine *f*

adequate *adjective* **(a)** *(large enough)* adäquat *or* angemessen *or* hinlänglich; **to operate without adequate cover** = ohne hinreichenden Versicherungsschutz handeln **(b)** *(more or less satisfactory)* zufriedenstellend; **the results of the tests on the product were adequate** = die Ergebnisse des Produkttests waren zufriedenstellend

adhesive 1 *adjective* haftend *or* klebend; **he sealed the parcel with adhesive tape** = er klebte das Paket mit Klebstreifen zu **2** *noun* Klebstoff *m* **she has a tube of adhesive in the drawer of her desk** = sie hat eine Tube Klebstoff in ihrer Schreibtischschublade

adjourn *verb* vertagen; **to adjourn a meeting** = eine Konferenz vertagen; **the chairman adjourned the meeting until three o'clock** = der Vorsitzende vertagte die Konferenz auf 15.00 Uhr; **the meeting adjourned at midday** = die Versammlung vertagte sich gegen Mittag

◊ **adjournment** *noun* Vertagung *f*; **he proposed the adjournment of the meeting** = er schlug vor, die Versammlung zu vertagen

adjudicate *verb* entscheiden *or* Urteil *n* fällen; **to adjudicate a claim for damages** = über eine Schadenersatzforderung entscheiden; **to adjudicate in a dispute** = Schiedsrichter/-in in einem Disput sein; **he was adjudicated bankrupt** = über ihn wurde der Konkurs verhängt *or* er wurde für bankrott erklärt

◊ **adjudication** *noun* Entscheidung *f*; Beschluß *m*; Gerichtsentscheidung *f*; **adjudication order** *or* **adjudication of bankruptcy** = Konkurseröffnungsbeschluß; **adjudication tribunal** = Schlichtungskommission *f*

◊ **adjudicator** *noun* Schlichter/-in; (Schieds)richter/-in; **adjudicator in an industrial dispute** = Schlichter in einem Arbeitskampf

adjust *verb* anpassen *or* angleichen; ändern; korrigieren; **to adjust prices to take account of inflation** = Preise anheben, um die Inflation aufzufangen *or* Preise der Inflation anpassen; **prices are adjusted for inflation** = die Preise sind inflationsbereinigt; **the figures are in inflation-adjusted marks** = die Zahlen sind in inflationsbereinigten D-Mark

◊ **adjuster** *noun* Schadenssachverständige(r); **average adjuster** = Schadensregulierer *m*; (Havarie-)Dispacheur *m*

◊ **adjustment** *noun* Anpassung *f or* Angleichung *f*; **tax adjustment** = Steuerausgleich *m or* Steueranpassung *f*; **wage adjustment** = Lohnausgleich *or* Lohnanpassung; **to make an adjustment to salaries** = eine Anpassung der Gehälter *or* eine Gehaltsangleichung vornehmen; **adjustment of prices to take account of rising costs** = Anpassung der Preise an die steigenden Kosten; **average adjustment** = Dispache *f*

◊ **adjustor** *noun* = ADJUSTER

> QUOTE inflation-adjusted GNP moved up at a 1.3% annual rate
> ***Fortune***
>
> QUOTE Saudi Arabia will no longer adjust its production to match short-term supply with demand
> ***Economist***
>
> QUOTE on a seasonally adjusted basis, output of trucks, electric power, steel and paper decreased
> ***Business Week***

adman *noun (informal)* Werbefachmann ; **the admen are using balloons as promotional material** = die Werbefachleute setzen Ballons als Werbematerial ein

admin *noun (informal)* **(a)** Verwaltung *f*; **all this admin work takes a lot of my time** = diese ganze Verwaltungsarbeit kostet mich viel Zeit; **there is too much admin in this job** = mit diesem Job ist zu viel Verwaltungsarbeit verbunden; **admin costs seem to be rising each quarter** = die Verwaltungskosten scheinen in jedem Quartal zu steigen; **the admin people have sent the report back** = die Leute aus der Verwaltung haben den Bericht zurückgeschickt **(b)** Verwaltung; **admin say they need the report immediately** = die Verwaltung sagt, sie brauchen den Bericht sofort (NOTE: no plural; as a group of people it can have a plural verb)

◇ **administer** *verb* verwalten; **he administers a large pension fund** = er verwaltet einen großen Rentenfonds; *(US)* **administered price** = Preisbindung zweiter Hand *or* vertikale Preisbindung

◇ **administration** *noun* **(a)** Verwaltung *f*; **administration costs** *or* **administration expenses** *or* **the expenses of the administration** = die Verwaltungskosten *pl* **(b) letters of administration** = Nachlaßverwalterzeugnis *n* *or* Bestallungsurkunde *f* zum Nachlaßverwalter

◇ **administrative** *adjective* administrativ *or* verwaltungstechnisch *or* Verwaltungs-; **administrative details** = verwaltungstechnische Einzelheiten *fpl*; **administrative expenses** = Verwaltungskosten *pl*

◇ **administrator** *noun* **(a)** Verwalter/-in; Verwaltungsfachmann/-frau **(b)** *(appointed by a court)* Nachlaßverwalter/-in

admission *noun* **(a)** Eintritt *m* *or* Zutritt *m*; **there is a £1 admission charge** = es kostet £1 Eintritt; **admission is free on presentation of this card** = bei Vorlage dieser Karte ist der Eintritt frei; **free admission on Sundays** = sonntags freier Eintritt **(b)** Eingeständnis *n*; Geständnis; **he had to resign after his admission that he had passed information to the rival company** = nach seinem Eingeständnis, Informationen an die Konkurrenz weitergegeben zu haben, mußte er zurücktreten

admit *verb* **(a)** Zutritt *m* gewähren *or* hineinlassen *or* hereinlassen; **children are not admitted to the bank** = Kinder haben keinen Zutritt zur Bank; **old age pensioners are admitted at half price** = Rentner zahlen den halben Preis **(b)** zugeben *or* eingestehen; **the chairman admitted he had taken the cash from the company's safe** = der Vorsitzende gab zu, Geld aus dem Firmensafe genommen zu haben (NOTE: **admitting - admitted)**

◇ **admittance** *noun* Zutritt *m* *or* Einlaß *m*; **no admittance except on business** = Zutritt für Unbefugte verboten

adopt *verb* annehmen; **to adopt a resolution** = eine Resolution annehmen; **the proposals were adopted unanimously** = die Vorschläge *mpl* wurden einstimmig angenommen

ADR = AMERICAN DEPOSITARY RECEIPT

ad valorem duty *or* **tax** *noun* Wertzoll *m* *or* Wertsteuer *f*

advance 1 *noun* **(a)** Vorschuß *m*; Anzahlung *f*; Darlehen *n*; **bank advance** = Bankdarlehen *or* Bankkredit *m*; **cash advance** = Barvorschuß; **to receive an advance from the bank** = ein Darlehen von der Bank erhalten; **advance on account** = Kontokorrentkredit; Überziehungskredit; **to make an advance of £100 to someone** = jdm ein Darlehen von £100 geben; jdm £100 vorschießen; **to pay someone an advance against a security** = jdm ein Darlehen gegen eine Sicherheit auszahlen; **can I have an advance of £50 against next month's salary?** = kann ich £50 Vorschuß auf mein nächstes Gehalt bekommen? **(b)** Fortschritt *m* *or* Verbesserung *f*; Erhöhung *f*; **advance in trade** = Handelsaufschwung *m*; **advance in prices** = Preissteigerung *f*; Kurssteigerung **(c) in advance** = im voraus *or* vorab; **to pay in advance** = im voraus bezahlen; pränumerando zahlen; **freight payable in advance** = Fracht zahlbar im voraus ; **price fixed in advance** = vorab festgesetzter Preis **2** *adjective* im voraus *or* vorab; **advance booking** = Vorbestellung *f*; Vorverkauf *m*; **Advance Corporation Tax (ACT)** = Körperschaftssteuervorauszahlung *f*; **advance payment** = Vorauszahlung *f*; Vorschußzahlung; **you must give seven days' advance notice of withdrawals from the account** = Sie müssen Abhebungen vom Konto sieben Tage voranmelden **3** *verb* **(a)** leihen; vorschießen; **the bank advanced him £10,000 against the security of his house** = die Bank gewährte ihm einen Kredit in Höhe von £10.000 gegen sein Haus als Sicherheit **(b)** steigen *or* anziehen; **prices generally advanced on the stock market** = die Kurse an der Börse stiegen allgemein **(c)** vorverlegen; **the date of the AGM has been advanced to May 10th** = der Termin der Jahreshauptversammlung wurde auf den 10. Mai vorverlegt; **the meeting with the German distributors has been advanced from 11.00 to 09.30** = die Besprechung mit den deutschen Vertragshändlern wurden von 11 auf 9.30 Uhr vorverlegt

advantage *noun* Vorteil *m*; **fast typing is an advantage in a secretary** = wenn eine Sekretärin schnell tippen kann, ist das ein Vorteil; **knowledge of two foreign languages is an advantage** = Kenntnis zweier Fremdsprachen ist von Vorteil; **there is no advantage in arriving at the exhibition before it opens** = es bringt keine Vorteile, vor Ausstellungsbeginn da zu sein; **to take advantage of something** = sich etwas zunutze machen; etwas ausnutzen

adverse *adjective* ungünstig *or* nachteilig *or* defizitär; **adverse balance of trade** = passive Handelsbilanz; **adverse trading conditions** = ungünstige Handelsbedingungen *or* Geschäftsbedingungen

advertise *verb* inserieren *or* annoncieren *or* werben; **to advertise a vacancy** = ein Stellenangebot inserieren *or* ausschreiben; **to advertise for a secretary** = per Anzeige eine Sekretärin suchen; **to advertise a new product** = Werbung für ein neues Produkt machen

◇ **ad** *noun (informal)* = ADVERTISEMENT; **we put an ad in the paper** = wir haben in der Zeitung inseriert; **she answered an ad in the paper** = sie antwortete auf eine Zeitungsanzeige ; **he found his job through an ad in the paper** = er fand seine Stelle durch eine Zeitungsanzeige; **classified ads** *or* **small ads** *or* **want ads** = Kleinanzeigen *fpl*; **look in the small ads to see if anyone has a computer for sale** = sieh in den Kleinanzeigen nach, ob jemand einen Computer zu verkaufen hat; **coupon ad** = Couponanzeige *f*; **display ad** = Großanzeige

◊ **advert** *noun (GB informal)* = ADVERTISEMENT; **to put an advert in the paper** = eine Anzeige aufgeben *or* in der Zeitung inserieren; **to answer an advert in the paper** = auf eine Zeitungsanzeige antworten; **classified adverts** = Kleinanzeigen; **display advert** = Großanzeige

◊ **advertisement** *noun* Anzeige *f or* Annonce *f*; Reklame *f or* Werbung *f*; **to put an advertisement in the paper** = ein Zeitungsinserat aufgeben; **to answer an advertisement in the paper** = auf eine Zeitungsanzeige antworten; **classified advertisements** = Kleinanzeigen; **display advertisement** = Großanzeige; **advertisement manager** = Anzeigenleiter/-in

◊ **advertiser** *noun (occasional)* Inserent *m; (regular)* Anzeigenkunde *m*; **the catalogue gives a list of advertisers** = der Katalog enthält eine Liste von Anzeigenkunden

◊ **advertising** *noun* Werbebranche *f*; Reklame *f or* Werbung *f*; **she works in advertising** = sie arbeitet in der Werbebranche; **he has a job in advertising** = er hat eine Stelle in der Werbebranche; **advertising agency** = Werbeagentur *f*; **advertising agent** = Werbevertreter/-in; **advertising budget** = Werbeetat *m*; **advertising campaign** = Werbekampagne *f*; **advertising hoarding** = Reklametafel *f or* Plakatwand *f*; **advertising manager** = Werbeleiter/-in; **advertising rates** = Anzeigenkosten *pl*; Werbetarif *m*; **advertising space** = Werbefläche *f*; Anzeigenraum *m*; **to take advertising space in a paper** = in einer Zeitung inserieren *or* Anzeigenraum in einer Zeitung belegen

> QUOTE in 1990, the advertising expenditure total was £6,264m
> ***Precision Marketing***
>
> QUOTE as media costs have spiralled, more financial directors are getting involved in the advertising process
> ***Marketing Week***

advice *noun* **(a) advice note** = Versandanzeige *f or* Avis *m or n*; **as per advice** = laut Versandanzeige *or* Avis **(b)** Rat *m or* Empfehlung *f*; **to take legal advice** = sich rechtlich beraten lassen; **the accountant's advice was to send the documents to the police** = der Buchprüfer riet, die Unterlagen zur Polizei zu schicken; **we sent the documents to the police on the advice of the accountant** *or* **we took the accountant's advice and sent the documents to the police** = auf Anraten *n* des Buchprüfers schickten wir die Unterlagen zur Polizei *or* wir folgten dem Rat des Buchprüfers und schickten die Unterlagen zur Polizei

advise *verb* **(a)** *(to tell what has happened)* in Kenntnis *f* setzen *or* informieren *or* unterrichten; **we were advised that the shipment will arrive next week** = uns wurde mitgeteilt, daß die Sendung nächste Woche ankommt **(b)** *(to suggest what should be done)* raten *or* empfehlen; **we were advised to take the shipping company to court** = uns wurde geraten, die Schiffahrtsgesellschaft zu verklagen; **the accountant advised us to send the documents to the police** = der Buchprüfer riet uns, die Unterlagen zur Polizei zu schicken

◊ **advise against** *verb* abraten; **the bank manager advised against closing the account** = der Bankdirektor riet von der Auflösung des Kontos ab; **my stockbroker has advised against buying those shares** = mein Börsenmakler riet vom Kauf dieser Aktien ab

◊ **adviser** *or* **advisor** *noun* Berater/-in; Ratgeber/-in; **he is consulting the company's legal adviser** = er konsultiert den Rechtsberater des Unternehmens; **financial adviser** = Finanzberater/-in

◊ **advisory** *adjective* beratend; **he is acting in an advisory capacity** = er hat eine beratende Funktion; **advisory board** = Beratungsgremium *n or* Beirat *m*; **Advisory, Conciliation and Arbitration Service (ACAS)** ≈ Schlichtungsstelle *f* für Arbeitskonflikte

aerogramme *noun* Aerogramm *n or* Luftpostbrief *m* (NOTE: GB English is **air letter)**

affair *noun* Geschäft *n or* Handel *m*; Sache *f or* Angelegenheit *f*; **are you involved in the copyright affair?** = haben Sie mit der Copyright-Sache zu tun?; **his affairs were so difficult to understand that the lawyers had to ask accountants for advice** = seine Angelegenheiten waren so undurchschaubar, daß die Anwälte die Wirtschaftsprüfer um Rat fragen mußten

affect *verb* betreffen *or* sich auswirken auf *or* angehen; **the new goverment regulations do not affect us** = die neuen staatlichen Bestimmungen betreffen uns nicht; **the company's sales in the Far East were seriously affected by the embargo** = das Embargo wirkte sich erheblich auf den Absatz des Unternehmens im Fernen Osten aus

> QUOTE the dollar depreciation has yet to affect the underlying inflation rate
> ***Australian Financial Review***

affiliated *adjective* angeschlossen *or* verbunden *or* Schwester-; **one of our affiliated companies** = eins unserer verbundenen Unternehmen

affirmative *adjective* affirmativ *or* bejahend *or* zustimmend; **the answer was in the affirmative** = die Antwort war positiv *or* zustimmend *(US)* **affirmative action program** = Chancengleichheitsprogramm *n* (NOTE: the GB equivalent is **equal opportunities)**

affluent *adjective* wohlhabend *or* reich; **we live in an affluent society** = wir leben in einer Wohlstandsgesellschaft

afford *verb* sich leisten (können); aufbringen; **we could not afford the cost of two cars** = wir könnten uns zwei Autos nicht leisten; **the company cannot afford the time to train new staff** = das Unternehmen kann es sich zeitlich nicht leisten, neues Personal anzulernen (NOTE: only used after **can, cannot, could, could not, able to)**

Afghanistan *noun* Afghanistan *n*

◊ **Afghan 1** *noun* Afghane/Afghanin **2** *adjective* afghanisch

(NOTE: capital: **Kabul;** currency: **afghani** = Afghani *m*)

AFL-CIO = AMERICAN FEDERATION OF LABOR - CONGRESS OF INDUSTRIAL ORGANIZATIONS Dachverband der amerikanischen Gewerkschaften - Industriegewerkschaftsbund

afraid *adjective* **I'm afraid** = leider; **I am afraid there are no seats left on the flight to Amsterdam** = leider gibt es keine Plätze mehr für den Flug nach Amsterdam; **we are afraid your order has been lost in the post** = leider ging Ihre Bestellung in der Post verloren

after-hours *adjective* **after-hours buying** *or* **selling** *or* **dealing** = Nachbörse *f*

◇ **after-sales service** *noun* Kundendienst *m*

◇ **after-tax profit** *noun* Gewinn *m* nach Steuer *f*

against *preposition* gegen; **to pay an advance against a security** = einen Vorschuß gegen eine Sicherheit auszahlen; **can I have an advance against next month's salary?** = kann ich einen Vorschuß auf mein nächstes Gehalt haben?; **the bank advanced him £10,000 against the security of his house** = die Bank gewährte ihm einen Kredit in Höhe von £10.000 gegen sein Haus als Sicherheit

QUOTE investment can be written off against the marginal rate of tax

Investors Chronicle

QUOTE the index for the first half of 1991 shows that the rate of inflation went down by about 12.9 per cent against the rate as at December last year

Business Times (Lagos)

aged debtor's analysis *or* **ageing schedule** *noun* Fälligkeitstabelle *f* (NOTE: US spelling is **aging**)

agency *noun* **(a)** *(office representing another)* Vertretung *f or* Agentur *f*; **they signed an agency agreement** *or* **an agency contract** = sie unterzeichneten eine Vertretungsvereinbarung *or* einen Vertretungsvertrag *or* Agenturvertrag; **sole agency** = Alleinvertretung ; **he has the sole agency for Ford cars** = er hat die Alleinvertretung für Ford-Autos **(b)** *(office working for others)* Agentur; **advertising agency** = Werbeagentur; **employment agency** = Stellenvermittlung *f*; **estate agency** = Grundstücks- und Immobilienmaklerbüro *n*; **news agency** = Nachrichtenagentur *f or* Nachrichtendienst *m*; **travel agency** = Reisebüro *n* **(c)** *(US)* **agency shop** = Unternehmen, das auch von nicht organisierten Arbeitnehmern Gewerkschaftsbeiträge einzieht (NOTE: plural is **agencies**)

agenda *noun* Tagesordnung *f or* Programm *n*; **the conference agenda** *or* **the agenda of the conference** = die Konferenztagesordnung; **after two hours we were still discussing the first item on the agenda** = nach zwei Stunden diskutierten wir immer noch den ersten Tagesordnungspunkt; **the company secretary put finance at the top of the agenda** = der Prokurist setzte Finanzen ganz oben auf die Tagesordnung; **the chairman wants two items removed from** *or* **taken off the agenda** = der Vorsitzende möchte zwei Punkte von der Tagesordnung streichen

agent *noun* **(a)** *(representative)* Vertreter/-in; **to be the agent for IBM** = der IBM-Vertreter sein ; **sole agent** = Alleinvertreter/-in; **he is the sole agent for Ford cars** = er ist der Alleinvertreter für Ford-Autos; **agent's commission** = Vertreterprovision *f* **(b)** *(working in an agency)* Makler/-in *or* Agent/-in; **advertising agent** = Werbevertreter/-in; **commission agent** = Kommissionär *m or* Provisionsagent/-in; **estate agent** = Immobilienmakler/-in; **forwarding agent** = Spediteur *m*; **insurance agent** = Versicherungsvertreter/-in; **land agent** = Gutsverwalter/-in; **travel agent** = Angestellte(r) im Reisebüro **(c)** *US* **(business) agent** = Gewerkschaftsfunktionär/-in *or* Gewerkschaftsvertreter/-in

aggregate *adjective* angesammelt *or* gesamt *or* Gesamt-; **aggregate output** = Gesamtleistung *f*

agio *noun* Agio *n or* Aufgeld *n*

AGM *noun* = ANNUAL GENERAL MEETING

agree *verb* **(a)** zustimmen *or* akzeptieren *or* vereinbaren; **the auditors have agreed the accounts** = die Wirtschaftsprüfer haben die Geschäftsbücher abgenommen; **the figures were agreed between the two parties** = die Zahlen wurden von den beiden Parteien vereinbart; **we have agreed the budgets for next year** = wir haben uns auf die Budgets für das nächste Jahr geeinigt; **terms of the contract are still to be agreed** = die Vertragsbedingungen müssen noch vereinbart werden; **he has agreed your prices** = er hat Ihre Preise akzeptiert **(b)** vereinbaren *or* sich einverstanden erklären; **it has been agreed that the lease will run for 25 years** = für den Mietvertrag wurde eine Laufzeit von 25 Jahren vereinbart; **after some discussion he agreed to our plan** = nach einiger Diskussion erklärte er sich mit unserem Plan einverstanden; **the bank will never agree to lend the company £250,000** = die Bank wird sich niemals einverstanden erklären, dem Unternehmen £250.000 zu leihen; **we all agreed on the plan** = wir einigten uns alle auf den Plan (NOTE: to agree **to** *or* **on** a plan) **(c) to agree to do something** = sich einverstanden *or* bereit erklären, etwas zu tun; **she agreed to be chairman** = sie erklärte sich bereit, den Vorsitz zu übernehmen; **will the finance director agree to resign?** = wird der Leiter der Finanzabteilung sich bereit erklären zurückzutreten? **(d)** übereinstimmen; **the two sets of calculations do not agree** die beiden Berechnungen stimmen nicht überein

◇ **agree with** *verb* **(a)** übereinstimmen mit; **I agree with the chairman that the figures are lower than normal** = ich stimme mit dem Vorsitzenden überein, daß die Werte niedriger als normalerweise sind **(b)** übereinstimmen mit; **the auditors' figures do not agree with those of the accounts department** = die Zahlen der Wirtschaftsprüfer stimmen nicht mit denen der Buchhaltung überein

◇ **agreed** *adjective* vereinbart *or* abgemacht; **an agreed amount** = ein vereinbarter Betrag; **agreed terms** = vereinbarte Bedingungen *fpl*

◇ **agreement** *noun* Vereinbarung *f or* Abkommen *n or* Abmachung *f or* Vertrag *m*; **written agreement** = schriftliche Vereinbarung; **unwritten** *or* **verbal agreement** = Absprache *f or* mündliche Vereinbarung; **to draw up** *or* **to draft an agreement** = einen Vertrag aufsetzen *or* entwerfen; **to break an agreement** = ein Abkommen *or* einen Vertrag brechen; **to sign an agreement** = einen Vertrag unterzeichnen; **to witness an agreement** = einen Vertrag als Zeuge unterschreiben; **an agreement has been reached** *or* **concluded** *or* **come to** = eine Einigung wurde erzielt; **to reach an**

agreement *or* **to come to an agreement on prices** *or* **salaries** = eine Vereinbarung treffen *or* eine Einigung über Preise *or* Löhne erzielen; **an international agreement on trade** = ein internationales Handelsabkommen; **collective wage agreement** = Lohntarifvertrag *m*; **agency agreement** = Agenturvertrag *m* *or* Vertretungsvertrag; **blanket agreement** = Generalabkommen *n*; **exclusive agreement** = Alleinvertriebsvertrag *m*; **gentleman's agreement** *or (US)* **gentlemen's agreement** = Übereinkunft *f* auf Treu und Glauben *or* Gentleman's Agreement *n*; **marketing agreement** = Marktabsprache *f*

> QUOTE after three days of tough negotiations the company has reached agreement with its 1,200 unionized workers
> *Toronto Star*

agribusiness *noun* Agroindustrie *f*

agriculture *noun* Landwirtschaft *f*

◊ **agricultural** *adjective* landwirtschaftlich *or* Landwirtschafts- *or* agrar- *or* Agrar-; **agricultural co-operative** = landwirtschaftliche Genossenschaft; **agricultural economist** = Agrarökonom/-in *or* Agrarwissenschafter/-in; **Common Agricultural Policy (CAP)** = gemeinsame Agrarpolitik (der EU)

ahead *adverb* vor *or* voraus; **we are already ahead of our sales forecast** = wir haben unsere Umsatzprognosen schon überschritten; **the company has a lot of work ahead of it if it wants to increase its market share** = das Unternehmen hat viel Arbeit vor sich, wenn es seinen Marktanteil vergrößern will

aim 1 *noun* Ziel *n or* Bestrebung *f*; **one of our aims is to increase the quality of our products** = eins unserer Ziele ist es, die Qualität unserer Produkte zu verbessern; **the company has achieved all its aims** = das Unternehmen hat all seine Ziele erreicht **2** *verb* streben nach; **we aim to be No. 1 in the market in two years' time** = wir streben danach, in zwei Jahren die Nummer 1 auf dem Markt zu sein; **each salesman must aim to double his previous year's sales** = jeder Vertreter muß danach streben, seinen Vorjahresumsatz zu verdoppeln

air 1 *noun* **by air** = auf dem Luftweg *m or* per Luftpost *f*; **to send a letter** *or* **a shipment by air** = einen Brief per Luftpost *or* eine Sendung per Luftfracht *f* schicken; **air carrier** = Air-Carrier *m or* Luftfahrtunternehmen *n*; Luftfrachtführer *m*; **air forwarding** = Luftfrachtspedition *f*; **air letter** = Luftpostbrief *m* **2** *verb* **to air a grievance** = eine Beschwerde vorbringen; **the management committee is useful because it allows the workers' representatives to air their grievances** = der Führungsausschuß ist wertvoll, weil er es den Arbeitnehmervertretern erlaubt, ihre Beschwerden vorzubringen

◊ **air cargo** *noun* Luftfracht *f*

◊ **aircraft** *noun* Flugzeug *n or* Maschine *f*; **the airline has a fleet of ten commercial aircraft** = die Fluggesellschaft hat eine Flotte von zehn Verkehrsflugzeugen; **the company is one of the most important American aircraft manufacturers** = das Unternehmen ist einer der wichtigsten amerikanischen Flugzeughersteller; **to charter an aircraft** = ein Flugzeug chartern (NOTE: no plural: **one aircraft, two aircraft**)

◊ **air freight** *noun* Luftfracht *f*; **to send a shipment by air freight** = eine Sendung per Luftfracht schicken; **air freight charges** *or* **rates** = Luftfrachtkosten *pl*

◊ **airfreight** *verb* als Luftfracht befördern; **to airfreight a consignment to Mexico** = eine Sendung als Luftfracht nach Mexiko schicken; **we airfreighted the shipment because our agent ran out of stock** = wir haben die Sendung als Luftfracht geschickt, weil die Warenbestände unseres Handelsvertreters knapp wurden

◊ **airline** *noun* Fluggesellschaft *f or* Airline *f or* Luftverkehrsgesellschaft *f*

◊ **airmail 1** *noun* Luftpost *f*; **to send a package by airmail** = ein Paket per Luftpost schicken; **airmail charges have risen by 15%** = Luftpostgebühren *fpl* sind um 15% gestiegen; **airmail envelope** = Luftpostumschlag *m*; **airmail sticker** = Luftpostaufkleber *m* **2** *verb* per Luftpost schicken; **to airmail a document to New York** = ein Dokument per Luftpost nach New York schicken

◊ **airport** *noun* Flughafen *m or* Airport *m*; **we leave from London Airport at 10.00** = wir fliegen um 10 Uhr vom Londoner Flughafen ab; **O'Hare Airport is the main airport for Chicago** = O'Hare Airport *or* O'Hare ist der Hauptflughafen für Chicago; **airport bus** = Flughafenbus *m*; **airport tax** = Flughafengebühr *f*; **airport terminal** = Terminal *mn or* Abfertigungshalle *f*

◊ **air terminal** *noun* Terminal *mn* *or* Abfertigungsgebäude *n* in der Innenstadt

◊ **airtight** *adjective* luftdicht; **the goods are packed in airtight containers** = die Waren sind in luftdichten Containern *mpl* verpackt

◊ **airworthiness** *noun* Lufttüchtigkeit *f*; **certificate of airworthiness** = Lufttüchtigkeitszeugnis *n*

Albania *noun* Albanien *n*

◊ **Albanian 1** *noun* Albaner/-in **2** *adjective* albanisch

(NOTE: capital: **Tirana** currency: **lek** = Lek *m*)

Algeria *noun* Algerien *n*

◊ **Algerian 1** *noun* Algerier/-in **2** *adjective* algerisch

(NOTE: capital: **Algiers** = Algier; currency: **Algerian dinar** = algerischer Dinar)

all *adjective & pronoun* all(e) *or* alles ; **all (of) the managers attended the meeting** = alle Manager nahmen an der Konferenz teil; **the salesman should know the prices of all the products he is selling** = der Verkäufer sollte die Preise aller Produkte kennen, die er verkauft

◊ **all-in** *adjective* einschließlich; **all-in price** *or* **rate** = Pauschalpreis *m or* Gesamtpreis

allocate *verb* zuweisen *or* zuteilen *or* vergeben; zurechnen; **we allocate 10% of revenue to publicity** = wir stellen 10% der Einnahmen für Publicity ab; **$2,500 was allocated to office furniture** = $2.500 wurden für Büromöbel abgestellt

◊ **allocation** *noun* **(a)** Zuteilung *f or* Zuweisung *f or* Vergabe *f*; Zurechnung *f*; **allocation of capital** = Kapitalbewilligung *f*; **allocation of funds to a project** = Mittelvergabe *or* Mittelzuweisung für ein Projekt **(b) share allocation** *or* **allocation of shares** = Aktienzuteilung

allot *verb* zuteilen *or* zuweisen; verteilen; **to allot shares** = Aktien zuteilen (NOTE: **allotting - allotted)**

◇ **allotment** *noun* **(a)** Zuteilung *f or* Zuweisung *f*; Verteilung *f*; **allotment of funds to a project** = Mittelzuweisung für ein Projekt **(b)** (Aktien)zuteilung; **share allotment** = Aktienzuteilung; **payment in full on allotment** = Zahlung *f* in voller Höhe bei Zuteilung; **letter of allotment** *or* **allotment letter** = Zuteilungsanzeige *f*

all-out *adjective* total *or* massiv; **the union called for an all-out strike** = die Gewerkschaft rief zum Generalstreik *m* auf; **the personnel manager has launched an all-out campaign to get the staff to work on Friday afternoons** = der Personalleiter startete eine massive Kampagne, um die Angestellten dazu zu bringen, Freitag nachmittags zu arbeiten

allow *verb* **(a)** *(permit)* bewilligen *or* gestatten; **junior members of staff are not allowed to use the chairman's lift** = untere Angestellte dürfen nicht den Lift des Vorsitzenden benutzen; **the company allows all members of staff to take six days' holiday at Christmas** = das Unternehmen bewilligt allen Angestellten, sechs Tage Weihnachtsurlaub zu nehmen **(b)** *(give)* gewähren; **to allow someone a discount** = jdm Rabatt gewähren; **to allow 5% discount to members of staff** = Mitgliedern des Personals 5% Rabatt gewähren; **to allow 10% interest on large sums of money** = größere Beträge mit 10% verzinsen **(c)** *(agree)* anerkennen *or* stattgeben; **to allow a claim** *or* **an appeal** = einen Anspruch anerkennen; einer Berufung stattgeben

◇ **allow for** *verb* berücksichtigen; **to allow for money paid in advance** = Anzahlungen berücksichtigen; **to allow 10% for packing** = 10% für Verpackung berechnen; **delivery is not allowed for** = Liefergebühren sind nicht inklusive; **allow 28 days for delivery** = Lieferzeit bis zu 28 Tagen

◇ **allowable** *adjective* zulässig *or* erlaubt; **allowable expenses** = abzugsfähige Ausgaben *fpl*

allowance *noun* **(a)** Zuschuß *m*; Beihilfe *f*; Spesen *pl*; **cost-of-living allowance** = Lebenshaltungskostenzuschuß *m or* Teuerungszulage *f*; **entertainment allowance** = Bewirtungsentschädigung *f*; **expense allowance** = Aufwandsentschädigung *f*; **foreign currency allowance** = Fremdwährungsentschädigung *f*; **travel allowance** *or* **travelling allowance** = Reisekostenvergütung *f* **(b) allowances against tax** *or* **tax allowances** = Steuerfreibeträge *mpl*; **capital allowances** = Abschreibungsbeträge aufgrund von Aufwendungen für Anlagegüter ; **personal allowance** = persönlicher (Steuer)freibetrag **(c)** Nachlaß *m or* Rabatt *m*; **allowance for depreciation** = Wertberichtigung *f* auf Anlagevermögen *npl*; Abschreibung *f* für Wertminderung *f*; **allowance for exchange loss** = Kursverlustentschädigung *f* **(d) baggage allowance** = Freigepäck *n*

◇ **allowed time** *noun* Vorgabezeit *f or* Akkordzeit *f*

> QUOTE most airlines give business class the same baggage allowance as first class
> ***Business Traveller***
>
> QUOTE the compensation plan includes base, incentive and car allowance totalling $50,000+
> ***Globe and Mail (Toronto)***

all-risks policy *noun* Universalversicherung *f*

all-time *adjective* **all-time high** *or* **all-time low** = historischer Höchststand *or* Tiefststand; **sales have fallen from their all-time high of last year** = die Umsätze sind gegenüber ihrem historischen Höchststand im letzten Jahr zurückgegangen

alphabet *noun* Alphabet *n*

◇ **alphabetical order** *noun* alphabetische Reihenfolge; **the files are arranged in alphabetical order** = die Akten sind alphabetisch geordnet

alter *verb* abändern *or* verändern; **to alter the terms of a contract** = die Bedingungen *or* Bestimmungen eines Vertrags ändern

◇ **alteration** *noun* Änderung *f or* Abänderung; **he made some alterations to the terms of the contract** = er nahm einige Änderungen an den Vertragsbestimmungen vor ; **the agreement was signed without any alterations** = der Vertrag wurde ohne Änderungen unterzeichnet

alternative 1 *noun* Alternative *f*; **we have no alternative** = wir haben keine Alternative *or* andere Wahl; **is there no alternative to a drastic cutback in personnel?** = gibt es keine Alternative zum drastischen Stellenabbau in unserer Firma? **2** *adjective* Alternativ-; **to find someone alternative employment** = jdm eine andere Arbeitsstelle beschaffen

altogether *adverb* insgesamt; **the staff of the three companies in the group come to 2,500 altogether** = die Zahl der Angestellten der drei Unternehmen beläuft sich auf insgesamt 2.500; **the company lost £2m last year and £4m this year, making £6m altogether for the two years** = das Unternehmen machte £2 Mio. Verluste im letzten Jahr und £4 Mio. in diesem Jahr, das macht insgesamt £6 Mio. für die zwei Jahre

a.m. *or (US)* **A.M.** *adverb* vormittags *or* ante meridiem; **the flight leaves at 9.20 a.m.** = der Flug geht um 9.20 Uhr (morgens); **telephone calls before 6 a.m. are charged at the cheap rate** = Telefongespräche vor 6 Uhr (früh) werden nach dem Billigtarif berechnet

amend *verb* (ab)ändern *or* berichtigen *or* ergänzen; **please amend your copy of the contract accordingly** = ändern Sie ihr Vertragsexemplar bitte entsprechend

◇ **amendment** *noun* Änderung *f or* Abänderung *f or* Ergänzung *f*; **to propose an amendment to the constitution** = einen Antrag auf Verfassungsänderung stellen; **to make amendments to a contract** = Änderungen an einem Vertrag vornehmen

American Depositary Receipt (ADR) *noun* ADR *(Zertifikat, das von US-Banken für die bei ihnen hinterlegten ausländischen Dividendenwerte ausgegeben wird)*

Amex *noun (informal)* = AMERICAN STOCK EXCHANGE; AMERICAN EXPRESS

amortize *verb* amortisieren *or* tilgen; abschreiben; **the capital cost is amortized over five years** = die Investitionskosten haben sich nach fünf Jahren amortisiert

◇ **amortizable** *adjective* amortisierbar; **the capital cost is amortizable over a period of ten years** = die Investitionskosten sind über einen Zeitraum von zehn Jahren amortisierbar

◇ **amortization** *noun* Amortisation *f or* Tilgung *f*; Abschreibung *f*; **amortization of a debt** = Tilgung einer Schuld

amount 1 *noun* Betrag *m or* Summe *f*; **amount paid** = bezahlter Betrag; **amount deducted** = abgezogener Betrag; **amount owing** = Forderung *f or* zu zahlender Betrag; **amount written off** = Abschreibungsbetrag; **what is the amount outstanding?** = wie hoch ist der ausstehende Betrag *or* die Forderung?; **a small amount invested in gilt-edged stock** = ein in erstklassige Wertpapiere investierter geringer Betrag **2** *verb* **to amount to** = sich belaufen auf *or* betragen; **their debts amount to over £1m** = ihre Schulden belaufen sich auf über £1 Mio.

analog computer *noun* Analogrechner *m*

analyse *or* **analyze** *verb* analysieren *or* auswerten; **to analyse a statement of account** = eine Abrechnung aufgliedern; **to analyse the market potential** = das Marktpotential analysieren

◇ **analysis** *noun* Analyse *f or* Auswertung *f*; **job analysis** = Arbeitsplatzanalyse; Arbeitsanalyse; **market analysis** = Marktanalyse; **sales analysis** = Umsatzanalyse; **to carry out an analysis of the market potential** = eine Analyse des Marktpotentials durchführen; **to write an analysis of the sales position** = eine Analyse der Absatzlage schreiben; **cost analysis** = Kostenanalyse; **systems analysis** = Systemanalyse (NOTE: plural is **analyses**)

◇ **analyst** *noun* Analytiker/-in; **market analyst** = Marktanalytiker/-in; Marktberater/-in; **systems analyst** = Systemanalytiker/-in

Andorra *noun* Andorra *n*

◇ **Andorran 1** *noun* Andorraner/-in **2** *adjective* andorranisch

(NOTE: capital: **Andorra la Vella;** currency: **French franc, Spanish peseta** = französischer Franc, spanische Peseta)

Angola *noun* Angola *n*

◇ **Angolan 1** *noun* Angolaner/-in **2** *adjective* angolanisch

(NOTE: capital: **Luanda;** currency: **kwanza** = Kwanza *m*)

announce *verb* ankündigen *or* bekanntgeben; **to announce the results for 1994** = das Jahresergebnis für 1994 bekanntgeben; **to announce a programme of investment** = ein Investitionsprogramm ankündigen

◇ **announcement** *noun* Ankündigung *f or* Bekanntgabe *f*; **announcement of a cutback in expenditure** = Ankündigung von Ausgabenkürzungen; **announcement of the appointment of a new managing director** = Bekanntgabe der Ernennung eines neuen geschäftsführenden Direktors; **the managing director made an announcement to the staff** = der geschäftsführende Direktor machte dem Personal eine Bekanntmachung

annual *adjective* jährlich; **annual statement of income** = jährliche Ertragsrechnung; **he has six weeks' annual leave** = er hat sechs Wochen Urlaub im Jahr; **the annual accounts** = der Jahresabschluß; **annual growth of 5%** = jährliches Wachstum von 5%; **annual report** = Jahresbericht *m* **annual return** = Jahresausweis *m* einer britischen Aktiengesellschaft ; **on an annual basis** = auf jährlicher Basis; **the figures are revised on an annual basis** = die Zahlen werden jährlich revidiert

◇ **annual general meeting (AGM)** *noun* ordentliche Jahreshauptversammlung

◇ **annualized** *adjective* auf Jahresbasis; **annualized percentage rate** = Effektivzins *m*

◇ **annually** *adverb* jährlich; **the figures are updated annually** = die Zahlen werden jährlich auf den neusten Stand gebracht

◇ **Annual Percentage Rate (APR)** *noun* effektiver Jahreszinssatz

> QUOTE real wages have risen at an annual rate of only 1% in the last two years
>
> *Sunday Times*
>
> QUOTE the remuneration package will include an attractive salary, profit sharing and a company car together with four weeks annual holiday
>
> *Times*

annuity *noun* Rente *f*; Jahresrente; **he has a government annuity** *or* **an annuity from the government** = er bekommt eine Pension; **to buy** *or* **to take out an annuity** = eine Rentenversicherung abschließen; **annuity for life** *or* **life annuity** = Leibrente; lebenslange Rente; **reversionary annuity** = Überlebensrente (NOTE: plural is **annuities**)

◇ **annuitant** *noun* Rentner/-in *or* Empfänger/-in einer Rente

annul *verb* annullieren *or* rückgängig machen *or* für ungültig erklären; **the contract was annulled by the court** = der Vertrag wurde durch das Gericht für nichtig erklärt (NOTE: **annulling - annulled**)

◇ **annullable** *adjective* annullierbar *or* aufhebbar

◇ **annulling 1** *adjective* Annullierungs- *or* Nichtigkeits- *or* Ungültigkeits- *or* Aufhebungs-; **annulling clause** = Kündigungsklausel *f* **2** *noun* Annullierung *f or* Aufhebung *f*; **the annulling of a contract** die Annullierung *or* Aufhebung eines Vertrags

◇ **annulment** *noun* Annullierung *f or* Aufhebung *f*; **annulment of a contract** = Annullierung *or* Aufhebung eines Vertrags

answer 1 *noun* Antwort *f or* Bescheid *m*; **in answer to your letter of October 6th** = in Beantwortung Ihres Briefes vom 6. Oktober; **my letter got no answer** *or* **there was no answer to my letter** = mein Brief wurde nicht beantwortet; **I tried to phone his office but there was no answer** = ich rief in seinem Büro an, aber es hat sich niemand gemeldet **2** *verb* (be)antworten; **to answer a letter** = einen Brief beantworten; **to answer the telephone** = den Hörer abnehmen

◇ **answering** *noun* **answering machine** = Anrufbeantworter *m*; **answering service** = Fernsprechauftragsdienst *m*

◇ **answerphone** *noun* Anrufbeantworter *m*

antedate *verb* zurückdatieren; **the invoice was antedated to January 1st** = die Rechnung war auf den 1. Januar zurückdatiert

anti- *prefix* Anti-

◇ **anti-dumping** *adjective* Antidumping-; **anti-dumping legislation** = Antidumping-Gesetze *npl*

◇ **anti-inflationary** *adjective* antiinflationär *or* gegeninflationär; **anti-inflationary measures** antiinflationäre Maßnahmen *fpl or* Inflationsbekämpfungsmaßnahmen *fpl*

◇ **antitheft** *adjective* **antitheft lock** = diebstahlsicheres Schloß; **antitheft tag** = (Diebstahl)sicherungsetikett *n*

◇ **anti-trust** *adjective* Kartell- *or* Antitrust-; **anti-trust laws** *or* **legislation** = amerikanische Kartellgesetzgebung

AOB = ANY OTHER BUSINESS *(on an agenda)* Sonstiges

aperture *noun* Öffnung *f*; **aperture envelope** = Fenster(brief)umschlag *m*

apologize *verb* sich entschuldigen; **to apologize for the delay in answering** = sich für die verspätete Antwort entschuldigen; **she apologized for being late** = sie entschuldigte sich für ihr Zuspätkommen

◇ **apology** *noun* Entschuldigung *f*; **to write a letter of apology** = ein Entschuldigungsschreiben aufsetzen *or* einen Entschuldigungsbrief schreiben; **I enclose a cheque for £10 with apologies for the delay in answering your letter** = ich bedaure, Ihren Brief so spät zu beantworten und lege einen Scheck über £10 bei

appeal 1 *noun* **(a)** *(attraction)* Reiz *m or* Anziehungskraft *f*; **customer appeal** = Anziehungskraft auf den Kunden; **sales appeal** = Kaufanreiz **(b)** *(against a decision)* Rechtsmittel *n or* Berufung *f or* Revision *f or* Beschwerde *f or* Einspruch *m*; **the appeal against the planning decision will be heard next month** = der gegen die Planungsentscheidung erhobene Einspruch wird nächsten Monat verhandelt; **he lost his appeal for damages against the company** = er verlor seine Schadenersatzklage gegen das Unternehmen in der Berufung; **she won her case on appeal** = sie gewann den Prozeß in der Berufung (NOTE: no plural for (a) **2** *verb* **(a)** ansprechen *or* reizen; **this CD appeals to the under-25 market** = diese CD spricht die Gruppe der unter 25jährigen an; **the idea of working in Australia for six months appealed to her** = die Vorstellung, sechs Monate in Australien zu arbeiten, reizte sie **(b)** Rechtsmittel *or* Berufung *or* Revision *or* Beschwerde *or* Einspruch einlegen; **the company appealed against the decision of the planning officers** = das Unternehmen erhob Einspruch gegen die Entscheidung der Planungsbeamten (NOTE: you appeal **to** a court or a person **against** a decision)

appear *verb* scheinen; **the company appeared to be doing well** = das Unternehmen schien erfolgreich zu sein *or* gut zu gehen ; **the managing director appears to be in control** = der geschäftsführende Direktor scheint alles unter Kontrolle zu haben

apply *verb* **(a)** *(ask for)* beantragen *or* sich bewerben; **to apply for a job** = sich um eine Stelle bewerben; **he has applied for the job** = er hat sich um die Stelle beworben; **to apply for shares** = Aktien zeichnen; **to apply in person** = sich persönlich bewerben; **to apply in writing** = sich schriftlich bewerben **(b)** *(affect)* gelten *or* betreffen; **this clause applies only to deals outside the EU** = diese Klausel gilt nur für Geschäfte außerhalb der EU

◇ **applicant** *noun* Antragsteller/-in; **applicant for a job** *or* **job applicant** = Stellenbewerber/-in; **applicant for shares** Aktienzeichner/-in; **there were thousands of applicants for shares in the new company** = Tausende beantragten die Zuteilung von Aktien des neuen Unternehmens

◇ **application** *noun* Antrag *m or* Gesuch *n or* Ersuchen *n*; **application for shares** = Aktienzeichnung *f*; **shares payable on application** = bei Zeichnung zahlbare Aktien; **attach the cheque to the share application form** = heften Sie den Scheck an das Aktien-Zeichnungsformular; **application for a job** *or* **job application** = Stellenbewerbung *f*; **application form** = Bewerbungsformular *n or* Antragsformular; **to fill in an application (form) for a job** *or* **a job application (form)** = ein Stellenbewerbungsformular ausfüllen; **letter of application** = Bewerbungsschreiben *n*; Antrag *m* auf Zuteilung von Wertpapieren

appoint *verb* ernennen *or* berufen; **to appoint James Smith (to the post of) manager** = James Smith zum Manager ernennen; **we have appointed a new distribution manager** = wir haben eine neue Vertriebsleiterin ernannt (NOTE: you appoint a person **to** a job)

◇ **appointee** *noun* Ernannte(r) *or* Beauftragte(r) *or* Kandidat/-in

◇ **appointment** *noun* **(a)** *(meeting)* Termin *m or* Verabredung *f*; **to make** *or* **to fix an appointment for two o'clock** = einen Termin für 14 Uhr machen *or* auf 14 Uhr festsetzen *or* anberaumen; **to make an appointment with someone for two o'clock** = mit jdm einen Termin für 14 Uhr machen; **he was late for his appointment** = er kam zu spät zu seinem Termin; **she had to cancel her appointment** = sie mußte ihren Termin absagen; **appointments book** = Terminkalender *m* **(b)** *(to a job)* Ernennung *f or* Einsetzung *f or* Berufung *f*; **on his appointment as manager** = bei seiner Ernennung zum Manager; **letter of appointment** = Einstellungsschreiben *n or* Ernennungsschreiben **(c)** *(job)* Stelle *f or* Amt *n*; **staff appointment** = Anstellung *f* von Personal; *(in a newspaper)* **appointments vacant** = Stellenangebote *npl or* offene Stellen *fpl*

apportion *verb* zuteilen *or* verteilen *or* umlegen; **costs are apportioned according to projected revenue** die Kosten werden entsprechend den hochgerechneten Einnahmen umgelegt

◇ **apportionment** *noun* Zuteilung *f or* Verteilung *f*; Umlegung *f*

appraise *verb* abschätzen *or* einschätzen *or* bewerten

◇ **appraisal** *noun* Abschätzung *f or* Einschätzung *f or* Bewertung *f*; **staff appraisal** = Personalbeurteilung *f*

> QUOTE we are now reaching a stage in industry and commerce where appraisals are becoming part of the management culture. Most managers now take it for granted that they will appraise and be appraised
> *Personnel Management*

appreciate *verb* **(a)** *(how good something is)* zu schätzen wissen *or* schätzen; **the customer always appreciates efficient service** = der Kunde weiß einen guten Service immer zu schätzen; **tourists do not appreciate long delays at banks** = Touristen warten nicht gerne lange am Bankschalter **(b)** *(increase in value)* **the dollar has appreciated in terms of the yen** = der Dollar ist gegenüber dem Yen gestiegen; **these shares have appreciated by 5%** = diese Aktien sind um 5% gestiegen

◊ **appreciation** *noun* **(a)** Anerkennung *f or* Würdigung *f or* Wertschätzung *f*; **he was given a rise in appreciation of his excellent work** = er erhielt eine Gehaltserhöhung in Anerkennung seiner ausgezeichneten Arbeit **(b)** Wertsteigerung *f or* Wertzuwachs *m*; Aufwertung *f*; **these shares show an appreciation of 10%** = diese Aktien zeigen einen Kursgewinn von 10%; **the appreciation of the dollar against the peseta** = der Anstieg des Dollar gegenüber der Peseta

> QUOTE faced with further appreciation of the yen, Japanese executives are accelerating their efforts to increase efficiency
> *Nikkei Weekly*

apprentice 1 *noun* Auszubildende(r) *or* Lehrling *m* **2** *verb* **to be apprenticed to** = in der Lehre *or* Ausbildung sein

◊ **apprenticeship** *noun* Ausbildung *f or* Lehre *f*; **he served a six-year apprenticeship in the steel works** = er machte eine sechsjährige Ausbildung im Stahlwerk

appro *noun* = APPROVAL; **to buy something on appro** = etwas auf Probe *f or* zur Ansicht kaufen

approach 1 *noun* Herantreten *n or* Herangehen(sweise *f*) *n or* Methode *f*; **the company made an approach to the supermarket chain** = das Unternehmen trat mit einem Angebot *n* an die Supermarktkette heran; **the board turned down all approaches on the subject of mergers** = der board of directors lehnte alle Fusionsangebote ab; **we have had an approach from a Japanese company to buy our car division** = uns liegt ein Kaufangebot eines japanisches Unternehmens für unseren Unternehmensbereich Automobile vor **2** *verb* herantreten an *or* sich wenden an; **he approached the bank with a request for a loan** = er wandte sich an die Bank, um einen Kredit zu bekommen; **the company was approached by an American publisher with the suggestion of a merger** = ein amerikanischer Verleger trat mit einem Fusionsvorschlag an das Unternehmen heran; **we have been approached several times but have turned down all offers** = man trat mehrmals an uns heran, aber wir haben alle Angebote abgelehnt

appropriate *verb* bewilligen *or* zuweisen *or* bereitstellen; **to appropriate a sum of money for a capital project** = Gelder für ein Investitionsprojekt bereitstellen

◊ **appropriation** *noun* Bewilligung *f or* Zuweisung *f or* Bereitstellung *f*; **appropriation of funds to the reserve** = Bereitstellung von Mitteln für die Rücklagen; **appropriation account** = Gewinnverteilungsrechnung *f or* Bereitstellungskonto *n*

approve *verb* **(a) to approve of** = billigen *or* gutheißen; **the chairman approves of the new company letter heading** = der Vorsitzende ist für den neuen Firmen-Briefkopf; **the sales staff do not approve of interference from the accounts division** = das Verkaufspersonal mag es nicht, wenn sich die Buchhaltung einmischt **(b)** genehmigen *or* zustimmen; **to approve the terms of a contract** = die Vertragsbedingungen akzeptieren; **the proposal was approved by the board** = der Vorschlag wurde vom board of directors angenommen

◊ **approval** *noun* **(a)** Genehmigung *f*; **to submit a budget for approval** = ein Budget zur Genehmigung vorlegen; **certificate of approval** = Zulassungsbescheinigung *f* **(b) on approval** = auf Probe *or* versuchsweise; **to buy a photocopier on approval** = einen Fotokopierer auf Probe kaufen

approximate *adjective* ungefähr *or* annähernd; **the sales division has made an approximate forecast of expenditure** = die Verkaufsabteilung hat eine ungefähre Ausgabenprognose aufgestellt

◊ **approximately** *adverb* circa *or* etwa *or* annähernd; **expenditure is approximately 10% down on the previous quarter** = die Ausgaben sind gegenüber dem letzten Quartal um etwa 10% gesunken

◊ **approximation** *noun* Annäherung *f or* Angleichung *f*; **approximation of expenditure** = Überschlag *m* der Ausgaben; **the final figure is only an approximation** = der Endbetrag ist nur ein Näherungswert *m*

APR = ANNUAL PERCENTAGE RATE

arbitrage *noun* Arbitrage *f* **risk arbitrage** = Risikoarbitrage; **arbitrage syndicate** = Arbitragekonsortium *n*

◊ **arbitrager** *or* **arbitrageur** *noun* Arbitrageur *m or* Arbitragehändler/-in

arbitrate *verb (of an outside party)* (durch Schiedsspruch) schlichten *or* (schiedsrichterlich) entscheiden; **to arbitrate in a dispute** = in einem Streitfall vermitteln

◊ **arbitration** *noun* Schlichtung(sverfahren *n*) *f*; Schieds(gericht)verfahren *n*; **to submit a dispute to arbitration** = einen Streitfall einem Schiedsgericht *n* übergeben; einen Streitfall vor den Schlichter bringen; **to refer a question to arbitration** = einen Streitfall an ein Schiedsgericht verweisen; **to take a dispute to arbitration** = einen Streitfall vor ein Schiedsgericht bringen; **to go to arbitration** = schiedsrichterliche Entscheidung einholen; **arbitration board** *or* **arbitration tribunal** = Schlichtungskommission *f or* Schiedskommission *f*; Schiedsgericht(shof ***m***) *n*; **industrial arbitration tribunal** = Schiedsgericht für wirtschaftliche Streitigkeiten; **to accept the ruling of the arbitration board** = die Entscheidung der Schlichtungskommission akzeptieren

◊ **arbitrator** *noun* Schlichter/-in *or* Schiedsrichter/-in; **industrial arbitrator** = Schlichter *or* Schiedsrichter bei gewerblichen Streitigkeiten; **to accept** *or* **to reject the arbitrator's**

ruling = die Entscheidung des Schlichters *or* Schiedsrichters akzeptieren *or* zurückweisen

arcade *noun* **amusement arcade** = Spielhalle *f*; **shopping arcade** = Einkaufspassage *f*

archives *noun* Archiv *n* **the company's archives go back to its foundation in 1892** = das Firmenarchiv besteht seit der Firmengründung 1892

area *noun* **(a)** Fläche *f or* Raum *m*; **the area of this office is 3,400 square feet** = das Büro hat eine Fläche von 3.400 Quadratfuß; **we are looking for a shop with a sales area of about 100 square metres** = wir suchen nach einem Laden mit einer Verkaufsfläche von etwa 100 qm **(b)** *(geographical)* Gebiet *n or* Zone *f*; **free trade area** = Freihandelszone; **dollar area** *or* **sterling area** = Dollarzone *or* Sterlingzone **(c)** *(subject)* Bereich *m*; **a problem area** *or* **an area for concern** = ein Problembereich **(d)** *(part of a town)* Viertel *n or* Teil *m&n or* Gebiet *n*; **the office is in the commercial area of the town** = das Büro liegt im Gewerbegebiet der Stadt; **their factory is in a very good area for getting to the motorways and airports** = ihre Fabrik liegt in einem Gebiet, von dem aus die Autobahnen und Flughäfen gut zu erreichen sind **(e)** *(part of a country)* Bezirk *m or* Gebiet *n*; **his sales area is the North-West** = sein Verkaufsbezirk liegt im Nordwesten; **he finds it difficult to cover all his area in a week** = es ist schwierig für ihn, seinen ganzen Bezirk in einer Woche zu bereisen

◇ **area code** *noun* Vorwahl *f or* Ortsnetzkennzahl *f*; **the area code for central London is 071** = die Vorwahl für den Londoner Innenraum ist 071

◇ **area manager** *noun* Bezirksleiter/-in *or* Gebietsleiter/-in

Argentina *noun* Argentinien *n*

◇ **Argentinian 1** *noun* Argentinier/-in **2** *adjective* argentinisch

(NOTE: capital: **Buenos Aires** currency: **Argentinian peso** = argentinischer Peso)

argue *verb* streiten *or* sich auseinandersetzen; **they argued over** *or* **about the price** = sie stritten über den Preis; **we spent hours arguing with the managing director about the site for the new factory** = wir stritten stundenlang mit dem geschäftsführenden Direktor über den Standort der neuen Fabrik; **the union officials argued among themselves over the best way to deal with the ultimatum from the management** = die Gewerkschaftsfunktionäre stritten darüber, wie am besten mit dem Ultimatum der Arbeitgeber umzugehen sei (NOTE: you argue **with** someone **about** *or* **over** something)

◇ **argument** *noun* Auseinandersetzung *f or* Streit *m*; **they got into an argument with the customs officials over the documents** = sie gerieten mit den Zollbeamten über die Unterlagen in Streit; **he was sacked after an argument with the managing director** = er wurde nach einem Streit mit dem geschäftsführenden Direktor entlassen

around *preposition* um *or* circa; **the office costs around £2,000 a year to heat** = die Heizkosten für das Büro betragen pro Jahr etwa £2.000; **his salary is around $85,000** = sein Gehalt liegt bei $85.000

arrange *verb* **(a)** (an)ordnen *or* gruppieren; **the office is arranged as an open-plan area with small separate rooms for meetings** = das Büro ist als Großraumbüro angelegt, mit kleinen, abgetrennten Räumen für Besprechungen; **the files are arranged in alphabetical order** = die Akten sind alphabetisch geordnet; **arrange the invoices in order of their dates** = ordnen Sie die Rechnungen nach Datum **(b)** vereinbaren; arrangieren *or* einrichten; **we arranged to have the meeting in their offices** = wir vereinbarten, die Besprechung in ihren Büroräumen abzuhalten; **she arranged for a car to meet him at the airport** = sie veranlaßte, daß er mit einem Auto vom Flughafen abgeholt wurde (NOTE: you arrange **for** someone to do something; you arrange **for** something to be done or you arrange **to** do something)

◇ **arrangement** *noun* **(a)** Vorbereitung *f*; Arrangement *n or* Plan *m*; **the company secretary is making all the arrangements for the AGM** = der Prokurist trifft alle Vorbereitungen für die Jahreshauptversammlung **(b)** Vergleich *m or* Übereinkunft *f*; **to come to an arrangement with the creditors** = mit den Gläubigern zu einem Vergleich kommen; **scheme of arrangement** = Vergleichsvorschlag *m*

> QUOTE on the upside scenario the outlook is reasonably optimistic, bankers say; the worst scenario being that a scheme of arrangement cannot be achieved, resulting in liquidation
>
> *Irish Times*

arrears *plural noun* Rückstände *mpl*; **arrears of interest** = Zinsrückstände; **to allow the payments to fall into arrears** = mit den Zahlungen in Verzug *m* geraten; **salary with arrears effective from January 1st** = Gehalt mit Gehaltsnachzahlung *f* ab 1. Januar; **in arrears** = im Rückstand ; **the payments are six months in arrears** = die Zahlungen sind sechs Monate im Rückstand; **he is six weeks in arrears with his rent** = er ist ist mit seiner Miete sechs Wochen im Rückstand

arrive *noun* **(a)** ankommen *or* eingehen *or* eintreffen; **the consignment has still not arrived** = die Sendung ist immer noch nicht eingetroffen; **the shipment arrived without any documentation** = die Sendung kam ohne jegliche Unterlagen an ; **the plane arrives in Sydney at 04.00** = das Flugzeug landet um 4 Uhr in Sidney ; **the train leaves Frankfurt at 09.20 and arrives at Stuttgart two hours later** = der Zug fährt um 9.20 Uhr in Frankfurt ab und kommt zwei Stunden später in Stuttgart an (NOTE: you arrive **at** *or* **in** a place or town, but only **in** a country) **(b) to arrive at** = gelangen zu *or* erreichen; **to arrive at a price** = sich auf einen Preis einigen; **after some discussion we arrived at a compromise** = nach einigen Diskussionen erzielten wir einen Kompromiß

◇ **arrival** *noun* Ankunft *f or* Eingang *m or* Eintreffen *n*; **we are waiting for the arrival of a consignment of spare parts** = wir warten auf den Eingang einer Sendung Ersatzteile; **'to await arrival'** = ‚nicht nachsenden'; *(in an airport)* **arrivals** = Ankunft

article *noun* **(a)** Artikel *m*; **to launch a new article on the market** = einen neuen Artikel auf den Markt bringen; **a black market in luxury articles** =

ein Schwarzmarkt für Luxusartikel **(b)** Artikel *m or* Paragraph *m or* Absatz *m or* Klausel *f*; **see article 8 of the contract** = siehe Abschnitt *m or* Paragraph 8 des Vertrags **(c) articles of association** = Gesellschaftsvertrag *m or* Satzung *f (einer Kapitalgesellschaft)* (NOTE: in the US, called **bylaws**) **director appointed under the articles of the company** = satzungsgemäß ernannte(r) Direktor/-in; **this procedure is not allowed under the articles of association of the company** = dies Verfahren ist satzungswidrig; *(US)* **articles of incorporation** = Gründungsurkunde *f (Teil der Satzung einer Gesellschaft)* (NOTE: in the UK, called **Memorandum of Association**) **(d) articles** = Anwaltsreferendarzeit *f*; **articled clerk** = Rechtsreferendar/-in

articulated lorry *or* **articulated vehicle** *noun* Sattelschlepper *m or* Sattelzug *m*

asap = AS SOON AS POSSIBLE

aside *adverb* zur Seite *or* beiseite; **to put aside** *or* **to set aside** = auf die Seite legen; **he is putting £50 aside each week to pay for his car** = er legt jede Woche £50 für die Abzahlung seines Wagens auf die Seite

ask *verb* **(a)** fragen; **he asked the information office for details of companies exhibiting at the motor show** = er erkundigte sich bei der Information nach Einzelheiten über Firmen, die auf der Automobilaustellung vertreten sind ; **ask the salesgirl if the bill includes VAT** = frag die Verkäuferin, ob die Rechnung Mehrwertsteuer enthält **(b)** bitten; verlangen; **he asked the switchboard operator to get him a number in Germany** = er bat die Telefonistin, ihm eine Nummer in Deutschland herauszusuchen; **she asked her secretary to fetch a file from the managing director's office** = sie bat ihre Sekretärin, eine Akte aus dem Büro der geschäftsführenden Direktorin zu holen; **the customs officials asked him to open his case** = die Zollbeamten forderten ihn auf, seinen Koffer zu öffnen

◊ **ask for** *verb* **(a)** verlangen *or* fragen nach *or* bitten; **he asked for the file on 1991 debtors** = er verlangte die Akte der Schuldner von 1991; **they asked for more time to repay the loan** = sie baten um Fristverlängerung für die Rückzahlung des Darlehens; **there is a man in reception asking for Mr Smith** = da ist ein Mann am Empfang, der Herrn Smith verlangt **(b)** verlangen *or* fordern; **they are asking £24,000 for the car** = sie wollen £24.000 für den Wagen

◊ **asking price** *noun* geforderter Preis; **the asking price is £24,000** = der geforderte Preis ist £24.000 *(vor Gewährung von Preisnachlässen)*

assay mark *noun (on gold and silver)* Feingehaltsstempel *m*

assemble *verb* montieren *or* zusammenbauen; **the engines are made in Japan and the bodies in Scotland, and the cars are assembled in France** = die Motoren werden in Japan hergestellt, die Karosserien in Schottland, und in Frankreich werden die Wagen zusammengebaut

◊ **assembly** *noun* **(a)** *(putting together)* Montage *f or* Zusammenbau *m*; **there are no assembly instructions to show you how to put the computer together** = es gibt keine Montageanleitung, in der angegeben ist, wie der Computer zusammengebaut wird; **car assembly plant** = KFZ-Montagewerk *n* **(b)** *(meeting)* Versammlung *f*

◊ **assembly line** *noun* Montageband *n or* Fließband *n or* Fertigungsstraße *f*; **he works on an assembly line** *or* **he is an assembly line worker** = er arbeitet am Fließband *or* er ist Fließbandarbeiter

assess *verb* schätzen; festsetzen *or* bemessen; **to assess damages at £1,000** = die Schäden auf £1.000 schätzen; die Schadenshöhe auf £1.000 festsetzen; **to assess a property for the purposes of insurance** = den Wert eines Gebäudes für Versicherungszwecke schätzen

◊ **assessment** *noun* Schätzung *f*; Festsetzung *f or* Bemessung *f*; **assessment of damages** = Schadenfeststellung *f*; Schadensbemessung *f*; **assessment of property** = (Grund)vermögensbewertung *f*; **staff assessment** = Personalbeurteilung *f*; **tax assessment** = *(action)* Steuerveranlagung *f*; *(result)* Steuerbescheid *m*

asset *noun* Aktiva *pl*; Aktivposten *m*; Vermögen(swert *m*) *n*; Guthaben *n*; **he has an excess of assets over liabilities** = er hat mehr Vermögen als Verbindlichkeiten; **her assets are only £640 as against liabilities of £24,000** = ihr Guthaben beträgt nur £640, gegenüber Verbindlichkeiten von £24.000; **capital assets** *or* **fixed assets** = Anlagevermögen *n*; **current assets** = Umlaufvermögen *n*; **frozen assets** = eingefrorene Vermögenswerte *or* Guthaben; **intangible assets** = immaterielle Vermögenswerte; **liquid assets** = flüssiges Vermögen; **personal assets** = Privatvermögen *n*; **tangible assets** = materielle Vermögenswerte *or* Sachvermögen *n or* Sachanlagen *fpl*; **asset stripper** = Aufkäufer *m* eines Unternehmens, der anschließend Unternehmensteile gewinnbringend veräußert; **asset stripping** = Aufkauf *m* eines Unternehmens mit anschließenden gewinnbringenden Einzelverkäufen; **asset value** = Substanzwert *m*

> QUOTE many companies are discovering that a well-recognised brand name can be a priceless asset that lessens the risk of introducing a new product
> *Duns Business Month*

assign *verb* **(a)** übertragen *or* abtreten; **to assign a right to someone** = jdm ein Recht abtreten; **to assign shares to someone** = jdm Aktien übertragen **(b)** *(to give someone a job of work)* beauftragen *or* betrauen; **he was assigned the job of checking the sales figures** = er wurde mit der Aufgabe betraut, die Verkaufszahlen zu überprüfen

◊ **assignation** *noun* Übertragung *f or* Abtretung *f*; **assignation of shares to someone** = Übertragung von Aktien auf jdn; **assignation of a patent** = Patentübertragung

◊ **assignee** *noun* Rechtsnachfolger/-in *or* Bevollmächtigte(r)

◊ **assignment** *noun* **(a)** Abtretung *f or* Übertragung *f*; **assignment of a patent** *or* **of a copyright** = Übertragung eines Patents *or* eines Urheberrechts; **to sign a deed of assignment** = eine Abtretungsurkunde unterzeichnen **(b)** Aufgabe *f or* Auftrag *m*; **he was appointed managing director with the assignment to improve the company's profits** = er wurde zum geschäftsführenden

Direktor ernannt, mit der besonderen Aufgabe, die Unternehmensgewinne zu steigern; **the oil team is on an assignment in the North Sea** = das Ölteam ist im Einsatz in der Nordsee

◇ **assignor** *noun* Abtretende(r) *or* Zedent *m*; Übertragende(r)

assist *verb* helfen *or* unterstützen; **can you assist the stock controller in counting the stock?** = können Sie dem Stock Controller bei der Bestandsaufnahme behilflich sein? **he assists me with my income tax returns** = er hilft mir bei meiner Einkommenssteuererklärung (NOTE: you assist someone **in** doing something or **with** something)

◇ **assistance** *noun* Hilfe *f or* Unterstützung *f*; **clerical assistance** = Schreibhilfe *or* Schreibkraft *f*; **financial assistance** = Finanzhilfe

◇ **assistant** *noun* Assistent/-in *or* Gehilfe/Gehilfin *or* Mitarbeiter/-in; **personal assistant** *or (US)* **administrative assistant** = persönliche(r) Assistent/-in; Chefsekretär/-in; **shop assistant** = Verkäufer/-in; **assistant manager** = stellvertretende(r) Leiter/-in

associate 1 *adjective* verbunden; **associate company** = ASSOCIATED COMPANY; **associate director** = außerordentliches Mitglied des board of directors **2** *noun* Teilhaber/-in *or* Gesellschafter/-in; **he is a business associate of mine** = er ist ein Geschäftsfreund von mir

◇ **associated** *adjective* Beteiligungs-; **associated company** = Beteiligungsgesellschaft *f* **Smith Ltd and its associated company, Jones Brothers** = Smith Ltd und ihre Beteiligungsgesellschaft, Jones Brothers

◇ **association** *noun* **(a)** Gesellschaft *f or* Verband *m or* Bund *m*; **employers' association** = Arbeitgeberverband; **manufacturers' association** = Herstellerverband; **trade association** = Handelsverband; Unternehmerverband; Berufsverband **(b) articles of association** = Gesellschaftsvertrag *m or* Satzung *f (einer Kapitalgesellschaft);* **Memorandum of Association** = Gründungsurkunde *f (Teil der Satzung einer Gesellschaft)* (NOTE: in the USA, called **articles of incorporation)**

assume *verb* übernehmen; **to assume all risks** = alle Risiken übernehmen; **she has assumed responsibility for marketing** = sie hat die Verantwortung für Marketing übernommen

◇ **assumption** *noun* **(a) we have to go on the assumption that sales will not double next year** = wir müssen von der Annahme ausgehen, daß sich der Absatz im nächsten Jahr nicht verdoppelt **(b)** Übernahme *f*; **assumption of risks** = Risikoübernahme

assure *verb* versichern *or* eine Versicherung abschließen für; **to assure someone's life** = eine Lebensversicherung für jdn abschließen; **he has paid the premiums to have his wife's life assured** = er bezahlte Beiträge, damit seine Frau eine Lebensversicherung hat; **the life assured** = der/die Versicherte (in einer Lebensversicherung)

◇ **assurance** *noun* Versicherung *f*; **assurance company** = Versicherungsgesellschaft *f*; **assurance policy** = Lebensversicherung *f or* Lebensversicherungspolice *f*; **life assurance** = Lebensversicherung *f*

◇ **assurer** *or* **assuror** *noun* Versicherungsträger/-in (NOTE: **assure** and **assurance** are used in Britain for insurance policies relating to something which will certainly happen (such as death); for other types of policy use **insure** and **insurance)**

at best *phrase* **sell at best** = bestens *or* bestmöglich verkaufen

◇ **at par** *phrase* **share at par** = Aktie *f* zum Nennwert *or* al pari

◇ **at sight** *phrase* bei Sicht

ATM *noun* = AUTOMATED TELLER MACHINE

> QUOTE Swiss banks are issuing new Eurocheque cards which will guarantee Eurocheque cash operations but will also allow cash withdrawals from ATMs in Belgium, Denmark, Spain, France, the Netherlands, Portugal and Germany
>
> *Banking Technology*

attach *verb* beifügen; befestigen; **I am attaching a copy of my previous letter** = ich füge eine Kopie meines vorhergehenden Briefes bei; **please find attached a copy of my letter of June 24th** = als *or* in der Anlage finden sie eine Kopie meines Briefes vom 24. Juni; **the machine is attached to the floor so it cannot be moved** = die Maschine ist am Boden befestigt, damit sie nicht verrückt werden kann; **the bank attaches great importance to the deal** = die Bank mißt dem Geschäft große Bedeutung bei

◇ **attaché** *noun* Attaché *m*; **commercial attaché** = Handelsattaché; **attaché case** = Aktenkoffer *m*

◇ **attachment** *noun* dinglicher Arrest *m or* Beschlagnahme *f*, Pfändung *f* **attachment of earnings** = Lohn- und Gehaltspfändung *f*

attempt 1 *noun* Versuch *m or* Bemühung *f*; **the company made an attempt to break into the American market** = die Firma unternahm einen Versuch, in den amerikanischen Markt einzudringen; **the takeover attempt was turned down by the board** = der Übernahmeversuch wurde vom board of directors zurückgewiesen; **all his attempts to get a job have failed** = all seine Versuche, Arbeit zu finden, sind fehlgeschlagen **2** *verb* versuchen *or* sich bemühen; **the company is attempting to get into the tourist market** = das Unternehmen versucht, auf dem Touristikmarkt Fuß zu fassen; **we are attempting the takeover of a manufacturing company** = wir versuchen, ein Fertigungsunternehmen zu übernehmen; **he attempted to have the sales director sacked** = er versuchte, die Kündigung des Verkaufsleiters zu erreichen

attend *verb* anwesend sein *or* beiwohnen; **the chairman has asked all managers to attend the meeting** = der Vorsitzende forderte alle Manager auf, an der Besprechung teilzunehmen; **none of the shareholders attended the AGM** = keiner der Aktionäre nahm an der Jahreshauptversammlung teil

◇ **attend to** *verb* sich befassen mit; **the managing director will attend to your complaint personally** = der geschäftsführende Direktor wird sich ihrer Beschwerde persönlich annehmen; **we have brought in experts to attend to the problem of installing the new computer** = wir haben Experten hinzugeholt, damit sie die Installation des neuen Computers übernehmen

◇ **attention** *noun* Aufmerksamkeit *f or* Beachtung *f*; **for the attention of (fao) the Managing Director** = zu Händen *fpl* des geschäftsführenden Direktors; **your orders will have our best attention** = Ihre Aufträge werden von uns bestens ausgeführt

attorney *noun* **(a)** Bevollmächtigte(r) *or* rechtliche(r) Vertreter/-in; **power of attorney** = Handlungsvollmacht *f*; (schriftliche) Vollmacht; **his solicitor was granted power of attorney** = seinem Anwalt wurde Vollmacht erteilt **(b)** *(US)* **attorney-at-law** = Rechtsanwalt/Rechtsanwältin

attract *verb* anziehen *or* gewinnen; **the company is offering free holidays in Spain to attract buyers** = die Firma bietet kostenlose Urlaube in Spanien an, um Kunden zu gewinnen; **we have difficulty in attracting skilled staff to this part of the country** = wir haben Probleme, Facharbeiter in diesen Teil des Landes zu gewinnen

◇ **attractive** *adjective* attraktiv *or* zugkräftig; **attractive prices** = attraktive *or* verlockende Preise *mpl*; **attractive salary** = verlockendes *or* ansprechendes Gehalt

QUOTE airlines offer special stopover rates and hotel packages to attract customers and to encourage customer loyalty
Business Traveller

attributable profit *noun* zurechenbarer Gewinn

auction 1 *noun* Auktion *f or* Versteigerung *f*; **sale by auction** = Versteigerung; **auction rooms** = Auktionsräume *mpl*; **to sell goods by auction** *or* **at auction** = Waren versteigern; **to put something up for auction** = etwas zur Versteigerung anbieten; **Dutch auction** = holländische Versteigerung **2** *verb* versteigern; **the factory was closed and the machinery was auctioned off** = die Fabrik wurde geschlossen und die Maschinen versteigert

◇ **auctioneer** *noun* Auktionator/-in

audio-typing *noun* Tippen nach Phonodiktat

◇ **audio-typist** *noun* Phonotypist/-in

audit 1 *noun* Buchprüfung *f or* Revision *f*; **to carry out the annual audit** = die Jahresabschlußprüfung durchführen; **external audit** *or* **independent audit** = externe *or* außerbetriebliche Revision; **internal audit** = interne *or* betriebsinterne Revision *or* Innenrevision; **he is the manager of the internal audit department** = er ist der Leiter der internen Revisionsabteilung **2** *verb (Bücher, Rechnungen)* prüfen; **to audit the accounts** = die Bücher prüfen; **the books have not yet been audited** = die Bücher wurden noch nicht geprüft

◇ **auditing** *noun* Revision *f or* Buchprüfung *f*

◇ **auditor** *noun* Revisor/-in; Rechnungsprüfer/-in; Abschlußprüfer/-in; Wirtschaftsprüfer/-in; **the AGM appoints the company's auditors** = die Jahreshauptversammlung setzt die Revisoren des Unternehmens ein; **external auditor** = externer *or* außerbetrieblicher Revisor; **internal auditor** = interner Revisor *or* betriebsinterne(r) Revisor/-in *or* Innenrevisor; **auditors' report** = Prüfungsbericht *m*

Australia *noun* Australien *n*

◇ **Australian 1** *noun* Australier/-in **2** *adjective* australisch

(NOTE: capital: **Canberra;** currency: **Australian dollar** = australischer Dollar)

Austria *noun* Österreich *n*

◇ **Austrian 1** *noun* Österreicher/-in **2** *adjective* österreichisch

(NOTE: capital: **Vienna** = Wien; currency: **schilling** = Schilling *m*)

authenticate *verb* rechtsgültig machen; beglaubigen *or* beurkunden

authority *noun* **(a)** Befugnis *f or* Ermächtigung *f*; **he has no authority to act on our behalf** = er hat keine Vertretungsvollmacht **(b) local authority** = örtliche Behörde; **the authorities** = die Behörden *fpl or* die Obrigkeit *f*

authorize *verb* **(a)** genehmigen *or* bewilligen *or* freigeben; **to authorize payment of £10,000** = die Zahlung von £10.000 anweisen **(b)** ermächtigen *or* autorisieren *or* bevollmächtigen; **to authorize someone to act on the company's behalf** = jdn ermächtigen, das Unternehmen zu vertreten

◇ **authorization** *noun* Genehmigung *f or* Bevollmächtigung *f or* Ermächtigung *f or* Freigabe *f*; **do you have authorization for this expenditure?** = sind Ihnen diese Ausgaben bewilligt worden?; **he has no authorization to act on our behalf** = er ist nicht ermächtigt *or* befugt, in unserem Namen zu handeln

◇ **authorized** *adjective* befugt *or* autorisiert *or* bevollmächtigt; **authorized capital** = Grundkapital *n or* autorisiertes (Aktien)kapital; **authorized dealer** = Vertragshändler/-in

QUOTE in 1934 Congress authorized President Franklin D. Roosevelt to seek lower tariffs with any country willing to reciprocate
Duns Business Month

automated *adjective* automatisiert; **fully automated car assembly** = voll automatisierte PKW-Fertigung; **automated teller machine (ATM)** = Geldautomat *n (see also* PIN)

◇ **automation** *noun* Automation *f*; Automatisierung *f*

automatic *adjective* automatisch; **there is an automatic increase in salaries on January 1st** = die Gehälter werden automatisch am 1. Januar erhöht; **automatic data processing** = automatische Datenverarbeitung; **automatic telling machine** *or* **automated teller machine (ATM)** = Geldautomat *n*; **automatic vending machine** = Verkaufsautomat *n*

◇ **automatically** *adverb* automatisch; **the invoices are sent out automatically** = die Rechnungen werden automatisch verschickt; **addresses are typed in automatically** = Adressen werden automatisch eingetippt; **a demand note is sent automatically when the invoice is overdue** = eine Zahlungsaufforderung wird automatisch verschickt, wenn die Rechnung überfällig ist

available *adjective* erhältlich *or* verfügbar; **available in all branches** = in allen Geschäftsstellen erhältlich; **item no longer available** = Artikel nicht mehr erhältlich; **items**

available to order only = Artikel nur auf Bestellung (erhältlich); **funds which are made available for investment in small businesses** = Geldmittel, die für Investitionen in Kleinbetriebe bereitgestellt werden; **available capital** = verfügbares Kapital

◇ **availability** *noun* Verfügbarkeit *f* *or* Disponibilität *f*; **offer subject to availability** = Angebot gilt solange Vorrat reicht

average **1** *noun* **(a)** Durchschnitt *m* *or* Mittelwert *m*; **the average for the last three months** *or* **the last three months' average** = der Durchschnitt der letzten drei Monate; **sales average** *or* **average of sales** = Absatzdurchschnitt; **moving average** = gleitender Durchschnitt; **weighted average** = gewogener Mittelwert *or* Durchschnittswert; **on an average** = im Durchschnitt *or* durchschnittlich; **on an average, £15 worth of goods are stolen every day** = im Durchschnitt werden täglich Waren im Wert von £15 gestohlen **(b)** Havarie *f*; **average adjuster** = Schadensregulierer *m*; (Havarie-)Dispacheur *m*; **general average** = große Havarie; **particular average** = besondere Havarie **2** *adjective* **(a)** durchschnittlich; **average cost per unit** = durchschnittliche Stückkosten *pl*; **average price** = Durchschnittspreis *m*; **average sales per representative** = Durchschnittsumsatz *m* pro Vertreter/-in; **the average figures for the last three months** = die Durchschnittswerte der letzten drei Monate; **the average increase in prices** = die durchschnittliche Preissteigerung **(b)** durchschnittlich *or* Durchschnitts-; **the company's performance has been only average** = die Leistung des Unternehmens war nur durchschnittlich; **he is an average worker** = er ist ein durchschnittlicher Arbeiter **3** *verb* durchschnittlich betragen *or* ausmachen; **price increases have averaged 10% per annum** = die Preissteigerungen betrugen durchschnittlich 10% pro Jahr *or* die Preissteigerungen betrugen jahresdurchschnittlich 10%; **days lost through sickness have averaged twenty-two over the last four years** = durch Krankheit gingen in die letzten 4 Jahren durchschnittlich je 22 Tage verloren

◇ **average due date** *noun* mittlerer Fälligkeitstermin

◇ **average out** *verb* sich durchschnittlich belaufen auf; **it averages out at 10% per annum** = es beläuft sich durchschnittlich auf 10% pro Jahr ; **sales increases have averaged out at 15%** = die Umsatzsteigerungen beliefen sich durchschnittlich auf 15%

◇ **averager** *noun* Kapitalanleger/-in, der/die nach dem Prinzip des Averaging vorgeht

◇ **average-sized** *adjective* von durchschnittlicher Größe; **they are an average-sized company** = es ist ein Betrieb durchschnittlicher Größe; **he has an average-sized office** = er hat ein Büro durchschnittlicher Größe

◇ **averaging** *noun* Averaging *n (An- und Verkauf von denselben Wertpapieren zu verschiedenen Kursen und Zeitpunkten, um so einen besseren Durchschnittskurs zu erzielen)*

> QUOTE a share with an average rating might yield 5 per cent and have a PER of about 10
> ***Investors Chronicle***
> QUOTE the average price per kilogram for this season to the end of April has been 300 cents
> ***Australian Financial Review***

avoid *verb* vermeiden *or* umgehen; **the company is trying to avoid bankruptcy** = das Unternehmen versucht, den Konkurs abzuwenden; **my aim is to avoid paying too much tax** = mein Ziel ist es, zu hohe Steuerzahlungen zu vermeiden; **we want to avoid direct competition with Smith Ltd** = wir wollen die direkte Konkurrenz mit Smith Ltd vermeiden (NOTE: you avoid something or avoid **doing** something)

◇ **avoidance** *noun* Vermeidung *f* *or* Umgehung *f*; Aufhebung *f*; **avoidance of an agreement** *or* **of a contract** = Annullierung *f* *or* Anfechtung *f* eines Vertrags; **tax avoidance** = (legale) Steuerumgehung *or* Steuerausweichung

avoirdupois *noun (britisches Handelsgewicht vor der Umstellung auf das metrische System)* **one ounce avoirdupois** = 28,35 Gramm *n (1 pound = 16 ounces = 453,59 g)*

await *verb* (er)warten *or* entgegensehen; **we are awaiting the decision of the planning department** = wir warten auf die Entscheidung der Planungsabteilung; **they are awaiting a decision of the court** = sie warten auf eine Entscheidung des Gerichts; **the agent is awaiting our instructions** = der/die Vertreter/-in wartet auf unsere Anweisungen

award **1** *noun* Schiedsspruch *m*; **an award by an industrial tribunal** = eine Entscheidung eines Arbeitsgerichts; **the arbitrator's award was set aside on appeal** = der Schiedsspruch wurde in der Berufungsinstanz aufgehoben **2** *verb* zuerkennen *or* zusprechen; **to award someone a salary increase** = jdm eine Gehaltserhöhung gewähren; **to award damages** = Schadenersatz zuerkennen; **the judge awarded costs to the defendant** = der Richter erlegte dem Kläger die Gerichtskosten auf; **to award a contract to someone** = einen Auftrag an jdn vergeben

away *adverb* fort *or* weg; **the managing director is away on business** = der geschäftsführende Direktor ist geschäftlich unterwegs; **my secretary is away sick** = meine Sekretärin fehlt wegen Krankheit; **the company is moving away from its down-market image** = das Unternehmen setzt sich von seinem weniger anspruchsvollen Image ab

awkward *adjective* schwierig; peinlich; **the board is trying to solve the awkward problem** = der board of directors versucht, das schwierige Problem zu lösen; **when he asked for the loan the bank started to ask some very awkward questions** = als er ein Darlehen beantragte, stellte ihm die Bank einige sehr unangehme Fragen ; **he is being very awkward about giving us further credit** = er ist abgeneigt, uns weiteren Kredit zu geben *or* gewähren

axe *or (US)* **ax** **1** *noun* **the project got the axe** = das Projekt wurde gestrichen **2** *verb* radikal kürzen; abbauen; **to axe expenditure** = Ausgaben radikal kürzen; **several thousand jobs are to be axed** = mehrere tausend Stellen sollen abgebaut werden

Bb

'B' shares *plural noun* Stammaktien *fpl* mit besonderem Stimmrecht

baby bonds *plural noun (US)* Baby Bonds *mpl (Schuldverschreibungen mit sehr geringen Nennwerten)*

back 1 *noun* Rückseite *f*; **write your address on the back of the envelope** = schreiben Sie Ihre Adresse auf die Rückseite des Umschlags; **the conditions of sale are printed on the back of the invoice** = die Verkaufsbedingungen sind auf der Rückseite der Rechnung abgedruckt; **please endorse the cheque on the back** = unterschreiben Sie den Scheck bitte auf der Rückseite **2** *adjective (in the past)* zurück *or* Rück-; **back interest** = Zinsrückstand *m or* rückständige Zinsen *mpl*; **back orders** = unerledigte Aufträge *mpl*; **after the strike it took the factory six weeks to clear all the accumulated back orders** = nach dem Streik dauerte es sechs Wochen, bis die Fabrik alle rückständigen Aufträge erledigt hatte ; **back pay** = Lohnnachzahlung *f*; **I am owed £500 in back pay** = ich bekomme noch £500 Lohnnachzahlung ; **back payment** = Nachzahlung *f or* Rückzahlung; **the salesmen are claiming for back payment of unpaid commission** = die Vertreter fordern die Nachzahlung bisher nicht gezahlter Provision; **back payments** = Nachzahlungen *fpl*; **back rent** = Mietrückstand *m*; **the company owes £100,000 in back rent** = das Unternehmen ist £100.000 Miete im Rückstand; **back tax** = Steuerschuld *f* **3** *adverb (as things were before)* zurück; **he will pay back the money in monthly instalments** = er wird das Geld in monatlichen Raten zurückzahlen; **the store sent back the cheque because the date was wrong** = das Geschäft schickte den Scheck zurück, weil das Datum nicht stimmte; **the company went back on its agreement to supply at £1.50 a unit** = das Unternehmen machte die Vereinbarung rückgängig, zum Stückpreis von £1,50 zu liefern **4** *verb* **(a) to back someone** = jdn (finanziell) unterstützen; **the bank is backing him to the tune of £10,000** = die Bank unterstützt ihn bis in Höhe von £10.000; **he is looking for someone to back his project** = er sucht nach jemandem, der sein Projekt finanziell unterstützt **(b) to back a bill** = einen Wechsel indossieren

◊ **back burner** *noun* **the project has been put on the back burner** = das Projekt wurde zurückgestellt

◊ **backdate** *verb* rückdatieren; **backdate your invoice to April 1st** = rückdatieren Sie Ihre Rechnung auf den 1. April; **the pay increase is backdated to January 1st** = die Gehaltserhöhung wird rückwirkend ab 1. Januar gezahlt

◊ **backer** *noun* **(a)** Geldgeber *m or* Sponsor *m or* Hintermann *m*; **he has an Australian backer** = er hat einen australischen Sponsor; **one of the company's backers has withdrawn** = einer der Geldgeber des Unternehmens ist zurückgetreten **(b) backer of a bill** = Indossant *m*

◊ **background** *noun* **(a)** Werdegang *m or* Vorbildung *f*; Ausbildung *f*; **his background is in the steel industry** = er kommt aus der Stahlindustrie; **the company is looking for someone with a background of success in the electronics industry** = das Unternehmen sucht jemanden, der erfolgreich in der Elektronikbranche tätig war; **she has a publishing background** = sie kommt aus dem Verlagswesen *n*; **what is his background** *or* **do you know anything about his background?** = wie ist sein Werdegang *or* wissen Sie etwas über seinen Werdegang? **(b)** Hintergrund *m or* Zusammenhang *m*; **he explained the background of the claim** = er erklärte die Hintergründe *or* Zusammenhänge der Forderung; **I know the contractual situation as it stands now, but can you fill in the background details?** = ich kenne die derzeitige Vertragslage, aber können Sie mich genauer über die Vorgeschichte aufklären?

◊ **backhander** *noun (informal)* Schmiergeld *n*

◊ **backing** *noun* **(a)** finanzielle Unterstützung; **he has the backing of an Australian bank** = er hat die finanzielle Unterstützung einer australischen Bank; **the company will succeed only if it has sufficient backing** = das Unternehmen wird nur erfolgreich sein, wenn es genügend finanzielle Unterstützung hat; **who is providing the backing for the project** *or* **where does the backing for the project come from?** = wer unterstützt das Projekt finanziell *or* woher kommt das Geld für das Projekt? **(b) currency backing** = Währungsdeckung *f*

◊ **backlog** *noun* Rückstand *m*; **the warehouse is trying to cope with a backlog of orders** = das Lager versucht, mit einem Auftragsrückstand fertig zu werden; **my secretary can't cope with the backlog of work** = meine Sekretärin kann den Arbeitsrückstand nicht bewältigen

◊ **back out** *verb* aussteigen *or* zurücktreten von; **the bank backed out of the contract** = die Bank trat von dem Vertrag zurück; **we had to cancel the project when our German partners backed out** = wir mußten das Projekt aufgeben, als unsere deutschen Geschäftspartner ausstiegen

◊ **back-to-back loan** *noun* Parallelkredit *m*

◊ **back up** *verb* **(a)** unterstützen; **he brought along a file of documents to back up his claim** = er brachte einen Aktenordner voller Dokumente, um seinen Anspruch zu untermauern; **the finance director said the managing director had refused to back him up in his argument with the VAT office** = der Leiter der Finanzabteilung sagte, der geschäftsführende Direktor habe sich geweigert, ihn bei seiner Auseinandersetzung mit der Umsatzsteuerstelle des Finanzamtes zu unterstützen **(b)** *(Computer)* sichern

◊ **backup** *adjective* zusätzlich *or* Unterstützungs-; **we offer a free backup service to customers** = wir bieten unseren Kunden einen kostenlosen Kundendienst; **after a series of sales tours by representatives, the sales director sends backup letters to all the contacts** = nach einer Reihe von Vertreterbesuchen schickt der Verkaufsleiter Erinnerungsschreiben an alle potentiellen Kunden; **backup copy** *or* **backup disk** = Sicherungskopie *f*

◇ **backwardation** *noun* Deport *m*

> QUOTE the businesses we back range from start-up ventures to established companies in need of further capital for expansion
> *Times*
>
> QUOTE the company has received the backing of a number of oil companies who are willing to pay for the results of the survey
> *Lloyd's List*

bad *adjective* schlecht; **bad bargain** = schlechtes Geschäft; **bad buy** = schlechter Kauf; **bad cheque** = ungültiger Scheck; **bad debt** = uneinbringliche Forderung *f or* nicht einziehbare Außenstände *pl*; **the company has written off £30,000 in bad debts** = das Unternehmen schrieb £30.000 an uneinbringlichen Forderungen ab

badge *noun* Abzeichen *n or* Ausweis *m*; **all the staff at the exhibition must wear identification badges** = das gesamte Messepersonal muß Ausweise tragen; **visitors have to sign in at reception and will be given visitors' badges** = Besucher müssen sich beim Empfang anmelden und erhalten dort Besucherausweise

bag *noun* Tüte *f or* Beutel *m or* Tasche *f*; **he brought his files in a Harrods bag** = er brachte seine Akten in einer Einkaufstüte von Harrods ; **we gave away 5,000 plastic bags at the exhibition** = wir gaben auf der Ausstellung 5.000 Plastiktüten aus; **shopping bag** = Einkaufstasche

baggage *noun* Gepäck *n*; **free baggage allowance** = Freigepäck; *(US)* **baggage cart** *or (GB)* **baggage trolley** = Gepäckwagen *m; (US)* **baggage room** *or (GB)* **left luggage office** = Gepäckaufbewahrung *f* (NOTE: no plural; to show one suitcase, etc., you can say **one item** *or* **a piece of baggage)**

Bahamas *noun* Bahamas *or* Bahamainseln *pl*

◇ **Bahamian 1** *noun* Baham(an)er/-in **2** *adjective* baham(a)isch

(NOTE: capital: **Nassau;** currency: **Bahamian dollar** = Bahama-Dollar *m*)

Bahrain *noun* Bahrain *n*

◇ **Bahraini(an) 1** *noun* Bahrainer/-in **2** *adjective* bahrainisch

(NOTE: capital: **Manama;** currency: **Bahraini dinar** = Bahrain-Dinar *m*)

bail *noun* Kaution *f*; **to stand bail of £3,000 for someone** = für jdn £3.000 Kaution stellen; **he was released on bail of $3,000** *or* **he was released on payment of $3,000 bail** = er wurde gegen eine Kaution in Höhe von $3.000 freigelassen ; **to jump bail** = die Kaution (durch Nichterscheinen) verfallen lassen

◇ **bail out** *verb* **(a)** *(to rescue financially)* aus (finanziellen) Schwierigkeiten helfen **(b) to bail someone out** = jdn durch die Hinterlegung einer Kaution freibekommen; **she paid $3,000 to bail him out** = sie zahlte $3.000, um ihn auf Kaution freizubekommen

◇ **bail-out** *noun* Hilfe *f* aus (finanziellen) Schwierigkeiten *fpl*

> QUOTE the government has decided to bail out the bank which has suffered losses to the extent that its capital has been wiped out
> *South China Morning Post*

balance 1 *noun* **(a)** Saldo *m*; **balance in hand** = Kassenbestand *m*; **balance brought down** *or* **balance brought forward** *or* **balance carried forward** = Saldoübertrag *m or* Saldovortrag *m* **(b)** Restbetrag *m or* Differenz *f*; **you can pay £100 deposit and the balance within 60 days** = Sie können £100 anzahlen und den Restbetrag innerhalb von 60 Tagen bezahlen; **balance due to us** = fälliger Rechnungsbetrag **(c) balance of payments** = Zahlungsbilanz *f*; **balance of trade** *or* **trade balance** = Handelsbilanz *f*; **adverse** *or* **unfavourable balance of trade** = passive Handelsbilanz; **favourable trade balance** = aktive Handelsbilanz; **the country has had an adverse balance of trade for the second month running** = das Land hat nun schon zwei Monate hintereinander eine passive Handelsbilanz **(d) bank balance** = Bankguthaben *n or* Kontostand *m*; **credit balance** = Habensaldo *m or* Guthaben *n*; **the account has a credit balance of £100** = das Konto weist ein Guthaben von £100 auf; **debit balance** = Sollsaldo *m*; **because of large payments to suppliers, the account has a debit balance of £1,000** = aufgrund hoher Zahlungen an Lieferanten weist das Konto einen Sollsaldo von £1.000 auf; **previous balance** = alter Kontostand **2** *verb* **(a)** ausgeglichen sein; **the February accounts do not balance** = der Februar-Abschluß ist nicht ausgeglichen **(b)** saldieren; ausgleichen; **I have finished balancing the accounts for March** = ich habe den Kontenausgleich für März abgeschlossen **(c)** ausgleichen; **the president is planning for a balanced budget** = der Vorsitzende rechnet mit einem ausgeglichenen Etat

◇ **balance sheet** *noun* Bilanz *f*; **the company balance sheet for 1993 shows a substantial loss** = die Unternehmensbilanz für 1993 weist einen erheblichen Verlust auf; **the accountant has prepared the balance sheet for the first half-year** = der Buchhalter hat die Bilanz für das erste Halbjahr erstellt

bale 1 *noun* Ballen *m*; **a bale of cotton** = ein Baumwollballen; **2,520 bales of wool were destroyed in the fire** = 2.520 Wollballen wurden bei dem Feuer verbrannt **2** *verb (to make a bale)* in Ballen packen *or* bündeln

balloon *noun (große letzte Ratenzahlung)* Balloon *m; (US)* **balloon mortgage** = Balloon-Hypothek *f*

ballot 1 *noun* **(a)** (geheime) Wahl *f or* Abstimmung *f*; **ballot box** = Wahlurne *f*; **ballot paper** = Wahlzettel *m or* Stimmzettel; **postal ballot** = Briefwahl *f*; **secret ballot** = geheime Wahl *or* Abstimmung **(b)** Losverfahren *n*; **the share issue was oversubscribed, so there was a ballot for the shares** = die Aktienemission war überzeichnet, so daß die Aktien im Losverfahren vergeben wurden **2** *verb* abstimmen *or* eine (geheime) Wahl abhalten; **the union is balloting for the post of president** = die Gewerkschaft stimmt über den Posten des Vorsitzenden ab

◇ **ballot-rigging** *noun* Manipulation *f* der Wahlresultate *npl*; Wahlbetrug *m*

ban 1 *noun* Verbot *n*; **a government ban on the import of weapons** = ein staatliches Einfuhrverbot für Waffen; **a ban on the export of computer software** = ein Ausfuhrverbot für Computer Software; **overtime ban** = Überstundenverbot; **to impose a ban on smoking** = ein Rauchverbot erlassen; **to lift the ban on smoking** = das Rauchverbot aufheben; **to beat the ban on something** = ein Verbot umgehen **2** *verb* verbieten *or* mit einem Verbot belegen; **the government has banned the sale of alcohol** = die Regierung verbot den Verkauf von Alkohol (NOTE: **banning - banned**)

band *noun* **(a)** Bandbreite *f* **(b) rubber band** = Gummiband *n or* Gummiring *m*; **put a band round the filing cards to stop them falling on the floor** = verschnüren Sie die Karteikarten mit einem Band, damit sie nicht auf den Boden fallen

Bangladesh *noun* Bangladesch *n*

◇ **Bangladeshi 1** *noun* Bangale/Bangalin **2** *adjective* bangalisch

(NOTE: capital: **Dacca** = Dakka; currency: **taka** = Taka *m*)

bank 1 *noun* **(a)** Bank *f*; **he put all his earnings into his bank** = er brachte seine ganzen Einnahmen auf die Bank; **I have had a letter from my bank telling me my account is overdrawn** = ich bekam einen Brief von der Bank, in dem mir mitgeteilt wurde, daß mein Konto überzogen ist; **bank loan** *or* **bank advance** = Bankkredit *m or* Bankdarlehen *n*; **he asked for a bank loan to start his business** = er bat um ein Darlehen, um sein Geschäft gründen zu können; **bank borrowing** = Kreditaufnahme *f* bei Banken; **the new factory was financed by bank borrowing** = die neue Fabrik wurde durch Bankkredite *mpl* finanziert; **bank borrowings have increased** = Kreditaufnahmen *fpl* bei Banken haben zugenommen; **bank deposits** = Bankeinlagen *fpl* **(b) central bank** = Zentralbank *f or* Notenbank; **the Bank of England** = die Bank von England; **the Federal Reserve Banks** = die 12 Banken des Federal Reserve Systems, *(etwa)* die Landeszentralbanken *fpl*; **the World Bank** = die Weltbank **(c) savings bank** = Sparkasse *f*; **merchant bank** = Merchant Bank *f (Spezialinstitut für verschiedenste Finanzierungsleistungen: Groß- und Überseehandel und Emissionsgeschäfte)* ; **the High Street banks** = die größten öffentlichen Bankinstitute in Großbritannien **(d) data bank** = Datenbank *f* **2** *verb (to put money into a bank)* (auf ein Bankkonto) einzahlen; **he banked the cheque as soon as he received it** = er zahlte den Scheck sofort ein, nachdem er ihn erhalten hatte; **where do you bank?** = bei welcher Bank haben Sie Ihr Konto?; **I bank at** *or* **with Barclays** = ich habe ein Konto bei Barclays

◇ **bankable** *adjective* bankfähig; **a bankable paper** = ein bankfähiges Papier

◇ **bank account** *noun* Bankkonto *n*; **to open a bank account** = ein Bankkonto eröffnen; **to close a bank account** = ein Bankkonto auflösen; **how much money do you have in your bank account?** = wieviel Geld hast Du auf Deinem Bankkonto?; **she has £100 in her savings bank account** = sie hat £100 auf ihrem Sparkonto; **if you let the balance in your bank account fall below £100, you have to pay bank charges** = wenn Ihr Kontostand unter £100 fällt, müssen Sie Bankgebühren bezahlen

◇ **bank balance** *noun* Bankguthaben *n or* Kontostand *m*; **our bank balance went into the red last month** = unser Kontostand ging im letzten Monat in die roten Zahlen

◇ **bank bill** *noun* **(a)** *(GB)* Bankakzept *n* **(b)** *(US)* Banknote *f or* Schein *m*

◇ **bank book** *noun* Bankbuch *n or* Sparbuch

◇ **bank charges** *plural noun* Bankgebühren *fpl* (NOTE: in US English this is **a service charge)**

◇ **bank clerk** *noun* Bankangestellte(r)

◇ **bank draft** *noun* Banktratte *f or* Bankwechsel *m or* Bankscheck *m*

◇ **banker** *noun* **(a)** Bankier *m or* Banker *m*; **merchant banker** = Bankier in einer Merchant Bank **(b) banker's bill** = Bankwechsel *m*; **banker's order** = Zahlungsauftrag *m* an eine Bank; Dauerauftrag *m*; **he pays his subscription by banker's order** = er zahlt seinen Beitrag per Dauerauftrag

◇ **bank giro** *noun (GB)* Bankgiro *n*

◇ **bank holiday** *noun* gesetzlicher Feiertag; **New Year's Day is a bank holiday** = Neujahr ist ein gesetzlicher Feiertag

◇ **banking** *noun* Bankgeschäfte *npl or* Bankverkehr *m or* Bankwesen *n*; **she is studying banking** = sie macht eine Berufsausbildung zur Bankkauffrau; **he has gone into banking** = er ging ins Bankfach; *(US)* **banking account** = Bankkonto *n*; **banking crisis** = Bankenkrise *f*; **banking hours** = Banköffnungszeiten *fpl or* Schalterstunden *pl*; **you cannot get money out of this bank after banking hours** = Sie können nach Schalterschluß kein Geld mehr von dieser Bank bekommen

◇ **bank manager** *noun* Bankdirektor/-in; **he asked his bank manager for a loan** = er bat seinen Bankdirektor um einen Kredit

◇ **bank note** *or* **banknote** *noun* Banknote *f or* Schein *m*; **he pulled out a pile of used bank notes** = er zog einen Haufen gebrauchter Banknoten heraus (NOTE: US English is **bill)**

◇ **Bank of England** *noun (britische Zentralbank)* Bank von England

◇ **bank on** *verb* sich verlassen auf; **he is banking on getting a loan from his father to set up in business** = er verläßt sich darauf, daß er für die Gründung seines Geschäfts ein Darlehen von seinem Vater bekommt; **do not bank on the sale of your house** = verlassen Sie sich nicht darauf, daß Ihr Haus verkauft wird

◇ **bankroll** *verb (informal)* finanzieren

◇ **bank statement** *noun* Kontoauszug *m*

bankrupt 1 *noun* Konkursschuldner/-in **2** *adjective* bankrott *or* zahlungsunfähig *or* insolvent; **he was adjudicated** *or* **declared bankrupt** = er wurde für zahlungsunfähig *or* bankrott erklärt; **a bankrupt property developer** = ein bankrotter Bauträger; **he went bankrupt after two years in business** = er ging zwei Jahre nach Geschäftsgründung bankrott; **certificated bankrupt** = rehabilitierte(r) Konkursschuldner/-in; **discharged bankrupt** = entlastete(r) Konkursschuldner/-in; **undischarged bankrupt** = nicht entlastete(r) Konkursschuldner/-in **3** *verb* ruinieren *or* zugrunde richten; in den Konkurs treiben; **the recession bankrupted my father** = die Rezession ruinierte meinen Vater

◊ **bankruptcy** *noun* Bankrott *m or* Konkurs *m*; **the recession has caused thousands of bankruptcies** = die Rezession verursachte Tausende von Konkursen; **adjudication of bankruptcy** *or* **declaration of bankruptcy** = Konkurseröffnungsbeschluß *m*; **discharge in bankruptcy** = Entlastung *f* des Konkursschuldners; **to file a petition in bankruptcy** = Konkurs anmelden *or* Antrag auf Konkurseröffnung stellen

bar *noun* **(a)** Bar *f or* Lokal *n*; **the sales reps met in the bar of the hotel** = die Vertreter trafen sich in der Bar des Hotels **(b) sandwich bar** = Sandwich Bar *f*; **snack bar** = Imbißstube *f* **(c)** *(thing which stops you doing something)* Hindernis *n or* Hemmnis *n*; **government legislation is a bar to foreign trade** = die Gesetzgebung der Regierung ist ein Hemmnis für den Außenhandel **(d)** *(GB barristers)* Anwaltschaft *f*; **to be called to the bar** = als Anwalt/Anwältin (vor Gericht) zugelassen sein

◊ **bar chart** *noun* Balkendiagramm *n or* Stabdiagramm *or* Säulendiagramm

◊ **bar code** *noun* Strichkode *m*

Barbados *noun* Barbados *n*

◊ **Barbadian 1** *noun* Barbadier/-in **2** *adjective* barbadisch

(NOTE: capital: **Bridgetown;** currency: **Barbados dollar** = Barbados-Dollar *m*)

bareboat charter *noun* Chartern *n* eines Schiffes ohne Besatzung usw.; Bareboat Charter *m*

barely *adverb* kaum; **there is barely enough money left to pay the staff** = es ist kaum noch Geld übrig, um das Personal zu bezahlen; **she barely had time to call her lawyer** = sie hatte kaum Zeit, ihren Anwalt anzurufen

bargain 1 *noun* **(a)** Handel *m or* Geschäft *n*; **to make a bargain** = ein Geschäft machen; **to drive a hard bargain** = hart verhandeln *or* harte Bedingungen *fpl* stellen; **to strike a hard bargain** = ein Geschäft nach harten Verhandlungen *fpl* zufriedenstellend abschließen; **it is a bad bargain** = das ist ein schlechtes Geschäft **(b)** *(thing which is cheaper than usual)* Schnäppchen *n or* Gelegenheitskauf *m*; **that car is a (real) bargain at £500** = für £500 ist der Wagen ein (richtiges) Schnäppchen; **bargain hunter** = jd, der auf Sonderangebote aus ist **(c)** *(stock exchange)* Börsengeschäft *n or* Abschluß *m*; **bargains done** = die Anzahl der Abschlüsse *or* Börsengeschäfte **2** *verb* (aus)handeln; **you will have to bargain with the dealer if you want a discount** = Sie müssen mit dem Händler handeln, wenn Sie Rabatt haben wollen; **they spent two hours bargaining about** *or* **over the price** = sie verhandelten zwei Stunden lang über den Preis (NOTE: you bargain **with** someone **over** *or* **about** *or* **for** something)

◊ **bargain basement** *noun* Abteilung *f* für Sonderangebote *npl* im Untergeschoß eines Kaufhauses; **I'm selling this at a bargain basement price** = ich verkaufe dies zu einem absoluten Sonderpreis *m*

◊ **bargain counter** *noun* Sonderangebotsstand *m or* Sondertisch *m*

◊ **bargain offer** *noun* Sonderangebot *n or* günstiges Angebot; **this week's bargain offer - 30% off all carpet prices** = Sonderangebot der Woche - 30% Preisnachlaß auf alle Teppiche

◊ **bargain price** *noun* Sonderpreis *m or* Spottpreis; **these carpets are for sale at a bargain price** = diese Teppiche werden zu Spottpreisen angeboten

◊ **bargain sale** *noun* Ausverkauf *m*

◊ **bargaining** *noun* Handeln *n or* Aushandeln; **(free) collective bargaining** = (autonome) Tarifverhandlungen *fpl*; **bargaining position** = Verhandlungsposition *f*; **bargaining power** = Verhandlungsstärke *f*

barrel *noun* **(a)** Faß *n*; **he bought twenty-five barrels of wine** = er kaufte 25 Fässer Wein; **to sell wine by the barrel** = Wein faßweise verkaufen **(b)** *(amount contained in a barrel)* Barrel *n*; **the price of oil has reached $30 a barrel** = der Ölpreis hat $30 pro Barrel erreicht

> QUOTE if signed, the deals would give effective discounts of up to $3 a barrel on Saudi oil
> ***Economist***
>
> QUOTE US crude oil stocks fell last week by nearly 2.6m barrels
> ***Financial Times***
>
> QUOTE the average spot price of Nigerian light crude oil for the month of July was 27.21 dollars a barrel
> ***Business Times (Lagos)***

barrier *noun* Schranke *f*; **customs barriers** *or* **tariff barriers** = Zollschranken; **to impose trade barriers on certain goods** = bestimmten Waren Handelsbeschränkungen *fpl* auferlegen; **the unions have asked the government to impose trade barriers on foreign cars** = die Gewerkschaften forderten die Regierung auf, ausländische Wagen mit Handelsbeschränkungen zu belegen; **to lift trade barriers from imports** = Handelsbeschränkungen für Importe aufheben; **the government has lifted trade barriers on foreign cars** = die Regierung hat die Handelsbeschränkungen für ausländische Wagen aufgehoben

> QUOTE a senior European Community official has denounced trade barriers, saying they cost European producers $3 billion a year
> ***Times***
>
> QUOTE to create a single market out of the EC member states, physical, technical and tax barriers to free movement of trade between member states must be removed. Imposing VAT on importation of goods from other member states is seen as one such tax barrier
> ***Accountancy***

barrister *noun* *(GB)* Rechtsanwalt/Rechtsanwältin

barter 1 *noun* Kompensationsgeschäft *n or* Tauschhandel *m or* Tauschgeschäft *n*; **barter agreement** *or* **barter arrangement** *or* **barter deal** = Tauschabkommen *n or* Kompensationsabkommen; **the company has agreed a barter deal with Bulgaria** = das Unternehmen schloß ein Kompensationsabkommen mit Bulgarien **2** *verb* Tauschhandel treiben *or* Kompensationsgeschäfte machen; **they agreed a deal to barter tractors for barrels of wine** = sie trafen ein Abkommen, Traktoren gegen Weinfässer zu tauschen

◇ **bartering** *noun* Tauschhandel *m*

QUOTE under the barter agreements, Nigeria will export 175,000 barrels a day of crude oil in exchange for trucks, food, planes and chemicals
Wall Street Journal

base 1 *noun* **(a)** Basis *f or* Ausgangspunkt *m or* Grundlage *f*; **turnover increased by 200%, but starting from a low base** = der Umsatz stieg um 200%, hatte aber eine niedrige Ausgangsbasis; **bank base rate** = Eckzins *m or* Leitzins *m; (US)* **base pay** = Grundlohn *m*; **base year** = Basisjahr *n or* Vergleichsjahr *(see also* DATABASE) **(b)** Sitz *m or* Standort *m*; **the company has its base in London and branches in all European countries** = das Unternehmen hat seinen Sitz in London und Niederlassungen in allen europäischen Ländern; **he has an office in Madrid which he uses as a base while he is travelling in Southern Europe** = er hat ein Geschäftsbüro in Madrid, das ihm während seiner Südeuropareisen als Standort dient; *(US)* **to touch base with someone** = sich bei jdm melden **2** *verb* **(a)** *(to start to calculate from)* basieren *or* gründen *or* stützen; **we based our calculations on the forecast turnover** = wir stützten unsere Kalkulationen auf die Umsatzprognose; **based on** = basierend auf *or* auf der Grundlage von; **based on last year's figures** = auf der Grundlage der Zahlen des letzten Jahres; **based on population forecasts** = auf Bevölkerungsprognosen basierend **(b)** *(in a place)* stationieren; **the European manager is based in our London office** = der Manager für Europa hat sein Büro in unserer Londoner Niederlassung; **our overseas branch is based in the Bahamas** = unsere Auslandsvertretung hat ihren Sitz auf den Bahamas; **a London-based sales executive** = ein Verlaufsleiter mit einem Büro in London

◇ **basement** *noun* Untergeschoß *n*; **bargain basement** = Abteilung *f* für Sonderangebote *npl* im Untergeschoß eines Kaufhauses; **I am selling this at a bargain basement price** = ich verkaufe dies zu einem absoluten Sonderpreis *m*

QUOTE the base lending rate, or prime rate, is the rate at which banks lend to their top corporate borrowers
Wall Street Journal
QUOTE other investments include a large stake in the Chicago-based insurance company
Lloyd's List

basic *adjective* **(a)** Grund- *or* Basis-; eigentlich; **basic pay** *or* **basic salary** *or* **basic wage** = Grundlohn *m or* Grundgehalt *n*; **basic discount** = Grundrabatt *m or* Normalrabatt; **our basic discount is 20%, but we offer 5% extra for rapid settlement** = unser Grundrabatt ist 20%, aber wir gewähren weitere 5% bei umgehender Bezahlung **(b)** wesentlich *or* hauptsächlich *or* Haupt-; **basic commodities** = Grundstoffe *mpl or* Rohstoffe **(c)** Grund- *or* elementar; **he has a basic knowledge of the market** = er hat Grundkenntnisse *fpl* des Markts *or* im Börsengeschäft; **to work at the cash desk, you need a basic knowledge of maths** = um an der Kasse arbeiten zu können, braucht man Grundkenntnisse in Mathematik

◇ **basics** *plural noun* Grundlagen *fpl or* Grundsachverhalt *m*; **he has studied the basics of foreign exchange dealing** = er erlernte die Grundlagen des Devisenhandels; **to get back to basics** = zum Kern *m* der Sache *or* zu den Grundlagen zurückkommen

◇ **basically** *adverb* im Grunde *or* eigentlich

◇ **BASIC** *noun* = BEGINNER'S ALL-PURPOSE SYMBOLIC INSTRUCTION CODE - BASIC

basis *noun* **(a)** Grundlage *f or* Basis *f or* Grund *m*; **we forecast the turnover on the basis of a 6% price increase** = wir kalkulierten den Umsatz auf der Basis einer 6%igen Preiserhöhung **(b)** Basis *f or* Grundlage *f*; **on a short-term** *or* **long-term basis** = kurzfristig; langfristig; **he has been appointed on a short-term basis** = er wurde kurzfristig eingestellt; **on a freelance basis** = als frei(er) Mitarbeiter/-in; **we have three people working on a freelance basis** = bei uns arbeiten drei freie Mitarbeiter (NOTE: the plural is **bases)**

basket *noun* **(a)** Korb *m*; **a basket of apples** = ein Korb Äpfel; **filing basket** = Ablage *f*; **shopping basket** = Einkaufskorb *m*; Warenkorb; **the price of the average shopping basket** *or (US)* **the market basket has risen by 6%** = der Preis eines durchschnittlichen Warenkorbs ist um 6% gestiegen; **waste paper basket** *or (US)* **wastebasket** = Papierkorb *m* **(b) currency basket** = Währungskorb *m*; **the pound has fallen against a basket of European currencies** = das Pfund is gegenüber anderen europäischen Währungen gesunken

QUOTE as a basket of European currencies, the ecu is protected from exchange-rate swings
Economist

batch 1 *noun* **(a)** Los *n or* Serie *f or* Auflage *f*; **this batch of shoes has the serial number 25-02** = diese Schuhserie hat die Nummer 25-02 **(b)** Stapel *m or* Stoß *m*; **a batch of invoices** = (ein Stapel) Rechnungen *mpl*; **today's batch of orders** = die heutigen Aufträge; **the accountant signed a batch of cheques** = der Buchhalter unterschrieb (einen Stapel) Schecks; **we deal with the orders in batches of fifty** = wir erledigen jeweils fünzig Aufträge *mpl*; *(computers)* **batch processing** = Stapelverarbeitung *f or* Batch-Verarbeitung **2** *verb* stapeln; **to batch invoices** *or* **cheques** = Rechnungen *or* Schecks stapeln

◇ **batch number** *noun* Seriennummer *f or* Auflagennummer; **when making a complaint always quote the batch number on the packet** = bei Reklamationen immer die auf der Packung angegebene Seriennummer angeben

battery *noun* Batterie *f*; **the calculator needs a new battery** = der Taschenrechner braucht eine neue Batterie; **a battery-powered calculator** = ein batteriebetriebener Taschenrechner

battle *noun* Kampf *m*; **boardroom battles** ≈ Auseinandersetzungen *fpl* in der Vorstandsetage; **circulation battle** = Kampf um die Auflagenhöhe (verschiedener Zeitungen)

bay *noun* **loading bay** = Ladeplatz *m*

b/d = BARRELS PER DAY, BROUGHT DOWN

bear 1 *noun* **(a)** Bär *m*; **their advertising symbol is a bear** = ihr Werbesymbol ist ein Bär **(b)** *(stock exchange)* Baissier *m or* Baissespekulant/-in; **bear**

market = Baissemarkt *m* (*cf* BULL) **2** *verb* **(a)** tragen *or* bringen; **government bonds which bear 5% interest** = Staatsanleihen mit 5% Zinsertrag *m* **(b)** tragen *or* aufweisen; **the cheque bears the signature of the company secretary** = der Scheck trägt die Unterschrift des Prokuristen ; **envelope which bears a London postmark** = Umschlag mit einem Londoner Poststempel; **a letter bearing yesterday's date** = ein Brief mit gestrigem Datum; **the share certificate bears his name** = das Aktienzertifikat trägt seinen Namen **(c)** tragen *or* übernehmen; **the costs of the exhibition will be borne by the company** = die Kosten der Ausstellung trägt das Unternehmen; **the company bore the legal costs of both parties** = das Unternehmen übernahm die Verfahrenskosten für beide Parteien (NOTE: **bearing - bore - has borne)**

◇ **bearer** *noun* Überbringer/-in *or* Inhaber/-in; **the cheque is payable to bearer** = der Scheck ist zahlbar an den Überbringer

◇ **bearer bond** *noun* Inhaberschuldverschreibung *f*

◇ **bearing** *adjective* tragend *or* bringend; **certificate bearing interest at 5%** = Zertifikat mit 5% Zinsertrag *m*; **interest-bearing deposits** = zinstragende Bankeinlagen *fpl*

beat *verb* **(a)** schlagen *or* drücken; **they have beaten their rivals into second place in the computer market** = sie haben ihre Konkurrenten auf den zweiten Platz des Computermarkts verdrängt **(b) to beat a ban** = ein Verbot umgehen (NOTE: **beating - beat - has beaten)**

become *verb* werden; **the export market has become very difficult since the rise in the dollar** = das Exportgeschäft ist seit dem Anstieg des Dollars sehr schwierig geworden; **the company became very profitable in a short time** = das Unternehmen wurde innerhalb kurzer Zeit äußerst rentabel (NOTE: **becoming - became - has become)**

bed-and-breakfast deal *noun* kurzfristiger Verkauf und Rückkauf von Aktien aus steuerlichen Gründen

begin *verb* anfangen *or* beginnen; **the company began to lose its market share** = das Unternehmen begann, seinen Marktanteil zu verlieren; **he began the report which the shareholders had asked for** = er begann den Bericht, den die Aktionäre verlangt hatten; **the auditors' report began with a description of the general principles adopted** = der Revisionsbericht begann mit einer Beschreibung der beschlossenen allgemeinen Grundsätze (NOTE: you begin something *or* begin **to do** something *or* begin **with** something. Note also: **beginning - began - has begun)**

◇ **beginning** *noun* Anfang *m or* Beginn *m*; **at the beginning of the report is a list of the directors and their shareholdings** = am Anfang des Berichts steht eine Liste der Direktoren und ihrer Beteiligungen

behalf *noun* **on behalf of** = im Namen von; im Auftrag von; **I am writing on behalf of the minority shareholders** = ich schreibe im Namen der Minderheitsaktionäre ; **she is acting on my behalf** = sie handelt in meinem Namen *or* sie vertritt mich; **solicitors acting on behalf of the American company** = Anwälte, die im Auftrag *or* im Namen des amerikanischen Unternehmens handeln *or* die das amerikanische Unternehmen vertreten

behind 1 *preposition* hinter; **the company is No. 2 in the market, about £4m behind its rival** = das Unternehmen ist die Nummer 2 auf dem Markt, es liegt etwa £4 Mio hinter seinem Konkurrenten **2** *adverb* **we have fallen behind our rivals** = wir sind hinter unsere Konkurrenten zurückgefallen; **the company has fallen behind with its deliveries** = die Firma ist mit ihren Lieferungen in Verzug geraten

Belarus *noun* Weißrußland *n*

◇ **Belarussian 1** *noun* Weißrusse/Weißrussin **2** *adjective* weißrussisch

(NOTE: capital: **Minsk;** currency: **rouble** = Rubel *m*)

Belgium *noun* Belgien *n*

◇ **Belgian 1** *noun* Belgier/-in **2** *adjective* belgisch (NOTE: capital: **Brussels** = Brüssel; currency: **Belgian franc** = belgischer Franc)

believe *verb* glauben; **we believe he has offered to buy 25% of the shares** = wir glauben, daß er ein Kaufangebot für 25% der Aktien vorgelegt hat; **the chairman is believed to be in South America on business** = der Vorsitzende befindet sich angeblich auf Geschäftsreise in Südamerika

bellwether *noun* richtungsweisende Aktie *or* wegweisendes Unternehmen

belong *verb* **(a) to belong to** = gehören; **the company belongs to an old American banking family** = das Unternehmen gehört einer alten amerikanischen Bankiersfamilie; **the patent belongs to the inventor's son** = das Patent gehört dem Sohn des Erfinders **(b) to belong with** = gehören zu; **those documents belong with the sales reports** = diese Unterlagen gehören zu den Verkaufsberichten

Belorussia *see* BELARUS

below *preposition* unter; **we sold the property at below the market price** = wir verkauften den Besitz unter Marktpreis; **you can get a ticket for New York at below £150 from a bucket shop** = in einem Reisebüro, das Graumarkttickets verkauft, kann man ein Ticket nach New York schon für unter £150 bekommen

◇ **below-the-line** *adjective* **below-the-line advertising** = Werbung ‚unter dem Strich' *or* vergütungsunfähige Werbung; **below-the-line expenditure** = außerordentliche Aufwendungen *fpl* (*cf* ABOVE-THE-LINE)

benchmark *noun* Eckwert *m or* Maßstab *m or* Höhenmarke *f*

> QUOTE the US bank announced a cut in its prime, the benchmark corporate lending rate, from 10+% to 10%
>
> ***Financial Times***
>
> QUOTE the dollar dropped below three German marks - a benchmark with more psychological than economic significance - for the first time since October
>
> ***Fortune***

beneficial *adjective* **beneficial interest** = Nießbrauch *m or* Nutzungsrecht *n*; **beneficial occupier** = Nießbrauchberechtigte(r)

◇ **beneficiary** *noun* Begünstigte(r); Nutznießer/-in; **the beneficiaries of a will** = die Testamentserben *mpl*

> QUOTE the pound sterling was the main beneficiary of the dollar's weakness
> *Business Times (Lagos)*

benefit 1 *noun* **(a)** Leistung *f or* Zuschuß *m or* Beihilfe *f*; **she receives £20 a week as unemployment benefit** = sie bekommt in der Woche £20 Arbeitslosengeld; **the sickness benefit is paid monthly** = das Krankengeld wird monatlich gezahlt; **the insurance office sends out benefit cheques each week** = die Versicherung verschickt jede Woche Leistungsschecks *mpl*; **death benefit** = Sterbegeld *n* **(b) fringe benefits** = Gehaltsnebenleistungen *fpl or* Lohnnebenleistungen **2** *verb* **(a)** nützen *or* zugute kommen; **a fall in inflation benefits the exchange rate** = ein Inflationsrückgang wirkt sich positiv auf den Wechselkurs aus **(b) to benefit from** *or* **by something** = profitieren von *or* Nutzen *m* ziehen aus; **exports have benefited from the fall in the exchange rate** = den Exporten kam der gesunkene Wechselkurs zugute; **the employees have benefited from the profit-sharing scheme** = die Angestellten profitierten von dem Gewinnbeteiligungsprogramm

> QUOTE the retail sector will also benefit from the expected influx of tourists
> *Australian Financial Review*
> QUOTE what benefits does the executive derive from his directorship? Compensation has increased sharply in recent years and fringe benefits for directors have proliferated
> *Duns Business Month*
> QUOTE salary is negotiable to £30,000, plus car and a benefits package appropriate to this senior post
> *Financial Times*
> QUOTE California is the latest state to enact a program forcing welfare recipients to work for their benefits
> *Fortune*

Benin *noun* Benin *n*

◇ **Beninois 1** *noun* Beniner/-in **2** *adjective* beninisch
(NOTE: capital: **Porto Novo** currency: **CFA franc** = CFA-Franc *m*)

bequeath *verb* vermachen *or* vererben

◇ **bequest** *noun* Vermächtnis *n*; letztwillige Schenkung *f*; **he made several bequests to his staff** = er machte verschiedenen Mitgliedern des Personals letztwillige Schenkungen

berth 1 *noun* Liegeplatz *m* **2** *verb* anlegen; **the ship will berth at Rotterdam on Wednesday** = das Schiff wird am Mittwoch in Rotterdam anlegen

best 1 *adjective* beste(r,s); **his best price is still higher than all the other suppliers** = sein bester *or* günstigster Preis ist immer noch höher als der der anderen Lieferanten; **1993 was the company's best year ever** = 1993 war das bisher beste Jahr des Unternehmens **2** *noun* der/die/das Beste *or* beste; **the salesmen are doing their best, but the stock simply will not sell at that price** = die Vertreter tun ihr bestes, aber der Warenbestand läßt sich einfach nicht zu dem Preis verkaufen

◇ **best-seller** *noun* Verkaufsschlager *m; (book)* Bestseller *m*

◇ **best-selling** *adjective* absatzstark *or* meistverkauft; **these computer disks are our best-selling line** = diese Computerdisketten sind unsere absatzstärkste Produktlinie *or* unser Renner *m*

bet 1 *noun* Wetteinsatz *m or* Wette *f* **2** *verb* wetten; **he bet £100 on the result of the election** = er wettete £100 auf das Wahlergebnis; **I bet you £25 the dollar will rise against the pound** = ich wette mit Ihnen um £25, daß der Dollar gegenüber dem Pfund steigen wird; **betting tax** = Wettsteuer *f* (NOTE: **betting - bet - has bet**)

better *adjective* besser; **this year's results are better than last year's** = die Ergebnisse dieses Jahres sind besser als die des Vorjahres; **we will shop around to see if we can get a better price** = wir werden uns umsehen, um vielleicht einen besseren *or* günstigeren Preis zu bekommen

beware *verb* sich vorsehen *or* sich in acht nehmen; **beware of imitations** = vor Imitationen wird gewarnt

b/f = BROUGHT FORWARD

bi- *prefix* Bi- *or* bi-

◇ **bi-monthly** *adjective & adverb (twice a month)* zweimal monatlich; *(every two months)* jeden zweiten Monat

◇ **bi-annually** *adverb* halbjährlich *or* zweimal jährlich *(cf* BIENNIALLY)

bid 1 *noun* **(a)** *(offer to buy)* Gebot *n or* Angebot *n*; **to make a bid for something** = ein Angebot *or* Gebot für etwas machen; **he made a bid for the house** = er machte ein Angebot für das Haus; **the company made a bid for its rival** = das Unternehmen machte seinem Konkurrenten ein Übernahmeangebot ; **to make a cash bid** = ein Bargebot machen; **to put in a bid for something** *or* **to enter a bid for something** = ein Angebot abgeben; **to put in a higher bid than someone** = ein höheres Angebot als jd anders machen **(b)** *(at an auction)* **opening bid** = Eröffnungsgebot *n*; **closing bid** = Höchstgebot *n* **(c)** *(offer to do work)* Kosten(vor)anschlag *m or* Angebot *n*; **he made the lowest bid for the job** = er machte das niedrigste Angebot für den Auftrag **(d)** *US (offer to sell something)* Angebot *n*; **they asked for bids for the supply of spare parts** = sie holten Angebote für Ersatzteillieferungen ein **(e) takeover bid** = Übernahmeangebot *n*; **to make a takeover bid for a company** = ein Übernahmeangebot für ein Unternehmen machen; **to withdraw a takeover bid** = ein Übernahmeangebot zurückziehen; **the company rejected the takeover bid** = das Unternehmen wies das Übernahmeangebot zurück **2** *verb (at an auction)* **to bid for something** = für *or* auf etwas bieten; **he bid £1,000 for the jewels** = er bot £1.000 für die Edelsteine; **to bid £10 more than someone else** = £10 mehr als jd anders bieten (NOTE: **bidding - bid - has bid**)

◇ **bidder** *noun* Bieter/-in; Bewerber/-in *or* Submittent/-in; **several bidders made offers for the house** = verschiedene Bewerber machten Angebote für das Haus; **the property was sold to the highest bidder** = der Besitz wurde an den Meistbietenden verkauft; **the tender will go to the**

lowest bidder = der Auftrag wird an den Mindestbietenden vergeben

◇ **bidding** *noun* Bieten *n or* Gebot *n or* Abgabe *f* von Angeboten; **the bidding started at £1,000** = £1.000 war das Mindestgebot; **the bidding stopped at £250,000** = £250.000 war das Höchstgebot; **the auctioneer started the bidding at £100** = der Auktionator setzte das Erstgebot mit £100 an

biennially *adverb* zwiejährlich *or* alle zwei Jahre

Big Bang *noun* Big Bang *m (Neuordnung des britischen Wertpapiersektors am 27/10/86)*

Big Board *noun (US informal)* = NEW YORK STOCK EXCHANGE die New Yorker Börse

bilateral *adjective* bilateral *or* zweiseitig; **the minister signed a bilateral trade agreement** = der Minister unterzeichnete ein bilaterales Handelsabkommen

> QUOTE Ministry of Finance trade statistics show that bilateral trade between Japan and China in the first half of 1993 totalled $16.60 billion, up 29.7% from a year earlier
>
> ***Nikkei Weekly***

bill 1 *noun* **(a)** *(list of charges)* Rechnung *f* **the salesman wrote out the bill** = der Vertreter schrieb die Rechnung aus; **does the bill include VAT?** = ist in der Rechnung die Mehrwertsteuer enthalten?; **the bill is made out to Smith Ltd** = die Rechnung ist auf die Fa. Smith Ltd ausgestellt; **the builder sent in his bill** = der Bauunternehmer reichte seine Rechnung ein; **he left the country without paying his bills** = er verließ das Land, ohne seine Rechnungen zu bezahlen; **to foot the bill** = die Zeche *or* Rechnung bezahlen **(b)** *(in a restaurant)* Rechnung *f*; **can I have the bill please?** = die Rechnung bitte; **the bill comes to £20 including service** = die Rechnung macht £20 einschließlich Bedienung; **does the bill include service?** = schließt die Rechnung Bedienung ein?; **the waiter has added 10% to the bill for service** = der Ober schlug 10% Bedienung auf die Rechnung auf (NOTE: in the US this is called the **check**) **(c)** *(US)* Banknote *f or* Schein *m*; **a $5 bill** = ein Fünfdollarschein **(d)** *(in Parliament)* Gesetzesvorlage *f or* Gesetzentwurf *m* **(e)** *see* BILL OF EXCHANGE **2** *verb* berechnen *or* in Rechnung stellen; **the builders billed him for the repairs to his neighbour's house** = die Baufirma stellte ihm die Reparaturen am Nachbarhaus in Rechnung

◇ **billing** *noun (US)* Rechnungsstellung *f*; Fakturieren *n*

◇ **bill of exchange** *noun* Wechsel *m or* Tratte *f*; **accommodation bill** = Gefälligkeitswechsel; **bank bill** = Bankwechsel *m or* Bankakzept *n*; **demand bill** = Sichtwechsel; **trade bill** = Handelswechsel; **bill broker** = Wechselmaklerfirma *f*; **bills payable (B/P)** = Wechselverbindlichkeiten *fpl*; **bills receivable (B/R)** = Wechselforderungen *fpl*; **to accept a bill** = einen Wechsel akzeptieren; **to discount a bill** = einen Wechsel diskontieren

◇ **bill of lading** *noun* Frachtbrief *m or* Konnossement *n*

◇ **bill of sale** *noun* Kaufvertrag *m*

billboard *noun (US)* Reklametafel *f or* Plakatwand *f (cf* HOARDING)

billion *noun* Milliarde *f* (NOTE: in GB it used to mean one million million but is now mostly used in the same way as in the US, to mean one thousand million. With figures it is usually written **bn: $5bn** (say 'five billion dollars')

> QUOTE gross wool receipts for the selling season to end June 30 appear likely to top $2 billion
>
> ***Australian Financial Review***
>
> QUOTE at its last traded price the bank was capitalized at around $1.05 billion
>
> ***South China Morning Post***

bin *noun* **(a)** Tonne *f*; Behälter *m*; Kiste *f*; **dump bin** = Wühlkorb *m* **(b)** Lagerfach *n*; **bin card** = Lagerkarte *f or* Lagerzettel *m*

bind *verb* binden; **the company is bound by its articles of association** = das Unternehmen ist durch seine Satzung gebunden; **he does not consider himself bound by the agreement which was signed by his predecessor** = er fühlt sich nicht an die Vereinbarung gebunden, die von seinem Vorgänger unterzeichnet wurde (NOTE: **binding - bound)**

◇ **binder** *noun* **(a)** Hefter *m*; **ring binder** = Ringbuch *n* **(b)** *(US)* vorläufiger Versicherungsschein *m*; Deckungszusage *f* (NOTE: GB English for this is **cover note) (c)** *(US)* Anzahlung *f* (NOTE: GB English is **deposit)**

◇ **binding** *adjective* verbindlich *or* bindend; **a binding contract** = ein bindender Vertrag; **this document is not legally binding** = dieses Dokument ist nicht rechtlich bindend; **the agreement is binding on all parties** = die Vereinbarung ist für alle Parteien verbindlich

biodegradable *adjective* biologisch abbaubar

bit *noun (computing)* Bit *n*

black 1 *adjective* **(a) black market** = Schwarzmarkt *m*; **there is a flourishing black market in spare parts for cars** = es gibt einen blühenden Schwarzmarkt für Fahrzeugersatzteile; **you can buy gold coins on the black market** = Sie können auf dem Schwarzmarkt Goldmünzen kaufen; **to pay black market prices** = Schwarzmarktpreise *mpl* zahlen **(b) black economy** = Schattenwirtschaft *f* **(c) in the black** = in den schwarzen Zahlen *fpl*; **the company has moved into the black** = das Unternehmen hat sich in die schwarzen Zahlen gewirtschaftet; **my bank account is still in the black** = mein Bankkonto ist immer noch in den schwarzen Zahlen **2** *verb* bestreiken; boykottieren; **three firms were blacked by the government** = drei Firmen wurden vom Staat boykottiert; **the union has blacked a trucking firm** = die Gewerkschaft bestreikte ein Transportunternehmen

◇ **Black Friday** *noun (plötzlicher Börsensturz, nach dem ersten großen Zusammenbruch der US Wertpapierbörse am 24/9/1869 genannt)* Schwarzer Freitag

◇ **blackleg** *noun (informal)* Streikbrecher/-in (NOTE: also called **scab** ; US English is **fink)**

◇ **black list** *noun* schwarze Liste

◇ **blacklist** *verb* auf die schwarze Liste setzen; **his firm was blacklisted by the government** = seine Firma wurde von der Regierung auf die schwarze Liste gesetzt

blame 1 *noun* Schuld *f*; **the sales staff got the blame for the poor sales figures** = das Verkaufspersonal bekam die Schuld für die schlechten Absatzzahlen **2** *verb* beschuldigen *or* Vorwürfe *mpl* machen; **the managing director blamed the chief accountant for not warning him of the loss** = der geschäftsführende Direktor machte dem Hauptbuchhalter dafür Vorwürfe, daß er ihn nicht auf den Verlust hingewiesen hatte **the union is blaming the management for poor industrial relations** = die Gewerkschaft machte das Management für die schlechten Arbeitgeber-Arbeitnehmer-Beziehungen verantwortlich

blank 1 *adjective* leer *or* unausgefüllt; **a blank cheque** = ein Blankoscheck *m* **2** *noun* leere Stelle *f*; Lücke *f*; **fill in the blanks and return the form to your local office** = füllen Sie das Formular aus und schicken Sie es an Ihre örtliche Geschäftsstelle

blanket *noun* Decke *f*; **blanket agreement** = Gesamtvereinbarung *f*; **blanket insurance policy** = Generalpolice *f*; **blanket refusal** = pauschale Ablehnung

bleeper *noun (tel)* Piepser *m*

blind testing *noun* Blindtesten *n or* anonymer Warentest *m*

blip *noun* kurzfristiger Einbruch *or* vorübergehendes Leistungstief; **according to the Government, this month's disappointing unemployment figures are only a blip in an encouraging trend** = laut der Regierung, sind die enttäuschenden Arbeitslosenziffern für diesen Monat nur ein vorübergehendes Leistungstief innerhalb einer vielversprechenden Tendenz

blister pack *or* **bubble pack** *noun* Blisterpackung *f or* Klarsichtpackung

block 1 *noun* **(a)** Paket *n or* Partie *f*; **he bought a block of 6,000 shares** = er kaufte ein Aktienpaket von 6.000 Aktien; **block booking** = Gruppenbuchung *f*; **the company has a block booking for twenty seats on the plane** *or* **for ten rooms at the hotel** = das Unternehmen hat eine Gruppenbuchung für 20 Plätze im Flugzeug *or* für zehn Zimmer im Hotel; **block vote** = Blockabstimmung *f or* geschlossene Stimmabgabe **(b)** Block *m or* Wohnblock; **they want to redevelop a block in the centre of the town** = sie wollen einen Block in der Innenstadt sanieren; **a block of offices** *or* **an office block** = ein Bürogebäude *n* **(c) block capitals** *or* **block letters** = Blockschrift *f*; **write your name in block letters** = schreiben Sie Ihren Namen in Blockschrift **2** *verb* blockieren *or* stoppen *or* sperren; **he used his casting vote to block the motion** = seine Stimme gab den Ausschlag für die Ablehnung des Antrags ; **the planning committee blocked the redevelopment plan** = der Planungsausschuß blockierte den Sanierungsplan; **blocked currency** = blockierte Währung; **the company has a large account in blocked currencies** = das Unternehmen hat ein hohes Guthaben an nicht frei konvertierbaren Devisen *pl*

blue *adjective* **blue-chip investments** *or* **blue-chip shares** *or* **blue chips** = erstklassige *or* sichere Anlagen *fpl or* Aktien *fpl or* Blue-chips *mpl*; **blue-collar worker** = Arbeiter/-in; **blue-collar union** = Arbeitergewerkschaft *f*; *(US)* **Blue Laws** = Sittengesetze *npl (besonders gegen die Entheiligung von Sonn- und Feiertagen)*

> QUOTE at a time when retailers are suffering from overstored markets and sluggish consumer spending, the success of these mostly blue-collar malls is striking
> ***Forbes Magazine***

blurb *noun* Klappentext *m*

bn = BILLION

board 1 *noun* **(a)** *see* BOARD OF DIRECTORS **(b)** *(group of people who administer)* Ausschuß *m*; **advisory board** = Beratungsgremium *n or* Beirat *m*; **editorial board** = Redaktion *f or* Redaktionskomitee *n* **(c) on board** = *(on a ship or plane)* an Bord; *(on a train)* im Zug; **free on board (f.o.b.)** = frei an Bord (f.o.b.) **(d)** Brett *n* **clipboard** = Klemmbrett; **notice board** = Schwarzes Brett **2** *verb* an Bord gehen; *(train)* einsteigen; **customs officials boarded the ship in the harbour** = Zollbeamte gingen im Hafen an Bord des Schiffes

◇ **boarding card** *or* **boarding pass** *noun* Bordkarte *f*

board of directors *noun* **(a)** *(GB)* board of directors *m (Aufsichts- und Geschäftsführungsorgan nach britischem Recht)*; **the bank has two representatives on the board** = die Bank hat zwei Vertreter im board; **he sits on the board as a representative of the bank** = er sitzt als Vertreter der Bank im board; **two directors were removed from the board at the AGM** = zwei Mitglieder des board of directors wurden auf der Jahreshauptversammlung abgesetzt; **she was asked to join the board** = sie wurde in den board berufen; **board meeting** = board-Sitzung *f* **(b)** *(US)* **board of directors** = board of directors *m (Aufsichts- und Geschäftsführungsorgan nach amerikanischem Recht)* (NOTE: the board of an American company may be made up of a large number of non-executive directors and only one or two executive directors; a British board has more executive directors)

◇ **boardroom** *noun* Sitzungssaal *m*; **boardroom battles** ≈ Auseinandersetzungen *fpl* in der Vorstandsetage

> QUOTE a proxy is the written authorization an investor sends to a stockholder meeting conveying his vote on a corporate resolution or the election of a company's board of directors
> ***Barrons***
>
> QUOTE CEOs, with their wealth of practical experience, are in great demand and can pick and choose the boards they want to serve on
> ***Duns Business Month***

boat *noun* Boot *n*; Schiff *n*; **cargo boat** = Frachter *m or* Frachtschiff *n*; **passenger boat** = Passagierschiff; **we took the night boat to Belgium** = wir fuhren mit der Nachtfähre nach Belgien; **boats for Greece leave every morning** = Schiffe nach Griechenland laufen jeden Morgen aus

Bolivia *noun* Bolivien *f*

◇ **Bolivian 1** *noun* Bolivi(an)er/-in **2** *adjective* boliv(ian)isch
(NOTE: capital: **La Paz;** currency: **boliviano** = Boliviano *m*)

bona fide *adjective* in gutem Glauben *or* redlich; **a bona fide offer** = ein Bona-Fide-Angebot *n or* ein Angebot auf Treu und Glauben

bonanza *noun* Goldgrube *f*; Blütezeit *f*; **the oil well was a bonanza for the company** = die Ölquelle war eine Goldgrube für das Unternehmen; **1990 was a bonanza year for the computer industry** = 1990 war für die Computerindustrie ein Jahr des Booms

bond *noun* **(a)** Schuldverschreibung *f or* Obligation *f*; **government bonds** *or* **treasury bonds** = Staatsanleihen *fpl or* Schatzanweisungen *fpl*; **municipal bond** *or* **local authority bond** = Kommunalobligation; **bearer bond** = Inhaberschuldverschreibung; **debenture bond** = Schuldverschreibung *or* Obligation; **mortgage bond** = hypothekarische Obligation; *(GB)* **premium bond** = Prämienanleihe *f* **(b) goods (held) in bond** = Waren *fpl* unter Zollverschluß *m*; **entry of goods under bond** = Einfuhr *f* von Waren unter Zollverschluß; **to take goods out of bond** = Waren aus dem Zollverschluß nehmen

◇ **bonded** *adjective* unter Zollverschluß *m*; **bonded warehouse** = Zollager *n*

◇ **bondholder** *noun* Pfandbriefgläubiger *m or* Obligationsgläubiger *or* Schuldverschreibungsgläubiger

◇ **bond-washing** *noun* An- und Verkauf *m* von Wertpapieren zur Steuerausweichung

bonus *noun* **(a)** Prämie *f or* Zulage *f or* Bonus *m*; **capital bonus** = Kapitalprämie *f*; Sonderdividende *f*; **cost-of-living bonus** = Teuerungszulage *f or* Lebenshaltungskostenzuschuß *m*; **Christmas bonus** = Weihnachtsgeld *n*; **incentive bonus** = Anreizprämie; **merit bonus** = Leistungszulage; **productivity bonus** = Produktivitätsprämie **(b) bonus issue** = Emission *f* von Gratisaktien *fpl*; **bonus share** = Gratisaktie *f* **(c)** *(insurance)* **no-claims bonus** = Schadenfreiheitsrabatt *m* (NOTE: plural is **bonuses**)

book 1 *noun* **(a)** Buch *n*; **a company's books** = die Geschäftsbücher *npl* eines Unternehmens; **account book** = Rechnungsbuch; **cash book** = Kassenbuch; **order book** = Auftragsbuch; **the company has a full order book** = das Unternehmen hat volle Auftragsbücher; **purchase book** = Wareneingangsbuch; **sales book** = Warenausgangsbuch; **book sales** = Warenausgänge *mpl*; **book value** = Buchwert *m* **(b) bank book** = Bankbuch *n or* Sparbuch; **cheque book** = Scheckheft *n*; **phone book** *or* **telephone book** = Telefonbuch **2** *verb (to order)* bestellen; *(to reserve)* buchen; reservieren; **to book a room in a hotel** *or* **a table at a restaurant** *or* **a ticket on a plane** = ein Zimmer in einem Hotel buchen *or* einen Tisch in einem Restaurant reservieren *or* ein Flugticket buchen; **I booked a table for 7.45** = ich habe einen Tisch für 19.45 Uhr reserviert; **he booked a (plane) ticket through to Cairo** = er hat ein (Flug)ticket bis nach Kairo durchgebucht; **to book someone into a hotel** *or* **onto a flight** = für jdn ein Zimmer *or* einen Flug buchen; **he was booked on the 09.00 flight to Zurich** = er war auf die 9 Uhr Maschine nach Zürich gebucht; **the hotel** *or* **the flight is fully booked** *or* **is booked up** = das Hotel *or* der Flug ist ausgebucht; **the restaurant is booked up over the Christmas period** = das Restaurant ist über die Weihnachtstage ausgebucht

◇ **booking** *noun* Buchung *f or* Reservierung *f*; **hotel bookings have fallen since the end of the tourist season** = Hotelbuchungen sind nach Ende der Touristensaison zurückgegangen; **booking clerk** = Kartenverkäufer/-in; Schalterbeamter/Schalterbeamtin; **booking office** = Vorverkaufsstelle *f or* Vorverkaufskasse *f*; Fahrkartenschalter *m*; **block booking** = Gruppenbuchung *f*; **to confirm a booking** = eine Buchung bestätigen; **double booking** = Doppelbuchung *f*

◇ **bookkeeper** *noun* Buchhalter/-in

◇ **bookkeeping** *noun* Buchführung *f*; **single-entry bookkeeping** = einfache Buchführung; **double-entry bookkeeping** = doppelte Buchführung

◇ **booklet** *noun* Broschüre *f*

◇ **bookseller** *noun* Buchhändler/-in

◇ **bookshop** *noun* Buchhandlung *f*

◇ **bookstall** *noun* Bücherstand *m*

◇ **bookstore** *noun (US)* Buchhandlung *f*

◇ **bookwork** *noun* Buchführungsarbeit *f*

boom 1 *noun* Aufschwung *m or* Boom *m or* Hochkonjunktur *f*; *(Börse)* Hausse *f*; **a period of economic boom** = eine Zeit des wirtschaftlichen Aufschwungs *or* der Hochkonjunktur; **the boom of the 1970s** = der Boom *or* der wirtschaftliche Aufschwung der siebziger Jahre; **boom industry** = Konjunkturindustrie *f*; **a boom share** = eine schnell steigende Aktie; **the boom years** = die Jahre des Aufschwungs *or* die Jahre der Hochkonjunktur **2** *verb* boomen *or* florieren *or* einen Aufschwung haben; **business is booming** = die Geschäfte gehen glänzend *or* das Geschäft blüht; **sales are booming** = der Umsatz steigt schnell

◇ **booming** *adjective* florierend *or* blühend; **a booming industry** *or* **company** = eine im Aufschwung begriffene Industrie *or* ein florierendes Unternehmen; **technology is a booming sector of the economy** = Technologie ist ein im Aufschwung begriffener Wirtschaftssektor

> QUOTE starting in 1981, a full-blown real estate boom took off in Texas
>
> ***Business***

boost 1 *noun* Auftrieb *m or* Aufschwung *m or* Förderung *f*; **this publicity will give sales a boost** = die Werbung wird den Absatz ankurbeln; **the government hopes to give a boost to industrial development** = die Regierung hofft, der industriellen Entwicklung Auftrieb zu geben **2** *verb* ankurbeln *or* fördern *or* in die Höhe treiben; **we expect our publicity campaign to boost sales by 25%** = wir erwarten, daß unsere Werbekampagne den Absatz um 25% steigert; **the company hopes to boost its market share** = das Unternehmen hofft, seinen Marktanteil vergrößern zu können; **incentive schemes are boosting production** = Anreizprogramme fördern die Produktion

> QUOTE the company expects to boost turnover this year to FFr 16bn from FFr 13.6bn in 1992
>
> ***Financial Times***

booth *noun* **(a)** Kabine *f*; **telephone booth** = Telefonzelle *f*; **ticket booth** =

Kartenverkaufsstand *m* **(b)** *(US)* Stand *m or* Messestand (NOTE: the GB English for this is **stand)**

borrow *verb* leihen *or* borgen; Darlehen *or* Kredit aufnehmen; **he borrowed £1,000 from the bank** = er nahm bei der Bank einen Kredit über £1.000 auf ; **the company had to borrow heavily to repay its debts** = das Unternehmen mußte zur Abzahlung der Schulden hohe Kredite aufnehmen; **they borrowed £25,000 against the security of the factory** = sie nahmen einen Hypothekarkredit von £25.000 auf die Fabrik auf; **to borrow short** *or* **long** = einen kurzfristigen *or* langfristigen Kredit aufnehmen

◊ **borrower** *noun* Kreditnehmer/-in *or* Darlehensnehmer/-in; Entleiher/-in; **borrowers from the bank pay 12% interest** = Kreditnehmer der Bank zahlen 12% Zinsen

◊ **borrowing** *noun* **(a)** Kreditaufnahme *f*; **the new factory was financed by bank borrowing** = die neue Fabrik wurde durch Bankkredit *m* finanziert; **borrowing power** = Kreditfähigkeit *f* **(b) borrowings** = Kreditlasten *fpl*; **the company's borrowings have doubled** = die Kreditlasten des Unternehmens haben sich verdoppelt; **bank borrowings** = Kreditaufnahme *f* bei Banken

boss *noun (informal)* Chef *m or* Boß *m*; **if you want a pay rise, go and talk to your boss** = wenn Sie eine Gehaltserhöhung möchten, sprechen Sie mit Ihrem Chef ; **he became director when he married the boss's daughter** = er wurde Direktor, als er die Tochter des Chefs heiratete

Botswana *noun* Botswana *n*

◊ **Botswanan 1** *noun* Botswaner/-in **2** *adjective* botswanisch

(NOTE: capital: **Gaborone;** currency: **pula** = Pula *m*)

bottleneck *noun* Engpaß *m*; **a bottleneck in the supply system** = ein Engpaß im Liefersystem; **there are serious bottlenecks in the production line** = es gibt ernsthafte Engpässe in der Produktion

bottom 1 *noun* Tiefpunkt *m or* Tiefstand *m*; **sales have reached rock bottom** = der Absatz hat den Tiefpunkt erreicht; **the bottom has fallen out of the market** = die Preise sind ins Bodenlose gesunken; **bottom price** = niedrigster Preis *or* Kurs; **rock-bottom price** = Tiefpreis *m or* Schleuderpreis; **bottom line** = Saldo *m*; **the boss is interested only in the bottom line** = der Chef ist nur am Ergebnis *n* interessiert **2** *verb* **to bottom (out)** = den tiefsten Stand erreichen; **the market has bottomed out** = der Markt hat den tiefsten Stand erreicht

bottomry *noun* Schiffsverpfändung *f or* Bodmerei *f*

bought *see* BUY; **bought ledger** = Einkaufsbuch *n*; **bought ledger clerk** = Einkaufsbuchhalter/-in

bounce *verb (of a cheque)* platzen; **he paid for the car with a cheque that bounced** = er bezahlte das Auto mit einem Scheck, der platzte

bound *see* BIND

bounty *noun* Subvention *f or* Prämie *f*

boutique *noun* Boutique *f*; **a ski boutique** = eine Ski Boutique

box *noun* **(a)** Schachtel *f or* Kasten *m*; **the goods were sent in thin cardboard boxes** = die Waren wurden in dünnen Pappschachteln verschickt; **the watches are prepacked in plastic display boxes** = die Uhren sind in Präsentationspackungen aus Kunststoff verpackt; **paperclips come in boxes of two hundred** = Büroklammern sind in Schachteln zu zweihundert erhältlich; **box file** = kastenförmiger Aktenordner **(b) box number** = Chiffre *f*; *(at Post Office)* Postfach *n*; **please reply to Box No. 209** = Zuschriften (bitte) unter Chiffre 209; **our address is: P.O. Box 74209, Edinburgh** = unsere Adresse ist Edinburgh, Postfach 74209 **(c) cash box** = Geldkassette *f*; **letter box** *or* **mail box** = Briefkasten *m*; **call box** = Telefonzelle *f*

◊ **boxed** *adjective* in Kisten *fpl or* Schachteln *fpl* verpackt; **boxed set** = in einer Schachtel *or* Kassette verpacktes Set

boycott 1 *noun* Boykott *m*; **the union organized a boycott against** *or* **of imported cars** = die Gewerkschaft organisierte einen Boykott gegen Importwagen **2** *verb* boykottieren; **we are boycotting all imports from that country** = wir boykottieren alle Importe aus diesem Land; **the management boycotted the meeting** = die Geschäftsleitung boykottierte die Sitzung

B/P = BILLS PAYABLE

B/R = BILLS RECEIVABLE

bracket 1 *noun* Gruppe *f or* Klasse *f or* Stufe *f*; **salary bracket** = Gehaltsgruppe *f or* Gehaltsklasse *f*; **people in the middle-income bracket** = Personen der mittleren Einkommensstufe; **he is in the top tax bracket** = er ist in der höchsten Steuerklasse **2** *verb* **to bracket together** = zusammenfassen; **in the sales reports, all the European countries are bracketed together** = im Verkaufsbericht sind alle europäischen Länder zusammengefaßt

brainstorming *noun* Brainstorming *n* **the head of department has called a brainstorming session to try and solve the problem** = der Abteilungsleiter hat ein Brainstorming einberufen, um das Problem zu lösen

branch 1 *noun* Filiale *f or* Geschäftsstelle *f or* Zweigstelle; **the bank** *or* **the store has branches in most towns in the south of the country** = die Bank *or* das Geschäft hat Filialen in den meisten Städten im Süden des Landes; **the insurance company has closed its branches in South America** = die Versicherungsgesellschaft schloß ihre Geschäftsstellen in Südamerika; **he is the manager of our local branch of Lloyds bank** = er ist Direktor unserer örtlichen Filiale von Lloyds Bank; **we have decided to open a branch office in Chicago** = wir haben beschlossen, eine Zweigstelle in Chicago zu eröffnen; **the manager of our branch in Lagos** *or* **of our Lagos branch** = der Geschäftsführer unserer Niederlassung in Lagos ; **branch manager** = Filialleiter/-in **2** *verb* **to branch out** = sein Geschäft erweitern; **from car retailing, the company branched out into car leasing** = das Unternehmen erweiterte seinen Geschäftsbereich von Fahrzeugeinzelhandel auf Fahrzeugleasing

> QUOTE a leading manufacturer of business, industrial and commercial products requires a branch manager to head up its mid-western Canada operations based in Winnipeg
> *Globe and Mail (Toronto)*

brand *noun* Marke *f*; **the top-selling brands of toothpaste** = die meistverkauften Zahnpastamarken; **the company is launching a new brand of soap** = das Unternehmen bringt eine neue Seife auf den Markt; **brand image** = Markenimage *n or* Markenprofil *n*; **brand loyalty** = Markentreue *f*; **brand name** = Markenname *m*; **brand recognition** = Markenwiedererkennung *f*; **brand X** = Marke X; **own brand** = Eigenmarke *or* Hausmarke

◇ **branded** *adjective* **branded goods** = Markenartikel *mpl or* Markenwaren *fpl*

◇ **brand new** *adjective* nagelneu

Brazil *noun* Brasilien *n*

◇ **Brazilian 1** *noun* Brasilianer/-in **2** *adjective* brasilianisch

(NOTE: capital: **Brasilia;** currency: **real** = Real *m*)

breach *noun* Verletzung *f or* Verstoß *m*; **breach of contract** = Vertragsbruch *m*; **the company is in breach of contract** = das Unternehmen ist vertragsbrüchig geworden; **breach of warranty** = Garantieverletzung *or* Verletzung einer vertraglichen Zusicherung

breadline *noun (informal)* **to be on the breadline** = am Existenzminimum *n* leben

break 1 *noun* Pause *f*; **she typed for two hours without a break** = sie tippte zwei Stunden ohne Pause; **coffee break** *or* **tea break** = Kaffeepause; Teepause **2** *verb* **(a)** *(to fail to carry out the duties of a contract)* brechen *or* nicht einhalten *or* verletzen; **the company has broken the contract** *or* **the agreement** = das Unternehmen brach den Vertrag *or* die Vereinbarung; **to break an engagement to do something** = eine Abmachung nicht einhalten **(b)** *(to cancel a contract)* lösen; **the company is hoping to be able to break the contract** = das Unternehmen hofft, den Vertrag lösen zu können (NOTE: **breaking - broke - has broken)**

◇ **breakages** *plural noun* Bruch *m or* Bruchschaden *m*; **customers are expected to pay for breakages** = Kunden müssen für Bruchschäden aufkommen

◇ **break down** *verb* **(a)** *(to stop working)* ausfallen *or* kaputtgehen; **the telex machine has broken down** = der Fernschreiber ist ausgefallen; **what do you do when your photocopier breaks down?** = was machen Sie, wenn Ihr Fotokopierer ausfällt? **(b)** scheitern; **negotiations broke down after six hours** = die Verhandlungen scheiterten nach sechs Stunden **(c)** *(to show all the items in a list)* aufschlüsseln *or* spezifizieren *or* aufgliedern; **we broke the expenditure down into fixed and variable costs** = wir haben die Ausgaben nach fixen und variablen Kosten aufgegliedert; **can you break down this invoice into spare parts and labour?** = können Sie diese Rechnung nach Ersatzteilen und Arbeitslohn aufgliedern?

◇ **breakdown** *noun* **(a)** Betriebsstörung *f*; Ausfall *m*; Zusammenbruch *m*; **we cannot communicate with our Nigerian office because of the breakdown of the telex lines** = wir können wegen des Zusammenbruchs der Telexleitungen keine Verbindung mit unserem Büro in Nigeria aufnehmen **(b)** Scheitern *n*; **the breakdown of wage negotiations** = das Scheitern der Tarifverhandlungen **(c)** *(showing details item by item)* Aufschlüsselung *f or* Spezifizierung *f or* Aufgliederung *f*; **give me a breakdown of investment costs** = geben Sie mir eine Aufschlüsselung der Investitionskosten

◇ **break even** *verb* kostendeckend arbeiten; **last year the company only just broke even** = im letzten Jahr arbeitete das Unternehmen gerade eben kostendeckend; **we broke even in our first two months of trading** = wir arbeiteten in den ersten zwei Betriebsmonaten kostendeckend

◇ **breakeven point** *noun* Kostendeckungspunkt *m or* Break-Even-Punkt *m or* Gewinnschwelle *f*

◇ **break off** *verb* abbrechen; **we broke off the discussion at midnight** = wir brachen die Diskussion um Mitternacht ab; **management broke off negotiations with the union** = die Geschäftsleitung brach die Verhandlungen mit der Gewerkschaft ab

◇ **break up** *verb* **(a)** aufteilen *or* aufspalten; **the company was broken up and separate divisions sold off** = das Unternehmen wurde aufgespalten und einzelne Geschäftsbereiche verkauft **(b)** (sich) auflösen; **the meeting broke up at 12.30** = die Versammlung löste sich um 12.30 Uhr auf

bribe 1 *noun* Bestechungsgeld *n or* Schmiergeld; **the minister was dismissed for taking bribes** = der Minister wurde wegen passiver Bestechung entlassen **2** *verb* bestechen *or* schmieren; **we had to bribe the minister's secretary before she would let us see her boss** = wir mußten die Sekretärin des Ministers bestechen, bevor sie uns zu ihrem Chef vorließ

bridging loan *or (US)* **bridge loan** *noun* Überbrückungskredit *m*

brief *verb* instruieren *or* informieren; **the salesmen were briefed on the new product** = die Vertreter wurden über das neue Produkt informiert; **the managing director briefed the board on the progress of the negotiations** = der geschäftsführende Direktor informierte den board of directors über den Fortschritt der Verhandlungen

◇ **briefcase** *noun* Aktentasche *f*; **he put all the files into his briefcase** = er legte alle Akten in seine Aktentasche

◇ **briefing** *noun* Besprechung *f or* Briefing *n*; **all salesmen have to attend a sales briefing on the new product** = alle Vertreter müssen an einer Verkaufsbesprechung des neuen Produkts teilnehmen

bring *verb* (mit)bringen; **he brought his documents with him** = er brachte seine Unterlagen mit; **the finance director brought his secretary to take notes of the meeting** = der Leiter der Finanzabteilung brachte seine Sekretärin mit, um Notizen über die Besprechung zu machen; **to bring a lawsuit against someone** = jdn verklagen (NOTE: **bringing - brought)**

◇ **bring down** *verb* **(a)** senken; **petroleum companies have brought down the price of crude oil** = die Mineralölgesellschaften senkten die Rohölpreise **(b)** vortragen ; **balance brought**

down: DM 365.15 = vorgetragener Saldo: DM 365,15

◇ **bring forward** *verb* **(a)** vorverlegen; **to bring forward the date of repayment** = den Rückzahlungstermin vorverlegen; **the date of the next meeting has been brought forward to March** = der Termin für die nächste Sitzung wurde auf März vorverlegt **(b)** übertragen; **balance brought forward: DM 365.15** = übertragener Saldo: DM 365,15

◇ **bring in** *verb* bringen *or* einbringen; **the shares bring in a small amount** = die Aktien bringen eine kleine Summe ein

◇ **bring out** *verb* herausbringen; **they are bringing out a new model of the car for the Motor Show** = sie bringen zur Automobilausstellung ein neues Modell des Wagens heraus

◇ **bring up** *verb* zur Sprache bringen; **the chairman brought up the question of redundancy payments** = der Vorsitzende brachte das Thema Entlassungsabfindungen zur Sprache

brisk *adjective* lebhaft *or* rege; **brisk sales** = lebhafter Handel ; **the market in oil shares is particularly brisk** = Ölaktien werden besonders nachgefragt ; **a brisk market in oil shares** = eine lebhafte Nachfrage nach Ölaktien

Britain, British *see* GREAT BRITAIN

broadside *noun (US)* Prospekt *m or* Werbezettel *m*

brochure *noun* Prospekt *m or* Broschüre *f*; **we sent off for a brochure about holidays in Greece** *or* **about postal services** = wir haben eine Broschüre über Urlaub in Griechenland *or* über Dienstleistungen der Post angefordert

broke *adjective (informal)* pleite; **the company is broke** = das Unternehmen ist pleite; **he cannot pay for the new car because he is broke** = er kann das neue Auto nicht bezahlen, weil er pleite ist; **to go broke** = pleite machen *or* bankrott gehen; **the company went broke last month** = das Unternehmen machte letzte Woche pleite

broker *noun* **(a)** Makler/-in *or* Händler/-in *or* Broker *m*; **foreign exchange broker** = Devisenhändler/-in; **insurance broker** = Versicherungsmakler/-in *or* Broker; **ship broker** = Schiffsmakler/-in **(b)** **(stock)broker** = Börsenmakler/-in

◇ **brokerage** *or* **broker's commission** *noun* Maklergebühr *f or* Courtage *f*

◇ **broking** *noun* Maklergeschäft *n*

brought down (b/d) *or* **brought forward (b/f)** *phrase* vorgetragen *or* übergetragen; **balance brought down** *or* **forward: DM 365.15** = vorgetragener *or* übertragener Saldo: DM 365,15

Buba = BUNDESBANK *(German Federal Bank)*

bubble *noun* Blase *f*; **bubble envelope** = Luftpolsterumschlag *m*; **bubble pack** *or* **blister pack** = Blisterpackung *f or* Klarsichtpackung *f*; **bubble wrap** = Luftpolsterfolie *f*

buck 1 *noun (US informal)* Dollar *m*; **to make a fast buck** *or* **a quick buck** = schnelles Geld machen *or (inf)* schnell Kohle machen **2** *verb* **to buck the trend** = gegen den Strom schwimmen

bucket shop *noun (informal)* **(a)** Reisebüro, das Graumarkttickets verkauft **(b)** *(US)* nicht an der Börse zugelassene Maklerfirma

> QUOTE at last something is being done about the thousands of bucket shops across the nation that sell investment scams by phone
> *Forbes Magazine*

budget 1 *noun* **(a)** Finanzplan *m or* Budget *n or* Etat *m*; **to draw up a budget** = einen Finanzplan aufstellen; **we have agreed the budgets for next year** = wir einigten uns über die Budgets für das nächste Jahr ; **advertising budget** = Werbeetat; **cash budget** = Kassenbudget; **overhead budget** = Gemeinkostenbudget *n or* Gemeinkostenplan *m*; **publicity budget** = Werbeetat; **sales budget** = Absatzplan *m* **(b)** *(of a Government)* **the Budget** = der Staatshaushalt *or* Etat; **budget debate** = Haushaltsdebatte *f*; **budget deficit** = Haushaltsdefizit *n*; **the minister put forward a budget aimed at boosting the economy** = der Minister legte einen Haushaltsplan vor, der die Wirtschaft ankurbeln soll; **to balance the budget** = den Haushalt ausgleichen; **the president is planning for a balanced budget** = der Präsident rechnet mit einem ausgeglichenen Etat **(c)** *(in a bank)* **budget account** = Haushaltskonto *n (Bankkonto zur Einahmen-/Ausgabenplanung, auf das monatlich feste Beträge eingezahlt werden)* **(d)** *(in shops)* **budget department** = Sonderangebotsabteilung *f*; **budget prices** = Sparpreise *mpl* **2** *verb* (im Budget) einplanen *or* veranschlagen; **we are budgeting for £10,000 of sales next year** = wir veranschlagen für das nächste Jahr £10.000 Umsatz

◇ **budgetary** *adjective* Finanz- *or* Etat- *or* Haushalts-; **budgetary control** = Haushaltskontrolle *f or* Finanzkontrolle; **budgetary policy** = Haushaltspolitik *f*; **budgetary requirements** = Haushaltsbedarf *m*

◇ **budgeting** *noun* Aufstellung *f* eines Haushaltsplans *m*; Finanzplanung *f*

> QUOTE he budgeted for further growth of 150,000 jobs (or 2.5 per cent) in the current financial year
> *Sydney Morning Herald*
>
> QUOTE the minister is persuading the oil, gas, electricity and coal industries to target their advertising budgets towards energy efficiency
> *Times*
>
> QUOTE the Federal government's budget targets for employment and growth are within reach according to the latest figures
> *Australian Financial Review*

buffer stocks *noun* Pufferbestände *mpl or* Ausgleichslager *n* für Rohstoffe *mpl*

bug *noun (in a computer program)* Virus *m*

build *verb* bauen *or* aufbauen; **to build a sales structure** = eine Absatzstruktur entwickeln; **to build on past experience** = auf Erfahrungen aufbauen (NOTE: **building - built**)

◇ **building** *noun* Gebäude *n*; **they have redeveloped the site of the old office building** = sie haben das Gelände des alten Bürohauses saniert

◇ **building and loan association** *noun (US)* = SAVINGS AND LOAN ASSOCIATION

◇ **building society** *noun (GB)* Bausparkasse *f*; **he put his savings into a building society** *or* **into a building society account** = er legte seine Ersparnisse bei einer Bausparkasse *or* auf einem Konto einer Bausparkasse an; **I have an account with the Halifax Building Society** = ich habe ein Konto bei der Halifax Building Society; **I saw the building society manager to ask for a mortgage** = ich hatte einen Termin mit dem Direktor der Bausparkasse, um um eine Hypothek zu bitten

◇ **build into** *verb* einbeziehen; **you must build all the forecasts into the budget** = Sie müssen alle Prognosen in den Finanzplan einbeziehen; **we have built 10% for contingencies into our cost forecast** = wir haben 10% für unvorhergesehene Ausgaben in unsere Kostenkalkulation einbezogen

◇ **build up** *verb* aufbauen; **to build up a profitable business** = ein gewinnbringendes Geschäft aufbauen; **he bought several shoe shops and gradually built up a chain** = er kaufte mehrere Schuhgeschäfte und baute allmählich eine Ladenkette auf; **to build up a team of salesmen** = einen Handelsvertreterstab aufbauen

◇ **buildup** *noun* Steigerung *f*; **a buildup in sales** *or* **a sales buildup** = eine Steigerung der Umsätze *or* eine Umsatzsteigerung; **there will be a big publicity buildup before the launch of the new model** = es wird eine große Werbekampagne geben, bevor das neue Modell auf den Markt kommt

◇ **built-in** *adjective* eingebaut; **the micro has a built-in clock** = der Mikrocomputer hat eine eingebaute Uhr; **the accounting system has a series of built-in checks** = das Buchführungssystem hat mehrere eingebaute Kontrollen

Bulgaria *noun* Bulgarien *n*

◇ **Bulgarian 1** *noun* Bulgare/Bulgarin **2** *adjective* bulgarisch
(NOTE: capital: **Sofia;** currency: **lev** = Lew *m*)

bulk *noun* Masse *f or* Menge *f*; **in bulk** = en gros *or* in Massen *or* in Mengen; **to buy rice in bulk** = Reis en gros kaufen; **bulk buying** *or* **bulk purchase** = Massenankauf *m or* Mengeneinkauf *m or* Großeinkauf *m*; **bulk carrier** = Massengutfrachter *m*; **bulk discount** = Mengenrabatt *m*; **bulk shipments** = Massengutversand *m*

◇ **bulky** *adjective* sperrig; **the Post Office does not accept bulky packages** = das Postamt nimmt keine sperrigen Pakete an

bull *noun (stock exchange)* Haussier *m*; **bull market** = Haussemarkt *m*

◇ **bullish** *adjective* **bullish mood** = Haussestimmung (*cf* BEAR)

> QUOTE lower interest rates are always a bull factor for the stock market
> ***Financial Times***
> QUOTE another factor behind the currency market's bullish mood may be the growing realisation that Japan stands to benefit from the current combination of high domestic interest rates and a steadily rising exchange rate
> ***Far Eastern Economic Review***

bullion *noun* Barren *m*; **gold bullion** = Goldbarren; **the price of bullion is fixed daily** = die Gold- und Silbernotierung wird täglich neu festgesetzt; **to fix the bullion price for silver** = die Silbernotierung festsetzen

bumper *noun* **a bumper crop of corn** = eine Rekordgetreideernte; **1993 was a bumper year for computer sales** = 1993 war ein Rekordumsatzjahr für Computer

bumping *noun (US)* Verdrängung *f* eines untergeordneten Angestellten vom Tisch im (Betriebs)restaurant; Personalpolitik *f* nach dem LIFO-Prinzip *f*

burden *verb* belasten; **to be burdened with debt** = mit Schulden belastet sein

bureau *noun* Büro *n*; **computer bureau** = Rechenzentrum *n or* EDV-Servicebüro *n*; **employment bureau** = Stellenvermittlung *f*; **information bureau** = Information *f or* Auskunft *f*; **trade bureau** = Handelsbüro *or* Wirtschaftsbüro; **visitors' bureau** = Besucherinformation *f*; **word-processing bureau** = (Computer)schreibbüro; **we farm out the office typing to a local bureau** = wir geben die im Büro anfallenden Schreibarbeiten an ein örtliches Schreibbüro (NOTE: the plural is **bureaux**)

◇ **bureau de change** *noun* Wechselstube *f*

Burma *noun* Birma *f* (NOTE: now called **Myanmar**)

◇ **Burmese 1** *noun* Birmane/Birmanin **2** *adjective* birmanisch
(NOTE: capital: **Rangoon** = Rangun; currency: **kyat** = Kyat *m*)

burn *verb* verbrennen; **the chief accountant burnt the documents before the police arrived** = der Hauptbuchhalter verbrannte die Unterlagen, bevor die Polizei eintraf (NOTE: **burning - burnt**)

◇ **burn down** *verb* abbrennen; **the warehouse burnt down and all the stock was destroyed** = das Lagerhaus brannte ab und der gesamte Warenbestand wurde zerstört; **the company records were all lost when the offices burnt down** = die Unterlagen des Unternehmens gingen verloren, als die Büroräume abbrannten

Burundi *noun* Burundi *n*

◇ **Burundian 1** *noun* Burundier/-in **2** *adjective* burundisch
(NOTE: capital: **Bujumbura;** currency: **Burundi franc** = Burundi-Franc *m*)

bus *noun* Bus *m*; **he goes to work by bus** = er fährt mit dem Bus zur Arbeit; **she took the bus to go to her office** = sie nahm den Bus, um in ihr Büro zu kommen; **bus company** = Busunternehmer *m*; Verkehrsgesellschaft *f*

bushel *noun* Scheffel *m or* Bushel *m*

business *noun* **(a)** *(commerce)* Geschäft *n*; Gewerbe *n*; **business is expanding** = die Geschäfte expandieren; **business is slow** = die Geschäfte gehen schleppend; **he does a thriving business in repairing cars** = er hat einen florierenden Autoreparaturbetrieb; **what's your line of**

business? = in welcher Branche sind Sie?; **business call** = Geschäftsbesuch *m*; **business centre** = Geschäftsviertel *n*; *(on a plane)* **business class** = Business Class *f*; **business college** *or* **business school** = (höhere) Wirtschaftshochschule *f*; Handelsschule ; **business correspondent** = Wirtschaftskorrespondent/-in; **business cycle** = Konjunkturzyklus *m*; **a business efficiency exhibition** = eine Ausstellung von Büromaschinen zur Betriebsrationalisierung; **business hours** = Geschäftsstunden *pl* *or* Geschäftszeit *f*; **business letter** = Geschäftsbrief *m*; **business lunch** = Geschäftsessen *n*; **business plan** = Unternehmensplan *m*; **business trip** = Geschäftsreise *f* *or* Dienstreise; **to be in business** = im Geschäft sein *or* Geschäftsmann/Geschäftsfrau sein; **to go into business** = ein Geschäft gründen; **he went into business as a car dealer** = er gründete ein Geschäft als Autohändler; **to go out of business** = das Geschäft aufgeben; **the firm went out of business during the recession** = die Firma gab den Betrieb während der Rezession auf; **on business** = geschäftlich *or* dienstlich; **he had to go abroad on business** = er mußte geschäftlich ins Ausland; **the chairman is in Holland on business** = der Vorsitzende ist auf Geschäftsreise in Holland **(b)** *(company)* Unternehmen *n*; Geschäft *n*; Betrieb *m*; Firma *f*; **he owns a small car repair business** = er besitzt einen kleinen Autoreparaturbetrieb; **she runs a business from her home** = sie betreibt ein Geschäft von zu Hause aus; **he set up in business as an insurance broker** = er ließ sich als Versicherungsagent nieder; **business address** = Geschäftsadresse *f*; **business card** = Visitenkarte *f*; **business correspondence** = Geschäftskorrespondenz *f*; **business equipment** = Büromaschinen *fpl*; **business expenses** = Betriebskosten *pl*; **big business** = Großunternehmertum *n* *or* Großindustrie *f* **small business(es)** = Kleinunternehmen *n(pl)* **(c)** *(discussion)* Angelegenheit *f*; Sache *f*; **the main business of the meeting was finished by 3 p.m.** = die wesentlichen Tagungsordnungspunkte *mpl* der Konferenz waren bis 15 Uhr erledigt; **any other business (AOB)** = Verschiedenes (NOTE: no plural for meanings (a) and (c); (b) has the plural **businesses)**

◇ **business agent** *noun* *(US)* Gewerkschaftsfunktionär/-in; Gewerkschaftsvertreter/-in

◇ **businessman** *or* **businesswoman** *noun* Geschäftsmann; Geschäftsfrau; **she's a very good businesswoman** = sie ist eine sehr gute Geschäftsfrau; **a small businessman** *or* **businesswoman** = ein Kleinunternehmer *or* eine Kleinunternehmerin

bust *adjective (informal)* **to go bust** = pleite machen *or* bankrott gehen

busy *adjective* beschäftigt; **he is busy preparing the annual accounts** = er ist mit der Erstellung des Jahresabschlusses beschäftigt ; **the manager is busy at the moment, but he will be free in about fifteen minutes** = der Geschäftsführer ist im Moment beschäftigt, wird aber in etwa 15 Minuten Zeit haben; **the busiest time of the year for stores is the week before Christmas** = in der Woche vor Weihnachten ist in den Geschäften Hochbetrieb *m*; **summer is the busy season for hotels** = im Sommer haben die Hotels Hochsaison; *(on the telephone)* **the line is busy** = die Leitung ist besetzt

buy 1 *verb* kaufen *or* einkaufen *or* aufkaufen; **he bought 10,000 shares** = er kaufte 10.000 Aktien; **the company has been bought by its leading supplier** = das Unternehmen wurde von seinem Hauptlieferanten aufgekauft; **to buy wholesale and sell retail** = im Großhandel einkaufen und im Einzelhandel verkaufen; **to buy for cash** = gegen bar kaufen; **to buy forward** = auf Termin kaufen (NOTE: **buying - bought) 2** *noun* **good buy** *or* **bad buy** = guter Kauf; schlechter Kauf; **that watch was a good buy** = die Uhr war ein guter Kauf; **this car was a bad buy** = dies Auto war ein schlechter Kauf

◇ **buy back** *verb* zurückkaufen; **he sold the shop last year and is now trying to buy it back** = er verkaufte das Geschäft im letzten Jahr und versucht jetzt, es zurückzukaufen; **buy-back deal** = Gegengeschäft *n*

◇ **buyer** *noun* **(a)** *(person who buys)* Käufer/-in; **there were no buyers** = es gab keine Käufer; **buyers' market** = Käufermarkt *m* (NOTE: the opposite is a **seller's market) buyer's risk** = Käuferrisiko *n*; **at buyer's risk** = auf Risiko (des) Käufers; **impulse buyer** = Spontankäufer/-in **(b)** *(person who buys goods for a store)* Einkäufer/-in; **head buyer** = Einkaufsleiter/-in; **she is the shoe buyer for a London department store** = sie ist die Schuheinkäuferin für ein Londoner Kaufhaus

◇ **buy in** *verb (of a seller at an auction)* zurückkaufen

◇ **buyin** *noun* **management buyin** = Management Buy-In *n (Übernahme eines Unternehmens durch fremde Manager)*

◇ **buying** *noun* Kaufen *n* *or* Einkauf *m*; **bulk buying** = Mengeneinkauf *m* *or* Massenankauf *m* *or* Großeinkauf *m*; **forward buying** *or* **buying forward** = Terminkauf *m*; **impulse buying** = Impulskäufe *mpl* *or* Spontankäufe; **panic buying** = Panikkauf *m*; **buying department** = Einkauf *m* *or* Einkaufsabteilung *f*; **buying power** = Kaufkraft *f*; **the buying power of the pound has fallen over the last years** = die Kaufkraft des Pfundes ist in den letzten Jahren gesunken

◇ **buyout** *noun* **management buyout (MBO)** = Management Buy-Out *n* *(Kauf eines Unternehmens durch dessen Management);* **leveraged buyout (LBO)** = Leveraged Buy-Out *n (Unternehmenserwerb unter Ausnutzung des Leverage-Effekts)*

> QUOTE we also invest in companies whose growth and profitability could be improved by a management buyout
>
> ***Times***
>
> QUOTE in a normal leveraged buyout, the acquirer raises money by borrowing against the assets or cash flow of the target company
>
> ***Fortune***

bylaws *noun* **(a)** städtische *or* örtliche Verordnungen *fpl* **(b)** *(US)* Gesellschaftsvertrag *m* *or* Satzung *f (einer Kapitalgesellschaft)* (NOTE: in the UK, called **Articles of Association)**

by-product *noun* Nebenprodukt *n* *or* Abfallprodukt; **glycerol is a useful by-product of soap manufacture** = Glycerin ist ein nützliches Nebenprodukt der Seifenherstellung

byte *noun* Byte *n*

Cc

cab *noun* Taxi *n*; **he took a cab to the airport** = er nahm ein Taxi zum Flughafen; **cab fares are very high in New York** = Taxigebühren *fpl* sind sehr hoch in New York

◇ **cabby** *noun (informal)* Taxifahrer/-in

cabinet *noun* Schrank *m*; **last year's correspondence is in the bottom drawer of the filing cabinet** = die Korrespondenz des letzten Jahres ist im unteren Schubfach des Aktenschranks; **display cabinet** = Vitrine *f*

cable 1 *noun* Telegramm *n*; **he sent a cable to his office asking for more money** = er schickte seinem Büro ein Telegramm mit der Bitte, ihm mehr Geld zu schicken; **cable address** = Telegrammanschrift *f* **2** *verb* telegrafieren; **he cabled his office to ask them to send more money** = er telegrafierte seinem Büro mit der Bitte, ihm mehr Geld zu schicken; **the office cabled him £1,000 to cover his expenses** = die Geschäftsstelle überwies ihm telegrafisch £1.000, um seine Kosten zu decken

◇ **cablegram** *noun* Telegramm *n*

CAD = COMPUTER-AIDED DESIGN

calculate *verb* **(a)** (be)rechnen; **the bank clerk calculated the rate of exchange for the dollar** = der/die Bankangestellte rechnete den Dollar-Wechselkurs aus **(b)** kalkulieren *or* schätzen; **I calculate that we have six months' stock left** = ich schätze, daß wir einen Warenbestand für sechs Monate haben

◇ **calculating machine** *noun* Rechenmaschine *f*

◇ **calculation** *noun* Berechnung *f or* Kalkulation *f*; **rough calculation** = grobe Berechnung; Überschlag *m*; **I have made some rough calculations on the back of an envelope** = ich habe auf der Rückseite eines Briefumschlags ein paar grobe Berechnungen gemacht; **according to my calculations, we have six months' stock left** = nach meinen Berechnungen, haben wir noch einen Warenbestand für sechs Monate; **we are £20,000 out in our calculations** = wir haben uns um £20.000 verrechnet

◇ **calculator** *noun* Rechner *m or* Rechenhilfe *f*; **my pocket calculator needs a new battery** = mein Taschenrechner braucht eine neue Batterie; **he worked out the discount on his calculator** = er hat den Rabatt auf seinem Taschenrechner ausgerechnet

calendar *noun* Kalender *m*; **for the New Year the garage sent me a calendar with photographs of old cars** = zum neuen Jahr schickte mir die Autowerkstatt einen Kalender mit Fotografien alter Autos; **calendar month** = Kalendermonat *m*; **calendar year** = Kalenderjahr *n*

call 1 *noun* **(a)** *(on telephone)* Anruf *m or* Gespräch *n*; **local call** = Ortsgespräch; **trunk call** *or* **long-distance call** = Ferngespräch; **overseas call** *or* **international call** = Auslandsgespräch; **person-to-person call** = Gespräch mit namentlicher Voranmeldung; **reverse charge call** *or* **transferred charge call** *or (US)* **collect call** = R-Gespräch; **to make a call** = telefonieren *or* anrufen; **to take a call** = ein Gespräch annehmen; **to log calls** = Anrufe registrieren **(b)** *(asking for money)* Zahlungsaufforderung *f*; **money at call** *or* **money on call** *or* **call money** = Tagesgeld *n* **(c)** *(stock exchange)* Aufruf *m*; **call option** = Kaufoption *f* **(d)** *(visit)* Besuch *m*; **the salesmen make six calls a day** = die Vertreter machen täglich sechs Besuche; **business call** = Geschäftsbesuch; *(from a rep)* **cold call** = unangemeldeter Vertreterbesuch *or* unangemeldetes Verkaufsgespräch; **call rate** = Besuchshäufigkeit *f or* Besuchsrate *f* **2** *verb* **(a)** *(to phone)* anrufen; **I'll call you at your office tomorrow** = ich rufe dich morgen im Büro an **(b)** *(to visit)* **to call on someone** = jdn besuchen; **our salesmen call on their best accounts twice a month** = unsere Vertreter besuchen ihre besten Kunden zweimal im Monat **(c)** *(to ask someone to do something)* aufrufen; **the union called a strike** = die Gewerkschaft rief zum Streik auf

◇ **callable bond** *noun* kündbare Schuldverschreibung

◇ **call-back pay** *noun* Überstundenlohn *m*

◇ **call box** *noun* Telefonzelle *f*

◇ **called up capital** *noun* eingefordertes Kapital

◇ **caller** *noun* **(a)** *(person who phones)* Anrufer/-in **(b)** *(visitor)* Besucher/-in

◇ **call in** *verb* **(a)** vorbeikommen; **the sales representative called in twice last week** = der Vertreter kam letzte Woche zweimal vorbei **(b)** anrufen; **we ask the reps to call in every Friday to report the week's sales** = wir bitten die Vertreter, jeden Freitag anzurufen, um die Wochenumsätze bekanntzugeben **(c) to call in a loan** = ein Darlehen kündigen

◇ **call off** *verb* absagen; rückgängig machen; abbrechen; **the union has called off the strike** = die Gewerkschaft brach den Streik ab; **the deal was called off at the last moment** = das Geschäft wurde im letzten Moment rückgängig gemacht

◇ **call up** *verb* aufrufen; einfordern

> QUOTE a circular to shareholders highlights that the company's net assets as at August 1, amounted to £47.9 million - less than half the company's called-up share capital of £96.8 million. Accordingly, an EGM has been called for October 7
>
> ***Times***

calm *adjective* ruhig; **the markets were calmer after the government statement on the exchange rate** = an den Börsen war es ruhiger nach der Regierungsverlautbarung zum Wechselkurs

CAM = COMPUTER-AIDED MANUFACTURE

Cambodia *noun* Kambodscha *n*
◇ **Cambodian 1** *noun* Kambodschaner/-in **2** *adjective* kambodschanisch
(NOTE: capital: **Phnom Penh;** currency: **riel** = Riel *m*)

Cameroon *noun* Kamerun *n*
◇ **Cameroonian 1** *noun* Kameruner/-in **2** *adjective* kamerunisch
(NOTE: capital: **Yaoundé;** currency: **CFA franc** = CFA-Franc *m*)

campaign *noun* Kampagne *f or* Aktion *f*; **sales campaign** = Verkaufsaktion *or* Verkaufskampagne; **publicity campaign** *or* **advertising campaign** = Werbekampagne *or* Werbeaktion; **they are working on a campaign to launch a new brand of soap** = sie arbeiten an einem Werbefeldzug *m*, um eine neue Seifenmarke auf den Markt zu bringen

Canada *noun* Kanada *n*
◇ **Canadian 1** *noun* Kanadier/-in **2** *adjective* kanadisch
(NOTE: capital: **Ottawa;** currency: **Canadian dollar** = kanadischer Dollar)

cancel *verb* **(a)** absagen; annullieren; stornieren; aufheben; **to cancel an appointment** *or* **a meeting** = einen Termin *or* eine Besprechung absagen; **to cancel a contract** = einen Vertrag aufheben; **the government has cancelled the order for a fleet of buses** = die Regierung stornierte den Auftrag für mehrere Busse **(b) to cancel a cheque** = einen Scheck entwerten (NOTE: GB English: **cancelling - cancelled** but US English: **canceling - canceled)**
◇ **cancellation** *noun* Absage *f or* Annullieren *n or* Stornierung *f or* Aufhebung *f*; **cancellation of an appointment** = Terminabsage; **cancellation of an agreement** = Vertragsaufhebung; **cancellation clause** = Rücktrittsklausel *f*
◇ **cancel out** *verb* aufheben; **the two clauses cancel each other out** = die beiden Klauseln heben sich gegenseitig auf; **costs have cancelled out the sales revenue** = die Kosten machen die Umsatzerlöse zunichte

candidate *noun* Kandidat/-in *or* Bewerber/-in; **there are six candidates for the post of assistant manager** = es gibt sechs Bewerber für den Posten des stellvertretenden Leiters

canvass *verb* um Kunden *or* Wahlstimmen werben; **he's canvassing for customers for his hairdresser's shop** = er wirbt Kunden für seinen Friseursalon; **we have canvassed the staff about raising the prices in the staff restaurant** = wir befragten das Personal zur Anhebung der Preise im Personalrestaurant
◇ **canvasser** *noun* Kundenwerber/-in *or* Vertreter/-in; Wahlhelfer/-in
◇ **canvassing** *noun* Kundenwerbung *f or* Wahlstimmenwerbung ; **canvassing techniques** = Akquisitionsmethoden *fpl*; **door-to-door canvassing** = Wahlstimmenwerbung *f or* Kundenwerbung *f or* Direktverkauf *m* an der Haustür

CAP = COMMON AGRICULTURAL POLICY

cap 1 *noun* **(a)** Obergrenze *f or* Höchstsatz *m* **(b)** *(informal, short for CAPITAL)* großer Buchstabe; **in caps** = in Großbuchstaben **2** *verb* eine Obergrenze *or* einen Höchstsatz setzen (NOTE: **capping - capped)**

capable *adjective* **(a) capable of** = können *or* fähig sein zu; **she is capable of very fast typing speeds** = sie kann sehr schnell tippen; **the sales force must be capable of selling all the stock in the warehouse** = das Verkaufsteam muß in der Lage sein, den gesamten Lagerbestand zu verkaufen **(b)** fähig *or* kompetent *or* leistungsfähig; **she is a very capable departmental manager** = sie ist eine sehr kompetente Abteilungsleiterin (NOTE: you are capable **of** something or **of doing** something)

capacity *noun* **(a)** *(production)* Kapazität *f*; Ertragskraft *f*; **industrial** *or* **manufacturing** *or* **production capacity** = Produktionskapazität; **to work at full capacity** = voll ausgelastet sein; **to use up spare** *or* **excess capacity** = überschüssige Kapazitäten nutzen; **capacity utilization** = Kapazitätsauslastung *f* **(b)** *(space)* Fassungsvermögen *n or* Kapazität *f*; **storage capacity** = Lagerkapazität; **warehouse capacity** = Lagerhauskapazität **(c)** *(ability)* Befähigung *f or* Eignung *f*; **he has a particular capacity for business** = er hat eine besondere Begabung für alles Geschäftliche; **earning capacity** = Verdienstmöglichkeit *f* **(d) in a capacity** = in einer Funktion *or* Eigenschaft; **in his capacity as chairman** = in seiner Eigenschaft als Vorsitzender; **the manager, speaking in his official capacity, said** = in seiner Eigenschaft als Manager sagte er

> QUOTE analysts are increasingly convinced that the industry simply has too much capacity
> *Fortune*

capita *see* PER CAPITA

capital *noun* **(a)** Kapital *n;* Aktienkapital; **company with £10,000 capital** *or* **with a capital of £10,000** = Unternehmen mit einem Kapital von £10.000; **authorized capital** *or* **registered capital** *or* **nominal capital** = genehmigtes Grundkapital; **circulating capital** = Umlaufvermögen *n or* Betriebskapital *n*; **equity capital** = Aktienkapital; **fixed capital** = Anlagevermögen *n*; **issued capital** = ausgegebenes Kapital; **paid-up capital** = eingezahltes Kapital; **risk capital** *or* **venture capital** = Risikokapital *or* Wagniskapital; **share capital** = Aktienkapital; **working capital** = Betriebskapital *or* Gewerbekapital; **capital account** = Kapitalkonto *n*; **capital assets** = Anlagevermögen *n*; **capital bonus** = Sonderdividende *f*; **capital equipment** = Produktionsmittel *pl or* Investitionsgüter *pl*; **capital expenditure** *or* **investment** *or* **outlay** = Investitionsausgabe *f or* Investitionen *fpl*; **capital gains** = Veräußerungsgewinn *m*; **capital gains tax** = Veräußerungsgewinnsteuer *f*; **capital goods** = Investitionsgüter *npl or* Anlagegüter; **capital levy** = Vermögenssteuer *f*; **capital loss** = Kapitalverlust *m*; **capital reserves** = Kapitalreserven *fpl*; **capital structure of a company** = Kapitalstruktur *f* eines Unternehmens; **capital transfer tax** = Schenkungs- und Erbschaftssteuer *f* **(b)** *(money invested)* Kapital *n*; **movements of capital** = Kapitalverkehr *m*; **flight of capital** = Kapitalflucht *f*; **capital market** = Kapitalmarkt *m*

(c) capital letters *or* **block capitals** = Großbuchstaben *mpl or* Versalien *mpl*; **write your name in block capitals at the top of the form** = schreiben Sie Ihren Namen in Großbuchstaben oben auf das Formular

◇ **capital allowances** *noun* Abschreibungsbeträge *mpl* aufgrund von Aufwendungen für Anlagegüter *npl*

◇ **capital gain** *noun* Veräußerungsgewinn *m*; **capital gains tax (CGT)** = Veräußerungsgewinnsteuer *f*

◇ **capitalism** *noun* Kapitalismus *m*

◇ **capitalist 1** *noun* Kapitalist/-in **2** *adjective* kapitalistisch; **a capitalist economy** = eine kapitalistische Wirtschaft; **the capitalist system** = das kapitalistische System; **the capitalist countries** = die kapitalistischen Länder; **the capitalist world** = die kapitalistische Welt

◇ **capitalize** *verb* kapitalisieren *or* aktivieren; **company capitalized at £10,000** = mit £10.000 kapitalisiertes Unternehmen

◇ **capitalize on** *verb* Kapital schlagen aus; **to capitalize on one's market position** = aus seiner Marktstellung Kapital schlagen

◇ **capitalization** *noun* **market capitalization** = (i) *(company)* Börsenwert *m or* Börsenkapitalisierung *f*; (ii) *(market)* Wert aller börsennotierter Aktien; **company with a £1m capitalization** = Unternehmen mit einer Börsenkapitalisierung von £1 Mio; **capitalization of reserves** = Kapitalisierung von Rücklagen

QUOTE to prevent capital from crossing the Atlantic in search of high US interest rates and exchange-rate capital gains

Duns Business Month

QUOTE Canadians' principal residences have always been exempt from capital gains tax

Toronto Star

QUOTE issued and fully paid capital is $100 million, comprising 2340 shares of $100 each and 997,660 ordinary shares of $100 each

Hongkong Standard

QUOTE at its last traded price the bank was capitalized at around $1.05 billion with 60 per cent in the hands of the family

South China Morning Post

captive market *noun* monopolistischer Absatzmarkt

capture *verb* erobern *or* an sich bringen; **to capture 10% of the market** = 10% des Marktes erobern; **to capture 20% of a company's shares** = Firmenanteile von 20% erwerben

car *noun* Auto *n or* Wagen *m*; **company car** = Firmenwagen

◇ **car boot sale** *noun* privater Flohmarkt, bei dem der Kofferraum des Verkäufers als Verkaufsfläche dient

◇ **car-hire** *noun* Autovermietung *f or* Autoverleih *m*; **he runs a car-hire business** = er hat eine Autovermietung

carat *noun (weight of gold or precious stones)* Karat *n*; **a 22-carat gold ring** = ein 22-karätiger Goldring; **a 5-carat diamond** = ein fünfkarätiger Diamant (NOTE: no plural in English)

carbon *noun* **(a)** *(carbon paper)* Durchschlagpapier *n or* Kohlepapier *n*; **you forgot to put a carbon in the typewriter** = du hast vergessen, Durchschlagpapier in die Schreibmaschine einzuspannen **(b)** *(carbon copy)* Durchschlag *m*; **make a top copy and two carbons** = fertigen Sie ein Original und zwei Durchschläge an

◇ **carbon copy** *noun* Durchschlag *m*; **give me the original, and file the carbon copy** = geben Sie mir das Original, und legen Sie den Durchschlag ab

◇ **carbonless** *adjective* selbstdurchschreibend; **our reps use carbonless order pads** = unsere Vertreter benutzen selbstdurchschreibende Auftragsblöcke

◇ **carbon paper** *noun* Durchschlagpapier *n or* Kohlepapier; **you put the carbon paper in the wrong way round** = Sie haben das Durchschlagpapier falsch herum eingelegt

card *noun* **(a)** Pappe *f or* Karton *m*; **we have printed the instructions on thick white card** = wir haben die Anweisungen auf dickem, weißem Karton gedruckt (NOTE: no plural in this meaning) **(b)** *(piece of card)* Karte *f*; **business card** = Visitenkarte; **cash card** = Geldautomatenkarte; **charge card** = Kundenkarte; **cheque (guarantee) card** = Scheckkarte; **credit card** = Kreditkarte; **debit card** ≈ Eurocheque-Karte *or* ec-Karte; **filing card** = Karteikarte; **index card** = Karteikarte; **punched card** = Lochkarte; **smart card** = Chipkarte *or* Smart Card *f*; **store card** = Kundenkarte *or* Membercard *f (see also* PHONECARD) **(c)** *(postcard)* Karte *f or* Postkarte *or* Ansichtskarte; **reply paid card** = freigemachte *or* frankierte Antwortkarte **(d) to get one's cards** = entlassen werden

◇ **cardboard** *noun* Karton *m or* Pappe *f*; **cardboard box** = Pappkarton *m or* Pappschachtel *f*

◇ **cardholder** *noun* Karteninhaber/-in

QUOTE ever since October, when the banks' base rate climbed to 15%, the main credit card issuers have faced the prospect of having to push interest rates above 30% APR. Though store cards have charged interest at much higher rates than this for some years, 30% APR is something the banks fight shy of

Financial Times Review

◇ **card index** *noun* Kartei *f*; **card-index file** = Kartei *f*; Zettelkatalog *m*

◇ **card-index** *verb* Karteikarten *fpl* anlegen

◇ **card-indexing** *noun* Anlegen *n* von Karteikarten; **no one can understand her card-indexing system** = keiner versteht ihr Karteikartensystem

◇ **card phone** *noun* Kartentelefon *n*

care of *or* **c/o** *phrase or abbreviation (in an address)* bei *or* c/o; **Herr Schmidt, care of Mr W. Brown** = Herr Schmidt, bei *or* c/o Mr. W. Brown

career *noun* Beruf *m or* Karriere *f or* Laufbahn *f*; **he made his career in electronics** = er machte in der Elektronikbranche Karriere; **career woman** *or* **girl** = Karrierefrau

cargo *noun* Fracht *f or* Ladung *f or* Kargo *m*; **the ship was taking on cargo** = das Schiff nahm Fracht auf; **to load cargo** = Fracht verladen; **air cargo** = Luftfracht; **cargo ship** = Frachter *m or* Frachtschiff *n or* Transportschiff *n*; **cargo plane** = Transportflugzeug *n; (on plane)* **cargo hold** = Laderaum *m* (NOTE: plural is **cargoes**)

carnet *noun (international document)* Carnet *n (internationaler Zollpassierschein)*

carriage *noun* Transport *m or* Transportkosten *pl*; **to pay for carriage** = Transportkosten zahlen; **to allow 10% for carriage** = 10% für Transportkosten einrechnen; **carriage is 15% of the total cost** = Transportkosten machen 15% der Gesamtkosten aus; **carriage free** = frachtfrei; **carriage paid** = frachtfrei; **carriage forward** = unfrei *or* Frachtkosten per Nachnahme

carrier *noun* **(a)** *(company)* Spedition *f or* Transportunternehmen *n or* Carrier *m*; **we only use reputable carriers** = wir benutzen nur angesehene Transportunternehmen; **air carrier** = Air-Carrier *m or* Luftfahrtunternehmen *n*; Luftfrachtführer *m* **(b)** *(vehicle)* Transporter *m*; **bulk carrier** = Massengutfrachter *m*

carry *verb* **(a)** befördern; **to carry goods** = Waren befördern; **a tanker carrying oil from the Gulf** = ein Tanker mit Öl aus den Golfstaaten; **the train was carrying a consignment of cars for export** = der Zug beförderte eine für den Export bestimmte Autosendung **(b)** annehmen; **the motion was carried** = der Antrag wurde angenommen **(c)** bringen *or* tragen *or* abwerfen; **the bonds carry interest at 10%** = die Wertpapiere werfen 10% Zinsen ab **(d)** *(to keep in stock)* führen *or* auf Lager haben; **to carry a line of goods** = ein Sortiment führen; **we do not carry pens** = wir führen keine Kugelschreiber

◊ **carry down** *or* **carry forward** *verb* übertragen; **balance carried forward** *or* **balance c/f** = Saldoübertrag *m*

◊ **carrying** *noun* Beförderung *f or* Transport *m*; **carrying charges** = Speditionskosten *pl*; **carrying cost** = Lagerkosten *pl*

◊ **carry on** *verb* weitermachen *or* weiter...; **the staff carried on working in spite of the fire** = das Personal arbeitete trotz des Brands weiter; **to carry on a business** = ein Geschäft (weiter)betreiben; geschäftlich tätig sein

◊ **carry over** *verb* **(a) to carry over a balance** = einen Saldo übertragen **(b) to carry over stock** = Warenbestände übertragen

cart *noun (US)* **baggage cart** = Kofferkuli *m* (NOTE: GB English for this is **luggage trolley); shopping cart** = Einkaufswagen *m* (NOTE: GB English for this is **shopping** *or* **supermarket trolley)**

cartage *noun* Transport *m*

cartel *noun* Kartell *n*

carter *noun* Fuhrunternehmer/-in

carton *noun* **(a)** Karton *m or* Pappe *f*; **a folder made of carton** = eine Aktenmappe aus Pappe (NOTE: no plural in this meaning) **(b)** *(box)* Pappkarton *m or* Karton *(Zigaretten)* Stange *f (Milch)* Tüte *f*; **a carton of cigarettes** = eine Stange Zigaretten

cartridge *noun* **(a)** *(ink, toner)* Patrone *f*; **toner cartridge** = Tonerpatrone **(b)** *(film or tape)* Kassette *f*; **film cartridge** = Filmkassette

case 1 *noun* **(a)** *(suitcase)* Koffer *m*; **the customs made him open his case** = er mußte seinen Koffer beim Zoll öffnen; **she had a small case which she carried onto the plane** = sie hatte einen kleinen Koffer, den sie mit ins Flugzeug nahm **(b)** *(box)* Kiste *f*; **six cases of wine** = sechs Kisten Wein; **a packing case** = eine Verpackungskiste **(c) display case** = Schaukasten *m or* Glaskasten *m or* Vitrine *f* **(d) court case** = Gerichtsverfahren *n or* Prozeß *m or* Rechtsstreit *m*; **the case is being heard next week** = der Fall kommt nächste Woche zur Verhandlung **2** *verb (to put in boxes)* in Kisten verpacken

cash 1 *noun* **(a)** Bargeld *n*; **cash in hand** *or (US)* **cash on hand** = Barbestand *m or* Bargeld; **hard cash** = Bargeld *n*; **petty cash** = kleine Kasse; Nebenkasse *or* Portokasse; **ready cash** = Bargeld; **cash account** = Kassenkonto *n or* Kassakonto *or* Kontokorrentkonto; **cash advance** = Barvorschuß *m*; **cash balance** = Barbestand *m or* Kassenbestand *m or* Bankguthaben *n*; **cash book (CB)** = Kassenbuch *n*; **cash box** = Geldkassette *f*; **cash budget** = Kassenbudget *n*; **cash card** = Geldautomatenkarte *f*; **cash cow** = Milchkuh *f*; **cash desk** = Kasse *f*; **cash dispenser** = Geldautomat *m*; **cash float** = Wechselgeld *f (in einer Ladenkasse)*; **cash offer** = Barzahlungsangebot *n*; **cash payment** = Barzahlung *f*; **cash purchases** = Barkäufe *mpl*; **cash register** *or* **cash till** = Kasse *f*; **cash reserves** = Barreserven *fpl or* Liquiditätsreserven *fpl* **(b)** Barzahlung *f*; **to pay cash down** = (in) bar zahlen; **cash price** *or* **cash terms** = Bar(zahlungs)preis *m or* Barzahlungsbedingungen *fpl*; **settlement in cash** *or* **cash settlement** = Barzahlung *f*; **cash sale** *or* **cash transaction** = Barverkauf *m or* Kassageschäft *n*; **terms: cash with order (CWO)** = Bedingungen: Barzahlung bei Bestellung; **cash on delivery (COD)** = per Nachnahme; **cash discount** *or* **discount for cash** = Barzahlungsrabatt *m or* Skonto *m or n* **2** *verb* **to cash a cheque** = einen Scheck einlösen

◊ **cashable** *adjective* einlösbar; **a crossed cheque is not cashable at any bank** = ein gekreuzter Scheck (Verrechnungsscheck) kann bei keiner Bank eingelöst werden

◊ **cash and carry** *noun* Cash and Carry *m or* (Verbraucher)abholmarkt *m*; **cash and carry warehouse** = Abhollager *n*

◊ **cash flow** *noun* Cash-flow *m*; **cash flow forecast** = Cash-flow-Prognose *f*; **cash flow statement** = Cash-flow-Bericht *m*; **net cash flow** = Netto-Cash-flow *m*; **negative cash flow** = negativer Cash-flow; **positive cash flow** = positiver Cash-flow; **the company is suffering from cash flow problems** = das Unternehmen hat Cash-flow-Probleme *npl*

◊ **cashier** *noun* Kassierer/-in; *(US)* **cashier's check** = Bankscheck *m*

◊ **cash in** *verb* einlösen

◊ **cash in on** *verb* sich etwas zunutze machen *or* aus etwas Kapital schlagen; **the company is cashing in on the interest in computer games** = das Unternehmen schlägt Kapital aus dem Interesse an Computerspielen

◊ **cashless society** *noun* bargeldlose Gesellschaft

◊ **cash up** *verb* Kasse machen

cassette *noun* Kassette *f* **cassette recorder** = Kassettenrecorder *m*

casting vote *noun* ausschlaggebende Stimme; **the chairman has the casting vote** = die Stimme des Vorsitzenden gibt den Ausschlag; **he used his casting vote to block the motion** = seine Stimme gab bei der Blockierung des Antrags den Ausschlag

casual *adjective* Aushilfs-; flüchtig; **casual labour** = Gelegenheitsarbeit *f*; **casual work** = Gelegenheitsarbeit *f*; **casual labourer** *or* **casual worker** = Gelegenheitsarbeiter/-in

catalogue *or (US)* **catalog 1** *noun* Katalog *m or* Prospekt *m or* Liste *f*; **an office equipment catalogue** = ein Büromaschinenkatalog; **they sent us a catalogue of their new range of desks** = sie schickten uns einen Katalog ihrer neuen Schreibtische; **mail-order catalogue** = Versandhauskatalog; **catalogue price** = Katalogpreis *m or* Listenpreis *m* **2** *verb* katalogisieren

> QUOTE the catalogue, containing card and gift offers, will have been sent to 500,000 people by the end of September
>
> ***Precision Marketing***

category *noun* Klasse *f or* Kategorie *f*; **we deal only in the most expensive categories of watches** = wir handeln nur mit den teuersten Uhren

cater for *verb* eingestellt sein auf; **the store caters mainly for overseas customers** = das Geschäft ist hauptsächlich auf ausländische Kunden eingestellt

◇ **caterer** *noun* Lebensmittellieferant *m or* Partyservice *m or* Gastronom *m*

◇ **catering** *noun (supply of food and drink)* gastronomische Betreuung; **the catering trade** = das Hotel- und Gaststättengewerbe

cause 1 *noun* Ursache *f*; **what was the cause of the bank's collapse?** = was war die Ursache für den Bankenkrach?; **the police tried to find the cause of the fire** = die Polizei versuchte, die Brandursache zu finden **2** *verb* verursachen *or* der Grund sein für; **the recession caused hundreds of bankruptcies** = die Rezession verursachte hunderte von Konkursen

caveat *noun* Warnung *f or* Vorbehalt *m*; **to enter a caveat** = Einspruch einlegen

◇ **caveat emptor** *Latin phrase* = LET THE BUYER BEWARE Ausschluß *m* der Gewährleistung *or* auf Risiko (des) Käufers

> QUOTE the idea that buyers at a car boot sale should have any rights at all is laughable. Even those who do not understand Latin know that caveat emptor is the rule
>
> ***Times***

CB = CASH BOOK

cc = COPIES (NOTE: **cc** is put on a letter to show who has received a copy of it)

CD = CERTIFICATE OF DEPOSIT

c/d = CARRIED DOWN

cede *verb* abtreten

ceiling *noun (upper limit)* Höchstgrenze *f*; **output has reached a ceiling** = die Produktion hat ihre Höchstgrenze erreicht; **to fix a ceiling to a budget** = für das Budget eine Obergrenze festlegen; **ceiling price** *or* **price ceiling** = oberste Preisgrenze; **to remove a price ceiling** *or* **a credit ceiling** = eine obere Preisgrenze *or* eine Kredithöchstgrenze aufheben

cellular telephone *noun* Funktelefon *n*

cent (a) *noun (coin)* Cent *m*; **the stores are only a 25-cent bus ride away** = die Geschäfte sind nur eine 25-Cent Busfahrt entfernt; **they sell oranges at 99 cents each** = sie verkaufen Apfelsinen zu 99 Cents das Stück (NOTE: **cent** is usually written **c** in prices: **25c** but not when a dollar price is mentioned: **$1.25) (b)** *see* PER CENT

centimetre *or (US)* **centimeter** *noun* Zentimeter *m or n* **the paper is fifteen centimetres wide** = das Papier ist fünfzehn Zentimeter breit (NOTE: **centimetre** is usually written **cm** after figures: **260cm)**

central *adjective* zentral; **central bank** = Zentralbank *f or* Notenbank *f*; **central office** = Hauptbüro *f or* Zentrale *f*; **central purchasing** = Zentraleinkauf *m or* zentraler Einkauf

◇ **Central African Republic** *noun* Zentralafrikanische Republik *f* (NOTE: capital: **Bangui;** currency: **CFA franc** = CFA-Franc *m*)

◇ **centralization** *noun* Zentralisierung *f*

◇ **centralize** *verb* zentralisieren; **all purchasing has been centralized in our main office** = der Einkauf wurde in unserem Hauptbüro zentralisiert; **the group benefits from a highly centralized organizational structure** = dem Konzern kommt eine hoch zentralisierte Organisationsstruktur zugute

> QUOTE the official use of the ecu remains limited, since most interventions by central banks on the market are conducted in dollars
>
> ***Economist***
>
> QUOTE central bankers in Europe and Japan are reassessing their intervention policy
>
> ***Duns Business Month***

centre *or (US)* **center** *noun* **(a) business centre** = Geschäftsviertel *n* **(b)** *(important town)* Zentrum *n*; **industrial centre** = industrielles Zentrum *or* Zentrum der Industrie; **manufacturing centre** = Zentrum der verarbeitenden Industrie; **the centre for the shoe industry** = das Zentrum der Schuhindustrie **(c)** *GB* **job centre** = Stellenvermittlung *f*; **shopping centre** = Einkaufszentrum *n* **(d)** *(items in accounts)* **cost centre** = Kostenstelle *f*; **profit centre** = Ertragszentrum *n or* Profit-Center *n*

CEO *(US)* = CHIEF EXECUTIVE OFFICER

certain *adjective* **(a)** sicher *or* gewiß; **the chairman is certain we will pass last year's total sales** = der Vorsitzende ist sicher, daß wir den Gesamtumsatz des letzten Jahres übertreffen werden **(b) a certain** = ein bestimmter *or* ein gewisser; **a certain number** *or* **a certain quantity** = eine bestimmte Anzahl *or* Menge

certificate *noun* Bescheinigung *f or* Beglaubigung *f or* Bestätigung *f*; **clearance certificate** = Zollabfertigungsschein *m or* Ausklarierungsschein; **savings certificate** = Sparbrief *m*; **share certificate** = Aktienzertifikat *n*; **certificate of airworthiness** *or* **seaworthiness** = Lufttüchtigkeitszeugnis *n;* Seetüchtigkeitszeugnis *n*; **certificate of approval** = Zulassungsbescheinigung *f or* Provenienzzertifikat *n*; **certificate of origin** = Herkunftsbescheinigung *f*; **certificate of registration** = Eintragungsbescheinigung *f or* Meldeschein *m*

◊ **certificated** *adjective* **certificated bankrupt** = rehabilitierte(r) Konkursschuldner/-in

◊ **certificate of deposit (CD)** *noun* Einlagenzertifikat *n*;

> QUOTE interest rates on certificates of deposit may have little room to decline in August as demand for funds from major city banks is likely to remain strong. After delaying for months, banks are now expected to issue a large volume of CDs. If banks issue more CDs on the assumption that the official discount rate reduction will be delayed, it is very likely that CD rates will be pegged for a longer period than expected
> *Nikkei Weekly*

certify *verb* bescheinigen *or* bestätigen *or* beglaubigen; **I certify that this is a true copy** = ich bescheinige, daß dies eine getreue Kopie ist; **the document is certified as a true copy** = das Dokument ist eine beglaubigte Kopie; **certified accountant** = *(etwa)* geprüfte(r) Buchhalter/-in; **certified cheque** *or* *(US)* **certified check** = bestätigter Scheck

cession *noun* Abtretung *f or* Zession *f*

c/f = CARRIED FORWARD

CFA = COMMUNAUTE FINANCIERE AFRICAINE; **CFA Franc** = CFA-Franc *m*

CFO = CHIEF FINANCIAL OFFICER

CGT = CAPITAL GAINS TAX

Chad *noun* Tschad *n*

◊ **Chadian 1** *noun* Tschader/-in **2** *adjective* tschadisch
(NOTE: capital: **Ndjamena** = N'Djamena; currency: **CFA franc** = CFA-Franc *m*)

chain *noun* Kette *f*; **a chain of hotels** *or* **a hotel chain** = eine Hotelkette; **the chairman of a large do-it-yourself chain** = der Vorsitzende einer großen Baumarktkette; **he runs a chain of shoe shops** = er leitet eine Schuhgeschäftkette; **she bought several shoe shops and gradually built up a chain** = sie kaufte verschiedene Schuhgeschäfte und baute nach und nach eine Kette auf

◊ **chain store** *noun* Filialgeschäft *n or* Kettenladen *m*

> QUOTE the giant US group is better known for its chain of cinemas and hotels rather than its involvement in shipping
> *Lloyd's List*

chair 1 *noun (of a chairman)* Vorsitz *m*; **to be in the chair** = den Vorsitz führen; **she was voted into the chair** = sie wurde zur Vorsitzenden gewählt; **Mr Jones took the chair** = Herr Jones übernahm den Vorsitz; **to address the chair** = sich an den Vorsitzenden wenden; **please address your remarks to the chair** = bitte alle Fragen an den Vorsitzenden richten **2** *verb* den Vorsitz führen bei; **the meeting was chaired by Mrs Smith** = Frau Smith führte den Vorsitz bei der Versammlung

◊ **chairman** *noun* **(a)** *(of a committee)* Vorsitzende(r) *mf*; **Mr Howard was chairman** *or* **acted as chairman** = Herr Howard war Vorsitzender *or* führte den Vorsitz; **Mr Chairman** *or* **Madam Chairman** = Herr Vorsitzender; Frau Vorsitzende **(b)** *(of a company)* Präsident/-in; **the chairman of the board** *or* **the company chairman** = Vorsitzender des board of directors; **the chairman's report** = der Jahresbericht des Vorsitzenden des board of directors

◊ **chairmanship** *noun* Vorsitz *m or* Leitung *f*; **the committee met under the chairmanship of Mr Jones** = der Ausschuß trat unter Vorsitz von Herrn Jones zusammen

◊ **chairperson** *noun* Vorsitzende(r) *mf*

◊ **chairwoman** *noun* Vorsitzende *f* (NOTE: the plurals are **chairmen, chairpersons, chairwomen.** Note also that in a US company the president is less important than the chairman of the board)

> QUOTE the corporation's entrepreneurial chairman seeks a dedicated but part-time president. The new president will work a three-day week
> *Globe and Mail (Toronto)*

Chamber of Commerce *noun* Handelskammer *f*

chambers *plural noun* Amtszimmer *n* des Richters; **the judge heard the case in chambers** = der Richter verhandelte den Fall ohne Öffentlichkeit in seinem Amtszimmer

chance *noun* **(a)** Chancen *fpl or* Aussichten *fpl*; **the company has a good chance of winning the contract** = das Unternehmen hat gute Aussichten, den Auftrag zu bekommen; **his promotion chances are small** = seine Aussichten auf Beförderung sind gering **(b)** Chance *f*; **she is waiting for a chance to see the managing director** = sie wartet auf eine Chance, den geschäftsführenden Direktor zu sprechen; **he had his chance of promotion when the finance director's assistant resigned** = er hatte seine Chance, befördert zu werden, als der Assistent des Finanzleiters kündigte (NOTE: you have a chance **of doing** something or **to do** something)

Chancellor of the Exchequer *noun (GB)* Finanzminister/-in *or* Schatzkanzler/-in (NOTE: the US equivalent is the **Secretary of the Treasury**)

chandler *noun* **ship chandler** = Schiffsausrüster *m*

◊ **chandlery** *noun* Schiffsausrüster *m*

change 1 *noun* **(a)** *(money in coins or small notes)* Wechselgeld *n*; **small change** = Kleingeld *n*; **to give someone change for £10** = jdm £10 wechseln; **change machine** = Wechselautomat *m or* Geldwechsler *m* **(b)** *(change given)* Wechselgeld *n*; **he gave me the wrong change** = er hat mir falsch herausgegeben; **you paid the £5.75 bill with a £10 note, so you should have £4.25 change** = du hast die Rechnung über £5,75 mit einem £10 Schein bezahlt, also solltest du £4,25 Wechselgeld haben; **keep the change** = der Rest ist für Sie **2** *verb* **(a) to change a £10 note** = einen £10 Schein wechseln **(b)** (ein)wechseln *or* (um)tauschen; **to change £1,000 into dollars** = £1.000 in Dollars umtauschen; **we want to change some traveller's cheques** = wir möchten Reiseschecks einwechseln **(c) to change hands** = den Besitzer wechseln *or* in andere Hände übergehen; **the shop changed hands for £100,000** = das Geschäft wechselte für £100.000 den Besitzer **(d) to change trains** *or* **buses** *or* **planes** = umsteigen

◇ **changer** *noun* **money changer** = Geldwechsler *m*

channel 1 *noun* Kanal *m or* Weg *m*; **to go through official channels** = den Amtsweg *or* Dienstweg gehen; **to open up new channels of communication** = neue Kommunikationswege erschließen; **distribution channels** *or* **channels of distribution** = Vertriebswege *mpl or* Absatzwege *mpl or* Distributionskanäle *mpl* **2** *verb* in eine bestimmte Richtung lenken; **they are channelling their research funds into developing European communications systems** = ihre Forschungsgelder sind für die Entwicklung europäischer Kommunikationssysteme bestimmt

chapter 11 *noun (US) (bankruptcy procedure that allows a corporation a period of time to reorganize before having to repay creditors)* Kapitel 11 *(US Konkursverfahren)*

charge 1 *noun* **(a)** Gebühr *f or* Kosten *pl*; **to make no charge for delivery** = keine Liefergebühren erheben; **to make a small charge for rental** = eine geringe Mietgebühr erheben; **there is no charge for service** *or* **no charge is made for service** = Bedienung wird nicht extra berechnet; **admission charge** *or* **entry charge** = Eintritt *m or* Eintrittsgebühr *f*; **bank charges** *or (US)* **service charge** = Bankgebühren *fpl*; **handling charge** = Bearbeitungsgebühr *f*; **inclusive charge** = Inklusivpreis *m or* Pauschale *f*; **interest charges** = Zinsbelastung *f or* Sollzinsen *mpl*; **scale of charges** = Gebührenordnung *f*; *(in restaurant)* **service charge** = Bedienung *f*; **a 10% service charge is added** = 10% Bedienung wird aufgeschlagen; **does the bill include a service charge?** = schließt die Rechnung Bedienung ein? *(in bank in USA)* **service charge** = Bearbeitungsgebühr *f*; **charge account** = Kundenkreditkonto *n*; **charge card** = Kundenkarte *f*; **charges forward** = Gebühr bezahlt Empfänger; **a token charge is made for heating** = eine nominelle Heizkostenpauschale wird erhoben; **free of charge** = kostenlos *or* gebührenfrei **(b)** *(debit on an account)* Belastung *f*; **it appears as a charge on the accounts** = es erscheint als Belastung auf den Konten; **floating charge** = schwebende Belastung; **charge by way of legal mortgage** = formelle Hypothekenbestellung **(c)** *(in a court)* Anklage *f*; **he appeared in court on a charge of embezzling** *or* **on an embezzlement charge** = er erschien wegen einer Veruntreuungsklage vor Gericht **2** *verb* **(a)** berechnen *or* in Rechnung stellen; **to charge the packing to the customer** *or* **to charge the customer with the packing** = dem Kunden Verpackungskosten in Rechnung stellen **(b)** erheben *or* berechnen *or* in Rechnung stellen; **to charge £5 for delivery** = £5 Liefergebühren erheben; **how much does he charge?** = wieviel nimmt er?; **he charges £12 an hour** = er nimmt £12 pro Stunde; **labour is charged at £15 an hour** = Arbeitskosten werden mit £15 pro Stunde in Rechnung gestellt; **to charge a purchase** = einen Kauf in Rechnung stellen; **charge it to the company** *or* **to my account** = stellen Sie das der Firma in Rechnung *or* stellen Sie das auf meine Rechnung *or (inf)* das geht auf die Firma *or* auf meine Rechnung **(c)** *(in a court)* anklagen; **he was charged with embezzling his clients' money** = er war angeklagt, das Geld seiner Kunden veruntreut zu haben

◇ **chargeable** *adjective* anrechenbar *or* zu berechnen; **to be chargeable to** = zu Lasten gehen von; **repairs chargeable to the occupier** = Reparaturen gehen auf Kosten *or* zu Lasten des Besitzers; **sums chargeable to the reserve** = auf die Rücklage zurechenbare Beträge

◇ **charge card** *noun* Kundenkarte *f*

◇ **chargee** *noun* Gläubiger *m*

◇ **chargehand** *noun* Vorarbeiter *m*

> QUOTE traveller's cheques cost 1% of their face value - some banks charge more for small amounts
> ***Sunday Times***

chart *noun* Diagramm *n or* Chart *m or n* **bar chart** = Balkendiagramm *or* Stabdiagramm; **flow chart** = Arbeitsablaufdiagramm *or* Flußdiagramm; **organization chart** = Organisationsplan *m or* Diagramm der Unternehmensstruktur *or* Organigramm *n*; **pie chart** = Kreisdiagramm; **sales chart** = Absatzdiagramm

charter 1 *noun* **(a)** *(document)* **bank charter** = Bankkonzession *f* **(b)** *(hiring transport)* Charter *m*; **charter flight** = Charterflug *m*; **charter plane** = Charterflugzeug *n*; **boat on charter to Mr Smith** = Boot, das von Herrn Smith gechartert wurde **2** *verb* chartern *or* mieten

◇ **chartered** *adjective* **(a) chartered accountant** = *(etwa)* amtlich zugelassene(r) Wirtschaftsprüfer/-in **(b)** *(company)* durch Hoheitsakt geschaffen; **a chartered bank** = eine konzessionierte Bank **(c) chartered ship** *or* **plane** = gechartertes Schiff *or* Flugzeug

◇ **charterer** *noun* Charterer *m or* Schiffs- *or* Flugzeugmieter *m*

◇ **chartering** *noun* Chartern *n or* Mieten *n*

chartist *noun* Chartist *m*

chase *verb* **(a)** verfolgen *or* jagen **(b)** antreiben *or* vorantreiben; **we are trying to chase up the accounts department for the cheque** = wir versuchen, der Buchhaltung wegen des Schecks Dampf zu machen; **we will chase your order with the production department** = wir werden ihrem Auftrag nachgehen und sicherstellen, daß die Produktionsabteilung ihn termingerecht ausführt

◇ **chaser** *noun* **(a) progress chaser** = Terminjäger *m* **(b)** *(letter)* Erinnerungsschreiben *n*; Mahnung *f*

chattels *plural noun* bewegliches Eigentum; Mobilien *pl*

cheap *adjective & adverb* billig *or* preiswert; **cheap labour** = billige Arbeitskräfte *fpl*; **we have**

opened a factory in the Far East because of the cheap labour *or* **because labour is cheap** = wir haben aufgrund der billigen Arbeitskräfte eine Fabrik im Fernen Osten in Betrieb genommen; **cheap money** = billiges Geld; **cheap rate** = niedriger Tarif; Mondscheintarif; **cheap rate phone calls** = Telefongespräche zum Billigtarif; **to buy something cheap** = etwas billig *or* preiswert kaufen; **he bought two companies cheap and sold them again at a profit** = er kaufte billig zwei Unternehmen auf und verkaufte sie dann wieder mit Gewinn; **they work out cheaper by the box** = sie kommen pro Kiste billiger

◇ **cheaply** *adverb* billig; **the salesman was living cheaply at home and claiming a high hotel bill on his expenses** = der Vertreter wohnte billig zu Hause und ließ sich eine hohe Hotelrechnung als Spesen erstatten

◇ **cheapness** *noun* niedriger Preis; Schwäche *f*; **the cheapness of their product is a plus** = daß ihre Produkte so billig sind, ist ein Plus; **the cheapness of the pound means that many more tourists will come to London** = aufgrund der Schwäche des Pfunds werden noch mehr Touristen nach London kommen

cheat *verb* betrügen *or* übervorteilen; **he cheated the Income Tax out of thousands of pounds** = er betrog das Finanzamt um mehrere tausend Pfund Einkommenssteuer; **she was accused of cheating clients who came to ask her for advice** = sie wurde beschuldigt, Kunden zu betrügen, die kamen, um sie um Rat zu fragen

check 1 *noun* **(a)** Sperre *f or* Hemmnis *n or* Hindernis *n*; **to put a check on imports** = Importe beschränken **(b) check sample** = Prüfmuster *n* **(c)** Überprüfung *f or* Kontrolle *f*; **the auditors carried out checks on the petty cash book** = die Revisoren prüften das Portokassenbuch; **a routine check of the fire equipment** = eine Routineüberprüfung der Feuerlöschanlagen; **baggage check** = Gepäckkontrolle **(d)** *US (in a restaurant)* Rechnung *f* **(e)** *US* = CHEQUE **(f)** *US* Haken *m*; **make a check in the box marked 'R'** = machen Sie einen Haken in dem mit ‚R' bezeichnetem Feld **2** *verb* **(a)** hemmen *or* bremsen *or* beschränken ; **to check the entry of contraband into the country** = die Einfuhr von Schmuggelware unterbinden **(b)** überprüfen *or* kontrollieren; **to check that an invoice is correct** = die Richtigkeit einer Rechnung überprüfen; **to check and sign for goods** = den Eingang von Waren prüfen und quittieren; **he checked the computer printout against the invoices** = er verglich den Computerausdruck mit den Rechnungen **(c)** *US* abhaken; **check the box marked 'R'** = das mit ‚R' bezeichnete Feld abhaken

◇ **checkbook** *noun (US)* = CHEQUE BOOK

◇ **check in** *verb* **(a)** *(at a hotel)* sich anmelden; **he checked in at 12.15** = er meldete sich um 12.15 Uhr an **(b)** *(at an airport)* einchecken **(c) to check baggage in** = Gepäck aufgeben *or* einchecken

◇ **check-in** *noun* Flugabfertigung *f*; **the check-in is on the first floor** = die Flugabfertigung ist im ersten Stock *or* man muß im ersten Stock einchecken; **check-in counter** = Abfertigungsschalter *m or* Abflugschalter *m*; **check-in time** = Eincheckzeit *m*

◇ **checking** *noun* **(a)** Überprüfung *f*; **the inspectors found some defects during their checking of the building** = die Sachverständigen fanden während der Überprüfung des Gebäudes einige Schäden **(b)** *US* **checking account** = laufendes Konto; Girokonto

◇ **checkoff** *noun (US)* Einzug *m* der Gewerkschaftsbeiträge durch den Betrieb

◇ **check out** *verb (of a hotel)* abreisen; **we will check out before breakfast** = wir werden vor dem Frühstück abreisen

◇ **checkout** *noun* **(a)** *(in a supermarket)* Kasse *f* **(b)** *(in a hotel)* **checkout time is 12.00** = um 12 Uhr müssen die Zimmer geräumt sein

◇ **checkroom** *noun (US)* Garderobe *f or* Gepäckaufbewahrung *f*

cheque *or (US)* **check** *noun* Scheck *m*; **a cheque for £10** *or* **a £10 cheque** = ein Scheck über £10; **cheque account** = laufendes Konto; Girokonto; **cheque to bearer** = Überbringerscheck *or* Inhaberscheck; **crossed cheque** = Verrechnungsscheck; **open** *or* **uncrossed cheque** = Barscheck; **blank cheque** = Blankoscheck; **pay cheque** *or* **salary cheque** = Lohnscheck *or* Gehaltsscheck; **traveller's cheques** = Reiseschecks; **dud cheque** *or* **bouncing cheque** *or* **cheque which bounces** *or (US)* **rubber check** = ungedeckter Scheck **(b) to cash a cheque** = einen Scheck einlösen; **to endorse a cheque** = einen Scheck indossieren *or* girieren; **to make out a cheque to someone** = einen Scheck auf jdn ausstellen; **who shall I make the cheque out to?** = auf wen soll ich den Scheck ausstellen?; **to pay by cheque** = mit (einem) Scheck bezahlen; **to pay a cheque into your account** = einen Scheck auf das Konto einzahlen; **the bank referred the cheque to drawer** = die Bank gab den Scheck zurück an den Aussteller; **to sign a cheque** = einen Scheck unterschreiben; **to stop a cheque** = einen Scheck sperren lassen

◇ **cheque book** *or (US)* **checkbook** *noun* Scheckheft *n*

◇ **cheque (guarantee) card** *noun* Scheckkarte *f*

chief *adjective* erster *or* höchster *or* Haupt-; **he is the chief accountant of an industrial group** = er ist der Hauptbuchhalter eines Industriekonzerns; **chief executive** *or* **chief executive officer (CEO)** = Generaldirektor/-in; **chief financial officer (CFO)** = Leiter/-in der Finanzabteilung

Chile *noun* Chile *n*

◇ **Chilean 1** *noun* Chilene/Chilenin **2** *adjective* chilenisch

(NOTE: capital: **Santiago** = Santiago de Chile; currency: **Chilean peso** = chilenischer Peso)

China *noun* China *n*

◇ **Chinese 1** *noun* Chinese/Chinesin **2** *adjective* chinesisch

(NOTE: capital: **Beijing** = Peking; currency: **yuan** = Renminbi Yuan *m*)

◇ **Chinese walls** *noun* innere Abschottung

chip *noun* **(a) a computer chip** = ein Computerchip *m*; **chip card** = Chipkarte *f* **(b) blue chip** = Blue-chip *m*

chit *noun* Bon *m or* Gutschein *m*

choice 1 *noun* **(a)** *(thing chosen)* Wahl *f*; **you must give the customer time to make his choice** = man muß dem Kunden Zeit zum Auswählen lassen **(b)** *(items to choose from)* Auswahl *f or* Sortiment *n*; **we have only a limited choice of suppliers** = unsere Auswahl an Lieferanten ist begrenzt; **the shop carries a good choice of paper** = das Geschäft führt eine gutes Papiersortiment **2** *adjective* Qualitäts- *or* erstklassig; **choice foodstuffs** = erstklassige Nahrungsmittel *npl*; **choice meat** = Fleisch erster Wahl; **choice wine** = Qualitätswein *m*

choose *verb* wählen *or* auswählen; **there were several good candidates to choose from** = es gab mehrere gute Kandidaten zur Auswahl; **they chose the only woman applicant as sales director** = sie wählten die einzige Bewerberin zur Verkaufsleiterin; **you must give the customers plenty of time to choose** = man muß den Kunden viel Zeit zum Auswählen lassen (NOTE: **choosing - chose - chosen**)

chop *noun (in the Far East)* Stempel *m or* Zeichen *n or* Paraphe *f*

chronic *adjective* chronisch; **the company has chronic cash flow problems** = das Unternehmen hat chronische Cash-flow-Probleme; **we have a chronic shortage of skilled staff** = wir haben einen chronischen Fachpersonalmangel; **chronic unemployment** = Dauerarbeitslosigkeit *f*

chronological order *noun* chronologische Reihenfolge; **filed in chronological order** = in chronologischer Reihenfolge abgelegt

churning *noun* **(a)** Effektenhandel zum Nachteil des Kunden, allein mit dem Ziel einer möglichst hohen Courtage für den Makler **(b)** provisionsorientierte Kundenberatung durch Versicherungsvertreter

> QUOTE more small investors lose money through churning than almost any other abuse, yet most people have never heard of it. Churning involves brokers generating income simply by buying and selling investments on behalf of their clients. Constant and needless churning earns them hefty commissions and bites into the investment portfolio
> ***Guardian***

c.i.f. *or* **CIF** = COST, INSURANCE AND FREIGHT Kosten, Versicherung und Fracht (cif)

circular 1 *adjective* Rund-; **circular letter of credit** = Zirkularkreditbrief *m* **2** *noun* Rundschreiben *n or* Umlauf *m*; **they sent out a circular offering a 10% discount** = sie verschickten ein Rundschreiben mit einem Rabattangebot von 10%

◇ **circularize** *verb* durch Rundschreiben informieren; **the committee has agreed to circularize the members** = der Ausschuß beschloß, die Mitglieder durch Rundschreiben zu informieren; **they circularized all their customers with a new list of prices** = sie informierten alle Kunden per Rundschreiben über die neuen Preise

◇ **circulate** *verb* **(a)** *(of money)* **to circulate freely** = in freiem Umlauf sein; in freien Umlauf bringen **(b)** in Umlauf bringen ; **to circulate money** = Geld in Umlauf bringen **(c)** ausgeben *or* verbreiten; **they circulated a new list of prices to all their customers** = sie gaben an all ihre Kunden eine neue Preisliste aus

◇ **circulating** *adjective* umlaufend *or* zirkulierend *or* in Umlauf befindlich; **circulating capital** = Umlaufvermögen *n*

◇ **circulation** *noun* **(a)** Umlauf *m or* Verbreitung *f*; **the company is trying to improve the circulation of information between departments** = das Unternehmen versucht, den Informationsfluß zwischen den Abteilungen zu verbessern; **circulation of capital** = Kapitalverkehr *m* **(b) to put money into circulation** = Geld in Umlauf *or* in den Verkehr bringen; **the amount of money in circulation increased more than was expected** = die in Umlauf befindliche Geldmenge nahm mehr zu als erwartet **(c)** *(newspaper)* Auflage *f or* Auflagenhöhe *f or* verkaufte Exemplare *npl*; **the audited circulation of a newspaper** = die geprüfte Anzahl verkaufter Exemplare einer Zeitung; **the new editor hopes to improve the circulation** = der neue Herausgeber hofft, die Auflage zu erhöhen; **circulation battle** = Kampf *m* um die Auflagenhöhe (verschiedener Zeitungen)

> QUOTE the level of currency in circulation increased to N4.9 billion in the month of August
> ***Business Times (Lagos)***

CIS = COMMONWEALTH OF INDEPENDENT STATES

city *noun* **(a)** Stadt *f or* Großstadt *f*; **the largest cities in Europe are linked by hourly flights** = die größten Städte Europas sind durch Flüge im Stundentakt verbunden; **capital city** = Hauptstadt *f*; **inter-city** = Intercity- *or* IC-; **inter-city train services are often quicker than going by air** = Intercity-Zugverbindungen sind oft schneller als Flüge **(b) the City** = die City *or* das Banken- und Börsenviertel in London; **he works in the City** *or* **he is in the City** = er arbeitet in der City; **City desk** = Finanz- und Wirtschaftsredaktion *f*; **City editor** = Finanz- und Wirtschaftsredakteur/-in; **she writes the City column in the newspaper** = sie schreibt die Finanz- und Wirtschaftskolumne in der Zeitung; **they say in the City that the company has been sold** = in der City wird gesagt, daß das Unternehmen verkauft wurde

civil *adjective* bürgerlich *or* zivil- *or* Zivil-; **civil action** = Zivilprozeß *m or* zivilrechtliche Klage; **civil law** = Zivilrecht *n or* bürgerliches Recht

◇ **civil servant** *noun* Staatsbeamter *or* Staatsbeamtin *(keine Richter und Lehrer); (etwa)* Angestellte(r) im öffentlichen Dienst

◇ **civil service** *noun* Staatsdienst *m (keine Richter und Lehrer); (etwa)* öffentlicher Dienst; **you have to pass an examination to get a job in the civil service** *or* **to get a civil service job** = man muß eine Prüfung ablegen, um in den Staatsdienst *or* öffentlichen Dienst zu kommen

claim 1 *noun* **(a)** Forderung *f or* Anspruch *m*; **wage claim** = Lohnforderung *f*; **the union put in a 6% wage claim** = die Gewerkschaft forderte 6% mehr Lohn **(b) legal claim** = Rechtsanspruch *or* rechtmäßiger Anspruch; **he has no legal claim to the property** = er hat keinen Rechtsanspruch auf den Besitz **(c) insurance claim** = Versicherungsanspruch *m*; **claims department** =

Schadenabteilung *f*; **claim form** = Schadenformular *n or* Antragsformular auf Schadenersatz; **claims manager** = Leiter/-in der Schadenabteilung; **no-claims bonus** = Schadenfreiheitsrabatt *m*; **to put in a claim** = Ansprüche *mpl* geltend machen *or* Schadenersatz fordern; **to put in a claim for repairs to the car** = einen Antrag auf Reparatur des Autos stellen; **she put in a claim for £250,000 damages against the driver of the other car** = sie forderte vom Fahrer des anderen Wagens Schadenersatz in Höhe von £250.000; **to settle a claim** = eine Forderung regulieren; **the insurance company refused to settle his claim for storm damage** = die Versicherungsgesellschaft weigerte sich, seine Forderung für Sturmschäden zu regulieren **(d) small claims court** = für Geldansprüche bis zu einer gewissen Höhe zuständiges Gericht; Bagatellgericht *n* , *(etwa)* Amtsgericht *n* **2** *verb* **(a)** fordern *or* Ansprüche *mpl* geltend machen; **he claimed £100,000 damages against the cleaning firm** = er forderte von der Reinigungsfirma Schadenersatz in Höhe von £100.000; **she claimed for repairs to the car against her insurance** = sie erhob bei ihrer Versicherung Anspruch auf die Reparatur ihres Wagens **(b)** Anspruch erheben auf; **he is claiming possession of the house** = er erhebt Besitzanspruch auf das Haus; **no one claimed the umbrella found in my office** = niemand holte den Regenschirm ab, der in meinem Büro gefunden wurde **(c)** behaupten; **he claims he never received the goods** = er behauptet, die Waren nie bekommen zu haben; **she claims that the shares are her property** = sie behauptet, daß die Aktien ihr gehören

◊ **claimant** *noun* Kläger/-in; Antragsteller/-in *or* Anspruchbereichtige(r); **rightful claimant** = Anspruchsberechtigte(r)

◊ **claim back** *verb* zurückfordern

◊ **claimer** *noun* = CLAIMANT

◊ **claiming** *noun* Anspruchstellung *f or* Forderung *f*

class *noun* Kategorie *f or* Klasse *f or* Güteklasse; **first-class** = erstklassig; **he is a first-class accountant** = er ist ein erstklassiger Buchhalter; **economy class** *or* **tourist class** = Touristenklasse *f*; **I travel economy class because it is cheaper** = ich reise in der Touristenklasse, weil es billiger ist; **tourist class travel is less comfortable than first class** = Reisen in der Touristenklasse ist weniger bequem als in der Ersten Klasse; **he always travels first class because tourist class is too uncomfortable** = er reist immer in der Ersten Klasse, weil es in der Touristenklasse zu unbequem ist; *(GB)* **first-class mail** = Briefpost erster Klasse; **a first-class letter should get to Scotland in a day** = ein erster Klasse geschickter Brief sollte innerhalb von einem Tag in Schottland ankommen; **second-class mail** = Briefpost zweiter Klasse *f*; **the letter took three days to arrive because it was sent second class** = der Brief kam erst nach drei Tagen an, weil er zweiter Klasse geschickt wurde

classify *verb* klassifizieren *or* einstufen; **classified advertisements** = Kleinanzeigen *fpl*; **classified directory** = Branchenverzeichnis *n*

◊ **classification** *noun* Klassifizierung *f or* Einstufung *f*; **job classification** = Berufsklassifikation *f*

clause *noun* Klausel *f or* Paragraph *m or* Absatz *m*; **there are ten clauses in the contract** = der Vertrag hat zehn Klauseln; **according to clause six, payments will not be due until next year** = gemäß Klausel sechs ist die Zahlung nicht vor nächstem Jahr fällig; **exclusion clause** = Ausschlußklausel *or* Freizeichnungsklausel; **penalty clause** = Strafklausel; **termination clause** = Kündigungsklausel

claw back *verb* sich zurückholen; **income tax claws back 25% of pensions paid out by the government** = durch die Einkommenssteuer werden 25% der vom Staat ausgezahlten Renten zurückgeholt; **of the £1m allocated to the project, the government clawed back £100,000 in taxes** = von den für das Projekt abgestellten £1 Mio. holte sich der Staat £100.000 in Form von Steuern zurück

◊ **clawback** *noun* Rückforderung *f*

clean bill of lading *noun* reines Konnossement

clear 1 *adjective* **(a)** klar *or* deutlich *or* verständlich; **he made it clear that he wanted the manager to resign** = er machte deutlich, daß er den Rücktritt des Managers wünschte; **you will have to make it clear to the staff that productivity is falling** = Sie werden dem Personal klar machen müssen, daß die Produktivität sinkt **(b) clear profit** = Nettogewinn *m or* Reingewinn; **we made $6,000 clear profit on the sale** = wir machten bei dem Verkauf einen Reingewinn von $6.000 **(c)** frei; ganz; **three clear days** = drei ganze *or* volle Tage; **allow three clear days for the cheque to be cleared by the bank** = rechnen Sie mit drei vollen Tagen, bevor der Scheck von der Bank verrechnet wird **2** *verb* **(a)** räumen *or* ausverkaufen; **demonstration models to clear** = Räumungsverkauf *m* von Vorführmodellen; **to clear a debt** = eine Schuld begleichen **(b) to clear goods through customs** = Güter zollamtlich abfertigen **(c) to clear 10%** *or* **$5,000 on a deal** = bei einem Geschäft einen Gewinn von 10% *or* $5.000 machen; **we cleared only our expenses** = wir konnten nur unsere Kosten decken **(d) to clear a cheque** = einen Scheck verrechnen; **the cheque took ten days to clear** *or* **the bank took ten days to clear the cheque** = es dauerte zehn Tage, bis die Bank den Scheck verrechnet hatte

◊ **clearance** *noun* **(a) customs clearance** = Zollabfertigung *f*; **to effect customs clearance** = die Zollabfertigung vornehmen; **clearance certificate** = Ausklarierungsschein *m or* Zollabfertigungsschein **(b) clearance sale** = Räumungsverkauf *m* **(c) clearance of a cheque** = Verrechnung *f* eines Schecks; **you should allow six days for cheque clearance** = bis zur Verrechnung eines Schecks sollte man mit sechs Tagen rechnen

◊ **clearing** *noun* **(a) clearing of goods through customs** = Zollabfertigung *f* von Waren **(b)** *(paying)* **clearing of a debt** = Schuldenbegleichung *f or* Schuldentilgung *f* **(c) clearing bank** = Clearingbank *f or* Geschäftsbank ; **clearing house** = Clearingzentrale *f or* Clearingstelle *f*

◊ **clear off** *verb* **to clear off a debt** = eine Schuld begleichen *or* tilgen

clerical *adjective* Büro- *or* Schreib-; **clerical error** = Schreibfehler *m*; **clerical staff** = Schreibkräfte *fpl or* Büropersonal *n*; **clerical work** =

Schreibarbeit *f or* Büroarbeit *f*; **clerical worker** = Büroangestellte(r)

clerk 1 *noun* **(a)** Büroangestellte(r) *or* Sachbearbeiter/-in; **articled clerk** = Rechtsreferendar/-in; **chief clerk** *or* **head clerk** = Bürochef/-in; **filing clerk** = Angestellte(r) in der Registratur; **invoice clerk** = Fakturist/-in; **shipping clerk** = Reedereiangestellte(r) *(US)* Spediteur *m* **(b) bank clerk** = Bankangestellte(r); **booking clerk** = Kartenverkäufer/-in *(US)* **sales clerk** = Verkäufer/-in **2** *verb (US)* Verkäufer/-in sein

◇ **clerkess** *noun (Scotland)* Büroangestellte *or* Sachbearbeiterin

clever *adjective* klug *or* geschickt *or* clever; **he is very clever at spotting a bargain** = er hat ein besonderes Geschick, Sonderangebote zu finden ; **clever investors have made a lot of money on the share deal** = clevere Anleger haben bei dem Aktiengeschäft viel Geld gemacht

client *noun* Kunde/Kundin *or* Auftraggeber/-in

◇ **clientele** *noun* Kundschaft *f or* Kundenkreis *m or* Klientel *f*

climb *verb* steigen *or* klettern; **the company has climbed to No. 1 position in the market** = das Unternehmen kletterte auf Platz 1; **profits climbed rapidly as the new management cut costs** = mit zunehmender Ausgabenkürzung durch die neue Geschäftsführung, stiegen die Gewinne rasch

> QUOTE more recently, the company climbed back to 10, for a market valuation of $30 million
>
> *Forbes Magazine*

clinch *verb* abschließen; **he offered an extra 5% to clinch the deal** = er bot weitere 5%, um das Geschäft perfekt zu machen; **they need approval from the board before they can clinch the deal** = sie brauchen die Genehmigung des boards, bevor sie das Geschäft abschließen *or* perfekt machen können

clip *noun* Klammer *f*; **paperclip** = Büroklammer

◇ **clipboard** *noun* Klemmbrett *n*

clipping service *noun* Zeitungsausschnittdienst *m*

clock *noun* Uhr *f*; **the office clock is fast** = die Uhr im Büro geht vor; **the micro has a built-in clock** = der Mikrocomputer hat eine eingebaute Uhr; **digital clock** = Digitaluhr

◇ **clock card** *noun* Stechkarte *f*

◇ **clock in** *or* **clock on** *verb (of worker)* den Arbeitsbeginn mit einer Stempelkarte registrieren

◇ **clock out** *or* **clock off** *verb (of worker)* den Arbeitsschluß mit einer Stempelkarte registrieren

◇ **clocking in** *or* **clocking on** *noun* Registrieren *n* des Arbeitsbeginns mit einer Stempelkarte

◇ **clocking out** *or* **clocking off** *noun* Registrieren *n* des Arbeitsschlusses mit einer Stempelkarte

close 1 *noun* Schluß *m or* Börsenschluß; **at the close of the day's trading the shares had fallen 20%** = bei Börsenschluß waren die Aktien um 20% gefallen **2** *adjective* **close to** = nahe daran *or* fast; **the company was close to bankruptcy** = das Unternehmen stand kurz vor dem Konkurs; **we are close to meeting our sales targets** = wir haben unsere Absatzziele fast erreicht **3** *verb* **(a)** schließen *or* zumachen; **the office closes at 5.30** = das Amt *or* Büro schließt um 17.30 Uhr; **we close early on Saturdays** = sonnabends schließen wir früh **(b) to close** *or* **to close off the accounts** = die Bücher abschließen **(c) to close an account** = ein Konto auflösen; **he closed his building society account** = er löste sein Konto bei der Bausparkasse auf **(d) the shares closed at $15** = die Aktien erreichten eine Schlußnotierung von $15

◇ **close company** *or (US)* **close(d) corporation** *noun* Personengesellschaft *f*

◇ **closed** *adjective* **(a)** geschlossen; **the office is closed on Mondays** = das Amt *or* Büro ist montags geschlossen; **all the banks are closed on national holidays** = an Nationalfeiertagen sind alle Banken geschlossen **(b) closed shop** = Betrieb *m* mit Pflicht der Gewerkschaftszugehörigkeit; **a closed shop agreement** = eine Gewerkschaftszwangvereinbarung; **the union is asking the management to agree to a closed shop** = die Gewerkschaft fordert von der Regierung, einem Gewerkschaftszwang *m* zuzustimmen; **closed market** = geschlossener Markt; **they signed a closed market agreement with an Egyptian company** = sie schlossen einen Exklusivvertrag mit einem ägyptischen Unternehmen ab

◇ **close down** *verb* schließen; stillegen; **the company is closing down its London office** = das Unternehmen schließt seine Londoner Niederlassung; **the strike closed down the railway system** = der Streik brachte den Eisenbahnverkehr zum Erliegen

◇ **close-out sale** *noun (US)* Räumungsverkauf *m or* Ausverkauf

◇ **closing 1** *adjective* **(a)** abschließend *or* Abschluß- *or* Schluß- *or*; **closing bid** = Höchstgebot *n*; **closing date** = Schlußtag *m;* letzter Termin; *(für Inserate)* Anzeigenschluß *m; (für Ausschreibungsangebote)* Schlußtag *m or* Endtermin *m*; **the closing date for tenders to be received is May 1st** = Endtermin für Angebote ist der 1. Mai; **closing price** = Schlußkurs *m or* Schlußnotierung *f* **(b)** Abschluß-; **closing balance** = Endsaldo *m or* Schlußsaldo; **closing stock** = Schlußbestand *m* **2** *noun* **(a)** Schließung *f*; **Sunday closing** = geschäftsfreier Sonntag; **closing time** = Geschäftsschluß *m or* Ladenschluß; **early closing day** = Tag mit frühem Ladenschluß **(b) closing of an account** = Auflösen *n* eines Kontos

◇ **closing down sale** *noun* Totalausverkauf *m or* Räumungsverkauf

◇ **closure** *noun* Schließung *f or* Stillegung *f*

> QUOTE Toronto stocks closed at an all-time high, posting their fifth straight day of advances in heavy trading
>
> *Financial Times*
>
> QUOTE the best thing would be to have a few more plants close down and bring supply more in line with current demand
>
> *Fortune*

club *noun* Klub *m or* Club *m or* Verein *m*; **if you want the managing director, you can phone him at his club** = wenn Sie den geschäftsführenden Direktor sprechen wollen, können Sie ihn in seinem Klub anrufen; **he has applied to join the sports club** = er hat sich beim Sportverein angemeldet; **club membership** = Klubmitgliedschaft *f* *or* Vereinsmitgliedschaft; **club subscription** = Klubbeitrag *m* *or* Vereinsbeitrag *or* Mitgliedsbeitrag; **staff club** = Betriebsverein

cm = CENTIMETRE

C/N = CREDIT NOTE

c/o = CARE OF

Co. = COMPANY; **J. Smith & Co. Ltd** = J. Smith & Co. GmbH

co- *prefix* Mit- *or* mit-

◊ **co-creditor** *noun* Solidargläubiger *m*

◊ **co-director** *noun* Mitdirektor/-in

◊ **co-insurance** *noun* Mitversicherung *f*

COD *or* **c.o.d.** = CASH ON DELIVERY

code *noun* **(a)** Kode *m* *or* Code *m* *or* Chiffre *f* *or* Schlüssel *m*; **area code** *or* **dialling code** = Vorwahl *f* *or* Ortsnetzkennzahl *f*; **what is the code for Edinburgh?** = wie ist die Vorwahl von Edinburgh?; **bar code** = Strichkode *m*; **international dialling code** = Internationale Vorwahl; **machine-readable codes** = maschinenlesbare Codes; **post code** *or* *(US)* **zip code** = Postleitzahl *f*; **stock code** = Warencode *m* **(b)** Gesetzbuch *m*; **code of practice** *or* *(US)* **code of ethics** = Verhaltensregeln *fpl*

◊ **coding** *noun* Kodierung *f* *or* Chiffrierung *f*; **the coding of invoices** = die Kodierung von Rechnungen

coin *noun* Münze *f* *or* Geldstück *n*; **he gave me two 5-mark coins in my change** = er gab mir mit dem Wechselgeld zwei Fünfmarkstücke zurück; **I need some 10p coins for the telephone** = ich brauche ein paar 10-Pencestücke für das Telefon

◊ **coinage** *noun* Hartgeldwährung *f*

cold *adjective* **(a)** kalt; **the machines work badly in cold weather** = die Maschinen arbeiten bei kaltem Wetter schlecht; **the office was so cold that the staff started complaining** = das Büro war so kalt, daß das Personal begann, sich zu beschweren; **the coffee machine also sells cold drinks** = im Kaffeeautomaten gibt es auch kalte Getränke zu kaufen **(b)** unvorbereitet; **cold call** = unangemeldeter Vertreterbesuch *or* unangemeldetes Verkaufsgespräch; **cold start** = völliger Neubeginn

> QUOTE the SIB is considering the introduction of a set of common provisions on unsolicited calls to investors. The SIB is aiming to permit the cold calling of customer agreements for the provision of services relating to listed securities. Cold calling would be allowed when the investor is not a private investor
> *Accountancy*

collaborate *verb* zusammenarbeiten; **to collaborate with a German firm on a building project** = mit einem deutschen Unternehmen bei einem Bauprojekt zusammenarbeiten; **they collaborated on the new aircraft** = sie arbeiteten bei dem neuen Flugzeug zusammen (NOTE: you collaborate **with** someone **on** something)

◊ **collaboration** *noun* Zusammenarbeit *f*; **their collaboration on the project was very profitable** = ihre Zusammenarbeit bei dem Projekt war sehr vorteilhaft

collapse 1 *noun* **(a)** Sturz *m* *or* Zusammenbruch *m*; **the collapse of the market in silver** = der Zusammenbruch des Silbermarkts; **the collapse of the dollar on the foreign exchange markets** = der Kursverfall des Dollars an den Devisenmärkten **(b)** Zusammenbruch *m*; **investors lost thousands of pounds in the collapse of the company** = Anleger verloren mit dem Zusammenbruch des Unternehmens mehrere tausend Pfund **2** *verb* **(a)** zusammenbrechen; **the market collapsed** = der Markt brach zusammen; **the yen collapsed on the foreign exchange markets** = der Yen erfuhr einen Einbruch an den Devisenmärkten **(b) the company collapsed with £25,000 in debts** = das Unternehmen machte mit Schulden in Höhe von £25.000 bankrott

collar *noun* Kragen *m*; **blue-collar worker** = Arbeiter/-in; **white-collar worker** = Büroangestellte(r) *or* Schreibtischarbeiter/-in; **he has a white-collar job** = er ist Angestellter (in einem Büro)

collateral 1 *noun* Sicherheit *f* *or* Deckung *f* **2** *adjective* zusätzlich *or* Zusatz- *or* Neben-

> QUOTE examiners have come to inspect the collateral that thrifts may use in borrowing from the Fed
> *Wall Street Journal*

collect 1 *verb* **(a)** *(money)* einziehen *or* eintreiben; **to collect a debt** = Schulden *fpl* einziehen *or* eintreiben **(b)** *(fetch)* abholen; **we have to collect the stock from the warehouse** = wir müssen die Waren vom Lagerhaus abholen; **can you collect my letters from the typing pool?** = können Sie meine Briefe vom zentralen Schreibdienst abholen; **letters are collected twice a day** = die Briefkästen werden zweimal täglich geleert **2** *adverb & adjective (US)* **collect call** = R-Gespräch *n*; **to make a collect call** = ein R-Gespräch führen; **he called his office collect** = er führte ein R-Gespräch mit dem Büro

◊ **collecting agency** *noun* Inkassobüro *n*

◊ **collection** *noun* **(a)** Einziehung *f* *or* Eintreibung *f*; **tax collection** *or* **collection of tax** = Steuereinziehung; **debt collection** = Schuldeneintreibung; **debt collection agency** = Inkassobüro *n*; **bills for collection** = fällige Rechnungen *fpl;* fällige Inkassowechsel *mpl* **(b)** Abholung *f*; **the stock is in the warehouse awaiting collection** = die Waren liegen im Lagerhaus zur Abholung bereit; **collection charges** *or* **collection rates** = Abholgebühren *fpl*; **to hand a parcel in (at the reception desk) for collection** = ein Paket (an der Rezeption) zur Abholung hinterlegen **(c)** *(money collected)* **collections** = Sammlungen *fpl* **(d)** *(of post)* Leerung *f*; **there are six collections a day from that letter box** = dieser Briefkasten wird sechsmal täglich geleert

◊ **collective** *adjective* gemeinsam *or* Gemeinschafts-; **free collective bargaining** = autonome Tarifverhandlungen *fpl*; **collective farm** = landwirtschaftliche Produktionsgenossenschaft; **collective ownership**

= Gemeineigentum *n*; **they signed a collective wage agreement** = sie haben einen Lohntarifvertrag unterzeichnet

◇ **collector** *noun* Inkassobeauftragte(r); Schuldeneintreiber/-in; Einziehungsbeamter/-beamtin; **collector of taxes** *or* **tax collector** = Steuereinnehmer *m;* örtliche Finanzbehörde; **debt collector** = Inkassobeauftragte(r)

college *noun* College *n or* Institut *n*; **business college** *or* **commercial college** = (höhere) Wirtschaftsschule *f or* Handelsschule *f*; **secretarial college** = Sekretärinnenschule *f*

Colombia *noun* Kolumbien *n*

◇ **Colombian 1** *noun* Kolumbi(an)er/-in **2** *adjective* kolumb(ian)isch

(NOTE: capital: **Bogotá;** currency: **Colombian peso** = kolumbianischer Peso)

column *noun* **(a)** Kolonne *f or* Spalte *f*; **to add up a column of figures** = eine Zahlenkolonne addieren; **put the total at the bottom of the column** = schreiben Sie die Endsumme an das Ende der Zahlenreihe; **credit column** = Habenspalte; **debit column** = Sollspalte **(b)** *(newspaper)* Kolumne *f or* Spalte *f*; **column-centimetre** = Maß *n* der Spaltenbreite in Zentimeter; Zentimeterpreis *m*

combine 1 *noun* Unternehmenszusammenschluß *m (Verband, Konzern, Kartell, Trust);* **a German industrial combine** = ein deutscher Industriekonzern **2** *verb* sich zusammenschließen; **the workforce and management combined to fight the takeover bid** = Belegschaft und Unternehmensleitung schlossen sich zusammen, um das Übernahmeangebot abzuwehren

◇ **combination** *noun* **(a)** Kombination *f or* Verbindung *f*; **a combination of cash flow problems and difficult trading conditions caused the company's collapse** = eine Kombination von Cash-flow-Problemen und schwierigen Handelsbedingungen verursachten den Zusammenbruch des Unternehmens **(b)** *(lock)* Kombination *f*; **I have forgotten the combination of the lock on my briefcase** = ich habe die Zahlenkombination für das Schloß meiner Aktentasche vergessen; **the office safe has a combination lock** = der Bürosafe hat ein Kombinationsschloß

comfort *noun* **letter of comfort** *or* **comfort letter** = Bonitätsbestätigung *f*

> QUOTE comfort letters in the context of a group of companies can take the form of (a) an undertaking by a holding company to provide finance to a subsidiary; (b) an undertaking to meet the debts and liabilities of a subsidiary as they fall due. Comfort letters are encountered in numerous other situations: where a bank is to grant finance to a subsidiary company, it may seek a comfort letter from the parent to the effect that the parent will not dispose of its interest in the subsidiary
> *Accountancy*

commerce *noun* Handel *m or* Handelsverkehr *m*; **Chamber of Commerce** = Handelskammer *f*

◇ **commercial 1** *adjective* **(a)** kommerziell *or* Handels- *or* Geschäfts-; **commercial aircraft** = Verkehrsflugzeug *n*; **commercial artist** = Werbegraphiker/-in; **commercial attaché** = Handelsattaché *m*; **commercial bank** = Geschäftsbank *f or* kommerzielle Bank; **commercial college** = Handelsschule *f*; **commercial course** = kaufmännischer Lehrgang; **he took a commercial course by correspondence** = er machte einen kaufmännischen Fernkurs; **commercial directory** = Branchenadreßbuch *n*; **commercial district** = Gewerbegebiet *n*; **commercial law** = Handelsrecht *n (Teil des Wirtschaftsrechts);* **commercial port** = Handelshafen *m*; **commercial traveller** = Handelsvertreter/-in; **commercial vehicle** = Nutzfahrzeug *n*; **sample only - of no commercial value** = Warenprobe - ohne Handelswert **(b)** *(profitable)* wirtschaftlich *or* gewinnbringend; **not a commercial proposition** = kein gewinnbringendes Geschäft; **commercial load** = wirtschaftliche Auslastung **2** *noun (TV, radio)* Werbespot *m or* Werbung *f*

◇ **commercialization** *noun* Kommerzialisierung *f*; **the commercialization of museums** = die Kommerzialisierung von Museen

◇ **commercialize** *verb* kommerzialisieren; **the holiday town has become so commercialized that it is unpleasant** = der Urlaubsort ist so kommerziell geworden, daß er nicht mehr schön ist

◇ **commercially** *adverb* geschäftlich *or* gewerblich *or* kommerziell; **not commercially viable** = unrentabel

commission *noun* **(a)** *(money)* Provision *f or* Kommission *f or* Maklergebühr *f*; **she gets 10% commission on everything she sells** = sie bekommt eine Provision von 10% auf alles, was sie verkauft; **he charges 10% commission** = er nimmt 10% Provision ; **commission agent** = Kommissionär *m or* Provisionsagent/-in; **commission rep** = Provisionsvertreter/in; **commission sale** *or* **sale on commission** = Kommissionsverkauf *m or* Verkauf auf Kommissionsbasis **(b)** *(committee)* Kommission *f or* Ausschuß *m*; **the government has appointed a commission of inquiry to look into the problems of small exporters** = die Regierung setzte einen Untersuchungsausschuß ein, der die Probleme von Kleinexporteuren untersuchen soll; **he is the chairman of the government commission on export subsidies** = er ist Vorsitzender der für Exportsubventionen zuständigen Regierungskommission

commit *verb* **(a)** *(a crime)* begehen **(b) to commit funds to a project** = Geldmittel für ein Projekt einsetzen (NOTE: **committing - committed)**

committee *noun* Ausschuß *m or* Komitee *n*; **to be a member of a committee** *or* **to sit on a committee** = Ausschußmitglied *n* sein *or* einem Ausschuß angehören; **he was elected to the committee of the staff club** = er wurde in den Ausschuß des Betriebsvereins gewählt; **the new plans have to be approved by the committee members** = die neuen Pläne müssen von den Ausschußmitgliedern genehmigt werden; **to chair a committee** = einem Ausschuß *or* Komitee vorsitzen; **he is the chairman of the planning committee** = er ist Vorsitzender des Planungsausschusses; **she is the secretary of the finance committee** = sie ist Sekretärin des Finanzausschusses; **management committee** = Führungsausschuß *or* Verwaltungsausschuß

commodity *noun* Ware *f or* Handelsware *f or* Gebrauchsartikel *m*; **primary** *or* **basic commodities** = Grundstoffe *mpl or* Rohstoffe *mpl*; **staple commodity** = Haupterzeugnis *n or* Haupthandelsware *f* (eines Landes); **commodity market** *or* **commodity exchange** = Warenbörse *f*; **commodity futures** = Warentermingeschäft *n*; **silver rose 5% on the commodity futures market yesterday** = der Silberpreis stieg gestern am Warenterminmarkt um 5%; **commodity trader** = Rohstoffhändler/-in

common *adjective* **(a)** häufig *or* weitverbreitet *or* allgemein *or* normal; **putting the carbon paper in the wrong way round is a common mistake** = das Durchschlagpapier falsch herum einzulegen, ist ein Fehler, der häufig gemacht wird; **being caught by the customs is very common these days** = daß man vom Zoll erwischt wird, passiert heutzutage sehr häufig **(b)** *(belonging to several people or to everyone)* gemeinsam *or* Gemeinschafts- *or* Gemein-; **common carrier** = Spedition *f or* Transportunternehmen *n or* Verkehrsunternehmen *n*; **common ownership** = Gemeineigentum *n*; **common pricing** = Preisabsprache *f*; *(US)* **common stock** = Stammaktien *fpl*; *(in the EU)* **Common Agricultural Policy (CAP)** = gemeinsame Agrarpolitik

◇ **common law** *noun* Gewohnheitsrecht *n* (NOTE: you say **at common law** when referring to something happening according to the principles of common law)

◇ **Common Market** *noun* **the European Common Market** = der Gemeinsame Markt; **the Common Market finance ministers** = die Finanzminister der Europäischen Gemeinschaft

Commonwealth of Independent States (CIS) Gesellschaft Unabhängiger Staaten (GUS)

communicate *verb* sich verständigen *or* kommunizieren; **he finds it impossible to communicate with his staff** = er kann einfach nicht mit dem Personal umgehen; **communicating with head office has been quicker since we installed the fax** = die Kommunikation mit der Zentrale ist schneller, seitdem wir das Faxgerät angeschlossen haben

◇ **communication** *noun* **(a)** Verständigung *f or* Kommunikation *f*; **communication with the head office has been made easier by using the fax** = die Kommunikation mit der Zentrale wurde durch das Faxgerät erleichtert; **to enter into communication with someone** = mit jdm in Verbindung treten; **we have entered into communication with the relevant government department** = wir haben mit der zuständigen Regierungsstelle Verbindung aufgenommen **(b)** *(message)* Mitteilung *f*; **we have had a communication from the local tax inspector** = wir haben eine Mitteilung vom örtlichen Finanzamt vorliegen **(c) communications** = Verbindungen *fpl or* Verkehrsverbindungen *fpl*; **after the flood all communications with the outside world were broken** = nach der Überschwemmung waren alle Verbindungen zur Außenwelt abgeschnitten

community *noun* **(a)** Gemeinschaft *f or* Gemeinde *f*; **the local business community** = die örtliche Geschäftswelt **(b) the European Economic Community** = die Europäische Wirtschaftsgemeinschaft; **the Community ministers** = die Minister der Europäischen Gemeinschaft

◇ **community charge** *see* COUNCIL TAX

commute *verb* **(a)** *(to travel)* pendeln; **he commutes from the country to his office in the centre of town** = er pendelt zwischen seinem Wohnsitz auf dem Lande zu seinem Büro in der Innenstadt **(b)** *(to exchange)* umwandeln; **he decided to commute part of his pension rights into a lump sum payment** = er beschloß, Teile seines Pensionsanspruchs in eine Pauschalauszahlung umzuwandeln

◇ **commuter** *noun* Pendler/-in; **he lives in the commuter belt** = er wohnt im städtischen Einzugsgebiet *n*; **commuter train** = Pendlerzug *m or* Nahverkehrszug

company *noun* Firma *f or* Unternehmen *n or* Gesellschaft *f* **(a) to put a company into liquidation** = ein Unternehmen liquidieren; **to set up a company** = eine Firma gründen; **associate company** = Beteiligungsgesellschaft; **family company** = Familienunternehmen; **holding company** = Dachgesellschaft *or* Holdinggesellschaft; **joint-stock company** = Aktiengesellschaft; **limited (liability) company** ≈ Gesellschaft mit beschränkter Haftung; **listed company** = börsenfähiges *or* börsennotiertes Unternehmen; **parent company** = Muttergesellschaft; **private (limited) company** ≈ Gesellschaft mit beschränkter Haftung; **public limited company (plc)** ≈ Aktiengesellschaft; **subsidiary company** = Tochtergesellschaft **(b) finance company** = Finanzierungsgesellschaft *f*; **insurance company** = Versicherungsgesellschaft *f*; **shipping company** = Reederei *f*; **a tractor** *or* **chocolate company** = ein Traktorenhersteller *m or* ein Schokoladenhersteller **(c) company car** = Firmenwagen *m*; **company director** = Direktor/-in *or* Firmenchef/-in; **company doctor** = (i) *(doctor who works for a company)* Werksarzt/Werksärztin; (ii) *(specialist who rescues companies)* Krisenmanager/-in; **company law** = Unternehmensrecht *n*; **company secretary** = Manager/-in mit Aufgabenbereich Finanzen und Verwaltung; Prokurist/-in; *(US)* **company town** = Firmensiedlung *f* **(d)** *(GB)* **the Companies Act** ≈ Gesetze über Aktiengesellschaften; **Companies Registration Office (CRO)** *or* **Companies House** = britische Gesellschaftsregistrierbehörde

compare *verb* vergleichen; **the finance director compared the figures for the first and second quarters** = der/die Leiter/-in der Finanzabteilung verglich die Zahlen des ersten und zweiten Quartals

◇ **compare with** *verb* vergleichen mit; **how do the sales this year compare with last year's?** = wie sieht der diesjährige Umsatz im Vergleich zu dem des Vorjahres aus?; **compared with 1990, last year was a boom year** = verglichen mit 1990 war letztes Jahr ein Jahr der Hochkonjunktur

◇ **comparable** *adjective* vergleichbar *or* Vergleichs-; **the two sets of figures are not comparable** = die beiden Zahlen sind nicht vergleichbar; **which is the nearest company comparable to this one in size?** = welches Unternehmen ist von vergleichbarer Größe?

◇ **comparability** *noun* Vergleichbarkeit *f*; **pay comparability** = Vergleichslohn *m*

◇ **comparison** *noun* Vergleich *m*; **sales are down in comparison with last year** = die Umsätze sind im Vergleich zum Vorjahr zurückgegangen; **there is no comparison between overseas and home sales** = der Inlandsabsatz ist nicht mit dem im Ausland vergleichbar

compensate *verb* entschädigen; **to compensate a manager for loss of commission** = einen Manager für den Verlust der Provision entschädigen (NOTE: you compensate someone **for** something)

◇ **compensation** *noun* **(a) compensation for damage** = Schadenersatz *m*; **compensation for loss of earnings** = Verdienstausfallentschädigung *f*; **compensation for loss of office** = Amtsverlustabfindung *f* **(b)** *(US)* Lohn *m or* Gehalt *n or* Vergütung *f*; **compensation package** = (i) Pauschalabfindung *f*; (ii) *US* Gesamtvergütung

QUOTE it was rumoured that the government was prepared to compensate small depositors
South China Morning Post

QUOTE golden parachutes are liberal compensation packages given to executives leaving a company
Publishers Weekly

compete *verb* **to compete with someone** *or* **with a company** = mit jdm *or* mit einem Unternehmen konkurrieren; **we have to compete with cheap imports from the Far East** = wir müssen mit Billigimporten aus dem Fernen Osten konkurrieren; **they were competing unsuccessfully with local companies** = sie konkurrierten erfolglos mit ortsansässigen Unternehmen; **the two companies are competing for a market share** *or* **for a contract** = die beiden Unternehmen konkurrieren um Marktanteile *or* einen Vertrag

◇ **competing** *adjective* konkurrierend; **competing firms** = konkurrierende Unternehmen *npl*; **competing products** = Konkurrenzprodukte *npl*

◇ **competition** *noun* **(a)** Wettbewerb *m or* Konkurrenz *f*; **free competition** = freier Wettbewerb; **keen competition** = scharfer Wettbewerb *or* harte Konkurrenz; **we are facing keen competition from European manufacturers** = wir sehen uns einer harten Konkurrenz europäischer Hersteller gegenüber; **bitter competition to increase market share** = erbitterter Wettkampf um Marktanteile **(b) the competition** = die Konkurrenz; **we have lowered our prices to beat the competition** = wir haben unsere Preise gesenkt, um die Konkurrenz zu schlagen; **the competition have brought out a new range of products** = die Konkurrenz brachte eine neue Produktserie auf den Markt

◇ **competitive** *adjective* wettbewerbsfähig *or* konkurrenzfähig; **competitive price** = wettbewerbsfähiger *or* konkurrenzfähiger Preis; **competitive pricing** = wettbewerbsfähige *or* konkurrenzfähige Auspreisung; **competitive products** = Konkurrenzprodukte; konkurrenzfähige Produkte

◇ **competitively** *adverb* **competitively priced** = wettbewerbsfähig im Preis

◇ **competitiveness** *noun* Wettbewerbsfähigkeit *f or* Konkurrenzfähigkeit

◇ **competitor** *noun* Konkurrent/-in *or* Mitbewerber/-in; **two German firms are our main competitors** = zwei deutsche Firmen sind unsere Hauptkonkurrenten

QUOTE profit margins in the industries most exposed to foreign competition are worse than usual
Sunday Times

QUOTE competition is steadily increasing and could affect profit margins as the company tries to retain its market share
Citizen (Ottawa)

QUOTE the company blamed fiercely competitive market conditions in Europe for a £14m operating loss last year
Financial Times

QUOTE farmers are increasingly worried by the growing lack of competitiveness for their products on world markets
Australian Financial Review

QUOTE sterling labour costs continue to rise between 3% and 5% a year faster than in most of our competitor countries
Sunday Times

QUOTE the growth of increasingly competitive global markets and the pace of technological innovation are forcing manufacturers to take new approaches
Management Today

competence *or* **competency** *noun* **the case falls within the competence of the court** = der Rechtsfall fällt in die Zuständigkeit des Gerichts

◇ **competent** *adjective* **(a)** fähig *or* kompetent; **she is a competent secretary** *or* **a competent manager** = sie ist eine fähige Sekretärin *or* eine fähige Managerin **(b) the court is not competent to deal with this case** = das Gericht ist für diesen Rechtsfall nicht zuständig

complain *verb* sich beschweren; beanstanden; eine Mängelrüge erheben; **the office is so cold the staff have started complaining** = im Büro ist es so kalt, daß sich das Personal bereits beschwert hat; **she complained about the service** = sie beschwerte sich über den Service; **they are complaining that our prices are too high** = sie beanstanden, daß unsere Preise zu hoch sind; **if you want to complain, write to the manager** = wenn Sie sich beschweren wollen, schreiben Sie an den Geschäftsführer

◇ **complaint** *noun* Beschwerde *f or* Reklamation *f*; Mängelrüge *f*; **when making a complaint, always quote the reference number** = bei Beschwerden *or* Reklamationen immer das Geschäftszeichen angeben; **she sent her letter of complaint to the managing director** = sie schickte ihren Beschwerdebrief an den geschäftsführenden Direktor; **to make** *or* **lodge a complaint against someone** = gegen jdn Beschwerde führen; **complaints department** = Reklamationsabteilung *f*; **complaints procedure** = Reklamationsvorgang *m*

complete 1 *adjective* komplett *or* vollständig; **the order is complete and ready for sending** = der Auftrag ist ausgeführt und steht zum Versand bereit; **the order should be delivered only if it is complete** = die Bestellung sollte nur ausgeliefert werden, wenn sie vollständig ist **2** *verb* beenden *or* fertigstellen; **the factory completed the order in two weeks** = die Fabrik führte den Auftrag in zwei Wochen aus; **how long will it take you to complete the job?** = wie lange werden Sie brauchen, den Auftrag auszuführen?

◇ **completely** *adverb* völlig *or* vollkommen; **the cargo was completely ruined by water** = die Fracht wurde durch Wasser völlig vernichtet *or* verdorben; **the warehouse was completely destroyed by fire** = das Lagerhaus wurde durch einen Brand vollständig zerstört

◇ **completion** *noun* Beendigung *f or* Abschluß *m or* Fertigstellung *f or* Ausführung *f*; *(final stage in the sale of a property)* **completion date** = Abschlußtermin *m (Tag, an dem der Verkauf besiegelt wird)*; **completion of a contract** = Vertragsabschluß

complex 1 *noun* Komplex *m*; **a large industrial complex** = ein großer Industriekomplex (NOTE: plural is **complexes**) **2** *adjective* komplex ; **a complex system of import controls** = ein komplexes Importkontrollsystem ; **the specifications for the machine are very complex** = die technischen Daten der Maschine sind sehr komplex

complimentary *adjective* **complimentary ticket** = Freikarte *f*

◇ **compliments slip** *noun* ohne Begleitschreiben (oBs) *n*

comply *verb* **to comply with a court order** = einem Gerichtsbeschluß Folge leisten

◇ **compliance** *noun* Befolgung *f or* Einhaltung *f*; **compliance department** = Aufsichtsorgan in Brokerhäusern, das über Einhaltung der Börsenordnung wacht

component *noun* Bestandteil *m or* Bauteil; **the assembly line stopped because supply of a component was delayed** = das Montageband stoppte, weil sich die Lieferung eines Bauteils verzögerte; **components factory** = Zulieferbetrieb *m*

composition *noun (with creditors)* Vergleich *m*

compound 1 *adjective* **compound interest** = Zinseszins *m* **2** *verb (with creditors)* einen Vergleich schließen

comprehensive *adjective* umfassend *or* pauschal; **comprehensive insurance** = kombinierte Haftpflicht- und Vollkaskoversicherung

compromise 1 *noun* Kompromiß *m*; **management offered £10 an hour, the union asked for £15, and a compromise of £12 was reached** = die Unternehmensführung machte ein Angebot von £10 Stundenlohn, die Gewerkschaft forderte £15, und man einigte sich auf £12 **2** *verb* einen Kompromiß schließen; **he asked £15 for it, I offered £7 and we compromised on £10** = er forderte dafür £15, ich bot £7 und wir einigten uns auf £10

comptometer *noun* Zählmaschine *f*

comptroller *noun* Controller *m*

compulsory *adjective* obligatorisch *or* verbindlich *or* Pflicht- *or* Zwangs-; **compulsory liquidation** *or* **compulsory winding up** = Zwangsliquidation *f*; **compulsory winding up order** = Zwangsliquidationsbeschluß *m*; **compulsory purchase** = Enteignung *f*; **compulsory purchase order** = Enteignungsbeschluß *m*

compute *verb* ausrechnen *or* berechnen *or* errechnen *or* kalkulieren

◇ **computable** *adjective* berechenbar *or* errechenbar *or* kalkulierbar

◇ **computation** *noun* Berechnung *f or* Errechnung *f or* Kalkulation *f*

◇ **computational** *adjective* **computational error** = Rechenfehler *m or* Berechnungsfehler

◇ **computer** *noun* Computer *m or* Rechner *m*; **computer bureau** = Rechenzentrum *n or* EDV-Servicebüro *n*; **computer department** = EDV-Abteilung *f*; **computer error** = Computerfehler *m*; **computer file** = Computerdatei *f*; **computer language** = Computersprache *f*; **computer listing** = Computerauflistung *f*; **computer manager** = Leiter/-in des EDV-Bereichs; **computer printout** = Computerausdruck *m*; **computer program** = Computerprogramm *n*; **computer programmer** = Computerprogrammierer/-in *or* Programmierer/-in; **computer services** = EDV-Service *m*; **computer time** = Rechenzeit *f*; **running all those sales reports costs a lot in computer time** = all diese Umsatzberichte durchlaufen zu lassen, kostet viel Rechenzeit; **business computer** = kommerzieller Rechner; **personal computer (PC)** *or* **home computer** = Personalcomputer (PC)

◇ **computer-aided** *adjective* computergestützt; **computer-aided design (CAD)** = computergestützter Entwurf; **computer-aided manufacture (CAM)** = computergestützte Fertigung

◇ **computerize** *verb* computerisieren *or* auf Computer *or* auf Datenverarbeitung *or* auf EDV umstellen; **our stock control has been completely computerized** = unsere Lagersteuerung wurde vollständig auf EDV umgestellt

◇ **computerized** *adjective* computerisiert *or* EDV-gesteuert; **a computerized invoicing system** = ein EDV-gesteuertes Abrechnungssystem

◇ **computer-readable** *adjective* computerlesbar; **computer-readable codes** = computerlesbare Codes *mpl*

◇ **computing** *adjective & noun* Computer- *or* Rechen- *or* Datenverarbeitungs- *or* EDV-; Computing; **computing speed** = Rechengeschwindigkeit *f*

con 1 *noun (informal)* Schwindel *m or* Trick *m*; **trying to get us to pay him for ten hours' overtime was just a con** = daß er versuchte, uns zehn Überstunden zu berechnen, war reiner Betrug **2** *verb (informal)* reinlegen; **they conned the bank into lending them £25,000 with no security** = sie brachten die Bank durch einen faulen Trick dazu, ihnen ohne Sicherheiten einen Kredit von £25.000 zu geben; **he conned the finance company out of £100,000** = er brachte die Finanzierungsgesellschaft um £100.000 (NOTE: **con - conning - conned**)

concealment *noun* Verheimlichung *f or* Verschleierung *f*; **concealment of assets** = Vermögensverschleierung

concern 1 *noun* **(a)** *(business)* Unternehmen *n or* Firma *f*; **his business is a going concern** = er hat eine gutgehende Firma; **sold as a going concern** = als arbeitendes *or* gesundes Unternehmen verkauft **(b)** *(worry)* Besorgnis *f or* Sorge *f or* Anteil *m or* Interesse *n*; **the management showed no concern at all for the workers' safety** = die

Unternehmensleitung kümmerte sich überhaupt nicht um die Sicherheit der Arbeiter **2** *verb* betreffen *or* angehen ; **the sales staff are not concerned with the cleaning of the store** = das Verkaufspersonal hat nichts mit der Reinigung des Geschäfts zu tun; **he filled in a questionnaire concerning computer utilization** = er füllte einen Fragebogen über Computernutzung aus

concert *noun* **to act in concert** = konzertiert agieren; **concert party** = konzertierte Aktion *or* einvernehmliches Vorgehen

concession *noun* **(a)** Konzession *f*; **mining concession** = Bergbaukonzession **(b)** Konzession *f*; **she runs a jewellery concession in a department store** = sie hat eine Konzession für einen Schmuckstand in einem Kaufhaus **(c)** Vergünstigung *f*; **tax concession** = Steuervergünstigung

◇ **concessionaire** *noun* Konzessionär/-in *or* Konzessionsinhaber/-in

◇ **concessionary** *adjective* Konzessions-; **concessionary fare** = Vorzugsfahrpreis *m*

conciliation *noun* Schlichtung *f*

conclude *verb* **(a)** abschließen; **to conclude an agreement with someone** = mit jdm eine Abmachung treffen **(b)** folgern *or* schließen; **the police concluded that the thief had got into the building through the main entrance** = die Polizei folgerte, daß der Dieb durch den Haupteingang in das Gebäude gelangt war

condition *noun* **(a)** Bedingung *f or* Kondition *f or* Auflage *f*; **conditions of employment** *or* **conditions of service** = Arbeitsvertragsbedingungen *fpl*; **conditions of sale** = Verkaufsbedingungen; **on condition that** = unter der Bedingung, daß ...; **they were granted the lease on condition that they paid the legal costs** = sie bekamen den Pachtvertrag unter der Bedingung, daß sie die Anwaltskosten bezahlten **(b)** *(general state)* Zustand *m*; **the union has complained of the bad working conditions in the factory** = die Gewerkschaft beanstandete die schlechten Arbeitsbedingungen *fpl* in der Fabrik; **sold in good condition** = in gutem Zustand verkauft; **what was the condition of the car when it was sold?** = wie war der Zustand des Wagens, als er verkauft wurde?; **adverse trading conditions** = widrige Handelsbedingungen *fpl or* Geschäftsbedingungen

◇ **conditional** *adjective* **(a)** mit Auflagen *or* unter Vorbehalt *or* bedingt; **to give a conditional acceptance** = unter Vorbehalt annehmen; **he made a conditional offer** = er machte ein bedingtes Angebot; **conditional sale** = Verkauf mit Auflagen **(b) to be conditional on something** = von etwas abhängen; **the offer is conditional on the board's acceptance** = das Angebot hängt von der Zustimmung des boards ab

condominium *noun (US)* Eigentumswohnung *f*

conduct *verb* leiten *or* führen; **to conduct negotiations** = Verhandlungen führen; **the chairman conducted the negotiations very efficiently** = der Vorsitzende führte die Verhandlungen sehr effizient

conference *noun* **(a)** *(small scale)* Besprechung *f*; **to be in conference** = sich in einer Besprechung befinden; **conference phone** = Konferenzschaltung *f*; **conference room** = Besprechungszimmer *n or* Konferenzraum *m*; **press conference** = Pressekonferenz *f*; **sales conference** = Verkaufskonferenz *f* **(b)** *(large scale)* Konferenz *f or* Tagung *f*; **the annual conference of the Electricians' Union** = die Jahreskonferenz der Elektrikergewerkschaft; **the conference of the Booksellers' Association** = die Konferenz des Buchhändlerverbandes; **the conference agenda** *or* **the agenda of the conference was drawn up by the secretary** = die Tagesordnung der Konferenz wurde von dem Prokurist aufgestellt

confidence *noun* **(a)** Vertrauen *n*; **the sales team do not have much confidence in their manager** = das Verkaufspersonal *or* Verkaufsteam hat nicht viel Vertrauen in seinen Leiter; **the board has total confidence in the managing director** = der board of directors hat volles Vertrauen in den geschäftsführenden Direktor **(b) in confidence** = vertraulich *or* im Vertrauen; **I will show you the report in confidence** = ich werde Ihnen den Bericht vertraulich zeigen

◇ **confidence trick** *noun* Schwindel *m or* Bauernfängerei *f or* Trickbetrug *m*

◇ **confidence trickster** *noun* Schwindler/-in *or* Bauernfänger *m or* Trickbetrüger/-in

◇ **confident** *adjective* zuversichtlich *or* überzeugt; **I am confident the turnover will increase rapidly** = ich bin zuversichtlich, daß der Umsatz schnell steigt; **are you confident the sales team is capable of handling this product?** = sind Sie überzeugt, daß das Verkaufsteam in der Lage ist, dies Produkt zu verkaufen?

◇ **confidential** *adjective* vertraulich; **he sent a confidential report to the chairman** = er schickte einen vertraulichen Bericht an den Vorsitzenden; **please mark the letter 'Private and Confidential'** = bitte versehen Sie den Brief mit der Aufschrift ‚streng vertraulich'

◇ **confidentiality** *noun* Vertraulichkeit *f*; **he broke the confidentiality of the discussions** = er verstieß gegen den vertraulichen Charakter der Unterredungen

confirm *verb* bestätigen ; **to confirm a hotel reservation** *or* **a ticket** *or* **an agreement** *or* **a booking** = eine Hotelreservierung *or* ein Ticket *or* eine Vereinbarung *or* eine Buchung bestätigen; **to confirm by letter** = schriftlich bestätigen; **to confirm someone in a job** = jdn nach einer Probezeit fest anstellen

◇ **confirmation** *noun* **(a)** Bestätigung *f* **confirmation of a booking** = Buchungsbestätigung **(b)** *(letter which confirms something)* Bestätigungsschreiben *n*; **he received confirmation from the bank that the deeds had been deposited** = er erhielt von der Bank die Bestätigung, daß die Urkunden hinterlegt worden seien

conflict *noun* Konflikt *m*; **conflict of interest** = Interessenkonflikt

confuse *verb* verwirren *or* verwechseln; **the chairman was confused by all the journalists' questions** = der Vorsitzende war durch all die Fragen der Journalisten verwirrt; **to introduce the problem of VAT will only confuse the issue** = das

Problem der Mehrwertsteuer einzubringen, verwirrt die Sache nur

conglomerate *noun* Mischkonzern *m*

Congo *noun* Kongo *m*

◇ **Congolese 1** *noun* Kongolese/Kongolesin **2** *adjective* kongolesisch
(NOTE: capital: **Brazzaville;** currency: **CFA franc** = CFA-Franc *m*)

congratulate *verb* beglückwünschen *or* gratulieren; **the sales director congratulated the salesmen on doubling sales** = der/die Leiter/-in der Verkaufsabteilung beglückwünschte die Vertreter zur Verdopplung des Umsatzes; **I want to congratulate you on your promotion** = ich möchte Ihnen zu Ihrer Beförderung gratulieren

◇ **congratulations** *plural noun* Glückwünsche *mpl or* Gratulationen *fpl*; **the staff sent him their congratulations on his promotion** = das Personal sendete ihm Glückwünsche zur Beförderung

conman *noun (informal)* = CONFIDENCE TRICKSTER (NOTE: plural is **conmen)**

connect *verb* **(a)** verbinden; **the company is connected to the government because the chairman's father is a minister** = das Unternehmen hat Beziehungen *fpl* zur Regierung, weil der Vater des Vorsitzenden Minister ist **(b) the flight from New York connects with a flight to Athens** = der Flug von New York hat Anschluß an den Flug nach Athen

◇ **connecting flight** *noun* Anschlußflug *m*; **check at the helicopter desk for connecting flights to the city centre** = Auskunft über Anschlußflüge ins Stadtzentrum am Hubschrauberbuchungsschalter *or* fragen Sie am Hubschrauberbuchungsschalter nach Anschlußflügen ins Stadtzentrum

◇ **connection** *noun* **(a)** Zusammenhang *m or* Beziehung *f or* Verbindung *f*; **is there a connection between his argument with the director and his sudden move to become warehouse manager?** = gibt es einen Zusammenhang zwischen seinem Streit mit dem Direktor und seiner plötzlichen Absicht, Lagerist zu werden?; **in connection with** = im *or* in Zusammenhang mit; **I want to speak to the managing director in connection with the sales forecasts** = ich möchte den geschäftsführenden Direktor im Zusammenhang mit den Umsatzprognosen sprechen **(b) connections** = Beziehungen *fpl or* Verbindungen *fpl*; **he has useful connections in industry** = er hat nützliche Beziehungen zur Industrie

conservative *adjective* vorsichtig; **a conservative estimate of sales** = eine vorsichtige Umsatzschätzung; **his forecast of expenditure is very conservative** = seine Ausgabenkalkulation ist sehr vorsichtig; **at a conservative estimate** = bei vorsichtiger Schätzung; **their turnover has risen by at least 20% in the last year, and that is probably a conservative estimate** = ihr Umsatz stieg im letzten Jahr um mindestens 20%, und das ist wohl noch eine vorsichtige Schätzung

◇ **conservatively** *adverb* vorsichtig; **the total sales are conservatively estimated at £2.3m** = der Gesamtumsatz beläuft sich, vorsichtig geschätzt, auf £2,3 Mio.

consider *verb* bedenken *or* überlegen; **to consider the terms of a contract** = die Vertragsbedingungen prüfen

◇ **consideration** *noun* **(a)** Überlegung *f or* Erwägung *f*; **we are giving consideration to moving the head office to Scotland** = wir erwägen, die Zentrale nach Schottland zu verlegen **(b)** Gegenleistung *f or* Entgelt *n*; **for a small consideration** = gegen ein geringes Entgelt

considerable *adjective* beträchtlich *or* erheblich; **we sell considerable quantities of our products to Africa** = wir verkaufen erhebliche Mengen unseres Produkts nach Afrika; **they lost a considerable amount of money on the commodity market** = sie verloren erhebliche Geldsummen an der Warenbörse

◇ **considerably** *adverb* beträchtlich *or* erheblich; **sales are considerably higher than they were last year** = die Umsätze sind erheblich *or* beträchtlich höher als im letzten Jahr

consign *verb* **to consign goods to someone** = Waren an jdn schicken

◇ **consignation** *noun* Versenden *n or* Versand *m*

◇ **consignee** *noun* Empfänger/-in; Kommissionär *m*

◇ **consignment** *noun* **(a)** Versand *m or* Versenden *n*; **consignment note** = Avis *m or n*; **goods on consignment** = Kommissionswaren *fpl* **(b)** (Waren)sendung *f or* Lieferung *f*; **a consignment of goods has arrived** = eine Warensendung ist eingetroffen; **we are expecting a consignment of cars from Japan** = wir erwarten eine Autosendung aus Japan

◇ **consignor** *noun* Absender/-in *or* Versender/-in; Kommittent *m*

> QUOTE some of the most prominent stores are gradually moving away from the traditional consignment system, under which manufacturers agree to purchase any unsold goods, and in return dictate prices and sales strategies and even dispatch staff to sell the products
> *Nikkei Weekly*

consist of *verb* bestehen aus *or* sich zusammensetzen aus; **the trade mission consists of the sales directors of ten major companies** = die Handelsdelegation besteht aus den Verkaufsleitern von zehn bedeutenden Unternehmen; **the package tour consists of air travel, six nights in a luxury hotel, all meals and visits to places of interest** = die Pauschalreise schließt den Flug, sechs Nächte in einem Luxushotel, alle Mahlzeiten und Besichtigungsfahrten ein

consolidate *verb* **(a)** konsolidieren **(b)** *(shipment)* zusammenlegen

◇ **consolidation** *noun* Zusammenlegung *f*

◇ **consolidated** *adjective* **(a) consolidated accounts** = Konzernabschluß *m* **(b) consolidated shipment** = Sammelladung *f*

consols *plural noun (GB)* Konsols *mpl (britische Staatsanleihe ohne Laufzeitbegrenzung)*

consortium *noun* Konsortium *n or* Unternehmensgruppe *f*; **a consortium of Canadian companies** *or* **a Canadian consortium** = ein Konsortium kanadischer Unternehmen *or* ein kanadisches Konsortium; **a consortium of German and British companies is planning to construct the new aircraft** = ein Konsortium deutscher und britischer Unternehmen plant den Bau des neuen Flugzeugs (NOTE: plural is **consortia)**

constant *adjective* konstant *or* gleichbleibend; **the figures are in constant pounds** = die Zahlen sind in inflationsbereinigten Pfund Sterling

constitution *noun* Satzung *f or* Verfassung *f*; **under the society's constitution, the chairman is elected for a two-year period** = gemäß der Vereinssatzung wird der Vorsitzende für zwei Jahre gewählt; **payments to officers of the association are not allowed by the constitution** = Zahlungen an Vorstandsmitglieder des Verbands sind nach der Satzung nicht erlaubt

◇ **constitutional** *adjective* verfassungsmäßig; satzungsgemäß; **the reelection of the chairman is not constitutional** = die Wiederwahl des Vorsitzenden ist satzungswidrig

construct *verb* bauen; **the company has tendered for the contract to construct the new airport** = das Unternehmen hat sich um den (ausgeschriebenen) Auftrag für den Bau des neuen Flughafens beworben

◇ **construction** *noun (being built)* Bau *m or* Aufbau *m or* Entwicklung *f*; *(a building)* Bau *m or* Bauwerk *n*; **construction company** = Bauunternehmen *n*; **under construction** = in *or* im Bau (befindlich); **the airport is under construction** = der Flughafen ist in Bau

◇ **constructive** *adjective* konstruktiv; **she made some constructive suggestions for improving management-worker relations** = sie machte ein paar konstruktive Vorschläge zur Verbesserung der Beziehungen zwischen der Unternehmensleitung und den Arbeitern **we had a constructive proposal from a distribution company in Italy** = eine Vertriebsgesellschaft in Italien unterbreitete uns einen konstruktiven Vorschlag; **constructive dismissal** = fingierte Entlassung

◇ **constructor** *noun* Erbauer/-in *or* Konstrukteur/-in

consult *verb* konsultieren *or* zu Rate ziehen; **he consulted his accountant about his tax** = er besprach sich mit seinem Steuerberater *or* er konsultierte seinen Steuerberater wegen seiner Steuern

◇ **consultancy** *noun* Beratung *f*; **a consultancy firm** = eine Beratungsfirma; **he offers a consultancy service** = er bietet einen Beratungsservice an

◇ **consultant** *noun* Berater/-in *or* Gutachter/-in; **engineering consultant** = technische(r) Berater/-in; **management consultant** = Unternehmensberater/-in; **tax consultant** = Steuerberater/-in

◇ **consulting** *adjective* beratend; **consulting engineer** = Beratungsingenieur/-in

consumable *adjective* **consumable goods** *or* **consumables** = Verbrauchsgüter *npl or* Konsumgüter

◇ **consumer** *noun* Verbraucher/-in *or* Konsument/-in; **gas consumers are protesting at the increase in prices** = Verbraucher protestieren über die Preiserhöhung für Gas; **the factory is a heavy consumer of water** = die Fabrik ist bezüglich des Wasserbedarfs ein Großverbraucher ; **consumer council** = Verbraucherberatung *f*; **consumer credit** = Kundenkredit *m or* Abzahlungskredit; **consumer durables** = langlebige Gebrauchsgüter *npl or* Konsumgüter; **consumer goods** = Verbrauchsgüter *npl or* Gebrauchsgüter *or* Konsumgüter; **the consumer-led rise in sales** = der vom Konsumenten bestimmte Verkaufsanstieg; **consumer panel** = Verbraucherpanel *n or* Verbrauchertestgruppe *f*; *(US)* **consumer price index** = Verbraucherpreisindex *m*; **consumer protection** = Verbraucherschutz *m*; **consumer research** = Verbraucherforschung *f*; **consumer resistance** = Verbraucherwiderstand *m*; **the latest price increases have produced considerable consumer resistance** = die letzten Preissteigerungen hatten einen großen Verbraucherwiderstand zur Folge; **consumer society** = Konsumgesellschaft *f*; **consumer spending** = Verbraucherausgaben *fpl*

QUOTE forecasting consumer response is one problem which will never be finally solved

Marketing Week

QUOTE companies selling in the UK market are worried about reduced consumer spending as a consequence of higher interest rates and inflation

Business

QUOTE analysis of the consumer price index for the first half of 1985 shows that the rate of inflation went down by about 12.9 per cent

Business Times (Lagos)

consumption *noun* Konsum *m or* Verbrauch *m*; **a car with low petrol consumption** = ein Auto mit geringem Benzinverbrauch; **the factory has a heavy consumption of coal** = die Fabrik hat einen hohen Kohlenverbrauch; **home consumption** *or* **domestic consumption** = Inlandsverbrauch

cont *or* **contd** = CONTINUED

contact 1 *noun* **(a)** *(person)* Verbindung *f or* Kontakt *m or* Kontaktperson *f*; **he has many contacts in the City** = er hat viele Kontakte in der City; **who is your contact in the ministry?** = wer ist Ihre Kontaktperson im Ministerium? **(b)** Kontakt *m or* Verbindung *f*; **I have lost contact with them** = ich habe den Kontakt zu ihnen verloren; **he put me in contact with a good lawyer** = er hat mir einen guten Anwalt vermittelt **2** *verb* sich in Verbindung setzen mit *or* Kontakt aufnehmen zu; **he tried to contact his office by phone** = er versuchte, mit seinem Büro telefonisch Kontakt aufzunehmen; **can you contact the managing director at his club?** = können Sie sich mit dem geschäftsführenden Direktor in seinem Club in Verbindung setzen?

contain *verb* enthalten; **each crate contains two computers and their peripherals** = jede Kiste enthält zwei Computer und Zubehör; **a barrel contains 250 litres** = ein Faß enthält 250 Liter; **we have lost a file containing important documents** = wir haben eine Akte mit wichtigen Dokumenten verloren

◇ **container** *noun* **(a)** Behälter *m*; **the gas is shipped in strong metal containers** = das Gas wird in starken Metallbehältern verschifft; **the container burst during shipping** = der Behälter brach auf dem Transport **(b)** *(special large box for shipping)* Container *m*; **container port** = Containerhafen *m*; **container ship** = Containerschiff *n*; **container terminal** = Containerterminal *mn*; **container traffic** = Containerverkehr *m*; **to ship goods in containers** = Waren in Containern verschiffen; **a container-load of spare parts is missing** = eine Containerladung mit Ersatzteilen fehlt

◇ **containerization** *noun* Umstellung *f* auf Container(transport)

◇ **containerize** *verb* auf Container(transport) umstellen

contango *noun (stock exchange)* Report *m*; **contango day** = Reporttag *m*

contempt *noun* Verachtung *f* *or* Geringschätzung *f*; **contempt of court** = Mißachtung *f* des Gerichts

content *noun* Gehalt *m*; *(real meaning)* **the content of the letter** = der Inhalt *or* Gehalt des Briefes

◇ **contents** *plural noun* Inhalt *m*; **the contents of the bottle poured out onto the floor** = der Flascheninhalt lief auf den Fußboden; **the customs officials inspected the contents of the crate** = die Zollbeamten untersuchten den Inhalt der Kiste; **the contents of the letter** = der Inhalt des Briefes

contested takeover *noun* angefochtene Übernahme

contingency *noun* unvorhergesehenes Ereignis; Eventualität *f*; **contingency fund** *or* **contingency reserve** = Fonds *m* für unvorhergesehene Ausgaben *or* Feuerwehrfonds *m or* Rücklagen *fpl* für Sonderrisiken; **contingency plan** = Krisenplan *m*; **to add on 10% to provide for contingencies** = 10% für Sonderausgaben *fpl or* Eventualitäten aufschlagen; **we have built 10% for contingencies into our cost forecast** = wir haben in unserem Kostenplan 10% für Eventualitäten eingeplant

◇ **contingent** *adjective* **(a) contingent expenses** = unvorhergesehene Sonderausgaben *fpl*; **contingent liability** = Eventualverbindlichkeit *f* **(b) contingent policy** = Risikoversicherung *f*

continue *verb* andauern; fortsetzen *or* fortfahren mit; **the chairman continued speaking in spite of the noise from the shareholders** = der Vorsitzende sprach trotz des Lärms, den die Aktionäre machten, weiter; **the meeting started at 10 a.m. and continued until six p.m.** = die Konferenz begann um 10 Uhr und dauerte bis 18 Uhr; **negotiations will continue next Monday** = die Verhandlungen werden nächsten Montag fortgesetzt

◇ **continual** *adjective* wiederholt; ständig *or* ununterbrochen; **production was slow because of continual breakdowns** = die Produktion lief wegen andauernder Betriebsstörungen nur schleppend

◇ **continually** *adverb* wiederholt; ständig *or* ununterbrochen; **the photocopier is continually breaking down** = der Fotokopierer geht dauernd kaputt

◇ **continuation** *noun* Fortsetzung *f* *or* Fortführung *f*

◇ **continuous** *adjective* kontinuierlich *or* stetig *or* gleichmäßig; **continuous production line** = Fließfertigung *f*; **continuous feed** = Endlospapiereinzug *m*; **continuous stationery** = Endlospapier *n*

contra 1 *noun (account which offsets another account)* **contra account** = Gegenkonto *n*; **contra entry** = Gegenbuchung *f*; **per contra** *or* **as per contra** = als Gegenbuchung **2** *verb* **to contra an entry** = einen Eintrag gegenbuchen *or* stornieren

contraband *noun* **contraband (goods)** = Schmuggelware *f*

contract 1 *noun* **(a)** Vertrag *m*; **to draw up a contract** = einen Vertrag ausarbeiten *or* aufsetzen; **to draft a contract** = einen Vertrag entwerfen *or* aufsetzen; **to sign a contract** = einen Vertrag unterschreiben; **the contract is binding on both parties** = der Vertrag ist für beide Parteien bindend; **to be under contract** = vertraglich verpflichtet sein; **the firm is under contract to deliver the goods by November** = die Firma ist vertraglich verpflichtet, die Waren bis November zu liefern; **to void a contract** = einen Vertrag aufheben *or* für nichtig erklären; **contract of employment** = Arbeitsvertrag; **service contract** = Dienstvertrag; **exchange of contracts** = Unterzeichnung *f* des Kaufvertrages (bei Grundbesitz) **(b) contract law** *or* **law of contract** = Vertragsrecht *n or* Schuldrecht *n*; **by private contract** = durch Privatvertrag; **contract note** = Ausführungsanzeige *f* **(c)** Liefervertrag *m*; **contract for the supply of spare parts** = Liefervertrag für Ersatzteile; **to enter into a contract to supply spare parts** = einen Vertrag zur Lieferung von Ersatzteilen schließen; **to sign a contract for £10,000 worth of spare parts** = einen Vertrag für Ersatzteile im Wert von £10.000 schließen; **to put work out to contract** = Arbeitsaufträge *mpl* vergeben; Arbeit ausschreiben; **to award a contract to a company** *or* **to place a contract with a company** = einen Auftrag an eine Firma vergeben; **to tender for a contract** = ein Angebot abgeben; **conditions of contract** *or* **contract conditions** = Vertragsbedingungen *fpl*; **breach of contract** = Vertragsbruch *m*; **the company is in breach of contract** = die Firma ist vertragsbrüchig geworden; **contract work** = vertragliche Leistung **2** *verb* sich vertraglich verpflichten *or* einen Vertrag abschließen; **to contract to supply spare parts** *or* **to contract for the supply of spare parts** = einen Vertrag über die Lieferung von Ersatzteilen abschließen *or* die Lieferung von Ersatzteilen vertraglich übernehmen; **the supply of spare parts was contracted out to Smith's** = der Vertrag für den Ersatzteilevertrieb wurde an die Fa. Smith vergeben; **to contract out of an agreement** = sich von einer vertraglichen Verpflichtung befreien

◇ **contracting** *adjective* **contracting party** = Vertragspartner/-in

◇ **contractor** *noun* Auftragnehmer/-in; **haulage contractor** = Transportunternehmer *m* *or* Fuhrunternehmer *m or* Spediteur *m*; **government contractor** = Betrieb *m* mit Staatsaufträgen

◇ **contractual** *adjective* vertraglich *or* Vertrags-; **contractual liability** = Vertragshaftung *f*; **to fulfill your contractual obligations** = seine vertraglichen Verpflichtungen erfüllen; **he is under no**

contractual obligation to buy = er ist vertraglich nicht verpflichtet zu kaufen

◇ **contractually** *adverb* vertraglich *or* durch Vertrag; **the company is contractually bound to pay his expenses** = das Unternehmen ist vertraglich gebunden, seine Auslagen zu zahlen

contrary *noun* Gegenteil *n*; **failing instructions to the contrary** = sofern Sie keine gegenteiligen Anweisungen erhalten; **on the contrary** = im Gegenteil; **the chairman was not annoyed with his assistant - on the contrary, he promoted him** = der Vorsitzende war nicht über seinen Assistenten verärgert - im Gegenteil, er beförderte ihn

contribute *verb* beitragen *or* beisteuern *or* einen Beitrag leisten; **to contribute 10% of the profits** = 10% der Gewinne beitragen; **he contributed to the pension fund for 10 years** = er zahlte zehn Jahre lang Beiträge in die Pensionskasse

◇ **contribution** *noun* Beitrag *m*; **contribution of capital** = Kapitaleinbringung *f or* Kapitaleinlage *f* *(eines Gesellschafters)*; **employer's contribution** = Arbeitgeberanteil *m*; **National Insurance contributions (NIC)** = Sozialversicherungsbeiträge *mpl*; **pension contributions** = Rentenversicherungsbeiträge *mpl*

◇ **contributor** *noun* **contributor of capital** = Kapitaleinleger/-in

◇ **contributory** *adjective* **(a) contributory pension plan** *or* **scheme** = beitragspflichtige Rentenversicherung **(b)** beitragend *or* mitverursachend; **falling exchange rates have been a contributory factor in** *or* **to the company's loss of profits** = fallende Wechselkurse waren ein Faktor, der zu den Gewinneinbußen des Unternehmens beitrug

con trick *noun (informal)* = CONFIDENCE TRICK

control 1 *noun* **(a)** Leitung *f or* Kontrolle *f or* Macht *f or* Beherrschung *f*; **the company is under the control of three shareholders** = drei Aktionäre haben die Mehrheit an dem Unternehmen; **to gain control of a business** = die Aktienmehrheit *or* Mehrheitsbeteiligung an einem Unternehmen erwerben; **to lose control of a business** = die Aktienmehrheit *or* Mehrheitsbeteiligung an einem Unternehmen verlieren; **the family lost control of its business** = die Familie verlor die Aktienmehrheit an ihrem Unternehmen **(b)** Kontrolle *f or* Überwachung *f or* Regelung *f or* Steuerung *f*; **under control** = unter Kontrolle ; **expenses are kept under tight control** = Ausgaben werden scharf kontrolliert; **the company is trying to bring its overheads back under control** = das Unternehmen versucht, die Gemeinkosten wieder unter Kontrolle zu bekommen; **out of control** = außer Kontrolle; **costs have got out of control** = die Kosten sind außer Kontrolle geraten **(c) budgetary control** = Haushaltskontrolle *f or* Finanzkontrolle; **credit control** = Kreditüberwachung *f or* Kreditkontrolle; **quality control** = Qualitätskontrolle *f*; **stock control** *or (US)* **inventory control** = Materialwirtschaft *f* **(d) exchange controls** = Devisenbeschränkungen *fpl or* Devisenkontrolle *f*; **the government has imposed exchange controls** = die Regierung hat Beschränkungen im freien Devisenverkehr eingeführt ; **they say the government is going to lift exchange controls** = es heißt, die Regierung werde die Devisenbeschränkungen aufheben; **price controls** = Preisbindung *f or* Preiskontrolle *f* **(e) control group** = Kontrollgruppe *f*; *(computer)* **control system** = Steuerungssystem *n or* Regelkreis *m* **2** *verb* **(a) to control a business** = die Mehrheitsbeteiligung an einem Unternehmen haben; **the business is controlled by a company based in Luxembourg** = ein Unternehmen mit Sitz in Luxemburg hat die Mehrheit an dem Unternehmen; **the company is controlled by the majority shareholder** = das Unternehmen wird von dem Mehrheitsaktionär beherrscht **(b)** steuern *or* unter Kontrolle halten *or* regeln; **the government is fighting to control inflation** *or* **to control the rise in the cost of living** = die Regierung versucht, der Inflation Herr zu werden *or* die Inflation zu bekämpfen *or* die Steigerung der Lebenshaltungskosten einzudämmen (NOTE: **controlling - controlled)**

◇ **controlled** *adjective* gesteuert *or* unter Kontrolle gehalten; **government-controlled** = staatlich gelenkt *or* kontrolliert *or* unter staatlicher Aufsicht; **controlled economy** = gelenkte Wirtschaft; Planwirtschaft

◇ **controller** *noun* Controller *m*; **credit controller** = für Kreditkontrolle zuständige(r) Angestellte; **stock controller** = Stock Controller *or* Lagersteuerer *m*

◇ **controlling** *adjective* **to have a controlling interest in a company** = die Mehrheitsbeteiligung an einem Unternehmen haben

convene *verb* einberufen; zusammenrufen; **to convene a meeting of shareholders** = eine Aktionärsversammlung einberufen

convenience *noun* **at your earliest convenience** = baldmöglichst; **convenience foods** = Fertiggerichte *npl*; *(US)* **convenience store** = Einzelhandelsgeschäft *n* mit langer Öffnungszeit in der Nähe der Wohnung; **ship sailing under a flag of convenience** = ein Schiff, das unter Billigflagge fährt

◇ **convenient** *adjective* bequem; geeignet; praktisch *or* günstig; **a bank draft is a convenient way of sending money abroad** = ein Bankscheck ist eine bequeme Art, Geld ins Ausland zu schicken; **is 9.30 a convenient time for the meeting?** = paßt Ihnen 9.30 Uhr als Termin für die Besprechung?

convenor *noun* jd, der Versammlungen einberuft

conversion *noun* Umwandlung *f or* Konvertierung *f* **(a) conversion price** *or* **conversion rate** = Umrechnungskurs *m* **(b)** *(crime)* **conversion of funds** = widerrechtliche Aneignung von Geldern *(Veruntreuung, Unterschlagung)*

◇ **convert** *verb* **(a)** (um)tauschen; **we converted our pounds into Swiss francs** = wir haben unsere Pfunde in Schweizer Franken umgetauscht **(b) to convert funds to one's own use** = sich widerrechtlich Gelder aneignen

◇ **convertibility** *noun* Konvertierbarkeit *f*

◇ **convertible** *adjective* **convertible currency** = frei konvertierbare Währung; **convertible debentures** *or* **convertible loan stock** = Wandelschuldverschreibung *f or* Wandelanleihe *f*

conveyance *noun* Eigentumsübertragung *f or* Übertragungsurkunde *f*

◇ **conveyancer** *noun* Notar/-in (für Eigentumsübertragungen)
◇ **conveyancing** *noun* Eigentumsübertragung *f* *or* Aufsetzen *n* einer Eigentumsübertragungsurkunde; **do-it-yourself conveyancing** = Aufsetzen einer Übertragungsurkunde ohne notarielle Hilfe

cooling off *noun* **cooling off period** = *(Arbeitskampf)* Friedenspflicht *f*; *(bei Vertragsabschluß)* Überlegungsfrist *f* *or* Rücktrittsfrist *f*

co-op *noun* = CO-OPERATIVE (2)
◇ **co-operate** *verb* kooperieren *or* zusammenarbeiten; **the governments are co-operating in the fight against piracy** = die Regierungen kooperieren im Kampf gegen die Piraterie ; **the two firms have co-operated on the computer project** = die beiden Firmen haben bei dem Computerprojekt zusammengearbeitet
◇ **co-operation** *noun* Kooperation *f* *or* Zusammenarbeit *f* *or* Mitarbeit *f*; **the project was completed ahead of schedule with the co-operation of the workforce** = das Projekt wurde unter Mitarbeit der Belegschaft vor Ende des Zeitplans abgeschlossen
◇ **co-operative 1** *adjective* kooperativ; **the workforce has not been co-operative over the management's productivity plan** = die Belegschaft hat sich gegenüber dem Produktivitätsplan der Firmenleitung nicht kooperativ gezeigt; **co-operative society** = Genossenschaft *f* **2** *noun* Genossenschaft *f* *or* Kooperative *f*; **agricultural co-operative** = landwirtschaftliche (Absatz)genossenschaft; **to set up a workers' co-operative** = eine Arbeitergenossenschaft gründen

co-opt *verb* **to co-opt someone onto a committee** = jdn in ein Komitee kooptieren

co-owner *noun* Mitinhaber/-in; Miteigentümer/-in *(zur gesamten Hand oder nach Bruchteilen)*; **the two sisters are co-owners of the property** = die beiden Schwestern sind Miteigentümerinnen des Besitzes
◇ **co-ownership** *noun* Miteigentum *n*

copartner *noun* Teilhaber/-in
◇ **copartnership** *noun* Teilhaberschaft *f*

cope *verb* zurechtkommen *or* fertig werden; **the new assistant manager coped very well when the manager was on holiday** = der neue stellvertretende Geschäftsführer kam sehr gut zurecht, als der Geschäftsführer in Urlaub war; **the warehouse is trying to cope with the backlog of orders** = das Lager versucht mit dem Auftragsrückstand fertig zu werden

copier *noun* = COPYING MACHINE, PHOTOCOPIER

coproduction *noun* Koproduktion *f*

coproperty *noun* Miteigentum *n*
◇ **coproprietor** *noun* Miteigentümer/-in

copy 1 *noun* **(a)** Kopie *f* *or* Durchschlag *m*; **carbon copy** = Durchschlag; **certified copy** = beglaubigte Kopie; **file copy** = Aktenkopie **(b)** Ausfertigung *f*; **fair copy** *or* **final copy** = Reinschrift *f*; **hard copy** = Ausdruck *m*; **rough copy** = Konzept *n* *or* Entwurf *m* *or* Skizze *f*; **top copy** = Original *n* **(c) publicity copy** = Werbetexte *mpl*; **she writes copy for a travel firm** = sie schreibt Werbetexte für eine Reisegesellschaft; **knocking copy** = aggressive *or* herabsetzende Werbetexte **(d)** *(book, magazine or newspaper)* Ausgabe *f* *or* Exemplar *n*; **have you kept yesterday's copy of 'The Times'?** = haben Sie die gestrige Ausgabe der Tageszeitung ‚The Times' aufbewahrt?; **I read it in the office copy of 'Fortune'** = ich las es im ‚Fortune'-Exemplar des Büros; **where is my copy of the telephone directory?** = wo ist mein Telefonbuch? **2** *verb* kopieren; einen Durchschlag *or* eine Abschrift machen; **he copied the company report at night and took it home** = er kopierte abends den Geschäftsbericht und nahm ihn mit nach Hause
◇ **copier** *or* **copying machine** *noun* Kopierer *m*
◇ **copyholder** *noun* Blatthalter *m* *or* Manuskripthalter
◇ **copyright 1** *noun* Copyright *n* *or* Urheberrecht *n*; **Copyright Act** = Urheberrechtsgesetz *n*; **copyright law** = Urheberrecht *n*; **work which is out of copyright** = Werk, das nicht mehr urheberrechtlich geschützt ist; **work still in copyright** = urheberrechtlich geschütztes Werk; **infringement of copyright** *or* **copyright infringement** = Verletzung *f* des Urheberrechts ; **copyright holder** = Urheberrechtsinhaber/-in ; **copyright notice** = Urheberrechtsvermerk *m* **2** *verb* urheberrechtlich schützen **3** *adjective* urheberrechtlich geschützt; **it is illegal to photocopy a copyright work** = es ist gesetzlich verboten, ein urheberrechtlich geschütztes Werk zu kopieren
◇ **copyrighted** *adjective* urheberrechtlich geschützt

copy type *verb* abtippen; **the secretary copy typed the manuscript** = die Sekretärin hat das Manuskript abgetippt
◇ **copy typing** *noun* Abtippen *n* von Dokumenten
◇ **copy typist** *noun* Schreibkraft *f* (ohne Diktat)

copywriter *noun* Werbetexter/-in

corner 1 *noun* **(a)** Ecke *f* *or* Straßenecke; **the Post Office is on the corner of the High Street and London Road** = das Postamt ist an der Ecke High Street London Road; **corner shop** = Eckladen *m* ; *(etwa)* Tante-Emma-Laden **(b)** Ecke; **the box has to have specially strong corners** = die Schachtel muß besonders verstärkte Ecken haben; **the corner of the crate was damaged** = die Ecke der Kiste war beschädigt **2** *verb* **to corner the market** = den Markt *or* alles aufkaufen; **the syndicate tried to corner the market in silver** = das Syndikat versuchte, die Silbervorräte aufzukaufen

corp *(US)* = CORPORATION

corporate *adjective* Firmen- *or* Unternehmens-; **corporate image** = Firmenimage *n* *or* Corporate Image *n*; **corporate plan** = Unternehmensplan *m*; **corporate planning** = Unternehmensplanung *f*; **corporate profits** = Unternehmensgewinne *mpl*
◇ **corporation** *noun* **(a)** Unternehmen *n* *or* Kapitalgesellschaft *f*; **finance corporation** =

Finanzierungsgesellschaft *f*; **corporation tax (CT)** = Körperschaftssteuer (KSt.) *f*; **Advance Corporation Tax (ACT)** = Körperschaftssteuervorauszahlung *f*; **mainstream corporation tax** = um die ACT reduzierte Körperschaftssteuer **(b)** *US* Kapitalgesellschaft *f* *or* Aktiengesellschaft; **corporation income tax** = Körperschaftssteuer *f*

QUOTE the prime rate is the rate at which banks lend to their top corporate borrowers
Wall Street Journal

QUOTE corporate profits for the first quarter showed a 4 per cent drop from last year
Financial Times

QUOTE if corporate forecasts are met, sales will exceed $50 million during the year
Citizen (Ottawa)

correct 1 *adjective* richtig *or* korrekt; **the published accounts do not give a correct picture of the company's financial position** = der veröffentlichte Abschluß gibt kein richtiges Bild der finanziellen Lage des Unternehmens **2** *verb* korrigieren *or* verbessern; **the accounts department has corrected the invoice** = die Buchhaltung hat die Rechnung korrigiert; **you will have to correct all these typing errors before you send the letter** = Sie werden all diese Tippfehler korrigieren müssen, bevor Sie den Brief abschicken

◇ **correction** *noun* **(a)** Korrektur *f* *or* Verbesserung *f*; **he made some corrections to the text of the speech** = er nahm einige Korrekturen am Text der Rede vor; **correction fluid** = Korrekturflüssigkeit *f* **(b)** *(bookkeeping)* Berichtigung *f* **(c)** *(stock exchange)* Korrektur *f*; **technical correction** = technische Kurskorrektur

correspond *verb* **(a)** *(to write letters)* **to correspond with someone** = mit jdm korrespondieren *or* in Briefwechsel stehen **(b)** *(to fit or to match)* **to correspond with something** = (sich) entsprechen *or* übereinstimmen

◇ **correspondence** *noun* *(letter-writing)* Korrespondenz *f* *or* Schriftverkehr *m*; **business correspondence** = Geschäftskorrespondenz *f* *or* Geschäftsbriefe *mpl*; **to be in correspondence with someone** = mit jdm in Korrespondenz *or* Briefwechsel stehen; **correspondence clerk** = Korrespondent/-in

◇ **correspondent** *noun* **(a)** *(journalist)* Korrespondent/-in; **financial correspondent** = Wirtschaftskorrespondent/-in; **'The Times' business correspondent** = der/die Wirtschaftskorrespondent/-in von ‚The Times'; **he is the Berlin correspondent of 'The Guardian'** = er ist der Berliner Korrespondent von ‚The Guardian' **(b)** *(who writes letters)* *[veraltet]* Briefpartner/-in

cost 1 *noun* **(a)** Kosten *pl* *or* Preis *m*; **what is the cost of a first class ticket to New York?** = was ist der Preis eines Erster-Klasse-Tickets nach New York?; **computer costs are falling each year** = Computerpreise fallen jedes Jahr; **we cannot afford the cost of two cars** = wir können uns die Kosten für zwei Autos nicht erlauben; **to cover costs** = die Kosten decken; **the sales revenue barely covers the costs of advertising** *or* **the manufacturing costs** = die Verkaufserlöse decken kaum die Werbekosten *or* die Herstellungskosten; **to sell at cost** = zum Selbstkostenpreis verkaufen; **direct costs** = Selbstkosten; **fixed costs** = Fixkosten *or* Gemeinkosten; **historic(al) cost** = ursprüngliche Anschaffungskosten *or* Herstellungskosten; **indirect costs** = Fertigungsgemeinkosten; **labour costs** = Lohnkosten; **manufacturing costs** *or* **production costs** = Fertigungskosten *or* Herstellungskosten *or* Produktionskosten; **operating costs** *or* **running costs** = Betriebskosten; **variable costs** = variable Kosten **(b) cost accountant** = Kostenrechner/-in; **cost accounting** = Kostenrechnung *f*; **cost analysis** = Kostenanalyse *f*; **cost centre** = Kostenstelle *f*; **cost, insurance and freight (c.i.f.)** = Kosten, Versicherung und Fracht (cif); **cost price** = Selbstkostenpreis *m* *or* Einstandspreis; **cost of sales** = Absatzkosten *or* Vertriebskosten **(c)** *(legal costs)* **costs** = Gerichtskosten *pl* *or* Prozeßkosten *or* Anwaltskosten *or* Verfahrenskosten; **to pay costs** = die Kosten tragen; **the judge awarded costs to the defendant** = der Richter legte dem Beklagten die Prozeßkosten auf; **costs of the case will be borne by the prosecution** = die Prozeßkosten werden von der Anklage übernommen **2** *verb* **(a)** kosten; **how much does the machine cost?** = wieviel kostet das Gerät?; **this cloth costs £10 a metre** = der Stoff kostet £10 pro Meter **(b) to cost a product** = den Preis eines Produktes kalkulieren

◇ **cost-benefit analysis** *noun* Kosten-Nutzen-Analyse *f*

◇ **cost-cutting** *noun* Kostensenkung *f*; **we have taken out the telex as a cost-cutting exercise** = wir haben das Telex im Zuge unserer Kostensenkungsmaßnahmen abgeschafft

◇ **cost-effective** *adjective* rentabel; kostenwirksam; **we find advertising in the Sunday newspapers very cost-effective** = wir halten es für sehr kostenwirksam, in den Sonntagszeitungen zu werben

◇ **cost-effectiveness** *noun* Kostenrentabilität *f* *or* Kostenwirksamkeit *f*; **can we calculate the cost-effectiveness of air freight against shipping by sea?** = können wir die Rentabilität von Luftfracht im Vergleich zum Transport auf dem Seeweg berechnen?

◇ **costing** *noun* Kostenberechnung *f*; **the costings give us a retail price of $2.95** = die Kostenberechnung gibt uns einen Einzelhandelspreis von $2.95; **we cannot do the costing until we have details of all the production expenditure** = wir können nicht die Kostenberechnung machen, bis uns Einzelheiten aller Produktionsaufwendungen vorliegen

◇ **costly** *adjective* teuer *or* kostspielig

◇ **cost of living** *noun* Lebenshaltungskosten *pl*; **to allow for the cost of living in the salaries** = die Lebenshaltungskosten bei den Gehältern berücksichtigen; **cost-of-living allowance** *or* **cost-of-living bonus** = Teuerungszulage *f* *or* Lebenshaltungskostenzuschuß *m*; **cost-of-living increase** = Gehaltszulage *f* zur Anpassung an gestiegene Lebenshaltungskosten; **cost-of-living index** = Lebenshaltungskostenindex *m*

◇ **cost plus** *noun* Ist-Kosten *pl* plus prozentualer Gewinnaufschlag; **we are charging for the work on a cost plus basis** = wir berechnen die Arbeit auf der Basis Ist-Kosten plus Gewinnaufschlag

◇ **cost-push inflation** *noun* Kostendruck-Inflation *f*

Costa Rica *noun* Costa Rica *n*

◇ **Costa Rican 1** *noun* Costaricaner/-in **2** *adjective* costaricanisch

(NOTE: capital **San José** ; currency: **colón** = Colón *m*)

council *noun* Rat *m or* Behörde *f*; **consumer council** = Verbraucherberatung *f*; **town council** = Stadtrat *m*

◇ **council tax** *noun (etwa)* Gemeindesteuer *f* (NOTE: in 1993 this replaced the **community charge** *or* **poll tax,** the short-lived successor to **rates)**

counsel 1 *noun* **(a)** Anwalt/Anwältin; **defence counsel** = Verteidiger/-in; **prosecution counsel** = Anklagevertreter/-in; *(GB)* **Queen's Counsel (QC)** = Kronanwalt/Kronanwältin *(Ehrentitel für verdiente Barrister)* **(b)** Rat(schlag) *m* **2** *verb* beraten

◇ **counselling** *or (US)* **counseling** *noun* soziale Beratung; **debt counselling** = Schuldenberatung

count *verb* **(a)** zählen; **he counted up the sales for the six months to December** = er zählte die Umsätze für die sechs Monate bis Dezember zusammen **(b)** (mit)rechnen *or* (mit)zählen; **did you count my trip to New York as part of my sales expenses?** = haben Sie meine Reise nach New York auf meine Spesenrechnung gesetzt?

◇ **counting house** *noun* Buchhaltung *f or* Kontor *n*

◇ **count on** *verb* rechnen mit *or* sich verlassen auf; **they are counting on getting a good response from the TV advertising** = sie rechnen mit einer guten Resonanz auf ihre Fernsehwerbung; **do not count on a bank loan to start your business** = verlassen Sie sich nicht auf ein Bankdarlehen, um ihr Geschäft zu gründen

counter *noun* Ladentisch *m or* Tresen *m*; **over the counter** = über den Ladentisch *or* legal (verkaufen); **goods sold over the counter** = über den Ladentisch verkaufte Waren; im Einzelhandel gegen bar verkaufte Waren; **some drugs are sold over the counter, but others need to be prescribed by a doctor** = einige Medikamente werden ohne Rezept verkauft, aber andere müssen vom Arzt verschrieben werden; *(stock exchange)* **over-the-counter sales** = Verkauf im Freiverkehr *m*; **under the counter** = (illegal) unter dem Ladentisch; **under-the-counter sales** = ungesetzliche Verkäufe *mpl*; **bargain counter** = Sonderangebotsstand *m or* Sondertisch *m*; **glove counter** = Handschuhstand *m; (in airport)* **check-in counter** = Abfertigung *f or* Abfertigungsschalter *m; (in supermarket)* **checkout counter** = Kasse *f*; **ticket counter** = Kartenschalter *m*; **trade counter** = Warenausgabe *f* für den Einzelhandel; Großhandelsverkauf *m*; **counter staff** = Verkaufspersonal *n*

counter- *prefix* Gegen- *or* gegen-

◇ **counterbid** *noun* Gegengebot *n*; **when I bid £20 he put in a counterbid of £25** = als ich £20 bot, machte er ein Gegengebot von £25

◇ **counter-claim 1** *noun* Gegenforderung *f or* Widerklage *f*; **Jones claimed £25,000 in damages against Smith, and Smith entered a counter-claim of £50,000 for loss of office** = Jones verklagte Smith auf £25.000 Schadenersatz, und Smith erhob eine Widerklage über £50.000 für den Verlust des Amtes **2** *verb* eine Gegenforderung *or* Widerklage erheben; **Jones claimed £25,000 in damages and Smith counter-claimed £50,000 for loss of office** = Jones forderte £25.000 Schadenersatz und Smith erhob eine Gegenforderung von £50.000 für den Verlust des Amtes

◇ **counterfeit 1** *adjective* gefälscht *or* Falsch- **2** *verb* fälschen

◇ **counterfoil** *noun* Kontrollabschnitt *m*

◇ **countermand** *verb* **to countermand an order** = einen Befehl widerrufen

◇ **countermeasure** *noun* Gegenmaßnahme *f*

◇ **counter-offer** *noun* Gegengebot *n*; **Smith's made an offer of £1m for the property, and Black's replied with a counter-offer of £1.4m** = die Fa. Smith machte ein Angebot für den Besitz in Höhe von £1 Mio., und die Fa. Black antworteten mit einem Gegengebot von £1,4 Mio.

QUOTE the company set about paring costs and improving the design of its product. It came up with a price cut of 14%, but its counter-offer - for an order that was to have provided 8% of its workload next year - was too late and too expensive

Wall Street Journal

◇ **counterpart** *noun* Kollege/Kollegin; Gegenstück *n or* Pendant *n*; **John is my counterpart in Smith's** = John hat bei der Fa. Smith den gleichen Posten wie ich

◇ **counterparty** *noun* Gegenpartei *f or* Gegenseite *f*

◇ **countersign** *verb* gegenzeichnen; **all cheques have to be countersigned by the finance director** = alle Schecks müssen vom Leiter der Finanzabteilung gegengezeichnet werden; **the sales director countersigns all my orders** = der Verkaufsleiter zeichnet alle meine Aufträge gegen

◇ **countervailing duty** *noun* Grenzausgleichsabgabe *f*

country *noun* **(a)** *(state)* Land *n or* Staat *m*; **the contract covers distribution in the countries of the EU** = der Vertrag schließt den Absatz in den EU-Ländern ein; **some African countries export oil** = einige afrikanische Länder exportieren Öl; **the Organization of Petroleum Exporting Countries (OPEC)** = die Organisation der erdölexportierenden Länder (OPEC); **the managing director is out of the country** = der geschäftsführende Direktor ist außer Landes *or* im Ausland **(b)** *(opposite of town)* Land; **distribution is difficult in country areas** = die Verteilung ist in ländlichen Gebieten schwierig ; **his territory is mainly the country, but he is based in the town** = sein Tätigkeitsfeld ist hauptsächlich auf dem Lande, aber er hat seinen Geschäftssitz in der Stadt

couple *noun* ein paar; zwei; **we only have enough stock for a couple of weeks** = wir haben nur noch Warenbestände für ein paar Wochen; **a couple of the directors were ill, so the board meeting was cancelled** = zwei der Direktoren waren krank, so daß die board-Sitzung abgesagt wurde; **the negotiations lasted a couple of hours** = die Verhandlungen dauerten ein paar Stunden

coupon *noun* **(a)** Gutschein *m*; **gift coupon** = Geschenkgutschein **(b)** Coupon *m*; **coupon ad** = Couponanzeige *f*; **reply coupon** = Antwortschein *m* **(c) interest coupon** = Zinsschein *m*; **cum coupon** = mit Coupon *m*; **ex coupon** = ohne Coupon

courier *noun* **(a)** **(motorcycle** *or* **bicycle)**

courier = Kurier *m or* Eilbote *m* **(b)** *(of a tour)* Reiseleiter/-in

course *noun* **(a) in the course of** = während *or* im Verlauf *or* im Lauf; **in the course of the discussion, the managing director explained the company's expansion plans** = im Lauf der Unterredung legte der geschäftsführende Direktor die Expansionspläne des Unternehmens dar; **sales have risen sharply in the course of the last few months** = der Umsatz ist im Lauf der letzten zwölf Monate deutlich gestiegen **(b)** *(study)* Kurs(us) *m or* Lehrgang *m*; **she has finished her secretarial course** = sie hat ihren Sekretärinnenkurs beendet; **the company has paid for her to attend a course for trainee sales managers** = die Firma bezahlte ihr einen Lehrgang für angehende Verkaufsleiter **(c) of course** = selbstverständlich *or* natürlich; **of course the company is interested in profits** = selbstverständlich ist das Unternehmen an Gewinnen interessiert; **are you willing to go on a sales trip to Australia? - of course!** = sind Sie bereit eine Verkaufsreise nach Australien zu machen? - selbstverständlich!

court *noun* Gericht *n*; **court case** = Gerichtsverfahren *n or* Prozeß *m or* Rechtsstreit *m*; **to take someone to court** = jdn vor Gericht bringen; **a settlement was reached out of court** *or* **the two parties reached an out-of-court settlement** = es kam zu einem außergerichtlichen Vergleich

covenant 1 *noun* Vertrag *m or* Abkommen *n*; **deed of covenant** = Vertragsurkunde *f or* Versprechensurkunde *f (über die Zahlung einer festen jährlichen Summe)* **2** *verb* vertraglich vereinbaren *(jährlich einen bestimmten Betrag zu zahlen)* **to covenant to pay £10 per annum** = vertraglich vereinbaren, jährlich £10 zu zahlen

Coventry *noun* **to send someone to Coventry** = jdn schneiden

cover 1 *noun* **(a)** Schutz *m or* Hülle *f*; **put the cover over your micro when you leave the office** = decken Sie Ihren Mikrocomputer ab, wenn Sie das Büro verlassen; **always keep a cover over the typewriter** = die Schreibmaschine muß immer abgedeckt sein **(b) insurance cover** = Versicherungsschutz *m*; **do you have cover against theft?** = sind Sie gegen Diebstahl versichert?; **to operate without adequate cover** = keinen ausreichenden Versicherungsschutz haben; **to ask for additional cover** = zusätzliche Deckung verlangen; **full cover** = voller Versicherungsschutz; **cover note** = vorläufiger Versicherungsschein; Deckungszusage *f* (NOTE: the US English for this is **binder**) **(c)** Deckung *f or* Sicherheiten *fpl*; **do you have sufficient cover for this loan?** = haben Sie ausreichende Sicherheiten für diesen Kredit? **(d)** *(in restaurant)* **cover charge** = Gedeck *n* **(e) dividend cover** = Dividendendeckung *f (im Verhältnis zum Gewinn)* **(f) to send something under separate cover** = etwas mit getrennter Post schicken; **to send a magazine under plain cover** = eine Zeitschrift in neutralem Umschlag *m* verschicken **2** *verb* **(a)** abdecken *or* zudecken; **don't forget to cover your micro before you go home** = vergessen Sie nicht, Ihren Mikrocomputer abzudecken, bevor Sie nach Hause gehen **(b) to cover a risk** = ein Risiko absichern; **to be fully covered** = vollen Versicherungsschutz haben; **the insurance covers fire, theft and loss of work** = die Versicherung deckt Feuer, Diebstahl und Arbeitsausfall; **the damage was covered by the insurance** = der Schaden wurde von der Versicherung bezahlt **(c)** (ab)decken; **to cover a position** = eine Position decken **(d)** decken; **we do not make enough sales to cover the expense of running the shop** = wir machen nicht genügend Umsatz, um die Betriebskosten zu decken; **breakeven point is reached when sales cover all costs** = der Kostendeckungspunkt ist erreicht, wenn der Umsatz alle Kosten deckt; **the dividend is covered four times** = das Verhältnis Gewinn-Dividende ist 4:1

◇ **coverage** *noun* **(a) press coverage** *or* **media coverage** = Presseberichterstattung *f or* Medienberichterstattung ; **the company had good media coverage for the launch of its new model** = die Medienberichterstattung über das Unternehmen anläßlich der Einführung des neuen Modells war sehr gut **(b)** *US* Versicherungsschutz *m*; **do you have coverage against fire damage?** = sind Sie gegen Feuerschäden versichert?

◇ **covering letter** *or* **covering note** *noun* Begleitschreiben *n*

> QUOTE from a PR point of view it is easier to get press coverage when you are selling an industry and not a brand
>
> ***PR Week***
>
> QUOTE three export credit agencies have agreed to provide cover for large projects in Nigeria
>
> ***Business Times (Lagos)***

cowboy outfit *noun* Cowboy Outfit *n or* Cowboyverein *m*

Cr *or* **CR** = CREDIT

crane *noun* Kran *m*; **the container slipped as the crane was lifting it onto the ship** = der Container rutschte weg, als der Kran ihn auf das Schiff hob; **they had to hire a crane to get the machine into the factory** = sie mußten einen Kran mieten, um die Maschine in die Fabrik zu bekommen

crash 1 *noun* **(a)** Unfall *m or* Zusammenstoß *m or* Absturz *m*; **the car was damaged in the crash** = das Auto wurde bei dem Zusammenstoß beschädigt; **the plane crash killed all the passengers** *or* **all the passengers were killed in the plane crash** = bei dem Flugzeugabsturz kamen alle Passagiere ums Leben **(b)** Börsenkrach *m or* Crash *m or* (finanzieller) Zusammenbruch; **financial crash** = finanzieller Zusammenbruch; **he lost all his money in the crash of 1929** = er verlor bei dem Börsenkrach von 1929 sein ganzes Geld **2** *verb* **(a)** *(hit)* einen Unfall haben; zusammenstoßen; abstürzen; **the plane crashed into the mountain** = das Flugzeug kollidierte mit dem Berg; **the lorry crashed into the post office** = der Lastwagen fuhr in das Postamt **(b)** *(fail)* bankrott gehen *or* zusammenbrechen; **the company crashed with debts of over £1 million** = das Unternehmen machte mit Schulden in Höhe von über £1 Million bankrott

crate 1 *noun* Kiste *f*; **a crate of oranges** = eine Kiste Apfelsinen **2** *verb* in Kisten verpacken

create *verb* schaffen; **by acquiring small unprofitable companies he soon created a large manufacturing group** = durch den Erwerb kleiner, unrentabler Firmen schuf er bald einen großen Industriekonzern; **the government scheme aims at creating new jobs for young people** = mit dem Regierungsprogramm sollen neue Arbeitsplätze für junge Menschen geschaffen werden

◊ **creation** *noun* Schaffung *f*; **job creation scheme** = Arbeitsbeschaffungsprogramm *n*

> QUOTE he insisted that the tax advantages he directed towards small businesses will help create jobs and reduce the unemployment rate
> *Toronto Star*

creative accountancy *or* **creative accounting** *noun* Bilanzkosmetik *f*

credere *see* DEL CREDERE

credit 1 *noun* **(a)** Kredit *m or* Darlehen *n*; **to give someone six months' credit** = jdm einen sechsmonatigen Kredit gewähren; **to sell on good credit terms** = zu guten Kreditkonditionen *fpl* verkaufen; **extended credit** = verlängerter *or* prolongierter Kredit; **interest-free credit** = zinsloses Darlehen; **long credit** = langfristiger Kredit *or* Kredit mit langer Laufzeit; **open credit** = offener (ungedeckter) Kredit; Blankokredit; **short credit** = kurzfristiger Kredit *or* Kredit mit kurzer Laufzeit; *(in a shop)* **credit account** = Kundenkonto *n*; **to open a credit account** = ein Kundenkonto eröffnen; **credit agency** *or (US)* **credit bureau** = Kreditauskunftei *f*; **credit bank** = Kreditbank *f*; **credit control** = Kreditüberwachung *f or* Kreditkontrolle *f*; **credit controller** = für Kreditkontrolle zuständige(r) Angestellte; **credit facilities** = Kreditmodalitäten *fpl*; **credit freeze** *or* **credit squeeze** = Einfrieren *n* von Krediten *or* Kreditsperre *f or* Kreditrestriktion *f*; **letter of credit (L/C)** = Akkreditiv *n*; **irrevocable letter of credit** = unwiderrufliches Akkreditiv; **credit limit** = Kreditlimit *n*; **he has exceeded his credit limit** = er hat sein Kreditlimit überschritten; **to open a line of credit** *or* **a credit line** = eine Kreditlinie einräumen; **credit rating** = Kreditwürdigkeit *f or* Bonität *f*; **on credit** = auf Kredit; **to live on credit** = auf Kredit *or* Pump leben; **we buy everything on sixty days credit** = wir kaufen alles mit einer Zahlungsfrist von 60 Tagen; **the company exists on credit from its suppliers** = das Unternehmen ist auf die gewährten Zahlungsfristen seiner Lieferanten angewiesen **(b)** Haben *n*; **to enter £100 to someone's credit** = jdm £100 gutschreiben; **to pay in £100 to the credit of Mr Smith** = £100 zugunsten von Herrn Smith einzahlen; **debit(s) and credit(s)** = Soll und Haben; **credit balance** = Habensaldo *m or* Guthaben *n*; **the account has a credit balance of £1,000** = auf dem Konto ist ein Guthaben von £1.000; **credit column** = Habenspalte *f*; **credit entry** = Habenbuchung *f or* Gutschrift *f*; **credit note (C/N)** = Gutschriftanzeige *f*; **the company sent the wrong order and so had to issue a credit note** = die Firma schickte die falsche Bestellung und mußte dann eine Gutschriftanzeige ausstellen; **credit side** = Habenseite *f*; **account in credit** = Konto mit Habensaldo *or* Konto, das nicht überzogen ist ; **bank credit** = Bankkredit *m*; **tax credit** = Steuergutschrift *f or* Steueranrechnung *f* **2** *verb* gutschreiben; kreditieren; **to credit an account with £100** *or* **to credit £100 to an account** = £100 auf ein Konto einzahlen *or* einem Konto £100 gutschreiben

◊ **credit card** *noun* Kreditkarte *f*

◊ **creditor** *noun* Gläubiger *m*; **creditors** = Verbindlichkeiten *fpl*; **trade creditors** = Kreditoren *mpl or* Verbindlichkeiten *fpl* aus Lieferungen und Leistungen; **creditors' meeting** = Gläubigerversammlung *f*

◊ **credit union** *noun (US)* Kreditgenossenschaft *f*

◊ **creditworthy** *adjective* kreditwürdig

◊ **creditworthiness** *noun* Kreditwürdigkeit *f or* Bonität *f*

crew *noun* Besatzung *f or* Crew *f or* Mannschaft *f*; **the ship carries a crew of 250** = das Schiff hat 250 Mann Besatzung

crime *noun* Straftat *f or* Verbrechen *n or* Delikt *n*; **crimes in supermarkets have risen by 25%** = Straftaten in Supermärkten haben um 25% zugenommen

◊ **criminal** *adjective* kriminell *or* verbrecherisch *or* strafbar; **misappropriation of funds is a criminal act** = Unterschlagung von Geldern ist eine strafbare Handlung; **criminal action** = Strafprozeß *m or* strafrechtliche Verfolgung

crisis *noun* Krise *f*; **international crisis** = internationale Krise; **banking crisis** = Bankenkrise; **financial crisis** = Finanzkrise; **crisis management** = Krisenmanagement *n*; **to take crisis measures** = Krisenmaßnahmen *fpl* ergreifen (NOTE: plural is **crises**)

critical path analysis *noun* Critical-Path-Analyse *f*

criticize *verb* kritisieren; **the MD criticized the sales manager for not improving the volume of sales** = der geschäftsführende Direktor kritisierte den Verkaufsleiter, weil er den Umsatz nicht erhöhen konnte; **the design of the new catalogue has been criticized** = die Aufmachung des neuen Katalogs wurde kritisiert

CRO = COMPANIES REGISTRATION OFFICE

Croatia *noun* Kroatien *n*

◊ **Croatian 1** *noun* Kroate/Kroatin **2** *adjective* kroatisch

(NOTE: capital: **Zagreb;** currency: **dinar** = Dinar *m*)

cross *verb* **(a)** überqueren; **Concorde only takes three hours to cross the Atlantic** = die Concorde braucht nur drei Stunden, um den Atlantik zu überqueren; **to get to the bank, you turn left and cross the street at the post office** = um zur Bank zu kommen, biegen Sie links ab und überqueren die Straße bei der Post **(b) to cross a cheque** = einen Scheck zur Verrechnung ausstellen; **crossed cheque** = Verrechnungsscheck *m*

◊ **cross holding** *noun* gegenseitige Beteiligung *or* Kapitalverflechtung *f*

◊ **cross off** *verb* streichen; **he crossed my name off his list** = er strich meinen Namen von der

Liste; **you can cross him off our mailing list** = Sie können ihn von der Adressenliste streichen

◇ **cross out** *verb* durchstreichen; **she crossed out £250 and put in £500** = sie strich £250 durch und setzte £500 ein

◇ **cross rate** *noun* Kreuzparität *f or* indirekte Parität

crude (oil) *noun* Erdöl *n or* Rohöl *n*; **the price for Arabian crude has slipped** = der Preis für Erdöl aus Arabien ist gefallen

Cuba *noun* Kuba *n*

◇ **Cuban 1** *noun* Kubaner/-in **2** *adjective* kubanisch

(NOTE: capital: **Havana** = Havanna; currency: **Cuban peso** = kubanischer Peso)

cubic *adjective* Kubik- *or* Raum-; **the crate holds six cubic metres** = die Kiste faßt sechs Kubikmeter; **cubic measure** = Kubikmaß *n or* Raummaß *n* (NOTE: cubic is written in figures as ^{3} : **6m^3** = six cubic metres **10ft^3** = ten cubic feet)

cum *preposition* mit *or* cum; **cum dividend** = mit Dividende; **cum coupon** = mit Coupon

cumulative *adjective* kumulativ *or* anhäufend; **cumulative interest** = Zins und Zinseszins *m*; **cumulative preference share** *or (US)* **cumulative preferred stock** = kumulative Vorzugsaktie

curb 1 *noun* Beschränkung *f* **these steps will act as a curb on prices** = diese Schritte werden dämpfend auf die Preise wirken **2** *verb* bremsen *or* dämpfen *or* in Schranken halten

currency *noun* Währung *f*; **convertible currency** = frei konvertierbare Währung; **foreign currency** = Devisen *pl or* Fremdwährung *f or* Valuta *f*; **foreign currency account** = Devisenkonto *n or* Valutakonto *n*; **foreign currency reserves** = Devisenreserven *fpl*; **hard currency** = harte Währung; **to pay for imports in hard currency** = für Importe mit harter Währung bezahlen; **to sell raw materials to earn hard currency** = Rohstoffe verkaufen, um harte Währung zu bekommen; **legal currency** = gesetzliches Zahlungsmittel; **soft currency** = weiche Währung; **currency backing** = Währungsdeckung *f or* Stützung *f* der Währung ; **currency note** = Banknote *f* (NOTE: currency has no plural when it refers to the money of one country: **he was arrested trying to take currency out of the country)**

> QUOTE the strong dollar's inflationary impact on European economies, as national governments struggle to support their sinking currencies and push up interest rates
>
> ***Duns Business Month***
>
> QUOTE today's wide daily variations in exchange rates show the instability of a system based on a single currency, namely the dollar
>
> ***Economist***
>
> QUOTE the level of currency in circulation increased to N4.9 billion in the month of August
>
> ***Business Times (Lagos)***

current *adjective* derzeitig *or* gegenwärtig *or* aktuell; **current assets** = Umlaufvermögen *n*; **current cost accounting (CCA)** = Rechnungslegung *f* zum Wiederbeschaffungswert; **current liabilities** = kurzfristige Verbindlichkeiten *fpl*; **current price** = Tagespreis *m or* Tageskurs *m*; **current rate of exchange** = Tageskurs *m*; **current value** = Gegenwartswert *m*; **current yield** = laufende Rendite

◇ **current account** *noun* **(a)** laufendes Konto *or* Girokonto; **to pay money into a current account** = Geld auf ein Girokonto einzahlen (NOTE: the US equivalent is a **checking account) (b)** *(balance of payments)* Zahlungsbilanz *f*;

◇ **currently** *adverb* gegenwärtig *or* zur Zeit; **we are currently negotiating with the bank for a loan** = wir verhandeln zur Zeit mit der Bank über ein Darlehen

> QUOTE crude oil output plunged during the past month and is likely to remain at its current level for the near future
>
> ***Wall Street Journal***
>
> QUOTE customers' current deposit and current accounts also rose to $655.31 million at the end of December
>
> ***Hongkong Standard***
>
> QUOTE a surplus in the current account is of such vital importance to economists and currency traders because the more Japanese goods that are exported, the more dollars overseas customers have to pay for these products. That pushes up the value of the yen
>
> ***Nikkei Weekly***

curriculum vitae (CV) *noun* Lebenslauf *m*; **candidates should send a letter of application with a curriculum vitae to the personnel officer** = Bewerber sollten ein Bewerbungsschreiben mit Lebenslauf an den Personalchef schicken (NOTE: the plural is **curriculums** *or* **curricula vitae.** Note also that the US English is **résumé)**

curve *noun* Kurve *f*; **the graph shows an upward curve** = das Diagramm zeigt eine Aufwärtskurve; **sales curve** = Umsatzkurve *or* Absatzkurve

cushion *noun* Polster *n or* Puffer *m*; **we have sums on deposit which are a useful cushion when cash flow is tight** = wir haben Einlagen, die ein nützliches Polster sind, wenn es Cash-flow-Engpässe gibt

custom *noun* **(a)** Kundschaft *f or* Klientel *f*; **to lose someone's custom** = jdn als Kunden verlieren; **custom-built** *or* **custom-made** = spezialangefertigt; **he drives a custom-built Rolls Royce** = er fährt einen für ihn spezialangefertigten Rolls Royce **(b) the customs of the trade** = Handelsbrauch *m or* Usance *f*

◇ **customer** *noun* Kunde/Kundin; Auftraggeber/-in; **the shop was full of customers** = das Geschäft war voll von Kunden; **can you serve this customer first please?** = können Sie bitte diesen Kunden zuerst bedienen?; **he is a regular customer of ours** = er ist ein Stammkunde von uns; **customer appeal** = Anziehungskraft auf den Kunden; **customer service department** = Kundendienst *m*

◇ **customize** *verb* individuell anpassen *or* auf Bestellung anfertigen; **we use customized computer software** = wir benutzen individuell angepaßte Computer Software

◇ **customs** *plural noun* Zoll *m or* Zollbehörde *f*; *(GB)* **H.M. Customs and Excise** = Behörde für Zölle und Verbrauchssteuern; **to go through customs** = durch den Zoll gehen *or* den Zoll passieren; **to take something through customs** = etwas durch den Zoll bringen; **he was stopped by**

customs = er wurde vom Zoll angehalten; **her car was searched by the customs** = ihr Auto wurde vom Zoll durchsucht; **customs barrier** = Zollschranke *f*; **customs broker** = Spediteur, der die Zollabfertigung übernimmt; Zollmakler *m*; **customs clearance** = Zollabfertigung *f*; **to wait for customs clearance** = auf die Zollabfertigung warten; **customs declaration** = Zollerklärung *f*; **to fill in a customs (declaration) form** = ein Zollerklärungsformular ausfüllen; **customs duty** = Zoll *m or* Zollabgabe *f*; **customs entry point** = Zollanmeldestelle *f*; **the crates had to go through a customs examination** = die Kisten wurden vom Zoll untersucht; **customs formalities** = Zollformalitäten *fpl*; **customs officer** *or* **customs official** = Zollbeamter/Zollbeamtin; **customs tariffs** = Zolltarife *mpl*; **customs union** = Zollunion *f*

cut 1 *noun* **(a)** Senkung *f or* Kürzung *f*; **price cuts** *or* **cuts in prices** = Preissenkungen; **salary cuts** *or* **cuts in salaries** = Gehaltskürzungen; **job cuts** = Stellenkürzungen *fpl or* Arbeitsplatzabbau *m*; **he took a cut in salary** = er nahm eine Gehaltskürzung hin **(b)** *(share of commission)* Anteil *m or* Teil *m*; **he introduces new customers and gets a cut of the salesman's commission** = er führt neue Kunden ein und bekommt einen Teil der Vertreterprovision **2** *verb* **(a)** senken; kürzen; **we are cutting prices on all our models** = wir senken die Preise für alle unsere Modelle; **to cut (back) production** = die Produktion drosseln; **the company has cut back its sales force** = das Unternehmen hat seinen Vertreterstab abgebaut; **we have taken out the telex in order to cut costs** = wir haben das Telex abgeschafft, um die Kosten zu sparen **(b)** streichen; abbauen; reduzieren; **to cut jobs** = Arbeitsplätze streichen *or* Stellen kürzen; **he cut his losses** = er hat seine Verluste vermindert (NOTE: **cutting - cut - has cut)**

◊ **cutback** *noun* Kürzung *f*; **cutbacks in government spending** = Kürzung der Staatsausgaben

◊ **cut down (on)** *verb* kürzen; einschränken; **the government is cutting down on welfare expenditure** = die Regierung kürzt die Sozialausgaben; **the office is trying to cut down on electricity consumption** = das Büro versucht, den Stromverbrauch einzuschränken; **we have installed a word-processor to cut down on paper** = wir haben ein Textverarbeitungsgerät installiert, um Papier zu sparen

◊ **cut in** *verb (informal)* **to cut someone in on a deal** = jdn an einem Geschäft beteiligen

◊ **cut-price** *adjective* herabgesetzt *or* ermäßigt; **cut-price goods** = herabgesetzte *or* ermäßigte Waren *fpl*; **cut-price petrol** = verbilligtes Benzin; **cut-price store** = Laden *m* mit reduzierten Preisen *mpl*

◊ **cutthroat** *adjective* mörderisch; **cutthroat competition** = mörderischer Wettbewerb

◊ **cutting** *noun* **(a) cost cutting** = Kostensenkung *f*; **we have made three secretaries redundant as part of our cost-cutting exercise** = wir haben im Zuge unserer Kostensenkungsmaßnahmen drei Sekretärinnen entlassen; **price cutting** = Preissenkung *f*; **price-cutting war** = Preiskrieg *m* **(b) press cuttings** = Zeitungsausschnitte *mpl*; **press cutting agency** = Zeitungsausschnittdienst *m*; **we have a file of press cuttings on our rivals' products** = wir haben eine Akte mit Zeitungsausschnitten über Produkte unserer Konkurrenten

> QUOTE state-owned banks cut their prime rates a percentage point to 11%
>
> ***Wall Street Journal***
>
> QUOTE the US bank announced a cut in its prime from 10+ per cent to 10 per cent
>
> ***Financial Times***
>
> QUOTE Opec has on average cut production by one third since 1979
>
> ***Economist***

CV *noun* = CURRICULUM VITAE; **please apply in writing, enclosing a current CV** = Bewerbungen mit Lebenslauf *m* bitte schriftlich

CWO = CASH WITH ORDER

cwt = HUNDREDWEIGHT

cycle *noun* Zyklus *m or* Kreislauf *m*; **economic cycle** *or* **trade cycle** *or* **business cycle** = Konjunkturzyklus

◊ **cyclical** *adjective* zyklisch *or* konjunkturell *or* konjunkturbedingt; **cyclical factors** = zyklische *or* konjunkturelle Faktoren *mpl*

Cyprus *noun* Zypern *n*

◊ **Cypriot 1** *noun* Zypr(i)er/-in *or* Zypriot/Zypriotin **2** *adjective* zypr(iot)isch (NOTE: capital: **Nicosia** = Nikosia; currency: **Cyprus pound** = zyprisches Pfund)

Czech Republic *noun* die Tschechische Republik

◊ **Czech 1** *noun* Tscheche/Tschechin **2** *adjective* tschechisch (NOTE: capital: **Prague** = Prag; currency: **koruna** = tschechische Krone)

Dd

D/A = DOCUMENTS AGAINST ACCEPTANCE

daily *adjective* täglich; **daily consumption** = Tagesverbrauch *m or* täglicher Verbrauch; **daily production of cars** = Tagesproduktion *f* an Autos; **daily sales returns** = Tagesumsatz *m*; **daily travelcard** = Tageskarte *f*; **a daily newspaper** *or* **a daily** = eine Tageszeitung

daisy-wheel printer *noun* Typenraddrucker *m*

damage 1 *noun* **(a)** Schaden *m or* Beschädigung *f*; **fire damage** = Brandschaden; **storm damage** = Sturmschaden; **to suffer damage** = Schaden erleiden *or* nehmen; **we are trying to assess the damage which the shipment suffered in transit** = wir versuchen, den Schaden, den die Ladung während des Tranports erlitten hat, zu bemessen; **to cause damage** = beschädigen; Schaden verursachen *or* anrichten; **the fire caused damage estimated at £100,000** = das Feuer verursachte Schäden in Höhe von schätzungsweise £100.000; **damage survey** = Schadenprüfung *f or* Schadenfeststellung *f* (NOTE: no plural in this meaning in English) **(b)** *(legal)* **damages** = Schadenersatz *m or* Entschädigung *f or* Schmerzensgeld *n*; **to claim £1000 in damages** = £1000 Schadenersatz fordern; **to be liable for damages** = schadenersatzpflichtig sein; **to pay £25,000 in damages** = £25.000 Schadenersatz leisten; **to bring an action for damages against someone** = jdn auf Schadenersatz verklagen **2** *verb* beschädigen; **the storm damaged the cargo** = der Sturm beschädigte die Fracht; **stock which has been damaged by water** = durch Wasser beschädigte Warenbestände

◇ **damaged** *adjective* beschädigt *or* schadhaft; **goods damaged in transit** = auf dem Transport beschädigte Waren; **fire-damaged goods** = brandgeschädigte Waren

damp down *verb* dämpfen *or* abschwächen; **to damp down demand for domestic consumption of oil** = den Ölverbrauch der Privathaushalte eindämmen

danger *noun* Gefahr *f or* Risiko *n*; **there is danger to the workforce in the old machinery** = die alten Maschinen sind eine Gefahr für die Belegschaft; **there is no danger of the sales force leaving** = es besteht keine Gefahr, daß die Handelsvertreter kündigen; **to be in danger of** = Gefahr laufen; **the company is in danger of being taken over** = dem Unternehmen droht die Übernahme; **she is in danger of being made redundant** = ihr droht die Entlassung

◇ **danger money** *noun* Gefahrenzulage *f*; **the workforce has stopped work and asked for danger money** = die Belegschaft legte die Arbeit nieder und forderte eine Gefahrenzulage

◇ **dangerous** *adjective* gefährlich *or* riskant; **dangerous job** = gefährlicher Beruf

data *noun* Daten *pl*; **data acquisition** = Datenerfassung *f*; **data bank** *or* **bank of data** = Datenbank *f*; **data processing** = Datenverarbeitung *f*; **data protection** = Datenschutz *m* (NOTE: **data** is usually singular: **the data is easily available)**

◇ **database** *noun* Datenbank *f*; **we can extract the lists of potential customers from our database** = wir können unserer Datenbank die Listen potentieller Kunden entnehmen

date 1 *noun* **(a)** Datum *n*; **I have received your letter of yesterday's date** = ich habe Ihren Brief mit gestrigem Datum erhalten; **date stamp** = Datumsstempel *m*; **date of receipt** = Eingangsdatum *or* Empfangsdatum; **sell-by date** = Haltbarkeitsdatum *n* **(b) up to date** = aktuell *or* auf dem neuesten Stand; **an up-to-date computer system** = ein Computersystem, das auf dem neuesten Stand ist; **to bring something up to date** = etwas auf den neuesten Stand bringen; **to keep something up to date** = etwas auf dem laufenden *or* auf dem neuesten Stand halten; **we spend a lot of time keeping our mailing list up to date** = wir verwenden viel Zeit darauf, unsere Adressenliste auf dem neuesten Stand zu halten **(c) to date** = bis jetzt *or* heute; **interest to date** = Zinsen bis heute **(d) out of date** = veraltet *or* überholt *or* unzeitgemäß; **their computer system is years out of date** = ihr Computersystem ist seit Jahren überholt ; **they are still using out-of-date machinery** = sie benutzen immer noch veraltete Maschinen **(e) maturity date** = Fälligkeitstermin *m*; **date of bill** = Fälligkeitstermin eines Wechsels *m* **2** *verb* datieren; **the cheque was dated March 24th** = der Scheck war auf den 24. März datiert; **you forgot to date the cheque** = Sie haben vergessen, den Scheck zu datieren; **to date a cheque forward** = einen Scheck vordatieren

◇ **dated** *adjective* datiert; **thank you for your letter dated June 15th** = vielen Dank für Ihren Brief vom 15. Juni; **long-dated bill** = langfristiger Wechsel; **short-dated bill** = kurzfristiger Wechsel

dawn raid *noun (sudden purchase of shares)* überraschender Aktienaufkauf *m*

day *noun* **(a)** *(in the calendar)* Tag *m*; **there are thirty days in June** = der Juni hat dreißig Tage; **the first day of the month is a public holiday** = der erste Tag des Monats ist ein gesetzlicher Feiertag; **settlement day** = Abrechnungstag *m;* Liquidationstermin *m*; **three clear days** = drei (volle) Tage; **to give ten clear days' notice** = zehn volle Tage vorher Bescheid sagen ; **allow four clear days for the cheque to be paid into the bank** = rechnen Sie mit vier vollen Tagen, bis der Scheck bei der Bank eingezahlt ist **(b)** *(working day)*

(Arbeits)tag *m*; **she took two days off** = sie hat sich zwei Tage frei genommen; **he works three days on, two days off** = er arbeitet drei Tage und hat dann zwei Tage frei; **to work an eight-hour day** = einen achtstündigen Arbeitstag haben; **day shift** = Tagschicht *f*; **there are 150 men on the day shift** = 150 Männer arbeiten in der Tagschicht; **he works the day shift** = er arbeitet in der *or* macht die Tagschicht; **day release** = bezahlte Freistellung für einen Tag zur beruflichen Fortbildung; **the junior manager is attending a day release course** = der Juniorchef besucht einen eintägigen Fortbildungskurs

◇ **daybook** *noun* Journal *n*

◇ **day-to-day** *adjective* täglich *or* Tages-; **he organizes the day-to-day running of the company** = er organisiert den laufenden Geschäftsbetrieb ; **sales only just cover the day-to-day expenses** = die Umsätze decken gerade die anfallenden Kosten

◇ **day worker** *noun* Tagelöhner/-in

DCF = DISCOUNTED CASH FLOW

dead *adjective* **(a)** tot *or* verstorben; **six people were dead as a result of the accident** = der Unfall kostete sechs Menschenleben; **the founders of the company are all dead** = die Gründer des Unternehmens sind alle verstorben *or* tot **(b)** unproduktiv *or* ertraglos; **dead account** = umsatzloses Konto; **the line went dead** = die Verbindung brach ab; **dead loss** = Totalverlust *m*; **the car was written off as a dead loss** = das Auto wurde als Totalschaden abgeschrieben; **dead money** = totes Kapital; **dead season** = Nebensaison *f*

◇ **deadline** *noun* (letzter) Termin; Stichtag *m*; Frist *f*; **to meet a deadline** = einen Termin *or* eine Frist einhalten; **we've missed our October 1st deadline** = wir haben unsere Frist, den 1. Oktober, versäumt

◇ **deadlock 1** *noun* Stillstand *m*; **the negotiations have reached a deadlock** = die Verhandlungen haben sich festgefahren; **to break a deadlock** = aus einer Sackgasse herausfinden; den toten Punkt überwinden **2** *verb* zum Stillstand bringen; **talks have been deadlocked for ten days** = seit zehn Tagen verlaufen die Gespräche ergebnislos

◇ **deadweight** *noun* Eigengewicht *n* *or* Leergewicht *n*; **deadweight cargo** = Schwergut *n*; **deadweight capacity** *or* **deadweight tonnage** = Ladefähigkeit *f* *or* Gesamtzuladungsgewicht *n* *(eines Schiffes)*

deal 1 *noun* **(a)** Abkommen *n* *or* Abschluß *m* *or* Geschäft *n* *or* Handel *m*; **to arrange a deal** *or* **to set up a deal** *or* **to do a deal** = ein Abkommen treffen; ein Geschäft abschließen; **to sign a deal** = eine Abmachung unterzeichnen; ein Geschäft (durch Unterschrift) abschließen; **to wrap up a deal** = ein Geschäft unter Dach und Fach bringen; **the sales director set up a deal with a Russian bank** = der Verkaufsleiter traf ein Abkommen mit einer russischen Bank; **the deal will be signed tomorrow** = das Abkommen wird morgen unterzeichnet; **they did a deal with an American airline** = sie machten ein Geschäft *or* trafen ein Abkommen mit einer amerikanischen Fluggesellschaft; **to call off a deal** = ein Abkommen *or* ein Geschäft rückgängig machen; **when the chairman heard about the deal he called it off** = als der Vorsitzende von dem Abkommen *or* Geschäft erfuhr, machte er es rückgängig; **cash deal** = Bargeschäft *n*; **package deal** = Gesamtvereinbarung *f* *or* Pauschalarrangement *n* *or* Verhandlungspaket *n*; **they agreed a package deal, which involves the construction of the factory, training of staff and purchase of the product** = sie schlossen eine Gesamtvereinbarung, die den Bau der Fabrik, Ausbildung des Personals und Kauf des Produkts einbezieht **(b) a great deal** *or* **a good deal of something** = viel *or* eine Menge; **he has made a good deal of money on the stock market** = er hat viel Geld an der Börse gemacht; **the company lost a great deal of time asking for expert advice** = das Unternehmen verlor viel Zeit, indem es Rat bei Fachleuten einholte **2** *verb* **(a) to deal with** = sich befassen mit; **leave it to the filing clerk - he'll deal with it** = überlasse das dem Registraturangestellten - der wird sich schon darum kümmern; **to deal with an order** = einen Auftrag ausführen *or* bearbeiten **(b)** handeln *or* Handel treiben; **to deal with someone** = mit jdm Geschäfte machen *or* mit jdm in Geschäftsverbindung stehen; **to deal in leather** *or* **to deal in options** = in der Lederbranche tätig sein *or* mit Leder handeln *or* Leder führen; Optionsgeschäfte machen; **he deals on the stock exchange** = er betreibt Börsengeschäfte *or* er handelt an der Börse

◇ **dealer** *noun* Händler/-in *or* Kaufmann/Kauffrau; Wertpapierhändler/-in; **dealer in tobacco** *or* **tobacco dealer** = Tabakhändler/-in; **foreign exchange dealer** = Devisenhändler/-in *or* Devisenmakler/-in; **retail dealer** = Einzelhändler/-in; **wholesale dealer** = Großhändler/-in

◇ **dealership** *noun* Vertretung *f* **he has the Citroen dealership in Düsseldorf** = er hat die Citroen Vertretung in Düsseldorf

◇ **dealing** *noun* **(a)** Effektenhandel *m*; **fair dealing** = lauterer Handel; geordneter Effektenhandel; **foreign exchange dealing** = Devisenhandel *m*; **forward dealing** = Termingeschäft *n*; **insider dealing** = Insiderhandel *m*; **option dealing** = Optionsgeschäft *n* **(b)** Handel *m*; **to have dealings with someone** = mit jdm Geschäfte machen *or* mit jdm in Geschäftsbeziehungen stehen

dear *adjective* **(a)** teuer *or* kostspielig; **property is very dear in this area** = Immobilien sind sehr teuer in dieser Gegend; **dear money** = teures Geld **(b)** *(way of starting a letter)* Liebe(r); Sehr geehrte(r); **Dear Sir** *or* **Dear Madam** = Sehr geehrter Herr X *or* Sehr geehrte Frau X; *(bei unbekannten Namen)* Sehr geehrte Damen und Herren; **Dear Sirs** = Sehr geehrte Damen und Herren; **Dear Mr Smith** *or* **Dear Mrs Smith** *or* **Dear Miss/Ms Smith** = Lieber *or* Sehr geehrter Herr Smith; Liebe *or* Sehr geehrte Frau Smith; **Dear James** = Lieber James!; **Dear Julia** = Liebe Julia!; **Dear James and Julia** = Lieber James, Liebe Julia!

death *noun* Tod *m*; **death benefit** = Sterbegeld *n*; **death in service** = Versicherungszahlung *f* im Todesfall eines Betriebsangehörigen; *(US)* **death duty** *or* **death tax** = Erbschaftssteuer *f* (NOTE: the GB equivalent is **inheritance tax**)

debenture *noun* Obligation *f* *or* Pfandbrief *m* *or* Schuldverschreibung *f*; **the bank holds a debenture on the company** = die Bank verfügt über eine Schuldverschreibung des Unternehmens; **convertible debenture** = Wandelschuldverschreibung *f*; **mortgage debenture** = Hypothekenpfandbrief; **debenture issue** *or* **issue of debentures** = Ausgabe *f* von Schuldverschreibungen; **debenture bond** = Schuldverschreibung *or* Obligation; **debenture capital** *or* **debenture stock** = Anleihekapital *n or* Anleiheerlöskapital; **debenture holder** = Obligationär *m or* Inhaber/-in einer Schuldverschreibung *or* Pfandbriefinhaber/-in; **debenture register** *or* **register of debentures** = Verzeichnis *n* der Obligationäre

debit 1 *noun* Soll *n*; **debits and credits** = Soll und Haben; **debit balance** = Sollsaldo *m*; **debit card** ≈ Eurocheque-Karte *or* ec-Karte *f*; **debit column** = Sollspalte *f*; **debit entry** = Sollbuchung *f or* Belastung *f*; **debit note** = Debetanzeige *f or* Belastungsanzeige *or* Lastschriftanzeige; **we undercharged Mr Smith and had to send him a debit note for the extra amount** = wir haben Herrn Smith zu wenig berechnet und mußten ihm eine Belastungsanzeige über den Fehlbetrag schicken; **debit side** = Sollseite *f*; **direct debit** = Abbuchung *f* auf Grundlage einer Einzugsermächtigung; **I pay my electricity bill by direct debit** = ich lasse meine Stromrechnung per Lastschrift abbuchen **2** *verb* **to debit an account** = ein Konto belasten; **his account was debited with the sum of £25** = sein Konto wurde mit £25 belastet

◇ **debitable** *adjective* zu Lasten

debt *noun* **(a)** Schuld *f*; **the company stopped trading with debts of over £1 million** = das Unternehmen stellte den Betrieb mit Schulden in Höhe von über £1 Million ein; **to be in debt** = Schulden haben; **he is in debt to the tune of £250** = er hat Schulden in Höhe von £250; **to get into debt** = sich verschulden *or* Schulden machen; **the company is out of debt** = das Unternehmen ist aus den Schulden heraus; **to pay back a debt** = eine Schuld zurückzahlen; **to pay off a debt** = eine Schuld begleichen *or* tilgen; **to service a debt** = eine Schuld bedienen; **the company is having problems in servicing its debts** = das Unternehmen hat Schwierigkeiten, seine Schulden abzuzahlen; **bad debt** = uneinbringliche Forderung *or* nicht einziehbare Außenstände *pl*; **the company has written off £30,000 in bad debts** = das Unternehmen hat £30.000 an uneinbringlichen Forderungen abgeschrieben; **secured debts** *or* **unsecured debts** = gesicherte Forderungen; nicht gesicherte Forderungen; **debt collecting** *or* **debt collection** = Forderungseinziehung *f or* Schuldeneintreibung *f*; **debt collection agency** = Inkassobüro *n*; **debt collector** = Inkassobeauftragte(r) *or* Schuldeneintreiber/-in; **debts due** = fällige Schulden **(b) funded debt** = fundierte Schuld; **the National Debt** = Staatsverschuldung *f*

◇ **debtor** *noun* Schuldner/-in; Kreditnehmer/-in; **trade debtors** = Handelsdebitoren *pl*; **debtor side** = Sollspalte *f or* Debetspalte; **debtor nation** = Schuldnerland *n*

> QUOTE the United States is now a debtor nation for the first time since 1914, owing more to foreigners than it is owed itself
>
> ***Economist***

deceit *or* **deception** *noun* Täuschung *f or* Betrug *m or* Betrügerei *f*; **he obtained £10,000 by deception** = er gelangte durch Betrug in den Besitz von £10.000

decentralize *verb* dezentralisieren; **the group has a policy of decentralized purchasing where each division is responsible for its own purchasing** = der Konzern verfährt nach dem Grundsatz des dezentralisierten Einkaufs, wobei jeder Unternehmensbereich für den (eigenen) Einkauf verantwortlich ist

◇ **decentralization** *noun* Dezentralisierung *f*; **the decentralization of the buying departments** = die Dezentralisierung des Einkaufs

decide *verb* entscheiden *or* beschließen *or* sich entschließen; **to decide on a course of action** = über die Vorgehensweise entscheiden; **to decide to appoint a new managing director** = entscheiden, einen neuen geschäftsführenden Direktor zu ernennen

◇ **deciding** *adjective* **deciding factor** = entscheidender Faktor

decile *noun* Dezil *n*

decimal *noun* **decimal system** = Dezimalsystem *n*; **decimal place** = Dezimalstelle *f*; **correct to three places of decimals** = bis auf drei Stellen nach dem Komma *or* bis auf drei Dezimalstellen richtig; **decimal point** = Komma *n* (NOTE: in English usage, decimals are written with a point after the whole number: **4.25.** In German usage this is shown as a comma: **4,25)**

◇ **decimalization** *noun* Dezimalisierung *f*

◇ **decimalize** *verb* auf das Dezimalsystem umstellen

decision *noun* Entscheidung *f or* Beschluß *m or* Entschluß *m*; **to come to a decision** *or* **to reach a decision** = zu einer Entscheidung kommen *or* sich entscheiden; **decision making** = Entscheidungsfindung *f or* Beschlußfassung *f*; **decision-making process** = Entscheidungsprozeß *m*; **decision maker** = Entscheidungsträger/-in; **decision tree** = Entscheidungsbaum *m*

deck *noun* Deck *n*; **deck cargo** = Deckladung *f*; **deck hand** = gemeiner Matrose

declaration *noun* Erklärung *f or* Deklaration *f*; **declaration of bankruptcy** = Konkurseröffnungsbeschluß *m*; **declaration of income** = Einkommenssteuererklärung; **customs declaration** = Zolldeklaration; **VAT declaration** ≈ Umsatzsteuererklärung

◇ **declare** *verb* erklären *or* bekanntgeben; **he was declared bankrupt** = er wurde für zahlungsunfähig erklärt; **to declare oneself bankrupt** = Konkurs anmelden; **to declare a dividend increase of 10%** = eine Dividendenerhöhung von 10% beschließen; **to declare goods to customs** = Waren beim Zoll deklarieren *or* Waren zur Verzollung anmelden; **the customs officials asked him if he had anything to declare** = die Zollbeamten fragten ihn, ob er etwas zu verzollen hätte; **nothing to declare** = nichts zu verzollen; **to declare an interest** = Interesse bekunden

◊ **declared** *adjective* erklärt; **declared value** = angegebener Wert

decline 1 *noun* Rückgang *m or* Abnahme *f or* Abschwächung *f or* Sinken *n*; **the decline in the value of the mark** = der Wertverlust *or* die Wertminderung der D-Mark; **a decline in buying power** = ein Rückgang der Kaufkraft; **the last year has seen a decline in real wages** = im letzten Jahr sind die Reallöhne gesunken **2** *verb* zurückgehen *or* abnehmen *or* sinken *or* geringer/weniger werden; **shares declined in a weak market** = die Aktienkurse sind aufgrund der schwachen Nachfrage gesunken; **imports have declined over the last year** = im Laufe des letzen Jahres ist die Einfuhr zurückgegangen; **the economy declined during the last government** = die Konjunktur war in der Amtszeit der letzten Regierung rückläufig

> QUOTE in 1984 the profits again declined to L185bn from the 1983 figure of L229.7bn
> ***Financial Times***
>
> QUOTE Saudi oil production has declined by three quarters to around 2.5m barrels a day
> ***Economist***
>
> QUOTE this gives an average monthly decline of 2.15 per cent during the period
> ***Business Times (Lagos)***

decontrol *verb* freigeben *or* liberalisieren; **to decontrol the price of petrol** = den Benzinpreis freigeben; **to decontrol wages** = Lohnkontrollen aufheben (NOTE: **decontrolling - decontrolled**)

decrease 1 *noun* Rückgang *m or* Abnahme *f or* Verminderung *f or* Fall *m or* Reduzierung *f*; **decrease in price** = Preisrückgang; **decrease in value** = Wertminderung; **decrease in imports** = Importrückgang; **exports have registered a decrease** = Exporte zeigten einen Rückgang; **sales show a 10% decrease on last year** = der Umsatz zeigt gegenüber dem Vorjahr einen Rückgang von 10% **2** *verb* zurückgehen *or* abnehmen *or* nachlassen *or* fallen *or* sich vermindern *or* reduzieren; **imports are decreasing** = Importe gehen zurück *or* sind rückläufig; **the value of the pound has decreased by 5%** = das Pfund *or* der Wert des Pfunds ist um 5% gefallen

decree *noun* Erlaß *m or* Verordnung *f or* Beschluß *m or* Dekret *n*; **ministerial decree** = Ministerialerlaß

deduct *verb* abziehen; **to deduct £3 from the price** = £3 vom Preis abziehen; **to deduct a sum for expenses** = einen Betrag für Auslagen abziehen; **after deducting costs the gross margin is only 23%** = nach Abzug der Kosten beträgt die Bruttomarge nur 23%; **expenses are still to be deducted** = die Kosten müssen noch abgezogen werden; **tax deducted at source** = Quellensteuer *f*

◊ **deductible** *adjective* abziehbar; **tax-deductible** = steuerlich absetzbar *or* abzugsfähig; **these expenses are not tax-deductible** = diese Ausgaben sind nicht (von der Steuer) absetzbar

◊ **deduction** *noun* Abzug *m or* Abziehen *n*; **net salary is gross salary after deduction of tax and social security contributions** = das Nettogehalt ist das Bruttogehalt abzüglich Steuern und Sozialabgaben; **deductions from salary** *or* **salary deductions** *or* **deductions at source** = Gehaltsabzüge *mpl or* Lohnabzüge; **tax deductions** = (i) Steuerabzüge *mpl;* (ii) *US* (von der Steuer) absetzbare Ausgaben *fpl*

deed *noun* Dokument *n or* Urkunde *f*; **deed of assignment** = Übereignungsurkunde; **deed of covenant** = Vertragsurkunde *or* Versprechensurkunde; **deed of partnership** = Gesellschaftsvertrag *m*; **deed of transfer** = Zessionsurkunde; **title deeds** = Eigentumsurkunde *f* ≈ Grundbucheintrag *m*; **we have deposited the deeds of the house in the bank** = wir haben die Eigentumsurkunde für das Haus bei der Bank hinterlegt

deep discount *noun* erheblicher Preisnachlaß *or* Sonderrabatt *m*

> QUOTE as the group's shares are already widely held, the listing will be via an introduction. It will also be accompanied by a deeply discounted £25m rights issue, leaving the company cash positive
> ***Sunday Times***

defalcation *noun* Veruntreuung *f or* Unterschlagung *f*

default 1 *noun* **(a)** Nichterfüllung *f or* Vertragsverletzung *f or* Versäumnis *n or* Unterlassung *f or* Nichterscheinen *n*; **in default of payment** = mangels Zahlung; bei Nichtzahlung; im Verzugsfall; in Verzug; **the company is in default** = die Firma ist in *or* im Verzug *or* säumig **(b) by default** = im Versäumnisverfahren; **he was elected by default** = er wurde in Ermangelung anderer Kandidaten gewählt **2** *verb* nicht erfüllen *or* nicht bezahlen *or* in (Zahlungs)verzug geraten; unterlassen; **to default on payments** = mit Zahlungen in Verzug geraten; Zahlungen nicht leisten

◊ **defaulter** *noun* säumige(r) Schuldner/-in; jd, der einer Verpflichtung nicht nachgekommen ist

defeat 1 *noun* Niederlage *f*; **the chairman offered to resign after the defeat of the proposal at the AGM** = der Vorsitzende bot nach der Ablehnung des Vorschlags auf der Jahreshauptversammlung seinen Rücktritt an **2** *verb* schlagen; *(in a vote)* ablehnen; **the proposal was defeated by 10 votes to 23** = der Vorschlag wurde mit 10 zu 23 Stimmen abgelehnt; **he was heavily defeated in the ballot for union president** = er erlitt eine schwere Niederlage bei der Wahl zum Gewerkschaftsvorsitzenden

defect *noun* Defekt *m or* Fehler *m or* Störung *f*; **a computer defect** *or* **a defect in the computer** = ein Computerdefekt *or* eine Störung im Computer

◊ **defective** *adjective* **(a)** defekt *or* fehlerhaft *or* schadhaft; **the machine broke down because of a defective cooling system** = die Maschine fiel wegen eines defekten Kühlsystems aus **(b)** *(not valid)* unzulänglich *or* anfechtbar; **his title to the property is defective** = sein Besitztitel ist rechtsfehlerhaft

defence *or* *(US)* **defense** *noun* **(a)** Verteidigung *f or* Abwehr *f*; **the merchant bank is organizing the company's defence against the takeover bid** = die Merchant Bank organisiert für das Unternehmen die Abwehr des Übernahmeangebots **(b)** *(in a court case)* Verteidigung *f or* Einrede *f*; **defence counsel** = Verteidiger/-in *or* Strafverteidiger/-in

◇ **defend** *verb* verteidigen; **the company is defending itself against the takeover bid** = das Unternehmen wehrt sich gegen das Übernahmeangebot; **he hired the best lawyers to defend him against the tax authorities** = er engagierte die besten Anwälte zu seiner Verteidigung gegen die Finanzbehörden; **to defend a lawsuit** = einen Prozeß als Beklagter führen

◇ **defendant** *noun* Beklagte(r) *or* Angeklagte(r)

defer *verb* verschieben *or* aufschieben *or* zurückstellen *or* vertagen; **to defer payment** = die Zahlung aufschieben; **the decision has been deferred until the next meeting** = die Entscheidung wurde bis zur nächsten Sitzung zurückgestellt *or* aufgeschoben (NOTE: **deferring - deferred**)

◇ **deferment** *noun* Aufschub *m or* Zurückstellung *f or* Vertagung *f*; **deferment of payment** = Zahlungsaufschub; **deferment of a decision** = Zurückstellung *or* Vertagung einer Entscheidung

◇ **deferred** *adjective* aufgeschoben *or* vertagt; **deferred creditor** = nachrangiger (Konkurs)gläubiger; **deferred payment** = (i) *(postponed)* aufgeschobene Zahlung; (ii) *(instalments)* Ratenzahlung *f*; **deferred stock** = Nachzugsaktien *fpl*

deficiency *noun* Mangel *m or* Defizit *n*; **there is a £10 deficiency in the petty cash** = die Portokasse weist ein Defizit von £10 auf *or* in der Portokasse fehlen £10; **to make up a deficiency** = ein Defizit *or* einen Mangel ausgleichen

deficit *noun* Defizit *n or* Minusbetrag *m or* Verlust *m*; **the accounts show a deficit** = die Bilanz weist einen Verlust auf; **to make good a deficit** = ein Defizit ausgleichen; **balance of payments deficit** = Zahlungsbilanzdefizit; **deficit financing** = Defizitfinanzierung *f*

deflate *verb* **to deflate the economy** = eine restriktive Wirtschaftspolitik betreiben

◇ **deflation** *noun* Deflation *f*

◇ **deflationary** *adjective* deflationär *or* Deflations-; **the government has introduced some deflationary measures** = die Regierung führte einige deflationäre Maßnahmen ein

> QUOTE the strong dollar's deflationary impact on European economies as national governments push up interest rates
>
> ***Duns Business Month***

defray *verb* aufkommen für *or* tragen *or* übernehmen *or* bestreiten; **the company agreed to defray the costs of the exhibition** = das Unternehmen erklärte sich bereit, die Ausstellungskosten zu übernehmen

degearing *noun* Reduzierung *f* des Verschuldungsgrads *m*

degression *noun* Degression *f*

◇ **degressive** *adjective* degressiv; **degressive depreciation** = degressive Abschreibung; **degressive taxation** = degressive Besteuerung

delay 1 *noun* Verspätung *f or* Verzögerung *f or* Verzug *m*; **there was a delay of thirty minutes before the AGM started** *or* **the AGM started after a thirty minute delay** = die Jahreshauptversammlung begann mit halbstündiger Verspätung; **we are sorry for the delay in supplying your order** *or* **in replying to your letter** = wir bedauern die verzögerte Auslieferung ihrer Bestellung *or* Beantwortung Ihres Briefes **2** *verb* hinausschieben *or* verzögern; aufhalten; **he was delayed because his taxi had an accident** = er wurde aufgehalten, weil sein Taxi einen Unfall hatte; **the company has delayed payment of all invoices** = das Unternehmen verzögerte die Bezahlung aller Rechnungen

del credere agent *noun* Delkrederevertreter/-in

delegate 1 *noun* Delegierte(r) *or* Bevollmächtigte(r); **the management refused to meet the trade union delegates** = die Unternehmensleitung lehnte ein Treffen mit den Gewerkschaftsvertretern *mpl* ab **2** *verb* delegieren *or* bevollmächtigen *or* Vollmacht erteilen; **to delegate authority** = Befugnisse übertragen; **he cannot delegate** = er kann nicht delegieren

◇ **delegation** *noun* **(a)** *(group of people)* Delegation *f or* Abordnung *f*; **a Chinese trade delegation** = eine chinesische Handelsdelegation; **the management met a union delegation** = die Unternehmensleitung traf mit einer Gewerkschaftsdelegation zusammen **(b)** *(action of delegating)* Delegierung *f*

delete *verb* streichen; **they want to delete all references to credit terms from the contract** = sie wollen alle Hinweise auf Kreditbedingungen aus dem Vertrag streichen; **the lawyers have deleted clause two** = die Anwälte haben Klausel zwei gestrichen

deliver *verb* liefern *or* zustellen; **goods delivered free** *or* **free delivered goods** = frei Haus gelieferte Waren; **goods delivered on board** = an Bord gelieferte Waren; **delivered price** = Lieferpreis *m*

◇ **delivery** *noun* **(a) delivery of goods** = Warenlieferung *f or* Warenzustellung *f*; **parcels awaiting delivery** = zur Auslieferung bereite Pakete; **free delivery** *or* **delivery free** = Lieferung frei Haus; **delivery date** = Liefertermin *m*; **delivery within 28 days** = Zustellung *or* Lieferung innerhalb von 28 Tagen; **allow 28 days for delivery** = Lieferzeit bis zu 28 Tagen; **delivery is not allowed for** *or* **is not included** = Liefergebühren (sind) nicht inklusive; **delivery note** = Lieferschein *m*; **delivery order** = Lieferauftrag *m*; **the store has a delivery service to all parts of the town** = das Geschäft liefert in alle Stadtteile; **delivery time** = Lieferzeit *f*; **delivery van** = Lieferwagen *m*; **express delivery** = Eilsendung *f or* Eilzustellung *f*; **recorded delivery** = Einschreiben *n*; **we sent the documents (by) recorded delivery** = wir haben die Dokumente per Einschreiben geschickt; **cash on delivery (c.o.d.)** = per Nachnahme; **to take delivery of goods** = eine Lieferung abnehmen *or* übernehmen; **we took delivery of the stock on the 25th** = wir haben die Warenlieferung am 25. entgegengenommen *or* abgenommen **(b)** *(goods delivered)* Lieferung *f*; **we take in three deliveries a**

day = wir nehmen täglich drei Lieferungen in Empfang; **there were four items missing in the last delivery** = in der letzten Lieferung fehlten vier Artikel *or* Posten **(c)** *US* **general delivery** = postlagernd (NOTE: GB English for this is **poste restante**) **(d)** *(transfer of a bill of exchange)* Übertragung *f*

demand 1 *noun* **(a)** Forderung *f or* Aufforderung *f*; **payable on demand** = zahlbar bei Aufforderung; *(Wechsel)* zahlbar bei Sicht; **demand bill** = Sichtwechsel *m*; **demand deposit** = Sichteinlage *f*; **final demand** = letzte Mahnung **(b)** *(need for goods)* Nachfrage *f or* Bedarf *m*; **there was an active demand for oil shares on the stock market** = an der Börse gab es eine lebhafte Nachfrage nach Ölaktien; **to meet the demand** *or* **to fill the demand** = den Bedarf *or* die Nachfrage decken; **the factory had to increase production to meet the extra demand** = die Fabrik mußte die Produktion steigern, um die zusätzliche Nachfrage zu befriedigen; **the factory had to cut production when demand slackened** = die Fabrik mußte die Produktion zurückschrauben, als die Nachfrage schwächer wurde; **the office cleaning company cannot keep up with the demand for its services** = die Büroreinigungsfirma kann der Auftragsnachfrage nicht nachkommen; **there is not much demand for this item** = dieser Artikel ist nicht sehr gefragt; **this book is in great demand** *or* **there is a great demand for this book** = dieses Buch ist sehr gefragt; **effective demand** = effektive Nachfrage; **demand price** = Nachfragepreis *m*; **supply and demand** = Angebot und Nachfrage; **law of supply and demand** = Gesetz *n* von Angebot und Nachfrage **2** *verb* fordern *or* verlangen; **she demanded a refund** = sie verlangte eine Rückvergütung; **the suppliers are demanding immediate payment of their outstanding invoices** = die Lieferanten fordern die sofortige Begleichung der noch ausstehenden Rechnungen

◇ **demand-led inflation** *noun* Nachfrageinflation *f*

> QUOTE spot prices are now relatively stable in the run-up to the winter's peak demand
> ***Economist***
>
> QUOTE the demand for the company's products remained strong throughout the first six months of the year with production and sales showing significant increases
> ***Business Times (Lagos)***
>
> QUOTE growth in demand is still coming from the private rather than the public sector
> ***Lloyd's List***

demarcation dispute *noun* Kontroverse *f* um den Tätigkeitsbereich; Kompetenzstreit *m*; **production of the new car was held up by demarcation disputes** = die Produktion der neuen Wagen geriet aufgrund von Kompetenzstreitigkeiten *fpl* ins Stocken

demerge *verb* entflechten (von Konzernen)

◇ **demerger** *noun* Konzernentflechtung *f*; **as a result of the demerger the separate values of the two companies increased** = aufgrund der Konzernentflechtung stieg der Einzelwert der beiden Firmen an

demise *noun* **(a)** Tod *m or* Ableben *n*; **on his demise the estate passed to his daughter** = mit seinem Tod ging die Erbmasse an seine Tochter über **(b)** *(granting property on a lease)* Verpachtung *f*

demonetize *verb* entwerten *or* einziehen

◇ **demonetization** *noun* Entwertung *f or* Außerkurssetzung *f*

demonstrate *verb* vorführen; **he was demonstrating a new tractor when he was killed** = er führte einen neuen Traktor vor, als er starb; **the managers saw the new stock control system being demonstrated** = die Direktion sah, wie das neue Lagersteuerungssystem vorgeführt wurde

◇ **demonstration** *noun* Vorführung *f*; **we went to a demonstration of new telecommunications equipment** = wir gingen zu einer Vorführung neuer Fernmeldetechnik; **demonstration model** = Vorführmodell *n*

◇ **demonstrator** *noun* Vorführer/-in

demote *verb* zurückstufen *or* degradieren *or* niedriger einstufen; **he was demoted from manager to salesman** = er wurde vom Geschäftsführer zum Verkäufer zurückgestuft; **she lost a lot of salary when she was demoted** = sie erlitt eine große Gehaltseinbuße, als sie zurückgestuft wurde

◇ **demotion** *noun* Zurückstufung *f or* Degradierung *f or* niedrigere Einstufung; **he was very angry at his demotion** = er war sehr verärgert über seine Zurückstufung

demurrage *noun* Liegegeld *n*

Denmark *noun* Dänemark *n*

◇ **Dane** *noun* Däne/Dänin

◇ **Danish** *adjective* dänisch

(NOTE: capital: **Copenhagen** = Kopenhagen; currency: **Danish krone** = dänische Krone)

denationalize *verb* reprivatisieren; **the government has plans to denationalize the steel industry** = die Regierung plant, die Stahlindustrie zu reprivatisieren

◇ **denationalization** *noun* Reprivatisierung *f*; **the denationalization of the aircraft industry** = die Reprivatisierung der Flugzeugindustrie

denomination *noun* Nennwert *m or* Stückelung *f*; **coins of all denominations** = Münzen aller Nennwerte; **small denomination notes** = Banknoten kleiner Stückelung

dep = DEPARTMENT, DEPARTURE

depart *verb* **(a)** abreisen *or* abfahren; abfliegen; **the plane departs from Frankfurt at 11.15** = das Flugzeug fliegt um 11.15 Uhr in Frankfurt ab **(b)** **to depart from normal practice** = von der üblichen Verfahrensweise abweichen

department *noun* **(a)** *(office)* Abteilung *f*; **accounts department** = Buchhaltung *f*; **complaints department** = Reklamationsabteilung; **design department** = Konstruktionsabteilung *or* Entwicklungsabteilung; **dispatch department** = Versandabteilung; **export department** = Exportabteilung; **legal department** = Rechtsabteilung; **marketing department** = Marketingabteilung; **new issues department** = Emissionsabteilung; **personnel department** =

Personalabteilung; **head of department** *or* **department head** *or* **department manager** = Abteilungsleiter/-in **(b)** *(in a department store)* Abteilung *f*; **you will find beds in the furniture department** = Betten finden Sie in der Möbelabteilung; **budget department** = Sonderangebotsabteilung **(c)** *(government department)* Ministerium *n*; **the Department of Trade and Industry** = Ministerium für Handel und Industrie *or* Wirtschaftsministerium; **the Department of Education and Science** = Ministerium für Bildung und Wissenschaft

◇ **department store** *noun* Kaufhaus *n or* Warenhaus *n*

◇ **departmental** *adjective* Abteilungs-; **departmental manager** = Abteilungsleiter/-in

departure *noun* **(a)** *(going away)* Abreise *f or* Abfahrt *f*; Abflug *m*; **the plane's departure was delayed by two hours** = der Abflug verzögerte sich um zwei Stunden *(sign in an airport)* **departures** = Abflug *m*; **departure lounge** = Abflughalle *f*; Warteraum *m* **(b)** *(new venture)* neuer Anfang *or* neue Richtung; **selling records will be a departure for the bookshop** = der Verkauf von Schallplatten stellt für den Buchladen eine Neuorientierung dar

depend *verb* **(a) to depend on** = angewiesen sein auf; **the company depends on efficient service from its suppliers** = das Unternehmen ist auf einen gut funktionierenden Service seiner Lieferanten angewiesen; **we depend on government grants to pay the salary bill** = um die Gehälter bezahlen zu können, sind wir auf staatliche Zuschüsse angewiesen **(b)** abhängig sein von; **the success of the launch will depend on the publicity** = der Erfolg des neuen Produkts wird von der Werbung abhängen; **depending on** = abhängig von *or* je nach; **depending on the advertising budget, the new product will be launched on radio or on TV** = je nach Werbebudget wird das neue Produkt über Radio oder Fernsehen auf dem Markt eingeführt

deposit 1 *noun* **(a)** Einzahlung *f or* Einlage *f*; **certificate of deposit (CD)** = Einlagenzertifikat *n*; **bank deposits** = Bankeinlagen; **bank deposits are at an all-time high** = Bankeinlagen haben einen historischen Höchststand erreicht; **fixed deposit** = Festgeld *n*; **deposit account** = Sparkonto *n*; **deposit at 7 days' notice** = Sparkonto mit 7-tägiger Kündigungsfrist; **deposit slip** = Einzahlungsbeleg *m or* Depotschein *m* **(b)** *(in bank)* **safe deposit** = Tresor *m*; **safe deposit box** = Bankschließfach *n*; **safe deposit slip** = Depotschein *m* **(c)** *(money given in advance)* Anzahlung *f*; **to pay a deposit on a watch** = eine Anzahlung für eine Uhr leisten; **to leave £10 as deposit** = £10 anzahlen; **non-refundable deposit** = nicht zurückerstattbare Kaution **2** *verb* **(a)** in Verwahrung geben *or* deponieren *or* hinterlegen; **to deposit shares with a bank** = Aktien bei einer Bank deponieren; **we have deposited the deeds of the house with the bank** = wir haben die Eigentumsurkunde für das Haus bei der Bank hinterlegt; **he deposited his will with his solicitor** = er hinterlegte sein Testament bei seinem Anwalt **(b)** einzahlen; **to deposit £100 in a current account** = £100 auf ein Girokonto einzahlen

◇ **depositary** *noun (US)* Treuhänder *m cf* AMERICAN DEPOSITARY RECEIPT (ADR)

◇ **depositor** *noun* Einzahler/-in *or* Einleger/-in

◇ **depository** *noun* **(a) furniture depository** = Möbellager *n* **(b)** Depositorium *n or* Hinterlegungsstelle *f or* Verwahrungsort *m*

depot *noun* Depot *n or* Lagerhaus *n* **bus depot** = Busdepot; **freight depot** = Güterbahnhof *m*; **goods depot** = Warenlager *n*; **oil storage depot** = Öllager *n or* Öldepot

depreciate *verb* **(a)** abschreiben; **we depreciate our company cars over three years** = wir schreiben unsere Firmenwagen über drei Jahre ab **(b)** fallen *or* sinken *or* an Wert verlieren; **share which has depreciated by 10% over the year** = Aktie, die in einem Jahr um 10% gefallen ist; **the pound has depreciated by 5% against the dollar** = das Pfund ist gegenüber dem Dollar um 5% gefallen

◇ **depreciation** *noun* **(a)** Abschreibung *f*; **depreciation rate** = Abschreibungssatz *m*; **accelerated depreciation** = beschleunigte Abschreibung; Sonderabschreibung *f*; **annual depreciation** = jährliche Abschreibung; **straight line depreciation** = lineare Abschreibung **(b)** Wertminderung *f or* Wertverlust *m or* Abwertung *f*; **a share which has shown a depreciation of 10% over the year** = eine Aktie, die im Laufe des Jahres einen Wertverlust von 10% erlitt; **the depreciation of the pound against the dollar** = die Abwertung des Pfunds gegenüber dem Dollar

> QUOTE this involved reinvesting funds on items which could be depreciated against income for three years
> ***Australian Financial Review***
>
> QUOTE buildings are depreciated at two per cent per annum on the estimated cost of construction
> ***Hongkong Standard***

depress *verb* herabsetzen *or* drücken *or* senken *or* vermindern *or* verringern; **reducing the money supply has the effect of depressing demand for consumer goods** = eine Reduzierung der Geldmenge hat eine schwächere Nachfrage nach Konsumgütern zur Folge

◇ **depressed** *adjective* **depressed area** = von einer Wirtschaftskrise betroffenes Gebiet; **depressed market** = flauer *or* stagnierender Markt

◇ **depression** *noun* Depression *f or* Flaute *f or* Tiefstand *m*; **an economic depression** = eine Wirtschafskrise; **the Great Depression** = die Weltwirtschaftskrise (1929-33)

dept = DEPARTMENT

deputy *noun* Stellvertreter/-in; **to act as deputy for someone** *or* **to act as someone's deputy** = jdn vertreten; **deputy chairman** = stellvertretender Vorsitzender; **deputy manager** = stellvertretende(r) Geschäftsführer/-in *or* Leiter/-in; **deputy managing director** = stellvertretende(r) geschäftsführende(r) Direktor/-in

◇ **deputize** *verb* **to deputize for someone** = jdn vertreten *or* als jds Vertreter fungieren; **he deputized for the chairman who had a cold** = er vertrat den Vorsitzenden, der eine Erkältung hatte

deregulate *verb* deregulieren; **the US government deregulated the banking sector in the 1980s** = die US Regierung schränkte ihren Einfluß auf das Bankwesen in den achtziger Jahren ein

◇ **deregulation** *noun* Deregulierung *f or* Abbau *m* einschränkender Bestimmungen *fpl*; **the deregulation of the airlines** = die Wettbewerbsfreiheit der Fluggesellschaften

describe *verb* beschreiben *or* ausführen *or* schildern; bezeichnen; **the leaflet describes the services the company can offer** = in der Broschüre werden die von dem Unternehmen angebotenen Dienstleistungen aufgeführt; **the managing director described the company's difficulties with cash flow** = der geschäftsführende Direktor schilderte die Cash-flow-Schwierigkeiten des Unternehmens

◇ **description** *noun* Beschreibung *f or* Schilderung *f*; **false description of contents** = unkorrekte Inhaltsbeschreibung; **job description** = Stellenbeschreibung; **trade description** = Warenbeschreibung

design 1 *noun* Design *n or* Entwurf *m or* Konstruktion *f*; **industrial design** = Industriedesign; **product design** = Produktgestaltung *f*; **design department** = Konstruktionsabteilung *f or* Entwicklungsabteilung; **design studio** = Design-Studio *n* **2** *verb* entwerfen; konstruieren *or* entwickeln; **he designed a new car factory** = er entwarf eine neue Autofabrik; **she designs garden furniture** = sie entwirft Gartenmöbel

◇ **designer** *noun* Designer/-in; Konstrukteur/-in; **she is the designer of the new computer** = sie ist Designerin des neuen Computers *or* sie hat den neuer Computer entwickelt

designate *adjective* designiert *or* vorgesehen; **the chairman designate** = der designierte Vorsitzende (NOTE: always follows a noun)

desk *noun* **(a)** Schreibtisch *m*; **desk diary** = Tischkalender *m*; **desk drawer** = Schreibtischschublade *f*; **desk light** = Schreibtischlampe *f*; **a three-drawer desk** = ein Schreibtisch mit drei Schubladen; **desk pad** = Schreibblock *m* **(b) cash desk** *or* **pay desk** = Kasse *f*; **please pay at the desk** = bitte an der Kasse zahlen **(c)** *(section of a newspaper)* Redaktion *f or* Ressort *n*; **the city desk** = die Wirtschaftsredaktion

◇ **desk-top publishing (DTP)** *noun* Desktop publishing (DTP) *n*

despatch = DISPATCH

destination *noun* Bestimmungsort *m*; **the ship will take ten weeks to reach its destination** = das Schiff wird zehn Wochen brauchen, um an seinen Bestimmungshafen zu gelangen; **final destination** *or* **ultimate destination** = Zielort *m*

detail 1 *noun* Detail *n or* Einzelheit *f*; **the catalogue gives all the details of our product range** = der Katalog enthält alle Einzelheiten unseres Sortiments; **we are worried by some of the details in the contract** = wir sind beunruhigt über einige der im Vertrag aufgeführten Einzelheiten; **in detail** = detailliert; **the catalogue lists all the products in detail** = im Katalog sind alle Produkte detailliert aufgeführt **2** *verb* detailliert aufführen; **the catalogue details the payment arrangements for overseas buyers** = im Katalog sind die Zahlungsmodalitäten für ausländische Kunden detailliert aufgeführt; **the terms of the licence are detailed in the contract** = die Lizenzbestimmungen sind Punkt für Punkt im Vertrag aufgeführt

◇ **detailed** *adjective* detailliert *or* ausführlich; **detailed account** = spezifizierte Rechnung; eingehender Bericht

determine *verb* bestimmen *or* festlegen *or* festsetzen; **to determine prices** *or* **quantities** = Preise *or* Mengen bestimmen ; **conditions still to be determined** = noch festzusetzende Bedingungen *fpl*

Deutschmark *noun* (Deutsche) Mark *f* (NOTE: also called a **mark;** when used with a figure, usually written **DM** before the figure: **DM250** (say 'two hundred and fifty Deutschmarks')

devalue *verb* abwerten; **the pound has been devalued by 7%** = das Pfund wurde um 7% abgewertet; **the government has devalued the pound by 7%** = die Regierung wertete das Pfund um 7% ab

◇ **devaluation** *noun* Abwertung *f*; **the devaluation of the pound** = die Abwertung des Pfunds

develop *verb* **(a)** entwickeln; **to develop a new product** = ein neues Produkt entwickeln **(b)** erschließen; ausbauen; **to develop an industrial estate** = ein Industriegebiet ausbauen

◇ **developed country** *noun* Industriestaat *m*

> QUOTE developed countries would gain $135 billion a year and developing countries, such as the former centrally planned economies of Eastern Europe, would gain $85 billion a year. The study also notes that the poorest countries would lose an annual $7 billion
>
> *Times*

◇ **developer** *noun* **property developer** = Bauträger *m*

◇ **developing country** *or* **developing nation** *noun* Entwicklungsland *n*

◇ **development** *noun* **(a) product development** = Produktentwicklung *f*; **research and development (R&D)** = Forschung und Entwicklung (F&E) **(b) industrial development** = industrielle Erschließung; **development area** *or* **development zone** = Förderungsgebiet *n*

device *noun* Gerät *n or* Vorrichtung *f*; **he invented a device for screwing tops on bottles** = er erfand ein Gerät zum Aufschrauben von Flaschenverschlüssen

devise 1 *noun* testamentarische Grundbesitzverfügung **2** *verb* Grundbesitz vererben

◇ **devisee** *noun* Grundbesitzerbe *m* laut Testament

diagram *noun* Diagramm *n or* Schaubild *n or* graphische Darstellung; **a diagram showing sales locations** = ein Schaubild, das die Verkaufsstandorte zeigt; **he drew a diagram to show how the decision-making processes work** = er zeichnete ein Diagramm, um zu zeigen, wie die Entscheidungsprozesse ablaufen; **the paper gives a diagram of the company's organizational structure** = das Papier zeigt ein Diagramm der Organisationsstruktur des Unternehmens; **flow**

diagram = Arbeitsablaufdiagramm *or* Flußdiagramm

◇ **diagrammatic** *adjective* **in diagrammatic form** = graphisch dargestellt *or* in einem Diagramm dargestellt; **the sales pattern is shown in diagrammatic form** = die Absatzstruktur ist in einem Diagramm dargestellt

◇ **diagrammatically** *adverb* in einem Diagramm *or* Schaubild; **the sales pattern is shown diagrammatically** = das Schaubild zeigt die Absatzstruktur im Diagramm

dial *verb (telephone)* wählen; **to dial a number** = eine Nummer wählen; **to dial the operator** = die Auskunft anrufen; **to dial direct** = durchwählen; **you can dial New York direct from London** = man kann von London direkt nach New York durchwählen (NOTE: GB English is **dialling - dialled,** but US spelling is **dialing - dialed)**

◇ **dialling** *noun* Wählen *n*; **dialling code** = Vorwahl *f or* Ortsnetzkennzahl *f*; **dialling tone** = Freizeichen *n*; **international direct dialling (IDD)** = internationaler Selbstwählferndienst

diary *noun* Terminkalender *m*; Tagebuch *n*; **desk diary** = Tischkalender *m*

Dictaphone *noun (trademark)* Diktaphon *n*

dictate *verb* diktieren; **to dictate a letter to the secretary** = der Sekretärin einen Brief diktieren; **dictating machine** = Diktiergerät *n*; **he was dictating into his pocket dictating machine** = er diktierte in sein Taschendiktiergerät

◇ **dictation** *noun* Diktat *n*; **to take dictation** = ein Diktat aufnehmen; **the secretary was taking dictation from the managing director** = die Sekretärin nahm das Diktat des geschäftsführenden Direktors auf; **dictation speed** = Diktiertempo *n*

differ *verb* sich unterscheiden; **the two products differ considerably - one has an electric motor, the other runs on oil** = die beiden Produkte unterscheiden sich erheblich - das eine hat einen elektrischen Motor, das andere läuft mit Kraftstoff

◇ **difference** *noun* Unterschied *m*; **what is the difference between these two products?** = was ist der Unterschied zwischen diesen beiden Produkten?; **differences in price** *or* **price differences** = Preisunterschiede

◇ **different** *adjective* unterschiedlich *or* verschieden; **our product range is quite different in design from that of our rivals** = unser Sortiment unterscheidet sich erheblich im Design von dem unserer Konkurrenten **we offer ten models each in six different colours** = wir bieten zehn Modelle in jeweils sechs verschiedenen Farben an

◇ **differential 1** *adjective* unterschiedlich *or* verschieden; **differential tariffs** = Differentialtarife *mpl or* Staffeltarife **2** *noun* **price differential** = Preisunterschied *m or* Preisgefälle *n*; **wage differentials** = Lohngefälle *n*; **to erode wage differentials** = Lohngefälle abbauen

difficult *adjective* schwierig *or* schwer; **the company found it difficult to sell into the European market** = das Unternehmen hatte auf dem europäischen Markt Absatzschwierigkeiten *fpl*; **the market for secondhand computers is very difficult at present** = der Markt für gebrauchte Computer ist zur Zeit sehr schwierig

◇ **difficulty** *noun* Schwierigkeit *f or* Problem *n*; **they had a lot of difficulty selling into the European market** = sie hatten große Schwierigkeiten, Waren auf dem europäischen Markt abzusetzen; **we have had some difficulties with the customs over the export of computers** = wir haben wegen der Ausfuhr von Computern Schwierigkeiten mit dem Zoll gehabt

digit *noun* Ziffer *f*; **a seven-digit phone number** = eine siebenstellige Telefonnummer

◇ **digital** *adjective* **digital clock** = Digitaluhr *f*; **digital computer** = Digitalcomputer *m*

dilution *noun* **dilution of equity** *or* **of shareholding** = Wertminderung *f* von Aktien *fpl or* Beteiligungen *fpl*

dime *noun (informal US)* Zehncentstück *n or* Dime *m*

diminish *verb* abnehmen *or* sich verringern *or* vermindern; **our share of the market has diminished over the last few years** = unser Marktanteil ist in den letzten Jahren geschrumpft; **law of diminishing returns** = Gesetz vom abnehmenden Ertragszuwachs

dip 1 *noun* kurzfristiger Rückgang; **last year saw a dip in the company's performance** = das Unternehmen hatte im letzten Jahr ein vorübergehendes Leistungstief **2** *verb* fallen *or* sinken; **shares dipped sharply in yesterday's trading** = die Aktienkurse fielen gestern rasant (NOTE: **dipping - dipped)**

diplomat *or* **diplomatist** *noun* Diplomat/-in

◇ **diplomatic** *adjective* diplomatisch; **diplomatic immunity** = diplomatische Immunität; **he claimed diplomatic immunity to avoid being arrested** = er berief sich auf seine diplomatische Immunität, um nicht verhaftet zu werden; **to grant someone diplomatic status** = jdm diplomatischen Status verleihen

direct 1 *verb* leiten *or* führen; **he directs our South-East Asian operations** = er leitet unsere Geschäfte in Südostasien; **she was directing the development unit until last year** = sie leitete die Entwicklungsabteilung bis zum letzten Jahr **2** *adjective* direkt *or* unmittelbar; **direct action** = Arbeitskampfmaßnahmen *fpl*; **direct cost** = Selbstkosten *pl*; **direct debit** = Abbuchung *f* auf Grundlage einer Einzugsermächtigung; **I pay my electricity bill by direct debit** = ich lasse meine Stromrechnung per Lastschrift abbuchen; *(without changing planes)* **direct flight** = Direktflug *(cf* NON-STOP FLIGHT); **direct mail** = Direktversand *m*; Direktwerbung *f*; Postwurfsendung *f*; **these pocket calculators are only sold by direct mail** = diese Taschenrechner werden nur im Direktversand verkauft; **the company runs a successful direct-mail operation** = das Unternehmen betreibt einen erfolgreichen Direktversandbetrieb; **direct-mail advertising** = Werbung *f* durch Postwurfsendung; **direct selling** = Direktverkauf *m*; **direct tax** = direkte Steuer; **direct taxation** = direkte Besteuerung; **the**

government raises more money by indirect taxation than by direct = der Staat nimmt mehr Geld durch indirekte als durch direkte Besteuerung ein **3** *adverb* direkt *or* unmittelbar; **we pay income tax direct to the government** = wir zahlen Einkommenssteuer direkt an den Staat; **to dial direct** = durchwählen; **you can dial New York direct from London if you want** = wenn Sie wollen, können Sie von London nach New York durchwählen

◊ **direction** *noun* **(a)** Leitung *f or* Führung *f*; **he took over the direction of a multinational group** = er übernahm die Leitung eines multinationalen Konzerns **(b) directions for use** = Gebrauchsanweisung *f or* Benutzerhinweise *mpl*

◊ **directive** *noun* Direktive *f or* Verordnung *f*; **the government has issued a directive on increases in incomes and prices** = die Regierung erließ eine Verordnung zu Einkommens- und Preissteigerungen

◊ **directly** *adverb* **(a)** sofort *or* gleich; **he left for the airport directly after receiving the telephone message** = er fuhr direkt zum Flughafen, nachdem er die telefonische Nachricht erhalten hatte **(b)** direkt *or* unmittelbar; **we deal directly with the manufacturer, without using a wholesaler** = wir verhandeln direkt mit dem Hersteller, ohne einen Großhändler einzuschalten

◊ **director** *noun* **(a)** Direktor/-in; Mitglied *n* eines board of directors; **managing director** = geschäftsführende(r) Direktor/-in *or* Geschäftsführer/-in; **chairman and managing director** = Vorsitzender und geschäftsführender Direktor; **board of directors** = board of directors *(Aufsichts- und Geschäftsführungsorgan nach britischem Recht)*; **directors' report** = Geschäftsbericht *m*; **associate director** = außerordentliches Mitglied des board of directors; **executive** *or* **inside director** = geschäftsführendes Mitglied des board of directors; **non-executive** *or* **outside director** = nicht geschäftsführendes Mitglied des board of directors **(b)** Leiter/-in *or* Direktor/-in; **the director of the government research institute** = der Direktor des staatlichen Forschungsinstituts; **she was appointed director of the organization** = sie wurde zur Direktorin der Organisation ernannt

◊ **directorate** *noun* Direktion *f or* Geschäftsleitung *f or* Aufsichtsrat *m*

◊ **directorship** *noun* Direktorenposten *m*; **he was offered a directorship with Smith Ltd** = ihm wurde bei Smith Ltd ein Direktorenposten angeboten

> QUOTE after five years of growth, fuelled by the boom in financial services, the direct marketing world is becoming a lot more competitive
> ***Marketing Workshop***
>
> QUOTE all of those who had used direct marketing techniques had used direct mail, and 79% had used some kind of telephone technique
> ***Precision Marketing***
>
> QUOTE the research director will manage and direct a team of business analysts reporting on the latest developments in retail distribution throughout the UK
> ***Times***
>
> QUOTE what benefits does the executive derive from his directorship? In the first place compensation has increased sharply in recent years
> ***Duns Business Month***

directory *noun* Verzeichnis *n*; **classified directory** = Branchenverzeichnis; **commercial directory** *or* **trade directory** = Branchenadreßbuch *n*; **street directory** = (i) Adreßbuch *n*; (ii) *(street plan)* Stadtplan *m*; **telephone directory** = Telefonbuch *n*; **to look up a number in the telephone directory** = eine Nummer im Telefonbuch nachschlagen; **his number is in the London directory** = seine Nummer steht im Londoner Telefonbuch ; **directory enquiries** = (Fernsprech)auskunft *f*

disallow *verb* nicht anerkennen; **he claimed £2,000 for fire damage, but the claim was disallowed** = er forderte £2.000 Schadenersatz für Brandschäden, aber seine Forderung wurde nicht anerkannt

disaster *noun* **(a)** Unglück *n or* Unglücksfall *m*; **ten people died in the air disaster** = bei dem Flugzeugabsturz *m* kamen zehn Menschen ums Leben **(b)** finanzielle Katastrophe; **the company is heading for disaster** *or* **is on a disaster course** = die Firma geht einem (finanziellem) Fiasko *n* entgegen; **the advertising campaign was a disaster** = die Werbekampagne war ein Desaster *n* **(c)** Katastrophe *f*; **a flood disaster on the south coast** = eine Überschwemmungskatastrophe an der Südküste; **flood disaster damage** = Überschwemmungsschäden *mpl*

◊ **disastrous** *adjective* katastrophal *or* verheerend; **the company suffered a disastrous drop in sales** = das Unternehmen erlitt katastrophale Umsatzeinbußen

disburse *verb* aus(be)zahlen *or* ausgeben

◊ **disbursement** *noun* Auszahlung *f or* Ausgabe *f or* Auslage *f*

discharge 1 *noun* **(a) discharge in bankruptcy** = Entlastung *f* eines Konkursschuldners; Konkursaufhebung *f* **(b)** Tilgung *f or* Begleichung *f or* Bezahlung *f*; **in full discharge of a debt** = Schuldentilgung in voller Höhe; **final discharge** = letzte Tilgungsrate **(c) in discharge of his duties as director** = bei der Erfüllung seiner Pflichten als Direktor **2** *verb* **(a) to discharge a bankrupt** = einen Konkursschuldner entlasten **(b) to discharge a debt** *or* **to discharge one's liabilities** = eine Schuld begleichen *or* seinen Verbindlichkeiten nachkommen **(c)** entlassen; **to discharge an employee** = einen Arbeitnehmer entlassen

disciplinary procedure *noun* Disziplinarverfahren *n*

disclaimer *noun* Haftungsablehnungserklärung *f*, Verzichterklärung

disclose *verb* preisgeben *or* aufdecken *or* enthüllen *or* offenlegen; **the bank has no right to disclose details of my account to the tax office** = die Bank ist nicht befugt, dem Finanzamt Angaben über mein Konto zu machen

◊ **disclosure** *noun* Preisgabe *f or* Aufdeckung *f or* Enthüllung *f or* Offenlegung *f*; **the disclosure of the takeover bid raised the price of the shares** = die Bekanntgabe des Übernahmeangebots trieb den Aktienkurs in die Höhe

discontinue *verb* auslaufen lassen *or* die Produktion einstellen; **these carpets are a**

discontinued line = diese Teppiche sind Auslaufmodelle *npl*

discount 1 *noun* **(a)** Rabatt *m or* Preisnachlaß *m*; **to give a discount on bulk purchases** = einen Rabatt auf Mengenkäufe geben; **to sell goods at a discount** *or* **at a discount price** = Waren mit Rabatt verkaufen; **basic discount** = Normalrabatt *or* Grundrabatt; **we give 25% as a basic discount, but can add 5% for cash payment** = wir geben 25% Grundrabatt, können aber bei Barzahlung weitere 5% nachlassen; **quantity discount** = Mengenrabatt; **10% discount for quantity purchases** = 10% Mengenrabatt; **10% discount for cash** *or* **10% cash discount** = 10% Skonto *m or n* bei Barzahlung; **trade discount** = Händlerrabatt *or* Wiederverkäuferrabatt **(b) discount house** = (i) *(discounts bills)* Diskontbank *f*; (ii) *(sells goods cheaply)* Discountgeschäft *n or* Discounter *m or* Billigladen *m*; **discount rate** = Diskontsatz *m*; **discount store** = Discountgeschäft *n or* Billigladen *m* **(c) shares which stand at a discount** = Aktien, die unter pari sind **2** *verb* **(a)** Rabatt gewähren **(b) to discount bills of exchange** = Wechsel *mpl* diskontieren; **to discount invoices** = Rechnungen diskontieren; **discounted value** = Diskontwert *m* **(c) shares are discounting a rise in the dollar** = die Aktien nehmen eine Aufwertung des Dollar vorweg

◇ **discountable** *adjective* diskontfähig *or* diskontierbar; **these bills are not discountable** = diese Wechsel sind nicht diskontfähig

◇ **discounted cash flow (DCF)** *noun* diskontierter Cash-flow

◇ **discounter** *noun* (i) *(of bills)* Diskontbank *f*; (ii) *(of goods)* Discounter *m*

> QUOTE pressure on the Federal Reserve Board to ease monetary policy and possibly cut its discount rate mounted yesterday
> ***Financial Times***
>
> QUOTE banks refrained from quoting forward US/Hongkong dollar exchange rates as premiums of 100 points replaced the previous day's discounts of up to 50 points
> ***South China Morning Post***
>
> QUOTE invoice discounting is an instant finance raiser. Cash is advanced by a factor or discounter against the value of invoices sent out by the client company. Debt collection is still in the hands of the client company, which also continues to run its own bought ledger
> ***Times***
>
> QUOTE a 100,000 square-foot warehouse generates ten times the volume of a discount retailer; it can turn its inventory over 18 times a year, more than triple a big discounter's turnover
> ***Duns Business Month***

discover *verb* entdecken *or* ausfindig machen *or* herausfinden; **we discovered that our agent was selling our rival's products at the same price as ours** = wir fanden heraus, daß unser Handelsvertreter die Produkte unseres Konkurrenten zum gleichen Preis verkaufte wie unsere eigenen **the auditors discovered some errors in the accounts** = die Revisoren entdeckten einige Fehler in den Geschäftsbüchern

discrepancy *noun* Diskrepanz *f*; **there is a discrepancy in the accounts** = in den Büchern ist eine Unstimmigkeit; **statistical discrepancy** = statistische Abweichung

discretion *noun* Ermessen *n*; Entscheidungsfreiheit *f*; **I leave it to your discretion** = ich stelle es in Ihr Ermessen *or* ich lasse Ihnen freie Hand; **at the discretion of someone** = nach jds Ermessen; **membership is at the discretion of the committee** = ob jemand Mitglied wird, liegt im Ermessen des Ausschusses

◇ **discretionary** *adjective* beliebig; **the minister's discretionary powers** = die Ermessensbefugnis *or* der Ermessensspielraum des Ministers

discrimination *noun* Diskriminierung *f*; **sexual discrimination** *or* **sex discrimination** *or* **discrimination on grounds of sex** = Diskriminierung aufgrund des Geschlechts *n*

discuss *verb* diskutieren *or* besprechen *or* erörtern; **they spent two hours discussing the details of the contract** = sie verbrachten zwei Stunden damit, die Einzelheiten des Vertrags zu besprechen; **the committee discussed the question of import duties on cars** = der Ausschuß diskutierte die Frage von Einfuhrzöllen auf Autos; **the board will discuss wage rises at its next meeting** = der board of directors wird auf der nächsten Sitzung Lohnerhöhungen besprechen; **we discussed delivery schedules with our suppliers** = wir besprachen die Lieferpläne mit unseren Lieferanten

◇ **discussion** *noun* Diskussion *f*; Besprechung *f*; Erörterung *f*; Debatte *f*; **after ten minutes' discussion the board agreed the salary increases** = nach zehnminütiger Diskussion stimmte der board den Gehaltserhöhungen zu; **we spent the whole day in discussions with our suppliers** = die Besprechungen mit unseren Lieferanten dauerten den ganzen Tag

diseconomies of scale *noun* Größennachteile *mpl*; Kostenprogression *f*

disenfranchise *verb* (jdm) das Stimmrecht entziehen; **the company has tried to disenfranchise the ordinary shareholders** = das Unternehmen versuchte, den Stammaktionären das Stimmrecht zu entziehen

dishonour *verb* **to dishonour a bill** = einen Wechsel nicht annehmen *or* bezahlen; **dishonoured cheque** = nicht eingelöster Scheck

disinflation *noun* Desinflation *f*

disinvest *verb* desinvestieren

◇ **disinvestment** *noun* Desinvestition *f*

disk *noun* Platte *f*; **floppy disk** = Floppy disk *f*; **hard disk** = Festplatte; **disk drive** = Laufwerk *n*

◇ **diskette** *noun* Diskette *f*

dismiss *verb* **to dismiss an employee** = einen Arbeitnehmer entlassen; **he was dismissed for being late** = er wurde wegen Zuspätkommen entlassen

◇ **dismissal** *noun* Entlassung *f*; **constructive dismissal** = erzwungene Kündigung; **unfair dismissal** = ungerechtfertigte Entlassung; **wrongful dismissal** = unrechtmäßige Entlassung; **dismissal procedures** = Entlassungsverfahren *n*

dispatch 1 *noun* **(a)** *(action of sending)* Versand *m*; Beförderung *f*; **the strike held up dispatch for several weeks** = der Streik verzögerte den Versand mehrere Wochen ; **dispatch department** = Versandabteilung *f*; **dispatch note** = Versandschein *m*; Avis *m or n*; **dispatch rider** = Motorrad-Bote *m* **(b)** *(goods which have been sent)* Sendung *f*; **the weekly dispatch went off yesterday** = die wöchentliche Sendung ging gestern raus **2** *verb* (ver)senden *or* schicken

◊ **dispatcher** *noun* Expedient/-in; Absender/-in

◊ **dispatching** *noun* Versand *m*; Beförderung *f*

dispenser *noun* Automat *m*; **automatic dispenser** = Spender *m or* Automat; **towel dispenser** = Handtuchautomat; **cash dispenser** = Geldautomat

display 1 *noun* Auslage *f or* Ausstellung *f or* Display *n*; Vorführung *f*; **on display** = ausgestellt *or* in der Auslage; **the shop has several car models on display** = in dem Geschäft sind verschiedene Automodelle ausgestellt; **an attractive display of kitchen equipment** = eine ansprechende Auslage *or* Ausstellung von Küchengeräten; **display advertisement** = Großanzeige *f*; **display cabinet** *or* **display case** = Vitrine *f or* Schaukasten *m*; **display material** = Auslagematerial *n*; **display pack** *or* **display box** = Schaupackung *f or* Präsentationspackung; **the watches are prepacked in plastic display boxes** = die Uhren sind in Präsentationspackungen aus Kunststoff verpackt; **display unit** = Schaukasten *m*; Vollsichtregal *n*; **visual display unit (VDU)** *or* **visual display terminal** = Bildschirmgerät *n* **2** *verb* ausstellen; zeigen *or* vorführen; **the company was displaying three new car models at the show** = das Unternehmen präsentierte drei neue Automodelle auf der Ausstellung

dispose *verb* **to dispose of** = veräußern *or* verkaufen *or* abstoßen; beseitigen; **to dispose of excess stock** = überschüssige Warenbestände veräußern; **to dispose of one's business** = sein Geschäft abstoßen

◊ **disposable** *adjective* **(a)** Wegwerf- *or* Einweg-; **disposable cups** = Pappbecher *mpl* **(b) disposable personal income** = verfügbares Einkommen

◊ **disposal** *noun* Verkauf *m or* Veräußerung *f*; Verfügung *f*; **disposal of securities** *or* **of property** = Veräußerung *or* Verkauf von Wertpapieren *or* Immobilien; **lease** *or* **business for disposal** = Pachtvertrag *or* Unternehmen zu veräußern

dispute *noun* Streit *m*; **industrial disputes** *or* **labour disputes** = Arbeitskämpfe *mpl or* Arbeitsstreitigkeiten *fpl*; **to adjudicate** *or* **to mediate in a dispute** = in einem Streit schlichten

disqualify *verb* disqualifizieren

◊ **disqualification** *noun* Disqualifizierung *f*

> QUOTE Even 'administrative offences' can result in disqualification. A person may be disqualified for up to five years following persistent breach of company legislation in terms of failing to file returns, accounts and other documents with the Registrar
>
> ***Accountancy***

dissolve *verb* auflösen *or* aufheben; **to dissolve a partnership** *or* **a company** = eine Personengesellschaft *or* Partnerschaft *or* ein Unternehmen auflösen

◊ **dissolution** *noun* Auflösung *f or* Aufhebung *f*

distress *noun (US)* **distress merchandise** = (im Notverkauf) stark herabgesetzte Ware; **distress sale** = Notverkauf *m or* Pfandverkauf

distribute *verb* **(a)** ausschütten *or* verteilen; **profits were distributed among the shareholders** = die Gewinne wurden unter den Aktionären verteilt **(b)** *(goods)* vertreiben; **Smith Ltd distributes for several smaller companies** = Smith Ltd macht den Vertrieb für mehrere kleinere Firmen

◊ **distribution** *noun* **(a)** Vertrieb *m*; Distribution *f or* Verteilung *f*; Ausschüttung *f*; **distribution costs** = Vertriebskosten *pl*; **distribution manager** = Vertriebsleiter/-in; **channels of distribution** *or* **distribution channels** = Vertriebswege *mpl or* Distributionskanäle *mpl*; **distribution network** = Vertriebsnetz *n or* Verteilernetz **(b) distribution slip** = Verteilerzettel *m*

◊ **distributor** *noun* Verteiler *m*; Vertriebsagent/-in *or* Vertragshändler/in; Großhändler/-in; **sole distributor** = Alleinvertreter *m or* Alleinvertriebshändler *m*; **network of distributors** = Vertriebsnetz *n or* Verteilernetz

◊ **distributorship** *noun* Vertriebsrecht *n or* Vertrieb *m*

district *noun* Gebiet *n or* Stadtteil *m or* Viertel *n*; **district manager** = Bezirksleiter/-in; Bezirksdirektor/-in; **the commercial district** *or* **the business district** = das Gewerbegebiet *or* das Geschäftsviertel

ditto = THE SAME

diversification *noun* Diversifikation *f or* Diversifizierung *f*; Anlagenstreuung *f*; **product diversification** *or* **diversification into new products** = Diversifikation *f or* Sortimentserweiterung *f*

◊ **diversify** *verb* **(a)** diversifizieren *or* ausweiten; **to diversify into new products** = diversifizieren *or* die Produktion auf neue Produkte ausweiten **(b)** auffächern

divest *verb* **to divest oneself of something** = sich einer Sache entledigen; **the company has divested itself of its US interests** = das Unternehmen verzichtete auf *or* veräußerte seine Beteiligungen in den USA

divide *verb* aufteilen *or* teilen; **the country is divided into six representative's areas** = das Land ist in sechs Vertreterbezirke aufgeteilt; **the two companies agreed to divide the market between them** = die beiden Unternehmen vereinbarten, den Markt unter sich aufzuteilen

dividend *noun* Dividende *f*; **to raise** *or* **to increase the dividend** = die Dividende erhöhen; **to maintain the dividend** = Dividenden in gleicher Höhe ausschütten; **to pass the dividend** = keine Dividende ausschütten *or* die Dividende ausfallen lassen; **final dividend** = Schlußdividende *or* Restdividende; **interim dividend** = Abschlagsdividende *or* Zwischendividende; **dividend cover** = Dividendendeckung *f (im*

Verhältnis zum Gewinn); **the dividend is covered four times** = die Dividenden sind vierfach gedeckt; **dividend forecast** = Dividendenprognose *f*; **dividend warrant** = Dividendenschein *m or* Dividendenzahlungsanweisung *f*; **dividend yield** = Dividendenertrag *m*; **cum dividend** = mit Dividende; **ex dividend** = ohne Dividende; **the shares are quoted ex dividend** = die Aktien werden ohne Dividende notiert; **statutory dividend** = satzungsmäßige Dividende; **surplus dividend** = Dividendenzuschlag *m*

division *noun* **(a)** *(part of a company)* Abteilung *f*; Unternehmensbereich *m*; Geschäftsbereich *m*; Sparte *f*; **marketing division** = Marketingabteilung *or* Vertriebsabteilung; **production division** = Produktionsabteilung *or* Fertigungsabteilung; **retail division** = Einzelhandelsabteilung; **the paints division** *or* **the hotel division of a large company** = der Geschäftsbereich Farben *or* der Hotelbereich eines großen Unternehmens; **he is in charge of one of the major divisions of the company** = er ist für einen der Hauptgeschäftsbereiche des Unternehmens verantwortlich **(b)** *(company which is part of a large group)* Unternehmensbereich *m*; Geschäftsbereich *m*; Sparte *f*; **Smith's is now a division of the Brown group of companies** = die Fa. Smith ist jetzt ein Unternehmensbereich des Brown Konzerns

◇ **divisional** *adjective* Abteilungs-; Bereichs-; Sparten-; **divisional director** = Bereichsleiter/-in; Spartenmanager/-in; **divisional headquarters** = Bereichszentrale *f or* Zentrale des Unternehmensbereichs *m*

DIY = DO-IT-YOURSELF

DM *or* **D-mark** = DEUTSCHMARK, MARK

do *or* **ditto** = THE SAME

dock 1 *noun* Dock *n*; **loading dock** = Ladedock; **dock worker** = Dockarbeiter *m or* Hafenarbeiter; **dock manager** = Dockmeister *m*; **the docks** = die Hafenanlagen *pl*; **dock dues** = Dockgebühr *f* **2** *verb* **(a)** *(of ship)* (ein)docken *or* ins Dock bringen; **the ship docked at 17.00** = das Schiff wurde um 17.00 Uhr ins Dock gebracht **(b)** *(to remove money)* kürzen; **we will have to dock his pay if he is late for work again** = wir werden seinen Lohn kürzen müssen, wenn er wieder zu spät zur Arbeit kommt; **he had £20 docked from his pay for being late** = sein Lohn wurde wegen Zuspätkommens um £20 gekürzt

◇ **docker** *noun* Docker *m or* Dockarbeiter *m*

◇ **dockyard** *noun* Werft *f*

docket *noun* Inhaltsverzeichnis *n or* Warenbegleitschein *m*

doctor *noun* Arzt/Ärztin; **the staff are all sent to see the company doctor once a year** = das Personal muß einmal jährlich zum Werksarzt; **doctor's certificate** = Attest *n or* ärztliche Bescheinigung; **he has been off sick for ten days and still has not sent in a doctor's certificate** = er fehlt seit zehn Tagen wegen Krankheit und hat immer noch kein Attest eingereicht; **company doctor** = (i) Werksarzt/Werksärztin; (ii) *(person who rescues companies)* Krisenmanager/-in

document *noun* Dokument *n or* Urkunde *f*; **legal document** = rechtsgültige Urkunde; **documents against acceptance (D/A)** = Dokumente gegen Akzept; **documents against payment (D/P)** = Dokumente gegen Zahlung

◇ **documentary** *adjective* dokumentarisch *or* urkundlich; **documentary evidence** = Urkundenbeweis *m*; schriftliches Beweisstück; **documentary proof** = Urkundenbeweis *m*

◇ **documentation** *noun* Dokumentation *f or* Unterlagen *pl or* Dokumente *npl*; **please send me the complete documentation concerning the sale** = schicken Sie mir bitte die vollständigen Verkaufsunterlagen

dog *noun (Marketing)* Armer Hund *m or* Ladenhüter *m*

dogsbody *noun (informal)* Mädchen für alles *n or* Kalfaktor *m*

do-it-yourself (DIY) *adjective* Do-it-yourself-; **do-it-yourself conveyancing** = Übertragungsurkunde *f* ohne notarielle Hilfe; **do-it-yourself magazine** = Do-it-yourself-Magazin *n*; Heimwerkermagazin; **do-it-yourself store** = Heimwerkermarkt *m*

dole *noun* Arbeitslosengeld *n or* Arbeitslosenhilfe *f*; **to receive dole payments** *or* **to be on the dole** = Arbeitslosenunterstützung *f* beziehen; *(umg)* stempeln gehen; **dole queue** = Schlange *f* von Arbeitslosen *pl*

dollar *noun* **(a)** Dollar *m*; **the US dollar rose 2%** = der US-Dollar stieg um 2%; **fifty Canadian dollars** = fünfzig kanadische Dollar; **it costs six Australian dollars** = es kostet sechs australische Dollar; **five dollar bill** = Fünfdollarschein *m* **(b)** *(American dollar)* (US-)Dollar; **dollar area** = Dollarraum *m or* Dollarzone *f*; **dollar balance** = Dollarbilanz *f*; **dollar crisis** = Dollarkrise *f*; **dollar gap** *or* **dollar shortage** = Dollarlücke *f*; **dollar stocks** = US-Aktien *fpl* (NOTE: usually written $ before a figure: **$250.** The currencies used in different countries can be shown by the initial letter of the country: **C$** (Canadian dollar), **A$** (Australian dollar), etc.)

domestic *adjective* Innen- *or* Binnen- *or* einheimisch *or* im Inland; **domestic sales** = Inlandsabsatz *m*; **domestic turnover** = Inlandsumsatz *m*; **domestic consumption** = Inlandsverbrauch *m*; **domestic consumption of oil has fallen sharply** = der Inlandsverbrauch an Öl ist dramatisch zurückgegangen; **domestic flight** = Inlandflug *m*; **domestic market** = Binnenmarkt *m or* Inlandsmarkt; **they produce goods for the domestic market** = sie produzieren Waren für den Inlandsmarkt; **domestic production** = Inlandsproduktion *f*

domicile 1 *noun* Wohnsitz *m*; Heimatland *n*; Sitz *m*; Niederlassung *f* **2** *verb* **he is domiciled in Denmark** = er hat seinen Wohnsitz in Dänemark *or* er ist in Dänemark ansässig; **bills domiciled in France** = in Frankreich zahlbare Wechsel *mpl*

Dominican Republic *noun* die Dominikanische Republik

◇ **Dominican 1** *noun* Dominikaner/-in **2** *adjective* dominikanisch

(NOTE: capital: **Santo Domingo** ; currency: **Dominican peso** = dominikanischer Peso)

door *noun* Tür *f*; **the finance director knocked on the chairman's door and walked in** = der Leiter der Finanzabteilung klopfte an die Tür des Vorsitzenden und trat ein; **the sales manager's name is on her door** = der Name der Verkaufsleiterin steht an ihrer Tür; **the store opened its doors on June 1st** = das Geschäft öffnete am 1. Juni (erstmals) seine Türen; **door-to-door canvassing** = Wahlstimmenwerbung *f or* Kundenwerbung *f or* Direktverkauf *m* an der Haustür; **door-to-door salesman** = Hausierer *m or* Vertreter *m*; Drücker *m (umg)* ; **door-to-door selling** = Direktverkauf *m or* Haustürverkauf

dormant account *noun* stillgelegtes (Bank)konto

dot *noun* Tupfen *m or* Punkt *m or* Pünktchen *n*; **the order form should be cut off along the line shown by the row of dots** = das Auftragsformular sollte an der punktierten Linie abgetrennt werden

◇ **dot-matrix printer** *noun* Matrixdrucker *m*

◇ **dotted line** *noun* punktierte Linie; **please sign on the dotted line** = unterschreiben Sie bitte auf der punktierten Linie; **do not write anything below the dotted line** = schreiben Sie bitte nicht unterhalb der punktierten Linie

double 1 *adjective* **(a)** doppelt; **their turnover is double ours** = ihr Umsatz ist doppelt so hoch wie unserer; **to be on double time** = 100% Zuschlag verdienen *or* das Doppelte verdienen; **double-entry bookkeeping** = doppelte Buchführung; **double taxation** = Doppelbesteuerung *f*; **double taxation agreement** = Doppelbesteuerungsabkommen *n* **(b) in double figures** = zweistellig; **inflation is in double figures** = wir haben eine zweistellige Inflationsrate ; **we have had double-figure inflation for some years** = wir haben seit einigen Jahren eine zweistellige Inflationsrate **2** *verb* verdoppeln; **we have doubled our profits this year** *or* **our profits have doubled this year** = wir haben unsere Gewinne in diesem Jahr verdoppelt *or* unsere Gewinne haben sich in diesem Jahr verdoppelt; **the company's borrowings have doubled** = die Darlehensverbindlichkeiten des Unternehmens haben sich verdoppelt

◇ **double-book** *verb* doppelt belegen *or* doppelt buchen; **we had to change our flight as we were double-booked** = wir mußten unseren Flug umbuchen, da unsere Plätze doppelt gebucht worden waren

◇ **double-booking** *noun* Doppelbuchung *f or* Doppelreservierung *f*

doubtful *adjective* zweifelhaft *or* dubios; **doubtful loan** = Risikokredit *m*

Dow Jones Index *noun* Dow-Jones-Index *m*; **the Dow Jones Index rose ten points** = der Dow-Jones-Index stieg um zehn Punkte; **general optimism showed in the rise of the Dow Jones Index** = der allgemeine Optimismus zeigte sich im Anstieg des Dow-Jones-Index

down 1 *adverb & preposition* unten *or* herunter *or* hinunter *or* niedrig *or* gefallen; **the inflation rate is gradually coming down** = die Inflationsrate sinkt allmählich; **shares are slightly down on the day** = die Aktienkurse sind gegenüber dem Vortag leicht gefallen; **the price of petrol has gone down** = der Benzinpreis ist gesunken; **to pay money down** = Geld anzahlen; **he paid £50 down and the rest in monthly instalments** = er zahlte £50 an und zahlte den Rest in monatlichen Raten ab **2** *verb* **to down tools** = die Arbeit niederlegen *or* streiken

◇ **downgrade** *verb* herunterstufen *or* zurückstufen *or* degradieren *or* niedriger einstufen; **his job was downgraded in the company reorganization** = seine Stelle wurde bei der Umorganisierung des Unternehmens heruntergestuft

◇ **down-market** *adjective & adverb* billig *or* Billig- *or* Massen-; **the company has adopted a down-market image** = das Unternehmen hat ein weniger anspruchsvolles Image angenommen; **the company has decided to go down-market** = das Unternehmen beschloß, sich dem Massenmarkt *m* zuzuwenden

◇ **down payment** *noun* Anzahlung *f*; **he made a down payment of $100** = er leistete eine Anzahlung von $100

◇ **downside** *noun* **downside factor** = Verlustfaktor *m*; **the sales force have been asked to give downside forecasts** = das Verkaufspersonal wurde gebeten, pessimistische Prognosen *fpl* zu stellen; **downside potential** = potentieller Kursverlust (NOTE: the opposite is **upside)**

◇ **downsizing** *noun* Stellenabbau *m*

◇ **down time** *noun* Ausfallzeit *f*

◇ **downtown 1** *noun* Stadtzentrum *n*; Geschäftsviertel *n*; Innenstadt *f* **2** *adverb* in der Innenstadt gelegen; **his office is in downtown New York** = sein Büro ist in der Innenstadt von New York; **a downtown store** = ein Geschäft im Stadtzentrum; **they established a business downtown** = sie gründeten ein Geschäft im Stadtzentrum

◇ **downturn** *noun* Rückgang *m or* Abflauen *n*; **a downturn in the market price** = ein Rückgang des Marktpreises ; **the last quarter saw a downturn in the economy** = die Wirtschaft erlebte im letzten Quartal einen Abschwung

◇ **downward** *adjective* nach unten *or* abwärts *or* rückgängig *or* rückläufig

◇ **downwards** *adverb* nach unten *or* abwärts; **the company's profits have moved downwards over the last few years** = die Gewinne des Unternehmens waren in den letzten Jahren rückläufig

dozen *noun* Dutzend *n*; **to sell in sets of one dozen** = jeweils ein Dutzend verkaufen; **cheaper by the dozen** = im Dutzend billiger

D/P = DOCUMENTS AGAINST PAYMENT

Dr *or* **DR** = DEBTOR, DRACHMA

drachma *noun (currency used in Greece)* Drachme *f*

draft 1 *noun* **(a)** Wechsel *m or* Tratte *f*; **banker's draft** = Bankwechsel *m or* Banktratte *f or* Bankscheck *m*; **to make a draft on a bank** = einen Wechsel auf eine Bank ziehen; **sight draft** = Sichtwechsel *or* Sichttratte **(b)** *(rough plan)* Entwurf *m or* Fassung *f or* Konzept *n*; **draft of a**

contract *or* **draft contract** = Vertragsentwurf; **he drew up the draft agreement on the back of an envelope** = er schrieb den Vertragsentwurf auf die Rückseite eines Briefumschlags; **the first draft of the contract was corrected by the managing director** = der erste Entwurf des Vertrags wurde vom geschäftsführenden Direktor korrigiert; **the finance department has passed the final draft of the accounts** = die Finanzabteilung nahm den letzten Kontenplan an; **rough draft** = Rohentwurf *or* Vorentwurf **2** *verb* entwerfen *or* konzipieren; **to draft a letter** = einen Brief aufsetzen; **to draft a contract** = einen Vertrag entwerfen; **the contract is still being drafted** *or* **is still in the drafting stage** = der Vertrag wird noch aufgesetzt *or* befindet sich noch in der Entwurfsphase

◇ **drafter** *noun* Verfasser/-in eines Entwurfs *m*; **the drafter of the agreement** = der, der den Vertrag aufsetzt

◇ **drafting** *noun* Entwerfen *n or* Ausarbeitung *f*; **the drafting of the contract took six weeks** = den Vertrag aufzusetzen, dauerte sechs Wochen

drain 1 *noun* **(a)** *(pipe)* Abflußrohr *n* **(b)** Belastung *f or* starke Inanspruchnahme; **the costs of the London office are a continual drain on our resources** = die Kosten der Londoner Geschäftsstelle stellen eine ständige Belastung unserer Ressourcen dar **2** *verb* aufbrauchen *or* aufzehren; **the expansion plan has drained all our profits** = der Expansionsplan zehrte unsere gesamten Gewinne auf; **the company's capital reserves have drained away** = die Kapitalreserven des Unternehmens sind erschöpft

draw *verb* **(a)** abheben; **to draw money out of an account** = Geld von einem Konto abheben; **to draw a salary** = ein Gehalt beziehen; **the chairman does not draw a salary** = der Vorsitzende bezieht kein Gehalt **(b)** *(a cheque)* ausstellen; **he paid the invoice with a cheque drawn on an Egyptian bank** = er bezahlte die Rechnung mit einem auf eine ägyptische Bank bezogenen Scheck (NOTE: **drawing - drew - has drawn)**

◇ **drawback** *noun* **(a)** Nachteil *m*; **one of the main drawbacks of the scheme is that it will take six years to complete** = einer der wesentlichsten Nachteile des Projekts ist, daß es drei Jahre dauert, bis es abgeschlossen ist **(b)** *(of customs dues)* Zollrückvergütung *f or* Rückzoll *m*

◇ **drawee** *noun* Bezogener *m or* Trassat *m*

◇ **drawer** *noun* Aussteller *m or* Trassant *m*; **the bank returned the cheque to drawer** = die Bank schickte den Scheck an den Aussteller zurück

◇ **drawing** *noun* **drawing account** = Kontokorrentkonto *n*; Girokonto; laufendes Konto; *(IMF)* **special drawing rights (SDR)** = Sonderziehungsrechte *npl*

◇ **draw up** *verb* aufsetzen *or* konzipieren *or* aufstellen; **to draw up a contract** *or* **an agreement** = einen Vertrag aufsetzen *or* entwerfen; **to draw up a company's articles of association** = die Satzung einer Gesellschaft entwerfen

drift *verb* treiben *or* sich langsam bewegen; **shares drifted low in a dull market** = die Aktienkurse fielen langsam bei schwacher Nachfrage; **strikers are drifting back to work** = die Streikenden kehren nach und nach an den Arbeitsplatz zurück

drive 1 *noun* **(a)** *(campaign)* Elan *m or* Schwung *m*; **economy drive** = Sparkampagne *f*; **sales drive** = Verkaufskampagne *f*; **he has a lot of drive** = er hat viel Elan **(b)** *(part of a machine)* Antrieb *m*; *(on computer)* **disk drive** = Diskettenlaufwerk *n* **2** *verb* **(a)** fahren; **he was driving to work when he heard the news on the car radio** = er fuhr gerade zur Arbeit, als er die Nachrichten im Autoradio hörte; **she drives a company car** = sie fährt einen Firmenwagen **(b) he drives a hard bargain** = er verhandelt hartnäckig (NOTE: **driving - drove - has driven)**

drop 1 *noun* Rückgang *m*; **drop in sales** = Umsatzrückgang *or* Absatzrückgang; **sales show a drop of 10%** = die Umsätze weisen einen Rückgang um 10% auf; **a drop in prices** = ein Preisverfall *m* **2** *verb* zurückgehen *or* stürzen *or* fallen; **sales have dropped by 10%** *or* **have dropped 10%** = die Umsätze sind um 10% zurückgegangen; **the pound dropped three points against the dollar** = das Pfund fiel gegenüber dem Dollar um drei Punkte (NOTE: **dropping - dropped)**

◇ **drop ship** *verb* direkt an den Kunden liefern

◇ **drop shipment** *noun* Direktlieferung *f*

QUOTE while unemployment dropped by 1.6 per cent in the rural areas, it rose by 1.9 per cent in urban areas during the period under review
Business Times (Lagos)

QUOTE corporate profits for the first quarter showed a 4 per cent drop from last year's final three months
Financial Times

QUOTE since last summer American interest rates have dropped by between three and four percentage points
Sunday Times

drug *noun* Arzneimittel *n or* Medikament *n*; **a drug on the market** = ein Ladenhüter *m*; eine schwer verkäufliche Ware

dry *adjective* trocken; **dry goods** = Textilwaren *fpl*; **dry measure** = Trockenmaß *n*

DTP = DESK-TOP PUBLISHING

duck *see* LAME DUCK

dud 1 *noun (informal)* Blüte *f or* Fälschung *f*; **the £50 note was a dud** = der £50 Schein war eine Blüte *or* Fälschung **2** *adjective* falsch *or* gefälscht *or* wertlos; **dud cheque** = ungedeckter Scheck

due *adjective* **(a)** fällig; **sum due from a debtor** = (ausstehende) Schuldnerforderung *f*; **bond due for repayment** = fällige Schuldverschreibung; **to fall due** *or* **to become due** = fällig sein *or* werden; **bill due on May 1st** = eine am 1. Mai fällige Rechnung; **balance due to us** = fälliger Rechnungsbetrag **(b) the plane is due to arrive at 10.30** *or* **is due at 10.30** = das Flugzeug soll um 10.30 Uhr landen **(c) in due form** = vorschriftsmäßig *or* rechtsgültig; **receipt in due form** = formgerechte Rechnung; **contract drawn up in due form** = formgerecht aufgesetzter Vertrag; **after due consideration** = nach reiflicher Überlegung **(d) due to** = aufgrund *or* wegen; **supplies have been delayed due to a strike at the manufacturers** = die Lieferungen haben sich aufgrund eines Streiks beim Hersteller verzögert; **the company pays the wages of staff who are absent due to illness** = das Unternehmen zahlt

Löhne für Mitarbeiter, die wegen Krankheit fehlen

◇ **dues** *plural noun* **(a) dock dues** *or* **port dues** *or* **harbour dues** = Hafengebühr *f* **(b)** *(orders)* Vorbestellungen *fpl*

> QUOTE many expect the US economic indicators for April, due out this Thursday, to show faster economic growth
> ***Australian Financial Review***

dull *adjective* lahm *or* schleppend; **dull market** = lustlose Börse

◇ **dullness** *noun* Flaute *f* *or* Lustlosigkeit *f*; **the dullness of the market** = die Lustlosigkeit der Börse *or* die geringe Nachfrage an der Börse

duly *adverb* **(a)** vorschriftsmäßig *or* ordnungsgemäß; **duly authorized representative** = ordnungsgemäß befugter Vertreter **(b)** erwartungsgemäß; **we duly received his letter of 21st October** = wir erhielten dann auch seinen Brief vom 21. Oktober

dummy *noun* Attrappe *f*; *(von Buch)* Blindband *m*; **dummy pack** = Schaupackung *f* *or* Leerpackung; **dummy run** = Probelauf *m*

dump *verb* **to dump goods on a market** = Waren zu Schleuderpreisen auf den Markt bringen

◇ **dump bin** *noun* Wühlkorb *m*

◇ **dumping** *noun* Dumping *n*; **the government has passed anti-dumping legislation** = die Regierung verabschiedete Antidumping-Gesetze *npl*; **dumping of goods on the European market** = Warendumping auf dem europäischen Markt; **panic dumping of sterling** = Panik-Dumping von Sterling

> QUOTE a serious threat lies in the 400,000 tonnes of subsidized beef in EEC cold stores. If dumped, this meat will have disastrous effects in Pacific Basin markets
> ***Australian Financial Review***

duplicate 1 *noun* Duplikat *n* *or* Zweitschrift *f* *or* Kopie *f*; **he sent me the duplicate of the contract** = er schickte mir die zweite Ausfertigung des Vertrags; **duplicate receipt** *or* **duplicate of a receipt** = Quittungsduplikat; **in duplicate** = in doppelter *or* zweifacher Ausfertigung; **receipt in duplicate** = Quittung in doppelter Ausfertigung; **to print an invoice in duplicate** = eine Rechnung in doppelter Ausfertigung drucken **2** *verb* **(a)** *(of a bookkeeping entry)* **to duplicate with another** = miteinander übereinstimmen **(b) to duplicate a letter** = einen Brief kopieren

◇ **duplicating** *noun* Kopieren *n*; **duplicating machine** = Vervielfältigungsapparat *m* *or* Kopiergerät *n*; **duplicating paper** = Vervielfältigungspapier *n*

◇ **duplication** *noun* Vervielfältigung *f*; **duplication of work** = doppelte Arbeit

◇ **duplicator** *noun* Vervielfältigungsapparat *m* *or* Kopiergerät *n*

durable 1 *adjective* **durable goods** = langlebige Güter *npl*; **durable effects** = lang anhaltende Auswirkungen *fpl*; **the strike will have durable effects on the economy** = der Streik wird langfristige Auswirkungen auf die Wirtschaft haben **2** *noun* **consumer durables** = langlebige Konsumgüter *npl* *or* Gebrauchsgüter

dustcover *noun (for typewriter, computer, etc.)* Abdeckhaube *f*

Dutch 1 *adjective* holländisch *or* niederländisch; **Dutch auction** = holländische Versteigerung; **to go Dutch** = getrennt bezahlen **2** *plural noun* **the Dutch** = die Holländer *pl*

◇ **Dutchman, Dutchwoman** *noun* Holländer, Holländerin

dutiable *adjective* **dutiable goods** *or* **dutiable items** = zollpflichtige Güter *npl* *or* Waren *fpl*

◇ **duty** *noun* **(a)** Steuer *f* *or* Zoll *m*; **to take the duty off alcohol** = die Alkoholsteuer aufheben; **to put a duty on cigarettes** = Zigaretten mit einer Steuer belegen; **ad valorem duty** = Wertzoll; **customs duty** *or* **import duty** = Zoll; Einfuhrzoll; **estate duty** *or* *(US)* **death duty** = Erbschaftssteuer; **excise duty** = Verbrauchssteuer; **stamp duty** = Stempelgebühr *f*; **goods which are liable to duty** = zu verzollende Güter *npl*; **duty-paid goods** = verzollte Waren *fpl* **(b)** Dienst *m*; **on duty** = im Dienst; **he is not on duty today** = er ist heute nicht im Dienst

◇ **duty-free** *adjective & adverb* zollfrei; **he bought a duty-free watch at the airport** *or* **he bought the watch duty-free** = er kaufte eine zollfreie Uhr am Flughafen *or* am Flughafen kaufte er zollfrei eine Uhr; **duty-free shop** = Duty-free-Shop *m*

> QUOTE Canadian and European negotiators agreed to a deal under which Canada could lower its import duties on $150 million worth of European goods
> ***Globe and Mail (Toronto)***
>
> QUOTE the Department of Customs and Excise collected a total of N79m under the new advance duty payment scheme
> ***Business Times (Lagos)***

Ee

e. & o.e. = ERRORS AND OMISSIONS EXCEPTED

eager *adjective* sehr interessiert *or* erpicht; **the management is eager to get into the Far Eastern markets** = das Management ist darauf erpicht, in die fernöstlichen Märkte einzudringen; **our salesmen are eager to see the new product range** = unsere Handelsvertreter können es kaum abwarten, die neue Produktreihe zu sehen

early *adjective & adverb* **(a)** früh *or* vorzeitig; **the mail left early** = die Post ging früh raus; **early closing day** = Tag, an dem die Geschäfte früher als gewöhnlich schließen; **at your earliest convenience** = so bald wie möglich; **at an early date** = bald; **early retirement** = vorzeitige Pensionierung; **to take early retirement** = sich vorzeitig pensionieren lassen **(b)** *(at the beginning of a period of time)* früh; **he took an early flight to Paris** = er flog früh morgens nach Paris; **we hope for an early resumption of negotiations** = wir hoffen, daß die Verhandlungen schon bald wiederaufgenommen werden

earmark *verb* vorsehen *or* bereitstellen; **to earmark funds for a project** = Geldmittel für ein Projekt bereitstellen; **the grant is earmarked for computer systems development** = der Zuschuß ist für die Computer-System-Entwicklung bestimmt

earn *verb* **(a)** verdienen; **to earn £50 a week** = £50 in der Woche verdienen; **our agent in Paris certainly does not earn his commission** = unser Handelsvertreter in Paris verdient seine Provision mit Sicherheit nicht; **earned income** = Verdienst *m or* Erwerbseinkommen *n* **(b)** (ein)bringen; **what level of dividend do these shares earn?** = in welcher Höhe bringen diese Aktien Dividenden ein?; **account which earns interest at 10%** = Konto mit 10% Zinsertrag

◊ **earning** *noun* **earning capacity** *or* **earning power** *or* **earning potential** = Erwerbsfähigkeit *f or* Verdienstmöglichkeit *f*; Ertragsfähigkeit *f*; **he is such a fine fashion designer that his earning power is very large** = er ist ein so guter Modedesigner, daß seine Verdienstmöglichkeiten sehr hoch sind

◊ **earnings** *plural noun* **(a)** Einkommen *n or* Einkünfte *pl*; **compensation for loss of earnings** = Verdienstausfallentschädigung *f*; **invisible earnings** = unsichtbare Einkünfte *or* Einkünfte aus unsichtbaren Leistungen *fpl* **(b)** Gewinn *m or* Profit *m or* Ertrag *m*; **earnings per share** *or* **earnings yield** = Gewinnrendite *f*; **gross earnings** = Bruttoeinkommen *n or* Bruttoeinnahmen *fpl*; **retained earnings** = einbehaltene Gewinne *mpl*

◊ **price/earnings ratio (P/E ratio)** *noun* Kurs-Gewinn-Verhältnis *n*; **these shares sell at a P/E ratio of 7** = diese Aktien werden mit einem Kurs-Gewinn-Verhältnis von 7 gehandelt

> QUOTE if corporate forecasts are met, sales will exceed $50 million in 1985 and net earnings could exceed $7 million
> ***Citizen (Ottawa)***
>
> QUOTE the US now accounts for more than half of our world-wide sales. It has made a huge contribution to our earnings turnaround
> ***Duns Business Month***
>
> QUOTE last fiscal year the chain reported a 116% jump in earnings, to $6.4 million or $1.10 a share
> ***Barrons***

earnest *noun* Handgeld *n or* Draufgeld *n*

ease *verb* nachlassen *or* nachgeben; **the share index eased slightly today** = der Aktienindex gab heute etwas nach

easement *noun* Grunddienstbarkeit *f*

easy *adjective* **(a)** einfach *or* leicht; **easy terms** = günstige Bedingungen *fpl or* Zahlungserleichterungen *fpl*; **the shop is let on very easy terms** = der Laden wird zu äußerst günstigen Bedingungen vermietet; **the loan is repayable in easy payments** = das Darlehen hat günstige Rückzahlungsbedingungen; **easy money** = (i) leicht verdientes Geld; (ii) billiges Geld; **easy money policy** = Politik *f* des billigen Geldes **(b)** **easy market** = abbröckelnder Markt; **the stock market was easy yesterday** = die Börse tendierte gestern schwächer; **share prices are easier** = die Aktienkurse sind niedriger

◊ **easily** *adverb* **(a)** einfach *or* leicht; **we passed through customs easily** = wir kamen ohne Schwierigkeiten *fpl* durch den Zoll **(b)** bei weitem; **he is easily our best salesman** = er ist bei weitem unser bester Vertreter; **the firm is easily the biggest in the market** = die Firma ist bei weitem die größte auf dem Markt

EC = EUROPEAN COMMUNITY; **EC ministers met today in Brussels** = die Minister der EG trafen heute in Brüssel zusammen; **the USA is increasing its trade with the EC** = die Vereinigten Staaten bauen ihren Handel mit der EG aus

ECGD = EXPORT CREDIT GUARANTEE DEPARTMENT

echelon *noun* Ebene *f or* Schicht *f or* Rang *m*; **the upper echelons of industry** = die oberen Managementebenen der Industrie

econometrics *plural noun* Ökonometrie *f* (NOTE: takes a singular verb)

economic *adjective* **(a)** rentabel *or* wirtschaftlich; **the flat is let at an economic rent** = die Wohnung wird zu einem wirtschaftlichen *or* günstigen Preis vermietet; **it is hardly economic**

for the company to run its own warehouse = es ist für das Unternehmen kaum wirtschaftlich, ein eigenes Lagerhaus zu haben; **economic order quantity (EOQ)** = optimale Bestellmenge **(b)** Wirtschafts-; **economic planner** = Wirtschaftsplaner/-in; **economic planning** = Wirtschaftsplanung *f*; **the government's economic policy** = die staatliche Wirtschaftspolitik; **the economic situation** = die wirtschaftliche Situation; **the country's economic system** = das Wirtschaftssystem des Landes; **economic trends** = konjunkturelle Entwicklung; Wirtschaftsentwicklung; **economic crisis** *or* **economic depression** = Wirtschaftskrise *f*; **the government has introduced import controls to solve the current economic crisis** = die Regierung führte Einfuhrkontrollen ein, um die gegenwärtige Wirtschaftskrise zu lösen; **economic cycle** = Konjunkturzyklus *m*; **economic development** = wirtschaftliche Entwicklung; **the economic development of the region has totally changed since oil was discovered there** = die wirtschaftliche Entwicklung der Region änderte sich völlig, als dort Öl gefunden wurde; **economic growth** = Wirtschaftswachstum *n*; **the country enjoyed a period of economic growth in the 1960s** = das Land erlebte in den 60ern eine Zeit des wirtschaftlichen Wachstums ; **economic indicators** = Schlüsselwerte *mpl* für die Wirtschaft; Konjunkturindikatoren *fpl*; **economic sanctions** = Wirtschaftssanktionen *fpl*; **the western nations imposed economic sanctions on the country** = die westlichen Nationen verhängten Wirtschaftssanktionen über das Land; **the European Economic Community (EEC)** = die Europäische Wirtschaftsgemeinschaft (EWG)

◊ **economical** *adjective* sparsam *or* rationell; **economical car** = im Benzinverbrauch sparsames Auto; **economical use of resources** = sparsamer Umgang mit Ressourcen

◊ **economics** *plural noun* **(a)** Volkswirtschaft *f or* Wirtschaftswissenschaft *f* **(b)** ökonomischer *or* wirtschaftlicher Aspekt; Wirtschaftlichkeit *f*; **the economics of town planning** = die ökonomischen Aspekte *mpl* der Stadtplanung; **I do not understand the economics of the coal industry** = ich verstehe die wirtschaftliche Seite der Kohleindustrie nicht (NOTE: takes a singular verb)

◊ **economist** *noun* Volkswirt/-in *or* Wirtschaftswissenschaftler/-in; **agricultural economist** = Agrarökonom/-in *or* Agrarwissenschaftler/-in

◊ **economize** *verb* (ein)sparen; sparsam wirtschaften; **to economize on petrol** = Benzin einsparen

◊ **economy** *noun* **(a)** Sparsamkeit *f or* Wirtschaftlichkeit *f*; **an economy measure** = eine Sparmaßnahme; **to introduce economies** *or* **economy measures into the system** = Sparmaßnahmen in das System einführen; **economies of scale** = Größenvorteile *mpl or* Größendegression *f*; **economy car** = im Benzinverbrauch sparsames Auto; **economy class** = Touristenklasse *f or* Economy-Klasse *f*; **to travel economy class** = in der Touristenklasse *or* Economy-Klasse reisen; **economy drive** = Sparkampagne *f*; **economy size** = Sparpackung *f* **(b)** Wirtschaft *f*; **the country's economy is in ruins** = die Wirtschaft des Landes liegt am Boden; **black economy** = Schattenwirtschaft; **capitalist economy** = kapitalistisches Wirtschaftssystem; **controlled economy** = staatlich gelenkte Wirtschaft; **free market economy** = freie Marktwirtschaft; **mixed economy** = Mischwirtschaft; **planned economy** = Planwirtschaft

> QUOTE each of the major issues on the agenda at this week's meeting is important to the government's success in overall economic management
> ***Australian Financial Review***
>
> QUOTE believers in free-market economics often find it hard to sort out their views on the issue
> ***Economist***
>
> QUOTE the European economies are being held back by rigid labor markets and wage structures, huge expenditures on social welfare programs and restrictions on the free movement of goods within the Common Market
> ***Duns Business Month***

ecu *or* **ECU** *noun* = EUROPEAN CURRENCY UNIT Ecu *or* ECU

> QUOTE the official use of the ecu remains limited. Since its creation in 1981 the ecu has grown popular because of its stability
> ***Economist***

Ecuador *noun* Ecuador *n*

◊ **Ecuadorian 1** *noun* Ecuadorianer/-in **2** *adjective* ecuadorianisch

(NOTE: capital: **Quito;** currency: **sucre** = Sucre *m*)

edge 1 *noun* **(a)** Kante *f or* Rand *m*; **he sat on the edge of the managing director's desk** = er saß auf der Schreibtischkante des geschäftsführenden Direktors; **the printer has printed the figures right to the edge of the paper** = der Drucker hat die Zahlen bis an den Rand des Papiers gedruckt **(b)** Vorteil *m*; **having a local office gives us a competitive edge over Smith Ltd** = daß wir eine örtliche Geschäftsstelle haben, verschafft uns gegenüber der Fa. Smith Ltd einen Wettbewerbsvorteil; **to have the edge on a rival company** = einer Konkurrenzfirma gegenüber im Vorteil sein **2** *verb* sich langsam bewegen *or* sich verschieben; **prices on the stock market edged upwards today** = die Börsenkurse stiegen heute langsam; **sales figures edged downwards in January** = die Absatzzahlen waren im Januar leicht rückläufig

> QUOTE the leading index edged down slightly for the week ended May 13, its first drop in six weeks
> ***Business Week***

editor *noun* Herausgeber/-in *or* Redakteur/-in; **the editor of 'The Times'** = der/die Herausgeber/-in von ‚The Times'; **the City editor** = der/die Wirtschaftsredakteur/-in

◊ **editorial 1** *adjective* redaktionell *or* Redaktions-; **editorial board** = Redaktion *f or* Redaktionskomitee *n* **2** *noun* Leitartikel *m or* Editorial *n*

EDP = ELECTRONIC DATA PROCESSING

EEA = EUROPEAN ECONOMIC AREA

EEC = EUROPEAN ECONOMIC COMMUNITY; **EEC ministers met today in Brussels** = die EWG-Minister trafen sich heute in Brüssel; **the USA is increasing its trade with the EEC** = die Vereinigten Staaten bauen ihren Handel mit der EWG aus

effect 1 *noun* **(a)** Auswirkung *f or* Effekt *m or* Sinn *m*; **the effect of the pay increase was to raise productivity levels** = die Lohnerhöhungen hatten eine Steigerung des Produktivitätsniveau zur Folge **(b) terms of a contract which take effect** *or* **come into effect from January 1st** = Vertragsbedingungen, die am 1. Januar in Kraft treten; **prices are increased 10% with effect from January 1st** = mit Wirkung vom 1. Januar werden die Preise um 10% erhöht; **to remain in effect** = wirksam *or* gültig bleiben **(c)** Sinn; **clause to the effect that** = Klausel, die zum Inhalt hat, daß *or* Klausel, die beinhaltet, daß; **we have made provision to this effect** = wir haben diesbezüglich vorgesorgt **(d) personal effects** = Gegenstände *mpl* des persönlichen Gebrauchs **2** *verb* ausführen *or* durchführen; **to effect a payment** = eine Zahlung leisten; **to effect customs clearance** = zollamtlich abfertigen lassen; **to effect a settlement between two parties** = einen Vergleich zwischen zwei Parteien zustande bringen

◇ **effective** *adjective* **(a)** effektiv *or* Effektiv-; **effective control of a company** = tatsächliche Kontrolle eines Unternehmens; **effective demand** = effektive Nachfrage; **effective yield** = Effektivertrag *m or* Effektivrendite *f* **(b) effective date** = Stichtag *m or* Tag des Inkrafttretens; **clause effective as from January 1st** = Klausel mit Wirkung vom 1. Januar **(c)** effektiv *or* wirksam; **advertising in the Sunday papers is the most effective way of selling** = Werbung in den Sonntagszeitungen ist die effektivste Art des Verkaufs; *see* COST-EFFECTIVE

◇ **effectiveness** *noun* Wirksamkeit *f or* Leistungsfähigkeit *f*; **I doubt the effectiveness of television advertising** = ich bezweifle die Wirksamkeit von Fernsehwerbung; *see* COST-EFFECTIVENESS

◇ **effectual** *adjective* wirksam

efficiency *noun* Fähigkeit *f or* Leistungsfähigkeit *f or* Effizienz *f*; **with a high degree of efficiency** = mit einem hohen Grad an Leistungsfähigkeit; **a business efficiency exhibition** = eine Ausstellung von Büromaschinen zur Betriebsrationalisierung; **an efficiency expert** = ein Rationalisierungsfachmann *m*

◇ **efficient** *adjective* rationell *or* leistungsfähig *or* effizient *or* tüchtig; **the efficient working of a system** = das rationelle Funktionieren eines Systems; **he needs an efficient secretary** = er braucht eine tüchtige *or* leistungsfähige Sekretärin; **efficient machine** = leistungsfähige Maschine

◇ **efficiently** *adverb* gut *or* effizient; **she organized the sales conference very efficiently** = sie organisierte die Verkaufskonferenz sehr effizient

> QUOTE increased control means improved efficiency in purchasing, shipping, sales and delivery
>
> *Duns Business Month*

efflux *noun* Abfluß *m*; **efflux of capital to North America** = Kapitalabfluß nach Nordamerika

effort *noun* Anstrengung *f or* Mühe *f or* Bemühung *f*; **the salesmen made great efforts to increase sales** = die Handelsvertreter unternahmen große Anstrengungen, um den Umsatz zu erhöhen; **thanks to the efforts of the finance department, overheads have been reduced** = dank der Anstrengungen der Finanzabteilung konnten die laufenden Kosten gesenkt werden ; **if we make one more effort, we should clear the backlog of orders** = wenn wir uns noch einmal bemühen, müßten wir den Auftragsrückstand aufholen

EFT = ELECTRONIC FUNDS TRANSFER

EFTA = EUROPEAN FREE TRADE ASSOCIATION

EFTPOS = ELECTRONIC FUNDS TRANSFER AT POINT OF SALE

e.g. = z.B.; **the contract is valid in some countries (e.g. France and Belgium) but not in others** = der Vertrag hat in einigen Ländern Gültigkeit (z.B. in Frankreich und Belgien), aber nicht in anderen

EGM = EXTRAORDINARY GENERAL MEETING

Egypt *noun* Ägypten *n*

◇ **Egyptian 1** *noun* Ägypter/-in **2** *adjective* ägyptisch

(NOTE: capital: **Cairo** = Kairo; currency: **Egyptian pound** = ägyptisches Pfund)

800 number *noun (US)* gebührenfreie Telefonnummer ≈ SERVICE 0130 (NOTE: in the UK, this is an **0800 or 0500 number)**

eighty/twenty rule *noun* Achtzig/Zwanzig-Regel *f* (NOTE: also called **Pareto's law)**

elastic *adjective* elastisch

◇ **elasticity** *noun* Elastizität *f*; **elasticity of supply and demand** = Elastizität von Angebot und Nachfrage

elect *verb* wählen; **to elect the officers of an association** = die Vorstandsmitglieder eines Verbands wählen; **she was elected president** = sie wurde zur Präsidentin gewählt

◇ **-elect** *suffix* designiert; **she is the president-elect** = sie ist die zukünftige Präsidentin (NOTE: the plural is **presidents-elect)**

◇ **election** *noun* Wahl *f*; **the election of officers of an association** = die Wahl der Vorstandsmitglieder eines Verbands; **the election of directors by the shareholders** = die Wahl von board-Mitgliedern durch Aktionäre; **general election** = *(Germany)* Bundestagswahl *f*; *(GB)* Parlamentswahl *f*

electricity *noun* Elektrizität *f or* Strom *m*; **the electricity was cut off this morning, so the computers could not work** = der Strom fiel heute morgen aus, so daß die Computer nicht laufen konnten; **our electricity bill has increased considerably this quarter** = unsere Stromrechnung ist im diesem Quartal erheblich gestiegen; **electricity costs are an important factor in our overheads** = Stromkosten sind ein wichtiger Faktor in unseren laufenden Kosten

◇ **electric** *adjective* elektrisch; **an electric typewriter** = eine elektrische Schreibmaschine

◇ **electrical** *adjective* elektrisch *or* Elektrizitäts-; **the engineers are trying to repair an electrical fault** = die Techniker versuchen, einen elektrischen Fehler zu beheben

electronic *adjective* **electronic data processing (EDP)** = elektronische Datenverarbeitung (EDV); **electronic engineer** = Elektroniker/-in; **electronic funds transfer (EFT)** = elektronischer Zahlungsverkehr *or* elektronische Kontoabbuchung oder -einzahlung; **electronic funds transfer at point of sale (EFTPOS)** = elektronischer Zahlungsverkehr in Verbindung mit einem POS-System; **electronic mail** *or* **email** = elektronische Post *or* E-Mail *f*; **electronic point of sale (EPOS)** = (elektronisches) Kassenterminal; Datenkasse *f*

◇ **electronics** *plural noun* Elektronik *f*; **the electronics industry** = die Elektronikindustrie; **an electronics specialist** *or* **expert** = ein Elektronikfachmann; **electronics engineer** = Elektroniker/-in (NOTE: takes a singular verb)

element *noun* Element *n or* Bestandteil *m*; **the elements of a settlement** = die Bestandteile einer Regelung

elevator *noun* **(a)** *(for produce)* Silo *m or* Getreidespeicher *m* **(b)** *(for goods)* **freight elevator** = Warenaufzug *m* **(c)** *(US)* Fahrstuhl *m or* Lift *m or* Aufzug *m*; **take the elevator to the 26th floor** = nehmen Sie den Fahrstuhl zur 26. Etage

eligible *adjective* wählbar; berechtigt; fähig *or* qualifiziert; **she is eligible for re-election** = sie ist wiederwählbar

◇ **eligibility** *noun* Wählbarkeit *f*; Berechtigung *f*; Fähigkeit *f or* Qualifikation *f*; **the chairman questioned her eligibility to stand for re-election** = der Vorsitzende bezweifelte ihre Berechtigung, sich der Wiederwahl zu stellen

eliminate *verb* eliminieren *or* ausschalten *or* ausschließen *or* beseitigen; **to eliminate defects in the system** = Mängel im System beseitigen; **using a computer should eliminate all possibility of error** = durch den Einsatz eines Computers sollten alle Fehlermöglichkeiten beseitigt werden

El Salvador *noun* El Salvador *n*

◇ **Salvadorian 1** *noun* Salvadorianer/-in **2** *adjective* salvadorianisch

(NOTE: capital: **San Salvador;** currency: **colón** = Colón *m*)

email = ELECTRONIC MAIL

embargo 1 *noun* **(a)** *(on goods or trade)* Embargo *n or* Handelssperre *f*; **to lay** *or* **put an embargo on trade with a country** = ein Handelsembargo über ein Land verhängen; **the government has put an embargo on the export of computers** = die Regierung verhängte ein Ausfuhrverbot für Computer; **to lift an embargo** = ein Embargo aufheben; **the government has lifted the embargo on the export of computers** = die Regierung hob das Ausfuhrverbot für Computer auf; **to be under an embargo** = einem Embargo unterliegen **(b)** *(on publication of news in a press release)* Informationsstop *m or* Nachrichtensperre *f* (NOTE: plural is **embargoes**) **2** *verb* **(a)** *(on goods or trade)* ein Embargo verhängen; (Handel) sperren; **the government has embargoed trade with the Eastern countries** = die Regierung sperrte den Handel mit den östlichen Ländern **(b)** *(on press release)* Informationsstop verhängen

> QUOTE the Commerce Department is planning to loosen export controls for products that have been embargoed but are readily available elsewhere in the West
>
> *Duns Business Month*

embark *verb* **(a)** (sich) einschiffen; **the passengers embarked at Southampton** = die Passagiere schifften sich in Southampton ein **(b) to embark on** = mit etwas neu beginnen; **the company has embarked on an expansion programme** = das Unternehmen nahm ein Expansionsprogramm in Angriff

◇ **embarkation** *noun* Einschiffung *f*; **port of embarkation** = Einschiffungshafen *m*; **embarkation card** = Bordkarte *f*

embezzle *verb* unterschlagen *or* veruntreuen; **he was sent to prison for six months for embezzling his clients' money** = er wurde wegen Veruntreuung *f* der Gelder seiner Klienten zu einer Freiheitsstrafe von sechs Monaten verurteilt

◇ **embezzlement** *noun* Unterschlagung *f or* Veruntreuung *f*; **he was sent to prison for six months for embezzlement** = er wurde wegen Unterschlagung zu einer Freiheitsstrafe von sechs Monaten verurteilt

◇ **embezzler** *noun* jemand, der Geld unterschlagen *or* veruntreut hat

emergency *noun* Notlage *f or* Notfall *m or* Notstand *m*; **the government declared a state of emergency** = die Regierung rief den Notstand aus; **to take emergency measures** = Notstandsmaßnahmen *fpl* ergreifen; **the company had to take emergency measures to stop losing money** = das Unternehmen mußte außerordentliche Maßnahmen ergreifen, um weiteren finanziellen Verlusten entgegenzuwirken; **emergency reserves** = Notfonds *m(pl)*

emoluments *plural noun* Einkommen *n or* Honorar *n or* Bezüge *pl* (NOTE: US English uses the singular **emolument)**

employ *verb* beschäftigen *or* anstellen *or* einstellen; **to employ twenty staff** = zwanzig Angestellte beschäftigen; **to employ twenty new staff** = zwanzig neue Mitarbeiter einstellen

◇ **employed 1** *adjective* **(a)** beschäftigt *or* angestellt; **he is not gainfully employed** = er ist nicht erwerbstätig; **self-employed** = selbständig; **he worked in a bank for ten years but now is self-employed** = er arbeitete zehn Jahre lang in einer Bank, ist aber jetzt selbständig **(b)** *(money)* eingesetzt *or* angelegt; **return on capital employed (ROCE)** = Ertrag *m* aus Kapitalanlagen *or* Investitionen *fpl*; Kapitalrendite *f* **2** *plural noun* Arbeitnehmer *pl*; **the employers and the employed** = Arbeitgeber und Arbeitnehmer *pl*; **the self-employed** = die Selbständigen *pl*

◇ **employee** *noun* Arbeitnehmer/-in; Angestellte(r); **employees of the firm are eligible to join a profit-sharing scheme** = Arbeitnehmer der Firma können sich an einem Gewinnbeteiligungsplan beteiligen; **relations between management and employees have improved** = die Beziehungen zwischen der Unternehmensleitung und den Arbeitnehmern haben sich verbessert; **the company has decided to take on new employees** = das Unternehmen entschied, neue Arbeitnehmer einzustellen; **employees and employers** = Arbeitnehmer und Arbeitgeber; **employee share ownership plan (ESOP)** *or* *(US)* **employee stock ownership plan** = Belegschaftsaktienfonds *m*

◊ **employer** *noun* Arbeitgeber/-in; **employers' organization** *or* **association** = Arbeitgeberverband *m*; **employer's contribution** = Arbeitgeberanteil *m*

◊ **employment** *noun* Beschäftigung *f*; Anstellung *f*; Stelle *f*; **full employment** = Vollbeschäftigung; **full-time employment** = Ganztagsbeschäftigung; **to be in full-time employment** = ganztägig beschäftigt sein; **part-time employment** = Halbtagsbeschäftigung *or* Teilzeitbeschäftigung; **temporary employment** = befristete Stelle; **to be without employment** = ohne Arbeit *or* erwerbslos *or* arbeitslos sein; **to find someone alternative employment** = jdm eine andere Stelle besorgen; **conditions of employment** = Arbeitsvertragsbedingungen *fpl*; **contract of employment** *or* **employment contract** = Arbeitsvertrag *m*; **security of employment** = Arbeitsplatzsicherheit *f*; **employment office** *or* **bureau** *or* **agency** = Stellenvermittlung *f*

QUOTE 70 per cent of Australia's labour force was employed in service activity
Australian Financial Review

QUOTE the blue-collar unions are the people who stand to lose most in terms of employment growth
Sydney Morning Herald

QUOTE companies introducing robotics think it important to involve individual employees in planning their introduction
Economist

emporium *noun* Warenhaus *n* (NOTE: plural is **emporia**)

empower *verb* ermächtigen *or* bevollmächtigen; **she was empowered by the company to sign the contract** = sie war von dem Unternehmen ermächtigt, den Vertrag zu unterschreiben

emptor *see* CAVEAT

empty 1 *adjective* leer; **the envelope is empty** = der Umschlag ist leer; **you can take that filing cabinet back to the storeroom as it is empty** = Sie können den Aktenschrank zurück in den Lagerraum bringen, da er leer ist; **start the computer file with an empty workspace** = starten Sie die Computerdatei mit einem leeren Speicher **2** *verb* leeren *or* leerräumen *or* ausräumen; **she emptied the filing cabinet and put the files in boxes** = sie räumte den Aktenschrank aus und verstaute die Akten in Kisten; **he emptied the petty cash box into his briefcase** = er leerte die Nebenkasse in seine Aktentasche

◊ **empties** *plural noun* Leergut *n*; **returned empties** = zurückgegebenes Leergut

EMS = EUROPEAN MONETARY SYSTEM Europäisches Währungssystem (EWS)

EMU = EUROPEAN MONETARY UNION Europäische Währungsunion (EWU)

encash *verb* einlösen

◊ **encashable** *adjective* einlösbar

◊ **encashment** *noun* Einlösung *f*; Inkasso *n*

enc *or* **encl** = ENCLOSURE(S) Anl. (= Anlage *f*)

enclose *verb* beilegen *or* beifügen; **to enclose an invoice with a letter** = einem Brief eine Rechnung beilegen; **I am enclosing a copy of the contract** = als Anlage übersende ich Ihnen ein Exemplar des Vertrags; **letter enclosing a cheque** = Brief mit beiliegendem Scheck ; **please find the cheque enclosed herewith** = als Anlage *or* anbei übersenden wir Ihnen den Scheck

◊ **enclosure** *noun* Anlage *f or* Beilage *f*; **letter with enclosures** = Brief mit Anlage

encourage *verb* **(a)** fördern *or* anregen *or* begünstigen; **the general rise in wages encourages consumer spending** = der allgemeine Lohnanstieg fördert Verbraucherausgaben; **leaving your credit cards on your desk encourages people to steal** *or* **encourages stealing** = wenn Sie die Kreditkarte auf Ihrem Schreibtisch liegen lassen, verleitet das andere, sie zu stehlen *or* verleitet das zum Stehlen **the company is trying to encourage sales by giving large discounts** = das Unternehmen versucht, den Umsatz durch hohe Rabatte zu fördern **(b)** ermutigen; **he encouraged me to apply for the job** = er ermutigte mich, mich um die Stelle zu bewerben

◊ **encouragement** *noun* Anregung *f or* Ermutigung *f*; **the designers developed a very marketable product, thanks to the encouragement of the sales director** = die Designer entwickelten dank der Unterstützung des Verkaufsleiters ein äußerst marktfähiges Produkt

end 1 *noun* **(a)** Ende *n or* Beendigung *f*; **at the end of the contract period** = am Ende der Vertragslaufzeit; **at the end of six months** = nach Ablauf von sechs Monaten; **account end** = Ende des Buchungszeitraums; **month end** = Monatsende; **year end** = Jahresende; **end product** = Endprodukt *n*; **after a six months' trial period, the end product is still not acceptable** = nach sechsmonatiger Testphase ist das Endprodukt immer noch nicht zufriedenstellend; **end user** = Endverbraucher *m or* Endbenutzer *m*; **the company is creating a computer with the end user in mind** = das Unternehmen entwickelt einen Computer im Hinblick auf den Endbenutzer **(b) in the end** = schließlich; **in the end the company had to pull out of the US market** = schließlich mußte sich das Unternehmen aus dem amerikanischen Markt zurückziehen; **in the end they signed the contract at the airport** = sie unterzeichneten den Vertrag schließlich am Flughafen; **in the end the company had to call in the police** = schließlich mußte das Unternehmen die Polizei rufen; **on end** = ununterbrochen; **the discussions continued for hours on end** = die Unterredungen gingen stundenlang ununterbrochen weiter; **the workforce worked at top speed for weeks on end to finish the order on time** = die Belegschaft arbeitete wochenlang mit Höchstgeschwindigkeit, um den Auftrag termingerecht zu erledigen; **to come to an end** = zu Ende gehen *or* auslaufen; **our distribution agreement comes to an end next month** = unser Vertriebsvertrag läuft nächsten Monat aus **2** *verb* enden; beenden; **the distribution agreement ends in July** = der Vertriebsvertrag läuft im Juli aus;

the chairman ended the discussion by getting up and walking out of the meeting = der Vorsitzende beendete die Diskussion, indem er aufstand und die Versammlung verließ

◊ **end in** *verb* enden mit *or* ausgehen; **the AGM ended in the shareholders fighting on the floor** = die Jahreshauptversammlung endete damit, daß sich die Aktionäre auf dem Boden rauften

◊ **end up** *verb* anlangen *or* enden; **we ended up with a bill for £10,000** = am Ende hatten wir eine Rechnung von £10.000

endorse *verb* **to endorse a bill** *or* **a cheque** = einen Wechsel indossieren *or* einen Scheck girieren

◊ **endorsee** *noun* Indossat(ar) *m*

◊ **endorsement** *noun* **(a)** (i) *(act of endorsing)* Indossierung *f;* (ii) *(signature on a document which endorses it)* Indossament *n* **(b)** *(note on an insurance policy)* Nachtrag *m* (zu einer Police)

◊ **endorser** *noun* Indossant *m*

endowment *noun* Stiftung *f*; **endowment insurance** *or* **endowment policy** = Versicherung *f* auf den Erlebens- und Todesfall; **endowment mortgage** = mit einer gemischten Lebensversicherung gekoppelte Hypothek

energy *noun* **(a)** Energie *f or* Kraft *f*; **he hasn't the energy to be a good salesman** = er hat nicht die Energie, um ein guter Handelsvertreter zu sein; **they wasted their energies on trying to sell cars in the German market** = sie verschwendeten ihre Energien bei dem Versuch, Autos auf dem deutschen Markt zu verkaufen **(b)** *(power from electricity or petrol, etc.)* Energie *f*; **we try to save energy by switching off the lights when the rooms are empty** = wir versuchen Energie zu sparen, indem wir das Licht ausschalten, wenn niemand in den Zimmern ist; **if you reduce the room temperature to eighteen degrees, you will save energy** = wenn Sie die Zimmertemperatur auf achtzehn Grad senken, werden Sie Energie sparen

◊ **energetic** *adjective* voller Energie; aktiv *or* tatkräftig; **the salesmen have made energetic attempts to sell the product** = die Handelsvertreter unternahmen aktive Versuche, das Produkt zu verkaufen

◊ **energy-saving** *adjective* energiesparend; **the company is introducing energy-saving measures** = das Unternehmen führt energiesparende Maßnahmen ein

enforce *verb* erzwingen *or* Geltung verschaffen *or* durchsetzen; **to enforce a contract** = aus einem Vertrag klagen *or* Rechte aus einem Vertrag geltend machen

◊ **enforcement** *noun* Erzwingung *f or* Durchsetzung *f or* Geltendmachung *f*; **enforcement of the terms of a contract** = die Durchsetzung der Vertragsbedingungen

engage *verb* **(a) to engage someone to do something** = jdn zu etwas verpflichten *or* jdn mit etwas beauftragen; **the contract engages us to a minimum annual purchase** = der Vertrag verpflichtet uns zu einer jährlichen Mindestabnahme **(b)** jdn anstellen *or* einstellen *or* engagieren; **we have engaged the best commercial lawyer to represent us** = wir haben zu unserer Vertretung den besten auf Handelsrecht spezialisierten Anwalt engagiert *or* beauftragt; **the company has engaged twenty new salesmen** = das Unternehmen stellte zwanzig neue Vertreter ein **(c) to be engaged in** = beschäftigt sein mit; **he is engaged in work on computers** = er ist mit der Arbeit an Computern beschäftigt; **the company is engaged in trade with Africa** = das Unternehmen ist am Handel mit Afrika beteiligt

◊ **engaged** *adjective (telephone)* besetzt; **you cannot speak to the manager - his line is engaged** = Sie können den Geschäftsführer nicht sprechen - sein Anschluß ist besetzt; **engaged tone** = Besetztzeichen *n*; **I tried to phone the complaints department but got only the engaged tone** = ich habe versucht, die Reklamationsabteilung anzurufen, aber es war immer besetzt

◊ **engagement** *noun* **(a)** Verpflichtung *f or* Vereinbarung *f or* (formelles) Versprechen; **to break an engagement (to do something)** = eine Verpflichtung nicht einhalten; **the company broke their engagement not to sell our rivals' products** = das Unternehmen hielt sein Versprechen, unsere Konkurrenzprodukte nicht zu verkaufen, nicht ein **(b) engagements** = Termine *mpl*; **I have no engagements for the rest of the day** = ich habe heute keine Termine mehr; **she noted the appointment in her engagements diary** = sie notierte den Termin in ihrem Terminkalender

engine *noun* Motor *m*; Maschine *f*; **a car with a small engine is more economic than one with a large one** = ein Wagen mit einem kleinen Motor ist sparsamer als einer mit einem großen Motor; **the lift engine has broken down again - we shall just have to walk up to the 4th floor** = der Antriebsmotor des Aufzugs ist wieder kaputt - da müssen wir eben zu Fuß in den 4. Stock gehen

◊ **engineer** *noun* Ingenieur/-in; Techniker/-in; **civil engineer** = Bauingenieur/-in; **consulting engineer** = beratende(r) Ingenieur/-in; **product engineer** = Betriebsingenieur/-in; **project engineer** = Projektingenieur/-in; **programming engineer** = Programmierer/-in

◊ **engineering** *noun* Ingenieurwesen *n*; Technik *f*; Engineering *n*; **civil engineering** = Bauwesen *n*; **mechanical engineering** = Maschinenbau *m*; **the engineering department** = die technische Abteilung; **an engineering consultant** = ein(e) technische(r) Berater/-in

England *noun* England *n*

◊ **English 1** *plural noun* die Engländer **2** *adjective* englisch

(NOTE: capital: **London;** currency: **pound sterling** = Pfund Sterling *n*)

enquire = INQUIRE

◊ **enquiry** = INQUIRY

en route *adverb* unterwegs; **the tanker sank when she was en route to the Gulf** = der Tanker sank, als er unterwegs zum Golf war

entail 1 *noun* unveräußerliches Erbgut **2** *verb* erfordern *or* zur Folge haben *or* mit sich bringen; **itemizing the sales figures will entail about ten days' work** = die Aufschlüsselung der Absatzzahlen erfordert etwa zehn Tage Arbeit

enter *verb* **(a)** *(go in)* hereinkommen *or* hineingehen *or* einsteigen; **they all stood up when the chairman entered the room** = sie standen alle auf, als der Vorsitzende den Raum betrat; **the company has spent millions trying to enter the do-it-yourself market** = das Unternehmen gab Millionen aus bei dem Versuch, in den Do-it-yourself-Markt einzudringen **(b)** *(write in)* eintragen; **to enter a name on a list** = einen Namen in eine Liste eintragen; **the clerk entered the interest in my bank book** = der Angestellte trug die Zinsen in mein Sparbuch ein; **to enter up an item in a ledger** = eine Position in ein Hauptbuch eintragen; **to enter a bid for something** = für etwas ein Angebot machen; **to enter a caveat** = Einspruch einlegen **(c) to enter into** = aufnehmen *or* eingehen; **to enter into relations with someone** = Beziehungen mit jdm aufnehmen; **to enter into negotiations with a foreign government** = Verhandlungen mit einem ausländischen Staat aufnehmen; **to enter into a partnership with a friend** = eine Teilhaberschaft mit einem Freund eingehen; sich mit einem Freund geschäftlich verbinden; **to enter into an agreement** *or* **a contract** = einen Vertrag schließen *or* eingehen

◇ **entering** *noun* Eintragung *f*

enterprise *noun* **(a)** Unternehmertum *n*; **free enterprise** = freies Unternehmertum; **private enterprise** = Privatunternehmen *n* *or* Privatwirtschaft *f*; **the project is completely funded by private enterprise** = das Projekt wird gänzlich durch die Privatwirtschaft finanziert; **enterprise zone** = Förderungsgebiet *n* **(b)** *(a business)* Unternehmen *n*; **a small-scale enterprise** = ein Kleinbetrieb *m*; **a state enterprise** = ein staatliches Unternehmen *or* ein Staatsbetrieb *m*; **bosses of state enterprises are appointed by the government** = die Chefs staatlicher Unternehmen werden von der Regierung ernannt

entertain *verb* **(a)** *(a guest)* unterhalten *or* bewirten **(b)** *(an idea)* in Erwägung *or* Betracht ziehen; erwägen; **the management will not entertain any suggestions from the union representatives** = die Unternehmensleitung wird keinerlei Vorschläge der Gewerkschaftsvertreter in Erwägung ziehen

◇ **entertainment** *noun* Unterhaltung *f* *or* Bewirtung *f*; **entertainment allowance** = Bewirtungsentschädigung *f*; **entertainment expenses** = Bewirtungskosten *pl*

entitle *verb* berechtigen; **he is entitled to a discount** = er hat Anspruch auf Rabatt

◇ **entitlement** *noun* Anspruch *m* *or* Berechtigung *f*; **holiday entitlement** = Urlaubsanspruch; **she has not used up all her holiday entitlement** = sie hat noch nicht den ganzen ihr zustehenden Urlaub genommen; **pension entitlement** = Rentenanspruch

entrance *noun* Eingang *m*; **the taxi will drop you at the main entrance** = das Taxi wird Sie am Haupteingang absetzen; **deliveries should be made to the London Road entrance** = Lieferungen bitte an den Eingang London Road; **entrance (charge)** = Eintritt *m*; **entrance is £1.50 for adults and £1 for children** = für Erwachsene beträgt der Eintritt £1.50 and für Kinder £1

entrepot port *noun* Umschlaghafen *m*

entrepreneur *noun* Unternehmer/-in

◇ **entrepreneurial** *adjective* unternehmerisch; **an entrepreneurial decision** = eine unternehmerische Entscheidung

entrust *verb* **to entrust someone with something** *or* **to entrust something to someone** = jdm etwas anvertrauen; **he was entrusted with the keys to the office safe** = ihm wurden die Schlüssel für den Bürosafe anvertraut

entry *noun* **(a)** Eintrag *m*; **credit entry** *or* **debit entry** = Gutschrift *f* *or* Habenbuchung *f*; Lastschrift *f* *or* Sollbuchung *f*; **single-entry bookkeeping** = einfache Buchführung; **double-entry bookkeeping** = doppelte Buchführung; **to make an entry in a ledger** = einen Eintrag in das Hauptbuch vornehmen; **contra entry** = Gegenbuchung *f*; **to contra an entry** = einen Eintrag gegenbuchen *or* stornieren **(b)** Eintritt *m* *or* Eingang *m*; **to pass a customs entry point** = eine Zollstelle passieren; **entry of goods under bond** = Einfuhr *f* von Zollgut; **entry charge** = Eintritt *m*; **entry visa** = Einreisevisum *n*; **multiple entry visa** = Visum zur mehrmaligen Einreise

envelope *noun* Briefumschlag *m*; **airmail envelope** = Luftpostumschlag; **aperture envelope** *or* **window envelope** = Fensterumschlag; **sealed** *or* **unsealed envelope** = verschlossener *or* offener Briefumschlag; **to send the information in a sealed envelope** = Informationen in einem zugeklebten Umschlag versenden; **a stamped addressed envelope (s.a.e.)** = ein freigemachter *or* frankierter Rückumschlag; **please send a stamped addressed envelope for further details and our latest catalogue** = bitte schicken Sie einen frankierten Rückumschlag, wenn Sie an weiteren Einzelheiten und unserem neusten Katalog interessiert sind

environment *noun* Umwelt *f*

◇ **environment-friendly** *adjective* umweltfreundlich

EOQ = ECONOMIC ORDER QUANTITY

epos *or* **EPOS** = ELECTRONIC POINT OF SALE

equal 1 *adjective* gleich; **male and female workers have equal pay** = männliche und weibliche Arbeitskräfte bekommen die gleiche Bezahlung; **equal opportunities programme** = Chancengleichheitsprogramm *n* (NOTE: the US equivalent is **affirmative action**) **2** *verb* gleichen *or* gleichkommen; **production this month has equalled our previous best month** = die Produktion in diesem Monat glich dem besten Monat davor (NOTE: **equalling - equalled** but US: **equaling - equaled**)

◇ **equalize** *verb* ausgleichen *or* angleichen; **to equalize dividends** = Dividenden ausgleichen

◇ **equalization** *noun* Ausgleich *m* *or* Angleichung *f*

◇ **equally** *adverb* gleichmäßig *or* gleichermaßen; **costs will be shared equally between the two parties** = die beiden Parteien werden die Kosten zu gleichen Teilen tragen; **they were both equally**

responsible for the disastrous launch = sie waren gleichermaßen verantwortlich für die katastrophale Einführung des Produkts auf dem Markt

equip *verb* ausrüsten *or* ausstatten; **to equip a factory with new machinery** = eine Fabrik mit neuen Maschinen ausrüsten; **the office is fully equipped with modern PCs** = das Büro ist komplett mit modernen PCs ausgestattet

◊ **equipment** *noun* Ausrüstung *f or* Ausstattung *f or* Einrichtung *f*; **office equipment** *or* **business equipment** = Büroausstattung *or* Büroeinrichtung *or* Betriebsausrüstung; **office equipment supplier** = Büroausstatter *m*; **office equipment catalogue** = Katalog *m* für Büroausstattung *or* Büroeinrichtung; **capital equipment** = Investitionsgüter *npl or* Produktionsmittel *pl*; **heavy equipment** = Schwermaschinen *fpl*
(NOTE: no plural in English)

equity *noun* Eigenkapital *n* (NOTE: also called **shareholder's equity** or **shareholder's capital**); **equity capital** = Aktienkapital

◊ **equities** *plural noun* Stammaktien *fpl*

QUOTE in the past three years commercial property has seriously underperformed equities and dropped out of favour as a result
Investors Chronicle

QUOTE investment trusts can raise more capital but this has to be done as a company does it, by a rights issue of equity
Investors Chronicle

equivalence *noun* Gleichwertigkeit *f or* Äquivalenz *f*

◊ **equivalent** *adjective* **to be equivalent to** = gleichkommen *or* gleichwertig sein *or* entsprechen; **the total dividend paid is equivalent to one quarter of the pretax profits** = die insgesamt ausgeschüttete Dividende entspricht einem Viertel der Gewinne vor Steuer

erase *verb* ausradieren

◊ **eraser** *noun* Radiergummi *m*

ergonomics *plural noun* Ergonomie *f or* Ergonomik *f* (NOTE: takes a singular verb)

◊ **ergonomist** *noun* Ergonom *m*

ERM = EXCHANGE RATE MECHANISM

erode *verb* aushöhlen *or* auswaschen; **to erode wage differentials** = Lohnunterschiede abbauen

error *noun* Fehler *m*; **he made an error in calculating the total** = er machte einen Fehler bei der Berechnung der Gesamtsumme; **the secretary must have made a typing error** = die Sekretärin muß einen Tippfehler gemacht haben; **clerical error** = Schreibfehler; **computer error** = Computerfehler; **margin of error** = Fehlerspielraum *m*; **errors and omissions excepted (e. & o. e.)** = Irrtümer und Auslassungen vorbehalten; **error rate** = Fehlerquote *f*; **in error** *or* **by error** = versehentlich *or* irrtümlich; **the letter was sent to the London office in error** = der Brief wurde versehentlich an die Londoner Geschäftsstelle geschickt

escalate *verb* eskalieren *or* ansteigen

◊ **escalation** *noun* **escalation of prices** = Preiseskalation *f or* Preisanstieg *m*; **escalation clause** = ESCALATOR CLAUSE

◊ **escalator clause** *noun* Gleitklausel *f or* Preisgleitklausel

escape *noun* Ausbruch *m or* Entkommen *n*; **escape clause** = Befreiungsklausel *f or* Rücktrittsklausel

escrow *noun* **in escrow** = treuhänderisch hinterlegt; **document held in escrow** = bei einem Treuhänder verwahrtes Dokument; **escrow account** = Treuhandkonto *n*

escudo *noun (currency used in Portugal)* Escudo *m*

ESOP = EMPLOYEE SHARE OWNERSHIP PROGRAMME

espionage *noun* **industrial espionage** = Werks(s)pionage *f or* Wirtschaftsspionage

essential *adjective* wesentlich *or* unerläßlich *or* unbedingt notwendig; **it is essential that an agreement be reached before the end of the month** = bis Ende des Monats muß unbedingt eine Einigung erzielt werden; **the factory is lacking essential spare parts** = der Fabrik fehlen entscheidende Ersatzteile

◊ **essentials** *plural noun* Güter *npl* des täglichen Bedarfs

establish *verb* gründen *or* schaffen *or* bilden *or* einrichten; **the company has established a branch in Australia** = das Unternehmen eröffnete eine Filiale in Australien; **the business was established in Scotland in 1823** = das Unternehmen wurde 1823 in Schottland gegründet; **it is a young company - it has been established for only four years** = es ist ein junges Unternehmen - es besteht erst seit vier Jahren; **to establish oneself in business** = sich geschäftlich durchsetzen *or* etablieren

◊ **establishment** *noun* **(a)** *(a business)* Firma *f or* Geschäft *n or* Betrieb *m or* Unternehmen *n*; **he runs an important printing establishment** = er leitet ein wichtiges Druckunternehmen **(b)** *(people and property in a company's accounts)* **establishment charges** = direkte Kosten *pl* **(c)** *(number of people working in a company)* Personalbestand *m*; **to be on the establishment** = zum Personal *n* gehören *or* fest angestellt sein; **office with an establishment of fifteen** = Büro mit fünfzehn Mitarbeitern *mpl*

estate *noun* **(a) real estate** = Grundbesitz *m*; Immobilien *fpl*; **estate agency** = Immobilienfirma *f*; **estate agent** = Immobilienmakler/-in **(b) industrial estate** *or* **trading estate** = Gewerbegebiet *n or* Industriegebiet **(c)** Nachlaß *m or* Erbmasse *f*; **estate duty** = Erbschaftssteuer *f*

estimate 1 *noun* **(a)** Schätzung *f or* Überschlag *m*; **rough estimate** = grobe Schätzung; **at a conservative estimate** = bei vorsichtiger Schätzung; **their turnover has risen by at least 20% in the last year, and that is a conservative estimate**

= ihr Umsatz stieg im letzten Jahr um mindestens 20%, und das ist noch eine vorsichtige Schätzung; **these figures are only an estimate** = diese Zahlen sind nur geschätzt; **can you give me an estimate of how much time was spent on the job?** = können Sie mir schätzungsweise sagen, wie lange an dem Auftrag gearbeitet wurde? **(b)** *(calculation of how much something is likely to cost)* Kostenvoranschlag *m*; **estimate of costs** *or* **of expenditure** = Kostenüberschlag *m* *or* Ausgabenüberschlag; **before we can give the grant we must have an estimate of the total costs involved** = bevor wir den Zuschuß gewähren, brauchen wir eine Schätzung der Gesamtkosten; **to ask a builder for an estimate for building the warehouse** = von einem Bauunternehmer einen Kostenvoranschlag für den Bau des Lagerhauses einholen; **to put in an estimate** = einen Kostenvoranschlag abgeben; **three firms put in estimates for the job** = drei Firmen gaben Kostenvoranschläge für den Auftrag ab **2** *verb* **(a)** schätzen; **to estimate that it will cost £1m** *or* **to estimate costs at £1m** = die Kosten auf £1 Million schätzen; **we estimate current sales at only 60% of last year** = wir schätzen den gegenwärtigen Absatz auf nur 60% des Vorjahres **(b) to estimate for a job** = einen Kostenvoranschlag für einen Auftrag einreichen; **three firms estimated for the fitting of the offices** = drei Firmen machten Kostenvoranschläge für die Ausstattung des Büros

◇ **estimated** *adjective* geschätzt *or* veranschlagt; **estimated figure** = Schätzwert *m*; **estimated sales** = geschätzter Absatz

◇ **estimation** *noun* Schätzung *f*

◇ **estimator** *noun* Schätzer/-in

Estonia *noun* Estland *n*

◇ **Estonian 1** *noun* Este/Estin *or* Estländer/-in **2** *adjective* estnisch *or* estländisch

(NOTE: capital: **Tallinn;** currency: **Estonian krone** *or* **kroon** = estnische Krone)

et al. = AND OTHERS

etc. = usw. *or* etc.; **the import duty is to be paid on luxury items including cars, watches, etc.** = Einfuhrzoll muß für Luxusgüter einschließlich Autos, Uhren etc. entrichtet werden

Ethiopia *noun* Äthiopien *n*

◇ **Ethiopian 1** *noun* Äthiopier/-in **2** *adjective* äthiopisch

(NOTE: capital: **Addis Ababa** = Addis Abeba; currency: **Ethiopian birr** = Birr *m*)

EU = EUROPEAN UNION; **EU ministers met today in Brussels** = die Minister der EU trafen heute in Brüssel zusammen; **the USA is increasing its trade with the EU** = die Vereinigten Staaten bauen ihren Handel mit die EU aus

Euro- *prefix* Euro-

◇ **Eurobond** *noun* Eurobond *m* *or* Euroanleihe *f*; **the Eurobond market** = der Euroanleihemarkt *m*

◇ **Eurocheque** *noun* Euroscheck *m* *or* Eurocheque *m* **Eurocheque card** = Eurocheque-Karte *f* *or* ec-Karte

◇ **Eurocurrency** *noun* Eurowährung *f*; **a Eurocurrency loan** = eine Euroanleihe; ein Eurowährungskredit *m*; **the Eurocurrency market** = der Eurogeldmarkt

◇ **Eurodollar** *noun* Eurodollar *m*; **a Eurodollar loan** = eine Eurodollar-Anleihe; **the Eurodollar market** = der Eurodollarmarkt

◇ **Euromarket** *noun* Euromarkt *m*

◇ **Europe** *noun* Europa; **most of the countries of Western Europe are members of the European Union** = die meisten Länder Westeuropas sind Mitglieder der Europäischen Union; **Canadian exports to Europe have risen by 25%** = kanadische Exporte nach Europa sind um 25% gestiegen

◇ **European** *adjective* europäisch; **European Bank for Reconstruction and Development (EBRD)** = Europäische Bank für Wiederaufbau und Entwicklung (BERD); **European (Economic) Community (EC** *or* **EEC)** = Europäische (Wirtschafts)gemeinschaft (EG *or* EWG); **European Free Trade Association (EFTA)** = Europäische Freihandelszone; **European Monetary System (EMS)** = Europäisches Währungssystem (EWS); **European Monetary Union (EMU)** = Europäische Währungsunion (EWU)

◇ **European Union (EU)** Europäische Union (EU)

evade *verb* ausweichen *or* umgehen *or* sich entziehen; **to evade tax** = Steuern hinterziehen

evaluate *verb* abschätzen *or* einschätzen *or* festsetzen *or* berechnen; **to evaluate costs** = Kosten berechnen

◇ **evaluation** *noun* Abschätzung *f* *or* Einschätzung *f* *or* Festsetzung *f* *or* Berechnung *f*; **job evaluation** = Arbeits(platz)bewertung *f*

evasion *noun* Umgehung *f* *or* Ausweichen *n*; *(illegally trying not to pay tax)* **tax evasion** = Steuerhinterziehung *f*

evidence *noun* Aussage *f*; **documentary evidence** = Urkundenbeweis *m*; **the secretary gave evidence against her former employer** = die Sekretärin sagte gegen ihren ehemaligen Arbeitgeber aus

ex(-) *preposition* **(a)** ab; **price ex warehouse** = Preis ab Lager; **price ex works** *or* **ex factory** = Preis ab Werk **(b) ex coupon** = ohne Coupon; **share quoted ex dividend** = ohne Dividende notierte Aktie; **the shares went ex dividend yesterday** = die Aktien wurden gestern ohne Dividende gehandelt **(c)** ehemalig *or* Ex-; **Mr Smith, the ex-chairman of the company** = Herr Smith, der ehemalige Vorsitzende des Unternehmens **(d) to be ex-directory** = nicht im Telefonbuch stehen; **he has an ex-directory number** = er hat eine Nummer, die nicht im Telefonbuch steht

exact *adjective* genau *or* exakt; **the exact time is 10.27** = die genaue Zeit ist 10 Uhr 27; **the salesgirl asked me if I had the exact sum, since they had no change** = die Verkäuferin fragte, ob ich das Geld passend hätte, da sie kein Wechselgeld hatten

◇ **exactly** *adverb* genau; **the total cost was exactly £6,500** = die Gesamtkosten beliefen sich auf genau £6.500

examine *verb* **(a)** *(look at carefully)* untersuchen *or* (über)prüfen; **the customs officials asked to examine the inside of the car** = die Zollbeamten wollten das Innere des Wagens durchsuchen; **the police are examining the papers from the managing director's safe** = die Polizei überprüft die Papiere aus dem Safe des geschäftsführenden Direktors **(b)** *(to test)* prüfen

◇ **examination** *noun* **(a)** *(inspection)* Untersuchung *f or* Prüfung *f or* Überprüfung; **customs examination** = Zollkontrolle *f* **(b)** *(test)* Prüfung *f or* Examen *n*; **he passed his accountancy examinations** = er bestand seine Buchhalterexamen; **she came first in the final examination for the course** = sie war die Beste im Abschlußexamen des Kurses; **he failed his proficiency examination and so had to leave his job** = er fiel durch die Leistungsprüfung und mußte daher seine Stelle aufgeben

example *noun* Beispiel *n or* Modell *n or* Muster *n or* Probe *f*; **the motor show has many examples of energy-saving cars on display** = bei der Automobilausstellung sind viele energiesparende Automodelle ausgestellt; **for example** = zum Beispiel; **the government wants to encourage exports, and, for example, gives free credit to exporters** = die Regierung will den Export fördern und vergibt zum Beispiel zinslose Kredite an Exporteure

exceed *verb* übersteigen *or* überschreiten *or* hinausgehen über; **discount not exceeding 15%** = Rabatt bis zu 15%; **last year costs exceeded 20% of income for the first time** = die Vorjahreskosten überschritten erstmalig 20% der Einnahmen ; **he has exceeded his credit limit** = er hat seinen Kredit überzogen

excellent *adjective* ausgezeichnet *or* erstklassig *or* hervorragend; **the quality of the firm's products is excellent, but its sales force is not large enough** = die Produktqualität des Unternehmens ist ausgezeichnet, aber der Vertreterstab ist nicht groß genug

except *preposition & conjunction* außer; **VAT is levied on all goods and services except books, newspapers and children's clothes** = MwSt. wird auf alle Waren und Dienstleistungen erhoben, außer auf Bücher, Zeitungen und Kinderbekleidung; **sales are rising in all markets except the Far East** = die Umsätze steigen auf allen Absatzmärkten außer im Fernen Osten

◇ **excepted** *adverb* ausgenommen; **errors and omissions excepted (e. & o. e.)** = Irrtümer und Auslassungen vorbehalten

◇ **exceptional** *adjective* außergewöhnlich; **exceptional items** = Sonderposten *mpl*

excess *noun* Überschuß *m or* Mehrbetrag *m*; **an excess of expenditure over revenue** = ein Überschuß der Ausgaben gegenüber den Einnahmen; **excess baggage** = Übergewicht *n*; **excess capacity** = Überkapazität *f*; **excess fare** = Nachlösegebühr *f*; **in excess of** = über *or* mehr als; **quantities in excess of twenty-five kilos** = Mengen über 25 Kilo; **excess profits** = Übergewinn *m or* Mehrgewinn; **excess profits tax** = Übergewinnsteuer *f*; **excess stock** = Überbestand *m*

◇ **excessive** *adjective* übermäßig; **excessive costs** = übermäßige Kosten *pl*

QUOTE most airlines give business class the same baggage allowance as first class, which can save large sums in excess baggage

Business Traveller

QUOTE control of materials provides manufacturers with an opportunity to reduce the amount of money tied up in excess materials

Duns Business Month

exchange 1 *noun* **(a)** Tausch *m or* Austausch; **to offer** *or* **take something in part exchange** = etwas in Zahlung geben *or* nehmen; **to take a car in part exchange** = ein Auto in Zahlung nehmen; **exchange of contracts** = Unterzeichnung *f* des Kaufvertrags für Grundbesitz **(b)** *(currency)* **foreign exchange** = Devisen *pl*; **the company has more than £1m in foreign exchange** = das Unternehmen besitzt mehr als £1 Million in Devisen; **foreign exchange broker** = Devisenhändler/-in *or* Devisenmakler/-in; **foreign exchange market** = Devisenmarkt *m or* Devisenbörse *f*; **he trades on the foreign exchange market** = er handelt an der Devisenbörse; **foreign exchange markets were very active after the devaluation of the dollar** = die Devisenmärkte reagierten auf die Abwertung des Dollars sehr lebhaft; **rate of exchange** *or* **exchange rate** = Wechselkurs *m*; **the current rate of exchange is 2.45 marks to the pound** = das Pfund Sterling steht derzeit bei DM 2,45; *(EMS)* **exchange rate mechanism (ERM)** = Wechselkursmechanismus *m*; **exchange control** = Devisenkontrolle *f or* Devisenbewirtschaftung *f*; **the government had to impose exchange controls to stop the rush to buy dollars** = die Regierung mußte Devisenkontrollen einführen, um die lebhafte Dollarnachfrage zu stoppen; **exchange dealer** = Devisenhändler/-in; **exchange dealings** = Devisenhandel *m*; *(GB)* **Exchange Equalization Account** = Währungsausgleichsfonds *m*; **exchange premium** = Agio *n or* Aufgeld *n* **(c) bill of exchange** = Wechsel *m or* Tratte *f* **(d) telephone exchange** = Fernsprechamt *n or* Vermittlung *f* **(e) stock exchange** = Börse *f*; **the company's shares are traded on the New York Stock Exchange** = die Aktien des Unternehmens werden an der New Yorker Börse gehandelt; **he works on the stock exchange** = er arbeitet an der Börse; **commodity exchange** = Warenbörse *f* **2** *verb* **(a) to exchange one article for another** = einen Artikel gegen einen anderen (um)tauschen; **he exchanged his motorcycle for a car** = er tauschte sein Motorrad gegen ein Auto (um); **if the trousers are too small you can take them back and exchange them for a larger pair** = wenn die Hose zu klein ist, können Sie sie zurückbringen und gegen eine größere umtauschen; **goods can be exchanged only on production of the sales slip** = Waren werden nur gegen Vorlage des Bons umgetauscht **(b) to exchange contracts** = beim Kauf von Grundbesitz den Vertrag unterschreiben **(c)** wechseln *or* tauschen; **to exchange marks for pounds** = Mark in Pfund umtauschen

◇ **exchangeable** *adjective* austauschbar *or* umtauschbar

◇ **exchanger** *noun* Devisenhändler/-in

QUOTE under the barter agreements, Nigeria will export crude oil in exchange for trucks, food, planes and chemicals

Wall Street Journal

QUOTE can free trade be reconciled with a strong dollar resulting from floating exchange rates

Duns Business Month

QUOTE a draft report on changes in the international monetary system casts doubt on any return to fixed exchange-rate parities

Wall Street Journal

Exchequer *noun (GB)* **the Exchequer** = das Finanzministerium *or* das Schatzamt; **the Chancellor of the Exchequer** = der Finanzminister *or* der Schatzkanzler

excise 1 *noun* **(a) excise duty** *or (US)* **excise tax** = Steuer *f; (auf inländische Waren)* Verbrauchssteuer; **to pay excise duty on wine** = (Verbrauchs)steuern auf Wein bezahlen **(b)** *(British government department dealing with taxes on imports and VAT)* **Customs and Excise** *or* **Excise Department** = Amt *n* für Zölle und Verbrauchssteuern; **Excise officer** = Steuereinnehmer/-in **2** *verb* entfernen *or* herausschneiden; **please excise all references to the strike in the minutes** = bitte entfernen Sie alle Hinweise auf den Streik aus dem Protokoll

◊ **exciseman** *noun* Steuereinnehmer *m*

QUOTE excise taxes account for 45% of liquor prices but only about 10% of wine and beer prices

Business Week

exclude *verb* ausschließen; **the interest charges have been excluded from the document** = die Zinsbelastungen wurden nicht in die Unterlagen aufgenommen; **damage by fire is excluded from the policy** = die Police deckt keine Brandschäden

◊ **excluding** *preposition* außer *or* ausgenommen; **all salesmen, excluding those living in London, can claim expenses for attending the sales conference** = alle Handelsvertreter, außer denen, die in London wohnen, können für die Teilnahme an der Verkaufskonferenz Spesen geltend machen

◊ **exclusion** *noun* Ausschluß *m; (in an insurance policy)* **exclusion clause** = Ausschlußklausel *f or* Freizeichnungsklausel

◊ **exclusive** *adjective* **(a) exclusive agreement** = Exklusivvertrag *m*; **exclusive right to market a product** = Alleinvertriebsrecht *n* für ein Produkt **(b) exclusive of** = exklusive *or* ausschließlich; **all payments are exclusive of tax** = alle Zahlungen sind exklusive Steuer *or* ohne Steuer; **the invoice is exclusive of VAT** = die Rechnung enthält keine MwSt.

◊ **exclusivity** *noun* Exklusivrecht *n*

excuse 1 *noun* Entschuldigung *f or* Ausrede *f*; **his excuse for not coming to the meeting was that he had been told about it only the day before** = seine Entschuldigung für sein Nichterscheinen bei der Versammlung war, daß er erst einen Tag vorher davon informiert wurde **the managing director refused to accept the sales manager's excuses for the poor sales** = der geschäftsführende Direktor weigerte sich, die Entschuldigungen des Verkaufsleiters für den geringen Absatz zu akzeptieren **2** *verb* entschuldigen *or* verzeihen; **she can be excused for not knowing the German for 'deadline'** = man kann ihr nicht übelnehmen, daß sie das deutsche Wort für ‚deadline' nicht weiß

execute *verb* ausführen

◊ **execution** *noun* Ausführung *f or* Durchführung; **stay of execution** = Vollstreckungsaufschub *m*; **the court granted the company a two-week stay of execution** = das Gericht gewährte dem Unternehmen zwei Wochen Vollstreckungsaufschub

◊ **executive 1** *adjective* exekutiv *or* Exekutiv-; **executive committee** = Vorstand *m*; **executive director** = geschäftsführendes Mitglied des board of directors; **executive secretary** = Geschäftsführer/-in; **executive powers** = Exekutivgewalt *f*; **he was made managing director with full executive powers over the European operation** = er wurde zum geschäftsführenden Direktor mit voller Exekutivgewalt über das Europageschäft gemacht **2** *noun* Führungskraft *f*; leitende(r) Angestellte(r); **sales executive** = Verkaufsleiter/-in; **senior** *or* **junior executive** = leitende(r) *or* jüngere(r) Angestellte(r); **account executive** = Kundenbetreuer/-in; **chief executive** *or (US)* **chief executive officer (CEO)** = Generaldirektor/-in

executor *noun* Testamentsvollstrecker/-in; **he was named executor of his brother's will** = er wurde zum Testamentsvollstrecker seines Bruders bestimmt

exempt 1 *adjective* ausgenommen *or* befreit; **exempt from tax** *or* **tax-exempt** = von der Steuer befreit *or* steuerfrei; **as a non-profit-making organization we are exempt from tax** = als gemeinnützige Organisation sind wir von der Steuer befreit; **exempt supplies** = steuerfreie Lieferungen *fpl* **2** *verb* befreien *or* freistellen; **non-profit-making organizations are exempted from tax** = gemeinnützige Organisationen sind von der Steuer befreit; **food is exempted from sales tax** = Nahrungsmittel sind von der Verkaufssteuer befreit; **the government exempted trusts from tax** = die Regierung befreite Stiftungen von der Steuer

◊ **exemption** *noun* Befreiung *f*; **exemption from tax** *or* **tax exemption** = Steuerbefreiung; **as a non-profit-making organization you can apply for tax exemption** = als gemeinnützige Organisation können Sie Steuerbefreiung beantragen

exercise 1 *noun* Anwendung *f or* Ausübung *f*; **exercise of an option** = Ausübung eines Optionsrechts **2** *verb* anwenden *or* ausüben; **to exercise an option** = ein Optionsrecht ausüben; **he exercised his option to acquire sole marketing rights for the product** = er übte sein Optionsrecht zum Erwerb von Alleinvertriebsrechten für das Produkt aus; **the chairwoman exercised her veto to block the motion** = die Vorsitzende übte ihr Vetorecht aus, um den Antrag zu blockieren

ex gratia *adjective* **ex gratia payment** = Zahlung *f* ohne Anerkennung *f* einer Rechtspflicht; Kulanzzahlung

exhibit 1 *noun* **(a)** *(thing shown)* Ausstellungsstück *n*; **the buyers admired the exhibits on our stand** = die Käufer bewunderten die Ausstellungsstücke auf unserem Stand **(b)** *(exhibition stand)* (Ausstellungs)stand *m*; **the British Trade Exhibit at the International Computer Fair** = der britische Stand auf der internationalen Computermesse **2** *verb* **to exhibit**

at the Motor Show = auf der Automobilausstellung ausstellen

◊ **exhibition** *noun* Ausstellung *f*; **the government has sponsored the exhibition** = die Regierung finanzierte die Ausstellung; **we have a stand at the Ideal Home Exhibition** = wir haben einen Stand auf der Ideal Home Exhibition *(entspricht* Messe für Haus und Garten); **the agricultural exhibition grounds** = das Gelände der Landwirtschaftsausstellung; **exhibition room** *or* **hall** = Ausstellungsraum *m*; Messehalle *f*; **exhibition stand** = Messestand *m*

◊ **exhibitor** *noun* Aussteller/-in

exist *verb* existieren; **I do not believe the document exists - I think it has been burnt** = ich glaube nicht, daß das Dokument existiert - ich glaube, es wurde verbrannt

exit *noun* Ausgang *m*; **the customers all rushed towards the exits** = die Kunden liefen alle hastig zum Ausgang; **fire exit** = Notausgang

ex officio *adjective & adverb* ex officio *or* von Amts wegen; **the treasurer is ex officio a member** *or* **an ex officio member of the finance committee** = der Leiter der Finanzverwaltung ist ein ex officio Mitglied des Finanzausschusses

expand *verb* erweitern; (sich) ausweiten *or* vergrößern; expandieren; ausbauen; **an expanding economy** = eine expandierende Wirtschaft; **the company is expanding fast** = das Unternehmen expandiert schnell; **we have had to expand our sales force** = wir mußten unseren Vertreterstab vergrößern

◊ **expanded polystyrene** *noun* Schaumpolystyrol *n*

◊ **expansion** *noun* Erweiterung *f* *or* Ausweitung *f* *or* Vergrößerung *f* *or* Expansion *f* *or* Ausbau *m*; **the expansion of the domestic market** = die Expansion des Inlandsmarkts; **the company had difficulty in financing its current expansion programme** = das Unternehmen hat Schwierigkeiten bei der Finanzierung seines derzeitigen Expansionsprogramms *n*; *(GB)* **business expansion scheme (BES)** = Programm *n* zur Förderung von Unternehmenserweiterungen *(durch Steuerbefreiung bei Investition)*

> QUOTE inflation-adjusted GNP moved up at a 1.3% annual rate, its worst performance since the economic expansion began
> ***Fortune***
> QUOTE the businesses we back range from start-up ventures to established businesses in need of further capital for expansion
> ***Times***
> QUOTE the group is undergoing a period of rapid expansion and this has created an exciting opportunity for a qualified accountant
> ***Financial Times***

expect *verb* erwarten; **we are expecting him to arrive at 10.45** = wir erwarten seine Ankunft für 10 Uhr 45; **they are expecting a cheque from their agency next week** = sie erwarten nächste Woche einen Scheck von ihrer Vertretung; **the house was sold for more than the expected price** = das Haus wurde über dem erwarteten Preis verkauft

◊ **expectancy** *noun* **life expectancy** = Lebenserwartung *f*

> QUOTE he observed that he expected exports to grow faster than imports in the coming year
> ***Sydney Morning Herald***
> QUOTE American business as a whole has seen profits well above the levels normally expected at this stage of the cycle
> ***Sunday Times***

expenditure *noun* Ausgaben *fpl* *or* Aufwendungen *fpl*; **below-the-line expenditure** = außerordentliche Aufwendungen; **capital expenditure** = Investitionsausgabe *f* *or* Investitionen *fpl*; **the company's current expenditure programme** = der Plan für laufende Aufwendungen des Unternehmens; **heavy expenditure on equipment** = hohe Ausgaben für Maschinen (NOTE: no plural in GB English; US English often uses the plural **expenditures)**

◊ **expense** *noun* **(a)** Ausgabe *f* *or* Kosten *pl*; **it is not worth the expense** = es ist die Ausgabe nicht wert; **the expense is too much for my bank balance** = die Ausgabe ist bei meinem Kontostand zu hoch; **at great expense** = mit hohen Kosten *or* kostenintensiv; **he furnished the office regardless of expense** *or* **with no expense spared** = er richtete das Büro ohne Rücksicht auf die Kosten ein **(b) expense account** = Spesenkonto *n* *or* Spesenrechnung *f*; **I'll put this lunch on my expense account** = dies Mittagessen geht auf meine Spesenrechnung; **expense account lunches form a large part of our current expenditure** = Mittagessen auf Spesen machen einen Großteil unserer derzeitigen Ausgaben aus

◊ **expenses** *plural noun* Kosten *pl* *or* Spesen *pl*; **the salary offered is £15,000 plus expenses** = das gebotene Gehalt beträgt £15.000 plus Spesen; **all expenses paid** = Übernahme *f* aller Kosten; **the company sent him to San Francisco all expenses paid** = das Unternehmen schickte ihn nach San Francisco und übernahm alle Kosten; **to cut down on expenses** = die Kosten verringern; **allowable expenses** = abzugsfähige Geschäftsausgaben *fpl*; **business expenses** = Geschäftskosten; **entertainment expenses** = Bewirtungskosten; **fixed expenses** = Fixkosten; **incidental expenses** = Nebenkosten; **legal expenses** = Anwaltskosten; **overhead expenses** *or* **general expenses** *or* **running expenses** = Betriebskosten *or* Festkosten *or* allgemeine Kosten; **travelling expenses** = Reisekosten

◊ **expensive** *adjective* teuer *or* kostspielig; **first-class air travel is becoming more and more expensive** = Flugreisen Erster Klasse werden immer teurer

experience 1 *noun* Erfahrung *f*; **he is a man of considerable experience** = er ist ein Mann mit viel Erfahrung; **she has a lot of experience of dealing with German companies** = sie hat viel Erfahrung mit deutschen Firmen; **he gained most of his experience in the Far East** = die meisten seiner Erfahrungen machte er im Fernen Osten; **some experience is required for this job** = für diese Stelle ist etwas Erfahrung nötig **2** *verb* durchmachen *or* erleben *or* erfahren; **the company experienced a period of falling sales** = das Unternehmen erlebte eine Zeit rückläufiger Absätze

◊ **experienced** *adjective* erfahren *or* sachkundig; **he is the most experienced negotiator I know** = er ist der erfahrenste Unterhändler, den ich kenne; **we have appointed a very experienced woman as**

sales director = wir haben eine sehr erfahrene Frau zur Verkaufsleiterin ernannt

expert *noun* Experte/Expertin *or* Fachmann/Fachfrau *or* Sachverständige(r); **an expert in the field of electronics** *or* **an electronics expert** = ein Fachmann auf dem Gebiet der Elektronik *or* ein Elektronikfachmann; **the company asked a financial expert for advice** *or* **asked for expert financial advice** = das Unternehmen fragte einen Finanzexperten um Rat; **expert's report** = Sachverständigengutachten *n or* Expertise *f*

◇ **expertise** *noun* Fachwissen *n or* Sachkenntnis *f*; **we hired Mr Smith because of his financial expertise** *or* **because of his expertise in the African market** = wir stellten Herrn Smith aufgrund seiner Sachkenntnis in Finanzfragen *or* aufgrund seiner Sachkenntnis des afrikanischen Markts ein

expiration *noun* Ablauf *m or* Erlöschen *n*; **expiration of an insurance policy** = Erlöschen einer Versicherungspolice; **to repay before the expiration of the stated period** = vor Ablauf des angegebenen Zeitraums zurückzahlen; **on expiration of the lease** = nach Ablauf des Mietvertrages

◇ **expire** *verb* fällig werden *or* ablaufen *or* erlöschen; **the lease expires in 1996** = der Mietvertrag läuft 1996 aus; **his passport has expired** = sein Paß ist abgelaufen

◇ **expiry** *noun* Ablauf *m or* Erlöschen *n*; **expiry of an insurance policy** = Erlöschen einer Versicherungspolice; **expiry date** = Ablauftermin *m or* Verfallsdatum *n*

explain *verb* erklären; **he explained to the customs officials that the two computers were presents from friends** = er erklärte den Zollbeamten, daß die beiden Computer Geschenke von Freunden seien; **can you explain why the sales in the first quarter are so high?** = können Sie erklären, warum der Absatz im ersten Quartal so hoch ist?; **the sales director tried to explain the sudden drop in sales** = der Verkaufsleiter versuchte, den plötzlichen Absatzrückgang zu erklären

◇ **explanation** *noun* Erklärung *f*; **the VAT inspector asked for an explanation of the invoices** = der für die MwSt. zuständige Beamte forderte eine Erklärung für die Rechnungen; **at the AGM, the chairman gave an explanation for the high level of interest payments** = der Vorsitzende gab auf der Jahreshauptversammlung eine Erklärung für die hohen Zinszahlungen an

exploit *verb* (aus)nutzen; ausbeuten; **the company is exploiting its contacts in the Ministry of Trade** = das Unternehmen nutzt seine Kontakte zum Handelsministerium aus; **we hope to exploit the oil resources in the China Sea** = wir hoffen die Ölvorkommen im Chinesischen Meer ausbeuten zu können

◇ **exploitation** *noun* Ausbeutung *f or* Ausnutzung *f*

explore *verb* untersuchen *or* sondieren; **we are exploring the possibility of opening an office in London** = wir untersuchen die Möglichkeit, eine Geschäftsstelle in London zu eröffnen

export 1 *noun* **(a) exports** = Exporte *mpl*; **exports to Africa have increased by 25%** = Exporte nach Afrika sind um 25% gestiegen **(b)** *(action of sending goods abroad)* Export *m or* Ausfuhr *f*; **the export trade** = der Exporthandel *or* Ausfuhrhandel; **export department** = Exportabteilung *f*; **export duty** = Ausfuhrzoll *m*; **export house** = Exportfirma *f*; **an export-led boom** = ein vom Export bestimmter Boom; **export licence** = Ausfuhrgenehmigung *f*; **the government has refused an export licence for computer parts** = die Regierung weigerte sich, eine Ausfuhrgenehmigung für Computerersatzteile zu erteilen; **export manager** = Exportleiter/-in; **Export Credit Guarantee Department (ECGD)** = *(etwa)* staatliche Exportkreditabteilung **2** *verb* exportieren *or* ausführen; **50% of our production is exported** = 50% unserer Produktion wird exportiert; **the company imports raw materials and exports the finished products** = das Unternehmen importiert Rohstoffe und exportiert die fertigen Produkte

◇ **exportation** *noun* Ausfuhr *f or* Export *m*

◇ **exporter** *noun* Exporteur *m or* Exportfirma *f*; **a major furniture exporter** = ein großer Möbelexporteur; **Canada is an important exporter of oil** *or* **an important oil exporter** = Kanada ist ein wichtiger Ölexporteur

◇ **exporting** *adjective* Ausfuhr- *or* Export-; **oil exporting countries** = (erd)ölexportierende Länder *npl*

> QUOTE in 1985 Europe's gross exports of white goods climbed to 2.4 billion, about a quarter of total production
> ***Economist***
>
> QUOTE the New Zealand producers are now aiming to export more fresh meat as opposed to frozen which has formed the majority of its UK imports in the past
> ***Marketing***

exposition *noun (US)* = EXHIBITION

exposure *noun* Risiko *n*; **he is trying to cover his exposure in the property market** = er versucht, sein Risiko auf dem Immobilienmarkt abzudecken

> QUOTE it attributed the poor result to the bank's high exposure to residential mortgages, which showed a significant slowdown in the past few months
> ***South China Morning Post***

express 1 *adjective* **(a)** *(fast)* per Expreß *or* Expreß- *or* Eil-; **express letter** = Eilbrief *m*; **express delivery** = Eilsendung *f or* Eilzustellung *f* **(b)** *(stated clearly)* ausdrücklich; **the contract has an express condition forbidding sale in Africa** = der Vertrag enthält eine ausdrücklich festgelegte Bedingung, die den Absatz in Afrika untersagt **2** *verb* **(a)** ausdrücken; **this chart shows home sales expressed as a percentage of total turnover** = diese Tabelle zeigt den prozentualen Anteil des Inlandsabsatzes am Gesamtumsatz **(b)** *(send fast)* per Expreß *or* als Eilsendung schicken; **we expressed the order to the customer's warehouse** = wir haben die Bestellung per Expreß an das Lagerhaus des Kunden geschickt

◇ **expressly** *adverb* ausdrücklich; **the contract expressly forbids sales to the United States** = der Vertrag untersagt ausdrücklich den Absatz in den Vereinigten Staaten

ext = EXTENSION

extend *verb* **(a)** *(grant)* gewähren; **to extend credit to a customer** = einem Kunden Kredit gewähren **(b)** *(make longer)* verlängern *or* prolongieren; **to extend a contract for two years** = einen Vertrag um zwei Jahre verlängern; **extended guarantee** *or* **warranty** = verlängerte Garantie

◇ **extended credit** *noun* langfristiges Zahlungsziel; **we sell to Australia on extended credit** = wir verkaufen nach Australien mit langfristigem Zahlungsziel

◇ **extension** *noun* **(a)** Verlängerung *f or* Prolongation *f*; **to get an extension of credit** = eine Kreditverlängerung bekommen; **extension of a contract** = Vertragsverlängerung **(b)** *(in an office)* Anschluß *m*; Apparat *m*; **can you get me extension 21?** = können Sie mich mit Apparat 21 verbinden; **extension 21 is engaged** = Apparat 21 ist besetzt; **the sales manager is on extension 53** = die Verkaufsleiterin ist auf Apparat 53

◇ **extensive** *adjective* umfangreich *or* ausgedehnt *or* weit *or* breit *or* umfassend; **an extensive network of sales outlets** = ein umfangreiches Netz von Verkaufsstellen

> QUOTE the White House refusal to ask for an extension of the auto import quotas
> *Duns Business Month*

external *adjective* **(a)** *(foreign)* ausländisch; **external account** = Auslandskonto *n*; **external trade** = Außenhandel *m* **(b)** *(outside a company)* außerbetrieblich *or* extern; **external audit** = außerbetriebliche *or* unabhängige Revision; **external auditor** = externer *or* außerbetrieblicher Revisor

extra 1 *adjective* extra *or* zusätzlich; **there is no extra charge for heating** = Heizung wird nicht extra berechnet; **to charge 10% extra for postage** = zusätzlich 10% für Porto berechnen; **we received £25 extra pay for working on Sunday** = wir bekamen eine Zulage von £25 für Sonntagsarbeit; **service is extra** = Bedienung ist nicht inklusive *or* ist extra **2** *plural noun* **extras** = Extrakosten *pl or* Nebenausgaben *fpl or* Sonderausgaben; **packing and postage are extras** = Porto- und Versandkosten sind Extrakosten

extract *noun* Auszug *m*; **he sent me an extract of the accounts** = er schickte mir einen Auszug aus den Geschäftsbüchern

extraordinary *adjective* außerordentlich *or* außergewöhnlich; **Extraordinary General Meeting (EGM)** = außerordentliche Hauptversammlung; **to call an Extraordinary General Meeting** = eine außerordentliche Hauptversammlung einberufen; **extraordinary items** = Sonderposten *mpl*; **the auditors noted several extraordinary items in the accounts** = den Revisoren fielen in den Geschäftsbüchern mehrere Sonderposten auf

extremely *adverb* äußerst *or* höchst; **it is extremely difficult to break into the US market** = es ist äußerst schwierig, in den US-Markt einzudringen; **their management team is extremely efficient** = ihr Management-Team ist äußerst tüchtig

Ff

f. & f. = FIXTURES AND FITTINGS

face value *noun* Nominalwert *m or* Nennwert

> QUOTE travellers cheques cost 1% of their face value - some banks charge more for small amounts
> *Sunday Times*

facility *noun* **(a)** *(fin)* Erleichterung *f*; **we offer facilities for payment** = wir bieten Zahlungserleichterungen **(b)** Fazilität *f or* Kredit *m*; **credit facilities** = Kreditfazilitäten; **overdraft facility** = Überziehungskredit **(c) facilities** = Einrichtungen *fpl*; **harbour facilities** = Hafenanlagen *pl*; **storage facilities** = Lagerungseinrichtungen; **transport facilities** = Transporteinrichtungen *or* Transportmöglichkeiten *fpl*; **there are no facilities for passengers** = es gibt keine Einrichtungen für Passagiere; **there are no facilities for unloading** *or* **there are no unloading facilities** = es gibt keine Einrichtungen für die Entladung *or* keine Entlademöglichkeiten **(d)** *(US)* Anlage *f or* Betriebsanlage; **we have opened our new warehouse facility** = wir haben unsere neue Lagerhausanlage eröffnet

facsimile *noun* **facsimile copy** = (i) *(fax)* Fax *n*; (ii) *(copy)* Faksimile *n*

fact *noun* **(a)** Tatsache *f or* Fakt *n or m* **the chairman asked to see all the facts on the income tax claim** = der Vorsitzende wollte alle Fakten zur Einkommenssteuerforderung sehen; **the sales director can give you the facts and figures about the African operation** = der Verkaufsdirektor kann Ihnen alle Fakten und Zahlen über das Afrikageschäft geben **(b) the fact of the matter is** = Tatsache ist, ...; **the fact of the matter is that the product does not fit the market** = Tatsache ist, daß sich das Produkt nicht für den Markt eignet **(c) in fact** = eigentlich *or* tatsächlich *or* in Wirklichkeit; **the chairman blamed the finance director for the loss when in fact he was responsible for it himself** = der Vorsitzende machte den Leiter der Finanzabteilung für den Verlust verantwortlich, für den eigentlich er selbst verantwortlich war

◊ **fact-finding** *adjective* Erkundungs- *or* Untersuchungs-; **fact-finding mission** = Untersuchungsausschuß *m*; **the minister is on a fact-finding tour of the region** = der Minister macht eine Erkundungsfahrt in die Region

factor 1 *noun* **(a)** Faktor *m*; **the drop in sales is an important factor in the company's lower profits** = der Absatzrückgang ist ein wesentlicher Faktor für die rückläufigen Unternehmensgewinne; **cost factor** = Kostenfaktor; **cyclical factors** = zyklische *or* konjunkturelle Faktoren; **deciding factor** = entscheidender *or* ausschlaggebender Faktor; **load factor** = Sitzladefaktor *or* Auslastungsfaktor; **factors of production** = Produktionsfaktoren **(b) by a factor of ten** = um einen Faktor von zehn **(c)** *(person or company)* Factor *m* **2** *verb* Forderungen *fpl* aufkaufen

◊ **factoring** *noun* Factoring *n*; **factoring charges** = Factoring-Gebühren *fpl*

> QUOTE factors 'buy' invoices from a company, which then gets an immediate cash advance representing most of their value. The balance is paid when the debt is met. The client company is charged a fee as well as interest on the cash advanced
> *Times*

factory *noun* Fabrik *f or* Werk *n*; **car factory** = Autofabrik; **shoe factory** = Schuhfabrik; **factory hand** *or* **factory worker** = Fabrikarbeiter/-in; **factory inspector** *or* **inspector of factories** = Gewerbeaufsichtsbeamter/-beamtin; **the factory inspectorate** = das Gewerbeaufsichtsamt; **factory outlet** = Verkaufsaußenstelle *f* einer Fabrik; **factory price** *or* **price ex factory** = Fabrikpreis *m or* Preis ab Werk; **factory unit** = Fabrikgebäude *n*

fail *verb* **(a)** keinen Erfolg haben *or* unterlassen *or* scheitern; **the company failed to notify the tax office of its change of address** = das Unternehmen unterließ es, das Finanzamt von der Adressenänderung in Kenntnis zu setzen; **the prototype failed its first test** = der Prototyp bestand seinen ersten Test nicht **(b)** bankrott gehen; **the company failed** = das Unternehmen ging bankrott; **he lost all his money when the bank failed** = er verlor sein ganzes Geld als die Bank bankrott machte

◊ **failing 1** *noun* Fehler *m or* Schwäche *f*; **the chairman has one failing - he goes to sleep at meetings** = der Vorsitzende hat einen Fehler - er schläft bei Sitzungen ein **2** *preposition* mangels; ansonsten *or* widrigenfalls; **failing instructions to the contrary** = falls keine gegenteiligen Instruktionen erfolgen; **failing prompt payment** = bei nicht termingerechter Zahlung; **failing that** = sonst *or* widrigenfalls; **try the company secretary, and failing that the chairman** = versuchen Sie es beim Finanz- und Verwaltungsmanager und sonst beim Vorsitzenden

◊ **failure** *noun* **(a)** Scheitern *n or* Versagen *n*; **the failure of the negotiations** = das Scheitern der Verhandlungen **(b) failure to pay a bill** = Nichtbezahlen *n* einer Rechnung **(c)** Zusammenbruch *m*; **commercial failure** = kommerzieller Mißerfolg *or* kommerzielle Pleite; **he lost all his money in the bank failure** = er verlor sein ganzes Geld beim Zusammenbruch der Bank

fair 1 *noun* **trade fair** = Handelsmesse *f or* Fachmesse; **to organize** *or* **to run a trade fair** = eine Handelsmesse organisieren; **the fair is open from 9 a.m. to 5 p.m.** = die Messe ist von 9 bis 17 Uhr geöffnet; **the Computer Fair runs from April 1st to 6th** = die Computermesse geht vom 1. bis zum 6.

April; **there are two trade fairs running in London at the same time - the carpet manufacturers' and the computer dealers'** = in London laufen zwei Handelsmessen gleichzeitig - die der Teppichhersteller und die der Computerhändler **2** *adjective* **(a)** gerecht *or* fair; **fair deal** = faire Abmachung; **the workers feel they did not get a fair deal from the management** = die Arbeiter haben das Gefühl, kein gutes *or* angemessenes Angebot vom Management bekommen zu haben; *(legal buying and selling of shares)* **fair dealing** = geordneter Effektenhandel; **fair price** = angemessener Preis; **fair trade** = (i) Nichtdiskriminierung *f* im Außenhandel *m;* (ii) *(US)* = RESALE PRICE MAINTENANCE; **fair trading** *or* **fair dealing** = lauterer Handel; *(GB)* **Office of Fair Trading** = Amt *n* für Verbraucherschutz *m*; **fair value** *or* *(US)* **fair market value** = fairer Marktwert; **fair wear and tear** = normale Abnutzungs- und Verschleißerscheinungen *fpl*; **the insurance policy covers most damage, but not fair wear and tear to the machine** = die Versicherung deckt die meisten Schäden, aber keine normalen Verschleißerscheinungen an der Maschine **(b) fair copy** = Reinschrift *f*

◇ **fairly** *adverb* ziemlich *or* recht; **the company is fairly close to financial collapse** = das Unternehmen steht kurz vor dem finanziellen Ruin; **she is a fairly fast keyboarder** = sie kann ziemlich schnell tippen

faith *noun* **to have faith in something** *or* **someone** = Vertrauen *n* in etwas *or* jdn setzen; **the salesmen have great faith in the product** = die Handelsvertreter haben großes Vertrauen in das Produkt; **the sales team do not have much faith in their manager** = das Verkaufsteam hat kein großes Vertrauen in seinen Leiter; **the board has faith in the managing director's judgement** = der board hat Vertrauen in das Urteil des geschäftsführenden Direktors; **to buy something in good faith** = etwas in gutem Glauben kaufen

◇ **faithfully** *adverb* **Yours faithfully** = Hochachtungsvoll *or* Mit freundlichen Grüßen (NOTE: not used in US English)

fake 1 *noun* Fälschung *f or* Imitation *f or* Falsifikat *n*; **the shipment came with fake documentation** = die Ladung kam mit gefälschten Papieren *npl* **2** *verb* fälschen *or* fingieren *or* imitieren; **faked documents** = gefälschte Papiere *npl*; **he faked the results of the test** = er fälschte die Testergebnisse

Falkland Islands *noun* die Falklandinseln *fpl*

◇ **Falkland Islander** *noun* Bewohner/-in der Falklandinseln

(NOTE: capital: **Stanley;** currency: **Falkland Island Pound** = Falkland-Pfund *n*)

fall 1 *noun* Sinken *n or* Fallen *n or* Rückgang *m*; **a fall in the exchange rate** = ein Sinken des Wechselkurses; **fall in the price of gold** = ein Rückgang der Goldpreise; **a fall on the stock exchange** = ein Kursrückgang *m* an der Börse; **profits showed a 10% fall** = die Gewinne wiesen einen Rückgang von 10% auf **2** *verb* **(a)** sinken *or* fallen; **shares fell on the market today** = die Aktien fielen heute an der Börse; **gold shares fell 10%** *or* **fell 45 cents on the stock exchange** = Goldaktien fielen um 10% *or* um 45 Cents an der Börse; **the price of gold fell for the second day running** = der Goldpreis sinkt schon seit zwei Tagen; **the pound fell against other European currencies** = das Pfund fiel gegenüber anderen europäischen Währungen **(b)** fallen *or* liegen; **the public holiday falls on a Tuesday** = der gesetzliche Feiertag fällt auf einen Dienstag; **payments which fall due** = fällige Zahlungen *fpl* (NOTE: **falling - fell - has fallen)**

◇ **fall away** *verb* zurückgehen *or* abnehmen *or* sinken; **hotel bookings have fallen away since the tourist season ended** = seit Ende der Touristensaison sind die Hotelbuchungen zurückgegangen

◇ **fall back** *verb* erneut sinken *or* nachgeben; **shares fell back in light trading** = die Aktienkurse sanken erneut bei schwachem Umsatz

◇ **fall back on** *verb* zurückgreifen auf; **to fall back on cash reserves** = auf Barreserven zurückgreifen

◇ **fall behind** *verb* **(a)** *(to be late)* in Rückstand *or* Verzug geraten; **he fell behind with his mortgage repayments** = er kam mit seinen Hypothekenzahlungen in Verzug **(b)** *(to be in a worse position)* **we have fallen behind our rivals** = wir wurden von der Konkurrenz überholt

◇ **falling** *adjective* fallend *or* sinkend *or* abnehmend; **a falling market** = ein Baissemarkt *m*; **the falling pound** = das an Wert verlierende Pfund

◇ **fall off** *verb* zurückgehen *or* abnehmen *or* fallen; **sales have fallen off since the tourist season ended** = der Absatz ist seit Ende der Touristensaison zurückgegangen

◇ **fall out** *verb* **the bottom has fallen out of the market** = die Preise sind ins Bodenlose gesunken

◇ **fall through** *verb* fehlschlagen *or* mißlingen *or* scheitern; **the plan fell through at the last moment** = der Plan scheiterte im letzten Moment

QUOTE market analysts described the falls in the second half of last week as a technical correction to the market
Australian Financial Review

QUOTE for the first time since mortgage rates began falling in March a financial institution has raised charges on homeowner loans
Globe and Mail (Toronto)

QUOTE falling profitability means falling share prices
Investors Chronicle

false *adjective* falsch *or* unrichtig; **to make a false entry in the balance sheet** = einen falschen Eintrag in die Bilanz vornehmen; **under false pretences** = unter Vorspiegelung falscher Tatsachen *fpl*; **he was sent to prison for obtaining money by false pretences** = er erhielt eine Gefängnisstrafe wegen Geldbetrugs; **false weight** = falsches Gewicht

◇ **falsify** *verb* fälschen; **to falsify the accounts** = die Geschäftsbücher fälschen *or* frisieren

◇ **falsification** *noun* Verfälschung *f or* Fälschung

familiarize *verb* **to familiarize oneself with new work** = sich in die neue Aufgabe einarbeiten

family company *or* **family firm** *noun* Familienunternehmen *n*

famous *adjective* berühmt; **the company owns a famous department store in the centre of London** = das Unternehmen besitzt ein berühmtes Kaufhaus im Zentrum Londons

fancy *adjective* **(a) fancy goods** = Modeartikel *mpl* **(b) fancy prices** = Phantasiepreise *mpl*; **I don't want to pay the fancy prices they ask in London shops** = ich will nicht die Phantasiepreise zahlen, die in Londoner Geschäften verlangt werden

fao = FOR THE ATTENTION OF zu Händen von (z.Hd.)

fare *noun* Fahrpreis *m or* Flugpreis; **train fares have gone up by 5%** = die Zugfahrpreise sind um 5% gestiegen; **the government is asking the airlines to keep air fares down** = die Regierung fordert die Fluggesellschaften auf, die Flugpreise stabil zu halten; **concessionary fare** = ermäßigter Fahrpreis; **full fare** = voller Fahrpreis; **half fare** = halber Fahrpreis; **single fare** *or (US)* **one-way fare** = einfacher Fahrpreis; **return fare** *or (US)* **round-trip fare** = Hin- und Rückfahrpreis

farm 1 *noun* Bauernhof *m*; **collective farm** = landwirtschaftliche Produktionsgenossenschaft; **fish farm** = Fischzucht *f* **2** *verb* Landwirtschaft betreiben; *(Land)* bewirtschaften; **he farms 150 acres** = er bewirtschaftet 6070 Ar

◊ **farming** *noun* Landwirtschaft *f*; **chicken farming** = Hühnerzucht *f*; **fish farming** = Fischzucht *f*; **mixed farming** = gemischte Landwirtschaft

◊ **farm out** *verb* **to farm out work** = Arbeit *or* Aufträge weitervergeben; **she farms out the office typing to various local bureaux** = sie vergibt die Schreibarbeiten des Büros an verschiedene örtliche Büros

fascia *noun* Ladenschild *n*

fast *adjective & adverb* schnell; **the train is the fastest way of getting to our supplier's factory** = mit dem Zug kommt man am schnellsten zur Fabrik unseres Lieferanten; **home computers sell fast in the pre-Christmas period** = Heimcomputer verkaufen sich in der Vorweihnachtszeit sehr gut

◊ **fast-moving** *or* **fast-selling** *adjective* **fast-selling items** = schnell verkäufliche Artikel *mpl*; Selbstläufer *mpl*; **dictionaries are not fast-moving stock** = Wörterbücher sind keine schnell verkäufliche Ware

fault *noun* **(a)** Verschulden *n or* Schuld *f*; **it is the stock controller's fault if the warehouse runs out of stock** = es ist die Schuld des Stock Controllers, wenn der Bestand im Lagerhaus knapp wird; **the chairman said the lower sales figures were the fault of a badly motivated sales force** = der Vorsitzende sagte, die zurückgegangenen Absatzzahlen seien das Verschulden eines schlecht motivierten Handelsvertreterstabs **(b)** Defekt *m or* Fehler *m*; **the technicians are trying to correct a programming fault** = die Techniker versuchen, einen Programmierfehler zu korrigieren; **we think there is a basic fault in the product design** = wir glauben, daß es einen elementaren Fehler im Produktdesign gibt

◊ **faulty** *adjective* defekt *or* fehlerhaft; **faulty equipment** = fehlerhafte Ausrüstung; **they installed faulty computer programs** = sie installierten fehlerhafte Computerprogramme

favour *or (US)* **favor 1** *noun* **(a) as a favour** = aus Gefälligkeit *f*; **he asked the secretary for a loan as a favour** = er bat die Sekretärin, ihm aus Gefälligkeit ein Darlehen zu geben **(b) in favour of** = für *or* zugunsten; **six members of the board are in favour of the proposal, and three are against it** = sechs Mitglieder des board of directors sind für den Vorschlag und drei dagegen **2** *verb* bevorzugen; begünstigen; **the board members all favour Smith Ltd as partners in the project** = die Mitglieder des board of directors bevorzugen alle die Fa. Smith Ltd als Partner bei dem Projekt

◊ **favourable** *or (US)* **favorable** *adjective* vorteilhaft *or* günstig; **favourable balance of trade** = aktive Handelsbilanz; **on favourable terms** = zu günstigen Bedingungen *fpl*; **the shop is let on very favourable terms** = der Laden wird zu günstigen Bedingungen vermietet

◊ **favourite** *or (US)* **favorite** *adjective* bevorzugt *or* Lieblings- *or* Spitzen-; **this brand of chocolate is a favourite with the children's market** = diese Schokolademarke wird von Kindern bevorzugt

fax *or* **FAX 1** *noun* Fax *n or* Telefax; **we will send a fax of the design plans** = wir werden Ihnen ein Fax mit den Konstruktionsplänen schicken; **we received a fax of the order this morning** = wir erhielten heute morgen ein Fax mit der Bestellung; **can you confirm the booking by fax?** = können Sie die Buchung per Fax bestätigen?; **fax (machine)** = Faxgerät *n or* Fax *or* Telefax; **fax paper** = Faxpapier *n* **2** *verb* faxen *or* telefaxen; **I've faxed the documents to our New York office** = ich habe die Unterlagen an unsere Geschäftsstelle in New York gefaxt

feasibility *noun* Durchführbarkeit *f or* Realisierbarkeit *f*; **to report on the feasibility of a project** = über die Durchführbarkeit eines Projekts berichten; **feasibility report** = Durchführbarkeitsbericht *m*; **to carry out a feasibility study on a project** = eine Durchführbarkeitsstudie zu einem Projekt durchführen

federal *adjective* Bundes-; **most federal offices are in Washington** = die meisten Bundesämter *npl* sind in Washington

◊ **the Fed** *noun (informal US)* = FEDERAL RESERVE BOARD

◊ **Federal Reserve Bank** *noun (US)* eine der 12 Banken des ‚Federal Reserve System'; *(etwa)* Zentralbank *f*

◊ **Federal Reserve Board** *noun US (etwa)* Zentralbankrat *m*

> QUOTE indications of weakness in the US economy were contained in figures from the Fed on industrial production for April
> ***Financial Times***
> QUOTE federal examiners will determine which of the privately-insured savings and loans qualify for federal insurance
> ***Wall Street Journal***
> QUOTE pressure on the Federal Reserve Board to ease monetary policy mounted yesterday with the release of a set of pessimistic economic statistics
> ***Financial Times***
> QUOTE since 1978 America has freed many of its industries from federal rules that set prices and controlled the entry of new companies
> ***Economist***
> QUOTE the half-point discount rate move gives the Fed room to reduce the federal funds rate further if economic weakness persists. The Fed sets the discount rate directly, but controls the federal funds rate by buying and selling Treasury securities
> ***Wall Street Journal***

federation *noun* Verband *m*; **federation of trades unions** = Gewerkschaftsverband; **employers' federation** = Arbeitgeberverband

fee *noun* **(a)** Honorar *n*; **we charge a small fee for our services** = wir erheben eine geringe Gebühr für unseren Service ; **director's fees** = Vergütung *f* der Mitglieder des board of directors; **consultant's fee** = Beraterhonorar **(b)** Gebühr *f*; **entrance fee** *or* **admission fee** = Eintrittsgeld *n*; **registration fee** = Anmeldegebühr

feed 1 *noun* Einzug *m or* Vorschub *m*; **the paper feed has jammed** = es gibt einen Papierstau im Einzug ; **continuous feed** = Endlospapiereinzug; **sheet feed** = Einzelblatteinzug **2** *verb (computer)* speisen *or* eingeben (NOTE: **feeding - fed)**

◊ **feedback** *noun* Reaktion *f or* Resonanz *f or* Feedback *n or* Rückmeldung *f*; **have you any feedback from the sales force about the customers' reaction to the new model?** = haben Sie ein Feedback von den Handelsvertretern über die Reaktion der Kunden auf das neue Modell?

> QUOTE the service is particularly useful when we are working in a crisis management area and we need fast feedback from consumers
> ***PR Week***

feint *noun* feine Linien *fpl*

ferry *noun* Fähre *f*; **we are going to take the night ferry to Belgium** = wir nehmen die Nachtfähre nach Belgien; **car ferry** = Autofähre; **passenger ferry** = Passagierfähre

fetch *verb* **(a)** holen *or* abholen; **we have to fetch the goods from the docks** = wir müssen die Waren von den Docks abholen; **it is cheaper to buy at a cash and carry warehouse, provided you have a car to fetch the goods yourself** = es ist billiger, in Verbrauchermärkten zu kaufen, vorausgesetzt, man hat ein Auto, um die Waren selbst abzuholen **(b)** erzielen *or* einbringen; **to fetch a high price** = einen hohen Preis erzielen; **it will not fetch more than £200** = das wird nicht mehr als £200 einbringen; **these computers fetch very high prices on the black market** = diese Computer erzielen sehr hohe Preise auf dem Schwarzmarkt

few *adjective & noun* **(a)** wenige; **we sold so few of this item that we have discontinued the line** = wir haben so wenig von diesem Artikel verkauft, daß wir die Produktion eingestellt haben; **few of the staff stay with us more than six months** = nur wenige Mitarbeiter bleiben länger als sechs Monate bei uns **(b) a few** = ein paar *or* einige; **a few of our salesmen drive Rolls-Royces** = ein paar unserer Handelsvertreter fahren einen Rolls-Royce; **we get only a few orders in the period between Christmas and the New Year** = in der Zeit zwischen Weihnachten und Neujahr bekommen wir nur wenige Aufträge

fiat *noun* **fiat money** = ungedecktes Papiergeld *or* Papiergeld ohne Deckung

fictitious *adjective* falsch *or* fiktiv *or* Schein-; **fictitious assets** = Scheinaktiva *npl*

fiddle 1 *noun (informal)* Schiebung *f or* Trickserei *f or* Manipulation *f*; **it's all a fiddle** = das ist alles Schiebung; **he's on the fiddle** = er macht faule Geschäfte *or* dreht krumme Dinger **2** *verb (informal)* frisieren *or* tricksen; **he tried to fiddle his tax returns** = er versuchte, bei seiner Steuererklärung zu tricksen; **the salesman was caught fiddling his expense account** = der Handelsvertreter wurde beim Frisieren *n* seiner Spesenabrechnung erwischt

fide *see* BONA FIDE

fiduciary 1 *noun* Treuhänder *m* **2** *adjective* treuhänderisch

field *noun* **(a)** Feld *n or* Acker *m or* Weide *f*; **the cows are in the field** = die Kühe sind auf der Weide **(b) in the field** = im Außendienst *m*; **we have sixteen reps in the field** = wir haben sechzehn Handelsvertreter im Außendienst; **to be first in the field** = etwas als erster auf den Markt bringen; führend sein; **Smith Ltd has a great advantage in being first in the field with a reliable electric car** = die Fa. Smith Ltd hat große Vorteile dadurch, daß sie als erste ein zuverlässiges Elektroauto auf den Markt brachte; **field sales manager** = Außendienstleiter/-in; **field work** = Feldforschung *f*; **he had to do a lot of field work to find the right market for the product** = er mußte viel Feldforschung leisten, um den richtigen Markt für das Produkt zu finden

FIFO = FIRST IN FIRST OUT

fifty-fifty *adjective & adverb* halbe-halbe *or* fifty-fifty; **to go fifty-fifty** = halbe-halbe *or* fifty-fifty machen; **he has a fifty-fifty chance of making a profit** = seine Chancen, einen Gewinn zu machen, stehen fifty-fifty

figure *noun* **(a)** Zahl *f or* Ziffer *f*; **the figure in the accounts for heating is very high** = der in den Geschäftsbüchern aufgeführte Betrag für Heizung ist sehr hoch; **he put a very low figure on the value of the lease** = er setzte im Pachtvertrag eine sehr niedrige Summe an **(b) figures** = Zahlen *fpl or* Ziffern *fpl*; **sales figures** = Verkaufszahlen *or* Absatzzahlen; **to work out the figures** = Kalkulationen *fpl* vornehmen; die Zahlen *fpl or* die Beträge *mpl* ermitteln; **his income runs into**

five figures *or* **he has a five-figure income** = er hat ein fünfstelliges Einkommmen; **in round figures** = rund *or* in runden Zahlen; **they have a workforce of 2,500 in round figures** = sie haben eine Belegschaft von rund 2.500 **(c)** *(company results)* **figures** = Zahlen *fpl*; **the figures for last year** *or* **last year's figures** = die Zahlen des letzten Jahres

file 1 *noun* **(a)** Akte *f or* Aktenordner *m*; **put these letters in the customer file** = legen Sie diese Briefe in die Kundenakte; **look in the file marked 'Scottish sales'** = sehen Sie in der Akte ‚Absatz Schottland' nach; **box file** = kastenförmiger Aktenordner; *(US)* **file card** = Karteikarte *f* (NOTE: GB English is **filing card**); **file copy** = Aktenkopie *f*; **card-index file** = Kartei *f* **to place something on file** = etwas zu den Akten nehmen; **to keep someone's name on file** = jdn in den Akten führen **(b)** *(on computer)* Datei *f*; **how can we protect our computer files?** = wie können wir unsere Computerdateien schützen? **2** *verb* **(a) to file documents** = Dokumente in Akten ablegen; **the correspondence is filed under 'complaints'** = der Briefwechsel ist unter ‚Reklamationen' abgelegt **(b)** einreichen *or* vorlegen *or* erheben; **to file a petition in bankruptcy** = Antrag *m* auf Konkurseröffnung *f* stellen **(c)** einreichen *or* vorlegen; **to file an application for a patent** = ein Patent anmelden; **to file a return to the tax office** = eine Steuererklärung beim Finanzamt abgeben

◊ **filing** *noun* **(a)** Ablage *f or* Ablegen *n or* Einordnen *n*; **there is a lot of filing to do at the end of the week** = am Ende der Woche ist viel in die Akten einzuordnen; **the manager looked through the week's filing to see what letters had been sent** = der Leiter ging die Ablage der Woche durch, um zu sehen, welche Briefe verschickt wurden; **filing basket** *or* **filing tray** = Ablage *f*; **filing cabinet** = Aktenschrank *m*; **filing card** *or (US)* **file card** = Karteikarte *f*; **filing clerk** = Angestellte(r) in der Registratur; **filing system** = Ablagesystem *n* **(b)** *(action of filing for bankruptcy)* Antrag *m* auf Konkurseröffnung *f*

> QUOTE the bankruptcy filing raises questions about the future of the company's pension plan
> *Fortune*

fill 1 *verb* **(a)** füllen *or* ausfüllen; **we have filled our order book with orders for Africa** = wir haben unsere Auftragsbücher mit Aufträgen für Afrika gefüllt; **the production department has filled the warehouse with unsellable products** = die Produktionsabteilung hat das Lagerhaus mit unverkäuflichen Produkten gefüllt **(b) to fill a gap** = eine Lücke schließen; **the new range of small cars fills a gap in the market** = die neue Serie Kleinwagen schließt eine Marktlücke **(c) to fill a post** *or* **a vacancy** = eine Stelle besetzen; **your application arrived too late - the post has already been filled** = Ihre Bewerbung kam zu spät - die Stelle ist schon besetzt

◊ **filler** *noun* Lückenfüller *m*; **stocking filler** = kleines Geschenk für den Weihnachtsstrumpf; *see also* SHELF FILLER

◊ **fill in** *verb* ausfüllen *or* eintragen; **fill in your name and address in block capitals** = tragen Sie Ihren Namen und Ihre Adresse in Blockschrift ein

◊ **filling station** *noun* Tankstelle *f*; **he stopped at the filling station to get some petrol before going on to the motorway** = er hielt an der Tankstelle, um vor der Auffahrt auf die Autobahn zu tanken

◊ **fill out** *verb* ausfüllen; **to get customs clearance you must fill out three forms** = um vom Zoll abgefertigt zu werden, muß man drei Formulare ausfüllen

◊ **fill up** *verb* **(a)** voll machen *or* ausfüllen; **he filled up the car with petrol** = er tankte (den Wagen) voll; **my appointments book is completely filled up** = mein Terminkalender ist total voll **(b)** ausfüllen; **he filled up the form and sent it to the bank** = er füllte das Formular aus und schickte es an die Bank

final *adjective* letzte(r,s) *or* Schluß- *or* End- *or* Abschluß-; **to pay the final instalment** = die letzte Rate bezahlen; **to make the final payment** = die letzte Zahlung leisten; **to put the final details on a document** = die letzten Einzelheiten *fpl* auf dem Dokument eintragen; **final date for payment** = letzter Zahlungstermin; **final demand** = letzte Mahnung *or* Zahlungsaufforderung; **final discharge** = letzte Tilgungsrate; **final dividend** = Schlußdividende *f or* Restdividende; **final product** = Endprodukt *n*

◊ **finalize** *verb* endgültig festlegen *or* abschließen *or* zum Abschluß bringen; **we hope to finalize the agreement tomorrow** = wir hoffen, den Vertrag morgen abzuschließen; **after six weeks of negotiations the loan was finalized yesterday** = nach sechswöchiger Verhandlung wurde das Darlehen gestern endgültig beschlossen

◊ **finally** *adverb* schließlich *or* zum Schluß; **the contract was finally signed yesterday** = der Vertrag wurde schließlich gestern unterzeichnet; **after weeks of trials the company finally accepted the computer system** = nach mehrwöchigen Tests nahm das Unternehmen schließlich das Computersystem ab

finance 1 *noun* **(a)** Finanzierung *f*; finanzielle Mittel *pl*; Kapital *n*; **where will they get the necessary finance for the project?** = woher werden sie die nötigen finanziellen Mittel für das Projekt bekommen?; **finance company** *or* **finance corporation** *or* **finance house** = Finanzierungsgesellschaft *f*; Kreditbank *f* für Kundenfinanzierung; **finance director** = Leiter/-in der Finanzabteilung; **finance market** = Finanzmarkt *m*; **high finance** = Hochfinanz *f* **(b)** *(money of a club, local authority, etc.)* finanzielle Mittel *pl or* Finanzen *pl*; **she is the secretary of the local authority finance committee** = sie ist Sekretärin des kommunalen Finanzausschusses *m* **(c) finances** = Finanzen *pl*; Finanzlage *f*; **the bad state of the company's finances** = die schlechte finanzielle Lage des Unternehmens **2** *verb* finanzieren; **to finance an operation** = ein Unternehmen finanzieren

◊ **Finance Act** *noun (GB)* Finanzgesetz *n (Teil des Haushaltsgesetzes)*

◊ **financial** *adjective* finanziell *or* Finanz-; **financial adviser** = Finanzberater/-in; **financial assistance** = Finanzhilfe *f*; **financial correspondent** = Wirtschafts- und Finanzkorrespondent/-in; **financial intermediary** = Finanzintermediär *m or* Kapitalsammelstelle *f*; **financial position** = Finanzlage *f*; **he must think of his financial position** = er muß an seine finanzielle Lage denken; **financial resources** = Finanzmittel *pl or* finanzielle Mittel *pl*; **a company with strong**

financial resources = ein finanzkräftiges Unternehmen; **financial risk** = finanzielles Risiko; **according to the government there was no financial risk in selling to East European countries on credit** = laut Regierung bestand kein finanzielles Risiko beim Verkauf an osteuropäische Länder auf Kredit; **financial statement** = Finanzbericht *m*; Bilanz *f*; **the accounts department has prepared a financial statement for the shareholders** = die Buchhaltung fertigte einen Finanzbericht für die Aktionäre an; **Financial Times (Ordinary) Index** = Aktienindex *m* der Financial Times; **Financial Times/Stock Exchange 100 Index** *or* **Footsie** = FTSE-100 Index *m or* Footsie *m*; **financial year** = Finanzjahr *n or* Geschäftsjahr *or* Rechnungsjahr

◇ **financially** *adverb* finanziell *or* finanz-; **company which is financially sound** = Firma, die finanziell gesund *or* finanzkräftig ist

◇ **financier** *noun* Financier *m or* Geldgeber/-in

◇ **financing** *noun* Finanzierung *f*; **the financing of the project was done by two international banks** = die Finanzierung des Projekts wurde von zwei internationalen Banken übernommen; **deficit financing** = Defizitfinanzierung

> QUOTE an official said that the company began to experience a sharp increase in demand for longer-term mortgages at a time when the flow of money used to finance these loans dimished
>
> *Globe and Mail*

find *verb* **(a)** finden; **to find backing for a project** = (finanzielle) Unterstützung für ein Projekt finden **(b)** befinden; urteilen; entscheiden; **the tribunal found that both parties were at fault** = das Gericht befand, daß beide Parteien im Unrecht *or* schuld waren; **the judge found for the defendant** = der Richter entschied für den Angeklagten (NOTE: **finding - found**)

◇ **findings** *plural noun* **the findings of a commission of enquiry** = die Ergebnisse *npl* einer Untersuchungskommission

◇ **find time** *verb* Zeit finden; **we must find time to visit the new staff sports club** = wir müssen die Zeit finden, um uns den neuen Betriebssportverein anzusehen; **the chairman never finds enough time to play golf** = der Vorsitzende findet nie genug Zeit zum Golfspielen

fine 1 *noun* Geldstrafe *f or* gebührenpflichtige Verwarnung; **he was asked to pay a $25,000 fine** = er wurde aufgefordert, eine Geldstrafe in Höhe von $25.000 zu zahlen **we had to pay a $10 parking fine** = wir mußten $10 Bußgeld *n* für falsches Parken bezahlen **2** *verb* zu einer Geldstrafe verurteilen; mit einer Geldstrafe belegen; eine gebührenpflichtige Verwarnung erteilen; **to fine someone £2,500 for obtaining money by false pretences** = jdn wegen Geldbetrugs zu einer Geldstrafe von £2.500 verurteilen **3** *adjective* **fine print** = das Kleingedruckte *or* die Sonderbestimmungen *fpl* **4** *adverb* dünn *or* fein; **we are cutting our margins very fine** = unsere Gewinnspannen sind sehr knapp bemessen

finish 1 *noun* **(a)** Finish *n or* Oberfläche *f or* Verarbeitung *f*; **the product has an attractive finish** = das Produkt hat ein ansprechendes Finish **(b)** Börsenschluß *m*; **oil shares rallied at the finish** = Ölaktien zogen zum Börsenschluß an **2** *verb* **(a)** abschließen *or* erledigen *or* fertig machen; **the order was finished in time** = der Auftrag wurde rechtzeitig erledigt; **she finished the test before all the other candidates** = sie beendete den Test vor allen anderen Teilnehmern **(b)** (be)enden *or* auslaufen; **the contract is due to finish next month** = der Vertrag soll nächsten Monat auslaufen

◇ **finished** *adjective* **finished goods** = Fertigwaren *fpl or* Fertigprodukte *npl*

> QUOTE control of materials, from purchased parts to finished goods, provides manufactureers with an opportunity to reduce the amount of money tied up in excess materials
>
> *Duns Business Month*

fink *noun (informal US)* Streikbrecher/-in (NOTE: GB English is **blackleg** *or* **scab**)

Finland *noun* Finnland *n*

◇ **Finn** *noun* Finne/Finnin

◇ **Finnish** *adjective* finnisch

(NOTE: capital: **Helsinki;** currency: **markka** = Finnmark *f*)

fire 1 *noun* Feuer *n or* Brand *m*; **the shipment was damaged in the fire on board the cargo boat** = die Ladung wurde durch das Feuer an Bord des Frachtschiffes beschädigt; **half the stock was destroyed in the warehouse fire** = die Hälfte des Warenbestandes wurde bei dem Lagerhausbrand vernichtet; **to catch fire** = Feuer fangen *or* in Brand geraten; **the papers in the waste paper basket caught fire** = die Papiere im Papierkorb gerieten in Brand; **fire damage** = Brandschaden *m or* Feuerschaden; **they claimed £10,000 for fire damage** = sie verlangten £10.000 Brandschadenersatz *m*; **fire-damaged goods** = brandgeschädigte Waren *fpl*; **fire door** = Feuer(schutz)tür *f*; **fire escape** = Feuertreppe *f*; Feuerleiter *f*; **fire extinguisher** = Feuerlöscher *m*; **to be a fire hazard** *or* **fire risk** = feuergefährlich sein; **that warehouse full of paper is a fire hazard** = bei diesem Lagerhaus voller Papier besteht Brandgefahr *f*; **fire insurance** = Feuerversicherung *f* **2** *verb* **to fire someone** = jdn entlassen *or* feuern; **the new managing director fired half the sales force** = der neue geschäftsführende Direktor entließ den halben Handelsvertreterstab; **to hire and fire** = (oft) einstellen und entlassen

◇ **fireproof** *adjective* feuerfest *or* feuersicher; **we put the papers in a fireproof safe** = wir legten die Papiere in einen feuersicheren Safe; **it is impossible to make the office completely fireproof** = es ist unmöglich, das Büro total feuersicher zu machen

◇ **fire sale** *noun* **(a)** *(of items damaged in a fire)* Brandschädenverkauf *m* **(b)** *(of items at a loss)* Notverkauf *m or* Pfandverkauf

firm 1 *noun* Firma *f or* Unternehmen *n*; **he is a partner in a law firm** = er ist Teilhaber in einer Anwaltskanzlei; **a manufacturing firm** = ein Fertigungsunternehmen; **an important publishing firm** = ein wichtiger Verlag **2** *adjective* **(a)** stabil *or* fest *or* beständig *or* verbindlich *or* bindend; **to make a firm offer for something** = ein festes *or* bindendes *or* verbindliches Angebot für etwas machen; **to place a firm order for two aircraft** = einen festen *or* bindenden *or* verbindlichen Auftrag für zwei Flugzeuge erteilen; **they are quoting a firm price of £1.22 per unit** = sie machen ein verbindliches Preisangebot von £1,22 pro

Stück **(b)** stabil *or* fest *or* beständig ; **sterling was firmer on the foreign exchange markets** = der Kurs des Sterling zog an den Devisenmärkten an ; **shares remained firm** = die Aktien(kurse) blieben stabil *or* fest **3** *verb* sich festigen *or* anziehen; **the shares firmed at £1.50** = die Aktien zogen auf £1,50 an

◇ **firmness** *noun* Stabilität *f or* Festigkeit *f or* Beständigkeit *f*; **the firmness of the pound** = die Stabilität des Pfundes

◇ **firm up** *verb* **(a)** abschließen *or* unter Dach und Fach bringen; **we expect to firm up the deal at the next trade fair** = wir erwarten, das Geschäft auf der nächsten Handelsmesse abschließen zu können **(b)** anziehen; **prices** *or* **shares are firming up** = die Preise *or* Kurse ziehen an

QUOTE some profit-taking was noted, but underlying sentiment remained firm
Financial Times
QUOTE Toronto failed to mirror New York's firmness as a drop in gold shares on a falling bullion price left the market closing on a mixed note
Financial Times

first 1 *noun* der/die/das erste *or* Erste; **our company was one of the first to sell into the European market** = unser Unternehmen war eins der ersten, das auf dem europäischen Markt verkaufte; **first in first out (FIFO)** = (i) *(redundancy policy)* Personalpolitik *f* nach der FIFO-Methode (ii) *(accounting policy)* FIFO-(Abschreibungs)methode *f* **2** *adjective* erste(r,s); **first quarter** = erstes Quartal; **first half** *or* **first half-year** = erstes Halbjahr

◇ **first-class** *adjective* **(a)** erstklassig *or* Spitzen-; **he is a first-class accountant** = er ist ein erstklassiger Buchhalter **(b)** Erster Klasse; erstklassig; **to travel first-class** = Erster Klasse reisen; **first-class travel provides the best service** = in der Ersten Klasse gibt es den besten Service; **a first-class ticket** = eine Fahrkarte Erster Klasse; **to stay in first-class hotels** = in First-class-Hotels übernachten; **first-class mail** = Briefpost *f* erster Klasse; **a first-class letter should get to Scotland in a day** = ein Brief erster Klasse sollte innerhalb eines Tages in Schottland sein

◇ **first-line management** *noun* unterste Leitungsebene

fiscal *adjective* Finanz- *or* Steuer-; Fiskal-; **the government's fiscal policies** = die Fiskalpolitik der Regierung; **fiscal measures** = finanzpolitische Maßnahmen *fpl*; **fiscal year** = Steuerjahr *n*

QUOTE the standard measure of fiscal policy - the public sector borrowing requirement - is kept misleadingly low
Economist
QUOTE last fiscal year the chain reported a 116% jump in earnings
Barrons

fit *verb* passen; **the paper doesn't fit the typewriter** = das Papier paßt nicht in die Schreibmaschine (NOTE: **fitting - fitted)**

◇ **fit in** *verb* (hinein)passen *or* unterbringen *or* einschieben; **will the computer fit into that little room?** = paßt der Computer in den kleinen Raum?; **the chairman tries to fit in a game of golf every afternoon** = der Vorsitzende versucht, jeden Nachmittag eine Partie Golf einzuschieben; **my appointments diary is full, but I shall try to fit you in tomorrow afternoon** = mein Terminkalender ist zwar voll, aber ich werde versuchen, Sie morgen nachmittag einzuschieben

◇ **fit out** *verb* ausrüsten *or* ausstatten; **they fitted out the factory with computers** = sie rüsteten die Fabrik mit Computern aus; **the shop was fitted out at a cost of £10,000** = der Laden wurde mit einem Kostenaufwand von £10.000 ausgestattet *or* eingerichtet; **fitting out of a shop** = ein Geschäft ausstatten *or* einrichten

◇ **fittings** *plural noun* Einbauten *mpl*; **fixtures and fittings** = Installationen und Einbauten

fix *verb* **(a)** beschließen; festlegen *or* festsetzen; **to fix a budget** = ein Budget beschließen; **to fix a meeting for 3 p.m.** = eine Versammlung für 15 Uhr anberaumen; **the date has still to be fixed** = der Termin muß noch festgesetzt werden; **the price of gold was fixed at $300** = der Goldpreis wurde auf $300 festgesetzt; **the mortgage rate has been fixed at 11%** = der Hypothekenzins wurde auf 11% festgesetzt **(b)** *(mend)* in Ordnung bringen *or* reparieren; **the technicians are coming to fix the telephone switchboard** = die Techniker kommen, um die Telefonzentrale zu reparieren; **can you fix the photocopier?** = können Sie den Fotokopierer reparieren?

◇ **fixed** *adjective* fest *or* gebunden *or* Fest-; **fixed assets** = Anlagevermögen *n*; **fixed capital** = Anlagekapital *n*; **fixed costs** = Fixkosten *pl or* Gemeinkosten; **fixed deposit** = Festgeld *n*; **fixed expenses** = Fixkosten *pl*; **fixed income** = festes Einkommen *n or* feste Einkünfte *pl*; **fixed-interest investments** = festverzinsliche Kapitalanlagen *fpl*; **fixed-price agreement** = Festpreisvereinbarung *f*; **fixed scale of charges** = verbindliche Gebührenordnung

◇ **fixer** *noun (informal)* Schieber *m*

◇ **fixing** *noun* **(a)** Festsetzung *f or* Festlegung *f*; **fixing of charges** = Gebührenfestsetzung; **fixing of the mortgage rate** = Festsetzung des Hypothekenzinses **(b) price fixing** = Preisabsprache *f* **(c) the London gold fixing** = Londoner Gold-Fixing *n or* Fixing des Londoner Goldpreises

◇ **fixtures** *plural noun* Installationen *fpl*; **fixtures and fittings (f. & f.)** = Installationen und Einbauten

◇ **fix up with** *verb* besorgen *or* beschaffen; **my secretary fixed me up with a car at the airport** = meine Sekretärin besorgte mir am Flughafen ein Auto; **can you fix me up with a room for tomorrow night?** = können Sie mir für morgen nacht ein Zimmer besorgen?

QUOTE coupons are fixed by reference to interest rates at the time a gilt is first issued
Investors Chronicle
QUOTE you must offer shippers and importers fixed rates over a reasonable period of time
Lloyd's List
QUOTE a draft report on changes in the international monetary system casts doubt about any return to fixed exchange rate parities
Wall Street Journal

flag 1 *noun* **(a)** Flagge *f* Fahne *f*; **a ship flying a British flag** = ein Schiff unter britischer Flagge; **ship sailing under a flag of convenience** = ein Schiff, das unter Billigflagge fährt **(b)** *(computing)* Markierung *f* **2** *verb (computing)* Markierungen setzen (NOTE: **flagging - flagged)**

◇ **flagship** *noun* Flaggschiff *n*; **the XYZ model is the flagship of the range** = das XYZ-Modell ist das Flaggschiff der Serie

flat 1 *adjective* **(a)** lustlos; **the market was flat today** = der Markt war heute ruhig *or* flau; *(stock exchange)* die Börse war heute lustlos **(b) flat rate** = Grundgebühr *f*; Pauschalsatz *m or* Einheitstarif *m*; **we pay a flat rate for electricity each quarter** = wir bezahlen jedes Vierteljahr eine Strompauschale; **he is paid a flat rate of £2 per thousand** = ihm wird ein Einheitssatz von £2 pro tausend bezahlt **2** *adverb* **he turned down the offer flat** = er hat das Angebot glatt abgelehnt **3** *noun* Wohnung *f*; **he has a flat in the centre of town** = er hat eine Wohnung im Stadtzentrum; **she is buying a flat close to her office** = sie kauft eine Wohnung in der Nähe des Büros; **company flat** = Firmenwohung *or* Dienstwohnung (NOTE: US English is **apartment**)

QUOTE the government revised its earlier reports for July and August. Originally reported as flat in July and declining by 0.2% in August, industrial production is now seen to have risen by 0.2% and 0.1% respectively in those months

Sunday Times

◇ **flat out** *adverb* **(a)** auf Hochtouren; **the factory worked flat out to complete the order on time** = die Fabrik arbeitete auf Hochtouren, um den Auftrag rechtzeitig fertigzustellen **(b)** *US* **to refuse flat out** = glatt ablehnen

flea market *noun* Flohmarkt *m*

fleet *noun* Wagenpark *m or* Fuhrpark *m*; **company's fleet of representatives' cars** = Fuhrpark eines Unternehmens für seine Handelsvertreter; **a fleet car** = ein Wagen des Fuhrparks; **fleet discount** = Preisnachlaß *m* bei Anmietung oder Kauf aller Firmenwagen; **fleet rental** = Anmieten *n* des gesamten Fuhrparks

flexible *adjective* flexibel; **flexible budget** = flexibles Budget; **flexible prices** = flexible *or* marktdeterminierte Preise *mpl*; **flexible pricing policy** = flexible *or* marktdeterminierte Preispolitik; **flexible working hours** = gleitende Arbeitszeit ; **we work flexible hours** = wir haben gleitende Arbeitszeit

◇ **flexibility** *noun* Flexibilität *f*; **there is no flexibility in the company's pricing policy** = es herrscht keine Flexibilität in der Preispolitik des Unternehmens

◇ **flexitime** *or (US)* **flextime** *noun* Gleitzeit *f*; **we work flexitime** = wir haben Gleitzeit; **the company introduced flexitime working two years ago** = das Unternehmen führte vor zwei Jahren Gleitzeit ein

flier *or* **flyer** *noun* **(a) high flier** = (i) *(person)* Senkrechtstarter *m*; (ii) *(share)* Spitzenwert *m* **(b)** Handzettel *m*

flight *noun* **(a)** Flug *m*; **flight AC 267 is leaving from Gate 46** = Flug AC 267 fliegt von Flugsteig 46 ab; **he missed his flight** = er verpaßte seinen Flug; **I always take the afternoon flight to Rome** = ich nehme immer den Nachmittagsflug nach Rom; **if you hurry you will catch the five o'clock flight to Berlin** = wenn Sie sich beeilen, schaffen Sie den 17 Uhr Flug nach Berlin **(b)** Flucht *f*; **the flight of capital from Europe into the USA** = die Kapitalflucht von Europa in die USA; **the flight from the mark into the dollar** = die Flucht aus der Mark in den Dollar **(c)** Treppe *f*; **top-flight** = Spitzen-; **top-flight managers can earn very high salaries** = Spitzenmanager können sehr hohe Gehälter verdienen

flip chart *noun* Flip-Chart *f*

float 1 *noun* **(a)** Wechselgeld *n*; kleine Kasse; **the sales reps have a float of £100 each** = die Vertreter haben jeweils £100 Wechselgeld; **cash float** = Wechselgeld *(in der Kasse zu Geschäftsbeginn)*; **we start the day with a £20 float in the cash desk** = wir beginnen den Tag mit £20 Wechselgeld in der Kasse **(b) float of a company** = Gesellschaftsgründung *f* durch Aktienemission an der Börse; **the float of the company was a complete failure** = die Börsenzulassung der (neuen) Gesellschaft war ein totaler Reinfall **2** *verb* **(a) to float a company** = eine Gesellschaft gründen durch Aktienemission an der Börse; **to float a loan** = eine Anleihe auflegen *or* begeben **(b)** floaten *or* (den Wechselkurs) freigeben; **the government has let sterling float** = die Regierung gab den Wechselkurs des Pfundes frei; **the government has decided to float the pound** = die Regierung entschloß sich, den Wechselkurs des Pfundes freizugeben *or* das Pfund zu floaten

◇ **floatation** *see* FLOTATION

◇ **floating 1** *noun* **(a) the floating of a company** = die Gründung einer Gesellschaft durch Aktienemission an der Börse **(b) the floating of the pound** = das Floating *or* die Wechselkursfreigabe des Pfundes **2** *adjective* frei *or* frei schwankend *or* variabel; **floating exchange rate** = freier *or* frei schwankender Wechselkurs; **the floating pound** = das floatende *or* das frei schwankende Pfund; **floating rate** = variabler Zinssatz

QUOTE in a world of floating exchange rates the dollar is strong because of capital inflows rather than weak because of the nation's trade deficit

Duns Business Month

flood 1 *noun* Flut *f or* Strom *m*; **we received a flood of orders** = wir erhielten eine Flut von Aufträgen; **floods of tourists filled the hotels** = Scharen *fpl* von Touristen füllten die Hotels **2** *verb* überschwemmen; **the market was flooded with cheap imitations** = der Markt wurde von billigen Imitationen überschwemmt; **the sales department was flooded with orders** *or* **with complaints** = die Vertriebsabteilung wurde mit Aufträgen *or* Reklamationen überschwemmt

floor *noun* **(a)** Fußboden *m or* Boden; **floor space** = Grundfläche *f or* Bodenfläche; **we have 3,500 square metres of floor space to let** = wir haben 3.500 qm an Räumlichkeiten zu vermieten; **floor stand** = Verkaufsstand *m*; **the factory floor** = die Fabrikhalle; **on the shop floor** = im Betrieb *or* unter der Belegschaft; **the feeling on the shop floor is that the manager does not know his job** = die Belegschaft hat das Gefühl, daß der Manager nichts von seiner Arbeit versteht **(b)** Stock *n or* Stockwerk *n or* Etage *f*; *(GB)* **ground floor** *or (US)* **first floor** = Erdgeschoß *n*; **top floor** = Dachgeschoß *m or* oberste Etage; **the shoe department is on the first floor** = die

Schuhabteilung ist im 1. Stock; **her office is on the 26th floor** = ihr Büro ist im 26. Stock; *(US)* **floor manager** = Abteilungsleiter/-in; **floor plan** = Grundriß *m* *or* Raumverteilungsplan *m* **(c)** *(formerly on stock exchange)* **trading floor** = Börsenparkett *n* (NOTE: the numbering of floors is different in GB and the USA. The floor at street level is the **ground floor** in GB, but the **first floor** in the USA. Each floor in the USA is one number higher than the same floor in GB)

◇ **floorwalker** *noun* Ladenaufsicht *f*

flop 1 *noun* Reinfall *m or* Flop *m or* Pleite *f*; **the new model was a flop** = das neue Modell war ein Flop **2** *verb* ein Reinfall *or* Flop *or* eine Pleite sein; **the flotation of the company flopped badly** = die Gründung des Unternehmens war eine fürchterliche Pleite (NOTE: **flopping - flopped)**

◇ **floppy** *or* **floppy disk** *noun* Floppy *f or* Floppy disk *f* **the data is on a 5¼ inch floppy** = die Daten sind auf einer 5¼ Zoll Floppy

flotation *noun* Gesellschaftsgründung *f* durch Aktienemission an der Börse; **the flotation of the company was a complete failure** = die Börsenzulassung der (neuen) Gesellschaft war ein totaler Reinfall

flotsam *noun* **flotsam and jetsam** = Treib- und Strandgut *n*

flourish *verb* florieren *or* blühen; **the company is flourishing** = das Unternehmen floriert; **trade with Nigeria flourished** = der Handel mit Nigeria florierte

◇ **flourishing** *adjective* florierend *or* blühend *or* gutgehend; **flourishing trade** = reger *or* florierender Handel; **he runs a flourishing shoe business** = er leitet ein florierendes Schuhgeschäft

flow 1 *noun* **(a)** Fluß *m*; **the flow of capital into a country** = der Kapitalfluß in ein Land; **the flow of investments into Japan** = der Investitionsstrom nach Japan **(b) cash flow** = Cash-flow *m*; **discounted cash flow (DCF)** = diskontierter Cash-flow; **the company is suffering from cash flow problems** = das Unternehmen hat Cash-flow-Probleme *npl or* Liquiditätsprobleme **(c) flow chart** *or* **flow diagram** = Arbeitsablaufdiagramm *n or* Flußdiagramm **2** *verb* (ruhig) laufen; **production is now flowing normally after the strike** = die Produktion läuft jetzt normal nach dem Streik

fluctuate *verb* fluktuieren *or* schwanken; **prices fluctuate between £1.10 and £1.25** = die Preise schwanken zwischen £1,10 und £1,25; **the pound fluctuated all day on the foreign exchange markets** = das Pfund *or* der Kurs des Pfundes schwankte an den Devisenmärkten den ganzen Tag

◇ **fluctuating** *adjective* fluktuierend *or* schwankend; **fluctuating dollar prices** = schwankende Dollarpreise *mpl*

◇ **fluctuation** *noun* Fluktuation *f or* Schwankung *f*; **the fluctuations of the mark** = die Kursschwankungen der Mark; **the fluctuations of the exchange rate** = die Wechselkursschwankungen

fly *verb* fliegen; **the chairman is flying to Germany on business** = der Vorsitzende fliegt geschäftlich nach Deutschland; **the overseas sales manager flies about 100,000 miles a year visiting the agents** = der für das Ausland zuständige Vertriebsleiter fliegt bei seinen Besuchen der Handelsvertretungen etwa 100.000 Meilen pro Jahr

◇ **fly-by-night** *adjective* dubios *or* unseriös *or (informal)* windig; **I want a reputable builder, not one of these fly-by-night outfits** = ich möchte einen seriösen Bauunternehmer, nicht so einen unseriösen Verein

FOB *or* **f.o.b.** = FREE ON BOARD

fold *verb* **(a)** falten *or* zusammenlegen; **she folded the letter so that the address was clearly visible** = sie faltete den Brief, so daß die Adresse gut sichtbar war **(b)** *(informal)* **to fold (up)** = eingehen; **the business folded up last December** = das Geschäft ging im letzten Dezember ein; **the company folded with debts of over £1m** = das Unternehmen ging mit Schulden von über £1 Million ein

◇ **-fold** *suffix* -fach; **four-fold** = um das Vierfache

> QUOTE the company's sales have nearly tripled and its profits have risen seven-fold since 1982
>
> *Barrons*

folder *noun* Aktenmappe *f or* Aktendeckel *m*; **put all the documents in a folder for the chairman** = legen Sie für den Vorsitzenden alle Dokumente in eine Aktenmappe

folio 1 *noun* Folio *n* **2** *verb* foliieren *or* paginieren *or* mit Blatt- *or* Seitenzahlen *fpl* versehen

follow *verb* folgen; **the samples will follow by surface mail** = die Muster folgen in der normalen Post; **we will pay £10,000 down, with the balance to follow in six months' time** = wir zahlen £10.000 an und den Rest in sechs Monaten

◇ **follow up** *verb* aufgreifen *or* nachgehen *or* nachfassen; **I'll follow up your idea of putting our address list on to the computer** = ich werde Ihre Idee, unsere Adressenliste in den Computer einzugeben, aufgreifen; **to follow up an initiative** = eine Initiative aufgreifen *or* weiterverfolgen

◇ **follow-up letter** *noun* Erinnerungsschreiben *n*

food *noun* Essen *n or* Nahrungsmittel *n or* Lebensmittel *pl*; **he is very fond of Indian food** = er ißt gerne indisch; **the food in the staff restaurant is excellent** = das Essen im Personalrestaurant ist ausgezeichnet; *(US)* **food stamps** = Lebensmittelmarken *fpl*

◇ **foodstuffs** *plural noun* **essential foodstuffs** = Grundnahrungsmittel *n*

foolscap *noun (etwa)* Kanzleipapier *n (britisches Papierformat: 17 x 13½ Zoll)* **the letter was on six sheets of foolscap** = der Brief war auf sechs Bögen im foolscap Format *n*; **a foolscap envelope** = ein Briefumschlag im foolscap Format *n*

foot 1 *noun* **(a)** Fuß *m*; **on foot** = zu Fuß; **the reps make most of their central London calls on foot** = die Handelsvertreter machen die meisten ihrer Besuche im Zentrum Londons zu Fuß; **the rush hour traffic is so bad that it is quicker to go to the office on foot** = der Verkehr zu den Stoßzeiten ist so schlimm, daß es schneller ist, zu Fuß ins Büro zu gehen **(b)** Fuß *m or* Fußende *n or* Seitenende *n*; **he signed his name at the foot of the invoice** = er unterschrieb unten auf der Rechnung **(c)** *(measurement of length, equals 30cm)* Fuß *m*; **the table is six feet long** = der Tisch ist sechs Fuß lang; **my office is ten feet by twelve** = mein Büro ist zehn mal zwölf Fuß groß (NOTE: the plural is **feet** for (a) and (c); there is no plural for (b). In measurements, **foot** is usually written **ft** or **'** after figures: **10ft; 10')** **2** *verb* **(a) to foot the bill** = die (ganze) Rechnung *or* Zeche bezahlen; **the director footed the bill for the department's Christmas party** = der Direktor bezahlte die Rechnung für die Weihnachtsfeier der Abteilung **(b)** *US* **to foot up an account** = die Spalten einer Abrechnung addieren

◊ **Footsie** = FINANCIAL TIMES/STOCK EXCHANGE 100 INDEX

forbid *verb* verbieten; **the contract forbids resale of the goods to the USA** = der Vertrag verbietet den Wiederverkauf von Waren in die Vereinigten Staaten; **the staff are forbidden to use the front entrance** = dem Personal ist es verboten, den Vordereingang zu benutzen (NOTE: **forbidding - forbade - forbidden)**

force 1 *noun* **(a)** Kraft *f*; **to be in force** = in Kraft sein; **the rules have been in force since 1946** = die Bestimmungen sind seit 1946 in Kraft; **to come into force** = in Kraft treten; **the new regulations will come into force on January 1st** = die neuen Bestimmungen werden am 1. Januar in Kraft treten **(b)** *(group of people)* **labour force** *or* **workforce** = Belegschaft *f or* Arbeitskräfte *fpl or* Arbeiterschaft *f*; **the management has made an increased offer to the labour force** = die Leitung machte der Belegschaft ein höheres Angebot; **we are opening a new factory in the Far East because of the cheap local labour force** = wir eröffnen aufgrund der billigen Arbeitskräfte vor Ort eine Fabrik im Fernen Osten; **sales force** = Verkaufspersonal *n or* Handelsvertreterstab *m* **(c) force majeure** = höhere Gewalt **2** *verb* zwingen; **competition has forced the company to lower its prices** = die Konkurrenz zwang das Unternehmen, die Preise zu senken

◊ **forced** *adjective* **forced sale** = Zwangsverkauf *m or* Notverkauf

◊ **force down** *verb* drücken; **to force prices down** = die Preise drücken; **competition has forced prices down** = der Wettbewerb drückte die Preise

◊ **force up** *verb* in die Höhe treiben; **to force prices up** = Preise in die Höhe treiben; **the war forced up the price of oil** = der Krieg trieb den Ölpreis in die Höhe

forecast 1 *noun* Prognose *f or* Vorhersage *f or* Vorausberechnung *f*; **the chairman did not believe the sales director's forecast of higher turnover** = der Vorsitzende glaubte die Prognose des Verkaufsleiters über höhere Umsätze nicht; **cash flow forecast** = Cash-flow-Prognose; **dividend forecast** = Dividendenprognose; **population forecast** = Prognose über die Bevölkerungszahl; **sales forecast** = Absatzprognose **2** *verb* voraussagen *or* prognostizieren ; **he is forecasting sales of £2m** = er prognostiziert Umsätze von £2 Millionen; **we based our calculations on the forecast turnover** = wir stützten unsere Kalkulationen auf die Umsatzprognose; **economists have forecast a fall in the exchange rate** = Wirtschaftswissenschaftler sagten ein Sinken des Wechselkurses voraus; **forecast dividend** = zu erwartende Dividende (NOTE: **forecasting - forecast)**

◊ **forecaster** *noun* **economic forecaster** = Wirtschaftsprognostiker/-in

◊ **forecasting** *noun* Voraussagen *n or* Prognose *f*; **manpower forecasting** = Personalbestandsprognose

foreclose *verb* (eine Hypothek *or* ein Darlehen) kündigen; (aus einer Hypothek) zwangsvollstrecken lassen; zwangsversteigern; **to foreclose on a mortgage** = eine Hypothek kündigen

◊ **foreclosure** *noun* gerichtliche Verfallerklärung *(einer Hypothek or eines Darlehens)* ; Zwangsvollstreckung *f*

foreign *adjective* ausländisch *or* Auslands-; **foreign cars have flooded our market** = unser Markt wurde mit ausländischen Wagen überschwemmt; **we are increasing our trade with foreign countries** = wir verstärken den Handel mit dem Ausland; **foreign currency** = Devisen *pl or* Fremdwährung *f or* Valuta *f*; **foreign goods** = ausländische Waren *fpl*; **foreign investments** = Auslandsinvestitionen *fpl*; **foreign money order** = Auslandszahlungsanweisung *f*; **foreign trade** = Außenhandel *m*

◊ **foreign exchange** *noun* Devisen *pl*; **foreign exchange broker** *or* **dealer** = Devisenmakler/-in *or* Devisenhändler/-in; **foreign exchange dealing** = Devisenhandel *m*; **the foreign exchange market** = der Devisenmarkt; **foreign exchange reserves** = Devisenreserven *fpl*; **foreign exchange transfer** = Devisentransfer *m*

◊ **foreigner** *noun* Ausländer/-in

> QUOTE the dollar recovered a little lost ground on the foreign exchanges yesterday
> *Financial Times*
>
> QUOTE a sharp setback in foreign trade accounted for most of the winter slowdown
> *Fortune*
>
> QUOTE the treasury says it needs the cash to rebuild its foreign reserves which have fallen from $19 billion when the government took office to $7 billion in August
> *Economist*

foreman *or* **forewoman** *noun* Vorarbeiter/-in (NOTE: plural is **foremen** *or* **forewomen)**

forex *or* **Forex** = FOREIGN EXCHANGE

> QUOTE the amount of reserves sold by the authorities were not sufficient to move the $200 billion Forex market permanently
> *Duns Business Month*

forfaiting *noun* Forfaitierung *f*

forfeit 1 *noun* Verfall *m or* Verwirkung *f*; **forfeit clause** = Verfallklausel *f or* Verwirkungsklausel; **the goods were declared forfeit** = die Waren wurden für verwirkt erklärt **2** *verb* verwirken; verfallen lassen; **to forfeit a deposit** = eine Anzahlung verwirken ; **to forfeit a patent** = ein Patent verfallen lassen

◊ **forfeiture** *noun* Verwirkung *f or* Verfall *m*; Verlust *m*

forge *verb* fälschen *or* nachmachen; **he tried to enter the country with forged documents** = er versuchte, mit gefälschten Papieren einzureisen

◇ **forgery** *noun* **(a)** (Urkunden)fälschung *f*; **he was sent to prison for forgery** = er bekam eine Gefängnisstrafe wegen Urkundenfälschung **(b)** *(illegal copy)* Fälschung *f*; **the signature was proved to be a forgery** = es wurde nachgewiesen, daß die Unterschrift eine Fälschung war

forget *verb* vergessen; **she forgot to put a stamp on the envelope** = sie vergaß, eine Briefmarke auf den Umschlag zu kleben; **don't forget we're having lunch together tomorrow** = vergiß nicht, wir essen morgen zusammen zu Mittag (NOTE: **forgetting - forgot - forgotten**)

fork-lift truck *noun* Gabelstapler *m*

form 1 *noun* **(a) form of words** = Formulierung *f*; **receipt in due form** = ordnungsgemäße Quittung **(b)** Formular *n or* Vordruck *m*; **you have to fill in form A20** = Sie müssen Formular A20 ausfüllen; **customs declaration form** = Zollerklärungsformular *n*; **a pad of order forms** = ein Bestellblock *m*; **application form** = Antragsformular *n or* Bewerbungsformular; **claim form** = Schadenformular **2** *verb* gründen; **the brothers have formed a company** = die Brüder gründeten ein Unternehmen

◇ **formation** *or* **forming** *noun* Gründung *f*; **the formation of a company** = die Gründung eines Unternehmens

forma *see* PRO FORMA

formal *adjective* offiziell; formell; förmlich; **to make a formal application** = einen formellen Antrag stellen; **to send a formal order** = einen förmlichen Auftrag übersenden

◇ **formality** *noun* Formalität *f*; **customs formalities** = Zollformalitäten

◇ **formally** *adverb* offiziell *or* formell; **we have formally applied for planning permission for the new shopping precinct** = wir haben offiziell eine Planungsgenehmigung für das neue Einkaufsviertel beantragt

former *adjective* ehemalig *or* vormalig *or* früher; **the former chairman has taken a job with the rival company** = der ehemalige Vorsitzende nahm eine Stelle beim Konkurrenzunternehmen an

◇ **formerly** *adverb* vorher *or* früher; **he is currently managing director of Smith's, but formerly he worked for Jones's** = er ist derzeitig geschäftsführender Direktor der Fa. Smith, vorher arbeitete er aber bei der Fa. Jones

fortnight *noun* zwei Wochen; **I saw him a fortnight ago** = ich sah ihn vor zwei Wochen; **we will be on holiday during the last fortnight of July** = wir werden in den letzten zwei Juliwochen in Urlaub sein (NOTE: not used in US English)

fortune *noun* **(a)** Vermögen *n*; **he made a fortune from investing in oil shares** = er machte ein Vermögen durch Investitionen in Ölaktien; **she left her fortune to her three children** = sie hinterließ ihr Vermögen ihren drei Kindern **(b)** *(received in a will)* Vermögen *n*

forward 1 *adjective* im voraus *or* Voraus-; **forward buying** *or* **buying forward** = Terminkauf *m*; **forward contract** = Terminkontrakt *m*; **forward market** = Terminmarkt *m*; **forward exchange rate** = Devisenterminkurs *m*; **forward rate** = Terminkurs *m*; **what are the forward rates for the pound?** = wie lauten die Terminkurse des Pfunds?; **forward sales** = Terminverkäufe *mpl* **2** *adverb* **(a) to date a cheque forward** = einen Scheck vordatieren; **carriage forward** *or* **freight forward** = Fracht *f* gegen Nachnahme; **charges forward** = Gebühr bezahlt Empfänger **(b) to buy forward** = auf Termin kaufen; **to sell forward** = auf Termin verkaufen **(c) balance brought forward** *or* **carried forward** = Saldovortrag *m* **3** *verb* **to forward something to someone** = jdm etwas nachsenden *or* etwas zu jdm befördern; **to forward a consignment to Nigeria** = eine Sendung nach Nigeria befördern; **please forward** *or* **to be forwarded** = bitte nachsenden

◇ **(freight) forwarder** *noun* Spediteur *m or* Spedition *f*

◇ **forwarding** *noun* **(a)** Spedition *f or* Expedierung *f*; **air forwarding** = Luftfrachtspedition; **forwarding agent** = FORWARDER; **forwarding instructions** *or* **instructions for forwarding** = Versandanweisungen *fpl* **(b) forwarding address** = Nachsendeadresse *f*

foul *adjective* **foul bill of lading** = unreines Konnossement

founder *noun* Gründer/-in; **founder's shares** = Gründeraktien *fpl*

four-part *adjective* vierteilig; **four-part invoices** = vierteilige Rechnungen; **four-part paper** *or* **stationery** = vierteiliges Papier

fourth *adjective* vierte(r,s); **fourth quarter** = viertes Quartal

Fr = FRANC

fraction *noun* Bruchteil *m*; **only a fraction of the share issue was subscribed** = nur ein Bruchteil der Aktienemission wurde gezeichnet

◇ **fractional** *adjective* geringfügig; **fractional share certificate** = Bruchteilsaktie *f or* Quotenaktie

fragile *adjective* zerbrechlich; **there is an extra premium for insuring fragile goods in shipment** = für die Versicherung zerbrechlicher Waren in Warensendungen wird eine Extraprämie erhoben

franc *noun* Franc *m or* Franken *m*; **French francs** *or* **Belgian francs** *or* **Swiss francs** = französische Francs *or* belgische Francs *or* Schweizer Franken; **it costs twenty-five Swiss francs** = es kostet 25 Schweizer Franken; **franc account** = Franc-Konto *n* (NOTE: in English usually written **Fr** before the figure: **Fr2,500** say: 'two thousand, five hundred francs'. Currencies of different countries can be shown by the initial letters of the countries: **FFr** = French francs; **SwFr** = Swiss francs; **BFr** = Belgian francs)

France *noun* Frankreich

◇ **French 1** *adjective* französisch **2** *plural noun* **the French** = die Franzosen

◇ **Frenchman, Frenchwoman** *noun* Franzose, Französin
(NOTE: capital: **Paris;** currency: **franc** *or* **French franc** = Franc *or* französischer Franc)

franchise 1 *noun* Franchise *n*; **he has bought a printing franchise** *or* **a hot dog franchise** = er hat ein Druckfranchise *or* ein Hot-Dog-Franchise gekauft **2** *verb* auf Franchise-Basis vergeben; **his sandwich bar was so successful that he decided to franchise it** = seine Sandwich-Bar war so erfolgreich, daß er beschloß, sie auf Franchise-Basis zu vergeben
◇ **franchisee** *noun* Franchise-Nehmer/-in
◇ **franchiser** *noun* Franchise-Geber/-in
◇ **franchising** *noun* Franchise *n*; **he runs his sandwich bar chain as a franchising operation** = er führt seine Sandwich-Bar-Kette als Franchise-Betrieb *m*
◇ **franchisor** *noun* = FRANCHISER

QUOTE a quarter of a million Britons are seeking to become their own bosses by purchasing franchises
Marketing Week
QUOTE restaurants in a family-style chain that the company operates and franchises throughout most parts of the U.S.
Fortune

franco *adverb* frei

frank *verb* frankieren *or* freimachen; **franking machine** = Frankiermaschine *f*

fraud *noun* Betrug *m*; **he got possession of the property by fraud** = er gelangte durch Betrug in den Besitz des Hauses; **he was accused of frauds relating to foreign currency** = er wurde des Betrugs in Zusammenhang mit Devisen beschuldigt; **to obtain money by fraud** = durch Betrug Geld erlangen; **fraud squad** = Betrugsdezernat *n*; **Serious Fraud Office (SFO)** = Ermittlungsbehörde für Wirtschaftsstraftaten
◇ **fraudulent** *adjective* betrügerisch; **a fraudulent transaction** = ein Schwindelgeschäft *n*
◇ **fraudulently** *adverb* auf betrügerische Weise *or* durch Betrug; **goods imported fraudulently** = auf betrügerische Weise importierte Waren

free 1 *adjective & adverb* **(a)** *(without payment)* kostenlos *or* gratis *or* Frei-; **to be given a free ticket to the exhibition** = eine Freikarte für die Ausstellung bekommen; **the price includes free delivery** = Zustellung *f* ist im Preis inbegriffen; **goods are delivered free** = Waren werden kostenlos zugestellt; **catalogue sent free on request** = Katalog wird auf Anfrage kostenlos zugeschickt; **carriage free** = frachtfrei; **free gift** = Werbegeschenk *n*; **there is a free gift worth £25 to any customer buying a washing machine** = jeder Kunde, der eine Waschmaschine kauft, bekommt ein Werbegeschenk im Wert von £25; **free sample** = Gratisprobe *f*; **free trial** = kostenlos zur Probe; **to send a piece of equipment for two weeks' free trial** = ein Gerät zwei Wochen zur kostenlosen Probe schicken; **free of charge** = kostenlos; **free on board (FOB)** = (i) f.o.b. *or* frei an Bord; (ii) *(US)* f.o.b. einschließlich Fracht; **free on rail (FOR)** = frei Bahn *or* frei Waggon **(b)** *(with no restrictions)* frei *or* unabhängig; **free collective bargaining** = autonome Tarifverhandlungen *fpl*; **free competition** = freier Wettbewerb; Wettbewerbsfreiheit *f*; **free currency** = frei konvertierbare Währung; **free enterprise** = freies Unternehmertum; **free market economy** = freie Marktwirtschaft; **free port** *or* *(EU)* **free zone** = Freihafen *m* *or* Zollfreigebiet *n*; **free of tax** *or* **tax-free** = steuerfrei; **he was given a tax-free sum of £25,000 when he was made redundant** = ihm wurde ein steuerfreier Betrag von £25.000 überreicht, als er den Arbeitsplatz verlor; **interest free of tax** *or* **tax-free interest** = steuerfreie Zinsen *mpl*; **interest-free credit** *or* **loan** = zinsloses Darlehen; **free of duty** *or* **duty-free** = zollfrei; **to import wine free of duty** *or* **duty-free** = Wein zollfrei einführen; **free trade** = Freihandel *m*; **the government adopted a free trade policy** = die Regierung übernahm eine Politik des freien Handels; **free trade area** = Freihandelszone *f*; **free trader** = Befürworter/-in des Freihandels **(c)** *(not busy or not occupied)* frei; unbesetzt; **are there any free tables in the restaurant?** = gibt es im Restaurant noch freie Tische?; **I shall be free in a few minutes** = ich werde in ein paar Minuten Zeit haben; **the chairman always keeps Friday afternoon free for a game of bridge** = der Vorsitzende hält sich den Freitagnachmittag immer für eine Runde Bridge frei **2** *verb* flüssigmachen; **the government's decision has freed millions of pounds for investment** = die Entscheidung der Regierung machte Millionen Pfunde für Investitionen flüssig

QUOTE American business as a whole is increasingly free from heavy dependence on manufacturing
Sunday Times
QUOTE can free trade be reconciled with a strong dollar resulting from floating exchange rates?
Duns Business Month
QUOTE free traders hold that the strong dollar is the primary cause of the nation's trade problems
Duns Business Month

freebie *noun (informal)* (Werbe)geschenk *n*

freehold property *noun* Grundbesitz *m* mit zeitlich unbeschränktem Eigentumsrecht *n*
◇ **freeholder** *noun* Grundeigentümer/-in
◇ **freelance 1** *noun* freie(r) Mitarbeiter/-in; **we have about twenty freelances working for us** *or* **about twenty people working for us on a freelance basis** = bei uns arbeiten etwa 20 freie Mitarbeiter **2** *adjective* freiberuflich (tätig); **she is a freelance journalist** = sie ist freiberufliche Journalistin **3** *adverb* freiberuflich; **he works freelance as a designer** = er arbeitet freiberuflich als Designer **4** *verb* **(a)** freiberuflich tätig sein *or* als freier Mitarbeiter tätig sein; **she freelances for a local newspaper** = sie ist als freie Mitarbeiterin für eine Lokalzeitung tätig **(b)** Arbeit an freie Mitarbeiter vergeben; **we freelance work out to several specialists** = wir vergeben Arbeit an mehrere freiberufliche Spezialisten
◇ **freelancer** *noun* freie(r) Mitarbeiter/-in
◇ **freely** *adverb* frei *or* unbeschränkt; **money should circulate freely within the EU** = Geld sollte innerhalb der EU frei zirkulieren
◇ **freephone** *or* **freefone** *noun (GB)* Anruf *m* zum Nulltarif *(cf* 0500 *or* 0800)
◇ **freepost** *noun* Gebühr *f* bezahlt Empfänger

freeze 1 *noun* **credit freeze** = Einfrieren *n* von Krediten *mpl* *or* Kreditsperre *f*; **wages and prices freeze** *or* **a freeze on wages and prices** = Lohn- und Preisstopp *m* **2** *verb* einfrieren *or* stoppen *or* sperren *or* festlegen; **we have frozen expenditure at last year's level** = wir haben die Ausgaben *fpl* in Höhe des letzten Jahres eingefroren; **to freeze wages and prices** = Löhne *mpl* und Preise *mpl* einfrieren *or* einen Lohn- und Preisstopp durchführen; **to freeze credits** = Kredite *mpl* stoppen *or* sperren; **to freeze company dividends** = Unternehmensdividenden *fpl* einfrieren (NOTE: **freezing - froze - has frozen)**

◇ **freeze out** *verb* **to freeze out competition** = die Konkurrenz verdrängen

freight 1 *noun* **(a)** *(carriage)* Fracht *f*; **at an auction, the buyer pays the freight** = bei einer Versteigerung übernimmt der Käufer die Transportkosten *pl*; **freight charges** *or* **freight rates** = Frachtgebühren *fpl or* Frachttarife *mpl*; **freight charges have gone up sharply this year** = Frachtgebühren sind in diesem Jahr rasant gestiegen; **freight costs** = Transportkosten *pl or* Frachtkosten; **freight forward** = Fracht gegen Nachnahme; **freight forwarder** = Spediteur *m or* Spedition *f* **(b) air freight** = Luftfracht *f*; **to send a shipment by air freight** = eine Sendung per Luftfracht schicken; **air freight charges** *or* **rates** = Luftfrachtgebühren *fpl* **(c)** *(goods carried)* Frachtgut *n*; **to take on freight** = Fracht aufnehmen *or* aufladen; *(US)* **freight car** = Güterwagen *m or* Waggon *m*; **freight depot** = Güterbahnhof *m*; **freight elevator** = Warenaufzug *m*; **freight forwarder** = Spediteur *m or* Spedition *f*; **freight plane** = Transportflugzeug *n*; **freight train** = Güterzug *m* **2** *verb* **to freight goods** = Güter *npl* verfrachten *or* befördern; **we freight goods to all parts of the USA** = wir befördern Waren *fpl* in alle Teile der Vereinigten Staaten

◇ **freightage** *noun* Frachtkosten *pl*

◇ **freighter** *noun* **(a)** *(aircraft)* Transportflugzeug *n; (ship)* Frachter *m* **(b)** *(company)* Verfrachter *m*

◇ **freightliner** *noun* Containerzug *m*; **the shipment has to be delivered to the freightliner depot** = die Sendung muß zum Containerbahnhof *m* gebracht werden

French Guiana *noun* Französisch-Guayana

◇ **(French) Guianese 1** *noun* Guayaner/-in **2** *adjective* guayanisch
(NOTE: capital: **Cayenne** ; Währung: **French franc** = französischer Franc)

frequent *adjective* oft *or* häufig; **there is a frequent ferry service to France** = es gibt häufige Fährverbindungen nach Frankreich; **we send frequent faxes to New York** = wir schicken sehr häufig Faxe nach New York; **how frequent are the planes to Birmingham?** = wie oft fliegen Maschinen nach Birmingham?

◇ **frequently** *adverb* oft *or* häufig; **the photocopier is frequently out of order** = der Fotokopierer ist oft kaputt; **we fax our New York office very frequently - at least four times a day** = wir schicken häufig Faxe an unsere New Yorker Geschäftsstelle - mindestens viermal am Tag

friendly society *noun* Versicherungsverein *m* auf Gegenseitigkeit

fringe benefits *plural noun* Gehaltsnebenleistungen *fpl* für Arbeitnehmer

front *noun* **(a)** Fassade *f or* Vorderseite *f*; **the front of the office building is on the High Street** = die Vorderseite des Bürogebäudes ist auf der High Street; **the front page of the company report has a photograph of the managing director** = auf der ersten Seite des Geschäftsberichts ist ein Foto des geschäftsführenden Direktors; **our ad appeared on the front page of the newspaper** = unsere Anzeige erschien auf der Titelseite der Zeitung **(b) in front of** = vor; **they put up a 'for sale' sign in front of the factory** = sie stellten ein Schild ‚zu verkaufen' vor der Fabrik auf; **the chairman's name is in front of all the others on the staff list** = der Name des Vorsitzenden steht vor allen anderen auf der Personalliste **(c)** Tarnung *f*; Strohmann *m*; **his restaurant is a front for a drugs organization** = sein Restaurant ist Tarnung für einen Rauschgiftring **(d) money up front** = Vorauszahlung *f*; **they are asking for £10,000 up front before they will consider the deal** = sie fordern £10.000 Vorauszahlung, bevor sie das Geschäft überhaupt in Erwägung ziehen; **he had to put money up front before he could clinch the deal** = er mußte eine Vorauszahlung leisten, bevor er das Geschäft abschließen konnte

◇ **front-line management** *noun* unterste Leitungsebene

◇ **front man** *noun* Strohmann *m*

frozen *adjective* gesperrt *or* gestoppt *or* eingefroren; **frozen account** = gesperrtes Konto; **frozen assets** = eingefrorene Vermögenswerte *mpl or* eingefrorenes Guthaben; **frozen credits** = gesperrte Kredite *mpl*; **his assets have been frozen by the court** = sein Guthaben wurde vom Gericht eingefroren *see also* FREEZE

ft = FOOT

FT = FINANCIAL TIMES

fuel 1 *noun* Brennstoff *m or* Kraftstoff *m or* Treibstoff *m or* Benzin *m*; **the annual fuel bill for the plant has doubled over the last three years** = die jährliche Brennstoffrechnung für die Anlage hat sich in den letzten drei Jahren verdoppelt; **he has bought a car with low fuel consumption** = er hat einen Wagen mit geringem Treibstoffverbrauch *m* gekauft **2** *verb* anheizen; **market worries were fuelled by news of an increase in electricity charges** = Befürchtungen des Markts wurden durch die Nachricht einer Erhöhung der Stromgebühren angeheizt; **the rise in the share price was fuelled by rumours of a takeover bid** = der Anstieg des Aktienkurses wurde durch Gerüchte eines Übernahmeangebots angeheizt

fulfil *or (US)* **fulfill** *verb* erfüllen *or* ausführen; **the clause regarding payments has not been fulfilled** = die Klausel bezüglich Zahlungen wurde nicht erfüllt; **to fulfil an order** = einen Auftrag ausführen; **we are so understaffed that we cannot fulfil any more orders before Christmas** = wir haben einen solchen Personalmangel, daß wir vor Weihnachten keine Aufträge mehr ausführen können

◇ **fulfilment** *noun* Erfüllung *f or* Ausführung *f*; **order fulfilment** = Auftragsausführung

full *adjective* **(a)** voll; **the train was full of commuters** = der Zug war voll von Pendlern; **is**

the container full yet? = ist der Container schon voll?; **we sent a lorry full of spare parts to our warehouse** = wir schickten einen Lastwagen voller Ersatzteile zu unserem Lagerhaus; **when the disk is full, don't forget to make a backup copy** = vergiß nicht, eine Sicherungskopie zu machen, wenn die Diskette voll ist **(b)** völlig *or* vollständig; **we are working at full capacity** = wir sind voll ausgelastet; **full costs** = Vollkosten *pl*; **full cover** = voller Versicherungsschutz; **in full discharge of a debt** = Schuldentilgung *f* in voller Höhe; **full employment** = Vollbeschäftigung *f*; **full fare** = voller Fahrpreis; **full price** = voller Preis; **he bought a full-price ticket** = er kaufte ein Ticket zum vollen Preis **(c) in full** = voll *or* ganz *or* vollständig; **give your full name and address** *or* **your name and address in full** = geben Sie Ihren Namen und Ihre Adresse vollständig an; **he accepted all our conditions in full** = er akzeptierte unsere Bedingungen vollständig; **full payment** *or* **payment in full** = Zahlung *f* in voller Höhe; **full refund** *or* **refund paid in full** = Erstattung *f* in voller Höhe; **he got a full refund when he complained about the service** = er bekam sein ganzes Geld zurück, als er sich über den Service beschwerte

◇ **full-scale** *adjective* total *or* umfassend; **the MD ordered a full-scale review of credit terms** = der geschäftsführende Direktor ordnete eine umfassende Überprüfung der Kreditbedingungen an

◇ **full-service banking** *noun* umfassender Bankservice *m*

◇ **full-time** *adjective & adverb* ganztags *or* Ganztags- *or* hauptberuflich; **she is in full-time work** *or* **she works full-time** *or* **she is in full-time employment** = sie arbeitet ganztags *or* sie hat eine volle Stelle; **he is one of our full-time staff** = er ist einer unserer hauptberuflichen Mitarbeiter

◇ **full-timer** *noun* ganztägig Beschäftigte(r)

◇ **fully** *adverb* voll *or* ganz *or* vollständig; **fully-paid shares** = voll bezahlte Aktien *fpl*; **fully paid-up capital** = voll einbezahltes Kapital

> QUOTE a tax-free lump sum can be taken partly in lieu of a full pension
>
> *Investors Chronicle*
>
> QUOTE issued and fully paid capital is $100 million
>
> *Hongkong Standard*
>
> QUOTE the administration launched a full-scale investigation into maintenance procedures
>
> *Fortune*

function 1 *noun* **(a)** Funktion *f or* Aufgabe *f*; **management function** *or* **function of management** = Aufgaben des Managements; Führungsfunktion **(b)** *(on a computer)* Funktion; **function key** = Funktionstaste *f* **2** *verb* funktionieren; **the advertising campaign is functioning smoothly** = die Werbekampagne läuft reibungslos; **the new management structure does not seem to be functioning very well** = die neue Managementstruktur scheint nicht gut zu funktionieren

fund 1 *noun* Fonds *m*; zweckgebundene Mittel *pl*; **contingency fund** = Fonds für außerordentliche Rückstellungen *fpl*; **pension fund** = Pensionskasse *f*; **the International Monetary Fund (IMF)** = der Internationale Währungsfonds(IWF) *or* der Weltwährungsfonds **2** *plural noun* **(a)** (Geld)mittel *pl*; **the company has no funds to pay for the research programme** = das Unternehmen hat keine Mittel für das Forschungsprogramm; **the company called for extra funds** = das Unternehmen bat um zusätzliche Geldmittel; **they are running out of funds** = ihre Mittel werden knapper; **public funds** = öffentliche Mittel; **the cost was paid for out of public funds** = die Kosten wurden mit öffentlichen Mitteln bezahlt; **conversion of funds** = widerrechtliche Aneignung von Geldern *(Veruntreuung, Unterschlagung)*; **to convert funds to another purpose** = Gelder *npl* veruntreuen; **to convert funds to one's own use** = Gelder veruntreuen *npl* **(b)** *(GB)* **the Funds** *or (US)* **Federal Funds** *or* **Fed Funds** = Staatspapiere *npl* **3** *verb* finanzieren; **to fund a company** = ein Unternehmen finanzieren; **the company does not have enough resources to fund its expansion programme** = das Unternehmen hat nicht genügend Mittel für die Finanzierung seines Expansionsprogramms

◇ **funded** *adjective* fundiert; **long-term funded capital** = langfristig fundiertes *or* angelegtes Kapital; *(GB)* **funded debt** = Staatspapiere *npl or* Staatsanleihen *fpl*

◇ **funding** *noun* **(a)** Finanzierung *f*; **the bank is providing the funding for the new product launch** = die Bank finanziert die Einführung des neuen Produkts auf den Markt **(b)** Fundierung *f or* Konsolidierung *f*; **the capital expenditure programme requires long-term funding** = das Investitionsprogramm bedarf langfristiger Fundierung

> QUOTE the S&L funded all borrowers' development costs, including accrued interest
>
> *Barrons*
>
> QUOTE small innovative companies have been hampered for lack of funds
>
> *Sunday Times*
>
> QUOTE the company was set up with funds totalling NorKr 145m
>
> *Lloyd's List*

furnish *verb* **(a)** *(provide)* beliefern *or* versorgen **(b)** einrichten *or* möblieren *or* ausstatten; **he furnished his office with secondhand chairs and desks** = er richtete sein Büro mit gebrauchten Stühlen und Schreibtischen ein; **the company spent £10,000 on furnishing the chairman's office** = das Unternehmen gab £10.000 für die Ausstattung des Büros des Vorsitzenden aus; **furnished accommodation** = möblierte Unterkunft

furniture *noun* Mobiliar *n or* Möbel *npl*; **office furniture** = Büromöbel; **he deals in secondhand office furniture** = er handelt mit gebrauchten Büromöbeln; **an office furniture store** = ein Büromöbelgeschäft *n*; **furniture depository** *or* **furniture storage** = Möbellager *n*

further 1 *adjective* **(a)** *(distance)* weiter; **the office is further down the High Street** = das Büro ist weiter unten in der High Street; **the flight from Frankfurt terminates in New York - for further destinations you must change to internal flights** = der Flug von Frankfurt endet in New York - für weitere Reiseziele *npl* muß man auf Inlandsflüge umsteigen **(b)** *(more)* weiter *or* zusätzlich; **further orders will be dealt with by our London office** = weitere Aufträge *mpl* werden von unserer Londoner Geschäftsstelle bearbeitet; **nothing can be done while we are awaiting further instructions** = wir können nichts tun, solange wir auf weitere Instruktionen *fpl* warten; **to ask for further details** *or* **particulars** = weitere Details *npl or* Einzelheiten *fpl* erfragen; **he had borrowed £100,000 and then tried to borrow a further £25,000** = er lieh sich £100.000 und versuchte dann, noch weitere £25.000 zu leihen; **the company is asking for further credit** = das Unternehmen bittet um zusätzlichen Kredit; **he asked for a further six weeks to pay** = er bat um weitere sechs Wochen Zahlungsaufschub *m* **(c) further to** = im Nachtrag *or* über ... hinaus; **further to our** *or* **your letter of the 21st** = Bezug nehmend auf unser *or* Ihr Schreiben vom 21.; **further to our telephone conversation** = Bezug nehmend auf unser Telefongespräch **2** *verb* fördern *or* unterstützen; **he was accused of using his membership of the council to further his own interests** = er wurde beschuldigt, seine Mitgliedschaft im Rat zur Förderung seiner persönlichen Interessen auszunutzen

future 1 *adjective* zukünftig *or* Zukunfts-; **future delivery** = Terminlieferung *f* **2** *noun* Zukunft *f*; **try to be more careful in future** = versuchen Sie, in Zukunft etwas vorsichtiger zu sein; **in future all reports must be sent to Australia by air** = künftig müssen alle Berichte nach Australien per Luftpost verschickt werden

◇ **futures** *plural noun (shares or commodities bought for delivery at a later date)* Termingeschäfte *npl or* Terminkontrakte *mpl or* Terminwaren *fpl*; **gold rose 5% on the commodity futures market yesterday** = der Goldpreis stieg gestern am Warenterminmarkt *m* um 5%; **futures contract** = Terminkontrakte; **financial futures** = Finanztermingeschäfte; **financial futures market** = Finanzterminbörse *f*

Gg

g = GRAM

G5, G7, G10 *see* GROUP

Gabon *noun* Gabun *n*

◇ **Gabonese 1** *noun* Gabuner/-in **2** *adjective* gabunisch
(NOTE: capital: **Libreville;** currency: **CFA franc** = CFA-Franc *m*)

gain 1 *noun* **(a)** Zuwachs *m or* Zunahme *f*; **gain in experience** = Erfahrungsgewinn *m*; **gain in profitability** = Rentabilitätssteigerung *f* **(b)** *(increase in profit or price or value)* Gewinn *m or* (Wert)zuwachs *m*; **oil shares showed gains on the stock exchange** = Ölaktien wiesen an der Börse Kursgewinne auf; **property shares put on gains of 10%-15%** = Immobilienaktien wiesen einen Wertzuwachs von 10%-15% auf; **capital gains** = Veräußerungsgewinne; **capital gains tax** = Veräußerungsgewinnsteuer *f*; **short-term gains** = kurzfristige Gewinne **2** *verb* **(a)** *(get)* erwerben *or* erlangen; **he gained some useful experience working in a bank** = während seiner Tätigkeit bei der Bank sammelte er nützliche Erfahrungen; **to gain control of a business** = die Aktienmehrheit *or* Mehrheitsbeteiligung an einem Unternehmen erlangen **(b)** *(become bigger)* steigen *or* an Wert gewinnen; **the dollar gained six points on the foreign exchange markets** = der Dollar machte sechs Punkte an den Devisenmärkten gut

◇ **gainful** *adjective* **gainful employment** = Erwerbstätigkeit *f*

◇ **gainfully** *adverb* **gainfully employed** = erwerbstätig sein

gallon *noun* Gallone *f*; **imperial gallon** *or* **Canadian gallon** = britische *or* kanadische Gallone (4,546 Liter) ; **American gallon** = amerikanische Gallone (3,785 Liter); **the car does twenty-five miles per gallon** *or* **the car does twenty-five miles to the gallon** = das Auto verbraucht eine Gallone auf fünfundzwanzig Meilen (NOTE: usually written **gal** after figures: **25gal)**

galloping inflation *noun* galoppierende Inflation

(the) Gambia *noun* Gambia *n*

◇ **Gambian 1** *noun* Gambier/-in **2** *adjective* gambisch
(NOTE: capital: **Banjul;** currency: **dalasi** = Dalasi *m*)

gap *noun* Lücke *f*; **gap in the market** = Marktlücke; **to look for** *or* **to find a gap in the market** = eine Marktlücke suchen *or* finden; **this computer has filled a real gap in the market** = dieser Computer hat eine richtige Marktlücke gefüllt; **dollar gap** = Dollarlücke; **price gap** = Preisunterschied *m or* Preisschere *f*; **trade gap** = Außenhandelsdefizit *n*

> QUOTE these savings are still not great enough to overcome the price gap between American products and those of other nations
> *Duns Business Month*

garnishee *noun* Drittschuldner/-in; **garnishee order** *or (US)* **garnishment** = Pfändungsbeschluß *m* für Drittschuldner

gasoline *or (informal)* **gas** *noun (US)* Benzin *n*
(NOTE: British English is **petrol)**

gate *noun* **(a)** Tor *n* **(b)** *(in an airport)* Flugsteig *m*; **flight AZ270 is now boarding at Gate 23** = Flug AZ270 ist jetzt an Flugsteig 23 zum Abflug bereit **(c)** *(number of people attending a match)* Zuschauerzahl *f*; **there was a gate of 50,000 at the football final** = es waren 50.000 Zuschauer *mpl* beim Fußballendspiel

gather *verb* **(a)** zusammenpacken *or* sammeln; **he gathered up his papers after the meeting** = er packte nach der Versammlung seine Papiere zusammen; **she has been gathering information on import controls from various sources** = sie hat aus verschiedenen Quellen Informationen über Einfuhrkontrollen eingeholt **(b)** schließen *or* folgern; entnehmen; **I gather he has left the office** = ich nehme an, er hat das Büro verlassen; **did you gather who will be at the meeting?** = haben Sie mitgekriegt, wer auf der Versammlung sein wird?

GATT = GENERAL AGREEMENT ON TARIFFS AND TRADE Allgemeines Zoll- und Handelsabkommen (GATT)

gazump *verb (not to buy a property because someone offers more money)* **he was gazumped** = entgegen mündlicher Zusage wurde das Haus, das er kaufen wollte, an einen Höherbietenden verkauft

◇ **gazumping** *noun* Verkauf eines Hauses entgegen mündlicher Zusage an einen Höherbietenden

GDP = GROSS DOMESTIC PRODUCT Bruttoinlandsprodukt *n* (BIP)

gear *verb* **(a)** ankoppeln an *or* ausrichten auf *or* anpassen (an); **bank interest rates are geared to American interest rates** = die Zinssätze der Banken sind den amerikanischen Zinssätzen angepaßt; **salary geared to the cost of living** = Gehalt, das an die Lebenshaltungskosten angekoppelt ist **(b) a company which is highly geared** *or* **a highly-geared company** = ein Unternehmen mit hohem Anteil *m* an Fremdkapital *n*

◇ **gear up** *verb* sich bereit machen; **to gear up for a sales drive** = sich für eine Verkaufskampagne rüsten; **the company is gearing itself up for expansion into the African market** = das Unternehmen rüstet sich für die Expansion auf den afrikanischen Markt

◇ **gearing** *noun* **(a)** Verhältnis *n* Fremdkapital/Eigenkapital; Verschuldungsgrad *m* **(b)** gewinnbringend investiertes Fremdkapital

general *adjective* **(a)** *(ordinary)* allgemein *or* generell; **general expenses** = allgemeine Kosten *pl*; **general manager** = geschäftsführende(r) Direktor/-in; **general office** = Zentrale *f or* Hauptgeschäftsstelle *f* **(b)** *(dealing with everything or with everybody)* allgemein; **general audit** = ordentliche Buchprüfung; **general average** = große Havarie; **general election** = *(Germany)* Bundestagswahl *f*; *(GB)* Parlamentswahl *f*; **general meeting** = Hauptversammlung *f*; **Annual General Meeting (AGM)** = ordentliche Jahreshauptversammlung; **Extraordinary General Meeting (EGM)** = außerordentliche Hauptversammlung; **general strike** = Generalstreik *m* **(c) the General Agreement on Tariffs and Trade (GATT)** = Allgemeines Zoll- und Handelsabkommen **(d) general trading** = allgemeiner Handel; **general store(s)** = Gemischtwarenhandlung *f* **(e)** *(US)* **general delivery** = postlagernd (NOTE: the GB English for this is **poste restante**)

◇ **generally** *adverb* im allgemeinen; **the office is generally closed between Christmas and the New Year** = im allgemeinen ist das Büro zwischen Weihnachten und Neujahr geschlossen; **we generally give a 25% discount for bulk purchases** = im allgemeinen geben wir einen Rabatt von 25% auf Mengeneinkäufe

generous *adjective* großzügig; **the staff contributed a generous sum for the retirement present for the manager** = das Personal stiftete einen großzügigen Betrag für das Geschenk des Geschäftsführers anläßlich seines Ausscheidens aus dem Arbeitsleben

gentleman *noun* **(a)** *(way of starting to talk to a group of men)* **'gentlemen'** = ‚meine Herren'; **'good morning, gentlemen; if everyone is here, the meeting can start'** = ‚Guten Morgen, meine Herren; wenn alle anwesend sind, kann die Besprechung beginnen'; **'well, gentlemen, we have all read the report from our Australian office'** = ‚nun meine Herren, wir haben alle den Bericht unserer australischen Geschäftsstelle gelesen'; **'Ladies and Gentlemen!'** = ‚Meine Damen und Herren!' **(b)** Herr *m*; **gentleman's agreement** *or (US)* **gentlemen's agreement** = Vereinbarung *f* auf Treu und Glauben; Gentleman's Agreement *n*; **they have a gentleman's agreement not to trade in each other's area** = sie haben eine Vereinbarung auf Treu und Glauben, keine Geschäfte in dem Gebiet des anderen zu machen

genuine *adjective* echt; **a genuine Picasso** = ein echter Picasso; **a genuine leather purse** = eine Geldbörse aus echtem Leder; **the genuine article** = Markenartikel *m*; **genuine purchaser** = ernsthafter Käufer

◇ **genuineness** *noun* Echtheit *f*

Germany *noun* Deutschland *n*; **Federal Republic of Germany (FRG)** = Bundesrepublik Deutschland (BRD) *f*

◇ **German 1** *noun* Deutsche(r) **2** *adjective* deutsch
(NOTE: capital: **Berlin;** currency: **Deutschmark** *or* **D-mark** = Deutsche Mark)

get *verb* **(a)** bekommen *or* erhalten; **we got a letter from the solicitor this morning** = wir erhielten heute morgen einen Brief vom Anwalt; **when do you expect to get the stock?** = für wann erwarten Sie die Waren?; **he gets £250 a week for doing nothing** = er bekommt pro Woche £250 für Nichtstun; **she got £5,000 for her car** = sie hat £5.000 für ihren Wagen bekommen **(b)** ankommen; **the shipment got to Canada six weeks late** = die Warensendung kam mit sechswöchiger Verspätung in Kanada an; **she finally got to the office at 10.30** = sie kam schließlich um 10.30 Uhr im Büro an (NOTE: **getting - got - has got** *or (US)*

◇ **get across** *verb* verständlich machen; **the manager tried to get across to the workforce why some people were being made redundant** = der Manager versuchte der Belegschaft klarzumachen, warum einige Mitarbeiter entlassen würden

◇ **get along** *verb* zurechtkommen; **we are getting along quite well with only half the staff** = wir kommen mit nur der Hälfte des Personals ganz gut zurecht

◇ **get back** *verb* zurückbekommen; **I got my money back after I had complained to the manager** = ich bekam mein Geld zurück, nachdem ich mich beim Geschäftsführer beschwert hatte; **he got his initial investment back in two months** = nach zwei Monaten hatte er sein Anfangskapital wieder raus

◇ **get on** *verb* **(a)** zurechtkommen; **how is the new secretary getting on?** = wie kommt die neue Sekretärin zurecht? **(b)** Fortschritte *mpl* machen *or* vorankommen; **my son is getting on well - he has just been promoted** = mein Sohn kommt gut voran - er wurde gerade befördert

◇ **get on with** *verb* **(a)** *(with a person)* auskommen mit *or* sich verstehen mit; **she does not get on with her new boss** = sie kommt nicht mit dem neuen Chef aus **(b)** *(continue)* vorankommen; weitermachen mit; **the staff got on with the work and finished the order on time** = das Personal machte sich richtig an die Arbeit und erledigte den Auftrag rechtzeitig

◇ **get out** *verb* **(a)** herausbringen; vorlegen; **the accounts department got out the draft accounts in time for the meeting** = die Buchhaltung stellte die Kontenpläne rechtzeitig zur Versammlung fertig **(b)** aussteigen; **he didn't like the annual report, so he got out before the company collapsed** = ihm gefiel der Jahresbericht nicht, also stieg er aus, bevor das Unternehmen zusammenbrach

◇ **get out of** *verb* aufgeben; herausgehen; **the company is getting out of computers** = das Unternehmen steigt aus dem Computerbereich aus; **we got out of the South American market** = wir stiegen aus dem südamerikanischen Markt aus

◇ **get round** *verb* umgehen; **we tried to get round the embargo by shipping from Canada** = wir versuchten, das Embargo zu umgehen, indem wir die Waren von Kanada aus versendeten

◊ **get through** *verb* **(a)** *(on telephone)* durchkommen; **I tried to get through to the complaints department** = ich habe versucht, zur Reklamationsabteilung durchzukommen **(b)** *(be successful)* durchkommen *or* bestehen; **he got through his exam, so he is now a qualified engineer** = er hat das Examen bestanden und ist jetzt Ingenieur **(c)** *(make someone understand)* verständlich machen; **I could not get through to her that I had to be at the airport by 2.15** = ich konnte ihr nicht verständlich machen, daß ich um 14.15 Uhr am Flughafen sein mußte

Ghana *noun* Ghana *n*

◊ **Ghanaian 1** *noun* Ghanaer/-in **2** *adjective* ghanaisch

(NOTE: capital: **Accra** = Akkra; currency: **cedi** = Cedi *m*)

Gibraltar *noun* Gibraltar *n*

◊ **Gibraltarian 1** *noun* Gibraltarier/-in **2** *adjective* gibraltarisch

(NOTE: capital: **Gibraltar;** currency: **Gibraltar pound** = Gibraltar-Pfund *n*)

gift *noun* Geschenk *n*; **gift coupon** *or* **gift token** *or* **gift voucher** = Geschenkgutschein *m*; **we gave her a gift token for her birthday** = wir haben ihr zum Geburtstag einen Geschenkgutschein gegeben; **gift shop** = Geschenkboutique *f*; **gift inter vivos** = Schenkung *f* zu Lebzeiten; **free gift** = Werbegeschenk *n*

◊ **gift-wrap** *verb* als Geschenk einpacken; **do you want this book gift-wrapped?** = soll das Buch als Geschenk verpackt werden?

◊ **gift-wrapping** *noun* **(a)** *(service)* Geschenkverpackungsservice *m* **(b)** *(paper)* Geschenkpapier *n*

gilts *plural noun (GB)* mündelsichere Staatspapiere *npl*

◊ **gilt-edged** *adjective* solide; **gilt-edged stock** *or* **securities** = mündelsichere Staatspapiere *npl*

gimmick *noun* Gag *m*; **a publicity gimmick** = ein Publicity Gag; **the PR department thought up this new advertising gimmick** = die PR-Abteilung hat sich diesen neuen Werbegag einfallen lassen

giro *noun* **(a) the giro system** = der Giroverkehr; **bank giro credit** = Überweisungsauftrag *m*; **to pay by bank giro transfer** = per Banküberweisung zahlen **(b)** *GB (banking system, run by the Post Office)* **National Giro** ≈ Postgirodienst *m*; **a giro cheque** = ein Postscheck *m*; **giro account** = Girokonto *n; (GB)* Postgirokonto; **giro account number** = Girokontonummer *f; (GB)* Postgirokontonummer; **she put £25 into her giro account** = sie zahlte £25 auf ihr Postgirokonto ein

◊ **Girobank** *f noun (GB)* Postgiroamt *n or* Girobank *f*; **a National Girobank account** = ein Postgirokonto *n*

give *verb* **(a)** *(as a gift)* schenken; überreichen; **the office gave him a clock when he retired** = er bekam vom Büro eine Uhr, als er sich aus dem Arbeitsleben zurückzog **(b)** *(pass)* geben; **she gave the documents to the accountant** = sie gab dem Buchhalter die Unterlagen; **can you give me some information about the new computer system?** = können Sie mir ein paar Informationen zu dem neuen Computersystem geben?; **do not give any details to the police** = nennen Sie der Polizei keine Einzelheiten **(c)** geben *or* veranstalten; **the company gave a party on a boat to publicize its new discount system** = das Unternehmen veranstaltete ein Fest auf einem Schiff, um Werbung für sein neues Rabattsystem zu machen (NOTE: **giving - gave - has given**)

◊ **give away** *verb* verschenken *or* vergeben; **we are giving away a pocket calculator with each £10 of purchases** = wir verschenken einen Taschenrechner mit jedem Kauf in Höhe von £10

◊ **giveaway 1** *adjective* **to sell at giveaway prices** = zu Schleuderpreisen *mpl* verkaufen **2** *noun* Werbegeschenk *n*

glue 1 *noun* Klebstoff *m or* Leim *m*; **she put some glue on the back of the poster to fix it to the wall** = sie tat etwas Klebstoff auf die Rückseite des Posters, um es an die Wand zu kleben; **the glue on the envelope does not stick very well** = der Klebstoff auf dem Umschlag klebt nicht sehr gut **2** *verb* kleben *or* leimen; **he glued the label to the box** = er klebte das Schild auf die Kiste

glut 1 *noun* Schwemme *f or* Überhang *m*; **a glut of produce** = ein Produktüberangebot *n*; **a coffee glut** *or* **a glut of coffee** = ein Überangebot an Kaffee; **glut of money** = Geldüberhang **2** *verb* überschwemmen; **the market is glutted with cheap cameras** = der Markt ist mit billigen Kameras überschwemmt (NOTE: **glutting - glutted)**

gm = GRAM

gnome *noun (informal)* **the gnomes of Zurich** = die Gnomen *mpl* von Zürich

> QUOTE if the Frankfurt gnomes put the interest rate brake on a government too carefree for too long about its debt-ridden fiscal policies, they did so out of concern for Germany's monetary stability
>
> *Times*

GNP = GROSS NATIONAL PRODUCT Bruttosozialprodukt *n* (BSP)

go *verb* **(a)** gehen; **the cheque went to your bank yesterday** = der Scheck ging gestern an Ihre Bank; **the plane goes to Frankfurt, then to Rome** = die Maschine fliegt nach Frankfurt und dann nach Rom; **he is going to our Lagos office** = er geht in unsere Geschäftsstelle in Lagos **(b)** hingehören; **the date goes at the top of the letter** = das Datum gehört oben auf den Brief (NOTE: **going - went - has gone)**

◊ **go-ahead 1** *noun* **to give something the go-ahead** = für etwas ‚grünes Licht' geben; **his project got a government go-ahead** = für sein Projekt bekam er ‚grünes Licht' von der Regierung; **the board refused to give the go-ahead to the expansion plans** = der board weigerte sich, für die Expansionspläne ‚grünes Licht' zu geben **2** *adjective* dynamisch *or* progressiv; **he is a very go-ahead type** = er ist ein sehr dynamischer Typ; **she works for a go-ahead clothing company** = sie arbeitet für ein progressives Bekleidungsunternehmen

◊ **go back on** *verb* zurücknehmen *or* rückgängig machen; **two months later they went back on the agreement** = zwei Monate später machten sie die Vereinbarung rückgängig

◊ **going** *adjective* **(a)** in Betrieb *or* funktionierend; **to sell a business as a going concern** = ein arbeitendes Unternehmen verkaufen; **it is a going concern** = es ist eine gutgehende Firma *or* ein laufender Betrieb **(b) the going price** = der übliche *or* gängige Preis; **what is the going price for a 1975 Volkswagen Beetle?** = was ist der gängige Preis für einen VW Käfer Baujahr 1975?; **the going rate** = der übliche *or* gängige Satz; **we pay the going rate for typists** = wir zahlen den üblichen Lohnsatz für Schreibkräfte; **the going rate for offices is £30 per square metre** = der übliche Quadratmeterpreis für Büroräume ist £30

◊ **going to** *verb* **to be going to do something** = beabsichtigen *or* etwas tun werden; **the firm is going to open an office in New York next year** = die Firma wird nächstes Jahr eine Geschäftsstelle in New York eröffnen; **when are you going to answer my letter?** = wann werden Sie auf meinen Brief antworten?

◊ **go into** *verb* **(a) to go into business** = in das Geschäftsleben einsteigen; **he went into business as a car dealer** = er gründete ein Geschäft als Autohändler ; **she went into business in partnership with her son** = sie gründete ein Geschäft mit ihrem Sohn als Teilhaber **(b)** *(examine carefully)* sich befassen mit; **the bank wants to go into the details of the inter-company loans** = die Bank möchte sich genauer mit den konzerninternen Darlehen befassen

◊ **go on** *verb* **(a)** weiter- *or* etwas weiter tun; **the staff went on working in spite of the fire** = das Personal arbeitete trotz des Brands weiter; **the chairman went on speaking for two hours** = der Vorsitzende sprach noch zwei Stunden lang **(b)** *(to work with)* sich stützen auf *or* ausgehen von; **the figures for 1993 are all he has to go on** = die Zahlen für 1993 sind alles, auf das er sich stützen kann; **we have to go on the assumption that sales will not double next year** = wir müssen von der Annahme ausgehen, daß sich der Absatz im nächsten Jahr nicht verdoppeln wird

◊ **go out** *verb* **to go out of business** = das Geschäft aufgeben *or* den Betrieb schließen ; **the firm went out of business last week** = die Firma schloß letzte Woche ihren Betrieb

goal *noun* Ziel *n*; **our goal is to break even within twelve months** = unser Ziel ist es, innerhalb von zwölf Monaten kostendeckend zu arbeiten; **the company achieved all its goals** = das Unternehmen erreichte alle seine Ziele

godown *noun (in the Far East)* Lagerhaus *n*

gofer *noun (US)* Mädchen für alles *n*; Kalfaktor *m*

gold *noun* **(a)** Gold *n*; **to buy gold** = Gold kaufen; **to deal in gold** = mit Gold handeln; **gold coins** = Goldmünzen *fpl*; **gold bullion** = Barrengold *n* **(b) the country's gold reserves** = die Goldreserven *fpl* des Landes; **the gold standard** = die Goldwährung *or* der Goldstandard; **the pound came off the gold standard** = das Pfund wurde von der Goldwährung gelöst **(c) gold point** = Goldpunkt *m* **(d) gold shares** *or* **golds** = Goldminenaktien *fpl* **(e) gold card** = goldene Kreditkarte

◊ **golden** *adjective* **golden handshake** *or (US)* **golden parachute** *noun* großzügige Entlassungsabfindung; **when the company was taken over, the sales director received a golden handshake of £25,000** = als das Unternehmen übernommen wurde, erhielt der Verkaufsleiter zum Abschied £25.000; **golden hallo** = Einstellungsprämie *f* **golden share** = Aktienanteil mit besonderen Vorrechten

◊ **goldmine** *noun* Goldmine *f*; **that shop is a little goldmine** = das Geschäft ist eine kleine Goldgrube

gondola *noun* Gondel *f (beidseitig zugängliches Supermarkt- or Lagerregal)*

good *adjective* **(a)** gut; **a good buy** = ein guter Kauf; **to buy something in good faith** = etwas in gutem Glauben kaufen **(b) a good deal of** = viel *or* eine Menge; **we wasted a good deal of time discussing the arrangements for the AGM** = wir verschwendeten viel Zeit mit der Besprechung der Vorbereitungen für die Jahreshauptversammlung; **the company had to pay a good deal for the building site** = das Unternehmen mußte viel für das Baugelände bezahlen; **a good many** = ziemlich viel; **a good many staff members have joined the union** = ziemlich viele Personalmitglieder sind in die Gewerkschaft eingetreten

◊ **goods** *plural noun* **(a) goods and chattels** = bewegliches Eigentum; Mobilien *pl* **(b)** Waren *fpl*; **goods in bond** = Waren unter Zollverschluß; **capital goods** = Investitionsgüter *npl or* Anlagegüter; **consumer goods** *or* **consumable goods** = Konsumgüter *npl or* Verbrauchsgüter; **dry goods** = Textilwaren; **finished goods** = Fertigwaren *fpl or* Fertigprodukte *npl*; **household goods** = Haushaltswaren; **luxury goods** = Luxusartikel *mpl or* Luxusgüter *npl*; **manufactured goods** = Industriegüter *npl or* Fabrikwaren *fpl or* Fertigwaren **(c) goods depot** = Warenlager *n*; **goods train** = Güterzug *m*

◊ **goodwill** *noun* Goodwill *m or* (ideeller) Firmenwert; **he paid £10,000 for the goodwill of the shop and £4,000 for the stock** = er zahlte £10.000 für den ideellen Firmenwert und £4.000 für den Warenbestand

> QUOTE profit margins in the industries most exposed to foreign competition - machinery, transportation equipment and electrical goods
>
> *Sunday Times*
>
> QUOTE the minister wants people buying goods ranging from washing machines to houses to demand facts on energy costs
>
> *Times*

go-slow *noun* Bummelstreik *m*; **a series of go-slows reduced production** = eine Serie von Bummelstreiks verringerte die Produktion

govern *verb* regieren; **the country is governed by a group of military leaders** = das Land wird von einer Gruppe von Militärs regiert

◊ **government** *noun* **(a)** Regierung *f*; **central government** = Zentralregierung; **local government** = Kommunalverwaltung *f or* Gemeindeverwaltung; **provincial government** *or* **state government** = Provinzregierung *f*, Landesregierung **(b)** *(used as an adj.)* staatlich *or* der Regierung *or* Regierungs- *or* Staats-; **government employees** = Staatsbeamte *mpl*; Angestellte *pl* des öffentlichen Diensts; **local government officers** = Kommunalbeamte(n);

government intervention *or* **intervention by the government** = staatlicher Eingriff; Intervention *f* des Staates; **a government ban on the import of arms** = ein staatliches Einfuhrverbot von Waffen; **a government investigation into organized crime** = eine staatliche Untersuchung des organisierten Verbrechens; **government officials prevented him leaving the country** = Staatsbeamte hinderten ihn an der Ausreise; **government policy is outlined in the booklet** = die Politik der Regierung ist in der Broschüre umrissen; **government regulations state that import duty has to be paid on luxury items** = laut Bestimmungen *fpl* der Regierung muß auf Luxusartikel Einfuhrzoll gezahlt werden; **he invested all his savings in government securities** = er legte seine gesamten Ersparnisse in Wertpapieren *npl* der öffentlichen Hand an; **government support** = staatliche Unterstützung; **the computer industry relies on government support** = die Computerindustrie ist auf staatliche Unterstützung angewiesen; **government annuity** = staatliche Rente; **government contractor** = Betrieb *m* mit Staatsaufträgen *mpl*

◇ **governmental** *adjective* staatlich *or* Staats- *or* Regierungs-

◇ **government-backed** *adjective* mit staatlicher Unterstützung

◇ **government-controlled** *adjective* staatlich gelenkt *or* unter staatlicher Aufsicht; **advertisements cannot be placed in the government-controlled newspapers** = in Regierungszeitungen *fpl* können keine Anzeigen aufgegeben werden

◇ **government-regulated** *adjective* staatlich vorgeschrieben *or* gelenkt

◇ **government-sponsored** *adjective* staatlich gefördert; **he is working in a government-sponsored scheme to help small businesses** = er arbeitet mit bei einem staatlich geförderten Programm zur Unterstützung von Kleinbetrieben

governor *noun* **(a)** Direktor/-in *or* Leiter/-in; **Governor of the Bank of England** = Direktor der Bank of England (NOTE: the US equivalent is the **Chairman of the Federal Reserve Board) (b)** *US* Direktionsmitglied des Federal Reserve Bank

GPO = GENERAL POST OFFICE

grace *noun* Nachfrist *f or* Aufschub *m*; **to give a debtor a period of grace** *or* **two weeks' grace** = einem Schuldner eine Nachfrist (von zwei Wochen) gewähren

grade 1 *noun* Rang *m or* Stufe *f or* Klasse *f or* Sorte *f*; **top grade of civil servant** = höherer Beamte/höhere Beamtin; **to reach the top grade in the civil service** = in das höhere Beamtentum aufsteigen; **high-grade** = hochwertig *or* erstklassig *or* Qualitäts-; **high-grade petrol** = Benzin *n* mit hoher Oktanzahl; **a high-grade trade delegation** = eine hochrangige Handelsdelegation; **low-grade** = untergeordnet; minderwertig; **a low-grade official from the Ministry of Commerce** = ein unterer Beamter des Handelsministeriums; **the car runs well on low-grade petrol** = der Wagen läuft gut mit Benzin mit niedriger Oktanzahl; **top-grade** = hoher *or* Spitzen-; **top-grade petrol** = Benzin *n* mit höchster Oktanzahl **2** *verb* **(a)** in Güteklassen *fpl* einteilen *or* klassifizieren *or* einstufen; **to grade coal** = Kohle *f* in Güteklassen einteilen **(b)** abstufen *or* staffeln; **graded advertising rates** = gestaffelte Anzeigensätze *mpl*; **graded tax** = gestaffelte Steuer **(c) graded hotel** = Sterne-Hotel *n*

gradual *adjective* allmählich; **1993 saw a gradual return to profits** = 1993 stiegen die Gewinne allmählich wieder; **his CV describes his gradual rise to the position of company chairman** = sein Lebenslauf beschreibt seinen allmählichen Aufstieg zur Position des Unternehmensvorsitzenden

◇ **gradually** *adverb* allmählich; **the company has gradually become more profitable** = das Unternehmen wurde allmählich gewinnbringender; **she gradually learnt the details of the import-export business** = allmählich lernte sie die Einzelheiten des Import-Export Geschäfts

graduate *noun* Graduierte(r) *or* Akademiker/-in; **graduate entry** = Einstellung *f* von Hochschulabgängern *mpl*; **the graduate entry into the civil service** = die Einstellung von Hochschulabgängern in den Staatsdienst; **graduate training scheme** = Ausbildungsprogramm *n* für Hochschulabgänger *mpl*; **graduate trainee** = Hochschulabgänger/-in in der Berufsausbildung

◇ **graduated** *adjective* gestaffelt *or* der Progression unterliegend; **graduated income tax** = gestaffelte Einkommenssteuer; **graduated pension scheme** = gestaffeltes Rentensystem; **graduated taxation** = gestaffeltes Steuersystem

gram *or* **gramme** *noun* Gramm *n* (NOTE: usually written **g** or **gm** with figures: **25g)**

grand 1 *adjective* großartig *or* bedeutend; **grand plan** = großer *or* großartiger Plan; **he explained his grand plan for redeveloping the factory site** = er erklärte seinen großen Plan zur Sanierung des Fabrikgeländes; **grand total** = Gesamtsumme *f or* Endbetrag *m* **2** *noun (informal)* tausend Pfund; tausend Dollar; **they offered him fifty grand for the information** = sie boten ihm fünfzigtausend Pfund *or* Dollar für die Information

grant 1 *noun* Stipendium *n or* (Finanz)beihilfe *f or* Zuschuß *m or* Subvention *f*; **the laboratory has a government grant to cover the cost of the development programme** = das Labor bekommt eine staatliche Finanzbeihilfe zur Deckung der Kosten des Entwicklungsprogramms ; **the government has allocated grants towards the costs of the scheme** = der Staat vergab Finanzbeihilfen für das Programm; **grant-aided scheme** = subventioniertes Programm **2** *verb* gewähren *or* bewilligen; **to grant someone a loan** *or* **a subsidy** = jdm ein Darlehen *or* einen Zuschuß gewähren; **the local authority granted the company an interest-free loan to start up the new factory** = die Kommunalbehörde gewährte dem Unternehmen ein zinsloses Darlehen für die Gründung der neuen Fabrik

> QUOTE the budget grants a tax exemption for $500,000 in capital gains
>
> *Toronto Star*

graph *noun* Schaubild *n or* Diagramm *n or* Graphik *f*; **to set out the results in a graph** = die

Ergebnisse graphisch darstellen ; **the graph shows the company's rising profitability** = das Diagramm veranschaulicht die zunehmende Rentabilität des Unternehmens ; **the sales graph shows a steady rise** = das Absatzdiagramm zeigt eine kontinuierliche Steigerung; **graph paper** = Millimeterpapier *n*

gratia *see* EX GRATIA

gratis *adverb* gratis *or* umsonst; **we got into the exhibition gratis** = wir kamen umsonst in die Ausstellung

gratuity *noun* Geldgeschenk *n or* Gratifikation *f*; **the staff are instructed not to accept gratuities** = das Personal ist angewiesen, keine Geldgeschenke anzunehmen

great *adjective* groß; **a great deal of** = sehr viel; **he made a great deal of money on the stock exchange** = er machte eine Menge Geld an der Börse; **there is a great deal of work to be done before the company can be made really profitable** = es muß noch sehr viel getan werden, bevor das Unternehmen wirklich rentabel gemacht werden kann

Great Britain *noun* Großbritannien *n*

◇ **British 1** *plural noun* **the British** = die Briten **2** *adjective* britisch
(NOTE: capital: **London;** currency: **pound sterling** = Pfund Sterling *n*)

Greece *noun* Griechenland *n*

◇ **Greek 1** *noun* Grieche/Griechin **2** *adjective* griechisch
(NOTE: capital: **Athens** = Athen; currency: **drachma** = Drachme *f*)

greenback *noun (US) (informal)* Dollarschein *m or* Greenback *m*

> QUOTE gold's drop this year is of the same magnitude as the greenback's 8.5% rise
> *Business Week*
>
> QUOTE just about a year ago, when the greenback was high, bears were an endangered species. Since then, the currency has fallen by 32% against the Deutschmark and by 30% against the Swiss franc
> *Financial Weekly*

◇ **green card** *noun* **(a)** *(car insurance document)* Auslandsschutzbrief *m or* Grüne Karte *f* **(b)** *(work permit for the USA)* Arbeitserlaubnis *f*

◇ **green currency** *noun (EU)* grüne Währung

◇ **greenfield site** *noun* Industriestandort *m* auf der grünen Wiese

◇ **green light** *noun* **to give something the green light** = für etwas ‚grünes Licht' geben; **his project got the green light from the government** = für sein Projekt bekam er ‚grünes Licht' von der Regierung; **the board refused to give the green light to the expansion plans** = der board weigerte sich, für die Expansionspläne ‚grünes Licht' zu geben

◇ **greenmail** *noun* Androhung der Übernahme eines Unternehmens aufgrund von Teil-Aktienbesitz, um den Rückkauf der Aktien zu einem überhöhten Preis zu bewirken

> QUOTE proposes that there should be a limit on greenmail, perhaps permitting payment of a 20% premium on a maximum of 8% of the stock
> *Duns Business Month*

◇ **Green Paper** *noun* Regierungsbericht *m* für eine Parlamentsdebatte *or* Gesetzesvorlage

◇ **green pound** *noun* grünes Pfund

grid *noun* Planquadrat *n*; **grid structure** = Gitterstruktur *f*

grievance *noun* Beschwerde *f*; **grievance procedure** = Schlichtungsverfahren *n*

> QUOTE ACAS has a legal obligation to try and resolve industrial grievances before they reach industrial tribunals
> *Personnel Today*

gross 1 *noun* Gros *n*; **he ordered four gross of pens** = er bestellte vier Gros Bleistifte (NOTE: no plural) **2** *adjective* **(a)** brutto *or* Brutto-; **gross earnings** = Bruttoeinkommen *n*; **gross income** *or* **gross salary** = Bruttoeinkommen *n or* Bruttogehalt *n*; **gross margin** = Bruttomarge *f or* Bruttogewinnspanne *f*; **gross profit** = Bruttogewinn *m or* Rohgewinn; **gross receipts** = Bruttoeinnahmen *fpl*; **gross tonnage** = Bruttoraumzahl (BRZ) *m*; **gross weight** = Bruttogewicht *n or* Rohgewicht; **gross yield** = Bruttoertrag *m* **(b) gross domestic product (GDP)** = Bruttoinlandsprodukt (BIP) *n*; **gross national product (GNP)** = Bruttosozialprodukt (BSP) *n* **3** *adverb* brutto; **his salary is paid gross** = sein Gehalt wird brutto ausgezahlt **4** *verb* brutto verdienen; brutto einnehmen; **the group grossed £25m in 1993** = der Konzern nahm 1993 £25 Millionen brutto ein

> QUOTE news that gross national product increased only 1.3% in the first quarter of the year sent the dollar down on foreign exchange markets
> *Fortune*
>
> QUOTE gross wool receipts for the selling season to end June appear likely to top $2 billion
> *Australian Financial Review*

ground *noun* **(a)** Boden *m or* Erdboden; **the factory was burnt to the ground** = die Fabrik brannte bis auf die Grundmauern *fpl* nieder; **ground hostess** = Bodenhosteß *f*; **ground landlord** = Grundeigentümer *m*; **ground lease** = *(etwa)* Grundstückspacht *f*; **ground rent** = *(etwa)* Grundzins *m* **(b) grounds** = Gründe *mpl or* Begründung *f*; **does he have good grounds for complaint?** = hat er gute Gründe für seine Beschwerde?; **there are no grounds on which we can be sued** = es gibt keine Gründe, wegen der wir angeklagt werden könnten; **what are the grounds for the demand for a pay rise?** = wie ist die Begründung für die Forderung nach Lohnerhöhung?

◇ **ground floor** *noun* Erdgeschoß *n*; **the men's department is on the ground floor** = die Herrenabteilung ist im Erdgeschoß; **he has a ground-floor office** = er hat ein Büro im Erdgeschoß (NOTE: in the USA this is the **first floor)**

group 1 *noun* **(a)** *(of people)* Gruppe *f*; **a group of the staff has sent a memo to the chairman complaining about noise in the office** = eine Gruppe des Personals hat eine Mitteilung an den Vorsitzenden geschickt und sich über den Lärm im Büro beschwert **(b)** *(of businesses)* Konzern *m or* Unternehmensgruppe *f*; **the group chairman** *or* **the chairman of the group** = der Vorsitzende des Konzerns; **group turnover** *or* **turnover for the group** = Konzernumsatz *m*; **the Krupp Group** = der Krupp-Konzern; **group results** = Konzernergebnisse *npl* **2** *verb* **to group together** = zusammenfassen; **sales from six different agencies are grouped together under the heading 'European sales'** = der Absatz sechs verschiedener Vertretungen sind unter dem Stichwort ‚Europäischer Absatz' zusammengefaßt

◇ **Group of Five (G5)** *(France, Germany, Japan, UK and the USA)* Fünfergruppe (G5) *f*

◇ **Group of Seven (G7)** *(G5 group plus Canada and Italy)* Siebenergruppe (G7) *f*

◇ **Group of Ten (G10)** *(eleven, in fact: Belgium, Canada, France, Germany, Italy, Japan, Netherlands, Sweden, Switzerland, UK and USA)* Zehnergruppe *f or* Zehnerklub *m* (G10) (NOTE: also called the 'Paris Club', since its first meeting was in Paris)

grow *verb* wachsen *or* zunehmen; **the company has grown from a small repair shop to a multinational electronics business** = das Unternehmen wuchs von einem kleinen Reparaturladen zu einem multinationalen Elektronikunternehmen; **turnover is growing at a rate of 15% per annum** = der Umsatz steigt pro Jahr um 15%; **the computer industry grew fast in the 1980s** = die Computerbranche wuchs schnell in den 80er Jahren (NOTE: **growing - grew - has grown**)

◇ **growth** *noun* Wachstum *n or* Zunahme *f*; **the company is aiming for growth** = das Unternehmen ist auf Wachstum ausgerichtet; **economic growth** = Wirtschaftswachstum; **a growth area** *or* **a growth market** = ein wachsender Absatzmarkt; **a growth industry** = eine Wachstumsindustrie; **growth rate** = Wachstumsrate *f*; **growth share** *or* **growth stock** = Wachstumsaktie *f*

QUOTE a general price freeze succeeded in slowing the growth in consumer prices
Financial Times

QUOTE the thrift had grown from $4.7 million in assets in 1980 to $1.5 billion
Barrons

QUOTE growth in demand is still coming from the private rather than the public sector
Lloyd's List

QUOTE population growth in the south-west is again reflected by the level of rental values
Lloyd's List

guarantee 1 *noun* **(a)** Garantie *f*; **certificate of guarantee** *or* **guarantee certificate** = Garantiebescheinigung *f*; **the guarantee lasts for two years** = die Garantie gilt für zwei Jahre; **it is sold with a twelve-month guarantee** = es wird mit zwölfmonatiger Garantie verkauft; **the car is still under guarantee** = das Auto hat noch Garantie; **extended guarantee** = verlängerte Garantie **(b)** Bürgschaft *f*; **to go guarantee for someone** = für jdn bürgen *or* haften **(c)** Sicherheit *f or* Kaution *f*; **to leave share certificates as a guarantee** = Anteilscheine als Sicherheit hinterlassen **2** *verb* **(a)** garantieren; sich verbürgen; **to guarantee a debt** = für Schulden bürgen; **to guarantee an associate company** = für ein verbundenes Unternehmen bürgen; **to guarantee a bill of exchange** = eine Wechselbürgschaft leisten **(b) the product is guaranteed for twelve months** = das Produkt hat zwölf Monate Garantie; **guaranteed minimum wage** = garantierter Mindestlohn

◇ **guarantor** *noun* Bürge *m*; **he stood guarantor for his brother** = er trat als Bürge seines Bruders auf *or* er übernahm die Bürgschaft für seinen Bruder

Guatemala *noun* Guatemala *n*

◇ **Guatemalan 1** *noun* Guatemalteke/Guatemaltekin **2** *adjective* guatemaltekisch
(NOTE: capital: **Guatemala City** = Guatemala; currency: **quetzal** = Quetzal *m*)

guess 1 *noun* Vermutung *f or* Annahme *f or* Schätzung *f*; **the forecast of sales is only a guess** = die Absatzprognose ist nur eine Schätzung; **he made a guess at the pretax profits** = er gab eine Schätzung der Gewinne vor Steuern ab; **it is anyone's guess** = das weiß keiner so genau **2** *verb* **to guess (at) something** = etwas schätzen; etwas raten; **they could only guess at the total loss** = sie konnten den Gesamtverlust nur schätzen; **the sales director tried to guess the turnover of the Far East division** = der Verkaufsleiter versuchte, den Umsatz der Abteilung Ferner Osten zu schätzen

◇ **guesstimate** *noun (informal)* grobe Schätzung

guidelines *noun* Richtlinien *fpl*; **the government has issued guidelines on increases in incomes and prices** = die Regierung gab Richtlinien zur Anhebung von Einkommen und Preisen heraus; **the increase in retail price breaks** *or* **goes against the government guidelines** = das Anheben der Einzelhandelspreise verstößt gegen die staatlichen Richtlinien

guild *noun* Gilde *f or* Innung *f or* Zunft *f*; **the guild of master bakers** = die Gilde der Meisterbäcker

guilder *noun (currency used in the Netherlands)* Gulden *m* (NOTE: even though called the **guilder** in English, it is usually written **fl** with figures)

QUOTE the shares, which eased 1.10 guilders to fl49.80 earlier in the session, were suspended during the final hour of trading
Wall Street Journal

guillotine *noun* Papierschneider *m*

guilty *adjective* schuldig; **he was found guilty of libel** = er wurde der Verleumdung für schuldig befunden; **the company was guilty of not reporting the sales to the auditors** = das Unternehmen machte sich schuldig, den Wirtschaftsprüfern die Verkäufe nicht angegeben zu haben

Guinea *noun* Guinea *n*

◇ **Guinean 1** *noun* Guineer/-in **2** *adjective* guineisch
(NOTE: capital: **Conakry;** currency: **Guinean franc** = Guinea-Franc *m*)

gum *noun* Klebstoff *m*; **he stuck the label to the box with gum** = er klebte das Schild mit Klebstoff an die Kiste

◇ **gummed** *adjective* gummiert; **gummed label** = Klebeetikett *n or* Aufkleber *m*

Guyana *noun* Guyana *n*
◊ **Guyanese 1** *noun* Guyaner/-in **2** *adjective* guyanisch

(NOTE: capital: **Georgetown;** currency: **Guyana dollar** = guyanischer Dollar)

Hh

ha = HECTARE

haggle *verb* feilschen *or* handeln; **to haggle about** *or* **over the details of a contract** = um die Einzelheiten eines Vertrags feilschen; **after two days' haggling the contract was signed** = nach zwei Tagen des Hin und Her wurde der Vertrag unterzeichnet

Haiti *noun* Haiti *n*

◇ **Haitian 1** *noun* Haiti(an)er/-in **2** *adjective* hait(ian)isch
(NOTE: capital: **Port-au-Prince;** currency: **gourde** = Gourde *f*)

half 1 *noun* Hälfte *f*; **the first half of the agreement is acceptable** = die erste Hälfte des Vertrags ist akzeptabel; **the first half** *or* **the second half of the year** = die erste Jahreshälfte *or* die zweite Jahreshälfte; **we share the profits half and half** = wir teilen uns die Gewinne zu je 50% (NOTE: plural is **halves) 2** *adjective* halb; **half a per cent** *or* **a half per cent** = ein halbes Prozent (0,5%); **his commission on the deal is twelve and a half per cent** = seine Kommission bei diesem Abschluß beträgt zwölfeinhalb Prozent (12,5%); **half a dozen** *or* **a half-dozen** = ein halbes Dutzend; **to sell goods off at half price** = Waren zum halben Preis *m* verkaufen; **half-price sale** = Verkauf *m* zum halben Preis

◇ **half-dollar** *noun (US)* halber Dollar

◇ **half-year** *noun* Halbjahr *n*; **first half-year** *or* **second half-year** = erstes Halbjahr *or* zweites Halbjahr; **to announce the first half-year's results** *or* **the results for the half-year to June 30th** = die Ergebnisse des ersten Halbjahres *or* die Halbjahresergebnisse bis zum 30. Juni bekanntgeben; **we look forward to improvements in the second half-year** = wir hoffen auf Verbesserungen im zweiten Halbjahr

◇ **half-yearly 1** *adjective* halbjährlich *or* Halbjahres-; **half-yearly accounts** = halbjährliche Abrechnung; **half-yearly payment** = halbjährliche Zahlung; **half-yearly statement** = Halbjahresbericht *m*; **a half-yearly meeting** = eine Halbjahresversammlung **2** *adverb* halbjährlich; **we pay the account half-yearly** = wir zahlen die Abrechnung halbjährlich

> QUOTE economists believe the economy is picking up this quarter and will do better in the second half of the year
> *Sunday Times*

hall *noun* **exhibition hall** = Messehalle *f* *or* Ausstellungshalle

hallmark 1 *noun* Feingehaltsstempel *m* **2** *verb* mit einem Feingehaltsstempel versehen; **a hallmarked spoon** = ein Löffel mit Feingehaltsstempel

hammer 1 *noun* **auctioneer's hammer** = Auktionshammer *m*; **to go under the hammer** = versteigert werden *or* unter den Hammer kommen; **all the stock went under the hammer** = der ganze Warenbestand kam unter den Hammer **2** *verb* hämmern; **to hammer the competition** = die Konkurrenz aus dem Feld schlagen *or* der Konkurenz eine schwere Schlappe beibringen; **to hammer prices** = Preise drastisch senken

◇ **hammered** *adjective (on the London Stock Exchange)* **he was hammered** = er wurde für zahlungsunfähig *or* insolvent erklärt

◇ **hammering** *noun* **(a)** schwere Schlappe *f*; **the company took a hammering in Europe** = die Firma hat in Europa eine schwere Schlappe erlitten; **we gave them a hammering** = wir haben ihnen eine schwere Schlappe beigebracht **(b)** *(on the London Stock Exchange)* Insolvenzfeststellung *f*

◇ **hammer out** *verb* **to hammer out an agreement** = eine Vereinbarung aushandeln *or* ausarbeiten; **the contract was finally hammered out** = der Vertrag wurde schließlich ausgearbeitet

> QUOTE one of Britain's largest independent stockbrokers was hammered by the Stock Exchange yesterday, putting it out of business for good. The hammering leaves all clients of the firm in the dark about the value of their investments and the future of uncompleted financing deals
> *Guardian*

hand *noun* **(a)** Hand *f*; **to shake hands** = sich die Hand geben; **the two negotiating teams shook hands and sat down at the conference table** = die zwei Verhandlungsparteien begrüßten sich mit Handschlag und nahmen am Konferenztisch Platz; **to shake hands on a deal** = ein Geschäft mit Handschlag besiegeln **(b) by hand** = von Hand *or* hand-; **these shoes are made by hand** = diese Schuhe sind Handarbeit; **to send a letter by hand** = einen Brief durch Boten überbringen lassen **(c) in hand** = vorrätig *or* zur Verfügung; **balance in hand** *or* **cash in hand** = Kasse *f* *or* Kassenbestand *m* *or* Barbestand *m*; **we have £10,000 in hand** = wir haben £10.000 in bar; **work in hand** = Halbfabrikate *npl* (NOTE: US English is **on hand) (d) goods left on hand** = unverkaufte Ware; **they were left with half the stock on their hands** = sie blieben auf der Hälfte des Warenbestands sitzen **(e) to hand** = zur Hand *or* zur Verfügung; **I have the invoice to hand** = ich habe die Rechnung zur Hand **(f) show of hands** = Abstimmung *f* durch Handheben; **the motion was carried on a show of hands** = der Antrag wurde nach Handabstimmung angenommen **(g) to change hands** = in andere Hände übergehen *or* den Besitzer wechseln; **the shop changed hands for £100,000** = das Geschäft wechselte den Besitzer für £100.000 **(h) note of hand** = Schuldschein *m*; **in witness whereof, I set my hand** = ich bestätige die Richtigkeit durch meine Unterschrift **(i)** Arbeiter/-in; Arbeitskraft *f*; **to take on ten more**

hands = noch zehn Arbeiter anstellen; **deck hand** = gemeiner Matrose; **factory hand** = Fabrikarbeiter/-in

◊ **handbill** *noun* Reklamezettel *m or* Handzettel *m*

◊ **handbook** *noun* Handbuch *n or* Bedienungsanleitung *f*; **the handbook does not say how you open the photocopier** = in der Bedienungsanleitung steht nicht, wie man den Fotokopierer öffnet; **look in the handbook to see if it tells you how to clean the typewriter** = sehen Sie in der Bedienungsanleitung nach, ob dort steht, wie die Schreibmaschine zu reinigen ist; **service handbook** = Wartungsbuch *n*

◊ **hand in** *verb* abgeben; **he handed in his notice** *or* **he handed in his resignation** = er reichte seine Kündigung ein

◊ **hand luggage** *noun* Handgepäck *n*

◊ **handmade** *adjective* handgearbeitet *or* handgemacht; **he writes all his letters on handmade paper** = er schreibt alle seine Briefe auf handgeschöpftem Papier *n or* Bütten *n*

◊ **hand-operated** *adjective* handbetrieben *or* von Hand bedient; **a hand-operated machine** = eine handbetriebene *or* eine von Hand bediente Maschine

◊ **handout** *noun* **(a) publicity handout** = Werbeprospekt *m or* Reklamezettel *m or* Flugblatt *n* **(b)** Zuwendung *f*; **the company exists on handouts from the government** = das Unternehmen lebt von Zuwendungen des Staates

◊ **hand over** *verb* übergeben *or* überreichen; **she handed over the documents to the lawyer** = sie übergab dem Anwalt die Unterlagen ; **he handed over to his deputy** = er übergab (die Verantwortung) an seinen Stellvertreter

◊ **handover** *noun* Übergabe *f*; **the handover from the old chairman to the new went very smoothly** = die Übergabe vom alten Vorsitzenden an den neuen verlief reibungslos; **when the ownership of a company changes, the handover period is always difficult** = wenn der Besitzer eines Unternehmens wechselt, ist der Übergabezeitraum immer schwierig

◊ **handshake** *noun* **golden handshake** = großzügige Entlassungsabfindung; **the retiring director received a golden handshake of £25,000** = der ausscheidende Direktor erhielt zum Abschied eine großzügige Abfindung von £25.000

◊ **handwriting** *noun* Handschrift *f*; **to send a letter of application in your own handwriting** = einen handgeschriebenen Bewerbungsbrief schicken

◊ **handwritten** *adjective* von Hand geschrieben *or* handgeschrieben; **it is more professional to send in a typed rather than a handwritten letter of application** = es ist professioneller, einen getippten statt einen handgeschriebenen Bewerbungsbrief zu schicken

handle *verb* **(a)** handhaben *or* sich befassen mit; **the accounts department handles all the cash** = die Buchhaltung handhabt das gesamte Bargeld; **we can handle orders for up to 15,000 units** = wir können Aufträge von bis zu 15.000 Stück bearbeiten; **they handle all our overseas orders** = sie wickeln unsere gesamten Auslandsaufträge ab **(b)** *(sell)* führen *or* handeln mit; **we do not handle foreign cars** = wir handeln nicht mit ausländischen Wagen; **they will not handle goods produced by other firms** = sie wollen nicht mit von anderen Firmen produzierten Waren handeln

◊ **handling** *noun* Umschlag *m or* Handhabung *f or* Bearbeitung *f or* Erledigung *f*; **handling charge(s)** = Bearbeitungsgebühr *f*; Umschlagspesen *pl*; **the bank adds on a 5% handling charge for changing travellers' cheques** = die Bank schlägt für das Einlösen von Reiseschecks eine Bearbeitungsgebühr von 5% auf; **materials handling** = innerbetriebliches Transport- und Lagerwesen

> QUOTE shipping companies continue to bear the extra financial burden of cargo handling operations at the ports
>
> *Business Times (Lagos)*

handy *adjective* praktisch *or* handlich; **they are sold in handy-sized packs** = sie werden in handlichen Packungen *fpl* verkauft; **this small case is handy for use when travelling** = dieser kleine Koffer ist auf Reisen praktisch

hang *verb* (auf)hängen; **hang your coat on the hook behind the door** = hängen Sie Ihren Mantel auf den Haken hinter der Tür; **he hung his umbrella over the back of his chair** = er hängte seinen Schirm über die Stuhllehne (NOTE: **hanging - hung**)

◊ **hang on** *verb (while phoning)* dranbleiben *or* warten; **if you hang on a moment, the chairman will be off the other line soon** = warten Sie einen Moment, der Vorsitzende wird gleich sein Gespräch auf der anderen Leitung beenden

◊ **hang up** *verb* aufhängen *or* auflegen; **when I asked him about the invoice, he hung up** = als ich ihn nach der Rechnung fragte, legte er auf

happen *verb* sich ereignen *or* geschehen *or* passieren; **the accident happened when the managing director was away on holiday** = der Unfall ereignete sich, als der geschäftsführende Direktor in Urlaub war; **he happened to be in the shop when the customer placed the order** = er war zufällig im Geschäft, als der Kunde seinen Auftrag aufgab; **what has happened to that order for Japan?** = was passierte mit dem Auftrag für Japan?

happy *adjective* zufrieden *or* erfreut; **we will be happy to supply you at 25% discount** = wir geben Ihnen gerne einen Rabatt von 25% ; **the MD was not at all happy when the sales figures came in** = der geschäftsführende Direktor war überhaupt nicht erfreut, als die Absatzzahlen vorgelegt wurden

harbour *noun* Hafen *m*; **harbour dues** = Hafengebühr *f*; **harbour installations** *or* **harbour facilities** = Hafenanlagen *pl* **harbour master** = Hafenmeister *m*

hard 1 *adjective* **(a)** hart; **to take a hard line in trade union negotiations** = in Verhandlungen mit der Gewerkschaft hart sein *or* eine harte Linie verfolgen **(b)** schwierig *or* schwer; **these typewriters are hard to sell** = diese Schreibmaschinen lassen sich schlecht verkaufen; **it is hard to get good people to work on low salaries** = es ist schwierig, gute Leute dazu zu bringen, für wenig Lohn zu arbeiten **(c)** hart; **hard cash** = Bargeld *n*; **he paid out £100 in hard cash for the**

chair = er bezahlte £100 in bar für den Stuhl; **hard copy** = Ausdruck *m*; **he made the presentation with diagrams and ten pages of hard copy** = er hielt den Vortrag mit Diagrammen und einem zehnseitigen Ausdruck ; **hard disk** = Festplatte *f* **(d) hard bargain** = ein Geschäft *n* mit harten Bedingungen *fpl*; **to drive a hard bargain** = hart verhandeln *or* harte Bedingungen stellen; **to strike a hard bargain** = ein gutes Geschäft machen; **after weeks of hard bargaining** = nach Wochen schwierigen *or* harten Verhandelns *n* **(e) hard currency** = harte Währung; **exports which can earn hard currency for India** = Exporte, die Indien harte Währung einbringen; **these goods must be paid for in hard currency** = für diese Waren muß in harter Währung bezahlt werden; **a hard currency deal** = ein Hartwährungsgeschäft **2** *adverb* hart *or* mit aller Kraft; **the sales team sold the new product range hard into the supermarkets** = das Verkaufsteam verkaufte die neue Produktserie mit aggressiven Verkaufsmethoden *fpl* an Supermärkte; **if all the workforce works hard, the order should be completed on time** = wenn die gesamte Belegschaft hart arbeitet, müßte der Auftrag rechtzeitig fertig werden

◇ **harden** *verb* **prices are hardening** = die Preise ziehen an

◇ **hardening** *noun* **a hardening of prices** = ein Anziehen *n* der Preise

◇ **hardness** *noun* **hardness of the market** = Festigung *f* des Marktes

◇ **hard sell** *noun* **to give a product the hard sell** = beim Verkauf eines Produkts aggressive Verkaufsmethoden *fpl* anwenden; **he tried to give me the hard sell** = er versuchte mit allen Mitteln, mich zum Kauf zu überreden

◇ **hard selling** *noun* aggressive Verkaufsmethoden *fpl*; **a lot of hard selling went into that deal** = bei dem Geschäft wurden aggressive Verkaufsmethoden angewendet

◇ **hardware** *noun* **(a) computer hardware** = Computer-Hardware *f*; **hardware maintenance contract** = Hardware-Wartungsvertrag *m* **(b) military hardware** = Wehrmaterial *n* **(c)** Haushaltswaren *pl or* Eisenwaren; **a hardware shop** = ein (Haushalts- und) Eisenwarengeschäft *n*

QUOTE hard disks help computers function more speedily and allow them to store more information
Australian Financial Review

QUOTE few of the paper millionaires sold out and transformed themselves into hard cash millionaires
Investors Chronicle

harm 1 *noun* Schaden *m*; **the recession has done a lot of harm to export sales** = die Rezession wirkte sich sehr negativ auf den Export aus **2** *verb* schaden; **the bad publicity has harmed the company's reputation** = die schlechte Publicity war dem Ruf des Unternehmens abträglich

harmonization *noun* **harmonization of VAT rates** = Harmonisierung *f or* Angleichung *f* der MwSt.

◇ **harmonize** *verb* **to harmonize VAT rates** = die MwSt. harmonisieren *or* angleichen

hatchet man *noun* (Krisen)manager *m* mit kostenreduzierendem Mandat *n*

haul *noun* Strecke *f*; Transportweg *m*; **it is a long haul from Birmingham to Athens** = es ist ein langer Transportweg von Birmingham nach Athen; **short-haul flight** = Kurzstreckenflug *m*; **long-haul flight** = Langstreckenflug *m or* Fernflug

◇ **haulage** *noun* **(a) road haulage** = Güterkraftverkehr *m*; **road haulage depot** = Güterkraftverkehrsdepot *n*; **haulage contractor** = Transportunternehmer *m or* Fuhrunternehmer *m or* Spediteur *m*; **haulage costs** *or* **haulage rates** = Transportkosten *pl*; **haulage firm** *or* **company** = Spedition *f* **(b)** Transportkosten *pl or* Beförderungskosten; **haulage is increasing by 5% per annum** = Gütertransportkosten *pl* nehmen pro Jahr um 5% zu

◇ **haulier** *noun* **road haulier** = Spediteur *m or* Fernspediteur

haven *noun* Zufluchtsort *m*; **tax haven** = Steueroase *f*

hawk *verb* hausieren mit *or* feilbieten; **to hawk something round** = mit etwas hausieren (gehen) *or* etwas feilbieten; **he hawked his idea for a plastic car body round all the major car constructors** = er bot seine Idee einer Kunststoffkarosserie allen großen Autokonstrukteuren an

◇ **hawker** *noun* Hausierer/-in

hazard *noun* Gefahr *f or* Risiko *n*; **fire hazard** = Feuerrisiko *n*; **that warehouse full of wood and paper is a fire hazard** = bei diesem Lagerhaus voller Holz und Papier besteht Brandgefahr; **occupational hazards** = Berufsrisiken; **heart attacks are one of the occupational hazards of directors** = Herzinfarkt ist eins der Berufsrisiken von Direktoren

head 1 *noun* **(a)** Leiter/-in *or* Chef/-in; Vorstand *m*; **head of department** *or* **department head** = Abteilungsleiter/-in **(b)** *(used as an adj.)* Haupt- *or* Ober-; **head clerk** = Bürovorsteher/-in; **head buyer** = Einkaufsleiter/-in; **head office** = Hauptgeschäftsstelle *f or* Hauptverwaltung *f or* Zentrale *f or* Direktion *f*; **head porter** = erster Portier; **head salesman** = erster Verkäufer; **head waiter** = Oberkellner **(c)** Spitze *f*; oberes Ende; **write the name of the company at the head of the list** = schreiben Sie den Namen des Unternehmens oben auf die Liste **(d)** Kopf *m*; **representatives cost on average £25,000 per head per annum** = Vertreter kosten durchschnittlich £25.000 pro Kopf im Jahr **(e) heads of agreement** = Hauptpunkte *mpl* eines Vertrags *m* **2** *verb* **(a)** leiten *or* vorstehen; **to head a department** = eine Abteilung leiten; **he is heading a buying mission to China** = er leitet eine Handelsmission nach China **(b)** anführen *or* an der Spitze stehen; **the two largest oil companies head the list of market capitalizations** = die zwei größten Ölgesellschaften führen die Liste der Börsenkapitalisierungen an

◇ **headed paper** *noun* Papier *n* mit Briefkopf *m*

◇ **head for** *verb* zugehen *or* zusteuern auf; auf dem Weg sein zu *or* nach; **the company is heading for disaster** = die Firma steuert auf eine Katastrophe zu

◇ **headhunt** *verb* nach Führungskräften *fpl* suchen; **he was headhunted** = er wurde abgeworben

◇ **headhunter** *noun* Kopfjäger *m or* Headhunter *m*

◊ **heading** *noun* **(a)** Überschrift *f or* Stichwort *n*; **the items are listed under several headings** = die Posten sind unter mehreren Stichworten aufgeführt; **look at the figure under the heading 'Costs 92-93'** = sehen Sie sich die Zahlen unter ‚Kosten 92-93' an **(b) letter heading** *or* **heading on notepaper** = Briefkopf *m*

◊ **headlease** *noun* Hauptmietvertrag *m or* Hauptpachtvertrag *m*; Vermietung *f or* Verpachtung *f*

◊ **headline inflation** *noun* britisches System der Inflationsratenbestimmung

> QUOTE the UK economy is at the uncomfortable stage in the cycle where two years of tight money are having the desired effect on demand: output is falling and unemployment is rising, but headline inflation and earnings are showing no sign of decelerating
> *Sunday Times*

◊ **headquarters** *plural noun* (Haupt)sitz *m or* Hauptgeschäftsstelle *f or* Zentrale *f*; **the company's headquarters are in New York** = der Sitz des Unternehmens ist in New York; **divisional headquarters** = Bereichszentrale *f or* Zentrale *f* des Unternehmensbereichs *m*; **to reduce headquarters staff** = das Personal in der Zentrale reduzieren

◊ **head up** *verb* führen *or* leiten; **he has been appointed to head up our European organization** = er wurde dazu bestimmt, unsere europäische Organisation zu leiten

> QUOTE reporting to the deputy managing director, the successful candidate will be responsible for heading up a team which provides a full personnel service
> *Times*

health *noun* **(a)** Gesundheit *f*; *(GB)* **Health and Safety at Work Act** = *(etwa)* Gesetz *n* zum Schutz der Gesundheit und Unfallverhütung am Arbeitsplatz; **health insurance** = Krankenversicherung *f*; **private health scheme** = private Krankenversicherung **(b) to give a company a clean bill of health** = bescheinigen, daß eine Firma mit Profit arbeitet

◊ **healthy** *adjective* **a healthy balance sheet** = eine gesunde Bilanz; **the company made some very healthy profits** *or* **a very healthy profit** = die Firma machte beachtliche *or* gesunde Gewinne *mpl*

> QUOTE the main US banks have been forced to pull back from international lending as nervousness continues about their financial health
> *Financial Times*

hear *verb* **(a)** hören; **you can hear the printer in the next office** = man kann den Drucker im Büro nebenan hören; **the traffic makes so much noise that I cannot hear my phone ringing** = der Verkehr ist so laut, daß ich nicht hören kann, wenn mein Telefon klingelt **(b)** hören; **we have not heard from them for some time** = wir haben seit einiger Zeit nichts von ihnen gehört; **we hope to hear from the lawyers within a few days** = wir hoffen, daß wir innerhalb von ein paar Tagen von den Anwälten hören (NOTE: **hearing - heard**)

heavy *adjective* **(a)** *(important)* hoch *or* groß *or* bedeutend *or* umfangreich; **a programme of heavy investment overseas** = ein umfangreiches Investitionsprogramm im Ausland; **he had heavy losses on the stock exchange** = er machte große Verluste *mpl* an der Börse; **the company is a heavy user of steel** *or* **a heavy consumer of electricity** = das Unternehmen ist ein Großverbraucher *m* von Stahl *or* von Strom; **the government imposed a heavy tax on luxury goods** = die Regierung verhängte hohe Steuern *fpl* für Luxusgüter; **heavy costs** *or* **heavy expenditure** = hohe Kosten *pl or* hohe Ausgaben *fpl* **(b)** *(weight)* schwer; **the Post Office refused to handle the package because it was too heavy** = das Postamt weigerte sich, das Paket anzunehmen, weil es zu schwer war; **heavy industry** = Schwerindustrie *f*; **heavy machinery** = Schwermaschinen *fpl*; **heavy goods vehicle (HGV)** = Schwertransporter *m*

◊ **heavily** *adverb* **he is heavily in debt** = er ist hoch verschuldet; **they are heavily into property** = sie sind stark auf dem Immobilienmarkt engagiert; **the company has had to borrow heavily to repay its debts** = das Unternehmen hat viel Geld aufnehmen müssen, um seine Schulden zu bezahlen

> QUOTE the steel company had spent heavily on new equipment
> *Fortune*
>
> QUOTE heavy selling sent many blue chips tumbling in Tokyo yesterday
> *Financial Times*

hectare *noun* Hektar *m* (NOTE: usually written **ha** after figures: **16ha)**

hectic *adjective* hektisch; **a hectic day on the stock exchange** = ein hektischer Tag an der Börse; **after last week's hectic trading, this week has been very calm** = nach dem hektischen Geschäft in der letzten Woche ist diese Woche sehr ruhig

hedge 1 *noun* Schutz *m or* Absicherung *f*; **a hedge against inflation** = eine Absicherung gegen Inflation *f*; **he bought gold as a hedge against exchange losses** = er kaufte Gold als Absicherung gegen Kursverluste; **hedge fund** = Hedging-Fonds *m* **2** *verb* **to hedge one's bets** = sich absichern *or* auf Nummer Sicher gehen; **to hedge against inflation** = sich gegen Inflation absichern

◊ **hedging** *noun* Hedgegeschäft *or* Hedging *n* *(Warentermingeschäft zur Absicherung gegen Preisrisiken; Devisentermingeschäft zur Absicherung gegen Kursrisiken)*

> QUOTE during the 1970s commercial property was regarded by investors as an alternative to equities, with many of the same inflation-hedge qualities
> *Investors Chronicle*
>
> QUOTE gold and silver, the usual hedges against inflation and a weak dollar, have been on the wane
> *Business Week*

height *noun* **(a)** Höhe *f*; **what is the height of the desk from the floor?** = wie hoch ist der Schreibtisch vom Boden aus?; **he measured the height of the room from floor to ceiling** = er maß die Höhe des Raumes vom Boden bis zur Decke **(b)** Höhepunkt *m*; Gipfel *m*; **it is difficult to find hotel rooms at the height of the tourist season** = es ist schwierig, in der Hochsaison Hotelzimmer zu finden

heir *noun* Erbe/Erbin; **his heirs split the estate between them** = seine Erben teilten den Nachlaß unter sich auf

helicopter *noun* Hubschrauber *m*; **he took the helicopter from the airport to the centre of town** = er nahm den Hubschrauber vom Flughafen in die

Innenstadt; **it is only a short helicopter flight from the centre of town to the factory site** = von der Innenstadt zum Fabrikgelände ist es nur ein kurzer Flug mit dem Hubschrauber

◇ **helipad** *noun* Hubschrauber-Landeplatz *m*

◇ **heliport** *noun* Heliport *m*

help 1 *noun* Hilfe *f*; Unterstützung *f*; **she finds the word-processor a great help in writing letters** = für sie ist der Textverarbeiter eine große Hilfe beim Briefeschreiben; **the company was set up with financial help from the government** = das Unternehmen wurde mit finanzieller Unterstützung der Regierung gegründet; **her assistant is not much help in the office - he cannot type or drive** = ihr Assistent ist keine große Hilfe im Büro - er kann weder Schreibmaschine schreiben noch Autofahren **2** *verb* helfen *or* unterstützen; **he helped the salesman carry his case of samples** = er half dem Handelsvertreter beim Tragen seines Musterkoffers; **the computer helps in the rapid processing of orders** *or* **helps to process orders rapidly** = der Computer hilft bei der schnellen Bearbeitung von Aufträgen; **the government helps exporting companies with easy credit** = der Staat unterstützt Exportunternehmen mit günstigen Krediten (NOTE: you help someone *or* something **to do** something)

hereafter *adverb* künftig *or* in Zukunft *or* im folgenden *or* nachstehend

◇ **hereby** *adverb* hiermit; **we hereby revoke the agreement of January 1st 1982** = hiermit heben wir den Vertrag vom 1. Januar 1982 auf

◇ **herewith** *adverb* anbei *or* als Anlage; **please find the cheque enclosed herewith** = anbei *or* als Anlage senden wir Ihnen den Scheck

hereditament *noun* Grundbesitz *m*; Grundstück *n*

hesitate *verb* zögern *or* unschlüssig sein; **the company is hesitating about starting up a computer factory** = das Unternehmen hat Bedenken *n* hinsichtlich der Gründung einer Computerfabrik; **she hesitated for some time before accepting the job** = sie zögerte eine Weile, bevor sie den Job annahm

HGV = HEAVY GOODS VEHICLE

hidden *adjective* versteckt *or* verdeckt *or* verborgen; **hidden assets** *or* **hidden reserves** = stille Reserven *fpl*; **hidden defect in the program** = versteckter Fehler im Programm

high 1 *adjective* **(a)** *(tall)* hoch *or* hohe(r,s); **the shelves are 30 cm high** = die Regale sind 30 cm hoch; **the door is not high enough to let us get the machines into the building** = die Tür ist nicht hoch genug, um die Maschinen in das Gebäude zu bringen; **they are planning a 30-storey high office block** = sie planen ein 30 Stockwerke hohes Bürogebäude **(b)** *(large)* hohe(r,s); **high overhead costs increase the unit price** = hohe Gemeinkosten erhöhen den Stückpreis; **high prices put customers off** = hohe Preise stoßen Kunden ab; **they are budgeting for a high level of expenditure** = sie planen hohe Ausgaben; **investments which bring in a high rate of return** = Anlagen, die hohe Erträge einbringen; **high interest rates are killing small businesses** = hohe Zinsen machen Kleinunternehmen kaputt; **high finance** = Hochfinanz *f*; **high flier** = (i) *(person)* Senkrechtstarter *m;* (ii) *(share)* Spitzenwert *m*; **high sales** = hoher Absatz; **high taxation** = hohe Besteuerung; **highest tax bracket** = höchste Steuerklasse; **high volume (of sales)** = hoher Absatz **(c) highest bidder** = Höchstbietende(r); **the property was sold to the highest bidder** = der Besitz wurde an den Höchstbietenden verkauft; **a decision taken at the highest level** = eine auf höchster Ebene getroffene Entscheidung **2** *adverb* **prices are running high** = die Preise sind derzeit hoch **3** *noun* Höchststand *m*; **share prices have dropped by 10% since the high of January 2nd** = die Aktienkurse sind seit dem Höchststand am 2. Januar um 10% gesunken; **the highs and lows on the stock exchange** = die höchsten und niedrigsten Kurse *mpl* an der Börse; **sales volume has reached an all-time high** = das Umsatzvolumen hat einen absoluten Höchststand erreicht

◇ **high-grade** *adjective* hochwertig *or* erstklassig; **high-grade petrol** = Benzin mit hoher Oktanzahl; **a high-grade trade delegation** = eine hochrangige *or* hochgestellte Handelsdelegation

◇ **high-income** *adjective* mit hohem Einkommen *n*; **high-income shares** = Aktien *fpl* mit hohen Erträgen *mpl*; **a high-income portfolio** = ein Portefeuille *n* mit hoher Rendite

◇ **high-level** *adjective* **(a)** auf höchster Ebene *or* Spitzen-; **a high-level meeting** *or* **delegation** = ein Treffen *n* auf höchster Ebene *or* eine Spitzendelegation; **a high-level decision** = eine auf höchster Ebene getroffene Entscheidung **(b) high-level computer language** = höhere Programmiersprache

◇ **highlighter** *noun (pen)* Marker *m*

◇ **highly** *adverb (very)* hoch *or* höchst; **highly-geared company** = Unternehmen *n* mit hohem Fremdkapitalanteil *m*; **highly-paid** = hochbezahlt; **highly-placed** = hochgestellt; **the delegation met a highly-placed official in the Trade Ministry** = die Delegation traf sich mit einem hohen Beamten vom Handelsministerium; **highly-priced** = teuer; **she is highly thought of by the managing director** = der Generaldirektor hält große Stücke auf sie *or* hat eine hohe Meinung von ihr

◇ **high pressure** *noun* Hochdruck *m or* großer Druck; **working under high pressure** = unter Hochdruck *or* großem Druck arbeiten; **high-pressure salesman** = aggressiver Verkäufer; **high-pressure sales techniques** *or* **high-pressure selling** = aggressive Verkaufsmethoden *fpl*

◇ **high-quality** *adjective* Qualitäts- *or* hochwertig; **high-quality goods** = hochwertige Waren *fpl*; **high-quality steel** = hochwertiger Stahl

◇ **High Street** *noun (main shopping street in a British town)* Hauptgeschäftsstraße *f*; **the High Street shops** = die Geschäfte *npl* auf der High Street; **a High Street bookshop** = ein Buchladen *m* auf der High Street; **the High Street banks** = die größten Bankinstitute in Großbritannien *npl*

QUOTE American interest rates remain exceptionally high in relation to likely inflation rates
Sunday Times
QUOTE faster economic growth would tend to push US interest rates, and therefore the dollar, higher
Australian Financial Review
QUOTE in a leveraged buyout the acquirer raises money by selling high-yielding debentures to private investors
Fortune
QUOTE the accepted wisdom built upon for well over 100 years that government and high-grade corporate bonds were almost riskless
Forbes Magazine

hike 1 *noun (US)* Anstieg *m or* Erhöhung *f*; **pay hike** = Lohnerhöhung **2** *verb (US)* erhöhen; **the union hiked its demand to $13 an hour** = die Gewerkschaft erhöhte ihre Forderung auf $13 pro Stunde

hire 1 *noun* **(a)** Mieten *n*; Leihen *n*; **car hire** = Autovermietung *f*; **truck hire** = Lastwagenvermietung *f*; **car hire firm** *or* **equipment hire firm** = Autovermietung *f*; Geräteverleih *m*; **hire car** = Leihwagen *m or* Mietwagen; **he was driving a hire car when the accident happened** = er fuhr einen Mietwagen, als der Unfall passierte **(b)** *(sign on taxi)* **'for hire'** = ‚frei' **(c)** *US* **for hire contract** = Vertrag *m* für freie Mitarbeiter *mpl*; **to work for hire** = freiberuflich arbeiten **2** *verb* **(a) to hire staff** = Personal *n* einstellen; **to hire and fire** = (oft) einstellen und entlassen; **we hired the best lawyers to represent us** = wir beauftragten die besten Anwälte, um uns zu vertreten; **they hired a small company to paint the offices** = sie beauftragten ein kleines Unternehmen, um die Büros zu streichen **(b) to hire a car** *or* **a crane** = einen Wagen *or* einen Kran mieten; **he hired a truck to move his furniture** = er lieh (sich) einen Lastwagen, um seine Möbel zu transportieren **(c) to hire out cars** *or* **equipment** = Wagen *or* Geräte vermieten

◇ **hired** *adjective* **a hired car** = ein Mietwagen *m*

◇ **hire purchase (HP)** *noun* Ratenkauf *m or* Teilzahlungskauf *or* Mietkauf; **to buy a refrigerator on hire purchase** = einen Kühlschrank auf Raten kaufen; **to sign a hire-purchase agreement** = einen Teilzahlungsvertrag unterschreiben; **hire-purchase company** = Teilzahlungs(kredit)institut *n* (NOTE: US English is **to buy on the installment plan**)

◇ **hiring** *noun* Einstellung *f*; **hiring of new personnel has been stopped** = es werden keine neuen Mitarbeiter mehr eingestellt

historic *or* **historical** *adjective (which goes back over a period of time)* historisch; **historic(al) cost** = ursprüngliche Anschaffungskosten *pl or* ursprüngliche Herstellungskosten; **historical figures** = historische Zahlen *fpl*

QUOTE the Federal Reserve Board has eased interest rates in the past year, but they are still at historically high levels
Sunday Times

hit *verb* **(a)** anstoßen *or* schlagen *or* treffen; **we have hit our export targets** = wir haben unsere Exportziele erreicht **(b)** *(damage)* treffen; **the company was badly hit by the falling exchange rate** = das Unternehmen wurde durch die sinkenden Wechselkurse schwer getroffen; **our sales of summer clothes have been hit by the bad weather** = das schlechte Wetter wirkte sich negativ auf den Absatz von Sommerbekleidung aus; **the new legislation has hit the small companies hardest** = die neue Gesetzgebung traf die kleinen Unternehmen am schwersten (NOTE: **hitting - hit**)

hive off *verb* abspalten *or* ausgliedern; **the new managing director hived off the retail sections of the company** = der neue geschäftsführende Direktor spaltete die Einzelhandelsabteilungen vom Unternehmen ab

hoard *verb* horten *or* ansammeln; *(umg)* hamstern

◇ **hoarder** *noun* Hamsterer *m*

◇ **hoarding** *noun* **(a) hoarding of supplies** = das Horten von Vorräten; Hamsterkauf *m* **(b) advertising hoarding** = Reklametafel *f or* Plakatwand *cf* BILLBOARD

QUOTE as a result of hoarding, rice has become scarce with prices shooting up
Business Times (Lagos)

hold *verb* **(a)** *(keep)* halten ; **he holds 10% of the company's shares** = er hält 10% der Unternehmensaktien ; **you should hold these shares - they look likely to rise** = du solltest diese Aktien halten - sie steigen wahrscheinlich **(b)** *(contain)* enthalten *or* fassen; **the carton holds twenty packets** = der Karton faßt zwanzig Schachteln; **each box holds 250 sheets of paper** = jede Schachtel enthält 250 Blatt Papier; **a bag can hold twenty kilos of sugar** = ein Beutel kann zwanzig Kilo Zucker fassen **(c)** (ab)halten *or* stattfinden; **to hold a meeting** *or* **a discussion** = eine Sitzung *or* eine Diskussion abhalten; **the computer show will be held in London next month** = die Computermesse wird nächsten Monat in London stattfinden; **board meetings are held in the boardroom** = board-Sitzungen werden im Sitzungssaal abgehalten; **the AGM will be held on March 24th** = die Jahreshauptversammlung wird am 24. März abgehalten; **we are holding a sale of surplus stock** = wir verkaufen überschüssige Waren; **the receiver will hold an auction of the company's assets** = der Konkursverwalter wird eine Versteigerung der Vermögenswerte des Unternehmens abhalten; **the accountants held a review of the company's accounting practices** = die Wirtschaftsprüfer prüften die Buchführungspraktiken des Unternehmens **(d)** *(on telephone)* **hold the line please** = bleiben Sie bitte am Apparat *or* bitte warten; **the chairman is on the other line - will you hold?** = der Vorsitzende spricht auf der anderen Leitung - wollen Sie warten? (NOTE: **holding - held**)

◇ **hold back** *verb* (sich) zurückhalten *or* zögern; **investors are holding back until after the Budget** = Kapitalanleger halten sich bis zur Bekanntgabe des Haushaltplans zurück; **he held back from signing the lease until he had checked the details** = er wartete mit der Unterzeichnung des Pachtvertrages, bis er einzelne Punkte geprüft hatte; **payment will be held back until the contract has been signed** = die Zahlungen werden zurückgehalten, bis der Vertrag unterzeichnet ist

◇ **hold down** *verb* **(a)** niedrig halten; **we are cutting margins to hold our prices down** = wir senken die Gewinnspanne, um unsere Preise niedrig zu halten **(b) to hold down a job** = sich in einer Stellung halten

◊ **holder** *noun* **(a)** Besitzer/-in *or* Inhaber/-in; **holders of government bonds** *or* **bondholders** = Inhaber von Staatsanleihen; **holder of stock** *or* **of shares in a company** = Inhaber von Aktien eines Unternehmens; **holder of an insurance policy** *or* **policy holder** = Inhaber einer Versicherungspolice; **credit card holder** = Kreditkarteninhaber; **debenture holder** = Obligationär *m* **(b)** Halter *m or* Hülle *f*; **card holder** *or* **message holder** *(at information or meeting points)* = Schwarzes Brett *n*; **credit card holder** = Kreditkartenmäppchen *n*

◊ **holding** *noun* **(a)** Anteil *m or* Beteiligung *f or* Bestand *m*; **he has sold all his holdings in the Far East** = er verkaufte seine gesamten Beteiligungen im Fernen Osten; **the company has holdings in German manufacturing companies** = das Unternehmen hat Beteiligungen an deutschen Industrieunternehmen **(b) cross holdings** = gegenseitige Beteiligungen *fpl or* Kapitalverflechtung *f*; **the two companies have protected themselves from takeover by a system of cross holdings** = die beiden Unternehmen haben sich durch ein System gegenseitiger Beteiligungen gegen eine Übernahme abgesichert

◊ **holding company** *noun* Holdinggesellschaft *f or* Dachgesellschaft (NOTE: the US English for this is **proprietary company**)

◊ **hold on** *verb* (ab)warten *or* festhalten an; **the company's shareholders should hold on and wait for a better offer** = die Aktionäre der Gesellschaft sollten ein besseres Angebot abwarten

◊ **hold out for** *verb (wait and ask for)* auf etwas bestehen; **you should hold out for a 10% pay rise** = Sie sollten auf einer Lohnerhöhung von 10% bestehen

◊ **hold over** *verb* vertagen *or* verschieben; **discussion of item 4 was held over until the next meeting** = die Diskussion von Punkt 4 wurde auf die nächste Sitzung vertagt

◊ **hold to** *verb* festhalten an *or* einhalten; **we will try to hold him to the contract** = wir werden versuchen, ihn zur Einhaltung des Vertrags zu zwingen; **the government hopes to hold wage increases to 5%** = die Regierung hofft, an Lohnerhöhungen unter 5% festhalten zu können

◊ **hold up** *verb* **(a)** sich behaupten; **share prices have held up well** = die Aktienkurse haben sich gut gehalten; **sales held up during the tourist season** = der Absatz hielt sich während der Touristensaison **(b)** *(delay)* verzögern *or* aufhalten; **the shipment has been held up at the customs** = die Sendung wurde am Zoll aufgehalten; **payment will be held up until the contract has been signed** = die Zahlung wird bis zur Vertragsunterzeichnung zurückgehalten; **the strike will hold up dispatch for some weeks** = der Streik wird den Versand für einige Wochen verzögern

◊ **hold-up** *noun* Verzögerung *f or* Stockung *f*; **the strike caused hold-ups in the dispatch of goods** = der Streik verursachte Stockungen im Warenversand

> QUOTE real wages have been held down; they have risen at an annual rate of only 1% in the last two years
> *Sunday Times*
>
> QUOTE as of last night, the bank's shareholders no longer hold any rights to the bank's shares
> *South China Morning Post*

holiday *noun* **(a) bank holiday** = gesetzlicher Feiertag; **New Year's Day is a bank holiday** = Neujahr ist ein gesetzlicher Feiertag; **public holiday** = öffentlicher Feiertag; **statutory holiday** = gesetzlicher Feiertag; **the office is closed for the Christmas holiday** = das Büro ist während der Weihnachtsfeiertage *mpl* geschlossen **(b)** Urlaub *m*; **to take a holiday** *or* **to go on holiday** = Urlaub nehmen *or* in Urlaub fahren; **when is the manager taking his holidays?** = wann nimmt der Geschäftsführer seinen Urlaub?; **my secretary is off on holiday tomorrow** = meine Sekretärin geht morgen in Urlaub; **he is away on holiday for two weeks** = er ist für zwei Wochen in Urlaub; **the job carries five weeks' holiday** = in dieser Stellung bekommt man fünf Wochen Urlaub; **summer holidays** = Sommerferien *pl or* Sommerurlaub *m*; **holiday entitlement** = Urlaubsanspruch *m*; **she has not used up all her holiday entitlement** = sie hat noch nicht ihren ganzen Urlaub genommen; **holiday pay** = Urlaubsgeld *n* **(c) tax holiday** = Steuerfreijahre *npl*

Holland *noun* Holland *n; see* NETHERLANDS

hologram *noun* Hologramm *n*

home *noun* **(a)** Zuhause *n*; **please send the letter to my home address, not my office** = schicken Sie den Brief bitte an meine Privatadresse, nicht an mein Büro **(b) home country** = Heimatland *n*; **home sales** *or* **sales in the home market** = Inlandsabsatz *m*; **home-produced products** = einheimische Erzeugnisse *npl* **(c)** Haus *n*; **new home sales** = Verkauf *m* von neuen Häusern *npl or* Wohnungen *fpl*; **home loan** = Wohnungsbaudarlehen *n*; Hypothek *f* für Eigenheim *n*

◊ **homegrown** *adjective* einheimisch; **the homegrown computer industry** = die einheimische Computerindustrie; **India's homegrown car industry** = Indiens (einheimische) Autoindustrie

◊ **homemade** *adjective* hausgemacht; **homemade jam** = hausgemachte Marmelade

◊ **homeowner** *noun* Eigenheimbesitzer/-in; **homeowner's insurance policy** = kombinierte Haus- und Hausratversicherung

◊ **homeward** *adjective (going towards the home country)* Heim- *or* Rück-; **homeward freight** = Rückfracht *f*; **homeward journey** = Rückreise *f*

◊ **homewards** *adverb* Rück- *or* heim *or* nach Hause; **cargo homewards** = Rückfracht *f*

◊ **homeworker** *noun* Heimarbeiter/-in

hon = HONORARY; **hon sec** = HONORARY SECRETARY ehrenamtliche(r) Sekretär/-in

Honduras *noun* Honduras *n*

◊ **Honduran 1** *noun* Honduraner/-in **2** *adjective* honduranisch

(NOTE: capital: **Tegucigalpa;** currency: **lempira** = Lempira *f*)

honest *adjective* ehrlich *or* redlich; **to play the honest broker** = die Rolle des redlichen Vermittlers *m or* ehrlichen Maklers *m* spielen

◊ **honestly** *adverb* ehrlich

honorarium *noun* Honorar *n* (NOTE: plural is **honoraria**)

◇ **honorary** *adjective* ehrenamtlich *or* Ehren-; **honorary secretary** = ehrenamtliche(r) Sekretär/-in; **honorary president** = ehrenamtliche(r) Präsident/-in; **honorary member** = Ehrenmitglied *n*

honour *or* *(US)* **honor** *verb* begleichen; **to honour a bill** = einen Wechsel einlösen; **to honour a signature** = eine Unterschrift einlösen

hope *verb* hoffen; **we hope to be able to dispatch the order next week** = wir hoffen, den Auftrag nächste Woche rausschicken zu können; **he is hoping to break into the US market** = er hofft, in den amerikanischen Markt einzudringen ; **they had hoped the TV commercials would help sales** = sie hatten gehofft, daß die Fernsehwerbung den Absatz fördern würde

horizontal *adjective* horizontal *or* waagerecht; **horizontal communication** = horizontale Kommunikation; **horizontal integration** = horizontale Integration

horse trading *noun* Kuhhandel *m*

hostess *noun* Hosteß *f*; **air hostess** *or* *(US)* **airline hostess** = Stewardeß *f*; **ground hostess** = Bodenhosteß

hot *adjective* **(a)** heiß; **the staff complain that the office is too hot in the summer and too cold in the winter** = das Personal beschwert sich, daß das Büro im Sommer zu heiß und im Winter zu kalt sei; **the drinks machine sells coffee, tea and hot soup** = im Getränkeautomat gibt es Kaffee, Tee und heiße Suppe; **switch off the machine if it gets too hot** = schalten Sie die Maschine ab, wenn sie zu heiß wird **(b)** heiß; **to make things hot for someone** = jdm einheizen *or* jdm die Hölle heiß machen; **customs officials are making things hot for the drug smugglers** = Zollbeamte machen Drogenschmugglern die Hölle heiß; **hot money** = heißes Geld; **he is in the hot seat** = er sitzt auf dem Schleudersitz *m*

hotel *noun* Hotel *n*; **hotel bill** = Hotelrechnung *f*; **hotel expenses** = Hotelspesen *pl*; **hotel manager** = Hoteldirektor/-in; **hotel staff** = Hotelpersonal *n*; **hotel accommodation** = Hotelunterbringung *f*; **all hotel accommodation has been booked up for the exhibition** = alle Hotelunterkünfte *fpl* wurden für die Messe gebucht; **hotel chain** *or* **chain of hotels** = Hotelkette *f*; **the hotel trade** = das Hotelgewerbe

◇ **hotelier** *noun* Hotelier *m*

hour *noun* **(a)** Stunde *f*; **to work a thirty-five hour week** = eine 35-Stunden-Woche arbeiten; **we work an eight-hour day** = wir haben einen Achtstundentag **(b)** *(hour of work)* Stunde *f*; **he earns £8 an hour** = er verdient £8 in der *or* pro Stunde; **we pay £10 an hour** = wir zahlen £10 pro Stunde; **to pay by the hour** = pro Stunde bezahlen **(c) banking hours** = Schalterstunden *fpl* *or* Banköffnungszeiten *fpl*; **you cannot get money out of a bank outside banking hours** = Sie können außerhalb der Öffnungszeiten kein Geld von der Bank holen; **office hours** = Bürozeit *f* *or* Dienststunden *fpl* *or* Geschäftsstunden; **no private telephone calls during office hours** = keine privaten Telefongespräche während der Dienststunden; **outside hours** *or* **out of hours** = außerhalb der Geschäftszeit ; **he worked on the accounts out of hours** = er arbeitete außerhalb der Bürostunden an der Buchführung; **the shares rose in after-hours trading** = die Aktien stiegen an der Nachbörse

◇ **hourly** *adverb* stündlich *or* stundenweise; **hourly-paid workers** = stundenweise bezahlte Arbeiter *mpl*; **hourly rate** = Stundenlohn *m*

house *noun* **(a)** Haus *n*; **house agent** = Häusermakler/-in *or* Immobilienmakler/-in; **house property** = Hausbesitz *m* **(b)** *(company)* **a German business house** = ein großes deutsches Geschäftshaus; **the largest London finance house** = die größte Londoner Kundenkreditbank; **he works for a broking house** *or* **a publishing house** = er arbeitet für eine Brokerfirma *or* ein Verlagshaus *or* einen Verlag; **clearing house** = Clearingzentrale *f* *or* Clearingstelle *f*; **discount house** = Diskontbank *f*; **export house** = Exportfirma *f*; **house journal** *or* **house magazine** *or* *(US)* **house organ** = Betriebszeitung *f* *or* Hausnachrichten *pl*; **house telephone** = Haustelefon *n* **(c) the House** = (i) *(London Stock Exchange)* die Londoner Börse; (ii) *(the House of Commons)* das Unterhaus

◇ **household** *noun* Haushalt *m*; **household expenses** = Haushaltungskosten *pl*; **household goods** = Haushaltswaren *fpl*

◇ **householder** *noun* Hausbesitzer/-in

◇ **house starts** *or* *(US)* **housing starts** *plural noun* Neubauten *mpl*

◇ **house-to-house** *adjective* **house-to-house canvassing** = Wahlstimmenwerbung *f* *or* Kundenwerbung *f* an der Haustür; **house-to-house salesman** = Hausierer *m* *or* Vertreter *m*; *(umg)* Drücker *m*; **house-to-house selling** = Direktverkauf *m* an der Haustür

HP = HIRE PURCHASE; **all the furniture in the house is bought on HP** = alle Möbel in diesem Haus wurden auf Raten *or* Teilzahlung gekauft

HQ = HEADQUARTERS

human resources *noun* Personal *n* *or* Arbeitskräfte *fpl*

> QUOTE effective use and management of human resources hold the key to future business development and success
>
> ***Management Today***

hundredweight *noun* Zentner *m* (NOTE: usually written **cwt** after figures: **20cwt)**

Hungary *noun* Ungarn *n*

◇ **Hungarian 1** *noun* Ungar/-in **2** *adjective* ungarisch

(NOTE: capital: **Budapest;** currency: **forint** = Forint *m*)

hurry 1 *noun* Eile *f*; **there is no hurry for the figures, we do not need them until next week** = es hat keine Eile mit den Zahlen, wir brauchen sie erst nächste Woche; **in a hurry** = schnell *or* eilig; **the sales manager wants the report in a hurry** = der Vertriebsleiter möchte den Bericht schnell haben **2** *verb* sich beeilen; eilen; antreiben *or* beschleunigen; **the production team tried to hurry the order through** = das Produktionsteam versuchte, den Auftrag zu beschleunigen; **the chairman does not want to be hurried into making a decision** = der Vorsitzende möchte nicht zu einer schnellen Entscheidung getrieben werden; **the directors hurried into the meeting** = die Direktoren eilten in die Sitzung

◇ **hurry up** *verb* vorantreiben *or* beschleunigen; **can you hurry up that order?** = können Sie den Auftrag beschleunigen?

hurt *verb* schaden *or* Schaden zufügen; **the bad publicity did not hurt our sales** = die schlechte Publicity hat dem Absatz nicht geschadet; **sales of summer clothes were hurt by the bad weather** = das schlechte Wetter wirkte sich negativ auf den Absatz aus; **the company has not been hurt by the recession** = die Rezession hat dem Unternehmen nicht geschadet (NOTE: **hurting - hurt**)

hype 1 *noun* (reißerische) Publicity *f or* Rummel *m*; **all the hype surrounding the launch of the new soap** = der ganze Rummel um die Einführung der neuen Seife auf dem Markt **2** *verb* Publicity machen für

hyper- *prefix* Super- *or* Hyper-

◇ **hyperinflation** *noun* Hyperinflation *f*

◇ **hypermarket** *noun* Verbrauchermarkt *m*

Ii

ice *noun* **to put something on ice** = zurückstellen; **the whole expansion plan was put on ice** = der gesamte Expansionsplan wurde zurückgestellt *or* auf Eis gelegt

Iceland *noun* Island *n*

◇ **Icelander** *noun* Isländer/-in

◇ **Icelandic** *adjective* isländisch
(NOTE: capital: **Reykjavik;** currency: **Icelandic krona** = isländische Krone)

IDD = INTERNATIONAL DIRECT DIALLING

idea *noun* Gedanke *m or* Idee *f*; **one of the salesman had the idea of changing the product colour** = einer unserer Handelsvertreter hatte die Idee, die Produktfarbe zu ändern; **the chairman thinks it would be a good idea to ask all directors to itemize their expenses** = der Vorsitzende meint, es wäre eine gute Idee, alle Direktoren aufzufordern, ihre Spesen einzeln aufzuführen

ideal *adjective* ideal; **this is the ideal site for a new hypermarket** = dies ist das ideale Gelände für einen neuen Verbrauchermarkt

◇ **Ideal Home Exhibition** *noun (etwa)* Messe *f* für Haus und Garten

idle *adjective* **(a)** erwerbslos *or* arbeitslos; **2,000 employees were made idle by the recession** = 2.000 Arbeitnehmer wurden durch die Rezession arbeitslos **(b) idle machinery** *or* **machines lying idle** = stillstehende Maschinen *fpl* **(c) idle capital** = totes Kapital; **money lying idle** *or* **idle money** = brachliegendes Geld

i.e. = d.h.; **the largest companies, i.e. Smith's and Brown's, had a very good first quarter** = die größten Unternehmen, d.h. die Firmen Smith und Brown, hatten ein sehr gutes erstes Quartal; **the import restrictions apply to expensive items, i.e. items costing more than $2,500** = die Einfuhrbeschränkungen gelten für teure Artikel, d.h. Artikel, die mehr als $2.500 kosten

illegal *adjective* illegal *or* ungesetzlich *or* rechtswidrig *or* unrechtmäßig

◇ **illegality** *noun* Illegalität *f or* Ungesetzlichkeit *f or* Rechtswidrigkeit *f or* Unrechtmäßigkeit *f*

◇ **illegally** *adverb* illegal; **he was accused of illegally importing arms into the country** = er wurde beschuldigt, illegal Waffen einzuführen

illicit *adjective* unerlaubt *or* (gesetzlich) verboten; **illicit sale of alcohol** = gesetzwidriger Verkauf von Alkohol; **illicit trade in alcohol** = Schwarzhandel *m* mit Alkohol

ILO = INTERNATIONAL LABOUR ORGANIZATION Internationale Arbeitsorganisation (IAO)

image *noun* Image *n*; **they are spending a lot of advertising money to improve the company's image** = sie geben viel Geld für Werbung aus, um das Image des Unternehmens zu verbessern *or* aufzupolieren; **the company has adopted a down-market image** = das Unternehmen hat ein weniger anspruchsvolles Image angenommen; **brand image** = Markenimage *n or* Markenprofil *n*; **corporate image** = Firmenimage *or* Corporate Image *n*; **to promote a corporate image** = das Firmenimage pflegen

IMF = INTERNATIONAL MONETARY FUND Internationaler Währungsfonds *or* Weltwährungsfonds (IWF)

imitate *verb* nachahmen *or* kopieren *or* imitieren; **they imitate all our sales gimmicks** = sie kopieren unsere ganzen Verkaufstricks

◇ **imitation** *noun* Nachahmung *f or* Kopie *f or* Imitation *f*; **beware of imitations** = vor Imitationen wird gewarnt

immediate *adjective* umgehend *or* prompt *or* sofortig; **he wrote an immediate letter of complaint** = er schrieb umgehend einen Beschwerdebrief; **your order will receive immediate attention** = wir werden uns umgehend um ihren Auftrag kümmern

◇ **immediately** *adverb* umgehend *or* gleich *or* sofort; **he immediately placed an order for 2,000 boxes** = er gab sofort eine Bestellung für 2.000 Kisten auf; **as soon as he heard the news he immediately telexed his office** = sobald er die Neuigkeiten gehört hatte, telegrafierte er an sein Büro; **can you phone immediately you get the information?** = können Sie sofort anrufen, wenn Sie die Information haben?

immovable *adjective* unbeweglich; **immovable property** = unbewegliches Vermögen

immunity *noun* Immunität *f*; **diplomatic immunity** = diplomatische Immunität; **he was granted immunity from prosecution** = ihm wurde Straffreiheit *f* gewährt *or* ihm wurde strafrechtliche Immunität gewährt

impact *noun* Wirkung *f or* Auswirkung *f*; **the impact of new technology on the cotton trade** = die Auswirkungen neuer Technologien auf den Baumwollhandel; **the new design has made little impact on the buying public** = das neue Design hatte wenig Wirkung auf die Verbraucher

> QUOTE the strong dollar's deflationary impact on European economies as governments push up interest rates to support their sinking currencies
> *Duns Business Month*

imperfect *adjective* fehlerhaft; **sale of imperfect items** = Verkauf fehlerhafter Artikel *mpl*; **to check a batch for imperfect products** = eine Partie auf fehlerhafte Produkte *npl* prüfen

◇ **imperfection** *noun* Mangel *m or* Fehler *m*; **to check a batch for imperfections** = eine Partie auf Fehler prüfen

impersonal *adjective* unpersönlich; **an impersonal style of management** = ein unpersönlicher Führungsstil

implement 1 *noun* Gerät *n or* Arbeitsgerät *n or* Werkzeug *n* **2** *verb* erfüllen *or* durchführen *or* vollziehen; **to implement an agreement** = einen Vertrag erfüllen

◇ **implementation** *noun* Erfüllung *f or* Durchführung *f or* Vollzug *m*; **the implementation of new rules** = die Inkraftsetzung neuer Bestimmungen

import 1 *noun* **(a) imports** = Importe *mpl or* Einfuhren *fpl*; **imports from Poland have risen to $1m a year** = Importe aus Polen sind auf $1 Mio. pro Jahr gestiegen; **invisible imports** = unsichtbare Importe; **visible imports** = sichtbare Importe **(b) import ban** = Einfuhrverbot *n or* Einfuhrstopp *m*; **the government has imposed an import ban on arms** = die Regierung verhängte ein Einfuhrverbot für Waffen; **import duty** = Einfuhrzoll *m*; **import levy** = Einfuhrsteuer *f*; *(EU)* Abschöpfung *f*; **import licence** *or* **import permit** = Importlizenz *f or* Importgenehmigung *f*; **import quota** = Einfuhrkontingent *n or* Importquote *f*; **the government has imposed an import quota on cars** = die Regierung beschloß ein Einfuhrkontingent für Automobile; **import restrictions** = Einfuhrbeschränkungen; **import surcharge** = Importabgabe *f*; Einfuhrzusatzsteuer *f* (NOTE: **import** is usually used in the plural, but the singular form is used before another noun) **2** *verb* importieren *or* einführen; **the company imports television sets from Japan** = das Unternehmen importiert Fernsehgeräte aus Japan; **this car was imported from France** = dieser Wagen wurde aus Frankreich importiert; **the union organized a boycott of imported cars** = die Gewerkschaft organisierte einen Boykott gegen Importwagen

◇ **importation** *noun* Import *m or* Einfuhr *f*; **the importation of arms is forbidden** = die Einfuhr von Waffen ist verboten

◇ **importer** *noun* Importeur *m or* Importfirma *f*; **a cigar importer** = ein Zigarrenimporteur; **the company is a big importer of foreign cars** = das Unternehmen ist ein großer Importeur ausländischer Wagen

◇ **import-export** *adjective* Import/Export-; **import-export trade** = Import/Exporthandel *m*; **he is in import-export** = er ist im Import/Exportgeschäft *n*

◇ **importing 1** *adjective* Import- *or* Einfuhr-; **oil-importing countries** = ölimportierende Länder *npl*; **an importing company** = ein Importunternehmen *n* **2** *noun* Import *m or* Einfuhr *f*; **the importing of arms into the country is illegal** = die Einfuhr von Waffen ist gesetzlich verboten

> QUOTE European manufacturers rely heavily on imported raw materials which are mostly priced in dollars
> *Duns Business Month*

importance *noun* Wichtigkeit *f or* Bedeutung *f*; **the bank attaches great importance to the deal** = die Bank mißt dem Geschäft große Bedeutung bei

◇ **important** *adjective* wichtig *or* bedeutend; **he left a pile of important papers in the taxi** = er ließ einen Stoß wichtiger Papiere im Taxi; **she has an important meeting at 10.30** = sie hat um 10.30 Uhr eine wichtige Besprechung ; **he was promoted to a more important job** = er ist zu einem wichtigeren Posten aufgestiegen

> QUOTE each of the major issues on the agenda at this week's meeting is important to the government's success in overall economic management
> *Australian Financial Review*

impose *verb* erheben *or* auferlegen *or* verhängen; **to impose a tax on bicycles** = Fahrräder besteuern; **they tried to impose a ban on smoking** = sie versuchten, ein Rauchverbot zu verhängen; **the government imposed a special duty on oil** = die Regierung belegte Öl mit einer Sondersteuer; **the customs have imposed a 10% tax increase on luxury items** = der Zoll hat Luxusgüter mit einer Steuererhebung von 10% belegt; **the unions have asked the government to impose trade barriers on foreign cars** = die Gewerkschaften forderten die Regierung auf, Handelsbeschränkungen für ausländische Wagen einzuführen

◇ **imposition** *noun* Verhängung *f or* Auferlegung *f*

impossible *adjective* unmöglich; **getting skilled staff is becoming impossible** = Fachpersonal zu bekommen, wird immer unmöglicher; **government regulations make it impossible for us to export** = die staatlichen Bestimmungen machen es uns unmöglich zu exportieren

impound *verb* beschlagnahmen; **the customs impounded the whole cargo** = der Zoll beschlagnahmte die gesamte Fracht

◇ **impounding** *noun* Beschlagnahmung *f*

imprest system *noun* das System der Kassenauffüllung nach Abrechnung

improve *verb* verbessern *or* steigen *or* anziehen; **we are trying to improve our image with a series of TV commercials** = wir versuchen, unser Image mit einer Serie von Fernseh-Werbespots aufzubessern *or* aufzupolieren; **they hope to improve the company's cash flow position** = sie hoffen, die Cash-flow-Lage des Unternehmens zu verbessern; **we hope the cash flow position will improve or we will have difficulty in paying our bills** = wir hoffen, daß sich die Cash-flow-Lage verbessert, oder wir werden Schwierigkeiten bei der Begleichung unserer Rechnungen haben **export trade has improved sharply during the first quarter** = der Exporthandel hat während des ersten Quartals einen deutlichen Aufschwung genommen

◇ **improved** *adjective* verbessert *or* gestiegen; **the union rejected the management's improved offer** =

die Gewerkschaft lehnte das verbesserte Angebot des Managements ab

◊ **improvement** *noun* **(a)** *(action of getting better)* Verbesserung *f or* Besserung *f*; Anziehen *n*; Steigen *n*; **there is no improvement in the cash flow situation** = es gibt keine Verbesserung der Cash-flow-Lage; **sales are showing a sharp improvement over last year** = der Absatz weist gegenüber dem letzen Jahr eine enorme Steigerung auf **(b)** *(thing which is better)* Verbesserung *f*; **improvement on an offer** = Erhöhung *f* eines Angebotes

◊ **improve on** *verb* übertreffen *or* überbieten; **he refused to improve on his previous offer** = er weigerte sich, über sein ursprüngliches Angebot hinauszugehen

QUOTE the management says the rate of loss-making has come down and it expects further improvement in the next few years

Financial Times

QUOTE we also invest in companies whose growth and profitability could be improved by a management buyout

Times

impulse *noun* Impuls *m*; **impulse buying** = Impulskäufe *mpl or* Spontankäufe; **the store puts racks of chocolates by the checkout to attract the impulse buyer** = an der Kasse werden Ständer mit Schokolade aufgestellt, um den Spontankäufer anzuziehen; **impulse purchase** = Impulskauf *m*; **to do something on impulse** = etwas spontan *or* impulsiv tun

in = INCH

inactive *adjective* untätig *or* flau *or* unbelebt; **inactive market** = lustlose Börse *or* umsatzschwacher Markt

Inc *(US)* = INCORPORATED

incentive *noun* Anreiz *m*; **staff incentives** = Leistungsanreize für das Personal; **incentive bonus** *or* **incentive payment** = Anreizprämie *f*; **incentive scheme** = (Leistungs)anreizsystem *n*; **incentive schemes are boosting production** = Leistungsanreizsysteme erhöhen die Produktion

QUOTE some further profit-taking was seen yesterday as investors continued to lack fresh incentives to renew buying activity

Financial Times

inch *noun (measurement = 2.54cm)* Inch *m (etwa)* Zoll *m* (NOTE: usually written **in** or **"** after figures: **3½in** or **3½" disk**)

incidental 1 *adjective* nebensächlich *or* Neben-; **incidental expenses** = Nebenausgaben *fpl* **2** *noun* **incidentals** = Nebenkosten *pl*

include *verb* einschließen *or* einbeziehen *or* enthalten; **the charge includes VAT** = die Gebühr ist inklusive MwSt.; **the total comes to £1,000 including freight** = der Gesamtbetrag beläuft sich auf £1.000, einschließlich Fracht; **the total is £140 not including insurance and freight** = der Gesamtbetrag beläuft sich auf £140, Versicherung und Fracht ausgeschlossen; **the account covers services up to and including the month of June** = die Abrechnung gilt für Leistungen bis einschließlich Juni

◊ **inclusive** *adjective* inklusive *or* einschließlich; **inclusive of tax** = inklusive Steuer; **not inclusive of VAT** = ohne MwSt.; **inclusive sum** *or* **inclusive charge** = Pauschale *f or* Gesamtgebühr *f*; **the conference runs from the 12th to the 16th inclusive** = die Konferenz geht vom 12. bis einschließlich 16. (NOTE: US English is **from 12 through 16)**

income *noun* **(a)** Einkommen *n or* Einkünfte *pl*; **annual income** = Jahreseinkommen; **disposable income** = verfügbares Einkommen (nach Steuerabzug); Nettoeinkommen *n*; **earned income** = Erwerbseinkünfte; Arbeitseinkommen; **earned income allowance** = Freibetrag *m* für Erwerbseinkünfte; **fixed income** = festes Einkommen; **gross income** = Bruttoeinkommen; **net income** = Nettoeinkommen; **personal income** = persönliches Einkommen; **private income** = Privateinkommen; **retained income** = nicht ausgeschüttete Gewinne *mpl*; **unearned income** = Kapitaleinkommen *or* Vermögenseinkünfte; *(for tax purposes)* **lower** *or* **upper income bracket** = niedrige *or* hohe Einkommensstufe; **he comes into the higher income bracket** = er kommt in eine höhere Einkommensstufe **(b) the government's incomes policy** = die Einkommenspolitik der Regierung **(c)** *(money which an organization receives as gifts or from investments)* Ertrag *m or* Einnahmen *fpl*; **the hospital has a large income from gifts** = das Krankenhaus hat hohe Einnahmen durch Spenden **(d)** *(US)* **income statement** = Gewinn- und Verlustrechnung *f*; Aufwands- und Ertragsrechnung *f*

◊ **income tax** *noun* Einkommensteuer *f* und Lohnsteuer; **income tax form** = Einkommenssteuerformular *n*; **declaration of income** *or* **income tax return** = Einkommenssteuererklärung *f*

QUOTE there is no risk-free way of taking regular income from your money much higher than the rate of inflation

Guardian

QUOTE the company will be paying income tax at the higher rate in 1985

Citizen (Ottawa)

incoming *adjective* **(a) incoming call** = eingehendes Telefongespräch; **incoming mail** = Posteingang *m* **(b)** neu *or* nachfolgend; **the incoming board of directors** = der neue board of directors; **the incoming chairman** *or* **president** = der nachfolgende *or* neue Vorsitzende *or* Präsident

incompetent *adjective* inkompetent *or* unfähig *or* unzulänglich; **the sales manager is quite incompetent** = der Vertriebsleiter ist wirklich inkompetent; **the company has an incompetent sales manager** = das Unternehmen hat einen inkompetenten Vertriebsleiter

inconvertible *adjective* nicht konvertierbar *or* nicht einlösbar

incorporate *verb* **(a)** integrieren *or* eingliedern *or* aufnehmen; **income from the 1993 acquisition is incorporated into the accounts** = Erträge der Übernahme des Jahres 1993 sind in die Geschäftsbücher aufgenommen **(b)** eine Kapitalgesellschaft gründen *or* amtlich eintragen; **a company incorporated in the USA** = ein in den USA eingetragenes Unternehmen; **an**

incorporated company = eine Aktiengesellschaft (AG); **J. Doe Incorporated** = J. Doe AG
◇ **incorporation** *noun* Gesellschaftsgründung *f*; amtliche Eintragung

incorrect *adjective* ungenau *or* fehlerhaft; **the minutes of the meeting were incorrect and had to be changed** = das Protokoll der Sitzung war fehlerhaft und mußte geändert werden
◇ **incorrectly** *adverb* falsch *or* ungenau; **the package was incorrectly addressed** = das Paket war falsch adressiert

Incoterms *plural noun* = INTERNATIONAL COMMERCIAL TERMS Incoterms *pl*

increase 1 *noun* **(a)** *(growth or becoming larger)* Erhöhung *f or* Steigerung *f or* Zunahme *f or* Zuwachs *m*; **increase in tax** *or* **tax increase** = Steuererhöhung; **increase in price** *or* **price increase** = Preissteigerung; **profits showed a 10% increase** *or* **an increase of 10%** = die Gewinne waren um 10% gestiegen; **increase in the cost of living** = Steigerung der Lebenshaltungskosten **(b)** *(higher salary)* Lohnerhöhung *f or* Gehaltserhöhung; **increase in pay** *or* **pay increase** = Lohnerhöhung; **increase in salary** *or* **salary increase** = Gehaltserhöhung; **the government hopes to hold salary increases to 3%** = die Regierung hofft, Gehaltserhöhungen bei 3% zu halten; **he had two increases last year** = er bekam letztes Jahr zwei Gehaltserhöhungen; **cost-of-living increase** = Gehaltszulage *f* zur Anpassung an gestiegene Lebenshaltungskosten; **merit increase** = Leistungszulage *f* **(c) on the increase** = (ständig) zunehmen *or* im Wachsen begriffen sein; **stealing in shops is on the increase** = Ladendiebstähle nehmen zu **2** *verb* **(a)** (sich) erhöhen *or* (sich) steigern *or* zunehmen *or* wachsen *or* (an)steigen; **profits have increased faster than the increase in the rate of inflation** = die Gewinne sind schneller gestiegen als die Inflationsrate; **exports to Africa have increased by more than 25%** = Exporte nach Afrika haben um 25% zugenommen; **the price of oil has increased twice in the past week** = der Ölpreis ist letzte Woche zweimal gestiegen; **to increase in price** = teurer werden; **to increase in size** *or* **in value** = größer werden *or* im Wert steigen **(b) the company increased his salary to £20,000** = die Firma erhöhte sein Gehalt auf £20.000
◇ **increasing** *adjective* wachsend *or* steigend *or* zunehmend; **increasing profits** = steigende Gewinne *mpl*; **the company has an increasing share of the market** = das Unternehmen hat einen sich vergrößernden Marktanteil
◇ **increasingly** *adverb* immer mehr *or* zunehmend; **the company has to depend increasingly on the export market** = das Unternehmen ist zunehmend vom Exportmarkt abhängig

> QUOTE competition is steadily increasing and could affect profit margins as the company tries to retain its market share
> ***Citizen (Ottawa)***
> QUOTE turnover has potential to be increased to over 1 million dollars with energetic management and very little capital
> ***Australian Financial Review***

increment *noun* (regelmäßige) Gehaltserhöhung; **annual increment** = jährliche Gehaltserhöhung; **salary which rises in annual increments of £500** = Gehalt, das jährlich um £500 steigt
◇ **incremental** *adjective* zunehmend *or* Zuwachs-; **incremental cost** = Grenzkosten *pl*; **incremental increase** = jährliche Gehaltszulage; **incremental scale** = Gehaltssteigerungstabelle *f*

incur *verb* auf sich nehmen *or* eingehen; **to incur the risk of a penalty** = das Risiko einer Geldstrafe eingehen; **to incur debts** *or* **costs** = Schulden machen *or* Kosten auf sich nehmen; **the company has incurred heavy costs to implement the expansion programme** = das Unternehmen hat hohe Kosten auf sich genommen, um das Expansionsprogramm durchzuführen (NOTE: **incurring - incurred**)

> QUOTE the company blames fiercely competitive market conditions in Europe for a £14m operating loss last year, incurred despite a record turnover
> ***Financial Times***

indebted *adjective* verschuldet; **to be indebted to a property company** = bei einer Immobiliengesellschaft verschuldet sein
◇ **indebtedness** *noun* **state of indebtedness** = Verschuldung *f*

indemnification *noun* Entschädigung *f or* Schadensersatz *m*
◇ **indemnify** *verb* entschädigen *or* Schadenersatz leisten; **to indemnify someone for a loss** = jdn für einen Verlust entschädigen
◇ **indemnity** *noun* Entschädigung *f or* Vergütung *f*; **he had to pay an indemnity of £100** = er mußte £100 Entschädigung zahlen; **letter of indemnity** = (schriftliche) Schadloshaltungserklärung *f*; Ausfallbürgschaftserklärung *f*; Konnossementsgarantie *f*

indent 1 *noun* **(a)** Auslandsauftrag *m*; Warenbestellung *f* (aus dem Ausland) ; Indentgeschäft *n*; **he put in an indent for a new stock of coffee** = er gab eine Bestellung für einen neuen Kaffeevorrat (aus Übersee) auf **(b)** *(paragraph)* Einrückung *f or* Einzug *m* **2** *verb* **(a) to indent for something** = einen Auftrag für etwas erteilen *or* etwas bestellen; **the department has indented for a new computer** = die Abteilung hat einen neuen Computer bestellt **(b)** *(in typing)* einrücken *or* einziehen; **indent the first line three spaces** = rücken Sie die erste Zeile um drei Leertasten ein

indenture 1 *noun* **indentures** *or* **articles of indenture** = Ausbildungsvertrag *m or* Lehrvertrag **2** *verb* in die Lehre nehmen; **he was indentured to a builder** = er ging bei einem Maurer in die Lehre

independent *adjective* unabhängig *or* ungebunden; **independent company** = unabhängiges Unternehmen; **independent trader** *or* **independent shop** = selbständiger Händler *or* unabhängiges Geschäft; **the independents** = unabhängige Unternehmen *npl*

index 1 *noun* **(a)** Index *m or* Register *n*; **card index** = Kartei *f*; **thumb index** = Daumenregister *n*; **index card** = Karteikarte *f*; **index letter** *or* **number** = Indexbuchstabe *m*; Indexnummer *f* **(b)** Index *m*; **growth index** = Wachstumsindex; **cost-of-living index** = Lebenshaltungskostenindex;

retail price index *or (US)* **consumer price index** = Verbraucherpreisindex; **wholesale price index** = Großhandelspreisindex; **the Financial Times Index** = der Aktienindex der Financial Times; **index number** = Indexzahl *f or* Indexziffer *f* (NOTE: plural is **indexes** or **indices**) **2** *verb* indexieren

◇ **indexation** *noun* Indexbindung *f or* Indexierung *f*; **indexation of wage increases** = Indexierung von Lohnerhöhungen

◇ **index-linked** *adjective* indexgebunden *or* der Inflationsrate angeglichen; **index-linked pensions** = dynamische Renten *fpl*; **his pension is index-linked** = seine Rente ist dynamisch *or* indexgebunden; **index-linked government bonds** = indexierte Staatsanleihen *fpl*

> QUOTE the index of industrial production sank 0.2 per cent for the latest month after rising 0.3 per cent in March
>
> ***Financial Times***
>
> QUOTE an analysis of the consumer price index for the first half of 1985 shows that the rate of inflation went down by 12.9 per cent
>
> ***Business Times (Lagos)***

India *noun* Indien *n*

◇ **Indian 1** *noun* Inder/-in **2** *adjective* indisch (NOTE: capital: **New Delhi** = Neu-Delhi; currency: **rupee** = Rupie *f*)

indicate *verb* (an)zeigen *or* (hin)deuten auf; **the latest figures indicate a fall in the inflation rate** = die neusten Zahlen deuten auf einen Rückgang der Inflationsrate hin; **our sales for 1994 indicate a move from the home market to exports** = unser Absatz 1994 deutet auf eine Verschiebung vom Inlandsmarkt auf Exporte hin

◇ **indicator** *noun* Indikator *m*; **government economic indicators** = staatliche Konjunkturindikatoren; **leading indicator** = vorauslaufender Indikator *or* Frühinikator

> QUOTE it reduces this month's growth in the key M3 indicator from about 19% to 12%
>
> ***Sunday Times***
>
> QUOTE we may expect the US leading economic indicators for April to show faster economic growth
>
> ***Australian Financial Review***
>
> QUOTE other indicators, such as high real interest rates, suggest that monetary conditions are extremely tight
>
> ***Economist***

indirect *adjective* indirekt *or* mittelbar; **indirect expenses** *or* **costs** = Gemeinkosten *pl*; **indirect labour costs** = Fertigungsgemeinkosten *pl*; **indirect taxation** = indirekte Besteuerung; **the government raises more money by indirect taxation than by direct** = der Staat nimmt mehr Geld durch indirekte als durch direkte Besteuerung ein

individual 1 *noun* Einzelperson *f or* Individuum *n or* Einzelne(r); **savings plan made to suit the requirements of the private individual** = auf die Bedürfnisse des Einzelnen zugeschnittene Sparpläne **2** *adjective* einzeln *or* individuell; **a pension plan designed to meet each person's individual requirements** = ein Rentenplan, der den individuellen Bedürfnissen jedes Einzelnen gerecht werden soll; **we only sell individual portions of ice cream** = wir verkaufen Eis nur in Portionen *fpl*; *(US)* **Individual Retirement Account (IRA)** = *(etwa)* steuerbegünstigte Sparanlage zur privaten Altersvorsorge

Indonesia *noun* Indonesien *n*

◇ **Indonesian 1** *noun* Indonesier/-in **2** *adjective* indonesisch (NOTE: capital: **Jakarta;** currency: **rupiah** = Rupiah *f*)

inducement *noun* Anreiz *m or* Ansporn *m*; **they offered him a company car as an inducement to stay** = sie boten ihm einen Firmenwagen als Anreiz dafür an, daß er bleibt

induction *noun* Einführung *f or* Einweisung *f*; **induction courses** *or* **induction training** = Einführungskurse *mpl or* Einführungslehrgang *m*

industry *noun* **(a)** Industrie *f*; **all sectors of industry have shown rises in output** = alle Industriezweige *mpl* zeigten höhere Produktionsleistungen; **basic industry** = Grundstoffindustrie; **boom industry** *or* **growth industry** = Wachstumsindustrie *or* Wachstumsbranche *f*; **heavy industry** = Schwerindustrie; **light industry** = Leichtindustrie; **primary industry** = Grundstoffindustrie; **secondary industry** = verarbeitende Industrie; **service industry** *or* **tertiary industry** = Dienstleistungsgewerbe *n* **(b)** *(group of companies making the same type of product)* Branche *f or* Wirtschaftszweig *m*; **the aircraft industry** = die Flugzeugbranche *or* Flugzeugindustrie; **the building industry** = die Baubranche *or* Bauindustrie; **the car industry** = die Automobilbranche *or* Automobilindustrie; **the food processing industry** = die Nahrungsmittelindustrie; **the mining industry** = der Bergbau *or* die Montanindustrie; **the petroleum industry** = die Erdölindustrie

◇ **industrial 1** *adjective* Industrie- *or* industriell; **industrial accident** = Betriebsunfall *m or* Arbeitsunfall; **to take industrial action** = Arbeitskampfmaßnahmen *fpl* ergreifen *or* in den Ausstand treten; **industrial capacity** = industrielle Kapazität; **industrial centre** = Industriezentrum *n*; *(GB)* **industrial court** *or* **industrial tribunal** = Arbeitsgericht *n*; **industrial design** = Industriedesign *n*; industrielle Formgebung; **industrial dispute** = Arbeitskampf *m*; **industrial espionage** = Werk(s)spionage *f or* Wirtschaftsspionage; **industrial estate** *or* **industrial park** = Industriegebiet *n or* Industriegelände *n*; **industrial expansion** = industrielle Expansion; **industrial injuries** = Berufsschäden *mpl*; **industrial process** = Herstellungsprozeß *m*; **industrial relations** = Arbeitgeber-Arbeitnehmer-Beziehungen *fpl*; **good industrial relations** = gute Beziehungen zwischen Arbeitgebern und Arbeitnehmern; **industrial training** = betriebliche Ausbildung; **industrial tribunal** = Arbeitsgericht *n*; **land zoned for light industrial use** = für Leichtindustrie vorgesehenes Land **2** *noun* **industrials** = Industriewerte *mpl*

◇ **industrialist** *noun* Industrieller *m*

◇ **industrialization** *noun* Industrialisierung *f*

◇ **industrialize** *verb* industrialisieren; **industrialized societies** = Industriegesellschaften *fpl*

QUOTE indications of renewed weakness in the US economy were contained in figures on industrial production for April
Financial Times
QUOTE central bank and finance ministry officials of the industrialized countries will continue work on the report
Wall Street Journal
QUOTE with the present overcapacity in the airline industry, discounting of tickets is widespread
Business Traveller
QUOTE ACAS has a legal obligation to try and solve industrial grievances before they reach industrial tribunals
Personnel Today
QUOTE Britain's industrial relations climate is changing
Personnel Today

inefficiency *noun* Ineffizienz *f*; Unfähigkeit *f*; mangelnde Leistungsfähigkeit; **the report criticized the inefficiency of the sales staff** = der Bericht kritisierte die Ineffizienz des Verkaufspersonals

◊ **inefficient** *adjective* ineffizient *or* unfähig; **an inefficient sales manager** = ein ineffizienter Vertriebsleiter

inertia selling *noun* negative Option; Trägheitsverkauf *m*

inexpensive *adjective* preiswert *or* preisgünstig

◊ **inexpensively** *adverb* preiswert *or* preisgünstig

inferior *adjective* minderwertig *or* zweitklassig; **inferior products** *or* **products of inferior quality** = minderwertige Produkte *npl* *or* Produkte minderwertiger Qualität

inflate *verb* **(a) to inflate prices** = Preise in die Höhe treiben; **tourists don't want to pay inflated London prices** = Touristen wollen nicht die überhöhten Londoner Preise zahlen **(b) to inflate the economy** = die Wirtschaft anheizen

◊ **inflated** *adjective* **(a) inflated prices** = überhöhte *or* inflationäre Preise *mpl* **(b) inflated currency** = Inflationswährung *f*

◊ **inflation** *noun* Inflation *f*; **we have 15% inflation** *or* **inflation is running at 15%** = die Inflationsrate beträgt 15%; **to take measures to reduce inflation** = Maßnahmen *fpl* zur Eindämmung der Inflation ergreifen; **high interest rates tend to decrease inflation** = hohe Zinsen dämmen oft die Inflation ein; **rate of inflation** *or* **inflation rate** = Inflationsrate *f*; **galloping inflation** *or* **runaway inflation** = galoppierende Inflation; **spiralling inflation** = angeheizte *or* durch die Lohn-Preis-Spirale bedingte Inflation

◊ **inflationary** *adjective* inflationär *or* inflatorisch *or* Inflations-; **inflationary trends in the economy** = inflationäre Tendenzen *fpl* in der Wirtschaft; **the economy is in an inflationary spiral** = die Wirtschaft befindet sich in einer Inflationsspirale; **anti-inflationary measures** = Maßnahmen *fpl* zur Inflationsbekämpfung

QUOTE the decision by the government to tighten monetary policy will push the annual inflation rate above the year's previous high
Financial Times
QUOTE when you invest to get a return, you want a 'real' return -above the inflation rate
Investors Chronicle
QUOTE for now, inflation signals are mixed. The consumer price index jumped 0.7% in April; the core rate of inflation, which excludes food and energy, has stayed steady during the past six months
Business Week
QUOTE inflationary expectations fell somewhat this month, but remained a long way above the actual inflation rate, according to figures released yesterday. The annual rate of inflation measured by the consumer price index has been below 2 per cent for over 18 months
Australian Financial Review
QUOTE the retail prices index rose 0.4 per cent in the month, taking the annual headline inflation rate to 1.7 per cent. The underlying inflation rate, which excludes mortgage interest payments, increased to an annual rate of 3.1 per cent
Times

inflow *noun* Zustrom *m*; **inflow of capital from abroad** = Kapitalzufluß *m* aus dem Ausland

QUOTE the dollar is strong because of capital inflows rather than weak because of the trade deficit
Duns Business Month

influence 1 *noun* Einfluß *m* *or* Auswirkung *f*; **the price of oil has a marked influence on the price of manufactured goods** = der Ölpreis hat einen spürbaren Einfluß auf die Preise von Industriegütern; **we are suffering from the influence of high exchange rates** = wir leiden unter dem Einfluß hoher Wechselkurse **2** *verb* beeinflussen; **the board was influenced in its decision by the memo from the managers** = der board wurde bei seiner Entscheidung durch die Mitteilung der Manager beeinflußt; **the price of oil has influenced the price of manufactured goods** = der Ölpreis hat die Preise für Industriegüter beeinflußt; **high inflation is influencing our profitability** = eine hohe Inflationsrate beeinflußt unsere Rentabilität

influx *noun* Zufluß *m* *or* Zufuhr *f* *or* Zustrom *m*; **an influx of foreign currency into the country** = ein Zufluß von Fremdwährung ins Land; **an influx of cheap labour into the cities** = ein (Zu)strom billiger Arbeitskräfte in die Städte (NOTE: plural is **influxes**)

QUOTE the retail sector will also benefit from the expected influx of tourists
Australian Financial Review

inform *verb* informieren *or* mitteilen *or* benachrichtigen *or* unterrichten *or* in Kenntnis setzen; **I regret to inform you that your tender was not acceptable** = ich bedaure, Ihnen mitteilen zu müssen, daß Ihr Angebot nicht akzeptabel war; **we are pleased to inform you that your offer has been accepted** = wir freuen uns, Ihnen mitteilen zu können, daß Ihr Angebot angenommen wurde; **we have been informed by the Department of Trade that new tariffs are coming into force** = wir wurden vom Handelsministerium informiert, daß bald neue Tarife in Kraft treten werden

◊ **information** *noun* **(a)** Information *f*; **please send me information on** *or* **about holidays in the USA** = schicken Sie mir bitte Informationen zu *or* über Urlaub in den USA; **have you any information on** *or* **about deposit accounts?** = haben Sie Informationen zu *or* über Sparkonten?; **I enclose a leaflet for your information** = zu Ihrer Information in der Anlage ein Prospekt ; **to disclose a piece of information** = eine Information enthüllen *or* preisgeben; **to answer a request for information** = einer Bitte um Informationen nachkommen; **for further information, please write to Department 27** = für weitere Informationen wenden Sie sich bitte schriftlich an Abteilung 27 ; **disclosure of confidential information** = Enthüllung *f* vertraulicher Informationen; **flight information** = Fluginformation; **tourist information** = Fremdenverkehrsbüro *n*; Touristeninformation *f* **(b) information technology (IT)** = Informationstechnik (IT) *f*; **information retrieval** = Datenrückgewinnung *f* **(c) information bureau** *or* **information office** = Auskunft *f or* Information *f*; **information officer** = Pressereferent/-in (NOTE: no plural; for one item say **a piece of information**)

infrastructure *noun* **(a)** *(basic structure)* Infrastruktur *f or* Grundstruktur; **the company's infrastructure** = die Grundstruktur des Unternehmens **(b)** *(basic services)* Infrastruktur *f*; **a country's infrastructure** = die Infrastruktur eines Landes

infringe *verb* verletzen *or* übertreten; **to infringe a copyright** = das Urheberrecht verletzen; **to infringe a patent** = das Patentrecht verletzen

◇ **infringement** *noun* Verletzung *f or* Verstoß *m*; **infringement of copyright** *or* **copyright infringement** = Verstoß gegen das Urheberrecht; **infringement of patent** *or* **patent infringement** = Patentverletzung

ingot *noun* Barren *m*

inherit *verb* erben; **when her father died she inherited the shop** = als ihr Vater starb, erbte sie das Geschäft; **he inherited £10,000 from his grandfather** = er erbte £10.000 von seinem Großvater

◇ **inheritance** *noun* Erbe *n or* Erbschaft *f*; **inheritance tax** = Erbschaftssteuer

in-house *adverb & adjective* betriebsintern *or* innerbetrieblich; **the in-house staff** = das Betriebspersonal; **all our data processing is done in-house** = unsere ganzen Daten werden intern bearbeitet; **in-house training** = innerbetriebliche Ausbildung

initial 1 *adjective* anfänglich *or* Anfangs-; **initial capital** = Anfangskapital *n or* Startkapital *or* Gründungskapital; **he started the business with an initial expenditure** *or* **initial investment of £500** = er gründete sein Geschäft mit Anfangskosten *pl or* einem Anfangskapital *n* von £500; **initial sale** = Erstverkauf *m*; **the initial response to the TV advertising has been very good** = die anfängliche Reaktion auf die Fernsehwerbung war sehr gut **2** *noun* **initials** = Initialen *fpl or* Anfangsbuchstaben *mpl or* Paraphe *f*; **what do the initials IMF stand for?** = wofür stehen die Buchstaben IMF?; **the chairman wrote his initials by each alteration in the contract he was signing** = der Vorsitzende schrieb seine Paraphe neben jede Änderung im Vertrag, den er unterzeichnete **3** *verb* abzeichnen *or* paraphieren; **to initial an amendment to a contract** = eine Vertragsänderung paraphieren; **please initial the agreement at the place marked with an X** = bitte paraphieren Sie den Vertrag an der mit X markierten Stelle

> QUOTE the founding group has subscribed NKr 14.5m of the initial NKr 30m share capital
> ***Financial Times***
> QUOTE career prospects are excellent for someone with potential, and initial salary is negotiable around $45,000 per annum
> ***Australian Financial Review***

initiate *verb* einleiten *or* in Gang setzen; **to initiate a discussion** = die Diskussion einleiten

◇ **initiative** *noun* Initiative *f*; **to take the initiative** = die Initiative ergreifen; **to follow up an initiative** = eine Initiative aufgreifen

inject *verb* **to inject capital into a business** = einem Unternehmen Kapital zuführen *or* Kapital in ein Unternehmen pumpen

◇ **injection** *noun* **a capital injection of £100,000** *or* **an injection of £100,000 capital** = eine Kapitalspritze von £100.000

injunction *noun* einstweilige Verfügung; **he got an injunction preventing the company from selling his car** = er erwirkte eine einstweilige Verfügung, die das Unternehmen daran hinderte, seinen Wagen zu verkaufen; **the company applied for an injunction to stop its rival from marketing a similar product** = das Unternehmen stellte einen Antrag auf Erlaß einer einstweiligen Verfügung, um seinen Konkurrenten daran zu hindern, ein ähnliches Produkt auf den Markt zu bringen

injure *verb* verletzen; **two workers were injured in the fire** = zwei Arbeiter wurden bei dem Brand verletzt

◇ **injured party** *noun* geschädigte Partei

◇ **injury** *noun* Verletzung *f*; **injury benefit** = Schadenersatz *m or* Unfallgeld *n*; **industrial injuries** = Berufsschäden *mpl*

inking pad *noun* Stempelkissen *n*

inland *adjective* **(a)** Binnen- *or* Inlands- *(US)* **inland carrier** = Inlandsspediteur *m*; **inland postage** = Inlandsporto *n*; **inland freight charges** = Inlandsfrachtkosten *pl* **(b)** *(GB)* **the Inland Revenue** = das Finanzamt *or* die Finanzbehörde; **he received a letter from the Inland Revenue** = er bekam einen Brief vom Finanzamt (NOTE: US equivalent is **Internal Revenue Service (IRS)**)

innovate *verb* Neuerungen *fpl* einführen

◇ **innovation** *noun* Innovation *f or* Neuerung *f*

◇ **innovative** *adjective* innovativ

◇ **innovator** *noun* Neuerer *m*

> QUOTE small innovative companies in IT have been hampered for lack of funds
> ***Sunday Times***

input 1 *noun* **(a) input of information** *or* **computer input** = Dateneingabe *f*; **input lead** = Strom(zufuhr)kabel *n*; **(b) inputs** = Inputs *pl* (Einkäufe einer Firma, für die Mehrwertsteuer bezahlt wurde); **input tax** = Vorsteuer *f* **2** *verb* **to**

input information = Daten *pl* eingeben (NOTE: **inputting - inputted**)

inquire *or* **enquire** *verb* sich erkundigen *or* Erkundigungen *fpl* einziehen; **he inquired if anything was wrong** = er erkundigte sich, ob etwas nicht in Ordnung sei; **she inquired about the mortgage rate** = sie erkundigte sich nach dem Hypothekenzins; **'inquire within'** = ‚Näheres im Geschäft'

◇ **inquire into** *verb* untersuchen *or* Nachforschungen *fpl* anstellen ; **we are inquiring into the background of the new supplier** = wir ziehen Informationen *fpl* über unseren neuen Lieferanten ein

◇ **inquiry** *noun* Anfrage *f*; **I refer to your inquiry of May 25th** = ich beziehe mich auf Ihre Anfrage vom 25. Mai; **all inquiries should be addressed to the secretary** = alle Anfragen bitte an die Sekretärin *or* den Geschäftsführer

insert 1 *noun* Beilage *f*; **an insert in a magazine mailing** *or* **a magazine insert** = eine Beilage in einem Versandmagazin *or* eine Zeitschriftenbeilage **2** *verb* beilegen *or* einfügen; **to insert a clause into a contract** = eine Klausel in einen Vertrag einfügen; **to insert a publicity piece into a magazine** = einer Zeitschrift Prospektmaterial beilegen

inside 1 *adjective & adverb* Innen- *or* betriebsintern; innen; **we do all our design work inside** = wir machen unsere gesamte Designarbeit betriebsintern; **inside information** = Insiderinformation; **inside worker** = Angestellte(r) im Innendienst **2** *preposition* in *or* innerhalb; **there was nothing inside the container** = in dem Container war nichts; **we have a contact inside our rival's production department who gives us very useful information** = wir haben eine Kontaktperson in der Produktionsabteilung unseres Konkurrenten, die uns sehr nützliche Informationen liefert

◇ **insider** *noun* Insider *m*; **insider dealing** *or* **insider trading** = Insiderhandel *m*

insolvent *adjective* zahlungsunfähig *or* insolvent; **he was declared insolvent** = er wurde für zahlungsunfähig erklärt

◇ **insolvency** *noun* Zahlungsunfähigkeit *f or* Insolvenz *f*; **he was in a state of insolvency** = er war zahlungsunfähig

inspect *verb* prüfen *or* kontrollieren *or* untersuchen; **to inspect a machine** *or* **an installation** = eine Maschine *or* Anlage prüfen; **to inspect the accounts** = die Geschäftsbücher prüfen; **to inspect products for defects** = Produkte auf Mängel prüfen

◇ **inspection** *noun* Prüfung *f or* Kontrolle *f or* Untersuchung *f*; **to make an inspection** *or* **to carry out an inspection of a machine** *or* **an installation** = eine Prüfung einer Maschine *or* einer Anlage durchführen; **inspection of a product for defects** = Prüfung eines Produkts auf Fehler hin; **to carry out a tour of inspection** = eine Inspektionsreise machen; **to issue an inspection order** = eine Kontrolle anordnen; **VAT inspection** = Mehrwertsteuerkontrolle; **inspection stamp** = Prüfstempel *m*

◇ **inspector** *noun* Kontrolleur/-in *or* Prüfer/-in; **inspector of factories** *or* **factory inspector** = Gewerbeaufsichtsbeamter/-beamtin; **inspector of taxes** *or* **tax inspector** = Leiter/-in des Finanzamtes; Steuerprüfer/-in; **inspector of weights and measures** = Eichmeister *m*

◇ **inspectorate** *noun* Aufsichtsbehörde *f*; **the factory inspectorate** = *(all inspectors of factories)* das Gewerbeaufsichtsamt

inst = INSTANT; **your letter of the 6th inst** = Ihr Brief vom 6. dieses Monats

instability *noun* Instabilität *f*; **period of instability in the money markets** = Zeit der Instabilität auf den Geldmärkten

install *verb* installieren *or* aufstellen; **to install new machinery** = neue Maschinen aufstellen; **to install a new data processing system** = ein neues Datenverarbeitungssystem installieren

◇ **installation** *noun* **(a)** Anlage *f*; **harbour installations** = Hafenanlagen *fpl*; **the fire seriously damaged the oil installations** = der Brand beschädigte die Ölanlagen schwer **(b)** *(action)* Installation *f or* Aufstellen *n or* Einbau *m*; **to supervise the installation of new equipment** = die Aufstellung neuer Geräte beaufsichtigen

◇ **instalment** *or (US)* **installment** *noun* Rate *f*; **the first instalment is payable on signature of the agreement** = die erste Rate wird mit Unterzeichnung des Vertrags fällig; **the final instalment is now due** = die letzte Rate ist jetzt fällig; **to pay £25 down and monthly instalments of £20** = £25 anbezahlen und den Rest in Monatsraten von £20 bezahlen; **to miss an instalment** = mit einer Rate in Rückstand geraten

◇ **installment sales** *or* **installment buying** *noun (US)* Teilzahlungssystem *n*; **to buy a car on the installment plan** = einen Wagen auf Raten kaufen (NOTE: GB English is **hire purchase** *or* **HP)**

instance *noun* Fall *m*; **in this instance we will overlook the delay** = in diesem Fall übersehen wir die Verzögerung

instant *adjective* **(a)** sofortig *or* unverzüglich; **instant credit** = Sofortkredit *m* **(b)** dieses Monats; **our letter of the 6th instant** = unser Brief vom 6. dieses Monats

institute 1 *noun* Institut *n*; **research institute** = Forschungsinstitut **2** *verb* einleiten *or* einrichten *or* gründen; **to institute proceedings against someone** = Anklage gegen jdn erheben

◇ **institution** *noun* Institut *n*; Gesellschaft *f*; **financial institution** = Finanzinstitut *or* Kreditinstitut

◇ **institutional** *adjective* institutionell *or* Instituts-; **institutional buying** *or* **selling** = Effektenkäufe *mpl or* Effektenverkäufe durch institutionelle Anleger *mpl*; **institutional investors** = institutionelle Anleger *mpl*; Kapitalsammelstellen *fpl (Banken, Versicherungen, Investmentgesellschaften usw.)*

QUOTE during the 1970s commercial property was regarded by big institutional investors as an alternative to equities
Investors Chronicle

instruct *verb* **(a)** anweisen *or* instruieren; **to instruct someone to do something** = jdm Anweisung geben, etwas zu tun; **he instructed the credit controller to take action** = er gab dem Credit Controller Anweisung, Schritte zu unternehmen **(b) to instruct a solicitor** = einen Anwalt beauftragen

◊ **instruction** *noun* Instruktion *f or* Anweisung *f* **he gave instructions to his stockbroker to sell the shares immediately** = er gab seinem Wertpapiermakler Anweisung, die Aktien sofort zu verkaufen; **to await instructions** = auf Anweisungen warten; **to issue instructions** = Anweisungen geben; **in accordance with** *or* **according to instructions** = in Übereinstimmung mit den Anweisungen; **failing instructions to the contrary** = sofern Sie keine gegenteiligen Anweisungen erhalten; **forwarding instructions** *or* **shipping instructions** = Versandvorschriften *fpl or* Versandanweisungen

◊ **instructor** *noun* Ausbilder/-in *or* Lehrer/-in

instrument *noun* **(a)** *(device)* Instrument *n*; **the technician brought instruments to measure the output of electricity** = der Techniker brachte Instrumente zur Messung des Stromausgangs **(b)** *(document)* Urkunde *f or* Dokument *n*; **financial instrument** = Finanzpapier; **negotiable instrument** = übertragbares *or* begebbares Wertpapier

insufficient *adjective* ungenügend; *(US)* **insufficient funds** = unzureichende Kontendeckung

insure *verb* versichern *or* Versicherung *f* abschließen; **to insure a house against fire** = ein Haus gegen Feuer versichern; **to insure someone's life** = eine Lebensversicherung abschließen; **he was insured for £100,000** = er war in Höhe von £100.000 versichert; **to insure baggage against loss** = eine Gepäckversicherung abschließen; **to insure against bad weather** = eine Schlechtwetterversicherung abschließen; **to insure against loss of earnings** = eine Verdienstausfallversicherung abschließen; **the life insured** = der/die Versicherte (in einer Lebensversicherung); **the sum insured** = die Versicherungssumme

◊ **insurable** *adjective* versicherungsfähig *or* versicherbar

◊ **insurance** *noun* **(a)** Versicherung *f*; **to take out an insurance against fire** = eine Feuerversicherung abschließen; **to take out an insurance on the house** = eine Gebäudeversicherung abschließen; **the damage is covered by the insurance** = der Schaden ist durch die Versicherung gedeckt; **repairs will be paid for by the insurance** = Reparaturen werden durch die Versicherung gedeckt; **to pay the insurance on a car** = die Versicherung(sprämie) für ein Auto bezahlen **(b) accident insurance** = Unfallversicherung *f*; **car insurance** *or* **motor insurance** = Kraftfahrzeugversicherung; **comprehensive insurance** = kombinierte Haftpflicht- und Vollkaskoversicherung; **endowment insurance** = Versicherung auf den Erlebens- und Todesfall; **fire insurance** = Feuerversicherung; **general insurance** = allgemeine Versicherung; **house insurance** = Haus- und Hausratsversicherung; **life insurance** = Lebensversicherung; **medical insurance** = Krankenversicherung; **term insurance** = zeitlich begrenzte Lebensversicherung; **third-party insurance** = Haftpflichtversicherung; **whole-life insurance** = Lebensversicherung auf den Todesfall **(c) insurance agent** *or* **insurance broker** = Versicherungsvertreter/-in *or* Versicherungsmakler/-in; **insurance claim** = Versicherungsanspruch *m*; Schadensanspruch; **insurance company** = Versicherungsgesellschaft *f*; **insurance contract** = Versicherungsvertrag *m*; **insurance cover** = Versicherungsschutz *m*; **insurance policy** = Versicherungspolice *f*; **insurance premium** = Versicherungsbeitrag *m or* Versicherungsprämie *f* **(d)** *(GB)* **National Insurance** = Sozialversicherung *f*; **National Insurance contributions (NIC)** = Sozialversicherungsbeiträge *mpl*

◊ **insurer** *noun* Versicherer *m or* Versicherungsträger *m* (NOTE: for life insurance, GB English prefers to use **assurance, assure, assurer)**

intangible *adjective* immateriell *or* nicht greifbar; **intangible assets** = immaterielle Vermögenswerte *mpl*

integrate *verb* zusammenfassen *or* zusammenschließen *or* integrieren

◊ **integration** *noun* Integration *f or* Zusammenfassung *f or* Zusammenschluß *m*; **horizontal integration** = horizontale Integration; **vertical integration** = vertikale Integration

intend *verb* beabsichtigen *or* vorhaben; **the company intends to open an office in New York next year** = das Unternehmen beabsichtigt, eine Geschäftsstelle in New York zu eröffnen; **we intend to offer jobs to 250 unemployed young people** = wir beabsichtigen, 250 arbeitslosen jungen Menschen Stellen anzubieten

intensive *adjective* **intensive farming** = intensive Landwirtschaft; **capital-intensive industry** = kapitalintensive Industrie; **labour-intensive industry** = arbeitsintensive Industrie

intent *noun* Absicht *f*; **letter of intent** = Absichtserklärung *f*

inter- *prefix* Zwischen- *or* zwischen-; **inter-bank loan** = Interbankkredit *m*; **the inter-city rail services are good** = die Intercity-Verbindungen *fpl* sind gut; **inter-company dealings** = konzerninterne Geschäfte *npl*; **inter-company comparisons** = Vergleiche *mpl* zwischen Unternehmen im gleichen Produktbereich

interest 1 *noun* **(a)** Interesse *n*; **the MD takes no interest in the staff club** = der geschäftsführende Direktor interessiert sich nicht für den Betriebsverein; **the buyers showed a lot of interest in our new product range** = die Käufer zeigten großes Interesse an unserer neuen Produktreihe **(b)** *(payment made by a borrower)* Zinsen *mpl*; **simple interest** = einfache Zinsen; **compound interest** = Zinseszins *m*; **accrual of interest** = Zinszuwachs *m or* Zinsthesaurierung *f*; **accrued interest** = aufgelaufene Zinsen; **back interest** = Zinsrückstand *m*; **fixed interest** = feste Zinsen; **high** *or* **low interest** = hohe *or* niedrige Zinsen; **interest charges** = Zinsbelastung *f or* Sollzinsen *mpl*; **interest rate** *or* **rate of interest** = Zinssatz *m*; **interest-free credit** *or* **loan** = zinsloses Darlehen; **the company gives its staff interest-free loans** = das Unternehmen gewährt seinem Personal zinslose Darlehen **(c)** *(money paid as income on investments or loans)* Zinsen *mpl or* Kapitalertrag *m*; **the bank pays 10% interest on deposits** = die Bank zahlt 10% Zinsen auf Bankeinlagen; **to receive interest at 5%** = 5% Zinsen bekommen; **the loan pays 5% interest** = das Darlehen wirft 5% Zinsen ab; **deposit which yields** *or* **gives** *or* **produces** *or* **bears 5% interest** = Bankeinlage, die mit 5% verzinst ist; **account which earns interest at 10%** *or* **which earns 10% interest** = Konto, das 10% Zinsen (ein)bringt; **interest-bearing deposits** = zinstragende Bankeinlagen *fpl*; **fixed-interest investments** = festverzinsliche Kapitalanlagen *fpl* **(d)** *(money invested)* Beteiligung *f or* Anteil *m*; **beneficial interest** = wirtschaftliches *or* materielles Eigentumsrecht; **he has a controlling interest in the company** = er hat die Mehrheitsbeteiligung an dem Unternehmen; **life interest** = Nutzungsrecht *n* auf Lebensdauer; lebenslänglicher Anspruch; **majority interest** *or* **minority interest** = Mehrheitsbeteiligung *f*; Minderheitsbeteiligung; **he has a majority interest in a supermarket chain** = er hat die Mehrheitsbeteiligung an einer Supermarktkette; **to acquire a substantial interest in the company** = einen wesentlichen Anteil an einem Unternehmen erwerben; **to declare an interest** = seine Beteiligungen offenlegen **2** *verb* interessieren *or* Interesse hervorrufen; **he tried to interest several companies in his new invention** = er versuchte, mehrere Unternehmen für seine neue Erfindung zu interessieren; **to be interested in** = sich interessieren für *or* Interesse haben an; **the managing director is interested only in increasing profitability** = der geschäftsführende Direktor ist nur an einer Rentabilitätssteigerung interessiert; **interested party** = Anteilseigner *m*

◇ **interesting** *adjective* interessant; **they made us a very interesting offer for the factory** = sie machten uns ein sehr interessantes Angebot für die Fabrik

> QUOTE since last summer American interest rates have dropped by between three and four percentage points
> ***Sunday Times***
>
> QUOTE a lot of money is said to be tied up in sterling because of the interest-rate differential between US and British rates
> ***Australian Financial Review***

interface 1 *noun* Schnittstelle *f or* Interface *n* **2** *verb* sich aufeinander beziehen *or* zusammenarbeiten; **the office micros interface with the mainframe computer at head office** = die Mikrocomputer im Büro sind mit dem Großrechner in der Zentrale gekoppelt *or* verbunden

interfere *verb* sich einmischen *or* eingreifen *or* stören

◇ **interference** *noun* Einmischung *f or* Eingreifen *n or* Störung *f*; **the sales department complained of continual interference from the accounts department** = die Vertriebsabteilung beschwerte sich über die dauernde Einmischung der Buchhaltung

interim *noun* **interim dividend** = Zwischendividende *f*; **interim payment** = Abschlagszahlung *f or* Interimszahlung; **interim report** = Zwischenbericht *m or* Halbjahresbericht; **in the interim** = einstweilig *or* in der Zwischenzeit

> QUOTE the company plans to keep its annual dividend unchanged at 7.5p per share, which includes a 3.75p interim payout
> ***Financial Times***

intermediary *noun* Vermittler/-in; **he refused to act as an intermediary between the two directors** = er lehnte es ab, als Vermittler zwischen den beiden Direktoren zu fungieren; **financial intermediary** = Kapitalsammelstelle

internal *adjective* **(a)** *(inside a company)* intern *or* innerbetrieblich; **we decided to make an internal appointment** = wir beschlossen, die Stelle intern zu besetzen; **internal audit** = interne *or* betriebsinterne Revision *or* Innenrevision; **internal audit department** = betriebsinterne Revision; **internal auditor** = interner Revisor *or* betriebsinterne(r) Revisor/-in *or* Innenrevisor; **internal telephone** = Haustelefon *n* **(b)** *(inside a country)* Inland(s)- *or* Binnen- *or* Innen-; **an internal flight** = ein Inlandflug *m*; *(US)* **Internal Revenue Service (IRS)** = Finanzamt *n or* Finanzbehörde *f*; **internal trade** = Binnenhandel *m*

◇ **internally** *adverb* intern *or* innerbetrieblich; **the job was advertised internally** = die Stelle war intern ausgeschrieben

international *adjective* international; **international call** = Auslandsgespräch *n*; **international dialling code** = Internationale Vorwahl; **International Labour Organization (ILO)** = Internationale Arbeitsorganisation (IAO); **international law** = internationales Recht; Völkerrecht; **International Monetary Fund (IMF)** = Internationaler Währungsfonds *or* Weltwährungsfonds (IWF); **international trade** = internationaler Handel; Welthandel

interpret *verb* dolmetschen; **my assistant knows Greek, so he will interpret for us** = mein Assistent spricht Griechisch, daher wird er für uns dolmetschen

◇ **interpreter** *noun* Dolmetscher/-in; **my secretary will act as interpreter** = meine Sekretärin wird als Dolmetscherin fungieren

interstate *adjective* zwischenstaatlich; *(US)* **Interstate Commerce Commission** = Bundesverkehrsbehörde *f*

intervene *verb* intervenieren *or* sich einmischen; **to intervene in a dispute** = bei einem Streit intervenieren

◇ **intervention** *noun* Intervention *f or* Eingreifen *n or* Eingriff *m*; **the government's intervention in the foreign exchange markets** = das Eingreifen des Staates in die Devisenmärkte; **the central bank's intervention in the banking crisis** = das Eingreifen der Zentralbank in die Bankenkrise; **the government's intervention in the labour dispute** = das Eingreifen der Regierung in den Arbeitskampf; *(in the EU)* **intervention price** = Interventionspreis *m or* garantierter Mindestpreis

interview 1 *noun* **(a)** Vorstellungsgespräch *n*; **we called six people for interview** = wir luden sechs

Personen zum Vorstellungsgespräch ein; **I have an interview next week** *or* **I am going for an interview next week** = ich habe nächste Woche ein Vorstellungsgespräch *or* ich gehe nächste Woche zu einem Vorstellungsgespräch **(b)** *(asking a person questions as part of an opinion poll)* Befragung *f or* Interview *n* **2** *verb* **(a)** *(for a job)* ein Vorstellungsgespräch führen; **we interviewed ten candidates, but did not find anyone suitable** = wir führten zehn Vorstellungsgespräche, fanden aber keinen geeigneten Bewerber; **(b)** *(on radio or TV)* interviewen *or* ein Interview führen

◇ **interviewee** *noun* Bewerber/-in *or* Kandidat/-in *or* Befragte(r) *or* Interviewte(r)

◇ **interviewer** *noun* Gesprächsleiter/-in *or* Interviewer/-in

inter vivos *phrase* **gift inter vivos** = Schenkung *f* zu Lebzeiten

intestate *adjective* **to die intestate** = ohne Testament sterben

◇ **intestacy** *noun* Sterben, ohne ein Testament zu hinterlassen

in transit *adverb* **goods in transit** = Transitgüter *npl*

in tray *noun* Eingänge *mpl*

introduce *verb* vorstellen *or* einführen; **to introduce a client** = einen Kunden *or* Klienten einführen; **to introduce a new product on the market** = ein neues Produkt auf den Markt bringen

◇ **introduction** *noun* **(a)** Einführungsbrief *m*; **I'll give you an introduction to the MD - he is an old friend of mine** = ich gebe Ihnen einen Einführungsbrief an den geschäftsführenden Direktor - er ist ein alter Freund von mir **(b)** *(bringing into use)* Einführung *f*; **the introduction of new technology** = die Einführung neuer Technologien

◇ **introductory offer** *noun* Einführungsangebot *n*

invalid *adjective* ungültig *or* nichtig *or* (rechts)unwirksam; **permit that is invalid** = ungültige *or* (rechts)unwirksame Genehmigung; **claim which has been declared invalid** = Anspruch, der für nichtig erklärt wurde

◇ **invalidate** *verb* für ungültig *or* nichtig erklären; **because the company has been taken over, the contract has been invalidated** = weil das Unternehmen übernommen wurde, wurde der Vertrag für ungültig *or* nichtig erklärt

◇ **invalidation** *noun* Ungültigkeitserklärung *f or* Nichtigerklärung

◇ **invalidity** *noun* Ungültigkeit *f or* Nichtigkeit *or* Rechtsungültigkeit; **the invalidity of the contract** = die Nichtigkeit des Vertrags

invent *verb* erfinden; **she invented a new type of computer terminal** = sie erfand ein neues Computerterminal; **who invented shorthand?** = wer erfand die Stenographie *or* Kurzschrift?; **the chief accountant has invented a new system of customer filing** = der Hauptbuchhalter hat ein neues Kundenkarteisystem erfunden

◇ **invention** *noun* Erfindung *f*; **he tried to sell his latest invention to a US car manufacturer** = er versuchte, seine neueste Erfindung an einen amerikanischen Automobilhersteller zu verkaufen

◇ **inventor** *noun* Erfinder/-in; **he is the inventor of the all-plastic car** = er ist der Erfinder des Kunststoffautos

inventory 1 *noun* **(a)** *(especially US)* (Waren)bestand *m or* (Waren)vorrat *m*; **to carry a high inventory** = hohe Bestände halten; **to reduce inventory** = den Warenbestand reduzieren; **inventory control** = Lagerhaltungskontrolle *f*; **to take inventory** = Inventur *f* machen *or* den Lagerbestand aufnehmen (NOTE: the word 'inventory' is used in the USA where British English uses the word 'stock'. So, the American 'inventory control' is 'stock control' in British English) **(b)** *(list of contents)* Inventarverzeichnis *n or* Inventarliste *f*; **to draw up an inventory of fixtures** = eine Liste des unbeweglichen Inventars *n* anfertigen; **to agree the inventory** = die Inventarliste bestätigen **2** *verb* inventarisieren; Inventar *or* den Bestand aufnehmen

> QUOTE a warehouse needs to tie up less capital in inventory and with its huge volume spreads out costs over bigger sales
>
> ***Duns Business Month***

invest *verb* **(a)** investieren *or* (Geld) anlegen; **he invested all his money in an engineering business** = er investierte sein ganzes Geld in ein Maschinenbaugeschäft; **she was advised to invest in real estate** *or* **in government bonds** = ihr wurde geraten, in Immobilien *or* in Staatspapiere zu investieren; **to invest abroad** = Kapital *or* Geld im Ausland anlegen **(b)** investieren; **to invest money in new machinery** = Geld in neue Maschinen investieren; **to invest capital in a new factory** = Kapital in eine neue Fabrik investieren

◇ **investment** *noun* **(a)** Investition *f or* Kapitalanlage *f*; **they called for more government investment in new industries** *or* **in real estate** = sie forderten mehr staatliche Investitionen in neue Industrien *or* Immobilien; **to make investments in oil companies** = Geld in Ölgesellschaften anlegen; **return on investment (ROI)** = Kapitalrendite *f or* Ertrag *m* aus investiertem Kapital **(b)** Wertpapier *n*; **long-term investment** *or* **short-term investment** = langfristige Anlage *or* kurzfristige Anlage; **safe investment** = sichere Kapitalanlage; **blue-chip investments** = erstklassige Effekten *pl*; Spitzenanlagen *fpl*; **he is trying to protect his investments** = er versucht, seine Investitionen (vor Verlusten) zu schützen **(c) investment adviser** = Anlageberater/-in; **investment company** *or* **investment trust** = Investmentgesellschaft *f*; Kapitalanlagegesellschaft; **investment grant** = Investitionszuschuß *m or* Investitionsbeihilfe *f*; **investment income** = Kapitalerträge *mpl*; Erträge aus Beteiligungen *fpl*

◇ **investor** *noun* Investor *m or* Kapitalanleger *m*; **the small investor** *or* **the private investor** = der Kleinanleger *or* der private Anleger; **an institutional investor** = ein institutioneller Anleger; eine Kapitalsammelstelle

QUOTE we have substantial venture capital to invest in good projects

Times

QUOTE investment trusts, like unit trusts, consist of portfolios of shares and therefore provide a spread of investments

Investors Chronicle

QUOTE investment companies took the view that prices had reached rock bottom and could only go up

Lloyd's List

investigate *verb* untersuchen *or* überprüfen *or* ermitteln *or* einer Sache nachgehen

◇ **investigation** *noun* Untersuchung *f* *or* Überprüfung *f* *or* Ermittlung *f*; **to conduct an investigation into irregularities in share dealings** = eine Untersuchung der Unregelmäßigkeiten bei Aktiengeschäften durchführen

◇ **investigator** *noun* Ermittler/-in; **a government investigator** = ein(e) staatliche(r) Untersuchungs- *or* Ermittlungsbeamter/-beamtin

invisible 1 *adjective* **invisible assets** = unsichtbare Vermögenswerte *mpl*; **invisible balance** = Dienstleistungsbilanz *f*; **invisible earnings** = unsichtbare Einkünfte *fpl* *or* Einkünfte aus unsichtbaren Leistungen *fpl*; **invisible imports** *or* **exports** = unsichtbare Einfuhren *fpl* *or* unsichtbare Ausfuhren 2 *plural noun* **invisibles** = unsichtbare Ein- und Ausfuhren *fpl*

invite *verb* einladen *or* auffordern; **to invite someone to an interview** = jdn zu einem Vorstellungsgespräch einladen; **to invite someone to join the board** = jdn bitten, dem board beizutreten; **to invite to subscribe to shares** = Aktien zur Zeichnung auslegen; **to invite tenders for a contract** = einen Auftrag ausschreiben

◇ **invitation** *noun* Einladung *f* *or* Aufforderung *f*; **to issue an invitation to someone to join the board** = jdn bitten, dem board beizutreten; **invitation to tender for a contract** = Auftragsausschreibung *f*; **invitation to subscribe to a new issue** = Aufforderung zur Zeichnung einer neuen Emission

invoice 1 *noun* **(a)** Rechnung *f*; **your invoice dated November 10th** = Ihre Rechnung vom 10. November; **they sent in their invoice six weeks late** = sie stellten ihre Rechnung sechs Wochen zu spät zu; **to make out an invoice for £250** = eine Rechnung über £250 ausstellen; **to settle** *or* **to pay an invoice** = eine Rechnung begleichen *or* bezahlen; **the total is payable within thirty days of invoice** = der volle Betrag ist innerhalb von dreißig Tagen (ab Rechnungsdatum) zahlbar; **VAT invoice** = Mehrwertsteuerrechnung **(b)** **invoice clerk** = Fakturist/-in; **invoice price** = Rechnungspreis *m*; **total invoice value** = voller Rechnungsbetrag 2 *verb* Rechnung ausstellen ; **to invoice a customer** = einem Kunden eine Rechnung ausstellen; **we invoiced you on November 10th** = wir stellten die Rechnung am 10. November aus

◇ **invoicing** *noun* Abrechnung *f*; **our invoicing is done by the computer** = unsere Abrechnungen werden per Computer gemacht; **invoicing department** = Rechnungsabteilung *f*; **invoicing in triplicate** = Rechnungsausstellung *f* in dreifacher Ausfertigung; **VAT invoicing** = Rechnungsausstellung *f* inklusive MwSt.

inward *adjective* Binnen- *or* Inlands-; **inward bill** = Importkonnossement *n*; **inward mission** = Delegation *f* aus dem Ausland

IOU *noun* = I OWE YOU Schuldschein *m*; **to pay a pile of IOUs** = einen Haufen Schuldscheine bezahlen

IRA *(US)* = INDIVIDUAL RETIREMENT ACCOUNT

Iran *noun* Iran *m*

◇ **Iranian** 1 *noun* Iraner/-in 2 *adjective* iranisch

(NOTE: capital: **Tehran** = Teheran; currency: **rial** = Rial *m*)

Iraq *noun* Irak *m*

◇ **Iraqi** 1 *noun* Iraker/-in 2 *adjective* irakisch

(NOTE: capital: **Baghdad** = Bagdad; currency: **Iraqi dinar** = irakischer Dinar)

Ireland *noun* Irland *n*

◇ **Irish** 1 *adjective* irisch 2 *plural noun* **the Irish** = die Iren

◇ **Irishman; Irishwoman** *noun* Ire/Irin

(NOTE: capital: **Dublin;** currency: **Irish pound** *or* **punt** = irisches Pfund)

irrecoverable *adjective* nicht einziehbar; **irrecoverable debt** = uneinbringliche Forderung

irredeemable *adjective* nicht einlösbar; **irredeemable bond** = unkündbare Anleihe

irregular *adjective* vorschriftswidrig *or* nicht ordnungsgemäß ; **irregular documentation** = nicht ordnungsgemäße Aufzeichnung; **this procedure is highly irregular** = dies Verfahren ist voller Formfehler *mpl*

◇ **irregularity** *noun* **(a)** Unregelmäßigkeit *f*; **the irregularity of the postal deliveries** = die Unregelmäßigkeit der Postzustellung **(b)** **irregularities** = Unregelmäßigkeiten *fpl* *or* Vorschriftswidrigkeit *f*; **to investigate irregularities in share dealings** = Unregelmäßigkeiten bei Aktiengeschäften untersuchen

irrevocable *adjective* unwiderruflich; **irrevocable acceptance** = unwiderrufliche Annahme; **irrevocable letter of credit** = unwiderrufliches Akkreditiv

IRS *(US)* = INTERNAL REVENUE SERVICE

island *noun* *(in shop)* **island display unit** = freistehender Schaukasten

issue 1 *noun* **(a)** *(of a magazine)* Ausgabe *f* **(b)** *(of shares)* Ausgabe *or* Emission *f* *or* Begebung *f*; **bonus issue** *or* **scrip issue** = Ausgabe von Gratisaktien *fpl*; **issue of debentures** *or* **debenture issue** = Emission von Schuldverschreibungen *fpl*; **issue of new shares** *or* **share issue** = Ausgabe *or* Emission neuer Aktien *fpl*; **rights issue** = Bezugsrechtsemission *f*; **new issues department** = Emissionsabteilung *f*; **issue price** = Emissionskurs *m* *or* Ausgabekurs 2 *verb* ausstellen *or* herausgeben *or* veröffentlichen; ausgeben *or* emittieren; **to issue a letter of credit** = ein Akkreditiv ausstellen; **to issue shares in a new company** = Aktien eines neuen Unternehmens emittieren; **to issue a writ against someone** = jdm eine gerichtliche Verfügung ausstellen; **the government issued a report on London's traffic** = die Regierung gab einen Bericht zum Verkehr in London heraus

◇ **issued** *adjective* **issued capital** = ausgegebenes Kapital; **issued price** = Emissionskurs *m or* Ausgabekurs

◇ **issuing** *adjective* Emissions- *or* Ausgabe-; **issuing bank** *or* **issuing house** = Emissionsbank *f*; Emissionshaus *n*

> QUOTE the rights issue should overcome the cash flow problems
> ***Investors Chronicle***
> QUOTE the company said that its recent issue of 10.5 per cent convertible preference shares at A$8.50 a share has been oversubscribed
> ***Financial Times***
> QUOTE issued and fully paid capital is $100 million
> ***Hongkong Standard***

IT = INFORMATION TECHNOLOGY

Italy *noun* Italien *n*

◇ **Italian 1** *noun* Italiener/-in **2** *adjective* italienisch

(NOTE: capital: **Rome** = Rom; currency: **lira** = Lira *f*)

item *noun* **(a)** *(thing for sale)* Artikel *m* **cash items** = Barposten *mpl*; **we are holding orders for out of stock items** = wir haben Bestellungen für Artikel, die nicht vorrätig sind; **please find enclosed an order for the following items from your catalogue** = als Anlage eine Bestellung der folgenden Artikel aus ihrem Katalog **(b)** *(piece of information)* Posten *m*; **items on a balance sheet** = Bilanzposten *mpl*; **exceptional items** *or* **extraordinary items** = Sonderposten; **item of expenditure** = Ausgabe *f* **(c)** *(point on a list)* Punkt *m*; **we will now take item four on the agenda** = wir gehen jetzt zu Punkt vier der Tagesordnung über

◇ **itemize** *verb* aufgliedern *or* einzeln aufführen; **itemizing the sales figures will take about two days** = die Aufgliederung der Absatzzahlen wird etwa zwei Tage dauern; **itemized account** = aufgegliederte Abrechnung; **itemized invoice** = aufgegliederte Rechnung; *(US)* **itemized deductions** = einzeln aufgeführte Abzugsbeträge *mpl*; **itemized statement** = spezifizierter, gegliederter Kontoauszug

itinerary *noun* Reiseroute *f*; **a salesman's itinerary** = die Reiseroute eines Handelsvertreters

Ivory Coast *noun* Elfenbeinküste *f*

◇ **Ivorien** *or* **Ivorian 1** *noun* Ivorer/-in *or* Bewohner/-in der Elfenbeinküste **2** *adjective* die Elfenbeinküste betreffend

(NOTE: capital: **Abidjan;** currency: **CFA franc** = CFA-Franc *m*)

Jj

jam 1 *noun* Stockung *f or* Stau *m or* Verstopfung *f*; **traffic jam** = Verkehrsstau **2** *verb* (ver)klemmen *or* blockieren; **the paper feed has jammed** = es gibt einen Papierstau im Einzug ; **the switchboard was jammed with calls** = die Zentrale war mit Anrufen blockiert (NOTE: **jamming - jammed)**

Jamaica *noun* Jamaika *n*

◇ **Jamaican 1** *noun* Jamaikaner/-in **2** *adjective* jamaikanisch

(NOTE: capital: **Kingston;** currency: **Jamaican dollar** = Jamaika-Dollar *m*)

Japan *noun* Japan *n*

◇ **Japanese 1** *noun* Japaner/-in **2** *adjective* japanisch

(NOTE: capital: **Tokyo** = Tokio; currency: **yen** = Yen *m*)

J curve *noun* J-Kurve

jetsam *noun* **flotsam and jetsam** = Treib- und Strandgut *n*

jettison *verb* über Bord werfen

jingle *noun* **advertising jingle** *or* **publicity jingle** = einen Werbespot begleitende Melodie; Jingle *m*

JIT = JUST-IN-TIME

job *noun* **(a)** *(piece of work)* Arbeit *f*; Aufgabe *f*; **to do a job of work** = eine Arbeit *or* Aufgabe erledigen; **to do odd jobs** = Gelegenheitsarbeiten verrichten; **he does odd jobs for us around the house** = er macht für uns alles mögliche in und am Haus; **odd-job-man** = Gelegenheitsarbeiter *m*; **to be paid by the job** = pro Auftrag *or* geleistete Arbeit bezahlt werden **(b)** *(order)* Auftrag *m*; **we are working on six jobs at the moment** = momentan arbeiten wir an sechs Aufträgen; **the shipyard has a big job starting in August** = die Werft hat ab August einen großen Auftrag **(c)** *(regular paid work)* Job *m or* Arbeitsplatz *m or* Stellung *f or* Stelle *f*; **he is looking for a job in the computer industry** = er sucht nach einer Stellung in der Computerindustrie; **he lost his job when the factory closed** = er verlor seinen Arbeitsplatz, als die Fabrik geschlossen wurde; **she got a job in a factory** = sie bekam eine Stelle in einer Fabrik; **to apply for a job in an office** = sich um eine Stellung im Büro bewerben; **office job** *or* **white-collar job** = Stelle *f* im Büro *or* Schreibtischjob *m*; **to give up one's job** = seine Stelle aufgeben; **to look for a job** = auf Stellungssuche sein *or* Arbeit suchen; **to retire from one's job** = in den Ruhestand treten; **to be out of a job** = arbeitslos sein **(d) job analysis** = Arbeitsplatzanalyse *f*; **job application** *or* **application for a job** = (Stellen)bewerbung *f* Stellengesuch *n*; **you have to fill in a job application form** = Sie müssen ein Bewerbungsformular ausfüllen; *(GB)* **job centre** = staatliche Arbeitsvermittlungsstelle *f* ≈ Arbeitsamt *n*; **job classification** = Einteilung *f* von Tätigkeiten *fpl*; **job creation scheme** = Arbeitsbeschaffungsprogramm *n or* Beschäftigungsprogramm; **job description** = Stellenbeschreibung *f*; **job evaluation** = Arbeits(platz)bewertung *f*; **job satisfaction** = Zufriedenheit *f* am Arbeitsplatz; **job security** = Sicherheit *f* des Arbeitsplatzes; **job specification** = Stellenbeschreibung *f*; **job title** = Berufsbezeichnung *f*; Bezeichnung der Tätigkeit; **her job title is 'Chief Buyer'** = ihre Berufsbezeichnung ist ‚Haupteinkäuferin'; **on-the-job training** = betriebliche Ausbildung; **off-the-job training** = außerbetriebliche Ausbildung **(e) job lot** = Partieware *f*; Ramschware; **he sold the household furniture as a job lot** = er verkaufte die Möbel als einen Warenposten **(f)** *(difficulty)* Schwierigkeiten *fpl or* Mühe *f*; **they will have a job to borrow the money they need for the expansion programme** = es wird schwierig werden, das Geld zu leihen, das sie für das Expansionsprogramm brauchen; **we had a job to find a qualified secretary** = es war gar nicht so leicht, eine qualifizierte Sekretärin zu finden

◇ **jobber** *noun* **(a)** *(formerly on the Stock Exchange)* **(stock) jobber** = Jobber *m or* (Wertpapier-)Eigenhändler/-in **(b)** *(US)* Großhändler/-in

◇ **jobbing** *noun* **(a)** *(formerly on the Stock Exchange)* **(stock) jobbing** = Eigenhandel *m* an der Börse **(b)** Jobben *n or* Gelegenheitsarbeiten *fpl* verrichten; **jobbing gardener** *or* **jobbing printer** = ungelernte(r) Gartenarbeiter/-in; Akzidenzdrucker/-in

◇ **jobclub** *noun* Arbeitsloseninitiative *f or* Arbeitslosenverein *m*

◇ **jobless** *noun* **the jobless** = die Arbeitslosen *pl*

(NOTE: takes a plural verb)

◇ **jobseeker** *noun* Arbeitssuchende(r)

◇ **job-sharing** *noun* Job-sharing *n*

> QUOTE he insisted that the tax advantages he directed toward small businesses will help create jobs
>
> *Toronto Star*
>
> QUOTE the contradiction between the jobless figures and latest economic review
>
> *Sunday Times*
>
> QUOTE warehouse clubs buy directly from manufacturers, eliminating jobbers and wholesale middlemen
>
> *Duns Business Month*

join *verb* **(a)** verbinden *or* anfügen; **the offices were joined together by making a door in the wall** = die Büros wurden verbunden, indem eine Tür in die Wand eingelassen wurde; **if the paper is too short to take all the accounts, you can join an extra piece on the bottom** = wenn das Papier für alle Buchungen zu kurz ist, können Sie unten ein Stück anfügen **(b) to join a firm** = eine Stelle in einer Firma antreten; **he joined on January 1st** =

er trat seine Stelle am 1. Januar an **(c) to join an association** *or* **a group** = einem Verband *or* einer Gruppe beitreten; **all the staff have joined the company pension plan** = das gesamte Personal zahlt in die betriebseigene Pensionskasse; **he was asked to join the board** = er wurde gebeten, dem board beizutreten; **Smith Ltd has applied to join the trade association** = die Fa. Smith Ltd stellte einen Antrag auf Mitgliedschaft im Unternehmerverband

joint *adjective* **(a)** gemeinsam *or* gemeinschaftlich *or* Gemeinschafts- *or* Mit- *or* Joint-; **joint commission of inquiry** *or* **joint committee** = gemeinsamer Untersuchungsausschuß *or* gemeinsamer Ausschuß; **joint discussions** = gemeinsame Beratung (zwischen Unternehmensleitung und Belegschaft); **joint management** = gemeinsame Leitung; **joint venture** = Joint-venture *n or* Gemeinschaftsunternehmen *n* **(b) joint-stock bank** = Aktienbank *f*; **joint-stock company** = Aktiengesellschaft *f* **(c)** Gemeinschafts- *or* Mit- *or* Partner-; **joint account** = gemeinsames Konto *or* Gemeinschaftskonto; **joint beneficiary** = Miterbe/Miterbin; **joint managing director** = geschäftsführende(r) Mitdirektor/-in; **joint owner** = Miteigentümer/-in; **joint ownership** = Miteigentum *n or* gemeinsames Eigentum; **joint signatory** = Mitunterzeichner/-in

◇ **jointly** *adverb* gemeinsam; **to own a property jointly** = ein Gebäude gemeinsam besitzen; **to manage a company jointly** = ein Unternehmen gemeinsam leiten; **they are jointly liable for damages** = sie sind gemeinsam für Schäden haftbar

Jordan *noun* Jordanien *n*

◇ **Jordanian 1** *noun* Jordanier/-in **2** *adjective* jordanisch
(NOTE: capital: **Amman;** currency: **Jordanian dinar** = Jordan-Dinar *m*)

journal *noun* **(a)** *(accounts book)* Journal *n* **sales journal** = Warenausgansbuch **(b)** *(magazine)* Zeitschrift *f*; Journal *n*; **house journal** = Werkszeitung *f*; **trade journal** = Fachzeitschrift *f or* Fachblatt *n*

◇ **journalist** *noun* Journalist/-in

journey *noun* Reise *f*; **he planned his journey to visit all his accounts in two days** = er plante seine Reise so, daß er alle Kunden in zwei Tagen besuchen konnte; **journey order** = Auftrag *m* an Vertreter; **journey planning** = (Vertreter-)Routenplanung

◇ **journeyman** *noun (US)* Facharbeiter *m*

judge 1 *noun* Richter/-in; **the judge sent him to prison for embezzlement** = der Richter verurteilte ihn wegen Unterschlagung zu einer Gefängnisstrafe **2** *verb* beurteilen *or* halten für *or* erachten für; **he judged it was time to call an end to the discussions** = er hielt es für an der Zeit, die Diskussion zu beenden

◇ **judgement** *or* **judgment** *noun* Gerichtsurteil *n or* Urteil; **to pronounce judgement** *or* **to give one's judgement on something** = ein Urteil fällen *or* sein Urteil zu etwas abgeben ; **judgment debtor** = Urteilsschuldner/-in (NOTE: the spelling **judgment** is used by lawyers)

judicial *adjective* Justiz- *or* Rechts-; **judicial processes** = gerichtliche Verfahren *npl*

jumble sale *noun (etwa)* Wohltätigkeitsbasar *m*

jump 1 *noun* Sprung *m or* sprunghafter Anstieg ; **jump in prices** = Kurssprung; **jump in unemployment figures** = sprunghafter Anstieg der Arbeitslosenzahlen **2** *verb* **(a)** emporschnellen *or* sprunghaft steigen; **oil prices have jumped since the war started** = seit Beginn des Krieges sind die Ölpreise sprunghaft gestiegen; **share values jumped on the stock exchange** = die Aktienkurse stiegen an der Börse sprunghaft an **(b)** springen; **to jump bail** = die Kaution (durch Nichterscheinen) verfallen lassen; **to jump the gun** = voreilig sein *or* handeln; **to jump the queue** = sich vordrängeln; **they jumped the queue and got their export licence before we did** = sie drängelten sich vor und bekamen ihre Exportgenehmigung vor uns; **to jump ship** = ohne Erlaubnis abheuern

◇ **jumpy** *adjective* nervös *or* schreckhaft; **the market is jumpy** = der Markt ist unsicher *or* instabil *or* ist starken Schwankungen *fpl* unterlegen

junior 1 *adjective* junior; untergeordnet; **junior clerk** = untere(r) Angestellte(r); **junior executive** *or* **junior manager** = Nachwuchsmanager/-in; **junior partner** = Juniorpartner/-in; **John Smith, Junior** = John Smith junior **2** *noun* **(a)** *(in Britain)* Rechtsanwaltsassessor/-in **(b) office junior** = Bürohilfe *f*

junk *noun* Plunder *m or* Trödel *m*; **you should throw away all that junk** = Sie sollten den ganzen Plunder wegwerfen; **junk bonds** = Risikopapiere *npl or* Schundanleihen *fpl*; **junk mail** = (unerwünschte) Reklamesendungen *fpl*; Papierkorb-Werbung *f*

> QUOTE the big US textile company is running deep in the red, its junk bonds are trading as low as 33 cents on the dollar
> *Wall Street Journal*

jurisdiction *noun* **within the jurisdiction of the court** = in der Zuständigkeit des Gerichts *or* zum Gerichtsbezirk *m* gehören

just-in-time (JIT) production *noun* just-in-time-production *(Fertigung in letzter Minute, um Lagerbestände zu vermeiden)*

Kk

K *abbreviation* eintausend; **'salary: £15K+ '** = ‚Gehalt: £15.000+'

Kb = KILOBYTE

KD = KNOCKDOWN

keen *adjective* **(a)** eifrig *or* aktiv; **keen competition** = scharfer Wettbewerb *or* harte Konkurrenz; **we are facing some keen competition from European manufacturers** = wir müssen mit scharfer Konkurrenz europäischer Hersteller rechnen; **keen demand** = große *or* lebhafte Nachfrage; **there is a keen demand for home computers** = es gibt eine lebhafte Nachfrage nach Heimcomputern **(b) keen prices** = günstige Preise *mpl*; **our prices are the keenest on the market** = unsere Preise sind die günstigsten am Markt

keep *verb* **(a)** *(to go on doing something)* etwas weiter tun; **they kept working, even when the boss told them to stop** = sie arbeiteten sogar dann weiter, als der Chef ihnen sagte, sie sollten aufhören; **the other secretaries complain that she keeps singing when she is typing** = die anderen Sekretärinnen beschweren sich darüber, daß sie immer singt, wenn sie tippt **(b)** *(to do what is necessary)* (ein)halten *or* befolgen; **to keep an appointment** = eine Verabredung einhalten; **to keep a promise** = ein Versprechen halten; **to keep the books of a company** *or* **to keep a company's books** = die Geschäftsbücher einer Firma führen **(c)** *(to hold items)* auf Lager halten *or* führen; **we always keep this item in stock** = wir haben diesen Artikel immer auf Lager; **to keep someone's name on file** = jds Namen in den Akten führen **(d)** *(to hold things at a certain level)* halten; **we must keep our mailing list up to date** = wir müssen unsere Adressenliste auf dem laufenden halten; **to keep spending to a minimum** = die Ausgaben möglichst niedrig *or* gering halten; **the price of oil has kept the pound at a high level** = der Ölpreis hielt das Pfund auf einem hohen Stand; **the government is encouraging firms to keep prices low** = die Regierung regt Firmen an, die Preise niedrig zu halten; **lack of demand for typewriters has kept prices down** = der mangelnde Bedarf an Schreibmaschinen hat die Preise niedrig gehalten (NOTE: **keeping - kept**)

◇ **keep back** *verb* zurückhalten *or* einbehalten; **to keep back information** *or* **to keep something back from someone** = Informationen zurückhalten *or* etwas vor jdm verschweigen; **to keep £10 back from someone's salary** = £10 von jds Gehalt einbehalten

◇ **keeping** *noun* **safe keeping** = (sichere) Verwahrung *or* Aufbewahrung; **we put the documents into the bank for safe keeping** = wir hinterlegten die Dokumente zur sicheren Verwahrung bei der Bank

◇ **keep on** *verb* weitermachen *or* etwas weiter tun; **the factory kept on working in spite of the fire** = die Fabrik arbeitete trotz des Brandes weiter; **we keep on receiving orders for this item although it was discontinued two years ago** = wir bekommen immer noch Bestellungen für diesen Artikel, obwohl die Produktion vor zwei Jahren eingestellt wurde

◇ **keep up** *verb* hoch halten *or* beibehalten *or* aufrechterhalten; **we must keep up the turnover in spite of the recession** = wir müssen den Umsatz trotz der Rezession gleich hoch halten; **she kept up a rate of sixty words per minute for several hours** = sie behielt die Geschwindigkeit von sechzig Wörtern pro Minute über mehrere Stunden bei; **to keep up with the demand** = mit der Nachfrage Schritt halten

Kenya *noun* Kenia *n*

◇ **Kenyan 1** *noun* Kenianer/-in **2** *adjective* kenianisch

(NOTE: capital: **Nairobi;** currency: **Kenyan shilling** = kenianischer Schilling)

Keogh plan *noun (US)* steuerbegünstigter Pensionsplan für Selbständige

kerb market *noun* Nachbörse *f*

key *noun* **(a)** Schlüssel *m*; **we have lost the keys to the computer room** = wir haben die Schlüssel zum Computerraum verloren; **key money** = Provision *f or* Schlüsselgeld *n* **(b)** *(on a computer or typewriter)* Taste *f*; **there are sixty-four keys on the keyboard** = auf der Tastatur sind 64 Tasten; **control key** = Kontrolltaste; **shift key** = Umschalttaste *or* Shift-Taste **(c)** *(used as an adj.)* Schlüssel-; **key factor** = Schlüsselfaktor *m*; **key industry** = Schlüsselindustrie *f*; **key personnel** = leitende Angestellte *fpl/mpl;* **key post** = Schlüsselstellung *f or* Schlüsselposition *f*; **key staff** = leitendes Personal *or* Personal in Schlüsselpositionen *fpl*

◇ **keyboard 1** *noun* Tastatur *f*; **qwerty keyboard** = englische Tastatur; **the computer has a normal qwerty keyboard** = der Computer hat eine normale englische Tastatur **2** *verb* (in den Computer) eingeben; **he is keyboarding our address list** = er gibt unsere Adressenliste (in den Computer) ein

◇ **keyboarder** *noun* Datentypist/-in

◇ **keyboarding** *noun* Texteingabe *f*; **keyboarding costs have risen sharply** = die Kosten *pl* für Texteingaben sind heftig gestiegen

◇ **keypad** *noun* Tastenfeld *n*; **numeric keypad** = Zehnertastatur *f or* numerische Tastatur

kg = KILOGRAM

kickback *noun* Schmiergeld *n*

killing *noun (informal)* Riesengewinn *m or* Reibach *m*; **he made a killing on the stock market** = er hat an der Börse einen kräftigen Reibach gemacht

kilo *or* **kilogram** *noun* Kilo *n or* Kilogramm *n* (NOTE: usually written **kg** after figures: **25kg)**

◇ **kilobyte (Kb)** *noun* Kilobyte *n*

◇ **kilometre** *or (US)* **kilometer** *noun* Kilometer *m*; **the car does fifteen kilometres to the litre** = der Wagen verbraucht einen Liter auf fünfzehn Kilometer (NOTE: usually written **km** after figures: **70km)**

kind *noun* Art *f*; Gattung *f*; Sorte *f*; **the printer produces two kinds of printout** = der Drucker macht zwei verschiedene Ausdrucke *mpl*; **our drinks machine has three kinds of soup** = in unserem Getränkeautomaten sind drei verschiedene Suppen *fpl*; **payment in kind** = Bezahlung *f* in Naturalien *pl*; Sachleistung *f*

king-size *adjective* großformatig; King-Size(-Plakat)

kiosk *noun* Kiosk *m*; **a newspaper kiosk** = ein Zeitungskiosk; **telephone kiosk** = Telefonzelle *f*

kite 1 *noun* **(a) to fly a kite** = ein lockendes Angebot machen *or* einen Versuchsballon steigen lassen; **kite flier** = jd, der hochtrabende Pläne *mpl* macht; Angeber/-in; **kite-flying** = angeben **(b)** *(GB)* **kite mark** = (dreieckiges) Gütezeichen **2** *verb (informal US)* Schecks *mpl* fälschen

kitty *noun* gemeinsame Kasse

km = KILOMETRE

knock *verb* **(a)** stoßen *or* anschlagen; **she knocked her head on the filing cabinet** = sie stieß sich den Kopf am Aktenschrank **(b) to knock the competition** = die Konkurrenz schlagen; **knocking copy** = herabsetzender Werbetext

> QUOTE for some years butter advertising tended to knock other fats such as margarine
> *Marketing Week*

◇ **knock down** *verb* **to knock something down to a bidder** = einem Bieter etwas zuschlagen *or* einem Bieter den Zuschlag erteilen; **the stock was knocked down to him for £10,000** = die Waren wurden ihm für £10.000 zugeschlagen

◇ **knockdown** *noun* **(a) knockdown prices** = Schleuderpreise *mpl*; **he sold me the car at a knockdown price** = er verkaufte mir den Wagen zu einem Schleuderpreis **(b) knockdown (KD) goods** = in Einzelteile zerlegte Güter *or* Selbstbauprodukte

◇ **knock off** *verb* **(a)** Feierabend machen **(b)** nachlassen *or* ablassen; **he knocked £10 off the price for cash** = er ließ £10 vom Preis für Barzahlung nach

◇ **knock-on effect** *noun* Folgewirkung *f or* Anstoßwirkung; **the strike by customs officers has had a knock-on effect on car production by slowing down exports of cars** = der Streik der Zollbeamten hatte eine Folgewirkung auf die Autoproduktion, weil dadurch die Ausfuhr von Autos verzögert wurde

know *verb* **(a)** wissen; **I do not know how a computer works** = ich weiß nicht, wie ein Computer funktioniert; **does he know how long it takes to get to the airport?** = weiß er, wie lange es dauert, zum Flughafen zu kommen?; **the managing director's secretary does not know where he is** = die Sekretärin des geschäftsführenden Direktors weiß nicht, wo er ist **(b)** kennen; **do you know Mr Jones, our new sales director?** = kennen Sie Herrn Jones, unseren neuen Verkaufsdirektor?; **he knows the African market very well** = er kennt den afrikanischen Markt sehr gut (NOTE: **knowing - known)**

◇ **know-how** *noun* Know-how *n*; **electronic know-how** = elektronisches Know-how; **to acquire computer know-how** = Computer-Know-how erwerben

◇ **knowledge** *noun* Kenntnis *f or* Wissen *n*; **he had no knowledge of the contract** = er hatte keine Kenntnis *or* er wußte nichts von dem Vertrag

Korea *noun* Korea *n*

◇ **Korean 1** *noun* Koreaner/-in **2** *adjective* koreanisch
(NOTE: capital of S.Korea: **Seoul,** capital of N.Korea: **Pyongyang** = Pjöngjang; currency: **won** = Won *m*)

krona *noun (currency used in Sweden & Iceland)* Krone *f*

krone *noun (currency used in Denmark & Norway)* Krone *f*

Kuwait *noun* Kuwait *n*

◇ **Kuwaiti 1** *noun* Kuwaiter/-in **2** *adjective* kuwaitisch
(NOTE: capital: **Kuwait;** currency: **Kuwaiti dinar** = kuwaitischer Dinar)

Ll

l = LITRE

label 1 *noun* **(a)** Etikett *n or* Anhängeschild *n*; **gummed label** = Aufkleber *m*; **self-sticking label** = Selbstklebeetikett *n*; **tie-on label** = Anhänger *m or* Anhängeschild *n* **(b) address label** = Adressenaufkleber *m or* Adressenanhänger *m*; **price label** = Preisschild *n*; **quality label** = Gütezeichen *n* **(c) own label goods** = Eigenmarkenwaren *fpl* **2** *verb* etikettieren *or* mit einem Anhänger *or* Aufkleber versehen; auszeichnen; **incorrectly labelled parcel** = falsch beschriftetes Paket (NOTE: **labelling - labelled** but US **labeling - labeled**)

◇ **labelling** *noun* Etikettierung *f*; Auszeichnung *f*; Anbringen *n* eines Anhängers *m or* Aufklebers *m*; **labelling department** = Etikettierungsabteilung *f*

laboratory *noun* Labor *n*; **the product was developed in the company's laboratories** = das Produkt wurde in den Labors des Unternehmens entwickelt; **all products are tested in our own laboratories** = alle Produkte werden in unseren eigenen Labors getestet

labour *or (US)* **labor** *noun* **(a)** (schwere) Arbeit; **manual labour** = körperliche Arbeit; **to charge for materials and labour** = Material und Arbeitslohn berechnen; **labour costs** *or* **labour charges** = Arbeitskosten *pl or* Lohnkosten *pl*; **indirect labour costs** = Fertigungsgemeinkosten *pl*; **unit labour costs** = Arbeitsaufwand *m* pro Einheit; **labour is charged at £5 an hour** = der Arbeitslohn wird mit £5 pro Stunde in Rechnung gestellt **(b)** *(workforce)* Arbeiter *mpl or* Arbeitskräfte *fpl or* Arbeiterschaft *f or* Belegschaft *f*; **casual labour** = Aushilfsarbeiter *mpl*; **cheap labour** = billige Arbeitskräfte *fpl*; **local labour** = ortsansässige Arbeitskräfte *fpl*; **organized labour** = gewerkschaftlich organisierte Arbeiter *mpl*; **skilled labour** = Facharbeiter *mpl*; **labour force** = Belegschaft *f or* Arbeitskräfte *fpl or* Arbeiterschaft *f*; **the management has made an increased offer to the labour force** = die Firmenleitung machte der Belegschaft ein erhöhtes Angebot; **we are setting up a factory in the Far East because of the cheap labour force available** = wir errichten eine Fabrik im Fernen Osten wegen der dort billig zur Verfügung stehenden Arbeitskräfte; **labour market** = Arbeitsmarkt *m*; **25,000 young people have left school and have come on to the labour market** = 25.000 Personen haben die Schule verlassen und sind auf den Arbeitsmarkt gekommen; **labour shortage** *or* **shortage of labour** = Arbeitskräftemangel *m*; **labour-intensive industry** = arbeitsintensiver Industriezweig **(c) labour disputes** = Arbeitskämpfe *mpl*; **labour laws** *or* **labour legislation** = Arbeitsgesetze *npl or* Arbeitsgesetzgebung *f*; **labour relations** = Arbeitgeber-Arbeitnehmer-Beziehungen *fpl*; *(US)* **labor union** = Arbeitergewerkschaft *f* **(d) International Labour Organization (ILO)** = Internationale Arbeitsorganisation (IAO)

◇ **labourer** *noun* Arbeiter/-in *or* Lohnarbeiter/-in *or* Hilfsarbeiter/-in; **agricultural labourer** = Landarbeiter/-in; **casual labourer** = Aushilfsarbeiter/-in; **manual labourer** = ungelernte Arbeitskraft

◇ **labour-saving** *adjective* arbeitssparend; **a labour-saving device** = ein arbeitssparendes Gerät

QUOTE the possibility that British goods will price themselves back into world markets is doubtful as long as sterling labour costs continue to rise faster than in competitor countries
Sunday Times

QUOTE 70 per cent of Australia's labour force is employed in service activity
Australian Financial Review

QUOTE European economies are being held back by rigid labor markets and wage structures
Duns Business Month

lack 1 *noun* Mangel *m*; **lack of data** *or* **lack of information** = fehlende *or* mangelnde Daten *pl or* Information *f*; **the decision has been put back for lack of up-to-date information** = die Entscheidung wurde mangels aktueller Informationen zurückgestellt; **lack of funds** = fehlende Geldmittel; **the project was cancelled because of lack of funds** = das Projekt wurde aufgrund fehlender Geldmittel aufgegeben **2** *verb* mangeln an *or* fehlen an; **the company lacks capital** = dem Unternehmen fehlt es an Kapital; **the sales staff lack motivation** = dem Verkaufspersonal mangelt es an Motivation

ladder *noun* Leiter *f*; **you will need a ladder to look into the machine** = Sie werden eine Leiter brauchen, um in die Maschine zu blicken; **promotion ladder** = Beförderungsleiter; **by being appointed sales manager, he moved several steps up the promotion ladder** = durch seine Beförderung zum Vertriebsleiter rutschte er auf der Beförderungsleiter mehrere Stufen nach oben

laden *adjective* beladen; **fully-laden ship** = voll beladenes Schiff; **ship laden in bulk** = ein mit Massengut beladenes Schiff

lading *noun* Verladen *n*; **bill of lading** = Konnossement *n or* Frachtbrief *m*

lady *noun* Dame *f*; **'Ladies and Gentlemen!'** = ‚Meine Damen und Herren!'; **ladies' wear** = Damenoberbekleidung (DOB)

Laffer curve *noun* Laffer-Kurve

laissez-faire economy *noun* Laisser-faire-Wirtschaftspolitik *f*

lame duck *noun* unrentable Firma; **the government has refused to help lame duck companies** = die Regierung lehnte es ab, unrentablen Unternehmen zu helfen

land 1 *noun* Land *n*; **land agent** = Gutsverwalter/-in; *(GB)* **land register** = Grundbuch *n*; **land registration** = Grundbucheintragung *f*; **land registry** = Katasteramt *n*; Grundbuchamt; **land taxes** = Grundsteuern *fpl* **2** *verb* **(a)** abladen *or* ausladen; von Bord gehen lassen; löschen; **to land goods at a port** = Güter in einem Hafen löschen; **to land passengers at an airport** = Passagiere auf einem Flughafen von Bord gehen lassen; **landed costs** = Fracht- und Löschungskosten *pl* **(b)** *(of plane)* landen; **the plane landed ten minutes late** = das Flugzeug landete zehn Minuten zu spät

◇ **landing** *noun* **landing card** = Einreisekarte *f*; **landing charges** = Löschungskosten *pl* und Löschungszölle *mpl*; **landing order** = Löscherlaubnis *f*

◇ **landlady** *noun* Vermieterin *f*

◇ **landlord** *noun* Vermieter *m*; **ground landlord** = Grundeigentümer/-in; **our ground landlord is an insurance company** = unser Grundeigentümer ist eine Versicherungsgesellschaft

◇ **landowner** *noun* Grundbesitzer/-in

language *noun* Sprache *f*; **the managing director conducted the negotiations in three languages** = der geschäftsführende Direktor führte die Verhandlungen in drei Sprachen; **programming language** = Programmiersprache; **what language does the program run on?** = mit welcher Sprache läuft das Programm?

Laos *noun* Laos *n*

◇ **Laotian 1** *noun* Laote/Laotin **2** *adjective* laotisch

(NOTE: capital: **Vientiane;** currency: **kip** = Kip *m*)

lapse 1 *noun* **a lapse of time** = eine Zeitspanne **2** *verb* verfallen; ablaufen; **the guarantee has lapsed** = die Garantie ist abgelaufen; **to let an offer lapse** = ein Angebot verstreichen lassen

laptop *noun* Laptop *m*

large *adjective* groß; **our company is one of the largest suppliers of computers to the government** = unser Unternehmen ist einer der größten Lieferanten von Computern an die Regierung; **he is our largest customer** = er ist unser größter Kunde; **why has she got an office which is larger than mine?** = warum hat sie ein Büro, das größer ist als meins?

◇ **largely** *adverb* weitgehend *or* zum größten Teil; **our sales are largely in the home market** = wir machen unseren Absatz zum größten Teil auf dem Inlandsmarkt; **they have largely pulled out of the American market** = sie haben sich weitgehend vom amerikanischen Markt zurückgezogen

◇ **large-scale** *adjective* umfangreich *or* groß angelegt; **large-scale investment in new technology** = umfangreiche Investitionen in neue Technologien; **large-scale redundancies in the construction industry** = umfangreiche Entlassungen in der Bauindustrie

laser printer *noun* Laserdrucker *m*

last 1 *adjective & adverb* **(a)** *(coming at the end of a series)* letzte(r,s); zuletzt; **although I was first in the queue I was served last** = obwohl ich die erste in der Reihe war, wurde ich zuletzt bedient; **this is our last board meeting before we move to our new offices** = dies ist unsere letzte board-Sitzung, bevor wir in unsere neuen Büroräume umziehen; **we finished the last items in the order just two days before the promised delivery date** = wir stellten die letzten Positionen des Auftrags erst zwei Tage vor dem versprochenen Liefertermin fertig; **last quarter** = letztes Quartal **(b)** *(most recent or most recently)* letzte(r,s); **where is the last batch of orders?** = wo ist der letzte Stoß an Aufträgen; **the last ten orders were only for small quantities** = die letzten zehn Aufträge waren nur für kleine Mengen; **last week** *or* **last month** *or* **last year** = letzte Woche *or* letzten Monat *or* letztes Jahr; **last week's sales were the best we have ever had** = der Absatz der letzten Woche war der beste, den wir je hatten; **the sales managers have been asked to report on last month's drop in unit sales** = die Vertriebsleiter wurden gebeten, über den Rückgang des Einheitenabsatzes im letzten Monat Bericht zu erstatten; **last year's accounts have to be ready by the AGM** = der Abschluß des letzten Jahres muß für die Jahreshauptversammlung fertig sein **(c) the week** *or* **month** *or* **year before last** = vorletzte Woche *or* vorletzten Monat *or* vorletztes Jahr; **last year's figures were bad, but they were an improvement on those of the year before last** = die Zahlen des letzten Jahres waren schlecht, aber sie waren eine Verbesserung gegenüber denen des vorletzten **2** *verb* (an)dauern *or* (an)halten; **the boom started in the 1970s and lasted until the early 1980s** = der Boom begann in den 70er Jahren und hielt bis Anfang der 80er Jahre an; **the discussions over redundancies lasted all day** = die Gespräche über Entlassungen dauerten den ganzen Tag

◇ **last in first out (LIFO)** *noun* **(a)** *(redundancy policy)* Personalpolitik *f* nach der LIFO-Methode **(b)** *(accounting method)* LIFO-(Abschreibungs)methode *f*

late 1 *adjective* **(a)** spät ; **late opening** = lange Öffnungszeiten *fpl* **(b)** spät *or* verspätet; **we apologize for the late arrival of the plane from Amsterdam** = wir bedauern die verspätete Ankunft des Fluges aus Amsterdam; **there is a penalty for late delivery** = verspätete Lieferungen *fpl* werden mit einer Strafe belegt **(c)** *(at the end of a period of time)* **latest** = letzte(r,s); **latest date for signature of the contract** = der letzte Termin für die Vertragsunterzeichnung **(d) latest** = letzte(r,s) *or* jüngste(r,s) *or* neuste(r,s); **he always drives the latest model of car** = er fährt immer das neueste Modell; **here are the latest sales figures** = hier sind die letzten Absatzzahlen *fpl* **2** *adverb* spät *or* verspätet; **the shipment was landed late** = die Ladung wurde spät *or* verspätet gelöscht

◇ **late-night** *adjective* Nacht- *or* spät am Abend; **late-night opening** = lange Öffnungszeiten *fpl*; **he had a late-night meeting at the airport** = er hatte spät am Abend eine Besprechung am Flughafen; **their late-night negotiations ended in an agreement which was signed at 3 a.m.** = ihre nächtlichen Verhandlungen *fpl* endeten mit einem Vertrag, der um 3 Uhr unterzeichnet wurde

Latvia *noun* Lettland *n*

◇ **Latvian 1** *noun* Lette/Lettin **2** *adjective* lettisch (NOTE: capital: **Riga;** currency: **lat** = Lat *f*)

launch 1 *verb* herausbringen *or* auf den Markt bringen *or* auf den Markt einführen; **they launched their new car model at the motor show** = sie brachten ihr neues Auto auf der Automobilausstellung heraus; **the company is spending thousands of pounds to launch a new brand of soap** = das Unternehmen gibt tausende von Pfunden aus, um eine neue Seifenmarke auf den Markt zu bringen **2** *noun* Markteinführung *f*; **the launch of the new model has been put back three months** = die Markteinführung des neuen Modells wurde um drei Monate verschoben; **the company is geared up for the launch of the new brand of soap** = das Unternehmen ist für die Markteinführung der neuen Seifenmarke gerüstet; **the management has decided on a September launch date** = die Unternehmensleitung entschied sich für einen Markteinführungstermin im September

◇ **launching** *noun* Markteinführung *f*; **launching costs** = Anlaufkosten *pl*; **launching date** = Markteinführungstermin *m*; **launching party** = Party *f* zur Markteinführung eines neuen Produkts

launder *verb* waschen; **to launder money through an offshore bank** = Geld über eine Offshore-Bank waschen

law *noun* **(a) laws** = Gesetze *npl*; **labour law** = Arbeitsrecht *n* **(b) law** = Recht *n*; **civil law** = Zivilrecht *or* bürgerliches Recht; **commercial law** = Handelsrecht *(Teil des Wirtschaftsrechts)*; **company law** = Unternehmensrecht; **contract law** *or* **the law of contract** = Vertragsrecht; **copyright law** = Urheberrecht; **criminal law** = Strafrecht; **international law** = internationales Recht *or* Völkerrecht; **maritime law** *or* **the law of the sea** = Seerecht; **law court** = Gerichtshof *m or* Gericht *n*; **to take someone to law** = jdn vor Gericht bringen *or* jdn verklagen; **inside the law** *or* **within the law** = im Rahmen des Gesetzes; **against** *or* **outside the law** = gegen das Gesetz; außerhalb des Gesetzes; **the company is operating outside the law** = das Unternehmen bewegt sich außerhalb des Gesetzes; **to break the law** = das Gesetz brechen; **he is breaking the law by selling goods on Sunday** = er verstößt gegen das Gesetz, indem er am Sonntag Waren verkauft; **you will be breaking the law if you try to take that computer out of the country without an export licence** = Sie werden gegen das Gesetz verstoßen, wenn Sie versuchen, den Computer ohne Exportgenehmigung aus dem Land zu bringen **(c)** *(general rule)* Gesetz *n or* Gesetzmäßigkeit *f*; **law of supply and demand** = Gesetz von Angebot und Nachfrage; **law of diminishing returns** = Gesetz vom abnehmenden Ertragszuwachs

◇ **lawful** *adjective* rechtmäßig; **lawful practice** = rechtmäßiges Handeln; **lawful trade** = erlaubter Handel

◇ **lawfully** *adverb* rechtmäßig *or* gesetzlich

◇ **lawsuit** *noun* Rechtsstreit *m or* (Zivil)prozeß *m*; **to bring a lawsuit against someone** = jdn verklagen; **to defend a lawsuit** = einen Prozeß als Beklagter führen

◇ **lawyer** *noun* Rechtsanwalt/Rechtsanwältin; **commercial lawyer** *or* **company lawyer** = ein auf Handelsrecht *or* Unternehmensrecht spezialisierter Jurist; **international lawyer** = ein auf internationales Recht spezialisierter Jurist; **maritime lawyer** = ein auf Seerecht spezialisierter Jurist

lay *verb* legen; **to lay an embargo on trade with a country** = ein Handelsembargo über ein Land verhängen (NOTE: **laying - laid)**

◇ **lay off** *verb* **(a) to lay off workers** = (vorübergehend) Arbeiter entlassen; **the factory laid off half its workers because of lack of orders** = die Fabrik setzte das Arbeitsverhältnis der Arbeiter aus Mangel an Aufträgen aus **(b) to lay off risks** = sich gegen Risiken absichern

◇ **lay-off** *noun* vorübergehende Entlassung von Arbeitnehmern *or* Personalabbau *m*; **the recession has caused hundreds of lay-offs in the car industry** = aufgrund der Rezession wurden Hunderte von Arbeitnehmern in der Autoindustrie vorübergehend entlassen

◇ **lay out** *verb* ausgeben *or* investieren; **we had to lay out half our cash budget on equipping the new factory** = wir mußten die Hälfte unseres Kassenbudgets für die Ausrüstung der neuen Fabrik investieren

◇ **layout** *noun* **(a)** Anordnung *f or* Anlage *f*; **they have altered the layout of the offices** = sie haben die Anordnung der Büroräume verändert **(b)** Layout *n or* Text- und Bildgestaltung *f*

◇ **lay up** *verb* **(a)** außer Dienst stellen *or* stillegen; **half the shipping fleet is laid up by the recession** = die Hälfte der Schiffsflotte ist durch die Rezession aufgelegt *or* außer Dienst gestellt **(b) half the office is laid up with flu** = das halbe Büro liegt mit Grippe im Bett

> QUOTE the company lost $52 million last year, and has laid off close to 2,000 employees
> *Toronto Star*
>
> QUOTE while trading conditions for the tanker are being considered, it is possible that the ship could be laid up
> *Lloyd's List*

lazy *adjective* faul; **she is too lazy to do any overtime** = sie ist zu faul, um Überstunden zu machen; **he is so lazy he does not even send in his expense claims on time** = er ist so faul, daß er nicht mal seine Spesenrechnungen rechtzeitig einreicht

lb = POUND

LBO = LEVERAGED BUYOUT

L/C = LETTER OF CREDIT

lead *verb* **(a)** *(to be first)* (an)führen *or* an der Spitze stehen; **the company leads the market in cheap computers** = das Unternehmen führt den Billigcomputermarkt an **(b)** *(to be the main person in a group)* leiten *or* (an)führen; **she will lead the trade mission to Nigeria** = sie wird die Handelsdelegation nach Nigeria anführen; **the tour of American factories will be led by the minister** = die Besichtigungstour amerikanischer Fabriken wird vom Minister angeführt werden (NOTE: **leading - led)**

◊ **leader** *noun* **(a)** *(person)* Leiter/-in *or* Vorsitzende(r); **the leader of the construction workers' union** *or* **the construction workers' leader** = der Vorsitzende der Gewerkschaft der in der Bauindustrie Beschäftigten; **she is the leader of the trade mission to Nigeria** = sie ist die Leiterin der Handelsdelegation nach Nigeria; **the minister was the leader of the party of industrialists on a tour of American factories** = der Minister war Leiter einer Gruppe von Industriellen auf einer Besichtigungstour amerikanischer Fabriken **(b)** *(product)* Spitzenreiter *m or* führender Artikel; **a market leader** = ein Marktführer *m*; **loss-leader** = Lockartikel *m* **(c)** *(share)* erstklassige Aktie *f or* Spitzenwert *m*

◊ **leading** *adjective* führend *or* maßgebend *or* Spitzen-; **leading industrialists feel the end of the recession is near** = führende Industrielle glauben, daß das Ende der Rezession nahe ist; **leading shares rose on the stock exchange** = Spitzenwerte stiegen an der Börse; **leading shareholders in the company forced a change in management policy** = Hauptaktionäre des Unternehmens erzwangen eine Änderung der Führungspolitik ; **they are the leading company in the field** = sie sind das führende Unternehmen in dem Bereich; **leading indicator** = vorauslaufender Indikator *or* Frühinikator

◊ **lead time** *noun* Lieferzeit *f*; **the lead time on this item is more than six weeks** = die Lieferzeit für diesen Artikel ist über sechs Wochen

◊ **lead (up) to** *verb* führen zu; **the discussions led to a big argument between the management and the union** = die Gespräche führten zu einem großen Streit zwischen der Unternehmensleitung und der Gewerkschaft; **we received a series of approaches leading up to the takeover bid** = man trat mehrfach an uns heran, was schließlich zu einem Übernahmeangebot führte

QUOTE we may expect the US leading economic indicators for April to show faster economic growth
Australian Financial Review

QUOTE market leaders may benefit from scale economies or other cost advantages; they may enjoy a reputation for quality simply by being at the top, or they may actually produce a superior product that gives them both a large market share and high profits
Accountancy

leaflet *noun* Prospekt *m or* Waschzettel *m*; **to mail leaflets** *or* **to hand out leaflets describing services** = Prospekte mit dem Serviceangebot verschicken *or* verteilen ; **they made a leaflet mailing to 20,000 addresses** = sie verschickten Werbematerial *n* an 20.000 Adressen

leak *verb* zuspielen *or* durchsickern lassen; **information on the contract was leaked to the press** = Informationen über den Auftrag wurden der Presse zugespielt; **they discovered the managing director was leaking information to a rival company** = sie entdeckten, daß der geschäftsführende Direktor dem Konkurrenzunternehmen Informationen zuspielte

◊ **leakage** *noun* Schwund *m or* Verlust *m*

lean *adjective* **lean management** = Lean Management *n*; **lean production** = Lean Production *f*

leap-frogging *adjective* **leap-frogging pay demands** = sich sprunghaft entwickelnde Lohnforderungen *fpl*

lease 1 *noun* **(a)** Pachtvertrag *m*; Mietvertrag *m*; **long lease** *or* **short lease** = Pachtvertrag *or* Mietvertrag mit langer *or* kurzer Laufzeit; **to take an office building on a long lease** = einen langfristigen Mietvertrag für ein Bürogebäude abschließen; **we have a short lease on our current premises** = wir haben für unsere derzeitigen Räumlichkeiten nur einen kurzen Mietvertrag; **to rent office space on a twenty-year lease** = Büroräume auf zwanzig Jahre mieten; **full repairing lease** = Pachtvertrag *or* Mietvertrag mit Reparaturklausel; **headlease** = Hauptmietvertrag; Hauptpachtvertrag; **sublease** *or* **underlease** = Untermietvertrag; Unterpachtvertrag; **the lease expires** *or* **runs out in 1999** = der Pachtvertrag *or* Mietvertrag läuft 1999 aus; **on expiration of the lease** = bei Ablauf des Pachtvertrags *or* Mietvertrages **(b) to hold an oil lease in the North Sea** = eine Ölkonzession in der Nordsee haben **2** *verb* **(a)** *(of landlord or owner)* verpachten; vermieten; **to lease offices to small firms** = Büros an kleine Firmen vermieten; **to lease equipment** = Anlagen *or* Ausrüstung vermieten **(b)** *(of tenant or user)* pachten; mieten; leasen; **to lease an office from an insurance company** = ein Büro von einer Versicherungsgesellschaft mieten; **all our company cars are leased** = alle unsere Firmenwagen sind gemietet *or* geleast

◊ **lease back** *verb* verkaufen und wieder anmieten; **they sold the office building to raise cash, and then leased it back for twenty-five years** = sie verkauften das Bürogebäude, um Geld zu bekommen, und mieteten es dann für 25 Jahre

◊ **lease-back** *noun* Eigentumsübertragung *f* mit anschließender Vermietung an den Verkäufer; **they sold the office building and then took it back under a lease-back arrangement** = sie verkauften das Bürogebäude und mieteten es dann aufgrund einer Mietvereinbarung wieder an

◊ **leasehold 1** *noun* Mietvertrag *m*; Pachtvertrag; Mietbesitz *m*; Pachtbesitz ; **the company has some valuable leaseholds** = das Unternehmen hat wertvollen Pachtbesitz **2** *adjective* gepachtet *or* Pacht-; gemietet *or* Miet-; **leasehold property** = Pachtland *n*; Mietgrundstück *n*; zu mietendes *or* pachtendes Gebäude

◊ **leaseholder** *noun* Pächter/-in; Mieter/-in; *see also* LESSEE

◊ **leasing** *noun* Leasing *n*; **the company has branched out into car leasing** = das Unternehmen hat seinen Geschäftsbereich auf Auto-Leasing erweitert; **an equipment-leasing company** = eine Anlagen- *or* Geräte-Leasing-Gesellschaft; **to run a copier under a leasing arrangement** = einen Kopierer leasen

leave 1 *noun* Urlaub *m*; **six weeks' annual leave** = sechs Wochen Jahresurlaub; **leave of absence** = Beurlaubung *f or* Sonderurlaub *m*; **maternity leave** = Mutterschaftsurlaub *m*; **sick leave** = Krankheitsurlaub *m*; **to go on leave** *or* **to be on leave** = Urlaub nehmen *or* Urlaub haben; **she is away on sick leave** *or* **on maternity leave** = sie ist wegen Krankheit beurlaubt *or* sie ist im Mutterschaftsurlaub **2** *verb* **(a)** *(to go away)* verlassen; gehen; **he left his office early to go to the**

meeting = er verließ sein Büro früh, um zur Sitzung zu gehen; **the next plane leaves at 10.20** = das nächste Flugzeug geht um 10.20 Uhr **(b)** *(to resign)* aufgeben; kündigen; **he left his job and bought a farm** = er gab seinen Job auf und kaufte eine Farm (NOTE: **leaving - left)**

◇ **leave out** *verb* auslassen *or* weglassen; **she left out the date on the letter** = sie ließ das Datum auf dem Brief weg; **the contract leaves out all details of marketing arrangements** = der Vertrag läßt alle Einzelheiten zu Vertriebsvereinbarungen aus

Lebanon *noun* Libanon *m*

◇ **Lebanese 1** *noun* Libanese/Libanesin **2** *adjective* libanesisch
(NOTE: capital: **Beirut;** currency: **Lebanese pound** = libanesisches Pfund)

-led *suffix see* CONSUMER-LED, EXPORT-LED

ledger *noun* Hauptbuch *n*; **bought ledger** *or* **purchase ledger** = Einkaufsbuch *n*; **bought ledger clerk** *or* **sales ledger clerk** = Einkaufsbuchhalter/-in; Warenausgangsbuchhalter/-in; **nominal ledger** *or* **general ledger** = Hauptbuch; **payroll ledger** = Lohn- und Gehaltsliste *f*; **sales ledger** = Warenausgangsbuch *n or* Debitorenbuch

left *adjective* linke(r,s); **the numbers run down the left side of the page** = die Nummern stehen links auf der Seite; **put the debits in the left column** = schreiben Sie die Sollbuchungen in die linke Spalte; *see also* LEAVE

◇ **left-hand** *adjective* linke(r,s); **the debits are in the left-hand column in the accounts** = die Sollbuchungen stehen in der linken Spalte in den Geschäftsbüchern; **he keeps the personnel files in the left-hand drawer of his desk** = er bewahrt die Personalakten im linken Schubfach des Schreibtisches auf

left luggage office *noun* Gepäckaufbewahrung *f* (NOTE: in the US called **baggage room** *or* **checkroom)**

legacy *noun* Vermächtnis *n*

legal *adjective* **(a)** *(according to the law)* legal *or* rechtmäßig; **the company's action was completely legal** = das Vorgehen des Unternehmens war völlig legal **(b)** *(referring to the law)* juristisch *or* rechtlich *or* Rechts-; **to take legal action** = gerichtlich (gegen jdn) vorgehen; **to take legal advice** = sich juristisch beraten lassen; **legal adviser** = Rechtsberater/-in; *(GB)* **legal aid** = unentgeltliche Beratungs- und Prozeßkostenhilfe; **legal claim** = Rechtsanspruch *m*; **he has no legal claim to the property** = er hat keinen Rechtsanspruch auf den Besitz; **legal costs** *or* **legal charges** *or* **legal expenses** = Anwaltskosten *pl*; **legal currency** = gesetzliche Währung; **legal department** *or* **legal section** = Rechtsabteilung *f*; **legal expert** = juristische(r) Sachverständige(r); **legal holiday** = gesetzlicher Feiertag; **legal tender** = gesetzliches Zahlungsmittel

◇ **legality** *noun* Legalität *f or* Rechtmäßigkeit *f*; **there is doubt about the legality of the company's action in dismissing him** = es besteht Zweifel an der Rechtmäßigkeit seiner Entlassung durch das Unternehmen

◇ **legalize** *verb* legalisieren

◇ **legalization** *noun* Legalisierung *f*

◇ **legally** *adverb* rechtlich; gesetzlich; juristisch; **the contract is legally binding** = der Vertrag ist rechtsverbindlich; **the directors are legally responsible** = die Direktoren sind rechtlich verantwortlich

legatee *noun* Vermächtnisnehmer/-in *or* Legatar *m*

legator *noun* Vermächtnisgeber/-in

legislation *noun* Gesetzgebung *f*; **labour legislation** = Arbeitsgesetzgebung

lend *verb* verleihen *or* ausleihen; **to lend something to someone** *or* **to lend someone something** = jdm etwas leihen; **he lent the company money** *or* **he lent money to the company** = er lieh dem Unternehmen Geld; **to lend money against security** = Geld gegen Sicherheiten leihen; **the bank lent him £50,000 to start his business** = die Bank lieh ihm £50.000 für die Geschäftsgründung (NOTE: **lending - lent)**

◇ **lender** *noun* Gläubiger *m*; Verleiher *m*; **lender of the last resort** = Kreditgeber *m* letzter Hand

◇ **lending** *noun* Verleihen *n or* Ausleihen *n*; **lending limit** = Kreditlimit *n*

length *noun* **(a)** Länge *f*; **inches and centimetres are measurements of length** = Inch und Zentimeter sind Längenmaße *npl*; **the boardroom table is twelve feet in length** = der Tisch im Sitzungssaal ist zwölf Fuß lang; **a table three metres in length** = ein drei Meter langer Tisch **(b)** **to go to great lengths to get something** = sich sehr viel Mühe geben, etwas zu bekommen; **they went to considerable lengths to keep the turnover secret** = sie unternahmen alles mögliche, um den Umsatz geheimzuhalten

less 1 *adjective* weniger; **we do not grant credit for sums of less than £100** = wir geben keinen Kredit für Beträge unter £100; **he sold it for less than he had paid for it** = er verkaufte es für weniger, als er dafür bezahlt hatte **2** *preposition* abzüglich; **purchase price less 15% discount** = Kaufpreis abzüglich 15% Rabatt *or* Skonto; **interest less service charges** = Zinsen abzüglich Bearbeitungsgebühren

lessee *noun* Pächter/-in; Mieter/-in; Leasingnehmer/-in

◇ **lessor** *noun* Verpächter/-in; Vermieter/-in; Leasinggeber/-in

let 1 *verb* vermieten; **to let an office** = ein Büro vermieten; **offices to let** = Büroräume zu vermieten (NOTE: **letting - let) 2** *noun* Mietdauer *f*; **she has the house on a long let** = sie hat das Haus langfristig gemietet; **they took the office on a short let** = sie mieteten das Büro kurzfristig

◇ **let-out clause** *noun* Rücktrittsklausel *f*; **he added a let-out clause to the effect that the payments would be revised if the exchange rate fell by more than 5%** = er fügte eine Rücktrittsklausel an, nach der die Zahlungen revidiert werden, wenn der Wechselkurs um mehr als 5% sinkt

letter *noun* **(a)** Brief *m*; **business letter** = Geschäftsbrief; **circular letter** = Rundschreiben *n or* Umlauf *m*; **covering letter** = Begleitschreiben *n*; **follow-up letter** = Erinnerungsschreiben *n*; **private letter** = persönlicher Brief; **standard letter** = Standardbrief *or* Formbrief **(b) letter of acknowledgement** = Bestätigungsschreiben *n*; **letters of administration** = Nachlaßverwalterzeugnis *n or* Bestallungsurkunde *f* zum Nachlaßverwalter; **letter of allotment** *or* **allotment letter** = Zuteilungsanzeige *f*; **letter of application** = Bewerbungsschreiben *n*; **letter of appointment** = Einstellungsschreiben *n or* Ernennungsschreiben; **letter of comfort** = Bonitätsbestätigung *f*; **letter of complaint** = Beschwerdebrief *m*; **letter of indemnity** = (schriftliche) Schadloshaltungserklärung *or* Ausfallbürgschaftserklärung; **letter of intent** = Absichtserklärung *f*; **letters patent** = Patenturkunde *f*; **letter of reference** = Zeugnis *n or* Referenz *f* **(c) air(mail) letter** = Luftpostbrief *m*; **express letter** = Eilbrief *m*; **registered letter** = Einschreiben *n* **(d) to acknowledge receipt by letter** = den Empfang schriftlich bestätigen **(e)** *(written or printed sign)* Buchstabe *m*; **write your name and address in block letters** *or* **in capital letters** = schreiben Sie Ihren Namen und Ihre Adresse in Blockschrift *or* mit Großbuchstaben

◊ **letter of credit (L/C)** *noun* Akkreditiv *n*; **irrevocable letter of credit** = unwiderrufliches Akkreditiv

◊ **letterhead** *noun* **(a)** Briefkopf *m* **(b)** *(US)* Briefbogen *m* mit gedrucktem Kopf *m*

letting *noun* **letting agency** = Wohnungsmakler/-in; **furnished lettings** = möblierte Wohnungen *fpl*

level 1 *noun* Stand *m or* Niveau *n or* Ebene *f*; **low level of productivity** *or* **low productivity levels** = niedriges Produktivitätsniveau; **to raise the level of employee benefits** = die Arbeitnehmerleistungen erhöhen; **to lower the level of borrowings** = das Kreditaufnahmeniveau senken; **high level of investment** = hohes Investitionsniveau; **a decision taken at the highest level** = eine Entscheidung auf höchster Ebene; **low-level** = untergeordnet *or* auf unterer Ebene; **a low-level delegation** = eine Delegation von niederem Rang *or* eine untergeordnete Delegation; **high-level** = auf hoher Ebene; **a high-level meeting** *or* **decision** = eine Sitzung *or* eine Entscheidung auf hoher Ebene; **decisions taken at managerial level** = Entscheidungen auf der Führungsebene; **manning levels** *or* **staffing levels** = Personalstärke *f or* Personalbestand *m* **2** *verb* **to level off** *or* **to level out** = sich ausgleichen *or* einpendeln; abflachen; **profits have levelled off over the last few years** = die Gewinne haben sich in den letzten Jahren eingependelt; **prices are levelling out** = die Preise pendeln sich ein (NOTE: **levelling - levelled** but US **leveling - leveled)**

> QUOTE figures from the Fed on industrial production for April show a decline to levels last seen in June 1984
> *Sunday Times*
>
> QUOTE applications for mortgages are running at a high level
> *Times*
>
> QUOTE employers having got their staff back up to a reasonable level are waiting until the scope for overtime working is exhausted before hiring
> *Sydney Morning Herald*

leverage *noun* **(a)** Einfluß *m*; **he has no leverage over the chairman** = er hat keinen Einfluß auf den Vorsitzenden **(b)** Leverage *n (Verhältnis Eigen- zu Fremdkapital)* **leverage effect** = Leverage-Effekt *m* **(c)** Kreditaufnahme *f* zu Anlagezwecken *mpl*

◊ **leveraged buyout (LBO)** *noun* Leveraged Buy-Out *n (Unternehmenserwerb unter Ausnutzung des Leverage-Effekts)*

> QUOTE the offer came after management had offered to take the company private through a leveraged buyout for $825 million
> *Fortune*

levy 1 *noun* Abgabe *f or* Steuer *f*; **capital levy** = Vermögenssteuer; **import levy** = Einfuhrzoll *m*; *(EU)* Abschöpfung *f*; **levies on luxury items** = Luxussteuern; **training levy** = Ausbildungsabgabe **2** *verb* erheben; einziehen; **the government has decided to levy a tax on imported cars** = die Regierung entschied, importierte Automobile zu besteuern; **to levy a duty on the import of luxury items** = importierte Luxusgüter besteuern; **to levy members for a new club house** = von Mitgliedern Gelder für ein neues Clubhaus einziehen

> QUOTE royalties have been levied at a rate of 12.5% of full production
> *Lloyd's List*

liability *noun* **(a)** Haftung *f*; **to accept liability for something** = für etwas Haftung übernehmen; **to refuse liability for something** = die Haftung für etwas ablehnen; **contractual liability** = Vertragshaftung; **employers' liability insurance** = Unfallhaftpflichtversicherung *f* der Arbeitgeber; **limited liability** = beschränkte Haftung; **limited liability company** = Gesellschaft mit beschränkter Haftung **(b) liabilities** = Verbindlichkeiten *fpl*; Schulden *fpl*; **the balance sheet shows the company's assets and liabilities** = die Unternehmensbilanz weist die Vermögenswerte und Verbindlichkeiten auf; **current liabilities** = kurzfristige Verbindlichkeiten; **long-term liabilities** = langfristige Verbindlichkeiten; **he was not able to meet his liabilities** = er konnte seinen Zahlungsverpflichtungen nicht nachkommen; **to discharge one's liabilities in full** = seinen Verbindlichkeiten in voller Höhe nachkommen

◊ **liable** *adjective* **(a) liable for** = haften für *or* haftbar sein für; **the customer is liable for breakages** = der Kunde haftet für Bruchschäden ; **the chairman was personally liable for the company's debts** = der Vorsitzende haftete persönlich für die Schulden des Unternehmens **(b) liable to** = unterliegen *or* unterworfen; **goods which are liable to stamp duty** = Waren, die der Stempelsteuer unterliegen

libel 1 *noun* (schriftlich geäußerte) Verleumdung *or* Beleidigung; **action for libel** *or* **libel action** = Verleumdungsklage *f* **2** *verb* **to libel someone** = jdn verleumden *(cf* SLANDER) (NOTE: **libelling - libelled** but US **libeling - libeled)**

Liberia *noun* Liberia *n*

◊ **Liberian 1** *noun* Liberi(an)er/-in **2** *adjective* liber(ian)isch (NOTE: capital: **Monrovia;** currency: **Liberian dollar** = liberianischer Dollar)

Libya *noun* Libyen *n*

◊ **Libyan 1** *noun* Libyer/-in **2** *adjective* libysch (NOTE: capital: **Tripoli** = Tripolis; currency: **Libyan dinar** = libyscher Dinar)

licence *or (US)* **license** *noun* **(a)** Genehmigung *f*; Konzession *f*; Lizenz *f*; **driving licence** = Führerschein *m*; **applicants should hold a driving licence** = Bewerber sollten im Besitz eines Führerscheins sein; **import licence** *or* **export licence** = Einfuhrlizenz *or* Ausfuhrlizenz; **liquor licence** = Schankkonzession; **off licence** = (i) Konzession zum Alkoholverkauf außer Haus *f*; (ii) *(shop)* Wein- und Spirituosenhandlung *f* **(b) goods manufactured under licence** = in Lizenz hergestellte Waren

◇ **license 1** *noun (US)* = LICENCE **2** *verb* amtlich genehmigen; eine Konzession *or* Lizenz erteilen; **to be licensed to sell beers, wines and spirits** = eine Konzession zum Verkauf von Bier, Wein und Spirituosen haben; **to license a company to manufacture spare parts** = einem Unternehmen die Lizenz zur Herstellung von Ersatzteilen erteilen; **she is licensed to run an employment agency** = sie hat eine Konzession für eine Stellenvermittlung

◇ **licensee** *noun* Konzessionsinhaber/-in; Lizenzinhaber/-in

◇ **licensing** *noun* Schank-; Lizenz-; Konzessions-; **a licensing agreement** = eine Lizenzvereinbarung; **licensing laws** = Schankgesetze *npl*; *(GB)* **licensing hours** = Schankzeiten *fpl (für alkoholische Getränke)*

Liechtenstein 1 *noun* Liechtenstein *n* **2** *adjective* liechtensteinisch

◇ **Liechtensteiner** *noun* Liechtensteiner/-in (NOTE: capital: **Vaduz** ; currency: **Swiss franc** = Schweizer Franken *m*)

lien *noun* Pfandrecht *n*; Zurückbehaltungsrecht *n*

lieu *noun* **in lieu of** = anstelle von; **she was given two months' salary in lieu of notice** = sie bekam zwei Monatsgehälter an Stelle einer Kündigungsfrist

life *noun* **(a)** *(time when a person is alive)* Leben *n*; **for life** = auf Lebenszeit *or* lebenslang; **his pension gives him a comfortable income for life** = er hat ein ausreichendes Einkommen auf Lebenszeit durch seine Rente; **life annuity** *or* **annuity for life** = Leibrente *f*; **life assurance** *or* **life insurance** = Lebensversicherung *f*; **the life assured** *or* **the life insured** = der/die Versicherte (in einer Lebensversicherung); **life expectancy** = Lebenserwartung *f*; **life interest** = lebenslanges Nutzungsrecht *or* lebenslange Nutznießung **(b)** *(period of time something exists)* Laufzeit *f or* Dauer *f*; **the life of a loan** = die Kreditlaufzeit; **during the life of the agreement** = während der Vertragsdauer; **shelf life of a product** = Haltbarkeit *f or* Lagerfähigkeit *f* eines Produktes

◇ **lifeboat** *noun* Rettungsboot *n*; **lifeboat operation** = Rettungsaktion *f*

LIFO = LAST IN FIRST OUT

lift 1 *noun* Fahrstuhl *m or* Aufzug *m or* Lift *m*; **goods lift** = Warenaufzug; **he took the lift to the 27th floor** = er nahm den Lift in den 27. Stock; **the staff could not get into their offices when the lift broke down** = das Personal konnte nicht in die Büros kommen, als der Lift ausfiel (NOTE: US English is **elevator**) **2** *verb* aufheben; **the government has lifted the ban on imports from Japan** = die Regierung hob das Verbot für Importe aus Japan auf; **to lift trade barriers** = Handelsschranken aufheben; **the minister has lifted the embargo on the export of computers to East European countries** = der Minister hob das Ausfuhrverbot für Computer in osteuropäische Länder auf

light *adjective* **(a)** leicht; **shares fell back in light trading** = die Aktienwerte fielen bei schwachen Umsätzen; **light industry** = Leichtindustrie *f* **(b) light pen** = Lichtstift

limit 1 *noun* Grenze *f or* Limit *n*; **to set limits to imports** *or* **to impose import limits** = Importbeschränkungen *fpl* einführen; **age limit** = Altersgrenze *f*; **there is an age limit of thirty-five on the post of buyer** = für den Posten des Einkäufers werden nur Bewerber unter 35 berücksichtigt; *(for borrowers)* **credit limit** = Kreditlimit; **he has exceeded his credit limit** = er hat sein Kreditlimit überschritten; *(for lenders)* **lending limit** = Kreditlimit; **time limit** = Frist *f or* Zeitlimit *n*; **to set a time limit for acceptance of the offer** = eine Frist für die Angebotsannahme setzen; **weight limit** = Höchstgewicht *n* **2** *verb* begrenzen *or* beschränken *or* einschränken; **the banks have limited their credit** = die Banken haben ihre Kreditvergabe begrenzt; **each agent is limited to twenty-five units** = jeder Vertreter bekommt nur 25 Einheiten

◇ **limitation** *noun* **(a)** Beschränkung *f or* Einschränkung *f or* Begrenzung *f*; **limitation of liability** = Haftungsbeschränkung; **time limitation** = zeitliche Begrenzung; **the contract imposes limitations on the number of cars which can be imported** = der Vertrag beschränkt die Anzahl von Kraftfahrzeugen, die eingeführt werden dürfen **(b) statute of limitations** = Verjährungsfrist *f*

◇ **limited** *adjective* beschränkt *or* begrenzt; **limited liability company (Ltd)** = Gesellschaft mit beschränkter Haftung (GmbH); **private limited company** = *(etwa)* Gesellschaft mit beschränkter Haftung (GmbH); **Smith and Sons, Ltd** = Smith und Söhne GmbH; **Public Limited Company (plc)** = Aktiengesellschaft *f*; **Smith and Sons, plc** = Smith und Söhne AG; **limited market** = begrenzter Absatzmarkt; **limited partnership** = Kommanditgesellschaft *f*

◇ **limiting** *adjective* beschränkend *or* einschränkend; **a limiting clause in a contract** = eine Haftungsbeschränkungsbestimmung in einem Vertrag; **the short holiday season is a limiting factor on the hotel trade** = die kurze Urlaubssaison setzt der Hotelbranche Grenzen

line *noun* **(a)** Linie *f*; **paper with thin blue lines** = Papier mit dünnen blauen Linien; **I prefer notepaper without any lines** = ich bevorzuge Briefpapier ohne Linien; **he drew a thick line across the bottom of the column to show which figure was the total** = er zog einen dicken Strich unter die Zahlenspalte, um die Endsumme deutlich hervorzuheben **(b) shipping line** *or* **airline** = Reederei *f*; Fluggesellschaft *f*; **profits of major airlines have been affected by the rise in fuel prices** = der Anstieg der Treibstoffpreise hat sich auf die Gewinne der großen Fluggesellschaften ausgewirkt **(c) line of business** *or* **line of work** =

Branche *f* *or* Geschäftsbereich *m* *or* Geschäftszweig *m*; **what is his line?** = in welcher Branche ist er tätig?; **product line** = Produktgruppe *f* *or* Produktlinie *f*; **we do not stock that line** = wir führen diese Produktlinie nicht; **computers are not one of our best-selling lines** = Computer gehören nicht zu unseren meistverkauften Produktgruppen; **they produce an interesting line in garden tools** = sie stellen ein interessantes Warensortiment an Gartengeräten her **(d)** Zeile *f*; **bottom line** = Saldo *m*; **the boss is interested only in the bottom line** = der Chef ist nur am Ergebnis *n* interessiert; **to open a line of credit** *or* **a credit line** = eine Kreditlinie einräumen **(e) assembly line** *or* **production line** = Montageband *n* *or* Fließband *n* *or* Fertigungsstraße *f*; **he works on the production line** *or* **he is a production line worker in the car factory** = er arbeitet am Montageband *or* er ist ein Montagebandarbeiter in der Autofabrik **(f) line chart** *or* **line graph** = Liniendiagramm *n* *or* Strichdiagramm; **line printer** = Zeilendrucker *m* **(g) line of command** *or* **line management** = Linienmanagement *n*; **line organization** = Linienorganisation *f* **(h) telephone line** = Telefonleitung *f*; **the line is bad** = die Verbindung ist schlecht; **there is a crossed line** = da ist jemand in der Leitung; **the line is engaged** = der Anschluß ist besetzt; **the chairman is on the other line** = der Vorsitzende telefoniert gerade; **outside line** = Amtsleitung *f* **(i)** *(US)* Schlange *f* (NOTE: British English is **queue**)

◇ **lined** *adjective* liniert; **he prefers lined paper for writing notes** = er bevorzugt liniertes Papier für Notizen

◇ **liner** *noun* Passagierschiff *n* *or* Linienschiff

> QUOTE the best thing would be to have a few more plants close down and bring supply more in line with current demand
>
> ***Fortune***
>
> QUOTE cash paid for overstocked lines, factory seconds, slow sellers, etc.
>
> ***Australian Financial Review***

link *verb* (ver)binden *or* koppeln; **to link pensions to inflation** = Renten an die Inflation koppeln; **his salary is linked to the cost of living** = sein Gehalt ist an die Lebenshaltungskosten gekoppelt; **to link bonus payments to productivity** = Prämienzahlungen an die Produktivität binden

liquid *adjective* **liquid assets** = flüssiges Vermögen; **to go liquid** = Mittel flüssigmachen

◇ **liquidate** *verb* **to liquidate a company** = ein Unternehmen liquidieren *or* auflösen; **to liquidate a debt** = eine Schuld begleichen; **to liquidate stock** = Lagerbestände *mpl* flüssigmachen

◇ **liquidation** *noun* **(a) liquidation of debts** = Schuldentilgung *f* **(b)** *(of a company)* Liquidation *f*; Abwicklung *f*; Konkurs *m*; **the company went into liquidation** = das Unternehmen ging in Konkurs; **compulsory liquidation** = Zwangsliquidation; **voluntary liquidation** = freiwillige Liquidation

◇ **liquidator** *noun* Liquidator *m*; Abwickler *m*; Konkursverwalter *m*

◇ **liquidity** *noun* Liquidität *f*; **liquidity crisis** = Liquiditätskrise *f*

lira *noun (currency used in Italy and Turkey)* Lire *f*; **the book cost 5,700 lira** *or* **L5,700** = das Buch kostete 5.700 Lire *or* L5.700 (NOTE: **lira** is usually written **L** before figures: **L5,000)**

list 1 *noun* **(a)** Liste *f*; **list of products** *or* **product list** = Produktliste; **stock list** = Kursblatt *n*; Inventar *n*; **to add something to a list** = etwas in eine Liste aufnehmen ; **to cross an item off a list** = einen Posten von der Liste streichen; **address list** *or* **mailing list** = Adressenliste; **black list** = schwarze Liste; **picking list** = Entnahmeliste **(b)** *(catalogue)* Verzeichnis *n* *or* Liste *f*; **list price** = Listenpreis *m*; **price list** = Preisliste *f* **2** *verb* **(a)** auflisten; **to list products by category** = Produkte nach Gruppen auflisten; **to list representatives by area** = Vertreter nach Gebieten auflisten; **to list products in a catalogue** = Produkte in einem Katalog auflisten; **the catalogue lists twenty-three models of washing machines** = in dem Katalog sind 23 Waschmaschinenmodelle aufgelistet **(b) listed company** = börsenfähiges *or* börsennotiertes Unternehmen; **listed securities** = börsennotierte Wertpapiere *npl*

◇ **listing** *noun* **(a) stock exchange listing** = Börsenzulassung *f*; **the company is planning to obtain a stock exchange listing** = das Unternehmen hat vor, die Börsenzulassung zu erlangen **(b) computer listing** = Computerauflistung *f*; **listing paper** = Tabellierpapier *n*

literature *noun* Literatur *f*; Informationsmaterial *n*; **please send me literature about your new product range** = bitte schicken Sie mir Informationsmaterial *or* Prospektmaterial über Ihre neue Produktserie

Lithuania *noun* Litauen *n*

◇ **Lithuanian 1** *noun* Litauer/-in **2** *adjective* litauisch

(NOTE: capital: **Vilnius** = Wilna; currency: **lit(as)** = Lit *m*)

litigation *noun* Prozeß *m* *or* Rechtsstreit *m*

litre *or (US)* **liter** *noun* Liter *m* *or* *n* **the car does fifteen kilometres to the litre** *or* **fifteen kilometres per litre** = der Wagen braucht einen Liter auf fünfzehn Kilometer (NOTE: usually written **l** after figures: **25l)**

lively *adjective* **lively market** = lebhafte Börse

living *noun* **cost of living** = Lebenshaltungskosten *pl*; **cost-of-living index** = Lebenshaltungskostenindex *m*; **he does not earn a living wage** = er verdient nicht genug zum Leben; **standard of living** *or* **living standards** = Lebensstandard *m*; **living standards fell as unemployment rose** = der Lebensstandard fiel, als die Arbeitslosigkeit zunahm

Lloyd's *noun* Lloyd's; **Lloyd's Register** = Lloyd's Register *n*; **ship which is A1 at Lloyd's** = ein Schiff, das von Lloyd's als in erstklassigem Zustand befindlich beschrieben wird

load 1 *noun* **(a)** Ladung *f*; **load of a lorry** *or* **lorry-load** = Lastwagenladung; **load of a container** *or* **container-load** = Containerladung; **a container-load of spare parts is missing** = eine Containerladung Ersatzteile ist nicht da; **they delivered six lorry-loads of coal** = sie lieferten sechs Lastwagenladungen Kohle; **commercial load** = wirtschaftliche Auslastung; **maximum load** = Höchstbelastung *f or* maximale Nutzlast; **load-carrying capacity** = Ladefähigkeit *f*; **load factor** = Auslastungsfaktor *m or* Sitzladefaktor **(b) workload** = Arbeitsbelastung *f*; **he has difficulty in coping with his heavy workload** = er hat Schwierigkeiten, mit der hohen Arbeitsbelastung fertig zu werden **2** *verb* **(a) to load a lorry** *or* **a ship** = einen Lastwagen *or* ein Schiff beladen; **to load cargo onto a ship** = Fracht auf ein Schiff laden; **a truck loaded with boxes** = ein mit Kisten beladener Lastwagen; **a ship loaded with iron** = ein mit Eisen beladenes Schiff; **a fully loaded ship** = ein voll beladenes Schiff **(b)** *(of ship)* (be)laden; **the ship is loading a cargo of wood** = eine Fracht Holz wird auf das Schiff beladen **(c)** *(to put a program into a computer)* laden; **load the word-processing program before you start keyboarding** = laden Sie das Textverarbeitungsprogramm, bevor Sie den Text eingeben **(d)** *(management charges for insurance)* Verwaltungsgebühr erheben; **back-end loaded** = anfallende Verwaltungsgebühr beim Kündigen einer Versicherung; **front-end loaded** = anfallende Verwaltungsgebühr beim Abschluß einer Versicherung

◇ **loading** *noun* **loading bay** = Ladeplatz *m*; **loading dock** = Verladedock *n*; **loading ramp** = Laderampe *f*

◇ **load line** *noun (line painted on a ship)* Ladelinie *f* (NOTE: also called **Plimsoll line)**

loan 1 *noun* Kredit *m or* Darlehen *n*; **loan capital** = Fremdkapital *n or* Anleihekapital; **loan contract** = Darlehensvertrag *m*; **loan stock** = festverzinsliche Anleihen *fpl*; **convertible loan stock** = Wandelanleihe *f*; **bank loan** = Bankkredit *or* Bankdarlehen; **bridging loan** = Überbrückungskredit; **government loan** = Staatsanleihe *f*; **home loan** = Kredit zum Hauskauf; **short-term loan** = kurzfristiges Darlehen; **long-term loan** = langfristiges Darlehen; **soft loan** = zinsgünstiger Kredit *or* zinsloses Darlehen; **unsecured loan** = ungesichertes Darlehen **2** *verb* (aus)leihen *or* verleihen

> QUOTE over the last few weeks, companies raising new loans from international banks have been forced to pay more, and an unusually high number of attempts to syndicate loans among banks has failed
> ***Financial Times***

lobby 1 *noun* Lobby *f or* Interessenverband *m*; **the energy-saving lobby** = die Lobby der Energiesparer **2** *verb* politische Beeinflussung betreiben; **the group lobbied the chairmen of all the committees** = die Gruppe nahm Einfluß auf die Vorsitzenden aller Komitees

local 1 *adjective* örtlich *or* Orts- *or* lokal; **local authority** = örtliche Behörde; **local call** = Ortsgespräch *n*; **local government** = Gemeindeverwaltung *f or* Kommunalverwaltung *or* örtliche Verwaltung; **local labour** = ortsansässige Arbeitskräfte *fpl* **2** *noun (US)* Ortsverein *m*

◇ **locally** *adverb* am *or* vor Ort; **we recruit all our staff locally** = wir rekrutieren unser ganzes Personal vor Ort

> QUOTE each cheque can be made out for the local equivalent of £100 rounded up to a convenient figure
> ***Sunday Times***
>
> QUOTE the business agent for Local 414 of the Store Union said his committee will recommend that the membership ratify the agreement
> ***Toronto Star***
>
> QUOTE EC regulations insist that customers can buy cars anywhere in the EC at the local pre-tax price
> ***Financial Times***

locate *verb* **to be located** = gelegen sein *or* seinen Sitz haben; **the warehouse is located near to the motorway** = das Lager befindet sich neben der Autobahn

◇ **location** *noun* Lage *f or* Standort *m*; **the company has moved to a new location** = das Unternehmen hat seinen Standort verlegt

lock 1 *noun* Schloß *n*; **the lock is broken on the petty cash box** = das Schloß an der Portokasse ist kaputt; **I have forgotten the combination of the lock on my briefcase** = ich habe die Zahlenkombination für das Schloß an meinem Aktenkoffer vergessen **2** *verb* abschließen; **the manager forgot to lock the door of the computer room** = der Geschäftsführer vergaß, die Tür des Computerraums abzuschließen; **the petty cash box was not locked** = die Portokasse war nicht abgeschlossen

◇ **lock out** *verb* **to lock out workers** = Arbeiter aussperren

◇ **lockout** *noun* Aussperrung *f*

◇ **lock up** *verb* **to lock up a shop** *or* **an office** = ein Geschäft *or* ein Büro abschließen; **to lock up capital** = Kapital festlegen *or* binden

◇ **locking up** *noun* **the locking up of money in stock** = das Festlegen von Geldern in Aktien

◇ **lock-up shop** *noun* Laden, der nur Zugang von der Straße her hat

lodge *verb* **to lodge a complaint against someone** = gegen jdn Beschwerde einlegen; **to lodge money with someone** = Geld bei jdm hinterlegen *or* deponieren; **to lodge securities as collateral** = Wertpapiere als Sicherheit hinterlegen

log *verb* Buch führen über *or* aufzeichnen; **to log phone calls** = Anrufe registrieren; **all stock movements are logged by the computer** = alle Warenbewegungen werden vom Computer aufgezeichnet (NOTE: **logging - logged)**

logo *noun* Logo *n*; Firmenzeichen *n*; Markenzeichen *n*; Signet *n*

long 1 *adjective* lang; **long credit** = langfristiger Kredit *or* Kredit mit langer Laufzeit; **in the long term** = auf lange Sicht; **to take the long view** = etwas langfristig betrachten *or* auf lange Sicht planen **2** *noun* **longs** = Langläufer *mpl or* langfristige Staatspapiere *npl*

◇ **long-dated** *adjective* **long-dated bills** = langfristige Wechsel *mpl*

◇ **long-distance** *adjective* **long-distance call** = Ferngespräch *n*; **long-distance** *or* **long-haul flight** = Fernflug *m or* Langstreckenflug

◇ **longhand** *noun* Langschrift *f*; **applications should be written in longhand and sent to the personnel officer** = Bewerbungen müssen in

Langschrift geschrieben und an den Personalchef geschickt werden

◊ **long-haul** *adjective* Fern- *or* Langstrecken-; **long-haul flight** = Fernflug *m or* Langstreckenflug

◊ **long-range** *adjective* langfristig; **long-range economic forecast** = langfristige Konjunkturprognose

◊ **long-standing** *adjective* schon lange bestehend *or* alt; **long-standing agreement** = seit langem bestehender Vertrag; **long-standing customer** *or* **customer of long standing** = Stammkunde/Stammkundin; treue(r) *or* langjährige(r) Kunde/Kundin

◊ **long-term** *adjective* **on a long-term basis** = langfristig; **long-term debts** = langfristige Verbindlichkeiten *fpl*; **long-term forecast** = langfristige Prognose; **long-term loan** = langfristiges Darlehen; **long-term objectives** = langfristige Ziele *npl*; **the long-term unemployed** = die Langzeitarbeitslosen *or* die Dauerarbeitslosen *pl*

> QUOTE land held under long-term leases is not amortized
> ***Hongkong Standard***
>
> QUOTE the company began to experience a demand for longer-term mortgages when the flow of money used to finance these loans diminished
> ***Globe and Mail (Toronto)***

loophole *noun* **to find a loophole in the law** = eine Gesetzeslücke *or* ein Schlupfloch im Gesetz finden; **to find a tax loophole** = eine Lücke in der Steuergesetzgebung finden

> QUOTE because capital gains are not taxed but money taken out in profits is taxed, owners of businesses will be using accountants and tax experts to find loopholes in the law
> ***Toronto Star***

loose *adjective* lose *or* unverpackt; **loose change** = Kleingeld *n*; **to sell loose sweets** *or* **to sell sweets loose** = Pralinen lose verkaufen

◊ **loose-leaf book** *noun* Ringbuch *n*

lorry *noun* Last(kraft)wagen *m or* LKW *m*; **he drives a five-ton lorry** = er fährt einen Fünftonner; **heavy lorry** = schwerer LKW; **lorry driver** = Lastwagenfahrer/-in (NOTE: US English is **truck**)

lose *verb* **(a)** verlieren; **to lose an order** = einen Auftrag verlieren; **during the strike, the company lost six orders to American competitors** = während des Streiks verlor das Unternehmen sechs Aufträge an amerikanische Konkurrenten; **to lose control of a company** = die Aktienmehrheit *or* Mehrheitsbeteiligung an einem Unternehmen verlieren; **to lose customers** = Kunden verlieren; **their service is so slow that they have been losing customers** = ihr Service ist so langsam, daß sie Kunden verloren haben; **she lost her job when the factory closed** = sie verlor ihre Stelle, als die Fabrik schloß **(b)** verlieren; **to lose money** = Geld verlieren *or* einbüßen; **he lost £25,000 in his father's computer company** = er verlor £25.000 in dem Computerunternehmen seines Vaters; **the pound has lost value** = das Pfund hat an Wert verloren **(c)** *(to drop to a lower price)* fallen; **the dollar lost two cents against the yen** = der Dollar fiel gegenüber dem Yen um zwei Cents; **gold shares lost 5% on the market yesterday** = Goldaktien fielen gestern an der Börse um 5% (NOTE: **losing - lost)**

◊ **lose out** *verb* schlecht wegkommen *or* den kürzeren ziehen; **the company has lost out in the rush to make cheap computers** = das Unternehmen ist bei dem Andrang *or* Wettbewerb, billige Computer herzustellen, schlecht weggekommen

loss *noun* **(a) loss of customers** = Kundenverlust *m*; **loss of an order** = Auftragsverlust *m*; **the company suffered a loss of market penetration** = das Unternehmen erlitt Marktdurchdringungsverluste; **compensation for loss of earnings** = Verdienstausfallentschädigung *f*; **compensation for loss of office** = Abfindung *f* für den Verlust des Amtes **(b)** *(not making a profit)* Verlust *m or* Einbuße *f*; **the company suffered a loss** = die Firma erlitt Verluste ; **to report a loss** = Verluste ausweisen; **the company reported a loss of £1m on the first year's trading** = das Unternehmen schloß das erste Geschäftsjahr mit einem Verlust von £1 Million ab; **capital loss** = Kapitalverlust *m*; **the car was written off as a dead loss** *or* **a total loss** = das Auto wurde als Totalschaden abgeschrieben; **paper loss** = nicht realisierter Verlust; **trading loss** = Betriebsverlust *m*; **at a loss** = mit Verlust; **the company is trading at a loss** = das Unternehmen arbeitet mit Verlust; **he sold the shop at a loss** = er verkaufte den Laden mit Verlust; **to cut one's losses** = seine Verluste vermindern **(c)** *(being worth less)* Verlust *m*; **shares showed losses of up to 5% on the stock exchange** = Aktien wiesen an der Börse Verluste von bis zu 5% auf **(d) loss in weight** = Gewichtsverlust *m or* Gewichtsschwund *m*; **loss in transport** = Transportverlust *m or* Transportschäden *mpl*

◊ **loss-leader** *noun* Lockartikel *m*; **we use these cheap films as a loss-leader** = wir benutzen diese billigen Filme als Lockartikel

> QUOTE against losses of FFr 7.7m in 1992, the company made a net profit of FFr 300,000 last year
> ***Financial Times***

lot *noun* **(a)** Menge *f or* Masse *f*; **a lot of people** *or* **lots of people are out of work** = eine Menge *or* viele Leute sind arbeitslos **(b)** *(group of items)* Posten *m or* Los *n*; **to bid for lot 23** = für Los 23 bieten; **at the end of the auction half the lots were unsold** = am Ende der Versteigerung war die Hälfte der Posten unverkauft **(c) to sell a lot of shares** = ein Aktienpaket verkaufen; **to sell shares in small lots** = Aktien in kleinen Mengen verkaufen **(d)** *(US)* Parzelle *f*

lottery *noun* Lotterie *f*

lounge *noun (in house)* Wohnzimmer *n; (in hotel)* Hotelhalle *f or* Gesellschaftsraum *m or* Lounge *f; (airport)* **departure lounge** = Abflughalle *f*; **transit lounge** = Transitraum *m*

low 1 *adjective* niedrig *or* gering *or* schwach; **low overhead costs keep the unit cost low** = geringe Gemeinkosten halten die Stückkosten gering; **we try to keep our wages bill low** = wir versuchen, unsere Lohnsumme gering zu halten; **the company offered him a mortgage at a low rate of interest** = das Unternehmen bot ihm eine Hypothek mit niedrigen Zinsen an; **the pound is**

at a very low rate of exchange against the dollar = der Wechselkurs des Pfundes ist gegenüber dem Dollar schwach; **our aim is to buy at the lowest price possible** = unser Ziel ist es, zum niedrigst möglichen Preis zu kaufen; **shares are at their lowest for two years** = Aktienkurse sind auf dem tiefsten Stand seit zwei Jahren; **low sales** = geringer Absatz; **low volume of sales** = geringes Absatzvolumen; **the tender will go to the lowest bidder** = der Auftrag wird an den preisgünstigsten Anbieter vergeben **2** *noun* Tiefstand *m*; **sales have reached a new low** = der Absatz ist auf einem neuen Tiefstand angelangt; **the highs and lows on the stock market** = die Höchst- und Tiefstkurse *mpl* an der Börse; **shares have hit an all-time low** = Aktien haben einen historischen Tiefstand erreicht

◊ **lower 1** *adjective* niedriger *or* geringer *or* schwächer; **a lower rate of interest** = ein niedrigerer Zinssatz; **sales were lower in December than in November** = Umsätze waren im Dezember schwächer als im November **2** *verb* senken; **to lower prices to secure a larger market share** = die Preise senken, um einen größeren Marktanteil zu sichern; **to lower the interest rate** = den Zinssatz senken

◊ **lowering** *noun* Senkung *f or* Minderung *f*; **lowering of prices** = Preissenkung; **we hope to achieve low prices with no lowering of quality** = wir hoffen, niedrige Preise ohne Qualitätsminderung zu erreichen

◊ **low-grade** *adjective* untergeordnet *or* untere(r,s); minderwertig; **low-grade petrol** = Benzin *n* mit niedriger Oktanzahl; **a low-grade official from the Ministry of Commerce** = ein unterer Beamter aus dem Handelsministerium

◊ **low-level** *adjective* **(a)** untergeordnet *or* auf unterer Ebene; **a low-level delegation visited the ministry** = eine Delegation von niederem Rang *or* eine untergeordnete Delegation besuchte das Ministerium; **at a low-level meeting it was decided to put off making a decision** = es wurde bei einer Sitzung auf unterer Ebene entschieden, die Entscheidung zurückzustellen **(b) low-level computer language** = niedere Programmiersprache

◊ **low-pressure** *adjective* **low-pressure selling** = nicht aggressive Verkaufsmethoden *fpl*

◊ **low-quality** *adjective* minderwertig; **they tried to sell us some low-quality steel** = sie versuchten, uns minderwertigen Stahl zu verkaufen

> QUOTE after opening at 79.1 the index touched a peak of 79.2 and then drifted to a low of 78.8
>
> ***Financial Times***
>
> QUOTE the pound which had been as low as $1.02 earlier this year, rose to $1.30
>
> ***Fortune***
>
> QUOTE Canadian and European negotiators agreed to a deal under which Canada could keep its quotas but lower its import duties
>
> ***Globe and Mail (Toronto)***

loyalty *noun* **brand loyalty** = Markentreue *f*; **customer loyalty** = Kundentreue *f*

Ltd = LIMITED

lucrative *adjective* lucrativ *or* einträglich; **there is a lucrative black market in spare parts for cars** = es gibt einen lukrativen Schwarzmarkt für Fahrzeugersatzteile

luggage *noun* Gepäck *n*; **hand luggage** *or* **cabin luggage** = Handgepäck; **free luggage allowance** = Freigepäck (NOTE: no plural; to show one suitcase, etc., say **a piece of luggage**)

lull *noun* Flaute *f*; **after last week's hectic trading this week's lull was welcome** = nach dem hektischen Handel der letzen Woche war die Flaute in dieser Woche willkommen

lump *noun* **lump sum** = einmalige Summe; Pauschalbetrag *m*; **when he retired he was given a lump-sum bonus** = als er sich zur Ruhe setzte, bekam er einen Pauschalbetrag; **she sold her house and invested the money as a lump sum** = sie verkaufte ihr Haus und legte das Geld im ganzen *or* als Gesamtbetrag an

lunch *noun* Mittagessen *n*; **the hours of work are from 9.30 to 5.30 with an hour off for lunch** = die Arbeitszeit geht von 9.30 Uhr bis 17.30 Uhr mit einer Stunde Mittag; **the chairman is out at lunch** = der Vorsitzende ist zu Tisch; **business lunch** = Geschäftsessen *n*

◊ **lunch hour** *or* **lunchtime** *noun* Mittagszeit *f or* Mittag *m*; **the office is closed during the lunch hour** *or* **at lunchtimes** = das Büro ist über Mittag *or* mittags geschlossen

◊ **luncheon voucher** *noun* Essenmarke *f*

Luxembourg 1 *noun* Luxemburg *n* **2** *adjective* luxemburgisch

◊ **Luxembourger** *noun* Luxemburger/-in
(NOTE: capital: **Luxembourg** = Luxemburg; currency: **Luxembourg franc** = Luxemburger Franc *m*)

luxury *noun* Luxus *m*; **luxury items** *or* **luxury goods** = Luxusgegenstände *mpl or* Luxusgüter *npl or* Luxusartikel *mpl*; **a black market in luxury articles** = ein Schwarzmarkt für Luxusartikel

Mm

m = METRE, MILE, MILLION

M0, M1, M2, M3 = M0, M1, M2, M3 (NOTE: when referring to the British money supply, written **£M3,** say 'sterling M3')

machine *noun* **(a)** Maschine *f or* Apparat *m or* Gerät *n*; **adding machine** = Addiermaschine; **copying machine** *or* **duplicating machine** = Kopiergerät *or* Vervielfältigungsgerät; **dictating machine** = Diktiergerät; **automatic vending machine** = Automat *m*; **machine shop** = Maschinensaal *m*; **machine tools** = Werkzeugmaschinen **(b) machine-made** *or* **machine-produced** = maschinell hergestellt **(c) machine code** *or* **machine language** = Maschinencode *m or* Maschinensprache *f*; **machine-readable codes** = maschinenlesbare Codes *mpl*

◇ **machinery** *noun* **(a)** Maschinen *fpl*; **idle machinery** *or* **machinery lying idle** = stilliegende Maschinen; **machinery guards** = Maschinen-Schutzvorrichtungen *fpl* **(b)** *(organization)* Apparat *m or* Maschinerie *f or* Räderwerk *n*; **the government machinery** = der Regierungsapparat; **the machinery of local government** = der kommunale Verwaltungsapparat; **administrative machinery** = Verwaltungsapparat; **the machinery for awarding government contracts** = die Institution für die Vergabe von Staatsaufträgen

◇ **machinist** *noun* Maschinist/-in

macro- *prefix* makro- *or* Makro-; **macro-economics** = Makroökonomie *f*

Madagascar *noun* Madagaskar *n*

◇ **Madagascan 1** *noun* Madagasse/Madagassin **2** *adjective* madagassisch

(NOTE: capital: **Antananarivo;** currency: **Franc Malgache** = madagassischer Franc)

Madam *noun* Gnädige Frau; **Dear Madam** = Sehr geehrte gnädige Frau; **Madam Chairman** = Frau Vorsitzende

made *adjective* gemacht *or* hergestellt; **made in Japan** *or* **Japanese made** = hergestellt in Japan *or* made in Japan; *(see also* MAKE)

magazine *noun* Zeitschrift *f or* Magazin *n*; **computer magazine** = Computerzeitschrift; **do-it-yourself magazine** = Heimwerkermagazin; **house magazine** = Betriebszeitung *f*; **trade magazine** = Fachzeitschrift; **travel magazine** = Reisemagazin; **women's magazine** = Frauenzeitschrift; **magazine insert** = Werbebeilage *f*; **to insert a leaflet in a specialist magazine** = einer Fachzeitschrift einen Prospekt beilegen; **magazine mailing** = Zeitschriftenzustellung *f* per Post

magnate *noun* Magnat *m*; **a shipping magnate** = ein großer *or* bedeutender Reeder

magnetic *adjective* magnetisch; **magnetic card** = Magnetkarte *f*; **magnetic strip** = Magnetstreifen *m*; **magnetic tape** *or* **mag tape** = Magnetband *n*

mail 1 *noun* **(a)** *(postal system)* Post *f*; **to put a letter in the mail** = einen Brief abschicken; **the cheque was lost in the mail** = der Scheck ging in der Post verloren; **the invoice was put in the mail yesterday** = die Rechnung wurde gestern abgeschickt; **mail to some of the islands in the Pacific can take six weeks** = Post zu einigen Inseln im Pazifik kann bis zu sechs Wochen unterwegs sein; **by mail** = per Post; **to send a package by surface mail** = ein Paket mit gewöhnlicher Post (auf dem Land- od Seeweg) schicken; **by sea mail** = auf dem Seeweg; **to receive a sample by air mail** = ein Muster per Luftpost erhalten; **we sent the order by first-class mail** = wir schickten die Bestellung per Post erster Klasse; **electronic mail** = elektronische Post *or* E-Mail **(b)** *(letters sent or received)* Post *f*; **has the mail arrived yet?** = ist die Post schon da?; **to open the mail** = die Post öffnen; **your cheque arrived in yesterday's mail** = Ihr Scheck kam gestern mit der Post an; **my secretary opens my mail as soon as it arrives** = meine Sekretärin öffnet meine Post, sobald sie eintrifft; **the receipt was in this morning's mail** = die Quittung kam heute morgen mit der Post ; **incoming mail** = Posteingang *m*; **outgoing mail** = Postausgang *m*; **mail room** = Poststelle *f* **(c) direct mail** = Direktversand *m or* Postwurfsendung *f*; **the company runs a successful direct-mail operation** = das Unternehmen betreibt einen erfolgreichen Direktversandbetrieb; **these calculators are sold only by direct mail** = diese Taschenrechner werden nur im Direktversand verkauft; **direct-mail advertising** = Werbung *f* durch Postwurfsendung; **mail shot** = Rundschreiben *n or* Briefwerbeaktion *f* **2** *verb* (mit der Post) verschicken *or* aufgeben; **to mail a letter** = einen Brief verschicken *or* aufgeben; **we mailed our order last Wednesday** = wir haben unseren Auftrag letzten Mittwoch rausgeschickt

◇ **mail box** *noun* Postfach *n or* Briefkasten *m*

◇ **mailer** *noun* Briefwerbematerial *n*

◇ **mailing** *noun* Verschicken *n or* Versenden *n or* Versand *m*; **the mailing of publicity material** = das Verschicken von Werbematerial; **direct mailing** = Direktversand *m or* Direktwerbung *f*; **mailing list** = Adressenliste *f*; **his name is on our mailing list** = sein Name steht auf unserer Adressenliste; **to build up a mailing list** = eine Adressenliste zusammenstellen; **to buy a mailing list** = eine Adressenliste kaufen; **mailing piece** = Postwurfsendung *f*; **mailing shot** = Rundschreiben *n or* Briefwerbeaktion *f*; **mailing tube** = Papprolle *f* zum Verschicken von nichtfaltbarem Material

◇ **mail-order** *noun* Postversand *m*; **mail-order business** *or* **mail-order firm** *or* **mail-order house** = Versandhaus *n*; **mail-order catalogue** = Versandhauskatalog *m*

main *adjective* Haupt-; **main office** = Hauptgeschäftsstelle *f or* Zentrale *f*; **main building** = Hauptgebäude *n*; **one of our main customers** = einer unserer größten Kunden; *(US)* **Main Street** = Hauptgeschäftsstraße *f* (NOTE: British English is **High Street**)

◇ **mainframe** *noun* Großrechner *m*; **the office micro interfaces with the mainframe in the head office** = der Mikrocomputer im Büro ist mit dem Großrechner in der Zentrale verbunden

◇ **mainly** *adverb* hauptsächlich *or* in erster Linie; **their sales are mainly in the home market** = sie machen ihren Umsatz hauptsächlich auf dem Inlandsmarkt; **we are interested mainly in buying children's gift items** = wir sind hauptsächlich daran interessiert, Kindergeschenkartikel zu kaufen

maintain *verb* **(a)** *(keep going)* aufrechterhalten *or* unterhalten *or* erhalten; **to maintain good relations with one's customers** = gute Kundenbeziehungen unterhalten; **to maintain contact with an overseas market** = Kontakte zu einem ausländischen Markt unterhalten **(b)** *(keep at the same level)* (er)halten; **the company has maintained the same volume of business in spite of the recession** = das Unternehmen hat trotz der Rezession das gleiche Umsatzvolumen halten können; **to maintain an interest rate at 5%** = einen Zinssatz bei 5% halten; **to maintain a dividend** = eine Dividende in gleicher Höhe ausschütten

◇ **maintenance** *noun* **(a)** *(keeping things going)* Aufrechterhaltung *f or* Erhaltung *f*; **maintenance of contacts** = Aufrechterhaltung von Kontakten; **maintenance of supplies** = Aufrechterhaltung der Versorgung *or* der Lieferungen **(b)** *(keeping in good working order)* Wartung *f or* Instandhaltung *f*; **maintenance contract** = Wartungsvertrag *m*; **we offer a full maintenance service** = wir bieten einen kompletten Wartungsdienst

> QUOTE responsibilities include the maintenance of large computerized databases
> *Times*
> QUOTE the federal administration launched a full-scale investigation into the airline's maintenance procedures
> *Fortune*

majeure *see* FORCE MAJEURE

major *adjective* Groß- *or* Haupt- *or* bedeutend; **major customer** = Großkunde *m* **major shareholder** = Hauptaktionär *m*

◇ **majority** *noun* Mehrheit *f or* Majorität *f*; **the majority of the shareholders** = die Mehrheit der Aktionäre; **the board accepted the proposal by a majority of three to two** = der board nahm den Vorschlag mit einer Mehrheit von drei zu zwei Stimmen an; **majority vote** *or* **majority decision** = Mehrheitsbeschluß *m*; **majority shareholding** *or* **majority interest** = Mehrheitsbeteiligung *f*; **a majority shareholder** = ein Mehrheitsaktionär *m*

> QUOTE if the share price sinks much further the company is going to look tempting to any major takeover merchant
> *Australian Financial Review*
> QUOTE monetary officials have reasoned that coordinated greenback sales would be able to drive the dollar down against other major currencies
> *Duns Business Month*
> QUOTE a client base which includes many major commercial organizations and nationalized industries
> *Times*

make 1 *noun* Marke *f or* Fabrikat *n*; **Japanese makes of cars** = japanische Automarken; **a standard make of equipment** = eine Standardausrüstung; **what make is the new computer system** *or* **what is the make of the new computer system?** = welche Marke ist das neue Computersystem? **2** *verb* **(a)** herstellen *or* produzieren; **to make a car** *or* **to make a computer** = ein Auto *or* einen Computer herstellen; **the workmen spent ten weeks making the table** = die Handwerker brauchten zehn Wochen, um den Tisch zu machen; **the factory makes three hundred cars a day** = die Fabrik produziert 300 Autos am Tag **(b)** *(to sign or to agree)* (ab)schließen; **to make a deal** *or* **to make an agreement** = ein Abkommen schließen; **to make a bid for something** = ein Angebot machen; **to make a deposit** = eine Anzahlung leisten; **to make a payment** = eine Zahlung leisten **(c)** *(to earn)* verdienen; erzielen; **he makes £50,000 a year** *or* **£25 an hour** = er verdient £50.000 im Jahr *or* £25 in der Stunde; **the shares made $2.92 in today's trading** = die Aktien machten heute $2,92 gut **(d) to make a profit** *or* **to make a loss** = einen Gewinn *or* einen Verlust machen; **to make a killing** = einen (großen) Reibach machen (NOTE: **making - made**)

◇ **make good** *verb* **(a)** wettmachen; **the company will make good the damage** = das Unternehmen wird Schadenersatz leisten; **to make good a loss** = einen Verlust wettmachen **(b)** es schaffen *or* es zu etwas bringen; **his son made good** = sein Sohn hat es zu etwas gebracht

◇ **make out** *verb* ausstellen; **to make out an invoice** = eine Rechnung ausstellen; **the bill is made out to Smith & Co.** = die Rechnung ist auf Smith & Co. ausgestellt; **to make out a cheque to someone** = jdm einen Scheck ausstellen

◇ **make over** *verb* überschreiben; **to make over the house to one's children** = seinen Kindern das Haus überschreiben

◇ **make-ready time** *noun* Rüstzeit *f*

◇ **make up** *verb* **(a)** entschädigen; ausgleichen; **to make up a loss** *or* **to make up the difference** = einen Verlust *or* eine Differenz ausgleichen **(b) to make up accounts** = die Geschäftsbücher abschließen

◇ **make up for** *verb* wiedergutmachen *or* ausgleichen; **to make up for a short payment** *or* **to make up for a late payment** = eine unzureichende Zahlung ausgleichen *or* eine verspätete Zahlung wiedergutmachen

◇ **maker** *noun* Hersteller *m*; **a major car maker** = ein großer Automobilhersteller; **a furniture maker** = ein Möbelhersteller; **decision maker** = Entscheidungsträger *m*

◇ **making** *noun* Herstellung *f*; **ten tons of concrete were used in the making of the wall** = zehn Tonnen Beton wurden in dieser Mauer verarbeitet; **decision making** = Entscheidungsfindung *f*

maladministration *noun* schlechte Verwaltung; Mißwirtschaft *f*

Malawi *noun* Malawi *n*

◇ **Malawian 1** *noun* Malawier/-in **2** *adjective* malawisch

(NOTE: capital: **Lilongwe;** currency: **kwacha** = Malawi-Kwacha *m*)

Malaysia *noun* Malaysia *n*

◇ **Malaysian 1** *noun* Malaysier/-in **2** *adjective* malaysisch

(NOTE: capital: **Kuala Lumpur;** currency: **Malaysian ringgit** = malaysischer Ringgit)

Mali *noun* Mali *n*

◇ **Malian 1** *noun* Malier/-in **2** *adjective* malisch

(NOTE: capital: **Bamako;** currency: **CFA franc** = CFA-Franc *m*)

mall *noun (especially US)* **shopping mall** = Einkaufspassage *f or* Einkaufszentrum *n*

Malta *noun* Malta *n*

◇ **Maltese 1** *noun* Malteser/-in **2** *adjective* maltesisch

(NOTE: capital: **Valletta;** currency: **Maltese lira** = maltesische Lira)

man 1 *noun* Mann *m*; **all the men went back to work yesterday** = alle Männer gingen gestern zurück an den Arbeitsplatz; **Man Friday** = persönlicher Referent **2** *verb* besetzen; **to man a shift** = eine Schicht besetzen; **to man an exhibition** = eine Messe mit Personal besetzen; **the exhibition stand was manned by three salesgirls** = der Messestand war mit drei Verkäuferinnen besetzt; *see also* MANNED, MANNING

manage *verb* **(a)** leiten *or* führen; **to manage a department** = eine Abteilung leiten; **to manage a branch office** = eine Zweigstelle leiten **(b) to manage property** = Immobilienbesitz verwalten **(c) to manage to** = es schaffen *or* es fertigbringen; **did you manage to see the head buyer?** = ist es Ihnen gelungen, den Haupteinkäufer zu sprechen?; **she managed to write six orders and take three phone calls all in two minutes** = sie schaffte es, in nur zwei Minuten sechs Aufträge zu schreiben und drei Anrufe entgegenzunehmen

◇ **manageable** *adjective* zu bewältigen; **difficulties which are still manageable** = Schwierigkeiten, die noch zu bewältigen sind; **the problems are too large to be manageable** = die Probleme sind zu groß, um sie bewältigen zu können

◇ **management** *noun* **(a)** Leitung *f or* Führung *f or* Management *n*; **to study management** = Betriebswirtschaft *f* studieren; **good** *or* **efficient management** = gutes *or* effizientes Management; **bad** *or* **inefficient management** = schlechtes *or* ineffizientes Management; **a management graduate** *or* **a graduate in management** = ein Absolvent der Betriebswirtschaft; **lean management** = Lean Management *n*; **line management** = Linienmanagement; **portfolio management** = Effektenmanagement *or* Portfoliomanagement; **product management** = Produkt-Management; **management accounts** = Rechnungsbericht *m* als Grundlage für Entscheidungen der Unternehmensleitung; **management committee** = geschäftsführender Ausschuß; Vorstandsgremium *n*; **management consultant** = Unternehmensberater/-in; **management course** = Managerkurs *m*; **management information system (MIS)** = Management-Informationssystem *n*; **management by objectives** = Unternehmensführung *f* mit Zielvorgabe; **management team** = Führungsgruppe *f or* Management-Team *n*; **management techniques** = Führungsmethoden *fpl*; **management training** = Ausbildung *f* für Führungsnachwuchskräfte *fpl*; Manager-Ausbildung; **management trainee** = Führungsnachwuchs *m* **(b)** *(group of managers or directors)* Unternehmensleitung *f or* Management *n*; **the management has decided to give an overall pay increase** = die Unternehmensleitung beschloß eine allgemeine Lohnerhöhung; **top management** = Unternehmensspitze *f or* Topmanagement *n*; **middle management** = mittleres Management; **management buyout (MBO)** = Management Buy-Out *n (Kauf eines Unternehmens durch dessen Management)*

◇ **manager** *noun* **(a)** Abteilungsleiter/-in *or* Manager/-in; **a department manager** = ein(e) Abteilungsleiter/-in; **personnel manager** = Personalleiter/-in; **production manager** = Produktionsleiter/-in; **sales manager** = Vertriebsleiter/-in *or* Verkaufsleiter/-in; **accounts manager** = Buchhaltungsleiter/-in; **area manager** = Bezirksleiter/-in *or* Gebietsleiter/-in; **general manager** = geschäftsführende(r) Direktor/-in **(b)** *(person in charge of a branch or shop)* Geschäftsführer/-in *or* Manager/-in; **Mr Smith is the manager of our local Lloyds Bank** = Herr Smith ist der Geschäftsführer unserer Filiale von Lloyds Bank; **the manager of our Lagos branch is in London for a series of meetings** = der Geschäftsführer unserer Filiale in Lagos hält sich anläßlich einer Reihe von Sitzungen in London auf; **bank manager** = Bankdirektor/-in; **branch manager** = Filialleiter/-in

◇ **manageress** *noun* Geschäftsführerin *or* Abteilungsleiterin *or* Managerin

◇ **managerial** *adjective* Management- *or* Führungs-; **managerial staff** = leitendes Personal; **to be appointed to a managerial position** = auf eine Manager-Position *or* leitende Stellung berufen werden; **decisions taken at managerial level** = auf oberer Geschäftsebene getroffene Entscheidungen

◇ **managership** *noun* Managertätigkeit *f or* Geschäftsleitung *f*; **after six years he was offered the managership of a branch in Scotland** = nach sechs Jahren wurde ihm die Geschäftsleitung einer Filiale in Schottland angeboten

◇ **managing** *adjective* **managing director (MD)** = geschäftsführende(r) Direktor/-in *or* Geschäftsführer/-in; **chairman and managing director** = Vorsitzende(r) und Geschäftsführer/-in

QUOTE the management says that the rate of loss-making has come down and it expects further improvement in the next few years

Financial Times

QUOTE the research director will manage and direct a team of graduate business analysts reporting on consumer behaviour throughout the UK

Times

QUOTE the No. 1 managerial productivity problem in America is managers who are out of touch with their people and out of touch with their customers

Fortune

mandate *noun* **bank mandate** = Bankvollmacht *f*

mandatory *adjective* **mandatory meeting** = obligatorische Sitzung

man-hour *noun* Arbeitsstunde *f*; **one million man-hours were lost through industrial action** = eine Million Arbeitsstunden gingen durch den Arbeitskampf verloren

manifest *noun* Manifest *n or* Ladeliste *f*; **passenger manifest** = Passagierliste *f*

manilla *noun* Hartpapier *n or* Packpapier *or* braunes Papier; **a manilla envelope** = ein brauner Umschlag

manipulate *verb* **to manipulate the accounts** = die Bücher schönen; **to manipulate the market** = die Börse manipulieren

◇ **manipulation** *noun* **stock market manipulation** = Börsenmanipulation *f*

◇ **manipulator** *noun* **stock market manipulator** = Börsenmanipulant *m*

manned *adjective* besetzt *or* bemannt; **the switchboard is manned twenty-four hours a day** = die Telefonzentrale ist rund um die Uhr besetzt; **the stand was manned by our sales staff** = der Stand war mit unserem Verkaufspersonal besetzt

◇ **manning** *noun* Besetzung *f or* Bemannung *f*; **manning levels** = Personalstärke *f or* Personalbestand *m*; **manning agreement** *or* **agreement on manning** ≈ Stellenbesetzungsplan *m*

manpower *noun* Personalbestand *m*; **manpower forecasting** = Personalbestandsprognose *f*; **manpower planning** = Personalplanung *f*; **manpower requirements** = Bedarf *m* an Arbeitskräften *fpl*; **manpower shortage** *or* **shortage of manpower** = Arbeitskräftemangel *m*

manual 1 *adjective* handgemacht *or* manuell; **manual labour** *or* **manual work** = körperliche Arbeit; **manual labourer** *or* **manual worker** = Hilfsarbeiter/-in *or* ungelernte Arbeitskraft **2** *noun* Handbuch *n*; **operating manual** = Bedienungsanleitung *f*; **service manual** = Wartungshandbuch

◇ **manually** *adverb* von Hand *or* manuell; **invoices have had to be made manually because the computer has broken down** = die Rechnungen mußten von Hand geschrieben werden, weil der Computer ausfiel

manufacture 1 *verb* (maschinell) herstellen *or* fertigen; **manufactured goods** = Industriegüter *npl or* Fabrikwaren *fpl or* Fertigwaren *fpl*; **the company manufactures spare parts for cars** = das Unternehmen fertigt Autoersatzteile **2** *noun* Herstellung *f or* Fertigung *f*; **products of foreign manufacture** = ausländische Erzeugnisse *npl or* Fabrikate *npl*

◇ **manufacturer** *noun* Hersteller *m or* Herstellerfirma *f or* Fabrikant *m*; **foreign manufacturers** = ausländische Hersteller; **cotton manufacturer** = Baumwollfabrikant *m*; **sports car manufacturer** = Sportwagenhersteller *m*; **manufacturer's recommended price (MRP)** = empfohlener Abgabepreis *or* unverbindliche Preisempfehlung; **all typewriters - 20% off the manufacturer's recommended price** = alle Schreibmaschinen - 20% unter dem empfohlenen Abgabepreis

◇ **manufacturing** *noun* Herstellung *f or* Fertigung *f*; **manufacturing capacity** = Fertigungskapazität *f*; **manufacturing costs** = Herstellungskosten *pl*; **manufacturing industry** = verarbeitende Industrie; Fertigungsindustrie; **manufacturing overheads** = Fertigungsgemeinkosten *pl*; **manufacturing process** = Fertigungsverfahren *n or* Fabrikationsprozeß *m*;

margin *noun* **(a)** *(profit)* Gewinnspanne *f or* Marge *f* **gross margin** = Bruttomarge; **net margin** = Nettomarge; **we have cut our margins very fine** = wir haben unsere Gewinnspannen sehr eng bemessen; **our margins have been squeezed** = unsere Gewinnspannen sind gedrückt worden **(b)** Spielraum *m*; **margin of error** = Fehlerspielraum; **safety margin** = Sicherheitsspielraum; **margin of safety** = Sicherheitsmarge *f or* Sicherheitszuschlag *m*

◇ **marginal** *adjective* **(a) marginal cost** = Grenzkosten *pl*; **marginal pricing** = Grenzkostenpreiskalkulation *f or* Mengenkostenrechnung *f*; **marginal rate of tax** = Grenzsteuersatz *m*; **marginal revenue** = Grenzertrag *m* **(b)** *(not very profitable)* Marginal-, Grenz-, eben noch rentabel; **marginal land** = marginaler Boden; **marginal purchase** = Grenzkauf *m or* gerade noch vertretbarer Kauf; **marginal return on investment** = knappe Kapitalrendite

> QUOTE profit margins in the industries most exposed to foreign competition - machinery, transportation equipment and electrical goods - are significantly worse than usual
>
> QUOTE pensioner groups claim that pensioners have the highest marginal rates of tax. Income earned by pensioners above $30 a week is taxed at 62.5 per cent, more than the highest marginal rate
>
> ***Australian Financial Review***

marine 1 *adjective* Meeres- *or* See-; **marine insurance** = See(transport)versicherung *f*; **marine underwriter** = Seeversicherer *m* **2** *noun* **the merchant marine** = die Handelsmarine

◇ **maritime** *adjective* See- *or* Schiffahrts-; **maritime law** = Seerecht *n*; **maritime lawyer** = ein auf Seerecht spezialisierter Jurist; **maritime trade** = Seehandel *m*

mark 1 *noun* **(a)** Markierung *f or* Zeichen *n* **assay mark** = Feingehaltsstempel *m*; *(GB)* **kite mark** = (dreieckiges) Gütezeichen **(b)** *(money used in Germany)* (D-)Mark *f*; **the price is twenty-five marks** = der Preis ist 25 Mark *or* es kostet 25 Mark; **the mark rose against the dollar** = die Mark stieg gegenüber dem Dollar (NOTE: usually written **DM** before a figure: **DM 25.** Also called **Deutschmark, D-Mark**) **2** *verb* beschriften *or* auszeichnen; **to mark a product 'for export only'** = ein Produkt ‚nur für den Export' beschriften; **article marked at £1.50** = ein mit £1,50 ausgezeichneter Artikel; **to mark the price on something** = etwas auszeichnen

◇ **mark down** *verb* heruntersetzen *or* herabsetzen *or* senken; **to mark down a price** = einen Preis heruntersetzen; **this range has been marked down to $24.99** = dieses Sortiment ist auf $24.99 heruntergesetzt worden; **we have marked all**

prices down by 30% for the sale = wir haben alle Preise für den Ausverkauf um 30% heruntergesetzt

◇ **mark-down** *noun* Preissenkung *f*; **we have used a 30% mark-down to fix the sale price** = wir haben für die Festsetzung des Verkaufspreises eine 30%ige Preissenkung vorgenommen

◇ **marker pen** *noun* Textmarker *m*

◇ **mark up** *verb* erhöhen *or* heraufsetzen; **to mark prices up** = Preise erhöhen; **these prices have been marked up by 10%** = diese Preise sind um 10% heraufgesetzt *or* erhöht worden

◇ **mark-up** *noun* **(a)** Preiserhöhung *f or* Preisaufschlag *m*; **we put into effect a 10% mark-up of all prices in June** = im Juni haben wir auf alle Preise 10% aufgeschlagen **(b)** Gewinnaufschlag *m*; **we work to a 3.5 times mark-up** *or* **to a 350% mark-up** = wir arbeiten mit 3½fachem Gewinnaufschlag *or* mit 350% Gewinnaufschlag

market 1 *noun* **(a)** *(place)* Markt(platz) *m*; **fish market** = Fischmarkt; **flower market** = Blumenmarkt; **open-air market** = Markt unter freiem Himmel; **here are this week's market prices for sheep** = hier sind die Marktpreise *mpl* dieser Woche für Schafe; **flea market** = Flohmarkt; **market day** = Markttag *m*; **Tuesday is market day, so the streets are closed to traffic** = Dienstag ist Markttag, also sind die Straßen für den Verkehr gesperrt; **market dues** = Standmiete *f* **(b) the Common Market** = der Gemeinsame Markt; **the Common Market agricultural policy** *or* **the Common Market ministers** = die Argarpolitik des Gemeinsamen Marktes *or* die Minister des Gemeinsamen Marktes; **the Single European Market** = der Europäische Binnenmarkt **(c)** *(area where a product might be sold or people who might buy a product)* Markt *m or* Absatzgebiet *n*; **home** *or* **domestic market** = Binnenmarkt *or* Inlandsmarkt; **sales in the home market rose by 22%** = die Umsätze stiegen auf dem Binnenmarkt *or* Inlandsmarkt um 22% **(d)** *(possible sales of a certain type of product or demand for a product)* (Absatz)markt *m*; Nachfrage *f*; **the market for home computers has fallen sharply** = die Nachfrage nach Heimcomputern ist drastisch gesunken; **we have 20% of the British car market** = wir haben 20% des britischen Automarkts; **there is no market for electric typewriters** = es gibt keinen Markt für elektrischen Schreibmaschinen; **a growth market** = ein Wachstumsmarkt; **the labour market** = der Arbeitsmarkt; **25,000 graduates have come on to the labour market** = 25.000 Hochschulabgänger sind auf den Arbeitsmarkt gekommen; **the property market** = der Immobilien- und Grundstücksmarkt **(e) the black market** = der Schwarzmarkt; **there is a flourishing black market in spare parts for cars** = es gibt einen blühenden Schwarzmarkt für KFZ-Ersatzteile; **to pay black market prices** = Schwarzmarktpreise *mpl* bezahlen **(f) a buyer's market** = ein Käufermarkt *m*; **a seller's market** = ein Verkäufermarkt *m* **(g) closed market** = geschlossener Markt; **free market economy** = freie Marktwirtschaft; **open market** = freier Markt **(h) capital market** = Kapitalmarkt *m*; **the foreign exchange markets** = die Devisenmärkte *mpl*; **forward market** = Terminmarkt *m*; **money market** *or* **finance market** = Geldmarkt *m* **(i) commodity market** = Warenbörse *f*; **stock market** = Börse *f*; **the market in oil shares was very active** *or* **there was a brisk market in oil shares** = die Börse für Ölaktien *or* die Nachfrage nach Ölaktien war lebhaft *(of a company)* **to come to the market** = auf den Markt kommen; **to buy shares in the open market** = Aktien an der Börse kaufen; **over-the-counter market** = Freiverkehr *m (für im offiziellen Börsenhandel nicht zugelassene Aktien)* **(j) market analysis** = Marktanalyse *f*; **market capitalization** = (i) *(company)* Börsenwert *m or* Börsenkapitalisierung; (ii) *(market)* Wert aller börsennotierter Aktien; **market economist** = Börsenbeobachter *m*; **market forces** = Marktkräfte *fpl*; **market forecast** = Marktprognose *f*; **market leader** = Marktführer *m*; **we are the market leader in home computers** = wir sind der Marktführer für Heimcomputer; **market opportunities** = Marktchancen *fpl or* neue Absatzmöglichkeiten *fpl*; **market penetration** *or* **market share** = Marktdurchdringung *f*; Marktanteil *m*; **we hope our new product range will increase our market share** = wir hoffen, daß unser neues Sortiment unseren Marktanteil vergrößern wird; **market price** = Marktpreis *m*; **market rate** = Marktpreis; **we pay the market rate for secretaries** *or* **we pay secretaries the market rate** = wir bezahlen die üblichen Tarife für Sekretärinnen *or* wir bezahlen Sekretärinnen die üblichen Tarife; **market research** = Marktforschung *f*; **market trends** = Marktentwicklung *f or* Markttendenzen *fpl*; **market value** = Marktwert *m* **(k) up market** *or* **down market** = exklusiver *or* anspruchsvoller Markt; Massenmarkt; **to go up-market** = sich an einen exklusiven Kundenkreis wenden; **to go down-market** = sich dem Massenmarkt zuwenden **(l) to be in the market for secondhand cars** = auf der Suche nach Gebrauchtwagen sein; **to come on to the market** = auf den Markt kommen; **this soap has just come on to the market** = diese Seife ist gerade auf den Markt gekommen; **to put something on the market** = etwas auf den Markt bringen; **they put their house on the market** = sie bieten ihr Haus zum Verkauf an; **I hear the company has been put on the market** = ich höre, das Unternehmen steht zum Verkauf; **the company has priced itself out of the market** = das Unternehmen hat sich durch überhöhte Preise vom Markt ausgeschlossen *or* wettbewerbsunfähig gemacht **2** *verb* vertreiben *or* auf den Markt bringen; **this product is being marketed in all European countries** = dieses Produkt wird in allen europäischen Ländern vertrieben

◇ **marketability** *noun* Marktfähigkeit *f or* Marktgängigkeit *f*

◇ **marketable** *adjective* absatzfähig *or* marktfähig *or* marktgängig

◇ **marketing** *noun* Marketing *n or* Vermarktung *f*; **marketing agreement** = Marktabsprache *f*; **marketing department** = Marketingabteilung *f or* Vertriebsabteilung; **marketing manager** = Absatzleiter/-in *or* Marketingdirektor/-in *or* Vertriebsleiter/-in; **marketing mix** = Marketing-Mix *m (gleichzeitiger Einsatz verschiedener Marketing-Instrumente)*; **marketing policy** *or* **marketing plans** = Absatzpolitik *f or* Vertriebspolitik *f or* Marketing-Plan *m*; **marketing strategy** = Marketingstrategie *f*; **to plan the marketing of a new product** = das Marketing eines neuen Produkts planen

◇ **marketmaker** *noun* Market-maker *m or* Marktmacher *m or* Wertpapierhändler/-in

◇ **marketplace** *noun* **(a)** *(open space in the middle of a town)* Marktplatz *m* **(b)** *(place where goods are sold)* Markt *m*; die Wirtschaft; **our salesmen are finding life difficult in the marketplace** = unsere Handelsvertreter finden die derzeitige Marktsituation schwierig ; **what is the reaction to the new car in the marketplace?** *or* **what is the marketplace reaction to the new car?** = wie ist die Reaktion des Marktes auf den neuen Wagen?

QUOTE after the prime rate cut yesterday, there was a further fall in short-term market rates
Financial Times
QUOTE market analysts described the falls in the second half of last week as a technical correction to a market which had been pushed by demand to over the 900 index level
Australian Financial Review
QUOTE our scheme has been running for 12 years, but we have only really had a true marketing strategy since 1984
Marketing
QUOTE reporting to the marketing director, the successful applicant will be responsible for the development of a training programme for the new sales force
Times
QUOTE most discounted fares are sold by bucket shops but in today's competitive marketplace any agent can supply them
Business Traveller

mart *noun* Markt *m*; **car mart** = Automarkt; **auction mart** = Auktionsräume *mpl*

mass *noun* **(a)** *(large group of people)* Menge *f*; **mass marketing** = Massenabsatzstrategie *f*; **mass market product** = Massenprodukt *n*; **mass media** = Massenmedien *pl*; **mass unemployment** = Massenarbeitslosigkeit *f* **(b)** *(large number)* Masse *f or* Menge *f*; **we have a mass of letters** *or* **masses of letters to write** = wir haben eine Menge Briefe *or* Massen von Briefen zu schreiben; **they received a mass of orders** *or* **masses of orders after the TV commercials** = sie erhielten eine Menge von Aufträgen *or* Massen von Aufträgen nach der Fernsehwerbung

◇ **mass-produce** *verb* in Massen *or* serienmäßig produzieren *or* herstellen; **to mass-produce cars** = Autos serienmäßig herstellen

◇ **mass production** *noun* Massenproduktion *f or* serienmäßige Herstellung

master *noun* Original *n*; **master budget** = Gesamtbudget *n*; **master file** = Stammdatei *f*

material *noun* **(a)** Material *n*; **building materials** = Baustoffe *mpl*; **raw materials** = Rohstoffe *mpl*; **synthetic materials** = Kunststoffe *mpl*; **materials control** = Materialsteuerung *f*; **materials handling** = innerbetriebliches Transport- und Lagerwesen; Materialtransport *m* **(b) display material** = Auslagematerial *n*

maternity *noun* Mutterschaft *f*; **maternity benefit** = Mutterschaftsgeld *n*; **maternity leave** = Mutterschaftsurlaub *m*

matrix *cf* DOT-MATRIX PRINTER

matter 1 *noun* **(a)** *(problem)* Sache *f or* Angelegenheit *f*; **it is a matter of concern to the members of the committee** = die Mitglieder des Ausschusses nehmen die Angelegenheit sehr ernst **(b) printed matter** = Drucksache *f*; **publicity matter** = Werbematerial *n* **(c)** *(question or problem to be discussed)* Thema *n or* Frage *f or* Sache *f*; **the most important matter on the agenda** = der wichtigste Punkt auf der Tagesordnung; **we shall consider first the matter of last month's fall in prices** = zuerst werden wir uns mit dem Preissturz des letzten Monats befassen **2** *verb* von Bedeutung sein; **does it matter if one month's sales are down?** = macht es etwas, wenn der Umsatz in einem Monat geringer ist?

mature 1 *adjective* **mature economy** = entwickelte Volkswirtschaft **2** *verb* **bills which mature in three weeks' time** = Wechsel, die in drei Wochen fällig werden

◇ **maturity** *noun* **date of maturity** *or* **maturity date** = Fälligkeitstermin *m*; **amount payable on maturity** = Betrag zahlbar bei Fälligkeit

Mauritius *noun* Mauritius *n*

◇ **Mauritian 1** *noun* Mauritier/-in **2** *adjective* mauritisch
(NOTE: capital: **Port Louis;** currency: **Mauritian rupee** = Mauritius-Rupie *f*)

max = MAXIMUM

maximization *noun* Maximierung *f*; **profit maximization** *or* **maximization of profit** = Gewinnmaximierung

◇ **maximize** *verb* maximieren; **to maximize profits** = Gewinne maximieren

maximum 1 *noun* Maximum *n*; **up to a maximum of £10** = bis zu maximal £10; **to increase exports to the maximum** = Exporte auf das Maximum erhöhen; **it is the maximum the insurance company will pay** = es ist das Maximum, das die Versicherung zahlen wird (NOTE: plural is **maxima) 2** *adjective* maximal *or* Höchst-; **maximum income tax rate** *or* **maximum rate of tax** = höchster Einkommenssteuersatz; *(transport)* **maximum load** = Höchstbelastung *f or* maximale Nutzlast; **maximum production level** = höchstes Produktionsniveau; **maximum price** = Höchstpreis *m*; *(stock exchange)* Höchstkurs *m*; **to increase production to the maximum level** = die Produktion auf das Maximum erhöhen

MB = MEGABYTE Megabyte *n*

MBO = MANAGEMENT BUYOUT

MD = MANAGING DIRECTOR; **the MD is in his office** = der geschäftsführende Direktor ist in seinem Büro; **she was appointed MD of a property company** = sie wurde zur geschäftsführenden Direktorin einer Immobiliengesellschaft ernannt

mean 1 *adjective* mittlerer *or* durchschnittlich *or* Mittel-; **mean annual increase** = durchschnittlicher Jahreszuwachs; **mean price** = Mittelkurs *m* **2** *noun* Mittelwert *m or* Durchschnitt *m*; **unit sales are over the mean for the first quarter** *or* **above the first quarter mean** = die verkauften Stückzahlen liegen über dem Durchschnitt für das erste Quartal

◇ **means** *plural noun* **(a)** Mittel *n or* Möglichkeit *f*; **air freight is the fastest means of getting stock to South America** = Luftfracht ist die schnellste Art, Waren nach Südamerika zu bekommen; **do we have any means of copying all these documents quickly?** = haben wir eine Möglichkeit, diese ganzen Unterlagen schnell zu kopieren? **(b)** *(money or resources)* Mittel *pl*; **the company has the means to launch the new product** = das Unternehmen hat die Mittel, das neue Produkt auf den Markt zu bringen; **such a level of investment is beyond the means of a small private company** = ein solches Investitionsniveau übersteigt die Mittel einer kleinen Privatfirma; **means test** = Bedürftigkeitsüberprüfung *f*; **he has private means** = er verfügt über private Mittel

measure 1 *noun* **(a)** *(way of calculating size or quantity)* Maß *n or* Maßeinheit *f*; **cubic measure** = Hohlmaß; **dry measure** = Trockenmaß; **square measure** = Flächenmaß; **inspector of weights and measures** = Eichmeister *m*; **as a measure of the company's performance** = als Maßstab *m* der Unternehmensleistung **(b) made to measure** = maßgefertigt; **he has his clothes made to measure** = er läßt seine Kleidung maßschneidern **(c) tape measure** = Bandmaß *n or* Maßband *n* **(d)** *(type of action)* Maßnahme *f*; **to take measures to prevent something happening** = Maßnahmen ergreifen, um etwas zu verhindern; **to take crisis or emergency measures** = Krisenmaßnahmen ergreifen; **an economy measure** = eine Sparmaßnahme; **fiscal measures** = finanzpolitische Maßnahmen; **as a precautionary measure** = als Vorsichtsmaßnahme; **safety measures** = Sicherheitsvorkehrungen *fpl* **2** *verb* **(a)** (ab)messen *or* ausmessen *or* vermessen; **to measure the size of a package** = die Größe eines Pakets messen; **a package which measures 10cm by 25cm** *or* **a package measuring 10cm by 25cm** = ein Paket, das 10cm x 25cm mißt **(b) to measure the government's performance** = die Leistung der Regierung bewerten *or* bemessen

◇ **measurement** *noun* **(a) measurements** = Maße *npl*; **to write down the measurements of a package** = die Maße eines Pakets aufschreiben **(b)** *(way of judging something)* Messung *f*; **performance measurement** *or* **measurement of performance** = Leistungsmessung; **measurement of profitability** = Rentabilitätsmessung

◇ **measuring tape** *noun* Maßband *n or* Bandmaß *n*

mechanic *noun* Mechaniker/-in; **car mechanic** = Automechaniker/-in

◇ **mechanical** *adjective* mechanisch; **a mechanical pump** = eine mechanische Pumpe

◇ **mechanism** *noun* Mechanismus *m*; **a mechanism to slow down inflation** = ein Mechanismus zur Senkung der Inflationsrate; **the company's discount mechanism** = der Rabattmechanismus des Unternehmens

◇ **mechanize** *verb* mechanisieren *or* technisieren; **the country is aiming to mechanize its farming industry** = das Land will seine Landwirtschaft mechanisieren *or* auf Maschinenbetrieb umstellen

◇ **mechanization** *noun* Mechanisierung *f*; Technisierung *f*; **farm mechanization** *or* **the mechanization of farms** = Technisierug *or* Mechanisierung landwirtschaftlicher Betriebe

media *noun* **the media** *or* **the mass media** = die Medien *pl or* die Massenmedien; **the product attracted a lot of interest in the media** *or* **a lot of media interest** = das Produkt zog das Interesse der Medien auf sich; **media analysis** *or* **media research** = Medienforschung *f*; **media coverage** = Berichterstattung *f* durch die Medien; **we got good media coverage for the launch of the new model** = über die Einführung unseres neuen Modells auf den Markt wurde viel in den Medien berichtet (NOTE: **media** is followed by a singular or plural verb)

> QUOTE media costs represent a major expense for advertisers
>
> *Marketing*

median *noun* Zentralwert *m or* Median *m*

mediate *verb* vermitteln; **to mediate between the manager and his staff** = zwischen dem Geschäftsführer und dem Personal vermitteln; **the government offered to mediate in the dispute** = die Regierung bot an, in dem Streit zu vermitteln

◇ **mediation** *noun* Vermittlung *f*; **the employers refused an offer of government mediation** = die Arbeitgeber lehnten das Vermittlungsangebot der Regierung ab; **the dispute was ended through the mediation of union officials** = der Streit wurde durch die Vermittlung von Gewerkschaftsfunktionären beigelegt

◇ **mediator** *noun* **official mediator** = Unterhändler/-in *or* Schlichter/-in

medical *noun* medizinisch *or* ärztlich; **medical certificate** = ärztliches Attest; **medical inspection** = ärztliche Untersuchung; **medical insurance** = Krankenversicherung *f*; **medical officer of health** = Amtsarzt/Amtsärztin; **he resigned for medical reasons** = er schied aus gesundheitlichen Gründen *mpl* aus

medium 1 *adjective* mittlere(r,s); **the company is of medium size** = das Unternehmen ist von mittlerer Größe **2** *noun* **(a)** Mittel *n or* Medium *n*; **advertising medium** = Werbemedium; **the product was advertised through the medium of the trade press** = für das Produkt wurde durch das Medium der Fachpresse geworben **(b) mediums** = mittelfristige Staatspapiere *npl*

◇ **medium-sized** *adjective* **medium-sized businesses** = Mittelstand *m*; **medium-sized company** = Mittelständler *m or* Unternehmen *n* mittlerer Größe

> QUOTE typically, medium-sized companies have flat management structures, agility in response to market pressures, and access to adequate finance. In Germany such companies are known as the Mittelstand
>
> *Times*

◇ **medium-term** *adjective* mittelfristig; **medium-term forecast** = mittelfristige Prognose; **medium-term loan** = mittelfristiges Darlehen

meet *verb* **(a)** (sich) treffen (mit); **to meet a negotiating committee** = sich mit einem Verhandlungskomitee treffen; **to meet an agent at his hotel** = einen Vertreter im Hotel treffen; **the two sides met in the lawyer's office** = die beiden Parteien trafen sich im Büro des Anwalts **(b)** *(to be satisfactory for)* erfüllen *or* entsprechen; **to meet a customer's requirements** = den Anforderungen eines Kunden entsprechen; **to meet the demand for a new product** = die Nachfrage nach einem neuen Produkt befriedigen; **we will try to meet your price** = wir werden uns bemühen, Ihnen preislich entgegenzukommen; **they failed to meet the deadline** = sie hielten die Frist nicht ein **(c)** *(to pay for)* bezahlen *or* begleichen *or* bestreiten; **to meet someone's expenses** = jds Kosten übernehmen; **the company will meet your expenses** = das Unternehmen wird Ihre Kosten übernehmen; **he was unable to meet his mortgage repayments** = er konnte seine Hypothekenraten nicht bezahlen (NOTE: **meeting - met)**

◇ **meet with** *verb* **(a)** *(US)* treffen *or* zusammenkommen mit; **I hope to meet with him in New York** = ich hoffe, ihn in New York zu treffen **(b) his request met with a refusal** = sein Ersuchen stieß auf Ablehnung

◇ **meeting** *noun* **(a)** Besprechung *f or* Sitzung *f*; **board meeting** = board-Sitzung *f*; **general meeting** *or* **meeting of shareholders** *or* **shareholders' meeting** = ordentliche Hauptversammlung; **Annual General Meeting (AGM)** = ordentliche Jahreshauptversammlung; **Extraordinary General Meeting (EGM)** = außerordentliche Hauptversammlung; **management meeting** = Management-Sitzung *f or* Sitzung der Unternehmensleitung; **staff meeting** = Personalversammlung *f*; **meeting place** = Treffpunkt *m* **(b) to hold a meeting** = eine Sitzung *or* Versammlung abhalten; **the meeting will be held in the committee room** = die Versammlung wird im Sitzungssaal abgehalten; **to address a meeting** = zu einer Versammlung sprechen; **to open a meeting** = eine Sitzung eröffnen; **to chair** *or* **to conduct a meeting** = eine Sitzung leiten; **to close a meeting** = eine Sitzung schließen; **to put a resolution to a meeting** = einer Versammlung eine Entschließung vorlegen

> QUOTE if corporate forecasts are met, sales will exceed $50 million in 1985
> *Citizen (Ottawa)*
>
> QUOTE in proportion to your holding you have a stake in every aspect of the company, including a vote in the general meetings
> *Investors Chronicle*

megabyte (MB) *noun* Megabyte *n*

megastore *noun* Megastore *m*; großes Geschäft

member *noun* **(a)** *(person)* Mitglied *n*; **members of a committee** *or* **committee members** = Mitglieder eines Ausschusses *or* Ausschußmitglieder; **to be a member of a union** = Mitglied einer Gewerkschaft sein; **they were elected members of the board** = sie wurden zu den board-Mitgliedern gewählt; **ordinary member** = ordentliches Mitglied; **honorary member** = Ehrenmitglied **(b)** *(organization which belongs to a group)* Mitglied *n*; **the member states of the EU** = die Mitgliedsstaaten *mpl* der EU; **the members of the United Nations** = die Mitglieder der Vereinten Nationen; **the member companies of a trade association** = die Mitgliedunternehmen *npl* eines Handelsverbandes

◇ **membership** *noun* **(a)** Mitgliedschaft *f*; **membership qualifications** = Beitrittsvoraussetzungen *fpl*; **conditions of membership** = Beitrittsbedingungen *fpl*; **membership card** = Mitgliedskarte *f*; **to pay your membership** *or* **your membership fees** = seine Mitgliedsbeiträge *mpl* bezahlen; **Turkey has applied for membership of the EU** = die Türkei hat einen Antrag auf Mitgliedschaft in der EU gestellt **(b)** Mitglieder *npl*; **the membership was asked to vote for the new president** = die Mitglieder wurden aufgefordert, für den neuen Präsidenten zu stimmen; **the club's membership secretary** = der Vereinsschriftführer *or* Clubsekretär; **the club has a membership of five hundred** = der Verein hat fünfhundert Mitglieder

> QUOTE it will be the first opportunity for party members and trade union members to express their views on the tax package
> *Australian Financial Review*
>
> QUOTE the bargaining committee will recommend that its membership ratify the agreement at a meeting called for June
> *Toronto Star*
>
> QUOTE in 1984 exports to Canada from the member-states of the European Community jumped 38 per cent
> *Globe and Mail (Toronto)*

memo *noun* Mitteilung *f or* Notiz *f*; **to write a memo to the finance director** = dem Leiter der Finanzabteilung eine Notiz schreiben; **to send a memo to all the sales representatives** = eine Mitteilung an alle Handelsvertreter schicken; **according to your memo about debtors** = laut ihrer Notiz über Schuldner; **I sent the managing director a memo about your complaint** = ich habe dem geschäftsführenden Direktor eine Mitteilung bezüglich Ihrer Beschwerde geschickt

◇ **memo pad** *noun* Notizblock *m*

◇ **memorandum** *noun* Mitteilung *f*; **memorandum (and articles) of association** = Gründungsurkunde *f or* Satzung *f*

memory *noun (of a computer)* Speicher *m*; **random access memory (RAM)** = Direktzugriffsspeicher *or* RAM; **read only memory (ROM)** = Festspeicher *or* ROM

mention *verb* erwähnen; **the chairman mentioned the work of the retiring managing director** = der Vorsitzende erwähnte die Arbeit des ausscheidenden geschäftsführenden Direktors; **can you mention to the secretary that the date of the next meeting has been changed?** = können Sie der Sekretärin sagen, daß der Termin der nächsten Sitzung geändert wurde?

menu *noun (computer)* Menü *or* Menu *n*

mercantile *adjective* handeltreibend *or* Handels-; **mercantile country** = Handelsnation *f*; **mercantile law** = Handelsrecht *n (Teil des Wirtschaftrechts)*; **mercantile marine** = Handelsmarine *f*

merchandise *noun* Handelsware *f*; **the merchandise is shipped through two ports** = die Ware wird über zwei Häfen verschifft (NOTE: no plural in English)

◇ **merchandize** *verb* Handel treiben ; **to merchandize a product** = ein Produkt verkaufen *or* vermarkten

◇ **merchandizer** *noun* Experte/Expertin für Verkaufsförderung *f*

◇ **merchandizing** *noun* Merchandising *n or* Verkaufsförderung *f*; **merchandizing of a product** = Verkauf *m or* Vertrieb *m* eines Produkts; **merchandizing department** = Verkaufsförderungsabteilung *f*

> QUOTE fill huge warehouses with large quantities but limited assortments of top-brand, first-quality merchandise and sell the goods at rock-bottom prices
> *Duns Business Month*

merchant *noun* **(a)** Händler *m*; **coal merchant** = Kohlenhändler; **tobacco merchant** = Tabakhändler; **wine merchant** = Weinhändler **(b) merchant bank** = Merchant Bank *f*; **merchant banker** = Bankier *m* in einer Merchant Bank; **merchant navy** *or* **merchant marine** = Handelsmarine *f*; **merchant ship** *or* **merchant vessel** = Handelsschiff *n*

◇ **merchantman** *noun* Handelsschiff *n*

merge *verb* fusionieren *or* zusammenschließen; **the two companies have merged** = die beiden Unternehmen fusionierten *or* schlossen sich zusammen; **the firm merged with its main competitor** = die Firma fusionierte mit ihrem Hauptkonkurrenten

◇ **merger** *noun* Fusion *f* *or* Unternehmenszusammenschluß *m*; **as a result of the merger, the company is the largest in the field** = aufgrund der Fusion ist das Unternehmen das größte in dem Bereich

merit *noun* Verdienst *n*; Leistung *f*; **merit award** *or* **merit bonus** = Leistungszulage *f*; **merit increase** = leistungsbezogene Gehaltssteigerung; **merit rating** = Leistungsbeurteilung *f*

message *noun* Mitteilung *f* *or* Nachricht *f*; **to send a message** = eine Mitteilung *or* Nachricht schicken; **I will leave a message with his secretary** = ich werde eine Nachricht bei seiner Sekretärin hinterlassen; **can you give the director a message from his wife?** = können Sie dem Direktor eine Nachricht von seiner Frau ausrichten?; **he says he never received the message** = er sagt, er habe die Nachricht nicht bekommen; **message board** = Schwarzes Brett

messenger *noun* Bote *m*; **he sent the package by (motorcycle) messenger** = er schickte das Paket per (Motorrad-)Bote; **office messenger** = Bürobote; **messenger boy** = Botenjunge *m*

Messrs *noun* Firma *f* *or* Herren *mpl*; **Messrs White and Smith** = die Herren White und Smith

method *noun* Methode *f* *or* Verfahren *n*; **a new method of making something** *or* **of doing something** = eine neue Art, etwas herzustellen *or* zu tun; **what is the best method of payment?** = welches ist die beste Zahlungsweise?; **his organizing methods are out of date** = seine Organisationsmethoden sind veraltet; **their manufacturing methods** *or* **production methods are among the most modern in the country** = ihre Herstellungsverfahren *or* Produktionsverfahren gehören zu den modernsten im Land

metre *or (US)* **meter** *noun* Meter *m* *or* *n* (NOTE: usually written **m** after figures: **the case is 2m wide by 3m long)**

◇ **metric** *adjective* metrisch; **metric ton** *or* **metric tonne** = metrische Tonne; **the metric system** = das metrische Maßsystem

Mexico *noun* Mexiko *n*

◇ **Mexican** **1** *noun* Mexikaner/-in **2** *adjective* mexikanisch
(NOTE: capital: **Mexico City** = Mexiko; currency: **Mexican peso** = mexikanischer Peso)

MFN = MOST-FAVOURED NATION

mg = MILLIGRAM

mi = MILE

micro *noun* Mikrocomputer *m*; **we put the sales statistics on to the office micro** = wir haben die Umsatzstatistik *or* Verkaufsstatistik in den Mikrocomputer im Büro eingegeben; **our office micro is on-line to the mainframe computer in London** = unser Mikrocomputer im Büro ist mit dem Großrechner in London verbunden

◇ **micro-** *prefix* mikro- *or* Mikro-; **micro-economics** = Mikroökonomie *f*

◇ **microcomputer** *noun* Mikrocomputer *m*

◇ **microfiche** *noun* Mikrofiche *n* *or* *m* **we hold our records on microfiche** = wir bewahren unsere Aufzeichnungen auf Mikrofiche auf

◇ **microfilm** **1** *noun* Mikrofilm *m*; **we hold our records on microfilm** = wir bewahren unsere Aufzeichnungen auf Mikrofilm auf **2** *verb* Mikrofilmaufnahmen *fpl* machen; **send the 1990 correspondence to be microfilmed** *or* **for microfilming** = verschicken Sie die Korrespondenz von 1990 zur Mikroverfilmung

◇ **microprocessor** *noun* Mikroprozessor *m*

mid- *prefix* mittel- *or* Mittel- *or* mitten; **from mid-1993** = von Mitte 1993; **the factory is closed until mid-July** = die Fabrik ist bis Mitte Juli geschlossen

◇ **mid-month** *adjective* (in der) Mitte des Monats; Medio-; **mid-month accounts** = Medioabrechnung *f*

◇ **mid-week** *adjective* (in der) Mitte der Woche; **the mid-week lull in sales** = die Umsatzflaute in der Mitte der Woche

middle *adjective* mittlere(r,s) *or* Mittel-; **middle management** = mittleres Management

◇ **middle-income** *adjective* **people in the middle-income bracket** = Personen der mittleren Einkommensstufe

◇ **middleman** *noun* Zwischenhändler *m*; **we sell direct from the factory to the customer and cut out the middleman** = wir verkaufen direkt von der Fabrik an den Kunden und schalten den Zwischenhändler aus (NOTE: plural is **middlemen)**

◇ **middle-sized** *adjective* von mittlerer Größe *or* mittelgroß; **a middle-sized company** = ein Unternehmen mittlerer Größe

mile *noun (measure of length = 1.609 kilometres)* Meile *f* **the car does twenty-five miles to the gallon** *or* **twenty-five miles per gallon** = der Wagen verbraucht eine Gallone auf 25 Meilen (NOTE: miles per gallon is usually written **mpg** after figures: **the car does 25mpg)**

◇ **mileage** *noun* gefahrene Meilen *fpl*; **mileage allowance** ≈ Kilometerpauschale *f*; **the salesman's average annual mileage** = die im Jahresdurchschnitt gefahrene Meilenzahl eines Vertreters

mill *noun* Mühle *f*; Fabrik *f*; Werk *n*; **after lunch the visitors were shown round the mill** = nach dem Mittagessen wurden die Besucher durch das Werk geführt; **cotton mill** = Spinnerei *f*; **paper mill** = Papierfabrik *f*; Papiermühle *f*

milligram *noun* Milligramm *n* (NOTE: usually written **mg** after figures)

◇ **millilitre** *noun* Milliliter *m or n* (NOTE: usually written **ml** after figures)

◇ **millimetre** *noun* Millimeter *m or n* (NOTE: usually written **mm** after figures)

million *number* 1,000,000 *or* Million *f*; **the company lost £10 million in the African market** = das Unternehmen verlor £10 Millionen auf dem afrikanischen Markt; **our turnover has risen to $13.4 million** = unser Umsatz stieg auf $13,4 Millionen (NOTE: can be written **m** after figures: **$5m** ; say 'five million dollars')

◇ **millionaire** *noun* Millionär/-in; **dollar millionaire** = Dollarmillionär/-in; **paper millionaire** = Aktienmillionär/-in

min = MINUTE, MINIMUM

mine 1 *noun* Bergwerk *n or* Zeche *f or* Mine *f*; **the mines have been closed by a strike** = die Bergwerke wurden durch den Streik geschlossen **2** *verb* fördern *or* abbauen; **the company is mining coal in the south of the country** = das Unternehmen baut im Süden des Landes Kohle ab; **mining concession** = Abbaurechte *npl or* Bergbaukonzession *f*

mineral 1 *noun* Mineral *n* **2** *adjective* mineralisch *or* Mineral-; **mineral resources** = Bodenschätze *pl*; **mineral rights** = Schürfrecht *n*

mini- *prefix* Mini-

◇ **minicomputer** *noun* Minicomputer *m*

◇ **minicontainer** *noun* Minicontainer *m*

◇ **minimarket** *noun* Minimarkt *m*; kleiner Selbstbedienungsladen

minimal *adjective* minimal; **there was a minimal quantity of imperfections in the batch** = es gab minimale Mängel in der Serie; **the head office exercises minimal control over the branch offices** = die Hauptgschäftsstelle übt minimale Kontrolle über die Filialen aus

◇ **minimize** *verb* bagatellisieren *or* herabsetzen; **do not minimize the risks involved** = bagatellisieren Sie die verbundenen Risiken nicht; **he tends to minimize the difficulty of the project** = er neigt dazu, die Schwierigkeit des Projekts zu bagatellisieren

◇ **minimum 1** *noun* Minimum *n*; **to keep expenses to a minimum** = Ausgaben auf ein Minimum beschränken; **to reduce the risk of a loss to a minimum** = die Verlustrisiken auf ein Minimum beschränken (NOTE: plural is **minima** or **minimums**) **2** *adjective* Mindest-; **minimum dividend** = Mindestdividende *f*; **minimum payment** = Mindestbetrag *m*; **minimum quantity** = Mindestmenge *f*; **minimum wage** = (garantierter) Mindestlohn

minister *noun* Minister/-in; **a government minister** = ein(e) Regierungsminister/-in; **the Minister of Trade** *or* **the Trade Minister** = der/die Handelsminister/-in, *(etwa)* Wirtschaftsminister/-in; **the Minister of Foreign Affairs** *or* **the Foreign Minister** = der/die Außenminister/-in (NOTE: in the USA, they are called **secretary: the Secretary for Commerce)**

◇ **ministry** *noun* Ministerium *n*; **he works in the Ministry of Finance** *or* **the Finance Ministry** = er arbeitet im Finanzministerium; **he is in charge of the Ministry of Health** = er leitet das Gesundheitsministerium; **a ministry official** *or* **an official from the ministry** = ein Ministerialbeamter *or* eine Ministerialbeamtin (NOTE: in GB and the USA, important ministries are called **departments: the Department of Trade and Industry; the Commerce Department)**

minor *adjective* unbedeutend *or* unwichtig; **minor expenditure** = unbedeutende Ausgaben *fpl*; **minor shareholders** = Kleinaktionäre *mpl*; **a loss of minor importance** = ein Verlust von geringer Bedeutung

◇ **minority** *noun* Minorität *f or* Minderheit *f*; **a minority of board members opposed the chairman** = eine Minorität der board-Mitglieder lehnte den Vorsitzenden ab; **minority shareholding** *or* **minority interest** = Minderheitsbeteiligung *f*; **minority shareholder** = Minderheitsaktionär *m*; **in the minority** = in der Minderheit; **good salesmen are in the minority in our sales team** = gute Verkäufer sind in unserem Verkaufsteam in der Minderheit

mint 1 *noun* Münzanstalt *f* **2** *verb* prägen

minus 1 *preposition* minus *or* abzüglich; **net salary is gross salary minus tax and National Insurance deductions** = Nettogehalt ist das Bruttogehalt abzüglich *or* minus Steuer und Sozialabgaben; **gross profit is sales minus production costs** = Bruttogewinn ist der Umsatz abzüglich *or* minus Produktionskosten **2** *adjective* **the accounts show a minus figure** = die Abrechnungen weisen ein Minus auf; **minus factor** = Negativfaktor *m or* Minus *n*; **to have lost sales in the best quarter of the year is a minus factor for the sales team** = Umsatzeinbußen im besten Quartal des Jahres sind ein Negativfaktor für das Verkaufsteam

minute 1 *noun* **(a)** Minute *f*; **I can see you for ten minutes only** = ich habe nur zehn Minuten Zeit für Sie ; **if you do not mind waiting, Mr Smith will be free in about twenty minutes' time** = wenn Sie warten möchten, hat Herr Smith in etwa zwanzig Minuten Zeit **(b) the minutes of the meeting** = das Protokoll einer Sitzung; **to take the minutes** = Protokoll führen; **the chairman signed the minutes of the last meeting** = der Vorsitzende zeichnete das Protokoll der letzten Sitzung ab; **this will not appear in the minutes of the meeting** = das wird nicht in das Sitzungsprotokoll aufgenommen **2** *verb* protokollieren *or* zu Protokoll nehmen; **the chairman's remarks about the auditors were minuted** = die Bemerkungen des Vorsitzenden über die Wirtschaftsprüfer wurden protokolliert; **I do not want that to be minuted** *or* **I want that not to be minuted** = ich möchte nicht, daß das in das Protokoll aufgenommen wird

◇ **minutebook** *noun* Protokollbuch *n*

MIS = MANAGEMENT INFORMATION SYSTEM

misappropriate *verb* veruntreuen
◇ **misappropriation** *noun* Veruntreuung *f*

misc = MISCELLANEOUS

miscalculate *verb* falsch berechnen *or* kalkulieren; **the salesman miscalculated the discount, so we hardly broke even on the deal** = der Verkäufer berechnete den Rabatt falsch, so daß sich das Geschäft kaum lohnte
◇ **miscalculation** *noun* Fehlkalkulation *f*

miscellaneous *adjective* verschieden; gemischt; **miscellaneous items** = verschiedene Artikel *mpl*; **a box of miscellaneous pieces of equipment** = eine Kiste mit verschiedenen Ausrüstungsgegenständen *mpl*; **miscellaneous expenditure** = sonstige Aufwendungen *fpl*

miscount 1 *noun* Rechenfehler *m* **2** *verb* sich verzählen; **the shopkeeper miscounted, so we got twenty-five bars of chocolate instead of two dozen** = der Ladenbesitzer verzählte sich, so daß wir 25 statt zwei Dutzend Tafeln Schokolade bekamen

misdirect *verb* irreleiten *or* irreführen

mismanage *verb* schlecht verwalten
◇ **mismanagement** *noun* Mißwirtschaft *f or* Mißmanagement *n or* verfehltes Management; **the company failed because of the chairman's mismanagement** = das Unternehmen ging wegen der Mißwirtschaft des Vorsitzenden bankrott

misrepresent *verb* falsch darstellen
◇ **misrepresentation** *noun* falsche Darstellung; **fraudulent misrepresentation** = Vorspiegelung *f* falscher Tatsachen *fpl*; arglistige Täuschung

Miss *noun* Fräulein *n*; **Miss Smith is our sales manager** = Frau Smith ist unsere Vertriebsleiterin (NOTE: Fräulein is no longer used to refer to adults)

miss *verb* **(a)** *(not to hit)* verfehlen; nicht erreichen; **the company has missed its profit forecast again** = das Unternehmen erreichte seine Gewinnprognose wieder nicht; **the sales team has missed its sales targets** = das Verkaufsteam erreichte sein Umsatzziel nicht **(b)** *(not to meet)* verpassen; **I arrived late, so missed most of the discussion** = ich kam später an, so daß ich den Großteil der Diskussion verpaßte; **he missed the chairman by ten minutes** = er verpaßte den Vorsitzenden um zehn Minuten **(c)** *(not to catch a train, etc.)* verpassen

mission *noun* Gesandtschaft *f or* Delegation *f*; **trade mission** = Handelsdelegation; **he led a trade mission to China** = er führte eine Handelsdelegation nach China an; **inward mission** = Delegation aus dem Ausland; **outward mission** = Auslandsbesuch *m* einer Delegation; **a fact-finding mission** = eine Erkundungsreise

mistake *noun* Fehler *m*; **to make a mistake** = einen Fehler machen; **the shop made a mistake and sent the wrong items** = das Geschäft machte einen Fehler und schickte die falschen Artikel; **there was a mistake in the address** = in der Adresse war ein Fehler; **she made a mistake in addressing the letter** = sie machte einen Fehler beim Adressieren des Briefs; **by mistake** = versehentlich; **they sent the wrong items by mistake** = sie schickten versehentlich die falschen Artikel; **she put my letter into an envelope for the chairman by mistake** = aus Versehen legte sie meinen Brief in einen für den Vorsitzenden bestimmten Umschlag

misunderstanding *noun* Mißverständnis *n or* Meinungsverschiedenheit *f*; **there was a misunderstanding over my tickets** = es gab ein Mißverständnis wegen meiner (Fahr)karten

misuse *noun* Zweckentfremdung *f or* Mißbrauch *m*; **misuse of funds** = Zweckentfremdung von Mitteln

mix 1 *noun* Mischung *f*; **marketing mix** = Marketing-Mix *m (gleichzeitiger Einsatz verschiedener Marketing-Instrumente)*; **product mix** = Produktmix *m or* Produktpalette *f*; **sales mix** = Absatzmix *m* **2** *verb* (ver)mischen *or* verbinden; **I like to mix business with pleasure - why don't we discuss the deal over lunch?** = ich verbinde gern Geschäftliches mit Vergnügen - warum besprechen wir das Geschäft nicht beim Mittagessen?
◇ **mixed** *adjective* **(a)** *(of different sorts or of different types together)* gemischt; **mixed economy** = Mischwirtschaft *f*; **mixed farming** = gemischte Landwirtschaft **(b)** *(neither good nor bad)* unterschiedlich *or* uneinheitlich

> QUOTE prices closed on a mixed note after a moderately active trading session
> *Financial Times*

ml = MILLILITRE

mm = MILLIMETRE

MMC = MONOPOLIES AND MERGERS COMMISSION

mobile *adjective* beweglich *or* mobil; **mobile shop** = Verkaufswagen *m or* mobiler Laden; **mobile workforce** = mobile Arbeitskräfte *fpl*
◇ **mobility** *noun* Beweglichkeit *f or* Mobilität *f*; **mobility of labour** = Mobilität der Arbeitskräfte *fpl*
◇ **mobilize** *verb* mobilisieren; **to mobilize capital** = Gelder flüssigmachen; **to mobilize resources to defend a takeover bid** = Ressourcen flüssigmachen, um ein Übernahmeangebot abzuwehren

mock-up *noun* Attrappe *f*

mode *noun* Art (und Weise) *f*; Form *f*; **mode of payment** = Zahlungsweise *f*

model 1 *noun* **(a)** Modell *n*; **he showed us a model of the new office building** = er zeigte uns ein Modell des neuen Bürogebäudes **(b)** *(style or type of product)* Modell *n*; **this is the latest model** = das ist das neueste Modell; **the model on display is last year's** = das ausgestellte Modell ist vom letzten Jahr; **he drives a 1988 model Ford** = er fährt ein 88er Fordmodell ; **demonstration model** = Vorführmodell *n* **(c)** *(person)* Model *n*;

Mannequin *n; (man)* Dressman *m* **(d)** *(on computer)* **economic model** = Wirtschaftsmodell *n* **2** *adjective* vorbildlich *or* mustergültig *or* Muster- *or* Modell-; **a model agreement** = ein Mustervertrag *m* **3** *verb (clothes)* vorführen (NOTE: **modelling - modelled** but US **modeling - modeled)**

modem *noun* Modem *n*

moderate 1 *adjective* gemäßigt *or* mäßig *or* maßvoll *or* angemessen; **the trade union made a moderate claim** = die Gewerkschaft stellte maßvolle Forderungen; **the government proposed a moderate increase in the tax rate** = die Regierung schlug mäßige Steuererhöhungen vor **2** *verb* mäßigen; **the union was forced to moderate its claim** = die Gewerkschaft war gezwungen, ihre Forderungen zu mäßigen

modern *adjective* modern *or* neu; **it is a fairly modern invention - it was patented only in the 1960s** = es ist eine ziemlich neue Erfindung - es wurde erst in den 60er Jahren patentiert

◇ **modernize** *verb* modernisieren; **he modernized the whole product range** = er modernisierte das gesamte Sortiment

◇ **modernization** *noun* Modernisierung *f*; **the modernization of the workshop** = die Modernisierung der Werkstatt

modest *adjective* mäßig *or* gering; **oil shares showed modest gains over the week's trading** = Ölaktien verzeichneten im Laufe der Börsenwoche nur leichte Gewinne

modify *verb* modifizieren *or* (ver)ändern; **the management modified its proposals** = die Unternehmensleitung modifizierte ihre Vorschläge; **this is the new modified agreement** = dies ist der neue modifizierte Vertrag; **the car will have to be modified to pass the government tests** = das Auto muß noch verändert werden, um die staatlichen Tests zu bestehen; **the design of the refrigerator was considerably modified before it went into production** = das Design des Kühlschranks wurde erheblich verändert, bevor er in die Produktion ging

◇ **modification** *noun* Modifizierung *f or* Änderung *f*; **to make** *or* **to carry out modifications to the plan** = Modifizierungen an dem Plan vornehmen; **the new model has had several important modifications** = an dem neuen Modell wurden mehrere wichtige Veränderungen vorgenommen; **we asked for modifications to the contract** = wir forderten Modifizierungen an dem Vertrag

modular *adjective* modular *or* aus Elementen zusammengesetzt

momentum *noun* Schwung *m*; Wucht *f*; **to gain** *or* **to lose momentum** = in Schwung kommen *or* an Schwung verlieren; **the strike is gaining momentum** = der Streik weitet sich aus

Monaco *noun* Monaco *n*

◇ **Monegasque** *or* **Monacan 1** *noun* Monegasse/Monegassin **2** *adjective* monegassisch (NOTE: capital: **Monaco;** currency: **French franc** = französischer Franc)

monetary *adjective* monetär *or* Geld-; währungspolitisch *or* Währungs-; **the government's monetary policy** = die Geld- und Kreditpolitik der Regierung; **monetary standard** = Währungseinheit *f or* Währungsstandard *m*; **monetary targets** = geldpolitische Ziele; **the international monetary system** = das internationale Währungssystem; **the European Monetary System (EMS)** = das Europäische Währungssystem; **the International Monetary Fund (IMF)** = der Internationale Währungsfonds (IWF) *or* der Weltwährungsfonds; **monetary unit** = Währungseinheit *f*

◇ **monetarism** *noun* Monetarismus *m*

◇ **monetarist 1** *noun* Monetarist/-in **2** *adjective* monetaristisch; **monetarist theories** = monetaristische Theorien *fpl*

> QUOTE the decision by the government to tighten monetary policy will push the annual inflation rate above the year's previous high
> ***Financial Times***
>
> QUOTE it is not surprising that the Fed started to ease monetary policy some months ago
> ***Sunday Times***
>
> QUOTE a draft report on changes in the international monetary system
> ***Wall Street Journal***

money *noun* **(a)** Geld *n*; **to earn money** = Geld verdienen; **to earn good money** = gut verdienen; **to lose money** = Geld verlieren *or* einbüßen; **the company has been losing money for months** = das Unternehmen arbeitet seit Monaten mit Verlust; **to get your money back** = sein Geld wieder herausbekommen; **to make money** = Geld verdienen; **to put money into the bank** = Geld auf die Bank bringen; **to put money into a business** = Geld in ein Geschäft investieren; **he put all his redundancy money into a shop** = er legte seine ganze Entlassungsabfindung in einen Laden an; **to put money down** = eine Anzahlung leisten; **he put £25 down and paid the rest in instalments** = er zahlte £25 an und zahlte den Rest in Raten; **call money** *or* **money at call** = Tagesgeld; **cheap money** = billiges Geld; **danger money** = Gefahrenzulage *f*; **dear money** = teures Geld; **easy money** = leicht verdientes Geld; **selling insurance is easy money** = Versicherungen zu verkaufen, ist leicht verdientes Geld; **hot money** = heißes Geld; **paper money** = Papiergeld *n*; **ready money** = bares Geld *or* Bargeld ; **money lying idle** = totes Kapital; **they are worth a lot of money** = sie sind viel Geld wert **(b) money supply** = Geldmenge *f*; **money markets** = Geldmärkte *mpl*; **the international money markets are nervous** = die internationalen Geldmärkte sind nervös; **money rates** = Geldkurse *mpl* **(c) money order** = Postanweisung *f or* Zahlungsanweisung; **foreign money order** *or* **international money order** *or* **overseas money order** = Auslandspostanweisung *f* **(d) monies** = Gelder *npl*; **monies owing to the company** = dem Unternehmen geschuldete Gelder; **to collect monies due** = fällige Gelder einziehen

◇ **moneylender** *noun* Geldverleiher *m*

◇ **money-making** *adjective* einträglich *or* gewinnbringend; **a money-making plan** = ein gewinnbringender Plan

◇ **money-spinner** *noun* Kassenschlager *m*

Mongolia *noun* Mongolei *f*

◇ **Mongol** *noun* Mongole/Mongolin

◇ **Mongolian** *adjective* mongolisch (NOTE: capital: **Ulan Bator;** currency: **tugrik** = Tugrik *m*)

monitor 1 *noun* Monitor *m or* Bildschirm *m* **2** *verb* überwachen; **he is monitoring the progress of sales** = er überwacht den Absatzverlauf; **how do you monitor the performance of the sales reps?** = wie überwachen Sie die Leistung der Handelsvertreter?

monopoly *noun* Monopol *n*; **to have the monopoly of alcohol sales** *or* **to have the alcohol monopoly** = das Monopol für Alkohol haben *or* das Alkoholmonopol haben; **to be in a monopoly situation** = in einer Monopolsituation sein; **the company has the absolute monopoly of imports of French wine** = das Unternehmen hat das absolute Einfuhrmonopol auf französische Weine; **the factory has the absolute monopoly of jobs in the town** = die Fabrik hat das absolute Arbeitsplatzmonopol in der Stadt; **public monopoly** *or* **state monopoly** = staatliches Monopol; *(GB)* **Monopolies and Mergers Commission (MMC)** = das Kartellamt (NOTE: **trust** is used more often in US English)

◊ **monopolize** *verb* monopolisieren *or* beherrschen

◊ **monopolization** *noun* Monopolisierung *f or* Marktbeherrschung *f*

month *noun* Monat *m*; **the company pays him £100 a month** = das Unternehmen zahlt ihm £100 im *or* pro Monat; **he earns £2,000 a month** = er verdient £2.000 im *or* pro Monat; **bills due at the end of the current month** = am Ende des laufenden Monats fällige Rechnungen *fpl*; **calendar month** = Kalendermonat *m*; **paid by the month** = monatlich bezahlt; **to give a customer two months' credit** = einem Kunden zwei Monate Kredit geben

◊ **month end** *noun* Monatsende *n or* Ultimo *m*; **month-end accounts** = Ultimoabrechnung *f*

◊ **monthly 1** *adjective* monatlich; **monthly statements** = monatliche Auszüge *mpl or* Abrechnungen *fpl*; **monthly payments** = monatliche Zahlungen *fpl*; **he is paying for his car by monthly instalments** = er bezahlt sein Auto in monatlichen Raten *fpl*; **my monthly salary cheque is late** = mein monatlicher Gehaltsscheck ist noch nicht da; **a monthly magazine** = eine Monatszeitschrift; **monthly ticket** = Monatskarte *f* **2** *adverb* monatlich; **to pay monthly** = monatlich (be)zahlen; **the account is credited monthly** = Gutschriften auf das Konto werden monatlich vorgenommen **3** *noun* **a monthly** = eine Monatszeitschrift

moonlight *verb (informal)* schwarzarbeiten

◊ **moonlighter** *noun* Schwarzarbeiter/-in

◊ **moonlighting** *noun* Schwarzarbeit *f*; **he makes thousands a year from moonlighting** = er macht jährlich Tausende mit Schwarzarbeit

mooring *noun* Liegeplatz *m*

moratorium *noun* Moratorium *n*; Zahlungsaufschub *m*; **the banks called for a moratorium on payments** = die Banken verlangten ein Moratorium *or* einen Zahlungsaufschub (NOTE: plural is **moratoria**)

Morocco *noun* Marokko *n*

◊ **Moroccan 1** *noun* Marokkaner/-in **2** *adjective* marokkanisch
(NOTE: capital: **Rabat;** currency: **dirham** = Dirham *m*)

mortality tables *plural noun* Sterbetafel *f*

mortgage 1 *noun* Hypothek *f*; **he has taken out a mortgage on a house** = er hat eine Hypothek auf ein Haus aufgenommen; **to buy a house with a £20,000 mortgage** = ein Haus mit einer Hypothekenbelastung von £20.000 kaufen; **mortgage payments** = Hypothekenzahlungen *fpl*; **endowment mortgage** = mit einer Lebensversicherung gekoppelte Hypothek; **first mortgage** = Ersthypothek; **second mortgage** = Zweithypothek; **to pay off a mortgage** = eine Hypothek abzahlen; **mortgage bond** = hypothekarische Obligation; **mortgage debenture** = Hypothekenpfandbrief *m*; **mortgage famine** = Hypothekenknappheit *f*; **mortgage queue** = Hypothekenwarteliste *f* **2** *verb* hypothekarisch belasten; eine Hypothek aufnehmen; **the house is mortgaged** = das Haus ist hypothekarisch belastet; **he mortgaged his house to set up in business** = er nahm eine Hypothek auf sein Haus auf, um ein Geschäft zu gründen; **to foreclose on a mortgaged property** = aus einer Hypothek zwangsvollstrecken

◊ **mortgagee** *noun* Hypothekengläubiger *m*

◊ **mortgager** *or* **mortgagor** *noun* Hypothekenschuldner *m*

> QUOTE mortgage money is becoming tighter. Applications for mortgages are running at a high level and some building societies are introducing quotas
> ***Times***
>
> QUOTE for the first time since mortgage rates began falling a financial institution has raised charges on homeowner loans
> ***Globe and Mail (Toronto)***

most 1 *noun* die meisten; **most of the staff are graduates** = die meisten Personalmitglieder sind Hochschulabgänger; **most of our customers live near the factory** = die meisten unserer Kunden wohnen nahe der Fabrik; **most of the orders come in the early part of the year** = die meisten Aufträge kommen im ersten Teil des Jahres rein **2** *adjective* die meisten; **most orders are dealt with the same day** = die meisten Aufträge werden am gleichen Tag bearbeitet; **most salesmen have had a course of on-the-job training** = die meisten Handelsvertreter haben eine innerbetriebliche Ausbildung hinter sich

◊ **most-favoured nation (MFN)** *noun* meistbegünstigtes Land; **most-favoured-nation clause** = Meistbegünstigungsklausel *f*

◊ **mostly** *adverb* hauptsächlich *or* meistens; **the staff are mostly girls of twenty to thirty years of age** = das Personal besteht hauptsächlich aus Frauen zwischen zwanzig und dreißig Jahren; **he works mostly in the London office** = er arbeitet überwiegend in der Londoner Geschäftsstelle

motion *noun* **(a)** Bewegung *f*; **time and motion study** = Zeit- und Bewegungsstudie *f (etwa)* REFA-Studie **(b)** *(proposal which will be put to a meeting to vote on)* Antrag *m*; **to propose** *or* **to move a motion** = einen Antrag stellen; **the meeting voted on the motion** = die Versammlung stimmte über den Antrag ab; **to speak against** *or* **for a motion** = sich gegen *or* für einen Antrag aussprechen; **the motion was carried** *or* **was defeated by 220 votes to 196** = der Antrag wurde mit 220 zu 196 Stimmen angenommen *or* abgelehnt; **to table a motion** = einen Antrag einbringen

motivated *adjective* motiviert; **highly motivated sales staff** = hoch motiviertes Verkaufspersonal

◊ **motivation** *noun* Motivation *f*; **the sales staff lack motivation** = dem Verkaufspersonal mangelt es an Motivation

motor insurance *noun* Kraftfahrzeugversicherung *f*

mountain *noun* Berg *m*; Haufen *m*; **I have mountains of typing to do** = ich habe Berge von Schreibarbeiten zu erledigen; **there is a mountain of invoices on the sales manager's desk** = auf dem Schreibtisch des Vertriebsleiters liegt ein Berg von Rechnungen; **butter mountain** = Butterberg *m*

mounting *adjective* steigend *or* zunehmend; **he resigned in the face of mounting pressure from the shareholders** = er trat angesichts zunehmenden Drucks von seiten der Aktionäre zurück; **the company is faced with mounting debts** = das Unternehmen ist mit steigenden Schulden konfrontiert

◊ **mount up** *verb* steigen; **costs are mounting up** = die Kosten steigen

mouse *noun (computers)* Maus

move *verb* **(a)** *(away from)* umziehen; verlegen; **the company is moving from London Road to the centre of town** = das Unternehmen zieht von der London Road in die Innenstadt um; **we have decided to move our factory to a site near the airport** = wir haben beschlossen, unsere Fabrik auf ein Gelände in der Nähe des Flughafens zu verlegen **(b)** *(to be sold)* absetzen; **the stock is starting to move** = der Warenabsatz kommt allmählich in Bewegung; **the salesmen will have to work hard if they want to move all that stock by the end of the month** = die Handelsvertreter müssen hart arbeiten, wenn sie bis Ende des Monats alle Waren verkaufen wollen **(c)** *(to propose formally)* beantragen; **he moved that the accounts be agreed** = er beantragte, die Geschäftsbücher abzunehmen; **I move that the meeting should adjourn for ten minutes** = ich beantrage, die Sitzung für zehn Minuten zu unterbrechen

◊ **movable** *or* **moveable 1** *adjective* beweglich; **moveable property** = bewegliches Vermögen; Mobilien *pl* **2** *plural noun* **moveables** = bewegliches Vermögen; Mobilien *pl*

◊ **movement** *noun* **(a)** *(motion)* Bewegung *f*; **movement in the money markets** = Bewegung auf den Geldmärkten; **cyclical movements of trade** = konjunktureller Handelsverkehr; **movements of capital** = Kapitalverkehr *m*; **stock movement** = Lagerbewegung *f*; **all stock movements are logged by the computer** = alle Lagerbewegungen werden vom Computer aufgezeichnet **(b)** *(people)* Bewegung *f*; **the labour movement** = die Arbeiterbewegung; **the free trade movement** = die Bewegung für den freien Handel

◊ **mover** *noun* Antragsteller/-in

Mozambique *noun* Mosambik *or* Moçambique *n*

◊ **Mozambiquan 1** *noun* Mosambikaner/-in **2** *adjective* mosambikanisch

(NOTE: capital: **Maputo;** currency: **metical** = Metical *m*)

mpg = MILES PER GALLON

Mr *noun* Herr *m*; **Mr Smith is the Managing Director** = Herr Smith ist der geschäftsführende Direktor

MRP = MANUFACTURER'S RECOMMENDED PRICE

Mrs *noun* Frau *f*; **the chair was taken by Mrs Smith** = Frau Smith übernahm den Vorsitz

Ms *noun* Frau *f (auch für Unverheiratete)* **Ms Smith is the personnel officer** = Frau Smith ist die Personalchefin

multi- *prefix* multi- *or* Multi-

◊ **multicurrency** *adjective* **multicurrency loan** = Anleihe *f* in verschiedenen Währungen *fpl*; **multicurrency operation** = Geschäft *n* mit verschiedenen Währungen

◊ **multilateral** *adjective* multilateral; **a multilateral agreement** = ein multilaterales Abkommen; **multilateral trade** = multilateraler Handel

◊ **multimillion** *adjective* über mehrere Millionen *fpl or* Millionen-; **they signed a multimillion pound deal** = sie unterzeichneten ein Geschäft über mehrere Millionen Pfund

◊ **multimillionaire** *noun* Multimillionär/-in

◊ **multinational** *noun* multinationaler Konzern; **the company has been bought by one of the big multinationals** = das Unternehmen wurde von einem der großen multinationalen Konzerne aufgekauft

QUOTE factory automation is a multi-billion-dollar business

Duns Business Month

QUOTE the number of multinational firms has mushroomed in the past two decades. As their sweep across the global economy accelerates, multinational firms are posing pressing issues for nations rich and poor, and those in between

Australian Financial Review

multiple 1 *adjective* mehrfach *or* vielfach; **multiple entry visa** = Visum *n* zur mehrmaligen Einreise; **multiple store** = Filiale *f or* Kettenladen *m*; **multiple ownership** = Gemeinschaftseigentum *n* **2** *noun* **(a) share on a multiple of 5** = Wertpapier mit einem Kurs-Gewinn-Verhältnis von 5 **(b)** Einzelhandelskette *f or* Kette

multiply *verb* **(a)** multiplizieren ; **to multiply twelve by three** = zwölf mit drei multiplizieren; **square measurements are calculated by multiplying length by width** = Flächenmaße werden berechnet, indem Länge mit Breite multipliziert wird **(b)** *(increase)* vermehren *or* zunehmen *or* vervielfachen; **profits multiplied in the boom years** = Gewinne vervielfachten sich in den Jahren des Aufschwungs *or* Booms

◊ **multiplication** *noun* Multiplikation *f*; **multiplication sign** = Multiplikationszeichen *n*

municipal *adjective* städtisch *or* Stadt- *or* kommunal *or* Kommunal- *or* Gemeinde-; **municipal authority** = Stadt- *or* Kommunalbehörde *f*; Gemeindeverwaltung *f*; **municipal taxes** = Kommunalsteuern *fpl*

Murphy's law *noun* Murphys Gesetz *n*

mutual *adjective* gemeinsam; **mutual (insurance) company** = Versicherungsverein *m* auf Gegenseitigkeit (VVaG); *(US)* **mutual fund** = offener Investmentfonds (NOTE: the GB English for this is **unit trust)**

Myanmar *see* BURMA

Nn

nail *noun* Nagel *m*; **to pay on the nail** = pünktlich bezahlen

naira *noun (money used in Nigeria)* Naira *m*
(NOTE: no plural; naira is usually written **N** before figures: **N2,000** say 'two thousand naira')

name *noun* Name *m*; Bezeichnung *f*; **I cannot remember the name of the managing director of Smith's Ltd** = ich kann mich nicht an den Namen des geschäftsführenden Direktors der Fa. Smith Ltd erinnern; **his first name is John, but I am not sure of his other names** = sein Vorname ist John, aber ich weiß seine anderen Namen nicht genau; **brand name** = Markenname *m*; **corporate name** = Firmenname *m*; **under the name of** = unter dem Namen; **trading under the name of 'Best Foods'** = ein Produkt unter dem Namen ‚Best Foods' verkaufen

◊ **named** *adjective* **person named in the policy** = der/die (in der Police benannte) Versicherte

Namibia *noun* Namibia *n*

◊ **Namibian 1** *noun* Namibier/-in **2** *adjective* namibisch
(NOTE: capital: **Windhoek** = Windhuk; currency: **South African rand** = südafrikanischer Rand)

nation *noun* Nation *f or* Volk *n*; **most favoured nation** = meistbegünstigtes Land; **most-favoured-nation clause** = Meistbegünstigungsklausel *f*; **the United Nations (the UN)** = die Vereinten Nationen

◊ **national 1** *adjective* national *or* National-; **national advertising** = landesweite *or* überregionale Werbung; **we took national advertising to promote our new 24-hour delivery service** = wir bedienten uns landesweiter Werbung, um für unseren neuen 24-Stunden Lieferservice zu werben; **national campaign** = landesweite *or* überregionale Kampagne; **the National Debt** = die Staatsverschuldung; *(GB)* **National Health Service (the NHS)** = Staatlicher Gesundheitsdienst; **national income** = Volkseinkommen *n*; *(GB)* **National Insurance** = Sozialversicherung *f*; **National Insurance contributions (NIC)** = Sozialversicherungsbeiträge *mpl*; **national newspapers** *or* **the national press** = überregionale Presse; **gross national product (GNP)** = Bruttosozialprodukt *n*; *(GB)* **National Savings** = britisches Sparsystem; Postsparkasse *f*; *(US)* **national bank** = Nationalbank *f (Bank mit Konzession der Bundesregierung)* **2** *noun* Staatsbürger/-in; **he's a British national** = er ist britischer Staatsbürger

◊ **nationality** *noun* **he is of British nationality** = er hat die britische Staatsangehörigkeit

◊ **nationalize** *verb* verstaatlichen; **the government are planning to nationalize the banking system** = die Regierung beabsichtigt, das Bankensystem zu verstaatlichen

◊ **nationalized** *adjective* **nationalized industry** = verstaatlichte Industrie

◊ **nationalization** *noun* Verstaatlichung *f*

◊ **nationwide** *adjective* landesweit; **the union called for a nationwide strike** = die Gewerkschaft rief einen landesweiten Streik aus; **we offer a nationwide delivery service** = wir bieten einen landesweiten Lieferservice; **the new car is being launched with a nationwide sales campaign** = der neue Wagen wird mit einer landesweiten Verkaufsaktion auf den Markt gebracht

nature *noun* Beschaffenheit *f or* Art *f or* Natur *f*; **what is the nature of the contents of the parcel?** = welcher Art ist der Inhalt des Pakets?; **the nature of his business is not known** = welcher Art seine Geschäfte sind, weiß man nicht

◊ **natural** *adjective* **(a)** *(found in the earth)* natürlich *or* Natur-; **natural gas** = Erdgas *n*; **natural resources** = Naturschätze *pl or* natürliche Ressourcen **(b)** *(not made by people)* Natur-; **natural fibres** = Naturfasern *fpl* **(c)** natürlich; **it was natural for the shopkeeper to feel annoyed when the hypermarket was set up close to his shop** = es war für den Ladenbesitzer nur natürlich, darüber verärgert zu sein, daß der Verbrauchermarkt ganz in der Nähe seines Geschäfts gebaut wurde **natural wastage** = natürlicher Arbeitskräfteabgang ; **the company is hoping to avoid redundancies and reduce its staff by natural wastage** = das Unternehmen hofft, Entlassungen vermeiden und seinen Personalbestand durch natürliche Abgänge reduzieren zu können

NAV = NET ASSET VALUE

navy *noun* **merchant navy** = Handelsmarine *f*

NB = NOTE

near-letter quality (NLQ) *noun (printers)* Schönschrift *f or* Briefqualität *f*

necessary *adjective* nötig *or* notwendig *or* erforderlich; **it is necessary to fill in the form correctly if you are not to have difficulty at the customs** = es ist erforderlich, das Formular richtig auszufüllen, wenn Sie keine Schwierigkeiten beim Zoll haben wollen; **is it really necessary for the chairman to have six personal assistants?** = ist es wirklich nötig, daß der Vorsitzende sechs persönliche Assistenten hat?; **you must have all the necessary documentation before you apply for a subsidy** = Sie müssen alle nötigen Unterlagen haben, bevor Sie einen Zuschuß beantragen

◊ **necessity** *noun* Notwendigkeit *f*; das Notwendigste; **being unemployed makes it**

difficult to afford even the basic necessities = wenn man arbeitslos ist, ist es schwierig, sich auch nur das Nötigste anzuschaffen

negative *adjective* negativ *or* verneinend; **the answer was in the negative** = der Bescheid war negativ *or* abschlägig; **negative cash flow** = negativer Cash-flow (NOTE the opposite is **positive**)

neglected *adjective* vernachlässigt; **neglected shares** = wenig nachgefragte Aktien *fpl*; **bank shares have been a neglected sector of the market this week** = Bankaktien waren in dieser Woche ein wenig nachgefragter Sektor des Markts; **neglected business** = vernachlässigtes Unternehmen

negligence *noun* Nachlässigkeit *f*; **criminal negligence** = grobe Fahrlässigkeit

◊ **negligible** *adjective* unbedeutend *or* geringfügig; **not negligible** = wesentlich

negotiable *adjective (words written on a cheque to show that it can be paid only to a certain person)* **'not negotiable'** = nicht übertragbar; **negotiable cheque** = Inhaberscheck *m*; **negotiable instrument** = begebbares *or* übertragbares Wertpapier

◊ **negotiate** *verb* **to negotiate with someone** = mit jdm verhandeln; **the management refused to negotiate with the union** = die Unternehmensleitung lehnte es ab, mit der Gewerkschaft zu verhandeln; **to negotiate terms and conditions** *or* **to negotiate a contract** = Bestimmungen und Bedingungen verhandeln *or* einen Vertrag aushandeln *or* über einen Vertragsabschluß verhandeln; **he negotiated a £250,000 loan with the bank** = er verhandelte mit der Bank über ein Darlehen in Höhe von £250.000 ; **negotiating committee** = Verhandlungsausschuß *m*

◊ **negotiation** *noun* Verhandlung *f*; **contract under negotiation** = der zu verhandelnde Vertrag ; **a matter for negotiation** = eine Verhandlungssache; **to conduct negotiations** = Verhandlungen führen; **to enter into negotiations** *or* **to start negotiations** = Verhandlungen aufnehmen; **to break off negotiations** = Verhandlungen abbrechen; **to resume negotiations** = Verhandlungen wiederaufnehmen; **negotiations broke down after six hours** = die Verhandlungen scheiterten nach sechs Stunden; **pay negotiations** *or* **wage negotiations** = Lohnverhandlungen

◊ **negotiator** *noun* **(a)** Verhandlungsführer/-in; Unterhändler/-in; **an experienced union negotiator** = ein erfahrener Gewerkschaftsunterhändler **(b)** *(GB)* Makler/-in

QUOTE initial salary is negotiable around $45,000 per annum
Australian Financial Review

QUOTE after three days of tough negotiations, the company reached agreement with its 1,200 unionized workers
Toronto Star

QUOTE many of the large travel agency chains are able to negotiate even greater discounts
Duns Business Month

Nepal *noun* Nepal *n*

◊ **Nepalese** *or* **Nepali 1** *noun* Nepalese/Nepalesin **2** *adjective* nepalesisch (NOTE: capital: **Katmandu;** currency: **Nepalese rupee** = nepalesische Rupie)

nest egg *noun* Notgroschen *m*

net 1 *adjective* **(a)** netto *or* Netto-; **net asset value (NAV)** *or* **net worth** = Reinvermögen *n*; **net cash flow** = Netto-Cash-flow *m*; **net earnings** = Nettoverdienst *m*; **net income** = Nettoeinkommen *n*; **net income** *or* **net salary** = Nettoverdienst *m or* Nettogehalt *n*; **net loss** = Nettoverlust *m*; **net margin** = Nettomarge *f or* Nettogewinnspanne *f*; **net price** = Nettopreis *m*; **net profit** = Nettogewinn *m or* Reingewinn *m*; **net profit before tax** = Nettogewinn vor Besteuerung; **net receipts** = Nettoeinnahmen *fpl*; **net sales** = Nettoumsatz *m*; **net weight** = Nettogewicht *n*; **net yield** = Nettoertrag *m or* Reinertrag **(b) terms strictly net** = Zahlung netto ohne jeden Abzug (NOTE: the spelling **nett** is sometimes used on containers) **2** *verb* netto einnehmen *or* verdienen ; **to net a profit of £10,000** = einen Reingewinn von £10.000 erzielen (NOTE: **netting - netted)**

QUOTE out of its earnings a company will pay a dividend. When shareholders receive this it will be net, that is it will have had tax deducted at 30 per cent
Investors Chronicle

QUOTE in each of the years 1986 to 1989, Japan pumped a net sum of the order of $100bn into foreign securities markets, notably into US government bonds. In 1988, Germany was also a significant supplier of net capital to the tune of $45bn
Financial Times Review

Netherlands *or (informal)* **Holland** *noun* Niederlande *pl or (umg)* Holland *n*

◊ **Dutch 1** *adjective* holländisch *or* niederländisch **2** *plural noun* **the Dutch** = die Holländer *or* die Niederländer *pl*

◊ **Dutchman, Dutchwoman** Holländer/-in *or* Niederländer/-in (NOTE: capital: **Amsterdam;** currency: **guilder** = holländischer Gulden)

network 1 *noun* Netz *n*; **a network of distributors** *or* **a distribution network** = ein Verteilernetz *or* Vertriebsnetz; **computer network** = Computernetzwerk *n*; Rechnerverbund *m*; **television network** = Fernsehstationen *fpl*; Sendenetz *n* **2** *verb* vernetzen; **to network a television programme** = ein Fernsehprogramm im ganzen Netzbereich senden; **networked system** = Mehrplatzsystem *n*; Rechnerverbund *m*

new *adjective* neu; **under new management** = unter neuer Leitung; **new issue** = Neuemission *f*; **new issues department** = Neuemissionsabteilung *f*; **new technology** = neue Technologie

◊ **news** *noun* Nachrichten *pl; (in a newspaper)* **business news** = Wirtschaftsbericht *m*; **financial news** = Finanzbericht *m*; Börsenbericht *m*; Börsennachrichten *pl*; **financial markets were shocked by the news of the devaluation** = die Geldmärkte waren geschockt über die Nachricht der Abwertung; **news agency** = Nachrichtenagentur *f or* Nachrichtendienst *n*; **news release** = Pressemitteilung *f*; **the company sent out a news release about the new managing director** = das Unternehmen gab eine

Pressemitteilung über den neuen geschäftsführenden Direktor heraus

◇ **newsagent** *noun* Zeitungshändler/-in

◇ **newsletter** *noun* **company newsletter** = Mitteilungsblatt *n* eines Unternehmens; Newsletter *m*

New Zealand 1 *noun* Neuseeland *n* **2** *adjective* neuseeländisch

◇ **New Zealander** *noun* Neuseeländer/-in

(NOTE: capital: **Wellington;** currency: **New Zealand dollar** = Neuseeland-Dollar *m*)

Nicaragua *noun* Nicaragua *n*

◇ **Nicaraguan 1** *noun* Nicaraguaner/-in **2** *adjective* nicaraguanisch

(NOTE: capital: **Managua;** currency: **córdoba** = Córdoba *m*)

NIC = NATIONAL INSURANCE CONTRIBUTIONS

niche *noun* Nische *f*

nickel *noun (US)* Nickel *m or* Fünfcentstück *n*

Niger *noun* Niger *n*

◇ **Nigerien 1** *noun* Nigrer/-in **2** *adjective* nigrisch

(NOTE: capital: **Niamey;** currency: **CFA franc** = CFA-Franc *m*)

Nigeria *noun* Nigeria *n*

◇ **Nigerian 1** *noun* Nigerianer/-in **2** *adjective* nigerianisch

(NOTE: capital: **Abuja;** currency: **naira** = Naira *m*)

night *noun* Nacht *f*; **night safe** = Nachtsafe *m*; **night shift** = Nachtschicht *f*; **there are thirty men on the night shift** = dreißig Mann arbeiten in der Nachtschicht; **he works nights** *or* **he works the night shift** = er arbeitet nachts *or* er macht die Nachtschichten

nil *noun* Null *f or* Nichts; **nil return** = keinerlei Erträge; **to make a nil return** = keinerlei Erträge angeben; **the advertising budget has been cut to nil** = das Werbebudget ist auf Null gekürzt worden

NLQ = NEAR LETTER-QUALITY

No. = NUMBER Nummer (Nr.)

no-claims bonus *noun* Schadenfreiheitsrabatt *m*

nominal *adjective* **(a)** nominell; **we make a nominal charge for our services** = wir erheben eine nominelle Gebühr für unsere Dienste; **they are paying a nominal rent** = sie zahlen eine nominelle Miete **(b) nominal capital** = Nominalkapital *n*; **nominal ledger** = Hauptbuch *n*; **nominal value** = Nennwert *m or* Nominalwert

nominate *verb* nominieren *or* vorschlagen; aufstellen; **to nominate someone for a post** = jdn für eine Stelle vorschlagen; **to nominate someone to a post** = jdn auf eine Stelle berufen; **to nominate someone as proxy** = jdn als Stellvertreter nominieren

◇ **nomination** *noun* Nominierung *f or* Aufstellung *f*

◇ **nominee** *noun* Nominierte(r) *or* Kandidat/-in; **nominee account** = Anderkonto *n*

non- *prefix* nicht- *or* Nicht-

◇ **non-acceptance** *noun* Akzeptverweigerung *f*

◇ **non-contributory** *adjective* **non-contributory pension scheme** = beitragsfreie Rentenversicherung; **the company pension scheme is non-contributory** = die betriebliche Altersversorgung ist beitragsfrei

◇ **non-delivery** *noun* Nichtlieferung *f*

◇ **non-durables** *plural noun* kurzlebige Konsumgüter *npl*

◇ **non-executive director** *noun* nicht geschäftsführendes Mitglied des board of directors

◇ **nonfeasance** *noun* pflichtwidrige Unterlassung; Nichterfüllung *f*

◇ **non-negotiable instrument** *noun* nicht begebbares Wertpapier; Namenspapier *n*

◇ **non-payment** *noun* **non-payment of a debt** = Nichtbezahlen *n* einer Verbindlichkeit

◇ **non-profit-making organization** *or (US)* **non-profit corporation** *noun* gemeinnützige Organisation *or* gemeinnützige Körperschaft; **non-profit-making organizations are exempted from tax** = gemeinnützige Organisationen sind von der Steuer befreit

> QUOTE situations can occur in non-profit organizations when no monetary charge can be made for products and services
>
> *Quarterly Review of Marketing*

◇ **non-recurring items** *noun* einmalige *or* aperiodische Posten *mpl*

◇ **non-refundable** *adjective* nicht erstattungsfähig; **non-refundable deposit** = nicht zurückerstattbare Kaution

◇ **non-resident 1** *noun* Ausländer/-in; Steuerausländer/-in **2** *adjective* Ausländer-; **he has a non-resident bank account** = er hat ein Ausländerkonto

◇ **non-returnable** *adjective* Einweg-; **non-returnable packaging** = Einwegverpackung *f*

◇ **non-stop** *adjective & adverb* durchgehend *or* ununterbrochen; **they worked non-stop to finish the audit on time** = sie arbeiteten ununterbrochen, um die Buchprüfung rechtzeitig abzuschließen; **non-stop flight** = Nonstopflug *m (cf* DIRECT FLIGHT)

◇ **non-sufficient funds** *noun (US)* unzureichende Kontendeckung

◇ **non-taxable** *adjective* steuerfrei *or* nicht steuerpflichtig; **non-taxable income** = steuerfreies Einkommen

◇ **non-union** *adjective* **company using non-union labour** = Unternehmen, das nicht gewerkschaftlich organisierte Arbeiter beschäftigt

◇ **non-voting shares** *noun* stimmrechtslose Aktien *fpl*

norm *noun* Norm *f*; **the output from this factory is well above the norm for the industry** *or* **well above the industry norm** = die Produktion dieser Fabrik liegt weit über der Industrienorm

◇ **normal** *adjective* normal *or* üblich; **normal deliveries are made on Tuesdays and Fridays** = normalerweise wird dienstags und freitags ausgeliefert; **now that the strike is over we hope to resume normal service as soon as possible** = jetzt da der Streik vorbei ist, hoffen wir, den normalen Service so bald wie möglich wieder aufnehmen zu können; **under normal conditions a package takes two days to get to Copenhagen** = unter normalen Bedingungen dauert es zwei Tage, ein Paket nach Kopenhagen zu schicken

Norway *noun* Norwegen *n*

◇ **Norwegian 1** *noun* Norweger/-in **2** *adjective* norwegisch

(NOTE: capital: **Oslo;** currency: **Norwegian krone** = norwegische Krone)

no-strike *adjective* **no-strike agreement** *or* **no-strike clause** = Streikverbotsabkommen *n*; Streikverbotsklausel *f*

notary public *noun* Notar/-in (NOTE: plural is **notaries public)**

note 1 *noun* **(a)** *(short document)* Mitteilung *f or* Bescheid *f*; **advice note** = Versandanzeige *f or* Avis *m or n* **contract note** = Ausführungsanzeige *f*; **cover note** = vorläufiger Versicherungsschein; Deckungszusage *f*; **covering note** = Begleitschreiben *n*; **credit note** = Gutschriftanzeige *f*; **debit note** = Lastschriftanzeige *or* Belastungsanzeige *or* Debetanzeige; **we undercharged Mr Smith and had to send him a debit note for the extra amount** = wir haben Herrn Smith zu wenig berechnet und mußten ihm eine Belastungsanzeige über den Fehlbetrag schicken; **delivery note** = Lieferschein *m*; **dispatch note** = Versandschein *m*; **note of hand** *or* **promissory note** = Schuldschein *m* **(b)** *(short letter)* Notiz *f or* Nachricht *f*; **to send someone a note** = jdm eine kurze Nachricht schicken; **I left a note on his desk** = ich habe eine Notiz auf seinem Schreibtisch hinterlassen; **she left a note for the managing director with his secretary** = sie hinterließ eine Nachricht für den geschäftsführenden Direktor bei seiner Sekretärin **(c) bank note** *or* **currency note** = Banknote *f*; Geldschein *m*; **a £5 note** = ein £5-Schein; **he pulled out a pile of used notes** = er zog ein Bündel gebrauchter Scheine heraus **2** *verb (to write down details)* zur Kenntnis nehmen; vermerken *or* notieren; **we note that the goods were delivered in bad condition** = wir nehmen zur Kenntnis, daß die Waren in schlechtem Zustand angeliefert wurden; **your order has been noted and will be dispatched as soon as we have stock** = Ihre Bestellung ist notiert und wird ausgeliefert, sobald wir Waren am Lager haben; **your complaint has been noted** = Ihre Beschwerde wurde vermerkt

◇ **notebook** *noun* **(a)** Notizbuch *n* **(b)** *(computer)* Notebook *m*

◇ **notepad** *noun* Notizblock *m*

◇ **notepaper** *noun* **(a)** Briefpapier *n* **(b)** *(US)* Schmierpapier *n*

notice *noun* **(a)** *(piece of written information)* Mitteilung *f*; Anschlag *m*; **the secretary pinned up a notice about the company pension scheme** = die Sekretärin heftete eine Mitteilung *or* einen Anschlag über die betriebliche Altersversorgung an; **copyright notice** = Urheberrechtsvermerk *m* **(b)** *(official warning that a contract is going to end)* Bescheid *m*; **until further notice** = bis auf weiteres; **you must pay £200 on the 30th of each month until further notice** = Sie müssen bis auf weiteres am 30. jedes Monats £200 bezahlen **(c)** *(written announcement that a worker is leaving his job)* Kündigung *f*; **period of notice** = Kündigungsfrist *f*; **we require three months' notice** = wir verlangen drei Monate Kündigungsfrist; **he gave six months' notice** = er gab eine Kündigungsfrist von sechs Monaten; **we gave him three months' wages in lieu of notice** = wir gaben ihm drei Monatsgehälter anstelle einer Kündigungsfrist; **she gave in** *or* **handed in her notice** = sie hat ihre Kündigung eingereicht; **he is working out his notice** = er arbeitet bis zum Ende der Kündigungsfrist **(d)** *(time allowed before something takes place)* Frist *f*; **at short notice** = kurzfristig; **the bank manager will not see anyone at short notice** = der Geschäftsführer der Bank empfängt niemanden kurzfristig; **you must give seven days' notice of withdrawal** = Sie haben sieben Tage Kündigungsfrist für Abhebungen **(e)** *(legal document)* Bescheid *m*; Verfügung *f*; Kündigungsschreiben *n*; Vorladung *f*; **to give a tenant notice to quit** = einem Mieter kündigen; **to serve notice on someone** = jdm einen Bescheid zustellen

◇ **noticeboard** *noun* Schwarzes Brett; Anschlagbrett *n*; **did you see the new list of prices on the noticeboard?** = haben Sie die neue Preisliste am Schwarzen Brett gesehen?

notify *verb* **to notify someone of something** = jdn von etwas in Kenntnis setzen *or* unterrichten; **they were notified of the arrival of the shipment** = sie wurden von der Ankunft der Ladung in Kenntnis gesetzt

◇ **notification** *noun* Benachrichtigung *f or* Mitteilung *f*

notional *adjective* fiktiv *or* angenommen; **notional income** = fiktives Einkommen; **notional rent** = fiktive Mieteinnahme

nought *number* 0 *or* Null *f*; **a million pounds can be written as '£1m' or as one and six noughts** = eine Millionen Pfund kann ‚£1 Mio' oder eins und sechs Nullen geschrieben werden (NOTE: **nought** is commoner in GB English; in US English, **zero** is more usual)

null *adjective* nichtig *or* ungültig; **the contract was declared null and void** = der Vertrag wurde für ungültig *or* null und nichtig erklärt; **to render a decision null** = eine Entscheidung aufheben *or* für nichtig erklären

◇ **nullification** *noun* Annullierung *f or* Aufhebung *f*

◇ **nullify** *verb* annullieren *or* für nichtig erklären

number 1 *noun* **(a)** *(quantity of things or people)* Zahl *f or* Anzahl *f*; **the number of persons on the payroll has increased over the last year** = die Anzahl der Personen auf der Lohnliste ist in den letzten Jahren gestiegen; **the number of days lost through strikes has fallen** = die Anzahl der durch Streik verlorengegangenen Tage ist zurückgegangen; **the number of shares sold** = die Anzahl der verkauften Aktien; **a number of** = eine Reihe von *or* einige; **a number of the staff will be retiring this year** = eine Reihe von

Personalmitgliedern geht dieses Jahr in Rente **(b)** *(written figure)* Nummer *f or* Zahl *f*; **account number** = Kontonummer; **batch number** = Seriennummer; **cheque number** = Schecknummer; **invoice number** = Rechnungsnummer; **order number** = Auftragsnummer; **page number** = Seitenzahl; **serial number** = Seriennummer; **phone number** *or* **telephone number** = Telefonnummer; **box number** = Postfach *n*; **please reply to Box No. 209** = schicken Sie ihre Antwort bitte an Postfach 209; **index number** = Index *m* (NOTE: often written **No.** with figures: **No. 23)** **2** *verb* numerieren; **to number an order** = einen Auftrag numerieren; **I refer to your invoice numbered 1234** = ich beziehe mich auf Ihre Rechnung mit der Nr. 1234; **numbered account** = Nummernkonto *n*

◇ **numeric** *or* **numerical** *adjective* numerisch *or* zahlenmäßig; **in numerical order** = nach Nummern geordnet; **file these invoices in numerical order** = legen Sie diese Rechnungen nach Nummern geordnet ab; **numeric data** = numerische Daten *pl*; **numeric keypad** = Zehnertastatur *f or* numerische Tastatur

Oo

0500 *or* **0800 number** gebührenfreie Telefonnummer *(entspricht)* SERVICE 0130 (NOTE: in the US this is an **800 number)**

O & M = ORGANIZATION AND METHODS

OAP = OLD AGE PENSIONER

oath *noun* Eid *m*; **he was under oath** = er stand unter Eid

object *verb* protestieren *or* Einwand *m* erheben (gegen) *or* ablehnen; **to object to a clause in a contract** = gegen eine Vertragsklausel Einwände *mpl or* Einspruch *m* erheben (NOTE: you object **to** something)

◇ **objection** *noun* **to raise an objection to something** = gegen etwas Einwände *mpl or* Einspruch *m* erheben; **the union delegates raised an objection to the wording of the agreement** = die Gewerkschaftsdelegierten erhoben Einwände gegen die Formulierung des Vertrags

objective 1 *noun* Ziel *n*; **the company has achieved its objectives** = das Unternehmen hat seine Ziele erreicht; **we set the sales forces certain objectives** = wir setzten den Handelsvertretern bestimmte Ziele; **long-term objective** *or* **short-term objective** = langfristige Zielsetzung *or* kurzfristige Zielsetzung; **management by objectives** = Unternehmensführung mit Zielvorgaben *fpl* **2** *adjective* objektiv *or* sachlich; **you must be objective in assessing the performance of the staff** = Sie müssen bei der Beurteilung der Leistungen des Personals objektiv sein; **to carry out an objective survey of the market** = eine objektive Marktstudie vornehmen

obligate *verb* **to be obligated to do something** = verpflichtet sein, etwas zu tun

◇ **obligation** *noun* **(a)** *(duty to do something)* Verpflichtung *f*; **to be under an obligation to do something** = verpflichtet sein, etwas zu tun; **there is no obligation to buy** = es besteht kein Kaufzwang; **to be under no obligation to do something** = nicht verpflichtet sein, etwas zu tun; **he is under no contractual obligation to buy** = er ist nicht vertraglich zum Kauf verpflichtet; **to fulfill one's contractual obligations** = seine Vertragspflicht erfüllen; **two weeks' free trial without obligation** = zwei Wochen Probezeit ohne Kaufzwang **(b)** *(debt)* Verbindlichkeit *f*; **to meet one's obligations** = seinen Verbindlichkeiten nachkommen

◇ **obligatory** *adjective* obligatorisch *or* bindend *or* Pflicht-; **each person has to pass an obligatory medical examination** = jede Person muß sich einer ärztlichen Pflichtuntersuchung unterziehen

◇ **oblige** *verb* **to oblige someone to do something** = jdn zu etwas verpflichten; **he felt obliged to cancel the contract** = er fühlte sich verpflichtet, den Vertrag zu kündigen

o.b.o. = OR BEST OFFER

obsolescence *noun (technisches oder wirtschaftliches)* Obsoleszenz *f or* Veralten *n*; **built-in obsolescence** *or* **planned obsolescence** = eingebaute *or* qualitative Obsoleszenz; geplante Veralterung

◇ **obsolescent** *adjective* obsoleszent *or* veraltend; unmodern

◇ **obsolete** *adjective* überholt *or* veraltet *or* obsolet; **when the office was equipped with word-processors the typewriters became obsolete** = als das Büro mit Textverarbeitern ausgestattet wurde, waren die Schreibmaschinen überholt

obtain *verb* erhalten *or* beziehen *or* bekommen; erwirken; **to obtain supplies from abroad** = Lieferungen aus dem Ausland erhalten; **we find these items very difficult to obtain** = wir stellen fest, daß diese Artikel schwer zu bekommen sind ; **to obtain an injunction against a company** = eine gerichtliche Verfügung gegen ein Unternehmen erwirken; **he obtained control by buying the founder's shareholding** = er erhielt die Kontrolle, indem er die Gründeraktien kaufte

◇ **obtainable** *adjective* erhältlich *or* zu bekommen; **prices fall when raw materials are easily obtainable** = die Preise fallen, wenn Rohstoffe leicht erhältlich sind; **our products are obtainable in all computer shops** = unsere Produkte sind in allen Computergeschäften erhältlich

occasional *adjective* gelegentlich

occupancy *noun* Bewohnen *n or* Belegung *f*; **with immediate occupancy** = sofort beziehbar; **occupancy rate** = Zimmerbelegung; **during the winter months the occupancy rate was down to 50%** = während der Wintermonate ging die Zimmerbelegung auf 50% zurück

◇ **occupant** *noun* Bewohner/-in

> QUOTE three other projects have been open more than one year yet have occupancy rates of less than 36%
> ***Forbes Magazine***
>
> QUOTE while occupancy rates matched those of 1992 in July, August has been a much poorer month than it was the year before
> ***Economist***

occupation *noun* **(a) occupation of a building** = Beziehen *n* eines Gebäudes **(b)** *(job or work)* Beruf *m or* Tätigkeit *f or* Gewerbe *n or* Geschäft *n*; **what is her occupation?** = was ist sie von Beruf?; **his main occupation is house building** = sein Hauptgeschäft ist das Bauen von Häusern; **people**

in professional occupations = Leute in Fachberufen

◇ **occupational** *adjective* Berufs- *or* beruflich; **occupational accident** = Arbeitsunfall *m*; **occupational disease** = Berufskrankheit *f*; **occupational hazards** = Berufsrisiken *npl*; **heart attacks are one of the occupational hazards of directors** = Herzinfarkt ist eins der Berufsrisiken von Direktoren; **occupational pension scheme** = Betriebsaltersversorgung *f*

◇ **occupier** *noun* Bewohner/-in; **beneficial occupier** = Nießbrauchberechtigte(r); **owner-occupier** = Bewohner/-in des eigenen Hauses

◇ **occupy** *verb* **(a)** bewohnen *or* belegen; **all the rooms in the hotel are occupied** = alle Zimmer in dem Hotel sind belegt; **the company occupies three floors of an office block** = das Unternehmen belegt drei Stockwerke eines Bürogebäudes **(b) to occupy a post** = eine Stelle innehaben

> QUOTE employment in professional occupations increased by 40 per cent, while the share of white-collar occupations in total employment rose from 44 per cent to 49 per cent
> ***Sydney Morning Herald***

odd *adjective* **(a) odd numbers** = ungerade Zahlen *fpl*; **odd-numbered buildings** *or* **buildings with odd numbers are on the south side of the street** = Gebäude mit ungeraden Hausnummern *fpl* sind auf der Südseite der Straße **(b) a hundred odd** = etwa hundert *or* um die hundert; **keep the odd change** = behalten Sie das Wechselgeld **(c) an odd shoe** = ein einzelner *or* überzähliger Schuh; **we have a few odd boxes left** = wir haben einige wenige Kisten übrig; **odd lot** = Auktionsposten *m*; **to do odd jobs** = Gelegenheitsarbeiten *fpl* verrichten **(d) odd sizes** = ausgefallene Größen *fpl*

◇ **odd-job-man** *noun* Gelegenheitsarbeiter *m*

◇ **oddments** *plural noun* Restposten *mpl*; Restbestände *mpl*; Einzelstücke *npl*

OECD = ORGANIZATION FOR ECONOMIC CO-OPERATION AND DEVELOPMENT

> QUOTE calling for a greater correlation between labour market policies, social policies and education and training, the OECD warned that long-term unemployment would remain unacceptably high without a reassessment of labour market trends
> ***Australian Financial Review***

off 1 *adverb* **(a)** *(cancelled)* abgesagt *or* ausgefallen *or* nicht mehr geltend; **the agreement is off** = der Vertrag gilt nicht mehr; **they called the strike off** = sie sagten den Streik ab **(b)** *(reduced by)* ermäßigt *or* mit Ermäßigung; **£25 off the marked price** = £25 unter dem angegebenen *or* ausgezeichneten Preis; **we give 5% off for quick settlement** = wir gewähren 5% Ermäßigung für umgehende Zahlung **2** *preposition* **(a)** von; **to take £25 off the price** = £25 vom Preis nachlassen; **we give 10% off our normal prices** = wir gewähren 10% Rabatt auf unsere normalen Preise **(b)** *(accounting)* **items off balance sheet** *or* **off balance sheet assets** = bilanzunwirksame Posten *mpl* **(c)** *(away from work)* frei; **to take time off work** = sich (von der Arbeit) frei nehmen; **it is the secretary's day off tomorrow** = morgen hat die Sekretärin ihren freien Tag

> QUOTE its stock closed Monday at $21.875 a share in NYSE composite trading, off 56% from its high last July
> ***Wall Street Journal***
> QUOTE the active December long gilt contract on the LIFFE slipped to close at 83-12 from the opening 83-24. In the cash market, one long benchmark - the 11¾ issue of 2003-07 - closed 101 to yield 11.5 per cent, off more than ⅝ on the day
> ***Financial Times***

offer 1 *noun* **(a)** *(to buy)* Angebot *n*; **to make an offer for a company** = ein Angebot für ein Unternehmen machen; **he made an offer of £10 a share** = er machte ein Angebot von £10 pro Aktie; **we made a written offer for the house** = wir machten ein schriftliches Angebot für das Haus; **£1,000 is the best offer I can make** = £1.000 ist das beste Angebot, das ich machen kann; **to accept an offer of £1,000 for the car** = ein Angebot von £1.000 für den Wagen annehmen; **the house is under offer** = für das Haus liegt ein Kaufangebot vor; **we are open to offers** = Angebote werden entgegengenommen; **cash offer** = Barzahlungsangebot *n*; **or near offer (o.n.o.)** *or* *(US)* **or best offer (o.b.o.)** = oder gegen Höchstgebot; Verhandlungsbasis (VB); **the car is for sale at £2,000 or near offer** = der Wagen steht für £2.000 oder das nächstbeste Angebot zum Verkauf **(b)** *(to sell)* Verkaufsangebot *n*; **offer for sale** = Zeichnungsangebot *n*; **offer price** = Emissionskurs *m* **(c) the management has made an increased offer to all employees** = die Unternehmensleitung machte allen Arbeitnehmern ein höheres Angebot; **he received six offers of jobs** *or* **six job offers** = ihm wurden sechs Stellen angeboten *or* er erhielt sechs Stellenangebote **(d)** *(cheap)* **bargain offer** = Sonderangebot *n*; **this week's bargain offer - 30% off all carpet prices** = Sonderangebot der Woche - 30% Rabatt auf alle Teppiche; **introductory offer** = Einführungsangebot *n*; **special offer** = Sonderangebot *n*; **we have a range of men's shirts on special offer** = wir haben verschiedene Herrenhemden im Angebot **2** *verb* **(a) to offer someone a job** = jdm eine Stelle anbieten; **he was offered a directorship with Smith Ltd** = ihm wurde ein Direktorenposten bei der Fa. Smith Ltd angeboten **(b)** *(to buy)* bieten; **to offer someone £100,000 for his house** = jdm £100.000 für sein Haus bieten; **he offered £10 a share** = er bot £10 pro Aktie **(c)** *(to sell)* anbieten; **we offered the house for sale** = wir boten das Haus zum Verkauf an

office *noun* **(a)** Büro *n or* Geschäftsstelle *f*; **branch office** = Filiale *f or* Geschäftsstelle *f or* Niederlassung *f*; **head office** *or* **main office** = Hauptgeschäftsstelle *f or* Zentrale *f or* Direktion *f*; *(GB)* **registered office** = eingetragener Sitz **(b) office block** *or* **a block of offices** = Bürogebäude *n*; **office boy** = Bürobote *m or* Botenjunge *m*; **office equipment** = Büroaustattung *f*; **office furniture** = Büromöbel *npl*; **office hours** = Bürozeit *f or* Dienststunden *fpl or* Geschäftsstunden *fpl*; **open during normal office hours** = während der normalen Dienststunden *or* Geschäftsstunden geöffnet; **do not telephone during office hours** = keine Anrufe während der Dienstzeit; **the manager can be reached at home out of office hours** = der Geschäftsführer kann außerhalb der Geschäftsstunden zu Hause erreicht werden; **office junior** = Bürohilfe *f*; **office space** *or* **office accommodation** = Büroräume *mpl*; **we are looking**

for extra office space = wir suchen nach zusätzlichen Büroräumen *fpl*; **office staff** = Büropersonal *n*; **office supplies** = Bürobedarf *m*; **an office supplies firm** = eine Firma für Bürobedarf; **for office use only** = nur für Bürozwecke *mpl*; **office worker** = Büroangestellte(r) **(c)** *(room where someone works)* Büro *n*; **come into my office** = kommen Sie in mein Büro; **the manager's office is on the third floor** = das Büro des Geschäftsführers ist im dritten Stock **(d) booking office** = Vorverkaufsstelle *f* *or* Vorverkaufskasse *f* ; Fahrkartenschalter *m*; **box office** = Kasse *f*; Theaterkasse; **employment office** = Stellenvermittlung *f*; **general office** = Zentrale *f* *or* Hauptbüro *n*; **information office** = Fremdenverkehrsamt *n*; Auskunft *f*; **inquiry office** = Auskunft *f* *or* Information *f*; **ticket office** = Kasse *f*; Fahrkartenschalter *m* **(e)** *GB (government department)* Ministerium *n*; **the Foreign Office** = Außenministerium *n* *or* Auswärtiges Amt; **the Home Office** = das Innenministerium; **Office of Fair Trading (OFT)** = Amt *n* für Verbraucherschutz **(f)** *(post or position)* Amt *n*; **he holds** *or* **performs the office of treasurer** = er hat das Amt des Schatzmeisters inne; **high office** = hohe amtliche Stellung; **compensation for loss of office** = Amtsverlustabfindung *f*

officer *noun* **(a)** Beamte(r)/Beamtin; Angestellte(r) (im öffentlichen Dienst); Bedienstete(r); **customs officer** = Zollbeamte(r)/Zollbeamtin; **fire safety officer** = Betriebsfeuerwehrmann *m*; **information officer** = Pressereferent/-in; **personnel officer** = Personalchef/-in *or* Personalreferent/-in; **training officer** = Ausbildungsleiter/-in; **the company officers** *or* **the officers of a company** = die Führungskräfte *fpl* eines Unternehmens **(b)** *(official of a club or society)* Vorstandsmitglied *n*; Funktionär/-in; **the election of officers of an association** = die Wahl der Vorstandsmitglieder eines Verbands

official 1 *adjective* **(a)** *(referring to a government department)* amtlich *or* Amts-; dienstlich *or* Dienst-; **the official exchange rate** = der amtliche Wechselkurs; **the official exchange rate is ten to the dollar, but you can get twice that on the black market** = der amtliche Wechselkurs des Dollars ist zehn zu eins, aber auf dem Schwarzmarkt können Sie doppelt soviel bekommen; **for official use only** = nur für den Dienstgebrauch **(b)** *(approved by a person in authority)* offiziell; **this must be an official order - it is written on the company's notepaper** = dies muß eine offizielle Anweisung sein - sie ist auf Briefpapier mit dem Briefkopf des Unternehmens geschrieben; **the strike was made official** = der Streik wurde von der Gewerkschaft genehmigt; **on official business** = in dienstlicher Angelegenheit; **he left official documents in his car** = er ließ dienstliche *or* amtliche Unterlagen in seinem Wagen; **she received an official letter of explanation** = sie erhielt eine offizielle briefliche Erklärung ; **speaking in an official capacity** = in amtlicher Eigenschaft sprechen; **to go through official channels** = den Amtsweg *or* Dienstweg beschreiten **(c) the official receiver** = Konkursverwalter *m* **2** *noun* Beamte(r)/Beamtin; **airport officials inspected the shipment** = Flughafenbeamte inspizierten die Ladung; **government officials stopped the import licence** = Regierungsbeamte hoben die Einfuhrlizenz auf; **customs official** = Zollbeamte(r); **high official** = höherer Beamter; **minor official** = unterer Beamter; **some minor official tried to stop my request for building permission** = irgendein unterer Beamter versuchte, meinen Baugenehmigungsantrag zu stoppen; **top official** = Spitzenbeamte(r); **union officials** = Gewerkschaftsfunktionäre *mpl*

◇ **officialese** *noun* Beamtendeutsch *n*

◇ **officially** *adverb* offiziell; **officially he knows nothing about the problem, but unofficially he has given us a lot of information about it** = offiziell weiß er nichts über das Problem, aber inoffiziell hat er uns eine Menge Informationen gegeben

officio *see* EX OFFICIO

off-licence *noun (GB)* **(a)** Konzession *f* zum Alkoholverkauf **(b)** Wein- und Spirituosenhandlung *f*

offload *verb* abstoßen *or* abschieben; **to offload excess stock** = überschüssige Lagerbestände abstoßen; **to offload costs onto a subsidiary company** = Kosten auf eine Tochtergesellschaft umlegen (NOTE: you offload something **from** a thing or person **onto** another thing or person)

off-peak *adjective* **during the off-peak period** = außerhalb der Stoßzeit *or* Hauptbelastungszeit *or* Hauptverkehrszeit; **off-peak tariff** *or* **rate** = Niedertarif *m*

off-season 1 *adjective* **off-season tariff** *or* **rate** = Nebensaisontarif *m* **2** *noun* Nebensaison *f*; **to travel in the off-season** = in der Nebensaison reisen; **air fares are cheaper in the off-season** = Flüge sind in der Nebensaison billiger

offset *verb* ausgleichen *or* aufwiegen *or* aufrechnen; **to offset losses against tax** = Verluste gegen die Steuern aufrechnen; **profits in the domestic market offset foreign exchange losses** = Gewinne auf dem Inlandsmarkt wiegen Wechselkursverluste auf (NOTE: **offsetting - offset)**

offshore *adjective & adverb* **(a)** der Küste vorgelagert *or* Off-shore-; **offshore oil field** = Ölfelder *npl* vor der Küste; **offshore oil platform** = Öl-Bohrinsel *f* vor der Küste **(b)** Off-shore-; **offshore bank** = Off-shore-Bank *f*; **offshore fund** = Investmentfonds *m* mit Sitz in einer Steueroase

off-the-job training *noun* außerbetriebliche Ausbildung

OFT = OFFICE OF FAIR TRADING

oil *noun* Öl *n*; Erdöl; Mineralöl; **oil-exporting countries** = erdölexportierende Länder *npl*; **oil field** = Erdölfeld *n*; **the North Sea oil fields** = die Erdölfelder in der Nordsee; **oil-importing countries** = (erdöl)importierende Länder *npl*; **oil-producing countries** = Ölförderländer *npl*; **oil platform** *or* **oil rig** = Bohrinsel *f*; **oil price** = Ölpreis *m*; **oil shares** = Ölaktien *fpl*; **oil well** = Erdölquelle *f*

old *adjective* alt; **the company is 125 years old next year** = das Unternehmen wird nächstes Jahr 125 Jahre alt; **we have decided to get rid of our old computer system and install a new one** = wir haben beschlossen, uns von unserem alten Computersystem zu trennen und ein neues zu installieren

◇ **old age** *noun* Alter *n*; **old age pension** = Altersversorgung *f or* Altersrente *f*; **old age pensioner (OAP)** = Rentner/-in

◇ **old-established** *adjective* alteingesessen *or* seit langem bestehend

◇ **old-fashioned** *adjective* altmodisch; **he still uses an old-fashioned typewriter** = er benutzt immer noch eine altmodische Schreibmaschine

oligopoly *noun* Oligopol *n*

◇ **oligopsony** *noun* Oligopson *n*

Oman *noun* Oman *n*

◇ **Omani 1** *noun* Omaner/-in **2** *adjective* omanisch

(NOTE: capital: **Muscat** = Maskat; currency: **Omani rial** = omanischer Rial)

ombudsman *noun* Ombudsmann *m* (NOTE: plural is **ombudsmen**)

> QUOTE radical changes to the disciplinary system, including appointing an ombudsman to review cases where complainants are not satisfied with the outcome, are proposed in a consultative paper the Institute of Chartered Accountants issued last month
>
> *Accountancy*

omit *verb* **(a)** auslassen *or* weglassen; **the secretary omitted the date when typing the contract** = die Sekretärin ließ das Datum aus, als sie den Vertrag tippte **(b)** unterlassen *or* versäumen; **he omitted to tell the managing director that he had lost the documents** = er unterließ es, dem geschäftsführenden Direktor zu sagen, daß er die Unterlagen verloren hatte (NOTE: **omitting - omitted**)

◇ **omission** *noun* Auslassung *f*; Unterlassung *f*; Versäumnis *n*; **errors and omissions excepted (e. & o. e.)** = Irrtümer und Auslassungen vorbehalten

omnibus agreement *noun* Globalabkommen *n*

on *preposition* **(a) to sit on a committee** = in einem Ausschuß sitzen; **she is on the boards of two companies** = sie gehört dem board von zwei Unternehmen an; **we have 250 people on the payroll** = wir haben 250 Beschäftigte auf unserer Lohnliste; **she is on our full-time staff** = sie gehört zu unserem Ganztagspersonal **(b)** *(in a certain way)* **on a commercial basis** = auf gewerblicher Basis; **to buy something on approval** = etwas auf Probe kaufen; **on the average** = im Durchschnitt; **to buy a car on hire-purchase** = ein Auto auf Raten kaufen; **to get a mortgage on easy terms** = eine Hypothek zu günstigen Bedingungen bekommen **(c)** *(at a time)* **on weekdays** = an Wochentagen; **the shop is closed on Wednesday afternoons** = der Laden ist Mittwoch nachmittags geschlossen; **on May 24th** = am 24. Mai **(d)** *(doing something)* **the director is on holiday** = der Direktor ist in Urlaub; **she is in the States on business** = sie ist geschäftlich in den USA; **the switchboard operator is on duty from 6 to 9 a.m.** = die Telefonistin ist von 6 bis 9 im Dienst

◇ **oncosts** *plural noun* Fixkosten *pl*

◇ **on-line** *or* **online** *adverb* on line ; **the sales office is on-line to the warehouse** = das Vertriebsbüro ist mit dem Lager on line ; **we get our data on-line from the stock control department** = wir bekommen unsere Daten on line von der Lagersteuerungsabteilung

◇ **on-the-job training** *noun* betriebliche Ausbildung

one-man *adjective* **one-man business** *or* **firm** *or* **company** *or* **operation** = Einmannbetrieb *m*

◇ **one-off** *adjective* einmalig; **one-off deal** = einmaliges Geschäft; **one-off item** = Einzelstück *n*; **one-off advertising operation** = einmalige Werbemaßnahme

◇ **one-sided** *adjective* einseitig *or* parteiisch; **one-sided agreement** = einseitiges Abkommen

◇ **one-way** *adjective* **one-way ticket** = einfache Fahrkarte; *(US)* **one-way fare** = einfacher Fahrpreis *or* einfacher Flugpreis; **one-way trade** = einseitiger Handel

◇ **one-way street** *noun* Einbahnstraße *f*; **the shop is in a one-way street, which makes it very difficult for parking** = das Geschäft ist in einer Einbahnstraße, was zu Parkschwierigkeiten führt

onerous *adjective* beschwerlich *or* lästig; **the repayment terms are particularly onerous** = die Rückzahlungsbedingungen sind extrem schwer

o.n.o. = OR NEAR OFFER

OPEC = ORGANIZATION OF PETROLEUM EXPORTING COUNTRIES OPEC *f (Organisation der ölexportierenden Länder)*

open 1 *adjective* **(a)** *(at work or not closed)* geöffnet; **the store is open on Sunday mornings** = das Geschäft ist Sonntag morgens geöffnet; **our offices are open from 9 to 6** = unsere Geschäftsstellen sind von 9 bis 18 Uhr geöffnet; **they are open for business every day of the week** = sie haben jeden Tag geöffnet **(b)** *(available)* offen *or* offenstehend; **the job is open to all applicants** = die Stelle steht allen Bewerbern offen; **we will keep the job open for you until you have passed your driving test** = wir werden die Stelle für Sie offen halten, bis Sie Ihren Führerschein gemacht haben; **open to offers** = Angebote werden entgegengenommen; **the company is open to offers for the empty factory** = die Firma zieht Angebote für die leerstehende Fabrik in Betracht **(c) open account** = Kontokorrentkonto *n*; **open cheque** = Barscheck *m*; **open credit** = Blankokredit *m or* offener Kredit; **open market** = freier Markt; **to buy shares on the open market** = Wertpapiere auf dem freien Markt kaufen; **open ticket** = offenes Ticket **2** *verb* **(a)** *(to start a new business working)* eröffnen *or* aufmachen; **she has opened a shop in the High Street** = sie hat ein Geschäft auf der High Street eröffnet; **we have opened an office in London** = wir haben eine Geschäftsstelle in London eröffnet **(b)** *(to start work or to be at work)* aufmachen *or* öffnen *or* geöffnet sein; **the office opens at 9 a.m.** = das Büro öffnet um 9 Uhr; **we open for business on Sundays** = wir haben sonntags geöffnet **(c)** *(to begin)* eröffnen *or* beginnen; **to open negotiations** = Verhandlungen beginnen *or* aufnehmen; **he opened the discussions with a description of the product** = er eröffnete die

Besprechung mit einer Beschreibung des Produkts; **the chairman opened the meeting at 10.30** = der Vorsitzende eröffnete die Sitzung um 10.30 Uhr **(d)** *(to start)* eröffnen *or* einrichten; **to open a bank account** = ein Bankkonto eröffnen *or* einrichten; **to open a line of credit** = eine Kreditlinie eröffnen; **to open a loan** = einen Kredit eröffnen **(e) the shares opened lower on the stock exchange** = die Aktien eröffneten schwächer an der Börse

◇ **open-ended** *or (US)* **open-end** *adjective* offen *or* unbeschränkt *or* unbefristet; Blanko-; **open-ended agreement** = Vertrag *m* mit teilweise offenen Modalitäten *pl*

◇ **opening 1** *noun* **(a)** *(act of starting a new business)* Eröffnung *f*; **the opening of a new branch** = die Eröffnung einer neuen Filiale; **the opening of a new market** *or* **of a new distribution network** = die Erschließung eines neuen Markts *or* eines neuen Vertriebsnetzes **(b) late opening** *or* **late-night opening** = lange Öffnungszeiten *fpl*; **opening hours** = Öffnungszeit *f or* Geschäftszeit *f* **(c) job openings** = freie Stellen *fpl*; **we have openings for office staff** = wir haben freie Stellen für Büroangestellte; **a market opening** = eine Markterschließung **2** *adjective* einleitend *or* Eröffnungs-; **opening balance** = Eröffnungsbilanz *f*; **opening bid** = Eröffnungsgebot *n*; **opening entry** = Eröffnungsbuchung *f*; **opening price** = Eröffnungskurs *m or* Eröffnungsnotierung *f*; **opening stock** = Eröffnungsbestand *m*

◇ **open-plan office** *noun* Großraumbüro *n*

◇ **open up** *verb* **to open up new markets** = neue Märkte erschließen

> QUOTE after opening at 79.1 the index touched a peak of 79.2 and then drifted to a low of 78.8
> ***Financial Times***

operate *verb* **(a)** gelten *or* wirksam werden; **the new terms of service will operate from January 1st** = die neuen Dienstleistungsbestimmungen treten ab 1. Januar in Kraft; **the rules operate on inland postal services** = die Bestimmungen gelten für den Inlandspostdienst **(b) to operate a machine** = eine Maschine bedienen; **he is learning to operate the new telephone switchboard** = er lernt gerade, die neue Telefonzentrale zu bedienen

◇ **operating** *noun* Betrieb *m*; **operating budget** = Betriebsbudget *n*; **operating costs** *or* **operating expenses** = Betriebskosten *pl*; betriebliche Aufwendungen *fpl*; **operating manual** = Benutzerhandbuch *n*; Bedienungsanleitung *f*; **operating profit** *or* **operating loss** = Betriebsgewinn *m or* Betriebsverlust *m*; operativer Gewinn *or* operativer Verlust; **operating system** = Betriebssystem *n*

◇ **operation** *noun* **(a)** Geschäftsbereich *m*; Betrieb *m*; **the company's operations in West Africa** = die Geschäfte *npl* des Unternehmens in Westafrika; **he heads up the operations in Northern Europe** = er leitet die Geschäfte in Nordeuropa; **operations research (OR)** = Operations-Research *f*; **operations review** = Betriebsanalyse *f*; **franchising operation** = Franchise-Betrieb *m* **(b) stock exchange operation** = Börsengeschäft *n*; Effektenhandel *m* **(c) in operation** = in Betrieb *or* in Kraft; **the system will be in operation by June** = das System wird ab Juni in Kraft sein; **the new system came into operation on June 1st** = das neue System trat am 1. Juni in Kraft

◇ **operational** *adjective* **(a)** betrieblich *or* Betriebs- *or* Funktions-; **operational budget** = Betriebsbudget *n*; **operational costs** = Betriebskosten *pl*; **operational planning** = Betriebsplanung *f*; **operational research** = betriebswirtschaftliche Forschung; Operations-Research *f* **(b) the system became operational on June 1st** = das System trat am 1. Juni in Kraft

◇ **operative 1** *adjective* **to become operative** = wirksam *or* gültig werden *or* in Kraft treten; **the new system has been operative since June 1st** = das neue System ist seit dem 1. Juni in Kraft **2** *noun* Fabrikarbeiter/-in

◇ **operator** *noun* **(a)** Maschinist/-in; **keyboard operator** = Texterfasser/-in; **telex operator** = Telexbediener/-in **(b)** *(person who works a telephone switchboard)* **switchboard operator** = Telefonist/-in; **to call the operator** *or* **to dial the operator** = die Auskunft *or* Vermittlung anrufen; **to place a call through** *or* **via the operator** = ein Gespräch über die Vermittlung laufen lassen **(c)** *(on the stock exchange)* Börsenspekulant/-in **(d) tour operator** = Reiseveranstalter *m*

> QUOTE the company blamed over-capacity and competitive market conditions in Europe for a £14m operating loss last year
> ***Financial Times***
>
> QUOTE a leading manufacturer of business, industrial and commercial products requires a branch manager to head up its mid-western Canada operations based in Winnipeg
> ***Globe and Mail (Toronto)***
>
> QUOTE the company gets valuable restaurant locations which will be converted to the family-style restaurant chain that it operates and franchises throughout most parts of the US
> ***Fortune***
>
> QUOTE shares are trading at about seven times operating cash flow, or half the normal multiple
> ***Business Week***
>
> QUOTE a number of block bookings by American tour operators have been cancelled
> ***Economist***

opinion *noun* **(a) public opinion** = öffentliche Meinung; **opinion poll** *or* **opinion research** = Meinungsumfrage *f*; Meinungsforschung *f*; **opinion polls showed that the public preferred butter to margarine** = Meinungsumfragen ergaben, daß die Bevölkerung lieber Butter als Margarine ißt; **before starting the new service, the company carried out a nationwide opinion poll** = vor Aufnahme des neuen Service führte das Unternehmen eine landesweite Meinungsumfrage durch **(b)** Gutachten *n or* Ansicht *f or* Meinung *f*; **the lawyers gave their opinion** = die Anwälte gaben ihr Gutachten ab *or* äußerten ihre Meinung; **to ask an adviser for his opinion on a case** = einen Berater nach seiner Meinung über den Fall befragen

OPM = OTHER PEOPLE'S MONEY

opportunity *noun* Gelegenheit *f or* Chance *f or* Möglichkeit *f*; **investment opportunities** *or* **sales opportunities** = Investitionsmöglichkeiten *fpl*; Absatzmöglichkeiten; **market opportunity** = Marktchance *or* neue Absatzmöglichkeit; **employment opportunities** *or* **job opportunities** = Beschäftigungsmöglichkeiten; **the increase in export orders has created hundreds of job opportunities** = die Zunahme der Exportaufträge hat hunderte von Beschäftigungsmöglichkeiten geschaffen

> QUOTE the group is currently undergoing a period of rapid expansion and this has created an exciting opportunity for a qualified accountant
> *Financial Times*

oppose *verb* ablehnen *or* Einspruch *m* erheben *or* sich widersetzen *or* bekämpfen; **a minority of board members opposed the motion** = eine Minderheit von board-Mitgliedern lehnte den Antrag ab; **we are all opposed to the takeover** = wir lehnen alle die Übernahme ab

opposite number *noun* Pendant *n*; **John is my opposite number in Smith's** = John ist mein Pendant bei Fa. Smith

optimal *adjective* optimal

◇ **optimism** *noun* Optimismus *m*; **he has considerable optimism about sales possibilities in the Far East** = er hat viel Optimismus im Hinblick auf die Absatzmöglichkeiten im Fernen Osten; **market optimism** = Börsenoptimismus

◇ **optimistic** *adjective* optimistisch *or* zuversichtlich; **he takes an optimistic view of the exchange rate** = er ist hinsichtlich des Wechselkurses optimistisch

◇ **optimum** *adjective* optimal; **the market offers optimum conditions for sales** = der Markt bietet optimale Absatzbedingungen *fpl*

option *noun* **(a)** **option to purchase** *or* **to sell** = Kaufoption *f*; Verkaufsoption; **first option** = Vorhand *f*; **to grant someone a six-month option on a product** = jdm für ein Produkt eine sechsmonatige Option gewähren; **to take up an option** *or* **to exercise an option** = eine Option ausüben; **he exercised his option** *or* **he took up his option to acquire sole marketing rights to the product** = er übte seine Option auf die Alleinvertriebsrechte des Produkts aus; **I want to leave my options open** = ich will mich nicht festlegen *or* ich will mir alle Möglichkeiten offenhalten; **to take the soft option** = den Weg des geringsten Widerstandes gehen **(b)** *(stock exchange)* Option *f*; **call option** = Kaufoption *f*; **put option** = Verkaufsoption *f*; **share option** = Aktienoption *f*; **stock option** = Aktienbezugsrecht *n*; **traded options** = handelbare Optionen; **option contract** = Optionsvertrag *m*; **option dealing** *or* **option trading** = Optionsgeschäft *n*; Optionshandel *m*

◇ **optional** *adjective* freiwillig ; **the insurance cover is optional** = die Versicherung kann auf Wunsch abgeschlossen werden; **optional extras** = Extras *npl or* Sonderzubehör *npl*

order 1 *noun* **(a)** Anordnung *f or* Reihenfolge *f*; **alphabetical order** = alphabetische Reihenfolge; **chronological order** = chronologische Reihenfolge; **the reports are filed in chronological order** = die Berichte sind chronologisch geordnet; **numerical order** = zahlenmäßige Reihenfolge; **put these invoices in numerical order** = ordnen Sie diese Rechnungen nach Nummern **(b) to be out of order** = nicht funktionieren *or* außer Betrieb sein; **the telephone is out of order** = das Telefon funktioniert nicht; **machine in full working order** = Maschine, die voll betriebsfähig ist; **is all the documentation in order?** = ist die Dokumentation in Ordnung? **(c) pay to Mr Smith or order** = zahlbar an Herrn Smith oder dessen Order; **pay to the order of Mr Smith** = zahlbar an Herrn Smith **(d)** Auftrag *m or* Bestellung *f*; **to give someone an order** *or* **to place an order with someone for twenty filing cabinets** = jdm einen Auftrag für zwanzig Aktenschränke geben; **to fill** *or* **to fulfil an order** = einen Auftrag ausführen; **we are so understaffed we cannot fulfil any more orders before Christmas** = wir sind personell so unterbesetzt, daß wir vor Weihnachten keine Aufträge mehr ausführen können; **to supply an order for twenty filing cabinets** = eine Bestellung über zwanzig Aktenschränke ausliefern; **purchase order** = Kaufauftrag *m or* Bestellung *f*; **order fulfilment** = Auftragsausführung *f*; **order processing** = Auftragsabwicklung *f*; **terms: cash with order** = Zahlungsbedingungen: Barzahlung bei Auftrag; **items available to order only** = Waren sind nur auf Bestellung erhältlich; **on order** = bestellt; **this item is out of stock, but is on order** = dieser Artikel ist nicht vorrätig, aber bestellt; **unfulfilled orders** *or* **back orders** *or* **outstanding orders** = nicht ausgeführte Aufträge *or* unerledigte Aufträge; **order book** = Auftragsbuch *n*; **the company has a full order book** = das Unternehmen hat volle Auftragsbücher; **telephone orders** = telefonische Aufträge; **since we mailed the catalogue we have had a large number of telephone orders** = seit wir den Katalog verschickt haben, hatten wir viele telefonische Bestellungen; **a pad of order forms** = ein Bestellblock *m* **(e)** *(item which has been ordered)* Auftrag *m or* Bestellung *f*; **the order is to be delivered to our warehouse** = der Auftrag soll an unser Lager geliefert werden; **order picking** = Zusammenstellung *f* einer Bestellung **(f)** *(instruction)* Anweisung *f or* Anordnung *f*; **delivery order** = Lieferauftrag *m* **(g)** Orderpapier *n*; **he sent us an order on the Chartered Bank** = er schickte uns ein auf die Chartered Bank ausgestelltes Orderpapier; **banker's order** *or* **standing order** = Dauerauftrag *m*; **he pays his subscription by banker's order** = er zahlt seine Beiträge per Dauerauftrag; **money order** = Postanweisung *f* **2** *verb* **(a)** *(to ask for goods to be supplied)* in Auftrag geben *or* bestellen; **to order twenty filing cabinets to be delivered to the warehouse** = zwanzig Aktenschränke zur Anlieferung an das Lager bestellen; **they ordered a new Rolls Royce for the managing director** = sie bestellten einen neuen Rolls Royce für den geschäftsführenden Direktor **(b)** *(to put in a certain way)* anordnen *or* ordnen; **the address list is ordered by country** = die Adressenliste ist nach Ländern geordnet; **that filing cabinet contains invoices ordered by date** = in dem Aktenschrank sind Rechnungen, die nach Datum geordnet sind

ordinary *adjective* normal *or* gewöhnlich; **ordinary member** = ordentliches Mitglied; **ordinary shares** = Stammaktien *fpl* (NOTE: the US equivalent is **common stock**); **ordinary shareholder** = Stammaktionär/-in

organization *noun* **(a)** *(way of arranging something)* Organisation *f or* Planung *f*; Aufbau *m*; Einteilung *f*; **the chairman handles the organization of the AGM** = der Vorsitzende übernimmt die Organisation der Jahreshauptversammlung; **the organization of the group is too centralized to be efficient** = der Aufbau des Konzerns ist zu zentralisiert, um effizient zu sein **the organization of the head office into departments** = die Einteilung der

Hauptgeschäftsstelle in Abteilungen; **organization and methods (O & M)** = Organisation *f* und Verfahren *npl*; **organization chart** = Organisationsplan *m*; **line organization** = Linienorganisation *f* **(b)** *(group or institution)* Organisation *f*; **government organization** = staatliche Organisation ; **travel organization** = Verband *m* der Reiseveranstalter *mpl*; **employers' organization** = Arbeitgeberverband *m*

◇ **organizational** *adjective* organisatorisch *or* Organisations-; **the paper gives a diagram of the company's organizational structure** = das Papier zeigt ein Diagramm der Organisationsstruktur des Unternehmens

◇ **Organization for Economic Co-operation and Development (OECD)** Organisation für wirtschaftliche Zusammenarbeit und Entwicklung

◇ **Organization of Petroleum Exporting Countries (OPEC)** Organisation der erdölexportierenden Länder (OPEC)

◇ **organize** *verb* organisieren *or* planen *or* aufbauen *or* einteilen; **the company is organized into six profit centres** = das Unternehmen ist in sechs Ertragszentren aufgeteilt; **the group is organized by areas of sales** = der Konzern ist nach Absatzgebieten organisiert; **organized labour** = gewerkschaftlich organisierte Arbeiter *mpl*

◇ **organizer** *noun* **(a)** *(person)* Organisator/-in **(b)** *(pocket computer)* **electronic** *or* **personal organizer** = elektronischer Terminkalender

◇ **organizing committee** *noun* Organisationskomitee *n*; **he is a member of the organizing committee for the conference** = er ist Mitglied des Organisationskomitees der Konferenz

> QUOTE working with a client base which includes many major commercial organizations and nationalized industries
> ***Times***
>
> QUOTE we organize a rate with importers who have large orders and guarantee them space at a fixed rate so that they can plan their costs
> ***Lloyd's List***
>
> QUOTE governments are coming under increasing pressure from politicians, organized labour and business to stimulate economic growth
> ***Duns Business Month***

oriented *or* **orientated** *adjective* ausgerichtet *or* orientiert; **a profit-oriented company** = ein auf Gewinn ausgerichtetes Unternehmen; **export-oriented company** = exportorientiertes Unternehmen

origin *noun* Ursprung *m or* Herkunft *f*; Provenienz *f*; **spare parts of European origin** = Ersatzteile europäischer Herkunft; **certificate of origin** = Herkunftsbescheinigung *f*; Provenienzzertifikat *n*; **country of origin** = Ursprungsland *n*

◇ **original 1** *adjective* original *or* Original-; **they sent a copy of the original invoice** = sie schickten eine Kopie der Originalrechnung; **he kept the original receipt for reference** = er behielt die Originalquittung als Beleg **2** *noun* Original *n*; **send the original and file two copies** = schicken Sie das Original und legen Sie zwei Kopien zu den Akten

◇ **originally** *adverb* ursprünglich

OS = OUTSIZE

other people's money (OPM) *noun* anderer Leute Geld

ounce *noun (measure of weight = 28 grams)* Unze *f* (NOTE: usually written **oz** after figures)

> QUOTE trading at $365 an ounce on May 24, gold has declined $45 or 11% since the beginning of the year
> ***Business Week***

out *adverb* **(a)** im Ausstand *or* im Streik; **the workers have been out on strike for four weeks** = die Arbeiter streiken seit vier Wochen ; **as soon as the management made the offer, the staff came out** = sobald die Unternehmensleitung das Angebot machte, ging das Personal in Streik; **the shop stewards called the workforce out** = die betrieblichen Vertrauensleute riefen die Belegschaft zum Streik auf **(b)** *US (to be absent from work)* nicht am Arbeitsplatz *or* nicht da (NOTE: GB English for this is **off) (c) to be out** = sich verrechnen *or* sich vertun *or* nicht stimmen; **the balance is £10 out** = der Saldo differiert um £10; **we are £20,000 out in our calculations** = wir haben uns bei unseren Berechnungen um £20.000 vertan

◇ **outbid** *verb* überbieten; **we offered £100,000 for the warehouse, but another company outbid us** = wir boten £100.000 für das Lager, aber ein anderes Unternehmen hat uns überboten (NOTE: **outbidding - outbid)**

◇ **outfit** *noun (informal)* Laden *m or* Verein *m*; **they called in a public relations outfit** = sie haben einen Public Relations Verein zugezogen; **he works for some finance outfit** = er arbeitet für irgendeinen Finanzladen

◇ **outflow** *noun* **outflow of capital from a country** = Kapitalabfluß *m or* Kapitalabwanderung *f* aus einem Land

> QUOTE Nigeria recorded foreign exchange outflow of N972.9 million for the month of June 1985
> ***Business Times (Lagos)***

◇ **outgoing** *adjective* **(a) outgoing mail** = Postausgang *m* **(b) the outgoing chairman** *or* **the outgoing president** = der ausscheidende Vorsitzende *or* Präsident

◇ **outgoings** *plural noun* Ausgaben *fpl or* Ausgänge *mpl*

◇ **out-house** *adjective* extern; **the out-house staff** = die externen Mitarbeiter; **all our data processing is done out-house** = unsere ganzen Daten werden extern bearbeitet

◇ **outlay** *noun* Kosten *pl or* Auslagen *fpl or* Ausgaben *fpl*; **capital outlay** = Investitionsaufwand *m or* Investitionsausgaben *fpl*; **for a modest outlay** = gegen geringe Kosten

◇ **outlet** *noun* Geschäft *n*; Händler *m*; Verkaufsstelle *f*; **factory outlet** = Verkaufsaußenstelle *f* einer Fabrik; **retail outlets** = Einzelhandelsgeschäfte

◇ **outline 1** *noun* Grundzüge *mpl*; Abriß *m*; **they drew up the outline of a plan** *or* **an outline plan** = sie arbeiteten die Grundzüge des Plans aus; **outline planning permission** = vorläufige Baugenehmigung **2** *verb* skizzieren *or* entwerfen *or* umreißen *or* einen Überblick geben; **the chairman outlined the company's plans for the coming year** = der Vorsitzende umriß die Unternehmenspläne für das kommende Jahr

◇ **outlook** *noun* Aussichten *pl*; Perspektive *f*; **the economic outlook is not good** = die

Konjunkturaussichten sind nicht gut; **the stock market outlook is worrying** = die Aussichten auf dem Aktienmarkt sind besorgniserregend

> QUOTE American demand has transformed the profit outlook for many European manufacturers
> *Duns Business Month*

out of court *adverb & adjective* **a settlement was reached out of court** = es kam zu einem außergerichtlichen Vergleich; **they are hoping to reach an out-of-court settlement** = sie hoffen, zu einem außergerichtlichen Vergleich zu kommen

◇ **out of date** *adjective & adverb* veraltet *or* altmodisch *or* unzeitgemäß; **their computer system is years out of date** = ihr Computersystem ist völlig veraltet; **they are still using out-of-date equipment** = sie setzen immer noch veraltete Geräte ein

◇ **out of pocket** *adjective & adverb (having paid out money personally)* aus eigener Tasche; **the deal has left me out of pocket** = bei dem Geschäft mußte ich draufzahlen; **out-of-pocket expenses** = Barauslagen *fpl*

◇ **out of stock** *adjective & adverb* nicht vorrätig; **those books are temporarily out of stock** = diese Bücher sind zur Zeit nicht vorrätig; **several out-of-stock items have been on order for weeks** = mehrere nicht vorrätige Artikel sind seit Wochen bestellt

◇ **out of work** *adjective & adverb* arbeitslos; **the recession has put millions out of work** = die Rezession machte Millionen arbeitslos; **the company was set up by three out-of-work engineers** = das Unternehmen wurde von drei arbeitslosen Ingenieuren gegründet

output 1 *noun* **(a)** Produktion *f*; Produktionsleistung *f*; Ausstoß *m*; **output has increased by 10%** = die Produktionsleistung wurde um 10% erhöht; **25% of our output is exported** = 25% unserer Produktion wird exportiert; **output per hour** = Produktionsleistung pro Stunde; Stundenleistung *f*; **output bonus** = Produktionsprämie *f*; **output tax** = Bruttomehrwertsteuer *f* **(b)** *(information which is produced by a computer)* Ausgabe *f or* Ausgang *m* **2** *verb* ausgeben; **the printer will output colour graphs** = der Drucker druckt Farbdiagramme aus; **that is the information outputted from the computer** = das ist die vom Computer ausgegebene Information (NOTE: **outputting - outputted**)

> QUOTE crude oil output plunged during the last month and is likely to remain near its present level for the near future
> *Wall Street Journal*

outright *adverb & adjective* total *or* ganz *or* vollständig; **to purchase something outright** *or* **to make an outright purchase** = etwas komplett kaufen

◇ **outsell** *verb* höheren Umsatz haben als *or* mehr verkaufen (als); **the company is outselling its competitors** = das Unternehmen hat einen höheren Umsatz als seine Konkurrenten (NOTE: **outselling - outsold**)

◇ **outside** *adjective & adverb* außer Haus *or* extern; **to send work to be done outside** = Arbeit außer Haus geben; **outside office hours** = außerhalb der Bürozeit; **outside dealer** = Wertpapierhändler, der nicht der Börse angehört; **outside director** = nicht geschäftsführendes Mitglied des board of directors; **outside line** = Amtsleitung *f*; **you dial 9 to get an outside line** = Sie wählen die 9, um eine Amtsleitung zu bekommen; **outside worker** = externe(r) Mitarbeiter/-in

◇ **outsize (OS)** *noun* **(a)** *(clothing)* Übergröße *f* **(b) an outsize order** = ein Riesenauftrag *m*

◇ **outsourcing** *noun* Outsourcing *n (Benutzung von externen Dienstleistungen aus Kostengründen)*

> QUOTE organizations in the public and private sectors are increasingly buying in specialist services - or outsourcing - allowing them to cut costs and concentrate on their core business activities
> *Financial Times*

outstanding *adjective* ausstehend *or* unbezahlt *or* offen; **outstanding debts** = Außenstände *pl*; **outstanding orders** = unerledigte Aufträge *mpl*; **what is the amount outstanding?** = wie hoch ist der ausstehende Betrag?; **matters outstanding from the previous meeting** = ungeklärte Punkte *mpl* aus der vorhergehenden Sitzung

out tray *noun* Ausgänge *mpl*

◇ **outturn** *noun* Produktionsleistung *f*

◇ **outvote** *verb* überstimmen; **the chairman was outvoted** = der Vorsitzende wurde überstimmt

outward *adjective* Hin-; **the ship is outward bound** = das Schiff läuft aus; **on the outward voyage the ship will call in at the West Indies** = auf der Hinreise wird das Schiff die Westindien anlaufen; **outward cargo** *or* **outward freight** = Hinfracht *f*; **outward mission** = Delegation *f* ins Ausland

outwork *noun* Heimarbeit *f*

◇ **outworker** *noun* Heimarbeiter/-in

over 1 *preposition* **(a)** über; **the carpet costs over £100** = der Teppich kostet über £100; **packages not over 10 kilos** = Pakete nicht über 10 kg; **the increase in turnover was over 25%** = die Umsatzsteigerung betrug über 25% **(b)** *(compared with)* gegenüber; **increase in sales over last year** = Umsatzsteigerung gegenüber dem letzten Jahr; **increase in debtors over the last quarter's figure** = Anstieg der Schuldner gegenüber den Zahlen des letzten Quartals **(c)** *(during)* während; **over the last half of the year profits doubled** = während des letzten halben Jahres verdoppelten sich die Gewinne **2** *adverb* **held over to the next meeting** = bis zur nächsten Besprechung vertagt; **to carry over a balance** = einen Saldo übertragen **3** *plural noun* **overs** = Überschuß *m or* Mehrbetrag *m*; **the price includes 10% overs to compensate for damage** = der Preis enthält einen Mehrbetrag von 10%, um Schäden auszugleichen

◇ **over-** *prefix* über-; **shop which caters to the over-60s** = Laden, der auf Kunden über sechzig ausgerichtet ist

◇ **overall** *adjective* gesamt *or* Gesamt-; **although some divisions traded profitably, the company reported an overall fall in profits** = obwohl einige Unternehmensbereiche Gewinne erzielten, meldete das Unternehmen insgesamt einen Rückgang der Gewinne; **overall plan** = Gesamtplan *m*

◇ **overbook** *verb* überbuchen *or* überbelegen; **the hotel** *or* **the flight was overbooked** = das Hotel *or* der Flug war überbelegt

◇ **overbooking** *noun* Überbuchung *f or* Überbelegung *f*

◇ **overborrowed** *adjective* überschuldet

◇ **overbought** *adjective* **the market is overbought** = der Aktienmarkt ist überkauft

> QUOTE they said the market was overbought when the index was between 860 and 870 points
> ***Australian Financial Review***

◇ **overcapacity** *noun* Überkapazität *f*

> QUOTE with the present over-capacity situation in the airline industry the discounting of tickets is widespread
> ***Business Traveller***

◇ **overcapitalized** *adjective* überkapitalisiert

◇ **overcharge 1** *noun* zuviel berechneter Betrag; **to pay back an overcharge** = einen zuviel berechneten Betrag zurückzahlen **2** *verb* zu viel berechnen; **they overcharged us for packaging** = sie berechneten uns zu viel für Verpackung; **we asked for a refund because we had been overcharged** = wir haben eine Rückerstattung verlangt, weil uns zu viel berechnet wurde

overdraft *noun (GB)* Überziehungskredit *m*; **the bank has allowed me an overdraft of £5,000** = die Bank hat mir einen Überziehungskredit von £5.000 gewährt; **overdraft facilities** = Überziehungskredit; **we have exceeded our overdraft facilities** = wir haben unseren Überziehungskredit überzogen

◇ **overdraw** *verb* überziehen; **your account is overdrawn** *or* **you are overdrawn** = Ihr Konto ist überzogen (NOTE: **overdrawing - overdrew - overdrawn)**

overdue *adjective* überfällig; **interest payments are three weeks overdue** = die Zinsen sind seit drei Wochen (über)fällig

◇ **overestimate** *verb* überschätzen ; **he overestimated the amount of time needed to fit out the factory** = er überschätzte die für die Ausrüstung der Fabrik benötigte Zeit

◇ **overextend** *verb* **the company overextended itself** = die Firma hat sich (finanziell) übernommen

overhead 1 *adjective* **overhead costs** *or* **expenses** = Gemeinkosten *pl*; indirekte Kosten *pl*; **overhead budget** = Gemeinkostenbudget *n or* Gemeinkostenplan *m* **2** *noun* **overheads** *or (US)* **overhead** = Gemeinkosten *pl*; indirekte Kosten *pl*; **the sales revenue covers the manufacturing costs but not the overheads** = die Umsatzerlöse decken die Herstellungskosten, aber nicht die Gemeinkosten

> QUOTE it ties up less capital in inventory and with its huge volume spreads out costs over bigger sales; add in low overhead (i.e. minimum staff, no deliveries, no credit cards) and a warehouse club can offer bargain prices
> ***Duns Business Month***

overlook *verb* **(a)** *(to look out over)* überblickunser personalen; **the Managing Director's office overlooks the factory** = vom Büro des geschäftsführenden Direktors hat man einen Blick auf die Fabrik **(b)** *(not to pay attention to)* hinwegsehen über; **in this instance we will overlook the delay** = in diesem Fall werden wir über die Verzögerung hinwegsehen

◇ **overmanning** *noun* Überbesetzung *f*; **to aim to reduce overmanning** = darauf hinzielen, den zu hohen Personalbestand abzubauen

overpay *verb* überbezahlen

◇ **overpaid** *adjective* überbezahlt; **our staff are overpaid and underworked** = unser Personal ist überbezahlt und mit Arbeit nicht ausgelastet

◇ **overpayment** *noun* Überbezahlung *f*

overproduce *verb* überproduzieren

◇ **overproduction** *noun* Überproduktion *f*

overrated *adjective* überbewertet; **the effect of the dollar on European business cannot be overrated** = der Einfluß des Dollars auf die europäische Wirtschaft kann nicht hoch genug bewertet werden; **their 'first-class service' is very overrated** = ihr ‚first-class Service' ist enorm überbewertet

overrider *or* **overriding commission** *noun* außerordentliche Provision

◇ **overrun** *verb* überschreiten *or* überziehen; **the company overran the time limit set to complete the factory** = das Unternehmen überschritt die Frist zur Fertigstellung der Fabrik (NOTE: **overrunning - overran - overrun)**

overseas 1 *adjective* überseeisch *or* Übersee-; ausländisch *or* Auslands-; **an overseas call** = ein Auslandsgespräch *n*; **the overseas division** = die Auslandsabteilung; **overseas markets** = Überseemärkte *mpl*; ausländische Absatzmärkte *mpl*; **overseas trade** = Überseehandel *m or* Auslandshandel **2** *noun* Übersee *(invariable)*; Ausland *n*; **the profits from overseas are far higher than those of the home division** = die Gewinne aus Übersee *or* aus dem Ausland sind weit höher als die aus dem Inland

overseer *noun* Aufseher/-in *or* Vorarbeiter/-in

oversell *verb* mehr verkaufen, als geliefert werden kann; **he is oversold** = er hat mehr verkauft, als er liefern kann; **the market is oversold** = der Aktienmarkt ist überverkauft (NOTE: **overselling - oversold)**

overspend *verb* zu viel ausgeben; **to overspend one's budget** = seine Budgetgrenze überschreiten (NOTE: **overspending - overspent)**

◇ **overspending** *noun* zu hohe Ausgaben *fpl*; **the board decided to limit the overspending by the production departments** = der board beschloß, die zu hohen Ausgaben der Produktionsabteilung zu begrenzen

◇ **overstaffed** *adjective* (personell) überbesetzt

◇ **overstock 1** *verb* überbevorraten *or* zu hohe Bestände *mpl* haben; **to be overstocked with spare parts** = zu viele Ersatzteile auf Lager haben **2** *plural noun (US)* **overstocks** = Überbestand *m*; **we will have to sell off the overstocks to make room in the warehouse** = wir werden den Überbestand verkaufen müssen, um im Lager Platz zu schaffen

> QUOTE Cash paid for your stock: any quantity, any products, overstocked lines, factory seconds
> ***Australian Financial Review***

◇ **oversubscribe** *verb* **the issue was oversubscribed six times** = die Emission war sechsfach überzeichnet

◇ **over-the-counter** *adjective* **over-the-counter sales** = Verkäufe im Freiverkehr; **this share is available on the over-the-counter market** = diese Aktie ist im Freiverkehr erhältlich

overtime 1 *noun* Überstunden *fpl*; **to work six hours' overtime** = sechs Überstunden machen; **the overtime rate is one and a half times normal pay** = der Überstundentarif ist das Eineinhalbfache des normalen Lohns; **overtime ban** = Überstundenverbot *n*; **overtime pay** = Überstundenlohn *m* **2** *adverb* **to work overtime** = Überstunden machen

overvalue *verb* überbewerten; **these shares are overvalued at £1.25** = diese Aktien sind mit £1.25 überbewertet; **the pound is overvalued against the dollar** = das Pfund ist gegenüber dem Dollar überbewertet

◇ **overweight** *adjective* **the package is sixty grams overweight** = das Paket ist sechzig Gramm zu schwer *or* hat sechzig Gramm Übergewicht *n*

◇ **overworked** *adjective* überarbeitet *or* überlastet; **our staff complain of being underpaid and overworked** = unser Personal beschwert sich darüber, unterbezahlt und mit Arbeit überlastet zu sein

owe *verb* schulden; **he owes the bank £250,000** = er schuldet der Bank £250.000; **he owes the company for the stock he purchased** = er schuldet der Firma für die eingekauften Waren

◇ **owing** *adjective* **(a)** unbezahlt; **money owing to the directors** = Geld, das den Direktoren geschuldet wird; **how much is still owing to the company by its debtors?** = wieviel schulden die Schuldner dem Unternehmen noch? **(b) owing to** = wegen; **the plane was late owing to fog** = das Flugzeug hatte Verspätung wegen Nebel; **I am sorry that owing to pressure of work, we cannot supply your order on time** = ich bedaure, daß wir Ihre Bestellung aufgrund der Arbeitsbelastung nicht rechtzeitig ausliefern können

own *verb* besitzen; **he owns 50% of the shares** = er besitzt 50% der Aktien; **a wholly-owned subsidiary** = eine hundertprozentige Tochtergesellschaft; **a state-owned industry** = eine staatliche Industrie

◇ **own brand goods** *noun* Eigenmarkenwaren *fpl*

◇ **owner** *noun* Eigentümer/-in; **sole owner** = Alleineigentümer/-in; **owner-occupier** = Bewohner/-in des eigenen Hauses; **goods sent at owner's risk** = Warentransport auf Gefahr des Eigentümers

◇ **ownership** *noun* Eigentum *n*; **common** *or* **collective ownership** = Gemeineigentum; **joint ownership** = Miteigentum *or* gemeinsames Eigentum; **public ownership** *or* **state ownership** = Staatseigentum; **private ownership** = Privateigentum; **the ownership of the company has passed to the banks** = das Eigentumsrecht an dem Unternehmen ist auf die Banken übergegangen

◇ **own label goods** *noun* Eigenmarkenwaren *fpl*

oz = OUNCE(S)

Pp

p & p = POSTAGE AND PACKING Porto und Verpackung

PA = PERSONAL ASSISTANT

p.a. = PER ANNUM

P&L = PROFIT AND LOSS

pack 1 *noun* Warenpackung *f*; **a pack of items** = ein Artikelpaket *n*; **a pack of cigarettes** = eine Packung *or* eine Schachtel Zigaretten; **a pack of biscuits** = eine Packung Kekse; **a pack of envelopes** = ein Paket Briefumschläge; **items sold in packs of 200** = in 200-Stück-Packungen verkaufte Artikel *or* Artikel, die in Packungen zu 200 verkauft werden; **blister pack** *or* **bubble pack** = Blisterpackung *f*; **display pack** = Schaupackung *f or* Präsentationspackung *f*; **dummy pack** = Attrappe *f or* Schaupackung *f or* Leerpackung *f*; **six-pack** = Sechserpack *m* **2** *verb* verpacken *or* einpacken; **to pack goods into cartons** = Waren in Kartons verpacken; **the biscuits are packed in plastic wrappers** = die Kekse sind in Plastik verpackt; **the computer is packed in expanded polystyrene before being shipped** = der Computer wird in Schaumpolystyrol verpackt, bevor er befördert wird

◇ **package 1** *noun* **(a)** *(goods)* Paket *n*; **the Post Office does not accept bulky packages** = die Post nimmt keine sperrigen Pakete an; **the goods are to be sent in airtight packages** = die Waren sollen in luftdichten Paketen verschickt werden **(b)** *(group of different items joined together in one deal)* Paket *n*; **pay package** *or* **salary package** *or (US)* **compensation package** = Gesamtvergütung *f*; **the job carries an attractive salary package** = dieser Posten bringt eine attraktive Gesamtvergütung mit sich; **package deal** = Gesamtvereinbarung *f*; Verhandlungspaket *n*; Pauschalangebot *n*; **we are offering a package deal which includes the whole office computer system, staff training and hardware maintenance** = wir bieten ein Pauschalangebot, das das gesamte Büro-Computersystem, Personalschulung und Hardware-Wartung einschließt **package holiday** *or* **package tour** = Pauschalreise *f*; **the travel company is arranging a package trip to the international computer exhibition** = die Reisegesellschaft organisiert einen Pauschaltrip zur internationalen Computermesse **2** *verb* **(a) to package goods** = Waren verpacken **(b) to package holidays** = Pauschalreisen anbieten

◇ **packaging** *noun* **(a)** *(action)* Packen *n or* Verpacken **(b)** *(material used to protect goods)* Verpackung *f*; **airtight packaging** = luftdichte Verpackung; **packaging material** = Verpackungsmaterial *n* **(c)** *(attractive material used to wrap goods)* dekoratives Verpackungsmaterial

◇ **packager** *noun* Packager *m (Firma, die Bücher für Verleger fertigstellt)*

◇ **packer** *noun* Packer/-in

◇ **packet** *noun* Päckchen *n or* Schachtel *f*; **a packet of cigarettes** = eine Schachtel Zigaretten; **a packet of biscuits** = ein Paket *n* Kekse; **a packet of filing cards** = eine Schachtel Karteikarten; **item sold in packets of 20** = in 20-Stück-Packungen verkaufte Artikel *or* Artikel, die in Packungen zu 20 verkauft wird; **postal packet** = Postpaket *n*

◇ **packing** *noun* **(a)** *(action)* Verpacken *n*; **what is the cost of the packing?** = was kostet die Verpackung?; **packing is included in the price** = Verpackung ist inklusive; **packing case** = Verpackungskiste *f*; **packing charges** = Verpackungskosten *pl*; **packing list** *or* **packing slip** = Packliste *f*; Packzettel *m* **(b)** *(material)* Verpackung *f*; **packed in airtight packing** = luftdicht verpackt; **non-returnable packing** = Einwegpackung *f*

> QUOTE the remuneration package will include an attractive salary, profit sharing and a company car
> ***Times***
>
> QUOTE airlines will book not only tickets but also hotels and car hire to provide a complete package
> ***Business Traveller***
>
> QUOTE the consumer wants to be challenged by more individual products and more innovative packaging
> ***Marketing***
>
> QUOTE in today's fast-growing packaged goods area many companies are discovering that a well-recognized brand name can be a priceless asset
> ***Duns Business Month***

pad *noun* **(a)** Block *m*; **desk pad** = Schreibblock; **memo pad** *or* **note pad** = Notizblock; **phone pad** = Telefon-Notizblock **(b)** Polster *n*; **the machine is protected by rubber pads** = das Gerät ist durch Gummipolster geschützt; **inking pad** = Stempelkissen *n*

pager *noun (tel)* Personenrufgerät *n or* Piepser *m*

paid *adjective* bezahlt **(a) paid holidays** = bezahlter Urlaub **(b) paid assistant** = fest engagierte(r) Assistent/-in **(c)** *(which has been settled)* bezahlt *or* beglichen; **carriage paid** = frachtfrei; **tax paid** = versteuert; **paid bills** = bezahlte Rechnungen *fpl*; **the invoice is marked 'paid'** = die Rechnung ist mit ‚bezahlt' beschriftet

◇ **paid-up capital** *noun* voll einbezahltes Kapital; **paid-up shares** = voll bezahlte Aktien *fpl*

Pakistan *noun* Pakistan *n*

◇ **Pakistani 1** *noun* Pakistaner/-in **2** *adjective* pakistanisch

(NOTE: capital: **Islamabad;** currency: **rupee** = Rupie *f*)

pallet *noun* Palette *f*

◇ **palletize** *verb* palettieren; **palletized cartons** = palletierte Kartons *mpl*

pamphlet *noun* Prospekt *m or* Broschüre *f*

Panama *noun* Panama *n*

◇ **Panamanian 1** *noun* Panamaer/-in **2** *adjective* panamaisch
(NOTE: capital: **Panama City** = Panama; currency: **balboa** = Balboa *m*)

panel *noun* **(a)** Tafel *f or* Brett *n or* Platte *f*; **advertisement panel** = Großanzeige *f*; **display panel** = Auslagefläche *f* **(b) panel of experts** = Sachverständigenausschuß *m or* Expertengruppe *f*; **consumer panel** = Verbraucherpanel *n or* Verbrauchertestgruppe *f*; **Takeover Panel** *or* **Panel on Takeovers and Mergers** = Kontrollorgan für Übernahmen und Fusionen

panic *adjective* Panik-; **panic buying** = Panikkauf *m*; **panic buying of sugar** *or* **of dollars** = Panikkauf von Zucker *or* Dollars; **panic selling of sterling** = Panikverkauf von Pfund Sterling

paper *noun* **(a)** Papier *n*; **brown paper** = Packpapier *or* braunes Papier; **carbon paper** = Kohlepapier; **she put the carbon paper in the wrong way round** = sie legte das Kohlepapier falsch herum ein; **duplicating paper** = Vervielfältigungspapier; **graph paper** = Millimeterpapier; **headed paper** = Papier mit Briefkopf; **lined paper** = liniertes Papier; **typing paper** = Schreibmaschinenpapier; **wrapping paper** = Packpapier (NOTE: no plural) **(b) paper bag** = Papiertüte *f*; **paper feed** = Papiervorschub *m or* Papiereinzug *m* **(c) papers** = Papiere *npl or* Unterlagen *fpl*; **he sent me the relevant papers on the case** = er schickte mir die relevanten Unterlagen über den Fall; **he has lost the customs papers** = er hat die Zollunterlagen verloren; **the office is asking for the VAT papers** = das Amt verlangt die MwSt-Unterlagen **(d) on paper** = auf dem Papier *or* theoretisch; **on paper the system is ideal, but we have to see it working before we will sign the contract** = auf dem Papier ist das System ideal, aber wir müssen es laufen sehen, bevor wir den Vertrag unterschreiben; **paper loss** = nicht realisierter Verlust; **paper profit** = Buchgewinn *m or* rechnerischer Gewinn *or* noch nicht realisierter Gewinn; **paper millionaire** = Aktienmillionär/-in **(e)** Geldmarktpapiere *npl*; **bankable paper** = bankfähiges Papier; **negotiable paper** = begebbares Wertpapier **(f) paper money** *or* **paper currency** = Papiergeld *n* **(g)** Zeitung *f*; **trade paper** = Handelsblatt *n*; **free paper** *or* **giveaway paper** = kostenlose Zeitung *(die sich aus Werbung finanziert)*

◇ **paperclip** *noun* Büroklammer *f*

◇ **paperwork** *noun* Schreibarbeit *f*; Papierkram *m*; **exporting to Russia involves a large amount of paperwork** = nach Rußland zu exportieren, erfordert eine ganze Menge Schreibarbeit

> QUOTE the profits were tax-free and the interest on the loans they incurred qualified for income tax relief; the paper gains were rarely changed into spending money
> *Investors Chronicle*

par *adjective* pari *or* gleich; **par value** = Nennwert *m*; **shares at par** = Aktien zum Nennwert *or* al pari; **shares above par** *or* **below par** = Aktien über/unter dem Nennwert *or* über/unter pari

parachute *noun* **golden parachute** = großzügige Entlassungsabfindung

paragraph *noun* Abschnitt *m or* Absatz *m*; **the first paragraph of your letter** *or* **paragraph one of your letter** = der erste Absatz Ihres Briefes; **please refer to the paragraph in the contract on 'shipping instructions'** = schauen Sie bitte den Vertragsabschnitt über ‚Transportanweisungen' an

Paraguay *noun* Paraguay *n*

◇ **Paraguayan 1** *noun* Paraguayer/-in **2** *adjective* paraguayisch
(NOTE: capital: **Asunción;** currency: **guarani** = Guarani *m*)

parameter *noun* Parameter *m*; **the budget parameters are fixed by the finance director** = die Budgetparameter werden durch den Leiter der Finanzabteilung festgesetzt; **spending by each department has to fall within certain parameters** = die Ausgaben der einzelnen Abteilungen müssen innerhalb bestimmter Parameter liegen

parastatal *noun (in Africa)* große staatliche Organisation

parcel 1 *noun* **(a)** *(goods wrapped up)* Paket *n*; **to do up goods into parcels** = Waren in Pakete packen; **to tie up a parcel** = ein Paket verschnüren; **parcel delivery service** = Paketzustelldienst *m*; **parcels office** = Paketannahme *f*; **parcel post** = Paketpost *f*; **to send a box by parcel post** = eine Kiste per Paketpost schicken; **parcel rates** = Paketgebühren *fpl* **(b) parcel of shares** = Aktienpaket *n*; **the shares are on offer in parcels of 50** = die Aktien werden in Paketen zu 50 Stück angeboten **2** *verb* (als Paket) verpacken; **to parcel up a consignment of books** = eine Büchersendung (als Paket) verpacken (NOTE: **parcelling - parcelled** but US **parceling - parceled)**

parent company *noun* Muttergesellschaft *f*

Pareto's Law *noun* Pareto-Effekt *m*

pari passu *phrase* gleichwertig *or* gleichrangig; **the new shares will rank pari passu with the existing ones** = die neuen Aktien werden mit den bestehenden gleichrangig sein

Paris Club *noun see* GROUP OF TEN

parity *noun* Gleichstellung *f or* Parität *f*; **the female staff want parity with the men** = die weibliche Belegschaft will mit der männlichen gleichgestellt werden; **the pound fell to parity with the dollar** = das Pfund fiel, bis es den Kurs von 1:1 gegenüber dem Dollar erreichte

> QUOTE the draft report on changes in the international monetary system casts doubt about any return to fixed exchange-rate parities
> *Wall Street Journal*

park 1 *noun* Park *m*; **business park** = Gewerbegebiet *n*; **car park** = Parkplatz *m*; **he left his car in the hotel car park** = er ließ seinen Wagen auf dem Hotelparkplatz; **if the car park is full, you can park in the street for thirty minutes** = wenn der Parkplatz voll ist, können Sie 30 Minuten lang auf der Straße parken; **industrial park** = Industriegebiet *n*; **science park** = Wissenschaftspark *m* **2** *verb* parken; **the rep parked his car outside the shop** = der Handelsvertreter parkte seinen Wagen vor dem Geschäft; **you cannot park here during the rush hour** = Sie können hier während der Hauptverkehrszeit nicht parken; **parking is difficult in the centre of the city** = Parken ist im Stadtzentrum schwierig

Parkinson's law *noun* Parkinsonsches Gesetz

part *noun* **(a)** Teil *m*; **part of the shipment was damaged** = ein Teil der Ladung war beschädigt; **part of the workforce is on overtime** = ein Teil der Belegschaft macht Überstunden; **part of the expenses will be refunded** = ein Teil der Ausgaben wird zurückerstattet **(b) in part** = teilweise *or* zum Teil; **to contribute in part to the costs** *or* **to pay the costs in part** = teilweise zu den Kosten beitragen *or* die Kosten teilweise zahlen **(c) spare part** = Ersatzteil *n*; **the photocopier will not work - we need to replace a part** *or* **a part needs replacing** = der Fotokopierer will nicht funktionieren - wir müssen ein Teil austauschen *or* ein Teil muß ausgetauscht werden **(d) part-owner** = Miteigentümer/-in; **he is part-owner of the restaurant** = er ist Miteigentümer des Restaurants; **part-ownership** = Miteigentum *n* **(e) to offer** *or* **take something in part exchange** = etwas in Zahlung geben *or* nehmen; **they refused to take my old car as part exchange for the new one** = sie lehnten es ab, meinen alten Wagen für den neuen in Zahlung zu nehmen; **part payment** *or* *(US)* **partial payment** = Teilzahlung *f* *or* Abschlagszahlung *f* *or* Anzahlung *f*; **I gave him £250 as part payment for the car** = ich gab ihm £250 als Anzahlung für den Wagen; **part delivery** *or* **part order** *or* **part shipment** = Teillieferung *f*

◇ **part-time** *adjective & adverb* Halbtags- *or* Teilzeit-; **she works part-time** = sie arbeitet halbtags *or* stundenweise; **he is trying to find part-time work when the children are in school** = er versucht, eine Teilzeitarbeit zu finden, wenn die Kinder in der Schule sind; **part-time worker** = Teilzeitarbeiter/-in; **we are looking for part-time staff to work our computers** = wir suchen Teilzeitbeschäftigte zur Bedienung unserer Computer; **part-time work** *or* **part-time employment** = Teilzeitarbeit *f* *or* Teilzeitbeschäftigung *f*

◇ **part-timer** *noun* Teilzeitkraft *f*

partial *adjective* partiell *or* teilweise *or* Teil-; **partial loss** = Teilschaden *m*; **he got partial compensation for the damage to his house** = der Schaden an seinem Haus wurde zum Teil ersetzt; *(US)* **partial payment** = Teilzahlung *f* *or* Abschlagzahlung *f*

participation *noun* Teilnahme *f* *or* Beteiligung *f* *or* Mitwirkung *f*; **worker participation** = Mitbestimmung *f*

◇ **participative** *adjective* partizipativ; **we do not treat management-worker relations as a participative process** = wir betrachten Arbeitgeber-Arbeitnehmer-Beziehungen nicht als Mitbestimmungsprozeß

particular 1 *adjective* besondere(r,s) *or* speziell; **the photocopier only works with a particular type of paper** = der Fotokopierer funktioniert nur mit einer bestimmten Papiersorte; **particular average** = besondere Havarie **2** *noun* **(a) particulars** = Einzelheiten *fpl* *or* nähere Angaben *fpl*; **sheet which gives particulars of the items for sale** = Blatt, auf dem Einzelheiten zu den Verkaufsartikeln aufgeführt sind; **the inspector asked for particulars of the missing car** = der Inspektor fragte nach näheren Angaben über den verschwundenen Wagen; **to give full particulars of something** = ausführliche Angaben zu etwas machen **(b) in particular** = besonders *or* insbesondere *or* vor allem; **fragile goods, in particular glasses, need special packing** = zerbrechliche Ware, insbesondere Glas, muß spezialverpackt werden

partly *adverb* teilweise *or* zum Teil; **partly-paid capital** = teilweise eingezahltes Aktienkapital; **partly-paid shares** = teilweise eingezahlte Aktien; **partly-secured creditor** = nur zum Teil gesicherter Gläubiger

partner *noun* Teilhaber/-in *or* Partner/-in *or* Sozius *m*; **he became a partner in a firm of solicitors** = er wurde Sozius in einer Anwaltskanzlei; **active partner** *or* **working partner** = geschäftsführende(r) Teilhaber/-in; **junior partner** *or* **senior partner** = Juniorpartner/-in; Seniorpartner/-in; **sleeping partner** = stille(r) Teilhaber/-in

◇ **partnership** *noun* **(a)** Partnerschaft *f*; Teilhaberschaft *f*; Personengesellschaft *f*; Sozietät *f*; **to go into partnership with someone** = mit jdm eine Personengesellschaft *or* Sozietät gründen; **to join with someone to form a partnership** = sich mit jdm zu einer Personengesellschaft zusammentun; **to take someone into partnership with you** = jdn zum Teilhaber machen; **to dissolve a partnership** = eine Personengesellschaft auflösen **(b) limited partnership** = Kommanditgesellschaft *f*

party *noun* **(a)** Partei *f*; **one of the parties to the suit has died** = eine der Prozeßparteien ist verstorben; **the company is not a party to the agreement** = das Unternehmen ist keine Vertragspartei **(b) third party** = Dritte(r) *m*; **third party insurance** *or* **third party policy** = Haftpflichtversicherung *f* **(c) working party** = Arbeitsausschuß *m*; **the government has set up a working party to study the problems of industrial waste** = die Regierung setzte einen Arbeitsausschuß zur Untersuchung von Industriemüllproblemen ein; **Professor Smith is the chairman of the working party on computers in society** = Professor Smith ist Vorsitzender des Arbeitsausschusses, der sich mit Computern in der Gesellschaft befaßt

pass 1 *noun (permit)* Ausweis *m* *or* Passierschein *m*; **you need a pass to enter the ministry offices** = Sie brauchen einen Passierschein, um in die Büros des Ministeriums zu kommen; **all members of staff must show a pass** = alle Personalmitglieder müssen einen Passierschein vorzeigen **2** *verb* **(a)** *(not to pay a dividend)* **to pass a dividend** = keine Dividende ausschütten *or* eine Dividende ausfallen lassen **(b)**

(to approve) genehmigen *or* annehmen; **the finance director has to pass an invoice before it is sent out** = der Leiter der Finanzabteilung muß eine Rechnung genehmigen, bevor sie rausgeschickt wird; **the loan has been passed by the board** = das Darlehen wurde vom board genehmigt; **to pass a resolution** = eine Resolution annehmen; **the meeting passed a proposal that salaries should be frozen** = die Sitzung nahm einen Antrag auf Lohnstopp an **(c)** *(to be successful)* bestehen; **he passed his typing test** = er bestand seine Prüfung im Schreibmaschineschreiben; **she has passed all her exams and now is a qualified accountant** = sie hat sämtliche Prüfungen bestanden und ist jetzt ausgebildete Buchhalterin

◇ **passbook** *noun* Sparbuch *n or* Kontobuch

> QUOTE instead of customers having transactions recorded in their passbooks, they will present plastic cards and have the transactions printed out on a receipt
> ***Australian Financial Review***

◇ **pass off** *verb* **to pass something off as something else** = etwas für *or* als etwas anderes ausgeben; **he tried to pass off the wine as German, when in fact it came from outside the EU** = er versuchte, den Wein als deutsches Erzeugnis auszugeben, obwohl er doch eigentlich von außerhalb der EU stammte

passage *noun (sea crossing)* Überfahrt *f*

passenger *noun* Passagier/-in; **passenger terminal** = Abfertigungsgebäude *n* für Passagiere; **passenger train** = Personenzug *m*

passport *noun* Paß *m*; **we had to show our passports at the customs post** = wir mußten unsere Pässe am Zollübergang vorzeigen; **his passport is out of date** = sein Paß ist abgelaufen; **the passport officer stamped my passport** = der für die Paßkontrolle zuständige Beamte stempelte meinen Paß

patent 1 *noun* **(a)** Patent *n*; **to take out a patent for a new type of light bulb** = sich eine neue Art von Glühbirne patentieren lassen; **to apply for a patent for a new invention** = ein Patent für eine neue Erfindung anmelden; **letters patent** = Patenturkunde *f*; **patent applied for** *or* **patent pending** = zum Patent angemeldet ; **to forfeit a patent** = ein Patent verfallen lassen *or* verwirken; **to infringe a patent** = ein Patent verletzen; **infringement of patent** *or* **patent infringement** = Patentverletzung *f* **(b) patent agent** = Patentanwalt/Patentanwältin; **to file a patent application** = ein Patent anmelden *or* eine Patentanmeldung einreichen; **patent medicine** = patentrechtlich geschütztes Arzneimittel; **patent office** = Patentamt *n*; **patent rights** = Patentrecht *n* **2** *verb* **to patent an invention** = eine Erfindung patentieren (lassen)

◇ **patented** *adjective* patentiert *or* patentrechtlich geschützt

paternity leave *noun* Vaterschaftsurlaub *m*

pattern *noun* **(a) pattern book** = Musterbuch *n* **(b)** Struktur *f or* übliches Schema; **pattern of prices** *or* **price pattern** = Preisstruktur; **pattern of sales** *or* **sales pattern** = Absatzstruktur; **pattern of trade** *or* **trading pattern** = Handelsstruktur; **the company's trading pattern shows high export sales in the first quarter and high home sales in the third quarter** = die Handelsstruktur des Unternehmens weist im ersten Quartal einen hohen Auslands- und im dritten Quartal einen hohen Inlandsabsatz auf

pawn 1 *noun* **to put something in pawn** = etwas verpfänden; etwas versetzen *or* ins Leihhaus bringen; **to take something out of pawn** = ein Pfand auslösen; **pawn ticket** = Pfandschein *m* **2** *verb* **to pawn a watch** = eine Uhr verpfänden

◇ **pawnbroker** *noun* Pfandleiher/-in

◇ **pawnshop** *noun* Leihhaus *n or* Pfandleihanstalt *f*

pay 1 *noun* **(a)** *(salary or wage)* Gehalt *n or* Lohn *m*; **back pay** = Lohnnachzahlung *f*; **basic pay** = Grundlohn *m or* Grundgehalt *n*; **take-home pay** = Nettoverdienst *m*; **holidays with pay** = bezahlter Urlaub; **unemployment pay** = Arbeitslosengeld *n or* Arbeitslosenhilfe *f* **(b) pay day** = Zahltag *m*; **pay negotiations** *or* **pay talks** = Lohnverhandlungen *fpl*; **pay packet** = Lohntüte *f*; **pay rise** = Gehaltserhöhung *f or* Lohnerhöhung *f*; **pay slip** = Gehaltsstreifen *m or* Lohnstreifen *m*; Gehaltsabrechnung *f or* Lohnabrechnung *f* **(c) pay desk** = Kasse *f*; **pay phone** = Münzfernsprecher *m* **2** *verb* **(a)** (be)zahlen; **to pay £1,000 for a car** = £1.000 für ein Auto (be)zahlen; **how much did you pay to have the office cleaned?** = wieviel haben Sie für die Büroreinigung bezahlt?; **to pay in advance** = im voraus bezahlen; **we had to pay in advance to have the new telephone system installed** = wir mußten für die Installation des neuen Telefonsystems im voraus bezahlen; **to pay in instalments** = in Raten zahlen; **we are paying for the computer by paying instalments of £50 a month** = wir zahlen den Computer in monatlichen Raten von £50 ab; **to pay cash** = bar bezahlen; *(written on cheque)* **'pay cash'** = Barauszahlung *f*; **to pay by cheque** = mit (einem) Scheck bezahlen; **to pay by credit card** = mit Kreditkarte bezahlen **(b) to pay on demand** = auf Anforderung zahlen; **please pay the sum of £10** = bitte zahlen Sie den Betrag von £10; **to pay a dividend** = eine Dividende ausschütten; **these shares pay a dividend of 1.5p** = für diese Aktien wird eine Dividende von 1,5 Pence ausgeschüttet; **to pay interest** = Zinsen zahlen; **building societies pay an interest of 10%** = Bausparkassen zahlen 10% Zinsen; **pay as you earn (PAYE)** *or (US)* **pay-as-you-go** = Quellenabzug *m* **(c)** *(to give a worker money for work done)* (be)zahlen *or* auszahlen; **the workforce has not been paid for three weeks** = die Belegschaft ist seit drei Wochen nicht bezahlt worden; **we pay good wages for skilled workers** = wir zahlen gute Löhne für Fachkräfte; **how much do they pay you per hour?** = wieviel zahlen sie Ihnen pro Stunde?; **to be paid by the hour** = stundenweise bezahlt werden *or* einen Stundenlohn erhalten; **to be paid at piece-work rates** = einen Akkordlohn *or* Stücklohn erhalten; im Akkord bezahlt werden **(d)** *(to give money which is owed)* (be)zahlen *or* begleichen; **to pay in full** = voll *or* ganz bezahlen; **to pay a bill** *or* **an invoice** = eine Rechnung bezahlen *or* begleichen; **to pay duty on imports** = Zoll auf Importe zahlen; **to pay tax** = Steuern zahlen **(e) to pay a cheque into an account** = einen Scheck auf ein Konto einzahlen; **to pay money into one's account** = Geld auf sein Konto einzahlen (NOTE: **paying - paid**)

◇ **payable** *adjective* zahlbar *or* fällig; **payable in advance** = im voraus zahlbar; **payable on delivery** = zahlbar bei Lieferung; **payable on demand** = zahlbar bei Sicht *or* auf Verlangen; **payable at sixty days** = zahlbar innerhalb von sechzig Tagen; **payable to bearer** = zahlbar an Überbringer; **shares payable on application** = bei Zeichnung zahlbare Aktien; **accounts payable** = Verbindlichkeiten *fpl*; **bills payable** = Wechselverbindlichkeiten *fpl*; **electricity charges are payable by the tenant** = Stromkosten sind vom Mieter zu tragen

◇ **pay back** *verb* zurückzahlen; **to pay back a loan** = ein Darlehen zurückzahlen; **I lent him £50 and he promised to pay me back in a month** = ich lieh ihm £50, und er hat versprochen, es mir in einem Monat zurückzuzahlen; **he has never paid me back the money he borrowed** = er hat mir nie das Geld zurückgezahlt, das er sich geliehen hatte

◇ **payback** *noun* Rückzahlung *f*; **payback clause** = Rückzahlungsklausel *f*; **payback period** = Tilgungszeitraum *m or* Amortisationszeit *f or* Amortisationsdauer *f*

◇ **pay cheque** *or (US)* **paycheck** *noun* Lohnscheck *m or* Gehaltsscheck

◇ **pay down** *verb* **to pay money down** = Geld anzahlen; **he paid £50 down and the rest in monthly instalments** = er zahlte £50 an und den Rest in monatlichen Raten

◇ **PAYE** = PAY AS YOU EARN

◇ **payee** *noun* Zahlungsempfänger/-in

◇ **payer** *noun* Zahler *m*; **slow payer** = Schuldner *m* mit schlechter Zahlungsmoral; **he is well known as a slow payer** = er ist bekannt für seine schlechte Zahlungsmoral

◇ **paying 1** *adjective* rentabel *or* gewinnbringend *or* lukrativ *or* einträglich; **it is a paying business** = es ist ein einträgliches Geschäft; **it is not a paying proposition** = das ist kein lukratives *or* lohnendes Geschäft **2** *noun* Zahlen *n or* Bezahlen *n or* Begleichen *n*; **paying of a debt** = Begleichen einer Schuld; **paying-in book** = Einzahlungsbuch *n*; **paying-in slip** = Einzahlungsbeleg *m*

◇ **payload** *noun* Nutzlast *f*

◇ **payment** *noun* **(a)** Zahlung *f or* Bezahlung *f or* Begleichung *f*; **payment in cash** *or* **cash payment** = Barzahlung; **payment by cheque** = Zahlung durch Scheck; **payment of interest** *or* **interest payment** = Zinszahlung *or* Verzinsung *f*; **payment on account** = Abschlagszahlung *or* Akontozahlung; **full payment** *or* **payment in full** = Zahlung in voller Höhe; **payment on invoice** = Zahlung bei Erhalt der Rechnung; **payment in kind** = Sachleistung *f*; Bezahlung in Naturalien; **payment by results** = Leistungslohn *m*; Erfolgshonorar *n* **(b)** *(money paid)* Zahlung *f*; **back payment** = Nachzahlung *or* Rückzahlung; **deferred payment** = (i) *(postponed)* aufgeschobene Zahlung; (ii) *(instalments)* Ratenzahlung; **the company agreed to defer payments for three months** = das Unternehmen erklärte sich damit einverstanden, die Zahlungen drei Monate aufzuschieben; **down payment** = Anzahlung; **repayable in easy payments** = rückzahlbar in bequemen Raten; **incentive payments** = Leistungszulage *f or* Leistungsprämie *f*; **balance of payments** = Zahlungsbilanz *f*

◇ **pay off** *verb* **(a)** ab(be)zahlen *or* tilgen; **to pay off a mortgage** = eine Hypothek tilgen; **to pay off a loan** = einen Kredit zurückzahlen **(b)** auszahlen; **when the company was taken over the factory was closed and all the workers were paid off** = als das Unternehmen übernommen wurde, wurde die Fabrik geschlossen und alle Arbeiter ausgezahlt

◇ **payoff** *noun* Tilgungssumme *f or* Rückzahlungsbetrag *m*

◇ **pay out** *verb* auszahlen *or* ausgeben; **the company pays out thousands of pounds in legal fees** = das Unternehmen gibt Tausende von Pfunden für Anwaltskosten aus; **we have paid out half our profits in dividends** = wir haben die Hälfte unserer Gewinne als Dividende ausgezahlt

◇ **payout** *noun* Subvention *f*; **the company only exists on payouts from the government** = das Unternehmen lebt nur von Subventionen der Regierung

◇ **payroll** *noun* Lohnliste *f or* Gehaltsliste; Löhne *mpl* und Gehälter *npl*; **the company has 250 on the payroll** = das Unternehmen hat 250 Beschäftigte auf der Lohnliste; **payroll ledger** = Lohnliste *or* Gehaltsliste; **payroll tax** = Lohnsummensteuer *f*; *(US)* **payroll deduction** = gesetzliche Abzüge *mpl* von Lohn oder Gehalt

◇ **pay up** *verb* zahlen *or* voll/ganz bezahlen; **the company only paid up when we sent them a letter from our solicitor** = das Unternehmen zahlte erst, als wir ihnen einen Brief unseres Anwalts schickten; **he finally paid up six months late** = schließlich bezahlte er sechs Monate zu spät

> QUOTE the yield figure means that if you buy the shares at their current price you will be getting 5% before tax on your money if the company pays the same dividend as in its last financial year
>
> ***Investors Chronicle***
>
> QUOTE after a period of recession followed by a rapid boost in incomes, many tax payers embarked upon some tax planning to minimize their payouts
>
> ***Australian Financial Review***
>
> QUOTE recession encourages communication not because it makes redundancies easier, but because it makes low or zero pay increases easier to accept
>
> ***Economist***

PC = PERSONAL COMPUTER

PCB = PETTY CASH BOOK

P/E *abbreviation* = PRICE/EARNINGS; **P/E ratio** = Kurs-Gewinn-Verhältnis *n*; **the shares sell at a P/E ratio of 7** = die Aktien werden mit einem Kurs-Gewinn-Verhältnis von 7 gehandelt

peak 1 *noun* Höhepunkt *m or* Höchststand *m*; **peak period** = Hauptverkehrszeit *f or* Stoßzeit *or* Hauptbelastungszeit; **time of peak demand** = Spitzenbedarfszeit *f*; **peak output** = Höchstproduktion *f*; **peak year** = Spitzenjahr *n*; **the shares reached their peak in January** = die Aktien erreichten ihren Höchststand im Januar; **the share index has fallen 10% since the peak in January** = der Aktienindex fiel seit dem Höchststand im Januar um 10% **2** *verb* den Höchststand erreichen; **productivity peaked in January** = die Produktivität erreichte im Januar ihren Höchststand; **shares have peaked and are beginning to slip back** = Aktien haben einen Höchststand erreicht und fallen allmählich wieder

pecuniary *adjective* finanziell *or* pekuniär *(made no profit)* **he gained no pecuniary advantage** = er erzielte keinen finanziellen Vorteil

peddle *verb* hausieren *or* ein Reisegewerbe betreiben

◇ **pedlar** *noun* Hausierer *m* *or* Reisegewerbetreibende(r)

peg *verb* festsetzen *or* halten; **to peg prices** = Preise stützen *or* stabilisieren; **to peg wage increases to the cost-of-living index** = Lohnerhöhungen an das Niveau des Lebenshaltungskostenindexes koppeln (NOTE: **pegging - pegged**)

pen *noun* Füllhalter *m*; Kugelschreiber *m*; **felt pen** = Filzstift *m*; **light pen** = Lichtstift *m* *or* Lichtgriffel *m*; **marker pen** = Textmarker *m*

penalty *noun* Strafe *f*; **penalty clause** = Strafklausel *f*; **the contract contains a penalty clause which fines the company 1% for every week the completion date is late** = der Vertrag enthält eine Strafklausel, nach der das Unternehmen für jede Woche, um die das Datum der Fertigstellung des Auftrags überschritten wird, 1% zahlen muß

◇ **penalize** *verb* bestrafen *or* mit einer Strafe belegen; **to penalize a supplier for late deliveries** = einen Lieferanten für zu späte Lieferungen mit einer Strafe belegen; **they were penalized for bad service** = sie wurden für schlechten Service mit einer Strafe belegt

pence *see* PENNY

pending 1 *adjective* schwebend *or* anstehend; **pending tray** = Ablage *f* für Unerledigtes; **patent pending** = zum Patent angemeldet **2** *adverb* **pending advice from our lawyers** = bis zur endgültigen Benachrichtigung durch unsere Anwälte

penetrate *verb* **to penetrate a market** = in einen Markt eindringen

◇ **penetration** *noun* **market penetration** = Marktdurchdringung *f*

penny *noun* **(a)** *(GB)* Penny *m* **(b)** *(US informal)* Centstück *n* (NOTE: in the UK, it is usually written **p** after a figure: **26p**; the plural is **pence.** In British English say 'pee' for the coins and 'pee' or 'pence' for the amount; in US English, say 'pennies' for the coins and 'cents' for the amount)

◇ **penny share** *or* *(US)* **penny stock** *noun* Kleinaktie *f* *or* Billigaktie

pension 1 *noun* **(a)** Rente *f* *or* Pension *f* *or* Ruhegehalt *n*; **retirement pension** *or* **old age pension** = Altersrente *or* Pension *or* Ruhegehalt; **government pension** *or* **state pension** = staatliche Rente; **occupational pension** = Betriebsrente *or* betriebliche Altersversorgung ; **portable pension** = (auf eine andere Firma) übertragbarer Rentenanspruch; **pension contributions** = Rentenversicherungsbeiträge *mpl* **(b) pension plan** *or* **pension scheme** = Rentenversicherungssystem *n*; **company pension scheme** = betriebliche Altersversorgung *or* Pensionskasse *f*; **he decided to join the company's pension scheme** = er beschloß, der Pensionskasse beizutreten; **contributory pension scheme** = beitragspflichtige Rentenversicherung; **graduated pension scheme** = gestaffelte Rentenversicherung; **non-contributory pension scheme** = beitragsfreie Rentenversicherung; **personal pension plan** = private Rentenversicherung; **portable pension plan** = (auf eine andere Firma) übertragbarer Rentenanspruch **(c) pension entitlement** = Rentenanspruch *m*; **pension fund** = Pensionskasse *f* **2** *verb* **to pension someone off** = jdn vorzeitig pensionieren *or* jdn in den Ruhestand versetzen

◇ **pensionable** *adjective* pensionsberechtigt *or* rentenberechtigt; **pensionable age** = Pensionsalter *n* *or* Rentenalter

◇ **pensioner** *noun* Rentner/-in *or* Pensionär/-in; **old age pensioner** = Rentner/-in *or* Rentenempfänger/-in

peppercorn rent *noun* nominelle Miete *or* nominelle Pacht; **to pay a peppercorn rent** = eine nominelle Miete *or* Pacht zahlen; **to lease a property for** *or* **at a peppercorn rent** = ein Gebäude für eine nominelle Miete mieten *or* für eine nominelle Pacht pachten

PER = PRICE-EARNINGS RATIO

per *preposition* **(a) as per** = gemäß *or* laut; **as per invoice** = laut Rechnung; **as per sample** = gemäß dem Muster; **as per previous order** = gemäß der vorausgegangenen Bestellung **(b)** *(at a rate of)* pro; **per hour** = pro Stunde; **per day** = pro Tag; **per week** = pro Woche; **per annum** *or* **per year** = pro Jahr; **the rate is £10 per hour** = die Gebühr beträgt £10 pro Stunde; **he makes about £750 per month** = er kriegt etwa £750 im Monat; **we pay £10 per hour** = wir bezahlen £10 pro *or* die Stunde; **the car was travelling at twenty-five miles per hour** = das Auto fuhr mit (einer Geschwindigkeit von) 25 Meilen pro Stunde; **the earnings per share** = der Gewinn pro Aktie; **the average sales per representative** = der durchschnittliche Absatz *or* Umsatz pro Handelsvertreter/-in; **per head** = pro Kopf ; **allow £15 per head for expenses** = kalkulieren Sie £15 Spesen pro Kopf; **representatives cost on average £25,000 per head per annum** = Handelsvertreter kosten durchschnittlich £25.000 pro Kopf und Jahr **(c)** *(out of)* pro; **the rate of imperfect items is about twenty-five per thousand** = der Anteil mangelhafter Artikel beträgt 25 Promille; **the birth rate has fallen to twelve per hundred** = die Geburtenrate ist auf zwölf Prozent gesunken

◇ **per annum** *adverb* im *or* pro Jahr; **what is their turnover per annum?** = wie hoch ist ihr Umsatz pro Jahr?

◇ **per capita** *adjective & adverb* pro Kopf; **average income per capita** *or* **per capita income** = Durchschnittseinkommen *n* pro Kopf *or* Pro-Kopf-Einkommen *n*; **per capita expenditure** = Pro-Kopf-Ausgaben *fpl*

◇ **per cent** *adjective & adverb* prozentual; **10 per cent** = 10 Prozent; **what is the increase per cent?** = wie hoch ist die prozentuale Steigerung?; **fifty per cent of nothing is still nothing** = fünfzig Prozent von Nichts ist immer noch nichts

◇ **percentage** *noun* Prozentsatz *m* *or* Prozent *n*; **percentage discount** = prozentualer Rabatt ; **percentage increase** = prozentualer Anstieg; **percentage point** = Prozentpunkt *m*

◇ **percentile** *noun* Hundertstel *n*

QUOTE a 100,000 square-foot warehouse generates $600 in sales per square foot of space
Duns Business Month

QUOTE this would represent an 18 per cent growth rate - a slight slackening of the 25 per cent turnover rise in the first half
Financial Times

QUOTE buildings are depreciated at two per cent per annum on the estimated cost of construction
Hongkong Standard

QUOTE state-owned banks cut their prime rates a percentage point to 11%
Wall Street Journal

QUOTE a good percentage of the excess stock was taken up during the last quarter
Australian Financial Review

perfect **1** *adjective* perfekt *or* fehlerlos *or* vollkommen; **we check each batch to make sure it is perfect** = wir prüfen jede Serie, um zu gewährleisten, daß sie makellos ist; **she did a perfect driving test** = sie machte eine fehlerlose Fahrprüfung **2** *verb* vervollkommnen *or* perfektionieren; **he perfected the process for making high grade steel** = er perfektionierte das Verfahren zur Herstellung hochwertigen Stahls

◇ **perfectly** *adverb* perfekt *or* fehlerlos; **she typed the letter perfectly** = sie hat den Brief perfekt *or* fehlerlos getippt

perform *verb* abschneiden; **how did the shares perform?** = wie war die Wertentwicklung der Aktien?; **the company** *or* **the shares performed badly** = das Unternehmen war nicht sehr erfolgreich *or* die Aktien verloren an Wert; **the shares performed well** = die Aktien verzeichneten einen Wertzuwachs

◇ **performance** *noun* Leistung *f*; **the poor performance of the shares on the stock market** = die schlechte Wertenwicklung der Aktien an der Börse; **last year saw a dip in the company's performance** = im letzten Jahr sank die Leistung des Unternehmens; **as a measure of the company's performance** = als Maßstab für die Leistung des Unternehmens; **performance of personnel against objectives** = Personalleistung gemessen an den Zielen; **performance review** = Leistungsbeurteilung *f*; **earnings performance** = Gewinnentwicklung *f*; **job performance** = Arbeitsleistung *f*

QUOTE inflation-adjusted GNP edged up at a 1.3% annual rate, its worst performance since the economic expansion began
Fortune

period *noun* **(a)** Zeit *f or* Zeitspanne *f or* Zeitraum *m*; **for a period of time** *or* **for a period of months** *or* **for a six-year period** = eine Zeitlang *or* über Monate *or* über einen Zeitraum von sechs Jahren; **sales over a period of three months** = der Umsatz über einen Zeitraum von drei Monaten; **sales over the holiday period** = Absatz während der Urlaubszeit; **to deposit money for a fixed period** = Geld für einen festgesetzten Zeitraum anlegen *or* Geld fest anlegen; **period of guarantee** = Garantiezeit *f or* Garantiefrist *f*; **period of notice** = Kündigungsfrist *f*; **period of validity** = Gültigkeitsdauer *f* **(b) accounting period** = Abrechnungszeitraum *m*

◇ **periodic** *or* **periodical** **1** *adjective* periodisch *or* in regelmäßigen Abständen *mpl*; **a periodic review of the company's performance** = eine regelmäßige Überprüfung der Unternehmensleistung **2** *noun* **periodical** = Zeitschrift *f*

peripherals *plural noun* Peripheriegeräte *npl*

perishable **1** *adjective* (leicht) verderblich; **perishable goods** *or* **items** = (leicht) verderbliche Waren *fpl or* Artikel *mpl*; **perishable cargo** = (leicht) verderbliche Fracht **2** *plural noun* **perishables** = (leicht) verderbliche Ware

perjury *noun* Meineid *m*; **he was sent to prison for perjury** = er kam ins Gefängnis wegen Meineid; **she appeared in court on a perjury charge** = sie erschien wegen Meineid vor Gericht

◇ **perjure** *verb* **to perjure oneself** = einen Meineid leisten

perks *plural noun* Nebenleistungen *fpl*; zusätzliche Vergünstigungen *fpl*

permanent *adjective* dauerhaft *or* fest *or* unbefristet; **he has found a permanent job** = er hat eine feste Stelle gefunden; **she is in permanent employment** = sie hat eine feste Anstellung; **he has applied for a permanent contract** = er hat um einen festen Arbeitsvertrag angesucht; **her job will soon be made permanent** = ihre Stelle wird bald in eine feste Stelle umgewandelt; **the permanent staff and part-timers** = die Festangestellten und die Teilzeitbeschäftigten

◇ **permanency** *noun* Dauerhaftigkeit *f or* Beständigkeit *f*

◇ **permanently** *adverb* fest *or* ständig

permission *noun* Erlaubnis *f or* Genehmigung *f or* Bewilligung *f*; **written permission** = schriftliche Genehmigung; **verbal permission** = mündliche Genehmigung; **to give someone permission to do something** = jdm gestatten *or* die Erlaubnis erteilen, etwas zu tun; **he asked the manager's permission to take a day off** = er bat um die Erlaubnis des Geschäftsführers, sich einen Tag frei zu nehmen

permit **1** *noun* Genehmigung *f or* Erlaubnis *f*; **building permit** = Baugenehmigung; **export permit** = Exportgenehmigung; **import permit** = Importgenehmigung; **work permit** = Arbeitserlaubnis **2** *verb* genehmigen *or* erlauben *or* gestatten; **this document permits you to export twenty-five computer systems** = dies Dokument gestattet es Ihnen, 25 Computersysteme zu exportieren; **the ticket permits three people to go into the exhibition** = mit dieser Karte ist drei Personen der Zutritt zur Messe gestattet

per pro = PER PROCURATIONEM per procura *or* per Vollmacht *or* in Vertretung; **the secretary signed per pro the manager** = die Sekretärin unterzeichnete in Vertretung *or* per Vollmacht des Geschäftsführers

perquisites *plural noun* = PERKS

person *noun* **(a)** Person *f*; **an insurance policy which covers a named person** = eine Versicherungspolice, die für eine benannte Person gültig ist *or* gilt; **the persons named in the contract** = die im Vertrag benannten Personen;

the document should be witnessed by a third person = das Dokument sollte von einem Dritten *or* von einer dritten Person als Zeuge unterschrieben werden **(b) in person** = persönlich; **this important package is to be delivered to the chairman in person** = dieses wichtige Paket muß dem Vorsitzenden persönlich übergeben werden; **he came to see me in person** = er kam persönlich zu mir

◇ **person-to-person call** *noun* Gespräch *n* mit namentlicher Voranmeldung

◇ **personal** *adjective* **(a)** persönlich; **personal allowances** = Grundfreibeträge *mpl*; **personal assets** = bewegliches Privatvermögen; **personal call** = (i) Gespräch *n* mit Voranmeldung *f*; (ii) Privatgespräch; **personal computer (PC)** = Personalcomputer *or* PC *m*; **personal effects** *or* **personal property** = Gegenstände *mpl* des persönlichen Gebrauchs *or* bewegliches Vermögen; **personal income** = persönliches Einkommen (vor Steuern); **apart from the family shares, he has a personal shareholding in the company** = neben den Familienaktien hat er eine persönliche Beteiligung an dem Unternehmen ; **the car is for his personal use** = das Auto ist für seinen persönlichen Gebrauch bestimmt **(b)** privat *or* Privat-; **I want to see the director on a personal matter** = ich möchte den Direktor in einer privaten Angelegenheit sprechen; **personal assistant (PA)** = persönliche(r) Assistent/-in; Chefsekretär/-in

◇ **Personal Identification Number (PIN)** *noun* persönliche Kennummer *or* Geheimzahl (*cf* ATM)

◇ **personalized** *adjective (with a name or initials on it)* mit dem Namen oder den Initialen versehen *or* persönliche(r,s); **personalized briefcase** = eine mit Namen oder Initialen versehene Aktentasche

◇ **personally** *adverb* persönlich *or* eigenhändig; **he personally opened the envelope** = er öffnete den Briefumschlag persönlich; **she wrote to me personally** = sie schrieb mir persönlich

personnel *noun* Personal *n or* Belegschaft *f*; **the personnel of the warehouse** *or* **the warehouse personnel** = das Lagerhauspersonal; **the personnel department** = die Personalabteilung; **personnel management** = Personalführung *f*; **personnel manager** = Personalchef/-in *or* Personalleiter/-in

persuade *verb* überreden *or* dazu bringen; **after ten hours of discussion, they persuaded the MD to resign** = nach zehnstündiger Diskussion überredeten sie den geschäftsführenden Direktor zurückzutreten; **we could not persuade the French company to sign the contract** = wir konnten das französische Unternehmen nicht dazu bringen, den Vertrag zu unterschreiben

Peru *noun* Peru *n*

◇ **Peruvian 1** *noun* Peruaner/-in **2** *adjective* peruanisch

(NOTE: capital: **Lima;** currency: **inti** = Inti *m*)

peseta *noun (Spanish currency)* Peseta *or* Pesete *f* (NOTE: usually written **ptas** after a figure: **2,000ptas)**

peso *noun (money used in Argentina, Bolivia, Chile, Colombia, Cuba, the Dominican Republic, Mexico, the Philippines, Uruguay)* Peso *m*

pessimism *noun* Pessimismus *m*; **market pessimism** *or* **pessimism on the market** = Pessimismus am Aktienmarkt; **there is considerable pessimism about job opportunities** = der Pessimismus hinsichtlich der Beschäftigungsmöglichkeiten ist groß

◇ **pessimistic** *adjective* pessimistisch; **he takes a pessimistic view of the exchange rate** = er sieht die Entwicklung des Wechselkurses pessimistisch

peter out *verb* abflauen *or* sich legen *or* allmählich zu Ende gehen

> QUOTE economists believe the economy is picking up this quarter and will do better in the second half of the year, but most expect growth to peter out next year
> *Sunday Times*

Peter principle *noun* das Peter-Prinzip

petition 1 *noun* Antrag *m or* Gesuch *n or* Petition *f or* Eingabe *f*; **to file a petition in bankruptcy** = einen Antrag auf Konkurseröffnung stellen *or* einen Konkurseröffnungsantrag stellen **2** *verb* ersuchen *or* eine Petition einreichen *or* eine Eingabe machen; **he petitioned the government for a special pension** = er ersuchte die Regierung um eine Sonderrente

petrocurrency *noun* Petrowährung *f*

◇ **petrodollar** *noun* Petro-Dollar *m*

petrol *noun* Benzin *n*; **the car is very economic on petrol** = der Wagen ist sehr sparsam im Benzinverbrauch *m*; **we are looking for a car with a low petrol consumption** = wir suchen einen Wagen mit geringem Benzinverbrauch (NOTE: no plural for **petrol.** US English is **gasoline** *or* **gas)**

◇ **petroleum** *noun* Erdöl *n or* Mineralöl *n*; **crude petroleum** = Rohöl *n*; **petroleum exporting countries** = erdölexportierende Länder *npl*; **petroleum industry** = Erdölindustrie *f or* Mineralölwirtschaft *f*; **petroleum products** = Mineralölerzeugnis *n*; **petroleum revenues** = Einnahmen *fpl* aus der Erdölgewinnung

petty *adjective* unwichtig *or* belanglos *or* unbedeutend; **petty cash** = Nebenkasse *f or* Portokasse *or* kleine Kasse; **petty cash book (PCB)** = Portobuch *n or* kleines Kassenbuch; **petty cash box** = Portokasse *f*; **petty expenses** = geringfügige Ausgaben *fpl*

phase *noun* Phase *f or* Abschnitt *m or* Stadium *n or* Stufe *f*; **the first phase of the expansion programme** = die erste Phase des Expansionsprogramms

◇ **phase in** *verb* schrittweise einführen; **the new invoicing system will be phased in over the next two months** = das neue Fakturierungssystem wird über die nächsten zwei Monate schrittweise eingeführt

◇ **phase out** *verb* auslaufen lassen *or* allmählich einstellen; **Smith Ltd will be phased out as a supplier of spare parts** = die Fa. Smith Ltd wird als Lieferant von Ersatzteilen allmählich abgewickelt

> QUOTE the budget grants a tax exemption for $500,000 in capital gains, phased in over the next six years
> *Toronto Star*

Philippines *noun* Philippinen *pl*
◇ **Filipino 1** *noun* Filipino/Filipina *or* Philippiner/-in **2** *adjective* philippinisch
(NOTE: capital: **Manila;** currency: **Philippine peso** = philippinischer Peso)

phoenixism *or* **phoenix syndrome** *noun* *(bankrupt company reconstituted by its directors to trade under a similar new name)* Phönix-Syndrom *n*

> QUOTE the prosecution follows recent calls for a reform of insolvency legislation to prevent reckless directors from leaving beind a trail of debt while continuing to trade in phoenix companies -businesses which fold only to rise again, often under a slightly different name in the hands of the same directors and management
> *Financial Times*

phone 1 *noun* Telefon *n*; **we had a new phone system installed last week** = wir ließen letzte Woche ein neues Telefonsystem installieren; **card phone** = Kartentelefon *n*; **house phone** *or* **internal phone** = Haustelefon; **by phone** = telefonisch; **to place an order by phone** = einen Auftrag telefonisch erteilen *or* etwas telefonisch bestellen; **to be on the phone** = telefonieren; **she has been on the phone all morning** = sie telefoniert schon den ganzen Morgen ; **he spoke to the manager on the phone** = er telefonierte mit dem Geschäftsführer; **phone book** = Telefonbuch *n*; **look up his address in the phone book** = schlagen Sie seine Adresse im Telefonbuch nach; **phone call** = Telefongespräch *n or* Anruf *m*; **to make a phone call** = (jdn) anrufen *or* telefonieren; **to answer the phone** *or* **to take a phone call** = das Telefon abnehmen *or* ans Telefon gehen; ein Telefonat *or* Gespräch entgegennehmen; **phone number** = Telefonnummer *f*; **he keeps a list of phone numbers in a little black book** = er hat eine Liste von Telefonnummern in einem kleinen, schwarzen Buch; **the phone number is on the company notepaper** = die Telefonnummer steht auf dem Briefpapier des Unternehmens; **can you give me your phone number?** = können Sie mir Ihre Telefonnummer geben? **2** *verb* **to phone someone** = jdn anrufen; **don't phone me, I'll phone you** = rufen Sie mich nicht an, ich werde Sie anrufen; **his secretary phoned to say he would be late** = seine Sekretärin rief an, um mitzuteilen, daß er sich verspäten würde; **he phoned the order through to the warehouse** = er gab den Auftrag telefonisch an das Lager weiter; **to phone for something** = etwas telefonisch bestellen; **he phoned for a taxi** = er telefonierte wegen eines Taxis *or* er rief eine Taxe; **to phone about something** = wegen etwas anrufen; **he phoned about the January invoice** = er rief wegen der Januar-Rechnung an
◇ **phone back** *verb* zurückrufen; **the chairman is in a meeting, can you phone back in about half an hour?** = der Vorsitzende ist in einer Besprechung, können Sie in einer halben Stunde zurückrufen?; **Mr Smith called while you were out and asked if you would phone him back** = Herr Smith rief an, als Sie nicht da waren, und fragte, ob Sie ihn zurückrufen würden?
◇ **phonecard** *noun* Telefonkarte *f*

photocopier *noun* (Foto)kopierer *m*
◇ **photocopy 1** *noun* Fotokopie *f*; **make six photocopies of the contract** = machen Sie sechs Fotokopien von dem Vertrag **2** *verb* fotokopieren; **she photocopied the contract** = sie fotokopierte den Vertrag
◇ **photocopying** *noun* Fotokopieren *n*; **photocopying costs are rising each year** = Fotokopierkosten *pl* steigen jedes Jahr; **photocopying bureau** = Copy-Shop *m or* Kopierzentrum *n*; **there is a mass of photocopying to be done** = es gibt Unmengen zu fotokopieren
◇ **photostat 1** *noun (trademark for a type of photocopy) (etwa)* Fotokopie *f* **2** *verb (etwa)* fotokopieren

physical *adjective* **physical inventory** *or* **physical stock** = Warenbestand *m*; **physical stock check** *or (US)* **physical inventory** = Warenbestandsaufnahme *f or* Inventur *f*

pick 1 *noun* Wahl *f*; **take your pick** = treffen Sie Ihre Wahl; **the pick of the group** = das Allerbeste *or* das Beste von allem **2** *verb* (aus)wählen *or* aussuchen; **the board picked the finance director to succeed the retiring MD** = der board wählte den Leiter der Finanzabteilung als Nachfolger für den in den Ruhestand tretenden geschäftsführenden Direktor **the Association has picked Stuttgart for its next meeting** = der Verband wählte Stuttgart als nächsten Tagungsort
◇ **picking** *noun* **order picking** = Zusammenstellung *f* einer Bestellung; **picking list** = Entnahmeliste *f*
◇ **pick out** *verb* auswählen *or* aussuchen *or* herausgreifen; **he was picked out for promotion by the chairman** = er wurde vom Vorsitzenden zur Beförderung ausgewählt
◇ **pick up** *verb* sich erholen; **business** *or* **trade is picking up** = das Geschäft erholt sich *or* geht langsam wieder besser
◇ **pickup** *noun* **pickup (truck)** = offener Kleintransporter; **pickup and delivery service** = Abhol- und Zustelldienst *m*

picket 1 *noun* Streikposten *m*; **flying pickets** = mobile Streikposten; **picket line** = Streikpostenkette *f*; **to man a picket line** *or* **to be on the picket line** = eine Streikpostenkette besetzen *or* in der Streikpostenkette sein; **to cross a picket line** = eine Streikpostenkette durchbrechen **2** *verb* **to picket a factory** = vor einer Fabrik Streikposten *mpl* aufstellen
◇ **picketing** *noun* Streikpostenstehen *n*; **lawful picketing** = rechtmäßiges *or* erlaubtes Aufstellen von Streikposten; **mass picketing** = massives Aufgebot an Streikposten; **peaceful picketing** = friedlich durchgeführtes Streikpostenstehen; **secondary picketing** = Bestreikung *f* eines nur indirekt beteiligten Betriebes *m*

piece *noun* Stück *n or* Teil *n*; **to sell something by the piece** = etwas pro Stück verkaufen; **the price is 25p the piece** = der Preis beträgt 25 Pence das Stück; **mailing piece** = Postwurfsendung *f*
◇ **piece rate** *noun* Akkordlohnsatz *m or* Stücklohnsatz; **to work at piece rates** = im *or* auf Akkord arbeiten
◇ **piecework** *noun* Akkordarbeit *f*

pie chart *noun* Kreisdiagramm *n*

pigeonhole 1 *noun* Ablegefach *n or* Brieffach **2** *verb* zurückstellen; **the whole expansion plan was**

pigeonholed = der gesamte Expansionsplan wurde zurückgestellt *or* auf Eis gelegt

pile 1 *noun* Stapel *m*; **the Managing Director's desk is covered with piles of paper** = der Schreibtisch des geschäftsführenden Direktors ist mit Papierstapeln bedeckt; **she put the letter on the pile of letters waiting to be signed** = sie legte den Brief auf den Stapel mit Briefen, die noch unterschrieben werden mußten **2** *verb* stapeln; **he piled the papers on his desk** = er stapelte die Papiere auf seinem Schreibtisch
◊ **pile up** *verb* (auf)stapeln; sich anhäufen; **the invoices were piled up on the table** = die Rechnungen waren auf dem Tisch gestapelt; **complaints are piling up about the after-sales service** = Beschwerden über den Kundendienst häufen sich an

pilferage *or* **pilfering** *noun* Bagatelldiebstahl *m*; *(umg)* das Mitgehenlassen von unbedeutenden Beträgen *or* Gegenständen

pilot *noun* **(a)** *(person) (plane)* Pilot *m (ship)* Lotse *m* **(b)** *(used as a test)* Pilot- *or* Versuchs-; **the company set up a pilot project to see if the proposed manufacturing system was efficient** = das Unternehmen richtete ein Pilotprojekt ein, um zu sehen, ob das vorgeschlagene Fertigungssystem effizient ist; **the pilot factory has been built to test the new production process** = die Pilotfabrik wurde gebaut, um das neue Produktionsverfahren zu erproben; **he is directing a pilot scheme for training unemployed young people** = er leitet ein Versuchsprojekt zur Ausbildung jugendlicher Arbeitsloser

PIN = PERSONAL IDENTIFICATION NUMBER

pin 1 *noun* Nadel *f*; **drawing pin** = Reißzwecke *f or* Heftzwecke; **she used drawing pins to pin the poster to the door** = sie benutzte Reißzwecken, um das Poster an der Tür zu befestigen; **pin money** = Taschengeld *n* **2** *verb* heften *or* festmachen; **she pinned the papers together** = sie heftete die Papiere zusammen; **pin your cheque to the application form** = heften Sie den Scheck an das Antragsformular
◊ **pin up** *verb* (an)heften; **they pinned the posters up at the back of the exhibition stand** = sie hefteten die Poster an die Rückseite des Messestandes

pint *noun (measure of liquids = 0.568 of a litre)* Pint *n*

pioneer 1 *noun* Pionier/-in *or* Wegbereiter/-in *or* Vorreiter/-in; **pioneer project** *or* **pioneer development** = Pionierprojekt *n*; bahnbrechende Entwicklung **2** *verb* Pionierarbeit leisten *or* den Weg bahnen; **the company pioneered developments in the field of electronics** = das Unternehmen war bahnbrechend bei Entwicklungen auf dem Gebiet der Elektronik

pirate 1 *noun* Plagiator *m*; **a pirate copy of a book** = ein Raubdruck *m* eines Buches **2** *verb* unerlaubt nachahmen *or* nachbauen *or* nachdrucken; plagiieren; **a pirated book** *or* **a pirated design** = ein plagiiertes Buch *or* ein plagiierter Entwurf; **the designs for the new dress collection were pirated in the Far East** = die Entwürfe für die neue Kleiderkollektion wurden im Fernen Osten unerlaubt kopiert
◊ **piracy** *noun* Plagiat *n*

pit *noun* **(a)** Kohlenbergwerk *n or* Zeche *f* **(b)** *(US)* Maklerstand *m* (NOTE: UK English is **trading floor)**

pitch *noun* **sales pitch** = Verkaufsargument *n or* Verkaufsgespräch *n*

pix *plural noun (informal)* Bilder *npl*

place 1 *noun* **(a)** Platz *m or* Ort *m or* Stelle *f*; **to take place** = stattfinden; **the meeting will take place in our offices** = die Besprechung findet in unseren Büroräumen statt; **meeting place** = Treffpunkt *m*; **place of work** = Arbeitsplatz *m* **(b)** *(position in a competition)* Platz *m*; **three companies are fighting for first place in the home computer market** = drei Unternehmen kämpfen um Platz eins auf dem Heimcomputermarkt **(c)** *(job)* Stelle *f or* Anstellung *f*; **he was offered a place with an insurance company** = ihm wurde eine Stelle bei einer Versicherungsgesellschaft angeboten; **she turned down three places before accepting the one we offered** = sie lehnte drei Stellenangebote ab, bevor sie unseres annahm **(d)** *(position in a text)* Stelle *f*; **she marked her place in the text with a red pen** = sie markierte ihre Stelle im Text mit einem roten Kugelschreiber; **I have lost my place and cannot remember where I have reached in my filing** = ich habe die Stelle verloren und kann mich nicht erinnern, wie weit ich mit dem Ablegen gekommen war **2** *verb* **(a)** legen *or* setzen *or* stellen; **to place money in an account** = Geld auf ein Konto einzahlen; **to place a block of shares** = ein Aktienpaket plazieren; **to place a contract** = einen Auftrag vergeben; **to place something on file** = etwas abheften **(b) to place an order** = einen Auftrag erteilen *or* eine Bestellung aufgeben; **he placed an order for 250 cartons of paper** = er gab eine Bestellung für 250 Kartons Papier auf **(c) to place staff** = Personal vermitteln *or* unterbringen; **how are you placed for work?** = sind Sie mit Arbeit eingedeckt? *or* wie sieht es bei Ihnen mit der Arbeit aus?
◊ **placement** *noun* Stellenvermittlung *f*; Unterbringung *f*
◊ **placing** *noun* **the placing of a line of shares** = die Plazierung *or* Unterbringung eines Aktienpaketes

plain *adjective* **(a)** *(easy to understand)* klar *or* deutlich; **we made it plain to the union that 5% was the management's final offer** = wir machten der Gewerkschaft klar, daß 5% das letzte Angebot der Unternehmensleitung ist; **the manager is a very plain-spoken man** = der Manager drückt sich sehr direkt *or* offen aus **(b)** *(simple)* einfach *or* schlicht; **the design of the package is in plain blue with white squares** = die Aufmachung der Schachtel ist schlicht blau mit weißen Quadraten; **we want the cheaper models to have a plain design** = wir möchten, daß die billigeren Modelle ein schlichtes Design haben
◊ **plain cover** *noun* **to send something under plain cover** = etwas in einem neutralen Umschlag *m* schicken

plaintiff *noun* Kläger/-in

plan 1 *noun* **(a)** Plan *m*; **contingency plan** = Krisenplan; **the government's economic plans** = das Wirtschaftsprogramm der Regierung; **a Five-Year Plan** = ein Fünfjahresplan **(b)** *(way of saving or investing money)* Plan *m or* Programm *n*; **investment plan** = Investitionsplan; **pension plan** = Rentenversicherungssystem *n*; **savings plan** = Sparsystem *n* **(c)** *(drawing)* Plan *m or* Entwurf *m*; **the architect showed us the first plans for the new offices** = der Architekt zeigte uns die ersten Pläne für die neuen Büroräume; **floor plan** = Grundriß *m or* Raumverteilungsplan; **street plan** *or* **town plan** = Stadtplan **2** *verb* (ein)planen; **to plan for an increase in bank interest charges** = sich auf eine Erhöhung der Bankzinsen einstellen; **to plan investments** = Investitionen planen (NOTE: **planning - planned)**

◇ **planned** *adjective* **planned economy** = Planwirtschaft *f*

◇ **planner** *noun* **(a)** *(person who plans)* Planer/-in; **the government's economic planners** = die Wirtschaftsplaner der Regierung **(b) desk planner** *or* **wall planner** = Tischkalender *m or* Wandkalender zur Arbeitsplanung

◇ **planning** *noun* **(a)** Planung *f*; **long-term** *or* **short-term planning** = langfristige *or* kurzfristige Planung; **economic planning** = Wirtschaftsplanung; **corporate planning** = Unternehmensplanung; **manpower planning** = Personalplanung **(b)** *(GB)* **planning permission** = Baugenehmigung *f*; **to refuse planning permission** = die Baugenehmigung verweigern; **we are waiting for planning permission before we can start building** = wir warten auf die Baugenehmigung, bevor wir anfangen können zu bauen; **the land is to be sold with planning permission** = das Land wird mit Baugenehmigung verkauft; **the planning department** = das Bauordnungsamt

> QUOTE the benefits package is attractive and the compensation plan includes base, incentive and car allowance totalling $50,000+
> *Globe and Mail (Toronto)*
> QUOTE buildings are closely regulated by planning restrictions
> *Investors Chronicle*

plane *noun* Flugzeug *n*; **I plan to take the 5 o'clock plane to New York** = ich habe vor, den 5 Uhr Flug nach New York zu nehmen; **he could not get a seat on Tuesday's plane, so he had to wait until Wednesday** = er konnte keinen Platz für den Dienstag-Flug bekommen, also mußte er bis Mittwoch warten; **there are ten planes a day from London to Frankfurt** = es gibt täglich zehn Flüge von London nach Frankfurt

plant *noun* **(a)** *(machinery)* Maschinen *fpl*; **plant-hire firm** = Baumaschinenvermietung *f* (NOTE: no plural in this meaning) **(b)** *(factory)* Werk *n or* Betrieb *m or* Fabrikanlage *f*; **they are planning to build a car plant near the river** = sie haben vor, in der Nähe des Flusses eine Autofabrik zu bauen; **to set up a new plant** = einen neuen Betrieb gründen; **they closed down six plants in the north of the country** = sie schlossen sechs Betriebe im Norden des Landes; **he was appointed plant manager** = er wurde zum Betriebsleiter ernannt

plastic money *noun* Plastikgeld *n*

platform *noun* **(a)** *(train)* Bahnsteig *m or* Gleis *n*; **the train for Birmingham leaves from Platform 12** = der Zug nach Birmingham fährt von Gleis 12 ab; **the ticket office is on Platform 2** = der Fahrkartenschalter ist auf Bahnsteig 2 **(b) oil platform** = Ölbohrinsel *f*

PLC *or* **plc** = PUBLIC LIMITED COMPANY

plead *verb (als Anwalt)* plädieren

pledge 1 *noun* Pfand *n or* Pfandsache *f*; **to redeem a pledge** = ein Pfand einlösen; **unredeemed pledge** = nicht eingelöstes Pfand **2** *verb* **to pledge share certificates** = Aktienzertifikate *npl* als Sicherheit verpfänden

plenary meeting *or* **plenary session** *noun* Vollversammlung *f or* Plenarsitzung *f*

plot *noun* **plot of land** *or* **building plot** = Stück *n* Land *or* Bauland *n*

plough back *or (US)* **plow back** *verb* **to plough back profits into the company** = Gewinne in das Unternehmen reinvestieren

plug 1 *noun* **(a)** *(electric)* Stecker *m*; **the printer is supplied with a plug** = der Drucker wird mit einem Stecker geliefert **(b) to give a plug to a new product** = für ein neues Produkt Reklame machen **2** *verb* **(a) to plug in** = anschließen; **the computer was not plugged in** = der Computer war nicht angeschlossen **(b)** anpreisen *or* Reklame machen für; **they ran six commercials plugging holidays in Spain** = sie zeigten sechs Werbespots, mit denen für Urlaubsreisen nach Spanien geworben wurde **(c)** stoppen *or* zum Halt bringen; **the company is trying to plug the drain on cash reserves** = das Unternehmen versucht, den Abfluß der Barreserven zu stoppen (NOTE: **plugging - plugged)**

plummet *or* **plunge** *verb* stark fallen *or* stürzen *or* absacken; **share prices plummeted** *or* **plunged on the news of the devaluation** = die Aktienkurse sackten ab *or* stürzten, als die Abwertung bekanntgegeben wurde

> QUOTE in the first six months of this year secondhand values of tankers have plummeted by 40%
> *Lloyd's List*
> QUOTE crude oil output plunged during the past month
> *Wall Street Journal*

plus 1 *preposition* **(a)** plus *or* und *or* zuzüglich; **his salary plus commission comes to more than £25,000** = sein Gehalt plus Provision kommt auf über £25.000; **production costs plus overheads are higher than revenue** = die Produktionskosten plus Gemeinkosten sind höher als die Einnahmen **(b)** *(more than)* über *or* mehr als; **houses valued at £160,000 plus** = Häuser, mit einem Schätzwert von über £160.000 **2** *adjective* positiv *or* Plus-; **a plus factor for the company is that the market is much larger than they had originally thought** = ein positiver Faktor für das Unternehmen ist, daß der Markt viel größer ist als ursprünglich angenommen; **the plus side of the account** = die Habenseite des Kontos; **on the plus side** = als Pluspunkt; **on the plus side, we must take into account the new product line** = als Pluspunkt müssen wir die neue Produktlinie berücksichtigen **3** *noun* Plus *n or* Pluspunkt *m*; **to have achieved £1m in new sales in less than six months is certainly a plus for the sales team** = £1m an Neuumsatz in weniger als sechs Monaten ist sicherlich ein Pluspunkt für das Verkaufsteam

p.m. *or (US)* **P.M.** *adverb* nachmittags; **the train leaves at 6.50 p.m.** = der Zug fährt um 18.50 Uhr ab; **if you phone New York after 8 p.m. the calls are at a cheaper rate** = nach 20 Uhr können Sie Gespräche nach New York zum Billigtarif führen

PO = POST OFFICE

poach *verb* wegstehlen; **the rival company poached our best clients** = das Konkurrenzunternehmen stahl uns die besten Kunden weg

pocket *noun* **pocket calculator** *or* **pocket diary** = Taschenrechner *m*; Taschenkalender *m*; **to be £25 in pocket** = um £25 reicher sein; **to be £25 out of pocket** = um £25 ärmer sein; **out-of-pocket expenses** = Barauslagen *fpl*

point 1 *noun* **(a)** Stelle *f or* Ort *m*; **point of sale (p.o.s.** *or* **POS)** = Verkaufsstelle *or* Verkaufsort; **point of sale material** = Werbematerial *n* am Verkaufsort ; **breakeven point** = Kostendeckungspunkt *m or* Break-Even-Punkt *m or* Gewinnschwelle *f*; **customs entry point** = Zollanmeldesstelle *f*; **starting point** = Ausgangspunkt *m* **(b) decimal point** = Komma *n*; **percentage point** = Prozentpunkt *m*; **half a percentage point** = ein halbes Prozent; **the dollar gained two points** = der Dollar legte zwei Punkte zu; **the exchange fell ten points** = der Aktienindex fiel um zehn Punkte **2** *verb* **to point out** = hinweisen auf *or* aufmerksam machen auf; **the report points out the mistakes made by the company over the last year** = der Bericht weist auf die vom Unternehmen über das letze Jahr gemachten Fehler hin; **he pointed out that the results were better than in previous years** = er wies darauf hin, daß die Ergebnisse besser als in den vorhergehenden Jahren waren

> QUOTE sterling M3, the most closely watched measure, rose by 13% in the year to August - seven percentage points faster than the rate of inflation
> ***Economist***
> QUOTE banks refrained from quoting forward US/Hongkong dollar exchange rates as premiums of 100 points replaced discounts of up to 50 points
> ***South China Morning Post***

Poland *noun* Polen *n*

◇ **Pole** *noun* Pole/Polin

◇ **Polish** *adjective* polnisch

(NOTE: capital: **Warsaw** = Warschau; currency: **zloty** = Zloty *m*)

policy *noun* **(a)** Politik *f or* Kurs *m or* Linie *f or* Strategie *f*; **the government policy on wages** *or* **government wages policy** = die Lohnpolitik der Regierung; **the government's prices policy** *or* **incomes policy** = die Preispolitik *or* Einkommenspolitik der Regierung; **the country's economic policy** = die Wirtschaftspolitik des Landes; **a company's trading policy** = die Geschäftspolitik eines Unternehmens; **the government made a policy statement** *or* **made a statement of policy** = die Regierung gab eine Grundsatzerklärung ab; **budgetary policy** = Haushaltspolitik **(b) company policy** = Unternehmenspolitik *f*; **a company's trading policy** = die Geschäftspolitik eines Unternehmens; **what is the company policy on credit?** = wie ist die Kreditpolitik des Unternehmens?; **it is against company policy to give more than thirty days' credit** = es widerspricht der Unternehmenspolitik, mehr als dreißig Tage Kredit zu geben; **our policy is to submit all contracts to the legal department** = unser Grundsatz ist es, alle Verträge der Rechtsabteilung vorzulegen **(c) accident policy** = Unfallversicherung *f*; **comprehensive** *or* **all-in** *or* **all-risks policy** = Universalversicherung *f*; **contingent policy** = Risikoversicherung *f*; **endowment policy** = Versicherung *f* auf den Erlebens- und Todesfall; **insurance policy** = Versicherungspolice *f*; **policy holder** = Versicherungsnehmer/-in; **to take out a policy** = eine Versicherung abschließen; **she took out a life insurance policy** *or* **a house insurance policy** = sie schloß eine Lebensversicherung *or* eine Haus- und Hausratversicherung ab; **the insurance company made out a policy** *or* **drew up a policy** = die Versicherungsgesellschaft stellte eine Police aus

polite *adjective* höflich; **we stipulate that our salesgirls must be polite to customers** = wir verlangen, daß unsere Verkäuferinnen den Kunden gegenüber höflich sind; **we had a polite letter from the MD** = wir bekamen einen höflichen Brief vom geschäftsführenden Direktor

◇ **politely** *adverb* höflich; **she politely answered the customers' questions** = sie beantwortete höflich die Fragen der Kunden

political *adjective* politisch; **political levy** = Parteienbeitrag *m or* Spendenbeitrag einer Gewerkschaft; **political party** = politische Partei

poll 1 *noun* **opinion poll** = Meinungsumfrage *f*; **opinion polls showed the public preferred butter to margarine** = Meinungsumfragen ergaben, daß die Bevölkerung lieber Butter als Margarine ißt; **before starting the new service the company carried out a nationwide opinion poll** = vor Aufnahme des neuen Service führte das Unternehmen eine landesweite Meinungsumfrage durch **2** *verb* **to poll a sample of the population** = eine repräsentative Bevölkerungsgruppe befragen; **to poll the members of the club on an issue** = die Klubmitglieder zu einem Thema befragen

◇ **pollster** *noun* Meinungsforscher/-in

◇ **poll tax** *see* COUNCIL TAX

polystyrene *noun* **expanded polystyrene** = Schaumpolystyrol *n*; **the computer is delivered packed in expanded polystyrene** = der Computer wird in Schaumpolystyrol verpackt geliefert

pool 1 *noun* **(a) typing pool** = zentraler Schreibdienst **(b)** *(unused supply)* Bestand *m or* Reserve *f or* Vorrat *m or* Ressourcen *fpl*; **a pool of labour** *or* **of expertise** = eine Arbeitskraftreserve *or* viel Sachkenntnis *f* **2** *verb* **to pool resources** = Ressourcen *fpl* zusammenlegen

poor *adjective* **(a)** *(without much money)* arm *or* bedürftig *or* mittellos; **the company tries to help the poorest members of staff with soft loans** = das Untenehmen versucht, den bedürftigsten Personalmitgliedern mit zinsgünstigen Krediten zu helfen; **it is one of the poorest countries in the world** = es ist eins der ärmsten Länder der Welt **(b)** *(not very good)* schlecht *or* schwach *or* dürftig; **poor quality** = schlechte *or* minderwertige Qualität; **poor service** = schlechter Service; **poor turnround time of orders** *or* **poor order turnround time** = lange Bearbeitungszeit von Bestellungen

◇ **poorly** *adverb* schlecht *or* dürftig; **the offices are poorly laid out** = die Büros sind schlecht angeordnet; **the plan was poorly presented** = der Plan wurde schlecht vorgetragen; **poorly-paid staff** = schlecht bezahltes Personal

popular *adjective* beliebt *or* populär; **this is our most popular model** = dies ist unser beliebtestes *or* populärstes Modell; **the South Coast is the most popular area for holidays** = die Südküste ist das beliebteste Urlaubsgebiet; **popular prices** = populäre Preise *mpl*

population *noun* Bevölkerung *f*; **Berlin has a population of over three million** = Berlin hat eine Bevölkerung von über drei Millionen; **the working population** = die arbeitende Bevölkerung; **population statistics** = Bevölkerungsstatistik *f*; **population trends** = Bevölkerungsentwicklung *f*; **floating population** = nicht seßhafte Bevölkerung

port *noun* **(a)** Hafen *m*; **the port of Rotterdam** = der Hafen von Rotterdam; **inland port** = Binnenhafen; **to call at a port** = einen Hafen anlaufen; **port authority** = Hafenbehörde *f*; **port of call** = Anlaufhafen; **port charges** *or* **port dues** = Hafengebühren *fpl*; **port of embarkation** = Einschiffungshafen; **port installations** = Hafenanlagen *fpl*; **commercial port** = Handelshafen; **fishing port** = Fischereihafen; **free port** = Freihafen **(b)** *(part of a computer)* Anschluß *m or* Port *m*

portable **1** *adjective* tragbar; **a portable typewriter** = eine tragbare Schreibmaschine *or* eine Reiseschreibmaschine; **a portable computer** = ein tragbarer Computer; **portable pension** = (auf eine andere Firma) übertragbarer Rentenanspruch **2** *noun* **a portable** = ein Portable *n or* ein tragbares Gerät

> QUOTE from 1 July, new provisions concerning portable pensions will come into effect
> *Personnel Management*

portfolio *noun* **a portfolio of shares** = ein Aktienportefeuille *n*; **portfolio management** = Effektenmanagement *n or* Portfoliomanagement *n*

portion *noun* Portion *f*; **we only sell ice cream in individual portions** = wir verkaufen Eis nur in Portionen

Portugal *noun* Portugal *n*

◇ **Portuguese** **1** *noun* Portugiese/Portugiesin **2** *adjective* portugiesisch
(NOTE: capital: **Lisbon** = Lissabon; currency: **escudo** = Escudo *m*)

POS *or* **p.o.s.** = POINT OF SALE

position *noun* **(a)** *(state of affairs)* Lage *f or* Stand *m*; **what is the cash position?** = wie ist der Kassenstand?; **bargaining position** = Verhandlungsposition *f*; **to cover a position** = eine Position abdecken **(b)** *(job)* Stelle *f or* Position *f*; **to apply for the position of manager** = sich für die Position des Geschäftsführers bewerben; **we have several positions vacant** = wir haben mehrere freie Stellen; **all the vacant positions have been filled** = alle freie Stellen wurden besetzt; **she retired from her position in the accounts department** = sie gab ihre Stelle in der Buchhaltung auf und trat in den Ruhestand; **he is in a key position** = er hat eine leitende Stelle *or* Schlüsselstellung

positive *adjective* bejahend *or* positiv ; **the board gave a positive reply** = der board gab eine positive Antwort; **positive cash flow** = positiver Cash-flow

possess *verb* besitzen; **the company possesses property in the centre of the town** = das Unternehmen besitzt Immobilien im Stadtzentrum; **he lost all he possessed in the collapse of his company** = er verlor beim Zusammenbruch seines Unternehmens alles, was er besaß

◇ **possession** *noun* **(a)** Besitz *m*; **the documents are in his possession** = die Unterlagen befinden sich in seinem Besitz; **vacant possession** = sofort beziehbar *or* unbewohnt *or* leerstehend; **the property is to be sold with vacant possession** = das Gebäude soll leerstehend verkauft werden (NOTE: no plural in this meaning) **(b) possessions** = Besitz *m or* Besitztümer *npl*; **they lost all their possessions in the fire** = sie verloren bei dem Brand ihren gesamten Besitz

possible *adjective* möglich; **the 25th and 26th are possible dates for our next meeting** = der 25. und 26. sind mögliche Termine für unsere nächste Sitzung; **it is possible that production will be held up by industrial action** = es ist möglich, daß die Produktion durch Arbeitskämpfe ins Stocken gerät; **there are two possible candidates for the job** = für die Stelle kommen zwei Kandidaten in Frage

◇ **possibility** *noun* Möglichkeit *f*; **there is a possibility that the plane will be early** = es besteht die Möglichkeit, daß das Flugzeug früher ankommt; **there is not much possibility of the chairman retiring before next Christmas** = die Aussichten, daß der Vorsitzende vor Weihnachten in den Ruhestand tritt, sind nicht sehr groß

post **1** *noun* **(a)** *(system of sending letters)* Post *f*; **to send an invoice by post** = eine Rechnung per Post schicken; **he put the letter in the post** = er gab den Brief auf; **the cheque was lost in the post** = der Scheck ging auf dem Postweg verloren; **to send a reply by return of post** = postwendend antworten; **letter post** *or* **parcel post** = Briefpost *or* Paketpost; **post room** = Poststelle *f* (NOTE: US English only uses

mail where GB English uses both **mail** and **post) (b)** *(letters sent or received)* Post *f*; **has the post arrived yet?** = ist die Post schon da?; **my secretary opens the post as soon as it arrives** = meine Sekretärin öffnet die Post, sobald sie eintrifft; **the receipt was in this morning's post** = der Beleg kam heute morgen mit der Post; **the letter did not arrive by first post this morning** = der Brief kam nicht mit der ersten Post heute morgen **(c)** *(job)* Stelle *f or* Stellung *f or* Posten *m*; **to apply for a post as cashier** = sich für die Stelle des Kassierers bewerben; **we have three posts vacant** = wir haben drei freie Stellen; **all our posts have been filled** = alle unsere Stellen wurden besetzt; **we advertised three posts in the 'Times'** = wir haben drei Stellen in der ‚Times' annonciert **2** *verb* **(a)** *(to send something by post)* aufgeben *or* abschicken *or* mit der Post schicken; **to post a letter** *or* **a parcel** = einen Brief *or* ein Paket aufgeben **(b) to post an entry** = einen Posten eintragen *or* verbuchen ; **to post up a ledger** = ein Hauptbuch nachbuchen *or* auf den neuesten Stand bringen **(c) to post up a notice** = einen Anschlag machen **(d) to post an increase** = eine Erhöhung bekanntgeben

> QUOTE Toronto stocks closed at an all-time high, posting their fifth day of advances in heavy trading
> *Financial Times*

post- *prefix* nach- *or* Nach- *or* post- *or* Post-

postage *noun* Porto *n or* Postgebühren *fpl*; **what is the postage to Nigeria?** = wie hoch ist das Porto nach Nigeria?; **postage and packing (p & p)** = Porto *n* und Verpackung *f*; **postage paid** = Gebühr *f or* Porto *n* bezahlt *or* gebührenfrei; **postage stamp** = Briefmarke *f*

postal *adjective* Post-; **postal charges** *or* **postal rates** = Postgebühren *fpl or* Posttarife *mpl*; **postal charges are going up by 10% in September** = die Postgebühren werden im September um 10% erhöht; **postal order** = Postanweisung *f*

postcard *noun* Postkarte *f or* Ansichtskarte

postcode *noun* Postleitzahl *f* (NOTE: the US English for this is **ZIP code)**

postdate *verb* vordatieren; **he sent us a postdated cheque** = er schickte uns einen vordatierten Scheck; **his cheque was postdated to June** = sein Scheck war auf Juni vordatiert

poster *noun* Plakat *n or* Poster *n*

poste restante *adjective* postlagernd; **send any messages to 'Poste Restante, Athens'** = schicken Sie Nachrichten postlagernd nach Athen (NOTE: US English for this is **General Delivery)**

post free *adverb* portofrei; **the game is obtainable post free from the manufacturer** = das Spiel ist vom Hersteller portofrei erhältlich

postmark 1 *noun* Poststempel *m*; **letter with a London postmark** = Brief mit einem Londoner Poststempel **2** *verb* (ab)stempeln; **the letter was postmarked New York** = der Brief ist in New York abgestempelt

post office *noun* **(a)** (i) Post *f or* Postamt *n*; (ii) Poststelle *f*; **main post office** = Hauptpost *f*; *(GB)* **sub-post office** = Zweigstelle *f* der Post **(b) the Post Office (the GPO)** = *(entspricht)* Deutsche Bundespost *f*; **Post Office officials** *or* **officials of the Post Office** = Postbeamte(n); **Post Office van** = Postauto *n*; **Post Office** *or* **P.O. box number** = Postfach *n*; **our address is P.O. Box 74209, Edinburgh** = unsere Adresse ist Postfach 74209, Edinburgh

> QUOTE travellers cheques cost 1% of their face value and can be purchased from any bank, main post offices, travel agents and several building societies
> *Sunday Times*

postpaid *adjective* Gebühr bezahlt; **the price is £5.95 postpaid** = der Preis beträgt £5.95 inklusive Porto

postpone *verb* aufschieben *or* verschieben *or* vertagen; **he postponed the meeting to tomorrow** = er vertagte die Sitzung auf morgen; **they asked if they could postpone payment until the cash situation improved** = sie fragten an, ob sie die Zahlung hinausschieben könnten, bis die finanzielle Lage sich gebessert habe

◊ **postponement** *noun* Aufschub *m or* Vertagung *f*; **I had to change my appointments because of the postponement of the board meeting** = wegen der Vertagung der board-Sitzung mußte ich meine Termine ändern

post scriptum *or* **postscript (PS)** *noun* Nachsatz *m*

potential 1 *adjective* potentiell; **potential customers** = potentielle Kunden *mpl or* Interessenten *mpl*; **potential market** = potentieller Markt; **the product has potential sales of 100,000 units** = das Produkt hat ein Absatzpotential von 100.000 Stück; **he is a potential managing director** = er kommt als geschäftsführender Direktor in Frage; **as a disincentive to potential tax evaders** = um keinen Anreiz für potentielle Steuerhinterzieher zu bieten **2** *noun* Potential *n*; **share with growth potential** *or* **with a potential for growth** = Aktie mit Wachstumspotential; **product with considerable sales potential** = Produkt mit großen Absatzchancen *fpl*; **to analyze the market potential** = das Marktpotential *or* Absatzpotential analysieren; **earning potential** = Erwerbsfähigkeit *f or* Verdienstmöglichkeit *f*; Ertragsfähigkeit *f*

> QUOTE career prospects are excellent for someone with growth potential
> *Australian Financial Review*
>
> QUOTE for sale: established general cleaning business; has potential to be increased to over 1 million dollar turnover
> *Australian Financial Review*

pound *noun* **(a)** *(measure of weight = 0.45 kilos)* *(etwa)* Pfund *n*; **to sell oranges by the pound** = Apfelsinen pfundweise verkaufen; **a pound of oranges** = ein Pfund Apfelsinen; **oranges cost 50p a pound** = Apfelsinen kosten 50 Pence das Pfund (NOTE: usually written **lb** after a figure: **25lb) (b)** *(money)* Pfund *n*; **pound sterling** = Pfund Sterling; **a pound coin** = ein Pfundstück *n*; **a five pound note** = ein Fünfpfundschein *m*; **it costs six pounds** = es kostet sechs Pfund; **the pound exchange rate** = der

Wechselkurs des Pfunds (NOTE: usually written **£** before a figure: **£25**)

◊ **poundage** *noun* (i) pro Pfund berechnete Gebühr; (ii) Abgabe *f* pro Pfund Gewicht

power *noun* **(a)** Macht *f or* Stärke *f or* Kraft *f or* Vermögen *n or* Fähigkeit *f*; **bargaining power** = Verhandlungsstärke; **borrowing power** = Kreditfähigkeit; **earning power** = Verdienstmöglichkeit *f*; **he is such a fine fashion designer that his earning power is very large** = er ist ein so guter Modedesigner, daß seine Verdienstmöglichkeiten sehr hoch sind; **purchasing power** = Kaufkraft; **the purchasing power of the school market** = die Kaufkraft des Schulmarkts; **the purchasing power of the pound has fallen over the last five years** = die Kaufkraft des Pfundes ist in den letzten fünf Jahren gesunken; **the power of a consumer group** = das Einflußvermögen *or* die Macht einer Verbrauchergruppe **(b)** *(force or legal right)* Vollmacht *f or* Ermächtigung *f or* Befugnis *f*; **executive power** = Exekutivgewalt *f or* ausübende Gewalt; **power of attorney** = Handlungsvollmacht *f*; **the full power of the law** = die ganze Macht des Gesetzes; **we will apply the full power of the law to get possession of our property again** = wir werden die ganze Macht des Gesetzes anwenden, um wieder in Besitz unseres Eigentums zu gelangen

p.p. = PER PROCURATIONEM pp. *or* ppa. *or* i.A. *or* i.V.; **to p.p. a letter** = einen Brief in Vertretung *or* per Vollmacht unterschreiben; **the secretary p.p.'d the letter while the manager was at lunch** = die Sekretärin unterzeichnete den Brief in Vertretung, während der Geschäftsführer beim Mittagessen war

PR = PUBLIC RELATIONS; **PR man** = PR-Mann; **a PR firm is handling all our publicity** = ein PR-Unternehmen macht unsere ganze Werbung; **he is working in PR** = er ist in der Öffentlichkeitsarbeit tätig; **the PR people gave away 100,000 balloons** = die PR-Leute verschenkten 100.000 Ballons

practice *noun* **(a)** *(way of doing things)* Gewohnheit *f or* Verfahrensweise *f or* Praktik *f*; **his practice was to arrive at work at 7.30 and start counting the cash** = es war seine Gewohnheit, um 7.30 Uhr zur Arbeit zu kommen und dann das Bargeld zu zählen; **business practices** *or* **industrial practices** *or* **trade practices** = Geschäftspraktiken *or* Industriepraktiken *or* Handelspraktiken; **restrictive practices** = restriktive Praktiken; **sharp practice** = unsaubere *or* unlautere Geschäftspraktik; **code of practice** = Verhaltensregeln *fpl* **(b) in practice** = in der Praxis *or* tatsächlich; **the marketing plan seems very interesting, but what will it cost in practice?** = der Marketing-Plan scheint sehr interessant zu sein, aber was wird er in der Praxis kosten?

> QUOTE the EC demanded international arbitration over the pricing practices of the provincial boards
> *Globe and Mail (Toronto)*

pre- *prefix* Vor- *or* vor(-); Prä- *or* prä-; **a pre-stocktaking sale** = ein Ausverkauf vor der Inventur; **there will be a pre-AGM board meeting** *or* **there will be a board meeting pre the AGM** = vor der Jahreshauptversammlung wird eine board-Sitzung abgehalten; **the pre-Christmas period is always very busy** = in der Vorweihnachtszeit ist immer viel los

precautionary *adjective* **as a precautionary measure** = als Sicherheitsmaßnahme *f or* Vorsichtsmaßnahme

◊ **precautions** *plural noun* Vorkehrungen *fpl or* Vorsichtsmaßnahmen *fpl*; **to take precautions to prevent thefts in the office** = Vorsichtsmaßnahmen gegen Diebstahl im Büro treffen; **the company did not take proper fire precautions** = das Unternehmen traf nicht genügend Vorsichtsmaßnahmen gegen Brände; **safety precautions** = Sicherheitsvorkehrungen

precinct *noun* **(a) pedestrian precinct** *or* **shopping precinct** = Fußgängerzone *f* **(b)** *(US)* Verwaltungsbezirk *m*

predecessor *noun* Vorgänger/-in; **he took over from his predecessor last May** = er übernahm im letzten Mai die Leitung von seinem Vorgänger ; **she is using the same office as her predecessor** = sie benutzt dasselbe Büro wie ihr Vorgänger

predict *verb* voraussagen *or* prophezeien

> QUOTE lower interest rates are a bull factor for the stock market and analysts predict that the Dow Jones average will soon challenge the 1,300 barrier
> *Financial Times*

pre-empt *verb* zuvorkommen; **they staged a management buyout to pre-empt a takeover bid** = sie inszenierten ein Management-Buyout, um einem Übernahmeangebot zuvorzukommen

◊ **pre-emptive** *adjective* Präventiv-; Vorkaufs-; Bezugs-; **pre-emptive right** = (i) Vorkaufsrecht *n*; (ii) Bezugsrecht *n*; **pre-emptive strike against a takeover bid** = Präventivstreik *m* gegen ein Übernahmeangebot

prefer *verb* vorziehen *or* bevorzugen; **we prefer the small corner shop to the large supermarket** = wir ziehen den kleinen Eckladen dem großen Supermarkt vor; **most customers prefer to choose clothes themselves, rather than take the advice of the sales assistant** = die meisten Kunden ziehen es vor, Bekleidung selbst auszusuchen, anstatt dem Rat des Verkäufers zu folgen

◊ **preference** *noun* Vorliebe *f or* Vorzug *m*; **the customers' preference for small corner shops** = die Bevorzugung kleiner Eckläden seitens der Kunden; **preference shares** = Vorzugsaktien *fpl*; **preference shareholder** = Vorzugsaktionär/-in *or* Inhaber/-in von Vorzugsaktien; **cumulative preference shares** = kumulative Vorzugsaktien *fpl*

◊ **preferential** *adjective* bevorzugt *or* Vorzugs-; **preferential creditor** = bevorrechtigter Konkursgläubiger; **preferential duty** *or* **preferential tariff** = Vorzugszoll *m or* Präferenzzoll; **preferential terms** *or* **preferential treatment** = Vorzugsbedingungen *fpl;* bevorzugte Behandlung; **subsidiary companies get preferential treatment when it comes to subcontracting work** = Tochtergesellschaften werden bevorzugt behandelt, wenn es um die Untervergabe von Aufträgen geht

◊ **preferred** *adjective* **preferred creditor** = bevorrechtigter Konkursgläubiger; **preferred**

shares *or (US)* **preferred stock** = Vorzugsaktien *fpl*; *(US)* **cumulative preferred stock** = kumulative Vorzugsaktien *fpl*

pre-financing *noun* Vorfinanzierung *f*

prejudice 1 *noun* Schädigung *f or* Benachteiligung *f or* Beeinträchtigung *f or* Nachteil *m*; *(words written on a letter to indicate that the writer is not legally bound to do what he offers to do in the letter)* **'without prejudice'** = ohne Verbindlichkeit *f or* Obligo *n*; unbeschadet; **to act to the prejudice of a claim** = zum Nachteil *m or* Schaden *m* einer Forderung handeln **2** *verb* beeinträchtigen *or* schädigen; **to prejudice someone's interest** = jds Interessen beeinträchtigen *or* verletzen

preliminary *adjective* vorbereitend *or* vorausgehend *or* vorläufig *or* Vor-; **preliminary discussion** *or* **preliminary meeting** = Vorbesprechung *f*

QUOTE preliminary indications of the level of business investment and activity during the March quarter will be available this week
Australian Financial Review

premises *plural noun* Grundstück *n or* Anwesen *n*; Örtlichkeit *f or* Räumlichkeit *f*; **business premises** *or* **commercial premises** = Geschäftsräume *mpl or* gewerbliche Räumlichkeiten *fpl*; **office premises** *or* **shop premises** = Büroräume *mpl*; Ladenräume *or* Geschäftsräume; **lock-up premises** = Laden *m* , der nur Zugang von der Straße her hat; **licensed premises** = Lokal *n* mit Schankkonzession; **on the premises** = vor Ort *or* an Ort und Stelle; **there is a doctor on the premises at all times** = es ist immer ein Arzt vor Ort

premium *noun* **(a) premium offer** = Werbegeschenk *n* **(b) insurance premium** = Versicherungsbeitrag *m or* Versicherungsprämie *f*; **additional premium** = Beitragszuschlag *m or* Prämienzuschlag; **you pay either an annual premium of £360 or twelve monthly premiums of £32** = Sie zahlen entweder eine Jahresprämie von £360 oder zwölf Monatsbeiträge *mpl* von je £32 **(c)** *(amount paid for the right to take over a lease)* Abstand *m*; **flat to let with a premium of £10,000** = Wohnung zu vermieten, £10.000 Abstand; **annual rent: £8,500, premium: £25,000** = jährliche Miete: £8.500, Abstand: £25.000 **(d)** *(extra charge)* Zuschlag *m or* Aufgeld *n*; **exchange premium** = Agio *n or* Aufgeld; **the dollar is at a premium** = der Dollar steht über pari ; **shares sold at a premium** = mit Aufgeld verkaufte Aktien **(e)** *(GB)* **premium bonds** ≈ Prämienanleihen *fpl* **(f) premium quality** = erstklassige Qualität

QUOTE greenmail, the practice of buying back stock at a premium from an acquirer who threatens a takeover
Duns Business Month
QUOTE responsibilities include the production of premium quality business reports
Times

prepack *or* **prepackage** *verb* abpacken *or* fertig packen; **the fruit are prepacked** *or* **prepackaged in plastic trays** = das Obst ist in Plastikschalen abgepackt; **the watches are prepacked in attractive display boxes** = die Uhren sind in attraktiven Präsentationsschachteln verpackt

prepaid *adjective* vorausbezahlt; **carriage prepaid** = frachtfrei; **prepaid reply card** = frankierte *or* freigemachte Antwortkarte

◇ **prepay** *verb* im voraus bezahlen (NOTE: **prepaying - prepaid)**

◇ **prepayment** *noun* Vorauszahlung *f*; **to ask for prepayment of a fee** = Vorauszahlung des Honorars verlangen

present 1 *noun* Geschenk *n*; **these calculators make good presents** = diese Taschenrechner eignen sich gut als Geschenk; **the boss gave her a present when she got married** = der Chef überreichte ihr ein Geschenk, als sie heiratete **2** *adjective* **(a)** *(happening now)* gegenwärtig *or* augenblicklich *or* derzeitig *or* jetzig; **the shares are too expensive at their present price** = die Aktien sind zum derzeitigen Kurs zu teuer; **what is the present address of the company?** = wie lautet die jetzige Adresse des Unternehmens? **(b)** *(being there when something happens)* anwesend; **only six directors were present at the board meeting** = es waren nur sechs Direktoren bei der board-Sitzung anwesend **3** *verb* **(a)** *(to give someone something)* überreichen *or* übergeben; schenken; **he was presented with a watch on completing twenty-five years' service with the company** = ihm wurde anläßlich seines 25-jährigen Dienstjubiläums eine Uhr überreicht **(b)** *(to show a document)* vorlegen; **to present a bill for acceptance** = einen Wechsel zur Annahme vorlegen; **to present a bill for payment** = eine Rechnung zur Zahlung vorlegen

◇ **presentation** *noun* **(a)** *(showing a document)* Vorlage *f*; **cheque payable on presentation** = Scheck bei Vorlage zahlbar; **free admission on presentation of the card** = Eintritt kostenlos bei Vorlage der Karte **(b)** *(exhibition)* Präsentation *f or* Vorstellung *f*; **the manufacturer made a presentation of his new product line to possible customers** = der Hersteller veranstaltete eine Präsentation seiner neuen Produktlinie für mögliche Kunden; **the distribution company made a presentation of their services** = die Vertriebsgesellschaft veranstaltete eine Präsentation ihres Service; **we have asked two PR firms to make presentations of proposed publicity campaigns** = wir haben zwei PR-Unternehmen um Präsentationen geplanter Werbekampagnen gebeten

◇ **present value (PV)** *noun* **(a)** gegenwärtiger Wert *or* Gegenwartswert *or* Zeitwert; **in 1974 the pound was worth five times its present value** = 1974 war das Pfund fünfmal so viel wert wie heute **(b)** Barwert *m*

preside *verb* den Vorsitz führen *or* haben; **to preside over a meeting** = den Vorsitz in einer Sitzung führen; **the meeting was held in the committee room, Mr Smith presiding** = die Sitzung wurde im Konferenzraum unter Vorsitz von Herrn Smith abgehalten

◇ **president** *noun* Präsident/-in; Vorsitzende(r); **he was elected president of the sports club** = er wurde zum Vorsitzenden des Sportvereins gewählt; **A. B. Smith has been appointed president of the company** = A. B. Smith wurde zum

Präsidenten *or* Vorsitzenden des Unternehmens gewählt
(NOTE: in GB, president is sometimes a title given to a non-executive former chairman of a company; in the USA, the president is the main executive director of a company)

press *noun* Presse *f*; **the local press** = die Lokalpresse; **the national press** = die überregionale Presse; **the new car has been advertised in the national press** = für den neuen Wagen wurde in der überregionalen Presse Werbung gemacht; **we plan to give the product a lot of press publicity** = wir haben vor, in der Presse viel Werbung für das Produkt zu machen; **there was no mention of the new product in the press** = das neue Produkt wurde in der Presse überhaupt nicht erwähnt ; **press conference** = Pressekonferenz *f*; **press coverage** = Presseberichterstattung *f*; **we were very disappointed by the press coverage of the new car** = wir waren sehr enttäuscht über die Presseberichterstattung über den neuen Wagen ; **press cutting** = Zeitungsausschnitt *m*; **we have kept a file of press cuttings about the new car** = wir haben einen Ordner mit Zeitungsausschnitten über den neuen Wagen; **press release** = Pressemitteilung *f or* Presseverlautbarung *f*; **the company sent out a press release about the launch of the new car** = das Unternehmen gab eine Pressemitteilung über die Markteinführung des neuen Wagens heraus

◇ **pressing** *adjective* dringend; **pressing bills** = dringende Rechnungen *fpl*; **pressing engagements** = dringende Termine *mpl*

pressure *noun* Druck *m*; **he was under considerable financial pressure** = er stand unter erheblichem finanziellem Druck; **to put pressure on someone to do something** = jdn unter Druck setzen, etwas zu tun; **the group tried to put pressure on the government to act** = der Konzern versuchte, Handlungsdruck auf die Regierung auszuüben; **the banks put pressure on the company to reduce its borrowings** = die Banken übten Druck auf das Unternehmen aus, damit es seine Kreditaufnahmen reduziert; **working under high pressure** = unter Hochdruck arbeiten; **high-pressure salesman** = aggressiver Verkäufer; **pressure group** = Pressure-group *f or* Interessengruppe *f*

prestige *noun* Prestige *n*; **prestige advertising** = Prestigewerbung *f*; **prestige product** = Prestigeprodukt *n*; **prestige offices** = Repräsentationsbüros *npl*

presume *verb* annehmen; **I presume the account has been paid** = ich nehme an, die Rechnung wurde bezahlt; **the company is presumed to be still solvent** = es wird angenommen, daß das Unternehmen noch solvent ist; **we presume the shipment has been stolen** = wir nehmen an, daß die Ladung gestohlen wurde

◇ **presumption** *noun* Annahme *f*

pre-tax *or* **pretax** *adjective* vor Steuern; **pretax profit** = Gewinn *m* vor Steuern; **the dividend paid is equivalent to one quarter of the pretax profit** = die ausgeschüttete Dividende entspricht einem Viertel des Gewinns vor Steuern

QUOTE the company's goals are a growth in sales of up to 40 per cent, a rise in pre-tax earnings of nearly 35 per cent and a rise in after-tax earnings of more than 25 per cent

Citizen (Ottawa)

QUOTE EEC regulations which came into effect in July insist that customers can buy cars anywhere in the EEC at the local pre-tax price

Financial Times

pretences *or (US)* **pretenses** *plural noun* **false pretences** = Vorspiegelung falscher Tatsachen; **he was sent to prison for obtaining money by false pretences** = er erhielt eine Gefängnisstrafe wegen Geldbetrugs

pretend *verb* vorgeben *or* vortäuschen; **he got in by pretending to be a telephone engineer** = er verschaffte sich Einlaß, indem er vorgab, ein Telefontechniker zu sein; **the chairman pretended he knew the final profit** = der Vorsitzende gab vor, die Höhe des letztendlichen Gewinns zu kennen; **she pretended she had 'flu and asked to have the day off** = sie gab vor, Grippe zu haben und bat darum, den Tag frei nehmen zu dürfen

prevent *verb* verhindern *or* verhüten; **we must try to prevent the takeover bid** = wir müssen versuchen, das Übernahmeangebot zu verhindern; **the police prevented anyone from leaving the building** = die Polizei hinderte jeden daran, das Gebäude zu verlassen; **we have changed the locks on the doors to prevent the former MD from getting into the building** = wir haben die Türschlösser ausgewechselt, um zu verhindern, daß der ehemalige geschäftsführende Direktor in das Gebäude gelangt

◇ **preventive** *adjective* vorbeugend *or* präventiv; **to take preventive measures against theft** = vorbeugende Maßnahmen *fpl* gegen Diebstahl ergreifen

previous *adjective* vorig *or* vorhergehend *or* Vor-; **he could not accept the invitation because he had a previous engagement** = er konnte die Einladung nicht annehmen, weil er schon einen Termin hatte

◇ **previously** *adverb* vorher

price 1 *noun* **(a)** Preis *m*; **agreed price** = vereinbarter Preis; **all-in price** = Pauschalpreis *or* Gesamtpreis; **asking price** = geforderter Preis; Verhandlungsbasis *f*; **bargain price** = Sonderpreis *or* Spottpreis; **catalogue price** *or* **list price** = Katalogpreis *or* Listenpreis; **competitive price** = wettbewerbsfähiger Preis; **cost price** = Selbstkostenpreis; **cut price** = Niedrigpreis *or* herabgesetzer Preis; **discount price** = Preis nach Abzug des Rabatts; **factory price** *or* **price ex factory** = Fabrikpreis *or* Preis ab Werk; **fair price** = fairer *or* angemessener Preis; **firm price** = Festpreis; **they are quoting a firm price of $1.23 a unit** = sie verlangen einen Festpreis von $1,23 pro Stück; **going price** *or* **current price** *or* **usual price** = gängiger *or* jetziger *or* üblicher Preis; **to sell goods off at half price** = Waren zum halben Preis abstoßen; **market price** = Marktpreis; **net price** = Nettopreis; **retail price** = Einzelhandelspreis; **Retail Price(s) Index (RPI)** = Index *m* der Einzelhandelspreise; **spot price** = Lokopreis; **the spot price of oil on the commodity markets** = der Lokopreis für Öl auf den Warenmärkten; **price**

ceiling = oberste Preisgrenze; **ceiling price** = Höchstpreis; *(stock exchange)* äußerster Kurs; **price control** = Preiskontrolle *f*; **price cutting** = plötzliche Preissenkung; **price war** *or* **price-cutting war** = Preiskrieg *m*; **price differential** = Preisgefälle *n or* Preisunterschied *m*; **price fixing** = Preisabsprache *f*; **price label** *or* **price tag** = Preisschild *n*; **the takeover bid put a $2m price tag on the company** = beim Übernahmeangebot wurde das Unternehmen auf $2 Millionen geschätzt *or* taxiert; **price list** = Preisliste *f*; **price range** = Preisklasse *f or* Preislage *f*; **cars in the £6-7,000 price range** = Wagen in der Preisklasse von £6000 bis £7000; **price-sensitive product** = preisempfindliches Produkt **(b) to increase in price** = teurer werden; **petrol has increased in price** *or* **the price of petrol has increased** = Benzin ist teurer geworden *or* der Benzinpreis ist gestiegen; **to increase prices** *or* **to raise prices** = die Preise *mpl* erhöhen *or* anheben; **we will try to meet your price** = wir werden versuchen, Ihrer Preisvorstellung zu entsprechen; **to cut prices** = die Preise senken; **to lower prices** *or* **to reduce prices** = Preise senken *or* herabsetzen *or* reduzieren; mit dem Preis heruntergehen **(c)** *(on the stock exchange)* **asking price** = Briefkurs *m or* Angebotskurs; **closing price** = Schlußkurs *m or* Schlußnotierung *f*; **opening price** = Eröffnungskurs *m*; **price/earnings ratio (P/E ratio** *or* **PER)** = Kurs-Gewinn-Verhältnis *n* **2** *verb* einen Preis festsetzen von; **a car priced at £5,000** = ein £5.000 teures Auto; **competitively priced** = wettbewerbsfähig im Preis; **the company has priced itself out of the market** = das Unternehmen hat sich durch überhöhte Preise vom Markt ausgeschlossen *or* wettbewerbsunfähig gemacht

◊ **pricing** *noun* Preisfestsetzung *f or* Preiskalkulation *f or* Preisbildung *f*; **pricing policy** = Preispolitik *f*; **our pricing policy aims at producing a 35% gross margin** = unsere Preispolitik zielt auf einen Bruttogewinn von 35% ab; **common pricing** = Preisabsprache *f*; **competitive pricing** = wettbewerbsfähige Preisgestaltung; **marginal pricing** = Grenzkostenkalkulation *f or* Mengenkostenrechnung *f*

> QUOTE that British goods will price themselves back into world markets is doubtful as long as sterling labour costs continue to rise
> ***Sunday Times***
>
> QUOTE in today's circumstances, price cutting is inevitable in an attempt to build up market share
> ***Marketing Week***
>
> QUOTE the average price per kilogram for this season has been 300c
> ***Australian Financial Review***
>
> QUOTE European manufacturers rely heavily on imported raw materials which are mostly priced in dollars
> ***Duns Business Month***

primary *adjective* grundlegend *or* Primär-; **primary commodities** = Grundstoffe *mpl*; **primary industry** *or* **primary sector** = Grundstoffindustrie *f*; **primary products** = Grundstoffe *or* Rohstoffe *mpl or* Hauptprodukte *npl (eines Landes)*

◊ **primarily** *adverb* hauptsächlich

> QUOTE farmers are convinced that primary industry no longer has the capacity to meet new capital taxes or charges on farm inputs
> ***Australian Financial Review***

prime *adjective* **(a)** Haupt- *or* wesentlich; **prime time** = Hauptsendezeit *f or* beste Sendezeit; **we are putting out a series of prime-time commercials** = wir bringen eine Serie von Werbespots für die Hauptsendezeit heraus **(b)** ursprünglich; **prime bills** = erstklassige Wechsel *mpl*; **prime cost** = Gestehungskosten *pl or* Herstellungskosten; **prime rate** *or* **prime** = Prime Rate *f or* Vorzugszins *m (für erste Adressen)*

◊ **Prime Minister** *noun* Premierminister/-in; Ministerpräsident/-in; **the Australian Prime Minister** *or* **the Prime Minister of Australia** = der australische Ministerpräsident *or* Premierminister; der Ministerpräsident *or* Premierminister von Australien

◊ **priming** *see* PUMP PRIMING

> QUOTE the base lending rate, or prime rate, is the rate at which banks lend to their top corporate borrowers
> ***Wall Street Journal***

principal 1 *noun* **(a)** Auftraggeber/-in; **the agent has come to London to see his principals** = der Agent ist nach London gekommen, um seine Auftraggeber zu besuchen **(b)** *(money invested or borrowed)* Kapitalsumme *f or* Darlehensbetrag *m*; **to repay principal and interest** = Kapital *n* und Zinsen *mpl* zurückzahlen **2** *adjective* Haupt- *or* wichtigster; **the principal shareholders asked for a meeting** = die Hauptaktionäre forderten die Einberufung einer Versammlung; **the country's principal products are paper and wood** = die Hauptprodukte des Landes sind Papier und Holz

> QUOTE the company was set up with funds totalling NorKr 145m with the principal aim of making capital gains on the secondhand market
> ***Lloyd's List***

principle *noun* Prinzip *n*; **in principle** = prinzipiell *or* im Prinzip; **agreement in principle** = grundsätzliche Übereinstimmung

print 1 *noun* Gedrucktes; **to read the small print** *or* **the fine print on a contract** = das Kleingedruckte in einem Vertrag lesen **2** *verb* **(a)** drucken; **printed regulations** = abgedruckte Satzungen *fpl or* Vorschriften *fpl* **(b)** in Druckbuchstaben *or* Druckschrift schreiben; **please print your name and address on the top of the form** = schreiben Sie bitte Ihren Namen und Ihre Adresse in Druckbuchstaben oben auf das Formular

◊ **printer** *noun* **(a)** Drucker *m*; **computer printer** *or* **line printer** = Drucker *or* Zeilendrucker *or* Paralleldrucker; **dot-matrix printer** = Matrixdrucker **(b)** *(factory)* Druckerei *f*

◊ **printing** *adjective* **printing firm** *or* **printing works** = Druckerei *f*

◊ **print out** *verb* (aus)drucken

◊ **printout** *noun* **computer printout** = Computerausdruck *m*; **the sales director asked for a printout of the agents' commissions** = der Verkaufsleiter bat um einen Ausdruck der Vertreterprovisionen

prior *adjective* früher *or* vorausgehend; **prior agreement** = frühere Vereinbarung; **without prior knowledge** = ohne vorheriges Wissen; **prior charge** = vorrangige Belastung

◊ **priority** *noun* **to have priority** = Vorrang haben; **to have priority over** *or* **to take priority over something** = vor etwas Vorrang haben; **reducing**

overheads takes priority over increasing turnover = die Senkung der Gemeinkosten hat Vorrang vor der Steigerung des Umsatzes; **debenture holders have priority over ordinary shareholders** = Obligationäre haben Vorrang vor Stammaktionären; **to give something top priority** = etwas vorrangig behandeln *or* einer Sache absolute Priorität einräumen

private *adjective* **(a)** privat *or* Privat-; **letter marked 'private and confidential'** = ein Brief mit der Aufschrift ‚streng vertraulich'; **private client** *or* **private customer** = Privatkunde *m*; **private income** = Privateinkommen *n*; **private investor** = Privatanleger *m*; **private property** = Privatbesitz *m*; Privateigentum *n*; Privatgrundstück *n*; **he will be using private transport** = er wird private Verkehrsmittel benutzen **(b) in private** = unter vier Augen; **he asked to see the managing director in private** = er bat, den geschäftsführenden Direktor unter vier Augen zu sprechen; **in public he said the company would break even soon, but in private he was less optimistic** = in der Öffentlichkeit sagte er, daß das Unternehmen bald kostendeckend arbeiten würde, aber privat war er weniger optimistisch **(c) private limited company** ≈ Gesellschaft *f* mit beschränkter Haftung **(d) private enterprise** = Privatunternehmen *n*; **the project is funded by private enterprise** = das Projekt wird durch Privatunternehmen finanziert; **the private sector** = der Privatsektor

◇ **privately** *adverb* unter vier Augen *or* geheim; **the deal was negotiated privately** = über das Geschäft wurde in kleinem Kreis verhandelt

◇ **privatization** *noun* Privatisierung *f*

◇ **privatize** *verb* privatisieren

> QUOTE in the private sector the total number of new house starts was 3 per cent higher than in the corresponding period last year, while public sector starts were 23 per cent lower
> *Financial Times*
>
> QUOTE management had offered to take the company private through a leveraged buyout for $825 million
> *Fortune*
>
> QUOTE even without privatization, water charges would probably have to rise to pay for meeting EC water-quality standards
> *Economist*

PRO = PUBLIC RELATIONS OFFICER

pro *preposition* für; **pro tem** = zur Zeit *or* z.Zt.; **per pro** = per procura *or* in Vertretung *or* per Vollmacht; **the secretary signed per pro the manager** = die Sekretärin unterzeichnete in Vertretung *or* per Vollmacht des Geschäftsführers ; **pro forma** *or* **pro forma invoice** = Proforma-Rechnung *f*; **pro rata** = anteilig *or* anteilsmäßig; **dividends are paid pro rata** = Dividenden werden anteilsmäßig ausgeschüttet

probable *adjective* wahrscheinlich *or* zu erwarten; **he is trying to prevent the probable collapse of the company** = er versucht, den zu erwartenden Zusammenbruch des Unternehmens zu verhindern

◇ **probably** *adverb* wahrscheinlich *or* vermutlich; **the MD is probably going to retire next year** = der geschäftsführende Direktor tritt wahrscheinlich nächstes Jahr in den Ruhestand; **this shop is probably the best in town for service** = dieses Geschäft ist wahrscheinlich das beste in der Stadt, was den Service anbelangt

probate *noun* gerichtliche Testamentsbestätigung; **the executor was granted probate** = der Testamentsvollstrecker erhielt eine gerichtliche Testamentsbestätigung; **probate court** = Nachlaßgericht *n*

◇ **probation** *noun* Probezeit *f*; **he is on three months' probation** = er hat drei Monate Probezeit; **to take someone on probation** = jdn auf Probe einstellen

◇ **probationary** *adjective* Probe-; **a probationary period of three months** = eine Probezeit von drei Monaten; **after the probationary period the company decided to offer him a full-time contract** = nach der Probezeit entschied das Unternehmen, ihm einen vollen Arbeitsvertrag zu geben

problem *noun* Problem *n*; **the company suffers from cash flow problems** *or* **staff problems** = das Unternehmen leidet an Cash-flow-Problemen *or* Personalproblemen; **to solve a problem** = ein Problem lösen; **problem solving is a test of a good manager** = Probleme zu lösen, ist ein Prüfstein eines guten Geschäftsführers; **problem area** = Problembereich *m*; **overseas sales is one of our biggest problem areas** = der Auslandsabsatz ist einer unserer größten Problembereiche

> QUOTE everyone blames the strong dollar for US trade problems, but they differ on what should be done
> *Duns Business Month*

procedure *noun* Verfahren *n or* Vorgehen *n or* Vorgehensweise *f*; **to follow the proper procedure** = den üblichen Verfahrensweg einschlagen; **this procedure is very irregular** = diese Vorgehensweise ist ganz unvorschriftsmäßig; **accounting procedures** = Buchungsverfahren *npl*; **disciplinary procedure** = Disziplinarverfahren *n*; **complaints procedure** *or* **grievance procedure** = Beschwerdeweg *m*; **the trade union has followed the correct complaints procedure** = die Gewerkschaft hat den korrekten Beschwerdeweg eingehalten; **dismissal procedures** = Entlassungsverfahren *npl*

> QUOTE there was a serious breach of disciplinary procedure and the dismissal was unfair
> *Personnel Management*

proceed *verb* fortfahren *or* fortsetzen; **the negotiations are proceeding normally** = die Verhandlungen verlaufen normal; **to proceed against someone** = jdn verklagen *or* gegen jdn gerichtlich vorgehen; **to proceed with something** = mit etwas weitermachen *or* fortfahren; **shall we proceed with the committee meeting?** = sollen wir mit der Ausschußsitzung fortfahren?

◇ **proceedings** *plural noun* **(a) conference proceedings** = Konferenzprotokoll *n* **(b) legal proceedings** = Gerichtsverfahren *n or* Prozeß *m*; **to take proceedings against someone** = gegen jdn gerichtlich vorgehen; **the court proceedings were adjourned** = die Gerichtsverhandlung wurde vertagt; **to institute proceedings against someone** = gegen jdn gerichtlich vorgehen

◇ **proceeds** *plural noun* **the proceeds of a sale** = der Verkaufserlös ; **he sold his shop and invested the proceeds in a computer repair business** = er verkaufte sein Geschäft und investierte den Erlös in ein Computer-Reparaturgeschäft

process 1 *noun* **(a) industrial process** = industrielles Herstellungsverfahren; **decision-making process** = Entscheidungsprozeß *m* **(b) due process of the law** = ordentliches Gerichtsverfahren *or* ordnungsgemäßes Verfahren 2 *verb* **(a) to process figures** = Zahlen auswerten; **the sales figures are being processed by our accounts department** = die Verkaufszahlen werden von unserer Buchhaltung verarbeitet *or* ausgewertet; **data is being processed by our computer** = Daten werden von unserem Computer verarbeitet *or* ausgewertet **(b)** *(to deal with)* bearbeiten; **to process an insurance claim** = einen Leistungsanspruch bearbeiten; **orders are processed in our warehouse** = Aufträge werden in unserem Lager bearbeitet

◊ **processing** *noun* **(a)** *(computer)* Aufbereitung *f* *or* Verarbeitung *f or* Auswertung *f*; **processing of information** *or* **of statistics** = Auswertung von Informationen *or* Statistiken; **batch processing** = Stapelverarbeitung *f or* Batch-Verarbeitung *f*; **data processing** *or* **information processing** = Datenverarbeitung *f*; **word processing** *or* **text processing** = Textverarbeitung *f* **(b)** *(dealing with)* **the processing of a claim for insurance** = die Bearbeitung eines Leistungsanspruchs; **order processing** = Auftragsabwicklung *f*

◊ **processor** *noun* **word processor** = Textverarbeitungssystem *n*

produce 1 *noun* Agrarerzeugnisse *npl or* landwirtschaftliche Produkte *npl*; **home produce** = heimische Erzeugnisse *npl*; **agricultural produce** *or* **farm produce** = Agrarprodukte *npl or* landwirtschaftliche Produkte (NOTE: no plural in English) 2 *verb* **(a)** *(to bring out)* vorzeigen *or* vorlegen; **he produced documents to prove his claim** = er legte Dokumente vor, um seinen Anspruch zu beweisen; **the negotiators produced a new set of figures** = die Verhandlungsführenden legten neue Zahlen vor; **the customs officer asked him to produce the relevant documents** = der Zollbeamte forderte ihn auf, die relevanten Dokumente vorzuzeigen **(b)** *(to make or to manufacture)* herstellen *or* produzieren *or* erzeugen *or* fertigen; **to produce cars** *or* **engines** *or* **books** = Automobile *or* Motoren *or* Bücher herstellen; **to mass produce** = in Massenproduktion *or* serienweise herstellen **(c)** *(to give an interest)* erbringen *or* erzielen *or* abwerfen; **investments which produce about 10% per annum** = Anlagen, die etwa 10% pro Jahr abwerfen

◊ **producer** *noun* Hersteller *m or* Erzeuger *m or* Produzent *m*; **country which is a producer of high quality watches** = Land, das ein Produzent hochwertiger Uhren ist; **the company is a major car producer** = das Unternehmen ist ein großer Automobilhersteller

◊ **producing** *adjective* Herstellungs- *or* Produktions- *or* erzeugend; **producing capacity** = Produktionskapazität *f*; **oil-producing country** = Ölförderland *n*

product *noun* **(a)** *(thing which is made)* Produkt *n or* Erzeugnis *n*; **basic product** = Grundprodukt; **by-product** = Nebenprodukt; **end product** *or* **final product** *or* **finished product** = Endprodukt **(b)** *(manufactured item for sale)* Produkt *n*; **product advertising** = Produktwerbung *f*; **product analysis** = Produktanalyse *f*; **product design** = Produktgestaltung *f*; **product development** = Produktentwicklung *f*; **product engineer** = Betriebsingenieur *m*; **product line** *or* **product range** = Produktlinie *f or* Sortiment *n*; **product management** = Produkt-Management *n*; **product mix** = Produktmix *m or* Produktpalette *f* **(c) gross domestic product (GDP)** = Bruttoinlandsprodukt (BIP) *n*; **gross national product (GNP)** = Bruttosozialprodukt (BSP) *n*

◊ **production** *noun* **(a)** *(action of showing)* Vorlage *f or* Vorzeigen *n*; **on production of** = bei Vorlage von; **the case will be released by the customs on production of the relevant documents** = die Kiste wird vom Zoll bei Vorlage der relevanten Dokumente freigegeben; **goods can be exchanged only on production of the sales slip** = Waren können nur bei Vorlage der Verkaufsquittung umgetauscht werden **(b)** *(making or manufacturing of goods)* Produktion *f*; **production will probably be held up by industrial action** = die Produktion wird wahrscheinlich durch Arbeitskämpfe ins Stocken gebracht; **we are hoping to speed up production by installing new machinery** = wir hoffen, die Produktion durch das Aufstellen neuer Maschinen beschleunigen zu können; **batch production** = Serienfertigung *f*; **domestic production** = Inlandsproduktion *f*; **factors of production** = Produktionsfaktoren *mpl*; **lean production** = Lean Production *f*; **mass production** = Massenproduktion *f or* serienmäßige Herstellung; **mass production of cars** *or* **of calculators** = Massenproduktion von Automobilen *or* von Rechnern; **rate of production** *or* **production rate** = Produktionsleistung *f*; **production cost** = Produktionskosten *pl*; **production department** = Produktionsabteilung *f*; **production line** = Fertigungsstraße *f or* Fließband *n*; **he works on the production line** = er arbeitet an der Fertigungsstraße *or* am Fließband; **she is a production line worker** = sie ist eine Fließbandarbeiterin; **production manager** = Produktionsleiter/-in; **production unit** = Produktionseinheit *f*

◊ **productive** *adjective* produktiv; **productive capital** = arbeitendes *or* gewinnbringendes Kapital; **productive discussions** = produktive Gespräche *npl*

◊ **productively** *adverb* produktiv

◊ **productivity** *noun* Produktivität *f*; **bonus payments are linked to productivity** = Sonderzahlungen sind an die Produktivität gebunden; **the company is aiming to increase productivity** = das Unternehmen will die Produktivität steigern; **productivity has fallen** *or* **risen since the company was taken over** = die Produktivität ist seit der Übernahme des Unternehmens gesunken *or* gestiegen; **productivity agreement** = dem Produktivitätszuwachs *m* angepaßter Tarifabschluß *m or* Produktivitätsvereinbarung *f*; **productivity bonus** = Produktivitätsprämie *f or* Leistungszulage *f*; **productivity drive** = Anstrengungen *fpl* zur Steigerung der Produktivität

> QUOTE though there has been productivity growth, the absolute productivity gap between many British firms and their foreign rivals remains
> *Sunday Times*

profession *noun* **(a)** Beruf *m*; **the managing director is an accountant by profession** = der geschäftsführende Direktor ist Buchhalter von

Beruf **(b)** *(group of specialized workers)* Berufsstand *m*; **the legal profession** = die Anwaltschaft; **the medical profession** = die Ärzteschaft

◇ **professional 1** *adjective* **(a)** *(referring to one of the professions)* beruflich *or* Berufs-; fachlich *or* fachmännisch; **the accountant sent in his bill for professional services** = der Wirtschaftsprüfer schickte die Rechnung für seine Dienstleistungen ein; **we had to ask our lawyer for professional advice on the contract** = wir mußten bei unserem Anwalt fachmännischen Rat zum Vertrag einholen; **professional qualifications** = berufliche Qualifikationen *fpl* **(b)** *(expert or skilled)* fachmännisch *or* fachgerecht; **his work is very professional** = seine Arbeit ist sehr fachmännisch; **they did a very professional job in designing the new office** = sie haben das neue Büro sehr fachmännisch gestaltet **(c)** *(doing work for money)* Berufs- *or* professionell; **a professional tennis player** = ein professioneller Tennisspieler; **he is a professional troubleshooter** = er ist ein professioneller Krisenmanager **2** *noun* Fachmann *m or* Profi *m*

proficiency *noun* Fertigkeit *f or* Leistung *f*; **she has a certificate of proficiency in English** = sie hat ein Zeugnis über ihre Englischkenntnisse *fpl*; **to get the job he had to pass a proficiency test** = um die Stelle zu bekommen, mußte er einen Eignungstest bestehen

◇ **proficient** *adjective* tüchtig *or* fähig; **she is quite proficient in English** = sie verfügt über ziemlich gute Englischkenntnisse *fpl*

profile *noun* Kurzbeschreibung *f or* Profil *n*; **customer profile** = Kundenprofil; **market profile** = Marktprofil; **he asked for a company profile of the possible partners in the joint venture** = er forderte eine kurze Unternehmensbeschreibung *or* ein Unternehmensprofil der möglichen Partner des Jointventure an; **the customer profile shows our average buyer to be male, aged 25-30, and employed in the service industries** = nach dem Kundenprofil ist unser Durchschnittskäufer männlich, 25-30 Jahre alt und im Dienstleistungsgewerbe beschäftigt

> QUOTE the audience profile does vary greatly by daypart: 41.6% of the adult audience is aged 16 to 34 during the morning period, but this figure drops to 24% during peak viewing time
>
> ***Marketing Week***

profit *noun* Gewinn *m or* Profit *m or* Ertrag *m*; **clear profit** = Reingewinn *or* Nettogewinn; **we made $6,000 clear profit on the deal** = wir machten bei dem Geschäft $6.000 Reingewinn; **excess profit** = Übergewinn *or* Mehrgewinn; **excess profits tax** = Übergewinnsteuer *f*; **gross profit** = Bruttogewinn *or* Rohgewinn; **healthy profit** = gesunder Gewinn; **net profit** = Nettogewinn; **operating profit** = Betriebsgewinn *or* operativer Gewinn; **paper profit** = Buchgewinn *or* rechnerischer Gewinn *or* noch nicht realisierter Gewinn; **he is showing a paper profit of £25,000 on his investment** = seine Investition verzeichnet einen noch nicht realisierten Gewinn von £25.000 ; **trading profit** = Geschäftsgewinn; **profit margin** = Gewinnspanne *f*; **profits tax** *or* **tax on profits** = Gewinnsteuer *f*; **profit before tax** *or* **pretax profit** = Gewinn vor Steuern; **profit after tax** = Gewinn nach Steuern; **to make a profit** = einen Gewinn machen; **to move into profit** = in die schwarzen Zahlen kommen *or* in die Gewinnzone kommen; **the company is breaking even now, and expects to move into profit within the next two months** = das Unternehmen arbeitet jetzt kostendeckend und erwartet, in den nächsten zwei Monaten in die Gewinnzone zu kommen; **to sell at a profit** = mit Gewinn verkaufen; **to show a profit** = einen Gewinn verzeichnen; **we are showing a small profit for the first quarter** = wir verzeichnen für das erste Quartal einen kleinen Gewinn; **to take one's profit** = seinen Gewinn mitnehmen

◇ **profitability** *noun* **(a)** Ertragskraft *f* **(b)** *(amount of profit made as a percentage of costs)* Rentabilität *f*; **calculation of profitability** = Rentabilitätsberechnung *f*

◇ **profitable** *adjective* rentabel *or* gewinnbringend *or* ertragreich *or* einträglich

◇ **profitably** *adverb* rentabel *or* gewinnbringend *or* ertragreich

◇ **profit and loss account (P&L account)** *noun* Gewinn- und Verlustrechnung *f* (NOTE: the US equivalent is the **profit and loss statement** or **income statement**)

◇ **profit centre** *noun* Ertragszentrum *n or* Profit-Center *n*

◇ **profit-making** *adjective* gewinnbringend *or* rentabel; **the whole project was expected to be profit-making by 1995** = es wurde erwartet, daß das ganze Projekt bis 1995 gewinnbringend laufen würde; **non-profit-making** = gemeinnützig; **non-profit-making organizations are exempt from tax** = gemeinnützige Organisationen *fpl* sind von der Steuer befreit

◇ **profit-sharing** *noun* Gewinnbeteiligung *f*; **the company runs a profit-sharing scheme** = das Unternehmen hat einen Gewinnbeteiligungsplan

◇ **profit-taking** *noun* Gewinnmitnahme *f*; **share prices fell under continued profit-taking** = die Aktienkurse fielen bei kontinuierlicher Gewinnmitnahme

> QUOTE because capital gains are not taxed and money taken out in profits and dividends is taxed, owners of businesses will be using accountants and tax experts to find loopholes in the law
>
> ***Toronto Star***
>
> QUOTE the bank transferred $5 million to general reserve compared with $10 million in the previous year, which made the consolidated profit and loss account look healthier
>
> ***Hongkong Standard***
>
> QUOTE some profit-taking was seen yesterday as investors continued to lack fresh incentives to renew buying activity
>
> ***Financial Times***

profiteer *noun* Geschäftemacher/-in *or* Wucherer/Wucherin *or* Profiteur/-in

◇ **profiteering** *noun* Geschäftemacherei *f or* Preistreiberei *f or* Wuchergeschäfte *npl*

pro forma 1 *noun* **pro forma (invoice)** = Pro-forma-Rechnung *f*; **they sent us a pro forma** = sie schickten uns eine Pro-forma-Rechnung **2** *verb* Pro-forma schicken

program 1 *noun* **computer program** = Computerprogramm *n*; **to buy a word-processing program** = ein Textverarbeitungsprogramm kaufen; **the accounts department is running a new payroll program** = die Buchhaltung hat ein neues

Lohnlistenprogramm **2** *verb* programmieren; **to program a computer** = einen Computer programmieren; **the computer is programmed to print labels** = der Computer ist auf das Drucken von Etiketten programmiert (NOTE: **programming - programmed)**

◇ **programme** *or (US)* **program** *noun* Programm *n or* Plan *m*; **development programme** = Entwicklungsprogramm; **research programme** = Forschungsprogramm; **training programme** = Ausbildungsprogramm; **to draw up a programme of investment** *or* **an investment programme** = ein Investitionsprogramm aufstellen

◇ **programmable** *adjective* programmierbar

◇ **programmer** *noun* **computer programmer** = Programmierer/-in

◇ **programming** *noun* **computer programming** = Computer-Programmierung *f*; **programming engineer** = Programmierer/-in; **programming language** = Programmiersprache *f*

progress 1 *noun* Fortschritt *m or* Verlauf *m*; **to report on the progress of the work** *or* **of the negotiations** = über den Fortschritt der Arbeit *or* der Verhandlungen berichten; **to make a progress report** = einen Lagebericht *or* Fortschrittsbericht anfertigen; **in progress** = laufend; **negotiations in progress** = laufende Verhandlungen *fpl*; **work in progress** = Halbfabrikate *npl*; **progress payments** = Abschlagszahlungen *fpl*; **the fifth progress payment is due in March** = die fünfte Abschlagszahlung ist im März fällig **2** *verb* Fortschritte machen *or* weitergehen; **negotiations are progressing normally** = die Verhandlungen verlaufen normal; **the contract is progressing through various departments** = der Auftrag wird durch verschiedene Abteilungen geleitet

◇ **progress chaser** *noun* Terminjäger *m*

◇ **progressive** *adjective* progressiv *or* gestaffelt; **progressive taxation** = progressive Besteuerung

prohibitive *adjective* untragbar *or* unerschwinglich; **the cost of developing the product is prohibitive** = die Entwicklungskosten des Produkts sind unerschwinglich

project *noun* **(a)** Projekt *n or* Plan *m*; **he has drawn up a project for developing new markets in Europe** = er hat ein Projekt zur Entwicklung neuer Märkte in Europa entwickelt **(b)** *(particular job of work)* Projekt *n or* Vorhaben *n*; **we are just completing a construction project in North Africa** = wir schließen gerade ein Bauprojekt in Nordafrika ab; **the company will start work on the project next month** = das Unternehmen wird die Arbeit an dem Projekt nächsten Monat aufnehmen; **project analysis** = Projektanalyse *f*; **project engineer** = Projektingenieur/-in; **project manager** = Projektleiter/-in

◇ **projected** *adjective* geplant *or* erwartet; **projected sales** = Absatzprognose *f or* erwarteter Umsatz; **projected sales in Europe next year should be over £1m** = der erwartete Umsatz in Europa sollte im nächsten Jahr bei über £1 Million liegen

◇ **projection** *noun* Vorhersage *f or* Prognose *f*; **projection of profits for the next three years** = Gewinnprognosen für die nächsten drei Jahre; **the sales manager was asked to draw up sales projections for the next three years** = der Vertriebsleiter wurde gebeten, Umsatzprognosen für die nächsten drei Jahre aufzustellen

promise 1 *noun* Versprechen *n or* Zusage *f*; **to keep a promise** = ein Versprechen halten; **he says he will pay next week, but he never keeps his promises** = er sagt, er zahlt nächste Woche, aber er hält seine Versprechen nie; **to go back on a promise** = ein Versprechen brechen; **the management went back on its promise to increase salaries across the board** = die Unternehmensleitung brach ihr Versprechen, die Löhne allgemein zu erhöhen; **a promise to pay** = ein Zahlungsversprechen **2** *verb* versprechen *or* zusagen; **they promised to pay the last instalment next week** = sie versprachen, die letzte Rate nächste Woche zu zahlen; **the personnel manager promised he would look into the grievances of the office staff** = der Personalleiter versprach, sich um die Beschwerden des Büropersonals zu kümmern

◇ **promissory note** *noun* Schuldschein *m*

promote *verb* **(a)** *(to give someone a more important job)* befördern; **he was promoted from salesman to sales manager** = er wurde vom Verkäufer zum Verkaufsleiter befördert **(b)** *(to advertise)* werben *or* Reklame machen; **to promote a new product** = für ein neues Produkt werben **(c) to promote a new company** = eine neue Firma gründen

◇ **promoter** *noun* **company promoter** = Firmengründer/-in

◇ **promotion** *noun* **(a)** *(moving up to a more important job)* Beförderung *f*; **promotion chances** *or* **promotion prospects** = Aufstiegschancen *fpl*; **he ruined his chances of promotion when he argued with the managing director** = er machte seine Chancen auf Beförderung zunichte, als er mit dem geschäftsführenden Direktor stritt; **to earn promotion** = eine Beförderung verdienen **(b)** *(publicity)* **promotion of a product** = Werbekampagne *f* für ein Produkt; **promotion budget** = Werbeetat *m*; **promotion team** = Werbeteam *n*; **sales promotion** = Verkaufsförderung *f*; **special promotion** = Sonderwerbekampagne *f* **(c) promotion of a company** = Firmengründung *f*

◇ **promotional** *adjective* Werbe-; **the admen are using balloons as promotional material** = die Werbeleute setzen Ballons als Werbematerial *n* ein ; **promotional budget** = Werbeetat *m*

> QUOTE the simplest way to boost sales is by a heavyweight promotional campaign
>
> ***Marketing Week***
>
> QUOTE finding the right promotion to appeal to children is no easy task
>
> ***Marketing***

prompt *adjective* prompt *or* sofortig; **prompt service** = prompter Service *or* prompte Bedienung; **prompt reply to a letter** = umgehende Beantwortung eines Briefs; **prompt payment** = pünktliche Zahlung; **prompt supplier** = pünktlicher Lieferant

◇ **promptly** *adverb* prompt *or* pünktlich; **he replied to my letter very promptly** = er antwortete umgehend auf meinen Brief

> QUOTE they keep shipping costs low and can take advantage of quantity discounts and other allowances for prompt payment
> *Duns Business Month*

proof *noun* Nachweis *m or* Beweis *m*; **documentary proof** = Urkundenbeweis

◇ **-proof** *suffix* -dicht *or* -sicher; **dustproof cover** = staubdichte Abdeckung; **inflation-proof pension** = inflationssichere Rente; **soundproof studio** = schalldichtes Studio

property *noun* **(a)** *(objects)* **personal property** *or* **private property** = Privateigentum *n*; **the storm caused considerable damage to personal property** = der Sturm richtete erhebliche Schäden an Privateigentum an; **the management is not responsible for property left in the hotel rooms** = die Leitung ist nicht für in den Hotelzimmern zurückgelassenes Eigentum verantwortlich **(b)** *(land and buildings)* Grundbesitz *m*; (bebautes) Grundstück; **the property market** = Immobilienmarkt *m*; **property tax** = Grundsteuer *f*; **damage to property** *or* **property damage** = Sachschaden *m*; **the commercial property market is booming** = der gewerbliche Immobilienmarkt boomt; **the office block has been bought by a property company** = das Bürohaus ist von einer Immobiliengesellschaft gekauft worden; **property developer** = Bauträger *m*; **private property** = Privatgrundstück *n*; Privatbesitz *m* **(c)** *(a building)* Gebäude *n*; **we have several properties for sale in the centre of the town** = wir haben mehrere Gebäude im Stadtzentrum zu verkaufen

proportion *noun* Teil *m or* Anteil; **a proportion of the pre-tax profit is set aside for contingencies** = ein Teil der Gewinne vor Besteuerung wird für Eventualitäten beiseite gelegt; **only a small proportion of our sales comes from retail shops** = nur ein kleiner Teil unserer Umsätze wird in Einzelhandelsgeschäften erzielt; **in proportion to** = im Verhältnis zu; **profits went up in proportion to the fall in overhead costs** = die Gewinne stiegen in dem Verhältnis, wie die Gemeinkosten sanken; **sales in Europe are small in proportion to those in the USA** = der Umsatz in Europa ist gering im Vergleich zu dem in den USA

◇ **proportional** *adjective* proportional; **the increase in profit is proportional to reduction in overheads** = die Gewinnsteigerung ist proportional zur Reduktion der Gemeinkosten

◇ **proportionately** *adverb* verhältnismäßig

proposal *noun* **(a)** Vorschlag *m or* Antrag *m*; **to make a proposal** *or* **to put forward a proposal to the board** = dem board einen Vorschlag machen; **the committee turned down the proposal** = der Ausschuß hat den Antrag abgewiesen **(b)** *(insurance)* Versicherungsantrag *m*

◇ **propose** *verb* **(a)** vorschlagen; **to propose a motion** = einen Antrag stellen; **to propose someone as president** = jdn als Vorsitzenden vorschlagen **(b) to propose to** = vorhaben *or* beabsichtigen; **I propose to repay the loan at £20 a month** = ich beabsichtige, das Darlehen mit monatlich £20 zurückzuzahlen

◇ **proposer** *noun* Antragsteller/-in

◇ **proposition** *noun* Angebot *n*; Unternehmen *n*; **it will never be a commercial proposition** = es wird nie ein lohnendes Geschäft sein

proprietary *adjective* gesetzlich geschützt *or* Marken-; **proprietary drug** = patentrechtlich geschütztes Arzneimittel

◇ **proprietary company** *noun* **(a)** *(US)* Dachgesellschaft *f or* Holdinggesellschaft (NOTE: GB English for this is **holding company) (b)** *(in South Africa and Australia)* Gesellschaft *f* mit beschränkter Haftung

◇ **proprietor** *noun* Eigentümer *m or* Besitzer *m or* Inhaber *m*; **the proprietor of a hotel** *or* **the hotel proprietor** = der Inhaber eines Hotels *or* der Hotelbesitzer

◇ **proprietress** *noun* Eigentümerin *f or* Besitzerin *f or* Inhaberin *f*; **the proprietress of an advertising consultancy** = die Eigentümerin einer Werbeberatung

pro rata *adjective & adverb* anteilmäßig *or* anteilig; **pro rata payments** = anteilige Zahlungen *fpl*; **to pay someone pro rata** = jdn anteilig bezahlen

prosecute *verb* anklagen *or* strafrechtlich verfolgen; **he was prosecuted for embezzlement** = er wurde wegen Unterschlagung angeklagt

◇ **prosecution** *noun* **(a)** *(legal action)* Anklage *f or* strafrechtliche Verfolgung; **his prosecution for embezzlement** = seine Anklage wegen Unterschlagung **(b)** Staatsanwaltschaft *f or* Anklagevertretung *f*; **the costs of the case will be borne by the prosecution** = die Prozeßkosten werden der Anklagevertretung übertragen; **prosecution counsel** *or* **counsel for the prosecution** = Anklagevertreter/-in *or* Staatsanwalt/Staatsanwältin

prospect *noun* **(a) prospects** = Aussichten *fpl*; **his job prospects are good** = er hat gute Berufsaussichten; **prospects for the market** *or* **market prospects are worse than those of last year** = die Konjunkturaussichten sind schlechter als im letzten Jahr **(b)** *(possibility that something will happen)* Aussicht *f*; **there is no prospect of negotiations coming to an end soon** = es gibt keine Aussichten, daß die Verhandlungen bald zu Ende gehen **(c)** *(person who may become a customer)* Interessent/-in; **the salesmen are looking out for possible prospects** = die Verkäufer suchen nach möglichen Interessenten

◇ **prospective** *adjective* voraussichtlich; **a prospective buyer** = ein potentieller Käufer; **there is no shortage of prospective buyers for the computer** = es gibt keinen Mangel an potentiellen Käufern für den Computer

◇ **prospectus** *noun* **(a)** Prospekt *m*; **the restaurant has girls handing out prospectuses in the street** = Mädchen verteilen auf der Straße Prospekte für das Restaurant **(b)** *(for a new company)* Emissionsprospekt *m* (NOTE: plural is **prospectuses)**

> QUOTE when the prospectus emerges, existing shareholders and any prospective new investors can find out more by calling the free share information line; they will be sent a leaflet. Non-shareholders who register in this way will receive a prospectus when it is published; existing shareholders will be sent one automatically
> *Financial Times*

prosperous *adjective* wohlhabend; gutgehend *or* blühend; **a prosperous shopkeeper** = ein wohlhabender Ladenbesitzer; **a prosperous town** = eine wohlhabende Stadt

◇ **prosperity** *noun* Wohlstand *m or* Prosperität *f*; **in times of prosperity** = in Zeiten allgemeinen Wohlstandes

protect *verb* schützen *or* absichern; **the workers are protected from unfair dismissal by government legislation** = die Arbeiter sind gegen unrechtmäßige Kündigungen durch staatliche Gesetze geschützt; **the computer is protected by a plastic cover** = der Computer ist durch eine Plastikabdeckung geschützt; **the cover is supposed to protect the machine from dust** = die Abdeckung soll das Gerät gegen Staub schützen; **to protect an industry by imposing tariff barriers** = einen Wirtschaftszweig durch die Einführung von Zollschranken schützen

◇ **protection** *noun* Schutz *m*; **the legislation offers no protection to part-time workers** = die Gesetzgebung bietet Teilzeitbeschäftigten keinen Schutz; **consumer protection** = Verbraucherschutz

◇ **protectionism** *noun* Protektionismus *m*

◇ **protective** *adjective* **(a)** Schutz-; **protective tariff** = Schutzzoll *m* **(b) protective cover** = Schutzhülle *f or* Schutzabdeckung *f*

pro tem *adverb* zur Zeit *or* z.Zt.

protest 1 *noun* **(a)** Protest *m*; **to make a protest against high prices** = gegen hohe Preise Protest erheben; **sit-down protest** = Sit-in *n*; **in protest at** = aus Protest gegen; **the staff occupied the offices in protest at the low pay offer** = das Personal besetzte die Büros aus Protest gegen das niedrige Gehaltsangebot; **to do something under protest** = etwas unter Protest tun **(b)** *(official document)* Wechselprotest *m* **2** *verb* **(a) to protest against something** = gegen etwas protestieren *or* Einspruch erheben; **the importers are protesting against the ban on luxury goods** = die Importeure protestieren gegen das Einfuhrverbot für Luxusgüter (NOTE: in this sense, GB English is **to protest against something,** but US English is **to protest something) (b) to protest a bill** = Wechselprotest einlegen

prototype *noun* Prototyp *m*; **prototype car** *or* **prototype plane** = Prototyp eines Wagens *or* Flugzeugs; **the company is showing the prototype of the new model at the exhibition** = das Unternehmen zeigt den Prototyp des neuen Modells auf der Messe

provide *verb* **(a) to provide for** = vorsehen *or* bestimmen *or* Vorsorge treffen für; **the contract provides for an annual increase in charges** = der Vertrag sieht eine jährliche Gebührenanhebung vor; **£10,000 of expenses have been provided for in the budget** = £10.000 wurden in dem Budget für Aufwendungen bestimmt **(b)** bereitstellen; **£25,000 is provided against bad debts** = £25.000 sind für uneinbringliche Forderungen bereitgestellt **(c) to provide someone with something** = jdm etwas zur Verfügung stellen *or* jdn mit etwas versorgen; **each rep is provided with a company car** = jedem Vertreter wird ein Firmenwagen zur Verfügung gestellt; **staff uniforms are provided by the hotel** = Uniformen werden dem Personal vom Hotel zur Verfügung gestellt

◇ **provided that** *or* **providing** *conjunction* vorausgesetzt, daß; **the goods will be delivered next week provided** *or* **providing the drivers are not on strike** = die Ware wird nächste Woche geliefert, vorausgesetzt, die Fahrer befinden sich nicht im Streik

◇ **provident** *adjective* Unterstützungs- *or* Fürsorge-; **provident fund** = Hilfskasse *f*; **a provident society** = eine Genossenschaft *(die u.a. auch Bankgeschäfte betreibt)*

province *noun* **(a)** *(administrative part of a country)* Provinz *f*; **the provinces of Canada** = die Provinzen Kanadas **(b)** *(not the capital)* **the provinces** = die Provinz; **there are fewer retail outlets in the provinces than in the capital** = es gibt in der Provinz weniger Einzelhandelsgeschäfte als in der Hauptstadt

◇ **provincial** *adjective* Provinz- *or* regional; provinziell *or* kleinstädtisch; **a provincial government** = eine Provinzregierung; **a provincial branch of a national bank** = eine Provinzfiliale einer nationalen Bank

provision *noun* **(a) to make provision for** = Vorkehrungen *fpl or* Vorsorge *f* treffen für; **there is no provision for** *or* **no provision has been made for car parking in the plans for the office block** = in den Plänen für das Bürogebäude sind keine Parkplätze vorgesehen **(b)** *(money put aside)* Rückstellung *f or* Wertberichtigung *f*; **the bank has made a £2m provision for bad debts** = die Bank hat Rückstellungen in Höhe von £2 Millionen für uneinbringliche Forderungen vorgenommen **(c)** *(legal condition)* Klausel *f or* Bestimmung *f or* Vorschrift *f*; **we have made provision to this effect** = wir haben für diesen Fall Klauseln eingebaut **(d) provisions** = Lebensmittel *pl or* Proviant *m*

◇ **provisional** *adjective* vorläufig *or* provisorisch *or* Interims-; **provisional forecast of sales** = vorläufige Umsatzprognose; **provisional budget** = vorläufiger Etat; **they faxed their provisional acceptance of the contract** = sie schickten ihre vorläufige Annahme des Vertrages per Fax

◇ **provisionally** *adverb* vorläufig *or* provisorisch; **the contract has been accepted provisionally** = der Vertrag wurde vorläufig angenommen

> QUOTE landlords can create short lets of dwellings which will be free from the normal security of tenure provisions
>
> ***Times***

proviso *noun* Vorbehalt *m or* Bedingung *f*; **we are signing the contract with the proviso that the terms can be renegotiated after six months** = wir unterzeichnen den Vertrag unter der Bedingung, daß die Bestimmungen nach sechs Monaten erneut verhandelt werden können

proxy *noun* **(a)** Vollmacht *f or* Vertretung *f*; **to sign by proxy** = in Vollmacht unterschreiben; **proxy vote** = durch einen Stimmrechtsbevollmächtigten abgegebene Stimme; **the proxy votes were all in favour of the board's recommendation** = die stellvertretend abgegebenen Stimmen waren alle zugunsten der Empfehlung des board of directors **(b)** *(person who acts on behalf of someone else)* Bevollmächtigte(r) *or* (Stell)vertreter/-in; **to act as proxy for someone** = jds Stellvertreter sein

P.S. *noun* = POST SCRIPTUM; **did you read the P.S. at the end of the letter?** = haben Sie das PS am Ende des Briefs gelesen?

PSBR = PUBLIC SECTOR BORROWING REQUIREMENT

pt = PINT

ptas = PESETAS

Pte *(Singapore)* = PRIVATE

Pty = PROPRIETARY COMPANY

public 1 *adjective* **(a)** öffentlich; **public holiday** = öffentlicher Feiertag; **public image** = Image *n*; **the minister is trying to improve his public image** = der Minister versucht, sein Image aufzubessern; **public transport** = öffentliche Verkehrsmittel *npl* **(b)** *(referring to the state)* öffentlich; **public expenditure** = Ausgaben *fpl* der öffentlichen Hand; Staatsausgaben; **public finance** = Staatsfinanzen *pl*; **public funds** = öffentliche Mittel *pl or* Gelder *npl*; **public ownership** = öffentliches Eigentum; Staatsbesitz *m* **(c) Public Limited Company (Plc)** = Aktiengesellschaft (AG) *f*; **the company is going public** = das Unternehmen wird in eine Aktiengesellschaft umgewandelt **2** *noun* **the public** *or* **the general public** = die Öffentlichkeit; **in public** = in der Öffentlichkeit *or* öffentlich; **in public he said that the company would soon be in profit, but in private he was less optimistic** = in der Öffentlichkeit sagte er, daß das Unternehmen bald Gewinn machen würde, aber privat war er weniger optimistisch

◊ **public relations (PR)** *plural noun* Public Relations *pl or* Öffentlichkeitsarbeit *f*; **a public relations man** = ein Public-Relations-Mann *m*; **he works in public relations** = er arbeitet in Public Relations *or* er macht Öffentlichkeitsarbeit; **a public relations firm handles all our publicity** = ein Public-Relations-Unternehmen macht unsere ganze Werbung; **a public relations exercise** = eine PR-Kampagne

◊ **public sector** *noun* öffentlicher Sektor ; **a report on wage rises in the public sector** *or* **on public sector wage settlements** = ein Bericht über Gehaltserhöhungen im öffentlichen Sektor *or* über Gehalts- und Lohnabschlüsse im öffentlichen Sektor; **public sector borrowing requirement (PSBR)** = Kreditbedarf *m* der öffentlichen Hand

publication *noun* **(a)** *(action)* Veröffentlichung *f* **the publication of the latest trade figures** = die Veröffentlichung der neusten Handelsziffern **(b)** *(printed document)* Publikation *f or* Veröffentlichung *f*; **he asked the library for a list of government publications** = er fragte in der Bibliothek nach einem Verzeichnis staatlicher Publikationen; **the company has six business publications** = das Unternehmen gibt sechs Wirtschaftspublikationen heraus

publicity *noun* Werbung *f or* Reklame *f*; **publicity agency** *or* **publicity bureau** = Werbeagentur *f*; **publicity budget** = Werbeetat *m*; **publicity campaign** = Werbeaktion *f or* Werbekampagne *f*; **publicity copy** = Werbetext(entwurf) *m*; **publicity department** = Werbeabteilung *f*; **publicity expenditure** = Werbekosten *pl*; **publicity manager** = Werbeleiter/-in; **publicity matter** = Werbematerial *n*

◊ **publicize** *verb* werben; Werbung *or* Reklame machen; **the campaign is intended to publicize the services of the tourist board** = mit der Kampagne soll für die Serviceleistungen des Fremdenverkehrsvereins geworben werden; **we are trying to publicize our products by advertisements on buses** = wir versuchen, unsere Produkte durch Anzeigen auf Bussen bekannt zu machen

publish *verb* veröffentlichen *or* herausgeben *or* verlegen; **the society publishes its list of members annually** = die Gesellschaft veröffentlicht ihre Mitgliederliste jährlich; **the government has not published the figures on which its proposals are based** = die Regierung hat die Zahlen nicht veröffentlicht, auf denen ihre Vorschläge basieren; **the company publishes six magazines for the business market** = das Unternehmen veröffentlicht sechs Zeitschriften für die Geschäftswelt

◊ **publisher** *noun* **(a)** *(person)* Herausgeber/-in *or* Verleger/-in **(b)** *(company)* Verlag *m*

Puerto Rico *noun* Puerto Rico *n*

◊ **Puerto** *or* **Porto Rican 1** *noun* Puertoricaner/-in **2** *adjective* puertoricanisch

(NOTE: capital: **San Juan;** currency: **US Dollar** = US-Dollar *m*)

pull off *verb (informal)* mit Erfolg abwickeln *or* an Land ziehen

◊ **pull out** *verb* zurücktreten *or* aussteigen; **our Australian partners pulled out of the contract** = unsere australischen Partner sind von dem Vertrag zurückgetreten

pump *verb* antreiben *or* ankurbeln

◊ **pump priming** *noun* Ankurbelung *f* durch staatliche Investitionen *fpl*; Initialzündung *f*

> QUOTE in each of the years 1986 to 1989, Japan pumped a net sum of the order of $100bn into foreign securities, notably into US government bonds
> ***Financial Times Review***

punched card *noun* Lochkarte *f*

punt 1 *noun (money used in the Republic of Ireland)* **Irish punt** = irisches Pfund (NOTE: written **£** before a figure: **£25** ; if you want to indicate that it is different from the British pound sterling, then it can be written **£I 25) 2** *verb* spielen *or* wetten

◊ **punter** *noun* Spieler *m*; Börsenspekulant *m*

purchase 1 *noun* Kauf *m*; **to make a purchase** = etwas kaufen *or* eine Anschaffung machen; **purchase book** = Wareneingangsbuch *n*; **purchase ledger** = Einkaufsbuch *n*; **purchase order** = Kaufauftrag *m or* Bestellung *f*; **we cannot supply you without a purchase order number** = ohne die Auftragsnummer können wir Sie nicht beliefern; **purchase price** = Kaufpreis *m*; **purchase tax** = Verbrauchssteuer *f*; **bulk purchase** *or* **quantity purchase** = Mengeneinkauf; **cash purchase** = Barkauf; **hire purchase (HP)** = Mietkauf *or* Teilzahlungskauf; **he is buying a refrigerator on**

hire purchase = er kauft einen Kühlschrank auf Teilzahlung; **hire purchase agreement** = Mietkaufvertrag *m* **2** *verb* kaufen *or* erwerben *or* erstehen *or* einkaufen *or* ankaufen; **to purchase something for cash** = etwas bar kaufen

◊ **purchaser** *noun* Käufer/-in; Erwerber/-in; **the company is looking for a purchaser** = für das Unternehmen wird ein Käufer gesucht; **the company has found a purchaser for its warehouse** = das Unternehmen hat einen Käufer für sein Lagerhaus gefunden

◊ **purchasing** *noun* Einkauf *m or* Warenbeschaffung *f*; **purchasing department** = Einkaufsabteilung *f*; **purchasing manager** = Einkaufsleiter/-in; **purchasing officer** = Einkäufer/-in; **purchasing power** = Kaufkraft *f*; **the decline in the purchasing power of the pound** = der Verfall der Kaufkraft des Pfunds; **central purchasing** = zentraler Einkauf

purpose *noun* Zweck *m*; **we need the invoice for tax purposes** *or* **for the purpose of declaration to the tax authorities** = wir benötigen die Rechnung zu Steuerzwecken *or* für die Steuererklärung beim Finanzamt

purse *noun* Geldbeutel *m*

put 1 *noun* **put option** = Verkaufsoption *f* **2** *verb* festsetzen *or* festlegen *or* setzen *or* legen; **to put a proposal to the board** = dem board einen Antrag unterbreiten; **to put a proposal to the vote** = über einen Antrag abstimmen lassen; **the accounts put the stock value at £10,000** = in den Büchern wird der Warenwert auf £10.000 festgesetzt (NOTE: **putting - put**)

◊ **put back** *verb* verschieben; **the meeting was put back (by) two hours** = die Sitzung wurde (um) zwei Stunden verschoben

◊ **put down** *verb* **(a)** anzahlen; **to put down money on a house** = Geld für ein Haus anzahlen **(b)** *(to write an item in a ledger)* eintragen *or* aufschreiben; **he put down a figure for expenses** = er trug eine Zahl für Ausgaben ein

◊ **put in** *verb* **to put an ad in a paper** = ein Inserat aufgeben; **to put in a bid for something** = ein Angebot für etwas machen; **to put in a claim for damages** = einen Schadensersatzanspruch stellen; **the union put in a 6% wage claim** = die Gewerkschaft stellte eine Lohnforderung von 6%; **to put in an estimate for something** = einen Kostenvoranschlag für etwas machen

◊ **put into** *verb* **to put money into a business** = Geld in ein Geschäft stecken

◊ **put off** *verb* verschieben *or* aufschieben; **the meeting was put off for two weeks** = die Sitzung wurde für zwei Wochen verschoben; **he asked if we could put the visit off until tomorrow** = er fragte, ob wir den Besuch auf morgen verschieben könnten

◊ **put on** *verb* **to put an embargo on trade** = ein Handelsembargo verhängen; **to put an item on the agenda** = einen Punkt auf die Tagesordnung setzen; **property shares put on gains of 10%-15%** = Immobilienaktien verzeichneten einen Wertzuwachs von 10-15%

◊ **put out** *verb* vergeben *or* außer Haus geben; **to put work out to freelancers** = Arbeit an freiberufliche Mitarbeiter vergeben; **we put all our typing out to a bureau** = wir geben unsere ganzen Schreibarbeiten an ein Büro; **to put work out to contract** = Unteraufträge vergeben

◊ **put up** *verb* **(a) who put up the money for the shop?** = wer hat das Geld für den Laden zur Verfügung gestellt?; **to put something up for sale** = etwas zum Verkauf anbieten; **when he retired he put his town flat up for sale** = als er in den Ruhestand trat, bot er seine Stadtwohnung zum Verkauf an **(b)** erhöhen *or* heraufsetzen; **the shop has put up all its prices by 5%** = das Geschäft erhöhte alle Preise um 5%

PV = PRESENT VALUE

pyramid selling *noun* Schneeballsystem *n*

Qq

QC = QUEEN'S COUNSEL

qty = QUANTITY

quadruple *verb* vervierfachen; **the company's profits have quadrupled over the last five years** = die Gewinnspanne der Firma hat sich in den letzten fünf Jahren vervierfacht

◇ **quadruplicate** *noun* **in quadruplicate** = in vierfacher Ausfertigung; **the invoices are printed in quadruplicate** = die Rechnungen werden in vierfacher Ausfertigung gedruckt

qualification *noun* **(a)** Qualifikation *f*; **to have the right qualifications for the job** = die richtigen Qualifikationen für die Stelle haben; **professional qualification** = fachliche Qualifikation *or* berufliche Eignung **(b) period of qualification** = Qualifikationsfrist *f* **(c) auditors' qualification** = eingeschränkter Revisionsvermerk

◇ **qualify** *verb* **(a) to qualify for** = berechtigt sein zu; **the company does not qualify for a government grant** = das Unternehmen erfüllt nicht die Voraussetzungen für eine staatliche Subvention; **she qualifies for unemployment pay** = sie erfüllt die Voraussetzungen für Arbeitslosengeld(zahlungen) **(b) to qualify as** = seine Ausbildung zum ... abschließen *or* sich qualifizieren; **she has qualified as an accountant** = sie hat sich als Buchhalterin qualifiziert; **he will qualify as an engineer next year** = er wird sich nächstes Jahr als Ingenieur qualifizieren **(c) the auditors have qualified the accounts** = die Wirtschaftsprüfer haben nur einen eingeschränkten Revisionsbericht erteilt

◇ **qualified** *adjective* **(a)** ausgebildet *or* qualifiziert; **she is a qualified accountant** = sie ist (eine) ausgebildete Buchhalterin; **highly qualified** = hochqualifiziert; **all our staff are highly qualified** = unser ganzes Personal ist hochqualifiziert; **they employ twenty-six highly qualified engineers** = sie beschäftigen 26 hochqualifizierte Techniker **(b)** bedingt *or* mit Einschränkungen; **qualified acceptance of a contract** = Annahme eines Vertrags unter Vorbehalt; **the plan received qualified approval from the board** = der Plan wurde unter Vorbehalt vom board genehmigt **(c) qualified accounts** = berichtigter Jahresabschluß; **qualified auditors' report** *or* **qualified audit report** *or* *(US)* **qualified opinion** = eingeschränkter Revisionsbericht *or* Revisionsbericht unter Vorbehalt

◇ **qualifying** *adjective* **(a) qualifying period** = Karenzzeit *f*; **there is a six-month qualifying period** = es gibt eine sechsmonatige Karenzzeit **(b) qualifying shares** = Pflichtaktien *fpl*

> QUOTE federal examiners will also determine which of the privately insured savings and loans qualify for federal insurance
> ***Wall Street Journal***
>
> QUOTE personnel management is not an activity that can ever have just one set of qualifications as a requirement for entry into it
> ***Personnel Management***
>
> QUOTE applicants will be professionally qualified and ideally have a degree in Commerce and postgraduate management qualifications
> ***Australian Financial Review***
>
> QUOTE personnel management is not an activity that can ever have just one set of qulaifications as a requirement for entry into it
> ***Personnel Management***

quality *noun* **(a)** Qualität *f*; **good quality** *or* **bad quality** = gute *or* schlechte Qualität; **we sell only quality farm produce** = wir verkaufen nur landwirtschaftliche Produkte bester Qualität; **there is a market for good quality secondhand computers** = es gibt einen Markt für gebrauchte Computer guter Qualität; **high quality** *or* **top quality** = Spitzenqualität *or* erstklassige Qualität; **the store specializes in high quality imported items** = das Geschäft spezialisiert sich auf hochwertige Importwaren **(b) quality control** = Qualitätskontrolle *f*; **quality controller** = Qualitätskontrolleur/-in **(c)** *(printers)* **draft quality** = Schnellschrift(qualität) *f*; **near letter quality (NLQ)** = Schönschrift *f or* Briefqualität *f*

quango *noun* halbstaatliche Organisation

quantify *verb* **to quantify the effect of something** = die Auswirkung einer Sache quantifizieren; **it is impossible to quantify the effect of the new legislation on our turnover** = es ist unmöglich, die Auswirkung der neuen Gesetzgebung auf unseren Umsatz zu quantifizieren

◇ **quantifiable** *adjective* quantifizierbar; **the effect of the change in the discount structure is not quantifiable** = die Auswirkung der Veränderungen in der Diskontstruktur ist nicht quantifizierbar

quantity *noun* **(a)** Menge *f or* Quantität *f or* Anzahl *f*; **a small quantity of illegal drugs** = eine geringe Menge illegaler Drogen; **he bought a large quantity of spare parts** = er kaufte eine große Menge Ersatzteile **(b) the company offers a discount for quantity purchase** = das Unternehmen gibt einen Rabatt für Mengeneinkäufe; **quantity discount** = Mengenrabatt *m* **(c) to carry out a quantity survey** = eine Baukostenschätzung erstellen; **quantity surveyor** = Baukostensachverständige(r) *or* Kalkulator *m*

quart *noun (old measure of liquids or of loose goods, such as seeds = 1.136 litres)* Quart *n*

quarter *noun* **(a)** Viertel *n*; **a quarter of a litre** *or* **a quarter litre** = ein Viertelliter; **a quarter of an hour** = eine Viertelstunde; **three quarters** = drei Viertel; **three quarters of the staff are less than thirty years old** = drei Viertel des Personals sind unter dreißig; **he paid only a quarter of the list price** = er zahlte nur ein Viertel des Listenpreises **(b)** *(period of three months)* Quartal *n or* Vierteljahr *n*; **first** *or* **second** *or* **third** *or* **fourth/last quarter** = das erste *or* zweite *or* dritte *or* vierte/letzte Quartal; **the instalments are payable at the end of each quarter** = die Raten sind zahlbar am Ende jedes Vierteljahrs *or* Quartals ; **the first quarter's rent is payable in advance** = die Miete für das erste Vierteljahr *or* Quartal ist im voraus zahlbar; **quarter day** = Quartalstag *m*; Mietzahltag **(c)** *USA & Canada (informal)* 25 Centstück *n*

◇ **quarterly** *adjective & adverb* vierteljährlich *or* quartalsweise; **there is a quarterly charge for electricity** = es wird eine vierteljährliche Gebühr für Strom erhoben; **the bank sends us a quarterly statement** = die Bank schickt uns einen vierteljährlichen Kontoauszug; **we agreed to pay the rent quarterly** *or* **on a quarterly basis** = wir haben vereinbart, die Miete vierteljährlich *or* auf vierteljährlicher Basis zu zahlen

> QUOTE corporate profits for the first quarter showed a 4 per cent drop from last year's final three months
> *Financial Times*
>
> QUOTE economists believe the economy is picking up this quarter and will do better still in the second half of the year
> *Sunday Times*

quartile *noun* Quartil *n*

quasi- *prefix* Quasi- *or* quasi-; **a quasi-official body** = eine halbamtliche Körperschaft

quay *noun* Kai *m*; **price ex quay** = Preis ab Kai

query 1 *noun* Frage *f or* Rückfrage; **the chief accountant had to answer a mass of queries from the auditors** = der Hauptbuchhalter mußte eine Menge Fragen der Wirtschaftsprüfer beantworten **2** *verb* erkundigen; in Frage stellen *or* bezweifeln *or* beanstanden; **the shareholders queried the payments to the chairman's son** = die Aktionäre beanstandeten die Zahlungen an den Sohn des Vorsitzenden

question 1 *noun* **(a)** Frage *f*; **the managing director refused to answer questions about redundancies** = der geschäftsführende Direktor lehnte es ab, Fragen zu Entlassungen zu beantworten; **the market research team prepared a series of questions to test the public's reactions to colour and price** = das Marktforschungsteam bereitete eine Reihe von Fragen vor, mit denen die Reaktionen der Öffentlichkeit auf Farbe und Preis getestet werden sollte **(b)** Frage *f*; **he raised the question of moving to less expensive offices** = er brachte das Gespräch darauf, in weniger teure Büroräume umzuziehen; **the main question is that of cost** = es geht hauptsächlich um die Kosten; **the board discussed the question of redundancy payments** = der board diskutierte das Problem von Entlassungsabfindungen **2** *verb* **(a)** befragen *or* Fragen stellen *or* verhören; **the police questioned the accounts staff for four hours** = die Polizei verhörte die in der Buchhaltung Beschäftigten vier Stunden lang; **she questioned the chairman on the company's investment policy** = sie stellte dem Vorsitzenden Fragen zur Investitionspolitik des Unternehmens **(b)** *(suggest that something may be wrong)* in Frage stellen *or* bezweifeln; **we all question the accuracy of the computer printout** = wir bezweifeln alle die Genauigkeit des Computerausdrucks

◇ **questionnaire** *noun* Fragebogen *m*; **they sent out a questionnaire to test the opinions of users of the system** = sie verschickten einen Fragebogen, um die Meinung der Systembenutzer zu erforschen; **to answer** *or* **to fill in a questionnaire about holidays abroad** = einen Fragebogen über Urlaub im Ausland beantworten *or* ausfüllen

queue 1 *noun* **(a)** (Warte)schlange *f*; **to form a queue** *or* **to join a queue** = eine Schlange bilden *or* sich an eine Schlange anstellen; **queues formed at the doors of the bank when the news spread about its possible collapse** = es bildeten sich Warteschlangen vor den Türen der Bank, als sich die Nachricht über ihren möglichen Zusammenbruch verbreitete; **dole queue** = Warteschlange von Arbeitslosen (NOTE: US English is **line**) **(b) his order went to the end of the queue** = seine Bestellung wurde ganz hintangestellt; **mortgage queue** = Hypotheken-Warteliste *f* **2** *verb* Schlange stehen *or* anstehen *or* sich anstellen; **when food was rationed, people had to queue for bread** = als die Lebensmittel rationiert wurden, mußten die Leute um Brot anstehen; **we queued for hours to get tickets** = wir mußten stundenlang Schlange stehen, um Karten zu bekommen; **a list of companies queueing to be launched on the Stock Exchange** = eine Liste von Unternehmen, die auf die Börsenzulassung warten

quick *adjective* schnell; **the company made a quick recovery** = das Unternehmen erholte sich schnell; **he is looking for a quick return on his investments** = er möchte rasch Gewinne aus seinen Kapitalanlagen erzielen; **we are hoping for a quick sale** = wir hoffen auf einen schnellen Verkauf

◇ **quickly** *adverb* schnell; **the sale of the company went through quickly** = der Verkauf des Unternehmens ging schnell vonstatten; **the accountant quickly looked through the pile of invoices** = der Buchhalter sah schnell den Stapel von Rechnungen durch

quid *noun (slang)* Pfund *m*; **he owes me 50 quid** = er schuldet mir 50 Pfund

quid pro quo *noun* Gegenleistung *f*; **we agreed to a two-week extension of the delivery date and as a quid pro quo our supplier reduced his price by 10%** = wir stimmten einer zweiwöchigen Verlängerung des Liefertermins zu und als Gegenleistung senkte unser Lieferant den Preis um 10%

quiet *adjective* ruhig *or* lustlos *or* flau; **the market is very quiet** = der Markt ist sehr ruhig; **currency trade was quieter after the government's statement on exchange rates** = der Devisenhandel war ruhiger nach der Regierungserklärung zum Wechselkurs; **on the quiet** = heimlich; **he transferred his money to Switzerland on the quiet** = er transferierte sein Geld heimlich in die Schweiz

quit *verb* kündigen *or* seine Stelle aufgeben; **he quit after an argument with the managing director** = er kündigte nach einem Streit mit dem geschäftsführenden Direktor; **some of the managers are quitting to set up their own company** = einige der Manager geben ihre Stelle auf, um ihr eigenes Unternehmen zu gründen (NOTE: **quitting - quit**)

quite *adverb* **(a)** ziemlich *or* recht; **he is quite a good salesman** = er ist ein ziemlich guter Verkäufer; **she can type quite fast** = sie kann ziemlich schnell tippen; **sales are quite satisfactory in the first quarter** = der Umsatz des ersten Quartals ist recht zufriedenstellend **(b)** durchaus *or* sehr wohl *or* wirklich; **he is quite capable of running the department alone** = er ist durchaus fähig, die Abteilung alleine zu leiten; **the company is quite possibly going to be sold** = das Unternehmen wird höchstwahrscheinlich verkauft **(c) quite a few** *or* **quite a lot** = recht *or* ziemlich viele; **quite a few of our sales staff are women** = ziemlich viele unserer Mitarbeiter sind Frauen; **quite a lot of orders come in the pre-Christmas period** = in der Vorweihnachtszeit kommen ziemlich viele Aufträge

quorum *noun* beschlußfähige Anzahl; **to have a quorum** = beschlußfähig sein; **do we have a quorum?** = sind wir beschlußfähig?

◇ **quorate** *adjective* beschlußfähig

quota *noun* Quote *f or* Kontingent *n*; **import quota** = Einfuhrkontingent *or* Importquote; **the government has imposed a quota on the importation of cars** = die Regierung hat Importquoten für Automobile eingeführt; **the quota on imported cars has been lifted** = die Importquoten für Automobile wurden aufgehoben; **quota system** = Quotensystem *n*; **to arrange distribution through a quota system** = den Vertrieb durch ein Quotensystem regeln

> QUOTE Canada agreed to a new duty-free quota of 600,000 tonnes a year
> *Globe and Mail (Toronto)*

quote 1 *verb* **(a)** *(to repeat words or a reference number)* zitieren *or* anführen; angeben; **he quoted figures from the annual report** = er führte Zahlen des Jahresberichts an; **in reply please quote this number** = bei Rückfragen bitte diese Nummer angeben; **when making a complaint please quote the batch number printed on the box** = bei Mängelrügen bitte die auf der Kiste angegebene Seriennummer angeben; **he replied, quoting the number of the account** = er antwortete unter Angabe der Kontonummer **(b)** *(to estimate costs)* (einen Preis) angeben *or* ein Preisangebot machen; **to quote a price for supplying office stationery** = ein Preisangebot für die Lieferung von Büromaterial machen; **their prices are always quoted in dollars** = ihre Preise sind immer in Dollar angegeben; **he quoted me a price of £1,026** = er machte mir ein Preisangebot von £1.026; **can you quote for supplying 20,000 envelopes?** = können Sie mir ein Preisangebot für 20.000 Briefumschläge machen? **2** *noun (informal)* (Preis)angebot *n*; **to give someone a quote for supplying computers** = jdm ein Angebot für die Lieferung von Computern machen; **we have asked for quotes for refitting the shop** = wir haben um Preisangebote für die Neuausstattung des Ladens gebeten; **his quote was the lowest of the three** = sein Angebot war das niedrigste von den dreien; **we accepted the lowest quote** = wir nahmen das niedrigste Angebot an

◇ **quotation** *noun* **(a)** *(estimate of how much something will cost)* Preisangebot *n or* Kostenvoranschlag *m*; **they sent in their quotation for the job** = sie schickten uns ihr Preisangebot für den Auftrag; **to ask for quotations for refitting the shop** = Preisangebote *or* Kostenvoranschläge für die Neuausstattung des Ladens einholen; **his quotation was much lower than all the others** = sein Preisangebot *or* Kostenvoranschlag war viel niedriger als alle anderen; **we accepted the lowest quotation** = wir nahmen das niedrigste Preisangebot an **(b) quotation on the stock exchange** *or* **stock exchange quotation** = Börsennotierung *f or* Börsenkurs *m*; **the company is going for a quotation on the stock exchange** = das Unternehmen hat die Börsennotierung beantragt; **we are seeking a stock market quotation** = wir wollen zur Börsennotierung zugelassen werden

◇ **quoted** *adjective* **quoted company** = an der Börse notiertes Unternehmen; **quoted shares** = (an der Börse) notierte Aktien *fpl*

> QUOTE a Bermudan-registered company quoted on the Luxembourg stock exchange
> *Lloyd's List*
>
> QUOTE banks operating on the foreign exchange market refrained from quoting forward US/Hongkong dollar exchange rates
> *South China Morning Post*

qwerty *or* **QWERTY** *noun* **qwerty keyboard** = englische Tastatur; **the computer has a normal qwerty keyboard** = der Computer hat eine normale englische Tastatur

Rr

R&D = RESEARCH AND DEVELOPMENT Forschung und Entwicklung (F&E) *f* **the R&D department** = die F&E-Abteilung; **the company spends millions on R&D** = das Unternehmen gibt Millionen für F&E aus

rack *noun* **(a)** Ständer *m or* Gestell *n or* Regal *n*; **card rack** = Kartenständer; **display rack** = Auslagenregal; **magazine rack** = Zeitschriftenständer; **rack jobber** = externer Regalauffüller (im Supermarkt) **(b) rack rent** = (i) *(very high rent)* Wuchermiete *f*; (ii) *(full yearly rent)* Jahresmiete *f*

racket *noun* betrügerisches Geschäft *or* Betrügerei *f or* Gaunerei *f*; organisierte Erpressung; **he runs a cut-price ticket racket** = er macht betrügerische Geschäfte mit Billigkarten

◇ **racketeer** *noun* Betrüger/-in *or* Gauner/-in

◇ **racketeering** *noun* organisierter Gelderwerb durch betrügerische Geschäfte *(z.B. auch Erpressung)*

rag trade *noun (informal)* Bekleidungsindustrie *f or* Bekleidungsbranche *f*

raid *noun* **dawn raid** = überraschende Aktienkaufaktion bei Börsenbeginn *or* Versuch *m* , den Kurs einer Aktie zu drücken; **bear raid** = Baissemanöver *n*

◇ **raider** *noun* aggressiver Aktienkäufer *(mit Übernahmeabsicht) or* jd, der Aktionären ein Übernahmeangebot macht

> QUOTE bear raiding involves trying to depress a target company's share price by heavy selling of its shares, spreading adverse rumours or a combination of the two. As an added refinement, the raiders may sell short. The aim is to push down the price so that the raiders can buy back the shares they sold at a lower price
> ***Guardian***

rail *noun* Bahn *f*; **six million commuters travel to work by rail each day** = sechs Millionen Pendler fahren jeden Tag mit der Bahn zur Arbeit; **we ship all our goods by rail** = wir befördern alle unsere Waren per Bahn; **rail travellers are complaining about rising fares** = Bahnreisende beschweren sich über steigende Fahrpreise; **rail travel is cheaper than air travel** = mit der Bahn zu fahren ist billiger als zu fliegen; **free on rail (FOR)** = frei Bahn *or* frei Waggon

◇ **railhead** *noun* Endbahnhof *m*; **the goods will be sent to the railhead by lorry** = die Waren werden per Lastwagen zum Endbahnhof gebracht

◇ **railway** *or (US)* **railroad** *noun* Bahn *f*; **a railway line** = eine Bahnlinie; **a railway station** = ein Bahnhof *m*; **the British railway network** = das britische Schienennetz *or* Eisenbahnnetz

raise 1 *noun (US)* Gehaltserhöhung *f or* Lohnerhöhung; **he asked the boss for a raise** = er bat den Chef um eine Gehaltserhöhung; **she is pleased - she has had a raise** = sie ist zufrieden - sie hat eine Gehaltserhöhung bekommen (NOTE: GB English is **rise**) **2** *verb* **(a)** vorbringen *or* aufwerfen; **to raise a question** *or* **a point at a meeting** = eine Frage *or* einen Punkt in einer Sitzung zur Sprache bringen; **in answer to the question raised by Mr Smith** = als Antwort zu der von Herrn Smith aufgeworfenen Frage; **the chairman tried to prevent the question of redundancies being raised** = der Vorsitzende versuchte es zu vermeiden, daß das Thema Entlassungen zur Sprache gebracht wurde **(b) to raise an invoice** = eine Rechnung ausstellen **(c)** *(to increase)* erhöhen *or* anheben *or* heraufsetzen; **the government has raised the tax levels** = die Regierung hat die Steuern erhöht; **air fares will be raised on June 1st** = Flugpreise werden am 1. Juni angehoben; **the company raised its dividend by 10%** = das Unternehmen erhöhte die Dividende um 10%; **when the company raised its prices, it lost half of its share of the market** = als das Unternehmen die Preise erhöhte, verlor es die Hälfte seines Marktanteils **(d)** *(to obtain money or a loan)* beschaffen *or* aufbringen; **the company is trying to raise the capital to fund its expansion programme** = das Unternehmen versucht, das Kapital zur Finanzierung seines Expansionsprogramms zu beschaffen; **the government raises more money by indirect taxation than by direct** = der Staat nimmt mehr Geld durch indirekte als durch direkte Besteuerung ein; **where will he raise the money from to start up his business?** = woher wird er das Geld beschaffen, um sein Geschäft zu gründen?

> QUOTE the company said yesterday that its recent share issue has been oversubscribed, raising A$225.5m
> ***Financial Times***
>
> QUOTE investment trusts can raise capital, but this has to be done as a company does, by a rights issue of equity
> ***Investors Chronicle***
>
> QUOTE over the past few weeks, companies raising new loans from international banks have been forced to pay more
> ***Financial Times***

rake in *verb (informal)* kassieren *or* einstreichen; **to rake in cash** *or* **to rake it in** = Geld *n* einstreichen *or* scheffeln

◇ **rake-off** *noun* Provision *f or* Gewinnanteil *m*; **the group gets a rake-off on all the company's sales** = die Gruppe erhält einen Anteil des gesamten Unternehmensumsatzes; **he got a £100,000 rake-off for introducing the new business** = er bekam eine Provision in Höhe von £100.000, weil er das neue Geschäft angebahnt hatte (NOTE: plural is **rake-offs**)

rally 1 *noun* Aufschwung *m or* Erholung *f*; **shares staged a rally on the stock exchange** = die

Aktienkurse erholten sich an der Börse; **after a brief rally shares fell back to a new low** = nach einer kurzen Erholung fielen die Aktienkurse auf einen neuen Tiefstand **2** *verb* anziehen *or* sich erholen; **shares rallied on the news of the latest government figures** = die Aktienkurse zogen nach Veröffentlichung der neusten von der Regierung vorgelegten Zahlen an

QUOTE when Japan rallied, it had no difficulty in surpassing its previous all-time high, and this really stretched the price-earnings ratios into the stratosphere
Money Observer

QUOTE bad news for the U.S. economy ultimately may have been the cause of a late rally in stock prices yesterday
Wall Street Journal

RAM = RANDOM ACCESS MEMORY

ramp *noun* **loading ramp** = Laderampe *f*

random *adjective* Zufalls- *or* zufällig *or* willkürlich; **random access memory (RAM)** = Direktzugriffsspeicher *or* RAM; **random check** = Stichprobe *f*; **random error** = Zufallsfehler *m*; **random sample** = zufällige Stichprobe; **random sampling** = Stichprobenauswahl *f*; **at random** = wahllos *or* aufs Geratewohl; **the chairman picked out two salesmen's reports at random** = der Vorsitzende griff wahllos zwei Vertreterberichte heraus

range 1 *noun* **(a)** *(series of items to choose from)* Sortiment *n or* Angebot *n or* Auswahl *f*; **we offer a wide range of sizes** *or* **range of styles** = wir haben die verschiedensten Größen *or* Arten; **their range of products** *or* **product range is too narrow** = ihr Produktangebot ist zu begrenzt; **we have the most modern range of models** *or* **model range on the market** = wir haben die modernste Modellreihe auf dem Markt **(b)** *(variation from small to large)* **price range** = Preislage *f or* Preisklasse *f*; **I am looking for something in the £2 - £3 price range** = ich möchte etwas in der Preisklasse zwischen £2 - £3; **we make shoes in a wide range of prices** = wir machen Schuhe verschiedenster Preisklassen **(c)** Bereich *m*; **this falls within the company's range of activities** = dies fällt in den Aktivitätenbereich des Unternehmens **2** *verb* reichen *or* gehen von ... bis ; **the company sells products ranging from cheap pens to imported luxury items** = das Unternehmen verkauft Produkte, die von billigen Kugelschreibern bis hin zu importierten Luxusgütern reichen; **the company's salary scale ranges from £5,000 for a trainee to £50,000 for the managing director** = die Gehaltsordnung des Unternehmens geht von £5.000 für einen Lehrling bis £50.000 für den geschäftsführenden Direktor; **our activities range from mining in the USA to computer servicing in Scotland** = unsere Aktivitäten reichen von Bergbau in den USA bis hin zu Computer-Kundendienst in Schottland

rank 1 *noun* Stellung *f or* Rang *m*; **all managers are of equal rank** = alle Manager sind gleichrangig; **in rank order** = nach Rangordnung *f* **2** *verb* **(a)** *(to classify in order of importance)* einstufen; **guests were ranked in order of importance** = Gäste wurden nach ihrem Rang *or* Status eingestuft **(b)** *(to be in a certain position)* Rang einnehmen; **the non-voting shares rank equally with the voting shares** = die nichtstimmberechtigten Aktien sind gleichrangig mit den stimmberechtigten ; **all managers rank equally** = alle Manager haben den gleichen Status

◊ **rank and file** *noun* Basis *f*; **the rank and file of the trade union membership** = die Basis der Gewerkschaftsmitglieder; **the decision was not liked by the rank and file** = die Entscheidung wurde von der Basis nicht gebilligt; **rank-and-file members** = Basismitglieder *npl*

◊ **ranking** *adjective* **high-ranking official** = ranghoher Beamter; **he is the top-ranking** *or* **the senior-ranking official in the delegation** = er ist der ranghöchste Funktionär der Delegation

rapid *adjective* schnell *or* rasch *or* umgehend; **we offer 5% discount for rapid settlement** = wir geben 5% Skonto für umgehende Bezahlung *or* Begleichung

◊ **rapidly** *adverb* schnell *or* rasch; **the company rapidly ran up debts of over £1m** = das Unternehmen machte schnell Schulden in Höhe von über £1 Million; **the new clothes shop rapidly increased sales** = das neue Bekleidungsgeschäft hat seine Umsätze schnell gesteigert

rare *adjective* selten *or* rar; **experienced salesmen are rare these days** = erfahrene Handelsvertreter sind heutzutage rar; **it is rare to find a small business with good cash flow** = man findet selten einen Kleinbetrieb mit gutem Cash-flow

◊ **rarely** *adverb* selten; **the company's shares are rarely sold on the stock exchange** = die Aktien des Unternehmens werden selten an der Börse gehandelt; **the chairman is rarely in his office on Friday afternoons** = der Vorsitzende ist Freitag nachmittags selten im Büro

rata *see* PRO RATA

rate 1 *noun* **(a)** Satz *m or* Gebühr *f or* Preis *m*; **all-in rate** = Inklusivpreis; **fixed rate** = fester Satz *or* Preis; **flat rate** = Pauschalsatz *m*; Grundgebühr *f*; Einheitstarif *m*; **a flat-rate increase of 10%** = ein Anstieg *m* der Grundgebühr um 10%; **we pay a flat rate for electricity each quarter** = wir bezahlen jedes Quartal eine Strompauschale; **he is paid a flat rate of £2 per thousand** = er bekommt eine Pauschale von £2 pro tausend ausgezahlt; **full rate** = voller Satz *or* Preis; **the going rate** = der übliche Satz; **the going rate for offices is £15 per square metre** = der übliche Preis für Büroräume ist £15 pro Quadratmeter; **the market rate** = der Marktpreis; der übliche *or* gängige Satz; **we pay the going rate** *or* **the market rate for typists** = wir zahlen den üblichen Lohnsatz für Schreibkräfte ; **reduced rate** = ermäßigter Tarif **(b) freight rates** = Frachttarife *mpl or* Frachtgebühren *fpl*; **letter rate** *or* **parcel rate** = Briefgebühr *f or* Paketgebühr; **it is more expensive to send a packet (by) letter rate but it will get there quicker** = es ist teurer, ein Päckchen als Brief zu schicken, aber es kommt schneller an; **night rate** = Nachttarif *m or* Mondscheintarif **(c) discount rate** = Diskontsatz *m*; **insurance rates** = (Versicherungs)prämiensatz *m*; **interest rate** *or* **rate of interest** = Zinssatz *m*; **rate of return** = Rendite *f*; Rentabilität *f* **(d) bank base rate** = Eckzins *m or* Leitzins; **cross rate** = Kreuzkurs *m*; **exchange rate** *or* **rate of exchange** = Wechselkurs *m*; **what is today's rate** *or* **the current rate for the dollar?** = wie ist der heutige *or* derzeitige Wechselkurs des Dollars?; **to calculate**

costs on a fixed exchange rate = die Kosten anhand eines festen Wechselkurses berechnen; **forward rate** = Devisenterminkurs *m* **(e)** *(amount or number or speed compared with something else)* Rate *f*; **the rate of increase in redundancies** = die zunehmende Zahl von Entlassungen *or* die Zuwachsrate bei den Entlassungen; **the rate of absenteeism** *or* **the absenteeism rate always increases in fine weather** = die Abwesenheitsquote nimmt bei gutem Wetter immer zu; **birth rate** = Geburtenrate *f*; **call rate** = Besuchshäufigkeit *f*; **depreciation rate** = Abschreibungssatz *m*; **error rate** = Fehlerquote *f*; **rate of sales** = Absatzrate *f* **(f)** *(formerly British local taxes on property) (etwa)* Steuer *f* für Haus- und Grundbesitz; Kommunalsteuern *fpl* (NOTE: now replaced by **council tax**; the US equivalent is **local property tax**); **(uniform) business rate (UBR)** = Kommunalsteuer *f* für gewerbliche Betriebe **2** *verb* **to rate someone highly** = jdn hoch einschätzen

◇ **rateable** *adjective* **rateable value** = Einheitswert *m*

◇ **ratepayer** *noun* **business ratepayer** = Zahler *m* von Kommunalsteuern für gewerbliche Betriebe

> QUOTE state-owned banks cut their prime rate a percentage point to 11%
> *Wall Street Journal*
>
> QUOTE the unions had argued that public sector pay rates had slipped behind rates applying in private sector employment
> *Australian Financial Review*
>
> QUOTE royalties have been levied at a rate of 12.5% of full production
> *Lloyd's List*

ratify *verb* **(a)** ratifizieren; **the treaty was ratified in Geneva** = der Vertrag wurde in Genf ratifiziert **(b)** genehmigen *or* bestätigen; **the agreement has to be ratified by the board** = der Vertrag muß vom board genehmigt werden

◇ **ratification** *noun* **(a)** *(treaty)* Ratifizierung **(b)** Genehmigung *f or* Bestätigung *f*; **the agreement has to go to the board for ratification** = der Vertrag muß an den board zur Genehmigung gehen

rating *noun* **(a)** Veranlagung *f or* Schätzung *f*; **rating officer** = Beamter/Beamtin, der/die den Einheitswert festlegt **(b) credit rating** = Bonitätsbeurteilung *f*; **merit rating** = Leistungsbeurteilung *f*; **performance rating** = Leistungsbeurteilung *f* **(c)** *(estimated number of people who watch TV programmes)* **ratings** = Einschaltquote *f*; **the show is high in the ratings, which means it will attract publicity** = die Show hat hohe Einschaltquoten, was bedeutet, daß sie Werbung anziehen *or* anlocken wird

ratio *noun* Verhältnis *n*; **the ratio of successes to failures** = das Verhältnis der Erfolge zu den Mißerfolgen; **our product outsells theirs by a ratio of two to one** = unser Produkt hat einen zweimal höheren Umsatz als das ihrige; **price/earnings ratio (P/E ratio)** = Kurs-Gewinn-Verhältnis *n*; **the shares sell at a P/E ratio of 7** = die Aktien werden mit einem Kurs-Gewinn-Verhältnis von 7 gehandelt

ration *verb* rationieren *or* zuteilen; **to ration investment capital** *or* **to ration funds for investment** = Investitionskapital (in Rationen) zuteilen; **to ration mortgages** = die Hypothekenvergabe einschränken; **mortgages are rationed for first-time buyers** = die Hypothekenvergabe ist für Erstkäufer eingeschränkt

◇ **rationing** *noun* Rationierung *f*; **there may be a period of food rationing this winter** = in diesem Winter werden Lebensmittel möglicherweise eine Zeitlang rationiert; **building societies are warning of mortgage rationing** = Bausparkassen warnen vor Einschränkungen *fpl* bei der Hypothekenvergabe

rationale *noun* Gründe *mpl or* Beweggründe; **I do not understand the rationale behind the decision to sell the warehouse** = ich verstehe die Gründe nicht, die hinter der Entscheidung stehen, das Lager zu verkaufen

rationalization *noun* Rationalisierung *f*

◇ **rationalize** *verb* rationalisieren; **the rail company is trying to rationalize its freight services** = die Bahngesellschaft versucht, ihren Güterverkehr zu rationalisieren

rat race *noun* beruflicher Existenzkampf; **he decided to get out of the rat race and buy a small farm** = er entschloß, sich aus dem beruflichen Existenzkampf zurückzuziehen und einen kleinen Bauernhof zu kaufen

raw *adjective* roh *or* unverarbeitet; **raw data** = unbearbeitete Daten *pl or* Rohdaten *or* Ursprungsdaten; **raw materials** = Rohstoffe *mpl*

> QUOTE it makes sense for them to produce goods for sale back home in the US from plants in Britain where raw materials are relatively cheap
> *Duns Business Month*

R/D = REFER TO DRAWER

re *preposition* betreffs *or* bezüglich *or* unter Bezugnahme auf; **re your inquiry of May 29th** = bezüglich Ihrer Anfrage vom 29. Mai; **re: Smith's memo of yesterday** = Betr.: Smiths gestrige Mitteilung; **re: the agenda for the AGM** = Betr.: Tagesordnung der Jahreshauptversammlung

re- *prefix* wieder-

reach *verb* **(a)** *(to arrive at a place or at a point)* erreichen *or* ankommen; **the plane reaches Hong Kong at midday** = das Flugzeug kommt mittags in Hongkong an; **sales reached £1m in the first four months of the year** = der Umsatz erreichte £1 Million in den ersten vier Monaten des Jahres; **I did not reply because your letter never reached me** = ich habe nicht geantwortet, weil Ihr Brief nie bei mir ankam **(b)** *(to come to)* erzielen *or* kommen zu; **to reach an agreement** = zu einer Vereinbarung kommen; **to reach an accommodation with creditors** = eine Einigung mit Gläubigern erzielen; **to reach a decision** = zu einer Entscheidung kommen; **the two parties reached an agreement over the terms for the contract** = die beiden Parteien erzielten eine Einigung über die Vertragsbedingungen; **the board reached a decision about closing the factory** = der board kam zu einer Entscheidung über die Schließung der Fabrik

react *verb* **to react to** = reagieren auf; **shares reacted sharply to the fall in the exchange rate** = die Aktienkurse reagierten heftig auf die Wechselkursverluste; **how will the chairman react when we tell him the news?** = wie wird der Vorsitzende reagieren, wenn wir ihm die Neuigkeit mitteilen?

◇ **reaction** *noun* Reaktion *f*; **the reaction of the shares to the news of the takeover bid** = die Reaktion der Aktienkurse auf die Nachricht von dem Übernahmeangebot

read *verb* lesen; **the terms and conditions are printed in very small letters so that they are difficult to read** = die Bestimmungen und Bedingungen sind sehr klein gedruckt, so daß sie schwer zu lesen sind **has the managing director read your report on sales in India?** = hat der geschäftsführende Direktor Ihren Bericht über die Umsätze in Indien gelesen?; **can the computer read this information?** = kann der Computer diese Information lesen?

◇ **readable** *adjective* lesbar; **machine-readable codes** = maschinenlesbare Codes *mpl*; **the data has to be presented in computer-readable form** = die Daten müssen in computerlesbarer Form gegeben werden

◇ **read only memory (ROM)** *noun* Festspeicher *or* ROM

readjust *verb* anpassen *or* neu regeln *or* korrigieren; **to readjust prices to take account of the rise in the costs of raw materials** = die Preise korrigieren, um die steigenden Rohstoffkosten zu berücksichtigen ; **share prices readjusted quickly to the news of the devaluation** = die Aktienkurse wurden nach der Nachricht über die Abwertung schnell korrigiert

◇ **readjustment** *noun* Anpassung *f* *or* Neuregelung *f* *or* Korrektur *f*; **a readjustment in pricing** = eine Preiskorrektur *or* eine Neuregelung der Preise; **after the devaluation there was a period of readjustment in the exchange rates** = nach der Abwertung gab es eine Periode *or* Phase von Wechselkurskorrekturen

readvertise *verb* nochmals inserieren *or* annoncieren; **to readvertise a post** = eine Stelle nochmals inserieren *or* annoncieren; **all the candidates failed the test, so we will just have to readvertise** = alle Kandidaten fielen durch die Prüfung, so daß wir noch einmal inserieren müssen

◇ **readvertisement** *noun* Zweitinserat *n*

ready *adjective* **(a)** fertig *or* bereit; **the order will be ready for delivery next week** = der Auftrag ist nächste Woche zur Auslieferung bereit; **the driver had to wait because the shipment was not ready** = der Fahrer mußte warten, weil die Warensendung noch nicht fertig war; **make-ready time** = Rüstzeit *f* **(b) ready cash** = Bargeld *n*; **these items find a ready sale in the Middle East** = diese Waren finden im Nahen Osten schnellen *or* reißenden Absatz

◇ **ready-made** *or* **ready-to-wear** *adjective* Fertig- *or* fertig *or* gebrauchsfertig; Konfektions- *or* von der Stange *or* Prêt-à-porter-; **the ready-to-wear trade has suffered from foreign competition** = die Konfektionsindustrie leidete unter ausländischer Konkurrenz

real *adjective* **(a)** echt; **his case is made of real leather** *or* **he has a real leather case** = sein Koffer ist aus echtem Leder *or* er hat einen echten Lederkoffer; **that car is a real bargain at £300** = für £300 ist der Wagen ein richtiger Gelegenheitskauf **(b) real income** *or* **real wages** = Realeinkommen *n* *or* Reallohn *m*; **in real terms** = effektiv; **prices have gone up by 3% but with inflation running at 5% that is a fall in real terms** = die Preise sind um 3% gestiegen, aber bei einer Inflationsrate von 5% ist das effektiv ein Rückgang **(c)** *(computer)* **real time** = Echtzeit *f* *or* Realzeit; **real-time system** = Echtzeitsystem *n* **(d) real estate** = Grundbesitz *m* *or* Immobilien *pl*; **he made his money from real estate deals in the 1970s** = er machte sein Geld mit Immobiliengeschäften *npl* in den 70er Jahren; *(US)* **real estate agent** = Immobilienmakler/-in

◇ **really** *adverb* wirklich *or* tatsächlich; **these goods are really cheap** = diese Waren sind wirklich billig; **the company is really making an acceptable profit** = das Unternehmen macht tatsächlich einen akzeptablen Gewinn; **the office building really belongs to the chairman's father** = das Bürogebäude gehört in Wirklichkeit dem Vater des Vorsitzenden; **the shop is really a bookshop, though it does carry some records** = in Wirklichkeit ist das Geschäft ein Buchladen, obwohl dort auch Schallplatten geführt werden

QUOTE real wages have been held down dramatically: they have risen as an annual rate of only 1% in the last two years
Sunday Times

QUOTE sterling M3 rose by 13.5% in the year to August - seven percentage points faster than the rate of inflation and the biggest increase in real terms since 1972-3
Economist

QUOTE on top of the cost of real estate, the investment in inventory and equipment to open a typical warehouse comes to around $5 million
Duns Business Month

QUOTE Japan's gross national product for the April-June quarter dropped 0.4% in real terms from the previous quarter
Nikkei Weekly

realign *verb* neu festsetzen

◇ **realignment** *noun* Neufestsetzung *f* *or* Realignment *n*; **a currency realignment** = die Neufestsetzung einer Währung

realize *verb* **(a)** *(to understand clearly)* begreifen *or* sich klarwerden *or* sich klar sein über; **he soon realized the meeting was going to vote against his proposal** = er begriff bald, daß die Versammlung gegen seinen Antrag stimmen würde; **the small shopkeepers realized that the hypermarket would take away some of their trade** = die kleinen Ladenbesitzer merkten, daß der Verbrauchermarkt Ihnen Ihr Geschäft teilweise wegnehmen würde; **when she went into the manager's office she did not realize she was going to be promoted** = als sie in das Büro des Geschäftsführers ging, war sie sich nicht darüber im klaren, daß sie befördert werden würde **(b)** *(to make something become real)* verwirklichen *or* realisieren *or* durchführen; **to realize a project** *or* **a plan** = ein Projekt *or* einen Plan ausführen **(c)** *(to sell for money)* realisieren *or* verkaufen; einbringen; **to realize property** *or* **assets** = Immobilien *or* Vermögenswerte realisieren *or* veräußern; **the sale realized £100,000** = der Verkauf brachte £100.000 ein

◇ **realizable** *adjective* **realizable assets** = realisierbare Vermögenswerte *mpl*

◇ **realization** *noun* **(a)** *(gradual understanding)* Erkenntnis *f*; **the chairman's realization that he was going to be outvoted** = die Erkenntnis des Vorsitzenden, daß er überstimmt werden würde **(b)** *(making real)* Realisierung *f or* Verwirklichung *f or* Durchführung *f*; **the realization of a project** = die Ausführung eines Planes; **the plan moved a stage nearer realization when the contracts were signed** = der Plan kam der Ausführung einen Schritt näher, als die Verträge unterzeichnet waren **(c) realization of assets** = Realisierung *f* von Vermögenswerten

realtor *noun (US)* Immobilienmakler/-in

◇ **realty** *noun* Immobilien *pl or* Grundbesitz *m*

reapply *verb* erneut bewerben; **when he saw that the job had still not been filled, he reapplied for it** = als er sah, daß die Stelle immer noch nicht besetzt war, bewarb er sich erneut dafür

◇ **reapplication** *noun* erneute Bewerbung

reappoint *verb* wiederernennen *or* wiedereinstellen; **he was reappointed chairman for a further three-year period** = er wurde für einen weiteren Zeitraum von drei Jahren zum Vorsitzenden wiederernannt

◇ **reappointment** *noun* Wiederernennung *f or* Wiedereinstellung *f*

reason *noun* Grund *m or* Motiv *n*; **the airline gave no reason for the plane's late arrival** = die Fluggesellschaft gab keinen Grund für die verspätete Ankunft des Flugzeugs an; **the personnel manager asked him for the reason why he was late** = der Personalleiter fragte ihn nach dem Grund für seine Verspätung; **the chairman was asked for his reasons for closing the factory** = der Vorsitzende wurde nach seinen Gründen für die Schließung der Fabrik befragt

◇ **reasonable** *adjective* **(a)** *(sensible or not annoyed)* vernünftig *or* angemessen; **the manager of the shop was very reasonable when she tried to explain that she had left her credit cards at home** = der Geschäftsführer reagierte sehr vernünftig, als sie ihm zu erklären versuchte, daß sie ihre Kreditkarten zu Hause gelassen hätte **no reasonable offer refused** = jedes reelle *or* vernünftige Angebot wird angenommen **(b)** *(not expensive)* annehmbar *or* angemessen *or* vernünftig; **the restaurant offers good food at reasonable prices** = in dem Restaurant gibt es gutes Essen zu vernünftigen Preisen

reassess *verb* neu bewerten; neu veranlagen; neu schätzen

◇ **reassessment** *noun* Neubewertung *f*; Neuveranlagung *f*; Neuschätzung *f*

reassign *verb* wiederernennen; zurückübertragen *or* wiederabtreten

◇ **reassignment** *noun* Wiederernennung *f*; Rückübertragung *f or* Wiederabtretung *f*

reassure *verb* **(a)** beruhigen; versichern; **the markets were reassured by the government statement on import controls** = die Märkte wurden durch die Erklärung der Regierung zu Einfuhrkontrollen beruhigt; **the manager tried to reassure her that she would not lose her job** = der Geschäftsführer versuchte ihr zu versichern, daß sie ihren Job *or* ihre Stelle nicht verlieren würde **(b)** *(to reinsure)* rückversichern

◇ **reassurance** *noun* **(a)** Beruhigung *f* **(b)** *(reinsurance)* Rückversicherung *f*

rebate *noun* **(a)** Rabatt *m or* Preisnachlaß *m*; **to offer a 10% rebate on selected goods** = auf bestimmte Waren 10% Rabatt gewähren **(b)** Rückzahlung *f or* Rückvergütung *f or* (Rück)erstattung *f*; **he got a tax rebate at the end of the year** = er bekam am Ende des Jahres eine Steuererstattung

rebound *verb* wieder ansteigen; **the market rebounded on the news of the government's decision** = der Markt erholte sich nach der Entscheidung der Regierung

recd = RECEIVED

receipt 1 *noun* **(a)** *(paper showing that money has been paid)* Quittung *f or* Beleg *m or* Empfangsbestätigung *f*; **customs receipt** = Zollquittung; **rent receipt** = Mietquittung; **receipt for items purchased** = Warenquittung; **please produce your receipt if you want to exchange items** = legen Sie bitte den Kassenbon vor, wenn Sie Artikel umtauschen wollen; **receipt book** *or* **book of receipts** = Quittungsblock *m* **(b)** *(act of receiving something)* Empfang *m or* Eingang *m or* Erhalt *m*; **to acknowledge receipt of a letter** = den Empfang eines Schreibens bestätigen; **we acknowledge receipt of your letter of the 15th** = wir bestätigen den Empfang Ihres Briefes vom 15.; **goods will be supplied within thirty days of receipt of order** = die Waren werden innerhalb von dreißig Tage nach Auftragseingang geliefert; **invoices are payable within thirty days of receipt** = Rechnungen müssen innerhalb von dreißig Tagen nach Erhalt beglichen werden; **on receipt of the notification, the company lodged an appeal** = nach Empfang der Mitteilung legte das Unternehmen Berufung ein **(c) receipts** = Einnahmen *fpl*; **to itemize receipts and expenditure** = Einnahmen und Ausgaben Punkt für Punkt aufführen *or* aufgliedern; **receipts are down against the same period of last year** = im Vergleich zum Vorjahreszeitraum sind die Einnahmen zurückgegangen **2** *verb* quittieren *or* den Empfang bestätigen

QUOTE the public sector borrowing requirement is kept low by treating the receipts from selling public assets as a reduction in borrowing
Economist

QUOTE gross wool receipts for the selling season to end June appear likely to top $2 billion
Australian Financial Review

receive *verb* erhalten *or* empfangen *or* entgegennehmen; **we received the payment ten days ago** = wir haben die Zahlung vor zehn Tagen erhalten; **the workers have not received any wages for six months** = die Arbeiter haben seit sechs Monaten keinen Lohn mehr erhalten; **the goods were received in good condition** = die Waren wurden in gutem Zustand entgegengenommen; **'received with thanks'** = ‚dankend erhalten'

◇ **receivable** *adjective* offen *or* ausstehend; **accounts receivable** = Außenstände *pl or* Debitoren *mpl*; **bills receivable** = Wechselforderungen *fpl*

◇ **receivables** *plural noun* Außenstände *pl or* Forderungen *fpl or* Debitoren *mpl*

◇ **receiver** *noun* **(a)** *(person who receives something)* Empfänger/-in; **the receiver of the shipment** = der Empfänger der Warensendung **(b) official receiver** = Konkursverwalter/-in; **the court appointed a receiver for the company** = das Gericht bestellte einen Konkursverwalter für das Unternehmen; **the company is in the hands of the receiver** = das Unternehmen steht unter Konkursverwaltung

◇ **receivership** *noun* **the company went into receivership** = das Unternehmen wird zwangsverwaltet

◇ **receiving** *noun* **(a)** *(act of getting something which has been delivered)* Empfang *m or* Annahme *f*; **receiving clerk** = Angestellte(r) in der Warenannahme; **receiving department** = Warenannahme; **receiving office** = Warenannahme *f or* Einzahlungsschalter *m* **(b) receiving order** = Konkurseröffnungsbeschluß *m*

recent *adjective* kürzlich; neuste(r,s) *or* jüngste(r,s); **the company's recent acquisition of a chain of shoe shops** = die kürzliche Übernahme einer Schuhgeschäftkette durch das Unternehmen; **his recent appointment to the board** = seine kürzliche Berufung in den board; **we will mail you our most recent catalogue** = wir werden Ihnen unseren neusten Katalog schicken

◇ **recently** *adverb* vor kurzem; **the company recently started on an expansion programme** = das Unternehmen begann vor kurzem mit einem Expansionsprogramm; **they recently decided to close the branch office in Australia** = sie beschlossen vor kurzem, die Niederlassung in Australien zu schließen

reception *noun* Empfang *m or* Rezeption *f*; **reception clerk** = Herr *m or* Dame *f* am Empfang; Portier *m*; **reception desk** = Rezeption *f or* Empfang *m*

◇ **receptionist** *noun* Herr *m or* Dame *f* am Empfang; Portier *m*

recession *noun* Rezession *f*; **the recession has reduced profits in many companies** = die Rezession hat die Gewinne vieler Unternehmen gedrückt; **several firms have closed factories because of the recession** = mehrere Firmen schlossen ihre Fabriken wegen der Rezession

recipient *noun* Empfänger/-in; **the recipient of an allowance** = der/die Empfänger/-in eines Zuschusses

reciprocal *adjective* gegenseitig *or* wechselseitig; **reciprocal agreement** = Vereinbarung *f* auf Gegenseitigkeit; **reciprocal contract** = gegenseitiger Vertrag; **reciprocal holdings** = wechselseitige Beteiligungen *fpl*; **reciprocal trade** = zweiseitiger Handel

◇ **reciprocate** *verb* etwas im Gegenzug *or* als Gegenleistung tun; mitziehen *or* sich revanchieren; **they offered us an exclusive agency for their cars and we reciprocated with an offer of the agency for our buses** = sie boten uns die Alleinvertretung für Ihre Automobile und wir revanchierten uns mit dem Angebot, die Vertretung unserer Busse zu übernehmen

> QUOTE in 1934 Congress authorized President Roosevelt to seek lower tariffs with any country willing to reciprocate
>
> *Duns Business Month*

reckon *verb* **(a)** (be)rechnen *or* ansetzen *or* kalkulieren; **to reckon the costs at £25,000** = die Kosten auf £25.000 berechnen; **we reckon the loss to be over £1m** = wir berechnen den Verlust auf über £1 Million **(b) to reckon on** = mit (etwas) rechnen; **they reckon on being awarded the contract** = sie rechnen damit, den Auftrag zu bekommen; **he can reckon on the support of the managing director** = er kann mit der Unterstützung des geschäftsführenden Direktors rechnen

recognize *verb* **(a)** erkennen *or* wiedererkennen; **I recognized his voice before he said who he was** = ich erkannte seine Stimme, bevor er sagte, wer er war; **do you recognize the handwriting on the letter?** = erkennen Sie die Schrift auf dem Brief? **(b) to recognize a union** = eine Gewerkschaft anerkennen; **although all the staff had joined the union, the management refused to recognize it** = obwohl das gesamte Personal der Gewerkschaft beigetreten war, weigerte sich die Unternehmensleitung, sie anzuerkennen; **recognized agent** = anerkannter Vertreter

◇ **recognition** *noun* Anerkennung *f or* Zulassung *f*; **brand recognition** = Markenwiedererkennung *f*; **to grant a trade union recognition** = eine Gewerkschaft anerkennen

recommend *verb* **(a)** empfehlen *or* raten zu; **the investment adviser recommended buying shares in aircraft companies** = der Anlageberater empfahl, Aktien von Flugzeugunternehmen zu kaufen; **we do not recommend bank shares as a safe investment** = wir raten von Bankaktien als sicherer Geldanlage ab; **manufacturer's recommended price (MRP)** *or* **recommended retail price (RRP)** = empfohlener Abgabepreis *or* unverbindliche Preisempfehlung; **'all typewriters - 20% off MRP'** = ‚alle Schreibmaschinen - 20% unter dem empfohlenen Abgabepreis' **(b)** *(to say that someone or something is good)* empfehlen; **he recommended a shop in the High Street for shoes** = er empfahl ein Schuhgeschäft auf der High Street; **I certainly would not recommend Miss Smith for the job** = ich würde Fräulein Smith sicherlich nicht für die Stelle empfehlen; **the board meeting recommended a dividend of 10p a share** = die Teilnehmer der board-Sitzung empfahlen eine Dividende von 10 Pence pro Aktie; **can you recommend a good hotel in Amsterdam?** = können Sie ein gutes Hotel in Amsterdam empfehlen?

◇ **recommendation** *noun* Empfehlung *f*; **we appointed him on the recommendation of his former employer** = wir stellten ihn auf Empfehlung seines ehemaligen Arbeitgebers ein

reconcile *verb* abstimmen *or* in Einklang bringen; **to reconcile one account with another** = ein Konto mit einem anderen abstimmen; **to reconcile the accounts** = die Konten abstimmen

◇ **reconciliation** *noun* Abstimmung *f*; **reconciliation statement** = Saldenabstimmung *f*

reconstruction *noun* Wiederaufbau *m*; **the economic reconstruction of an area after a disaster** = der wirtschaftliche Wiederaufbau eines Gebiets nach einer Katastrophe; **the financial reconstruction of a company** = die Neustrukturierung der Finanzen einer Firma

record 1 *noun* **(a)** *(report of something which has happened)* Protokoll *n or* Aufzeichnung *f*; **the chairman signed the minutes as a true record of the last meeting** = der Vorsitzende unterschrieb das Protokoll als korrekte Niederschrift der letzten Sitzung; **for the record** *or* **to keep the record straight** = der Ordnung halber *or* zur Mitschrift; **for the record, I would like these sales figures to be noted in the minutes** = ich möchte, daß diese Umsatzzahlen offiziell im Protokoll festgehalten werden; **it is on record** = es ist schriftlich *or* im Protokoll festgehalten; **the chairman is on record as saying that profits are set to rise** = die Aussage des Vorsitzenden, daß die Gewinne im Begriff sind zu steigen, ist im Protokoll festgehalten; **on the record** = offiziell; **off the record** = inoffiziell; **he made some remarks off the record about the disastrous home sales figures** = er machte ein paar inoffizielle Bermerkungen über die katastrophalen Inlandsumsatzziffern **(b) records** = Unterlagen *fpl or* Aufzeichnungen *fpl or* Akten *fpl*; **the names of customers are kept in the company's records** = die Namen der Kunden werden in den Akten *or* Unterlagen des Unternehmens festgehalten; **we find from our records that our invoice number 1234 has not been paid** = aus unseren Unterlagen geht hervor, daß unsere Rechnung Nummer 1234 noch nicht bezahlt wurde **(c)** *(description of what has happened)* Leistungen *fpl* in der Vergangenheit; **the company's record in industrial relations** = die Geschichte der Arbeitnehmer-Arbeitgeber-Beziehungen des Unternehmens *or* der Ruf des Unternehmens hinsichtlich Arbeitnehmer-Arbeitgeber-Beziehungen **(d)** Personalakte *f*; **the salesman's record of service** *or* **service record** = die persönliche Dienstakte des Handelsvertreters ; **track record** = Erfolgs- und Leistungsnachweis *m*; **he has a good track record as a salesman** = er kann als Handelsvertreter einiges vorwiesen; **the company has no track record in the computer market** = das Unternehmen war bisher auf dem Computermarkt nicht nachweislich tätig **(e)** *(better or worse than anything before)* Rekord *m*; **record sales** *or* **record losses** *or* **record profits** = Spitzenumsätze *mpl or* Rekordverluste *mpl or* Höchstgewinne *mpl*; **1994 was a record year for the company** = 1994 war ein Rekordjahr für das Unternehmen; **sales for 1993 equalled the record of 1986** = der Umsatz 1993 kam dem Rekord von 1986 gleich; **our top salesman has set a new record for sales per call** = unser Spitzenvertreter hat einen neuen Verkaufsrekord pro Besuch aufgestellt; **we broke our record for June** = wir haben unseren Rekord für Juni gebrochen **2** *verb* aufzeichnen *or* protokollieren *or* registrieren *or* verzeichnen; **the company has recorded another year of increased sales** = das Unternehmen hat ein weiteres Jahr höherer Umsätze zu verzeichnen; **your complaint has been recorded and will be investigated** = Ihre Beschwerde wurde registriert, und ihr wird nachgegangen werden; **recorded delivery** = Einschreiben *n*

◇ **record-breaking** *adjective* Rekord- *or* rekordbrechend; **we are proud of our record-breaking profits in 1994** = wir sind stolz auf unsere Rekordgewinne 1994

◇ **recording** *noun* Aufzeichnung *f or* Eintragung *f or* Registrierung *f*; **the recording of an order** *or* **of a complaint** = die Registrierung eines Auftrags *or* einer Beschwerde

recoup *verb* **to recoup one's losses** = seine Verluste wieder hereinholen *or* hereinbekommen

recourse *noun* **to decide to have recourse to the courts** = beschließen, den Rechtsweg zu beschreiten

recover *verb* **(a)** *(to get back)* zurückbekommen *or* (wieder) hereinholen; **he never recovered his money** = er bekam sein Geld niemals zurück; **the initial investment was never recovered** = die ursprüngliche Investition kam nie wieder herein; **to recover damages from the driver of the car** = Schadenersatz vom Fahrer des Wagens erhalten; **to start a court action to recover property** = ein Verfahren einleiten, um Eigentum zurückzubekommen **(b)** *(to get better or to rise)* sich erholen *or* einen Aufschwung nehmen; **the market has not recovered from the rise in oil prices** = der Markt hat sich noch nicht vom Anstieg der Ölpreise erholt; **the stock market fell in the morning, but recovered during the afternoon** = die Börsenkurse sanken am Vormittag, erholten sich aber wieder am Nachmittag

◇ **recoverable** *adjective* wiedererlangbar *or* einziehbar *or* erstattungsfähig

◇ **recovery** *noun* **(a)** *(getting back something which has been lost)* Wiedergewinnung *f or* Wiedererlangung *f*; **we are aiming for the complete recovery of the money invested** = wir wollen das gesamte investierte Geld zurückbekommen; **to start an action for recovery of property** = ein Verfahren zur Rückgabe von Eigentum einleiten **(b)** *(movement upwards)* Aufschwung *m or* Wiederbelebung *f*; **the economy staged a recovery** = die Wirtschaft nahm einen Aufschwung; **the recovery of the economy after a slump** = die Wiederbelebung der Wirtschaft nach einer Rezession; **recovery shares** = Aktien *fpl* , deren Kurs sich erholt

recruit *verb* **to recruit new staff** = neues Personal rekrutieren *or* anwerben; **we are recruiting staff for our new store** = wir rekrutieren Personal für unser neues Geschäft

◇ **recruitment** *or* **recruiting** *noun* **the recruitment of new staff** = Personalrekrutierung *f*; **graduate recruitment** = Rekrutierung *f* von Hochschulabgängern

> QUOTE some companies are still able to meet most of their needs by recruiting experienced people already in the industry
>
> ***Personnel Management***
>
> QUOTE employers were asked about the nature of the jobs on offer and of the people they recruited to fill them
>
> ***Employment Gazette***

rectify *verb* berichtigen *or* korrigieren *or* bereinigen; **to rectify an entry** = einen Eintrag korrigieren

◇ **rectification** *noun* Berichtigung *f or* Korrektur *f or* Bereinigung *f*

recurrent *adjective* sich wiederholend *or* ständig wiederkehrend; **a recurrent item of expenditure** = ein ständig wiederkehrender Ausgabeposten

recycle *verb* recyceln; **recycled paper** = Recyclingpapier *n*

red *noun* **in the red** = in den roten Zahlen; **my bank account is in the red** = mein Bankkonto ist in den roten Zahlen; **the company went into the red in 1993** = das Unternehmen schrieb 1993 rote Zahlen; **the company is out of the red for the first time since 1990** = das Unternehmen ist erstmalig seit 1990 aus den roten Zahlen heraus

◇ **red tape** *noun* Bürokratismus *m or* Papierkrieg *m*; **the Australian joint venture has been held up by government red tape** = das australische Joint-venture ist durch den staatlichen Bürokratismus in Verzug gekommen

> QUOTE he understood that little companies disliked red tape as much as big companies did and would pay to be relieved of the burden
> *Forbes Magazine*

redeem *verb* **(a)** tilgen *or* ablösen; **to redeem a mortgage** = eine Hypothek tilgen; **to redeem a debt** = eine Schuld tilgen **(b) to redeem a bond** = eine Schuldverschreibung zurückzahlen *or* tilgen

◇ **redeemable** *adjective* einlösbar

redemption *noun* **(a)** *(repayment of a loan)* Tilgung *f*; **redemption date** = Tilgungstermin *m*; **redemption before due date** = Tilgung vor Fälligkeit; **redemption value** = Rückzahlungswert *m*; **redemption yield** = Effektivverzinsung *f* **(b)** *(repayment of a debt)* Tilgung *f*; **redemption of a mortgage** = Tilgung einer Hypothek

redeploy *verb* verlegen; anderweitig einsetzen; **we closed the design department and redeployed the workforce in the publicity and sales departments** = wir haben die Konstruktionsabteilung geschlossen und die Arbeitskräfte in die Werbe- und Verkaufsabteilungen verlegt

◇ **redeployment** *noun* Verlegung *f*

redevelop *verb* sanieren

◇ **redevelopment** *noun* Sanierung *f*; **the redevelopment plan was rejected by the planning committee** = der Sanierungsplan wurde vom Planungsausschuß abgelehnt

redistribute *verb* umverteilen *or* umschichten *or* neu verteilen; **the government aims to redistribute wealth by taxing the rich and giving grants to the poor** = die Regierung will eine Umverteilung des Vermögens durch Besteuerung der Reichen und Bezuschussung der Armen erreichen; **the orders have been redistributed among the company's factories** = die Aufträge wurden unter den Fabriken des Unternehmens neu verteilt

◇ **redistribution** *noun* **redistribution of wealth** = Vermögensumverteilung *f*

redraft *verb* umformulieren *or* neu abfassen; **the whole contract had to be redrafted to take in the objections from the chairman** = der ganze Vertrag mußte umformuliert werden, um den Einwänden des Vorsitzenden gerecht zu werden

reduce *verb* reduzieren *or* verringern *or* herabsetzen *or* ermäßigen *or* senken; **to reduce expenditure** = Ausgaben reduzieren; **to reduce a price** = einen Preis herabsetzen; **to reduce taxes** = Steuern senken; **we have made some staff redundant to reduce overmanning** = wir haben Personal entlassen, um den zu hohen Personalbestand zu reduzieren; **prices have been reduced by 15%** = die Preise wurden um 15% gesenkt; **carpets are reduced from £100 to £50** = Teppiche sind von £100 auf £50 reduziert *or* heruntergesetzt worden; **the company reduced output because of a fall in demand** = das Unternehmen drosselte die Produktion wegen schwächerer Nachfrage; **the government's policy is to reduce inflation to 5%** = Ziel der Regierungspolitik ist es, die Inflationsrate auf 5% zu senken; **to reduce staff** = den Personalbestand abbauen

◇ **reduced** *adjective* reduziert *or* ermäßigt *or* herabgesetzt *or* geringer; **reduced prices have increased unit sales** = reduzierte *or* herabgesetzte Preise erhöhten die verkauften Stückzahlen; **prices have fallen due to a reduced demand for the goods** = die Preise sind aufgrund einer geringeren Nachfrage nach den Waren gefallen

reduction *noun* Reduzierung *f or* Ermäßigung *f or* Herabsetzung *f or* Verringerung *f or* Senkung *f*; **price reductions** = Preissenkungen; **tax reductions** = Steuersenkungen; **staff reductions** = Personalkürzungen *fpl*; **reduction of expenditure** = Ausgabenkürzung *f*; **reduction in demand** = Nachfragerückgang *m*; **the company was forced to make job reductions** = das Unternehmen war gezwungen, Stellenkürzungen *fpl* vorzunehmen

redundancy *noun* **(a)** Arbeitslosigkeit *f or* Entlassung *f (nach Rationalisierung)*; **redundancy payment** = Entlassungsabfindung *f*; **voluntary redundancy** = freiwillige Arbeitsplatzaufgabe **(b)** *(person who has lost a job)* Arbeitslose(r) *or* Entlassene(r); **the takeover caused 250 redundancies** = die Übernahme hatte 250 Entlassungen *fpl* zur Folge

◇ **redundant** *adjective* **(a)** *(more than is needed)* überflüssig *or* überzählig; **redundant capital** = überflüssiges Kapital; **redundant clause in a contract** = überflüssige Klausel eines Vertrags; **the new legislation has made clause 6 redundant** = die neue Gesetzgebung hat Klausel 6 überflüssig gemacht **(b) to make someone redundant** = jdn entlassen; **redundant staff** = entlassene Arbeitskräfte *fpl*

> QUOTE when Mrs C. was made redundant at the age of 59 and 10 months, she lost ten-twelfths of her redundancy pay
> *Personnel Management*

re-elect *verb* wiederwählen; **he was re-elected chairman** = er wurde zum Vorsitzenden wiedergewählt; **the outgoing chairman is certain to be re-elected** = der scheidende Vorsitzende wird bestimmt wiedergewählt

◇ **re-election** *noun* Wiederwahl *f*; **to stand for re-election** = sich zur Wiederwahl stellen; **she is**

eligible to stand for re-election = sie ist berechtigt, sich zur Wiederwahl zu stellen

re-employ *verb* wiedereinstellen *or* wiederbeschäftigen
◊ **re-employment** *noun* Wiedereinstellung *f or* Wiederbeschäftigung *f*

re-engage *verb* **to re-engage staff** = Personal wiedereinstellen

re-entry *noun* Wiedereinreise *f*; **re-entry visa** *or* **permit** = Visum, das zur Wiedereinreise berechtigt

re-examine *verb* nachprüfen *or* erneut prüfen
◊ **re-examination** *noun* Nachprüfung *f or* erneute Prüfung

re-export 1 *noun* Wiederausfuhr *f or* Reexport *m*; **re-export trade** = Wiederausfuhrhandel *m*; **we import wool for re-export** = wir führen Wolle für den Reexport ein; **the value of re-exports has increased** = der Wert von Wiederausfuhren ist gestiegen **2** *verb* wiederausführen
◊ **re-exportation** *noun* Wiederausfuhr *f or* Reexport *m*

ref = REFERENCE

refer *verb* **(a)** erwähnen; sich beziehen auf; **we refer to your estimate of May 26th** = wir beziehen uns auf Ihren Kostenvoranschlag vom 26. Mai; **he referred to an article which he had seen in 'The Times'** = er bezog sich auf einen Artikel, den er in ‚The Times' gesehen hatte; **referring to your letter of June 4th** = mit Bezug auf Ihren Brief vom 4. Juni **(b)** weiterleiten; **to refer a question to a committee** = eine Frage an einen Ausschuß weiterleiten; **we have referred your complaint to our supplier** = wir haben Ihre Beschwerde an unseren Lieferanten weitergeleitet **(c) the bank referred the cheque to drawer** = die Bank schickte den Scheck an den Aussteller zurück; **'refer to drawer' (R/D)** = ‚zurück an Aussteller' (NOTE: **referring - referred**)
◊ **referee** *noun* Referenz *f*; **to give someone's name as referee** = jdn als Referenz angeben; **she gave the name of her boss as a referee** = sie gab ihren Chef als Referenz an; **when applying please give the names of three referees** = bei Bewerbung bitte drei Referenzen angeben
◊ **reference** *noun* **(a) terms of reference** = Aufgabenbereich *m or* Aufgabenstellung *f*; **under the terms of reference of the committee, it cannot investigate complaints from the public** = gemäß dem Aufgabenbereich, kann der Ausschuß keinen Beschwerden seitens der Bevölkerung nachgehen; **the committee's terms of reference do not cover exports** = der Aufgabenbereich des Ausschusses deckt Exporte nicht ab **(b)** Bezug *m*; **with reference to your letter of May 25th** = mit Bezug auf Ihren Brief vom 25. Mai **(c)** *(numbers or letters which identify a document)* Aktenzeichen *n or* Geschäftszeichen; **our reference** *or* **our ref.** = unser Zeichen; **your reference** *or* **your ref.** = Ihr Zeichen; **our reference: PC/MS 1234** = unser Zeichen: PC/MS 1234; **thank you for your letter (reference 1234)** = vielen Dank für Ihren Brief (Aktenzeichen 1234); **please quote this reference in all correspondence** = bitte geben Sie in Ihren Briefen dieses Aktenzeichen an; **when replying please quote reference 1234** = bei Rückantworten geben Sie bitte das Aktenzeichen 1234 an **(d)** *(written report on someone's character or ability)* Referenz *f or* Zeugnis *n*; **to write someone a reference** *or* **to give someone a reference** = jdm eine Referenz schreiben *or* geben; **to ask applicants to supply references** = Bewerber um Referenzen bitten; **to ask a company for trade references** *or* **for bank references** = ein Unternehmen um Kreditauskünfte *fpl* ersuchen; **letter of reference** = Zeugnis *n or* Referenz *f*; **he enclosed letters of reference from his two previous employers** = er legte Referenzen von seinen zwei vorherigen Arbeitgebern bei **(e)** *(person who reports on someone's character or ability)* Referenz *f*; **to give someone's name as reference** = jdn als Referenz angeben; **please use me as a reference if you wish** = Sie können mich als Referenz angeben, wenn Sie möchten

> QUOTE a reference has to be accurate and opinion must be clearly separated from facts
> *Personnel Management*

refinance *verb* refinanzieren
◊ **refinancing** *noun* **refinancing of a loan** = Refinanzierung *f* eines Kredites

> QUOTE the refinancing consisted of a two-for-five rights issue, which took place in September this year, to offer 55.8m shares at 2p and raise about £925,000 net of expenses
> *Accountancy*

refit 1 *noun* Neuausstattung *f or* Umrüstung *f*; **the reopening of the store after a refit** = die Wiedereröffnung des Geschäfts nach einem Umbau *m* **2** *verb* neu ausstatten (NOTE: **refitting - refitted**)
◊ **refitting** *noun* Neuausstattung *f or* Umrüstung *f*

reflate *verb* **to reflate the economy** = die Wirtschaft ankurbeln *(durch Geldvermehrung)*; **the government's attempts to reflate the economy were not successful** = die Versuche der Regierung, die Wirtschaft durch finanzpolitische Maßnahmen anzukurbeln, waren nicht erfolgreich
◊ **reflation** *noun* Reflation *f*
◊ **reflationary measures** *noun* reflationäre Maßnahmen *fpl*

refresher course *noun* Auffrischungskurs *m*; **he went on a refresher course in bookkeeping** = er besuchte einen Auffrischungskurs in Buchhaltung

refund 1 *noun* (Rück)erstattung *f*; **to ask for a refund** = eine Rückerstattung fordern; **she got a refund after she had complained to the manager** = sie bekam das Geld zurück, nachdem sie sich beim Geschäftsführer beschwert hatte; **full refund** *or* **refund in full** = Rückerstattung in voller Höhe; **he got a full refund when he complained about the service** = er bekam sein Geld in voller Höhe zurück, als er sich über den Service beschwerte **2** *verb* erstatten *or* rückerstatten *or* zurückzahlen; **to refund the cost of postage** = die Portogebühren rückerstatten; **all money will be refunded if the goods are not satisfactory** = wir erstatten das Geld in voller Höhe zurück, wenn die Ware nicht zufriedenstellend ist

◇ **refundable** *adjective* zurückerstattbar; **refundable deposit** = zurückerstattbare Kaution; **the entrance fee is refundable if you purchase £50 worth of goods** = der Eintrittspreis wird zurückerstattet, wenn Sie Waren im Wert von £50 kaufen

refuse *verb* ablehnen *or* nicht gewähren *or* verweigern *or* sich weigern; **they refused to pay** = sie weigerten sich zu zahlen; **the bank refused to lend the company any more money** = die Bank lehnte es ab, dem Unternehmen noch mehr Geld zu leihen; **he asked for a rise but it was refused** = er bat um eine Gehaltserhöhung, aber dies wurde abgelehnt; **the loan was refused by the bank** = das Kreditgesuch wurde von der Bank abgelehnt; **the customer refused the goods** *or* **refused to accept the goods** = der Kunde verweigerte die Annahme der Waren (NOTE: you refuse **to do something** or refuse **something)**

◇ **refusal** *noun* Ablehnung *f or* Weigerung *f or* Verweigerung *f or* Absage *f*; **his request met with a refusal** = sein Gesuch wurde abschlägig beschieden *or* stieß auf Ablehnung; **to give someone first refusal of something** = jdm das Vorkaufsrecht einräumen; **blanket refusal** = pauschale Ablehnung

regard *noun* **with regard to** = in bezug auf ; **with regard to your request for unpaid leave** = in bezug auf Ihre Bitte um unbezahlten Urlaub

◇ **regarding** *preposition* bezüglich *or* betreffend; **instructions regarding the shipment of goods to Africa** = Anweisungen, Warensendungen nach Afrika betreffend

◇ **regardless** *adjective* **regardless of** = ungeachtet; **the chairman furnished his office regardless of expense** = der Vorsitzende richtete sein Büro ohne Rücksicht auf die Kosten ein

region *noun* Gebiet *n or* Gegend *f or* Region *f*; **in the region of** = um die ; **he was earning a salary in the region of £25,000** = er verdiente ein Gehalt um die £25.000; **the house was sold for a price in the region of £100,000** = das Haus wurde für einen Preis um die £100.000 verkauft

◇ **regional** *adjective* regional *or* Regional-; gebietsweise; **regional planning** = Regionalplanung *f*

register 1 *noun* **(a)** *(official list)* Verzeichnis *n or* Liste *f or* Register *n*; **to enter something in a register** = etwas in ein Register *or* Verzeichnis *or* eine Liste eintragen; **to keep a register up to date** = eine Liste *or* ein Verzeichnis *or* ein Register auf dem laufenden halten; **companies' register** *or* **register of companies** = Handelsregister; **register of debentures** *or* **debenture register** = Verzeichnis der Obligationäre ; **register of directors** = Direktorenverzeichnis; **land register** = Grundbuch *n*; **Lloyd's register** = Lloyd's Register; **register of shareholders** *or* **share register** = Verzeichnis der Aktionäre *or* Aktienbuch *n* **(b)** *(large book)* Eintragungsbuch *n or* Register *n* **(c)** **cash register** = Registrierkasse *f* **2** *verb* **(a)** *(to write something in an official list)* eintragen *or* registrieren *or* eintragen lassen *or* erfassen; **to register a company** = ein Unternehmen *or* eine (Handels)gesellschaft in das Gesellschaftsregister eintragen (lassen); **to register a sale** = einen Verkauf registrieren; **to register a property** = Eigentum im Grundbuch eintragen lassen; **to register a trademark** = ein Warenzeichen eintragen lassen **(b)** *(at hotel)* sich eintragen *or* sich anmelden; **they registered at the hotel under the name of Macdonald** = sie meldeten sich im Hotel unter dem Namen Macdonald an **(c)** *(letter)* als *or* per Einschreiben schicken; **I registered the letter, because it contained some money** = ich habe den Brief per Einschreiben geschickt, weil Geld darin war

◇ **registered** *adjective* **(a)** *(noted on an official list)* eingetragen *or* registriert *or* angemeldet; **registered share transaction** = eingetragenes Aktiengeschäft; **registered trademark** = eingetragenes Warenzeichen; **the company's registered office** = der eingetragene Sitz der Gesellschaft **(b)** **registered letter** *or* **registered parcel** = Einschreibebrief *m or* Einschreiben *n or* eingeschriebenes Päckchen; **to send documents by registered mail** *or* **registered post** = Dokumente per Einschreiben schicken

◇ **registrar** *noun* Registerführer/-in *or* Gerichtsbeamte(r) *or* Standesbeamte(r); **Registrar of Companies** = Führer des Handelsregisters; **the company registrars** = der Führer des Aktienbuchs

◇ **registration** *noun* **(a)** Eintragung *f or* Registrierung *f or* Anmeldung *f or* Erfassung *f*; **registration of a trademark** *or* **of a share transaction** = Eintragung eines Warenzeichens *or* Börsengeschäfts; **certificate of registration** *or* **registration certificate** = Eintragungsbescheinigung *f or* Meldeschein *m; (für Kraftfahrzeuge)* Zulassungspapiere *npl*; **registration fee** = Eintragungsgebühr *f or* Anmeldegebühr; **registration number** = Eintragungsnummer *f*; Kraftfahrzeugkennzeichen *n* **(b)** **Companies Registration Office (CRO)** = britische Gesellschaftsregistrierbehörde; **land registration** = Grundbucheintragung *f*

◇ **registry** *noun* **(a)** Registratur *f*; Ort *m* , an dem die Eintragung vorgenommen wird; *(GB)* **land registry** = Grundbuchamt *n or* Katasteramt; **registry office** = Standesamt *n* **(b)** *(of ship)* **port of registry** = Heimathafen *m*

regressive taxation *noun* regressive Besteuerung

regret *verb* bedauern; **I regret having to make so many staff redundant** = ich bedaure, so viele Mitarbeiter entlassen zu müssen; **we regret the delay in answering your letter** = wir bedauern die verspätete Beantwortung Ihres Briefes; **we regret to inform you of the death of the chairman** = wir bedauern, Ihnen mitteilen zu müssen, daß der Vorsitzende verstorben ist (NOTE: you **regret doing something** or **regret to do something** or **regret something.** Note also: **regretting - regretted)**

regular *adjective* **(a)** regelmäßig *or* regulär; **his regular train is the 12.45** = gewöhnlich fährt er mit dem Zug um 12.45 Uhr; **the regular flight to Athens leaves at 06.00** = der planmäßige Flug nach Athen geht um 6.00 Uhr; **regular customer** = Stammkunde/Stammkundin; **regular income** = geregeltes *or* festes Einkommen; **she works freelance so she does not have a regular income** = sie arbeitet freiberuflich, so daß sie kein geregeltes *or* festes Einkommen hat; **regular staff** = ständiges *or* festangestelltes Personal **(b)** *(ordinary or standard)* normal *or* regulär; **the regular price is**

$1.25, but we are offering them at 99c = der normale Preis ist $1.25, aber wir bieten sie zu 99 Cent an; **regular size** = Normalformat *n or* Normalgröße *f or* Standardgröße

◇ **regularly** *adverb* regelmäßig *or* ständig; **the first train in the morning is regularly late** = der erste Zug morgens hat regelmäßig Verspätung

regulate *verb* **(a)** *(to adjust)* regulieren *or* einstellen *or* ordnen **(b)** *(to change or maintain something by law)* regeln; **prices are regulated by supply and demand** = Preise werden durch Angebot und Nachfrage bestimmt; **government-regulated price** = staatlich gelenkter Preis

◇ **regulation** *noun* **(a)** *(action)* Regelung *f or* Regulierung *f*; **the regulation of trading practices** = die Regelung der Handelspraktiken (NOTE: no plural for this meaning) **(b) regulations** = Vorschriften *fpl or* Verordnungen *fpl*; **the new government regulations on building** = die neuen staatlichen Bauvorschriften; **fire regulations** *or* **safety regulations** = Brandschutzbestimmungen *fpl or* Sicherheitsbestimmungen; **regulations concerning imports and exports** = Ein- und Ausfuhrbestimmungen *fpl*

◇ **regulator** *noun* aufsichtsführende Person

◇ **regulatory** *adjective* regulatorisch; **regulatory powers** = Aufsichts- und Kontrollbefugnisse *fpl (see also* SELF-REGULATORY)

> QUOTE EC regulations which came into effect in July insist that customers can buy cars anywhere in the EC at the local pre-tax price
> ***Financial Times***
>
> QUOTE the regulators have sought to protect investors and other market participants from the impact of a firm collapsing
> ***Banking Technology***
>
> QUOTE a unit trust is established under the regulations of the Department of Trade, with a trustee, a management company and a stock of units
> ***Investors Chronicle***
>
> QUOTE fear of audit regulation, as much as financial pressures, is a major factor behind the increasing number of small accountancy firms deciding to sell their practices or merge with another firm
> ***Accountancy***

reimburse *verb* **to reimburse someone his expenses** = jdm die Auslagen erstatten; **you will be reimbursed for your expenses** *or* **your expenses will be reimbursed** = die Auslagen werden Ihnen erstattet

◇ **reimbursement** *noun* Erstattung *f*; **reimbursement of expenses** = Erstattung von Auslagen

reimport 1 *noun* Wiedereinfuhr *f* **2** *verb* wieder einführen

◇ **reimportation** *noun* Wiedereinfuhr *f*

reinstate *verb* wiedereinstellen; **the union demanded that the sacked workers should be reinstated** = die Gewerkschaft forderte, daß die entlassenen Arbeiter wiedereingestellt werden sollen

◇ **reinstatement** *noun* Wiedereinstellung *f*

reinsure *verb* rückversichern

◇ **reinsurance** *noun* Rückversicherung *f*

◇ **reinsurer** *noun* Rückversicherer *m*

reinvest *verb* reinvestieren *or* neu anlegen; **he reinvested the money in government stocks** = er reinvestierte das Geld in Staatsanleihen

◇ **reinvestment** *noun* Wiederanlage *f or* Reinvestition *f*

> QUOTE many large U.S. corporations offer shareholders the option of reinvesting their cash dividend payments in additional company stock at a discount to the market price. But to some big securities firms these discount reinvestment programs are an opportunity to turn a quick profit
> ***Wall Street Journal***

reissue 1 *noun* **(a)** *(of shares)* Neuemission *f* **(b)** *(of book)* Neuauflage *f* **2** *verb* **(a)** *(shares)* neu ausgeben **(b)** *(book)* neu auflegen; **the company reissued its catalogue with a new price list** = das Unternehmen gab ihren Katalog mit neuer Preisliste heraus

reject 1 *noun* Ausschuß *m*; Ausschußware *f*; **sale of rejects** *or* **of reject items** = Verkauf von Ausschußstücken *npl*; **to sell off reject stock** = Ausschuß(ware) verkaufen; **reject shop** = Laden für Ausschußware **2** *verb* ablehnen *or* zurückweisen *or* abweisen; **the union rejected the management's proposals** = die Gewerkschaft wies die Vorschläge der Unternehmensleitung zurück; **the company rejected the takeover bid** = das Unternehmen wies das Übernahmeangebot zurück

◇ **rejection** *noun* Ablehnung *f or* Zurückweisung *f or* Abweisung *f*

related *adjective* zusammenhängend *or* verwandt; **related items on the agenda** = zusammenhängende Punkte auf der Tagesordnung; **related company** = verbundenes Unternehmen; **earnings-related pension** = einkommensbezogene Rente

◇ **relating to** *adverb* zusammenhängend mit *or* bezüglich; **documents relating to the agreement** = mit dem Vertrag zusammenhängende Unterlagen

◇ **relation** *noun* **(a) in relation to** = in Zusammenhang mit *or* in bezug auf; **documents in relation to the agreement** = mit dem Vertrag in Zusammenhang stehende Dokumente **(b) relations** = Beziehungen *pl*; **we try to maintain good relations with our customers** = wir versuchen, gute Beziehungen zu unseren Kunden zu halten; **to enter into relations with a company** = zu einem Unternehmen Beziehungen aufnehmen; **to break off relations with someone** = die Beziehungen zu jdm abbrechen; **industrial relations** *or* **labour relations** = Arbeitgeber-Arbeitnehmer-Beziehungen *pl*; **the company has a history of bad labour relations** = das Unternehmen ist bekannt für seine schlechten Arbeitgeber-Arbeitnehmer-Beziehungen **(c) public relations (PR)** = Public Relations (PR) *pl or* Öffentlichkeitsarbeit *f*; **public relations department** = PR-Abteilung *f or* Abteilung für Öffentlichkeitsarbeit; **public relations officer (PRO)** = PR-Beauftragte(r)

◇ **relative** *adjective* relativ; **relative error** = Unterschied zwischen Schätzwert und Realwert

◇ **relatively** *adverb* verhältnismäßig *or* relativ; **we have appointed a relatively new PR firm to handle our publicity** = wir haben ein relativ neues PR-Unternehmen mit unserer Werbung beauftragt

release 1 *noun* **(a)** Freistellung *f or* Freigabe *f or* Entbindung *f*; Entlassung *f*; **release from a contract** = Entlassung aus einem Vertrag; **release of goods from customs** = Zollfreigabe **(b) day release** = bezahlter Arbeitstag zur beruflichen Fortbildung; **the sales manager is attending a day release course** = der Vertriebsleiter besucht an einem bezahlten Arbeitstag pro Woche einen Kursus **(c) press release** = Pressemitteilung *f or* Presseverlautbarung *f*; **the company sent out** *or* **issued a press release about the launch of the new car** = das Unternehmen gab anläßlich der Einführung des neuen Wagens eine Pressemitteilung heraus **(d) new releases** = Neuerscheinungen *fpl* (auf dem Plattenmarkt) **2** *verb* **(a)** freigeben *or* freistellen *or* entbinden *or* befreien; entlassen; **to release goods** = Waren freigeben; **the customs released the goods against payment of a fine** = der Zoll gab die Waren gegen Zahlung eines Bußgelds frei; **to release someone from his debts** = jdm seine Schulden erlassen **(b)** *(to make something public)* veröffentlichen; **the company released information about the new mine in Australia** = das Unternehmen gab Informationen über das neue Bergwerk in Australien frei; **the government has refused to release figures for the number of unemployed women** = die Regierung weigerte sich, die Zahlen arbeitsloser weiblicher Arbeitskräfte zu veröffentlichen **(c)** *(to put on the market)* herausbringen *or* veröffentlichen; **to release a new CD** = eine neue CD herausbringen *or* veröffentlichen; **to release dues** = überfällige Bestellungen abwickeln

QUOTE pressure to ease monetary policy mounted yesterday with the release of a set of pessimistic economic statistics

Financial Times

QUOTE the national accounts for the March quarter released by the Australian Bureau of Statistics showed a real increase in GDP

Australian Financial Review

relevant *adjective* entsprechend *or* relevant *or* zuständig; **which is the relevant government department?** = welches ist das zuständige Ministerium?; **can you give me the relevant papers?** = können Sie mir die einschlägigen Unterlagen geben?

reliable *adjective* zuverlässig *or* seriös *or* verläßlich; **a reliable company** = ein seriöses Unternehmen; **the sales manager is completely reliable** = der Vertriebsleiter ist vollkommen verläßlich; **we have reliable information about our rival's sales** = wir haben zuverlässige Informationen über den Umsatz unseres Konkurrenten; **the company makes a very reliable product** = das Unternehmen stellt ein äußerst zuverlässiges Produkt her

◊ **reliability** *noun* Zuverlässigkeit *f or* Verläßlichkeit *f*; Sicherheit *f*; **the product has passed its reliability test** = das Produkt hat den Zuverlässigkeitstest bestanden

relief *noun* Hilfe *f or* Unterstützung *f*; **mortgage relief** = Steuererleichterung *f* bei Hypothekenzinszahlung *f*; **tax relief** = Steuererleichterung *f or* Steuervergünstigung *f*; **there is full tax relief on mortgage interest payments** = für Hypothekenzinszahlungen werden Steuerermäßigungen *fpl* in voller Höhe gewährt; **relief shift** = Ablöseschicht *f*

relocate *verb* verlegen; **many business are relocating back to the city centres** = viele Unternehmen verlegen ihren Standort zurück in die Stadtzentren

rely on *verb* angewiesen sein auf *or* sich verlassen auf; **the chairman relies on the finance department for information on sales** = der Vorsitzende verläßt sich bezüglich Umsatzinformationen auf die Finanzabteilung ; **we rely on part-time staff for most of our mail-order business** = wir sind für den größten Teil unseres Direktversandgeschäfts auf Teilzeitbeschäftigte angewiesen; **we do not rely on the agents for accurate market reports** = wir verlassen uns bezüglich genauer Marktberichte nicht auf die Händler

remain *verb* **(a)** *(to be left)* (übrig)bleiben; **half the stock remained unsold** = die Hälfte des Warenbestandes blieb unverkauft; **we will sell off the old stock at half price and anything remaining will be thrown away** = wir werden den alten Warenbestand zum halben Preis verkaufen und alles, was übrigbleibt, wird weggeworfen **(b)** *(to stay)* bleiben; **she remained behind at the office after 6.30 to finish her work** = sie blieb noch nach 18.30 Uhr im Büro, um ihre Arbeit zu beenden

◊ **remainder 1** *noun* **(a)** *(things left behind)* Rest *m*; **the remainder of the stock will be sold off at half price** = der Restbestand wird zum halben Preis verkauft (NOTE: in this sense **remainder** is usually singular and is written with **the) (b) remainders** = Restauflagen *fpl*; **remainder merchant** = auf Restauflagen spezialisierter Händler **2** *verb* **to remainder books** = Restauflagen *fpl* billig verkaufen; **the shop was full of piles of remaindered books** = der Laden war voll von Stößen von Restauflagen

remember *verb* sich erinnern *or* sich entsinnen; denken an; **do you remember the name of the Managing Director of Smith Ltd?** = erinnern Sie sich an den Namen des geschäftsführenden Direktors der Fa. Smith Ltd?; **I cannot remember the make of photocopier which he said was so good** = ich kann mich nicht an die Marke des Fotokopierers erinnern, von der er meinte, sie sei so gut; **did you remember to ask the switchboard to put my calls through to the boardroom?** = haben Sie daran gedacht, die Zentrale zu bitten, Anrufe für mich in den Sitzungssaal weiterzuleiten?; **she remembered seeing the item in a catalogue** = sie erinnerte sich, den Artikel in einem Katalog gesehen zu haben (NOTE: you **remember doing something** which you did in the past; you **remember to do something** in the future)

remind *verb* erinnern; **I must remind my secretary to book the flight for New York** = ich muß meine Sekretärin daran erinnern, den Flug nach New York zu buchen; **he reminded the chairman that the meeting had to finish at 6.30** = er erinnerte den Vorsitzenden daran, daß die Sitzung um 18.30 Uhr schließen mußte

◊ **reminder** *noun* Mahnung *f or* Erinnerung *f*; **to send someone a reminder** = jdm eine Mahnung *or* einen Mahnbrief schicken

remission *noun* **remission of taxes** = Steuerrückzahlung *f*

remit 1 *verb* überweisen *or* Zahlung leisten; **to remit by cheque** = per Scheck bezahlen (NOTE: **remitting - remitted) 2** *noun* Aufgabenbereich *m or* Aufgabenstellung *f*

◊ **remittance** *noun* Überweisung *f or* Geldsendung *f*; **please send remittances to the treasurer** = Geldsendungen bitte an den Kassenwart; **the family lives on a weekly remittance from their father in the USA** = die Familie lebt von der wöchentlichen Geldsendung des Vaters in den USA

remnant *noun* Rest *m*; **remnant sale** *or* **sale of remnants** = Ausverkauf *m (von Restbeständen) or* Resteverkauf

remove *verb* entfernen *or* streichen *or* aufheben; **we can remove his name from the mailing list** = wir können seinen Namen von der Adressenliste streichen; **the government has removed the ban on imports from Japan** = die Regierung hob das Verbot für Importe aus Japan auf; **the minister has removed the embargo on the sale of computer equipment** = der Minister hob das Embargo für den Verkauf von Computergeräten auf; **two directors were removed from the board at the AGM** = zwei Mitglieder des board of directors wurden auf der Jahreshauptversammlung abgesetzt

◊ **removal** *noun* **(a)** *(moving to a new house or office)* Umzug *m*; **removal** *or* **removals company** = Spedition *f* **(b)** *(sacking someone)* Entlassung *f or* Absetzung *f*; **the removal of the managing director is going to be very difficult** = die Abberufung des geschäftsführenden Direktors wird sehr schwierig werden

remunerate *verb* bezahlen *or* vergüten; **to remunerate someone for their services** = jdn für seine Dienste vergüten

◊ **remuneration** *noun* Bezahlung *f or* Vergütung *f*; **she has a monthly remuneration of £400** = sie bekommt eine monatliche Vergütung von £400

◊ **remunerative** *adjective* einträglich *or* lohnend; **he is in a very remunerative job** = er hat einen sehr lukrativen Job

render *verb* **to render an account** = eine Abrechnung vorlegen; **payment for account rendered** = Zahlung laut vorgelegter Rechnung; **please find enclosed payment per account rendered** = beiliegend Zahlung laut vorgelegter Rechnung

renew *verb* verlängern *or* erneuern; *(von Wechsel)* prolongieren; **to renew a bill of exchange** *or* **to renew a lease** = einen Wechsel prolongieren *or* einen Miet- *or* Pachtvertrag verlängern; **to renew a subscription** = ein Abonnement verlängern; **to renew an insurance policy** = eine Versicherung erneuern *or* verlängern

◊ **renewal** *noun* Verlängerung *f or* Erneuerung *f*; *(von Wechsel)* Prolongation *f*; **renewal of a bill** *or* **of a lease** *or* **of a subscription** = Wechselprolongation *or* Mietvertragsverlängerung *or* Abonnementsverlängerung; **when is the renewal date of the bill?** = wann ist der Wechselprolongationstermin?; **the lease is up for renewal next month** = der Miet- *or* Pachtvertrag muß nächsten Monat verlängert werden; **renewal notice** = Aufforderung *f* zur Zahlung der Prämie; **renewal premium** = Folgeprämie *f*

rent 1 *noun* Miete *f or* Pacht *f*; **high rent** *or* **low rent** = hohe Miete *or* niedrige Miete; **rents are high in the centre of the town** = die Mieten sind hoch im Stadtzentrum; **we cannot afford to pay High Street rents** = wir können es uns nicht leisten, High Street Mieten zu zahlen; **to pay three months' rent in advance** = drei Monatsmieten im voraus bezahlen; **back rent** = Mietrückstand *m*; **the flat is let at an economic rent** = die Wohnung wird zu einem wirtschaftlichen *or* günstigen Preis *m* vermietet; **ground rent** = Bodenrente *f*; *(etwa)* Grundzins *m*; **nominal rent** = nominelle Miete *or* Pacht; **rent control** = Mietpreisbindung *f*; **income from rents** *or* **rent income** = Mieteinnahmen *fpl or* Pachteinnahmen *fpl* **2** *verb* **(a)** mieten *or* pachten; leihen; **to rent an office** *or* **a car** = ein Büro *or* ein Auto mieten; **he rents an office in the centre of town** = er hat ein Büro im Stadtzentrum gemietet; **they were driving a rented car when they were stopped by the police** = sie fuhren einen Mietwagen, als sie von der Polizei angehalten wurden **(b) to rent (out)** = vermieten *or* verpachten; verleihen; **we rented part of the building to an American company** = wir vermieteten einen Teil des Gebäudes an ein amerikanisches Unternehmen

◊ **rental** *noun* Miete *f or* Pacht *f*; Leihgebühr *f*; **the telephone rental bill comes to over £500 a quarter** = die Telefonleihgebühr beläuft sich auf über £500 im Quartal; **rental income** *or* **income from rentals** = Mieteinnahmen *fpl*; **car rental firm** = Autovermietung *f*; **fleet rental** = Anmietung *f* des gesamten Fuhrparks *m*

> QUOTE top quality office furniture: short or long-term rental 50% cheaper than any other rental company
> *Australian Financial Review*
>
> QUOTE office rental growth was faster in Britain in the first six months of 1985 than in 1984
> *Lloyd's List*

renunciation *noun* Verzicht *m*; **letter of renunciation** = Abtretungsformular *n* für Bezugsrechte *npl*

reopen *verb* wiedereröffnen; **the office will reopen soon after its refit** = die Geschäftsstelle wird bald nach dem Umbau wiedereröffnen

◊ **reopening** *noun* Wiedereröffnung *f*; **the reopening of the store after refitting** = die Wiedereröffnung des Geschäfts nach dem Umbau

reorder 1 *noun* Nachbestellung *f*; **the product has only been on the market ten days and we are already getting reorders** = das Produkt ist erst seit zehn Tagen auf dem Markt, und wir bekommen schon Nachbestellungen; **reorder level** = Mindestnachbestellung; **reorder quantity** = Nachbestellungsmenge *f* **2** *verb* nachbestellen; **we must reorder these items because stock is getting low** = wir müssen diese Artikel nachbestellen, weil der Bestand knapp wird

reorganize *verb* neu organisieren *or* umstrukturieren *or* reorganisieren

◊ **reorganization** *noun* Umstrukturierung *f or* Reorganisation *f or* Neuordnung *f*; **his job was downgraded in the office reorganization** *or* **in the reorganization of the office** = seine Stelle wurde bei der Umstrukturierung der Geschäftsstelle heruntergestuft; **the reorganization of a company** *or* **a company reorganization** = die Umstrukturierung eines Unternehmens

rep 1 *noun* = REPRESENTATIVE; **to hold a reps' meeting** = eine Handelsvertretersitzung abhalten; **our reps make on average six calls a day** = unsere Handelsvertreter *mpl* machen am Tag durchschnittlich sechs Kundenbesuche; **commission rep** = Provisionsvertreter/-in **2** *verb (informal)* = REPRESENT; **he reps for two firms on commission** = er arbeitet als Handelsvertreter auf Provision für zwei Firmen (NOTE: **repping - repped**)

repack *verb* umpacken *or* wieder verpacken

◊ **repacking** *noun* Umpacken *n*

repair 1 *noun* Reparatur *f or* Instandsetzung *f*; **to carry out repairs to the machinery** = Reparaturen an den Maschinen vornehmen; **his car is in the garage for repair** = sein Auto ist zur Reparatur in der Werkstatt **2** *verb* reparieren *or* instandsetzen; **the photocopier is being repaired** = der Fotokopierer wird repariert; **repairing lease** = Mietvertrag, der den Mieter zur Instandhaltung verpflichtet

◊ **repairer** *or* **repair man** *noun* Handwerker *m*; **the repair man has come to mend the photocopier** = der Techniker ist da, um den Fotokopierer zu reparieren

repay *verb* zurückzahlen; erstatten; **to repay money owed** = Geld, das man jdm schuldet, zurückzahlen; **the company had to cut back on expenditure in order to repay its debts** = das Unternehmen mußte seine Ausgaben kürzen, um seine Schulden zurückzuzahlen; **he repaid me in full** = er hat mir alles zurückbezahlt (NOTE: **repaying - repaid**)

◊ **repayable** *adjective* rückzahlbar; **loan which is repayable over ten years** = Kredit, der eine Laufzeit von zehn Jahren hat

◊ **repayment** *noun* Rückzahlung *f*; Rückerstattung *f*; **the loan is due for repayment next year** = die Tilgung des Darlehens ist nächstes Jahr fällig; **he fell behind with his mortgage repayments** = er kam mit seinen Hypothekenzahlungen in Verzug; **repayment mortgage** = Tilgungshypothek *f*

repeat *verb* **(a)** wiederholen; **he repeated his address slowly so that the salesgirl could write it down** = er wiederholte langsam seine Adresse, damit die Verkäuferin sie aufschreiben konnte; **when asked what the company planned to do, the chairman repeated 'Nothing'** = als er gefragt wurde, was das Unternehmen beabsichtigte zu tun, wiederholte der Vorsitzende ‚Nichts' **(b) to repeat an order** = eine Nachbestellung aufgeben *or* etwas nachbestellen

◊ **repeat order** *noun* Nachbestellung *f*; **the product has been on the market only ten days and we are already flooded with repeat orders** = das Produkt ist erst seit zehn Tagen auf dem Markt, und wir werden schon mit Nachbestellungen überschüttet

replace *verb* ersetzen *or* austauschen; **the cost of replacing damaged stock is very high** = die Kosten für den Austausch von beschädigtem Warenbestand sind sehr hoch; **the photocopier needs replacing** = der Fotokopierer muß ausgetauscht werden; **the company will replace any defective item free of charge** = das Unternehmen wird alle defekten Artikel kostenlos ersetzen; **we are replacing all our salaried staff with freelancers** = wir ersetzen unsere ganzen Angestellten durch freiberufliche Mitarbeiter

◊ **replacement** *noun* **(a) replacement cost** *or* **cost of replacement** = Wiederbeschaffungskosten *pl*; **replacement value** = Wiederbeschaffungswert *m*; **the computer is insured at its replacement value** = der Computer ist zum Wiederbeschaffungswert *m* versichert **(b)** *(item which replaces something)* Ersatz *m*; **we are out of stock and are waiting for replacements** = wir haben nichts mehr vorrätig und warten auf Ersatz **(c)** *(person who replaces someone)* Ersatz *m or* Vertretung *f*; **my secretary leaves us next week, so we are advertising for a replacement** = meine Sekretärin verläßt uns nächste Woche, deshalb annoncieren wir wegen einer Nachfolgerin

reply 1 *noun* Antwort *f or* Erwiderung *f*; **there was no reply to my letter** *or* **to my phone call** = mein Brief wurde nicht beantwortet *or* mein Anruf wurde nicht erwidert; **I am writing in reply to your letter of the 24th** = ich schreibe Ihnen in Beantwortung Ihres Briefes vom 24. ; **the company's reply to the takeover bid** = die Antwort des Unternehmens auf das Übernahmeangebot; **reply coupon** = Antwortkarte *f or* Antwortschein *m or* Rückantwort *f*; **international postal reply coupon** = internationaler Antwortschein; **he enclosed an international reply coupon with his letter** = er legte seinem Brief einen internationalen Antwortschein bei; **reply paid card** *or* **letter** = freigemachte *or* frankierte Antwortkarte **2** *verb* antworten *or* erwidern; **to reply to a letter** = auf einen Brief antworten; **the company has replied to the takeover bid by offering the shareholders higher dividends** = das Unternehmen antwortete auf das Übernahmeangebot, indem es den Aktionären höhere Dividenden anbot

report 1 *noun* **(a)** Bericht *m*; **to draft a report** = einen Bericht erstellen *or* abfassen; **to make a report** *or* **to present a report** *or* **to send in a report** = einen Bericht erstatten *or* vorlegen *or* schicken; **the sales manager reads all the reports from the sales team** = der Vertriebsleiter liest alle Berichte des Verkaufsteams; **the chairman has received a report from the insurance company** = der Vorsitzende erhielt einen Bericht der Versicherungsgesellschaft; **the company's annual report** *or* **the chairman's report** *or* **the directors' report** = der Geschäftsbericht ; **confidential report** = vertraulicher Bericht; **feasibility report** = Durchführbarkeitsbericht; **financial report** = Finanzbericht; **progress report** = Lagebericht *or* Bericht über den Stand einer Angelegenheit; **the treasurer's report** = der Bericht des Schatzmeisters **(b) report in a newspaper** *or* **newspaper report** = Zeitungsbericht *m or* Zeitungsmeldung *f*; **can you confirm the report that the company is planning to close the factory?** = können Sie das Gerücht bestätigen, daß das

Unternehmen beabsichtigt, die Fabrik zu schließen? **(c)** *(from a government committee)* Regierungsbericht *m*; **the government has issued a report on the credit problems of exporters** = die Regierung gab einen Bericht über die Kreditprobleme von Exporteuren heraus **2** *verb* **(a)** berichten *or* melden; **the salesmen reported an increased demand for the product** = die Verkäufer meldeten eine gesteigerte Nachfrage nach dem Produkt; **he reported the damage to the insurance company** = er meldete den Schaden der Versicherung; **we asked the bank to report on his financial status** = wir baten die Bank, uns über seine Finanzlage Auskunft zu erteilen; **he reported seeing the absentee in a shop** = er berichtete, daß er den wegen Krankheit Fehlenden in einem Geschäft gesehen habe (NOTE: you **report something** or **report on something** or **report doing something**) **(b) to report to someone** = jdm unterstehen; **he reports direct to the managing director** = er untersteht direkt dem geschäftsführenden Direktor; **the salesmen report to the sales director** = die Verkäufer unterstehen dem Verkaufsleiter **(c)** sich melden; **to report for an interview** = sich für ein Bewerbungsgespräch melden; **please report to our London office for training** = melden Sie sich für die Ausbildung bitte in unserer Londoner Geschäftsstelle

> QUOTE a draft report on changes in the international monetary system
>
> ***Wall Street Journal***
>
> QUOTE responsibilities include the production of premium quality business reports
>
> ***Times***
>
> QUOTE the research director will manage a team of business analysts monitoring and reporting on the latest development in retail distribution
>
> ***Times***
>
> QUOTE the successful candidate will report to the area director for profit responsibility for sales of leading brands
>
> ***Times***

repossess *verb* wieder in Besitz nehmen; **when he fell behind with his mortgage repayments, the bank repossessed his flat** = als er mit seinen Hypotheken in Verzug geriet, nahm die Bank seine Wohnung wieder in ihren Besitz

represent *verb* **(a)** vertreten; **he represents an American car firm in Europe** = er vertritt ein amerikanisches Automobilunternehmen in Europa; **our French distributor represents several other competing firms** = unser französischer Vertriebshändler vertritt mehrere andere Konkurrenzunternehmen **(b)** *(to act for someone)* vertreten *or* repräsentieren; **he sent his solicitor and accountant to represent him at the meeting** = er schickte seinen Anwalt und Buchhalter, um ihn bei der Besprechung zu vertreten; **three managers represent the workforce in discussions with the directors** = drei Manager vertreten die Belegschaft bei den Gesprächen mit den Direktoren

◇ **re-present** *verb* nochmals *or* wieder vorlegen; **he re-presented the cheque two weeks later to try to get payment from the bank** = er legte den Scheck zwei Wochen später wieder vor, um die Zahlung von der Bank zu bekommen

◇ **representation** *noun* **(a)** Vertretung *f*; **we offered them exclusive representation in Europe** = wir boten ihnen die Alleinvertretung in Europa an; **they have no representation in the USA** = sie haben keine Vertretung in den USA **(b)** *(having someone to act on your behalf)* Stellvertretung *f or* Repräsentation *f*; **the minority shareholders want representation on the board** = die Minderheitsaktionäre wollen im board vertreten sein **(c)** *(complaint made on behalf of someone)* Vorhaltungen *pl or* Vorstellungen *pl*; **the managers made representations to the board on behalf of the hourly-paid members of staff** = die Manager machten dem board im Namen der mit Stundenlohn bezahlten Personalmitglieder Vorhaltungen

◇ **representative 1** *adjective* repräsentativ *or* typisch; **we displayed a representative selection of our product range** = wir stellten eine repräsentative Auswahl aus unserem Sortiment aus; **the sample chosen was not representative of the whole batch** = das gewählte Muster war nicht repräsentativ für die ganze Serie **2** *noun* **(a) area representative** = Gebietsvertreter/-in; **sales representative** = Handelsvertreter/-in *or* Vertreter/-in; **we have six representatives in Europe** = wir haben sechs Handelsvertreter in Europa; **they have vacancies for representatives to call on accounts in the north of the country** = sie haben freie Stellen für Handelsvertreter, die für die Kundenbetreuung im Norden des Landes zuständig sind **(b)** *(company which works for another company, selling their goods)* Repräsentant *m or* Vertretung *f*; **we have appointed Smith & Co our exclusive representatives in Europe** = wir haben die Fa. Smith & Co als unseren Alleinvertreter in Europa bestimmt **(c)** *(person who acts on someone's behalf)* Stellvertreter/-in *or* Vertreter/-in; **he sent his solicitor and accountant to act as his representatives at the meeting** = er schickte seinen Anwalt und Buchhalter, die in der Sitzung als seine (Stell)vertreter fungieren sollten; **the board refused to meet the representatives of the workforce** = der board lehnte es ab, die Vertreter der Belegschaft zu empfangen

reprice *verb* einen neuen Preis festsetzen

repudiate *verb* zurückweisen *or* nicht anerkennen; **to repudiate an agreement** = eine Vereinbarung nicht anerkennen

◇ **repudiation** *noun* Nichtanerkennung *f or* Zurückweisung *f*

repurchase *verb* rückkaufen

reputable *adjective* angesehen *or* seriös; **we only use reputable carriers** = wir setzen nur seriöse Transportunternehmen *npl* ein; **a reputable firm of auditors** = eine angesehene Prüfungsgesellschaft

◇ **reputation** *noun* Ruf *m*; **company with a reputation for quality** = Unternehmen mit einem Ruf für Qualität; **he has a reputation for being difficult to negotiate with** = er hat den Ruf eines schwierigen Verhandlungspartners

request 1 *noun* Bitte *f or* Gesuch *m or* Antrag *m*; **they put in a request for a government subsidy** = sie reichten einen Antrag auf einen staatlichen Zuschuß ein; **his request for a loan was turned down by the bank** = sein Kreditwunsch *m* wurde von der Bank abgelehnt; **on request** = auf Wunsch *or* Anforderung; **we will send samples on request** *or*

'samples available on request' = wir senden Ihnen auf Wunsch Muster *or* ‚Muster auf Anforderung' **2** *verb* bitten *or* ersuchen *or* beantragen *or* anfordern; **to request assistance from the government** = Hilfe vom Staat anfordern; **I am sending a catalogue as requested** = ich übersende, wie gewünscht, einen Katalog

require *verb* **(a)** *(to demand something)* verlangen; **to require a full explanation of expenditure** = eine ausführliche Erklärung für die Ausgaben verlangen; **the law requires you to submit all income to the tax authorities** = nach dem Gesetz müssen Sie den Steuerbehörden das gesamte Einkommen angeben **(b)** *(to need)* brauchen *or* benötigen *or* erfordern; **the document requires careful study** = das Dokument muß sorgfältig studiert werden; **to write the program requires a computer specialist** = das Programm muß von einem Computerfachmann geschrieben werden

◇ **requirement** *noun* Erfordernis *n or* Bedarf *m*; **public sector borrowing requirement (PSBR)** = Kreditbedarf der öffentlichen Hand

◇ **requirements** *plural noun* Bedarf *m or* Anforderungen *fpl or* Bedingungen *fpl*; **to meet a customer's requirements** = den Anforderungen eines Kunden gerecht werden; **if you will supply us with a list of your requirements, we shall see if we can meet them** = wenn Sie uns eine Liste Ihrer Anforderungen *or* Bedingungen zukommen lassen, werden wir sehen, ob wir sie erfüllen können; **requirements of a market** *or* **market requirements** = Marktbedarf; **budgetary requirements** = Budgetbedarf; **manpower requirements** = Bedarf an Arbeitskräften *fpl*

requisition 1 *noun* Anforderung *f or* Bestellung *f*; **what is the number of your latest requisition?** = wie lautet die Nummer Ihrer letzten Bestellung?; **cheque requisition** = Scheckanforderung **2** *verb* anfordern

resale *noun* Wiederverkauf *m or* Weiterverkauf; **to purchase something for resale** = etwas zum Weiterverkauf erwerben; **the contract forbids resale of the goods to the USA** = der Vertrag verbietet den Weiterverkauf der Waren an die USA

◇ **resale price maintenance** *noun* Preisbindung *f* der zweiten Hand *or* vertikale Preisbindung

reschedule *verb* **(a)** umplanen *or* verlegen; **he missed his plane and all the meetings had to be rescheduled** = er verpaßte sein Flugzeug und alle Besprechungen mußten verlegt werden **(b)** *(credit terms)* umschulden *or* umfinanzieren

rescind *verb* annullieren *or* aufheben *or* rückgängig machen *or* für nichtig erklären; **to rescind a contract** *or* **an agreement** = einen Vertrag *or* eine Vereinbarung aufheben

rescue 1 *noun* Rettung *f or* Hilfe *f*; **rescue operation** = Rettungsaktion *f or* Sanierung *f*; **the banks planned a rescue operation for the company** = die Banken beabsichtigten eine Rettungsaktion für das Unternehmen *or* eine Sanierung des Unternehmens **2** *verb* retten; **the company nearly collapsed, but was rescued by the banks** = das Unternehmen brach fast zusammen, wurde aber von den Banken gerettet *or* saniert

research 1 *noun* Forschung *f*; **consumer research** = Verbraucherforschung; **market research** = Marktforschung; **research and development (R&D)** = Forschung und Entwicklung (F&E) *f*; **the company spends millions on research and development** = das Unternehmen gibt Millionen für Forschung und Entwicklung aus; **research and development costs** = Forschungs- und Entwicklungskosten *pl*; **scientific research** = wissenschaftliche Forschung; **he is engaged in research into the packaging of the new product line** = er ist an Forschungsarbeiten *fpl* zur Verpackung der neuen Produktlinie beteiligt; **the company is carrying out research into finding a medicine to cure colds** = das Unternehmen führt Forschungsarbeiten zur Entwicklung eines Mittels gegen Erkältung durch; **research department** = Forschungsabteilung *f*; **research institute** *or* **organization** = Forschungsinstitut *n or* Forschungsanstalt *f*; **research unit** = Forschungsgruppe *f*; **research worker** = Forscher/-in **2** *verb* forschen *or* Forschung betreiben; **to research the market for a product** = den Markt für ein Produkt erforschen

◇ **researcher** *noun* Forscher/-in

resell *verb* wiederverkaufen

reservation *noun* Reservierung *f*; **I want to make a reservation on the train to Plymouth tomorrow evening** = ich möchte eine Platzreservierung für den Zug morgen abend nach Plymouth; **room reservations** = Zimmerreservierung *f*; **can you put me through to reservations?** = können Sie mich mit der Reservierungsabteilung verbinden?

reserve 1 *noun* **(a)** Reserve *f or* Rücklage *f*; **bank reserves** = Bankreserven *or* Rücklagen einer Bank; **capital reserves** = Kapitalreserven *or* Rücklagen; **capitalization of reserves** = Kapitalisierung *f* von Rücklagen; **cash reserves** = Barreserven *or* Liquiditätsreserven; **the company was forced to fall back on its cash reserves** = das Unternehmen war gezwungen, auf seine Barreserven zurückzugreifen; **to have to draw on reserves to pay the dividend** = auf Reserven zurückgreifen müssen, um die Dividende auszuschütten; **contingency reserve** *or* **emergency reserves** = Fonds *m* für unvorhergesehene Ausgaben *or* Feuerwehrfonds *m or* Rücklagen *fpl* für Sonderrisiken; **reserve for bad debts** = Rücklagen für uneinbringliche Forderungen *fpl*; **hidden reserves** = stille Reserven; **sums chargeable to the reserve** = auf die Rücklage zurechenbare Beträge; **reserve fund** = Rücklage *f or* Reservefonds *m* **(b)** **reserve currency** = Reservewährung *f*; **currency reserves** = Währungsreserven *fpl*; **a country's foreign currency reserves** = die Devisenreserven eines Landes; **the UK's gold and dollar reserves fell by $200 million during the quarter** = Großbritanniens Gold- und Dollarreserven sanken im letzten Quartal um $200 Millionen **(c)** **in reserve** = in Reserve; **to keep something in reserve** = etwas in Reserve haben *or* halten; **we are keeping our new product in reserve until the launch date** = wir halten unser neues Produkt bis zum Einführungstag in Reserve **(d)** *(supplies kept in case of need)* Reserve *f or* Vorrat *m*; **our reserves of**

coal fell during the winter = unsere Kohlevorräte gingen im Winter zurück; **the country's reserves of gas** *or* **gas reserves are very large** = die Gasreserven des Landes sind sehr groß **(e) reserve price** = Mindestpreis *m*; **the painting was withdrawn when it did not reach its reserve** = das Gemälde wurde zurückgezogen, als es den Mindestpreis nicht erreichte **2** *verb* **to reserve a room** *or* **a table** *or* **a seat** = ein Zimmer *or* einen Tisch *or* einen Platz reservieren; **I want to reserve a table for four people** = ich möchte einen Tisch für vier Personen reservieren; **can your secretary reserve a seat for me on the train to Glasgow?** = kann Ihre Sekretärin für mich einen Platz im Zug nach Glasgow reservieren?

residence *noun* **(a)** Wohnsitz *m*; **he has a country residence where he spends his weekends** = er hat einen Wohnsitz auf dem Lande, wo er seine Wochenenden verbringt **(b)** *(act of living in a country)* Aufenthalt *m*; **residence permit** = Aufenthaltsgenehmigung *f*; **he has applied for a residence permit** = er hat eine Aufenthaltsgenehmigung beantragt; **she was granted a residence permit for one year** = sie bekam eine Aufenthaltsgenehmigung für ein Jahr

◇ **resident 1** *adjective* wohnhaft *or* ansässig; **the company is resident in Germany** = das Unternehmen hat seinen Sitz in Deutschland; **non-resident** = Ausländer-; **he has a non-resident account with a French bank** = er hat ein Ausländerkonto bei einer französischen Bank; **she was granted a non-resident visa** = sie bekam ein Visum für Personen, die ihren Wohnsitz im Ausland haben **2** *noun* Einwohner/-in; Bewohner/-in; Insasse/Insassin; *(Hotel)* Gast *m*

residue *noun* Rest(betrag) *m*; **after paying various bequests the residue of his estate was split between his children** = nachdem mehrere letztwillige Zuwendungen gezahlt wurden, wurde der restliche Nachlaß zwischen seinen Kindern aufgeteilt

◇ **residual** *adjective* übrig *or* restlich

resign *verb* zurücktreten *or* kündigen *or* sein Amt niederlegen; **he resigned from his post as treasurer** = er trat von seinem Posten als Schatzmeister zurück; **he has resigned with effect from July 1st** = er kündigte zum 1. Juli ; **she resigned as finance director** = sie trat als Leiterin der Finanzabteilung zurück

◇ **resignation** *noun* Rücktritt *m or* Kündigung *f or* Amtsniederlegung *f*; **he wrote his letter of resignation to the chairman** = er richtete sein Kündigungsschreiben an den Vorsitzenden; **to hand in** *or* **to give in** *or* **to send in one's resignation** = seine Kündigung einreichen

resist *verb* Widerstand leisten (gegen) *or* sich wehren (gegen) *or* sich widersetzen; **the chairman resisted all attempts to make him resign** = der Vorsitzende widersetzte sich allen Versuchen, die ihn zum Rücktritt bringen sollten; **the company is resisting the takeover bid** = das Unternehmen wehrt sich gegen das Übernahmeangebot

◇ **resistance** *noun* Widerstand *m*; **there was a lot of resistance from the shareholders to the new plan** = es gab erheblichen Widerstand seitens der Aktionäre gegen den neuen Plan; **the chairman's proposal met with strong resistance from the banks** = der Vorschlag des Vorsitzenden stieß auf großen Widerstand der Banken; **consumer resistance** = Käuferwiderstand; **the new product met no consumer resistance even though the price was high** = das neue Produkt stieß nicht auf Käuferwiderstand, obwohl der Preis hoch war

resolution *noun* Beschluß *m or* Entschließung *f or* Resolution *f*; **to put a resolution to a meeting** = einer Versammlung eine Entschließung vorlegen; **the meeting passed** *or* **carried** *or* **adopted a resolution to go on strike** = die Versammlung nahm die Entschließung *or* den Beschluß, in den Streik zu treten, an; der Streikbeschluß wurde in der Versammlung durchgebracht **the meeting rejected the resolution** *or* **the resolution was defeated by ten votes to twenty** = die Versammlung lehnte den Beschluß mit zehn zu zwanzig Stimmen ab *or* der Beschluß wurde mit zehn zu zwanzig Stimmen abgelehnt

resolve *verb* beschließen *or* einen Beschluß fassen; **the meeting resolved that a dividend should not be paid** = die Versammlung beschloß, daß keine Dividende ausgeschüttet werden sollte

resources *plural noun* **(a)** Ressourcen *fpl*; Rohstoffe *mpl*; **natural resources** = Naturschätze *pl or* natürliche Ressourcen; **the country is rich in mineral resources** = das Land ist reich an Bodenschätzen; **we are looking for a site with good water resources** = wir suchen ein Gelände mit guten Wasserressourcen **(b) financial resources** = finanzielle Mittel *pl*; **the costs of the London office are a drain on the company's financial resources** = die Kosten der Londoner Geschäftsstelle sind eine Belastung der finanziellen Mittel des Unternehmens; **the company's financial resources are not strong enough to support the cost of the research programme** = die finanziellen Mittel des Unternehmens reichen nicht aus, um die Kosten des Forschungsprogramms zu tragen; **the cost of the new project is easily within our resources** = die Kosten für das neue Projekt liegen durchaus im Rahmen unserer finanziellen Mittel

respect 1 *noun* **with respect to** = in bezug auf *or* hinsichtlich, was ... betrifft **2** *verb* respektieren *or* achten *or* berücksichtigen; **to respect a clause in an agreement** = eine Vertragsklausel beachten; **the company has not respected the terms of the contract** = das Unternehmen hat die Vertragsbedingungen nicht beachtet

◇ **respectively** *adverb* beziehungsweise; **Mr Smith and Mr Jones are respectively MD and Sales Director of Smith Ltd** = Herr Smith und Herr Jones sind geschäftsführender Direktor beziehungsweise Vertriebsleiter der Fa. Smith Ltd

response *noun* Antwort *f or* Reaktion *f*; **there was no response to our mailing shot** = es gab keine Reaktion auf unsere Briefwerbeaktion; **we got very little response to our complaints** = wir haben kaum eine Reaktion auf unsere Beschwerden bekommen

> QUOTE forecasting consumer response is one problem which will never be finally solved
> *Marketing Week*

responsibility *noun* **(a)** Verantwortung *f or* Verantwortlichkeit *f*; **there is no responsibility on the company's part for loss of customers' property** = das Unternehmen übernimmt keine Haftung für den Verlust von Kundeneigentum; **the management accepts no responsibility for loss of goods in storage** = das Management übernimmt keine Haftung für den Verlust von gelagerten Waren **(b) responsibilities** = Pflichten *fpl or* Verpflichtungen *fpl*; **he finds the responsibilities of being managing director too heavy** = ihm sind die Verantwortlichkeiten *fpl* eines geschäftsführenden Direktors zu schwer

◇ **responsible** *adjective* **(a) responsible for** = verantwortlich *or* zuständig für; **he is responsible for all sales** = er ist für den gesamten Absatz zuständig **(b) responsible to someone** = jdm unterstellt sein; **he is directly responsible to the managing director** = er ist dem geschäftsführenden Direktor direkt unterstellt **(c) a responsible job** = eine verantwortungsvolle Stelle; **he is looking for a responsible job in marketing** = er sucht nach einer verantwortungsvollen Stellung im Bereich Marketing

rest *noun* Rest *m*; **the chairman went home, but the rest of the directors stayed in the boardroom** = der Vorsitzende ging nach Hause, aber die übrigen Direktoren blieben im Sitzungssaal; **we sold most of the stock before Christmas and hope to clear the rest in a sale** = wir haben den Warenbestand größtenteils vor Weihnachten verkauft und hoffen, den Rest durch einen Ausverkauf zu räumen; **the rest of the money is invested in gilts** = der Rest des Geldes ist in Staatspapieren angelegt

restaurant *noun* Restaurant *n or* Gaststätte *f*; **he runs a French restaurant in New York** = er leitet ein französisches Restaurant in New York

◇ **restaurateur** *noun* Gastronom/-in *or* Gastwirt/-in

restitution *noun* **(a)** Rückerstattung *f or* Rückgabe *f*; **the court ordered the restitution of assets to the company** = das Gericht ordnete die Rückgabe von Vermögenswerten an das Unternehmen an **(b)** Entschädigung *f or* Schadenersatz *m* **(c)** *(in the EU)* **export restitution** = Exporterstattung *f*

restock *verb (das Lager)* wieder auffüllen; **to restock after the Christmas sales** = das Lager nach dem Weihnachtsgeschäft wieder auffüllen

◇ **restocking** *noun* Wiederauffüllung *f (des Lagers)*

restraint *noun* Beschränkung *f or* Einschränkung *f*; **pay restraint** *or* **wage restraint** = Lohnstopp *m*

◇ **restraint of trade** *noun* **(a)** *(where a worker is not allowed to use the knowledge gained in his previous company if he changes jobs)* Geheimhaltungspflicht *f* **(b)** *(reducing competition to affect free trade)* Wettbewerbsbeschränkung *f*

restrict *verb* beschränken *or* einschränken; **to restrict credit** = Kredite einschränken; **we are restricted to twenty staff by the size of our offices** = durch die Größe unseres Büros müssen wir uns auf zwanzig Mitarbeiter beschränken; **to restrict imports** *or* **the flow of trade** = Einfuhren *or* den Handelsverkehr beschränken; **to sell into a restricted market** = Waren auf einem beschränkten Markt absetzen

◇ **restriction** *noun* Beschränkung *f or* Einschränkung *f*; **import restrictions** *or* **restrictions on imports** = Einfuhrbeschränkungen; **to impose restrictions on imports** *or* **on credit** = Einfuhrbeschränkungen *or* Kreditrestriktionen *fpl* einführen; **to lift credit restrictions** = Kreditrestriktionen *fpl* aufheben

◇ **restrictive** *adjective* einschränkend *or* restriktiv; **restrictive trade practices** = wettbewerbsbeschränkende Geschäftspraktiken *fpl*

restructure *verb* (finanziell) umstrukturieren *or* reorganisieren

◇ **restructuring** *noun* **the restructuring of the company** = die (finanzielle) Umstrukturierung des Unternehmens

result 1 *noun* **(a)** *(profit or loss account for a company)* Jahresergebnis *n*; **the company's results for 1993** = das Jahresergebnis des Unternehmens 1993 **(b)** *(something which happens because of something else)* Ergebnis *n or* Resultat *n or* Folge *f*; **what was the result of the price investigation?** = was war das Ergebnis der Preisuntersuchung?; **the company doubled its sales force with the result that the sales rose by 26%** = das Unternehmen verdoppelte seinen Verkaufsstab mit dem Ergebnis, daß der Umsatz um 26% stieg; **the expansion programme has produced results** = das Expansionsprogramm zeigt gute Ergebnisse; **payment by results** = Leistungslohn *m*; Erfolgshonorar *n* **2** *verb* **(a) to result in** = führen zu *or* zur Folge haben *or* resultieren (in); **the doubling of the sales force resulted in increased sales** = die Verdopplung des Verkaufsteams resultierte in höherem Absatz; **the extra orders resulted in overtime work for all the factory staff** = die zusätzlichen Aufträge führten zu Überstunden für die gesamte Belegschaft der Fabrik **(b) to result from** = sich ergeben aus *or* resultieren aus; **the increase in debt resulted from the expansion programme** = der Anstieg der Schulden ergab sich aus dem Expansionsprogramm

QUOTE the company has received the backing of a number of oil companies who are willing to pay for the results of the survey

Lloyd's List

QUOTE some profit-taking was noted, but underlying sentiment remained firm in a steady stream of strong corporate results

Financial Times

resume *verb* wiederaufnehmen; **the discussions resumed after a two hour break** = die Gespräche wurden nach zweistündiger Pause wiederaufgenommen

résumé *noun (US)* Lebenslauf *m* (NOTE: GB English is **curriculum vitae**)

resumption *noun* Wiederaufnahme *f*; **we expect an early resumption of negotiations** = wir rechnen mit einer baldigen Wiederaufnahme der Verhandlungen

retail 1 *noun* Einzelhandel *m*; **retail dealer** = Einzelhändler *m*; **retail price** = Einzelhandelspreis *m or* Ladenpreis; **retail price(s) index (RPI)** = Index *m* der Einzelhandelspreise; **retail shop** *or* **retail outlet** = Einzelhandelsgeschäft *n*; **the retail trade** = der Einzelhandel; **the goods in stock have a retail value of £1m** = der Wiederverkaufswert der Waren auf Lager beträgt £1 Mio. **2** *adverb* **he sells retail and buys wholesale** = er verkauft im Einzelhandel und kauft im Großhandel **3** *verb* **(a) to retail goods** = Waren im Einzelhandel verkaufen **(b)** *(to sell for a price)* im Einzelhandel verkaufen *or* verkauft werden; **these items retail at** *or* **for 25p** = diese Artikel kosten im Einzelhandel 25 Pence

◇ **retailer** *noun* Einzelhändler/-in

◇ **retailing** *noun* Einzelhandel *m*; **from car retailing the company branched out into car leasing** = vom Automobileinzelhandel erweiterte das Unternehmen sein Geschäft auf Auto-Leasing

> QUOTE provisional figures show retail sales dropped 1.5% in January, but wholesale prices reveal a 1% increase
> *Marketing*

retain *verb* **(a)** (ein)behalten *or* zurückbehalten; **out of the profits, the company has retained £50,000 as provision against bad debts** = von den Gewinnen behielt das Unternehmen £50.000 als Rückstellung für uneinbringliche Forderungen ein; **retained income** = Gewinnrücklagen *fpl*; **the balance sheet has £50,000 in retained income** = die Bilanz weist £50.000 als Gewinnrücklagen aus **(b) to retain a lawyer to act for a company** = einen Anwalt beauftragen, ein Unternehmen zu vertreten

◇ **retainer** *noun* Honorarpauschale *f*; Anwaltsvorschuß *m*; **we pay him a retainer of £1,000** = wir zahlen ihm eine Honorarpauschale von £1.000

retire *verb* **(a)** *(to stop work and take a pension)* sich pensionieren lassen *or* in Pension/Rente gehen *or* in den Ruhestand treten ; **she retired with a £6,000 pension** = sie ging mit einer Rente von £6.000 in den Ruhestand; **the founder of the company retired at the age of 85** = der Gründer des Unternehmens trat im Alter von 85 in den Ruhestand; **the shop is owned by a retired policeman** = das Geschäft gehört einem pensionierten Polizisten **(b)** *(to make a worker stop work and take a pension)* in den Ruhestand versetzen; **they decided to retire all staff over 50** = sie beschlossen, alle Mitarbeiter über 50 in den Ruhestand zu versetzen **(c)** *(to come to the end of an elected term of office)* ausscheiden *or* zurücktreten; **the treasurer is retiring from the council after six years** = der Stadtkämmerer scheidet nach sechs Jahren aus dem Stadtrat aus; **two retiring directors offer themselves for re-election** = zwei ausscheidende Direktoren stellen sich zur Wiederwahl

◇ **retiral** *noun (US)* = RETIREMENT

◇ **retirement** *noun* Pensionierung *f*; Ausscheiden *n*; **to take early retirement** = vorzeitig in den Ruhestand treten *or* sich vorzeitig pensionieren lassen; **retirement age** = Rentenalter *n*; Pensionsalter; **retirement pension** = Altersruhegeld *n or* Pension *f*; Rente *f*

retrain *verb* umschulen; fortbilden *or* weiterbilden

◇ **retraining** *noun* Umschulung *f*; Fortbildung *f*; **the shop is closed for staff retraining** = das Geschäft ist wegen Fortbildung des Personals geschlossen; **he had to attend a retraining session** = er mußte einen Umschulungskurs *or* Fortbildungslehrgang besuchen

retrench *verb* einsparen *or* kürzen

◇ **retrenchment** *noun* Kürzung *f or* Abbau *m or* Einschränkung *f*; **the company is in for a period of retrenchment** = dem Unternehmen steht eine Zeit des Abbaus bevor

retrieve *verb* zurückholen *or* wiedererlangen *or* zurückgewinnen *or* wiedergewinnen ; **the company is fighting to retrieve its market share** = das Unternehmen kämpft darum, seinen Marktanteil zurückzugewinnen; **all of the information was accidentally wiped off the computer so we cannot retrieve our sales figures for the last month** = sämtliche Information wurde versehentlich aus dem Computer gelöscht, so daß wir unsere Umsatzzahlen des letzten Monats nicht abrufen können

◇ **retrieval** *noun* Zurückholen *n or* Wiedererlangung *f or* Zurückgewinnung *f or* Wiedergewinnung *f*; **data retrieval** *or* **information retrieval** = Datenrückgewinnung *f*; **retrieval system** = Datenrückgewinnungssystem *n*

retroactive *adjective* rückwirkend; **retroactive pay rise** = rückwirkende Gehaltserhöhung; **they got a pay rise retroactive to last January** = sie bekamen eine Gehaltserhöhung, rückwirkend vom letzten Januar

◇ **retroactively** *adverb* rückwirkend

> QUOTE salaries of civil servants should be raised by an average of 1.92% or about Y6286 per month. The salary increases, retroactive from April of the current year, reflect the marginal rise in private sector salaries
> *Nikkei Weekly*

return 1 *noun* **(a)** *(going back)* Rückkehr *f*; **return journey** = Rückfahrt *f*; **a return ticket** *or* **a return** = eine Rückfahrkarte; **I want two returns to Edinburgh** = ich möchte zwei Rückfahrkarten nach Edinburgh; **return fare** = Fahrpreis *m* für Hin- und Rückfahrt **(b)** *(sending back)* Rückgabe *f or* Rücksendung *f*; **he replied by return of post** = er antwortete postwendend; **return address** = Absender *m* **these goods are all on sale or return** = alle diese Waren sind mit Rückgaberecht *n* gekauft **(c)** *(profit from money invested)* Gewinn *m or* Ertrag *m or* Rendite *f*; **to bring in a quick return** = schnell Gewinn bringen; **what is the gross return on this line?** = wie hoch ist der Bruttogewinn bei dieser Produktlinie?; **return on investment (ROI)** *or* **return on capital employed (ROCE)** = Ertrag *m* aus Kapitalanlage *f or* Kapitalrendite *f*; **rate of return** = Rendite **(d) official return** = (dienstlicher) Bericht; **to make a return to the tax office** *or* **to make an income tax return** = eine Einkommenssteuererklärung abgeben; **to fill in a VAT return** ≈ eine Umsatzsteuererklärung ausfüllen; **nil return** = keinerlei Erträge; **to make a nil return** = keinerlei Erträge angeben; **daily** *or* **weekly** *or* **quarterly sales return** = täglicher *or* wöchentlicher *or* vierteljährlicher Umsatzbericht **2** *verb* **(a)** *(to send* *back)* zurückgeben *or* zurückschicken *or* zurücksenden; **to return unsold stock to the wholesaler** = unverkaufte Bestände an den Großhändler zurückgeben; **to return a letter to sender** = einen Brief an den Absender zurückschicken; **returned empties** = Leergut *n* **(b)** *(to make a statement)* erklären *or* angeben *or* melden; **to return income of £15,000 to the tax authorities** = den Steuerbehörden ein Einkommen von £15.000 angeben

◇ **returnable** *adjective* **returnable bottles** = Mehrwegflaschen *fpl*; **these bottles are not returnable** = diese Flaschen sind Einwegflaschen

◇ **returns** *plural noun* **(a)** *(profits or income from investment)* Gewinne *mpl or* Erträge *mpl*; **the company is looking for quick returns on its investment** = das Unternehmen möchte schnell Gewinne aus seiner Kapitalanlage ziehen **(b)** *(unsold goods, sent back to the supplier)* Retourwaren *fpl or* Rücksendungen *fpl or* Remittenden *fpl*

QUOTE with interest rates running well above inflation, investors want something that offers a return for their money

Business Week

QUOTE Section 363 of the Companies Act 1985 requires companies to deliver an annual return to the Companies Registration Office. Failure to do so before the end of the period of 28 days after the company's return date could lead to directors and other officers in default being fined up to £2000

Accountancy

revalue *verb* neu bewerten *or* aufwerten; **the company's properties have been revalued** = der Besitz des Unternehmens wurde neu bewertet; **the dollar has been revalued against all world currencies** = der Dollar wurde gegenüber allen Weltwährungen aufgewertet

◇ **revaluation** *noun* Neubewertung *f or* Aufwertung *f*; **the balance sheet takes into account the revaluation of the company's properties** = in der Bilanz ist die Neubewertung des Unternehmensbesitzes berücksichtigt; **the revaluation of the dollar against the franc** = die Aufwertung des Dollars gegenüber dem Franc

revenue *noun* **(a)** *(money received)* Einnahmen *pl or* Einkünfte *pl or* Einkommen *n*; **revenue from advertising** *or* **advertising revenue** = Einnahmen aus Werbung *or* Werbeeinnahmen; **oil revenues have risen with the rise in the dollar** = die Einnahmen aus Ölverkäufen *mpl* stiegen mit dem Anstieg des Dollars ; **revenue accounts** = Ertragskonten *npl* **(b)** *(money received by a government in tax)* Steuereinnahmen *pl*; **Inland Revenue** *or (US)* **Internal Revenue Service** = Finanzamt *n or* Finanzbehörde *f*; **revenue officer** = Finanzbeamte(r) *mf*

reversal *noun* Umschwung *m or* Wende *f*; **the company suffered a reversal in the Far East** = das Unternehmen erlitt einen Rückschlag im Fernen Osten

reverse 1 *adjective* umgekehrt *or* entgegengesetzt; *(takeover of a large company by a smaller one)* **reverse takeover** = gegenläufige Fusion; **reverse charge call** = R-Gespräch *n* **2** *verb* **(a)** umkehren; **the committee reversed its decision on import quotas** = der Ausschuß stieß seine Entscheidung über Einfuhrquoten um **(b) to reverse the charges** = ein R-Gespräch führen

QUOTE the trade balance sank $17 billion, reversing last fall's brief improvement

Fortune

reversion *noun* Rückfall *m or* Zurückfallen *n*; **he has the reversion of the estate** = er hat die Anwartschaft auf den Grundbesitz

◇ **reversionary** *adjective* Anwartschafts- *or* Nach-; **reversionary annuity** = Rente *f* auf den Überlebensfall

review 1 *noun* **(a)** *(general examination)* Überprüfung *f or* Revision *f*; **to conduct a review of distributors** = eine Überprüfung der Vertragshändler durchführen; **financial review** = Finanzprüfung *f*; **wage review** *or* **salary review** = Gehaltsaufbesserung *f*; **she had a salary review last April** = ihr Gehalt wurde letzten April aufgebessert **(b)** *(magazine)* Zeitschrift *f* **2** *verb* überprüfen; **to review salaries** = die Gehälter aufbessern; **his salary will be reviewed at the end of the year** = sein Gehalt wird Ende des Jahres aufgebessert; **the company has decided to review freelance payments in the light of the rising cost of living** = das Unternehmen entschied, die Gehälter freiberuflicher Mitarbeiter angesichts der steigenden Lebenshaltungskosten aufzubessern **to review discounts** = Rabatte neu überprüfen

revise *verb* überarbeiten *or* neu bearbeiten *or* revidieren; **sales forecasts are revised annually** = die Umsatzprognosen werden jährlich überarbeitet *or* revidiert; **the chairman is revising his speech to the AGM** = der Vorsitzende überarbeitet seine Rede für die Jahreshauptversammlung

revive *verb* beleben; wieder aufblühen; **the government is introducing measures to revive trade** = die Regierung führt Maßnahmen zur Belebung des Handels ein; **industry is reviving after the recession** = die Industrie erholt sich nach der Rezession

◇ **revival** *noun* **revival of trade** = Konjunkturaufschwung *m or* Konjunkturbelebung *f*

revoke *verb* aufheben *or* rückgängig machen ; **to revoke a clause in an agreement** = eine Klausel in einem Vertrag aufheben; **the quota on luxury items has been revoked** = die Quote für Luxusartikel wurde aufgehoben

revolving credit *noun* Revolvingkredit *m or* revolvierender Kredit *(erneuert sich nach Ablauf automatisch)*

rich *adjective* **(a)** *(having a lot of money)* reich *or* wohlhabend; **a rich stockbroker** = ein wohlhabender Börsenhändler; **a rich oil company** = eine reiche Ölgesellschaft **(b)** *(having a lot of natural resources)* reich; **the country is rich in minerals** = das Land ist reich an Mineralien; **oil-rich territory** = ölreiches Gebiet

rid *verb* **to get rid of something** = etwas abstoßen *or* loswerden; **the company is trying to get rid of all**

its old stock = das Unternehmen versucht, seine ganzen alten Bestände abzustoßen; **our department has been told to get rid of twenty staff** = unsere Abteilung wurde angewiesen, zwanzig Mitarbeiter zu entlassen (NOTE: **getting rid - got rid)**

rider *noun* Zusatzklausel *f or* Zusatzvereinbarung *f*; **to add a rider to a contract** = eine Zusatzvereinbarung in den Vertrag aufnehmen

rig 1 *noun* **oil rig** = Bohrinsel *f* **2** *verb* manipulieren; **they tried to rig the election** = sie versuchten, die Wahl zu manipulieren; **to rig the market** = die Kurse manipulieren; **rigging of ballots** *or* **ballot-rigging** = Manipulation *f* der Wahlresultate *npl or* Wahlbetrug *m* (NOTE: **rigging - rigged)**

right 1 *adjective* **(a) to be right** = recht haben; **the chairman was right when he said the figures did not add up** = der Vorsitzende hatte recht, als er sagte, daß die Zahlen nicht stimmen; **this is not the right plane for Paris** = dies ist nicht das richtige Flugzeug nach Paris **(b)** *(not left)* rechts; **the credits are on the right side of the page** = Haben steht rechts auf der Seite **2** *noun* **(a)** *(legal title to something)* Recht *n or* Berechtigung *f or* Anrecht *n or* Anspruch *m*; **right of renewal of a contract** = Recht auf Vertragsverlängerung; **she has a right to the property** = sie hat ein Anrecht *or* einen Anspruch auf den Besitz; **he has no right to the patent** = er hat kein Anrecht *or* keinen Anspruch auf das Patent; **the staff have a right to know how the company is doing** = die Belegschaft hat das Recht zu wissen, wie es um das Unternehmen steht; **foreign rights** = Auslandsrechte; **right to strike** = Streikrecht; **right of way** = Wegerecht **(b) rights issue** = Bezugsrechtsemission *f*

◇ **rightful** *adjective* rechtmäßig; **rightful claimant** = Anspruchsberechtigte(r); **rightful owner** = rechtmäßige(r) Besitzer/-in

◇ **right-hand** *adjective* rechts; **the credit side is the right-hand column in the accounts** = die Habenseite ist die rechte Spalte in den Geschäftsbüchern; **he keeps the address list in the right-hand drawer of his desk** = er bewahrt die Adressenliste im rechten Schubfach seines Schreibtischs auf; **right-hand man** = rechte Hand

ring 1 *noun (group of people who try to fix prices)* Ring *m or* Kartell *n* **2** *verb* anrufen; **he rang (up) his stockbroker** = er rief seinen Börsenhändler an (NOTE: **ringing - rang - has rung)**

◇ **ring back** *verb* zurückrufen; **the managing director rang - can you ring him back?** = der geschäftsführende Direktor hat angerufen - können Sie ihn zurückrufen?

◇ **ring binder** *noun* Ringbuch *n*

rise 1 *noun* **(a)** *(increase)* Anstieg *m or* Erhöhung *f or* Zunahme *f or* Steigerung *f*; **rise in the price of raw materials** = Preisanstieg für Rohstoffe; **oil price rises brought about a recession in world trade** = der Anstieg der Ölpreise hatte eine Rezession des Welthandels zur Folge; **there is a rise in sales of 10%** *or* **sales show a rise of 10%** = die Umsätze sind um 10% gestiegen *or* der Umsatz weist eine Steigerung von 10% auf; **salaries are increasing to keep up with the rises in the cost of living** = Löhne und Gehälter werden erhöht, um mit den steigenden Lebenshaltungskosten Schritt zu halten; **the recent rise in interest rates has made mortgages dearer** = die kürzliche Zinserhöhung hat die Hypotheken verteuert **(b)** *(increase in salary)* Lohnerhöhung *f or* Gehaltserhöhung; **she asked her boss for a rise** = sie fragte ihren Chef nach einer Gehaltserhöhung; **he had a 6% rise in January** = er hatte im Januar eine Gehaltserhöhung von 6% (NOTE: US English for this meaning is **raise) 2** *verb* ansteigen *or* sich erhöhen *or* zunehmen *or* steigen *or* in die Höhe gehen; **prices are rising faster than inflation** = die Preise steigen schneller als die Inflation(srate); **interest rates have risen to 15%** = die Zinsen sind auf 15% gestiegen (NOTE: **rising - rose - has risen)**

> QUOTE the index of industrial production sank 0.2 per cent for the latest month after rising 0.3 per cent in March
>
> *Financial Times*
>
> QUOTE the stock rose to over $20 a share, higher than the $18 bid
>
> *Fortune*
>
> QUOTE customers' deposit and current accounts also rose to $655.31 million at the end of December
>
> *Hongkong Standard*
>
> QUOTE the government reported that production in the nation's factories and mines rose 0.2% in September
>
> *Sunday Times*

risk *noun* **(a)** Risiko *n*; **to run a risk** = Gefahr laufen; **to take a risk** = ein Risiko eingehen; **financial risk** = finanzielles Risiko; **according to the government there was no financial risk in selling to East European countries on credit** = laut der Regierung, bestand kein finanzielles Risiko beim Verkauf an osteuropäische Länder auf Kredit; **he is running the risk of overspending his promotion budget** = er läuft Gefahr, sein Werbebudget zu überschreiten; **the company is taking a considerable risk in manufacturing 25m units without doing any market research** = das Unternehmen nimmt ein erhebliches Risiko auf sich, indem es 25 Millionen Stück produziert, ohne Marktforschung zu betreiben **(b) risk capital** = Risikokapital *n* **(c) at owner's risk** = auf eigene Gefahr *or* auf Verantwortung des Eigentümers; **goods left here are at owner's risk** = Abstellen von Waren auf Verantwortung des Eigentümers; **the shipment was sent at owner's risk** = die Warensendung wurde auf Verantwortung des Eigentümers verschickt **(d)** *(loss or damage against which you are insured)* Risiko *n or* Gefahr *f or* Gefährdung *f*; **fire risk** = Feuerrisiko; **that warehouse full of paper is a fire risk** = bei diesem Legerhaus voller Papier besteht Brandgefahr **(e) he is a good** *or* **bad risk** = bei ihm besteht ein geringes *or* hohes Risiko

◇ **risk-free** *or (US)* **riskless** *adjective* risikolos *or* wenig riskant; **a risk-free investment** = eine risikolose Anlage

◇ **risky** *adjective* gewagt *or* riskant; **he lost all his money in some risky ventures in South America** = er verlor sein gesamtes Geld bei einigen riskanten Unternehmen in Südamerika

QUOTE there is no risk-free way of taking regular income from your money higher than the rate of inflation and still preserving its value
Guardian

QUOTE the accepted wisdom built upon for well over 100 years that government bonds were almost riskless
Forbes Magazine

QUOTE many small investors have also preferred to put their spare cash with risk-free investments such as building societies rather than take chances on the stock market. The returns on a host of risk-free investments have been well into double figures
Money Observer

rival *noun* Konkurrent/-in; Konkurrenz *f*; **a rival company** = ein Konkurrenzunternehmen *n*; **to undercut a rival** = einen Konkurrenten unterbieten; **we are analyzing the rival brands on the market** = wir analysieren die Konkurrenzmarken *fpl* auf dem Markt

road *noun* **(a)** Straße *f*; **road transport costs have risen** = Straßentransportkosten *pl* sind gestiegen; **the main office is in London Road** = die Hauptgeschäftsstelle ist in der London Road; **use the Park Road entrance to get to the buying department** = benutzen Sie den Eingang von der Park Road, um zur Einkaufsabteilung zu kommen **(b) on the road** = unterwegs; **the salesmen are on the road thirty weeks a year** = die Vertreter sind dreißig Wochen im Jahr unterwegs; **we have twenty salesmen on the road** = wir haben zwanzig Vertreter im Einsatz

robot *noun* Roboter *m*; **the car is made by robots** = der Wagen wird von Robotern gemacht

◇ **robotics** *noun* Robotertechnik *f or* Robotik *f* (NOTE: takes a singular verb)

ROCE = RETURN ON CAPITAL EMPLOYED

rock *noun* Fels(en) *m*; **the company is on the rocks** = das Unternehmen ist vom Pleitegeier *m* bedroht *or* ist praktisch bankrott

◇ **rock bottom** *noun* **rock-bottom prices** = Tiefstpreise *mpl or* Niedrigstpreise *or* Schleuderpreise; **sales have reached rock bottom** = der Absatz hat den Tiefpunkt erreicht

QUOTE investment companies took the view that secondhand prices had reached rock bottom and that levels could only go up
Lloyd's List

rocket *verb* emporschnellen *or* sprunghaft ansteigen; **rocketing prices** = sprunghaft ansteigende Preise *mpl*; **prices have rocketed** = die Preise sind sprunghaft angestiegen

ROI = RETURN ON INVESTMENT

roll 1 *noun* Rolle *f*; **the fax machine uses a roll of paper** = das Faxgerät arbeitet mit einer Papierrolle **2** *verb* rollen; **they rolled the computer into position** = sie rollten den Computer in seine richtige Position

◇ **roll on/roll off** *adjective* Ro-Ro-; **a roll-on/roll-off ship** = ein Ro-Ro-Schiff *n*

◇ **roll over** *verb* **(a) to roll over credit** *or* **a debt** = langfristige Einlagen *fpl* durch kurzfristige Einlagen neu finanzieren; umschulden **(b)** *(US)* **to roll over an IRA** = ohne Strafe, die Institution wechseln, bei der man ein Konto für die private Altersversorgung hat

◇ **rolling plan** *noun* rollender Plan

◇ **rolling stock** *noun* rollendes Material

QUOTE at the IMF in Washington, officials are worried that Japanese and US banks might decline to roll over the principal of loans made in the 1980s to Southeast Asian and other developing countries
Far Eastern Economic Review

ROM = READ ONLY MEMORY

Romania *noun* Rumänien *n*

◇ **Romanian 1** *noun* Rumäne/Rumänin **2** *adjective* rumänisch
(NOTE: capital: **Bucharest** = Bukarest; currency: **leu** = Leu *m*)

room *noun* **(a)** Zimmer *n or* Raum *m*; **the chairman's room is at the end of the corridor** = das Zimmer des Vorsitzenden ist am Ende des Flurs; **conference room** = Besprechungszimmer *or* Konferenzraum; **mail room** = Poststelle *f* **(b)** *(in hotel)* Zimmer *n*; **I want a room with bath for two nights** = ich möchte ein Zimmer mit Bad für zwei Nächte; **double room** = Doppelzimmer; **room service** = Zimmerservice *m* **(c)** *(space)* Platz *m*; **the filing cabinets take up a lot of room** = die Aktenschränke nehmen viel Platz weg; **there is no more room in the computer file** = es gibt keinen Platz mehr in der Datei (NOTE: no plural for this meaning)

rotation *noun* Wechsel *m or* Turnus *m or* Rotation *f*; **to fill the post of chairman by rotation** = die Position des Vorsitzenden im Wechsel vergeben; **two directors retire by rotation** = zwei Direktoren scheiden turnusmäßig aus

rouble *or (US)* **ruble** *noun (currency used in Russia and other countries)* Rubel *m*

rough *adjective* **(a)** ungefähr *or* grob; **rough calculation** *or* **rough estimate** = grobe Berechnung *or* grobe Schätzung; **I have made some rough calculations on the back of an envelope** = ich habe auf der Rückseite eines Briefumschlags ein paar grobe Berechnungen gemacht **(b)** *(not finished)* Roh-; **rough copy** = Konzept *n or* Rohentwurf *m*; **he made a rough draft of the new design** = er machte einen Rohentwurf des neuen Designs

◇ **roughly** *adverb* ungefähr; **the turnover is roughly twice last year's** = der Umsatz ist ungefähr doppelt so hoch wie im letzen Jahr; **the development cost of the project will be roughly £25,000** = die Entwicklungskosten des Projekts werden sich ungefähr auf £25.000 belaufen

◇ **rough out** *verb* grob entwerfen; **the finance director roughed out a plan of investment** = der Leiter der Finanzabteilung entwarf einen groben Investitionsplan

round 1 *adjective* **(a) in round figures** = in runden Zahlen *or* rund **(b) round trip** = Rundreise *f*; Hin- und Rückfahrt *f or* Hin- und Rückflug *m*; **round-trip ticket** = Hin- und Rückfahrkarte *f or* Hin- und Rückflugticket *n*; **round-trip fare** = Preis *m* für Hin- und Rückfahrt *or* Hin- und Rückflug

◇ **round down** *verb* abrunden

◇ **round up** *verb* aufrunden; **to round up the figure to the nearest pound** = den Betrag auf das nächste Pfund aufrunden

> QUOTE each cheque can be made out for the local equivalent of £100 rounded up to a convenient figure
> *Sunday Times*

route *noun* **(a)** Route *f or* Strecke *f*; **bus route** = Busstrecke; **companies were warned that normal shipping routes were dangerous because of the war** = Unternehmen wurden gewarnt, daß die normalen Schiffsrouten wegen des Krieges gefährlich seien **(b) en route** = unterwegs *or* auf dem Weg; **the tanker sank when she was en route to the Gulf** = der Tanker sank, als er zum Golf unterwegs war

routine 1 *noun* Routine *f*; **he follows a daily routine - he takes the 8.15 train to London, then the bus to his office, and returns by the same route in the evening** = er folgt einer täglichen Routine - er nimmt den 8.15 Uhr Zug nach London, dann den Bus zum Büro und fährt abends die gleiche Strecke zurück **refitting the conference room has disturbed the office routine** = die Neuausstattung des Konferenzraums störte die Büroroutine **2** *adjective* Routine- *or* routinemäßig; **routine work** = Routinearbeit *f*; **routine call** = Routineanruf *m*; **a routine check of the fire equipment** = eine routinemäßige Überprüfung der Brandschutzeinrichtungen

royalty *noun* **(a)** *(money paid to an inventor)* Lizenzgebühr *f*; **he is receiving royalties from his invention** = er bekommt Lizenzgebühren für seine Erfindung **(b)** *(money paid to a writer)* Tantiemen *fpl or* (Autoren)honorar *n*; **book royalties are linked to book sales** = Tantiemen sind an den Buchabsatz gebunden **(c)** *(money paid for the right to use land)* Pacht *f or* Pachtgeld *n*; **oil royalties make up a large proportion of the country's revenue** = Einnahmen *pl* aus Ölförderlizenzen *fpl* machen einen Großteil der Einkünfte des Landes aus

RPI = RETAIL PRICE(S) INDEX

RPM = RESALE PRICE MAINTENANCE

RRP = RECOMMENDED RETAIL PRICE

RSVP = REPONDEZ S'IL VOUS PLAIT um Antwort wird gebeten (u.A.w.g.)

rubber *noun* **(a)** Gummi *m or* Kautschuk *m* **rubber band** = Gummiband *n or* Gummiring *m* **(b)** *(GB) (eraser)* (Radier)gummi

◇ **rubber check** *noun (US)* ungedeckter Scheck

◇ **rubber stamp 1** *noun* Gummistempel *m*; **he stamped the invoice with the rubber stamp 'Paid'** = er stempelte die Rechnung mit dem Gummistempel ‚Bezahlt' **2** *verb* vorbehaltlos zustimmen *or* genehmigen; **the board simply rubber stamped the agreement** = der board stimmte dem Vertrag einfach zu

rule 1 *noun* **(a)** Regel *f*; **as a rule** = in der Regel *or* normalerweise; **as a rule, we do not give discounts over 20%** = in der Regel geben wir keinen Rabatt über 20%; **company rules** = Betriebsvorschriften *fpl*; **it is a company rule that smoking is not allowed in the offices** = es ist eine Betriebsvorschrift, daß Rauchen in den Büros nicht gestattet ist; **rule of thumb** = Faustregel *f* **(b) to work to rule** = Dienst nach Vorschrift tun **2** *verb* **(a)** *(to give an official decision)* entscheiden *or* anordnen *or* bestimmen; **the commission of inquiry ruled that the company was in breach of contract** = der Untersuchungsausschuß entschied, daß das Unternehmen vertragsbrüchig war; **the judge ruled that the documents had to be deposited with the court** = der Richter ordnete an, daß die Unterlagen beim Gericht hinterlegt werden mußten **(b)** *(to be in force)* gelten *or* gültig sein *or* notieren; **prices which are ruling at the moment** = Preise, die zur Zeit gelten

◇ **rulebook** *noun* Satzung *f*

◇ **ruling 1** *adjective* geltend *or* herrschend; **we will invoice at ruling prices** = wir berechnen zu geltenden Preisen *mpl* **2** *noun* Entscheidung *f or* Anordnung *f*; **the inquiry commission gave a ruling on the case** = der Untersuchungsausschuß traf eine Entscheidung über den Fall; **according to the ruling of the court, the contract was illegal** = nach der Entscheidung des Gerichts war der Vertrag rechtswidrig

run 1 *noun* **(a)** Lauf *m or* Durchlauf; **a cheque run** = ein Scheckdurchlauf; **a computer run** = ein Computerlauf; ein Programmdurchlauf; ein Rechnerlauf; **test run** = Probelauf **(b)** *(rush to buy or sell something)* Ansturm *m or* Andrang *m or* Run *m*; **the Post Office reported a run on the new stamps** = die Post meldete einen Ansturm auf die neuen Briefmarken; **a run on the bank** = ein Ansturm auf die Bank; **a run on the pound** = Panikverkäufe *mpl* von Pfund Sterling **(c)** *(regular route of a plane or bus)* Strecke *f* **2** *verb* **(a)** *(to be in force)* gelten *or* gültig sein *or* laufen; **the lease runs for twenty years** = der Mietvertrag läuft über zwanzig Jahre; **the lease has only six months to run** = der Mietvertrag läuft nur noch sechs Monate **(b)** *(to manage or to organize)* betreiben *or* leiten *or* führen; **she runs a mail-order business from home** = sie betreibt einen Direktversand von zu Hause aus; **they run a staff sports club** = sie leiten einen Betriebssportverein; **he is running a multinational company** = er leitet eine multinationale Gesellschaft **(c)** *(to work on a machine)* bedienen *or* betreiben *or* laufen lassen; **do not run the photocopier for more than four hours at a time** = benutzen Sie den Fotokopierer jeweils nicht länger als vier Stunden **(d)** *(of buses, trains etc.)* verkehren *or* fahren; **there is an evening plane running between Manchester and Paris** = es gibt abends ein Flugzeug, das zwischen Manchester und Paris verkehrt; **this train runs on weekdays** = dieser Zug verkehrt an Wochentagen (NOTE: **running - ran - has run**)

◇ **runaway inflation** *noun* galoppierende Inflation

◇ **run down** *verb* **(a)** *(to reduce a quantity gradually)* abbauen; **to run down stocks** *or* **to let stocks run down** = Warenbestände *mpl* abbauen **(b)** *(to slow down)* nach und nach auflösen; **the company is being run down** = das Unternehmen wird allmählich aufgelöst

◇ **run into** *verb* **(a) to run into debt** = in Schulden geraten *or* sich in Schulden stürzen **(b)** *(to amount to)* gehen *or* sich belaufen auf; **costs have run into thousands** = die Kosten gehen in die Tausende; **the costs ran into thousands of pounds** = die

Kosten beliefen sich auf tausende von Pfund; **he has an income running into six figures** = er hat ein Einkommen, das sich auf eine sechsstellige Zahl beläuft

◇ **running** *noun* **(a) running total** = laufende Summe **(b) running costs** *or* **running expenses** *or* **costs of running a business** = Betriebskosten *pl or* laufende Kosten *pl or* allgemeine Ausgaben *fpl* **(c) the company has made a profit for six years running** = das Unternehmen macht nun schon sechs Jahre hintereinander Gewinne

◇ **run out of** *verb* **she ran out of coins** = ihr gingen die Münzen aus; **the printer has run out of paper** = der Drucker hat kein Papier mehr

◇ **run to** *verb (to amount to)* gehen *or* sich belaufen auf; **the costs ran to thousands of pounds** = die Kosten beliefen sich auf tausende von Pfund

◇ **run up** *verb* machen *or* anwachsen lassen; **he quickly ran up a bill for £250** = er hatte schnell eine Rechnung von £250 gemacht

> QUOTE applications for mortgages are running at a high level
>
> ***Times***
>
> QUOTE business is booming for airlines on the London to Manchester run
>
> ***Business Traveller***

rupee *noun (money used in India and some other countries)* Rupie *f*

rush 1 *noun* Eile *f or* Hast *f*; **rush hour** = Hauptverkehrszeit *f or* Rush-hour *f*; **the taxi was delayed in the rush hour traffic** = das Taxi *or* die Taxe wurde im Stoßverkehr *m* aufgehalten; **rush job** = Eilauftrag *m*; **rush order** = Eilbestellung *f or* Eilauftrag *m* **2** *verb* drängen *or* hetzen; **to rush an order through** = einen Auftrag schnellstens abwickeln; **to rush a shipment to Africa** = eine Warensendung eilends nach Afrika befördern

Russia *noun* Rußland *n*

◇ **Russian 1** *noun* Russe/Russin **2** *adjective* russisch

(NOTE: capital: **Moscow** = Moskau; currency: **rouble** = Rubel *m*)

Rwanda *noun* Ruanda *n*

◇ **Rwandan 1** *noun* Ruander/-in **2** *adjective* ruandisch

(NOTE: capital: **Kigali;** currency: **Rwandan franc** = Ruanda-Franc *m*)

Ss

sachet *noun* Päckchen *n or* Briefchen *n*

sack 1 *noun* **(a)** Sack *m*; **a sack of potatoes** = ein Sack Kartoffeln; **we sell onions by the sack** = wir verkaufen Zwiebeln sackweise **(b) to get the sack** = rausgeworfen *or* entlassen werden **2** *verb* **to sack someone** = jdn rauswerfen; **he was sacked after being late for work** = er wurde entlassen, nachdem er zu spät zur Arbeit kam

◇ **sacking** *noun* Rausschmiß *m or* Entlassung *f*; **the union protested against the sackings** = die Gewerkschaft protestierte gegen die Entlassungen

SAE *or* **s.a.e.** = STAMPED ADDRESSED ENVELOPE

safe 1 *noun* Safe *m or* Tresor *m*; **put the documents in the safe** = legen Sie die Unterlagen in den Safe; **we keep the petty cash in the safe** = wir bewahren die Portokasse im Safe auf; **fireproof safe** = feuersicherer Tresor; **night safe** = Nachttresor; **wall safe** = Wandtresor **2** *adjective* **(a)** *(out of danger)* sicher; **keep the documents in a safe place** = bewahren Sie die Unterlagen an einem sicheren Ort auf **(b) safe investments** = risikofreie Investitionen *fpl or* sichere Kapitalanlagen *fpl*

◇ **safe deposit** *noun* Tresor *m*

◇ **safe-deposit box** *noun* Bankschließfach *n*

◇ **safeguard** *verb* schützen *or* sichern; **to safeguard the interests of the shareholders** = die Interessen der Aktionäre schützen *or* wahrnehmen

◇ **safekeeping** *noun* Verwahrung *f*; **we put the documents into the bank for safekeeping** = wir deponierten die Dokumente zur Verwahrung bei der Bank

◇ **safely** *adverb* sicher *or* wohlbehalten; **the cargo was unloaded safely from the sinking ship** = die Fracht wurde sicher vom sinkenden Schiff abgeladen

◇ **safety** *noun* **(a)** Sicherheit *f*; **safety margin** = Sicherheitsspielraum *m*; **margin of safety** = Sicherheitsmarge *f*; **to take safety precautions** *or* **safety measures** = Sicherheitsmaßnahmen *fpl* ergreifen; **safety regulations** = Sicherheitsvorschriften *fpl* **(b) fire safety** = Brandschutz *m*; **fire safety officer** = Betriebsfeuerwehrmann *m* **(c) for safety** = sicherheitshalber *or* aus Sicherheitsgründen; **put the documents in the cupboard for safety** = legen Sie die Unterlagen aus Sicherheitsgründen in den Schrank; **to make a copy of the disk for safety** = sicherheitshalber eine Kopie der Diskette machen

sail *verb* fahren; ablegen *or* auslaufen; **the ship sails at 12.00** = das Schiff legt um 12.00 Uhr ab

◇ **sailing** *noun* Abfahrt *f*; **there are no sailings to France because of the strike** = wegen des Streiks laufen keine Schiffe nach Frankreich aus

salary *noun* Gehalt *n*; **she got a salary increase in June** = sie bekam im Juni eine Gehaltserhöhung; **the company froze all salaries for a six-month period** = das Unternehmen fror alle Gehälter für einen Zeitraum von sechs Monaten ein; **basic salary** = Grundgehalt; **gross salary** = Bruttogehalt; **minimum salary** = Mindestgehalt; **net salary** = Nettogehalt; **starting salary** = Anfangsgehalt; **he was appointed at a starting salary of £10,000** = er wurde mit einem Anfangsgehalt von £10.000 angestellt; **salary cheque** = Gehaltsscheck *m*; **salary cut** = Gehaltskürzung *f*; **salary deductions** = Lohnabzüge *mpl*; **salary review** = Gehaltsaufbesserung *f*; **she had a salary review last April** *or* **her salary was reviewed last April** = sie bekam im letzten April eine Gehaltsaufbesserung; **scale of salaries** *or* **salary scale** = Gehaltstabelle *f*; **the company's salary structure** = die Gehaltsstruktur *f* des Unternehmens

◇ **salaried** *adjective* fest angestellt; **the company has 250 salaried staff** = das Unternehmen hat 250 festangestellte Mitarbeiter

> QUOTE the union of hotel and personal service workers has demanded a new salary structure and uniform conditions of service for workers in the hotel and catering industry
>
> *Business Times (Lagos)*

sale *noun* **(a)** Verkauf *m*; **cash sale** = Barverkauf; **credit card sale** = Verkauf auf Kreditkarte; **firm sale** = fester Verkauf; **forced sale** = Zwangsverkauf; **sale and lease-back** = Verkauf bei gleichzeitiger Vermietung an den Verkäufer; **sale or return** = Kauf mit Rückgaberecht; **we have taken 4,000 items on sale or return** = wir haben 4.000 Artikel mit Rückgaberecht gekauft; **bill of sale** = Kaufvertrag *m*; **conditions of sale** = Verkaufsbedingungen *fpl* **(b) for sale** = zu verkaufen; **to offer something for sale** *or* **to put something up for sale** = etwas zum Verkauf anbieten; **they put the factory up for sale** = sie boten die Fabrik zum Verkauf an; **his shop is for sale** = sein Geschäft steht zum Verkauf; **these items are not for sale to the general public** = diese Artikel sind nicht für den Verkauf an die Öffentlichkeit bestimmt **(c) to be on sale** = zum Verkauf stehen; **these items are on sale in most chemists** = diese Artikel werden in den meisten Drogerien verkauft **(d)** *(selling at specially low prices)* Ausverkauf *m or* Räumungsverkauf; **the shop is having a sale to clear old stock** = der Laden macht Ausverkauf, um alte Warenbestände zu räumen; **the sale price is 50% of the normal price** = der Ausverkaufspreis ist 50% des normalen Preises; **bargain sale** = Ausverkauf; **clearance sale**

= Räumungsverkauf; **closing-down sale** = Totalausverkauf; **half-price sale** = Verkauf zum halben Preis; **jumble sale** = *(etwa)* Wohltätigkeitsbasar *m*

◇ **saleability** *noun* Absatzfähigkeit *f* *or* Absetzbarkeit *f*

◇ **saleable** *adjective* absetzbar *or* verkäuflich

◇ **saleroom** *noun* Auktionsraum *m*

◇ **sales** *noun* **(a)** *(selling of goods)* **sales** = Verkäufe *mpl or* Absatz *m*; Umsatz *m*; **sales have risen over the first quarter** = der Umsatz ist im ersten Quartal gestiegen; **sales analysis** = Umsatzanalyse *f*; **sales appeal** = Kaufanreiz *m*; **sales book** = Warenausgangsbuch *n*; **book sales** = Warenausgänge *mpl*; **sales budget** = Absatzplan *m*; **sales campaign** = Verkaufsaktion *f*; **sales conference** *or* **sales meeting** = Verkaufskonferenz *f*; **cost of sales** = Absatzkosten *pl or* Vertriebskosten; **sales day book (SDB)** *or* **sales journal** = Warenausgansbuch; **sales department** = Verkaufsabteilung *f or* Abteilung Verkauf; Vertriebsabteilung; **the people from the sales department** = die Leute vom Verkauf *or* Vertrieb; **domestic sales** *or* **home sales** = Inlandsabsatz *m*; **sales drive** = Verkaufskampagne *f*; **sales executive** = Verkaufsleiter/-in; **sales figures** = Verkaufszahlen *fpl or* Absatzzahlen; Umsatzzahlen; **sales force** = Verkaufspersonal *n*; Handelsvertreterstab *m* **sales forecast** = Absatzprognose *f*; **forward sales** = Terminverkäufe *mpl*; **sales invoice** = Verkaufsrechnung; **sales journal** = SALES DAY BOOK; **sales ledger** = Warenausgangsbuch *n or* Debitorenbuch ; **sales ledger clerk** = für das Warenausgangsbuch zuständige(r) Angestellte(r); **sales literature** = Werbematerial *n or* Verkaufsprospekte *mpl*; **sales manager** = Verkaufsleiter/-in *or* Vertriebsleiter/-in; **sales mix** = Absatzmix *m*; **sales pitch** = Verkaufsargument *n or* Verkaufsgespräch *n*; **sales quota** = Verkaufsquote *f*; **monthly sales report** = monatlicher Absatzbericht; **in the sales report all the European countries are bracketed together** = im Absatzbericht sind alle europäischen Länder zusammengefaßt; *(US)* **sales revenue** = Verkaufserlös *m* (NOTE: GB English is **turnover**) **sales tax** = Warenumsatzsteuer *f*; **sales volume** *or* **volume of sales** = Absatzvolumen *n or* Umsatzvolumen *n or* Absatzmenge *f or* Absatz *m* **(b) the sales** = Schlußverkauf; **I bought this in the sales** *or* **at the sales** *or* **in the January sales** = ich habe dies im Schlußverkauf *or* im Januar-Schlußverkauf gekauft

◇ **salesclerk** *noun (US)* Verkäufer/-in

◇ **salesgirl** *noun* Verkäuferin

◇ **saleslady** *noun* Verkäuferin

◇ **salesman** *noun* **(a)** Verkäufer; **he is the head salesman in the carpet department** = er ist der erste Verkäufer in der Teppichabteilung; **a used car salesman** = ein Gebrauchtwagenhändler *m*; **door-to-door salesman** = Hausierer *m or* Vertreter *m*; *(umg)* Drücker *m*; **insurance salesman** = Versicherungsvertreter **(b)** (Handels)vertreter *m*; **we have six salesmen calling on accounts in central London** = wir haben sechs Handelsvertreter, die Kunden in der Londoner Innenstadt besuchen (NOTE: plural is **salesmen**)

◇ **salesmanship** *noun* Verkaufskunst *f*

◇ **saleswoman** *noun* Verkäuferin (NOTE: plural is **saleswomen**)

> QUOTE the latest car sales for April show a per cent dip from last year's total
> **Investors Chronicle**
>
> QUOTE the wage agreement includes sales clerks and commission sales people in stores in Toronto
> **Toronto Star**
>
> QUOTE the novelty in the ui'1m sales promotion is that the consumer will know immediately if he or she has won a bottle of champagne
> **Marketing Week**

Salvadorian *see* EL SALVADOR

salvage 1 *noun* **(a)** Bergung *f*; **salvage money** = Bergelohn *m or* Bergegeld *n*; **salvage value** *or* **scrap value** = Schrottwert *m*; **salvage vessel** = Bergungsschiff *n* **(b)** *(goods saved)* Bergungsgut *n*; **a sale of flood salvage items** = ein Verkauf von wassergeschädigten Waren *fpl* **2** *verb* **(a)** bergen; **we are selling off a warehouse full of salvaged goods** = wir verkaufen ein mit Bergungsgut gefülltes Lager **(b)** *(to save something from loss)* retten; **the company is trying to salvage its reputation after the managing director was sent to prison for fraud** = das Unternehmen versucht, seinen Ruf zu retten, nachdem der geschäftsführende Direktor wegen Betrug ins Gefängnis kam; **the receiver managed to salvage something from the collapse of the company** = der Konkursverwalter konnte etwas aus dem Zusammenbruch des Unternehmens retten

sample 1 *noun* **(a)** *(small part of an item which is used to show what the whole item is like)* Muster *n or* Probe *f or* Warenprobe; **a sample of the cloth** *or* **a cloth sample** = ein Stoffmuster; **check sample** = Prüfmuster; **free sample** = Gratisprobe; **sample book** *or* **book of samples** = Musterbuch *n* **(b)** *(small group taken to show what a larger group is like)* Auswahl *f*; **we interviewed a sample of potential customers** = wir befragten eine Auswahl potentieller Kunden; **random sample** = Stichprobe *f* **2** *verb* **(a)** *(to test)* probieren *or* testen ; **to sample a product before buying it** = ein Produkt testen, bevor man es kauft **(b)** *(to ask a representative group of people questions)* eine Repräsentativerhebung durchführen; **they sampled 2,000 people at random to test the new drink** = sie führten bei 2.000 Personen eine Repräsentativerhebung durch, um das neue Getränk zu testen

◇ **sampling** *noun* **(a)** Probenentnahme *f*; **sampling of Common Market produce** = Probenentnahme von Produkten des Gemeinsamen Markts; **acceptance sampling** = Abnahmekontrolle *f* mittels Stichproben *fpl* **(b)** Stichprobenerhebung *f or* Befragung *f* eines repräsentativen Querschnitts *m*; **random sampling** = Stichprobenauswahl *f* **sampling error** = Stichprobenfehler *m*

sanction 1 *noun* **(a)** Zustimmung *f or* Genehmigung *f*; **you will need the sanction of the local authorities before you can knock down the office block** = Sie werden die Genehmigung der örtlichen Behörden brauchen, bevor Sie das Bürohaus abreißen können **(b) economic sanctions** = Wirtschaftssanktionen *fpl*; **to impose sanctions on a country** *or* **to lift sanctions** = Sanktionen über ein Land verhängen *or* Sanktionen aufheben **2** *verb* sanktionieren *or* genehmigen; **the board sanctioned the expenditure of £1.2m on the development project** = der board genehmigte die Ausgabe von £1,2 Millionen für das Entwicklungsprojekt

> QUOTE members of the new Association of Coffee Producing Countries voted to cut their exports by 20 per cent to try to raise prices. The Association voted also on ways to enforce the agreement and to implement sanctions if it is breached
> *Times*

sandwich *noun* Sandwich *n*

◊ **sandwich boards** *noun* Sandwich-Plakate *npl* *(von einem Plakatträger getragene Werbetafeln)*

◊ **sandwich course** *noun* Studium *n* mit integriertem Praktikum *n*

◊ **sandwich man** *noun* Werbeplakatträger *m or* Sandwichmann *m*

satisfaction *noun* Zufriedenheit *f or* Befriedigung *f or* Zufriedenstellung *f*; **customer satisfaction** = Zufriedenstellung der Kunden; **job satisfaction** = Zufriedenheit am Arbeitsplatz

◊ **satisfy** *verb* **(a) to satisfy a client** = einen Kunden zufriedenstellen; **a satisfied customer** = ein zufriedener Kunde **(b) to satisfy demand** = Nachfrage stillen *or* befriedigen; **we cannot produce enough to satisfy the demand for the product** = wir können nicht genug produzieren, um die Nachfrage nach dem Produkt zu stillen

saturation *noun* Sättigung *f*; **saturation of the market** *or* **market saturation** = die Sättigung des Markts *or* Marktsättigung; **the market has reached saturation point** = der Markt hat einen Sättigungsgrad erreicht; **saturation advertising** = Sättigungswerbung *f*

◊ **saturate** *verb* sättigen; **to saturate the market** = den Markt sättigen; **the market for home computers is saturated** = der Markt für Heimcomputer ist gesättigt

Saudi Arabia *noun* Saudi-Arabien *n*

◊ **Saudi (Arabian) 1** *noun* Saudiaraber/-in **2** *adjective* saudiarabisch
(NOTE: capital: **Riyadh** = Riad; currency: **riyal** = Saudi-Riyal *m*)

save *verb* **(a)** *(to keep money)* sparen; **he is trying to save money by walking to work** = er versucht Geld zu sparen, indem er zu Fuß zur Arbeit geht; **she is saving to buy a house** = sie spart, um sich ein Haus zu kaufen **(b)** *(not to waste)* (ein)sparen; **to save time, let us continue the discussion in the taxi to the airport** = um Zeit zu sparen, führen wir das Gespräch lieber im Taxi zum Flughafen fort; **the government is encouraging companies to save energy** = der Staat ruft Unternehmen dazu auf, Energie (ein)zusparen **(c)** *(on a computer)* sichern; **do not forget to save your files when you have finished keyboarding them** = vergessen Sie nicht, die Dateien abzuspeichern, wenn Sie alles eingegeben haben

◊ **save-as-you-earn (SAYE)** *noun (GB)* **save-as-you-earn scheme** = staatliches Sparförderungsprogramm, durch monatliche, steuerfreie Kleinbeiträge

◊ **save on** *verb* (ein)sparen; **by introducing shift work we can save on fuel** = durch die Einführung von Schichtarbeit können wir Brennstoff einsparen

◊ **saver** *noun* Sparer/-in

◊ **save up** *verb* sparen; **they are saving up for a holiday in the USA** = sie sparen für einen Urlaub in den USA

◊ **saving 1** *noun* Einsparung *f*; **we are aiming for a 10% saving in fuel** = wir wollen eine Treibstoffeinsparung von 10% erreichen **2** *suffix* -sparend; **an energy-saving** *or* **a labour-saving device** = ein energiesparendes *or* ein arbeitssparendes Gerät; **time-saving** = zeitsparend

◊ **savings** *plural noun* Ersparnisse *fpl*; **he put all his savings into a deposit account** = er zahlte seine gesamten Ersparnisse auf ein Sparkonto ein; *(GB)* **National Savings** = britisches Sparsystem; Postsparkasse *f*; **savings certificate** *or (US)* **savings bond** = Sparbrief *m or* Sparschuldverschreibung *f*; **savings account** = Sparkonto *n*

◊ **savings bank** *noun* Sparkasse *f*

◊ **savings and loan (association) (S&L)** *noun (US) (etwa)* Bausparkasse *f* (NOTE: S&Ls are also called **thrifts;** the British equivalent for them is a **building society)**

SAYE = SAVE-AS-YOU-EARN

scab *noun (informal)* Streikbrecher/-in (NOTE: also called **blackleg;** US English is **fink)**

scale 1 *noun* **(a)** Skala *f or* Tabelle *f*; **scale of charges** *or* **scale of prices** = Gebührenordnung *f or* Preisliste *f or* Tarife *mpl*; **fixed scale of charges** = verbindliche Gebührenordnung; **scale of salaries** *or* **salary scale** = Gehaltstabelle *f*; **he was appointed at the top end of the salary scale** = er wurde an die Spitze der Gehaltstabelle gesetzt; **incremental scale** = Gehaltserhöhungstabelle **(b) large scale** *or* **small scale** = großer Umfang *or* begrenzter Umfang; **he started in business on a small scale** = er fing klein an; **diseconomies of scale** = Größennachteile *mpl*; Kostenprogression *f* **economies of scale** = Größenvorteile *mpl or* Größendegression *f* **(c)** *(machine for weighing)* **scales** = Waage *f* **2** *verb* **to scale down** *or* **to scale up** = verringern *or* herabsetzen; erhöhen *or* heraufsetzen

scam *noun (US informal)* Betrug *m*

scarce *adjective* rar *or* selten *or* knapp; **scarce raw materials** = knappe Rohstoffe *mpl*; **reliable trained staff are scarce** = zuverlässiges Fachpersonal ist rar

◊ **scarceness** *or* **scarcity** *noun* Knappheit *f or* Seltenheit *f*; **the scarceness of trained staff** = der Mangel an ausgebildetem Personal; **there is a scarcity of trained staff** = es herrscht ein Mangel an ausgebildetem Personal; **scarcity value** = Seltenheitswert *m*

scenario *noun* Szenario *n*

> QUOTE on the upside scenario, the outlook is reasonably optimistic, bankers say, the worst scenario being that a scheme of arrangement cannot be achieved, resulting in liquidation
> *Irish Times*

schedule 1 *noun* **(a)** Zeitplan *m*; Arbeitsplan; Terminplan; **to be ahead of schedule** = dem Zeitplan voraus sein; **to be on schedule** = pünktlich *or* termingerecht fertig sein; termingerecht vorankommen; **to be behind**

schedule = in Verzug sein; **the project is on schedule** = das Projekt kommt termingerecht voran; **the building was completed ahead of schedule** = das Gebäude wurde vor Ablauf des Zeitplans fertiggestellt; **I am sorry to say that we are three months behind schedule** = ich muß Ihnen leider sagen, daß wir drei Monate hinter dem Zeitplan liegen; **the managing director has a busy schedule of appointments** = der geschäftsführende Direktor hat einen vollen Terminkalender; **his secretary tried to fit me into his schedule** = seine Sekretärin versuchte, mich in seinen Terminplan einzuschieben **(b)** Verzeichnis *n or* Liste *f or* Aufstellung *f*; Anhang *m*; **please find enclosed our schedule of charges** = in der Anlage unsere Gebührenordnung; **schedule of territories to which a contract applies** = Liste von Gebieten, für die ein Vertrag gilt; **see the attached schedule** *or* **as per the attached schedule** = beachten Sie die beigefügte Liste *or* gemäß beigefügter Liste **(c)** *(GB)* **tax schedules** = Steuerklassen *fpl* **2** *verb* **(a)** festlegen *or* aufführen; **scheduled prices** *or* **scheduled charges** = Listenpreise *mpl or* festgelegte Gebühren *fpl* **(b)** ansetzen *or* anberaumen; **the building is scheduled for completion in May** = das Gebäude soll im Mai fertig sein; **scheduled flight** = Linienflug *m*; **he left for Helsinki on a scheduled flight** = er flog mit einem Linienflug nach Helsinki

◇ **scheduling** *noun* Ablaufplanung *f or* Terminplanung

scheme *noun* Plan *m or* Programm *n or* Vorhaben *n or* Projekt *n*; **bonus scheme** = Prämienlohnsystem *n*; **pension scheme** = Rentenversicherungssystem *n*; **profit-sharing scheme** = Gewinnbeteiligungsplan; **scheme of arrangement** = Vergleichsvorschlag *m*

science *noun* Wissenschaft *f*; **business science** *or* **management science** = *(etwa)* Betriebswirtschaft *f*; **he has a master's degree in business science** = er hat einen Magister in Betriebswirtschaft; **science park** = Wissenschaftspark *m*

scope *noun* Möglichkeiten *fpl*; Spielraum *m*; **there is scope for improvement in our sales performance** = unsere Verkaufsleistung ist noch verbesserungsfähig; **there is considerable scope for expansion into the export market** = es gibt viele Möglichkeiten *fpl* , auf den Exportmarkt vorzudringen

scrap 1 *noun* Altmaterial *n or* Schrott *m*; **to sell a ship for scrap** = ein Schiff zum Verschrotten *n* verkaufen; **scrap value** *or* **salvage value** = Schrottwert *m*; **its scrap value is £2,500** = der Schrottwert ist £2.500; **scrap dealer** *or* **scrap merchant** = Schrotthändler *m* **2** *verb* **(a)** *(to stop working on)* aufgeben *or* fallenlassen; **to scrap plans for expansion** = Expansionspläne *mpl* fallenlassen **(b)** *(to throw away as useless)* verschrotten; **they had to scrap 10,000 spare parts** = sie mußten 10.000 Ersatzteile verschrotten (NOTE: **scrapping - scrapped)**

screen 1 *noun* Bildschirm *m or* Monitor *m*; **a TV screen** = ein Fernsehbildschirm; **the information appeared on the screen** = die Information erschien auf dem Bildschirm *or* Monitor **2** *verb* **to screen candidates** = Bewerber überprüfen

◇ **screening** *noun* **the screening of candidates** = das Überprüfen von Bewerbern

scrip *noun* **scrip issue** = Ausgabe *f* von Gratisaktien *fpl*

> QUOTE under the rule, brokers who fail to deliver stock within four days of a transaction are to be fined 1% of the transaction value for each day of missing scrip
> *Far Eastern Economic Review*

SDB = SALES DAY BOOK

SDR = SPECIAL DRAWING RIGHTS Sonderziehungsrechte *npl*

sea *noun* Meer *n or* See *f*; **to send a shipment by sea** = eine Warensendung auf dem Seeweg *m* verschicken; **by sea mail** = Postsendung *f* auf dem Seeweg

◇ **seaport** *noun* Seehafen *m*

◇ **seaworthiness** *noun* **certificate of seaworthiness** = Seetüchtigkeitszeugnis *n*

seal 1 *noun* **(a) common seal** *or* **company's seal** = Firmensiegel *n*; **to attach the company's seal to a document** = ein Dokument mit dem Firmensiegel versehen; **contract under seal** = beurkundeter *or* gesiegelter Vertrag **(b)** *(piece of paper or metal or wax attached to close something)* Versiegelung *f or* Siegel *n or* Plombe *f*; **customs seal** = Zollverschluß *m or* Zollsiegel *n* **2** *verb* **(a)** fest verschließen *or* zukleben; **the computer disks were sent in a sealed container** = die Computer-Disketten wurden in einem verschlossenen Behälter *m* verschickt; **sealed envelope** = verschlossener Briefumschlag; **the information was sent in a sealed envelope** = die Information wurde in einem verschlossenen Briefumschlag verschickt; **sealed tenders** = verschlossene Angebote *npl*; **the company has asked for sealed bids for the warehouse** = das Unternehmen bat um verschlossene Angebote *npl* für das Lager **(b)** *(to attach a seal)* versiegeln; plombieren *or* verplomben; **the customs sealed the shipment** = der Zoll verplombte die Ladung

search *noun* **(a)** Suche *f* **(b)** *(examination of title deeds)* Einsichtnahme *f* in das Grundbuch, um festzustellen, ob Lasten auf dem zu kaufenden Grundbesitz ruhen

season *noun* **(a)** *(part of a year)* Jahreszeit *f* **(b)** *(period of time when something usually takes place)* Saison *f*; **low season** *or* **high season** = Nebensaison; Hauptsaison *or* Hochsaison; **air fares are cheaper in the low season** = Flugpreise sind in der Nebensaison billiger; **tourist season** *or* **holiday season** = Urlaubszeit *f*; **busy season** *or* **slack season** = umsatzstarke *or* belebte Jahreszeit; umsatzschwache Jahreszeit; **dead season** = Nebensaison; **end of season sale** = Sommer- *or* Winterschlußverkauf *m* **season ticket** = Saisonkarte *f*

◇ **seasonal** *adjective* saisonbedingt *or* jahreszeitlich bedingt *or* Saison-; **the demand for this item is very seasonal** = die Nachfrage nach diesem Artikel ist saisonbedingt; **seasonal variations in sales patterns** = saisonbedingte Veränderungen *fpl* in der Verkaufsstruktur; **seasonal adjustments** = Saisonbereinigungen *fpl*; **seasonal demand** = saisonbedingte Nachfrage;

seasonal unemployment = saisonbedingte Arbeitslosigkeit

◊ **seasonally** *adverb* **seasonally adjusted figures** = saisonbereinigte Beträge *mpl*

◊ **season ticket** *noun* Zeitkarte *f*

sec = SECRETARY; **hon sec** = ehrenamtliche(r) Schriftführer/-in

SEC = SECURITIES & EXCHANGE COMMISSION

second 1 *adjective* zweite(r,s); **second half-year** = zweites Halbjahr; **second mortgage** = Zweithypothek *f*; **second quarter** = zweites Quartal **2** *verb* **(a) to second a motion** = einen Antrag unterstützen; **Mrs Smith seconded the motion** *or* **the motion was seconded by Mrs Smith** = Frau Smith unterstützte den Antrag *or* der Antrag wurde von Frau Smith unterstützt **(b)** *(to lend a member of staff to another employer)* abstellen; **he was seconded to the Department of Trade for two years** = er wurde für zwei Jahre an das Handelsministerium abgestellt

◊ **secondary** *adjective* sekundär *or* zweitrangig *or* Sekundär- *or* Neben-; **secondary banks** = Finanzierungs- und Teilzahlungsinstitute *npl*; **secondary industry** = verarbeitende Industrie; **secondary picketing** = Bestreikung *f* eines nur indirekt beteiligten Betriebes *m*

◊ **second-class** *adjective & adverb* zweiter Klasse; **to travel second-class** = zweiter Klasse reisen; **the price of a second-class ticket is half that of a first class** = der Preis einer Fahrkarte in der zweiten Klasse kostet nur die Hälfte einer Fahrkarte für die erste Klasse; **I find second-class hotels are just as comfortable as the best ones** = ich finde Hotels zweiter Klasse genauso komfortabel wie die besten; **second-class mail** = (i) *(GB)* Postsendung *f* zweiter Klasse; (ii) *(US) (etwa)* Drucksache *f*; **a second-class letter is slower than a first-class** = ein Brief zweiter Klasse ist langsamer als ein Brief erster Klasse; **send it second-class if it is not urgent** = schicken Sie es zweiter Klasse, wenn es nicht eilig ist

◊ **seconder** *noun* Befürworter/-in; **there was no seconder for the motion so it was not put to the vote** = es gab keinen Befürworter des Antrags, so daß darüber nicht abgestimmt wurde

◊ **second half** *noun* zweites Halbjahr; **the figures for the second half are up on those for the first part of the year** = die Zahlen des zweiten Halbjahres liegen über denen der ersten Jahreshälfte

◊ **secondhand** *adjective & adverb* gebraucht *or* Gebraucht- *or* Secondhand-; **a secondhand car salesman** = ein Gebrauchtwagenhändler *m*; **the secondhand computer market** *or* **the market in secondhand computers** = der Markt für gebrauchte Computer *mpl*; **to buy something secondhand** = etwas aus zweiter Hand *or* gebraucht kaufen; **look at the prices of secondhand cars** *or* **look at secondhand car prices** = informieren Sie sich über Preise von Gebrauchtwagen *mpl*; **secondhand dealer** = Gebrauchtwarenhändler/-in; **secondhand shop** = Secondhandladen *m*

◊ **secondment** *noun* Abordnung *f*; **he is on three years' secondment to an Australian college** = er wurde für drei Jahre an ein australisches College abgeordnet

◊ **second-rate** *adjective* zweitklassig *or* minderwertig; **never buy anything second-rate** = kaufen Sie nie etwas Zweitklassiges

◊ **seconds** *plural noun* Waren *fpl* zweiter Wahl *or* B-Sortiment *n*; **the shop has a sale of seconds** = das Geschäft verkauft im Moment Waren zweiter Wahl

secret 1 *adjective* geheim *or* Geheim-; **the MD kept the contract secret from the rest of the board** = der geschäftsführende Direktor hielt den Vertrag vor den übrigen board-Mitgliedern geheim; **they signed a secret deal with their main rivals** = sie unterzeichneten einen geheimen Vertrag mit ihren Hauptkonkurrenten **2** *noun* Geheimnis *n*; **to keep a secret** = ein Geheimnis bewahren

◊ **secretary** *noun* **(a)** Sekretär/-in; **secretary and personal assistant** *or (US)* **executive secretary** = Sekretär/-in und persönliche(r) Assistent/-in; **my secretary deals with incoming orders** = meine Sekretärin ist zuständig für eingehende Aufträge; **his secretary phoned to say he would be late** = seine Sekretärin rief an, um zu sagen, daß er sich verspäten würde **(b)** *(official of a company or society)* Geschäftsführer/-in *or* Schriftführer/-in; *(GB)* **company secretary** = Manager/-in mit Aufgabenbereich Finanzen und Verwaltung; Prokurist/-in; **honorary secretary** = ehrenamtliche(r) Geschäftsführer/-in *or* Schriftführer/-in; **he was elected secretary of the committee** *or* **committee secretary** = er wurde zum Schriftführer des Ausschusses gewählt; **membership secretary** = Geschäftsführer/-in **(c)** *(member of the government in charge of a department)* Minister/-in; **Education Secretary** = Erziehungsminister/-in; **Foreign Secretary** = Außenminister/-in; *(US)* **Secretary of the Treasury** = Finanzminister/-in

◊ **Secretary of State** *noun* **(a)** *(GB)* Kabinettsminister/-in **(b)** *(US)* Außenminister/-in

◊ **secretarial** *adjective* Sekretariats- *or* Sekretärinnen-; **she is taking a secretarial course** = sie macht einen Sekretärinnenkurs mit; **he is looking for secretarial work** = er sucht Arbeit als Sekretär; **we need extra secretarial help to deal with the mailings** = wir brauchen noch Hilfe im Sekretariat *n* für die Briefsendungen; **secretarial college** = Sekretärinnenschule *f*

◊ **secretariat** *noun* Sekretariat *n*; **the United Nations secretariat** = das Sekretariat der Vereinten Nationen

> QUOTE a debate has been going on over the establishment of a general secretariat for the G7. Proponents argue that this would give the G7 a sense of direction and continuity
>
> *Times*

section *noun* Abteilung *f*; Abschnitt *m or* Absatz *m*; **legal section** = Rechtsabteilung

sector *noun* Sektor *m or* Bereich *m*; **all sectors of the economy suffered from the fall in the exchange rate** = alle Bereiche der Wirtschaft litten unter dem sinkenden Wechselkurs; **technology is a booming sector of the economy** = Technologie ist ein im Aufschwung begriffener Wirtschaftssektor *or* ist eine Wachstumsbranche; **private sector** = Privatsektor *m or* Privatwirtschaft *f*; **the expansion is funded completely by the private sector** = die Expansion wird ausschließlich von der Privatwirtschaft finanziert; **salaries in the**

private sector have increased faster than in the public = die Gehälter im privaten Sektor sind schneller gestiegen als im öffentlichen Sektor; **public sector** = öffentlicher Sektor; **public sector borrowing requirement (PSBR)** = Kreditbedarf *m* der öffentlichen Hand

> QUOTE government services form a large part of the tertiary or service sector
> *Sydney Morning Herald*
> QUOTE in the dry cargo sector, a total of 956 dry cargo vessels are laid up - 3% of world dry cargo tonnage
> *Lloyd's List*

secure 1 *adjective* sicher *or* gesichert; **secure job** = sicherer Arbeitsplatz; **secure investment** = sichere *or* risikofreie Investition **2** *verb* **(a) to secure a loan** = ein Darlehen sichern **(b)** *(to get something into your control)* sich sichern; **to secure funds** = sich finanzielle Mittel sichern; **he secured the backing of an Australian group** = er sicherte sich die Unterstützung eines australischen Konzerns

◇ **secured** *adjective* **secured creditor** = Vorzugsgläubiger *m*; **secured debts** = gesicherte Verbindlichkeiten *fpl*; **secured loan** = gesichertes Darlehen

◇ **securities** *plural noun* Wertpapiere *npl or* Effekten *pl*; **gilt-edged securities** *or* **government securities** = Staatspapiere *npl or* Wertpapiere der öffentlichen Hand; **listed securities** = börsennotierte Wertpapiere; **the securities market** = der Wertpapiermarkt; **securities trader** = Wertpapierhändler/-in; *(US)* **Securities and Exchange Commission (SEC)** *or (GB)* **Securities and Investments Board (SIB)** = Wertpapier- und Investitionskontrollbehörde *f*

◇ **security** *noun* **(a) job security** = Sicherheit *f* des Arbeitsplatzes; **security of employment** = Sicherheit *f* des Arbeitsplatzes; **security of tenure** = gesetzlicher Kündigungsschutz **(b)** *(being protected)* Sicherheit *f*; **airport security** = Flugsicherheit; **security guard** = Wachmann *m*; **office security** = Sicherheitsvorkehrungen *fpl* (gegen Diebstahl) im Büro **(c)** *(being secret)* Geheimhaltung *f*; **security in this office is nil** = in diesem Büro kann man nichts geheimhalten; **security printer** = Drucker *m* , der Banknoten, geheime Dokumente usw. druckt **(d) social security** = Sozialhilfe *f*; **he lives on social security payments** = er lebt von der Sozialhilfe **(e)** *(guarantee that someone will repay money borrowed)* Bürgschaft *f or* Sicherheitsleistung *f*; **to stand security for someone** = eine Bürgschaft für jdn leisten *or* für jdn bürgen; **to give something as security for a debt** = etwas als Sicherheitsleistung für eine Schuld überlassen; **to use a house as security for a loan** = ein Haus als Sicherheitsleistung für einen Kredit einsetzen; **the bank lent him £20,000 without security** = die Bank lieh ihm £20.000 ohne Sicherheitsleistungen

seed money *or* **seedcorn** *noun* Startkapital *n* von einer Kapitalbeteiligungsgesellschaft

see-safe *noun* Kauf *m* mit Rückgaberecht; **we bought the stock see-safe** = wir haben den Warenbestand mit Rückgaberecht gekauft

seek *verb* anstreben *or* bitten um; **they are seeking damages for loss of revenue** = sie wollen Schadenersatz für Einnahmeverluste; **to seek an interview** = um ein Gespräch bitten; **the reporter sought an interview with the minister** = der Reporter bat um ein Interview mit dem Minister (NOTE: **seeking - sought**)

seize *verb* einziehen *or* beschlagnahmen *or* konfiszieren; **the customs seized the shipment of books** = der Zoll beschlagnahmte die Büchersendung; **the court ordered the company's funds to be seized** = das Gericht ordnete die Einziehung des Gesellschaftskapitals an

◇ **seizure** *noun* Einziehung *f or* Beschlagnahmung *f or* Konfiskation *f*; **the court ordered the seizure of the shipment** *or* **of the company's funds** = das Gericht ordnete die Konfiskation der Warensendung *or* die Einziehung des Gesellschaftskapitals an

select 1 *adjective* exklusiv *or* auserwählt *or* auserlesen; **our customers are very select** = unsere Kundschaft ist äußerst exklusiv; **a select range of merchandise** = ein auserlesenes Warensortiment **2** *verb* auswählen *or* aussuchen; **selected items are reduced by 25%** = ausgewählte Artikel *mpl* sind um 25% herabgesetzt

◇ **selection** *noun* Auswahl *f*; **a selection of our product line** = eine Auswahl unseres Produktsortiments; **selection board** *or* **selection committee** = Auswahlgremium *n*; **selection procedure** = Auswahlverfahren *n*

◇ **selective** *adjective* selektiv *or* gezielt; **selective strikes** = Schwerpunktstreiks *mpl*

> QUOTE engineering employers have been told they may have to revise their criteria for selecting trainees
> *Personnel Management*

self *pronoun* selbst *(on cheques)* **'pay self'** = ‚Zahlung an Aussteller'

◇ **self-** *prefix* Selbst-

◇ **self-contained office** *noun* separates *or* eigenständiges Büro

◇ **self-employed 1** *adjective* selbständig *or* freiberuflich; **a self-employed engineer** = ein(e) freiberufliche(r) Ingenieur/-in; **he worked for a bank for ten years but now is self-employed** = er arbeitete zehn Jahre für eine Bank, ist aber jetzt selbständig **2** *noun* **the self-employed** = die Selbständigen *pl* (NOTE: can be followed by a verb in the plural)

◇ **self-financed** *adjective* **the project is completely self-financed** = das Projekt ist völlig eigenfinanziert

◇ **self-financing 1** *noun* Eigenfinanzierung *f or* Selbstfinanzierung **2** *adjective* **the company is completely self-financing** = das Unternehmen finanziert sich zur Gänze selbst

◇ **self-made man** *noun* Selfmademan *m*

◇ **self-regulation** *noun* freiwillige Selbstkontrolle

◇ **self-regulatory** *adjective* selbstregulierend

◇ **self-service** *adjective* **a self-service store** = ein Selbstbedienungsgeschäft *n*; **self-service petrol station** = Tankstelle *f* mit Selbstbedienung

◇ **self-sufficiency** *noun* Autarkie *f or* Eigenversorgung *f*; *(wirtschaftliche)* Unabhängigkeit

◇ **self-sufficient** *adjective* autark *or* unabhängig *or* selbständig; **the country is self-sufficient in oil** = das Land ist unabhängig, was Öl anbetrifft

◇ **self-supporting** *adjective* finanziell unabhängig

sell 1 *noun* Verkauf *m*; **to give a product the hard sell** = ein Produkt aggressiv verkaufen; **he tried to give me the hard sell** = er versuchte es bei mir mit der aggressiven Verkaufsmethode; **soft sell** = ‚weiche' Verkaufstechnik **2** *verb* **(a)** verkaufen *or* absetzen; **to sell cars** *or* **to sell refrigerators** = Autos *or* Kühlschränke verkaufen; **they have decided to sell their house** = sie beschlossen, ihr Haus zu verkaufen; **they tried to sell their house for £100,000** = sie versuchten, ihr Haus für £100.000 zu verkaufen; **to sell something on credit** = etwas auf Kredit verkaufen; **her house is difficult to sell** = ihr Haus ist schwer verkäuflich; **their products are easy to sell** = ihre Produkte sind gut verkäuflich *or* lassen sich leicht verkaufen; **to sell forward** = auf Termin verkaufen **(b)** *(to be bought)* sich verkaufen *or* Absatz finden *or* verkauft werden; **these items sell well in the pre-Christmas period** = diese Artikel verkaufen sich gut in der Vorweihnachtszeit; **those packs sell for £25 a dozen** = diese Schachteln kosten £25 pro Dutzend (NOTE: **selling - sold)**

◇ **sellable** *adj* gut verkäuflich *or* absetzbar

◇ **sell-by date** *noun* Haltbarkeitsdatum *n*

◇ **seller** *noun* **(a)** *(person who sells)* Verkäufer/-in; **there were few sellers in the market, so prices remained high** = es gab wenig Anbieter *mpl* auf dem Markt, so daß die Preise hoch blieben; **seller's market** = Verkäufermarkt *m* **(b)** *(thing which sells)* gängiger Artikel; **this book is a steady seller** = dieses Buch ist immer nachgefragt; **best-seller** = Bestseller *m*

◇ **selling 1** *noun* **direct selling** = Direktverkauf *m*; **mail-order selling** = Versandhandel *m*; **selling costs** = Vertriebskosten *pl*; **selling price** = Verkaufspreis *m* **2** *suffix* **fast-selling items** = schnell verkäufliche Artikel *mpl or* Artikel mit reißendem Absatz *m or* Selbstläufer *mpl*; **best-selling car** = meistverkauftes Automodell

◇ **sell off** *verb* abstoßen

◇ **sell out** *verb* **(a)** *(to sell all stock)* ausverkaufen; **to sell out of a product line** = ein Produktsortiment nicht mehr vorrätig haben; **we have sold out of electronic typewriters** = wir haben keine elektronischen Schreibmaschinen mehr; **this item has sold out** = dieser Artikel ist ausverkauft *or* vergriffen **(b) to sell out** = seine Firma *or* sein Geschäft *or* seinen Anteil verkaufen; **he sold out and retired to the seaside** = er verkaufte seine Firma *or* sein Geschäft *or* seinen Anteil und zog sich an die Küste zurück

◇ **sellout** *noun* **this item has been a sellout** = dieser Artikel war ein Verkaufsschlager *m*

◇ **sell up** *verb* eine Firma *or* ein Geschäft komplett verkaufen

semi- *prefix* halb *or* Halb-

◇ **semi-finished** *adjective* **semi-finished products** = Halbfabrikate *npl or* Halberzeugnisse *npl*

◇ **semi-skilled** *adjective* **semi-skilled workers** = angelernte Arbeitskräfte *fpl*

send *verb* (ver)schicken *or* (ver)senden; **to send a letter** *or* **an order** *or* **a shipment** = einen Brief *or* einen Auftrag *or* eine Warensendung verschicken; **the company is sending him to Australia to be general manager of the Sydney office** = das Unternehmen schickt ihn als Geschäftsführer der Filiale in Sydney nach Australien ; **send the letter airmail if you want it to arrive next week** = schicken Sie den Brief per Lufpost, wenn Sie wollen, daß er nächste Woche ankommt; **the shipment was sent by rail** = die Warensendung wurde mit der Bahn verschickt (NOTE: **sending - sent)**

◇ **send away for** *verb* etwas bestellen *or* anfordern; **we sent away for the new catalogue** = wir haben den neuen Katalog bestellt *or* angefordert

◇ **sender** *noun* Absender *m*; **'return to sender'** = ‚zurück an Absender'

◇ **send in** *verb* einsenden *or* einschicken; **he sent in his resignation** = er schickte seine Kündigung ein; **to send in an application** = eine Bewerbung einschicken

◇ **send off** *verb* abschicken

◇ **send off for** *verb* etwas bestellen *or* anfordern; **we sent off for the new catalogue** = wir haben den neuen Katalog bestellt *or* angefordert

◇ **send on** *verb* nachsenden; **he sent the letter on to his brother** = er schickte den Brief an seinen Bruder weiter

Senegal *noun* Senegal *n*

◇ **Senegalese 1** *noun* Senegalese/Senegalesin **2** *adjective* senegalesisch
(NOTE: capital: **Dakar;** currency: **CFA franc** = CFA-Franc *m*)

senior *adjective* **(a)** älter; dienstälter; leitend *or* übergeordnet *or* höher; **senior manager** *or* **senior executive** = höhere Führungskraft *or* leitende(r) Angestellte(r); **senior partner** = Seniorpartner/-in; **John Smith, Senior** = John Smith senior **(b)** vorrangig; **senior debts** = vorrangige Schulden; **senior mortgage** = Ersthypothek *f*

◇ **seniority** *noun* höheres Alter; Dienstalter *n or* Dauer *f* der Betriebszugehörigkeit *or* Seniorität *f*; **the managers were listed in order of seniority** = die Manager wurden ihrem Dienstalter entsprechend aufgeführt

sensitive *adjective* empfindlich *or* sensibel; **the market is very sensitive to the result of the elections** = der Markt reagiert empfindlich auf die Wahlergebnisse; **price-sensitive product** = preisempfindliches Produkt

sentiment *noun* Stimmung *f*; **market sentiment** = Börsenklima *n or* Börsenstimmung *f*

separate 1 *adjective* getrennt *or* gesondert *or* einzeln *or* separat; **to send something under separate cover** = etwas mit getrennter Post schicken; **separate taxation (for married couples)** = Splitting *n* **2** *verb* trennen *or* aufteilen; **the personnel are separated into part-timers and full-time staff** = das Personal teilt sich in Teilzeit- und Vollzeitbeschäftigte auf

◇ **separately** *adverb* getrennt *or* gesondert *or* einzeln *or* separat; **each job was invoiced separately** = jeder Auftrag wurde getrennt in Rechnung gestellt

◇ **separation** *noun (US)* Stellenaufgabe *f*

sequester *or* **sequestrate** *verb* sequestrieren *or* zwangsverwalten

◇ **sequestration** *noun* Sequestration *f* *or* Zwangsverwaltung *f*

◇ **sequestrator** *noun* Sequester *m* *or* Zwangsverwalter/-in

Serbia *noun* Serbien *n*

◇ **Serb** *noun* Serbe/Serbin

◇ **Serbian** *adjective* serbisch

(NOTE: capital: **Belgrade** = Belgrad; currency: **dinar** = Dinar *m*)

serial number *noun* Fabrikationsnummer *f*; Seriennummer; **this batch of shoes has the serial number 25-02** = diese Schuhserie hat die Nummer 25-02

series *noun* Serie *f* *or* Reihe *f*; **a series of successful takeovers made the company one of the largest in the trade** = eine Serie erfolgreicher Übernahmen machte das Unternehmen zu einem der größten in der Branche (NOTE: plural is also **series**)

serious *adjective* **(a)** schwer *or* schlimm; ernsthaft; **the storm caused serious damage** = der Sturm verursachte schwere Schäden *mpl*; **the damage to the computer was not very serious** = der Schaden am Computer war nicht sehr schlimm **(b) the management is making serious attempts to improve working conditions** = die Unternehmensleitung macht ernsthafte Versuche *mpl*, die Arbeitsbedingungen zu verbessern

◇ **seriously** *adverb* schwer *or* schlimm; **the cargo was seriously damaged by water** = die Fracht wurde durch Wasser schwer beschädigt

servant *noun* Diener/-in; **civil servant** = Staatsbeamter *or* Staatsbeamtin *(keine Richter und Lehrer); (etwa)* Angestellte(r) im öffentlichen Dienst

serve *verb* **(a)** bedienen; **to serve a customer** = einen Kunden bedienen; **to serve in a shop** *or* **in a restaurant** = in einem Laden *or* Restaurant bedienen **(b) to serve someone with a writ** *or* **to serve a writ on someone** = jdm eine gerichtliche Verfügung zustellen

service 1 *noun* **(a)** *(working for a company or in a shop, etc.)* Dienst *m*; **length of service** = Dienstzeit *f*; **service agreement** *or* **service contract** = Dienstvertrag *m* *or* Arbeitsvertrag **(b)** *(the work of dealing with customers)* Bedienung *f*; **the service in that restaurant is extremely slow** = die Bedienung in dem Restaurant ist extrem langsam; **to add on 10% for service** = 10% (für) Bedienung aufschlagen; **the bill includes service** = die Rechnung ist inklusive Bedienung; **is the service included?** = ist Bedienung inklusive? **(c)** *(keeping a machine in good working order)* Wartung *f*; **the machine has been sent in for service** = das Gerät wurde zur Wartung eingeschickt; **the routine service of equipment** = die routinemäßige Wartung von Geräten; **service contract** = Wartungsvertrag *m*; **after-sales service** = Kundendienst *m*; **service centre** = Reparaturwerkstatt *f*; **service department** = Kundendienstabteilung *f*; **service engineer** = Kundendienstmechaniker *m*; **service handbook** *or* **service manual** = Wartungshandbuch *n*; **service station** = Tankstelle *f* mit Reparaturwerkstatt *f* **(d)** *(business or office which gives help)* Dienst *m* *or* Service *m*; **answering service** = Fernsprechauftragsdienst; **24-hour service** = Tag- und Nachtdienst *or* 24-Stunden Service; **service bureau** = Büro-Service *m*; **service department** = Kundendienst *m* *or* Kundendienstabteilung *f*; **service industry** *or* **service sector** = Dienstleistungsgewerbe *n* *or* Dienstleistungssektor *m* **(e) to put a machine into service** = eine Maschine in Betrieb nehmen **(f)** *(regular working of a public organization)* Service *m*; Dienst *m*; Verkehr *m*; **the postal service is efficient** = der Postdienst ist effizient; **the bus service is very irregular** = die Busse verkehren unregelmäßig; **we have a good train service to London** = wir haben eine gute Zugverbindung nach London; **civil service** = Staatsdienst *(keine Richter und Lehrer); (etwa)* öffentlicher Dienst; **he has a job in the civil service** = er arbeitet im Staatsdienst *or* öffentlichen Dienst; **civil service pensions are index-linked** = Pensionen *fpl* von Staatsbeamten sind indexgebunden **2** *verb* **(a)** warten; **the car needs to be serviced every six months** = der Wagen muß alle sechs Monate gewartet werden; **the computer has gone back to the manufacturer for servicing** = der Computer ging zur Wartung an den Hersteller zurück **(b) to service a debt** = eine Schuld bedienen; **the company is having problems in servicing its debts** = das Unternehmen hat Probleme bei der Bedienung seiner Schulden

◇ **service charge** *noun* *(in restaurant)* Bedienung *f*; *(in bank in the USA)* Bearbeitungsgebühr *f*

session *noun* Sitzung *f* *or* Besprechung *f*; **the morning session** *or* **the afternoon session will be held in the conference room** = die morgendliche *or* nachmittägliche Besprechung *or* Sitzung wird im Konferenzraum abgehalten; **opening session** *or* **closing session** = Eröffnungssitzung *or* Schlußsitzung; *(on stock exchange)* **trading session** = (tägliche) Börsenhandelszeit

> QUOTE statistics from the stock exchange show that customer interest in the equity market has averaged just under £700m in recent trading sessions
> ***Financial Times***

set 1 *noun* Set *n* *or* Satz *m* *or* Sortiment *n*; **set of tools** *or* **set of equipment** = Werkzeug(set) *n* *or* Geräte(set) *n*; **boxed set** = in einer Schachtel *or* Kassette verpacktes Set **2** *adjective* fest *or* festgelegt *or* Fix-; **set price** = Fixpreis *m* *or* festgesetzter Preis; **set menu** = Tagesmenü *n* **3** *verb* festlegen *or* festsetzen; **we have to set a price for the new computer** = wir müssen einen Preis für den neuen Computer festsetzen; **the price of the calculator has been set low, so as to achieve maximum unit sales** = der Preis für den Taschenrechner wurde niedrig angesetzt, um maximale Verkaufszahlen zu erreichen; **the auction set a record for high prices** = bei der Auktion wurden Rekordpreise erzielt (NOTE: **setting - set**)

◇ **set against** *verb* gegenüberstellen *or* absetzen; **can you set the expenses against tax?** = kann man die Ausgaben von der Steuer absetzen?

◇ **set aside** *verb* aufheben *or* annullieren; **the arbitrator's award was set aside on appeal** = der Schiedsspruch des Schlichters wurde in der Revision aufgehoben

◇ **set back** *verb* verzögern *or* zurückwerfen; **the project was set back six weeks by bad weather** = das Projekt wurde durch schlechtes Wetter um sechs Wochen zurückgeworfen

◇ **setback** *noun* Rückschlag *m*; **the company suffered a series of setbacks in 1993** = das Unternehmen erlitt 1993 eine Serie von Rückschlägen; **the shares had a setback on the stock exchange** = die Aktienkurse erlebten einen Einbruch an der Börse

◇ **set out** *verb* darlegen; **to set out the details in a report** = die Einzelheiten in einem Bericht darlegen

◇ **set up** *verb* **(a)** eröffnen *or* gründen; veranlassen *or* einsetzen; **to set up an inquiry** *or* **a working party** = eine Untersuchung veranlassen *or* einen (Arbeits)ausschuß einsetzen; **to set up a company** = eine Firma gründen **(b) to set up in business** = sich niederlassen *or* ein Geschäft eröffnen; **he set up in business as an insurance broker** = er ließ sich als Versicherungsmakler nieder; **he set himself up as a tax adviser** = er machte sich als Steuerberater selbständig

◇ **setting up costs** *or* **setup costs** *plural noun* Anlaufkosten *pl*

◇ **setup** *noun* **(a)** Aufbau *m or* Anlage *f or* Anordnung *f*; **the setup in the office** = die Organisation des Büros **(b)** *(commercial firm)* Firma *f*; **he works for a PR setup** = er arbeitet für eine PR-Firma

QUOTE the concern announced that it had acquired a third large tanker since being set up in 1983
Lloyd's List

QUOTE a sharp setback in foreign trade accounted for most of the winter slowdown
Fortune

QUOTE for sale: top quality office furniture, which includes executive desks, filing cabinets, typewriters and complete office setup
Australian Financial Review

settle *verb* **(a) to settle an account** = eine Rechnung begleichen; ein Konto abschließen **(b) to settle a claim** = einen Schaden regulieren; **the insurance company refused to settle his claim for storm damage** = die Versicherungsgesellschaft weigerte sich, seine Forderung für Sturmschäden zu regulieren; **the two parties settled out of court** = die beiden Parteien haben sich außergerichtlich geeinigt *or* einen außergerichtlichen Vergleich geschlossen

◇ **settlement** *noun* **(a)** *(payment of an account)* Begleichung *f or* Bezahlung *f or* Abrechnung *f*; **settlement of a debt** = Begleichung einer Schuld; **settlement date** = Abrechnungstermin *m*; **settlement day** = Abrechnungstag *m*; Liquidationstermin *m*; **our basic discount is 20% but we offer an extra 5% for rapid settlement** = unser Grundrabatt ist 20%, aber wir bieten weitere 5% für umgehende Bezahlung; **settlement in cash** *or* **cash settlement** = Barzahlung *f*; **final settlement** = letzte Tilgungsrate *f* **(b)** *(agreement after an argument)* Beilegung *f or* Schlichtung *f or* Vergleich *m*; **to effect a settlement between two parties** = einen Vergleich zwischen zwei Parteien zustande bringen

◇ **settle on** *verb* vermachen; **he settled his property on his children** = er vermachte seinen Besitz seinen Kindern

QUOTE he emphasised that prompt settlement of all forms of industrial disputes would guarantee industrial peace in the country and ensure increased productivity
Business Times (Lagos)

several *adjective* einige *or* mehrere; **several managers are retiring this year** = mehrere Manager treten dieses Jahr in den Ruhestand; **several of our products sell well in Japan** = mehrere unserer Produkte verkaufen sich gut in Japan

◇ **severally** *adverb* einzeln; **they are jointly and severally liable** = sie haften gesamtschuldnerisch

severance pay *noun* Entlassungsabfindung *f*

severe *adjective* schwer *or* hart *or* streng; **the company suffered severe losses in the European market** = das Unternehmen erlitt schwere Verluste *mpl* auf dem europäischen Markt; **the government imposed severe financial restrictions** = die Regierung verhängte harte finanzielle Restriktionen *fpl*

◇ **severely** *adverb* schwer *or* hart *or* streng; **train services have been severely affected by snow** = der Zugverkehr wurde durch den Schnee stark beeinträchtigt

SFO = SERIOUS FRAUD OFFICE

shady *adjective* zweifelhaft *or* zwielichtig; **shady deal** = zwielichtiges *or* dunkles Geschäft

shake *verb* **(a)** *(to move something quickly from side to side)* schütteln; **to shake hands** = sich die Hand geben; **the two negotiating teams shook hands and sat down at the conference table** = die zwei Verhandlungsparteien begrüßten sich mit Handschlag und nahmen am Konferenztisch Platz; **to shake hands on a deal** = ein Geschäft mit Handschlag besiegeln **(b)** *(to surprise or to shock)* erschüttern; **the markets were shaken by the crisis in the gevernment** = die Märkte wurden durch die Regierungskrise verunsichert *or* destabilisiert (NOTE: **shaking - shook - has shaken)**

◇ **shakeout** *noun* Personalabbau *m or* Gesundschrumpfung *f*; **a shakeout in the top management** = ein Personalabbau im Top-Management; **only three companies were left after the shakeout in the computer market** = nur drei Unternehmen blieben nach der Gesundschrumpfung auf dem Computermarkt übrig

◇ **shakeup** *noun* Umstrukturierung *f or* Reorganisation *f*; **the managing director ordered a shakeup of the sales department** = der geschäftsführende Direktor ordnete eine Umstrukturierung der Vertriebsabteilung an

◇ **shaky** *adjective* unsicher; **the year got off to a shaky start** = am Jahresbeginn herrschte Unsicherheit *f or* gab es Unsicherheiten

share 1 *noun* **(a)** Anteil *m*; **to have a share in** = an etwas beteiligt sein; **to have a share in management decisions** = an Entscheidungen der Unternehmensleitung beteiligt sein; **market share** *or* **share of the market** = Marktanteil; **the company hopes to boost its market share** = das Unternehmen hofft, seinen Marktanteil zu vergrößern; **their share of the market has gone up by 10%** = ihr Marktanteil vergrößerte sich um

10% **(b)** *(part of a company's capital)* Aktie *f*; **he bought a block of shares in Marks and Spencer** = er kaufte ein Paket Marks and Spencer Aktien; **shares fell on the London market** = die Aktien fielen an der Londoner Börse; **the company offered 1.8m shares on the market** = das Unternehmen bot 1,8 Millionen Aktien an der Börse an; **'A' shares** = Stammaktien mit bestimmtem oder keinem Stimmrecht; **'B' shares** = Stammaktien mit besonderem Stimmrecht; **bonus share** = Gratisaktie; **deferred shares** = Nachzugsaktien; **founder's shares** = Gründeraktien; **ordinary shares** = Stammaktien; **preference shares** = Vorzugsaktien; **share allocation** *or* **share allotment** = Aktienzuteilung *f*; **to allot shares** = Aktien zuteilen; **share capital** = Aktienkapital *n*; **share certificate** = Aktienzertifikat *n*; **share issue** = Aktienemission *f* (NOTE: US English often uses the word **stock** where British English uses **share**) **2** *verb* **(a)** *(to own or use something with someone else)* sich teilen *or* gemeinsam besitzen; **to share a telephone** = gemeinsam ein Telefon benutzen; **to share an office** = sich ein Büro teilen *or* gemeinsam in einem Büro arbeiten **(b)** *(to divide among several people)* (sich) teilen *or* aufteilen *or* verteilen; **three companies share the market** = drei Unternehmen teilen sich den Markt; **to share computer time** = einen Computer im Gemeinschaftsbetrieb *m* benutzen; **to share the profits among the senior executives** = die Gewinne unter den oberen Führungskräften aufteilen; **to share information** *or* **to share data** = Information *or* Daten gemeinsam benutzen

◊ **shareholder** *noun* Aktionär/-in; **to call a shareholders' meeting** = eine Aktionärsversammlung einberufen; **shareholders' equity** = Eigenkapital *n*; **majority** *or* **minority shareholder** = Mehrheitsaktionär *or* Minderheitsaktionär; **the solicitor acting on behalf of the minority shareholders** = der Anwalt, der die Minderheitsaktionäre vertritt (NOTE: US English is **stockholder**)

◊ **shareholding** *noun* Beteiligung *f*; **a majority shareholding** *or* **a minority shareholding** = eine Mehrheitsbeteiligung *or* Minderheitsbeteiligung; **he acquired a minority shareholding in the company** = er erwarb eine Minderheitsbeteiligung an dem Unternehmen; **she has sold all her shareholdings** = sie verkaufte alle ihre Beteiligungen; **dilution of shareholding** = Wertminderung *f* von Beteiligungen (NOTE: US English is **stockholding**)

◊ **shareout** *noun* Verteilung *f*; **a shareout of the profits** = eine Verteilung der Gewinne

◊ **sharing** *noun* Verteilung *f or* Aufteilung; **job-sharing** = Job-sharing *n*; **profit sharing** = Gewinnbeteiligung *f*; **the company operates a profit-sharing scheme** = das Unternehmen hat einen Gewinnbeteiligungsplan; **time-sharing** = *(owning a property in part)* Time-sharing *n*; *(sharing a computer system)* Gemeinschaftsbetrieb *m or* Time-sharing *n*

QUOTE falling profitability means falling share prices
Investors Chronicle

QUOTE the share of blue-collar occupations declined from 48 per cent to 43 per cent
Sydney Morning Herald

QUOTE as of last night the bank's shareholders no longer hold any rights to the bank's shares
South China Morning Post

QUOTE the company said that its recent issue of 10.5% convertible preference shares at A$8.50 has been oversubscribed, boosting shareholders' funds to A$700 million plus
Financial Times

shark *noun* **loan shark** = Kredithai *m*

sharp *adjective* **(a)** plötzlich *or* steil; **sharp rally on the stock market** = plötzliche Kurserholung an der Börse; **sharp drop in prices** = steiler Preisabfall **(b) sharp practice** = unlautere *or* unsaubere Geschäftspraktik

◊ **sharply** *adverb* plötzlich *or* steil; **shares dipped sharply in yesterday's trading** = die Aktienkurse erlebten gestern an der Börse einen rapiden Kursverfall; **the share price rose sharply** = der Aktienkurs zog stark an

sheet *noun* **(a) sheet of paper** = Blatt *n* Papier; **sheet feed** = Einzelblatteinzug *m*; **sales sheet** = Werbeschreiben *n*; **time sheet** = Arbeitsnachweisbogen *m or* Stundenzettel *m* **(b) balance sheet** = Bilanz *f*; **the company's balance sheet for 1993** = die Unternehmensbilanz für 1993; **the accountants prepared a balance sheet for the first half-year** = die Buchhalter erstellten die Bilanz für das erste Halbjahr

shelf *noun* Regal(brett) *n*; **the shelves in the supermarket were full of items before the Christmas rush** = die Regale im Supermarkt waren vor dem Weihnachtsrummel voller Waren; **shelf filler** = Regal(auf)füller *m*; **shelf life of a product** = Haltbarkeit *f or* Lagerfähigkeit *f* eines Produktes; **shelf space** = Regalfläche *f* **shelf wobbler** = Regalschild *n*; **off-the-shelf company** = schlüsselfertiges Unternehmen *(ein zur sofortigen Übernahme bereites notariell eingetragenes Unternehmen)* (NOTE: plural is **shelves**)

shell company *noun* Firmenmantel *m*

shelter *noun* Schutz *m*; **tax shelter** = Steuerbegünstigung *f*

shelve *verb* aufschieben *or* zurückstellen *or* auf Eis legen; **the project was shelved** = das Projekt wurde zurückgestellt; **discussion of the problem has been shelved** = die Diskussion über das Problem wurde aufgeschoben

◊ **shelving** *noun* **(a)** *(rows of shelves)* Regale *npl*; **we installed metal shelving in the household goods department** = wir stellten in der Haushaltsabteilung Metallregale auf **(b)** *(postponing)* Aufschub *m or* Zurückstellung *f*; **the shelving of the project has resulted in six redundancies** = die Zurückstellung des Projekts hatte sechs Entlassungen zur Folge

shift 1 *noun* **(a)** *(group of workers)* Schicht *f*; **day shift** = Tagschicht; **night shift** = Nachtschicht; **there are 150 men on the day shift** = 150 Mann arbeiten in der Tagschicht; **he works the day shift**

or **night shift** = er macht Tagschicht *or* Nachtschicht; **we work an 8-hour shift** = wir arbeiten eine 8-Stunden Schicht; **the management is introducing a shift system** *or* **shift working** = die Unternehmensleitung führt Schichtarbeit *or* ein Schichtsystem ein; **they work double shifts** = sie arbeiten Doppelschichten **(b)** *(movement)* Änderung *f or* Wandel *m or* Verlagerung *f*; **a shift in the company's marketing strategy** = eine Änderung der Marketingstrategie des Unternehmens; **the company is taking advantage of a shift in the market towards higher priced goods** = das Unternehmen nutzt einen Trend des Markts hin zu höheren Preisen aus **2** *verb* verkaufen; *(umg)* loswerden; **we shifted 20,000 items in one week** = wir verkauften in einer Woche 20.000 Artikel

◇ **shift key** *noun* Umschalttaste *f or* Shifttaste

◇ **shift work** *noun* Schichtarbeit *f*

shilling *noun (currency)* S(c)hilling *m*

ship 1 *noun* Schiff *n*; **cargo ship** = Frachter *m or* Frachtschiff *n or* Transportschiff *n*; **container ship** = Containerschiff; **ship chandler** = Schiffsausrüster *m*; **to jump ship** = ohne Erlaubnis abheuern **2** *verb* versenden *or* befördern ; verschiffen; **to ship goods to the USA** = Waren in die USA verschiffen *or* versenden *or* befördern; **we ship all our goods by rail** = wir befördern unsere gesamten Waren per Bahn; **the consignment of cars was shipped abroad last week** = die Wagensendung wurde letzte Woche ins Ausland verschifft *or* befördert; **to drop ship** = direkt liefern (NOTE: **shipping - shipped**)

◇ **ship broker** *noun* Schiffsmakler *m*

◇ **shipment** *noun* (Waren)sendung *f or* Ladung *f or* Schiffsladung; **two shipments were lost in the fire** = zwei Warensendungen gingen durch den Brand verloren; **a shipment of computers was damaged** = eine Sendung Computer war beschädigt; **we make two shipments a week to France** = wir schicken wöchentlich zwei Warensendungen nach Frankreich; **bulk shipment** = Massengutversand *m*; **consolidated shipment** = Sammelladung *f*; **drop shipment** = Direktlieferung *f*

◇ **shipper** *noun* Spediteur *m; (Seefrachtverkehr)* Ablader *m or* Befrachter *m*

◇ **shipping** *noun* Versand *m or* Transport *m or* Verschiffung *f*; **shipping charges** *or* **shipping costs** = Verladekosten *pl or* Versandkosten; **shipping agent** = Spediteur *m or* Speditionsfirma *f*; **shipping clerk** = Expedient *m*; Reedereiangestellte(r); **shipping company** *or* **shipping line** = Reederei *f*; **shipping instructions** = Versandanweisungen *fpl*; **shipping note** = Frachtbrief *m or* Konnossement *n* (NOTE: **shipping** does not always mean using a ship)

◇ **shipyard** *noun* Werft *f*

shoot up *verb* in die Höhe schießen *or* sprunghaft ansteigen; **prices have shot up during the strike** = die Preise sind während des Streiks sprunghaft angestiegen (NOTE: **shooting - shot**)

shop 1 *noun* **(a)** Laden *m or* Geschäft *n*; **bookshop** = Buchladen; **computer shop** = Computerladen *or* Computergeschäft; **electrical goods shop** = Elektrogeschäft; **he has bought a shoe shop in the centre of town** = er hat ein Schuhgeschäft in der Innenstadt gekauft; **she opened a women's wear shop** = sie eröffnete ein Damenbekleidungsgeschäft; **all the shops in the centre of town close on Sundays** = alle Geschäfte in der Innenstadt sind sonntags geschlossen; **retail shop** = Einzelhandelsgeschäft; **a corner shop** = ein Eckladen; *(etwa)* ein Tante-Emma-Laden; **shop assistant** = Verkäufer/-in; **shop front** = Ladenfront *f*; **shop window** = Schaufenster *n* (NOTE: US English usually uses **store** where GB English uses **shop**) **(b)** *(workshop)* Werkstatt *f*; **machine shop** = Maschinensaal *m*; **repair shop** = Reparaturwerkstatt; **on the shop floor** = im Betrieb *or* unter der Belegschaft; **the feeling on the shop floor is that the manager does not know his job** = die Belegschaft hat das Gefühl, daß der Manager nichts von seiner Arbeit versteht **(c) closed shop** = gewerkschaftspflichtiger Betrieb; **the union is asking the management to agree to a closed shop** = die Gewerkschaft fordert die Unternehmensleitung auf, einem Gewerkschaftszwang *m* im Betrieb zuzustimmen **2** *verb* **to shop for something** = etwas kaufen (gehen) (NOTE: **shopping - shopped**)

◇ **shop around** *verb* sich umsehen; **you should shop around before getting your car serviced** = Sie sollten sich auch woanders umsehen, bevor Sie Ihren Wagen zur Inspektion geben; **he is shopping around for a new computer** = er sieht sich nach einem neuen Computer um; **it pays to shop around when you are planning to ask for a mortgage** = es lohnt sich, sich umzusehen, wenn man eine Hypothek aufnehmen will

◇ **shopfront** *noun* Ladenfront *f*

◇ **shopkeeper** *noun* Ladenbesitzer/-in *or* Geschäftsinhaber/-in

◇ **shoplifter** *noun* Ladendieb/-in

◇ **shoplifting** *noun* Ladendiebstahl *m*

◇ **shopper** *noun* Käufer/-in; **the store stays open to midnight to cater for late-night shoppers** = das Geschäft hat bis Mitternacht geöffnet, damit Leute auch spät noch einkaufen können ; **shoppers' charter** = Verbraucherschutzgesetz *n*

◇ **shopping** *noun* **(a)** *(buying goods)* Einkaufen *n; (goods bought)* Einkäufe *mpl*; **to go shopping** = einkaufen gehen; **to buy one's shopping** *or* **to do one's shopping in the local supermarket** = seine Einkäufe im örtlichen Supermarkt erledigen **(b) shopping basket** = Einkaufskorb *m*; **shopping centre** = Einkaufszentrum *n; (US)* **shopping cart** = Einkaufswagen *m* (NOTE: GB English is **supermarket trolley**); **shopping arcade** *or* *(US)* **shopping mall** = Einkaufspassage *f*; **shopping precinct** = Fußgängerzone *f*; **window shopping** = Schaufensterbummel *m*

◇ **shop-soiled** *adjective* angeschmutzt

◇ **shop steward** *noun* betrieblicher Vertrauensmann

◇ **shopwalker** *noun* Ladenaufsicht *f*

> QUOTE these reforms hadn't changed conditions on the shop floor. Absenteeism was as high as 20% on some days
>
> ***Business Week***

short 1 *adjective* **(a)** *(time)* kurz *or* Kurz-; **short credit** = kurzfristiger Kredit *or* Kredit mit kurzer Laufzeit; **in the short term** = in kurzer Zeit *or* kurzfristig **(b)** *(not as much as should be)* zu wenig; **the shipment was three items short** = in der Sendung fehlten drei Artikel; **when we cashed up we were £10 short** = als wir Kasse machten, fehlten £10; **to give short weight** = etwas zu knapp abwiegen **(c) short of** = knapp an *or* fehlen an; **we are short of staff** *or* **short of money** = uns fehlt es an Personal *or* an Geld; **the company is short of new ideas** = dem Unternehmen fehlt es an neuen Ideen **(d) to sell short** = leerverkaufen *or* fixen; **short selling** *or* **selling short** = Fixgeschäft *n or* Leerverkauf *m*; **to borrow short** = kurzfristig aufnehmen **2** *noun* **shorts** = Kurzläufer *mpl or* kurzfristige Staatspapiere *npl*

◇ **shortage** *noun* Mangel *m or* Verknappung *f or* Engpaß *m*; **a chronic shortage of skilled staff** = ein chronischer Mangel an Facharbeitern; **we employ part-timers to make up for staff shortages** = wir beschäftigen Teilzeitbeschäftigte, um den Personalmangel auszugleichen; **the import controls have resulted in the shortage of spare parts** = die Einfuhrbeschränkungen haben zu einer Verknappung von Ersatzteilen geführt; **manpower shortage** *or* **shortage of manpower** = Arbeitskräftemangel; **there is no shortage of investment advice** = es herrscht kein Mangel an Kapitalanlageberatung

◇ **short change** *verb* zu wenig herausgeben

◇ **short-dated** *adjective* **short-dated bill** = kurzfristiger Wechsel; **short-dated securities** = Kurzläufer *m or* Papier *n* mit kurzer Laufzeit

◇ **shorten** *verb* verkürzen; **to shorten credit terms** = die Kreditlaufzeit verkürzen

◇ **shortfall** *noun* Fehlbetrag *m or* Deckungslücke *f*; **we had to borrow money to cover the shortfall between expenditure and revenue** = wir mußten Geld aufnehmen, um den Fehlbetrag zwischen Ausgaben und Einnahmen zu decken

◇ **shorthand** *noun* Stenographie *f or* Kurzschrift *f*; **shorthand secretary** = Stenograph/-in; **shorthand typist** = Stenotypist/-in; **to take shorthand** = stenographieren; **he took down the minutes in shorthand** = er stenographierte das Protokoll

◇ **shorthanded** *adjective* knapp an Personal; **we are rather shorthanded at the moment** = wir sind zur Zeit knapp an Personal

◇ **short-haul** *adjective* **short-haul flight** = Kurzstreckenflug *m*

◇ **shortlist 1** *noun* Auswahlliste *f*; **to draw up a shortlist** = eine Auswahlliste zusammenstellen; **he is on the shortlist for the job** = er kam für den Job in die engere Wahl **2** *verb* in die engere Wahl kommen; **four candidates have been shortlisted** = vier Kandidaten kamen in die engere Wahl; **shortlisted candidates will be asked for an interview** = Kandidaten, die in die engere Wahl kommen, werden zu einem Vorstellungsgespräch geladen

◇ **short-range** *adjective* **short-range forecast** = kurzfristige Prognose

◇ **short-staffed** *adjective* unterbesetzt; **we are rather short-staffed at the moment** = wir sind zur Zeit personell ziemlich unterbesetzt

◇ **short-term** *adjective* kurzfristig; **to place money on short-term deposit** = Geld kurzfristig anlegen; **short-term contract** = Vertrag *m* mit kurzer Laufzeit; **on a short-term basis** = kurzfristig *or* auf kurze Sicht; **short-term debts** = kurzfristige Schulden *fpl*; **short-term forecast** = kurzfristige Prognose; **short-term gains** = rasch erzielte Gewinne *mpl*; **short-term loan** = kurzfristiges Darlehen

◇ **short time** *noun* Kurzarbeit *f*; **to be on short time** = kurzarbeiten; **the company has had to introduce short-time working because of lack of orders** = das Unternehmen mußte wegen Auftragsmangel Kurzarbeit einführen

> QUOTE short-term interest rates have moved up quite a bit from year-ago levels
>
> *Forbes Magazine*

shot *noun* **mail shot** *or* **mailing shot** = Briefwerbeaktion *f or* Rundschreiben *n*

show 1 *noun* **(a)** *(exhibition)* Ausstellung *f or* Messe *f*; **motor show** = Automobilausstellung; **computer show** = Computermesse; **show house** *or* **show flat** = Musterhaus *n or* Musterwohnung *f* **(b) show of hands** = Handabstimmung *f*; **the motion was carried on a show of hands** = der Antrag wurde durch Handabstimmung angenommen **2** *verb* zeigen *or* aufweisen; **to show a gain** *or* **a fall** = einen Zuwachs *or* einen Rückgang aufweisen; **to show a profit** *or* **a loss** = einen Gewinn *or* einen Verlust aufweisen (NOTE: **showing - showed - has shown)**

◇ **showcard** *noun* Werbeschild *n*

◇ **showcase** *noun* Schaukasten *m or* Vitrine *f*

◇ **showroom** *noun* Ausstellungsraum *m*; **car showroom** = Automobil-Ausstellungsraum

shred *verb* zerkleinern; **we sent the old invoices to be shredded** = wir ließen die alten Rechnungen zerkleinern; **she told the police that the manager had told her to shred all the documents in the file** = sie sagte der Polizei, daß der Manager ihr gesagt hatte, alle Dokumente in der Ablage zu zerkleinern

◇ **shredder** *noun* Reißwolf *m or* Aktenvernichter *m*

shrink *verb* schrumpfen *or* zurückgehen; **the market has shrunk by 20%** = der Markt ist um 20% geschrumpft *or* der Aktienmarkt war um 20% rückläufig; **the company is having difficulty selling into a shrinking market** = das Unternehmen hat Absatzschwierigkeiten auf einem schrumpfenden Markt (NOTE: **shrinking - shrank - has shrunk)**

◇ **shrinkage** *noun* **(a)** Schwund *m or* Einbuße *f or* Minderung *f*; **to allow for shrinkage** = Schwund berücksichtigen **(b)** *(informal) (losses of stock through theft)* Ladendiebstahl *m*

◇ **shrink-wrapped** *adjective* eingeschweißt

shroff *noun (in the Far East)* Buchhalter *m*

shut 1 *adjective* geschlossen; **the office is shut on Sundays** = das Büro ist sonntags geschlossen **2** *verb* schließen; **to shut a shop** *or* **a warehouse** = ein Geschäft *or* ein Lager schließen (NOTE: **shutting - shut)**

◇ **shut down** *verb* **to shut down a factory** = eine Fabrik schließen; **the offices will shut down for Christmas** = die Büros sind über Weihnachten geschlossen; **six factories have shut down this month** = in diesem Monat haben sechs Fabriken zugemacht

◇ **shutdown** *noun* Betriebsschließung *f*

◇ **shutout** *noun* Aussperrung *f*

SIB = SECURITIES AND INVESTMENTS BOARD

sick *adjective* krank; **to be on sick leave** = krank geschrieben sein; **sick pay** = Krankengeld *n*

◊ **sickness** *noun* Krankheit *f*; **sickness benefit** = Krankengeld *n*; **the sickness benefit is paid monthly** = das Krankengeld wird monatlich gezahlt

side *noun* **(a)** Seite *f*; Rand *m*; **credit side** = Habenseite; **debit side** = Sollseite **(b)** Seite *f*; **please write on one side of the paper only** = bitte schreiben Sie nur auf einer Seite des Papiers **(c) on the side** = nebenbei; **he works in an accountant's office, but he runs a construction company on the side** = er arbeitet bei einem Steuerberater, aber er betreibt nebenbei eine Baufirma; **her salary is too small to live on, so the family lives on what she can make on the side** = ihr Gehalt reicht nicht zum Leben, so daß die Familie von dem lebt, was sie nebenbei verdient

◊ **sideline** *noun* Nebenbeschäftigung *f*; **he runs a profitable sideline selling postcards to tourists** = er betreibt ein profitables Nebengeschäft, indem er Postkarten an Touristen verkauft

Sierra Leone *noun* Sierra Leone *n*

◊ **Sierra Leonean 1** *noun* Sierraleoner/-in **2** *adjective* sierraleonisch

(NOTE: capital: **Freetown;** currency: **leone** = Leone *m*)

sight *noun* Sicht *f or* Anblick *m*; **bill payable at sight** = Wechsel zahlbar bei Sicht; **sight bill** *or* **sight draft** = Sichtwechsel *m or* Sichttratte *f*; **to buy something sight unseen** = etwas unbesehen kaufen

sign 1 *noun* Schild *n*; **they have asked for permission to put up a large red shop sign** = sie baten um die Genehmigung, ein großes rotes Ladenschild aufstellen *or* anbringen zu dürfen; **advertising signs cover most of the buildings in the centre of the town** = die meisten Gebäude in der Innenstadt sind mit Werbetafeln *fpl* bedeckt **2** *verb* unterschreiben *or* unterzeichnen; **to sign a letter** *or* **a contract** *or* **a document** *or* **a cheque** = einen Brief *or* einen Vertrag *or* ein Dokument *or* einen Scheck unterschreiben *or* unterzeichnen; **the letter is signed by the managing director** = der Brief ist vom geschäftsführenden Direktor unterschrieben; **the cheque is not valid if it has not been signed by the finance director** = der Scheck ist ungültig, wenn er nicht vom Leiter der Finanzabteilung unterschrieben wurde; **the warehouse manager signed for the goods** = der Lagerhausleiter bestätigte den Empfang der Waren; **he signed the goods in** *or* **he signed the goods out** = er bestätigte den Wareneingang *or* er bestätigte den Warenausgang

◊ **signatory** *noun* Unterzeichner *m*; Zeichnungsberechtigte(r); **you have to get the permission of all the signatories to the agreement if you want to change the terms** = Sie müssen die Erlaubnis aller Vertragspartner einholen, um die Bedingungen ändern zu können

◊ **signature** *noun* Unterschrift *f*; **a pile of letters is waiting for the managing director's signature** = ein Stapel Briefe wartet darauf, vom geschäftsführenden Direktor unterzeichnet zu werden; **he found a pile of cheques on his desk waiting for signature** = er fand auf seinem Schreibtisch einen Stapel Schecks zur Unterschrift vor; **all cheques need two signatures** = alle Schecks benötigen zwei Unterschriften

◊ **sign on** *verb* sich einstellen lassen *or* sich vertraglich verpflichten; **to sign on for the dole** = sich arbeitslos melden

silent *adjective* still; **silent partner** = stille(r) Teilhaber/-in *or* Gesellschafter/-in

simple interest *noun* einfache Zinsen *pl*

sincerely *adverb (on letters)* **Yours sincerely** *or (US)* **Sincerely yours** = Mit freundlichen Grüßen

sine die *phrase* **to adjourn a case sine die** = einen Fall auf unbestimmte Zeit vertagen

Singapore *noun* Singapur *n*

◊ **Singaporean 1** *noun* Singapurer/-in **2** *adjective* singapurisch

(NOTE: currency: **Singapore dollar** = Singapur-Dollar *m*)

single *adjective* einzeln *or* Einzel-; einzig **(a) single fare** *or* **single ticket** *or* **a single** = einfacher Fahrpreis *or* einfache Fahrkarte; **I want two singles to London** = ich möchte zwei einfache Fahrkarten nach London **(b) single-entry bookkeeping** = einfache Buchführung; **in single figures** = in einstelligen Zahlen *fpl*; **sales are down to single figures** = der Absatz ist auf einstellige Zahlen zurückgegangen; **inflation is now in single figures** = die Inflationsrate bewegt sich jetzt in einstelligen Zahlen; **single-figure inflation** = einstellige Inflationsrate; **single premium policy** = Einmalprämienpolice *f* **(c) the Single European Market** = der Binnenmarkt **single currency** = einheitliche Währung

> QUOTE to create a single market out of the EC member states, physical, technical and tax barriers to the free movement of trade between member states must be removed. Imposing VAT on importation of goods from other member states is seen as one such tax barrier. This will disappear with the abolition of national frontiers under the single market concept
>
> *Accountancy*

sink *verb* **(a)** *(to go to the bottom of the water)* sinken *or* untergehen; **the ship sank in the storm and all the cargo was lost** = das Schiff sank im Sturm und die ganze Fracht ging verloren **(b)** *(to go down suddenly)* sinken *or* fallen; **prices sank at the news of the closure of the factory** = die Preise sanken nach der Nachricht von der Schließung der Fabrik **(c)** *(to invest money)* anlegen *or* investieren; **he sank all his savings into a car-hire business** = er investierte sein ganzes Geld in einen Autoverleih (NOTE: **sinking - sank - sunk)**

◊ **sinking fund** *noun* Tilgungsfonds *m*

sir *noun (on letter)* **Dear Sir** = Sehr geehrter Herr; **Dear Sirs** = Sehr geehrte Damen und Herren

sister *adjective* **sister company** = Schwestergesellschaft *f*; **sister ship** = Schwesterschiff *n*

sit-down *adjective* **sit-down protest** *or* **sit-down strike** = Sitzstreik *m*

◊ **sit-in** *noun* Sit-in *n* (NOTE: plural is **sit-ins)**

site 1 *noun* Gelände *n or* Standort *m*; **we have chosen a site for the new factory** = wir haben einen

Standort für die neue Fabrik ausgewählt; **the supermarket is to be built on a site near the station** = der Supermarkt soll auf dem Gelände in der Nähe des Bahnhofs gebaut werden; **building site** *or* **construction site** = Baustelle *f*; **all visitors to the site must wear safety helmets** = alle Besucher der Baustelle müssen Schutzhelme tragen; **greenfield site** = Industriestandort auf der grünen Wiese; **site engineer** = Bauleiter/-in **2** *verb* **to be sited** = liegen; **the factory will be sited near the motorway** = die Fabrik wird nahe der Autobahn liegen

situated *adjective* gelegen; **the factory is situated on the edge of the town** = die Fabrik ist am Rande der Stadt gelegen; **the office is situated near the railway station** = das Büro liegt in der Nähe des Bahnhofs

◇ **situation** *noun* **(a)** *(state of affairs)* Situation *f or* Lage *f*; **the financial situation of a company** = die finanzielle Lage eines Unternehmens; **the general situation of the economy** = die allgemeine Wirtschaftslage **(b)** *(job)* Stelle *f*; **situations vacant** *or* **situations wanted** = Stellenangebote *npl or* Stellengesuche *npl* **(c)** *(place where something is)* Lage *f*; **the factory is in a very pleasant situation by the sea** = die Fabrik hat eine sehr schöne Lage am Meer

size *noun* Größe *f* **what is the size of the container?** = wie groß ist der Container?; **the size of the staff has doubled in the last two years** = der Personalbestand hat sich in den letzten zwei Jahren verdoppelt; **this packet is the maximum size allowed by the post office** = dieses Paket hat die maximale von der Post zugelassene Größe

skeleton staff *noun* Rumpfbelegschaft *f*

skill *noun* Kenntnisse *pl or* Fertigkeit *f*; **she has acquired some very useful office management skills** = sie hat sich sehr nützliche Bürokenntnisse erworben; **he will have to learn some new skills if he is going to direct the factory** = er wird sich neue Kenntnisse aneignen müssen, wenn er die Fabrik leiten will

◇ **skilled** *adjective* ausgebildet *or* qualifiziert *or* Fach-; **skilled workers** *or* **skilled labour** = Facharbeiter *mpl*

> QUOTE Britain's skills crisis has now reached such proportions that it is affecting the nation's economic growth
>
> ***Personnel Today***
>
> QUOTE we aim to add the sensitivity of a new European to the broad skills of the new professional manager
>
> ***Management Today***

slack *adjective* flau *or* ruhig; **business is slack at the end of the week** = das Geschäft geht am Wochenende ruhig; **January is always a slack month** = Januar ist immer ein flauer Monat

◇ **slacken off** *verb* abnehmen *or* nachlassen; **trade has slackened off** = der Handel hat sich abgeschwächt

slander 1 *noun* Verleumdung *f or* üble Nachrede; **action for slander** *or* **slander action** = Verleumdungsklage *f* **2** *verb* **to slander someone** = jdn verleumden *(cf* LIBEL)

slash *verb* stark herabsetzen *or* drastisch reduzieren; **to slash prices** *or* **credit terms** = die Preise *or* Kreditbedingungen stark herabsetzen; **prices have been slashed in all departments** = die Preise wurden in allen Abteilungen drastisch reduziert; **the bank has been forced to slash interest rates** = die Bank ist gezwungen, die Zinsen stark zu senken

sleeper *noun (share which may rise in value)* ‚schlafende' Aktie

◇ **sleeping partner** *noun* stille(r) Teilhaber/-in

slide *verb* absinken *or* abrutschen *or* nachgeben; **prices slid after the company reported a loss** = die Aktienkurse *or* die Preise gaben nach, nachdem das Unternehmen Verluste meldete (NOTE: **sliding - slid)**

◇ **sliding** *adjective* gleitend; **a sliding scale of charges** = eine gleitende Gebührenordnung

slight *adjective* leicht *or* unwesentlich *or* geringfügig; **there was a slight improvement in the balance of trade** = es gab eine leichte Verbesserung der Handelsbilanz; **we saw a slight increase in sales in February** = wir hatten im Februar eine leichte Umsatzsteigerung zu verzeichnen

◇ **slightly** *adverb* etwas *or* leicht; **sales fell slightly in the second quarter** = der Umsatz ging im zweiten Quartal leicht zurück; **the Swiss bank is offering slightly better terms** = die Schweizer Bank bietet etwas bessere Bedingungen

slip 1 *noun* **(a)** *(small piece of paper)* Zettel *m or* Beleg *m*; **compliments slip** = ohne Begleitschreiben (oBs) *n*; **deposit slip** = Einzahlungsbeleg; **distribution slip** = Verteilerzettel; **pay slip** = Lohnstreifen *m or* Lohnabrechnung *f*; **paying-in slip** = Einzahlungsbeleg; **sales slip** = Kassenbeleg *m or* Kassenzettel *m or* Kassenbon *m*; **goods can be exchanged only on production of a sales slip** = Waren werden nur bei Vorlage des Kassenbons umgetauscht **(b)** *(mistake)* Versehen *n or* Schnitzer *m or* Fehler *m*; **he made a couple of slips in calculating the discount** = er machte ein paar Fehler bei der Rabattkalkulation **2** *verb* abrutschen *or* fallen; **profits slipped to £1.5m** = die Gewinne sanken auf £1,5 Millionen; **shares slipped back at the close** = die Aktienkurse gaben am Börsenschluß wieder nach (NOTE: **slipping - slipped)**

◇ **slip up** *verb* sich versehen *or* einen Fehler machen; **we slipped up badly in not signing the agreement with the Chinese company** = wir haben einen bösen Fehler gemacht, als wir den Vertrag mit dem chinesischen Unternehmen nicht unterzeichneten

◇ **slip-up** *noun* Versehen *n or* Fehler *m* (NOTE: plural is **slip-ups)**

> QUOTE the active December long gilt contract on the LIFFE slipped to close at 83-12 from the opening 83-24
>
> ***Financial Times***
>
> QUOTE with long-term fundamentals reasonably sound, the question for brokers is when does cheap become cheap enough? The Bangkok and Taipei exchanges offer lower p/e ratios than Jakarta, but if Jakarta p/e ratios slip to the 16-18 range, foreign investors would pay more attention to it
>
> ***Far Eastern Economic Review***

slogan *noun* **publicity slogan** = Werbeslogan *m*; **we are using the same slogan on all our publicity** =

wir benutzen denselben Slogan in unserer gesamten Werbung

slot machine *noun* Automat *m*

Slovakia *noun* Slowakei *f or* die Slowakische Republik

◇ **Slovak 1** *noun* Slowake/Slowakin **2** *adjective* slowakisch

(NOTE: capital: **Bratislava;** currency: **koruna** = slowakische Krone)

Slovenia *noun* Slowenien *n*

◇ **Slovenian 1** *noun* Slowene/Slowenin **2** *adjective* slowenisch

(NOTE: capital: **Ljubljana;** currency: **dinar** = Dinar *m*)

slow 1 *adjective* langsam *or* allmählich; **slow payer** = Schuldner *m* mit schlechter Zahlungsmoral; **a slow start to the day's trading** = schwaches Geschäft zu Börsenbeginn; **the sales got off to a slow start, but picked up later** = der Umsatz war zunächst schwach, steigerte sich aber später; **business is always slow after Christmas** = das Geschäft geht nach Weihnachten immer schleppend; **they were slow to reply** *or* **slow at replying to the customer's complaints** = sie ließen sich Zeit bei der Antwort auf die Beschwerden des Kunden; **the board is slow to come to a decision** = der board braucht lange, um zu einer Entscheidung zu gelangen; **there was a slow improvement in sales in the first half of the year** = es gab einen leichten Aufwärtstrend bei den Umsätzen in der ersten Jahreshälfte **2** *adverb* **to go slow** = einen Bummelstreik machen

◇ **slow down** *verb* verlangsamen; verringern; abflauen; **inflation is slowing down** = die Inflation flaut langsam ab; **the fall in the exchange rate is slowing down** = die Wechselkurse sinken langsamer; **the management decided to slow down production** = die Unternehmensleitung beschloß, die Produktion zu drosseln

◇ **slowdown** *noun* Verlangsamung *f*; Verringerung *f*; **a slowdown in the company's expansion** = eine Verlangsamung der Expansion des Unternehmens

◇ **slowly** *adverb* langsam *or* allmählich; **the company's sales slowly improved** = die Umsätze des Unternehmens steigerten sich allmählich; **we are slowly increasing our market share** = wir vergrößern langsam unseren Marktanteil

QUOTE a general price freeze succeeded in slowing the growth in consumer prices
Financial Times

QUOTE cash paid for stock: overstocked lines, factory seconds, slow sellers
Australian Financial Review

QUOTE the fall in short-term rates suggests a slowing economy
Financial Times

slump 1 *noun* **(a)** *(rapid fall)* Einbruch *m or* Sturz *m or* plötzlicher (anhaltender) Rückgang ; Baisse *f*; **slump in sales** = Absatzeinbruch; **slump in profits** = Gewinneinbruch; **slump in the value of the pound** = Kurseinbruch des Pfundes; **the pound's slump on the foreign exchange markets** = der Einbruch des Pfundes an den Devisenmärkten **(b)** *(period of economic collapse)* andauernde Rezession *or* starker Konjunkturrückgang; **we are experiencing slump conditions** = wir erleben gerade eine starke Rezessionsphase *(1929-33)* **the Slump** = die Weltwirtschaftskrise **2** *verb* stürzen *or* plötzlich fallen; **profits have slumped** = die Profite sind plötzlich zurückgegangen; **the pound slumped on the foreign exchange markets** = das Pfund sackte an den Devisenmärkten ab

QUOTE when gold began rising, after a long flat period in the fall of 1986, the dollar was slumping
Business Week

slush fund *noun* Schmiergelder *npl*; Bestechungsfonds *m*

small *adjective* klein; **small ads** = Kleinanzeigen *fpl*; **small businesses** = Kleinbetriebe *mpl*; **small businessman** = Kleinunternehmer *m*; **small change** = Kleingeld *n; (GB)* **small claims court** = für Geldansprüche bis zu einer gewissen Höhe zuständiges Gericht; Bagatellgericht *n (etwa)* Amtsgericht; **the small investor** = der/die Kleinanleger/-in; **small shopkeepers** = kleine Ladenbesitzer *mpl*

◇ **small company** *noun* Kleinunternehmen *n*

◇ **small-scale** *adjective* in begrenztem Umfang *or* Rahmen; **a small-scale enterprise** = ein Kleinbetrieb *m*

QUOTE running a small business is in many ways tougher and more disagreeable than being a top functionary in a large one
Forbes Magazine

smart card *noun* Chipkarte *f or* Smart Card *f*

smash *verb* brechen *or* schlagen; **to smash all production records** = alle Produktionsrekorde brechen; **sales have smashed all records for the first half of the year** = der Absatz hat alle Rekorde für das erste Halbjahr gebrochen

smokestack industries *noun* Schornsteinindustrien *pl*

smuggle *verb* schmuggeln; **they had to smuggle the spare parts into the country** = sie mußten die Ersatzteile ins Land schmuggeln

◇ **smuggler** *noun* Schmuggler/-in

◇ **smuggling** *noun* Schmuggel *m*; **he made his money in arms smuggling** = er machte sein Geld mit Waffenschmuggel

snap *adjective* plötzlich *or* spontan *or* schnell; **the board came to a snap decision** = der board traf eine schnelle Entscheidung; **they carried out a snap check** *or* **a snap inspection of the expense accounts** = sie führten eine unerwartete *or* überraschende Prüfung der Spesenkonten durch

◇ **snap up** *verb* aufkaufen *or* an Land ziehen; **to snap up a bargain** = ein gutes Geschäft an Land ziehen; **he snapped up 15% of the company's shares** = er kaufte 15% der Unternehmensaktien auf (NOTE: **snapping - snapped)**

snip *noun (informal)* Schnäppchen *n*; **these typewriters are a snip at £50** = für £50 sind diese Schreibmaschinen ein Schnäppchen

soar *verb* sprunghaft ansteigen *or* in die Höhe schnellen; **food prices soared during the cold weather** = die Lebensmittelpreise sind während der Kälteperiode sprunghaft angestiegen; **share prices soared on the news of the takeover bid** *or* **the news of the takeover bid sent share prices soaring** = die Aktienkurse schnellten nach der Nachricht von dem Übernahmeangebot in die Höhe *or* die Nachricht von dem Übernahmeangebot ließ die Aktienkurse in die Höhe schnellen

social *adjective* gesellschaftlich *or* Sozial-; **social costs** = Kosten *pl* für die Allgemeinheit; **the report examines the social costs of building the factory in the middle of the town** = der Bericht untersucht die Kosten, die für die Allgemeinheit entstehen würden, wenn die Fabrik in der Stadtmitte gebaut würde; **social security** = Sozialhilfe *f*; **he gets weekly social security payments** = er bekommt wöchentliche Sozialhilfeleistungen *fpl*; **the social system** = die Gesellschaftsordnung

◊ **society** *noun* **(a)** *(way in which people in a country are organized)* Gesellschaft *f*; **consumer society** = Konsumgesellschaft; **the affluent society** = die Wohlstandsgesellschaft **(b)** *(club or group of people)* Verein *m or* Gesellschaft *f*; **he has joined a computer society** = er ist einem Computerverein beigetreten; **building society** = Bausparkasse *f* (NOTE: the US equivalent is **savings and loans association**); **cooperative society** = Genossenschaft *f*; **friendly society** = Versicherungsverein auf Gegenseitigkeit

◊ **socio-economic** *adjective* sozialökonomisch; **the socio-economic system in capitalist countries** = das sozioökonomische System in den kapitalistischen Ländern; **socio-economic groups** = sozialökonomische Gruppierungen *fpl*

Sod's law *noun* ‚Gesetz', nach dem alles, was nur schiefgehen kann, auch schiefgehen wird

soft *adjective* weich; **soft currency** = weiche Währung; **soft landing** = weiche Landung; **soft loan** = zinsgünstiger Kredit *or* zinsloses Darlehen; **to take the soft option** = den Weg des geringsten Widerstandes *m* gehen; **soft sell** = ‚weiche' Verkaufstechnik

◊ **software** *noun* Software *f*; **software package** = Softwarepaket *n*

sole *adjective* alleinig *or* Allein-; **sole agency** = Alleinvertretung *f or* Alleinvertrieb *m*; **he has the sole agency for Ford cars** = er hat die Alleinvertretung für Ford-Autos; **sole agent** = Alleinvertreter *m*; **sole distributor** = Alleinvertrieb *m*; **sole owner** = Alleineigentümer/-in; **sole trader** = Einzelfirma *f*; Einzelkaufmann *or* Einzelkauffrau

solemn *adjective* **solemn and binding agreement** = förmliches und bindendes Abkommen

solicit *verb* **to solicit orders** = sich um Aufträge bemühen

◊ **solicitor** *noun (GB)* Anwalt/Anwältin; **to instruct a solicitor** = einen Anwalt beauftragen

solus (advertisement) *noun* Inselanzeige *f or* alleinstehende Anzeige

solution *noun* Lösung *f*; **to look for a solution to the financial problems** = nach einer Lösung der finanziellen Probleme suchen; **the programmer came up with a solution to the systems problem** = der Programmierer hatte eine Lösung für das Problem im System gefunden; **we think we have found a solution to the problem of getting skilled staff** = wir glauben, eine Lösung für das Problem, Facharbeiter zu bekommen, gefunden zu haben

solve *verb* **to solve a problem** = ein Problem lösen; **the loan will solve some of our short-term problems** = das Darlehen wird einige unserer kurzfristigen Probleme lösen

solvent *adjective* zahlungsfähig *or* solvent *or* flüssig; **when he bought the company it was barely solvent** = als er das Unternehmen kaufte, war es kaum zahlungsfähig

◊ **solvency** *noun* Zahlungsfähigkeit *f or* Solvenz *f*

Somalia *noun* Somalia *n*

◊ **Somali** **1** *noun* Somalier/-in **2** *adjective* somalisch

(NOTE: capital: **Mogadishu** = Mogadischu; currency: **Somali shilling** = Somalia-Schilling *m*)

soon *adverb* bald; **as soon as possible (asap)** = so bald wie möglich

sort *verb* sortieren *or* (ein)ordnen; **she is sorting index cards into alphabetical order** = sie sortiert Karteikarten nach alphabetischer Reihenfolge

◊ **sort out** *verb (to put into order)* (aus)sortieren *or* ordnen; *(to settle a problem)* klären *or* lösen; **did you sort out the accounts problem with the auditors?** = haben Sie die Buchführungsprobleme mit den Wirtschaftsprüfern geklärt?

sound *adjective* solide *or* stabil; gesund; vernünftig; **the company's financial situation is very sound** = die finanzielle Lage des Unternehmens ist sehr solide *or* gesund; **he gave us some very sound advice** = er gab uns sehr vernünftige Ratschläge

◊ **soundness** *noun* Solidität *f or* Stabilität *f*

source **1** *noun* Quelle *f or* Ursprung *m*; **source of income** = Einnahmequelle; **you must declare income from all sources to the tax office** = Sie müssen dem Finanzamt alle Einnahmequellen angeben; **income which is taxed at source** = Einkommen *n* mit Quellenbesteuerung *f* **2** *verb* erwerben

◊ **sourcing** *noun* Erwerb *m*; **the sourcing of spare parts can be diversified to suppliers outside Europe** = Ersatzteile können auch von Händlern außerhalb Europas erworben werden *(see also* OUTSOURCING)

South Africa *noun* Südafrika *n*

◊ **South African** **1** *noun* Südafrikaner/-in **2** *adjective* südafrikanisch

(NOTE: capital: **Pretoria**; currency: **Rand** = Rand *m*)

sovereign *noun (gold coin)* Sovereign *m*

space *noun* Platz *m or* Raum *m*; **advertising space** = Anzeigenraum; **to take advertising space in a newspaper** = Anzeigenraum in einer Zeitung belegen; **floor space** = Bodenfläche *f*; **office space** = Büroräume *mpl*; **we are looking for extra office space for our new accounts department** = wir suchen nach zusätzlichen Büroräumlichkeiten für unsere neue Buchhaltungsabteilung

◇ **space bar** *noun (key on a typewriter or computer)* Leertaste *f*

◇ **space out** *verb* (mit Abstand) verteilen; sperren; **payments can be spaced out over a period of ten years** = die Zahlungen können über einen Zeitraum von zehn Jahren verteilt werden; **the company name is written in spaced-out letters** = der Name des Unternehmens ist gesperrt geschrieben

Spain *noun* Spanien *n*

◇ **Spaniard** *noun* Spanier/-in

◇ **Spanish** *adjective* spanisch

(NOTE: capital: **Madrid;** currency: **peseta** = Peseta *f*)

spare *adjective* übrig *or* überschüssig; **he has invested his spare capital in a computer shop** = er investierte sein überschüssiges Kapital in ein Computergeschäft; **to use up spare capacity** = ungenutzte Kapazität aufbrauchen; **spare part** = Ersatzteil *n*; **the photocopier will not work - it needs a spare part** = der Fotokopierer geht nicht - er braucht ein Ersatzteil; **spare time** = Freizeit *f*; **he built himself a car in his spare time** = er baute sich in seiner Freizeit ein Auto

spec *noun* **to buy something on spec** = etwas auf gut Glück *or* auf Verdacht kaufen

◇ **specs** *plural noun* = SPECIFICATIONS

special *adjective* besondere(r,s) *or* speziell *or* Sonder-; **he offered us special terms** = er bot uns Sonderbedingungen *fpl or* Sonderkonditionen *fpl*; **the car is being offered at a special price** = der Wagen wird zu einem Sonderpreis *m* angeboten; **special deposits** = Sondereinlagen *fpl*;

◇ **special drawing rights (SDR)** *noun* Sonderziehungsrechte (SZR) *npl*

◇ **specialist** *noun* Fachmann/Fachfrau *or* Experte/Expertin *or* Spezialist/-in; Fachhandel *m*; **you should go to a specialist in computers** *or* **to a computer specialist for advice** = Sie sollten sich Rat bei einem Computerspezialisten *or* Computerfachmann holen

◇ **speciality** *or* **specialty** *noun* Spezialität *f or* Spezialgebiet *n or* Fachgebiet *n*; **their speciality is computer programs** = ihr Fachgebiet sind Computerprogramme; *(US)* **specialty store** = Spezialgeschäft *n*

◇ **specialization** *noun* Spezialisierung *f*; **the company's area of specialization is accounts packages for small businesses** = das Spezialgebiet des Unternehmens sind Buchführungspakete für Kleinbetriebe

◇ **specialize** *verb* (sich) spezialisieren; **the company specializes in electronic components** = das Unternehmen spezialisiert sich auf Elektronikbauteile; **they have a specialized product line** = sie haben eine spezialisierte Produktlinie; **he sells very specialized equipment for the electronics industry** = er verkauft Spezialausrüstung *f* für die Elektronikindustrie

> QUOTE the group specializes in the sale, lease and rental of new and second-user hardware
> ***Financial Times***
> QUOTE airlines offer special stopover rates and hotel packages to attract customers to certain routes
> ***Business Traveller***

specie *plural noun (coins)* Münzgeld *n or* Hartgeld

specify *verb* speziell angeben *or* einzeln aufführen *or* spezifizieren; **to specify full details of the goods ordered** = genaue Angaben *fpl* über die bestellten Waren machen; **do not include VAT on the invoice unless specified** = auf der Rechnung keine MwSt. einrechnen, es sei denn, es ist speziell angegeben

◇ **specification** *noun* genaue Angabe *or* Beschreibung *f or* Spezifikation *f*; **to detail the specifications of a computer system** = die technischen Daten *pl* eines Computersystems aufführen; **job specification** = Stellenbeschreibung; **to work to standard specifications** = den Normen *fpl* entsprechend arbeiten; **the work was not up to specification** *or* **did not meet our specifications** = die Arbeit wurde nicht den Angaben entsprechend ausgeführt

specimen *noun* Muster *n or* Probe *f or* Probeexemplar *n*; **to give specimen signatures on a bank mandate** = Unterschriftsproben auf einer Bankvollmacht geben

speculate *verb* spekulieren; **to speculate on the stock exchange** = an der Börse spekulieren

◇ **speculation** *noun* Spekulation *f*; **he bought the company as a speculation** = er kaufte das Unternehmen als Spekulationsobjekt *n*; **she lost all her money in stock exchange speculations** = sie verlor ihr gesamtes Geld bei Börsenspekulationen

◇ **speculative** *adjective* **speculative builder** = Bauspekulant *m*; **speculative share** = Spekulationsaktie *f*

◇ **speculator** *noun* Spekulant/-in; **a property speculator** = ein Grundstücksspekulant; **a currency speculator** = ein Währungsspekulant; **a speculator on the stock exchange** *or* **a stock exchange speculator** = ein Börsenspekulant

speed *noun* Geschwindigkeit *f or* Schnelligkeit *f*; **dictation speed** = Silben *fpl* pro Minute; **typing speed** = Anschläge *mpl* pro Minute

◇ **speed up** *verb* beschleunigen; **we are aiming to speed up our delivery times** = unser Ziel ist es, die Lieferzeiten zu verkürzen

spend *verb* **(a)** *(money)* ausgeben *or* investieren; **they spent all their savings on buying the shop** = sie verwendeten ihre gesamten Ersparnisse für den Kauf des Ladens ; **the company spends thousands of pounds on research** = das Unternehmen gibt Tausende Pfund für Forschung aus **(b)** *(to use time)* verbringen; **the company spends hundreds of man-hours on meetings** = das Unternehmen bringt Hunderte von Arbeitsstunden für Versammlungen auf; **the chairman spent yesterday afternoon with the auditors** = der Vorsitzende verbrachte den gestrigen Nachmittag mit den Wirtschaftsprüfern

(NOTE: **spending - spent)**

◇ **spending** *noun* Ausgaben *fpl*; **cash spending** *or* **credit card spending** = Barzahlungen *fpl or* Zahlungen per Kreditkarte; **consumer spending** = Verbraucherausgaben; **spending money** = Taschengeld *n*; **spending power** = Kaufkraft *f*; **the spending power of the pound has fallen over the last ten years** = die Kaufkraft des Pfundes hat über die letzten zehn Jahre abgenommen; **the spending power of the student market** = die Kaufkraft des studentischen Markts

sphere *noun* Bereich *m or* Gebiet *n*; **sphere of activity** = Wirkungskreis *m or* Tätigkeitsbereich *m*; **sphere of influence** = Einflußbereich

spin off *verb* **to spin off a subsidiary company** = eine Tochtergesellschaft ausgliedern (NOTE: **spinning - span - spun)**

◇ **spinoff** *noun* Nebenprodukt *n or* Abfallprodukt; **one of the spinoffs of the research programme has been the development of the electric car** = eins der Nebenprodukte des Forschungsprogramms war die Entwicklung des Elektroautos

spiral 1 *noun* Spirale *f*; **the economy is in an inflationary spiral** *or* **a wage-price spiral** = die Wirtschaft befindet sich in einer Inflationsspirale *or* einer Lohn-Preis-Spirale **2** *verb* klettern ; **a period of spiralling prices** = eine Phase nach oben kletternder Preise; **spiralling inflation** = angeheizte *or* durch die Lohn-Preis-Spirale bedingte Inflation (NOTE: **spiralling - spiralled** but US English **spiraling - spiraled)**

split 1 *noun* **(a)** *(dividing)* Aufteilung *f or* Aufsplittung *f*; **share split** = Aktiensplit *m*; **the company is proposing a five for one split** = das Unternehmen plant einen Aktiensplit im Verhältnis eins zu fünf **(b)** *(lack of agreement)* Entzweiung *f or* Spaltung *f*; **a split in the family shareholders** = eine Spaltung der Familienaktionäre **2** *verb* **(a) to split shares** = Aktien splitten *or* aufteilen; **the shares were split five for one** = die Aktien wurden im Verhältnis eins zu fünf gesplittet *or* aufgeteilt **(b) to split the difference** = (sich) die Differenz teilen (NOTE: **splitting - split) 3** *adjective* aufgespalten *or* aufgeteilt *or* gesplittet; **split commission** = aufgeteilte Courtage *or* Kommission; **split payment** = Teilzahlung *f*

spoil *verb* verderben; **half the shipment was spoiled by water** = die Hälfte der Warensendung war durch Wasser verdorben *or* beschädigt; **the company's results were spoiled by a disastrous last quarter** = die Ergebnisse des Unternehmens wurden durch ein katastrophales letztes Quartal verdorben

sponsor 1 *noun* **(a)** *(person who pays money to help research or to help a sport)* Sponsor/-in *or* Geldgeber/-in **(b)** *(company which advertises on TV)* Sponsor *m* **2** *verb* sponsern *or* fördern ; **to sponsor a television programme** = ein Fernsehprogramm sponsern; **the company has sponsored the football match** = das Unternehmen sponserte das Fußballspiel; **a government-sponsored trade exhibition** = eine von der Regierung gesponserte *or* geförderte Messe

◇ **sponsorship** *noun* Sponsern *n or* Förderung *f*; **government sponsorship of a(n overseas) selling mission** = staatliche Förderung einer Handelsdelegation

spot *noun* **(a) spot cash** = sofortige Bezahlung *or* Sofortliquidität *f*; **the spot market in oil** = der Spotmarkt für Öl; **spot price** *or* **spot rate** = Lokopreis *m*; Kassakurs *m* **(b)** *(place)* Ort *m or* Platz *m or* Stelle *f*; **to be on the spot** = an Ort und Stelle *or* vor Ort sein; **we have a man on the spot to deal with any problems which happen on the building site** = wir haben einen Mann vor Ort, der sich um alle Probleme kümmert, die auf der Baustelle auftauchen **(c) TV spot** = Fernsehspot *m*; **we are running a series of TV spots over the next three weeks** = wir haben in den nächsten drei Wochen eine Serie von Fernsehspots laufen

> QUOTE with most of the world's oil now traded on spot markets, Opec's official prices are much less significant than they once were
> ***Economist***
>
> QUOTE the averager spot price of Nigerian light crude oil for the month of July was 27.21 dollars per barrel
> ***Business Times (Lagos)***

spread 1 *noun* **(a)** *(range)* Verteilung *f or* Streuung *f*; **he has a wide spread of investments** *or* **of interests** = er hat seine Investitionen *or* Beteiligungen breit gestreut **(b)** *(on the stock exchange)* Spanne *f or* Differenz *f* **2** *verb* verteilen; **to spread payments over several months** = die Zahlungen über mehrere Monate verteilen; **to spread a risk** = das Risiko verteilen *or* streuen (NOTE: **spreading - spread)**

◇ **spreadsheet** *noun* Tabellenkalkulation *f*

> QUOTE dealers said markets were thin, with gaps between trades and wide spreads between bid and ask prices on the currencies
> ***Wall Street Journal***
>
> QUOTE to ensure an average return you should hold a spread of different shares covering a wide cross-section of the market
> ***Investors Chronicle***

square 1 *noun* Quadrat *n*; **graph paper is drawn with a series of small squares** = Millimeterpapier besteht aus einer Reihe von kleinen Quadraten **2** *adjective* **(a)** *(way of measuring area)* Quadrat-; **the office is ten metres by twelve - its area is one hundred and twenty square metres** = das Büro ist zehn mal zwölf Meter groß - die Gesamtfläche beträgt 120 Quadratmeter *m or n* **square measure** = Flächenmaß *n* (NOTE: written with figures as ^{2} : **$10ft^2$** = ten square feet **$6m^2$** = six square metres) **(b)** *(informal)* quitt; **now we're square** = jetzt sind wir quitt

◇ **squared paper** *noun* Millimeterpapier *n*

squeeze 1 *noun* Druck *m*; **credit squeeze** = Kreditrestriktion *f*; **profit squeeze** = Gewinndruck **2** *verb* drücken ; **to squeeze margins** *or* **profits** *or* **credit** = Gewinnspannen *fpl or* Gewinne *mpl* drücken; Kredite *mpl* beschränken; **our margins have been squeezed by the competition** = unsere Gewinnspannen sind durch die Konkurrenz gedrückt worden

> QUOTE the real estate boom of the past three years has been based on the availability of easy credit. Today, money is tighter, so property should bear the brunt of the credit squeeze
> ***Money Observer***

Sri Lanka *noun* Sri Lanka *n*

◇ **Sri Lankan 1** *noun* Srilanker/-in **2** *adjective* srilankisch
(NOTE: capital: **Colombo;** currency: **Sri Lankan rupee** = srilankische Rupie)

stability *noun* Stabilität *f or* Beständigkeit *f*; **price stability** = Preisstabilität; **a period of economic stability** = eine Phase wirtschaftlicher Stabilität; **the stability of the foreign exchange markets** = die Stabilität der Devisenmärkte

◊ **stabilization** *noun* Stabilisierung *f or* Festigung *f*; **stabilization of the economy** = Stabilisierung der Wirtschaft

◊ **stabilize** *verb* (sich) stabilisieren *or* festigen; **prices have stabilized** = die Preise haben sich stabilisiert; **to have a stabilizing effect on the economy** = eine stabilisierende Wirkung auf die Wirtschaft haben

◊ **stable** *adjective* stabil *or* beständig *or* gleichbleibend; **stable prices** = stabile Preise *mpl*; **stable exchange rate** = stabiler Wechselkurs; **stable currency** = stabile Währung; **stable economy** = stabile Wirtschaft

stack 1 *noun* Stapel *m or* Stoß *m or* Haufen *m*; **there is a stack of replies to our advertisement** = es gibt einen Haufen Antworten auf unsere Anzeige **2** *verb* stapeln; **the boxes are stacked in the warehouse** = die Kisten sind im Lager gestapelt

staff 1 *noun* Personal *n or* Mitarbeiter *mpl or* Belegschaft *f*; **to be on the staff** *or* **a member of staff** *or* **a staff member** = zum Personal gehören *or* ein Mitglied des Personals *or* ein Belegschaftsmitglied sein; **staff agency** = Personalvermittlung *f*; **staff appointment** = Anstellung *f* von Personal; **staff association** = Personalvertretung *f*; **accounts staff** = Buchhaltungspersonal; **clerical staff** *or* **administrative staff** *or* **office staff** = Schreibkräfte *fpl or* Verwaltungspersonal *or* Büropersonal; **counter staff** = Verkaufspersonal *(hinter dem Ladentisch)*; **senior staff** *or* **junior staff** = ältere *or* jüngere Angestellte *mpl & fpl*; Personal in führender *or* untergeordneter Position (NOTE: **staff** refers to a group of people and so is often followed by a verb in the plural) **2** *verb* (mit Personal) besetzen; **to be staffed with skilled part-timers** = mit ausgbildeten Teilzeitbeschäftigten besetzt sein; **to have difficulty in staffing the factory** = Schwierigkeiten haben, Arbeitskräfte *fpl* für die Fabrik zu finden

◊ **staffer** *noun (US)* ständige(r) Mitarbeiter/-in

◊ **staffing** *noun* Einstellung *f* von Personal; **staffing levels** = Personalbestand *m*; **the company's staffing policy** = die Personalplanung des Unternehmens

stag 1 *noun* **(a)** *(person who buys new issues of shares and sells them)* Neuemissionsspekulant/-in **(b)** *US (dealer in stocks who is not a member of a stock exchange)* Aktienhändler, der nicht der Börse angehört **2** *verb* **to stag an issue** = mit einer Neuemission spekulieren (NOTE: **stagging - stagged)**

stage 1 *noun* Stadium *n or* Phase *f or* Etappe *f or* Stufe *f or* Abschnitt *m*; **the different stages of the production process** = die verschiedenen Phasen des Produktionsprozesses; **the contract is still in the drafting stage** = der Vertrag befindet sich noch im Entwurfsstadium; **in stages** = etappenweise *or* Schritt für Schritt; **the company has agreed to repay the loan in stages** = das Unternehmen hat zugestimmt, das Darlehen nach und nach zurückzuzahlen **2** *verb* **(a)** veranstalten; **the exhibition is being staged in the conference centre** = die Messe wird im Konferenzzentrum veranstaltet; **to stage a recovery** = sich erholen; **the company has staged a strong recovery from a point of near bankruptcy** = das Unternehmen hat sich gut erholt, nachdem es fast bankrott war **(b) staged payments** = Zahlungen *fpl* in Stufen *fpl or* Etappen *fpl*

stagflation *noun* Stagflation *f*

stagger *verb* staffeln *or* stufen *or* versetzen; **staggered holidays help the tourist industry** = zeitversetzte Ferien *pl* helfen dem Fremdenverkehrsgewerbe; **we have to stagger the lunch hour so that there is always someone on the switchboard** = wir müssen zeitversetzt *or* in Schichten zum Mittagessen gehen, damit immer jemand in der Telefonzentrale ist

stagnant *adjective* stagnierend *or* stockend; **turnover was stagnant for the first half of the year** = der Umsatz stagnierte in der ersten Hälfte des Jahres; **a stagnant economy** = eine stagnierende Wirtschaft

◊ **stagnate** *verb* stagnieren *or* stocken; **the economy is stagnating** = die Wirtschaft stagniert; **after six hours the talks were stagnating** = nach sechs Stunden kamen die Gespräche ins Stocken

◊ **stagnation** *noun* Stagnation *f or* Stillstand *m*; **the country entered a period of stagnation** = das Land trat in eine Phase der Stagnation ein; **economic stagnation** = wirtschaftliche Stagnation

stake 1 *noun* Beteiligung *f or* Einlage *f*; **to have a stake in a business** = eine Einlage an einem Unternehmen haben; **to acquire a stake in a business** = eine Einlage an einem Unternehmen erwerben; **he acquired a 25% stake in the business** = er erwarb eine 25%ige Beteiligung an dem Geschäft **2** *verb* **to stake money on something** = Geld auf etwas setzen

> QUOTE other investments include a large stake in a Chicago-based insurance company, as well as interests in tobacco products and hotels
>
> *Lloyd's List*

stall *noun* Marktstand *m*

◊ **stallholder** *noun* Marktstandbesitzer/-in

stamp 1 *noun* **(a)** *(device for making marks on documents)* Stempel *m*; **the invoice has the stamp 'Received with thanks' on it** = die Rechnung hat den Stempelaufdruck ‚Dankend erhalten'; **the customs officer looked at the stamps in his passport** = der Zollbeamte sah sich die Stempel in seinem Paß an; **date stamp** = Datumsstempel; **rubber stamp** = Gummistempel; **stamp pad** = Stempelkissen *n* **(b)** *(postage)* Briefmarke *f*; **postage stamp** = Postwertzeichen *n or* Briefmarke *f*; **a £1 stamp** = eine £1 Briefmarke **(c) stamp duty** = Stempelgebühr *f* **2** *verb* **(a)** (ab)stempeln; **to stamp an invoice 'Paid'** = eine Rechnung mit ‚Bezahlt' (ab)stempeln; **the documents were stamped by the customs officials** = die Dokumente wurden von den Zollbeamten abgestempelt **(b)** *(to put a postage stamp on)* frankieren; **stamped addressed envelope (s.a.e.)** = frankierter *or* freigemachter Rückumschlag; **send a stamped addressed envelope for further details and catalogue** = für weitere Einzelheiten und den

Katalog schicken Sie uns bitte einen frankierten Rückumschlag

stand 1 *noun (at an exhibition)* Stand *m or* Messestand; **display stand** = Auslagenstand *or* Präsentationsstand; **news stand** = Zeitungsstand **2** *verb* **to stand liable for damages** = schadenersatzpflichtig sein; **the company's balance stands at £24,000** = der Saldo des Unternehmens liegt bei £24.000 (NOTE: **standing - stood**)

◇ **stand down** *verb* zurücktreten

◇ **stand in for** *verb* für jdn einspringen; **Mr Smith is standing in for the chairman, who is ill** = Herr Smith springt für den Vorsitzenden ein, der krank ist

standard 1 *noun* Standard *m or* Norm *f or* Niveau *n*; **standard of living** *or* **living standards** = Lebensstandard; **production standards** = Produktionsstandard; **up to standard** = den Anforderungen *fpl* genügend; **this batch is not up to standard** *or* **does not meet our standards** = diese Serie genügt nicht den *or* unseren Anforderungen *fpl*; **gold standard** = Goldstandard **2** *adjective* üblich *or* handelsüblich *or* normal *or* Standard-; **a standard model car** = ein Standardautomodell *n*; **we have a standard charge of £25 for a thirty-minute session** = wir erheben eine Standardgebühr von £25 für dreißig Minuten; **standard agreement** *or* **standard contract** = Mustervertrag *m*; **standard letter** = Standardbrief *m or* Formbrief; *(computer)* Serienbrief; **standard rate (of tax)** = Einheitssteuersatz *m*

◇ **standardization** *noun* Standardisierung *f or* Normung *f or* Vereinheitlichung *f or* Typung *f*; **standardization of design** = Vereinheitlichung von Design; **standardization of measurements** = Normung von Maßen; **standardization of products** = Produkttypung

◇ **standardize** *verb* standardisieren *or* normen *or* vereinheitlichen

standby *noun* **(a) standby ticket** = Standby-Ticket *n*; **standby fare** = Standby-Flugpreis *m* **(b) standby arrangements** = *(IMF)* Beistandsabkommen *n*; **standby credit** = Beistandskredit *m or* Standby-Kredit

standing 1 *adjective* **standing order** = Dauerauftrag *m*; **I pay my subscription by standing order** = ich zahle mein Abonnement per Dauerauftrag **2** *noun* **(a) long-standing customer** *or* **customer of long standing** = Stammkunde/Stammkundin; treue(r) *or* langjährige(r) Kunde/Kundin **(b)** *(good reputation)* Ansehen *n or* Ruf *m*; Bonität *f or* Kreditwürdigkeit *f*; **the financial standing of a company** = die Finanzlage eines Unternehmens; **a company of good standing** = eine angesehene Firma

standstill *noun* Stillstand *m*; **production is at a standstill** = die Produktion ruht; **the strike brought the factory to a standstill** = der Streik legte die Produktion lahm

staple 1 *adjective* **(a) staple commodity** = Haupthandelsware *f*; **staple industry** = Hauptindustriezweig *m*; **staple product** = Haupthandelsware *f* **(b)** *(for attaching papers together)* Heftklammer *f*; **he used a pair of scissors to take the staples out of the documents** = er benutzte eine Schere, um die Heftklammern aus dem Dokument zu entfernen **2** *verb* **to staple papers together** = Papiere zusammenheften; **he could not take away separate pages, because the documents were stapled together** = er konnte nicht einzelne Blätter entnehmen, weil das Dokument zusammengeheftet war

◇ **stapler** *noun* Hefter *m*

star *noun* Stern *m*; **four star hotel** = Vier-Sterne-Hotel *n*

start 1 *noun* Beginn *m or* Anfang *m or* Start *m*; **cold start** = ein völliger Neubeginn; **house starts** *or (US)* **housing starts** = Neubauten *mpl* **2** *verb* **to start a business from cold** *or* **from scratch** = ein Unternehmen von Grund auf aufbauen

◇ **starting** *noun* Start- *or* Anfangs-; **starting date** = Anfangsdatum *n or* Anlauftermin *m*; **starting salary** = Anfangsgehalt *n*

◇ **start-up** *noun* Gründung *f*; Inbetriebnahme *f*; Anlauf *m*; **start-up costs** = Anlaufkosten *pl* (NOTE: plural is **start-ups**)

state 1 *noun* **(a)** *(country or part of a country)* Staat *m*; Bundesstaat *m or* Land *n* *(US)* **state bank** = Staatsbank *f* **(b)** *(government of a country)* Staat *m*; **state enterprise** = Staatsbetrieb *m or* staatliches Unternehmen; **the bosses of state industries are appointed by the government** = die Bosse staatlicher Industrien *fpl* werden vom Staat eingesetzt; **state ownership** = Staatseigentum *n* **(c)** *(condition)* Zustand *m* **2** *verb* angeben *or* vortragen *or* aussagen; **the document states that all revenue has to be declared to the tax office** = das Dokument besagt, daß dem Finanzamt alle Einnahmen angegeben werden müssen

◇ **state-controlled** *adjective* unter staatlicher Aufsicht *or* staatlich gelenkt; **state-controlled television** = staatliches Fernsehen

◇ **state-of-the-art** *adjective* technisch auf dem neusten Stand; **state-of-the-art machine** = eine Maschine, die dem neusten Stand der Technik entspricht

◇ **state-owned** *adjective* staatseigen

> QUOTE the unions had argued that public sector pay rates had slipped behind rates applying in state and local government areas
>
> ***Australian Financial Review***
>
> QUOTE state-owned banks cut their prime rates a percentage point to 11%
>
> ***Wall Street Journal***
>
> QUOTE each year American manufacturers increase their budget for state-of-the-art computer-based hardware and software
>
> ***Duns Business Month***

statement *noun* **(a)** Angabe *f or* Aussage *f or* Erklärung *f or* Darstellung *f*; **to make a false statement** = eine falsche Aussage machen; **statement of expenses** = Spesenaufstellung *f*; **(b) financial statement** = Finanzbericht *m or* Rechnungsabschluß *m or* Jahresabschluß *m*; **the accounts department has prepared a financial statement for the shareholders** = die Buchhaltung fertigte einen Finanzbericht für die Aktionäre an **(c) statement of account** = Abrechnung *f*; **bank statement** = Kontoauszug *m*; **monthly** *or* **quarterly statement** = monatlicher *or* vierteljährlicher Kontoauszug

station *noun* **(a)** Bahnhof *m*; **the train leaves the central station at 14.15** = der Zug fährt um 14.15 Uhr vom Hauptbahnhof ab **(b) TV station** *or* **radio station** = Sender *m*

stationery *noun* Schreibwaren *pl*; **stationery supplier** = Schreibwarenhändler *m*; **office stationery** = Büromaterial *n*; **continuous stationery** = Endlospapier *n*

statistics *plural noun* Statistik *f*; **to examine the sales statistics for the previous six months** = die Umsatz- *or* Verkaufsstatistik der letzten sechs Monate prüfen; **government trade statistics show an increase in imports** = die staatlichen Handelsstatistiken zeigen einen Importzuwachs

◇ **statistical** *adjective* statistisch; **statistical analysis** = statistische Analyse; **statistical information** = statistische Information; **statistical discrepancy** = statistische Abweichung

◇ **statistician** *noun* Statistiker/-in

status *noun* **(a)** *(importance or position in society)* Status *m or* Stellung *f or* Rang *m*; **the chairman's car is a status symbol** = der Wagen des Direktors ist ein Statussymbol *n*; **loss of status** = Prestigeverlust *m* **(b)** *(legal position)* **legal status** = rechtliche Stellung *or* Rechtsposition *f*; *(checking on a customer's credit rating)* **status inquiry** = Kreditauskunft *f*

◇ **status quo** *noun (state of things as they are now)* Status quo *m or* gegenwärtiger Zustand; **the contract does not alter the status quo** = der Vertrag ändert nichts am gegenwärtigen Zustand

statute *noun (law made by parliament)* Gesetz *n*; **statute book** = Gesetzbuch *n*; **statute of limitations** = Verjährungsfrist *f*

◇ **statutory** *adjective (fixed by law)* gesetzlich; **there is a statutory period of probation of thirteen weeks** = es gibt eine gesetzliche Probezeit von dreizehn Wochen; **statutory holiday** = gesetzlicher Feiertag; **statutory sick pay** = Lohnfortzahlung *f* bei Krankheit

stay 1 *noun* **(a)** *(length of time spent in one place)* Aufenthalt *m*; **the tourists were in town only for a short stay** = die Touristen hielten sich nur kurz in der Stadt auf; **long-stay guests** = Dauergäste *mpl* **(b)** *(temporary stopping of a legal order)* **stay of execution** = Vollstreckungsaufschub *m*; **the court granted the company a two-week stay of execution** = das Gericht gewährte dem Unternehmen einen zweiwöchigen Vollstreckungsaufschub **2** *verb (to stop at a place)* bleiben; übernachten; **the chairman is staying at the Hotel London** = der Vorsitzende übernachtet im London Hotel; **profits have stayed below 10% for two years** = die Gewinne liegen seit zwei Jahren unter 10%; **inflation has stayed high in spite of the government's efforts to bring it down** = die Inflationsrate blieb trotz der Bemühungen der Regierung, sie zu senken, hoch

STD = SUBSCRIBER TRUNK DIALLING

steady 1 *adjective* stetig *or* stabil *or* behauptet; **a steady increase in profits** = ein stetiger Gewinnzuwachs; **the market stayed steady** = der Markt *or* die Börse behauptete sich; **there is a steady demand for computers** = die Nachfrage nach Computern ist gleichbleibend **2** *verb (to become firm or to stop fluctuating)* sich festigen *or* sich stabilisieren *or* sich behaupten; **the markets steadied after last week's fluctuations** = die Märkte festigten sich *or* behaupteten sich nach den Schwankungen in der letzten Woche; **prices steadied on the commodity markets** = die Preise stabilisierten sich an den Warenbörsen ; **the government's figures had a steadying influence on the exchange rate** = die Zahlen der Regierung übten eine stabilisierende Wirkung auf den Wechselkurs aus

◇ **steadily** *adverb* stetig *or* fortwährend; **output increased steadily over the last two quarters** = die Produktion stieg stetig in den letzten zwei Quartalen; **the company has steadily increased its market share** = das Unternehmen hat seinen Marktanteil stetig vergrößert

◇ **steadiness** *noun (being firm or not fluctuating)* Beständigkeit *f or* Stabilität *f or* Festigkeit *f*; **the steadiness of the markets is due to the government's intervention** = die Stabilität der Märkte geht auf die Intervention der Regierung zurück

steal *verb* wegstehlen; **the rival company stole our best clients** = das Konkurrenzunternehmen stahl uns die besten Kunden weg; **one of our biggest problems is stealing in the wine department** = eines unserer größten Probleme ist Diebstähl in der Weinabteilung (NOTE: **stealing - stole - has stolen**)

steep *adjective* steil *or* hoch; **a steep increase in interest charges** = ein starker Anstieg der Sollzinsen; **a steep decline in overseas sales** = ein starker Rückgang des Auslandsabsatzes

stencil *noun* Matrize *f*

stenographer *noun* Stenograph/-in

step *noun* **(a)** *(type of action)* Schritt *m or* Maßnahme *f*; **the first step taken by the new MD was to analyse all the expenses** = als erstes analysierte der neue geschäftsführende Direktor sämtliche Ausgaben; **to take steps to prevent something happening** = Maßnahmen ergreifen, um etwas zu verhindern **(b)** Stufe *f*; **becoming assistant to the MD is a step up the promotion ladder** = Stellvertreter des geschäftsführenden Direktors zu werden ist die erste Stufe auf der Beförderungsleiter; **in step with** = in Einklang mit; **the pound rose in step with the dollar** = das Pfund stieg in Einklang mit dem Dollar; **out of step with** = nicht in Einklang mit; **the pound was out of step with other European currencies** = das Pfund war nicht in Einklang mit anderen europäischen Währungen; **wages are out of step with the cost of living** = die Löhne stehen nicht in Einklang mit den Lebenshaltungskosten

◇ **step up** *verb (to increase)* steigern *or* erhöhen; verstärken; **to step up industrial action** = Arbeitskampfmaßnahmen *fpl* verstärken; **the company has stepped up production of the latest models** = das Unternehmen steigerte die Produktion der neusten Modelle (NOTE: **stepping - stepped**)

sterling *noun (standard currency used in the United Kingdom)* Sterling *m*; **to quote prices in sterling** *or* **to quote sterling prices** = Preise in Sterling angeben; *(official term for the British currency)* **pound sterling** = Pfund Sterling *n*; **sterling area** = Sterlinggebiet *n* **sterling balances** = Außenhandelsbilanz *f* in Sterling; **sterling crisis** = Sterlingkrise *f*

> QUOTE it is doubtful that British goods will price themselves back into world markets as long as sterling labour costs continue to rise faster than in competitor countries
>
> *Sunday Times*

stevedore *noun* Schauermann *m or* Stauer *m*

steward *noun* **(a)** *(on a ship or plane)* Steward *m* **(b)** *(elected union representative of workers)* **shop steward** = betrieblicher Vertrauensmann

◇ **stewardess** *noun (on a plane)* Stewardeß *f*

stick *verb* **(a)** *(to glue)* kleben; **to stick a stamp on a letter** = eine Briefmarke auf einen Brief kleben; **they stuck a poster on the door** = sie klebten ein Plakat an die Tür **(b)** *(to stay still or not to move)* (stehen)bleiben; **sales have stuck at £2m for the last two years** = der Absatz liegt seit zwei Jahren unverändert bei £2 Mio (NOTE: **sticking - stuck)**

◇ **sticker 1** *noun* Aufkleber *m or* Etikett *n*; **airmail sticker** = Luftpostaufkleber **2** *verb* auszeichnen *or* mit Preisschildern *npl* versehen; **we had to sticker all the stock** = wir mußten den gesamten Warenbestand auszeichnen

stiff *adjective (strong or difficult)* hart *or* schwierig; **stiff competition** = scharfer Wettbewerb; **he had to take a stiff test before he qualified** = er mußte eine schwierige Prüfung absolvieren, bevor er sich qualifizieren konnte

stimulate *verb (to encourage)* anregen *or* ankurbeln *or* beleben *or* fördern; **to stimulate the economy** = die Wirtschaft ankurbeln; **to stimulate trade with the Middle East** = den Handel mit dem Mittleren Osten beleben *or* fördern

◇ **stimulus** *noun (thing which encourages activity)* Anreiz *m or* Stimulus *m* (NOTE: plural is **stimuli)**

stipulate *verb (to demand that a condition be put into a contract)* (vertraglich) vereinbaren *or* festlegen; **to stipulate that the contract should run for five years** = vertraglich vereinbaren, daß der Vertrag über fünf Jahre läuft; **to pay the stipulated charges** = die vertraglich vereinbarten Gebühren *fpl* bezahlen; **the company failed to pay on the date stipulated in the contract** = das Unternehmen versäumte es, zu dem im Vertrag festgesetzen Termin *m* zu zahlen; **the contract stipulates that the seller pays the buyer's legal costs** = der Vertrag legt fest, daß der Verkäufer dem Käufer die entstehenden Anwaltskosten zahlt

◇ **stipulation** *noun (condition in a contract)* Vereinbarung *f or* Vertragsbestimmung *f or* Klausel *f*

stock 1 *noun* **(a)** *(quantity of raw materials)* Vorrat *m*; **we have large stocks of oil** *or* **coal** = wir haben größe Öl- *or* Kohlevorräte; **the country's stocks of butter** *or* **sugar** = die Butter- *or* Zuckervorräte eines Landes **(b)** *(quantity of goods for sale)* Lagerbestand *m or* Warenbestand; **opening stock** = Eröffnungsbestand *m*; **closing stock** = Schlußbestand *m*; **stock code** = Warencode *m*; **stock control** = Lagersteuerung *f*; **stock depreciation** = Wertminderung *f* des Lagerbestands; **stock figures** = Verzeichnis *n* des Warenbestands; **stock in hand** = Waren auf Lager; **stock level** = Lagerbestand; **we try to keep stock levels low during the summer** = wir versuchen, den Lagerbestand während des Sommers gering zu halten; **stock turn** *or* **stock turnround** *or* **stock turnover** = Lagerumschlag *m*; **stock valuation** = Bewertung *f* des Lagerbestands; **to buy a shop with stock at valuation** = ein Geschäft inklusive des bewerteten Warenbestands kaufen; **to purchase stock at valuation** = den Warenbestand zum Bewertungspreis kaufen **(c)** *(available in the warehouse or store)* **in stock** = vorrätig *or* auf Lager sein; **out of stock** = nicht vorrätig *or* ausverkauft sein; **to hold 2,000 lines in stock** = 2.000 Sortimente vorrätig haben; **the item went out of stock just before Christmas but came back into stock in the first week of January** = der Artikel wurde unmittelbar vor Weihnachten ausverkauft, ist aber seit der ersten Januarwoche wieder vorrätig; **we are out of stock of this item** = wir haben diesen Artikel nicht vorrätig; **to take stock** = Inventur *f* machen *or* den Warenbestand aufnehmen **(d) stocks and shares** = Effekten *pl or* Aktien *fpl* und Wertpapiere *npl*; **stock certificate** = Aktienzertifikat *n*; *(US)* **common stock** = Stammaktien *fpl*; **debenture stock** = Anleihekapital *n*; **dollar stocks** = US-Aktien *fpl*; **government stock** = Staatsanleihen *fpl*; **loan stock** = festverzinsliche Anleihen *fpl*; **convertible loan stock** = Wandelanleihen *fpl or* Wandelschuldverschreibung *f* (NOTE: in the UK, the term **stocks** is generally applied to government stocks and debentures, and **shares** to shares of commercial companies. In the USA, shares in corporations are usually called **stocks** while government stocks are called **bonds.** In practice, **shares** and **stocks** are interchangeable terms, and this can lead to some confusion) **2** *adjective (normal or usually kept in stock)* Standard-; **butter is a stock item for any good grocer** = Butter ist ein Standardartikel *m* jedes Lebensmittelhändlers; **stock size** = Standardgröße *f*; **we only carry stock sizes of shoes** = wir führen nur Standardschuhgrößen *fpl* **3** *verb (to hold goods for sale in a warehouse or store)* führen *or* auf Lager halten; **to stock 200 lines** = 200 Sortimente führen

◇ **stockbroker** *noun* Börsenmakler *m or* Wertpapiermakler; **stockbroker's commission** = Courtage *f*

◇ **stockbroking** *noun* Effektenhandel *m or* Wertpapierhandel; **stockbroking firm** = Effektenhändler *m*

◇ **stock controller** *noun (person who notes movements of stock)* Stock Controller *m or* Lagersteuerer *m*

◇ **stock exchange** *noun* Börse *f or* Effektenbörse *f or* Wertpapierbörse; **he works on the stock exchange** = er arbeitet an der Börse; **shares in the company are traded on the stock exchange** = Aktien des Unternehmens werden an der Börse gehandelt; **stock exchange listing** = Börsenzulassung *f*; **the New York Stock Exchange** = die New Yorker Börse (NOTE: capital letters are used when referring to a particular stock exchange: **the London Stock Exchange;** but **the Stock Exchange** is also generally used to refer to the local stock exchange of whichever country the speaker happens to be in)

stockholder *noun* Aktionär/-in

◇ **stockholding** *noun* Aktienbeteiligung *f or* Aktienbesitz *m*

◇ **stock-in-trade** *noun (goods held by a business for sale)* Bestände *mpl*

◇ **stockist** *noun* Fachhändler *m or* Fachgeschäft *n*

◇ **stock jobber** *noun (formerly on the Stock Exchange)* Jobber *m*

◇ **stock jobbing** *noun (formerly on the Stock Exchange)* Eigenhandel *m* an der Börse

◇ **stocklist** *noun* Inventar *n or* Bestandsliste *f or* Lagerbestandsverzeichnis *n*

stock market *noun* Börse *f*; **stock market price** *or* **price on the stock market** = Börsenkurs *m*; **stock market valuation** = Börsenkapitalisierung *f*

stockpile 1 *noun* Vorrat *m or* Reserve *f*; **a stockpile of raw materials** = ein Vorrat an Rohstoffen **2** *verb (to buy items and keep them in case of need)* Vorräte anlegen ; **to stockpile raw materials** = Rohstoffvorräte anlegen

◇ **stockroom** *noun (room where stores are kept)* Lager *n*

◇ **stocktaking** *noun (counting of goods in stock at the end of an accounting period)* Inventur *f or* Bestandsaufnahme *f*; **the warehouse is closed for the annual stocktaking** = das Lagerhaus ist wegen der jährlichen Inventur geschlossen; **stocktaking sale** = Inventurausverkauf *m*

◇ **stock up** *verb* einen Vorrat anlegen *or* ein Lager auffüllen *or* sich eindecken; **they stocked up with computer paper** = sie deckten sich mit Computerpapier ein

> QUOTE US crude oil stocks fell last week by nearly 2.5m barrels
> ***Financial Times***
>
> QUOTE the stock rose to over $20 a share, higher than the $18 bid
> ***Fortune***
>
> QUOTE the news was favourably received on the Sydney Stock Exchange, where the shares gained 40 cents to A$9.80
> ***Financial Times***

stop 1 *noun* **(a)** Halt *m or* Stillstand *m*; **work came to a stop when the company could not pay the workers' wages** = die Arbeit wurde eingestellt, als das Unternehmen nicht mehr die Arbeitslöhne auszahlen konnte; **the new finance director put a stop to the reps' expense claims** = der neue Leiter der Finanzabteilung schob den Spesenforderungen der Vertreter einen Riegel vor **(b)** *(not supplying)* Sperre *f*; **account on stop** = gesperrtes Konto; **to put an account on stop** = ein Konto sperren; **to put a stop on a cheque** = einen Scheck sperren lassen **2** *verb* **(a)** anhalten *or* zum Stillstand bringen *or* stoppen; **the shipment was stopped by the customs** = die Warensendung wurde vom Zoll gestoppt; **the government has stopped the import of cars** = die Regierung stoppte die Einfuhr von Autos **(b)** aufhören *or* einstellen; **the work force stopped work when the company could not pay their wages** = die Belegschaft stellte die Arbeit ein, als das Unternehmen ihre Löhne nicht mehr auszahlen konnte; **the office staff stop work at 5.30** = das Büropersonal hat um 17.30 Dienstschluß; **we have stopped supplying Smith & Co.** = wir beliefern die Fa. Smith & Co. nicht mehr **(c)** *(not to supply an account any more on credit)* **to stop an account** = ein Konto sperren; **to stop a cheque** *or (US)* **to stop payment on a check** = einen Scheck sperren (lassen); **to stop payments** = die Zahlungen einstellen **(d)** *(to take money out of someone's wages)* **to stop someone's wages** = einen Teil des Lohns einbehalten; **we stopped £25 from his pay because he was always late** = wir behielten £25 seines Lohns ein, weil er immer zu spät kam (NOTE: **stopping - stopped**)

◇ **stop over** *verb* Zwischenstation machen *or* einen Zwischenstopp einlegen; **we stopped over in Hong Kong on the way to Australia** = auf dem Weg nach Australien legten wir einen Zwischenstopp in Hongkong ein

◇ **stopover** *noun* Zwischenstopp *m or* Zwischenlandung *f*; **the ticket allows you two stopovers between London and Tokyo** = mit dem Ticket kann man zwei Zwischenstopps zwischen London und Tokio einlegen

◇ **stoppage** *noun* **(a)** *(act of stopping)* Unterbrechung *f or* Stillstand *m*; **stoppage of deliveries** = Lieferstopp *m*; **stoppage of payments** = Zahlungsstopp *m or* Zahlungseinstellung *f*; **deliveries will be late because of stoppages on the production line** = die Auslieferungen werden sich wegen Produktionsstockungen *fpl* verzögern **(b)** (i) *(money temporarily taken from a worker's wage packet, eg. for being late)* Lohneinbehaltung *f*; (ii) *(money deducted regularly from wages and salaries for tax, national insurance etc.)* Lohnabzug *m*; Gehaltsabzug

> QUOTE the commission noted that in the early 1960s there was an average of 203 stoppages each year arising out of dismissals
> ***Employment Gazette***

storage *noun* **(a)** *(keeping in store or in a warehouse)* Lagerung *f or* Aufbewahrung *f*; **in storage** = untergestellt *or* (ein)gelagert; **we put our furniture into storage** = wir haben unsere Möbel gelagert; **storage capacity** = Lagerkapazität *f*; **storage company** = Lagerfirma *f or* Lagerhaus *n*; **storage facilities** = Lagermöglichkeiten *fpl*; **cold storage** = Kaltlagerung *f or* Kühlhauslagerung; **to put a plan into cold storage** = einen Plan auf Eis legen **(b)** *(cost of keeping goods in store)* Lagerkosten *pl*; **storage was 10% of value, so we scrapped the stock** = die Lagerkosten betrugen 10% des Werts, deshalb haben wir den Bestand verschrottet **(c)** *(facility for storing data in a computer)* Speicher *m*; **disk with a storage capacity of 10Mb** = Disketten mit einer Speicherkapazität von 10Mb; **storage unit** = Speichereinheit *f*

◇ **store 1** *noun* **(a)** *(place where goods are kept)* Lager(halle *f*) *n or* Lagerhaus *n or* Magazin *n or* Speicher *m*; **cold store** = Kühlhaus *n* **(b)** *(quantity of items or materials kept)* Vorrat *m or* Bestand *m*; **I always keep a store of envelopes ready in my desk** = ich habe immer einen Vorrat an Briefumschlägen in meinem Schreibtisch **(c)** *(US) (shop)* Geschäft *n; (GB) (large shop)* Kaufhaus *n or* Warenhaus *n*; **a furniture store** = ein Möbelgeschäft; **a big clothing store** = ein großes Bekleidungshaus; **chain store** = Filialgeschäft *n or* Kettenladen *m*; **department store** = Kaufhaus *or* Warenhaus; **discount store** = Diskontgeschäft *n or* Billigladen *m*; **general store** = Gemischtwarenhandlung *f* **store card** = Kundenkarte *f or* Membercard *f* **2** *verb* **(a)** *(to keep in a warehouse)* (ein)lagern; **to store goods for six months** = Waren sechs Monate lagern **(b)** *(to keep* *for future use)* aufbewahren *or* speichern; **we store our pay records on computer** = wir speichern unsere Lohnzahlungsbelege auf Computer

◇ **storekeeper** *or* **storeman** *noun* Lagerverwalter *m or* Lagerhalter *m or* Lagerist *m*

◇ **storeroom** *noun* Lager *n*; Lagerraum *m*

straight-line depreciation *noun* lineare Abschreibung

strategy *noun (plan of future action)* Strategie *f*; **business strategy** = Geschäftsstrategie; **company strategy** = Unternehmensstrategie; **marketing strategy** = Marketingstrategie; **financial strategy** = Finanzstrategie

◇ **strategic** *adjective* strategisch; **strategic planning** = strategische Planung

stream *noun* Strom *m*; **we had a stream of customers on the first day of the sale** = es gab einen Kundenansturm am ersten Ausverkaufstag; *(to start production)* **to come on stream** = in Betrieb gehen

◇ **streamer** *noun (device for attaching a tape storage unit to a computer)* Magnetbandgerät *n or* Streamer *m*

◇ **streamline** *verb* rationalisieren *or* modernisieren *or* straffen; **to streamline the accounting system** = das Buchführungssystem rationalisieren; **to streamline distribution services** = den Vertrieb rationalisieren

◇ **streamlined** *adjective (efficient or rapid)* rationalisiert *or* modernisiert *or* (ge)straff(t); **streamlined production** = rationalisierte Produktion; **the company introduced a streamlined system of distribution** = das Unternehmen führte ein rationalisiertes Vertriebssystem ein

◇ **streamlining** *noun* Rationalisierung *f or* Modernisierung *f or* Straffung *f*

street *noun* Straße *f*; **High Street** = Hauptgeschäftsstraße; **the High Street banks** = die größten öffentlichen Bankinstitute *npl* in Großbritannien; **street directory** = (i) *(list of people living in a street)* Straßenadreßbuch *n*; (ii) *(map of a town)* Stadtplan *m*

strength *noun* Stärke *f*; **the company took advantage of the strength of the demand for home computers** = das Unternehmen nutzte die starke Nachfrage nach PCs aus; **the strength of the pound increases the possibility of low interest rates** = durch die Stärke des Pfundes erhöht sich die Möglichkeit niedriger Zinsen (NOTE: the opposite is **weakness**)

stress *noun* Streß *m*; **people in positions of responsibility suffer from stress-related illnesses** = Personen in leitenden Positionen leiden an Krankheiten, die durch Streß verursacht werden; **stress management** = Streßbewältigung *f*

◇ **stressful** *adjective* stressig

> QUOTE manual and clerical workers are more likely to suffer from stress-related diseases. Causes of stress include the introduction of new technology, job dissatisfaction, fear of job loss, poor working relations with the boss and colleagues, and bad working conditions
>
> ***Personnel Management***

stretch *verb* strecken *or* dehnen; voll beanspruchen; **the investment programme has stretched the company's resources** = das Investitionsprogramm hat die finanziellen Mittel des Unternehmens voll beansprucht; **he is not fully stretched** = er ist nicht voll ausgelastet

strict *adjective* genau *or* strikt *or* präzise; **in strict order of seniority** = in strikter Rangordnung

◇ **strictly** *adverb* genau *or* strikt *or* präzise; **the company asks all staff to follow strictly the buying procedures** = das Unternehmen fordert das gesamte Personal auf, die Einkaufsverfahren streng zu befolgen

strike 1 *noun* **(a)** *(stopping of work by workers)* Streik *m*; **all-out strike** = Totalstreik; **general strike** = Generalstreik; **official strike** = offizieller Streik *or* gewerkschaftlich organisierter Streik; **protest strike** = Proteststreik; **sit-down strike** = Sitzstreik; **sympathy strike** = Solidaritätsstreik *or* Sympathiestreik; **token strike** = Warnstreik; **unofficial** *or* **wildcat strike** = wilder Streik **(b) to take strike action** = in den Ausstand treten; **to threaten strike action** = mit Streikmaßnahmen drohen; **strike call** = Streikaufruf *m*; **no-strike agreement** *or* **no-strike clause** = Streikverbotsklausel *f*; **strike fund** = Streikkasse *f*; **strike pay** = Streikgelder *npl*; **strike ballot** *or* **strike vote** = Streikabstimmung *f or* Urabstimmung **(c) to come out on strike** *or* **to go on strike** = in den Ausstand *or* Streik treten; **the office workers are on strike for higher pay** = die Büroangestellten streiken für höhere Gehälter; **to call the workforce out on strike** = die Belegschaft zum Streik aufrufen; **the union called its members out on strike** = die Gewerkschaft rief ihre Mitglieder zum Streik auf **2** *verb* **(a)** streiken; **to strike for higher wages** *or* **for shorter working hours** = für mehr Lohn *or* kürzere Arbeitszeit streiken; **to strike in protest against bad working conditions** = aus Protest gegen schlechte Arbeitsbedingungen streiken; **to strike in sympathy with the postal workers** = aus Solidarität mit den Postbeamten streiken **(b)** *(to come to an agreement)* **to strike a bargain with someone** = mit jdm ein Geschäft abschließen; **a deal was struck at £25 a unit** = das Geschäft wurde für £25 pro Einheit abgeschlossen; *(for new shares)* **striking price** = Zuteilungskurs (NOTE: **striking - struck**)

◇ **strikebound** *adjective (not able to work or to move because of a strike)* bestreikt *or* vom Streik betroffen; **six ships are strikebound in the docks** = sechs Schiffe in den Docks sind vom Streik betroffen

◇ **strikebreaker** *noun* Streikbrecher/-in

◇ **striker** *noun* Streikende(r)

stripper *noun* **asset stripper** = *(person who buys a company to sell its assets)* Aufkäufer *m* eines Unternehmens, der anschließend Unternehmensteile gewinnbringend veräußert

◇ **stripping** *noun* **asset stripping** = Aufkauf *m* eines Unternehmens mit anschließenden gewinnbringenden Einzelveräußerungen

strong *adjective* stark; **a strong demand for personal computers** = eine starke Nachfrage nach PCs; **the company needs a strong chairman** = das Unternehmen braucht einen starken

Vorsitzenden; **strong currency** = starke Währung; **strong pound** = starkes Pfund

◇ **strongbox** *noun* Stahlkassette *f*

◇ **strongroom** *noun* Stahlkammer *f or* Tresorraum *m*

> QUOTE everybody blames the strong dollar for US trade problems
> ***Duns Business Month***
>
> QUOTE in a world of floating exchange rates the dollar is strong because of capital inflows rather than weak because of the nation's trade deficit
> ***Duns Business Month***

structure 1 *noun* Struktur *f or* Aufbau *m or* Gefüge *n*; **the paper gives a diagram of the company's organizational structure** = das Papier zeigt ein Diagramm der Organisationsstruktur des Unternehmens; **the price structure in the small car market** = das Preisgefüge auf dem Kleinwagenmarkt; **the career structure within a corporation** = die Aufstiegsstruktur innerhalb eines Unternehmens; **the company is reorganizing its discount structure** = das Unternehmen organisiert seine Rabattstruktur um; **the capital structure of a company** = die Kapitalstruktur einer Firma; **the company's salary structure** = die Gehaltsstruktur eines Unternehmens **2** *verb (to arrange in a certain way)* strukturieren *or* aufbauen *or* gestalten ; **to structure a meeting** = eine Sitzung strukturieren

◇ **structural** *adjective* strukturell; **to make structural changes in a company** = Strukturveränderungen *fpl* in einem Unternehmen vornehmen; **structural unemployment** = strukturelle Arbeitslosigkeit

stub *noun* **cheque stub** = Scheckabschnitt *m*

studio *noun* Studio *n or* Atelier *n*; **design studio** = Design-Studio

study 1 *noun (examining something carefully)* Studie *f or* Untersuchung *f*; **the company has asked the consultants to prepare a study of new production techniques** = das Unternehmen hat die Berater beauftragt, eine Studie neuer Produktionstechniken anzufertigen; **he has read the government study on sales opportunities** = er hat die Untersuchung der Regierung über Absatzmöglichkeiten gelesen ; **to carry out a feasibility study on a project** = eine Durchführbarkeitsstudie zu einem Projekt durchführen **2** *verb (to examine carefully)* untersuchen *or* prüfen; **we are studying the possibility of setting up an office in New York** = wir prüfen die Möglichkeit der Gründung einer Geschäftsstelle in New York; **the government studied the committee's proposals for two months** = die Regierung prüfte die Vorschläge des Ausschusses zwei Monate lang; **you will need to study the market carefully before deciding on the design of the product** = man muß den Markt sorgfältig prüfen, bevor man sich für das Design des Produktes entschließt

stuff *verb (to put papers, etc., into envelopes)* stecken ; **we pay casual workers £2 an hour for stuffing envelopes** *or* **for envelope stuffing** = wir zahlen Aushilfskräften £2 pro Stunde für das Einstecken von Briefen in Umschläge

◇ **stuffer** *noun US (advertising paper to be put in an envelope for mailing)* Reklamebeilage *f*

style *noun* Stil *m or* Art *f*; **a new style of product** = ein neuer Produktstil; **old-style management techniques** = Management alten Stils

sub *noun* **(a)** *(wages paid in advance)* Vorschuß *m* **(b)** = SUBSCRIPTION

sub- *prefix* Unter- *or* unter- *or* Sub- *or* sub-

◇ **sub-agency** *noun* Untervertretung *f*

◇ **sub-agent** *noun* Untervertreter/-in

◇ **subcommittee** *noun* Unterausschuß *m*; **the next item on the agenda is the report of the finance subcommittee** = der nächste Punkt auf der Tagesordnung ist der Bericht des Finanzunterausschusses

◇ **subcontract 1** *noun (contract between the main contractor for a whole project and another firm who will do part of the work)* Subunternehmervertrag *m or* Untervertrag; **they have been awarded the subcontract for all the electrical work in the new building** = der Subunternehmervertrag für sämtliche Elektroarbeiten im neuen Gebäude wurde an sie vergeben; **we will put the electrical work out to subcontract** = wir werden die Elektroarbeiten an einen Subunternehmer weitergeben **2** *verb* einen Unterauftrag abschließen *or* einen Auftrag weitervergeben; **the electrical work has been subcontracted to Smith Ltd** = die Elektroarbeiten wurden an die Fa. Smith Ltd weitervergeben

◇ **subcontractor** *noun* Subunternehmer *m*

◇ **subdivision** *noun US (piece of land to be used for building)* Bauplatz *m*

subject to *adjective* **(a)** *(depending on)* abhängig von; **the contract is subject to government approval** = der Vertrag ist abhängig von der Genehmigung der Regierung *or* unterliegt staatlicher Genehmigung **agreement** *or* **sale subject to contract** = Vereinbarung *or* Verkauf vorbehaltlich eines Vertragsabschlusses; **offer subject to availability** = Angebot solange Vorrat reicht **(b) these articles are subject to import tax** = diese Artikel sind einfuhrzollpflichtig

sub judice *adverb (being considered by a court)* noch nicht entschieden *or* rechtshängig; **the papers cannot report the case because it is still sub judice** = die Zeitungen können noch nicht über den Fall berichten, weil er noch rechtshängig ist

sublease 1 *noun (lease from a tenant to another tenant)* Untermietvertrag *m*; Untervermietung *f*; Unterpachtvertrag *m* Unterverpachtung *f* **2** *verb (to lease a leased property from another tenant)* in *or* zur Untermiete *or* Unterpacht haben; **they subleased a small office in the centre of town** = sie hatten ein kleines Büro im Stadtzentrum in Untermiete

◇ **sublessee** *noun* Untermieter/-in; Unterpächter/-in

◇ **sublessor** *noun* Untervermieter/-in; Unterverpächter/-in

◇ **sublet** *verb* untervermieten; unterverpachten; **we have sublet part of our office to a management consultant** = wir haben einen Teil unseres Büros an einen Unternehmensberater untervermietet (NOTE: **subletting - sublet**)

subliminal advertising *noun* unterschwellige Werbung

submit *verb* einreichen *or* vorlegen; **to submit a proposal to the committee** = einem Ausschuß einen Plan vorlegen; **he submitted a claim to the insurers** = er machte bei der Versicherung einen Anspruch geltend; **the reps are asked to submit their expenses claims once a month** = die Handelsvertreter sollen ihre Spesenrechnung einmal monatlich einreichen (NOTE: **submitting - submitted**)

subordinate 1 *adjective* **(a)** *(less important)* untergeordnet **(b)** *(governed by or which depends on)* **subordinate to** = bestimmt durch *or* abhängig von **2** *noun (member of staff)* Untergebene(r); **his subordinates find him difficult to work with** = seine Untergebenen finden es schwierig, mit ihm zusammenzuarbeiten

subpoena 1 *noun* Vorladung *f (vor Gericht)* **2** *verb (to order someone to appear in court)* vorladen *(vor Gericht)* **the finance director was subpoenaed by the prosecution** = der Leiter der Finanzabteilung wurde von der Anklagevertretung vorgeladen

subscribe *verb* **(a) to subscribe to a magazine** = eine Zeitschrift abonnieren **(b)** *(to apply for shares in a new company)* **to subscribe for shares** = Aktien zeichnen

◊ **subscriber** *noun* **(a) subscriber to a magazine** *or* **magazine subscriber** = Zeitschriftenabonnent/-in; **the extra issue is sent free to subscribers** = die Extraausgabe wird kostenlos an Abonnenten verschickt **(b) subscriber to a share issue** = Zeichner/-in von Aktien **(c) telephone subscriber** = Fernsprechteilnehmer/-in; **subscriber trunk dialling (STD)** = Selbstwählferndienst *m*

◊ **subscription** *noun* **(a)** *(money paid in advance)* Abonnement *n*; Mitgliedsbeitrag *m*; **did you remember to pay the subscription to the computer magazine?** = haben Sie daran gedacht, das Abonnement für die Computerzeitschrift zu bezahlen?; **he forgot to renew his club subscription** = er vergaß, seine Clubmitgliedschaft zu erneuern; **to take out a subscription to a magazine** = eine Zeitschrift abonnieren; **to cancel a subscription to a magazine** = eine Zeitschrift abbestellen *or* ein Zeitschriftenabonnement kündigen; **subscription rate** = Abonnementspreis *m or* Bezugspreis **(b)** *(offering shares in a new company for sale)* **subscription to a new share issue** = Zeichnung *f* einer Neuemission; **subscription list** = Zeichnungsliste *f*; **the subscription lists close at 10.00 on September 24th** = die Zeichnungslisten werden am 24. September um 10 Uhr geschlossen

> QUOTE the rights issue is to be a one-for-four, at FFr 1,000 a share; it will grant shareholders free warrants to subscribe to further new shares
> ***Financial Times***

subsidiary 1 *adjective (less important)* nebensächlich *or* Neben-; **they agreed to most of the conditions in the contract but queried one or two subsidiary items** = sie stimmten den meisten Vertragsbestimmungen zu, aber stellten ein oder zwei nebensächliche Punkte *mpl* in Frage; **subsidiary company** = Tochtergesellschaft *f or* Organgesellschaft **2** *noun* Tochtergesellschaft *f or* Organgesellschaft; **most of the group profit was contributed by the subsidiaries in the Far East** = die Gewinne des Konzerns wurden überwiegend von den Tochtergesellschaften im Fernen Osten beigesteuert; **indirect subsidiary** = Enkelgesellschaft *f*

subsidize *verb (to help by giving money)* subventionieren; **the government has refused to subsidize the car industry** = die Regierung lehnte es ab, die Autoindustrie zu subventionieren; **subsidized accommodation** = bezuschußte Wohnung

◊ **subsidy** *noun* **(a)** *(money given by a government in support of something)* Subvention *f or* Zuwendungen *fpl*; **the industry exists on government subsidies** = die Industrie lebt von staatlichen Subventionen; **the government has increased its subsidy to the car industry** = der Staat hat die Subventionen für die Autoindustrie erhöht **(b)** *(money given by a government to make something cheaper)* Subvention *f or* Beihilfe *f or* Zuschuß *m*; **the subsidy on butter** *or* **the butter subsidy** = die Bezuschussung der Butter

> QUOTE a serious threat lies in the estimated 400,000 tonnes of subsidized beef in EC cold stores
> ***Australian Financial Review***

subsistence *noun* Lebensunterhalt *m; (for a representative)* **subsistence allowance** = Tagegeld *n*; **to live at subsistence level** = am Existenzminimum *n* leben

substantial *adjective (large or important)* beträchtlich *or* namhaft *or* stattlich *or* bedeutend; **she was awarded substantial damages** = ihr wurde eine namhafte Schadenersatzsumme zugesprochen; **to acquire a substantial interest in a company** = einen wesentlichen Anteil an einem Unternehmen erwerben

substitute 1 *noun (person or thing which takes the place of someone or something else)* Vertreter/-in *or* Vertretung *f or* Stellvertreter/-in; Ersatz *m* **2** *verb (to take the place of something else)* vertreten *or* ersetzen *or* austauschen

subtenancy *noun (agreement to sublet a property)* Untermiete *f*; Unterpacht *f*

◊ **subtenant** *noun* Untermieter/-in; Unterpächter/-in

subtotal *noun* Zwischensumme *f*

subtract *verb (to take away from a total)* subtrahieren *or* abziehen; **if the profits from the Far Eastern operations are subtracted, you will see that the group has not been profitable in the European market** = wenn die Geschäftsgewinne im Fernen Osten abgezogen werden, werden Sie sehen, daß der Konzern auf dem europäischen Markt nicht gewinnbringend gearbeitet hat

◊ **subtraction** *noun* Subtraktion *f*

subvention *noun (subsidy)* Subvention *f*

succeed *verb* **(a)** *(to do well or to be profitable)* Erfolg haben *or* erfolgreich sein; **the company has succeeded in the overseas markets** = das Unternehmen war auf den ausländischen Märkten erfolgreich; **his business has succeeded more than he had expected** = sein Geschäft war erfolgreicher als er erwartet hatte **(b)** *(to do what was planned)* gelingen; **she succeeded in passing her shorthand test** = es gelang ihr, die Stenographieprüfung zu bestehen; **they succeeded in putting their rivals out of business** = es gelang ihnen, ihre Konkurrenten zu verdrängen **(c)** *(to follow someone)* folgen *or* Nachfolger *m* werden; **Mr Smith was succeeded as chairman by Mr Jones** = Herrn Smiths Nachfolger als Vorsitzender war Herr Jones

◊ **success** *noun* **(a)** *(doing well)* Erfolg *m*; **the launch of the new model was a great success** = die Markteinführung des neuen Modells war ein großer Erfolg; **the company has had great success in the Japanese market** = das Unternehmen hatte großen Erfolg auf dem japanischen Markt **(b)** *(doing what was intended)* Erfolg *m*; **we had no success in trying to sell the warehouse** = es gelang uns nicht, das Lager zu verkaufen; **he has been looking for a job for six months, but with no success** = er sucht seit sechs Monaten nach einer neuen Stelle, doch ohne Erfolg

◊ **successful** *adjective (which does well)* erfolgreich; **a successful businessman** = ein erfolgreicher Geschäftsmann; **a successful selling trip to Germany** = eine erfolgreiche Verkaufsreise nach Deutschland

◊ **successfully** *adverb* erfolgreich *or* mit Erfolg; **he successfully negotiated a new contract with the unions** = er handelte mit Erfolg einen neuen Vertrag mit den Gewerkschaften aus; **the new model was successfully launched last month** = das neue Modell kam letzten Monat mit Erfolg auf den Markt

◊ **successor** *noun (person who takes over from someone)* Nachfolger/-in; **Mr Smith's successor as chairman will be Mr Jones** = Herrn Smiths Nachfolger als Vorsitzender wird Herr Jones sein

Sudan *noun* Sudan *m*

◊ **Sudanese 1** *noun* Sudanese/Sudanesin *or* Sudaner/-in **2** *adjective* sudan(es)isch
(NOTE: capital: **Khartoum** = Khartum; currency: **Sudanese pound** = sudanesisches Pfund)

sue *verb* (ver)klagen *or* Klage erheben *or* einen Prozeß anstrengen *or* prozessieren *or* gerichtlich belangen; **to sue someone for damages** = jdn auf Schadenersatz verklagen; **he is suing the company for $50,000 compensation** = er verklagt das Unternehmen auf eine Abfindung in Höhe von $50.000

suffer *verb* leiden *or* erleiden *or* kranken; **exports have suffered during the last six months** = die Exporte haben in den letzten sechs Monaten gelitten; **to suffer damage** = Schaden erleiden *or* nehmen; **to suffer from something** = unter etwas leiden; **the company's products suffer from bad design** = die Produkte des Unternehmens leiden an schlechtem Design; **the group suffers from bad management** = der Konzern leidet unter schlechtem Management

> QUOTE the bank suffered losses to the extent that its capital has been wiped out
> *South China Morning Post*
>
> QUOTE the holding company has seen its earnings suffer from big writedowns in conjunction with its agricultural loan portfolio
> *Duns Business Month*

sufficient *adjective* ausreichend *or* genügend ; **the company has sufficient funds to pay for its expansion programme** = das Unternehmen hat genügend finanzielle Mittel, um sein Expansionsprogramm finanzieren zu können

suggest *verb* vorschlagen *or* anregen; **the chairman suggested (that) the next meeting should be held in October** = der Vorsitzende schlug vor, die nächste Sitzung im Oktober abzuhalten; **we suggested Mr Smith for the post of treasurer** = wir schlugen Herrn Smith für den Posten des Finanzleiters vor

◊ **suggestion** *noun* Vorschlag *m or* Anregung *f*; **suggestion box** = Kasten *m* für Verbesserungsvorschläge

suitable *adjective* passend *or* geeignet; **Wednesday is the most suitable day for board meetings** = Mittwoch ist der beste Tag für board-Sitzungen; **we had to readvertise the job because there were no suitable candidates** = wir mußten die Stelle erneut ausschreiben, da es keine geeigneten Bewerber gab

suitcase *noun* Koffer *m*; **the customs officer made him open his three suitcases** = der Zollbeamte ließ ihn seine drei Koffer öffnen

sum *noun* **(a)** *(of money)* Betrag *m or* Summe *f*; **a sum of money was stolen from the personnel office** = ein Geldbetrag wurde aus dem Personalbüro gestohlen; **he lost large sums on the stock exchange** = er verlor hohe Summen an der Börse; **she received the sum of £500 in compensation** = sie erhielt den Betrag von £500 als Abfindung; *(the largest amount which an insurer will pay under the terms of an insurance)* **the sum insured** = die Versicherungssumme; **lump sum** = Pauschalbetrag *m or* Pauschale *f* **(b)** *(total of a series of figures added together)* Summe *f*

summary *noun* Zusammenfassung *f or* Übersicht *f*; **the chairman gave a summary of his discussions with the German trade delegation** = der Vorsitzende gab eine Zusammenfassung seiner Gespräche mit der deutschen Handelsdelegation; **the sales department has given a summary of sales in Europe for the first six months** = die Verkaufsabteilung gab eine Übersicht über den Absatz in Europa in den ersten sechs Monaten

summons *noun (official order to appear in court)* Vorladung *f or* Ladung; **he threw away the summons and went on holiday to Spain** = er warf die Vorladung weg und fuhr in Urlaub nach Spanien

sundry 1 *adjective (various)* verschieden **2** *noun (various items)* **sundry items** *or* **sundries** = Verschiedenes *or* Diverses

sunrise industries *noun* aufstrebende, innovative Industriezweige *mpl*

◊ **sunset industries** *noun* veraltete *or* überholte Industriezweige *mpl*

superannuation *noun* Altersrente *f or* Pension *f*; **superannuation plan** *or* **scheme** = betriebliche Altersversorgung

superintend *verb* beaufsichtigen *or* leiten; **he superintends the company's overseas sales** = er leitet den Auslandsabsatz des Unternehmens

◊ **superintendent** *noun* Leiter/-in *or* Aufsicht *f*

superior 1 *adjective (of better quality)* besser *or* überlegen; **our product is superior to all competing products** = unser Produkt ist allen Konkurrenzprodukten überlegen; **their sales are higher because of their superior distribution service** = ihr Absatz ist höher wegen ihres besseren Vertriebsservice **2** *noun (more important person)* Vorgesetzte(r); **each manager is responsible to his superior for accurate reporting of sales** = jeder Manager ist seinem Vorgesetzten gegenüber für genaue Angaben über den Absatz verantwortlich

supermarket *noun* Supermarkt *m*; **sales in supermarkets** *or* **supermarket sales account for half the company's turnover** = der Absatz in Supermärkten macht die Hälfte des Unternehmensumsatzes aus; **supermarket trolley** = Einkaufswagen *m* (NOTE: the US English for this is **shopping cart**)

superstore *noun* Einkaufsmarkt *m or* Verbrauchermarkt

supertanker *noun* Supertanker *m*

supervise *verb* überwachen *or* beaufsichtigen *or* die Aufsicht haben *or* führen; **the move to the new offices was supervised by the administrative manager** = der Umzug in die neuen Büroräume wurde vom Verwaltungsleiter beaufsichtigt; **she supervises six girls in the accounts department** = sie führt die Aufsicht über sechs Mädchen in der Buchhaltung

◊ **supervision** *noun* Aufsicht *f or* Kontrolle *f*; **new staff work under supervision for the first three months** = neue Mitarbeiter arbeiten in den ersten drei Monaten unter Aufsicht; **she is very experienced and can be left to work without any supervision** = sie ist sehr erfahren und kann ohne Aufsicht arbeiten; **the cash was counted under the supervision of the finance manager** = das Bargeld wurde unter Aufsicht des Finanzleiters gezählt

◊ **supervisor** *noun (person who supervises)* Aufsicht *f or* Aufsichtsbeamter/-beamtin *or* Aufseher/-in *or* Kontrolleur *m*

◊ **supervisory** *adjective* Aufsichts- *or* Überwachungs-; **supervisory staff** = Aufsichtspersonal *n*; **he works in a supervisory capacity** = er hat eine überwachende Funktion

supplement 1 *noun* Zusatz *m or* Ergänzung *f*; Zuschlag *m or* Aufschlag *m*; **the company gives him a supplement to his pension** = das Unternehmen zahlt ihm einen Zuschlag zu seiner Rente **2** *verb (to add)* ergänzen; **we will supplement the warehouse staff with six part-timers during the Christmas rush** = wir werden das Lagerpersonal während des Weihnachtsansturms durch sechs Teilzeitkräfte ergänzen

◊ **supplementary** *adjective (in addition to)* Zusatz- *or* zusätzlich *or* ergänzend; **supplementary benefit** = Sozialhilfe *f*

supply 1 *noun* **(a)** *(providing something which is needed)* Versorgung *f or* Angebot *n or* Lieferung *f*; **money supply** = Geldmenge *f*; **supply price** = Angebotspreis *m or* Lieferpreis; **supply and demand** = Angebot und Nachfrage; **the law of supply and demand** = das Gesetz von Angebot und Nachfrage **(b) in short supply** = knapp sein; **spare parts are in short supply because of the strike** = Ersatzteile sind aufgrund des Streiks knapp **(c)** *(stock of something which is needed)* Vorrat *m or* Bestand *m*; **the factory is running short of supplies of coal** = die Kohlenvorräte der Fabrik werden knapp; **supplies of coal have been reduced** = die Kohlenvorräte wurden reduziert; **office supplies** = Bürobedarf *m* **2** *verb (to provide something which is needed)* liefern *or* beliefern *or* versorgen; **to supply a factory with spare parts** = eine Fabrik mit Ersatzteilen beliefern; **the finance department supplied the committee with the figures** = die Finanzabteilung versorgte den Ausschuß mit den Zahlen; **details of staff addresses and phone numbers can be supplied by the personnel staff** = Einzelheiten über Adressen und Telefonnummern des Personals können von den Mitarbeitern im Pesonalbüro geliefert werden

◊ **supply side economics** *noun* angebotsorientierte Wirtschaftspolitik

◊ **supplier** *noun* Lieferant *m or* Zulieferer *m or* Anbieter *m*; **office equipment supplier** = Büroausstatter *m*; **they are major suppliers of parts to the car industry** = sie sind bedeutende Zulieferer für die Autoindustrie

support 1 *noun* **(a)** *(giving money to help)* Unterstützung *f or* Hilfe *f*; **the government has provided support to the electronics industry** = die Regierung stellte Hilfe für die Elektronikindustrie bereit; **we have no financial support from the banks** = wir haben keine finanzielle Unterstützung der Banken **(b)** *(agreement or encouragement)* Unterstützung *f or* Beistand *m*; **the chairman has the support of the committee** = der Vorsitzende hat die Unterstützung des Ausschusses; *(in the EU)* **support price** = Stützungspreis *m* **2** *verb* **(a)** *(to give money to help)* finanziell unterstützen *or* stützen; **the government is supporting the electronics industry to the tune of $2m per annum** = die Regierung unterstützt die Elektronikindustrie mit $2 Mio jährlich; **we hope the banks will support us during the expansion period** = wir hoffen, daß die Banken uns während der Expansionsphase finanziell unterstützen **(b)** *(to encourage or to agree with)* unterstützen *or* beistehen *or* befürworten; **she hopes the other members of the committee will support her** = sie hofft, daß die anderen Ausschußmitglieder sie unterstützen; **the market will not support another price increase** = der Markt wird einen weiteren Preisanstieg nicht verkraften

surcharge *noun* Zuschlag *m or* Aufschlag *m or* Aufpreis *m*; **import surcharge** = Importabgabe *f*

surety *noun* **(a)** *(person who guarantees)* Bürge *m* *or* Garant *m*; **to stand surety for someone** = als Bürge für jdn auftreten *or* für jdn bürgen **(b)** *(valuables deposited as security for a loan)* Sicherheit(sleistung) *f or* Garantie *f or* Bürgschaft *f* *or* Kaution *f*

surface *noun* Erdoberfläche *f*; **to send a package by surface mail** = ein Paket mit normaler Post (auf dem Landweg *m* oder Seeweg) schicken; **surface transport** = Transport *m* auf dem Land- und Seeweg *or* Bodentransport

Surinam *noun* Surinam

◇ **Surinamese 1** *noun* Surinamer/-in **2** *adjective* surinamisch

(NOTE: capital: **Paramaribo** ; currency: **Surinam guilder** = Surinam-Gulden *m*)

surplus *noun* Überschuß *m*; **surplus government equipment** = überschüssige staatliche Ausrüstungen *fpl*; **surplus butter is on sale in the shops** = in den Geschäften wird überschüssige Butter verkauft; **we are holding a sale of surplus stock** = wir machen einen Ausverkauf für überschüssige Ware; **governments are trying to find ways of reducing the agricultural surpluses in the Common Market** = die Regierungen versuchen Wege zu finden, um den Überschuß an landwirtschaftlichen Erzeugnissen im Gemeinsamen Markt zu reduzieren **we are trying to let surplus capacity in the warehouse** = wir versuchen, überschüssige Lagerkapazitäten *fpl* zu vermieten *or* zu verpachten; **a budget surplus** = ein Etatüberschuß; **these items are surplus to our requirements** = diese Waren sind mehr als wir benötigen; **to absorb a surplus** = einen Überschuß auffangen

> QUOTE Both imports and exports reached record levels in the latest year. This generated a $371 million trade surplus in June, the seventh consecutive monthly surplus and close to market expectations
>
> *Dominion (Wellington, New Zealand)*

surrender 1 *noun* *(of insurance policy)* frühhzeitiges Einlösen; **surrender value** = Rückkaufwert *m* **2** *verb* **to surrender a policy** = eine Versicherungspolice frühhzeitig einlösen

surtax *noun* Zusatzsteuer *f*

survey 1 *noun* **(a)** *(general report on a problem)* Gutachten *n or* Untersuchung *f*; **the government has published a survey of population trends** = die Regierung veröffentlichte eine Untersuchung zur Bevölkerungsentwicklung ; **we have asked the sales department to produce a survey of competing products** = wir haben die Vertriebsabteilung gebeten, eine Übersicht über Konkurrenzprodukte zu erstellen **(b)** *(professional examination)* Begutachtung *f*; **we have asked for a survey of the house before buying it** = wir haben um eine Begutachtung des Hauses vor dem Kauf gebeten; **the insurance company is carrying out a survey of the damage** *or* **a damage survey** = die Versicherungsgesellschaft führt eine Schadenprüfung durch **(c)** *(measuring exactly)* Vermessung *f*; **quantity survey** = Baukostenschätzung *f or* Kalkulation *f* **2** *verb* begutachten *or* untersuchen

◇ **surveyor** *noun* Gutachter/-in *or* Sachverständige(r); **quantity surveyor** = Baukostensachverständige(r) *or* Kalkulator *m*

suspend *verb* **(a)** zeitweilig einstellen *or* aussetzen *or* unterbrechen; **we have suspended payments while we are waiting for news from our agent** = wir haben die Zahlungen ausgesetzt, während wir auf Nachricht von unserem Agenten warten; **sailings have been suspended until the weather gets better** = das Auslaufen von Schiffen wurde eingestellt, bis das Wetter besser wird; **work on the construction project has been suspended** = die Arbeit an dem Bauprojekt wurde vorübergehend eingestellt; **the management decided to suspend negotiations** = die Unternehmensleitung entschloß sich, die Verhandlungen zu unterbrechen **(b)** *(to stop someone working for a time)* suspendieren; **he was suspended on full pay while the police investigations were going on** = er wurde bei vollem Gehalt suspendiert, während die polizeilichen Untersuchungen im Gange waren

◇ **suspension** *noun* zeitweilige Einstellung *or* Aussetzung *f or* Unterbrechung *f*; **suspension of payments** = Zahlungseinstellung; **suspension of deliveries** = Aussetzung der Lieferungen

swap 1 *noun* Tausch *m* **2** *verb* tauschen; **he swapped his old car for a new motorcycle** = er tauschte seinen alten Wagen gegen ein neues Motorrad; **he swapped jobs with her** = er hat seine Stelle mit ihr getauscht (NOTE: **swapping - swapped)**

swatch *noun* Muster *n*; **colour swatch** = Farbmuster

sweated labour *noun* **(a)** *(people who work hard for very little money) (ausgebeutete)* billige Arbeitskräfte *fpl*; **of course the firm makes a profit - it employs sweated labour** = natürlich macht die Firma einen Gewinn - sie beschäftigt Arbeitskräfte für einen Hungerlohn **(b)** *(hard work which is very badly paid)* Arbeit *f* für einen Hungerlohn

◇ **sweatshop** *noun* Fabrik *f* mit ausbeuterischen Arbeitsbedingungen *fpl*

Sweden *noun* Schweden *n*

◇ **Swede** *noun* Schwede/Schwedin

◇ **Swedish** *adjective* schwedisch

(NOTE: capital: **Stockholm;** currency: **Swedish krona** = schwedische Krone)

swipe *verb (pass a credit card through a reader)* eine Kreditkarte durch ein elektronisches Lesegerät ziehen

Swiss franc *noun* Schweizer Franken *m*

switch *verb (to change from one thing to another)* wechseln *or* (aus)tauschen; **to switch funds from one investment to another** = Gelder von einer Investition auf eine andere übertragen; **the job was switched from our British factory to the States** = der Auftrag wurde von unserer britischen Fabrik in die Staaten verlegt

◇ **switchboard** *noun* Telefonzentrale *f*; **switchboard operator** = Telefonist/-in

◇ **switch over to** *verb* überwechseln *or* umstellen; **we have switched over to a French supplier** = wir sind zu einem französischen Anbieter übergewechselt; **the factory has switched over to gas for heating** = die Fabrik wurde auf Gasheizung umgestellt

Switzerland *noun* Schweiz *f*

◇ **Swiss 1** *noun* Schweizer/-in **2** *adjective* schweizerisch
(NOTE: capital: **Bern;** currency: **Swiss franc** = Schweizer Franken *m*)

swop = SWAP

symbol *noun* Symbol *n*; **they use a bear as their advertising symbol** = sie benutzen einen Bären als Werbesymbol

sympathy *noun* Mitleid *n or* Verständnis *n*; **the manager had no sympathy for his secretary who complained of being overworked** = der Geschäftsführer hatte kein Verständnis für seine Sekretärin, die sich über die zu hohe Arbeitsbelastung beschwerte; **sympathy strike** = Sympathiestreik *m or* Solidaritätsstreik; **to strike in sympathy** = aus Solidarität streiken; **the postal workers went on strike and the telephone engineers came out in sympathy** = die Beschäftigten der Post traten in den Streik und die Telefontechniker schlossen sich aus Solidarität an

◇ **sympathetic** *adjective* mitfühlend *or* verständnisvoll; **sympathetic strike** = Sympathiestreik *m or* Solidaritätsstreik

syndicate 1 *noun* Syndikat *n or* Konsortium *n or* Verband *m*; **a German finance syndicate** = ein deutsches Finanzkonsortium; **arbitrage syndicate** = Gruppe, die Kapital für Arbitragegeschäfte beschafft; **underwriting syndicate** = Übernahmekonsortium *or* Emissionskonsortium **2** *verb* **(a)** *(in the press)* an mehrere Zeitungen gleichzeitig verkaufen **(b)** *(international loan)* syndizieren

◇ **syndicated** *adjective* an mehrere Zeitungen gleichzeitig verkauft; **he writes a syndicated column on personal finance companies** = er schreibt eine an mehrere Zeitungen gleichzeitig verkaufte Kolumne über Teilzahlungskreditinstitute

QUOTE over the past few weeks, companies raising new loans from international banks have been forced to pay more, and an unusually high number of attempts to syndicate loans among banks has failed
Financial Times

synergy *noun* Synergie *f*

synthetic *adjective* synthetisch; **synthetic fibres** *or* **synthetic materials** = Kunstfasern *fpl or* Kunststoffe *mpl*

Syria *noun* Syrien *n*

◇ **Syrian 1** *noun* Syr(i)er/-in **2** *adjective* syrisch
(NOTE: capital: **Damascus** = Damaskus; currency: **Syrian pound** = syrisches Pfund)

system *noun* **(a)** System *n*; **our accounting system has worked well in spite of the large increase in orders** = unser Abrechnungssystem hat trotz des hohen Auftragszuwachses gut funktioniert; **decimal system** = Dezimalsystem; **filing system** = Ablagesystem; **to operate a quota system** = ein Quotensystem anwenden; **we arrange our distribution using a quota system** = wir organisieren unseren Vertrieb nach einem Quotensystem **(b) computer system** = Rechnersystem *n*; **systems analysis** = Systemanalyse *f*; **systems analyst** = Systemanalytiker/-in *or* Systemberater/-in

◇ **systematic** *adjective* systematisch; **he ordered a systematic report on the distribution service** = er forderte einen systematischen Bericht über den Vertriebsservice an

Tt

tab *noun* = TABULATOR

table 1 *noun* **(a)** *(piece of furniture)* Tisch *m*; **typing table** = Schreibmaschinentisch **(b)** *(list of figures or facts)* Tabelle *f or* Übersicht *f*; **table of contents** = Inhaltsverzeichnis *n*; **actuarial tables** = versicherungsstatistische Tabellen **2** *verb* **(a)** *GB (to put items before a meeting)* vorlegen; einbringen; **the report of the finance committee was tabled** = der Bericht des Finanzausschusses wurde vorgelegt; **to table a motion** = einen Antrag einbringen **(b)** *US (remove an item from discussion)* (auf unbestimmte Zeit) vertagen *or* auf Eis legen

◇ **tabular** *adjective* **in tabular form** = tabellarisch

◇ **tabulate** *verb* tabellarisieren *or* tabellarisch darstellen

◇ **tabulation** *noun* Tabellarisierung *f or* tabellarische Aufstellung

◇ **tabulator** *noun* Tabulator *m*

tachograph *noun* Fahrt(en)schreiber *m or* Tachograph *m*

tacit *adjective* stillschweigend; **tacit approval** = stillschweigende Genehmigung; **tacit agreement to a proposal** = stillschweigende Zustimmung zu einem Vorschlag

tactic *noun* Taktik *f*; **his usual tactic is to buy shares in a company, then mount a takeover bid, and sell out at a profit** = seine normale Taktik ist, Aktien an einem Unternehmen zu kaufen, dann ein Übernahmeangebot zu inszenieren und mit Gewinn verkaufen **the directors planned their tactics before going into the meeting with the union representatives** = die Direktoren planten ihre Taktiken, bevor sie in die Besprechung mit den Gewerkschaftsvertretern gingen

tag *noun* Schild *n*; **price tag** = Preisschild; **name tag** = Namensschild

tailor *verb* zuschneiden *or* abstimmen; **press releases tailored to the reader interests of different newspapers** = Pressemitteilungen zugeschnitten *or* maßgeschneidert auf die Leserinteressen von verschiedenen Zeitungen

take 1 *noun (money received in a shop)* Einnahmen *fpl* **2** *verb* **(a)** nehmen; einnehmen; bekommen; **the shop takes £3,000 a week** = das Geschäft nimmt £3.000 pro Woche ein; **he takes home £350 a week** = er verdient pro Woche £350 netto **(b)** *(to do a certain action)* unternehmen *or* übernehmen; **to take action** = tätig werden; **you must take immediate action if you want to stop thefts** = Sie müssen sofort etwas unternehmen, wenn Sie die Diebstähle unterbinden wollen; **to take a call** = einen Anruf entgegennehmen; **to take the chair** = den Vorsitz übernehmen; **in the absence of the chairman his deputy took the chair** = in Abwesenheit des Vorsitzenden übernahm der Stellvertreter den Vorsitz; **to take dictation** = ein Diktat aufnehmen; **the secretary was taking dictation from the managing director** = die Sekretärin nahm ein Diktat des geschäftsführenden Direktors auf; **to take stock** = Inventur machen *or* inventarisieren; **to take stock of a situation** = die Lage abschätzen **(c)** *(to need a time or a quantity)* brauchen *or* benötigen; **it took the factory six weeks** *or* **the factory took six weeks to clear the backlog of orders** = es dauerte sechs Wochen, bis die Fabrik den Auftragsrückstand aufgearbeitet hatte; **it will take her all morning to do my letters** = sie wird den ganzen Vormittag brauchen, um meine Briefe fertig zu machen; **it took six men and a crane to get the computer into the office** = sechs Mann und ein Kran wurden benötigt, um den Computer ins Büro zu schaffen (NOTE: **taking - took - has taken**)

◇ **take away** *verb* **(a)** *(to remove one figure from a total)* abziehen; **if you take away the home sales, the total turnover is down** = wenn man die Inlandsverkäufe abzieht, ist der Gesamtumsatz niedriger **(b)** wegnehmen *or* abziehen; **we had to take the order away from the supplier because the quality was so bad** = wir mußten dem Lieferanten den Auftrag entziehen, weil die Qualität so schlecht war; **the police took away piles of documents from the office** = die Polizei nahm Stapel von Unterlagen aus dem Büro mit; **sales of food to take away** = Speisen außer Haus

◇ **takeaway** *noun* Imbißstube *f or* Restaurant *n* mit Außer-Haus-Verkauf *or* Verkauf *m* über die Straße; **a takeaway meal** = ein Gericht *n* zum Mitnehmen; **a Chinese takeaway** = (i) ein chinesisches Restaurant mit Außer-Haus-Verkauf; (ii) ein chinesisches Gericht zum Mitnehmen

◇ **take back** *verb* **(a)** *(to return with something)* zurückbringen; **when the watch went wrong, he took it back to the shop** = als die Uhr nicht mehr richtig ging, brachte er sie zum Geschäft zurück; **if you do not like the colour, you can take it back to change it** = wenn Sie die Farbe nicht mögen, können Sie es zurückbringen und umtauschen **(b) to take back dismissed workers** = entlassene Arbeiter wieder einstellen

◇ **take-home pay** *noun* Nettoverdienst *m*

◇ **take into** *verb* aufnehmen *or* hineinnehmen; **to take items into stock** *or* **into the warehouse** = Artikel ins Lager aufnehmen

◇ **take off** *verb* **(a)** *(to remove or to deduct)* wegnehmen; abziehen *or* nachlassen; **he took £25 off the price** = er ließ £25 des Preises nach **(b)** *(to start to rise fast)* anlaufen *or* schnell steigen; **sales took off after the TV commercials** = der Absatz stieg schnell nach der Fernsehwerbung **(c)** *(decide not to work)* **she took the day off** = sie nahm sich den Tag frei

◇ **take on** *verb* **(a)** *(to agree to employ someone)* einstellen; **to take on more staff** = mehr Personal einstellen **(b)** *(to agree to do something)* übernehmen *or* annehmen; **she took on the job of preparing the VAT returns** = sie übernahm den Auftrag, die Umsatzsteuererklärungen vorzubereiten; **he has taken on a lot of extra work** = er hat viel zusätzliche Arbeit übernommen

◇ **take out** *verb* **(a)** *(to remove)* hinausbringen **(b)** **to take out a patent for an invention** = ein Patent für eine Erfindung anmelden; **to take out insurance against theft** = eine Diebstahlversicherung abschließen

◇ **take over** *verb* **(a)** *(to start to do something in place of someone else)* übernehmen *or* ablösen; **Ms Black took over from Mr Jones on May 1st** = Frau Black löste Herrn Jones am 1. Mai ab; **the new chairman takes over on July 1st** = der neue Vorsitzende übernimmt den Posten am 1. Juli; **the take-over period is always difficult** = der Übernahmezeitraum ist immer problematisch *or* schwierig **(b)** **to take over a company** = ein Unternehmen übernehmen; **the buyer takes over the company's liabilities** = der Käufer übernimmt die Unternehmensverbindlichkeiten; **the company was taken over by a large multinational** = das Unternehmen wurde von einem großen multinationalen Konzern übernommen

◇ **takeover** *noun (buying a business)* Übernahme *f*; **takeover bid** = Übernahmeangebot *n*; **to make a takeover bid for a company** = ein Übernahmeangebot für ein Unternehmen machen; **to withdraw a takeover bid** = ein Übernahmeangebot zurückziehen; **the company rejected the takeover bid** = das Unternehmen wies das Übernahmeangebot zurück; **the disclosure of the takeover bid raised share prices** = die Bekanntgabe des Übernahmeangebots trieb die Aktienkurse in die Höhe; **Takeover Panel** *or* **Panel on Takeovers and Mergers** = Kontrollorgan *n* für Übernahmen und Fusionen; **contested takeover** = angefochtene Übernahme; **takeover target** = Übernahmeobjekt *n*

◇ **taker** *noun (person who wants to buy)* Abnehmer/-in; **there were no takers for the new shares** = es gab keine Käufer für die neuen Aktien

◇ **take up** *verb* **(a)** **to take up an option** = eine Option ausüben; **half the rights issue was not taken up by the shareholders** = die Hälfte der Bezugsrechtemission wurde von den Aktionären nicht gezeichnet; **take up rate** = Zeichnungsquote *f* **(b)** **our overheads have taken up all our profits** = unsere Gemeinkosten haben unsere ganzen Gewinne aufgezehrt *or* verschlungen

◇ **takings** *plural noun (money received in a shop or a business)* Einnahmen *fpl*; **the week's takings were stolen from the cash desk** = die Wocheneinnahmen wurden aus der Ladenkasse gestohlen

> QUOTE many takeovers result in the new managers/owners rationalizing the capital of the company through better asset management
> ***Duns Business Month***
>
> QUOTE capital gains are not taxed, but money taken out in profits and dividends is taxed
> ***Toronto Star***

tally 1 *noun (note of things counted or recorded)* Kontrolliste *f*; **to keep a tally of stock movements** *or* **of expenses** = Buch über die Lagerbewegungen *or* die Ausgaben führen; **tally clerk** = Ladungskontrolleur *m*; **tally sheet** = Kontrolliste *f* **2** *verb (to agree or to be the same)* übereinstimmen; **the invoices do not tally** = die Rechnungen stimmen nicht überein; **the accounts department tried to make the figures tally** = die Buchhaltung versuchte, die Zahlen abzustimmen

tangible *adjective* **tangible assets** = Sachanlagen *fpl or* Sachvermögen *n*

tanker *noun* Tanker *m*

Tanzania *noun* Tansania *n*

◇ **Tanzanian 1** *noun* Tansanier/-in **2** *adjective* tansanisch

(NOTE: capital: **Dodoma;** currency: **Tanzanian shilling** = tansanischer Schilling)

tap *noun GB (government stocks issued through the Bank of England)* per Daueremission begebene Staatspapiere *npl*

◇ **tap stock** *noun* Staatsanleihe *f*

tape *noun* Klebestreifen *m*; **magnetic tape** = Magnetband *n*; **computer tape** = Magnetband *n*; **measuring tape** *or* **tape measure** = Maßband *n or* Bandmaß *n*

tare *noun (allowance made for weight)* Tara *f or* Verpackungsgewicht *n*; **to allow for tare** = das Verpackungsgewicht berücksichtigen

target 1 *noun* Ziel *n*; **monetary targets** = geldpolitische Ziele; **production target** = Produktionsziel; **sales target** = Verkaufsziel; *(company)* **takeover target** *or* **target company** = Übernahmeobjekt *n*; **target market** = Zielmarkt *m*; **to set targets** = Ziele setzen; **to meet a target** = ein Ziel erreichen; **to miss a target** = ein Ziel nicht erreichen; **they missed the target figure of £2m turnover** = sie erreichten das Umsatzziel von £2 Millionen nicht **2** *verb (to aim to sell)* anstreben *or* abzielen auf; **to target a market** = auf einen Markt abzielen

> QUOTE the minister is persuading the oil, gas, electricity and coal industries to target their advertising towards energy efficiency
> ***Times***
>
> QUOTE direct marketing is all about targeting the audience and getting a response
> ***PR Week***

tariff *noun* **(a)** *(tax)* Tarif *m*; **customs tariffs** = Zolltarife *mpl*; **tariff barriers** = Zollschranken *fpl*; **to impose tariff barriers on** *or* **to lift tariff barriers from a product** = Zollschranken *fpl* für ein Produkt auferlegen *or* aufheben; **differential tariffs** = Differentialtarife *mpl or* Staffeltarife; **General Agreement on Tariffs and Trade (GATT)** = Allgemeines Zoll- und Handelsabkommen *or* GATT-Abkommen **(b)** *(price)* Tarif *m*

task *noun* **(a)** *(work which has to be done)* Aufgabe *f*; **to list task processes** = Arbeitsabläufe *mpl* auflisten **(b)** **task force** = Arbeitsgruppe *f or* Arbeitsstab *m*

> QUOTE inner city task forces were originally set up in 1986 by the Department of Employment
> ***Employment Gazette***

tax **1** *noun* **(a)** Steuer *f*; **airport tax** = Flughafengebühr *f*; **capital gains tax (CGT)** = Veräußerungsgewinnsteuer; **capital transfer tax** = Erbschaft- und Schenkungssteuer; **corporation tax** = Körperschaftssteuer; **excess profits tax** = Steuer auf Höchstgewinne; **income tax** = Lohnsteuer und Einkommenssteuer; **land tax** = Grundsteuer; **sales tax** = Warenumsatzsteuer; **turnover tax** = Umsatzsteuer; **value added tax (VAT)** = Mehrwertsteuer (MwSt.) **(b)** **ad valorem tax** = Wertsteuer *f*; **back tax** = Steuerschuld *f*; **basic tax** = Eingangssteuer *f*; **direct tax** = direkte Steuer; **indirect tax** = indirekte Steuer; **to levy a tax** *or* **to impose a tax** = eine Steuer erheben; **the government has imposed a 15% tax on petrol** = die Regierung hat eine Steuer von 15% für Benzin eingeführt; **to lift a tax** = eine Steuer aufheben; **the tax on company profits has been lifted** = die Steuer auf Unternehmensgewinne wurde aufgehoben; **exclusive of tax** = ohne Steuer *or* exclusive Steuer; **tax abatement** = Steuernachlaß *m*; **tax adjustments** = Steueranpassungen *fpl*; **tax adviser** *or* **tax consultant** = Steuerberater/-in; **tax allowance** *or* **allowances against tax** = Steuerfreibetrag *m*; **tax assessment** = *(action)* Steuerveranlagung *f* *(result)* Steuerbescheid *m*; **tax avoidance** = (legale) Steuerumgehung *f* *or* Steuerausweichung *f*; **in the top tax bracket** = in der höchsten Steuerklasse; **tax code** = Steuerklasse *f*; **tax concession** = Steuervergünstigung *f*; **tax credit** = Steuergutschrift *f*; **tax deductions** = (i) *(money removed from a salary to pay tax)* Steuerabzüge *mpl*; (ii) *US (business expenses which can be claimed against tax) (von der Steuer)* absetzbare Ausgaben *fpl*; **tax deducted at source** = Quellensteuer *f*; *(illegal)* **tax evasion** = Steuerhinterziehung *f*; **tax exemption** = (i) *(being free from payment of tax)* Steuerbefreiung *f*; (ii) *US (part of income which a person does not pay tax on)* Steuerfreibetrag *m*; **tax form** = Vordruck *m* für die Steuererklärung; **tax haven** = Steueroase *f*; **tax holiday** = Steuerfreijahre *npl*; **tax inspector** *or* **inspector of taxes** = Leiter/-in des Finanzamtes; **tax loophole** = Lücke *f* *or* Schlupfloch *n* in der Steuergesetzgebung; **tax official** = Finanzbeamte(r); **tax point** = Besteuerungsdatum *n*; **tax rebate** = Steuererstattung *f*; **tax relief** = Steuervergünstigung *f*; **to grant tax relief** = Steuervergünstigung gewähren; **tax return** *or* **tax declaration** = Steuererklärung *f*; **tax shelter** = Steuerbegünstigung *f*; **tax year** = Steuerjahr *n* **2** *verb* besteuern *or* mit einer Steuer belegen; **to tax businesses at 50%** = Geschäftsbetriebe mit 50% besteuern; **income is taxed at 25%** = Einkommen wird mit 25% besteuert; **luxury items are heavily taxed** = Luxusartikel sind hoch besteuert

◇ **taxable** *adjective* steuerpflichtig; **taxable items** = steuerpflichtige Artikel *mpl*; **taxable income** = steuerpflichtiges Einkommen

◇ **taxation** *noun* Besteuerung *f* *or* Veranlagung *f*; **direct taxation** = direkte Besteuerung; **indirect taxation** = indirekte Besteuerung; **the government raises more money by indirect taxation than by direct** = der Staat nimmt mehr Geld durch indirekte als durch direkte Besteuerung ein; *(taxing the same income twice)* **double taxation** = Doppelbesteuerung; **double taxation agreement** = Doppelbesteuerungsabkommen *n* **graduated taxation** *or* **progressive taxation** = progressive Besteuerung; **regressive taxation** = regressive Besteuerung

◇ **tax-deductible** *adjective* steuerlich absetzbar *or* steuerlich abzugsfähig; **these expenses are not tax-deductible** = diese Ausgaben sind nicht steuerlich abzugsfähig

◇ **tax-exempt** *adjective* steuerbefreit

◇ **tax-free** *adjective* steuerfrei

◇ **taxpayer** *noun* Steuerzahler *m*; **basic taxpayer** *or* **taxpayer at the basic rate** = Eingangssteuerpflichtige(r); **corporate taxpayer** = Körperschaftssteuerpflichtige(r)

taxi *noun* Taxi *n* *or* Taxe *f*; **he took a taxi to the airport** = er nahm ein Taxi zum Flughafen; **taxi fares are very high in New York** = Taxigebühren *fpl* sind sehr hoch in New York

T-bill *(US informal)* = TREASURY BILL

team *noun* Team *n* *or* Mannschaft *f*; **management team** = Management-Team *n* *or* Führungsgruppe *f*; **sales team** = Verkaufsteam *n*

◇ **teamster** *noun* *(US truck driver)* Lastwagenfahrer *m* *or* Fernfahrer *m*

◇ **teamwork** *noun* Teamwork *n* *or* Gruppenarbeit *f*

technical *adjective* **(a)** technisch; **the document gives all the technical details on the new computer** = das Dokument enthält alle technischen Daten *pl* zu dem neuen Computer **(b)** **technical correction** = *(change in a share price because it was previously too low or too high)* technische Kurskorrektur

◇ **technician** *noun* Facharbeiter/-in; Techniker/-in; **computer technician** = Computertechniker/-in; **laboratory technician** = Labortechniker/-in

◇ **technique** *noun* Technik *f* *or* Verfahren *n*; **the company has developed a new technique for processing steel** = das Unternehmen hat ein neues Verfahren für die Stahlverarbeitung entwickelt; **he has a special technique for answering complaints from customers** = er hat eine besondere Methode, wie er Kundenbeschwerden beantwortet; **management techniques** = Führungsmethoden *fpl*; **marketing techniques** = Marketing-Methoden *fpl*

◇ **technology** *noun* Technik *f* *or* Technologie *f*; **information technology** = Informationstechnik; **the introduction of new technology** = die Einführung neuer Technologien

◇ **technological** *adjective* technologisch *or* technisch; **the technological revolution** = die technologische Revolution

> QUOTE market analysts described the falls in the second half of last week as a technical correction
> ***Australian Financial Review***
>
> QUOTE at the end of the day, it was clear the Fed had not loosened the monetary reins, and Fed Funds forged ahead on the back of technical demand
> ***Financial Times***

tel = TELEPHONE

telecommunications *plural noun* Nachrichtentechnik *f* *or* Telekommunikation *f*

◇ **teleconference** *noun* Telekonferenz *f*

telegram *noun* Telegramm *n*; **to send an international telegram** = ein internationales Telegramm senden

◇ **telegraph 1** *noun* Telegraf *m*; **to send a message by telegraph** = eine Nachricht telegrafisch übermitteln; **telegraph office** = Telegrafenamt *n* **2** *verb* telegrafieren; **to telegraph an order** = eine Bestellung telegrafieren

◇ **telegraphic** *adjective* telegrafisch; **telegraphic address** = Telegrammadresse *f*; **telegraphic transfer** = telegrafische Überweisung

◇ **telemessage** *noun (GB)* Telegramm *n*

telephone 1 *noun* Telefon *n*; **we had a new telephone system installed last week** = bei uns wurde letzte Woche eine neue Telefonanlage installiert; **he is on the telephone** = er telefoniert; **the managing director is on the telephone to Hong Kong** = der geschäftsführende Direktor telefoniert mit Hongkong; **she has been on the telephone all day** = sie telefoniert schon den ganzen Tag; **by telephone** = per Telefon; **to place an order by telephone** = eine Bestellung telefonisch aufgeben; **to reserve a room by telephone** = telefonisch ein Zimmer buchen; **cellular telephone** = Funktelefon; **house telephone** *or* **internal telephone** = Haustelefon; **telephone book** *or* **telephone directory** = Telefonbuch *n*; **he looked up the number of the company in the telephone book** = er schlug die Nummer des Unternehmens im Telefonbuch nach; **telephone call** = Telefongespräch *n* *or* Anruf *m*; **to make a telephone call** = telefonieren *or* ein Telefongespräch führen; **to answer the telephone** *or* **to take a telephone call** = (den Hörer) abnehmen *or* ein Telefongespräch entgegennehmen; **telephone exchange** = Telefonzentrale *f* *or* Vermittlung *f*; **telephone number** = Telefonnummer *f* *or* Rufnummer; **can you give me your telephone number?** = können Sie mir Ihre Telefonnummer geben?; **telephone operator** = Telefonist/-in *or* Vermittlung *f*; **telephone orders** = telefonische Bestellungen *fpl*; **since we mailed the catalogue we have received a large number of telephone orders** = seit wir den Katalog verschickt haben, sind viele telefonische Bestellungen *fpl* eingegangen; **telephone subscriber** = Fernsprechteilnehmer/-in; **telephone switchboard** = Telefonzentrale *f* **2** *verb* **to telephone a person** = jdn anrufen; **to telephone New York** = (in) New York anrufen; **his secretary telephoned to say he would be late** = seine Sekretärin rief an, um mitzuteilen, daß er sich verspäten würde; **he telephoned the order through to the warehouse** = er gab den Auftrag telefonisch an das Lager durch; **to telephone about something** = wegen etwas anrufen; **he telephoned about the January invoice** = er rief wegen der Januar-Rechnung an; **to telephone for something** = etwas telefonisch bestellen; **he telephoned for a taxi** = er rief telefonisch ein Taxi

◇ **telephonist** *noun* Telefonist/-in

◇ **teleprinter** *noun* Fernschreiber *m*; **teleprinter operator** = Fernschreiberbediener/-in

◇ **telesales** *plural noun (sales made by telephone)* Telefonverkauf *m*; Telefonverkäufe *mpl*

◇ **teletypewriter** *noun (US)* = TELEPRINTER

teleworking *noun* Teleheimarbeit *f*

telex 1 *noun* **(a)** *(system)* Fernschreiber *m* *or* Telex *n*; **to send information by telex** = Informationen per Telex schicken; **telex line** = Fernschreibleitung *f*; **we cannot communicate with our Nigerian office because of the breakdown of the telex lines** = wir können wegen des Zusammenbruchs der Fernschreibleitungen keine Verbindung mit unserer nigerianischen Geschäftsstelle aufnehmen **telex operator** = Telexbediener/-in; **telex subscriber** = Fernschreibteilnehmer/-in **(b) a telex** = (i) *(machine)* ein Telex *n* *or* ein Fernschreiber *m*; (ii) *(message)* ein Telex *n* *or* ein Fernschreiben *n*; **he sent a telex to his head office** = er schickte ein Telex an seine Zentrale **2** *verb* telegrafieren *or* per Telex schicken; **he telexed the details of the contract to New York** = er telegrafierte die Vertragseinzelheiten nach New York

teller *noun* Kassierer/-in

tem *see* PRO TEM

temp 1 *noun (temporary secretary)* Zeitarbeiter/-in *or* Aushilfskraft *f*; **we have had two temps working in the office this week to clear the backlog of letters** = wir hatten diese Woche zwei Aushilfskräfte im Büro, um die nicht erledigten Briefe zu bearbeiten; **temp agency** = Vermittlung *f* für Zeitarbeiter *or* Aushilfskräfte **2** *verb (to work as a temp)* als Aushilfskraft arbeiten

◇ **temping** *noun* als Aushilfe (arbeiten); **she can earn more money temping than from a full-time job** = sie kann mehr Geld als Aushilfskraft *f* verdienen, als mit einer Dauerstelle

temporary *adjective* befristet *or* vorübergehend; **he was granted a temporary export licence** = ihm wurde eine befristete Ausfuhrlizenz gewährt; **to take temporary measures** = vorübergehende *or* befristete Maßnahmen *fpl* ergreifen; **he has a temporary post with a construction company** = er hat eine befristete Stelle bei einem Bauunternehmen; **he has a temporary job as a filing clerk** *or* **he has a job as a temporary filing clerk** = er hat eine befristete Stelle in der Registratur; **temporary employment** = Zeitarbeit *f* *or* vorübergehende Anstellung; **temporary staff** = Zeitarbeitskräfte *fpl*

◇ **temporarily** *adverb* befristet *or* vorübergehend

> QUOTE regional analysis shows that the incidence of temporary jobs was slightly higher in areas where the rate of unemployment was above average
> *Employment Gazette*

tenancy *noun* **(a)** *(agreement)* Mietverhältnis *n*; Pachtverhältnis **(b)** *(period)* Mietdauer *f*; Pachtdauer

◇ **tenant** *noun* Mieter/-in; Pächter/-in; **the tenant is liable for repairs** = der Mieter *or* Pächter haftet für Reparaturen; **sitting tenant** = durch Mieterschutz geschützter Mieter

tend *verb* tendieren *or* neigen; **he tends to appoint young girls to his staff** = er stellt gern junge Mädchen ein

◇ **tendency** *noun* Tendenz *f*; **the market showed an upward tendency** = der Markt zeigte eine Aufwärtstendenz; **there has been a downward tendency in the market for several days** = seit mehreren Tagen gibt es eine Abwärtstendenz auf dem Markt; **the market showed a tendency to stagnate** = die Börse wies Stagnationstendenzen *or* eine lustlose Tendenz auf

tender 1 *noun* **(a)** *(offer to work for a certain price)* Angebot *n*; **a successful tender** *or* **an unsuccessful tender** = eine erfolgreiche *or* nicht erfolgreiche Bewerbung; **to put a project out to tender** *or* **to ask for** *or* **to invite tenders for a project** = Angebote für ein Projekt einholen *or* ein Projekt ausschreiben; **to put in a tender** *or* **to submit a tender** = ein Angebot machen; **to sell shares by tender** = Aktien im Tenderverfahren verkaufen; **sealed tenders** = verschlossene Angebote **(b)** *(money)* **legal tender** = gesetzliches Zahlungsmittel **2** *verb* **(a) to tender for a contract** = sich um einen Auftrag bewerben; **to tender for the construction of a hospital** = ein Angebot für den Bau eines Krankenhauses machen **(b) to tender one's resignation** = seine Kündigung einreichen

◊ **tenderer** *noun* Bieter *m or* Submittent *m*; **the company was the successful tenderer for the project** = das Unternehmen war der erfolgreiche Submittent für das Projekt

◊ **tendering** *noun* Angebotsabgabe *f*; **to be successful, you must follow the tendering procedure as laid out in the documents** = um Erfolg zu haben, muß man sich an das in den Dokumenten beschriebene Ausschreibungsverfahren halten

tentative *adjective* vorläufig; unverbindlich; **they reached a tentative agreement over the proposal** = sie gelangten zu einer vorläufigen Einigung über den Vorschlag; **we suggested Wednesday May 10th as a tentative date for the next meeting** = wir schlugen Mittwoch den 10. Mai als unverbindlichen Termin für die nächste Sitzung vor

◊ **tentatively** *adverb* vorläufig; unverbindlich; **we tentatively suggested Wednesday as the date for our next meeting** = wir schlugen unverbindlich den Mittwoch als möglichen Termin für unsere nächste Sitzung vor

tenure *noun* **(a)** *(right to hold property or position)* Besitztitel *m or* Besitzanspruch *m*; **security of tenure** = gesetzlicher Kündigungsschutz **(b)** *(time when a position is held)* Dienstzeit *f or* Amtszeit; **during his tenure of the office of chairman** = während seiner Amtszeit als Vorsitzender

term *noun* **(a)** *(period of time when something is legally valid)* Dauer *f or* Frist *f or* Laufzeit *f*; **the term of a lease** = die Mietzeit *or* Pachtzeit; **the term of the loan is fifteen years** = die Laufzeit des Kredits ist fünfzehn Jahre; **to have a loan for a term of fifteen years** = einen Kredit über eine Laufzeit von fünfzehn Jahren haben; **during his term of office as chairman** = während seiner Amtszeit als Vorsitzender; **term deposit** = Termineinlage *f*; **term deposit account** = Festgeldkonto *n or* Termingeldkonto; **term assurance** *or* **term insurance** = zeitlich begrenzte Lebensversicherung; **he took out a ten-year term insurance** = er schloß eine auf zehn Jahre begrenzte Lebensversicherung ab; **term loan** = befristeter Kredit; **term shares** = Fristeinlagen *fpl (bei einer Bausparkasse)* **(b) long-term** = langfristig; **medium-term** = mittelfristig; **short-term** = kurzfristig **(c)** *(conditions or duties)* **terms** = Bedingungen *fpl*; **he refused to agree to some of the terms of the contract** = er weigerte sich, einigen Vertragsbedingungen zuzustimmen; **by** *or* **under the terms of the contract, the company is responsible for all damage to the property** = laut den Vertragsbedingungen ist das Unternehmen für alle Schäden an dem Gebäude haftbar; **to negotiate for better terms** = bessere Bedingungen aushandeln; **terms of payment** *or* **payment terms** = Zahlungsbedingungen; **terms of sale** = Verkaufsbedingungen; **cash terms** = Barzahlungsbedingungen; **'terms: cash with order'** = ,Bedingungen: Barzahlung bei Bestellung'; **easy terms** = günstige Bedingungen; **the shop is let on very easy terms** = der Laden wird zu günstigen Bedingungen vermietet; **to pay for something on easy terms** = für etwas zu günstigen Bedingungen zahlen; **on favourable terms** = zu günstigen Bedingungen; **the shop is let on very favourable terms** = der Laden wird zu sehr günstigen Bedingungen vermietet; **trade terms** = Händlerrabatt *m* **(d)** *(part of a legal or university year) (legal)* Sitzungsperiode *f*; *(university) (entspricht)* Semester *n* **(e) terms of employment** = Einstellungsbedingungen *fpl*

> QUOTE companies have been improving communications, often as part of deals to cut down demarcation and to give everybody the same terms of employment
>
> ***Economist***
>
> QUOTE the Federal Reserve Board has eased interest rates in the past year, but they are still at historically high levels in real terms
>
> ***Sunday Times***

terminal 1 *noun* **(a) computer terminal** = Computerterminal *n*; **a computer system consisting of a microprocessor and six terminals** = eine Computeranlage bestehend aus einem Mikroprozessor und sechs Terminals **(b) air terminal** = Terminal *mn or* Abfertigungsgebäude *n* in der Innenstadt; **airport terminal** *or* **terminal building** = Terminal *mn or* Abfertigungshalle *f*; **container terminal** = Containerterminal *mn*; **ocean terminal** = Überseeterminal *mn* **2** *adjective (at the end)* End- *or* Abschluß-; **terminal bonus** = Schlußdividende *f*

terminate *verb* (be)enden *or* lösen *or* kündigen; ablaufen; **to terminate an agreement** = einen Vertrag kündigen *or* lösen; **his employment was terminated** = ihm wurde gekündigt; **the offer terminates on July 31st** = das Angebot gilt bis zum 31. Juli; **the flight from Frankfurt terminates in New York** = der Flug von Frankfurt endet in New York

◊ **terminable** *adjective* kündbar *or* auflösbar

◊ **termination** *noun* **(a)** *(bringing to an end)* Beendigung *f or* Lösung *f or* Kündigung *f*; Ablauf *m*; **termination clause** = Kündigungsklausel *f* **(b)** *US (leaving a job)* Kündigung *f*

terminus *noun* Endstation *f*

territory *noun (area visited by a salesman)* Bezirk *m or* Gebiet *n*; **a rep's territory** = das Gebiet eines Handelsvertreters; **his territory covers all the north of the country** = sein Gebiet umfaßt den ganzen Norden des Landes

tertiary *adjective* **tertiary industry** = Dienstleistungsgewerbe *n*; **tertiary sector** = Dienstleistungssektor *m*

test 1 *noun* **(a)** *(examination)* Test *m or* Prüfung *f*; **we make all candidates take a test** = bei uns müssen alle Kandidaten einen Test machen; **test certificate** = Abnahmebescheinigung *f or* Zulassungsbescheinigung; **driving test** = Führerscheinprüfung; **feasibility test** = Durchführbarkeitstest; **market test** = Markttest **(b)** *(legal case)* **test case** = Musterprozeß *m* **2** *verb* testen *or* prüfen; **to test a computer system** = ein Computersystem testen; **to test the market for a product** = den Markt für ein Produkt testen

◊ **test-drive** *verb* **to test-drive a car** = ein Auto probefahren

◊ **testing** *noun* Erprobung *f or* Prüfung *f*; **during the testing of the system several defects were corrected** = während der Erprobung des Systems wurden mehrere Mängel beseitigt

◊ **test-market** *verb* **to test-market a product** = den Markt für ein Produkt testen; **we are test-marketing the toothpaste in Scotland** = wir führen in Schottland einen Markttest für die Zahnpasta durch

testament *noun* **last will and testament** = Letzter Wille *m or* Testament *n*

◊ **testamentary** *adjective* testamentarisch; **testamentary disposition** = testamentarische Verfügung

◊ **testate** *adjective* mit Hinterlassung eines Testaments *(see also* INTESTATE)

◊ **testator** *noun* Testator *m or* Erblasser *m*

◊ **testatrix** *noun* Erblasserin *f*

testimonial *noun* Zeugnis *n or* Referenz *f*; **to write someone a testimonial** = jdm ein Zeugnis *or* eine Referenz schreiben; **unsolicited testimonial** = ohne Aufforderung gegebene Empfehlung

text *noun* Text *m*; **he wrote notes at the side of the text of the agreement** = er schrieb Anmerkungen neben den Vertragstext; **text processing** = Textverarbeitung *f*

Thailand *noun* Thailand *n*

◊ **Thai 1** *noun* Thailänder/-in *or* Thai **2** *adjective* thailändisch

(NOTE: capital: **Bangkok;** currency: **baht** = Baht *m*)

thank *verb* danken *or* sich bedanken bei; **the committee thanked the retiring chairman for his work** = der Ausschuß dankte dem scheidenden Vorsitzenden für seine Arbeit; **thank you for your letter of June 25th** = vielen Dank für Ihren Brief vom 25. Juni

◊ **thanks** *plural noun* Dank *m* **many thanks for your letter of June 25th** = vielen Dank für Ihren Brief vom 25. Juni; **speech of thanks** = Dankesrede *f*; **the meeting passed a vote of thanks to the organizing committee for their work in setting up the international conference** = die Versammlung sprach dem Organisationskomitee ihren Dank für seine Arbeit beim Ausrichten der internationalen Konferenz aus

◊ **thanks to** *adverb (because of)* dank; **the company was able to continue trading thanks to a loan from the bank** = dank eines Bankkredits konnte das Unternehmen seine Geschäfte weiterführen; **it was no thanks to the bank that we avoided making a loss** = es ist nicht der Bank zu verdanken, daß wir Verluste vermeiden konnten

theft *noun* Diebstahl *m*; **we have brought in security guards to protect the store against theft** = wir haben Sicherheitspersonal eingesetzt, um uns gegen Ladendiebstähle zu schützen; **they are trying to cut their losses from theft** = sie versuchen, ihre diebstahlsbedingten Verluste zu mindern; **to take out insurance against theft** = sich gegen Diebstahl versichern

theory *noun* Theorie *f*; **in theory the plan should work** = theoretisch müßte der Plan eigentlich funktionieren *or* gelingen

think tank *noun* ‚Denkfabrik' *f*

third *noun* Drittel *n*; **to sell everything at one third off** = alles mit einem Drittel Rabatt verkaufen; **the company has two thirds of the total market** = das Unternehmen hat zwei Drittel des Gesamtmarktes

◊ **third party** *noun (any person other than the two main parties involved in a contract)* Dritte(r); **third-party insurance** = Haftpflichtversicherung *f*; **the case is in the hands of a third party** = mit dem Fall befaßt sich ein Dritter *or* Außenstehender *m*

◊ **third quarter** *noun (July to September)* drittes Quartal

◊ **Third World** *noun* Dritte Welt *f*; **we sell tractors into the Third World** *or* **to Third World countries** = wir verkaufen Traktoren in die Dritte Welt *or* in Länder der Dritten Welt

three-part *adjective* dreiteilig; **three-part invoices** = dreiteilige Rechnungen; **three-part paper** *or* **stationery** = dreiteiliges Papier

threshold *noun (limit or point at which something changes)* Schwelle *f*; **threshold agreement** = Lohnindexierung *f*; *(in the EU)* **threshold price** = Schwellenpreis *m*; **pay threshold** = Lohnschwelle *f or* Lohnindexstufe *f*; **tax threshold** = Steuer-Grundfreibetrag *m*; **the government has raised the minimum tax threshold from £6,000 to £6,500** = die Regierung hat die Steuereingangsstufe von £6.000 auf £6.500 erhöht *or* angehoben

thrift *noun* **(a)** *(saving money)* Sparsamkeit *f* **(b)** *US (private local bank)* Sparkasse *f*

◊ **thrifty** *adjective* **(a)** *(GB & US)* sparsam **(b)** *(US also)* blühend

> QUOTE the thrift, which had grown from $4.7 million in assets in 1980 to 1.5 billion this year, has ended in liquidation
>
> *Barrons*

thrive *verb (to grow well or to be profitable)* blühen *or* florieren; **a thriving economy** = eine blühende Wirtschaft; **a thriving black market in car radios** = ein blühender Schwarzmarkt für Autoradios; **the company is thriving in spite of the recession** = das Unternehmen floriert trotz der Rezession

through *preposition (US)* **the conference runs from 12 through** *or* **thru 16 June** = die Konferenz geht vom 12. bis einschließlich 16. Juni

◊ **throughput** *noun* Durchsatz *m*; **we hope to increase our throughput by putting in two new machines** = wir hoffen unseren Durchsatz erhöhen zu können, indem wir zwei neue Maschinen einsetzen; **the invoice department has a throughput of 6,000 invoices a day** = die Rechnungsabteilung hat einen Durchsatz von 6.000 Rechnungen pro Tag

throw out *verb* **(a)** *(to reject or to refuse to accept)* verwerfen; **the proposal was thrown out by the planning committee** = der Vorschlag wurde vom Planungsausschuß verworfen; **the board threw out the draft contract submitted by the union** = der board verwarf den von der Gewerkschaft vorgelegten Vertragsentwurf **(b)** *(to get rid of something which is not wanted)* wegwerfen *or* hinauswerfen; **we threw out the old telephones and installed a computerized system** = wir haben die alten Telefone abgeschafft und ein computerisiertes System installiert; **the AGM threw out the old board of directors** = die Jahreshauptversammlung warf den alten board of directors hinaus
(NOTE: **throwing - threw - has thrown**)

tick 1 *noun* **(a)** *(informal)* Pump *m*; **all the furniture in the house is bought on tick** = die ganzen Möbel im Haus sind auf Pump gekauft **(b)** *(mark on paper to show approval)* Haken *m or* Kreuz *m*; **put a tick in the box marked "R"** = machen Sie einen Kreuz in dem mit ‚R' markiertem Feld (NOTE: US English for this is **check**) **2** *verb (to mark to show that something is correct)* abhaken *or* ankreuzen; **tick the box marked "R" if you require a receipt** = kreuzen Sie das mit ‚R' markierte Feld an, wenn Sie eine Quittung benötigen

◇ **ticker** *noun (US)* Börsenticker *m*

ticket *noun* **(a)** Karte *f*; **entrance ticket** *or* **admission ticket** = Eintrittskarte; **theatre ticket** = Theaterkarte **(b)** *(for travel)* Fahrkarte *f or* Ticket *n*; **train ticket** *or* **bus ticket** *or* **plane ticket** = Zugfahrkarte *or* Busfahrkarte *or* Flugticket; **season ticket** = Zeitkarte *f or* Dauerkarte; **single ticket** *or (US)* **one-way ticket** = einfache Fahrkarte; **return ticket** *or (US)* **round-trip ticket** = Rückfahrkarte **(c) ticket agency** = Kartenvorverkaufsstelle *f*; **ticket counter** = Fahrkartenschalter *m* **(d)** *(paper which shows something)* Schild *n or* Schein *m*; **baggage ticket** = Gepäckschein; **price ticket** = Preisschild

tie *verb* binden *or* befestigen ; **he tied the parcel with thick string** = er verschnürte das Paket mit einer dicken Schnur; **she tied two labels on to the parcel** = sie machte zwei Anhänger an das Paket
(NOTE: **tying - tied**)

◇ **tie-on label** *noun* Anhänger *m or* Anhängezettel *m*

◇ **tie up** *verb* **(a)** verschnüren; festmachen; **the parcel is tied up with string** = das Paket ist mit Bindfaden verschnürt; **the ship was tied up to the quay** = das Schiff war am Kai festgemacht; **he is rather tied up at the moment** = er ist im Moment sehr beschäftigt **(b)** *(to invest money, so that it cannot be used)* festlegen *or* binden; **he has £100,000 tied up in long-dated gilts** = er hat £100.000, die in langlaufenden Staatstiteln festgelegt sind; **the company has £250,000 tied up in stock which no one wants to buy** = das Unternehmen hat £250.000, die in Warenbestand gebunden sind, den niemand kaufen will

◇ **tie-up** *noun (connection)* Verbindung *f or* Zusammenschluß *m*; Zusammenarbeit *f*; **the company has a tie-up with a German distributor** = das Unternehmen arbeitet mit einem deutschen Vertrieb zusammen
(NOTE: plural is **tie-ups**)

> QUOTE a lot of speculator money is said to be tied up in sterling because of the interest-rate differential between US and British rates
> ***Australian Financial Review***

tight *adjective* eng *or* streng; **the managing director has a very tight schedule today - he cannot fit in any more appointments** = der Geschäftsführer hat heute einen engen Terminkalender - er kann keine Termine mehr unterbringen; **expenses are kept under tight control** = die Ausgaben unterliegen strenger Kontrolle; **tight money** = knappes Geld; **tight money policy** = restriktive Geldmengenpolitik *or* Politik des knappen Geldes

◇ **-tight** *suffix* -dicht; **the computer is packed in a watertight case** = der Computer ist in einer wasserdichten Kiste verpackt; **send the films in an airtight container** = schicken Sie die Filme in einem luftdichten Behälter *m*

◇ **tighten** *verb* anziehen *or* verschärfen; **the accounts department is tightening its control over departmental budgets** = die Buchhaltung verschärft die Kontrolle über die Abteilungsbudgets

◇ **tighten up on** *verb* härter durchgreifen bei *or* verschärfen; **the government is tightening up on tax evasion** = die Regierung greift bei Steuerhinterziehung härter durch; **we must tighten up on the reps' expenses** = wir müssen die Ausgaben der Handelsvertreter strenger im Auge haben *or* unter die Lupe nehmen

> QUOTE mortgage money is becoming tighter
> ***Times***
>
> QUOTE the decision by the government to tighten monetary policy will push the annual inflation rate above the previous high
> ***Financial Times***
>
> QUOTE a tight monetary policy by the central bank has pushed up interest rates and drawn discretionary funds into bank deposits
> ***Far Eastern Economic Review***
>
> QUOTE the UK economy is at the uncomfortable stage in the cycle where the two years of tight money are having the desired effect on demand
> ***Sunday Times***

till *noun (drawer for cash)* Kasse *f*; **cash till** = Ladenkasse; **there was not much money in the till at the end of the day** = es war nicht viel Geld in der Kasse bei Feierabend

time *noun* **(a)** *(period when something takes place)* Zeit *f*; **computer time** = Rechenzeit; **real time** = Echtzeit *or* Realzeit; **time and motion study** = Zeit- und Bewegungsstudie *f (etwa)* REFA-Studie; **time and motion expert** = Zeit- und Bewegungsfachmann *m (etwa)* REFA-Fachmann **(b)** *(hour of the day)* Zeit *f*; **the time of arrival** *or* **the arrival time is indicated on the screen** = die Ankunftszeit steht auf dem Bildschirm; **departure times are delayed by up to fifteen minutes because of the volume of traffic** = die Abfahrtszeiten verzögern sich um bis zu fünfzehn Minuten wegen des starken Verkehrsaufkommens; **on time** = pünktlich; **the plane was on time** = das Flugzeug war pünktlich; **you will have to hurry if you want to get to the meeting on time** *or* **if you want to be on time for the meeting** = Sie müssen sich beeilen, wenn Sie rechtzeitig zur Sitzung da sein wollen; **opening time** *or* **closing time** = Öffnungszeit *or* Schlußzeit **(c)** *(system of hours)* Zeit *f or* Uhrzeit; **Summer Time** *or* **Daylight Saving Time** = Sommerzeit; **Standard Time** = Normalzeit **(d)** *(hours worked)* Arbeitszeit *f*; **he is paid time and a half on Sundays** = sonntags bekommt er 50% Zuschlag; **full-time** = ganztägig *or* Ganztags-; **overtime** = Überstunden *fpl*; **part-time** = Halbtags- *or* Teilzeit- **(e)** *(period before something happens)* Zeit *f*; Frist *f*; **time deposit** = Termineinlage *f or* befristete Einlage; **delivery time** = Lieferzeit; **lead time** = Lieferzeit; **time limit** = Frist *f or* Zeitlimit *n*; **to keep within the time limits** *or* **within the time schedule** = die Fristen einhalten

◊ **time-card** *or* *(US)* **time-clock card** *noun* Stechkarte *f*

◊ **time-keeping** *noun* Pünktlichkeit *f*; **bad time-keeping** = Unpünktlichkeit; **he was warned for bad time-keeping** = er wurde wegen Unpünktlichkeit verwarnt

◊ **time rate** *noun* Zeitlohn *m*

◊ **time-saving 1** *adjective* zeitsparend; **a time-saving device** = eine zeitsparende Vorrichtung **2** *noun* Zeitersparnis *f*; **the management is keen on time-saving** = die Geschäftsleitung ist auf Zeitersparnis bedacht

◊ **time scale** *noun* zeitlicher Rahmen; **our time scale is that all work should be completed by the end of August** = unser zeitlicher Rahmen ist, daß die gesamte Arbeit bis Ende August fertiggestellt sein sollte; **he is working to a strict time scale** = er arbeitet nach einem strengen zeitlichen Rahmen

◊ **time share** *noun (owning a property in part)* Time-sharing *n*

◊ **time-sharing** *noun* **(a)** = TIME SHARE **(b)** *(sharing a computer system)* Time-sharing *n or* Gemeinschaftsbetrieb *m*

◊ **time sheet** *noun* Arbeitsnachweisbogen *m or* Stundenzettel *m*

◊ **timetable 1** *noun* **(a)** *(trains or buses)* Fahrplan *m*; *(planes)* Flugplan; **according to the timetable, there should be a train to London at 10.22** = nach dem Fahrplan sollte um 10.22 Uhr ein Zug nach London fahren; **the bus company has brought out its winter timetable** = das Busunternehmen hat seinen Winterfahrplan herausgebracht **(b)** *(list of appointments or events)* Terminkalender *m or* Programm *n*; **the manager has a full timetable, so I doubt if he will be able to see you today** = der Geschäftsführer hat einen vollen Terminkalender. Ich bezweifle daher, ob er Sie heute empfangen kann; **conference timetable** = Konferenzprogramm **2** *verb (to make a list of times)* einen Zeitplan aufstellen

◊ **time work** *noun* nach Zeit bezahlte Arbeit *f*

◊ **timing** *noun* Timing *n*; **the timing of the conference is very convenient, as it comes just before my annual holiday** = der Konferenztermin liegt sehr günstig, weil er genau vor meinem Jahresurlaub liegt; **his arrival ten minutes after the meeting finished was very bad timing** = seine Ankunft zehn Minuten nach Ende der Sitzung war sehr schlechtes Timing

tip 1 *noun* **(a)** *(money given to someone who has helped you)* Trinkgeld *n*; **he gave the taxi driver a 2 dollar tip** = er gab dem Taxifahrer 2 Dollar Trinkgeld; **the staff are not allowed to accept tips** = dem Personal ist es nicht gestattet, Trinkgeld anzunehmen **(b)** *(advice which could be profitable)* Tip *m*; **a stock market tip** = ein Börsentip; **he gave me a tip about a share which was likely to rise because of a takeover bid** = er gab mir einen Tip für eine Aktie, die aufgrund eines Übernahmeangebots steigen sollte; **tip sheet** = Börsenratgeber *m* **2** *verb* **(a)** *(to give money to someone who has helped you)* Trinkgeld geben; **she tipped the hairdresser £1** = sie gab dem Friseur *or* der Friseuse £1 Trinkgeld **(b)** *(to say that something is likely to happen)* einen Tip geben *or* tippen auf; **two shares were tipped in the business section of the paper** = zwei Aktien wurden im Wirtschaftsteil der Zeitung favorisiert; **he is tipped to become the next chairman** = er ist Favorit als nächster Vorsitzender
(NOTE: **tipping - tipped**)

TIR = TRANSPORTS INTERNATIONAUX ROUTIERS

title *noun* **(a)** *(right to own a property)* Anspruch *m or* Anrecht *n or* Besitztitel *m or* Rechtsanspruch *m*; **she has no title to the property** = sie hat keinen Rechtsanspruch auf den Besitz; **he has a good title to the property** = er hat einen Rechtsanspruch auf den Besitz; **title deeds** = Besitzurkunde *f*; *(etwa)* Grundbucheintrag *m* **(b)** *(name given to a person in a certain job)* Amtsbezeichnung *f or* Titel *m*; **he has the title 'Chief Executive'** = er hat den Titel ‚Chief Executive' **(c)** *(name of a book or film, etc.)* Titel *m*

Togo *noun* Togo *n*

◊ **Togolese 1** *noun* Togoer/-in *or* Togolese/Togolesin **2** *adjective* togo(les)isch
(NOTE: capital: **Lomé;** currency: **CFA franc** = CFA-Franc *m*)

token *noun* **(a)** *(sign or symbol)* Zeichen *n or* Symbol *n*; **token charge** = nominelle Gebühr; **a token charge is made for heating** = es wird eine nominelle Heizkostenpauschale erhoben; **token payment** = symbolische Zahlung; **token rent** = nominelle Miete; **token strike** = Warnstreik *m* **(b)** **book token** *or* **flower token** *or* **gift token** = Büchergutschein *m or* Blumengutschein *or* Geschenkgutschein; **we gave her a gift token for her birthday** = wir gaben ihr einen Geschenkgutschein zum Geburtstag

toll *noun (payment for using a service)* Benutzungsgebühr *f or* Maut *f*; **we had to cross a toll bridge to get to the island** = wir mußten eine Mautbrücke überqueren, um zur Insel zu kommen; **you have to pay a toll to cross the bridge** = man muß für die Benutzung der Brücke eine Gebühr bezahlen

◊ **toll call** *noun (US) (long-distance telephone call)* Ferngespräch *n*

◊ **toll free** *adverb (US) (without having to pay a charge for a long-distance telephone call)* gebührenfrei *or* zum Nulltarif *m*; **to call someone toll free** = jemanden gebührenfrei anrufen; **toll free number** = gebührenfreie Nummer

tombstone *noun (informal)* Finanzanzeige *f*

ton *noun (measure of weight)* Tonne *f*; *(GB)* **long ton** = britische Tonne (= 1016 kg); *(US)* **short ton** = amerikanische Tonne (= 907 kg); **metric ton** = metrische Tonne (1000 kg)
(NOTE: **ton** and **tonne** are usually written **t** after figures: **250t**)

◇ **tonnage** *noun* Tonnage *f or* Raumzahl *f*; **deadweight tonnage** = Gesamtzuladungsgewicht *n or* Tragfähigkeit *f*; **gross tonnage** = Bruttoraumzahl (BRZ) *f*; **net tonnage** = Nettoraumzahl (NRZ) *f*

◇ **tonne** *noun* Tonne *f*

> QUOTE Canada agreed to the new duty-free quota of 600,000 tonnes a year
> *Globe and Mail (Toronto)*
> QUOTE in the dry cargo sector a total of 956 cargo vessels of 11.6m tonnes are laid up - 3% of world dry cargo tonnage
> *Lloyd's List*

tone *noun* **dialling tone** = Freizeichen *n*; **engaged tone** = Besetztzeichen *n*

toner *noun* Toner *m*; **the printer has run out of toner** = im Drucker ist kein Toner mehr; **toner cartridge** = Tonerpatrone *f*

tool *noun* Werkzeug *n*; **machine tools** = Werkzeugmaschinen *fpl*

◇ **tool up** *verb* mit Maschinen ausrüsten

top 1 *noun* **(a)** *(upper surface or upper part)* oberer Teil; **do not put coffee cups on top of the computer** = stellen Sie keine Kaffeetassen auf den Computer; **top copy** = Original *n* **(b)** *(highest point or most important place)* Spitze *f*; Führung *f*; **the company is in the top six exporters** = das Unternehmen gehört zu den sechs Spitzenexporteuren *mpl*; **top management** = Unternehmensspitze *f or* Topmanagement *n*; **to give something top priority** = einer Sache höchste Priorität beimessen; **top quality** = Spitzenqualität *f* **2** *adjective* obere(r,s); oberste(r,s); hohe(r,s); höchste(r,s); **the top floor is unfurnished** = die oberste Etage ist unmöbliert; **the car's top speed is 140 m.p.h.** = die Spitzengeschwindigkeit des Wagens ist 140 Meilen pro Stunde; **top-flight** *or* **top-ranking** = hochrangig *or* Spitzen-; **top-flight managers can earn very high salaries** = Spitzenmanager *mpl* können sehr viel verdienen; **he is the top-ranking official in the delegation** = er ist der hochrangigste Vertreter in der Delegation; **top-grade** = Spitzen- *or* hohe(r,s); erstklassig; **the car only runs on top-grade petrol** = der Wagen läuft nur mit Superbenzin **3** *verb (to go higher than)* übersteigen; **sales topped £ 1m in the first quarter** = der Umsatz überstieg im ersten Quartal £1 Million
(NOTE: **topping - topped**)

◇ **top-hat pension** *noun (special extra pension for senior managers)* Sonderpension *f* für leitende Angestellte

◇ **top out 1** *noun (US) (period of high demand)* Spitzenbedarf *m* **2** *verb (finish the roof of a building)* das Dach richten

◇ **top-selling** *adjective* meistverkauft; **Spain is the top-selling holiday destination** = Spanien ist als Urlaubsort am meisten gefragt; **top-selling brands of toothpaste** = die meistverkauften Zahnpastamarken *fpl*

◇ **top up** *verb* auffüllen *or* aufstocken; **to top up stocks before Christmas** = den Warenbestand vor Weihnachten aufstocken

> QUOTE gross wool receipts for the selling season appear likely to top $2 billion
> *Australian Financial Review*
> QUOTE the base lending rate, or prime rate, is the rate at which banks lend to their top corporate borrowers
> *Wall Street Journal*
> QUOTE fill huge warehouses with large quantities of top-brand, first-quality merchandise, sell the goods at rock-bottom prices
> *Duns Business Month*

tort *noun (harm done which can be the basis of a lawsuit)* Delikt *n*

tot up *verb* addieren *or* zusammenzählen; **he totted up the sales for the six months to December** = er addierte den Absatz der sechs Monate bis Dezember

total 1 *adjective* gesamt *or* ganz; völlig *or* absolut; **total amount** = Gesamtbetrag *m*; **total assets** = Gesamtvermögen *n or* Summe *f* der Aktiva *pl*; **total cost** = Gesamtkosten *pl*; **total expenditure** = Gesamtausgaben *fpl*; **total income** = Gesamteinkommen *n*; **total output** = Gesamtproduktion *f*; **total revenue** = Gesamteinnahmen *fpl*; **the cargo was written off as a total loss** = die Fracht wurde als Totalverlust abgeschrieben **2** *noun (amount)* Summe *f or* Endbetrag *m*; **the total of the charges comes to more than £1,000** = die Gesamtgebühren *fpl* belaufen sich auf über £1.000; **grand total** = Gesamtsumme *or* Endbetrag **3** *verb* ergeben *or* sich belaufen auf; **costs totalling more than £25,000** = die Kosten belaufen sich auf mehr als £25.000
(NOTE: **totalling - totalled** but US English **totaling - totaled**)

◇ **totally** *adverb* völlig *or* total; **the factory was totally destroyed in the fire** = die Fabrik wurde bei dem Brand völlig zerstört; **the cargo was totally ruined by water** = die Fracht wurde durch Wasser völlig ruiniert

tour *noun* Rundreise *f or* Tour *f*; **the group went on a tour of Italy** = die Gruppe machte eine Rundreise durch Italien; **the minister went on a fact-finding tour of the region** = der Minister begab sich auf eine Erkundungsfahrt in die Region; **conducted tour** = Rundfahrt *f* mit Führer; Führung *f*; **package tour** = Pauschalreise *f*; **tour operator** = Reiseveranstalter *m*; **to carry out a tour of inspection** = eine Inspektionsreise machen

◇ **tourism** *noun* Tourismus *m*

◇ **tourist** *noun* Tourist/-in; **tourist bureau** *or* **tourist information office** = Fremdenverkehrsbüro *n*; **tourist class** = Touristenklasse *f*; **he always travels first class, because he says tourist class is too uncomfortable** = er reist immer Erster Klasse, weil die Touristenklasse für ihn zu unbequem ist; **tourist visa** = Touristenvisum *n*

tout 1 *noun* Kartenschwarzhändler/-in **2** *verb (informal)* **(a) to tout for custom** = Kunden werben **(b)** *US (to give something the hard sell)* aufschwatzen *or* andrehen *(umg)*

track record *noun* Erfolgs- und Leistungsnachweis *m*; **he has a good track record as a secondhand car salesman** = er kann als Gebrauchtwagenhändler einiges vorweisen; **the company has no track record in the computer market** = das Unternehmen war bisher auf dem Computermarkt nicht nachweislich tätig

trade 1 *noun* **(a)** *(business of buying and selling)* Handel *m*; Gewerbe *n*; **export trade** *or* **import trade** = Exporthandel *or* Importhandel; **foreign trade** *or* **overseas trade** *or* **external trade** = Außenhandel; **home trade** = Binnenhandel; **trade cycle** = Konjunkturzyklus *m*; **balance of trade** *or* **trade balance** = Handelsbilanz *f*; **the country has had an adverse balance of trade for the second month running** = das Land hat eine passive Handelsbilanz nun schon zwei Monate hintereinander; **favourable balance of trade** = aktive Handelsbilanz; **trade deficit** *or* **trade gap** = Außenhandelsdefizit *n*; **trade surplus** = Außenhandelsüberschuß *m* **(b) to do a good trade in a range of products** = mit verschiedenen Produkten gute Absätze *mpl* erzielen; **fair trade** = Nichtdiskriminierung *f* im Außenhandel; **free trade** = Freihandel *m*; **free trade area** = Freihandelszone *f* **(c) trade agreement** = Handelsabkommen *n*; **trade bureau** = Handelsbüro *n or* Wirtschaftsbüro; **to impose trade barriers on** = Handelsschranken *fpl* verhängen; **trade description** = Warenbeschreibung *f*; *(GB)* **Trade Descriptions Act** = Warenkennzeichnungsgesetz *n*; **trade directory** = Branchenverzeichnis *n*; **trade mission** = Handelsdelegation *f* **to ask a company to supply trade references** = ein Unternehmen um Handelsauskünfte *fpl or* Kreditauskünfte bitten **(d)** *(companies dealing in the same type of product)* Branche *f or* Gewerbe *n*; **he is in the secondhand car trade** = er ist in der Gebrauchtwagenbranche; **she is very well known in the clothing trade** = sie ist in der Bekleidungsbranche sehr bekannt; **trade association** = Handelsverband *m*; Unternehmerverband; Berufsverband; **trade counter** = Warenausgabe *f* für den Einzelhandel *m or* Großhandelsverkauf *m*; **trade discount** *or* **trade terms** = Händlerrabatt *m*; **trade fair** = Handelsmesse *f*; **there were two trade fairs running in London at the same time** = in London liefen zwei Handelsmessen gleichzeitig; **to organize** *or* **to run a trade fair** = eine Handelsmesse organisieren *or* leiten; **trade journal** *or* **trade magazine** *or* **trade paper** *or* **trade publication** = Fachzeitschrift *f or* Fachblatt *n*; **trade press** = Fachpresse *f*; **trade price** = Großhandelspreis *m* **2** *verb (to carry on a business)* handeln *or* Handel treiben *or* Geschäfte machen; **to trade with another country** = Handel mit einem anderen Land treiben; **to trade on the stock exchange** = Geschäfte an der Börse machen *or* Börsenhandel betreiben; **the company has stopped trading** = das Unternehmen hat den Geschäftsbetrieb eingestellt; **the company trades under the name 'Eeziphitt'** = das Unternehmen läuft unter dem Namen ‚Eeziphitt'; **traded options** = handelbare Optionen *fpl*

◊ **trade in** *verb* **(a)** *(to buy and sell certain items)* handeln mit *or* Handel treiben mit; **the company trades in imported goods** = das Unternehmen handelt mit Einfuhrwaren; **he trades in French wine** = er handelt mit französischem Wein **(b)** *(to give in an old item as part of the payment for a new one)* in Zahlung geben; **the chairman traded in his old Rolls Royce for a new model** = der Vorsitzende gab seinen alten Rolls Royce für ein neues Modell in Zahlung

◊ **trade-in** *noun (old item as part of the payment for a new one)* in Zahlung gegebener Gegenstand; **to give the old car as a trade-in** = einen Altwagen in Zahlung geben; **trade-in price** = Preis *m* bei Inzahlungnahme

◊ **trademark** *or* **trade name** *noun* Warenzeichen *n or* Handelsmarke *f*; Handelsname *m*; **you cannot call your beds 'Soft'nkumfi' - it is a registered trademark** = Sie können Ihre Betten nicht ‚Soft'nkumfi' nennen - das ist ein eingetragenes Warenzeichen

◊ **trade-off** *noun (exchanging one thing for another as part of a business deal)* Austausch *m*

◊ **trader** *noun* Händler/-in *or* Kaufmann/Kauffrau; **commodity trader** = Rohstoffhändler/-in; **free trader** = Befürworter/-in des Freihandels *m*; **sole trader** = Einzelkaufmann *m*

◊ **tradesman** *noun* **(a)** Einzelhändler *m or* Kaufmann *m* **(b)** *US (artisan)* Handwerker *m*
(NOTE: plural is **tradesmen**)

◊ **tradespeople** *plural noun* Geschäftsleute *pl*

◊ **trade union** *or* **trades union** *noun* Gewerkschaft *f*; **they are members of a trades union** *or* **they are trade union members** = sie sind Mitglieder einer Gewerkschaft *or* sie sind Gewerkschaftsmitglieder *npl*; **he has applied for trade union membership** *or* **he has applied to join a trades union** = er hat sich um die Mitgliedschaft in einer Gewerkschaft beworben; **Trades Union Congress (TUC)** ≈ Deutscher Gewerkschaftsbund (DGB)
(NOTE: although **Trades Union Congress** is the official name for the organization, **trade union** is commoner than **trades union** in GB English. US English is **labor union**)

◊ **trade unionist** *noun* Gewerkschaft(l)er/-in

QUOTE trade between Britain and other countries which comprise the EC has risen steadily from 33% of exports in 1972 to 50% in 1987
Sales & Marketing Management

QUOTE Brazil's trade surplus is vulnerable both to a slowdown in the American economy and a pick-up in its own
Economist

QUOTE a sharp setback in foreign trade accounted for most of the winter slowdown. The trade balance sank $17 billion
Fortune

QUOTE at its last traded price, the bank was capitalized around $1.05 billion
South China Morning Post

QUOTE with most of the world's oil now traded on spot markets, Opec's official prices are much less significant than they once were
Economist

trading *noun* Handel *m*; **trading account** = Verkaufskonto ohne Berücksichtigung des Gemeinkosten; **trading area** = Absatzgebiet *n*; **trading company** = Handelsgesellschaft *f*; **adverse trading conditions** = ungünstige Handelsbedingungen *fpl*; **trading estate** = Industriegebiet *n*; *(stock exchange)* **trading floor** = Börsenparkett *n*; **trading loss** = Betriebsverlust *m*; **trading partner** = Handelspartner *m*; **trading profit** = Betriebsgewinn *m or* Gewerbeertrag *m*; **trading stamp** = Rabattmarke *f*; **fair trading** = lauterer Handel; *(GB)* **Office of Fair Trading** =

Amt *n* für Verbraucherschutz; **insider trading** = Insiderhandel *m*

traffic *noun* **(a)** *(cars or planes)* Verkehr *m*; **there is an increase in commuter traffic** *or* **goods traffic on the motorway** = es gibt mehr Pendlerverkehr *or* Warenverkehr auf den Autobahnen; **passenger traffic on the commuter lines has decreased during the summer** = die Zahl der Passagiere auf den Pendlerstrecken hat während des Sommers abgenommen; **air traffic controller** = Fluglotse *m* **(b)** *(illegal trade)* (illegaler) Handel; **drugs traffic** *or* **traffic in drugs** = Drogenhandel *or* Handel mit Drogen

train 1 *noun* Zug *m*; **a passenger train** *or* **a goods train** = ein Personenzug *or* ein Güterzug; **to take the 09.30 train to London** = mit dem 9.30 Uhr Zug nach London fahren; **he caught his train** *or* **he missed his train** = er bekam seinen Zug *or* er verpaßte seinen Zug; **to ship goods by train** = Güter per Bahn befördern; **freight train** *or* **goods train** = Güterzug **2** *verb (to teach someone to do something)* ausbilden; **he trained as an accountant** = er machte eine Ausbildung als Buchhalter; **the company employs only trained electricians** = die Firma stellt nur ausgebildete Elektriker ein

◇ **trainee** *noun* Auszubildende(r) *mf or* Lehrling *m*; **we employ a trainee accountant to help in the office at peak periods** = wir beschäftigen einen Buchhalterlehrling, der im Büro hilft, wenn viel zu tun ist; **graduate trainees come to work in the laboratory when they have finished their courses at university** = Hochschulabsolventen *mpl* machen eine Ausbildung im Labor, wenn sie ihre Kurse an der Universität beendet haben; **management trainee** = Führungsnachwuchs *m*

◇ **traineeship** *noun* Ausbildungsplatz *m*

◇ **training** *noun* Ausbildung *f or* Schulung *f*; **there is a ten-week training period for new staff** = neue Angestellte müssen eine zehnwöchige Schulung machen; **the shop is closed for staff training** = das Geschäft ist wegen Fortbildung des Personals geschlossen; **industrial training** = betriebliche Ausbildung; **management training** = Ausbildung für Führungsnachwuchskräfte; **on-the-job training** = innerbetriebliche Ausbildung; **off-the-job training** = außerbetriebliche Ausbildung; **training levy** = Ausbildungsabgabe *f*; **training officer** = Ausbildungsleiter/-in; **training unit** = Aus- und Weiterbildungsabteilung *f*

> QUOTE trainee managers developed basic operational skills as well as acquiring a broad business education
> *Personnel Management*

tranche *noun* Tranche *f*

transact *verb* **to transact business** = Geschäfte tätigen

◇ **transaction** *noun* **business transaction** = Geschäft *n*; **cash transaction** = Barverkauf *m or* Kassageschäft *n*; **a transaction on the stock exchange** = ein Börsengeschäft; **the paper publishes a daily list of stock exchange transactions** = die Zeitung veröffentlicht täglich eine Liste der Börsengeschäfte *npl*; **exchange transaction** = Devisengeschäft *n*; **fraudulent transaction** = Schwindelgeschäft *n*

transfer 1 *noun* Transfer *m*; Versetzung *f*; Überweisung *f*; Übertragung *f*; **he applied for a transfer to our branch in Scotland** = er beantragte seine Versetzung zu unserer Niederlassung in Schottland; **transfer of property** *or* **transfer of shares** = Eigentumsübertragung *f or* Aktienübertragung; **airmail transfer** = Überweisung per Luftpost; **bank transfer** = Banküberweisung; **credit transfer** *or* **transfer of funds** = Geldüberweisung; **stock transfer form** = Aktienübertragungsformular *n* **2** *verb* **(a)** *(to move someone or something to a new place)* transferieren; versetzen; überweisen; übertragen; **the accountant was transferred to our Scottish branch** = der Buchhalter wurde in unsere schottische Niederlassung versetzt; **he transferred his shares to a family trust** = er übertrug seine Aktien einer Familienstiftung; **she transferred her money to a deposit account** = sie transferierte ihr Geld auf ein Sparkonto; **transferred charge call** = R-Gespräch *n* **(b)** *(to change from one type of travel to another)* umsteigen; **when you get to London airport, you have to transfer onto an internal flight** = wenn Sie am Londoner Flughafen ankommen, müssen Sie auf einen Inlandsflug umsteigen
(NOTE: **transferring - transferred**)

◇ **transferable** *adjective* übertragbar; **the season ticket is not transferable** = die Zeitkarte ist nicht übertragbar

tranship *verb (to move cargo from one ship to another)* umladen *or* umschlagen
(NOTE: **transhipping - transhipped**)

transit *noun* **(a)** Beförderung *f or* Transport *m*; **to pay compensation for damage suffered in transit** *or* **for loss in transit** = Entschädigung für auf dem Transport erlittene Schäden *or* Verluste leisten; **some of the goods were damaged in transit** = einige der Waren wurden während des Transports beschädigt; **goods in transit** = Transitwaren *fpl* **(b) transit lounge** = Transitraum *m*; **transit visa** *or* **transit permit** = Transitvisum *n or* Durchreisevisum

translate *verb* übersetzen; **he asked his secretary to translate the letter from the German agent** = er bat die Sekretärin, den Brief vom deutschen Vertreter zu übersetzen; **we have had the contract translated from German into Japanese** = wir haben den Vertrag vom Deutschen ins Japanische übersetzen lassen

◇ **translation** *noun* Übersetzung *f*; **she passed the translation of the letter to the accounts department** = sie übergab der Buchhaltung die Übersetzung des Briefs ; **translation bureau** = Übersetzungsbüro *n*

◇ **translator** *noun* Übersetzer/-in

transmission *noun* Übermittlung *f*; **transmission of a message** = die Übermittlung einer Nachricht

◇ **transmit** *verb* übermitteln
(NOTE: **transmitting - transmitted**)

transport 1 *noun (moving of goods or people)* Transport *m or* Beförderung *f*; **air transport** *or* **transport by air** = Lufttransport *or* Beförderung auf dem Luftwege; **rail transport** *or* **transport by rail** = Bahntransport *or* Beförderung per Bahn; **road transport** *or* **transport by road** = Straßentransport; **passenger transport** *or* **the**

transport of passengers = Personenverkehr *m*; **the passenger transport services of British Rail** = das Angebot von British Rail im Personenverkehr; **what means of transport will you use to get to the factory?** = wie werden Sie zur Fabrik kommen?; **he will be using private transport** = er wird mit einem privaten Verkehrsmittel *n* fahren; **the visitors will be using public transport** = die Besucher werden öffentliche Verkehrsmittel *npl* benutzen; **the public transport system** = das öffentliche Verkehrsnetz (NOTE: no plural in English) **2** *verb* transportieren *or* befördern; **the company transports millions of tons of goods by rail each year** = das Unternehmen transportiert jährlich Millionen Tonnen von Waren per Bahn; **the visitors will be transported to the factory by air** *or* **by helicopter** *or* **by taxi** = die Besucher werden auf dem Luftweg *or* mit einem Hubschrauber *or* mit der Taxe zur Fabrik gebracht

◊ **transportable** *adjective* transportfähig *or* transportabel

◊ **transportation** *noun* **(a)** *(moving goods or people from one place to another)* Transport *m or* Beförderung *f* **(b)** *(vehicles used)* Beförderungsmittel *n or* Verkehrsmittel; **the company will provide transportation to the airport** = das Unternehmen stellt Beförderungsmittel zum Flughafen zur Verfügung; **ground transportation** = Bodentransport *m*
(NOTE: no plural)

◊ **transporter** *noun (company which transports goods)* Transportunternehmen *n*

◊ **Transports Internationaux Routiers** *or* **TIR** *noun* Transports Internationaux Routiers *or* TIR

travel 1 *noun* Reisen *fpl*; **business travel is a very important part of our overhead expenditure** = Geschäftsreisen machen einen sehr wichtigen Teil unserer Gemeinkosten aus ; **travel agent** = Reisebürokaufmann *m*; **travel agency** = Reisebüro *n*; **travel allowance** = Reisekostenzuschuß *m*; **travel magazine** = Reisemagazin *n*; **the travel trade** = die Reisebranche (NOTE: no plural in English) **2** *verb* **(a)** reisen; **he travels to the States on business twice a year** = er reist zweimal jährlich geschaftlich in die Staaten; **in her new job, she has to travel abroad at least ten times a year** = in ihrer neuen Stelle muß sie mindestens zehnmal im Jahr ins Ausland reisen **(b)** *(to act as representative)* Vertreter sein; **he travels in the north of the country for an insurance company** = er bereist den Norden des Landes für eine Versicherungsgesellschaft *or* er ist als Vertreter für eine Versicherungsgesellschaft im Norden des Landes unterwegs
(NOTE: **travelling - travelled** but US **traveling - traveled**)

◊ **travelcard** *noun* Netzkarte *f or* Zeitkarte; **day** *or* **daily travelcard** = Tageskarte; **weekly travelcard** = Wochenkarte; **monthly travelcard** = Monatskarte

◊ **traveller** *or (US)* **traveler** *noun* **(a)** *(person who travels)* Reisende(r); **business traveller** = Geschäftsreisende(r); **traveller's cheques** *or (US)* **traveler's checks** = Reiseschecks *mpl* **(b)** *(representative)* **commercial traveller** = Handelsvertreter/-in

◊ **travelling expenses** *noun* Reisespesen *pl*

tray *noun* **filing tray** = Ablage *f*; **in tray** = Eingänge *mpl*; **out tray** = Ausgänge *mpl*; **pending tray** = Ablage *f* für Unerledigtes

treasurer *noun* **(a)** *(financial officer of a club or society)* Kassenwart *m*; **honorary treasurer** = ehrenamtlicher Kassenwart **(b)** *US (main financial officer of a company)* Leiter/-in der Finanzabteilung **(c)** *(Australia)* Finanzminister/-in

◊ **treasury** *noun (government department)* **the Treasury** = das Finanzministerium; **treasury bill** *or (US) (informal)* **T-bill** = Schatzwechsel *m*; **treasury bond** = (langfristige) Schatzanweisung; *(US)* **treasury note** = (mittelfristige) Schatzanweisung; *(US)* **Treasury Secretary** = US-Finanzminister; *(GB)* **Chief Secretary to the Treasury** = Staatsminister im Schatzamt

treaty *noun* **(a)** *(agreement between countries)* Staatsvertrag *m*; Vertrag *m*; **commercial treaty** = Handelsvertrag **(b)** *(agreement between individuals)* Vertrag *m*; **to sell a house by private treaty** = ein Haus privat verkaufen

treble *verb* verdreifachen; **the company's borrowings have trebled** = die Kreditaufnahmen *fpl* des Unternehmens haben sich verdreifacht

trend *noun* Trend *m or* Tendenz *f*; **there is a trend away from old-established food stores** = der Trend geht weg von althergebrachten Lebensmittelgeschäften; **a downward trend in investment** = eine fallende Tendenz bei Investitionen *or* die Rückläufigkeit der Investitionen; **we notice a general trend to sell to the student market** = wir bemerken einen allgemeinen Trend, an den studentischen Markt zu verkaufen; **the report points to inflationary trends in the economy** = der Bericht weist auf inflationäre Tendenzen in der Wirtschaft hin; **an upward trend in sales** = eine steigende Absatztendenz; **economic trends** = konjunkturelle Entwicklung; Wirtschaftsentwicklung; **market trends** = Markttendenzen

QUOTE the quality of building design and ease of accessibility will become increasingly important, adding to the trend towards out-of-town office development
Lloyd's List

trial *noun* **(a)** *(court case)* Gerichtsverhandlung *f*; Prozeß *m*; **he is on trial** *or* **is standing trial for embezzlement** = er ist wegen Unterschlagung angeklagt **(b)** *(test of a product)* Probe *f*; Erprobung *f*; Prüfung *f*; **on trial** = getestet werden; **the product is on trial in our laboratories** = das Produkt wird in unseren Labors getestet; **trial period** = Probezeit *f*; **trial sample** = Muster *n or* Probestück *n*; **free trial** = kostenlos zur Probe **(c)** *(draft adding of debits and credits to see if they balance)* **trial balance** = Probebilanz *f*

tribunal *noun* Gerichtshof *m*; Sondergericht *n*; Schiedsgericht *n*; **adjudication tribunal** = Schlichtungskommission *f*; **industrial tribunal** = Arbeitsgericht *n*; **rent tribunal** = Schiedsgericht für Mietstreitigkeiten

trick *noun* Trick *m*; **confidence trick** = Schwindel *m or* Bauernfängerei *f or* Trickbetrug *m*

◊ **trickster** *noun* **confidence trickster** = Schwindler/-in *or* Bauernfänger *m or* Trickbetrüger/-in

trigger 1 *noun* Auslöser *m* **2** *verb* auslösen

QUOTE the recovery is led by significant declines in short-term interest rates, which are forecast to be roughly 250 basis points below their previous peak in the second quarter of 1990. This should trigger a rebound in the housing markets and consumer spending on durables
Toronto Globe & Mail

trillion *number* Billion *f* (NOTE: British English now has the same meaning as American English; formerly in British English it meant one million million millions, and it is still sometimes used with this meaning; see also the note at BILLION)

QUOTE if land is assessed at roughly half its current market value, the new tax could yield up to 10 trillion yen annually
Far Eastern Economic Review

Trinidad & Tobago *noun* Trinidad und Tobago *n*

◇ **Trinidadian 1** *noun* Bewohner/-in Trinidads **2** *adjective* Trinidad betreffend
(NOTE: capital: **Port of Spain;** currency: **Trinidad & Tobago dollar** = Trinidad-und-Tobago-Dollar *m*)

trip *noun* Trip *m* *or* Reise *f*; **business trip** = Geschäftsreise

triple 1 *verb* (sich) verdreifachen; **the company's debts tripled in twelve months** = die Schulden des Unternehmens verdreifachten sich in zwölf Monaten; **the acquisition of the chain of stores has tripled the group's turnover** = die Übernahme der Ladenkette hat den Umsatz des Konzerns verdreifacht **2** *adjective* dreifach; **the cost of airfreighting the goods is triple their manufacturing cost** = die Luftfrachtkosten für die Waren sind dreimal so hoch wie die Herstellungskosten

triplicate *noun* **in triplicate** = in dreifacher Ausfertigung; **to print an invoice in triplicate** = eine Rechnung in dreifacher Ausfertigung drucken; **invoicing in triplicate** = Rechnungen in dreifacher Ausfertigung (ausstellen)

trolley *noun* **airport trolley** = Gepäckwagen *m*; **supermarket trolley** = Einkaufswagen *m*
(NOTE: US English is **baggage cart, shopping cart**)

trouble *noun* Ärger *m*; Unannehmlichkeiten *fpl*; **we are having some computer trouble** *or* **some trouble with the computer** = wir haben Ärger mit dem Computer; **there was some trouble in the warehouse after the manager was fired** = es gab Ärger im Lager, nachdem der Manager gefeuert wurde

◇ **troubleshooter** *noun (person whose job is to solve problems)* Schlichter/-in; Sanierer *m*; Krisenmanager *m*

trough *noun (low point in the economic cycle)* Konjunkturtief *n* *or* Talsohle *f*

troy weight *noun (for weighing gold, silver, etc.)* Troygewicht *n*; **troy ounce** = Troyunze *f*

truck *noun* **(a)** Last(kraft)wagen *m* *or* LKW *m*; **fork-lift truck** = Gabelstapler *m* **(b)** *(railway goods wagon)* Güterwagen *m*

◇ **trucker** *noun (person who drives a truck)* Lastwagenfahrer/-in *or* Fernfahrer/-in

◇ **trucking** *noun (carrying goods in trucks)* Güter(kraft)verkehr *m*; **trucking firm** = LKW-Transportunternehmen *n*

◇ **truckload** *noun* LKW-Ladung *f*

true *adjective* wahr; **true copy** = gleichlautende Kopie; **I certify that this is a true copy** = ich bescheinige die Richtigkeit dieser Abschrift; **certified as a true copy** = die Richtigkeit dieser Abschrift wird (hiermit) bescheinigt

truly *adverb (on letter)* **Yours truly** *or* *(US)* **Truly yours** = Hochachtungsvoll

trunk call *noun* Ferngespräch *n*
(NOTE: US English is **toll call**)

trust 1 *noun* **(a)** *(being confident)* Vertrauen *n*; **we took his statement on trust** = wir akzeptierten seine Aussage auf Treu und Glauben *or* auf gut Glauben **(b)** *(passing something to someone to look after)* Obhut *f*; **he left his property in trust for his grandchildren** = er hinterließ seinen Besitz Treuhändern zur Verwaltung für seine Enkelkinder; **he was guilty of a breach of trust** = er war des Vertrauensbruchs *m* schuldig; **he has a position of trust** = er hat eine Vertrauensstellung **(c)** *(management of money or property for someone)* Vermögensverwaltung *f*; **they set up a family trust for their grandchildren** = sie richteten eine Familienstiftung für ihre Enkelkinder ein; *(US)* **trust company** = Treuhandgesellschaft *f*; **trust deed** = Treuhandvertrag *m*; **trust fund** = Treuhandvermögen *n*; **investment trust** = Investmentgesellschaft *f* *or* Kapitalanlagegesellschaft; **unit trust** = offener Investmentfonds (NOTE: the US equivalent is **mutual fund**) **(d)** *(US) (monopoly)* Trust *m* **2** *verb* **to trust someone with something** = jdm etwas anvertrauen; **can he be trusted with all that cash?** = kann man ihm das ganze Bargeld anvertrauen?

◇ **trustbusting** *noun (US)* Monopolzerschlagung *f* *or* Trustzerschlagung

◇ **trustee** *noun* Vermögensverwalter/-in *or* Treuhänder/-in; **the trustees of the pension fund** = die Treuhänder des Rentenfonds

◇ **trustworthy** *adjective* vertrauenswürdig; **our cashiers are completely trustworthy** = unsere Kassierer sind vollkommen vertrauenswürdig

TUC = TRADES UNION CONGRESS

tune *noun (music)* Melodie *f*; **the bank is backing him to the tune of £10,000** = die Bank unterstützt ihn mit einem Betrag in Höhe von £10.000

Tunisia *noun* Tunesien *n*

◇ **Tunisian 1** *noun* Tunes(i)er/-in **2** *adjective* tunesisch
(NOTE: capital: **Tunis;** currency: **Tunisian dinar** = tunesischer Dinar)

turkey *noun (US) (informal)* Ladenhüter *m*

Turkey *noun* Türkei *f*

◇ **Turk** *noun* Türke/Türkin

◇ **Turkish** *adjective* türkisch
(NOTE: capital: **Ankara;** currency: **Turkish lira** = türkische Lira)

turn 1 *noun* **(a)** *(movement)* Drehung *f*; Wendung *f* **(b)** *(profit or commission)* Handelsgewinn *m* **(c) stock turn** = Lagerumschlag *m*; **the company has a stock turn of 6.7** = das Unternehmen hat einen Lagerumschlag von 6,7 **2** *verb* abbiegen; (sich) drehen

◇ **turn down** *verb (to refuse)* ablehnen; **the board turned down their takeover bid** = der board lehnte ihr Übernahmeangebot ab; **the bank turned down their request for a loan** = die Bank lehnte ihren Kreditantrag ab; **the application for a licence was turned down** = der Lizenzantrag wurde abgelehnt

◇ **turnkey operation** *noun* schlüsselfertiges Projekt

◇ **turn out** *verb (to produce)* produzieren *or* herstellen; **the factory turns out fifty units per day** = die Fabrik produziert fünfzig Stück pro Tag

◇ **turn over** *verb (to have a certain amount of sales)* umsetzen; **we turn over £2,000 a week** = wir setzen £2.000 pro Woche um

◇ **turnover** *noun* **(a)** *GB (amount of sales)* Umsatz *m*; **the company's turnover has increased by 235%** = der Umsatz des Unternehmens ist um 235% gestiegen; **we based our calculations on the forecast turnover** = wir machten unsere Kalkulationen auf der Grundlage des geschätzten Umsatzes; **gross turnover** = Bruttoumsatz; **net turnover** = Nettoumsatz; **stock turnover** = Lagerumschlag *m* **(b)** *(changes in staff)* Fluktuation *f*; **staff turnover** *or* **turnover of staff** = Personalwechsel *m* **(c)** *US (number of times something is sold in a period)* Umschlaghäufigkeit *f*

◇ **turn round** *verb (to make profitable)* sanieren *or* in die Gewinnzone bringen; **he turned the company round in less than a year** = in weniger als einem Jahr sanierte er das Unternehmen

◇ **turnround** *or (US)* **turnaround** *noun* **(a)** *(ratio of value of goods sold)* mittlerer Lagerumschlag **(b)** *(emptying a ship, plane, etc., and getting it ready for another journey)* Abfertigung *f* **(c)** *(making a company profitable again)* Sanierung *f*; Tendenzwende *f*

QUOTE a 100,000 square foot warehouse can turn its inventory over 18 times a year, more than triple a discounter's turnover

Duns Business Month

QUOTE he is turning over his CEO title to one of his teammates, but will remain chairman for a year

Duns Business Month

QUOTE combined turnover for building and engineering was £692 million in 1986, up just 1.3% on the previous year

Management Today

QUOTE the US now accounts for more than half our world-wide sales it has made a huge contribution to our earnings turnround

Duns Business Month

Twelve *noun (EU)* **the Twelve** = die zwölf Mitgliedstaaten *mpl (der EU)*

24-hour banking *noun* 24-Stunden-Bankservice

two-part *adjective* **two-part invoices** = zweiteilige Rechnungen; **two-part paper** *or* **stationery** = zweiteiliges Papier

two-way trade *noun (between countries)* wechselseitiger Handel

tycoon *noun* Tycoon *m or* Magnat *m*

type *verb (to write with a typewriter)* tippen *or* (mit der) Schreibmaschine schreiben; **he can type quite fast** = er kann recht schnell tippen; **all his reports are typed on his portable typewriter** = alle seine Berichte werden auf der Reiseschreibmaschine geschrieben

◇ **typewriter** *noun* Schreibmaschine *f*; **portable typewriter** = tragbare Schreibmaschine *or* Reiseschreibmaschine; **electronic typewriter** = elekronische Schreibmaschine

◇ **typewritten** *adjective* maschine(n)geschrieben *or* mit der Maschine geschrieben; **he sent in a typewritten job application** = er schickte eine mit der Maschine geschriebene Stellenbewerbung ein

◇ **typing** *noun* Tippen *n or* Schreibmaschineschreiben *n*; **typing error** = Tippfehler *m*; **the secretary must have made a typing error** = die Sekretärin muß einen Tippfehler gemacht haben; **typing pool** = zentraler Schreibdienst; **copy typing** = Abtippen von Dokumenten

◇ **typist** *noun* Schreibkraft *f*; **copy typist** = Schreibkraft *f (ohne Diktat)* ; **shorthand typist** = Stenotypist/-in

Uu

UAE = UNITED ARAB EMIRATES

UBR = UNIFORM BUSINESS RATE

Uganda *noun* Uganda *n*
◇ **Ugandan 1** *noun* Ugander/-in **2** *adjective* ugandisch
(NOTE: capital: **Kampala;** currency: **Ugandan shilling** = ugandischer Schilling)

UK = UNITED KINGDOM

Ukraine *noun* Ukraine *f*
◇ **Ukrainian 1** *noun* Ukrainer/-in **2** *adjective* ukrainisch
(NOTE: capital: **Kiev** = Kiew; currency: **karbovanets** = Karbowanez *m*)

ultimate *adjective* letzte(r,s) *or* End-; **ultimate consumer** = Endverbraucher *m*
◇ **ultimately** *adverb* schließlich *or* letzten Endes; **ultimately, the management had to agree to the demands of the union** = schließlich mußte die Unternehmensleitung den Forderungen der Gewerkschaft zustimmen
◇ **ultimatum** *noun* Ultimatum *n*; **the union officials argued among themselves over the best way to deal with the ultimatum from the management** = die Gewerkschaftsvertreter stritten untereinander darüber, wie sie dem Ultimatum der Unternehmensleitung am besten begegnen könnten
(NOTE: plural is **ultimatums** or **ultimata**)

umbrella organization *noun* Dachorganisation *f*

UN = UNITED NATIONS

unable *adjective* außerstande sein; **the chairman was unable to come to the meeting** = der Vorsitzende konnte nicht zur Sitzung kommen

unacceptable *adjective* unannehmbar *or* nicht akzeptabel; **the terms of the contract are quite unacceptable** = die Vertragsbedingungen sind unannehmbar

unaccounted for *adjective* nicht ausgewiesen *or* ungeklärt; **several thousand units are unaccounted for in the stocktaking** = der Verbleib mehrerer tausend Stück konnte bei der Inventur nicht geklärt werden

unanimous *adjective* einstimmig *or* einmütig; **there was a unanimous vote against the proposal** = der Vorschlag wurde einstimmig abgelehnt; **they reached unanimous agreement** = sie einigten sich einmütig
◇ **unanimously** *adverb* einstimmig *or* einmütig; **the proposals were adopted unanimously** = die Vorschläge wurden einstimmig angenommen

unaudited *adjective* ungeprüft; **unaudited accounts** = ungeprüfte Geschäftsbücher *npl*

unauthorized *adjective* unbefugt *or* unzulässig; **unauthorized access to the company's records** = unbefugter Zugang zu den Geschäftsunterlagen; **unauthorized expenditure** = nicht genehmigte Ausgaben *fpl*; **no unauthorized persons are allowed into the laboratory** = Zutritt zum Labor für Unbefugte verboten

unavailable *adjective* nicht erhältlich *or* nicht verfügbar; **the following items on your order are temporarily unavailable** = die folgenden Artikel aus Ihrer Bestellung sind vorübergehend nicht lieferbar
◇ **unavailability** *noun* Nichtverfügbarkeit *f*

unavoidable *adjective* unvermeidlich *or* unumgänglich; **planes are subject to unavoidable delays** = unvermeidliche Verspätungen *fpl* der Flüge sind nicht auszuschließen

unbalanced *adjective* nicht ausgeglichen

unbanked cheque *noun* nicht eingelöster Scheck

unblock *verb (credits)* freigeben

uncalled capital *noun* nicht eingefordertes Kapital

uncashed *adjective* nicht eingelöst; **uncashed cheques** = nicht eingelöste Schecks *mpl*

unchanged *adjective* unverändert

> QUOTE the dividend is unchanged at L90 per ordinary share
> ***Financial Times***

unchecked *adjective* nicht überprüft; **unchecked figures** = nicht überprüfte Zahlen *fpl*

unclaimed *adjective* nicht geltend gemacht; **unclaimed baggage** = nicht abgeholtes Gepäck; **unclaimed property will be sold by auction after six months** = nicht abgeholte Gegenstände *mpl* werden nach sechs Monaten versteigert

uncollected *adjective* nicht eingezogen; nicht abgeholt; **uncollected subscriptions** = nicht eingezogene Beiträge *mpl*; **uncollected taxes** = nicht eingezogene Steuern *fpl*

unconditional *adjective* vorbehaltlos; **unconditional acceptance of the offer by the board** = vorbehaltlose Annahme des Angebots durch den board; **the offer went unconditional last Thursday** = das Angebot wurde am letzten Donnerstag vorbehaltlos angenommen

◇ **unconditionally** *adverb* vorbehaltlos; **the offer was accepted unconditionally by the trade union** = das Angebot wurde von der Gewerkschaft vorbehaltlos angenommen

unconfirmed *adjective* unbestätigt; **there are unconfirmed reports that our agent has been arrested** = es gibt unbestätigte Berichte *mpl* , daß unser Vertreter verhaftet wurde

unconstitutional *adjective* satzungswidrig *or* nicht satzungsgemäß; **the chairman ruled that the meeting was unconstitutional** = der Vorsitzende kam zu der Entscheidung, daß die Sitzung satzungswidrig sei

uncontrollable *adjective* nicht unter Kontrolle zu bringen *or* unkontrollierbar; **uncontrollable inflation** = unkontrollierbare Inflation

uncrossed cheque *noun* Barscheck *m*

undated *adjective* nicht datiert; **he tried to cash an undated cheque** = er versuchte, einen nicht datierten Scheck einzulösen; **undated bond** = Schuldverschreibung *f* ohne Fälligkeitstermin

undelivered *adjective (on letter)* **if undelivered, please return to** = wenn nicht zustellbar, bitte zurück an

under *preposition* **(a)** unter; **the interest rate is under 10%** = der Zinssatz liegt unter 10%; **under half of the shareholders accepted the offer** = weniger als die Hälfte der Aktionäre nahmen das Angebot an **(b)** nach *or* gemäß *or* laut; **under the terms of the agreement, the goods should be delivered in October** = gemäß den Vertragsbestimmungen müßte die Ware im Oktober geliefert werden; **he is acting under rule 23 of the union constitution** = er handelt gemäß Vorschrift 23 der Gewerkschaftssatzung

◇ **under-** *prefix* Unter- *or* unter-

◇ **underbid** *verb* unterbieten
(NOTE: **underbidding - underbid**)

◇ **underbidder** *noun* Mitbieter/-in

◇ **undercapitalized** *adjective* unterkapitalisiert; **the company is severely undercapitalized** = das Unternehmen ist stark unterkapitalisiert

◇ **undercharge** *verb* zu wenig berechnen; **he undercharged us by £25** = er berechnete uns £25 zu wenig

◇ **undercut** *verb* unterbieten

◇ **underdeveloped** *adjective* unterentwickelt; **Japan is an underdeveloped market for our products** = Japan ist ein unterentwickelter Markt für unsere Produkte; **underdeveloped countries** = unterentwickelte Länder *npl*

◇ **underemployed** *adjective* unterbeschäftigt *or* nicht ausgelastet; **the staff is underemployed because of the cutback in production** = das Personal ist wegen der Drosselung der Produktion unterbeschäftigt; **underemployed capital** = nicht voll genutztes Kapital

◇ **underemployment** *noun* Unterbeschäftigung *f*

◇ **underequipped** *adjective* unzulänglich ausgerüstet

◇ **underestimate 1** *noun* Unterschätzung *f*; Unterbewertung *f*; **the figure of £50,000 in turnover was a considerable underestimate** = die Zahl von £50.000 beim Umsatz war eine grobe Unterschätzung **2** *verb* unterschätzen; unterbewerten; **they underestimated the effects of the strike on their sales** = sie unterschätzten die Auswirkungen des Streiks auf ihren Absatz; **he underestimated the amount of time needed to finish the work** = er unterschätzte die für die Fertigstellung der Arbeit benötigte Zeit

◇ **underlease** *noun* Untermietvertrag *m*; Unterpachtvertrag *m*; Untervermietung *f*; Unterverpachtung *f*

◇ **undermanned** *adjective* personell unterbesetzt

◇ **undermanning** *noun* personelle Unterbesetzung; **the company's production is affected by undermanning on the assembly line** = die Produktion des Unternehmens ist durch die personelle Unterbesetzung am Montageband beeinträchtigt

◇ **undermentioned** *adjective* untengenannt

underpay *verb* unterbezahlen

◇ **underpaid** *adjective* unterbezahlt; **our staff say that they are underpaid and overworked** = unser Personal sagt, es sei unterbezahlt und mit Arbeit überbelastet

underperform *verb* **to underperform the market** = unter dem Marktdurchschnitt abschneiden

> QUOTE since mid-1989, Australia has been declining again. Because it has had such a long period of underperfomance, it is now not as vulnerable as other markets
>
> *Money Observer*

underrate *verb* unterbewerten *or* unterschätzen; **do not underrate the strength of the competition in the European market** = unterschätzen Sie nicht die Konkurrenz auf dem europäischen Markt; **the power of the yen is underrated** = der Einfluß des Yen wird unterschätzt

◇ **undersell** *verb* unterbieten; unter Preis verkaufen; **to undersell a competitor** = einen Konkurrenten unterbieten; **the company is never undersold** = dieses Unternehmen wird nie unterboten *or* ist stets der billigste Anbieter
(NOTE: **underselling - undersold**)

◇ **undersigned** *noun* Unterzeichnete(r); **we, the undersigned** = wir, die Unterzeichneten
(NOTE: can be followed by a plural verb: **the undersigned accept liability for the debt**)

◇ **underspend** *verb* zu wenig ausgeben; **he has underspent his budget** = er hat sein Budget nicht voll ausgeschöpft
(NOTE: **underspending - underspent**)

◇ **understaffed** *adjective* personell unterbesetzt

◇ **understand** *verb* verstehen
(NOTE: **understanding - understood**)

◇ **understanding** *noun* Übereinkunft *f*; **to come to an understanding about the divisions of the market** = zu einer Übereinkunft über die Aufteilung des Marktes kommen; **on the understanding that** = unter der Voraussetzung, daß; **we accept the terms of the contract, on the understanding that it has to be ratified by our main**

board = wir akzeptieren die Bedingungen des Vertrags unter der Voraussetzung, daß dieser von unserem obersten board genehmigt werden muß

◇ **understate** *verb* zu niedrig ausweisen *or* untertreiben; **the company accounts understate the real profit** = die Geschäftsbücher des Unternehmens weisen den tatsächlichen Gewinn zu niedrig aus

◇ **undersubscribed** *adjective (share issue)* nicht in voller Höhe gezeichnet

◇ **undertake** *verb* übernehmen *or* sich verpflichten; **to undertake an investigation of the market** = eine Untersuchung des Markts übernehmen; **they have undertaken not to sell into our territory** = sie verpflichteten sich, nicht in unserem Gebiet zu verkaufen

(NOTE: **undertaking - undertook - has undertaken**)

◇ **undertaking** *noun* **(a)** *(company)* Unternehmen *n* *or* Projekt *n*; **commercial undertaking** = gewerbliches Unternehmen **(b)** *(promise)* Zusicherung *f*; **they have given us a written undertaking not to sell their products in competition with ours** = sie gaben uns eine schriftliche Zusicherung, ihre Produkte nicht in Konkurrenz zu unseren zu verkaufen

◇ **underutilized** *adjective* nicht voll ausgelastet

◇ **undervalued** *adjective* unterbewertet *or* zu niedrig geschätzt *or* zu niedrig veranschlagt; **the properties are undervalued on the balance sheet** = die Gebäude sind im Jahresabschluß zu niedrig veranschlagt; **the dollar is undervalued on the foreign exchanges** = der Dollar ist auf den Devisenmärkten unterbewertet

◇ **undervaluation** *noun* Unterbewertung *f*; zu niedrige Schätzung *or* Veranschlagung

> QUOTE in terms of purchasing power, the dollar is considerably undervalued, while the US trade deficit is declining month by month
> ***Financial Weekly***

underweight *adjective* **the pack is twenty grams underweight** = die Packung hat zwanzig Gramm Untergewicht *n*

◇ **underworked** *adjective* nicht ausgelastet; **the directors think our staff are overpaid and underworked** = die Direktoren glauben, daß das Personal überbezahlt und mit Arbeit nicht ausgelastet ist

underwrite *verb* **(a)** bürgen für; haften; **to underwrite a share issue** = die Unterbringung einer Aktienemission garantieren; **the issue was underwritten by three underwriting companies** = die Unterbringung der Emission wurde von drei Konsortien garantiert **(b)** versichern; **to underwrite an insurance policy** = eine Versicherung übernehmen **(c)** Haftung *f* *or* Garantie *f* übernehmen für; **the government has underwritten the development costs of the project** = die Regierung hat die Bürgschaft für die Entwicklungskosten des Projekts übernommen

(NOTE: **underwriting - underwrote - has underwritten**)

◇ **underwriter** *noun (of a share issue)* Garant *m* *or* Übernehmer *m* einer Effektenemission; *(of an insurance)* Versicherer *m*; **Lloyd's underwriter** = Einzelversicherer, der Mitglied bei Lloyd's ist; **marine underwriter** = Seeversicherer

> QUOTE under the new program, mortgage brokers are allowed to underwrite mortgages and get a much higher fee
> ***Forbes Magazine***

undischarged bankrupt *noun* nicht entlastete(r) Konkursschuldner/-in

undistributed profit *noun* nicht ausgeschüttete Gewinne *mpl*

unearned income *noun* Kapitaleinkommen *n*

uneconomic *adjective* unwirtschaftlich *or* unökonomisch; **it is an uneconomic proposition** = das ist ein unrentables Geschäft; **uneconomic rent** = unwirtschaftliche Miete *or* Pacht

unemployed *adjective* arbeitslos; **unemployed office workers** = arbeitslose Büroangestellte; **the unemployed** = die Arbeitslosen *pl*

◇ **unemployment** *noun* Arbeitslosigkeit *f*; **mass unemployment** = Massenarbeitslosigkeit; **unemployment benefit** *or* *(US)* **unemployment compensation** = Arbeitslosengeld *n* *or* Arbeitslosenhilfe *f*

> QUOTE unemployment fell by 33,000 in February to 2,531,000, the lowest figure for six years
> ***Employment Gazette***
>
> QUOTE tax advantages directed toward small businesses will help create jobs and reduce the unemployment rate
> ***Toronto Star***

unfair *adjective* **unfair competition** = unlauterer Wettbewerb; **unfair dismissal** = ungerechtfertigte Entlassung

unfavourable *adjective* ungünstig *or* negativ; **unfavourable balance of trade** = passive Handelsbilanz; **unfavourable exchange rate** = ungünstiger Wechselkurs; **the unfavourable exchange rate hit the country's exports** = der ungünstige Wechselkurs traf die Exporte des Landes

unfulfilled order *noun* nicht ausgeführter Auftrag

ungeared *adjective* ohne Fremdmittel

uniform *adjective* einheitlich; **uniform business rate (UBR)** = Kommunalsteuer *f* für gewerbliche Betriebe

unilateral *adjective* unilateral *or* einseitig; **they took the unilateral decision to cancel the contract** = sie beschlossen einseitig, den Vertrag zu kündigen

◇ **unilaterally** *adverb* unilateral *or* einseitig; **they cancelled the contract unilaterally** = sie kündigten den Vertrag einseitig

uninsured *adjective* nicht versichert

union *noun* **(a) trade union** *or* **trades union** *or* *(US)* **labor union** = Gewerkschaft *f*; **union agreement** = Tarifvertrag *m*; **union dues** *or* **union subscription** = Gewerkschaftsbeiträge *mpl*; **union leaders** *or* **heads of unions** = Gewerkschaftsführer *mpl*; **union officials** = Gewerkschaftsfunktionäre *mpl*; **union recognition** = Anerkennung *f* der Gewerkschaft **(b) customs union** = Zollunion *f*

◇ **unionist** *noun* Gewerkschaftsmitglied *n*

◊ **unionized** *adjective* gewerkschaftlich organisiert

> QUOTE in 1896 there were 1,358 unions and, apart from the few years after the First World War, the number has declined steadily over the last ninety years
> *Employment Gazette*
>
> QUOTE the blue-collar unions are the people who stand to lose most in terms of employment growth
> *Sydney Morning Herald*
>
> QUOTE after three days of tough negotiations, the company reached agreement with its 1,200 unionized workers
> *Toronto Star*

unique *adjective* einmalig *or* einzigartig; **unique selling point** *or* **proposition (USP)** = einzigartiges Verkaufsargument

unissued capital *noun* nicht ausgegebenes Kapital

unit *noun* **(a)** Stück *n*; Einheit *f*; **unit cost** = Stückkosten *pl*; **unit price** = Stückpreis *m* **(b)** *(furniture)* Element *n*; **display unit** = Schaukasten *m or* Vollsichtregal *n*; **visual display unit** = Bildschirmgerät *n* **(c)** *(building)* **factory unit** = Fabrikanlage *f* **(d)** *(group)* **production unit** = Produktionsgruppe *f*; **research unit** = Forschungsgruppe *f* **(e)** **monetary unit** *or* **unit of currency** = Währungseinheit *f*; **unit of account** = Rechnungseinheit *f* **(f)** *(single share in a unit trust)* Fondsanteil *m*

◊ **unit trust** *noun* offener Investmentfonds

(NOTE: the US English for this is **mutual fund**)

unite *verb* (sich) zusammenschließen *or* vereinigen; **the directors united with the managers to reject the takeover bid** = die Direktoren schlossen sich mit den Managern bei der Ablehnung des Übernahmeangebots zusammen

United Arab Emirates (UAE) *noun* die Vereinigten Arabischen Emirate *npl*

(NOTE: capital: **Abu Dhabi;** currency: **dirham** = Dirham *m*)

United Kingdom (UK) *noun* das Vereinigte Königreich

◊ **British 1** *noun* **the British** = die Briten **2** *adjective* britisch

(NOTE: capital: **London;** currency: **pound sterling** = Pfund Sterling *n*)

United Nations (UN) *noun* die Vereinten Nationen (UNO) *fpl*

United States of America (USA) *noun* die Vereinigten Staaten *pl* von Amerika (USA)

◊ **American 1** *noun* Amerikaner/-in **2** *adjective* amerikanisch

(NOTE: capital: **Washington;** currency: **US dollar** = US-Dollar *m*)

unladen *adjective* unbeladen

unlawful *adjective* ungesetzlich *or* gesetzwidrig

unlimited *adjective* unbegrenzt; **the bank offered him unlimited credit** = die Bank bot ihm unbegrenzten Kredit; **unlimited liability** = unbeschränkte Haftung

unlined paper *noun* unliniertes Papier

unlisted securities *noun* Freiverkehrswerte *mpl or* nicht notierte Wertpapiere *npl*; **unlisted securities market (USM)** = geregelter Freiverkehr

unload *verb* **(a)** *(goods)* entladen *or* ausladen *or* löschen; **the ship is unloading at Hamburg** = das Schiff wird in Hamburg gelöscht; **we need a fork-lift truck to unload the lorry** = wir brauchen einen Gabelstapler um den LKW zu entladen; **we unloaded the spare parts at Lagos** = wir löschten die Ersatzteile in Lagos; **there are no unloading facilities for container ships** = es gibt keine Löschmöglichkeiten für Containerschiffe **(b)** *(to get rid of)* abstoßen *or* loswerden; **we tried to unload our shareholding as soon as the company published its accounts** = wir haben versucht, unsere Beteiligungen sofort abzustoßen, nachdem das Unternehmen seinen Jahresabschluß vorlegte

unobtainable *adjective* nicht erhältlich

unofficial *adjective* inoffiziell; **unofficial strike** = inoffizieller *or* wilder Streik

◊ **unofficially** *adverb* inoffiziell; **the tax office told the company unofficially that it would be prosecuted** = das Finanzamt ließ das Unternehmen inoffiziell wissen, daß es strafrechtlich verfolgt werden würde

unpaid *adjective* unbezahlt; **unpaid holiday** = unbezahlter Urlaub; **unpaid invoices** = unbezahlte Rechnungen *fpl*

unprofitable *adjective* unrentabel

> QUOTE the airline has already eliminated a number of unprofitable flights
> *Duns Business Month*

unquoted shares *plural noun* nicht notierte Aktien *fpl*

unredeemed pledge *noun* uneingelöstes Pfand

unregistered *adjective (company)* nicht eingetragen

unreliable *adjective* unzuverlässig; **the postal service is very unreliable** = der Postdienst ist sehr unzuverlässig

unsealed envelope *noun* offener Briefumschlag

unsecured *adjective* **unsecured creditor** = Gläubiger ohne Sicherheiten; **unsecured debt** = ungesicherte Verbindlichkeit; **unsecured loan** = ungesichertes Darlehen

unseen *adverb* unsichtbar; unbesehen; **to buy something sight unseen** = etwas unbesehen kaufen

unsettled *adjective* unbeständig *or* veränderlich; beunruhigt *or* verunsichert; **the market was unsettled by the news of the failure of the takeover**

bid = der Markt war durch die Meldung des fehlgeschlagenen Übernahmeangebots verunsichert

unskilled *adjective* ungelernt; **unskilled labour** *or* **unskilled workforce** *or* **unskilled workers** = ungelernte Arbeitskräfte *fpl*; Hilfsarbeiter *mpl*

unsocial *adjective* **to work unsocial hours** = außerhalb der normalen Arbeitszeiten arbeiten

unsold *adjective* unverkauft; **unsold items will be scrapped** = unverkaufte Artikel *mpl* werden ausrangiert

unsolicited *adjective* unverlangt; **an unsolicited gift** = ein nicht verlangtes Geschenk; **unsolicited testimonial** = ohne Aufforderung gegebene Empfehlung

unstable *adjective* instabil *or* schwankend *or* unsicher; **unstable exchange rates** = schwankende Wechselkurse *mpl*

unsubsidized *adjective* nicht subventioniert

unsuccessful *adjective* erfolglos; **an unsuccessful businessman** = ein erfolgloser Geschäftsmann; **the project was expensive and unsuccessful** = das Projekt war teuer und erfolglos
◊ **unsuccessfully** *adverb* erfolglos *or* vergeblich; **the company unsuccessfully tried to break into the South American market** = das Unternehmen versuchte ohne Erfolg, in den südamerikanischen Markt einzudringen

untrue *adjective* unwahr *or* falsch

unused *adjective* ungebraucht *or* unbenutzt; **we are trying to sell off six unused typewriters** = wir versuchen, sechs neuwertige *or* nicht benutzte Schreibmaschinen zu verkaufen

unwaged *adjective* **the unwaged** = die Erwerbslosen *pl*
(NOTE: is followed by a plural verb)

unwritten agreement *noun* mündliche Vereinbarung

up *adverb & preposition* hinauf *or* hoch; gestiegen; **the inflation rate is going up steadily** = die Inflationsrate geht stetig hinauf; **shares were up slightly at the end of the day** = die Aktienkurse waren am Ende des Tages leicht gestiegen
◊ **up to** *adverb* bis zu; **we will buy at prices up to £25** = wir kaufen bis zum Preis von £25
◊ **up to date** *adjective & adverb* aktuell *or* auf dem neusten Stand *m*; **an up-to-date computer system** = eine Computeranlage auf dem neusten Stand; **to bring something up to date** = etwas aktualisieren *or* auf den neuesten Stand bringen; **to keep something up to date** = etwas auf dem laufenden halten; **we spend a lot of time keeping our mailing list up to date** = wir verbringen eine Menge Zeit damit, unsere Adressenliste zu aktualisieren

update **1** *noun* Aktualisierung *f* **2** *verb* aktualisieren *or* auf den neuesten Stand bringen; **the figures are updated annually** = die Zahlen werden jährlich aktualisiert

up front *adverb* im voraus; **money up front** = Vorauszahlung *f*; **they are asking for £100,000 up front before they will consider the deal** = sie wollen eine Vorauszahlung von £100.000, bevor sie das Geschäft in Betracht ziehen; **he had to put money up front before he could clinch the deal** = er mußte eine Vorauszahlung leisten, bevor er das Geschäft abschließen konnte

upgrade *verb* befördern; höherstufen; **he has been upgraded to senior manager level** = er wurde in die obere Managerstufe befördert

upkeep *noun (cost)* Instandhaltungskosten *pl*
(NOTE: no plural in English)

uplift *noun* Anhebung *f*; **the contract provides for an annual uplift of charges** = der Vertrag sieht jährliche Gebührenanhebungen *fpl* vor

up-market *adjective & adverb* anspruchsvoll *or* exklusiv; **the company has decided to move up-market** = die Firma entschied sich für einen exklusiveren *or* anspruchsvolleren Markt

> QUOTE price of up-market homes (costing $300,000 or more) are falling in many areas
> *Economist*

upset price *noun* Mindestpreis *m*

upside potential *noun* potentieller Kurszuwachs (NOTE: the opposite is **downside potential**)

upturn *noun* Aufschwung *m* *or* Belebung *f*; **an upturn in the economy** = ein Konjunkturaufschwung *or* eine wirtschaftliche Belebung; **an upturn in the market** = eine Belebung des Markts

upward *adjective* nach oben *or* Aufwärts-; **an upward movement** = eine Aufwärtsbewegung
◊ **upwards** *adverb* aufwärts *or* nach oben; **the market moved upwards after the news of the budget** = der Markt bewegte sich nach den Meldungen über den Haushalt nach oben
(NOTE: US English uses **upward** as both adjective and adverb)

urgent *adjective* dringend *or* Eil- *or* eilig
◊ **urgently** *adverb* dringend *or* dringlich

Uruguay *noun* Uruguay *n*
◊ **Uruguayan** **1** *noun* Uruguayer/-in **2** *adjective* uruguayisch
(NOTE: capital: **Montevideo;** currency: **Uruguayan peso** = uruguayischer Peso)

USA = UNITED STATES OF AMERICA

usage *noun* Gebrauch *m* *or* Anwendung *f*

use **1** *noun* Verwendung *f* *or* Benutzung *f* *or* Gebrauch *m*; **directions for use** = Gebrauchsanweisung *f*; **to make use of something** = etwas (be)nutzen; **in use** = in Gebrauch *or*

Betrieb; **the computer is in use twenty-four hours a day** = der Computer ist 24 Stunden am Tag in Betrieb; **items for personal use** = Gegenstände des persönlichen Gebrauchs; **he has the use of a company car** = er hat einen Firmenwagen zur Verfügung; **land zoned for light industrial use** = für Leichtindustrie vorgesehenes Land **2** *verb* benutzen *or* verwenden *or* einsetzen; **we use airmail for all our overseas correspondence** = wir schicken unsere gesamte Auslandspost per Luftpost; **the photocopier is being used all the time** = der Fotokopierer wird die ganze Zeit benutzt; **they use freelancers for most of their work** = sie nehmen für den überwiegenden Teil ihrer Arbeit freiberufliche Mitarbeiter

◇ **useful** *adjective* nützlich *or* brauchbar

◇ **useless** *adjective* nutzlos *or* nicht zu gebrauchen

◇ **user** *noun* Benutzer/-in *or* Anwender/-in; **end user** = Endverbraucher *m*; **user's guide** *or* **handbook** = Bedienungshandbuch *n*

◇ **user-friendly** *adjective* bedienerfreundlich; **these programs are really user-friendly** = diese Programme sind wirklich benutzerfreundlich *or* bedienerfreundlich; **user-friendly computer** = benutzerfreundlicher *or* bedienerfreundlicher Computer

USM = UNLISTED SECURITIES MARKET

USP = UNIQUE SELLING POINT *or* PROPOSITION

usual *adjective* gewöhnlich *or* normal *or* üblich; **our usual terms** *or* **usual conditions are thirty days' credit** = unsere üblichen Bedingungen *fpl* sind dreißig Tage Zahlungsziel; **the usual practice is to have the contract signed by the MD** = es ist üblich, den Vertrag durch den geschäftsführenden Direktor unterschreiben zu lassen; **the usual hours of work are from 9.30 to 5.30** = die normale Arbeitszeit geht von 9.30 bis 17.30

usury *noun* Wucher *m*; Kreditwucher *m*

◇ **usurer** *noun* Wucherer/Wucherin *mf*

utilize *verb* verwenden *or* (be)nutzen

◇ **utilization** *noun* Verwendung *f* *or* Benutzung *f* *or* Nutzung *f*; **capacity utilization** = Kapazitätsauslastung *f*

> QUOTE control permits the manufacturer to react to changing conditions on the plant floor and to keep people and machines at a high level of utilization
>
> ***Duns Business Month***

Vv

vacancy *noun* **(a)** *(job which is not filled)* freie Stelle ; **we advertised a vacancy in the local press** = wir annoncierten eine freie Stelle in der Lokalpresse; **we have been unable to fill the vacancy for a skilled machinist** = wir konnten die Stelle für einen gelernten Maschinisten bisher nicht besetzen; **they have a vacancy for a secretary** = sie haben eine freie Stelle für eine Sekretärin; **job vacancies** = offene Stellen *fpl or* Stellenangebote *npl* **(b)** *(empty room in a hotel)* freies Zimmer; **vacancies** = Zimmer frei *or* Zimmer zu vermieten; **no vacancies** = (alle) Zimmer belegt

◇ **vacant** *adjective* frei *or* unbesetzt; unbewohnt; **vacant possession** = sofort beziehbar; **the house is for sale with vacant possession** = das Haus wird leerstehend verkauft; **situations vacant** *or* **appointments vacant** = Stellenangebote *npl or* offene Stellen *fpl*

> QUOTE the official statistics on the number of vacancies at job centres at any one point in time represent about one third of total unfilled vacancies. The majority of vacancies are in small establishments
>
> *Employment Gazette*

vacate *verb* **to vacate the premises** = das Gebäude räumen; **rooms must be vacated before 12.00** = Zimmer müssen vor 12 Uhr geräumt sein

◇ **vacation** *noun* **(a)** *GB (period when the law courts are closed)* Gerichtsferien *pl* **(b)** *US (holiday)* Urlaub *m*; **the CEO is on vacation in Florida** = der Generaldirektor macht in Florida Urlaub

valid *adjective* **(a)** *(acceptable because true)* begründet *or* stichhaltig *or* triftig; **that is not a valid argument** *or* **excuse** = das ist kein stichhaltiges Argument *or* keine stichhaltige Entschuldigung **(b)** *(which can be used lawfully)* gültig *or* rechtsgültig; **the contract is not valid if it has not been witnessed** = der Vertrag ist ungültig, wenn er ohne Zeugen unterschrieben wurde; **ticket which is valid for three months** = Karte, die drei Monate gültig ist; **he was carrying a valid passport** = er hatte einen gültigen Paß bei sich; **your passport is no longer valid** = Ihr Paß ist nicht mehr gültig

◇ **validate** *verb* **(a)** *(to check to see if something is correct)* bestätigen *or* für gültig erklären; **the document was validated by the bank** = das Dokument wurde von der Bank bestätigt **(b)** *(to make something valid)* für rechtsgültig erklären

◇ **validation** *noun* Gültigkeitserklärung *f or* Bestätigung *f*

◇ **validity** *noun* Gültigkeit *f or* Rechtsgültigkeit; **period of validity** = Gültigkeitsdauer *f*

valorem *see* AD VALOREM

valuable *adjective* wertvoll *or* kostbar; **valuable property** *or* **valuables** = Wertgegenstände *mpl*

◇ **valuation** *noun* Schätzung *f or* Bewertung *f*; Beurteilung *f*; **to ask for a valuation of a property before making an offer for it** = eine Schätzung des Gebäudes verlangen, bevor man ein Angebot macht; **stock valuation** = Bewertung *f* des Lagerbestandes *m*; **to buy a shop with stock at valuation** = ein Geschäft inklusive des Warenbestandes zum Bewertungspreis *m* kaufen

◇ **value 1** *noun* Wert *m*; **he imported goods to the value of £250** = er importierte Waren im Wert von £250; **the fall in the value of sterling** = der Wertrückgang des englischen Pfundes; **the valuer put the value of the stock at £25,000** = der Schätzer schätzte den Lagerbestand auf £25.000; **good value (for money)** = preiswert *or* preisgünstig; **that restaurant gives value for money** = das Restaurant bietet ein gutes Preis-Leistungsverhältnis; **buy that computer now - it is very good value** = kaufen Sie den Computer jetzt - er ist sein Geld wert; **holidays in Italy are good value because of the exchange rate** = Ferienreisen nach Italien sind preiswert wegen des Wechselkurses; **to rise in value** *or* **to fall in value** = im Wert steigen *or* im Wert fallen; **added value** *or* **value added** = Mehrwert *m*; **asset value (of a company)** = Substanzwert *or* Nettovermögenswert; **book value** = Buchwert; **'sample only - of no commercial value'** = ,Warenprobe - ohne Handelswert'; **declared value** = angemeldeter *or* angegebener Wert; **discounted value** = Diskontwert; **face value** = Nominalwert *or* Nennwert; **market value** = Marktwert; **par value** = Nennwert; **scarcity value** = Seltenheitswert; *(of an insurance policy)* **surrender value** = Rückkaufswert **2** *verb* schätzen; **he valued the stock at £25,000** = er schätzte den Warenbestand auf £25.000; **we are having the jewellery valued for insurance** = wir lassen den Schmuck für Versicherungszwecke schätzen

◇ **Value Added Tax (VAT)** *noun* Mehrwertsteuer (MwSt.) *f*

◇ **valuer** *noun (person who estimates value)* Schätzer *m*

> QUOTE the directive means that the services of stockbrokers and managers of authorized unit trusts are now exempt from VAT; previously they were liable to VAT at the standard rate. Zero-rating for stockbrokers' services is still available as before, but only where the recipient of the service belongs outside the EC
>
> *Accountancy*

van *noun* Lieferwagen *m or* Kleintransporter *m*; **delivery van** = Lieferwagen

variable *adjective* variabel *or* veränderlich *or* schwankend; **variable costs** = variable Kosten *pl*

◇ **variability** *noun* Variabilität *f or* Veränderlichkeit *f*

◇ **variance** *noun* Abweichung *f*; **budget variance** = Budgetabweichung; *(which does not agree)* **to be at variance with** = abweichen von; **the actual sales are at variance with the sales reported by the reps**

= der tatsächliche Absatz und der von den Vertretern angegebene Absatz weichen voneinander ab *or* stimmen nicht überein

◊ **variation** *noun* Abweichung *f or* Veränderung *f or* Schwankung *f*; **seasonal variations** = saisonbedingte Abweichungen; **seasonal variations in buying patterns** = saisonbedingte Schwankungen des Kaufverhaltens

variety *noun* Auswahl *f or* Vielfalt *f*; **the shop stocks a variety of goods** = der Laden führt eine Vielfalt von Waren; **we had a variety of visitors at the office today** = wir hatten heute die verschiedensten Besucher *mpl* im Büro; *(US)* **variety store** = Gemischtwarenhandlung *f*

◊ **vary** *verb* sich (ver)ändern *or* schwanken *or* variieren; **the gross margin varies from quarter to quarter** = die Bruttomarge ändert sich von Quartal zu Quartal; **we try to prevent the flow of production from varying in the factory** = wir versuchen es zu vermeiden, daß der Produktionsfluß in der Fabrik schwankt

VAT = VALUE ADDED TAX Mehrwertsteuer (MwSt.); **the invoice includes VAT at 15%** = die Rechnung schließt 15% Mehrwertsteuer *f* ein; **the government is proposing to increase VAT to 17.5%** = die Regierung möchte die Mehrwertsteuer auf 17,5% erhöhen; **some items (such as books) are zero-rated for VAT in Great Britain** = einige Artikel (wie Bücher) sind in Großbritannien von der Mehrwertsteuer befreit *or* ausgenommen; **he does not charge VAT because he asks for payment in cash** = er berechnet keine Mehrwertsteuer, da er bar bezahlt werden möchte; **VAT invoicing** = Rechnungsaustellung inklusive MwSt.; **VAT invoice** = Mehrwertsteuerrechnung *f*; **VAT inspector** = für die Umsatzsteuer zuständiger Finanzbeamter; **VAT office** = *(etwa)* Umsatzsteuerstelle *f*; **VAT return** *or* **declaration** = *(etwa)* Umsatzsteuererklärung *f*

◊ **VATman** *or* **vatman** *noun* für die Umsatzsteuer zuständiger Finanzbeamter

VDU *or* **VDT** = VISUAL DISPLAY UNIT *or* VISUAL DISPLAY TERMINAL

vehicle *noun* Fahrzeug *n*; **commercial vehicle** *or* **goods vehicle** = Nutzfahrzeug *n or* Lastkraftwagen *m*; **heavy goods vehicle (HGV)** = Schwertransporter *m*; **goods vehicles can park in the loading bay** = Lastkraftwagen *mpl* können auf dem Ladeplatz parken

vending *noun* Verkauf *m*; **(automatic) vending machine** = Verkaufsautomat *m*

◊ **vendor** *noun* **(a)** *(person who is selling a property)* Verkäufer *m*; **the solicitor acting on behalf of the vendor** = der Anwalt, der den Verkäufer vertritt **(b) street vendor** = Straßenhändler/-in

Venezuela *noun* Venezuela *n*

◊ **Venezuelan 1** *noun* Venezolaner/-in *or* Venezueler/-in **2** *adjective* venezolanisch *or* venezuelisch

(NOTE: capital: **Caracas;** currency: **bolivar** = Bolivar *m*)

venture 1 *noun (business involving a risk)* gewagtes *or* risikoreiches Unternehmen; **he lost money on several import ventures** = er verlor Geld bei vielen risikoreichen Importgeschäften *npl*; **she has started a new venture - a computer shop** = sie hat ein neues Unternehmen angefangen - ein Computergeschäft; **joint venture** = Joint-venture *n or* Gemeinschaftsunternehmen *n*; **venture capital** = Risikokapital *n or* Wagniskapital **2** *verb* riskieren *or* aufs Spiel setzen

> QUOTE along with the stock market boom of the 1980s, the venture capitalists piled more and more funds into the buyout business, backing bigger and bigger deals with ever more extravagant financing structures
> *Guardian*

venue *noun (place where a meeting is to be held)* Veranstaltungsort *m*; **we have changed the venue for the conference** = wir haben den Veranstaltungsort der Konferenz gewechselt; **what is the venue for the exhibition?** = wo wird die Messe abgehalten?

verbal *adjective (using spoken words, not writing)* mündlich; **verbal agreement** = mündliche Vereinbarung

◊ **verbally** *adverb* mündlich; **they agreed to the terms verbally, and then started to draft the contract** = sie stimmten den Bedingungen mündlich zu und begannen dann, den Vertrag aufzusetzen

verify *verb* (über)prüfen *or* bestätigen

◊ **verification** *noun* Überprüfung *f or* Bestätigung *(der Richtigkeit)*; **the shipment was allowed into the country after verification of the documents by customs** = die Ladung durfte die Grenze passieren, nachdem der Zoll die Echtheit der Dokumente überprüft hatte

vertical *adjective* senkrecht *or* vertikal; **vertical communication** = vertikale Kommunikation; **vertical integration** = vertikale Integration

vessel *noun* Schiff *n*; **merchant vessel** = Handelsschiff

vested interest *noun (special interest in keeping an existing state of affairs)* persönliches *or* wirtschaftliches Interesse; **she has a vested interest in keeping the business working** = sie hat ein persönliches Interesse am Weiterbestehen des Unternehmens

vet *verb (to examine carefully)* überprüfen; **all candidates have to be vetted by the managing director** = alle Kandidaten müssen vom geschäftsführenden Direktor überprüft werden; **the contract has been sent to the legal department for vetting** = der Vertrag wurde zur Überprüfung an die Rechtsabteilung geschickt

(NOTE: **vetting - vetted**)

veto 1 *noun* Veto *n*; **right of veto** = Vetorecht *n* **2** *verb* Veto einlegen (gegen); **to veto a decision** = ein Veto gegen eine Entscheidung einlegen

via *preposition* via *or* über; **the shipment is going via the Suez Canal** = der Transport geht durch den Suezkanal; **we are sending the cheque via our office in New York** = wir schicken den Scheck über unsere Geschäftsstelle in New York; **they sent the**

message via the telex line = sie schickten die Meldung per Telex

viable *adjective (which can work in practice)* durchführbar *or* realisierbar *or* brauchbar; *(not likely to make a profit)* **not commercially viable** = nicht rentabel

◇ **viability** *noun* Durchführbarkeit *f*; Rentabilität *f*

vice- *prefix (deputy or second in command)* stellvertretend *or* Vize-; **he is the vice-chairman of an industrial group** = er ist Vizepräsident eines Industriekonzerns; **she was appointed to the vice-chairmanship of the committee** = sie wurde zur stellvertretenden Vorsitzenden des Komitees ernannt

◇ **vice-president** *noun (US) (executive director of a company)* Vice-President *m (ohne Entsprechung in Deutschland)*; **senior vice-president** = Senior Vice-President

video 1 *noun* Video *n* **video camera** = Videokamera *n*; **video cassette** = Videokassette *f*; **video recorder** = Videogerät *n*; **video tape** = Videoband *m*; **video text** = Videotext *m* **2** *verb* (auf Video) aufzeichnen

◇ **videophone** *noun* Bildtelefon *n*

Vietnam *noun* Vietnam *n*

◇ **Vietnamese 1** *noun* Vietnamese/Vietnamesin **2** *adjective* vietnamesisch
(NOTE: capital: **Hanoi;** currency: **dong** = Neuer Dong)

view *noun* Ansicht *f or* Standpunkt *m*; **we asked the sales manager for his views on the reorganization of the reps' territories** = wir befragten den Vertriebsleiter nach seinem Standpunkt bezüglich der Neuordnung der Vertreterbezirke; **the chairman takes the view that credit should never be longer than thirty days** = der Vorsitzende steht auf dem Standpunkt, daß das Zahlungsziel eines Kredits dreißig Tage nicht überschreiten sollte **to take the long view** = auf lange Sicht planen *or* etwas langfristig betrachten; **in view of** = angesichts *or* in Anbetracht; **in view of the falling exchange rate, we have redrafted our sales forecasts** = in Anbetracht der sinkenden Devisenkurse haben wir unsere Absatzprognose neu erstellt

vigorous *adjective* aktiv *or* dynamisch *or* schwungvoll; **we are planning a vigorous publicity campaign** = wir planen eine dynamische Werbekampagne

VIP = VERY IMPORTANT PERSON *(at airport)* **VIP lounge** = VIP-Lounge *f*; **we laid on VIP treatment for our visitors** *or* **we gave our visitors a VIP reception** = unsere Besucher wurden wie VIPs behandelt *or* empfangen

virement *noun (administration)* **(a)** *(accounts)* Umbuchung *f* **(b)** *(budget)* Finanzausgleich *m*

visa *noun* Visum *n*; **you will need a visa before you go to the USA** = Sie brauchen ein Visum, bevor Sie nach Amerika abreisen; **he filled in his visa application form** = er füllte seinen Visumantrag aus; **entry visa** = Einreisevisum *n or* Sichtvermerk *m*; **multiple entry visa** = Visum zur mehrmaligen Einreise; **tourist visa** = Touristenvisum; **transit visa** = Transitvisum

visible *adjective* sichtbar; **visible imports** *or* **exports** = sichtbare Einfuhren *fpl or* sichtbare Ausfuhren

visit 1 *noun* Besuch *m*; **we are expecting a visit from our German agents** = wir erwarten den Besuch unserer deutschen Vertreter; **he is on a business visit to London** = er ist zu einem Geschäftsbesuch in London; **we had a visit from a tax inspector** = ein Vertreter des Finanzamts stattete uns einen Besuch ab **2** *verb* besuchen *or* aufsuchen; **he spent a week in Scotland, visiting clients in Edinburgh and Glasgow** = er verbrachte eine Woche in Schottland und suchte Kunden in Edinburgh und Glasgow auf; **the trade delegation visited the Ministry of Commerce** = die Handelsdelegation besuchte das Handelsministerium

◇ **visitor** *noun* Besucher/-in; **the chairman showed the Japanese visitors round the factory** = der Vorsitzende zeigte den japanischen Besuchern die Fabrik; **visitors' bureau** = Besucherinformation *f*

visual *adjective* sichtbar *or* visuell *or* Anschauungs-; **visual display terminal (VDT)** *or* **visual display unit (VDU)** = Bildschirmgerät *n*

vivos *noun* **gift inter vivos** = Schenkung *f* zu Lebzeiten

vocation *noun* Berufung *f*; **he followed his vocation and became an accountant** = er folgte seiner Berufung und wurde Buchhalter

◇ **vocational** *adjective* Berufs-; **vocational guidance** = Berufsberatung *f*; **vocational training** = Berufsausbildung *f*

void 1 *adjective (not legally valid)* ungültig *or* nichtig; **the contract was declared null and void** = der Vertrag wurde für ungültig *or* null und nichtig erklärt **2** *verb* **to void a contract** = einen Vertrag für ungültig erklären

volume *noun* Menge *f or* Umfang *m or* Volumen *n*; **volume discount** = Mengenrabatt *m*; **volume of output** = Produktionsvolumen; **volume of sales** *or* **sales volume** = Absatzvolumen; **low** *or* **high volume of sales** = geringes *or* hohes Absatzvolumen; **volume of trade** *or* **volume of business** = Handelsvolumen; **the company has maintained the same volume of business in spite of the recession** = das Unternehmen hat trotz der Rezession das Umsatzvolumen gehalten

voluntary *adjective* **(a)** *(done without being forced)* freiwillig; **voluntary liquidation** = freiwillige Liquidation; *(situation where a worker asks to be made redundant)* **voluntary redundancy** = freiwilliges Ausscheiden aus dem Betrieb **(b)** *(done without being paid)* freiwillig; **voluntary organization** = Wohltätigkeitsorganisation *f*

◇ **voluntarily** *adverb (without being forced or paid)* freiwillig

vote 1 *noun* Abstimmung *f* *or* Wahl *f* *or* Beschluß *m*; **to take a vote on a proposal** *or* **to put a proposal to the vote** = über einen Vorschlag abstimmen (lassen); **block vote** = Blockabstimmung *or* geschlossene Stimmabgabe; **casting vote** = ausschlaggebende Stimme; **the chairman has the casting vote** = die Stimme des Vorsitzenden ist ausschlaggebend; **he used his casting vote to block the motion** = seine Stimme gab den Ausschlag für die Ablehnung des Antrags; **postal vote** = Briefwahl *f* **2** *verb* abstimmen *or* wählen; **the meeting voted to close the factory** = die Sitzungsteilnehmer beschlossen, die Fabrik zu schließen; **52% of the members voted for Mr Smith as chairman** = 52% der Mitglieder stimmten für Herrn Smith als Vorsitzenden; **to vote for a proposal** *or* **to vote against a proposal** = für *or* gegen einen Vorschlag stimmen; **two directors were voted off the board at the AGM** = bei der Jahresversammlung wurden zwei Mitglieder des board of directors abgewählt; **she was voted on to the committee** = sie wurde in den Ausschuß gewählt

◊ **voter** *noun* Wähler/-in

◊ **voting** *noun* Wahl *f* *or* Stimmabgabe *f*; **voting paper** = Stimmzettel *m*; **voting right** = Stimmrecht *n*; **non-voting shares** = stimmrechtslose Aktien *fpl*

voucher *noun* **(a)** *(paper given instead of money)* Gutschein *m* *or* Bon *m*; **cash voucher** = Bargeldgutschein; **with every £20 of purchases, the customer gets a cash voucher to the value of £2** = der Kunde bekommt bei jedem Kauf im Wert von £20 einen Bargeldgutschein über £2; **gift voucher** = Geschenkgutschein; **luncheon voucher** = Essenmarke *f* **(b)** *(written document to show that money has really been paid)* Beleg *m*

voyage *noun* *(long journey by ship)* Seereise *f*

Ww

wage *noun (money paid to a worker for work done)* Lohn *m or* Arbeitslohn; **she is earning a good wage** *or* **good wages in the supermarket** = sie hat einen guten Arbeitslohn im Supermarkt *or* sie verdient gut im Supermarkt; **basic wage** = Grundlohn; **the basic wage is £110 a week, but you can expect to earn more than that with overtime** = der Grundlohn ist £110 pro Woche, aber mit Überstunden können Sie mehr verdienen; **hourly wage** *or* **wage per hour** = Stundenlohn; **minimum wage** = Mindestlohn; **wage adjustment** = Lohnausgleich *m or* Lohnanpassung *f*; **wage bill** = Lohnsumme *f*; **wage claim** = Lohnforderung *f*; **wages clerk** = Lohnbuchhalter/-in; **wage differentials** = Lohngefälle *n*; **wage freeze** *or* **freeze on wages** = Lohnstopp *m or* Einfrieren *n* der Löhne; **wage level** = Lohnniveau *n or* Lohnhöhe *f*; **wage negotiations** = Lohnverhandlungen *fpl*; Tarifverhandlungen *fpl*; **wage packet** = Lohntüte *f*; Nettolohn *m*; **wages policy** = Lohnpolitik *f*; **wage-price spiral** = Lohn-Preis-Spirale *f*; **wage scale** = Lohnskala *f*

(NOTE: **wages** is more usual when referring to money earned, but **wage** is used before other nouns)

◇ **wage-earner** *noun* Lohnempfänger/-in

◇ **wage-earning** *adjective* **the wage-earning population** = die erwerbstätige Bevölkerung

> QUOTE European economies are being held back by rigid labor markets and wage structures
> ***Duns Business Month***
>
> QUOTE real wages have been held down dramatically: they have risen at an annual rate of only 1% in the last two years
> ***Sunday Times***

wagon *noun* Eisenbahnwaggon *m*

waive *verb* verzichten auf; **he waived his claim to the estate** = er verzichtete auf den Besitzanspruch ; **to waive a payment** = eine Zahlung erlassen

◇ **waiver** *noun (giving up a right)* Verzicht *m*; Verzichterklärung *f*; *(removing the conditions of a rule)* Außerkraftsetzung *f*; **if you want to work without a permit, you will have to apply for a waiver** = wenn Sie ohne Genehmigung arbeiten wollen, müssen Sie die Außerkraftsetzung beantragen; **waiver clause** = Verzichtklausel *f*

walk *verb* gehen *or* laufen; **he walks to the office every morning** = er läuft jeden Morgen ins Büro; **the visitors walked round the factory** = die Besucher gingen durch die Fabrik

◇ **walk off** *verb (to go on strike)* die Arbeit niederlegen; **the builders walked off the site because they said it was too dangerous** = die Bauarbeiter verließen das Baugelände, weil sie es für zu gefährlich hielten

◇ **walk out** *verb (to go on strike)* streiken *or* die Arbeit niederlegen; **the whole workforce walked out in protest** = die ganze Belegschaft legte aus Protest die Arbeit nieder

◇ **walk-out** *noun* Arbeitsniederlegung *f or* Ausstand *m or* Streik *m*; **production has been held up by the walk-out of the workers** = die Produktion geriet durch den Ausstand der Arbeiter ins Stocken (NOTE: plural is **walk-outs**)

Wall Street *noun (street in New York where the stock exchange is situated)* Wall Street *f*; **a Wall Street analyst** = ein Wall Street Börsenbeobachter *m*; **she writes the Wall Street column in the newspaper** = sie schreibt die Wall Street Kolumne in der Zeitung

want *noun* Bedarf *m or* Bedürfnis *n*; **want ads** = Kleinanzeigen *fpl*; **to draw up a wants list** = eine Bedarfsliste aufstellen

war *noun* Krieg *m*; **price war** = Preiskrieg; **tariff war** = Zollkrieg; **trade war** = Handelskrieg

warehouse 1 *noun* Lager *n or* Lagerhaus *n*; **bonded warehouse** = Zollager; **warehouse capacity** = Lagerhauskapazität *f*; **price ex warehouse** = Preis *m* ab Lager **2** *verb (to store in a warehouse)* lagern

◇ **warehousing** *noun* Lagerung *f*; Lagerhaltung *f*; **warehousing costs are rising rapidly** = Lagerhaltungskosten *pl* steigen schnell

◇ **warehouseman** *noun* Lagerhalter *m*

warn *verb* warnen; **he warned the shareholders that the dividend might be cut** = er warnte die Aktionäre, daß die Dividende gekürzt werden könne; **the government warned of possible import duties** = die Regierung warnte vor möglichen Einfuhrzöllen

(NOTE: you warn someone **of** something, or **that** something may happen)

◇ **warning** *noun* Warnung *f*; **to issue a warning** = eine Warnung geben *or* aussprechen; **warning notices were put up around the construction site** = Warnschilder *npl* wurden um das Baugelände herum aufgestellt

warrant 1 *noun (official document)* Vollmacht *f*; **dividend warrant** = Dividendenschein *m or* Dividendenzahlungsanweisung *f*; **share warrant** = Aktienbezugsrechtschein *m* **2** *verb* **(a)** *(to guarantee)* garantieren; **all the spare parts are warranted** = auf allen Ersatzteilen ist Garantie **(b)** *(justify)* rechtfertigen; **the company's volume of trade with the USA does not warrant six trips a year to New York by the sales director** = das Handelsvolumen des Unternehmens mit den USA rechtfertigt nicht sechs Reisen des Vertriebsleiters nach New York pro Jahr

◇ **warrantee** *noun (person who is given a warranty)* Garantienehmer *m*

◇ **warrantor** *noun (person who gives a warranty)* Garant *m*

◇ **warranty** *noun* **(a)** *(guarantee)* Garantie *f*; **the car is sold with a twelve-month warranty** = der Wagen wird mit zwölfmonatiger Garantie verkauft; **the warranty covers spare parts but not labour costs** = die Garantie gilt für Ersatzteile, aber nicht für Arbeitszeit **(b)** *(promise in a contract)* vertragliche Zusicherung; **breach of warranty** = Garantieverletzung *f or* Verletzung einer vertraglichen Zusicherung **(c)** *(statement that facts are true)* Zusicherung *f* der Richtigkeit der Angaben *or* Gewähr(leistung) *f*

> QUOTE the rights issue will grant shareholders free warrants to subscribe for further new shares
> *Financial Times*

wastage *noun (amount lost by being wasted)* Schwund *m*; Verschleiß *m*; **allow 10% extra material for wastage** = berücksichtigen Sie 10% mehr Material für Schwund; *(losing workers)* **natural wastage** = natürlicher Arbeitskräfteabgang

◇ **waste 1** *noun (rubbish)* Abfall *m*; **the company was fined for putting industrial waste into the river** = das Unternehmen mußte Strafe bezahlen, weil es seine Industrieabfälle in den Fluß leitete; **it is a waste of time asking the chairman for a rise** = es ist Zeitverschwendung, den Vorsitzenden um eine Gehaltserhöhung zu bitten; **that computer is a waste of money - there are plenty of cheaper models which would do the work just as well** = der Computer ist Geldverschwendung - es gibt genug billigere Modelle, die genauso gut arbeiten **2** *adjective (not used)* überschüssig; Abfall-; **waste materials** = Abfallstoffe *mpl or* Altstoffe; **cardboard is made from recycled waste paper** = Pappe wird aus Recyclingpapier *n* hergestellt; **waste paper basket** *or (US)* **wastebasket** = Papierkorb *m* **3** *verb (to use more than is needed)* verschwenden *or* vergeuden; **to waste money** *or* **paper** *or* **electricity** *or* **time** = Geld *or* Papier *or* Strom *or* Zeit verschwenden; **the MD does not like people wasting his time with minor details** = der geschäftsführende Direktor mag es nicht, wenn man seine Zeit mit unwichtigen Einzelheiten verschwendet; **we turned off all the heating so as not to waste energy** = wir stellten überall die Heizung ab, um keine Energie zu verschwenden

◇ **wastebasket** *noun (US)* = WASTE PAPER BASKET

◇ **wasteful** *adjective* verschwenderisch; unwirtschaftlich; **this photocopier is very wasteful of paper** = dieser Fotokopierer verschwendet viel Papier

waterproof *adjective (which will not let water through)* wasserdicht *or* wasserfest; **the parts are sent in waterproof packing** = die Teile werden in wasserdichten Verpackungen *fpl* geschickt

waybill *noun* Frachtbrief *m*

weak *adjective* schwach; **weak market** = schwacher Markt; **share prices remained weak** = die Aktienkurse blieben schwach

◇ **weaken** *verb* schwächer werden *or* nachlassen; **the market weakened** = der Markt wurde schwächer

◇ **weakness** *noun* Schwäche *f*

> QUOTE the Fed started to ease monetary policy months ago as the first stories appeared about weakening demand in manufacturing industry
> *Sunday Times*
>
> QUOTE indications of weakness in the US economy were contained in figures from the Fed on industrial production
> *Financial Times*

wealth *noun* Vermögen *n or* Wohlstand *m*; **wealth tax** = Vermögensteuer *f*

◇ **wealthy** *adjective* wohlhabend

wear and tear *noun* **fair wear and tear** = *(acceptable damage caused by normal use)* normale Abnutzungserscheinungen *fpl or* Verschleißerscheinungen; **the insurance policy covers most damage but not fair wear and tear to the machine** = die Versicherung deckt die meisten Schäden, aber keine normalen Abnutzungserscheinungen an der Maschine

week *noun* Woche *f*; **to be paid by the week** = wöchentlich bezahlt werden; **he earns £500 a week** *or* **per week** = er verdient £500 pro Woche; **she works thirty-five hours per week** *or* **she works a thirty-five-hour week** = sie arbeitet 35 Stunden pro Woche

◇ **weekday** *noun* Wochentag *m*

◇ **weekly** *adjective* wöchentlich; **the weekly rate for the job is £250** = der Wochensatz für die Arbeit beträgt £250; **a weekly magazine** *or* **a weekly** = eine Wochenzeitschrift; **weekly travelcard** = Wochenkarte *f*

weigh *verb* **(a)** (ab)wiegen; **he weighed the packet at the post office** = er wog das Paket im Postamt **(b)** *(to have a certain weight)* wiegen; **the packet weighs 125 grams** = das Paket wiegt 125 Gramm

◇ **weighbridge** *noun* Brückenwaage *f*

◇ **weighing machine** *noun* Waage *f*

◇ **weight** *noun (measurement of how heavy something is)* Gewicht *n*; **to sell fruit by weight** = Obst nach Gewicht verkaufen; **false weight** = falsches Gewicht; **gross weight** = Bruttogewicht; **net weight** = Nettogewicht; **to give short weight** = zu knapp abwiegen; **inspector of weights and measures** = Eichmeister *m*

◇ **weighted** *adjective* **weighted average** = gewogener Mittelwert; **weighted index** = gewogener Index

◇ **weighting** *noun* Zulage *f*; **salary plus a London weighting** = Gehalt plus Ortszuschlag *m* für London

welfare *noun* **(a)** *(looking after people)* Fürsorge *f*; **the chairman is interested in the welfare of the workers' families** = der Vorsitzende ist am Wohl *n* der Familien der Arbeiter interessiert; **welfare state** = Sozialstaat *m or* Wohlfahrtsstaat **(b)** *(money paid by the government)* Sozialhilfe *f*

> QUOTE California became the latest state to enact a program forcing welfare recipients to work for their benefits
> *Fortune*

well-known *adjective* (wohl)bekannt

◇ **well-paid** *adjective* gut bezahlt; **well-paid job** = gut bezahlte Arbeit

wharf *noun* Kai *m*
(NOTE: plural is **wharfs** or **wharves**)
◇ **wharfage** *noun (charge for tying up at a wharf)* Kaigebühren *fpl*
◇ **wharfinger** *noun* Kaimeister *m*

wheeler-dealer *noun* Geschäftemacher *m*

whereof *adverb (formal)* **in witness whereof I set my hand** = ich bestätige die Richtigkeit durch meine Unterschrift

white *adjective* weiß; *(sale of sheets or towels, etc.)* **white sale** = Verkauf *m* von Bett- und Tischwäsche *f*
◇ **white-collar** *adjective* **white-collar crime** = Wirtschaftsverbrechen *n*; **white-collar union** = Angestelltengewerkschaft *f*; **white-collar worker** = Angestellte(r)
◇ **white goods** *plural noun* **(a)** *(machines such as refrigerators)* elektrische Haushaltsgeräte *npl* **(b)** *(sheets or towels, etc.)* Bett- und Tischwäsche *f*
◇ **white knight** *noun* ‚Weißer Ritter' *(Investor (oder Unternehmen), der einem Unternehmen, dem ein ‚feindliches' Übernahmeangebot vorliegt, ein akzeptables Übernahmeangebot macht)*
◇ **White Paper** *noun (GB) (report from the government)* Weißbuch *n*

> QUOTE the share of white-collar occupations in total employment rose from 44 per cent to 49 per cent
> *Sydney Morning Herald*

whole-life assurance *or* **insurance** *noun* Lebensversicherung *f* auf den Todesfall

wholesale *noun & adverb* (im) Großhandel *or* Großhandels-; **wholesale discount** = Großhandelsrabatt *m*; **wholesale dealer** = Großhändler/-in; **wholesale price index** = Index *m* der Großhandelspreise *mpl*; **wholesale shop** = Großhandlung *f*; **he buys wholesale and sells retail** = er kauft im Großhandel und verkauft im Einzelhandel
◇ **wholesaler** *noun* Großhändler/-in

wholly-owned subsidiary *noun* 100%ige Tochtergesellschaft

wildcat strike *noun* wilder Streik

will *noun (legal document)* Testament *n*; **he wrote his will in 1987** = er machte sein Testament 1987; **according to her will, all her property is left to her children** = nach ihrem Testament geht ihr ganzer Besitz an ihre Kinder

win *verb (to be successful)* gewinnen; **to win a contract** = einen Auftrag erhalten; **the company announced that it had won a contract worth £25m to supply buses and trucks** = das Unternehmen verkündete, daß es einen Auftrag über £25 Millionen für die Lieferung von Bussen und LKWs bekommen hätte
(NOTE: **winning - won**)

windfall *noun (sudden profit which is not expected)* unerwartete Einkünfte *pl or* unerwarteter *or* unverhoffter Gewinn *or* *(informal)* warmer Regen; **windfall profit** = unerwarteter Gewinn; **windfall (profits) tax** = Sondergewinnsteuer *f*

wind up *verb* **(a)** *(to end a meeting)* schließen; **he wound up the meeting with a vote of thanks to the committee** = er schloß die Sitzung mit einer Danksagung an den Ausschuß **(b)** *(to put a company into liquidation)* **to wind up a company** = ein Unternehmen liquidieren ; **the court ordered the company to be wound up** = das Gericht beschloß die Liquidation des Unternehmens
(NOTE: **winding - wound**)
◇ **winding up** *noun* Liquidation *f*; **compulsory winding up order** = Zwangsliquidationsbeschluß *m*

window *noun* Fenster *n*; **shop window** = Schaufenster; **window display** = Auslage *f or* Schaufensterdekoration *f*; **window envelope** = Fenster(brief)umschlag *m*; **window shopping** = Schaufensterbummel *m*
◇ **window dressing** *noun* **(a)** *(putting goods on display in a shop window)* Schaufensterdekoration *f* **(b)** *(pretending that a business is successful)* Bilanzschönung *f or* Frisieren der Bilanz

WIP = WORK IN PROGRESS

wire 1 *noun (telegram)* Telegramm *n*; **to send someone a wire** = jdm ein Telegramm schicken **2** *verb* telegrafieren *or* ein Telegramm schicken; **he wired the head office to say that the deal had been signed** = er schickte der Zentrale ein Telegramm, um mitzuteilen, daß das Geschäft abgeschlossen wurde

withdraw *verb* **(a)** *(to take money out of an account)* abheben; **to withdraw money from the bank** *or* **from your account** = Geld von einer Bank *or* von seinem Konto abheben; **you can withdraw up to £50 from any bank on presentation of a banker's card** = man kann gegen Vorlage einer Scheckkarte von jeder Bank £50 abheben **(b)** *(to take back an offer)* zurückziehen *or* widerrufen; **one of the company's backers has withdrawn** = einer der Kapitalgeber des Unternehmens hat sich zurückgezogen; **to withdraw a takeover bid** = ein Übernahmeangebot zurückziehen; **the chairman asked him to withdraw the remarks he had made about the finance director** = der Vorsitzende forderte ihn auf, die Bemerkungen, die er über den Finanzleiter gemacht hatte, zurückzunehmen
(NOTE: **withdrawing - withdrew - has withdrawn**)
◇ **withdrawal** *noun (removing money from an account)* Abhebung *f*; **withdrawal without penalty at seven days' notice** = Abhebung ohne Sondergebühren bei 7-tägiger Kündigung; **to give seven days' notice of withdrawal** = sieben Tage vor Abhebung kündigen

withholding tax *noun* **(a)** *(tax taken from interest or dividends before they are paid to the investor)* Quellensteuer *f*, Couponsteuer **(b)** *(US) (income tax deducted from a worker's paycheck)* Quellensteuer *f*

within *preposition* innerhalb *or* in; **within a week** = innerhalb einer Woche

witness 1 *noun* Zeuge/Zeugin; **to act as a witness to a document** *or* **a signature** = ein Dokument *or* eine Unterschrift bestätigen; **the MD signed as a witness** = der geschäftsführende Direktor unterschrieb als Zeuge; **the contract has to be signed in front of two witnesses** = der Vertrag muß in Anwesenheit von zwei Zeugen unterschrieben werden **2** *verb (to sign a document)* bestätigen *or* bezeugen; **to witness an agreement** *or* **a signature** = einen Vertrag bezeugen *or* eine Unterschrift bestätigen

wk = WEEK

wobbler *noun* **shelf wobbler** = Regalschild *n*

wording *noun* Formulierung *f*; Wortlaut *m*; **did you read the wording on the contract?** = haben Sie den Wortlaut des Vertrags gelesen?

word-processing *noun* Textverarbeitung *f*; **load the word-processing program before you start keyboarding** = laden Sie das Textverarbeitungsprogramm, bevor Sie mit der Eingabe beginnen; **word-processing bureau** = (Computer-)Schreibbüro *n*

◇ **word-processor** *noun* Textverarbeitungssystem *n*

work 1 *noun* **(a)** Arbeit *f*; **casual work** = Gelegenheitsarbeit; **clerical work** = Schreibarbeit *or* Büroarbeit; **manual work** = körperliche Arbeit; **work in progress (WIP)** = Halbfabrikate *npl*; **place of work** = Arbeitsplatz *m* **(b)** *(job)* Arbeit *f*; **he goes to work by bus** = er fährt mit dem Bus zur Arbeit; **she never gets home from work before 8 p.m.** = sie kommt nie vor 20 Uhr von der Arbeit nach Hause; **his work involves a lot of travelling** = bei seiner Arbeit muß er viel reisen; **he is still looking for work** = er sucht immer noch Arbeit; **she has been out of work for six months** = sie ist seit sechs Monaten arbeitslos; **work permit** = Arbeitserlaubnis *f* **2** *verb* **(a)** arbeiten; **the factory is working hard to complete the order** = in der Fabrik wird hart gearbeitet, um den Auftrag fertigzustellen; **she works better now that she has been promoted** = sie arbeitet jetzt besser, nachdem sie befördert wurde; **to work a machine** = eine Maschine bedienen; **to work to rule** = Dienst nach Vorschrift tun **(b)** *(to have a paid job)* arbeiten; **she works in an office** = sie arbeitet in einem Büro; **he works at Smith's** = er arbeitet bei der Fa. Smith; **he is working as a cashier in a supermarket** = er arbeitet als Kassierer in einem Supermarkt

◇ **workday** *noun* Arbeitstag *m*; Wochentag

◇ **worker** *noun* **(a)** *(person who is employed)* Berufstätige(r) *or* Arbeiter/-in *or* Arbeitnehmer/-in; **blue-collar worker** = Fabrikarbeiter/-in; **casual worker** = Gelegenheitsarbeiter/-in; **clerical worker** = Büroangestellte(r); **factory worker** = Fabrikarbeiter/-in; **manual worker** = ungelernte Arbeitskraft; **temporary worker** = Aushilfsarbeiter/-in; **white-collar worker** = Angestellte(r); **worker director** ≈ Arbeitsdirektor/-in; **worker representation on the board** = Betriebsrat *m*; Belegschaftsvertretung *f* **(b)** *(person who works hard)* Arbeitstier *n*; **she's a real worker** = sie ist ein richtiges Arbeitstier

◇ **workforce** *noun (all the workers)* Belegschaft *f*; Arbeitskräfte *fpl or* Arbeiterschaft *f*

◇ **working** *adjective* **(a)** arbeitend *or* berufstätig; **the working population of a country** = die arbeitende Bevölkerung eines Landes; **working partner** = geschäftsführende(r) Teilhaber/-in; **working party** = Arbeitsausschuß *m*; **the government set up a working party to examine the problem of computers in schools** = die Regierung setzte einen Arbeitsausschuß ein, um das Problem von Computern in Schulen zu untersuchen **(b)** *(referring to work)* arbeitend *or* Arbeits-; **working capital** = Betriebskapital *n*; **working conditions** = Arbeitsbedingungen *pl*; **the normal working week** = die normale Arbeitswoche; **even though he is a freelance, he works a normal working week** = obwohl er freier Mitarbeiter ist, arbeitet er eine normale Arbeitswoche

◇ **workload** *noun (amount of work to be done)* Arbeitsbelastung *f*; **he has difficulty in coping with his heavy workload** = er hat Schwierigkeiten, mit der schweren Arbeitsbelastung fertig zu werden

◇ **workman** *noun* Arbeiter *m* (NOTE: plural is **workmen**)

◇ **work out** *verb* **(a)** *(to calculate)* ausrechnen *or* berechnen *or* errechnen; **he worked out the costs on the back of an envelope** = er machte eine grobe Berechnung der Kosten (auf der Rückseite eines Briefumschlags); **he worked out the discount at 15%** = er rechnete einen Rabatt von 15% aus; **she worked out the discount on her pocket calculator** = sie rechnete den Rabatt mit ihrem Taschenrechner aus **(b) he is working out his notice** = er arbeitet bis zum Ablauf seiner Kündigungsfrist

◇ **workplace** *noun* Arbeitsplatz *m*

◇ **works** *noun (factory)* Werk *n or* Fabrik *f or* Betrieb *m*; **an industrial works** = ein Industriebetrieb; **an engineering works** = eine Maschinenfabrik; **the steel works is expanding** = das Stahlwerk expandiert; **works committee** *or* **works council** = Betriebsrat *m*; **price ex works** = Preis ab Werk; **the works manager** = der Betriebsleiter (NOTE: **works** takes a singular verb)

◇ **work-sharing** *noun (system where two part-timers share one job)* Arbeitsplatzteilung *f or* Job-sharing *n*

◇ **workshop** *noun* **(a)** *(place)* Werkstatt *f* **(b)** *(discussion group)* Workshop *m*

◇ **workspace** *noun (space available on a computer)* Arbeitsspeicher *m*

◇ **workstation** *noun (of a computer operator)* Workstation *f or* Datenstation

◇ **work-to-rule** *noun* Dienst *m* nach Vorschrift

◇ **workweek** *noun (US)* Arbeitswoche *f* (NOTE: GB English is **working week**)

> QUOTE the control of materials from purchased parts through work in progress to finished goods provides manufacturers with an opportunity to reduce the amount of money tied up in materials
> *Duns Business Month*
>
> QUOTE the quality of the work environment demanded by employers and employees alike
> *Lloyd's List*
>
> QUOTE every house and workplace in Britain is to be directly involved in an energy efficiency campaign
> *Times*

world *noun* **(a)** *(the earth)* Welt *f*; **the world market for steel** = der Weltmarkt für Stahl; **to have world rights to a product** = die Rechte *npl* für ein Produkt weltweit haben **(b)** *(people in a particular business)* Welt *f or* Berufssphäre *f*; **the world of big**

business = die Welt des Großkapitals; **the world of publishing** *or* **the publishing world** = die Verlagswelt; **the world of lawyers** *or* **the legal world** = die Welt der Anwälte

◇ **World Bank** *noun* Weltbank *f*

◇ **worldwide** *adjective & adverb* weltweit; **the company has a worldwide network of distributors** = das Unternehmen hat ein weltweites Vertriebsnetz; **worldwide sales** *or* **sales worldwide have topped two million units** = der Weltumsatz hat zwei Millionen Einheiten überschritten ; **this make of computer is available worldwide** = diese Computermarke gibt es in der ganzen Welt

> QUOTE the EC pays farmers 27 cents a pound for sugar and sells it on the world market for 5 cents
> *Duns Business Month*
>
> QUOTE manufactures and services were the fastest growing sectors of world trade
> *Australian Financial Review*

worth 1 *adjective (having a value)* wert; **do not get it repaired - it is worth only £25** = lassen Sie es nicht reparieren - es ist nur £25 wert; **the car is worth £6,000 on the secondhand market** = der Wagen ist auf dem Gebrauchtwagenmarkt £6.000 wert; **he is worth £10m** = er besitzt £10 Mio; **what are ten pounds worth in dollars?** = wieviel sind zehn Pfund in Dollar? (NOTE: always follows the verb **to be**) **2** *noun (value)* Wert *m*; **give me ten pounds' worth of petrol** = geben Sie mir für zehn Pfund Benzin

◇ **worthless** *adjective* wertlos; **the cheque is worthless if it is not signed** = der Scheck ist wertlos, wenn er nicht unterschrieben ist

w.p.m. = WORDS PER MINUTE ≈ Anschläge pro Minute

wrap up *verb* **(a)** einwickeln *or* einschlagen; **he wrapped (up) the parcel in green paper** = er wickelte das Paket in grünes Papier; **to gift-wrap a present** = ein Geschenk einschlagen *or* einpacken; **shrink-wrapped** = eingeschweißt **(b)** *(deal)* unter Dach und Fach bringen
(NOTE: **wrapping - wrapped**)

◇ **wrapper** *noun (material)* Papier *n*; **the biscuits are packed in plastic wrappers** = die Kekse sind in Plastik verpackt

◇ **wrapping** *noun* **wrapping paper** = Packpapier *n*; Geschenkpapier; **gift-wrapping** = (i) *(service in a store)* Geschenkverpackungsdienst *m*; (ii) *(coloured paper)* Geschenkpapier *n*; **gift-wrapping department** = Geschenkpapierabteilung *f* **shrink-wrapping** = Schrumpfpackung *f*

wreck 1 *noun* **(a)** *(ship)* Wrack *n*; **they saved the cargo from the wreck** = sie retteten die Fracht aus dem Wrack; **oil poured out of the wreck of the tanker** = Öl lief aus dem Tankerwrack **(b)** *(company which has collapsed)* Konkursunternehmen *n*; **he managed to save some of his investment from the wreck of the company** = er schaffte es, einige seiner Investitionen aus dem Konkursunternehmen zu retten; **investors lost thousands of pounds in the wreck of the investment company** = Investoren verloren Tausende von Pfunden bei dem Schiffbruch *m* der Kapitalanlagegesellschaft **2** *verb (to damage badly)* zerstören; zugrunde richten; **they are trying to salvage the wrecked tanker** = sie versuchen, den schiffbrüchigen Tanker zu retten *or* bergen; **the negotiations were wrecked by the unions** = die Verhandlungen wurden von der Gewerkschaft zum Scheitern gebracht

writ *noun (legal document)* gerichtliche Verfügung; **the court issued a writ to prevent the trade union from going on strike** = das Gericht erließ eine Verfügung, um den Streik der Gewerkschaft zu verhindern ; **to serve someone with a writ** *or* **to serve a writ on someone** = jdm eine gerichtliche Verfügung zustellen; **he was served (with) a writ** = ihm wurde eine gerichtliche Verfügung zugestellt

write *verb* schreiben; **she wrote a letter of complaint to the manager** = sie schrieb einen Beschwerdebrief an den Geschäftsführer; **the telephone number is written at the bottom of the notepaper** = die Telefonnummer steht unten auf dem Briefpapier
(NOTE: **writing - wrote - has written**)

◇ **write down** *verb (to note an asset at a lower value)* (teil)abschreiben; **written down value** = Restwert *m*; **the car is written down in the company's books** = der Wagen steht in den Geschäftsbüchern als Abschreibungsobjekt

◇ **writedown** *noun* Teilabschreibung *f*

◇ **write off** *verb (to cancel a debt or to remove an asset from the accounts)* voll abschreiben; **to write off bad debts** = uneinbringliche Forderungen abschreiben; **two cars were written off after the accident** = zwei Autos wurden nach dem Unfall als Totalschaden abgeschrieben; **the cargo was written off as a total loss** = die Fracht wurde als Totalverlust abgeschrieben

◇ **write-off** *noun (total loss or cancellation of a bad debt)* Vollabschreibung *f*; **the car was a write-off** = der Wagen wurde als Totalschaden abgeschrieben; **to allow for write-offs in the yearly accounts** = Vollabschreibungen im Jahresabschluß berücksichtigen

◇ **write out** *verb* ausschreiben; **she wrote out the minutes of the meeting from her notes** = sie schrieb das Sitzungsprotokoll nach ihren Notizen aus; **to write out a cheque** = einen Scheck ausstellen

◇ **writing** *noun* Schreiben *n*; schriftliche Abfassung; Schrift *f*; **to put the agreement in writing** = den Vertrag schriftlich abfassen; **he has difficulty in reading my writing** = er hat Schwierigkeiten, meine Schrift zu lesen

> QUOTE $30 million from usual company borrowings will either be amortized or written off in one sum
> *Australian Financial Review*
>
> QUOTE the holding company has seen its earnings suffer from big writedowns in conjunction with its $1 billion loan portfolio
> *Duns Business Month*

wrong *adjective (not right or not correct)* falsch; **the total in the last column is wrong** = die Gesamtsumme in der letzten Spalte ist falsch; **the sales director reported the wrong figures to the meeting** = der Vertriebsleiter legte auf der Sitzung die falschen Zahlen *fpl* vor; **I tried to phone, but I got the wrong number** = ich versuchte anzurufen, hatte aber die falsche Nummer

◇ **wrongful dismissal** *noun* unrechtmäßige Entlassung

◇ **wrongly** *adverb* zu Unrecht; fälschlicherweise; **he wrongly invoiced Smith's for £250, when he should have credited them with the same amount** = er stellte der Fa. Smith eine Rechnung über £250 aus, sollte ihnen aber eigentlich diesen Betrag gutschreiben

Xx Yy Zz

X = EXTENSION

Xerox 1 *noun* **(a)** *(trade mark for a type of photocopier)* Xerox; **to make a xerox copy of a letter** = eine Xerokopie eines Briefes machen; **we must order some more xerox paper for the copier** = wir müssen Xeroxpapier *n* für den Kopierer bestellen; **we are having a new xerox machine installed tomorrow** = wir bekommen morgen einen neuen Xeroxkopierer aufgestellt **(b)** *(photocopy made with a Xerox machine)* Xerokopie *f*; **to send the other party a xerox of the contract** = der anderen Partei eine Xerokopie des Vertrags schicken; **we have sent xeroxes to each of the agents** = wir haben allen Agenten Xerokopien geschickt **2** *verb (to make a photocopy with a Xerox machine)* xerokopieren *or* xerographieren; **to xerox a document** = ein Dokument xerokopieren; **she xeroxed all the files** = sie xerokopierte alle Akten

yard *noun* **(a)** *(measure of length = 0.91 metres)* Yard *n* (NOTE: can be written **yd** after figures: **10yd**) **(b)** *(factory which builds ships)* Werft *f*

yd = YARD

year *noun* Jahr *n; (year from January 1st to December 31st)* **calendar year** = Kalenderjahr; *(twelve month period for accounts)* **financial year** = Finanzjahr *or* Geschäftsjahr *or* Rechnungsjahr; *(twelve month period on which taxes are calculated: in the UK April 6th to April 5th of the following year)* **fiscal year** = Steuerjahr; **year end** = Jahresende *n*; **the accounts department has started work on the year-end accounts** = die Buchhaltung hat mit der Arbeit an der Jahresendabrechnung begonnen

◇ **yearbook** *noun* Jahrbuch *n*

◇ **yearly** *adjective* jährlich; **yearly payment** = jährliche Zahlung; **yearly premium of £250** = jährliche Prämie von £250

yellow dog contract *noun (US)* Arbeitsvertrag, nachdem der Beitritt zu einer Gewerkschaft verboten ist

yellow pages *plural noun (section of a telephone directory)* Gelbe Seiten *pl or* Branchenverzeichnis *n*

Yemen Arab Republic *noun* Arabische Republik Jemen
(NOTE: capital: **San'a** = Sanaa; currency: **Yemen riyal** = Jemen-Riyal *m*)

People's Democratic Republic of Yemen *noun* Demokratische Volksrepublik Jemen
(NOTE: capital: **Aden;** currency: **Yemeni dinar** = Jemen-Dinar *m*)

◇ **Yemeni 1** *noun* Jemenit/-in **2** *adjective* jemenitisch

yen *noun (currency used in Japan)* Yen *m*
(NOTE: usually written as **Y** before a figure: **Y2,700**; say: 'two thousand seven hundred yen')

yield 1 *noun (return on an investment)* Ertrag *m or* Rendite *f or* Effektivverzinsung *f*; **current yield** = laufende Rendite; **share with a current yield of 5%** = Aktie mit laufender Rendite von 5%; **dividend yield** = Dividendenertrag; **earnings yield** = Gewinnrendite; **effective yield** = Effektivertrag *or* Effektivrendite; **fixed yield** = Festertrag; **gross yield** = Bruttoertrag **2** *verb (to produce interest)* (Gewinn) einbringen *or* abwerfen; **government stocks which yield a small interest** = Staatsanleihen, die wenig Zinsen einbringen; **shares which yield 10%** = Aktien, die 10% abwerfen

> QUOTE if you wish to cut your risks you should go for shares with yields higher than average
> ***Investors Chronicle***

yuan *noun (currency used in China)* Yuan *m*

Zaire *noun* Zaire *n*

◇ **Zairean 1** *noun* Zairer/-in **2** *adjective* zairisch
(NOTE: capital: **Kinshasa;** currency: **zaïre** = Zaïre *m*)

Zambia *noun* Sambia *n*

◇ **Zambian 1** *noun* Sambier/-in **2** *adjective* sambisch
(NOTE: capital: **Lusaka;** currency: **kwacha** = Kwacha *m*)

zero *noun* Null *f*; **in Britain, the code for international calls is zero one zero (010)** = in Großbritannien ist die Vorwahl für Auslandsgespräche Null Eins Null; **zero inflation** = Nullinflation *f*
(NOTE: **nought** is also common in GB English)

◇ **zero-coupon bonds** *noun* Zerobonds *mpl or* Nullkupon-Anleihen *fpl*

◇ **zero-rated** *adjective (with a VAT rate of 0%)* von der Mehrwertsteuer befreit

◇ **zero-rating** *noun (rating of an item at 0% VAT)* Mehrwertsteuerbefreiung *f*

Zimbabwe *noun* Simbabwe *n*

◇ **Zimbabwean 1** *noun* Simbabwer/-in **2** *adjective* simbabwisch
(NOTE: capital: **Harare;** currency: **Zimbabwe dollar** = Simbabwe-Dollar *m*)

ZIP code *noun (US)* Postleitzahl *f*
(NOTE: the GB English for this is **postcode**)

zipper clause *noun (US)* Schweigepflichtklausel *f*

zone **1** *noun* Zone *f or* Gebiet *n*; **development zone** *or* **enterprise zone** = Förderungsgebiet; **free zone** = Freihafen *m or* Zollfreigebiet *n* **2** *verb (to divide land for planning purposes)* in Bezirke *mpl* mit verschiedenen Verwendungszwecken *mpl* aufteilen; **land zoned for light industrial use** = für Leichtindustrie vorgesehenes Land; **zoning regulations** *or (US)* **zoning ordinances** = Bauordnungsbestimmungen *fpl*

Deutsch-Englisches Wörterbuch

German-English Dictionary

Aa

à *prep* at; **sie bestellte zehn Kartons Briefumschläge à 50 Stück** = she ordered ten boxes of 50 envelopes each

> die Summe setzte sich zusammen aus 120 Banknoten à 1000 DM, 160 Banknoten à 500 DM und 500 Banknoten à 100 DM
>
> ***Die Zeit***

ab *prep* ex; **Preis ab Fabrik** *oder* **Werk** = price ex factory *oder* works; **Preis ab Kai** = price ex quay; **Preis ab Lager** = price ex warehouse; **Preis ab Schiff** = price ex ship; **Preis ab Werk** = price ex works *oder* ex factory

Abandon *m (Versicherung)* abandonment (of a ship)
◇ **abandonnieren** *vt* to abandon

Abbau *m* **(a)** cut(back) *oder* reduction *oder* retrenchment; **dem Unternehmen steht eine Zeit des Abbaus bevor** = the company is in for a period of retrenchment; **Abbau einschränkender Bestimmungen** = deregulation **(b)** mining *oder* extraction *oder* quarrying
◇ **abbauen** *vt* **(a)** *(Arbeitsplätze)* to cut *oder* to axe *oder (US)* to ax; **mehrere tausend Stellen sollen abgebaut werden** = several thousand jobs are to be axed; **das Unternehmen hat die Anzahl seiner Vertreter um 10% abgebaut** = the company has cut back its sales force by 10% **(b)** *(Vorräte)* to run down; **Warenbestände abbauen** = to run down stocks *oder* to let stocks run down; **den Personalbestand abbauen** = to reduce staff; **Lohnunterschiede abbauen** = to erode wage differentials **(c)** to mine; **das Unternehmen baut im Süden des Landes Kohle ab** = the company is mining coal in the south of the country
◇ **abbaubar** *adj* degradable; **biologisch abbaubar** = biodegradable
◇ **Abbaurechte** *npl* mining concession *oder* mineral rights

> der Konzern will bis Mitte 1994 insgesamt 4500 Stellen abbauen
>
> ***Sächsische Zeitung***
>
> ein Highlight ist das erste deutsche biologisch abbaubare Motoröl, das auf pflanzlichen Rohstoffen basiert
>
> ***Die Wirtschaft***

abbestellen *vt* to cancel; **eine Zeitschrift abbestellen** = to cancel a subscription to a magazine

abbezahlen *vt* to pay off

abbrechen *vt* to break off; **die Geschäftsleitung brach die Verhandlungen mit der Gewerkschaft ab** = management broke off negotiations with the union; **die Gewerkschaft brach den Streik ab** = the union has called off the strike; **wir brachen die Diskussion um Mitternacht ab** = we broke off the discussion at midnight; **die (Telefon)verbindung brach ab** = the line went dead

abbrennen *vi* to burn down; **das Lagerhaus brannte ab und der gesamte Warenbestand wurde zerstört** = the warehouse burnt down and all the stock was destroyed; **die Unterlagen des Unternehmens gingen verloren, als die Büroräume abbrannten** = the company records were all lost when the offices burnt down

abbröckeln *vi* to crumble *oder* to drop off *oder* to ease *oder* to fall; **abbröckelnder Markt** = easy market

abbuchen *vt* to debit
◇ **Abbuchung** *f* debit

abdecken *vt* to cover; **die Schreibmaschine muß immer abgedeckt sein** = always keep a cover over the typewriter; **vergessen Sie nicht, Ihren Mikrocomputer abzudecken, bevor Sie nach Hause gehen** = don't forget to cover your micro before you go home
◇ **Abdeckung** *f* cover

abfahren *vi* to depart
◇ **Abfahrt** *f* (i) *(Bus, Zug)* departure (ii) *(Schiff)* sailing
◇ **Abfahrtszeit** *f* departure time *oder* sailing time; **die Abfahrtszeiten verzögern sich um bis zu fünfzehn Minuten wegen des starken Verkehrsaufkommens** = departure times are delayed by up to fifteen minutes because of the volume of traffic

Abfall *m* waste
◇ **Abfallbehandlung** *f* waste treatment
◇ **Abfallbeseitigung** *f* waste disposal
◇ **Abfallprodukt** *n* by-product *oder* spinoff
◇ **Abfallstoffe** *mpl* waste materials
◇ **Abfallwirtschaft** *f* waste management

> seit 1964 wurden von Murmansk aus Schiffe mit hochradioaktiven Abfällen nach Nowaja Semlija geschickt, um ihre Containerfracht dort in die Karasee zu kippen
>
> ***Russischer Kurier***

abfassen *vt* to write *oder* to compose *oder* to draft *oder* to draw up *oder* to formulate; **neu abfassen** = to redraft
◇ **Abfassung** *f* composition; **schriftliche Abfassung** = writing

abfertigen *vt* **(a)** *(Waren, Pakete)* to make ready to leave **(b)** *(Gepäck)* to check in **(c)** to clear; **Güter zollamtlich abfertigen** = to clear goods through customs; **zollamtlich abfertigen lassen** = to effect customs clearance
◇ **Abfertigung** *f* **(a)** *(von Schiffen, Flugzeugen usw.)* turnround **(b)** *(von Gepäck)* check-in **(c)** *(Zoll)* clearance
◇ **Abfertigungshalle** *f* airport terminal *oder* terminal building

◇ **Abfertigungsschalter** *m* check-in desk

abfinden *vt* to pay off *oder* to settle *oder* to compensate

◇ **Abfindung** *f* compensation *oder* redundancy *oder* severance pay; **der ausscheidende Direktor erhielt zum Abschied eine großzügige Abfindung von DM 75.000** = the retiring director received a golden handshake of DM 75,000

abflachen *vti* to level off *oder* to level out

◇ **Abflachung** *f* levelling off *oder* out

> nach einem Boom im ersten Semester hatte das zweite Halbjahr mit dem wichtigen Weihnachtsgeschäft eine völlig unerwartete Abflachung gebracht
>
> ***Neue Zürcher Zeitung***

abflauen *vi* to peter out *oder* to slow down; **die Inflation flaut langsam ab** = inflation is slowing down

◇ **Abflauen** *n* downturn

abfliegen *vi* to take off *oder* to depart *oder* to leave; **das Flugzeug fliegt um 11.15 Uhr in Frankfurt ab** = the plane departs from Frankfurt at 11.15

◇ **Abflug** *m* **(a)** departure; **der Abflug verzögerte sich um zwei Stunden** = the plane's departure was delayed by two hours **(b)** *(Flughafenschild)* departures

◇ **Abflughalle** *f* departure lounge

◇ **Abflugschalter** *m* check-in counter

Abfluß *m* efflux *oder* draining away

◇ **Abflußrohr** *n* drain

abführen *vt* to pay *oder* to remit

◇ **Abführung** *f* payment *oder* remittance

Abgabe *f* **(a)** handing over *oder* delivery **(b)** tax *oder* duty *oder* levy **(c)** sale

◇ **abgabenfrei** *adj* tax-free

◇ **abgabenpflichtig** *adj* taxable *oder* dutiable *oder* liable to tax

◇ **Abgabepreis** *m* selling price

◇ **Abgabetermin** *m* due date

abgeben *vt* to hand in; **eine Steuererklärung beim Finanzamt abgeben** = to file a return to the tax office

abgedruckt *adj* printed; **abgedruckte Satzungen** *oder* **Vorschriften** = printed regulations

abgeholt *adj* collected; **nicht abgeholt** = uncollected; **nicht abgeholte Gegenstände werden nach sechs Monaten versteigert** = unclaimed property will be sold by auction after six months

abgemacht *adj* agreed

abgerundet *adj (Zahl)* rounded down

abgesagt *adj* off *oder* cancelled

Abgrenzungsposten *m* deferred item

abhaken *vt* to tick *oder (US)* to check; **etwas von einer Liste abhaken** = to tick something off a list

abhalten *vt* to hold; **die Jahreshauptversammlung wird am 24. März abgehalten** = the AGM will be held on March 24th; **wo wird die Messe abgehalten?** = what is the venue for the exhibition?; **eine Sitzung** *oder* **eine Diskussion abhalten** = to hold a meeting *oder* a discussion; **Vorstandssitzungen werden im Sitzungssaal abgehalten** = board meetings are held in the boardroom; **der Konkursverwalter wird eine Versteigerung der Vermögenswerte des Unternehmens abhalten** = the receiver will hold an auction of the company's assets

abhängen *vi* to depend on; **der Erfolg des neuen Produkts wird von der Werbung abhängen** = the success of the launch will depend on the publicity

◇ **abhängig** *adj* **(a) abhängig von** = depending on; **abhängig sein von** = to depend on **(b) abhängig von** = subject to; **der Vertrag ist abhängig von der Genehmigung der Regierung** = the contract is subject to government approval; **das Angebot ist abhängig von der Zustimmung des Vorstands** = the offer is conditional on the board's acceptance

◇ **Abhängigkeit** *f* dependency

abheben *vt* to draw *oder* to withdraw; **Geld von einem Konto** *oder* **von der Bank abheben** = to draw money out of an account *oder* to withdraw money from the bank; **man kann gegen Vorlage einer Scheckkarte von jeder Bank DM 400 abheben** = you can withdraw up to DM 400 from any bank on presentation of a banker's card

◇ **Abhebung** *f* withdrawal; **Abhebung ohne Sondergebühren bei 7-tägiger Kündigung** = withdrawal without penalty at seven days' notice; **sieben Tage vor Abhebung kündigen** = to give seven days' notice of withdrawal

abheften *vt* **etwas abheften** = to file something *oder* place something on file

abheuern 1 *vt* to pay off **2** *vi* to be paid off; **ohne Erlaubnis abheuern** = to jump ship

abholen *vt* to fetch; **es ist billiger, in Verbrauchermärkten zu kaufen, vorausgesetzt, man hat ein Auto, um die Waren selbst abzuholen** = it is cheaper to buy at a cash and carry warehouse, provided you have a car to fetch the goods yourself ; **niemand holte den Regenschirm ab, der in meinem Büro gefunden wurde** = no one claimed the umbrella found in my office; **können Sie meine Briefe vom zentralen Schreibdienst abholen** = can you collect my letters from the typing pool?; **wir müssen die Waren vom Lagerhaus** *oder* **von den Docks abholen** = we have to collect the stock from the warehouse *oder* from the docks

◇ **Abholdienst** *m* **Abhol- und Zustelldienst** = pickup and delivery service

◇ **Abholgebühren** *fpl* collection charges *oder* collection rates

◇ **Abholmarkt** *m (für Einzelhandel)* cash and carry warehouse

◇ **Abholung** *f* collection; **die Waren liegen im Lagerhaus zur Abholung bereit** = the stock is in the warehouse awaiting collection; **ein Paket (an der Rezeption) zur Abholung hinterlegen** = to hand a parcel in (at the reception desk) for collection

Abkommen *n* **(a)** agreement; **ein Abkommen brechen** = to break an agreement **(b)** deal; **ein Abkommen treffen** = to arrange *oder* to set up a deal; **sie trafen ein Abkommen mit einer amerikanischen Fluggesellschaft** = they did a deal with an American airline; **der Verkaufsleiter traf ein Abkommen mit einer russischen Bank** = the sales director set up a deal with a Russian bank; **das Abkommen wird morgen unterzeichnet** = the deal will be signed tomorrow; **ein Abkommen rückgängig machen** = to call off a deal; **als der Vorsitzende von dem Abkommen erfuhr, machte er es rückgängig** = when the chairman heard about the deal he called it off

abladen *vt* to unload *oder* to off-load
◇ **Ablader** *m* *(Überseefrachtverkehr)* discharger *oder* shipper

Ablage *f* **(a)** filing; **der Leiter ging die Ablage der Woche durch, um zu sehen, welche Briefe verschickt wurden** = the manager looked through the week's filing to see what letters had been sent **(b)** filing basket *oder* filing tray; **Ablage für Unerledigtes** = pending tray
◇ **Ablagesystem** *n* filing system

ablassen *vt* to knock off

Ablauf *m* **(a)** expiration *oder* expiry; **nach Ablauf des Mietvertrages** = on expiration of the lease; **nach Ablauf von sechs Monaten** = at the end of six months; **vor Ablauf des angegebenen Zeitraums zurückzahlen** = to repay before the expiration of the stated period **(b)** termination; **er arbeitet bis zum Ablauf seiner Kündigungsfrist** = he is working out his notice
◇ **ablaufen** *vi* **(a)** to expire; **die Garantie ist abgelaufen** = the guarantee has lapsed; **sein Paß ist abgelaufen** = his passport has expired **(b)** *(Ansprüche)* to lapse **(c)** *(Vertrag)* to terminate
◇ **Ablaufplanung** *f* scheduling
◇ **Ablauftermin** *m* expiry date

Ableben *n* demise

ablegen 1 *vi* to sail; **das Schiff legt um 12.00 Uhr ab** = the ship sails at 12.00 **2** *vt* to file; **der Briefwechsel ist unter ‚Reklamationen' abgelegt** = the correspondence is filed under 'complaints'
◇ **Ablegefach** *n* pigeonhole
◇ **Ablegen** *n* filing

ablehnen *vti* **(a)** to defeat *oder* to reject; **der Vorschlag wurde mit 10 zu 23 Stimmen abgelehnt** = the proposal was defeated by 10 votes to 23 **(b)** to refuse *oder* to turn down; **er bat um eine Gehaltserhöhung, aber dies wurde abgelehnt** = he asked for a rise but it was refused; **die Bank lehnte ihren Kreditantrag ab** = the bank turned down their request for a loan; **die Bank lehnte es ab, dem Unternehmen noch mehr Geld zu leihen** = the bank refused to lend the company any more money; **der Vorstand lehnte ihr Übernahmeangebot ab** = the board turned down their takeover bid; **der Lizenzantrag wurde abgelehnt** = the application for a licence was turned down **(c)** to object to *oder* to oppose; **eine Minderheit von Vorstandsmitgliedern lehnte den Antrag ab** = a minority of board members opposed the motion; **wir lehnen alle die Übernahme ab** = we are all opposed to the takeover
◇ **Ablehnung** *f* **(a)** refusal; **sein Gesuch stieß auf Ablehnung** = his request met with a refusal; **pauschale Ablehnung** = blanket refusal **(b)** rejection; **der Vorsitzende bot nach der Ablehnung des Vorschlags auf der Jahreshauptversammlung seinen Rücktritt an** = the chairman offered to resign after the defeat of the proposal at the AGM

> auch in Wirtschaftskreisen stößt der Mann auf offene Ablehnung
>
> ***Wirtschaftswoche***

ablösen *vt* **(a)** to replace *oder* to take over from; **Frau Müller löste Herrn Schmidt am 1. Mai ab** = Ms Müller took over from Mr Schmidt on May 1st **(b)** to redeem; **eine Rente ablösen** = to redeem an annuity
◇ **Ablöseschicht** *f* relief shift

ABM = ARBEITSBESCHAFFUNGSMASSNAHMEN job creation measures *oder* scheme
◇ **ABM-Stelle** *f* *(government sponsored employment for a limited period)*

Abmachung *f* agreement; **eine Abmachung unterzeichnen** = to sign a deal; **mit jdm eine Abmachung treffen** = to conclude an agreement with someone

abmahnen *vt* to caution *oder* to warn
◇ **Abmahnung** *f* caution
◇ **Abmahnungsschreiben** *n* formal letter of caution *oder* written warning

abmessen *vt* to measure

Abnahme *f* **(a)** decrease *oder* decline **(b)** acceptance
◇ **Abnahmebescheinigung** *f* test certificate *oder* certificate of acceptance
◇ **Abnahmekontrolle** *f* **Abnahmekontrolle mittels Stichprobe** = acceptance sampling

abnehmen 1 *vt* **(a) (den Hörer) abnehmen** = to answer the telephone **(b)** *(Geschäftsbücher)* to agree *oder* to approve; **die Wirtschaftsprüfer haben die Geschäftsbücher abgenommen** = the auditors have agreed the accounts **(b)** to take *oder* to accept; **eine Warensendung abnehmen** = to accept delivery of a shipment **2** *vi* to decline *oder* to decrease *oder* to diminish *oder* to fall away *oder* to fall off *oder* to slacken off; **unser Papiervorrat nimmt rasch ab** = our stock *oder* supply of paper is diminishing rapidly
◇ **abnehmend** *adj* falling
◇ **Abnehmer/-in** *mf* buyer *oder* customer *oder* taker
◇ **Abnehmerkreis** *m* buyers *oder* customers *oder* market

Abnutzung *f* wear (and tear)

◇ **Abnutzungserscheinung** *f* sign of wear; **normale Abnutzungserscheinungen** = fair wear and tear; **die Versicherung deckt die meisten Schäden, aber keine normalen Abnutzungserscheinungen an der Maschine** = the insurance policy covers most damage but not fair wear and tear to the machine

Abonnement *n* subscription; **haben Sie daran gedacht, das Abonnement für die Computerzeitschrift zu bezahlen?** = did you remember to pay the subscription to the computer magazine?

◇ **Abonnementspreis** *m* subscription rate

◇ **Abonnementsverlängerung** *f* renewal of a subscription

◇ **Abonnent/-in** *mf* subscriber; **die Extraausgabe wird kostenlos an Abonnenten verschickt** = the extra issue is sent free to subscribers

◇ **abonnieren** *vt* to subscribe to *oder* to take out a subscription to; **eine Zeitschrift abonnieren** = to subscribe to a magazine

abordnen *vt* to delegate *oder* to depute *oder* to second; **jemanden zu einer Besprechung abordnen** = to send somebody as a delegate to a meeting; **er wurde für drei Jahre an ein australisches College abgeordnet** = he is on three years' secondment to an Australian college

◇ **Abordnung** *f* delegation *oder* secondment

abpacken *vt* to prepack *oder* to prepackage; **das Obst ist in Plastikschalen abgepackt** = the fruit are prepacked *oder* prepackaged in plastic trays

abraten *vti* to advise against; **der Bankdirektor riet von der Auflösung des Kontos ab** = the bank manager advised against closing the account; **mein Börsenmakler riet vom Kauf dieser Aktien ab** = my stockbroker has advised against buying those shares; **wir raten von Bankaktien als sicherer Geldanlage ab** = we do not recommend bank shares as a safe investment

abrechnen 1 *vt* **(a)** *(abziehen)* to deduct; **die MwSt. abrechnen** = to deduct VAT **(b)** *(abwickeln)* to settle; **die Kasse abrechnen** = to cash up **2** *vi* to settle; **mit jdm abrechnen** = to settle up with someone

◇ **Abrechnung** *f* **(a)** (statement of) account; **laut Abrechnung** = (as) per account rendered **(b)** accounting *oder* invoicing; **unsere Abrechnungen werden per Computer gemacht** = our invoicing is done by computer **(c)** *(Abwicklung)* settlement **(d)** *(Abzug)* deduction

◇ **Abrechnungskurs** *oder* **Abrechnungspreis** *m* *(Börse)* settlement price

◇ **Abrechnungsperiode** *f* accounting period *oder* account

◇ **Abrechnungssystem** *n* accounting system; **unser Abrechnungssystem hat trotz des hohen Auftragszuwachses gut funktioniert** = our accounting system has worked well in spite of the large increase in orders

◇ **Abrechnungstag** *m* settlement day

◇ **Abrechnungstermin** *m* settlement date *oder* accounting date

◇ **Abrechnungszeitraum** *m* accounting period *oder* account; **die Aktienkurse stiegen zum Ende des Abrechnungszeitraums** = share prices rose at the end of the account *oder* the account end

Abreise *f* departure

◇ **abreisen** *vi* **(a)** to depart **(b)** to check out; **wir werden vor dem Frühstück abreisen** = we will check out before breakfast

Abriß *m* outline

Abruf *m* call; **auf Abruf** = at call *oder* on call

◇ **abrufen** *vt* to call up *oder* to recall; **sämtliche Information wurde versehentlich aus dem Computer gelöscht, so daß wir unsere Umsatzzahlen des letzten Monats nicht abrufen können** = all of the information was accidentally wiped off the computer so we cannot retrieve our sales figures for the last month

abrunden *vt* to round down

absacken *vi* to plummet *oder* to plunge; **die Aktienkurse sackten ab, als die Abwertung bekanntgegeben wurde** = share prices plummeted *oder* plunged on the news of the devaluation; **die Mark sackte an den Devisenmärkten ab** = the mark slumped on the foreign exchange markets

> der Rubel ist am Dienstag an der Moskauer Devisenbörse erneut auf ein Rekordtief abgesackt
> ***Neues Deutschland***

Absage *f* **(a)** cancellation **(b)** refusal

◇ **absagen 1** *vt* to call off *oder* to cancel; **sie sagten den Streik ab** = they called the strike off; **einen Termin** *oder* **eine Besprechung absagen** = to cancel an appointment *oder* a meeting **2** *vi* to refuse *oder* decline an invitation *oder* to cry off; **jemandem absagen** = to refuse someone's invitation

Absatz *m* **(a)** *(Abschnitt)* article *oder* clause *oder* paragraph *oder* section; **der erste Absatz Ihres Briefes** = the first paragraph of your letter *oder* paragraph one of your letter **(b)** sales *oder* sales volume *oder* volume of sales; **Absatz finden** = to sell; **Artikel mit reißendem Absatz** = fast-selling items; **mit verschiedenen Produkten gute Absätze erzielen** = to do a good trade in a range of products

> nach den Worten der Chefin der Außenhandelsabteilung, gibt das neue Geschäft Hoffnung auf reißende Absätze
> ***Russischer Kurier***

◇ **Absatzanalyse** *f* sales analysis

◇ **Absatzbericht** *m* sales report; **monatlicher Absatzbericht** = monthly sales report; **im Absatzbericht sind alle europäischen Länder zusammengefaßt** = in the sales report all the European countries are bracketed together

◇ **Absatzchancen** *fpl* sales potential; **Produkt mit großen Absatzchancen** = product with considerable sales potential

◇ **Absatzdiagramm** *n* sales chart *oder* graph; **das Absatzdiagramm zeigt eine kontinuierliche Steigerung** = the sales graph shows a steady rise

◇ **Absatzdurchschnitt** *m* sales average *oder* average of sales

◇ **Absatzeinbruch** *m* slump in sales

◇ **absatzfähig** *adj* marketable *oder* saleable *oder* sellable

◇ **Absatzfähigkeit** *f* marketability *oder* saleability
◇ **Absatzflaute** *f* period of slack sales
◇ **Absatzförderung** *f* sales promotion
◇ **Absatzforschung** *f* sales research
◇ **Absatzgebiet** *n* market *oder* trading area *oder* sales territory *oder* outlet
◇ **Absatzgenossenschaft** *f* marketing cooperative
◇ **Absatzkontrolle** *f* sales control
◇ **Absatzkosten** *pl* sales cost *oder* cost of sales
◇ **Absatzkurve** *f* sales curve
◇ **Absatzmarkt** *m* market *oder* trading area *oder* outlet
◇ **Absatzmenge** *f* sales volume *oder* volume of sales
◇ **Absatzmix** *m* sales mix
◇ **Absatzmöglichkeit** *f* sales potential; **neue Absatzmöglichkeiten** = sales *oder* market opportunities
◇ **absatzorientiert** *adj* sales orientated
◇ **Absatzplan** *m* sales *oder* marketing plan
◇ **Absatzplanung** *f* sales planning
◇ **Absatzpolitik** *f* sales *oder* marketing policy *oder* strategy
◇ **Absatzpotential** *n* sales potential; **das Absatzpotential analysieren** = to analyze the sales *oder* market potential; **das Produkt hat ein Absatzpotential von 100.000 Stück** = the product has potential sales of 100,000 units
◇ **Absatzprognose** *f* sales forecast *oder* projected sales
◇ **Absatzquote** *f* sales quota
◇ **Absatzrate** *f* rate of sales
◇ **Absatzrenner** *m* sales hit *oder* fast selling item *oder* fast seller *oder* hot seller

> zum Absatzrenner haben sich die Laufzeitenfonds entwickelt
> *Wirtschaftswoche*

◇ **Absatzrückgang** *m* drop in sales
◇ **Absatzschwierigkeiten** *fpl* sales *oder* marketing difficulties; **das Unternehmen hatte auf dem europäischen Markt Absatzschwierigkeiten** = the company found it difficult to sell into the European market
◇ **absatzstark** *adj* best-selling; **diese Computerdisketten sind unsere absatzstärkste Produktlinie** = these computer disks are our best-selling line
◇ **Absatzstruktur** *f* pattern of sales *oder* sales pattern
◇ **Absatztendenz** *f* sales trend; **eine steigende Absatztendenz** = an upward trend in sales
◇ **Absatzvolumen** *n* sales volume *oder* volume of sales; **geringes** *oder* **hohes Absatzvolumen** = low *oder* high volume of sales
◇ **Absatzwege** *mpl* distribution channels *oder* channels of distribution

abschaffen *vt* to do away with *oder* to get rid of; **wir haben die alten Telefone abgeschafft und ein computerisiertes System installiert** = we threw out the old telephones and installed a computerized system

abschätzen *vt* to appraise *oder* to evaluate; **die Lage abschätzen** = to take stock of a situation
◇ **Abschätzung** *f* appraisal *oder* evaluation

abschicken *vt* to post *oder* to send off; **einen Brief abschicken** = to send off a letter; **die Rechnung wurde gestern abgeschickt** = the invoice was put in the mail yesterday

abschlägig *adj* unfavourable; **der Bescheid war abschlägig** = the answer was in the negative; **sein Gesuch wurde abschlägig beschieden** = his request met with a refusal

Abschlagsdividende *f* interim dividend
◇ **Abschlagszahlung** *f* interim payment *oder* payment on account *oder* part *oder (US)* partial payment *oder* progress payment; **die fünfte Abschlagszahlung ist im März fällig** = the fifth progress payment is due in March

abschließen 1 *vt* to clinch *oder* to conclude *oder* to finalize *oder* to finish *oder* to firm up; **wir hoffen, den Vertrag morgen abzuschließen** = we hope to finalize the agreement tomorrow; **mit jdm ein Geschäft abschließen** = to strike a bargain with someone; **das Geschäft wurde für DM 50 pro Einheit abgeschlossen** = a deal was struck at DM 50 a unit; **sie schlossen einen Exklusivvertrag mit einem ägyptischen Unternehmen ab** = they signed a closed market agreement with an Egyptian company; **sie brauchen die Genehmigung des Vorstands, bevor sie das Geschäft abschließen können** = they need approval from the board before they can clinch the deal; **wir erwarten, das Geschäft auf der nächsten Handelsmesse abschließen zu können** = we expect to firm up the deal at the next trade fair **2** *vti* **(a)** to lock (up); **ein Geschäft** *oder* **ein Büro abschließen** = to lock up a shop *oder* an office; **der Geschäftsführer vergaß, die Tür des Computerraums abzuschließen** = the manager forgot to lock the door of the computer room; **die Portokasse war nicht abgeschlossen** = the petty cash box was not locked **(b) die Konten abschließen** = to close the accounts **(d) eine Diebstahlversicherung abschließen** = to take out insurance against theft **(e) eine Ausbildung zum ... abschließen** = to qualify as ...
◇ **abschließend** *adj* closing

> wer jetzt eine neu Vollkaskoversicherung abschließt, muß im Schnitt mehr als 20 Prozent draufzahlen
> *Focus*

Abschluß *m* **(a)** completion; **zum Abschluß bringen** = to finalize **(b)** bargain *oder* transaction *oder* deal; **zum Abschluß kommen** = to make a deal **(c)** *(Bilanz)* financial statement *oder* result
◇ **Abschlußexamen** *n* final examination; **sie war die Beste im Abschlußexamen** = she came first in the final examination
◇ **Abschlußprüfer/-in** *mf* auditor
◇ **Abschlußprüfung** *f* **(a)** audit **(b)** final examination
◇ **Abschlußtermin** *m* completion date

Abschnitt *m* **(a)** section *oder* paragraph; **siehe Abschnitt 8 des Vertrags** = see article 8 of the contract **(b)** phase *oder* stage; **ein Abschnitt der Geschichte** = a phase of history

abschöpfen *vt* **(a)** *(EU)* to levy **(b)** to cream off *oder* to siphon off; **den Gewinn abschöpfen** = to siphon off the profits **(c)** to absorb *oder* to take out of circulation; **den Geldüberhang abschöpfen** = to absorb surplus money

◇ **Abschöpfung** *f* **(a)** *(EU)* import levy **(b)** absorption; **Abschöpfung der Kaufkraft** = absorption of purchasing power

abschreiben *vt* **(a)** to amortize *oder* to depreciate *oder* to write down; **wir schreiben unsere Firmenwagen über drei Jahre ab** = we depreciate our company cars over three years **(b)** to write off; **die Fracht wurde als Totalverlust abgeschrieben** = the cargo was written off as a total loss; **zwei Autos wurden nach dem Unfall als Totalschaden abgeschrieben** = two cars were written off after the accident; **uneinbringliche Forderungen abschreiben** = to write off bad debts

> Investoren, die bis Ende 1994 in den neuen Bundesländern bauen, können die Hälfte der Baukosten in den ersten fünf Jahren abschreiben
> *Wirtschaftswoche*

◇ **Abschreibung** *f* amortization *oder* depreciation; **Abschreibung für Wertminderung** = allowance for depreciation; **beschleunigte Abschreibung** = accelerated depreciation; **jährliche Abschreibung** = annual depreciation; **lineare Abschreibung** = straight line depreciation

◇ **Abschreibungsbetrag** *m* amount written off

◇ **Abschreibungssatz** *m* depreciation rate

Abschrift *f* copy; **eine Abschrift machen** = to copy

abschwächen *vt* **(a)** to weaken *oder* to lessen *oder* to tone down *oder* to damp down; **der Geschäftsführer schwächte seine Äußerungen ab** = the managing director toned down his remarks **(b)** *vr* **sich abschwächen** = to weaken

◇ **Abschwächung** *f* reduction *oder* decrease *oder* decline

Abschwung *m* downturn *oder* recession; **die Wirtschaft erlebte im letzten Quartal einen Abschwung** = the last quarter saw a downturn in the economy

Absender/-in *mf* sender *oder* consignor *oder* dispatcher; **‚zurück an Absender'** = 'return to sender'

absetzbar *adj* **(a)** saleable **(b)** deductible; **steuerlich absetzbar** = tax-deductible; **(von der Steuer) absetzbare Ausgaben** = tax deductions; **diese Ausgaben sind nicht (von der Steuer) absetzbar** = these expenses are not tax-deductible

◇ **Absetzbarkeit** *f* **(a)** saleability **(b)** deductibility

◇ **absetzen** *vt* **(a)** to sell; **etwas billig absetzen** = to sell something off cheaply **(b)** to set against *oder* to deduct; **kann man die Ausgaben von der Steuer absetzen?** = can you set the expenses against tax? **(c)** to remove; **zwei Vorstandsmitglieder wurden auf der Jahreshauptversammlung abgesetzt** = two directors were removed from the board at the AGM **(d)** *vr* **sich absetzen** = to withdraw *oder* to distance oneself; **das Unternehmen setzt sich von seinem weniger anspruchsvollen Image ab** = the company is moving away from its down-market image

◇ **Absetzung** *f* **(a)** deduction *oder* write-off; **Absetzung für Abnutzung** = depreciation for wear and tear **(b)** removal; **die Absetzung des geschäftsführenden Direktors wird sehr schwierig werden** = the removal of the managing director is going to be very difficult

absichern *vt* **(a)** to protect; **ein Risiko absichern** = to cover a risk **(b)** *vr* **sich absichern** = to hedge one's bets; **sich gegen Inflation absichern** = to hedge against inflation; **sich gegen Risiken absichern** = to lay off risks

◇ **Absicherung** *f* hedge; **eine Absicherung gegen Inflation** = a hedge against inflation; **er kaufte Gold als Absicherung gegen Kursverluste** = he bought gold as a hedge against exchange losses

Absicht *f* intent *oder* intention

◇ **Absichtserklärung** *f* letter of intent

absinken *vi* to slide

absolut 1 *adj* absolute *oder* total; **absolutes Monopol** = absolute monopoly; **das Unternehmen hat ein absolutes Importmonopol für französische Weine** = the company has an absolute monopoly of imports of French wine **2** *adv* absolutely

absorbieren *vt* to absorb

abspalten *vtr* to hive off; **der neue geschäftsführende Direktor spaltete die Einzelhandelsabteilungen vom Unternehmen ab** = the new managing director hived off the retail sections of the company

abspeichern *vt (Computerdatei)* to save; **vergessen Sie nicht, Ihre Dateien abzuspeichern** = do not forget to save your files

Absprache *f* unwritten *oder* verbal agreement

Abstand *m* interval; **in regelmäßigen Abständen** = periodic *oder* periodical

abstellen *vt* **(a)** to allocate; **DM 4.500 wurden für Büromöbel abgestellt** = DM 4,500 was allocated to office furniture; **wir stellen 10% der Einnahmen für Publicity ab** = we allocate 10% of revenue to publicity **(b)** to second; **er wurde für zwei Jahre an das Handelsministerium abgestellt** = he was seconded to the Ministry of Trade for two years

abstempeln *vt* **(a)** *(Post)* to postmark; **der Brief ist in New York abgestempelt** = the letter was postmarked New York **(b)** *(Dokumente)* to stamp; **die Dokumente wurden von den Zollbeamten abgestempelt** = the documents were stamped by the customs officials; **eine Rechnung mit ‚Bezahlt' abstempeln** = to stamp an invoice 'Paid'

abstimmen 1 *vi* to ballot *oder* to vote; **die Gewerkschaft stimmt über die Präsidentschaftskandidaten ab** = the union is balloting for the post of president; **über einen Vorschlag** *oder* **Antrag abstimmen (lassen)** = to take a vote on a proposal *oder* to put a proposal to the vote **2** *vt* to reconcile; **die Konten abstimmen** = to reconcile the accounts; **ein Konto mit einem anderen abstimmen** = to reconcile one account with another; **die Buchhaltung versuchte, die Zahlen abzustimmen** = the accounts department tried to make the figures tally

◇ **Abstimmung** *f* **(a)** ballot *oder* vote; **geheime Abstimmung** = secret ballot **(b)** reconciliation; **Abstimmung von Konten** = reconciliation of accounts

abstoßen *vt* to dispose of *oder* to offload *oder* to sell off *oder* to unload; **sein Geschäft abstoßen** = to dispose of one's business; **das Unternehmen versucht, seine ganzen alten Bestände abzustoßen** = the company is trying to get rid of all its old stock; **überschüssige Lagerbestände abstoßen** = to offload excess stock; **wir haben versucht, unsere Beteiligungen sofort abzustoßen, nachdem das Unternehmen seinen Jahresabschluß vorlegte** = we tried to unload our shareholding as soon as the company published its accounts

abstufen *vt* to grade

Absturz *m* crash

◇ **abstürzen** *vi* to crash

Abteilung *f* department *oder* division *oder* section

◇ **Abteilungs-** *pref* departmental *oder* divisional

◇ **Abteilungsleiter/-in** *mf* head of department *oder* department head *oder* department(al) manager(ess) *oder (US)* floor manager(ess)

abtippen *vt* to type out; **der Sekretär hat das Manuskript abgetippt** = the secretary copy typed the manuscript

◇ **Abtippen** *n* typing; **Abtippen von Dokumenten** = copy typing

abträglich *adj* harmful; **die schlechte Publicity war dem Ruf des Unternehmens abträglich** = the bad publicity has harmed the company's reputation

abtreten *vt* to assign; **jdm ein Recht abtreten** = to assign a right to someone

◇ **Abtretende(r)** *mf* assignor

◇ **Abtretung** *f* assignment *oder* assignation *oder* cession

◇ **Abtretungsformular** *n* **Abtretungsformular für Bezugsrechte** = letter of renunciation

◇ **Abtretungsurkunde** *f* deed of assignment; **eine Abtretungsurkunde unterzeichnen** = to sign a deed of assignment

abwählen *vt* to vote off *oder* out; **bei der Jahresversammlung wurden zwei Vorstandsmitglieder abgewählt** = two directors were voted off the board at the AGM

abwälzen *vt (Kosten)* to pass on; **die Kosten wurden auf die Kunden abgewälzt** = the costs were passed on to the clients

> Geschäftskunden können die Zahlung der Steuer auf ihre Kunden abwälzen, Privatkunden nicht
>
> *Die Welt*

abwarten *vt* to wait for; **unsere Handelsvertreter können es kaum abwarten, die neue Produktreihe zu sehen** = our salesmen are eager to see the new product range; **die Aktionäre der Gesellschaft sollten ein besseres Angebot abwarten** = the company's shareholders should hold on and wait for a better offer

abwärts *adj* downward(s)

◇ **Abwärtstendenz** *f* downward tendency *oder* trend; **seit mehreren Tagen gibt es eine Abwärtstendenz auf dem Markt** = there has been a downward tendency in the market for several days

Abwehr *f* defence *oder (US)* defense; **die Merchant Bank organisiert für das Unternehmen die Abwehr des Übernahmeangebots** = the merchant bank is organizing the company's defence against the takeover bid

abweichen von *vi* to be at variance with; **der tatsächliche Absatz und der von den Vertretern angegebene Absatz weichen voneinander ab** = the actual sales are at variance with the sales reported by the reps; **von der üblichen Verfahrensweise abweichen** = to depart from normal practice

◇ **Abweichung** *f* **(a)** variance; **statistische Abweichung** = statistical discrepancy **(b)** variation; **saisonbedingte Abweichungen** = seasonal variations

abweisen *vti* to reject

◇ **Abweisung** *f* rejection

abwenden *vt* to avert; **das Unternehmen versucht, den Konkurs abzuwenden** = the company is trying to avert *oder* avoid bankruptcy

abwerben *vt* to headhunt; **er wurde abgeworben** = he was headhunted

◇ **Abwerbung** *f* headhunting

abwerfen *vt* to yield *oder* to produce *oder* to return; **die Wertpapiere werfen 10% Zinsen ab** = the bonds carry interest at 10%; **Aktien, die 10% abwerfen** = shares which yield 10%; **Anlagen, die etwa 10% pro Jahr abwerfen** = investments which produce about 10% per annum

abwerten *vt* to devalue; **das Pfund wurde um 7% abgewertet** = the pound has been devalued by 7%

◇ **Abwertung** *f* devaluation; **die Abwertung des Pfunds** = the devaluation of the pound

abwesend *adj* absent

◇ **Abwesende(r)** *mf* absentee

◇ **Abwesenheit** *f* absence; **in Abwesenheit** = in the absence of; **in Abwesenheit des Vorsitzenden übernahm sein Stellvertreter den Vorsitz** = in the absence of the chairman, his deputy took the chair

◇ **Abwesenheitsquote** *f* rate of absenteeism *oder* absenteeism rate; **die Abwesenheitsquote nimmt bei schönem Wetter immer zu** = the rate of absenteeism always increases in fine weather

abwickeln *vt* **(a)** to handle *oder* to manage; **sie wickeln unsere gesamten Auslandsaufträge ab** = they handle all our overseas orders; **einen Auftrag schnellstens abwickeln** = to rush an order through; **mit Erfolg abwickeln** = to pull off **(b)** to phase out *oder* to wind up *oder* to liquidate; **die Fa. Sperzel wird als Lieferant von Ersatzteilen allmählich abgewickelt** = Sperzel & Co. will be phased out as a supplier of spare parts **(c)** to complete *oder* to conclude; **ein Geschäft abwickeln** = to complete *oder* to conclude a deal

◇ **Abwicklung** *f* **(a)** handling **(b)** liquidation **(c)** completion

abwiegen *vt* to weigh; **zu knapp abwiegen** = to give short weight

abzahlen *vt* to pay off; **wir zahlen den Computer in monatlichen Raten von DM 200 ab** = we are paying for the computer by paying instalments of DM 200 a month

◇ **Abzahlung** *f* repayment

◇ **Abzahlungsgeschäft** *n* hire purchase (HP) *oder (US)* installment plan

abzeichnen *vt* to initial

abziehen *vt* to deduct *oder* to subtract *oder* to take away *oder* to take off; **DM 7 vom Preis abziehen** = to deduct DM 7 from the price; **die Kosten müssen noch abgezogen werden** = expenses are still to be deducted; **einen Betrag für Auslagen abziehen** = to deduct a sum for expenses; **wenn die Geschäftsgewinne im Fernen Osten abgezogen werden, werden Sie sehen, daß der Konzern auf dem europäischen Markt nicht gewinnbringend gearbeitet hat** = if the profits from the Far Eastern operations are subtracted, you will see that the group has not been profitable in the European market ; **wenn man die Inlandsverkäufe abzieht, ist der Gesamtumsatz niedriger** = if you take away the home sales, the total turnover is down

◇ **abziehbar** *adj* deductible

abzielen auf *vi* to target; **auf einen Markt abzielen** = to target a market

abzinsen *vt* to discount Abzinsung *f* discounting

Abzug *m* deduction; **nach Abzug der Kosten beträgt die Bruttomarge nur 23%** = after deducting costs the gross margin is only 23%

◇ **abzüglich** *prep* less *oder* minus; **Bruttogewinn ist Umsatz abzüglich Produktionskosten** = gross profit is sales minus production costs; **das Nettogehalt ist Bruttogehalt abzüglich Steuern und Sozialabgaben** = net salary is gross salary after deduction of tax and social security contributions; **Kaufpreis abzüglich 15% Rabatt** *oder* **Skonto** = purchase price less 15% discount; **Zinsen abzüglich Bearbeitungsgebühren** = interest less service charges

◇ **abzugsfähig** *adj* tax-deductible; **abzugsfähige Ausgaben** = allowable expenses

abzweigen *vt (Geld)* to divert

Acker *m* field

◇ **Ackerland** *n* arable land

ad acta *adv* **etwas ad acta legen** = to file *oder* to shelve something

> der Absatz bleibt weit hinter den Erwartungen zurück, und der für das nächste Jahr geplante Börsengang ist ad acta gelegt
>
> ***Hamburger Abendblatt***

addieren *vt* to add up *oder* to tot up; **er addierte die Absatzzahlen für die sechs Monate bis Dezember** = he totted up the sales figures for the six months to December; **eine Zahlenkolonne addieren** = to add up a column of figures; **die Spalten einer Abrechnung addieren** = to add up *oder (US)* to foot up an account

◇ **Addiermaschine** *f* adding machine

◇ **Addition** *f* addition; **für einfache Additionen braucht man keinen Taschenrechner** = you don't need a calculator to do simple addition

administrativ *adj* administrative

Adresse *f* address

◇ **Adressat/-in** *mf* addressee

◇ **Adreßbuch** *n* address book *oder* directory

◇ **Adressenanhänger** *oder* **Adressenaufkleber** *m* address label

◇ **Adressenliste** *f* address list *oder* mailing list; **eine Adressenliste zusammenstellen** = to build up a mailing list; **sein Name steht auf unserer Adressenliste** = his name is on our mailing list; **wir haben eine Adressenliste mit zweitausend Adressen in Europa** = we keep an address list of two thousand addresses in Europe

◇ **adressieren** *vt* to address; **einen Brief** *oder* **ein Paket adressieren** = to address a letter *oder* a parcel; **ein an den geschäftsführenden Direktor adressierter Brief** = a letter addressed to the managing director; **ein falsch adressiertes Paket** = an incorrectly addressed package

◇ **Adressiermaschine** *f* addressing machine

Aerogramm *n* aerogramme

affirmativ *adj* affirmative

Afghanistan *n* Afghanistan

◇ **Afghane/Afghanin** *mf* Afghan

◇ **afghanisch** *adj* Afghan

(NOTE: Hauptstadt: **Kabul;** Währung: **Afghani** *m* = afghani)

AG *f* = AKTIENGESELLSCHAFT Public Limited Company (plc *oder* Plc) *oder (US)* incorporated company (Inc.); **Müller AG** = Müller plc; **J. Doe AG** = J. Doe Inc.

Agent/-in *mf* agent

◇ **Agentur** *f* agency

◇ **Agenturvertrag** *m* agency agreement; **sie unterzeichneten einen Agenturvertrag** = they signed an agency contract

> die Agentur übernimmt die volle Verantwortung für die Leistungen ihres Managers, indem sie eine entsprechende Risikoversicherung abschließt
>
> ***Die Zeit***

aggressiv *adj* aggressive; **aggressiver Verkäufer** = high-pressure salesman; **aggressive Verkaufsmethoden** = high-pressure sales techniques *oder* high-pressure selling; **bei dem Geschäft wurden aggressive Verkaufsmethoden**

angewendet = a lot of hard selling went into that deal; **beim Verkauf eines Produkts aggressive Verkaufsmethoden anwenden** = to give a product the hard sell; **das Verkaufsteam verkaufte die neue Produktserie mit aggressiven Verkaufsmethoden an Supermärkte** = the sales team sold the new product range hard into the supermarkets

agieren *vi* to act *oder* to operate

Agio *n* **(a)** *(Geldsorte)* agio *oder* exchange premium **(b)** *(Wertpapier)* premium

Agrarerzeugnisse *npl* agricultural produce
◊ **Agrarindustrie** *f oder* **Agribusineß** *n* agribusiness
◊ **Agrarmarkt** *m* agricultural market
◊ **Agrarökonom** *m* agricultural economist
◊ **Agrarpolitik** *f* agricultural *oder* farm policy; **gemeinsame Agrarpolitik (der EU)** = Common Agricultural Policy (CAP)
◊ **Agrarprodukte** *npl* agricultural produce *oder* farm produce
◊ **Agrarwissenschaftler/-in** *mf* agricultural economist
◊ **Agrarzoll** *m* import tariff on agricultural produce

Ägypten *n* Egypt
◊ **Ägypter/-in** *mf* Egyptian
◊ **ägyptisch** *adj* Egyptian
(NOTE: Hauptstadt: **Kairo** = Cairo; Währung: **ägyptisches Pfund** = Egyptian pound)

AIDA-Formel *f (die vier Wirkungsstufen von Werbemaßnahmen)* AIDA formula *(Attention, Interest, Desire, Action)*

Air-Carrier *m* air carrier
◊ **Airline** *f* airline
◊ **Airport** *m* airport

> das Kleinunternehmen bietet alles, was die etablierten Air-Carrier mit ihren großen Vögeln nicht leisten können oder wollen
> ***Die Wirtschaft***

Akademiker/-in *mf* graduate

Akkord *m oder* **Akkordarbeit** *f* piece-work; **im** *oder* **auf Akkord arbeiten** = to work at piece rates; **im Akkord bezahlt werden** = to be paid at piece-work rates
◊ **Akkordlohn** *m* piece-work wage *(cf* ZEITLOHN)
◊ **Akkordlohnsatz** *m* piece(-work) rate; **Akkordlohnsatz erhalten** = to be paid at piece-work rates
◊ **Akkordzeit** *f* allowed time

akkreditieren *vt* **(a)** *(pol)* to accredit **(b)** *(fin)* **(i) jdn akkreditieren** = to give someone credit facilities; **(ii) jdn für einen Betrag akkreditieren** = to credit an amount to someone
◊ **akkreditiert** *adj* accredited

Akkreditiv *n* letter of credit (L/C); **unwiderrufliches Akkreditiv** = irrevocable letter of credit

akkumulieren *vtir* to accumulate

Akontozahlung *f* payment on account

akquirieren *vti (Kundenwerbung)* to canvass (for customers)
◊ **Akquisiteur/-in** *mf* canvasser
◊ **Akquisition** *f* canvassing
◊ **Akquisitionsmethoden** *fpl* canvassing techniques

> trotz massiver Akquisitionen konnte der Umsatz im Systemhaus nur ‚knapp gehalten' werden
> ***Wirtschaftswoche***

Akte *f* file *oder* record; **Dokumente in Akten ablegen** = to file documents; **etwas zu den Akten nehmen** = to place something on file; **jdn in den Akten führen** = to keep someone's name on file; **die Namen der Kunden werden in den Akten des Unternehmens festgehalten** = the names of customers are kept in the company's records
◊ **Aktendeckel** *m* folder
◊ **Aktenkoffer** *m* attaché case
◊ **Aktenkopie** *f* file copy
◊ **Aktenmappe** *f* folder; **legen Sie für den Vorsitzenden alle Dokumente in eine Aktenmappe** = put all the documents in a folder for the chairman
◊ **Aktenordner** *m* file
◊ **Aktenschrank** *m* filing cabinet; **die Korrespondenz des letzten Jahres ist im unteren Schubfach des Aktenschranks** = last year's correspondence is in the bottom drawer of the filing cabinet
◊ **Aktentasche** *f* briefcase; **er legte alle Akten in seine Aktentasche** = he put all the files into his briefcase
◊ **Aktenvernichter** *m* shredder
◊ **Aktenzeichen** *n* reference; **bei Rückantworten geben Sie bitte das Aktenzeichen 1234 an** = when replying please quote reference 1234; **bitte geben Sie in Ihren Briefen dieses Aktenzeichen an** = please quote this reference in all correspondence

Aktie *f* share; **notierte Aktien** = quoted shares; **unnotierte Aktien** = unquoted shares; **Aktien zuteilen** = to allot shares; **er kaufte ein Paket Siemens Aktien** = he bought a block of shares in Siemens; **das Unternehmen bot 1,8 Millionen Aktien an der Börse an** = the company offered 1.8m shares on the market; **die Aktien fielen an der Frankfurter Börse** = shares fell on the Frankfurt market; **Aktien und Wertpapiere** = stocks and shares
◊ **Aktienagio** *n* share premium
◊ **Aktienausgabe** *f* share issue
◊ **Aktienbank** *f* joint-stock bank
◊ **Aktienbesitz** *m oder* **Aktienbeteiligung** *f* stockholding
◊ **Aktienbezugsrecht** *n* stock option
◊ **Aktienbezugsrechtschein** *m* share warrant
◊ **Aktienbörse** *f* stock exchange
◊ **Aktienbuch** *n* register of shareholders *oder* share register
◊ **Aktienemission** *f* share issue
◊ **Aktiengesellschaft (AG)** *f* **(a)** Public Limited Company (plc *oder* Plc) *oder (US)* corporation *oder* incorporated company (Inc.) **(b)** joint-stock

company; **das Unternehmen wird in eine Aktiengesellschaft umgewandelt** = the company is going public

◊ **Aktienindex** *m* share index; **der Deutsche Aktienindex (Dax)** = the German share index

◊ **Aktieninhaber/-in** *mf* shareholder

◊ **Aktienkapital** *n* share capital *oder* equity capital

> das Aktienkapital besteht aus einigen Milliarden Rubeln
> ***Russischer Kurier***

◊ **Aktienkurs** *m* share price

◊ **Aktienmarkt** *m* stock market

◊ **Aktienmehrheit** *f* majority shareholding *oder* controlling interest; **die Aktienmehrheit an einem Unternehmen erwerben/verlieren** = to gain/lose control of a business; **die Familie verlor die Aktienmehrheit an ihrem Unternehmen** = the family lost control of its business

◊ **Aktienmillionär/-in** *mf* paper millionaire

◊ **Aktienminderheit** *f* minority shareholding

◊ **Aktienoption** *f* share option

◊ **Aktienpaket** *n* parcel of shares; **ein Aktienpaket verkaufen** = to sell a lot of shares; **er kaufte ein Aktienpaket von 6.000 Aktien** = he bought a block of 6,000 shares

◊ **Aktienportefeuille** *n* portfolio of shares *oder* share portfolio

◊ **Aktienpreis** *m* share price

◊ **Aktienregister** *n* share register

◊ **Aktiensplit** *m* share split; **das Unternehmen plant einen Aktiensplit im Verhältnis eins zu fünf** = the company is proposing a five for one split

◊ **Aktienübertragung** *f* transfer of shares

◊ **Aktienübertragungsformular** *n* stock transfer form

◊ **Aktienzeichner/-in** *mf* applicant for shares *oder* share applicant

◊ **Aktienzeichnung** *f* application for shares *oder* share application

◊ **Aktienzertifikat** *n* share certificate *oder* stock certificate

◊ **Aktienzuteilung** *f* allocation of shares *oder* share allocation *oder* share allotment

Aktion *f* **(a) direkte Aktion** = direct action **(b)** campaign; **eine politische Aktion planen** = to plan a political campaign

Aktionär/-in *mf* shareholder *oder* stockholder

◊ **Aktionärsversammlung** *f* shareholders' meeting; **eine Aktionärsversammlung einberufen** = to call a shareholders' meeting

> das bedeutet für den inländischen Aktionär eine geringere Ausschüttung als im Vorjahr
> ***Börse***

aktiv 1 *adj* **(a)** active *oder* energetic *oder* keen *oder* vigorous; **die Handelsvertreter unternahmen aktive Versuche, das Produkt zu verkaufen** = the salesmen have made energetic attempts to sell the product **(b)** favourable; **aktive Handelsbilanz** = favourable balance of trade **2** *adv* actively; **das Unternehmen sucht aktiv nach neuem Personal** = the company is actively recruiting new personnel

◊ **Aktiva** *pl oder* **Aktivposten** *mpl (Bilanz)* assets; **Aktiva und Passiva** = assets and liabilities

◊ **Aktivgeschäft** *n (Bank)* lending business *(cf* PASSIVGESCHÄFT)

◊ **aktivieren** *vt* **(a)** to activate **(b)** *(Bilanz)* to capitalize

◊ **Aktivität** *f* activity; **konjunkturelle Aktivität** = economic activity

◊ **Aktivitätenbereich** *m* activity range; **dies fällt in den Aktivitätenbereich des Unternehmens** = this falls within the company's range of activities

◊ **Aktivitätsbericht** *m* activity report; **monatlicher Aktivitätsbericht** = monthly activity report

◊ **Aktivitätsdiagramm** *n* activity chart

◊ **Aktivsaldo** *m* credit balance

◊ **Aktivseite** *f* assets side

aktualisieren *vt* to update; **etwas aktualisieren** = to bring something up to date; **wir verbringen eine Menge Zeit damit, unsere Adressenliste zu aktualisieren** = we spend a lot of time keeping our mailing list up to date; **die Zahlen werden jährlich aktualisiert** = the figures are updated annually

◊ **Aktualisierung** *f* update

> mit der Umstellung der Postleitzahlen steht allen Computerbenutzern eine Sysiphus-Aufgabe bevor: Sie müssen sämtliche Datenbestände aktualisieren
> ***Focus***

aktuell *adj* current *oder* up-to-date

Akzept *n* acceptance; **einen Wechsel zum Akzept vorlegen** = to present a bill for acceptance

◊ **akzeptabel** *adj* acceptable; **das Angebot ist für keine der Parteien akzeptabel** = the offer is not acceptable to either party; **nicht akzeptabel** = unacceptable

◊ **Akzeptanz** *f* acceptance

◊ **Akzeptbank** *f* acceptance bank *oder* acceptance house *oder* accepting house

◊ **akzeptieren** *vt* **(a)** to accept; **einen Wechsel akzeptieren** = to accept a bill; **er akzeptierte DM 900 für den Wagen** = he accepted DM 900 for the car **(b)** to agree *oder* to approve; **die Vertragsbedingungen akzeptieren** = to approve the terms of a contract; **er hat Ihre Preise akzeptiert** = he has agreed your prices

◊ **Akzeptverweigerung** *f* non-acceptance

> auch speziell für den ostdeutschen Markt konzipierte Kampagnen finden nicht automatisch größere Akzeptanz - im Gegenteil
> ***Focus***

Akzidenzdrucker/-in *mf* jobbing printer

Albanien *n* Albania

◊ **Albaner/-in** *mf* Albanian

◊ **albanisch** *adj* Albanian

(NOTE: Hauptstadt: **Tirana** ; Währung: **Lek** *m* = lek)

Algerien *n* Algeria

◊ **Algerier/-in** *mf* Algerian

◊ **algerisch** *adj* Algerian

(NOTE: Hauptstadt: **Algier** = Algiers; Währung: **algerischer Dinar** = Algerian dinar)

Alkoholsteuer *f* alcohol duty; **die Alkoholsteuer aufheben** = to take the duty off alcohol

allein *adj* alone
◇ **Alleineigentümer/-in** *mf* sole owner
◇ **alleinig** *adj* sole
◇ **alleinstehend** *adj* isolated *oder* unattached; **alleinstehende Anzeige** = solus (advertisement)
◇ **Alleinvertreter/-in** *mf* sole agent *oder* sole representative; **er ist der Alleinvertreter für Ford** = he is the sole agent for Ford; **wir haben die Fa. Sperzel als unseren Alleinvertreter in Europa bestimmt** = we have appointed Sperzel & Co our exclusive representatives in Europe
◇ **Alleinvertretung** *f* sole agency *oder* sole representation; **er hat die Alleinvertretung für Ferrari** = he has the sole agency for Ferrari; **wir boten ihnen die Alleinvertretung in Europa an** = we offered them exclusive representation in Europe
◇ **Alleinvertrieb** *m* sole agency *oder* sole distributor
◇ **Alleinvertriebshändler** *m* sole distributor
◇ **Alleinvertriebsrecht** *n* exclusive distribution *oder* selling right; **Alleinvertriebsrecht für ein Produkt** = exclusive right to market a product
◇ **Alleinvertriebsvertrag** *m* exclusive agreement

allgemein *adj* across-the-board *oder* common *oder* general; **allgemeine Kosten** = general expenses; **allgemeiner Handel** = general trading; **im allgemeinen** = generally; **im allgemeinen geben wir einen Rabatt von 25% auf Mengeneinkäufe** = we generally give a 25% discount for bulk purchases; **im allgemeinen ist das Büro zwischen Weihnachten und Neujahr geschlossen** = the office is generally closed between Christmas and the New Year; **Allgemeines Zoll- und Handelsabkommen** = General Agreement on Tariffs and Trade (GATT)

allmählich 1 *adj* gradual *oder* slow; **1993 stiegen die Gewinne allmählich wieder** = 1993 saw a gradual return to profits; **sein Lebenslauf beschreibt seinen allmählichen Aufstieg zur Position des Unternehmensvorsitzenden** = his CV describes his gradual rise to the position of company chairman **2** *adv* gradually *oder* slowly; **allmählich lernte sie die Einzelheiten des Import-Export Geschäfts** = she gradually learnt the details of the import-export business; **die Umsätze des Unternehmens steigerten sich allmählich** = the company's sales slowly improved

Allonge *f* allonge

Alphabet *n* alphabet
◇ **alphabetisch** *adj* alphabetical; **alphabetische Reihenfolge** = alphabetical order; **die Akten sind alphabetisch geordnet** = the files are arranged in alphabetical order

alt *adj* old; **das Unternehmen wird nächstes Jahr 125 Jahre alt** = the company is 125 years old next year; **wir haben beschlossen, uns von unserem alten Computersystem zu trennen und ein neues zu installieren** = we have decided to get rid of our old computer system and install a new one
◇ **alteingesessen** *adj* old-established
◇ **älter** *adj* senior
◇ **Alter** *n* old age

Alternative *f* alternative; **gibt es keine Alternative zum drastischen Stellenabbau in unserer Firma?** = is there no alternative to making drastic cutbacks in company personnel?; **wir haben keine Alternative** = we have no alternative

Altersgrenze *f* age limit
◇ **Altersrente** *f* retirement pension *oder* old age pension *oder* superannuation
◇ **Altersruhegeld** *n* retirement pension
◇ **Altersversorgung** *f* old age pension; **betriebliche Altersversorgung** = company pension scheme *oder* occupational pension *oder* superannuation plan *oder* scheme
◇ **Altlasten** *pl* old contaminated waste dumps
◇ **Altmaterial** *n* scrap *oder* waste material(s)
◇ **altmodisch** *adj* old-fashioned *oder* out-of-date; **er benutzt immer noch eine altmodische Schreibmaschine** = he still uses an old-fashioned typewriter
◇ **Altpapier** *n* waste paper
◇ **Altpapiersammlung** *f* waste paper collection
◇ **Altstoffe** *mpl* waste materials

Amerika *n* America
◇ **Amerikaner/-in** *mf* American
◇ **amerikanisch** *adj* American

Amortisation *f* amortization
◇ **Amortisationsdauer** *oder* **Amortisationszeit** *f* payback period
◇ **amortisierbar** *adj* amortizable; **die Investitionskosten sind über einen Zeitraum von zehn Jahren amortisierbar** = the capital cost is amortizable over a period of ten years
◇ **amortisieren** *vr* **sich amortisieren** = to amortize; **die Investitionskosten haben sich nach fünf Jahren amortisiert** = the capital cost is amortized over five years

> eine Kapazität von 20-25.000 Produktionseinheiten pro Jahr ist anvisiert und alle Investitionen müßten sich nach vier bis fünf Jahren amortisiert haben
> *Russischer Kurier*

Amt *n* **(a)** *(Dienststelle)* office; **Amt für Verbraucherschutz** = Office of Fair Trading; **Auswärtiges Amt** = Foreign Ministry ≈ *(GB)* the Foreign Office *oder (US)* the State Department **(b)** *(amtliche Tätigkeit)* office *oder* appointment; **er hat das Amt des Schatzmeisters inne** = he holds *oder* performs the office of treasurer; **von Amts wegen** = officially *oder* ex officio
◇ **amtierend** *adj* **(a)** officiating; **der amtierende Präsident** = the (present) president **(b)** acting; **der amtierende Vorsitzende** = the acting chairman
◇ **amtlich** *adj* official; **der amtliche Wechselkurs** = the official exchange rate; **der amtliche Wechselkurs des Dollars ist zehn zu eins, aber auf dem Schwarzmarkt können Sie doppelt soviel bekommen** = the official exchange rate is ten to the dollar, but you can get twice that on the black market; **in amtlicher Eigenschaft sprechen** = speaking in an official capacity
◇ **Amtsarzt/Amtsärztin** *mf* medical officer of health

◇ **Amtsbezeichnung** *f* title

◇ **Amtsgericht** *n* county *oder* district court *oder* small claims court

◇ **Amtsleitung** *f* *(Telefon)* outside line; **Sie wählen die 9, um eine Amtsleitung zu bekommen** = you dial 9 to get an outside line

◇ **Amtsniederlegung** *f* resignation

◇ **Amtsverlustabfindung** *f* compensation for loss of office

◇ **Amtsweg** *m* official channel(s); **den Amtsweg beschreiten** *oder* **den Amtsweg gehen** = to go through official channels

◇ **Amtszeit** *f* tenure *oder* term of office; **während seiner Amtszeit als Vorsitzender** = during his term of office as chairman *oder* during his tenure of the office of chairman *oder* during his tenure as chairman

◇ **Amtszimmer** *n* office *oder* official room; **Amtszimmer des Richters** = chambers; **der Richter verhandelte den Fall ohne Öffentlichkeit in seinem Amtszimmer** = the judge heard the case in chambers

Analogrechner *m* analog computer

Analyse *f* analysis; **eine Analyse der Absatzlage schreiben** = to write an analysis of the sales position; **eine Analyse des Marktpotentials durchführen** = to carry out an analysis of the market potential

◇ **analysieren** *vt* to analyse *oder* to analyze; **das Marktpotential analysieren** = to analyse the market potential

◇ **Analyst/-in** *mf* analyst

anbahnen *vt* to initiate; **Geschäftsbeziehungen anbahnen** = to establish business contacts

◇ **Anbahnung** *f* initiation

anbei *adv* herewith; **anbei (über)senden wir Ihnen den Scheck** = please find the cheque enclosed herewith

anberaumen *vt* to schedule; **eine Versammlung für 15 Uhr anberaumen** = to fix a meeting for 3 p.m.

Anbetracht *f* **in Anbetracht** = in view of; **in Anbetracht der sinkenden Devisenkurse haben wir unsere Absatzprognose neu erstellt** = in view of the falling exchange rate, we have redrafted our sales forecasts

anbieten *vt* to offer; **etwas zum Verkauf anbieten** = to put something up for sale; **wir boten das Haus zum Verkauf an** = we offered the house for sale; **als er in den Ruhestand trat, bot er seine Stadtwohnung zum Verkauf an** = when he retired he put his town flat up for sale; **er bot seine Idee einer Kunststoffkarosserie allen großen Autokonstrukteuren an** = he hawked his idea for a plastic car body round all the major car constructors; **jdm eine Stelle anbieten** = to offer someone a job; **ihm wurden sechs Stellen angeboten** = he received six offers of jobs *oder* six job offers; **ihm wurde ein Direktorenposten bei der Fa. Sperzel angeboten** = he was offered a directorship with Sperzel & Co.

◇ **Anbieter** *m* supplier; **es gab wenig Anbieter auf dem Markt, so daß die Preise hoch blieben** = there were few sellers in the market, so prices remained high

andauern *vi* to continue *oder* to last

◇ **andauernd** *adj* continual *oder* continuous *oder* constant; **die Produktion lief wegen andauernder Betriebsstörungen nur schleppend** = production was slow because of continual breakdowns

Anderkonto *n* nominee account

ändern *vt* **(a)** to adjust *oder* to amend *oder* to modify; **die Bedingungen** *oder* **Bestimmungen eines Vertrags ändern** = to alter the terms of a contract; **ändern Sie ihr Vertragsexemplar bitte entsprechend** = please amend your copy of the contract accordingly **(b)** *vr* **sich ändern** = to vary; **die Bruttomarge ändert sich von Quartal zu Quartal** = the gross margin varies from quarter to quarter

◇ **Änderung** *f* **(a)** adjustment *oder* alteration *oder* amendment *oder* modification; **Änderungen an einem Vertrag vornehmen** = to make amendments to a contract; **er nahm einige Änderungen an den Vertragsbestimmungen vor** = he made some alterations to the terms of the contract; **der Vertrag wurde ohne Änderungen unterzeichnet** = the agreement was signed without any alterations **(b)** shift; **eine Änderung der Marketingstrategie des Unternehmens** = a shift in the company's marketing strategy

Andorra *n* Andorra

◇ **Andorraner/-in** *mf* Andorran

◇ **andorranisch** *adj* Andorran

(NOTE: Hauptstadt: **Andorra la Vella** ; Währung: **französischer Franc, spanische Peseta** = French franc, Spanish peseta)

andrehen *vt (umg)* to palm something off onto someone *oder (US umg)* to tout; **sich eine geringe Entschädigung andrehen lassen** = to be palmed off with modest compensation

aneignen *vt* to appropriate; **sich widerrechtlich Gelder aneignen** = to misappropriate *oder* convert funds to one's own use

◇ **Aneignung** *f* appropriation; **widerrechtliche Aneignung von Geldern** = misappropriation *oder* conversion of funds

anerkennen *vt* to acknowledge *oder* to recognize *oder* to approve *oder* to accept *oder* to appreciate *oder* to allow; **einen Anspruch anerkennen** = to allow a claim; **eine Gewerkschaft anerkennen** = to grant a trade union recognition *oder* to recognize a union; **obwohl das gesamte Personal der Gewerkschaft beigetreten war, weigerte sich die Unternehmensleitung, sie anzuerkennen** = although all the staff had joined the union, the management refused to recognize it; **anerkannter Vertreter** = recognized agent; **nicht anerkennen** = to disallow *oder* to repudiate; **er forderte DM 6.000 Schadenersatz für Brandschäden, aber seine Forderung wurde nicht anerkannt** = he claimed DM 6,000 for fire damage, but the claim was disallowed; **eine Vereinbarung nicht anerkennen** = to repudiate an agreement

◇ **Anerkennung** *f* acknowledgement *oder* recognition *oder* approval *oder* acceptance *oder* appreciation; **er erhielt eine Gehaltserhöhung in**

Anerkennung seiner ausgezeichneten Arbeit = he was given a rise in appreciation of his excellent work

anfallend *adj* falling due *oder* arising; **die Umsätze decken gerade die anfallenden Kosten =** sales only just cover the day-to-day expenses

Anfang *m* start *oder* beginning; **am Anfang des Berichts steht eine Liste der Direktoren und ihrer Beteiligungen =** at the beginning of the report is a list of the directors and their shareholdings

◇ **anfangen** *vti* to begin *oder* to start

◇ **anfänglich** *adj* initial; **die anfängliche Reaktion auf die Fernsehwerbung war sehr gut =** the initial response to the TV advertising has been very good

◇ **Anfangsbuchstabe** *m* initial (letter)

◇ **Anfangsdatum** *n* starting date

◇ **Anfangsgehalt** *n* starting salary; **er wurde mit einem Anfangsgehalt von DM 30.000 angestellt =** he was appointed at a starting salary of DM 30,000

◇ **Anfangskapital** *n* initial capital *oder* starting capital; **er gründete sein Geschäft mit einem Anfangskapital von DM 2.000 =** he started the business with an initial investment of DM 2,000

◇ **Anfangskosten** *pl* initial costs *oder* expense; **er gründete sein Geschäft mit Anfangskosten von DM 2.000 =** he started the business with an initial expenditure of DM 2,000

◇ **Anfangskurs** *m* opening price

anfechtbar *adj* contestable

◇ **Anfechtung** *f* contesting *oder* contestation; **Anfechtung eines Vertrags =** avoidance of a contract

anfordern *vt* **(a)** *(verlangen)* to request *oder* to requisition; **Hilfe vom Staat anfordern =** to request assistance from the government **(b)** *(bestellen)* to send away for *oder* to send off for *oder* to order *oder* to request; **wir haben den neuen Katalog angefordert =** we sent away *oder* off for the new catalogue

◇ **Anforderung** *f* **(a)** demand *oder* request *oder* requisition; **bei der Anforderung von Formularen** = when requesting *oder* requisitioning forms **(b)** order *oder* request; **auf Anforderung =** on request; **‚Muster auf Anforderung' =** 'samples available on request' **(c)** *fpl* **Anforderungen =** requirements; **den Anforderungen genügend =** up to standard; **diese Serie genügt nicht den** *oder* **unseren Anforderungen =** this batch is not up to standard *oder* does not meet our standards; **den Anforderungen eines Kunden gerecht werden =** to meet a customer's requirements; **wenn Sie uns eine Liste Ihrer Anforderungen zukommen lassen, werden wir sehen, ob wir sie erfüllen können =** if you will supply us with a list of your requirements, we shall see if we can meet them

Anfrage *f* inquiry *oder* enquiry; **ich beziehe mich auf Ihre Anfrage vom 25. Mai =** I refer to your inquiry of May 25th; **alle Anfragen bitte an die Sekretärin** *oder* **den Geschäftsführer =** all inquiries should be addressed to the secretary

anfügen *vt* to join; **wenn das Papier für alle Buchungen zu kurz ist, können Sie unten ein Stück anfügen =** if the paper is too short to take all the accounts, you can join an extra piece on the bottom

anführen *vt* **(a)** to quote; **er führte Zahlen des Jahresberichts an =** he quoted figures from the annual report **(b)** to head *oder* to lead; **das Unternehmen führt den Billigcomputermarkt an =** the company leads the market in cheap computers; **die zwei größten Ölgesellschaften führen die Liste der Börsenkapitalisierungen an =** the two largest oil companies head the list of market capitalizations; **die Besichtigungstour amerikanischer Fabriken wird vom Minister angeführt werden =** the tour of American factories will be led by the minister; **sie wird die Handelsdelegation nach Nigeria anführen =** she will lead the trade mission to Nigeria

Angabe *f* **(a)** statement *oder* declaration; **ich bitte um Angabe der Preise =** please give *oder* quote prices **(b)** quotation; **er antwortete unter Angabe der Kontonummer =** he replied, quoting the number of the account **(c)** specification; **die Arbeit wurde nicht den Angaben entsprechend ausgeführt =** the work was not up to specification *oder* did not meet our specifications **(d)** *fpl* **Angaben =** particulars *oder* details; **ausführliche Angaben zu etwas machen =** to give full particulars of something; **der Inspektor fragte nach näheren Angaben über den verschwundenen Wagen =** the inspector asked for particulars of the missing car; **die Bank ist nicht befugt, dem Finanzamt Angaben über mein Konto zu machen =** the bank has no right to disclose details of my account to the tax office

angeben 1 *vt* **(a)** to give *oder* to state *oder* to indicate; **geben Sie bitte den Betrag an =** please state the amount **(b)** *(darlegen)* to declare; **das Dokument besagt, daß dem Finanzamt alle Einnahmen angegeben werden müssen =** the document states that all revenue has to be declared to the tax office **(c)** to quote; **bei Mängelrügen bitte die auf der Kiste angegebene Seriennummer angeben =** when making a complaint, please quote the batch number printed on the box; **bei Rückfragen bitte diese Nummer angeben =** in reply please quote this number; **einen Preis angeben =** to quote a price; **ihre Preise sind immer in Dollar angegeben =** their prices are always quoted in dollars **2** *vi* to brag *oder* to boast *oder* to show off

◇ **Angeber/-in** *mf* show-off *oder* boaster

Angebot *n* **(a)** bid; **ein Angebot abgeben =** to put in a bid for something *oder* to enter a bid for something; **ein Angebot für etwas machen =** to make a bid for something; **er machte ein Angebot für das Haus =** he made a bid for the house; **ein höheres Angebot als jd anders machen =** to put in a higher bid than someone; **sie holten Angebote für Ersatzteillieferungen ein =** they asked for bids for the supply of spare parts **(b)** offer *oder* proposition; **die Unternehmensleitung machte allen Arbeitnehmern ein höheres Angebot =** the management has made an increased offer to all employees; **wir machten ein schriftliches Angebot für das Haus =** we made a written offer for the house; **DM 2.500 ist das beste Angebot, das ich machen kann =** DM 2,500 is the best offer I can make; **der Wagen steht für DM 6.000 oder das**

nächstbeste Angebot zum Verkauf = the car is for sale at DM 6,000 or near offer; **ein Angebot von DM 5.000 für den Wagen annehmen** = to accept an offer of DM 5,000 for the car; **Angebote werden entgegengenommen** = (we are) open to offers **(c)** quote *oder* tender; **verschlossene Angebote** = sealed tenders; **Angebote für ein Projekt einholen** = to put a project out to tender *oder* to ask for *oder* to invite tenders for a project; **ein Angebot abgeben** = to tender for a contract; **ein Angebot machen** = to put in a tender *oder* to submit a tender; **ein Angebot für den Bau eines Krankenhauses machen** = to tender for the construction of a hospital; **jdm ein Angebot für die Lieferung von Computern machen** = to give someone a quote for supplying computers; **sein Angebot war das niedrigste von den dreien** = his quote was the lowest of the three; **wir nahmen das niedrigste Angebot an** = we accepted the lowest quote **(d)** supply; **Angebot und Nachfrage** = supply and demand; **das Gesetz von Angebot und Nachfrage** = the law of supply and demand

◊ **Angebotsabgabe** *f* tendering

◊ **Angebotslücke** *f* gap in the market

◊ **angebotsorientiert** *adj* **angebotsorientierte Wirtschaftspolitik** = supply side economics

◊ **Angebotspreis** *m* supply price

◊ **Angebotsüberhang** *m* surplus

angefochten *adj* contested; **angefochtene Übernahme** = contested takeover

angegeben *adj* declared *oder* given *oder* stated; **angegebener Wert** = declared value

angehen *vt* to affect *oder* to concern

Angeklagte(r) *mf* defendant

Angelegenheit *f* affair *oder* matter *oder* business; **die Mitglieder des Ausschusses nehmen die Angelegenheit sehr ernst** = it is a matter of concern to the members of the committee; **seine Angelegenheiten waren so undurchschaubar, daß die Anwälte Wirtschaftsprüfer um Rat fragen mußten** = his affairs were so difficult to understand that the lawyers had to ask accountants for advice

angelegt *adj* employed; **langfristig angelegtes Kapital** = long-term funded capital

angelernt *adj* semi-skilled; **angelernte Arbeitskräfte** = semi-skilled workers

angemeldet *adj* registered; **zum Patent angemeldet** = patent pending

angemessen *adj* **(a)** adequate; **angemessener Verdienst** = adequate earnings **(b)** moderate *oder* reasonable; **angemessener Preis** = fair price; **die Arbeiter haben das Gefühl, kein angemessenes Angebot vom Management bekommen zu haben** = the workers feel they did not get a fair deal from the management

angenommen *adj* notional

angesammelt *adj* aggregate

angeschlossen *adj* affiliated

angeschmutzt *adj* shop-soiled

angesehen *adj* reputable; **eine angesehene Firma** = a company of good standing; **eine angesehene Prüfungsgesellschaft** = a reputable firm of auditors

angesichts *prep* in view of

angestellt *adj* employed; **fest angestellt** = salaried

◊ **Angestellte(r)** *mf* **(a)** employee; **ältere** *oder* **jüngere Angestellte** = senior staff *oder* junior staff; **Angestellte(r) in der Registratur** = filing clerk; **leitende(r) Angestellte(r)** = executive; **Angestellte(r) (im öffentlichen Dienst)** = officer **(b)** white-collar worker; **er ist Angestellter in einem Büro** = he has a white-collar job

◊ **Angestelltengewerkschaft** *f* white-collar union

◊ **Angestelltenversicherung** *f* (salaried) employees' insurance (scheme)

angewiesen *adj* dependent; **angewiesen sein auf** = to be dependent (up)on *oder* to depend on *oder* to rely on; **das Unternehmen ist auf einen gut funktionierenden Service seiner Lieferanten angewiesen** = the company depends on efficient service from its suppliers; **um die Gehälter bezahlen zu können, sind wir auf staatliche Zuschüsse angewiesen** = we depend on government grants to pay the salary bill; **wir sind für den größten Teil unseres Direktversandgeschäfts auf Teilzeitbeschäftigte angewiesen** = we rely on part-time staff for most of our mail-order business

angleichen *vt* **(a)** to adjust **(b)** to equalize

◊ **Angleichung** *f* **(a)** adjustment **(b)** approximation **(c)** equalization

> die Gewerkschaften haben eingesehen, daß nur bei einer vorsichtigen Angleichung der Löhne der Aufbau Ost gelingen kann
>
> ***Die Zeit***

Angola *n* Angola

◊ **Angolaner/-in** *mf* Angolan

◊ **angolanisch** *adj* Angolan

(NOTE: Hauptstadt: **Luanda** ; Währung: **Kwanza** *m* = kwanza)

Angriff *m* attack; **das Unternehmen nahm ein Expansionsprogramm in Angriff** = the company has embarked on an expansion programme

anhaltend *adj* continuous *oder* continual *oder* constant; **lang anhaltende Auswirkungen** = durable effects

Anhang *m* appendix *oder (jur)* schedule

anhäufen *vt* **(a)** to accumulate **(b)** *vr* **sich anhäufen** = to pile up; **Beschwerden über den Kundendienst häufen sich an** = complaints are piling up about the after-sales service

◊ **anhäufend** *adj* cumulative

anheben *vt* to raise; **Flugpreise werden am 1. Juni angehoben** = air fares will be raised on June 1st; **Preise anheben, um die Inflation aufzufangen** = to adjust prices to take account of inflation

◇ **Anhebung** *f* increase *oder* rise

anheften *vt* to pin up

anheizen *vt* to fuel; **der Anstieg des Aktienkurses wurde durch Gerüchte eines Übernahmeangebots angeheizt** = the rise in the share price was fuelled by rumours of a takeover bid; **die Wirtschaft anheizen** = to inflate the economy; **angeheizte Inflation** = spiralling inflation

Ankauf *m* purchase

◇ **ankaufen** *vt* to purchase *oder* to buy *oder* to acquire

◇ **Ankäufer/-in** *mf* buyer *oder* purchaser *oder* acquirer

◇ **Ankaufsetat** *m* purchase fund

◇ **Ankaufspreis** *m* purchase price

Anklage *f* charge *oder* prosecution; **seine Anklage wegen Unterschlagung** = his prosecution for embezzlement

◇ **anklagen** *vt* to accuse *oder* to charge *oder* to prosecute; **er ist wegen Unterschlagung angeklagt** = he is on trial *oder* is standing trial for embezzlement; **er war angeklagt, das Geld seiner Kunden veruntreut zu haben** = he was charged with embezzling his clients' money; **er wurde wegen Unterschlagung angeklagt** = he was prosecuted for embezzlement

◇ **Anklagevertreter/-in** *mf* prosecution counsel *oder* counsel for the prosecution

◇ **Anklagevertretung** *f* prosecution; **die Prozeßkosten werden der Anklagevertretung übertragen** = the costs of the case will be borne by the prosecution

ankommen *vi* to arrive *oder* to get to; **das Flugzeug kommt mittags in Hongkong an** = the plane gets to Hong Kong at midday; **der Zug fährt um 9.20 Uhr in Frankfurt ab und kommt zwei Stunden später in Stuttgart an** = the train leaves Frankfurt at 09.20 and arrives at Stuttgart two hours later; **die Sendung kam ohne jegliche Unterlagen an** = the shipment arrived without any documentation; **die Warensendung kam mit sechswöchiger Verspätung in Kanada an** = the shipment got to Canada six weeks late; **ich habe nicht geantwortet, weil Ihr Brief nie bei mir ankam** = I did not reply because your letter never reached me; **sie kam schließlich um 10.30 Uhr im Büro an** = she finally got to the office at 10.30

ankreuzen *vt* to tick; **kreuzen Sie das mit ‚Q' markierte Feld an, wenn Sie eine Quittung benötigen** = tick the box marked 'Q' if you require a receipt

ankündigen *vt* to announce; **ein Investitionsprogramm ankündigen** = to announce a programme of investment

◇ **Ankündigung** *f* announcement; **Ankündigung von Ausgabenkürzungen** = announcement of a cutback in expenditure

Ankunft *f* **(a)** arrival **(b)** *(Flughafenschild)* arrivals

◇ **Ankunftszeit** *f* arrival time *oder* time of arrival; **die Ankunftszeit steht auf dem Bildschirm** = the time of arrival is indicated on the screen

ankurbeln *vt* to boost *oder* to stimulate; **die Werbung wird den Absatz ankurbeln** = this publicity will give sales a boost; **die Wirtschaft ankurbeln** = to stimulate the economy *oder* to reflate the economy; **die Versuche der Regierung, die Wirtschaft anzukurbeln, waren nicht erfolgreich** = the government's attempts to reflate the economy were not successful

◇ **Ankurbelung** *f* boost *oder* stimulation *oder* reflation; **Ankurbelung der Konjunktur** = pump-priming

Anl. = ANLAGE enclosure(s) (enc *oder* encl)

Anlage *f* **(a)** enclosure; **Brief mit Anlage** = letter with enclosures **(b) als Anlage** = herewith; **als Anlage senden wir Ihnen den Scheck** = please find the cheque enclosed herewith; **als Anlage übersende ich Ihnen ein Exemplar des Vertrags** = I am enclosing a copy of the contract; **als** *oder* **in der Anlage finden sie eine Kopie meines Briefes vom 24. Juni** = please find attached a copy of my letter of June 24th **(c)** investment; **langfristige Anlage** *oder* **kurzfristige Anlage** = long-term investment *oder* short-term investment **(d)** *(Einrichtung)* plant *oder* installation *oder* *(US)* facility **(e)** *(Park, Garten)* layout *oder* setup

◇ **Anlageberater/-in** *mf* investment adviser

◇ **Anlagegüter** *npl* capital goods

◇ **Anlagekapital** *n* fixed capital

◇ **Anlagenstreuung** *f* diversification

◇ **Anlagevermögen** *n* **(a)** capital assets *oder* fixed assets **(b)** fixed capital

Anlauf *m* start-up

◇ **anlaufen 1** *vi* to start up *oder* to take off **2** *vt* *(Hafen)* to call at

◇ **Anlaufhafen** *m* port of call

◇ **Anlaufkosten** *pl* launching costs *oder* setting up costs *oder* setup costs *oder* start-up costs

◇ **Anlauftermin** *m* starting date

anlegen 1 *vt* **(a) (Geld) anlegen** = to invest; **Geld in Ölgesellschaften anlegen** = to make investments in oil companies; **Kapital** *oder* **Geld im Ausland anlegen** = to invest abroad; **neu anlegen** = to reinvest **(b)** to plan *oder* to lay out *oder* to arrange; **das Büro ist als Großraumbüro angelegt, mit kleinen, abgetrennten Räumen für Besprechungen** = the office is arranged as an open-plan area with small separate rooms for meetings **2** *vi (Schiff)* to berth; **das Schiff wird am Mittwoch in Rotterdam anlegen** = the ship will berth at Rotterdam on Wednesday

◇ **Anleger** *m* investor; **ein institutioneller Anleger** = an institutional investor; **der private Anleger** = the private investor

Anleihe *f* bond; **festverzinsliche Anleihen** = loan stock

◇ **Anleihekapital** *n* debenture capital *oder* debenture stock *oder* loan capital

anmelden *vt* **(a)** to declare; **Waren zur Verzollung anmelden** = to declare goods to customs; **Konkurs anmelden** = to declare oneself bankrupt **(b)** to file *oder* to lodge; **ein Patent anmelden** = to file an application for a patent; **ein Patent für eine Erfindung anmelden** = to take out a patent for an invention **(c)** *vr* **sich anmelden** = to check in *oder* to register; **er meldete sich um 12.15 Uhr an** = he checked in at 12.15; **sie meldeten sich im Hotel unter dem Namen Müller an** = they registered at the hotel under the name of Müller

◇ **Anmeldegebühr** *f* registration fee

◇ **Anmeldepflicht** *f* compulsory registration

◇ **anmeldepflichtig** *adj* subject to registration

◇ **Anmeldung** *f* registration

anmieten *vt* to rent (temporarily); **verkaufen und wieder anmieten** = to lease back

◇ **Anmietung** *f* rental; **Anmietung des gesamten Fuhrparks** = fleet rental

annähernd *adj & adv* approximate(ly)

◇ **Annäherung** *f* approximation

Annahme *f (Zustimmung)* **(a)** acceptance; **Annahme eines Angebotes** = acceptance of an offer **(b)** *(Entgegennahme)* acceptance *oder* receipt; **seine Annahme des Geldes** = his acceptance of the money **(c)** assumption *oder* guess *oder* presumption; **wir müssen von der Annahme ausgehen, daß sich der Absatz im nächsten Jahr nicht verdoppelt** = we have to go on the assumption that sales will not double next year

◇ **Annahmeerklärung** *f* declaration *oder* letter of acceptance; **wir haben seine Annahmeerklärung** = we have his letter of acceptance

◇ **Annahmeverweigerung** *f* refusal (of a delivery)

annehmen *vt* **(a)** to accept; **der Vorschlag wurde vom Vorstand angenommen** = the proposal was approved by the board; **ein Angebot bedingt annehmen** = to give an offer a conditional acceptance; **sie nahm das Stellenangebot aus Australien an** = she accepted the offer of a job in Australia **(b)** to adopt *oder* to carry *oder* to pass; **eine Resolution annehmen** = to pass a resolution *oder* to adopt a resolution; **der Antrag wurde angenommen** = the motion was carried; **die Sitzung nahm einen Antrag auf Lohnstopp an** = the meeting passed a proposal that salaries should be frozen; **die Vorschläge wurden einstimmig angenommen** = the proposals were adopted unanimously **(c)** to take on; **der geschäftsführende Direktor wird sich ihrer Beschwerde persönlich annehmen** = the managing director will attend to your complaint personally **(d)** to presume; **es wird angenommen, daß das Unternehmen noch solvent ist** = the company is presumed to be still solvent; **ich nehme an, die Rechnung wurde bezahlt** = I presume the account has been paid; **ich nehme an, er hat das Büro verlassen** = I gather he has left the office; **wir nehmen an, daß die Ladung gestohlen wurde** = we presume the shipment has been stolen **(e) einen Wechsel nicht annehmen** = to dishonour a bill

◇ **annehmbar** *adj* acceptable *oder* reasonable

Annonce *f* advertisement

◇ **annoncieren** *vti* to advertise; **nochmals annoncieren** = to readvertise

annullieren *vt* to cancel *oder* to annul *oder* to nullify *oder* to rescind *oder* to set aside

◇ **annullierbar** *adj* annullable

◇ **Annullierung** *f* annulling *oder* annulment *oder* nullification; **die Annullierung eines Vertrags** = the annulling *oder* avoidance of a contract

anordnen *vt* **(a)** to arrange **(b)** to order *oder* to rule; **der Richter ordnete an, daß die Unterlagen beim Gericht hinterlegt werden mußten** = the judge ruled that the documents had to be deposited with the court

◇ **Anordnung** *f* **(a)** arrangement *oder* layout *oder* setup; **sie haben die Anordnung der Büroräume verändert** = they have altered the layout of the offices **(b)** order *oder* ruling

anpassen *vt* to adjust; **Preise der Inflation anpassen** = to adjust prices to take account of inflation; **die Zinssätze der Banken sind den amerikanischen Zinssätzen angepaßt** = bank interest rates are geared to American interest rates

◇ **Anpassung** *f* adjustment; **eine Anpassung der Gehälter vornehmen** = to make an adjustment to salaries; **Anpassung der Preise an die steigenden Kosten** = adjustment of prices to take account of rising costs

anpreisen *vt* to praise *oder* to recommend *oder* *(umg)* to plug

Anraten *n* advice; **auf Anraten des Buchprüfers schickten wir die Unterlagen zur Polizei** *oder* **wir folgten dem Rat des Buchprüfers und schickten die Unterlagen zur Polizei** = we sent the documents to the police on the advice of the accountant *oder* we took the accountant's advice and sent the documents to the police

anrechenbar *adj* chargeable

◇ **anrechnen** *vt* to offset *oder* to charge for *oder* to allow for *oder* to take into account

◇ **Anrechnung** *f (Abzug)* allowance; *(Belastung)* charge

Anrecht *n* right *oder* title; **er hat kein Anrecht auf das Patent** = he has no right to the patent; **sie hat ein Anrecht auf den Besitz** = she has a right to the property

anregen *vt* **(a)** to encourage *oder* to stimulate; **die Musik regt den Geist an** = music stimulates the mind **(b)** to suggest; **er regte den Plan an, eine neue Produktlinie einzuführen** = he proposed the introduction of a new product line

◇ **Anregung** *f* **(a)** encouragement **(b)** suggestion

Anreiz *m* incentive *oder* inducement *oder* stimulus; **sie boten ihm einen Firmenwagen als Anreiz dafür an, daß er bleibt** = they offered him a company car as an inducement to stay

◇ **Anreizprämie** *f* incentive bonus *oder* incentive payment

> wenn die Mediziner von der Industrie mit zusätzlichen Anreizen geködert und an eine Marke gebunden werden, sind sie zwangsläufig nicht mehr frei bei der Wahl der Mittel
> ***Die Zeit***

Anruf *m* call *oder* phone call *oder* telephone call

◇ **Anrufbeantworter** *m* answering machine *oder* answerphone

◇ **anrufen** *vti* to (make a) call *oder* to ring *oder* to (tele)phone; **rufen Sie mich nicht an, ich werde Sie anrufen** = don't phone me, I'll phone you; **ich rufe dich morgen im Büro an** = I'll call you at your office tomorrow; **(in) New York anrufen** = to telephone New York; **die Auskunft anrufen** = to dial the operator; **er rief seinen Börsenhändler an** = he rang (up) his stockbroker; **er rief wegen der Januar-Rechnung an** = he phoned *oder* he telephoned about the January invoice; **seine Sekretärin rief an, um mitzuteilen, daß er sich verspäten würde** = his secretary phoned *oder* telephoned to say he would be late; **wir bitten die Vertreter, jeden Freitag anzurufen, um die Wochenumsätze bekanntzugeben** = we ask the reps to call in every Friday to report the week's sales

◇ **Anrufer/-in** *mf* caller

ansammeln *vt* to hoard

ansässig *adj* resident; **er ist in Dänemark ansässig** = he is domiciled in Denmark

> die Geschäftsräume des in Steinhagen ansässigen Unternehmens wurden durchsucht
> ***Neue Zürcher Zeitung***

Anschaffung *f* acquisition; **eine Anschaffung machen** = to make a purchase

◇ **Anschaffungskosten** *pl* cost of purchase; **ursprüngliche Anschaffungskosten** = historical costs

◇ **Anschaffungswert** *m* initial *oder* purchase value

Anschlag *m* **(a)** notice; **die Sekretärin heftete einen Anschlag über die betriebliche Altersversorgung an das Schwarze Brett** = the secretary pinned up a notice about the company pension scheme **(b)** *(Tastatur)* stroke; **Anschläge pro Minute** = typing speed; **es wird verlangt, daß eine Sekretärin 220 Anschläge pro Minute tippen kann** ≈ a secretary must be able to type 50 words a minute

◇ **Anschlagbrett** *n* noticeboard

anschließen *vt* to plug in; **der Computer war nicht angeschlossen** = the computer was not plugged in

Anschluß *m* **(a)** *(Apparat)* extension; **der Anschluß ist besetzt** = the line is engaged **(b)** *(Computer)* connecting point *oder* port **(c)** *(Verbindung)* connection; **der Flug von New York hat Anschluß an einen Flug nach Athen** = the flight from New York connects with a flight to Athens

◇ **Anschlußflug** *m* connecting flight; **Auskunft über Anschlußflüge ins Ausland am Informationsschalter** *oder* **fragen Sie am Informationsschalter nach Anschlußflügen ins Ausland** = check at the information desk for connecting flights abroad

◇ **Anschlußzug** *m* (train) connection

Anschrift *f* address

Ansehen *n* standing

ansetzen *vt* **(a)** to fix *oder* to set; **der Preis für den Taschenrechner wurde niedrig angesetzt, um maximale Verkaufszahlen zu erreichen** = the price of the calculator has been set low, so as to achieve maximum unit sales **(b)** to schedule; **die Vorstandssitzung wurde für Dienstag angesetzt** = the board meeting was scheduled for Tuesday

Ansicht *f* **(a)** opinion *oder* view **(b) etwas zur Ansicht bestellen** = to order something on appro *oder* on approval

ansonsten *adv* otherwise *oder* failing that

Ansporn *m* inducement

ansprechen *vt* to appeal; **diese CD spricht die Gruppe der unter 25jährigen an** = this CD appeals to the under-25 market

◇ **ansprechend** *adj* attractive *oder* appealing; **ansprechendes Gehalt** = attractive salary

Anspruch *m* *(jur)* **(a)** claim; **rechtmäßiger Anspruch** = legal claim; **Ansprüche geltend machen** = to claim *oder* to put in a claim; **er erhebt Besitzanspruch auf das Haus** = he is claiming possession of the house; **sie erhob bei ihrer Versicherung Anspruch auf die Reparatur ihres Wagens** = she claimed for repairs to the car against her insurance **(b)** right *oder* title *oder* entitlement; **er hat Anspruch auf Rabatt** = he is entitled to a discount; **er hat keinen Anspruch auf das Patent** = he has no right to the patent; **lebenslänglicher Anspruch** = life interest; **sie hat einen Anspruch auf den Besitz** = she has a right to the property

◇ **Anspruchsberechtigte(r)** *mf* rightful claimant

◇ **anspruchsvoll** *adj* up-market; **die Firma entschied sich für einen anspruchsvolleren Markt** = the company has decided to move up-market

anstehen *vi* to queue; **als die Lebensmittel rationiert wurden, mußten die Leute um Brot anstehen** = when food was rationed, people had to queue for bread

◇ **anstehend** *adj* pending; **anstehende Probleme** = pending problems

ansteigen *vi* to escalate *oder* to increase *oder* to rise; **sprunghaft ansteigen** = to shoot up *oder* to soar *oder* to rocket; **sprunghaft ansteigende Preise** = rocketing prices; **die Aktienkurse stiegen an der Börse sprunghaft an** = share values jumped on the stock exchange; **die Lebensmittelpreise sind während der Kälteperiode sprunghaft angestiegen** = food prices soared during the cold weather; **die Preise sind während des Streiks sprunghaft angestiegen** = prices have shot up *oder* rocketed during the strike; **wieder ansteigen** = to rebound

anstelle von *prep* in lieu of

anstellen *vt* **(a)** to employ; **jdn anstellen** = to engage someone; **jdn nach einer Probezeit fest anstellen** = to confirm someone in a job **(b)** *vr* **sich anstellen** = to queue

◇ **Anstellung** *f* **(a)** employment; **Anstellung von Personal** = appointment of staff **(b)** place *oder* position

Anstieg *m* rise *oder (US)* hike; **der Anstieg der Ölpreise hatte eine Rezession des Welthandels zur Folge** = oil price rises brought about a recession in world trade; **der Anstieg des Dollar gegenüber der Peseta** = the appreciation of the dollar against the peseta; **sprunghafter Anstieg der Arbeitslosenzahlen** = jump in unemployment figures

anstoßen *vt* to hit

◇ **Anstoßwirkung** *f* knock-on effect

Anstrengung *f* effort; **die Handelsvertreter unternahmen große Anstrengungen, um den Umsatz zu erhöhen** = the salesmen made great efforts to increase sales; **dank der Anstrengungen der Finanzabteilung konnten die laufenden Kosten gesenkt werden** = thanks to the efforts of the finance department, overheads have been reduced

Ansturm *m* run; **die Post meldete einen Ansturm auf die neuen Briefmarken** = the Post Office reported a run on the new stamps; **ein Ansturm auf die Bank** = a run on the bank

Anteil *m* **(a)** holding *oder* interest; **einen wesentlichen Anteil an einem Unternehmen erwerben** = to acquire a substantial interest in the company **(b)** share *oder* proportion; **einen Anteil am Gewinn haben** = to have a share of the profits **(c)** cut; **die Gruppe erhält einen Anteil des gesamten Unternehmensumsatzes** = the group gets a rake-off on all the company's sales **(d)** concern *oder* interest; **Anteil an etwas zeigen** = to show interest in something

◇ **anteilig** *oder* **anteil(s)mäßig** *adj & adv* pro rata; **anteilige Zahlungen** = pro rata payments; **jdn anteilig bezahlen** = to pay someone pro rata; **Dividenden werden anteilsmäßig ausgeschüttet** = dividends are paid pro rata

◇ **Anteilschein** *m* share certificate

◇ **Anteilseigner** *m* interested party *oder* shareholder

Antidumping- *pref* anti-dumping; **die Regierung verabschiedete Antidumpinggesetze** = the government passed anti-dumping legislation

◇ **Antidumpingverfahren** *n* anti-dumping proceedings

◇ **Antidumpingzoll** *m* anti-dumping duty *oder* levy

antiinflationär *adj* anti-inflationary; **antiinflationäre Maßnahmen** = anti-inflationary measures

antizyklisch *adj* anticyclical

Antrag *m* **(a)** application; **Antrag auf Zuteilung von Wertpapieren** = letter of application **(b)** motion; **einen Antrag einbringen** = to table a motion; **einen Antrag stellen** = to propose *oder* to move a motion; **sich gegen** *oder* **für einen Antrag aussprechen** = to speak against *oder* for a motion; **der Antrag wurde mit 220 zu 196 Stimmen angenommen** *oder* **abgelehnt** = the motion was carried *oder* was defeated by 220 votes to 196; **die Versammlung stimmte über den Antrag ab** = the meeting voted on the motion **(c)** petition *oder* request; **sie reichten einen Antrag auf einen staatlichen Zuschuß ein** = they put in a request for a government subsidy; **einen Antrag auf Reparatur des Autos stellen** = to put in a claim for repairs to the car; **Antrag auf Konkurseröffnung** = filing (for bankruptcy); **einen Antrag auf Konkurseröffnung stellen** = to file a petition in bankruptcy **(d)** proposal; **der Ausschuß hat den Antrag abgewiesen** = the committee turned down the proposal

◇ **Antragsformular** *n* application form; **Antragsformular auf Schadenersatz** = claim form

◇ **Antragsteller/-in** *mf* **(a)** applicant *oder* claimant **(b)** *(pol)* proposer *oder* mover

antreiben *vt* to chase *oder* to hurry *oder* to urge

◇ **Antrieb** *m* drive

◇ **Antriebsmotor** *m* engine *oder* motor; **der Antriebsmotor des Aufzugs ist wieder kaputt - da müssen wir eben zu Fuß in den 4. Stock gehen** = the lift engine has broken down again - we shall just have to walk up to the 4th floor

Antwort *f* answer *oder* reply *oder* response; **die Antwort des Unternehmens auf das Übernahmeangebot** = the company's reply to the takeover bid; **um Antwort wird gebeten** *oder* **u.A.w.g.** = répondez s'il vous plait *oder* RSVP

◇ **antworten** *vi* to answer *oder* to reply; **auf einen Brief antworten** = to reply to a letter; **das Unternehmen antwortete auf das Übernahmeangebot, indem es den Aktionären höhere Dividenden anbot** = the company has replied to the takeover bid by offering the shareholders higher dividends

◇ **Antwortkarte** *f* reply card; **freigemachte** *oder* **frankierte Antwortkarte** = reply paid card

◇ **Antwortschein** *m* reply coupon; **er legte seinem Brief einen internationalen Antwortschein bei** = he enclosed an international (postal) reply coupon with his letter

anvertrauen *vt* to entrust; **jdm etwas anvertrauen** = to (en)trust someone with something *oder* to entrust something to someone; **ihm wurden die Schlüssel für den Bürosafe anvertraut** = he was entrusted with the keys to the office safe; **kann man ihm das ganze Bargeld anvertrauen?** = can he be trusted with all that cash?

anvisieren *vt* **(a)** to set one's sights on **(b)** *(Entwicklung)* to envisage

anwachsen *vi* to accrue; **anwachsen lassen** = to run up

Anwalt/Anwältin *mf* **(a)** lawyer *oder (GB)* solicitor; **einen Anwalt beauftragen** = to instruct a solicitor **(b)** counsel; **als Anwalt/Anwältin (vor Gericht) zugelassen sein** = to be called to the bar

◇ **Anwaltschaft** *f* (the) bar *oder* legal profession

◇ **Anwaltskanzlei** *f* law firm *oder* office *oder* practice; **er ist Teilhaber in einer Anwaltskanzlei** = he is a partner in a law firm

Anwartschaft *f* reversion; **er hat die Anwartschaft auf den Grundbesitz** = he has the reversion of the estate

anweisen *vt* **(a)** to instruct; **die Zahlung von DM 30.000 anweisen** = to authorize payment of DM 30,000 **(b)** *(Geld)* to transfer

◇ **Anweisung** *f* **(a)** order *oder* instruction; **Anweisungen geben** = to issue instructions; **jdm Anweisung geben, etwas zu tun** = to instruct someone to do something; **er gab seinem Wertpapiermakler Anweisung, die Aktien sofort zu verkaufen** = he gave instructions to his stockbroker to sell the shares immediately; **auf Anweisungen warten** = to await instructions; **in Übereinstimmung mit den Anweisungen** = in accordance with *oder* according to instructions; **sofern keine gegenteiligen Anweisungen vorliegen** = failing instructions to the contrary **(b)** payment *oder* transfer

anwenden *vt* to use *oder* to exercise *oder* to apply

◇ **Anwender/-in** *mf* user

◇ **Anwendung** *f* use *oder* usage *oder* exercise *oder* application

◇ **Anwendungssoftware** *f* applications software

anwerben *vt* to recruit; **neues Personal anwerben** = to recruit new staff

Anwesen *n* premises *oder* property

anwesend *adj* present; **anwesend sein** = to attend; **es waren nur sechs Direktoren bei der Vorstandssitzung anwesend** = only six directors were present at the board meeting

Anzahl *f* number *oder* quantity; **beschlußfähige Anzahl** = quorum; **die Anzahl der durch Streik verlorengegangenen Tage ist zurückgegangen** = the number of days lost through strikes has fallen; **die Anzahl der Personen auf der Lohnliste ist in den letzten Jahren gestiegen** = the number of persons on the payroll has increased over the last year; **die Anzahl der verkauften Aktien** = the number of shares sold

anzahlen *vt* to pay on account *oder* to make a down payment; **Geld für ein Haus anzahlen** = to put down money on a house; **DM 30 anzahlen** = to leave DM 30 as deposit; **er zahlte DM 200 an und zahlte den Rest in monatlichen Raten ab** = he paid DM 200 down and the rest in monthly instalments

◇ **Anzahlung** *f* advance *oder* deposit *oder* down payment *oder* part payment *oder (US)* partial payment; **eine Anzahlung für eine Uhr leisten** = to pay a deposit on a watch; **er leistete eine Anzahlung von DM 500** = he made a down payment of DM 500; **ich gab ihm DM 1.000 als Anzahlung für den Wagen** = I gave him DM 1,000 as part payment for the car

Anzeige *f* advert(isement); **eine Anzeige aufgeben** = to put an advert in the paper; **alleinstehende Anzeige** = solus (advertisement)

◇ **anzeigen** *vt* **(a)** to announce **(b)** to indicate

◇ **Anzeigenblatt** *n* advertiser *oder* freesheet

◇ **Anzeigenkampagne** *f* advertising campaign

◇ **Anzeigenkollektiv** *n* omnibus advertisement

◇ **Anzeigenkunde** *m* (regular) advertiser; **der Katalog enthält eine Liste von Anzeigenkunden** = the catalogue gives a list of advertisers

◇ **Anzeigenleiter/-in** *mf* advertisement manager

◇ **Anzeigenpreise** *oder* **Anzeigentarife** *mpl* advertising rates

◇ **Anzeigenraum** *m* advertising space; **Anzeigenraum in einer Zeitung belegen** = to take advertising space in a newspaper

◇ **Anzeigenschluß** *m* closing date for advertisements

◇ **Anzeigenwerbung** *f* press advertising

anziehen 1 *vi* **(a)** to advance *oder* to harden *oder* to firm (up) *oder* to improve *oder* to rally; **der Kurs des Sterling zog an den Devisenmärkten an** = sterling was firmer on the foreign exchange markets; **die Aktien zogen auf DM 256 an** = the shares firmed at DM 256; **die Aktienkurse zogen nach Veröffentlichung der neusten von der Regierung vorgelegten Zahlen an** = shares rallied on the news of the latest government figures; **die Preise** *oder* **Kurse ziehen an** = prices *oder* shares are firming up *oder* are hardening **2** *vt (Kunden)* to attract *oder* to draw **3** *n* **Anziehen** = advance *oder* improvement; **ein Anziehen der Preise** = a hardening of prices

aperiodisch *adj* aperiodic; **aperiodische Posten** = non-recurring items

Apparat *m* **(a)** machine *oder* appliance **(b)** machinery *oder* apparatus **(c)** (tele)phone *oder* extension; **am Apparat!** = speaking!; **bleiben Sie bitte am Apparat** = hold the line please; **die Verkaufsleiterin ist auf Apparat 53** = the sales manager is on extension 53; **können Sie mich mit Apparat 21 verbinden** = can you get me extension 21?

Approbation *f* certificate *oder* licence to practice

Äquivalent 1 *n* equivalent; **die Bezahlung war kein richtiges Äquivalent für solche Leistungen** = payment was scarcely commensurate with performance **2** *adj* **äquivalent** = equivalent

◇ **Äquivalenz** *f* equivalence

Arbeit *f* **(a)** work; **(schwere) Arbeit** = labour *oder (US)* labor; **körperliche Arbeit** = manual labour *oder* manual work; **ungelernte Arbeit** = unskilled work; **Arbeit und Kapital** = capital and labour **(b)** *(Arbeitsstelle)* employment *oder* job *oder* work; **bei seiner Arbeit muß er viel reisen** = his work involves a lot of travelling; **er fährt mit dem Bus zur Arbeit** = he goes to work by bus; **sie kommt nie vor 20 Uhr von der Arbeit nach Hause** = she never gets home from work before 8 p.m.; **Arbeit aufnehmen** = to take up employment; **Arbeit einstellen** *oder* **niederlegen** = to stop work *oder* to down tools; **Arbeit suchen** = to look for a job; **er sucht immer noch Arbeit** = he is still looking for work; **ohne Arbeit sein** = to be without employment *oder* to be out of work **(c)** *(Aufgabe)* job; **das Personal machte sich richtig an die Arbeit und erledigte den Auftrag rechtzeitig** = the staff got on with the work and finished the order on time; **pro geleistete Arbeit bezahlt werden** = to be paid by the job

arbeiten *vi* to work; **er arbeitet als Kassierer in einem Supermarkt** = he is working as a cashier in a supermarket; **er arbeitet bei der Fa. Sperzel** = he works at Sperzel's; **sie arbeitet in einem Büro** = she works in an office; **er arbeitet bis zum Ablauf seiner Kündigungsfrist** = he is working out his notice; **in der Fabrik wird hart gearbeitet, um den Auftrag fertigzustellen** = the factory is working hard to complete the order; **sie arbeitet jetzt besser, nachdem sie befördert wurde** = she works better now that she has been promoted; **ganztägig arbeiten** = to work full-time; **gewinnbringend arbeiten** = to trade profitably; **halbtags arbeiten** = to work half-time *oder* part-time; **kostendeckend arbeiten** = to break even

◇ **arbeitend** *adj* working; **die arbeitende Bevölkerung eines Landes** = the working population of a country; **arbeitendes Kapital** = productive capital; **ein arbeitendes Unternehmen verkaufen** = to sell a business as a going concern

Arbeiter/-in *mf* **(a)** worker; **noch zehn Arbeiter anstellen** = to take on ten more hands; **gewerkschaftlich organisierte Arbeiter** = organized labour *oder (US)* labor **(b)** labourer *oder* workman *oder* blue-collar worker

◇ **Arbeiterbewegung** *f* (the) labour movement

◇ **Arbeitergenossenschaft** *f* workers' co-operative; **eine Arbeitergenossenschaft gründen** = to set up a workers' co-operative

◇ **Arbeitergewerkschaft** *f* blue-collar union *oder* labo(u)r union

◇ **Arbeiterschaft** *f* labour *oder (US)* labor force *oder* workforce

Arbeitgeber/-in *mf* employer; **Arbeitgeber und Arbeitnehmer** = the employers and the employed; **Arbeitgeber-Arbeitnehmer-Beziehungen** = labour relations *oder* industrial relations; **das Unternehmen ist bekannt für seine schlechten Arbeitgeber-Arbeitnehmer-Beziehungen** = the company has a history of bad labour relations

◇ **Arbeitgeberanteil** *m* employer's contribution (to national insurance)

◇ **Arbeitgeberverband** *m* employers' organization *oder* association *oder* federation

Arbeitnehmer/-in *mf* employee *oder* worker; **Arbeitnehmer der Firma können sich an einem Gewinnbeteiligungsplan beteiligen** = employees of the firm are eligible to join a profit-sharing scheme; **das Unternehmen entschied, neue Arbeitnehmer einzustellen** = the company has decided to take on new employees; **die Beziehungen zwischen der Unternehmensleitung und den Arbeitnehmern haben sich verbessert** = relations between management and employees have improved

◇ **Arbeitnehmeranteil** *m* employee's contribution (to national insurance)

◇ **Arbeitnehmervertreter/-in** *mf* employees' representative

Arbeitsablauf *m* work routine; **Arbeitsabläufe auflisten** = to list task processes

◇ **Arbeitsablaufdiagramm** *n* flow chart *oder* flow diagram

Arbeitsamt *n* job centre

Arbeitsanalyse *f* job analysis

Arbeitsanfall *m* workload *oder* volume of work

Arbeitsangebot *n* job supply *oder* labour supply *oder* supply of work

Arbeitsauftrag *m* job order *oder* work order *oder* commission; **Arbeitsaufträge vergeben** = to put work out to contract

Arbeitsaufwand *m* effort *oder* labour input; **Arbeitsaufwand pro Einheit** = unit labour cost

Arbeitsausfall *m* loss of working hours

Arbeitsausschuß *m* working party; **Professor Schmidt ist Vorsitzender des Arbeitsausschusses, der sich mit Computern in der Gesellschaft befaßt** = Professor Schmidt is the chairman of the working party on computers in society; **die Regierung setzte einen Arbeitsausschuß ein, um das Problem von Computern in Schulen zu untersuchen** = the government set up a working party to examine the problem of computers in schools; **die Regierung setzte einen Arbeitsausschuß zur Untersuchung von Industriemüllproblemen ein** = the government has set up a working party to study the problems of industrial waste

Arbeitsbedingungen *fpl* work(ing) conditions; **die Gewerkschaft beanstandete die schlechten Arbeitsbedingungen in der Fabrik** = the union has complained of the bad working conditions in the factory

Arbeitsbelastung *f* workload; **er hat Schwierigkeiten, mit der hohen Arbeitsbelastung fertig zu werden** = he has difficulty in coping with his heavy workload

Arbeitsbereich *m* **(a)** field of work *oder* area of work **(b)** workspace

Arbeitsbeschaffung *f* job creation

◇ **Arbeitsbeschaffungsmaßnahmen (ABM)** *fpl* job creation measures

◇ **Arbeitsbeschaffungsprogramm** *n* job creation scheme

> er forderte die Bundesregierung auf, zusätzliche Mittel für Arbeitsbeschaffungsmaßnahmen zur Verfügung zu stellen
>
> ***Neues Deutschland***
>
> Ende 1992 waren 36 von 1000 befragten Haushalten mit Erwerbstätigen von Arbeitslosigkeit, Kurzarbeit oder ABM betroffen
>
> ***Die Wirtschaft***

Arbeitsbescheinigung *f* certificate of employment

Arbeitsbewertung *f* job evaluation

Arbeitsdirektor/-in *mf* labour relations manager *oder* personnel manager

Arbeitseinkommen *n* earned income

Arbeitserlaubnis *f* work permit *oder (US)* green card

Arbeitsgebiet *n* field of work *oder* line of work

Arbeitsgemeinschaft *f* team *oder* association; **Arbeitsgemeinschaft der Rundfunkanstalten Deutschlands (ARD)** = association of German broadcasting corporations
(NOTE: ARD = the first national TV channel in Germany)

Arbeitsgerät *n* implement

Arbeitsgericht *n* industrial court *oder* industrial tribunal

Arbeitsgesetze *npl* labour laws
◇ **Arbeitsgesetzgebung** *f* labour legislation

Arbeitsgruppe *f* task force *oder* team

> mit dem BDI, dem DIHT sowie den zuständigen Ministerien solle eine Arbeitsgruppe gebildet werden, die Deutschlands Marktchancen in Asien untersuchen wird
> *Sächsische Zeitung*

arbeitsintensiv *adj* labour-intensive; **arbeitsintensive(r) Industrie(zweig)** = labour-intensive industry

Arbeitskampf *m* industrial dispute; **in den Arbeitskampf treten** = to take industrial action
◇ **Arbeitskampfmaßnahmen** *fpl* direct action; **Arbeitskampfmaßnahmen ergreifen** = to take industrial action

> darüber hinaus bereite die Gewerkschaft sich auf eine mögliche Urabstimmung mit anschließendem Arbeitskampf vor
> *Sächsische Zeitung*

Arbeitsklima *n siehe* BETRIEBSKLIMA

Arbeitskosten *pl* labour costs *oder* labour charges

Arbeitskraft *f* **(a)** worker; **ungelernte Arbeitskraft** = manual worker *oder* labourer **(b)** *fpl* **Arbeitskräfte** = labour *oder (US)* labor force *oder* workforce; **Bedarf an Arbeitskräften** = manpower requirements; **billige Arbeitskräfte** = cheap labour; **ortsansässige Arbeitskräfte** = local labour; **Schwierigkeiten haben, Arbeitskräfte für die Fabrik zu finden** = to have difficulty in staffing the factory; **wir eröffnen aufgrund der billigen Arbeitskräfte vor Ort eine Fabrik im Fernen Osten** = we are opening a new factory in the Far East because of the cheap local labour force
◇ **Arbeitskräfteabgang** *m* **natürlicher Arbeitskräfteabgang** = natural wastage
◇ **Arbeitskräftemangel** *m* labour *oder* manpower shortage *oder* shortage of labour *oder* manpower

Arbeitskreis *m* work team

Arbeitsleistung *f* job performance

Arbeitslohn *m* wage; **der Arbeitslohn wird mit DM 65 pro Stunde in Rechnung gestellt** = labour is charged at DM 65 an hour; **Material und Arbeitslohn berechnen** = to charge for materials and labour; **sie hat einen guten Arbeitslohn im Supermarkt** = she is earning a good wage *oder* good wages in the supermarket

arbeitslos *adj* out of work *oder* unemployed; **das Unternehmen wurde von drei arbeitslosen Ingenieuren gegründet** = the company was set up by three out of work engineers; **die Rezession machte Millionen arbeitslos** = the recession has put millions out of work; **arbeitslos sein** = to be out of a job *oder* to be without employment; **sie ist seit sechs Monaten arbeitslos** = she has been out of work for six months
◇ **Arbeitslose(r)** *mf* unemployed person; *pl* **die Arbeitslosen** = the jobless *oder* the unemployed *(siehe auch* DAUERARBEITSLOSE(R), LANGZEITARBEITSLOSE(R)
◇ **Arbeitslosengeld** *n (von der Arbeitslosenversicherung)* (earnings related) unemployment benefit *oder (US)* unemployment compensation *oder (GB umg)* dole; **sie bekommt in der Woche DM 150 Arbeitslosengeld** = she receives DM 150 a week as unemployment benefit
◇ **Arbeitslosenhilfe** *f (vom Staat)* unemployment benefit
◇ **Arbeitslosenquote** *f* rate of unemployment *oder* unemployment rate
◇ **Arbeitslosenversicherung** *f* **(a)** unemployment insurance ≈ *(GB)* National Insurance *oder (US)* social insurance **(b)** government department responsible for unemployment insurance ≈ *(GB)* Department of Health and Social Security (DHSS) *oder (US)* social insurance office

> entsprechend ist die Arbeitslosenquote innerhalb der letzten zwölf Monate von 6,9% auf 8,1% gestiegen
> *Neue Zürcher Zeitung*

Arbeitslosigkeit *f* redundancy *oder* unemployment; **konjunkturelle Arbeitslosigkeit** = cyclical unemployment; **saisonbedingte Arbeitslosigkeit** = seasonal unemployment; **strukturelle Arbeitslosigkeit** = structural unemployment

Arbeitsmarkt *m* labour market; **25.000 Hochschulabgänger sind auf den Arbeitsmarkt gekommen** = 25,000 graduates have come on to the labour market

Arbeitsnachweisbogen *m* time sheet

Arbeitsniederlegung *f* walk-out

Arbeitsorganisation *f* **Internationale Arbeitsorganisation (IAO)** = International Labour Organization (ILO)

Arbeitsplan *m* work schedule
◇ **Arbeitsplanung** *f* work planning

Arbeitsplatz *m* **(a)** job; **er verlor seinen Arbeitsplatz, als die Fabrik geschlossen wurde** = he lost his job when the factory closed; **Sicherheit des Arbeitsplatzes** = job security; **Zufriedenheit am Arbeitsplatz** = job satisfaction **(b)** place of work *oder* workplace; *(im Büro)* workspace; *(in der Fabrik)* work station

◇ **Arbeitsplatzabbau** *m* job cuts

◇ **Arbeitsplatzanalyse** *f* job analysis

◇ **Arbeitsplatzbeschreibung** *f* job description

◇ **Arbeitsplatzbewertung** *f* job evaluation

◇ **Arbeitsplatzmangel** *m* job shortage

◇ **Arbeitsplatzmonopol** *n* job monopoly; **die Fabrik hat das absolute Arbeitsplatzmonopol in der Stadt** = the factory has the absolute monopoly of jobs in the town

◇ **Arbeitsplatzsicherheit** *f* security of employment *oder* job security

◇ **Arbeitsplatzsicherung** *f* safeguarding of jobs *oder* job protection

◇ **Arbeitsplatzverlust** *m* job loss

◇ **Arbeitsplatzwechsel** *m* change of job

Arbeitsproduktivität *f* labour productivity *(eg. per man-hour worked)*

Arbeitsrecht *n* labour law

◇ **Arbeits(rechts)streitigkeiten** *fpl* industrial disputes *oder* labour disputes

Arbeitsrückstand *m* backlog of work; **meine Sekretärin kann den Arbeitsrückstand nicht bewältigen** = my secretary can't cope with the backlog of work

Arbeitsschutz *m* occupational *oder* industrial safety

◇ **Arbeitsschutzbestimmungen** *oder* **Arbeitsschutzvorschriften** *fpl* health and safety at work regulations

arbeitssparend *adj* labour-saving; **ein arbeitssparendes Gerät** = a labour-saving device

Arbeitsspeicher *m* *(Computer)* workspace

Arbeitsstunde *f* man-hour; **eine Million Arbeitsstunden gingen durch den Arbeitskampf verloren** = one million man-hours were lost through industrial action

Arbeitssuchende(r) *mf* jobseeker

Arbeitstag *m* workday; **einen achtstündigen Arbeitstag haben** = to work an eight-hour day

Arbeitsteilung *f* job sharing *oder* work sharing

Arbeitsunfall *m* industrial *oder* occupational accident

Arbeitsverhältnis *m* employee-employer relationship; *pl* **Arbeitsverhältnisse** = working conditions

Arbeitsvermittlung *f* job centre *oder* employment agency

Arbeitsvertrag *m* contract of employment *oder* employment contract *oder* service agreement *oder* service contract

◇ **Arbeitsvertragsbedingungen** *fpl* conditions of employment

Arbeitsvorbereitung *f* production planning *oder* scheduling

Arbeitswoche *f* working week *oder (US)* workweek; **obwohl er freier Mitarbeiter ist, arbeitet er eine normale Arbeitswoche** = even though he is a freelance, he works a normal working week

Arbeitszeit *f* working *oder* production time; hours of work

◇ **Arbeitszeitverkürzung** *f* reduction in working hours

Arbitrage *f* arbitrage

◇ **Arbitragehändler/-in** *mf oder* **Arbitrageur** *m* arbitrage(u)r

◇ **Arbitragekonsortium** *n* arbitrage syndicate

ARD = ARBEITSGEMEINSCHAFT DER RUNDFUNKANSTALTEN DEUTSCHLANDS

Argentinien *n* Argentina

◇ **Argentinier/-in** *mf* Argentinian

◇ **argentinisch** *adj* Argentinian

(NOTE: Hauptstadt: **Buenos Aires** ; Währung: **argentinischer Peso** = Argentinian peso)

Ärger *m* trouble; **es gab Ärger im Lager, nachdem der Manager gefeuert wurde** = there was some trouble in the warehouse after the manager was fired; **wir haben Ärger mit dem Computer** = we are having some computer trouble *oder* some trouble with the computer

arm *adj* poor; **um DM 50 ärmer sein** = to be DM 50 out of pocket; **es ist eins der ärmsten Länder der Welt** = it is one of the poorest countries in the world

◇ **Armut** *f* poverty

◇ **Armutsgrenze** *f* poverty line; **an der Armutsgrenze leben** = to live on the poverty line

arrangieren *vt* to arrange

Art *f* **(a)** *(Weise)* way *oder* method; **eine neue Art, etwas herzustellen** *oder* **zu tun** = a new method of making something *oder* of doing something; **Luftfracht ist die schnellste Art, Waren nach Südamerika zu bekommen** = air freight is the fastest means of getting stock to South America; **Art und Weise** = mode *oder* style **(b)** *(Natur)* nature *oder* kind; **welcher Art ist der Inhalt des Pakets?** = what is the nature of the contents of the parcel?; **welcher Art seine Geschäfte sind, weiß man nicht** = the nature of his business is not known; **welche Art von Büchern stellen sie her?** = what kind of books do they produce?

Artikel *m* article *oder* item; **wir haben Bestellungen für Artikel, die nicht vorrätig sind** = we are holding orders for out of stock items; **als Anlage eine Bestellung der folgenden Artikel aus**

ihrem Katalog = please find enclosed an order for the following items from your catalogue; **einen neuen Artikel auf den Markt bringen** = to launch a new article on the market

Arzneimittel *n* drug

Arzt/Ärztin *mf* doctor

◇ **Ärzteschaft** *f* **die Ärzteschaft** = the medical profession

◇ **ärztlich** *adj* medical; **ärztliches Attest** = medical certificate; **ärztliche Untersuchung** = medical inspection

Assistent/-in *mf* assistant; **persönliche(r) Assistent/-in** = personal assistant (PA) *oder (US)* administrative assistant

assoziieren *vr* **sich an jdn** *oder* **sich an etwas assoziieren** = to become associated to someone or something

◇ **assoziiert** *adj* associated; **die mit der EU assoziierten Staaten** = the countries associated to the EU

Atelier *n* studio

Äthiopien *n* Ethiopia

◇ **Äthiopier/-in** *mf* Ethiopian

◇ **äthiopisch** *adj* Ethiopian

(NOTE: Hauptstadt: **Addis Abeba** = Addis Ababa; Währung: **Birr** *m* = Ethiopian birr)

Attaché *m* attaché

Attest *n* doctor's certificate; **er fehlt seit zehn Tagen wegen Krankheit und hat immer noch kein Attest eingereicht** = he has been off sick for ten days and still has not sent in a doctor's certificate

attraktiv *adj* attractive; **attraktive Preise** = attractive prices

Attrappe *f* dummy *oder* mock-up

aufarbeiten *vt (Korrespondenz)* to catch up with *oder* on *oder* to process

◇ **Aufarbeitung** *f* catching up *oder* processing; **die Aufarbeitung des Liegengebliebenen wird einige Zeit dauern** = it will take some time to clear the backlog

Aufbau *m* **(a)** building *oder* (re)construction; **der wirtschaftliche Aufbau** = the building up of the economy **(b)** *(Struktur)* organization *oder* setup *oder* structure; **der Aufbau des Konzerns ist zu zentralisiert, um effizient zu sein** = the organization of the group is too centralized to be efficient

◇ **aufbauen** *vt* **(a)** to build; **auf Erfahrungen aufbauen** = to build on past experience **(b)** to build up; **er kaufte mehrere Schuhgeschäfte und baute allmählich eine Ladenkette auf** = he bought several shoe shops and gradually built up a chain; **ein gewinnbringendes Geschäft aufbauen** = to build up a profitable business; **einen Handelsvertreterstab aufbauen** = to build up a team of salesmen **(c)** to organize *oder* to structure; **ein System aufbauen** = to organize a system; **eine Theorie aufbauen** = to construct a theory

aufbessern *vt* **(a)** to improve; **wir versuchen, unser Image mit einer Serie von Fernseh-Werbespots aufzubessern** *oder* **aufzupolieren** = we are trying to improve our image with a series of TV commercials **(b)** to increase; **die Gehälter aufbessern** = to review salaries; **sein Gehalt wird Ende des Jahres aufgebessert** = his salary will be reviewed at the end of the year; **das Unternehmen entschied, die Gehälter freiberuflicher Mitarbeiter angesichts der steigenden Lebenshaltungskosten aufzubessern** = the company has decided to review freelance payments in the light of the rising cost of living; **ihr Gehalt wurde letzten April aufgebessert** = she had a salary review last April

aufbewahren *vt* to store

◇ **Aufbewahrung** *f* storage; **sichere Aufbewahrung** = safe keeping

aufblühen *vi* to flourish *oder* to thrive *oder* to prosper; **wieder aufblühen** = to revive

aufbrauchen *vt* to use up *oder* to exhaust *oder* to drain

aufbringen *vt* **(a)** *(Geld)* to raise *oder* to find **(b)** *(Kraft, Energie)* to muster *oder* to summon up; **die Abteilungsleiterin muß viel Energie aufbringen, um ihre Mitarbeiter zu motivieren** = the head of department uses a lot of energy in motivating her staff

aufdecken *vt* to disclose

◇ **Aufdeckung** *f* disclosure

Aufenthalt *m* residence *oder* stay

◇ **Aufenthaltsgenehmigung** *f* residence permit; **er hat eine Aufenthaltsgenehmigung beantragt** = he has applied for a residence permit; **sie bekam eine Aufenthaltsgenehmigung für ein Jahr** = she was granted a residence permit for one year

auferlegen *vt* to impose; **der Richter erlegte dem Kläger die Gerichtskosten auf** = the judge awarded costs to the defendant

◇ **Auferlegung** *f* imposition

auffächern *vtr* to diversify

auffangen *vt* to absorb; **einen Überschuß (an Ware) auffangen** = to absorb a surplus; **den Verlust einer Tochtergesellschaft auffangen** = to absorb a loss by a subsidiary

auffordern *vt* to invite *oder* to ask; **die Zollbeamten forderten ihn auf, seinen Koffer zu öffnen** = the customs officials asked him to open his case

◇ **Aufforderung** *f* **(a)** demand; **zahlbar bei Aufforderung** = payable on demand **(b)** invitation; **Aufforderung zur Zeichnung einer neuen Emission** = invitation to subscribe to a new issue; **ohne Aufforderung gegebene Empfehlung** = unsolicited testimonial

Auffrischungskurs *m* refresher course; **er besuchte einen Auffrischungskurs in Buchhaltung** = he went on a refresher course in bookkeeping

aufführen *vt* to list; **in der Broschüre werden die von dem Unternehmen angebotenen Dienstleistungen aufgeführt** = the leaflet describes the services the company can offer; **einzeln aufführen** = to itemize; **einzeln aufgeführte Abzugsbeträge** = *(US)* itemized deductions

auffüllen *vt* to top up; **wieder auffüllen** = to restock; **das Lager nach dem Weihnachtsgeschäft wieder auffüllen** = to restock after the Christmas sales

Aufgabe *f* **(a)** abandonment; **Aufgabe eines Schiffes** = abandonment of a ship **(b)** assignment *oder* job *oder* task; **er wurde zum geschäftsführenden Direktor ernannt, mit der besonderen Aufgabe, die Unternehmensgewinne zu steigern** = he was appointed managing director with the assignment to improve the company's profits; **eine Aufgabe erledigen** = to do a job of work **(c)** function; **Aufgaben des Managements** = function of management

◊ **Aufgabenbereich** *m* remit *oder* terms of reference *oder* area of responsibility; **gemäß dem Aufgabenbereich, kann der Ausschuß keinen Beschwerden seitens der Bevölkerung nachgehen** = under the terms of reference of the committee, it cannot investigate complaints from the public; **der Aufgabenbereich des Ausschusses deckt Exporte nicht ab** = the committee's terms of reference do not cover exports

◊ **Aufgabenstellung** *f* **(a)** type of problem *oder* job **(b)** setting of a job

aufgeben *vt* **(a)** to abandon *oder* to scrap; **das Entwicklungsprogramm mußte aufgegeben werden, als dem Unternehmen das Geld ausging** = the development programme had to be abandoned when the company ran out of cash; **wir gaben unsere Absicht auf, eine Filiale in New York zu eröffnen** = we abandoned the idea of setting up a New York office **(b)** to get out of; **das Geschäft aufgeben** = to go out of business **(c)** to leave *oder* to resign; **kündigen** *oder* **seine Stelle aufgeben** = to quit; **einige der Manager geben ihre Stelle auf, um ihr eigenes Unternehmen zu gründen** = some of the managers are quitting to set up their own company; **er gab seinen Job auf und kaufte eine Farm** = he left his job and bought a farm **(d)** to post *oder (US)* to mail; **einen Brief** *oder* **ein Paket aufgeben** = to post a letter *oder* a parcel; **er gab den Brief auf** = he put the letter in the post **(e)** to give *oder* place; *(Bestellung)* **eine Bestellung aufgeben** = to place an order; **er gab eine Bestellung für 250 Kartons Papier auf** = he placed an order for 250 cartons of paper; **ein Inserat aufgeben** = to put an ad in a paper **(f)** to check in *oder* to register; **Gepäck aufgeben** = to check baggage in

Aufgeld *n* **(a)** *(Geldsorte)* agio *oder* exchange premium **(b)** *(Wertpapier)* premium; **mit Aufgeld verkaufte Aktien** = shares sold at a premium

aufgerundet *adj (Zahl)* rounded up

aufgeschoben *adj* deferred; **aufgeschobene Zahlung** = deferred payment

aufgliedern *vt* to break down *oder* to itemize; **aufgegliederte Abrechnung** = itemized account; **aufgegliederte Rechnung** = itemized invoice; **können Sie diese Rechnung nach Ersatzteilen und Arbeitslohn aufgliedern?** = can you break down this invoice into spare parts and labour?; **wir haben die Ausgaben nach fixen und variablen Kosten aufgegliedert** = we broke the expenditure down into fixed and variable costs

◊ **Aufgliederung** *f* breakdown; **die Aufgliederung der Absatzzahlen wird etwa zwei Tage dauern** = itemizing the sales figures will take about two days

aufgreifen *vt* to follow up; **eine Initiative aufgreifen** = to follow up an initiative; **ich werde Ihre Idee, unsere Adressenliste in den Computer einzugeben, aufgreifen** = I'll follow up your idea of putting our address list on to the computer

aufgrund *prep* due to *oder* owing to *oder* on account of; **die Lieferungen haben sich aufgrund eines Streiks beim Hersteller verzögert** = supplies have been delayed due to a strike at the manufacturers; **ich bedaure, daß wir Ihre Bestellung aufgrund der Arbeitsbelastung nicht rechtzeitig ausliefern können** = I am sorry that owing to pressure of work, we cannot supply your order on time

aufhalten (a) *vt* to delay *oder* to hold up; **die Sendung wurde am Zoll aufgehalten** = the shipment has been held up at the customs; **er wurde aufgehalten, weil sein Taxi einen Unfall hatte** = he was delayed because his taxi had an accident **(b)** *vr* **sich aufhalten** = to stay; **die Touristen hielten sich nur kurz in der Stadt auf** = the tourists were in town only for a short stay

aufhängen *vt (Telefon)* to hang (up)

aufheben *vt* **(a)** to cancel *oder* to rescind *oder* to revoke *oder* to set aside *oder* to annul; **eine Entscheidung aufheben** = to render a decision null; **eine Vereinbarung aufheben** = to rescind an agreement; **einen Vertrag aufheben** = to cancel a contract; **eine Klausel in einem Vertrag aufheben** = to revoke a clause in a contract; **der Schiedsspruch des Schlichters wurde in der Revision aufgehoben** = the arbitrator's award was set aside on appeal **(b)** *vr* **sich aufheben** = to cancel out; **die beiden Klauseln heben sich gegenseitig auf** = the two clauses cancel each other out **(c)** to lift *oder* to remove; **Handelsschranken aufheben** = to lift trade barriers; **die Regierung hob das Verbot für Importe aus Japan auf** = the government has lifted the ban on imports from Japan; **der Minister hob das Embargo für den Verkauf von Computern auf** = the minister has removed the embargo on the sale of computers; **Lohnkontrollen aufheben** = to decontrol wages

◊ **aufhebbar** *adj* annullable

◊ **Aufhebung** *f* annulling *oder* annulment *oder* cancellation *oder* dissolution *oder* nullification; **die Aufhebung eines Vertrags** = the annulling *oder* avoidance of a contract

nachdem das Finanzministerium eine festgesetzte Obergrenze für den Preis von Schweinefleisch eingeführt hatte, wurde im Landwirtschaftsministerium die Aufhebung der Importsteuer für die Fleischeinfuhr beschlossen
Prager Zeitung

aufkaufen *vt* to buy (up) *oder* to snap up; **das Unternehmen wurde von seinem Hauptlieferanten aufgekauft** = the company has been bought by its leading supplier; **er kaufte 15% der Unternehmensaktien auf** = he snapped up 15% of the company's shares; **das Syndikat versuchte, die Silbervorräte aufzukaufen** = the syndicate tried to corner the market in silver

◇ **Aufkäufer/-in** *mf* buyer *oder* purchaser *oder* acquirer

Aufkleber *m* gummed label *oder* sticker; **mit einem Aufkleber versehen** = to label

aufkommen für *vi* to defray (costs); **für die Kosten aufkommen** = to bear *oder* to defray costs

aufladen *vt* to load; **eine Fracht Holz auf ein Schiff aufladen** = to load a cargo of wood onto a ship

Auflage *f* **(a)** *(Serienfertigung)* batch **(b)** *(Bedingung)* condition; **mit Auflagen** = conditional **(c)** *(Zeitung)* circulation; **der neue Herausgeber hofft, die Auflage zu erhöhen** = the new editor hopes to improve the circulation **(d)** *(Ausgabe)* edition

◇ **Auflagenhöhe** *f* circulation; **Kampf um die Auflagenhöhe (verschiedener Zeitungen)** = circulation battle

◇ **Auflagennummer** *f* batch number

auflaufen *vi* to accrue; **ab Monatsanfang laufen Zinsen auf** = interest accrues from the beginning of the month; **Dividenden auflaufen lassen** = to allow dividends to accumulate; **aufgelaufene Dividende** = accrued dividend; **aufgelaufene Zinsen kommen vierteljährlich hinzu** = accrued interest is added quarterly

◇ **Auflaufen** *n* accrual

auflegen 1 *vi (Telefon)* to hang up; **als ich ihn nach der Rechnung fragte, legte er auf** = when I asked him about the invoice, he hung up **2** *vt* **(a)** *(Schiff)* to lay up; **die Hälfte der Schiffsflotte ist durch die Rezession aufgelegt** = half the shipping fleet is laid up by the recession **(b)** *(Wertpapier, Anleihe)* to issue *oder* to float; **eine Anleihe auflegen** = to float a loan **(c)** *(Buch)* to publish *oder* to print *oder* to issue; **neu auflegen** = to reissue (a book)

auflisten *vt* to list; **in dem Katalog sind 23 Waschmaschinenmodelle aufgelistet** = the catalogue lists twenty-three models of washing machines; **Produkte nach Gruppen auflisten** = to list products by category; **Vertreter nach Gebieten auflisten** = to list representatives by area

auflösen *vt* **(a)** to break up *oder* to cancel *oder* to dissolve *oder* to liquidate *oder* to wind up; **ein Unternehmen auflösen** = to liquidate a company; **nach und nach auflösen** = to run down; **das Unternehmen wird allmählich aufgelöst** = the company is being run down; **eine Personengesellschaft** *oder* **Partnerschaft auflösen** = to dissolve a partnership **(b) ein Konto auflösen** = to close an account; **er löste sein Konto bei der Bausparkasse auf** = he closed his building society account **(c)** *vr* **sich auflösen** = to break up; **die Versammlung löste sich um 12.30 Uhr auf** = the meeting broke up at 12.30

◇ **Auflösung** *f* **(a)** *(Geschäft)* liquidation *oder* dissolution *oder* winding-up **(b)** *(Konto)* closing **(c)** *(Versammlung)* breaking up

aufmachen *vt* **(a)** *(Geschäft)* to open (up); **der Laden macht um 8 Uhr auf** = the shop opens (up) at 8am; **wir machen eine Filiale in Hamburg auf** = we are opening (up) a branch in Hamburg **(b)** *(gestalten)* to make up *oder* to get up **(c)** *(in Presse)* to feature

◇ **Aufmacher** *m* lead (story or headline)

◇ **Aufmachung** *f* **(a)** *(Gestaltung)* presentation *oder* style **(b)** *(Buch, Zeitung)* make-up *oder* layout **(c)** *(Zeitung)* feature *oder* lead

aufmerksam *adj* attentive; **aufmerksam machen auf** = to point out

◇ **Aufmerksamkeit** *f* attention

Aufnahme *f* **(a)** *(Inanspruchnahme)* taking out *oder* up; **Aufnahme eines Darlehens** = taking out a loan **(b)** *(Einbeziehung)* inclusion; **Aufnahme eines Punktes in einen Vertrag** = inclusion of a point in a contract **(c)** *(Einstellung)* taking on *oder* recruiting; **Aufnahme von Personal** = recruiting staff **(d)** *(Aufzeichnung)* taking down *oder* recording; **Aufnahme eines Protokolls** = recording the minutes **(e)** *(Beginn)* start *oder* beginning; **Aufnahme von Verhandlungen** = start of negotiations

◇ **Aufnahmeantrag** *m* application for membership

◇ **Aufnahmebedingung** *f* condition for admission

◇ **aufnahmefähig** *adj (Markt)* receptive *oder* ready

◇ **aufnehmen** *vt* **(a)** to absorb *oder* to incorporate; **Erträge der Übernahme des Jahres 1993 sind in die Geschäftsbücher aufgenommen** = income from the 1993 acquisition is incorporated into the accounts; **die Zinsbelastungen wurden nicht in die Unterlagen aufgenommen** = the interest charges have been excluded from the document **(b)** to take down; **ein Diktat aufnehmen** = to take dictation; **die Sekretärin nahm ein Diktat des geschäftsführenden Direktors auf** = the secretary was taking dictation from the managing director **(c)** to take in; **Artikel ins Lager aufnehmen** = to take items into stock *oder* into the warehouse **(d)** to enter into; **Beziehungen mit jdm aufnehmen** = to enter into relations with someone; **Verhandlungen aufnehmen** = to open negotiations; **Verhandlungen mit einem ausländischen Staat aufnehmen** = to enter into negotiations with a foreign government **(e)** to take up; **Darlehen** *oder* **Kredit aufnehmen** = to borrow

Aufpreis *m* additional charge *oder* surcharge

aufrechnen *vt* to offset; **Verluste gegen die Steuern aufrechnen** = to offset losses against tax

aufrechterhalten *vt* to keep up *oder* to maintain

◇ **Aufrechterhaltung** *f* maintenance; **Aufrechterhaltung der Versorgung** *oder* **der Lieferungen** = maintenance of supplies; **Aufrechterhaltung von Kontakten** = maintenance of contacts

Aufruf *m (Börse)* call

aufrufen 1 *vi* to call; **die Gewerkschaft rief zum Streik auf** = the union called a strike **2** *vt (Computer)* to access *oder* to call up; **sie rief die Adressendatei im Computer auf** = she accessed the address file on the computer

aufrunden *vt* to round up; **den Betrag auf die volle Mark aufrunden** = to round up the figure to the nearest mark

aufschieben *vt* to defer *oder* to postpone *oder* to put off *oder* to shelve; **die Zahlung aufschieben** = to defer payment; **die Diskussion über das Problem wurde aufgeschoben** = discussion of the problem has been shelved; **die Entscheidung wurde bis zur nächsten Sitzung aufgeschoben** = the decision has been deferred until the next meeting

Aufschlag *m* supplement *oder* surcharge

aufschlüsseln *vt* to break down

◇ **Aufschlüsselung** *f* breakdown; **geben Sie mir eine Aufschlüsselung der Investitionskosten** = give me a breakdown of investment costs

Aufschub *m* deferment *oder* postponement *oder* shelving

aufschwatzen *vt* to talk someone into buying something *oder (US umg)* to tout

Aufschwung *m* rally *oder* recovery *oder* upturn *oder* boost *oder* boom; **der Exporthandel hat während des ersten Quartals einen deutlichen Aufschwung genommen** = export trade has improved sharply during the first quarter; **die Wirtschaft nahm einen Aufschwung** = the economy staged a recovery; **eine im Aufschwung begriffene Industrie** = a booming industry; **die Jahre des Aufschwungs** = the boom years; **der wirtschaftliche Aufschwung der siebziger Jahre** = the boom of the 1970s; **Technologie ist ein im Aufschwung begriffener Wirtschaftssektor** = technology is a booming sector of the economy; **eine Zeit des wirtschaftlichen Aufschwungs** = a period of economic boom

> die Preise für pflanzliche Öle befinden sich in einem steilen Aufschwung
>
> ***Blick durch die Wirtschaft***

Aufseher/-in *mf* overseer *oder* supervisor

aufsetzen *vt* to draw up; **einen Brief aufsetzen** = to draft a letter; **einen Vertrag aufsetzen** = to draw up a contract; **den Vertrag aufzusetzen, dauerte sechs Wochen** = the drafting of the contract took six weeks; **der Vertrag wird noch aufgesetzt** = the contract is still being drafted *oder* is still in the drafting stage

Aufsicht *f* **(a)** supervision *oder* control; **die Aufsicht haben** *oder* **führen** = to supervise; **neue Mitarbeiter arbeiten in den ersten drei Monaten unter Aufsicht** = new staff work under supervision for the first three months; **das Bargeld wurde unter Aufsicht des Finanzleiters gezählt** = the cash was counted under the supervision of the finance manager; **sie führt die Aufsicht über sechs Mädchen in der Buchhaltung** = she supervises six girls in the accounts department; **sie ist sehr erfahren und kann ohne Aufsicht arbeiten** = she is very experienced and can be left to work without any supervision; **unter staatlicher Aufsicht** = state-controlled *oder* government-controlled **(b)** *(Person)* supervisor *oder* superintendent

◇ **Aufsichts-** *pref* supervisory

◇ **Aufsichtsbeamter/-beamtin** *mf* supervisor

◇ **Aufsichtsbehörde** *f* inspectorate

◇ **Aufsichtspersonal** *n* supervisory staff

◇ **Aufsichtsrat** *m* directorate *oder* supervisory board (of directors); **im Aufsichtsrat eines Unternehmens sitzen** = to be on the (supervisory) board of a company

◇ **Aufsichtsratsmitglied** *n* member of the (supervisory) board *oder* director

◇ **Aufsichtsratssitzung** *f* (supervisory) board meeting

◇ **Aufsichtsratsvorsitzende(r)** *mf* chairman of the (supervisory) board *(cf* VORSTAND)

aufspalten *vt* **(a)** to split *oder* to break up; **das Unternehmen wurde aufgespalten und einzelne Geschäftsbereiche verkauft** = the company was broken up and separate divisions sold off **(b)** *vr* **sich aufspalten** = to split; **der Konzern spaltete sich in zwei unabhängige Unternehmen auf** = the group split into two independent companies

Aufsplittung *f* splitting (up)

> 28 Prozent der Vorstände streben auch im Firmengeschäft eine weitere Aufsplittung nach der Zugehörigkeit des Kunden zu einzelnen Wirtschaftszweigen an
>
> ***Wirtschaftswoche***

aufstapeln *vt* to pile up

aufstellen *vt* **(a)** to draw up *oder* to compile; **ein Programm** *oder* **eine Rechnung aufstellen** = to draw up a programme *oder* an invoice **(b)** to set up *oder* to install; **neue Maschinen aufstellen** = to install new machinery **(c)** to put up *oder* to nominate; **einen Kandidaten aufstellen** = to nominate a candidate

◇ **Aufstellung** *f* **(a)** compilation **(b)** installation; **die Aufstellung neuer Geräte beaufsichtigen** = to supervise the installation of new equipment **(c)** nomination **(d)** list *oder* schedule; **eine Aufstellung der Waren** = a list of the goods

Aufstieg *m* rise *oder* ascent *oder* promotion

◇ **Aufstiegschancen** *fpl* promotion chances *oder* prospects

◇ **Aufstiegsstruktur** *f* **die Aufstiegsstruktur innerhalb eines Unternehmens** = the career structure within a corporation

aufstocken *vt* to top up; **den Warenbestand vor Weihnachten aufstocken** = to top up stocks before Christmas

aufsuchen *vt* to visit; **er verbrachte eine Woche in Schottland und suchte Kunden in Edinburgh und Glasgow auf** = he spent a week in Scotland, visiting clients in Edinburgh and Glasgow

aufteilen *vt* **(a)** to break up *oder* to divide *oder* to separate; **das Land ist in sechs Vertreterbezirke aufgeteilt** = the country is divided into six representative's areas; **das Unternehmen ist in sechs Ertragszentren aufgeteilt** = the company is organized into six profit centres; **das Personal teilt sich in Teilzeit- und Vollzeitbeschäftigte auf** = the personnel are separated into part-timers and full-time staff; **Aktien aufteilen** = to split shares; **die Aktien wurden im Verhältnis eins zu fünf aufgeteilt** = the shares were split five for one **(b)** to share *oder* to divide; **die Gewinne unter den oberen Führungskräften aufteilen** = to share the profits among the senior executives; **die beiden Unternehmen vereinbarten, den Markt unter sich aufzuteilen** = the two companies agreed to divide the market between them

Auftrag *m* **(a)** assignment *oder* job; **momentan arbeiten wir an sechs Aufträgen** = we are working on six jobs at the moment; **die Werft hat ab August einen großen Auftrag** = the shipyard has a big job starting in August; **einen Auftrag an eine Firma vergeben** = to award a contract to a company *oder* to place a contract with a company; **pro Auftrag bezahlt werden** = to be paid by the job **(b)** order; **Zahlungsbedingungen: Barzahlung bei Auftrag** = terms: cash with order; **telefonische Aufträge** = telephone orders; **einen Auftrag ausführen** = to fill *oder* to fulfil an order; **in Auftrag geben** = to order; **einen Auftrag für etwas erteilen** = to indent for something; **jdm einen Auftrag für zwanzig Aktenschränke geben** = to give someone an order *oder* to place an order with someone for twenty filing cabinets; **nicht ausgeführte Aufträge** *oder* **unerledigte Aufträge** = unfulfilled orders *oder* back orders *oder* outstanding orders; **wir sind personell so unterbesetzt, daß wir vor Weihnachten keine Aufträge mehr ausführen können** = we are so understaffed we cannot fulfil any more orders before Christmas; **der Auftrag soll an unser Lager geliefert werden** = the order is to be delivered to our warehouse **(c) im Auftrag von** = on behalf of; **Anwälte, die im Auftrag des amerikanischen Unternehmens handeln** = solicitors acting on behalf of the American company; *(Brief)* **im Auftrag** *oder* **i.A.** = p.p.

> wegen Korruptionsvorwürfen in der englischen Presse schloß Malaysia britische Unternehmen von öffentlichen Aufträgen aus
>
> ***Die Zeit***

◇ **Auftraggeber/-in** *mf* **(a)** *(Kunde)* customer *oder* client **(b)** *(Vollmachtgeber)* principal; **der Agent ist nach München gekommen, um seine Auftraggeber zu besuchen** = the agent has come to Munich to see his principals

◇ **Auftragnehmer/-in** *mf* contractor; **Auftragnehmer mit Staatsaufträgen** = government contractor

◇ **Auftragsabwicklung** *f* order processing

◇ **Auftragsarbeit** *f* contract work

◇ **Auftragsausführung** *f* order processing *oder* order handling

◇ **Auftragsausschreibung** *f* invitation to tender for a contract

◇ **Auftragsbestätigung** *f* confirmation of order

◇ **Auftragsbuch** *n* order book; **das Unternehmen hat volle Auftragsbücher** = the company has a full order book

◇ **Auftragseingang** *m* receipt of order; **die Waren werden innerhalb von dreißig Tagen nach Auftragseingang geliefert** = goods will be supplied within thirty days of receipt of order

◇ **Auftragserfüllung** *f* order fulfilment

◇ **auftragsgemäß** *adv* as per order

◇ **Auftragsnachfrage** *f* order demand; **die Büroreinigungsfirma kann der Auftragsnachfrage nicht nachkommen** = the office cleaning company cannot keep up with the demand for its services

◇ **Auftragsnummer** *f* order number; **ohne die Auftragsnummer können wir Sie nicht beliefern** = we cannot supply you without a purchase order number

◇ **Auftragspolster** *n* full order book

◇ **Auftragsrückgang** *m* drop in orders

◇ **Auftragsrückstand** *m* backlog of orders; **das Lager versucht, mit einem Auftragsrückstand fertig zu werden** = the warehouse is trying to cope with a backlog of orders

◇ **Auftragsverlust** *m* loss of an order

Auftrieb *m* boost; **die Regierung hofft, der industriellen Entwicklung Auftrieb zu geben** = the government hopes to give a boost to industrial development

Aufwand *m* expense *oder* expenditure

◇ **Aufwandsentschädigung** *f* expense allowance

aufwärts *adv* upward(s)

◇ **Aufwärtsbewegung** *f* upward movement

◇ **Aufwärtskurve** *f* upward curve; **das Diagramm zeigt eine Aufwärtskurve** = the graph shows an upward curve

◇ **Aufwärtstendenz** *f* upward tendency; **der Markt zeigte eine Aufwärtstendenz** = the market showed an upward tendency

aufweisen *vt* to show; **einen Gewinn** *oder* **einen Verlust aufweisen** = to show a profit *oder* a loss; **einen Zuwachs** *oder* **einen Rückgang aufweisen** = to show a gain *oder* a fall

Aufwendungen *fpl* expenditure; **außerordentliche Aufwendungen** = below-the-line expenditure; **der Plan für laufende Aufwendungen des Unternehmens** = the company's current expenditure programme

> ein Großteil der Aufwendungen westlicher Unternehmen für ostdeutsche Betriebe sind zur Produktivitätssteigerung und für den Umweltschutz vorgesehen
>
> ***Die Wirtschaft***

aufwerfen *vt* to raise; **als Antwort zu der von Herrn Schmidt aufgeworfenen Frage** = in answer to the question raised by Mr Schmidt

aufwerten *vt* to revalue; **der Dollar wurde gegenüber allen Weltwährungen aufgewertet** = the dollar has been revalued against all world currencies

◇ **Aufwertung** *f* appreciation *oder* revaluation; **die Aufwertung des Dollars gegenüber der Mark** = the revaluation of the dollar against the mark

aufwiegen *vt* to offset; **Gewinne auf dem Inlandsmarkt wiegen Wechselkursverluste auf** = profits in the domestic market offset foreign exchange losses

aufzehren *vt* to exhaust *oder* to use up *oder* to consume *oder* to drain; **der Expansionsplan zehrte unsere gesamten Gewinne auf** = the expansion plan has drained all our profits; **unsere Gemeinkosten haben unsere ganzen Gewinne aufgezehrt** = our overheads have taken up all our profits

aufzeichnen *vt* to record *oder* to register *oder* to log; **alle Warenbewegungen werden vom Computer aufgezeichnet** = all stock movements are logged by the computer

◇ **Aufzeichnung** *f* record(ing)

Aufzins *m* agio

◇ **aufzinsen** *vt* to compound

◇ **Aufzinsung** *f* accumulation

Aufzug *m* lift *oder (US)* elevator

Auge *n* eye; **er bat, den geschäftsführenden Direktor unter vier Augen zu sprechen** = he asked to see the managing director in private

> nach der Landung seines Überschallflugzeugs vom Typ Concorde wollte der französische Präsident zunächst zu einem Gespräch unter vier Augen mit dem US-Präsidenten zusammentreffen
> ***Sächsische Zeitung***

augenblicklich *adj* present

Auktion *f* auction

◇ **Auktionator/-in** *mf* auctioneer

◇ **Auktionshammer** *m* auctioneer's hammer *oder* gavel

◇ **Auktionsposten** *m* odd lot

◇ **Auktionsraum** *m* auction room *oder* saleroom

ausarbeiten *vt* **(a)** to work out (in detail); **eine Vereinbarung ausarbeiten** = to hammer out an agreement; **der Vertrag wurde schließlich ausgearbeitet** = the contract was finally hammered out **(b)** to draw up *oder* to formulate *oder* to prepare

◇ **Ausarbeitung** *f* drafting

Ausbau *m* expansion

◇ **ausbauen** *vt* to develop *oder* to expand; **ein Industriegebiet ausbauen** = to develop an industrial estate

ausbeuten *vt* to exploit; **wir hoffen die Ölvorkommen im Chinesischen Meer ausbeuten zu können** = we hope to exploit the oil resources in the China Sea

ausbezahlen *vt* to pay out *oder* to disburse

ausbieten *vt* to put on offer *oder* to offer for sale

ausbilden *vt* to train; **sie wurde als Elektroinstallateurin ausgebildet** = she trained as an electrician

◇ **Ausbildende(r)** *mf oder* **Ausbilder/-in** *mf* instructor *oder* trainer

◇ **Ausbildung** *f* **(a)** training; **außerbetriebliche Ausbildung** = off-the-job training; **innerbetriebliche Ausbildung** = on-the-job *oder* industrial training; **Aus- und Weiterbildungsabteilung** = training unit; **Ausbildung für Führungsnachwuchskräfte** = management training **(b)** training period *oder* apprenticeship; **in der Ausbildung sein** = to be apprenticed to; **er machte eine Ausbildung als Buchhalter** = he trained as an accountant; **er machte eine sechsjährige Ausbildung im Stahlwerk** = he served a six-year apprenticeship in the steel works; **Hochschulabsolventen machen eine Ausbildung im Labor, wenn sie ihre Kurse an der Universität beendet haben** = graduate trainees come to work in the laboratory when they have finished their courses at university **(c)** educational background

◇ **Ausbildungsabgabe** *f* training levy

◇ **Ausbildungsbeihilfe** *f* training allowance

◇ **Ausbildungsförderung** *f* training grant

◇ **Ausbildungsleiter/-in** *mf* training officer

◇ **Ausbildungsplatz** *m* traineeship

◇ **Ausbildungsprogramm** *n* training programme

◇ **Ausbildungsstätte** *f* training centre

◇ **Ausbildungsvertrag** *m* indentures *oder* articles of indenture

> der Berufsausbildungsvertrag wird vor Beginn zwischen dem Ausbildenden und dem Auszubildenden geschlossen
> ***Neues Deutschland***
>
> die Folgen der Rezession kommen hinzu: Vor allem Großunternehmen haben ihr Angebot an Ausbildungsplätzen zurückgefahren
> ***Der Tagesspiegel***

Ausbruch *m* escape

ausbuchen 1 *vi* to get booked up *oder* to be fully booked **2** *vt (Forderungen)* to write off

Ausdruck *m* hard copy *oder* printout; **der Verkaufsleiter bat um einen Ausdruck der Vertreterprovisionen** = the sales director asked for a printout of the agents' commissions; **er hielt den Vortrag mit Diagrammen und einem zehnseitigen Ausdruck** = he made the presentation with diagrams and ten pages of hard copy; **der Drucker macht zwei verschiedene Ausdrucke** = the printer produces two kinds of printout

◇ **ausdrucken** *vt* to print out; **der Drucker druckt Farbdiagramme aus** = the printer will output colour graphs

ausdrücken *vt (äußern)* to express

◇ **ausdrücklich 1** *adj* express; **der Vertrag enthält eine ausdrücklich festgelegte Bedingung, die den Absatz in Afrika untersagt** = the contract has an express condition forbidding sale in Africa **2** *adv* expressly; **der Vertrag untersagt ausdrücklich den**

Absatz in den Vereinigten Staaten = the contract expressly forbids sales to the United States

auseinandersetzen *vr* **sich mit jemandem auseinandersetzen** = to argue with somebody

◇ **Auseinandersetzung** *f* argument; **Auseinandersetzungen in der Vorstandsetage** = boardroom battles

auserlesen *oder* **auserwählt** *adj* select; **ein auserlesenes Warensortiment** = a select range of merchandise

Ausfall *m* **(a)** *(Verlust)* loss; **ein Ausfall des Verdienstes** = a loss of earnings **(b)** *(Veranstaltung)* cancellation **(c)** *(Maschine, Strom)* breakdown *oder* failure

◇ **Ausfallbürgschaftserklärung** *f* letter of indemnity

◇ **ausfallen** *vi* **(a)** to be cancelled; **die geplante Besprechung fällt aus** = the planned meeting has been cancelled; **eine Dividende ausfallen lassen** = to pass a dividend **(b)** to break down; **der Fernschreiber ist ausgefallen** = the telex machine has broken down; **was machen Sie, wenn Ihr Fotokopierer ausfällt?** = what do you do when your photocopier breaks down? **(c) gut** *oder* **schlecht ausfallen** = to turn out well *oder* badly

◇ **Ausfallrisiko** *n* credit risk *oder* default risk

◇ **Ausfallversicherung** *f* contingency insurance

◇ **Ausfallzeit** *f* **(a)** *(Maschine)* down time **(b)** *(Rentenversicherung)* period that counts towards a pension although no contributions were paid

ausfertigen *vt* **(a)** *(Dokument)* to draw up **(b)** *(Rechnung)* to make out *oder* to write out **(c)** *(Wechsel, Paß)* to issue

◇ **Ausfertigung** *f* **(a)** *(Dokument)* draft **(b)** *(Wechsel)* issue **(c)** copy; **er schickte mir die zweite Ausfertigung des Vertrags** = he sent me the duplicate of the contract; **in doppelter** *oder* **zweifacher Ausfertigung** = in duplicate; **in dreifacher Ausfertigung** = in triplicate; **in vierfacher Ausfertigung** = in quadruplicate; **Quittung in doppelter Ausfertigung** = receipt in duplicate; **die Rechnungen werden in vierfacher Ausfertigung gedruckt** = the invoices are printed in quadruplicate

Ausfuhr *f* export *oder* exportation

◇ **ausführen** *vt* **(a)** *(exportieren)* to export **(b)** to effect *oder* to execute *oder* to fulfil *oder (US)* to fulfill; **einen Auftrag ausführen** = to fulfil *oder* to deal with an order; **wie lange werden Sie brauchen, den Auftrag auszuführen?** = how long will it take you to complete the job?; **die Fabrik führte den Auftrag in zwei Wochen aus** = the factory completed the order in two weeks; **wir haben einen solchen Personalmangel, daß wir vor Weihnachten keine Aufträge mehr ausführen können** = we are so understaffed that we cannot fulfil any more orders before Christmas; **Ihre Aufträge werden von uns bestens ausgeführt** = your orders will have our best attention; **der Auftrag ist ausgeführt und steht zum Versand bereit** = the order is complete and ready for sending; **nicht ausgeführter Auftrag** = unfulfilled order; **ein Projekt** *oder* **einen Plan ausführen** = to realize a project *oder* a plan **(c)** to describe *oder* to detail; **etwas umständlich ausführen** = to describe something in laborious detail

◇ **Ausfuhrgenehmigung** *f* export licence; **die Regierung weigerte sich, eine Ausfuhrgenehmigung für Computerersatzteile zu erteilen** = the government has refused an export licence for computer parts

◇ **Ausfuhrhandel** *m* export trade

◇ **Ausfuhrland** *n* exporting country

◇ **ausführlich** *adj* detailed

◇ **Ausfuhrlizenz** *f* export licence

◇ **Ausfuhrsperre** *f* export embargo *oder* ban on exports

◇ **Ausführung** *f* completion *oder* execution *oder* fulfilment; **die Ausführung eines Planes** = the realization of a project; **der Plan kam der Ausführung einen Schritt näher, als die Verträge unterzeichnet waren** = the plan moved a stage nearer realization when the contracts were signed

◇ **Ausführungsanzeige** *f* contract note

◇ **Ausfuhrverbot** *n* export ban *oder* embargo; **die Regierung hob das Ausfuhrverbot für Computer auf** = the government has lifted the embargo on the export of computers

◇ **Ausfuhrvolumen** *n* volume of exports

◇ **Ausfuhrzoll** *m* export duty

ausfüllen *vt* to fill in *oder* to fill out *oder* to fill up; **er füllte das Formular aus und schickte es an die Bank** = he filled in the form and sent it to the bank; **um vom Zoll abgefertigt zu werden, muß man drei Formulare ausfüllen** = to get customs clearance you must fill out three forms

Ausgabe *f* **(a)** *(Aktien, Policen)* issue; **Ausgabe von Gratisaktien** = bonus issue *oder* scrip issue; **Ausgabe neuer Aktien** = issue of new shares *oder* share issue **(b)** expense *oder* disbursement; **die Ausgabe ist bei meinem Kontostand zu hoch** = the expense is too much for my bank balance; **es ist die Ausgabe nicht wert** = it is not worth the expense **(c)** *fpl* **Ausgaben** = expenditure *oder* expenses *oder* outgoings *oder* outlay *oder* spending; **Ausgaben aufschlüsseln** = to itemize expenditure; **Ausgaben drosseln** = to curb expenditure; **abzugsfähige Ausgaben** = allowable *oder* deductible expenses; **einmalige Ausgaben** = one-off *oder* non-recurring expenditure; **hohe Ausgaben für Maschinen** = heavy expenditure on equipment; **zu hohe Ausgaben** = overspending; **der Vorstand beschloß, die zu hohen Ausgaben der Produktionsabteilung zu begrenzen** = the board decided to limit the overspending by the production departments; **laufende Ausgaben** = current expenditure; **unvorhergesehene Ausgaben** = contingencies; **Ausgaben der öffentlichen Hand** = public spending **(d)** *(Exemplar)* copy *oder* edition; **haben Sie die gestrige Ausgabe von der Wochenzeitung ‚Die Zeit' aufbewahrt?** = have you kept yesterday's copy of 'Die Zeit'?

◇ **Ausgabebedingungen** *fpl* terms of issue

◇ **Ausgabebuch** *n* cash book

◇ **Ausgabekurs** *m* issue(d) price

◇ **Ausgabenbeschränkung** *f* curb on spending

◇ **Ausgabenposten** *m* item of expenditure

◇ **Ausgabenkürzung** *f* reduction of expenditure

◇ **Ausgabensperre** *f* spending freeze

◇ **Ausgabenüberschlag** *m* estimate of costs *oder* of expenditure

◊ **Ausgabenüberwachung** *f* spending control

◊ **Ausgabenüberziehung** *f* expenditure overrun

◊ **Ausgabenvoranschlag** *m* estimate of expenditure

Ausgang *m* exit; **die Kunden liefen alle hastig zum Ausgang** = the customers all rushed towards the exits

◊ **Ausgänge** *mpl* **(a)** out tray **(b)** outgoings

◊ **Ausgangsbasis** *f oder* **Ausgangspunkt** *m* base *oder* starting point; **der Umsatz stieg um 200%, hatte aber eine niedrige Ausgangsbasis** = turnover increased by 200%, but starting from a low base

ausgeben *vt* **(a)** to output; **das ist die vom Computer ausgegebene Information** = that is the information outputted from the computer **(b)** to circulate; **sie gaben an all ihre Kunden eine neue Preisliste aus** = they circulated a new list of prices to all their customers **(c)** to disburse *oder* to pay out *oder* to spend; **zu viel ausgeben** = to overspend; **zu wenig ausgeben** = to underspend; **das Unternehmen gibt Tausende Mark für Forschung aus** = the company spends thousands of marks on research **(d) etwas für** *oder* **als etwas anderes ausgeben** = to pass something off as something else; **er versuchte, den Wein als deutsches Erzeugnis auszugeben, obwohl er doch eigentlich von außerhalb der EU stammte** = he tried to pass off the wine as German, when in fact it came from outside the EU **(e)** to issue; **ausgegebenes Kapital** = issued capital; **neu ausgeben** = to reissue (shares)

ausgebildet *adj* **(a)** qualified; **sie ist (eine) ausgebildete Buchhalterin** = she is a qualified accountant; **eine ausgebildete Sekretärin wurde mit der Leitung des neuen Ablagesystems betraut** = a qualified secretary has been put in charge of the new filing system **(b)** skilled

ausgebucht *adj* booked up; **das Hotel** *oder* **der Flug ist ausgebucht** = the hotel *oder* the flight is fully booked *oder* is booked up; **das Restaurant ist über die Weihnachtstage ausgebucht** = the restaurant is booked up over the Christmas period

ausgedehnt *adj* extensive

ausgefallen *adj* odd *oder* unusual; **ausgefallene Größen** = odd sizes

ausgeglichen *adj* balanced; **nicht ausgeglichen** = unbalanced

ausgehen *vi* **(a)** to run out; **ihr gingen die Münzen aus** = she ran out of coins **(b) ausgehen von** = to start (out) from *oder* to go on; **wir müssen von der Annahme ausgehen, daß sich der Absatz im nächsten Jahr nicht verdoppeln wird** = we have to go on the assumption that sales will not double next year

ausgelastet *adj* fully occupied *oder* (working) at full capacity; **nicht ausgelastet** = underemployed *oder* underworked; **die Direktoren glauben, daß das Personal überbezahlt und mit Arbeit nicht ausgelastet ist** = the directors think our staff are overpaid and underworked; **er ist nicht voll ausgelastet** = he is not fully stretched; **die Maschine ist nicht voll ausgelastet** = the machine is underutilized

ausgenommen *prep* except (for) *oder* excluding

ausgerichtet *adj* orient(at)ed; **ein auf Gewinn ausgerichtetes Unternehmen** = a profit-oriented company

ausgestellt *adj* on display; **in dem Geschäft sind verschiedene Automodelle ausgestellt** = the shop has several car models on display

ausgezeichnet *adj* excellent; **die Produktqualität des Unternehmens ist ausgezeichnet, aber der Vertreterstab ist nicht groß genug** = the quality of the firm's products is excellent, but its sales force is not large enough

Ausgleich *m* balance *oder* equalization; **zum Ausgleich des Kontos** = to balance the account

◊ **ausgleichen** *vt* **(a)** to balance; **der Februar-Abschluß ist nicht ausgeglichen** = the February accounts do not balance; **der Vorsitzende rechnet mit einem ausgeglichenen Etat** = the president is planning for a balanced budget **(b)** to equalize; **Dividenden ausgleichen** = to equalize dividends **(c)** to make up (for) *oder* to offset; **eine unzureichende Zahlung ausgleichen** = to make up for a short payment; **einen Verlust** *oder* **eine Differenz ausgleichen** = to make up a loss *oder* to make up the difference **(d)** *vr* **sich ausgleichen** = to level off *oder* to level out

◊ **Ausgleichsabgabe** *f (EU)* compensatory levy

◊ **Ausgleichsbetrag** *m* compensatory amount *oder* balancing figure

◊ **Ausgleichsfonds** *m* compensation fund

◊ **Ausgleichszahlung** *f* compensation

ausgliedern *vt* to hive off; **eine Tochtergesellschaft ausgliedern** = to spin off a subsidiary company

aushandeln *vt* to bargain (over) *oder* to negotiate; **eine Vereinbarung aushandeln** = to hammer out an agreement; **einen Vertrag aushandeln** = to negotiate a contract

Aushilfe *f* temporary help; *(im Büro)* **als Aushilfe arbeiten** = to temp

◊ **Aushilfsarbeit** *f* casual work *oder (im Büro)* temping

◊ **Aushilfsarbeiter/-in** *mf* casual labourer *oder* casual worker

◊ **Aushilfskraft** *f* casual labourer *oder* casual worker *oder (im Büro)* temp; **wir hatten diese Woche zwei Aushilfskräfte im Büro, um die nicht erledigten Briefe zu bearbeiten** = we have had two temps working in the office this week to clear the backlog of letters; **als Aushilfskraft arbeiten** = to temp; **sie kann mehr Geld als Aushilfskraft verdienen, als mit einer Dauerstelle** = she can earn more money temping than from a full-time job; **Vermittlung für Aushilfskräfte** = temp agency

aushöhlen *vt* to erode

ausklarieren *vt (Zoll)* to clear outwards
◇ **Ausklarierungsschein** *m* clearance certificate

auskommen mit *vi* to get on with; **sie kommt nicht mit dem neuen Chef aus** = she does not get on with her new boss

Auskunft *f* **(a)** information bureau *oder* information office *oder* inquiry office **(b)** *(Telefon)* information *oder* directory enquiries; **die Auskunft anrufen** = to call the operator *oder* to dial the operator

ausladen *vt* to unload

Auslage *f* **(a)** (window) display; **eine ansprechende Auslage von Küchengeräten** = an attractive display of kitchen equipment; **in der Auslage** = on display **(b)** *fpl* **Auslagen** = disbursement *oder* expenses *oder* outlay
◇ **Auslagematerial** *n* display material
◇ **Auslagenregal** *n* display rack

Ausland *n* foreign countries; **ins** *oder* **im Ausland** = abroad *oder* overseas; **der geschäftsführende Direktor ist im Ausland** = the managing director is out of the country; **der Vorsitzende ist geschäftlich im Ausland unterwegs** = the chairman is abroad on business; **die Gewinne aus dem Ausland sind weit höher als die aus dem Inland** = the profits from overseas are far higher than those of the home division; **die Sendung wurde letzte Woche ins Ausland verschifft** = the consignment was shipped abroad last week; **wir verstärken den Handel mit dem Ausland** = we are increasing our trade with foreign countries
◇ **Ausländer/-in** *mf* foreigner *oder* non-resident
◇ **Ausländerkonto** *n* non-resident account; **er hat ein Ausländerkonto bei einer französischen Bank** = he has a non-resident account with a French bank
◇ **ausländisch** *adj* foreign *oder* overseas *oder* external; **ausländische Absatzmärkte** = overseas markets; **unser Markt wurde mit ausländischen Wagen überschwemmt** = foreign cars have flooded our market; **ausländische Waren** = foreign goods
◇ **Auslandsabteilung** *f* overseas division
◇ **Auslandsanleihe** *f* foreign loan
◇ **Auslandsauftrag** *m* indent
◇ **Auslandsfonds** *m* overseas fund
◇ **Auslandsgeschäft** *n* foreign business
◇ **Auslandsgespräch** *n* overseas *oder* international call
◇ **Auslandshandel** *m* overseas trade
◇ **Auslandsinvestition** *f* foreign investment
◇ **Auslandskonto** *n* external account
◇ **Auslandspostanweisung** *f* foreign *oder* international *oder* overseas money order
◇ **Auslandsrechte** *npl* foreign rights
◇ **Auslandsschutzbrief** *m* insurance certificate for travel abroad *oder (GB)* green card
◇ **Auslandsumsätze** *mpl* export sales; **Auslandsumsätze machen die Hälfte unserer Gewinne aus** = half of our profit comes from sales abroad
◇ **Auslandsverschuldung** *f* foreign debt
◇ **Auslandsvertretung** *f* foreign branch
◇ **Auslandszahlungsanweisung** *f* foreign money order

auslassen *vt* to leave out *oder* to omit; **der Vertrag läßt alle Einzelheiten zu Vertriebsvereinbarungen aus** = the contract leaves out all details of marketing arrangements; **die Sekretärin ließ das Datum aus, als sie den Vertrag tippte** = the secretary omitted the date when typing the contract
◇ **Auslassung** *f* omission; **Irrtümer und Auslassungen vorbehalten** = errors and omissions excepted

auslasten *vt* to make full use of
◇ **Auslastung** *f* (full) utilization; **wirtschaftliche Auslastung** = commercial load
◇ **Auslastungsfaktor** *m* load factor
◇ **Auslastungsgrad** *m* capacity utilization rate

auslaufen *vi* **(a)** to come to an end *oder* to finish; **der Mietvertrag läuft 1999 aus** = the lease expires in 1999; **der Vertriebsvertrag läuft im Juli aus** = the distribution agreement ends in July; **der Vertrag soll nächsten Monat auslaufen** = the contract is due to finish next month **(b) auslaufen lassen** = to discontinue *oder* to phase out **(c)** to sail; **wegen des Streiks laufen keine Schiffe nach England aus** = there are no sailings to England because of the strike
◇ **Auslaufmodell** *n* discontinued model *oder* line; **diese Teppiche sind Auslaufmodelle** = these carpets are a discontinued line

auslegen *vt* to make available; **Aktien zur Zeichnung auslegen** = to invite to subscribe to shares

ausleihen *vt* to lend *oder* to loan

ausliefern *vt* to deliver *oder* to hand over
◇ **Auslieferung** *f* delivery; **zur Auslieferung bereite Pakete** = parcels awaiting delivery
◇ **Auslieferungslager** *n* distribution centre

ausmessen *vt* to measure

Ausnahme *f* exception
◇ **Ausnahmebescheinigung** *f* exemption certificate
◇ **Ausnahmegenehmigung** *f* special authorization

ausnutzen *vt* to take advantage of *oder* to exploit; **das Unternehmen nutzt seine Kontakte zum Handelsministerium aus** = the company is exploiting its contacts in the Ministry of Trade

ausräumen *vt* to empty; **sie räumte den Aktenschrank aus und verstaute die Akten in Kisten** = she emptied the filing cabinet and put the files in boxes

ausrechnen *vt* to compute *oder* to work out; **der/die Bankangestellte rechnete den Dollar-Wechselkurs aus** = the bank clerk calculated the rate of exchange for the dollar; **er rechnete einen Rabatt von 15% aus** = he worked out the discount at 15%; **sie rechnete den Rabatt mit ihrem**

Taschenrechner aus = she worked out the discount on her pocket calculator

Ausrede *f* excuse

ausreichend *adj* sufficient

Ausreise *f* **(a)** departure from a country; **bei der Ausreise** = on leaving the country; **jdm die Ausreise verweigern** = to prohibit someone from leaving the country **(b)** outward voyage; **bei Ausreise verzollen** = to declare outward; **das Schiff befindet sich auf der Ausreise** = the ship is outward bound

◇ **Ausreiseantrag** *m* application for an exit visa

◇ **Ausreiseerlaubnis** *oder* **Ausreisegenehmigung** *f* exit permit

◇ **ausreisen** *vi* to leave the country *oder* to travel abroad

◇ **Ausreisesperre** *f* ban on leaving the country

◇ **Ausreisevisum** *n* exit visa

◇ **Ausreisewillige(r)** *mf* prospective emigrant

ausrichten *vt* **(a)** *(Mitteilung)* to deliver **(b) ausrichten auf** = to aim at *oder* to gear to

ausrüsten *vt* to equip *oder* to fit out; **das Büro ist komplett mit Textverarbeitungssystemen ausgerüstet** = the office is fully equipped with word-processors; **sie rüsteten die Fabrik mit Computern aus** = they fitted out the factory with computers; **eine Fabrik mit neuen Maschinen ausrüsten** = to equip a factory with new machinery

◇ **Ausrüstung** *f* equipment

Aussage *f* **(a)** statement; **eine falsche Aussage machen** = to make a false statement **(b)** evidence

◇ **aussagen 1** *vt* to state *(behaupten)* **2** *vti* to testify; **die Sekretärin sagte gegen ihren ehemaligen Arbeitgeber aus** = the secretary gave evidence against her former employer

ausschalten *vt* to eliminate

ausscheiden *vi* to retire; **der Stadtkämmerer scheidet nach sechs Jahren aus dem Stadtrat aus** = the treasurer is retiring from the council after six years; **der ausscheidende Vorsitzende** *oder* **Präsident** = the outgoing chairman *oder* the outgoing president; **zwei ausscheidende Direktoren stellen sich zur Wiederwahl** = two retiring directors offer themselves for re-election

◇ **Ausscheiden** *n* retirement

Ausschlag *m* decisive factor; **die Stimme des Vorsitzenden gibt den Ausschlag** = the chairman has the casting vote; **seine Stimme gab den Ausschlag für die Ablehnung des Antrags** = he used his casting vote to block the motion

◇ **ausschlaggebend** *adj* decisive *oder* determining; **ausschlaggebende Stimme** = casting vote

ausschließen *vt* to eliminate *oder* to exclude; **der Gesamtbetrag beläuft sich auf DM 420, Versicherung und Fracht ausgeschlossen** = the total is DM 420 not including insurance and freight

◇ **ausschließlich 1** *adj & adv* exclusive(ly) **2** *prep* exclusive of

◇ **Ausschluß** *m* exclusion *oder* disqualification; **Ausschluß der Gewährleistung** = caveat emptor *oder* let the buyer beware

◇ **Ausschlußklausel** *f* exclusion clause

ausschöpfen *vt* to exhaust *oder* to utilize; **er hat sein Budget nicht voll ausgeschöpft** = he has underspent his budget

ausschreiben *vt* **(a)** to write out **(b) Arbeit ausschreiben** = to put work out to contract; **einen Auftrag ausschreiben** = to invite tenders for a contract; **ein Projekt ausschreiben** = to put a project out to tender *oder* to ask for *oder* to invite tenders for a project **(c) ein Stellenangebot ausschreiben** = to advertise a vacancy

◇ **Ausschreibung** *f* **(a)** invitation to tender **(b)** *(Stellen)* advertising

◇ **Ausschreibungsverfahren** *n* tendering procedure; **um Erfolg zu haben, muß man sich an das in den Dokumenten beschriebene Ausschreibungsverfahren halten** = to be successful, you must follow the tendering procedure as laid out in the documents

Ausschuß *m* **(a)** board *oder* commission *oder* committee; **einem Ausschuß angehören** = to be a member of a committee; **in einem Ausschuß sitzen** = to sit on a committee; **einem Ausschuß vorsitzen** = to chair a committee; **er wurde in den Ausschuß des Betriebsvereins gewählt** = he was elected to the committee of the staff club **(b)** reject (stock); **Ausschuß verkaufen** = to sell off reject stock

◇ **Ausschußmitglied** *n* committee member; **Ausschußmitglied sein** = to be a member of a committee *oder* to sit on a committee; **die neuen Pläne müssen von den Ausschußmitgliedern genehmigt werden** = the new plans have to be approved by the committee members

◇ **Ausschußware** *f* reject; **Laden für Ausschußware** = reject shop; **Verkauf von Ausschußwaren** = sale of rejects *oder* of reject items

ausschütten *vt* to distribute; **eine Dividende ausschütten** = to pay a dividend; **eine Dividende in gleicher Höhe ausschütten** = to maintain a dividend; **keine Dividende ausschütten** = to pass a dividend; **nicht ausgeschüttete Gewinne** = undistributed profit

◇ **Ausschüttung** *f* distribution

> das bedeutet für den inländischen Aktionär eine geringere Ausschüttung als im Vorjahr
>
> *Börse*

Außendienst *m* field work *oder* field service *(work outside the office)* **im Außendienst** = in the field; **wir haben sechzehn Handelsvertreter im Außendienst** = we have sixteen reps in the field

◇ **Außendienstleiter/-in** *mf* field sales manager

◇ **Außendienstmitarbeiter/-in** *mf* field worker *oder* sales rep

Außenhandel *m* foreign trade *oder* overseas trade *oder* external trade

◇ **Außenhandelsbeschränkungen** *fpl* foreign trade restrictions

◇ **Außenhandelsbeziehungen** *fpl* foreign trade relations

◇ **Außenhandelsbilanz** *f* balance of trade; **aktive Handelsbilanz** = favourable balance of trade; **passive Handelsbilanz** = unfavourable *oder* adverse balance of trade

◇ **Außenhandelsbürgschaft** *f* foreign trade guarantee

◇ **Außenhandelsdefizit** *n* trade deficit *oder* trade gap

◇ **Außenhandelsfinanzierung** *f* foreign trade financing

◇ **Außenhandelsgeschäft** *n* import/export transaction

◇ **Außenhandelskonto** *n* external account

◇ **Außenhandelskredit** *m* foreign trade credit

◇ **Außenhandelspolitik** *f* foreign trade policy

◇ **Außenhandelsüberschuß** *m* trade surplus

◇ **Außenhandelsvolumen** *n* volume of foreign trade

> in den nächsten Jahren ist der Außenhandel das wichtigste Wirtschaftsproblem der USA
> ***Wirtschaftswoche***

Außenminister/-in *mf* Minister of Foreign Affairs *oder* Foreign Minister ≈ *(GB)* Foreign Secretary *oder (US)* Secretary of State

◇ **Außenministerium** *n* Foreign Ministry ≈ *(GB)* the Foreign Office *oder (US)* the State Department

Außenstände *mpl* receivables *oder* accounts receivable *oder* outstanding debts; **nicht einziehbare Außenstände** = bad debts

Außenstehende(r) *mf* outsider; **mit dem Fall befaßt sich ein Außenstehender** = the case is in the hands of a third party

Außenstelle *f* branch (office)

Außenwirtschaft *f* foreign trade

> wie das Bundesamt darlegte, ist die Beschleunigung der wirtschaftlichen Entwicklung in Westdeutschland sowohl einer regeren Binnennachfrage als auch einer Expansion der Aussenwirtschaft zu verdanken
> ***Neue Zürcher Zeitung***

Außenzoll *m* external tariff

außer *prep* **(a)** except *oder* excluding; **alle Handelsvertreter, außer denen, die in Stuttgart wohnen, können für die Teilnahme an der Verkaufskonferenz Spesen geltend machen** = all salesmen, excluding those living in Stuttgart, can claim expenses for attending the sales conference ; **die Umsätze steigen auf allen Absatzmärkten außer im Fernen Osten** = sales are rising in all markets except the Far East **(b) außer Haus** = outside; **Arbeit außer Haus geben** = to send work to be done outside

außerbetrieblich *adj* external; **außerbetriebliche Ausbildung** = off-the-job training; **außerbetriebliche Revision** = external audit; **es kam zu einem außergerichtlichen Vergleich** = a settlement was reached out of court *oder* the two parties reached an out-of-court settlement; **sie hoffen, zu einem außergerichtlichen Vergleich zu kommen** = they are hoping to reach an out-of-court settlement

außergerichtlich *adj* out-of-court; **außergerichtlicher Vergleich** = out-of-court settlement

außergewöhnlich *adj* exceptional *oder* extraordinary; **außergewöhnliche Belastungen** = exceptional charges

außerhalb *prep* outside *oder* out of; **außerhalb der Bürozeit** = outside office hours; **außerhalb der normalen Arbeitszeiten arbeiten** = to work unsocial hours

Außerkurssetzung *f* demonetization

außerordentlich *adj* extraordinary; **außerordentliche Aufwendungen** = below-the-line expenditure; **eine außerordentliche Hauptversammlung einberufen** = to call an Extraordinary General Meeting; **außerordentliche Provision** = overrider *oder* overriding commission; **das Unternehmen mußte außerordentliche Maßnahmen ergreifen, um weiteren finanziellen Verlusten entgegenzuwirken** = the company had to take emergency measures to stop losing money

äußerst *adv* extremely; **es ist äußerst schwierig, in den US-Markt einzudringen** = it is extremely difficult to break into the US market; **ihr Management-Team ist äußerst tüchtig** = their management team is extremely efficient

außerstande *adv* **außerstande sein** = to be unable

aussetzen *vt* to suspend; **wir haben die Zahlungen ausgesetzt, während wir auf Nachricht von unserem Agenten warten** = we have suspended payments while we are waiting for news from our agent

◇ **Aussetzung** *f* suspension; **Aussetzung der Lieferungen** = suspension of deliveries

Aussicht *f* prospect; **das Unternehmen hat gute Aussichten, den Auftrag zu bekommen** = the company has a good chance of winning the contract; **es gibt keine Aussichten, daß die Verhandlungen bald zu Ende gehen** = there is no prospect of negotiations coming to an end soon; **die Aussichten auf dem Aktienmarkt sind besorgniserregend** = the stock market outlook is worrying; **seine Aussichten auf Beförderung sind gering** = his promotion chances are small

aussortieren *vt* to sort out

aussperren *vt* to lock out; **Arbeiter aussperren** = to lock out workers

◇ **Aussperrung** *f* lockout *oder* shutout

Ausstand *m* walk-out; **die Produktion geriet durch den Ausstand der Arbeiter ins Stocken** = production has been held up by the walk-out of the workers; **im Ausstand sein** = to be (out) on strike; **in den Ausstand treten** = to come out on strike *oder* to go on strike *oder* to take industrial action *oder* to take strike action

ausstatten *vt* to equip *oder* to fit out *oder* to furnish; **neu ausstatten** = to refit; **der Laden wurde mit einem Kostenaufwand von DM 40.000 ausgestattet** = the shop was fitted out at a cost of DM 40,000

◇ **Ausstattung** *f* equipment *oder* furnishing; **das Unternehmen gab DM 30.000 für die Ausstattung des Büros des Vorsitzenden aus** = the company spent DM 30,000 on furnishing the chairman's office

ausstehend *adj* outstanding *oder* receivable; **wie hoch ist der ausstehende Betrag?** = what is the amount outstanding?

aussteigen *vi* to back out *oder* to get out *oder* to pull out; **das Unternehmen steigt aus dem Computerbereich aus** = the company is getting out of computers; **ihm gefiel der Jahresbericht nicht, also stieg er aus, bevor das Unternehmen zusammenbrach** = he didn't like the annual report, so he got out before the company collapsed; **wir mußten das Projekt aufgeben, als unsere französischen Geschäftspartner ausstiegen** = we had to cancel the project when our French partners backed out; **wir stiegen aus dem südamerikanischen Markt aus** = we got out of the South American market

ausstellen 1 *vti* to display *oder* to exhibit; **auf der Automobilausstellung ausstellen** = to exhibit at the Motor Show **2** *vt* to draw *oder* to issue *oder* to make out; **ein Akkreditiv ausstellen** = to issue a letter of credit; **eine Rechnung ausstellen** = to make out an invoice *oder* to raise an invoice; **die Rechnung ist auf die Sperzel & Co. ausgestellt** = the invoice *oder* bill is made out to Sperzel & Co.; **einen Scheck ausstellen** = to write out a cheque; **jdm einen Scheck ausstellen** = to make out a cheque to someone; **jdm eine gerichtliche Verfügung ausstellen** = to issue a writ against someone

◇ **Aussteller/-in** *mf* **(a)** exhibitor **(b)** *(von Scheck)* drawer *oder* issuer; **die Bank schickte den Scheck an den Aussteller zurück** = the bank returned the cheque to drawer

◇ **Ausstellung** *f* display *oder* exhibition *oder* show; **die Regierung finanzierte die Ausstellung** = the government has sponsored the exhibition; **eine ansprechende Ausstellung von Küchengeräten** = an attractive display of kitchen equipment

◇ **Ausstellungsdatum** *n* date of issue

◇ **Ausstellungshalle** *f* exhibition hall

◇ **Ausstellungsraum** *m* showroom *oder* exhibition room

◇ **Ausstellungsstand** *m* exhibition stand

◇ **Ausstellungsstück** *n* exhibit; **die Käufer bewunderten die Ausstellungsstücke auf unserem Stand** = the buyers admired the exhibits on our stand

Ausstoß *m* output

aussuchen *vt* to pick (out) *oder* to select

Austausch *m* exchange *oder* replacement *oder* trade-off; **die Kosten für den Austausch von beschädigtem Warenbestand sind sehr hoch** = the cost of replacing damaged stock is very high

◇ **austauschbar** *adj* exchangeable

◇ **austauschen** *vt* to replace *oder* to substitute *oder* to switch; **der Fotokopierer muß ausgetauscht werden** = the photocopier needs replacing

Australien *n* Australia

◇ **Australier/-in** *mf* Australian

◇ **australisch** *adj* Australian

(NOTE: Hauptstadt: **Canberra** ; Währung: **australischer Dollar** = Australian dollar)

austreten *vi* to resign

◇ **Austritt** *m* resignation

◇ **Austrittserklärung** *f* notice of resignation

ausüben *vt* to exercise; **die Vorsitzende übte ihr Vetorecht aus, um den Antrag zu blockieren** = the chairwoman exercised her veto to block the motion; **er übte sein Optionsrecht zum Erwerb von Alleinvertriebsrechten für das Produkt aus** = he exercised his option to acquire sole marketing rights for the product; **eine Option ausüben** = to take up an option

◇ **Ausübung** *f* exercise; **Ausübung eines Optionsrechts** = exercise of an option

Ausverkauf *m* **(a)** sale *oder* bargain sale *oder (US)* close-out sale; **der Laden macht Ausverkauf, um alte Warenbestände zu räumen** = the shop is having a sale to clear old stock **(b)** *(von Restbeständen)* remnant sale *oder* sale of remnants

◇ **ausverkaufen** *vt* to sell off *oder* to clear

◇ **Ausverkaufspreis** *m* special sale price; **der Ausverkaufspreis ist 50% des normalen Preises** = the sale price is 50% of the normal price

◇ **ausverkauft** *adj* sold out; **ausverkauft sein** = to be sold out *oder* out of stock; **dieser Artikel ist ausverkauft** = this item has sold out

Auswahl *f* **(a)** choice; **es gab mehrere gute Kandidaten zur Auswahl** = there were several good candidates to choose from; **unsere Auswahl an Lieferanten ist begrenzt** = we have only a limited choice of suppliers **(b)** range *oder* selection; sample; variety; **eine Auswahl unseres Produktsortiments** = a selection of our product line; **wir befragten eine Auswahl potentieller Kunden** = we interviewed a sample of potential customers

auswählen *vt* to choose *oder* to pick (out) *oder* to select; **ausgewählte Artikel sind um 25% herabgesetzt** = selected items are reduced by 25%; **er wurde vom Vorsitzenden zur Beförderung ausgewählt** = he was picked out for promotion by the chairman

◇ **Auswählen** *n* choosing *oder* choice; **man muß dem Kunden Zeit zum Auswählen lassen** = you must give the customer time to make his choice

◇ **Auswahlgremium** *n* selection board *oder* selection committee

◇ **Auswahlliste** *f* shortlist; **eine Auswahlliste zusammenstellen** = to draw up a shortlist

◇ **Auswahlverfahren** *n* selection procedure

auswärtig *adj* **(a)** non-local *oder* non-resident **(b)** foreign; **Auswärtiges Amt** = *(GB)* Foreign Office *oder* *(US)* State Department

ausweichen *vi* to evade
◇ **Ausweichen** *n* evasion

Ausweis *m* pass *oder* identity card; **das gesamte Messepersonal muß Ausweise tragen** = all the staff at the exhibition must wear identification badges

ausweisen *vt* to show *oder* to account; **nicht ausgewiesen** = unaccounted for; **zu niedrig ausweisen** = to understate; **die Geschäftsbücher des Unternehmens weisen den tatsächlichen Gewinn zu niedrig aus** = the company accounts understate the real profit

ausweiten *vt* **(a)** to extend *oder* to expand; **die Produktion auf neue Produkte ausweiten** = to diversify into new products **(b) sich ausweiten** = to extend *oder* to expand; **der Streik weitet sich aus** = the strike is gaining momentum
◇ **Ausweitung** *f* expansion

auswerten *vt* to analyse *oder* to analyze; **Zahlen auswerten** = to process figures; **Daten werden von unserem Computer ausgewertet** = data is being processed by our computer; **die Verkaufszahlen werden von unserer Buchhaltung ausgewertet** = the sales figures are being processed by our accounts department
◇ **Auswertung** *f* analysis *oder* processing; **Auswertung von Informationen** *oder* **Statistiken** = processing of information *oder* of statistics

auswirken *vr* **sich auswirken auf** = to affect *oder* to have consequences on; **das Embargo wirkte sich erheblich auf den Absatz des Unternehmens im Fernen Osten aus** = the company's sales in the Far East were seriously affected by the embargo
◇ **Auswirkung** *f* effect *oder* impact *oder* influence; **die Auswirkungen neuer Technologien auf den Baumwollhandel** = the impact of new technology on the cotton trade

auszahlen *vt* to pay off *oder* to pay out; **wir haben die Hälfte unserer Gewinne als Dividende ausgezahlt** = we have paid out half our profits in dividends; **als das Unternehmen übernommen wurde, wurde die Fabrik geschlossen und alle Arbeiter ausgezahlt** = when the company was taken over the factory was closed and all the workers were paid off
◇ **Auszahlung** *f* payment *oder* disbursement

auszeichnen *vt* to label *oder* to sticker; **etwas auszeichnen** = to mark the price on something; **ein mit DM 4,50 ausgezeichneter Artikel** = article marked at DM 4.50; **wir mußten den gesamten Warenbestand auszeichnen** = we had to price all the stock
◇ **Auszeichnung** *f* labelling *oder* pricing

Auszubildende(r) *oder* **Azubi** *mf* apprentice *oder* trainee

Auszug *m* abstract *oder* extract; **er schickte mir einen Auszug aus den Geschäftsbüchern** = he sent me an extract of the accounts

autark *adj* self-sufficient
◇ **Autarkie** *f* self-sufficiency

Auto *n* car
◇ **Autobahn** *f* motorway
◇ **Autobahngebühr** *f* motorway toll
◇ **Autofabrik** *f* car factory; **sie haben vor, in der Nähe des Flusses eine Autofabrik zu bauen** = they are planning to build a car plant near the river
◇ **Autofähre** *f* car ferry
◇ **Auto-Leasing** *n* car leasing; **das Unternehmen hat seinen Geschäftsbereich auf Auto-Leasing erweitert** = the company has branched out into car leasing
◇ **Automarke** *f* make of car; **japanische Automarken** = Japanese makes of cars
◇ **Automarkt** *m* car market; **wir haben 20% des deutschen Automarkts** = we have 20% of the German car market

Automat *m* automatic vending machine *oder* (automatic) dispenser *oder* slot machine
◇ **Automation** *f* automation
◇ **automatisch 1** *adj* automatic; **automatische Datenverarbeitung** = automatic data processing; **die Gehälter werden automatisch am 1. Januar erhöht** = there is an automatic increase in salaries on January 1st **2** *adv* automatically; **Adressen werden automatisch eingetippt** = addresses are typed in automatically; **die Rechnungen werden automatisch verschickt** = the invoices are sent out automatically; **eine Zahlungsaufforderung wird automatisch verschickt, wenn die Rechnung überfällig ist** = a demand note is sent automatically when the invoice is overdue
◇ **automatisiert** *adj* automated; **(voll)automatisierte PKW-Fertigung** = (fully) automated car assembly
◇ **Automatisierung** *f* automation

Automechaniker/-in *mf* car mechanic

Automobilausstellung *f* motor show
◇ **Automobilbranche** *f* (the) car industry
◇ **Automobilhersteller** *m* car maker *oder* producer; **das Unternehmen ist ein großer Automobilhersteller** = the company is a major car producer
◇ **Automobilindustrie** *f* (the) car industry

Automodell *n* (car) model; **bei der Automobilausstellung sind viele energiesparende Automodelle ausgestellt** = the motor show has many examples of energy-saving cars on display

autonom *adj* autonomous; **autonome Tarifverhandlungen** = free collective bargaining *(EU)* **autonomer Zollsatz** = autonomous tariff rate
◇ **Autonomie** *f* autonomy

autorisieren *vt* to authorize *oder* to accredit; **autorisiertes (Aktien)kapital** = authorized capital

Autorität *f* authority

Autoverleih *m oder* **Autovermietung** *f* car rental (firm) *oder* car hire (firm); **er hat eine Autovermietung** = he runs a car hire business

Averaging *n* averaging

Avis *mn* advice note *oder* consignment note *oder* dispatch note; **laut Avis** = as per advice
◊ **avisieren** *vt* to advise (someone of something); **avisierende Bank** = advising bank

Azubi *mf* apprentice *oder* trainee

> Azubis. Das Wort kommt von Kürzelsucht und ‚Auszubildende'. Das ‚ling' von Lehrling soll kränkend gewirkt haben, sagt ein Meister
>
> ***Wochenpost***
>
> im Metallbereich werden 60 Prozent aller Azubis nicht übernommen
>
> ***Süddeutsche Zeitung***

Bb

BA = BUNDESANSTALT FÜR ARBEIT

bagatellisieren *vt* to minimize; **bagatellisieren Sie die verbundenen Risiken nicht** = do not minimize the risks involved; **er neigt dazu, die Schwierigkeit des Projekts zu bagatellisieren** = he tends to minimize the difficulty of the project
◇ **Bagatelldiebstahl** *m* pilferage *oder* pilfering
◇ **Bagatellgericht** *n* small claims court

Bahamainseln *oder* **Bahamas** *pl* Bahamas
◇ **Baham(an)er/-in** *mf* Bahamian
◇ **baham(a)isch** *adj* Bahamian
(NOTE: Hauptstadt: **Nassau** ; Währung: **Bahama-Dollar** *m* = Bahamian dollar)

Bahn *f* rail *oder* railway *oder (US)* railroad; **frei Bahn** = free on rail (FOR); **mit der Bahn zu fahren ist billiger als zu fliegen** = rail travel is cheaper than air travel; **Güter per Bahn befördern** = to ship goods by train; **wir befördern alle unsere Waren per Bahn** = we ship all our goods by rail

bahnbrechend *adj* pioneering *oder* pioneer; **bahnbrechende Entwicklung** = pioneer development; **das Unternehmen war bahnbrechend bei Entwicklungen auf dem Gebiet der Elektronik** = the company pioneered developments in the field of electronics
◇ **bahnen** *vt* **den Weg bahnen** = to pioneer *oder* to blaze a trail

> die Wissenschaftler: Mal trauen sie sich mit bahnbrechenden Erkenntnissen nicht an die Öffentlichkeit, weil nichts bewiesen ist, mal veröffentlichen sie ihre Erkenntnisse, um Unbewiesenem Bahn zu brechen
> *Wochenpost*

BahnCard *f* railcard (allowing 50% reduction on tickets)
◇ **Bahnhof** *m* (railway) station
◇ **Bahnlinie** *f* railway line
◇ **Bahnreisende(r)** *mf* rail traveller; **Bahnreisende beschweren sich über steigende Fahrpreise** = rail travellers are complaining about rising fares
◇ **Bahnsteig** *m* platform; **der Fahrkartenschalter ist gegenüber von Bahnsteig 2** = the ticket office is opposite Platform 2
◇ **Bahntransport** *m* rail transport

Bahrain *n* Bahrain
◇ **Bahrainer/-in** *mf* Bahraini(an)
◇ **bahrainisch** *adj* Bahraini(an)
(NOTE: Hauptstadt: **Manama** ; Währung: **Bahrain-Dinar** *m* = Bahraini dinar)

Baisse *f* slump *oder (Börse)* bear market
◇ **Baissemanöver** *n (Börse)* bear raid
◇ **Baissemarkt** *m (Börse)* bear market *oder* falling market
◇ **Baisseposition** *f oder* **Baisseengagement** *n (Börse)* bear position *oder* short position
◇ **Baissespekulant/-in** *mf oder* **Baissier** *m (Börse)* bear (*cf* HAUSSE)

bald *adv* soon *oder* at an early date; **so bald wie möglich** = at your earliest convenience *oder* as soon as possible (asap); **wir hoffen, daß die Verhandlungen schon bald wiederaufgenommen werden** = we hope for an early resumption of negotiations
◇ **baldmöglichst** *adj* at your earliest convenience

Balkendiagramm *n* bar chart

Ballen *m* bale; **in Ballen packen** = to bale

Band *n* band; **verschnüren Sie die Karteikarten mit einem Band, damit sie nicht auf den Boden fallen** = put a band round the filing cards to stop them falling on the floor
◇ **Bandmaß** *n* tape measure *oder* measuring tape

Bangladesch *n* Bangladesh
◇ **Bangale/Bangalin** *mf* Bangladeshi
◇ **bangalisch** *m* Bangladeshi
(NOTE: Hauptstadt: **Dakka** = Dacca; Währung: **Taka** *m* = taka)

Bank *f* bank; **bei welcher Bank haben Sie Ihr Konto?** = where do you bank?; **er brachte seine ganzen Einnahmen auf die Bank** = he put all his earnings into his bank; **ich bekam einen Brief von der Bank, in dem mir mitgeteilt wurde, daß mein Konto überzogen ist** = I have had a letter from my bank telling me my account is overdrawn; **ausländische Bank** = overseas bank; **ausstellende** *oder* **emittierende Bank** = issuing bank; **auszahlende** *oder* **bezogene Bank** = drawee bank; **avisierende Bank** = advising bank; **federführende** *oder* **konsortialführende Bank** = lead bank *oder* managing bank; **überweisende Bank** = remitting bank
◇ **Bankakzept** *n* bank bill *oder (US)* banker's acceptance
◇ **Bankangestellte(r)** *mf* bank clerk
◇ **Bankanleihe** *f* bank bond
◇ **Bankanweisung** *f* banker's order
◇ **Bankauskunft** *f* bank(er's) reference
◇ **Bankausweis** *m* bank return
◇ **Bankauszug** *m* bank statement *oder* statement of account; **gegliederter Bankauszug** = itemized statement
◇ **Bankautomat** *m* automated teller machine (ATM) *oder* cash dispenser
◇ **Bankbuch** *n* bank book

◇ **Bankdarlehen** *n* bank loan *oder* bank advance
◇ **Bankdirektor/-in** *mf* bank manager; **er bat seinen Bankdirektor um einen Kredit** = he asked his bank manager for a loan
◇ **Bankeinlage** *f* bank deposit; **Bankeinlagen haben einen historischen Höchststand erreicht** = bank deposits are at an all-time high
◇ **Bankenkonsortium** *n* bank consortium *oder* banking syndicate
◇ **Bankenkrise** *f* banking crisis
◇ **Banker** *m* banker
◇ **Bankfach** *n* banking; **er ging ins Bankfach** = he has gone into banking
◇ **bankfähig** *adj* bankable
◇ **Bankgebühren** *fpl* bank charges
◇ **Bankgeheimnis** *n* banking confidentiality
◇ **Bankgeschäft** *n* **(a)** banking **(b)** banking transaction
◇ **Bankguthaben** *n* bank balance *oder* cash balance
◇ **Bankier** *m* banker
◇ **Bankkonto** *n* bank(ing) account; **wieviel Geld hast Du auf Deinem Bankkonto?** = how much money do you have in your bank account?; **ein Bankkonto auflösen** = to close a bank account; **ein Bankkonto eröffnen** = to open a bank account
◇ **Bankkonzession** *f* bank charter
◇ **Bankkredit** *m* bank advance *oder* bank loan *oder* bank credit; **die neue Fabrik wurde durch Bankkredit finanziert** = the new factory was financed by bank borrowing
◇ **Bankleitzahl** *f* bank code number *oder* sort code
◇ **Banknote** *f* bank note *oder* banknote *oder* currency note *oder (US)* bank bill; **er zog einen Haufen gebrauchter Banknoten heraus** = he pulled out a pile of used bank notes
◇ **Banköffnungszeiten** *fpl* banking hours
◇ **Bankreserven** *fpl* bank reserves
◇ **bankrott 1** *adj* bankrupt; **bankrott gehen** = to crash *oder* to fail *oder* to go bust *oder* to go broke; **das Unternehmen ging bankrott** = the company failed; **das Unternehmen ist praktisch bankrott** = the company is on the rocks; **ein bankrotter Bauträger** = a bankrupt property developer; **er ging zwei Jahre nach Geschäftsgründung bankrott** = he went bankrupt after two years in business; **er verlor sein ganzes Geld als die Bank bankrott machte** = he lost all his money when the bank failed; **er wurde für bankrott erklärt** = he was adjudicated *oder* declared bankrupt; **das Unternehmen machte mit Schulden in Höhe von DM 75.000 bankrott** = the company collapsed with DM 75,000 in debts **2** *m* **Bankrott** = bankruptcy
◇ **Bankscheck** *m* bank cheque *oder (US)* cashier's check
◇ **Banktratte** *f oder* **Bankwechsel** *m* bank(er's) draft *oder* bill
◇ **Bankschließfach** *n* safe-deposit box
◇ **Banküberweisung** *f* bank (giro) transfer; **per Banküberweisung zahlen** = to pay by bank giro transfer
◇ **Bankverbindung** *f* banking arrangements; **faxen Sie bitte Ihre Bankverbindung** = please fax your account details
◇ **Bankverkehr** *m* banking (transactions)
◇ **Bankvollmacht** *f* bank mandate
◇ **Bankwesen** *n* banking

bar 1 *adj* (in) cash; **(in) bar zahlen** = to pay in cash *oder* to pay cash down; **er bezahlte DM 300 in bar für den Stuhl** = he paid out DM 300 in hard cash for the chair; **wir haben DM 20.000 in bar** = we have DM 20,000 in hand **2** *f* **Bar** = bar; **die Vertreter trafen sich in der Bar des Hotels** = the sales reps met in the bar of the hotel
◇ **Barangebot** *n* cash offer
◇ **Barauslagen** *fpl* **(a)** out-of-pocket expenses **(b)** 'pay cash'
◇ **Barbestand** *m* balance in hand *oder* cash in hand *oder* cash balance
◇ **Bardividende** *f* cash dividend
◇ **Bargebot** *n* cash bid; **ein Bargebot machen** = to make a cash bid
◇ **Bargeld** *n* cash *oder* cash in hand *oder* hard cash *oder* ready cash *oder* ready money
◇ **Bargeldgutschein** *m* cash voucher; **der Kunde bekommt bei jedem Kauf im Wert von DM 50 einen Bargeldgutschein über DM 5** = with every DM 50 of purchases, the customer gets a cash voucher to the value of DM 5
◇ **Bargeschäft** *n* cash deal
◇ **Barkauf** *m* cash purchase
◇ **Barposten** *mpl* cash items
◇ **Barpreis** *m* cash price
◇ **Barreserven** *fpl* cash reserves; **das Unternehmen war gezwungen, auf seine Barreserven zurückzugreifen** = the company was forced to fall back on its cash reserves
◇ **Barscheck** *m* open *oder* uncrossed cheque
◇ **Barverkauf** *m* cash sale *oder* cash transaction
◇ **Barvorschuß** *m* cash advance
◇ **Barwert** *m* cash value *oder* present value *oder* realization value
◇ **Barzahlung** *f* payment in cash *oder* cash payment *oder* settlement in cash *oder* cash settlement; **Bedingungen: Barzahlung bei Bestellung** = terms: cash with order
◇ **Barzahlungsangebot** *n* cash offer
◇ **Barzahlungsbedingungen** *fpl* cash terms
◇ **Barzahlungsrabatt** *m* cash discount *oder* discount for cash

Barbados *n* Barbados
◇ **Barbadier/-in** *mf* Barbadian
◇ **barbadisch** *adj* Barbadian
(NOTE: Hauptstadt: **Bridgetown** ; Währung: **Barbados-Dollar** *m* = Barbados dollar)

Barrel *n* barrel; **der Ölpreis hat $30 pro Barrel erreicht** = the price of oil has reached $30 a barrel

Barren *m* **(a)** ingot **(b)** bullion
◇ **Barrengold** *n* gold bullion

basieren 1 *vt* to base **2** *vi* **basieren auf** = to be based on; **auf Bevölkerungsprognosen basierend** = based on population forecasts

Basis *f* **(a)** base **(b)** basis; **auf gewerblicher Basis** = on a commercial basis; **wir kalkulierten den Umsatz auf der Basis einer 6%igen Preiserhöhung** = we forecast the turnover on the basis of a 6% price increase **(c)** rank and file; **die Basis der Gewerkschaftsmitglieder** = the rank and file of the trade union membership; **die Entscheidung**

wurde von der Basis nicht gebilligt = the decision was not liked by the rank and file
◇ **Basisjahr** *n* base year
◇ **Basismitglieder** *npl* rank-and-file members

Batch-Verarbeitung *f* batch processing

Batterie *f* battery; **der Taschenrechner braucht eine neue Batterie** = the calculator needs a new battery
◇ **batteriebetrieben** *adj* battery-powered; **ein batteriebetriebener Taschenrechner** = a battery-powered calculator

Bau *m* construction *oder* building; **das Unternehmen hat sich um den (ausgeschriebenen) Auftrag für den Bau des neuen Flughafens beworben** = the company has tendered for the contract to construct the new airport; **in** *oder* **im Bau (befindlich)** = under construction; **der Flughafen ist in Bau** = the airport is under construction
◇ **bauen** *vt* to build *oder* to construct
◇ **Baugenehmigung** *f* planning permission *oder* building permit; **die Baugenehmigung verweigern** = to refuse planning permission; **wir warten auf die Baugenehmigung, bevor wir anfangen können zu bauen** = we are waiting for planning permission before we can start building; **das Land wird mit Baugenehmigung verkauft** = the land is to be sold with planning permission
◇ **Baugewerbe** *n oder* **Bauindustrie** *f* (the) building industry
◇ **Bauingenieur/-in** *mf* civil engineer
◇ **Baukostensachverständige(r)** *mf* quantity surveyor
◇ **Baukostenschätzung** *f* quantity survey; **eine Baukostenschätzung erstellen** = to carry out a quantity survey
◇ **Bauland** *n* building plot
◇ **Bauleiter/-in** *mf* site engineer
◇ **Baumaschinenvermietung** *f* plant-hire firm
◇ **Bauordnungsamt** *n* planning department
◇ **Bauordnungsbestimmungen** *fpl* zoning regulations *oder (US)* zoning ordinances
◇ **Bauplatz** *m* building site *oder (US)* subdivision
◇ **Bauprojekt** *n* construction project; **wir schließen gerade ein Bauprojekt in Nordafrika ab** = we are just completing a construction project in North Africa
◇ **bausparen** *vi (GB)* to save with a building society *oder (US)* with a building and loan association
◇ **Bausparkasse** *f (GB)* building society *oder (US)* savings and loan (association); **er legte seine Ersparnisse bei einer Bausparkasse** *oder* **auf einem Konto einer Bausparkasse an** he put his savings into a building society *oder* into a building society account
◇ **Bausparkassenkonto** *n* building society account
◇ **Bauspekulant** *m* speculative builder
◇ **Baustelle** *f* building site *oder* construction site; **alle Besucher der Baustelle müssen Schutzhelme tragen** = all visitors to the site must wear safety helmets
◇ **Baustoffe** *mpl* building materials
◇ **Bauteil** *m* component; **das Montageband stoppte, weil sich die Lieferung eines Bauteils verzögerte** = the assembly line stopped because supply of a component was delayed
◇ **Bauträger** *m* property developer
◇ **Bauunternehmen** *n* construction company
◇ **Bauunternehmer** *m* building contractor *oder* builder
◇ **Bauvorschriften** *fpl* building regulations; **die neuen staatlichen Bauvorschriften** = the new government regulations on building
◇ **Bauwerk** *n* construction *oder* building
◇ **Bauwesen** *n* civil engineering

Bauer *m* farmer
◇ **Bauernfänger** *m* confidence trickster
◇ **Bauernfängerei** *f* confidence trick
◇ **Bauernhof** *m* farm

Baumwolle *f* cotton
◇ **Baumwollballen** *m* cotton bale *oder* bale of cotton
◇ **Baumwollfabrikant** *m* cotton manufacturer

bB = BEZAHLT BRIEF

BDI = BUNDESVERBAND DER DEUTSCHEN INDUSTRIE

beabsichtigen *vt* to intend; **das Unternehmen beabsichtigt, eine Geschäftsstelle in New York zu eröffnen** = the company intends to open an office in New York next year; **wir beabsichtigen, 250 arbeitslosen jungen Menschen Stellen anzubieten** = we intend to offer jobs to 250 unemployed young people; **ich beabsichtige, das Darlehen mit monatlich DM 60 zurückzuzahlen** = I propose to repay the loan at DM 60 a month

beachten *vt* **(a)** *(befolgen)* to observe *oder* to comply with *oder* to heed; **die Vorschriften beachten** = to observe the regulations; **das Unternehmen hat die Vertragsbedingungen nicht beachtet** = the company has not respected the terms of the contract **(b)** *(berücksichtigen)* to take into consideration **(c)** *(Aufmerksamkeit schenken)* to notice *oder* to pay attention to
◇ **beachtlich 1** *adj* considerable *oder* sizeable; **die Firma machte beachtliche Gewinne** = the company made some very healthy profits *oder* a very healthy profit **2** *adv* considerably; **die Ergebnisse haben sich beachtlich gebessert** = results have improved considerably
◇ **Beachtung** *f* **(a)** observance *oder* compliance *oder* heeding *oder* following; **unter Beachtung der Vorschriften** = in accordance *oder* compliance with the regulations **(b)** consideration; **unter Beachtung von** = in consideration of **(c)** notice *oder* attention; **zur Beachtung!** = please note!

Beamte(r)/Beamtin *mf* officer *oder* official; **höherer Beamter** = high official; **unterer Beamter** = minor official; **irgendein unterer Beamter versuchte, meinen Baugenehmigungsantrag zu stoppen** = some minor official tried to stop my request for building permission
◇ **Beamtendeutsch** *n* officialese

beanspruchen *vt* to take up; **voll beanspruchen** = to stretch; **das Investitionsprogramm hat die finanziellen Mittel des Unternehmens voll**

beansprucht = the investment programme has stretched the company's resources

beanstanden *vt* **(a)** to complain; **sie beanstanden, daß unsere Preise zu hoch sind** = they are complaining that our prices are too high **(b)** to query; **die Aktionäre beanstandeten die Zahlungen an den Sohn des Vorsitzenden** = the shareholders queried the payments to the chairman's son

beantragen *vt* **(a)** to apply for; **Tausende beantragten die Zuteilung von Aktien des neuen Unternehmens** = there were thousands of applicants for shares in the new company **(b)** *(vorschlagen)* to move *oder* to propose; **er beantragte, die Geschäftsbücher abzunehmen** = he moved that the accounts be agreed; **ich beantrage, die Sitzung für zehn Minuten zu unterbrechen** = I move that the meeting should adjourn for ten minutes

beantworten *vt* to answer; **einen Brief beantworten** = to answer a letter; **mein Brief wurde nicht beantwortet** = my letter got no answer *oder* there was no answer *oder* reply to my letter

◊ **Beantwortung** *f* reply; **ich schreibe Ihnen in Beantwortung Ihres Briefes vom 24.** = I am writing in reply to your letter of the 24th

bearbeiten *vt* to process; **einen Auftrag bearbeiten** = to deal with an order; **Aufträge werden in unserem Lager bearbeitet** = orders are processed in our warehouse; **wir können Aufträge von bis zu 15.000 Stück bearbeiten** = we can handle orders for up to 15,000 units; **einen Leistungsanspruch bearbeiten** = to process an insurance claim; **neu bearbeiten** = to revise

◊ **Bearbeitung** *f* handling *oder* processing; **die Bearbeitung eines Leistungsanspruchs** = the processing of a claim for insurance

◊ **Bearbeitungsgebühr** *f* handling charge *oder* service charge; **die Bank schlägt für das Einlösen von Reiseschecks eine Bearbeitungsgebühr von 5% auf** = the bank adds on a 5% handling charge for changing travellers' cheques

beaufsichtigen *vt* to superintend *oder* to supervise; **der Umzug in die neuen Büroräume wurde vom Verwaltungsleiter beaufsichtigt** = the move to the new offices was supervised by the administrative manager

beauftragen *vt* to assign *oder* to appoint *oder* to instruct; **jdn mit etwas beauftragen** = to engage someone to do something; **sie beauftragten ein kleines Unternehmen, um die Büros zu streichen** = they hired a small company to paint the offices; **einen Anwalt beauftragen** = to instruct a solicitor; **einen Anwalt beauftragen, ein Unternehmen zu vertreten** = to retain a lawyer to act for a company; **wir beauftragten die besten Anwälte, um uns zu vertreten** = we hired the best lawyers to represent us

◊ **Beauftragte(r)** *mf* appointee

bedanken *vr* **sich bei jdm bedanken** = to thank someone; **der Reporter bedankte sich bei ihr für das Interview** = the reporter thanked her for the interview

Bedarf *m* **(a)** requirement(s) *oder* want(s); **Bedarf an Arbeitskräften** = manpower requirements; **Güter des täglichen Bedarfs** = essentials **(b)** demand; **den Bedarf decken** = to meet *oder* to fill the demand

◊ **Bedarfsliste** *f* **eine Bedarfsliste aufstellen** = to draw up a wants list

bedauern *vt* to regret; **ich bedaure, so viele Mitarbeiter entlassen zu müssen** = I regret having to make so many staff redundant; **wir bedauern, Ihnen mitteilen zu müssen, daß der Vorsitzende verstorben ist** = we regret to inform you of the death of the chairman; **wir bedauern die verspätete Beantwortung Ihres Briefes** = we regret the delay in answering your letter; **ich bedaure, Ihren Brief so spät zu beantworten und lege einen Scheck über DM 20 bei** = I enclose a cheque for DM 20 with apologies for the delay in answering your letter

bedenken 1 *vt* to consider **2** *n* **Bedenken** = doubt *oder* misgiving *oder* hesitation; **das Unternehmen hat Bedenken hinsichtlich der Gründung einer Computerfabrik** = the company is hesitating about starting up a computer factory

bedeutend *adj* grand *oder* important *oder* major *oder* substantial

◊ **Bedeutung** *f* importance; **die Bank mißt dem Geschäft große Bedeutung bei** = the bank attaches great importance to the deal; **von Bedeutung sein** = to matter

bedienen 1 *vt* **(a)** to serve; **einen Kunden bedienen** = to serve a customer **(b)** to operate *oder* to run; **eine Maschine bedienen** = to work a machine *oder* to operate a machine; **er lernt gerade, die neue Telefonzentrale zu bedienen** = he is learning to operate the new telephone switchboard **(c) eine Schuld bedienen** = to service a debt **2** *vi* **in einem Laden** *oder* **Restaurant bedienen** = to serve in a shop *oder* in a restaurant

◊ **bedienerfreundlich** *adj* user-friendly; **bedienerfreundlicher Computer** = user-friendly computer; **diese Programme sind wirklich bedienerfreundlich** = these programs are really user-friendly

◊ **Bedienstete(r)** *mf* officer

◊ **Bedienung** *f* **(a)** service (charge); **die Bedienung in dem Restaurant ist extrem langsam** = the service in that restaurant is extremely slow; **ist Bedienung inklusive?** = is the service included?; **schließt die Rechnung Bedienung ein?** = does the bill include a service charge?; **10% (für) Bedienung aufschlagen** = to add on 10% for service; **die Rechnung ist inklusive Bedienung** = the bill includes service **(b) das Unternehmen hat Probleme bei der Bedienung seiner Schulden** = the company is having problems in servicing its debts

◊ **Bedienungsanleitung** *f* operating instructions

◊ **Bedienungsaufschlag** *oder* **Bedienungszuschlag** *m oder* **Bedienungsgeld** *n* service charge

◊ **Bedienungshandbuch** *n* handbook *oder* operating manual *oder* user's guide; **in der Bedienungsanleitung steht nicht, wie man den Fotokopierer öffnet** = the handbook does not say how you open the photocopier

bedingt *adj* conditional *oder* qualified; **er machte ein bedingtes Angebot** = he made a conditional offer

◇ **Bedingung** *f* **(a)** condition *oder* proviso; **unter der Bedingung, daß ...** = on condition that ...; **sie bekamen den Pachtvertrag unter der Bedingung, daß sie die Anwaltskosten bezahlten** = they were granted the lease on condition that they paid the legal costs; **wir unterzeichnen den Vertrag unter der Bedingung, daß die Bestimmungen nach sechs Monaten erneut verhandelt werden können** = we are signing the contract with the proviso that the terms can be renegotiated after six months; **harte Bedingungen stellen** = to drive a hard bargain **(b)** requirement; **wenn Sie uns eine Liste Ihrer Bedingungen zukommen lassen, werden wir sehen, ob wir sie erfüllen können** = if you will supply us with a list of your requirements, we shall see if we can meet them **(c)** *pl* **Bedingungen** = terms; **‚Bedingungen: Barzahlung bei Bestellung'** = 'terms: cash with order'; **bessere Bedingungen aushandeln** = to negotiate for better terms; **günstige Bedingungen** = easy terms; **zu günstigen Bedingungen** = on favourable terms; **der Laden wird zu sehr günstigen Bedingungen vermietet** = the shop is let on very favourable terms; **eine Hypothek zu günstigen Bedingungen bekommen** = to get a mortgage on easy terms; **für etwas zu günstigen Bedingungen zahlen** = to pay for something on easy terms

Bedürfnis *n* need *oder* want

◇ **bedürftig** *adj* needy *oder* poor; **das Unternehmen versucht, den bedürftigsten Personalmitgliedern mit zinsgünstigen Krediten zu helfen** = the company tries to help the poorest members of staff with soft loans

◇ **Bedürftigkeitsüberprüfung** *f* means test

beeinflussen *vt* to influence; **der Vorstand wurde bei seiner Entscheidung durch die Mitteilung der Manager beeinflußt** = the board was influenced in its decision by the memo from the managers; **der Ölpreis hat die Preise für Industriegüter beeinflußt** = the price of oil has influenced the price of manufactured goods; **eine hohe Inflationsrate beeinflußt unsere Rentabilität** = high inflation is influencing our profitability

beeinträchtigen *vt* to harm *oder* to prejudice; **jds Interessen beeinträchtigen** = to prejudice someone's interest

◇ **Beeinträchtigung** *f* damage *oder* prejudice

beenden *vt* to complete *oder* to end *oder* to finish *oder* to terminate; **sie beendete den Test vor allen anderen Teilnehmern** = she finished the test before all the other candidates; **der Vorsitzende beendete die Diskussion, indem er aufstand und die Versammlung verließ** = the chairman ended the discussion by getting up and walking out of the meeting

◇ **Beendigung** *f* end *oder* completion *oder* termination

Befähigung *f* **(a)** ability *oder* capability **(b)** qualifications

◇ **Befähigungsnachweis** *m* proof of ability *oder* certificate of qualifications; **den Befähigungsnachweis erbringen** = to furnish proof of qualifications

befassen *vr* **sich befassen mit** = to attend to *oder* to deal with *oder* to handle *oder* to go into; **sich eingehend mit einer Sache befassen** = to deal with a matter in detail *oder* thoroughly; **die Bank möchte sich genauer mit den konzerninternen Darlehen befassen** = the bank wants to go into the details of the inter-company loans

befestigen *vt* to attach *oder* to tie; **die Maschine ist am Boden befestigt, damit sie nicht verrückt werden kann** = the machine is attached to the floor so it cannot be moved

befinden *vt* **(a)** to find *oder* to rule; **das Gericht befand, daß beide Parteien im Unrecht** *oder* **schuld waren** = the tribunal found that both parties were at fault **(b) sich befinden** = to be (located); **das Lager befindet sich neben der Autobahn** the warehouse is located near to the motorway

befolgen *vt* to comply with *oder* to follow; **Vorschriften befolgen** = to comply with regulations; **jds Rat befolgen** = to follow someone's advice

◇ **Befolgung** *f* compliance

befördern *vt* **(a)** to upgrade *oder* to promote; **er wurde in die obere Managerstufe befördert** = he has been upgraded to senior manager level; **er wurde vom Verkäufer zum Verkaufsleiter befördert** = he was promoted from salesman to sales manager **(b)** to carry *oder* to freight *oder* to ship *oder* to transport; **etwas zu jdm befördern** = to forward something to someone; **Waren in die USA befördern** = to ship goods to the USA; **der Zug beförderte eine für den Export bestimmte Autosendung** = the train was carrying a consignment of cars for export; **die Wagensendung wurde letzte Woche ins Ausland befördert** = the consignment of cars was shipped abroad last week; **eine Sendung nach Nigeria befördern** = to forward a consignment to Nigeria; **wir befördern unsere gesamten Waren per Bahn** = we ship all our goods by rail; **wir befördern Waren in alle Teile der Vereinigten Staaten** = we freight goods to all parts of the USA

◇ **Beförderung** *f* **(a)** promotion; **eine Beförderung verdienen** = to earn promotion; **er machte seine Chancen auf Beförderung zunichte, als er mit dem geschäftsführenden Direktor stritt** = he ruined his chances of promotion when he argued with the managing director **(b)** carrying *oder* dispatch(ing) *oder* transport *oder* transportation; **Beförderung auf dem Luftwege** = transport by air; **Beförderung per Bahn** = transport by rail

◇ **Beförderungskosten** *pl* haulage *oder* transport costs

◇ **Beförderungsleiter** *f* promotion ladder; **durch seine Beförderung zum Vertriebsleiter rutschte er auf der Beförderungsleiter mehrere Stufen nach oben** = by being appointed sales manager, he moved several steps up the promotion ladder

◇ **Beförderungsmittel** *n* transportation *oder* means of transport; **das Unternehmen stellt Beförderungsmittel zum Flughafen zur Verfügung** = the company will provide transportation to the airport

Befrachter *m* shipper

befragen *vt* to question; **die Klubmitglieder zu einem Thema befragen** = to poll the members of the club on an issue; **eine repräsentative Bevölkerungsgruppe befragen** = to poll a sample of the population; **wir befragten das Personal zur Anhebung der Preise im Personalrestaurant** = we have canvassed the staff about raising the prices in the staff restaurant

◊ **Befragte(r)** *mf* interviewee

◊ **Befragung** *f* interview *oder* survey *oder* poll

befreien *vt* to release *oder* to exempt; **die Regierung befreite Stiftungen von der Steuer** = the government exempted trusts from tax; **von der Steuer befreit** = exempt from tax *oder* tax-exempt; **gemeinnützige Organisationen sind von der Steuer befreit** = non-profit-making organizations are exempted from tax; **Nahrungsmittel sind von der Verkaufssteuer befreit** = food is exempted from sales tax; **von der Mehrwertsteuer befreit** = zero-rated

◊ **Befreiung** *f* exemption

◊ **Befreiungsklausel** *f* escape clause

befriedigen *vt* to satisfy; **Nachfrage befriedigen** = to satisfy demand; **die Nachfrage nach einem neuen Produkt befriedigen** = to meet the demand for a new product

◊ **Befriedigung** *f* satisfaction

befristen *vt* to limit *oder* to restrict *oder* to set a time limit on

◊ **befristet 1** *adj* limited *oder* restricted *oder* temporary; **ihm wurde eine befristete Ausfuhrlizenz gewährt** = he was granted a temporary export licence; **befristete Einlage** = time deposit; **befristeter Kredit** = term loan; **befristete Maßnahmen ergreifen** = to take temporary measures; **er hat eine befristete Stelle bei einem Bauunternehmen** = he has a temporary post with a construction company; **er hat eine befristete Stelle in der Registratur** = he has a temporary job as a filing clerk *oder* he has a job as a temporary filing clerk **2** *adv* temporarily

Befugnis *f* authority *oder* power

◊ **befugt** *adj* authorized; **er ist nicht befugt, in unserem Namen zu handeln** = he has no authorization to act on our behalf

befürworten *vt* to support

◊ **Befürworter/-in** *mf* supporter *oder* seconder; **es gab keinen Befürworter des Antrags, so daß darüber nicht abgestimmt wurde** = there was no seconder for the motion so it was not put to the vote

Begabung *f* gift *oder* talent *oder* ability; **er hat eine besondere Begabung für alles Geschäftliche** = he has a particular capacity for business

begebbar *adj* negotiable; **begebbares Wertpapier** = negotiable instrument; **nicht begebbares Wertpapier** = non-negotiable instrument

begeben *vt* to issue *oder* to float; **eine Anleihe begeben** = to float a loan

◊ **Begebung** *f* issue *oder* flo(a)tation

Beginn *m* beginning *oder* start; **den Beginn der Besprechung verschieben** = to delay the start of the meeting

◊ **beginnen 1** *vi* to begin; **der Revisionsbericht begann mit einer Beschreibung der beschlossenen allgemeinen Grundsätze** = the auditors' report began with a description of the general principles adopted; **mit etwas neu beginnen** = to embark on **2** *vt* to begin; **das Unternehmen begann, seinen Marktanteil zu verlieren** = the company began to lose its market share; **er begann den Bericht, den die Aktionäre verlangt hatten** = he began the report which the shareholders had asked for; **Verhandlungen beginnen** = to open negotiations

beglaubigen *vt* to authenticate *oder* to certify; **das Dokument ist eine beglaubigte Kopie** = the document is certified as a true copy

◊ **Beglaubigung** *f* authentication *oder* certification

begleichen *vt* **(a)** to pay; **eine Rechnung begleichen** = to pay a bill *oder* an invoice *oder* to settle an account **(b)** to honour (a debt etc.); **eine Schuld begleichen** = to clear (off) *oder* to discharge *oder* to liquidate a debt

◊ **Begleichung** *f* paying *oder* payment *oder* settlement; **Begleichung einer Schuld** = settlement of a debt

begleiten *vt* to accompany

◊ **Begleitbrief** *oder* **Begleitschreiben** *m* covering letter *oder* covering note; **ohne Begleitschreiben (oBs)** = compliments slip

◊ **Begleitpapiere** *npl* accompanying documents

◊ **Begleitschein** *m* customs transfer certificate

◊ **Begleitung** *f* company; **der Vorsitzende kam in Begleitung des Leiters der Finanzabteilung zur Konferenz** = the chairman came to the meeting accompanied by the finance director

beglichen *adj* paid

beglückwünschen *vt* to congratulate; **der/die Leiter/-in der Verkaufsabteilung beglückwünschte die Vertreter zur Verdopplung des Umsatzes** = the sales director congratulated the salesmen on doubling sales

begreifen *vt* to realize; **er begriff bald, daß die Versammlung gegen seinen Antrag stimmen würde** = he soon realized the meeting was going to vote against his proposal

begrenzen *vt* to limit; **die Banken haben ihre Kreditvergabe begrenzt** = the banks have limited their credit

◊ **begrenzt** *adj* limited; **begrenzter Absatzmarkt** = limited market; **zeitlich begrenzte Lebensversicherung** = term insurance; **er schloß eine auf zehn Jahre begrenzte Lebensversicherung ab** = he took out a ten-year term insurance; **in begrenztem Umfang** *oder* **Rahmen** = small-scale

◊ **Begrenzung** *f* limitation; **zeitliche Begrenzung** = time limit(ation)

Begründung *f* grounds *oder* justification; **wie ist die Begründung für die Forderung nach Lohnerhöhung?** = what are the grounds for the demand for a pay rise?

begrüßen *vt* to greet *oder* to welcome; **die zwei Verhandlungsparteien begrüßten sich mit Handschlag und nahmen am Konferenztisch Platz** = the two negotiating teams shook hands and sat down at the conference table

begünstigen *vt* to encourage *oder* to favour *oder (US)* to favor
◇ **Begünstigte(r)** *mf* beneficiary
◇ **Begünstigung** *f* preferential treatment
◇ **Begüngstigungstarif** *m* preferential tariff

begutachten *vt* to give a professional opinion on something; to examine
◇ **Begutachtung** *f* examination *oder* survey; **wir haben um eine Begutachtung des Hauses vor dem Kauf gebeten** = we have asked for a survey of the house before buying it

> 832 Vorschläge werden in einem anonymen Verfahren und unter absoluter Geheimhaltung von einem 23köpfigen Preisgericht begutachtet
> ***Focus***
> viele Mieter haben den Zustand ihrer Gebäude durch Sachverständige begutachten lassen
> ***Neues Deutschland***

behalten *vt* to retain
◇ **Behälter** *m* bin *oder* container; **der Behälter brach auf dem Transport** = the container burst during shipping

Behandlung *f* treatment *oder* handling; **bevorzugte Behandlung** = preferential treatment; **nachlässige Behandlung** = negligent handling; **sachgemäße Behandlung** = proper handling

behaupten *vt* **(a)** to claim; **er behauptet, die Waren nie bekommen zu haben** = he claims he never received the goods; **sie behauptet, daß die Aktien ihr gehören** = she claims that the shares are her property **(b) sich behaupten** = to hold up *oder* to steady; **die Märkte behaupteten sich nach den Schwankungen in der letzten Woche** = the markets steadied after last week's fluctuations

beherrschen *vt* to control; **das Unternehmen wird von dem Mehrheitsaktionär beherrscht** = the company is controlled by the majority shareholder
◇ **Beherrschung** *f* control

behilflich *adj* helpful; **können Sie dem Stock Controller bei der Bestandsaufnahme behilflich sein?** = can you assist the stock controller in counting the stock?

Behörde *f* council; **örtliche Behörde** = local authority; *pl* **die Behörden** = the authorities
◇ **behördlich** *adj* official
◇ **behördlicherseits** *adv* by *oder* from the authorities; **die Veranstaltung ist behördlicherseits verboten** = the event is banned by the authorities; **behördlicherseits keine Schwierigkeiten zu erwarten haben** = to expect no trouble from the authorities

bei *prep* **(a)** care of *oder* c/o; **Mr. Brown, bei Herrn M. Müller** = Mr. Brown, care of Herr M. Müller *(siehe auch* CARE OF) **(b)** in (the) case of; **bei nicht termingerechter Zahlung** = failing prompt payment **(c)** about; **sein Gehalt liegt bei DM 110.000** = his salary is around DM 110,000

beibehalten *vt* to keep up; **sie behielt die Geschwindigkeit von sechzig Wörtern pro Minute über mehrere Stunden bei** = she kept up a rate of sixty words per minute for several hours

beifügen *vt* **(a)** to enclose; **einem Brief etwas beifügen** = to enclose something in a letter **(b)** to attach; **ich füge eine Kopie meines vorhergehenden Briefes bei** = I am attaching a copy of my previous letter
◇ **Beifügung** *f* enclosure
◇ **beigefügt** *adj* enclosed *oder* attached

Beihilfe *f* allowance *oder* subsidy *oder* grant

Beilage *f* enclosure *oder* insert; **eine Beilage in einem Versandmagazin** = an insert in a magazine mailing
◇ **beilegen** *vt* **(a)** to enclose *oder* to insert; **einem Brief eine Rechnung beilegen** = to enclose an invoice with a letter; **einer Zeitschrift Prospektmaterial beilegen** = to insert a publicity piece into a magazine **(b)** *(Streit)* to settle
◇ **Beilegung** *f* *(Streit)* settlement

beiliegend *adj* enclosed *oder* attached; **Brief mit beiliegendem Scheck** = letter enclosing a cheque

beimessen *vt* to attach; **die Bank mißt dem Geschäft große Bedeutung bei** = the bank attaches great importance to the deal

Beirat *m* advisory board

Beispiel *n* example; **zum Beispiel** = for example; **die Regierung will den Export fördern und vergibt zum Beispiel zinslose Kredite an Exporteure** = the government wants to encourage exports, and, for example, gives free credit to exporters

Beistand *m* support
◇ **Beistandsabkommen** *n* standby arrangements
◇ **Beistandskredit** *m* standby credit

beistehen *vt* to support

beisteuern *vt* to contribute

Beitrag *m* contribution; **einen Beitrag leisten** = to contribute; **er zahlte zehn Jahre lang Beiträge in die Pensionskasse** = he contributed to the pension fund for 10 years
◇ **beitragen** *vt* to contribute; **fallende Wechselkurse waren ein Faktor, der zu den Gewinneinbußen des Unternehmens beitrug** = falling exchange rates have been a contributory factor in *oder* to the company's loss of profits; **10% der Gewinne beitragen** = to contribute 10% of the profits
◇ **beitragend** *adj* contributory
◇ **beitragsfrei** *adj* non-contributory; **beitragsfreie Rentenversicherung** = non-contributory pension scheme; **die betriebliche**

Altersversorgung ist beitragsfrei = the company pension scheme is non-contributory

◇ **beitragspflichtig** *adj* contributory *oder* subject to contribution; **beitragspflichtige Rentenversicherung** = contributory pension plan *oder* scheme

◇ **Beitragszuschlag** *m* additional premium

beitreten *vt* to join; **einem Verband** *oder* **einer Gruppe beitreten** = to join an association *oder* a group; **er wurde gebeten, dem Vorstand beizutreten** = he was asked to join the board

◇ **Beitritt** *m* joining

◇ **Beitrittsbedingungen** *fpl* conditions of membership

◇ **Beitrittsvoraussetzungen** *fpl* membership qualifications

beiwohnen *vt* to attend *oder* to be present at; **einer Vorführung beiwohnen** = to attend a presentation

bejahend *adj* affirmative *oder* positive

bekämpfen *vt* to fight *oder* to combat *oder* to control; **die Regierung versucht, die Inflation zu bekämpfen** = the government is fighting to control inflation

bekannt *adj* well-known; **wir versuchen, unsere Produkte durch Anzeigen auf Bussen bekannt zu machen** = we are trying to publicize our products by advertisements on buses

◇ **Bekanntgabe** *f* announcement; **Bekanntgabe der Ernennung eines neuen geschäftsführenden Direktors** = announcement of the appointment of a new managing director; **die Bekanntgabe des Übernahmeangebots trieb den Aktienkurs in die Höhe** = the disclosure of the takeover bid raised the price of the shares

◇ **bekanntgeben** *vt* to announce *oder* to declare; **das Jahresergebnis für 1993 bekanntgeben** = to announce the results for 1993; **eine Erhöhung bekanntgeben** = to post an increase

◇ **Bekanntheit** *f* awareness

◇ **Bekanntheitsgrad** *m* awareness level *oder* degree of popularity; **Bekanntheitsgrad einer Marke** = brand awareness; **höchster Bekanntheitsgrad** = maximal awareness; **einen hohen** *oder* **niedrigen Bekanntheitsgrad haben** = to be well-known *oder* little-known

◇ **Bekanntmachung** *f* announcement; **der geschäftsführende Direktor machte dem Personal eine Bekanntmachung** = the managing director made an announcement to the staff

Beklagte(r) *mf* defendant; **einen Prozeß als Beklagter führen** = to defend a lawsuit

Bekleidung *f* clothing

◇ **Bekleidungsbranche** *f* clothing trade *oder* *(umg)* rag trade; **sie ist in der Bekleidungsbranche sehr bekannt** = she is very well known in the rag trade

◇ **Bekleidungshaus** *n* clothing store

◇ **Bekleidungsindustrie** *f* clothing industry

bekommen 1 *vt* to get *oder* to obtain; **er bekommt pro Woche DM 750 für Nichtstun** = he gets DM 750 a week for doing nothing; **sie hat DM 15.000 für ihren Wagen bekommen** = she got DM 15,000 for her car; **das Unternehmen verkündete, daß es einen Auftrag über DM 25 Mio. für die Lieferung von Bussen und LKWs bekommen hätte** = the company announced that it had won a contract worth DM 25m to supply buses and trucks; **wir stellen fest, daß diese Artikel schwer zu bekommen sind** = we find these items very difficult to obtain

bekunden *vt* to declare; **Interesse bekunden** = to declare an interest

beladen 1 *vt* to load; **einen Lastwagen** *oder* **ein Schiff beladen** = to load a lorry *oder* a ship **2** *adj* laden; **ein mit Eisen beladenes Schiff** = a ship loaded with iron; **ein mit Kisten beladener Lastwagen** = a truck loaded with boxes; **ein mit Massengut beladenes Schiff** = a ship laden in bulk; **ein voll beladenes Schiff** = a fully-loaded ship *oder* fully-laden ship

belangen *vt* **gerichtlich belangen** = to sue

belanglos *adj* petty

belasten *vt* **(a)** to burden; **mit Schulden belastet sein** = to be burdened with debt **(b)** to charge; **ein Konto belasten** = to debit an account; **sein Konto wurde mit DM 75 belastet** = his account was debited with the sum of DM 75

◇ **Belastung** *f* **(a)** burden *oder* strain *oder* drain; **die Kosten der Londoner Geschäftsstelle stellen eine ständige Belastung unserer Ressourcen dar** = the costs of the London office are a continual drain on our resources **(b)** charge *oder* debit entry; **es erscheint als Belastung auf den Konten** = it appears as a charge on the accounts; *(Konkursverfahren)* **vorrangige Belastung** = prior charge

◇ **Belastungsanzeige** *f* debit note; **wir haben Herrn Schmidt zu wenig berechnet und mußten ihm eine Belastungsanzeige über den Fehlbetrag schicken** = we undercharged Mr Schmidt and had to send him a debit note for the extra amount

belaufen *vr* **sich belaufen auf** = to add up to *oder* to amount to *oder* to run (in)to *oder* to total; **der Gesamtaufwand beläuft sich auf über DM 3.000** = the total expenditure adds up to more than DM 3,000; **er hat ein Einkommen, das sich auf eine sechsstellige Zahl beläuft** = he has an income running into six figures; **ihre Schulden belaufen sich auf über DM 3 Mio.** = their debts amount to over DM 3m

> das Gesamtvolumen der Atommüllversenkungen beläuft sich bei den von der Murmansker Reederei organisierten Fahrten auf etwa 2000 Kubikmeter
> ***Russischer Kurier***

beleben *vt* to revive *oder* to stimulate; **den Handel mit dem Mittleren Osten beleben** = to stimulate trade with the Middle East

◇ **Belebung** *f* upturn; **die Regierung führt Maßnahmen zur Belebung des Handels ein** = the government is introducing measures to revive trade; **eine Belebung des Markts** = an upturn in the market; **eine wirtschaftliche Belebung** = an upturn in the economy

> treffen die Vorhersagen der Pariser Behörde zu, wird dieser moderate Konjunkturaufschwung auch zu keiner neuen Belebung der Inflation führen
> *Neue Zürcher Zeitung*

Beleg *m* receipt *oder* slip *oder* voucher

belegen *vt* **(a)** to occupy; **alle Zimmer in dem Hotel sind belegt** = all the rooms in the hotel are occupied; **das Unternehmen belegt drei Stockwerke eines Bürogebäudes** = the company occupies three floors of an office block **(b)** to impose; **der Zoll hat Luxusgüter mit einer Steuererhebung von 10% belegt** = the customs have imposed a 10% tax increase on luxury items; **die Regierung belegte Öl mit einer Sondersteuer** = the government imposed a special duty on oil

◇ **Belegung** *f* occupancy

Belegschaft *f* labour *oder (US)* labor *oder* labour force *oder* personnel *oder* staff *oder* workforce; **die Firmenleitung machte der Belegschaft ein erhöhtes Angebot** = the management has made an increased offer to the labour force; **unter der Belegschaft** = among the workforce *oder* on the shop floor; **die Belegschaft hat das Gefühl, daß der Manager nichts von seiner Arbeit versteht** = the feeling on the shop floor is that the manager does not know his job

◇ **Belegschaftsmitglied** *n* **ein Belegschaftsmitglied sein** = to be a staff member

◇ **Belegschaftsvertretung** *f* worker representation

Beleidigung *f* insult *oder* defamation; **(schriftlich geäußerte) Beleidigung** = libel

beleihen *vt* to lend money (on security)

◇ **Beleihung** *f* lending

◇ **Beleihungsgrenze** *f* lending limit *oder* credit limit

Belgien *n* Belgium

◇ **Belgier/-in** *mf* Belgian

◇ **belgisch** *adj* Belgian

(NOTE: Hauptstadt: **Brüssel** = Brussels; Währung: **belgischer Franc** = Belgian franc)

beliebig *adj* discretionary

beliebt *adj* popular; **das Mittelmeer ist das beliebteste Urlaubsgebiet** = the Mediterranean is the most popular area for holidays; **dies ist unser beliebtestes Modell** = this is our most popular model

beliefern *vt* to supply *oder* to furnish; **wir beliefern die Fa. Sperzel & Co. nicht mehr** = we have stopped supplying Sperzel & Co.

bemannt *adj* manned

◇ **Bemannung** *f* manning

bemessen *vt* to assess; **die Leistung der Regierung bemessen** = to measure the government's performance

◇ **Bemessung** *f* assessment

◇ **Bemessungsgrundlage** *f* basis of assessment

bemühen *vr* **sich bemühen** = to attempt *oder* to try (hard); **wenn wir uns noch einmal bemühen, müßten wir den Auftragsrückstand aufholen** = if we make one more effort, we should clear the backlog of orders; **sich um Aufträge bemühen** = to solicit orders

◇ **Bemühung** *f* attempt *oder* effort

benachrichtigen *vt* to inform

◇ **Benachrichtigung** *f* notification

Benachteiligung *f* prejudice

Benin *n* Benin

◇ **Beniner/-in** *mf* Beninois

◇ **beninisch** *adj* Beninois

(NOTE: Hauptstadt: **Porto Novo** ; Währung: **CFA-Franc** *m* = CFA franc)

benötigen *vt* to require *oder* to take; **sechs Mann und ein Kran wurden benötigt, um den Computer ins Büro zu schaffen** = it took six men and a crane to get the computer into the office

benutzen *vt* to use *oder* to utilize *oder* to make use of; **der Fotokopierer wird die ganze Zeit benutzt** = the photocopier is being used all the time; **benutzen Sie den Fotokopierer jeweils nicht länger als vier Stunden** = do not run the photocopier for more than four hours at a time; **wir versuchen, sechs nicht benutzte Schreibmaschinen zu verkaufen** = we are trying to sell off six unused typewriters

◇ **Benutzer/-in** *mf* user

◇ **benutzerfreundlich** *adj* user-friendly; **benutzerfreundlicher Computer** = user-friendly computer; **diese Programme sind wirklich benutzerfreundlich** = these programs are really user-friendly

◇ **Benutzerfreundlichkeit** *f* user-friendliness

◇ **Benutzerhandbuch** *n* operating manual *oder* user's handbook

◇ **Benutzerhinweise** *mpl* directions for use

◇ **Benutzeroberfläche** *f* user interface

◇ **Benutzung** *f* use *oder* utilization

◇ **Benutzungsgebühr** *f* **(a)** charge *oder* hire charge **(b)** *(Straßenverkehr)* toll

Benzin *m* petrol *oder (US)* gasoline *oder* gas

◇ **Benzinpreis** *m* petrol price; **der Benzinpreis ist gestiegen** = the price of petrol has increased

◇ **Benzinverbrauch** *m* petrol consumption; **wir suchen einen Wagen mit geringem Benzinverbrauch** = we are looking for a car with a low petrol consumption

bequem *adj* convenient; **ein Bankscheck ist eine bequeme Art, Geld ins Ausland zu schicken** = a bank draft is a convenient way of sending money abroad

beraten *vt* to advise; **sich rechtlich beraten lassen** = to take legal advice

◇ **beratend** *adj* advisory *oder* consulting; **er hat eine beratende Funktion** = he is acting in an advisory capacity

◇ **Berater/-in** *mf* adviser *oder* advisor *oder* consultant; **technische(r) Berater/-in** = engineering consultant

◇ **Beraterhonorar** *n* consultant's fee

◇ **Beratung** *f* consultancy

◇ **Beratungsfirma** *f* consultancy firm

◇ **Beratungsgremium** *n* advisory board

◇ **Beratungsingenieur/-in** *mf* consulting engineer

◇ **Beratungsservice** *m* consultancy service; **er bietet einen Beratungsservice an** = he offers a consultancy service

berechenbar *adj* calculable *oder* computable

berechnen *vt* **(a)** to bill *oder* to charge; **Bedienung wird nicht extra berechnet** = there is no charge for service *oder* no charge is made for service; **zu berechnen** chargeable; **zu viel berechnen** = to overcharge; **wir haben eine Rückerstattung verlangt, weil uns zu viel berechnet wurde** = we asked for a refund because we had been overcharged; **sie berechneten uns zu viel für Verpackung** = they overcharged us for packaging; **zu wenig berechnen** = to undercharge; **er berechnete uns DM 25 zu wenig** = he undercharged us by DM 25 **(b)** to calculate *oder* to evaluate *oder* to reckon *oder* to work out; **die Kosten auf DM 55.000 berechnen** = to reckon the costs at DM 55,000; **wir berechnen den Verlust auf über DM 1 Mio.** = we reckon the loss to be over DM 1 million; **falsch berechnen** = to miscalculate; **der Verkäufer berechnete den Rabatt falsch, so daß sich das Geschäft kaum lohnte** = the salesman miscalculated the discount, so we hardly broke even on the deal; **10% für Verpackung berechnen** = to allow 10% for packing

◇ **Berechnung** *f* calculation *oder* computation *oder* evaluation; **nach meinen Berechnungen, haben wir noch einen Warenbestand für sechs Monate** = according to my calculations, we have six months' stock left; **grobe Berechnung** = rough calculation

◇ **Berechnungsfehler** *m* computational error

berechtigen *vt* to entitle

◇ **berechtigt** *adj* entitled *oder* eligible; **berechtigt sein zu** = to be entitled to *oder* to qualify for

◇ **Berechtigung** *f* entitlement *oder* eligibility *oder* right; **der Vorsitzende bezweifelte ihre Berechtigung, sich der Wiederwahl zu stellen** = the chairman questioned her eligibility to stand for re-election

Bereich *m* **(a)** area *oder* sector *oder* sphere; **alle Bereiche der Wirtschaft litten unter dem sinkenden Wechselkurs** = all sectors of the economy suffered from the fall in the exchange rate **(b)** range *oder* bounds; **im Bereich des Möglichen** = within the bounds of possibility *(cf* AKTIVITÄTENBEREICH)

◇ **Bereichsleiter/-in** *mf* divisional director

◇ **Bereichszentrale** *f* divisional headquarters

bereinigen *vt* **(a)** to clear up *oder* to resolve *oder* to settle; **einen Streitfall bereinigen** = to settle a dispute **(b)** to adjust *oder* to correct *oder* to rectify; **die Kosten bereinigen** = to adjust costs

◇ **bereinigt** *adj* **(a)** cleared up *oder* resolved *oder* settled; **die Sache ist bereinigt** = the matter is settled **(b)** adjusted *oder* corrected *oder* rectified; **saisonal bereinigt** = seasonally adjusted *(siehe auch* INFLATIONSBEREINIGT)

◇ **Bereinigung** *f* **(a)** clearing up *oder* resolving *oder* settlement **(b)** adjustment *oder* correction *oder* rectification; *(Börse)* **technische Bereinigung** = closing of an open position

bereisen *vt* to travel; **er bereist den Norden des Landes für eine Versicherungsgesellschaft** = he travels in the north of the country for an insurance company

bereit *adj* **(a)** ready *oder* prepared; **der Auftrag ist nächste Woche zur Auslieferung bereit** = the order will be ready for delivery next week **(b)** ready *oder* willing; **sich bereit erklären, etwas zu tun** = to agree to do something; **sie erklärte sich bereit, den Vorsitz zu übernehmen** = she agreed to be chairman; **wird der Leiter der Finanzabteilung sich bereit erklären zurückzutreten?** = will the finance director agree to resign?

bereitstellen *vt* to appropriate *oder* to earmark *oder* to provide; **DM 75.000 sind für uneinbringliche Forderungen bereitgestellt** = DM 75,000 is provided against bad debts; **Gelder für ein Investitionsprojekt bereitstellen** = to appropriate a sum of money for a capital project; **Geldmittel, die für Investitionen in Kleinbetriebe bereitgestellt werden** = funds earmarked for investment in small businesses

◇ **Bereitstellung** *f* appropriation; **Bereitstellung von Mitteln für die Rücklagen** = appropriation of funds to the reserve

◇ **Bereitstellungskonto** *n* appropriation account

◇ **Bereitstellungsprovision** *f* arrangement fee

Berg *m* mountain; **auf dem Schreibtisch des Vertriebsleiters liegt ein Berg von Rechnungen** = there is a mountain of invoices on the sales manager's desk; **ich habe Berge von Schreibarbeiten zu erledigen** = I have mountains of typing to do

◇ **Bergbau** *m* (the) mining industry

◇ **Bergbaukonzession** *f* mining concession

Bergelohn *m* salvage money

◇ **bergen** *vt* to salvage

◇ **Bergung** *f* salvage

◇ **Bergungsarbeit** *f* salvage work

◇ **Bergungsgut** *n* salvage(d goods); **wir verkaufen ein mit Bergungsgut gefülltes Lager** = we are selling off a warehouse full of salvaged goods

◇ **Bergungsschiff** *n* salvage vessel

> für Mariner und Museumsleute sind die Bergungsarbeiten unter Wasser ein Wettlauf mit der Zeit
>
> ***Focus***

Bergwerk *n* mine; **die Bergwerke wurden durch den Streik geschlossen** = the mines have been closed by the strike

Bericht *m* **(a)** report; **einen Bericht erstatten** *oder* **vorlegen** *oder* **schicken** = to make *oder* to present *oder* to send in a report; **einen Bericht erstellen** *oder* **abfassen** = to draft a report; **(dienstlicher) Bericht**

= official return; **vertraulicher Bericht** = confidential report; **Bericht über den Stand einer Angelegenheit** = progress report; **der Bericht des Schatzmeisters** = the treasurer's report; **der Vertriebsleiter liest alle Berichte des Verkaufsteams** = the sales manager reads all the reports from the sales team; **der Vorsitzende erhielt einen Bericht der Versicherungsgesellschaft** = the chairman has received a report from the insurance company; **die Regierung gab einen Bericht über die Kreditprobleme von Exporteuren heraus** = the government has issued a report on the credit problems of exporters **(b)** *(Gerücht)* report; **können Sie den Bericht bestätigen, daß das Unternehmen beabsichtigt, die Fabrik zu schließen?** = can you confirm the report that the company is planning to close the factory?

◇ **berichten** *vt* to report; **er berichtete, daß er den wegen Krankheit Fehlenden in einem Geschäft gesehen habe** = he reported seeing the absentee in a shop

berichtigen *vt* to amend *oder* to rectify

◇ **Berichtigung** *f* correction *oder* rectification

berücksichtigen *vt* to allow for *oder* to take into account *oder* consideration; **Anzahlungen berücksichtigen** = to allow for money paid in advance; **die Inflation berücksichtigen** = to take account of inflation *oder* to take inflation into account

◇ **Berücksichtigung** *f* account *oder* consideration; **in Berücksichtigung der Vor- und Nachteile** = in considering the pros and cons

Beruf *m* career *oder* profession *oder* occupation; **was ist sie von Beruf?** = what is her occupation?; **der geschäftsführende Direktor ist Buchhalter von Beruf** = the managing director is an accountant by profession

◇ **berufen** *vt* to appoint; **jdn auf eine Stelle berufen** = to nominate someone to a post

◇ **beruflich** *adj* occupational *oder* professional; **berufliche Qualifikationen** = professional qualifications

◇ **Berufsausbildung** *f* vocational training

◇ **Berufsaussichten** *fpl* career prospects; **er hat gute Berufsaussichten** = his job prospects are good

◇ **Berufsberatung** *f* vocational guidance

◇ **Berufsbezeichnung** *f* job title; **ihre Berufsbezeichnung ist ‚Haupteinkäuferin'** = her job title is 'Chief Buyer'

◇ **Berufsklassifikation** *f* job classification

◇ **Berufskrankheit** *f* occupational disease

◇ **Berufsrisiken** *npl* occupational hazards; **Herzinfarkt ist eins der Berufsrisiken von Direktoren** = heart attacks are one of the occupational hazards of directors

◇ **Berufsschäden** *mpl* industrial injuries

◇ **Berufsstand** *m* profession

◇ **berufstätig** *adj* working

◇ **Berufstätige(r)** *mf* worker

◇ **Berufsverband** *m* trade association

◇ **Berufszugehörigkeit** *f* job classification

◇ **Berufung** *f* **(a)** vocation; **er folgte seiner Berufung und wurde Buchhalter** = he followed his vocation and became an accountant **(b)** appointment; **ihre Berufung in den Vorstand** = her appointment to the board; **seine Berufung annehmen** = to take up one's appointment **(c)** *(jur)* appeal; **er verlor seine Schadenersatzklage gegen das Unternehmen in der Berufung** = he lost his appeal for damages against the company; **sie gewann den Prozeß in der Berufung** = she won her case on appeal; **Berufung einlegen** = to appeal

beruhigen *vt* to reassure; **die Märkte wurden durch die Erklärung der Regierung zu Einfuhrkontrollen beruhigt** = the markets were reassured by the government statement on import controls

◇ **Beruhigung** *f* reassurance

berühmt *adj* famous; **das Unternehmen besitzt ein berühmtes Kaufhaus im Zentrum Londons** = the company owns a famous department store in the centre of London

Besatzung *f* crew; **das Schiff hat 250 Mann Besatzung** = the ship carries a crew of 250

beschädigen *vt* to (cause) damage; **der Sturm beschädigte die Fracht** = the storm damaged the cargo; **die Hälfte der Warensendung war durch Wasser beschädigt** = half the shipment was spoiled by water; **durch Wasser beschädigte Warenbestände** = stock which has been damaged by water; **auf dem Transport beschädigte Waren** = goods damaged in transit

◇ **Beschädigung** *f* damage

beschaffen *vt* to procure *oder* to raise; **woher wird er das Geld beschaffen, um sein Geschäft zu gründen?** = where will he raise the money from to start up his business?; **das Unternehmen versucht, das Kapital zur Finanzierung seines Expansionsprogramms zu beschaffen** = the company is trying to raise the capital to fund its expansion programme

◇ **Beschaffenheit** *f* condition *oder* state; **von äußerlich guter Beschaffenheit** = in apparently good condition; **je nach Beschaffenheit der Lage** = depending on *oder* according to the situation

◇ **Beschaffung** *f* procuring *oder* obtaining *oder* purchasing; **Beschaffung von Kapital** = raising capital

◇ **Beschaffungskosten** *pl* procurement costs *oder* purchasing costs

◇ **Beschaffungswert** *m* acquisition value

beschäftigen *vt* to employ; **zwanzig Angestellte beschäftigen** = to employ twenty staff

◇ **beschäftigt** *adj* **(a)** busy; **der Geschäftsführer ist im Moment beschäftigt, wird aber in etwa 15 Minuten Zeit haben** = the manager is busy at the moment, but he will be free in about fifteen minutes; **er ist im Moment sehr beschäftigt** = he is rather tied up at the moment; **er ist mit der Erstellung des Jahresabschlusses beschäftigt** = he is busy preparing the annual accounts **(b)** employed; **beschäftigt sein mit** = to be engaged in; **er ist mit der Arbeit an Computern beschäftigt** = he is engaged in work on computers; **ganztägig beschäftigt sein** = to be in full-time employment

◇ **Beschäftigung** *f* employment

◇ **Beschäftigungsdauer** *f* length of service *oder* employment

◇ **Beschäftigungsmöglichkeiten** *fpl* employment opportunities *oder* job opportunities; **die Zunahme der Exportaufträge hat hunderte von Beschäftigungsmöglichkeiten geschaffen** = the increase in export orders has created hundreds of job opportunities

◇ **Beschäftigungsprogramm** *n* job creation scheme

Bescheid *m* **(a)** answer; **abschlägiger Bescheid** = negative answer *oder* refusal **(b)** note *oder* notice; **jdm einen Bescheid zustellen** = to serve notice on someone

bescheinigen *vt* to certify; **ich bescheinige, daß dies eine getreue Kopie ist** = I certify that this is a true copy

◇ **Bescheinigung** *f* certificate; **ärztliche Bescheinigung** = doctor's certificate

beschlagnahmen *vt* to impound *oder* to seize; **der Zoll beschlagnahmte die gesamte Fracht** = the customs impounded the whole cargo

◇ **Beschlagnahmung** *f* seizure *oder* impounding

> der Zoll in Hannover hat neun für Serbien bestimmte Kleinbusse aus Dänemark beschlagnahmt
>
> ***Neues Deutschland***

beschleunigen *vt* to hurry (up) *oder* to speed up; **können Sie den Auftrag beschleunigen?** = can you hurry up that order?

◇ **beschleunigt** *adj* accelerated; **beschleunigte Abschreibung** = accelerated depreciation

> dabei hat die tschechische Regierung die Scheidung von den Slowaken auch darum so energisch betrieben, weil sie den eigenen Weg in die Europäische Gemeinschaft beschleunigen wollte
>
> ***Wirtschaftswoche***
>
> ein russischer Millionär aus St.Petersburg ist der Meinung, daß Schmiergeld heute der sicherste Weg ist, in Rußland etwas zu erreichen oder zu beschleunigen
>
> ***Russischer Kurier***

beschließen *vt* **(a)** to decide *oder* to resolve; **die Sitzungsteilnehmer beschlossen, die Fabrik zu schließen** = the meeting voted to close the factory; **die Versammlung beschloß, daß keine Dividende ausgeschüttet werden sollte** = the meeting resolved that a dividend should not be paid **(b)** to declare; **eine Dividendenerhöhung von 10% beschließen** = to declare a dividend increase of 10% **(c)** to fix; **ein Budget beschließen** = to fix a budget **(d)** *(jur)* to rule *oder* to order

◇ **Beschluß** *m* **(a)** decision *oder* resolution *oder* vote; **die Versammlung nahm den Beschluß, in den Streik zu treten, an** = the meeting passed *oder* carried *oder* adopted a resolution to go on strike; **die Versammlung lehnte den Beschluß mit zehn zu zwanzig Stimmen ab** *oder* **der Beschluß wurde mit zehn zu zwanzig Stimmen abgelehnt** = the meeting rejected the resolution *oder* the resolution was defeated by ten votes to twenty; **einen Beschluß fassen** = to resolve **(b)** *(jur)* adjudication *oder* decree

◇ **beschlußfähig** *adj* **beschlußfähige Anzahl** = quorum; **beschlußfähig sein** = to have a quorum; **sind wir beschlußfähig?** = do we have a quorum?

◇ **Beschlußfähigkeit** *f* quorum

◇ **Beschlußfassung** *f* decision making

◇ **beschlußunfähig** *adj* **beschlußunfähig sein** = not to have a quorum

beschränken *vt* to check *oder* to restrict *oder* to limit; **der Vertrag beschränkt die Anzahl von Kraftfahrzeugen, die eingeführt werden dürfen** = the contract imposes limitations on the number of cars which can be imported; **durch die Größe unseres Büros müssen wir uns auf zwanzig Mitarbeiter beschränken** = we are restricted to twenty staff by the size of our offices; **Einfuhren** *oder* **den Handelsverkehr beschränken** = to restrict *oder* to put a check on imports *oder* the flow of trade; **Kredite beschränken** = to squeeze credit

◇ **beschränkend** *adj* limiting

◇ **beschränkt** *adj* limited *oder* restricted; **Gesellschaft mit beschränkter Haftung (GmbH)** = limited liability company (Ltd); **Waren auf einem beschränkten Markt absetzen** = to sell into a restricted market

◇ **Beschränkung** *f* limitation *oder* restraint *oder* restriction; **die Regierung hat Beschränkungen im freien Devisenverkehr eingeführt** = the government has imposed exchange controls

beschreiben *vt* to describe

◇ **Beschreibung** *f* specification *oder* description

beschreiten *vt* to take *oder* to follow; **beschließen, den Rechtsweg zu beschreiten** = to decide to have recourse to the courts

beschriften *vt* to mark *oder* to label; **ein Produkt ‚nur für den Export' beschriften** = to mark a product 'for export only'; **falsch beschriftetes Paket** = incorrectly labelled parcel

beschuldigen *vt* to accuse *oder* to blame; **er wurde der Werkspionage beschuldigt** = he was accused of industrial espionage; **sie wurde beschuldigt, aus der Portokasse gestohlen zu haben** = she was accused of stealing from the petty cash box

Beschwerde *f* **(a)** complaint *oder* grievance; **bei Beschwerden immer das Geschäftszeichen angeben** = when making a complaint, always quote the reference number; **gegen jdn Beschwerde führen** = to make *oder* to lodge a complaint against someone; **seine Beschwerden vorbringen** = to air one's grievances **(b)** *(jur)* appeal; **Beschwerde einlegen** = to appeal

◇ **Beschwerdebrief** *m* letter of complaint; **sie schickte ihren Beschwerdebrief an den geschäftsführenden Direktor** = she sent her letter of complaint to the managing director

◇ **Beschwerdeweg** *m* complaints *oder* grievance procedure; **die Gewerkschaft hat den korrekten Beschwerdeweg eingehalten** = the trade union has followed the correct complaints procedure

◇ **beschweren** *vr* **sich beschweren** = to complain; **im Büro ist es so kalt, daß sich das Personal bereits beschwert hat** = the office is so cold the staff have started complaining; **sie beschwerte sich über den Service** = she complained about the service; **wenn Sie sich beschweren wollen, schreiben Sie an den Geschäftsführer** = if you want to complain, write to the manager

◇ **beschwerlich** *adj* onerous

beseitigen *vt* to dispose of *oder* to eliminate; **durch den Einsatz eines Computers sollten alle Fehlermöglichkeiten beseitigt werden** = using a computer should eliminate all possibility of error; **Mängel im System beseitigen** = to eliminate defects in the system

besetzen *vt* **(a) (mit Personal) besetzen** = to staff *oder* to man; **eine Schicht besetzen** = to man a shift; **eine Messe mit Personal besetzen** = to man an exhibition; **der Messestand war mit drei Verkäuferinnen besetzt** = the exhibition stand was manned by three salesgirls; **mit ausgbildeten Teilzeitbeschäftigten besetzt sein** = to be staffed with skilled part-timers **(b) eine Stelle besetzen** = to fill a post *oder* a vacancy; **Ihre Bewerbung kam zu spät - die Stelle ist schon besetzt** = your application arrived too late - the post has already been filled

◊ **besetzt** *adj* **(a)** *(Telefon)* engaged; **die Leitung ist besetzt** the (telephone) line is busy; **ich habe versucht, die Reklamationsabteilung anzurufen, aber es war immer besetzt** = I tried to phone the complaints department but got only the engaged tone; **Sie können den Geschäftsführer nicht sprechen - sein Anschluß ist besetzt** = you cannot speak to the manager - his line is engaged **(b)** manned; **der Stand war mit unserem Verkaufspersonal besetzt** = the stand was manned by our sales staff; **die Telefonzentrale ist rund um die Uhr besetzt** = the switchboard is manned twenty-four hours a day

◊ **Besetztzeichen** *n* engaged tone

◊ **Besetzung** *f* manning

Besitz *m* **(a)** *(das Besitzen)* possession; **die Unterlagen befinden sich in seinem Besitz** = the documents are in his possession; **wieder in Besitz nehmen** = to repossess **(b)** *(Eigentum)* possessions; **sie verloren bei dem Brand ihren gesamten Besitz** = they lost all their possessions in the fire

◊ **Besitzanspruch** *m* claim of ownership *oder (jur)* title; **einen Besitzanspruch auf etwas haben** = to have a claim to something

◊ **besitzen** *vt* to own *oder* to possess; **das Unternehmen besitzt Immobilien im Stadtzentrum** = the company possesses property in the centre of the town; **er verlor beim Zusammenbruch seines Unternehmens alles, was er besaß** = he lost all he possessed in the collapse of his company; **er besitzt 50% der Aktien** = he owns 50% of the shares; **er besitzt DM 20 Mio.** = he is worth DM 20m

◊ **Besitzer/-in** *mf* **(a)** owner *oder* possessor *oder* proprietor/proprietress; **den Besitzer wechseln** = to change hands; **das Geschäft wechselte den Besitzer für DM 300.000** = the shop changed hands for DM 300,000 **(b)** *(von Führerschein)* holder

◊ **Besitztitel** *m* *(jur)* possessory title

◊ **Besitztum** *n* possession *oder* property *oder* estate

Besoldung *f (eines Beamten, Soldaten)* salary *oder* pay *(especially of a civil servant, soldier)*

◊ **Besoldungsgruppe** *oder* **Besoldungsstufe** *f* salary bracket

besondere(r,s) *adj* special *oder* particular; **besondere Havarie** = particular average

◊ **besonders** *adv* in particular

besorgen *vt* to get (hold of) *oder* to take care of *oder* to fix up with; **können Sie mir für morgen nacht ein Zimmer besorgen?** = can you fix me up with a room for tomorrow night?; **meine Sekretärin besorgte mir am Flughafen ein Auto** = my secretary fixed me up with a car at the airport

◊ **Besorgnis** *f* concern; **der Verleger konnte die Besorgnisse der Bank zerstreuen** = the publisher was able to dispel the bank's concerns

besprechen *vt* **(a)** to discuss; **wir besprachen die Lieferpläne mit unseren Lieferanten** = we discussed delivery schedules with our suppliers; **der Vorstand wird auf der nächsten Sitzung Lohnerhöhungen besprechen** = the board will discuss wage rises at its next meeting; **sie verbrachten zwei Stunden damit, die Einzelheiten des Vertrags zu besprechen** = they spent two hours discussing the details of the contract **(b)** *vr* **sich mit jdm besprechen** = to confer with somebody *oder* to consult (with) somebody; **er besprach sich mit seinem Steuerberater wegen seiner Steuern** = he consulted his accountant about his tax

◊ **Besprechung** *f* **(a)** conference *oder* meeting *oder* session; **die morgendliche Besprechung wird im Konferenzraum abgehalten** = the morning session will be held in the conference room; **sich in einer Besprechung befinden** = to be in conference **(b)** discussion; **die Besprechungen mit unseren Lieferanten dauerten den ganzen Tag** = we spent the whole day in discussions with our suppliers

◊ **Besprechungszimmer** *n* conference room

besser *adj* better *oder* superior; **wir werden uns umsehen, um vielleicht einen besseren Preis zu bekommen** = we will shop around to see if we can get a better price; **die Ergebnisse dieses Jahres sind besser als die des Vorjahres** = this year's results are better than last year's; **ihr Absatz ist höher wegen ihres besseren Vertriebsservice** = their sales are higher because of their superior distribution service; **die Geschäfte gehen langsam wieder besser** = business *oder* trade is picking up

◊ **Besserung** *f* improvement

Bestallungsurkunde *f* **Bestallungsurkunde zum Nachlaßverwalter** = letters of administration

Bestand *m* stock(s) *oder* store(s) *oder* supply *oder* supplies; **den Bestand aufnehmen** = to inventory; **hohe Bestände halten** = to carry a high inventory; **zu hohe Bestände haben** = to overstock

◊ **Bestandsabbau** *m* destocking

◊ **Bestandsabschreibung** *f* inventory writedown

◊ **Bestandsauffüllung** *f* restocking

◊ **Bestandsaufnahme** *f* stocktaking

◊ **Bestandsbewertung** *f* stock valuation

◊ **Bestandskontrolle** *f* stock *oder* inventory control

◊ **Bestandsliste** *f* stocklist

◊ **Bestandsprüfung** *f* inventory audit

Bestandteil *m* component *oder* element; **die Bestandteile einer Regelung** = the elements of a settlement

beständig *adj* firm *oder* stable

◇ **Beständigkeit** *f* firmness *oder* permanency *oder* stability *oder* steadiness

bestätigen *vt* **(a)** to acknowledge *oder* to confirm; **er hat immer noch nicht den Empfang meines Briefs vom 24. bestätigt** = he has still not acknowledged my letter of the 24th; **wir bestätigen den Empfang Ihres Briefes vom 14. Juni** = we acknowledge receipt of your letter of June 14th; **schriftlich bestätigen** = to confirm by letter; **eine Hotelreservierung** *oder* **ein Ticket** *oder* **eine Vereinbarung** *oder* **eine Buchung bestätigen** = to confirm a hotel reservation *oder* a ticket *oder* an agreement *oder* a booking **(b)** to witness; **ich bestätige die Richtigkeit durch meine Unterschrift** = in witness whereof I sign my hand; **ein Dokument** *oder* **eine Unterschrift bestätigen** = to act as a witness to a document *oder* a signature; **eine Unterschrift bestätigen** = to witness a signature **(c)** to certify; **bestätigter Scheck** = certified cheque *oder (US)* certified check **(d)** to ratify; **ihre Ernennung muß vom Vorstand bestätigt werden** = her appointment has to be ratified by the board **(e)** to validate *oder* to check if correct *oder* to verify; **das Dokument wurde von der Bank bestätigt** = the document was validated by the bank **(f)** to sign for; **der Lagerhausleiter bestätigte den Empfang der Waren** = the warehouse manager signed for the goods; **er bestätigte den Wareneingang** = he signed the goods in; **er bestätigte den Warenausgang** = he signed the goods out

◇ **Bestätigung** *f* **(a)** *(eines Empfangs)* acknowledgement **(b)** *(Bescheinigung)* certificate **(c)** confirmation; **er erhielt von der Bank die Bestätigung, daß die Urkunden hinterlegt worden seien** = he received confirmation from the bank that the deeds had been deposited **(d)** *(eines Vertrages)* ratification **(e)** validation *oder* verification; **eine amtliche Bestätigung bekommen** = to receive official verification

◇ **Bestätigungsschreiben** *n* confirmation *oder* letter of acknowledgement

beste(r,s) **1** *adj* best; **1992 war das bisher beste Jahr des Unternehmens** = 1992 was the company's best year ever; **sein bester Preis ist immer noch höher als der der anderen Lieferanten** = his best price is still higher than all the other suppliers; **die Vertreter tun ihr bestes, aber der Warenbestand läßt sich einfach nicht zu dem Preis verkaufen** = the salesmen are doing their best, but the stock simply will not sell at that price **2** *mfn* **der/die/das Beste** = the best; **das Beste von allem** = the pick of the bunch *oder* group

bestechen *vt* to bribe; **wir mußten die Sekretärin des Ministers bestechen, bevor sie uns zu ihrem Chef vorließ** = we had to bribe the minister's secretary before she would let us see her boss

◇ **Bestechung** *f* bribery; **aktive Bestechung** = offering of bribes; **passive Bestechung** = taking of bribes; **der Minister wurde wegen passiver Bestechung entlassen** = the minister was dismissed for taking bribes

◇ **Bestechungsfonds** *m* slush fund

◇ **Bestechungsgeld** *n* bribe

> hochbezahlte Herzchirurgen sollen Bestechungsgelder in Millionenhöhe eingesteckt haben
>
> ***Die Zeit***

bestehen **1** *vt* to pass; **sie hat sämtliche Prüfungen bestanden und ist jetzt ausgebildete Buchhalterin** = she has passed all her exams and now is a qualified accountant; **der Prototyp bestand seinen ersten Test nicht** = the prototype failed its first test **2** *vi* **(a)** to exist *oder* to be in existence; **es ist ein junges Unternehmen - es besteht erst seit vier Jahren** = it is a young company - it has been established for only four years **(b)** **bestehen aus** = to consist of; **die Handelsdelegation besteht aus den Verkaufsleitern von zehn bedeutenden Unternehmen** = the trade mission consists of the sales directors of ten major companies **(c)** **auf etwas bestehen** = to insist on *oder* to hold out for something; **Sie sollten auf einer Lohnerhöhung von 10% bestehen** = you should hold out for a 10% pay rise

Bestellblock *m* pad of order forms

◇ **Bestellbuch** *n* order book

◇ **bestellen** *vt* **(a)** to order; **etwas bestellen** = to indent for *oder* to send away for *oder* to send off for something; **wir haben den neuen Katalog bestellt** = we sent away for *oder* sent off for the new catalogue; **die Abteilung hat einen neuen Computer bestellt** = the department has indented for a new computer; **sie bestellten einen neuen Mercedes für den geschäftsführenden Direktor** = they ordered a new Mercedes for the managing director; **zwanzig Aktenschränke zur Anlieferung an das Lager bestellen** = to order twenty filing cabinets to be delivered to the warehouse **(b)** to book; **seine Sekretärin bestellte das Flugticket telefonisch** = his secretary booked the flight (ticket) by telephone

◇ **Besteller** *m* customer

◇ **Bestellmenge** *f* order quantity

◇ **Bestellnummer** *f* order number

◇ **Bestellschein** *m* order form

◇ **bestellt** *adj* on order; **dieser Artikel ist nicht vorrätig, aber bestellt** = this item is out of stock, but is on order

◇ **Bestellung** *f* **(a)** order *oder* purchase order *oder* requisition; **Waren sind nur auf Bestellung erhältlich** = items available to order only; **wie lautet die Nummer Ihrer letzten Bestellung?** = what is the number of your latest requisition?; **seit wir den Katalog verschickt haben, hatten wir viele telefonische Bestellungen** = since we mailed the catalogue we have had a large number of telephone orders; **er gab eine Bestellung für einen neuen Kaffeevorrat (aus Übersee) auf** = he put in an indent for a new stock of coffee; **eine Bestellung ausführen** = to deal with an order; **eine Bestellung über zwanzig Aktenschränke ausliefern** = to supply an order for twenty filing cabinets; **eine Bestellung nachkommen** = to fulfil an order **(b)** booking *oder* reservation; **eine Bestellung annullieren** = to cancel a reservation

bestens *adv (Börse)* at the best price; **bestens verkaufen** = to sell at best

besteuern *vt* to tax; **die Regierung entschied, importierte Automobile zu besteuern** = the government has decided to levy a tax on imported cars; **Einkommen wird mit 25% besteuert** = income is taxed at 25%; **Fahrräder besteuern** = to impose a tax on bicycles; **Luxusartikel sind hoch besteuert** = luxury items are heavily taxed

◇ **Besteuerung** *f* taxation; **degressive Besteuerung** = degressive taxation; **gestaffelte Besteuerung** = graduated taxation; **(in)direkte Besteuerung** = (in)direct taxation; **der Staat nimmt mehr Geld durch indirekte als durch direkte Besteuerung ein** = the government raises more money by indirect taxation than by direct; **progressive Besteuerung** = progressive taxation; **regressive Besteuerung** = regressive taxation

bestimmen *vt* **(a)** to determine; **Preise** *oder* **Mengen bestimmen** = to determine prices *oder* quantities; **Preise werden durch Angebot und Nachfrage bestimmt** = prices are regulated by supply and demand **(b)** to provide for; **DM 30.000 wurden in dem Budget für Aufwendungen bestimmt** = DM 30,000 of expenses have been provided for in the budget **(c)** to intend *oder* to mean; **der Zuschuß ist für die Computer-System-Entwicklung bestimmt** = the grant is earmarked for computer systems development; **jdn zum Vorsitzenden bestimmen** = to choose *oder* to designate somebody as chairman **(d)** to rule *oder* to regulate *oder* to decree; **es wurde gesetzlich bestimmt** = it was decreed by law

◇ **bestimmt** *adj* certain *oder* particular; **eine bestimmte Anzahl** *oder* **Menge** = a certain number *oder* a certain quantity; **der Fotokopierer funktioniert nur mit einer bestimmten Papiersorte** = the photocopier only works with a particular type of paper

◇ **Bestimmung** *f* **(a)** determination *oder* fixing **(b)** provision **(c)** rule *oder* regulation

◇ **Bestimmungshafen** *m* port of destination; **das Schiff wird zehn Wochen brauchen, um an seinen Bestimmungshafen zu gelangen** = the ship will take ten weeks to reach its destination

◇ **Bestimmungsland** *n* country of destination

◇ **Bestimmungsort** *m* destination

bestmöglich *adv (Börse)* at the best price; **bestmöglich verkaufen** = to sell at best

bestrafen *vt* to penalize

Bestrebung *f* aim

bestreiken *vt* to be on strike against *oder* to black; **die Gewerkschaft bestreikte ein Transportunternehmen** = the union has blacked a trucking firm

◇ **bestreikt** *adj* strikebound

bestreiten *vt* **(a)** to pay *oder* to defray *oder* to meet; **die Reisekosten müssen Sie allein bestreiten** = you have to pay the travelling costs yourself **(b)** to dispute *oder* to contest *oder* to challenge; **der Beklagte bestritt die Forderung** = the defendant disputed the claim **(c)** to deny; **er bestritt, Gelder veruntreut zu haben** = he denied having misappropriated funds

Bestseller *m* best-seller

Besuch *m* call *oder* visit; **die Vertreter machen täglich sechs Besuche** = the salesmen make six calls a day; **ein Vertreter des Finanzamts stattete uns einen Besuch ab** = we had a visit from a tax inspector; *(Vertreter)* **unangemeldeter Besuch** = cold call

◇ **besuchen** *vt* to visit; **jdn besuchen** = to call on someone; **die Handelsdelegation besuchte das Handelsministerium** = the trade delegation visited the Ministry of Trade; **unsere Vertreter besuchen ihre besten Kunden zweimal im Monat** = our salesmen call on their best accounts twice a month

◇ **Besucher/-in** *mf* caller *oder* visitor; **der Vorsitzende zeigte den japanischen Besuchern die Fabrik** = the chairman showed the Japanese visitors round the factory

◇ **Besucherinformation** *f* visitors' bureau

◇ **Besuchshäufigkeit** *oder* **Besuchsrate** *f* call rate

beteiligen (a) *vt* **jdn an etwas beteiligen** = to give someone a share in something; **jdn an einem Geschäft beteiligen** = to cut someone in on a deal; **jdn mit 20% am Gewinn beteiligen** = to give someone a 20% share of the profits **(b)** *vr* **sich beteiligen** = to participate *oder* to take part *oder* to have a share; **sich an einem Geschäft beteiligen** = to have a share of a deal

◇ **beteiligt** *adj* **an etwas beteiligt sein** = to have a share in; **an Entscheidungen der Unternehmensleitung beteiligt sein** = to have a share in management decisions; **das Unternehmen ist am Handel mit Afrika beteiligt** = the company is engaged in trade with Africa

◇ **Beteiligte(r)** *mf* participant *oder* interested party

◇ **Beteiligung** *f* **(a)** participation *oder* involvement; **Beteiligung der Arbeitnehmer** = employee participation; **Beteiligung am Gewinn** = share of the profits; **seine Beteiligung an dem Geschäft ist nicht klar** = his involvement in the deal is not clear **(b)** holding *oder* shareholding *oder* stake *oder* interest; **Erträge aus Beteiligungen** = investment income; **Wertminderung von Beteiligungen** = dilution of shareholdings; **er verkaufte seine gesamten Beteiligungen im Fernen Osten** = he has sold all his holdings in the Far East; **das Unternehmen hat Beteiligungen an britischen Industrieunternehmen** = the company has holdings in British manufacturing companies; **er erwarb eine 25%ige Beteiligung an dem Geschäft** = he acquired a 25% stake in the business; **gegenseitige Beteiligungen** = cross holdings; **die beiden Unternehmen schützten sich durch ein System gegenseitiger Beteiligungen gegen eine Übernahme** = the two companies have protected themselves from takeover by a system of cross holdings; **seine Beteiligungen offenlegen** = to declare an interest

◇ **Beteiligungsgesellschaft** *f* associate(d) company; **die Fa. Sperzel GmbH und ihre Beteiligungsgesellschaft, Gebrüder Müller** = Sperzel Ltd and its associated company, Müller Brothers

◇ **Beteiligungskapital** *n* shareholders' equity

Betr. *abk* re *oder* Ref:; **Betr.: Schmidts gestrige Mitteilung** = re: Schmidt's memo of yesterday; **Betr.: Tagesordnung der**

Jahreshauptversammlung = re: the agenda for the AGM

Betracht *m* **in Betracht ziehen** = to take something into consideration *oder* account; **die Firma zieht Angebote für die leerstehende Fabrik in Betracht** = the company is open to offers for the empty factory

◇ **betrachten** *vt* to look at *oder* to consider *oder* to regard; **etwas langfristig betrachten** = to take the long view

◇ **beträchtlich 1** *adj* considerable *oder* substantial **2** *adv* considerably; **die Umsätze sind beträchtlich höher als im letzten Jahr** = sales are considerably higher than they were last year

Betrag *m* amount *oder* sum; **abgezogener Betrag** = amount deducted; **bezahlter Betrag** = amount paid; **zu zahlender Betrag** = amount owing; **sie erhielt den Betrag von DM 2.000 als Abfindung** = she received the sum of DM 2,000 in compensation; **wie hoch ist der ausstehende Betrag?** = what is the amount outstanding?; **ein in erstklassige Wertpapiere investierter geringer Betrag** = a small amount invested in gilt-edged stock; **der in den Geschäftsbüchern aufgeführte Betrag für Heizung ist sehr hoch** = the figure in the accounts for heating is very high; **die Bank unterstützt ihn mit einem Betrag in Höhe von DM 40.000** = the bank is backing him to the tune of DM 40,000; **die Beträge ermitteln** = to work out the figures

◇ **betragen** *vi* to amount to

betrauen *vt* to assign; **er wurde mit der Aufgabe betraut, die Verkaufszahlen zu überprüfen** = he was assigned the job of checking the sales figures

Betreff *m* **Betreff: Ihr Schreiben vom ...** re your letter of ...

◇ **betreffen** *vt* to apply to *oder* to affect *oder* to concern; **die neuen staatlichen Bestimmungen betreffen uns nicht** = the new goverment regulations do not affect us; **hinsichtlich, was ... betrifft** = with respect to

◇ **betreffend** *adj* regarding; **Anweisungen, Warensendungen nach Afrika betreffend** = instructions regarding the shipment of goods to Africa

◇ **betreffs** *prep* re

betreiben *vt* **(a)** *(Unternehmen)* to run *oder* to manage; **sie betreibt einen Direktversand von zu Hause aus** = she runs a mail-order business from home **(b)** *(Handel, Geschäft)* to pursue *oder* to be engaged in; **er betreibt Börsengeschäfte** = he deals on the Stock Exchange **(c)** *(Maschine)* to run *oder* to operate

betreten *vt* to enter; **sie standen alle auf, als der Vorsitzende den Raum betrat** = they all stood up when the chairman entered the room

Betrieb *m* **(a)** business *oder* establishment *oder* operation *oder* plant *oder* works; **einen neuen Betrieb gründen** = to set up a new plant; **sie schlossen sechs Betriebe im Norden des Landes** = they closed down six plants in the north of the country; **er besitzt einen kleinen Autoreparaturbetrieb** = he owns a small car repair business; **die Firma gab den Betrieb während der Rezession auf** = the firm went out of business during the recession **(b) im Betrieb** = on the shop floor **(c)** *(einer Maschine)* running *oder* operating; **in Betrieb** = going *oder* in operation *oder* in use; **in Betrieb gehen** = to come on stream; **außer Betrieb sein** = to be out of order; **eine Maschine in Betrieb nehmen** = to put a machine into service; **der Computer ist 24 Stunden am Tag in Betrieb** = the computer is in use twenty-four hours a day

◇ **betrieblich** *adj* operational; **betriebliche Aufwendungen** = operating expenses; **betriebliche Ausbildung** = on-the-job training *oder* industrial training; **betrieblicher Vertrauensmann** = shop steward

◇ **Betriebsaltersversorgung** *f* occupational pension scheme

◇ **Betriebsamkeit** *f* activity

◇ **Betriebsanalyse** *f* operations review

◇ **Betriebsangehörige(r)** *mf* employee

◇ **Betriebsarzt/-ärztin** *mf* company doctor

◇ **Betriebsausgaben** *pl* business expenses; **abzugsfähige Betriebsausgaben** = allowable expenses

◇ **Betriebsausrüstung** *f* business equipment

◇ **betriebsbereit** *adj* operational

◇ **betriebsblind** *adj* blind to the shortcomings of one's company

◇ **Betriebsblindheit** *f* operational blindness

◇ **Betriebsbudget** *n* operating *oder* operational budget

◇ **betriebsfähig** *adj* in working order *oder* ready for operation; **Maschine, die voll betriebsfähig ist** = machine (which is) in full working order

◇ **Betriebsferien** *pl* annual holiday *oder* works holiday

◇ **betriebsfremd** *adj* **(a)** *(Arbeitskraft)* not belonging to the company; **betriebsfremde Personen haben keine Zutritt** = company employees only **(b)** *(Aufwendungen)* not pertaining to the business

◇ **Betriebsgewinn** *m* trading *oder* operating profit

◇ **Betriebsingenieur/-in** *mf* production engineer

◇ **betriebsintern** *adj* inside a company *oder* internal *oder* in-house; **betriebsinterne(r) Revisor/-in** = internal auditor; **betriebsinterne Revision** = internal audit (department); **wir machen unsere gesamte Datenverarbeitung betriebsintern** = we do all our data processing in-house; **etwas betriebsintern regeln** = to settle something within the company

◇ **Betriebskapital** *n* circulating *oder* working capital

◇ **Betriebsklima** *n* atmosphere at work

◇ **Betriebskosten** *pl* operating *oder* operational *oder* running costs *oder* costs of running a business *oder* business *oder* general *oder* overhead *oder* running expenses

◇ **Betriebsleiter/-in** *mf* works manager; **er wurde zum Betriebsleiter ernannt** = he was appointed plant manager

◇ **Betriebsleitung** *f* (works *oder* plant) management

◇ **Betriebsmittel** *n* **(a)** means of production **(b)** working capital

◇ **Betriebspersonal** *n* in-house staff

◇ **Betriebsplanung** *f* operational planning

◇ **Betriebsrat** *m* worker representation on the board *oder* works committee *oder* works council

◇ **Betriebsrationalisierung** *f* **eine Ausstellung von Büromaschinen zur Betriebsrationalisierung** = a business efficiency exhibition

◇ **Betriebsrente** *f* occupational pension

◇ **Betriebsschließung** *f* shutdown

◇ **betriebssicher** *adj* safe (to operate)

◇ **Betriebsstörung** *f* breakdown

◇ **Betriebssystem** *n* operating system

◇ **Betriebsunfall** *m* industrial accident

◇ **Betriebsverein** *m* staff club

◇ **Betriebsverlust** *m* trading loss

◇ **Betriebsversammlung** *f* company meeting *oder* works assembly

◇ **Betriebsvorschrift** *f* company rule; **es ist eine Betriebsvorschrift, daß Rauchen in den Büros nicht gestattet ist** = it is a company rule that smoking is not allowed in the offices

◇ **Betriebswirt** *m* (business) management expert

◇ **Betriebswirtschaft** *f* business science *oder* management science; **Betriebswirtschaft studieren** = to study management; **ein Absolvent der Betriebswirtschaft** = a management graduate *oder* a graduate in management; **er hat einen Magister in Betriebswirtschaft** = he has a master's degree in business science

◇ **betriebswirtschaftlich** *adj* (related to) business management; **betriebswirtschaftliche Forschung** = operational research

◇ **Betriebszeitung** *f* house journal *oder* house magazine *oder (US)* house organ

Betrug *m* **(a)** deceit *oder* deception *oder (umg)* con *oder (US)* scam; **daß er versuchte, uns zehn Überstunden zu berechnen, war reiner Betrug** = trying to get us to pay him for ten hours' overtime was just a con **(b)** fraud; **er wurde des Betrugs in Zusammenhang mit Devisen beschuldigt** = he was accused of fraud relating to foreign currency; **durch Betrug Geld erlangen** = to obtain money by fraud; **er gelangte durch Betrug in den Besitz des Hauses** = he got possession of the property by fraud

◇ **betrügen** *vt* to cheat *oder* to defraud; **er betrog das Finanzamt um mehrere tausend Mark Einkommenssteuer** = he cheated the tax authorities out of thousands of marks in income tax; **sie wurde beschuldigt, Kunden zu betrügen, die kamen, um sie um Rat zu fragen** = she was accused of cheating clients who came to ask her for advice

◇ **Betrüger/-in** *mf* cheat *oder* fraud *oder* racketeer

◇ **Betrügerei** *f* deceit *oder* deception *oder* racketeering

◇ **betrügerisch** *adj* fraudulent; **er macht betrügerische Geschäfte mit Billigkarten** = he runs a cut-price ticket racket; **auf betrügerische Weise importierte Waren** = goods imported fraudulently

◇ **Betrugsdezernat** *n* fraud squad

beunruhigt *adj* unsettled

beurkunden *vt* **(a)** to authenticate *oder* to certify *oder* to verify **(b)** to register *oder* to record; **beurkundeter Vertrag** = contract under seal

beurlauben *vt* to give time off; **sie ist wegen Krankheit beurlaubt** = she is away on sick leave

◇ **Beurlaubung** *f* leave of absence; **er bat um Beurlaubung, um seine Mutter im Krankenhaus zu besuchen** = he asked for leave of absence to visit his mother in hospital

beurteilen *vt* to judge

◇ **Beurteilung** *f* judgement *oder* assessment

◇ **Beurteilungsgespräch** *n* appraisal interview

Bevölkerung *f* population; **Berlin hat eine Bevölkerung von über drei Millionen** = Berlin has a population of over three million; **die arbeitende Bevölkerung** = the working population; **nicht seßhafte Bevölkerung** = floating population

◇ **Bevölkerungsentwicklung** *f* population trends

◇ **Bevölkerungsstatistik** *f* population statistics

◇ **Bevölkerungswachstum** *n* population growth

bevollmächtigen *vt* to authorize *oder* to empower *oder* to delegate

◇ **bevollmächtigt** *adj* accredited *oder* authorized

◇ **Bevollmächtigte(r)** *mf* assignee *oder* attorney *oder* delegate *oder* proxy

◇ **Bevollmächtigung** *f* authorization

bevorrechtigt *adj* preferential *oder* preferred; **bevorrechtigter Konkursgläubiger** = preferential creditor

bevorzugen *vt* to favour *oder (US)* to favor *oder* to prefer

◇ **bevorzugt** *adj* **(a)** favourite *oder (US)* favorite; **diese Schokolademarke wird von Kindern bevorzugt** = this brand of chocolate is a favourite with the children's market **(b)** preferential; **bevorzugte Behandlung** = preferential treatment; **Tochtergesellschaften werden bevorzugt behandelt, wenn es um die Untervergabe von Aufträgen geht** = subsidiary companies get preferential treatment when it comes to subcontracting work

◇ **Bevorzugung** *f* preference; **die Bevorzugung kleiner Eckläden seitens der Kunden** = the customers' preference for small corner shops

bewältigen *vt* to cope with *oder* to manage; **die Probleme sind zu groß, um sie bewältigen zu können** = the problems are too large to be manageable; **zu bewältigen** = manageable; **Schwierigkeiten, die noch zu bewältigen sind** = difficulties which are still manageable

bewegen *vt* **(a)** to move **(b) sich langsam bewegen** = to drift *oder* to edge

◇ **Beweggründe** *mpl* rationale

◇ **beweglich** *adj* mobile *oder* moveable; **bewegliches Eigentum** = chattels; **bewegliches Privatvermögen** = personal assets *oder* personal effects *oder* personal property; **bewegliches Vermögen** = moveable property *oder* moveables

◇ **Beweglichkeit** *f* mobility

◇ **Bewegung** *f* motion *oder* movement; **Bewegung auf den Geldmärkten** = movement in the money markets; **der Warenabsatz kommt allmählich in Bewegung** = the stock is starting to move

Beweis *m* proof; **urkundlicher Beweis** = documentary evidence

◊ **beweisen** *vt* to prove

◊ **Beweislast** *f* burden of proof

bewerben *vr* **sich bewerben** = to apply; **sich persönlich bewerben** = to apply in person; **sich schriftlich bewerben** = to apply in writing; **sich um einen Auftrag bewerben** = to tender for a contract; **sich um eine Stelle bewerben** = to apply for a job; **er hat sich um die Stelle beworben** = he has applied for the job; **erneut bewerben** = to reapply; **als er sah, daß die Stelle immer noch nicht besetzt war, bewarb er sich erneut dafür** = when he saw that the job had still not been filled, he reapplied for it *oder* he applied for it again

◊ **Bewerber/-in** *mf* **(a)** candidate *oder* interviewee; **es gibt sechs Bewerber für den Posten des stellvertretenden Leiters** = there are six candidates for the post of assistant manager **(b)** bidder; **verschiedene Bewerber machten Angebote für das Haus** = several bidders made offers for the house

◊ **Bewerbung** *f* application *oder* tender *oder* bid; **eine erfolgreiche** *oder* **nicht erfolgreiche Bewerbung** = a successful tender *oder* an unsuccessful tender; **erneute Bewerbung** = reapplication

◊ **Bewerbungsformular** *n* application form; **Sie müssen ein Bewerbungsformular ausfüllen** = you have to fill in a job application form

◊ **Bewerbungsschreiben** *n* letter of application

bewerten *vt* to appraise *oder* to value; **die Leistung der Regierung bewerten** = to measure the government's performance; **der Einfluß des Dollars auf die europäische Wirtschaft kann nicht hoch genug bewertet werden** = the effect of the dollar on European business cannot be overrated; **neu bewerten** = to reassess *oder* to revalue; **der Besitz des Unternehmens wurde neu bewertet** = the company's properties have been revalued

◊ **Bewertung** *f* appraisal *oder* valuation; **Bewertung des Lagerbestandes** = stock valuation

◊ **Bewertungspreis** *m* valuation price; **ein Geschäft inklusive des Warenbestandes zum Bewertungspreis kaufen** = to buy a shop with stock at valuation

bewilligen *vt* **(a)** to allow *oder* to authorize *oder* to grant; **das Unternehmen bewilligt allen Angestellten, sechs Tage Weihnachtsurlaub zu nehmen** = the company allows all members of staff to take six days' holiday at Christmas; **sind Ihnen diese Ausgaben bewilligt worden?** = do you have authorization for this expenditure? **(b)** *(Geldmittel)* to appropriate

◊ **Bewilligung** *f* **(a)** permission **(b)** appropriation

bewirten *vt* to entertain

◊ **Bewirtung** *f* entertainment

◊ **Bewirtungsentschädigung** *f* entertainment allowance

◊ **Bewirtungskosten** *pl* entertainment expenses

bewirtschaften *vt* **(a)** to farm; **er bewirtschaftet 6070 Ar** = he farms 150 acres **(b)** *(Waren, Devisen)* to ration *oder* to control

bewohnen *vt* to occupy

◊ **Bewohnen** *n* occupancy

◊ **Bewohner/-in** *mf* occupant *oder* occupier *oder* resident; **Bewohner/-in des eigenen Hauses** = owner-occupier

bezahlen *vt* to pay; **DM 5.000 für ein Auto bezahlen** = to pay DM 5,000 for a car; **bar bezahlen** = to pay cash; **wieviel haben Sie für die Büroreinigung bezahlt?** = how much did you pay to have the office cleaned?; **die Belegschaft ist seit drei Wochen nicht bezahlt worden** = the workforce has not been paid for three weeks; **schließlich bezahlte er sechs Monate zu spät** = he finally paid up six months late; **er konnte seine Hypothekenraten nicht bezahlen** = he defaulted on *oder* was unable to meet his mortgage repayments; **eine Rechnung bezahlen** = to pay a bill *oder* an invoice; **der Direktor bezahlte die Rechnung** *oder* **Zeche für die Weihnachtsfeier der Abteilung** = the director footed the bill for the department's Christmas party; **der Schaden wurde von der Versicherung bezahlt** = the damage was covered by the insurance; **stundenweise bezahlt werden** = to be paid by the hour; **mit (einem) Scheck** *oder* **per Scheck bezahlen** = to pay by *oder* to remit by cheque; **voll** *oder* **ganz bezahlen** = to pay in full *oder* to pay up; **im voraus bezahlen** = to pay in advance *oder* to prepay; **wir mußten für die Installation des neuen Telefonsystems im voraus bezahlen** = we had to pay in advance to have the new telephone system installed; **einen Wechsel nicht bezahlen** = to dishonour a bill

◊ **bezahlt** *adj* paid; **bezahlte Rechnungen** = paid bills; **die Rechnung ist mit ‚bezahlt' beschriftet** = the invoice is marked 'paid'; **bezahlter Urlaub** = holidays with pay *oder* paid holidays; **voll bezahlte Aktien** = paid-up shares; *(Börse)* **bezahlt Brief (bB)** = more sellers than buyers *oder* sellers over; **bezahlt Geld (bG)** = more buyers than sellers *oder* buyers over

◊ **Bezahlung** *f* **(a)** payment *oder* discharge *oder* settlement; **unser Grundrabatt ist 20%, aber wir bieten weitere 5% für umgehende Bezahlung** = our basic discount is 20% but we offer an extra 5% for rapid settlement; **sofortige Bezahlung** = spot cash **(b)** remuneration *oder* payment; **Bezahlung in Naturalien** = payment in kind

bezeichnen *vt* to describe

◊ **Bezeichnung** *f* description *oder* name; **Bezeichnung der Tätigkeit** = job title

bezeugen *vt* to witness; **einen Vertrag bezeugen** = to witness an agreement

beziehen *vt* **(a)** to obtain; **ein Gehalt beziehen** = to draw a salary; **er bezahlte die Rechnung mit einem auf eine ägyptische Bank bezogenen Scheck** = he paid the invoice with a cheque drawn on an Egyptian bank; **sich beziehen auf** = to refer; **er bezog sich auf einen Artikel, den er in ‚Die Zeit' gesehen hatte** = he referred to an article which he had seen in 'Die Zeit'; **wir beziehen uns auf Ihren Kostenvoranschlag vom 26. Mai** = we refer to your estimate of May 26th; **sich aufeinander beziehen** = to interface **(b)** to move into *oder* to occupy

◊ **beziehbar** *adj* vacant possession; **sofort beziehbar** = with immediate occupancy

◊ **Beziehen** *n* **Beziehen eines Gebäudes** = occupation of a building

Beziehung *f* **(a)** connection *oder* respect **(b)** **Beziehungen** = connections *oder* relations; **das Unternehmen hat Beziehungen zur Regierung, weil der Vater des Vorsitzenden Minister ist** = the company is connected to the government because the chairman's father is a minister; **die Beziehungen zu jdm abbrechen** = to break off relations with someone; **er hat nützliche Beziehungen zur Industrie** = he has useful connections in industry; **wir versuchen, gute Beziehungen zu unseren Kunden zu halten** = we try to maintain good relations with our customers; **zu einem Unternehmen Beziehungen aufnehmen** = to enter into relations with a company

> an Märkten gehe es eben nicht nur um die Verarbeitung von Information, sondern um ein qualitativ höher zu bewertendes Gut: um Kontakte und Beziehungen
> ***Neue Zürcher Zeitung***
> über die deutsch-tschechischen Beziehungen zu sprechen und dabei die tschechisch-sudetendeutschen Beziehungen zu unterschlagen, wäre sicherlich falsch
> ***Prager Zeitung***

beziehungsweise *conj* respectively; **Herr Sperzel und Herr Müller sind geschäftsführender Direktor beziehungsweise Vertriebsleiter der Fa. Sperzel** = Mr Sperzel and Mr Müller are respectively MD and Sales Director of Sperzel & Co.

Bezirk *m* area *oder* territory; **es ist schwierig für ihn, seinen ganzen Bezirk in einer Woche zu bereisen** = he finds it difficult to cover all his area in a week

◇ **Bezirksdirektor/-in** *oder* **Bezirksleiter/-in** *mf* area manager *oder* district manager

Bezogene(r) *mf* drawee

Bezug *m* **(a)** reference; **mit Bezug auf Ihren Brief vom 4. Juni** = with reference to *oder* referring to your letter of June 4th; **Bezug nehmend auf unser** *oder* **Ihr Schreiben vom 21.** = further to our *oder* your letter of the 21st; **Bezug nehmend auf unser Telefongespräch** = further to our telephone conversation; **in bezug auf** = in relation to *oder* with respect to *oder* with regard to; **in bezug auf Ihre Bitte um unbezahlten Urlaub** = with regard to your request for unpaid leave **(b)** *(Kauf)* purchase *oder* procurement **(c)** *(Zeitung)* subscription

◇ **Bezüge** *pl* earnings *oder* emoluments

◇ **bezüglich** *prep* re *oder* regarding *oder* relating to; **bezüglich Ihrer Anfrage vom 29. Mai** = re your inquiry of May 29th

◇ **Bezugnahme** *f* reference; **unter Bezugnahme auf** = with reference to *oder* re

Bezugspreis *m* subscription rate

> die Ausgabe der 140 000 jungen Aktien im Nennbetrag von 50 DM sollen dann im Verhältnis vier zu eins zu einem Bezugspreis von mindestens 150 DM je Aktie ausgegeben werden
> ***Süddeutsche Zeitung***

Bezugsrecht *n* pre-emptive right *oder* subscription right; **ex** *oder* **ohne Bezugsrecht** = ex rights

◇ **Bezugsrechtsemission** *f* rights issue

bezuschussen *vt* to subsidize

◇ **bezuschußt** *adj* subsidized; **bezuschußte Wohnung** = subsidized accommodation

◇ **Bezuschussung** *f* subsidizing *oder* subsidy; **die Bezuschussung der Butter** = the subsidy on butter *oder* the butter subsidy

bezweifeln *vt* to query *oder* to question; **wir bezweifeln alle die Genauigkeit des Computerausdrucks** = we all question the accuracy of the computer printout

bG = BEZAHLT GELD

BGB = BÜRGERLICHES GESETZBUCH civil code

bieten *vt* to offer *oder* to bid; **er bot DM 150 pro Aktie** = he offered DM 150 a share; **für** *oder* **auf etwas bieten** = to bid for something; **jdm DM 300.000 für sein Haus bieten** = to offer someone DM 300,000 for his house; **DM 20 mehr als jd anders bieten** = to bid DM 20 more than someone else; **er bot DM 3.000 für die Edelsteine** = he bid DM 3,000 for the jewels

◇ **Bieten** *n* bidding

◇ **Bieter/-in** *mf* bidder *oder* tenderer

Bilanz *f* balance sheet *oder* financial statement; **der Buchhalter hat die Bilanz für das erste Halbjahr erstellt** = the accountant has prepared the balance sheet for the first half-year; **konsolidierte Bilanz** = consolidated balance sheet; **vorläufige Bilanz** = trial balance; **Frisieren der Bilanz** = creative accounting *oder* window dressing

◇ **bilanzieren** *vt* to balance

◇ **Bilanzierung** *f* drawing up a balance sheet

◇ **Bilanzierungsgrundsätze** *mpl* accounting principles

◇ **Bilanzierungsvorschriften** *fpl* accounting conventions

◇ **Bilanzkosmetik** *f* creative accounting

◇ **Bilanzposten** *mpl* items on a balance sheet

◇ **Bilanzprüfer/-in** *mf* auditor

◇ **Bilanzschönung** *f* window dressing

◇ **Bilanzsumme** *f* balance

bilateral *adj* bilateral; **der Minister unterzeichnete ein bilaterales Handelsabkommen** = the minister signed a bilateral trade agreement

> mit anderen Worten, eventuelle Probleme in unseren bilateralen Beziehungen muß die Bundesregierung artikulieren
> ***Prager Zeitung***

bilden *vt* to form *oder* to set up *oder* to establish; **einen Ausschuß bilden** = to set up a committee

Bildschirm *m* monitor *oder* screen; **die Information erschien auf dem Bildschirm** = the information appeared on the screen

◇ **Bildschirmgerät** *n* visual display unit (VDU) *oder* visual display terminal

◇ **Bildschirmtext** *m* videotext

◇ **Bildtelefon** *n* videophone

Bildung *f* education

◇ **Bildungsurlaub** *m* study leave

Billiarde *f* quadrillion *(one thousand million million)* *(cf* BILLION, MILLIARDE)

billig 1 *adj* **(a)** cheap; **daß ihre Produkte so billig sind, ist ein Plus** = the cheapness of their product is a plus; **sie kommen pro Kiste billiger** = they work out cheaper by the box; **billige Arbeitskräfte** = cheap labour *oder* sweated labour; **wir haben aufgrund der billigen Arbeitskräfte eine Fabrik im Fernen Osten in Betrieb genommen** = we have opened a factory in the Far East because of the cheap labour *oder* because labour is cheap; **billiges Geld** = cheap money *oder* easy money; **Politik des billigen Geldes** = easy money policy **2** *adv* cheaply; **der Vertreter wohnte billig zu Hause und ließ sich eine hohe Hotelrechnung als Spesen erstatten** = the salesman was living cheaply at home and claiming a high hotel bill on his expenses; **etwas billig kaufen** = to buy something cheap(ly); **er kaufte billig zwei Unternehmen auf und verkaufte sie dann wieder mit Gewinn** = he bought two companies cheap(ly) and sold them again at a profit

◊ **Billigaktie** *f* penny share *oder (US)* penny stock

◊ **Billigflagge** *f* flag of convenience; **ein Schiff, das unter Billigflagge fährt** = ship sailing under a flag of convenience

◊ **Billigladen** *m* discount house *oder* discount store

◊ **Billigtarif** *m* cheap rate; **Telefongespräche zum Billigtarif** = cheap rate phone calls

billigen *vt* to approve; **die neuen Pläne bewilligen** = to approve the new plans

Billion *f* trillion *(one million million)* *(cf* BILLIARDE, MILLIARDE)

> bereits jetzt hat China 300 Millionen Raucher. 1,3 Billionen Zigaretten verqualmten sie 1993
> ***Die Woche***

binden *vt* **(a)** to bind *oder* to link *oder* to tie; **das Unternehmen hat DM 400.000, die in Warenbestand gebunden sind, den niemand kaufen will** = the company has DM 400,000 tied up in stock which no one wants to buy; **das Unternehmen ist durch seine Satzung gebunden** = the company is bound by its articles of association; **er fühlt sich nicht an die Vereinbarung gebunden, die von seinem Vorgänger unterzeichnet wurde** = he does not consider himself bound by the agreement which was signed by his predecessor; **Prämienzahlungen an die Produktivität binden** = to link bonus payments to productivity **(b)** to tie up; **Kapital binden** = to lock up capital

◊ **bindend** *adj* binding *oder* firm *oder* obligatory; **ein bindender Vertrag** = a binding contract; **ein bindendes Angebot für etwas machen** = to make a firm offer for something; **einen bindenden Auftrag für zwei Flugzeuge erteilen** = to place a firm order for two aircraft

◊ **Bindung** *f* commitment

◊ **Bindungsfrist** *f (Zinsen)* commitment period

Binnen- *pref* domestic *oder* inland *oder* internal *oder* inward

◊ **Binnenhafen** *m* inland port

◊ **Binnenhandel** *m* home *oder* internal trade

◊ **Binnenmarkt** *m* **(a)** home *oder* domestic market; **die Umsätze stiegen auf dem Binnenmarkt um 22%** = sales in the home market rose by 22% **(b)** *(EU)* **der (Europäische) Binnenmarkt** = the Single (European) Market

◊ **Binnenschiffahrt** *f* transport on inland waterways

> denn seit dem 1. Januar kann jeder Privatreisende für seinen eigenen Bedarf theoretisch so viel Ware über eine Grenze im Binnenmarkt bringen, wie er will
> ***Wirtschaftswoche***
> die dynamischen Kräfte des Binnenmarktes drängen deutsche Unternehmen nach Großbritannien
> ***Wirtschaftswoche***

biologisch *adj* biological; **biologisch abbaubar** = biodegradable

> ein Highlight ist das erste deutsche biologische abbaubare Motoröl, das auf pflanzlichen Rohstoffen basiert
> ***Die Wirtschaft***

BIP = BRUTTOINLANDSPRODUKT

Birma *oder* **Myanmar** *f* Burma

◊ **Birmane/Birmanin** *mf* Burmese

◊ **birmanisch** *adj* Burmese

(NOTE: Hauptstadt: **Rangun** *oder* **Yangon** = Rangoon; Währung: **Kyat** *m* = kyat)

bis 1 *prep* till *oder* until *oder* to **2** *adv* **bis zu** = up to *oder* until; **bis zur endgültigen Benachrichtigung durch unsere Anwälte** = pending advice from our lawyers; **Rabatt bis zu 15%** = discount not exceeding 15%; **wir kaufen bis zum Preis von DM 65** = we will buy at prices up to DM 65

Bit *n (Computer)* bit

Bitte *f* request

◊ **bitte** *adv* please; **nehmen Sie bitte Platz!** = sit down, please; **bleiben Sie bitte am Apparat** = hold the line, please

◊ **bitten** *vt* **(a)** to ask; **er bat die Telefonistin, ihm eine Nummer in England herauszusuchen** = he asked the switchboard operator to get him a number in England; **sie bat ihre Sekretärin, eine Akte aus dem Büro des geschäftsführenden Direktors zu holen** = she asked her secretary to fetch a file from the managing director's office; **jdn bitten, dem Vorstand beizutreten** = to invite someone to join the board **(b)** to ask for *oder* to request; **sie baten um Fristverlängerung für die Rückzahlung des Darlehens** = they asked for more time to repay the loan; **um ein Gespräch bitten** = to seek an interview

blanko *adj* **(a)** *(Papier)* plain *oder* unlined **(b)** *(Scheck, Urkunde)* blank

◊ **Blankoakzept** *n* blank acceptance

◊ **Blankokredit** *m* open credit

◊ **Blankoscheck** *m* blank cheque

◊ **Blankovollmacht** *f* carte blanche

Blatt *n* leaf *oder* sheet *oder* page; **ein Blatt Papier** = a sheet of paper

◊ **Blattzählung** *f* foliation

bleiben *vi* to stay *oder* to remain; **die Hälfte des Warenbestandes blieb unverkauft** = half the stock remained unsold; **die Inflationsrate blieb trotz der Bemühungen der Regierung, sie zu senken, hoch** = inflation has stayed high in spite of the government's efforts to bring it down; **sie blieb noch nach 18.30 Uhr im Büro, um ihre Arbeit zu beenden** = she remained behind at the office after 6.30 to finish her work; **bleiben Sie bitte am Apparat** = hold the line please

Blick *m* view; **vom Büro des geschäftsführenden Direktors hat man einen Blick auf die Fabrik** = the Managing Director's office overlooks the factory

Blindband *m* dummy

Blisterpackung *f* blister pack *oder* bubble pack *(siehe auch* LUFTPOLSTERFOLIE)

Block *m* **(a)** *(Papier)* block *oder* pad; **ein Block Bestellformulare** = a pad of order forms **(b)** *(Gebäude)* block; **sie wollen einen Block in der Innenstadt sanieren** = they want to redevelop a block in the centre of the town

◇ **Blockabstimmung** *f* block vote

◇ **blockieren** *vt* to block *oder* to obstruct *oder* to jam; **der Planungsausschuß blockierte den Sanierungsplan** = the planning committee blocked the redevelopment plan; **die Zentrale war mit Anrufen blockiert** = the switchboard was jammed with calls

◇ **blockiert** *adj* blocked; **blockierte Währung** = blocked currency

◇ **Blockschrift** *f* block capitals *oder* block letters; **schreiben Sie Ihren Namen und Ihre Adresse in Blockschrift** = write your name and address in block letters

Blue Chip *m* blue chip

> unter den Blue Chips bieten zum Beispiel die großen Stahlerzeuger, Automobil- und Telekommunikationswerte gute Chancen auf weiter steigende Notierungen
>
> *Börse*

blühen *vi* to flourish *oder* to thrive; **das Geschäft blüht** = business is booming

◇ **blühend** *adj* booming *oder* flourishing *oder* prosperous *oder (US)* thrifty; **ein blühender Schwarzmarkt für Autoradios** = a thriving black market in car radios; **eine blühende Wirtschaft** = a thriving economy

Blüte *f* **(a)** flowering *oder* boom **(b)** *(umg) (Banknote)* dud; **der DM 100 Schein war eine Blüte** = the DM 100 note was a dud

◇ **Blütezeit** *f* bonanza

> wer bleibt eigentlich auf dem Schaden sitzen, wenn jemand am Geldautomaten eine Blüte zieht statt eines echten Hunderters?
>
> *Die Zeit*

Boden *m* **(a)** ground **(b)** floor

◇ **Bodenfläche** *f* floor space

◇ **Bodenhosteß** *f* ground hostess

bodenlos *adj* bottomless; **die Preise sind ins Bodenlose gesunken** = the bottom has fallen out of the market

> die Kurse vieler skandinavischer Aktien fielen ins Bodenlose
>
> *Börse*

Bodenrente *f* ground rent

◇ **Bodenschätze** *pl* mineral resources; **das Land ist reich an Bodenschätzen** = the country is rich in mineral resources

◇ **Bodentransport** *m* ground *oder* surface transport(ation)

◇ **Bodenverschmutzung** *f* soil contamination

Bodmerei *f* bottomry

Bohrinsel *f* oil platform *oder* oil rig

Bolivien *f* Bolivia

◇ **Bolivi(an)er/-in** *mf* Bolivian

◇ **boliv(ian)isch** *adj* Bolivian

(NOTE: Hauptstadt: **La Paz** ; Währung: **Boliviano** *m* = boliviano)

Bon *m* voucher

bona fide *adj* bona fide *oder* in good faith

◇ **Bona-Fide-Angebot** *n* bona fide offer

Bonität *f* creditworthiness *oder* credit rating *oder* standing

◇ **Bonitätsbestätigung** *f* letter of comfort *oder* comfort letter

◇ **Bonitätsbeurteilung** *f* credit rating

> schon wird auf den internationalen Finanzmärkten die Bonität deutscher Konzerne zurückgestuft - höhere Zinsen und damit steigende Kosten und weniger Arbeitsplätze sind die Folge
>
> *Wochenpost*

Bonus *m* bonus

Boom *m* boom; **der Boom der siebziger Jahre** = the boom of the 1970s

◇ **boomen** *vi* to boom

> nach einem Boom im ersten Semester hatte das zweite Halbjahr mit dem wichtigen Weihnachtsgeschäft eine völlig unerwartete Abflachung gebracht
>
> *Neue Zürcher Zeitung*
>
> die Hoffnungen, der Rezession ausweichen zu können, sind vor allem bei deutschen Firmen nicht unbegründet, denn in einer Reihe von Firmen- bzw. Instrumentenbranchen boomt der Umsatz
>
> *Sächsische Zeitung*

Bord *m* board; **an Bord** = on board; **an Bord gehen** = to board; **Zollbeamte gingen im Hafen an Bord des Schiffes** = customs officials boarded the ship in the harbour; **frei an Bord (f.o.b.)** = free on board (f.o.b.); **über Bord werfen** = to jettison *oder* to throw overboard; **von Bord gehen** = to leave (the ship *oder* plane) *oder* to disembark

◇ **Bordkarte** *f* **(a)** boarding card *oder* boarding pass **(b)** *(Schiff)* embarkation card

borgen *vt* to borrow

Börse *f* **(a)** stock market *oder* stock exchange; **Aktien an der Börse kaufen** = to buy shares in the (open) market; **an die Börse gehen** = to go public; **die Börse für Ölaktien war lebhaft** = the market in oil shares was very active *oder* there was a brisk market in oil shares; **er arbeitet an der Börse** = he works on the stock exchange; **feste Börse** = firm market; **flaue Börse** = dull market **(b)** Stock Exchange; **die Frankfurter Börse** = the Frankfurt Stock Exchange; **die Aktien des Unternehmens werden an der Londoner Börse gehandelt** = the company's shares are traded on the London Stock Exchange

> das Unternehmen wird voraussichtlich noch in diesem Jahr an die Börse gehen. Dabei sei eine breite Plazierung von Stammaktien geplant
> ***Süddeutsche Zeitung***
> der Aktienhandel an der Mailänder Börse reagierte empfindlich, die Kurse sanken
> ***Neues Deutschland***

◇ **Börsenbeobachter** *m* market economist

◇ **Börsenbericht** *m* stock market report *oder* financial news

◇ **börsenfähig** *adj* listed; **börsenfähiges Unternehmen** = listed company

◇ **Börsengeschäft** *n* bargain *oder* stock exchange operation *oder* transaction on the stock exchange; **die Zeitung veröffentlicht täglich eine Liste der Börsengeschäfte** = the paper publishes a daily list of stock exchange transactions; **Börsengeschäfte machen** = to trade on the stock exchange

◇ **Börsenhandel** *m* stock exchange dealings

◇ **Börsenklima** *n* mood of the stock exchange *oder* stock market mood *oder* market sentiment

◇ **Börsenkrach** *m* crash; **er verlor bei dem Börsenkrach von 1929 sein ganzes Geld** = he lost all his money in the crash of 1929

◇ **Börsenkurs** *m* quotation on the stock exchange *oder* stock exchange quotation *oder* stock market price *oder* price on the stock market

◇ **Börsenmakler/-in** *mf* stockbroker *oder* broker

◇ **Börsenmanipulant** *m* stock market manipulator

◇ **Börsenmanipulation** *f* stock market manipulation

◇ **Börsennachrichten** *pl* financial news

◇ **börsennotiert** *adj* listed *oder* quoted; **börsennotierte Wertpapiere** = listed securities; **börsennotiertes Unternehmen** = listed company

◇ **Börsennotierung** *f* stock exchange listing *oder* quotation

◇ **Börsenoptimismus** *m* market optimism

◇ **Börsenparkett** *n* trading floor

> vor allem ausländische Anleger haben Papiere verkauft, hieß es auf dem Börsenparkett
> ***Frankfurter Allgemeine Zeitung***

◇ **Börsenratgeber** *m* tip sheet

◇ **Börsenschluß** *m* (stock market) close *oder* finish; **bei Börsenschluß waren die Aktien um 20% gefallen** = at the close of the day's trading the shares had fallen 20%; **Ölaktien zogen zum Börsenschluß an** = oil shares rallied at the finish

◇ **Börsenspekulant/-in** *mf* a speculator on the stock exchange *oder* a stock exchange speculator

◇ **Börsenspekulation** *f* speculation on the stock market; **sie verlor ihr gesamtes Geld bei Börsenspekulationen** = she lost all her money in stock exchange speculations

◇ **Börsentip** *m* stock market tip

◇ **Börsenzulassung** *f* stock exchange listing; **das Unternehmen hat vor, die Börsenzulassung zu erlangen** = the company is planning to obtain a stock exchange listing

Boß *m* boss

Bote *m* messenger; **er schickte das Paket per Bote** = he sent the package by messenger; **einen Brief per Bote überbringen lassen** = to send a letter by hand; **Motorrad-Bote** = dispatch rider

◇ **Botenjunge** *m* office boy *oder* messenger boy

Botswana *n* Botswana

◇ **Botswaner/-in** *mf* Botswanan

◇ **botswanisch** *adj* Botswanan

(NOTE: Hauptstadt: **Gaborone** ; Währung: **Pula** *m* = pula)

Boulevardzeitung *f* tabloid

> daß die tschechischen Zöllner von den Fahrern Schmiergeld verlangt hätten, wie eine deutsche Boulevardzeitung berichtete, konnte von den sächsischen Untersuchungsbeamten nicht bestätigt werden
> ***Prager Zeitung***

Boutique *f* boutique; **eine Jeans Boutique** = a jeans boutique; **eine Ski Boutique** = a ski boutique

Boykott *m* boycott; **die Gewerkschaft organisierte einen Boykott gegen Importwagen** = the union organized a boycott against *oder* of imported cars

◇ **boykottieren** *vt* to boycott *oder* to black; **die Geschäftsleitung boykottierte die Sitzung** = the management has boycotted the meeting; **drei Firmen wurden vom Staat boykottiert** = three firms were blacked by the government; **wir boykottieren alle Importe aus diesem Land** = we are boycotting all imports from that country

> einige von den Beratern plädieren für einen Boykott sämtlicher Staatsbetriebe
> ***Der Tagesspiegel***

brachliegend *adj* **brachliegendes Geld** = money lying idle *oder* idle money

Brainstorming *n* **der Abteilungsleiter hat ein Brainstorming einberufen, um das Problem zu lösen** = the head of department has called a brainstorming session to try and solve the problem

Branche *f* **(a)** industry *oder* trade; **krisengeschüttelte Branche** = crisis-ridden industry **(b)** line of business *oder* line of work; **in welcher Branche ist er tätig?** = what is his line?; **in welcher Branche sind Sie?** = what's your line of business?

◇ **Branchenverzeichnis** *n* classified directory *oder* trade directory *(siehe auch* GELBE SEITEN)

Brand *m* fire; **in Brand geraten** = to catch fire; **die Papiere im Papierkorb gerieten in Brand** = the papers in the waste paper basket caught fire

◇ **Brandgefahr** *f* danger of fire; **bei diesem Lagerhaus voller Papier besteht Brandgefahr** = this warehouse full of paper is a fire hazard
◇ **brandgeschädigt** *adj* fire-damaged; **brandgeschädigte Waren** = fire-damaged goods
◇ **Brandschaden** *m* fire damage
◇ **Brandschadenersatz** *m* fire damage compensation *oder* fire damages; **sie verlangten DM 30.000 Brandschadenersatz** = they claimed DM 30,000 for fire damage
◇ **Brandschutz** *m* fire safety
◇ **Brandschutzbestimmungen** *fpl* fire regulations
◇ **Brandursache** *f* cause of (a) fire; **die Polizei versuchte, die Brandursache zu finden** = the police tried to find the cause of the fire

Brasilien *n* Brazil
◇ **Brasilianer/-in** *mf* Brazilian
◇ **brasilianisch** *adj* Brazilian
(NOTE: Hauptstadt: **Brasilia** ; Währung: **Real** *m* = real)

brauchen *vt* to need *oder* to require *oder* to take *oder* to use; **sie wird den ganzen Vormittag brauchen, um meine Briefe fertig zu machen** = it will take her all morning to do my letters
◇ **brauchbar** *adj* useful *oder* usable *oder* practicable

braun *adj* brown; **ein brauner Umschlag** = a manilla envelope

BRD = BUNDESREPUBLIK DEUTSCHLAND

Break-Even-Punkt *m* breakeven point

brechen *vt* to break *oder* to smash; **das Unternehmen brach den Vertrag** *oder* **die Vereinbarung** = the company has broken the contract *oder* the agreement; **alle Produktionsrekorde brechen** = to smash all production records

bremsen *vt* to check

Brennstoff *m* fuel

Brett *n* board; **Schwarzes Brett** = noticeboard *oder* card holder *oder* message holder; **haben Sie die neue Preisliste am Schwarzen Brett gesehen?** = have you seen the new list of prices on the noticeboard?

Brief *m* letter; **persönlicher Brief** = private letter
◇ **Briefbogen** *m* (sheet of) notepaper
◇ **Brieffach** *n* pigeonhole
◇ **Briefgebühr** *f* letter rate

Briefing *n (Informationsgespräch)* briefing; **der Vertriebsleiter hat ein Briefing um acht Uhr für alle Vertreter einberufen** = the sales manager has called a briefing for all reps at eight o'clock

Briefkasten *m* letter box *oder* mail box
◇ **Briefkastenadresse** *f* accommodation address
◇ **Briefkastenfirma** *f* dummy firm *oder* corporation
◇ **Briefkopf** *m* letter heading *oder* heading on notepaper *oder* letterhead; **Papier mit Briefkopf** = headed paper
◇ **Briefkurs** *m (Börse)* asking price *oder* offer price
◇ **Briefmarke** *f* (postage) stamp; **eine DM 5 Briefmarke** = a five mark stamp
◇ **Briefpapier** *n* notepaper
◇ **Briefpost** *f* letter post
◇ **Briefqualität** *f* near-letter quality (NLQ)
◇ **Brieftasche** *f* wallet
◇ **Briefumschlag** *m* envelope; **verschlossener** *oder* **offener Briefumschlag** = sealed *oder* unsealed envelope
◇ **Briefwahl** *f* postal ballot *oder* postal vote
◇ **Briefwechsel** *m* correspondence; **mit jdm in Briefwechsel stehen** = to be in correspondence with someone *oder* to correspond with someone
◇ **Briefwerbeaktion** *f* mail shot *oder* mailing shot

bringen *vt* **(a)** to bring *oder* to bring in; **die Besucher werden auf dem Luftweg** *oder* **mit einem Hubschrauber** *oder* **mit der Taxe zur Fabrik gebracht** = the visitors will be transported to the factory by air *oder* by helicopter *oder* by taxi; **ein neues Produkt auf den Markt bringen** = to introduce a new product on the market **(b)** to bear *oder* to carry *oder* to earn; **Zinsen bringen** = to bear interest **(c) an sich bringen** = to acquire; **etwas widerrechtlich an sich bringen** = to acquire something illegally **(d) mit sich bringen** = to entail *oder* to involve; **sein Beruf bringt es mit sich, daß er viel unterwegs ist** = his job entails a lot of travelling **(e) er brachte die Finanzierungsgesellschaft um DM 300.000** = he cheated *oder (umg)* he conned the finance company out of DM 300,000 **(f) dazu bringen** = to persuade; **wir konnten das französische Unternehmen nicht dazu bringen, den Vertrag zu unterschreiben** = we could not persuade the French company to sign the contract **(g) zur Sprache bringen** = to bring up; **der Vorsitzende brachte das Thema Entlassungsabfindungen zur Sprache** = the chairman brought up the question of redundancy payments **(h) es zu etwas bringen** = to make good; **sein Sohn hat es zu etwas gebracht** = his son made good
◇ **Bringschuld** *f* debt that must be discharged at the creditor's home *(cf* HOLSCHULD)

Brite/Britin *mf* Briton *oder* British man *oder* British woman; *pl* **die Briten** = the British
◇ **britisch** *adj* British *(siehe auch* GROSSBRITANNIEN)

Broker *m* broker
◇ **Brokerfirma** *f* broking house; **er arbeitet für eine Brokerfirma** = he works for a broking house

> die größeren Broker plazieren ihre Risiken nur noch bei Firmen mit einem Kapital von mindestens 50 Millionen Pfund
>
> *Wirtschaftswoche*

Broschüre *f* booklet *oder* brochure *oder* pamphlet; **wir haben eine Broschüre über Urlaub in Griechenland** *oder* **über Dienstleistungen der Post angefordert** = we sent off for a brochure about holidays in Greece *oder* about postal services

Bruch(schaden) *m* breakage; **Kunden müssen für Bruchschäden aufkommen** = customers are expected to pay for breakages

◊ **Bruchteil** *m* fraction; **nur ein Bruchteil der Aktienemission wurde gezeichnet** = only a fraction of the share issue was subscribed

◊ **Bruchteilsaktie** *f* fractional share certificate

Brückenwaage *f* weighbridge

brutto *adv* gross; **sein Gehalt wird brutto ausgezahlt** = his salary is paid gross; **brutto einnehmen** *oder* **brutto verdienen** = to gross; **der Konzern nahm 1993 DM 65 Millionen brutto ein** = the group grossed DM 65m in 1993

◊ **Bruttoeinkommen** *n* gross income *oder* gross earnings

◊ **Bruttoeinnahmen** *fpl* gross receipts

◊ **Bruttoertrag** *m* gross yield

◊ **Bruttogehalt** *n* gross salary

◊ **Bruttogewicht** *n* gross weight

◊ **Bruttogewinn** *m* gross profit; **wie hoch ist der Bruttogewinn bei dieser Produktlinie?** = what is the gross return on this line?

◊ **Bruttogewinnspanne** *f* gross margin

◊ **Bruttoinlandsprodukt (BIP)** *n* gross domestic product (GDP)

◊ **Bruttomarge** *f* gross margin

◊ **Bruttoraumzahl (BRZ)** *f* gross tonnage

◊ **Bruttosozialprodukt (BSP)** *n* gross national product (GNP)

◊ **Bruttoverdienst** *m* gross income

> das Bruttoinlandsprodukt (BIP) in den alten Bundesländern ist zum dritten Mal nicht mehr gewachsen
>
> ***Sächsische Zeitung***
>
> in Deutschland wird die Telekommunikation bis zum Jahr 2000 sieben Prozent vom Bruttoinlandsprodukt erwirtschaften und der Automobilindustrie den ersten Rang ablaufen
>
> ***Wirtschaftswoche***
>
> 1992 hätte das Bruttosozialprodukt Deutschlands pro Kopf der Bevölkerung rund 45 000 Mark betragen - ohne Wiedervereinigung. Durch die Integration der neuen Länder sank die wirtschaftlichen Leistungskraft der Deutschen hingegen auf rund 38 000 Mark pro Einwohner
>
> ***Wirtschaftswoche***

BRZ = BRUTTORAUMZAHL

B-Sortiment *n* seconds

BSP = BRUTTOSOZIALPRODUKT

Buch *n* **(a)** book; **Buch führen über** = to log; **Buch über die Lagerbewegungen** *oder* **die Ausgaben führen** = to keep a tally of stock movements *oder* of expenses **(b)** *pl* **Bücher** = the accounts of a business *oder* a company's accounts

◊ **Bücherstand** *m* bookstall

buchen *vt* **(a)** to book *oder* to reserve; **ein Flugticket buchen** = to book a ticket on a plane; **er war auf die 9 Uhr Maschine nach Zürich gebucht** = he was booked on the 09.00 flight to Zurich; **ein Zimmer in einem Hotel buchen** = to book a room in a hotel; **für jdn ein Zimmer** *oder* **einen Flug buchen** = to book someone into a hotel *oder* onto a flight **(b)** *(fin)* to book *oder* to enter something in the books

Buchführung *f* bookkeeping; **doppelte Buchführung** = double-entry bookkeeping; **einfache Buchführung** = single-entry bookkeeping

◊ **Buchführungsarbeit** *f* bookwork

◊ **Buchführungsmethoden** *fpl* accounting methods *oder* procedures

◊ **Buchführungssystem** *n* accounting system

Buchgewinn *m* paper profit

Buchhalter/-in *mf* bookkeeper; **geprüfte(r) Buchhalter/-in** = certified accountant

◊ **Buchhaltung** *f* **(a)** accountancy *oder* accounting; **die Buchhaltung machen** = to keep the accounts **(b)** accounts department

◊ **Buchhaltungsleiter/-in** *mf* accounts manager

◊ **Buchhaltungspersonal** *n* accounts staff

Buchhändler/-in *mf* bookseller

◊ **Buchhandlung** *f* bookshop *oder* *(US)* bookstore

Buchladen *m* bookshop

Buchprüfer/-in *mf* auditor *oder* accountant; **beeidigter** *oder* **öffentlich zugelassener Buchprüfer** = chartered accountant *oder* certified public accountant

◊ **Buchprüfung** *f* audit(ing)

Buchstabe *m* letter; **wofür stehen die Buchstaben IWF?** = what do the initials IWF stand for?

Buchung *f* **(a)** booking *oder* reservation; **eine Buchung bestätigen** = to confirm a booking **(b)** booking *oder* entry

◊ **Buchungsbestätigung** *f* confirmation of a booking

◊ **Buchungsmaschine** *f* accounting machine

◊ **Buchungsmethoden** *fpl* accounting methods

◊ **Buchungsverfahren** *npl* accounting procedures

Buchwert *m* book value

Budget *n* budget; **im Budget einplanen** = to budget; **wir einigten uns über die Budgets für das nächste Jahr** = we have agreed the budgets for next year

◊ **Budgetabweichung** *f* budget variance

◊ **Budgetbedarf** *m* budgetary requirements

◊ **Budgetkontrolle** *f* budgetary control

◊ **Budgetparameter** *m* budget parameter; **die Budgetparameter werden durch den Leiter der Finanzabteilung festgesetzt** = the budget parameters are fixed by the finance director

Bulgarien *n* Bulgaria

◊ **Bulgare/Bulgarin** *mf* Bulgarian

◊ **bulgarisch** *adj* Bulgarian

(NOTE: Hauptstadt: **Sofia** ; Währung: **Lew** *m* = lev)

Bulis *pl (Liquiditätspapiere der Bundesbank)* Bulis

> ganz untergegangen auf der Donnerstagssitzung der Bundesbank ist neben der Leitzinssenkung die Ausgabe von Liquiditätspapieren (,Bulis'). Die Bulis können über die Banken bezogen werden
> *Focus*

Bummelstreik *m* go-slow; **eine Serie von Bummelstreiks verringerte die Produktion** = a series of go-slows reduced production; **einen Bummelstreik machen** = to go slow

Bund *m* association

bündeln *vt* to bale

Bundes- *pref* federal

◇ **Bundesamt** *n* federal office; **die meisten Bundesämter sind in Bonn** = most federal offices are in Bonn

◇ **Bundesanstalt** *f* federal institute *oder* agency; **Bundesanstalt für Arbeit (BA)** = federal employment office

◇ **Bundesbahn** *f* federal railways *(cf* DEUTSCHE BUNDESBAHN)

◇ **Bundesbank** *f* German Federal Bank *oder* Bundesbank

◇ **Bundeshaushalt** *f* federal budget

◇ **Bundesministerium** *n* federal ministry

◇ **Bundespost** *f* Federal Post Office *oder (US)* Federal Postal Services ≈ *(GB)* the Post Office (the GPO)

◇ **Bundesrat** *m* Upper House of the German Parliament

◇ **Bundesrepublik Deutschland (BRD)** *f* Federal Republic of Germany (FRG)

◇ **Bundesstaat** *m* state

◇ **Bundestag** *m* Lower House of the German Parliament

◇ **Bundestagswahl** *f* general election (in Germany)

◇ **Bundesverband der Deutschen Industrie (BDI)** *m* Confederation of German Industry ≈ *(GB)* CBI

> nun ist der Bundestag zwar gesetzgebend, aber nicht der Mittelpunkt der Welt
> *Neues Deutschland*

Bürge *m* guarantor *oder* surety; **als Bürge für jdn auftreten** = to stand surety for someone; **er trat als Bürge seines Bruders auf** = he stood guarantor for his brother

◇ **bürgen** *vi* to guarantee *oder* to underwrite; **für ein verbundenes Unternehmen bürgen** = to guarantee an associate company; **für Schulden bürgen** = to guarantee a debt; **für jdn bürgen** = to go guarantee for someone *oder* to stand security for someone *oder* to stand surety for someone

◇ **Bürgschaft** *f* guarantee *oder* security *oder* surety; **eine Bürgschaft für jdn leisten** = to stand security for someone; **er übernahm die Bürgschaft für seinen Bruder** = he stood security for his brother

bürgerlich *adj* civil; **bürgerliches Recht** = civil law

Büro *n* office *oder* bureau; **das Büro des Geschäftsführers ist im dritten Stock** = the manager's office is on the third floor; **kommen Sie in mein Büro** = come into my office; **Stelle im Büro** = office job

◇ **Büroangestellte(r)** *mf* clerical worker *oder* clerk *oder* office worker *oder* white-collar worker

◇ **Büroarbeit** *f* clerical work

◇ **Büroausstatter** *m* office equipment supplier

◇ **Büroaustattung** *oder* **Büroeinrichtung** *f* office equipment; **Katalog für Büroausstattung** = office equipment catalogue

◇ **Bürobedarf** *m* office supplies; **eine Firma für Bürobedarf** = an office supplies firm

◇ **Bürobote** *m* office boy *oder* office messenger

◇ **Bürochef/-in** *mf* chief clerk *oder* head clerk

◇ **Bürogebäude** *n* office block *oder* a block of offices

◇ **Bürohaus** *n* office building; **sie haben das Gelände des alten Bürohauses saniert** = they have redeveloped the site of the old office building

◇ **Bürokenntnis** *f* **sie hat sich sehr nützliche Bürokenntnisse erworben** = she has acquired some very useful office management skills

◇ **Büroklammer** *f* paperclip

◇ **Bürokraft** *f* office worker *oder* clerical assistant

◇ **Bürokratie** *f* **(a)** *(Verwaltungsapparat)* bureaucracy *(administrative apparatus)* **(b)** *(Amtsschimmel)* bureaucracy *oder* red tape

◇ **Bürokratismus** *m* bureaucracy *oder* red tape; **das australische Joint-venture ist durch den staatlichen Bürokratismus in Verzug gekommen** = the Australian joint venture has been held up by government red tape

◇ **Büromaterial** *n* office stationery

◇ **Büromöbel** *n* office furniture; **er handelt mit gebrauchten Büromöbeln** = he deals in secondhand office furniture

◇ **Büromöbelgeschäft** *n* office furniture store

◇ **Büropersonal** *n* office staff *oder* clerical staff

◇ **Büroraum** *m* office space; **Büroräume** = office premises *oder* office accommodation; **wir suchen nach zusätzlichen Büroräumen für unsere neue Buchhaltungsabteilung** = we are looking for extra office space for our new accounts department

◇ **Büroroutine** *f* office routine; **die Neuausstattung des Konferenzraums störte die Büroroutine** = refitting the conference room has disturbed the office routine

◇ **Büro-Service** *m* service bureau

◇ **Bürostunden** *fpl* office hours; **er arbeitete außerhalb der Bürostunden an der Buchführung** = he worked on the accounts out of (office) hours

◇ **Bürovorsteher/-in** *mf* head clerk

◇ **Bürozeit** *f* office hours

Burundi *n* Burundi

◇ **Burundier/-in** *mf* Burundian

◇ **burundisch** *adj* Burundian

(NOTE: Hauptstadt: **Bujumbura** ; Währung: **Burundi-Franc** *m* = Burundi franc)

Bus *m* bus; **er fährt mit dem Bus zur Arbeit** = he goes to work by bus; **sie nahm den Bus, um in ihr Büro zu kommen** = she took the bus to go to her office

◇ **Busdepot** *n* bus depot

◇ **Busfahrkarte** *f* bus ticket

◇ **Busstrecke** *f* bus route
◇ **Busunternehmer** *m* bus company

Bushel *m* bushel

der Preis für Sojabohnen in Chikago wird bis zum Frühjahr auf mindestens 7,20 Dollar je Bushel steigen ***Blick durch die Wirtschaft***

Business Class *f* business class

Buße *f oder* **Bußgeld** *n* fine; **wir mußten DM 50 Bußgeld für falsches Parken bezahlen** = we had to pay a DM 50 parking fine

wer Software raubkopiert, riskiert 100.000 Franken Busse oder 3 Jahre Gefängnis ***Neue Zürcher Zeitung***

Bütten *n* handmade paper; **er schreibt alle seine Briefe auf Bütten** = he writes all his letters on handmade paper

Butterberg *m* butter mountain

◇ **Buttervorräte** *mpl* butter stocks; **die Buttervorräte eines Landes** = the country's stocks of butter

Buy-Out *n* buyout; **Leveraged Buy-Out** = leveraged buyout (LBO); **Management Buy-Out** = management buyout (MBO)

Byte *n* byte

Cc

CAD/CAM *siehe* COMPUTERGESTÜTZT

care of (c/o) *(auf Briefumschlägen)* care of *oder* c/o; **Mr. Brown, c/o M. Müller** = Mr. Brown, c/o M. Müller

Carnet *n* carnet

Carrier *m* carrier

> die große deutsche Luftfahrtgesellschaft spart an allen Ecken und Enden. Jetzt stellt der angeschlagene Carrier sogar Ticketautomaten auf
> ***Wirtschaftswoche***

Cash and Carry *m* cash and carry

Cash-flow *m* cash flow; **diskontierter Cash-flow** = discounted cash flow; **negativer Cash-flow** = negative cash flow; **positiver Cash-flow** = positive cash flow; **Cash-flow-Bericht** = cash flow statement; **das Unternehmen hat Cash-flow-Probleme** = the company is suffering from cash flow problems; **Cash-flow-Prognose** = cash flow forecast

CD = COMPACT DISC

Cent *m (US)* cent; **die Geschäfte sind nur eine 25-Cent Busfahrt entfernt** = the stores are only a 25-cent bus ride away; **sie verkaufen Apfelsinen zu 99 Cents das Stück** = they sell oranges at 99 cents each *(cf* DIME, NICKEL)

CFA = COMMUNAUTE FINANCIERE AFRICAINE; **der CFA-Franc** = the CFA Franc

Chance *f* chance *oder* opportunity; **er hatte seine Chance, befördert zu werden, als der Assistent des Finanzleiters kündigte** = he had his chance of promotion when the finance director's assistant resigned; **sie wartet auf eine Chance, den geschäftsführenden Direktor zu sprechen** = she is waiting for a chance to see the managing director
◇ **Chancengleichheitsprogramm** *n* equal opportunities programme *oder (US)* affirmative action program

> beachten muß man aber auch, daß der Europäische Binnenmarkt den Unternehmen in den jungen Bundesländern große Chancen bietet
> ***Die Wirtschaft***

Chart *mn* chart

Charter *m* charter
◇ **Charterer** *m* charterer
◇ **Charterflug** *m* charter flight
◇ **Charterfluggesellschaft** *f* charter airline *oder* charter operator
◇ **Charterflugzeug** *n* charter plane
◇ **Chartergesellschaft** *f* charter company *oder* charter operator
◇ **chartern** *vt* to charter; **gechartertes Schiff** *oder* **Flugzeug** = chartered ship *oder* plane; **Boot, das von Herrn Müller gechartert wurde** = boat on charter to Mr Müller
◇ **Chartern** *n* chartering

> schlaue Heizölkunden, die sich das Steuergefälle nutzbar machen wollen, indem sie einen Tankwagen chartern und den Brennstoff privat in die Bundesrepublik befördern, haben Pech gehabt
> ***Wirtschaftswoche***

Chartist *m (Börse)* chartist

Chef/-in *mf* head *oder* boss; **er wurde Direktor, als er die Tochter des Chefs heiratete** = he became director when he married the boss's daughter; **wenn Sie eine Gehaltserhöhung möchten, sprechen Sie mit Ihrem Chef** = if you want a pay rise, go and talk to your boss
◇ **Chefsekretär/-in** *mf* personal assistant (PA) *oder (US)* administrative assistant

Chiffre *f* **(a)** code **(b)** box number; **Zuschriften (bitte) unter Chiffre 209** = please reply to Box No. 209
◇ **Chiffrierung** *f* coding

Chile *n* Chile
◇ **Chilene/Chilenin** *mf* Chilean
◇ **chilenisch** *adj* Chilean
(NOTE: Hauptstadt: **Santiago de Chile** = Santiago; Währung: **chilenischer Peso** = Chilean peso)

China *n* China
◇ **Chinese/Chinesin** *mf* Chinese
◇ **chinesisch** *adj* Chinese
(NOTE: Hauptstadt: **Peking** = Beijing; Währung: **Renminbi Yuan** *m* = yuan)

Chip *m (Computer)* chip
◇ **Chipkarte** *f* chip card *oder* smart card

chronisch *adj* chronic; **das Unternehmen hat chronische Cash-flow-Probleme** = the company has chronic cash flow problems; **wir haben einen chronischen Fachpersonalmangel** = we have a chronic shortage of skilled staff

chronologisch 1 *adj* chronological; **chronologische Reihenfolge** = chronological order; **in chronologischer Reihenfolge abgelegt** = filed in chronological order **2** *adv* chronologically; **die Berichte sind chronologisch geordnet** = the reports are filed chronologically

Cie. *(Schweiz)* = COMPAGNIE; **Müller & Cie.** = Müller & Co.

cif *abk* c.i.f. (cost, insurance and freight)

circa *adv* around *oder* approximately

Clearingbank *f* clearing bank
◇ **Clearingstelle** *oder* **Clearingzentrale** *f* clearing house

clever *adj* clever; **clevere Anleger haben bei dem Aktiengeschäft viel Geld gemacht** = clever investors have made a lot of money on the share deal

Club *m* club
◇ **Clubmitgliedschaft** *f* club membership *oder* subscription; **er vergaß, seine Clubmitgliedschaft zu erneuern** = he forgot to renew his club subscription

c/o = CARE OF

Co. = COMPAGNIE; **Sperzel & Co.** = Sperzel & Co.

Code *m* code; **maschinenlesbare Codes** = machine-readable codes

College *n* college

Compact Disc (CD) *f* compact disc (CD)

Compagnie *f* company *oder* firm

Computer *m* computer; **auf Computer umstellen** = to computerize
◇ **Computerauflistung** *f* computer listing
◇ **Computerausdruck** *m* computer printout
◇ **Computerchip** *m* computer chip
◇ **Computerdatei** *f* computer file; **wie können wir unsere Computerdateien schützen?** = how can we protect our computer files?
◇ **Computerdefekt** *m* computer defect
◇ **Computerfachmann** *m* computer specialist; **Sie sollten sich Rat bei einem Computerfachmann holen** = you should go to a specialist in computers *oder* to a computer specialist for advice
◇ **Computerfehler** *m* computer error
◇ **Computergeschäft** *n* computer shop
◇ **computergesteuert** *adj* computer-controlled
◇ **computergestützt** *adj* computer-aided; **computergestützter Entwurf** = computer-aided design (CAD); **computergestützte Fertigung** = computer-aided manufacture (CAM)
◇ **Computer-Hardware** *f* computer hardware
◇ **computerisieren** *vt* to computerize
◇ **Computer-Know-how** *n* computer know-how
◇ **Computerladen** *m* computer shop
◇ **Computerlauf** *m* computer run
◇ **computerlesbar** *adj* computer-readable; **computerlesbare Codes** = computer-readable codes; **die Daten müssen in computerlesbarer Form gegeben werden** = the data has to be presented in computer-readable form
◇ **Computermesse** *f* computer fair *oder* computer show; **die Computermesse geht vom 1. bis zum 6. April** = the Computer Fair runs from April 1st to 6th
◇ **Computernetzwerk** *n* computer network
◇ **Computerpreise** *mpl* computer prices *oder* the prices for computers; **Computerpreise fallen jedes Jahr** = computer prices are falling each year
◇ **Computerprogramm** *n* computer program

> ein Bielefelder Verlag vertreibt ein Computerprogramm, mit dem sich der PC in ein Segelboot verwandeln läßt
> ***Capital***

◇ **Computerprogrammierer/-in** *mf* computer programmer
◇ **Computer-Programmierung** *f* computer programming
◇ **Computerschreibbüro** *n* word-processing bureau
◇ **Computersprache** *f* computer language
◇ **Computertechniker/-in** *mf* computer technician
◇ **Computerterminal** *m* computer terminal
◇ **Computervirus** *m* computer virus
◇ **Computerzeitschrift** *f* computer magazine
◇ **Computing** *n* computing

Container *m* container; **auf Container(transport) umstellen** = to containerize; **Umstellung auf Container(transport)** = containerization; **Waren in Containern verschiffen** = to ship goods in containers
◇ **Containerbahnhof** *m oder* **Containerdepot** *n* container depot; **die Sendung muß zum Containerbahnhof gebracht werden** = the shipment has to be delivered to the container depot
◇ **Containerfracht** *f* container freight
◇ **Containerhafen** *m* container port
◇ **Containerladung** *f* container-load *oder* load of a container; **eine Containerladung mit Ersatzteilen fehlt** = a container-load of spare parts is missing
◇ **Containerschiff** *n* container ship
◇ **Containerterminal** *m* container terminal
◇ **Containerverkehr** *m* container traffic
◇ **Containerzug** *m* freightliner

> seit 1964 wurden von Murmansk aus Schiffe mit hochradioaktiven Abfällen nach Nowaja Semlija geschickt, um ihre Containerfracht dort in die Karasee zu kippen
> ***Russischer Kurier***

Controller *m* controller *oder* comptroller; **Stock Controller** = stock controller

Copy-Shop *m* photocopying bureau

Copyright *n* copyright

Costa Rica *n* Costa Rica
◇ **Costaricaner/-in** *mf* Costa Rican
◇ **costaricanisch** *adj* Costa Rican
(NOTE: Hauptstadt: **San José** ; Währung: **Colón** *m* = colón)

Coupon *m* coupon; **mit Coupon** = cum coupon; **ohne Coupon** = ex coupon
◇ **Couponanzeige** *f* coupon ad
◇ **Couponsteuer** *f* withholding tax

Courtage *f* brokerage *oder* (stock)broker's commission

Crash *m* crash; **finanzieller Crash =** financial crash; **Anleger verloren mit dem Crash des Unternehmens mehrere tausend Mark =** investors lost thousands of Deutschmarks in the collapse of the company

> der Crash am Börsen- und Immobilienmarkt trifft die Autounternehmen mit zusätzlicher Wucht
> ***Wirtschaftswoche***

Crew *f* crew

cum *prep* cum *oder* with

Dd

dabeihaben *vt (Ausweis, Geld)* to have on one *oder* with one

◇ **dabeisein** *vi* to be there *oder* to be present; **ich war bei dem Banküberfall dabei** = I was there when the bank was robbed *oder* I was present during the bank raid; **sie war mit ihren Gedanken nicht dabei** = she was somewhere else with her thoughts

dableiben *vi* to stay on *oder* to stay behind

Dach *n* roof; **unter Dach und Fach bringen** = to firm up *oder* to wrap up *oder* to get signed and sealed; **unter Dach und Fach sein** = to be in the bag

> eine Anschlußorder der Russen in ähnlicher Größenordnung ist noch nicht unter Dach und Fach
> ***Der Tagesspiegel***

◇ **Dachgeschoß** *n* top floor

◇ **Dachgesellschaft** *f* holding company *oder (US)* proprietary company

◇ **Dachorganisation** *f* umbrella organization

DAG = DEUTSCHE ANGESTELLTENGEWERKSCHAFT

dagegen *adv* against it; **ich bin dagegen** = I am against it *oder* opposed to it; **etwas dagegen haben** = to object

dahaben *vt* to have (t)here *oder* to have in stock

Dame *f* lady; *(Rede)* **meine Damen und Herren!** = Ladies and Gentlemen!; *(Brief)* **Sehr geehrte Damen und Herren** = Dear Sirs

◇ **Damenbekleidungsgeschäft** *n* ladies' clothes shop *oder* women's wear shop

◇ **Damenoberbekleidung (DOB)** *f* ladies' wear

◇ **Damenunterwäsche** *f* lingerie

Dampf *m* steam; **jdm Dampf machen** = to make someone get a move on; **wir werden der Buchhaltung wegen des Schecks Dampf machen** = we will chase up the accounts department for the cheque

dämpfen *vt (Konjunktur, Preise)* to damp down *oder* to depress

◇ **dämpfend** *adj & adv* **diese Schritte werden dämpfend auf die Preise wirken** = these steps will act as a curb on prices

◇ **Dämpfung** *f* curb *oder* check; **konjunkturelle Dämpfung** = recession *oder* economic slowdown

Dänemark *n* Denmark

◇ **Däne/Dänin** *mf* Dane

◇ **dänisch** *adj* Danish

(NOTE: Hauptstadt: **Kopenhagen** = Copenhagen; Währung: **dänische Krone** = Danish krone)

Dank 1 *m* thanks; **die Versammlung sprach dem Organisationskomitee ihren Dank für seine Arbeit beim Ausrichten der internationalen Konferenz aus** = the meeting passed a vote of thanks to the organizing committee for their work in setting up the international conference ; **vielen Dank für Ihren Brief vom 25. Juni** = many thanks for *oder* thank you for your letter of June 25th **2** *prep* **dank** = thanks to; **dank eines Bankkredits konnte das Unternehmen seine Geschäfte weiterführen** = the company was able to continue trading thanks to a loan from the bank

◇ **danken** *vt* to thank; **der Ausschuß dankte dem scheidenden Vorsitzenden für seine Arbeit** = the committee thanked the retiring chairman for his work; **ich danke Ihnen für Ihre Unterstützung** = (I) thank you for your support

◇ **Dankesrede** *f* speech of thanks

◇ **Danksagung** *f* note of thanks

◇ **Dankschreiben** *n* letter of thanks

darlegen *vt* to set out; **die Einzelheiten in einem Bericht darlegen** = to set out the details in a report

Darlehen *n* loan *oder* credit *oder* advance; **gesichertes Darlehen** = secured loan; **hypothekarisch gesichertes Darlehen** = mortgage loan; **kurzfristiges Darlehen** = short-term loan; **langfristiges Darlehen** = long-term loan; **ungesichertes Darlehen** = unsecured loan; **zinsloses Darlehen** = interest-free loan; **ein Darlehen aufnehmen** = to take out a loan *oder* to borrow; **ein Darlehen gewähren** = to grant a loan; **ein Darlehen tilgen** *oder* **zurückzahlen** = to redeem *oder* to repay a loan; **jdm ein Darlehen gegen eine Sicherheit auszahlen** = to pay someone an advance against a security

◇ **Darlehensbetrag** *m* principal

◇ **Darlehensgeber/-in** *oder* **Darlehensgläubiger/-in** *mf* lender *oder* creditor

◇ **Darlehensnehmer/-in** *mf* borrower

◇ **Darlehensrückzahlung** *f oder* **Darlehenstilgung** *f* loan repayment

◇ **Darlehensvertrag** *m* loan contract

darstellen *vt* to represent; **falsch darstellen** = to misrepresent

◇ **Darstellung** *f* representation; **falsche Darstellung** = misrepresentation

darüber *adv* about it *oder* that; **darüber reden wir später** = we will talk about it later; **ich denke darüber nach** = I will think about it; **darüber hinaus** = apart from this *oder* that *oder* in addition

Datei *f (Computer)* file

Daten *pl* data; **die technischen Daten sind unten aufgeführt** = the technical specifications are set out below
◇ **Datenabruf** *m* data retrieval
◇ **Datenausgabe** *f* data output
◇ **Datenbank** *f* **(a)** data bank *oder* bank of data **(b)** *(Computer)* database; **wir können unserer Datenbank die Listen potentieller Kunden entnehmen** = we can extract the lists of potential customers from our database

> ein falscher Knopfdruck - und ganze Kundenkarteien oder Datenbanken verschwinden für immer
> *Focus*

◇ **Dateneingabe** *f* data input *oder* computer input *oder* input of information
◇ **Datenerfassung** *f* data acquisition *oder* data capture
◇ **Datenfernübertragung (DFÜ)** *f* data transmission
◇ **Datenfernverarbeitung** *f* teleprocessing
◇ **Datenkasse** *f* electronic point of sale (EPOS)
◇ **Datennetz** *n* data network
◇ **Datenrückgewinnung** *f* data retrieval *oder* information retrieval
◇ **Datenrückgewinnungssystem** *n* data retrieval system
◇ **Datenschutz** *m* data protection
◇ **Datenschutzbeauftragte(r)** *mf* data protection official

> die geplante Einführung eines bundesweiten Führerscheinregisters hat der Hamburger Datenschutzbeauftragte kritisiert
> *Blick durch die Wirtschaft*

◇ **Datenschutzgesetz** *n* data protection act
◇ **Datensichtgerät** *n* visual display unit (VDU)
◇ **Datenspeicherung** *f* data storage
◇ **Datenstation** *f* workstation *oder* data terminal
◇ **Datenträger** *m* data carrier
◇ **Datentypist/-in** *mf* keyboarder
◇ **Datenübertragung** *f* data transmission
◇ **Datenverarbeitung** *f* data processing *oder* information processing; **elektronische Datenverarbeitung (EDV)** = electronic data processing (EDP)
◇ **Datenverwaltung** *f* data management
◇ **Datenverwaltungssystem** *n* information management system (IMS)

datieren 1 *vt* to date; **Sie haben vergessen, den Scheck zu datieren** = you have forgotten to date the cheque; **er datierte den Brief auf den 20. Juli** = he dated the letter July 20th.; **der Scheck war vom 24. März datiert** = the cheque was dated March 24th; **nicht datiert** = undated; **er versuchte, einen nicht datierten Scheck einzulösen** = he tried to cash an undated cheque **2** *vi* to date (from); **der Vertrag datiert aus der Zeit vor der Wende** = the contract dates from before reunification; **der Brief datiert vom 20. Juli** = the letter is dated July 20th.
◇ **dato** *adv* **bis dato** = to date
◇ **Datowechsel** *m* dated bill *oder* time bill
◇ **Datum** *n* date; **einen Brief gleichen Datums** = a letter of the same date; **ich habe Ihren Brief mit gestrigem Datum erhalten** = I have received your letter of yesterday's date; **ohne Datum** = undated; **Datum und Ort der Ausstellung** = date and place of issue; **Datum Versands** = date of mailing
◇ **Datumsgrenze** *f* (international) date line
◇ **Datumsstempel** *m* date stamp

Dauer *f* duration *oder* period *oder* term *oder* life; **Dauer der Arbeitslosigkeit** = length of unemployment; **Dauer der Beschäftigung** = length of service; **Dauer eines Patents** = life of a patent; **während der Dauer des Vertrags** = during the term *oder* life of the contract
◇ **Dauerarbeitslose(r)** *mf* long-term unemployed person; *pl* **die Dauerarbeitslosen** = the long-term unemployed
◇ **Dauerarbeitslosigkeit** *f* long-term *oder* chronic unemployment
◇ **Dauerauftrag** *m* banker's order *oder* standing order; **er zahlt sein Abonnement** *oder* **seinen Beitrag per Dauerauftrag** = he pays his subscription by banker's order
◇ **Dauerbeschäftigung** *f* permanent employment *oder* permanent position
◇ **Dauerbetrieb** *m* permanent operation
◇ **Daueremittent** *m* constant issuer *oder* tap issuer
◇ **Dauererfolg** *m* long-running success
◇ **Dauergast** *m* long-stay guest
◇ **dauerhaft** *adj* permanent
◇ **Dauerhaftigkeit** *f* permanency
◇ **Dauerkarte** *f* season ticket
◇ **dauern** *vi* to last; **die Gespräche über Entlassungen dauerten den ganzen Tag** = the discussions over redundancies lasted all day; **es dauerte sechs Wochen, bis die Fabrik den Auftragsrückstand aufgearbeitet hatte** = it took the factory six weeks *oder* the factory took six weeks to clear the backlog of orders
◇ **dauernd** *adj & adv* continual(ly) *oder* continuous(ly) *oder* constant(ly); **der Fotokopierer geht dauernd kaputt** = the photocopier is continually breaking down
◇ **Dauerparker** *m* long-stay parker; **Parkplatz für Dauerparker** = long-stay car park
◇ **Dauerschaden** *m* long-term injury
◇ **Dauerschulden** *fpl* fixed *oder* long-term *oder* permanent debt
◇ **Dauerstellung** *f* permanent position
◇ **Dauerwohnrecht** *n* permanent right of tenure

Daumenregister *n* thumb index

Dax *oder* **DAX** = DEUTSCHER AKTIENINDEX German share index (DAX)

> die deutschen Aktienmärkte setzten am Dienstag zu Kurserholungen an. Die Tendenz war uneinheitlich, jedoch lag der Dax um 9,55 Punkte über Vortagschluß
> *Süddeutsche Zeitung*

dazu *adv* in addition to
◇ **dazugeben** *vt* to add
◇ **dazuverdienen** *vt* to earn extra money

DB = DEUTSCHE BUNDESBAHN *(formerly)* West German Rail *(cf* DR, DBAG)

DBA = DOPPELBESTEUERUNGSABKOMMEN

DBAG = DEUTSCHE BAHN AG

DBP = DEUTSCHE BUNDESPOST

Debatte *f* discussion *oder* debate

Debet *n* debit
◇ **Debetanzeige** *f* debit note
◇ **Debetsaldo** *m* debit balance
◇ **Debetspalte** *f* debit column *oder* debtor side

debitieren *vt* to debit
◇ **Debitor** *m* debtor; *pl* **Debitoren** = receivables *oder* accounts receivable *(cf* KREDITOREN)
◇ **Debitorenbuch** *n* sales ledger

Deck *n* **(a)** *(Schiff)* deck; **auf Deck** = on deck; **unter Deck** = below deck **(b)** *(Bus)* deck; **auf dem oberen Deck** = on the top deck **(c)** *(Parkhaus)* level

Deckadresse *oder* **Deckanschrift** *f* accommodation address

Decke *f* **(a)** blanket; **die finanzielle Decke ist etwas kurz** = finances are stretched a bit thin **(b)** ceiling; *(umg)* **an die Decke gehen** = to hit the roof
◇ **decken** *vt* to cover *oder* to meet; **die Police deckt keine Brandschäden** = damage by fire is excluded from the policy; **die Versicherung deckt Feuer, Diebstahl und Arbeitsausfall** = the insurance covers fire, theft and loss of work; **eine Position decken** = to cover a position; **der Kostendeckungspunkt ist erreicht, wenn der Umsatz alle Kosten deckt** = breakeven point is reached when sales cover all costs; **wir konnten nur unsere Kosten decken** = we cleared only our expenses; **wir machen nicht genügend Umsatz, um die Betriebskosten zu decken** = we do not make enough sales to cover the expense of running the shop

> konkrete Maßnahmen werden aus öffentlichen Geldern bestritten und durch Zuschüsse der Europäischen Union gedeckt
> ***Prager Zeitung***

◇ **Deckung** *f* cover *oder* collateral *oder* security; **zusätzliche Deckung verlangen** = to ask for additional cover; **Papiergeld ohne Deckung** = fiat money; **keine Deckung** = no funds *(siehe auch* DIVIDENDENDECKUNG)
◇ **Deckungsgeschäft** *n* hedging transaction *oder* hedge
◇ **Deckungskapital** *n* covering funds
◇ **Deckungslücke** *f* shortfall

> die Einkommenssteuern sollen zu einem großen Teil durch indirekte Steuererhöhungen finanziert werden, um die Deckungslücke im Öffentlichen Haushalt auszugleichen
> ***Frankfurter Allgemeine Zeitung***

◇ **Deckungssumme** *f* sum insured
◇ **Deckungszusage** *f* cover note *oder (US)* binder

Defekt *m* defect *oder* fault
◇ **defekt** *adj* defective *oder* faulty; **die Maschine fiel wegen eines defekten Kühlsystems aus** = the machine broke down because of a defective cooling system

defensiv *adj & adv* defensive(ly); **defensiv agieren** = to act defensively
◇ **Defensive** *f* defensive; **in die Defensive gedrängt werden** = to be forced onto the defensive

definitiv *adj* definite; **eine definitive Antwort** = a definite answer; **definitiver Bescheid** = definite reply

Defizit *n* deficit *oder* deficiency; **ein Defizit ausgleichen** = to make good a deficit *oder* to make up a deficiency; **verschleiertes Defizit** = hidden *oder* concealed deficit
◇ **defizitär** *adj* in deficit *oder* loss-making *oder* adverse
◇ **Defizitfinanzierung** *oder* **Defizitwirtschaft** *f* deficit financing

> die Leistungsbilanz wies ein Defizit von 2,2 Milliarden DM aus
> ***Blick durch die Wirtschaft***
> die Untersuchungen zeigen ein typisches Ertragsbild: Das Mengengeschäft ist defizitär, während das Geschäft mit Firmen und vermögenden Kunden hohe Gewinne abwirft
> ***Wirtschaftswoche***

Deflation *f* deflation
◇ **deflationär** *adj* deflationary; **die Regierung führte einige deflationäre Maßnahmen ein** = the government has introduced some deflationary measures

degradieren *vt* to downgrade *oder* to demote
◇ **Degradierung** *f* demotion

Degression *f* degression
◇ **Degressionseffekt** *m* *oder* **Degressionsgewinne** *pl* economies of scale
◇ **degressiv** *adj* degressive; **degressive Abschreibung** = degressive depreciation

dehnen *vt* to stretch

deklarieren *vt* to declare; **Waren beim Zoll** *oder* **gegenüber dem Zoll deklarieren** = to declare goods to customs
◇ **Deklaration** *f* declaration

Dekort *m* discount *oder* deduction
◇ **dekortieren** *vt* to discount *oder* to deduct

Dekret *n* decree

> die Länder wehren sich gegen Bonns Dekret zur Müllverbrennung
> ***Focus***

Delegation *f* delegation *oder* mission; **Auslandsbesuch einer Delegation** = outward mission; **Delegation aus dem Ausland** = inward mission *oder* delegation from abroad
◇ **delegieren** *vt* to delegate; **er kann nicht delegieren** = he cannot delegate
◇ **Delegierte(r)** *mf* delegate
◇ **Delegierung** *f* delegation

Delikt *n* crime *oder* tort

> in diesem Jahr sind bisher 339 versuchte und vollendete Delikte registriert worden; im Vorjahreszeitraum sind es 499 Fälle gewesen
> ***Blick durch die Wirtschaft***

Delkredere *n* del credere
◇ **Delkrederevertreter/-in** *mf* del credere agent

dementieren *vt* to deny; **Gerüchte dementieren** = to deny rumours

demontieren *vt* to dismantle *oder* to break up

Demoskop/-in *mf* (opinion) pollster
◇ **Demoskopie** *f* (public) opinion research

denken *vi* to think; **denken an** = to think of *oder* to remember; **haben Sie daran gedacht, die Zentrale zu bitten, Anrufe für mich in den Sitzungssaal weiterzuleiten?** = did you remember to ask the switchboard to put my calls through to the boardroom?
◇ **Denkfabrik** *f* think tank
◇ **Denkpause** *f* pause for thought *oder* break

> weitere Verhandlungstermine wurden zunächst nicht vereinbart. Die Arbeitgeber sprachen von einer Denkpause, die nötig sei
> *Frankfurter Allgemeine Zeitung*

Deponat *n* deposit
◇ **Deponent** *m* depositor
◇ **Deponie** *f* dump *oder* disposal site
◇ **deponieren** *vt* to deposit; **Aktienzertifikate bei einer Bank deponieren** = to deposit share certificates with a bank; **Geld bei jdm deponieren** = to lodge money with someone

> politische Zielvorgabe sei gewesen, die Deponie durch das Land von der Treuhand möglichst günstig zu erwerben und privat betreiben zu lassen
> *Die Welt*

Deport *m* backwardation

Depositen *pl* (term) deposits
◇ **Depositenbank** *f* deposit bank
◇ **Depositorium** *n* depository

Depot *n* **(a)** *(Lager)* depot *oder* depository **(b)** *(Bank)* strongroom **(c)** *(Gegenstand)* deposit
◇ **Depotgebühr** *f* safe deposit charge
◇ **Depotgeschäft** *n* security deposit business
◇ **Depotschein** *m* safe deposit certificate *oder* receipt
◇ **Depotstimmrecht** *n* proxy vote

Depression *f* depression

Deputat *n* payment in kind

deregulieren *vt* to deregulate
◇ **Deregulierung** *f* deregulation

> die Deregulierung durch den europäischen Binnenmarkt wird aber Stück für Stück zu Veränderungen führen
> *Der Tagesspiegel*

derzeit *adv* currently *oder* at present *oder* at the moment
◇ **derzeitig** *adj* current *oder* present; **die Aktien sind zum derzeitigen Kurs zu teuer** = the shares are too expensive at their present price

Desaster *n* disaster; **die Werbekampagne war ein Desaster** = the advertising campaign was a disaster

Design *n* design
◇ **Designer/-in** *mf* designer

designiert *adj* designate *oder* -elect; **der designierte Vorsitzende** = the chairman designate *oder* the chairman-elect

Desinflation *f* disinflation

Desinteresse *n* lack of interest

desinvestieren *vi* to disinvest
◇ **Desinvestition** *f* disinvestment

> im Bereich ‚Systeme' wurde die bereits 1992 eingeleitete Restrukturierung und Desinvestition weiter vorangetrieben
> *Neue Zürcher Zeitung*

Desktop publishing (DTP) *n* desk-top publishing (DTP)

destabilisieren *vt* to destabilize; **die Märkte wurden durch die Regierungskrise destabilisiert** = the markets were shaken by the crisis in the government

Detail *n* detail
◇ **detailliert** *adj* detailed *oder* in detail; **im Katalog sind alle Produkte detailliert aufgeführt** = the catalogue lists all the products in detail; **im Katalog sind die Zahlungsmodalitäten für ausländische Kunden detailliert aufgeführt** = the catalogue details the payment arrangements for overseas buyers

deuten auf *vi* to indicate *oder* to point at

deutlich *adj* clear *oder* plain; **er machte deutlich, daß er den Rücktritt des Managers wünschte** = he made it clear that he wanted the manager to resign

Deutschland *n* Germany; **Bundesrepublik Deutschland (BRD)** = Federal Republic of Germany (FRG)
◇ **Deutsche(r)** *mf* German
◇ **deutsch** *adj* German
(NOTE: Hauptstadt: **Berlin** ; Währung: **Deutsche Mark** = Deutschmark *oder* D-mark)
◇ **Deutsche Angestelltengewerkschaft (DAG)** *f* Trade Union of German Employees
◇ **Deutsche Bahn AG (DBAG)** *f* German Railways Plc *(since 1/1/94, the amalgamation of DB (Deutsche Bundesbahn - formerly West German Rail) and DR (Deutsche Reichsbahn - formerly East German Rail)*
◇ **Deutsche Bundespost (DBP)** *f* German Federal Post (Office)
◇ **Deutsche Industrie-Norm (DIN)** *f* German Industrial Standard
◇ **Deutscher Aktienindex (Dax** *oder* **DAX)** *m* German share index (DAX)
◇ **Deutscher Gewerkschaftsbund (DGB)** *m* Federation of German Trade Unions ≈ *(GB)*

Trades Union Congress (TUC) *oder* *(US)* AFL-CIO

◇ **Deutscher Industrie- und Handelstag (DIHT)** *m* Association of German Chambers of Commerce and Industry

Devisen *pl* foreign currency *oder* foreign exchange; **das Unternehmen besitzt mehr als DM 3 Millionen in Devisen** = the company has more than DM 3m in foreign exchange

◇ **Devisenbeschränkungen** *fpl* foreign exchange restrictions; **es heißt, die Regierung werde die Devisenbeschränkungen aufheben** = they say the government is going to lift exchange controls

◇ **Devisenbestimmungen** *fpl* foreign exchange control regulations

◇ **Devisenbewirtschaftung** *f* foreign exchange control

◇ **Devisenbilanz** *f* foreign exchange balance

◇ **Devisenbörse** *f* foreign exchange market; **er handelt an der Devisenbörse** = he trades on the foreign exchange market

◇ **Devisenbringer** *m (Wirtschaftsfaktor)* foreign exchange earner

◇ **Devisengeschäft** *n* exchange transaction

◇ **Devisenhandel** *m* foreign exchange dealing(s)

◇ **Devisenhändler/-in** *mf* foreign exchange dealer *oder* exchanger

◇ **Devisenknappheit** *f* shortage of foreign exchange

◇ **Devisenkonto** *n* foreign currency account

◇ **Devisenkontrolle** *f* exchange control; **die Regierung mußte Devisenkontrollen einführen, um die lebhafte Dollarnachfrage zu stoppen** = the government had to impose exchange controls to stop the rush to buy dollars

◇ **Devisenkurs** *m* exchange rate *oder* rate of exchange

◇ **Devisenmakler/-in** *mf* foreign exchange broker

◇ **Devisenmarkt** *m* foreign exchange market; **die Devisenmärkte reagierten auf die Abwertung des Dollars sehr lebhaft** = the foreign exchange markets were very active after the devaluation of the dollar

◇ **Devisenreserven** *fpl* foreign currency reserves *oder* foreign exchange reserves; **die Devisenreserven eines Landes** = a country's foreign currency reserves

◇ **Devisenspekulation** *f* foreign exchange speculation *oder* currency speculation

◇ **Devisenterminkurs** *m* forward exchange rate

◇ **Devisentransfer** *m* foreign exchange transfer

◇ **Devisenvergehen** *n* breach of exchange control regulations

> Lettland muß Brennstoff sparen, weil es Öl und Gas gegen Devisen in Rußland einkaufen muß
> ***Russischer Kurier***

dezentral *adj* decentralized

◇ **dezentralisieren** *vt* to decentralize; **der Konzern verfährt nach dem Grundsatz des dezentralisierten Einkaufs, wobei jeder Unternehmensbereich für den (eigenen) Einkauf verantwortlich ist** = the group has a policy of decentralized purchasing where each division is responsible for its own purchasing

◇ **Dezentralisierung** *oder* **Dezentralisation** *f* decentralization; **die Dezentralisierung des Einkaufs** = the decentralization of the buying departments

Dezernat *n* department

Dezil *n* decile

dezimal *adj* decimal

◇ **Dezimalisierung** *f* decimalization

◇ **Dezimalstelle** *f* decimal place; **bis auf drei Dezimalstellen richtig** = correct to three decimal places *oder* three places of decimals

◇ **Dezimalsystem** *n* decimal system; **auf das Dezimalsystem umstellen** = to decimalize

DFÜ = DATENFERNÜBERTRAGUNG

DGB = DEUTSCHER GEWERKSCHAFTSBUND

d.h. *abk* i.e.; **die Einfuhrbeschränkungen gelten für teure Artikel, d.h. Artikel, die mehr als $2.500 kosten** = the import restrictions apply to expensive items, i.e. items costing more than $2,500; **die größten Unternehmen, d.h. die Firmen Blumenstock und Frankenstein, hatten ein sehr gutes erstes Quartal** = the largest companies, i.e. Blumenstock's and Frankenstein's, had a very good first quarter

Diagramm *n* **(a)** diagram *oder* chart; **das Diagramm stellt die Inflationsentwicklung dar** = the diagram shows the development of inflation; **er zeichnete ein Diagramm, um zu zeigen, wie die Entscheidungsprozesse ablaufen** = he drew a diagram to show how the decision-making processes work; **das Papier zeigt ein Diagramm der Organisationsstruktur des Unternehmens** = the paper gives a diagram of the company's organizational structure; **in einem Diagramm** = diagrammatically; **die Absatzstruktur ist in einem Diagramm dargestellt** = the sales pattern is shown in diagrammatic form **(b)** graph; **das Diagramm veranschaulicht die zunehmende Rentabilität des Unternehmens** = the graph shows the company's rising profitability

Diäten *pl* parliamentary allowance(s)

-dicht *suff* -tight *oder* -proof

Diebstahl *m* theft; **sich gegen Diebstahl versichern** = to take out insurance against theft; **sie versuchen, ihre diebstahlsbedingten Verluste zu mindern** = they are trying to cut their losses from theft; **eines unserer größten Probleme ist Diebstahl in der Weinabteilung** = one of our biggest problems is stealing in the wine department

◇ **diebstahlsicher** *adj* theft-proof *oder* antitheft; **diebstahlsicheres Schloß** = antitheft lock

◇ **Diebstahlsicherungsetikett** *n* antitheft tag

Dienst *m* **(a)** service; **öffentlicher Dienst** ≈ civil service; **er arbeitet im öffentlichen Dienst** ≈ he has a job in the civil service **(b)** duty; **im Dienst** = on duty; **er ist heute nicht im Dienst** = he is not on duty *oder* he is off duty today; **die Telefonistin hat von 6 bis 9 Uhr Dienst** = the switchboard operator is on duty from 6 to 9 a.m. **(c) Dienst nach Vorschrift** = work-to-rule; **Dienst nach**

Vorschrift tun = to work to rule **(d) außer Dienst stellen** = to lay up *oder* to decommission; **die Hälfte der Schiffsflotte ist durch die Rezession außer Dienst gestellt** = half the shipping fleet is laid up by the recession

◇ **Dienstakte** *f* service record *oder* record of service

◇ **Dienstalter 1** *n* seniority *oder* length of service; **nach Dienstalter bezahlt werden** = to be paid according to length of service **2** *adj* **dienstälter** = senior

◇ **Dienstaltersstufe** *f* age group

◇ **Dienstanweisung** *f* instructions *oder* regulations

◇ **Dienstaufsicht** *f* supervision

◇ **Dienstauto** *n* official car *oder* company car

◇ **Dienstgebrauch** *m* **nur für den Dienstgebrauch** = for official use only

◇ **diensthabend** *adj* on duty

Dienstleistung *f* service; **der Wirtschaftsprüfer schickte die Rechnung für seine Dienstleistungen ein** = the accountant sent in his bill for professional services

◇ **Dienstleistungsabend** *m* late-closing night

◇ **Dienstleistungsberuf** *m* job in the services sector

◇ **Dienstleistungsbetrieb** *m* service company

◇ **Dienstleistungsbilanz** *f* balance of invisible trade

◇ **Dienstleistungsbranche** *f* *oder* **Dienstleistungsgewerbe** *n* service industry *oder* tertiary industry

◇ **Dienstleistungsgesellschaft** *f* service economy

◇ **Dienstleistungssektor** *m* service sector *oder* tertiary sector

◇ **Dienstleistungsunternehmen** *n* service enterprise

dienstlich 1 *adj* official; **dienstliche Unterlagen** = official documents; **in dienstlicher Angelegenheit** = on official business **2** *adv* officially *oder* on business; **ich möchte ihn dienstlich sprechen** = I want to speak to him officially *oder* on official business; **er ist dienstlich unterwegs** = he is away on business

◇ **Dienstordnung** *f* official regulations

◇ **Dienstpersonal** *n* staff *oder* personnel

◇ **Dienstplan** *m* rota *oder* duty roster

◇ **Dienstrang** *m* grade *oder* rank

◇ **Dienstreise** *f* business trip

◇ **Dienstschluß** *m* end of office hours; **das Büropersonal hat um 17.30 Uhr Dienstschluß** = the office staff stop work at 5.30 p.m.

◇ **Dienstsiegel** *n* official seal

◇ **Dienststelle** *f* department; **zuständige Dienststelle** = relevant department

◇ **Dienststempel** *m* official stamp

◇ **Dienststunden** *fpl* office hours *oder* working hours; **keine privaten Telefongespräche während der Dienststunden** = no private telephone calls during office hours

◇ **Dienstvertrag** *m* service agreement *oder* service contract *oder* contract of employment

◇ **Dienstwagen** *m* official car *oder* company car

◇ **Dienstweg** *m* official channel(s); **den Dienstweg beschreiten** *oder* **den Dienstweg gehen** = to go through official channels; **jdm etwas auf dem Dienstweg schicken** = to send someone something through the proper *oder* official channels

◇ **Dienstwohnung** *f* company flat

◇ **Dienstzeit** *f* **(a)** length of service *oder* tenure **(b)** office hours *oder* working hours; **keine Anrufe während der Dienstzeit** = do not telephone during office hours; **während der normalen Dienstzeiten geöffnet** = open during normal office hours

diesbezüglich *adj & adv* in this connection *oder* with respect to; **wir haben diesbezüglich vorgesorgt** = we have made provision to this effect

Differentialtarife *mpl* differential tariffs

Differenz *f* **(a)** difference *oder* discrepancy **(b)** *(an der Börse)* spread

◇ **Differenzbetrag** *m* difference *oder* balance

differieren *vi* to differ *oder* to be different from; **der Saldo differiert um DM 20** = the balance is DM 20 out

digital *adj* digital

◇ **Digitalcomputer** *m* digital computer

◇ **Digitaltechnik** *f* digital technology

◇ **Digitaluhr** *f* digital clock

> was alle drei angebotenen Systeme verbindet, ist die Digitaltechnik für die Tonaufzeichnung in extrem hoher Qualität
>
> ***Blick durch die Wirtschaft***

DIHT = DEUTSCHER INDUSTRIE- UND HANDELSTAG

Diktaphon *n* *(Warenzeichen)* Dictaphone

Diktat *n* dictation; **ein Diktat aufnehmen** = to take dictation; **die Sekretärin nahm das Diktat auf** = the secretary was taking dictation; **etwas nach Diktat schreiben** = to write something from dictation; **nach Diktat verreist** = dictated by X and signed in his/her absence

◇ **diktieren** *vt* to dictate; **der Sekretärin einen Brief diktieren** = to dictate a letter to the secretary; **er diktierte in sein Taschendiktiergerät** = he was dictating into his pocket dictating machine

◇ **Diktiergerät** *n* dictating machine

◇ **Diktiertempo** *n* dictation speed

Dime *m* *(US Zehncentstück)* dime *(cf* CENT, NICKEL)

DIN = DEUTSCHE INDUSTRIE-NORM(EN) German industrial standard(s); **DIN A1, A2, A3, A4, A5** = A1, A2, A3, A4, A5

◇ **DIN-Format** *n* German standard paper size

Diplom *n* diploma *oder* certificate

◇ **Diplom-** *pref* qualified

Diplomat/-in *mf* diplomat *oder* diplomatist

◇ **Diplomatenkoffer** *m* executive briefcase

◇ **diplomatisch** *adj* diplomatic; **diplomatische Immunität** = diplomatic immunity; **er berief sich**

auf seine diplomatische Immunität, um nicht verhaftet zu werden = he claimed diplomatic immunity to avoid being arrested; **jdm diplomatischen Status verleihen** = to grant someone diplomatic status; **eine diplomatische Antwort geben** = to give a diplomatic answer; **sich diplomatisch ausdrücken** = to express oneself diplomatically

Diplombetriebswirt/-in *mf oder* **Diplomkaufmann/-frau** *mf* qualified management expert *oder* business school graduate

◇ **Diplomdolmetscher/-in** *mf* qualified interpreter

◇ **diplomiert** *adj* qualified

◇ **Diplomingenieur/-in** *mf* qualified engineer

◇ **Diplomübersetzer/-in** *mf* qualified translator

◇ **Diplomvolkswirt/-in** *mf* graduate economist

Direct-mailing *n* direct mailing

direkt 1 *adj* direct; **direkte Besteuerung** = direct taxation; **der Staat nimmt mehr Geld durch indirekte als durch direkte Besteuerung ein** = the government raises more money by indirect taxation than by direct; **direkte Steuern** *fpl* = direct taxes; **direkte Draht** *oder* **Leitung** *oder* **Verbindung** = direct line; **mein direkter Vorgesetzter** = my immediate superior **2** *adv* direct *oder* directly; **er fuhr direkt zum Flughafen, nachdem er die telefonische Nachricht erhalten hatte** = he left for the airport directly after receiving the telephone message; **wir verhandeln direkt mit dem Hersteller, ohne einen Großhändler einzuschalten** = we deal directly with the manufacturer, without using a wholesaler; **wir zahlen Einkommenssteuer direkt an den Staat** = we pay income tax direct to the government; **der Manager drückt sich sehr direkt aus** = the manager is a very plain-spoken man

◇ **Direktflug** *m (ohne umzusteigen)* direct flight (*cf* NONSTOPFLUG)

Direktion *f* **(a)** *(Verwaltung)* administration *oder* management **(b)** *(Vorstand)* directorate **(c)** *(Büro)* head office *oder* main office

Direktive *f* directive

Direktlieferung *f* drop shipment

> Direktlieferungen vom Hersteller in die Läger gibt es nur in den Fällen, in denen die Losgrößen eine entsprechende Transportskapazitätsauslastung ermöglichen
>
> ***Die Wirtschaft***

Direktor/-in *mf* **(a)** director; **der Direktor des staatlichen Forschungsinstituts** = the director of the government research institute; **sie wurde zur Direktorin ernannt** = she was appointed director; **geschäftsführende(r) Direktor/-in** = company director *oder* managing director; **der geschäftsführende Direktor ist in seinem Büro** = the MD is in his office; **Vorsitzender und geschäftsführender Direktor** = chairman and managing director; **sie wurde zur geschäftsführenden Direktorin einer Immobiliengesellschaft ernannt** = she was appointed MD of a property company **(b)** headteacher *oder* principal

◇ **Direktorenposten** *m* directorship; **ihm wurde bei Sperzel & Co. ein Direktorenposten angeboten** = he was offered a directorship with Sperzel & Co.

◇ **Direktorium** *n* directorate *oder* board of directors

Direktsendung *f oder* **Direktübertragung** *f* live transmission *oder* live broadcast

◇ **Direktverkauf** *m* direct selling; **Direktverkauf an der Haustür** = **(a)** door-to-door *oder* house-to-house selling **(b)** door-to-door canvassing

◇ **Direktversand** *m* direct mail(ing); **diese Taschenrechner werden nur im Direktversand verkauft** = these pocket calculators are only sold by direct mail

◇ **Direktversandbetrieb** *m* direct mail business; **das Unternehmen betreibt einen erfolgreichen Direktversandbetrieb** = the company runs a successful direct-mail operation

◇ **Direktwerbung** *f* direct advertising

Dirigismus *m* dirigism *oder* regulation

◇ **dirigistisch** *adj* dirigiste *oder* planned *oder* state-controlled; **dirigistische Maßnahmen** = interventionist measures

Disagio *n* discount

Discounter *m* discounter (of goods)

◇ **Discountgeschäft** *n oder* **Discountladen** *m* discount shop *oder* discount store

> als seine Hauptkonkurrenten nennen die Fachhändler die Großvertriebsformen, vor allem die Discounter und Fachmärkte, aber auch ‚discountende' Geschäfte aus den eigenen Reihen und neuerdings innerstädtische Einkaufszentren
>
> ***Frankfurter Allgemeine Zeitung***

Diskette *f* diskette

◇ **Diskettenlaufwerk** *n* disk drive

Diskont *m* discount; **einen Wechsel zum Diskont geben** = to discount a bill

◇ **Diskontbank** *f* discount bank *oder* discount house

◇ **Diskonten** *pl* discounted bills

◇ **diskontfähig** *adj* discountable; **diese Wechsel sind nicht diskontfähig** = these bills are not discountable

◇ **Diskontgeschäft** *n* discount transaction

◇ **diskontierbar** *adj* bankable *oder* discountable

◇ **diskontieren** *vt* to discount; **Wechsel diskontieren** = to discount bills of exchange

◇ **diskontiert** *adj* discounted; **diskontierter Cash-flow** = discounted cash flow

◇ **Diskontsatz** *m* discount rate

◇ **Diskontwert** *m* discounted value

> die russische Notenbank in Moskau will den Diskontsatz von derzeit 200 Prozent noch in dieser Woche ein weiteres Mal senken
>
> ***Süddeutsche Zeitung***

Diskredit *m* discredit; **jdn in Diskredit bringen** = to discredit someone

Diskrepanz *f* discrepancy

diskriminieren *vt* to discriminate against
◇ **Diskriminierung** *f* discrimination; **Diskriminierung aufgrund des Geschlechts** = sex(ual) discrimination *oder* discrimination on grounds of sex

Diskussion *f* discussion; **nach zehnminütiger Diskussion** = after ten minutes' discussion; **zur Diskussion kommen** = to come up for discussion; **zur Diskussion stehen** = to be under discussion; **etwas zur Diskussion stellen** = to bring something up for discussion
◇ **diskutieren** *vt* to discuss; **der Ausschuß diskutierte die Frage von Einfuhrzöllen auf Autos** = the committee discussed the question of import duties on cars

Dispache *f* average adjustment
◇ **Dispacheur** *m* average adjuster

Display *n (Werbesprache, Computer)* display

disponibel *adj* available; **disponibles Kapital** = available capital
◇ **Disponibilität** *f* availability

Disposition *f* **(a)** disposal; **etwas steht jdm zur Disposition** = something is at someone's disposal **(b)** arrangement *oder* provision; **seine Dispositionen ändern** = to change one's plans **(c)** layout *oder* plan; **eine Disposition zu einer Rede machen** = to make a plan of a speech **(d)** susceptibility; **eine Disposition zu bestimmten Krankheiten haben** = to be susceptible to certain diseases
◇ **Dispositionsfonds** *m (im Staatshaushalt)* reserve funds
◇ **Dispositionskredit** *m* drawing credit *oder* overdraft facility

Distanzgeschäft *n* mail-order buying
◇ **Distanzscheck** *m (US)* out-of-town check *oder* foreign items
◇ **Distanzwechsel** *m (US)* out-of-town bill

Distribution *f* distribution
◇ **Distributionskanal** *oder* **Distributionsweg** *m* distribution channel *oder* channel of distribution

Disziplin *f* discipline
◇ **Disziplinarverfahren** *n* disciplinary procedure *oder* proceedings

divers *adj* various; **Diverses** = sundry items *oder* sundries

Diversifikation *oder* **Diversifizierung** *f* diversification
◇ **diversifizieren** *vi* to diversify

Dividende *f* dividend; **mit Dividende** = cum dividend; **ohne Dividende** = ex dividend; **die Aktien werden ohne Dividende notiert** = the shares are quoted ex dividend; **eine Dividende ausschütten** = to distribute a dividend; **Dividenden in gleicher Höhe ausschütten** = to maintain the dividend; **keine Dividende ausschütten** *oder* **die Dividende ausfallen lassen** = to pass the dividend; **die Dividende erhöhen** = to raise *oder* to increase the dividend; **eine Dividende festsetzen** = to declare a dividend; **die Dividende kürzen** = to cut the dividend; **die Dividenden sind vierfach gedeckt** = the dividend is covered four times; **satzungsmäßige Dividende** = statutory dividend
◇ **Dividendenausschüttung** *f* distribution of dividends *oder* dividend payout
◇ **dividendenberechtigt** *adj* eligible for *oder* entitled to (a) dividend
◇ **Dividendendeckung** *f* dividend cover
◇ **Dividendenertrag** *m* dividend yield
◇ **Dividendenschein** *m* dividend coupon
◇ **Dividendenzahlungsanweisung** *f* dividend warrant
◇ **Dividendenzuschlag** *m* surplus dividend

DM *oder* **D-Mark** *f* = DEUTSCHE MARK Deutschmark *oder* Mark *oder* (German) mark

D-Netze *npl* two (D1 & D2) digital mobile communications networks in Germany *(siehe auch* E-NETZ)

Dock *n* dock; **ins Dock bringen** = to dock; **das Schiff wurde um 17.00 Uhr ins Dock gebracht** = the ship docked at 17:00
◇ **Dockarbeiter** *m* dock worker *oder* docker
◇ **docken** *vt* to dock
◇ **Docker** *m* docker
◇ **Dockgebühren** *fpl* dock dues
◇ **Dockmeister** *m* dock manager

Dokument *n* document; *pl* **Dokumente** = documentation; **Dokumente gegen Akzept** = documents against acceptance (D/A); **Dokumente gegen Zahlung** = documents against payment (D/P)
◇ **dokumentarisch** *adj* documentary
◇ **Dokumentation** *f* documentation
◇ **Dokumentenakkreditiv** *n* documentary letter of credit
◇ **Dokumententratte** *f* documentary draft

Dollar *m* dollar; **der US-Dollar stieg um 2%** = the US dollar rose 2%; **es kostet sechs australische Dollar** = it costs six Australian dollars; **fünfzig kanadische Dollar** = fifty Canadian dollars
◇ **Dollarbilanz** *f* dollar balance
◇ **Dollarkrise** *f* dollar crisis
◇ **Dollarkurs** *m* dollar rate
◇ **Dollarlücke** *f* dollar gap *oder* dollar shortage
◇ **Dollarmillionär/-in** *mf* dollar millionaire
◇ **Dollarschein** *m* dollar bill *oder (US umg)* greenback
◇ **Dollarzone** *f* dollar area

dolmetschen *vi* to interpret; **mein Assistent spricht Griechisch, daher wird er für uns dolmetschen** = my assistant knows Greek, so he will interpret for us
◇ **Dolmetscher/-in** *mf* interpreter; **meine Sekretärin wird als Dolmetscherin fungieren** = my secretary will act as interpreter

Dominikanische Republik *f* Dominican Republic
◇ **Dominikaner/-in** *mf* Dominican

◇ **dominikanisch** *adj* Dominican
(NOTE: Hauptstadt: **Santo Domingo** ; Währung: **dominikanischer Peso** = Dominican peso)

Domizil *n* **(a)** *(Wohnsitz)* domicile **(b)** *(Wechsel)* place of payment

◇ **Domizilwechsel** *m* domiciled bill

Doppel *n* duplicate (copy); **das Doppel einer Urkunde einreichen** = to submit a duplicate document

◇ **Doppel-** *pref* double

◇ **Doppelbesteuerung** *f* double taxation

◇ **Doppelbesteuerungsabkommen (DBA)** *n* double taxation agreement

◇ **Doppelbuchung** *f* double booking

◇ **Doppelschicht** *f* double shift; **sie arbeiten Doppelschichten** = they work double shifts

◇ **doppelt 1** *adj* double *oder* duplicate; **doppelte Arbeit** = duplication of work; **eine Rechnung in doppelter Ausfertigung drucken** = to print an invoice in duplicate; **doppelte Buchführung** = double-entry bookkeeping; **doppelte Staatsbürgerschaft** = dual nationality **2** *adv* double; **doppelt belegen** *oder* **doppelt buchen** = to double-book; **wir mußten unseren Flug umbuchen, da unsere Plätze doppelt gebucht worden waren** = we had to change our flight as we were double-booked; **ihr Umsatz ist doppelt so hoch wie unserer** = their turnover is double ours; **er verdient doppelt soviel wie sie** = he earns twice as much as her

◇ **Doppelte(s)** *n* double; **die Umsätze sind auf das Doppelte gestiegen** = sales have doubled; **das Doppelte verdienen** = to earn twice as much *oder* to be on double time

◇ **Doppelverdiener** *m* person with two incomes; *pl* two-income family *oder* couple with two incomes; **kinderlose Doppelverdiener** = Dinkies *(kurz für* DOUBLE INCOME NO KIDS)

◇ **Doppelzimmer** *n* double room

◇ **Doppik** *f* double-entry bookkeeping

Dotation *f* endowment

◇ **dotieren** *vt* **(a)** to remunerate **(b)** to endow *oder* to donate

◇ **dotiert** *adj* **(a)** paid *oder* remunerated; **eine gut dotierte Stellung** = a well-paid *oder* remunerative position **(b)** endowed *oder* donated; **eine reich dotierte Stiftung** = a well-endowed foundation

◇ **Dotierung** *f* **(a)** remuneration **(b)** endowment *oder* donation

Dow-Jones-Index *m* Dow Jones Index; **der Dow-Jones-Index stieg um zehn Punkte** = the Dow Jones Index rose ten points; **der allgemeine Optimismus zeigte sich im Anstieg des Dow-Jones-Index** = general optimism showed in the rise of the Dow Jones Index

DR = DEUTSCHE REICHSBAHN *(formerly)* East German Rail *(cf* DB, DBAG)

Draht *m* wire; **heißer Draht** = hot line; **auf Draht sein** = to be on the ball *oder* to know one's stuff

◇ **drahtlos** *adj* cordless; **drahtloses Telefon** = cordless telephone

dranbleiben *vi (Telefon)* to hang on

drastisch *adj & adv* drastic(ally); **die Ausgaben drastisch kürzen** = to cut costs drastically; **Preise drastisch senken** = to hammer prices

Draufgabe *f oder* **Draufgeld** *n* earnest

drauflegen *vt (umg)* to lay out *oder* to shell out; **noch 50 Mark drauflegen** = to lay out an extra 50 marks

◇ **draufzahlen** *vt (umg)* to pay (more) for something; **bei dem Geschäft mußte ich draufzahlen** = the deal has left me out of pocket

dreifach *adj* triple; **in dreifacher Ausfertigung** = in triplicate; **eine Rechnung in dreifacher Ausfertigung drucken** = to print an invoice in triplicate; **Rechnungen in dreifacher Ausfertigung (ausstellen)** = invoicing in triplicate

◇ **Dreifache(s)** *n* **das Dreifache** = three times the amount

◇ **dreimal** *adv* three times; **die Luftfrachtkosten für die Waren sind dreimal so hoch wie die Herstellungskosten** = the cost of airfreighting the goods is triple their manufacturing cost

> auf dem Weg in den europäischen Teil Rußlands verteuern sich die Produkte um das Drei- bis Vierfache
>
> ***Russischer Kurier***

Dreischichtenbetrieb *m* three-shift operation

dringend 1 *adj* pressing *oder* urgent; **dringende Rechnungen** = pressing bills; **dringende Termine** = pressing engagements **2** *adv* urgently; **ich muß Sie dringend sprechen** = I must see you urgently *oder* I have something urgent to discuss with you; **die Sache muß dringend erledigt werden** = the matter has to be dealt with urgently

◇ **dringlich** *adj & adv* urgent(ly)

◇ **Dringlichkeit** *f* urgency; **die Sache ist von äußerster Dringlichkeit** = the matter is of the utmost urgency

◇ **Dringlichkeitsstufe** *f* priority; **höchste Dringlichkeitsstufe** = top priority

dritte(r,s) *adj* third; **drittes Quartal** = third quarter; **Dritte Welt** = Third World; **wir verkaufen Traktoren in die Dritte Welt** *oder* **in Länder der Dritten Welt** = we sell tractors into the Third World *oder* to Third World countries; **jeder dritte Arbeitsplatz geht verloren** = to lose a third of the workforce

◇ **Dritte(r)** *m* third party; **mit dem Fall befaßt sich ein Dritter** = the case is in the hands of a third party; **das Dokument sollte von einem Dritten als Zeuge unterschrieben werden** = the document should be witnessed by a third person

◇ **Drittel** *n* third; **alles mit einem Drittel Rabatt verkaufen** = to sell everything at one third off; **das Unternehmen hat zwei Drittel des Gesamtmarktes** = the company has two thirds of the total market

◇ **Drittinteresse** *n* third party interest

◇ **drittklassig** *oder* **drittrangig** *adj* third-class *oder* third-rate

◇ **Drittland** *n* third country; *(EU)* non-EU member state

> der europäische Arbeitsmarkt ist zur Zeit von Rezession und Strukturkrisen geprägt. Durch die Zuwanderung von Arbeitskräften aus Drittländern verschärft sich die Situation weiter
> ***Blick durch die Wirtschaft***

◇ **Drittschaden** *m* damage suffered by a third party *oder* third party damage

◇ **Drittschrift** *f* third copy

◇ **Drittschuldner/-in** *mf* garnishee *oder* third-party debtor

Droge *f* drug

◇ **Drogenhandel** *m* drugs traffic

◇ **Drogerie** *f* chemist's (shop) *oder (US)* drugstore

drohen *vi* **(a)** to threaten; **mit Streikmaßnahmen drohen** = to threaten strike action **(b)** to threaten *oder* to be imminent; **es droht eine Krise** = a crisis threatens *oder* looms *oder* is looming; **dem Unternehmen droht die Übernahme** = the company is in danger of being taken over; **ihr droht die Entlassung** = she is in danger of being made redundant; **die Verhandlungen drohen doch noch zu scheitern** = the negotiations are in danger of breaking down after all

◇ **drohend** *adj* **(a)** threatening **(b)** imminent *oder* impending; **eine drohende Niederlage** = an impending defeat; **das drohende Scheitern der Verhandlungen** = the imminent breakdown of negotiations; **drohende Verluste in Millionenhöhe** = impending losses in the millions *oder* to the tune of millions

> Frankreichs Premierminister drohte unterdessen mit einem französischen Alleingang innerhalb der EU, um die Fischindustrie seines Landes zu schützen
> ***Die Welt***

Drop-out *m (Aussteiger, Computerausfall)* dropout

drosseln *vt* to throttle *oder* to curb *oder* to slow down; **das Unternehmen drosselte die Produktion aufgrund schwächerer Nachfrage** = the company reduced output because of a fall in demand; **die Produktion drosseln** = to cut (back) production; **die Unternehmensleitung beschloß, die Produktion zu drosseln** = the management decided to slow down production

◇ **Drosselung** *f* reducing *oder* curbing *oder* cutting down

> die Gewinnung müsse entscheidend gedrosselt werden, bevor eine Normalisierung des Verhältnisses zwischen Angebot und Nachfrage auf dem westlichen Markt erwartet werden könne
> ***Blick durch die Wirtschaft***
> eine andere Lösung bestünde in einer Drosselung der ungebrochen hohen Exporte aus der GUS in den Westen
> ***Blick durch die Wirtschaft***

Druck 1 *m* pressure *oder* squeeze; **die Banken übten Druck auf das Unternehmen aus, damit es seine Kreditaufnahmen reduziert** = the banks put pressure on the company to reduce its borrowings; **er stand unter erheblichem finanziellem Druck** = he was under considerable financial pressure; **jdn unter Druck setzen, etwas zu tun** = to put pressure on someone to do something **2** *m* print(ing); **das Buch in Druck geben** = to send the book to press *oder* to be printed; **das Buch ist im Druck** = the book is being printed; **im Druck erscheinen** = to appear in print

◇ **Druckbuchstabe** *m* printed letter *oder* character; **in Druckbuchstaben schreiben** = to write in block capitals *oder* to print; **schreiben Sie bitte Ihren Namen und Ihre Adresse in Druckbuchstaben oben auf das Formular** = please print your name and address on the top of the form

drucken *vt* to print

◇ **Drucker** *m* printer; **der Drucker hat kein Papier mehr** = the printer has run out of paper

◇ **Druckerei** *f* printing firm *oder* printing works

◇ **Druckfranchise** *n* printing franchise

◇ **Drucksache** *f* printed matter

◇ **Druckschrift** *f* block capitals; **in Druckschrift schreiben** = to write in block capitals *oder* to print

drücken *vt* to (de)press *oder* to force down *oder* to squeeze; **den Knopf drücken** = to press *oder* to push the button; **die Preise drücken** = to force prices down; **der Wettbewerb hat die Preise gedrückt** = competition has forced prices down; **Gewinnspannen** *oder* **Gewinne drücken** = to squeeze margins *oder* profits; **unsere Gewinnspannen sind durch die Konkurrenz gedrückt worden** = our margins have been squeezed by the competition

◇ **Drücker** *m (umg)* door-to-door *oder* house-to-house salesman

◇ **Drucksterilisierung** *f (von Lebensmitteln)* pressure sterilization

DTP = DESKTOP PUBLISHING

Dual-use-Produkte *npl (für militärische als auch für zivile Zwecke einsetzbar)* dual use products

> für vordringlich hält der BDI auch die Harmonisierung der unterschiedlichen Kontrollregelungen bei der Ausfuhr von Gütern mit zivilem und militärischem Verwendungszweck (dual use)
> ***Frankfurter Allgemeine Zeitung***

dubios 1 *adj* dubious *oder* shady *oder* fly-by-night; **dubiose Geschäfte tätigen** = to make shady deals; **dubiose Machenschaften** = dubious wheeling and dealing **2** *pl* **Dubiosen** = bad *oder* doubtful debts

Duldung *f* toleration; **stillschweigende Duldung** = acquiescence *oder* tacit connivance

Dumping *n (fin)* dumping

◇ **Dumpingpreis** *m (Schleuderpreis)* dumping price

dunkel *adj* dark; **dunkles Geschäft** = shady deal; **dunkle Kanäle** = dubious channels; **Information durch dunkle Kanäle erhalten** = to receive information through dubious channels

Duplikat *n* duplicate

durch *prep* through; **sie läßt sich durch einen Anwalt vertreten** = she is represented by a lawyer; **etwas durch Aushang bekanntmachen** = to put up a notice about something; **durch**

Kostensenkungen wettbewerbsfähig werden = to become competitive by cutting costs; **etwas durch die Medien erfahren** = to hear of something via the media; **durch Mehrheitsbeschluß** = by a majority (decision); **durch die Post** = by post; **der Transport geht durch den Suezkanal** = the shipment is going via the Suez Canal; **durch Unterschrift sein Einverständnis erklären** = to sign one's agreement
◇ **durchaus** *adv* quite *oder* definitely; **er ist durchaus fähig, die Abteilung alleine zu leiten** = he is quite capable of running the department alone; **Sie haben durchaus recht** = you are quite right

Durchblick *m (umg)* knowledge *oder* understanding; **den Durchblick verlieren (bei)** = to lose track (of)
◇ **durchblicken** *vi (umg)* to understand; **da blicke ich nicht durch** = I don't get it *oder* I cannot make head or tail of it

durchbrechen *vt* to break through

durchbuchen *vt* to book through; **er hat ein (Flug)ticket bis nach Kairo durchgebucht** = he booked a (plane) ticket through to Cairo

durchchecken *vt* **(a)** *(Listen, Aufzeichnungen)* to check through **(b)** *(Fluggepäck bis zum Zielort)* to check through

durchfahren 1 *vi* **(a)** to go through; **durch den Tunnel durchfahren** = to go through the tunnel **(b)** to go straight through; **der Zug fährt bis Hamburg durch** = the train goes all the way through to Hamburg; **der Zug fährt in Sterbfritz durch** = the train does not stop at Sterbfritz; **sie sind bei Rot durchgefahren** = they jumped the lights; **die ganze Nacht durchfahren** = to travel through the night **2** *vt* to travel through; **das Industriegebiet durchfahren** = to drive through the industrial area
◇ **Durchfahrt** *f* **(a)** *(Durchreise)* way through; **auf der Durchfahrt sein** = to be passing through **(b)** *(Zufahrt)* thoroughfare *oder* way through; **Durchfahrt bitte freihalten!** = please keep access free **(c)** *(Durchfahren)* passage through; **keine Durchfahrt!** *oder* **Durchfahrt verboten!** = no through road *oder* no thoroughfare *oder* no way through
◇ **Durchfahrtserlaubnis** *f* transit licence
◇ **Durchfahrtshöhe** *f* headroom *oder* clearance
◇ **Durchfahrtsrecht** *n* right of way
◇ **Durchfahrtsstraße** *f* through road
◇ **Durchfahrtsverbot** *n* ban on through traffic

durchfallen *vi* to fail; **durch die Prüfung fallen** = to fail the exam

Durchfracht *f* through freight *oder* transit freight
◇ **Durchfrachtbrief** *m* *oder* **Durchfrachtkonnossement** *n* through bill of lading

Durchfuhr *f* transit
◇ **Durchfuhrerlaubnis** *f* transit permit
◇ **Durchfuhrhandel** *m* transit trade
◇ **Durchfuhrland** *n* transit country
◇ **Durchfuhrverbot** *n* transit embargo
◇ **Durchfuhrzoll** *m* transit duty

durchführbar *adj* feasible *oder* viable
◇ **Durchführbarkeit** *f* feasibility *oder* viability; **über die Durchführbarkeit eines Projekts berichten** = to report on the feasibility of a project
◇ **Durchführbarkeitsbericht** *m* feasibility report
◇ **Durchführbarkeitsstudie** *f* feasibility study; **eine Durchführbarkeitsstudie zu einem Projekt durchführen** = to carry out a feasibility study on a project
◇ **durchführen** *vt* to carry out *oder* to effect *oder* to execute *oder* to implement *oder* to realize
◇ **Durchführung** *f* execution *oder* implementation *oder* realization; **zur Durchführung bringen** *oder* **kommen** = to bring *oder* to come into force

Durchgang *m* **(a)** *(das Durchgehen)* way *oder* passage; **kein Durchgang!** *oder* **Durchgang verboten!** = no right of way **(b)** *(Weg, Passage)* way through *oder* passageway; **ein schmaler Durchgang** = a narrow passageway **(c)** *(Arbeit, Experiment, Parlament, Sport)* stage *oder* round
◇ **Durchgangsbahnhof** *m* through station
◇ **Durchgangsgüter** *pl* transit goods
◇ **Durchgangshandel** *m* transit trade
◇ **Durchgangslager** *n* **(a)** *(Waren)* transit warehouse **(b)** *(Personen)* transit camp
◇ **Durchgangssendung** *f* through shipment
◇ **Durchgangsstadium** *n* transition stage
◇ **Durchgangsstraße** *f* through road *oder* thoroughfare
◇ **Durchgangsverkehr** *m* through traffic *oder* transit traffic
◇ **Durchgangszug** *m (siehe* D-ZUG)

durchgängig *adj* universal *oder* general

durchgehen 1 *vi* **(a)** to go through **(b)** *(Flug, Zug)* to go straight through *oder* to be non-stop **2** *vt (durchlesen, durchsprechen)* to go through *oder* over *oder* to run through; **die Aufgabe noch einmal durchgehen** = to run through the job one more time
◇ **durchgehend 1** *adj* **(a)** non-stop; **durchgehender Flug** = non-stop flight **(b)** round-the-clock *oder* continuous; **durchgehende Öffnungszeiten** = continuous opening (hours) **2** *adv* throughout *oder* right through; **durchgehend geöffnet** = open 24 hours

durchgreifen *vi* to take (decisive) action; **härter durchgreifen bei** = to tighten up on; **die Regierung greift bei Steuerhinterziehung härter durch** = the government is tightening up on tax evasion

durchkommen *vi* to get through; **ich habe versucht, zur Reklamationsabteilung durchzukommen** = I tried to get through to the complaints department

Durchlauf *m (Drucker)* run *oder* pass

durchmachen *vt* to go through *oder* to undergo *oder* to experience; **wir haben in letzter Zeit einiges durchgemacht** = we have gone through a thing or two recently; **die Nacht durchmachen** = (i) to work right through the night; (ii) to celebrate right through the night

Durchreisevisum *n* transit visa *oder* transit permit

Durchsatz *m* throughput; **die Rechnungsabteilung hat einen Durchsatz von 6.000 Rechnungen pro Tag** = the invoice department has a throughput of 6,000 invoices a day; **wir hoffen unseren Durchsatz erhöhen zu können, indem wir zwei neue Maschinen einsetzen** = we hope to increase our throughput by putting in two new machines

Durchschlag *m* carbon *oder* (carbon) copy; **einen Durchschlag machen** = to copy; **fertigen Sie ein Original und zwei Durchschläge an** = make a top copy and two carbons; **geben Sie mir das Original, und legen Sie den Durchschlag ab** = give me the original, and file the carbon copy

◇ **Durchschlagpapier** *n* carbon paper *oder* carbon; **Sie haben das Durchschlagpapier falsch herum eingelegt** = you put the carbon paper in the wrong way round

Durchschnitt *m* average *oder* mean; **der Durchschnitt der letzten drei Monate** = the average for the last three months *oder* the last three months' average; **im Durchschnitt** = on (an *oder* the) average; **im Durchschnitt werden täglich Waren im Wert von DM 45 gestohlen** = on an average, DM 45 worth of goods are stolen every day; **über** *oder* **unter dem Durchschnitt** = above *oder* below average; **die verkauften Stückzahlen liegen über dem Durchschnitt für das erste Quartal** = unit sales are above average *oder* over the mean for the first quarter *oder* above the first quarter mean

◇ **durchschnittlich 1** *adj* **(a)** average *oder* mean *oder* normal; **von durchschnittlicher Größe** = of average size; **es ist ein Betrieb durchschnittlicher Größe** = it is *oder* they are an average-sized company; **er hat ein Büro durchschnittlicher Größe** = he has an average-sized office; **durchschnittlicher Jahreszuwachs** = mean annual increase; **die durchschnittliche Preissteigerung** = the average increase in prices; **durchschnittliche Stückkosten** = average cost per unit **(b)** *(mittelmäßig)* average *oder* middling *oder* mediocre; **durchschnittliche Arbeitsleistung** = average performance (at work); **die Leistung des Unternehmens war nur durchschnittlich** = the company's performance has been only average **2** *adv* on an average; **sich durchschnittlich belaufen auf** = to average out; **die Umsatzsteigerungen beliefen sich durchschnittlich auf 15%** = sales increases have averaged out at 15%; **es beläuft sich durchschnittlich auf 10% pro Jahr** = it averages out at 10% per annum; **durch Krankheit gingen in den letzten 4 Jahren durchschnittlich je 22 Tage verloren** = days lost through sickness have averaged twenty-two over the last four years; **durchschnittlich betragen** *oder* **ausmachen** = to average; **die Preissteigerungen betrugen durchschnittlich 10% pro Jahr** = price increases have averaged 10% per annum

◇ **Durchschnittsalter** *n* average age

◇ **Durchschnittsauflage** *f (einer Zeitung)* average circulation

◇ **Durchschnittseinkommen** *n* average income

◇ **Durchschnittsleistung** *f* average output

◇ **Durchschnittslohn** *m* average wage

◇ **Durchschnittspreis** *m* average price

◇ **Durchschnittsrendite** *f* average yield

◇ **Durchschnittsumsatz** *m* average sales *oder* average turnover; **Durchschnittsumsatz pro Vertreter/-in** = average sales per representative

◇ **Durchschnittsverdienst** *m* average earnings

◇ **Durchschnittswert** *m* average *oder* mean (value); **gewogener Durchschnittswert** = weighted average; **die Durchschnittswerte der letzten drei Monate** = the average figures for the last three months

> wir errechnen Durchschnittswerte der Zitierungen für jeweils eine Fachrichtung und prüfen dann, wie weit ein Vertreter über oder unter diesem Durchschnitt liegt
>
> ***Focus***
>
> das Kurs-Gewinn-Verhältnis von etwa 13 auf Basis der 94er-Gewinne liegt deutlich unter dem europäischen Durchschnitt
>
> ***Börse***

Durchschreibeblock *m* duplicating pad

◇ **durchschreiben** *vt* to make a carbon copy

◇ **Durchschrift** *f* (carbon) copy

durchsehen *vt (Rechnung, Liste)* to look through *oder* over *oder* to check through *oder* over

durchsetzen *vt* **(a)** to get through *oder* to enforce **(b)** *vr* **sich durchsetzen** = to be successful; **sich geschäftlich durchsetzen** = to establish oneself in business

◇ **Durchsetzung** *f* enforcement; **die Durchsetzung der Vertragsbedingungen** = (the) enforcement of the terms of a contract

Durchsicht *f* examination *oder* inspection *oder* check

◇ **durchsichtig** *adj* transparent *oder* clear; **durchsichtige Produkte** = pure look products *(ohne Farbstoff)*

durchsickern *vi* to seep through; **durchsickern lassen** = to leak

durchstarten *vi (Konjunktur)* to take off again

durchstreichen *vt* to cross out *oder* to delete; **sie strich DM 250 durch und setzte DM 500 ein** = she crossed out DM 250 and put in DM 500

durchstrukturieren *vt* to work out in detail

◇ **durchstrukturiert** *adj* well-structured

durchsuchen *vt* to search *oder* to go through; **die Zollbeamten wollten das Innere des Wagens durchsuchen** = the customs officials wanted to examine the inside of the car

◇ **Durchsuchung** *f* search

◇ **Durchsuchungsbefehl** *m* search warrant

Durchwahl *f* direct dialling

◇ **durchwählen** *vi* to dial direct; **man kann von Sterbfritz direkt nach New York durchwählen** = you can dial New York direct from Sterbfritz

◇ **Durchwahlnummer** *f* (outside line) extension number

dürftig 1 *adj* poor; **ein dürftiges Angebot** = a paltry offer *oder* a totally inadequate offer; **eine dürftige Ausrede** = a week *oder* feeble *oder* lame excuse **2** *adv* poorly; **dürftig angezogen sein** = to be poorly *oder* scantily dressed

Durststrecke *f* hard times *oder* period of straitened circumstances

Duty-free-Shop *m* duty-free shop

Dutzend *n* dozen; **im Dutzend billiger** = cheaper by the dozen; **etwas im Dutzend verkaufen** = to sell something by the dozen
◊ **Dutzendpreis** *m* price per dozen
◊ **Dutzendware** *f* mass-produced article
◊ **dutzendweise** *adv* in dozens *oder* by the dozen

Dynamik *f* dynamics *oder* dynamism *oder* drive *oder* momentum
◊ **dynamisch** *adj* **(a)** dynamic *oder* go-ahead *oder* vigorous; **er ist ein sehr dynamischer Typ** = he is a very go-ahead type; **wir planen eine dynamische Werbekampagne** = we are planning a vigorous publicity campaign **(b)** *(Renten)* **dynamische Rente** = index-linked pension; **seine Rente ist dynamisch** = his pension is index-linked
◊ **dynamisieren** *vt (Renten)* to index-link
◊ **Dynamisierung** *f (von Renten)* index-linking

> die laufende Haussephase, die Mitte Oktober begonnen hat und erst richtig Dynamik gewann, kann die Notierungen vom gegenwärtigen Niveau aus durchaus noch um weitere 15 bis 20 Prozent nach oben tragen
>
> ***Blick durch die Wirtschaft***
>
> die dynamische Kräfte des Binnenmarktes drängen deutsche Unternehmen nach Großbritannien
>
> ***Wirtschaftswoche***

D-Zug *oder* **Durchgangszug** *m* fast train *oder* through train *(faster than E-Zug)*

Ee

EAN = EUROPÄISCHE ARTIKELNUMERIERUNG
◇ **EAN-Code** *m* EAN code

Ebene *f* level; **auf hoher Ebene** = high-level; **auf unterer Ebene** = low-level; **eine Sitzung** *oder* **eine Entscheidung auf hoher Ebene** = a high-level meeting *oder* decision; **eine Entscheidung auf höchster Ebene** = a decision taken at the highest level

> die Akten belegen, daß sowohl das Wirtschaftsministerium als auch das Innenministerium auf höchster Ebene über die Illegalität der Firmen unterrichtet waren
> *Die Zeit*

EC = EUROCITY

EC-Karte *oder* **ec-Karte** *f* debit card

> weder Kredit- noch EC-Karten lassen aber die Analyse der Kaufdaten zu
> *Blick durch die Wirtschaft*

echt *adj* genuine *oder* real; **ein echter Picasso** = a genuine Picasso; **sein Koffer ist aus echtem Leder** *oder* **er hat einen echten Lederkoffer** = his case is made of real leather *oder* he has a real leather case
◇ **Echtheit** *f* genuineness *oder* authenticity; **Echtheit bestätigen** = to authenticate

Echtzeit *f* real time
◇ **Echtzeitsystem** *n* real-time system

Ecke *f* corner; **das Postamt ist an der Ecke Königsallee Bismarckstraße** = the Post Office is on the corner of Königsallee and Bismarckstraße; **die Ecke der Kiste war beschädigt** = the corner of the crate was damaged; **die Schachtel muß besonders verstärkte Ecken haben** = the box has to have specially strong corners
◇ **Eckladen** *m* corner shop
◇ **Ecklohn** *m* basic pay
◇ **Eckwert** *m* benchmark
◇ **Eckzins** *m* bank base rate

Economy-Klasse *f* economy class; **in der Economy-Klasse reisen** = to travel economy class

Ecu *oder* **ECU** = EUROPEAN CURRENCY UNIT ecu *oder* ECU

Ecuador *n* Ecuador
◇ **Ecuadorianer/-in** *mf* Ecuadorian
◇ **ecuadorianisch** *adj* Ecuadorian (NOTE: Hauptstadt: **Quito** ; Währung: **Sucre** *m* = sucre)

Edelmetalle *pl* precious metals

Editorial *n* editorial

EDV = ELEKTRONISCHE DATENVERARBEITUNG electronic data processing (EDP); **auf EDV umstellen** = to computerize; **unsere Lagersteuerung wurde vollständig auf EDV umgestellt** = our stock control has been completely computerized
◇ **EDV-Abteilung** *f* computer department
◇ **EDV-Bereich** *m* field of computing *oder* of data processing; **Leiter/-in des EDV-Bereichs** = computer manager
◇ **EDV-gesteuert** *adj* computerized; **ein EDV-gesteuertes Abrechnungssystem** = a computerized invoicing system
◇ **EDV-Service** *m* computer services
◇ **EDV-Servicebüro** *n* computer bureau

Effekten *pl* securities *oder* stocks and shares; **erstklassige Effekten** = blue-chip investments; **festverzinsliche Effekten** = fixed-interest(-bearing) securities; **mündelsichere Effekten** = gilt-edged stocks *oder* gilts
◇ **Effektenbank** *f* issuing *oder* clearing bank
◇ **Effektenbestand** *m* portfolio (of stocks and shares)
◇ **Effektenbörse** *f* stock exchange
◇ **Effektengeschäft** *n* = EFFEKTENHANDEL
◇ **Effektengiroverkehr** *m* stock transfer
◇ **Effektenhandel** *m* stock exchange dealing *oder* operation; **geordneter Effektenhandel** = fair dealing
◇ **Effektenmakler** *m* stockbroker
◇ **Effektenmanagement** *n* portfolio management
◇ **Effektenmarkt** *m* stock market
◇ **Effektenscheck** *m* stock certificate
◇ **Effektenverwahrung** *f* safekeeping *oder* custody of securities

effektiv 1 *adj* **(a)** *(wirksam)* effective; **Werbung in den Sonntagszeitungen ist die effektivste Art des Verkaufs** = advertising in the Sunday papers is the most effective way of selling **(b)** *(fin)* actual *oder* effective; **effektive Nachfrage** = effective demand **2** *adv* actually *oder* really *oder* in real terms; **die Preise sind um 3% gestiegen, aber bei einer Inflationsrate von 5% ist das effektiv ein Rückgang** = prices have gone up by 3% but with inflation running at 5% that is a fall in real terms
◇ **Effektivbestand** *m* actual balance
◇ **Effektivertrag** *m* effective yield
◇ **Effektivgeschäft** *n* spot transaction
◇ **Effektivität** *f* effectiveness
◇ **Effektivlohn** *m* actual *oder* real wage
◇ **Effektivrendite** *f* effective *oder* net yield
◇ **Effektivverzinsung** *f* effective interest
◇ **Effektivzins** *m* annualized percentage rate

effizient *adj & adv* efficient(ly); **sie organisierte die Verkaufskonferenz sehr effizient** = she organized the sales conference very efficiently
◇ **Effizienz** *f* efficiency

EFTA = EUROPEAN FREE TRADE ASSOCIATION Europäische Freihandelsassoziation

EG = EUROPÄISCHE GEMEINSCHAFT European Community (EC) *(siehe* EU)

EGKS = EUROPÄISCHE GEMEINSCHAFT FÜR KOHLE UND STAHL European Coal and Steel Community (ECSC) *(siehe auch* MONTANUNION)

ehemalig *adj* former *oder* ex-; **der ehemalige Vorsitzende nahm eine Stelle beim Konkurrenzunternehmen an** = the former chairman has taken a job with the rival company; **Herr Schmidt, der ehemalige Vorsitzende des Unternehmens** = Mr Schmidt, the ex-chairman of the company

ehrenamtlich *adj* honorary; **ehrenamtliche(r) Präsident/-in** = honorary president; **ehrenamtliche(r) Sekretär/-in** = honorary secretary *oder* hon sec
◇ **Ehrengericht** *n* disciplinary tribunal
◇ **Ehrenmitglied** *n* honorary member

ehrlich *adj & adv* honest(ly)

eichen *vt* to check against official specifications
◇ **Eichamt** *n* ≈ Office of Weights and Measures
◇ **Eichmaß** *n* standard measure
◇ **Eichmeister** *m* inspector of weights and measures

Eid *m* oath; **er stand unter Eid** = he was under oath

eifrig *adj* keen; **ein eifriger Befürworter der freien Marktwirtschaft** = a keen supporter of the free market economy

Eigenbedarf *m* personal use; **zum Eigenbedarf** = for one's personal use

Eigenfinanzierung *f* self-financing
◇ **eigenfinanziert** *adj* self-financed; **das Projekt ist völlig eigenfinanziert** = the project is completely self-financed

Eigengewicht *n* deadweight *oder* net weight

eigenhändig *adj & adv* personal(ly)

Eigenheim *n* own home *oder* home of one's own
◇ **Eigenheimbesitzer/-in** *mf* homeowner

Eigeninitiative *f* (one's) own initiative; **auf Eigeninitiative** = on one's own initiative

Eigenkapital *n* **(a)** personal capital; **DM 50.000 Eigenkapital investieren** = to invest DM 50,000 of one's own money **(b)** (shareholders') equity; **Eigen- und Fremdkapital** = equity and debt capital
◇ **Eigenkapitalausstattung** *f* equity base
◇ **Eigenkapitalrendite** *f* return on equity

Eigenmarke *f* own brand *(siehe auch* HAUSMARKE)
◇ **Eigenmarkenwaren** *fpl* own brand goods *oder* own label goods

Eigenmittel *pl* one's own resources *oder* one's own funds

Eigenschaft *f* capacity *oder* position; **in einer Eigenschaft** = in a capacity; **in seiner Eigenschaft als Vorsitzender** = in his capacity as chairman; **in seiner Eigenschaft als Manager sagte er...** = the manager, speaking in his official capacity, said...

eigenständig *adj* independent; **eigenständiges Büro** = self-contained office

eigentlich 1 *adj* basic **2** *adv* basically *oder* in fact; **der Vorsitzende machte den Leiter der Finanzabteilung für den Verlust verantwortlich, für den eigentlich er selbst verantwortlich war** = the chairman blamed the finance director for the loss when in fact he was responsible for it himself

Eigentum *n* **(a)** ownership; **gemeinsames Eigentum** = joint ownership **(b)** property; **die Leitung ist nicht für in den Hotelzimmern zurückgelassenes Eigentum verantwortlich** = the management is not responsible for property left in the hotel rooms; **bewegliches Eigentum** = goods and chattels
◇ **Eigentümer/-in** *mf* owner *oder* proprietor/proprietress; **Warentransport auf Gefahr des Eigentümers** = goods sent at owner's risk; **die Eigentümerin einer Werbeberatung** = the proprietress of an advertising consultancy
◇ **Eigentumsanspruch** *m* ownership claim
◇ **Eigentumsnachweis** *m* proof of ownership
◇ **Eigentumsrecht** *n* (right of) ownership; **das Eigentumsrecht an dem Unternehmen ist auf die Banken übergegangen** = the ownership of the company has passed to the banks; **wirtschaftliches** *oder* **materielles Eigentumsrecht** = beneficial interest
◇ **Eigentumsübertragung** *f* conveyance *oder* transfer of ownership
◇ **Eigentumsurkunde** *f* title deed
◇ **Eigentumsverhältnisse** *pl* questions of ownership of property
◇ **Eigentumswohnung** *f* owner-occupied apartment *oder* flat *oder (US)* condominium

Eigenversorgung *f* self-sufficiency

Eignung *f* suitability *oder* qualification *oder* aptitude; **berufliche Eignung** = professional qualification
◇ **Eignungstest** *m* aptitude test; **um die Stelle zu bekommen, mußte er einen Eignungstest bestehen** = to get the job he had to pass an aptitude test

Eil- *pref* urgent *oder* express
◇ **Eilauftrag** *m oder* **Eilbestellung** *f* express order *oder* rush order *oder* rush job
◇ **Eilbote** *m* (motorcycle *oder* bicycle) courier *(siehe auch* KURIER)

◇ **Eilbrief** *m* express letter

◇ **Eile** *f* hurry *oder* rush; **es hat keine Eile mit den Zahlen, wir brauchen sie erst nächste Woche** = there is no hurry for the figures, we do not need them until next week

◇ **eilen** *vi* to hurry; **die Direktoren eilten in die Sitzung** = the directors hurried into the meeting

◇ **eilends** *adv* hastily *oder* quickly; **eine Warensendung eilends nach Afrika befördern** = to rush a shipment to Africa

◇ **Eilfracht** *f oder* **Eilgut** *n* express freight

◇ **eilig** *adj* urgent *oder* in a hurry

◇ **Eilpaket** *n* express parcel

◇ **Eilsendung** *f* express item; **als Eilsendung schicken** = to express

◇ **Eilzustellung** *f* express delivery *oder* special delivery

einarbeiten *vt* **(a)** to train; **einen Neuling einarbeiten** = to train a newcomer **(b)** *vr* **sich einarbeiten** = to get used to new work; **er muß sich erst auf dem neuen Gebiet einarbeiten** = he has first to get used to *oder* to familiarize himself with his new field of work

◇ **Einarbeitung** *f* training *oder* familiarization

◇ **Einarbeitungszeit** *f* training period *oder* familiarization period

Einbahnstraße *f* one-way street; **das Geschäft ist in einer Einbahnstraße, was zu Parkschwierigkeiten führt** = the shop is in a one-way street, which makes it very difficult for parking

einbauen *vt* to instal

◇ **Einbauten** *mpl* fittings; **Installationen und Einbauten** = fixtures and fittings

einbehalten *vt* to keep back *oder* to withhold *oder* to retain; **DM 20 von jds Gehalt einbehalten** = to keep DM 20 back from someone's salary; **von den Gewinnen behielt das Unternehmen DM 150.000 als Rückstellung für uneinbringliche Forderungen ein** = out of the profits, the company has retained DM 150,000 as provision against bad debts

einberufen *vt* to convene; **eine Aktionärsversammlung einberufen** = to convene a meeting of shareholders

einbezahlt *adj* paid-up; **voll einbezahltes Kapital** = paid-up capital

einbeziehen *vt* to include *oder* to build into; **wir haben 10% für unvorhergesehene Ausgaben in unsere Kostenkalkulation einbezogen** = we have built 10% for contingencies into our cost forecast; **Sie müssen alle Prognosen in den Finanzplan einbeziehen** = you must build all the forecasts into the budget

> dazu gehört, daß sie den Betriebsrat und Mitarbeiter in Schlüsselpositionen frühzeitig informiert und einbezieht
>
> ***TopBusiness***

einbringen *vt* **(a)** to bear *oder* to return *oder* to bring in *oder* to yield *oder* to realize; **in welcher Höhe bringen diese Aktien Dividenden ein?** = what level of dividend do these shares yield?; **die Aktien bringen eine kleine Summe ein** = the shares bring in a small amount; **Staatsanleihen, die wenig Zinsen einbringen** = government stocks which yield a small interest; **der Verkauf brachte DM 200.000 ein** = the sale realized DM 200,000; **Konto, das 10% Zinsen einbringt** = account which earns interest at 10% *oder* which earns 10% interest; **das wird nicht mehr als DM 400 einbringen** = it will not fetch more than DM 400 **(b)** *(Antrag)* to table; **einen Antrag einbringen** = to table a motion

Einbruch *m* drop *oder* slump *oder* collapse; **der Yen erfuhr einen Einbruch an den Devisenmärkten** = the yen collapsed on the foreign exchange markets; **die Aktienkurse erlebten einen Einbruch an der Börse** = the shares had a setback on the stock exchange

> das ausgewiesene Jahresergebnis spiegelt die Tiefe des Einbruchs im operationellen Geschäft wohl nur ungenügend
>
> ***Neue Zürcher Zeitung***

Einbuße *f* loss; **schwere finanzielle Einbußen erleiden** = to lose a great deal of money

◇ **einbüßen** *vt* to lose; **Geld einbüßen** = to lose money

einchecken 1 *vi* to check in; **man muß im ersten Stock einchecken** = the check-in is on the first floor **2** *vt* **Gepäck einchecken** = to check baggage in

◇ **Eincheckzeit** *m* check-in time

eindämmen *vt* to stem *oder* to check *oder* to control; **die Regierung versucht, die Steigerung der Lebenshaltungskosten einzudämmen** = the government is fighting to control the rise in the cost of living; **den Ölverbrauch der Privathaushalte eindämmen** = to damp down demand for domestic consumption of oil

> mit den elektronischen Systemen will die Bundesregierung nicht nur die geplanten Straßenbenutzungsgebühren erheben, sondern auch den Verkehr eindämmen
>
> ***Frankfurter Allgemeine Zeitung***

eindecken *vr* to stock up; **sich mit Waren eindecken** = to stock up with goods; **wir sind mit Aufträgen eingedeckt** = we have a full order book

eindocken *vi (Schiff)* to dock

eindringen *vi* to penetrate; **in einen Markt eindringen** = to penetrate a market; **das Unternehmen gab Millionen aus bei dem Versuch, in den Do-it-yourself-Markt einzudringen** = the company has spent millions trying to enter the do-it-yourself market

einfach 1 *adj* **(a)** easy *oder* plain *oder* simple; **einfache Zinsen** = simple interest **(b)** single-entry; **einfache Buchführung** = single-entry bookkeeping **(c) einfache Fahrkarte** = one-way ticket *oder (GB)* single; **ich möchte zwei einfache Fahrkarten nach Konstanz** = I want two singles to Konstanz; **einfacher Fahrpreis** *oder* **einfacher Flugpreis** = single fare *oder (US)* one-way fare **2** *adv* **(a)** easily *oder* simply; **das kann ich ganz einfach beantworten** = I can answer that quite simply **(b)** simply *oder* just; **das kann ich einfach nicht verstehen** = I just can't undertand it

Einfluß *m* influence *oder* leverage; **der Ölpreis hat einen spürbaren Einfluß auf die Preise von Industriegütern** = the price of oil has a marked influence on the price of manufactured goods; **die Gruppe nahm Einfluß auf die Vorsitzenden aller Komitees** = the group lobbied the chairmen of all the committees; **er hat keinen Einfluß auf den Vorsitzenden** = he has no leverage over the chairman; **wir leiden unter dem Einfluß hoher Wechselkurse** = we are suffering from the influence of high exchange rates

◊ **Einflußvermögen** *n* power *oder* ability to influence; **das Einflußvermögen einer Verbrauchergruppe** = the power of a consumer group

einfordern *vt* to call up; **eingefordertes Kapital** = called up capital; **nicht eingefordertes Kapital** = uncalled capital

einfrieren 1 *vt* to freeze; **Löhne und Preise einfrieren** = to freeze wages and prices; **Unternehmensdividenden einfrieren** = to freeze company dividends; **wir haben die Ausgaben in Höhe des letzten Jahres eingefroren** = we have frozen expenditure at last year's level; **sein Guthaben wurde vom Gericht eingefroren** = his assets have been frozen by the court; **eingefrorene Vermögenswerte** *oder* **eingefrorenes Guthaben** = frozen assets **2** *n* **Einfrieren von Krediten** = credit freeze

einfügen *vt* to insert; **eine Klausel in einen Vertrag einfügen** = to insert a clause into a contract

Einfuhr *f* importation *oder* importing; **die Einfuhr von Waffen ist gesetzlich verboten** = the importing of arms into the country is illegal; **Einfuhr von Zollgut** = entry of goods under bond; **Ein- und Ausfuhrbestimmungen** = regulations concerning imports and exports

◊ **Einfuhrabfertigung** *f (Zoll)* import clearance *oder* clearance inwards

◊ **Einfuhrabgabe** *f* import duty

◊ **Einfuhrartikel** *m* import *oder* imported article

◊ **Einfuhrbeschränkungen** *fpl* import restrictions *oder* restrictions on imports; **Einfuhrbeschränkungen einführen** = to impose restrictions on imports

◊ **Einfuhren** *fpl* imports

einführen *vt* **(a)** to import; **wieder einführen** = to reimport; **die Gewerkschaften forderten die Regierung auf, Handelsbeschränkungen für ausländische Wagen einzuführen** = the unions have asked the government to impose trade barriers on foreign cars **(b)** to introduce *oder* to bring in; **einen Kunden** *oder* **Klienten einführen** = to introduce a client; **ein neues System der Kundenbetreuung einführen** = to introduce a new system of customer service **(c)** to establish; **die Firma ist gut eingeführt** = the company is well-established

Einfuhrgenehmigung *f* import permit

◊ **Einfuhrhafen** *m* port of entry

◊ **Einfuhrkontingent** *n* import quota; **die Regierung beschloß ein Einfuhrkontingent für Automobile** = the government has imposed an import quota on cars

◊ **Einfuhrlizenz** *f* import licence

◊ **Einfuhrmonopol** *n* import monopoly; **das Unternehmen hat das absolute Einfuhrmonopol auf französische Weine** = the company has the absolute monopoly of imports of French wine

◊ **Einfuhrsteuer** *f* import levy

◊ **Einfuhrstopp** *m* import ban

Einführung *f* **(a)** introduction; **die Einführung neuer Technologien** = the introduction of new technology **(b)** *(in ein Amt)* induction

◊ **Einführungsangebot** *n* introductory offer

◊ **Einführungsbrief** *m* introduction; **ich gebe Ihnen einen Einführungsbrief an den geschäftsführenden Direktor - er ist ein alter Freund von mir** = I'll give you an introduction to the MD - he is an old friend of mine

◊ **Einführungskurs** *m* induction course

◊ **Einführungslehrgang** *m* induction training

◊ **Einführungspreis** *m* introductory price

Einfuhrverbot *n* import ban; **die Regierung verhängte ein Einfuhrverbot für Waffen** = the government has imposed a ban on arms imports; **ein staatliches Einfuhrverbot für Waffen** = a government ban on the import of weapons

◊ **Einfuhrzoll** *m* import duty

◊ **Einfuhrzusatzsteuer** *f* import surcharge

Eingabe *f* **(a)** petition; **eine Eingabe machen** = to petition **(b)** *(Computer)* input *oder* keying-in

Eingang *m* **(a)** entrance *oder* entry; **Lieferungen bitte an den Eingang Bismarckstraße** = deliveries should be made to the entrance on Bismarckstraße **(b)** *(von Waren)* arrival; **wir warten auf den Eingang einer Sendung Ersatzteile** = we are waiting for the arrival of a consignment of spare parts **(c)** *(eines Schreibens, einer Summe)* receipt **(d)** *mpl* **Eingänge** = incoming mail *oder* in tray

◊ **Eingangsbestätigung** *f* acknowledgement *oder* confirmation of receipt

◊ **Eingangsbuch** *n* receipt book

◊ **Eingangsdatum** *n* date of receipt

◊ **Eingangsstempel** *m* receipt stamp

◊ **Eingangssteuer** *f* basic tax

◊ **Eingangssteuerpflichtige(r)** *mf* basic taxpayer *oder* taxpayer at the basic rate

◊ **Eingangsvermerk** *m* advice of receipt

eingebaut *adj* built-in; **das Buchführungssystem hat mehrere eingebaute Kontrollen** = the accounting system has a series of built-in checks; **der Mikrocomputer hat eine eingebaute Uhr** = the micro has a built-in clock

eingeben *vt* to input *oder* to feed; **Daten eingeben** = to input information; **(in den Computer) eingeben** = to keyboard; **er gibt unsere Adressenliste (in den Computer) ein** = he is keyboarding our address list

eingefordert *siehe* EINFORDERN

eingefroren *adj* frozen; **eingefrorene Vermögenswerte** *oder* **eingefrorenes Guthaben** = frozen assets

eingehen 1 *vi* **(a)** to arrive; **die Waren gingen Mittwoch ein** = the goods arrived on Wednesday **(b)** to fold (up); **das Geschäft ging im letzten Dezember ein** = the business folded up last December; **das Unternehmen ging mit Schulden von über DM 3 Mio. ein** = the company folded with debts of over DM 3m **2** *vt* **(a)** to enter into; **eine Teilhaberschaft mit einem Freund eingehen** = to enter into a partnership with a friend; **einen Vertrag eingehen** = to enter into an agreement *oder* a contract **(b)** to incur; **das Risiko einer Geldstrafe eingehen** = to incur the risk of a penalty

◇ **eingehend** *adj* **(a)** incoming; **eingehendes Telefongespräch** = incoming call **(b)** detailed *oder* comprehensive; **eingehender Bericht** = detailed account *oder* report

eingeschränkt *adj* limited *oder* qualified; **eingeschränkter Revisionsbericht** = qualified accounts *oder (US)* qualified audit report; **die Wirtschaftsprüfer haben nur einen eingeschränkten Revisionsbericht erteilt** = the auditors have qualified the accounts

eingeschrieben *adj* registered; **eingeschriebenes Päckchen** = registered parcel

eingeschweißt *adj* shrink-wrapped

Eingeständnis *n* admission; **nach seinem Eingeständnis, Informationen an die Konkurrenz weitergegeben zu haben, mußte er zurücktreten** = he had to resign after his admission that he had passed information to the rival company

eingestehen *vt* to admit *(siehe auch* ZUGEBEN)

eingestellt *adj* **eingestellt sein auf** = to cater for; **das Geschäft ist hauptsächlich auf ausländische Kunden eingestellt** = the store caters mainly for overseas customers

eingetragen *adj* registered; **nicht eingetragen** = unregistered; **eingetragenes Aktiengeschäft** = registered share transaction; **eingetragenes Warenzeichen** = registered trademark; **der eingetragene Sitz der Gesellschaft** = the company's registered office; **ein in den USA eingetragenes Unternehmen** = a company incorporated in the USA

eingliedern *vt* to incorporate

eingreifen *vi* to interfere *oder* to intervene

◇ **Eingreifen** *n* interference *oder* intervention; **das Eingreifen der Regierung in den Arbeitskampf** = the government's intervention in the labour dispute; **das Eingreifen der Zentralbank in die Bankenkrise** = the central bank's intervention in the banking crisis; **das Eingreifen des Staates in die Devisenmärkte** = the government's intervention in the foreign exchange markets

◇ **Eingriff** *m* intervention

einhalten *vt* to keep; **eine Verabredung einhalten** = to keep an appointment; **sie hielten die Frist nicht ein** = they failed to meet the deadline; **eine Abmachung nicht einhalten** = to break an engagement to do something

◇ **Einhaltung** *f* compliance; **wir werden versuchen, ihn zur Einhaltung des Vertrags zu zwingen** = we will try to hold him to the contract

> fast jedes zweite ostdeutsche Unternehmen hat nach eigenen Angaben Probleme bei der Einhaltung der westdeutschen Umweltschutznormen
>
> ***Die Wirtschaft***

einheimisch *adj* domestic *oder* homegrown; **die einheimische Computerindustrie** = the homegrown computer industry; **einheimische Erzeugnisse** = home-produced products

> die Höhe der Rechnung hängt in vielen Ländern davon ab, ob man sich mit einheimischer Ware zufriedengibt oder nicht
>
> ***Die Zeit***

Einheit *f* unit

◇ **einheitlich** *adj* uniform *oder* standard; **einheitliche Währung** = single currency

◇ **Einheitspreis** *m* flat price *oder* unit price *oder* standard price

◇ **Einheitssatz** *oder* **Einheitstarif** *m* flat rate; **ihm wird ein Einheitssatz von DM 50 pro tausend bezahlt** = he is paid a flat rate of DM 50 per thousand

◇ **Einheitswert** *m* rateable value

einheizen *vi* **jdm einheizen** = to make things hot for someone

einholen *vt* to get *oder* to obtain; **sie hat aus verschiedenen Quellen Informationen über Einfuhrkontrollen eingeholt** = she has been gathering information on import controls from various sources

einige *pron* a few *oder* a number of *oder* several

einigen *vr* **sich einigen** = to agree; **wir einigten uns alle auf den Plan** = we all agreed on the plan; **wir haben uns auf die Budgets für das nächste Jahr geeinigt** = we have agreed the budgets for next year; **die beiden Parteien haben sich außergerichtlich geeinigt** = the two parties settled out of court; **sich auf einen Preis einigen** = to arrive at a price; **die Unternehmensführung machte ein Angebot von DM 30 Stundenlohn, die Gewerkschaft forderte DM 40, und man einigte sich auf DM 35** = management offered DM 30 an hour, the union asked for DM 40, and a compromise of DM 35 was reached ; **er forderte dafür DM 45, ich bot DM 20 und wir einigten uns auf DM 30** = he asked DM 45 for it, I offered DM 20 and we compromised on DM 30

◇ **Einigung** *f* agreement; **eine Einigung über Preise** *oder* **Löhne erzielen** = to reach an agreement *oder* to come to an agreement on prices *oder* wages; **eine Einigung wurde erzielt** = an agreement has been reached *oder* concluded *oder* come to; **außergerichtliche Einigung** = out-of-court settlement

einkalkulieren *vt* to include *oder* to take into account

Einkauf *m* **(a)** buying *oder* purchasing; **zentraler Einkauf** = central purchasing **(b)** buying department **(c) Einkäufe machen** = to go shopping; **seine Einkäufe im örtlichen Supermarkt erledigen** = to do one's shopping in the local supermarket

◇ **einkaufen 1** *vt* to buy *oder* to purchase; **Waren einkaufen** = to buy goods **2** *vi* to buy *oder* to shop; **im Großhandel einkaufen und im Einzelhandel verkaufen** = to buy wholesale and sell retail; **einkaufen gehen** = to go shopping; **das Geschäft hat bis Mitternacht geöffnet, damit Leute auch spät noch einkaufen können** = the store stays open to midnight to cater for late-night shoppers

◇ **Einkäufer/-in** *mf* buyer *oder* purchaser *oder* purchasing officer

◇ **Einkaufsabteilung** *f* buying *oder* purchasing department

◇ **Einkaufsbuch** *n* bought ledger *oder* purchase ledger

◇ **Einkaufsbuchhalter/-in** *mf* bought ledger clerk

◇ **Einkaufsbummel** *m* shopping jaunt *(cf* SCHAUFENSTERBUMMEL)

◇ **Einkaufsgenossenschaft** *f* wholesale cooperative *oder* cooperative society for consumers

◇ **Einkaufskorb** *m* shopping basket

◇ **Einkaufsleiter/-in** *mf* head buyer *oder* purchasing manager

◇ **Einkaufspassage** *f* shopping arcade *oder (US)* shopping mall

◇ **Einkaufspreis** *m* purchase price *oder* wholesale price

◇ **Einkaufstasche** *f* shopping bag

◇ **Einkaufstüte** *f* (shopping) bag; **er brachte seine Akten in einer Einkaufstüte von Aldi** = he brought his files in an Aldi bag

◇ **Einkaufswagen** *m* shopping trolley *oder* supermarket trolley *oder (US)* shopping cart

◇ **Einkaufszentrum** *n* shopping centre *oder (US)* shopping mall

einklagen *vt* to sue for; **eine Schuld einklagen** = to sue for recovery of a debt

Einklang *m* agreement *oder* accord; **in Einklang bringen** = to reconcile

einklarieren *vt (Zoll)* to enter *oder* to clear inwards; **ein Schiff einklarieren** = to clear a ship inwards

Einkommen *n* income *oder* earnings *oder* emoluments *oder* revenue; **festes Einkommen** = fixed income; **persönliches Einkommen** = personal income; **verfügbares Einkommen (nach Steuerabzug)** = disposable income

◇ **einkommensbezogen** *adj* earnings-related; **einkommensbezogene Rente** = earnings-related pension

◇ **Einkommensgrenze** *f* income limit

◇ **Einkommensgruppe** *oder* **Einkommensklasse** *f* income bracket

◇ **Einkommenspolitik** *f* incomes policy; **die Einkommenspolitik der Regierung** = the government's incomes policy

◇ **einkommensschwach** *adj* low-income

◇ **einkommensstark** *adj* high-income

Einkommenssteuer *f* income tax *(excluding* LOHNSTEUER)

◇ **Einkommenssteuerbescheid** *m* income tax assessment

◇ **Einkommenssteuererklärung** *f* declaration of income *oder* income tax return; **eine Einkommenssteuererklärung abgeben** = to make a return to the tax office *oder* to make an income tax return

◇ **Einkommenssteuerformular** *n* income tax form

◇ **Einkommenssteuerfreibetrag** *m* earned income allowance *oder (US)* income tax credit

◇ **einkommenssteuerpflichtig** *adj* liable to income tax

◇ **Einkommenssteuerveranlagung** *f* income tax coding

Einkommensstufe *f* income bracket; **niedrige** *oder* **hohe Einkommensstufe** = low *oder* high income bracket; **er kommt in eine höhere Einkommensstufe** = he comes into a higher income bracket; **Personen der mittleren Einkommensstufe** = people in the middle-income bracket

◇ **Einkommensverhältnisse** *pl* level of income

◇ **Einkommensverteilung** *f* distribution of income

Einkünfte *pl* earnings *oder* income *oder* revenue; **unerwartete Einkünfte** = windfall (profits); **unsichtbare Einkünfte** *oder* **Einkünfte aus unsichtbaren Leistungen** = invisible earnings

einladen *vt* to invite; **jdn zu einem Vorstellungsgespräch einladen** = to invite someone to an interview

◇ **Einladung** *f* invitation

Einlage *f* deposit; **befristete Einlage** = time deposit *oder* fixed deposit

◇ **Einlagenzertifikat** *n* certificate of deposit (CD)

◇ **einlagern** *vt* to store

◇ **Einlagerung** *f* storage

Einlaß *m* admittance *oder* admission

einlaufen *vi* to arrive; **das Schiff läuft in den Hafen ein** = the ship is putting into port

einlegen *vt* **(a)** *(einzahlen)* to deposit *oder* to pay in **(b)** *(hineintun)* to insert *oder* to enclose *oder* to put in **(c)** *(erheben)* to lodge *oder* to make; **Einspruch einlegen** = to enter a caveat; **gegen jdn Beschwerde einlegen** = to lodge a complaint against someone

◇ **Einleger/-in** *mf* depositor *(siehe auch* EINZAHLER)

einleiten *vt* to institute *oder* to initiate; **die Diskussion einleiten** = to open *oder* to start the discussion

◇ **einleitend** *adj* opening *oder* introductory

◇ **Einleitung** *f* introduction; **Einleitung eines Konkursverfahrens** = institution of bankruptcy proceedings; **Einleitung gerichtlicher Schritte** = initiation of legal proceedings

einliefern *vt* **(a)** to post *oder* to mail; **ein Paket bei der Post einliefern** = to take a parcel to the post (office) **(b)** to deliver

◇ **Einlieferung** *f* **(a)** posting *oder* mailing **(b)** delivery

◇ **Einlieferungsschein** *m* certificate of posting

einlösbar *adj* (en)cashable *oder* redeemable; **nicht einlösbar** = irredeemable *oder* inconvertible

◇ **einlösen** *vt* to cash in *oder* to redeem; **einen Scheck einlösen** = to cash a cheque; **ein gekreuzter Scheck (Verrechnungsscheck) kann bei keiner Bank eingelöst werden** = a crossed cheque cannot be cashed *oder* is not cashable at any bank; **nicht eingelöst** = uncashed; **nicht eingelöste Schecks** = uncashed cheques; **eine Unterschrift einlösen** = to honour a signature; **eine Versicherungspolice frühzeitig einlösen** = to surrender a policy; **einen Wechsel einlösen** = to honour a bill

◇ **Einlösung** *f* encashment

einmalig *adj* one-off *oder* unique; **einmaliges Geschäft** = one-off deal; **einmalige Posten** = non-recurring items; **einmalige Summe** = lump sum; **einmalige Werbemaßnahme** = one-off advertising operation

Einmalprämienpolice *f* single premium policy

Einmannbetrieb *m* one-man business *oder* firm *oder* company *oder* operation

einmischen *vr* **sich einmischen** = to interfere *oder* to intervene

◇ **Einmischung** *f* interference; **die Vertriebsabteilung beschwerte sich über die dauernde Einmischung der Buchhaltung** = the sales department complained of continual interference from the accounts department

einmütig *adj & adv* unanimous(ly); **sie einigten sich einmütig** = they reached unanimous agreement

Einnahmen *fpl* income *oder* receipts *oder* revenue *oder* takings; **das Krankenhaus hat hohe Einnahmen durch Spenden** = the hospital has a large income from gifts; **Einnahmen und Ausgaben Punkt für Punkt aufführen** *oder* **aufgliedern** = to itemize receipts and expenditure; **im Vergleich zum Vorjahreszeitraum sind die Einnahmen zurückgegangen** = receipts are down against the same period of last year; **Einnahmen aus Werbung** = revenue from advertising; **die Einnahmen aus Ölverkäufen stiegen mit dem Anstieg des Dollars** = oil revenues have risen with the rise in the dollar; **betriebsfremde Einnahmen** = income not related to ordinary activities *oder (US)* non-operating income; **einmalige Einnahmen** = non-recurring income

◇ **Einnahmeausfall** *m* loss of income

◇ **Einnahmebuch** *n* receipt book

◇ **Einnahmequelle** *f* source of income

◇ **Einnahmeseite** *f (Buchhaltung)* revenue side

einnehmen *vt* to take; **das Geschäft nimmt DM 9.000 pro Woche ein** = the shop takes DM 9,000 a week; **der Staat nimmt mehr Geld durch indirekte als durch direkte Besteuerung ein** = the government raises more money by indirect taxation than by direct

einordnen *vt* to file *oder* to arrange (in proper order); **am Ende der Woche ist viel in die Akten einzuordnen** = there is a lot of filing to do at the end of the week

◇ **Einordnen** *n (in Akten)* filing

einpacken *vt* to pack; **ein Geschenk einpacken** = to gift-wrap a present

einpendeln *vr* **sich einpendeln** = to level off *oder* to level out; **die Preise pendeln sich ein** = prices are levelling out; **die Gewinne haben sich in den letzten Jahren eingependelt** = profits have levelled off over the last few years

einplanen *vt* to plan

einräumen *vt* to grant *oder* to allow; **jdm Kredit einräumen** = to allow someone credit

Einrede *f (jur)* defence *oder (US)* defense

einreichen *vt* **(a)** to apply for *oder* to file (a petition) **(b) seine Kündigung einreichen** = to tender one's resignation; **er reichte seine Kündigung ein** = he handed in his notice *oder* he handed in his resignation

◇ **Einreichung** *f* application *oder* filing *oder* submission

◇ **Einreichungsfrist** *f* deadline for applications

Einreise *f* entry; *(in ein fremdes Land)* **Visum zur mehrmaligen Einreise** = multiple entry visa

◇ **Einreisekarte** *f* landing card

◇ **Einreisevisum** *n* entry visa

einrichten *vt* **(a)** to arrange *oder* to furnish; **er richtete sein Büro mit gebrauchten Stühlen und Schreibtischen ein** = he furnished his office with secondhand chairs and desks; **der Laden wurde mit einem Kostenaufwand von DM 40.000 eingerichtet** = the shop was fitted out at a cost of DM 40,000 **(b)** to establish *oder* to institute *oder* to open; **ein Bankkonto einrichten** = to open a bank account

◇ **Einrichtung** *f* **(a)** furnishing(s) *oder* equipment **(b) öffentliche Einrichtung** = public utility **(c)** *fpl* **Einrichtungen** = facilities; **es gibt keine Einrichtungen für die Entladung** *oder* **für Passagiere** = there are no facilities for unloading *oder* for passengers

◇ **Einrichtungsgegenstand** *m* fitment *oder* item of furniture

einrücken *vt* to indent; **rücken Sie die erste Zeile um drei Leertasten ein** = indent the first line three spaces

◇ **Einrückung** *f* indent

Einsatz *m* use *oder* employment *oder* deployment; **das Ölteam ist in der Nordsee im Einsatz** = the oil team is on an assignment in the North Sea; **wir haben zwanzig Vertreter im Einsatz** = we have twenty salesmen on the road

◇ **einsatzbereit** *oder* **einsatzfreudig** *adj* keen *oder* enthusiastic

Einschaltquote *f* ratings; **die Show hat hohe Einschaltquoten, was bedeutet, daß sie Werbung anziehen** *oder* **anlocken wird** = the show is high in the ratings, which means it will attract publicity

einschätzen *vt* to appraise *oder* to evaluate; **jdn hoch einschätzen** = to rate someone highly
◇ **Einschätzung** *f* appraisal *oder* evaluation

einschicken *vt* to send in; **eine Bewerbung einschicken** = to send in an application; **er schickte seine Kündigung ein** = he sent in his resignation

einschieben *vt* to fit in; **der Vorsitzende versucht, jeden Nachmittag eine Partie Golf einzuschieben** = the chairman tries to fit in a game of golf every afternoon; **mein Terminkalender ist zwar voll, aber ich werde versuchen, Sie morgen nachmittag einzuschieben** = my appointments diary is full, but I shall try to fit you in tomorrow afternoon

einschießen *vt (Geld)* to inject

einschiffen **(a)** *vt (Waren)* to ship **(b)** *vr* **sich einschiffen** = to embark; **die Passagiere schifften sich in Hamburg ein** = the passengers embarked at Hamburg
◇ **Einschiffung** *f* embarkation
◇ **Einschiffungshafen** *m* port of embarkation

einschlagen *vt* to wrap (up); **ein Geschenk einschlagen** = to gift-wrap a present

einschlägig *adj* relevant; **können Sie mir die einschlägigen Unterlagen geben?** = can you give me the relevant papers?

einschließen *vt* to include *oder* to comprise; **die Pauschalreise schließt den Flug, sechs Nächte in einem Luxushotel, alle Mahlzeiten und Besichtigungsfahrten ein** = the package tour comprises air travel, six nights in a luxury hotel, all meals and visits to places of interest
◇ **einschließlich** *adj* all-in *oder* inclusive; **der Gesamtbetrag beläuft sich auf DM 3.000, einschließlich Fracht** = the total comes to DM 3,000 including freight; **die Abrechnung gilt für Leistungen bis einschließlich Juni** = the account covers services up to and including the month of June; **die Konferenz geht vom 12. bis einschließlich 16.** = the conference runs from the 12th to the 16th inclusive *oder (US)* from 12 through *oder* thru 16

einschränken *vt* to limit *oder* to restrict *oder* to cut down (on); **Kredite einschränken** = to restrict credit; **das Büro versucht, den Stromverbrauch einzuschränken** = the office is trying to cut down on electricity consumption; **die Hypothekenvergabe ist für Erstkäufer eingeschränkt** = mortgages are rationed for first-time buyers
◇ **einschränkend** *adj* limiting *oder* restrictive
◇ **Einschränkung** *f* **(a)** limitation *oder* restraint *oder* restriction *oder* retrenchment; **Bausparkassen warnen vor Einschränkungen bei der Hypothekenvergabe** = building societies are warning of mortgage rationing **(b)** **mit Einschränkungen** = qualified *oder* with reservations

Einschreib(e)brief *m* registered letter *oder* recorded delivery
◇ **Einschreiben** *n* **(a)** *(Postdienst)* registered post *oder* recorded delivery; **Dokumente per Einschreiben schicken** = to send documents by registered post *oder (US)* mail *oder* (by) recorded delivery; **ich habe den Brief per Einschreiben geschickt, weil Geld darin war** = I registered the letter, because it contained some money; **wir haben die Dokumente per Einschreiben geschickt** = we sent the documents (by) recorded delivery **(b)** *(Postsendung)* registered letter *oder* parcel

einseitig **1** *adj* **(a)** one-way; **einseitiger Handel** = one-way trade **(b)** one-sided; **einseitiges Abkommen** = one-sided agreement **(c)** unilateral **2** *adv* unilaterally; **sie kündigten den Vertrag einseitig** = they cancelled the contract unilaterally; **sie beschlossen einseitig, den Vertrag zu kündigen** = they took the unilateral decision to cancel the contract

einsenden *vt* to send in *oder* to submit
◇ **Einsendeschluß** *m* deadline *oder* closing date

einsetzen *vt* **(a)** to set up; **einen Arbeitsausschuß einsetzen** = to set up a working party **(b)** to use; **Geldmittel für ein Projekt einsetzen** = to commit funds to a project; **anderweitig einsetzen** = to redeploy
◇ **Einsetzung** *f (in ein Amt)* appointment

> die meisten Mittel flossen erneut in die Modernisierung der Produktionsanlagen, während für Gebäude und die Infrastruktur nur relativ geringe Summen eingesetzt wurden
>
> *Neue Zürcher Zeitung*

Einsicht(nahme) *f* inspection; **jdm Einsicht in die Akten gewähren** = to allow someone to look at the files; **sie baten um Einsichtnahme in die Akten** = they asked to see the files

einsparen *vt* to economize *oder* to save (on); **Benzin einsparen** = to economize on petrol; **der Staat ruft Unternehmen dazu auf, Energie einzusparen** = the government is encouraging companies to save energy; **durch die Einführung von Schichtarbeit können wir Brennstoff einsparen** = by introducing shift work we can save on fuel
◇ **Einsparung** *f* saving

> durch die Konzentration der Rohstahlproduktion ergäben sich Einsparungen in Höhe von rund 300 Millionen DM durch die Fusion der beiden Stahlunternehmen
>
> *Sächsische Zeitung*
>
> die im Solidarpakt geplanten Einsparungen erweisen sich so, schon vor dem Inkrafttreten, als zu gering
>
> *Wirtschaftswoche*

Einspruch *m* appeal; **Einspruch einlegen** = (i) to appeal; (ii) to enter a caveat; **Einspruch erheben** = to oppose; **gegen etwas Einspruch erheben** = to raise an objection to something *oder* to protest against something; **gegen eine Vertragsklausel**

Einspruch erheben = to object to a clause in a contract; **das Unternehmen erhob Einspruch gegen die Entscheidung der Planungsbeamten** = the company appealed against the decision of the planning officers; **der gegen die Planungsentscheidung erhobene Einspruch wird nächsten Monat verhandelt** = the appeal against the planning decision will be heard next month

◇ **Einspruchsfrist** *f* period during which an objection can be raised

◇ **Einspruchsrecht** *n* right of appeal

Einstandspreis *m* cost price; **zu Einstandspreisen** = at cost

einsteigen *vi* **(a)** to enter; **in das Geschäftsleben einsteigen** = to go into business **(b)** *(Bus, Zug, Flugzeug, Schiff)* to get in(to) *oder* on(to) *oder* to board

einstellen *vt* **(a)** *(Arbeitskräfte)* to employ *oder* to engage *oder* to take on; **Personal einstellen** = to hire staff; **mehr Personal einstellen** = to take on more staff; **entlassene Arbeiter wieder einstellen** = to take back dismissed workers; **zwanzig neue Mitarbeiter einstellen** = to employ twenty new staff; **das Unternehmen stellte zwanzig neue Vertreter ein** = the company has engaged twenty new salesmen; **es werden keine neuen Mitarbeiter mehr eingestellt** = hiring of new personnel has been stopped; **(oft) einstellen und entlassen** = to hire and fire **(b)** *(beenden)* to discontinue; **die Produktion einstellen** = to discontinue production; **allmählich einstellen** = to phase out **(c)** *vr* **sich einstellen auf** = to prepare oneself for; **sich auf eine Erhöhung der Bankzinsen einstellen** = to plan for an increase in bank interest charges

einstellig *adj* single *oder* single-figure; **einstellige Inflationsrate** = single-figure inflation; **in einstelligen Zahlen** = in single figures; **die Inflationsrate bewegt sich jetzt in einstelligen Zahlen** = inflation is now in single figures; **der Absatz ist auf einstellige Zahlen zurückgegangen** = sales are down to single figures

Einstellung *f* employment *oder* hiring

◇ **Einstellungsbedingungen** *fpl* conditions *oder* terms of employment *oder* service

◇ **Einstellungsgespräch** *n* (job) interview

◇ **Einstellungsprämie** *f* golden hallo

◇ **Einstellungsschreiben** *n* letter of appointment

einstimmig *adj & adv* unanimous(ly); **der Vorschlag wurde einstimmig abgelehnt** = there was a unanimous vote against the proposal; **die Vorschläge wurden einstimmig angenommen** = the proposals were adopted unanimously

einstreichen *vt (umg)* to pocket (money); **Geld einstreichen** = to rake in cash *oder* to rake it in

einstufen *vt* to classify *oder* to grade *oder* to rank; **Gäste wurden nach ihrem Rang** *oder* **Status eingestuft** = guests were ranked in order of importance; **niedriger einstufen** = to demote *oder* to downgrade

◇ **Einstufung** *f* classification; **niedrigere Einstufung** = demotion

> mit dieser Einstufung werden die Freibeträge, die Pauschalen und der Lohnsteuerabzug geregelt
> ***Neues Deutschland***

einstweilig *adj* temporary *oder* interim; **einstweilige Verfügung** = interim injunction

eintausend *num* one thousand *oder* a thousand; **sie mußte eintausend Mark zahlen** = she had to pay one thousand marks

einteilen *vt* **(a)** to divide *oder* to split **(b)** to organize *oder* to plan

◇ **Einteilung** *f* division *oder* organization; **Einteilung von Tätigkeiten** = job classification; **die Einteilung der Hauptgeschäftsstelle in Abteilungen** = the organization of the head office into departments

Eintrag *m* entry; **einen Eintrag in das Hauptbuch vornehmen** = to make an entry in the ledger; **einen Eintrag gegenbuchen** *oder* **stornieren** = to contra an entry

◇ **eintragen** *vt* **(a)** *(in etwas schreiben)* to enter; **eine Position in ein Hauptbuch eintragen** = to enter up an item in a ledger; **einen Namen in eine Liste eintragen** = to enter a name on a list; **einen Posten eintragen** = to post an entry; **der Angestellte trug die Zinsen in mein Sparbuch ein** = the clerk entered the interest in my bank book; **er trug eine Zahl für Ausgaben ein** = he put down a figure for expenses; **tragen Sie Ihren Namen und Ihre Adresse in Blockschrift ein** = fill in your name and address in block capitals **(b)** to register; **eine Kapitalgesellschaft amtlich eintragen** = to incorporate a company; **ein Warenzeichen eintragen lassen** = to register a trademark; **Eigentum im Grundbuch eintragen lassen** = to register a property; **ein Unternehmen** *oder* **eine (Handels)gesellschaft in das Gesellschaftsregister eintragen lassen** = to register a company **(c)** *vr* **sich eintragen** = to register *oder* to enrol *oder* to put one's name down

einträglich *adj* lucrative *oder* money-making *oder* paying *oder* profitable *oder* remunerative; **es ist ein einträgliches Geschäft** = it is a paying business

Eintragung *f* **(a)** *(das Eintragen)* entering *oder* recording **(b)** registration; **Eintragung eines Warenzeichens** *oder* **Aktiengeschäfts** = registration of a trademark *oder* of a share transaction; **amtliche Eintragung** = incorporation

◇ **Eintragungsbescheinigung** *f* certificate of registration *oder* registration certificate

◇ **Eintragungsbuch** *n* register

◇ **Eintragungsgebühr** *f* registration fee

◇ **Eintragungsnummer** *f* registration number

eintreffen *vi* to arrive; **die Sendung ist immer noch nicht eingetroffen** = the consignment has still not arrived

◇ **Eintreffen** *n* arrival

eintreiben *vt (von Schulden)* to collect *oder* to recover

◇ **Eintreibung** *f* collection *oder* recovery

Eintritt *m* **(a)** entry; **Eintritt in die EU** = entry to the EU **(b)** admission; **sonntags freier Eintritt** =

free admission on Sundays; **bei Vorlage dieser Karte ist der Eintritt frei** = admission is free on presentation of this card **(c)** admission charge *oder* entry charge *oder* entrance (charge); **es kostet DM 5 Eintritt** = there is a DM 5 admission charge; **für Erwachsene beträgt der Eintritt DM 4.50 and für Kinder DM 2** = entrance is DM 4.50 for adults and DM 2 for children

◇ **Eintrittsgebühr** *f* admission charge *oder* entry charge

◇ **Eintrittsgeld** *n* entrance fee *oder* admission fee

◇ **Eintrittskarte** *f* entrance ticket *oder* admission ticket

Einvernehmen *n* understanding *oder* agreement; **in gegenseitigem Einvernehmen** = by mutual agreement

einverstanden *adj* **sich einverstanden erklären** = to agree; **nach einiger Diskussion erklärte er sich mit unserem Plan einverstanden** = after some discussion he agreed to our plan; **sich einverstanden erklären, etwas zu tun** = to agree to do something; **die Bank wird sich niemals einverstanden erklären, dem Unternehmen DM 400.000 zu leihen** = the bank will never agree to lend the company DM 400,000

◇ **Einverständnis** *n* agreement *oder* consent; **in gegenseitigem Einverständnis** = by mutual agreement; **stillschweigendes Einverständnis** = tacit agreement

Einwand *m* objection; **Einwand erheben (gegen)** = to object (to) *oder* to raise an objection (to); **gegen eine Vertragsklausel Einwände erheben** = to object to a clause in a contract; **die Gewerkschaftsdelegierten erhoben Einwände gegen die Formulierung des Vertrags** = the union delegates raised an objection to the wording of the agreement

◇ **einwandfrei** *adj* perfect *oder* faultless

einwechseln *vt* to change; **wir möchten Reiseschecks einwechseln** = we want to change some traveller's cheques

Einweg- *pref* disposable *oder* non-returnable

◇ **Einwegflasche** *f* non-returnable bottle; **diese Flaschen sind Einwegflaschen** = these bottles are not returnable

◇ **Einwegpackung** *oder* **Einwegverpackung** *f* non-returnable pack(ag)ing *oder* disposable wrapping

einweisen *vt* **(a)** to introduce; **sie wurde von ihrer Vorgängerin in ihre Augaben eingewiesen** = her predecessor showed her what the job entailed **(b)** *(in ein Amt)* to install

◇ **Einweisung** *f* **(a)** introduction (to work) **(b)** installation *oder* induction *oder* initiation

einwerfen *vt* **(a)** to post *oder* to mail **(b)** *(Münze)* to insert

einwickeln *vt* to wrap (up)

einwilligen (in) *vi* to consent to *oder* to agree to

◇ **Einwilligung** *f* agreement *oder* consent

Einwohner/-in *mf* resident *oder* inhabitant

einzahlen *vt* to pay in *oder* to deposit; **Geld auf ein Konto einzahlen** = to place money in an account; **Geld auf sein Konto einzahlen** = to pay money into one's account; **er zahlte den Scheck sofort ein, nachdem er ihn erhalten hatte** = he banked the cheque as soon as he received it; **DM 300 auf ein Girokonto einzahlen** = to deposit DM 300 in a current account; **DM 300 auf ein Konto einzahlen** = to credit an account with DM 300 *oder* to credit DM 300 to an account; **einen Scheck auf ein Konto einzahlen** = to pay a cheque into an account

◇ **Einzahler/-in** *mf* depositor

◇ **Einzahlung** *f* deposit

◇ **Einzahlungsbeleg** *m* deposit slip *oder* paying-in slip

◇ **Einzahlungsbuch** *n* paying-in book

◇ **Einzahlungsschalter** *m* paying-in counter

Einzel- *pref* single

◇ **Einzelblatteinzug** *m* sheet feed

◇ **Einzelfall** *m* individual case *oder* isolated instance

◇ **Einzelfertigung** *f* special order *oder* one-off order

Einzelhandel *m* retail *oder* retailing *oder* the retail trade; **diese Artikel kosten im Einzelhandel 75 Pfennige** = these items retail at *oder* for 75 pfennigs; **er verkauft im Einzelhandel und kauft im Großhandel** = he sells retail and buys wholesale; **im Einzelhandel verkaufen** *oder* **verkauft werden** = to retail; **Waren im Einzelhandel verkaufen** = to retail goods

◇ **Einzelhandelsabteilung** *f* retail division

◇ **Einzelhandelsgeschäft** *n* retail shop *oder* retail outlet

◇ **Einzelhandelskette** *f* retail chain *oder* multiple

◇ **Einzelhandelspreis** *m* retail price

◇ **Einzelhandelspreisindex** *m* retail price index (RPI)

◇ **Einzelhandelsspanne** *f* retail profit margin

◇ **Einzelhändler/-in** *mf* **(a)** retail dealer *oder* retailer **(b)** tradesman

Einzelheit *f* detail; **der Katalog enthält alle Einzelheiten unseres Sortiments** = the catalogue gives all the details of our product range; **wir sind beunruhigt über einige der im Vertrag aufgeführten Einzelheiten** = we are worried by some of the details in the contract; **Blatt, auf dem Einzelheiten zu den Verkaufsartikeln aufgeführt sind** = sheet which gives particulars of the items for sale

Einzelkaufmann *m* sole trader

einzeln 1 *adj* individual *oder* separate *oder* single; **ein einzelner Schuh** = an odd shoe **2** *adv* separately *oder* severally; **sie gingen einzeln nach Hause** = they went home separately

◇ **einzelne(r)** *mf* individual; **auf die Bedürfnisse des einzelnen zugeschnittene Sparpläne** = savings plan made to suit the requirements of the private individual

◇ **Einzelperson** *f* individual

◇ **Einzelpreis** *m* unit price

◇ **Einzelstück** *n* one-off item; *npl* **Einzelstücke** = oddments
◇ **Einzelverkauf** *m* retailing
◇ **Einzelverpackung** *f* individual packing
◇ **Einzelzimmer** *n* single room
◇ **Einzelzimmerzuschlag** *m* single-room supplement

einziehbar *adj* recoverable; **nicht einziehbar** = irrecoverable; **nicht einziehbare Außenstände** = bad debts
◇ **einziehen** *vt* **(a)** to collect; **eine Schuld einziehen** = to collect a debt; **nicht eingezogen** = uncollected; **nicht eingezogene Beiträge** *oder* **Steuern** = uncollected subscriptions *oder* taxes **(b)** to levy; **von Mitgliedern Gelder für ein neues Clubhaus einziehen** = to levy members for a new club house **(c)** to seize; **das Gericht ordnete die Einziehung des Gesellschaftskapitals an** = the court ordered the seizure of the company's funds *oder* the court ordered the company's funds to be seized **(d)** *(Banknoten)* to call in *oder* to withdraw *oder* to demonetize **(e)** *(print)* to indent
◇ **Einziehung** *f* **(a)** collection **(b)** seizure
◇ **Einziehungsbeamte(r)/-beamtin** *mf* collector

einzig *adj* single
◇ **einzigartig** *adj* unique; **einzigartiges Verkaufsargument** = unique selling proposition (USP)

Einzug *m* **(a)** *(von Steuern, Geldern)* collection **(b)** *(von Banknoten)* withdrawal **(c)** *(print)* indent **(d)** *(Drucker)* feed; **es gibt einen Papierstau im Einzug** = the paper feed has jammed
◇ **Einzugsbereich** *m oder* **Einzugsgebiet** *n* catchment area; **er wohnt im städtischen Einzugsgebiet** = he lives in the commuter belt
◇ **Einzugsermächtigung** *f* direct debit mandate
◇ **Einzugsverfahren** *n* direct debiting

Eis *n* ice; **auf Eis legen** = to put on ice *oder* to shelve; **der gesamte Expansionsplan wurde auf Eis gelegt** = the whole expansion plan was pigeonholed

> inzwischen haben über 60 Unionsabgeordnete des Bundestages einen Antrag unterschrieben, der das Projekt für fünf Jahre auf Eis legen will
> ***Sächsische Zeitung***

Eisenbahn *f* railway *oder (US)* railroad
◇ **Eisenbahnnetz** *n* railway network; **das deutsche Eisenbahnnetz** = the German railway network
◇ **Eisenbahnwaggon** *m* wagon

Eisenwaren *pl* hardware

Elan *m* élan *oder* energy *oder* drive; **er hat viel Elan** = he has a lot of drive

elastisch *adj* elastic
◇ **Elastizität** *f* elasticity; **Elastizität von Angebot und Nachfrage** = elasticity of supply and demand

Electronic Cash *n* electronic cash

Elefantenhochzeit *f (umg)* mega-merger

elektrisch *adj* electric *oder* electrical; **die Techniker versuchen, einen elektrischen Fehler zu beheben** = the engineers are trying to repair an electrical fault; **eine elektrische Schreibmaschine** = an electric typewriter
◇ **Elektrizität** *f* electricity
◇ **Elektrizitäts-** *pref* electrical
◇ **Electrizitätsgesellschaft** *f* electric power company
◇ **Elektrogeschäft** *n* electrical goods shop

Elektronik *f* electronics
◇ **Elektroniker/-in** *mf* electronic engineer
◇ **Elektronikfachmann** *m* electronics specialist *oder* expert
◇ **Elektronikindustrie** *f* (the) electronics industry
◇ **elektronisch** *adj* electronic; **elektronische Datenverarbeitung (EDV)** = electronic data processing (EDP); **elektronische Kasse** *oder* **elektronisches Kassenterminal** = electronic cash terminal *oder* electronic point of sale (EPOS); **elektronische Post** = electronic mail *oder* email

Element *n* **(a)** element **(b)** *(Möbel)* unit; **aus Elementen zusammengesetzt** = modular
◇ **elementar** *adj* basic *oder* elementary

Elfenbeinküste *f* Ivory Coast; **Bewohner/-in der Elfenbeinküste** = Ivorien *oder* Ivorian
(NOTE: Hauptstadt: **Abidjan** ; Währung: **CFA-Franc** *m* = CFA franc)

eliminieren *vt* to eliminate

El Salvador *n* El Salvador
◇ **Salvadorianer/-in** *mf* Salvadorian
◇ **salvadorianisch** *adj* Salvadorian (NOTE: Hauptstadt: **San Salvador** ; Währung: **Colón** *m* = colón)

E-Mail *f* email *oder* electronic mail

Embargo *n* embargo; **ein Embargo aufheben** = to lift an embargo; **einem Embargo unterliegen** = to be under an embargo; **ein Embargo verhängen** = to embargo

Emission *f* **(a)** issue; **Emission neuer Aktien** = issue of new shares *oder* share issue; **Emission von Schuldverschreibungen** = issue of debentures *oder* debenture issue; **Emission begeben** = to launch *oder* to float an issue; **Emission garantieren** = to underwrite an issue; **Emission unterbringen** = to place an issue **(b)** emission; **die Emission von Schadstoffen** = the emission of pollutants
◇ **Emissionsabteilung** *f* new issues department
◇ **Emissionsbank** *f* issuing bank
◇ **Emissionshaus** *n* issuing house
◇ **Emissionskonsortium** *n* underwriting syndicate
◇ **Emissionskurs** *m* offer price *oder* issue(d) price
◇ **Emissionsprospekt** *m* prospectus

Emittent *m* issuer
◇ **emittieren** *vt* to issue; **Aktien eines neuen Unternehmens emittieren** = to issue shares in a new company

Empfang *m* **(a)** receipt; **nach Empfang der Mitteilung legte das Unternehmen Berufung ein** = on receipt of the notification, the company lodged an appeal; **den Empfang bestätigen** = to receipt; **den Empfang eines Schreibens bestätigen** = to acknowledge receipt of a letter; **wir bestätigen den Empfang Ihres Briefes vom 15.** = we acknowledge receipt of your letter of the 15th **(b)** reception (desk)

◇ **empfangen** *vt* to receive

◇ **Empfänger/-in** *mf* **(a)** *(Post)* addressee **(b)** recipient; **der Empfänger eines Zuschusses** = the recipient of an allowance **(c)** *(von Warensendungen)* consignee *oder* receiver; **der Empfänger der Warensendung** = the receiver of the shipment; **Gebühr bezahlt Empfänger** = (i) charges forward; (ii) freepost

◇ **Empfangsberechtige(r)** *mf* authorized recipient

◇ **Empfangsbestätigung** *f* receipt; **sie schickte eine Empfangsbestätigung** = she sent an acknowledgement of receipt *oder* a letter of acknowledgement

◇ **Empfangsdatum** *n* date of receipt

empfehlen *vt* to recommend; **der Anlageberater empfahl, Aktien von Flugzeugunternehmen zu kaufen** = the investment adviser recommended buying shares in aircraft companies; **er empfahl ein Schuhgeschäft auf der Bismarckstraße** = he recommended a shop in Bismarckstraße for shoes; **können Sie ein gutes Hotel in Amsterdam empfehlen?** = can you recommend a good hotel in Amsterdam?; **die Teilnehmer der Vorstandssitzung empfahlen eine Dividende von vier Mark pro Aktie** = the board meeting recommended a dividend of four marks a share; **ich würde Frau Müller sicherlich nicht für die Stelle empfehlen** = I certainly would not recommend Ms Müller for the job

◇ **Empfehlung** *f* recommendation; **wir stellten ihn auf Empfehlung seines ehemaligen Arbeitgebers ein** = we appointed him on the recommendation of his former employer; **ohne Aufforderung gegebene Empfehlung** = unsolicited testimonial

◇ **Empfehlungsschreiben** *n* letter of recommendation *oder* reference *oder* testimonial

empfindlich *adj* sensitive; **der Markt reagiert empfindlich auf die Wahlergebnisse** = the market is very sensitive to the result of the elections

empfohlen *adj* recommended; **empfohlener Abgabepreis** = manufacturer's recommended price (MRP) *oder* recommended retail price (RRP); **‚alle Schreibmaschinen - 20% unter dem empfohlenen Abgabepreis'** = 'all typewriters - 20% off manufacturer's recommended price (MRP)'

emporschnellen *vi* to jump *oder* to shoot up *oder* to rocket

End- *pref* final *oder* terminal *oder* ultimate

◇ **Endabnehmer** *m* end customer *oder* end purchaser

◇ **Endabrechnung** *f* closing statement

◇ **Endbahnhof** *m* terminus *oder* railhead; **die Waren werden per Lastwagen zum Endbahnhof gebracht** = the goods will be sent to the railhead by lorry

◇ **Endbenutzer** *m* end user; **das Unternehmen entwickelt einen Computer im Hinblick auf den Endbenutzer** = the company is creating a computer with the end user in mind

◇ **Endbetrag** *m* (grand) total

◇ **Ende** *n* end; **oberes Ende** = head; **am Ende hatten wir eine Rechnung von DM 20.000** = we ended up with a bill for DM 20,000; **Ende des Buchungszeitraums** = account end; **am Ende der Vertragslaufzeit** = at the end of the contract period; **zu Ende gehen** = to come to an end; **allmählich zu Ende gehen** = to peter out; **letzten Endes** = ultimately

◇ **enden** *vi* to end up *oder* to end *oder* to finish *oder* to terminate; **enden mit** = to end in; **der Flug von Frankfurt endet in San Francisco** = the flight from Frankfurt terminates in San Francisco; **die Jahreshauptversammlung endete damit, daß sich die Aktionäre auf dem Boden rauften** = the AGM ended in the shareholders fighting on the floor

◇ **Endfertigung** *f* finishing process

◇ **endgültig** *adj & adv* final(ly); **endgültig festlegen** = to finalize; **nach sechswöchiger Verhandlung wurde das Darlehen gestern endgültig beschlossen** = after six weeks of negotiations the loan was finalized yesterday

Endlager *n oder* **Endlagerstätte** *f* final depository *oder (von radioactiven Abfallprodukten)* permanent (waste) disposal site

◇ **Endlagerung** *f* permanent (waste) disposal

Endlospapier *n* continuous stationery

◇ **Endlospapiereinzug** *m* continuous feed

◇ **Endprodukt** *n* end product *oder* final product *oder* finished product; **nach sechsmonatiger Testphase ist das Endprodukt immer noch nicht zufriedenstellend** = after a six months' trial period, the end product is still not acceptable

◇ **Endsaldo** *m* closing balance

◇ **Endstation** *f* terminus

◇ **Endtermin** *m* closing date (for bid tenders); **Endtermin für Angebote ist der 1. Mai** = the closing date for tenders to be received is May 1st *(siehe auch* EINREICHUNGSFRIST)

◇ **Endverbraucher** *m* end user *oder* ultimate consumer

> mehr Wettbewerb zwischen den Kreditinstituten ist eine unabdingbare Forderung zugunsten der Endverbraucher und der Unternehmen
> ***Der Tagesspiegel***

Energie *f* **(a)** *(Schwung, Tatkraft)* energy; **voller Energie** = energetic; **er hat nicht die Energie, um ein guter Handelsvertreter zu sein** = he hasn't the energy to be a good salesman; **sie verschwendeten ihre Energien bei dem Versuch, Autos auf dem amerikanischen Markt zu verkaufen** = they wasted their energies on trying to sell cars in the American market **(b)** *(Strom)* energy; **wenn Sie die Zimmertemperatur auf achtzehn Grad senken, werden Sie Energie sparen** = if you reduce the room temperature to eighteen degrees, you will save energy; **wir versuchen Energie zu sparen, indem wir das Licht ausschalten, wenn niemand in den Zimmern ist** = we try to save energy by switching off the lights when the rooms are empty

◊ **Energiebedarf** *m* energy requirement *oder* energy demand

◊ **energiesparend** *adj* energy-saving; **ein energiesparendes Gerät** = an energy-saving device; **das Unternehmen führt energiesparende Maßnahmen ein** = the company is introducing energy-saving measures

◊ **Energieverbrauch** *m* energy consumption

◊ **Energieversorgung** *f* energy supply

◊ **Energiewirtschaft** *f* energy industry

E-Netz *n* latest addition to the German digital mobile communications network *(siehe auch* D-NETZE)

eng *adj* **(a)** narrow; **engere Wahl** = shortlist; **er kam für den Job in die engere Wahl** = he is on the shortlist for the job; **vier Kandidaten kamen in die engere Wahl** = four candidates have been shortlisted; **Kandidaten, die in die engere Wahl kommen, werden zu einem Vorstellungsgespräch geladen** = shortlisted candidates will be asked for an interview **(b)** tight; **der Geschäftsführer hat heute einen engen Terminkalender - er kann keine Termine mehr unterbringen** = the managing director has a very tight schedule today - he cannot fit in any more appointments

engagieren *vt* to engage; **wir haben zu unserer Vertretung den besten auf Handelsrecht spezialisierten Anwalt engagiert** = we have engaged the best commercial lawyer to represent us

Engineering *n* engineering

England *n* England

◊ **Engländer/-in** *mf* English(wo)man; **die Engländer** = the English

◊ **englisch** *adj* English; **englische Tastatur** = qwerty keyboard; **der Computer hat eine normale englische Tastatur** = the computer has a normal qwerty keyboard

◊ **Englischkenntnisse** *pl* command of English; **sie verfügt über ziemlich gute Englischkenntnisse** = she is quite proficient in English

Engpaß *m* bottleneck; **es gibt ernsthafte Engpässe in der Produktion** = there are serious bottlenecks in the production line; **ein Engpaß im Liefersystem** = a bottleneck in the supply system

en gros *adv* wholesale *oder* in bulk; **etwas en gros verkaufen** = to sell something wholesale

◊ **Engroshandel** *m* wholesale trade

Enkelgesellschaft *f* indirect subsidiary

entbinden *vt (von Amt, Versprechen)* to release

◊ **Entbindung** *f* release

entbürokratisieren *vt* to free from red tape

entdecken *vt* to discover; **die Revisoren entdeckten einige Fehler in den Geschäftsbüchern** = the auditors discovered some errors in the accounts

enteignen *vt* to expropriate *oder* to dispossess

◊ **Enteignung** *f* expropriation *oder* dispossession

entfallen *vi* to be inapplicable *oder* to be dropped; **dieser Punkt des Vertrags entfällt** = this point in the contract is no longer applicable

entfernen *vt* to excise *oder* to remove; **bitte entfernen Sie alle Hinweise auf den Streik aus dem Protokoll** = please excise all references to the strike in the minutes

entflechten *vt (Konzern, Kartell)* to break up *oder* to demerge

◊ **Enflechtung** *f* break-up *oder* demerger

entgegengesetzt *adj* opposite *oder* opposing *oder* conflicting; **entgegengesetzte Meinungen** = conflicting opinions

entgegenkommen *vi* to cooperate *oder* to comply with; **wir werden uns bemühen, Ihnen preislich entgegenzukommen** = we will try to meet your price

Engegennahme *f* acceptance *oder* receipt; **bei Entgegennahme** = on receipt

◊ **entgegennehmen** *vt* to accept *oder* to receive; **die Waren wurden in gutem Zustand entgegengenommen** = the goods were received in good condition; **einen Anruf entgegennehmen** = to take a call

entgegensehen *vi* to await *oder* to look forward to; **wir sehen Ihrer Antwort mit Interesse entgegen** = we await your reply with interest; **eine Entscheidung entgegensehen** = to await a decision

Entgelt *n* consideration *oder* remuneration; **gegen ein geringes Entgelt** = for a small consideration

> Kellner müssen Trinkgelder dem Finanzamt als zusätzliches Entgelt angeben
>
> ***Wirtschaftswoche***

enthalten *vt* to contain *oder* to include *oder* to hold; **die Rechnung enthält keine MwSt.** = the invoice is exclusive of VAT; **das Faß enthält 250 Liter** = the barrel contains 250 litres; **jede Kiste enthält zwei Computer und Zubehör** = each crate contains two computers and their peripherals; **jede Schachtel enthält 250 Blatt Papier** = each box holds 250 sheets of paper

enthüllen *vt* to disclose

◊ **Enthüllung** *f* disclosure

entladen *vt* to unload; **wir brauchen einen Gabelstapler um den LKW zu entladen** = we need a fork-lift truck to unload the lorry

◊ **Entlademöglichkeiten** *fpl* unloading facilities

◊ **Entladung** *f* unloading

entlassen *vt* to dismiss *oder* to discharge *oder* to release; **jdn entlassen** = (i) to fire someone; (ii) to make someone redundant; **einen Arbeitnehmer entlassen** = to dismiss an employee *oder* to discharge an employee; **er wurde entlassen, nachdem er zu spät zur Arbeit kam** = he was sacked after being late for work; **er wurde wegen Zuspätkommen entlassen** = he was dismissed for being late; **der neue geschäftsführende Direktor entließ den halben Handelsvertreterstab** = the new managing director fired half the sales force; **(vorübergehend) Arbeiter entlassen** = to lay off workers; **aufgrund der Rezession wurden Hunderte von Arbeitnehmern in der Autoindustrie vorübergehend entlassen** = the recession has caused hundreds of lay-offs in the car industry; **(oft) einstellen und entlassen** = to hire and fire

◊ **Entlassene(r)** *mf* person who has been made redundant

◊ **Entlassung** *f* **(a)** dismissal *oder* removal *oder* sacking; **ungerechtfertigte Entlassung** = unfair dismissal; **unrechtmäßige Entlassung** = wrongful dismissal; **die Gewerkschaft protestierte gegen die Entlassungen** = the union protested against the sackings **(b)** release; **Entlassung aus einem Vertrag** = release from a contract **(c)** redundancy; **(vorübergehende) Entlassung von Arbeitnehmern** = lay-off; **die Übernahme hatte 250 Entlassungen zur Folge** = the takeover caused 250 redundancies

◊ **Entlassungsabfindung** *f* redundancy payment *oder* severance pay; **er legte seine ganze Entlassungsabfindung in einen Laden an** = he put all his redundancy money into a shop; **großzügige Entlassungsabfindung** = golden handshake *oder* *(US)* golden parachute

◊ **Entlassungsgrund** *m* grounds for dismissal

◊ **Entlassungsverfahren** *n* dismissal procedures

entlasten *vt* **(a)** to discharge *oder* to release; **einen Konkursschuldner entlasten** = to discharge a bankrupt; **nicht entlastete(r) Konkursschuldner/-in** = undischarged bankrupt **(b)** to ease *oder* to relieve; **den Verkehr entlasten** = to ease the (flow of) traffic **(c)** *(jur)* to support *oder* to exonerate; **den Angeklagten durch eine Aussage entlasten** = to support the defendant in a statement **(d)** *(comm)* to approve; **den Vorstand entlasten** = to approve the decisions of the board **(e)** *(fin)* to credit; **ein Konto entlasten** = to credit an account

◊ **Entlastung** *f* **(a)** discharge *oder* release; **Entlastung eines Konkursschuldners** = discharge in bankruptcy **(b)** *(Verkehr)* relief **(c)** *(jur)* exoneration **(d)** *(comm)* approval **(e)** *(fin)* credit

◊ **Entlastungsmaterial** *n (jur)* evidence for the defence

entledigen *vr* **sich entledigen** = to get rid of *oder* to free oneself of; **sich einer Sache entledigen** = to divest oneself of something

entleihen *vt* to borrow

◊ **Entleiher/-in** *mf* borrower

entlohnen *vt* to pay *oder* to reward

◊ **Entlohnung** *f* payment

Entnahme *f* withdrawal *oder* taking out

◊ **Entnahmeliste** *f* picking list

entnehmen *vt* **(a)** to take (from) *oder* to withdraw **(b)** to gather; **wir konnten seinen Äußerungen entnehmen, daß ...** = we gathered from his comments that ...

entschädigen *vt* to compensate *oder* to indemnify *oder* to make up; **einen Manager für den Verlust der Provision entschädigen** = to compensate a manager for loss of commission; **jdn für einen Verlust entschädigen** = to indemnify someone for a loss

◊ **Entschädigung** *f* compensation *oder* damages *oder* indemnification *oder* indemnity *oder* restitution; **er mußte DM 250 Entschädigung zahlen** = he had to pay an indemnity of DM 250

◊ **Entschädigungsanspruch** *m* claim for damages

◊ **Entschädigungssumme** *f* (amount of) compensation

entscheiden **1** *vt* **(a)** to decide; **der Untersuchungsausschuß entschied, daß das Unternehmen vertragsbrüchig war** = the commission of inquiry ruled that the company was in breach of contract; **entscheiden, einen neuen geschäftsführenden Direktor zu ernennen** = to decide to appoint a new managing director **(b)** *vr* **sich entscheiden** = to come to a decision *oder* to reach a decision **2** *vi* to adjudicate *oder* to find *oder* to rule; **(schiedsrichterlich) entscheiden** = to arbitrate; **der Richter entschied für den Angeklagten** = the judge found for the defendant; **über eine Schadenersatzforderung entscheiden** = to adjudicate a claim for damages; **über die Vorgehensweise entscheiden** = to decide on a course of action

◊ **entscheidend** *adj* deciding *oder* decisive; **entscheidender Faktor** = deciding factor; **der Fabrik fehlen entscheidende Ersatzteile** = the factory is lacking essential spare parts

◊ **Entscheidung** *f* adjudication *oder* decision *oder* ruling; **der Untersuchungsausschuß traf eine Entscheidung über den Fall** = the inquiry commission gave a ruling on the case; **die Entscheidung des Arbeitsgerichts** = the decision of the industrial tribunal; **nach der Entscheidung des Gerichts war der Vertrag rechtswidrig** = according to the ruling of the court, the contract was illegal; **zu einer Entscheidung kommen** = to come to a decision *oder* to reach a decision

◊ **Entscheidungsbaum** *m* decision tree

◊ **Entscheidungsbefugnis** *f* decision-making power(s)

◊ **Entscheidungsfindung** *f* decision making

◊ **Entscheidungsfreiheit** *f* discretion

◊ **entscheidungsfreudig** *adj* able to decide *oder* able to take decisions

◊ **Entscheidungsprozeß** *m* decision-making process

◊ **Entscheidungsträger/-in** *mf* decision maker

> der Veranstalter erwartet rund 100 Experten der Öl- und Gaswirtschaft, sowie politische Entscheidungsträger aus Ost- und Westeuropa
> ***Die Wirtschaft***

entschließen *vr* **sich entschließen** = to decide

◊ **Entschließung** *f* resolution; **die Versammlung nahm die Entschließung, in den Streik zu treten, an** = the meeting passed *oder* carried *oder* adopted a resolution to go on strike; **einer Versammlung eine Entschließung vorlegen** = to put a resolution to a meeting

◊ **Entschluß** *m* decision

◊ **entschlußfreudig** *adj* decisive

entschulden *vt* to free from debt
◇ **Entschuldung** *f* freeing from debt

entschuldigen *vt* **(a)** to excuse **(b)** *vr* **sich entschuldigen** = to apologize; **sich für die verspätete Antwort entschuldigen** = to apologize for the delay in answering; **sie entschuldigte sich für ihr Zuspätkommen** = she apologized for being late
◇ **Entschuldigung** *f* **(a)** excuse; **der geschäftsführende Direktor weigerte sich, die Entschuldigungen des Verkaufsleiters für den geringen Absatz zu akzeptieren** = the managing director refused to accept the sales manager's excuses for the poor sales; **seine Entschuldigung für sein Nichterscheinen bei der Versammlung war, daß er erst einen Tag vorher davon informiert wurde** = his excuse for not coming to the meeting was that he had been told about it only the day before **(b)** apology; **jdn um Entschuldigung bitten** = to offer someone an apology
◇ **Entschuldigungsbrief** *m* *oder* **Entschuldigungsschreiben** *n* letter of apology *oder* written apology; **einen Entschuldigungsbrief schreiben** *oder* **ein Entschuldigungsschreiben aufsetzen** = to write a letter of apology
◇ **Entschuldigungsgrund** *m* excuse

entsinnen *vr* **sich entsinnen** = to remember

entsorgen *vti* to dispose of waste
◇ **Entsorgung** *f* waste disposal

entsprechen *vi* **(a)** to be equivalent to; **die insgesamt ausgeschüttete Dividende entspricht einem Viertel der Gewinne vor Steuer** = the total dividend paid is equivalent to one quarter of the pretax profits **(b)** to meet *oder* to comply with; **den Anforderungen eines Kunden entsprechen** = to meet a customer's requirements **(c)** to correspond (to *oder* with); **der Bericht entspricht nicht den Tatsachen** = the report does not correspond with the facts
◇ **entsprechend** *adj* relevant *oder* in accordance with; **ich reiche die Schadenersatzforderung dem Rat unseres Rechtsberaters entsprechend ein** = I am submitting the claim for damages in accordance with the advice of our legal advisers

entstaatlichen *vt* to denationalize *oder* to privatize
◇ **Entstaatlichung** *f* denationalization *oder* privatization

> auch die Entstaatlichung einiger aussichtsreicher Aktiengesellschaften dürfte die Börse positiv stimmen
> ***Börse***

entstehen *vi* to arise *oder* to originate *oder* to result; **dadurch entstehen für Sie keine zusätzlichen Kosten** = you will thereby avoid any extra costs

entwenden *vt* to steal; **Geld aus der Kasse entwenden** = to take money from the till

entwerfen *vt* **(a)** *(Möbel, Muster)* to design; **er entwarf eine neue Autofabrik** = he designed a new car factory; **sie entwirft Gartenmöbel** = she designs garden furniture **(b)** *(Vertrag)* to draft; **einen Vertrag entwerfen** = to draft a contract *oder* to draw up a contract; **die Satzung einer Gesellschaft entwerfen** = to draw up a company's articles of association **(c)** *(Plan, Programm)* **grob entwerfen** = to rough out *oder* to outline; **der Leiter der Finanzabteilung entwarf einen groben Investitionsplan** = the finance director roughed out a plan of investment
◇ **Entwerfen** *n* drafting

entwerten *vt* **(a)** to devalue *oder* to depreciate **(b)** to withdraw *oder* to cancel; **einen Fahrschein** *oder* **einen Scheck entwerten** = to cancel a ticket *oder* a cheque **(c)** *(Münzen)* to demonetize
◇ **Entwertung** *f* devaluation *oder* depreciation; cancellation; demonetization

entwickeln *vt* to develop; **ein neues Produkt entwickeln** = to develop a new product; **eine Absatzstruktur entwickeln** = to build a sales structure; **entwickelte Volkswirtschaft** = developed economy *oder* mature economy
◇ **Entwicklung** *f* development; **konjunkturelle** *oder* **ökonomische Entwicklungen** = economic trends; **Forschung und Entwicklung (F&E)** = research and development (R&D); **Europäische Bank für Wiederaufbau und Entwicklung (BERD)** = European Bank for Reconstruction and Development (EBRD)
◇ **Entwicklungsabteilung** *f* design department
◇ **Entwicklungshilfe** *f* foreign aid
◇ **Entwicklungsland** *n* developing country *oder* developing nation (*cf* INDUSTRIESTAAT, SCHWELLENLAND)
◇ **Entwicklungsprogramm** *n* development programme

> von besonderem Interesse, vor allem für Entwicklungsländer, ist die Nutzung der Solarenergie für das häusliche Kochen
> ***Die Wirtschaft***

Entwurf *m* design *oder* draft *oder* rough copy *oder* plan; **der erste Entwurf des Vertrags wurde vom geschäftsführenden Direktor korrigiert** = the first draft of the contract was corrected by the managing director; **Verfasser/-in eines Entwurfs** = drafter
◇ **Entwurfsphase** *f* draft(ing) stage; **der Vertrag befindet sich noch in der Entwurfsphase** = the contract is still being drafted *oder* is still in the drafting stage

entziehen *vt* **(a)** to take away *oder* to withdraw; **wir mußten dem Lieferanten den Vertrag entziehen, weil die Qualität so schlecht war** = we had to take the contract away from the supplier because the quality was so bad **(b)** *vr* **sich entziehen** = to evade
◇ **Entziehung** *f oder* **Entzug** *m* withdrawal (of a licence)

erachten *vt* to consider *oder* to think; **erachten für** = to judge

Erbauer/-in *mf* constructor

Erbe/Erbin[1] *mf* heir; **seine Erben teilten den Nachlaß unter sich auf** = his heirs split the estate between them
◇ **Erbe**[2] *n* inheritance

◇ **erben** *vt* to inherit; **als ihr Vater starb, erbte sie das Geschäft** = when her father died she inherited the shop; **er erbte DM 50.000 von seinem Großvater** = he inherited DM 50,000 from his grandfather

◇ **Erbfolge** *f* hereditary succession *oder (US)* descent

◇ **Erbgut** *n* estate *oder* inheritance; **unveräußerliches Erbgut** = entail

◇ **Erblasser/-in** *mf* testator *oder* testatrix

◇ **Erbmasse** *f* estate

erbringen *vt* to yield *oder* to produce

Erbschaft *f* inheritance

◇ **Erbschaftssteuer** *f* inheritance tax *oder* estate duty *oder (US)* death duty

Erdgas *n* natural gas

Erdgeschoß *n* ground floor *oder (US)* first floor; **die Herrenabteilung ist im Erdgeschoß** = the men's department is on the ground floor; **er hat ein Büro im Erdgeschoß** = he has a ground-floor office

Erdöl *n* oil *oder* petroleum *oder* crude (oil); **der Preis für Erdöl aus Arabien ist gefallen** = the price for Arabian crude has slipped

◇ **erdölexportierend** *adj* oil-exporting *oder* petroleum-exporting; **erdölexportierende Länder** = oil-exporting countries

◇ **Erdölfeld** *n* oil field; **die Erdölfelder in der Nordsee** = the North Sea oil fields

◇ **Erdölförderung** *oder* **Erdölgewinnung** *f* oil production *oder* petroleum extraction; **Einnahmen aus der Erdölgewinnung** = petroleum revenues

◇ **erdölimportierend** *adj* oil-importing *oder* petroleum-importing; **erdölimportierende Länder** = oil-importing countries

◇ **Erdölindustrie** *f* petroleum industry

◇ **Erdölquelle** *f* oil well

ereignen *vr* **sich ereignen** = to happen; **der Unfall ereignete sich, als der geschäftsführende Direktor in Urlaub war** = the accident happened when the managing director was away on holiday

erfahren 1 *vt* to experience **2** *adj* experienced; **er ist der erfahrenste Unterhändler, den ich kenne** = he is the most experienced negotiator I know; **wir haben eine sehr erfahrene Frau zur Verkaufsleiterin ernannt** = we have appointed a very experienced woman as sales director

◇ **Erfahrung** *f* experience; **die meisten seiner Erfahrungen machte er im Fernen Osten** = he gained most of his experience in the Far East; **er ist ein Mann mit viel Erfahrung** = he is a man of considerable experience; **für diese Stelle ist etwas Erfahrung nötig** = some experience is required for this job; **sie hat viel Erfahrung mit britischen Firmen** = she has a lot of experience of dealing with British companies

◇ **Erfahrungswert** *m* empirical value

erfassen *vt* to register

◇ **Erfassung** *f* registration

erfinden *vt* to invent; **der Hauptbuchhalter hat ein neues Kundenkarteisystem erfunden** = the chief accountant has invented a new system of customer filing; **sie erfand ein neues Computerterminal** = she invented a new type of computer terminal; **wer erfand die Stenographie** *oder* **Kurzschrift?** = who invented shorthand?

◇ **Erfinder/-in** *mf* inventor; **er ist der Erfinder des Kunststoffautos** = he is the inventor of the all-plastic car

◇ **Erfindung** *f* invention; **er versuchte, seine neueste Erfindung an einen amerikanischen Automobilhersteller zu verkaufen** = he tried to sell his latest invention to a US car manufacturer

Erfolg *m* success; **keinen Erfolg haben** = to fail; **das Unternehmen versuchte ohne Erfolg, in den südamerikanischen Markt einzudringen** = the company unsuccessfully tried to break into the South American market; **Erfolgs- und Leistungsnachweis** = track record

◇ **erfolglos 1** *adj* unsuccessful; **das Projekt war teuer und erfolglos** = the project was expensive and unsuccessful; **ein erfolgloser Geschäftsmann** = an unsuccessful businessman **2** *adv* unsuccessfully

◇ **erfolgsabhängig** *adj* success-related *oder* profit-related

◇ **Erfolgsaussicht** *f* prospect of success

◇ **Erfolgsbilanz** *f* record of success

◇ **Erfolgsdenken** *n* positive thinking

◇ **Erfolgshonorar** *n* payment by results

◇ **Erfolgskurve** *f* success curve

◇ **erfolgsorientiert** *adj* achievement-orientated *oder* success-orientated

erforderlich *adj* necessary; **es ist erforderlich, das Formular richtig auszufüllen, wenn Sie keine Schwierigkeiten beim Zoll haben wollen** = it is necessary to fill in the form correctly if you are not to have difficulty at the customs

◇ **erfordern** *vt* to entail *oder* to require; **die Aufschlüsselung der Absatzzahlen erfordert etwa zehn Tage Arbeit** = itemizing the sales figures will entail about ten days' work

◇ **Erfordernis** *n* requirement

erforschen *vt* to research; **den Markt für ein Produkt erforschen** = to research the market for a product

erfreut *adj* happy; **der geschäftsführende Direktor war überhaupt nicht erfreut, als die Absatzzahlen vorgelegt wurden** = the MD was not at all happy when the sales figures came in

erfüllen *vt* **(a)** *(Aufgabe)* to fulfil *oder (US)* to fulfill **(b)** *(Bedingung)* to fulfil *oder* to meet *oder* to satisfy; **die Klausel bezüglich Zahlungen wurde nicht erfüllt** = the clause regarding payments has not been fulfilled; **nicht erfüllen** = to default **(c)** *(Vertrag)* to implement; **einen Vertrag erfüllen** = to implement an agreement

◇ **Erfüllung** *f* fulfilment *oder* implementation; **bei der Erfüllung seiner Pflichten als Direktor** = in discharge of his duties as director

◇ **Erfüllungsort** *m (jur)* place of performance

ergänzen *vt* **(a)** to supplement; **ein Buch durch ein Register ergänzen** = to add an index to a book **(b)** to amend; **einen Text ergänzen** = to amend a text

◊ **Ergänzung** *f* **(a)** addition **(b)** amendment

◊ **Ergänzungsabgabe** *f* surtax

ergeben *vt* **(a)** to add up to *oder* to total **(b)** *vr* **sich ergeben aus** = to result from; **der Anstieg der Schulden ergab sich aus dem Expansionsprogramm** = the increase in debt resulted from the expansion programme

◊ **Ergebnis** *n* result *oder* outcome; **das Unternehmen verdoppelte seinen Verkaufsstab mit dem Ergebnis, daß der Umsatz um 26% stieg** = the company doubled its sales force with the result that sales rose by 26%; **das Expansionsprogramm zeigt gute Ergebnisse** = the expansion programme has produced results; **der Chef ist nur am Ergebnis interessiert** = the boss is interested only in the bottom line; **was war das Ergebnis der Preisuntersuchung?** = what was the outcome of the price investigation?; **die Ergebnisse einer Untersuchungskommission** = the findings of a commission of enquiry

◊ **ergebnislos** *adj* without result; **seit zehn Tagen verlaufen die Gespräche ergebnislos** = talks have been deadlocked for ten days

ergiebig *adj* productive *oder* profitable

Ergonom *m* ergonomist

◊ **Ergonomie** *oder* **Ergonomik** *f* ergonomics

◊ **ergonomisch** *adj* ergonomic

Erhalt *m* receipt; **Rechnungen müssen innerhalb von dreißig Tagen nach Erhalt beglichen werden** = invoices are payable within thirty days of receipt; **nach Erhalt Ihres Schreibens** = on receipt of your letter

◊ **erhalten** *vt* **(a)** to get *oder* to obtain *oder* to receive; **Lieferungen aus dem Ausland erhalten** = to obtain supplies from abroad; **eine Kopie per Fax erhalten** = to receive a copy by fax; **er erhielt die Kontrolle, indem er die Gründeraktien kaufte** = he obtained control by buying the founder's shareholding; **wir erhielten heute morgen einen Brief vom Anwalt** = we got a letter from the solicitor this morning; **die Arbeiter haben seit sechs Monaten keinen Lohn mehr erhalten** = the workers have not received any wages for six months; **wir haben die Zahlung vor zehn Tagen erhalten** = we received the payment ten days ago; **‚dankend erhalten'** = 'received with thanks'; **einen Auftrag erhalten** = to win a contract; **Schadenersatz vom Fahrer des Wagens erhalten** = to recover damages from the driver of the car **(b)** to maintain; **die Straßen erhalten** = to maintain the roads; **den Frieden erhalten** = to keep the peace

◊ **erhältlich** *adj* available *oder* obtainable; **nicht erhältlich** = unavailable *oder* unobtainable; **Artikel nicht mehr erhältlich** = item no longer available; **Artikel nur auf Bestellung (erhältlich)** = items available to order only; **in allen Geschäftsstellen erhältlich** = available in all branches; **die Preise fallen, wenn Rohstoffe leicht erhältlich sind** = prices fall when raw materials are easily obtainable; **unsere Produkte sind in allen Computergeschäften erhältlich** = our products are obtainable in all computer shops

◊ **Erhaltung** *f* maintenance

erheben *vt* **(a)** to charge *oder* to levy *oder* to impose (a charge); **DM 10 Liefergebühren erheben** = to charge DM 10 for delivery **(b)** to file; **Anklage gegen jdn erheben** = to institute proceedings against someone

erheblich **1** *adj* considerable; **sie verloren erhebliche Geldsummen an der Warenbörse** = they lost a considerable amount of money on the commodity market; **wir verkaufen erhebliche Mengen unseres Produkts nach Afrika** = we sell considerable quantities of our products to Africa **2** *adv* considerably; **die Umsätze sind erheblich höher als im letzten Jahr** = sales are considerably higher than they were last year

> erheblicher Nachholbedarf besteht in den Ländern Osteuropas
>
> *Die Wirtschaft*

Erhebung *f* **(a)** levy *oder* levying *oder* collection (of tax) **(b)** investigation *oder* inquiry *oder* survey; **eine statistische Erhebung** = a statistical survey

erhöhen *vt* **(a)** to increase *oder* to mark up *oder* to put up *oder* to raise *oder* (US) to hike; **Preise erhöhen** = to increase prices *oder* to mark prices up; **all dies erhöht die Kosten der Firma** = this all adds to the company's costs; **als das Unternehmen die Preise erhöhte, verlor es die Hälfte seines Marktanteils** = when the company raised its prices, it lost half of its share of the market; **das Unternehmen erhöhte die Dividende um 10%** = the company raised its dividend by 10%; **die Firma erhöhte sein Gehalt auf DM 60.000** = the company increased his salary to DM 60,000; **das Geschäft erhöhte alle Preise um 5%** = the shop has put up all its prices by 5%; **die Gewerkschaft erhöhte ihre Forderung auf $13 pro Stunde** = the union hiked its demand to $13 an hour; **die Regierung hat die Steuern erhöht** = the government has raised the tax levels; **diese Preise sind um 10% erhöht worden** = these prices have been marked up by 10% **(b)** *vr* **sich erhöhen** = to increase *oder* to rise

◊ **Erhöhung** *f* advance *oder* increase *oder* rise *oder* (US) hike; **Erhöhung eines Angebotes** = improvement on an offer; **Erhöhung der Preise** = increase in prices

erholen *vr* **sich erholen** = to pick up *oder* to rally *oder* to recover; **der Markt erholte sich nach der Entscheidung der Regierung** = the market rallied on the news of the government's decision; **der Markt hat sich noch nicht vom Anstieg der Ölpreise erholt** = the market has not recovered from the rise in oil prices; **die Börsenkurse sanken am Vormittag, erholten sich aber wieder am Nachmittag** = the stock market fell in the morning, but recovered during the afternoon; **die Aktienkurse erholten sich an der Börse** = shares staged a rally on the stock exchange; **die Industrie erholt sich nach der Rezession** = industry is reviving after the recession; **das Geschäft erholt sich** = business *oder* trade is picking up

◊ **Erholung** *f* rally *oder* recovery; **nach einer kurzen Erholung fielen die Aktienkurse auf einen**

neuen Tiefstand = after a brief rally shares fell back to a new low

◇ **erholungsbedürftig** *adj* run-down *oder* in need of a rest

◇ **Erholungsort** *m* health resort *oder* spa

◇ **Erholungspause** *f* rest period *oder* break

erinnern *vt* **(a)** to remind; **ich muß meine Sekretärin daran erinnern, den Flug nach New York zu buchen** = I must remind my secretary to book the flight for New York; **er erinnerte den Vorsitzenden daran, daß die Sitzung um 18.30 Uhr schließen mußte** = he reminded the chairman that the meeting had to finish at 6.30 **(b)** *vr* **sich erinnern** = to remember; **erinnern Sie sich an den Namen des geschäftsführenden Direktors der Fa. Sperzel?** = do you remember the name of the Managing Director of Sperzel's?; **sie erinnerte sich, den Artikel in einem Katalog gesehen zu haben** = she remembered seeing the item in a catalogue; **ich kann mich nicht an die Marke des Fotokopierers erinnern, von der er meinte, er sei so gut** = I cannot remember the make of photocopier which he said was so good

◇ **Erinnerung** *f* reminder

◇ **Erinnerungsschreiben** *n* chaser *oder* follow-up letter; **nach einer Reihe von Vertreterbesuchen schickt der Verkaufsleiter Erinnerungsschreiben an alle potentiellen Kunden** = after a series of sales tours by representatives, the sales director sends backup letters to all the contacts

erkennen *vt* to recognize; **ich erkannte seine Stimme, bevor er sagte, wer er war** = I recognized his voice before he said who he was; **erkennen Sie die Schrift auf dem Brief?** = do you recognize the handwriting on the letter?

◇ **erkenntlich** *adj* **sich für etwas erkenntlich zeigen** = to show one's appreciation for something

◇ **Erkenntnis** *f* realization; **die Erkenntnis des Vorsitzenden, daß er überstimmt werden würde** = the chairman's realization that he was going to be outvoted

erklären *vt* to account for *oder* to declare *oder* to explain; **Erklärung abgeben** = to declare *oder* to make a statement; **einen Verlust** *oder* **eine Diskrepanz erklären** = to account for a loss *oder* a discrepancy; **er erklärte den Zollbeamten, daß die beiden Computer Geschenke von Freunden seien** = he explained to the customs officials that the two computers were presents from friends; **können Sie erklären, warum der Absatz im ersten Quartal so hoch ist?** = can you explain why the sales in the first quarter are so high?; **der Verkaufsleiter versuchte, den plötzlichen Absatzrückgang zu erklären** = the sales director tried to explain the sudden drop in sales

◇ **Erklärung** *f* declaration *oder* explanation; **der für die MwSt. zuständige Beamte forderte eine Erklärung für die Rechnungen** = the VAT inspector asked for an explanation of the invoices; **der Vorsitzende gab auf der Jahreshauptversammlung eine Erklärung für die hohen Zinszahlungen an** = at the AGM, the chairman gave an explanation for the high level of interest payments; **eine Erklärung abgeben** = to make a statement

erkundigen *vr* **sich erkundigen** = to inquire *oder* to query; **er erkundigte sich bei der Information nach Einzelheiten über Firmen, die auf der Automobilaustellung vertreten sind** = he asked the information office for details of companies exhibiting at the motor show; **er erkundigte sich, ob etwas nicht in Ordnung sei** = he inquired if anything was wrong; **sie erkundigte sich nach dem Hypothekenzins** = she inquired about the mortgage rate

◇ **Erkundigungen** *fpl* inquiries *oder* queries; **Erkundigungen einziehen** = to inquire

Erkundungs- *pref* exploratory *oder* fact-finding

◇ **Erkundungsfahrt** *oder* **Erkundungsreise** *f* fact-finding tour *oder* mission; **der Minister begab sich auf eine Erkundungsfahrt in die Region** = the minister went on a fact-finding tour of the region

erlangen *vt* to achieve *oder* to gain; **die Aktienmehrheit** *oder* **Mehrheitsbeteiligung an einem Unternehmen erlangen** = to gain control of a business

Erlaß *m* **(a)** *(Verordnung)* decree *oder* edict **(b)** *(Schulden)* remission

erlassen *vt* to remit *oder* to waive; **eine Zahlung erlassen** = to waive a payment; **jdm seine Schulden erlassen** = to release someone from his debts

erlauben *vt* to allow *oder* to permit

◇ **Erlaubnis** *f* **(a)** permission; **er bat um die Erlaubnis des Geschäftsführers, sich einen Tag frei zu nehmen** = he asked the manager's permission to take a day off; **jdm die Erlaubnis erteilen, etwas zu tun** = to give someone permission to do something **(b)** *(Bescheinigung)* permit

◇ **erlaubt** *adj* allowable *oder* allowed *oder* permitted; **erlaubter Handel** = lawful trade

erleben *vt* to experience; **das Unternehmen erlebte eine Zeit rückläufiger Absätze** = the company experienced a period of falling sales

◇ **Erlebensfall** *m* **Versicherung auf den Erlebens- und Todesfall** = endowment insurance *oder* endowment policy

erledigen *vt* to deal with *oder* to take care of *oder* to carry out *oder* to settle *oder* to finish; **der Auftrag wurde rechtzeitig erledigt** = the order was finished in time; *(Stempel)* **‚erledigt'** = dealt with

◇ **Erledigung** *f* handling

Erliegen *n* standstill; **der Streik brachte den Eisenbahnverkehr zum Erliegen** = the strike closed down the railway system

Erlös *m* proceeds; **er verkaufte sein Geschäft und investierte den Erlös in ein Computer-Reparaturgeschäft** = he sold his shop and invested the proceeds in a computer repair business

erlöschen *vi* to expire

◇ **Erlöschen** *n* expiration *oder* expiry; **Erlöschen einer Versicherungspolice** = expiration *oder* expiry of an insurance policy

ermächtigen *vt* to authorize *oder* to empower; **er ist nicht ermächtigt, in unserem Namen zu handeln** = he has no authorization to act on our behalf; **jdn ermächtigen, das Unternehmen zu vertreten** = to authorize someone to act on the company's behalf; **sie war von dem Unternehmen ermächtigt, den Vertrag zu unterschreiben** = she was empowered by the company to sign the contract

◇ **Ermächtigung** *f* authority *oder* authorization *oder* power; **ohne Ermächtigung** = unauthorized

Ermangelung *f* absence *oder* want; **er wurde in Ermangelung anderer Kandidaten gewählt** = he was elected by default

ermäßigen *vt* to reduce

◇ **ermäßigt** *adj* reduced *oder* cut-price; **ermäßigte Waren** = cut-price goods

◇ **Ermäßigung** *f* reduction; **mit Ermäßigung** = off; **wir gewähren 5% Ermäßigung für umgehende Zahlung** = we give 5% off for quick settlement

Ermessen *n* discretion; **ich stelle es in Ihr Ermessen** = I leave it to your discretion; **nach jds Ermessen** = at the discretion of someone; **ob jemand Mitglied wird, liegt im Ermessen des Ausschusses** = membership is at the discretion of the committee

◇ **Ermessensbefugnis** *f* discretionary power(s); **die Ermessensbefugnis des Ministers** = the minister's discretionary powers

◇ **Ermessensfrage** *f* matter of discretion

◇ **Ermessensspielraum** *m* discretionary power(s)

ermitteln *vi* to investigate; **gegen jdn ermitteln** = to investigate someone; **in einem Fall ermitteln** = to investigate a case

◇ **Ermittler/-in** *mf* investigator

◇ **Ermittlung** *f* investigation

◇ **Ermittlungsausschuß** *m* committee of inquiry *oder* fact-finding committee

◇ **Ermittlungsbeamte(r)/-beamtin** *mf* investigating official *oder* officer; **ein staatlicher Ermittlungsbeamter** = a government investigator

◇ **Ermittlungsverfahren** *n (jur)* preliminary proceedings

ermutigen *vt* to encourage; **er ermutigte mich, mich um die Stelle zu bewerben** = he encouraged me to apply for the job

◇ **Ermutigung** *f* encouragement

Ernährer/-in *mf* breadwinner

◇ **Ernährung** *f* food *oder* nutrition

◇ **Ernährungsgüter** *pl* foodstuffs

◇ **Ernährungswirtschaft** *f* food industry

Ernannte(r) *mf* appointee

ernennen *vt* to appoint; **Jochen Schmidt zum Manager ernennen** = to appoint Jochen Schmidt (to the post of) manager; **wir haben eine neue Vertriebsleiterin ernannt** = we have appointed a new distribution manager

◇ **Ernennung** *f* appointment; **bei seiner Ernennung zum Manager** = on his appointment as manager

◇ **Ernennungsschreiben** *n* letter of appointment

◇ **Ernennungsurkunde** *f (zu einem Amt)* certificate of appointment

> der Internationale Währungsfonds hat das Topmanagement durch die Ernennung von drei neuen Stellvertretern des Geschäftführenden Direktors verstärkt
>
> *Neue Zürcher Zeitung*

erneuern *vt* to renew; **eine Versicherung erneuern** = to renew an insurance policy

◇ **Erneuerung** *f* renewal

ernsthaft *adj* serious; **ernsthafter Käufer** = genuine purchaser; **die Unternehmensleitung macht ernsthafte Versuche, die Arbeitsbedingungen zu verbessern** = the management is making serious attempts to improve working conditions

Ernte *f* crop *oder* harvest

◇ **Ernteausfall** *m* crop failure

◇ **Ernteergebnis** *n oder* **Ernteertrag** *m* crop *oder* yield

◇ **ernten** *vt* to harvest

◇ **Ernteversicherung** *f* insurance against crop failure

erobern *vt* to capture; **10% des Marktes erobern** = to capture 10% of the market

eröffnen 1 *vt* to open *oder* to set up; **ein Bankkonto eröffnen** = to open a bank account; **ein Geschäft eröffnen** = to set up in business; **einen Kredit eröffnen** = to open a loan; **eine Kreditlinie eröffnen** = to open a line of credit; **er eröffnete die Besprechung mit einer Beschreibung des Produkts** = he opened the discussions with a description of the product; **das Unternehmen eröffnete eine Filiale in Australien** = the company has established a branch in Australia; **wir haben eine Geschäftsstelle in London eröffnet** = we have opened an office in London; **der Vorsitzende eröffnete die Sitzung um 10.30 Uhr** = the chairman opened the meeting at 10.30 **2** *vi* **die Aktien eröffneten schwächer an der Börse** = the shares opened lower on the Stock Exchange

◇ **Eröffnung** *f* opening; **die Eröffnung einer neuen Filiale** = the opening of a new branch

◇ **Eröffnungsbestand** *m* opening stock

◇ **Eröffnungsbilanz** *f* opening balance

◇ **Eröffnungsbuchung** *f* opening entry

◇ **Eröffnungsgebot** *n* opening bid

◇ **Eröffnungskurs** *m oder* **Eröffnungsnotierung** *f* opening price

◇ **Eröffnungssitzung** *f* opening session

erörtern *vt* to discuss

◇ **Erörterung** *f* discussion

erpicht *adj* eager; **das Management ist darauf erpicht, in die fernöstlichen Märkte einzudringen** = the management is eager to get into the Far Eastern markets

erpressen *vt* to blackmail (someone) *oder* to extort (money)
◇ **Erpresser/-in** *mf* blackmailer
◇ **Erpresserbrief** *m* blackmail letter
◇ **Erpressung** *f* extortion *oder* blackmail

Erprobung *f* testing *oder* trial; **während der Erprobung des Systems wurden mehrere Mängel beseitigt** = during the testing of the system several defects were corrected

errechenbar *adj* computable
◇ **errechnen** *vt* **(a)** to work out **(b)** to compute
◇ **Errechnung** *f* computation

erreichen *vt* to arrive at *oder* to achieve *oder* to reach; **nicht erreichen** = to miss; **1993 erreichten wir alle unsere gesteckten Ziele** = we achieved all our objectives in 1993; **das Unternehmen erreichte seine Gewinnprognose wieder nicht** = the company has missed its profit forecast again; **das Verkaufsteam erreichte sein Umsatzziel nicht** = the sales team has missed its sales targets; **der Umsatz erreichte DM 3 Mio. in den ersten vier Monaten des Jahres** = sales reached DM 3 million in the first four months of the year; **wir haben unsere Exportziele erreicht** = we have hit our export targets

errichten *vt* to set up

Errungenschaft *f* achievement

Ersatz *m* **(a)** replacement *oder* substitute; **als Ersatz für jdn einspringen** = to stand in as a replacement for someone **(b)** compensation; **Ersatz fordern** = to claim compensation
◇ **Ersatzanspruch** *m* compensation entitlement
◇ **Ersatzkasse** *f* alternative health insurance scheme
◇ **Ersatzleistung** *f* compensation *oder* indemnification
◇ **Ersatzlieferung** *f* replacement *oder* substitute delivery
◇ **ersatzpflichtig** *adj* liable for damages
◇ **Ersatzteil** *n* spare part
◇ **ersatzweise** *adv* as an alternative
◇ **Ersatzzeit** *f siehe* AUSFALLZEIT (b)

erscheinen *vi* to appear *oder* to come out
◇ **Erscheinen** *n* appearance; *(Buch)* publication
◇ **Erscheinungsdatum** *n* date of publication
◇ **Erscheinungsjahr** *n* year of publication
◇ **Erscheinungsweise** *f* frequency of publication

erschließen *vt* to develop; **neue Märkte erschließen** = to open up new markets
◇ **Erschließung** *f* opening up *oder* development; **die Erschließung eines neuen Markts** *oder* **eines neuen Vertriebsnetzes** = the opening of a new market *oder* of a new distribution network; **industrielle Erschließung** = industrial development

erschüttern *vt* to shake

erschwingen *vt* to afford
◇ **erschwinglich** *adj* affordable *oder* within one's means

ersetzen *vt* to replace; **das Unternehmen wird alle defekten Artikel kostenlos ersetzen** = the company will replace any defective item free of charge; **wir ersetzen unsere ganzen Angestellten durch freiberufliche Mitarbeiter** = we are replacing all our salaried staff with freelancers
◇ **Ersetzung** *f* **(a)** replacement *oder* replacing **(b)** compensation *oder* reimbursement

Ersparnisse *fpl* savings; **er zahlte seine gesamten Ersparnisse auf ein Sparkonto ein** = he put all his savings into a deposit account

erstatten *vt* to refund *oder* to repay *oder* to reimburse; **jdm die Auslagen erstatten** = to reimburse someone his expenses; **die Auslagen werden Ihnen erstattet** = you will be reimbursed for your expenses *oder* your expenses will be reimbursed
◇ **Erstattung** *f* rebate *oder* refund *oder* reimbursement; **Erstattung von Auslagen** = reimbursement of expenses
◇ **erstattungsfähig** *adj* repayable *oder* recoverable; **nicht erstattungsfähig** = non-refundable

Erstausgabe *f* first edition

erste(r,s) *adj* **(a)** first; **auf der ersten Seite des Geschäftsberichts ist ein Foto des geschäftsführenden Direktors** = the front page of the company report has a photograph of the managing director; **erster Portier** = head porter; **erster Verkäufer** = head salesman; **erstes Quartal** = first quarter; **erstes Halbjahr** = first half *oder* first half-year **(b) der/die/das erste** *oder* **Erste** = the first; **unser Unternehmen war eins der ersten, das auf dem afrikanischen Markt verkaufte** = our company was one of the first to sell into the African market **(c) Erste Klasse** = first class; **eine Fahrkarte Erster Klasse** = a first-class ticket; **Erster Klasse reisen** = to travel first-class; **in der Ersten Klasse gibt es den besten Service** = first-class travel provides the best service

erstehen *vt* to purchase

ersteigern *vt* to buy (something) at auction

erstellen *vt* to construct *oder* to erect
◇ **Erstellung** *f* construction *oder* erection

Erster-Klasse-Wagen *m* first class carriage

Erstgebot *n* opening bid; **der Auktionator setzte das Erstgebot mit DM 200 an** = the auctioneer started the bidding at DM 200

erstgenannt *adj* first-mentioned

Ersthypothek *f* first mortgage *oder* senior mortgage

erstklassig *adj* **(a)** first-class *oder* excellent *oder* high-grade *oder* top-grade; **erstklassige Anlagen** *oder* **Aktien** = blue-chip investments *oder* blue-chip shares *oder* blue chips; **er ist ein erstklassiger Buchhalter** = he is a first-class accountant; **erstklassige Wechsel** = prime bills; **wir verkaufen nur Ware in erstklassigem Zustand** = we sell only goods in A1 condition **(b)** *(Nahrungsmittel)* choice; **erstklassige Nahrungsmittel** = choice foodstuffs; **erstklassige Qualität** = premium quality; **erstklassiges Fleisch** = choice meat

Erstverkauf *m* initial sale

Ersuchen *n* request *oder* application

◇ **ersuchen** *vt* to petition *oder* to request; **er ersuchte die Regierung um eine Sonderrente** = he petitioned the government for a special pension

erteilen *vt* to give out *oder* to issue; **wir baten die Bank, uns über seine Finanzlage Auskunft zu erteilen** = we asked the bank to report on his financial status; **einen Auftrag erteilen** = to place an order

◇ **Erteilung** *f* giving *oder* issue *oder* placing; **Erteilung einer Vollmacht** = conferring power of attorney

Ertrag *m* profit *oder* return *oder* yield; **Ertrag aus Kapitalanlagen** *oder* **Investitionen** = return on capital employed (ROCE) *oder* return on investment (ROI); **Ertrag abwerfen** = to produce a return *oder* to yield a profit

◇ **ertraglos** *adj* unprofitable

◇ **ertragreich** *adj* profitable

◇ **Ertragsaussichten** *pl* prospects for making a profit

◇ **Ertrag(s)fähigkeit** *f* earning capacity *oder* earning potential

◇ **Ertragskonten** *npl* revenue accounts

◇ **Ertragskraft** *f* earning power *oder* profitability

◇ **Ertragskurve** *f* yield curve

◇ **Ertragslage** *f* profit situation

◇ **Ertragsminderung** *f* decrease in profits

◇ **Ertragsteigerung** *f* increase in profits *oder* profit increase

◇ **Ertragssteuer** *f* profits tax

◇ **Ertragszentrum** *n* profit centre

Erwachsenenbildung *f* adult education

erwägen *vt* to consider *oder* to contemplate; **wir erwägen, die Zentrale nach Berlin zu verlegen** = we are giving consideration to moving the head office to Berlin

◇ **Erwägung** *f* consideration; **in Erwägung ziehen** = to consider *oder* to entertain; **die Unternehmensleitung wird keinerlei Vorschläge der Gewerkschaftsvertreter in Erwägung ziehen** = the management will not entertain any suggestions from the union representatives

erwähnen *vt* to refer to *oder* to mention; **der Vorsitzende erwähnte die Arbeit des ausscheidenden geschäftsführenden Direktors** = the chairman mentioned the work of the retiring managing director

◇ **erwähnt** *adj* mentioned *oder* referred to; **oben erwähnt** = mentioned above *oder* above-mentioned; **unten erwähnt** = mentioned below

erwarten *vt* **(a)** to await *oder* to expect; **sie erwarten nächste Woche einen Scheck von ihrer Vertretung** = they are expecting a cheque from their agency next week; **wir erwarten seine Ankunft für 10 Uhr 45** = we are expecting him to arrive at 10.45 **(b) zu erwarten** = probable *oder* to be expected; **er versucht, den zu erwartenden Zusammenbruch des Unternehmens zu verhindern** = he is trying to prevent the probable collapse of the company

◇ **erwartet** *adj* expected *oder* projected; **das Haus wurde über dem erwarteten Preis verkauft** = the house was sold for more than the expected price; **erwarteter Umsatz** = projected sales; **der erwartete Umsatz in Europa sollte im nächsten Jahr bei über DM 3 Million liegen** = projected sales in Europe next year should be over DM 3 million

◇ **Erwartung** *f* expectation *oder* anticipation; **in Erwartung Ihrer baldigen Antwort** = looking forward to your early reply; **den Erwartungen entsprechen** = to come up to expectations; **den Erwartungen nicht entsprechen** = to fall short of expectations

◇ **erwartungsgemäß** *adv* duly *oder* as expected

◇ **Erwartungshaltung** *f* expectations

◇ **Erwartungshorizont** *m* level of expectations

erweitern *vt* **(a)** to add *oder* to enlarge *oder* to expand *oder* to extend; **sie erweiterten ihr Sortiment um zwei neue Produkte** = they have added two new products to their range; **sein Geschäft erweitern** = to branch out; **das Unternehmen erweiterte seinen Geschäftsbereich von Fahrzeugeinzelhandel auf Fahrzeugleasing** = from car retailing, the company branched out into car leasing **(b)** *vr* **sich erweitern** = to expand

◇ **Erweiterung** *f* expansion *oder* enlargement

Erwerb *m* **(a)** acquisition *oder* purchase **(b)** earnings *oder* living; **von seinem Erwerb leben** = to live on one's earnings; **seinem Erwerb nachgehen** = to earn one's living

◇ **erwerben** *vt* **(a)** to acquire *oder* to purchase *oder* to gain; **Firmenanteile von 20% erwerben** = to capture 20% of a company's shares **(b)** to earn

◇ **Erwerber/-in** *mf* acquirer *oder* purchaser

◇ **Erwerbsarbeit** *f* gainful employment

◇ **erwerbsfähig** *adj* fit for work

◇ **Erwerbsfähigkeit** *f* fitness for work

◇ **Erwerbsleben** *n* working life

◇ **erwerbslos 1** *adj* unemployed *oder* jobless *oder* out of work; **erwerbslos sein** = to be without employment **2** *mf* **Erwerbslose(r)** = unemployed person; *pl* **die Erwerbslosen** = the unemployed *oder* the unwaged

◇ **Erwerbsquelle** *f* source of income

◇ **erwerbstätig** *adj* employed; **die erwerbstätige Bevölkerung** = the wage-earning population; **erwerbstätig sein** = to be gainfully employed; **er ist nicht erwerbstätig** = he is not gainfully employed

◇ **Erwerbstätigkeit** *f* gainful employment

◇ **erwerbsunfähig** *adj* unfit for work *oder* incapacitated

◇ **Erwerbsunfähigkeit** *f* inability to work *oder* incapacitation

◇ **Erwerbszweig** *m* line of business

◇ **Erwerbung** *f* acquisition; **die Schokoladenfabrik ist seine neuste Erwerbung** = the chocolate factory is his latest acquisition

> Grundlage dieser Prozentsätze sind der verrechnete Lohn und bei anderen erwerbstätigen Personen die von ihnen bestimmte Summe
> *Prager Zeitung*

erwidern *vt* to reply; **mein Anruf wurde nicht erwidert** = there was no reply to my phone call
◇ **Erwiderung** *f* reply

erwirken *vt* to obtain; **eine gerichtliche Verfügung gegen ein Unternehmen erwirken** = to obtain an injunction against a company

erzeugen *vt* to produce *oder* to manufacture
◇ **Erzeuger** *m* producer
◇ **Erzeugerland** *n* country of origin
◇ **Erzeugerpreis** *m* manufacturer's price
◇ **Erzeugnis** *n* product; **ausländische Erzeugnisse** = products of foreign manufacture; **deutsches Erzeugnis** = made in Germany; **industrielle Erzeugnisse** = industrial products *oder* goods; **landwirtschaftliche Erzeugnisse** = agricultural produce
◇ **Erzeugung** *f* manufacture *oder* production (of goods)

erzielen *vt* **(a)** to achieve *oder* to attain *oder* to obtain; **das Unternehmen erzielte große Erfolge im Fernen Osten** = the company has achieved great success in the Far East **(b)** to reach *oder* to arrive at; **eine Einigung mit Gläubigern erzielen** = to reach an accommodation with creditors; **die beiden Parteien erzielten eine Einigung über die Vertragsbedingungen** = the two parties reached an agreement over the terms for the contract; **nach einigen Diskussionen erzielten wir einen Kompromiß** = after some discussion we arrived at a compromise **(c)** to make *oder* to fetch *oder* to net *oder* to produce *oder* to realize; **einen hohen Preis erzielen** = to fetch a high price; **diese Computer erzielen sehr hohe Preise auf dem Schwarzmarkt** = these computers fetch very high prices on the black market; **einen Reingewinn von DM 30.000 erzielen** = to net a profit of DM 30,000 **(d)** to set; **bei der Auktion wurden Rekordpreise erzielt** = the auction set a record for high prices

erzwingen *vt* to enforce
◇ **Erzwingung** *f* enforcement

Escudo *m* *(Währungseinheit in Portugal)* escudo

eskalieren *vti* to escalate

essen *vti* to eat; **er ißt gerne italienisch** = he is very fond of Italian food
◇ **Essen** *n* food; **das Essen im Personalrestaurant ist ausgezeichnet** = the food in the staff restaurant is excellent
◇ **Essenmarke** *f* meal voucher *oder* luncheon voucher

Estland *n* Estonia
◇ **Este/Estin** *mf oder* **Estländer/-in** *mf* Estonian
◇ **estnisch** *oder* **estländisch** *adj* Estonian
(NOTE: Hauptstadt: **Tallinn** ; Währung: **estnische Krone** = Estonian krone *oder* kroon)

etablieren *vr* **sich geschäftlich etablieren** = to set up in business *oder* to establish oneself in business

> wenn es ihnen nicht gelingt, sich schnell auf dem westlichen Markt zu etablieren, nimmt das große technische Know-how schweren Schaden
> *Russischer Kurier*

Etage *f* floor

Etappe *f* stage
◇ **etappenweise** *adv* in stages; **die Privatisierung des Staatsunternehmens wurde etappenweise durchgeführt** = privatization of the state-owned concern was carried out in stages

> am Montag letzter Woche trat die erste Etappe des Abkommens über Freihandel in Mitteleuropa in Kraft
> *Prager Zeitung*

Etat *m* (national) budget; **der Präsident rechnet mit einem ausgeglichenen Etat** = the president is planning for a balanced budget *(cf* BUDGET, FINANZPLAN)
◇ **Etatjahr** *n* financial year
◇ **etatmäßig** *adj* budgetary
◇ **Etatposten** *m* item in the budget
◇ **Etatüberschreitung** *f* overspending against budget *oder* budget overrun

etc. *abbr* etc.; **Einfuhrzoll muß für Luxusgüter einschließlich Autos, Uhren etc. entrichtet werden** = import duty is to be paid on luxury items including cars, watches, etc.

Etikett *n* label
◇ **etikettieren** *vt* to label
◇ **Etikettierung** *f* labelling
◇ **Etikettierungsabteilung** *f* labelling department

etwa *adv* approximately; **etwa hundert** = a hundred odd; **die Ausgaben sind gegenüber dem letzten Quartal um etwa 10% gesunken** = expenditure is approximately 10% down on the previous quarter; **die Heizkosten für das Büro betragen pro Jahr etwa DM 6.000** = the office costs around DM 6,000 a year to heat

etwas *indef pron* slightly; **die Schweizer Bank bietet etwas bessere Bedingungen** = the Swiss bank is offering slightly better terms

EU = EUROPÄISCHE UNION
◇ **EU-Beamte(r)/-Beamtin** *mf* EU official
◇ **EU-Kommissar** *m* European Commissioner
◇ **EU-Kommission** *f* European Commission *oder* EU Commission
◇ **EU-Minister/-in** *mf* EU minister
◇ **EU-Ministerrat** *m* EU Council of Ministers
◇ **EU-Mitgliedsland** *n* member state of the EU
◇ **EU-Norm** *f* EU standard
◇ **EU-Staat** *m* EU country

Euroanleihe *f* Eurobond
◇ **Euroanleihemarkt** *m* Eurobond market

◇ **Eurobond** *m* Eurobond
◇ **Eurocheque** *m* Eurocheque
◇ **Eurocheque-Karte** *oder* **ec-Karte** *f* debit card
◇ **EuroCity (EC)** *m* eurocity (intereuropean express train)
◇ **Eurodollar** *m* Eurodollar
◇ **Eurodollar-Anleihe** *f* Eurodollar loan
◇ **Eurodollarmarkt** *m* Eurodollar market
◇ **Eurogeldmarkt** *m* Eurocurrency market
◇ **Eurokrat** *m* Eurocrat
◇ **Euromarkt** *m* Euromarket

Europa *n* Europe; **kanadische Exporte nach Europa sind um 25% gestiegen** = Canadian exports to Europe have risen by 25%
◇ **europäisch** *adj* European; **Europäische Artikelnumerierung (EAN)** = European article numbering (EAN); **Europäische Bank für Wiederafbau und Entwicklung (BERD)** = European Bank for Reconstruction and Development (EBRD); **Europäische Freihandelsgemeinschaft** = European Free Trade Association (EFTA); **Europäischer Gerichtshof** = European Court of Justice; **Europäische Investitionsbank (EIB)** = European Investment Bank (EIB); **Europäisches Parlament** = European Parliament; **Europäische Union (EU)** = European Union (EU); **Europäische Währungseinheit** = European Currency Unit (ECU); **Europäischer Währungsfonds (EWF)** = European Monetary Fund (EMF); **Europäisches Währungssystem (EWS)** = European Monetary System (EMS); **Europäisches Wirtschaftsgebiet** = European Economic Area (EEA); **Europäische (Wirtschafts)gemeinschaft (EG** *oder* **EWG)** = European (Economic) Community (EC *oder* EEC); **Europäische Zentralbank (EZB)** = European Central Bank

Euroscheck *m* Eurocheque *(siehe auch* EUROCHEQUE)

Eurowährung *f* Eurocurrency
◇ **Eurowährungskredit** *m* Eurocurrency loan

Eventualität *f* contingency; **10% für Eventualitäten aufschlagen** = to add on 10% for contingencies; **wir haben in unserem Kostenplan 10% für Eventualitäten eingeplant** = we have built 10% for contingencies into our cost forecast

EWF = EUROPÄISCHER WÄHRUNGSFONDS European Monetary Fund (EMF)

EWG = EUROPÄISCHE WIRTSCHAFTSGEMEINSCHAFT European Economic Community (EC *oder* EEC) (NOTE: Vorläufer der EG und EU)

EWS = EUROPÄISCHES WÄHRUNGSSYSTEM European Monetary System (EMS)

EWU = EUROPÄISCHE WÄHRUNGSUNION European Monetary Union (EMU)

exakt *adj & adv* accurate(ly) *oder* exact(ly); **der Umsatzrückgang im zweiten Quartal wurde exakt vom Computer vorhergesagt** = the second quarter's drop in sales was accurately forecast by the computer

Examen *n* examination

exekutiv *adj* executive
◇ **Exekutivgewalt** *f* executive power(s); **er wurde zum geschäftsführenden Direktor mit voller Exekutivgewalt über das Europageschäft gemacht** = he was made managing director with full executive powers over the European operation

Exemplar *n* copy; **ich las es im ‚Spiegel'-Exemplar des Büros** = I read it in the office copy of 'Der Spiegel'; **verkaufte Exemplare** = circulation; **die geprüfte Anzahl verkaufter Exemplare einer Zeitung** = the audited circulation of a newspaper

Existenz *f* existence *oder* subsistence *oder* livelihood
◇ **existenzfähig** *adj (Firma)* (commercially) viable
◇ **Existenzfähigkeit** *f (von Firma)* viability
◇ **Existenzgründung** *f* business start-up
◇ **Existenzgründungsdarlehen** *n* business start-up loan
◇ **Existenzkampf** *m* struggle for existence; **beruflicher Existenzkampf** = rat race; **er entschloß, sich aus dem beruflichen Existenzkampf zurückzuziehen und einen kleinen Bauernhof zu kaufen** = he decided to get out of the rat race and buy a small farm
◇ **Existenzminimum** *n* subsistence level *oder* living wage; **am Existenzminimum leben** = to be on the breadline
◇ **existieren** *vi* to exist; **ich glaube nicht, daß das Dokument existiert - ich glaube, es wurde verbrannt** = I do not believe the document exists - I think it has been burnt

> die Merkwürdigkeiten beginnen bei der Höhe des vom Ministerium anerkannten Existenzminimums
> ***Wirtschaftswoche***

exklusiv *adj* exclusive *oder* select *oder* up-market; **sich an einen exklusiven Kundenkreis wenden** = to go up-market; **die Firma entschied sich für einen exklusiveren Markt** = the company has decided to move up-market; **unsere Kundschaft ist äußerst exklusiv** = our customers are very select
◇ **exklusive** *prep* exclusive of; **alle Zahlungen sind exklusive Steuer** = all payments are exclusive of tax
◇ **Exklusivrecht** *n* exclusive rights *oder* exclusivity
◇ **Exklusivvertrag** *m* exclusive agreement

> er besitzt auch die Exklusivrechte für den Vertrieb der Markneukirchener Instrumente
> ***Sächsische Zeitung***

ex officio *adj* ex officio; **der Leiter der Finanzverwaltung ist ein ex officio Mitglied des Finanzausschusses** = the treasurer is ex officio a member *oder* an ex officio member of the finance committee

expandieren *vi* to expand; **das Unternehmen expandiert schnell** = the company is expanding fast; **eine expandierende Wirtschaft** = an expanding economy

◇ **Expansion** *f* expansion; **die Expansion des Inlandsmarkts** = the expansion of the domestic market

◇ **Expansionsprogramm** *n* expansion programme; **das Unternehmen hat Schwierigkeiten bei der Finanzierung seines derzeitigen Expansionsprogramms** = the company had difficulty in financing its current expansion programme

Expedient/-in *mf* dispatcher *oder* shipping clerk

◇ **expedieren** *vt* to dispatch *oder* to send *oder* to forward

◇ **Expedierung** *f* forwarding *oder* dispatch

Experte/Expertin *mf* expert

◇ **Expertengremium** *n oder* **Expertenrunde** *f* panel of experts

◇ **Expertensystem** *n* ezpert system

◇ **Expertise** *f* expert's report

Export *m* **(a)** *(Güter)* export; **Exporte nach Afrika sind um 25% gestiegen** = exports to Africa have increased by 25% **(b)** exportation

◇ **Exportabfertigung** *f* export clearance

◇ **Exportabgabe** *f* export duty

◇ **Exportabteilung** *f* export department

◇ **Exportanreiz** *m* export incentive

◇ **Exportanstieg** *m* jump in exports

◇ **Exportanteil** *m* share of exports

◇ **Exportartikel** *m* export

◇ **Exportauftrag** *m* export order

◇ **Exportbeschränkung** *f* export restriction

◇ **Exportbestimmungen** *pl* export regulations

◇ **Exportbewilligung** *f* export permit

◇ **Exportdokumente** *pl* export documents

◇ **Exporterstattung** *f* export restitution *oder* export subsidy

◇ **Exporteur** *m* exporter

◇ **Exportfirma** *f* export house *oder* exporter

◇ **Exportgenehmigung** *f* export permit *oder* export licence

◇ **Exportgeschäft** *n* **(a)** *(Firma)* export house *oder* export business **(b)** *(einzelnes Geschäft)* export transaction **(c)** *(Exporthandel)* export business *oder* trade

◇ **Exportgüter** *pl* exports *oder* goods for export

◇ **Exporthandel** *m* export business *oder* export trade

◇ **exportieren** *vt* to export; **50% unserer Produktion wird exportiert** = 50% of our production is exported; **das Unternehmen importiert Rohstoffe und exportiert die fertigen Produkte** = the company imports raw materials and exports the finished products

◇ **Exportindustrie** *f* export industry

◇ **Exportkaufmann** *m* exporter

◇ **Export(kredit)garantie** *f* export (credit) guarantee

◇ **Exportland** *n* exporting country

◇ **Exportleiter/-in** *mf* export manager

◇ **Exportmarkt** *m* export market

◇ **exportorientiert** *adj* export-oriented; **exportorientiertes Unternehmen** = export-oriented company

◇ **Exportprämie** *f* export bonus

◇ **Exportquote** *f* export quota

◇ **Exportschlager** *m* best-selling export

◇ **Exportüberschuß** *m* export surplus

◇ **Exportverbot** *n* export ban

◇ **Exportwaren** *pl* exports *oder* export goods

Expreß *m* **per Expreß** = express; **per Expreß schicken** = to express; **wir haben die Bestellung per Expreß an das Lagerhaus des Kunden geschickt** = we expressed the order to the customer's warehouse

◇ **Expreßgut** *n* goods sent express; **als Expreßgut schicken** = to send goods express

extern 1 *adj* external *oder* out-house *oder* outside; **die externen Mitarbeiter** = the out-house staff *oder* outside workers **2** *adv* externally *oder* out-house; **unsere ganzen Daten werden extern bearbeitet** = all our data processing is done out-house

extra *adv* extra *oder* in addition to; **Bedienung ist extra** = service is extra; **Heizung wird nicht extra berechnet** = there is no extra charge for heating

◇ **Extraausgabe** *f* **(a)** special edition **(b)** extra expense

◇ **Extrakosten** *pl* extras; **Porto- und Versandkosten sind Extrakosten** = packing and postage are extras

◇ **Extras** *npl* (optional) extras

E-Zug *oder* **Eilzug** *m* fast stopping train *(slower than D-Zug)*

Ff

F&E = FORSCHUNG UND ENTWICKLUNG Research and Development (R&D); **das Unternehmen gibt Millionen für F&E aus** = the company spends millions on R&D; **F&E Abteilung** = R&D department

Fa. = FIRMA

Fabrik *f* factory *oder* works; **ab Fabrik** = ex factory
◇ **Fabrikanlage** *f* factory unit *oder* plant
◇ **Fabrikant/-in** *mf* manufacturer
◇ **Fabrikarbeiter/-in** *mf* factory hand *oder* factory worker; operative; blue-collar worker
◇ **Fabrikat** *n* **(a)** *(Marke)* brand *oder* make **(b)** *(Produkt)* product; **ausländische Fabrikate** = products of foreign manufacture

Fabrikation *f* manufacture *oder* production
◇ **Fabrikationsfehler** *m* manufacturing defect *oder* fault
◇ **Fabrikationsnummer** *f* serial number
◇ **Fabrikationsprozeß** *m* manufacturing process

Fabrikgebäude *n* factory unit
◇ **Fabrikhalle** *f* (the) factory floor
◇ **Fabrikpreis** *m* factory price
◇ **Fabrikwaren** *fpl* manufactured goods

Fach- *pref* expert *oder* skilled *oder* specialist
◇ **Facharbeiter/-in** *mf* skilled worker *oder* specialist *oder* technician *oder (US)* journeyman *mpl* **Facharbeiter** = skilled workers *oder* skilled labour
◇ **Fachblatt** *n* trade journal *oder* trade magazine *oder* trade paper *oder* trade publication
◇ **Fachfrau** *f* expert *oder* specialist; professional (woman)
◇ **Fachgebiet** *n* speciality *oder* specialty; **ihr Fachgebiet sind Computerprogramme** = their speciality is computer programs
◇ **fachgerecht** *adj* professional *oder* workmanlike
◇ **Fachgeschäft** *n* specialist shop
◇ **Fachhandel** *m* specialist dealers *oder* trade
◇ **Fachhändler** *m* specialist supplier *oder* stockist
◇ **Fachhochschule** *f* college of applied science
◇ **Fachkraft** *f* specialist *oder* skilled worker
◇ **fachlich** *adj* professional *oder* technical
◇ **Fachmann** *m* expert *oder* specialist; professional; **ein Fachmann auf dem Gebiet der Elektronik** = an expert in the field of electronics
◇ **fachmännisch** *adj* expert *oder* professional; **seine Arbeit ist sehr fachmännisch** = his work is very professional; **sie haben das neue Büro sehr fachmännisch gestaltet** = they did a very professional job in designing the new office; **wir mußten bei unserem Anwalt fachmännischen Rat zum Vertrag einholen** = we had to ask our lawyer for professional advice on the contract
◇ **Fachmesse** *f* trade fair
◇ **Fachpresse** *f* trade press
◇ **Fachschule** *f* technical college
◇ **Fachverband** *m* trade association
◇ **Fachwissen** *n* expertise
◇ **Fachzeitschrift** *f* trade journal *oder* trade magazine *oder* trade paper *oder* trade publication; **einer Fachzeitschrift einen Prospekt beilegen** = to insert a leaflet in a specialist magazine

Factor *m* *(Agent, Vertreter)* factor
◇ **Factoring** *n* factoring; **Factoring-Gebühren** = factoring charges

fähig *adj* **(a)** *(tüchtig)* capable *oder* competent *oder* proficient; **fähig sein zu** = to be capable of; **sie ist eine fähige Sekretärin** *oder* **eine fähige Managerin** = she is a competent secretary *oder* a competent manager **(b)** *(qualifiziert)* eligible *oder* qualified
◇ **Fähigkeit** *f* **(a)** *(Tüchtigkeit)* ability *oder* capability *oder* efficiency **(b)** *(Vermögen)* power *oder* ability **(c)** *(Qualifikation)* eligibility *oder* qualification

Fahne *f* flag

Fähre *f* ferry

Fahrkarte *f* ticket; **einfache Fahrkarte** = single ticket *oder (US)* one-way ticket
◇ **Fahrkartenschalter** *m* booking office *oder* ticket counter *oder* ticket office

Fahrlässigkeit *f* carelessness *(jur)* negligence; **grobe Fahrlässigkeit** = criminal negligence

> in der Bewertung von Kreditunterlagen gingen die Banken mit geradezu strafbarer Fahrlässigkeit vor
> ***Die Woche***

Fahrnis *f (jur)* chattels

Fahrplan *m* timetable; **nach dem Fahrplan sollte um 10.22 Uhr ein Zug nach Berlin fahren** = according to the timetable, there should be a train to Berlin at 10.22
◇ **Fahrpreis** *m* fare; **halber Fahrpreis** = half fare; **voller Fahrpreis** = full fare; **einfacher Fahrpreis** = single fare *oder (US)* one-way fare; **ermäßigter Fahrpreis** = concessionary fare
◇ **Fahrstuhl** *m* lift *oder (US)* elevator; **nehmen Sie den Fahrstuhl zur 26. Etage** = take the lift to the 26th floor

Fahrt *f* journey *oder* trip
◇ **Fahrt(en)schreiber** *m* tachograph
◇ **Fahrtkosten** *pl* travelling expenses

◇ **Fahrtkostenentschädigung** *f* travel allowance

Fahrzeug *n* vehicle

fair *adj* fair; **faire Abmachung** = fair deal

Faksimile *n* facsimile *oder* facsimile copy

Fakt *n oder m* fact; **der Verkaufsdirektor kann Ihnen alle Fakten und Zahlen über das Afrikageschäft geben** = the sales director can give you the facts and figures about the African operation; **der Vorsitzende wollte alle Fakten zur Einkommenssteuerforderung sehen** = the chairman asked to see all the facts on the income tax claim

Faktor *m* **(a)** *(Umstand)* factor; **entscheidender** *oder* **ausschlaggebender Faktor** = deciding factor; **der Absatzrückgang ist ein wesentlicher Faktor für die rückläufigen Unternehmensgewinne** = the drop in sales is an important factor in the company's lower profits; **zyklische** *oder* **konjunkturelle Faktoren** = cyclical factors **(b)** *(math)* **um einen Faktor von zehn** = by a factor of ten
◇ **Faktoreinsatz** *m* factor input
◇ **Faktorenanalyse** *f* factor analysis
◇ **Faktorkosten** *pl* factor costs
◇ **Faktorpreis** *m* factor price

Faktotum *n* factotum *oder* jack of all trades

fakturieren *vt* to invoice
◇ **Fakturieren** *n* invoicing *oder (US)* billing
◇ **Fakturist/-in** *mf* invoice clerk

fakultativ *adj* optional; **fakultative Teilnahme** = optional attendance

Fall *m* **(a)** *(im Preis)* decrease *oder* drop *oder* fall **(b)** case *oder* instance; **in diesem Fall übersehen wir die Verzögerung** = in this instance we will overlook the delay **(c)** *(jur)* case; **der Fall kommt nächste Woche zur Verhandlung** = the case is being heard next week
◇ **fallen** *vi* **(a)** to decrease *oder* to depreciate *oder* to dip *oder* to drop *oder* to fall (off) *oder* to lose *oder* to sink *oder* to slip; **plötzlich fallen** = to slump; **stark fallen** = to plummet *oder* to plunge; **die Aktien fielen heute an der Börse** = shares fell on the market today; **die Aktienkurse fielen gestern rasant** = shares dipped sharply in yesterday's trading; **die Aktienkurse fielen langsam bei schwacher Nachfrage** = shares drifted low in a dull market; **Goldaktien fielen gestern an der Börse um 5%** = gold shares lost 5% on the market yesterday; **Goldaktien fielen um 10%** *oder* **um 45 Cents an der Börse** = gold shares fell 10% *oder* fell 45 cents on the stock exchange; **Aktie, die in einem Jahr um 10% gefallen ist** = share which has depreciated by 10% over the year; **das Pfund** *oder* **der Wert des Pfunds ist um 5% gefallen** = the value of the pound has decreased by 5%; **das Pfund fiel gegenüber anderen europäischen Währungen** = the pound fell against other European currencies; **die Mark fiel gegenüber dem Dollar um drei Punkte** = the mark dropped three points against the dollar; **das Pfund ist gegenüber dem Dollar um 5% gefallen** = the pound has depreciated by 5% against the dollar; **der Dollar fiel gegenüber dem Yen um zwei Cents** = the dollar lost two cents against the yen **(b)** *(stattfinden, sich ereignen)* to fall; **der gesetzliche Feiertag fällt auf einen Dienstag** = the public holiday falls on a Tuesday

fällen *vt* to pass *oder* to give; **ein Urteil fällen** = to pass judgement *oder* to adjudicate

fallenlassen *vt* to drop *oder* to scrap; **Expansionspläne fallenlassen** = to scrap plans for expansion

fällig *adj* due *oder* payable; **fällig sein** = to be due *oder* to fall due; **fällig werden** = to become due *oder* to mature; **fällige Rechnungen** *oder* **Inkassowechsel** = bills for collection; **eine am 1. Mai fällige Rechnung** = bill due on May 1st; **fälliger Rechnungsbetrag** = balance due to us; **fällige Schuldverschreibung** = bond due for repayment; **Wechsel, die in drei Wochen fällig werden** = bills which mature in three weeks' time; **fällige Zahlungen** = payments which fall due; **die Zinsen sind seit drei Wochen fällig** = interest payments are three weeks overdue
◇ **Fälligkeit** *f* maturity; **Betrag zahlbar bei Fälligkeit** = amount payable on maturity
◇ **Fälligkeitsklausel** *f* acceleration clause
◇ **Fälligkeitstermin** *m* date of maturity *oder* maturity date; **mittlerer Fälligkeitstermin** = average due date; **Fälligkeitstermin eines Wechsels** = date of bill; **Schuldverschreibung ohne Fälligkeitstermin** = undated bond

falls *conj* in case *oder* if; **falls keine gegenteiligen Instruktionen erfolgen** = failing instructions to the contrary

Fallstudie *f* case study

falsch 1 *adj* false *oder* fictitious *oder* untrue *oder* wrong *oder (umg)* dud; **einen falschen Eintrag in die Bilanz vornehmen** = to make a false entry in the balance sheet; **die Gesamtsumme in der letzten Spalte ist falsch** = the total in the last column is wrong; **falsches Gewicht** = false weight; **ich versuchte anzurufen, hatte aber die falsche Nummer** = I tried to phone, but I got the wrong number; **unter Vorspiegelung falscher Tatsachen** = under false pretences; **der Vertriebsleiter legte auf der Sitzung die falschen Zahlen vor** = the sales director reported the wrong figures to the meeting **2** *adv* wrongly *oder* incorrectly; **das Paket war falsch adressiert** = the package was incorrectly addressed; **falsch berechnen** = to miscalculate; **falsch darstellen** = to misrepresent
◇ **fälschen** *vt* to counterfeit *oder* to fake *oder* to falsify *oder* to forge; **die Geschäftsbücher fälschen** = to falsify the accounts; **er versuchte, mit gefälschten Papieren einzureisen** = he tried to enter the country with forged documents; **Schecks fälschen** = to forge cheques *oder (US umg)* to kite; **er fälschte die Testergebnisse** = he faked the results of the test
◇ **Falschgeld** *n* counterfeit money
◇ **fälschlicherweise** *adv* wrongly
◇ **Falschlieferung** *f* wrong delivery *oder* wrong shipment

◇ **Fälschung** *f* fake *oder* forgery *oder (umg)* dud; **der DM 100 Schein war eine Fälschung** = the DM 100 note was a dud; **es wurde nachgewiesen, daß die Unterschrift eine Fälschung war** = the signature was proved to be a forgery
◇ **Falsifikat** *n* fake

falten *vt* to fold; **sie faltete den Brief, so daß die Adresse gut sichtbar war** = she folded the letter so that the address was clearly visible

Familie *f* family
◇ **Familienbeihilfe** *f* family allowance
◇ **Familienbetrieb** *m* family business
◇ **Familienname** *f* family name *oder* surname
◇ **Familienstand** *m* marital status
◇ **Familienstiftung** *f* family trust; **sie richteten eine Familienstiftung für ihre Enkelkinder ein** = they set up a family trust for their grandchildren
◇ **Familienunternehmen** *n* family company

Fangprämie *f* shoplifting prevention bonus

Farbmuster *n* colour swatch
◇ **Farbstoff** *m (Lebensmittel)* colouring (matter)

Faß *n* barrel; **er kaufte 25 Fässer Wein** = he bought twenty-five barrels of wine
◇ **faßweise** *oder* **fässerweise** *adv* by the barrel; **Wein faßweise verkaufen** = to sell wine by the barrel

Fassade *f* front

fassen *vt* to hold; **der Karton faßt zwanzig Schachteln** = the carton holds twenty packets; **ein Beutel kann zwanzig Kilo Zucker fassen** = a bag can hold twenty kilos of sugar

Fassung *f* version *oder* draft

Fassungsvermögen *n* capacity

fast *adv* almost *oder* nearly; **wir haben unsere Absatzziele fast erreicht** = we are close to meeting our sales targets

faul *adj* **(a)** lazy; **er ist so faul, daß er nicht mal seine Spesenrechnungen rechtzeitig einreicht** = he is so lazy he does not even send in his expense claims on time; **sie ist zu faul, um Überstunden zu machen** = she is too lazy to do any overtime **(b)** suspicious *oder (umg)* fishy; **er macht faule Geschäfte** = he's on the fiddle

Faustregel *f* rule of thumb

> die gesamte Beteiligung inklusive Strom, Bewachung, Standpersonal und so weiter addiert sich einer allgemeingültigen Faustregel zufolge auf etwa das Fünffache der Standmiete pro Quadratmeter
> ***TopBusiness***

favorisieren *vt* to favour *oder* to tip; **zwei Aktien wurden im Wirtschaftsteil der Zeitung favorisiert** = two shares were tipped in the business section of the paper
◇ **Favorit/-in** *mf* favourite; **er ist Favorit als nächster Vorsitzender** = he is tipped to become the next chairman

Fax *n* fax *oder* FAX; **wir werden Ihnen ein Fax mit den Konstruktionsplänen schicken** = we will send a fax of the design plans
◇ **faxen** *vt* to fax; **ich habe die Unterlagen an unsere Geschäftsstelle in New York gefaxt** = I have faxed the documents to our New York office
◇ **Faxgerät** *n* fax machine

FAZ = FRANKFURTER ALLGEMEINE ZEITUNG; **FAZ-Index** = FAZ Index

Fazilität *f* facility

federführend *adj* leading *oder* in overall charge (of); **federführende Bank eines Konsortiums** = lead bank in a consortium

Feedback *n* feedback; **haben Sie ein Feedback von den Handelsvertretern über die Reaktion der Kunden auf das neue Modell?** = have you any feedback from the sales force about the customers' reaction to the new model?

Fehlanzeige *f (umg)* dead loss *oder* nil return

Fehlbetrag *m* shortage *oder* shortfall *oder* deficit; **wir mußten Geld aufnehmen, um den Fehlbetrag zwischen Ausgaben und Einnahmen zu decken** = we had to borrow money to cover the shortfall between expenditure and revenue

> die Kürzung der Landeszuschüsse führt allein in der Stadt Dresden zu einem Fehlbetrag von fast zehn Millionen DM
> ***Neues Deutschland***

Fehleinschätzung *f* misjudgement

fehlen *vi* **(a)** to be missing; **als wir Kasse machten, fehlten DM 50** = when we cashed up we were DM 50 short; **in der Sendung fehlten drei Artikel** = the shipment was three items short; **zehn Arbeiter fehlen wegen Grippe** = ten of the workers are absent with flu; **in der Woche vor Weihnachten fehlen besonders viele** = absenteeism is high in the week before Christmas **(b) fehlen an** = to lack *oder* to be short of; **uns fehlt es an Personal** *oder* **an Geld** = we are short of staff *oder* short of money; **dem Unternehmen fehlt es an Kapital** = the company lacks capital; **dem Unternehmen fehlt es an neuen Ideen** = the company is short of new ideas
◇ **fehlend** *adj* missing *oder* lacking; **das Projekt wurde aufgrund fehlender Geldmittel aufgegeben** = the project was cancelled because of lack of funds; **fehlende Daten** *oder* **Information** = lack of data *oder* lack of information; **fehlende Geldmittel** = lack of funds

Fehlentscheidung *f* wrong decision
◇ **Fehlentwicklung** *f* mistake

Fehler *m* **(a)** error *oder* mistake *oder* slip *oder* slip-up; **einen Fehler machen** = to make a mistake *oder* to slip up; **er machte ein paar Fehler bei der Rabattkalkulation** = he made a couple of slips in calculating the discount; **er machte einen Fehler bei der Berechnung der Gesamtsumme** = he made an error in calculating the total; **das Geschäft machte einen Fehler und schickte die falschen Artikel** = the shop made a mistake and sent the wrong items; **in der Adresse war ein Fehler** = there was a mistake in the address; **sie machte einen Fehler beim Adressieren des Briefs** = she made a mistake in addressing the letter; **wir glauben, daß es einen elementaren Fehler im Produktdesign gibt** = we think there is a basic fault in the product design; **wir haben einen bösen Fehler gemacht, als wir den Vertrag mit dem chinesischen Unternehmen nicht unterzeichneten** = we slipped up badly in not signing the agreement with the Chinese company **(b)** imperfection *oder* defect; **eine Partie auf Fehler prüfen** = to check a batch for imperfections **(b)** *(Charakterfehler)* failing *oder* fault; **der Vorsitzende hat einen Fehler - er schläft bei Sitzungen ein** = the chairman has one failing - he goes to sleep at meetings

◇ **fehlerfrei** *adj* accurate *oder* faultless

◇ **fehlerhaft** *adj* **(a)** incorrect; **das Protokoll der Sitzung war fehlerhaft und mußte geändert werden** = the minutes of the meeting were incorrect and had to be changed **(b)** defective *oder* faulty *oder* imperfect; **eine Partie auf fehlerhafte Produkte prüfen** = to check a batch for imperfect products; **fehlerhafte Ausrüstung** = faulty equipment; **sie installierten fehlerhafte Computerprogramme** = they installed faulty computer programs; **Verkauf fehlerhafter Artikel** = sale of imperfect items

◇ **fehlerlos 1** *adj* perfect; **sie machte eine fehlerlose Fahrprüfung** = she did a perfect driving test **2** *adv* perfectly; **sie hat den Brief fehlerlos getippt** = she typed the letter perfectly

◇ **Fehlerquote** *f* error rate

◇ **Fehlerspielraum** *m* margin of error

Fehlinvestition *f* bad investment *oder (umg)* white elephant

◇ **Fehlkalkulation** *f* miscalculation

◇ **fehlleiten** *vt* to misdirect; **das Paket wurde fehlgeleitet** = the parcel was sent to the wrong address

◇ **Fehlleitung** *f* misdirection

◇ **Fehlplanung** *f* misplanning

◇ **Fehlschlag** *m* failure

◇ **fehlschlagen** *vi* to fail *oder* to fall through *oder* to go wrong

◇ **Fehlspekulation** *f* bad speculation

◇ **Fehlurteil** *n* miscarriage of justice

◇ **Fehlzeit** *f* working time lost through absenteeism

Feierabend *m* finishing time *oder* knocking-off time; **Feierabend machen** = to knock off

Feiertag *m* holiday; **gesetzlicher Feiertag** = bank holiday *oder* statutory holiday; **Neujahr ist ein gesetzlicher Feiertag** = New Year's Day is a bank holiday; **öffentlicher Feiertag** = public holiday

> bei den landesweiten Feiertagen in den EU-Staaten sind die kirchlichen Fest- und Trauertage deutlich in der Überzahl
> *Focus*

feilbieten *vt* to hawk; **etwas feilbieten** = to hawk something round

feilschen *vi* to haggle; **um die Einzelheiten eines Vertrags feilschen** = to haggle about *oder* over the details of a contract

> nach dem Willen der Koalition können Verbraucher künftig um den Preis feilschen
> *Der Tagesspiegel*

fein *adj* fine; *(Papier)* **feine Linien** = feint

◇ **feinabstimmen** *vt* to fine tune

◇ **Feinabstimmung** *f* fine tuning

Feingehaltsstempel *m* assay mark *oder* hallmark; **mit einem Feingehaltsstempel versehen** = to hallmark; **ein Löffel mit Feingehaltsstempel** = a hallmarked spoon

Feldforschung *f* field work; **er mußte viel Feldforschung leisten, um den richtigen Markt für das Produkt zu finden** = he had to do a lot of field work to find the right market for the product

◇ **Feldstudie** *f* field study

Fenster(brief)umschlag *m* aperture envelope *oder* window envelope

Ferien *pl* holidays *oder (US)* vacation

◇ **Ferienarbeit** *f oder* **Ferienjob** *m* holiday job

◇ **Ferienort** *m* holiday resort

Fern- *pref* long-distance

◇ **Fernbedienung** *f* remote control

◇ **Fernbleiben** *n* absence *oder* non-attendance

◇ **Fernfahrer/-in** *mf* trucker *oder (US)* teamster

◇ **Fernflug** *m* long-distance *oder* long-haul flight

◇ **Ferngespräch** *n* long-distance call *oder* trunk call *oder (US)* toll call

◇ **Fernkurs(us)** *oder* **Fernlehrgang** *m* correspondence course

Fernschreiben *n* telex (message)

◇ **Fernschreiber** *m* **(a)** telex (machine) **(b)** teleprinter *oder (US)* teletypewriter

◇ **Fernschreibleitung** *f* telex line; **wir können wegen des Zusammenbruchs der Fernschreibleitungen keine Verbindung mit unserer nigerianischen Geschäftsstelle aufnehmen** = we cannot communicate with our Nigerian office because of the breakdown of the telex lines

◇ **Fernschreibteilnehmer/-in** *mf* telex subscriber

Fernsehbildschirm *m* TV screen

◇ **Fernsehspot** *m* TV spot; **wir haben in den nächsten drei Wochen eine Serie von Fernsehspots laufen** = we are running a series of TV spots over the next three weeks

◇ **Fernsehwerbung** *f* TV advertising

> Kampagnen in Zeitungen und Zeitschriften kämen in diesem Zusammenhang auf höhere Glaubwürdigkeitswerte als Fernsehspots
> *Focus*

Fernspediteur *m* road haulier

Fernsprechamt *n* telephone exchange

◇ **Fernsprechauftragsdienst** *m* answering service

◇ **Fernsprechgebühr** *f* telephone charge(s)

◇ **Fernsprechteilnehmer/-in** *mf* telephone subscriber

◇ **Fernstudium** *n oder* **Fernunterricht** *m* distance learning course *oder* correspondence course

Fernverkehr *m* long-distance traffic

fertig *adj* ready; **der Fahrer mußte warten, weil die Warensendung noch nicht fertig war** = the driver had to wait because the shipment was not ready; **fertig machen** = to finish; **fertiges Produkt** = finished goods; **fertig werden mit** = to cope with; **das Lager versucht mit dem Auftragsrückstand fertig zu werden** = the warehouse is trying to cope with the backlog of orders **(b)** ready-made; **etwas fertig kaufen** = to buy something ready-made

◇ **fertigbringen** *vt* to bring about *oder* to get (something) done; **es fertigbringen** = to manage to; **der Schlichter hat es fertiggebracht, eine Einigung zwischen den beiden Parteien zu erzielen** = the mediator managed to achieve an agreement between the two parties

fertigen *vt* to produce; **maschinell fertigen** = to manufacture; **das Unternehmen fertigt Autoersatzteile** = the company manufactures spare parts for cars

Fertigerzeugnis *oder* **Fertigfabrikat** *n* finished product

◇ **Fertiggerichte** *npl* convenience foods *oder* ready-to-eat meals

Fertigkeit *f* proficiency skill

Fertigprodukte *npl* finished goods

fertigstellen *vt* to complete; **die Buchhaltung stellte die Kontenpläne rechtzeitig zur Versammlung fertig** = the accounts department got out the draft accounts in time for the meeting

◇ **Fertigstellung** *f* completion

Fertigteil *n* finished piece *oder* finished part

Fertigung *f* manufacture *oder* manufacturing *oder* production; **computergestützte Fertigung** = computer-aided manufacture (CAM)

◇ **Fertigungsabteilung** *f* production department *oder* division

◇ **Fertigungsgemeinkosten** *pl* indirect labour costs *oder* manufacturing overheads

◇ **Fertigungsindustrie** *f* manufacturing industry

◇ **Fertigungskapazität** *f* manufacturing capacity

◇ **Fertigungskontrolle** *f* production control *oder* process control

◇ **Fertigungskosten** *pl* manufacturing costs

◇ **Fertigungslohn** *m* direct labour cost(s)

◇ **Fertigungsstraße** *f* assembly line *oder* production line; **er arbeitet an der Fertigungsstraße** = he works on the production line

◇ **Fertigungsunternehmen** *n* manufacturing firm

◇ **Fertigungsverfahren** *n* manufacturing process

Fertigwaren *fpl* finished *oder* manufactured goods

fest *adj* **(a)** firm; **die Aktien(kurse) blieben fest** = shares remained firm; **ein festes Angebot für etwas machen** = to make a firm offer for something; **einen festen Auftrag für zwei Flugzeuge erteilen** = to place a firm order for two aircraft **(b)** fixed; **Geld fest anlegen** = to deposit money for a fixed period; **festes Einkommen** *oder* **feste Einkünfte** = fixed income; **sie arbeitet freiberuflich, so daß sie kein festes Einkommen hat** = she works freelance so she does not have a regular income **(c)** permanent *oder* set; **er hat um einen festen Arbeitsvertrag angesucht** = he has applied for a permanent contract; **ihre Stelle wird bald in eine feste Stelle umgewandelt** = her job will soon be made permanent; **er hat eine feste Stelle gefunden** = he has found a permanent job; **sie hat eine feste Anstellung** = she is in permanent employment

Festangebot *n* firm offer

festangestellt *adj* permanent *oder* established; **festangestelltes Personal** = regular staff; **das Unternehmen hat 250 festangestellte Mitarbeiter** = the company has 250 salaried staff

◇ **Festangestellte(r)** *mf* permanent employee; **die Festangestellten und die Teilzeitbeschäftigten** = the permanent staff and part-timers

Festauftrag *m* firm order

Festertrag *m* fixed yield

festfahren *vr* to stall *oder* to reach (a) deadlock; **die Verhandlungen haben sich festgefahren** = the negotiations have reached a deadlock

Festgehalt *n* fixed salary

Festgeld *n* fixed deposit

festgelegt *oder* **festgesetzt** *adj* fixed *oder* set; **festgesetzter Preis** = set price

festhalten an *vi* to hold to; **die Regierung hofft, an Lohnerhöhungen unter 5% festhalten zu können** = the government hopes to hold wage increases to 5%

festigen *vt* **(a)** to stabilize **(b)** *vr* **sich festigen** = to firm *oder* to steady; **die Märkte festigten sich nach den Schwankungen in der letzten Woche** = the markets steadied after last week's fluctuations

◇ **Festigkeit** *f* firmness *oder* steadiness

◇ **Festigung** *f* stabilization; **Festigung des Marktes** = firming *oder* hardening of the market

Festkosten *pl* overhead expenses *oder* general expenses *oder* running expenses

festlegen *vt* **(a)** to determine *oder* to fix *oder* to set *oder* to stipulate; **der Vertrag legt fest, daß der Verkäufer dem Käufer die entstehenden Gerichtskosten zahlt** = the contract stipulates that the seller pays the buyer's legal costs **(b)** to freeze *oder* to tie up; **Kapital festlegen** = to lock up capital; **er hat DM 200.000, die in langlaufenden**

Staatstiteln festgelegt sind = he has DM 200,000 tied up in long-dated gilts **(c)** to schedule; **festgelegte Gebühren** = scheduled charges **(d)** *vr* **sich festlegen** = to tie oneself down *oder* to commit oneself; **ich will mich nicht festlegen** = I want to leave my options open
◇ **Festlegung** *f* fixing
◇ **Festlohn** *m* fixed wage

festmachen *vt* to tie up *oder* to moor *oder* to make fast; **das Schiff war am Kai festgemacht** = the ship was tied up to the quay

Festplatte *f* hard disk

Festpreis *m* fixed price *oder* firm price; **sie verlangen einen Festpreis von DM 2,23 pro Stück** = they are quoting a firm price of DM 2.23 a unit
◇ **Festpreisvereinbarung** *f* fixed-price agreement

festsetzen *vt* **(a)** to assess *oder* to determine *oder* to evaluate; **die Schadenshöhe auf DM 3.000 festsetzen** = to assess damages at DM 3,000; **in den Büchern wird der Warenwert auf DM 30.000 festgesetzt** = the accounts put the stock value at DM 30,000; **noch festzusetzende Bedingungen** = conditions still to be determined **(b)** to fix *oder* to peg *oder* to put *oder* to set; **der Goldpreis wurde auf $300 festgesetzt** = the price of gold was fixed at $300; **der Hypothekenzins wurde auf 11% festgesetzt** = the mortgage rate has been fixed at 11%; **der Termin muß noch festgesetzt werden** = the date has still to be fixed; **wir müssen einen Preis für den neuen Computer festsetzen** = we have to set a price for the new computer; **das Unternehmen versäumte es, zu dem im Vertrag festgesetzen Termin zu zahlen** = the company failed to pay on the date stipulated in the contract
◇ **Festsetzung** *f* assessment *oder* evaluation *oder* fixing; **Festsetzung des Hypothekenzinses** = fixing of the mortgage rate

festellen *vt* to ascertain *oder* to establish *oder* to assess
◇ **Festellung** *f* establishment *oder* assessment
◇ **Festellungsbescheid** *m* *(Steuer)* notice of assessment

festverzinslich *adj* fixed-interest *oder* at a fixed rate of interest; **festverzinsliche Kapitalanlagen** = fixed-interest investments

Festzins *m* fixed interest
◇ **Festzinskredit** *m* fixed-rate loan

Feuer *n* fire; **Feuer fangen** = to catch fire; **die Ladung wurde durch das Feuer an Bord des Frachtschiffes beschädigt** = the shipment was damaged in the fire on board the cargo boat
◇ **feuerfest** *adj* fireproof
◇ **Feuergefahr** *f* fire risk
◇ **feuergefährlich** *adj* inflammable; **feuergefährlich sein** = to be a fire hazard *oder* fire risk
◇ **Feuerleiter** *f* fire escape
◇ **Feuerrisiko** *n* fire hazard
◇ **Feuerschaden** *m* fire damage
◇ **Feuerschutztür** *f* fire door
◇ **feuersicher** *adj* fireproof; **wir legten die Papiere in einen feuersicheren Safe** = we put the papers in a fireproof safe; **es ist unmöglich, das Büro total feuersicher zu machen** = it is impossible to make the office completely fireproof
◇ **Feuertreppe** *f* fire escape
◇ **Feuertür** *f* fire door
◇ **Feuerversicherung** *f* fire insurance; **eine Feuerversicherung abschließen** = to take out an insurance against fire

feuern *vt* *(entlassen)* **jdn feuern** = to fire someone

Feuerwehrfonds *m* contingency fund *oder* contingency reserve

Fiasko *n* (i) fiasco; (ii) complete failure *oder* flop; **das Fiasko der Werbekampagne verringerte die Verkaufszahlen** = the fiasco of the advertising campaign reduced the sales figures; **die Firma geht einem Fiasko entgegen** = the company is heading for disaster *oder* is on a disaster course

FIFO-Methode *f* first in first out (FIFO) *(cf* LIFO-METHODE)

fifty-fifty *adv* fifty-fifty; **fifty-fifty machen** = to go fifty-fifty; **seine Chancen, einen Gewinn zu machen, stehen fifty-fifty** = he has a fifty-fifty chance of making a profit

fiktiv *adj* fictitious; **fiktives Einkommen** = notional income; **fiktive Mieteinnahme** = notional rent

Filiale *f* **(a)** *(Zweigstelle)* branch (office); **die Bank** *oder* **das Geschäft hat Filialen in den meisten Städten im Süden des Landes** = the bank *oder* the store has branches in most towns in the south of the country; **er ist Direktor unserer örtlichen Filiale der Sparkasse** = he is the manager of our local branch of the Sparkasse (bank) **(b)** *(Kettenladen)* chain store *oder* multiple store
◇ **Filialgeschäft** *n* **(a)** branch **(b)** chain store *oder* multiple store
◇ **Filialleiter/-in** *mf* branch manager
◇ **Filialnetz** *n* branch network

> aufgrund der zügigen Neueröffnung von weiteren Filialen könne sowohl im laufenden als auch im folgenden Geschäftsjahr mit zweistelligen Umsatz- und Ertragszuwächsen gerechnet werden
> ***Blick durch die Wirtschaft***
>
> kräftige Zinssenkungen, das hieße eine schwächere Mark, ein Tabu für Deutschlands Banker, vom Vorstand bis zum Filialleiter
> ***Capital***

Filipino/Filipina *mf* Filipino *(siehe auch* PHILIPPINER)

Filzstift *m* felt pen

Financier *m* financier

Finanz- *pref* budgetary *oder* financial *oder* fiscal; **Finanz- und Wirtschaftsredakteur/-in** = financial *oder* business editor *oder (GB)* City editor; **Finanz- und Wirtschaftsredaktion** = business desk *oder*

(GB) City desk; **sie schreibt die Finanz- und Wirtschaftskolumne in der Zeitung** = she writes the City column in the newspaper

◇ **Finanzabteilung** *f* finance department; **Leiter/-in der Finanzabteilung** = finance director *oder (US)* treasurer

Finanzamt *n* tax office ≈ *(GB)* Inland Revenue *oder (US)* Internal Revenue Service; **Leiter/-in des Finanzamtes** = inspector of taxes *oder* tax inspector; **er bekam einen Brief vom Finanzamt** = he received a letter from the tax office

> Geschäftsreisende bekommen bei innerdeutschen Geschäftsflügen 15 Prozent des Flugpreises vom Finanzamt zurück
>
> ***Focus***

Finanzausgleich *m* redistribution of revenue between federal, state and local government; ≈ virement

Finanzausschuß *m* finance committee; **sie ist Sekretärin des Finanzausschusses** = she is the secretary of the finance committee

Finanzbeamte(r)/-beamtin *mf* tax official *oder* revenue officer

Finanzbehörde *f* tax authority ≈ *(GB)* Inland Revenue *oder (US)* Internal Revenue Service; **örtliche Finanzbehörde** = collector of taxes *oder* tax collector

Finanzbeihilfe *f* grant; **der Staat vergab Finanzbeihilfen für das Programm** = the government has allocated grants towards the costs of the scheme; **das Labor bekommt eine staatliche Finanzbeihilfe zur Deckung der Kosten des Entwicklungsprogramms** = the laboratory has a government grant to cover the cost of the development programme

Finanzberater/-in *mf* financial adviser

Finanzbericht *m* **(a)** financial report *oder* financial statement; **die Buchhaltung fertigte einen Finanzbericht für die Aktionäre an** = the accounts department has prepared a financial statement for the shareholders **(b)** *(in einer Zeitung)* financial news

Finanzbuchhalter/-in *mf* financial accountant

Finanzen *pl* finance(s)

Finanzexperte *m* financial expert; **das Unternehmen fragte einen Finanzexperten um Rat** = the company asked a financial expert for advice *oder* asked for expert financial advice

Finanzgebaren *n* management of public finances

Finanzgesetz *n* Finance Act

Finanzhilfe *f* financial assistance

Finanzhoheit *f* financial autonomy

finanziell 1 *adj* financial *oder* pecuniary; **finanzielle Mittel** = finance *oder* financial resources; **finanzielles Risiko** = financial risk; **laut Regierung bestand kein finanzielles Risiko beim Verkauf an osteuropäische Länder auf Kredit** = according to the government there was no financial risk in selling to East European countries on credit ; **woher werden sie die nötigen finanziellen Mittel für das Projekt bekommen?** = where will they get the necessary finance for the project?; **die schlechte finanzielle Lage des Unternehmens** = the bad state of the company's finances; **er erzielte keinen finanziellen Vorteil** = he gained no pecuniary advantage; **er muß an seine finanzielle Lage denken** = he must think of his financial position **2** *adv* financially; **Firma, die finanziell gesund ist** = company which is financially sound; **finanziell unabhängig** = financially independent *oder* self-supporting

Finanzier *m* financier

◇ **finanzieren** *vt* to finance *oder* to fund *oder* to bankroll; **die Bank finanziert die Einführung des neuen Produkts auf den Markt** = the bank is providing the funding for the new product launch; **ein Unternehmen finanzieren** = to finance an operation *oder* to fund a company

◇ **Finanzierung** *f* finance *oder* financing *oder* funding; **gemeinsame Finanzierung** = co-financing; **das Unternehmen hat nicht genügend Mittel für die Finanzierung seines Expansionsprogramms** = the company does not have enough resources to fund its expansion programme; **die Finanzierung des Projekts wurde von zwei internationalen Banken übernommen** = the financing of the project was done by two international banks; **das Investitionsprogramm bedarf langfristiger Finanzierung** = the capital expenditure programme requires long-term funding

◇ **Finanzierungsgesellschaft** *f* finance company *oder* finance corporation *oder* finance house

Finanzinstitut *n* financial institution

Finanzjahr *n* financial year

Finanzkonsortium *n* finance syndicate; **ein deutsches Finanzkonsortium** = a German finance syndicate

Finanzkontrolle *f* budgetary control

finanzkräftig *adj* financially strong; **ein finanzkräftiges Unternehmen** = a company with strong financial resources; **Firma, die finanzkräftig ist** = company which is financially sound

Finanzkrise *f* financial crisis

Finanzlage *f* finances *oder* financial position; **die Finanzlage eines Unternehmens** = the financial standing of a company

Finanzmarkt *m* finance market

Finanzminister/-in *mf* finance minister *oder* minister of finance ≈ *(GB)* Chancellor of the Exchequer *oder (US)* Secretary of the Treasury
◊ **Finanzministerium** *n* finance ministry *oder* ministry of finance ≈ *(GB)* the Exchequer *oder* the Treasury *oder (US)* the Treasury (Department); **er arbeitet im Finanzministerium** = he works in the ministry of finance

Finanzmittel *pl* financial resources

Finanzpapier *n* negotiable instrument

Finanzplan *m* budget; **einen Finanzplan aufstellen** = to draw up a budget
◊ **Finanzplanung** *f* budgeting

Finanzpolitik *f* financial policy
◊ **finanzpolitisch** *adj* relating to financial policy; **finanzpolitische Maßnahmen** = fiscal measures

Finanzprüfung *f* financial review

Finanzspritze *f* injection of capital

Finanzstrategie *f* financial strategy

Finanzterminbörse *f* financial futures market
◊ **Finanztermingeschäfte** *npl* financial futures

Finanzunterausschuß *m* finance subcommittee; **der nächste Punkt auf der Tagesordnung ist der Bericht des Finanzunterausschusses** = the next item on the agenda is the report of the finance subcommittee

Finanzverwaltung *f* financial administration *oder* financial authorities ≈ *(GB)* Inland Revenue *oder (US)* Finance Department

Finanzwesen *n* financial system

Finanzwirtschaft *f* public finance

finden *vt* to find; **(finanzielle) Unterstützung für ein Projekt finden** = to find backing for a project; **der Vorsitzende findet nie genug Zeit zum Golfspielen** = the chairman never finds enough time to play golf; **wir müssen die Zeit finden, um uns den neuen Betriebssportverein anzusehen** = we must find time to visit the new staff sports club

fingieren *vt* to fake *oder* to fabricate
◊ **fingiert** *adj* faked *oder* fabricated; **fingierte Entlassung** = constructive dismissal

Finish *n* finish; **das Produkt hat ein ansprechendes Finish** = the product has an attractive finish

Finnland *n* Finland
◊ **Finne/Finnin** *mf* Finn
◊ **finnisch** *adj* Finnish (NOTE: Hauptstadt: **Helsinki** ; Währung: **Finnmark** *f* = markka)

Firma *f* **(a)** business *oder* firm *oder* company *oder* establishment *oder* setup; **eine Firma gründen** = to set up a company; **er arbeitet für eine PR-Firma** = he works for a PR setup; **er hat eine gutgehende Firma** = his business is a going concern **(b)** Messrs; **Fa. Müller** = Messrs Müller *oder* Muller's
◊ **Firmenanschrift** *f* company address
◊ **Firmenansehen** *n* goodwill *oder* company reputation
◊ **Firmenaufdruck** *m* **(a)** company stamp **(b)** letterhead
◊ **Firmeneintragung** *f* company registration
◊ **Firmengründer/-in** *mf* company founder
◊ **Firmengründung** *f* formation *oder* promotion of a company
◊ **Firmenimage** *n* corporate image; **das Firmenimage pflegen** = to promote a corporate image
◊ **Firmeninhaber/-in** *mf* owner of a business
◊ **firmenintern** *adj* internal *oder* in-house
◊ **Firmenmantel** *m* shell company
◊ **Firmenname** *m* corporate name
◊ **Firmensiedlung** *f (US)* company town
◊ **Firmensiegel** *n* common seal *oder* company's seal; **ein Dokument mit dem Firmensiegel versehen** = to attach the company's seal to a document
◊ **Firmenwagen** *m* company car
◊ **Firmenwert** *m* goodwill
◊ **Firmenwohnung** *f* company flat
◊ **Firmenzeichen** *n* logo

Fischerei *f* fishing
◊ **Fischereihafen** *m* fishing port
◊ **Fischmarkt** *m* fish market
◊ **Fischzucht** *f* fish farm(ing)

Fiskalpolitik *f* fiscal policy; **die Fiskalpolitik der Regierung** = the government's fiscal policy
◊ **Fiskus** *m* the Treasury *oder (GB)* the Exchequer

fix *adj* fixed; **fixe Kosten** = fixed costs; **fixe Preise** = fixed prices

fixen *vi* to sell short
◊ **Fixgeschäft** *n* short selling *oder* selling short

Fixing *n* fixing; **Fixing des Londoner Goldpreises** = the London gold fixing

Fixkosten *pl* fixed costs *oder* fixed expenses *oder* oncosts
◊ **Fixpreis** *m* fixed price *oder* set price
◊ **Fixum** *n* basic (salary)
◊ **Fixzeit** *f* core time

Fläche *f* area; **das Büro hat eine Fläche von 1.200 Quadratmeter** = the area of this office is 1,200 square metres
◊ **flächendeckend** *adj* area-wide; **flächendeckende Werbung** = blanket coverage
◊ **Flächenmaß** *n* square measure
◊ **Flächennutzung** *f* land use *oder* utilization

Flagge *f* flag; **ein Schiff unter deutscher Flagge** = a ship flying a German flag

flau *adj* inactive *oder* quiet *oder* slack; **flauer Markt** = dull *oder* depressed market; **der Markt**

war heute flau = the market was flat today; **Januar ist immer ein flauer Monat** = January is always a slack month

◇ **Flaute** *f* dullness *oder* lull *oder* depression; **nach dem hektischen Handel der letzen Woche war die Flaute in dieser Woche willkommen** = after last week's hectic trading this week's lull was welcome

> auf allen Massenmärkten Europas herrscht Flaute. US-Kunden stoßen sich bei niedrigem Dollar-Kurs an den in Mark fakturierten Rechnungen und den hohen Standortkosten
> *Focus*

flexibel *adj* flexible; **flexibles Budget** = flexible budget; **flexible Preise** = flexible prices; **flexible Preispolitik** = flexible pricing policy

◇ **Flexibilität** *f* flexibility; **es herrscht keine Flexibilität in der Preispolitik des Unternehmens** = there is no flexibility in the company's pricing policy

fliegen *vi* to fly; **der für das Ausland zuständige Vertriebsleiter fliegt bei seinen Besuchen der Handelsvertretungen etwa 100.000 Meilen pro Jahr** = the overseas sales manager flies about 100,000 miles a year visiting the agents; **der Vorsitzende fliegt geschäftlich nach England** = the chairman is flying to England on business; **die Maschine fliegt nach Wien und dann nach Rom** = the plane goes to Vienna, then to Rome

Fließband *n* assembly line *oder* production line; **er arbeitet am Fließband** = he works on the assembly line

◇ **Fließbandarbeiter/-in** *mf* assembly line worker *oder* production line worker

Fließfertigung *f* continuous production line

Flip-Chart *f* flip chart

floaten *vt* to float; **die Regierung entschloß sich, das Pfund zu floaten** = the government has decided to float the pound

◇ **floatend** *adj* floating; **das floatende Pfund** = the floating pound

◇ **Floating** *n* floating; **das Floating des Pfundes** = the floating of the pound

Flohmarkt *m* flea market

Flop *m* flop; **das neue Modell war ein Flop** = the new model flopped *oder* was a flop

> der Flop mit der Immobiliengesellschaft scheint ebenfalls ein gutes Ende zu nehmen
> *Frankfurter Allgemeine Zeitung*

Floppy (disk) *f* floppy (disk); **die Daten sind auf einer 5¼ Zoll Floppy** = the data is on a 5¼ inch floppy

florieren *vi* to flourish *oder* to boom *oder* to thrive; **der Handel mit Argentinien florierte** = trade with Argentina flourished; **das Unternehmen floriert trotz der Rezession** = the company is thriving in spite of the recession

◇ **florierend** *adj* flourishing *oder* thriving *oder* booming; **florierender Handel** = flourishing trade; **er leitet ein florierendes Schuhgeschäft** = he runs a flourishing shoe business; **ein florierendes Unternehmen** = a booming company

Flucht *f* flight *oder* escape; **die Flucht aus der Mark in den Dollar** = the flight from the mark into the dollar

flüchtig *adj* casual *oder* careless

◇ **Flüchtigkeitsfehler** *m* careless mistake *oder* slip

Flug *m* flight; **Flug LH 267 fliegt von Flugsteig 46 ab** = flight LH 267 is leaving from Gate 46; **ich habe vor, den 19 Uhr Flug nach New York zu nehmen** = I plan to take the 7 o'clock plane to New York; **wenn Sie sich beeilen, schaffen Sie den 17 Uhr Flug nach Berlin** = if you hurry you will catch the five o'clock flight to Berlin; **er konnte keinen Platz für den Dienstag-Flug bekommen, also mußte er bis Mittwoch warten** = he could not get a seat on Tuesday's plane, so he had to wait until Wednesday; **es gibt täglich zehn Flüge von Frankfurt nach London** = there are ten planes a day from Frankfurt to London; **er verpaßte seinen Flug** = he missed his flight

◇ **Flugabfertigung** *f* check-in; **die Flugabfertigung ist im ersten Stock** = the check-in is on the first floor

Flugblatt *n* publicity handout *oder* flier

Flugdauer *f* flying time

◇ **Fluggast** *m* air passenger

◇ **Fluggesellschaft** *f* airline; **der Anstieg der Treibstoffpreise hat sich auf die Gewinne der großen Fluggesellschaften ausgewirkt** = profits of major airlines have been affected by the rise in fuel prices

Flughafen *m* airport; **wir fliegen um 10 Uhr vom Stuttgarter Flughafen ab** = we leave from Stuttgart Airport at 10.00

◇ **Flughafenbeamte(r)/-beamtin** *mf* airport official; **Flughafenbeamte inspizierten die Ladung** = airport officials inspected the shipment

◇ **Flughafenbus** *m* airport bus

◇ **Flughafengebühr** *f* airport tax

◇ **Flughafengelände** *n* airport grounds

Fluginformation *f* flight information

◇ **Fluglärm** *m* aircraft noise; **die Anwohner beklagen sich oft über den Fluglärm** = the residents often complain about aircraft noise

◇ **Flugleitung** *f* air traffic control

◇ **Fluglotse** *m* air traffic controller

◇ **Flugnummer** *f* flight number

◇ **Flugplan** *m* **(a)** flight schedule **(b)** airline timetable

◇ **Flugpreis** *m* air fare; **die Regierung fordert die Fluggesellschaften auf, die Flugpreise stabil zu halten** = the government is asking the airlines to keep air fares down

◇ **Flugsicherheit** *f* air(port) security

◇ **Flugsicherung** *f* air safety

◇ **Flugsicherungsdienst** *m* air traffic control

◇ **Flugsteig** *m* gate; **Flug AZ270 ist jetzt an Flugsteig 23 zum Abflug bereit** = flight AZ270 is now boarding at Gate 23

◇ **Flugticket** *n* plane ticket

> Geschäftsreisende bekommen bei innerdeutschen Geschäftsflügen 15 Prozent des Flugpreises vom Finanzamt zurück. Notwendige Voraussetzung ist allerdings: Der 15prozentige Steuersatz muß ausdrücklich auf dem Flugticket ausgeschrieben sein
> ***Focus***

Flugverkehr *m* air traffic

Flugzeug *n* aircraft *oder* aeroplane *oder* plane

◇ **Flugzeugabsturz** *m* plane crash; **bei dem Flugzeugabsturz kamen alle Passagiere ums Leben** = the plane crash killed all the passengers *oder* all the passengers were killed in the plane crash

◇ **Flugzeughersteller** *m* aircraft manufacturer; **das Unternehmen ist einer der wichtigsten amerikanischen Flugzeughersteller** = the company is one of the most important American aircraft manufacturers

◇ **Flugzeugindustrie** *oder* **Flugzeugbranche** *f* (the) aircraft industry

Fluktuation *f* fluctuation *oder* turnover (of personnel)

◇ **fluktuieren** *vi* to fluctuate

◇ **fluktuierend** *adj* fluctuating; **fluktuierende Preise** = fluctuating prices

Fluß *m* flow

◇ **Flußdiagramm** *n* flow chart *oder* flow diagram

> die Details über den Fluß des Eigenkapitals stehen noch aus
> ***Süddeutsche Zeitung***

flüssig *adj (verfügbar)* liquid *oder* available; **flüssiges Vermögen** = liquid assets

◇ **Flüssigkeit** *f (von Geldern)* liquidity *oder* availability

◇ **flüssigmachen** *vt* to free *oder* to realize; **die Entscheidung der Regierung machte Millionen Mark für Investitionen flüssig** = the government's decision has freed millions of marks for investment; **Gelder flüssigmachen** = to mobilize capital; **Lagerbestände flüssigmachen** = to liquidate stock; **Mittel flüssigmachen** = to go liquid; **Ressourcen flüssigmachen, um ein Übernahmeangebot abzuwehren** = to mobilize resources to defend a takeover bid

Flut *f* flood; **wir erhielten eine Flut von Aufträgen** = we received a flood of orders

f.o.b. *abbr* free on board (f.o.b.)

Folge *f* **(a)** order *oder* succession; **in zahlenmäßiger Folge** = in numerical order; **in zwangloser Folge** = in no particular order **(b)** result; **zur Folge haben** = to entail *oder* to result in; **die Lohnerhöhungen hatten eine Steigerung des Produktivitätsniveau zur Folge** = the effect of the pay increase was to raise productivity levels; **einem Gerichtsbeschluß Folge leisten** = to comply with a court order

◇ **Folgeauftrag** *m* follow-up order

◇ **Folgebrief** *m* follow-up letter

◇ **Folgekosten** *oder* **Folgelasten** *pl* follow-up costs *oder* subsequent costs

◇ **folgen** *vi* **(a)** to follow; **die Muster folgen in der normalen Post** = the samples will follow by surface mail **(b)** *(als Nachfolger)* to succeed

◇ **folgend** *adj* following; **im folgenden** = in the following *oder* hereafter *oder* below

◇ **Folgeprämie** *f* renewal premium

◇ **Folgewirkung** *f* knock-on effect; **der Streik der Zollbeamten hatte eine Folgewirkung auf die Autoproduktion, weil dadurch die Ausfuhr von Autos verzögert wurde** = the strike by customs officers has had a knock-on effect on car production by slowing down exports of cars

folgern *vt* to conclude *oder* to gather; **die Polizei folgerte, daß der Dieb durch den Haupteingang in das Gebäude gelangt war** = the police concluded that the thief had got into the building through the main entrance

Folie *f* film *oder* foil *(siehe auch* LUFTPOLSTERFOLIE)

Folio *n* folio

◇ **foliieren** *vt* to folio

Fonds *m* fund; **Fonds für außerordentliche Rückstellungen** = contingency fund

◇ **Fondsanteil** *m* unit (a single share in a unit trust)

◇ **Fondsverwaltung** *f* fund management

fordern *vt* to ask *oder* to claim *oder* to demand; **sie forderte vom Fahrer des anderen Wagens Schadenersatz in Höhe von DM 250.000** = she put in a claim for DM 250,000 damages against the driver of the other car; **die Gewerkschaft forderte 6% mehr Lohn** = the union put in a 6% wage claim; **er forderte von der Reinigungsfirma Schadenersatz in Höhe von DM 20.000** = he claimed DM 20,000 damages against the cleaning firm; **die Lieferanten fordern die sofortige Begleichung der noch ausstehenden Rechnungen** = the suppliers are demanding immediate payment of their outstanding invoices

◇ **Forderung** *f* **(a)** amount owing; **Forderungen** = receivables; **Forderungen aufkaufen** = to factor; **gesicherte Forderungen** = secured debts; **nicht gesicherte Forderungen** = unsecured debts; **wie hoch ist die Forderung?** = what is the amount outstanding?; **zweifelhafte** *oder* **uneinbringliche Forderung** = bad debt; **das Unternehmen hat DM 80.000 an uneinbringlichen Forderungen abgeschrieben** = the company has written off DM 80,000 in bad debts **(b)** claim *oder* demand; **die Versicherungsgesellschaft weigerte sich, seine Forderung für Sturmschäden zu regulieren** = the insurance company refused to settle his claim for storm damage

◇ **Forderungsabtretung** *f (jur)* assignment of a claim

◇ **Forderungsaufkauf** *m* factoring

◇ **Forderungsausfall** *m* (bad) debt loss

◇ **Forderungsausfallversicherung** *f* insurance against bad debts

◇ **Forderungseinziehung** *f* debt collection

fördern *vt* **(a)** to boost *oder* to encourage *oder* to promote *oder* to stimulate; **Anreizprogramme fördern die Produktion** = incentive schemes are boosting production; **das Unternehmen versucht,**

den Umsatz durch hohe Rabatte zu fördern = the company is trying to encourage sales by giving large discounts; **den Handel mit dem Mittleren Osten fördern** = to stimulate trade with the Middle East; **der allgemeine Lohnanstieg fördert Verbraucherausgaben** = the general rise in wages encourages consumer spending **(b)** to sponsor; **eine von der Regierung geförderte Messe** = a government-sponsored trade exhibition **(c)** to mine *oder* to extract

> das Forum wurde im Februar als privater und überparteilicher Verein gegründet, um die deutsch-russischen Beziehungen zu fördern
> ***Frankfurter Allgemeine Zeitung***

◇ **Förderung** *f* **(a)** boost *oder* promotion; **er wurde beschuldigt, seine Mitgliedschaft im Rat zur Förderung seiner persönlichen Interessen auszunutzen** = he was accused of using his membership of the council to further his own interests **(b)** sponsorship; **staatliche Förderung einer Handelsdelegation** = government sponsorship of a(n overseas) selling mission **(c)** mining *oder* extraction (of minerals)

◇ **Förderungsgebiet** *n* development area *oder* development zone *oder* enterprise zone

◇ **Förderungsmaßnahme** *f* (state) aid scheme

◇ **Förderungsmittel** *pl* (state) aid

Forfaitierung *f* forfaiting

Form *f* form *oder* shape; **in schriftlicher Form** = in writing

Formalität *f* formality

Format *n* format; **im Format DIN A4** = in A4 format

Formbrief *m* standard letter (*cf* SERIENBRIEF)

formell *adj & adv* formal(ly); **einen formellen Antrag stellen** = to make a formal application

Formfehler *m* formal error *oder* irregularity; **dies Verfahren ist voller Formfehler** = this procedure is highly irregular

formgerecht *adj* in due form; **formgerechte Rechnung** = receipt in due form; **formgerecht aufgesetzter Vertrag** = contract drawn up in due form; **formgerecht und fristgerecht** = in due form and time

förmlich *adj* formal; **einen förmlichen Auftrag übersenden** = to send a formal order; **förmliches und bindendes Abkommen** = solemn and binding agreement

◇ **Formsache** *f* formality *oder* matter of form; **eine reine Formsache** = a mere formality

Formular *n* form; **Sie müssen Formular A20 ausfüllen** = you have to fill in form A20

formulieren *vt* to word *oder* to phrase *oder* to formulate

◇ **Formulierung** *f* form of words *oder* wording *oder* phrasing *oder* formulation

Formverstoß *m* breach of form

◇ **Formvorschrift** *f* formal requirement

◇ **formwidrig** *adj* incorrect *oder* irregular

forschen *vi* to research

◇ **Forscher/-in** *mf* research worker *oder* researcher

◇ **Forschung** *f* research; **Forschung betreiben** = to research; **wissenschaftliche Forschung** = scientific research; **Forschung und Entwicklung (F&E)** = research and development (R&D); **das Unternehmen gibt Millionen für Forschung und Entwicklung aus** = the company spends millions on research and development

◇ **Forschungsabteilung** *f* research department

◇ **Forschungsanstalt** *f* research organization

◇ **Forschungsarbeit** *f* research work; **das Unternehmen führt Forschungsarbeiten zur Entwicklung eines Mittels gegen Erkältung durch** = the company is carrying out research into finding a medicine to cure colds; **er ist an Forschungsarbeiten zur Verpackung der neuen Produktlinie beteiligt** = he is engaged in research into the packaging of the new product line

◇ **Forschungsauftrag** *m* research contract

◇ **Forschungsbericht** *m* research report

◇ **Forschungsgebiet** *n* field of research

◇ **Forschungsgegenstand** *m* object of research

◇ **Forschungsgruppe** *f* research unit

◇ **Forschungsinstitut** *n* research institute

◇ **Forschungsprogramm** *n* research programme

◇ **Forschungstätigkeit** *f* research (work)

> im übrigen hat dieses erste deutsche Experiment eines von Staat und Industrie getragenen Forschungsinstituts gezeigt, wie erfolgreich solche Parität gerade für die Wissenschaft sein kann
> ***Der Tagesspiegel***

fortbilden *vt* to (re)train

◇ **Fortbildung** *f* (re)training; **das Geschäft ist wegen Fortbildung des Personals geschlossen** = the shop is closed for staff training

◇ **Fortbildungslehrgang** *m* (re)training course; **er mußte einen Fortbildungslehrgang besuchen** = he had to attend a retraining course

fortfahren *vi* to continue *oder* to proceed; **sollen wir mit der Ausschußsitzung fortfahren?** = shall we proceed with the committee meeting?

Fortführung *f* continuation

fortlaufend *adj & adv* ongoing *oder* continuing *oder* continuous(ly) *oder* continual(ly); **fortlaufend numerieren** = to number consecutively

Fortschritt *m* advance *oder* progress; **über den Fortschritt der Arbeit** *oder* **der Verhandlungen berichten** = to report on the progress of the work *oder* of the negotiations; **Fortschritte machen** = to get on *oder* to progress; **technischer Fortschritt** = technological advance

◇ **fortschrittlich** *adj* progressive *oder* go-ahead *oder* forward-looking

◇ **Fortschrittsbericht** *m* progress report; **einen Fortschrittsbericht anfertigen** = to make a progress report

fortsetzen *vt* to continue *oder* to carry on (with) *oder* to proceed; **die Verhandlungen werden**

nächsten Montag fortgesetzt = negotiations will continue next Monday

◇ **Fortsetzung** *f* continuation

Fotokopie *f* photocopy *oder* photostat; **machen Sie sechs Fotokopien von dem Vertrag** = make six photocopies of the contract

◇ **fotokopieren** *vt* to photocopy; **sie fotokopierte den Vertrag** = she photocopied the contract; **es gibt Unmengen zu fotokopieren** = there is a mass of photocopying to be done

◇ **Fotokopierer** *m* photocopier

◇ **Fotokopierkosten** *pl* photocopying costs; **Fotokopierkosten steigen jedes Jahr** = photocopying costs are rising each year

Fracht *f* **(a)** freight *oder* cargo; **Fracht aufnehmen** *oder* **aufladen** *oder* **verladen** = to take on freight *oder* to load cargo; **das Schiff nahm Fracht auf** = the ship was taking on cargo; **Fracht löschen** = to unload *oder* to discharge cargo **(b)** freightage *oder* carriage (charges); **Fracht (be)zahlt Empfänger** *oder* **Fracht gegen Nachnahme** = freight forward; **Fracht vorausbezahlt** = carriage paid *oder* freight prepaid

◇ **Frachtbrief** *m* bill of lading *oder* shipping note *oder* waybill

◇ **Frachter** *m* cargo boat *oder* cargo ship *oder* freighter

◇ **frachtfrei** *adj & adv* carriage free *oder* carriage paid *oder* carriage prepaid

◇ **Frachtführer** *m* carrier *oder* haulage contractor *oder* haulier

◇ **Frachtgebühren** *fpl* freight charges *oder* freight rates; **Frachtgebühren sind in diesem Jahr rasant gestiegen** = freight charges have gone up sharply this year

◇ **Frachtgut** *n* freight

◇ **Frachtkosten** *pl* freight costs *oder* freightage; **Frachtkosten per Nachnahme** = carriage forward

◇ **Frachtnachnahme** *f* carriage forward

◇ **Frachtschiff** *n* freighter *oder* cargo boat *oder* cargo ship

◇ **Frachtsendung** *f* freight load *oder* shipment *oder* consignment

◇ **Frachtstück** *n* package *oder* single item in a consignment

◇ **Frachttarif** *m* freight rate

◇ **Frachtverkehr** *m* goods traffic

Frage *f* **(a)** query *oder* question; **das Marktforschungsteam bereitete eine Reihe von Fragen vor, mit denen die Reaktionen der Öffentlichkeit auf Farbe und Preis getestet werden sollte** = the market research team prepared a series of questions to test the public's reactions to colour and price ; **der geschäftsführende Direktor lehnte es ab, Fragen zu Entlassungen zu beantworten** = the managing director refused to answer questions about redundancies; **der Hauptbuchhalter mußte eine Menge Fragen der Wirtschaftsprüfer beantworten** = the chief accountant had to answer a mass of queries from the auditors; **in Frage stellen** = to query *oder* to question; **Fragen stellen** = to ask questions *oder* to question; **sie stellte dem Vorsitzenden Fragen zur Investitionspolitik des Unternehmens** = she questioned the chairman on the company's investment policy **(b)** matter *oder* issue; **nur eine Frage des Geldes** = only a matter of money **(c) in Frage kommen** = to be possible *oder* to come into consideration; **für die Stelle kommen zwei Kandidaten in Frage** = there are two possible candidates for the job; **er kommt als geschäftsführender Direktor in Frage** = he is a potential managing director

◇ **Fragebogen** *m* questionnaire; **sie verschickten einen Fragebogen, um die Meinung der Systembenutzer zu erforschen** = they sent out a questionnaire to test the opinions of users of the system; **einen Fragebogen über Urlaub im Ausland beantworten** *oder* **ausfüllen** = to answer *oder* to fill in a questionnaire about holidays abroad

◇ **fragen** *vt* to ask; **frag die Verkäuferin, ob die Rechnung Mehrwertsteuer enthält** = ask the salesgirl if the bill includes VAT; **fragen nach** = to ask for

Franc *m* franc; **belgische Francs** = Belgian francs; **französische Francs** = French francs; **Luxemburger Francs** = Luxembourg francs *(cf* FRANKEN)

Franchise *n* franchise; **auf Franchise-Basis vergeben** = to franchise; **sein Crêpe-Imbiß war so erfolgreich, daß er beschloß, ihn auf Franchise-Basis zu vergeben** = his crêpe stall was so successful that he decided to franchise it

◇ **Franchise-Betrieb** *m* franchising operation; **er führt seine Crêpe-Imbiß-Kette als Franchise-Betrieb** = he runs his chain of crêpe stalls as a franchising operation

◇ **Franchise-Geber/-in** *mf* franchiser

◇ **Franchise-Nehmer/-in** *mf* franchisee

◇ **Franchising** *n* franchising

Franken *m* **Schweizer Franken** = Swiss franc(s); **es kostet 25 Schweizer Franken** = it costs twenty-five Swiss francs

frankieren *vt* to frank *oder* to stamp

◇ **Frankiermaschine** *f* franking machine

◇ **frankiert** *adj* franked *oder* stamped; **frankierte Antwortkarte** = prepaid reply card; **frankierter Rückumschlag** = stamped addressed envelope; **für weitere Einzelheiten und den Katalog schicken Sie uns bitte einen frankierten Rückumschlag** = send a stamped addressed envelope for further details and catalogue

franko *adv* carriage paid *oder* carriage free *oder* franco

Frankreich *n* France

◇ **Franzose/Französin** *mf* Frenchman/Frenchwoman; *pl* **die Franzosen** = the French

◇ **französisch** *adj* French

(NOTE: Hauptstadt: **Paris** ; Währung: **(französischer) Franc** *m* = (French) franc)

Französisch-Guayana *n* French Guiana

◇ **Guayaner/-in** *mf* (French) Guianese

◇ **guayanisch** *adj* (French) Guianese

(NOTE: Hauptstadt: **Cayenne** ; Währung: **französischer Franc** = French franc)

Frau *f* Mrs *oder* Ms; **Frau Müller übernahm den Vorsitz** = the chair was taken by Mrs Müller;

Frau Vorsitzende = Madam Chairman; **Frau Schmidt ist die Personalchefin** = Ms Schmidt is the personnel officer; **Sehr geehrte gnädige Frau** = Dear Madam

◇ **Frauenzeitschrift** *f* women's magazine

frei 1 *adj* **(a)** free; **morgen hat die Sekretärin ihren freien Tag** = it is the secretary's day off tomorrow; **sich (von der Arbeit) frei nehmen** = to take time off work; **sie nahm sich den Tag frei** = she took the day off **(b)** vacant; **freie Stelle** = vacancy *oder* job opening; **wir haben freie Stellen für Büroangestellte** = we have openings for office staff; **gibt es im Restaurant noch freie Tische?** = are there any free tables in the restaurant? *(im Hotel)* **Zimmer frei** = vacancy **(c)** free (of charge); **frei an Bord** = free on board; **frei Bahn** = free on rail; **Eintritt frei** = admission free **(d) freier Markt** = open market; **Wertpapiere auf dem freien Markt kaufen** = to buy shares on the open market; **freier Wechselkurs** = floating exchange rate; **die Regierung übernahm eine Politik des freien Handels** = the government adopted a free trade policy; **freie Marktwirtschaft** = free market economy; **freies Unternehmertum** = free enterprise; **freier Wettbewerb** = free competition **(e) freie(r) Mitarbeiter/-in** = freelance *oder* freelancer; **als freier Mitarbeiter tätig sein** = to freelance; **bei uns arbeiten etwa 20 freie Mitarbeiter** = we have about twenty freelances working for us *oder* about twenty people working for us on a freelance basis ; **sie ist als freie Mitarbeiterin für eine Lokalzeitung tätig** = she freelances for a local newspaper **(f)** *(Taxi)* **‚frei'** = 'for hire' **2** *adv* freely; **frei konvertierbare Währung** = free currency; **Geld sollte innerhalb der EU frei zirkulieren** = money should circulate freely within the EU

Freiberufler/-in *mf* self-employed person

◇ **freiberuflich** *adj* self-employed *oder* freelance; **ein(e) freiberufliche(r) Ingenieur/-in** = a self-employed engineer; **freiberuflich arbeiten** *oder* **freiberuflich tätig sein** = to freelance *oder (US)* to work for hire; **er arbeitet freiberuflich als Designer** = he works freelance as a designer; **sie ist freiberufliche Journalistin** = she is a freelance journalist; **wir vergeben Arbeit an mehrere freiberufliche Spezialisten** = we freelance work out to several specialists

Freibetrag *m* (tax) allowance

freibleibend *adj* subject to change; **Preis freibleibend** = price subject to change

Freigabe *f* **(a)** release *oder* clearance **(b)** deregulation

◇ **freigeben** *vt* **(a)** to release; **Waren freigeben** = to release goods; **das Unternehmen gab Informationen über das neue Bergwerk in Australien frei** = the company released information about the new mine in Australia; **der Zoll gab die Waren gegen Zahlung eines Bußgelds frei** = the customs released the goods against payment of a fine **(b)** to decontrol *oder* to deregulate; **(den Wechselkurs) freigeben** = to float; **die Regierung entschloß sich, den Wechselkurs des Pfundes freizugeben** = the government has decided to float the pound *oder* to let sterling float; **den Benzinpreis freigeben** = to decontrol the price of petrol

freigemacht *adj* stamped; **freigemachte Antwortkarte** = prepaid reply card; **freigemachter Rückumschlag** = stamped addressed envelope

Freigepäck *n* (free) baggage *oder* luggage allowance

Freigrenze *f (Steuer)* income tax threshold

Freigut *n* duty-free goods

Freihafen *m* free port *oder* free zone

freihalten *vt* to keep free *oder* clear; **der Vorsitzende hält sich den Freitagnachmittag immer für eine Runde Golf frei** = the chairman always keeps Friday afternoon free for a round of golf

Freihandel *m* free trade

◇ **Freihandelszone** *f* free trade area; **Europäische Freihandelszone** = European Free Trade Association (EFTA)

> wer sich für Freihandel mit China entscheidet, kann Sanktionen gegen Kuba kaum begründen
> ***Die Zeit***

Freikarte *f* complimentary ticket; **eine Freikarte für die Ausstellung bekommen** = to be given a free ticket to the exhibition

Freilandversuche *mpl* outdoor experiments using genetically altered plants

freimachen *vt* to frank *oder* to stamp

freischaffend *adj* freelance

◇ **Freischaffende(r)** *mf* freelance(r)

freisetzen *vt* to lay off *oder* to make redundant

freistehend *adj* **(a)** freestanding *oder* detached *oder* isolated; **freistehender Schaukasten** = island display unit **(b)** unoccupied *oder* vacant

freistellen *vt* **(a) jdm etwas freistellen** = to leave something up to somebody **(b)** to exempt; **jdn von der Arbeit** *oder* **vom Wehrdienst freistellen** = to exempt someone from work *oder* from military service **(c)** to release; **jdn von einer Verpflichtung freistellen** = to release someone from an undertaking

Freiverkehr *m* over-the-counter market; **diese Aktie ist im Freiverkehr erhältlich** = this share is available on the over-the-counter market

◇ **Freiverkehrswerte** *mpl* unlisted securities

freiwillig *adj* voluntary *oder* optional; **freiwillige Liquidation** = voluntary liquidation; **freiwilliges Ausscheiden aus dem Betrieb** = voluntary redundancy

Freizeichen *n* dialling tone

Freizeichnungsklausel *f* exclusion clause

Freizeit *f* spare time; **er baute sich in seiner Freizeit ein Auto** = he built himself a car in his spare time

◊ **Freizeitindustrie** *f* leisure industry

◊ **Freizeitwert** *m* recreational value; **der Stadtpark hat einen hohen Freizeitwert** = the city park is of great recreational value

Fremdenverkehr *m* tourism

◊ **Fremdenverkehrsamt** *oder* **Fremdenverkehrsbüro** *n* tourist bureau *oder* tourist information (office)

Fremdfinanzierung *f* outside financing

Fremdkapital *n* loan capital; **Verhältnis Fremdkapital/Eigenkapital** = gearing; **ein Unternehmen mit hohem Anteil an Fremdkapital** = a company which is highly geared *oder* a highly-geared company

Fremdmittel *pl* outside finance; **ohne Fremdmittel** = ungeared

Fremdsprache *f* foreign language

◊ **Fremdsprachenkorrespondent/-in** *mf* bilingual (*oder* multilingual) secretary

Fremdwährung *f* foreign currency

◊ **Fremdwährungsentschädigung** *f* foreign currency allowance

freundlich *adj & adv (fin)* favourable *oder* on an optimistic note

> die Börse in Tokio hat am Donnerstag freundlich geschlossen
> *Blick durch die Wirtschaft*

Friedenspflicht *f* cooling off period (in an industrial dispute)

Frischhaltepackung *f* airtight pack

frisieren 1 *vt* to fiddle; **die Geschäftsbücher frisieren** = to falsify the accounts **2** *n* **Frisieren** = fiddling; **der Handelsvertreter wurde beim Frisieren seiner Spesenabrechnung erwischt** = the salesman was caught fiddling his expense account; **Frisieren der Bilanz** = creative accounting *oder* window-dressing

◊ **frisiert** *adj* falsified *oder* doctored

> er habe zugegeben, dass sich das Unternehmen mit frisierten Auslandsaufträgen Kredite erschlichen habe
> *Neue Zürcher Zeitung*

Frist *f* **(a)** *(Zeitpunkt)* deadline *oder* time limit; **eine Frist einhalten** = to meet a deadline; **die Fristen einhalten** = to keep within the time limits *oder* within the time schedule; **eine Frist für die Angebotsannahme setzen** = to set a time limit for acceptance of the offer; **wir haben unsere Frist, den 1. Oktober, versäumt** = we've missed our October 1st deadline **(b)** *(Zeitraum)* (period of) notice; **mit einer Frist von einem Monat kündigen** = to give a month's notice **(c)** *(Aufschub)* extension; **eine Frist von zwei Wochen gewähren** = to grant a two week extension *oder* to give two weeks grace

◊ **Fristeinlagen** *fpl* term shares

◊ **fristgerecht** *adj* within the stated time *oder* within the agreed time limits *oder* in due time

◊ **fristlos** *adj & adv* instantly *oder* without giving any notice; **firstlose Kündigung** = instant dismissal; **jdn fristlos entlassen** = to dismiss someone without notice *oder* to sack someone on the spot

◊ **Fristüberschreitung** *f* failure to meet a deadline

> in dieser Zeit kann jede Seite den Vertrag fristlos und ohne Angabe von Gründen kündigen
> *Neues Deutschland*

früh *adj* early; **Telefongespräche vor 6 Uhr früh werden nach dem Billigtarif berechnet** = telephone calls before 6 a.m. are charged at the cheap rate; **die Post ging früh raus** = the mail left early; **er flog früh morgens nach Paris** = he took an early flight to Paris

◊ **Frühdienst** *f* early duty *oder* first shift

◊ **früher 1** *adj* **(a)** earlier *oder* former **(b)** prior; **frühere Vereinbarung** = prior agreement **2** *adv* formerly

◊ **Frührente** *f* early retirement

◊ **Frührentner/-in** *mf* person who has taken early retirement *oder* who has retired early

◊ **Frühschicht** *f* early shift *oder* first shift

> so hatte der Präsident versprochen, der Staat werde die Krankenversicherung für Frührentner übernehmen
> *Frankfurter Allgemeine Zeitung*

führen 1 *vt* **(a)** to show *oder* to take; **der Betriebsleiter führte uns durch die Fabrik** = the works manager took us round the factory **(b)** to conduct *oder* to direct *oder* to handle *oder* to manage *oder* to organize *oder* to run; **Verhandlungen führen** = to conduct negotiations **(c)** to carry *oder* to stock; **ein Sortiment führen** = to carry a line of goods; **wir führen keine Kugelschreiber** = we do not carry pens; **verschiedene Sortimente führen** = to stock various lines **(d)** to keep; **jds Namen in den Akten führen** = to keep someone's name on file; **die Geschäftsbücher einer Firma führen** = to keep the books of a company *oder* to keep a company's books **2** *vi* **führen zu** = to result in *oder* to lead (up) to; **die zusätzlichen Aufträge führten zu Überstunden für die gesamte Belegschaft der Fabrik** = the extra orders resulted in overtime work for all the factory staff; **man trat mehrfach an uns heran, was schließlich zu einem Übernahmeangebot führte** = we received a series of approaches leading up to the takeover bid; **die Gespräche führten zu einem großen Streit zwischen der Unternehmensleitung und der Gewerkschaft** = the discussions led to a big argument between the management and the union

◊ **führend** *adj* leading; **führender Artikel** = leader; **führende Industrielle glauben, daß das Ende der Rezession nahe ist** = leading industrialists feel the end of the recession is near; **sie sind das führende Unternehmen in dem Bereich** = they are the leading company in the field; **führende Werte stiegen an der Börse** = leading shares rose on the Stock Exchange; **führend sein** = to be first in the field

Führerschein *m* driving licence; **Bewerber sollten im Besitz eines Führerscheins sein** = applicants should hold a driving licence
◊ **Führerscheinprüfung** *f* driving test

Fuhrpark *m* fleet (of vehicles); **Fuhrpark eines Unternehmens für seine Handelsvertreter** = company's fleet of representatives' cars; **ein Wagen des Fuhrparks** = a fleet car

> im Unternehmen wurden seit 1951 rund 40 Millionen DM in Gebäude, Fuhrpark und Technik investiert
> *Die Wirtschaft*

Führung *f* **(a)** direction *oder* management **(b)** conducted tour
◊ **Führungsaufgabe** *f* management task *oder* executive duty
◊ **Führungsausschuß** *m* management committee
◊ **Führungsebene** *f* managerial level; **Entscheidungen auf der Führungsebene** = decisions taken at managerial level
◊ **Führungsfunktion** *f* management function
◊ **Führungsgremium** *n* management board *oder* governing body
◊ **Führungsgruppe** *f* management team
◊ **Führungskraft** *f* executive; **die Führungskräfte eines Unternehmens** = the company officers *oder* the officers of a company; **nach Führungskräften suchen** = to headhunt
◊ **Führungsmethoden** *fpl* management techniques
◊ **Führungsnachwuchs** *m* junior management *oder* management trainee
◊ **Führungsspitze** *f* top management
◊ **Führungsstil** *m* management style

Fuhrunternehmen *n* haulage business
◊ **Fuhrunternehmer/-in** *mf* haulage contractor

füllen *vt* to fill; **die Produktionsabteilung hat das Lagerhaus mit unverkäuflichen Produkten gefüllt** = the production department has filled the warehouse with unsellable products; **wir haben unsere Auftragsbücher mit Aufträgen für Afrika gefüllt** = we have filled our order book with orders for Africa
◊ **Füll(feder)halter** *m* pen
◊ **Füllmaterial** *n* padding

Fundbüro *n (GB)* lost property (office) *oder (US)* lost and found (department)

fundieren *vt* to fund
◊ **fundiert** *adj* funded; **langfristig fundiertes Kapital** = long-term funded capital
◊ **Fundierung** *f* funding

Fünfcentstück *n (US)* nickel
◊ **Fünfdollarschein** *m (US)* five dollar bill *oder* $5 bill
◊ **Fünfergruppe** *oder* **G5** *f* Group of Five *oder* G5
◊ **Fünfjahresplan** *m* Five-Year Plan
◊ **Fünfmarkstück** *n* five-mark piece *oder* coin; **er gab mir mit dem Wechselgeld zwei Fünfmarkstücke zurück** = he gave me two 5-mark coins in my change
◊ **Fünfpfundschein** *m (GB)* five pound note
◊ **fünfstellig** *adj* five-figure; **er hat ein fünfstelliges Einkommmen** = his income runs into five figures *oder* he has a five-figure income
◊ **Fünftonner** *m* **er fährt einen Fünftonner** = he drives a five-ton lorry
◊ **fünfzigtausend** *num* fifty thousand; **sie boten ihm fünfzigtausend Pfund** *oder* **Dollar für die Information** = they offered him £50,000 *oder* $50,000 *oder (umg)* fifty grand for the information

fungieren *vi* to act; **als Vermittler fungieren** = to act as go-between

Funktelefon *n* cellular telephone

Funktion *f* function; **in einer Funktion** = in a capacity
◊ **Funktionär/-in** *mf* functionary *oder* official *oder* officer
◊ **funktionieren** *vi* to function *oder* to operate *oder* to work *oder* to go; **die neue Managementstruktur scheint nicht gut zu funktionieren** = the new management structure does not seem to be functioning very well; **das Telefon funktioniert nicht** = the telephone is out of order
◊ **funktionsfähig** *adj* operational *oder* workable
◊ **Funktionstaste** *f (Computer)* function key

für *prep* in favour of *oder* pro; **sechs Vorstandsmitglieder sind für den Vorschlag und drei dagegen** = six members of the board are in favour of the proposal, and three are against it; **der Vorsitzende ist für den neuen Firmen-Briefkopf** = the chairman approves of the new company letter heading

Fürsorge *f* welfare

Fusion *f* merger; **aufgrund der Fusion ist das Unternehmen das größte in dem Bereich** = as a result of the merger, the company is the largest in the field
◊ **fusionieren** *vti* to merge; **die Firma fusionierte mit ihrem Hauptkonkurrenten** = the firm merged with its main competitor; **die beiden Unternehmen fusionierten** = the two companies have merged
◊ **Fusionsverhandlungen** *fpl* merger talks

> durch die Konzentration der Rohstahlproduktion ergäben sich Einsparungen in Höhe von rund 300 Millionen DM durch die Fusion der beiden Stahlunternehmen
> *Sächsische Zeitung*
>
> Produzenten erwerben Vertriebsfirmen, um den Absatz zu sichern. Im Kampf gegen das erwartete Firmensterben ist jede Fusion recht
> *Die Woche*

Fuß *m* foot; **zu Fuß** = on foot; **der Verkehr zu den Stoßzeiten ist so schlimm, daß es schneller ist, zu Fuß ins Büro zu gehen** = the rush hour traffic is so bad that it is quicker to go to the office on foot; **die Handelsvertreter machen die meisten ihrer Besuche im Zentrum Zürichs zu Fuß** = the reps make most of their central Zürich calls on foot
◊ **Fußgängerzone** *f* pedestrian precinct *oder* shopping precinct

Futures *pl* futures

Gg

Gabelstapler *m* fork-lift truck

Gabun *n* Gabon
◇ **Gabuner/-in** *mf* Gabonese
◇ **gabunisch** *adj* Gabonese
(NOTE: Hauptstadt: **Libreville** ; Währung: **CFA-Franc** *m* = CFA franc)

Gag *m* gimmick; **ein Publicity Gag** = a publicity gimmick

Gallone *f* gallon

galoppierend *adj* galloping; **galoppierende Inflation** = galloping *oder* runaway inflation

Gambia *n* (the) Gambia
◇ **Gambier/-in** *mf* Gambian
◇ **gambisch** *adj* Gambian
(NOTE: Hauptstadt: **Banjul** ; Währung: **Dalasi** *m* = dalasi)

Gang *m* operation *oder* running; **in Gang setzen** = to initiate *oder* set in motion

gängig *adj* **(a)** current *oder* going *oder* prevailing; **der gängige Preis** = the going price; **was ist der gängige Preis für einen VW Käfer Baujahr 1975?** = what is the going price for a 1975 Volkswagen Beetle?; **der gängige Satz** = the going rate **(b)** selling *oder* popular; **gängiger Artikel** = seller

ganz **1** *adj* total *oder* outright; **er bekam sein ganzes Geld zurück, als er sich über den Service beschwerte** = he got a full refund when he complained about the service; **drei ganze Tage** = three clear days **2** *adv* fully *oder* in full; **sie verkaufte ihr Haus und legte das Geld im ganzen an** = she sold her house and invested the money as a lump sum
◇ **ganztägig** *adj* full-time; **ganztägig Beschäftigte(r)** = full-timer
◇ **ganztags** *adv* full-time; **sie arbeitet ganztags** = she is in full-time work *oder* she works full-time *oder* she is in full-time employment
◇ **Ganztagsbeschäftigung** *f* full-time employment
◇ **Ganztagspersonal** *n* full-time staff; **sie gehört zu unserem Ganztagspersonal** = she is on our full-time staff

Garant *m* guarantor *oder* surety *oder* warrantor; **Garant einer Effektenemission** = underwriter
◇ **Garantie** *f* **(a)** guarantee *oder* warranty; **mit Garantie** *oder* **unter Garantie** = under guarantee; **das Produkt hat zwölf Monate Garantie** = the product is guaranteed for twelve months; **die Garantie gilt für zwei Jahre** = the guarantee lasts for two years; **der Wagen wird mit zwölfmonatiger Garantie verkauft** = the car is sold with a twelve-month warranty; **das Auto hat noch Garantie** = the car is still under warranty; **auf allen Ersatzteilen ist Garantie** = all the spare parts are warranted; **die Garantie gilt für Ersatzteile, aber nicht für Arbeitszeit** = the warranty covers spare parts but not labour costs **(b)** *(Bürgschaft)* surety
◇ **Garantieanspruch** *m* right to claim something under a guarantee
◇ **Garantiefrist** *f siehe* GARANTIEZEIT
◇ **Garantielohn** *m* guaranteed minimum wage
◇ **Garantienehmer** *m* warrantee
◇ **garantieren** *vt* to guarantee *oder* to warrant; **garantierter Mindestlohn** = guaranteed minimum wage
◇ **Garantieschein** *m* certificate of guarantee *oder* guarantee certificate
◇ **Garantieverletzung** *f* breach of warranty
◇ **Garantievertrag** *m* warranty *oder* contract of warranty
◇ **Garantiezeit** *f* guarantee period *oder* period of guarantee

Garderobe *f* cloakroom *oder* *(US)* checkroom

Gast *m* guest *oder* (hotel) resident
◇ **Gastarbeiter/-in** *mf* foreign worker *oder* immigrant worker

Gastronom/-in *mf* restaurateur *oder* caterer
◇ **gastronomisch** *adj* gastronomical; **gastronomische Betreuung** = catering

Gaststätte *f* restaurant
◇ **Gaststättengewerbe** *n* (the) restaurant business; **das Hotel- und Gaststättengewerbe** = the catering trade

Gastwirt/-in *mf* restaurateur

GATT *n* **(Allgemeines Zoll- und Handelsabkommen)** = GATT (General Agreement on Tariffs and Trade)

Gattung *f* kind *oder* sort
◇ **Gattungskauf** *m* purchase of a general lot of goods (i.e., 1000 pairs of shoes, of various sizes and styles, without knowing the specific details of each pair of shoes)

Gauner/-in *mf* racketeer
◇ **Gaunerei** *f* racket

Gebäude *n* building *oder* premises; **wir haben mehrere Gebäude im Stadtzentrum zu verkaufen** = we have several properties for sale in the centre of the town

◇ **Gebäudeversicherung** *f* buildings insurance; **eine Gebäudeversicherung abschließen** = to take out an insurance on a house

geben *vt* to give; **können Sie mir ein paar Informationen zu dem neuen Computersystem geben?** = can you give me some information about the new computer system?; **sie gab dem Buchhalter die Unterlagen** = she gave the documents to the accountant; **außer Haus geben** = to put out; **wir geben unsere ganzen Schreibarbeiten an ein Büro** = we put all our typing out to a bureau

Gebiet *n* **(a)** area *oder* region *oder* zone; **ihre Fabrik liegt in einem Gebiet, von dem aus die Autobahnen und Flughäfen gut zu erreichen sind** = their factory is in a very good area for getting to the motorways and airports **(b)** territory; **das Gebiet eines Handelsvertreters** = a rep's territory; **sein Gebiet umfaßt den ganzen Norden des Landes** = his territory covers all the north of the country **(c)** sphere *oder* field; **auf seinem Gebiet ist er Fachmann** = he is an expert in his field

◇ **Gebietskörperschaft** *f* regional administrative body

◇ **Gebietsleiter/-in** *mf* area manager

◇ **Gebietsvertreter/-in** *mf* area representative

◇ **gebietsweise** *adj* regional

Gebot *n* bid *oder* bidding; **ein Gebot für etwas machen** = to make a bid for something *(siehe auch* ERÖFFNUNGSGEBOT, HÖCHSTGEBOT)

Gebrauch *m* usage *oder* use; **in Gebrauch** = in use; **Gegenstände des persönlichen Gebrauchs** = items for personal use

◇ **gebrauchen** *vt* to use; **nicht zu gebrauchen** = useless

◇ **Gebrauchsanweisung** *f* directions for use

◇ **Gebrauchsartikel** *m* article of daily use

◇ **gebrauchsfertig** *adj* ready-made

◇ **Gebrauchsgüter** *npl* consumer goods; **langlebige Gebrauchsgüter** = consumer durables

◇ **Gebrauchsmuster** *n* registered design

◇ **Gebrauchswert** *m* utility value

gebraucht *adj* secondhand; **der Markt für gebrauchte Computer** = the secondhand computer market *oder* the market in secondhand computers; **etwas gebraucht kaufen** = to buy something secondhand

◇ **Gebrauchtwagen** *m* secondhand car; **informieren Sie sich über Preise von Gebrauchtwagen** = look at the prices of secondhand cars *oder* look at secondhand car prices

◇ **Gebrauchtwagenbranche** *f* secondhand car trade; **er ist in der Gebrauchtwagenbranche** = he is in the secondhand car trade

◇ **Gebrauchtwagenhändler** *m* secondhand car salesman *oder* used car salesman

◇ **Gebrauchtwaren** *pl* secondhand goods

◇ **Gebrauchtwarenhändler/-in** *mf* secondhand dealer

Gebühr *f* charge *oder* fee; rate; **Gebühr bezahlt** = postage paid *oder* postpaid; **wir erheben eine geringe Gebühr für unseren Service** = we charge a small fee for our services; **man muß für die Benutzung der Brücke eine Gebühr bezahlen** = you have to pay a toll to cross the bridge *(cf* MAUT)

◇ **Gebührenanhebung** *f* increase in charges; **der Vertrag sieht jährliche Gebührenanhebungen vor** = the contract provides for an annual uplift of charges

◇ **Gebührenermäßigung** *f* reduction of charges

◇ **Gebührenfestsetzung** *f* fixing of charges

◇ **gebührenfrei** *adj* **(a)** free of charge **(b)** postage paid **(c)** freephone *oder (US)* toll free; **gebührenfreie Nummer** = freephone *oder* toll free number; **jemanden gebührenfrei anrufen** = to call someone freephone *oder* toll free

◇ **Gebührenordnung** *f* scale of charges; **in der Anlage unsere Gebührenordnung** = please find enclosed our schedule of charges; **verbindliche Gebührenordnung** = fixed scale of charges

◇ **gebührenpflichtig** *adj* chargeable *oder* subject *oder* liable to a charge; **gebührenpflichtige Verwarnung** = fine; **jdm eine gebührenpflichtige Verwarnung erteilen** = to fine someone *oder* to give someone a fine

> über eine Funkverbindung an einer elektronischen Zahlstelle soll die fällige Gebühr von einer Wertkarte abgebucht werden
>
> ***Sächsische Zeitung***

gebunden *adj (Preis)* fixed *oder* controlled *oder (Kapital)* tied up

Geburt *f* birth

◇ **Geburtenrate** *f* birth rate

◇ **Geburtsdatum** *n* date of birth

◇ **Geburtsort** *m* birthplace *oder* place of birth

Gedanke *m* thought *oder* idea

Gedeck *n (im Nachtklub)* cover charge

geeignet *adj* suitable; **nicht geeignet** = unsuitable; **wir mußten die Stelle erneut ausschreiben, da es keine geeigneten Bewerber gab** = we had to readvertise the job because there were no suitable candidates

Gefahr *f* hazard *oder* risk; **Gefahr laufen** = to run a risk; **er läuft Gefahr, sein Werbebudget zu überschreiten** = he is running the risk of overspending his promotion budget; **auf eigene Gefahr** = at owner's risk

◇ **Gefährdung** *f* risk *oder* danger

◇ **Gefahrenzulage** *f* danger money

Gefälligkeit *f* favour; **aus Gefälligkeit** = as a favour; **er bat die Sekretärin, ihm aus Gefälligkeit ein Darlehen zu geben** = he asked the secretary for a loan as a favour

◇ **Gefälligkeitswechsel** *m* accommodation bill

gefälscht *adj* counterfeit *oder* forged *oder* fake(d); **die Ladung kam mit gefälschten Papieren** = the shipment came with fake documentation

gefordert *adj* asking *oder* asked for; **der geforderte Preis ist DM 40.000** = the asking price is DM 40,000

Gefüge *n* structure

gegen *prep* against; **Ware gegen Bezahlung liefern** = to deliver goods against payment; **Bezahlung gegen Quittung** = payment against receipt; **die Bank gewährte ihm einen Kredit in Höhe von DM 30.000 gegen sein Haus als Sicherheit** = the bank advanced him DM 30,000 against the security of his house; **einen Vorschuß gegen eine Sicherheit auszahlen** = to pay an advance against a security

gegenbuchen *vt* to contra; **einen Eintrag gegenbuchen** = to contra an entry

◇ **Gegenbuchung** *f* contra entry; **als Gegenbuchung** = per contra *oder* as per contra

Gegend *f* region

Gegenforderung *f* counter-claim; **eine Gegenforderung erheben** = to counter-claim; **Müller forderte DM 50.000 Schadenersatz und Schmidt erhob eine Gegenforderung von DM 100.000 für den Verlust des Amtes** = Müller claimed DM 50,000 in damages and Schmidt counter-claimed DM 100,000 for loss of office

Gegengebot *n* counter-offer *oder* counterbid; **als ich DM 60 bot, machte er ein Gegengebot von DM 65** = when I bid DM 60 he put in a counterbid of DM 65

Gegengeschäft *n* buy-back deal *oder* contra deal *oder* countertrade

gegeninflationär *adj* anti-inflationary

Gegenkonto *n* contra account

gegenläufig *adj* reverse *oder* in an opposite direction; **gegenläufige Fusion** = reverse takeover

Gegenleistung *f* consideration *oder* service in return; **etwas als Gegenleistung tun** = to reciprocate

Gegenmaßnahme *f* countermeasure

Gegenpartei *f* = GEGENSEITE

Gegenseite *f* counterparty *oder* the other side

◇ **gegenseitig** *adj* reciprocal *oder* mutual; **gegenseitige Beteiligung** = cross holding; **gegenseitiger Vertrag** = reciprocal contract

◇ **Gegenseitigkeit** *f* reciprocity *oder* mutuality; **Vereinbarung auf Gegenseitigkeit** = reciprocal agreement; **Versicherungsverein auf Gegenseitigkeit** = mutual (insurance) company

Gegenstand *m* object *oder* article *oder* item; **Gegenstände des persönlichen Gebrauchs** = personal effects

Gegenstück *n* counterpart

Gegenteil *n* contrary; **im Gegenteil** = on the contrary; **der Vorsitzende war nicht über seinen Assistenten verärgert - im Gegenteil, er beförderte ihn** = the chairman was not annoyed with his assistant - on the contrary, he promoted him

◇ **gegenteilig** *adj* contrary *oder* opposite; **sofern Sie keine gegenteiligen Anweisungen erhalten** = failing instructions to the contrary

gegenüber *prep* compared with *oder* as against *oder* over; **Umsatzsteigerung gegenüber dem letzten Jahr** = increase in sales over last year; **Anstieg der Schuldner gegenüber den Zahlen des letzten Quartals** = increase in debtors over the last quarter's figure

◇ **gegenüberstellen** *vt* to set against

Gegenwart *f (Zeit)* present (time)

◇ **gegenwärtig** *adj & adv* current(ly) *oder* present(ly); **gegenwärtiger Wert** = present value

◇ **Gegenwartswert** *m* current price *oder* current value

Gegenwert *m* equivalent; **Waren im Gegenwert von DM 20.000** = goods to the value of DM 20,000

gegenzeichnen *vt* to countersign; **alle Schecks müssen vom Leiter der Finanzabteilung gegengezeichnet werden** = all cheques have to be countersigned by the finance director; **der Verkaufsleiter zeichnet alle meine Aufträge gegen** = the sales director countersigns all my orders

Gegenzug *m* countermove; **etwas im Gegenzug tun** = to reciprocate

Gehalt 1 *n* salary *oder* pay *oder (US)* compensation; **‚Gehalt: DM 45.000+'** = 'salary: DM 45K+ '; **das Unternehmen fror alle Gehälter für einen Zeitraum von sechs Monaten ein** = the company froze all salaries for a six-month period **2** *m* content; **ein hoher Gehalt an Gold** = a high gold content

◇ **Gehaltsabrechnung** *f* pay slip

◇ **Gehaltsabzug** *m* stoppage *oder* deduction from salary

◇ **Gehaltsanspruch** *m* salary claim

◇ **Gehaltsaufbesserung** *f* pay *oder* salary review; **sie bekam im letzten April eine Gehaltsaufbesserung** = she had a salary review last April *oder* her salary was reviewed last April

◇ **Gehaltsempfänger** *m* salary earner

◇ **Gehaltsfortzahlung** *f* continued payment of salary (during illness)

◇ **Gehaltserhöhung** *f* increase in salary *oder* salary increase *oder* (pay) rise *oder (US)* raise; **(regelmäßige) Gehaltserhöhung** = increment; **jährliche Gehaltserhöhung** = annual increment; **die Regierung hofft, Gehaltserhöhungen bei 3% zu halten** = the government hopes to hold salary increases to 3%; **er bat den Chef um eine Gehaltserhöhung** = he asked the boss for a rise; **er hatte im Januar eine Gehaltserhöhung von 6%** = he had a 6% rise in January; **sie bekam im Juni eine Gehaltserhöhung** = she got a salary increase in June

◇ **Gehaltserhöhungstabelle** *f* incremental scale

◇ **Gehaltsforderung** *f* salary claim *(cf* LOHNFORDERUNG)

◇ **Gehaltsgruppe** *oder* **Gehaltsklasse** *f* salary bracket

◇ **Gehaltskonto** *n* current account *oder (US)* checking account

◇ **Gehaltskürzung** *f* salary cut; **er nahm eine Gehaltskürzung hin** = he took a cut in salary

◇ **Gehaltsliste** *f* payroll (ledger)

◇ **Gehaltsnachzahlung** *f* salary arrears; **Gehalt mit Gehaltsnachzahlung ab 1. Januar** = salary with arrears effective from January 1st

◇ **Gehaltsnebenleistungen** *fpl* fringe benefits

◇ **Gehaltspfändung** *f* deduction from salary at source

◇ **Gehaltsscheck** *m* salary cheque *oder* pay cheque *oder (US)* paycheck

◇ **Gehaltssteigerungstabelle** *f* incremental scale

◇ **Gehaltsstreifen** *m* pay slip

◇ **Gehaltsstruktur** *f* salary structure; **die Gehaltsstruktur des Unternehmens** = the company's salary structure

◇ **Gehaltsstufe** *f* salary bracket

◇ **Gehaltstabelle** *f* scale of salaries *oder* salary scale; **er wurde an die Spitze der Gehaltstabelle gesetzt** = he was appointed at the top end of the salary scale

◇ **Gehaltsvorschuß** *m* advance on salary

◇ **Gehaltszulage** *f* salary increase; **Gehaltszulage zur Anpassung an gestiegene Lebenshaltungskosten** = cost-of-living increase; **jährliche Gehaltszulage** = incremental increase

geheim *adj & adv* secret(ly) *oder* private(ly); **sie unterzeichneten einen geheimen Vertrag mit ihren Hauptkonkurrenten** = they signed a secret deal with their main rivals

◇ **geheimhalten** *vt* to keep secret; **der geschäftsführende Direktor hielt den Vertrag vor den übrigen Vorstandsmitgliedern geheim** = the MD kept the contract secret from the rest of the board; **in diesem Büro kann man nichts geheimhalten** = security in this office is nil

◇ **Geheimhaltung** *f* secrecy

◇ **Geheimhaltungspflicht** *f* obligation of security *oder* restraint of trade *(cf* WETTBEWERBSBESCHRÄNKUNG)

◇ **Geheimnis** *n* secret; **ein Geheimnis bewahren** = to keep a secret

gehen *vi* **(a)** to go *oder* to walk; **er geht in unsere Geschäftsstelle in Lagos** = he is going to our Lagos office; **der Scheck ging gestern an Ihre Bank** = the cheque went to your bank yesterday; **die Besucher gingen durch die Fabrik** = the visitors walked round the factory **(b)** to leave *oder* to go away; **das nächste Flugzeug geht um 10.20 Uhr** = the next plane leaves at 10.20 **(c)** to run to *oder* to run into *oder* to amount to; **die Kosten gehen in die Tausende** = costs have run into thousands **(d) gehen von ... bis** = to range from ... to; **die Gehaltsordnung des Unternehmens geht von DM 15.000 für einen Azubi bis DM 250.000 für den geschäftsführenden Direktor** = the company's salary scale ranges from DM 15,000 for a trainee to DM 250,000 for the managing director

Gehilfe/Gehilfin *mf* assistant *oder* helper

gehören *vi* **(a)** to belong to; **das Patent gehört dem Sohn des Erfinders** = the patent belongs to the inventor's son; **das Unternehmen gehört einer alten amerikanischen Bankiersfamilie** = the company belongs to an old American banking family **(b) gehören zu** = to belong with; **diese Unterlagen gehören zu den Verkaufsberichten** = those documents belong with the sales reports **(c)** to belong *oder* to go; **das Datum gehört oben auf den Brief** = the date goes at the top of the letter

gelagert *adj* in storage

Gelände *n* site; **der Supermarkt soll auf dem Gelände in der Nähe des Bahnhofs gebaut werden** = the supermarket is to be built on a site near the station

gelangen zu *vi* to reach *oder* to arrive at; **zu einer Entscheidung gelangen** = to arrive at a decision

Gelbe Seiten *pl* yellow pages

Geld *n* money; **bares Geld** = ready money; **billiges Geld** = cheap money; **heißes Geld** = hot money; **knappes Geld** = tight money; **teures Geld** = dear money; **leicht verdientes Geld** = easy money; **Versicherungen zu verkaufen, ist leicht verdientes Geld** = selling insurance is easy money; **Geld auf die Bank bringen** = to put money into the bank; **Geld in ein Geschäft investieren** = to put money into a business; **Geld verdienen** = to earn money *oder* to make money; **Geld verlieren** *oder* **einbüßen** = to lose money; **sie sind viel Geld wert** = they are worth a lot of money

◇ **Geld-** *pref* monetary; **die Geld- und Kreditpolitik der Regierung** = the government's monetary policy

◇ **Geldangelegenheiten** *fpl* money matters

◇ **Geldanlage** *f (fin)* investment

◇ **Geldautomat** *m* cash dispenser *oder* automated teller machine (ATM)

◇ **Geldautomatenkarte** *f* cash card

> wer bleibt eigentlich auf dem Schaden sitzen, wenn jemand am Geldautomaten eine Blüte zieht statt eines echten Hunderters?
>
> *Die Zeit*

◇ **Geldbetrag** *m* (sum of) money; **ein Geldbetrag wurde aus dem Personalbüro gestohlen** = a sum of money was stolen from the personnel office

◇ **Geldbetrug** *m* fraud; **er erhielt eine Gefängnisstrafe wegen Geldbetrugs** = he was sent to prison for obtaining money by false pretences

◇ **Geldbeutel** *m* purse

◇ **Geldeinlage** *f* money invested

◇ **Geldentwertung** *f* inflation *oder* depreciation (of the currency)

◇ **Gelder** *npl* monies *oder* funds; **fällige Gelder einziehen** = to collect monies due; **dem Unternehmen geschuldete Gelder** = monies owing to the company; **öffentliche Gelder** = public funds; **Gelder veruntreuen** = to convert funds to another purpose *oder* to convert funds to one's own use; **Veruntreuung von Geldern** = conversion of funds

> konkrete Maßnahmen werden aus öffentlichen Geldern bestritten und durch Zuschüsse der Europäischen Union gedeckt
>
> *Prager Zeitung*

◇ **Geldfrage** *f* question *oder* matter of money

◇ **Geldgeber/-in** *mf* financier *oder* backer *oder* sponsor; **einer der Geldgeber des Unternehmens**

ist zurückgetreten = one of the company's backers has withdrawn

◇ **Geldgeschenk** *n* gratuity; **das Personal ist angewiesen, keine Geldgeschenke anzunehmen** = the staff are instructed not to accept gratuities

◇ **Geldinstitut** *n* financial institution

◇ **Geldkassette** *f* cash box

◇ **Geldknappheit** *f* shortage of money

◇ **Geldkurs** *m (Börse)* buying price *oder* bid price

◇ **Geldmarkt** *m* money market *oder* finance market; **die internationalen Geldmärkte sind nervös** = the international money markets are nervous

◇ **Geldmarktpapiere** *npl* money market paper *oder* security

◇ **Geldmarktsätze** *mpl* money market rates

◇ **Geldmenge** *f* money supply

> die Bundesbank erklärt die unerwartet kräftige Zunahme der Geldmenge im Dezember vor allem mit Sonderfaktoren. Sie geht davon aus, daß die Geldmenge im Januar langsamer wachsen wird
> ***Frankfurter Allgemeine Zeitung***

◇ **Geldmittel** *pl* funds; **das Unternehmen bat um zusätzliche Geldmittel** = the company called for extra funds

◇ **Geldpolitik** *f* financial policy

◇ **Geldreserve** *f* money reserve

◇ **Geldschein** *m* bank note *oder* currency note

◇ **Geldsendung** *f* remittance; **die Familie lebt von der wöchentlichen Geldsendung des Vaters in den USA** = the family lives on a weekly remittance from their father in the USA; **Geldsendungen bitte an den Kassenwart** = please send remittances to the treasurer

◇ **Geldstrafe** *f* fine; **er wurde aufgefordert, eine Geldstrafe in Höhe von DM 100 zu zahlen** = he was asked to pay a DM 100 fine; **mit einer Geldstrafe belegen** *oder* **zu einer Geldstrafe verurteilen** = to fine; **jdn wegen Geldbetrugs zu einer Geldstrafe von DM 7.500 verurteilen** = to fine someone DM 7,500 for obtaining money by false pretences

◇ **Geldstück** *n* coin

◇ **Geldtransfer** *m* transfer of funds

◇ **Geldüberhang** *m* surplus money *oder* glut of money

◇ **Geldüberweisung** *f* credit transfer *oder* transfer of funds

◇ **Geldumlauf** *m* circulation of money

◇ **Geldumtausch** *m* exchange of money

◇ **Geldverleiher** *m* moneylender

◇ **Geldverschwendung** *f* waste of money; **der Computer ist Geldverschwendung - es gibt genug billigere Modelle, die genauso gut arbeiten** = that computer is a waste of money - there are plenty of cheaper models which would do the work just as well

◇ **Geldvolumen** *n* money supply

◇ **Geldwäsche** *f* laundering of money

◇ **Geldwechsel** *m* exchange of money; **‚Geldwechsel'** = bureau de change

◇ **Geldwechsler** *m* **(a)** change machine **(b)** money changer

◇ **Geldwesen** *n* monetary system

gelegen *adj* situated *oder* located; **die Fabrik ist am Rande der Stadt gelegen** = the factory is situated on the edge of the town

Gelegenheit *f* opportunity

◇ **Gelegenheitsarbeit** *f* casual labour *oder* casual work; **Gelegenheitsarbeiten verrichten** = to do odd jobs

◇ **Gelegenheitsarbeiter** *m* odd-job-man

◇ **Gelegenheitskauf** *m* bargain (purchase) *(cf* SONDERANGEBOT)

gelegentlich *adj* occasional

gelenkt *adj* planned *oder* managed; **gelenkte Wirtschaft** = controlled economy; **staatlich gelenkt** = government-controlled; **staatlich gelenkter Preis** = government-regulated price

gelingen *vi* to succeed; **es gelang ihnen, ihre Konkurrenten zu verdrängen** = they succeeded in putting their rivals out of business; **es gelang ihr, die Stenographieprüfung zu bestehen** = she succeeded in passing her shorthand test; **es gelang uns nicht, das Lager zu verkaufen** = we had no success in trying to sell the warehouse; **ist es Ihnen gelungen, den Haupteinkäufer zu sprechen?** = did you manage to see the head buyer?

gelten *vi* to be valid *oder* to be in force *oder* to apply *oder* to operate *oder* to rule *oder* to run; **der Vertrag gilt nicht mehr** = the agreement is no longer valid *oder* is off; **diese Klausel gilt nur für Geschäfte außerhalb der EU** = this clause applies only to deals outside the EU; **die Bestimmungen gelten für den Inlandspostdienst** = the rules operate on inland postal services; **Preise, die zur Zeit gelten** = prices which are ruling at the moment; **das Angebot gilt bis zum 31. Juli** = the offer runs until *oder* terminates on July 31st

◇ **geltend** *adj* **(a)** current *oder* ruling *oder* in force; **wir berechnen zu geltenden Preisen** = we will invoice at ruling prices; **nicht mehr geltend** = invalid *oder* no longer applicable *oder* off **(b) etwas geltend machen** = to enforce *oder* to put forward *oder* to lodge; **Rechte aus einem Vertrag geltend machen** = to enforce a contract; **er machte bei der Versicherung einen Anspruch geltend** = he submitted a claim to the insurers; **nicht geltend gemacht** = unclaimed

◇ **Geltendmachung** *f* enforcement

◇ **Geltung** *f* value *oder* validity *oder* importance *oder* effect; **einer Sache** *(dat)* **Geltung verschaffen** = to enforce something

◇ **Geltungsbereich** *m* scope; **der Geltungsbereich einer Fahrkarte** = area within which a ticket is valid

◇ **Geltungsdauer** *f* period of validity

gemacht *adj* made

gemäß *prep* according to *oder* in accordance with *oder* as per *oder* under; **gemäß Ihren Anweisungen haben wir das Geld auf Ihr Girokonto eingezahlt** = in accordance with your instructions we have deposited the money in your current account; **der Computer wurde gemäß der Bedienungsanleitung des Herstellers angeschlossen** = the computer was installed according to the manufacturer's instructions; **gemäß dem Muster** = as per sample; **gemäß der vorausgegangenen Bestellung** = as per previous order; **gemäß den Vertragsbestimmungen müßte die Ware im Oktober geliefert werden** = under the terms of the agreement, the goods should be delivered in October; **er handelt gemäß Vorschrift 23 der Gewerkschaftssatzung** = he is acting under rule 23 of the union constitution

gemäßigt *adj* moderate

gemein *adj* **(a)** common; **das gemeine Wohl** = the common good **(b)** ordinary; **der gemeine Mann** = the ordinary man *oder* the man in the street

Gemeinde *f* community

◇ **Gemeindesteuer** *f* local tax *oder* council tax

◇ **Gemeindeverwaltung** *f* local government *oder* municipal offices

Gemeineigentum *n* common property

Gemeinkosten *pl* fixed *oder* indirect *oder* overhead costs *oder* expenses *oder* overheads *oder (US)* overhead; **die Umsatzerlöse decken die Herstellungskosten, aber nicht die Gemeinkosten** = the sales revenue covers the manufacturing costs but not the overheads

◇ **Gemeinkostenbudget** *n* *oder* **Gemeinkostenplan** *m* overhead budget

◇ **Gemeinkostenumlage** *f* allocation of overhead costs

gemeinnützig *adj* non-profit-making *oder* charitable; **gemeinnützige Organisation** = non-profit-making organization *oder (US)* non-profit corporation; **gemeinnützige Organisationen sind von der Steuer befreit** = non-profit-making organizations are exempt(ed) from tax

gemeinsam 1 *adj* joint *oder* collective *oder* common *oder* mutual; **gemeinsame Agrarpolitik der EU** = Common Agricultural Policy (CAP); **gemeinsamer Ausschuß** = joint committee; **gemeinsame Beratung** = joint discussions; **gemeinsames Konto** = joint account; **gemeinsame Leitung** = joint management; **der Gemeinsame Markt** = the Common Market; **gemeinsamer Untersuchungsausschuß** = joint commission of inquiry **2** *adv* jointly; **ein Gebäude gemeinsam besitzen** = to own a property jointly; **ein Unternehmen gemeinsam leiten** = to manage a company jointly; **sie sind gemeinsam für Schäden haftbar** = they are jointly liable for damages; **gemeinsam in einem Büro arbeiten** = to share an office; **gemeinsam ein Telefon benutzen** = to share a telephone

Gemeinschaft *f* community; **die Europäische Gemeinschaft (EG)** = the European Community (EC); **die Finanzminister der Europäischen Gemeinschaft** = the EC finance ministers *oder* the Community finance ministers

◇ **Gemeinschaft Unabhängiger Staaten (GUS)** *f* Commonwealth of Independent States (CIS)

◇ **gemeinschaftlich** *adj* joint

◇ **Gemeinschafts-** *pref* collective *oder* common *oder* joint

◇ **Gemeinschaftsbetrieb** *m* joint operation *oder (Computer)* time-sharing; **einen Computer im Gemeinschaftsbetrieb benutzen** = to share computer time

◇ **Gemeinschaftseigentum** *n* multiple ownership

◇ **Gemeinschaftskonto** *n* joint account

◇ **Gemeinschaftsprojekt** *n* joint venture

◇ **Gemeinschaftsunternehmen** *n* joint venture

Gemeinwirtschaft *f* co-operative economy

◇ **gemeinwirtschaftlich** *adj* co-operative

Gemeinwohl *n* public interest *oder* the common good

gemischt *adj* miscellaneous *oder* mixed; **gemischte Landwirtschaft** = mixed farming

◇ **Gemischtwarenhandlung** *f* general store(s) *oder (US)* variety store

genau 1 *adj* accurate *oder* exact *oder* strict; **die Konstrukteure fertigten eine genaue Kopie des Plans an** = the designers produced an accurate copy of the plan; **die genaue Zeit ist 10 Uhr 27** = the exact time is 10.27; **die Gesamtkosten beliefen sich auf genau DM 18.500** = the total cost was exactly DM 18,500; **die Verkaufsabteilung machte eine genaue Umsatzprognose** = the sales department made an accurate forecast of sales; **genaue Angabe** = specification; **genaue Angaben über die bestellten Waren machen** = to specify full details of the goods ordered **2** *adv* accurately *oder* exactly *oder* strictly

genehmigen *vt* to approve *oder* to authorize *oder* to license *oder* to pass *oder* to permit *oder* to ratify *oder* to sanction; **bedenkenlos genehmigen** = to rubber stamp; **amtlich genehmigen** = to license; **der Leiter der Finanzabteilung muß eine Rechnung genehmigen, bevor sie rausgeschickt wird** = the finance director has to pass an invoice before it is sent out; **der Streik wurde von der Gewerkschaft genehmigt** = the strike was made official; **das Darlehen wurde vom Vorstand genehmigt** = the loan has been passed by the board; **der Vertrag muß vom Vorstand genehmigt werden** = the agreement has to be ratified by the board; **der Vorstand genehmigte den Vertrag bedenkenlos** = the board simply rubber stamped the agreement; **der Vorstand genehmigte die Ausgabe von DM 3,4 Millionen für das Entwicklungsprojekt** = the board sanctioned the expenditure of DM 3.4m on the development project; **nicht genehmigte Ausgaben** = unauthorized expenditure

◇ **Genehmigung** *f* approval *oder* authorization *oder* licence *oder (US)* license *oder* permission *oder* permit *oder* ratification *oder* sanction; **mündliche** *oder* **schriftliche Genehmigung** = verbal *oder* written permission; **der Vertrag muß an den Vorstand zur Genehmigung gehen** = the agreement has to go to the board for ratification; **ein Budget zur Genehmigung vorlegen** = to submit a budget for approval; **Sie werden die Genehmigung der örtlichen Behörden brauchen, bevor Sie das Bürohaus abreißen können** = you will need the sanction of the local authorities before you can knock down the office block

◇ **genehmigungspflichtig** *adj* requiring official approval *oder* authorization

◇ **Genehmigungsverfahren** *n* licensing procedure

Generalabkommen *n* blanket agreement

◇ **Generalbevollmächtigte(r)** *mf* person with full power of attorney

◇ **Generaldirektor/-in** *mf* chairman *oder (US)* president (of a company)

◇ **Generalklausel** *f* blanket clause

◇ **Generalpolice** *f* blanket insurance policy

◇ **Generalstreik** *m* general strike; **die Gewerkschaft rief zum Generalstreik auf** = the union called for an all-out strike

> in Belgien droht heute ein landesweiter Generalstreik, mit dem die Gewerkschaften gegen die Sparpläne der Regierung protestieren wollen
> ***Blick durch die Wirtschaft***

◇ **Generalversammlung** *f* general meeting

◇ **Generalvertreter/-in** *mf* sole agent

◇ **Generalvertretung** *f* sole agency

◇ **Generalvollmacht** *f* full power of attorney

◇ **generell** *adj* across-the-board *oder* general; **ein genereller Preisanstieg** = an across-the-board price increase

Genossenschaft *f* co-operative *oder* cooperative society *oder* provident society; **landwirtschaftliche Genossenschaft** = agricultural co-operative

◇ **genossenschaftlich** *adj* co-operative

genügend *adj* sufficient; **das Unternehmen hat genügend finanzielle Mittel, um sein Expansionsprogramm finanzieren zu können** = the company has sufficient funds to pay for its expansion programme

Genußrecht *n* beneficial right to share in profits

◇ **Genußschein** *m (Wertpapier)* certificate of participation

geöffnet *adj* open; **das Geschäft ist Sonntag morgens geöffnet** = the store is open on Sunday mornings; **sie haben jeden Tag geöffnet** = they are open for business every day of the week; **unsere Geschäftsstellen sind von 9 bis 18 Uhr geöffnet** = our offices are open from 9 to 6; **wir haben sonntags geöffnet** = we open for business on Sundays

geordnet *adj* orderly *oder* tidy *oder* proper *oder* regular; **geordneter Effektenhandel** = fair dealing

Gepäck *n* baggage *oder* luggage

◇ **Gepäckabfertigung** *oder* **Gepäckannahme** *f* **(a)** checking in of baggage **(b)** baggage check-in (counter)

◇ **Gepäckablage** *f* luggage rack

◇ **Gepäckaufbewahrung** *oder* **Gepäckausgabe** *f* left luggage office *oder* baggage room *oder (US)* checkroom

◇ **Gepäckkontrolle** *f* baggage check

◇ **Gepäckschein** *m* baggage ticket

◇ **Gepäckversicherung** *f* luggage insurance; **eine Gepäckversicherung abschließen** = to insure baggage against loss

◇ **Gepäckwagen** *m* airport trolley *oder (US)* baggage cart

Gepflogenheit *f* custom *oder* habit

geprüft *adj* certified; **geprüfte(r) Buchhalter/-in** = certified accountant

Gerät *n* implement *oder* machine

◇ **Geräteverleih** *m* equipment hire firm

geraten *vi* **in Schulden geraten** = to run into debt

Geratewohl *n* **aufs Geratewohl** = at random

gerecht *adj* fair; **seine Mitarbeiter fanden die Entscheidung, ihn zu entlassen, nicht gerecht** = his colleagues thought the decision to dismiss him was unfair

geregelt *adj* regular; **geregeltes Einkommen** = regular income; **sie arbeitet freiberuflich, so daß sie kein geregeltes Einkommen hat** = she works freelance so she does not have a regular income

Gericht *n* (law) court; **jdn vor Gericht bringen** = to take someone to court *oder* to take someone to law

◇ **gerichtlich** *adj* judicial *oder* legal; **gerichtlich (gegen jdn) vorgehen** = to take legal action (against someone); **gerichtliche Verfahren** = judicial processes

◇ **Gerichtsbeamte(r)/-beamtin** *mf (jur)* court official *oder* registrar

◇ **Gerichtsbeschluß** *m* court order

◇ **Gerichtsentscheidung** *f (jur)* court decision *oder* ruling *oder* adjudication

◇ **Gerichtsferien** *pl (jur)* recess *oder (GB)* vacation

◇ **Gerichtshof** *m* **(a)** law court; **der Europäische Gerichtshof** = the European Court of Justice **(b)** tribunal

◇ **Gerichtskosten** *pl* (court) costs

◇ **Gerichtsstand** *m* place of jurisdiction (of a court)

◇ **Gerichtsurteil** *n* judgement *oder* judgment

◇ **Gerichtsverfahren** *n* court case *oder* legal proceedings; **ordentliches Gerichtsverfahren** = due process of the law

◇ **Gerichtsverhandlung** *f* trial; **die Gerichtsverhandlung wurde vertagt** = the court hearing was adjourned

◇ **Gerichtsweg** *m* **auf dem Gerichtsweg** = through the courts; **unter Ausschluß des Gerichtsweges** = without recourse to the courts

gering *adj* low *oder* modest *oder* small *oder* slight; **geringes Absatzvolumen** = low volume of sales; **ein Verlust von geringer Bedeutung** = a loss of minor importance; **geringe Gemeinkosten halten die Stückkosten gering** = low overhead costs keep the unit cost low; **wir versuchen, unsere Lohnsumme gering zu halten** = we try to keep our wages bill low; **geringe Umsätze** = low sales; **die Preise sind aufgrund einer geringeren Nachfrage nach den Waren gefallen** = prices have fallen due to a reduced demand for the goods; **den Weg des geringsten Widerstandes gehen** = to take the path of least resistance *oder* to take the soft option

◇ **geringfügig** *adj* fractional *oder* negligible *oder* slight; **geringfügige Ausgaben** = petty expenses

gern(e) *adv* gladly *oder* with pleasure; **wir geben Ihnen gerne einen Rabatt von 25%** = we will be happy to supply you at 25% discount

gesamt *adj* aggregate *oder* overall *oder* total
◇ **Gesamtauftragswert** *m* total order value
◇ **Gesamtausgaben** *fpl* total expenditure
◇ **Gesamtbetrag** *m* total amount; **sie verkaufte ihr Haus und legte das Geld als Gesamtbetrag an** = she sold her house and invested the money as a lump sum
◇ **Gesamteinkommen** *n* total income
◇ **Gesamteinnahmen** *fpl* total revenue
◇ **Gesamtergebnis** *n* overall result
◇ **Gesamterlös** *m* total proceeds *oder* total revenue
◇ **Gesamtgebühr** *f* inclusive sum *oder* inclusive charge; **die Gesamtgebühren belaufen sich auf über DM 2.000** = the total of the charges comes to more than DM 2,000
◇ **Gesamtkosten** *pl* total cost(s)
◇ **Gesamtplan** *m* overall plan
◇ **Gesamtpreis** *m* all-in price
◇ **Gesamtproduktion** *f* total output
◇ **Gesamtschuldner/-in** *mf* joint debtor
◇ **gesamtschuldnerisch** *adj* joint; **sie haften gesamtschuldnerisch** = they are jointly and severally liable
◇ **Gesamtsumme** *f* grand total
◇ **Gesamtumsatz** *m* total turnover
◇ **Gesamtvereinbarung** *f* blanket agreement *oder* package deal
◇ **Gesamtvergütung** *f* pay package *oder* salary package *oder (US)* compensation package; **dieser Posten bringt eine attraktive Gesamtvergütung mit sich** = the job carries an attractive salary package
◇ **Gesamtvermögen** *n* total assets
◇ **Gesamtzuladungsgewicht** *n* deadweight tonnage

Gesandtschaft *f* mission

geschädigt *adj* injured *oder* damaged; **geschädigte Partei** = injured party

Geschäft *n* **(a)** business; **das Geschäft aufgeben** = to go out of business; **ein Geschäft gründen** = to go into business; **er gründete ein Geschäft als Autohändler** = he went into business as a car dealer; **im Geschäft sein** = to be in business; **sie betreibt ein Geschäft von zu Hause aus** = she runs a business from her home; **es wird nie ein lohnendes Geschäft sein** = it will never be a commercial proposition; **die Geschäfte des Unternehmens in Westafrika** = the company's operations in West Africa; **die Geschäfte expandieren** = business is expanding; **die Geschäfte gehen schleppend** = business is slow; **er leitet die Geschäfte in Nordeuropa** = he heads up the operations in Northern Europe **(b)** shop *oder (US)* store *oder* outlet *oder* establishment; **alle Geschäfte in der Innenstadt sind sonntags geschlossen** = all the shops in the centre of town close on Sundays **(c)** bargain *oder* deal *oder* transaction; **das ist ein schlechtes Geschäft** = it is a bad bargain; **ein Geschäft machen** = to make a bargain; **Geschäfte machen** = to trade; **Geschäfte an der Börse machen** = to trade on the stock exchange **(d)** business *oder* affair *oder* matter; **seinen Geschäften nachgehen** = to go about one's business **(e)** trade *oder* occupation
◇ **Geschäftemacher** *m* profiteer *oder* wheeler-dealer
◇ **Geschäftemacherei** *f* profiteering
◇ **geschäftlich** **1** *adj* business **2** *adv* **(a)** commercially **(b)** on business; **er mußte geschäftlich ins Ausland** = he had to go abroad on business; **sie ist geschäftlich in den USA** = she is in the States on business
◇ **Geschäftsabschluß** *m* (business) deal *oder* transaction
◇ **Geschäftsabwicklung** *f* carrying on *oder* transacting business
◇ **Geschäftsadresse** *f* business address; **meine Geschäftsadresse und Telefonnummer stehen auf der Karte** = my business address and phone number are printed on the card
◇ **Geschäftsanteil** *m* share in a business
◇ **Geschäftsausgaben** *fpl* *siehe* BETRIEBSAUSGABEN
◇ **Geschäftsbank** *f* clearing bank *oder* commercial bank
◇ **Geschäftsbedingungen** *fpl* business conditions; **widrige Geschäftsbedingungen** = adverse trading conditions
◇ **Geschäftsbereich** *m* **(a)** *(Tätigkeitsbereich)* sphere of operations *oder* line of business **(b)** *(Unternehmensabteilung)* department *oder* division **(c)** *(Verantwortungsbereich)* responsibilities *oder* competence
◇ **Geschäftsbericht** *m* business report *oder* company's annual report *oder* chairman's report *oder* directors' report
◇ **Geschäftsbesuch** *m* business call; **er ist zu einem Geschäftsbesuch in London** = he is on a business visit to London
◇ **Geschäftsbetrieb** *m* business (activity); **das Unternehmen hat den Geschäftsbetrieb eingestellt** = the company has stopped trading
◇ **Geschäftsbeziehungen** *pl* business connections
◇ **Geschäftsbrief** *m* business letter *mpl* **Geschäftsbriefe** = business correspondence
◇ **Geschäftsbuch** *n* account(s) book; **die Geschäftsbücher eines Unternehmens** = the accounts of a business *oder* a company's accounts *oder* a company's books; **Aufgabe des Buchhalters ist es, alle eingehenden Beträge in die Geschäftsbücher aufzunehmen** = the accountant's job is to enter all the money received in the accounts
◇ **Geschäftseröffnung** *f* opening of a shop *oder* business
◇ **Geschäftsessen** *n* business lunch
◇ **Geschäftsfrau** *f* businesswoman; **Geschäftsfrau sein** = to be in business
◇ **Geschäftsfreund/-in** *mf* business associate; **er ist ein Geschäftsfreund von mir** = he is a business associate of mine
◇ **geschäftsführend** *adj* managing *oder* executive; **geschäftsführender Ausschuß** = management committee; **geschäftsführende(r) Direktor/-in** = (i) general manager; (ii) managing director (MD); **geschäftsführende(r) Teilhaber/-in** = active partner *oder* working partner
◇ **Geschäftsführer/-in** *mf* **(a)** *(einer Kapitalgesellschaft)* managing director (MD); **Vorsitzende(r) und Geschäftsführer/-in** =

chairman and managing director **(b)** *(eines Ladens etc)* manager(ess); **Herr Müller ist der Geschäftsführer unserer Filiale von der Sparkasse** = Mr Müller is the manager of our local Sparkasse (savings bank); **der Geschäftsführer unserer Filiale in Lagos hält sich anläßlich einer Reihe von Sitzungen in Frankfurt auf** = the manager of our Lagos branch is in Frankfurt for a series of meetings **(c)** *(Gesellschaft, Verein)* (executive) secretary (of a company or society); **ehrenamtliche(r) Geschäftsführer/-in** = honorary secretary

◇ **Geschäftsführung** *f* management

◇ **Geschäftsgewinn** *m* trading profit

◇ **Geschäftsgründung** *f* business start-up

◇ **Geschäftsgründungsdarlehen** *n* business start-up loan

◇ **Geschäftshaus** *n* business house

◇ **Geschäftsinhaber/-in** *mf* shopkeeper

◇ **Geschäftsjahr** *n* financial year

◇ **Geschäftskorrespondenz** *f* business correspondence

◇ **Geschäftskosten** *pl* business expenses

◇ **Geschäftsleitung** *f* managership; **nach sechs Jahren wurde ihm die Geschäftsleitung einer Filiale in Österreich angeboten** = after six years he was offered the managership of a branch in Austria

◇ **Geschäftsleute** *pl* businessmen *oder* *(Einzelhandel)* tradespeople

◇ **Geschäftsmann** *m* businessman; **Geschäftsmann sein** = to be in business

◇ **Geschäftsordnung** *f* standing orders *oder* procedural rules

◇ **Geschäftspartner/-in** *mf* business partner

◇ **Geschäftspolitik** *f* business policy; **die Geschäftspolitik eines Unternehmens** = a company's trading policy

◇ **Geschäftspraktiken** *fpl* business practice; **unsaubere** *oder* **unlautere Geschäftspraktiken** = sharp practice

◇ **Geschäftsräume** *mpl* business premises *oder* shop premises

> die Geschäftsräume des in Steinhagen ansässigen Unternehmens wurden durchsucht
> *Neue Zürcher Zeitung*

◇ **Geschäftsreise** *f* business trip; **der Vorsitzende ist auf Geschäftsreise in Holland** = the chairman is in Holland on business; **Geschäftsreisen machen einen sehr wichtigen Teil unserer Gemeinkosten aus** = business travel is a very important part of our overhead expenditure

◇ **Geschäftsreisende(r)** *mf* business traveller

> Geschäftsreisende bekommen bei innerdeutschen Geschäftsflügen 15 Prozent des Flugpreises vom Finanzamt zurück
> *Focus*

◇ **geschäftsschädigend** *adj* bad for business

◇ **Geschäftsschluß** *m* closing time

◇ **Geschäftsstelle** *f* branch *oder* office *oder* branch office; **die Versicherungsgesellschaft schloß ihre Geschäftsstellen in Südamerika** = the insurance company has closed its branches in South America

◇ **Geschäftsstrategie** *f* business strategy

◇ **Geschäftsstunden** *fpl* office hours *oder* business hours; **der Geschäftsführer kann außerhalb der Geschäftsstunden zu Hause erreicht werden** = the manager can be reached at home out of office hours; **während der normalen Geschäftsstunden geöffnet** = open during normal office hours

◇ **Geschäftstätigkeit** *f* business activity; **wenig Geschäftstätigkeit** = a low level of business activity

◇ **Geschäftsübernahme** *f* takeover of a business *oder* shop

◇ **Geschäftsumfang** *m* volume of trade *oder* business

◇ **Geschäftsverbindung** *f* business connections; **in Geschäftsverbindung mit jdm stehen** = to do business with someone

◇ **Geschäftsverkehr** *m* business; **die Firma Sperzel steht in regem Geschäftsverkehr mit einer Firma in Manchester** = Sperzel's do a considerable amount of business with a company in Manchester

◇ **Geschäftsverlust** *m* trading loss

◇ **Geschäftsviertel** *n* business district *oder* business centre

◇ **Geschäftsvorfall** *m* business transaction

◇ **Geschäftswelt** *f* business world *oder* business circles; **die ortliche Geschäftswelt** = the local business community

◇ **Geschäftszeichen** *n* reference

◇ **Geschäftszeit** *f* business hours *oder* opening hours; **außerhalb der Geschäftszeit** = outside hours *oder* out of hours

◇ **Geschäftszweig** *m* branch *oder* line of business *oder* line of work

geschätzt *adj* estimated; **geschätzter Absatz** = estimated sales; **zu hoch geschätzt** = overvalued; **zu niedrig geschätzt** = undervalued

Geschenk *n* gift *oder* present; **der Chef überreichte ihr ein Geschenk, als sie heiratete** = the boss gave her a present when she got married; **diese Taschenrechner eignen sich gut als Geschenk** = these calculators make good presents; **als Geschenk einpacken** = to gift-wrap; **soll das Buch als Geschenk verpackt werden?** = do you want this book gift-wrapped?

◇ **Geschenkboutique** *f* gift shop

◇ **Geschenkgutschein** *m* gift coupon *oder* gift token *oder* gift voucher; **wir haben ihr zum Geburtstag einen Geschenkgutschein gegeben** = we gave her a gift token for her birthday

◇ **Geschenkpapier** *n* wrapping paper *oder* gift-wrapping (paper)

Geschick *n* ability *oder* knack *oder* skill; **er hat ein besonderes Geschick, Sonderangebote zu finden** = he is very clever at spotting a bargain

◇ **geschickt** *adj* clever *oder* skilful

> von unternehmerischem Geschick ist zu sprechen, wenn es gelingt, trotz externen Widrigkeiten interne Verbesserungen zu erzielen
> *Neue Zürcher Zeitung*

geschlossen *adj* **(a)** closed *oder* shut; **an Nationalfeiertagen sind alle Banken geschlossen** = all the banks are closed on national holidays; **das Büro ist sonntags geschlossen** = the office is shut on Sundays; **geschlossener Markt** = closed market **(b)** united *oder* unified; **geschlossene Stimmabgabe** = block vote

geschützt *adj* protected; **gesetzlich geschützt** = legally protected; **patentrechtlich geschütztes Arzneimittel** = proprietary drug

Geselle/Gesellin *mf* skilled worker *(siehe auch* FACHARBEITER)

Gesellschaft *f* **(a)** association *oder* institution *oder* society **(b)** company; **Gesellschaft mit beschränkter Haftung (GmbH)** = limited (liability) company (Ltd) *oder* private (limited) company *oder (Südafrika & Australien)* proprietary company; **Gesellschaft des bürgerlichen Rechts** = company constituted under civil law

◊ **Gesellschafter/-in** *mf* **(a)** associate *oder* partner **(b)** *(AG)* shareholder

◊ **gesellschaftlich** *adj* social

◊ **Gesellschaftsanteil** *m* share in a company

◊ **Gesellschaftsform** *f* legal structure of a company

◊ **Gesellschaftsgründung** *f* incorporation

◊ **Gesellschaftsordnung** *f* (the) social system

◊ **Gesellschaftsraum** *m* lounge

◊ **Gesellschaftsvertrag** *m* articles of association *oder (US)* articles of incorporation

◊ **Gesellschaftsvermögen** *n* assets of a company *oder* corporate assets

Gesetz *n* law *oder* statute *oder (GB)* act; **im Rahmen des Gesetzes** = inside the law *oder* within the law; **außerhalb des Gesetzes** = outside the law; **das Unternehmen bewegt sich außerhalb des Gesetzes** = the company is operating outside the law; **das Gesetz brechen** = to break the law; **gegen das Gesetz** = against the law; **er verstößt gegen das Gesetz, indem er am Sonntag Waren verkauft** = he is breaking the law by selling goods on Sunday; **Sie werden gegen das Gesetz verstoßen, wenn Sie versuchen, den Computer ohne Exportgenehmigung aus dem Land zu bringen** = you will be breaking the law if you try to take that computer out of the country without an export licence ; **Gesetz von Angebot und Nachfrage** = law of supply and demand; **Gesetz vom abnehmenden Ertragszuwachs** = law of diminishing returns

◊ **Gesetzbuch** *m* code *oder* statute book; **Bürgerliches Gesetzbuch (BGB)** = civil code

◊ **Gesetzentwurf** *m (pol)* bill

◊ **Gesetzeslücke** *f* loophole in the law

◊ **Gesetzesvorlage** *f (pol)* bill

◊ **gesetzgebend** *adj* legislative *oder* law-making

◊ **Gesetzgebung** *f* legislation

◊ **gesetzlich** **1** *adj* legal *oder* statutory; **gesetzlicher Feiertag** = legal *oder* statutory holiday; **es gibt eine gesetzliche Probezeit von dreizehn Wochen** = there is a statutory period of probation of thirteen weeks; **gesetzliche Währung** = legal currency; **gesetzliches Zahlungsmittel** = legal tender **2** *adv* legally *oder* lawfully

◊ **Gesetzmäßigkeit** *f* **(a)** *(generelles Prinzip)* law **(b)** *(jur)* legality *oder* legitimacy

◊ **gesetzwidrig** *adj* unlawful; **gesetzwidriger Verkauf von Alkohol** = illicit sale of alcohol

> nun ist der Bundestag zwar gesetzgebend, aber nicht der Mittelpunkt der Welt
>
> ***Neues Deutschland***

gesichert *adj* secure; **gesichertes Darlehen** = secured loan; **gesicherte Verbindlichkeiten** = secured debts

gesiegelt *adj* sealed; **gesiegelter Vertrag** = contract under seal

gesondert *adj & adv* separate(ly)

gesperrt *adj* frozen; **gesperrtes Konto** = frozen account; **gesperrte Kredite** = frozen credits

Gespräch *n* **(a)** conversation *oder* discussion **(b)** (telephone) call; **ein Gespräch annehmen** *oder* **entgegennehmen** = to take a (phone) call; **Gespräch mit namentlicher Voranmeldung** = person-to-person call; **Gespräche registrieren** = to log calls

◊ **Gesprächsleiter/-in** *mf* interviewer

gestaffelt *adj* graduated *oder* progressive; **gestaffelte Anzeigensätze** = graded advertising rates; **gestaffelte Einkommenssteuer** = graduated income tax; **gestaffeltes Rentensystem** = graduated pension scheme; **gestaffeltes Steuersystem** = graduated taxation

gestalten *vt* to arrange *oder* to organize *oder* to structure; **ein Programm gestalten** = to arrange a programme; **ein Fest gestalten** = to organize a party; **seine Freizeit gestalten** = to structure one's spare time

Geständnis *n* admission

gestatten *vt* to allow *oder* to permit; **jdm gestatten, etwas zu tun** = to give someone permission to do something; **dies Dokument gestattet es Ihnen, 25 Computersysteme zu exportieren** = this document permits you to export twenty-five computer systems; **mit dieser Karte ist drei Personen der Zutritt zur Messe gestattet** = this ticket allows three people to go into the exhibition

Gestehungskosten *pl* prime cost

Gestell *n* rack

gestoppt *adj* stopped *oder* frozen

gestrafft *adj* streamlined

Gesuch *n* application *oder* request *oder* petition

gesund *adj* sound *oder* healthy; **die finanzielle Lage des Unternehmens ist sehr gesund** = the company's financial situation is very sound; **die Firma machte gesunde Gewinne** = the company made some very healthy profits *oder* a very healthy profit; **eine gesunde Bilanz** = a healthy balance sheet

◊ **Gesundheit** *f* health

◊ **gesundheitlich** *adj* (relating to) health; **er schied aus gesundheitlichen Gründen aus** = he resigned for medical reasons

◊ **Gesundheitsministerium** *n* Ministry of Health *oder (GB)* Department of Health; **er leitet das**

Gesundheitsministerium = he is in charge of the Ministry of Health

gesundschrumpfen *vt* to streamline *oder* to slim down

◇ **Gesundschrumpfung** *f* shakeout *oder* streamlining; **nur drei Unternehmen blieben nach der Gesundschrumpfung auf dem Computermarkt übrig** = only three companies were left after the shakeout in the computer market

Getränkeautomat *m* drink dispenser *oder* drinks machine; **in unserem Getränkeautomaten sind drei verschiedene Suppen** = our drinks machine has three kinds of soup

◇ **Getränkesteuer** *f* tax on alcohol

Getreidesilo *oder* **Getreidespeicher** *m* silo *oder (US)* (grain) elevator

getrennt 1 *adj* separate; **etwas mit getrennter Post schicken** = to send something under separate cover **2** *adv* separately; **jeder Auftrag wurde getrennt in Rechnung gestellt** = each job was invoiced separately

gewagt *adj* risky; **gewagtes Unternehmen** = venture

Gewähr *f* guarantee; **ohne Gewähr** = without guarantee *oder* liability *oder (auf Fahrplan)* subject to change

◇ **gewähren** *vt* to allow *oder* to grant; **nicht gewähren** = to refuse; **jdm ein Darlehen** *oder* **einen Zuschuß gewähren** = to grant someone a loan *oder* a subsidy; **die Bank gewährte dem Unternehmen ein Darlehen für die Gründung der neuen Fabrik** = the bank granted the company a loan to start up the new factory; **jdm eine Gehaltserhöhung gewähren** = to award someone a salary increase; **einem Kunden Kredit gewähren** = to extend credit to a customer; **die Bank gewährte ihm einen Kredit in Höhe von DM 30.000 gegen sein Haus als Sicherheit** = the bank advanced him DM 30,000 against the security of his house; **jdm Rabatt gewähren** = to allow someone a discount; **Mitgliedern des Personals 5% Rabatt gewähren** = to allow 5% discount to members of staff

gewährleisten *vt* to guarantee

◇ **Gewährleistung** *f* guarantee *oder* warranty; **Ausschluß der Gewährleistung** = caveat emptor, let the buyer beware

> Wachstum und Beschäftigung seien im übrigen nur mit einer im Rahmen eines Solidarpakts abgestimmten Politik von Staat, Arbeitgebern und Gewerkschaften zu gewährleisten
> ***Süddeutsche Zeitung***

Gewahrsam *m* safekeeping

Gewalt *f* force *oder* power; **ausübende Gewalt** = executive power; **höhere Gewalt** = act of God *oder* force majeure

> zwar haben sie durch eigenhändiges Wirken nicht alle Planabweichungen selbst herbeigeführt. Immer nur höhere Gewalt war es aber auch nicht
> ***Wirtschaftswoche***

Gewerbe *n* business *oder* occupation *oder* trade

◇ **Gewerbeaufsicht** *f* control of health and safety at work

◇ **Gewerbeaufsichtsamt** *n* government office responsible for the control of health and safety at work (such as the factory inspectorate)

◇ **Gewerbebetrieb** *m* commercial enterprise

◇ **Gewerbeertrag** *m* trading profit

◇ **Gewerbegebiet** *n* **(a)** commercial district; **das Büro liegt im Gewerbegebiet der Stadt** = the office is in the commercial area of the town **(b)** business park *oder* industrial estate *oder* trading estate

◇ **Gewerbekapital** *n* working capital

◇ **Gewerbeordnung** *f* trading regulations

◇ **Gewerbeschein** *m* trading licence

◇ **Gewerbesteuer** *f* (local) business tax

◇ **Gewerbetreibende(r)** *mf* trader

◇ **Gewerbezweig** *m* branch of trade

◇ **gewerblich** *adj* commercial *oder* industrial

Gewerkschaft *f* trade(s) union *oder (US)* labor union; **sie sind Mitglieder einer Gewerkschaft** = they are members of a trades union; **Anerkennung der Gewerkschaft** = union recognition; **er hat sich um die Mitgliedschaft in einer Gewerkschaft beworben** = he has applied for trade union membership *oder* he has applied to join a trades union

◇ **Gewerkschaft(l)er/-in** *mf* trade unionist

◇ **gewerkschaftlich** *adv* **gewerkschaftlich organisiert** = unionized

◇ **Gewerkschaftsbeiträge** *mpl* union dues *oder* union subscription

◇ **Gewerkschaftsbund** *oder* **Gewerkschafts(dach)verband** *m* federation of trade *oder (US)* labor unions; **Deutscher Gewerkschaftsbund (DGB)** ≈ *(GB)* TUC *oder (US)* AFL-CIO

◇ **Gewerkschaftsführer/-in** *mf* union leader

◇ **Gewerkschaftsfunktionär/-in** *oder* **Gewerkschaftsvertreter/-in** *mf* union official *oder (US)* business agent

◇ **Gewerkschaftsmitglied** *n* trade union member *oder* unionist; **sie sind Gewerkschaftsmitglieder** = they are trade union members

◇ **Gewerkschaftsunterhändler/-in** *mf* trade union negotiator; **ein erfahrener Gewerkschaftsunterhändler** = an experienced union negotiator

Gewicht *n* weight; **falsches Gewicht** = false weight; **Obst nach Gewicht verkaufen** = to sell fruit by weight

◇ **Gewichtsschwund** *m oder* **Gewichtsverlust** *m* loss in weight

Gewinn *m* profit *oder* gain *oder* return; **Gewinn nach Steuern** = profit after tax; **Gewinn vor Steuern** = profit before tax *oder* pretax profit; **einen Gewinn machen** = to make a profit; **seinen Gewinn mitnehmen** = to take one's profit; **mit Gewinn verkaufen** = to sell at a profit; **einen Gewinn verzeichnen** = to show a profit; **wir verzeichnen für das erste Quartal geringe Gewinne** = we are showing a small profit for the first quarter; **einbehaltene Gewinne** = retained earnings; **gesunder Gewinn** = healthy profit; **kurzfristige Gewinne** = short-term gains; **nicht ausgeschüttete Gewinne** = retained income;

operativer Gewinn = operating profit; **das Unternehmen möchte schnell Gewinne aus seiner Kapitalanlage ziehen** = the company is looking for quick returns on its investment; **rechnerischer** *oder* **noch nicht realisierter Gewinn** = paper profit; **seine Investition verzeichnet einen rechnerischen Gewinn von DM 75.000** = he is showing a paper profit of 75,000 on his investment; **schnell Gewinn bringen** = to bring in a quick return; **unerwarteter** *oder* **unverhoffter Gewinn** = windfall

◇ **Gewinnanteil** *m* share of profits *oder (umg)* rake-off

◇ **Gewinnaufschlag** *m* mark-up; **wir arbeiten mit 3½fachem Gewinnaufschlag** *oder* **mit 350% Gewinnaufschlag** = we work to a 3.5 times mark-up *oder* to a 350% mark-up

◇ **Gewinnausschüttung** *f* distribution of profits

◇ **Gewinnbeteiligung** *f* profit-sharing

◇ **Gewinnbeteiligungsplan** *m* profit-sharing scheme; **das Unternehmen hat einen Gewinnbeteiligungsplan** = the company operates *oder* runs a profit-sharing scheme

◇ **gewinnbringend** *adj* commercial *oder* money-making *oder* paying *oder* profit-making *oder* profitable; **gewinnbringendes Kapital** = productive capital; **kein gewinnbringendes Geschäft** = not a commercial proposition; **ein gewinnbringender Plan** = a money-making plan; **es wurde erwartet, daß das ganze Projekt bis 1995 gewinnbringend laufen würde** = the whole project was expected to be profit-making by 1995

◇ **Gewinndruck** *m* profit squeeze

◇ **Gewinneinbruch** *m* slump in profits

◇ **gewinnen** *vt* **(a)** to win **(b)** to attract; **die Firma bietet kostenlose Urlaube in Spanien an, um Kunden zu gewinnen** = the company is offering free holidays in Spain to attract clients; **wir haben Probleme, Facharbeiter für diesen Teil des Landes zu gewinnen** = we have difficulty in attracting skilled staff to this part of the country **(c)** to gain; **an Wert gewinnen** = to gain in value

◇ **Gewinnentwicklung** *f* earnings performance

◇ **Gewinnmaximierung** *f* profit maximization *oder* maximization of profit

◇ **Gewinnmitnahme** *f* profit-taking; **die Aktienkurse fielen bei kontinuierlicher Gewinnmitnahme** = share prices fell under continued profit-taking

◇ **gewinnorientiert** *adj* profit-orientated

◇ **Gewinnprognose** *f* profit forecast; **Gewinnprognosen für die nächsten drei Jahre** = projection of profits for the next three years

◇ **Gewinnrealisierung** *f* profit-taking

◇ **Gewinnrendite** *f* earnings per share *oder* earnings yield

◇ **Gewinnrücklagen** *fpl* retained income; **die Bilanz weist DM 150.000 als Gewinnrücklagen aus** = the balance sheet has DM 150,000 in retained income

◇ **Gewinnschwelle** *f* breakeven point

> die Gesellschaft solle im Jahr 2000 die Gewinnschwelle erreichen
> ***Frankfurter Allgemeine Zeitung***

◇ **Gewinnspanne** *f* profit margin; **unsere Gewinnspannen sind gedrückt worden** = our margins have been squeezed; **wir haben unsere Gewinnspannen sehr eng bemessen** = we have cut our margins very fine

◇ **Gewinnsteuer** *f* profits tax *oder* tax on profits

> für dieses Jahr ist ein Gewinn von 50000 Rubel anvisiert. Davon gehen 32 Prozent als Gewinnsteuer an den Staat
> ***Russischer Kurier***

◇ **gewinnträchtig** *adj* profitable

◇ **Gewinn- und Verlustrechnung** *f* profit and loss account *oder (US)* income statement

◇ **Gewinnverteilungsrechnung** *f* appropriation account

◇ **Gewinnvortrag** *m* accumulated profit

◇ **Gewinnzone** *f* profit (area); **in die Gewinnzone bringen** = to turn round; **in die Gewinnzone kommen** = to move into profit; **das Unternehmen arbeitet jetzt kostendeckend und erwartet, in den nächsten zwei Monaten in die Gewinnzone zu kommen** = the company is breaking even now, and expects to move into profit within the next two months

gewogen *adj* weighted; **gewogener Index** = weighted index; **gewogener Mittelwert** = weighted average

Gewohnheit *f* practice; **es war seine Gewohnheit, um 7.30 Uhr zur Arbeit zu kommen und dann das Bargeld zu zählen** = his practice was to arrive at work at 7.30 and start counting the cash

◇ **gewöhnlich** *adj* ordinary *oder* usual; **gewöhnlich fährt er mit dem Zug um 12.45 Uhr** = his regular train is the 12.45

gewünscht *adj* desired *oder* requested; **ich übersende, wie gewünscht, einen Katalog** = I am sending a catalogue as requested

gezielt *adj* selective; **gezielte Werbung** = selective *oder* targeted advertising

Ghana *n* Ghana

◇ **Ghanaer/-in** *mf* Ghanaian

◇ **ghanaisch** *adj* Ghanaian

(NOTE: Hauptstadt: **Akkra** = Accra; Währung: **Cedi** *m* = cedi)

Gibraltar *n* Gibraltar

◇ **Gibraltarier/-in** *mf* Gibraltarian

◇ **gibraltarisch** *adj* Gibraltarian

(NOTE: Hauptstadt: **Gibraltar** ; Währung: **Gibraltar-Pfund** *m* = Gibraltar pound)

Gießkannenprinzip *n* principle of all-round distribution taking no account of need; 'something for everyone'

Gilde *f* guild; **die Gilde der Meisterbäcker** = the guild of master bakers

Gipfel *m* **(a)** height *oder* peak; **sie ist auf dem Gipfel ihrer Karriere** = she is at the peak of her career **(b) Gipfel(konferenz)** = summit (conference)

girieren *vt* to endorse; **einen Scheck girieren** = to endorse a cheque

Girobank *f* Girobank

◇ **Giroguthaben** *n* current account credit balance

◇ **Girokonto** *n* current account *oder* cheque account *oder* giro account *oder (US)* checking account; **Geld auf ein Girokonto einzahlen** = to pay money into a current account

◇ **Girokontonummer** *f* giro account number

◇ **Giroverkehr** *m* (the) giro system

glänzend *adj* shiny *oder* shining; *(fig)* brilliant *oder* excellent; **die Geschäfte gehen glänzend** = business is booming

glatt *adj & adv* smooth(ly); **glatt ablehnen** = to refuse point-blank *oder* to flatly refuse *oder (US)* to refuse flat out

glauben *vti* to believe; **wir glauben, daß er ein Kaufangebot für 25% der Aktien vorgelegt hat** = we believe he has offered to buy 25% of the shares

◇ **Glauben** *m* belief *oder* faith *oder* trust; **in gutem Glauben** = bona fide *oder* in good faith; **etwas in gutem Glauben kaufen** = to buy something in good faith; **wir akzeptierten seine Aussage auf Treu und Glauben** *oder* **auf gut Glauben** = we took his statement on trust

Gläubiger/-in *mf* creditor *oder* lender *oder* chargee

◇ **Gläubigeranspruch** *m* creditors' claim

◇ **Gläubigerversammlung** *f* creditors' meeting

gleich 1 *adj* equal *oder* same *oder* similar; **die beiden Parteien werden die Kosten zu gleichen Teilen tragen** = costs will be shared equally between the two parties; **männliche und weibliche Arbeitskräfte bekommen die gleiche Bezahlung** = male and female workers have equal pay **2** *adv* **(a)** equally **(b)** immediately; **wir kommen gleich** = we are just coming *oder* we are coming straightaway

◇ **gleichbleibend** *adj* constant *oder* stable; **die Nachfrage nach Computern ist gleichbleibend** = there is a steady demand for computers

◇ **gleichen** *vi* to equal; **die Produktion in diesem Monat glich dem besten Monat davor** = production this month has equalled our previous best month

◇ **gleichermaßen** *adv* equally; **sie waren gleichermaßen verantwortlich für die katastrophale Einführung des Produkts auf dem Markt** = they were both equally responsible for the disastrous launch

◇ **Gleichheit** *f* parity *oder* equality

◇ **Gleichheitsgrundsatz** *m* principle of equality

◇ **gleichkommen** *vt* to be equivalent to *oder* to equal

◇ **gleichlautend** *adj* identical; **gleichlautende Kopie** = true copy

◇ **gleichmäßig** *adj & adv* proportional(ly) *oder* even(ly) *oder* constant(ly)

◇ **gleichrangig** *adj* of equal rank *oder* standing; **alle Manager sind gleichrangig** = all managers are of equal rank; **die nicht-stimmberechtigten Aktien sind gleichrangig mit den stimmberechtigten** = the non-voting shares rank equally with the voting shares; **die neuen Aktien werden mit den bestehenden gleichrangig sein** = the new shares will rank pari passu with the existing ones

◇ **gleichstellen** *vt* to put on the same level (as) *oder* on an equal footing (with); **die weibliche Belegschaft will mit der männlichen gleichgestellt werden** = the female staff want parity with the men

◇ **Gleichstellung** *f* parity

◇ **gleichwertig** *adj* equivalent; **gleichwertig sein** = to be equivalent to

◇ **Gleichwertigkeit** *f* equivalence

Gleis *n* platform; **der Zug nach Hamburg fährt von Gleis 12 ab** = the train for Hamburg leaves from Platform 12

gleitend *adj* sliding; **gleitende Arbeitszeit** = flexible working hours; **wir haben gleitende Arbeitszeit** = we work flexible hours; **eine gleitende Gebührenordnung** = a sliding scale of charges

◇ **Gleitklausel** *f* escalator clause

◇ **Gleitparität** *f (Wechselkurs)* crawling peg

◇ **Gleitzeit** *f* flexitime *oder (US)* flextime; **wir haben Gleitzeit** = we work flexitime; **das Unternehmen führte vor zwei Jahren Gleitzeit ein** = the company introduced flexitime working two years ago

Gliederung *f* system *oder* structure *oder* organization

Globalabkommen *n* omnibus agreement

◇ **Globalsteuerung** *f* political economic management

◇ **Globalzession** *f* blanket assignment of a borrower's current debts and some future debts to the bank

Glück *n* fortune *oder* luck; **etwas auf gut Glück kaufen** = to buy something on spec

◇ **Glückwünsche** *mpl* congratulations; **das Personal sendete ihm Glückwünsche zur Beförderung** = the staff sent him their congratulations on his promotion

GmbH = GESELLSCHAFT MIT BESCHRÄNKTER HAFTUNG limited (liability) company *oder* Ltd; **Müller und Söhne GmbH** = Müller and Sons, Ltd

Gnom *m* gnome; **die Gnomen von Zürich** = the gnomes of Zurich

Gold *n* gold; **Gold kaufen** = to buy gold; **mit Gold handeln** = to deal in gold

◇ **Goldaktien** *siehe* GOLDMINENAKTIEN

◇ **Goldbarren** *m* gold bar; *(pl)* gold bullion

◇ **Golddeckung** *f* gold backing

◇ **golden** *adj* gold(en); **goldene Kreditkarte** = gold card

◇ **Gold-Fixing** *n* **Londoner Gold-Fixing** = (the) London gold fixing

◇ **Goldgrube** *oder* **Goldmine** *f* goldmine; **das Geschäft ist eine kleine Goldgrube** = that shop is a little goldmine; **die Ölquelle war eine Goldgrube für das Unternehmen** = the oil well was a bonanza for the company

> doch längst sind die deutschen Müllberge für den gelernten Müllkutscher eine wahre Goldgrube
> *Der Tagesspiegel*

◇ **Goldminenaktien** *fpl* gold shares *oder* golds

◇ **Goldmünzen** *fpl* gold coins

◇ **Goldnotierung** *f* pricing of gold *oder* gold price; **die Gold- und Silbernotierung wird täglich neu festgesetzt** = the price of bullion is fixed daily

◇ **Goldpunkt** *m* gold point

◇ **Goldreserven** *fpl* gold reserves; **die Goldreserven des Landes** = the country's gold reserves; **Deutschlands Gold- und Dollarreserven sanken im letzten Quartal um $200 Millionen** = Germany's gold and dollar reserves fell by $200 million during the quarter

◇ **Goldstandard** *m oder* **Goldwährung** *f* gold standard; **das Pfund wurde von der Goldwährung gelöst** = the pound came off the gold standard

Goodwill *m* goodwill; **er zahlte DM 12.000 für den Warenbestand und DM 30.000 für den Goodwill** = he paid DM 12,000 for the stock and 30,000 for the goodwill

Gradmesser *m* yardstick

> schließlich kann der wichtigste Marktplatz Ostdeutschlands als Gradmesser gelten für die Entwicklung der gesamten Region
> *Sächsische Zeitung*

Graduierte(r) *mf* graduate

Gramm *n* gram *oder* gramme

Graphik *f* graph

◇ **graphisch** *adj & adv* graphic(ally); **die Ergebnisse graphisch darstellen** = to set out the results in a graph

Gratifikation *f* gratuity

gratis *adj & adv* free *oder* gratis

◇ **Gratisaktie** *f* bonus share; **Ausgabe von Gratisaktien** = scrip issue

◇ **Gratisprobe** *f* free sample

Gratulationen *fpl* congratulations

◇ **gratulieren** *vt* to congratulate; **ich möchte Ihnen zu Ihrer Beförderung gratulieren** = I want to congratulate you on your promotion

Greenback *m* greenback *oder* US dollar (bill)

> in der Nacht zum Freitag kletterte der Greenback über die Marke von 1,74 DM, was mit Besorgnissen über die weitere Entwicklung der deutschen Wirtschaft erklärt wurde
> *Welt der Wirtschaft*

greifbar *adj* **(a)** *(leicht erreichbar)* handy **(b)** *(Ware)* available *oder* on hand *oder* in stock **(c)** *(Geldmittel)* quick **(d)** *(konkret)* tangible; **nicht greifbar** = intangible

Gremium *n* committee

Grenzausgleich *m* border tax adjustment

◇ **Grenze** *f* limit *oder* border; **die kurze Urlaubssaison setzt der Hotelbranche Grenzen** = the short holiday season is a limiting factor on the hotel trade

> gemessen am Ausmaß der Ereignisse hielten sich die Verluste an der Madrider Börse in Grenzen
> *Börse*

◇ **Grenzertrag** *m* marginal revenue

◇ **Grenzgänger/-in** *mf* person who commutes to work across a national border *oder* cross-border commuter

◇ **Grenzkauf** *m* marginal purchase

◇ **Grenzkosten** *pl* incremental cost *oder* marginal cost

◇ **Grenzkosten(preis)kalkulation** *f* marginal pricing

◇ **Grenzkostenrechnung** *f* marginal costing

◇ **Grenzsteuersatz** *m* marginal rate of tax

◇ **grenzüberschreitend** *adj* cross-border

◇ **Grenzübergang** *m* border crossing (point)

Griechenland *n* Greece

◇ **Grieche/Griechin** *mf* Greek

◇ **griechisch** *adj* Greek

(NOTE: Hauptstadt: **Athen** = Athens; Währung: **Drachme** *f* = drachma)

grob *adj* **(a)** *(ungefähr)* rough; **grobe Berechnung** *oder* **grobe Schätzung** = rough calculation *oder* rough estimate; **ich habe auf der Rückseite eines Briefumschlags ein paar grobe Berechnungen gemacht** = I have made some rough calculations on the back of an envelope **(b)** *(schlimm)* big *oder* gross *oder* serious; **grobe Fahrlässigkeit** = gross negligence; **grober Fehler** *oder (umg)* **grober Schnitzer** = bad mistake *oder* big blunder

Gros 1 *n* **(a)** bulk; **en gros** = in bulk; **Reis en gros kaufen** = to buy rice in bulk **(b)** majority; **das Gros war dagegen** = the majority were against (it) **2** *n* gross; **er bestellte vier Gros Bleistifte** = he ordered four gross of pens

groß *adj* great *oder* heavy *oder* large; **groß angelegt** = large-scale; **großer Druck** = high pressure; **unter großem Druck arbeiten** = to work under high pressure; **große Havarie** = general average; **großer Plan** = grand plan; **er erklärte seinen großen Plan zur Sanierung des Fabrikgeländes** = he explained his grand plan for redeveloping the factory site; **er machte große Verluste an der Börse** = he had heavy losses on the stock exchange; **wie groß ist der Container?** = what is the size of the container?; **warum hat sie ein Büro, das größer ist als meins?** = why has she got an office which is larger than mine?; **er ist unser größter Kunde** = he is our largest customer; **unser Unternehmen ist einer der größten Lieferanten von Computern an die Regierung** = our company is one of the largest suppliers of computers to the government; **zum größten Teil** = largely; **wir machen unseren Absatz zum größten Teil auf dem Inlandsmarkt** = our sales are largely in the home market

Großabnehmer/-in *mf* bulk purchaser *oder* bulk buyer

◇ **Großaktionär/-in** *mf* major *oder* principal shareholder

◇ **Großanzeige** *f* advertisement panel *oder* display ad(vert) *oder* display advertisement

großartig *adj* grand; **großartiger Plan** = grand plan

Großauftrag *m* bulk order

◇ **Großbetrieb** *m* large concern *oder* large business

Großbritannien *n* Great Britain *siehe auch* BRITE/BRITIN
(NOTE: Hauptstadt: **London** ; Währung: **Pfund Sterling** *n* = pound sterling)

Großbuchstabe *m* capital letter; **schreiben Sie Ihren Namen in Großbuchstaben oben auf das Formular** = write your name in capital letters *oder* block capitals at the top of the form

Größe *f* size; **dieses Paket hat die maximale von der Post zugelassene Größe** = this packet is the maximum size allowed by the post office
◇ **Größendegression** *f oder* **Größenvorteile** *mpl* economies of scale
◇ **Größennachteile** *mpl* diseconomies of scale

Großeinkauf *m* bulk buying *oder* bulk purchase

Großgrundbesitzer/-in *mf* large landowner

Großhandel *m* wholesale (trade); **er kauft im Großhandel und verkauft im Einzelhandel** = he buys wholesale and sells retail
◇ **Großhandelspreis** *m* wholesale price *oder* trade price
◇ **Großhandelspreisindex** *m* wholesale price index
◇ **Großhandelsrabatt** *m* wholesale discount
◇ **Großhändler/-in** *mf* wholesale dealer *oder* wholesaler *oder (US)* jobber
◇ **Großhandlung** *f* wholesale shop *oder* business

Großindustrie *f* big business
◇ **Großkredit** *m* very large loan
◇ **Großkunde** *m* major customer *oder* important customer
◇ **Großprojekt** *n* large-scale project

Großraumbüro *n* open-plan office

Großrechner *m* mainframe (computer); **der Mikrocomputer im Büro ist mit dem Großrechner in der Zentrale verbunden** = the office micro interfaces with the mainframe in the head office

Großstadt *f* city

Großunternehmen *n* large-scale enterprise
◇ **Großunternehmer** *m* big businessman
◇ **Großunternehmertum** *n* big business

Großverbraucher *m* large consumer *oder* bulk user; **das Unternehmen ist ein Großverbraucher von Stahl** *oder* **von Strom** = the company is a heavy user of steel *oder* a heavy consumer of electricity; **die Fabrik ist bezüglich des Wasserbedarfs ein Großverbraucher** = the factory is a heavy consumer of water

großzügig *adj* generous; **das Personal stiftete einen großzügigen Betrag für das Geschenk des Geschäftsführers anläßlich seines Ausscheidens aus dem Arbeitsleben** = the staff contributed a generous sum for the retirement present for the manager; **großzügige Entlassungsabfindung** = golden handshake *oder (US)* golden parachute

grün *adj* green; **für etwas grünes Licht geben** = to give something the green light *oder* the go-ahead; **der Vorstand weigerte sich, für die Expansionspläne grünes Licht zu geben** = the board refused to give the go-ahead to the expansion plans; **für sein Projekt bekam er grünes Licht von der Regierung** = his project got a government go-ahead; **grüne Versicherungskarte** *oder* **Grüne Karte** = green card; **Industriestandort auf der grünen Wiese** = greenfield site; **Grüner Punkt** = sign indicating recyclable material

> wenn auch der Wirtschaftsausschuß des Bundestages am Mittwoch grünes Licht gibt, könnte der Gesetzesvorschlag noch in dieser Woche die zweite und dritte Lesung im Bundestag passieren
> ***Der Tagesspiegel***
> seine ehrgeizigen Pläne, in Wismar auf der grünen Wiese eine supermoderne Werft zu bauen, scheiterten an den Vorbehalten aus Brüssel
> ***Süddeutsche Zeitung***

Grund *m* **(a)** ground *oder* bottom *oder* basis; **ein Unternehmen von Grund auf aufbauen** = to start a business from cold *oder* from scratch; **im Grunde** = basically **(b)** ground(s) *oder* reason *oder* rationale; **der Personalleiter fragte ihn nach dem Grund für seine Verspätung** = the personnel manager asked him for the reason why he was late; **die Fluggesellschaft gab keinen Grund für die verspätete Ankunft des Flugzeugs an** = the airline gave no reason for the plane's late arrival; **der Vorsitzende wurde nach seinen Gründen für die Schließung der Fabrik befragt** = the chairman was asked for his reasons for closing the factory; **es gibt keine Gründe, wegen der wir angeklagt werden könnten** = there are no grounds on which we can be sued; **hat er gute Gründe für seine Beschwerde?** = does he have good grounds for complaint?; **ich verstehe die Gründe nicht, die hinter der Entscheidung stehen, das Lager zu verkaufen** = I do not understand the rationale behind the decision to sell the warehouse; **der Grund sein für** = to be the reason for *oder* to cause

Grundbesitz *m* property *oder* real estate *oder* realty *oder* hereditament
◇ **Grundbesitzer/-in** *mf* landowner; **unser Grundbesitzer ist eine Versicherungsgesellschaft** = the owner of our office block is an insurance company

Grundbuch *n* land register
◇ **Grundbuchamt** *n* land registry
◇ **Grundbucheintragung** *f* land registration *oder* entry in the land registry

Grunddienstbarkeit *f (jur)* easement

Grundeigentümer/-in *mf* *siehe* GRUNDBESITZER

gründen *vt* to base *oder* to establish *oder* to form *oder* to institute *oder* to set up; **eine Firma gründen** = to set up a company; **eine Gesellschaft gründen** = to float a company; **eine Kapitalgesellschaft gründen** = to incorporate a company; **das Unternehmen wurde 1823 in Würzburg gegründet** = the business was established in Würzburg in

1823; **er gründete ein Geschäft als Autohändler** = he went into business as a car dealer; **sie gründete ein Geschäft mit ihrem Sohn als Teilhaber** = she went into business in partnership with her son

◇ **Gründer/-in** *mf* founder

◇ **Gründeraktien** *fpl* founder's shares

◇ **Grunderwerbssteuer** *f* land transfer tax

Grundfläche *f* floor space

Grundfreibeträge *mpl* personal allowances

Grundgebühr *f* basic charge *oder* standing charge; **ein Anstieg der Grundgebühr um 10%** = a flat-rate increase of 10%

Grundgehalt *n* basic pay *oder* basic salary

Grundkapital *n* (original) capital; **genehmigtes Grundkapital** = authorized capital

> der Konkursantrag wurde erforderlich, nachdem die notleidenden Kredite des Instituts zwei Drittel des gesamten Grundkapitals überschritten hatten
> *Frankfurter Allgemeine Zeitung*

Grundkenntnisse *pl* basic knowledge; **er hat Grundkenntnisse des Markts** *oder* **im Börsengeschäft** = he has a basic knowledge of the market; **um an der Kasse arbeiten zu können, braucht man Grundkenntnisse in Mathematik** = to work at the cash desk, you need a basic knowledge of maths

Grundlage *f* **(a)** base *oder* basis; **auf der Grundlage von** = based on; **auf der Grundlage der Zahlen des letzten Jahres** = based on last year's figures **(b)** *pl* **Grundlagen** = basics; **er erlernte die Grundlagen des Devisenhandels** = he has studied the basics of foreign exchange dealing; **zu den Grundlagen zurückkommen** = to get back to basics

Grundlohn *m* basic pay *oder* basic wage; **der Grundlohn ist DM 770 pro Woche, aber mit Überstunden können Sie mehr verdienen** = the basic wage is DM 770 a week, but you can expect to earn more than that with overtime

Grundmauer *f* foundation (wall); **die Fabrik brannte bis auf die Grundmauern nieder** = the factory was burnt to the ground

Grundnahrungsmittel *n* essential foodstuffs

Grundprodukt *n* basic product

Grundrabatt *m* basic discount; **unser Grundrabatt ist 20%, aber wir gewähren weitere 5% bei umgehender Bezahlung** = our basic discount is 20%, but we offer 5% extra for rapid settlement

Grundrente *f* **(a)** income from property **(b)** basic pension for war victims

Grundriß *m* floor plan

Grundsachverhalt *m* basics

Grundsatz *m* principle *oder* policy; **unser Grundsatz ist es, alle Verträge der Rechtsabteilung vorzulegen** = our policy is to submit all contracts to the legal department

◇ **Grundsatzerklärung** *f* declaration of principle *oder* statement of policy *oder* policy statement; **die Regierung gab eine Grundsatzerklärung ab** = the government made a policy statement

◇ **grundsätzlich** *adj & adv* fundamental(ly) *oder* basic(ally) *oder* in principle; **grundsätzliche Übereinstimmung** = agreement in principle

Grundschuld *f* encumbrance *oder* charge on land

Grundsteuer *f* land tax *oder* property tax

Grundstoffe *mpl* basic *oder* primary commodities *oder* primary products *oder* raw materials

◇ **Grundstoffindustrie** *f* basic *oder* primary industry *oder* primary sector

Grundstück *n* plot *oder* property *oder* hereditament; **bebautes Grundstück** = premises *oder* developed property

◇ **Grundstückspacht** *f* ground lease

◇ **Grundstücksspekulant/-in** *mf* property speculator

Gründung *f* formation *oder* forming; start-up; **die Gründung einer Gesellschaft** *oder* **eines Unternehmens** = the formation *oder* flo(a)tation of a company; **die Gründung des Unternehmens war ein totaler Reinfall** = the flo(a)tation of the company was a complete failure

◇ **Gründungskapital** *n* initial *oder* start-up capital

◇ **Gründungsmitglied** *n* founder member

◇ **Gründungsurkunde** *f* memorandum (and articles) of association

Grundvermögensbewertung *f* assessment of property

Grundzins *m* ground rent

Grundzüge *mpl* outline; **sie arbeiteten die Grundzüge des Plans aus** = they drew up the outline of a plan *oder* an outline plan

Gruppe *f* **(a)** group; **eine Gruppe des Personals hat eine Mitteilung an den Vorsitzenden geschickt und sich über den Lärm im Büro beschwert** = a group of the staff has sent a memo to the chairman complaining about noise in the office **(b)** bracket *oder* category *oder* class; **er gehört in die Gruppe der hochbezahlten Manager** = he falls into the category of the well-paid manager

◇ **Gruppenakkord** *m* group piecework

◇ **Gruppenarbeit** *f* teamwork

◇ **Gruppenbuchung** *f* block booking; **das Unternehmen hat eine Gruppenbuchung für 20 Plätze im Flugzeug** *oder* **für zehn Zimmer im Hotel** = the company has a block booking for twenty seats on the plane *oder* for ten rooms at the hotel

gruppieren *vt* to group *oder* to arrange in groups

Gruß *m* greeting; **Mit freundlichen Grüßen** = Yours sincerely

Guatemala *n* Guatemala
◇ **Guatemalteke/Guatemaltekin** *mf* Guatemalan
◇ **guatemaltekisch** *adj m* Guatemalan
(NOTE: Hauptstadt: **Guatemala** = Guatemala City; Währung: **Quetzal** *m* = quetzal)

Guayaner *siehe* FRANZÖSISCH-GUAYANA

Guinea *n* Guinea
◇ **Guineer/-in** *mf* Guinean
◇ **guineisch** *adj* Guinean
(NOTE: Hauptstadt: **Conakry** ; Währung: **Guinea-Franc** *m* = Guinean franc)

Gulden *m* guilder *(niederländische Währung)*

gültig *adj* valid; **gültig bleiben** = to remain in effect; **für gültig erklären** = to validate *oder* to check if something is correct; **gültig sein** = to rule *oder* to run *oder* to be in force; **gültig werden** = to become operative; **er hatte einen gültigen Paß bei sich** = he was carrying a valid passport; **Ihr Paß ist nicht mehr gültig** = your passport is no longer valid; **Karte, die drei Monate gültig ist** = ticket which is valid for three months
◇ **Gültigkeit** *f* validity
◇ **Gültigkeitsdauer** *f* period of validity
◇ **Gültigkeitserklärung** *f* validation

Gummi 1 *mn (Material)* rubber **2** *m* eraser *oder (GB)* rubber **3** *n* rubber band *oder* elastic band
◇ **Gummiband** *n oder* **Gummiring** *m* rubber band *oder* elastic band
◇ **Gummipolster** *n* rubber pad; **das Gerät ist durch Gummipolster geschützt** = the machine is protected by rubber pads
◇ **Gummistempel** *m* rubber stamp; **er stempelte die Rechnung mit dem Gummistempel ‚Bezahlt'** = he stamped the invoice with the rubber stamp 'Paid'

gummiert *adj* gummed

günstig *adj* convenient *oder* favourable; **günstiges Angebot** = bargain offer; **günstige Bedingungen** = easy terms; **zu günstigen Bedingungen** = on favourable terms; **der Laden wird zu äußerst günstigen Bedingungen vermietet** = the shop is let on very easy terms; **günstige Preise** = keen prices; **unsere Preise sind die günstigsten am Markt** = our prices are the keenest on the market; **sein günstigster Preis ist immer noch höher als der der anderen Lieferanten** = his best price is still higher than all the other suppliers; **wir werden uns umsehen, um vielleicht einen günstigeren Preis zu bekommen** = we will shop around to see if we can get a better price; **die Wohnung wird zu einem günstigen Preis vermietet** = the flat is let at an economic rent; **das Darlehen hat günstige Rückzahlungsbedingungen** = the loan is repayable in easy payments

GUS = GEMEINSCHAFT UNABHÄNGIGER STAATEN

gut 1 *adj* good; **ein guter Kauf** = a good buy; **ein gutes Geschäft machen** = to strike a hard bargain; **etwas in gutem Glauben kaufen** = to buy something in good faith **2** *adv* well; **gut bezahlt** = well-paid; **gut bezahlte Arbeit** = well-paid job

Gut *n* **(a)** property *oder* possessions; *pl* **Güter** = goods; **(un)bewegliche Güter** = (im)movables; **geistige Güter** = intellectual property **(b)** *(Landgut)* estate **(c)** *(Frachtgut)* freight item; *pl* **Güter** = goods being carried *oder* freight

> die Modernisierung der Bahn und das damit verfolgte Ziel, mehr Güter von der Straße auf die Schiene zu holen, können nur mit einer neuen Denkweise erreicht werden
> ***Die Zeit***

Gutachten *n* **(a)** (expert) opinion; **die Anwälte gaben ihr Gutachten ab** = the lawyers gave their opinion **(b)** expert's report *oder* survey
◇ **Gutachter/-in** *mf* **(a)** expert *oder* consultant **(b)** surveyor *oder* assessor

Güte *f* quality
◇ **Güteklasse** *f* class; **in Güteklassen einteilen** = to grade; **Kohle in Güteklassen einteilen** = to grade coal
◇ **Gütesiegel** *n oder* **Gütezeichen** *n* stamp of quality *oder* quality label *oder* hallmark *oder (GB)* kite mark

> die Herkunftsbezeichnung ‚made in germany' kann im internationalen Wettbewerb als Gütesiegel nicht mehr mithalten
> ***Blick durch die Wirtschaft***

Güter *siehe* GUT *n*
◇ **Güterabfertigung** *f* dispatch of goods
◇ **Güterbahnhof** *m* freight depot
◇ **Güterfernverkehr** *m* long-distance haulage
◇ **Güterkraftverkehr** *m* road haulage *oder* trucking
◇ **Güterkraftverkehrsdepot** *n* road haulage depot
◇ **Güternahverkehr** *m* short-distance haulage
◇ **Güterstrom** *m* flow of goods
◇ **Gütertransport** *m* transport of goods
◇ **Gütertransportkosten** *pl* (goods) transport costs *oder* haulage; **Gütertransportkosten nehmen pro Jahr um 5% zu** = haulage is increasing by 5% per annum
◇ **Güterverkehr** *m* freight traffic *oder* goods traffic
◇ **Güterwagen** *m* truck *oder* railway goods wagon *oder (US)* freight car
◇ **Güterzug** *m* freight train *oder* goods train

gutgehend *adj* flourishing *oder* prosperous; **es ist eine gutgehende Firma** = it is a going concern

Guthaben *n* **(a)** asset; **ihr Guthaben beträgt nur DM 1.840, gegenüber Verbindlichkeiten von DM 24.000** = her assets are only DM 1.840 as against liabilities of DM 24,000; **eingefrorene Guthaben** = frozen assets **(b)** credit balance; **auf dem Konto ist ein Guthaben von DM 2.000** = the account has a credit balance of DM 2,000; **das Konto weist ein Guthaben von DM 400 auf** = the account has a credit balance of DM 400

gutheißen *vt* to approve of

gutmachen *vt* to make good *oder* make up; **der Dollar machte sechs Punkte an den Devisenmärkten gut** = the dollar gained six points on the foreign exchange markets

Gutschein *m* coupon *oder* voucher

gutschreiben *vt* to credit; **Zinsen werden monatlich gutgeschrieben** = interest is added monthly; **jdm DM 300 gutschreiben** = to enter DM 300 to someone's credit; **einem Konto DM 300 gutschreiben** = to credit an account with DM 300 *oder* to credit DM 300 to an account

Gutschrift *f* **(a)** credit entry *oder* credit item **(b)** credit note
◇ **Gutschriftanzeige** *f* credit note; **die Firma schickte die falsche Bestellung und mußte dann eine Gutschriftanzeige ausstellen** = the company sent the wrong order and so had to issue a credit note

Gutsverwalter/-in *mf* land agent

Guyana *n* Guyana
◇ **Guyaner/-in** *mf* Guyanese
◇ **guyanisch** *adj* Guyanese
(NOTE: Hauptstadt: **Georgetown** ; Währung: **guyanischer Dollar** = Guyana dollar)

Hh

ha = HEKTAR

Hab und Gut *n* belongings *oder* possessions *oder* worldly goods
◇ **Habe** *f* belongings *oder* possessions

Haben *n* credit; **Soll und Haben** = debit and credit
◇ **Habenbuchung** *f* credit entry
◇ **Habensaldo** *m* credit balance; **Konto mit Habensaldo** = account in credit
◇ **Habenseite** *f* credit side; **die Habenseite des Kontos** = the plus side of the account
◇ **Habenspalte** *f* credit column
◇ **Habenzinsen** *pl* interest on credit

Hafen *m* harbour *oder* port; **der Hafen von Rotterdam** = the port of Rotterdam; **einen Hafen anlaufen** = to call at a port
◇ **Hafenanlagen** *pl* (the) docks *oder* harbour installations *oder* port installations *oder* harbour facilities
◇ **Hafenarbeiter** *m* docker *oder* dock worker
◇ **Hafenbehörde** *f* port authority
◇ **Hafengebühr** *f* dock dues *oder* port dues *oder* harbour dues
◇ **Hafenmeister** *m* harbour master

haftbar *adj* liable *oder* responsible; **haftbar sein für** = to be liable for
◇ **haften** *vi* **haften für etwas** = to be liable for something; **der Kunde haftet für Bruchschäden** = the customer is liable for breakages; **der Vorsitzende haftete persönlich für die Schulden des Unternehmens** = the chairman was personally liable for the company's debts; **für jdn haften** = to go guarantee for someone

Haftpflicht *f* legal liability
◇ **Haftpflichtversicherung** *f* third party insurance *oder* third party policy

Haftung *f* liability; **beschränkte Haftung** = limited liability; **Gesellschaft mit beschränkter Haftung (GmbH)** = limited liability company (Ltd) *oder* private limited company; **gesamtschuldnerische Haftung** = joint and several liability; **unbeschränkte Haftung** = unlimited liability; **für etwas Haftung übernehmen** = to accept liability for something; **die Haftung für etwas ablehnen** = to refuse liability for something; **das Management übernimmt keine Haftung für den Verlust von gelagerten Waren** = the management accepts no responsibility for loss of goods in storage; **das Unternehmen übernimmt keine Haftung für den Verlust von Kundeneigentum** = there is no responsibility on the company's part for loss of customers' property
◇ **Haftungsablehnungserklärung** *f* disclaimer
◇ **Haftungsbeschränkung** *f* limitation of liability
◇ **Haftungsbeschränkungsbestimmung** *f* limitation of liability clause; **eine Haftungsbeschränkungsbestimmung in einem Vertrag** = a limiting clause in a contract
◇ **Haftungsfreistellung** *f* exemption from liability
◇ **Haftungsübernahme** *f* assumption of liability

Haiti *n* Haiti
◇ **Haiti(an)er/-in** *mf* Haitian
◇ **hait(ian)isch** *adj* Haitian
(NOTE: Hauptstadt: **Port-au-Prince** ; Währung: **Gourde** *f* = gourde)

Haken *m* tick *oder (US)* check; **machen Sie einen Haken in dem mit ‚R' bezeichnetem Feld** = put a tick in the box marked 'R'

halb *adj* half; **ein halbes Dutzend** = half a dozen *oder* a half-dozen; **ein halbes Prozent (0,5%)** = half a per cent *oder* a half per cent (0.5%); **halber Dollar** = *(US)* half-dollar; **Verkauf zum halben Preis** = half-price sale; **Waren zum halben Preis verkaufen** = to sell goods off at half price

halbamtlich *adj* semi-official; **eine halbamtliche Körperschaft** = a quasi-official body

halbe-halbe *adv* **halbe-halbe machen** = to go fifty-fifty

Halberzeugnis *n* semi-finished product

Halbfabrikat *n* **(a)** semi-finished product **(b)** work in hand *oder* work in progress

Halbjahr *n* half-year; **erstes Halbjahr** *oder* **zweites Halbjahr** = first half-year *oder* second half-year; **die Ergebnisse des ersten Halbjahres bekanntgeben** = to announce the first half-year's results; **wir hoffen auf Verbesserungen im zweiten Halbjahr** = we look forward to improvements in the second half-year
◇ **Halbjahresbericht** *m* half-yearly statement; interim report
◇ **Halbjahresergebnis** *n* half year's results; **die Halbjahresergebnisse bis zum 30. Juni bekanntgeben** = to announce the results for the half-year to June 30th
◇ **Halbjahresversammlung** *f* half-yearly meeting
◇ **Halbjahreszahlung** *f* half-yearly payment
◇ **halbjährlich 1** *adj* half-yearly *oder* bi-annual; **halbjährliche Abrechnung** = half-yearly accounts; **halbjährliche Zahlung** = half-yearly payment **2** *adv* half-yearly *oder* bi-annually; **wir zahlen die**

Abrechnung halbjährlich = we pay the account half-yearly *oder* on a half-yearly basis

halbtags *adv* half-day *oder* (for) half a day; **sie arbeitet halbtags** = she works part-time

◇ **Halbtagsbeschäftigung** *f* half-day job *oder* part-time employment

Halde *f* **(a)** slagheap **(b)** stockpile; **auf Halde legen** = to stockpile

Hälfte *f* half; **die erste Hälfte des Vertrags ist akzeptabel** = the first half of the agreement is acceptable

haltbar *adj* **(a)** *(Material)* durable *oder* hard-wearing *oder* long-lasting **(b)** *(Lebensmittel)* non-perishable; **haltbar bis 20.5.** = best before *oder* use by 20 May

◇ **Haltbarkeit** *f* **Haltbarkeit eines Produktes** = shelf life of a product

◇ **Haltbarkeitsdatum** *n* sell-by date

halten *vt* **(a)** *(aufrechterhalten)* to keep *oder* to maintain *oder* to peg; **der Absatz hielt sich während der Touristensaison** = sales held up during the tourist season; **der Ölpreis hielt das Pfund auf einem hohen Stand** = the price of oil has kept the pound at a high level; **die Ausgaben möglichst niedrig** *oder* **gering halten** = to keep spending to a minimum; **die Regierung regt Firmen an, die Preise niedrig zu halten** = the government is encouraging firms to keep prices low; **mit der Nachfrage Schritt halten** = to keep up with the demand; **wir müssen unsere Adressenliste auf dem laufenden halten** = we must keep our mailing list up to date; **das Unternehmen hat trotz der Rezession das gleiche Umsatzvolumen halten können** = the company has maintained the same sales volume in spite of the recession; **einen Zinssatz bei 5% halten** = to maintain an interest rate at 5%; **hoch halten** = to keep up; **wir müssen den Umsatz trotz der Rezession gleich hoch halten** = we must keep up the turnover in spite of the recession; **niedrig halten** = to hold down; **der mangelnde Bedarf an Schreibmaschinen hat die Preise niedrig gehalten** = lack of demand for typewriters has kept prices down; **wir senken die Gewinnspanne, um unsere Preise niedrig zu halten** = we are cutting margins to hold our prices down **(b) ein Versprechen halten** = to keep a promise **(c) auf Lager halten** = to keep in stock **(d)** *(besitzen)* to hold; **er hält 10% der Unternehmensaktien** = he holds 10% of the company's shares; **du solltest diese Aktien (be)halten - sie steigen wahrscheinlich** = you should hold these shares - they look likely to rise **(e) halten für** = to judge; **er hielt es für an der Zeit, die Diskussion zu beenden** = he judged it was time to call an end to the discussions **(f) sich in einer Stellung halten** = to hold down a job

◇ **Halter** *m* **(a)** *(Inhaber)* holder *oder* user **(b)** *(Halterung)* holder

Hammer *m* hammer; **unter den Hammer kommen** = to go under the hammer; **der ganze Warenbestand kam unter den Hammer** = all the stock went under the hammer

hamstern *vt* to hoard

◇ **Hamsterer** *m* hoarder

◇ **Hamsterkauf** *m* hoarding (of supplies) *oder* panic buying

Hand *f* **(a)** hand; **ich lasse Ihnen freie Hand** = I leave it to your discretion; **in andere Hände übergehen** = to change hands; **sich die Hand geben** = to shake hands; **Kreditbedarf der öffentlichen Hand** = public sector borrowing requirement **(b) von Hand** = by hand *oder* manually; **von Hand bedient** = hand-operated; **von Hand geschrieben** = handwritten; **eine von Hand bediente Maschine** = a hand-operated machine; **die Rechnungen mußten von Hand geschrieben werden, weil der Computer ausfiel** = invoices have had to be made manually because the computer has broken down **(c) zur Hand** = to hand; **ich habe die Rechnung zur Hand** = I have the invoice to hand **(d) zu Händen** *oder* **z.Hd.** = for the attention of *oder* fao; **zu Händen des geschäftsführenden Direktors** = for the attention of the Managing Director

◇ **Handabstimmung** *f* show of hands; **der Antrag wurde durch Handabstimmung angenommen** = the motion was carried on a show of hands

◇ **Handarbeit** *f* work done by hand; **diese Schuhe sind Handarbeit** = these shoes are made by hand

◇ **handbetrieben** *adj* hand-operated; **eine handbetriebene Maschine** = a hand-operated machine

◇ **Handbuch** *n* manual *oder* handbook

Handel *m* **(a)** commerce *oder* trade *oder* trading; **Handel treiben** = to deal *oder* to trade; **Handel treiben mit** = to trade in; **Handel mit einem anderen Land treiben** = to trade with another country; **Handel mit Drogen** = traffic in drugs; **freier Handel** = free trade; **sichtbarer Handel** *oder* **unsichtbarer Handel** = visible trade *oder* invisible trade **(b)** deal *oder* transaction; **einen Handel abschließen** = to conclude a deal *oder* to strike a bargain

◇ **handelbar** *adj* negotiable; **handelbare Option** = traded option

◇ **handeln** *vi* **(a)** *(agieren)* to act; **der Vorstand muß schnell handeln, wenn die Unternehmensverluste gemindert werden sollen** = the board will have to act quickly if the company's losses are to be reduced; **in jds Auftrag handeln** = to act on someone's behalf **(b)** *(Handel treiben)* to deal *oder* to trade; **handeln mit** = to handle *oder* to trade in; **mit Leder handeln** = to deal in leather; **sie wollen nicht mit von anderen Firmen produzierten Waren handeln** = they will not handle goods produced by other firms; **wir handeln nicht mit ausländischen Wagen** = we do not handle foreign cars; **das Unternehmen handelt mit Einfuhrwaren** = the company trades in imported goods; **er handelt mit französischem Wein** = he trades in French wine **(c) er handelt an der Börse** = he deals on the Stock Exchange **(d)** *(feilschen)* to bargain *oder* to haggle; **Sie müssen mit dem Händler handeln, wenn Sie Rabatt haben wollen** = you will have to bargain with the dealer if you want a discount

◇ **Handelsabkommen** *n* trade agreement; **ein internationales Handelsabkommen** = an international agreement on trade

◇ **Handelsattaché** *m* commercial attaché

◇ **Handelsaufschwung** *m* advance in trade

◊ **Handelsauskünfte** *fpl* trade references; **ein Unternehmen um Handelsauskünfte bitten** = to ask a company to supply trade references

◊ **Handelsbedingungen** *fpl* trading conditions *oder* terms; **ungünstige** *oder* **widrige Handelsbedingungen** = adverse trading conditions

◊ **Handelsbeschränkungen** *fpl* trade restrictions *oder* trade barriers; **bestimmten Waren Handelsbeschränkungen auferlegen** = to impose trade barriers on certain goods; **die Gewerkschaften forderten die Regierung auf, ausländische Wagen mit Handelsbeschränkungen zu belegen** = the unions have asked the government to impose trade barriers on foreign cars; **die Regierung hat die Handelsbeschränkungen für ausländische Wagen aufgehoben** = the government has lifted trade barriers on foreign cars; **Handelsbeschränkungen für Importe aufheben** = to lift trade barriers from imports

> auf keinen Fall dürfe Deutschland auf diese neue Herausforderung mit Protektionismus und Handelsbeschränkungen reagieren
> ***Süddeutsche Zeitung***

◊ **Handelsbeschreibung** *f* trade description

◊ **Handelsbetrieb** *m* trading concern *oder* trading organization

◊ **Handelsbeziehungen** *pl* trading relations

◊ **Handelsbilanz** *f* balance of trade *oder* trade balance; **aktive Handelsbilanz** = favourable balance of trade; **passive Handelsbilanz** = adverse *oder* unfavourable balance of trade; **das Land hat nun schon zwei Monate hintereinander eine passive Handelsbilanz** = the country has had an adverse balance of trade for the second month running

◊ **Handelsblatt** *n* trade paper

◊ **Handelsbrauch** *m* (the) customs of the trade

◊ **Handelsbüro** *n* trade bureau

◊ **Handelsdefizit** *n* trade deficit

◊ **Handelsdelegation** *f* trade delegation *oder* trade mission; **eine chinesische Handelsdelegation** = a Chinese trade delegation; **er führte eine Handelsdelegation nach China an** = he led a trade mission to China

◊ **Handelsembargo** *n* trade embargo; **ein Handelsembargo über ein Land verhängen** = to lay *oder* put an embargo on trade with a country

◊ **Handelsfirma** *f* commercial company *oder* firm

◊ **Handelsgericht** *n* commercial court

◊ **Handelsgeschäft** *n* **(a)** trading firm *oder* business **(b)** commercial transaction

◊ **Handelsgesellschaft** *f* trading company

◊ **Handelsgesetzbuch (HGB)** *n* code of commercial law

◊ **Handelsgewerbe** *n* commerce *oder* trade

◊ **Handelsgewinn** *m* trading profit *oder* turn

◊ **Handelshafen** *m* commercial port

◊ **Handelshaus** *n (veraltend)* business *oder* house *oder* firm

◊ **Handelskammer** *f* Chamber of Commerce

◊ **Handelskette** *f* **(a)** chain of shops **(b)** path of a product from producer to consumer

◊ **Handelskrieg** *m* trade war

◊ **Handelsmarine** *f* merchant navy *oder* merchant marine *oder* mercantile marine

◊ **Handelsmarke** *f* trademark *oder* trade name

◊ **Handelsmesse** *f* trade fair; **eine Handelsmesse organisieren** *oder* **leiten** = to organize *oder* to run a trade fair; **in Hannover liefen zwei Handelsmessen gleichzeitig** = there were two trade fairs running in Hannover at the same time

◊ **Handelsname** *m* trade name

◊ **Handelsnation** *f* trading nation *oder* mercantile country

◊ **Handelsorganisation** *f* trading organization

◊ **Handelspartner** *m* trading partner

◊ **Handelspraktiken** *fpl* trade practices

◊ **Handelsrecht** *n* commercial law *oder* mercantile law

◊ **handelsrechtlich** *adj* referring to commercial law

◊ **Handelsregister** *n* companies' register *oder* register of companies

◊ **Handelsschiff** *n* merchant ship *oder* merchant vessel *oder* merchantman

◊ **Handelsschranken** *fpl* trade barriers; **Handelsschranken verhängen** = to impose trade barriers on

◊ **Handelsschule** *f* commercial college

◊ **Handelsspanne** *f* gross profit margin

◊ **Handelssperre** *f* embargo

◊ **Handelsstatistik** *f* trade statistics; **die staatlichen Handelsstatistiken zeigen einen Importzuwachs** = government trade statistics show an increase in imports

◊ **Handelsstruktur** *f* pattern of trade *oder* trading pattern; **die Handelsstruktur des Unternehmens weist im ersten Quartal einen hohen Auslands- und im dritten Quartal einen hohen Inlandsabsatz auf** = the company's trading pattern shows high export sales in the first quarter and high home sales in the third quarter

◊ **Handelsüberschuß** *m* trade surplus

◊ **handelsüblich** *adj* standard *oder* usual (in the trade)

◊ **Handelsunternehmen** *n* commercial enterprise

◊ **Handelsverband** *m* trade association

◊ **Handelsverbot** *n* trade embargo

◊ **Handelsverkehr** *m* commerce *oder* trade; **konjunktureller Handelsverkehr** = cyclical movements of trade

◊ **Handelsvertrag** *m* trade agreement *oder* commercial treaty

◊ **Handelsvertreter/-in** *mf* salesman *oder* sales rep(resentative) *oder* commercial traveller; **sie haben freie Stellen für Handelsvertreter, die für die Kundenbetreuung im Norden des Landes zuständig sind** = they have vacancies for representatives to call on accounts in the north of the country; **wir haben sechs Handelsvertreter, die Kunden in der Londoner Innenstadt besuchen** = we have six salesmen calling on accounts in central London; **unsere Handelsvertreter machen am Tag durchschnittlich sechs Kundenbesuche** = our reps make on average six calls a day; **er arbeitet als Handelsvertreter auf Provision für zwei Firmen** = he reps for two firms on commission

◊ **Handelsvertretersitzung** *f* **eine Handelsvertretersitzung abhalten** = to hold a reps' meeting

◊ **Handelsvertreterstab** *m* sales force

◊ **Handelsvolumen** *n* volume of trade *oder* volume of business

◊ **Handelsware** *f* commodity *oder* merchandise

◊ **Handelswert** *m* commercial value *oder* market value; **‚Warenprobe - ohne Handelswert‘** = ‘sample only - of no commercial value’

◊ **handeltreibend** *adj* mercantile *oder* trading

handgearbeitet *oder* **handgemacht** *adj* handmade

Handgeld *n* earnest

Handgepäck *n* hand luggage *oder* cabin luggage

handgeschöpft *adj (Papier)* handmade; **er schreibt alle seine Briefe auf handgeschöpftem Papier** = he writes all his letters on handmade paper

handgeschrieben *adj* handwritten; **einen handgeschriebenen Bewerbungsbrief schicken** = to send a letter of application in your own handwriting; **es ist professioneller, einen getippten statt einen handgeschriebenen Bewerbungsbrief zu schicken** = it is more professional to send in a typed rather than a handwritten letter of application

handhaben *vt* to handle; **die Buchhaltung handhabt das gesamte Bargeld** = the accounts department handles all the cash

◊ **Handhabung** *f* handling

Handheben *n* raising of hands; **Abstimmung durch Handheben** = show of hands

Händler/-in *mf* dealer *oder* trader *oder* merchant *oder* broker

◊ **Händlernetz** *n* network of dealers *oder* dealer network

◊ **Händlerrabatt** *m* trade discount *oder* trade terms

◊ **Händlerspanne** *f* jobber’s turn

handlich *adj* handy; **sie werden in handlichen Packungen verkauft** = they are sold in handy-sized packs

Handlung *f* action

◊ **Handlungsbevollmächtige(r)** *mf* authorized agent

◊ **handlungsfähig** *adj (jur)* able to act *oder* with authority to act

◊ **Handlungsfähigkeit** *f (jur)* ability *oder* capacity to act

◊ **Handlungsspielraum** *m* scope (of action)

◊ **Handlungsvollmacht** *f* power of attorney

Handschlag *m* handshake; **ein Geschäft mit Handschlag besiegeln** = to shake hands on a deal

◊ **Handschrift** *f* handwriting

Handwerk *n* trade *oder* business

◊ **Handwerker** *m* repairer *oder* repair man *oder* skilled workman *oder* craftsman *oder (US)* tradesman

Handy *n* hand portable (mobile phone)

> der dramatische Preisverfall macht die Handys zum Verbrauchsartikel mit Sofortabschreibung
> ***Impulse***

Handzettel *m* handbill *oder* flier *oder* flyer

hängen *vt* to hang; **er hängte seinen Schirm über die Stuhllehne** = he hung his umbrella over the back of his chair; **hängen Sie Ihren Mantel auf den Haken hinter der Tür** = hang your coat on the hook behind the door

Hardware *f (Computer)* hardware

◊ **Hardware-Wartungsvertrag** *m* hardware maintenance contract

harmonisieren *vt* to harmonize; **die MwSt. harmonisieren** = to harmonize VAT rates

◊ **Harmonisierung** *f* harmonization; **Harmonisierung der MwSt.** = harmonization of VAT rates

hart 1 *adj* hard *oder* severe *oder* stiff; **die Regierung verhängte harte finanzielle Restriktionen** = the government imposed severe financial restrictions; **nach Wochen harten Verhandelns** = after weeks of hard bargaining; **hart verhandeln** *oder* **harte Bedingungen stellen** = to drive a hard bargain; **harte Konkurrenz** = keen competition; **in Verhandlungen mit der Gewerkschaft hart sein** *oder* **eine harte Linie verfolgen** = to take a hard line in trade union negotiations; **harte Währung** = hard currency; **Exporte, die Rußland harte Währung einbringen** = exports which earn hard currency for Russia; **für diese Waren muß in harter Währung bezahlt werden** = these goods must be paid for in hard currency **2** *adv* hard *oder* severely; **hart verhandeln** = to bargain hard *oder* to drive a hard bargain; **wenn die gesamte Belegschaft hart arbeitet, müßte der Auftrag rechtzeitig fertig werden** = if all the workforce works hard, the order should be completed on time

Hartgeld *n* specie

◊ **Hartgeldwährung** *f* coinage

Hartpapier *n* manilla

Hartwährung *f* hard currency

◊ **Hartwährungsland** *n* hard currency country

> interessanter, als der sehr häufig praktizierte Umtausch von Rubeln in Hartwährung, ist der Ankauf von Hartwährungszertifikaten und nach deren Tilgung die ausgeschütteten Dollars wieder gegen Rubel zu tauschen
> ***Russischer Kurier***

Hast *f* rush

Haufen *m* mountain *oder* stack; **es gibt einen Haufen Antworten auf unsere Anzeige** = there is a stack of replies to our advertisement

häufig 1 *adj* common *oder* frequent; **das Durchschlagpapier falsch herum einzulegen, ist ein Fehler, der häufig gemacht wird** = putting the carbon paper in the wrong way round is a common mistake; **es gibt häufige Fährverbindungen nach Schweden** = there is a frequent ferry service to Sweden **2** *adv* frequently; **daß man vom Zoll erwischt wird, passiert heutzutage sehr häufig** = being caught by the customs is very common these days; **wir schicken sehr häufig Faxe nach New York** = we frequently send faxes *oder* we send frequent faxes to New York

Haupt- *pref* basic *oder* chief *oder* head *oder* main *oder* major *oder* prime *oder* principal

◊ **Hauptaktionär** *m* major shareholder; **die Hauptaktionäre forderten die Einberufung einer Versammlung** = the principal shareholders asked for a meeting; **Hauptaktionäre des Unternehmens erzwangen eine Änderung der Führungspolitik** = leading shareholders in the company forced a change in management policy

◊ **Hauptanbieter** *m* main supplier

◊ **Hauptbahnhof** *m* main *oder* central station; **der Zug fährt um 14.15 Uhr vom Hauptbahnhof ab** = the train leaves the central station at 14.15

◊ **Hauptbelastungszeit** *f* peak period; **außerhalb der Hauptbelastungszeit** = during the off-peak period

◊ **Hauptberuf** *m* main occupation *oder* regular job

◊ **hauptberuflich** *adj* full-time; **er ist einer unserer hauptberuflichen Mitarbeiter** = he is one of our full-time staff; **hauptberuflich ist sie Grafikerin (, aber sie hat viele Nebenbeschäftigungen)** = she is mainly employed as a graphic artist (but has many other sidelines)

◊ **Hauptbuch** *n* (nominal) ledger

◊ **Hauptbuchhalter/-in** *mf* head bookkeeper *oder* chief accountant; **er ist der Hauptbuchhalter eines Industriekonzerns** = he is the chief accountant of an industrial group

◊ **Hauptbüro** *n* main office *oder* general office

◊ **Haupteingang** *m* main entrance; **das Taxi wird Sie am Haupteingang absetzen** = the taxi will drop you at the main entrance

◊ **Haupteinnahmequelle** *f* main *oder* principal source of income

◊ **Haupterzeugnis** *n* *(eines Landes)* staple commodity

◊ **Hauptflughafen** *m* main airport; **O'Hare (Airport) ist der Hauptflughafen für Chicago** = O'Hare Airport is the main airport for Chicago

◊ **Hauptgebäude** *n* main building

◊ **Hauptgeschäftsstelle** *f* head office *oder* main office *oder* headquarters *(siehe auch* ZENTRALE)

◊ **Hauptgeschäftsstraße** *f* High Street *oder (US)* Main Street

◊ **Haupthandelsware** *f* *(eines Landes)* staple commodity *oder* staple product

◊ **Hauptindustriezweig** *m* staple industry

◊ **Hauptkonkurrent** *m* main competitor; **zwei amerikanische Firmen sind unsere Hauptkonkurrenten** = two American firms are our main competitors

◊ **Hauptkostenstelle** *f* main cost centre

◊ **Hauptkunde** *m* main customer

◊ **Hauptlieferant** *m* principal supplier

◊ **Hauptmietvertrag** *oder* **Hauptpachtvertrag** *m* headlease

◊ **Hauptpost** *f* main post office

◊ **Hauptprodukte** *npl* primary products; **die Hauptprodukte des Landes sind Papier und Holz** = the country's principal products are paper and wood

◊ **Hauptpunkte** *mpl* main points; **Hauptpunkte eines Vertrags** = heads of agreement

◊ **hauptsächlich 1** *adj* basic *oder* essential *oder* principle **2** *adv* mainly *oder* mostly *oder* primarily; **sie machen ihren Umsatz hauptsächlich auf dem Inlandsmarkt** = their sales are mainly in the home market; **wir sind hauptsächlich daran interessiert, Kindergeschenkartikel zu kaufen** = we are interested mainly in buying children's gift items; **das Personal besteht hauptsächlich aus Frauen zwischen zwanzig und dreißig Jahren** = the staff are mostly girls of twenty to thirty years of age; **es geht hauptsächlich um die Kosten** = the main question is that of cost

◊ **Hauptsaison** *f* high season

◊ **Hauptsendezeit** *f* prime time; **wir bringen eine Serie von Werbespots für die Hauptsendezeit heraus** = we are putting out a series of prime-time commercials

◊ **Hauptsitz** *m* headquarters

◊ **Hauptspeicher** *m (Computer)* main memory

◊ **Hauptstadt** *f* capital city

◊ **Hauptstraße** *f* main road

◊ **Hauptverkehrszeit** *f* rush hour *oder* peak period; **außerhalb der Hauptverkehrszeit** = during the off-peak period

◊ **Hauptversammlung** *f* general meeting; **ordentliche Hauptversammlung** = general meeting *oder* meeting of shareholders *oder* shareholders' meeting; **außerordentliche Hauptversammlung** = extraordinary general meeting

◊ **Hauptverwaltung** *f* head office

Haus *n* home *oder* house; **sie liefern frei Haus** = they deliver free; **nach Hause** = home(wards)

◊ **Hausbank** *f* bank which a customer uses regularly for business purposes

◊ **Hausbesitzer/in** *mf* homeowner *oder* householder

◊ **Häusermakler/-in** *mf* house agent

◊ **hausgemacht** *adj* homemade; **hausgemachte Marmelade** = homemade jam

Haushalt *m* **(a)** household **(b)** housekeeping **(c)** budget; **den Haushalt ausgleichen** = to balance the budget

◊ **haushalten** *vt* to economize on *oder* to save *oder* to use sparingly *oder* to be economical with

◊ **Haushaltsbedarf** *m* budgetary requirements

◊ **Haushaltsdebatte** *f* budget debate

◊ **Haushaltsdefizit** *n* budget deficit

> die Einnahmen würden dem Präsidenten helfen, das unerwartet hohe Haushaltsdefizit zu decken
> *Wirtschaftswoche*

◊ **Haushaltskonto** *n* budget account

◊ **Haushaltskontrolle** *f* budgetary control

◊ **Haushaltsplan** *m* budget; **der Minister legte einen Haushaltsplan vor, der die Wirtschaft ankurbeln soll** = the minister put forward a budget aimed at boosting the economy; **Aufstellung eines Haushaltsplans** = budgeting

◊ **Haushaltspolitik** *f* budgetary policy

◊ **Haushaltswaren** *fpl* household goods *oder* hardware

◇ **Haushaltungskosten** *pl* household expenses

hausieren *vi* **mit etwas hausieren (gehen)** = to hawk *oder* to peddle something round
◇ **Hausierer/-in** *mf* door-to-door *oder* house-to-house salesman *oder* hawker *oder* pedlar

Hausmarke *f* own brand

Hausnachrichten *pl* house journal *oder* house magazine *oder* *(US)* house organ

Hausse *f* boom *oder* *(Börse)* bull market
◇ **Haussemarkt** *m* *(Börse)* bull market
◇ **Haussier** *m* *(Börse)* bull *(cf* BAISSE)

> die Aktienbörse der Kronkolonie stehe vor einer nicht zu bremsenden Hausse, die noch noch nicht einmal richtig begonnen habe
> ***Blick durch die Wirtschaft***
> am deutschen Anleihemarkt ist die jüngste Korrektur nach der vorausgegangenen Hausse von fünf Monaten nicht überraschend gekommen
> ***Blick durch die Wirtschaft***

Haustelefon *n* house telephone *oder* internal telephone

Haustür *f* front door; **Wahlstimmenwerbung** *oder* **Kundenwerbung** *oder* **Direktverkauf an der Haustür** = door-to-door canvassing
◇ **Haustürverkauf** *m* door-to-door selling

Hauswohner/-in *mf* householder

Havarie *f* **(a)** *(Schiff, Flugzeug)* accident *oder* collision *oder* crash **(b)** *(Schaden)* average; **besondere Havarie** = particular average; **große Havarie** = general average
◇ **Havarie-Dispacheur** *m* average adjuster

Headhunter *m* headhunter

> Vorsicht - nicht jeder Headhunter arbeitet seriös
> ***Capital***

Hedgegeschäft *oder* **Hedging** *n* hedging

> sehr rasch kann die Marktliquidität versiegen, und durch Hedging können Kursausschläge verstärkt werden
> ***Neue Zürcher Zeitung***

heften *vt* to pin *oder* to pin up; **heften Sie den Scheck an das Antragsformular** = pin your cheque to the application form; **sie heftete die Papiere zusammen** = she pinned the papers together; **sie hefteten die Poster an die Rückseite des Messestandes** = they pinned the posters up at the back of the exhibition stand
◇ **Hefter** *m* **(a)** *(Ordner)* binder *oder* file **(b)** *(Büromaschine)* stapler
◇ **Heftklammer** *f* staple; **er benutzte eine Schere, um die Heftklammern aus dem Dokument zu entfernen** = he used a pair of scissors to take the staples out of the documents
◇ **Heftzwecke** *f* drawing pin

heim *adv* home(wards)
◇ **Heimarbeit** *f* outwork
◇ **Heimarbeiter/-in** *mf* outworker *oder* homeworker

Heimathafen *m* home port *oder* port of registry
◇ **Heimatland** *n* homeland *oder* home country *oder* native country *oder* domicile

> die internationalen Tabakkonzerne kommen in Osteuropa auf Marktanteile, von denen sie in ihren Heimatländern nur träumen
> ***Die Woche***

heimisch *adj* home *oder* domestic; **heimischer Markt** = home market *oder* domestic market; **sich heimisch fühlen** = to feel at home

heimlich *adv* secretly *oder* on the quiet; **er transferierte sein Geld heimlich in die Schweiz** = he transferred his money to Switzerland on the quiet

Heimwerkermagazin *n* do-it-yourself magazine *oder* DIY magazine
◇ **Heimwerkermarkt** *m* do-it-yourself store *oder* DIY store

heiß *adj* **(a)** hot; **schalten Sie die Maschine ab, wenn sie zu heiß wird** = switch off the machine if it gets too hot; **das Personal beschwert sich, daß das Büro im Sommer zu heiß und im Winter zu kalt sei** = the staff complain that the office is too hot in the summer and too cold in the winter **(b)** *(fig)* **heißes Geld** = hot money; **jdm die Hölle heiß machen** = to make things hot for someone; **Zollbeamte machen Drogenschmugglern die Hölle heiß** = customs officials are making things hot for the drug smugglers

Hektar *m* hectare; **fünfzig Hektar** *oder* **50 ha Ackerboden** = 50 hectares *oder* 50 ha of arable land

hektisch *adj* hectic; **nach dem hektischen Geschäft in der letzten Woche ist diese Woche sehr ruhig** = after last week's hectic trading, this week has been very calm; **ein hektischer Tag an der Börse** = a hectic day on the stock exchange

helfen *vi* to help *oder* to assist; **der Computer hilft bei der schnellen Bearbeitung von Aufträgen** = the computer helps in the rapid processing of orders *oder* helps to process orders rapidly; **er half dem Handelsvertreter beim Tragen seines Musterkoffers** = he helped the salesman carry his case of samples; **er hilft mir bei meiner Einkommenssteuererklärung** = he assists me with my income tax returns

Heliport *m* heliport

hemmen *vt* to check
◇ **Hemmnis** *n* bar *oder* check; **die Gesetzgebung der Regierung ist ein Hemmnis für den Außenhandel** = government legislation is a bar to foreign trade

herabsetzen *vt* **(a)** to reduce *oder* to mark down; **einen Preis herabsetzen** = to reduce a price; **herabgesetzte Preise erhöhten die verkauften Stückzahlen** = reduced prices have increased unit sales; **herabgesetzte Waren** = cut-price goods; **stark herabsetzen** = to slash; **die Preise stark herabsetzen** = to slash prices **(b)** to disparage *oder* to belittle; **herabsetzender Werbetext** = knocking copy

◊ **Herabsetzung** *f* reduction

herabstufen *vt* to downgrade

Herangehen(sweise) *n(f)* approach

herantreten an *vi* to approach; **das Unternehmen trat mit einem Angebot an die Supermarktkette heran** = the company made an approach to the supermarket chain; **ein amerikanischer Verleger trat mit einem Fusionsvorschlag an das Unternehmen heran** = the company was approached by an American publisher with the suggestion of a merger; **man trat mehrmals an uns heran, aber wir haben alle Angebote abgelehnt** = we have been approached several times but have turned down all offers

heraufsetzen *vt* to mark up *oder* to put up *oder* to raise; **diese Preise sind um 10% heraufgesetzt worden** = these prices have been marked up by 10%

herausbringen *vt* to bring out *oder* to get out *oder* to launch *oder* to release; **sie bringen zur Automobilausstellung ein neues Modell des Wagens heraus** = they are bringing out *oder* launching a new model of the car for the Motor Show; **eine neue CD herausbringen** = to release a new CD

herausfinden *vt* to discover; **wir fanden heraus, daß unser Handelsvertreter die Produkte unseres Konkurrenten zum gleichen Preis verkaufte wie unsere eigenen** = we discovered that our agent was selling our rival's products at the same price as ours

herausgeben 1 *vt* to issue *oder* to publish; **die Regierung gab einen Bericht zum Verkehr in Stuttgart aus** = the government issued a report on Stuttgart's traffic **2** *vi* to give change; **er hat mir falsch herausgegeben** = he gave me the wrong change

◊ **Herausgeber/-in** *mf* **(a)** editor **(b)** publisher

herausschneiden *vt* to cut out *oder* to excise

hereinbekommen *vt* to recover; **seine Verluste wieder hereinbekommen** = to recoup one's losses

hereinholen *vt* to get in; **wieder hereinholen** = to make up for *oder* to recover; **seine Verluste wieder hereinholen** = to recoup one's losses

hereinkommen *vt* to enter; **die ursprüngliche Investition kam nie wieder herein** = the initial investment was never recovered

Herkunft *f* origin; **Ersatzteile europäischer Herkunft** = spare parts of European origin

◊ **Herkunftsbescheinigung** *f* certificate of origin

◊ **Herkunftsland** *n* country of origin

Herr *m* **(a)** *(Name oder Titel)* Mr; **Herr Müller ist der geschäftsführende Direktor** = Mr Müller is the Managing Director; *mpl* **Herren** = Messrs; **die Herren Müller und Schmidt** = Messrs Müller and Schmidt **(b)** *(Mann)* gentleman; **‚meine Herren‘** = 'gentlemen'; **Sehr geehrter Herr** = Dear Sir; **Sehr geehrte Damen und Herren** = Dear Sirs; **‚Sehr verehrte Damen und Herren‘** = 'ladies and gentlemen'; **‚Guten Morgen, meine Herren; wenn alle anwesend sind, kann die Besprechung beginnen‘** = 'good morning, gentlemen; if everyone is here, the meeting can start'; **‚nun meine Herren, wir haben alle den Bericht unserer australischen Geschäftsstelle gelesen‘** = 'well, gentlemen, we have all read the report from our Australian office' **(c)** *(Gebieter)* master *oder* lord; **die Regierung versucht, der Inflation Herr zu werden** = the government is fighting to control inflation

herstellen *vt* to make *oder* to produce *oder* to turn out; **Automobile** *oder* **Motoren** *oder* **Bücher herstellen** = to produce cars *oder* engines *oder* books; **in Massenproduktion** *oder* **serienweise herstellen** = to mass produce; **maschinell herstellen** = to manufacture; **hergestellt in Japan** = made in Japan *oder* Japanese made

◊ **Hersteller** *m* producer *oder* manufacturer *oder* maker; **ausländische Hersteller** = foreign manufacturers

◊ **Herstellerfirma** *f* manufacturer *oder* manufacturing firm

◊ **Herstellerverband** *m* manufacturers' association

◊ **Herstellung** *f* making *oder* manufacture *oder* manufacturing; **serienmäßige Herstellung** = mass production

◊ **Herstellungskosten** *pl* manufacturing costs *oder* prime cost; **die Verkaufserlöse decken kaum die Herstellungskosten** = the sales revenue barely covers the manufacturing costs

◊ **Herstellungsprozeß** *m* *oder* **Herstellungsverfahren** *n* manufacturing process; **industrielles Herstellungsverfahren** = industrial process; **ihre Herstellungsverfahren gehören zu den modernsten im Land** = their manufacturing methods *oder* production methods are among the most modern in the country

heruntersetzen *vt* to mark down; **einen Preis heruntersetzen** = to mark down a price; **dieses Sortiment ist auf DM 24.99 heruntergesetzt worden** = this range has been marked down to DM 24.99; **wir haben alle Preise für den Ausverkauf um 30% heruntergesetzt** = we have marked all prices down by 30% for the sale; **Teppiche sind von DM 300 auf DM 200 heruntergesetzt worden** = carpets are reduced from DM 300 to DM 200

herunterstufen *vt* to downgrade; **sein Gehalt wurde bei der Umorganisierung des Unternehmens heruntergestuft** = his salary was downgraded in the company reorganization

hervorragend *adj* excellent; **die Leistung der Maschine ist hervorragend** = the machine's performance is excellent

heute *adv* today; **bis heute** = to date; **Zinsen bis heute** = interest to date

HGB = HANDELSGESETZBUCH

hiermit *adv* herewith *oder* hereby; **hiermit heben wir den Vertrag vom 1. Januar 1982 auf** = we hereby revoke the agreement of January 1st 1982

Hierarchie *f* hierarchy

Hilfe *f (Unterstützung)* help *oder* assistance *oder* support; **ihr Assistent ist keine große Hilfe im Büro - er kann weder Schreibmaschine schreiben noch Autofahren** = her assistant is not much help in the office - he cannot type or drive; **für sie ist der Textverarbeiter eine große Hilfe beim Briefeschreiben** = she finds the word-processor a great help in writing letters; **die Regierung stellte finanzielle Hilfe für die Elektronikindustrie bereit** = the government has provided financial support to the electronics industry

◇ **Hilfsarbeiter/-in** *mf* manual labourer *oder* manual worker *oder* unskilled worker

◇ **Hilfskasse** *f* provident fund

◇ **Hilfskostenstelle** *f* indirect cost centre

◇ **Hilfskraft** *f* (temporary) helper

◇ **Hilfsmittel** *n* aid

hinausgehen über *vi* to exceed; **er weigerte sich, über sein ursprüngliches Angebot hinauszugehen** = he refused to improve on his previous offer

hinausschieben *vt* to postpone *oder* to delay *oder* to defer; **sie fragten an, ob sie die Zahlung hinausschieben könnten, bis die finanzielle Lage sich gebessert habe** = they asked if they could postpone payment until the cash situation improved

hinauswerfen *vt* to throw out; **die Jahreshauptversammlung warf den alten Vorstand hinaus** = the AGM threw out the old board of directors

hindern *vt* to stop *oder* to prevent *oder* to hinder; **die Polizei hinderte jeden daran, das Gebäude zu verlassen** = the police prevented anyone from leaving the building

◇ **Hindernis** *n* obstacle *oder* hindrance *oder* bar *oder* check

hindeuten auf *vi* to indicate; **die neusten Zahlen deuten auf einen Rückgang der Inflationsrate hin** = the latest figures indicate a fall in the inflation rate; **unser Absatz 1993 deutet auf eine Verschiebung vom Inlandsmarkt auf Exporte hin** = our sales for 1993 indicate a move from the home market to exports

Hinfracht *f* outward cargo *oder* outward freight

hinlänglich *adj* adequate

hinreichend *adj* sufficient *oder* adequate; **ohne hinreichenden Versicherungsschutz handeln** = to operate without adequate cover

Hinreise *f* outward journey; **auf der Hinreise wird das Schiff die Westindien anlaufen** = on the outward voyage the ship will call in at the West Indies

hintanstellen *vt* to put last; **seine Bestellung wurde ganz hintangestellt** = his order went to the end of the queue

hintereinander *adv* in succession *oder* in a row *oder* running; **das Unternehmen macht nun schon sechs Jahre hintereinander Gewinne** = the company has made a profit for six years running

Hintergrund *m* background; **er erklärte die Hintergründe der Forderung** = he explained the background of the claim

hinterlegen *vt* to deposit; **Geld bei jdm hinterlegen** = to lodge money with someone; **er hinterlegte sein Testament bei seinem Anwalt** = he deposited his will with his solicitor; **Wertpapiere als Sicherheit hinterlegen** = to lodge securities as collateral

◇ **Hinterlegungsstelle** *f* depository

Hintermann *m* **(a)** backer **(b)** *(eines Wechsels)* subsequent endorser

hinterziehen *vt* to evade; **Steuern hinterziehen** = to evade tax

Hin- und Rückfahrkarte *f* return ticket *oder (US)* round trip ticket

◇ **Hin- und Rückfahrpreis** *m* return fare *oder (US)* round-trip fare

◇ **Hin- und Rückfahrt** *f* return journey *oder (US)* round trip

hinwegsehen über *vi* to overlook; **in diesem Fall werden wir über die Verzögerung hinwegsehen** = in this instance we will overlook the delay

hinweisen auf *vi* to point out; **der Bericht weist auf die vom Unternehmen über das letze Jahr gemachten Fehler hin** = the report points out the mistakes made by the company over the last year; **er wies darauf hin, daß die Ergebnisse besser als in den vorhergehenden Jahren waren** = he pointed out that the results were better than in previous years

hinzufügen *vt* to add

hinzurechnen *vt* to add on *oder* to include

hinzuziehen *vt* to consult

historisch *adj* historic *oder* historical; **historischer Höchststand** *oder* **Tiefststand** = all-time high *oder* all-time low; **die Umsätze sind gegenüber ihrem historischen Höchststand im letzten Jahr zurückgegangen** = sales have fallen from their all-time high of last year; **historische Zahlen** = historical figures

hoch 1 *adj* **(a)** high; **die Tür ist nicht hoch genug, um die Maschinen in das Gebäude zu bringen** = the door is not high enough to let us get the machines into the building; **wie hoch ist der**

Schreibtisch vom Boden aus? = what is the height of the desk from the floor?; **die Regale sind 30 cm hoch** = the shelves are 30 cm high; **sie planen ein 30 Stockwerke hohes Bürogebäude** = they are planning a 30-storey high office block **(b)** high *oder* great *oder* heavy *oder* steep; **hoher Absatz** = high sales *oder* high volume (of sales); **sie planen hohe Ausgaben** = they are budgeting for a high level of expenditure; **hohe Besteuerung** = high taxation; **mit hohem Einkommen** = high-income; **Aktien mit hohen Erträgen** = high-income shares; **Anlagen, die hohe Erträge einbringen** = investments which bring in a high rate of return; **Unternehmen mit hohem Fremdkapitalanteil** = highly-geared company; **hohe Gemeinkosten erhöhen den Stückpreis** = high overhead costs increase the unit price; **die Preise sind derzeit hoch** = prices are running high; **hohe Preise stoßen Kunden ab** = high prices put customers off; **ein Portefeuille mit hoher Rendite** = a high-income portfolio; **die Regierung verhängte hohe Steuern für Luxusgüter** = the government imposed a heavy tax on luxury goods; **hohe Zinsen machen Kleinunternehmen kaputt** = high interest rates are killing small businesses **(c)** high; **der Generaldirektor hat eine hohe Meinung von ihr** = she is highly thought of by the managing director **(d)** high(-grade); **Benzin mit hoher Oktanzahl** = high-grade petrol **(e)** high-up *oder* highly-placed; **die Delegation traf sich mit einem hohen Beamten vom Handelsministerium** = the delegation met a highly-placed official in the Trade Ministry **2** *adv* highly; **er ist hoch verschuldet** = he is heavily in debt

Hochachtungsvoll *adv* Yours faithfully *oder* Yours truly *oder (US)* Truly yours

Hochbetrieb *m* intense activity; **in der Woche vor Weihnachten ist in den Geschäften Hochbetrieb** = there is intense activity in the shops in the week before Christmas

hochbezahlt *adj* highly paid

Hochdruck *m* high pressure; **unter Hochdruck arbeiten** = to work under high pressure

Hochfinanz *f* high finance

Hochgeschwindigkeitszug *m* high-speed train *(cf* ICE)

hochgestellt *adj* highly placed; **eine hochgestellte Handelsdelegation** = a high-grade trade delegation

Hochkonjunktur *f* boom; **die Jahre der Hochkonjunktur** = the boom years; **eine Zeit der Hochkonjunktur** = a period of economic boom

hochqualifiziert *adj* highly qualified; **sie beschäftigen 26 hochqualifizierte Techniker** = they employ twenty-six highly qualified engineers; **unser ganzes Personal ist hochqualifiziert** = all our staff are highly qualified

hochrangig *adj* high-ranking *oder* top-ranking *oder* top-flight; **eine hochrangige Handelsdelegation** = a high-level trade delegation; **er ist der hochrangigste Vertreter in der Delegation** = he is the top-ranking official in the delegation

Hochsaison *f* high season; **im Sommer haben die Hotels Hochsaison** = summer is the busy season for hotels; **es ist schwierig, in der Hochsaison Hotelzimmer zu finden** = it is difficult to find hotel rooms at the height of the tourist season

Hochschulabsolvent *m* graduate; **Hochschulabsolvent in der Berufsausbildung** = graduate trainee; **Ausbildungsprogramm für Hochschulabsolventen** = graduate training scheme

höchst 1 *adj* highest *oder* topmost *oder* chief *oder* most *oder* maximum; **auf höchster Ebene** = at the highest level *oder* high-level; **eine auf höchster Ebene getroffene Entscheidung** = a decision taken at the highest level *oder* a high-level decision; **ein Treffen auf höchster Ebene** = a high-level meeting; **höchster Einkommenssteuersatz** = maximum income tax rate *oder* maximum rate of tax; **die höchsten und niedrigsten Kurse an der Börse** = the highs and lows on the stock exchange; **Benzin mit höchster Oktanzahl** = top-grade petrol; **einer Sache höchste Priorität beimessen** = to give something top priority; **höchstes Produktionsniveau** = maximum production level; **höchste Steuerklasse** = highest tax bracket **2** *adv* extremely *oder* highly

◇ **Höchstbelastung** *f* maximum load

◇ **Höchstbietende(r)** *mf* highest bidder; **der Besitz wurde an den Höchstbietenden verkauft** = the property was sold to the highest bidder

◇ **Höchstgebot** *n* highest *oder* closing bid; **DM 250.000 war das Höchstgebot** = the bidding stopped at DM 250,000; **oder gegen Höchstgebot** = or near offer (o.n.o.) *oder (US)* or best offer (o.b.o.)

◇ **Höchstgewicht** *n* maximum weight *oder* weight limit

◇ **Höchstgewinne** *mpl* record profits

◇ **Höchstgrenze** *f* upper limit *oder* ceiling; **die Produktion hat ihre Höchstgrenze erreicht** = output has reached a ceiling

◇ **Höchstkurs** *m* maximum price (on the Stock Exchange)

◇ **Höchstpreis** *m* maximum price *oder* ceiling price

◇ **Höchstproduktion** *f* peak output

◇ **Höchststand** *m* high *oder* peak; **den Höchststand erreichen** = to peak; **die Produktivität erreichte im Januar ihren Höchststand** = productivity peaked in January; **Aktienkurse haben einen Höchststand erreicht und fallen allmählich wieder** = shares have peaked and are beginning to slip back; **das Umsatzvolumen hat einen absoluten Höchststand erreicht** = sales volume has reached an all-time high; **die Aktienkurse sind seit dem Höchststand am 2. Januar um 10% gesunken** = share prices have dropped by 10% since the high of January 2nd

◇ **hochverzinslich** *adj* which bears a high interest *oder* high-interest bearing

◇ **höchstwahrscheinlich** *adv* most likely *oder* in all probability; **das Unternehmen wird**

höchstwahrscheinlich verkauft = the company is quite possibly going to be sold

Hochtour *f* **auf Hochtouren** = flat out; **die Fabrik arbeitete auf Hochtouren, um den Auftrag rechtzeitig fertigzustellen** = the factory worked flat out to complete the order on time

hochwertig *adj* high-grade *oder* high-quality; **hochwertiger Stahl** = high-quality steel; **hochwertige Waren** = high-quality goods; **das Geschäft spezialisiert sich auf hochwertige Importwaren** = the store specializes in high quality imported items

Hochzinspolitik *f* high interest rate policy *oder* policy of keeping interest rates high

hoffen *vi* to hope; **er hofft, in den amerikanischen Markt einzudringen** = he is hoping to break into the US market; **sie hatten gehofft, daß die Fernsehwerbung den Absatz fördern würde** = they had hoped the TV commercials would help sales; **wir hoffen, den Auftrag nächste Woche rausschicken zu können** = we hope to be able to dispatch the order next week

höflich 1 *adj* polite; **wir bekamen einen höflichen Brief vom geschäftsführenden Direktor** = we had a polite letter from the MD; **wir verlangen, daß unsere Verkäuferinnen den Kunden gegenüber höflich sind** = we stipulate that our salesgirls must be polite to customers **2** *adv* politely; **sie beantwortete höflich die Fragen der Kunden** = she politely answered the customers' questions

Höhe *f* **(a)** height; **er maß die Höhe des Raumes vom Boden bis zur Decke** = he measured the height of the room from floor to ceiling; **in die Höhe gehen** = to rise; **in die Höhe treiben** = to boost; **Preise in die Höhe treiben** = to inflate prices **(b)** size *oder* amount; **Erstattung in voller Höhe** = full refund *oder* refund paid in full; **Schuldentilgung in voller Höhe** = in full discharge of a debt; **Zahlung in voller Höhe** = full payment *oder* payment in full

◇ **Höhenmarke** *f* benchmark

◇ **Höhepunkt** *m* highpoint *oder* height *oder* peak

höher *adj* senior; **höheres Alter** = seniority; **höhere Führungskraft** = senior manager; **höhere Programmiersprache** = high-level computer language

höherstufen *vt* to upgrade

Hohlmaß *n* cubic measure

Holding *f oder* **Holdinggesellschaft** *f* holding company *oder (US)* proprietary company

Holland *n* Holland *(cf* NIEDERLANDE)

◇ **Holländer/-in** *mf* Dutchman, Dutchwoman; **die Holländer** = the Dutch

◇ **holländisch** *adj* Dutch; **holländische Versteigerung** = Dutch auction

(NOTE: Hauptstadt: **Amsterdam** ; Währung: **Gulden** *m* = guilder)

Hologramm *n* hologram

Holschuld *f* debt to be collected at the debtor's house *(cf* BRINGSCHULD)

Honduras *n* Honduras

◇ **Honduraner/-in** *mf* Honduran

◇ **honduranisch** *adj* Honduran

(NOTE: Hauptstadt: **Tegucigalpa** ; Währung: **Lempira** *f* = lempira)

Honorar *n* fee *oder* honorarium *oder* royalty *oder* emolument

◇ **Honorarpauschale** *f* retainer; **wir zahlen ihm eine Honorarpauschale von DM 2.500** = we pay him a retainer of DM 2,500

honorieren *vt* to honour *oder* to pay (a debt)

hören *vt* to hear; **man kann den Drucker im Büro nebenan hören** = you can hear the printer in the next office; **wir hoffen, in den nächsten Tagen von den Anwälten zu hören** = we hope to hear from the lawyers within a few days; **wir haben seit einiger Zeit nichts von ihnen gehört** = we have not heard from them for some time; **der Verkehr ist so laut, daß ich nicht hören kann, wenn mein Telefon klingelt** = the traffic makes so much noise that I cannot hear my phone ringing

◇ **Hörer** *m* (telephone) receiver; **den Hörer abnehmen** = to answer the telephone

horizontal *adj* horizontal; **horizontale Integration** = horizontal integration; **horizontale Kommunikation** = horizontal communication

horten *vt* to hoard

◇ **Horten** *n* hoarding; **das Horten von Vorräten** = the hoarding of supplies

Hosteß *f* hostess

Hotel *n* hotel

◇ **Hotelbesitzer/-in** *mf* hotel proprietor *oder* proprietress

◇ **Hotelbuchung** *f* hotel booking; **Hotelbuchungen sind nach Ende der Touristensaison zurückgegangen** = hotel bookings have fallen since the end of the tourist season

◇ **Hoteldirektor/-in** *mf* hotel manager(ess)

◇ **Hotelgewerbe** *n* (the) hotel trade

◇ **Hotelhalle** *f* lounge

◇ **Hotelier** *m* hotelier

◇ **Hotelkette** *f* hotel chain *oder* chain of hotels

◇ **Hotelparkplatz** *m* hotel car park; **er ließ seinen Wagen auf dem Hotelparkplatz** = he left his car in the hotel car park

◇ **Hotelpersonal** *n* hotel staff

◇ **Hotelrechnung** *f* hotel bill

◇ **Hotelspesen** *pl* hotel expenses

◇ **Hotelunterkunft** *f* hotel accommodation; **alle Hotelunterkünfte wurden für die Messe gebucht** = all hotel accommodation has been booked up for the exhibition

◇ **Hotelzug** *m* hotel train *(train equipped like a hotel)*

Hubschrauber *m* helicopter; **er nahm den Hubschrauber vom Flughafen in die Innenstadt** = he took the helicopter from the airport to the centre of town; **von der Innenstadt zum Fabrikgelände ist es nur ein kurzer Flug mit dem Hubschrauber** = it is only a short helicopter flight from the centre of town to the factory site

◊ **Hubschrauberflugplatz** *m* heliport

◊ **Hubschrauberlandeplatz** *m* helipad

Hühnerzucht *f* chicken farming

Hülle *f* cover

Humankapital *n* human resources

hundert *num* a *oder* one hundred; **einige hundert Mark** *oder* **Menschen** = a few hundred marks *oder* people

◊ **Hundert** *n* hundred; **Hunderte von Menschen** = hundreds of people

◊ **Hundertmarkschein** *oder (umg)* **Hunderter** *m* hundred mark note

◊ **hundertprozentig** *adj* (a) hundred per cent; **eine hundertprozentige** *oder* **100%ige Tochtergesellschaft** = a wholly-owned subsidiary

◊ **Hundertstel** *n* percentile

> wer bleibt eigentlich auf dem Schaden sitzen, wenn jemand am Geldautomaten eine Blüte zieht statt eines echten Hunderters?
>
> ***Die Zeit***

Hungerlohn *m* starvation wage *oder* pittance; **Arbeit für einen Hungerlohn** = sweated labour; **natürlich macht die Firma einen Gewinn - sie beschäftigt Arbeitskräfte für einen Hungerlohn** = of course the firm makes a profit - it employs sweated labour

Hyperinflation *f* hyperinflation

Hypothek *f* mortgage; **eine Hypothek abzahlen** = to pay off a mortgage; **eine Hypothek aufnehmen** = to mortgage; **er hat eine Hypothek auf ein Haus aufgenommen** = he has taken out a mortgage on a house; **er nahm eine Hypothek auf sein Haus auf, um ein Geschäft zu gründen** = he mortgaged his house to set up in business; **aus einer Hypothek zwangsvollstrecken** = to foreclose on a mortgaged property

◊ **Hypothekar** *m* mortgagee

◊ **hypothekarisch** *adj* mortgage; **hypothekarisch belasten** = to mortgage; **das Haus ist hypothekarisch belastet** = the house is mortgaged; **hypothekarische Obligation** = mortgage bond

◊ **Hypothekarkredit** *m* mortgage loan; **sie nahmen einen Hypothekarkredit von DM 75.000 auf die Fabrik auf** = they borrowed DM 75,000 against the security of the factory

◊ **Hypothekenbank** *f* bank which specializes in mortgages

◊ **Hypothekenbelastung** *f* mortgage; **ein Haus mit einer Hypothekenbelastung von DM 80.000 kaufen** = to buy a house with a DM 80,000 mortgage

◊ **Hypothekenbrief** *m* mortgage deed *oder* certificate

◊ **Hypothekengläubiger** *m* mortgagee

◊ **Hypothekenknappheit** *f* mortgage famine

◊ **Hypothekenpfandbrief** *m* mortgage bond

◊ **Hypothekenschuldner** *m* mortgager *oder* mortgagor

◊ **Hypothekentilgung** *f* mortgage redemption

◊ **Hypothekenwarteliste** *f* mortgage queue

◊ **Hypothekenzahlung** *f* mortgage payment; **er kam mit seinen Hypothekenzahlungen in Verzug** = he fell behind with his mortgage payments

◊ **Hypothekenzins** *m* mortgage rate

Ii

i.A. = IM AUFTRAG on behalf of *oder* p.p.

IAO = INTERNATIONALE ARBEITSORGANISATION International Labour Organization (ILO)

IC = INTERCITY
◇ **ICE** = INTERCITY EXPRESS

ideal *adj* ideal; **dies ist das ideale Gelände für einen neuen Verbrauchermarkt** = this is the ideal site for a new hypermarket

Idee *f* idea; **der Vorsitzende meint, es wäre eine gute Idee, alle Direktoren aufzufordern, ihre Spesen einzeln aufzuführen** = the chairman thinks it would be a good idea to ask all directors to itemize their expenses; **einer unserer Handelsvertreter hatte die Idee, die Produktfarbe zu ändern** = one of the salesman had the idea of changing the product colour

ideell *adj* notional; **ideeller Firmenwert** = goodwill; **er zahlte DM 30.000 für den ideellen Firmenwert und DM 12.000 für den Warenbestand** = he paid DM 30,000 for the goodwill of the shop and DM 12,000 for the stock

IG = INTERESSENGEMEINSCHAFT

IHK = INDUSTRIE- UND HANDELSKAMMER

illegal *adj & adv* illegal(ly); **er wurde beschuldigt, illegal Waffen einzuführen** = he was accused of illegally importing arms into the country
◇ **Illegalität** *f* illegality

> zu einer unbürokratischen Rückerstattung der illegal kassierten Gebühren ist die Bank nur bereit, wenn der Kunde dies ausdrücklich verlangt
> ***Capital***
> die Akten belegen, daß sowohl das Wirtschaftsministerium als auch das Innenministerium auf höchster Ebene über die Illegalität der Firmen unterrichtet waren
> ***Die Zeit***

illegitim *adj* illegitimate

illiquid *adj* illiquid

Image *n* image *oder* public image; **das Unternehmen hat ein weniger anspruchsvolles Image angenommen** = the company has adopted a down-market image; **sie geben viel Geld für Werbung aus, um das Image des Unternehmens zu verbessern** *oder* **aufzupolieren** = they are spending a lot of advertising money to improve the company's image; **der Minister versucht, sein Image aufzubessern** = the minister is trying to improve his public image

> durch Aufwertung des Markennamens und Produktinnovationen machte er den Stoffhersteller ohne Marktposition und Image zum Hoflieferanten der Pariser Haute Couture
> ***TopBusiness***
> wer heute einen Kleinwagen fährt, ist modern, geht mit der Zeit und muß sich um sein Image keine Sorgen machen
> ***Focus***

Imbißstube *f* snack bar

Imitation *f* fake *oder* imitation; **vor Imitationen wird gewarnt** = beware of imitations
◇ **imitieren** *vt* to fake *oder* to imitate

immateriell *adj* intangible; **immaterielle Vermögenswerte** = intangible assets

immer *adv* always; **immer mehr** = increasingly; **immer noch** = still; **wir bekommen immer noch Bestellungen für diesen Artikel, obwohl die Produktion vor zwei Jahren eingestellt wurde** = we keep on receiving orders for this item although it was discontinued two years ago

Immission *f* harmful effect of pollutants on the environment

Immobilien *fpl* property *oder* real estate *oder* realty; **der Immobilien- und Grundstücksmarkt** = the property market
◇ **Immobilienfonds** *m* property fund *oder* real estate fund
◇ **Immobiliengeschäfte** *npl* property *oder* real estate deal(ing)s; **er machte sein Geld mit Immobiliengeschäften in den 70er Jahren** = he made his money from real estate deals in the 1970s
◇ **Immobiliengesellschaft** *f* property company; **das Bürohaus ist von einer Immobiliengesellschaft gekauft worden** = the office block has been bought by a property company
◇ **Immobilienhandel** *m* property dealing
◇ **Immobilienhändler/-in** *oder* **Immobilienmakler/-in** *mf* estate agent *oder* house agent *oder (US)* real estate agent *oder* realtor
◇ **Immobilienmarkt** *m* property market; **der gewerbliche Immobilienmarkt boomt** = the commercial property market is booming

Immunität *f* immunity; **diplomatische Immunität** = diplomatic immunity; **ihm wurde strafrechtliche Immunität gewährt** = he was granted immunity from prosecution

Import *m* import *oder* importing *oder* importation; **Importe beschränken** = to restrict imports; **Importe aus Polen sind auf DM 30 Mio. pro Jahr gestiegen** = imports from Poland have risen to DM 30m a year; **sichtbare Importe** = visible imports; **unsichtbare Importe** = invisible imports

◇ **Importabgabe** *f* import surcharge

◇ **Importbeschränkungen** *fpl* import restrictions; **Importbeschränkungen einführen** = to set limits to imports *oder* to impose import limits

◇ **Importbestimmungen** *pl* import regulations

◇ **Importdrosselung** *f* curb on imports

◇ **Importeur** *m* importer; **das Unternehmen ist ein großer Importeur ausländischer Wagen** = the company is a big importer of foreign cars

◇ **Import/Exportgeschäft** *n* import-export business; **er ist im Import/Exportgeschäft** = he is in import-export

◇ **Import/Exporthandel** *m* import-export trade

◇ **Importfirma** *f* importer

◇ **Importgenehmigung** *f* import permit

◇ **Importhafen** *m* port of entry

◇ **Importhandel** *m* import trade

◇ **importieren** *vt* to import; **das Unternehmen importiert Fernsehgeräte aus Japan** = the company imports television sets from Japan; **dieser Wagen wurde aus Frankreich importiert** = this car was imported from France

◇ **Importkonnossement** *n* inward bill

◇ **Importlizenz** *f* import licence

◇ **Importquote** *f* import quota; **die Importquoten für Automobile wurden aufgehoben** = the quota on imported cars has been lifted

◇ **Importrestriktion** *f* trade barrier; **mit Importrestriktionen belegen** = to impose trade barriers on

◇ **Importunternehmen** *n* importing company

◇ **Importüberschuß** *m* import surplus

◇ **Importverbot** *n* import ban

◇ **Importwagen** *m* imported car; **die Gewerkschaft organisierte einen Boykott gegen Importwagen** = the union organized a boycott of imported cars

◇ **Importware** *f* imports

Impuls *m* impulse

◇ **impulsiv** *adj & adv* impulsive(ly); **etwas impulsiv tun** = to do something on impulse

◇ **Impulskauf** *m* impulse purchase

Inanspruchnahme *f* demands; **starke Inanspruchnahme unserer Geldmittel** = heavy demands *oder* drain on our resources

inbegriffen *adj* included; **Zustellung ist im Preis inbegriffen** = the price includes free delivery; **MwSt. inbegriffen** = VAT included

Inbetriebnahme *f* start-up

Incentive *n* incentive

Incoterms *pl* Incoterms (International Commercial Terms)

Indentgeschäft *n* indent

Index *m* index *oder* index number; **Index der Einzelhandelspreise** = retail price(s) index (RPI); **gewogener Index** = weighted index

◇ **Indexanleihe** *f* index-linked loan

◇ **Indexbindung** *f* indexation

◇ **Indexbuchstabe** *m* index letter

◇ **indexgebunden** *adj* index-linked; **seine Rente ist indexgebunden** = his pension is index-linked

◇ **indexieren** *vt* to index

◇ **Indexierung** *f* indexation; **Indexierung von Lohnerhöhungen** = indexation of wage increases

◇ **Indexnummer** *oder* **Indexzahl** *oder* **Indexziffer** *f* index number

Indien *n* India

◇ **Inder/-in** *mf* Indian

◇ **indisch** *adj* Indian

(NOTE: Hauptstadt: **Neu-Delhi** = New Delhi; Währung: **Rupie** *f* = rupee)

Indikator *m* indicator; **nachlaufender Indikator** = lagging indicator; **vorauslaufender Indikator** = leading indicator

indirekt *adj* indirect; **indirekte Besteuerung** = indirect taxation; **der Staat nimmt mehr Geld durch indirekte als durch direkte Besteuerung ein** = the government raises more money by indirect taxation than by direct; **indirekte Kosten** = indirect costs; **indirekte Steuern** = indirect taxes

individuell *adj & adv* individual(ly); **ein Rentenplan, der den individuellen Bedürfnissen jedes Einzelnen gerecht werden soll** = a pension plan designed to meet each person's individual requirements; **individuell anpassen** = to customize; **wir benutzen individuell angepaßte Computer Software** = we use customized computer software

◇ **Individuum** *n* individual

Indonesien *n* Indonesia

◇ **Indonesier/-in** *mf* Indonesian

◇ **indonesisch** *adj* Indonesian

(NOTE: Hauptstadt: **Jakarta** ; Währung: **Rupiah** *f* = rupiah)

Indossament *n* endorsement

◇ **Indossant** *m* backer of a bill *oder* endorser

◇ **Indossat(ar)** *m* endorsee

◇ **indossieren** *vt* to endorse; **einen Wechsel indossieren** = to back a bill *oder* to endorse a bill

◇ **Indossierung** *f* endorsement

industrialisieren *vt* to industrialize

◇ **Industrialisierung** *f* industrialization

Industrie *f* industry; **verarbeitende Industrie** = secondary industry *(siehe* GRUNDSTOFFINDUSTRIE, LEICHTINDUSTRIE, SCHWERINDUSTRIE)

◇ **Industrieabgase** *pl* industrial waste gas

◇ **Industrieabwasser** *n* industrial waste water *oder* effluent; **das Unternehmen mußte Strafe bezahlen, weil es sein Industrieabwasser in den Fluß leitete** = the company was fined for putting industrial waste into the river

◇ **Industrieanlage** *f* industrial plant

◇ **Industriebetrieb** *m* industrial works

◇ **Industriedesign** *n* industrial design

◇ **Industrieerzeugnis** *n* industrial product

◇ **Industriegebiet** *oder* **Industriegelände** *n* industrial estate *oder* trading estate *oder* industrial park

◇ **Industriegesellschaften** *fpl* industrialized societies

◇ **Industriegüter** *npl* manufactured goods

◇ **Industriekomplex** *m* industrial complex; **ein großer Industriekomplex** = a large industrial complex

◇ **Industriekonzern** *m* industrial concern *oder* industrial combine; **ein deutscher Industriekonzern** = a German industrial combine

◇ **Industrieland** *n* industrial country *oder* developed country (*cf* ENTWICKLUNGSLAND)

> von den anderen Industrieländern war ohnehin keine Unterstützung für Sanktionen zu erwarten
>
> ***Die Zeit***

◇ **industriell** *adj* industrial; **industrielle Expansion** = industrial expansion; **industrielle Formgebung** = industrial design; **industrielle Kapazität** = industrial capacity

◇ **Industrielle(r)** *mf* industrialist

◇ **Industriemüll** *m* industrial waste

◇ **Industrienorm** *f* industrial norm; **die Produktion dieser Fabrik liegt weit über der Industrienorm** = the output from this factory is well above the norm for the industry *oder* well above the industry norm

◇ **Industriepark** *m* industrial park *oder* industrial estate

◇ **Industriepraktiken** *fpl* industrial practices

◇ **Industrieroboter** *m* industrial robot

◇ **Industriestaat** *m* industrial nation *oder* developed country (*cf* ENTWICKLUNGSLAND)

◇ **Industrie- und Handelskammer (IHK)** *f* Chamber of Industry and Commerce

◇ **Industriewerte** *mpl* industrial securities *oder* industrials

◇ **Industriezentrum** *n* industrial centre

◇ **Industriezweig** *m* branch of industry; **alle Industriezweige zeigten höhere Produktionsleistungen** = all sectors of industry have shown rises in output; **arbeitsintensiver Industriezweig** = labour-intensive industry; **ein expandierender Industriezweig** = a growth industry; **kapitalintensiver Industriezweig** = capital-intensive industry

ineffizient *adj* inefficient; **ein ineffizienter Vertriebsleiter** = an inefficient sales manager

◇ **Ineffizienz** *f* inefficiency; **der Bericht kritisierte die Ineffizienz des Verkaufspersonals** = the report criticized the inefficiency of the sales staff

Inflation *f* inflation; **die Inflation bekämpfen** = to fight inflation; **hohe Zinsen dämmen oft die Inflation ein** = high interest rates tend to decrease inflation; **Maßnahmen zur Eindämmung der Inflation ergreifen** = to take measures to reduce inflation; **angeheizte Inflation** = spiralling inflation; **durch die Lohn-Preis-Spirale bedingte Inflation** = spiralling inflation; **galoppierende Inflation** = galloping *oder* runaway inflation; **kostentreibende Inflation** = cost-push inflation (*cf* NACHFRAGEINFLATION)

◇ **inflationär** *adj* inflationary; **inflationäre Preise** = inflated prices; **inflationäre Tendenzen in der Wirtschaft** = inflationary trends in the economy

◇ **Inflationsbekämpfung** *f* (the) fight against inflation; **Maßnahmen zur Inflationsbekämpfung** *oder* **Inflationsbekämpfungsmaßnahmen** = anti-inflationary measures

◇ **inflationsbereinigt** *adj* adjusted for inflation *oder* inflation-adjusted; **die Preise sind inflationsbereinigt** = prices are adjusted for inflation; **die Zahlen sind in inflationsbereinigten D-Mark** = the figures are in inflation-adjusted *oder* constant marks

◇ **Inflationsrate** *f* rate of inflation *oder* inflation rate; **die Inflationsrate beträgt 15%** = we have 15% inflation *oder* inflation is running at 15%; **der Inflationsrate angeglichen** = index-linked

◇ **inflationssicher** *adj* inflation-proof; **inflationssichere Rente** = inflation-proof pension

◇ **Inflationsspirale** *f* inflationary spiral; **die Wirtschaft befindet sich in einer Inflationsspirale** = the economy is in an inflationary spiral

◇ **Inflationswährung** *f* inflated currency

◇ **inflatorisch** *adj* inflationary

Informatik *f* information technology (IT) *oder* computer science

◇ **Informatiker/-in** *mf* computer scientist

Information *f* information; **zu Ihrer Information in der Anlage ein Prospekt** = I enclose a leaflet for your information; **eine Information enthüllen** *oder* **preisgeben** = to disclose a piece of information; **Enthüllung vertraulicher Informationen** = disclosure of confidential information; **einer Bitte um Informationen nachkommen** = to answer a request for information; **für weitere Informationen wenden Sie sich bitte schriftlich an Abteilung 27** = for further information, please write to Department 27; **haben Sie Informationen zu** *oder* **über Sparkonten?** = have you any information on *oder* about deposit accounts?; **schicken Sie mir bitte Informationen zu** *oder* **über Urlaub in den USA** = please send me information on *oder* about holidays in the USA; **wir ziehen Informationen über unseren neuen Lieferanten ein** = we are inquiring into the background of the new supplier **(b)** information bureau *oder* office *oder* inquiry office

◇ **Informationsaustausch** *m* exchange of information

◇ **Informationsbüro** *n* information bureau

◇ **Informationsdefizit** *n* lack of information

◇ **Informationsfluß** *m* flow of information; **das Unternehmen versucht, den Informationsfluß zwischen den Abteilungen zu verbessern** = the company is trying to improve the flow of information between departments

◇ **Informationsgewinnung** *f* gathering of information

◇ **Informationsmaterial** *n* informative material *oder* literature; **bitte schicken Sie mir Informationsmaterial über Ihre neue Produktserie** = please send me literature about your new product range

◇ **Informationsquelle** *f* source of information

◇ **Informationsstand** *m* **(a)** information desk **(b)** level of information

◇ **Informationstechnik (IT)** *f* information technology (IT)

◇ **Informationsverarbeitung** *f* data processing *oder* information processing

informell *adj* informal

informieren *vt* to inform *oder* to advise *oder* to brief; **der geschäftsführende Direktor informierte den Vorstand über den Fortschritt der Verhandlungen** = the managing director briefed the board on the progress of the negotiations; **die Vertreter wurden über das neue Produkt informiert** = the salesmen were briefed on the new product; **wir wurden vom Handelsministerium informiert, daß bald neue Tarife in Kraft treten werden** = we have been informed by the Ministry of Trade that new tariffs are coming into force

Infrastruktur *f* infrastructure; **die Infrastruktur eines Landes** = a country's infrastructure

> die meisten Mittel flossen erneut in die Modernisierung der Produktionsanlagen, während für Gebäude und die Infrastruktur nur relativ geringe Summen eingesetzt wurden
> ***Neue Zürcher Zeitung***

Ingenieur/-in *mf* engineer; **beratende(r) Ingenieur/-in** = consulting engineer

◇ **Ingenieurwesen** *n* engineering

Inhaber/-in *mf* **(a)** bearer *oder* holder; **Inhaber einer Versicherungspolice** = holder of an insurance policy *oder* policy holder; **Inhaber von Aktien eines Unternehmens** = holder of stock *oder* of shares in a company; **Inhaber von Staatsanleihen** = holders of government bonds *oder* bondholders **(b)** proprietor *oder* proprietress; **die Inhaberin eines Hotels** = the proprietress of a hotel

◇ **Inhaberpapier** *n* bearer security

◇ **Inhaberscheck** *m* cheque to bearer *oder* negotiable cheque

◇ **Inhaberschuldverschreibung** *f* bearer bond

Inhalt *m* contents; **der Inhalt des Briefes** = the content(s) of the letter; **die Zollbeamten untersuchten den Inhalt der Kiste** = the customs officials inspected the contents of the crate

◇ **Inhaltsbeschreibung** *f* description of contents; **unkorrekte Inhaltsbeschreibung** = false description of contents

◇ **Inhaltsverzeichnis** *n* **(a)** *(Buch)* table of contents **(b)** *(Warensendung)* docket *oder* list of contents

Initialen *fpl* initials

Initiative *f* initiative; **die Initiative ergreifen** = to take the initiative; **eine Initiative aufgreifen** = to follow up an initiative

Inkasso *n* (i) collections; (ii) encashment

◇ **Inkassoauftrag** *m* collection order

◇ **Inkassobeauftragte(r)** *mf* (debt) collector

◇ **Inkassobüro** *n* debt collection agency *oder* collecting agency

inklusive *adj* inclusive; **inklusive Porto** = carriage included; **inklusive Steuer** = inclusive of tax; **inklusive Verpackung** = packing included; **Liefergebühren sind nicht inklusive** = delivery is not allowed for; **Bedienung ist nicht inklusive** = service is extra; **die Gebühr ist inklusive MwSt.** = the charge includes VAT

◇ **Inklusivpreis** *m* inclusive charge *oder* all-in rate

inkompatibel *adj* incompatible

◇ **Inkompatibilität** *f* incompatibility

inkompetent *adj* incompetent; **das Unternehmen hat einen inkompetenten Vertriebsleiter** = the company has an incompetent sales manager

Inkraftsetzung *f* implementation; **die Inkraftsetzung neuer Bestimmungen** = the implementation of new rules

◇ **Inkrafttreten** *n* coming into effect *oder* force; **Tag des Inkrafttretens** = effective date

> seit dem Inkrafttreten ist das Grundgesetz insgesamt 40 mal geändert worden
> ***Main Echo***

Inland *n* home(land) *oder* inland; **im Inland** = at home *oder* domestic

◇ **Inlandflug** *m* domestic *oder* internal flight

◇ **inlandisch** *adj* domestic *oder* inland

◇ **Inlandsabsatz** *m* domestic sales *oder* home sales *oder* sales in the home market

◇ **Inlandsfrachtkosten** *pl* inland freight charges

◇ **Inlandsmarkt** *m* home *oder* domestic market; **die Umsätze stiegen auf dem Inlandsmarkt um 22%** = sales in the home market rose by 22%; **sie produzieren Waren für den Inlandsmarkt** = they produce goods for the domestic market

◇ **Inlandsporto** *n* inland postage

◇ **Inlandsproduktion** *f* domestic production

◇ **Inlandsumsatz** *m* domestic turnover

◇ **Inlandsverbrauch** *m* home consumption *oder* domestic consumption; **der Inlandsverbrauch an Öl ist dramatisch zurückgegangen** = domestic consumption of oil has fallen sharply

innehaben *vt* to hold *oder* to occupy; **eine Stelle innehaben** = to occupy a post

Innen- *pref* **(a)** domestic **(b)** inside *oder* internal

◇ **Innendienst** *m* inside work; **Angestellte(r) im Innendienst** = inside worker

◇ **Innenministerium** *n* Ministry of the Interior ≈ *(GB)* Home Office *oder (US)* Department of the Interior

◇ **Innenrevision** *f* internal audit

◇ **Innenrevisor** *m* internal auditor

◇ **Innenstadt** *f* town *oder* city centre *oder (US)* downtown; **sein Büro ist in der Innenstadt von München** = his office is in the centre of Munich *oder (US)* in downtown Munich

innerbetrieblich *adj & adv* internal(ly) *oder* in-house; **innerbetriebliche Ausbildung** = in-house training

Innovation *f* innovation

◇ **innovativ** *adj* innovative

Innung *f* guild

inoffiziell *adj & adv* unofficial(ly) *oder* off the record; **inoffizieller Streik** = unofficial strike; **er machte ein paar inoffizielle Bermerkungen über die katastrophalen Inlandsumsatzziffern** = he made some remarks off the record about the disastrous home sales figures; **das Finanzamt ließ das Unternehmen inoffiziell wissen, daß es strafrechtlich verfolgt werden würde** = the tax office told the company unofficially that it would be prosecuted

Input *m oder n* input

◇ **Input-Output-Analyse** *f* input-output analysis

Insasse/Insassin *mf* **(a)** resident *oder* occupier **(b)** passenger

◇ **Insassenversicherung** *f* passenger insurance

insbesondere *adv* in particular; **zerbrechliche Ware, insbesondere Glas, muß spezialverpackt werden** = fragile goods, in particular glass, need special packing

Inselanzeige *f* solus (advertisement)

Inserat *n* advertisement *oder* ad

◇ **Inserent** *m* advertiser

◇ **inserieren** *vi* to advertise; **in der Zeitung inserieren** = to put an advert in the paper *oder* to take advertising space in a paper; **wir haben in der Zeitung inseriert** = we put an ad in the paper; **nochmals inserieren** = to readvertise; **alle Kandidaten fielen durch die Prüfung, so daß wir noch einmal inserieren müssen** = all the candidates failed the test, so we will just have to readvertise

insgesamt *adv* altogether; **das Unternehmen machte DM 5 Mio. Verluste im letzten Jahr und DM 7 Mio. in diesem Jahr, das macht insgesamt DM 12 Mio. für die zwei Jahre** = the company lost DM 5m last year and DM 7m this year, making DM 12m altogether for the two years; **die Zahl der Angestellten der drei Unternehmen beläuft sich auf insgesamt 2.500** = the staff of the three companies in the group come to 2,500 altogether; **obwohl einige Unternehmensbereiche Gewinne erzielten, meldete das Unternehmen insgesamt einen Rückgang der Gewinne** = although some divisions traded profitably, the company reported an overall fall in profits

Insider *m* insider

◇ **Insidergeschäft** *n* insider deal

◇ **Insiderhandel** *m* insider dealing *oder* insider trading

◇ **Insiderinformation** *f* inside information

> Experten prüfen sogar, ob in diesem Fall verbotene Insidergeschäfte getätigt wurden
>
> *Wochenpost*

insolvent *adj* bankrupt *oder* insolvent; **er wurde für insolvent erklärt** = he was declared bankrupt

◇ **Insolvenz** *f* insolvency

◇ **Insolvenzquote** *f* insolvency rate

Inspektion *f* inspection

◇ **Inspektionsreise** *f* tour of inspection; **eine Inspektionsreise machen** = to carry out a tour of inspection

instabil *adj* unstable; **der Markt ist instabil** = the market is jumpy

◇ **Instabilität** *f* instability; **Zeit der Instabilität auf den Geldmärkten** = period of instability in the money markets

Installation *f* **(a)** *(das Installieren)* installation **(b)** *(Anlagen)* fixtures; **Installationen und Einbauten** = fixtures and fittings (f. & f.)

◇ **installieren** *vt* to install; **ein neues Datenverarbeitungssystem installieren** = to install a new data processing system

instand *adv* in good repair *oder* in working order; **etwas instand halten** = to maintain something; **etwas instand setzen** = to repair something

◇ **Instandhaltung** *f* maintenance

◇ **Instandhaltungskosten** *pl* maintenance costs *oder* upkeep

◇ **Instandsetzung** *f* repair

Instanz *f* **(a)** authority; **zuständige Instanz** = proper authority **(b)** *(jur)* instance *oder* court; **erster Instanz** = first instance; **zweiter Instanz** = second instance

◇ **Instanzenweg** *m* official channels

Institut *n* college *oder* institute *oder* institution

◇ **institutionell** *adj* institutional; **institutionelle Anleger** = institutional investors

instruieren *vt* to instruct *oder* to brief

◇ **Instruktion** *f* instruction

Instrument *n* instrument; **der Techniker brachte Instrumente zur Messung des Stromausgangs** = the technician brought instruments to measure the output of electricity; **wirtschaftspolitisches Instrument** = instrument of economic policy

Integration *f* integration; **horizontale Integration** = horizontal integration; **vertikale Integration** = vertical integration

◇ **integrieren** *vt* to incorporate *oder* to integrate

Intensität *f* intensity

intensiv *adj* intensive; **intensive Landwirtschaft** = intensive farming

◇ **intensivieren** *vt* to intensify

Interbankeinlagen *pl* interbank deposits

◇ **Interbankkredit** *m* interbank loan

◇ **Interbankrate** *f* interbank rate

InterCity(-Zug) (IC) *m* inter-city train; **Intercity-** *oder* **IC-Zugverbindungen sind oft schneller als Flüge** = inter-city train services are often quicker than going by air

◇ **InterCity Express (ICE)** *m* high-speed train

Interdependenz *f* interdependence

interessant *adj* interesting; **sie machten uns ein sehr interessantes Angebot für die Fabrik** = they made us a very interesting offer for the factory

Interesse *n* interest; **Interesse haben an** = to be interested in; **Interesse hervorrufen** = to interest; **die Käufer zeigten großes Interesse an unserer neuen Produktreihe** = the buyers showed a lot of interest in our new product range

◇ **Interessenausgleich** *m* compromise *oder* reconciliation of opposing interests

◇ **Interessengegensatz** *m* clash of interests

◇ **Interessengemeinschaft (IG)** *f* **(a)** *(von Menschen)* common interest group *oder* group with interests in common **(b)** *(von Unternehmen)* syndicate

◇ **Interessengruppe** *f* pressure group *oder* lobby

◇ **Interessenkonflikt** *m* conflict of interest

> er ist Partner der Anwaltskanzlei, die die Interessen japanischer Großkonzerne vertritt - was ihm bereits den Vorwurf von Interessenkonflikten mit seinem neuen Posten einbrachte
>
> ***Wirtschaftswoche***

Interessent/-in *mf* prospective customer *oder* prospect; **die Verkäufer suchen nach möglichen Interessenten** = the salesmen are looking out for prospective customers

Interessenverband *m* *(pol)* lobby

◇ **Interessenvertretung** *f* **(a)** representation of interests **(b)** group representing certain interests

interessieren *vt* **(a)** to interest; **er versuchte, mehrere Unternehmen für seine neue Erfindung zu interessieren** = he tried to interest several companies in his new invention; **der geschäftsführende Direktor ist nur an einer Rentabilitätssteigerung interessiert** = the managing director is interested only in increasing profitability **(b)** *vr* **sich interessieren für** = to be interested in; **der geschäftsführende Direktor interessiert sich nicht für den Betriebsverein** = the MD takes no interest in the staff club

Interface *n* interface

Interimskonto *n* suspense account

◇ **Interimszahlung** *f* interim payment

intern 1 *adj* internal; **interne Revision** = internal audit **2** *adv* internally; **die Stelle war intern ausgeschrieben** = the job was advertised internally; **wir beschlossen, die Stelle intern zu besetzen** = we decided to make an internal appointment

international *adj* international; **Internationale Arbeitsorganisation (IAO)** = International Labour Organization (ILO); **internationaler Handel** = international trade; **internationales Recht** = international law; **Internationale Vorwahl** = international dialling code; **Internationaler Währungsfonds (IWF)** = International Monetary Fund (IMF)

InterRegion (IR) *m* regional fast train

intervenieren *vi* to intervene; **bei einem Streit intervenieren** = to intervene in a dispute

◇ **Intervention** *f* intervention

◇ **Interventionspreis** *m* intervention price

Interview *n* interview; **ein Interview führen** = to interview

◇ **interviewen** *vt* to interview

◇ **Interviewer/-in** *mf* interviewer

◇ **Interviewte(r)** *mf* interviewee

Invalidenrente *f* disability pension

◇ **Invalidenversicherung** *f* disability insurance

◇ **Invalidität** *f* disability

Inventar *n* **(a)** *(Bestand)* stock *oder (US)* inventory; **lebendes Inventar** = livestock; **totes Inventar** = fixtures and fittings; **eine Liste des unbeweglichen Inventars anfertigen** = to draw up an inventory of fixtures **(b)** *(Verzeichnis)* inventory *oder* stock list; **Inventar aufnehmen** = to inventory

◇ **inventarisieren** *vt* **(a)** to make an inventory of *oder* to inventory **(b)** to take stock *oder (US)* to take inventory

◇ **Inventarliste** *f* *oder* **Inventarverzeichnis** *n* inventory; **die Inventarliste bestätigen** = to agree the inventory

Inventur *f* stocktaking; **das Lagerhaus ist wegen der jährlichen Inventur geschlossen** = the warehouse is closed for the annual stocktaking; **Inventur machen** = to take stock *oder (US)* to take inventory

◇ **Inventurausverkauf** *m* stocktaking sale

investieren *vt* to invest in *oder* to lay (money) out on *oder* to sink (money) in *oder* to spend (money) on; **Kapital in eine neue Fabrik investieren** = to invest capital in a new factory; **wir mußten die Hälfte unseres Kassenbudgets für die Ausrüstung der neuen Fabrik investieren** = we had to lay out half our cash budget on equipping the new factory; **er investierte sein ganzes Geld in ein Maschinenbaugeschäft** = he invested all his money in an engineering business; **Geld in neue Maschinen investieren** = to invest money in new machinery; **ihr wurde geraten, in Immobilien** *oder* **in Staatspapiere zu investieren** = she was advised to invest in real estate *oder* in government bonds

◇ **Investition** *f* investment; **sie forderten mehr staatliche Investitionen in neue Industrien** *oder* **Immobilien** = they called for more government investment in new industries *oder* in real estate; **er versucht, seine Investitionen (vor Verlusten) zu schützen** = he is trying to protect his investments

◇ **Investitionsanreiz** *m* investment incentive

◇ **Investitionsaufwand** *m* *oder* **Investitionsausgabe** *f* capital expenditure *oder* investment *oder* outlay

◇ **Investitionsbeihilfe** *f* investment grant

◇ **Investitionsgut** *n* item of capital expenditure; *pl* **Investitionsgüter** = capital equipment

◇ **Investitionshilfe** *f* investment aid

◇ **Investitionskapital** *n* investment capital

◇ **Investitionsklima** *n* climate for investment

◇ **Investitionskosten** *pl* investment cost(s) *oder* capital (outlay) cost(s)

◇ **Investitionskredit** *m* investment credit

◇ **Investitionslenkung** *f* influence of the state on business investment

◇ **Investitionsmöglichkeiten** *fpl* investment opportunities

◇ **Investitionsniveau** *n* investment level; **hohes Investitionsniveau** = high level of investment

◇ **Investitionsplan** *m* investment plan

◇ **Investitionsprogramm** *n* investment programme *oder* programme of investment; **ein Investitionsprogramm aufstellen** = to draw up an investment programme

◇ **Investitionsrechnung** *f* capital expenditure account

◇ **Investitionstätigkeit** *f* investment activity

◇ **Investitionsvorhaben** *n* investment plan

◇ **Investitionszuschuß** *m* investment grant

Investmentfonds *m* investment fund; **offener Investmentfonds** = unit trust *oder (US)* mutual fund

◇ **Investmentgesellschaft** *f oder* **Investmenttrust** *m* investment trust

◇ **Investmentzertifikat** *n* unit trust certificate

◇ **Investor** *m* investor

Inzahlungnahme *f* part-exchange *oder (US)* trade-in; **Preis bei Inzahlungnahme** = trade-in price

IR = INTERREGION

Irak *m* Iraq

◇ **Iraker/-in** *mf* Iraqi

◇ **irakisch** *adj* Iraqi
(NOTE: Hauptstadt: **Bagdad** = Baghdad; Währung: **irakischer Dinar** = Iraqi dinar)

Iran *m* Iran

◇ **Iraner/-in** *mf* Iranian

◇ **iranisch** *adj* Iranian
(NOTE: Hauptstadt: **Teheran** = Tehran; Währung: **Rial** *m* = rial)

Irland *n* Ireland

◇ **Ire/Irin** *mf* Irishman/Irishwoman; *pl* **die Iren** = the Irish

◇ **irisch** *adj* Irish
(NOTE: Hauptstadt: **Dublin** ; Währung: **irisches Pfund** = Irish pound *oder* punt)

irreführen *oder* **irreleiten** *vt* to misdirect

◇ **Irrläufer** *m* misdirected mail *oder* item

Irrtum *m* mistake *oder* error; **Irrtümer und Auslassungen vorbehalten (I.u.A.v.)** = errors and omissions excepted (e. & o.e.)

◇ **irrtümlich** *adv* in error *oder* by error

Island *n* Iceland

◇ **Isländer/-in** *mf* Icelander

◇ **isländisch** *adj* Icelandic
(NOTE: Hauptstadt: **Reykjavik** ; Währung: **isländische Krone** = Icelandic krona)

Ist-Kosten *pl* actual cost(s); **wie hoch sind die Ist-Kosten einer Einheit?** = what is the actual cost of one unit?; **Ist-Kosten plus prozentualer Gewinnaufschlag** = cost plus; **wir berechnen die Arbeit auf der Basis Ist-Kosten plus Gewinnaufschlag** = we are charging for the work on a cost plus basis

◇ **Ist-Preis** *m* actual price

◇ **Ist-Wert** *m* actual worth *oder* actual value

◇ **Ist-Zahlen** *fpl* actuals; **dies sind die Ist-Zahlen für 1993** = these figures are the actuals for 1993

IT = INFORMATIONSTECHNIK information technology (IT)

Italien *n* Italy

◇ **Italiener/-in** *mf* Italian

◇ **italienisch** *adj* Italian
(NOTE: Hauptstadt: **Rom** = Rome; Währung: **Lira** *f* = lira)

I.u.A.v. = IRRTÜMER UND AUSLASSUNGEN VORBEHALTEN errors and omissions excepted (e.& o.e.)

i.V. = IN VERTRETUNG *oder* IN VOLLMACHT on behalf of *oder* p.p.

Ivorer/-in *mf* Ivorien *oder* Ivorian *(Bewohner/-in der Elfenbeinküste)*

IWF = INTERNATIONALER WÄHRUNGSFONDS International Monetary Fund (IMF)

Jj

Jahr *n* year; **im Jahr** *oder* **pro Jahr** = per annum *oder* per year; **er hat sechs Wochen Urlaub im Jahr** = he has six weeks' annual leave

◊ **Jahrbuch** *n* yearbook

◊ **Jahresabschluß** *m* annual accounts *oder* financial statement

◊ **Jahresabschlußprüfung** *f* annual audit; **die Jahresabschlußprüfung durchführen** = to carry out the annual audit

◊ **Jahresausgleich** *m* annual adjustment of income tax

◊ **Jahresbasis** *f* **auf Jahresbasis** = on an annual basis *oder* annualized

◊ **Jahresbericht** *m* annual report

◊ **Jahresbilanz** *f* annual balance sheet

◊ **Jahresdurchschnitt** *m* annual *oder* yearly average

◊ **jahresdurchschnittlich** *adv* on an annual average; **die Preissteigerungen betrugen jahresdurchschnittlich 10%** = price increases have averaged 10% per annum

◊ **Jahreseinkommen** *n* annual income

◊ **Jahresendabrechnung** *f* year-end accounts; **die Buchhaltung hat mit der Arbeit an der Jahresendabrechnung begonnen** = the accounts department has started work on the year-end accounts

◊ **Jahresende** *n* year end

◊ **Jahresergebnis** *n* annual results; **das Jahresergebnis des Unternehmens 1993** = the company's results for 1993

> das ausgewiesene Jahresergebnis spiegelt die Tiefe des Einbruchs im operationellen Geschäft wohl nur ungenügend
>
> *Neue Zürcher Zeitung*

◊ **Jahresgehalt** *n* annual salary

◊ **Jahreshälfte** *f* half year *oder* six months; **die erste Jahreshälfte** *oder* **die zweite Jahreshälfte** = the first half *oder* the second half of the year

◊ **Jahreshauptversammlung** *f* annual general meeting (AGM) *oder (US)* annual stockholders' meeting

◊ **Jahreskarte** *f* annual season ticket

◊ **Jahreskonferenz** *f* annual conference; **die Jahreskonferenz der Elektrikergewerkschaft** = the annual conference of the Electricians' Union

◊ **Jahresmiete** *f* annual rent

◊ **Jahresprämie** *f* annual premium; **Sie zahlen entweder eine Jahresprämie von DM 920 oder zwölf Monatsbeiträge von je DM 80** = you pay either an annual premium of DM 920 or twelve monthly premiums of DM 80

◊ **Jahresrente** *f* annuity

◊ **Jahresumsatz** *m* annual turnover

◊ **Jahresurlaub** *m* annual holiday *oder* leave; **sechs Wochen Jahresurlaub** = six weeks' annual leave

◊ **Jahreswagen** *m* car which can be bought at a discount by a worker in a car factory but which cannot be resold within one year

◊ **Jahreszeit** *f* season; **umsatzstarke** *oder* **belebte Jahreszeit** = busy season; **umsatzschwache Jahreszeit** = slack season

◊ **jahreszeitlich** *adj & adv* seasonal(ly); **jahreszeitlich bedingt** = dependent on *oder* governed by the seasons *oder* seasonally dependent

◊ **Jahreszins** *m* annual interest

◊ **Jahreszinssatz** *m* **effektiver Jahreszinssatz** = annual percentage rate (APR)

◊ **jährlich** *adj & adv* annual(ly) *oder* yearly; **auf jährlicher Basis** = on an annual basis; **jährliche Ertragsrechnung** = annual statement of income; **jährliche Prämie von DM 750** = yearly premium of DM 750; **jährliches Wachstum von 5%** = annual growth of 5%; **jährliche Zahlung** = yearly payment; **die Zahlen werden jährlich auf den neusten Stand gebracht** = the figures are updated annually; **die Zahlen werden jährlich revidiert** = the figures are revised on an annual basis

Jamaika *n* Jamaica

◊ **Jamaikaner/-in** *mf* Jamaican

◊ **jamaikanisch** *adj* Jamaican

(NOTE: Hauptstadt: **Kingston** ; Währung: **Jamaika-Dollar** *m* = Jamaican dollar)

Japan *n* Japan

◊ **Japaner/-in** *mf* Japanese

◊ **japanisch** *adj* Japanese

(NOTE: Hauptstadt: **Tokio** = Tokyo; Währung: **Yen** *m* = yen)

je *adv* **je nach** = depending on; **je nach Werbebudget wird das neue Produkt über Radio oder Fernsehen auf dem Markt eingeführt** = depending on the advertising budget, the new product will be launched on radio or on TV

Jemen *m* Yemen

◊ **Arabische Republik Jemen** *f* Yemen Arab Republic (NOTE: Hauptstadt: **Sanaa** = San'a; Währung: **Jemen-Riyal** *m* = Yemen riyal)

◊ **Demokratische Volksrepublik Jemen** *f* People's Democratic Republic of Yemen (NOTE: Hauptstadt: **Aden** ; Währung: **Jemen-Dinar** *m* = Yemeni dinar)

◊ **Jemenit/-in** *mf* Yemeni

◊ **jemenitisch** *adj* Yemeni

jetzig *adj* present; **wie lautet die jetzige Adresse des Unternehmens?** = what is the present address of the company?; **bis jetzt** = to date

jeweils *adv* at a time; **wir erledigen jeweils fünzig Aufträge =** we deal with the orders fifty at a time *oder* in batches of fifty

Jingle *m* jingle

J-Kurve *f* J curve

Job *m* job

◇ **jobben** *vi* to have a temporary job

◇ **Jobber** *m* **(a)** *(veraltet)* *(Börse)* (stock) jobber **(b)** casual worker

◇ **Job-sharing** *n* job sharing

◇ **Jobtickets** *npl* subsidized tickets for use on public transport *(sold cheaply in bulk to an employer and passed on free or at a reduced rate to employees - to promote the use of public transport)*

Joint-venture *n* joint venture

> besser läuft ein Joint-venture mit einem russischen Fernmeldekonzern und dem Moskauer Institut für Kabelforschung
> ***Der Tagesspiegel***

Jordanien *n* Jordan

◇ **Jordanier/-in** *mf* Jordanian

◇ **jordanisch** *adj* Jordanian

(NOTE: Hauptstadt: **Amman** ; Währung: **Jordan-Dinar** *m* = Jordanian dinar)

Journal *n* journal *oder* daybook

◇ **Journalist/-in** *mf* journalist

Jubiläum *n* anniversary *oder* jubilee

Jugendarbeitslosigkeit *f* youth unemployment

junior *adj* junior; **John Smith junior =** John Smith, Junior

◇ **Juniorpartner/-in** *mf* junior partner

Jurist/-in *mf* lawyer; **ein auf Handelsrecht** *oder* **Unternehmensrecht spezialisierter Jurist =** a commercial lawyer *oder* company lawyer; **ein auf internationales Recht spezialisierter Jurist =** an international lawyer; **ein auf Seerecht spezialisierter Jurist =** a maritime lawyer

◇ **juristisch 1** *adj* legal; **eine juristische Person =** a legal entity *oder* a corporate body; **juristische(r) Sachverständige(r) =** legal expert **2** *adv* legally; **sich juristisch beraten lassen =** to take legal advice

Justitiar *m* in-company lawyer *oder* legal adviser *oder (US)* corporate attorney *oder* counsel

Justiz *f* **(a)** justice **(b)** judiciary

◇ **Justiz-** *pref* judicial

◇ **Justizirrtum** *m* miscarriage of justice

◇ **Justizminister/-in** *mf* minister of justice *oder* justice minister ≈ *(GB)* Lord Chancellor *oder (US)* Attorney General

◇ **Justizministerium** *n* ministry of justice ≈ *(US)* Department of Justice

Kk

k = KILO

Kabel *n* cable
◇ **Kabelanschluß** *m (TV)* cable connection
◇ **Kabelfernsehen** *n* cable television
◇ **Kabelnetz** *n (TV)* cable network

Kabine *f* **(a)** cabin *oder* cubicle **(b)** (telephone) booth *oder* call-box

Kabinettsminister/-in *mf* cabinet minister *oder (GB)* Secretary of State

kaduzieren *vt* to declare forfeited *oder (Aktien)* to cancel

Kaffeepause *f* coffee break

Kai *m* quay *oder* wharf; **Preis ab Kai** = price ex quay
◇ **Kaigebühren** *fpl* wharfage
◇ **Kaimeister** *m* wharfinger

Kalender *m* calendar; **zum neuen Jahr schickte mir die Autowerkstatt einen Kalender mit Fotografien alter Autos** = for the New Year the garage sent me a calendar with photographs of old cars
◇ **Kalenderjahr** *n* calendar year
◇ **Kalendermonat** *m* calendar month

Kalfaktor *m* dogsbody *oder (US)* gofer

Kalkulation *f* **(a)** calculation *oder* computation; **grobe Kalkulation** = rough calculation **(b)** costing; **Kalkulationen vornehmen** = to work out the figures
◇ **Kalkulator** *m* quantity surveyor
◇ **kalkulierbar** *adj* computable
◇ **kalkulieren** *vt* to calculate *oder* to compute *oder* to reckon; **den Preis eines Produktes kalkulieren** = to cost a product; **falsch kalkulieren** = to miscalculate

kalt *adj* **(a)** cold; **das Büro war so kalt, daß das Personal begann, sich zu beschweren** = the office was so cold that the staff started complaining; **die Maschinen arbeiten bei kaltem Wetter schlecht** = the machines work badly in cold weather; **im Kaffeeautomaten gibt es auch kalte Getränke zu kaufen** = the coffee machine also sells cold drinks **(b)** *(Miete)* exclusive of heating; **die Wohnung kostet DM 1000 kalt** = the flat costs DM 1000 without heating (costs) *(cf* WARM)
◇ **Kaltlagerung** *f* cold storage

Kambodscha *n* Cambodia
◇ **Kambodschaner/-in** *mf* Cambodian
◇ **kambodschanisch** *adj* Cambodian
(NOTE: Hauptstadt: **Phnom Penh** ; Währung: **Riel** *m* = riel)

Kamerun *n* Cameroon
◇ **Kameruner/-in** *mf* Cameroonian
◇ **kamerunisch** *adj* Cameroonian
(NOTE: Hauptstadt: **Yaoundé** ; Währung: **CFA-Franc** *m* = CFA franc)

Kampagne *f* campaign

Kampf *m* battle; **Kampf um die Auflagenhöhe (verschiedener Zeitungen)** = circulation battle; **Kampf gegen die Inflation** = battle against inflation
◇ **Kampfpreis** *m* cutthroat price

Kanada *n* Canada
◇ **Kanadier/-in** *mf* Canadian
◇ **kanadisch** *adj* Canadian
(NOTE: Hauptstadt: **Ottawa** ; Währung: **kanadischer Dollar** = Canadian dollar)

Kanal *m* channel
◇ **Kanaltunnel** *m* Channel Tunnel

Kandidat/-in *mf* **(a)** applicant *oder* candidate **(b)** nominee

Kante *f* edge; **Geld auf der hohen Kante haben** = to have some money put aside; **Geld auf die hohe Kante legen** = to put money aside

> sie erhöhten ihre Guthaben in der Konzernbilanz auf 344 (286) Mill. DM, um für allfällige Schenkungs- und Erbschaftssteuern etwas auf der hohen Kante zu haben
> ***Süddeutsche Zeitung***

Kanzlei *f* **(a)** office *oder* chancellery **(b)** *(jur)* chambers
◇ **Kanzler** *m* **(a)** chancellor **(b)** *(Bundeskanzler)* German Chancellor

> aber als Chef der Niederlassung in Los Angeles hatte er keinen direkten Kontakt mit den ausländischen Kunden seiner Kanzlei
> ***Wirtschaftswoche***
>
> der Kanzler sagte den Betrieben aus den neuen Ländern seine Unterstützung zu
> ***Sächsische Zeitung***

Kapazität *f* capacity; **überschüssige Kapazitäten nutzen** = to use up spare *oder* excess capacity
◇ **Kapazitätsauslastung** *f* capacity utilization
◇ **Kapazitätserweiterung** *f* increase in capacity
◇ **Kapazitätsfaktor** *m* load factor
◇ **Kapazitätsüberschuß** *m* excess capacity

Kapital *n* **(a)** *(Grundkapital)* capital; **ausgegebenes Kapital** = issued capital; **bewilligtes Kapital** = authorized capital; **eingezahltes Kapital** = paid-up capital; **Unternehmen mit einem Kapital von DM 90.000** = company with DM 90,000 capital *oder* with a capital of DM 90,000 **(b)** *(Geldmittel)* capital *oder* finance *oder* funds *oder* money; **flüssiges** *oder* **verfügbares Kapital** = ready capital *oder* available capital; **totes Kapital** = money lying idle; **Kapital und Zinsen zurückzahlen** = to repay principal and interest **(c)** *(fig)* capital *oder* assset; **aus etwas Kapital schlagen** = to cash in on *oder* to capitalize on; **aus seiner Marktstellung Kapital schlagen** = to capitalize on one's market position; **das Unternehmen schlägt Kapital aus dem Interesse an Computerspielen** = the company is cashing in on the interest in computer games

◇ **Kapitalabfluß** *m* outflow *oder* efflux of capital; **Kapitalabfluß aus einem Land** = outflow of capital from a country

◇ **Kapitalabwanderung** *f* exodus of capital; **Kapitalabwanderung nach Nordamerika** = exodus of capital to North America

◇ **Kapitalanlage** *f* investment; **sichere Kapitalanlage** = safe investment; **festverzinsliche Kapitalanlagen** = fixed-interest investments

◇ **Kapitalanlagegesellschaft** *f* investment company *oder* investment trust

◇ **Kapitalanleger/-in** *mf* investor

◇ **Kapitalaufstockung** *f* increase in share capital

◇ **Kapitalbewilligung** *f* allocation of capital

◇ **Kapitaleinbringung** *f* contribution of capital

◇ **Kapitaldecke** *f* capital resources

> daß die Versicherungen die Haftung für Großrisiken in aller Regel weitergeben, ist keineswegs darin begründet, daß die Rückversicherungen eine breite Kapitaldecke besitzen
>
> ***Wochenpost***

◇ **Kapitaleinkommen** *n* unearned income

◇ **Kapitaleinlage** *f* *(eines Gesellschafters)* contribution of capital

◇ **Kapitaleinleger/-in** *mf* contributor of capital

◇ **Kapitalerhöhung** *f* increase in share capital

◇ **Kapitalertrag** *m* yield on capital *oder* investment income

◇ **Kapitalertragssteuer** *f* capital gains tax

◇ **Kapitalflucht** *f* flight of capital; **die Kapitalflucht von Europa in die USA** = the flight of capital from Europe into the USA

◇ **Kapitalfluß** *m* flow of capital; **der Kapitalfluß in ein Land** = the flow of capital into a country

◇ **Kapitalgesellschaft** *f* corporation *oder* joint-stock company

◇ **kapitalintensiv** *adj* capital-intensive; **kapitalintensive Industrie** = capital-intensive industry

◇ **kapitalisieren** *vt* to capitalize; **mit DM 40.000 kapitalisiertes Unternehmen** = company capitalized at DM 40,000

◇ **Kapitalisierung** *f* capitalization; **Kapitalisierung von Rücklagen** = capitalization of reserves

◇ **Kapitalismus** *m* capitalism

◇ **Kapitalist/-in** *mf* capitalist

◇ **kapitalistisch** *adj* capitalist; **die kapitalistischen Länder** = the capitalist countries; **das kapitalistische System** = the capitalist system; **die kapitalistische Welt** = the capitalist world; **eine kapitalistische Wirtschaft** = a capitalist economy

◇ **Kapitalkonto** *n* capital account

◇ **Kapitalmarkt** *m* capital market

◇ **Kapitalprämie** *f* capital bonus

◇ **Kapitalrendite** *f* return on investment (ROI) *oder* return on capital employed (ROCE)

◇ **Kapitalreserven** *fpl* capital reserves

◇ **Kapitalrückzahlung** *f* repayment of principal

◇ **Kapitalsammelstelle** *f* institutional investor

◇ **Kapitalspritze** *f* injection of capital; **eine Kapitalspritze von DM 300.000** = a capital injection of DM 300,000 *oder* an injection of DM 300,000 capital

◇ **Kapitalstruktur** *f* capital structure; **die Kapitalstruktur eines Unternehmens** = the capital structure of a company

◇ **Kapitalsumme** *f* principal

◇ **Kapitalverflechtung** *f* cross holding *oder* interlocking shareholdings

◇ **Kapitalverkehr** *m* circulation of capital *oder* movements of capital

> denn die EU-Kommissare ermitteln nicht nur wegen eventuell unredlich kalkulierter Preise, sondern auch wegen möglicher Verstöße gegen die Niederlassungsfreiheit und die Freizügigkeit im Kapitalverkehr
>
> ***Wirtschaftswoche***

◇ **Kapitalverlust** *m* capital loss

◇ **Kapitalvermögen** *n* financial assets

◇ **Kapitalzins** *m* interest on capital

◇ **Kapitalzufluß** *m* inflow of capital; **Kapitalzufluß aus dem Ausland** = inflow of capital from abroad

kaputt *adj* broken *oder* out of order

◇ **kaputtgehen** *vi* to break down

Karat *n* carat

◇ **-karätig** *adj* -carat; **ein 22-karätiger Goldring** = a 22-carat gold ring; **ein fünfkarätiger Diamant** = a 5-carat diamond

Karenztag *m* unpaid day of sick leave

◇ **Karenzzeit** *f* qualifying period

Kargo *m* cargo

kariert *adj* checked; **kariertes Papier** = squared paper

Karriere *f* career; **er machte in der Elektronikbranche Karriere** = he made his career in electronics

◇ **Karrierefrau** *f* career woman

Karte *f* **(a)** card **(b)** ticket

Kartei *f* card index *oder* card-index file

◇ **Karteikarte** *f* index card *oder* filing card *oder* *(US)* file card; **Anlegen von Karteikarten** = card-indexing; **Karteikarten anlegen** = to card-index

◇ **Karteikartensystem** *n* card-indexing system; **keiner versteht ihr Karteikartensystem** = no one can understand her card-indexing system

Kartell *n* cartel *oder* ring

◇ **Kartellamt** *n* monopolies *oder* anti-trust commission
◇ **Kartellgesetz** *n* anti-trust law
◇ **Kartellgesetzgebung** *f* anti-trust legislation

Karteninhaber/-in *mf* card holder
◇ **Kartenkunde** *m* customer who pays by credit or debit card

Erfahrungen belegen, daß Kartenkunden doppelt so hohe Einkäufe tätigen wie Kunden ohne Karte
Blick durch die Wirtschaft

◇ **Kartenschalter** *m* ticket counter
◇ **Kartenschwarzhändler/-in** *mf* ticket tout
◇ **Kartenständer** *m* card rack
◇ **Kartentelefon** *n* card phone
◇ **Kartenverkäufer/-in** *mf* booking clerk
◇ **Kartenverkaufsstand** *m* ticket booth
◇ **Kartenvorverkaufsstelle** *f* ticket agency

Karton *m* card *oder* cardboard *oder* carton; **wir haben die Anweisungen auf dickem, weißem Karton gedruckt** = we have printed the instructions on thick white card

Kasko *m* **(a)** vehicle **(b)** *(Schiff)* hull
◇ **Kaskoschaden** *m* damage to one's own vehicle
◇ **Kaskoversicherung** *f* **(a)** insurance covering damage to one's own vehicle **(b)** hull insurance *(cf* TEILKASKOVERSICHERUNG, VOLLKASKOVERSICHERUNG)

Kassageschäft *n* **(a)** cash sale *oder* cash transaction **(b)** *(Börse)* spot transaction
◇ **Kassakonto** *n* cash account
◇ **Kassakurs** *m* *(Börse)* spot rate
◇ **Kassamarkt** *m* *(Börse)* spot market
◇ **Kassazahlung** *f* cash payment

Kasse *f* **(a)** cash *oder* balance in hand; **gemeinsame Kasse** = kitty; **sie hatten getrennte Kasse** = they each paid for themselves *oder* they went Dutch; **kleine Kasse** = (i) petty cash; (ii) float; **Kasse machen** = to cash up **(b)** cash desk *oder* pay desk *oder* checkout (counter); **bitte an der Kasse zahlen** = please pay at the desk **(c)** cash register *oder* (cash) till; **es war nicht viel Geld in der Kasse bei Feierabend** = there was not much money in the till at the end of the day **(d)** ticket office *oder* box office
◇ **Kassenbeleg** *m* sales slip *oder* receipt
◇ **Kassenbestand** *m* balance in hand *oder* cash in hand *oder* cash balance
◇ **Kassenbon** *m* sales slip; **legen Sie bitte den Kassenbon vor, wenn Sie Artikel umtauschen wollen** = please produce your receipt if you want to exchange items; **Waren werden nur bei Vorlage des Kassenbons umgetauscht** = goods can be exchanged only on production of a sales slip
◇ **Kassenbuch** *n* cash book; **kleines Kassenbuch** = petty cash book
◇ **Kassenbudget** *n* cash budget
◇ **Kassenkonto** *n* cash account
◇ **Kassenschlager** *m* box-office hit *oder* money-spinner
◇ **Kassenstand** *m* cash balance; **wie ist der Kassenstand?** = what is the cash position?
◇ **Kassensturz** *m* cashing up; **Kassensturz machen** = to cash up
◇ **Kassenwart** *m* treasurer; **ehrenamtlicher Kassenwart** = honorary treasurer
◇ **Kassenzettel** *m* sales slip

Kassette *f* **(a)** *(Magnetband)* cassette; **kopieren Sie die Information vom Computer auf eine Kassette** = copy the information from the computer onto a cassette **(b)** *(Geschenk-)* gift set *oder* box; **in einer Kassette verpacktes Set** = boxed set **(c)** *(Schuber)* slipcase **(d)** *(Film-)* cassette

kassieren 1 *vt (Gelder)* to collect *oder* to take in **2** *vi (umg) (verdienen)* to make money *oder* to rake it in
◇ **Kassierer/-in** *mf* cashier *oder (Bank)* teller

Kasten *m* box
◇ **kastenförmig** *adj* box-shaped; **kastenförmiger Aktenordner** = box file

Katalog *m* catalogue *oder (US)* catalog; **sie schickten uns einen Katalog ihrer neuen Schreibtische** = they sent us a catalogue of their new range of desks
◇ **katalogisieren** *vt* to catalogue
◇ **Katalogpreis** *m* catalogue price *oder* list price

Katalysator *m* catalytic converter

Kataster *m* land register
◇ **Katasteramt** *n* land registry

katastrophal *adj* catastrophic *oder* disastrous; **das Unternehmen erlitt katastrophale Umsatzeinbußen** = the company suffered a disastrous drop in sales
◇ **Katastrophe** *f* catastrophe *oder* disaster; **finanzielle Katastrophe** = financial disaster

Kategorie *f* category *oder* class

Kauf *m* purchase; **die Uhr war ein guter Kauf** = the watch was a good buy; **dies Auto war ein schlechter Kauf** = this car was a bad buy; **zum Kauf anbieten** = to offer for sale
◇ **Kaufabsicht** *f* intention to buy
◇ **Kaufangebot** *n* offer to buy *oder* bid; **für das Haus liegt ein Kaufangebot vor** = the house is under offer
◇ **Kaufanreiz** *m* sales appeal
◇ **Kaufauftrag** *m* purchase order
◇ **kaufen** *vt* to buy *oder* to purchase; **etwas kaufen** = to make a purchase; **er kaufte 10.000 Aktien** = he bought 10,000 shares; **etwas (gegen) bar kaufen** = to purchase something for cash; **auf Termin kaufen** = to buy forward
◇ **Käufer/-in** *mf* buyer *oder* purchaser; shopper; **das Unternehmen hat einen Käufer für sein Lagerhaus gefunden** = the company has found a purchaser for its warehouse; **es gab keine Käufer** = there were no buyers; **es gab keine Käufer für die neuen Aktien** = there were no takers for the new shares; **für das Unternehmen wird ein Käufer gesucht** = the company is looking for a purchaser
◇ **Käufermarkt** *m* buyer's market
◇ **Käuferwiderstand** *m* consumer resistance; **das neue Produkt stieß nicht auf Käuferwiderstand,**

obwohl der Preis hoch war = the new product met no consumer resistance even though the price was high

◊ **Kaufhaus** *n* department store

◊ **Kaufkraft** *f* buying power *oder* purchasing power *oder* spending power; **der Verfall der Kaufkraft des Pfunds** = the decline in the purchasing power of the pound; **die Kaufkraft des Pfundes ist in den letzten fünf Jahren gesunken** = the buying power of the pound has fallen over the last five years; **die Kaufkraft des Schulmarkts** = the purchasing power of the school market; **die Kaufkraft des studentischen Markts** = the spending power of the student market

◊ **kaufkräftig** *adj* **kaufkräftige Kunden** = affluent customers

◊ **käuflich** *adj* for sale *oder* on sale; sellable

◊ **Kauflust** *f* desire to buy

◊ **kauflustig** *adj* keen to buy

◊ **Kaufmann/Kauffrau** *mf* dealer *oder* trader

◊ **kaufmännisch** *adj* commercial; **kaufmannischer Angestellter** = office worker; **kaufmännischer Lehrgang** = commercial course; **er machte einen kaufmännischen Fernkurs** = he took a commercial course by correspondence

◊ **Kaufoption** *f* option to purchase *oder* *(Börse)* call option

◊ **Kaufpreis** *m* purchase price

◊ **Kaufrausch** *m* spending spree

◊ **Kaufunlust** *f* reluctance to buy

◊ **kaufunlustig** *adj* reluctant to buy

◊ **Kaufvertrag** *m* bill of sale *oder* sale contract

◊ **Kaufzwang** *m* obligation to buy; **es besteht kein Kaufzwang** = there is no obligation to buy; **zwei Wochen Probezeit ohne Kaufzwang** = two weeks' free trial without obligation

> innerhalb einer Frist von mindestens sieben Tagen ab Empfang der Ware oder Dienstleistung soll der Verbraucher die Möglichkeit haben, ohne Angabe von Gründen von seinem Kaufvertrag zurückzutreten
> ***Blick durch die Wirtschaft***

kaum *adv* barely *oder* hardly *oder* scarcely; **sie hatte kaum Zeit, ihren Anwalt anzurufen** = she barely had time to call her lawyer; **es ist kaum noch Geld übrig, um das Personal zu bezahlen** = there is barely enough money left to pay the staff

Kaution *f* **(a)** *(jur)* bail; **die Kaution (durch Nichterscheinen) verfallen lassen** = to jump bail; **für jdn DM 10.000 Kaution stellen** = to stand bail of DM 10,000 for someone; **jdn durch die Hinterlegung einer Kaution freibekommen** = to bail someone out; **sie zahlte DM 3.000, um ihn auf Kaution freizubekommen** = she paid DM 3,000 to bail him out; **er wurde gegen eine Kaution in Höhe von DM 3.000 freigelassen** = he was released on bail of DM 3,000 *oder* he was released on payment of DM 3,000 bail **(b)** *(Miete)* deposit; **zurückerstattbare Kaution** = refundable deposit

Kautschuk *m* rubber

KB *oder* **kByte** = KILOBYTE

Kenia *n* Kenya

◊ **Kenianer/-in** *mf* Kenyan

◊ **kenianisch** *adj* Kenyan

(NOTE: Hauptstadt: **Nairobi** ; Währung: **kenianischer Schilling** = Kenyan shilling)

kennen *vt* to know; **er kennt den afrikanischen Markt sehr gut** = he knows the African market very well; **kennen Sie Herrn Müller, unseren neuen Verkaufsdirektor?** = do you know Mr Müller, our new sales director?

◊ **Kenntnis** *f* **(a)** knowledge; **er hatte keine Kenntnis von dem Vertrag** = he had no knowledge of the contract; **in Kenntnis setzen** = to advise *oder* to inform *oder* to notify; **sie wurden von der Ankunft der Ladung im Kenntnis gesetzt** = they were notified of the arrival of the shipment; **zur Kenntnis nehmen** = to note; **wir nehmen zur Kenntnis, daß die Waren in schlechtem Zustand angeliefert wurden** = we note that the goods were delivered in bad condition **(b)** *pl* **Kenntnisse** = knowledge *oder* skills; **er wird sich neue Kenntnisse aneignen müssen, wenn er die Fabrik leiten will** = he will have to learn some new skills if he is going to direct the factory

◊ **Kennummer** *f* **persönliche Kennummer** = Personal Identification Number (PIN)

◊ **Kennwort** *n* code word *oder* reference

◊ **Kennzahl** *f* code number *oder* reference number

Kern *m* core; **zum Kern der Sache zurückkommen** = to get back to basics

◊ **Kernarbeitszeit** *f* core time

◊ **Kerngeschäft** *n* core business

◊ **Kernkraft** *f* nuclear power

◊ **Kernkraftwerk** *n* nuclear power station

◊ **Kernproblem** *n* central problem *oder* core problem

◊ **Kernzeit** *f* core time

Kette *f* chain *oder* multiple; **sie kaufte verschiedene Schuhgeschäfte und baute nach und nach eine Kette auf** = she bought several shoe shops and gradually built up a chain

◊ **Kettenladen** *m* chain store

Kfz = KRAFTFAHRZEUG

◊ **Kfz-Steuer** *f* road tax

kg = KILOGRAMM

KG = KOMMANDITGESELLSCHAFT

KGV = KURS-GEWINN-VERHÄLTNIS

Kilo (k) *n* kilo *oder* kilogram (kg)

◊ **Kilobyte (KB** *oder* **kByte)** *n* kilobyte (Kb)

◊ **Kilogramm (kg)** *n* kilogram *oder* kilo (kg)

◊ **Kilometer (km)** *m* kilometre *oder* *(US)* kilometer (km); **der Wagen verbraucht einen Liter auf fünfzehn Kilometer** = the car does fifteen kilometres to the litre

◊ **Kilometerpauschale** *f* ≈ mileage allowance

◊ **Kilometerzahl** *f* ≈ mileage; **die im Jahresdurchschnitt gefahrene Kilometerzahl eines Vertreters** = the salesman's average annual mileage

Kinderfreibetrag *m* child allowance

◊ **Kindergeld** *n* child benefit

◊ **Kinderhort** *m* day nursery

◇ **Kinderkrippe** *f* crèche

Kirchensteuer *f* church tax

Kiste *f* case *oder* crate *oder* box; **eine Kiste Apfelsinen** = a crate of oranges; **sechs Kisten Wein** = six cases of wine; **in Kisten verpacken** = to case *oder* to crate; **in Kisten verpackt** = boxed *oder* cased *oder* crated

Klage *f* complaint *oder* action *oder* suit; **zivilrechtliche Klage** = civil action; **Klage erheben** = to take legal action *oder* to sue

◇ **klagen** *vi* **(a)** to complain **(b)** to sue *oder* to take legal action; **gegen jdn klagen** = to sue someone; **auf Schadenersatz klagen** = to sue for damages

◇ **Kläger/-in** *mf* claimant *oder* plaintiff

◇ **Klageweg** *m* litigation; **den Klageweg beschreiten** = to take legal action

Klappentext *m* blurb

klar *adj* clear *oder* plain; **sich klar sein über** = to realize; **als sie in das Büro des Geschäftsführers ging, war sie sich nicht darüber im klaren, daß sie befördert werden würde** = when she went into the manager's office she did not realize she was going to be promoted

◇ **klären** *vt* to clarify *oder* to clear up *oder* to sort out; **haben Sie die Buchführungsprobleme mit den Wirtschaftsprüfern geklärt?** = did you sort out the accounts problem with the auditors?; **der Verbleib mehrerer tausend Stück konnte bei der Inventur nicht geklärt werden** = several thousand units are unaccounted for in the stocktaking

◇ **klarieren** *vt* to clear (through customs)

◇ **Klarierung** *f* (customs) clearance

◇ **klarmachen** *vt* to make clear *oder* to explain; **Sie werden dem Personal klar machen müssen, daß die Produktivität sinkt** = you will have to make it clear to the staff that productivity is falling; **wir machten der Gewerkschaft klar, daß 5% das letzte Angebot der Unternehmensleitung ist** = we made it plain to the union that 5% was the management's final offer; **der Manager versuchte der Belegschaft klarzumachen, warum einige Mitarbeiter entlassen würden** = the manager tried to get across to the workforce why some people were being made redundant

◇ **Klarsichtpackung** *f* blister pack

◇ **klarwerden** *vi* to realize

Klasse *f* **(a)** class; **Reisen in der Touristenklasse ist weniger bequem als in der Ersten Klasse** = tourist class travel is less comfortable than first class; **er reist immer in der Ersten Klasse, weil es in der Touristenklasse zu unbequem ist** = he always travels first class because tourist class is too uncomfortable **(b)** *(Güterklasse)* grade **(c)** *(Steuerklasse)* (income tax) bracket

◇ **Klassifikation** *f* classification

◇ **klassifizieren** *vt* to classify *oder* to grade

◇ **Klassifizierung** *f* classification

Klausel *f* **(a)** article *oder* clause; **der Vertrag hat zehn Klauseln** = there are ten clauses in the contract; **gemäß Klausel sechs ist die Zahlung nicht vor nächstem Jahr fällig** = according to clause six, payments will not be due until next year **(b)** provision *oder* stipulation; **wir haben für diesen Fall Klauseln eingebaut** = we have made provision to this effect

kleben *vt* to glue *oder* to stick; **sie klebten ein Plakat an die Tür** = they stuck a poster on the door; **er klebte das Schild auf die Kiste** = he glued the label to the box; **eine Briefmarke auf einen Brief kleben** = to stick a stamp on a letter

◇ **Klebeetikett** *n* gummed label

◇ **Klebestreifen** *m* tape

◇ **Klebstoff** *m* gum *oder* glue; **der Klebstoff auf dem Umschlag klebt nicht sehr gut** = the glue on the envelope does not stick very well; **er klebte das Schild mit Klebstoff an die Kiste** = he stuck the label to the box with gum; **sie tat etwas Klebstoff auf die Rückseite des Posters, um es an die Wand zu kleben** = she put some glue on the back of the poster to fix it to the wall

klein *adj* small; **kleine Ladenbesitzer** = small shopkeepers; **er fing klein an** = he started in business on a small scale

◇ **Kleinaktie** *f* penny share *oder* *(US)* penny stock

◇ **Kleinaktionär** *m* small *oder* minor shareholder

◇ **Kleinanleger/-in** *mf* small investor

> solche Anlagen sind wegen ihres hohen Verlustrisikos für sicherheitsorientierte Kleinanleger nicht zu empfehlen
>
> ***Neues Deutschland***

◇ **Kleinanzeigen** *fpl* classified ad(vertisement)s *oder* small ads *oder* want ads; **sieh in den Kleinanzeigen nach, ob jemand einen Computer zu verkaufen hat** = look in the small ads to see if anyone has a computer for sale

◇ **Kleinbauer/Kleinbäuerin** *mf* smallholder

◇ **Kleinbetrieb** *m* small-scale enterprise; **landwirtschaftlicher Kleinbetrieb** = smallholding; *pl* **Kleinbetriebe** = small businesses

◇ **Kleingedruckte(s)** *n* fine print; **das Kleingedruckte in einem Vertrag lesen** = to read the small print *oder* the fine print on a contract

◇ **Kleingeld** *n* loose change *oder* small change

◇ **kleinstädtisch** *adj* small-town *oder* provincial

◇ **Kleintastatur** *f* keypad

◇ **Kleintransporter** *m* van; **offener Kleintransporter** = pickup (truck)

◇ **Kleinunternehmen** *n* small business; *npl* **Klein- und Mittelunternehmen** = small and medium-sized businesses

◇ **Kleinunternehmer/-in** *mf* small business(wo)man

> obwohl staatlich, arbeitet die Gruppe wie ein selbständiges Kleinunternehmen. Für dieses Jahr ist ein Gewinn von 50000 Rubel anvisiert
>
> ***Russischer Kurier***

klettern *vi* to climb; **das Unternehmen kletterte auf Platz 1** = the company has climbed to No. 1 position in the market

Klient/-in *mf* client

◇ **Klientel** *f* clientele *oder* clients

Klima *n* climate *oder* atmosphere *oder* mood; **das wirtschaftliche Klima** = the economic climate *(siehe auch* BÖRSENKLIMA)

Klub *m* club; **wenn Sie den geschäftsführenden Direktor sprechen wollen, können Sie ihn in seinem Klub anrufen** = if you want the managing director, you can phone him at his club
◇ **Klubbeitrag** *m* club subscription
◇ **Klubmitgliedschaft** *f* club membership

Klumpenauswahl *f* cluster sampling

km = KILOMETER

knapp 1 *adj* **(a)** scarce; **knappe Rohstoffe** = scarce raw materials; **knapp an** = short of; **knapp an Personal** = shorthanded; **wir sind zur Zeit knapp an Personal** = we are rather shorthanded at the moment; **knapp sein** = in short supply; **Ersatzteile sind aufgrund des Streiks knapp** = spare parts are in short supply because of the strike **(b)** scanty *oder* meagre *oder* sparse; **knappe Kapitalrendite** = marginal return on investment **(c)** *(fin)* tight *oder* narrow; **knappes Geld** = tight money; **Politik des knappen Geldes** = tight money policy **2** *adv* **unsere Gewinnspannen sind sehr knapp bemessen** = we are cutting our margins very fine; **etwas zu knapp abwiegen** = to give short weight
◇ **Knappheit** *f* scarceness *oder* scarcity

Know-how *n* know-how; **elektronisches Know-how** = electronic know-how

> dank der hohen handwerklichen Qualifikation und des von Generation zu Generation weitergegebenen Know-how darf die ostdeutsche Musikindustrie mit einem Zuwachs von über 20 Prozent rechnen
> ***Sächsische Zeitung***
> zur Zeit umkreist Brem-Sat mit Freiberger Know-how die Erde
> ***Süddeutsche Zeitung***

Kode *m* code
◇ **Kodierung** *f* coding; **die Kodierung von Rechnungen** = the coding of invoices

Koffer *m* case *oder* suitcase; **sie hatte einen kleinen Koffer, den sie mit ins Flugzeug nahm** = she had a small case which she carried onto the plane; **der Zollbeamte ließ ihn seine drei Koffer öffnen** = the customs officer made him open his three suitcases
◇ **Kofferkuli** *m* luggage trolley *oder (US)* baggage cart

Kohle *f* **(a)** coal **(b)** *(umg) (Geld)* cash *oder* dough; **schnell Kohle machen** = to make a fast buck *oder* a quick buck
◇ **Kohlenbergbau** *m* coal mining
◇ **Kohlenbergwerk** *n* coal mine *oder* pit
◇ **Kohlenhändler** *m* coal merchant
◇ **Kohlenverbrauch** *m* coal consumption; **die Fabrik hat einen hohen Kohleverbrauch** = the factory has a heavy consumption of coal
◇ **Kohlenvorräte** *mpl* coal supplies; **die Kohlenvorräte der Fabrik werden knapp** = the factory is running short of supplies of coal; **die Kohlenvorräte wurden reduziert** = supplies of coal have been reduced

Kohlepapier *n* carbon (paper); **sie legte das Kohlepapier falsch herum ein** = she put the carbon paper in the wrong way round

Kohlepfennig *m* coal tax

Kollege/Kollegin *mf* **(a)** colleague **(b)** counterpart *oder* opposite number

Kollektiv *n* collective
◇ **Kollektivinhaberschaft** *f* collective ownership
◇ **Kollektivvertrag** *m* collective agreement

kollidieren *vi* to collide; **das Flugzeug kollidierte mit dem Berg** = the plane crashed into the mountain
◇ **Kollision** *f* collision
◇ **Kollisionskurs** *m* collision course; **auf Kollisionskurs steuern** = to be on a collision course

Kolonne *f* column

Kolumbien *n* Colombia
◇ **Kolumbi(an)er/-in** *mf* Colombian
◇ **kolumb(ian)isch** *adj* Colombian
(NOTE: Hauptstadt: **Bogotá**; Währung: **kolumbianischer Peso** = Colombian peso)

Kolumne *f* column

Kombinat *n* combine
◇ **Kombination** *f* combination; **eine Kombination von Cash-flow-Problemen und schwierigen Handelsbedingungen verursachten den Zusammenbruch des Unternehmens** = a combination of cash flow problems and difficult trading conditions caused the company's collapse
◇ **Kombinationsschloß** *m* combination lock; **der Bürosafe hat ein Kombinationsschloß** the office safe has a combination lock

Komitee *n* committee; **einem Komitee vorsitzen** = to chair a committee

Komma *n* **(a)** comma **(b)** decimal point

Kommanditgesellschaft (KG) *f* limited partnership
◇ **Kommanditist/-in** *mf* limited partner *(siehe auch* TEILHAFTER)

Kommandowirtschaft *f* command economy

kommen *vi* to come; **wie werden Sie zur Fabrik kommen?** = what means of transport will you use to get to the factory?; **sie kommt aus dem Verlagswesen** = she has a publishing background; **kommen zu** = to come to *oder* to reach; **zu einer Entscheidung kommen** = to reach a decision; **der Vorstand kam zu einer Entscheidung über die Schließung der Fabrik** = the board reached a decision about closing the factory; **zu einer Vereinbarung kommen** = to reach an agreement

kommerzialisieren *vt* to commercialize
◇ **Kommerzialisierung** *f* commercialization; **die Kommerzialisierung von Museen** = the commercialization of museums
◇ **kommerziell** *adj & adv* commercial(ly); **der Urlaubsort ist so kommerziell geworden, daß er nicht mehr schön ist** = the holiday town has

become so commercialized that it is unpleasant; **kommerzielle Bank** = commercial bank

Kommission *f* commission
◇ **Kommissionär** *m* **(a)** commission agent **(b)** *(Empfänger)* consignee **(c)** wholesale bookseller
◇ **Kommissionsbasis** *f* commission basis; **Verkauf auf Kommissionsbasis** = sale on commission
◇ **Kommissionsbuchhandel** *m* wholesale book trade
◇ **Kommissionsgebühr** *f* commission
◇ **Kommissionssendung** *f* consignment
◇ **Kommissionsverkauf** *m* commission sale
◇ **Kommissionswaren** *fpl* goods on consignment

Kommittent *m* consignor

kommunal *adj* municipal
◇ **Kommunalabgaben** *pl* local taxes
◇ **Kommunalbehörde** *f* municipal authority
◇ **Kommunalobligation** *f* municipal *oder* local authority bond
◇ **Kommunalsteuern** *fpl* municipal taxes
◇ **Kommunalverwaltung** *f* local government

Kommunikation *f* communication; **die Kommunikation mit der Zentrale ist schneller, seitdem wir das Faxgerät angeschlossen haben** = communicating with head office has been quicker since we installed the fax
◇ **Kommunikationsweg** *m* communication channel *oder* channel of communication; **neue Kommunikationswege erschließen** = to open up new channels of communication
◇ **kommunizieren** *vi* to communicate

Kompanie *f (veraltet)* company *oder* firm

kompatibel *adj* compatible
◇ **Kompatibilität** *f* compatibility

Kompensation *f* compensation
◇ **Kompensationsabkommen** *n* barter agreement *oder* barter arrangement *oder* barter deal; **das Unternehmen schloß ein Kompensationsabkommen mit Bulgarien** = the company has agreed a barter deal with Bulgaria
◇ **Kompensationsgeschäft** *n* barter; **Kompensationsgeschäfte machen** = to barter
◇ **kompensieren** *vt* to compensate

kompetent *adj* capable *oder* competent; **sie ist eine sehr kompetente Abteilungsleiterin** = she is a very capable departmental manager
◇ **Kompetenz** *f* competence *oder* authority *oder* reponsibility
◇ **Kompetenzbereich** *m* jurisdiction *oder* area of competence *oder* area of responsibility
◇ **Kompetenzstreit** *m* *oder* **Kompetenzstreitigkeiten** *fpl* conflict *oder* clashes of competence; demarcation dispute; **die Produktion der neuen Wagen geriet aufgrund von Kompetenzstreitigkeiten ins Stocken** = production of the new car was held up by demarcation disputes

Komplementär/-in *mf* full partner *(siehe auch* VOLLHAFTER)

komplett *adj* complete; **etwas komplett kaufen** = to purchase something outright *oder* to make an outright purchase

komplex *adj* complex; **ein komplexes Importkontrollsystem** = a complex system of import controls; **die technischen Daten der Maschine sind sehr komplex** = the specifications for the machine are very complex

Kompromiß *m* compromise; **einen Kompromiß schließen** = to compromise

Kondition *f* condition

Konfektions- *pref* ready-made *oder* ready-to-wear
◇ **Konfektionsindustrie** *f* (ready-to-wear) clothing industry; **die Konfektionsindustrie leidete unter ausländischer Konkurrenz** = the ready-to-wear trade has suffered from foreign competition

Konferenz *f* conference; **die Konferenz des Buchhändlerverbandes** = the conference of the Booksellers' Association; **die Tagesordnung der Konferenz wurde von dem Prokurist aufgestellt** = the conference agenda *oder* the agenda of the conference was drawn up by the secretary
◇ **Konferenzbeschluß** *m* conference decision
◇ **Konferenzprogramm** *n* conference programme *oder* timetable
◇ **Konferenzprotokoll** *n* conference proceedings
◇ **Konferenzraum** *m* conference room
◇ **Konferenzschaltung** *f* conference link-up
◇ **Konferenztagesordnung** *f* conference agenda
◇ **Konferenzteilnehmer/-in** *mf* person attending a conference
◇ **Konferenztermin** *m* conference date *oder* time; **der Konferenztermin ist sehr günstig, weil er genau vor meinem Jahresurlaub liegt** = the timing of the conference is very convenient, as it comes just before my annual holiday

Konfiskation *f* confiscation *oder* seizure; **das Gericht ordnete die Konfiskation der Warensendung** = the court ordered the seizure of the shipment *oder* of the company's funds
◇ **konfiszieren** *vt* to confiscate *oder* to seize *oder* to sequestrate
◇ **Konfiszierung** *f* confiscation *oder* seizure *oder* sequestration

Konglomerat *n* conglomeration

Kongo *m* Congo
◇ **Kongolese/Kongolesin** *mf* Congolese
◇ **kongolesisch** *adj* Congolese
(NOTE: Hauptstadt: **Brazzaville** ; Währung: **CFA-Franc** *m* = CFA franc)

Konjunktur *f* **(a)** economic situation; **fallende** *oder* **rückläufige Konjunktur** = downward trend; **steigende Konjunktur** = upward trend **(b)** boom *oder* prosperity

◇ **Konjunkturabschwung** *m* economic downturn

◇ **Konjunkturankurbelung** *f* pump priming

◇ **Konjunkturaufschwung** *m* economic upswing *oder* economic upturn *oder* revival of trade

◇ **Konjunkturaussichten** *fpl* economic outlook *oder* market prospects; **die Konjunkturaussichten sind nicht gut** = the economic outlook is not good; **die Konjunkturaussichten sind schlechter als im letzten Jahr** = prospects for the market *oder* market prospects are worse than those of last year

◇ **Konjunkturbarometer** *n* economic indicator

◇ **konjunkturbedingt** *adj* cyclical *oder* influenced by economic factors

◇ **Konjunkturbelebung** *f* business revival *oder* revival of trade

◇ **Konjunkturdelle** *f* economic dip *oder* blip

◇ **konjunkturell** *adj* **(a)** economic; **konjunkturelle Entwicklung** = economic trend **(b)** cyclical; **konjunkturelle Faktoren** = cyclical factors

◇ **Konjunkturindikatoren** *fpl* economic indicators; **staatliche Konjunkturindikatoren** = government economic indicators

◇ **Konjunkturindustrie** *f* boom industry

◇ **Konjunkturkrise** *f* economic crisis

◇ **Konjunkturlage** *f* economic situation

◇ **Konjunkturpolitik** *f* policy aimed at stablizing the economy

◇ **Konjunkturprognose** *f* economic forecast; **langfristige Konjunkturprognose** = long-range economic forecast

◇ **Konjunkturprogramm** *n* reflationary programme

◇ **Konjunkturrückgang** *m* decline in economic activity *oder* recession; **starker Konjunkturrückgang** = slump

◇ **Konjunkturschwankung** *f* economic fluctuation

◇ **Konjunkturtief** *n* low level of business activity *oder* trough

◇ **Konjunkturzyklus** *m* economic cycle *oder* trade cycle *oder* business cycle

> treffen die Vorhersagen der Pariser Behörde zu, wird dieser moderate Konjunkturaufschwung auch zu keiner neuen Belebung der Inflation führen
> ***Neue Zürcher Zeitung***
>
> die deutsche Herrenbekleidungsindustrie erlebt nach Einschätzung des Branchenfachverbandes derzeit nur eine ‚Konjunkturdelle'
> ***Blick durch die Wirtschaft***
>
> die im vergangenem Jahr deutlich gefallenen Zinsen haben die Zahlungsfähigkeit der meisten Firmen trotz Konjunkturkrise verbessert
> ***Frankfurter Allgemeine Zeitung***

Konkurrent/-in *mf* competitor *oder* rival; **einen Konkurrenten unterbieten** = to undercut a rival

Konkurrenz *f* **(a)** *(Wettbewerb)* competition; **harte Konkurrenz** = keen competition; **wir sehen uns einer harten Konkurrenz europäischer Hersteller gegenüber** = we are facing keen competition from European manufacturers **(b)** *(Konkurrenzunternehmen)* competitor(s) *oder* rival(s); **die Konkurrenz** = the competition; **die Konkurrenz brachte eine neue Produktserie auf den Markt** = the competition have brought out a new range of products; **wir haben unsere Preise gesenkt, um die Konkurrenz zu schlagen** = we have lowered our prices to beat the competition

◇ **Konkurrenzdruck** *m* pressure from the competition

◇ **konkurrenzfähig** *adj* competitive; **konkurrenzfähige Auspreisung** = competitive pricing; **konkurrenzfähiger Preis** = competitive price; **konkurrenzfähige Produkte** = competitive products

◇ **Konkurrenzfähigkeit** *f* competitiveness

◇ **Konkurrenzkampf** *m* competition

◇ **konkurrenzlos** *adj* without (any) competiton *oder* unchallenged *oder* unrivalled

◇ **Konkurrenzmarke** *f* rival brand; **wir analysieren die Konkurrenzmarken auf dem Markt** = we are analyzing the rival brands on the market

◇ **Konkurrenzprodukt** *n* competing *oder* rival product

◇ **Konkurrenzunternehmen** *n* rival company

> Studien belegen, daß die Produktivität deutscher Kreditinstitute weit der internationalen Konkurrenz hinterherhinkt
> ***Wirtschaftswoche***

konkurrieren *vi* to compete; **die beiden Unternehmen konkurrieren um Marktanteile** *oder* **einen Vertrag** = the two companies are competing for a market share *oder* for a contract; **mit jdm** *oder* **mit einem Unternehmen konkurrieren** = to compete with someone *oder* with a company; **sie konkurrierten erfolglos mit ortsansässigen Unternehmen** = they were competing unsuccessfully with local companies; **wir müssen mit Billigimporten aus dem Fernen Osten konkurrieren** = we have to compete with cheap imports from the Far East

◇ **konkurrierend** *adj* competing *oder* rival; **konkurrierende Unternehmen** = competing firms

Konkurs *m* bankruptcy *oder* insolvency *oder* liquidation; **die Rezession verursachte Tausende von Konkursen** = the recession has caused thousands of bankruptcies; **Konkurs anmelden** = to file a petition in bankruptcy; **in Konkurs gehen** = to go into liquidation *oder* to go bankrupt; **das Unternehmen ging in Konkurs** = the company went into liquidation; **in den Konkurs treiben** = to bankrupt

◇ **Konkursaufhebung** *f* discharge in bankruptcy

◇ **Konkurseröffnung** *f* *oder* **Konkurseröffnungsantrag** *m* commencement of bankruptcy proceedings; **Antrag auf Konkurseröffnung stellen** *oder* **einen Konkurseröffnungsantrag stellen** = to file a petition in bankruptcy

◇ **Konkurseröffnungsbeschluß** *m* adjudication order *oder* adjudication of bankruptcy *oder* declaration of bankruptcy *oder* receiving order

◇ **Konkursmasse** *f* assets *oder* estate of a bankrupt company *oder* person

◇ **Konkursschuldner/-in** *mf* bankrupt; **einen Konkursschuldner entlasten** = to discharge a bankrupt; **entlastete(r) Konkursschuldner/-in** = discharged bankrupt; **nicht entlastete(r) Konkursschuldner/-in** = undischarged bankrupt; **rehabilitierte(r) Konkursschuldner/-in** = certificated bankrupt; **Entlastung des Konkursschuldners** = discharge in bankruptcy

◇ **Konkursunternehmen** *n* insolvent company; **er schaffte es, einige seiner Investitionen aus dem Konkursunternehmen zu retten** = he managed to save some of his investment from the wreck of the company

◇ **Konkursverfahren** *n* bankruptcy proceedings

◇ **Konkursverwalter/-in** *mf* official receiver *oder* liquidator; **das Gericht bestellte einen Konkursverwalter für das Unternehmen** = the court appointed a receiver for the company

◇ **Konkursverwaltung** *f* receivership; **das Unternehmen steht unter Konkursverwaltung** = the company is in receivership *oder* in the hands of the receiver

können *vi* to be able to *oder* to be capable of; **der Vorsitzende konnte nicht zur Sitzung kommen** = the chairman was unable to come to the meeting; **sie kann sehr schnell tippen** = she can type very fast *oder* she is capable of very fast typing speeds

Konnossement *n* bill of lading *oder* shipping note; **reines Konnossement** = clean bill of lading; **unreines Konnossement** = foul bill of lading

◇ **Konnossementsgarantie** *f* letter of indemnity

Konsens *m* consensus

Konsignation *f* consignment

◇ **Konsignationsgüter** *npl* goods on consignment

konsolidieren *vt* to consolidate *oder* to fund; **konsolidierte Bilanz** = consolidated balance sheet

◇ **Konsolidierung** *f* consolidation

> sicher scheint momentan nur, daß mit jeder weiteren Kurssteigerung die Anspannung bei den Marktteilnehmern und somit auch die Gefahr einer deutlicheren Konsolidierung weiter zunimmt
>
> ***Börse***

Konsortialbank *f* consortium bank; **federführende Konsortialbank** = lead bank

◇ **Konsortialmitglied** *n* member of a consortium

◇ **Konsortium** *n* consortium *oder* syndicate; **ein Konsortium deutscher und britischer Unternehmen plant den Bau des neuen Flugzeugs** = a consortium of German and British companies is planning to construct the new aircraft

konstant *adj* constant

konstruieren *vt* to design *oder* to construct

◇ **Konstrukteur/-in** *mf* designer *oder* constructor

◇ **Konstruktion** *f* design *oder* construction

◇ **Konstruktionsabteilung** *f* design department

◇ **Konstruktionsfehler** *m* design fault *oder* structural defect

◇ **konstruktiv** *adj* constructive; **eine Vertriebsgesellschaft in Italien unterbreitete uns einen konstruktiven Vorschlag** = we had a constructive proposal from a distribution company in Italy; **sie machte ein paar konstruktive Vorschläge zur Verbesserung der Beziehungen zwischen der Unternehmensleitung und den Arbeitern** = she made some constructive suggestions for improving management-worker relations

konsultieren *vt* to consult; **er konsultierte seinen Steuerberater wegen seiner Steuern** = he consulted his accountant about his tax

Konsum *m* consumption

◇ **Konsument/-in** *mf* consumer

◇ **Konsumgesellschaft** *f* consumer society

◇ **Konsumgüter** *npl* consumer goods *oder* consumable goods; **eine Reduzierung der Geldmenge hat eine schwächere Nachfrage nach Konsumgütern zur Folge** = reducing the money supply has the effect of depressing demand for consumer goods; **kurzlebige Konsumgüter** = non-durables; **langlebige Konsumgüter** = consumer durables

Kontakt *m* **(a)** *(Verbindung)* contact; **Kontakt aufnehmen zu** = to contact; **er versuchte, mit seinem Büro telefonisch Kontakt aufzunehmen** = he tried to contact his office by phone; **ich habe den Kontakt zu ihnen verloren** = I have lost contact with them **(b)** *(Leute)* contact; **er hat viele Kontakte in der City** = he has many contacts in the City

◇ **Kontaktperson** *f* contact; **wer ist Ihre Kontaktperson im Ministerium?** = who is your contact in the ministry?

Kontenplan *m* draft of the accounts; **die Finanzabteilung nahm den letzten Kontenplan an** = the finance department has passed the final draft of the accounts

kontieren *vt* to book something to someone's account *oder* to allocate to an account; **einen Beleg kontieren** = to allocate a receipt

Kontingent *n* quota

◇ **kontingentieren** *vt* to impose a quota system

◇ **Kontingentzuweisung** *f* quota allocation

kontinuierlich *adj* continuous

Konto *n* account; **gemeinsames Konto** = joint account; **gesperrtes Konto** = frozen account; **laufendes Konto** = current account *oder (US)* checking account; **stillgelegtes Konto** = dormant account; **überzogenes Konto** = overdrawn account; **verzinsliches Konto** = interest-bearing account; **er hat ein Konto bei der Sparkasse** = he has an account with the Sparkasse (bank); **Geld von seinem Konto abheben** = to take money out of one's account *oder* to withdraw money from one's account; **ein Konto auflösen** = to close an account; **ein Konto ausgleichen** = to settle an account; **belasten Sie es meinem Konto** = put it on my account *oder* charge it to my account; **Geld auf sein Konto einzahlen** = to put money in(to) one's account; **ein Konto eröffnen** *oder* **einrichten** = to open an account; **einem Konto gutschreiben** = to credit an account; **ein Konto sperren (lassen)** = to stop an account

◇ **Kontoauszug** *m* bank statement; **monatlicher** *oder* **vierteljährlicher Kontoauszug** = monthly *oder* quarterly statement

◇ **Kontobewegung** *f* (account) transaction

◇ **Kontobuch** *n* passbook

◇ **kontoführend** *adj* account-keeping; **der Scheck ist nur bei der kontoführenden Bank einlösbar** =

the cheque can only be cashed at the bank where the account is held

◊ **Kontoführung** *f* account management

◊ **Kontoführungsgebühr** *f* bank charge

◊ **Kontoinhaber/-in** *mf* account holder

◊ **Kontokorrentkonto** *n* cash account *oder* drawing account *oder* open account

◊ **Kontokorrentkredit** *m* advance on (current) account *oder* current account overdraft

◊ **Kontonummer** *f* account number

> neben den um 2 auf 12 Prozent gesunkenen Zinssätzen für Kontokorrentkredite habe auch die hohe Zahl an Konkursen ihren Beitrag zur verbesserten Zahlungsmoral geleistet
> ***Frankfurter Allgemeine Zeitung***

Kontor *n* overseas branch office

◊ **Kontorist/-in** *mf* office worker

Kontostand *m* bank balance; **alter Kontostand** = previous balance

Kontrahent *m* contracting party *oder* contractual partner

◊ **kontrahieren** *vt* to contract *oder* to conclude by contract

Kontrakt *m* contract *(siehe auch* VERTRAG)

Kontrollabschnitt *m* counterfoil

◊ **Kontrolle** *f* **(a)** control; **außer Kontrolle** = out of control; **die Kosten sind außer Kontrolle geraten** = costs have got out of control; **unter Kontrolle** = under control; **unter Kontrolle halten** = to control; **unter Kontrolle gehalten** = controlled; **nicht unter Kontrolle zu bringen** = uncontrollable; **das Unternehmen versucht, die Gemeinkosten wieder unter Kontrolle zu bekommen** = the company is trying to bring its overheads back under control **(b)** *(Überwachung)* check *oder* inspection; **eine Kontrolle anordnen** = to issue an inspection order **(c)** *(Aufsicht)* supervision

◊ **Kontrolleur/-in** *mf* inspector *oder* supervisor

◊ **Kontrollgruppe** *f* control group

◊ **kontrollieren** *vt* to control *oder* to check *oder* to inspect; **Ausgaben werden scharf kontrolliert** = expenses are kept under tight control; **staatlich kontrolliert** = government-controlled

◊ **Kontrolliste** *f* checklist *oder* tally (sheet)

◊ **Kontrollmuster** *n* check sample

◊ **Kontrollorgan** *n* regulatory body *oder* monitoring body

◊ **Kontrolltaste** *f* control key

Konvention *f* convention *oder* agreement

◊ **Konventionalstrafe** *f* penalty for breach of contract

Konvergenz *f* convergence

> die OECD-Prognostiker erwarten, dass sich 1995 eine transatlantische Konvergenz bei den kurzfristigen Zinssätzen ergeben wird
> ***Neue Zürcher Zeitung***

Konversion *f* conversion

◊ **Konvertibilität** *f* convertibility

◊ **konvertierbar** *adj* convertible; **nicht konvertierbar** = inconvertible; **frei konvertierbare Währung** = convertible currency; **das Unternehmen hat ein hohes Guthaben an nicht frei konvertierbaren Devisen** = the company has a large account in blocked currencies

◊ **Konvertierbarkeit** *f* convertibility

◊ **konvertieren** *vt* to convert

◊ **Konvertierung** *f* conversion

Konzept *n* draft *oder* rough copy

Konzern *m* group; **der Vorsitzende des Konzerns** = the group chairman *oder* the chairman of the group; **multinationaler Konzern** = multinational (concern)

◊ **Konzernabschluß** *m* consolidated accounts

◊ **Konzernbilanz** *f* consolidated *oder* group balance sheet

◊ **Konzernergebnisse** *npl* group results

◊ **konzernintern** *adj* inter-company; **konzerninterne Geschäfte** = inter-company dealings

◊ **Konzernumsatz** *m* group turnover *oder* turnover for the group

konzertiert *adj & adv* **konzertierte Aktion** = concert party; **konzertiert agieren** = to act in concert

Konzession *f* concession *oder* licence *oder (US)* license; **sie hat eine Konzession für einen Schmuckstand in einem Kaufhaus** = she runs a jewellery concession in a department store; **sie hat eine Konzession für eine Stellenvermittlung** = she is licensed to run an employment agency; **eine Konzession erteilen** = to license

◊ **Konzessionär/-in** *mf* concessionaire *oder* licensee

◊ **konzessionieren** *vt* to grant a concession *oder* to license; **eine konzessionierte Bank** = a chartered bank

◊ **Konzessions-** *pref* concessionary *oder* licensing

◊ **Konzessionsinhaber/-in** *mf* concessionaire *oder* licensee

konzipieren *vt* to draft *oder* to draw up

> auch speziell für den ostdeutschen Markt konzipierte Kampagnen finden nicht automatisch größere Akzeptanz - im Gegenteil
> ***Focus***

Kooperation *f* co-operation

◊ **kooperativ** *adj* co-operative; **die Belegschaft hat sich gegenüber dem Produktivitätsplan der Firmenleitung nicht kooperativ gezeigt** = the workforce has not been co-operative over the management's productivity plan

◊ **Kooperative** *f* co-operative

◊ **kooperieren** *vi* to co-operate; **die Regierungen kooperieren im Kampf gegen die Piraterie** = the governments are co-operating in the fight against piracy

kooptieren *vt* to co-opt; **jdn in ein Komitee kooptieren** = to co-opt someone onto a committee

Koordination *f* coordination

◇ **koordinieren** *vt* to coordinate

Kopf *m* head; **pro Kopf** = per head; **Vertreter kosten durchschnittlich DM 75.000 pro Kopf im Jahr** = representatives cost on average DM 75,000 per head per annum

◇ **Kopfjäger** *m* headhunter

Kopie *f* **(a)** *(Zweitschrift)* copy *oder* duplicate; **beglaubigte Kopie** = certified copy; **getreue Kopie** = true copy **(b)** *(Abbild)* imitation

◇ **kopieren** *vt* **(a)** *(Dokumente)* to copy *oder* to duplicate *oder* to photocopy; **einen Brief kopieren** = to duplicate a letter; **er kopierte abends den Geschäftsbericht und nahm ihn mit nach Hause** = he copied the company report at night and took it home **(b)** *(nachahmen)* to copy *oder* to imitate; **sie kopieren unsere ganzen Verkaufstricks** = they imitate all our sales gimmicks; **die Entwürfe für die neue Kleiderkollektion wurden im Fernen Osten unerlaubt kopiert** = the designs for the new dress collection were pirated in the Far East

◇ **Kopierer** *m oder* **Kopiergerät** *n* (photo)copier *oder* copying machine *oder* duplicator *oder* duplicating machine

◇ **Kopierzentrum** *n* photocopying bureau

koppeln *vt* to link; **Renten an die Inflation koppeln** = to link pensions to inflation; **sein Gehalt ist an die Lebenshaltungskosten gekoppelt** = his salary is linked to the cost of living; **Lohnerhöhungen an das Niveau des Lebenshaltungskostenindexes koppeln** = to peg wage increases to the cost-of-living index; **die Mikrocomputer im Büro sind mit dem Großrechner in der Zentrale gekoppelt** = the office micros interface with the mainframe computer at head office

Koproduktion *f* coproduction

Korea *n* Korea

◇ **Nordkorea** *n* North Korea

(NOTE: Hauptstadt: **Pjöngjang** = Pyongyang; Währung: **Won** *m* = won)

◇ **Südkorea** *n* South Korea

(NOTE: Hauptstadt: **Seoul** ; Währung: **Won** *m* = won)

◇ **Koreaner/-in** *mf* Korean

◇ **koreanisch** *adj* Korean

körperlich *adj* physical; **körperliche Arbeit** = manual labour *oder* manual work

Körperschaft *f* corporation; **gemeinnützige Körperschaft** = non-profit (making) corporation; **Körperschaft des öffentlichen Rechts** = public body *oder* public corporation

◇ **Körperschaft(s)steuer (KSt.)** *f* corporation tax (CT) *oder (US)* corporation income tax

◇ **Körperschaft(s)steuerpflichtige(r)** *mf* corporate taxpayer

korrekt *adj* correct

◇ **Korrektur** *f* correction *oder* readjustment *oder* rectification; **er nahm einige Korrekturen am Text der Rede vor** = he made some corrections to the text of the speech

Korrespondent/-in *mf* **(a)** *(einer Zeitung)* correspondent; **er ist der Berliner Korrespondent von der Tageszeitung ‚Die Welt'** = he is the Berlin correspondent of 'Die Welt' **(b)** *(eines Handelshauses)* correspondence clerk

◇ **Korrespondenz** *f* correspondence; **mit jdm in Korrespondenz stehen** = to be in correspondence with someone

◇ **korrespondieren** *vi* to correspond; **mit jdm korrespondieren** = to correspond with someone

korrigieren *vt* **(a)** *(verbessern)* to correct *oder* to improve *oder* to rectify; **die Buchhaltung hat die Rechnung korrigiert** = the accounts department has corrected the invoice; **Sie werden all diese Tippfehler korrigieren müssen, bevor Sie den Brief abschicken** = you will have to correct all these typing errors before you send the letter; **einen Eintrag korrigieren** = to rectify an entry **(b)** *(ändern)* to (re)adjust *oder* to alter; **die Aktienkurse wurden nach der Nachricht über die Abwertung schnell korrigiert** = share prices readjusted quickly to the news of the devaluation; **die Preise korrigieren, um die steigenden Rohstoffkosten zu berücksichtigen** = to readjust prices to take account of the rise in the costs of raw materials

Korruption *f* corruption

kostbar *adj* valuable

kosten *vt* to cost; **wieviel kostet das Gerät?** = how much does the machine cost?; **der Stoff kostet DM 30 pro Meter** = this cloth costs DM 30 a metre; **diese Schachteln kosten DM 50 pro Dutzend** = these packs sell for DM 50 a dozen

◇ **Kosten** *pl* charge(s) *oder* cost(s) *oder* expense(s) *oder* outlay; **allgemeine Kosten** = overhead expenses *oder* general expenses *oder* running expenses; **direkte Kosten** = direct costs; **indirekte Kosten** = overhead costs *oder* overheads *oder (US)* overhead; **gegen geringe Kosten** = for a modest outlay; **mit hohen Kosten** = at great expense; **variable Kosten** = variable costs; **die Kosten decken** = to cover costs; **die Kosten tragen** = to pay costs; **die Kosten verringern** = to cut down on expenses; **er richtete das Büro ohne Rücksicht auf die Kosten ein** = he furnished the office regardless of expense *oder* with no expense spared; **wir können uns die Kosten für zwei Autos nicht erlauben** = we cannot afford the cost of two cars; **Übernahme aller Kosten** = all expenses paid; **das Unternehmen schickte ihn nach San Francisco und übernahm alle Kosten** = the company sent him to San Francisco all expenses paid; **Reparaturen gehen auf Kosten des Besitzers** = repairs chargeable to the occupier; **Kosten, Versicherung, Fracht (cif)** = cost, insurance, freight (c.i.f. *oder* CIF)

◇ **Kostenanalyse** *f* cost analysis

◇ **Kostenanschlag** *m* estimate *oder* estimated cost

◇ **Kostenberechnung** *f* costing; **die Kostenberechnung gibt uns einen Einzelhandelspreis von DM 4.95** = the costings give us a retail price of DM 4.95; **wir können nicht die Kostenberechnung machen, bis uns Einzelheiten aller Produktionsaufwendungen vorliegen** = we cannot do the costing until we have details of all the production expenditure

◇ **Kostendämpfung** *f* cost cutting

◇ **kostendeckend** *adj* cost-covering; **kostendeckend arbeiten** = to break even; **im letzten Jahr arbeitete das Unternehmen gerade eben kostendeckend** = last year the company only just broke even; **wir arbeiteten in den ersten zwei Betriebsmonaten kostendeckend** = we broke even in our first two months of trading

◇ **Kostendeckung** *f* covering costs *oder* breaking even

◇ **Kostendeckungspunkt** *m* breakeven point

◇ **Kostendruck-Inflation** *f* cost-push inflation

◇ **Kostenersparnis** *f* cost-saving

◇ **Kostenexplosion** *f* costs explosion

◇ **Kostenfaktor** *m* cost factor

◇ **Kostenfestsetzung** *f* determining of costs

◇ **Kostenfrage** *f* question of cost(s)

◇ **kostenfrei** *adj* cost-free *oder* free of cost

◇ **kostengünstig** *adj* economical *oder* not costing much

◇ **kostenintensiv** *adj* cost-intensive

◇ **kostenlos 1** *adj* free *oder* gratis; **ein Gerät zwei Wochen zur kostenlosen Probe schicken** = to send a piece of equipment for two weeks' free trial **2** *adv* free (of charge) *oder* for nothing; **Katalog wird auf Anfrage kostenlos zugeschickt** = catalogue sent free on request; **kostenlos zur Probe** = free trial; **Waren werden kostenlos zugestellt** = goods are delivered free

◇ **kostenneutral** *adj* self-financing *oder* not affecting cost(s)

◇ **Kosten-Nutzen-Analyse** *f* cost-benefit analysis

◇ **kostenpflichtig** *adj* with costs *oder* liable to pay costs

◇ **Kostenplanung** *f* cost-planning *oder* costing

◇ **Kostenprogression** *f* diseconomies of scale

◇ **Kostenrechner/-in** *mf* cost accountant

◇ **Kostenrechnung** *f* cost accounting

◇ **Kostenrentabilität** *f* cost-effectiveness

◇ **Kostensenkung** *f* cost-cutting *oder* reduction in costs

◇ **Kostensenkungsmaßnahmen** *fpl* cost-cutting measures; **wir haben im Zuge unserer Kostensenkungsmaßnahmen drei Sekretärinnen entlassen** = we have made three secretaries redundant as part of our cost-cutting exercise

◇ **kostensparend** *adj* cost-saving

◇ **Kostensteigerung** *f* cost increase

◇ **Kostenstelle** *f* cost centre

◇ **Kostenüberschlag** *m* estimate of costs *oder* of expenditure

◇ **Kostenüberschreitung** *f* cost overrun

◇ **Kostenunterschreitung** *f* cost underrun

◇ **Kostenvoranschlag** *m* estimate *oder* quotation *oder* bid; **einen Kostenvoranschlag abgeben** = to put in an estimate; **einen Kostenvoranschlag für einen Auftrag einreichen** = to estimate for a job; **drei Firmen gaben Kostenvoranschläge für den Auftrag ab** = three firms put in estimates for the job; **Kostenvoranschläge für die Neuausstattung des Ladens einholen** = to ask for quotations for refitting the shop; **sein Kostenvoranschlag war viel niedriger als alle anderen** = his quotation was much lower than all the others; **von einem Bauunternehmer einen Kostenvoranschlag für den Bau des Lagerhauses einholen** = to ask a builder for an estimate for building the warehouse

◇ **Kostenvorteil** *m* cost advantage

◇ **kostenwirksam** *adj* cost-effective; **wir halten es für sehr kostenwirksam, in den Sonntagszeitungen zu werben** = we find advertising in the Sunday newspapers very cost-effective

◇ **Kostenwirksamkeit** *f* cost-effectiveness

kostspielig *adj* costly *oder* dear *oder* expensive

> aber Unternehmen, insbesondere Banken, sind gezwungen, strategische und häufig sehr kostspielige Entscheide zu treffen, wenn sie vermeiden wollen, vom Markt verdrängt zu werden
>
> *Neue Zürcher Zeitung*

Kraft *f* **(a)** energy *oder* force *oder* power *oder* strength **(b) in Kraft** = in operation; **in Kraft sein** = to be in force; **in Kraft treten** = to become operative *oder* to come into force; **das System wird ab Juni in Kraft sein** = the system will be in operation by June; **das neue System trat am 1. Juni in Kraft** = the new system came into operation *oder* became operational on June 1st; **das neue System ist seit dem 1. Juni in Kraft** = the new system has been operative since June 1st; **die neuen Bestimmungen werden am 1. Januar in Kraft treten** = the new regulations will come into force on January 1st; **die neuen Dienstleistungsbestimmungen treten ab 1. Januar in Kraft** = the new terms of service will operate from January 1st; **die Bestimmungen sind seit 1946 in Kraft** = the rules have been in force since 1946; **Vertragsbedingungen, die am 1. Januar in Kraft treten** = terms of a contract which take effect *oder* come into effect from January 1st

Kraftfahrzeug (Kfz) *n* (motor) car

◇ **Kraftfahrzeugkennzeichen** *n* registration number

◇ **Kraftfahrzeugversicherung** *f* car insurance *oder* motor insurance

Kraftstoff *m* fuel

◇ **Kraftstoffverbrauch** *m* fuel consumption

Kran *m* crane; **der Container rutschte weg, als der Kran ihn auf das Schiff hob** = the container slipped as the crane was lifting it onto the ship; **sie mußten einen Kran mieten, um die Maschine in die Fabrik zu bekommen** = they had to hire a crane to get the machine into the factory

krank *adj* ill *oder* sick; **sich krank melden** = to report sick *oder* to phone to say you are ill; **krank geschrieben sein** = to be on sick leave

◇ **kranken** *vi* to suffer; **das Unternehmen krankt an schlechte Verbindungswege** = the company suffers from poor channels of communication

◇ **Krankengeld** *n* sick pay *oder* sickness benefit; **das Krankengeld wird monatlich gezahlt** = sickness benefit is paid monthly

◇ **Krankenkasse** *f* health *oder* medical insurance scheme *oder* company; **gesetzliche Krankenkasse** = statutory health insurance (scheme); **private Krankenkasse** = private health insurance (scheme)

◇ **Krankenschein** *m* medical insurance voucher

◇ **Krankenstand** *m* (the) number of employees off sick

◇ **Krankenversicherung** *f* health insurance *oder* medical insurance; **private Krankenversicherung**

= private health insurance; **soziale Krankenversicherung** = state *oder* national health insurance

◇ **krankfeiern** *vi (umg)* to pretend to be sick *oder* to skive off work

◇ **Krankheit** *f* illness *oder* sickness

◇ **Krankheitsurlaub** *m* sick leave

Kredit *m* credit *oder* loan; **jdm einen sechsmonatigen Kredit gewähren** = to give someone six months' credit; **auf Kredit** = on credit; **auf Kredit leben** = to live on credit; **kurzfristiger Kredit** *oder* **Kredit mit kurzer Laufzeit** = short credit; **langfristiger Kredit** *oder* **Kredit mit langer Laufzeit** = long credit; **offener (ungedeckter) Kredit** = open credit; **verlängerter** *oder* **prolongierter Kredit** = extended credit; **Kredit aufnehmen** = to borrow; **er nahm bei der Bank einen Kredit über DM 3.000 auf** = he borrowed DM 3,000 from the bank; **das Unternehmen mußte zur Abzahlung der Schulden hohe Kredite aufnehmen** = the company had to borrow heavily to repay its debts; **einen kurzfristigen Kredit aufnehmen** = to borrow short; **einen langfristigen Kredit aufnehmen** = to borrow long; **Kredit bewilligen** *oder* **einräumen** *oder* **geben** *oder* **gewähren** = to grant credit

> einen langfristigen Kredit in Höhe von 19,5 Mio. Dollar hat das Siegerprojekt für den Umbau des ehemaligen Hotels von der Europäischen Bank für Wiederaufbau und Entwicklung (BERD) erworben
> ***Prager Zeitung***

◇ **Kreditantrag** *m* application for credit

◇ **Kreditaufnahme** *f* borrowing; **Kreditaufnahmen bei Banken haben zugenommen** = bank borrowings have increased

◇ **Kreditaufnahmeniveau** *n* level of borrowings; **das Kreditaufnahmeniveau senken** = to lower the level of borrowings

◇ **Kreditauskunft** *f* credit *oder* status inquiry; **ein Unternehmen um Kreditauskünfte ersuchen** = to ask a company for trade references *oder* for bank references

◇ **Kreditauskunftei** *f* credit agency *oder (US)* credit bureau

◇ **Kreditbank** *f* credit bank

◇ **Kreditbedarf** *m* demand *oder* need for credit; **Kreditbedarf der öffentlichen Hand** = public sector borrowing requirement (PSBR)

◇ **Kreditbrief** *m* letter of credit (L/C) *(siehe auch* AKKREDITIV)

◇ **kreditfähig** *adj* creditworthy

◇ **Kreditfähigkeit** *f* creditworthiness *oder* borrowing power

◇ **Kreditfazilitäten** *fpl* credit facilities

◇ **Kreditgeber/-in** *mf* lender; **Kreditgeber letzter Hand** = lender of the last resort

◇ **Kreditgenossenschaft** *f* credit co-operative *oder (US)* credit union

◇ **Kredithai** *m* loan shark

◇ **Kredithöchstgrenze** *f* credit ceiling; **eine Kredithöchstgrenze aufheben** = to remove a credit ceiling

◇ **kreditieren** *vt* to (grant) credit

◇ **Kreditinstitut** *n* financial institution

◇ **Kreditkarte** *f* credit card

◇ **Kreditkarteninhaber/-in** *mf* credit card holder *(person)*

◇ **Kreditkartenmäppchen** *n* credit card holder *(wallet)*

◇ **Kreditkonditionen** *fpl* credit terms; **zu guten Kreditkonditionen verkaufen** = to sell on good credit terms

◇ **Kreditkontrolle** *f* credit control

◇ **Kreditlaufzeit** *f* (the) life of a loan

◇ **Kreditlimit** *n* **(a)** *(eines Kreditnehmers)* credit limit; **er hat sein Kreditlimit überschritten** = he has exceeded his credit limit **(b)** *(eines Kreditgebers)* lending limit

◇ **Kreditlinie** *f* line of credit; **eine Kreditlinie einräumen** = to open a line of credit *oder* a credit line

◇ **Kreditmodalitäten** *fpl* credit facilities

◇ **Kreditnehmer/-in** *mf* borrower; **Kreditnehmer der Bank zahlen 12% Zinsen** = borrowers from the bank pay 12% interest

◇ **Kreditor** *m* creditor; *pl* **Kreditoren** = accounts payable *(cf* DEBITOREN)

◇ **Kreditpolitik** *f* credit policy; **wie ist die Kreditpolitik des Unternehmens?** = what is the company policy on credit?

◇ **Kreditrahmen** *m* line of credit *oder* credit facility

◇ **Kreditrestriktion** *f* credit restriction *oder* credit squeeze; **Kreditrestriktionen aufheben** = to lift credit restrictions; **Kreditrestriktionen einführen** = to impose restrictions on credit

◇ **Kreditrisiko** *n* credit risk

◇ **Kreditspalte** *f* credit column

◇ **Kreditsperre** *f* credit freeze

◇ **Kreditüberwachung** *f* credit control

◇ **Kreditverlängerung** *f* extension of credit; **eine Kreditverlängerung bekommen** = to get an extension of credit

◇ **Kreditwucher** *m* usury

◇ **Kreditwunsch** *m* request for credit; **sein Kreditwunsch wurde von der Bank abgelehnt** = his request for a loan was turned down by the bank

◇ **kreditwürdig** *adj* creditworthy

◇ **Kreditwürdigkeit** *f* credit rating *oder* creditworthiness

Kreis *m* circle; **über das Geschäft wurde in kleinem Kreis verhandelt** = the deal was negotiated privately

◇ **Kreisdiagramm** *n* pie chart

◇ **Kreislauf** *m* cycle *oder* circulation

Kreuzkurs *m oder* **Kreuzparität** *f* cross rate

kriminell *adj* criminal

Krise *f* crisis; **internationale Krise** = international crisis; **wirtschaftliche Krise** = economic crisis

◇ **Krisenmanagement** *n* crisis management

◇ **Krisenmanager/-in** *mf* crisis manager *oder* company doctor *oder* troubleshooter

◇ **Krisenmaßnahmen** *fpl* crisis measures; **Krisenmaßnahmen ergreifen** = to take crisis measures *oder* to take emergency measures

◇ **Krisenplan** *m* contingency plan

kritisieren *vt* to criticize; **der geschäftsführende Direktor kritisierte den Verkaufsleiter, weil er den Umsatz nicht erhöhen konnte** = the MD criticized the sales manager for not improving the volume of sales; **die Aufmachung des neuen Katalogs wurde kritisiert** = the design of the new catalogue has been criticized

Kroatien *n* Croatia
◇ **Kroate/Kroatin** *mf* Croatian
◇ **kroatisch** *adj* Croatian
(NOTE: Hauptstadt: **Zagreb**; Währung: **Dinar** *m* = dinar)

Krone *f* **(a)** crown **(b)** *(Währungseinheit in Schweden & Island)* krona **(c)** *(Währungseinheit in Dänemark & Norwegen)* krone **(d)** *(Währungseinheit in der Tschechischen Republik)* koruna

krumm *adj* crooked *oder* bent; **er dreht krumme Dinger** = he's on the fiddle

KSt. = KÖRPERSCHAFTSSTEUER corporation tax (CT)

Kuba *n* Cuba
◇ **Kubaner/-in** *mf* Cuban
◇ **kubanisch** *adj* Cuban
(NOTE: Hauptstadt: **Havanna** = Havana; Währung: **kubanischer Peso** = Cuban peso)

Kubikmaß *n* cubic measure
◇ **Kubikmeter** *mn* cubic metre; **die Kiste faßt sechs Kubikmeter** = the crate holds six cubic metres

Kugelschreiber *m* biro *oder* (ballpoint) pen

Kuhhandel *m* horse trading

> ‚Kuhhandel im Operationssaal'
> ***Die Zeit***

Kühlhaus *n* cold store
◇ **Kühlhauslagerung** *f* cold storage

Kulanz *f* fairness
◇ **Kulanzzahlung** *f* ex gratia payment

kümmern *vr* to bother about *oder* to take care of; **die Unternehmensleitung kümmerte sich überhaupt nicht um die Sicherheit der Arbeiter** = the management showed no concern at all for the workers' safety; **überlasse das dem Registraturangestellten - der wird sich schon darum kümmern** = leave it to the filing clerk - he'll deal with it

Kumulation *f* accumulation
◇ **kumulativ** *adj* cumulative; **kumulative Vorzugsaktie** = cumulative preference share *oder (US)* cumulative preferred stock

kündbar *adj* callable *oder* terminable; **kündbare Schuldverschreibung** = callable bond

Kunde/Kundin *mf* client *oder* customer; **langjähriger Kunde** = long-standing customer *oder* customer of long standing; **potentieller Kunde** = potential customer *oder* prospective customer; **regelmäßiger Kunde** = regular customer; **das Geschäft war voll von Kunden** = the shop was full of customers; **können Sie bitte diesen Kunden zuerst bedienen?** = can you serve this customer first please?; **jdn als Kunden verlieren** = to lose someone's custom; **Attraktivität für den Kunden** = customer appeal; **er ist einer unserer größten Kunden** = he is one of our largest accounts; **unsere Verkäufer besuchen ihre besten Kunden zweimal monatlich** = our salesmen call on their best accounts twice a month; **Kunden werben** = to canvass for customers
◇ **Kundenakte** *f* customer file; **legen Sie diese Briefe in die Kundenakte** = put these letters in the customer file
◇ **Kundenansturm** *m* rush of customers; **es gab einen Kundenansturm am ersten Ausverkaufstag** = we had a rush of customers on the first day of the sale
◇ **Kundenberatung** *f* customer advice
◇ **Kundenbesuch** *m* visit to a customer
◇ **Kundenbetreuer/-in** *mf* account executive
◇ **Kundenbetreuung** *f* customer service
◇ **Kundendienst** *m* after-sales service *oder* (customer) service department; **wir bieten unseren Kunden einen kostenlosen Kundendienst** = we offer a free backup service to customers
◇ **Kundendienstabteilung** *f* service department
◇ **Kundendienstmechaniker/-in** *mf* service engineer
◇ **Kundenfang** *m* touting (hard) for customers; **auf Kundenfang gehen** = to go touting for custom(ers)
◇ **Kundenkarte** *f* charge card *oder* store card
◇ **Kundenkartei** *f* customer *oder* client list
◇ **Kundenkonto** *n* account *oder* charge account *oder* credit account; **ein Kundenkonto eröffnen** = to open an account *oder* to open a credit account; **ein Kundenkonto bei K.d.W. haben** = to have an account *oder* a charge account *oder* a credit account with K.d.W.
◇ **Kundenkredit** *m* consumer credit
◇ **Kundenkreditbank** *f* finance house
◇ **Kundenkreditkarte** *f* charge card *oder* store card
◇ **Kundenkreditkonto** *n* = KUNDENKONTO
◇ **Kundenkreis** *m* clientele; **fester Kundenkreis** = established clientele *oder* regular customers
◇ **Kundenprofil** *n* customer profile; **nach dem Kundenprofil ist unser Durchschnittskäufer männlich, 25-30 Jahre alt und im Dienstleistungsgewerbe beschäftigt** = the customer profile shows our average buyer to be male, aged 25-30, and employed in the service industries
◇ **Kundentreue** *f* customer loyalty
◇ **Kundenverlust** *m* loss of customers
◇ **Kundenwerber/-in** *mf* canvasser
◇ **Kundenwerbung** *f* canvassing for custom; **Kundenwerbung an der Haustür** = house-to-house *oder* door-to-door canvassing

> alle Unternehmen, die in Deutschland bereits mit Kundenkarten arbeiten, bestätigen, daß die Kundentreue bei Kartenbesitzern besonders hoch ist
> ***Blick durch die Wirtschaft***

kündigen 1 *vt* **(a)** to terminate *oder* to call in *oder* to cancel *oder* to foreclose; **ein Darlehen kündigen** = to call in a loan; **eine Hypothek kündigen** = to foreclose on a mortgage; **einen Vertrag kündigen** = to terminate an agreement **(b)** to give notice to quit *oder* to vacate; **einem Mieter kündigen** = to give a tenant notice to quit **(c)** to dismiss *oder* to discharge; **ihm wurde gekündigt** = his employment was terminated **2** *vi* to leave *oder* to resign *oder* to quit *oder* to give notice; **er kündigte nach einem Streit mit dem geschäftsführenden Direktor** = he quit after an argument with the managing director; **er kündigte zum 1. Juli** = he has resigned with effect from July 1st

◊ **Kündigung** *f* **(a)** *(Vertrag)* notice *oder* cancellation *oder* termination **(b)** *(von Arbeitnehmer)* resignation; **seine Kündigung einreichen** = to hand in *oder* to give in *oder* to send in one's resignation; **sie hat ihre Kündigung eingereicht** = she gave in *oder* handed in her notice **(c)** *(von Arbeitgeber)* dismissal; **erzwungene Kündigung** = constructive dismissal

◊ **Kündigungsfrist** *f* period of notice; **er arbeitet bis zum Ende der Kündigungsfrist** = he is working out his notice; **er gab eine Kündigungsfrist von sechs Monaten** = he gave six months' notice; **Sie haben sieben Tage Kündigungsfrist für Abhebungen** = you must give seven days' notice of withdrawal; **wir gaben ihm drei Monatsgehälter anstelle einer Kündigungsfrist** = we gave him three months' wages in lieu of notice; **wir verlangen drei Monate Kündigungsfrist** = we require three months' notice

◊ **Kündigungsgrund** *m* grounds for terminating an agreement *oder* grounds for dismissal

◊ **Kündigungsklausel** *f* annulling clause *oder* termination clause

◊ **Kündigungsschreiben** *n* written notice; **er richtete sein Kündigungsschreiben an den Vorsitzenden** = he wrote his letter of resignation to the chairman

◊ **Kündigungsschutz** *m* employee's protection against summary or unlawful dismissal; **gesetzlicher Kündigungsschutz** = security of tenure

> nach dem Beschluß ist nicht nur die Teilkündigung einer Wohnung ausgeschlossen, sondern auch die Kündigung der ganzen Wohnung für einen Teilbedarf
> ***Blick durch die Wirtschaft***

Kundin *siehe* KUNDE

Kundschaft *f* **(a)** clientele **(b)** custom

künftig *adv* in future *oder* hereafter; **künftig müssen alle Berichte nach Australien per Luftpost verschickt werden** = in future all reports must be sent to Australia by air

Kunstfasern *fpl* synthetic fibres

◊ **Kunststoff** *m* synthetic material

Kupon *m* coupon *oder* dividend warrant; **cum** *oder* **mit Kupon** = with coupon; **ohne Kupon** = ex coupon

Kurier *m* (motorcycle *oder* bicycle) courier

Kurs *m* **(a)** (i) *(von Wertpapieren)* price; (ii) *(von Devisen)* rate; **äußerster Kurs** = ceiling price (on the Stock Exchange); **das Pfund fiel, bis es den Kurs von 1:1 gegenüber dem Dollar erreichte** = the pound fell to parity with the dollar; *(Geld)* **außer Kurs setzen** = to withdraw (money) from circulation; **fallende** *oder* **steigende Kurse** = falling *oder* rising prices *oder* falling *oder* rising rates **(b)** *(Politik)* course *oder* policy **(c)** *(Lehrgang)* course *oder* class

◊ **Kursanstieg** *m* rise in prices *oder* rates

◊ **Kursblatt** *n* *(Börse)* stock list *oder* list of quotations

◊ **Kurseinbruch** *m* fall in price *oder* value; **Kurseinbruch der Mark** = slump in the value of the mark

◊ **Kursgewinn** *m* (price) gain *oder* advance *oder* appreciation; **diese Aktien zeigen einen Kursgewinn von 10%** = these shares show an appreciation of 10%; **Ölaktien wiesen an der Börse Kursgewinne auf** = oil shares showed gains on the stock exchange

◊ **Kurs-Gewinn-Verhältnis (KGV)** *n* price/earnings ratio (P/E ratio); **die Aktien werden mit einem Kurs-Gewinn-Verhältnis von 7 gehandelt** = the shares sell at a P/E ratio of 7

> das Kurs-Gewinn-Verhältnis von etwa 13 auf Basis der 94er-Gewinne liegt deutlich unter dem europäischen Durchschnitt
> ***Börse***

◊ **Kurskorrektur** *f* technical correction *oder* rate adjustment

◊ **Kursnotierung** *f* stock market quotation

◊ **Kursrückgang** *m* fall *oder* decline in prices *oder* rates; **ein Kursrückgang an der Börse** = a fall on the stock exchange

◊ **Kursschwankungen** *fpl* price *oder* rate fluctuations; **die Kursschwankungen der Mark** = the fluctuations of the mark

◊ **Kurssicherung** *f* price support

◊ **Kurssprung** *m* jump in prices *oder* rates

◊ **Kurssteigerung** *f* advance *oder* increase in prices *oder* rates

◊ **Kurssturz** *m* collapse of prices *oder* rates

◊ **Kursverfall** *m* collapse of (share) prices *oder* of (exchange) rates; **der Kursverfall der Mark an den Devisenmärkten** = the collapse of the mark on the foreign exchange markets

◊ **Kursverlust** *m* loss on the stock market *oder* foreign exchange loss

◊ **Kursverlustentschädigung** *f* allowance for exchange loss

◊ **Kurswert** *m* market price *oder* value

◊ **Kurszettel** *m* *(Börse)* stock list *oder* list of quotations

Kursus *m* course *oder* class

Kurve *f* curve

kurz *adj* **(a)** short; **das Unternehmen stand kurz vor dem Konkurs** = the company was close to bankruptcy; **das Unternehmen steht kurz vor dem finanziellen Ruin** = the company is fairly close to financial collapse; **den kürzeren ziehen** = to lose out; **auf kurze Sicht** = on a short-term basis; **in kurzer Zeit** = in the short term; **Papier mit kurzer Laufzeit** = short-dated securities *oder* shorts; **Vertrag mit kurzer Laufzeit** = short-term contract **(b) vor kurzem** = recently; **das Unternehmen begann vor kurzem mit einem Expansionsprogramm** = the company recently started on an expansion programme; **sie beschlossen vor kurzem, die Niederlassung in Australien zu schließen** = they recently decided to close the branch office in Australia

◊ **Kurzarbeit** *f* short time (working); **das Unternehmen mußte wegen Auftragsmangel Kurzarbeit einführen** = the company has had to introduce short-time working because of lack of orders

◊ **kurzarbeiten** *vi* to work short time *oder* to be on short time

◊ **Kurzarbeiter/-in** *mf* short time worker

> zudem ist die Kurzarbeit mit 325 000 Arbeitnehmern auf etwas mehr als einen Drittel des Vorjahreswertes zurückgefallen
>
> *Neue Zürcher Zeitung*
>
> die Zahl der Kurzarbeiter ging zwar zurück, gleichzeitig stieg aber der Arbeitszeitausfall der Kurzarbeiter auf 47 Prozent
>
> *Wirtschaftswoche*

Kurzbeschreibung *f* brief description *oder* profile

Kürze *f* shortness *oder* brevity; **in Kürze** = shortly *oder* soon

◊ **kürzen** *vt* **(a)** to shorten *oder* to cut **(b)** to cut (down on) *oder* to dock *oder* to reduce; **die Regierung kürzt die Sozialausgaben** = the government is cutting down on welfare expenditure; **Stellen kürzen** = to cut jobs; **radikal kürzen** = to chop *oder* to axe *oder (US)* to ax; **Ausgaben radikal kürzen** = to axe expenditure; **sein Lohn wurde wegen Zuspätkommens um DM 50 gekürzt** = he had DM 50 docked from his pay for being late

Kurzfassung *f* abstract

kurzfristig 1 *adj* short-term; **kurzfristiger Kredit** = short-term *oder* short credit; **kurzfristige Prognose** = short-range *oder* short-term forecast; **kurzfristige Schulden** = short-term debts; **kurzfristige Verbindlichkeiten** = current liabilities; **kurzfristiger Wechsel** = short-dated bill **2** *adv* **(a)** at short notice; **der Geschäftsführer der Bank empfängt niemanden kurzfristig** = the bank manager will not see anyone at short notice **(b)** on a short-term basis *oder* in the short term; **Geld kurzfristig anlegen** = to place money on short-term deposit; **kurzfristig aufnehmen** = to borrow short; **er wurde kurzfristig eingestellt** = he has been appointed on a short-term basis

Kurzläufer *mpl* short-dated securities *oder* shorts

kürzlich *adj & adv* recent(ly); **die kürzliche Übernahme einer Schuhgeschäftkette durch das Unternehmen** = the company's recent acquisition of a chain of shoe shops; **seine kürzliche Berufung in den Vorstand** = his recent appointment to the board

Kurzparker *m* driver using a short-stay car park *oder* short-stay parker

◊ **Kurzschrift** *f* shorthand

◊ **Kurzstreckenflug** *m* short-haul flight

Kürzung *f* abatement *oder* cut *oder* cutback *oder* reduction *oder* retrenchment; **Kürzung des Gehalts** = cut in salary; **Kürzung der Staatsausgaben** = cutbacks in government spending

> die Kürzung der Landeszuschüsse führt allein in der Stadt Dresden zu einem Fehlbetrag von fast zehn Millionen DM
>
> *Neues Deutschland*

Küste *f* coast; **Ölfelder vor der Küste** = off-shore oil fields

Kuwait *n* Kuwait

◊ **Kuwaiter/-in** *mf* Kuwaiti

◊ **kuwaitisch** *adj* Kuwaiti
(NOTE: Hauptstadt: **Kuwait** ; Währung: **kuwaitischer Dinar** = Kuwaiti dinar)

Ll

Labor *n* laboratory; **alle Produkte werden in unseren eigenen Labors getestet** = all products are tested in our own laboratories; **das Produkt wurde in den Labors des Unternehmens entwickelt** = the product was developed in the company's laboratories
◊ **Labortechniker/-in** *mf* laboratory technician

Ladedock *n* loading dock
◊ **Ladefähigkeit** *f oder* **Ladegewicht** *n* deadweight capacity *oder* deadweight tonnage *oder* load-carrying capacity
◊ **Ladegut** *n* load *oder* freight
◊ **Ladelinie** *f* load line *oder* Plimsoll line
◊ **Ladeliste** *f* manifest

laden *vt* to load; **Fracht auf ein Schiff laden** = to load cargo onto a ship; **laden Sie das Textverarbeitungsprogramm, bevor Sie den Text eingeben** = load the word-processing program before you start keyboarding

Laden *m* shop
◊ **Ladenaufsicht** *f* shopwalker *oder* floorwalker
◊ **Ladenbesitzer/-in** *mf* shopkeeper
◊ **Ladendieb/-in** *mf* shoplifter
◊ **Ladendiebstahl** *m* shoplifting; **wir haben Sicherheitspersonal eingesetzt, um uns gegen Ladendiebstähle zu schützen** = we have brought in security guards to protect the store against theft
◊ **Ladenfront** *f* shop front
◊ **Ladenhüter** *m* unsaleable article *oder* non-seller *oder* drug on the market *oder (umg)* dog *oder (US)* turkey
◊ **Ladenkasse** *f* cash till
◊ **Ladenkette** *f* chain of shops
◊ **Ladenpreis** *m* retail price
◊ **Ladenräume** *mpl* shop premises
◊ **Ladenschild** *n* shop sign; **sie baten um die Genehmigung, ein großes rotes Ladenschild aufstellen** *oder* **anbringen zu dürfen** = they have asked for permission to put up a large red shop sign
◊ **Ladenschluß** *m* closing time; **um sechs Uhr ist Ladenschluß** = the shops shut at six o'clock
◊ **Ladenschlußgesetz** *n* law governing trading hours
◊ **Ladentisch** *m* (shop) counter

Ladeplatz *m* loading bay
◊ **Laderampe** *f* loading ramp
◊ **Laderaum** *m* cargo hold
◊ **Ladung** *f* **(a)** load *oder* shipment *oder* cargo; **eine Ladung löschen** = to unload *oder* to discharge a cargo; **eine Ladung Kohle** = a load *oder* a shipment of coal; **bewegliche** *oder* **lose Ladung** = loose cargo; **durchgende Ladung** = through shipment; **trockene Ladung** = dry cargo; **verderbliche Ladung** = perishable cargo **(b)** *(jur)* summons
◊ **Ladungskontrolleur** *m* tally clerk

Lage *f* **(a)** *(Geographie)* location *oder* situation *oder* position; **die Fabrik hat eine sehr schöne Lage am Meer** = the factory is in a very pleasant situation by the sea **(b)** *(Situation)* situation *oder* position; **die finanzielle Lage eines Unternehmens** = the financial situation of a company; **in der Lage sein** = to be in a position to; **das Verkaufsteam muß in der Lage sein, den gesamten Lagerbestand zu verkaufen** = the sales force must be capable of selling all the stock in the warehouse
◊ **Lagebericht** *m* progress report *oder* status report; **einen Lagebericht anfertigen** = to make a progress report
◊ **Lageplan** *m* site plan *oder* ground plan

Lager *n* store *oder* stockroom *oder* storeroom *oder* warehouse; **Preis ab Lager** = price ex warehouse; **ein Lager auffüllen** = to stock up; **auf Lager haben** *oder* **halten** = to have in stock *oder* to carry; **wir haben diesen Artikel immer auf Lager** = we always keep this item in stock; **zu viele Ersatzteile auf Lager haben** = to be overstocked with spare parts; **auf Lager sein** = to be in stock
◊ **Lagerbestand** *m* stock *oder* stock level; **wir versuchen, den Lagerbestand während des Sommers gering zu halten** = we try to keep stock levels low during the summer; **den Lagerbestand aufnehmen** = to take stock *oder (US)* to take inventory; **Bewertung des Lagerbestands** = stock valuation; **Wertminderung des Lagerbestands** = stock depreciation
◊ **Lagerbestandshöhe** *f* stock level
◊ **Lagerbestandsverzeichnis** *n* stocklist *oder* inventory
◊ **Lagerbewegung** *f* stock movement; **alle Lagerbewegungen werden vom Computer aufgezeichnet** = all stock movements are logged by the computer
◊ **Lagerfach** *n* storage bin
◊ **lagerfähig** *adj* non-perishable *oder* storable
◊ **Lagerfähigkeit** *f* storability *oder* suitability for storage; **Lagerfähigkeit eines Produktes** = shelf life of a product
◊ **Lagerfirma** *f* storage company
◊ **Lagerfläche** *f* storage area
◊ **Lagergebühr** *f oder* **Lagergeld** *n* storage charge *oder* storage fee
◊ **Lagerhalle** *f* warehouse *oder* store(house)
◊ **Lagerhalter** *m* storekeeper *oder* storeman *oder* warehouseman
◊ **Lagerhaltung** *f* warehousing
◊ **Lagerhaltungskontrolle** *f* inventory control
◊ **Lagerhaltungskosten** *pl* warehousing costs; **Lagerhaltungskosten steigen schnell** = warehousing costs are rising rapidly

◇ **Lagerhaus** *n* **(a)** store *oder* warehouse *oder* depot *oder (im Fernosten)* godown **(b)** storage company

◇ **Lagerhausanlage** *f* warehouse facility; **wir haben unsere neue Lagerhausanlage eröffnet** = we have opened our new warehouse facility

◇ **Lagerhausbrand** *m* warehouse fire; **die Hälfte des Warenbestandes wurde bei dem Lagerhausbrand vernichtet** = half the stock was destroyed in the warehouse fire

◇ **Lagerhauskapazität** *f* warehouse capacity

◇ **Lagerhauspersonal** *n* the personnel of the warehouse *oder* the warehouse personnel

◇ **Lagerist/-in** *mf* stockkeeper *oder* store(wo)man

◇ **Lagerkapazität** *f* storage capacity

◇ **Lagerkarte** *f* bin card

◇ **Lagerkosten** *pl* storage (costs); **die Lagerkosten betrugen 10% des Werts, deshalb haben wir den Bestand verschrottet** = storage was 10% of value, so we scrapped the stock

◇ **Lagermöglichkeiten** *fpl* storage facilities

◇ **lagern** *vt* to store *oder* to warehouse; **wir haben unsere Möbel gelagert** = we put our furniture into storage; **Waren sechs Monate lagern** = to store goods for six months

◇ **Lagerplatz** *m* storage place

◇ **Lagerraum** *m* storeroom

◇ **Lagerschwund** *m* storage loss

◇ **Lagersteuerer** *m* stock controller

◇ **Lagersteuerung** *f* stock control

◇ **Lagerumschlag** *m* stock turn *oder* stock turnround *oder* stock turnover; **das Unternehmen hat einen Lagerumschlag von 6,7** = the company has a stock turn of 6.7

◇ **Lagerung** *f* storage *oder* warehousing

◇ **Lagerungseinrichtungen** *fpl* storage facilities

◇ **Lagerverwalter** *m* storekeeper *oder* storeman

◇ **Lagerzettel** *m* bin card

lahm *adj* **(a)** lame *oder* crippled *oder* paralyzed **(b)** *(Geschäftsgang)* dull *oder* slow

◇ **lahmlegen** *vt* to bring to a standstill *oder* to paralyze; **der Streik legte die Produktion lahm** = the strike brought the factory to a standstill

Laisser-faire-Wirtschaftspolitik *f* laissez-faire economy

LAN *n (Computer)* LAN *oder* local area network

Land *n* **(a)** *(Staat)* country *oder* state; **der geschäftsführende Direktor ist außer Landes** = the managing director is out of the country; **der Vertrag schließt den Absatz in den EU-Ländern ein** = the contract covers distribution in the countries of the EU; **die Organisation der erdölexportierenden Länder (OPEC)** = the Organization of Petroleum Exporting Countries (OPEC); **einige afrikanische Länder exportieren Öl** = some African countries export oil; **meistbegünstigtes Land** = most favoured nation (MFN) **(b)** *(in Deutschland)* Land *oder* state; *(in Österreich)* province; **die neuen Länder** = the new states *(the former East German Länder)* **(c)** *(ländliches Gebiet)* country; **sein Tätigkeitsfeld ist hauptsächlich auf dem Lande, aber er hat seinen Geschäftssitz in der Stadt** = his territory is mainly the country, but he is based in the town **(d) an Land ziehen** = to pull off *oder* to snap up; **ein gutes Geschäft an Land ziehen** = to snap up a bargain

◇ **Landarbeiter/-in** *mf* agricultural labourer

◇ **landen** *vi (Flugzeug, Schiff)* to land; **das Flugzeug landet um 4 Uhr in Sidney** = the plane arrives in Sydney at 04.00; **das Flugzeug landete zehn Minuten zu spät** = the plane landed ten minutes late

◇ **Länderrisiko** *n* sovereign risk

◇ **Landesbank** *f* regional bank *oder* state bank

◇ **Landesebene** *f* **auf Landesebene** = at state level

◇ **landeseigen** *adj* state-owned *oder* owned by Bundesland

◇ **Landesregierung** *f* state government

◇ **landesweit** *adj* nationwide; **landesweite Kampagne** = national campaign; **landesweite Werbung** = national advertising; **wir bedienten uns landesweiter Werbung, um für unseren neuen 24-Stunden Lieferservice zu werben** = we took national advertising to promote our new 24-hour delivery service; **der neue Wagen wird mit einer landesweiten Verkaufsaktion auf den Markt gebracht** = the new car is being launched with a nationwide sales campaign; **die Gewerkschaft rief einen landesweiten Streik aus** = the union called for a nationwide strike; **wir bieten einen landesweiten Lieferservice** = we offer a nationwide delivery service

> bei den landesweiten Feiertagen in den EU-Staaten sind die kirchlichen Fest- und Trauertage deutlich in der Überzahl
>
> ***Focus***

◇ **Landeszentralbanken** *fpl (in Deutschland)* Land *oder* state central banks

◇ **ländlich** *adj* rural *oder* country; **die Verteilung ist in ländlichen Gebieten schwierig** = distribution is difficult in country areas

◇ **Landweg** *m* **auf dem Landweg** = by land; **Transport auf dem Land- und Seeweg** = surface transport

◇ **Landwirtschaft** *f* agriculture *oder* farming; **gemischte Landwirtschaft** = mixed farming; **Landwirtschaft betreiben** = to farm

◇ **landwirtschaftlich** *adj* agricultural; **landwirtschaftliche Genossenschaft** = agricultural co-operative; **landwirtschaftliche Produktionsgenossenschaft** = collective farm

lang 1 *adj* **(a)** *(räumlich)* long; **ein drei Meter langer Tisch** = a three metre long table *oder* a table three metres in length; **der Tisch im Sitzungssaal ist vier Meter lang** = the boardroom table is four metres long *oder* four metres in length **(b)** *(zeitlich)* long; **Kredit mit langer Laufzeit** = long credit; **lange Öffnungszeiten** = late-night opening *oder* late opening; **seit langem bestehend** = long-standing *oder* old-established; **seit langem bestehender Vertrag** = long-standing agreement **(c) auf lange Sicht** = in the long term; **etwas auf lange Sicht planen** = to take the long view **2** *adv* long *oder* long time; **der Vorstand braucht lang(e), um zu einer Entscheidung zu gelangen** = the board is taking a long time to come to a decision

Länge *f* length

◇ **Längenmaß** *n* measure of length; **Inch und Zentimeter sind Längenmaße** = inches and centimetres are measures of length

langfristig 1 *adj* long-range *oder* long-term; **der Streik wird langfristige Auswirkungen auf die Wirtschaft haben** = the strike will have durable effects on the economy; **langfristiges Darlehen** = long-term loan; **langfristige Konjunkturprognose** = long-range economic forecast; **langfristiger Kredit** = long credit; **langfristige Prognose** = long-term forecast; **langfristige Verbindlichkeiten** = long-term debts; **langfristiger Wechsel** = long-dated bill; **langfristiges Zahlungsziel** = extended credit; **wir verkaufen nach Australien mit langfristigem Zahlungsziel** = we sell to Australia on extended credit; **langfristige Ziele** = long-term objectives **2** *adv* on a long-term basis; **etwas langfristig betrachten** = to take the long view

> derzeit ist noch nicht abzusehen, welche Wirtschafts- und Industriestruktur sich langfristig herausbilden wird
>
> ***Die Wirtschaft***

langjährig *adj* long-standing; **langjährige(r) Kunde/Kundin** = long-standing customer *oder* customer of long standing

langlaufend *adj* long-dated *(fin)* **langlaufende Staatstitel** = long-dated government stocks *oder* *(umg)* longs

◇ **Langläufer** *m (Anleihe)* long(-dated security)

> jetzt scheint die Ansicht vorzuherrschen, daß es sich beim Rückschlag der Kurse vor allem bei den ‚Langläufern' fast durchweg um eine Korrektur handelt, die einen Exzeß nach oben hin ausbügele
>
> ***Blick durch die Wirtschaft***

langlebig *adj* long-lived *oder* durable; **langlebige Güter** = durable goods; **langlebige Konsumgüter** *oder* **Gebrauchsgüter** = consumer durables

langsam *adj & adv* slow(ly); **wir vergrößern langsam unseren Marktanteil** = we are slowly increasing our market share; **die Wechselkurse sinken langsamer** = the fall in the exchange rate is slowing down

Langschrift *f* longhand; **Bewerbungen müssen in Langschrift geschrieben und an den Personalchef geschickt werden** = applications should be written in longhand and sent to the personnel officer

Langstreckenflug *m* long-distance flight *oder* long-haul flight

Langzeitarbeitslose(r) *mf* long-term unemployed person; *pl* **die Langzeitarbeitslosen** = the long-term unemployed

◇ **Langzeitarbeitslosigkeit** *f* long-term unemployment *(siehe auch* DAUERARBEITSLOSE(R)

Laos *n* Laos

◇ **Laote/Laotin** *mf* Laotian

◇ **laotisch** *adj* Laotian

(NOTE: Hauptstadt: **Vientiane** ; Währung: **Kip** *m* = kip)

Laptop *m* laptop (computer)

Laserdrucker *m* laser printer

Last *f* **(a)** burden *oder* load **(b)** charge *oder* debit; **zu Lasten** = debitable; **zu Lasten gehen von** = to be chargeable to; **Reparaturen gehen zu Lasten des Besitzers** = repairs chargeable to the occupier

◇ **lästig** *adj* onerous

◇ **Lastkraftwagen (LKW)** *m* truck *oder* lorry *oder* goods vehicle; **Lastkraftwagen können auf dem Ladeplatz parken** = goods vehicles can park in the loading bay

◇ **Lastschrift** *f* **(a)** debit entry **(b)** direct debit; **ich lasse meine Stromrechnung per Lastschrift abbuchen** = I pay my electricity bill by direct debit

◇ **Lastschriftanzeige** *f* debit note

◇ **Lastschriftverfahren** *n* *oder* **Lastschriftverkehr** *m* direct debiting; **Abbuchung im Lastschriftverfahren** = direct debit

◇ **Lastwagen** *m* lorry *oder* truck

◇ **Lastwagenfahrer/-in** *mf* lorry driver *oder* truck driver *oder (US)* trucker *oder (US)* teamster

◇ **Lastwagenladung** *f* load of a lorry *oder* lorry-load; **sie lieferten sechs Lastwagenladungen Kohle** = they delivered six lorry-loads of coal

◇ **Lastwagenvermietung** *f* lorry *oder* truck hire

◇ **Lastzug** *m* articulated lorry *oder (US)* truck-trailer *oder (Australien)* road train *oder (umg)* juggernaut

Lauf *m* run *oder* course; **im Lauf** = in the course of; **der Umsatz ist im Lauf der letzten zwölf Monate deutlich gestiegen** = sales have risen sharply in the course of the last few months; **im Lauf der Unterredung legte der geschäftsführende Direktor die Expansionspläne des Unternehmens dar** = in the course of the discussion, the managing director explained the company's expansion plans

◇ **Laufbahn** *f* career

◇ **laufen** *vi* **(a)** *(gehen)* to walk; **er läuft jeden Morgen ins Büro** = he walks to the office every morning **(b)** *(gültig sein)* to run *oder* to be in force; **der Mietvertrag läuft nur noch sechs Monate** = the lease has only six months to run **(c)** *(funktionieren)* to function *oder* to operate *oder* to run *oder* to work; **ruhig laufen** = to flow; **die Produktion läuft jetzt normal nach dem Streik** = production is now flowing normally after the strike; **die Werbekampagne läuft reibungslos** = the advertising campaign is functioning smoothly **(d)** *(bezeichnet werden)* **das Unternehmen läuft unter dem Namen ‚Stonka'** = the company trades under the name 'Stonka'

◇ **laufend 1** *adj* current *oder* day-to-day *oder* running; **es ist ein laufender Betrieb** = it is a going concern; **er organisiert den laufenden Geschäftsbetrieb** = he organizes the day-to-day running of the company; **laufendes Konto** = cheque account *oder* drawing account *oder (US)* checking account; **laufende Kosten** = running costs *oder* running expenses *oder* costs of running a business; **laufende Rendite** = current yield; **laufende Summe** = running total; **laufende Verhandlungen** = negotiations in progress; **etwas auf dem laufenden halten** = to keep something up to date **2** *adv* continuously *oder* constantly

◇ **Laufkunde** *m* casual customer *oder* occasional customer

◇ **Laufkundschaft** *f* casual customers *oder* passing trade

◇ **Laufwerk** *n* disk drive

◊ **Laufzeit** *f* life *oder* term; **Laufzeit eines Versicherung** = term of an insurance; **Laufzeit eines Vertrags** = contract period; **die Laufzeit des Kredits ist fünfzehn Jahre** = the term of the loan is fifteen years; **einen Kredit über eine Laufzeit von fünfzehn Jahren haben** = to have a loan for a term of fifteen years; **Kredit, der eine Laufzeit von zehn Jahren hat** = loan which is repayable over ten years

> innerhalb des Programms der Russimpexbank ist die Ausgabe von Rubel-Depositenzertifikaten mit einer Laufzeit von drei bis zwölf Monaten vorgesehen
> ***Russischer Kurier***

laut *prep* according to *oder* as per *oder* under; **laut Rechnung** = as per invoice

lauter *adj* fair *oder* honest; **lauterer Handel** = fair trading *oder* fair dealing

Layout *n* layout

Lean Management *n* lean management
◊ **Lean Production** *f* lean production

> das Schlagwort ‚Lean Management' - das für drastisch vereinfachte, konsequent am Markt orientierte Unternehmensstrukturen steht - beherrscht die Diskussion
> ***Wirtschaftswoche***
> in beiden Fällen wurde unter dem Deckmantel des Lean Managements nackter Personalabbau betrieben, und mehr kam dabei auch nicht heraus
> ***TopBusiness***
> der durchschnittliche Arbeitsvorrat habe erneut einen historischen Tiefstand erreicht. Neben konjunkturellen Faktoren sei dies auch auf strukturelle Veränderungen wie etwa ‚Lean Production' zurückzuführen
> ***Blick durch die Wirtschaft***
> japanische Gewerkschaften kritisierten vor allem den Leistungsdruck bei Lean Production, die eine hohe Disziplin der Arbeitnehmer verlange
> ***Aktuell***

leasen *vt* to lease; **einen Kopierer leasen** = to lease a copier *oder* to run a copier under a leasing arrangement; **alle unsere Firmenwagen sind geleast** = all our company cars are leased
◊ **Leasing** *n* leasing
◊ **Leasinggeber/-in** *mf* lessor
◊ **Leasingnehmer/-in** *mf* lessee

Leben *n* life; **er verdient nicht genug zum Leben** = he does not earn enough to live on *oder* a living wage
◊ **Lebenserwartung** *f* life expectancy

Lebenshaltungskosten *pl* cost of living; **die Lebenshaltungskosten bei den Gehältern berücksichtigen** = to allow for the cost of living in the salaries; **Gehaltszulage zur Anpassung an gestiegene Lebenshaltungskosten** = cost-of-living increase
◊ **Lebenshaltungs(kosten)index** *m* cost-of-living index
◊ **Lebenshaltungskostenzuschuß** *m* cost-of-living allowance

lebenslang *adj* lifelong *oder* for life; **lebenslanges Nutzungsrecht** *oder* **lebenslange Nutznießung** = life interest

Lebenslauf *m* curriculum vitae (CV) *oder (US)* résumé; **Bewerber sollten ein Bewerbungsschreiben mit Lebenslauf an den Personalchef schicken** = candidates should send a letter of application with a curriculum vitae to the personnel officer; **Bewerbungen mit Lebenslauf bitte schriftlich** = please apply in writing, enclosing a CV

Lebensmittel *pl* food *oder* provisions
◊ **Lebensmittelbestrahlung** *f* irradiation of food
◊ **Lebensmittellieferant** *m* caterer
◊ **Lebensmittelmarke** *f* food stamp *oder* coupon

> die Lebensmittelbestrahlung zur Haltbarmachung ist in einigen Ländern der Europäischen Union zugelassen
> ***Neues Deutschland***

Lebensstandard *m* standard of living *oder* living standards; **der Lebensstandard fiel, als die Arbeitslosigkeit zunahm** = living standards fell as unemployment rose

> dabei kommt es nicht nur auf den Lebensstandard selbst an, sondern ebensosehr darauf, wie die Menschen den wachsenden Wohlstand wahrnehmen
> ***Die Zeit***

Lebensstil *m* life style
◊ **Lebensunterhalt** *m* living *oder* livelihood *oder* subsistence

Lebensversicherung *f* life assurance *oder* life insurance; **eine Lebensversicherung abschließen** = to take out life insurance; **er bezahlte Beiträge, damit seine Frau eine Lebensversicherung hat** = he has paid the premiums to have his wife's life assured
◊ **Lebensversicherungsgesellschaft** *f* life assurance company *oder* life insurance company
◊ **Lebensversicherungspolice** *f* life assurance policy

Lebenszeit *f* lifetime; **auf Lebenszeit** = for life; **er hat ein ausreichendes Einkommen auf Lebenszeit durch seine Rente** = his pension gives him a comfortable income for life

lebhaft *adj* brisk *oder* lively; **lebhafte Börse** = lively market; **die Börse war sehr lebhaft** = there was a lot of activity on the stock exchange; **ein lebhafter Börsentag** = an active day on the stock exchange; **lebhafter Handel** = brisk trade; **es gibt eine lebhafte Nachfrage nach Heimcomputern** = there is a keen demand for home computers; **eine lebhafte Nachfrage nach Ölaktien** = an active demand for oil shares *oder* a brisk market in oil shares

Lebzeiten *pl* **Schenkung zu Lebzeiten** = gift inter vivos

Leckage *f* leakage

leer *adj* **(a)** empty; **der Umschlag ist leer** = the envelope is empty; **starten Sie die Computerdatei mit einem leeren Speicher** = start the computer file with an empty workspace; **Sie können den Aktenschrank zurück in den Lagerraum bringen, da er leer ist** = you can take that filing cabinet back to the storeroom as it is empty **(b)** *(Formular)* blank; **leere Stellen** = blanks

◇ **leeren** *vt* to empty; **er leerte die Nebenkasse in seine Aktentasche** = he emptied the petty cash box into his briefcase; **die Briefkästen werden zweimal täglich geleert** = the pillar-boxes are emptied twice a day *oder* letters are collected twice a day

◇ **Leergewicht** *n* deadweight

◇ **Leergut** *n* empties; **zurückgegebenes Leergut** = returned empties

◇ **Leerpackung** *f* dummy pack

◇ **leerstehend** *adj* empty *oder* unoccupied *oder* vacant; **das Haus wird leerstehend verkauft** = the house is for sale with vacant possession

◇ **Leertaste** *f* *(Tastatur)* space bar

◇ **Leerung** *f* collection *oder* emptying

◇ **Leerverkauf** *m* *(Börse)* short selling *oder* selling short

◇ **leerverkaufen** *vt* to sell short

legal *adj* legal; **das Vorgehen des Unternehmens war völlig legal** = the company's action was completely legal

◇ **legalisieren** *vt* to legalize

◇ **Legalisierung** *f* legalization

◇ **Legalität** *f* legality

◇ **Legatar** *m* legatee

> diese Praktiken am Rande oder sogar jenseits der Legalität haben gravierende Folgen
>
> ***Die Zeit***

legitim *adj* legitimate; **legitimer Anspruch** = legitimate claim

◇ **Legitimation** *f* authorization *oder* identification

◇ **legitimieren** *vt* **(a)** to legitimize **(b)** *vr* **sich legitimieren** = to show proof of authorization *oder* identity

Lehre *f* apprenticeship; **in der Lehre sein** = to be apprenticed to; **in die Lehre nehmen** = to indenture; **er ging bei einem Maurer in die Lehre** = he was indentured to a builder

◇ **Lehrgang** *m* course; **die Firma bezahlte ihr einen Lehrgang für angehende Verkaufsleiter** = the company has paid for her to attend a course for trainee sales managers

◇ **Lehrling** *m* apprentice *oder* trainee *(siehe auch* AZUBI)

◇ **Lehrstelle** *f* position as an apprentice *oder* trainee

◇ **Lehrvertrag** *m* indentures *oder* articles of indenture

Leibrente *f* life annuity *oder* annuity for life

leicht 1 *adj* **(a)** easy; **es war nicht leicht, die Angestellten zu überzeugen** = it wasn't easy to convince the staff **(b)** light *oder* slight; **es gab einen leichten Aufwärtstrend bei den Umsätzen in der ersten Jahreshälfte** = there was a slow improvement in sales in the first half of the year; **Ölaktien verzeichneten im Laufe der Börsenwoche nur leichte Gewinne** = oil shares showed modest gains over the week's trading; **wir hatten im Februar eine leichte Umsatzsteigerung zu verzeichnen** = we saw a slight increase in sales in February; **es gab eine leichte Verbesserung der Handelsbilanz** = there was a slight improvement in the balance of trade **2** *adv* **(a)** easily; **leicht verdientes Geld** = easy money **(b)** slightly; **der Umsatz ging im zweiten Quartal leicht zurück** = sales fell slightly in the second quarter

◇ **Leichtindustrie** *f* light industry; **für Leichtindustrie vorgesehenes Land** = land zoned for light industrial use

leiden *vi* to suffer; **die Exporte haben in den letzten sechs Monaten gelitten** = exports have suffered during the last six months; **die Produkte des Unternehmens leiden an schlechtem Design** = the company's products suffer from bad design; **unter etwas leiden** = to suffer from something; **der Konzern leidet unter schlechtem Management** = the group suffers from bad management

leider *adv* unfortunately; **leider gibt es keine Plätze mehr für den Flug nach Amsterdam** = I am afraid there are no seats left on the flight to Amsterdam; **leider ging Ihre Bestellung in der Post verloren** = we are afraid your order has been lost in the post

leihen *vt* **(a)** to lend *oder* to advance *oder* to loan; **jdm etwas leihen** = to lend something to someone *oder* to lend someone something; **die Bank lieh ihm DM 150.000 für die Geschäftsgründung** = the bank lent him DM 150,000 to start his business; **er lieh dem Unternehmen Geld** = he lent the company money *oder* he lent money to the company; **Geld gegen Sicherheiten leihen** = to lend money against security **(b)** *(ausleihen)* to borrow *oder* to hire; **er lieh (sich) einen Lastwagen, um seine Möbel zu transportieren** = he hired a truck to move his furniture

◇ **Leihgebühr** *f* hire *oder* rental charge

◇ **Leihhaus** *n* pawnshop; **etwas ins Leihhaus bringen** = to put something in pawn

◇ **Leihschein** *m* **(a)** pawn ticket **(b)** *(in der Bibliothek)* lending slip

◇ **Leihwagen** *m* hire car *oder* rented car

◇ **leihweise** *adv* on loan

Leim *m* glue

◇ **leimen** *vt* to glue

leisten *vt* **(a)** to give *oder* to offer *oder* to render; **eine Anzahlung leisten** = to make a deposit; **das Unternehmen wird Schadenersatz leisten** = the company will make good the damage; **eine Wechselbürgschaft leisten** = to guarantee a bill of exchange; **eine Zahlung leisten** = to make a payment *oder* to effect a payment *oder* to remit; **Zahlungen nicht leisten** = to default on payments **(b)** *vr* **sich leisten (können)** = to afford; **das Unternehmen kann es sich zeitlich nicht leisten, neues Personal anzulernen** = the company cannot afford the time to train new staff; **wir könnten uns zwei Autos nicht leisten** = we could not afford the cost of two cars

◇ **Leistung** *f* **(a)** performance *oder* achievement *oder* merit *oder* result(s); **als Maßstab für die Leistung des Unternehmens** = as a measure of the company's performance; **im letzten Jahr sank die Leistung des Unternehmens** = last year saw a dip in the company's performance **(b)** *(einer Krankenkasse, Versicherung)* benefit

◇ **Leistungsabfall** *m* drop in performance

◇ **Leistungsanreiz** *m* incentive; **Leistungsanreize für das Personal** = staff incentives

◇ **Leistungsanreizsystem** *n* incentive scheme; **Leistungsanreizsysteme erhöhen die Produktion** = incentive schemes are boosting production

◇ **Leistungsanstieg** *m* rise in performance

◇ **Leistungsbeurteilung** *f* **(a)** merit rating *oder* performance rating **(b)** performance review

◇ **leistungsbezogen** *adj* performance-related; **leistungsbezogene Gehaltssteigerung** = performance-related pay rise *oder* merit increase

◇ **Leistungsbilanz** *f* **(a)** *(Firma)* current account balance **(b)** *(Staat)* balance of payments

> die Leistungsbilanz wies ein Defizit von 2,2 Milliarden DM aus, von Januar bis September betrug es minus 28,6 Milliarden DM
> ***Blick durch die Wirtschaft***

◇ **Leistungsdruck** *m* pressure (to perform *oder* to do well)

◇ **leistungsfähig** *adj* capable *oder* efficient; **leistungsfähige Maschine** = efficient machine; **er braucht eine leistungsfähige Sekretärin** = he needs an efficient secretary

◇ **Leistungsfähigkeit** *f* effectiveness *oder* efficiency; **mit einem hohen Grad an Leistungsfähigkeit** = with a high degree of efficiency; **mangelnde Leistungsfähigkeit** = inefficiency

> zugleich werden Leistungsfähigkeit und geringer Bedienaufwand von mit Braunkohlenbrennstaub betriebenen Anlagen vorgestellt
> ***Sächsische Zeitung***

◇ **Leistungsgesellschaft** *f* meritocracy

◇ **Leistungslohn** *m* piece rate pay *oder* payment by results

◇ **Leistungsmessung** *f* performance measurement *oder* measurement of performance

◇ **leistungsorientiert** *adj* achievement-orientated

◇ **Leistungsprämie** *f* incentive *oder* merit *oder* performance *oder* productivity bonus

◇ **Leistungsprinzip** *n* achievement principle

◇ **Leistungsprüfung** *f* **(a)** *(für Maschinen)* performance test **(b)** *(für Personen)* achievement test; **er fiel durch die Leistungsprüfung und mußte daher seine Stelle aufgeben** = he failed his proficiency examination and so had to leave his job

◇ **leistungsschwach** *adj* inefficient *oder* low-powered

◇ **Leistungsstark** *adj* efficient *oder* high-powered

◇ **Leistungsteigerung** *f* increase in efficiency *oder* improved performance

◇ **Leistungstief** *n* blip *oder* dip (in results); **das Unternehmen hatte im letzten Jahr ein vorübergehendes Leistungstief** = last year saw a dip in the company's performance; **laut der Regierung, sind die enttäuschenden Arbeitslosenziffern für diesen Monat nur ein vorübergehendes Leistungstief innerhalb einer vielversprechenden Tendenz** = according to the government, this month's disappointing unemployment figures are only a blip in an encouraging trend

◇ **Leistungsvermögen** *n* capacity *oder* capabilities

◇ **Leistungszulage** *f* incentive payment *oder* merit award *oder* productivity bonus

Leitartikel *m* editorial

leiten *vt* to conduct *oder* to direct *oder* to head (up) *oder* to lead *oder* to manage *oder* to organize *oder* to run *oder* to superintend ; **eine Abteilung leiten** = to head a department *oder* to manage a department; **sie leitet den Auslandsabsatz des Unternehmens** = she superintends the company's overseas sales; **sie leiten einen Betriebssportverein** = they run a staff sports club; **er leitet eine multinationale Gesellschaft** = he is running a multinational company; **er leitet unsere Geschäfte in Südostasien** = he directs our South-East Asian operations; **er leitet eine Handelsmission nach China** = he is heading a buying mission to China; **sie wurde dazu bestimmt, unsere europäische Organisation zu leiten** = she has been appointed to head up our European organization; **eine Zweigstelle leiten** = to manage a branch office

◇ **leitend** *adj* leading *oder* managing *oder* managerial *oder* executive *oder* senior; **leitende(r) Angestellte(r)** = senior executive; **leitendes Personal** = managerial staff *oder* key staff *oder* key personnel; **auf eine leitende Stellung berufen werden** = to be appointed to a managerial position

Leiter/-in *mf* **(a)** manager *oder* director *oder* superintendent; **Leiter der Buchhaltung** = accounts controller; **Leiter der EDV-Abteilung** = computer department manager; **Leiter der Fertigung** = production manager; **Leiter der Finanzabteilung** = financial director; **Leiter des Finanzamtes** = inspector of taxes; **Leiter der Personalabteilung** = personnel manager; **kaufmännischer Leiter** = commercial *oder* sales director; **technischer Leiter** = technical director **(b)** head *oder* leader; **der Minister war Leiter einer Gruppe von Industriellen auf einer Besichtigungstour amerikanischer Fabriken** = the minister was the leader of the party of industrialists on a tour of American factories; **sie ist die Leiterin der Handelsdelegation nach Nigeria** = she is the leader of the trade mission to Nigeria

◇ **Leitkurs** *m* central exchange rate

◇ **Leitparität** *f* central parity

◇ **Leitung** *f* **(a)** leadership *oder* management *oder* chairmanship *oder* control *oder* direction; **unter neuer Leitung** = under new management; **er übernahm die Leitung eines multinationalen Konzerns** = he took over the direction of a multinational group **(b)** (telephone) line; **da ist jemand in der Leitung** = there is a crossed line

◇ **Leitwährung** *f* leading currency *oder* reserve currency

◇ **Leitzins** *m* bank base rate *oder* prime rate

lenken *vt* to direct *oder* to steer *oder* to influence *(siehe auch* GELENKT)

◇ **Lenkung** *f* steering *oder* directing *oder* influencing; **Lenkung der Wirtschaft** = controlling the economy

Lernkurve *f* learning curve

lesbar *adj* readable

lesen *vt* to read; **die Bestimmungen und Bedingungen sind sehr klein gedruckt, so daß sie**

schwer zu lesen sind = the terms and conditions are printed in very small letters so that they are difficult to read; **hat der geschäftsführende Direktor Ihren Bericht über die Umsätze in Indien gelesen?** = has the managing director read your report on sales in India?; **kann der Computer diese Information lesen?** = can the computer read this information?

Lettland *n* Latvia
◇ **Lette/Lettin** *mf* Latvian
◇ **lettisch** *adj* Latvian
(NOTE: Hauptstadt: **Riga** ; Währung: **Lat** *f* = lat)

letzte(r,s) *adj* **(a)** last *oder* final; **dies ist unsere letzte Vorstandssitzung, bevor wir in unsere neuen Büroräume umziehen** = this is our last board meeting before we move to our new offices; **wir stellten die letzten Positionen des Auftrags erst zwei Tage vor dem versprochenen Liefertermin fertig** = we finished the last items in the order just two days before the promised delivery date; **die letzten Einzelheiten auf dem Dokument eintragen** = to put the final details on a document; **die letzte Rate bezahlen** = to pay the final instalment; **letzte Tilgungsrate** = final discharge; **letzte Mahnung** *oder* **Zahlungsaufforderung** = final demand; **letzter Zahlungstermin** = final date for payment; **die letzte Zahlung leisten** = to make the final payment; **letzten Endes** = ultimately **(b)** last *oder* latest *oder* most recent; **hier sind die letzten Absatzzahlen** = here are the latest sales figures; **wo ist der letzte Stoß an Aufträgen** = where is the last batch of orders?; **die letzten zehn Aufträge waren nur für kleine Mengen** = the last ten orders were only for small quantities; **der letzte Termin für die Vertragsunterzeichnung** = latest date for signature of the contract **(c)** *(vergangen)* last; **letzte Woche** *oder* **letzten Monat** *oder* **letztes Quartal** *oder* **letztes Jahr** = last week *oder* last month *oder* last quarter *oder* last year; **der Absatz der letzten Woche war der beste, den wir je hatten** = last week's sales were the best we have ever had; **der Abschluß des letzten Jahres muß für die Jahreshauptversammlung fertig sein** = last year's accounts have to be ready by the AGM; **die Vertriebsleiter wurden gebeten, über den Rückgang des Einheitenabsatzes im letzten Monat Bericht zu erstatten** = the sales managers have been asked to report on last month's drop in unit sales; **die Zahlen des letzten Jahres waren schlecht, aber sie waren eine Verbesserung gegenüber denen des vorletzten** = last year's figures were bad, but they were an improvement on those of the year before last
◇ **letztwillig** *adj* in a will *oder* by will; **letztwillige Schenkung** = bequest; **er machte verschiedenen Mitgliedern des Personals letztwillige Schenkungen** = he made several bequests to his staff

Leumund *m* reputation *oder* repute

Leverage *n* leverage
◇ **Leveraged Buy-Out** *n* leveraged buyout (LBO)
◇ **Leverage-Effekt** *m* leverage effect

Libanon *m* Lebanon
◇ **Libanese/Libanesin** *mf* Lebanese
◇ **libanesisch** *adj* Lebanese
(NOTE: Hauptstadt: **Beirut** ; Währung: **libanesisches Pfund** = Lebanese pound)

liberalisieren *vt* to decontrol *oder* to liberalize
◇ **Liberalisierung** *f* decontrol *oder* liberalization

> technologischer Fortschritt und die Liberalisierung der Märkte setzen internationale Banken einem steten Wandel aus
>
> *Neue Zürcher Zeitung*

Liberia *n* Liberia
◇ **Liberi(an)er/-in** *mf* Liberian
◇ **liber(ian)isch** *adj* Liberian
(NOTE: Hauptstadt: **Monrovia** ; Währung: **liberianischer Dollar** = Liberian dollar)

Libyen *n* Libya
◇ **Libyer/-in** *mf* Libyan
◇ **libysch** *adj* Libyan
(NOTE: Hauptstadt: **Tripolis** = Tripoli; Währung: **libyscher Dinar** = Libyan dinar)

Lichtgriffel *oder* **Lichtstift** *m (Computing)* light pen

lieb *adj* dear; **Liebe Frau Schmidt** = Dear Mrs *oder* Ms Schmidt; **Lieber Herr Schmidt** = Dear Mr Schmidt; **Liebe Birgit!** = Dear Birgit; **Lieber Wolfgang!** = Dear Wolfgang; **Liebe Birgit, lieber Wolfgang!** = Dear Birgit and Wolfgang

Liechtenstein *n* Liechtenstein
◇ **Liechtensteiner/-in** *mf* Liechtensteiner
◇ **liechtensteinisch** *adj* Liechtenstein
(NOTE: Hauptstadt: **Vaduz** ; Währung: **Schweizer Franken** *m* = Swiss franc)

Lieferant *m* supplier
◇ **Lieferauftrag** *m* delivery order
◇ **lieferbar** *adj* available *oder* in stock; **die folgenden Artikel aus Ihrer Bestellung sind vorübergehend nicht lieferbar** = the following items on your order are temporarily unavailable
◇ **Lieferbedingungen** *pl* delivery terms *oder* conditions of supply
◇ **lieferbereit** *adj* ready for delivery
◇ **Lieferdatum** *n* delivery date
◇ **Lieferengpaß** *m* supply bottleneck
◇ **Lieferfirma** *f* supplier
◇ **Lieferfrist** *f* delivery time
◇ **Liefergebühren** *fpl* delivery charge; **keine Liefergebühren erheben** = to make no charge for delivery; **Liefergebühren (sind) nicht inklusive** = delivery is not allowed for *oder* is not included
◇ **Lieferkosten** *pl* delivery costs
◇ **Lieferland** *n* supplier country
◇ **Liefermenge** *f* quantity delivered *oder* supplied
◇ **liefern** *vt* **(a)** to deliver *oder* to supply; **das Geschäft liefert in alle Stadtteile** = the store delivers to all parts of the town; **an Bord gelieferte Waren** = goods delivered on board; **frei Haus gelieferte Waren** = goods delivered free *oder* free delivered goods; **direkt liefern** *oder* **direkt an den Kunden liefern** = to drop ship *oder* to deliver direct **(b)** to supply *oder* to furnish; **Einzelheiten über Adressen und Telefonnummern des Personals können von den Mitarbeitern im Pesonalbüro geliefert werden** = details of staff

addresses and phone numbers can be supplied by the personnel department

◇ **Lieferpreis** *m* supply price *oder* delivered price

◇ **Lieferschein** *m* delivery note

◇ **Lieferstopp** *m* stoppage of deliveries

◇ **Liefertermin** *m* delivery date

◇ **Lieferung** *f* **(a)** *(Versorgung)* delivery *oder* supply; **Lieferung frei Haus** = free delivery *oder* delivery free; **Lieferung innerhalb von 28 Tagen** = delivery within 28 days; **bei Lieferung** = on delivery; **zahlbar bei Lieferung** = payable on delivery; **zur sofortigen Lieferung** = for immediate delivery; **(mehwerts)steuerpflichtige Lieferung** = taxable supply **(b)** *(Sendung)* delivery *oder* consignment; **eine Lieferung abnehmen** *oder* **übernehmen** = to take delivery of goods; **in der letzten Lieferung fehlten vier Artikel** *oder* **Posten** = there were four items missing in the last delivery; **wir nehmen täglich drei Lieferungen in Empfang** = we take in three deliveries a day

◇ **Liefervertrag** *m* contract of sale; **Liefervertrag für Ersatzteile** = contract for the supply of spare parts

◇ **Lieferwagen** *m* (delivery) van *oder* pickup

◇ **Lieferzeit** *f* delivery time *oder* lead time; **die Lieferzeit für diesen Artikel ist über sechs Wochen** = the lead time on this item is more than six weeks; **Lieferzeit bis zu 28 Tagen** = allow 28 days for delivery

Liegegeld *n* demurrage

◇ **liegen** *vi* **(a)** to lie; **das halbe Büro liegt mit Grippe im Bett** = half the office is laid up with flu **(b)** to be situated; **das Büro liegt in der Nähe des Bahnhofs** = the office is situated near the railway station; **die Fabrik wird nahe der Autobahn liegen** = the factory will be sited near the motorway

◇ **Liegenschaft** *f* property *oder* real estate

◇ **Liegeplatz** *m* berth *oder* mooring

LIFO-Methode *f* last in first out (LIFO) *(cf* FIFO-METHODE)

Lift *m* lift *oder (US)* elevator; **das Personal konnte nicht in die Büros kommen, als der Lift ausfiel** = the staff could not get into their offices when the lift broke down; **er nahm den Lift in den 27. Stock** = he took the lift to the 27th floor

Limit *n* limit

◇ **limitieren** *vt* to limit

linear *adj* linear *oder* straight-line; **lineare Abschreibung** = straight-line depreciation

Linie *f* **(a)** line; **Papier mit dünnen blauen Linien** = paper with thin blue lines; **ich bevorzuge Briefpapier ohne Linien** = I prefer notepaper without any lines **(b)** course *oder* policy; **eine gemäßigte Linie einschlagen** = to follow a moderate course **(c) in erster Linie** = in the first place *oder* first of all *oder* primarily *oder* mainly

◇ **Liniendiagramm** *n* line chart *oder* line graph

◇ **Liniendienst** *m* regular *oder* scheduled service

◇ **Linienflug** *m* scheduled flight; **er flog mit einem Linienflug nach Helsinki** = he took a scheduled flight to Helsinki

◇ **Linienmanagement** *n* line management

◇ **Linienorganisation** *f* line of command *oder* line organization

◇ **Linienschiff** *n* liner

◇ **liniert** *adj* lined; **er bevorzugt liniertes Papier für Notizen** = he prefers lined paper for writing notes

linke(r,s) *adj* left *oder* left-hand; **die Sollbuchungen stehen in der linken Spalte in den Geschäftsbüchern** = the debits are in the left-hand column in the accounts; **er bewahrt die Personalakten im linken Schubfach des Schreibtisches auf** = he keeps the personnel files in the left-hand drawer of his desk

◇ **links** *adv* on the left; **die Nummern stehen links auf der Seite** = the numbers run down the left side of the page

liquid(e) *adj* liquid

◇ **Liquidation** *f* liquidation *oder* winding up; **das Gericht beschloß die Liquidation des Unternehmens** = the court ordered the company to be wound up; **freiwillige Liquidation** = voluntary liquidation

◇ **Liquidationsbilanz** *f* liquidation balance sheet

◇ **Liquidationsmasse** *f* total assets of a company going into liquidation

◇ **Liquidationstag** *oder* **Liquidationstermin** *m* account day *oder* settlement day

◇ **Liquidationswert** *m* break-up value

◇ **Liquidator** *m* liquidator

◇ **liquidieren** *vt* to liquidate *oder* to wind up; **ein Unternehmen liquidieren** = to liquidate a company

◇ **Liquidität** *f* liquidity

◇ **Liquiditätsengpaß** *m* cash flow problem

◇ **Liquiditätsgrad** *m* liquidity ratio *oder* acid-test ratio

◇ **Liquiditätskrise** *f* liquidity crisis

◇ **Liquiditätsproblem** *n* cash flow problem; **das Unternehmen hat Liquiditätsprobleme** = the company is suffering from cash flow problems

◇ **Liquiditätsreserven** *fpl* cash reserves

> dazu zählen insbesondere zinsgünstige Kreditprogramme sowie Hilfen zur Stärkung des Eigenkapitals und der Liquidität
>
> ***Der Tagesspiegel***

Lire *f* *(Währungseinehit in Italien und in der Turkei)* lira; **das Buch kostete 5.700 Lire** *oder* **L5.700** = the book cost 5,700 lira *oder* L5,700

Liste *f* **(a)** list *oder* register *oder* schedule; **schwarze Liste** = black list; **beachten Sie die beigefügte Liste** *oder* **gemäß beigefügter Liste** = see the attached schedule *oder* as per the attached schedule; **Liste von Gebieten, für die ein Vertrag gilt** = schedule of territories to which a contract applies; **etwas in eine Liste aufnehmen** = to add something to a list; **etwas in eine Liste eintragen** = to enter something in a register; **eine Liste auf dem laufenden halten** = to keep a register up to date; **einen Posten von der Liste streichen** = to cross an item off a list **(b)** *(Katalog)* list *oder* catalogue *oder (US)* catalog

◇ **Listenpreis** *m* catalogue price *oder* list price *oder* scheduled price

Litauen *n* Lithuania

◇ **Litauer/-in** *mf* Lithuanian
◇ **litauisch** *adj* Lithuanian
(NOTE: Hauptstadt: **Wilna** = Vilnius; Währung: **Lit** *m* = lit(as)

Liter *mn* litre *oder (US)* liter; **der Wagen braucht einen Liter auf fünfzehn Kilometer** = the car does fifteen kilometres to the litre *oder* fifteen kilometres per litre

Literatur *f* literature

Litfaßsäule *f* advertising pillar *oder* column

Lizenz *f* licence *oder (US)* license; **eine Lizenz erteilen** = to license; **einem Unternehmen die Lizenz zur Herstellung von Ersatzteilen erteilen** = to license a company to manufacture spare parts; **in Lizenz hergestellte Waren** = goods manufactured under licence
◇ **Lizenzgeber/-in** *mf* licensor
◇ **Lizenzgebühr** *f* royalty; **er bekommt Lizenzgebühren für seine Erfindung** = he is receiving royalties from his invention
◇ **Lizenzinhaber/-in** *oder* **Lizenznehmer/-in** *mf* licensee
◇ **Lizenzvereinbarung** *f* licensing agreement

Lkw *oder* **LKW** *m* = LASTKRAFTWAGEN truck *oder* lorry; **schwerer LKW** = heavy lorry
◇ **LKW-Ladung** *f* truckload *oder* lorry-load
◇ **LKW-Transportunternehmen** *n* haulage firm *oder* trucking firm

Lobby *f* lobby; **die Lobby der Energiesparer** = the energy-saving lobby

Lochkarte *f* punched card

Lockartikel *m* loss-leader; **wir benutzen diese billigen Filme als Lockartikel** = we use these cheap films as a loss-leader

Logistik *f* logistics

Logo *n* logo

Lohn *m* wage *oder* pay; **Einfrieren der Löhne** = wage freeze *oder* freeze on wages; **Löhne und Gehälter** = wages and salaries *oder* payroll
◇ **Lohnabbau** *m* wage cut
◇ **Lohnabrechnung** *f* pay slip
◇ **Lohnabzug** *m* stoppage *oder* salary deduction
◇ **Lohnanpassung** *f* wage adjustment
◇ **Lohnarbeiter/-in** *mf* labourer
◇ **Lohnausfall** *m* loss of earnings
◇ **Lohnausgleich** *m* wage adjustment
◇ **Lohnauszahlung** *f* payment of wages
◇ **Lohnbescheinigung** *f* pay slip *oder* wages slip
◇ **Lohnbuchhalter/-in** *mf* wages clerk
◇ **Lohnbüro** *n* wages office *oder* pay office
◇ **Lohndumping** *n* paying (illegal) workers at a reduced rate

> bei weiteren 30 Arbeitgebern besteht der Verdacht auf ‚Lohndumping' in 517 Fällen
> ***Sächsische Zeitung***

◇ **Lohnempfänger/-in** *mf* wage-earner
◇ **lohnend** *adj* profitable *oder* remunerative *oder* worthwhile; **das ist kein lohnendes Geschäft** = it is not a paying proposition
◇ **Lohnerhöhung** *f* increase in pay *oder* pay increase *oder* pay rise *oder* rise *oder* wage increase *oder (US)* pay hike *oder* raise; **er bekam letztes Jahr zwei Lohnerhöhungen** = he had two increases last year
◇ **Lohnfolgekosten** *pl* cost to an employer of a job package, excluding salary
◇ **Lohnforderung** *f* wage claim *(cf* GEHALTSFORDERUNG)
◇ **Lohnfortzahlung** *f* continued payment of wages (during illness)
◇ **Lohngefälle** *n* wage differentials; **Lohngefälle abbauen** = to erode wage differentials
◇ **Lohngruppe** *f* wage group *oder* wage bracket
◇ **Lohnhöhe** *f* wage level
◇ **Lohnindexierung** *f* wage indexation
◇ **Lohnindexstufe** *f* pay threshold
◇ **lohnintensiv** *adj* wage-intensive
◇ **Lohnkampf** *oder* **Lohnkonflikt** *m* wage dispute
◇ **Lohnkosten** *pl* labour costs *oder* labour charges
◇ **Lohnkürzung** *f* pay cut *oder* wage cut
◇ **Lohnleitlinie** *f* pay guideline
◇ **Lohnliste** *f* payroll *oder* payroll ledger; **das Unternehmen hat 250 Beschäftigte auf der Lohnliste** = the company has 250 on the payroll
◇ **Lohnlistenprogramm** *n* payroll programme; **die Buchhaltung hat ein neues Lohnlistenprogramm** = the accounts department is running a new payroll programme
◇ **Lohnnachzahlung** *f* back pay; **ich bekomme noch DM 1.200 Lohnnachzahlung** = I am owed DM 1,200 in back pay
◇ **Lohnnebenleistungen** *fpl* fringe benefits
◇ **Lohnniveau** *n* wage level
◇ **Lohnpfändung** *f (jur)* attachment of earnings
◇ **Lohnpolitik** *f* wages policy; **die Lohnpolitik der Regierung** = the government policy on wages *oder* the government's wages policy
◇ **Lohn-Preis-Spirale** *f* wage-price spiral; **die Wirtschaft befindet sich in einer Lohn-Preis-Spirale** = the economy is in a wage-price spiral; **durch die Lohn-Preis-Spirale bedingte Inflation** = spiralling inflation
◇ **Lohnrunde** *f* pay round *oder* round of pay negotiations
◇ **Lohnsatz** *m* rate of pay; **wir zahlen den üblichen Lohnsatz für Schreibkräfte** = we pay the going rate *oder* the market rate for typists
◇ **Lohnscheck** *m* pay cheque *oder* paycheck
◇ **Lohnschwelle** *f* pay threshold
◇ **Lohnskala** *f* wage scale
◇ **Lohnsklave** *m* wage slave

Lohnsteuer *f* (earned) income tax
◇ **Lohnsteuerjahresausgleich** *m* annual adjustment of income tax
◇ **Lohnsteuerkarte** *f* income tax card
◇ **Lohnsteuertabelle** *f* income tax table

> Arbeitnehmer, die gleichzeitig bei mehreren Arbeitgebern beschäftigt sind, benötigen mehrere Lohnsteuerkarten
> ***Neues Deutschland***

Lohnstopp *m* pay restraint *oder* wage restraint *oder* wage freeze *oder* freeze on wages

◇ **Lohnstreifen** *m* pay slip
◇ **Lohnsumme** *f* wage bill
◇ **Lohnsummensteuer** *f* payroll tax
◇ **Lohntarifvertrag** *m* collective wage agreement; **sie haben einen Lohntarifvertrag unterzeichnet** = they signed a collective wage agreement
◇ **Lohntüte** *f* pay packet *oder* wage packet
◇ **Lohn- und Gehaltsliste** *f* payroll ledger
◇ **Lohn- und Preisstopp** *m* wages and prices freeze *oder* freeze on wages and prices; **einen Lohn- und Preisstopp durchführen** = to freeze wages and prices
◇ **Lohnverhandlungen** *fpl* pay negotiations *oder* wage negotiations *oder* pay talks
◇ **Lohnzettel** *m* pay slip
◇ **Lohnzulage** *f* pay increase

Lokalpresse *f* local press

Lokogeschäft *n* spot transaction
◇ **Lokopreis** *m* spot price; **der Lokopreis für Öl auf den Warenmärkten** = the spot price of oil on the commodity markets
◇ **Lokoware** *f* spot goods

Lombard *m* lending *oder* loan against securities
◇ **lombardieren** *vt* to lend against collateral
◇ **Lombardkredit** *m* loan against collateral
◇ **Lombardsatz** *m* Lombard rate *oder* rate on secured loans

Los *n* **(a)** *(Warenposten)* batch **(b)** *(Auktion)* lot; **für Los 23 bieten** = to bid for lot 23 **(c)** lottery ticket

löschen *vt* **(a)** to land *oder* to unload; **Güter in einem Hafen löschen** = to land goods at a port; **das Schiff wird in Hamburg gelöscht** = the ship is unloading at Hamburg; **wir löschten die Ersatzteile in Lagos** = we unloaded the spare parts at Lagos **(b)** *(Feuer)* to put out *oder* to extinguish **(c)** *(Eintragung)* to delete *oder* to strike off (a list) **(d)** *(Schuld)* to pay off **(e)** *(Daten)* to delete *oder* to erase
◇ **Löscherlaubnis** *f* landing order
◇ **Löschmöglichkeiten** *fpl* unloading facilities; **es gibt keine Löschmöglichkeiten für Containerschiffe** = there are no unloading facilities for container ships
◇ **Löschtaste** *f* delete key
◇ **Löschungskosten** *pl* unloading costs; **Fracht- und Löschungskosten** = landed costs; **Löschungskosten und Löschungszölle** = landing charges

lose *adj & adv* loose; **Pralinen lose verkaufen** = to sell loose sweets *oder* to sell sweets loose

lösen *vt* **(a)** to break off *oder* to cancel *oder* to terminate; **das Unternehmen hofft, den Vertrag lösen zu können** = the company is hoping to be able to break the contract **(b)** to solve *oder* to sort out; **ein Problem lösen** = to solve a problem; **das Darlehen wird einige unserer kurzfristigen Probleme lösen** = the loan will solve some of our short-term problems
◇ **Lösung** *f* **(a)** solution; **der Programmierer hatte eine Lösung für das Problem im System gefunden** = the programmer came up with a solution to the systems problem; **nach einer Lösung der finanziellen Probleme suchen** = to look for a solution to the financial problems; **wir glauben, eine Lösung für das Problem, Facharbeiter zu bekommen, gefunden zu haben** = we think we have found a solution to the problem of getting skilled staff **(b)** breaking off *oder* cancellation *oder* termination; **Lösung des Arbeitverhältnisses** = termination of employment

Losverfahren *n* ballot; **die Aktienemission war überzeichnet, so daß die Aktien im Losverfahren vergeben wurden** = the share issue was oversubscribed, so there was a ballot for the shares

loswerden *vt* **etwas loswerden** = to get rid of something

Lotse *m* *(Schiff)* pilot *(cf* FLUGLOTSE, PILOT)

Lotterie *f* lottery

Lounge *f* *(Flughafen, Hotel)* lounge

Lücke *f* **(a)** gap; **eine Lücke in der Steuergesetzgebung finden** = to find a tax loophole *(cf* MARKTLÜCKE) **(b)** *(Formular)* blank *oder* space
◇ **Lückenfüller** *m* filler

luftdicht *adj* airtight; **die Waren sind in luftdichten Containern verpackt** = the goods are packed in airtight containers; **schicken Sie die Filme in einem luftdichten Behälter** = send the films in an airtight container

Luftfahrtgesellschaft *n* airline (company) *oder* air carrier

Luftfracht *f* air cargo *oder* air freight; **als Luftfracht befördern** = to airfreight; **eine Sendung per Luftfracht schicken** = to send a shipment by air freight; **eine Sendung als Luftfracht nach Mexiko schicken** = to airfreight a consignment to Mexico; **wir haben die Sendung als Luftfracht geschickt, weil die Warenbestände unseres Handelsvertreters knapp wurden** = we airfreighted the shipment because our agent ran out of stock
◇ **Luftfrachtführer** *m* air carrier
◇ **Luftfrachtgebühren** *fpl* *oder* **Luftfrachtkosten** *pl* air freight charges *oder* rates *oder* tariffs
◇ **Luftfrachtspedition** *f* air forwarding

Luftpolsterfolie *f* bubble wrap *(siehe auch* BLISTERPACKUNG)

Luftpost *f* airmail; **per Luftpost** = by air(mail); **ein Dokument per Luftpost nach New York schicken** = to airmail a document to New York; **ein Muster per Luftpost erhalten** = to receive a sample by air mail
◇ **Luftpostaufkleber** *m* airmail sticker
◇ **Luftpostbrief** *m* air(mail) letter *oder* *(US)* aerogramme
◇ **Luftpostgebühren** *fpl* airmail charges; **Luftpostgebühren sind um 15% gestiegen** = airmail charges have risen by 15%

◇ **Luftpostumschlag** *m* airmail envelope

Lufttaxi *n* air taxi
◇ **Lufttransport** *m* air transport

Lufttüchtigkeit *f* airworthiness
◇ **Lufttüchtigkeitszeugnis** *n* certificate of airworthiness

Luftverkehrsgesellschaft *f* airline *oder* air carrier
◇ **Luftweg** *m* air route; **auf dem Luftweg** = by air
◇ **Luftwerbung** *f* aerial advertising

lukrativ *adj* lucrative *oder* paying; **das ist kein lukratives Geschäft** = it is not a paying proposition; **er hat einen sehr lukrativen Job** = he is in a very remunerative job

> ähnlich ist die Lage in Finnland, und auch in Norwegen und Dänemark winken lukrative Gewinne
> ***Börse***

Lupe *f* magnifying glass; **wir müssen die Ausgaben der Handelsvertreter unter die Lupe nehmen** = we must keep a close watch on the reps' expenses

lustlos *adj* flat *oder* quiet; **lustlose Börse** = dull *oder* inactive (stock) market; **die Börse war heute lustlos** = the market was flat today
◇ **Lustlosigkeit** *f* dullness; **die Lustlosigkeit der Börse** = the dullness of the market

Luxemburg *n* Luxembourg
◇ **Luxemburger/-in** *mf* Luxembourger
◇ **luxemburgisch** *adj* Luxembourg
(NOTE: Hauptstadt: **Luxemburg** = Luxembourg; Währung: **Luxemburger Franc** *m* = Luxembourg franc)

Luxus *m* luxury
◇ **Luxusartikel** *oder* **Luxusgegenstand** *m* luxury article *oder* luxury item; **ein Schwarzmarkt für Luxusartikel** = a black market in luxury articles
◇ **Luxusgüter** *pl* luxury goods
◇ **Luxussteuer** *f* luxury tax *oder* levy on luxury items

Mm

M1, M2, M3 = M1, M2, M3

> die hohe Wachstumsrate der inländischen Geldmenge M3 von 8,1 Prozent hat viele Teilnehmer an den Finanzmärkten überrascht
> ***Frankfurter Allgemeine Zeitung***
> die Deutsche Bundesbank hat das Wachstum der Geldmenge M3 im April nach endgültigen Berechnungen nach unten revidiert
> ***Neue Zürcher Zeitung***

machbar *adj* feasible *oder* possible
◊ **Machbarkeit** *f* feasibility *(siehe auch* DURCHFÜHRBAR)
◊ **machen** *vt* **(a)** *(anfertigen)* to make; **die Handwerker brauchten zehn Wochen, um den Tisch zu machen** = the workmen spent ten weeks making the table; **ein Angebot für etwas machen** = to put in a bid for something *oder* to make a bid for something; **für etwas ein Angebot machen** = to enter a bid for something **(b)** *(verdienen)* to make; **einen Gewinn** *oder* **einen Verlust machen** = to make a profit *oder* to make a loss; **einen Kostenvoranschlag für etwas machen** = to put in an estimate for something; **einen (großen) Reibach machen** = to make a killing; **die Aktien machten heute DM 2,92 gut** = the shares made DM 2.92 in today's trading **(c) Rechnung machen** = to run up a bill; **er hatte schnell eine Rechnung in Höhe von DM 500 gemacht** = he quickly ran up a bill for DM 500; **Schulden machen** = to incur debts **(d)** *(ausmachen)* to matter; **macht es etwas, wenn der Umsatz in einem Monat geringer ist?** = does it matter if one month's sales are down?
◊ **Machenschaften** *fpl* wheeling and dealing
◊ **Macher** *m* person who gets things done

> wenn ein Unternehmen in der Krise steckt, muß ein Macher her, der den Karren schnell aus dem Dreck zieht
> ***Die Zeit***
> das jüngste Mitglied im Zentralvorstand gilt als ‚Macher'
> ***Wirtschaftswoche***

Macht *f* **(a)** power *oder* might; **die ganze Macht des Gesetzes** = the full power of the law; **die Macht einer Verbrauchergruppe** = the power of a consumer group; **wir werden die ganze Macht des Gesetzes anwenden, um wieder in Besitz unseres Eigentums zu gelangen** = we will apply the full power of the law to get possession of our property again
◊ **Machtbefugnis** *f* power *oder* authority
◊ **Machtbereich** *m* sphere of influence *oder* control
◊ **Machtkampf** *m* power struggle
◊ **Machtmißbrauch** *m* abuse of power

Madagaskar *n* Madagascar
◊ **Madagasse/Madagassin** *mf* Madagascan
◊ **madagassisch** *adj* Madagascan
(NOTE: Hauptstadt: **Antananarivo** ; Währung: **madagassisicher Franc** = Franc Malgache)

Magazin *n* **(a)** *(Zeitschrift)* magazine **(b)** *(Lager)* store

Magnat *m* magnate *oder* tycoon

Magnetbahn *oder* **M-Bahn** *f* magnetic railway *(cf* TRANSRAPID)
◊ **Magnetband** *n* computer tape *oder* magnetic tape *oder (umg)* mag tape
◊ **Magnetbandgerät** *n* streamer
◊ **Magnetstreifen** *m* magnetic strip
◊ **Magnettinte** *f* magnetic ink

Mahnbrief *m* (written) reminder; **jdm einen Mahnbrief schicken** = to send someone a reminder
◊ **mahnen** *vt* to remind (that payment is due); **das Unternehmen hat seine Schuldner shriftlich gemahnt** = the company sent its debtors a reminder
◊ **Mahngebühr** *f* charge for collection
◊ **Mahnschreiben** *n* (written) reminder
◊ **Mahnung** *f* reminder *oder* chaser; **jdm eine Mahnung schicken** = to send someone a reminder; **letzte Mahnung** = final demand
◊ **Mahnverfahren** *n* **(a)** procedure for recovery of a debt **(b)** enforcement proceedings

Mailbox *f (Computer)* mailbox

Majorität *f* majority

makellos *adj* perfect *oder* spotless; **wir prüfen jede Serie, um zu gewährleisten, daß sie makellos ist** = we check each batch to make sure it is perfect

Makler/-in *mf* agent *oder* broker *oder (US)* negotiator
◊ **Maklergebühr** *oder* **Maklerprovision** *f* brokerage *oder* broker's commission
◊ **Maklergeschäft** *n* broking *oder* brokerage business
◊ **Maklerstand** *m (Börse)* (trading) floor *oder (US)* pit

Makroökonomie *f* macro-economics

Malawi *n* Malawi
◊ **Malawier/-in** *mf* Malawian
◊ **malawisch** *adj* Malawian
(NOTE: Hauptstadt: **Lilongwe** ; Währung: **Malawi-Kwacha** *m* = kwacha)

Malaysia *n* Malaysia

◊ **Malaysier/-in** *mf* Malaysian
◊ **malaysisch** *adj* Malaysian
(NOTE: Hauptstadt: **Kuala Lumpur** ; Währung: **malaysischer Ringgit** = Malaysian ringgit)

Mali *n* Mali
◊ **Malier/-in** *mf* Malian
◊ **malisch** *adj* Malian
(NOTE: Hauptstadt: **Bamako** ; Währung: **CFA-Franc** *m* = Mali franc)

Malrabatt *m (Werbung)* no-change discount

Malta *n* Malta
◊ **Malteser/-in** *mf* Maltese
◊ **maltesisch** *adj* Maltese
(NOTE: Hauptstadt: **Valletta** ; Währung: **maltesische Lira** = Maltese lira)

Malus *m (Versicherung)* extra premium for high risk

Management *n* **(a)** *(Konzept)* management; **gutes** *oder* **effizientes Management** = good *oder* efficient management; **schlechtes** *oder* **ineffizientes Management** = bad *oder* inefficient management; **verfehltes Management** = mismanagement **(b)** *(Personal)* management; **mittleres Management** = middle management
◊ **Management-Ausbildung** *f* management training
◊ **Management Buy-Out** *n* management buyout (MBO)
◊ **Managementebene** *f* level of management; **die oberen Managementebenen der Industrie** = the upper echelons of industry
◊ **Management-Informationssystem** *n* management information system (MIS)
◊ **Management-Methoden** *fpl* management techniques
◊ **Management-Sitzung** *f* management meeting
◊ **Management-Team** *n* management team

Manager/-in *mf* manager, manageress
◊ **Manager-Ausbildung** *f* management training
◊ **Managerkurs** *m* management course
◊ **Manager-Position** *f* managerial position; **auf eine Manager-Position berufen werden** = to be appointed to a managerial position
◊ **Managertätigkeit** *f* managership

Mandant/-in *mf (jur)* client

Mandat *n* mandate *oder* authority *oder (jur)* brief

Mangel *m* **(a)** *(Fehlen)* deficiency *oder* lack *oder* shortage; **der Mangel an ausgebildetem Personal** = the scarceness of trained staff; **ein chronischer Mangel an Facharbeitern** = a chronic shortage of skilled staff; **einen Mangel ausgleichen** = to make up a deficiency; **es herrscht ein Mangel an ausgebildetem Personal** = there is a scarcity of trained staff; **es herrscht kein Mangel an Kapitalanlageberatung** = there is no shortage of investment advice **(b)** *(Fehler)* fault *oder* defect *oder* imperfection; **Mängel beheben** = to rectify faults; **für Mängel haften** = to be liable for defects; **offener Mangel** = patent *oder* apparent defect; **verborgener Mangel** = latent *oder* concealed defect
◊ **Mängelanzeige** *f* notice of defect
◊ **mangelhaft** *adj* faulty *oder* defective *oder* poor (quality)
◊ **Mängelhaftung** *f (jur)* liability for faulty goods
◊ **mangeln an** *vi* to lack; **dem Verkaufspersonal mangelt es an Motivation** = the sales staff lack motivation
◊ **mangelnd** *adj* lacking; **mangelnde Daten** *oder* **Information** = lack of data *oder* lack of information
◊ **Mängelrüge** *f* (letter of) complaint; **eine Mängelrüge erheben** = to complain
◊ **mangels** *prep* failing *oder* for lack of *oder* in default of; **die Entscheidung wurde mangels aktueller Informationen zurückgestellt** = the decision has been put back for lack of up-to-date information; **mangels Zahlung** = in default of payment
◊ **Mangelware** *f* scarce commodity *oder* goods in short supply

Manifest *n* manifest

Manipulation *f* manipulation *oder* rigging *oder (umg)* fiddle; **Manipulation der Wahlresultate** = rigging of ballots *oder* ballot-rigging
◊ **manipulieren** *vt* to manipulate *oder* to rig; **die Börse manipulieren** = to manipulate the market; **die Kurse manipulieren** = to rig the market; **sie versuchten, die Wahl zu manipulieren** = they tried to rig the election

Manko *n* (i) deficit; (ii) deficiency; **Manko machen** = to make a loss

Mannschaft *f* team *oder* crew

Mantel *m* share certificate *(cf* FIRMENMANTEL)
◊ **Manteltarifvertrag** *m* collective *oder* industry-wide agreement on conditions of employment

manuell *adj & adv* manual(ly)

Manufaktur *f* manufacture

Marge *f* margin
◊ **marginal** *adj* marginal; **marginaler Boden** = marginal land

Mark *oder* **(Deutsche) Mark** *f* mark *oder* Deutschmark; **der Preis ist 25 Mark** *oder* **es kostet 25 Mark** = the price is twenty-five marks; **geben Sie mir für dreißig Mark Benzin** = give me thirty marks' worth of petrol; **Apfelsinen kosten DM 1.50 das Pfund** = oranges cost DM 1.50 a pound; **die Mark stieg gegenüber dem Dollar** = the mark rose against the dollar

Marke *f* brand *oder* make; **welche Marke ist das neue Computersystem?** = what make is the new computer system *oder* what is the make of the new computer system?; **eine bekannte Marke** = a well-known brand
◊ **Marken-** *pref* proprietary
◊ **Markenartikel** *m* branded *oder* proprietary article
◊ **Markenartikelwerbung** *f* brand advertising

◇ **Markenartikler** *m* **(a)** brand rep **(b)** brand manufacturer
◇ **Markenimage** *n* brand image
◇ **Markenname** *m* brand name
◇ **Markenprofil** *n* brand image
◇ **Markenschutz** *m* trademark protection
◇ **Markentreue** *f* brand loyalty
◇ **Markenware** *f* branded goods
◇ **Markenzeichen** *n* logo *oder* brand symbol

> wenn die Mediziner von der Industrie mit zusätzlichen Anreizen geködert und an eine Marke gebunden werden, sind sie zwangsläufig nicht mehr frei bei der Wahl der Mittel
> ***Die Zeit***
> durch Aufwertung des Markennamens und Produktinnovationen machte er den Stoffhersteller ohne Marktposition und Image zum Hoflieferanten der Pariser Haute Couture
> ***TopBusiness***

Marker *m* highlighter

Marketing *n* marketing; **das Marketing eines neuen Produkts planen** = to plan the marketing of a new product
◇ **Marketingabteilung** *f* marketing department *oder* marketing division
◇ **Marketingleiter/-in** *oder* **Marketingmanager/-in** *mf* marketing manager
◇ **Marketing-Methoden** *fpl* marketing techniques
◇ **Marketing-Mix** *m* marketing mix
◇ **Marketing-Plan** *m* marketing plan
◇ **Marketingstrategie** *f* marketing strategy *oder* marketing plan(s)

> in manchen Bereichen wie Maschinenbau oder Elektroindustrie ist eine Messebeteiligung sogar der wichtigste Bestandteil im Marketing-Mix
> ***TopBusiness***

markieren *vt* to mark *oder* to flag
◇ **Markierstift** *m* highlighter (pen)
◇ **Markierung** *f* **(a)** marking *oder* flagging **(b)** *(Zeichen)* mark *oder* flag; **Markierungen setzen** = to mark *oder* to flag

Markstück *n* (one-)mark piece; **ich brauche ein paar Markstücke für das Telefon** = I need some one-mark coins for the telephone

Markt *m* **(a)** market; **etwas auf den Markt bringen** *oder* **auf den Markt einführen** = to put something on the market *oder* to launch *oder* to market; **das Unternehmen gibt tausende von Pfunden aus, um eine neue Seifenmarke auf den Markt zu bringen** = the company is spending thousands of pounds to launch a new brand of soap; **etwas als erster auf den Markt bringen** = to be first in the field; **Saturn AG hat große Vorteile dadurch, daß sie als erste ein zuverlässiges Elektroauto auf den Markt brachte** = Saturn plc has a great advantage in being first in the field with a reliable electric car; **auf den Markt kommen** = to come on to the market; **diese Seife ist gerade auf den Markt gekommen** = this soap has just come on to the market; **wie ist die Reaktion des Marktes auf den neuen Wagen?** = what is the reaction to the new car in the marketplace? *oder* what is the market reaction to the new car?; **es gibt keinen Markt für elektrischen Schreibmaschinen** = there is no market for electric typewriters; **das Unternehmen hat sich durch überhöhte Preise vom Markt ausgeschlossen** = the company has priced itself out of the market; **exklusiver** *oder* **anspruchsvoller Markt** = up market *(cf* MASSSENMARKT); **freier Markt** = free market; **geschlossener Markt** = closed market; **offener Markt** = open market **(b)** market *oder* marketplace; **Markt unter freiem Himmel** = open-air market *(cf* BLUMENMARKT, FISCHMARKT, FLOHMARKT) **(c)** *(EU)* **der Gemeinsame Markt** = the Common Market; **die Argarpolitik des Gemeinsamen Marktes** *oder* **die Minister des Gemeinsamen Marktes** = the Common Market agricultural policy *oder* the Common Market ministers
◇ **Marktabsprache** *f* marketing agreement
◇ **Marktanalyse** *f* market analysis
◇ **Marktanalytiker/-in** *mf* market analyst
◇ **Marktangebot** *n* market supply
◇ **Marktanteil** *m* market share *oder* share of the market; **wir hoffen, daß unser neues Sortiment unseren Marktanteil vergrößern wird** = we hope our new product range will increase our market share; **ihr Marktanteil vergrößerte sich um 10%** = their share of the market has gone up by 10%

> die internationalen Tabakkonzerne kommen in Osteuropa auf Marktanteile, von denen sie in ihren Heimatländern nur träumen
> ***Die Woche***
> sämtliche Akteure der Tourismusbranche müssen in einem harten Verdrängungswettbewerb um Marktanteile und Einflußsphären kämpfen
> ***Die Zeit***

◇ **Marktaufteilung** *f* sharing of a market
◇ **Marktbedarf** *m* requirements of a market *oder* market requirements *oder* market needs
◇ **Marktbedingungen** *fpl* trading conditions *oder* conditions in the market
◇ **marktbeherrschend** *adj* dominant (in a market)
◇ **Marktbeherrschung** *f* market domination *oder* monopolization
◇ **Marktbeobachter/-in** *oder* **Marktberater/-in** *mf* market analyst
◇ **Marktbericht** *m* market report
◇ **Marktchance** *f* market opportunity

> mit dem BDI, dem DIHT sowie den zuständigen Ministerien solle eine Arbeitsgruppe gebildet werden, die Deutschlands Marktchancen in Asien untersuchen wird
> ***Sächsische Zeitung***

◇ **marktdeterminiert** *adj* market-driven; **marktdeterminierte Preise** = flexible prices; **marktdeterminierte Preispolitik** = flexible pricing policy
◇ **Marktdurchdringung** *f* market penetration
◇ **Markteinführung** *f* introduction onto the market *oder* launch; **das Unternehmen ist für die Markteinführung der neuen Seifenmarke gerüstet** = the company is geared up for the launch of the new brand of soap; **die Markteinführung des neuen Modells wurde um drei Monate verschoben** = the launch of the new model has been put back three months; **Party zur Markteinführung eines neuen Produkts** = launching party
◇ **Markteinführungstermin** *m* launch(ing) date; **die Unternehmensleitung entschied sich für einen Markteinführungstermin im September** = the management has decided on a September launch date

◇ **Marktentwicklung** *f* market trend
◇ **Markterschließung** *f* market opening
◇ **marktfähig** *adj* marketable
◇ **Marktfähigkeit** *f* marketability
◇ **Marktforscher/-in** *mf* market researcher
◇ **Marktforschung** *f* market research

> zweieinhalb Jahre nach der Wiedervereinigung gibt östliches Verbraucherverhalten den Marktforschern noch immer Rätsel auf
> ***Focus***

◇ **Marktführer** *m* market leader; **wir sind der Marktführer für Heimcomputer** = we are the market leader in home computers
◇ **marktgängig** *adj* marketable
◇ **Marktgängigkeit** *f* marketability
◇ **marktgerecht** *adj* in line with market conditions; **marktgerechter Preis** = fair market price
◇ **Markthalle** *f* covered market
◇ **Marktkräfte** *fpl* market forces
◇ **Marktlage** *f* state of the market
◇ **Marktlücke** *f* gap in the market; **eine Marktlücke suchen** *oder* **finden** = to look for *oder* to find a gap in the market; **dieser Computer hat eine richtige Marktlücke gefüllt** = this computer has filled a real gap in the market
◇ **Marktmacher** *m (Börse)* market-maker
◇ **Marktmacht** *f* market power
◇ **Marktnische** *f* gap in the market
◇ **Marktordnung** *f* market regulations
◇ **Marktplatz** *m* marketplace *oder* market
◇ **Marktposition** *f* position in the market *oder* share of the market
◇ **Marktpotential** *n* market potential; **das Marktpotential analysieren** = to analyze the market potential

> dementsprechend rechnet sich der Konzern ein Marktpotential von mehr als 19 Millionen Kunden aus
> ***Frankfurter Allgemeine Zeitung***

◇ **Marktpreis** *m* market price *oder* market rate; **hier sind die Marktpreise dieser Woche für Schafe** = here are this week's market prices for sheep
◇ **Marktprognose** *f* market forecast
◇ **marktreif** *adj* ready for the market
◇ **Marktsättigung** *f* market saturation
◇ **Marktschwankungen** *pl* market fluctuations
◇ **Marktsegment** *n* market segment

> das seit zwei Jahren stark anziehende obere Marktsegment, das hohe Entwicklungsaufwendungen verlangt, bringt tendenziell höhere Renditen
> ***Neue Zürcher Zeitung***

◇ **Marktsegmentierung** *f* market segmentation; **demographische Marktsegmentierung** = demographic segmentation
◇ **Marktsituation** *f* market situation; **unsere Handelsvertreter finden die derzeitige Marktsituation schwierig** = our salesmen are finding life difficult in the marketplace
◇ **Marktstudie** *f* study of the market *oder* market survey
◇ **Markttag** *m* market day; **Dienstag ist Markttag, also sind die Straßen für den Verkehr gesperrt** = Tuesday is market day, so the streets are closed to traffic
◇ **Markttendenzen** *fpl* market trends
◇ **Markttest** *m* market test; **wir führen in Österreich einen Markttest für die Zahnpasta durch** = we are test-marketing the toothpaste in Austria
◇ **Marktuntersuchung** *f* market research *oder* inquiry into the market
◇ **Marktverhältnisse** *npl* trading conditions
◇ **Marktwert** *m* market value
◇ **Marktwirtschaft** *f* market economy; **freie Marktwirtschaft** = free market economy
◇ **marktwirtschaftlich** *adj* free-market
◇ **Marktzins** *m* going rate (of interest)

Marokko *n* Morocco
◇ **Marokkaner/-in** *mf* Moroccan
◇ **marokkanisch** *adj* Moroccan
(NOTE: Hauptstadt: **Rabat** ; Währung: **Dirham** *m* = dirham)

Maschine *f* **(a)** machine *oder* engine *fpl* **Maschinen** = machinery *oder* plant; **stilliegende Maschinen** = idle machinery *oder* machinery lying idle; **mit Maschinen ausrüsten** = to tool up **(b)** typewriter; **mit der Maschine geschrieben** = typewritten; **er schickte eine mit der Maschine geschriebene Stellenbewerbung ein** = he sent in a typewritten job application **(c)** plane; **wann geht die nächste Maschine nach London Heathrow?** = when is the next plane to London Heathrow?
◇ **Maschinenarbeit** *f* machine work
◇ **maschinell** *adj & adv* mechanical(ly) *oder* (by) machine; **maschinell hergestellt** = machine-made *oder* machine-produced
◇ **Maschinenbau** *m* mechanical engineering
◇ **Maschinencode** *m (Computer)* machine code
◇ **Maschinenfabrik** *f* engineering works
◇ **maschine(n)geschrieben** *adj* typewritten
◇ **maschinenlesbar** *adj (Computer)* machine-readable; **maschinenlesbare Codes** = machine-readable codes
◇ **Maschinensaal** *m* machine shop
◇ **Maschinen-Schutzvorrichtungen** *fpl* machinery guards
◇ **Maschinensprache** *f (Computer)* machine language
◇ **Maschinerie** *f* machinery
◇ **Maschinist/-in** *mf* machinist *oder* operator

Maß *n* measure *oder* measurement; **die Maße eines Pakets aufschreiben** = to write down the measurements of a package
◇ **Maßband** *n* measuring tape *oder* tape measure

Masse *f* bulk *oder* lot *oder* mass; **sie erhielten Massen von Aufträgen nach der Fernsehwerbung** = they received a mass of orders *oder* masses of orders after the TV commercials; **wir haben Massen von Briefen zu schreiben** = we have a mass of letters *oder* masses of letters to write; **in Massen** = in bulk; **in Massen produzieren** *oder* **herstellen** = to mass-produce
◇ **Masseanspruch** *m* unsecured claim
◇ **Massegläubiger** *m* creditor of a bankrupt's estate

Maßeinheit *f* measure

Massekosten *pl* costs of receivership

Massenabsatz *m* bulk sales

◇ **Massenankauf** *m* bulk buying *oder* bulk purchase

◇ **Massenarbeitslosigkeit** *f* mass unemployment

> trotz Massenarbeitslosigkeit und Wirtschaftskrise - das organisierte Urlaubsgeschäft boomt
> ***Die Zeit***

◇ **Massenartikel** *m* mass-produced item

◇ **Massenbedarf** *m* mass market demand

◇ **Massenentlassung** *f* mass redundancy

◇ **Massenfabrikation** *f* mass production

◇ **Massengeschäft** *n* retail banking

◇ **Massengut** *n* bulk cargo

◇ **Massengutfrachter** *m* bulk carrier

◇ **Massengutversand** *m* bulk shipment

◇ **Massenmarkt** *m* mass market *oder* down market; **das Unternehmen beschloß, sich dem Massenmarkt zuzuwenden** = the company has decided to go down-market

◇ **Massenmedien** *pl* mass media

◇ **Massenprodukt** *n* mass market product

◇ **Massenproduktion** *f* mass production; **Massenproduktion von Automobilen** *oder* **von Rechnern** = mass production of cars *oder* of calculators

◇ **Massentourismus** *m* mass tourism

◇ **Massenversammlung** *f* mass meeting

Masseverwalter *m* receiver *oder* liquidator

maßgebend *adj* definitive *oder* leading

◇ **maßgefertigt** *adj* made to measure

mäßig *adj* moderate *oder* modest; **die Regierung schlug mäßige Steuererhöhungen vor** = the government proposed moderate increases in the tax rate

◇ **mäßigen** *vt* to moderate; **die Gewerkschaft war gezwungen, ihre Forderungen zu mäßigen** = the union was forced to moderate its claim

massiv *adj* massive *oder* all-out; **der Personalleiter startete eine massive Kampagne, um die Angestellten dazu zu bringen, Freitag nachmittags zu arbeiten** = the personnel manager has launched an all-out campaign to get the staff to work on Friday afternoons

Maßnahme *f* step *oder* measure; **finanzpolitische Maßnahmen** = fiscal measures; **Maßnahmen ergreifen, um etwas zu verhindern** = to take measures to prevent something happening

◇ **Maßstab** *m* standard *oder* benchmark *oder* yardstick; **als Maßstab der Unternehmensleistung** = as a measure of the company's performance

◇ **maßvoll** *adj* moderate; **die Gewerkschaft stellte maßvolle Forderungen** = the trade union made a moderate claim

Material *n* material

◇ **Materialaufwand** *m* cost of materials

◇ **Materialbedarf** *m* materials needed *oder* material requirements

◇ **Materialbeschaffung** *f* procurement of materials

◇ **Materialbestand** *m* stock in hand

◇ **Materialfehler** *m* material defect

◇ **Materialgemeinkosten** *pl* indirect material(s) cost *oder* overhead costs

◇ **Materialkosten** *pl* cost of materials *oder* direct material(s) cost

◇ **Materialsteuerung** *f* materials control

◇ **Materialtransport** *m* materials handling

◇ **Materialverbrauch** *m* consumption of materials

◇ **Materialwert** *m* value of materials

◇ **Materialwirtschaft** *f* stock control *oder (US)* inventory control

materiell *adj* material *oder* physical; **materielle Vermögenswerte** = tangible assets

Matrixdrucker *m* dot-matrix printer

Matrize *f* stencil

Mauritius *n* Mauritius

◇ **Mauritier/-in** *mf* Mauritian

◇ **mauritisch** *adj* Mauritian

(NOTE: Hauptstadt: **Port Louis** ; Währung: **Mauritius-Rupie** *f* = Mauritian rupee)

Maus *f (Computer)* mouse

Maut *f* toll

◇ **Mautbrücke** *f* toll bridge; **wir mußten eine Mautbrücke überqueren, um zur Insel zu kommen** = we had to cross a toll bridge to get to the island

> an einigen der privat finanzierten Tunnel und Brücken in Belgien und den Niederlanden wird seit langem eine Maut erhoben
> ***Der Tagesspiegel***

maximal 1 *adj* maximum; **maximale Nutzlast** = maximum load **2** *adv* at most; **bis zu maximal DM 50** = up to a maximum of DM 50

◇ **maximieren** *vt* to maximize; **Gewinne maximieren** = to maximize profits

◇ **Maximierung** *f* maximization

◇ **Maximum** *n* maximum; **es ist das Maximum, das die Versicherung zahlen wird** = it is the maximum the insurance company will pay; **die Produktion auf das Maximum erhöhen** = to increase production to the maximum level; **Exporte auf das Maximum erhöhen** = to increase exports to the maximum

Mäzen *m* patron

> der Mäzen aus Hannover managte die Bankgeschäfte und beteiligte sich als stiller Gesellschafter
> ***Die Wirtschaft***

MB = MEGABYTE

M-Bahn *f siehe* MAGNETBAHN

Mechaniker/-in *mf* mechanic

◇ **mechanisch** *adj* mechanical; **eine mechanische Pumpe** = a mechanical pump

◇ **mechanisieren** *vt* to mechanize; **das Land will seine Landwirtschaft mechanisieren** = the country is aiming to mechanize its farming industry

◇ **Mechanisierung** *f* mechanization; **Mechanisierung landwirtschaftlicher Betriebe** =

farm mechanization *oder* the mechanization of farms

◇ **Mechanismus** *m* mechanism; **ein Mechanismus zur Senkung der Inflationsrate** = a mechanism to slow down inflation

Median *m* median

Medien *pl* media; **Berichterstattung durch die Medien** = media coverage; **das Produkt zog das Interesse der Medien auf sich** = the product attracted a lot of interest in the media *oder* a lot of media interest; **über die Einführung unseres neuen Modells auf den Markt wurde viel in den Medien berichtet** = we got good media coverage for the launch of the new model

◇ **Medienberichterstattung** *f* media coverage; **die Medienberichterstattung über das Unternehmen anläßlich der Einführung des neuen Modells war sehr gut** = the company had good media coverage for the launch of its new model

◇ **Medienforschung** *f* media analysis *oder* media research

◇ **Medienverbund** *m* multimedia

Medikament *n* medicine *oder* drug

Medio *m* middle of the month

◇ **Medioabrechnung** *f* mid-month accounts

Medium *n* medium; **für das Produkt wurde durch das Medium der Fachpresse geworben** = the product was advertised through the medium of the trade press

Medizin *f* **(a)** *(Heilkunde)* medicine **(b)** *(Heilmittel) (umg)* medicine

◇ **medizinisch** *adj* **(a)** *(ärztlich)* medical **(b)** *(heilend)* medicinal *oder* medicated

Meer *n* sea

◇ **Meeres-** *pref* marine

◇ **Meeresverschmutzung** *f* marine pollution

Megabyte (MB) *n* megabyte (MB)

Mehrarbeit *f* overtime

◇ **Mehraufwand** *m* extra expenditure

◇ **Mehrbedarf** *m* increased demand

◇ **Mehrbelastung** *f* **(a)** extra *oder* additional load **(b)** excess load **(c)** extra charge

◇ **Mehrbetrag** *m* **(a)** *(zusätzliche Zahlung)* extra *oder* additional amount *oder* excess **(b)** *(Überschuß)* surplus *oder* overs

◇ **Mehreinnahme** *f* additional revenue

mehrere *indef pron* several; **mehrere Manager treten dieses Jahr in den Ruhestand** = several managers are retiring this year; **mehrere unserer Produkte verkaufen sich gut in Japan** = several of our products sell well in Japan

Mehrerlös *m* extra proceeds

mehrfach **1** *adj* multiple *oder* repeated **2** *adv* many times *oder* repeatedly

◇ **Mehrfachbesteuerung** *f* multiple taxation

Mehrgewinn *m* excess profit

Mehrheit *f* **(a)** majority; **der Vorstand nahm den Vorschlag mit einer Mehrheit von drei zu zwei Stimmen an** = the board accepted the proposal by a majority of three to two; **die Mehrheit der Aktionäre** = the majority of the shareholders **(b) die Mehrheit an einem Unternehmen haben** = to control a business; **drei Aktionäre haben die Mehrheit an dem Unternehmen** = the company is under the control of three shareholders; **ein Unternehmen mit Sitz in Luxemburg hat die Mehrheit an dem Unternehmen** = the business is controlled by a company based in Luxembourg

◇ **Mehrheitsaktionär** *m* majority shareholder

◇ **Mehrheitsbeschluß** *m* majority vote *oder* majority decision

◇ **Mehrheitsbeteiligung** *f* majority shareholding *oder* majority interest; **er hat die Mehrheitsbeteiligung an einer Supermarktkette** = he has a majority interest in a supermarket chain; **die Mehrheitsbeteiligung an einem Unternehmen erwerben** *oder* **verlieren** = to gain *oder* to lose control of a business

Mehrkosten *pl* extra costs *oder* extra charges

mehrmalig *adj* repeated; **Visum zur mehrmaligen Einreise** = multiple entry visa

Mehrplatzsystem *n* networked system

Mehrschichtbetrieb *m* multiple-shift operation

Mehrverbrauch *m* additional consumption

Mehrwegflasche *f* returnable bottle

◇ **Mehrwegverpackung** *f* reusable packing material

Mehrwert *m* added value

◇ **Mehrwertsteuer (MwSt.)** *f* Value Added Tax (VAT); **er berechnet keine Mehrwertsteuer, da er bar bezahlt werden möchte** = he does not charge VAT because he asks for payment in cash; **die Rechnung schließt 15% Mehrwertsteuer ein** = the invoice includes VAT at 15%; **die Regierung möchte die Mehrwertsteuer auf 17,5% erhöhen** = the government is proposing to increase VAT to 17.5%; **von der Mehrwertsteuer befreit** = zero-rated

◇ **Mehrwertsteuerbefreiung** *f* zero-rating

◇ **merhwertsteuerfrei** *adj* zero-rated

Meile *f* mile

Meineid *m* perjury; **einen Meineid leisten** = to perjure oneself; **er kam ins Gefängnis wegen Meineid** = he was sent to prison for perjury; **sie erschien wegen Meineid vor Gericht** = she appeared in court on a perjury charge

Meinung *f* opinion; **öffentliche Meinung** = public opinion; **die Anwälte äußerten ihre Meinung** = the lawyers gave their opinion; **einen Berater nach seiner Meinung über den Fall befragen** = to ask an adviser for his opinion on a case

◇ **Meinungsaustausch** *m* exchange of views

◇ **Meinungsbildung** *f* opinion forming

◇ **Meinungsforscher/-in** *mf* (opinion) pollster

◇ **Meinungsforschung** *f* (public) opinion research

◇ **Meinungsforschungsinstitut** *n* opinion research institute

◇ **Meinungsumfrage** *f* opinion poll; **Meinungsumfragen ergaben, daß die Bevölkerung lieber Butter als Margarine ißt** = opinion polls showed the public preferred butter to margarine; **vor Aufnahme des neuen Service führte das Unternehmen eine landesweite Meinungsumfrage durch** = before starting the new service, the company carried out a nationwide opinion poll

◇ **Meinungsverschiedenheit** *f* difference of opinion *oder* misunderstanding *oder* disagreement

meist 1 *adj* most; **die meisten Aufträge kommen im ersten Teil des Jahres rein** = most of the orders come in the early part of the year; **die meisten Aufträge werden am gleichen Tag bearbeitet** = most orders are dealt with the same day; **die meisten Handelsvertreter haben eine innerbetriebliche Ausbildung hinter sich** = most salesmen have had a course of on-the-job training; **die meisten Personalmitglieder sind Hochschulabgänger** = most of the staff are graduates; **die meisten unserer Kunden wohnen nahe der Fabrik** = most of our customers live near the factory **2** *adv* mostly; **Spanien ist als Urlaubsort am meisten gefragt** = Spain is the top-selling holiday destination

◇ **meistbegünstigt** *adj* most-favoured; **meistbegünstigtes Land** = most-favoured nation (MFN)

◇ **Meistbegünstigung** *f* most-favoured-nation treatment

◇ **Meistbegünstigungsklausel** *f* most-favoured-nation clause

> am dritten Juni muß der Präsident entscheiden, ob die Meistbegünstigungsklausel im bilateralen Handel um ein Jahr verlängert wird
>
> *Der Tagesspiegel*

Meistbietende(r) *mf* highest bidder; **der Besitz wurde an den Meistbietenden verkauft** = the property was sold to the highest bidder

◇ **meistens** *adv* mostly

◇ **Meistgebot** *n* highest bid *oder* best offer

◇ **meistverkauft** *adj* best-selling *oder* top-selling; **meistverkauftes Automodell** = best-selling car; **die meistverkauften Zahnpastamarken** = top-selling brands of toothpaste

melden 1 *vt* to report; **er meldete den Schaden der Versicherung** = he reported the damage to the insurance company; **die Verkäufer meldeten eine gesteigerte Nachfrage nach dem Produkt** = the salesmen reported an increased demand for the product **2** *vr* **(a)** to report (for); **sich für ein Bewerbungsgespräch melden** = to report for an interview; **melden Sie sich für die Ausbildung bitte in unserer Frankfurter Geschäftsstelle** = please report to our Frankfurt office for training **(b) sich arbeitslos melden** = to sign on for the dole *oder* to register for unemployment benefit **(c)** to answer; **ich rief in seinem Büro an, aber es hat sich niemand gemeldet** = I tried to phone his office but there was no answer

◇ **Meldepflicht** *f* compulsory registration *oder* obligation to register *oder* to notify

◇ **meldepflichtig** *adj* notifiable

◇ **Meldeschein** *m* certificate of registration *oder* registration certificate

◇ **Meldeschluß** *m* closing date *oder* deadline (for applications *oder* for registration)

◇ **Meldestelle** *f* registration office

◇ **Meldung** *f* report *oder* notification; **amtliche Meldung** = official return

Membercard *f* store card *oder* charge card

Menge *f* **(a)** bulk *oder* mass *oder* quantity *oder* volume; **Aktien in kleinen Mengen verkaufen** = to sell shares in small lots; **eine geringe Menge illegaler Drogen** = a small quantity of illegal drugs; **er kaufte eine große Menge Ersatzteile** = he bought a large quantity of spare parts; **in Mengen** = in bulk **(b) eine Menge** = a great deal *oder* a good deal *oder* a lot *oder (umg)* lots; **sie erhielten eine Menge von Aufträgen nach der Fernsehwerbung** = they received a mass of orders *oder* masses of orders after the TV commercials; **wir haben eine Menge Briefe zu schreiben** = we have a lot of letters *oder* lots of letters to write; **er machte eine Menge Geld an der Börse** = he made a great deal of money on the stock exchange; **eine Menge Leute sind arbeitslos** = a great many people *oder* a lot of people are out of work

◇ **Mengenabsatz** *m* bulk sales *oder* volume sales

◇ **Mengenabweichung** *f* variance in quantity

◇ **Mengenauftrag** *m* bulk order *oder* volume order

◇ **Mengenbeschränkung** *f* restriction in quantity

◇ **Mengeneinkauf** *m* bulk buying *oder* bulk purchase *oder* quantity purchase; **das Unternehmen gibt einen Rabatt für Mengeneinkäufe** = the company offers a discount for bulk purchases

◇ **Mengenkonjunktur** *f* sales boom

◇ **Mengenkostenrechnung** *f* marginal pricing

◇ **mengenmäßig** *adj* quantitative *oder* regarding quantity

◇ **Mengenpreis** *m* bulk price

◇ **Mengenproduktion** *f* volume production

◇ **Mengenrabatt** *m* quantity discount *oder* volume discount; **10% Mengenrabatt** = 10% discount for quantity purchases

Merchandising *n* merchandizing

merken *vt* to notice *oder* to realize; **die kleinen Ladenbesitzer merkten, daß der Verbrauchermarkt Ihnen Ihr Geschäft teilweise wegnehmen würde** = the small shopkeepers realized that the hypermarket would take away some of their trade

meßbar *adj* quantifiable *oder* measurable

Messe *f* (trade) fair *oder* exhibition *oder* show; **die Messe ist von 9 bis 17 Uhr geöffnet** = the fair is open from 9 a.m. to 5 p.m.

◇ **Messeamt** *n* trade fair office

◇ **Messeausweis** *m* pass for a trade fair

◇ **Messegelände** *n* exhibition site *oder* exhibition grounds

◇ **Messehalle** *f* exhibition hall

◇ **Messeneuheit** *f oder* **Messeschlager** *m* product launched at a trade fair

◇ **Messestand** *m* exhibition stand *oder (US)* booth

messen 1 *vt* to measure; **die Größe eines Pakets messen** = to measure the size of a package **2** *vi* to measure; **ein Paket, das 10cm x 25cm mißt** = a package which measures 10cm by 25cm *oder* a package measuring 10cm by 25cm

◇ **Messung** *f* measurement

Metall *n* metal

◇ **Metallbehälter** *m* metal container; **das Gas wird in starken Metallbehältern verschifft** = the gas is shipped in strong metal containers

◇ **Metallregal** *n* metal shelves *oder* shelving; **wir stellten in der Haushaltsabteilung Metallregale auf** = we installed metal shelving in the household goods department

Meter *mn* metre *oder (US)* meter

Methode *f* method *oder* approach; **er hat eine besondere Methode, wie er Kundenbeschwerden beantwortet** = he has a special technique for answering complaints from customers

metrisch *adj* metric; **das metrische System** = the metric system; **metrische Tonne** = metric ton *oder* metric tonne

Mexiko *n* Mexico

◇ **Mexikaner/-in** *mf* Mexican

◇ **mexikanisch** *adj* Mexican

(NOTE: Hauptstadt: **Mexiko** = Mexico City; Währung: **mexikanischer Peso** = Mexican peso)

mg = MILLIGRAMM

Mietausfall *m* loss of rent

◇ **Mietauto** *n* rented *oder* hire(d) car

◇ **Mietbedingungen** *pl* rental *oder* hire terms

◇ **Mietbeihilfe** *f* rent allowance *oder* subsidy

◇ **Mietbesitz** *m* leasehold

◇ **Mietblock** *m* block of (rented) flats *oder (US)* apartment house

◇ **Mietdauer** *f* let *oder* tenancy (period)

◇ **Miete** *f* rent *oder* rental; **hohe Miete** *oder* **niedrige Miete** = high rent *oder* low rent; **nominelle Miete** = nominal rent; **die Mieten sind hoch im Stadtzentrum** = rents are high in the centre of the town; **die Miete erhöhen** = to put up the rent *(siehe auch* KALT, WARM)

◇ **Mieteinnahmen** *oder* **Mieteinkünfte** *fpl* rent(al) income *oder* income from rent(al)s

> entscheidend ist, ob die Lage der Immobilie so gut ist, daß sich Wertzuwachs und Mieteinnahmen auch langfristig einstellen
>
> ***Capital***

◇ **mieten** *vt* **(a)** to hire *oder* to lease *oder* to rent; **ein Büro** *oder* **ein Auto mieten** = to rent an office *oder* a car; **einen Wagen** *oder* **einen Kran mieten** = to hire a car *oder* a crane; **alle unsere Firmenwagen sind gemietet** = all our company cars are leased; **sie mieteten das Büro kurzfristig** = they took the office on a short let; **sie verkauften das Bürogebäude, um Geld zu bekommen, und mieteten es dann für 25 Jahre** = they sold the office building to raise cash, and then leased it back for twenty-five years; **Büroräume auf zwanzig Jahre mieten** = to rent office space on a twenty-year lease; **er hat ein Büro im Stadtzentrum gemietet** = he rents an office in the centre of town; **ein Büro von einer Versicherungsgesellschaft mieten** = to lease an office from an insurance company; **sie hat das Haus langfristig gemietet** = she has the house on a long let **(b)** *(Boot, Flugzeug)* to charter

◇ **Mieter/-in** *mf* leaseholder *oder* lessee *oder* tenant; **der Mieter haftet für Reparaturen** = the tenant is liable for repairs

◇ **Mieterhöhung** *f* rent increase *oder* rent review

◇ **Mieterschutz** *m* rent control *oder* tenant protection

◇ **Mietertrag** *m* rental income

◇ **Mietforderung** *f* rent demand

◇ **mietfrei** *adj* rent-free

◇ **Mietgebühr** *f* rental charge; **eine geringe Mietgebühr erheben** = to make a small charge for rental

◇ **Mietgrundstück** *n* leasehold property

◇ **Mietkauf** *m* hire purchase (HP)

◇ **Mietkaufvertrag** *m* hire purchase agreement

◇ **Mietpartei** *f* tenant(s)

◇ **Mietpreis** *m* rent

◇ **Mietpreisbindung** *oder* **Mietpreisregelung** *f* rent control

◇ **Mietquittung** *f* rent receipt

◇ **Mietrückstand** *m* back rent *oder* rent arrears

◇ **Mietshaus** *n* block of (rented) flats *oder (US)* apartment house

◇ **Mietspiegel** *m* rent table

◇ **Mietstopp** *m* rent freeze

◇ **Mietverhältnis** *n* tenancy (agreement)

◇ **Mietverlust** *m* loss of rent

◇ **Mietvertrag** *m* **(a)** lease *oder* rental agreement *oder* tenancy agreement; **Mietvertrag mit langer** *oder* **kurzer Laufzeit** = long lease *oder* short lease; **Mietvertrag mit Reparaturklausel** = full repairing lease; **bei Ablauf des Mietvertrages** = on expiration of the lease; **der Mietvertrag läuft 1999 aus** = the lease expires *oder* runs out in 1999; **einen langfristigen Mietvertrag für ein Bürogebäude abschließen** = to take an office building on a long lease; **wir haben für unsere derzeitigen Räumlichkeiten nur einen kurzen Mietvertrag** = we have a short lease on our current premises **(b)** *(Boot)* (bareboat) charter

◇ **Mietvertragsverlängerung** *f* renewal of a lease

◇ **Mietvorauszahlung** *f* rent advance

◇ **Mietwagen** *m* hire(d) car *oder* rented car; **er fuhr einen Mietwagen, als der Unfall passierte** = he was driving a hire car when the accident happened; **sie fuhren einen Mietwagen, als sie von der Polizei angehalten wurden** = they were driving a rented car when they were stopped by the police

◇ **Mietwohnung** *f* rented flat *oder (US)* rented apartment

◇ **Mietwucher** *m* charging an exorbitantly high rent

◇ **Mietzeit** *f* term of a lease

◇ **Mietzins** *m* rent(al)

◇ **Mietzuschuß** *m* rent allowance *oder* subsidy

Mikrocomputer *m* microcomputer *oder* micro; **unser Mikrocomputer im Büro ist mit dem Großrechner in München verbunden** = our office micro is on-line to the mainframe computer in Munich; **wir haben die Umsatzstatistik** *oder* **Verkaufsstatistik in den Mikrocomputer im Büro eingegeben** = we put the sales statistics on to the office micro

◇ **Mikroelektronik** *f* microelectronics

◇ **Mikrofiche** *nm* microfiche; **wir bewahren unsere Aufzeichnungen auf Mikrofiche auf** = we hold our records on microfiche

◇ **Mikrofilm** *m* microfilm; **wir bewahren unsere Aufzeichnungen auf Mikrofilm auf** = we hold our records on microfilm

◇ **Mikroökonomie** *f* micro-economics

◇ **Mikroprozessor** *m* microprocessor

◇ **Mikroverfilmung** *f* microfilming; **verschicken Sie die Korrespondenz von 1980 zur Mikroverfilmung** = send the 1980 correspondence to be microfilmed *oder* for microfilming

Milchkuh *f* cash cow

Milliarde *f* billion *(one thousand million) (cf* BILLIARDE, BILLION)

> das Unternehmen war vor kurzem noch eine Milliarde Dollar wert und heute werden zehn Milliarden und mehr für die Übernahme genannt
> ***Capital***

Milligramm (mg) *n* milligram (mg)

◇ **Milliliter (ml)** *mn* millilitre (ml)

◇ **Millimeter (mm)** *mn* millimetre (mm)

◇ **Millimeterpapier** *n* graph paper *oder* squared paper

◇ **Million** *f* million; **sie unterzeichneten ein Geschäft über mehrere Millionen Mark** = they signed a multimillion mark deal; **unser Umsatz stieg auf DM 23,4 Millionen** = our turnover has risen to DM 23.4 million; **das Unternehmen verlor DM 30 Millionen auf dem afrikanischen Markt** = the company lost DM 30 million in the African market

◇ **Millionär/-in** *mf* millionaire

mindere(r,s) *adj* **(a)** lesser; **von minderer Bedeutung** = of less importance **(b)** inferior; **Waren minderer Qualität** = goods of inferior quality

◇ **Mindereinnahme** *f* revenue shortfall *oder* shortfall in receipts

◇ **Mindergewicht** *n* short weight

◇ **Minderheit** *f* minority; **in der Minderheit** = in the minority; **gute Verkäufer sind in unserem Verkaufsteam in der Minderheit** = good salesmen are in the minority in our sales team

◇ **Minderheitsaktionär** *m* minority shareholder; **der Anwalt, der die Minderheitsaktionäre vertritt** = the solicitor acting on behalf of the minority shareholders

◇ **Minderheitsbeteiligung** *f* minority shareholding *oder* minority interest; **er erwarb eine Minderheitsbeteiligung an dem Unternehmen** = he acquired a minority shareholding in the company

Minderung *f* diminution *oder* lowering *oder* reduction *oder* depreciation

minderwertig *adj* inferior *oder* low-grade *oder* low-quality *oder* second-rate; **minderwertige Produkte** *oder* **Produkte minderwertiger Qualität** = inferior products *oder* products of inferior quality; **sie versuchten, uns minderwertigen Stahl zu verkaufen** = they tried to sell us some low-quality steel

Mindestabnahme *f* minimum purchase

◇ **Mindestanforderung** *f* minimum requirement

◇ **Mindestangebot** *n* lowest bid *oder* offer *oder* tender

◇ **Mindestbeitrag** *m* minimum contribution

◇ **Mindestbestand** *m* minimum stock quantity

◇ **Mindestbestellung** *f* minimum order

◇ **Mindestbesteuerung** *f* minimum taxation

◇ **Mindestbetrag** *m* minimum amount

◇ **Mindestbietende(r)** *mf* lowest bidder; **der Auftrag wird an den Mindestbietenden vergeben** = the tender will go to the lowest bidder

◇ **Mindestdividende** *f* minimum dividend

◇ **Mindesteinkommen** *n* minimum income

◇ **Mindesteinlage** *f* minimum deposit

◇ **Mindestforderung** *f* minimum claim *oder* minimum demand

◇ **Mindestgebot** *n* lowest *oder* minimum *oder* starting bid; **DM 1.000 war das Mindestgebot** = the bidding started at DM 1,000

◇ **Mindestgebühr** *f* minimum charge *oder* minimum fee

◇ **Mindestgehalt** *n* minimum salary

◇ **Mindestgewicht** *n* minimum weight

◇ **Mindestgröße** *f* minimum size

◇ **Mindesthaltbarkeitsdatum** *n* sell-by date *oder* best before date

◇ **Mindestlohn** *m* minimum wage; **garantierter Mindestlohn** = guaranteed minimum wage

◇ **Mindestmenge** *f* minimum quantity

◇ **Mindestnachbestellung** *f* reorder level

◇ **Mindestpreis** *m* **(a)** reserve price *oder* upset price; **das Gemälde wurde zurückgezogen, als es den Mindestpreis nicht erreichte** = the painting was withdrawn when it did not reach its reserve **(b)** *(EU)* **garantierter Mindestpreis** = intervention price

◇ **Mindestrendite** *f* minimum yield

◇ **Mindestreserven** *pl (fin)* minimum *oder* statutory reserves

◇ **Mindestsatz** *m* minimum rate

◇ **Mindeststrafe** *f* minimum penalty

◇ **Mindestwert** *m* minimum value

◇ **Mindestzinssatz** *m* minimum lending rate (MLR) *oder* prime rate

Mine *f* mine

Mineralöl *n* petroleum *oder* oil

◇ **Mineralölerzeugnis** *n* petroleum product

◇ **Mineralölsteuer** *f* petroleum tax *oder* tax on petroleum products

◇ **Mineralölwirtschaft** *f* petroleum industry

Minicomputer *m* minicomputer

◇ **Minicontainer** *m* minicontainer

minimal *adj* minimal; **die Hauptgschäftsstelle übt minimale Kontrolle über die Filialen aus** = the head office exercises minimal control over the branch offices; **es gab minimale Mängel in der Serie** = there was a minimal quantity of imperfections in the batch
◇ **minimieren** *vt* to minimize
◇ **Minimierung** *f* minimization

> hierbei spielt die Minimierung der Transportkosten eine besonders wichtige Rolle
> *Die Wirtschaft*

Minimarkt *m* minimarket

Minimum *n* minimum; **Ausgaben auf ein Minimum beschränken** = to keep expenses to a minimum; **die Verlustrisiken auf ein Minimum beschränken** = to reduce the risk of a loss to a minimum

Minister/-in *mf* minister *oder (GB)* secretary (member of the government in charge of a department)
◇ **Ministerialbeamte(r)/-beamtin** *mf* ministry official *oder* official from the ministry
◇ **Ministerialerlaß** *m* ministerial decree
◇ **Ministerium** *n* ministry *oder (GB)* department; **Ministerium für Bildung und Wissenschaft** = Ministry *oder (GB)* Department of Education and Science; **Ministerium für Forschung und Technologie** = Ministry of Research and Technology
◇ **Ministerpräsident/-in** *mf* Prime Minister; **der australische Ministerpräsident** *oder* **der Ministerpräsident von Australien** = the Australian Prime Minister *oder* the Prime Minister of Australia

Minorität *f* minority; **eine Minorität der Vorstandsmitglieder lehnte den Vorsitzenden ab** = a minority of board members opposed the chairman

minus *prep* minus; **Bruttogewinn ist der Umsatz minus Produktionskosten** = gross profit is sales minus production costs; **Nettogehalt ist das Bruttogehalt minus Steuer und Sozialabgaben** = net salary is gross salary minus tax and National Insurance deductions

Minus *n* minus (figure) *oder* deficit *oder* shortage; **die Abrechnungen weisen ein Minus auf** = the accounts show a minus figure
◇ **Minusbetrag** *m* deficit

Minute *f* minute; **ich habe nur zehn Minuten Zeit für Sie** = I can see you for ten minutes only; **wenn Sie warten möchten, hat Herr Schmidt in etwa zwanzig Minuten Zeit** = if you do not mind waiting, Mr Schmidt will be free in about twenty minutes' time

Mischfinanzierung *f* mixed financing *oder* funding from a variety of sources
◇ **Mischkalkulation** *f* variable costing
◇ **Mischkonzern** *m* conglomerate
◇ **Mischpreis** *m* composite price
◇ **Mischsatz** *m* composite rate
◇ **Mischwirtschaft** *f* mixed economy

Mißachtung *f* disregard *oder* disrespect; **Mißachtung des Gerichts** = contempt of court

Mißbrauch *m* misuse; **der Mißbrauch öffentlicher Gelder** = the misuse *oder* misappropriation of public funds

Mißerfolg *m* failure; **kommerzieller Mißerfolg** = commercial failure

Mißkredit *m* discredit *oder* disrepute; **jdn** *oder* **etwas in Mißkredit bringen** = to discredit someone *oder* something; **in Mißkredit geraten** *oder* **kommen** = to fall into disrepute *oder* to become discredited

mißlingen *vi* to fail *oder* to fall through

Mißmanagement *n* mismanagement

Mißstand *m* **(a)** bad *oder* deplorable state of affairs; **Mißstände in der Regierung** = misgovernment **(b)** grievance; **einen Mißstand beseitigen** = to redress a grievance **(c)** defect; **Mißstände beheben** = to remedy defects

Mißtrauen *n* mistrust *oder* distrust *oder* suspicion
◇ **Mißtrauensantrag** *m* motion of no confidence *oder* no-confidence motion
◇ **Mißtrauensvotum** *n* vote of no confidence

Mißverhältnis *n* disparity *oder* imbalance; **zwischen den Gehältern und Leistungen einiger Topmanager besteht ein Mißverhältnis** = salaries of some top managers are disproportionate to the work they do; **Mißverhältnis zwischen Angebot und Nachfrage** = disproportion of supply and demand

Mißverständnis *n* misunderstanding; **es gab ein Mißverständnis wegen meiner (Fahr)karten** = there was a misunderstanding over my tickets

Mißwirtschaft *f* mismanagement *oder* maladministration; **das Unternehmen ging wegen der Mißwirtschaft des Vorsitzenden bankrott** = the company failed because of the chairman's mismanagement

mit *prep* with; **mit Dividende** = cum dividend

Mitarbeit *f* co-operation; **das Projekt wurde unter Mitarbeit der Belegschaft vor Ende des Zeitplans abgeschlossen** = the project was completed ahead of schedule with the co-operation of the workforce
◇ **Mitarbeiter/-in** *mf* staff member *oder* employee *oder* colleague *oder* collaborator *oder* assistant *mpl* **Mitarbeiter** = staff *oder* personnel *oder* workforce; **neue Mitarbeiter einstellen** = to take on new staff
◇ **Mitarbeiterbeurteilung** *f* staff appraisal
◇ **Mitarbeiterstab** *m* staff
◇ **Mitbegründer/-in** *mf* co-founder

Mitbesitz *m* = MITEIGENTUM
◇ **Mitbesitzer/-in** *mf* = MITEIGENTÜMER

Mitbestimmung *f* (worker) participation

◇ **Mitbestimmungsprozeß** *m* participative process; **wir betrachten Arbeitgeber-Arbeitnehmer-Beziehungen nicht als Mitbestimmungsprozeß** = we do not treat management-worker relations as a participative process

Mitbewerber/-in *mf* competitor

Mitbieter/-in *mf* underbidder

mitbringen *vt* to bring; **er brachte seine Unterlagen mit** = he brought his documents with him; **der Leiter der Finanzabteilung brachte seine Sekretärin mit, um Notizen über die Besprechung zu machen** = the finance director brought his secretary to take notes of the meeting

Mitdirektor/-in *mf* co-director

Miteigentum *n* co-ownership *oder* common ownership *oder* joint ownership *oder* part-ownership *oder* coproperty

◇ **Miteigentümer/-in** *mf* co-owner *oder* joint owner *oder* part-owner *oder* coproprietor; **die beiden Schwestern sind Miteigentümerinnen des Besitzes** = the two sisters are co-owners of the property; **er ist Miteigentümer des Restaurants** = he is part-owner of the restaurant

Miterbe/Miterbin *mf* joint beneficiary

mitfinanzieren *vt* to co-finance

Mitglied *n* member; **ordentliches Mitglied** = ordinary member; **der Verein hat fünfhundert Mitglieder** = the club has a membership of five hundred; **die Mitglieder wurden aufgefordert, für den neuen Präsidenten zu stimmen** = the membership was asked to vote for the new president; **Mitglieder eines Ausschusses** = members of a committee; **Mitglied einer Gewerkschaft sein** = to be a member of a union; **die Mitglieder der Vereinten Nationen** = the members of the United Nations

◇ **Mitgliederversammlung** *f* general meeting

◇ **Mitgliedsbeitrag** *m* membership subscription *oder* fee *oder* dues; **seine Mitgliedsbeiträge bezahlen** = to pay your membership *oder* your membership fees

◇ **Mitgliedschaft** *f* membership; **die Türkei hat einen Antrag auf Mitgliedschaft in der EU gestellt** = Turkey has applied for membership of the EU

◇ **Mitgliedskarte** *f* membership card

◇ **Mitgliedsland** *n* member country

◇ **Mitgliedsstaat** *m* member state; **die Mitgliedsstaaten der EU** = the member states of the EU

◇ **Mitgliedunternehmen** *n* member company; **die Mitgliedunternehmen eines Handelsverbandes** = the member companies of a trade association

> Bürger der Mitgliedsländer der Europäischen Union genießen die gleichen Vergünstigungen wie Franzosen, wenn sie Privatisierungsaktien kaufen
> *Frankfurter Allgemeine Zeitung*

Mitinhaber/-in *mf* co-owner

Mitleid *n* sympathy

Mitnahmepreis *m* takeaway price *oder* price excluding delivery

◇ **mitnehmen** *vt* to take away (with one); **die Polizei nahm Stapel von Unterlagen aus dem Büro mit** = the police took away piles of documents from the office

mitrechnen *vt* to count *oder* to include

Mitschrift *f* record; **zur Mitschrift** = for the record

Mittag *m* lunch hour *oder* lunchtime; **das Büro ist über Mittag geschlossen** = the office is closed during the lunch hour *oder* at lunchtimes; **die Arbeitszeit geht von 9.30 Uhr bis 17.30 Uhr mit einer Stunde Mittag** = the hours of work are from 9.30 to 5.30 with an hour off for lunch

◇ **Mittagessen** *n* lunch

◇ **mittags** *adv* at lunchtime; **das Büro ist mittags geschlossen** = the office is closed during the lunch hour *oder* at lunchtimes

◇ **Mittagspause** *f* lunch break *oder* lunch hour

◇ **Mittagszeit** *f* lunch hour *oder* lunchtime

Mitte *f* middle *oder* centre; **(in der) Mitte der Woche** = mid-week; **(in der) Mitte des Monats** = mid-month; **die Umsatzflaute in der Mitte der Woche** = the mid-week lull in sales; **die Fabrik ist bis Mitte Juli geschlossen** = the factory is closed until mid-July; **von Mitte 1993** = from mid-1993 (*cf* STADTMITTE)

mitteilen *vt* to inform; **uns wurde mitgeteilt, daß die Sendung nächste Woche ankommt** = we are advised that the shipment will arrive next week; **ich bedaure, Ihnen mitteilen zu müssen, daß Ihr Angebot nicht akzeptabel war** = I regret to inform you that your tender was not acceptable; **wir freuen uns, Ihnen mitteilen zu können, daß Ihr Angebot angenommen wurde** = we are pleased to inform you that your offer has been accepted

◇ **Mitteilung** *f* communication *oder* memo *oder* memorandum *oder* message *oder* note *oder* notice *oder* notification; **wir haben eine Mitteilung vom örtlichen Finanzamt vorliegen** = we have had a communication from the local tax inspector; **eine Mitteilung schicken** = to send a message; **eine Mitteilung an alle Handelsvertreter schicken** = to send a memo to all the sales representatives; **ich habe dem geschäftsführenden Direktor eine Mitteilung bezüglich Ihrer Beschwerde geschickt** = I sent the managing director a memo about your complaint; **die Sekretärin heftete eine Mitteilung über die betriebliche Altersversorgung an** = the secretary pinned up a notice about the company pension scheme

◇ **Mitteilungsblatt** *n* bulletin *oder* newssheet *oder* newsletter; **Mitteilungsblatt eines Unternehmens** = company newsletter

Mittel *n* **(a)** *(Geldmittel)* means *oder* resources *oder* funds; **finanzielle Mittel** = financial resources; **flüssige Mittel** = liquid assets; **öffentliche Mittel** = public funds; **er verfügt über private Mittel** = he has private means; **ihre Mittel werden knapper** = they are running out of funds; **das Unternehmen hat die Mittel, das neue Produkt auf den Markt zu bringen** = the company has the means to launch the new product; **die Kosten wurden mit**

öffentlichen Mitteln bezahlt = the cost was paid for out of public funds; **das Unternehmen hat keine Mittel für das Forschungsprogramm** = the company has no funds to pay for the research programme; **die finanziellen Mittel des Unternehmens reichen nicht aus, um die Kosten des Forschungsprogramms zu tragen** = the company's financial resources are not strong enough to support the cost of the research programme ; **die Kosten der Leipziger Geschäftsstelle sind eine Belastung der finanziellen Mittel des Unternehmens** = the costs of the Leipzig office are a drain on the company's financial resources; **ein solches Investitionsniveau übersteigt die Mittel einer kleinen Privatfirma** = such a level of investment is beyond the means of a small private company **(b)** *(Hilfsmittel)* means *oder* way *oder* method; **Mittel gegen die Inflation** = means to beat inflation; **ein Mittel zum Zweck** = a means to an end; **der Zeck heiligt die Mittel** = the end justifies the means; **ihm ist jedes Mittel recht** = he will stop at nothing *oder* he will go to any lengths; **mit allen Mitteln kämpfen** = to fight tooth and nail **(c)** *(maths)* average *oder* mean; **statistiches Mittel** = statistical average

> die meisten Mittel flossen erneut in die Modernisierung der Produktionsanlagen, während für Gebäude und die Infrastruktur nur relativ geringe Summen eingesetzt wurden
> ***Neue Zürcher Zeitung***

mittelbar *adj* indirect

Mittelbetrieb *m* medium-sized company

Mitteleuropa *n* Central Europe

◇ **mitteleuropäisch** *adj* Central European

mittelfristig *adj* medium-term; **mittelfristige Prognose** = medium-term forecast; **mittelfristige Staatspapiere** = mediums

◇ **mittelgroß** *adj* middle-sized

Mittelherkunft *f* source of funds

Mittelklasse *f* **(a)** *(comm)* mid-range *oder* middle of the market; **ein Wagen der Mittelklasse** = a mid-range car **(b)** *(Soziologie)* middle class(es)

◇ **Mittelklassewagen** *m* mid-range car

◇ **Mittelkurs** *m* mean price

mittellos *adj* poor *oder* without means

Mittelsmann *m* middleman *oder* intermediary

Mittelstand *m* **(a)** medium-sized businesses **(b)** middle classes

◇ **mittelständisch** *adj* medium-sized

◇ **Mittelständler** *m* medium-sized business

> während die Banken Kredite für den Mittelstand, für einfache Sparer und für Häuslebauer bis hinters Komma prüfen, scheinen die Großen großzügigst behandelt zu werden
> ***Der Tagesspiegel***
>
> es muß auch in Rußland ein Mittelstand heranwachsen, der die marktwirtschaftliche Entwicklung trägt
> ***Frankfurter Allgemeine Zeitung***
>
> über vier Jahre nach der Wende haben sich im Osten eine ganze Reihe von raumfahrtorientierten mittelständischen Unternehmen mit wachsendem Erfolg auf dem Markt etabliert
> ***Süddeutsche Zeitung***
>
> vor allem deutsche Mittelständler müßten in das Land gebracht werden, um die sich dort bietenden Chancen kennenzulernen
> ***Frankfurter Allgemeine Zeitung***

Mittelwert *m* average *oder* mean; **gewogener Mittelwert** = weighted average

Mittelzuweisung *f* allocation *oder* appropriation of funds; **Mittelzuweisung für ein Projekt** = allocation of funds to a project

mittlere(r,s) *adj* middle *oder* medium *oder* average *oder* mean; **Personen der mittleren Einkommensstufe** = people in the middle-income bracket; **mittlerer Fälligkeitstermin** = average due date; **ein Unternehmen mittlerer Größe** = a medium-sized *oder* middle-sized company; **das Unternehmen ist von mittlerer Größe** = the company is of medium size; **mittleres Management** = middle management; **der Mittlere Osten** = the Middle East; **mittlere Reife** = leaving certificate ≈ *(GB)* GCSE

Mitunternehmer/-in *mf* partner

◇ **Mitunterzeichner/-in** *mf* joint signatory

mitverantwortlich *adj* jointly responsible

◇ **Mitverantwortlichkeit** *f* joint responsibility

Mitversicherung *f* co-insurance

mitverursachend *adj* contributory

Mitwirkung *f* participation

mitzählen *vt* to count *oder* to include

ml = MILLILITER

mm = MILLIMETER

Mobbing *n* office bullying

> Millionen Angestellte leiden unter Schikanen durch Kollegen und Chefs. Zum ersten Mal werden die Opfer des Mobbing ernst genommen
> ***Focus***

Möbel *npl* furniture

◇ **Möbelabteilung** *f* furniture department; **Betten finden Sie in der Möbelabteilung** = you will find beds in the furniture department

◇ **Möbelgeschäft** *n* furniture store

◇ **Möbelhersteller** *m* furniture maker

◇ **Möbellager** *n* furniture depository *oder* furniture storage

mobil *adj* mobile; **mobile Arbeitskräfte** = mobile workforce; **mobiler Laden** = mobile shop

◊ **Mobilfunk** *m* mobile telephone system *(siehe auch* FUNKTELEFON, HANDY)

◊ **Mobiliar** *n* furnishings

◊ **Mobilien** *pl* moveable property *oder* moveables *oder* (goods and) chattels

◊ **mobilisieren** *vt* to mobilize

◊ **Mobilität** *f* mobility; **Mobilität der Arbeitskräfte** = mobility of labour

möblieren *vt* to furnish

◊ **möbliert** *adj* furnished; **möblierte Unterkunft** = furnished accommodation

Moçambique *siehe* MOSAMBIK

Modalitäten *fpl* **(a)** *(von Plan)* arrangements; **Modalitäten der Verzinsung** = arrangements for payment of interest **(b)** *(von Verfahren)* procedures; **Modalitäten klären** = to clarify procedures **(c)** *(von Vertrag)* provisos; **Vertrag mit teilweise offenen Modalitäten** = open-ended agreement

Mode *f* fashion *oder* style

◊ **Modeartikel** *mpl* fashion wear *oder* fancy goods

Model *n* *(Fotomodell)* model

Modell *n* example *oder* model; **das ausgestellte Modell ist vom letzten Jahr** = the model on display is last year's; **das ist das neueste Modell** = this is the latest model; **er zeigte uns ein Modell des neuen Bürogebäudes** = he showed us a model of the new office building; **Modell zur Wirtschaftsprognose** = economic model

◊ **Modellreihe** *f* model range *oder* range of models; **wir haben die modernste Modellreihe auf dem Markt** = we have the most modern range of models on the market

Modem *n* *(Computer)* modem

modernisieren *vt* to modernize *oder* to streamline; **er modernisierte das gesamte Sortiment** = he modernized the whole product range

◊ **Modernisierung** *f* modernization *oder* streamlining; **die Modernisierung der Werkstatt** = the modernization of the workshop

modifizieren *vt* to modify; **die Unternehmensleitung modifizierte ihre Vorschläge** = the management modified its proposals; **dies ist der neue modifizierte Vertrag** = this is the new modified agreement

◊ **Modifizierung** *f* modification; **Modifizierungen an dem Plan vornehmen** = to make *oder* to carry out modifications to the plan; **wir forderten Modifizierungen an dem Vertrag** = we asked for modifications to the contract

Mogelpackung *f* misleading packaging

möglich *adj* possible; **es ist möglich, daß die Produktion durch Arbeitskämpfe ins Stocken gerät** = it is possible that production will be held up by industrial action; **der 25. und 26. sind mögliche Termine für unsere nächste Sitzung** = the 25th and 26th are possible dates for our next meeting; **so bald wie möglich** = as soon as possible (asap)

◊ **Möglichkeit** *f* possibility *oder* opportunity *oder* feasibility *oder* scope *oder* means; **es besteht die Möglichkeit, daß das Flugzeug früher ankommt** = there is a possibility that the plane will be early; **haben wir eine Möglichkeit, diese ganzen Unterlagen schnell zu kopieren?** = do we have any means of copying all these documents quickly?; **es gibt viele Möglichkeiten, auf den Exportmarkt vorzudringen** = there is considerable scope for expansion into the export market

Monaco *n* Monaco

◊ **Monegasse/Monegassin** *mf* Monegasque *oder* Monacan

◊ **monegassisch** *adj* Monegasque *oder* Monacan

(NOTE: Hauptstadt: **Monaco** ; Währung: **französischer Franc** = French franc)

Monat *m* month; **über Monate** = for a period of months; **er verdient DM 6.000 im** *oder* **pro Monat** = he earns DM 6,000 a month; **das Unternehmen zahlt ihm DM 500 im** *oder* **pro Monat** = the company pays him DM 500 a month; **einem Kunden zwei Monate Kredit geben** = to give a customer two months' credit; **am Ende des laufenden Monats fällige Rechnungen** = bills due at the end of the current month; **Ihr Brief vom 6. dieses Monats** = your letter of the 6th inst

◊ **monatlich 1** *adj* monthly; **monatliche Auszüge** *oder* **Abrechnungen** = monthly statements; **er bezahlt sein Auto in monatlichen Raten** = he is paying for his car by monthly instalments; **mein monatlicher Gehaltsscheck ist noch nicht da** = my monthly salary cheque is late; **monatliche Zahlungen** = monthly payments **2** *adv* monthly; **Gutschriften auf das Konto werden monatlich vorgenommen** = the account is credited monthly; **monatlich (be)zahlen** = to pay monthly; **monatlich bezahlt** = paid by the month

◊ **Monatsbeitrag** *m* monthly payment *oder* monthly premium; **Sie zahlen entweder eine Jahresprämie von DM 920 oder zwölf Monatsbeiträge von je DM 80** = you pay either an annual premium of DM 920 or twelve monthly premiums of DM 80

◊ **Monatseinkommen** *n* monthly income

◊ **Monatsende** *n* month end

◊ **Monatserste(r)** *m* first of the month

◊ **Monatsfrist** *f* term *oder* space of one month; **innerhalb** *oder* **binnen Monatsfrist** = within one month

◊ **Monatsgehalt** *n* monthly salary

◊ **Monatskarte** *f* monthly ticket *oder* travelcard

◊ **Monatslohn** *m* monthly pay *oder* monthly wage

◊ **Monatsmiete** *f* monthly rent; **drei Monatsmieten im voraus bezahlen** = to pay three months' rent in advance

◊ **Monatsmitte** *f* middle of the month

◊ **Monatsrate** *f* monthly instalment; **DM 100 anbezahlen und den Rest in Monatsraten von DM 50 bezahlen** = to pay DM 100 down and monthly instalments of DM 50

◊ **Monatszeitschrift** *f* monthly (magazine)

Mondscheintarif *m* cheap rate *oder* night rate

Monegasse, Monegassin, monegassisch *siehe* MONACO

monetär *adj* monetary
◇ **Monetarismus** *m* monetarism
◇ **Monetarist/-in** *mf* monetarist
◇ **monetaristisch** *adj* monetarist; **monetaristische Theorien** = monetarist theories

Mongolei *f* Mongolia
◇ **Mongole/Mongolin** *mf* Mongol
◇ **mongolisch** *adj* mongolian
(NOTE: Hauptstadt: **Ulan Bator** ; Währung: **Tugrik** *m* = tugrik)

Monitor *m* monitor *oder* screen

Monopol *n* monopoly; **staatliches Monopol** = public *oder* state monopoly; **das Monopol für Alkohol haben** = to have the monopoly of alcohol sales
◇ **monopolisieren** *vt* to monopolize
◇ **Monopolisierung** *f* monopolization
◇ **monopolistisch** *adj* monopolist(ic); **monopolistischer Absatzmarkt** = captive market
◇ **Monopolstellung** *f* monopoly
◇ **Monopolzerschlagung** *f* monopoly breaking *oder (US)* trustbusting

> Erklärungen, wonach Monopolisierung verhindert werden soll, sind das Papier nicht wert, auf dem sie stehen
> ***Der Tagesspiegel***
> der nordböhmische Hersteller von Elektroinstallationsmaterial nimmt auf dem tschechoslowakischen Markt eine Monopolstellung ein
> ***Prager Zeitung***

Montage *f* assembly
◇ **Montageanleitung** *f* assembly instructions; **es gibt keine Montageanleitung, in der angegeben ist, wie der Computer zusammengebaut wird** = there are no assembly instructions to show you how to put the computer together
◇ **Montageband** *n* assembly line *oder* production line; **er arbeitet am Montageband in der Autofabrik** = he works on the production line in the car factory
◇ **Montage(band)arbeiter/-in** *mf* assembly line worker
◇ **Montagewerk** *n* assembly plant; **KFZ-Montagewerk** = car assembly plant

Montanindustrie *f* coal, iron and steel industry
◇ **Montanunion** *f* European Coal and Steel Community (ECSC) *(siehe auch* EGKS)

montieren *vt* to assemble

Moratorium *n* moratorium; **die Banken verlangten ein Moratorium** = the banks called for a moratorium on payments

mörderisch *adj* murderous *oder* cutthroat; **mörderischer Wettbewerb** = cutthroat competition

morgens *adv* in the morning; **der Flug geht um 9.20 Uhr morgens** = the flight leaves at 9.20 a.m.

Mosambik *oder* **Moçambique** *n* Mozambique
◇ **Mosambikaner/-in** *mf* Mozambiquan
◇ **mosambikanisch** *adj* Mozambiquan
(NOTE: Hauptstadt: **Maputo** ; Währung: **Metical** *m* = metical)

Motiv *n* reason
◇ **Motivation** *f* motivation; **dem Verkaufspersonal mangelt es an Motivation** = the sales staff lack motivation
◇ **Motivforschung** *f* research into motivation
◇ **motivieren** *vt* to motivate
◇ **motiviert** *adj* motivated; **hoch motiviertes Verkaufspersonal** = highly motivated sales staff

Motor *m* engine; **ein Wagen mit einem kleinen Motor ist sparsamer als einer mit einem großen Motor** = a car with a small engine is more economic than one with a large one
◇ **Motorrad** *n* motorbike *oder* motorcycle
◇ **Motorradbote/-botin** *mf* motorcycle messenger *oder* courier; **er schickte das Paket durch einen Motorradboten** = he sent the package by motorcycle messenger

Mühe *f* effort; **sich sehr viel Mühe geben, etwas zu bekommen** = to go to great lengths to get something

Mühle *f* mill

Müll *m* rubbish *oder* refuse *oder* garbage
◇ **Müllabfuhr** *f* **(a)** refuse collection **(b)** refuse collection service
◇ **Müllabladeplatz** *m* refuse dump *oder* tip
◇ **Müllcontainer** *m* skip
◇ **Mülldeponie** *f* waste disposal site
◇ **Mülleimer** *m* rubbish bin
◇ **Müllmann** *m* dustman
◇ **Müllschlucker** *m* refuse chute
◇ **Mülltonne** *f* dustbin
◇ **Müllverbrennung** *f* waste incineration
◇ **Müllverbrennungsanlage** *f* incineration plant
◇ **Müllwagen** *m* refuse collection vehicle *oder* dustcart

> 500 Mill. DM für eine Müllverbrennungsanlage sind nicht für jedermann darstellbar
> ***Der Tagesspiegel***

Multi *m (umg)* multinational (organization)
◇ **multilateral** *adj* multilateral; **ein multilaterales Abkommen** = a multilateral agreement; **multilateraler Handel** = multilateral trade
◇ **Multimillionär/-in** *mf* multimillionaire
◇ **multinational** *adj* multinational; **multinationaler Konzern** = multinational (concern); **das Unternehmen wurde von einem der großen multinationalen Konzerne aufgekauft** = the company has been bought by one of the big multinationals
◇ **Multiplikation** *f* multiplication
◇ **Multiplikationszeichen** *n* multiplication sign
◇ **multiplizieren** *vt* to multiply; **zwölf mit drei multiplizieren** = to multiply twelve by three; **Flächenmaße werden berechnet, indem Länge mit Breite multipliziert wird** = square measurements are calculated by multiplying length by width

mündelsicher *adj* gilt-edged; **mündelsichere Staatspapiere** = gilt-edged securities *oder* gilts

mündlich 1 *adj* verbal; **mündliche Vereinbarung** = verbal *oder* unwritten agreement **2** *adv* verbally; **sie stimmten den Bedingungen mündlich zu und begannen dann, den Vertrag aufzusetzen** = they agreed to the terms verbally, and then started to draft the contract

Münzanstalt *f* mint

◇ **Münze** *f* coin

◇ **Münzfernsprecher** *m* pay phone

◇ **Münzgeld** *n* coins *oder* specie

Muster *n* pattern *oder* sample *oder* swatch *oder* specimen *oder* example; **Muster ohne Wert** = sample of no commercial value; **unverkäufliches Muster** = sample only - not for resale

> im westlichen Teil des Landes sank die Arbeitslosenzahl im Laufe des Monats dank dem typischen saisonalen Muster um knapp 85 000 Personen
>
> *Neue Zürcher Zeitung*

◇ **Musterbrief** *m* specimen letter

◇ **Musterbuch** *n* sample book *oder* book of samples *oder* pattern book

◇ **mustergültig** *adj* model *oder* exemplary

◇ **Musterhaus** *n* show house

◇ **Musterkarte** *f* pattern card

◇ **Musterkoffer** *m* case of samples

◇ **Musterkollektion** *f* pattern collection *oder* collection of samples

◇ **Musterprozeß** *m* test case

◇ **Mustervertrag** *m* standard agreement *oder* standard contract *oder* model agreement

◇ **Musterwohnung** *f* show flat

Muttergesellschaft *f* parent company

◇ **Mutterschaft** *f* maternity

◇ **Mutterschaftsgeld** *n* maternity benefit

◇ **Mutterschaftsurlaub** *m* maternity leave; **sie ist im Mutterschaftsurlaub** = she is away on maternity leave

◇ **Mutterschutz** *m* (legal) protection for expectant and nursing mothers

MwSt. *f* = MEHRWERTSTEUER Value Added Tax *oder* VAT

Myanmar *siehe* BIRMA

Nn

nachahmen *vt* to imitate *oder* to copy; **unerlaubt nachahmen** = to pirate *oder* to plagiarize
◇ **Nachahmung** *f* imitation *oder* copy

Nachbarland *n* neighbouring country

nachbauen *vt* to reproduce *oder* to copy; **unerlaubt nachbauen** = to pirate

nachbestellen *vt* to reorder; **wir müssen diese Artikel nachbestellen, weil der Bestand knapp wird** = we must reorder these items because stock is getting low
◇ **Nachbestellung** *f* reorder *oder* repeat order; **eine Nachbestellung aufgeben** = to repeat an order; **das Produkt ist erst seit zehn Tagen auf dem Markt, und wir bekommen schon Nachbestellungen** = the product has only been on the market ten days and we are already getting reorders

Nachbörse *f* kerb market *oder* after-hours dealing (on the stock market); **die Aktien stiegen an der Nachbörse** = the shares rose in after-hours trading

nachbuchen *vt* to make an additional *oder* supplementary entry; **ein Hauptbuch nachbuchen** = to post up a ledger

nachdatieren *vt* to postdate

nachdrucken *vt* to reprint; **unerlaubt nachdrucken** = to pirate

Nachfaßaktion *f (Marketing)* follow-up action *oder* campaign
◇ **nachfassen** *vt* to follow up
◇ **Nachfaßwerbung** *f* follow-up advertising

nachfolgend *adj* following *oder* incoming; **der nachfolgende Vorsitzende** *oder* **Präsident** = the incoming chairman *oder* president
◇ **Nachfolger/-in** *mf* successor; **Herrn Schmidts Nachfolger als Vorsitzender wird Herr Müller sein** = Mr Schmidt's successor as chairman will be Mr Müller; **meine Sekretärin verläßt uns nächste Woche, deshalb annoncieren wir wegen einer Nachfolgerin** = my secretary leaves us next week, so we are advertising for a replacement

Nachforschung *f* inquiry *oder* investigation; **Nachforschungen anstellen** = to inquire into

Nachfrage *f* demand; **Angebot und Nachfrage** = supply and demand; **das Gesetz von Angebot und Nachfrage** = the law of supply and demand; **effektive Nachfrage** = effective demand; **die Nachfrage decken** = to meet the demand *oder* to fill the demand; **an der Börse gab es eine lebhafte Nachfrage nach Ölaktien** = there was an active demand for oil shares on the stock market; **die Fabrik mußte die Produktion steigern, um die zusätzliche Nachfrage zu befriedigen** = the factory had to increase production to meet the extra demand; **die Fabrik mußte die Produktion zurückschrauben, als die Nachfrage schwächer wurde** = the factory had to cut production when demand slackened; **eine Reduzierung der Geldmenge hat eine schwächere Nachfrage nach Konsumgütern zur Folge** = reducing the money supply has the effect of depressing demand for consumer goods
◇ **Nachfragebelebung** *f* revival *oder* stimulation of demand
◇ **Nachfrageinflation** *f* demand-led inflation
◇ **Nachfragepreis** *m* demand price
◇ **Nachfragerückgang** *m* reduction in demand
◇ **Nachfrageüberhang** *m* excess demand

Nachfrist *f* period of grace; **einem Schuldner eine Nachfrist von zwei Wochen gewähren** = to give a debtor two weeks' grace

nachgeben *vi* to ease *oder* to slide; **erneut nachgeben** = to fall back; **der Aktienindex gab heute etwas nach** = the share index eased slightly today; **die Aktienkurse** *oder* **die Preise gaben nach, nachdem das Unternehmen Verluste meldete** = prices slid after the company reported a loss; **die Aktienkurse gaben am Börsenschluß wieder nach** = shares slipped back at the close

nachgefragt *adj* in demand; **Bankaktien waren in dieser Woche ein wenig nachgefragter Sektor des Markts** = bank shares have been a neglected sector of the market this week; **dieses Buch ist immer nachgefragt** = this book is constantly in demand *oder* is a steady seller; **Ölaktien werden besonders nachgefragt** = oil shares are particularly in demand *oder* the market in oil shares is particularly brisk

nachgehen *vi* to follow up; **einer Sache nachgehen** = to investigate; **wir werden ihrem Auftrag nachgehen und sicherstellen, daß die Produktionsabteilung ihn termingerecht ausführt** = we will chase your order with the production department

nachkaufen *vt* (i) to buy later; (ii) to buy replacement(s) for

Nachlaß *m* **(a)** *(Preis-)* discount *oder* reduction *oder* allowance **(b)** *(Erbschaft)* estate
◇ **nachlassen 1** *vt* to take off *oder* to knock off; **er ließ DM 20 vom Preis für Barzahlung nach** = he reduced the price by DM 20 *oder* he knocked DM

20 off the price for cash **2** *vi* to decrease *oder* to ease *oder* to slacken off *oder* to weaken
◇ **Nachlaßgericht** *n* probate court

Nachlässigkeit *f* negligence

Nachlaßverwalter/-in *mf* administrator
◇ **Nachlaßverwalterzeugnis** *n* letters of administration

Nachlösegebühr *f* excess fare

nachmachen *vt* to forge

nachmittags *adv* in the afternoon(s); **der Laden ist Mittwoch nachmittags geschlossen** = the shop is closed on Wednesday afternoons
◇ **Nachmittagsflug** *m* afternoon flight; **ich nehme immer den Nachmittagsflug nach Rom** = I always take the afternoon flight to Rome

Nachnahme *f* cash on delivery *oder (US)* collect on delivery (COD *oder* c.o.d.); **etwas als** *oder* **per Nachnahme schicken** = to send something COD; **Fracht gegen Nachnahme** = carriage forward *oder* freight forward
◇ **Nachnahmegebühr** *f* COD charge
◇ **Nachnahmesendung** *f* COD parcel *oder* consignment

Nachporto *n* excess postage

nachprüfen *vt* **(a)** to verify *oder* to check **(b)** to re-examine
◇ **Nachprüfung** *f* **(a)** check **(b)** re-examination

nachrangig *adj* inferior; **nachrangiger (Konkurs)gläubiger** = deferred creditor

Nachrede *f* **üble Nachrede** = slander

Nachricht *f* **(a)** message *oder* note *oder* (piece of) news; **können Sie dem Direktor eine Nachricht von seiner Frau ausrichten?** = can you give the director a message from his wife?; **er sagt, er habe die Nachricht nicht bekommen** = he says he never received the message; **die Geldmärkte waren geschockt über die Nachricht der Abwertung** = financial markets were shocked by the news of the devaluation **(b)** *(TV, Radio) pl* **Nachrichten** = news
◇ **Nachrichtenagentur** *f* news agency
◇ **Nachrichtendienst** *m* news service
◇ **Nachrichtensperre** *f* news blackout *oder* news embargo
◇ **Nachrichtentechnik** *f* telecommunications

Nachsaison *f* off-season *oder* low season

Nachschrift (NS) *f* postscript (PS)

Nachschuß *m* further payment

Nachsendeadresse *f* forwarding address
◇ **nachsenden** *vt* to send on *oder* to forward; **jdm etwas nachsenden** = to forward something to someone; **bitte nachsenden** = please forward *oder* to be forwarded; **‚nicht nachsenden'** = 'to await arrival'

Nachsichtwechsel *m* after-sight bill

nachstehend *adj* following *oder* below(-mentioned) *oder* hereafter; **die nachstehende Bemerkungen** = the following remarks *oder* comments; **nachstehendes ist zu beachten** = the following should be noted

Nacht *f* night
◇ **Nachtarbeit** *f* night work
◇ **Nachtdienst** *m* night duty *oder* night service; **Tag- und Nachtdienst** = 24-hour service

Nachteil *m* **(a)** *(Mangel)* disadvantage *oder* drawback; **einer der wesentlichsten Nachteile des Projekts ist, daß es drei Jahre dauert, bis es abgeschlossen ist** = one of the main drawbacks of the scheme is that it will take six years to complete **(b)** *(Schaden)* detriment *oder* prejudice; **zum Nachteil einer Forderung handeln** = to act to the prejudice of a claim
◇ **nachteilig** *adj* adverse *oder* detrimental

Nachtfähre *f* night ferry; **wir nehmen die Nachtfähre nach England** = we are going to take the night ferry to England
◇ **nächtlich** *adj* nightly *oder* nocturnal; **ihre nächtlichen Verhandlungen endeten mit einem Vertrag, der um 3 Uhr unterzeichnet wurde** = their late-night negotiations ended in an agreement which was signed at 3 a.m.

Nachtrag *m* **(a)** *(zu einem Buch, Aufsatz)* supplement *oder* addendum **(b)** *(zu einem Brief)* postscript **(c)** *(zu einem Testament)* codicil **(d)** *(zu einer Versicherung)* rider *oder* endorsement
◇ **Nachtragshaushalt** *m* supplementary budget

> außerdem müßten im Vorgriff auf den Nachtragshaushalt des Bundes kurzfristig eine Milliarde Mark für zusätzliche ABM-Bewilligungen bereitgestellt werden
> *Sächsische Zeitung*

nachts *adv* at night; **er arbeitet nachts** = he works nights
◇ **Nachtsafe** *m* night safe
◇ **Nachtschicht** *f* night shift; **er macht Nachtschicht** *oder* **er macht die Nachtschichten** = he works (on) the night shift; **dreißig Mann arbeiten in der Nachtschicht** = there are thirty men on the night shift
◇ **Nachttarif** *m* night tariff *oder* night rate
◇ **Nachttresor** *m* night safe

Nachveranlagung *f* subsequent (tax) assessment

nachversichern *vt* **(a)** to insure (something) subsequently **(b)** to increase the insurance on (something)
◇ **Nachversicherung** *f* **(a)** subsequent insurance **(b)** supplementary *oder* additional insurance *(cf* RÜCKVERSICHERN)

Nachweis *m* proof

◊ **nachweislich** *adj* provable *oder* demonstrable *oder* detectable; **das Unternehmen war bisher auf dem Computermarkt nicht nachweislich tätig** = the company has no track record in the computer market

Nachwuchskraft *f* *oder* **Nachwuchsmanager/-in** *mf* junior executive *oder* junior manager

nachzahlen *vti* **(a)** to pay extra **(b)** to pay later

◊ **Nachzahlung** *f* **(a)** extra payment **(b)** back payment; **die Vertreter fordern die Nachzahlung bisher nicht gezahlter Provision** = the salesmen are claiming for back payment of unpaid commission

Nachzoll *m* additional duty

Nachzugsaktien *fpl* deferred shares *oder* deferred stock

nagelneu *adj* brand new

Nähere(s) *n* details; **,Näheres im Geschäft'** = 'inquire within'

Näherungswert *m* approximate value *oder* approximation; **der Endbetrag ist nur ein Näherungswert** = the final figure is only an approximation

Nahrungsmittel *n* food

◊ **Nahrungsmittelindustrie** *f* food(-processing) industry

Nahverkehrszug *m* local *oder* commuter train

Naira *m* *(Währungseinheit in Nigeria)* naira

Name *m* **(a)** name; **ich kann mich nicht an den Namen des geschäftsführenden Direktors der Fa. Sperzel erinnern** = I cannot remember the name of the managing director of Sperzel's; **sein Vorname ist Hans, aber ich weiß seine anderen Namen nicht genau** = his first name is Hans, but I am not sure of his other names; **unter dem Namen** = under the name of; **ein Produkt unter dem Namen ,Top-Snack' verkaufen** = trading under the name of 'Top Snack' **(b) im Namen von** = on behalf of; **sie handelt in meinem Namen** = she is acting on my behalf; **Anwälte, die im Namen des amerikanischen Unternehmens handeln** = solicitors acting on behalf of the American company; **ich schreibe im Namen der Minderheitsaktionäre** = I am writing on behalf of the minority shareholders

◊ **Namensaktie** *f* registered share

◊ **Namenspapier** *n* registered security

◊ **Namensschild** *n* name tag

◊ **namentlich** *adj* by name; **Gespräch mit namentlicher Voranmeldung** = person-to-person call

namhaft *adj* **(a)** considerable *oder* substantial; **ihr wurde eine namhafte Schadenersatzsumme zugesprochen** = she was awarded substantial damages **(b)** well-known *oder* famous

Namibia *n* Namibia

◊ **Namibier/-in** *mf* Namibian

◊ **namibisch** *adj* Namibian

(NOTE: Hauptstadt: **Windhuk** = Windhoek; Währung: **südafrikanischer Rand** = South African Rand)

Nation *f* nation; **die Vereinten Nationen (UNO)** = the United Nations (UN)

◊ **Nationalbank** *f* national bank

◊ **Nationaleinkommen** *n* national income

◊ **nationalisieren** *vt* to nationalize

◊ **Nationalisierung** *f* nationalization

◊ **Nationalökonomie** *f* economics

Natur *f* nature

◊ **Naturalbezüge** *pl* payment in kind

◊ **Naturalien** *pl* natural produce *oder* material assets; **in Naturalien bezahlen** = to pay in kind

◊ **Naturallohn** *m* payment in kind

◊ **Naturfaser** *f* natural fibre

◊ **natürlich 1** *adj* natural; **es war für den Ladenbesitzer nur natürlich, darüber verärgert zu sein, daß der Verbrauchermarkt ganz in der Nähe seines Geschäfts gebaut wurde** = it was natural for the shopkeeper to feel annoyed when the hypermarket was set up close to his shop ; **natürlicher Abgang an Arbeitskräften** = natural wastage; **das Unternehmen hofft, Entlassungen vermeiden und seinen Personalbestand durch natürliche Abgänge reduzieren zu können** = the company is hoping to avoid redundancies and reduce its staff by natural wastage **2** *adv* naturally *oder* of course

Nebenabrede *f (jur)* supplementary agreement

◊ **Nebenamt** *n* additional job

◊ **nebenamtlich** *adj* additional

◊ **Nebenanschluß** *m* (telephone) extension

◊ **Nebenausgaben** *fpl* extras *oder* incidental expenses

◊ **nebenbei** *adv* besides *oder* in addition *oder* at the same time *oder* on the side; **er arbeitet bei einem Steuerberater, aber er betreibt nebenbei eine Baufirma** = he works in an accountant's office, but he runs a construction company on the side; **ihr Gehalt reicht nicht zum Leben, so daß die Familie von dem lebt, was sie nebenbei verdient** = her salary is too small to live on, so the family lives on what she can make on the side

◊ **Nebenberuf** *m* second job *oder* sideline

◊ **nebenberuflich** *adj & adv* as a second job *oder* on the side

◊ **Nebenbeschäftigung** *f* sideline *oder* spare-time job *oder* second job

◊ **Nebeneffekt** *m* side-effect

◊ **Nebeneinnahmen** *pl* extra income

◊ **Nebenerwerb** *m* second job *oder* occupation

◊ **Nebengeschäft** *n* sideline; **er betreibt ein profitables Nebengeschäft, indem er Postkarten an Touristen verkauft** = he runs a profitable sideline selling postcards to tourists

◊ **Nebenkasse** *f* petty cash

◊ **Nebenkläger/-in** *mf* joint plaintiff

◊ **Nebenkosten** *pl* incidental expenses *oder* incidentals

◊ **Nebenleistung** *f* supplementary payment *oder* fringe benefit *oder* perk

◊ **Nebenprodukt** *n* by-product *oder* spinoff; **eins der Nebenprodukte des Forschungsprogramms war die Entwicklung des Elektroautos** = one of the spinoffs of the research programme has been the development of the electric car; **Glycerin ist ein nützliches Nebenprodukt der Seifenherstellung** = glycerol is a useful by-product of soap manufacture

◊ **nebensächlich** *adj* secondary *oder* subordinate *oder* subsidiary *oder* incidental; **sie stimmten den meisten Vertragsbestimmungen zu, aber stellten ein oder zwei nebensächliche Punkte in Frage** = they agreed to most of the conditions in the contract but queried one or two subsidiary items

◊ **Nebensaison** *f* low season *oder* off-season; **Flugpreise sind in der Nebensaison billiger** = air fares are cheaper in the low season; **in der Nebensaison reisen** = to travel in the off-season

◊ **Nebensaisontarif** *m* off-season tariff *oder* rate

◊ **Nebenstelle** *f* **(a)** branch office **(b)** *(Telefon)* extension

◊ **Nebenverdienst** *m* second income *oder* income on the side

negativ *adj* negative *oder* unfavourable; **negativer Cash-flow** = negative cash flow; **negative Option** = inertia selling; **der Bescheid war negativ** = the answer was in the negative; **die Rezession wirkte sich sehr negativ auf den Export aus** = the recession has done a lot of harm to export sales; **das schlechte Wetter wirkte sich negativ auf den Absatz von Sommerbekleidung aus** = our sales of summer clothes have been hit by the bad weather

◊ **Negativfaktor** *m* minus factor; **Umsatzeinbußen im besten Quartal des Jahres sind ein Negativfaktor für das Verkaufsteam** = to have lost sales in the best quarter of the year is a minus factor for the sales team

nehmen *vt* **(a)** to take **(b)** *(verlangen)* to charge; **wieviel nimmt er?** = how much does he charge?; **er nimmt DM 35 pro Stunde** = he charges DM 35 an hour **(c)** *(benutzen)* to use; **sie nehmen für den überwiegenden Teil ihrer Arbeit freiberufliche Mitarbeiter** = they use freelancers for most of their work **(d) auf sich nehmen** = to incur; **Kosten auf sich nehmen** = to incur costs; **das Unternehmen hat hohe Kosten auf sich genommen, um das Expansionsprogramm durchzuführen** = the company has incurred heavy costs to implement the expansion programme

Neigezug *m* high-speed tilting train *(siehe auch* PENDOLINO)

Nennbetrag *m* face value *oder* nominal value

◊ **nennen** *vt* **(a)** to name **(b)** to tell *oder* to give; **nennen Sie der Polizei keine Einzelheiten** = do not give any details to the police

◊ **Nennwert** *m* **(a)** denomination; **Münzen aller Nennwerte** = coins of all denominations **(b)** nominal value *oder* face value *oder* par value; **Aktien über/unter dem Nennwert** = shares above par *oder* below par; **Aktien zum Nennwert** = shares at par

> die Ausgabe der 140 000 jungen Aktien im Nennbetrag von 50 DM sollen dann im Verhältnis vier zu eins zu einem Bezugspreis von mindestens 150 DM je Aktie ausgegeben werden
>
> ***Süddeutsche Zeitung***

Nepal *n* Nepal

◊ **Nepalese/Nepalesin** *mf* Nepalese *oder* Nepali

◊ **nepalesisch** *adj* Nepalese *oder* Nepali

(NOTE: Hauptstadt: **Katmandu** ; Währung: **nepalesische Rupie** = Nepalese rupee)

nervös *adj* nervous *oder* jumpy

netto *adv* net; **Zahlung netto ohne jeden Abzug** = terms strictly net; **netto einnehmen** *oder* **verdienen** = to net

◊ **Nettobetrag** *m* net amount

◊ **Nettobilanz** *f* net balance

◊ **Netto-Cash-flow** *m* net cash flow

◊ **Nettoeinkaufspreis** *m* cost price

◊ **Nettoeinkommen** *n* net income *oder* disposable income

◊ **Nettoeinnahmen** *fpl* net receipts

◊ **Nettoertrag** *m* net proceeds *oder* net yield

◊ **Nettogehalt** *n* net salary

◊ **Nettogewicht** *n* net weight

◊ **Nettogewinn** *m* clear profit *oder* net profit

◊ **Nettogewinnspanne** *f* net margin

◊ **Nettoinlandsprodukt** *n* net domestic product

◊ **Nettoinvestition** *f* net investment

◊ **Nettokreditaufnahme** *f* net borrowings

◊ **Nettolohn** *m* net wages *oder* take-home pay

◊ **Nettomarge** *f* net margin

◊ **Nettopreis** *m* net price

◊ **Nettoraumzahl (NRZ)** *f* net tonnage

◊ **Nettosozialprodukt** *n* net national product

◊ **Nettoumlaufvermögen** *n* net current assets *oder* working capital

◊ **Nettoumsatz** *m* net sales *oder* net turnover

◊ **Nettoverdienst** *m* net earnings *oder* take-home pay

◊ **Nettoverkaufspreis** *m* net sales price

◊ **Nettoverlust** *m* net loss

◊ **Nettovermögen** *n* net assets

◊ **Nettovermögenswert** *m* net asset value

◊ **Nettoverzinsung** *f* net interest (return)

◊ **Nettowert** *m* net value

Netz *n* net *oder* network

◊ **Netzkarte** *f* travelcard

◊ **Netzwerk** *n (Computer)* network

neu *adj* **(a)** *(modern)* new *oder* modern; **es ist eine ziemlich neue Erfindung - es wurde erst in den 60er Jahren patentiert** = it is a fairly modern invention - it was patented only in the 1960s; **er fährt immer das neueste Modell** = he always drives the latest model of car; **wir werden Ihnen unseren neusten Katalog schicken** = we will mail you our most recent catalogue; **auf dem neusten Stand** = up to date; **neue Technologie** = new technology **(b)** *(erneut)* new *oder* incoming; **unter neuer Leitung** = under new management; **der neue Vorsitzende** *oder* **Präsident** = the incoming chairman *oder* president; **die neuen Bundesländer** = the new states *(the former East German Länder)*

Neuauflage *f* reissue (of a book)

Neuausstattung *f* refit *oder* refitting

Neubauten *mpl* house starts *oder (US)* housing starts

Neubewertung *f* reassessment *oder* revaluation; **in der Bilanz ist die Neubewertung des Unternehmensbesitzes berücksichtigt** = the balance sheet takes into account the revaluation of the company's properties

Neuemission *f* new issue (of shares)

◇ **Neuemissionsabteilung** *f* new issues department

◇ **Neuemissionsspekulant/-in** *mf* stag

> die neue Regierung in Warschau gab gerade bekannt, daß sie der Ausweitung des Handels an der Börse dort unter anderem durch die Begünstigung von Neuemissionen hohe Priorität einräume
> ***Blick durch die Wirtschaft***

Neuerer *m* innovator

Neuerscheinung *f* new release *oder* new publication; **Neuerscheinungen auf dem Plattenmarkt** = new releases

Neuerung *f* innovation; **Neuerungen einführen** = to innovate

Neugründung *f* newly-established business

> eine wachsende Zahl von Neugründungen ‚auf der grünen Wiese' nimmt die Produktion auf
> ***Die Wirtschaft***

Neuheit *f* **(a)** novelty; **der Reiz der Neuheit** = the attraction of novelty; **es wird bald den Reiz der Neuheit verlieren** = the novelty will soon wear off **(b)** new product; **mehrere Neuheiten wurden auf der Ausstellung herausgebracht** = several new products were launched at the exhibition

> allein in diesem Jahr stellt das Unternehmen auf der Nürnberger Messe mehr als 300 Neuheiten dem Handel vor
> ***Frankfurter Allgemeine Zeitung***

Neuordnung *f* reorganization

Neuorientierung *f* reorientation; **der Verkauf von CD-platten stellt für den Buchladen eine Neuorientierung dar** = selling compact discs will be a new line *oder* new departure for the bookshop

Neuregelung *f* readjustment; **eine Neuregelung der Preise** = a readjustment in pricing

Neuschätzung *f* reassessment

Neuseeland *n* New Zealand

◇ **Neuseeländer/-in** *mf* New Zealander

◇ **neuseeländisch** *adj* New Zealand

(NOTE: Hauptstadt: **Wellington** ; Währung: **Neuseeland-Dollar** *m* = New Zealand dollar)

neutral *adj* neutral *oder* plain *oder* blank; **etwas in einem neutralen Umschlag schicken** = to send something under plain cover

Neuveranlagung *f* reassessment

Neuverschuldung *f* new borrowings

Neuwert *n* value as new

◇ **neuwertig** *adj* as new *oder* unused; **wir versuchen, sechs neuwertige Schreibmaschinen zu verkaufen** = we are trying to sell off six unused typewriters

◇ **Neuwertversicherung** *f* replacement value insurance *oder* new-for-old insurance

Nicaragua *n* Nicaragua

◇ **Nicaraguaner/-in** *mf* Nicaraguan

◇ **nicaraguanisch** *adj* Nicaraguan

(NOTE: Hauptstadt: **Managua**; Währung: **Córdoba** *m* = córdoba)

Nichtanerkennung *f* repudiation

Nichtbeachtung *f* non-observance

Nichtbezahlen *n* non-payment; **Nichtbezahlen einer Rechnung** = non-payment of a bill *oder* failure to pay a bill; **Nichtbezahlen einer Verbindlichkeit** = non-payment of a debt

Nichteinhaltung *f* non-compliance

Nichterfüllung *f* non-payment; *(jur)* nonfeasance *oder* default

Nichterscheinen *n* non-appearance *oder* non-attendance *oder* default; **unentschuldigtes Nichterscheinen (am Arbeitsplatz)** = absenteeism

◇ **Nichterschienene(r)** *mf* absentee

nichtig *adj* invalid *oder* void *oder* null; **für nichtig erklären** = to invalidate *oder* to nullify *oder* to rescind; **Anspruch, der für nichtig erklärt wurde** = claim which has been declared invalid; **der Vertrag wurde durch das Gericht für nichtig erklärt** = the contract was annulled by the court; **der Vertrag wurde für null und nichtig erklärt** = the contract was declared null and void; **eine Entscheidung für nichtig erklären** = to render a decision null

◇ **Nichtigerklärung** *f* invalidation

◇ **Nichtigkeit** *f* invalidity; **die Nichtigkeit des Vertrags** = the invalidity of the contract

Nichtlieferung *f* non-delivery

Nichtmitglied *n* non-member

Nichtraucher/-in *mf* non-smoker

◇ **Nichtraucherabteil** *n* no-smoking compartment

nichtstaatlich *adj* non-governmental

Nichtverfügbarkeit *f* unavailability

Nichtzahlung *f* non-payment; **bei Nichtzahlung** = in default of payment

Nichtzutreffende(s) *n* **Nichtzutreffendes bitte streichen** = please delete as applicable

Nickel *m (US) (Fünfcentstück)* nickel *(cf* CENT, DIME)

nieder *adj* low-level; **eine Delegation von niederem Rang besuchte das Ministerium** = a low-level delegation visited the ministry; **niedere Programmiersprache** = low-level computer language

Niederlage *f* defeat; **er erlitt eine schwere Niederlage bei der Wahl zum Gewerkschaftsvorsitzenden** = he was heavily defeated in the ballot for union president

Niederlande *pl* Netherlands *oder (umg)* Holland
◇ **Niederländer/-in** *mf* Dutchman, Dutchwoman; *pl* **die Niederländer** = the Dutch
◇ **niederländisch** *adj* Dutch
(NOTE: Hauptstadt: **Amsterdam** ; Währung: **Gulden** *m* = guilder)

niederlassen *vr* **sich niederlassen (a)** to set up in business; **er ließ sich als Versicherungsagent nieder** = he set up in business as an insurance broker **(b)** to settle (down)
◇ **Niederlassung** *f* **(a)** *(Filiale)* branch office; **der Geschäftsführer unserer Niederlassung in Lagos** = the manager of our branch in Lagos *oder* of our Lagos branch **(b)** *(Wohnsitz)* domicile

> neben dem alteingesessenen Standort Berlin betreibt die Firma heute in Dresden und Landsberg/Halle eigene Niederlassungen, die modern ausgestattet sind
> ***Die Wirtschaft***

niederlegen *vt* **(a)** to lay down *oder* to put down; **die Arbeit niederlegen** = to walk off *oder* to walk out *oder* to down tools; **die ganze Belegschaft legte aus Protest die Arbeit nieder** = the whole workforce walked out in protest **(b)** to resign *oder* to give up; **sein Amt niederlegen** = to resign from office

Niederschrift *f (Protokoll)* minutes *oder* record

Niedertarif *m* reduced *oder* off-peak tariff *oder* rate

niedrig *adj* low; **das Unternehmen bot ihm eine Hypothek mit niedrigen Zinsen an** = the company offered him a mortgage at a low rate of interest; **niedrigster Preis** *oder* **Kurs** = lowest *oder* bottom price; **unser Ziel ist es, zum niedrigst möglichen Preis zu kaufen** = our aim is to buy at the lowest price possible; **die Aktienkurse sind niedriger** = share prices are easier; **ein niedrigerer Zinssatz** = a lower rate of interest; **Benzin mit niedriger Oktanzahl** = low-grade petrol
◇ **Niedriglohnland** *n* country with low labour costs
◇ **Niedrigpreis** *m* low price *oder* cut price
◇ **Niedrigpreisimporte** *mpl* cut-price imports
◇ **Niedrigstpreis** *m* rock-bottom price

> Tatsache sei jedoch, daß immer mehr Unternehmen in Niedriglohnländern sowie in Schwellenländern in der Lage seien, technisch hochwertige Produkte zu erzeugen
> ***Süddeutsche Zeitung***
> die Proteste richteten sich erneut gegen Niedrigpreisimporte von Fisch
> ***Sächsische Zeitung***

Nießbrauch *m* beneficial interest
◇ **Nießbrauchberechtigte(r)** *mf* beneficial occupier

Niger *n* Niger
◇ **Nigrer/-in** *mf* Nigerien
◇ **nigrisch** *adj* Nigerien
(NOTE: Hauptstadt: **Niamey** ; Währung: **CFA-Franc** *m* = CFA franc)

Nigeria *n* Nigeria
◇ **Nigerianer/-in** *mf* Nigerian
◇ **nigerianisch** *adj* Nigerian
(NOTE: Hauptstadt: **Abuja** ; Währung: **Naira** *m* = naira)

Nische *f* niche

> die Unternehmen versuchten auf hart umkämpften Märkten in Nischen auszuweichen oder immer neue Kundenwünsche zu erfüllen
> ***Wirtschaftswoche***

Niveau *n* level *oder* standard

nochmals *adv* again; **eine Stelle nochmals inserieren** *oder* **annoncieren** = to readvertise a post

Nominalbetrag *m* nominal amount
◇ **Nominaleinkommen** *n* nominal income
◇ **Nominallohn** *m* nominal wage
◇ **Nominalverzinsung** *f* nominal rate of return
◇ **Nominalwert** *m* nominal value *oder* face value *oder* par value
◇ **Nominalzins** *m* nominal interest rate

nominell *adj* nominal; **nominelle Gebühr** = nominal *oder* token charge; **wir erheben eine nominelle Gebühr für unsere Dienste** = we make a nominal charge for our services; **es wird eine nominelle Heizkostenpauschale erhoben** = a token charge is made for heating; **nominelle Miete** *oder* **nominelle Pacht** = nominal *oder* token *oder* peppercorn rent; **ein Gebäude für eine nominelle Miete mieten** *oder* **für eine nominelle Pacht pachten** = to lease a property for *oder* at a peppercorn rent

nominieren *vt* to nominate; **jdn als Stellvertreter nominieren** = to nominate someone as proxy
◇ **Nominierte(r)** *mf* nominee
◇ **Nominierung** *f* nomination

nonstop *adv* non-stop
◇ **Nonstopflug** *m (ohne Zwischenlandung)* non-stop flight *(cf* DIREKTFLUG)

Nordkorea *siehe* KOREA

Norm *f* norm *oder* standard; **den Normen entsprechend arbeiten** = to work to standard specifications

normal *adj* normal *oder* regular *oder* standard *oder* usual *oder* ordinary; **die normale Arbeitszeit geht von 9.00 bis 17.00 Uhr** = the usual hours of work are from 9.00 to 5.00; **unter normalen Bedingungen dauert es zwei Tage, ein Paket nach Kopenhagen zu schicken** = under normal conditions a package takes two days to get to

Copenhagen; **der normale Preis ist DM 1.25, aber wir bieten sie zu 99 Pfennig an** = the regular price is DM 1.25, but we are offering them at 99 pfennigs; **jetzt da der Streik vorbei ist, hoffen wir, den normalen Service so bald wie möglich wieder aufnehmen zu können** = now that the strike is over we hope to resume normal service as soon as possible; **normale Abnutzungs- und Verschleißerscheinungen** = fair wear and tear; **die Versicherung deckt die meisten Schäden, aber keine normalen Verschleißerscheinungen an der Maschine** = the insurance policy covers most damage, but not fair wear and tear to the machine

◊ **normalerweise** *adv* normally *oder* usually *oder* as a rule; **normalerweise wird dienstags und freitags ausgeliefert** = normally deliveries are made on Tuesdays and Fridays

◊ **Normalformat** *n oder* **Normalgröße** *f* regular size *oder* standard size

◊ **Normalpreis** *m* normal price *oder* usual price

◊ **Normalrabatt** *m* basic discount

◊ **Normalverbraucher/-in** *mf* average *oder* ordinary consumer

◊ **Normalzeit** *f* standard time

◊ **normen** *vt* to standardize

◊ **Normung** *f* standardization; **Normung von Maßen** = standardization of measurements

Norwegen *n* Norway

◊ **Norweger/-in** *mf* Norwegian

◊ **norwegisch** *adj* Norwegian

(NOTE: Hauptstadt: **Oslo** ; Währung: **norwegische Krone** = Norwegian krone)

Notar/-in *mf* notary public

◊ **Notariat** *n* notary's office

Notausgang *m* emergency exit *oder* fire exit

Notebook *m* *(Computer)* notebook

Notenbank *f* central bank *oder* issuing bank

◊ **Notenumlauf** *m* circulation of banknotes

> die russische Notenbank in Moskau will den Diskontsatz von derzeit 200 Prozent noch in dieser Woche ein weiteres Mal senken
> ***Süddeutsche Zeitung***

Notfall *m* emergency

◊ **Notfonds** *m(pl)* emergency reserves

◊ **Notgeld** *n* money for use in emergencies

◊ **Notgroschen** *m* nest egg

notieren 1 *vt* **(a)** to note; **Ihre Bestellung ist notiert und wird ausgeliefert, sobald wir Waren am Lager haben** = your order has been noted and will be dispatched as soon as we have stock **(b)** *(Börse)* to quote **2** *vi (Börse)* to be quoted

◊ **notiert** *adj* quoted; **(an der Börse) notierte Aktien** = quoted shares; **nicht notierte Aktien** = unquoted shares; **an der Börse notiertes Unternehmen** = quoted company; **nicht notierte Wertpapiere** = unlisted securities

◊ **Notierung** *f* quotation on the stock exchange *oder* stock exchange quotation; **das Unternehmen hat die Notierung an der Börse beantragt** = the company is applying for a quotation on the stock exchange

nötig *adj* necessary; **ist es wirklich nötig, daß der Vorsitzende sechs persönliche Assistenten hat?** = is it really necessary for the chairman to have six personal assistants?; **Sie müssen alle nötigen Unterlagen haben, bevor Sie einen Zuschuß beantragen** = you must have all the necessary documentation before you apply for a subsidy

◊ **Nötigste** *n* essentials; **wenn man arbeitslos ist, ist es schwierig, sich auch nur das Nötigste anzuschaffen** = being unemployed makes it difficult to afford even the basic necessities

Notiz *f* memo *oder* note; **ich habe eine Notiz auf seinem Schreibtisch hinterlassen** = I left a note on his desk; **dem Leiter der Finanzabteilung eine Notiz schreiben** = to write a memo to the finance director; **laut ihrer Notiz über Schuldner** = according to your memo about debtors

◊ **Notizblock** *m* memo pad *oder* note pad

◊ **Notizbuch** *n* notebook

Notlage *f* emergency

notleidend *adj (fin)* dishonoured

> der Konkursantrag wurde erforderlich, nachdem die notleidenden Kredite des Instituts zwei Drittel des gesamten Grundkapitals überschritten hatten
> ***Frankfurter Allgemeine Zeitung***

Notlösung *f* temporary solution *oder* stopgap

◊ **Notlüge** *f* white lie

◊ **Notruf** *m oder* **Notrufnummer** *f* emergency number

◊ **Notstand** *m* (state of) emergency; **die Regierung rief den Notstand aus** = the government declared a state of emergency

◊ **Notstandsgebiet** *n* **(a)** disaster area **(b)** economically depressed area

◊ **Notstandsmaßnahmen** *fpl* emergency measures; **Notstandsmaßnahmen ergreifen** = to take emergency measures

◊ **Notverkauf** *m* forced sale *oder* fire sale

notwendig *adj* necessary

◊ **Notwendigkeit** *f* necessity

Nr. *f* = NUMMER number (No.); **ich beziehe mich auf Ihre Rechnung mit der Nr. 1234** = I refer to your invoice No. 1234

null *adj* **(a)** zero *oder* nil *oder* nought **(b) null und nichtig** = null and void; **der Vertrag wurde für null und nichtig erklärt** = the contract was declared null and void

◊ **Null** *f* nil *oder* nought *oder* zero; **das Werbebudget ist auf Null gekürzt worden** = the advertising budget has been cut to nil; **Null Gewinn machen** = to make a nil return; **eine Millionen Mark kann ‚DM 1 Mio.' oder eins und sechs Nullen geschrieben werden** = a million marks can be written as 'DM 1m' or as one and six noughts; **in Deutschland ist die Vorwahl für Auslandsgespräche Null Null (00)** = in Germany the code for international calls is zero zero (00)

◊ **Nullinflation** *f* zero inflation

◇ **Nullkuponanleihe** *f* zero-coupon bond

◇ **Nulltarif** *m* **(a)** nil rate *oder* nil tariff; **Anruf zum Nulltarif** = freephone *oder* freefone *oder (US)* toll free **(b)** free travel *oder* free admission

◇ **Nullwachstum** *n* zero growth (in the economy)

numerieren *vt* to number; **einen Auftrag numerieren** = to number an order; **fortlaufend numerieren** = to number consecutively

◇ **numerisch** *adj* numeric *oder* numerical; **numerische Daten** = numeric data; **numerische Tastatur** = numeric keypad

Nummer *f* number; **nach Nummern geordnet** = in numerical order; **legen Sie diese Rechnungen nach Nummern geordnet ab** = file these invoices in numerical order; *(Telefon)* **unter welcher Nummer kann ich Sie erreichen?** = on what number can I reach you?

◇ **Nummernkonto** *n* numbered account

nutzen 1 *vt* to use *oder* to make use of *oder* to exploit *oder* to utilize; **nicht voll genutztes Kapital** = underemployed capital **2** *vi* to be of use *oder* to be useful *oder* to benefit; **da nützt alles nichts** = there's nothing to be done

◇ **Nutzen** *m* **(a)** use *oder* usefulness **(b)** advantage *oder* benefit; **Nutzen ziehen aus** = to benefit from *oder* by something

◇ **Nutzer/-in** *mf* user

Nutzfahrzeug *n* commercial vehicle *oder* goods vehicle

◇ **Nutzfläche** *f* useful area; **gewerbliche Nutzfläche** = industrial floor space; **landwirtschaftliche Nutzfläche** = agricultural acreage

◇ **Nutzlast** *f* payload; **maximale Nutzlast** = maximum load

◇ **Nutzleistung** *f (einer Maschine)* effective capacity *oder* output

> Japan hat seine erste Großrakete erfolgreich gestartet. Wegen ihrer geringen Nutzlast von zwei Tonnen ist sie noch keine Konkurrenz für Europas Ariane
>
> *Die Welt*

nützlich *adj* useful

◇ **nutzlos** *adj* useless

Nutznießer/-in *mf* beneficiary

◇ **Nutznießung** *f* beneficial interest

Nutzung *f* use *oder* utilization

◇ **Nutzungsdauer** *f* useful life (of a piece of equipment)

◇ **Nutzungsrecht** *n* beneficial interest; **Nutzungsrecht auf Lebensdauer** = life interest

Oo

obdachlos *adj* homeless

◊ **Obdachlose(r)** *mf* homeless person; *pl* **die Obdachlosen** = the homeless

◊ **Obdachlosigkeit** *f* homelessness

oben *adv* up *oder* upstairs *oder* at the top *oder* on the surface; **schreiben Sie den Namen des Unternehmens oben auf die Liste** = write the name of the company at the head of the list; **nach oben** = upward *oder* upwards; **der Markt bewegte sich nach den Meldungen über den Haushalt nach oben** = the market moved upwards after the news of the budget

◊ **obengenannt (o.g.)** *adj* above-mentioned

Ober *m* waiter; **Herr Ober!** = waiter!

◊ **Ober-** *pref* **(a)** upper; **der Oberrhein** = the Upper Rhine **(b)** *(Rang)* senior *oder* chief; **der Oberingenieur** = the senior engineer

◊ **obere(r,s)** *adj* top *oder* upper; **oberes Ende** = top end; *(Papier)* head

◊ **Oberfläche** *f* surface *oder* finish

◊ **Obergesellschaft** *f* parent company

◊ **Obergrenze** *f* upper limit; **für das Budget eine Obergrenze festlegen** = to fix a ceiling to a budget

◊ **Oberkellner/-in** *mf* head waiter/head waitress

◊ **oberste(r,s)** *adj* **(a)** top *oder* topmost *oder* uppermost; **die oberste Etage ist unmöbliert** = the top floor is unfurnished **(b) Oberster Gerichtshof** = Supreme Court *oder* High Court; **oberste(r) Unternehmensleiter/-in** = chief executive *oder* *(US)* chief executive officer (CEO)

objektiv *adj* objective; **eine objektive Marktstudie vornehmen** = to carry out an objective survey of the market; **Sie müssen bei der Beurteilung der Leistungen des Personals objektiv sein** = you must be objective in assessing the performance of the staff

Obligation *f* bond *oder* debenture *oder* debenture bond; **festverzinsliche Obligation** = fixed-interest bond; **hypothekarische Obligation** = mortgage bond

◊ **Obligationär** *m* bondholder *oder* debenture holder; **Verzeichnis der Obligationäre** = debenture register *oder* register of debentures

◊ **Obligationsgläubiger** *oder* **Obligationsinhaber** *m* bondholder *oder* debenture holder

obligatorisch *adj* compulsory *oder* obligatory; **obligatorische Sitzung** = mandatory meeting

Obligo *n* liability *oder* financial obligation; **ohne Obligo** = 'without recourse' *oder* 'without prejudice'

Obrigkeit *f* (the) authorities

oBs = OHNE BEGLEITSCHREIBEN compliments slip

obsoleszent *adj* obsolescent

◊ **Obsoleszenz** *f* obsolescence; **eingebaute** *oder* **qualitative Obsoleszenz** = built-in obsolescence

◊ **obsolet** *adj* obsolete

> weite Teile des vorhandenen Produktionsapparates sind obsolet und müssen aufgegeben werden
> ***Die Wirtschaft***

OECD *f* = ORGANIZATION FOR ECONOMIC COOPERATION AND DEVELOPMENT *(Organisation für wirtschaftliche Zusammenarbeit und Entwicklung)*

offen *adj* **(a)** *(nicht geschlossen)* open; **offener Briefumschlag** = unsealed envelope; **offene Handelsgesellschaft (OHG)** = general partnership; **offener Kredit** = open credit; **offenes Ticket** = open ticket *oder* open-ended ticket **(b)** *(unbesetzt)* open *oder* vacant; **die Stelle steht allen Bewerbern offen** = the job is open to all applicants; **wir werden die Stelle für Sie offen halten, bis Sie Ihren Führerschein gemacht haben** = we will keep the job open for you until you have passed your driving test **(c)** *(Rechnung)* outstanding *oder* unsettled *oder* receivable **(d)** *(aufrichtig)* open *oder* frank; **der Manager drückt sich sehr offen aus** = the manager is a very plain-spoken man

◊ **Offenbarungseid** *m* oath of disclosure *oder* manifestation *(by an insolvent debtor)*

◊ **offenhalten** *vt* to keep open; **ich will mir alle Möglichkeiten offenhalten** = I want to leave my options open

◊ **offenlegen** *vt* to disclose

◊ **Offenlegung** *f* disclosure

◊ **Offenmarktgeschäft** *n* open-market operation *oder* transaction done on the open market

◊ **Offenmarktpolitik** *f* open-market policy

◊ **offenstehend** *adj (Rechnung)* outstanding *oder* owing

öffentlich 1 *adj* **(a)** public; **öffentliches Eigentum** = public ownership; **öffentlicher Feiertag** = public holiday; **Ausgaben der öffentlichen Hand** = public expenditure; **er legte seine gesamten Ersparnisse in Wertpapieren der öffentlichen Hand an** = he invested all his savings in government securities; **öffentliche Mittel** *oder* **Gelder** = public funds; **öffentliches Recht** = public law; **öffentlicher Sektor** = public sector; **ein Bericht über Gehaltserhöhungen im öffentlichen Sektor** *oder* **über Gehalts- und Lohnabschlüsse im öffentlichen Sektor** = a report on wage rises in the public sector *oder* on public sector wage settlements; **öffentliche Verkehrsmittel** = public transport **(b) öffentlicher**

Dienst ≈ civil service; **Angestellte(r) im öffentlichen Dienst** ≈ civil servant; **man muß eine Prüfung ablegen, um in den öffentlichen Dienst zu kommen** = you have to pass an examination to get a job in the civil service *oder* to get a civil service job **2** *adv* publicly *oder* in public; **etwas öffentlich bekanntgeben** *oder* **bekanntmachen** = to announce something (in public) *oder* to make something public; **etwas öffentlich versteigern** = to sell something by public auction

> konkrete Maßnahmen werden aus öffentlichen Geldern bestritten und durch Zuschüsse der Europäischen Union gedeckt
> *Prager Zeitung*

◊ **Öffentlichkeit** *f* the (general) public; **in der Öffentlichkeit** = in public; **in der Öffentlichkeit sagte er, daß das Unternehmen bald Gewinn machen würde, aber privat war er weniger optimistisch** = in public he said that the company would soon be in profit, but in private he was less optimistic

◊ **Öffentlichkeitsarbeit** *f* public relations (PR); **Abteilung für Öffentlichkeitsarbeit** = public relations department; **er ist in der Öffentlichkeitsarbeit tätig** *oder* **er macht Öffentlichkeitsarbeit** = he works in public relations *oder* in PR

offerieren *vt* to offer *oder* to tender *oder* to bid

◊ **Offerte** *f* offer *oder* tender *oder* bid

offiziell 1 *adj* official *oder* formal; **sie erhielt eine offizielle briefliche Erklärung** = she received an official letter of explanation; **dies muß eine offizielle Anweisung sein - sie ist auf Briefpapier mit dem Briefkopf des Unternehmens geschrieben** = this must be an official order - it is written on the company's notepaper **2** *adv* officially *oder* formally *oder* on the record; **offiziell weiß er nichts über das Problem, aber inoffiziell hat er uns eine Menge Informationen gegeben** = officially he knows nothing about the problem, but unofficially he has given us a lot of information about it ; **wir haben offiziell eine Planungsgenehmigung für das neue Einkaufsviertel beantragt** = we have formally applied for planning permission for the new shopping precinct

Off-Line-Betrieb *m* *(Computer)* off-line operation

öffnen *vt* to open; **das Büro wird um 9 Uhr geöffnet** = the office opens at 9 a.m.

◊ **Öffnung** *f* opening *oder* aperture

◊ **Öffnungszeiten** *fpl* opening hours *oder* hours of business; **Sie können außerhalb der Öffnungszeiten kein Geld von dieser Bank holen** = you cannot get money out of this bank outside banking hours; **lange Öffnungszeiten** = late opening *oder* late-night opening

Off-shore-Bank *f* offshore bank

◊ **Off-shore-Investmentfonds** *m* offshore investment fund

◊ **Off-shore-Zentrum** *n* offshore financial centre

oft *adv* often *oder* frequently; **der Fotokopierer ist oft kaputt** = the photocopier is frequently out of order; **wie oft fliegen Maschinen nach Hamburg?** = how frequent are the flights to Hamburg?

o.g. = OBENGENANNT above-mentioned

OHG = OFFENE HANDELSGESELLSCHAFT

ohne *prep* without; **ohne Begleitschreiben (oBs)** = compliments slip; **ohne Coupon** = ex coupon; **ohne Dividende notierte Aktie** = share quoted ex dividend; **die Aktien wurden gestern ohne Dividende gehandelt** = the shares went ex dividend yesterday; **ohne Gewähr** = without guarantee *oder (Fahrplan)* subject to change; **ohne MwSt.** = not inclusive of VAT *oder* excluding VAT

Ökonomie *f* **(a)** *(Wirtschaft)* economy **(b)** *(Sparsamkeit)* economy

Ökonometrie *f* econometrics

ökonomisch *adj* **(a)** economic; **die ökonomischen Aspekte der Stadtplanung** = the economics of town planning **(b)** *(sparsam)* economic(al)

Öl *n* oil

◊ **Ölaktien** *fpl* oil shares

◊ **Ölanlage** *f* oil installation; **der Brand beschädigte die Ölanlagen schwer** = the fire seriously damaged the oil installations

◊ **Ölbohrinsel** *f* oil platform

◊ **Öldepot** *n* oil storage depot

◊ **Ölexporteur** *m* exporter of oil *oder* oil exporter; **Kanada ist ein wichtiger Ölexporteur** = Canada is an important exporter of oil

◊ **Ölförderland** *n* oil-producing country

Oligopol *n* oligopoly

◊ **Oligopson** *n* oligopsony

Ölkonzession *f* oil lease; **eine Ölkonzession in der Nordsee haben** = to hold an oil lease in the North Sea

◊ **Öllager** *n* oil storage depot

◊ **Ölpreis** *m* oil price

◊ **ölreich** *adj* oil-rich; **ölreiches Gebiet** = oil-rich territory

◊ **Ölvorräte** *mpl* oil reserves

Oman *n* Oman

◊ **Omaner/-in** *mf* Omani

◊ **omanisch** *adj* Omani

(NOTE: Hauptstadt: **Maskat** = Muscat; Währung: **omanischer Rial** = Omani rial)

Ombudsmann *m* ombudsman

on line *adv* on-line *oder* online; **wir bekommen unsere Daten on line von der Lagersteuerungsabteilung** = we get our data on-line from the stock control department; **das Vertriebsbüro ist mit dem Lager on line** = the sales office is on-line to the warehouse

OPEC *f* = ORGANIZATION OF PETROLEUM EXPORTING COUNTRIES OPEC; **die OPEC-Länder** = the OPEC countries

Operations-Research *f* operations research

operativ *adj* operating; **operativer Gewinn** *oder* **operativer Verlust** = operating profit *oder* operating loss

optimal *adj* optimal *oder* optimum; **der Markt bietet optimale Absatzbedingungen** = the market offers optimum conditions for sales

◇ **Optimalkapazität** *f* optimum capacity

◇ **Optimierung** *f* optimization

> Versicherungsmakler müssen die Interessen ihrer Kunden optimal wahrnehmen und haften für unvorteilhafte Empfehlungen
>
> ***Capital***

Optimismus *m* optimism; **er hat viel Optimismus im Hinblick auf die Absatzmöglichkeiten im Fernen Osten** = he has considerable optimism about sales possibilities in the Far East

◇ **optimistisch** *adj* optimistic; **er ist hinsichtlich des Wechselkurses optimistisch** = he takes an optimistic view of the exchange rate

Option *f* **(a)** *(Wahl, Anrecht)* option; **eine Option ausüben** = to take up an option *oder* to exercise an option; **er übte seine Option auf die Alleinvertriebsrechte des Produkts aus** = he exercised his option *oder* he took up his option to acquire sole marketing rights to the product; **jdm für ein Produkt eine sechsmonatige Option gewähren** to grant someone a six-month option on a product **(b)** *(Börse)* option; **handelbare Optionen** = traded options

◇ **Optionsanleihe** *f* option bond

◇ **Optionsfrist** *f* period of an option

◇ **Optionsgeschäft** *n* *oder* **Optionshandel** *m* option dealing *oder* option trading; **Optionsgeschäfte machen** = to deal in options

◇ **Optionspreis** *m* option price

◇ **Optionsrecht** *n* option (right); **ein Optionsrecht aussüben** = to take up an option *oder* to exercise an option

◇ **Optionsschein** *m* option warrant

◇ **Optionsvertrag** *m* option contract

ordentlich *adj* **(a)** tidy **(b)** ordinary *oder* regular; **ordentliche Buchprüfung** = general audit; **ordentliches Mitglied** = ordinary member

Order *f* order; **zahlbar an Herrn Schmidt oder dessen Order** = pay to Mr Schmidt or order

◇ **ordern** *vt (bestellen)* to order

◇ **Orderpapier** *n* order *oder* bank order; **er schickte uns ein auf die Bayerische Landesbank ausgestelltes Orderpapier** = he sent us an order on the Bayerische Landesbank

ordnen *vt* **(a)** *(sortieren)* to arrange *oder* to order *oder* to sort (out); **ordnen Sie diese Rechnungen nach Nummern** = put these invoices in numerical order; **die Akten sind alphabetisch geordnet** = the files are arranged in alphabetical order; **die Adressenliste ist nach Ländern geordnet** = the address list is ordered by country; **in dem Aktenschrank sind Rechnungen, die nach Datum geordnet sind** = that filing cabinet contains invoices ordered by date **(b)** *(regeln)* to regulate *oder* to settle *oder* to sort out; **seine Angelegenheiten ordnen** = to sort out one's affairs

◇ **Ordnung** *f* **(a)** order; **ist die Dokumentation in Ordnung?** = is all the documentation in order?; **in Ordnung bringen** = to put in order *oder* to clear up *oder* to sort out *oder* to fix **(b) der Ordnung halber** = for the record *oder* to keep the record straight

◇ **ordnungsgemäß 1** *adj* orderly *oder* regular *oder* proper *oder* according to the rules; **ordnungsgemäße Quittung** = receipt in due form; **nicht ordnungsgemäß** = irregular; **nicht ordnungsgemäße Aufzeichnung** = irregular documentation **2** *adv* in due order *oder* orderly *oder* duly *oder* regularly; **ordnungsgemäß befugter Vertreter** = duly authorized representative

Organgesellschaft *f* subsidiary company

Organigramm *n* organization chart

Organisation *f* **(a)** *(Gliederung)* organization; **der Vorsitzende übernimmt die Organisation der Jahreshauptversammlung** = the chairman handles the organization of the AGM; **die Organisation des Büros** = the setup in the office; **Organisation und Verfahren** = organization and methods (O&M) **(b)** *(Verband)* **staatliche Organisation** = government organization; **Organisation der erdölexportierenden Länder (OPEC)** = Organization of Petroleum Exporting Countries (OPEC)

◇ **Organisationskomitee** *n* organizing committee; **er ist Mitglied des Organisationskomitees der Konferenz** = he is a member of the organizing committee for the conference

◇ **Organisationsmethode** *f* organizing method; **seine Organisationsmethoden sind veraltet** = his organizing methods are out of date

◇ **Organisationsplan** *m* organization chart

◇ **Organisationsstruktur** *f* organizational structure; **das Papier zeigt ein Diagramm der Organisationsstruktur des Unternehmens** = the paper gives a diagram of the company's organizational structure

◇ **Organisator/-in** *mf* organizer

◇ **organisatorisch** *adj* organizational

◇ **organisieren** *vt* to organize; **der Konzern ist nach Absatzgebieten organisiert** = the group is organized by areas of sales; **neu organisieren** = to reorganize

◇ **organisiert** *adj* organized; **gewerkschaftlich organisierte Arbeiter** = organized labour

Organträger *m* parent company

orientiert *adj* oriented *oder* orientated

original *adj* original

◇ **Original** *n* original *oder* master *oder* top copy; **schicken Sie das Original und legen Sie zwei Kopien zu den Akten** = send the original and file two copies

◇ **Originalrechnung** *f* original invoice; **er behielt die Originalrechnung als Beleg** = he kept the original invoice for reference; **sie schickten eine**

Kopie der Originalrechnung = they sent a copy of the original invoice
◇ **Originalverpackung** *f* original packing material

Ort *m* place *oder* point *oder* spot **(a) vor Ort** *oder* **an Ort und Stelle** = on the premises *oder* on the spot; **es ist immer ein Arzt vor Ort** = there is a doctor on the premises at all times; **wir haben einen Mann vor Ort, der sich um alle Probleme kümmert, die auf der Baustelle auftauchen** = we have a man on the spot to deal with any problems which happen on the building site **(b) am** *oder* **vor Ort** = locally; **wir rekrutieren unser ganzes Personal vor Ort** = we recruit all our staff locally
◇ **örtlich** *adj* local; **örtliche Behörde** = local authority; **örtliche Verwaltung** = local government
◇ **Örtlichkeit** *f* locality
◇ **ortsansässig** *adj* local *oder* resident; **ortsansässige Arbeitskräfte** = local labour
◇ **Ortsgespräch** *n* local call
◇ **Ortsnetzkennzahl** *f* area code *oder* dialling code
◇ **Ortszuschlag** *m* local allowance *oder* weighting (allowance); **Gehalt plus Ortszuschlag für Bonn** = salary plus a Bonn weighting

Österreich *n* Austria
◇ **Österreicher/-in** *mf* Austrian
◇ **österreichisch** *adj* Austrian
(NOTE: Hauptstadt: **Wien** = Vienna; Währung: **Schilling** *m* = schilling)

Output *mn* output

Outsourcing *n* outsourcing

die größeren Messebauer betreiben zudem selbst Outsourcing, vermarkten ihren Architektur- und Designbereich oder die Schriftmalerei getrennt *TopBusiness*

Pp

paar *indef pron* **(a) ein paar** = a couple; **die Verhandlungen dauerten ein paar Stunden** = the negotiations lasted a couple of hours; **wir haben nur noch Warenbestände für ein paar Wochen** = we only have enough stock for a couple of weeks **(b) ein paar** = a few; **ein paar unserer Handelsvertreter fahren einen Mercedes** = a few of our salesmen drive Mercedes

Pacht *f* **(a)** lease; **etwas in Pacht geben** = to lease something *oder* to let something on lease; **etwas in Pacht haben** = to have something on lease; **etwas in Pacht nehmen** = to lease something *oder* to have something on lease; **die Pacht läuft ab** = the lease is running out **(b)** rent *oder* rental; **nominelle Pacht** = nominal rent *oder* peppercorn rent

◊ **Pachtbesitz** *m* leasehold (property); **das Unternehmen hat wertvollen Pachtbesitz** = the company has some valuable leaseholds

◊ **Pachtdauer** *f* tenancy (period)

◊ **Pachteinnahmen** *fpl* income from rents *oder* rent income

◊ **pachten** *vt* to lease *oder* to rent; **zu pachtendes Gebäude** = leasehold property

◊ **Pächter/-in** *mf* leaseholder *oder* lessee *oder* tenant; **der Pächter haftet für Reparaturen** = the tenant is liable for repairs

◊ **Pachtgeld** *n* rent

◊ **Pachtland** *n* leasehold land

◊ **Pachtverhältnis** *n* tenancy (agreement)

◊ **Pachtvertrag** *m* lease; **bei Ablauf des Pachtvertrags** = on expiration of the lease; **der Pachtvertrag läuft 1999 aus** = the lease expires *oder* runs out in 1999; **Pachtvertrag mit langer** *oder* **kurzer Laufzeit** = long lease *oder* short lease; **Pachtvertrag mit Reparaturklausel** = full repairing lease

◊ **Pachtzeit** *f* term of a lease

◊ **Pachtzins** *m* rent

Pack *m* pack *oder* package *oder* packet

◊ **Packager** *m* packager

◊ **Päckchen** *n* packet

◊ **packen** *vt* to pack; **fertig packen** = to prepack *oder* to prepackage

◊ **Packen** *n* packaging

◊ **Packer/-in** *mf* packer

◊ **Packliste** *f* packing list

◊ **Packpapier** *n* wrapping paper *oder* manilla *oder* brown paper

◊ **Packung** *f* pack *oder* packet *oder* package; **in 20-Stück-Packungen verkaufte Artikel** *oder* **Artikel, die in Packungen zu 20 verkauft wird** = item sold in packets of 20; **eine Packung Kekse** = a pack of biscuits; **eine Packung Zigaretten** = a pack of cigarettes

◊ **Packzettel** *m* packing slip

paginieren *vt* to paginate

Paket *n* **(a)** pack *oder* packet *oder* package; **ein Paket Briefumschläge** = a pack of envelopes; **ein Paket Kekse** = a packet of biscuits **(b)** *(Post)* package *oder* parcel; **ein Paket verschnüren** = to tie up a parcel; **Waren in Pakete packen** = to do up goods into parcels; **die Post nimmt keine sperrigen Pakete an** = the Post Office does not accept bulky packages; **die Waren sollen in luftdichten Paketen verschickt werden** = the goods are to be sent in airtight packages **(c)** *(Aktien)* block *oder* lot *oder* parcel; **die Aktien werden in Paketen zu 50 Stück angeboten** = the shares are on offer in blocks of 50

◊ **Paketannahme** *f* parcels office

◊ **Paketgebühr** *f* parcel rate

◊ **Pakethandel** *m (Börse)* trading in blocks of shares

◊ **Paketpost** *f* parcel post; **eine Kiste per Paketpost schicken** = to send a box by parcel post

◊ **Paketzustelldienst** *m* parcel delivery service

Pakistan *n* Pakistan

◊ **Pakistaner/-in** *mf* Pakistani

◊ **pakistanisch** *adj* Pakistani

(NOTE: Hauptstadt: **Islamabad** ; Währung: **Rupie** *f* = rupee)

Palette *f* pallet *oder (fig)* range *(siehe auch* PRODUKTPALETTE)

◊ **palettieren** *vt* to palletize *oder* to put on a pallet

◊ **palletiert** *adj* **palletierte Kartons** = palletized cartons

> so eine Dresdner AG, die in Leipzig mit ihrer breiten Palette von Elektromotoren um neue Kunden wirbt
> ***Sächsische Zeitung***

Panama *n* Panama

◊ **Panamaer/-in** *mf* Panamanian

◊ **panamaisch** *adj* Panamanian

(NOTE: Hauptstadt: **Panama** = Panama City; Währung: **Balboa** *m* = balboa)

Panik- *pref* panic

◊ **Panik-Dumping** *n* **Panik-Dumping von Sterling** = panic dumping of sterling

◊ **Panikkäufe** *mpl* panic buying; **Panikkäufe von Zucker** *oder* **Dollars** = panic buying of sugar *oder* of dollars

◊ **Panikverkäufe** *mpl* panic selling; **Panikverkäufe von Pfund Sterling** = panic selling of sterling *oder* a run on the pound

> der Niedergang der Kurse vollzog sich bisher bei geringen Umsätzen, von Panikverkäufen konnte keine Rede sein
> ***Die Zeit***

Papier *n* **(a)** *(Material)* paper; **braunes Papier** = brown paper *oder* manilla; **liniertes Papier** = lined paper; **Papier mit Briefkopf** = headed paper; **auf dem Papier** = on paper; **auf dem Papier ist das System ideal, aber wir müssen es laufen sehen, bevor wir den Vertrag unterschreiben** = on paper the system is ideal, but we have to see it working before we will sign the contract **(b)** *(Dokument)* document; *pl* **Papiere** = (identity) papers **(c)** *(Wertpapier)* security *oder* instrument; **bankfähiges Papier** = bankable paper

◇ **Papiereinzug** *m (Drucker)* paper feed

◇ **Papierfabrik** *f* paper mill

◇ **Papiergeld** *n* paper money *oder* paper currency

◇ **Papierkorb** *m* waste paper basket *oder (US)* wastebasket; **Papierkorb-Werbung** = junk mail

◇ **Papierkram** *m* paperwork

◇ **Papierkrieg** *m* red tape

◇ **Papiermühle** *f* paper mill

◇ **Papierrolle** *f* roll of paper; **das Faxgerät arbeitet mit einer Papierrolle** = the fax machine uses a roll of paper

◇ **Papierschneider** *m* guillotine

◇ **Papiersortiment** *n* selection of paper; **das Geschäft führt eine gutes Papiersortiment** = the shop carries a good choice of paper

◇ **Papierstapel** *m* pile of paper; **der Schreibtisch des geschäftsführenden Direktors ist mit Papierstapeln bedeckt** = the Managing Director's desk is covered with piles of paper

◇ **Papierstau** *m (Drucker)* paper jam; **es gibt einen Papierstau im Einzug** = the paper feed has jammed

◇ **Papiertüte** *f* paper bag

◇ **Papiervorschub** *m (Drucker)* paper feed

Pappbecher *m* paper cup *oder* disposable cup

◇ **Pappe** *f* cardboard *oder* carton *oder* card; **eine Aktenmappe aus Pappe** = a folder made of carton

◇ **Pappkarton** *m* cardboard box *oder* carton

◇ **Pappschachtel** *f* cardboard box; **die Waren wurden in dünnen Pappschachteln verschickt** = the goods were sent in thin cardboard boxes

Paragraph *m* paragraph *oder* article *oder* section; **siehe Paragraph 8 des Vertrags** = see article 8 of the contract

Paraguay *n* Paraguay

◇ **Paraguayer/-in** *mf* Paraguayan

◇ **paraguayisch** *adj* Paraguayan

(NOTE: Hauptstadt: **Asunción**; Währung: **Guarani** *m* = guarani)

Paralleldrucker *m* computer printer *oder* line printer

Parameter *m* parameter; **die Ausgaben der einzelnen Abteilungen müssen innerhalb bestimmter Parameter liegen** = spending by each department has to fall within certain parameters

Paraphe *f* initials; **der Vorsitzende schrieb seine Paraphe neben jede Änderung im Vertrag, den er unterzeichnete** = the chairman wrote his initials by *oder* initialled each alteration in the contract he was signing

◇ **paraphieren** *vt* to initial; **eine Vertragsänderung paraphieren** = to initial an amendment to a contract; **bitte paraphieren Sie den Vertrag an der mit X markierten Stelle** = please initial the agreement at the place marked with an X

Pareto-Effekt *m* Pareto effect *oder* Pareto's Law

pari *n* par; **Aktien al pari** = shares at par; **Aktien über/unter pari** = shares above par *oder* below par; **Aktien, die unter pari sind** = shares which stand at a discount; **der Dollar steht über pari** = the dollar is at a premium

Parität *f* parity; **indirekte Parität** = cross rate

parken *vti* to park; **der Handelsvertreter parkte seinen Wagen vor dem Geschäft** = the rep parked his car outside the shop; **Sie können hier während der Hauptverkehrszeit nicht parken** = you cannot park here during the rush hour

◇ **Parken** *n* parking; **Parken ist im Stadtzentrum schwierig** = parking is difficult in the centre of the city

◇ **Parkplatz** *m* car park; **wenn der Parkplatz voll ist, können Sie 30 Minuten lang auf der Straße parken** = if the car park is full, you can park in the street for thirty minutes

Partei *f* party

◇ **parteiisch** *adj* biased *oder* partial *oder* one-sided

Partie *f* batch *oder* block *oder* lot

partiell *adj* partial

Partieware *f* job lot

Partizipation *f* participation

◇ **Partizipationsgeschäft** *n* joint undertaking

◇ **Partizipationskonto** *n* joint account (of partners in a joint undertaking)

◇ **partizipativ** *adj* participative

◇ **partizipieren** *vi* to participate

Partner/-in *mf* partner

◇ **Partnerschaft** *f* partnership

Partyservice *m* catering service

Parzelle *f* plot of land *oder (US)* lot

Paß *m* passport; **sein Paß ist abgelaufen** = his passport is out of date; **wir mußten unsere Pässe am Zollübergang vorzeigen** = we had to show our passports at the customs post; **der für die Paßkontrolle zuständige Beamte stempelte meinen Paß** = the passport officer stamped my passport

Passagier/-in *mf* passenger; **Abfertigungsgebäude für Passagiere** = passenger terminal

◇ **Passagierfähre** *f* passenger ferry

◇ **Passagierliste** *f* passenger list *oder* manifest

◇ **Passagierschiff** *n* passenger ship *oder* liner

passen *vi* **(a)** to fit; **das Papier paßt nicht in die Schreibmaschine** = the paper does not fit the typewriter; **paßt der Computer in den kleinen Raum?** = will the computer fit into that little room? **(b)** to be suitable *oder* convenient; **paßt Ihnen 9.30 Uhr als Termin für die Besprechung?** = is 9.30 a convenient time for the meeting?

◇ **passend** *adj* **(a)** *(Größe, Farbe)* fitting *oder* matching **(b)** *(genehm)* suitable *oder* convenient **(c)** *(angemessen)* suitable *oder* appropriate *oder* fitting **(d)** *(Geld)* exact; **die Verkäuferin fragte, ob ich das Geld passend hätte, da sie kein Wechselgeld hatten** = the salesgirl asked me if I had the exact sum, since they had no change

passieren *vi* to happen; **was passierte mit dem Auftrag für Japan?** = what has happened to that order for Japan?

Passierschein *m* pass; **Sie brauchen einen Passierschein, um in die Büros des Ministeriums zu kommen** = you need a pass to enter the ministry offices; **alle Personalmitglieder müssen einen Passierschein vorzeigen** = all members of staff must show a pass

passiv *adj* passive; **passive Handelsbilanz** = adverse *oder* unfavourable balance of trade

◇ **Passiva** *pl* liabilities; **Aktiva und Passiva** = assets and liabilities

◇ **Passivgeschäft** *n* *(Bank)* deposit-taking business *(cf* AKTIVGESCHÄFT)

◇ **Passivposten** *m* debit entry

◇ **Passivsaldo** *m* debit balance

◇ **Passivseite** *f* debit side

Patent *n* patent; **zum Patent angemeldet** = patent applied for *oder* patent pending; **ein Patent für eine neue Erfindung anmelden** = to file a patent application *oder* to apply for a patent for a new invention; **ein Patent verfallen lassen** *oder* **verwirken** = to forfeit a patent; **ein Patent verletzen** = to infringe a patent

◇ **Patentamt** *n* patent office

◇ **Patentanmeldung** *f* application for a patent *oder* patent application; **eine Patentanmeldung einreichen** = to file a patent application

◇ **Patentanwalt/Patentanwältin** *mf* patent agent

◇ **patentieren** *vt* to patent; **sich eine neue Art von Glühbirne patentieren lassen** = to take out a patent for a new type of light bulb

◇ **patentiert** *adj* patented

◇ **Patentrecht** *n* patent law *oder* patent rights

◇ **patentrechtlich** *adv* **patentrechtlich geschützt** = patented; **patentrechtlich geschütztes Arzneimittel** = patent medicine

◇ **Patentübertragung** *f* assignation of a patent

◇ **Patenturkunde** *f* letters patent

◇ **Patentverletzung** *f* infringement of patent *oder* patent infringement

> noch nie liefen so viele Patente für Arzneimittel aus
> ***Die Woche***

Patrone *f* cartridge *(siehe auch* TONERPATRONE)

pauschal *adj* comprehensive *oder* wholesale *oder* all-inclusive; **pauschale Ablehnung** = blanket refusal

◇ **Pauschalabfindung** *f* lump-sum compensation *oder* settlement

◇ **Pauschalangebot** *oder* **Pauschalarrangement** *n* package deal *oder* all-inclusive offer; **wir bieten ein Pauschalangebot, das das gesamte Büro-Computersystem, Personalschulung und Hardware-Wartung einschließt** = we are offering a package deal which includes the whole office computer system, staff training and hardware maintenance

◇ **Pauschalbetrag** *m* lump sum; **als er sich zur Ruhe setzte, bekam er einen Pauschalbetrag** = when he retired he was given a lump-sum bonus

◇ **Pauschale** *f* **(a)** *(Einheitspreis)* flat rate; **er bekommt eine Pauschale von DM 10 pro tausend ausgezahlt** = he is paid a flat rate of DM 10 per thousand **(b)** *(Pauschalbetrag)* lump sum *oder* inclusive sum *oder* inclusive charge

◇ **pauschalieren** *vt* to calculate at a flat rate *oder* as a lump sum

◇ **Pauschalpreis** *m* all-in price

◇ **Pauschalreise** *f* package holiday *oder* package tour

◇ **Pauschalsatz** *m* flat rate

◇ **Pauschalsteuer** *f* **(a)** estimated tax **(b)** flat-rate tax

◇ **Pauschaltrip** *m* package trip; **die Reisegesellschaft organisiert einen Pauschaltrip zur internationalen Computermesse** = the travel company is arranging a package trip to the international computer exhibition

Pause *f* break; **sie tippte zwei Stunden ohne Pause** = she typed for two hours without a break

PC *m* PC *oder* personal computer; **mein neuer PC hat einen Farbmonitor** = my new PC has a colour monitor

peinlich *adj* awkward

pekuniär *adj* pecuniary

Pendant *n* counterpart *oder* opposite number; **Hans ist mein Pendant bei Fa. Sperzel** = Hans is my opposite number in Sperzel's

pendeln *vi* to commute; **er pendelt zwischen seinem Wohnsitz auf dem Lande zu seinem Büro in der Innenstadt** = he commutes from the country to his office in the centre of town

◇ **Pendelverkehr** *m* shuttle service

◇ **Pendler/-in** *mf* commuter

◇ **Pendlerverkehr** *m* commuter traffic; **es gibt mehr Pendlerverkehr auf den Autobahnen** = there is an increase in commuter traffic on the motorway

◇ **Pendlerzug** *m* commuter train

Pendolino *m* (Italian) high-speed tilting train

Pension *f* **(a)** *(Ruhestand)* retirement *oder* superannuation; **in Pension gehen** = to retire **(b)** *(Ruhegehalt)* pension *oder* superannuation **(c)** *(Fremdenheim)* guest-house *oder* pension **(d)** *(Verpflegung)* board; **halbe** *oder* **volle Pension** = half *oder* full board

◇ **Pensionär/-in** *mf* pensioner

◊ **pensionieren** *vt* to pension off *oder* to retire; **jdn vorzeitig pensionieren** = to pension someone off (early); **sich pensionieren lassen** = to retire; **sich vorzeitig pensionieren lassen** = to take early retirement

◊ **pensioniert** *adj* retired; **das Geschäft gehört einem pensionierten Polizisten** = the shop is owned by a retired policeman

◊ **Pensionierung** *f* retirement

◊ **Pensionsalter** *n* pensionable age *oder* retirement age

◊ **pensionsberechtigt** *adj* pensionable

◊ **Pensionsfonds** *m* pension fund

◊ **Pensionskasse** *f* pension fund *oder* (company) pension scheme; **er beschloß, der Pensionskasse beizutreten** = he decided to join the company's pension scheme

◊ **Pensionsrückstellungen** *pl* pension fund reserves

per *prep* per *oder* by; **sie schickten die Meldung per Telex** = they sent the message by telex *oder* via the telex line; **per annum (p.a.)** = per annum (p.a.); **per procura (pp.** *oder* **ppa.)** *oder* **per Vollmacht** = per procurationem *oder* per pro *oder* pp; **die Sekretärin unterzeichnete per Vollmacht des Geschäftsführers** = the secretary signed per pro the manager

perfekt 1 *adj* perfect; **er bot weitere 5%, um das Geschäft perfekt zu machen** = he offered an extra 5% to clinch the deal; **sie brauchen die Genehmigung des Vorstands, bevor sie das Geschäft perfekt machen können** = they need approval from the board before they can clinch the deal **2** *adv* perfectly; **sie hat den Brief perfekt getippt** = she typed the letter perfectly

◊ **perfektionieren** *vt* to perfect; **er perfektionierte das Verfahren zur Herstellung hochwertigen Stahls** = he perfected the process for making high grade steel

Periode *f* period

◊ **periodisch** *adj* periodic *oder* periodical

Peripheriegeräte *npl* *(Computer)* peripherals

Person *f* person; **pro Person** = per person *oder* per head; **Eintritt kostet DM 10 pro Person** = admission is DM 10 per person; **die im Vertrag benannten Personen** = the persons named in the contract; **eine Versicherungspolice, die für eine benannte Person gültig ist** *oder* **gilt** = an insurance policy which covers a named person; **dritte Person** = third party *oder* third person; **das Dokument sollte von einer dritten Person als Zeuge unterschrieben werden** = the document should be witnessed by a third person

Personal *n* personnel *oder* staff; **Personal in führender** *oder* **untergeordneter Position** = senior staff *oder* junior staff; **zum Personal gehören** *oder* **ein Mitglied des Personals sein** = to be on the staff *oder* to be a member of staff *oder* to be on the establishment

◊ **Personalabbau** *m* staff cuts *oder* redundancies *oder* lay-offs; **ein Personalabbau im Topmanagement** = a shakeout in the top management; **Personalabbau durch natürlichen Abgang** = natural wastage

> in beiden Fällen wurde unter dem Deckmantel des Lean Managements nackter Personalabbau betrieben, und mehr kam dabei auch nicht heraus
>
> *TopBusiness*

◊ **Personalabteilung** *f* personnel department

◊ **Personalakte** *f* personal file; *pl* **Personalakten** = personnel files

◊ **Personalausweis** *m* identity card (ID)

◊ **Personalbedarf** *m* manpower requirements

◊ **Personalberater/-in** *mf* personnel consultant

◊ **Personalbestand** *m* number of staff *oder* number of personnel *oder* manpower *oder* workforce; **darauf hinzielen, den zu hohen Personalbestand abzubauen** = to aim to reduce overmanning

◊ **Personalbestandsprognose** *f* manpower forecasting

◊ **Personalbeurteilung** *f* staff appraisal *oder* staff assessment

◊ **Personalchef/-in** *mf* personnel officer *oder* personnel manager

◊ **Personalcomputer** *oder* **PC** *m* personal computer (PC) *oder* home computer

◊ **Personaldaten** *pl* personal details

◊ **Personaldirektor/-in** *mf* personnel director

◊ **Personaleinsparung** *f* reduction in personnel

◊ **Personalführung** *f* personnel management

◊ **Personalgesellschaft** *f* close company *oder* *(US)* close(d) corporation

◊ **Personalien** *pl* particulars

◊ **personalintensiv** *adj* labour-intensive

◊ **Personalkosten** *pl* staff costs

◊ **Personalleistung** *f* staff performance; **Personalleistung gemessen an den Zielen** = performance of personnel against objectives

◊ **Personalleiter/-in** *mf* personnel manager

◊ **Personalmangel** *m* staff shortage *oder* manpower shortage; **wir beschäftigen Teilzeitbeschäftigte, um den Personalmangel auszugleichen** = we employ part-timers to make up for staff shortages

◊ **Personalplanung** *f* manpower planning; **die Personalplanung des Unternehmens** = the company's staffing policy

◊ **Personalpolitik** *f* personnel policy *oder* staff policy

◊ **Personalrabatt** *m* staff discount

◊ **Personalreferent/-in** *mf* personnel officer

◊ **Personalrekrutierung** *f* recruitment of new staff

◊ **Personalstärke** *f* manning levels *oder* staffing levels

◊ **Personalvermittlung** *f* staff agency

◊ **Personalversammlung** *f* staff meeting

◊ **Personalvertreter/-in** *mf* staff representative

◊ **Personalvertretung** *f* staff representation *oder* association

◊ **Personalwechsel** *m* staff turnover *oder* turnover of staff *(siehe auch* FLUKTUATION)

◊ **Personalwesen** *n* personnel management

personell *adj* relating to the staff *oder* to the personnel

Personengesellschaft *f* **(a)** *(Teilhaberschaft)* partnership; **mit jdm eine Personengesellschaft gründen** = to go into partnership with someone; **sich mit jdm zu einer Personengesellschaft**

zusammentun = to join with someone to form a partnership; **eine Personengesellschaft auflösen** = to dissolve a partnership **(b)** close company *oder* *(US)* close(d) corporation
◇ **Personenkonto** *n* personal account; **ein Personenkonto eröffnen** *oder* **auflösen** = to open an account *oder* to close an account
◇ **Personenkraftwagen (Pkw)** *m* (private) car
◇ **Personenrufgerät** *n* *(tel)* pager *oder* bleeper
◇ **Personenschaden** *m* injury to persons *oder* physical injury *(cf* SACHSCHADEN)
◇ **Personenstand** *m* marital status
◇ **Personenstandsregister** *n* register of births, deaths and marriages
◇ **Personenverkehr** *m* passenger transport *oder* the transport of passengers; **das Angebot von der Bundesbahn im Personenverkehr** = the passenger transport services of German Railways
◇ **Personenversicherung** *f* personal insurance
◇ **Personenzug** *m* passenger train
◇ **persönlich 1** *adj* personal; **persönliche(r) Assistent/-in** = personal assistant (PA); **neben den Familienaktien hat er eine persönliche Beteiligung an dem Unternehmen** = apart from the family shares, he has a personal shareholding in the company; **persönliches Einkommen (vor Steuern)** = personal income; **das Auto ist für seinen persönlichen Gebrauch bestimmt** = the car is for his personal use; **Gegenstände des persönlichen Gebrauchs** = personal effects *oder* personal property; **persönliches Interesse** = vested interest; **sie hat ein persönliches Interesse am Weiterbestehen des Unternehmens** = she has a vested interest in keeping the business working **2** *adv* in person *oder* personally; **dieses wichtige Paket muß dem Vorsitzenden persönlich übergeben werden** = this important package is to be delivered to the chairman in person; **er kam persönlich zu mir** = he came to see me in person; **er öffnete den Briefumschlag persönlich** = he personally opened the envelope; **sie schrieb mir persönlich** = she wrote to me personally

Perspektive *f* perspective *oder* point of view *oder* outlook

Peru *n* Peru
◇ **Peruaner/-in** *mf* Peruvian
◇ **peruanisch** *adj* Peruvian
(NOTE: Hauptstadt: **Lima** ; Währung: **Inti** *m* = inti)

Peseta *oder* **Pesete (Pta)** *f* *(Währungseinheit in Spanien)* peseta

Peso *m* *(Währungseinheit in Argentinien, Bolivien, Chile, der Domikanischen Republik, Kolumbien, Kuba, Mexiko, den Philippinen, Uruguay)* peso

Pessimismus *m* pessimism; **Pessimismus am Aktienmarkt** = market pessimism *oder* pessimism on the market; **der Pessimismus hinsichtlich der Beschäftigungsmöglichkeiten ist groß** = there is considerable pessimism about job opportunities
◇ **pessimistisch** *adj* pessimistic; **er sieht die Entwicklung des Wechselkurses pessimistisch** = he takes a pessimistic view of the exchange rate; **das Verkaufspersonal wurde gebeten, pessimistische Prognosen zu stellen** = the sales force have been asked to give downside forecasts

Petition *f* petition; **eine Petition einreichen** = to petition

Peter-Prinzip *n* Peter principle

Petrodollar *m* petrodollar
◇ **Petrowährung** *f* petrocurrency

Pfand *n* **(a)** pledge *oder* pawn; **ein Pfand auslösen** = to take something out of pawn; **ein Pfand einlösen** = to redeem a pledge; **nicht eingelöstes Pfand** = unredeemed pledge **(b)** security; **etwas als Pfand geben** = to give something as security **(c)** deposit; **auf der Flasche ist 10 Pf Pfand** = there is 10 pfennigs back on the bottle

pfändbar *adj* *(jur)* distrainable

Pfandbrief *m* bond *oder* debenture
◇ **Pfandbriefgläubiger/-in** *oder* **Pfandbriefinhaber/-in** *mf* bondholder *oder* debenture holder
◇ **Pfandleihe** *f* **(a)** pawnbroking **(b)** pawnshop
◇ **Pfandleihanstalt** *f* pawnshop
◇ **Pfandleiher/-in** *mf* pawnbroker
◇ **Pfandrecht** *n* lien
◇ **Pfandsache** *f* pledge *oder* pawn
◇ **Pfandschein** *m* pawn ticket

Pfändung *f* seizure *oder* distraint *oder* attachment (of goods)

Pfandverkauf *m* distress sale

Pflicht *f* duty *oder* obligation; *pl* **Pflichten** = responsibilities
◇ **Pflichtaktie** *f* qualifying share
◇ **Pflichtbeitrag** *m* compulsory contribution (to a statutory insurance scheme) *(cf* PFLICHTVERSICHERUNG)
◇ **Pflichteinlage** *f* compulsory contribution of capital (e.g. in a partnership)
◇ **Pflichtexemplar** *n* deposit copy (of a newly published book)
◇ **Pflichtreserven** *siehe* MINDESTRESERVEN
◇ **Pflichtuntersuchung** *f* compulsory *oder* obligatory medical examination; **jede Person muß sich einer ärztlichen Pflichtuntersuchung unterziehen** = each person has to pass an obligatory medical examination
◇ **Pflichtversicherung** *f* compulsory *oder* statutory insurance (NOTE: in Germany, third party, medical, accident, unemployment and pension insurance)

Pfund *n* **(a)** *(Währungseinheit)* pound; **Pfund Sterling** = pound sterling; **irisches Pfund** = Irish punt; **der Wechselkurs des Pfunds** = the pound exchange rate; **es kostet sechs Pfund** = it costs six pounds **(b)** *(Gewicht)* pound; **ein Pfund Apfelsinen** = a pound of oranges; **Apfelsinen kosten DM 1.50 das Pfund** = oranges cost 1.50 DM a pound
◇ **Pfundstück** *n* pound coin
◇ **pfundweise** *adv* by the pound; **Apfelsinen pfundweise verkaufen** = to sell oranges by the pound

Phantasiepreis *m* fancy price

Phase *f* phase *oder* stage; **die erste Phase des Expansionsprogramms** = the first phase of the expansion programme; **die verschiedenen Phasen des Produktionsprozesses** = the different stages of the production process

Philippinen *pl* Philippines
◊ **Philippiner/-in** *mf* Filipino
◊ **philippinisch** *adj* Filipino
(NOTE: Hauptstadt: **Manila** ; Währung: **philippinischer Peso** = Philippine peso)

Phönix-Syndrom *n* phoenix syndrome *oder* phoenixism

Phonodiktat *n* dictation on a dictating machine; **Tippen nach Phonodiktat** = audio-typing
◊ **Phonotypist/-in** *mf* audio-typist

Piepser *m (tel)* bleeper

Pilot/-in *mf (Flugzeug)* pilot (*cf* LOTSE)
◊ **Pilotanlage** *f* pilot plant
◊ **Pilotfabrik** *f* pilot factory; **die Pilotfabrik wurde gebaut, um das neue Produktionsverfahren zu erproben** = = the pilot factory has been built to test the new production process
◊ **Pilotprojekt** *n* pilot project; **das Unternehmen richtete ein Pilotprojekt ein, um zu sehen, ob das vorgeschlagene Fertigungssystem effizient ist** = the company set up a pilot project to see if the proposed manufacturing system was efficient
◊ **Pilotstudie** *f* pilot study

> interessante und bereits realisierte Pilotprojekte mit innovativen Lösungen in der Umwelttechnik zeigt die Messe aus dem Raum Leipzig
> ***Die Wirtschaft***

Pionier/-in *mf* pioneer
◊ **Pionierarbeit** *f* pioneering work; **Pionierarbeit leisten** = to pioneer
◊ **Pionierprojekt** *n* pioneer project

Pkw *oder* **PKW** = PERSONENKRAFTWAGEN

plädieren *vi* to plead

Plafond *m* ceiling *oder* credit limit

Plagiat *n* plagiarism *oder* (literary) piracy
◊ **Plagiator** *m* plagiarist *oder* (literary) pirate
◊ **plagiieren** *vt* to plagiarize *oder* to pirate
◊ **plagiiert** *adj* plagiarized *oder* pirated; **ein plagiiertes Buch** *oder* **ein plagiierter Entwurf** = a pirated book *oder* a pirated design

Plakat *n* poster
◊ **Plakatwand** *f* advertising hoarding *oder (US)* billboard
◊ **Plakatwerbung** *f* poster advertising

Plan *m* **(a)** plan; **einen Plan entwickeln** = to develop a plan; **ein gut durchdachter Plan** = a well thought-out plan; **es läuft alles genau nach Plan** = everything's going according to plan **(b)** *(Entwurf)* plan; **der Architekt zeigte uns die ersten Pläne für die neuen Büroräume** = the architect showed us the first plans for the new offices **(c)** *(Zeitplan)* timetable *oder* schedule **(d)** *(Stadtplan)* street map *oder* town map
◊ **planen** *vt* to organize *oder* to plan; **Investitionen planen** = to plan investments
◊ **Planer/-in** *mf* planner
◊ **Planfeststellung** *f* planning permission
◊ **Planfeststellungsverfahren** *n* planning permission hearing(s) (*cf* BAUGENEHMIGUNG)
◊ **Plankosten** *pl* budgeted costs
◊ **Plankostenrechnung** *f* standard costing
◊ **planmäßig** *adj* regular; **der planmäßige Flug nach Athen geht um 6.00 Uhr** = the regular flight to Athens leaves at 06.00
◊ **Planquadrat** *n* grid
◊ **Planstelle** *f* post in the public service
◊ **Planung** *f* planning *oder* organization; **langfristige** *oder* **kurzfristige Planung** = long-term *oder* short-term planning
◊ **Planungsabteilung** *f* planning department
◊ **Planungsausschuß** *m* planning committee; **er ist Vorsitzender des Planungsausschusses** = he is (the) chairman of the planning committee
◊ **Planungskommission** *f* planning commission
◊ **Planungsstadium** *n* planning stage
◊ **Planungszeitraum** *m* planning period
◊ **Planwirtschaft** *f* planned economy *oder* controlled economy

Plastik *n* plastic; **die Kekse sind in Plastik verpackt** = the biscuits are packed in plastic
◊ **Plastikgeld** *n (umg)* plastic (money)
◊ **Plastiktüte** *f* plastic bag; **wir gaben auf der Ausstellung 5.000 Plastiktüten aus** = we gave away 5,000 plastic bags at the exhibition

Platte *f* **(a)** *(Computer)* disk **(b)** *(zur Wandverkleidung)* panel
◊ **Plattenlaufwerk** *n* disk drive

Platz *m* **(a)** *(Rang)* place; **drei Unternehmen kämpfen um Platz eins auf dem Heimcomputermarkt** = three companies are fighting for first place in the home computer market **(b)** *(verfügbarer Raum)* room *oder* space; **die Aktenschränke nehmen viel Platz weg** = the filing cabinets take up a lot of room; **es gibt keinen Platz mehr in der Datei** = there is no more room in the computer file **(c)** *(Sitzplatz)* seat; **bitte nehmen Sie Platz** = please take *oder* have a seat *oder* please sit down **(d)** *(Lage, Standort)* place *oder* site *oder* spot; **die Fabrik steht an einem günstigen Platz** = the factory is conveniently situated
◊ **Platzagent/-in** *mf* local (commission) agent

platzen *vi (Scheck, Wechsel)* to bounce; **er bezahlte das Auto mit einem Scheck, der platzte** = he paid for the car with a cheque that bounced

Platzkarte *f* reserved seat ticket
◊ **Platzkostenrechnung** *f* workspace costing
◊ **Platzreservierung** *f* seat reservation; **ich möchte eine Platzreservierung für den Zug morgen abend nach Salzburg** = I want to make a reservation on the train to Salzburg tomorrow evening

plazieren *vt* to place; **ein Aktienpaket plazieren** = to place a block of shares

◇ **Plazierung** *f* placing; **die Plazierung eines Aktienpaketes** = the placing of a line of shares

> das Unternehmen wird voraussichtlich noch in diesem Jahr an die Börse gehen. Dabei sei eine breite Plazierung von Stammaktien geplant
> *Süddeutsche Zeitung*

pleite *adj (umg)* broke *(umg)* **das Unternehmen ist pleite** = the company is broke; **er kann das neue Auto nicht bezahlen, weil er pleite ist** = he cannot pay for the new car because he is broke; **pleite gehen** = to go broke *oder* to go bust; **das Unternehmen ging letzte Woche pleite** = the company went broke last month

◇ **Pleite** *f (umg)* **(a)** *(Bankrott)* bankruptcy *oder* collapse *oder* (business) failure; **kommerzielle Pleite** = commercial failure; **Pleite machen** = to go bankrupt *oder (umg)* to go bust **(b)** *(Reinfall)* flop *(umg)* **eine Pleite sein** = to flop; **die Gründung des Unternehmens war eine fürchterliche Pleite** = the flotation of the company flopped badly

◇ **Pleitegeier** *m* threat of bankruptcy; **das Unternehmen ist vom Pleitegeier bedroht** = the company is on the rocks

Plenarsitzung *f* plenary meeting *oder* plenary session

Plombe *f* seal

◇ **plombieren** *vt* to seal

Plunder *m* junk; **Sie sollten den ganzen Plunder wegwerfen** = you should throw away all that junk

plus *prep* plus; **die Produktionskosten plus Gemeinkosten sind höher als die Einnahmen** = production costs plus overheads are higher than revenue; **sein Gehalt plus Provision kommt auf über DM 75.000** = his salary plus commission comes to more than DM 75,000

◇ **Plus** *n* plus

◇ **Pluspunkt** *m* plus; **DM 3 Mio. an Neuumsatz in weniger als sechs Monaten ist sicherlich ein Pluspunkt für das Verkaufsteam** = to have achieved DM 3m in new sales in less than six months is certainly a plus for the sales team; **als Pluspunkt** = on the plus side; **als Pluspunkt müssen wir die neue Produktlinie berücksichtigen** = on the plus side, we must take into account the new product line

Polen *n* Poland

◇ **Pole/Polin** *mf* Pole

◇ **polnisch** *adj* Polish

(NOTE: Hauptstadt: **Warschau** = Warsaw; Währung: **Zloty** *m* = zloty)

Police *f* (insurance) policy; **die Versicherungsgesellschaft stellte eine Police aus** = the insurance company made out a policy *oder* drew up a policy

> bei Versicherungen gelang es, die Durchlaufzeiten bei Anträgen für neue Policen zu halbieren
> *Wirtschaftswoche*

Politik *f* **(a)** politics **(b)** policy; **eine gemeinsame Politik betreiben** = to pursue a common policy; **Politik des knappen Geldes** = tight money policy; **Politik der starken Hand** = get-tough policy

◇ **politisch** *adj* political; **politische Partei** = political party

Polster *n* cushion *oder* pad; **wir haben Einlagen, die ein nützliches Polster sind, wenn es Cash-flow-Engpässe gibt** = we have sums on deposit which are a useful cushion when cash flow is tight

Pool *m (fin)* pool

◇ **Poolabkommen** *n* pooling agreement

populär *adj* popular; **populäre Preise** = popular prices; **dies ist unser populärstes Modell** = this is our most popular model

Port *m (Computer)* port

Portable *n (Computer)* portable

Portefeuille *n* portfolio

> auch bei Aktien sind Luxemburger Fondsmanager flexibler. Sie dürfen ihre Portefeuilles wesentlich stärker an den Terminmärkten absichern
> *Wirtschaftswoche*

Portfoliomanagement *n* portfolio management

Portier *m* porter; **erster Portier** = head porter

Portion *f* portion; **wir verkaufen Eis nur in Portionen** = we only sell ice cream in individual portions

Porto *n* postage; **Porto bezahlt** = postage paid; **Porto und Verpackung** = postage and packing (p & p); **wie hoch ist das Porto nach Nigeria?** = what is the postage to Nigeria?; **der Preis beträgt DM 15.95 inklusive Porto** = the price is DM 15.95 postpaid

◇ **Portobuch** *n* petty cash book

◇ **portofrei** *adj* post free; **das Spiel ist vom Hersteller portofrei erhältlich** = the game is obtainable post free from the manufacturer

◇ **Portokasse** *f* **(a)** petty cash **(b)** petty cash box

Portugal *n* Portugal

◇ **Portugiese/Portugiesin** *mf* Portuguese

◇ **portugiesisch** *adj* Portuguese

(NOTE: Hauptstadt: **Lissabon** = Lisbon; Währung: **Escudo** *m* = escudo)

Position *f* **(a)** *(Stellung)* position; **sich für die Position des Geschäftsführers bewerben** = to apply for the position of manager **(b)** *(Börse)* **eine Position abdecken** = to cover a position **(c)** *(comm)* entry *oder* item; **die Positionen einer Rechnung** = the items on a bill

positiv *adj* positive; **positiver Cash-flow** = positive cash flow; **der Vorstand gab eine positive Antwort** = the board gave a positive reply; **die Antwort war positiv** = the answer was in the affirmative; **ein Inflationsrückgang wirkt sich positiv auf den Wechselkurs aus** = a fall in inflation benefits the exchange rate; **ein positiver Faktor für das Unternehmen ist, daß der Markt**

viel größer ist als ursprünglich angenommen = a plus factor for the company is that the market is much larger than they had originally thought

Post *f* **(a)** mail *oder* post; **Post zu einigen Inseln im Pazifik kann bis zu sechs Wochen unterwegs sein** = mail to some of the islands in the Pacific can take six weeks; **ist die Post schon da?** = has the mail arrived yet? *oder* has the post arrived yet?; **die Post öffnen** = to open the mail; **meine Sekretärin öffnet die Post, sobald sie eintrifft** = my secretary opens the post as soon as it arrives; **der Beleg kam heute morgen mit der Post** = the receipt was in this morning's post; **Ihr Scheck kam gestern mit der Post an** = your cheque arrived in yesterday's mail; **der Scheck ging in der Post verloren** = the cheque was lost in the mail; **mit der Post verschicken** *oder* **aufgeben** = to mail *oder* to post; **ein Paket mit gewöhnlicher Post (auf dem Land- od Seeweg) schicken** = to send a package by surface mail; **per Post** = by mail *oder* by post; **eine Rechnung per Post schicken** = to send an invoice by post **(b) elektronische Post** = electronic mail **(c)** *(Postamt)* post office

◇ **Postamt** *n* post office

◇ **Postanschrift** *f* postal address

◇ **Postanweisung** *f* money order *oder* postal order

◇ **Postausgang** *m* outgoing mail

◇ **Postauto** *n* post office van

◇ **Postbeamte(r)/-beamtin** *mf* post office official

◇ **Postbezirk** *m* postal district

◇ **Postdienst** *m* postal service; **der Postdienst ist effizient** = the postal service is efficient

◇ **Posteingang** *m* incoming mail

◇ **Posteinlieferung** *f* posting *oder* mailing

◇ **Posteinlieferungsbuch** *n* recorded delivery book

◇ **Posteinlieferungsschein** *m* certificate of posting

Posten *m* **(a)** *(Warenmenge)* quantity *oder* lot; **am Ende der Versteigerung war die Hälfte der Posten unverkauft** = at the end of the auction half the lots were unsold; **in kleinen Posten** = in small lots **(b)** *(Eintrag)* item *oder* entry; **Posten aufführen** *oder* **nach Posten gliedern** = to itemize; **einen Posten verbuchen** = to post an entry; **außergewöhnlicher Posten** = extraordinary item **(c)** *(Stellung)* post *oder* position *oder* job; **ein gutbezahlter Posten** = a well-paid job

Poster *n* poster

Postfach *n* post office box *oder* P.O. box *oder* *(US)* mail box; **unsere Adresse ist Postfach 7420, 40011 Düsseldorf** = our address is P.O. Box 7420, 40011 Düsseldorf

◇ **Postgebühren** *fpl* postage *oder* postal charges; **die Postgebühren werden im September um 10% erhöht** = postal charges are going up by 10% in September

◇ **Postgeheimnis** *n* confidentiality of the post

◇ **Postgiroamt** *n* Girobank

◇ **Postgirokonto** *n* giro account *oder* *(GB)* National Girobank account; **sie zahlte DM 75 auf ihr Postgirokonto ein** = she put DM 75 into her giro account

◇ **Postgirokontonummer** *f* giro account number

◇ **Postgut** *n* small parcel (rate)

◇ **Postkarte** *f* postcard *oder* card

◇ **postlagernd** *adj* poste restante *oder* *(US)* General Delivery; **schicken Sie Nachrichten postlagernd nach Athen** = send any messages to 'Poste Restante, Athens'

◇ **Postleitzahl** *f* postcode *oder* post code *oder* *(US)* ZIP code

◇ **Postpaket** *n* postal packet *oder* parcel

◇ **Postscheck** *m* giro cheque

◇ **Postskriptum (PS)** *n* Post Scriptum *oder* P.S.

◇ **Postsparbuch** *n* Post Office savings book

◇ **Postsparkasse** *f* savings bank

◇ **Postsparkassenkonto** *n* Girobank account

◇ **Poststelle** *f* **(a)** *(in einer großen Dienststelle)* mail room *oder* post room **(b)** *(in einem kleinen Ort)* (sub) post office

◇ **Poststempel** *m* postmark

◇ **Posttarife** *mpl* postal rates

◇ **Postüberweisung** *f* Girobank transfer

◇ **Postverkehr** *m* postal service; **die Regierung hat vor, den Postverkehr zu privatisieren** = the government intends to privatize the postal service

◇ **Postversand** *m* mail-order *(cf* VERSANDGESCHÄFT)

◇ **Postweg** *m* **der Scheck ging auf dem Postweg verloren** = the cheque was lost in the post

◇ **postwendend** *adv* by return (of post); **postwendend antworten** = to send a reply by return of post

◇ **Postwertzeichen** *n* postage stamp

◇ **Postwurfsendung** *f* direct mail *oder* mailing piece *oder* mailshot; **Werbung durch Postwurfsendung** = direct-mail advertising

Potential *n* potential; **wirtschaftliches Potential** = commercial potential

potentiell *adj* potential; **ein potentieller Käufer** = a prospective buyer; **es gibt keinen Mangel an potentiellen Käufern für den Computer** = there is no shortage of prospective buyers for the computer; **potentielle Kunden** = potential customers; **potentieller Markt** = potential market; **um keinen Anreiz für potentielle Steuerhinterzieher zu bieten** = as a disincentive to potential tax evaders

pp. *oder* **ppa.** = PER PROCURA

PR-Abteilung *f* public relations department *oder* PR department

◇ **PR-Beauftragte(r)** *mf* public relations officer (PRO)

◇ **PR-Berater/-in** *mf* PR consultant

◇ **PR-Kampagne** *f* public relations campaign *oder* PR campaign

◇ **PR-Leute** *pl* PR people *oder* public relations people; **die PR-Leute verschenkten 100.000 Ballons** = the PR people gave away 100,000 balloons

◇ **PR-Mann** *m* PR man

◇ **PR-Unternehmen** *n* PR firm; **ein PR-Unternehmen macht unsere ganze Werbung** = a PR firm is handling all our publicity

Präferenz *f* preference

◇ **Präferenzzoll** *m* preferential duty *oder* preferential tariff

prägen *vt* to mint

Praktik *f* practice; **restriktive Praktiken** = restrictive practices

> diese Praktiken am Rande oder sogar jenseits der Legalität haben gravierende Folgen
> *Die Zeit*

Praktikant/-in *mf* (student) trainee

◇ **Praktikum** *n* work experience *oder* industrial placement

praktisch *adj* convenient *oder* handy; **dieser kleine Koffer ist auf Reisen praktisch** = this small case is handy for travelling

Prämie *f* **(a)** *(Belohnung)* bonus **(b)** *(Versicherung)* premium **(c)** *(zur Förderung der Wirtschaft)* bounty

◇ **Prämienanleihe** *f* ≈ premium bond

◇ **Prämiengeschäft** *n (Börse)* option dealing

◇ **Prämienlohnsystem** *n* bonus incentive wage scheme

◇ **Prämiensparen** *n* saving with bonus payments after certain periods of time, in addition to a low interest rate

◇ **Prämienzuschlag** *m* additional premium

pränumerando *adv* in advance; **pränumerando zahlen** = to pay in advance

◇ **Pränumeration** *f* payment in advance

Präsentation *f* presentation; **der Hersteller veranstaltete eine Präsentation seiner neuen Produktlinie für mögliche Kunden** = the manufacturer made a presentation of his new product line to possible customers; **die Vertriebsgesellschaft veranstaltete eine Präsentation ihres Service** = the distribution company made a presentation of their services; **wir haben zwei PR-Unternehmen um Präsentationen geplanter Werbekampagnen gebeten** = we have asked two PR firms to make presentations of proposed publicity campaigns

◇ **Präsentationspackung** *f* presentation pack *oder* display pack; **die Uhren sind in Präsentationspackungen aus Kunststoff verpackt** = the watches are prepacked in plastic presentation packs

◇ **Präsentationsschachtel** *f* presentation box *oder* display box

◇ **Präsentationsstand** *m* display stand

Präsident/-in *mf* president *oder* chair(wo)man; **Herr A. B. Müller wurde zum Präsidenten des Unternehmens gewählt** = Mr. A. B. Müller has been appointed president of the company

◇ **präsidieren** *vi* to preside over *oder* to chair; **einem Gremium präsidieren** = to chair a committee

◇ **Präsidium** *n* **(a)** *(Vorsitz)* presidency **(b)** *(Vorstand)* executive committee

präventiv *adj* preventive

◇ **Präventivstreik** *m* pre-emptive strike; **Präventivstreik gegen ein Übernahmeangebot** = pre-emptive strike against a takeover bid

Praxis *f* **(a)** practice; **in der Praxis** = in practice; **der Marketing-Plan scheint sehr interessant zu sein, aber was wird er in der Praxis kosten?** = the marketing plan seems very interesting, but what will it cost in practice? **(b)** *(eines Arztes, Rechtsanwalts)* practice

präzis(e) *adj & adv* precise(ly)

Preis *m* price *oder* rate; **was ist der Preis eines Erster-Klasse-Tickets nach New York?** = what is the cost *oder* price of a first class ticket to New York?; **Preis ab Lager** = price ex warehouse; **Preis ab Werk** = price ex factory; **Preis nach Abzug des Rabatts** = discount price; **fester Preis** = fixed price *oder* fixed rate; **gängiger Preis** = going price *oder* rate; **der übliche Preis für Büroräume ist DM 45 pro Quadratmeter** = the going rate for offices is DM 45 per square metre; **geforderter Preis** = asking price; **günstiger Preis** = reasonable *oder* good price; **etwas zum halben Preis verkaufen** = to sell something at half price; **Waren zum halben Preis abstoßen** = to sell goods off at half price; **herabgesetzer Preis** = cut price; **jetziger Preis** = current price; **überhöhter Preis** = exorbitant *oder* excessive price; **das Unternehmen hat sich durch überhöhte Preise vom Markt ausgeschlossen** *oder* **wettbewerbsunfähig gemacht** = the company has priced itself out of the market; **üblicher Preis** = usual price; **vereinbarter Preis** = agreed price; **voller Preis** = full rate; **wettbewerbsfähiger Preis** = competitive price; **wettbewerbsfähig im Preis** = competitively priced; **die Wohnung wird zu einem wirtschaftlichen** *oder* **günstigen Preis vermietet** = the flat is let at an economic rent; **einen Preis festsetzen von** = to price; **die Preise senken** *oder* **herabsetzen** *oder* **reduzieren** = to lower prices *oder* to reduce prices *oder* to cut prices; **die Preise erhöhen** *oder* **anheben** = to increase prices *oder* to raise prices

◇ **Preisabbau** *oder* **Preisabschlag** *m* price reduction *oder* price cut

◇ **Preisabsprache** *f* price fixing *oder (US)* common pricing

◇ **Preisänderung** *f* price change

◇ **Preisangabe** *f* price quotation; **ohne Preisangabe** = unpriced

◇ **Preisangebot** *n* quotation *oder* quote; **ein Preisangebot machen** = to quote; **ein Preisangebot für die Lieferung von Büromaterial machen** = to quote a price for supplying office stationery; **er machte mir ein Preisangebot von DM 2.950** = he quoted me a price of DM 2,950; **können Sie mir ein Preisangebot für 20.000 Briefumschläge machen?** = can you quote for supplying 20,000 envelopes?; **Preisangebote für die Neuausstattung des Ladens einholen** = to ask for quotations for refitting the shop; **sein Preisangebot war viel niedriger als alle anderen** = his quotation was much lower than all the others; **sie schickten uns ihr Preisangebot für den Auftrag** = they sent in their quotation for the job; **wir nahmen das niedrigste Preisangebot an** = we accepted the lowest quotation

◇ **Preisanstieg** *m* rise in prices; **Preisanstieg für Rohstoffe** = rise in the price of raw materials

◇ **Preisaufschlag** *m* additional charge *oder* mark-up
◇ **Preisauszeichnung** *f* pricing *oder* labelling
◇ **Preisbewegung** *f* price movement
◇ **preisbewußt** *adj* price-conscious
◇ **Preisbildung** *f* pricing
◇ **Preisbindung** *f* price fixing; **Preisbindung der zweiten Hand** *oder* **vertikale Preisbindung** = resale price maintenance *oder (US)* administered price
◇ **Preisbrecher** *m* price cutter *oder* someone who undercuts the market
◇ **Preisdruck** *m* downward pressure on prices
◇ **Preiseinbruch** *m* collapse of prices
◇ **Preisempfehlung** *f* recommended price; **unverbindliche Preisempfehlung** = manufacturer's recommended price (MRP) *oder* recommended retail price (RRP)
◇ **preisempfindlich** *adj* price-sensitive; **preisempfindliches Produkt** = price-sensitive product
◇ **Preisentwicklung** *f* price trend
◇ **Preiserhöhung** *f* price increase *oder* mark-up
◇ **Preisermäßigung** *f* price reduction *oder* mark-down
◇ **Preiseskalation** *f* escalation of prices
◇ **Preisfestsetzung** *f* pricing *oder* price setting
◇ **Preisfrage** *f* question of price; **ob wir alle Workstations vernetzen ist eine reine Preisfrage** = whether to network the workstations is simply a question of price
◇ **Preisfreigabe** *f* relaxation of price controls *oder* deregulation of prices

Preisgabe *f* disclosure
◇ **preisgeben** *vt* to disclose *oder* to divulge

Preisgefälle *n* price differential *oder* price gap
◇ **Preisgefüge** *n* price structure; **das Preisgefüge auf dem Kleinwagenmarkt** = the price structure in the small car market
◇ **Preisgestaltung** *f* pricing *oder* price setting; **wettbewerbsfähige Preisgestaltung** = competitive pricing
◇ **Preisgleitklausel** *f* escalator clause
◇ **Preisgrenze** *f* price limit; **oberste Preisgrenze** = ceiling price *oder* price ceiling; **untere Preisgrenze** = minimum price *oder* floor price; **eine Preisgrenze aufheben** = to remove a price limit
◇ **preisgünstig** *adj* inexpensive *oder* good value (for money); **der Auftrag wird an den preisgünstigsten Anbieter vergeben** = the tender will go to the lowest bidder
◇ **Preisindex** *m* price index
◇ **Preiskalkulation** *f* pricing
◇ **Preiskartell** *n* price-fixing ring
◇ **Preisklasse** *f* price range; **ich möchte etwas in der Preisklasse zwischen DM 15 - DM 20** = I am looking for something in the DM 15 - DM 20 price range; **Wagen in der Preisklasse von DM 40.000 bis DM 50.000** = cars in the DM 40-50,000 price range; **wir machen Schuhe verschiedenster Preisklassen** = we make shoes in a wide range of prices; **gehobene Preisklasse** = upper price range; **mittlere Preisklasse** = medium price range; **untere Preisklasse** = lower price range
◇ **Preiskontrolle** *f* price control(s)
◇ **Preiskorrektur** *f* adjustment *oder* revision of prices
◇ **Preiskrieg** *m* price war *oder* price-cutting war
◇ **Preislage** *f* price range
◇ **Preislawine** *f (umg)* unstoppable rise in prices *oder* snowballing prices
◇ **Preis-Leistungsverhältnis** *n* cost effectiveness *oder* value for money; **das Restaurant bietet ein gutes Preis-Leistungsverhältnis** = that restaurant gives value for money
◇ **Preisliste** *f* price list *oder* scale of prices
◇ **Preisnachlaß** *m* price reduction *oder* discount *oder* mark-down *oder* rebate
◇ **Preisniveau** *n* price level
◇ **Preisobergrenze** *f* upper price limit *oder* price ceiling
◇ **Preispolitik** *f* pricing policy; **unsere Preispolitik zielt auf einen Bruttogewinn von 35% ab** = our pricing policy aims at producing a gross profit of 35% *oder* a 35% gross margin; **die Preispolitik der Regierung** = the government's prices policy
◇ **Preisrückgang** *m* fall *oder* decline *oder* decrease in price
◇ **Preisschere** *f* price gap
◇ **Preisschild** *n* price label *oder* price tag *oder* price ticket; **mit Preisschildern versehen** = to sticker
◇ **Preissenkung** *f* lowering of prices *oder* price reduction *oder* mark-down; **plötzliche Preissenkung** = price cut; **wir haben für die Festsetzung des Verkaufspreises eine 30%ige Preissenkung vorgenommen** = we have used a 30% mark-down to fix the sale price
◇ **Preisstabilität** *f* price stability
◇ **Preissteigerung** *f* increase *oder* advance in prices *oder* price increase
◇ **Preissteigerungsrate** *f* rate of price increases
◇ **Preisstopp** *m* price freeze; **ein Lohn- und Preisstopp** = a wages and prices freeze *oder* a freeze on wages and prices; **einen Lohn- und Preisstopp durchführen** = to freeze wages and prices
◇ **Preisstruktur** *f* price structure *oder* price pattern
◇ **Preissturz** *m* sudden fall in price
◇ **Preisstützung** *f* price support *oder* price maintenance *(cf* PREISBINDUNG)
◇ **Preistafel** *f* price list
◇ **Preistreiberei** *f* forcing up of prices *oder* profiteering
◇ **Preisüberwachung** *f* price controls
◇ **Preisuntergrenze** *f* lowest price *oder* price floor
◇ **Preisunterschied** *m* difference in price *oder* price difference *oder* price differential
◇ **Preisverfall** *m* drop in prices
◇ **Preisvergleich** *m* price comparison
◇ **Preisvorstellung** *f* price requirement(s); **wir werden versuchen, Ihrer Preisvorstellung zu entsprechen** = we will try to meet your price
◇ **Preisvorteil** *m* price advantage
◇ **preiswert 1** *adj* cheap *oder* inexpensive *oder* good value (for money); **Ferienreisen nach Italien sind preiswert wegen des Wechselkurses** = holidays in Italy are good value because of the exchange rate **2** *adv* cheaply *oder* inexpensively; **etwas preiswert kaufen** = to buy something cheaply *oder* at a good price

◇ **Preiswucher** *m* profiteering

Presse *f* press; **wir haben vor, in der Presse viel Werbung für das Produkt zu machen** = we plan to give the product a lot of press publicity; **das neue Produkt wurde in der Presse überhaupt nicht erwähnt** = there was no mention of the new product in the press; **die überregionale Presse** = the national press; **für den neuen Wagen wurde in der überregionalen Presse Werbung gemacht** = the new car has been advertised in the national press
◇ **Presseagentur** *f* news agency
◇ **Presseamt** *n* press office
◇ **Pressebericht** *m* press report
◇ **Presseberichterstattung** *f* press coverage; **wir waren sehr enttäuscht über die Presseberichterstattung über den neuen Wagen** = we were very disappointed by the press coverage of the new car
◇ **Presseerklärung** *f* press statement
◇ **Pressekonferenz** *f* press conference
◇ **Pressemitteilung** *f* press release; **das Unternehmen gab eine Pressemitteilung über die Markteinführung des neuen Wagens heraus** = the company sent out *oder* issued a press release about the launch of the new car
◇ **Pressenotiz** *f* news item *oder* paragraph in the press
◇ **Pressereferent/-in** *mf* press officer *oder* information officer
◇ **Pressestelle** *f* press office
◇ **Presseverlautbarung** *f* press release

Pressure-group *f* pressure group

Prestige *n* prestige
◇ **Prestigeprodukt** *n* prestige product
◇ **Prestigeverlust** *m* loss of prestige *oder* status
◇ **Prestigewerbung** *f* prestige advertising

Prêt-à-porter *n* ready-to-wear clothing

Primärprodukt *n* primary product

Prime Rate *f* prime rate *oder* prime

Prinzip *n* principle; **im Prinzip** = in principle
◇ **prinzipiell** *adv* in principle

Priorität *f* priority; **einer Sache absolute Priorität einräumen** = to give something top priority

> die neue Regierung in Warschau gab gerade bekannt, daß sie der Ausweitung des Handels an der Börse dort hohe Priorität einräume
> ***Blick durch die Wirtschaft***

privat 1 *adj* private *oder* personal; **er wird private Verkehrsmittel benutzen** = he will be using private transport; **ich möchte den Direktor in einer privaten Angelegenheit sprechen** = I want to see the director on a personal matter **2** *adv* privately; **ein Haus privat verkaufen** = to sell a house by private treaty; **in der Öffentlichkeit sagte er, daß das Unternehmen bald kostendeckend arbeiten würde, aber privat war er weniger optimistisch** = in public he said the company would break even soon, but in private he was less optimistic

◇ **Privatadresse** *f* home address; **schicken Sie die Unterlagen bitte an meine Privatadresse, nicht an mein Büro** = please send the documents to my home address, not my office
◇ **Privatanleger/-in** *mf* private investor
◇ **Privatbesitz** *m oder* **Privateigentum** *n* **(a)** private property; **der Sturm richtete erhebliche Schäden an Privateigentum an** = the storm caused considerable damage to private *oder* personal property **(b)** private ownership; **in Privateigentum** = in private ownership *oder* privately owned; **in Privateigentum übergehen** = to pass into private hands
◇ **Privatdarlehen** *n* personal loan
◇ **Privateinkommen** *n* private *oder* personal income
◇ **Privatgespräch** *n* **(a)** private conversation **(b)** *(am Telefon)* personal call
◇ **Privatgrundstück** *n* private property
◇ **Privathand** *f* **in Privathand** = in private hands *oder* privately owned

privatisieren *vt* to privatize
◇ **Privatisierung** *f* privatization

> aus der Privatisierung der ersten Industriegruppe Frankreichs, erwartet die Pariser Regierung einen Erlös von 33 Milliarden Franc
> ***Frankfurter Allgemeine Zeitung***

Privatkonto *n* personal account
◇ **Privatkunde** *m* private client *oder* private customer
◇ **Privatplazierung** *f (einer Neuemission)* private placing *oder* placement
◇ **Privatrecht** *n* civil law *oder* private law
◇ **Privatsektor** *m* private sector
◇ **Privatunternehmen** *n* **(a)** private enterprise; **das Projekt wird durch Privatunternehmen finanziert** = the project is funded by private enterprise **(b)** private enterprise; **diese Firma ist ein Privatunternehmen** = this company is a privately owned enterprise
◇ **Privatvermögen** *n* personal assets
◇ **Privatversicherung** *f* private insurance *(cf* PERSONENVERSICHERUNG)
◇ **Privatvertrag** *m* private contract; **durch Privatvertrag** = by private contract *oder* by private treaty
◇ **Privatwirtschaft** *f* private enterprise *oder* (the) private sector; **die Expansion wird ausschließlich von der Privatwirtschaft finanziert** = the expansion is funded completely by the private sector
◇ **privatwirtschaftlich** *adj* (referring to the) private sector
◇ **Privatwohnung** *f* private house *oder* private flat; *pl* **Privatwohnungen** = private residential property

Privileg *n* privilege

pro *prep* per; **pro Jahr** = per annum *oder* per year; **pro Kopf** = per capita *oder* per head; **pro Stunde** = per hour; **pro Tag** = per day; **pro Woche** = per week; **der Gewinn pro Aktie** = the earnings per share; **der durchschnittliche Absatz** *oder* **Umsatz pro Handelsvertreter/-in** = the average sales per representative; **wie hoch ist ihr Umsatz pro Jahr?** = what is their turnover per annum?;

Handelsvertreter kosten durchschnittlich DM 75.000 pro Kopf und Jahr = representatives cost on average DM 75,000 per head per annum; **kalkulieren Sie DM 45 Spesen pro Kopf** = allow DM 45 per head for expenses; **Durchschnittseinkommen pro Kopf** = average income per capita; **wir bezahlen DM 30 pro Stunde** = we pay DM 30 per hour; **die Gebühr beträgt DM 30 pro Stunde** = the rate is DM 30 per hour; **das Auto fuhr mit (einer Geschwindigkeit von) 50 Kilometern pro Stunde** = the car was travelling at fifty kilometres per hour

Probe *f* **(a)** example *oder* sample *oder* specimen; **eine Probe seiner Handschrift** = a specimen signature; **laut Probe** = as per sample; **Probe liegt bei** = sample enclosed **(b)** test *oder* trial; **auf Probe** = on approval; **etwas auf Probe kaufen** = to buy something on approval *oder (umg)* on appro; **einen Fotokopierer auf Probe kaufen** = to buy a photocopier on approval; **jdn auf Probe einstellen** = to take someone on probation; **kostenlos zur Probe** = free trial

◊ **Probeangebot** *n* trial offer

◊ **Probebilanz** *f* trial balance

◊ **Probeentnahme** *f* sampling

◊ **Probeexemplar** *n* specimen (copy)

◊ **probefahren 1** *vt* to test-drive; **ein Auto probefahren** = to test-drive a car **2** *vi* to go for a test drive

◊ **Probefahrt** *f* test drive *oder* test run

◊ **Probejahr** *n* probationary year

◊ **Probelauf** *m* test run *oder* dummy run

◊ **Probenentnahme** *f* sampling; **Probenentnahme von Produkten der EU** = sampling of EU produce

◊ **Probesendung** *f* trial consignment

◊ **Probestück** *n* trial sample

◊ **probeweise** *adv* on a trial basis; **neue Computer probeweise einführen** = to bring in new computers on a trial basis

◊ **Probezeit** *f* probation *oder* trial period; **eine Probezeit von drei Monaten** = a probationary period of three months, **er hat drei Monate Probezeit** = he is on three months' probation; **nach der Probezeit entschied das Unternehmen, ihm einen vollen Arbeitsvertrag zu geben** = after the probationary period the company decided to offer him a full-time contract

> der Vertrag muß Probezeit und Kündigungsbestimmungen enthalten
> *Neues Deutschland*

probieren *vt* to sample

Problem *n* problem *oder* difficulty; **der Vorstand diskutierte das Problem von Entlassungsabfindungen** = the board discussed the question of redundancy payments; **ein Problem lösen** = to solve a problem; **Probleme zu lösen, ist ein Prüfstein eines guten Geschäftsführers** = problem solving is a test of a good manager

◊ **Problembereich** *oder* **Problemkreis** *m* problem area *oder* area for concern; **der Auslandsabsatz ist einer unserer größten Problembereiche** = overseas sales is one of our biggest problem areas

Produkt *n* product; **landwirtschaftliche Produkte** = agricultural produce *oder* farm produce

◊ **Produktanalyse** *f* product analysis

◊ **Produktangebot** *n* range of products *oder* product range; **ihr Produktangebot ist zu begrenzt** = their product range is too narrow

◊ **Produktenbörse** *siehe* WARENBÖRSE

◊ **Produktenhandel** *m* produce trade *oder* trade in produce

◊ **Produktentwicklung** *f* product development

◊ **Produktgestaltung** *f* product design

◊ **Produktgruppe** *f* product group *oder* product line; **Computer gehören nicht zu unseren meistverkauften Produktgruppen** = computers are not one of our best-selling lines

◊ **Produkthaftung** *f* product liability

Produktion *f* production *oder* output; **25% unserer Produktion wird exportiert** = 25% of our output is exported; **die Produktion wird wahrscheinlich durch Arbeitskämpfe ins Stocken gebracht** = production will probably be held up by industrial action; **wir hoffen, die Produktion durch das Aufstellen neuer Maschinen beschleunigen zu können** = we are hoping to speed up production by installing new machinery

◊ **Produktionsabteilung** *f* production department *oder* production division

◊ **Produktionsanlagen** *pl* production plant *oder* production facilities

◊ **Produktionsausfall** *m* loss of production

◊ **Produktionsbreite** *f* production range *(cf* PRODUKTIONSTIEFE)

◊ **Produktionseinheit** *f* production unit

◊ **Produktionsfaktor** *m* factor of production

◊ **Produktionsfehler** *m* defect in manufacturing

◊ **Produktionsgenossenschaft** *f* collective *oder* cooperative; **landwirtschaftliche Produktionsgenossenschaft** = collective farm

◊ **Produktionsgüter** *pl* capital goods

◊ **Produktionskapazität** *f* industrial *oder* manufacturing *oder* production capacity

◊ **Produktionskosten** *pl* production cost(s)

◊ **Produktionsleistung** *f* **(a)** *(Kapazität)* output; **die Produktionsleistung wurde um 10% erhöht** = output has increased by 10% **(b)** *(Rate)* rate of production *oder* production rate *oder* output; **Produktionsleistung pro Stunde** = output per hour

◊ **Produktionsleiter/-in** *mf* production manager

◊ **Produktionsmenge** *f* output

◊ **Produktionsmittel** *pl* means of production *oder* capital equipment

◊ **Produktionsprämie** *f* output bonus

◊ **Produktionsprogramm** *n* product range

◊ **Produktionsprozeß** *m* production process

◊ **Produktionsrückgang** *m* fall in output

◊ **Produktionsstandard** *m* production standard(s)

◊ **Produktionsstätte** *f* production centre *oder* manufacturing base

◊ **Produktionssteigerung** *f* increase in production

◊ **Produktionsstockung** *f* stoppage in production; **die Auslieferungen werden sich wegen Produktionsstockungen verzögern** = deliveries will be late because of stoppages on the production line

◇ **Produktionstiefe** *f* number of articles in a product line *(cf* PRODUKTIONSBREITE)

◇ **Produktionsverfahren** *n* production methods; **ihre Produktionsverfahren gehören zu den modernsten im Land** = their production methods are among the most modern in the country

◇ **Produktionsvolumen** *n* volume of output

◇ **Produktionsziel** *n* production target

◇ **Produktionszweig** *m* section of the production process

produktiv 1 *adj* productive; **produktive Gespräche** = productive discussions 2 *adv* productively

◇ **Produktivität** *f* productivity; **Anstrengungen zur Steigerung der Produktivität** = productivity drive; **das Unternehmen will die Produktivität steigern** = the company is aiming to increase productivity; **die Produktivität ist seit der Übernahme des Unternehmens gesunken** *oder* **gestiegen** = productivity has fallen *oder* risen since the company was taken over; **Sonderzahlungen sind an die Produktivität gebunden** = bonus payments are linked to productivity

◇ **Produktivitätskampagne** *f* productivity drive

◇ **Produktivitätsniveau** *n* level of productivity *oder* productivity level; **niedriges Produktivitätsniveau** = low level of productivity

◇ **Produktivitätsprämie** *f* productivity bonus

◇ **Produktivitätsvereinbarung** *f* productivity agreement

◇ **Produktivitätszuwachs** *m* increase in productivity; **dem Produktivitätszuwachs angepaßter Tarifabschluß** = productivity agreement

> Studien belegen, daß die Produktivität deutscher Kreditinstitute weit der internationalen Konkurrenz hinterherhinkt
>
> ***Wirtschaftswoche***

Produktlinie *f* product line; **wir führen diese Produktlinie nicht** = we do not stock that line

◇ **Produktliste** *f* list of products *oder* product list

◇ **Produktmanagement** *n* product management

◇ **Produktmanager/-in** *mf* product manager

◇ **Produktmix** *m* product mix

◇ **Produktpalette** *f* product range *oder* product spectrum

◇ **Produkttypung** *f* standardization of products *oder* product standardization

◇ **Produktüberangebot** *n* glut of produce

◇ **Produktwerbung** *f* product advertising

> die zwei Unternehmen sind in gewisser Weise Rivalen, auch wenn sie nicht Kopf an Kopf mit einer vergleichbaren Produktpalette konkurrieren
>
> ***Frankfurter Allgemeine Zeitung***
>
> das Unternehmen hat seine Personalkosten drastisch reduziert und sich von unrentablen Teilen der Produktpalette getrennt
>
> ***Welt der Wirtschaft***

Produzent *m* producer; **Land, das ein Produzent hochwertiger Uhren ist** = country which is a producer of high quality watches

◇ **Produzentenhaftung** *f* producer's liability

◇ **produzieren** *vt* to produce *oder* to make *oder* to turn out; **die Fabrik produziert 300 Autos am Tag** = the factory makes three hundred cars a day; **die Fabrik produziert fünfzig Stück pro Tag** = the factory turns out fifty units per day

professionell *adj* professional; **ein professioneller Tennisspieler** = a professional tennis player; **er ist ein professioneller Krisenmanager** = he is a professional troubleshooter

Profil *n* profile

Profit *m* profit

◇ **profitabel** *adj* profitable

◇ **Profit-Center** *n* profit centre

◇ **Profiteur/-in** *mf* profiteer

◇ **profitieren** *vti* to profit *oder* to gain *oder* to benefit; **die Angestellten profitierten von dem Gewinnbeteiligungsprogramm** = the employees have benefited from the profit-sharing scheme

◇ **Profitrate** *f* rate of profit

> ‚Profit-Center' sollten Schulen werden, befürchtet der Vorsitzende des Deutschen Lehrerverbandes Hamburg
>
> ***Focus***

Pro-forma-Rechnung *f* pro forma *oder* pro forma invoice; **sie schickten uns eine Pro-forma-Rechnung** = they sent us a pro forma

Prognose *f* forecast *oder* projection; **der Vorsitzende glaubte die Prognose des Verkaufsleiters über höhere Umsätze nicht** = the chairman did not believe the sales director's forecast of higher turnover; **Prognose über die Bevölkerungszahl** = population forecast; **konjunkturelle Prognose** = economic forecast; **kurzfristige Prognose** = short-range *oder* short-term forecast; **langfristige Prognose** = long-range *oder* long-term forecast

◇ **Prognostiker/-in** *mf* forecaster

◇ **prognostizieren** *vt* to forecast; **er prognostiziert Umsätze von DM 6 Millionen** = he is forecasting sales of DM 6m

Programm *n* **(a)** programme *oder (US)* program; **ein wirtschaftliches Programm durchführen** = to implement an economic programme **(b)** plan *oder* scheme; **nach Programm** = according to plan **(c)** agenda *oder* timetable; **auf dem Programm stehen** = to be on the agenda **(d)** *(Computer)* program; **ein Programm laden** = to load a program **(e)** *(Sortiment)* range; **Straffung des Programms** = streamlining of the product range

◇ **Programmdurchlauf** *m* computer run

◇ **programmierbar** *adj* programmable

◇ **programmieren** *vt* to program; **einen Computer programmieren** = to program a computer; **der Computer ist auf das Drucken von Etiketten programmiert** = the computer is programmed to print labels

◇ **Programmierer/-in** *mf* computer programmer *oder* programming engineer

◇ **Programmierung** *f* computer programming

◇ **Programmierfehler** *m* programming fault; **die Techniker versuchen, einen Programmierfehler zu korrigieren** = the technicians are trying to correct a programming fault

◊ **Programmiersprache** *f* programming language

Progression *f* progression; **der Progression unterliegend** = graduated

◊ **progressiv** *adj* **(a)** progressive *oder* go-ahead; **sie arbeitet für ein progressives Bekleidungsunternehmen** = she works for a go-ahead clothing company **(b)** progressive *oder* sliding (scale); **progressive Besteuerung** = progressive taxation

◊ **Progressivsteuer** *f* progressive tax

> progressive Veranstalter richten sich zunehmend auf den neuen Trend ein
>
> *Capital*

Projekt *n* project *oder* undertaking; **das Unternehmen wird die Arbeit an dem Projekt nächsten Monat aufnehmen** = the company will start work on the project next month; **er hat ein Projekt zur Entwicklung neuer Märkte in Europa entwickelt** = he has drawn up a project for developing new markets in Europe; **schlüsselfertiges Projekt** = turnkey project

◊ **Projektanalyse** *f* project analysis

◊ **Projektfinanzierung** *f* project finance *oder* financing

◊ **Projektgruppe** *f* project team

◊ **projektieren** *vt* to plan

◊ **Projektierung** *f* planning *oder* projection

◊ **Projektingenieur/-in** *mf* project engineer

◊ **Projektleiter/-in** *mf* project manager

Pro-Kopf-Ausgaben *fpl* per capita expenditure

◊ **Pro-Kopf-Einkommen** *n* per capita income

◊ **Pro-Kopf-Verbrauch** *m* per capita consumption

Prokura *f (jur)* power of attorney *(siehe auch* PER PROCURA)

◊ **Prokurist/-in** *mf* **(a)** authorized signatory *oder* holder of a general power of attorney **(b)** *(GB)* company secretary

Prolongation *f* extension *oder* prolongation *oder* renewal

◊ **Prolongationsgebühr** *f* contango rate

◊ **Prolongationsgeschäft** *n* contango business *oder* carryover

◊ **Prolongationswechsel** *m* continuation bill *oder* renewal bill

◊ **prolongieren** *vt* to extend *oder* to prolong *oder* to renew; **einen Wechsel prolongieren** = to renew a bill of exchange

Promesse *f* promissory note

Promille *n* per thousand *oder* thousandth (part); **der Anteil mangelhafter Artikel beträgt 25 Promille** = the rate of imperfect items is about twenty-five per thousand

◊ **Promillegrenze** *f* legal (alcohol) limit

Promotion *f* promotion

prompt 1 *adj* prompt *oder* immediate; **prompter Service** *oder* **prompte Bedienung** = prompt service **2** *adv* promptly

Propergeschäft *oder* **Propregeschäft** *n* dealing for one's own account

proportional *adj & adv* proportional(ly) *oder* proportionate(ly); **die Gewinnsteigerung ist proportional zur Reduktion der Gemeinkosten** = the increase in profit is proportional to reduction in overheads

Prospekt *m* **(a)** prospectus *oder* brochure *oder* leaflet *oder* pamphlet *oder (US)* broadside; **Mädchen verteilen auf der Straße Prospekte für das Restaurant** = the restaurant has girls handing out prospectuses in the street; **Prospekte mit dem Serviceangebot verschicken** *oder* **verteilen** = to mail leaflets *oder* to hand out leaflets describing services **(b)** *(Verzeichnis)* catalogue *oder (US)* catalog

◊ **Prospektmaterial** *n* brochures *oder* pamphlets *oder* sales literature; **bitte schicken Sie mir Prospektmaterial über Ihre neue Produktserie** = please send me literature about your new product range

Prosperität *f* prosperity

Protektionismus *m* protectionism

> auf keinen Fall dürfe Deutschland auf diese neue Herausforderung mit Protektionismus und Handelsbeschränkungen reagieren
>
> *Süddeutsche Zeitung*

Protest *m* protest; **aus Protest gegen** = in protest at; **das Personal besetzte die Büros aus Protest gegen das niedrige Gehaltsangebot** = the staff occupied the offices in protest at the low pay offer; **gegen hohe Preise Protest erheben** = to protest against high prices; **etwas unter Protest tun** = to do something under protest

◊ **protestieren** *vi* **gegen etwas protestieren** = to protest against *oder* about something *oder (US)* to protest something; **die Importeure protestieren gegen das Einfuhrverbot für Luxusgüter** = the importers are protesting against the ban on luxury goods

◊ **Protestkundgebung** *f* protest rally

◊ **Protestschreiben** *n* letter of protest

◊ **Proteststreik** *m* protest strike

◊ **Protestversammlung** *f* protest meeting

Protokoll *n* record; **das Protokoll einer Sitzung** = the minutes of the meeting; **Protokoll führen** = to take the minutes; **zu Protokoll nehmen** = to minute; **der Vorsitzende unterschrieb das Protokoll als korrekte Niederschrift der letzten Sitzung** = the chairman signed the minutes as a true record of the last meeting; **der Vorsitzende zeichnete das Protokoll der letzten Sitzung ab** = the chairman signed the minutes of the last meeting; **es ist im Protokoll festgehalten** = it is on record; **die Aussage des Vorsitzenden, daß die Gewinne im Begriff sind zu steigen, ist im Protokoll festgehalten** = the chairman is on record as saying that profits are set to rise; **ich möchte, daß diese Umsatzzahlen offiziell im Protokoll festgehalten werden** = for the record, I would like these sales figures to be noted in the minutes; **ich möchte nicht, daß das in das Protokoll aufgenommen wird** = I do not want that to be minuted *oder* I want that not to be minuted

◊ **Protokollbuch** *n* minutebook

◊ **protokollieren** *vt* to minute *oder* to record; **die Bemerkungen des Vorsitzenden über die Wirtschaftsprüfer wurden protokolliert** = the chairman's remarks about the auditors were minuted

Prototyp *m* prototype; **Prototyp eines Wagens** *oder* **Flugzeugs** = prototype car *oder* prototype plane; **das Unternehmen zeigt den Prototyp des neuen Modells auf der Messe** = the company is showing the prototype of the new model at the exhibition

Provenienz *f* origin

◊ **Provenienzzertifikat** *n* certificate of origin

Proviant *m* provisions

Provinz *f* **(a)** *(Verwaltungsbezirk)* **die Provinzen Kanadas** = the provinces of Canada **(b)** *(im Gegensatz zur Stadt)* provinces *oder* country; **es gibt in der Provinz weniger Einzelhandelsgeschäfte als in der Hauptstadt** = there are fewer retail outlets in the provinces than in the capital

◊ **Provinzfiliale** *f* provincial branch; **eine Provinzfiliale einer nationalen Bank** = a provincial branch of a national bank

◊ **provinziell** *adj* provincial

Provision *f* commission; **er bekam eine Provision in Höhe von DM 200.000, weil er das neue Geschäft angebahnt hatte** = he got a DM 200,000 commission for introducing the new business; **sie bekommt eine Provision von 10% auf alles, was sie verkauft** = she gets 10% commission on everything she sells; **er nimmt 10% Provision** = he charges 10% commission

◊ **Provisionsagent/-in** *mf* commission agent

◊ **Provisionsbasis** *f* commission basis; **auf Provisionsbasis arbeiten** = to work on (a) commission (basis)

◊ **Provisionsvertreter/-in** *mf* commission rep *oder* commission representative

> denn mit steigendem Umsatz steigen die Provisionen
> ***Die Zeit***

provisorisch *adj & adv* provisional(ly)

Prozent *n* percentage *oder* per cent; **10 Prozent** = 10 per cent; **seine Kommission bei diesem Abschluß beträgt zwölfeinhalb Prozent (12,5%)** = his commission on the deal is twelve and a half per cent (12.5%); **ein halbes Prozent** = half a percentage point; **die Geburtenrate ist auf zwölf Prozent gesunken** = the birth rate has fallen to twelve per hundred; **fünfzig Prozent von Nichts ist immer noch nichts** = fifty per cent of nothing is still nothing

◊ **Prozentpunkt** *m* percentage point

◊ **Prozentsatz** *m* percentage (rate)

◊ **prozentual** *adj* per cent; **prozentualer Anstieg** = percentage increase; **prozentualer Rabatt** = percentage discount; **wie hoch ist die prozentuale Steigerung?** = what is the increase per cent?

> 1992 wurden fast 60 Prozent aller ausländischen Immobilienkäufe in Großbritannien von Deutschen getätigt
> ***Wirtschaftswoche***

Prozeß *m* **(a)** *(Rechtsstreit)* court case *oder* lawsuit *oder* legal proceedings *oder* litigation *oder* (legal) action; **einen Prozeß anstrengen** = to go to court *oder* to take legal action *oder* to institute legal proceedings *oder* to sue; **einen Prozeß als Beklagte(r) führen** = to defend a lawsuit **(b)** *(Strafverfahren)* trial

◊ **Prozeßkosten** *pl* (court) costs; **der Richter legte dem Beklagten die Prozeßkosten auf** = the judge awarded costs to the defendant; **die Prozeßkosten werden von der Anklage übernommen** = costs of the case will be borne by the prosecution

◊ **Prozeßpartei** *f* party (to an action) *oder* suitor; **eine der Prozeßparteien ist verstorben** = one of the parties to the suit has died

◊ **prozessieren** *vi* to go to court *oder* to take legal action *oder* to institute legal proceedings *oder* to sue

prüfen *vt* **(a)** *(fin)* to audit *oder* to check *oder* to examine; **die Bücher prüfen** = to audit the accounts; **die Bücher wurden noch nicht geprüft** = the books have not yet been audited; **die Geschäftsbücher prüfen** = to check the books *oder* to inspect the accounts; **die Revisoren prüften das Portokassenbuch** = the auditors carried out checks on the petty cash book; **die Wirtschaftsprüfer prüften die Buchführungspraktiken des Unternehmens** = the accountants held a review of the company's accounting practices **(b)** *(untersuchen, abwägen)* to examine *oder* to study *oder* to consider; **erneut prüfen** = to re-examine; **die Vertragsbedingungen prüfen** = to consider the terms of a contract; **die Regierung prüfte die Vorschläge des Ausschusses zwei Monate lang** = the government studied the committee's proposals for two months; **man muß den Markt sorgfältig prüfen, bevor man sich für das Design des Produktes entschließt** = you will need to study the market carefully before deciding on the design of the product; **wir prüfen die Möglichkeit der Gründung einer Geschäftsstelle in New York** = we are studying the possibility of setting up an office in New York **(c)** *(kontrollieren)* to check *oder* to examine *oder* to inspect; **den Eingang von Waren prüfen und quittieren** = to check and sign for goods; **eine Maschine** *oder* **Anlage prüfen** = to inspect a machine *oder* an installation; **Produkte auf Mängel prüfen** = to inspect products for defects **(d)** *(erproben)* to test *oder* to verify; **die Eignung des Kandidats für eine Stelle prüfen** = to test a candidate's suitability for a job

◊ **Prüfer/-in** *mf* inspector

◊ **Prüfmuster** *n* check sample

◊ **Prüfstempel** *m* inspection stamp

◊ **Prüfung** *f* examination *oder* inspection *oder* test *oder* testing *oder* trial; **Prüfung eines Produkts auf Fehler hin** = inspection of a product for defects; **eine Prüfung einer Maschine** *oder* **einer Anlage durchführen** = to make an inspection *oder* to carry out an inspection of a machine *oder* an installation; **erneute Prüfung** = re-examination

◊ **Prüfverfahren** *n* testing procedure

PS = POST SCRIPTUM Post Scriptum (P.S.); **haben Sie das PS am Ende des Briefs gelesen?** = did you read the P.S. at the end of the letter?

Pta = PESETA

Public Relations (PR) *pl* public relations; **er arbeitet in Public Relations** = he works in public relations

◇ **Public-Relations-Mann** *m* public relations man

◇ **Public-Relations-Unternehmen** *n* public relations firm; **ein Public-Relations-Unternehmen macht unsere ganze Werbung** = a public relations firm handles all our publicity

Publicity *f* publicity; **reißerische Publicity** = hype

Publikation *f* publication; **er fragte in der Bibliothek nach einem Verzeichnis staatlicher Publikationen** = he asked the library for a list of government publications

◇ **Publikationspflicht** *f* statutory requirement (for large companies) to disclose accounts and make-up of the board

Publikum *n* public

◇ **Publikumsgeschmack** *m* public taste *oder* popular taste

◇ **Publikumsinteresse** *f* general interest *oder* interest from the general public

◇ **Publikumsverkehr** *m* opening hours (to the public); **nach 15 Uhr kein Publikumsverkehr** = closed for public business after 3 p.m.

Publizität *f* publicity

Puerto Rico *n* Puerto Rico

◇ **Puertoricaner/-in** *mf* Puerto *oder* Porto Rican

◇ **puertoricanisch** *adj* Puerto *oder* Porto Rican

(NOTE: Hauptstadt: **San Juan** ; Währung: **US-Dollar** *m* = US Dollar)

Puffer *m* buffer

◇ **Pufferbestände** *pl* buffer stocks

Pump *m* *(umg)* credit *oder* *(inf)* tick; **auf Pump leben** = to live on credit; **die ganzen Möbel im Haus sind auf Pump gekauft** = all the furniture in the house is bought on tick

> da die Einheit bisher vor allem auf Pump finanziert oder in Nebenhaushalten des Bundesfinanzministers geparkt wurde, verschärft sich der Konflikt zusätzlich
> ***Sächsische Zeitung***

pumpen *vt* to pump; **Kapital in ein Unternehmen pumpen** = to inject capital into a business

Punkt *m* **(a)** *(Tupfen)* dot *oder* spot **(b)** *(Bewertungseinheit)* point; **der Aktienindex fiel um zehn Punkte** = the exchange fell ten points; **der Dollar legte zwei Punkte zu** = the dollar gained two points **(c)** *(Unterteilung)* item; **wir gehen jetzt zu Punkt vier der Tagesordnung über** = we will now take item four on the agenda; **der wichtigste Punkt auf der Tagesordnung** = the most important matter on the agenda

◇ **Pünktchen** *n* dot

◇ **punktiert** *adj* dotted; **punktierte Linie** = dotted line; **schreiben Sie bitte nicht unterhalb der punktierten Linie** = do not write anything below the dotted line; **das Auftragsformular sollte an der punktierten Linie abgetrennt werden** = the order form should be cut off along the line shown by the row of dots; **unterschreiben Sie bitte auf der punktierten Linie** = please sign on the dotted line

pünktlich **1** *adj* punctual *oder* prompt; **pünktlicher Lieferant** = prompt supplier; **pünktliche Zahlung** = prompt payment **2** *adv* **(a)** punctually *oder* on time; **das Flugzeug kam pünktlich an** = the plane was on time; **pünktlich fertig sein** = to be on schedule **(b)** promptly; **pünktlich bezahlen** = to pay promptly *oder* *(umg)* to pay on the nail

◇ **Pünktlichkeit** *f* punctuality *oder* (good) time-keeping

Qq

Quadrat *n* square; **Millimeterpapier besteht aus einer Reihe von kleinen Quadraten** = graph paper is drawn with a series of small squares

◇ **Quadratmeter** *mn* square metre; **das Büro ist zehn mal zwölf Meter groß - die Gesamtfläche beträgt 120 Quadratmeter** = the office is ten metres by twelve - its area is one hundred and twenty square metres

> der Mietpreis mit rund 250 Mark pro Quadratmeter ist noch der geringste Teil der Messekosten
> *TopBusiness*

Qualifikation *f* qualification; **berufliche** *oder* **fachliche Qualifikation** = occupational *oder* professional qualification; **die richtigen Qualifikationen für die Stelle haben** = to have the right qualifications for the job

◇ **Qualifikationsfrist** *f* period of qualification

◇ **qualifizieren** *vr* **sich qualifizieren** = to qualify; **sie hat sich als Buchhalterin qualifiziert** = she has qualified as an accountant; **er wird sich nächstes Jahr als Ingenieur qualifizieren** = he will qualify as an engineer next year

◇ **qualifiziert** *adj* qualified *oder* skilled

Qualität *f* quality; **erstklassige Qualität** = high quality *oder* top quality; **gute** *oder* **schlechte Qualität** = good *oder* bad quality; **es gibt einen Markt für gebrauchte Computer guter Qualität** = there is a market for good quality secondhand computers; **wir verkaufen nur landwirtschaftliche Produkte bester Qualität** = we only sell farm produce of the best quality

◇ **qualitativ** *adj* qualitative

> an Märkten gehe es eben nicht nur um die Verarbeitung von Information, sondern um ein qualitativ höher zu bewertendes Gut: um Kontakte und Beziehungen
> *Neue Zürcher Zeitung*

Qualitätsarbeit *f* quality work *oder* good workmanship

◇ **Qualitätserzeugnis** *n* good quality product

◇ **Qualitätskontrolle** *f* quality control

◇ **Qualitätskontrolleur/-in** *mf* quality controller

◇ **Qualitätsmarke** *f* mark of quality *oder* brand

◇ **Qualitätsminderung** *f* reduction in quality *oder* lowering of quality; **wir hoffen, niedrige Preise ohne Qualitätsminderung zu erreichen** = we hope to achieve low prices with no lowering of quality

◇ **Qualitätsnorm** *f* quality standard

◇ **Qualitätsstufe** *f* quality grade

◇ **Qualitätsunterschied** *m* difference in quality

◇ **Qualitätsverbesserung** *f* improvement in quality

◇ **Qualitätsware** *f* high quality goods

◇ **Qualitätszertifikat** *n* certificate of quality

quantifizierbar *adj* quantifiable; **die Auswirkung der Veränderungen in der Diskontstruktur ist nicht quantifizierbar** = the effect of the change in the discount structure is not quantifiable

◇ **quantifizieren** *vt* to quantify; **die Auswirkung einer Sache quantifizieren** = to quantify the effect of something; **es ist unmöglich, die Auswirkung der neuen Gesetzgebung auf unseren Umsatz zu quantifizieren** = it is impossible to quantify the effect of the new legislation on our turnover

Quantität *f* quantity

◇ **quantitativ** *adj* quantitative

Quartal *n* quarter; **das erste** *oder* **zweite** *oder* **dritte** *oder* **vierte/letzte Quartal** = first *oder* second *oder* third *oder* fourth/last quarter; **die Miete für das erste Quartal ist im voraus zahlbar** = the first quarter's rent is payable in advance; **die Raten sind zahlbar am Ende jedes Quartals** = the instalments are payable at the end of each quarter

◇ **Quartalsabschluß** *m* quarterly statement

◇ **Quartalsende** *n* end of the quarter

◇ **quartalsweise** *adv* quarterly

Quartil *n* quartile

Quelle *f* source

◇ **Quellenabzug** *m* deduction at source; **Quellenabzug (be)zahlen** *oder* **auszahlen** = pay as you earn *oder* *(US)* pay-as-you-go

◇ **Quellenbesteuerung** *f* taxation at source; **Einkommen mit Quellenbesteuerung** = income which is taxed at source

◇ **Quellensteuer** *f* tax deducted at source *oder* withholding tax; *(GB)* pay-as-you-earn (PAYE)

> thesaurierende Wertpapierfonds werden jetzt im Ausland aufgelegt, um die Quellensteuer zu vermeiden
> *Wirtschaftswoche*

Querschnitt *m* cross-section; **Befragung eines repräsentativen Querschnitts** = sampling

◇ **Querschnittsanalyse** *f* *(Marketing)* cross-sectional analysis

quitt *adj (umg)* square *oder* even *oder (inf)* quits; **mit jemandem quitt sein** = to be quits *oder* even with someone; **jetzt sind wir quitt** = now we're square

quittieren *vt* to receipt *oder* to give a receipt for

◇ **Quittung** *f* receipt

◇ **Quittungsblock** *m* receipt book *oder* book of receipts

◇ **Quittungsduplikat** *n* duplicate receipt *oder* duplicate of a receipt

Quorum *n* quorum

Quote *f* quota
◇ **Quotenaktie** *f* fractional share certificate
◇ **Quotensystem** *n* quota system; **ein Quotensystem anwenden** = to operate a quota system; **den Vertrieb durch ein Quotensystem regeln** = to arrange distribution through a quota system; **wir organisieren unseren Vertrieb nach einem Quotensystem** = we arrange our distribution using a quota system

> inzwischen wurde die Vorsorge mit Millionenaufwand bis auf eine Quote von rund 66 Prozent angehoben
> ***Frankfurter Allgemeine Zeitung***

quotieren *vt (Preis, Kurs)* to quote
◇ **Quotierung** *f (Preis, Kurs)* quotation

Rr

Rabatt *m* **(a)** discount *oder* rebate; **Rabatt gewähren** = to discount; **wir gewähren 10% Rabatt auf unsere normalen Preise** = we give 10% off our normal prices; **Waren mit Rabatt verkaufen** = to sell goods at a discount *oder* at a discount price; **auf bestimmte Waren 10% Rabatt gewähren** = to offer a 10% rebate on selected goods; **einen Rabatt auf Mengenkäufe geben** = to give a discount on bulk purchases
◊ **Rabattmarke** *f* trading stamp
◊ **Rabattmechanismus** *m* discount mechanism; **der Rabattmechanismus des Unternehmens** = the company's discount mechanism
◊ **Rabattstruktur** *f* discount structure; **das Unternehmen organisiert seine Rabattstruktur um** = the company is reorganizing its discount structure

Räderwerk *n* mechanism *oder* *(fig)* machinery *oder* cogs *oder* wheels; **in das Räderwerk der Bürokratie geraten** = to get caught up in the cogs of bureaucracy

Radiergummi *m* rubber *oder* eraser

Rahmenbedingung *f* basic condition
◊ **Rahmenplan** *m* outline plan *oder* framework

die Rahmenbedingungen für die Amsterdamer Börse sehen gut aus ***Börse***

Ramsch *m (umg)* junk *oder* rubbish
◊ **Ramschware** *f* **(a)** junk *oder* oddments **(b)** job lot

Rand *m* edge *oder* side; **der Drucker hat die Zahlen bis an den Rand des Papiers gedruckt** = the printer has printed the figures right to the edge of the paper

Rang *m* echelon *oder* grade *oder* rank *oder* status; **eine Delegation von niederem Rang** = a low-level delegation; **Rang einnehmen** = to rank
◊ **Rangfolge** *f* rank order *oder* ranking order *oder* order of rank
◊ **ranghoch** *adj* high-ranking *oder* senior; **ranghoher Beamter** = high-ranking official; **er ist der ranghöchste Funktionär der Delegation** = he is the top-ranking *oder* the senior-ranking official in the delegation
◊ **Rangordnung** *f* ranking *oder* order of rank; **nach Rangordnung** = in rank order

rapid *adj* rapid; **die Aktienkurse erlebten gestern an der Börse einen rapiden Kursverfall** = shares dipped sharply in yesterday's trading

rar *adj* rare *oder* scarce; **erfahrene Handelsvertreter sind heutzutage rar** = experienced salesmen are rare these days; **zuverlässiges Fachpersonal ist rar** = reliable trained staff are scarce

rasch *adj & adv* quick(ly) *oder* rapid(ly) *oder* swift(ly); **er möchte rasch Gewinne aus seinen Kapitalanlagen erzielen** = he is looking for a quick return on his investments; **rasch erzielte Gewinne** = short-term gains

Rat *m* **(a)** *(Empfehlung, Beratung)* advice *oder* counsel; **zu Rate ziehen** = to consult **(b)** *(Gremium)* council *oder* board

Rate *f* **(a)** instalment *oder (US)* installment; **rückzahlbar in bequemen Raten** = repayable in easy instalments *oder* payments; **die erste Rate wird mit Unterzeichnung des Vertrags fällig** = the first instalment is payable on signature of the agreement; **die letzte Rate ist jetzt fällig** = the final instalment is now due; **mit einer Rate in Rückstand geraten** = to miss an instalment; **einen Wagen auf Raten kaufen** = to buy a car in instalments *oder (GB)* to buy a car on hire purchase (HP) *oder (US)* to buy a car on the installment plan **(b)** *(Verhältnis)* rate *(cf* ABSATZRATE, GEBURTENRATE, ZUWACHSRATE)
◊ **raten** *vti* **(a)** to advise; **raten zu** = to recommend; **der Buchprüfer riet uns, die Unterlagen zur Polizei zu schicken** = the accountant advised us to send the documents to the police; **uns wurde geraten, die Schiffahrtsgesellschaft zu verklagen** = we were advised to take the shipping company to court **(b)** to guess; **etwas raten** = to guess (at) something
◊ **Ratenkauf** *m* buying in instalments *oder (GB)* hire purchase (HP) *oder (US)* the installment plan
◊ **Ratensparvertrag** *m* ≈ save-as-you-earn (SAYE)
◊ **Ratenzahlung** *f* **(a)** *(Zahlung einer Rate)* instalment payment *oder* payment of an instalment *oder* deferred payment **(b)** *(Zahlung in Raten)* instalment payment *oder* payment by instalments

Ratgeber/-in *mf* adviser *oder* advisor

ratifizieren *vt* to ratify

rational *adj* rational

rationalisieren *vt* to rationalize *oder* to streamline; **das Buchführungssystem rationalisieren** = to streamline the accounting system; **die Bahngesellschaft versucht, ihren Güterverkehr zu rationalisieren** = the rail company is trying to rationalize its freight services; **den Vertrieb rationalisieren** = to streamline distribution services

◇ **rationalisiert** *adj* rationalized *oder* streamlined; **rationalisierte Produktion** = streamlined production; **das Unternehmen führte ein rationalisiertes Vertriebssystem ein** = the company introduced a streamlined system of distribution

◇ **Rationalisierung** *f* rationalization *oder* streamlining

◇ **Rationalisierungsfachmann** *m* efficiency expert

◇ **Rationalisierungsmaßnahme** *f* rationalization measure *oder* efficiency measure

rationell *adj* **(a)** *(wirtschaftlich, produktiv)* efficient; **das rationelle Funktionieren eines Systems** = the efficient working of a system **(b)** *(sparsam)* economical; **das Ziel der Lean Production ist, rationeller zu arbeiten** = the aim of lean production is more economical working

rationieren *vt* to ration; **in diesem Winter werden Lebensmittel möglicherweise eine Zeitlang rationiert** = there may be a period of food rationing this winter

◇ **Rationierung** *f* rationing

Raubbau *m* overexploitation of natural resources

◇ **Raubdruck** *m oder* **Raubkopie** *f* pirate copy; **ein Raubdruck eines Buches** = a pirate copy of a book

◇ **raubkopieren** *vt* to copy illegally

◇ **Raubüberfall** *m* robbery *oder* hold-up

> die Umsätze mit Raubkopien und gefälschten CDs haben sich nach Einschätzung der Musikindustrie um mehr als 15 Prozent erhöht
>
> ***Süddeutsche Zeitung***
>
> wer Software raubkopiert, riskiert 100.000 Franken Busse oder 3 Jahre Gefängnis
>
> ***Neue Zürcher Zeitung***

rauchen *vti* to smoke; **‚Rauchen verboten'** = no smoking

◇ **Rauchverbot** *n* ban on smoking; **ein Rauchverbot erlassen** = to impose a ban on smoking; **das Rauchverbot aufheben** = to lift the ban on smoking

Raum *m* area *oder* room *oder* space

◇ **Raumaufteilung** *f* floor plan

räumen *vt* to clear; **das Gebäude räumen** = to vacate the premises; **Zimmer müssen vor 12 Uhr geräumt sein** = rooms must be vacated before 12.00 *oder* checkout time is 12.00

Raumersparnis *f* space-saving

◇ **Rauminhalt** *m* volume *oder* cubic capacity

Räumlichkeiten *pl* premises; **gewerbliche Räumlichkeiten** = commercial premises; **wir haben 3.500 qm an Räumlichkeiten zu vermieten** = we have 3,500 square metres of floor space to let

Raummangel *m* lack of space *oder* lack of room

◇ **Raummaß** *n* cubic measure

◇ **Raumordnung** *f* town and country planning

◇ **raumsparend** *adj* space-saving

◇ **Raumteiler** *m* room divider *oder* partition

Räumungsverkauf *m* sale *oder* clearance sale *oder* closing-down sale *oder (US)* close-out sale; **Räumungsverkauf von Vorführmodellen** = demonstration models to clear

Raumverschwendung *f* waste of space

◇ **Raumverteilungsplan** *m* floor plan

◇ **Raumzahl** *f* tonnage

rausschmeißen *vt (umg)* to fire *oder* to sack *oder* to kick out; **jemanden rausschmeißen** = to give someone the boot

◇ **Rausschmiß** *m (umg)* sacking *oder* booting out *oder* the push

reagieren *vi* to react; **wie wird der Vorsitzende reagieren, wenn wir ihm die Neuigkeit mitteilen?** = how will the chairman react when we tell him the news?; **reagieren auf** = to react to; **die Aktienkurse reagierten heftig auf die Wechselkursverluste** = shares reacted sharply to the fall in the exchange rate

◇ **Reaktion** *f* reaction *oder* response *oder* feedback; **die Reaktion der Aktienkurse auf die Nachricht von dem Übernahmeangebot** = the reaction of the shares to the news of the takeover bid; **es gab keine Reaktion auf unsere Briefwerbeaktion** = there was no response to our mailing shot; **wir haben kaum eine Reaktion auf unsere Beschwerden bekommen** = we got very little response to our complaints

real *adj & adv* real *oder* in real terms

◇ **Realeinkommen** *n* real income

Realignment *n (Wechselkurs)* realignment

realisierbar *adj* **(a)** practicable *oder* feasible *oder* realizable *oder* viable; **das Projekt ist nicht realisierbar** = the project is not viable **(b)** *(fin)* realizable; **realisierbare Vermögenswerte** = realizable assets

◇ **Realisierbarkeit** *f* feasibility

◇ **realisieren** *vt* to realize; **Immobilien** *oder* **Vermögenswerte realisieren** = to realize property *oder* assets

◇ **realisiert** *adj* realized; **nicht realisierter Verlust** = paper loss; **noch nicht realisierter Gewinn** = paper profit

◇ **Realisierung** *f* realization; **Realisierung von Vermögenswerten** = realization of assets

Realkapital *n* fixed assets

◇ **Realkredit** *m* secured credit *oder* collateral loan

◇ **Reallohn** *m* real wages

◇ **Realsteuer** *f* property tax (tax on certain types of property and the income from them)

Realwert *m* real value

◇ **Realzeit** *f (Computer)* real time

◇ **Realzins** *m* real interest rate

Rechenfehler *m* **(a)** miscalculation *oder* arithmetical error **(b)** computational error

◇ **Rechengeschwindigkeit** *f* computing speed

◇ **Rechenhilfe** *f* calculator

◇ **Rechenmaschine** *f* calculating machine

◇ **Rechenschaft** *f* account; **Rechenschaft ablegen** = to account for; **die Handelsvertreter müssen dem Verkaufsleiter über sämtliche Spesen Rechenschaft ablegen** = the reps have to account for all their expenses to the sales manager

◇ **Rechenzeit** *f* computer time; **all diese Umsatzberichte durchlaufen zu lassen, kostet viel Rechenzeit** = running all those sales reports costs a lot in computer time

◇ **Rechenzentrum** *n* computer bureau

rechnen *vti* to count *oder* to calculate *oder* to reckon; **mit (etwas) rechnen** = to count on *oder* to reckon on; **sie rechnen damit, den Auftrag zu bekommen** = they reckon on being awarded the contract; **sie rechnen mit einer guten Resonanz auf ihre Fernsehwerbung** = they are counting on getting a good response from the TV advertising; **er kann mit der Unterstützung des geschäftsführenden Direktors rechnen** = he can reckon on the support of the managing director

◇ **Rechner** *m* **(a)** *(Taschenrechner)* calculator **(b)** *(Computer)* computer; **kommerzieller Rechner** = business computer

◇ **rechnergesteuert** *adj* computer-controlled

◇ **rechnergestützt** *adj* computer-aided *oder* computer-assisted

◇ **rechnerisch** *adj* arithmetical; **rechnerischer Gewinn** = paper profit

◇ **Rechnerlauf** *m* computer run

◇ **Rechnersystem** *n* computer system

◇ **Rechnerverbund** *m* computer network *oder* networked system

Rechnung *f* **(a)** *(Sammelrechnung)* account; **eine Rechnung begleichen** = to settle an account **(b)** *(Einzelrechnung)* invoice *oder* bill; **Ihre Rechnung vom 10. November** = your invoice dated November 10th; **der Vertreter schrieb die Rechnung aus** = the salesman wrote out the bill; **eine Rechnung ausstellen** = to invoice; **einem Kunden eine Rechnung ausstellen** = to invoice a customer; **eine Rechnung über DM 250 ausstellen** = to make out an invoice for DM 250; **die Rechnung ist auf die Fa. Sperzel ausgestellt** = the invoice is made out to Sperzel Ltd; **wir stellten die Rechnung am 10. November aus** = we invoiced you on November 10th; **eine Rechnung begleichen** *oder* **bezahlen** = to settle *oder* to pay an invoice; **die Rechnung bezahlen** = to foot the bill; **er verließ das Land, ohne seine Rechnungen zu bezahlen** = he left the country without paying his bills; **der Bauunternehmer reichte seine Rechnung ein** = the builder sent in his bill; **sie stellten ihre Rechnung sechs Wochen zu spät zu** = they sent in their invoice six weeks late; **ist in der Rechnung die Mehrwertsteuer enthalten?** = does the bill include VAT? **(c) in Rechnung stellen** = to charge *oder* to bill; **Arbeitskosten werden mit DM 65 pro Stunde in Rechnung gestellt** = labour is charged at DM 65 an hour; **dem Kunden Verpackungskosten in Rechnung stellen** = to charge the packing to the customer *oder* to charge the customer with the packing; **die Baufirma stellte ihm die Reparaturen am Nachbarhaus in Rechnung** = the builders billed him for the repairs to his neighbour's house **(d)** *(im Restaurant)* bill *oder* *(US)* check; **die Rechnung bitte** = can I have the bill please?; **der Ober schlug 10% Bedienung auf die Rechnung auf** = the waiter has added 10% to the bill for service; **die Rechnung macht DM 60 einschließlich Bedienung** = the bill comes to DM 60 including service; **schließt die Rechnung Bedienung ein?** = does the bill include service?

◇ **Rechnungsabgrenzung** *f* accruals and deferrals

◇ **Rechnungsabschluß** *m* closing of the accounts

◇ **Rechnungsabteilung** *f* invoicing department

◇ **Rechnungsausstellung** *f* invoicing; **Rechnungsausstellung in dreifacher Ausfertigung** = invoicing in triplicate; **Rechnungsausstellung inklusive MwSt.** = VAT invoicing

◇ **Rechnungsbetrag** *m* invoice total *oder* invoice amount; **fälliger Rechnungsbetrag** = balance due; **voller Rechnungsbetrag** = total invoice value

◇ **Rechnungsbuch** *n* account book

◇ **Rechnungsdatum** *n* date of invoice; **der volle Betrag ist innerhalb von dreißig Tagen (ab Rechnungsdatum) zahlbar** = the total is payable within thirty days of invoice

◇ **Rechnungseinheit** *f* unit of account

◇ **Rechnungsführer** *m* accountant *oder* bookkeeper

◇ **Rechnungshof** *m* audit office ≈ *(GB)* Auditor General's Department

◇ **Rechnungsjahr** *n* financial year *oder* fiscal year

◇ **Rechnungslegung** *f* accounting; **Rechnungslegung zum Wiederbeschaffungswert** = current cost accounting

◇ **Rechnungslegungsmethoden** *fpl* accounting methods *oder* accounting procedures

◇ **Rechnungsnummer** *f* invoice number

◇ **Rechnungsposten** *m* item on an invoice

◇ **Rechnungspreis** *m* invoice price

◇ **Rechnungsprüfer/-in** *mf* auditor *oder* chartered accountant; **betriebsinterner** *oder* **betrieblicher Rechnungsprüfer** = internal auditor

◇ **Rechnungsprüfung** *f* audit; **Rechnungsprüfung durchführen** = to audit *oder* to carry out an audit

◇ **Rechnungswesen** *n* accountancy *oder* accounting; **er macht eine Ausbildung im Rechnungswesen** = he is studying accountancy *oder* he is an accountancy student; **Fachmann/Fachfrau des Rechnungswesens** = accountant

recht 1 *adj* **(a)** *(richtig)* right; **recht haben** = to be right; **der Vorsitzende hatte recht, als er sagte, daß die Zahlen nicht stimmen** = the chairman was right when he said the figures did not add up **(b)** *(auf der rechten Seite)* right *oder* right-hand; **die Habenseite ist die rechte Spalte in den Geschäftsbüchern** = the credit side is the right-hand column in the accounts; **er bewahrt die Adressenliste im rechten Schubfach seines Schreibtischs auf** = he keeps the address list in the right-hand drawer of his desk; **rechte Hand** = right-hand man **2** *adv* fairly *oder* quite; **der Umsatz des ersten Quartals ist recht zufriedenstellend** = sales are quite satisfactory in the first quarter; **recht viele** = quite a few *oder* quite a lot

Recht *n* **(a)** *(Gesetz)* law; **bürgerliches Recht** = civil law; **internationales Recht** = international law **(b)** *(Anspruch, Berechtigung)* right; **die Belegschaft hat das Recht zu wissen, wie es um das Unternehmen steht** = the staff have a right to know how the company is doing; **Recht auf**

Vertragsverlängerung = right of renewal of a contract

rechtfertigen *vt* to justify *oder* to warrant; **das Handelsvolumen des Unternehmens mit den USA rechtfertigt nicht sechs Reisen des Vertriebsleiters nach New York pro Jahr** = the company's volume of trade with the USA does not warrant six trips a year to New York by the sales director

rechtlich *adj & adv* legal(ly); **die Direktoren sind rechtlich verantwortlich** = the directors are legally responsible

rechtmäßig *adj & adv* lawful(ly) *oder* legal(ly) *oder* rightful(ly); **rechtmäßige(r) Besitzer/-in** = rightful owner; **rechtmäßiges Handeln** = lawful practice
◇ **Rechtmäßigkeit** *f* legality; **es besteht Zweifel an der Rechtmäßigkeit seiner Entlassung durch das Unternehmen** = there is doubt about the legality of the company's action in dismissing him

rechts *adv* on the right; **Haben steht rechts auf der Seite** = the credits are on the right side of the page

Rechtsabteilung *f* legal department *oder* legal section
◇ **Rechtsanspruch** *m* legal claim *oder* title; **er hat einen Rechtsanspruch auf den Besitz** = he has a good title to the property; **sie hat keinen Rechtsanspruch auf den Besitz** = she has no title to the property *oder* no legal claim to the property
◇ **Rechtsanwalt/Rechtsanwältin** *mf* lawyer *oder (GB)* solicitor *oder* barrister *oder (US)* attorney
◇ **Rechtsauffassung** *f* legal interpretation *oder* interpretation of the law
◇ **Rechtsbeistand** *m* legal adviser *oder* counsel
◇ **Rechtsberater/-in** *mf* legal adviser; **er konsultiert den Rechtsberater des Unternehmens** = he is consulting the company's legal adviser
◇ **Rechtsberatung** *f* legal advice
◇ **rechtsfähig** *adj* competent *oder* legally responsible *oder* having legal capacity; **rechtsfähiger Verein** = legally registered society
◇ **Rechtsfähigkeit** *f* legal responsibility *oder* legal capacity
◇ **Rechtsgeschäft** *n* legal transaction
◇ **rechtsgültig** *adj* in due form *oder* (legally) valid; **rechtsgültig machen** = to authenticate; **für rechtsgültig erklären** = to validate *oder* to make valid
◇ **Rechtsgültigkeit** *f* validity (in law)
◇ **rechtshängig** *adj* sub judice; **die Zeitungen können noch nicht über den Fall berichten, weil er noch rechtshängig ist** = the papers cannot report the case because it is still sub judice
◇ **Rechtskraft** *f* force of law *oder* legal validity; **Rechtskraft erlangen** = to become law *oder* to come into force *oder* to enter into effect
◇ **rechtskräftig** *adj* having the force of law *oder* legally valid
◇ **Rechtslage** *f* legal position
◇ **Rechtsmittel** *n* appeal; **Rechtsmittel einlegen** = to appeal
◇ **Rechtsnachfolger/-in** *mf* assignee *oder* legal successor
◇ **Rechtspersönlichkeit** *f* legal personality
◇ **Rechtsposition** *f* legal status
◇ **Rechtsprechung** *f* administration of justice *oder* jurisdiction
◇ **Rechtsschutz** *m* legal protection
◇ **Rechtsschutzversicherung** *f* insurance against legal costs
◇ **Rechtsspruch** *m* judgement *oder* court ruling
◇ **Rechtsstreit** *m* (legal) action *oder* lawsuit *oder* litigation
◇ **Rechtstitel** *m* legal title
◇ **rechtsungültig** *adj* invalid
◇ **Rechtsungültigkeit** *f* invalidity
◇ **rechtsunwirksam** *adj* invalid; **rechtsunwirksame Genehmigung** = permit that is invalid
◇ **rechtsverbindlich** *adj* legally binding; **der Vertrag ist rechtsverbindlich** = the contract is legally binding
◇ **Rechtsverhältnis** *n* legal position
◇ **Rechtsverletzung** *f* (i) violation *oder* breach of a law; (ii) infringement of a right
◇ **Rechstvertreter/-in** *mf* legal representative
◇ **Rechtsweg** *m* legal action *oder* legal proceedings; **den Rechtsweg beschreiten** = to take legal action *oder* to have recourse to law; **unter Ausschluß des Rechtweges** = without the right of recourse to law *oder* without the right to take legal action
◇ **rechtswidrig** *adj* illegal
◇ **Rechtswidrigkeit** *f* illegality
◇ **rechtswirksam** *adj* valid *oder* legally effective

rechtzeitig 1 *adj* punctual **2** *adv* in *oder* on time; **Sie müssen sich beeilen, wenn Sie rechtzeitig zur Sitzung da sein wollen** = you will have to hurry if you want to get to the meeting on time *oder* if you want to be on time for the meeting

recyceln *vt* to recycle
◇ **Recycling** *n* recycling
◇ **Recyclingpapier** *n* recycled paper; **Pappe wird aus Recyclingpapier hergestellt** = cardboard is made from recycled waste paper

> so wurde dieses Fahrzeug komplett auf Recycling ausgelegt, alle Kunststoffteile sind für spätere Wiederverwertung gekennzeichnet und selbstverständlich geeignet
>
> ***Welt der Wirtschaft***
>
> das Unternehmen ist auf das Recycling großer Mengen kontaminierter Böden spezialisiert
>
> ***Die Wirtschaft***

Redakteur/-in *mf* editor
◇ **Redaktion** *f* **(a)** *(Tätigkeit)* editing **(b)** *(Personal)* editorial staff **(c)** *(Büro)* editorial office
◇ **redaktionell** *adj* editorial
◇ **Redaktionskomitee** *n* editorial board

Rediskont *m* rediscount
◇ **rediskontieren** *vt* to rediscount

redlich *adj* bona fide *oder* honest; **die Rolle des redlichen Vermittlers spielen** = to play the honest broker

Reduktion *f* reduction (in prices, etc.)

◇ **reduzieren** *vt* to reduce *oder* to cut *oder* to decrease; **Ausgaben reduzieren** = to reduce expenditure; **Teppiche sind von DM 300 auf DM 200 reduziert worden** = carpets are reduced from DM 300 to DM 200; **wir haben Personal entlassen, um den zu hohen Personalbestand zu reduzieren** = we have made some staff redundant to reduce overmanning; **drastisch reduzieren** = to reduce drastically *oder* to slash; **die Preise wurden in allen Abteilungen drastisch reduziert** = prices have been slashed in all departments

◇ **reduziert** *adj* reduced; **reduzierte Preise erhöhten die verkauften Stückzahlen** = reduced prices have increased unit sales

◇ **Reduzierung** *f* decrease *oder* reduction

Reeder *m* shipowner; **ein großer** *oder* **bedeutender Reeder** = a shipping magnate

◇ **Reederei** *f* shipping company *oder* shipping line

◇ **Reedereiangestellte(r)** *mf* shipping clerk

reell *adj* fair *oder* genuine *oder* honest *oder* real *oder* straight; **jedes reelle Angebot wird angenommen** = no reasonable offer refused

Reexport *m* re-export *oder* re-exportation; **wir führen Wolle für den Reexport ein** = we import wool for re-export

REFA-Fachmann *m* ≈ time and motion expert

◇ **REFA-Studie** *f* ≈ time and motion study

Referenz *f* **(a)** *(Empfehlung)* (letter of) reference *oder* testimonial; **Bewerber um Referenzen bitten** = to ask applicants to supply references; **er legte Referenzen von seinen zwei vorherigen Arbeitgebern bei** = he enclosed letters of reference from his two previous employers; **jdm eine Referenz schreiben** *oder* **geben** = to write someone a reference *oder* to give someone a reference **(b)** *(Auskunftsperson)* referee; **bei Bewerbung bitte drei Referenzen angeben** = when applying please give the names of three referees; **jdn als Referenz angeben** = to give someone's name as referee *oder* as reference; **sie gab ihren Chef als Referenz an** = she gave the name of her boss as a referee

refinanzieren *vt* to refinance

◇ **Refinanzierung** *f* refinancing; **Refinanzierung eines Kredites** = refinancing of a loan

Reflation *f* reflation

◇ **reflationär** *adj* reflationary; **reflationäre Maßnahmen** = reflationary measures

Regal *n* rack *oder* shelves; **die Regale im Supermarkt waren vor dem Weihnachtsrummel voller Waren** = the shelves in the supermarket were full of items before the Christmas rush *npl* **Regale** = shelving

◇ **Regalauffüller** *m* shelf filler

◇ **Regalbrett** *n* shelf

◇ **Regalfläche** *f* shelf space

rege(r,s) *adj* active *oder* brisk *oder* busy *oder* lively; **reger Handel** = flourishing trade

> wie das Bundesamt darlegte, ist die Beschleunigung der wirtschaftlichen Entwicklung in Westdeutschland sowohl einer regeren Binnennachfrage als auch einer Expansion der Aussenwirtschaft zu verdanken
> ***Neue Zürcher Zeitung***

Regel *f* rule; **in der Regel** = as a rule; **in der Regel geben wir keinen Rabatt über 20%** = as a rule, we do not give discounts over 20%

Regelkreis *m* control system

regelmäßig 1 *adj* regular; **eine regelmäßige Überprüfung der Unternehmensleistung** = a periodic review of the company's performance **2** *adv* regularly; **der erste Zug morgens hat regelmäßig Verspätung** = the first train in the morning is regularly late

regeln *vt* **(a)** *(regulieren)* to control *oder* to regulate; **neu regeln** = to readjust **(b)** *(erledigen, in Ordnung bringen)* to sort out *oder* to arrange *oder* to settle

◇ **Regelung** *f* **(a)** control *oder* regulation; **die Regelung der Handelspraktiken** = the regulation of trading practices **(b)** arrangement *oder* settlement; **gütliche Regelung** = amicable settlement; **vertragliche Regelung** = contractual settlement

Regelsatzsteuer *f* basic *oder* standard tax rate

regieren *vt* to govern; **das Land wird von einer Gruppe von Militärs regiert** = the country is governed by a group of military leaders

◇ **Regierung** *f* government; **die Politik der Regierung ist in der Broschüre umrissen** = government policy is outlined in the booklet; **laut Bestimmungen der Regierung muß auf Luxusartikel Einfuhrzoll gezahlt werden** = government regulations state that import duty has to be paid on luxury items

◇ **Regierungsapparat** *m* government machinery *oder* the machinery of government

◇ **Regierungsbeamte(r)** *mf* government official; **Regierungsbeamte hoben die Einfuhrlizenz auf** = government officials stopped the import licence

◇ **Regierungskommission** *f* government commission; **er ist Vorsitzender der für Exportsubventionen zuständigen Regierungskommission** = he is the chairman of the government commission on export subsidies

◇ **Regierungsminister/-in** *mf* government minister

Region *f* region

◇ **regional** *adj* regional *oder* provincial

◇ **Regionalplanung** *f* regional planning

Register *n* **(a)** *(Liste)* register; **etwas in ein Register eintragen** = to enter something in a register; **ein Register auf dem laufenden halten** = to keep a register up to date **(b)** *(Stichwortverzeichnis)* index

◇ **Registerführer/-in** *mf* registrar

◇ **Registratur** *f* **(a)** registration **(b)** registry *oder* records office; **Angestellte(r) in der Registratur** = filing clerk **(c)** filing cabinet

◇ **registrieren** *vt* to register *oder* to record; **Anrufe registrieren** = to log phone calls; **einen Verkauf**

registrieren = to register a sale; **Ihre Beschwerde wurde registriert, und ihr wird nachgegangen werden** = your complaint has been recorded and will be investigated

◇ **Registrierkasse** *f* cash register

◇ **Registrierung** *f* registration *oder* recording; **die Registrierung eines Auftrags** *oder* **einer Beschwerde** = the recording of an order *oder* of a complaint

Regreß *m* redress *oder* recourse; **ohne Regreß** = without recourse

◇ **Regreßanspruch** *m* right of recourse

Regression *f* regression

◇ **regressiv** *adj* regressive; **regressive Besteuerung** = regressive tax

Regreßklage *f* action for recourse

regulär *adj* regular

regulieren *vt* **(a)** *(regeln)* to regulate *oder* to control *oder* to adjust **(b)** *(Forderung)* to settle; **einen Schaden regulieren** = to settle a claim; **die Versicherungsgesellschaft weigerte sich, seine Forderung für Sturmschäden zu regulieren** = the insurance company refused to settle his claim for storm damage

◇ **Regulierung** *f* **(a)** regulation **(b)** settlement

rehabilitiert *adj* rehabilitated; **rehabilitierte(r) Konkursschuldner/-in** = certificated bankrupt

Reibach *m* large profit *oder (umg)* killing; **er hat an der Börse einen kräftigen Reibach gemacht** = he made a killing on the stock market

reich *adj* **(a)** rich *oder* wealthy *oder* affluent; **eine reiche Ölgesellschaft** = a rich oil company **(b)** rich *oder* abundant *oder* plentiful; **reich an** = rich in; **das Land ist reich an Mineralien** = the country is rich in minerals

reichen *vi* **(a)** *(sich erstrecken)* to stretch *oder* to extend *oder* to reach; **reichen von ... bis** = to range from ... to; **unsere Aktivitäten reichen von Bergbau in den USA bis hin zu Computer-Kundendienst in Ungarn** = our activities range from mining in the USA to computer servicing in Hungary; **das Unternehmen verkauft Produkte, die von billigen Kugelschreibern bis hin zu importierten Luxusgütern reichen** = the company sells products ranging from cheap pens to imported luxury items **(b)** *(genügend)* to be enough *oder* to suffice *oder* to last; **Angebot gilt solange Vorrat reicht** = offer subject to availability

◇ **Reichtum** *n* wealth *oder* riches

◇ **Reichweite** *f* scope *oder* reach

reiflich *adj* mature *oder* careful; **nach reiflicher Überlegung** = after careful consideration *oder* after due deliberation

Reihe *f* **(a)** row *oder* line *oder* series; **eine Reihe von** = a number of; **eine Reihe von Personalmitgliedern geht dieses Jahr in Rente** = a number of the staff will be retiring this year **(b)** queue *oder (US)* line; **letzter in der Reihe** = last in the queue

◇ **Reihenfolge** *f* order; **alphabetische Reihenfolge** = alphabetical order; **in chronologischer Reihenfolge** = in chronological order; **zahlenmäßige Reihenfolge** = numerical order

◇ **Reihenhaus** *n* terraced house *oder* town house

Reinertrag *m* net yield

Reinfall *m* flop; **ein Reinfall sein** = to flop

Reingewinn *m* clear profit *oder* net profit; **wir machten bei dem Geschäft DM 30.000 Reingewinn** = we made DM 30,000 clear profit on the deal

Reinschrift *f* fair copy *oder* final copy

Reinvermögen *n* net assets *oder* net worth

reinvestieren *vt* to reinvest; **er reinvestierte das Geld in Staatsanleihen** = he reinvested the money in government stocks; **Gewinne in das Unternehmen reinvestieren** = to plough back profits into the company

◇ **Reinvestition** *f* reinvestment

Reise *f* journey *oder* trip; **er plante seine Reise so, daß er alle Kunden in zwei Tagen besuchen konnte** = he planned his journey to visit all his accounts in two days

◇ **Reisebranche** *f* (the) travel trade

◇ **Reisebüro** *n* travel agency

◇ **Reisebürokaufmann/-kauffrau** *mf* travel agent

◇ **Reisegewerbe** *n* peddling; **ein Reisegewerbe betreiben** = to peddle

◇ **Reisegewerbetreibende(r)** *mf* pedlar

◇ **Reisekosten** *pl* travelling expenses

◇ **Reisekostenvergütung** *f* reimbursement of travelling expenses

◇ **Reisekostenzuschuß** *m* travel(ling) allowance

◇ **Reiseleiter/-in** *mf* courier *oder* tour leader

◇ **Reisemagazin** *n* travel magazine

◇ **reisen** *vi* to travel; **er reist zweimal jährlich geschäftlich in die Staaten** = he travels twice a year to the States on business; **in ihrer neuen Stelle muß sie mindestens zehnmal im Jahr ins Ausland reisen** = in her new job, she has to travel abroad at least ten times a year

◇ **Reisen** *n* travel

◇ **Reisende(r)** *mf* traveller *oder (US)* traveler

◇ **Reisepaß** *m* passport

◇ **Reiseroute** *f* route *oder* itinerary; **die Reiseroute eines Handelsvertreters** = a salesman's itinerary

◇ **Reisescheck** *m* traveller's cheque *oder (US)* traveler's check

◇ **Reiseschreibmaschine** *f* portable typewriter; **alle seine Berichte werden auf der Reiseschreibmaschine geschrieben** = all his reports are typed on his portable typewriter

◇ **Reisespesen** *pl* travelling expenses

◇ **Reiseveranstalter** *m* tour operator

◇ **Reiseverkehr** *m* tourist traffic *oder* tourism

◇ **Reiseversicherung** *f* travel insurance

reißend *adj* rapid *oder* quick; **diese Waren finden im Nahen Osten reißenden Absatz** = these items find a ready sale in the Middle East

> nach den Worten der Chefin der Außenhandelsabteilung, gibt das neue Geschäft Hoffnung auf reißende Absätze
> ***Russischer Kurier***

Reißwolf *m* shredder

Reißzwecke *f* drawing pin; **sie benutzte Reißzwecken, um das Poster an der Tür zu befestigen** = she used drawing pins to pin the poster to the door

Reiz *m* appeal
◇ **reizen** *vt* to appeal; **die Vorstellung, sechs Monate in Australien zu arbeiten, reizte sie** = the idea of working in Australia for six months appealed to her

Reklamation *f* complaint; **bei Reklamationen immer das Geschäftszeichen angeben** = when making a complaint, always quote the reference number
◇ **Reklamationsabteilung** *f* complaints department
◇ **Reklamationsvorgang** *m* complaints procedure

Reklame *f* **(a)** *(Einzelwerbung)* advertisement **(b)** *(Werbewesen, Werbung)* advertising *oder* publicity; **Reklame machen** = to promote *oder* to publicize; **für ein neues Produkt Reklame machen** = to promote a new product *oder (umg)* to give a plug to a new product
◇ **Reklamebeilage** *f* advertising enclosure *oder* mailer *oder (US)* stuffer
◇ **Reklamefläche** *f* hoarding
◇ **Reklameläufer/-in** *mf* sandwich (wo)man
◇ **Reklamerummel** *m* advertising hype
◇ **Reklameschild** *n* advertising sign
◇ **Reklametafel** *f* advertisement hoarding *oder (US)* billboard
◇ **Reklamezettel** *m* publicity handout *oder* handbill

reklamieren *vti* to complain (of *oder* about)

Rekord *m* record; **wir haben unseren Rekord für Juni gebrochen** = we broke our record for June; **der Umsatz 1993 kam dem Rekord von 1986 gleich** = sales for 1993 equalled the record of 1986
◇ **rekordbrechend** *adj* record-breaking
◇ **Rekordgewinn** *m* record profit; **wir sind stolz auf unsere Rekordgewinne 1993** = we are proud of our record-breaking profits in 1993
◇ **Rekordjahr** *n* record year; **1993 war ein Rekordjahr für das Unternehmen** = 1993 was a record year for the company
◇ **Rekordverlust** *m* record loss

rekrutieren *vt* to recruit; **weiteres Personal rekrutieren** = to recruit new staff; **wir rekrutieren Personal für unser neues Geschäft** = we are recruiting staff for our new store

◇ **Rekrutierung** *f* recruitment *oder* recruiting; **Rekrutierung von Hochschulabgängern** = graduate recruitment

Rektapapier *n* non-negotiable instrument
◇ **Rektawechsel** *m* non-negotiable bill of exchange

Relation *f* relation

relativ *adj & adv* relative(ly); **wir haben ein relativ neues PR-Unternehmen mit unserer Werbung beauftragt** = we have appointed a relatively new PR firm to handle our publicity

relevant *adj* relevant

Rembours *m* reimbursement
◇ **Remboursgeschäft** *n* documentary credit transaction
◇ **Rembourskredit** *m* documentary credit

Remission *f* remittance
◇ **Remittenden** *pl* returns
◇ **Remittent/-in** *mf* payee

Rendite *f* (rate of) return *oder* yield; **laufende Rendite** = current yield; **Aktie mit laufender Rendite von 5%** = share with a current yield of 5%

> das seit zwei Jahren stark anziehende obere Marktsegment, das hohe Entwicklungsaufwendungen verlangt, bringt tendenziell höhere Renditen
> ***Neue Zürcher Zeitung***

Renner *m* best-selling item *oder* best-seller

> als der digitale Rekorder in Japan auf den Markt kam, sah es so aus, als ob die Unterhaltungselektronik-Industrie des Landes erneut einen großen Renner für das Massengeschäft hervorgebracht hätte
> ***Blick durch die Wirtschaft***

rentabel *adj* paying *oder* profitable *oder* profit-making *oder* viable; **eben noch rentabel** = marginal; **nicht rentabel** = not viable
◇ **Rentabilität** *f* profitability *oder* viability; **können wir die Rentabilität von Luftfracht im Vergleich zum Transport auf dem Seeweg berechnen?** = can we calculate the cost-effectiveness of air freight against shipping by sea?
◇ **Rentabilitätsberechnung** *f* calculation of profitability
◇ **Rentabilitätsmessung** *f* measurement of profitability
◇ **Rentabilitätssteigerung** *f* gain in profitability

Rente *f* **(a)** *(Ruhegeld)* pension *oder* retirement pension; **staatliche Rente** = government pension *oder* state pension; **in Rente gehen** = to retire **(b)** *(aus Versicherungen)* annuity; **lebenslange Rente** = annuity for life *oder* life annuity; **Empfänger/-in einer Rente** = annuitant
◇ **Rentenalter** *n* pensionable age *oder* retirement age
◇ **Rentenanleihe** *f* perpetual bond *oder* annuity bond
◇ **Rentenanpassung** *f* indexation of pensions (to wage levels)
◇ **Rentenanspruch** *m* pension entitlement

◇ **Rentenbank** *f* agricultural mortgage bank

◇ **Rentenbasis** *f* annuity basis

◇ **Rentenbeitrag** *m* pension contribution

> ab 1. 1. zahlen Sie 18 Pfennig mehr für den Liter Benzin, höhere Versicherungssteuern und Rentenbeiträge
>
> *Capital*

◇ **Rentenbemessungsgrundlage** *f* pension assessment basis

◇ **rentenberechtigt** *adj* pensionable *oder* entitled to a pension

◇ **Rentenempfänger/-in** *mf* **(a)** pensioner **(b)** annuitant

◇ **Rentenfonds** *m* fixed-interest fund

◇ **Rentenmarkt** *m* market in fixed-interest securities

◇ **Rentenpapier** *n* fixed-interest security

◇ **Rentenplan** *m* pension plan

◇ **Rentenschuld** *f* annuity paid by the purchaser of a property to the previous owner

◇ **Rentenversicherung** *f* pension scheme *oder* annuity; **eine Rentenversicherung abschließen** = to buy *oder* to take out an annuity; **beitragspflichtige Rentenversicherung** = contributory pension scheme; **beitragsfreie Rentenversicherung** = non-contributory pension scheme; **gestaffelte Rentenversicherung** = graduated pension scheme; **private Rentenversicherung** = personal pension plan

◇ **Rentenversicherungsbeitrag** *m* pension contribution

◇ **Rentenversicherungssystem** *n* pension plan *oder* pension scheme

◇ **Rentenwert** *m* fixed-interest security

◇ **rentieren** *vir* to be worthwhile *oder* to pay *oder* to be profitable *oder* to yield a return; **die Investition in die neuen Computer beginnt sich zu rentieren** = the investment in the new computers is beginning to pay off

◇ **Rentner/-in** *mf* **(a)** *(Empfänger/-in einer staatlichen oder betrieblichen Rente)* pensioner *oder* old age pensioner (OAP) **(b)** *(Empfänger/-in einer Jahresrente)* annuitant

Reorganisation *f* reorganization *oder* restructuring

◇ **reorganisieren** *vt* to reorganize *oder* to restructure

Reparatur *f* repair; **Reparaturen an den Maschinen vornehmen** = to carry out repairs to the machinery; **sein Auto ist zur Reparatur in der Werkstatt** = his car is in the garage for repair

◇ **Reparaturkosten** *pl* repair costs

◇ **Reparaturwerkstatt** *f* repair shop *oder* workshop *oder* service centre *oder* garage; **Tankstelle mit Reparaturwerkstatt** = service station

◇ **reparieren** *vt* to repair *oder* to fix; **der Fotokopierer wird repariert** = the photocopier is being repaired; **die Techniker kommen, um die Telefonzentrale zu reparieren** = the technicians are coming to fix the telephone switchboard

repartieren *vt (Wertpapiere)* to allot *oder* to scale down

Report *m* **(a)** report **(b)** *(Börse)* contango

◇ **Reportgeschäft** *n* contango *oder* carry-over business

◇ **Reporttag** *m* contango day

Repräsentant/-in *mf* representative

◇ **Repräsentanz** *f* representative office *oder* branch

◇ **Repräsentation** *f* representation

◇ **Repräsentationsbüro** *n* prestige office

◇ **Repräsentationswerbung** *f* presitge advertising

◇ **repräsentativ** *adj* **(a)** *(stellvertretend)* representative; **das gewählte Muster war nicht repräsentativ für die ganze Serie** = the sample chosen was not representative of the whole batch; **wir stellten eine repräsentative Auswahl aus unserem Sortiment aus** = we displayed a representative selection of our product range **(b)** *(ansehnlich)* prestigious; **der Konferenzraum wird nur zu repräsentativen Zwecken gebraucht** = the conference room is only used on formal occasions *oder* for official functions

◇ **Repräsentativerhebung** *f* representative survey; **eine Repräsentativerhebung durchführen** = to sample; **sie führten bei 2.000 Personen eine Repräsentativerhebung durch, um das neue Getränk zu testen** = they sampled 2,000 people at random to test the new drink

◇ **repräsentieren** *vt* to represent

Reprise *f (Börse)* revival (of the market)

reprivatisieren *vt* to denationalize; **die Regierung plant, die Stahlindustrie zu reprivatisieren** = the government has plans to denationalize the steel industry

◇ **Reprivatisierung** *f* denationalization; **die Reprivatisierung der Flugzeugindustrie** = the denationalization of the aircraft industry

Reproduktion *f* reproduction

Reserve *f* **(a)** reserve(s) *oder* stockpile; **auf Reserven zurückgreifen müssen, um die Dividende auszuschütten** = to have to draw on reserves to pay the dividend; **stille Reserven** = hidden reserves **(b) in Reserve** = in reserve; **etwas in Reserve haben** *oder* **halten** = to keep something in reserve; **wir halten unser neues Produkt bis zum Einführungstag in Reserve** = we are keeping our new product in reserve until the launch date

◇ **Reservefonds** *m* reserve fund

◇ **Reservewährung** *f* reserve currency

◇ **reservieren** *vt* to reserve *oder* to book; **kann Ihre Sekretärin für mich einen Platz im Zug nach Hannover reservieren?** = can your secretary reserve a seat for me on the train to Hannover?; **einen Tisch in einem Restaurant reservieren** = to book a table at a restaurant

◇ **Reservierung** *f* reservation *oder* booking

◇ **Reservierungsabteilung** *f* reservations (department); **können Sie mich mit der Reservierungsabteilung verbinden?** = can you put me through to reservations?

Resolution *f* resolution

Resonanz *f* response *oder* feedback

respektieren *vt* to respect

Respekttage *mpl (Wechsel)* days' grace

Ressort *n (Aufgabenbereich, Abteilung)* department

Ressourcen *fpl* resources; **natürliche Ressourcen** = natural resources

Rest *m* rest *oder* remainder *oder* remnant; **der Rest des Geldes ist in Staatspapieren angelegt** = the rest of the money is invested in government bonds; **wir haben den Warenbestand größtenteils vor Weihnachten verkauft und hoffen, den Rest durch einen Ausverkauf zu räumen** = we sold most of the stock before Christmas and hope to clear the rest in a sale; **der Rest ist für Sie** = keep the change
◇ **Restant** *m* **(a)** *(säumiger Schuldner)* defaulter **(b)** *(Ladenhüter)* slow-selling item **(c)** *(fin)* bond drawn for redemption but not yet cashed in
◇ **Restauflagen** *fpl (print)* remainders; **der Laden war voll von Stößen von Restauflagen** = the shop was full of piles of remaindered books

Restaurant *n* restaurant; **er leitet ein deutsches Restaurant in New York** = he runs a German restaurant in New York

Restbestand *m* remaining stock; **der Restbestand wird zum halben Preis verkauft** = the remainder of the stock will be sold off at half price; *pl* **Restbestände** = oddments
◇ **Restbetrag** *m* balance *oder* residue; **Sie können DM 200 anzahlen und den Restbetrag innerhalb von 60 Tagen bezahlen** = you can pay DM 200 deposit and the balance within 60 days
◇ **Restdividende** *f* final dividend
◇ **Resteverkauf** *m* remnant sale *oder* sale of remnants
◇ **restlich** *adj* **(a)** remaining **(b)** *(jur)* residual; **nachdem mehrere letztwillige Zuwendungen gezahlt wurden, wurde der restliche Nachlaß zwischen seinen Kindern aufgeteilt** = after paying various bequests the residue of his estate was split between his children
◇ **Restposten** *m* **(a)** *(in der Buchführung)* residual item **(b)** *(von Waren)* remaining stock **(c)** *mpl* oddments

Restriktion *f* restriction
◇ **restriktiv** *adj* restrictive; **restriktive Geldmengenpolitik** = tight money policy; **eine restriktive Wirtschaftspolitik betreiben** = to deflate the economy

Restrisiko *n* residual risk
◇ **Restsumme** *f* balance *oder* amount remaining
◇ **Restwert** *m* residual value *oder* written down value
◇ **Restzahlung** *f* payment of the balance *oder* final payment

Resultat *n* result
◇ **resultieren** *vi* to result; **die Verdopplung des Verkaufsteams resultierte in höherem Absatz** = the doubling of the sales force resulted in increased sales

Retourwaren *fpl* returns

retten *vt* to save *oder* to rescue *oder* to recover *oder* to salvage; **das Unternehmen brach fast zusammen, wurde aber von den Banken gerettet** = the company nearly collapsed, but was rescued by the banks; **das Unternehmen versucht, seinen Ruf zu retten, nachdem der geschäftsführende Direktor wegen Betrug ins Gefängnis kam** = the company is trying to salvage its reputation after the managing director was sent to prison for fraud ; **der Konkursverwalter konnte etwas aus dem Zusammenbruch des Unternehmens retten** = the receiver managed to salvage something from the collapse of the company
◇ **Rettung** *f* rescue *oder* recovery *oder* salvage
◇ **Rettungsaktion** *f* rescue operation; **die Banken beabsichtigten eine Rettungsaktion für das Unternehmen** = the banks planned a rescue operation for the company

Reugeld *n* penalty (on withdrawal from a contract)

revanchieren *vr* **sich revanchieren** = **(a)** to get one's revenge **(b)** to reciprocate; **sie boten uns die Alleinvertretung für Ihre Automobile und wir revanchierten uns mit dem Angebot, die Vertretung unserer Busse zu übernehmen** = they offered us an exclusive agency for their cars and we reciprocated with an offer of the agency for our buses

revidieren *vt* **(a)** to revise *oder* to review; **die Umsatzprognosen werden jährlich revidiert** = sales forecasts are revised annually **(b)** to audit *oder* to check; **die Geschaftsbücher revidieren** = to audit the accounts

> die Deutsche Bundesbank hat das Wachstum der Geldmenge M3 im April nach endgültigen Berechnungen nach unten revidiert
> ***Neue Zürcher Zeitung***

Revision *f* **(a)** revision *oder* review; **eine Revision der Verkaufszahlen** = a review of the sales figures **(b)** audit *oder* auditing; **externe** *oder* **außerbetriebliche Revision** = external *oder* independent audit; **interne** *oder* **betriebsinterne Revision** = internal audit **(c)** *(jur)* appeal; **Revision einlegen** = to appeal
◇ **Revisionsabteilung** *f* audit department; **er ist der Leiter der internen Revisionsabteilung** = he is the manager of the internal audit department
◇ **Revisor/-in** *mf* auditor; **externer** *oder* **außerbetrieblicher Revisor** = external auditor; **interner Revisor** = internal auditor; **die Jahreshauptversammlung setzt die Revisoren des Unternehmens ein** = the AGM appoints the company's auditors

Revolvingkredit *m* revolving credit

Rezept *n* prescription; **einige Medikamente werden ohne Rezept verkauft, aber andere müssen vom Arzt verschrieben werden** = some drugs are sold over the counter (without a prescription), but others need to be prescribed by a doctor

Rezeption *f (Hotel, Krankenhaus)* reception (desk)

Rezession *f* recession; **andauernde Rezession** = slump; **schwere** *oder* **starke Rezession** = deep recesion; **die Rezession hat die Gewinne vieler Unternehmen gedrückt** = the recession has reduced profits in many companies; **mehrere Firmen schlossen ihre Fabriken wegen der Rezession** = several firms have closed factories because of the recession

> die Hoffnungen, der Rezession ausweichen zu können, sind vor allem bei deutschen Firmen nicht unbegründet, denn in einer Reihe von Firmen- bzw. Instrumentenbranchen boomt der Umsatz
> ***Sächsische Zeitung***

R-Gespräch *n* transferred charge call *oder* reverse charge call *oder (US)* collect call; **ein R-Gespräch führen** = to reverse the charges *oder (US)* to make a collect call; **er führte ein R-Gespräch mit dem Büro** = he made a reverse charge call to his office *oder (US)* he called his office collect

Richter/-in *mf* judge; **der Richter verurteilte ihn wegen Unterschlagung zu einer Gefängnisstrafe** = the judge sent him to prison for embezzlement

richtig *adj* correct; **der veröffentlichte Abschluß gibt kein richtiges Bild der finanziellen Lage des Unternehmens** = the published accounts do not give a correct picture of the company's financial position; **für DM 1200 ist der Wagen ein richtiger Gelegenheitskauf** = that car is a real bargain at DM 1200; **dies ist nicht das richtige Flugzeug nach Paris** = this is not the right plane for Paris
◊ **Richtigkeit** *f* correctness *oder* accuracy; **ich bescheinige die Richtigkeit dieser Abschrift** = I certify that this is a true copy; **die Richtigkeit dieser Abschrift wird (hiermit) bescheinigt** = certified as a true copy; **ich bestätige die Richtigkeit durch meine Unterschrift** = in witness whereof I sign my hand

Richtlinien *fpl* guidelines; **die Regierung gab Richtlinien zur Anhebung von Einkommen und Preisen heraus** = the government has issued guidelines on increases in incomes and prices; **das Anheben der Einzelhandelspreise verstößt gegen die staatlichen Richtlinien** = the increase in retail prices breaks *oder* goes against the government guidelines

Richtpreis *m* recommended price; **empfohlener Richtpreis** = recommended retail price (RRP)

Richtsatz *m* standard rate

richtungweisend *adj* pointing the way; **richtungweisende Aktie** = bellwether (share); **richtungweisendes Dokument** = model document; **richtungweisendes Unternehmen** = bellwether company

> Einigkeit herrschte hinsichtlich der erarbeiteten Beschäftigungsstudie, welche von fast allen Teilnehmern als ein grundlegendes und richtungweisendes Dokument akzeptiert wurde
> ***Neue Zürcher Zeitung***

Richtwert *m* standard (value)

Riegel *m* bolt; **der neue Leiter der Finanzabteilung schob den Spesenforderungen der Vertreter einen Riegel vor** = the new finance director put a stop to the reps' expense claims

Riese *m* **(a)** giant **(b)** *(umg)* thousand-mark note
◊ **Riesenauftrag** *m* giant order *oder* outsize order
◊ **Riesengewinn** *m* huge profit

Ring *m* ring *oder* cartel

Ringbuch *n* ring binder *oder* loose-leaf book

Risiko *n* **(a)** risk; **ein Risiko eingehen** = to take a risk; **das Unternehmen nimmt ein erhebliches Risiko auf sich, indem es 25 Millionen Stück produziert, ohne Marktforschung zu betreiben** = the company is taking a considerable risk in manufacturing 25m units without doing any market research ; **finanzielles Risiko** = financial risk; **laut der Regierung, bestand kein finanzielles Risiko beim Verkauf an osteuropäische Länder auf Kredit** = according to the government there was no financial risk in selling to East European countries on credit ; **bei ihm besteht ein geringes** *oder* **hohes Risiko** = he is a good *oder* bad risk; **auf Risiko (des) Käufers** = at buyer's risk *oder* caveat emptor **(b)** *(Versicherung)* risk *oder* exposure; **er versucht, sein Risiko auf dem Immobilienmarkt abzudecken** = he is trying to cover his exposure in the property market
◊ **Risikoanalyse** *f* risk analysis
◊ **Risikoausgleich** *m* spreading of risk
◊ **risikofrei** *adj* risk-free *oder (US)* riskless; **risikofreie Investition** = safe *oder* secure investment
◊ **Risikokapital** *n* risk capital *oder* venture capital
◊ **risikolos** *adj siehe* RISIKOFREI
◊ **Risikopapiere** *npl* junk bonds
◊ **Risikoprämie** *f* risk premium
◊ **risikoreich** *adj* risky *oder* hazardous; **risikoreiches Unternehmen** = risky enterprise *oder* (high-risk) venture; **er verlor Geld bei vielen risikoreichen Importgeschäften** = he lost money on several import ventures
◊ **Risikostreuung** *f* spreading of risk
◊ **Risikoübernahme** *f* assumption of risk
◊ **Risikoversicherung** *f* risk insurance *oder* term insurance *oder* contingent policy

> die Agentur übernimmt die volle Verantwortung für die Leistungen ihres Managers, indem sie eine entsprechende Risikoversicherung abschließt
> ***Die Zeit***

riskant *adj* dangerous *oder* risky; **wenig riskant** = risk-free *oder (US)* riskless; **er verlor sein gesamtes Geld bei einigen riskanten Unternehmen in Südamerika** = he lost all his money in some risky ventures in South America
◊ **riskieren** *vt* to risk *oder* to venture

Roboter *m* robot; **der Wagen wird von Robotern gemacht** = the car is made by robots
◊ **Robotertechnik** *oder* **Robotik** *f* robotics

roh *adj* **(a)** raw; **rohes Ei** = raw egg **(b)** rough; **rohe Schätzung** = rough estimate
◊ **Rohbau** *m (eines Gebäudes)* shell *oder* skeleton (of an unfinished building)
◊ **Rohbilanz** *f* trial balance

◊ **Rohdaten** *pl* raw data

◊ **Rohentwurf** *m* rough draft; **er machte einen Rohentwurf des neuen Designs** = he made a rough draft of the new design

◊ **Rohertrag** *m* gross receipts

◊ **Rohgewicht** *n* gross weight

◊ **Rohgewinn** *m* gross profit

◊ **Rohmaterial** *n* raw material

◊ **Rohöl** *n* crude (oil) *oder* crude petroleum

Rohstoff *m* **(a)** *(Grundstoff)* raw material **(b)** *(Primärprodukt)* primary commodity *oder* basic commodity *oder* primary product

◊ **Rohstoffbörse** *f* commodity exchange

◊ **Rohstoffhändler/-in** *mf* commodity trader

◊ **Rohstoffindustrie** *f* primary industry

◊ **Rohstoffmarkt** *m* commodity market

◊ **Rohstoffreserven** *pl* (natural) reserves of raw materials

◊ **Rohstoffverarbeitung** *f* processing of raw materials

◊ **Rohstoffvorrat** *m* (acquired) reserves of raw materials; **Rohstoffvorräte anlegen** = to stockpile raw materials

> ein Highlight ist das erste deutsche biologisch abbaubare Motoröl, das auf pflanzlichen Rohstoffen basiert
> ***Die Wirtschaft***

rollen *vt* to roll; **sie rollten den Computer in seine richtige Position** = they rolled the computer into position

◊ **rollend** *adj* rolling; **rollendes Material** = rolling stock; **rollender Plan** = rolling plan

◊ **Rollfuhrdienst** *m* transport service of goods from the consignor to the railway station and (at the other end) from the station to the consignee

◊ **Rollgeld** *n* carrriage

◊ **Rollgut** *n* freight

Ro-Ro-Schiff *n* roll-on/roll-off ship

rot *adj* red; **in den roten Zahlen** = in the red; **mein Bankkonto ist in den roten Zahlen** = my bank account is in the red; **das Unternehmen schrieb 1993 rote Zahlen** = the company went into the red in 1993; **das Unternehmen ist erstmalig seit 1990 aus den roten Zahlen heraus** = the company is out of the red for the first time since 1990

> die Bundesanstalt für Arbeit ist noch längst nicht aus den roten Zahlen
> ***Neues Deutschland***

Rotation *f* rotation

Route *f* route

Routine *f* routine; **er folgt einer täglichen Routine - er nimmt den 7.15 Uhr Zug nach Frankfurt, dann den Bus zum Büro und fährt abends die gleiche Strecke zurück** = he follows a daily routine - he takes the 7.15 train to Frankfurt, then the bus to his office, and returns by the same route in the evening

◊ **Routineanruf** *m* routine call

◊ **Routinearbeit** *f* routine work

◊ **routinemäßig** *adj* routine; **eine routinemäßige Überprüfung der Brandschutzeinrichtungen** = a routine check of the fire prevention equipment

◊ **Routineüberprüfung** *f* routine check; **eine Routineüberprüfung der Feuerlöschanlagen** = a routine check of the fire-fighting equipment

Ruanda *n* Rwanda

◊ **Ruander/-in** *mf* Rwandan

◊ **ruandisch** *adj* Rwandan

(NOTE: Hauptstadt: **Kigali** ; Währung: **Ruanda-Franc** *m* = Rwandan franc)

Rubel *m* *(Währungseinheit in Rußland)* rouble *oder* *(US)* ruble

Rückantwort *f* reply coupon

rückbuchen *vt* to reverse *oder* to contra

◊ **Rückbuchung** *f* reversing entry *oder* contra entry

rückdatieren *vt* to backdate; **rückdatieren Sie Ihre Rechnung auf den 1. April** = backdate your invoice to April 1st

Rückdeckungsversicherung *f* insurance covering a company's pension scheme costs

rückerstatten *vt* to refund *oder* to repay *oder* to reimburse; **die Portogebühren rückerstatten** = to refund the cost of postage

◊ **Rückerstattung** *f* rebate *oder* refund *oder* repayment *oder* reimbursement; **eine Rückerstattung fordern** = to ask for a refund; **Rückerstattung in voller Höhe** = full refund *oder* refund in full

> zu einer unbürokratischen Rückerstattung der illegal kassierten Gebühren ist die Bank nur bereit, wenn der Kunde dies ausdrücklich verlangt
> ***Capital***

Rückfahrkarte *f* return ticket *oder* a return *oder* *(US)* round-trip ticket; **ich möchte zwei Rückfahrkarten nach Bremen** = I would like two returns to Bremen

◊ **Rückfahrt** *f* return journey; **Hin- und Rückfahrt** = round trip; **Fahrpreis für Hin- und Rückfahrt** = return fare *oder* round-trip fare

Rückfall *m* *(jur)* reversion

Rückflug *m* return flight

◊ **Rückflugticket** *n* return ticket; **Hin- und Rückflugticket** = round-trip ticket

Rückfluß *m* *(Kapital)* return

Rückforderung *f* clawback

Rückfracht *f* cargo homewards *oder* homeward freight

Rückfrage *f* query

Rückgabe *f* return *oder* restitution; **das Gericht ordnete die Rückgabe von Vermögenswerten an**

das Unternehmen an = the court ordered the restitution of assets to the company

◇ **Rückgaberecht** *n* right of return; **Kauf mit Rückgaberecht** = sale or return *oder* see-safe; **wir haben 4.000 Artikel mit Rückgaberecht gekauft** = we have taken 4,000 items on sale or return; **wir haben den Warenbestand mit Rückgaberecht gekauft** = we bought the stock see-safe

Rückgang *m* decline *oder* decrease *oder* fall *oder* drop *oder* downturn; **kurzfristiger Rückgang** = dip; **plötzlicher (anhaltender) Rückgang** = slump; **Exporte zeigten einen Rückgang** = exports have registered a decrease; **die Gewinne wiesen einen Rückgang von 10% auf** = profits showed a 10% fall; **der Umsatz zeigt gegenüber dem Vorjahr einen Rückgang von 10%** = sales show a 10% decrease on last year; **ein Rückgang der Goldpreise** = a fall in the price of gold; **ein Rückgang der Kaufkraft** = a decline in buying power; **ein Rückgang des Marktpreises** = a downturn in the market price

◇ **rückgängig** *adj* **(a)** declining *oder* falling *oder* dropping *oder* downward **(b) rückgängig machen** = to annul *oder* to call off *oder* to go back on *oder* to rescind *oder* to revoke; **das Unternehmen machte die Vereinbarung rückgängig, zum Stückpreis von DM 4,50 zu liefern** = the company went back on its agreement to supply at DM 4.50 a unit; **das Geschäft wurde im letzten Moment rückgängig gemacht** = the deal was called off at the last moment; **zwei Monate später machten sie die Vereinbarung rückgängig** = two months later they went back on the agreement

> die registrierte Arbeitslosigkeit hat, nach Monaten des Rückgangs, erstmals wieder leicht zugenommen
> *Wirtschaftswoche*

Rückgewinnung *f* **(a)** *(Land)* reclamation **(b)** *(Rohstoffe)* recycling

Rückgriff *m siehe* REGRESS

Rückkauf *m* **(a)** repurchase **(b)** *(Lebensversicherung)* surrender

◇ **rückkaufen** *vt* to buy back *oder* to repurchase

◇ **Rückkaufsrecht** *n* right to buy something back

◇ **Rückkaufswert** *m* surrender value

Rückkehr *f* return

Rücklage *f* reserve(s) *oder* reserve fund; **Rücklagen einer Bank** = bank reserves; **Rücklagen für uneinbringliche Forderungen** = reserve for bad debts; **auf die Rücklage zurechenbare Beträge** = sums chargeable to the reserve; **Kapitalisierung von Rücklagen** = capitalization of reserves

rückläufig *adj* declining *oder* falling *oder* dropping *oder* downward(s) *oder* decreasing; **die Absatzzahlen waren im Januar leicht rückläufig** = sales figures edged downwards in January; **der Aktienmarkt war um 20% rückläufig** = the market has fallen *oder* shrunk by 20%; **die Gewinne des Unternehmens waren in den letzten Jahren rückläufig** = the company's profits have moved downwards over the last few years; **Importe sind rückläufig** = imports are decreasing; **die Konjunktur war in der Amtszeit der letzten Regierung rückläufig** = the economy declined during the last government

> die Zahl der Besucher vor allem aus dem Ausland war im vergangenen Jahr ebenso rückläufig wie die vermietete Fläche
> *TopBusiness*

Rückmeldung *f* feedback

Rücknahme *f* **(a)** taking back; **Rücknahme mangelhafter Waren** = taking back of defective goods **(b)** repurchase; **Rücknahme von Obligationen** = repurchase of bonds **(c)** *(jur)* withdrawal; **Rücknahme einer Klage** = withdrawal of a complaint

◇ **Rücknahmepreis** *m* offer price of a unit (in a unit trust)

Rückporto *n* return postage

Rückprämie *f (Börse)* put premium

Rückreise *f* return journey *oder* homeward journey

Rückruf *m* **(a)** *(tel)* return call **(b)** *(jur)* withdrawal of permission to use copyrighted material **(c)** *(das Zurückbeordern)* recall

◇ **Rückrufaktion** *f* recall action (of defective goods)

Rückschein *m* proof of delivery slip

Rückschlag *m* setback *oder* reverse; **das Unternehmen erlitt 1993 eine Serie von Rückschlägen** = the company suffered a series of setbacks in 1993

Rückseite *f* back; **schreiben Sie Ihre Adresse auf die Rückseite des Umschlags** = write your address on the back of the envelope; **unterschreiben Sie den Scheck bitte auf der Rückseite** = please endorse the cheque on the back; **die Verkaufsbedingungen sind auf der Rückseite der Rechnung abgedruckt** = the conditions of sale are printed on the back of the invoice; **siehe Rückseite** = see over *oder* see overleaf

Rücksendung *f* return(s)

Rücksicht *f* consideration; **der Vorsitzende richtete sein Büro ohne Rücksicht auf die Kosten ein** = the chairman furnished his office regardless of expense

Rücksprache *f* consultation

Rückstand *m* **(a)** arrears *oder* shortfall *oder* delay; **im Rückstand** = in arrears; **in Rückstand geraten** = to fall behind; **die Zahlungen sind sechs Monate im Rückstand** = the payments are six months in arrears; **er ist ist mit seiner Miete sechs Wochen im Rückstand** = he is six weeks in arrears with his rent; **das Unternehmen ist DM 250.000 Miete im Rückstand** = the company owes DM 250,000 in back rent **(b)** *(Aufträge)* backlog; **einen Rückstand aufholen** = to catch up on a backlog **(c)** *(Außenstände)* arrears; **Rückstände eintreiben** =

to recover outstanding debts **(d)** *(Abfälle)* residue *oder* waste; **Wiederverwertung von Rückständen =** waste reprocessing

◇ **rückständig** *adj* outstanding *oder* overdue *oder* in arrears; **rückständige Zinsen =** back interest; **nach dem Streik dauerte es sechs Wochen, bis die Fabrik alle rückständigen Aufträge erledigt hatte** = after the strike it took the factory six weeks to clear all the accumulated back orders

Rückstau *m (Verkehr)* tailback

Rückstellung *f* provision; **Rückstellung für außerordentliche Verbindlichkeiten** = contingency reserve *oder* emergency reserves; **die Bank hat Rückstellungen in Höhe von DM 6 Millionen für uneinbringliche Forderungen vorgenommen** = the bank has made a DM 6 million provision for bad debts

Rückstufung *f* downgrading

Rücktritt *m* **(a)** *(Amtsniederlegung)* resignation **(b)** *(von Vertrag)* withdrawal

◇ **Rücktrittsdrohung** *f* threat to resign

◇ **Rücktrittserklärung** *f* **(a)** resignation letter *oder* statement of resignation **(b)** notice of withdrawal (from a contract)

◇ **Rücktrittsfrist** *f* cooling off period *(on signing of a contract)*

◇ **Rücktrittsgeld** *n* penalty (on withdrawal from a contract)

◇ **Rücktrittsgesuch** *n* (letter of) resignation

◇ **Rücktrittsklausel** *f* cancellation clause *oder* escape clause *oder* let-out clause *oder* withdrawal clause; **er fügte eine Rücktrittsklausel an, nach der die Zahlungen revidiert werden, wenn der Wechselkurs um mehr als 5% sinkt** = he added a let-out clause to the effect that the payments would be revised if the exchange rate fell by more than 5%

◇ **Rücktrittsrecht** *n* right of withdrawal (from a contract)

Rückübertragung *f* reassignment

Rückumschlag *m* return envelope; **ein freigemachter** *oder* **frankierter Rückumschlag** = a stamped addressed envelope; **bitte schicken Sie einen frankierten Rückumschlag, wenn Sie an weiteren Einzelheiten und unserem neusten Katalog interessiert sind** = please send a stamped addressed envelope for further details and our latest catalogue

rückvergüten *vt* to refund

◇ **Rückvergütung** *f* refund *oder* rebate

Rückversicherer *m* reinsurer

◇ **rückversichern** *vt* to reinsure *oder* to reassure

◇ **Rückversicherung** *f* reinsurance *oder* reassurance

Rückwechsel *m (fin)* re-draft

rückwirkend 1 *adj* retroactive *oder* retrospective *oder* backdated; **rückwirkende Gehaltserhöhung =** retroactive pay rise **2** *adv* retroactively; **die Gehaltserhöhung wird rückwirkend ab 1. Januar gezahlt** = the pay increase is backdated to January 1st

◇ **Rückwirkung** *f* **(a)** retroactive effect; **mit Rückwirkung vom ... =** with retroactive effect from ... **(b)** repercussion; **die Entscheidung des Geschäftsführers, in die USA zu expandieren, hatte schwere Rückwirkungen auf die Kapitalanleger des Unternehmens** = the MD's decision to expand into the USA had serious repercussions for the company's investors

> der Großteil der Steuersenkungen soll rückwirkend vom 1. Januar an gelten
> *Frankfurter Allgemeine Zeitung*

rückzahlbar *adj* **(a)** repayable **(b)** *(Anleihe)* redeemable

◇ **Rückzahlung** *f* **(a)** repayment *oder* refund *oder* reimbursement **(b)** *(Tilgung)* redemption

◇ **Rückzahlungsbetrag** *m* payoff *oder* amount repayable

◇ **Rückzahlungsklausel** *f* payback clause

◇ **Rückzahlungswert** *m* redemption value

Rückzoll *m* (customs) drawback

Ruf *m* reputation *oder* standing; **Unternehmen mit einem Ruf für Qualität =** company with a reputation for quality; **der Ruf des Unternehmens hinsichtlich Arbeitnehmer-Arbeitgeber-Beziehungen =** the company's record in industrial relations; **er hat den Ruf eines schwierigen Verhandlungspartners =** he has a reputation for being difficult to negotiate with

Rufnummer *f* telephone number

Ruhegehalt *n* retirement pension

◇ **Ruhegeld** *n* old age pension

◇ **ruhen** *vi* to rest *oder* to stop *oder* to cease; **die Produktion ruht =** production is at a standstill

◇ **Ruhepause** *f* break *oder* rest; **eine Ruhepause einlegen =** to have *oder* to take a break

◇ **Ruheposten** *m* official sinecure *oder (umg)* cushy job *oder* cushy number

◇ **Ruheraum** *m* rest room (at a place of work)

◇ **Ruhestand** *m* retirement; **in den Ruhestand treten** *oder* **gehen =** to retire (from one's job); **der Gründer des Unternehmens trat im Alter von 85 in den Ruhestand =** the founder of the company retired at the age of 85; **sie ging mit einer Rente von DM 46.000 in den Ruhestand =** she retired with a DM 46,000 pension; **vorzeitig in den Ruhestand treten =** to take early retirement; **jdn in den Ruhestand versetzen =** to pension someone off *oder* to retire someone; **sie beschlossen, alle Mitarbeiter über 50 in den Ruhestand zu versetzen** = they decided to retire all staff over 50

◇ **Ruhetag** *m* **(a)** day off *oder* rest day **(b)** *(Geschäft)* closing day; **‚Montag Ruhetag' =** 'closed on Mondays'

> aus Krankheitsgründen trat er im Herbst in den Ruhestand und zog sich in sein Haus in der Lüneburger Heide zurück
> *Frankfurter Allgemeine Zeitung*

ruhig *adj* calm *oder* quiet *oder* slack; **der Devisenhandel war ruhiger nach der Regierungserklärung zum Wechselkurs =** currency trade was quieter after the government's statement on the exchange rate; **das Geschäft geht am Wochenende ruhig =** business is slack at the end of the week; **der Markt ist sehr ruhig =** the market is very quiet

Ruin *m* (financial) ruin

◇ **ruinieren** *vt* to ruin *oder* to bankrupt; **die Rezession ruinierte meinen Vater =** the recession bankrupted my father

Rumänien *n* Romania

◇ **Rumäne/Rumänin** *mf* Romanian

◇ **rumänisch** *adj* Romanian
(NOTE: Hauptstadt: **Bukarest** = Bucharest; Währung: **Leu** *m* = leu)

Rummel *m* hype; **der ganze Rummel um die Einführung der neuen Seife auf dem Markt =** all the hype surrounding the launch of the new soap

Rumpfbelegschaft *f* skeleton staff

Run *m (Ansturm)* run; **wir erleben vor der Preiserhöhung einen Run auf Zigaretten =** we are witnessing a run on cigarettes in advance of the price increase

rund 1 *adj* round; **in runden Zahlen =** in round figures **2** *adv* (round) about *oder* roughly; **sie haben eine Belegschaft von rund 2.500 =** they have a workforce of about 2,500 *oder* of 2,500 in round figures

◇ **Rundfahrt** *f* round trip *oder* tour; **Rundfahrt mit Führer =** conducted tour

◇ **Rundfrage** *f* survey *oder* questionnaire

Rundfunk *m* **(a)** broadcasting **(b)** radio **(c)** broadcasting company *oder* corporation

◇ **Rundfunkwerbung** *f* radio advertising

Rundreise *f* round trip *oder* tour; **die Gruppe machte eine Rundreise durch Italien =** the group went on a tour of Italy

◇ **Rundschreiben** *n* circular *oder* circular letter *oder* mail(ing) shot; **durch Rundschreiben informieren =** to circularize; **der Ausschuß beschloß, die Mitglieder durch Rundschreiben zu informieren =** the committee has agreed to circularize the members; **sie informierten alle Kunden per Rundschreiben über die neuen Preise =** they circularized all their customers with a new list of prices; **sie verschickten ein Rundschreiben mit einem Rabattangebot von 10% =** they sent out a circular offering a 10% discount

Rupie *f* rupee

Rush-hour *f* rush hour

Rußland *n* Russia

◇ **Russe/Russin** *mf* Russian

◇ **russisch** *adj* Russian
(NOTE: Hauptstadt: **Moskau** = Moscow; Währung: **Rubel** *m* = rouble)

rüsten *vr* to prepare *oder* to gear up; **sich für eine Verkaufskampagne rüsten =** to gear up for a sales drive; **das Unternehmen rüstet sich für die Expansion auf den afrikanischen Markt =** the company is gearing itself up for expansion into the African market

◇ **Rüstkosten** *pl* set-up costs

◇ **Rüstzeit** *f* make-ready time *oder* setting-up time

Ss

Sachanlagen *fpl oder* **Sachanlagevermögen** *n* tangible assets

Sachbearbeiter/-in *mf* **(a)** *(Fachmann)* specialist **(b)** person *oder* official in charge; senior clerk; **Sachbearbeiter/-in für Kundenwerbung** = account executive

Sachbezüge *mpl* payment in kind

Sache *f* affair *oder* business *oder* matter; **haben Sie mit der Copyright-Sache zu tun?** = are you involved in the copyright affair?

Sacheinlage *f* contribution in kind

Sachenrecht *n* law of property *oder* property law

Sachkapital *n* capital equipment

Sachkenntnis *f* expertise; **wir stellten Herrn Schmidt aufgrund seiner Sachkenntnis in Finanzfragen** *oder* **aufgrund seiner Sachkenntnis des afrikanischen Markts ein** = we hired Mr Schmidt because of his financial expertise *oder* because of his expertise in the African market

sachkundig *adj* (well-)informed *oder* knowledgeable *oder* experienced (in business)

Sachleistung *f* payment in kind

sachlich *adj* objective

Sachmängel *pl* material defects

Sachschaden *m* damage to property *oder* property damage *(cf* PERSONENSCHADEN)

Sachvermögen *n* tangible assets

Sachversicherung *f* property insurance

Sachverständige(r) *mf* **(a)** *(Experte)* expert **(b)** *(Gutachter)* surveyor

◇ **Sachverständigenausschuß** *oder* **Sachverständigenrat** *m* committee of experts *oder* panel of experts; **Sachverständigenrat zur Begutachtung des gesamtwirtschaftlichen Entwicklung** = committee of (five) experts to assess national economic development; *(GB)* ≈ panel of seven wise men

◇ **Sachverständigengutachten** *n* expert's report *oder* specialist report

> mit den Voraussagen zur Wirtschaftsentwicklung tun sich alle schwer: der Sachverständigenrat und alle anderen wirtschaftswissenschaftlichen Berater der Politik
>
> ***Frankfurter Allgemeine Zeitung***

Sachwert *m* real value

Sack *m* sack; **ein Sack Kartoffeln** = a sack of potatoes

◇ **Sackgasse** *f* **(a)** dead end *oder* cul-de-sac **(b)** *(Verhandlungen)* deadlock *oder* impasse; **aus einer Sackgasse herausfinden** = to break a deadlock

◇ **sackweise** *adv* by the sack; **Zwiebeln sackweise verkaufen** = to sell onions by the sack

Safe *m* safe; **legen Sie die Unterlagen in den Safe** = put the documents in the safe; **wir bewahren die Portokasse im Safe auf** = we keep the petty cash in the safe

Saison *f* season

◇ **Saisonarbeit** *f* seasonal work

◇ **Saisonarbeiter/-in** *mf* seasonal worker

◇ **Saisonarbeitslosigkeit** *f* seasonal unemployment

◇ **saisonbedingt** *adj* seasonal; **saisonbedingte Arbeitslosigkeit** = seasonal unemployment; **saisonbedingte Nachfrage** = seasonal demand; **die Nachfrage nach diesem Artikel ist saisonbedingt** = the demand for this item is very seasonal; **saisonbedingte Veränderungen in der Verkaufsstruktur** = seasonal variations in sales patterns

◇ **saisonbereinigt** *adj* seasonally adjusted; **saisonbereinigte Beträge** = seasonally adjusted figures

◇ **Saisonbetrieb** *m* seasonal business

> Flüchtlinge, überwiegend aus Osteuropa, wurden vor allem für kurzzeitige Saisonarbeiten und ungeliebte Tätigkeiten geheuert, die den Unternehmern schnellen Gewinn brachten
>
> ***Neues Deutschland***
>
> saisonbereinigt hat die Erwerbslosigkeit weiter von 2,59 auf 2,60 Mio. Personen zugenommen
>
> ***Neue Zürcher Zeitung***

Saldenabstimmung *f* reconciliation statement

saldieren *vt* to balance

Saldo *m* balance *oder* bottom line

◇ **Saldoübertrag** *oder* **Saldovortrag** *m* balance brought forward *oder* carried forward *oder* brought down

Salvadorianer/-in *mf* Salvadorian

◇ **salvadorianisch** *adj* Salvadorian *(siehe* EL SALVADOR)

Sambia *n* Zambia
◇ **Sambier/-in** *mf* Zambian
◇ **sambisch** *adj* Zambian
(NOTE: Hauptstadt: **Lusaka** ; Währung: **Kwacha** *m* = kwacha)

Sammelkasse *f (in Kaufhäusern)* centralized payment counter

Sammelladung *f* consolidated shipment

sammeln *vt* to gather; **während seiner Tätigkeit bei der Bank sammelte er nützliche Erfahrungen** = he gained some useful experience working in a bank

Sammlung *f* collection

Sandwich *n* sandwich
◇ **Sandwichmann** *m* sandwich man
◇ **Sandwich-Plakate** *npl* sandwich boards

sanieren *vt* **(a)** *(Stadtviertel)* to redevelop *oder* to reconstruct **(b)** *(Unternehmen)* to turn round *oder* to reorganize *oder* to rescue; **in weniger als einem Jahr sanierte er das Unternehmen** = he turned the company round in less than a year; **das Unternehmen brach fast zusammen, wurde aber von den Banken saniert** = the company nearly collapsed, but was rescued by the banks
◇ **Sanierer** *m* troubleshooter
◇ **Sanierung** *f* **(a)** *(Stadtviertel)* redevelopment *oder* reconstruction **(b)** *(Unternehmen)* rescue operation *oder* reorganization *oder* turnround; **die Banken beabsichtigten eine Sanierung des Unternehmens** = the banks planned a rescue operation for the company
◇ **Sanierungsmaßnahme** *f* measure to redevelop a rundown building *oder* area
◇ **Sanierungsplan** *m* redevelopment plan *oder* rescue plan; **der Sanierungsplan wurde vom Planungsausschuß abgelehnt** = the redevelopment plan was rejected by the planning committee

> weitere 36 Prozent der Gelder sind für die Sanierung und den Ausbau des Straßennetzes in den neuen Bundesländern bestimmt
> ***Die Wirtschaft***

Sanktionen *fpl* sanctions; **Sanktionen über ein Land verhängen** = to impose sanctions on a country; **Sanktionen aufheben** = to lift sanctions
◇ **sanktionieren** *vt* to sanction

> ob solche nur von einem Teil der Uno-Mitglieder mitgetragenen Sanktionen die nordkoreanischen Machthaber zum Nachgeben in der Nuklearfrage bewegen könnten, ist freilich mehr als zweifelhaft
> ***Neue Zürcher Zeitung***

Sattelschlepper *oder* **Sattelzug** *m* articulated lorry *oder* articulated vehicle

sättigen *vt* to saturate; **den Markt sättigen** = to saturate the market; **der Markt für Heimcomputer ist gesättigt** = the market for home computers is saturated
◇ **Sättigung** *f* saturation; **die Sättigung des Markts** = saturation of the market
◇ **Sättigungsgrad** *m* saturation point; **der Markt hat einen Sättigungsgrad erreicht** = the market has reached saturation point

Satz *m* **(a)** *(Tarif)* rate; **fester Satz** = fixed rate; **der gängige Satz** = the going rate; **der übliche Satz** = the usual *oder* market rate; **voller Satz** = full rate **(b)** *(Set)* set; **ein Satz Briefmarken** = a set of postage stamps

Satzung *f* **(a)** *(einer Gesellschaft)* memorandum (and articles) of association *oder (US)* articles of incorporation **(b)** *(Regeln)* constitution *oder* statutes *oder* rules; **Zahlungen an Vorstandsmitglieder des Verbands sind nach der Satzung nicht erlaubt** = payments to officers of the association are not allowed by the constitution
◇ **satzungsgemäß** *adj* constitutional *oder* according to the statutes *oder* rules; **nicht satzungsgemäß** = unconstitutional; **satzungsgemäß ernannte(r) Direktor/-in** = director appointed under the articles of the company
◇ **satzungswidrig** *adj* unconstitutional; **dies Verfahren ist satzungswidrig** = this procedure is not allowed under the articles of association of the company; **der Vorsitzende kam zu der Entscheidung, daß die Sitzung satzungswidrig sei** = the chairman ruled that the meeting was unconstitutional; **die Wiederwahl des Vorsitzenden ist satzungswidrig** = the reelection of the chairman is not constitutional

Saudi-Arabien *n* Saudi Arabia
◇ **Saudiaraber/-in** *mf* Saudi (Arabian)
◇ **saudiarabisch** *adj* Saudi (Arabian)
(NOTE: Hauptstadt: **Riad** = Riyadh; Währung: **Saudi-Riyal** *m* = riyal)

Säulendiagramm *n* bar chart

säumig *adj* defaulting *oder* in default; **die Firma ist säumig** = the company is in default
◇ **Säumniszuschlag** *m* surcharge on overdue payment *(cf* VERZUGSZINSEN)

> 1993 seien immer mehr Firmen dazu übergegangen, bei säumigen Zahlern nur gegen Vorkasse zu liefern
> ***Frankfurter Allgemeine Zeitung***

S-Bahn *f (Schnellbahn oder Stadtbahn)* fast commuter train

Schachtel *f* box *oder* packet; **Büroklammern sind in Schachteln zu zweihundert erhältlich** = paperclips come in boxes of two hundred; **eine Schachtel Karteikarten** = a packet of filing cards; **eine Schachtel Zigaretten** = a pack *oder* a packet of cigarettes; **in Schachteln verpackt** = boxed; **in einer Schachtel verpacktes Set** = boxed set

schaden *vt* to harm *oder* to hurt; **die Rezession hat dem Unternehmen nicht geschadet** = the company has not been hurt by the recession; **die schlechte Publicity hat dem Absatz nicht geschadet** = the bad publicity did not hurt our sales
◇ **Schaden** *m* damage *oder* harm; **Schaden erleiden** *oder* **nehmen** = to suffer damage; **wir versuchen, den Schaden, den die Ladung während**

des Tranports erlitten hat, zu bemessen = we are trying to assess the damage which the shipment suffered in transit; **Schaden verursachen** *oder* **anrichten =** to cause damage; **das Feuer verursachte Schäden in Höhe von schätzungsweise DM 300.000 =** the fire caused damage estimated at DM 300,000; **Schaden zufügen =** to hurt *oder* to harm; **zum Schaden einer Forderung handeln =** to act to the prejudice of a claim

◊ **Schadenersatz** *m* damages *oder* compensation for damage *oder* indemnification; **jdn auf Schadenersatz verklagen =** to bring an action for damages against someone; **DM 3.000 Schadenersatz fordern =** to claim DM 3,000 in damages; **DM 50.000 Schadenersatz leisten =** to pay DM 50,000 in damages

◊ **Schadenersatzklage** *f* action for damages

◊ **schadenersatzpflichtig** *adj* liable for damages; **schadenersatzpflichtig sein =** to be liable for damages

◊ **Schadenfeststellung** *f* assessment of damages

◊ **Schadenformular** *n* claim form

◊ **Schadenfreiheitsrabatt** *m* no-claims bonus

◊ **Schadensabteilung** *f* claims department; **Leiter/-in der Schadensabteilung =** claims manager

◊ **Schadensanspruch** *m* insurance claim *oder* claim for damages

◊ **Schadensprüfung** *f* damage survey; **die Versicherungsgesellschaft führt eine Schadensprüfung durch =** the insurance company is carrying out a survey of the damage *oder* a damage survey

◊ **Schadensregulierer** *m* average adjuster *oder* loss adjuster

schadhaft *adj* defective *oder* damaged

schädigen *vt* to prejudice

◊ **Schädigung** *f* prejudice

Schadloshaltungserklärung *f* **(schriftliche) Schadloshaltungserklärung =** letter of indemnity

schaffen *vt* **(a)** to achieve; **es schaffen =** to manage (to do something); **sie schaffte es, in nur zwei Minuten sechs Aufträge zu schreiben und drei Anrufe entgegenzunehmen =** she managed to write six orders and take three phone calls all in two minutes **(b)** to create *oder* to establish; **durch den Erwerb kleiner, unrentabler Firmen schuf er bald einen großen Industriekonzern =** by acquiring small unprofitable companies he soon created a large manufacturing group; **mit dem Regierungsprogramm sollen neue Arbeitsplätze für junge Menschen geschaffen werden =** the government scheme aims at creating new jobs for young people

◊ **Schaffung** *f* creation *oder* establishment

schalldicht *adj* soundproof; **schalldichtes Studio =** soundproof studio

Schalter *m* counter

◊ **Schalterbeamte(r)/-beamtin** *mf* booking clerk

◊ **Schalterschluß** *m* close of business; **Sie können nach Schalterschluß kein Geld mehr von der Bank bekommen =** you cannot get money out of the bank after banking hours

◊ **Schalterstunden** *fpl* hours of business *oder* opening hours *oder* office hours

Schankgesetze *npl* licensing laws

◊ **Schankkonzession** *f* liquor licence

Schar *f* crowd *oder* flock *oder* flood *oder* horde *oder* swarm *oder* throng; **Scharen von Touristen füllten die Hotels =** hordes of tourists filled the hotels

scharf *adj* sharp; **scharfer Wettbewerb =** stiff competition *oder* keen competition; **wir müssen mit scharfer Konkurrenz europäischer Hersteller rechnen =** we are facing some keen competition from European manufacturers

Schattenwirtschaft *f* black economy

Schatzamt *n* treasury *oder (GB)* (the) Exchequer *oder (US)* Treasury Department

◊ **Schatzanweisung** *f* government bond *oder* treasury bond

schätzen *vt* **(a)** *(taxieren)* to assess *oder* to value; **neu schätzen =** to reassess; **die Schäden auf DM 3.000 schätzen =** to assess damages at DM 3,000; **den Wert eines Gebäudes für Versicherungszwecke schätzen =** to assess a property for the purposes of insurance; **wir lassen den Schmuck für Versicherungszwecke schätzen =** we are having the jewellery valued for insurance; **er schätzte den Warenbestand auf DM 75.000 =** he valued the stock at DM 75,000 **(b)** *(ungefähr berechnen)* to calculate *oder* to estimate; **etwas schätzen =** to guess (at) something; **diese Zahlen sind nur geschätzt =** these figures are only an estimate; **sie konnten den Gesamtverlust nur schätzen =** they could only guess at the total loss; **ich schätze, daß wir einen Warenbestand für sechs Monate haben =** I calculate that we have six months' stock left; **der Verkaufsleiter versuchte, den Umsatz der Abteilung Ferner Osten zu schätzen =** the sales director tried to guess the turnover of the Far East division; **die Kosten auf DM 3 Mio. schätzen =** to estimate that it will cost DM 3m *oder* to estimate costs at DM 3m; **wir schätzen den gegenwärtigen Absatz auf nur 60% des Vorjahres =** we estimate current sales at only 60% of last year **(c)** *(würdigen)* to regard highly *oder* to value; **zu schätzen wissen =** to appreciate; **der Kunde weiß einen guten Service immer zu schätzen =** the customer always appreciates efficient service

◊ **Schätzer/-in** *mf* estimator *oder* valuer; **der Schätzer schätzte den Lagerbestand auf DM 75.000 =** the valuer put the value of the stock at DM 75,000

Schatzkanzler/-in *mf* minister of finance *oder (GB)* Chancellor of the Exchequer *oder (US)* Secretary to the Treasury

Schätzung *f* **(a)** *(Taxierung)* rating *oder* valuation *oder* assessment; **zu niedrige Schätzung =** undervaluation; **eine Schätzung des Gebäudes verlangen, bevor man ein Angebot macht =** to ask for a valuation of a property before making an offer for it **(b)** *(ungefähre Berechnung)* estimate *oder* estimation *oder* guess; **die Absatzprognose ist nur eine Schätzung =** the forecast of sales is only a guess; **er gab eine Schätzung der Gewinne vor Steuern ab** = he made a guess at the pretax profits; **bevor wir den Zuschuß gewähren, brauchen wir eine Schätzung der Gesamtkosten** = before we can give the grant we must have an estimate of the total costs involved; **grobe Schätzung** = rough estimate; **bei vorsichtiger Schätzung** = at a conservative estimate; **ihr Umsatz stieg im letzten Jahr um mindestens 20%, und das ist noch eine vorsichtige Schätzung** = their turnover has risen by at least 20% in the last year, and that is a conservative estimate

◇ **schätzungsweise** *adv* approximately *oder* roughly *oder* it is estimated; **können Sie mir schätzungsweise sagen, wie lange an dem Auftrag gearbeitet wurde?** = can you give me an estimate of how much time was spent on the job?

Schatzwechsel *m* treasury bill *oder (inf)* T-bill

Schätzwert *m* estimated value

Schau *f* show *oder* display

◇ **Schaubild** *n* diagram *oder* graph; **in einem Schaubild** = diagrammatically; **ein Schaubild, das die Verkaufsstandorte zeigt** = a diagram showing sales locations; **das Schaubild zeigt die Absatzstruktur in einem Diagramm** = the sales pattern is shown diagrammatically

Schauermann *m* stevedore

Schaufenster *n* shop window

◇ **Schaufensterbummel** *m* window shopping *(cf* EINKAUFSBUMMEL)

◇ **Schaufensterdekoration** *f* window display *oder* window dressing

◇ **Schaufensterwerbung** *f* advertising in shop windows

Schaukasten *m* display cabinet *oder* display case *oder* showcase

Schaumpolystyrol *n* expanded polystyrene; **der Computer wird in Schaumpolystyrol verpackt geliefert** = the computer is delivered packed in expanded polystyrene

Schaupackung *f* display pack *oder* dummy pack

Scheck *m* cheque *oder (US)* check; **ein Scheck über DM 30** = a cheque for DM 30 *oder* a DM 30 cheque; **mit (einem) Scheck bezahlen** = to pay by cheque; **einen Scheck auf jdn ausstellen** = to make out a cheque to someone; **auf wen soll ich den Scheck ausstellen?** = who shall I make the cheque out to *oder* make the cheque payable to?; **die Bank gab den Scheck zurück an den Aussteller** = the bank referred the cheque to drawer; **einen Scheck einlösen** = to cash a cheque; **einen Scheck auf das Konto einzahlen** = to pay a cheque into your account; **einen Scheck indossieren** *oder* **girieren** = to endorse a cheque; **einen Scheck sperren lassen** = to stop a cheque; **einen Scheck unterschreiben** = to sign a cheque; **ungedeckter Scheck** = dud cheque *oder* bouncing cheque *oder* cheque which bounces *oder (US)* rubber check

◇ **Scheckabschnitt** *m* cheque stub

◇ **Scheckanforderung** *f* cheque requisition

◇ **Scheckbetrug** *m* cheque fraud

◇ **Scheckdurchlauf** *m* cheque run

◇ **Scheckheft** *n* cheque book *oder (US)* checkbook

◇ **Scheckkarte** *f* cheque (guarantee) card

◇ **Schecknummer** *f* cheque number

◇ **Schecksperre** *f* stopping a cheque

scheffeln *vt (umg)* **Geld scheffeln** = to rake in money *oder* to rake it in

Schein *m* **(a)** bank note *oder* banknote *oder (US)* bill; **ein 20-Mark-Schein** = a 20-mark note *oder* a twenty-mark note; **er zog ein Bündel gebrauchter Scheine heraus** = he pulled out a pile of used notes **(b)** *(Fahrschein)* ticket **(c)** *(Vortäuschung)* pretence *oder* sham

◇ **Scheinaktiva** *npl* fictitious assets

scheinen *vi* to appear *oder* to seem; **das Unternehmen schien erfolgreich zu sein** *oder* **gut zu gehen** = the company appeared to be doing well; **der geschäftsführende Direktor scheint alles unter Kontrolle zu haben** = the managing director seems to have everything under control

Scheingeschäft *n* fictitious transaction

◇ **Scheingesellschaft** *f* bogus company

◇ **Scheingewinn** *m* paper profit

scheitern *vi* to break down *oder* to fail *oder* to fall through; **der Plan scheiterte im letzten Moment** = the plan fell through at the last moment; **die Verhandlungen scheiterten nach sechs Stunden** = negotiations broke down after six hours

◇ **Scheitern** *n* breakdown *oder* failure; **das Scheitern der Tarifverhandlungen** = the breakdown of wage negotiations; **die Verhandlungen wurden von der Gewerkschaft zum Scheitern gebracht** = the negotiations were wrecked by the unions

Schema *n* scheme *oder* plan *oder* diagram; **übliches Schema** = pattern

schenken *vt* to give *oder* to present

◇ **Schenkung** *f* gift *oder* donation; **Schenkung zu Lebzeiten** = gift inter vivos *oder* lifetime gift

◇ **Schenkungs- und Erbschaftssteuer** *f* capital transfer tax

> sie erhöhten ihre Guthaben in der Konzernbilanz auf 344 (286) Mill. DM, um für allfällige Schenkungs- und Erbschaftssteuern etwas auf der hohen Kante zu haben
> ***Süddeutsche Zeitung***

Schicht *f* **(a)** layer *oder* stratum *oder* echelon; **einige Isolierungsmaterialen bestehen aus mehreren Schichten** = some insulating material is made up of several layers **(b)** shift; **wir arbeiten eine 8-Stunden Schicht** = we work an 8-hour shift; **wir müssen in Schichten zum Mittagessen gehen, damit immer jemand in der Telefonzentrale ist** = we have to stagger the lunch hour so that there is always someone on the switchboard

◇ **Schichtarbeit** *f* shift work; **die Unternehmensleitung führt Schichtarbeit ein** = the management is introducing shift working

◇ **Schichtsystem** *n* shift system; **die Unternehmensleitung führt ein Schichtsystem ein** = the management is introducing a shift system

schicken *vt* to send *oder* to dispatch; **schicken Sie den Brief per Lufpost, wenn Sie wollen, daß er nächste Woche ankommt** = send the letter airmail if you want it to arrive next week; **er wird von dem Unternehmen nach Australien geschickt, um die Filiale in Sydney zu übernehmen** = the company is sending him to Australia to be general manager of the Sydney office; **Waren an jdn schicken** = to consign goods to someone

Schieber *m (umg)* fixer *oder* profiteer *oder* black marketeer
◇ **Schiebung** *f* fix *oder* fiddle *oder* shady deal; **das ist alles Schiebung** = it's all a fiddle

Schiedsgericht *n oder* **Schiedsgerichtshof** *m* **(a)** arbitration court *oder* court of arbitration **(b)** arbitration board *oder* arbitration tribunal; **Schiedsgericht für Mietstreitigkeiten** = rent tribunal; **Schiedsgericht für wirtschaftliche Streitigkeiten** = industrial arbitration tribunal; **einen Streitfall einem Schiedsgericht übergeben** = to submit a dispute to arbitration; **einen Streitfall an ein Schiedsgericht verweisen** = to refer a question to arbitration; **einen Streitfall vor ein Schiedsgericht bringen** = to take a dispute to arbitration
◇ **Schiedsgerichtverfahren** *n* arbitration
◇ **Schiedskommission** *f* arbitration board *oder* arbitration tribunal
◇ **Schiedsrichter/-in** *mf* arbitrator; **Schiedsrichter/-in in einem Disput sein** = to adjudicate in a dispute; **Schiedsrichter bei gewerblichen Streitigkeiten** = industrial arbitrator; **die Entscheidung des Schiedsrichters akzeptieren** *oder* **zurückweisen** = to accept *oder* to reject the arbitrator's ruling
◇ **schiedsrichterlich 1** *adj* by arbitration; **schiedsrichterliche Entscheidung einholen** = to go to arbitration **2** *adv* by arbitration; **schiedsrichterlich entscheiden** = to arbitrate
◇ **Schiedsspruch** *m* arbitrator's award *oder* arbitration award; **der Schiedsspruch wurde in der Berufungsinstanz aufgehoben** = the arbitrator's award was set aside on appeal
◇ **Schiedsverfahren** *n* arbitration

Schiene *f* rail
◇ **Schienen-Autobahn** *f* motorailway *(transporting lorries on high-speed trains in France)*
◇ **Schienennetz** *n* rail(way) network; **das deutsche Schienennetz** = the German railway network

> die Modernisierung der Bahn und das damit verfolgte Ziel, mehr Güter von der Straße auf die Schiene zu holen, können nur mit einer neuen Denkweise erreicht werden
> ***Die Zeit***

schießen *vi* to shoot; **in die Höhe schießen** = to shoot up

Schiff *n* boat *oder* ship *oder* vessel; **Schiffe nach Griechenland laufen jeden Morgen aus** = boats for Greece leave every morning

◇ **Schiffbruch** *m* (ship)wreck; **Investoren verloren Tausende von Mark bei dem Schiffbruch der Kapitalanlagegesellschaft** = investors lost thousands of marks in the wreck of the investment company
◇ **schiffbrüchig** *adj* (ship)wrecked; **sie versuchen, den schiffbrüchigen Tanker zu retten** *oder* **bergen** = they are trying to salvage the wrecked tanker
◇ **Schiffsausrüster** *m* ship chandler *oder* chandlery
◇ **Schiffsladung** *f* shipment
◇ **Schiffsmakler/-in** *mf* ship broker
◇ **Schiffsmieter** *m* charterer
◇ **Schiffsroute** *f* shipping route; **Unternehmen wurden gewarnt, daß die normalen Schiffsrouten wegen des Krieges gefährlich seien** = companies were warned that normal shipping routes were dangerous because of the war
◇ **Schiffsverpfändung** *f* bottomry

Schild *n* **(a)** *(Aushang)* sign **(b)** *(Preisschild)* tag *oder* ticket

schildern *vt* to describe; **der geschäftsführende Direktor schilderte die Cash-flow-Schwierigkeiten des Unternehmens** = the managing director described the company's difficulties with cash flow
◇ **Schilderung** *f* description

Schilling *m* **(a)** *(Währungseinheit in Österreich)* shilling **(b)** *(eindeutschend für* SHILLING)

Schirmherr *m* patron

schlagen *vt* to beat *oder* to defeat *oder* to smash *oder* to hit; **die Konkurrenz aus dem Feld schlagen** = to hammer the competition

Schlange *f* queue *oder (US)* line; **Schlange stehen** = to queue *oder (US)* to stand in line; **wir mußten stundenlang Schlange stehen, um Karten zu bekommen** = we queued for hours to get tickets; **eine Schlange bilden** = to form a queue; **sich an eine Schlange anstellen** = to join a queue

Schlappe *f* setback *oder* reverse; **schwere Schlappe** = hammering; **die Firma hat in Amerika eine schwere Schlappe erlitten** = the company took a hammering in America

schlecht 1 *adj* bad *oder* poor; **schlechtes Geschäft** = bad bargain; **schlechter Kauf** = bad buy; **schlechte Qualität** = poor quality; **schlechter Service** = poor service **2** *adv* **(a)** *(unzulänglich)* badly *oder* poorly; **schlecht bezahltes Personal** = poorly-paid staff; **der Plan wurde schlecht vorgetragen** = the plan was poorly presented; **die Büros sind schlecht angeordnet** = the offices are poorly laid out; **schlecht wegkommen** = to lose out; **das Unternehmen ist bei dem Andrang** *oder* **Wettbewerb, billige Computer herzustellen, schlecht weggekommen** = the company has lost out in the rush to make cheap computers **(b)** *(schwierig)* with difficulty; **diese Schreibmaschinen lassen sich schlecht verkaufen** = these typewriters are hard to sell

Schlechtwetterversicherung *f* bad weather insurance; **eine Schlechtwetterversicherung abschließen** = to insure against bad weather

Schleichhandel *m* smuggling *oder* illicit trade

schleppend *adj* dull *oder* slack *oder* slow; **das Geschäft geht nach Weihnachten immer schleppend** = business is always slow after Christmas

Schleuderpreis *m* giveaway price *oder* knockdown price *oder* throwaway price *oder* rock-bottom price; **er verkaufte mir den Wagen zu einem Schleuderpreis** = he sold me the car at a knockdown price; **Waren zu Schleuderpreisen auf den Markt bringen** = to dump goods on a market

◊ **Schleudersitz** *m* ejector seat *oder (fig)* hot seat; **er sitzt auf dem Schleudersitz** = he is in the hot seat

schlicht *adj* simple *oder* plain; **wir möchten, daß die billigeren Modelle ein schlichtes Design haben** = we want the cheaper models to have a plain design; **die Aufmachung der Schachtel ist schlicht blau mit weißen Quadraten** = the design of the package is in plain blue with white squares

schlichten *vt* to arbitrate *oder* to mediate *oder* to settle

◊ **Schlichter/-in** *mf* adjudicator *oder* arbitrator *oder* official mediator *oder* troubleshooter; **Schlichter in einem Arbeitskampf** = adjudicator in an industrial dispute; **die Entscheidung des Schlichters akzeptieren** *oder* **zurückweisen** = to accept *oder* to reject the arbitrator's ruling; **einen Streitfall vor den Schlichter bringen** = to submit a dispute to arbitration; **Schlichter bei gewerblichen Streitigkeiten** = industrial arbitrator

◊ **Schlichtung** *f* arbitration *oder* conciliation *oder* mediation *oder* settlement

◊ **Schlichtungskommission** *f* arbitration board *oder* arbitration tribunal; **die Entscheidung der Schlichtungskommission akzeptieren** = to accept the ruling of the arbitration board

◊ **Schlichtungsverfahren** *n* **(a)** arbitration **(b)** grievance procedure

schließen 1 *vt* **(a)** *(zumachen)* to close *oder* to shut; **ein Geschäft** *oder* **ein Lager schließen** = to shut a shop *oder* a warehouse; **eine Lücke schließen** = to fill a gap; **die neue Serie Kleinwagen schließt eine Marktlücke** = the new range of small cars fills a gap in the market **(b)** *(Betrieb einstellen)* to close down *oder* to shut down *oder* to wind up; **den Betrieb schließen** = to go out of business; **die Firma schloß letzte Woche ihren Betrieb** = the firm went out of business last week; **eine Fabrik schließen** = to shut down a factory; **das Unternehmen schließt seine Londoner Niederlassung** = the company is closing down its London office **(c)** *(Versammlung beenden)* to close *oder* to conclude *oder* to wind up; **er schloß die Sitzung mit einer Danksagung an den Ausschuß** = he wound up the meeting with a vote of thanks to the committee **(d)** *(eingehen)* to conclude *oder* to make; **ein Abkommen schließen** = to make a deal *oder* to make an agreement; **einen Vertrag schließen** = to enter into a contract **2** *vi* **(a)** *(zumachen)* to close *oder* to shut; **das Amt** *oder* **Büro schließt um 17.30 Uhr** = the office closes at 5.30; **sonnabends schließen wir früh** = we close early on Saturdays; **die Büros sind über Weihnachten geschlossen** = the offices will shut down for Christmas **(b)** *(annehmen)* to conclude *oder* to gather *oder* to infer

schließlich *adv* finally *oder* in the end *oder* ultimately; **der Vertrag wurde schließlich gestern unterzeichnet** = the contract was finally signed yesterday; **nach mehrwöchigen Tests nahm das Unternehmen schließlich das Computersystem ab** = after weeks of trials the company finally accepted the computer system; **schließlich mußte das Unternehmen die Polizei rufen** = in the end the company had to call in the police; **schließlich mußte die Unternehmensleitung den Forderungen der Gewerkschaft zustimmen** = ultimately, the management had to agree to the demands of the union; **schließlich mußte sich das Unternehmen aus dem amerikanischen Markt zurückziehen** = in the end the company had to pull out of the US market; **sie unterzeichneten den Vertrag schließlich am Flughafen** = in the end they signed the contract at the airport

Schließung *f* closing *oder* closure

schlimm *adj & adv* serious(ly); **der Schaden am Computer war nicht sehr schlimm** = the damage to the computer was not very serious

Schloß *n* lock; **das Schloß an der Portokasse ist kaputt** = the lock is broken on the petty cash box; **ich habe die Zahlenkombination für das Schloß an meinem Aktenkoffer vergessen** = I have forgotten the combination of the lock on my briefcase

schlucken *vt* to swallow (up); **die Gemeinkosten haben unsere ganzen Gewinne geschluckt** = overheads have absorbed all our profits

Schlupfloch *n* loophole; **ein Schlupfloch im Gesetz finden** = to find a loophole in the law

> der Gesetzgeber schließt zum 2.Januar legale Schlupflöcher, durch die Geldanleger bislang der Zinsabschlagsteuer (ZAS) entgehen konnten
> ***Hamburger Abendblatt***

Schluß *m* end *oder* ending *oder* close *oder* closing *oder* conclusion; **zum Schluß** = finally

◊ **Schlußbestand** *m* closing stock

◊ **Schlußbilanz** *f* final balance

◊ **Schlußbrief** *m* sales note

◊ **Schlußdividende** *f* **(a)** *(Aktien)* final dividend **(b)** *(Versicherung)* terminal bonus

Schlüssel *m* **(a)** key; **wir haben die Schlüssel zum Computerraum verloren** = we have lost the keys to the computer room **(b)** formula *oder* key; **die Steuer wird nach einem Schlüssel berechnet** = the tax is calculated according to a certain formula; **Weiterbildung ist der Schlüssel zum Erfolg** = further education is the key to success

◊ **Schlüsselfaktor** *m* key factor

◊ **schlüsselfertig** *adj* ready for (immediate) occupancy; **schlüsselfertiges Projekt** = turnkey operation *oder* project

◊ **Schlüsselindustrie** *f* key industry

◇ **Schlüsselposition** *oder* **Schlüsselstellung** *f* key position *oder* key post; **Personal in Schlüsselpositionen** = key staff; **er hat eine Schlüsselstellung** = he is in a key position *oder* key post

◇ **Schlüsselrolle** *f* key role

> dazu gehört, daß sie den Betriebsrat und Mitarbeiter in Schlüsselpositionen frühzeitig informiert und einbezieht
> ***TopBusiness***
> die krisengeplagten Maschinenbauer können ihre Schlüsselrolle für die deutsche Industrie nur durch globale Allianzen retten
> ***Focus***

Schlußkurs *m* closing price

◇ **Schlußnotierung** *f* closing quotation; **die Aktien erreichten eine Schlußnotierung von DM 395** = the shares closed at DM 395

◇ **Schlußsaldo** *m* closing balance

◇ **Schlußsitzung** *f* closing session

◇ **Schlußtag** *m* closing date

◇ **Schlußverkauf** *m* (end-of-season) sale; **ich habe dies im Schlußverkauf gekauft** = I bought this in *oder* at the sales

◇ **Schlußzeit** *f* closing time

Schmerzensgeld *n (jur)* damages

schmieren *vt* to bribe

◇ **Schmiergeld** *n* bribe *oder* backhander *oder* kickback; *pl* **Schmiergelder** = slush fund

> ein russischer Millionär aus St. Petersburg ist der Meinung, daßSchmiergeld heute der sicherste Weg ist, in Rußland etwas zu erreichen oder zu beschleunigen
> ***Russischer Kurier***

Schmierpapier *n* rough paper *oder (US)* notepaper

Schmuggel *m* smuggling

◇ **schmuggeln** *vt* to smuggle; **sie mußten die Ersatzteile ins Land schmuggeln** = they had to smuggle the spare parts into the country

◇ **Schmuggelware** *f* contraband (goods)

◇ **Schmuggler/-in** *mf* smuggler

Schnäppchen *n* bargain *oder* snip; **für DM 1.500 ist der Wagen ein (richtiges) Schnäppchen** = that car is a (real) bargain at DM 1,500; **für DM 100 sind diese Schreibmaschinen ein Schnäppchen** = these typewriters are a snip at DM 100

Schneeballsystem *n* pyramid selling

> er habe seine Kunden mit dem sogennanten Schneeballsystem hinters Licht geführt
> ***Süddeutsche Zeitung***

schnell 1 *adj* fast *oder* quick *oder* rapid; **diese Waren finden im Nahen Osten schnellen Absatz** = these items find a ready sale in the Middle East; **der Vorstand traf eine schnelle Entscheidung** = the board came to a snap decision; **der Vorsitzende möchte nicht zu einer schnellen Entscheidung getrieben werden** = the chairman does not want to be hurried into making a decision; **wir hoffen auf einen schnellen Verkauf** = we are hoping for a quick sale **2** *adv* fast *oder* in a hurry *oder* quickly *oder* rapidly; **das neue Bekleidungsgeschäft hat seine Umsätze schnell gesteigert** = the new clothes shop rapidly increased sales; **das Unternehmen erholte sich schnell** = the company made a quick recovery; **das Unternehmen machte schnell Schulden in Höhe von über DM 3 Mio.** = the company rapidly ran up debts of over DM 3 million; **der Buchhalter sah schnell den Stapel von Rechnungen durch** = the accountant quickly looked through the pile of invoices; **der Verkauf des Unternehmens ging schnell vonstatten** = the sale of the company went through quickly; **der Vertriebsleiter möchte den Bericht schnell haben** = the sales manager wants the report in a hurry; **mit dem Zug kommt man am schnellsten zur Fabrik unseres Lieferanten** = the train is the fastest way of getting to our supplier's factory; **schnell verkäuflicher Artikel** = fast-selling item; **Wörterbücher sind keine schnell verkäufliche Ware** = dictionaries are not fast-moving stock

◇ **schnellen** *vi* to shoot up; **in die Höhe schnellen** = to soar; **die Nachricht von dem Übernahmeangebot ließ die Aktienkurse in die Höhe schnellen** = the news of the takeover bid sent share prices soaring

◇ **Schnelligkeit** *f* speed

◇ **Schnellschrift(qualität)** *f (print)* draft quality

◇ **schnellstens** *adv* as quickly as possible; **einen Auftrag schnellstens abwickeln** = to rush an order through

Schnittstelle *f (Computer)* interface

Schnitzer *m (umg)* slip *oder* blunder; **grober Schnitzer** = howler *(inf)*

schönen *vt* **die Bücher schönen** = to manipulate the accounts

Schönschrift *f* near-letter quality (NLQ)

Schranke *f* barrier *(cf* HANDELSSCHRANKEN)

Schreibarbeit *f* clerical work *oder* paperwork; **nach Rußland zu exportieren, erfordert eine ganze Menge Schreibarbeit** = exporting to Russia involves a large amount of paperwork

◇ **Schreibblock** *m* writing pad *oder* memo pad *oder* desk pad

◇ **Schreibbüro** *n* typing agency; **wir geben die im Büro anfallenden Schreibarbeiten an ein örtliches Schreibbüro** = we farm out the office typing to a local bureau

◇ **Schreibdienst** *m* clerical service; **zentraler Schreibdienst** = typing pool

◇ **schreiben** *vt* to write; **sie schrieb einen Beschwerdebrief an den Geschäftsführer** = she wrote a letter of complaint to the manager

◇ **Schreibfehler** *m* clerical error

◇ **Schreibkraft** *f* typist; *(ohne Diktat)* copy typist; *pl* **Schreibkräfte** = clerical staff

◇ **Schreibmaschine** *f* typewriter; **(mit der) Schreibmaschine schreiben** = to type; **elekronische Schreibmaschine** = electronic typewriter; **tragbare Schreibmaschine** = portable typewriter

◇ **Schreibmaschinenpapier** *n* typing paper

◇ **Schreibmaschinentisch** *m* typing table

◇ **Schreibmaschineschreiben** *n* typing

◇ **Schreibtisch** *m* desk; **ein Schreibtisch mit drei Schubladen** = a three-drawer desk

◇ **Schreibtischarbeiter/-in** *mf* white-collar worker

◇ **Schreibtischjob** *m* office job *oder* white-collar job

◇ **Schreibtischlampe** *f* desk light

◇ **Schreibtischschublade** *f* desk drawer

◇ **Schreibwaren** *pl* stationery

◇ **Schreibwarenhändler** *m* stationery supplier

Schrift *f* writing; **er hat Schwierigkeiten, meine Schrift zu lesen** = he has difficulty in reading my writing

◇ **Schriftführer/-in** *mf* secretary (of a company or society); **ehrenamtliche(r) Schriftführer/-in** = honorary secretary *oder* hon sec; **er wurde zum Schriftführer des Ausschusses gewählt** = he was elected secretary of the committee *oder* committee secretary

◇ **schriftlich 1** *adj* written; **in schriftlicher Abfassung** = in writing; **schriftliches Beweisstück** = documentary evidence **2** *adv* in writing; **den Empfang schriftlich bestätigen** = to acknowledge receipt by letter; **den Vertrag schriftlich abfassen** = to put the agreement in writing; **es ist schriftlich festgehalten** = it is on record

◇ **Schriftverkehr** *m* correspondence

Schritt *m* step; **Schritt für Schritt** = step by step *oder* in stages

◇ **schrittweise** *adv* step by step *oder* gradually; **schrittweise einführen** = to phase in; **das neue Fakturierungssystem wird über die nächsten zwei Monate schrittweise eingeführt** = the new invoicing system will be phased in over the next two months

Schrott *m* scrap

◇ **Schrotthändler** *m* scrap dealer *oder* scrap merchant

◇ **Schrottwert** *m* scrap value; **der Schrottwert ist DM 2.500** = its scrap value is DM 2,500

schrumpfen *vi* to shrink; **das Unternehmen hat Absatzschwierigkeiten auf einem schrumpfenden Markt** = the company is having difficulty selling into a shrinking market; **der Markt ist um 20% geschrumpft** = the market has shrunk by 20%; **unser Marktanteil ist in den letzten Jahren geschrumpft** = our share of the market has diminished over the last few years

> das Betriebsergebnis der Gruppe ist um 15 bis 20% geschrumpft
>
> ***Süddeutsche Zeitung***

Schuber *m (Bücher)* slipcase

Schuld *f* **(a)** debt; **eine Schuld bedienen** = to service a debt; **eine Schuld begleichen** *oder* **tilgen** = to pay off a debt; **eine Schuld zurückzahlen** = to pay back a debt; **fundierte Schuld** = funded debt **(b)** *pl* **Schulden** = debts *oder* liabilities; **Schulden haben** = to be in debt; **Schulden machen** = to get into debt; **das Unternehmen hat Schwierigkeiten, seine Schulden abzuzahlen** = the company is having problems in servicing its debts; **das Unternehmen ist aus den Schulden heraus** = the company is out of debt; **das Unternehmen stellte den Betrieb mit Schulden in Höhe von über DM 3 Million ein** = the company stopped trading with debts of over DM 3 million; **er hat Schulden in Höhe von DM 850** = he is in debt to the tune of DM 850; **fällige Schulden** = debts due **(c)** *(Verantwortung)* blame; **das Verkaufspersonal bekam die Schuld für die schlechten Absatzzahlen** = the sales staff got the blame for the poor sales figures **(c)** *(Fehler)* fault; **es ist die Schuld des Stock Controllers, wenn der Bestand im Lagerhaus knapp wird** = it is the stock controller's fault if the warehouse runs out of stock

◇ **schulden** *vt* to owe; **er schuldet der Bank DM 250.000** = he owes the bank DM 250,000; **er schuldet der Firma für die eingekauften Waren** = he owes the company for the stock he purchased; **wieviel schulden die Schuldner dem Unternehmen noch?** = how much is still owing to the company by its debtors?

◇ **Schuldenbegleichung** *f* clearing of a debt

◇ **Schuldeneintreiber/-in** *mf* debt collector

◇ **Schuldeneintreibung** *f* debt collection

◇ **Schuldendienst** *m* servicing of debts

◇ **Schuldenhaftung** *f* liability for debts

◇ **Schuldentilgung** *f* clearing of a debt *oder* liquidation of debts; **Schuldentilgung in voller Höhe** = in full discharge of a debt

◇ **schuldig** *adj* guilty; **das Unternehmen machte sich schuldig, den Wirtschaftsprüfern die Verkäufe nicht angegeben zu haben** = the company was guilty of not reporting the sales to the auditors; **er wurde der Verleumdung für schuldig befunden** = he was found guilty of libel

◇ **Schuldner/-in** *mf* debtor; **säumige(r) Schuldner/-in** = defaulter

◇ **Schuldnerberatung** *f* debtor advice centre

◇ **Schuldnerland** *n* debtor nation

◇ **Schuldrecht** *n* contract law *oder* law of contract

◇ **Schuldschein** *m* IOU (I owe you) *oder* note of hand *oder* promissory note; **einen Haufen Schuldscheine bezahlen** = to pay a pile of IOUs

◇ **Schuldübernahme** *f* assumption of a debt

◇ **Schuldumwandlung** *f* rescheduling of debt repayments

◇ **Schuldverhältnis** *n* contractual obligations

◇ **Schuldverschreibung** *f* debenture *oder* debenture bond; **die Bank verfügt über eine Schuldverschreibung des Unternehmens** = the bank holds a debenture on the company; **Ausgabe von Schuldverschreibungen** = debenture issue *oder* issue of debentures

◇ **Schuldverschreibungsinhaber/-in** *mf* bondholder *oder* debenture holder

Schulung *f* training; **neue Angestellte müssen eine zehnwöchige Schulung machen** = there is a ten-week training period for new staff

Schundanleihe *f* junk bond

schürfen *vt* to prospect for *oder* to dig for

◇ **Schürfrecht** *n* mineral *oder* mining rights

Schutz *m* protection; **die Gesetzgebung bietet Teilzeitbeschäftigten keinen Schutz** = the legislation offers no protection to part-time workers

◇ **Schutzabdeckung** *f* protective cover

◇ **schützen** *vt* **(a)** to protect; **der Computer ist durch eine Plastikabdeckung geschützt** = the computer is protected by a plastic cover; **die Abdeckung soll das Gerät gegen Staub schützen** = the cover is supposed to protect the machine from dust **(b)** *(absichern)* to safeguard *oder* to protect; **die Interessen der Aktionäre schützen** = to safeguard the interests of the shareholders; **die Arbeiter sind gegen unrechtmäßige Kündigungen durch staatliche Gesetze geschützt** = the workers are protected from unfair dismissal by government legislation; **einen Wirtschaftszweig durch die Einführung von Zollschranken schützen** = to protect an industry by imposing tariff barriers

◇ **Schutzhülle** *f* protective cover

◇ **Schutzmaßnahme** *f* **(a)** protective measure **(b)** precautionary measure

◇ **Schutzzoll** *m* protective tariff

schwach *adj* weak *oder* poor *oder* slack *oder* dull; **die Aktienkurse blieben schwach** = share prices remained weak; **schwaches Geschäft zu Börsenbeginn** = a slow start to the day's trading; **schwacher Markt** = weak market; **der Umsatz war zunächst schwach, steigerte sich aber später** = the sales got off to a slow start, but picked up later; **Umsätze waren im Dezember schwächer als im November** = sales were lower in December than in November; **die Aktienwerte fielen bei schwachen Umsätzen** = shares fell back in light trading; **der Wechselkurs der Mark ist gegenüber dem Dollar schwach** = the mark is at a very low rate of exchange against the dollar; **schwächer werden** = to weaken; **die Börse tendierte gestern schwächer** = the market was easy yesterday

◇ **Schwäche** *f* **(a)** *(Minderung)* weakness *oder* cheapness; **aufgrund der Schwäche des Pfunds werden noch mehr Touristen nach London reisen** = the cheapness of the pound means that many more tourists will travel to London **(b)** *(Charaktermangel)* failing *oder* weakness

schwanken *vi* to fluctuate *oder* to vary; **die Preise schwanken zwischen DM 3.10 und DM 3,25** = prices fluctuate between DM 3.10 and DM 3.25; **die Mark** *oder* **der Kurs der Mark schwankte an den Devisenmärkten den ganzen Tag** = the mark fluctuated all day on the foreign exchange markets; **wir versuchen zu vermeiden, daß der Produktionsfluß in der Fabrik schwankt** = we try to prevent the flow of production from varying in the factory

◇ **schwankend** *adj* fluctuating *oder* variable *oder* unstable; **schwankende Dollarpreise** = fluctuating dollar prices; **schwankende Wechselkurse** = unstable exchange rates

◇ **Schwankung** *f* fluctuation *oder* variation; **der Markt ist starken Schwankungen unterlegen** = the market is subject to wild fluctuations *oder* the market is jumpy; **saisonbedingte Schwankungen des Kaufverhaltens** = seasonal variations in buying patterns

> mit Ecu-Futures und -Optionen sichern vor allem Banken und große Finanzhäuser ihre umfangreichen Wertpapierbestände in der europäischen Recheneinheit gegen Schwankungen
>
> *Wirtschaftswoche*

schwarz *adj* **(a)** black; **schwarze Liste** = black list; **auf die schwarze Liste setzen** = to blacklist; **seine Firma wurde von der Regierung auf die schwarze Liste gesetzt** = his firm was blacklisted by the government **(b) in den schwarzen Zahlen** = in the black; **in die schwarzen Zahlen kommen** = to move into profit **(c) Schwarzes Brett** = noticeboard

◇ **Schwarzarbeit** *f (inf)* moonlighting *oder* work on the side; **er macht jährlich Tausende mit Schwarzarbeit** = he makes thousands a year from moonlighting

◇ **schwarzarbeiten** *vi* to moonlight *oder* to work on the side

◇ **Schwarzarbeiter/-in** *mf* moonlighter

◇ **Schwarzhandel** *m* black market(eering); **Schwarzhandel mit Alkohol** = illicit trade in alcohol

◇ **Schwarzmarkt** *m* black market; **es gibt einen blühenden Schwarzmarkt für KFZ-Ersatzteile** = there is a flourishing black market in spare parts for cars; **Sie können auf dem Schwarzmarkt Goldmünzen kaufen** = you can buy gold coins on the black market

◇ **Schwarzmarktpreis** *m* black market price; **Schwarzmarktpreise zahlen** = to pay black market prices

schwebend *adj* pending

Schweden *n* Sweden

◇ **Schwede/Schwedin** *mf* Swede

◇ **schwedisch** *adj* Swedish

(NOTE: Hauptstadt: **Stockholm** ; Währung: **schwedische Krone** = Swedish krona)

Schweigepflichtklausel *f* confidentiality clause *oder (US)* zipper clause

Schweiz *f* Switzerland

◇ **Schweizer/-in** *mf* Swiss

◇ **schweizerisch** *adj* Swiss

(NOTE: Hauptstadt: **Bern**; Währung: **Schweizer Franken** *m* = Swiss franc)

Schwelle *f* threshold

◇ **Schwellenland** *n* developing country *(almost at the stage of developed country) (cf* ENTWICKLUNGSLAND, INDUSTRIESTAAT)

◇ **Schwellenpreis** *m* threshold price

> Tatsache sei jedoch, daß immer mehr Unternehmen in Niedriglohnländern sowie in Schwellenländern in der Lage seien, technisch hochwertige Produkte zu erzeugen
>
> *Süddeutsche Zeitung*

Schwemme *f* glut; **eine Schwemme von Raubdrucken erschien auf dem Markt** = a glut of pirate copies appeared on the market

schwer 1 *adj* **(a)** heavy; **das Paket ist sechzig Gramm zu schwer** = the package is sixty grams overweight; **das Postamt weigerte sich, das Paket anzunehmen, weil es zu schwer war** = the Post Office refused to handle the package because it was too heavy **(b)** serious *oder* severe *oder* heavy; **der Sturm verursachte schwere Schäden** = the storm caused serious damage; **das Unternehmen erlitt schwere Verluste auf dem europäischen**

Markt = the company suffered severe losses in the European market **(c)** difficult *oder* hard; **die Rückzahlungsbedingungen sind extrem schwer** = the repayment terms are particularly onerous **2** *adv* heavily *oder* seriously *oder* severely; **die Fracht wurde durch Wasser schwer beschädigt** = the cargo was seriously damaged by water

◇ **Schwergut** *n* deadweight cargo

◇ **Schwerindustrie** *f* heavy industry

◇ **Schwermaschinen** *fpl* heavy equipment *oder* heavy machinery

◇ **Schwerpunktstreik** *m* selective strike

◇ **Schwertransporter** *m* heavy goods vehicle (HGV)

Schwestergesellschaft *f* sister company

◇ **Schwesterschiff** *n* sister ship

schwierig *adj* difficult *oder* hard *oder* awkward *oder* tricky; **der Markt für gebrauchte Computer ist zur Zeit sehr schwierig** = the market for secondhand computers is very difficult at present; **es ist schwierig, gute Leute dazu zu bringen, für wenig Lohn zu arbeiten** = it is hard to get good people to work on low salaries; **nach Wochen schwierigen Verhandelns** = after weeks of hard bargaining; **er mußte eine schwierige Prüfung absolvieren, bevor er sich qualifizieren konnte** = he had to take a stiff test before he qualified; **der Vorstand versucht, das schwierige Problem zu lösen** = the board is trying to solve the awkward problem

◇ **Schwierigkeit** *f* difficulty; **sie hatten große Schwierigkeiten, Waren auf dem europäischen Markt abzusetzen** = they had a lot of difficulty selling into the European market; **wir haben wegen der Ausfuhr von Computern Schwierigkeiten mit dem Zoll gehabt** = we have had some difficulties with the customs over the export of computers; **wir kamen ohne Schwierigkeiten durch den Zoll** = we passed through customs easily

Schwindel *m* swindle *oder* fraud *oder* confidence trick *oder (inf)* con

◇ **Schwindelgeschäft** *n* fraudulent transaction

◇ **Schwindler/-in** *mf* swindler *oder* confidence trickster *oder (inf)* con man

> obwohl der Schwindel früh bekannt war, wurde er bis zur Wende geduldet
>
> *Die Zeit*

Schwund *m* shrinkage *oder* wastage *oder* leakage; **Schwund berücksichtigen** = to allow for shrinkage; **berücksichtigen Sie 10% mehr Material für Schwund** = allow 10% extra material for wastage

Schwung *m* swing *oder* drive *oder* momentum; **in Schwung kommen** *oder* **an Schwung verlieren** = to gain *oder* to lose momentum

Secondhandladen *m* secondhand shop

See *f* sea

◇ **See-** *pref* marine *oder* maritime

◇ **Seefracht** *f* sea freight

◇ **Seefrachtbrief** *m* bill of lading

◇ **Seehafen** *m* seaport

◇ **Seehandel** *m* maritime trade

◇ **Seerecht** *n* maritime law *oder* law of the sea; **ein auf Seerecht spezialisierter Jurist** = maritime lawyer

◇ **Seereise** *f* voyage

◇ **Seetransportversicherung** *f* marine insurance

◇ **Seetüchtigkeitszeugnis** *n* certificate of seaworthiness

◇ **Seeversicherer** *m* marine underwriter

◇ **Seeweg** *m* sea route; **auf dem Seeweg** = by sea mail; **eine Warensendung auf dem Seeweg verschicken** = to send a shipment by sea; **Postsendung auf dem Seeweg** = by sea mail

Segmentierung *f* segmentation *(cf* MARKTSEGMENTIERUNG)

Seite *f* **(a)** side; **bitte schreiben Sie nur auf einer Seite des Papiers** = please write on one side of the paper only **(b) zur Seite** = aside; **auf die Seite legen** = to put aside *oder* to set aside; **er legt jede Woche DM 150 für die Abzahlung seines Wagens auf die Seite** = he is putting DM 150 aside each week to pay for his car **(c)** page

◇ **Seitenzahl** *f* page number; **mit Seitenzahlen versehen** = to number pages *oder* to folio

Sekretär/-in *mf* secretary; **Sekretär/-in und persönliche(r) Assistent/-in** = secretary and personal assistant; **er sucht Arbeit als Sekretär** = he is looking for secretarial work; **meine Sekretärin ist zuständig für eingehende Aufträge** = my secretary deals with incoming orders; **seine Sekretärin rief an, um zu sagen, daß er sich verspäten würde** = his secretary phoned to say he would be late

◇ **Sekretariat** *n* **(a)** secretariat; **das Sekretariat der Vereinten Nationen** = the United Nations secretariat **(b)** secretary's office; **wir brauchen noch Hilfe im Sekretariat für die Briefsendungen** = we need extra secretarial help to deal with the mailings

◇ **Sekretärinnenkurs** *m* secretarial course; **sie macht einen Sekretärinnenkurs mit** = she is taking a secretarial course

◇ **Sekretärinnenschule** *f* secretarial college

Sektor *m* sector; **öffentlicher** *oder* **staatlicher Sektor** = public sector; **privater Sektor** = private sector; **die Gehälter im privaten Sektor sind schneller gestiegen als im öffentlichen Sektor** = salaries in the private sector have increased faster than in the public

sekundär *adj* secondary; **dieser Punkt ist von sekundärer Bedeutung** = this point is of secondary importance

selbständig *adj* self-employed *oder* independent; self-sufficient; **selbständiger Händler** = independent trader; **er arbeitete zehn Jahre für eine Bank, ist aber jetzt selbständig** = he worked for a bank for ten years but now is self-employed; **sich selbständig machen** = to set up (in business); **er machte sich als Steuerberater selbständig** = he set himself up as a tax adviser

◇ **Selbständige(r)** *mf* self-employed man *oder* woman; *pl* **die Selbständigen** = the self-employed

Selbstbedienung *f* self-service; **Tankstelle mit Selbstbedienung** = self-service petrol station

◇ **Selbstbedienungsgeschäft** *n* *oder* **Selbstbedienungsladen** *m* self-service shop *oder* store

Selbstbeteiligung *f (Versicherung)* voluntary excess

selbstdurchschreibend *adj* carbonless; **unsere Vertreter benutzen selbstdurchschreibende Auftragsblöcke** = our reps use carbonless order pads

Selbstfinanzierung *f* self-financing

Selbstklebeetikett *n* self-sticking label

Selbstkontrolle *f* self-control; **freiwillige Selbstkontrolle** = self-regulation

Selbstkosten *pl* direct cost(s) *oder* prime cost(s)

◇ **Selbstkostenpreis** *m* cost price; **zum Selbstkostenpreis verkaufen** = to sell at cost

Selbstläufer *m* fast-selling item

selbstregulierend *adj* self-regulatory

◇ **Selbstregulierung** *f* self-regulation

selbstverständlich *adv* of course; **selbstverständlich ist das Unternehmen an Gewinnen interessiert** = of course the company is interested in profits; **sind Sie bereit eine Verkaufsreise nach Australien zu machen? - selbstverständlich!** = are you willing to go on a sales trip to Australia? - of course!

Selbstwählferndienst *m* automatic dialling service *oder (GB)* subscriber trunk dialling (STD); **internationaler Selbstwählferndienst** = international direct dialling

Selfmademan *m* self-made man

> heute hat der Selfmademan in Deutschland einen Marktanteil von 38 Prozent erreicht
> ***TopBusiness***

selten **1** *adj* rare *oder* scarce **2** *adv* rarely *oder* seldom; **der Vorsitzende ist Freitag nachmittags selten im Büro** = the chairman is rarely in his office on Friday afternoons; **die Aktien des Unternehmens werden selten an der Börse gehandelt** = the company's shares are rarely sold on the stock exchange; **man findet selten einen Kleinbetrieb mit gutem Cash-flow** = it is rare to find a small business with good cash flow

◇ **Seltenheit** *f* rareness *oder* rarity *oder* scarceness *oder* scarcity

◇ **Seltenheitswert** *m* scarcity value

Semester *n* (half-yearly) term

> nach einem Boom im ersten Semester hatte das zweite Halbjahr mit dem wichtigen Weihnachtsgeschäft eine völlig unerwartete Abflachung gebracht
> ***Neue Zürcher Zeitung***

senden *vt* **(a)** to send **(b)** to broadcast *oder* to transmit

◇ **Sendenetz** *n* television network

◇ **Sender** *m* TV station *oder* radio station

◇ **Sendezeit** *f* broadcasting time; **beste Sendezeit** = prime time

◇ **Sendung** *f* **(a)** dispatch *oder* shipment *oder* consignment; **die wöchentliche Sendung ging gestern raus** = the weekly dispatch went off yesterday; **eine Sendung Computer war beschädigt** = a shipment of computers was damaged **(b)** *(TV, Radio)* broadcast *oder* transmission *oder* programme

Senegal *n* Senegal

◇ **Senegalese/Senegalesin** *mf* Senegalese

◇ **senegalesisch** *adj* Senegalese

(NOTE: Hauptstadt: **Dakar** ; Währung: **CFA-Franc** *m* = CFA franc)

Seniorität *f* seniority

Seniorpartner/-in *mf* senior partner

senken *vt* to cut *oder* to bring down *oder* to depress *oder* to lower *oder* to reduce *oder* to mark down; **Ziel der Regierungspolitik ist es, die Inflationsrate auf 2% zu senken** = the government's policy is to reduce inflation to 2%; **wir senken die Preise für alle unsere Modelle** = we are cutting prices on all our models; **die Preise senken, um einen größeren Marktanteil zu sichern** = to lower prices to secure a larger market share; **die Preise wurden um 15% gesenkt** = prices have been reduced by 15%; **die Mineralölgesellschaften senkten die Rohölpreise** = petroleum companies have brought down the price of crude oil; **Steuern senken** = to reduce taxes; **den Zinssatz senken** = to lower the interest rate; **die Bank ist gezwungen, die Zinsen stark zu senken** = the bank has been forced to slash interest rates

senkrecht *adj* vertical

◇ **Senkrechtstarter** *m* high flier

Senkung *f* cut *oder* reduction *oder* lowering *oder* abatement

sensibel *adj* sensitive

separat **1** *adj* **(a)** separate **(b)** self-contained; **ein separates Büro** = a self-contained office **2** *adv* separately

Sequester *m* sequestrator

◇ **Sequestration** *f* sequestration

◇ **sequestrieren** *vt* to sequester *oder* to sequestrate

Serbien *n* Serbia

◇ **Serbe/Serbin** *mf* Serb

◇ **serbisch** *adj* Serbian

(NOTE: Hauptstadt: **Belgrad** = Belgrade; Währung: **Dinar** *m* = dinar)

Serie *f* batch *oder* series; **diese Schuhserie hat die Nummer 25-02** = this batch of shoes has the serial number 25-02; **eine Serie erfolgreicher**

Übernahmen machte das Unternehmen zu einem der größten in der Branche = a series of successful takeovers made the company one of the largest in the trade

◇ **Serienbrief** *m (Computer)* standard letter *(cf* FORMBRIEF, STANDARDBRIEF)

◇ **Serienfertigung** *f* batch production

◇ **serienmäßig 1** *adj* **serienmäßige Herstellung** = mass production **2** *adv* **serienmäßig produzieren** *oder* **herstellen** = to mass-produce; **Autos serienmäßig herstellen** = to mass-produce cars

◇ **Seriennummer** *f* serial number *oder* batch number; **bei Reklamationen immer die auf der Packung angegebene Seriennummer angeben** = when making a complaint always quote the batch number on the packet

seriös *adj* serious *oder* reliable *oder* reputable; **ein seriöses Unternehmen** = a reliable company; **wir setzen nur seriöse Transportunternehmen ein** = we only use reputable carriers

Service *m* service; **24-Stunden Service** = 24-hour service; **SERVICE 0130** = 0800 *oder* 0500 service *oder* freephone *oder (US)* 800 service

Set *n* set; **in einer Schachtel** *oder* **Kassette verpacktes Set** = boxed set

setzen *vt* to place *oder* to put; **einen Punkt auf die Tagesordnung setzen** = to put an item on the agenda; **Geld auf etwas setzen** = to stake money on something

Shift-Taste *f* shift key

Shilling *m (Währungseinheit in Kenia, Somalia, Tansania, Uganda)* shilling

sicher 1 *adj* **(a)** *(geschützt)* safe *oder* secure; **sicherer Arbeitsplatz** = secure job; **bewahren Sie die Unterlagen an einem sicheren Ort auf** = keep the documents in a safe place; **sichere Anlagen** *oder* **Aktien** = blue-chip investments *oder* blue-chip shares *oder* blue chips; **eine sichere Investition** = a secure investment; **auf Nummer Sicher gehen** = to hedge one's bets **(b)** *(gewiß)* certain *oder* sure; **der Vorsitzende ist sicher, daß wir den Gesamtumsatz des letzten Jahres übertreffen werden** = the chairman is certain we will pass last year's total sales **2** *adv* safely; **die Fracht wurde sicher vom sinkenden Schiff abgeladen** = the cargo was unloaded safely from the sinking ship

◇ **-sicher** *suf* -proof; **diebstahlsicher** = theft-proof

Sicherheit *f* **(a)** *(Schutz)* safety *oder* security; **Sicherheit des Arbeitsplatzes** = job security *oder* security of employment **(b)** reliability *oder* sureness; **der Warenumsatz wird sich dieses Quartal mit Sicherheit um 5% erhöhen** = turnover this quarter will definitely increase by 5% **(c)** security *oder* surety *oder* guarantee *oder* collateral; **Anteilscheine als Sicherheit hinterlassen** = to leave share certificates as a guarantee; **Gläubiger ohne Sicherheiten** = unsecured creditor; **haben Sie ausreichende Sicherheiten für diesen Kredit?** = do you have sufficient cover for this loan?

◇ **Sicherheitsbestimmungen** *fpl* safety regulations

◇ **Sicherheitsgründe** *mpl* safety reasons; **aus Sicherheitsgründen** = for safety; **legen Sie die Unterlagen aus Sicherheitsgründen in den Schrank** = put the documents in the cupboard for safety

◇ **sicherheitshalber** *adv* to be on the safe side *oder* for safety; **sicherheitshalber eine Kopie der Diskette machen** = to make a copy of the disk for safety

◇ **Sicherheitsleistung** *f* security *oder* surety; **ein Haus als Sicherheitsleistung für einen Kredit einsetzen** = to use a house as security for a loan; **etwas als Sicherheitsleistung für eine Schuld überlassen** = to give something as security for a debt; **die Bank lieh ihm DM 50.000 ohne Sicherheitsleistungen** = the bank lent him DM 50,000 without security

◇ **Sicherheitsmarge** *f* margin of safety

◇ **Sicherheitsmaßnahme** *f* safety measure *oder* safety precaution; **als Sicherheitsmaßnahme** = as a precautionary measure; **Sicherheitsmaßnahmen ergreifen** = to take safety precautions

◇ **Sicherheitsspielraum** *m* safety margin

◇ **Sicherheitsvorkehrung** *f* safety precaution *oder* safety measure

◇ **Sicherheitsvorschriften** *fpl* safety regulations

◇ **Sicherheitszuschlag** *m* margin of safety

sichern *vt* **(a)** to safeguard *oder* to save; **um die Interessen der Anleger zu sichern, gibt es einen Ombudsmann** = there is an ombudsman to safeguard the interests of investors **(b)** *vr* **sich sichern** = to secure; **sich finanzielle Mittel sichern** = to secure funds; **er sicherte sich die Unterstützung eines australischen Konzerns** = he secured the backing of an Australian group

Sicherung *f* safeguarding *oder* protection

◇ **Sicherungsetikett** *n* antitheft tag

◇ **Sicherungskopie** *f* backup copy *oder* backup disk

Sicht *f* sight; **Wechsel zahlbar bei Sicht** = bill payable at sight *oder* on demand; **etwas auf lange Sicht planen** = to take the long view

◇ **sichtbar** *adj* visible; **sichtbare Einfuhren** *oder* **sichtbare Ausfuhren** = visible imports *oder* visible exports

◇ **Sichteinlage** *f* demand deposit *oder* sight deposit

◇ **Sichttratte** *f* sight draft

◇ **Sichtvermerk** *m* entry visa

◇ **Sichtwechsel** *m* demand bill *oder* sight draft *oder* sight bill

Siebenergruppe *oder* **G7** *f* Group of Seven *oder* G7

Siegel *n* seal

Sierra Leone *n* Sierra Leone

◇ **Sierraleoner/-in** *mf* Sierra Leonean

◇ **sierraleonisch** *adj* Sierra Leonean

(NOTE: Hauptstadt: **Freetown** ; Währung: **Leone** *m* = leone)

Signet *n* logo

> der Stoff aus Tirol hatte plötzlich einen edlen Auftritt mit markantem Signet
> *TopBusiness*

Silbe *f* syllable; **Silben pro Minute** = words per minute *oder* dictation speed *oder* shorthand speed

Silber *n* silver
◇ **Silberbarren** *m* silver bullion
◇ **Silbermünze** *f* silver coin
◇ **Silbernotierung** *f* price of silver; **die Silbernotierung festsetzen** = to fix the bullion price for silver

Silo *m* silo *oder (US)* (grain) elevator

Simbabwe *n* Zimbabwe
◇ **Simbabwer/-in** *mf* Zimbabwean
◇ **simbabwisch** *adj* Zimbabwean
(NOTE: Hauptstadt: **Harare** ; Währung: **Simbabwe-Dollar** *m* = Zimbabwe dollar)

Singapur *n* Singapore
◇ **Singapurer/-in** *mf* Singaporean
◇ **singapurisch** *adj* Singaporean
(NOTE: Währung: **Singapur-Dollar** *m* = Singapore dollar)

sinken *vi* **(a)** *(Schiff)* to sink; **das Schiff sank im Sturm und die ganze Fracht ging verloren** = the ship sank in the storm and all the cargo was lost **(b)** to fall *oder* to drop *oder* to go down *oder* to decline *oder* to decrease *oder* to depreciate *oder* to diminish; **die Aktienkurse sanken erneut bei schwachem Umsatz** = shares fell back in light trading; **die Aktienkurse sind aufgrund der schwachen Nachfrage gesunken** = shares declined in a weak market; **der Benzinpreis ist gesunken** = the price of petrol has gone down; **der Goldpreis sinkt schon seit zwei Tagen** = the price of gold has been falling for two days *oder* has fallen for the second day running; **die Gewinne sanken auf DM 1,5 Millionen** = profits slipped to DM 1.5m; **die Inflationsrate sinkt allmählich** = the inflation rate is gradually coming down; **die Preise sanken nach der Nachricht von der Schließung der Fabrik** = prices sank at the news of the closure of the factory; **die Preise sind ins Bodenlose gesunken** = the bottom has fallen out of the market; **im letzten Jahr sind die Reallöhne gesunken** = the last year has seen a decline in real wages; **erneut sinken** = to fall back
◇ **Sinken** *n* fall *oder* drop *oder* decline; **ein Sinken des Wechselkurses** = a fall in the exchange rate
◇ **sinkend** *adj* falling *oder* declining *oder* diminishing

> der ausgeprägte Trend zu sinkenden Informationskosten erleichtert den neuen Marktteilnehmern das Vordringen
> *Neue Zürcher Zeitung*

Sit-in *n* sit-in *oder* sit-down protest

Sitz *m* **(a)** headquarters *oder* base; **das Unternehmen hat seinen Sitz in Deutschland** = the company is based in *oder* is resident in Germany; **das Unternehmen hat seinen Sitz in München und Niederlassungen in allen europäischen Ländern** = the company has its headquarters in Munich and branches in all European countries; **unsere Auslandsvertretung hat ihren Sitz auf den Bahamas** = our overseas branch is based in the Bahamas **(b)** *(pol)* (parliamentary) seat

sitzenbleiben *vi* **auf etwas sitzenbleiben** = to be left (*oder* lumbered *oder* saddled) with something *oder* to be left with something on one's hands; **sie blieben auf der Hälfte des Warenbestands sitzen** = they were left with half the stock on their hands

Sitzladefaktor *m* seat factor *oder* load factor

Sitzstreik *m* sit-down protest *oder* sit-down strike

Sitzung *f* meeting *oder* session; **Sitzung der Unternehmensleitung** = management meeting; **eine Sitzung abhalten** = to hold a meeting; **die nachmittägliche Sitzung wird im Konferenzraum abgehalten** = the afternoon session will be held in the conference room; **eine Sitzung eröffnen** = to open a meeting; **eine Sitzung leiten** = to chair *oder* to conduct a meeting; **eine Sitzung schließen** = to close a meeting
◇ **Sitzungsperiode** *f (jur)* term
◇ **Sitzungsprotokoll** *n* minutes (of a meeting); **das wird nicht in das Sitzungsprotokoll aufgenommen** = this will not appear in the minutes of the meeting
◇ **Sitzungssaal** *m* boardroom

Skala *f* scale

Skizze *f* sketch *oder* outline
◇ **skizzieren** *vt* to sketch *oder* to outline

Skonto *mn* cash discount *oder* discount for cash; **10% Skonto bei Barzahlung** = 10% discount for cash *oder* 10% cash discount

Slogan *m* slogan; **wir benutzen denselben Slogan in unserer gesamten Werbung** = we are using the same slogan on all our publicity

Slowakei *f* Slovakia
◇ **Slowake/Slowakin** *mf* Slovakian
◇ **slowakisch** *adj* Slovakian; **die Slowakische Republik** = Slovakia
(NOTE: Hauptstadt: **Bratislava** ; Währung: **slowakische Krone** = koruna)

Slowenien *n* Slovenia
◇ **Slowene/Slowenin** *mf* Slovenian
◇ **slowenisch** *adj* Slovenian
(NOTE: Hauptstadt: **Ljubljana** ; Währung: **Dinar** *m* = dinar)

Sockelbetrag *m* basic sum *oder* basic amount

sofort *adv* at once *oder* immediately *oder* directly *oder* straight away; **er gab sofort eine Bestellung für 2.000 Kisten auf** = he immediately placed an order for 2,000 boxes; **können Sie sofort anrufen, wenn Sie die Information haben?** = can you phone immediately you get the information?
◇ **sofortig** *adj* immediate *oder* instant *oder* prompt
◇ **Sofortkredit** *m* instant credit

◇ **Sofortlieferung** *f* immediate delivery *oder* rapid delivery
◇ **Sofortliquidität** *f* spot cash

Software *f* software
◇ **Softwarepaket** *n* software package

solang(e) *conj* as *oder* so long as; **Angebot solange Vorrat reicht** = offer subject to availability

Solidargläubiger *m* co-creditor
◇ **Solidarhaftung** *f* joint (and several) liability

Solidarität *f* solidarity; **aus Solidarität streiken** = to strike in sympathy; **die Beschäftigten der Post traten in den Streik und die Telefontechniker schlossen sich aus Solidarität an** = the postal workers went on strike and the telephone engineers came out in sympathy
◇ **Solidaritätsstreik** *m* sympathy strike

Solidarpakt *m* agreement between government and unions on wage control

> Wachstum und Beschäftigung seien im übrigen nur mit einer im Rahmen eines Solidarpakts abgestimmten Politik von Staat, Arbeitgebern und Gewerkschaften zu gewährleisten
> ***Süddeutsche Zeitung***

Solidarschuldner *m* joint debtor

solide *adj* solid *oder* sound *oder* gilt-edged; **die finanzielle Lage des Unternehmens ist sehr solide** = the company's financial situation is very sound
◇ **Solidität** *f* soundness

Soll *n* debit; **Soll und Haben** = debits and credits
◇ **Sollbuchung** *f* debit entry
◇ **Sollsaldo** *m* debit balance; **aufgrund hoher Zahlungen an Lieferanten weist das Konto einen Sollsaldo von DM 3.000 auf** = because of large payments to suppliers, the account has a debit balance of DM 3,000
◇ **Sollseite** *f* debit side
◇ **Sollspalte** *f* debit column
◇ **Sollzinsen** *mpl* interest charges

solvent *adj* solvent
◇ **Solvenz** *f* solvency

Somalia *n* Somalia
◇ **Somalier/-in** *mf* Somali
◇ **somalisch** *adj* Somali
(NOTE: Hauptstadt: **Mogadischu** = Mogadishu; Währung: **Somalia-Schilling** *m* = Somali shilling)

Sommerschlußverkauf *m* summer sale(s)

Sonderabschreibung *f* accelerated depreciation
◇ **Sonderangebot** *n* bargain offer *oder* special offer; **Sonderangebot der Woche - 30% Preisnachlaß auf alle Teppiche** = this week's bargain offer - 30% off all carpet prices
◇ **Sonderangebotsabteilung** *f* budget department
◇ **Sonderangebotsstand** *m* bargain counter
◇ **Sonderausgaben** *fpl* extras **unvorhergesehene Sonderausgaben** = contingent expenses; **10% für Sonderausgaben aufschlagen** = to add on 10% for contingencies
◇ **Sonderbedingungen** *oder* **Sonderbestimmungen** *fpl* special terms *oder* conditions; **er bot uns Sonderbedingungen** = he offered us special terms
◇ **Sonderdividende** *f* special dividend *oder* capital bonus
◇ **Sondereinlagen** *fpl* special deposits
◇ **Sondergericht** *n* special court *oder* tribunal
◇ **Sondergewinnsteuer** *f* windfall tax
◇ **Sonderkonditionen** *fpl* special conditions *oder* special terms; **er bot uns Sonderkonditionen** = he offered us special terms
◇ **Sonderkonto** *n* special account
◇ **Sonderposten** *m* extraordinary item *oder* exceptional item; **den Revisoren fielen in den Geschäftsbüchern mehrere Sonderposten auf** = the auditors noted several extraordinary items in the accounts
◇ **Sonderpreis** *m* special price *oder* bargain price; **der Wagen wird zu einem Sonderpreis angeboten** = the car is being offered at a special price; **ich verkaufe dies zu einem absoluten Sonderpreis** = I'm selling this at a bargain basement price
◇ **Sonderrecht** *n* privilege
◇ **Sondertisch** *m* bargain counter
◇ **Sonderurlaub** *m* special leave *oder* compassionate leave *oder* leave of absence
◇ **Sondervollmacht** *f* special authority *oder* special power (of attorney)
◇ **Sonderwerbekampagne** *f* special promotion
◇ **Sonderziehungsrechte (SZR)** *npl* special drawing rights (SDR)
◇ **Sonderzubehör** *npl* optional extras

sondieren *vt* to sound out *oder* to probe *oder* to explore

sonstig 1 *adj* other *oder* further; **sonstige Aufwendungen** = miscellaneous expenditure **2** *n* **Sonstiges** = Any Other Business (AOB)

Sorgfalt *f* care *oder* diligence; **verkehrsübliche Sorgfalt** = due diligence
◇ **sorgfältig** *adj & adv* careful(ly); **das Dokument muß sorgfältig studiert werden** = the document requires careful study

Sorte *f* sort *oder* type *oder* variety
◇ **sortieren** *vt* to sort (out); **sie sortiert Karteikarten nach alphabetischer Reihenfolge** = she is sorting index cards into alphabetical order

Sortiment *n* product range; **breites Sortiment** = wide range of products
◇ **Sortimentsbreite** *f* product range
◇ **Sortimentserweiterung** *f* product diversification *oder* diversification into new products

Sozialausgaben *fpl* public expenditure
◇ **Sozialhilfe** *f* social security *oder* *(GB)* supplementary benefit *oder* *(US)* welfare; **er lebt von Sozialhilfe** = he's on social security *oder* he lives on social security

◇ **Sozialhilfeleistung** *f* social security payment *oder* supplementary benefit *oder* welfare benefit; **er bekommt wöchentliche Sozialhilfeleistungen** = he gets weekly social security payments
◇ **Sozialleistungen** *pl* job package (excluding salary)
◇ **sozialökonomisch** *adj* socio-economic; **sozialökonomische Gruppierungen** = socio-economic groups
◇ **Sozialpartner** *pl* management and employees
◇ **Sozialplan** *m* redundancy scheme
◇ **Sozialpolitik** *f* social policy
◇ **Sozialprodukt** *n* (gross) national product
◇ **Sozialstaat** *m* welfare state
◇ **Sozialversicherung** *f* national insurance *oder* social security
◇ **Sozialversicherungsbeitrag** *m* national insurance contribution

> entscheidend für den Wohlstand der Bevölkerung ist nicht das Wachstum des Sozialprodukts, sondern das, was der Bevölkerung aus dem Sozialprodukt zukommt, die Einkommen also
> *Wochenpost*

Sozietät *f* partnership; **mit jdm eine Sozietät gründen** = to go into partnership with someone

sozioökonomisch *adj* socio-economic; **das sozioökonomische System in den kapitalistischen Ländern** = the socio-economic system in capitalist countries

Sozius *m* partner; **er wurde Sozius in einer Anwaltskanzlei** = he became a partner in a firm of solicitors

Spalte *f* column
◇ **Spaltenbreite** *f* column width; **Maß der Spaltenbreite in Zentimeter** = column-centimetre

Spaltung *f* split; **eine Spaltung der Familienaktionäre** = a split in the family shareholders

Spanien *n* Spain
◇ **Spanier/-in** *mf* Spaniard
◇ **spanisch** *adj* Spanish
(NOTE: Hauptstadt: **Madrid** ; Währung: **Peseta** *f* = peseta)

Spanne *f* spread *oder* margin *(cf* GEWINNSPANNE)

Sparbrief *m* savings certificate *oder (US)* savings bond
◇ **Sparbuch** *n* savings book *oder* bank book *oder* passbook
◇ **Spareinlage** *f* savings deposit
◇ **sparen 1** *vt* to save; **wir haben das Telex abgeschafft, um die Kosten zu sparen** = we have taken out the telex in order to cut costs; **wir haben ein Textverarbeitungsgerät installiert, um Papier zu sparen** = we have installed a word-processor to cut down on paper; **er versucht Geld zu sparen, indem er zu Fuß zur Arbeit geht** = he is trying to save money by walking to work; **um Zeit zu sparen, führen wir das Gespräch lieber im Taxi zum Flughafen fort** = to save time, let us continue the discussion in the taxi to the airport **2** *vi* to save *oder* to economize *oder* to save up; **sie spart, um sich ein Haus zu kaufen** = she is saving to buy a house; **sie sparen für einen Urlaub in den USA** = they are saving up for a holiday in the USA
◇ **-sparend** *suf* -saving; **energiesparend** = energy-saving
◇ **Sparer/-in** *mf* saver
◇ **Sparkampagne** *f* savings campaign *oder* economy drive
◇ **Sparkasse** *f* savings bank *oder (US)* thrift
◇ **Sparkonto** *n* deposit account *oder* savings account; **sie hat DM 600 auf ihrem Sparkonto** = she has DM 600 in her savings bank account; **Sparkonto mit 7-tägiger Kündigungsfrist** = deposit at 7 days' notice
◇ **Sparmaßnahme** *f* economy measure; **Sparmaßnahmen in das System einführen** = to introduce economies *oder* economy measures into the system
◇ **Sparpackung** *f* economy size *oder* economy pack
◇ **Sparpreis** *m* budget price *oder* economy price
◇ **Sparprämie** *f* savings bonus
◇ **Sparquote** *oder* **Sparrate** *f* rate of saving

sparsam *adj* economical *oder* thrifty; **im Benzinverbrauch sparsames Auto** = economy car; **sparsamer Umgang mit Ressourcen** = economical use of resources
◇ **Sparsamkeit** *f* economy *oder* thrift

Sparschuldverschreibung *f* savings certificate *oder (US)* savings bond

Sparsystem *n* savings plan

Sparte *f* division
◇ **Spartenmanager/-in** *mf* divisional director

> mit deutlicher Zeitverzögerung wachen nun nach und nach die anderen Sparten im Bereich Finanzdienstleistung auf
> *Wirtschaftswoche*

spät *adv* late; **die Ladung wurde spät gelöscht** = the shipment was landed late; **spät am Abend** = late-night; **er hatte spät am Abend eine Besprechung am Flughafen** = he had a late-night meeting at the airport

Spediteur *m* **(a)** *(Transporteur)* carrier *oder* road haulier *oder* haulage contractor **(b)** *(von Schiffsfracht)* shipper *oder* shipping agent **(c)** *(Zwischentransporteur)* forwarding agent *oder* freight forwarder **(d)** *(bei Umzug)* furniture remover
◇ **Spedition(sfirma)** *f* **(a)** carrier *oder* haulage firm *oder* company **(b)** shipper *oder* shipping agency **(c)** forwarding agency *oder* department *oder* freight forwarder **(d)** removal(s) firm *oder* company
◇ **Speditionskosten** *pl* carrying charges

Speicher *m* store *oder* storage *oder (Computer)* memory
◇ **Speichereinheit** *f* storage unit
◇ **Speicherkapazität** *f* storage capacity; **Disketten mit einer Speicherkapazität von 10Mb** = disk with a storage capacity of 10Mb

◇ **speichern** *vt* to store; **wir speichern unsere Lohnzahlungsbelege auf Computer** = we store our pay records on computer

in die Dächer dieser Häuser sind Solarkollektoren integriert, die das erzeugte Heißwasser in einen zentralen Speicher einspeisen *Die Wirtschaft*

Spekulant/-in *mf* speculator
◇ **Spekulation** *f* speculation
◇ **Spekulationsaktie** *f* speculative share
◇ **Spekulationsgeschäft** *n* speculative transaction
◇ **Spekulationsgewinn** *m* speculative gain
◇ **spekulativ** *adj* speculative
◇ **spekulieren** *vi* to speculate; **an der Börse spekulieren** = to speculate on the stock exchange; **mit einer Neuemission spekulieren** = to stag an issue

Spender *m* automatic dispenser

Sperre *f* stop *oder* check
◇ **sperren** *vt* **(a)** to block *oder* to freeze *oder* to stop; **(Handel) sperren** = to embargo; **die Regierung sperrte den Handel mit den östlichen Ländern** = the government has embargoed trade with the Eastern countries; **ein Konto sperren** = to put an account on stop *oder* to stop an account; **Kredite sperren** = to freeze credits; **einen Scheck sperren (lassen)** = to put a stop on a cheque *oder* to stop a cheque *oder (US)* to stop payment on a check **(b)** *(print)* to space out; **der Name des Unternehmens ist gesperrt geschrieben** *oder* **gedruckt** = the company name is written in spaced-out letters

sperrig *adj* bulky; **das Postamt nimmt keine sperrigen Pakete an** = the Post Office does not accept bulky packages

sperrige Güter werden entweder über sogenannte Regionalläger oder über Stützpunkte zugeführt *Die Wirtschaft*

Sperrminorität *f* blocking minority

Spesen *pl* expenses *oder* allowance; **das gebotene Gehalt beträgt DM 55.000 plus Spesen** = the salary offered is DM 55,000 plus expenses; **Mittagessen auf Spesen machen einen Großteil unserer derzeitigen Ausgaben aus** = expense account lunches form a large part of our current expenditure
◇ **Spesenaufstellung** *f* statement of expenses
◇ **Spesenkonto** *n* expense account
◇ **Spesenrechnung** *f* bill of expenses *oder* expense account; **er setzte die Hotelkosten auf die Spesenrechnung** = he charged his hotel bill to his expense account; **dies Mittagessen geht auf meine Spesenrechnung** = I'll put this lunch on my expense account

spezialangefertigt *adj* custom-built *oder* custom-made; **er fährt einen für ihn spezialangefertigten Mercedes** = he drives a custom-built Mercedes
◇ **Spezialgebiet** *n* special field *oder* speciality *oder* specialty; **das Spezialgebiet des Unternehmens sind Buchführungspakete für Kleinbetriebe** = the company's area of specialization is accounts packages for small businesses
◇ **Spezialgeschäft** *n* specialist shop *oder (US)* specialty store
◇ **spezialisieren** *vr* **sich (auf etwas) spezialisieren** = to specialize (in something); **das Unternehmen spezialisiert sich auf Elektronikbauteile** = the company specializes in electronic components
◇ **spezialisiert** *adj* specialized; **sie haben eine spezialisierte Produktlinie** = they have a specialized product line
◇ **Spezialisierung** *f* specialization
◇ **Spezialist/-in** *mf* specialist
◇ **Spezialität** *f* speciality *oder* specialty

speziell **1** *adj* special *oder* particular **2** *adv* **speziell angeben** = to specify; **auf der Rechnung keine MwSt. einrechnen, es sei denn, es ist speziell angegeben** = do not include VAT on the invoice unless specified

Spezifikation *f* specification
◇ **spezifizieren** *vt* **(a)** to specify **(b)** *(einzeln aufführen)* to break down *oder* to itemize
◇ **spezifiziert** *adj* specified *oder* itemized; **spezifizierte Rechnung** = detailed account
◇ **Spezifizierung** *f* **(a)** specification **(b)** *(Einzelaufführung)* breakdown *oder* itemization

Spiel *n* game *oder* play; **aufs Spiel setzen** = to risk *oder* to venture
◇ **Spielraum** *m* margin *oder* scope

Spitze *f* top *oder* head; **an der Spitze stehen** = to head *oder* to lead *oder* to be first

Spitzen- *pref* top-grade *oder* top-flight *oder* top-ranking *oder* first-class *oder* high-level *oder* leading
◇ **Spitzenanlage** *f* blue-chip investment
◇ **Spitzenbeamte(r)/-beamtin** *mf* top official
◇ **Spitzenbedarf** *m* peak demand
◇ **Spitzenbedarfszeit** *f* time of peak demand
◇ **Spitzendelegation** *f* high-level delegation
◇ **Spitzenexporteur** *m* leading exporter; **das Unternehmen gehört zu den sechs Spitzenexporteuren** = the company is among the top six exporters
◇ **Spitzengeschwindigkeit** *f* top speed; **die Spitzengeschwindigkeit des Wagens ist 240 km/h** = the car's top speed is 240 kilometres per hour
◇ **Spitzenjahr** *n* peak year
◇ **Spitzenmanager/-in** *mf* top-flight manager; **Spitzenmanager können sehr hohe Gehälter verdienen** = top-flight managers can earn very high salaries
◇ **Spitzenqualität** *f* top quality
◇ **Spitzenreiter** *m* leader (product)
◇ **Spitzenumsätze** *mpl* record sales
◇ **Spitzenwert** *m* **(a)** peak value **(b)** leading share; **Spitzenwerte stiegen an der Börse** = leading shares rose on the stock market

splitten *vt* to split; **Aktien splitten** = to split shares; **die Aktien wurden im Verhältnis eins zu fünf gesplittet** = the shares were split five for one
◇ **Splitting** *n* separate taxation (for married couples)

sponsern *vt* to sponsor; **ein Fernsehprogramm sponsern** = to sponsor a television programme; **das Unternehmen sponserte das Fußballspiel** = the company has sponsored the football match; **eine von der Regierung gesponserte Messe** = a government-sponsored trade exhibition

◇ **Sponsern** *n* sponsorship

◇ **Sponsor/-in** *mf* sponsor *oder* backer; **er hat einen australischen Sponsor** = he has an Australian backer

> das könnte vielleicht sogar das Signal für einen geeigneten Verlag oder Sponsor geben, den ersten Tonträger zu finanzieren
>
> ***Prager Zeitung***

spontan *adj & adv* spontaneous(ly) *oder* impulsive(ly); **etwas spontan tun** = to do something on impulse

◇ **Spontankäufe** *mpl* impulse buying

◇ **Spontankäufer/-in** *mf* impulse buyer; **an der Kasse werden Ständer mit Schokolade aufgestellt, um den Spontankäufer anzuziehen** = the store puts racks of chocolates by the checkout to attract the impulse buyer

Sportverein *m* sport club; **er hat sich beim Sportverein angemeldet** = he has applied to join the sports club

Spot *m* TV commercial

Spotgeschäft *n* spot transaction

◇ **Spotmarkt** *m* spot market; **der Spotmarkt für Öl** = the spot market in oil

spottbillig *adj (umg)* dirt cheap

◇ **Spottpreis** *m* bargain price; **diese Teppiche werden zu Spottpreisen angeboten** = these carpets are for sale at a bargain price

Sprache *f* **(a)** language; **der geschäftsführende Direktor führte die Verhandlungen in drei Sprachen** = the managing director conducted the negotiations in three languages **(b)** *(Computer)* (computer) language; **mit welcher Sprache läuft das Programm?** = what language does the program run on? **(c) zur Sprache bringen** = to bring up *oder* to raise; **eine Frage** *oder* **einen Punkt in einer Sitzung zur Sprache bringen** = to raise a question *oder* a point at a meeting; **der Vorsitzende brachte das Thema Entlassungsabfindungen zur Sprache** = the chairman brought up the question of redundancy payments

sprechen *vi* to speak; **sprechen zu** = to address; **vor einer Versammlung sprechen** = to address a meeting

Sri Lanka *n* Sri Lanka

◇ **Srilanker/-in** *mf* Sri Lankan

◇ **srilankisch** *adj* Sri Lankan

(NOTE: Hauptstadt: **Colombo** ; Währung: **srilankische Rupie** = Sri Lankan rupee)

Staat *m* **(a)** *(pol)* state; **Intervention des Staates** = intervention by the government *oder* government intervention **(b)** *(geographisch)* country

◇ **staatlich** *adj* state *oder* government *oder* governmental; **unter staatlicher Aufsicht** = under government *oder* state control; **ein staatliches Einfuhrverbot von Waffen** = a government ban on the import of arms; **staatlicher Eingriff** = government intervention; **staatliches Fernsehen** = state-controlled television; **eine staatliche Industrie** = a state-owned industry; **die Bosse staatlicher Industrien werden vom Staat eingesetzt** = the bosses of state industries are appointed by the government; **staatliche Rente** = government annuity; **staatliches Unternehmen** = state enterprise; **staatliche Unterstützung** = government support; **die Computerindustrie ist auf staatliche Unterstützung angewiesen** = the computer industry relies on government support; **mit staatlicher Unterstützung** = government-backed; **eine staatliche Untersuchung des organisierten Verbrechens** = a government investigation into organized crime; **staatlich gefördert** = government-sponsored; **er arbeitet mit bei einem staatlich geförderten Programm zur Unterstützung von Kleinbetrieben** = he is working in a government-sponsored scheme to help small businesses; **staatlich gelenkt** = government controlled *oder* state controlled; **staatlich vorgeschrieben** = government-regulated

◇ **Staatsangehörigkeit** *f* nationality; **er hat die deutsche Staatsangehörigkeit** = he is of *oder* has German nationality

◇ **Staatsanleihe** *f* government bond *oder* government loan *oder* government stock; **fundierte Staatsanleihe** = funded debt

◇ **Staatsanwalt/Staatsanwältin** *mf* prosecution counsel *oder* counsel for the prosecution

◇ **Staatsanwaltschaft** *f* **(a)** prosecution **(b)** public prosecutor's office *oder (US)* prosecuting attorney's office

◇ **Staatsauftrag** *m* government contract *oder* order; **Betrieb mit Staatsaufträgen** = government contractor

◇ **Staatsausgaben** *pl* public expenditure

◇ **Staatsbank** *f* state bank

◇ **Staatsbeamte(r)/-beamtin** *mf* government employee *oder* civil servant; **Staatsbeamte hinderten ihn an der Ausreise** = government officials prevented him leaving the country; **Pensionen von Staatsbeamten sind indexgebunden** = civil service pensions are index-linked

◇ **Staatsbesitz** *m* public ownership

◇ **Staatsbetrieb** *m* state enterprise

◇ **Staatsbürger/-in** *mf* citizen *oder* national; **er ist deutscher Staatsbürger** = he's a German national

◇ **Staatsdienst** *m* civil service; **er arbeitet im Staatsdienst** = he has a job in the civil service; **man muß eine Prüfung ablegen, um in den Staatsdienst zu kommen** = you have to pass an examination to get a job in the civil service *oder* to get a civil service job

◇ **staatseigen** *adj* state-owned

◇ **Staatseigentum** *n* state ownership

◇ **Staatsfinanzen** *pl* public finance(s)

◇ **Staatshaushalt** *m* national budget

◇ **Staatspapiere** *npl* government bonds *oder* government securities *oder* government stock; **kurzfristige Staatspapiere** = shorts; **langfristige Staatspapiere** = longs; **mittelfristige Staatspapiere** = mediums; **mündelsichere Staatspapiere** = gilt-edged stock *oder* gilt-edged securities *oder* gilts

◇ **Staatsschuld** *f* national debt

◇ **Staatsverschuldung** *f* national debt

◇ **Staatsvertrag** *m* international treaty

◇ **Staatswirtschaft** *f* public sector

> schon in den 80er Jahren wuchs in der Bundesrepublik die Staatsverschuldung im Schnitt jährlich um etwa dieselben Beträge an, die als Wachstum wieder herauskamen
> ***Wochenpost***

Stabdiagramm *n* bar chart

stabil *adj* stable *oder* firm *oder* sound *oder* steady; **die Aktien(kurse) blieben stabil** = shares remained firm; **stabile Preise** = stable prices; **stabile Währung** = stable currency; **stabiler Wechselkurs** = stable exchange rate; **stabile Wirtschaft** = stable economy

◇ **stabilisieren** *vt* **(a)** to stabilize; **Preise stabilisieren** = to peg prices **(b)** *vr* **sich stabilisieren** = to stabilize *oder* to steady; **die Preise haben sich stabilisiert** = prices have stabilized; **die Preise stabilisierten sich an den Warenbörsen** = prices steadied on the commodity markets

◇ **stabilisierend** *adj* stabilizing; **eine stabilisierende Wirkung auf die Wirtschaft haben** = to have a stabilizing effect on the economy; **die Zahlen der Regierung übten eine stabilisierende Wirkung auf den Wechselkurs aus** = the government's figures had a steadying influence on the exchange rate

◇ **Stabilisierung** *f* stabilization; **Stabilisierung der Wirtschaft** = stabilization of the economy

◇ **Stabilität** *f* stability *oder* steadiness *oder* soundness *oder* firmness; **die Stabilität der D-Mark** = the firmness of the mark; **die Stabilität der Devisenmärkte** = the stability of the foreign exchange markets; **die Stabilität der Märkte geht auf die Intervention der Regierung zurück** = the steadiness of the markets is due to the government's intervention; **eine Phase wirtschaftlicher Stabilität** = a period of economic stability

> der Wirtschaftsraum um Singapur dürfte in den nächsten Jahren eine Insel der Stabilität darstellen
> ***Börse***

Stadium *n* phase *oder* stage

Stadt *f* town *oder* city; **die größten Städte Europas sind durch Flüge im Stundentakt verbunden** = the largest cities in Europe are linked by hourly flights

◇ **Stadtbehörde** *f* municipal authority

◇ **städtisch** *adj* municipal

◇ **Stadtmitte** *f* town centre *oder* city centre

◇ **Stadtplan** *m* street plan *oder* town plan *oder* street directory

◇ **Stadtrat** *m* town council

◇ **Stadtrat/Stadträtin** *mf* town councillor

◇ **Stadtteil** *m* (city) district

◇ **Stadtverwaltung** *f* town council

◇ **Stadtzentrum** *n* town centre *oder* city centre *oder (US)* downtown; **ein Geschäft im Stadtzentrum** = a shop in the town centre *oder (US)* a downtown store; **sie gründeten ein Geschäft im Stadtzentrum** = they established a business in the town centre

staffeln *vt* **(a)** *(Zahlungen)* to grade *oder* to graduate **(b)** *(Arbeitszeit, Ferientermine)* to stagger

◇ **Staffeltarife** *mpl* differential tariffs

Stagflation *f* stagflation

Stagnation *f* stagnation; **wirtschaftliche Stagnation** = economic stagnation; **das Land trat in eine Phase der Stagnation ein** = the country entered a period of stagnation

◇ **Stagnationstendenzen** *fpl* tendency to stagnate; **die Börse wies Stagnationstendenzen auf** = the market showed a tendency to stagnate

◇ **stagnieren** *vi* to stagnate; **die Wirtschaft stagniert** = the economy is stagnating; **der Umsatz stagnierte in der ersten Hälfte des Jahres** = turnover was stagnant for the first half of the year

◇ **stagnierend** *adj* stagnant; **stagnierender Markt** = depressed *oder* sluggish market; **eine stagnierende Wirtschaft** = a stagnant economy

> die Schweizer Maschinenbauindustrie stagniert nach Angaben des Vereins Schweizerischer Maschinen-Industrieller weiterhin auf tiefem Niveau
> ***Blick durch die Wirtschaft***

Stahlkammer *f* strongroom

◇ **Stahlkassette** *f* strongbox

Stammaktien *fpl* equities *oder* ordinary shares *oder (US)* common stock

◇ **Stammaktionär/-in** *mf* ordinary shareholder

> an der Hanseatischen Wertpapierbörse verloren die Stammaktien um sechs auf 169 Mark
> ***Hamburger Abendblatt***

Stammdatei *f* master file

Stammkunde/Stammkundin *mf* regular customer *oder* long-standing customer *oder* customer of long standing; **er ist ein Stammkunde von uns** = he is a regular customer of ours

Stand *m* **(a)** *(Messe)* stand *oder (US)* booth; *(Markt)* stall; **wir haben einen Stand auf der Buchmesse** = we have a stand at the bookfair; **der deutsche Stand auf der internationalen Computermesse** = the German Trade Exhibit at the International Computer Fair **(b)** *(Niveau, Zustand)* level *oder* position *oder* state; **auf dem neusten Stand** = up to date; **eine Computeranlage auf dem neusten Stand** = an up-to-date computer system; **auf den neuesten Stand bringen** = to update *oder* to bring up to date; **ein Hauptbuch auf den neuesten Stand bringen** = to post up a ledger; **etwas auf dem neuesten Stand halten** = to keep something up to date; **wir verwenden viel Zeit darauf, unsere Adressenliste auf dem neuesten Stand zu halten** = we spend a lot of time keeping our mailing list up to date; **technisch auf dem neusten Stand** = state-of-the-art; **eine Maschine, die dem neusten Stand der Technik entspricht** = state-of-the-art machine

Standard *m* standard

◇ **Standardartikel** *m* standard article *oder* stock item; **Butter ist ein Standardartikel jedes**

Lebensmittelhändlers = butter is a stock item for any good grocer

◇ **Standardausrüstung** *f* standard equipment

◇ **Standardautomodell** *n* standard model car

◇ **Standardbrief** *m* standard letter (*cf* SERIENBRIEF)

◇ **Standardgebühr** *f* standard charge; **wir erheben eine Standardgebühr von DM 50 für dreißig Minuten** = we have a standard charge of DM 50 for a thirty-minute session

◇ **Standardgröße** *f* regular size *oder* stock size; **wir führen unsere Schuhe nur in Standardgrößen** = we only carry stock sizes of shoes

◇ **standardisieren** *vt* to standardize

◇ **Standardisierung** *f* standardization

Standby-Flugpreis *m* standby fare

◇ **Standby-Kredit** *m* standby credit

◇ **Standby-Ticket** *n* standby ticket

Standesamt *n* registry office

◇ **Standesbeamte(r)/-beamtin** *mf* registrar

Standgeld *n* **(a)** *(Messe)* stand rental **(b)** *(Markt)* stall rental

ständig 1 *adj* **(a)** constant *oder* continual; **unter ständigem Druck stehen** = to be under constant pressure **(b)** permanent *oder* full(-time); **ständiges Personal** = regular staff **(c)** regular; **ständiges Einkommen** = regular income **2** *adv* continually *oder* permanently *oder* regularly

Standmiete *f* **(a)** *(Messe)* stand rent **(b)** *(Markt)* stall rent *oder* market dues

Standort *m* base *oder* location *oder* site; **er hat ein Geschäftsbüro in Madrid, das ihm während seiner Südeuropareisen als Standort dient** = he has an office in Madrid which he uses as a base while he is travelling in Southern Europe; **das Unternehmen hat seinen Standort verlegt** = the company has moved to a new location; **wir haben einen Standort für die neue Fabrik ausgewählt** = we have chosen a site for the new factory

Standpunkt *m* (point of) view; **der Vorsitzende steht auf dem Standpunkt, daß das Zahlungsziel eines Kredits dreißig Tage nicht überschreiten sollte** = the chairman takes the view that credit should never be longer than thirty days; **wir befragten den Vertriebsleiter nach seinem Standpunkt bezüglich der Neuordnung der Vertreterbezirke** = we asked the sales manager for his views on the reorganization of the reps' territories

Stange *f* **(a)** carton; **eine Stange Zigaretten** = a carton of cigarettes **(b)** bar *oder* rail; **von der Stange** = off the peg *oder* ready-to-wear

Stapel *m* **(a)** pile *oder* stack; **sie legte den Brief auf den Stapel mit Briefen, die noch unterschrieben werden mußten** = she put the letter on the pile of letters waiting to be signed **(b)** batch; **ein Stapel Rechnungen** = a batch of invoices; **der Buchhalter unterschrieb einen Stapel Schecks** = the accountant signed a batch of cheques

◇ **stapeln** *vt* **(a)** to pile (up) *oder* to stack; **die Kisten sind im Lager gestapelt** = the boxes are stacked in the warehouse; **er stapelte die Papiere auf seinem Schreibtisch** = he piled the papers on his desk **(b)** to batch; **Rechnungen** *oder* **Schecks stapeln** = to batch invoices *oder* cheques

◇ **Stapelverarbeitung** *f* batch processing

stark 1 *adj* strong *oder* heavy *oder* severe *oder* great *oder* hard; **ein starker Anstieg der Sollzinsen** = a steep increase in interest charges; **eine starke Mark** = a strong mark; **das Unternehmen nutzte die starke Nachfrage nach PCs aus** = the company took advantage of the strong demand for home computers; **ein starker Rückgang des Auslandsabsatzes** = a steep decline in overseas sales; **das Unternehmen braucht einen starken Vorsitzenden** = the company needs a strong chairman **2** *adv* strongly; **der Aktienkurs zog stark an** = the share price rose sharply; **der Zugverkehr wurde durch den Schnee stark beeinträchtigt** = train services have been severely affected by snow; **sie sind stark auf dem Immobilienmarkt engagiert** = they are heavily into property

◇ **Stärke** *f* strength; **durch die Stärke der Mark erhöht sich die Möglichkeit niedriger Zinsen** = the strength of the mark increases the possibility of low interest rates

Starthilfe *f* pump-priming *oder* start-up grant

◇ **Startkapital** *n* initial capital

> mit einem Startkapital von 400 000 Mark bot ihnen der Existenzgründer zu wenig Sicherheit
> *Die Wirtschaft*

Statistik *f* statistics

◇ **Statistiker/-in** *mf* statistician

◇ **statistisch** *adj* statistical; **statistische Abweichung** = statistical discrepancy; **statistische Analyse** = statistical analysis; **statistische Information** = statistical information

stattfinden *vi* to take place; **die Besprechung findet in unseren Büroräumen statt** = the meeting will take place in our offices; **die Computermesse wird nächsten Monat in Hannover stattfinden** = the computer show will be held in Hannover next month

stattgeben *vt* to allow; **einer Berufung stattgeben** = to allow an appeal

stattlich *adj* substantial *oder* considerable; **eine stattliche Summe** = a substantial sum

Status *m* status; **alle Manager haben den gleichen Status** = all managers have equal status *oder* rank equally

◇ **Status quo** *m* status quo

◇ **Statussymbol** *n* status symbol; **der Wagen des Direktors ist ein Statussymbol** = the chairman's car is a status symbol

> Funktelefone: Erkennungsgeräte der Workaholics und Statussymbol entwöhnter Luxusuhrenträger
> *Capital*

Statut *n* statute

Stau *m* jam

staubdicht *adj* dustproof; **staubdichte Abdeckung** = dustproof cover

Stauer *m* stevedore

Stechkarte *f* clock card *oder* time-card *oder (US)* time-clock card

Steckdose *f* electricity socket

◇ **stecken** *vt* to put; **Geld in ein Geschäft stecken** = to put money into a business

◇ **Stecker** *m* plug; **der Drucker wird mit einem Stecker geliefert** = the printer is supplied with a plug

steigen *vi* to advance *oder* to climb *oder* to gain *oder* to improve *oder* to increase *oder* to rise; **diese Aktien sind um 5% gestiegen** = these shares have appreciated by 5%; **die Aktienkurse waren am Ende des Tages leicht gestiegen** = shares were up slightly at the end of the day; **die Börsenkurse stiegen heute langsam** = prices on the stock market edged upwards today; **der Dollar ist gegenüber dem Yen gestiegen** = the dollar has appreciated in terms of the yen; **die Gewinne waren um 10% gestiegen** = profits showed a 10% increase *oder* an increase of 10%; **die Gewinne sind schneller gestiegen als die Inflationsrate** = profits have increased faster than the increase in the rate of inflation; **mit zunehmender Ausgabenkürzung durch die neue Geschäftsführung, stiegen die Gewinne rasch** = profits climbed rapidly as the new management cut costs; **die Kosten steigen** = costs are mounting up; **die Kurse an der Börse stiegen allgemein** = prices generally advanced on the stock market; **Löhne und Gehälter werden erhöht, um mit den steigenden Lebenshaltungskosten Schritt zu halten** = salaries are increasing to keep up with the rises in the cost of living; **der Ölpreis ist letzte Woche zweimal gestiegen** = the price of oil increased twice in the past week; **die Preise steigen schneller als die Inflation(srate)** = prices are rising faster than inflation; **der Umsatz steigt pro Jahr um 15%** = turnover is growing at a rate of 15% per annum; **die Zinsen sind auf 15% gestiegen** = interest rates have risen to 15%; **schnell steigen** = to take off; **der Absatz stieg schnell nach der Fernsehwerbung** = sales took off after the TV commercials; **sprunghaft steigen** = to jump; **seit Beginn des Krieges sind die Ölpreise sprunghaft gestiegen** = oil prices have jumped since the war started; **im Wert steigen** = to increase in value

◇ **steigend** *adj* increasing *oder* mounting; **steigende Gewinne** = increasing profits; **das Unternehmen ist mit steigenden Schulden konfrontiert** = the company is faced with mounting debts

steigern *vt* **(a)** to increase *oder* to step up *oder* to raise *oder* to intensify; **wir erwarten, daß unsere Werbekampagne den Absatz um 25% steigert** = we expect our publicity campaign to boost sales by 25%; **das Unternehmen steigerte die Produktion der neusten Modelle** = the company has stepped up production of the latest models **(b)** *vr* **sich steigern** = to increase; **die Absatzzahlen des neuen Produkts steigern sich langsam aber sicher** = sales of the new product are increasing slowly but surely

◇ **Steigerung** *f* buildup *oder* increase *oder* rise; **Steigerung der Lebenshaltungskosten** = increase in the cost of living; **eine Steigerung der Umsätze** = a buildup in sales; **der Absatz weist gegenüber dem letzten Jahr eine enorme Steigerung auf** = sales are showing a sharp improvement over last year

steil *adj & adv* sharp(ly) *oder* steep(ly); **steiler Preisabfall** = sharp drop in prices

Stelle *f* **(a)** appointment *oder* job *oder* employment *oder* place *oder* situation; **wir haben drei Stellen in der FAZ annonciert** = we advertised three posts in the FAZ; **ihm wurde eine Stelle bei einer Versicherungsgesellschaft angeboten** = he was offered a place with an insurance company; **eine Stelle in einer Firma antreten** = to join a firm; **er trat seine Stelle am 1. Januar an** = he joined on January 1st; **seine Stelle aufgeben** = to give up one's job; **sie gab ihre Stelle in der Buchhaltung auf und trat in den Ruhestand** = she retired from her position in the accounts department; **sie bekam eine Stelle in einer Fabrik** = she got a job in a factory; **wir konnten die Stelle für einen gelernten Maschinisten bisher nicht besetzen** = we have been unable to fill the vacancy for a skilled machinist; **jdm eine andere Stelle besorgen** = to find someone alternative employment; **sich für die Stelle des Kassierers bewerben** = to apply for a post as cashier; **befristete Stelle** = temporary employment; **sie haben eine freie Stelle für eine Sekretärin** = they have a vacancy for a secretary; **wir haben mehrere freie Stellen** = we have several positions vacant; **alle freie Stellen wurden besetzt** = all the vacant positions have been filled; **wir annoncierten eine freie Stelle in der Lokalpresse** = we advertised a vacancy in the local press; **er hat eine leitende Stelle** = he is in a key position; **offene Stellen** = situations vacant *oder* appointments vacant *oder* job vacancies **(b)** *(Ort, Platz)* place *oder* spot; **ich habe die Stelle verloren und kann mich nicht erinnern, wie weit ich mit dem Ablegen gekommen war** = I have lost my place and cannot remember where I have reached in my filing; **sie markierte ihre Stelle im Text mit einem roten Kugelschreiber** = she marked her place in the text with a red pen **(c)** *(math)* place; **bis auf drei Stellen nach dem Komma richtig** = correct to three places of decimals **(d)** *(statt)* place; **an Stelle von** = in place of *oder* instead of; **sie bekam zwei Monatsgehälter an Stelle einer Kündigungsfrist** = she was given two months' salary in lieu of notice

◇ **stellen** *vt* **(a)** to place *oder* to put; **stellen Sie keine Kaffeetassen auf den Computer** = do not put coffee cups on top of the computer **(b)** to make *oder* to supply *oder* to provide; **einen Antrag stellen** = to propose a motion; **Antrag auf Konkurseröffnung stellen** = to file a petition in bankruptcy; **die Gewerkschaft stellte eine Lohnforderung von 6%** = the union put in a 6% wage claim; **einen Schadensersatzanspruch stellen** = to put in a claim for damages; **wer hat das Geld für den Laden zur Verfügung gestellt?** = who put up the money for the shop?

◇ **Stellenabbau** *m* downsizing

◇ **Stellenangebote** *npl* job vacancies *oder* situations vacant *oder* appointments vacant; **er erhielt sechs Stellenangebote** = he received six offers of jobs *oder* six job offers; **sie lehnte drei Stellenangebote ab, bevor sie unseres annahm** =

she turned down three places before accepting the one we offered

◇ **Stellenbeschreibung** *f* job description *oder* job specification

◇ **Stellenbesetzungsplan** *m* manning agreement *oder* agreement on manning

◇ **Stellenbewerber/-in** *mf* applicant for a job *oder* job applicant

◇ **Stellenbewerbung** *f* application for a job *oder* job application

◇ **Stellenbewerbungsformular** *n* job application form; **ein Stellenbewerbungsformular ausfüllen** = to fill in a job application form

◇ **Stellengesuch** *n* **(a)** job application *oder* application for a job **(b)** *pl* **Stellengesuche** = situations wanted

◇ **Stellenkürzungen** *fpl* job reductions *oder* job cuts; **das Unternehmen war gezwungen, Stellenkürzungen vorzunehmen** = the company was forced to make job reductions

◇ **Stellensuche** *f siehe* STELLUNGSSUCHE

◇ **Stellenvermittlung** *f* employment office *oder* bureau *oder* agency *oder (GB)* job centre

-stellig *suf* -digit *oder* -figure; **eine siebenstellige Telefonnummer** = a seven-digit phone number

Stellung *f* **(a)** *(Posten, Arbeitsplatz)* position *oder* post *oder* job; **er sucht nach einer Stellung in der Computerindustrie** = he is looking for a job in the computer industry; **sich um eine Stellung im Büro bewerben** = to apply for a job in an office; **hohe amtliche Stellung** = high office **(b)** *(Rang)* position *oder* rank *oder* status; **rechtliche Stellung** = legal status

◇ **Stellungssuche** *f* job search *oder* search for employment; **auf Stellungssuche sein** = to be looking for a job

stellvertretend **1** *adj* **(a)** *(von Amts wegen)* deputy *oder* vice- *oder* assistant; **stellvertretende(r) Geschäftsführer/-in** *oder* **Leiter/-in** = deputy manager; **stellvertretende(r) geschäftsführende(r) Direktor/-in** = deputy managing director; **stellvertretender Vorsitzender** = deputy chairman; **sie wurde zur stellvertretenden Vorsitzenden des Komitees ernannt** = she was appointed to the vice-chairmanship of the committee **(b)** *(vorübergehend)* acting; **stellvertretende(r) Leiter/-in** = acting manager **2** *adv (im Namen von)* on behalf of; **die stellvertretend abgegebenen Stimmen waren alle zugunsten der Empfehlung des Vorstands** = the proxy votes were all in favour of the board's recommendation

◇ **Stellvertreter/-in** *mf* **(a)** *(Vize)* deputy *oder* assistant **(b)** *(Ersatz)* substitute **(c)** *(Bevollmächtigter)* proxy *oder* representative; **jds Stellvertreter sein** = to act as proxy for someone; **er schickte seinen Anwalt und Buchhalter, die in der Sitzung als seine Stellvertreter fungieren sollten** = he sent his solicitor and accountant to act as his representatives at the meeting

◇ **Stellvertretung** *f* proxy *oder* representation

> der Internationale Währungsfonds hat das Topmanagement durch die Ernennung von drei neuen Stellvertretern des Geschäftführenden Direktors verstärkt
>
> ***Neue Zürcher Zeitung***

Stempel *m* stamp *oder* seal *oder* postmark; **der Zollbeamte sah sich die Stempel in seinem Paß an** = the customs officer looked at the stamps in his passport

◇ **Stempelaufdruck** *m* stamp; **die Rechnung hat den Stempelaufdruck ‚Dankend erhalten'** = the invoice has the stamp 'Received with thanks' on it

◇ **Stempelgebühr** *f* stamp duty

◇ **Stempelkarte** *f* punch card *oder* time card; **den Arbeitsbeginn mit einer Stempelkarte registrieren** = to clock in *oder* to clock on; **den Arbeitsschluß mit einer Stempelkarte registrieren** = to clock out *oder* to clock off

◇ **Stempelkissen** *n* stamp pad *oder* inking pad

◇ **stempeln** **1** *vt* **(a)** to stamp; **eine Rechnung mit ‚Bezahlt' stempeln** = to stamp an invoice 'Paid' **(b)** *(Post)* to postmark **2** *vi* **stempeln gehen** = to be on the dole

Stenograph/-in *mf* **(a)** *(im Büro)* shorthand secretary **(b)** *(im Gericht)* stenographer

◇ **Stenographie** *f* shorthand *oder* stenography

◇ **stenographieren** *vt* to take shorthand; **er stenographierte das Protokoll** = he took down the minutes in shorthand

◇ **Stenotypist/-in** *mf* shorthand typist

Sterbegeld *n* death benefit

◇ **Sterbetafel** *f* mortality table

Sterling *m* sterling; **Pfund Sterling** = pound sterling; **Außenhandelsbilanz in Sterling** = sterling balances; **Preise in Sterling angeben** = to quote prices in sterling *oder* to quote sterling prices

◇ **Sterlinggebiet** *n oder* **Sterlingzone** *f* sterling area

◇ **Sterlingkrise** *f* sterling crisis

Stern *m* star

◇ **Sterne-Hotel** *n* graded hotel; **Vier-Sterne-Hotel** = four star hotel

stetig **1** *adj* steady *oder* continuous; **ein stetiger Gewinnzuwachs** = a steady increase in profits **2** *adv* steadily; **das Unternehmen hat seinen Marktanteil stetig vergrößert** = the company has steadily increased its market share; **die Produktion stieg stetig in den letzten zwei Quartalen** = output increased steadily over the last two quarters

Steuer *f* tax *oder* duty *oder* levy; **direkte Steuer** = direct tax; **indirekte Steuer** = indirect tax; **Steuer auf Höchstgewinne** = excess profits tax; **ohne Steuer** = exclusive of tax; **eine Steuer aufheben** = to lift a tax; **die Steuer auf Unternehmensgewinne wurde aufgehoben** = the tax on company profits has been lifted; **mit einer Steuer belegen** = to tax; **Zigaretten mit einer Steuer belegen** = to put a tax on cigarettes; **die Regierung hat eine Steuer von 15% für Benzin eingeführt** = the government has introduced a 15% tax on petrol; **eine Steuer erheben** = to levy a tax *oder* to impose a tax

◇ **Steuerabzüge** *mpl* tax deductions

◇ **Steueranpassungen** *fpl* tax adjustments

◇ **Steueranrechnung** *f* tax credit

◇ **Steueranspruch** *m* tax claim

◇ **Steueraufkommen** *n* tax revenues
◇ **Steueraufsicht** *f* tax control
◇ **Steuerausgleichskonto** *m* tax equalization account
◇ **Steuerausländer/-in** *mf* non-resident *(for tax purposes)*
◇ **Steuerausschuß** *m* tax committee
◇ **Steuerausweichung** *f* tax avoidance
◇ **steuerbar** *adj* taxable *oder* liable to tax
◇ **Steuerbeamte(r)/-beamtin** *mf* tax official *oder* revenue officer
◇ **steuerbefreit** *adj* tax-exempt
◇ **Steuerbefreiung** *f* tax exemption *oder* exemption from tax; **als gemeinnützige Organisation können Sie Steuerbefreiung beantragen** = as a non-profit-making organization you can apply for tax exemption

> die Steuerbefreiung gelte für alle produzierenden Betriebe, auch für diejenigen mit ausländischer Beteiligung
> *Welt der Wirtschaft*

◇ **steuerbegünstigt** *adj* tax privileged *oder* enjoying tax relief
◇ **Steuerbegünstigung** *f* tax concession *oder* tax shelter
◇ **Steuerbehörde** *f* tax authorities ≈ *(GB)* Inland Revenue ≈ *(US)* Internal Revenue Service
◇ **Steuerbemessungsgrundlage** *f* tax base
◇ **Steuerberater/-in** *mf* tax adviser *oder* tax consultant; **ich habe alle Fragen zur Lohnsteuer(abrechnung) an meinen Steuerberater weitergeleitet** = I have passed all income tax queries on to my tax adviser
◇ **Steuerbescheid** *m* (notice of) tax assessment *(cf* STEUERVERANLAGUNG)
◇ **Steuerbetrag** *m* tax amount
◇ **Steuerbetrug** *m* tax evasion *oder* evasion of tax(es)
◇ **Steuerbevollmächtigte(r)** *mf* tax consultant
◇ **Steuerbilanz** *f* balance sheet for taxation purposes *oder* tax balance sheet
◇ **Steuereinnahmen** *pl* (government) taxation revenue
◇ **Steuereinnehmer/-in** *mf* collector of taxes *oder* tax collector
◇ **Steuereinziehung** *f* tax collection *oder* collection of tax
◇ **Steuererlaß** *m* tax exemption
◇ **Steuererhöhung** *f* increase in tax *oder* tax increase

> zumindest von einer Steuererhöhung bleiben die Bundesbürger vorerst verschont
> *Die Zeit*

◇ **Steuererklärung** *f* tax return *oder* tax declaration; **Vordruck für die Steuererklärung** = tax form
◇ **Steuererleichterung** *f* tax relief
◇ **Steuerermäßigung** *f* tax reduction
◇ **Steuererstattung** *f* tax rebate; **er bekam am Ende des Jahres eine Steuererstattung** = he got a tax rebate at the end of the year
◇ **Steuerfahndung** *f* tax investigation
◇ **Steuerflucht** *f* avoiding tax by transferring assets or headquarters abroad
◇ **steuerfrei** *adj* free of tax *oder* tax-free *oder* exempt from tax *oder* tax-exempt *oder* non-taxable; **ihm wurde ein steuerfreier Betrag von DM 75.000 überreicht, als er den Arbeitsplatz verlor** = he was given a tax-free sum of DM 75,000 when he was made redundant; **steuerfreies Einkommen** = non-taxable income; **steuerfreie Lieferungen** = exempt supplies; **steuerfreie Zinsen** = interest free of tax *oder* tax-free interest
◇ **Steuerfreibetrag** *m* tax allowance *oder* allowance against tax *oder (US)* tax exemption; **persönlicher (Steuer)freibetrag** = personal allowance
◇ **Steuerfreijahre** *npl* tax holiday
◇ **Steuergehilfe/Steuergehilfin** *mf* articled clerk
◇ **Steuergesetzgebung** *f* tax legislation *oder* laws on taxation; **Lücke** *oder* **Schlupfloch in der Steuergesetzgebung** = tax loophole
◇ **Steuergutschrift** *f* tax credit
◇ **Steuerhinterziehung** *f* tax evasion
◇ **Steuerhoheit** *f* fiscal sovereignty *oder* right to levy taxes
◇ **Steuerjahr** *n* fiscal year *oder* tax year
◇ **Steuerkarte** *f siehe* LOHNSTEUERKARTE
◇ **Steuerklasse** *f* tax bracket *oder* tax schedule; **in der höchsten Steuerklasse** = in the top tax bracket
◇ **steuerlich** *adj* tax *oder* fiscal; **steuerlich absetzbar** *oder* **abzugsfähig** = tax-deductible; **diese Ausgaben sind nicht steuerlich abzugsfähig** = these expenses are not tax-deductible
◇ **Steuermoral** *f* taxpayers' honesty
◇ **Steuernachlaß** *m* tax abatement *oder* tax relief
◇ **Steueroase** *f* *oder* **Steuerparadies** *n* tax haven; **Investmentfonds mit Sitz in einer Steueroase** = off-shore fund
◇ **Steuerpflicht** *f* tax liability
◇ **steuerpflichtig** *adj* taxable; **nicht steuerpflichtig** = non-taxable; **steuerpflichtige Artikel** = taxable items; **steuerpflichtiges Einkommen** = taxable income
◇ **Steuerprogression** *f* tax progression *oder* progressive taxation
◇ **Steuerprüfer/-in** *mf* inspector of taxes *oder* tax inspector
◇ **Steuerquelle** *f* source of tax revenue
◇ **steuerrechtlich** *adj* relating to tax law
◇ **Steuerreform** *f* tax reform *oder* reform of the tax system
◇ **Steuerrückzahlung** *f* tax refund *oder* tax rebate *oder* remission of taxes
◇ **Steuersatz** *m* rate of taxation *oder* tax rate
◇ **Steuerschulden** *fpl* back tax
◇ **Steuersenkung** *f* tax cut *oder* tax reduction

> der japanische Premierminister hat überraschend beträchtliche Steuersenkungen von insgesamt sechs Billionen Yen für dieses Jahr angekündigt
> *Frankfurter Allgemeine Zeitung*

◇ **Steuerstundung** *f* deferment of tax
◇ **Steuersubjekt** *n* taxpayer
◇ **Steuertabelle** *f* tax table
◇ **Steuertarif** *m* tax schedule
◇ **Steuerumgehung** *f* tax avoidance

Steuerung *f* control
◇ **Steuerungssystem** *n* control system

Steuerveranlagung *f* tax assessment (process) *(cf* STEUERBESCHEID)
◇ **Steuervergünstigung** *f* tax concession *oder* tax relief; **Steuervergünstigung gewähren** = to grant tax relief

◇ **Steuervergütung** *f* (government) tax concession
◇ **Steuervorauszahlung** *f* advance tax payment
◇ **Steuervorteil** *m* tax advantage
◇ **Steuerwesen** *n* taxation *oder* tax system
◇ **Steuerzahler** *m* taxpayer
◇ **Steuerzuschlag** *m* additional tax *(penalty for late payment)*
◇ **Steuerzwecke** *pl* tax purposes; **wir benötigen die Rechnung zu Steuerzwecken** = we need the invoice for tax purposes

Steward *m* steward
◇ **Stewardeß** *f* stewardess *oder* air hostess *oder* *(US)* airline hostess

stichhaltig *adj* valid; **das ist kein stichhaltiges Argument** *oder* **keine stichhaltige Entschuldigung** = that is not a valid argument *oder* excuse

Stichprobe *f* random check *oder* random sample; **Qualitätskontrolle mittels Stichproben** = acceptance sampling
◇ **Stichprobenauswahl** *f* random sampling
◇ **Stichprobenerhebung** *f* sample survey

Stichtag *m* **(a)** *(Frist)* deadline **(b)** *(jur)* effective date

> in den neuen Bundesländern und Ostberlin waren am Stichtag 1,16 Mio. Personen als arbeitslos gemeldet
> *Neue Zürcher Zeitung*

Stichwort *n* heading; **die Posten sind unter mehreren Stichworten aufgeführt** = the items are listed under several headings

Stiftung *f* endowment

still *adj* silent; **stille Reserven** = hidden assets *oder* hidden reserves; **stille(r) Teilhaber/-in** *oder* **stille(r) Gesellschafter/-in** = silent partner *oder* sleeping partner

> der Mäzen aus Hannover managte die Bankgeschäfte und beteiligte sich als stiller Gesellschafter
> *Die Wirtschaft*

stillegen *vt* **(a)** to close down *oder* to shut down **(b)** *(Schiff)* to lay up
◇ **Stillegung** *f* closure *oder* shutdown *oder* *(Schiff)* lay-up

> von der Stillegung wären insgesamt 2300 Arbeitsplätze betroffen
> *Neues Deutschland*

stillen *vt* to satisfy; **Nachfrage stillen** = to satisfy demand; **wir können nicht genug produzieren, um die Nachfrage nach dem Produkt zu stillen** = we cannot produce enough to satisfy the demand for the product

Stillhalteabkommen *n* moratorium *(in claims by creditors against a company)*

stillschweigend *adj* tacit *oder* silent; **stillschweigende Genehmigung** = tacit approval; **stillschweigende Zustimmung zu einem Vorschlag** = tacit agreement to a proposal

Stillstand *m* **(a)** *(Stopp)* standstill *oder* stoppage *oder* stop *oder* deadlock; **zum Stillstand bringen** = to bring to a standstill **(b)** *(Stagnation)* stagnation
◇ **stillstehend** *adj* at a standstill *oder* idle; **stillstehende Maschinen** = idle machinery *oder* machines lying idle

Stimmabgabe *f* voting; **geschlossene Stimmabgabe** = block vote
◇ **Stimme** *f* **(a)** voice **(b)** vote; **ausschlaggebende Stimme** = casting vote; **die Stimme des Vorsitzenden ist ausschlaggebend** = the chairman has the casting vote; **seine Stimme gab den Ausschlag für die Ablehnung des Antrags** = he used his casting vote to block the motion
◇ **stimmen** *vi* **(a)** *(wählen)* to vote; **für** *oder* **gegen einen Vorschlag stimmen** = to vote for *oder* to vote against a proposal; **52% der Mitglieder stimmten für Herrn Schmidt als Vorsitzenden** = 52% of the members voted for Mr Schmidt as chairman **(b)** to be right *oder* correct; **nicht stimmen** = to be wrong *oder* out; **die Zahlen stimmen nicht** = the figures do not add up
◇ **Stimmrecht** *n* voting right; **(jdm) das Stimmrecht entziehen** = to disenfranchise (someone); **das Unternehmen versuchte, den Stammaktionären das Stimmrecht zu entziehen** = the company has tried to disenfranchise the ordinary shareholders
◇ **Stimmrechtaktie** *f* voting share
◇ **Stimmrechtsbevollmächtigte(r)** *mf* proxy; **durch einen Stimmrechtsbevollmächtigten abgegebene Stimme** = proxy vote
◇ **stimmrechtslos** *adj* non-voting; **stimmrechtslose Aktien** = non-voting shares
◇ **Stimmzettel** *m* ballot paper *oder* voting paper

Stimulus *m* stimulus

Stipendium *n* grant

Stock *n* floor; **ihr Büro ist im 26. Stock** = her office is on the 26th floor; **die Schuhabteilung ist im 1. Stock** = the shoe department is on the first floor

Stock Controller *m* stock controller

Stocken *n* stagnation *oder* standstill; **nach sechs Stunden kamen die Gespräche ins Stocken** = after six hours the talks were stagnating
◇ **stocken** *vi* to stagnate
◇ **stockend** *adj* stagnant
◇ **Stockung** *f* stoppage *oder* hold-up *oder* jam; **der Streik verursachte Stockungen im Warenversand** = the strike caused hold-ups in the dispatch of goods

Stockwerk *n* floor

Stoffmuster *n* sample of the material *oder* cloth sample

stoppen *vt* to stop *oder* to freeze *oder* to block *oder* to plug; **das Unternehmen versucht, den Abfluß der Barreserven zu stoppen** = the company is trying to plug the drain on cash reserves; **die Regierung stoppte die Einfuhr von Autos** = the government has stopped the import of cars;

Kredite stoppen = to freeze credits; **die Warensendung wurde vom Zoll gestoppt** = the shipment was stopped by customs

stornieren *vt* **(a)** to cancel; **einen Auftrag stornieren** = to cancel an order; **die Regierung stornierte den Auftrag für mehrere Busse** = the government has cancelled the order for a number of buses **(b)** *(Buchung)* to reverse; **einen Eintrag stornieren** = to contra an entry

◇ **Stornierung** *f* **(a)** cancellation **(b)** reversal *oder* contra-entry

◇ **Storno** *mn oder* **Stornobuchung** *f* contra-entry

Störung *f* **(a)** *(Unruhe)* disturbance **(b)** *(Unterbrechung)* disruption **(c)** *(Einmischung)* interference **(d)** *(Defekt)* fault *oder* defect; **eine Störung im Computer** = a defect in the computer

Stoß *m* **(a)** push *oder* shove **(b)** batch *oder* stack

◇ **stoßen 1** *vt* to knock *oder* to bump; **sie stieß sich den Kopf am Aktenschrank** = she knocked her head on the filing cabinet **2** *vi* to run *oder* bump into; **sein Ersuchen stieß auf Ablehnung** = his request met with a refusal

◇ **Stoßverkehr** *m* rush-hour traffic; **das Taxi** *oder* **die Taxe wurde im Stoßverkehr aufgehalten** = the taxi was delayed in the rush-hour traffic

◇ **Stoßzeit** *f* peak period *oder* rush hour; **außerhalb der Stoßzeit** = during the off-peak period

strafbar *adj* punishable *oder* criminal; **Unterschlagung von Geldern ist eine strafbare Handlung** = misappropriation of funds is a criminal act

◇ **Strafe** *f* punishment *oder* penalty *oder* fine; **mit einer Strafe belegen** = to penalize; **einen Lieferanten für zu späte Lieferungen mit einer Strafe belegen** = to penalize a supplier for late deliveries; **sie wurden für schlechten Service mit einer Strafe belegt** = they were penalized for bad service

straff *adj* streamlined

◇ **straffen** *vt* to streamline

◇ **Straffung** *f* streamlining

> als Gründe für den bescheidenen Ertragsüberschuss nannte er erhöhte Marketinganstrengungen und eine straffe Kostenkontrolle
>
> *Neue Zürcher Zeitung*

Straffreiheit *f* impunity *oder* exemption from punishment; **ihm wurde Straffreiheit gewährt** = he was granted immunity from prosecution

◇ **Strafklausel** *f* penalty clause; **der Vertrag enthält eine Strafklausel, nach der das Unternehmen für jede Woche, um die das Datum der Fertigstellung des Auftrags überschritten wird, 1% zahlen muß** = the contract contains a penalty clause which fines the company 1% for every week the completion date is late

◇ **Strafprozeß** *m* criminal proceedings *oder* criminal case

◇ **Strafrecht** *n* criminal law

◇ **strafrechtlich** *adj* criminal; **strafrechtliche Verfolgung** = criminal prosecution

◇ **Straftat** *f* crime; **Straftaten in Supermärkten haben um 25% zugenommen** = crimes in supermarkets have risen by 25%

◇ **Strafverteidiger/-in** *mf* defence counsel

Strandgut *n* jetsam; **Treib- und Strandgut** = flotsam and jetsam

Straße *f* **(a)** road **(b)** *(in einer Stadt)* street

◇ **Straßenecke** *f* street corner

◇ **Straßenhändler/-in** *mf* street vendor

◇ **Straßentransport** *m* road transport *oder* transport by road

◇ **Straßentransportkosten** *pl* road transport costs; **Straßentransportkosten sind gestiegen** = costs of transport by road have risen

◇ **Straßenverzeichnis** *n* **(a)** *(im Stadtplan)* index of (names of) streets **(b)** *(in Buchform)* street directory

Strategie *f* strategy *oder* policy

◇ **strategisch** *adj* strategic; **strategische Planung** = strategic planning

Streamer *m* *(Computer)* streamer

streben *vi* **streben nach** = to strive for *oder* to aspire to *oder* to aim (to do); **jeder Vertreter muß danach streben, seinen Vorjahresumsatz zu verdoppeln** = each salesman must aim to double his previous year's sales; **wir streben danach, in zwei Jahren die Nummer 1 auf dem Markt zu sein** = we aim to be No. 1 in the market in two years' time

Strecke *f* route *oder* run *(regular route of a bus or plane)*

streichen *vt* **(a)** to cut *oder* to cancel; **Arbeitsplätze streichen** = to cut jobs; **das Projekt wurde gestrichen** = the project got the axe **(b)** to cross off *oder* to delete *oder* to remove; **die Anwälte haben Klausel zwei gestrichen** = the lawyers have deleted clause two; **er strich meinen Namen von der Liste** = he crossed my name off his list; **Sie können ihn von der Adressenliste streichen** = you can cross him off our mailing list; **sie wollen alle Hinweise auf Kreditbedingungen aus dem Vertrag streichen** = they want to delete all references to credit terms from the contract

Streik *m* strike *oder* walk-out; **im Streik** = on strike; **in den Streik treten** = to come out on strike *oder* to go on strike; **die Belegschaft zum Streik aufrufen** = to call the workforce out on strike; **die betrieblichen Vertrauensleute riefen die Belegschaft zum Streik auf** = the shop stewards called the workforce out (on strike); **die Gewerkschaft rief ihre Mitglieder zum Streik auf** = the union called its members out on strike; **sobald die Unternehmensleitung das Angebot machte, ging das Personal in Streik** = as soon as the management made the offer, the staff came out on strike; **offizieller Streik** *oder* **gewerkschaftlich organisierter Streik** = official strike; **wilder Streik** = unofficial *oder* wildcat strike; **vom Streik betroffen** = strikebound; **sechs Schiffe in den Docks sind vom Streik betroffen** = six ships are strikebound in the docks

◇ **Streikabstimmung** *f* strike ballot *oder* strike vote

◇ **Streikaufruf** *m* strike call

◇ **Streikbeschluß** *m* decision to strike *oder* resolution to call a strike *oder* strike resolution; **der Streikbeschluß wurde in der Versammlung durchgebracht** = the meeting passed *oder* carried *oder* adopted a resolution to go on strike

◇ **Streikbrecher/-in** *mf* strikebreaker *oder (umg)* blackleg *oder* scab *oder (US) (umg)* fink

◇ **streiken** *vi* to strike *oder* to walk out; **die Arbeiter streiken seit vier Wochen** = the workers have been out on strike for four weeks; **die Büroangestellten streiken für höhere Gehälter** = the office workers are on strike for higher pay; **für mehr Lohn** *oder* **kürzere Arbeitszeit streiken** = to strike for higher wages *oder* for shorter working hours; **aus Protest gegen schlechte Arbeitsbedingungen streiken** = to strike in protest against bad working conditions; **aus Solidarität mit den Postbeamten streiken** = to strike in sympathy with the postal workers

◇ **Streikende(r)** *mf* striker

◇ **Streikgeld** *n* strike pay

◇ **Streikkasse** *f* strike fund

◇ **Streikposten** *m* picket; **vor einer Fabrik Streikposten aufstellen** = to picket a factory; **massives Aufgebot an Streikposten** = mass picketing; **mobile Streikposten** = flying pickets

◇ **Streikpostenkette** *f* picket line; **eine Streikpostenkette besetzen** *oder* **in der Streikpostenkette sein** = to man a picket line *oder* to be on the picket line; **eine Streikpostenkette durchbrechen** = to cross a picket line

◇ **Streikrecht** *n* right to strike

◇ **Streikverbotsabkommen** *n* no-strike agreement

◇ **Streikverbotsklausel** *f* no-strike clause

Streit *m* argument *oder* dispute; **er wurde nach einem Streit mit dem geschäftsführenden Direktor entlassen** = he was sacked after an argument with the managing director; **sie gerieten mit den Zollbeamten über die Unterlagen in Streit** = they got into an argument with the customs officials over the documents; **in einem Streit schlichten** = to adjudicate *oder* to mediate in a dispute

◇ **streiten** *vi* to argue; **die Gewerkschaftsfunktionäre stritten darüber, wie am besten mit dem Ultimatum der Arbeitgeber umzugehen sei** = the union officials argued among themselves over the best way to deal with the ultimatum from the management; **sie stritten über den Preis** = they argued over *oder* about the price; **wir stritten stundenlang mit dem geschäftsführenden Direktor über den Standort der neuen Fabrik** = we spent hours arguing with the managing director about the site for the new factory

streng *adj & adv* strict(ly) *oder* severe(ly) *oder* stiff(ly) *oder* rigid(ly) *oder* tight(ly); **die Ausgaben unterliegen strenger Kontrolle** = expenses are kept under tight control; **wir müssen die Ausgaben der Handelsvertreter strenger im Auge haben** = we must tighten up on the reps' expenses; **das Unternehmen fordert das gesamte Personal auf, die Einkaufsverfahren streng zu befolgen** = the company asks all staff to follow strictly the buying procedures

streuen *vt* to spread *oder* to scatter; **das Risiko streuen** = to spread a risk; **er hat seine Investitionen** *oder* **Beteiligungen breit gestreut** = he has a wide spread of investments *oder* of interests

◇ **Streuung** *f* spread

Strich *m* line; **er zog einen dicken Strich unter die Zahlenspalte, um die Endsumme deutlich hervorzuheben** = he drew a thick line across the bottom of the column to show which figure was the total

◇ **Strichdiagramm** *n* line chart *oder* line graph

◇ **Strichkode** *m* bar code

strikt *adj & adv* strict(ly); **in strikter Rangordnung** = in strict order of seniority

Strohmann *m* front man

Strom *m* **(a)** *(Elektrizität)* electricity *oder* current; **der Strom ist heute morgen ausgefallen** = the electricity is off this morning **(b)** *(Strömung)* stream *oder* current; **gegen den Strom schwimmen** = to swim against the current *oder* to buck the trend

◇ **Stromausfall** *m* power cut; **heute morgen gab es einen Stromausfall, deswegen funktionierten die Computer nicht** = there was a power cut this morning, so the computers could not work

◇ **Stromkabel** *n* electricity cable *oder* power cable

◇ **Stromkosten** *pl* electricity costs; **Stromkosten sind ein wichtiger Faktor in unseren laufenden Kosten** = electricity costs are an important factor in our overheads

◇ **Strompauschale** *f* flat rate for electricity; **wir bezahlen jedes Quartal eine Strompauschale** = we pay a flat rate for electricity each quarter

◇ **Stromrechnung** *f* electricity bill; **unsere Stromrechnung ist im diesem Quartal erheblich gestiegen** = our electricity bill has increased considerably this quarter

◇ **Stromzufuhrkabel** *n* input lead

Struktur *f* structure *oder* pattern

◇ **strukturell** *adj* structural; **strukturelle Arbeitslosigkeit** = structural unemployment

◇ **strukturieren** *vt* to structure; **eine Sitzung strukturieren** = to structure a meeting

◇ **Strukturveränderung** *f* structural change; **Strukturveränderungen in einem Unternehmen vornehmen** = to make structural changes in a company

Stück *n* piece *oder* unit; **etwas pro Stück verkaufen** = to sell something by the piece; **der Preis beträgt 25 Pf das Stück** = the price is 25 pfennigs each; **ein Stück Land** = a plot of land; **große Stücke auf jemanden halten** = to think highly of someone *oder* to have a high opinion of somebody; **der Generaldirektor hält große Stücke auf sie** = she is highly thought of by the managing director

Stückelung *f* denomination; **Banknoten kleiner Stückelung** = small denomination notes

Stückgut *n* single item sent

◇ **Stückkauf** *m* purchase of specified goods (*cf* GATTUNGSKAUF)

Stückkosten *pl* unit cost(s)

◇ **Stücklohn** *m* piece(-work) rate *oder* wage; **einen Stücklohn erhalten** = to be paid at piece-work rates (*cf* ZEITLOHN)

◇ **Stücklohnsatz** *m* piece rate

◇ **Stückpreis** *m* unit price

Studie *f* study; **das Unternehmen hat die Berater beauftragt, eine Studie neuer Produktionstechniken anzufertigen** = the company has asked the consultants to prepare a study of new production techniques

Stufe *f* step *oder* level *oder* stage *oder* phase *oder* grade *oder* degree *oder* bracket; **Stellvertreter des geschäftsführenden Direktors zu werden ist die erste Stufe auf der Beförderungsleiter** = becoming assistant to the MD is a step up the promotion ladder; **Zahlungen in Stufen** = staged payments

◇ **stufen** *vt* to grade *oder* to graduate *oder* to stagger

◇ **Stufentarif** *m* graduated tariff

◇ **stufenweise** *adv* step by step *oder* gradually

Stunde *f* hour; **pro Stunde bezahlen** = to pay by the hour; **er verdient DM 35 in der** *oder* **pro Stunde** = he earns DM 35 an hour; **wir bezahlen DM 30 die Stunde** = we pay DM 30 per hour; **eine 35-Stunden-Woche arbeiten** = to work a thirty-five hour week; **wir haben einen Achtstundentag** = we work an eight-hour day

◇ **Stundenleistung** *f* output per hour

◇ **Stundenlohn** *m* hourly rate *oder* hourly wage *oder* wage per hour; **einen Stundenlohn erhalten** = to be paid by the hour

◇ **stundenweise** *adv* hourly; **stundenweise bezahlte Arbeiter** = hourly-paid workers; **sie arbeitet stundenweise** = she works part-time

◇ **Stundenzettel** *m* time sheet

◇ **stündlich** *adj & adv* hourly

◇ **Stundung** *f* extension of credit *oder* deferment of payment

Sturz *m* fall *oder* drop *oder* slump *oder* collapse

◇ **stürzen (a)** *vi* to fall *oder* to drop *oder* to slump *oder* to plummet *oder* plunge; **die Aktienkurse stürzten, als die Abwertung bekanntgegeben wurde** = share prices plummeted *oder* plunged on the news of the devaluation **(b)** *vr* **sich in Schulden stürzen** = to plunge into debt

stützen 1 *vt* **(a)** to support *oder* to back *oder* to shore up; **die Bundesbank kauft D-Mark, um den Wechselkurs zu stützen** = the Bundesbank is buying Deutschmarks to support the exchange rate; **Preise stützen** = to peg prices **(b)** to base; **wir stützten unsere Kalkulationen auf die Umsatzprognose** = we based our calculations on the forecast turnover **2** *vr* **sich stützen auf** = to go on *oder* to be based on; **die Zahlen für 1990 sind alles, auf das er sich stützen kann** = the figures for 1990 are all he has to go on

◇ **Stützungspreis** *m* support price

Submission *f* bid *oder* tender

◇ **Submittent/-in** *mf* bidder *oder* tenderer; **das Unternehmen war der erfolgreiche Submittent für das Projekt** = the company was the successful tenderer for the project

Substanzwert *m* asset value (of a company)

subtrahieren *vt* to subtract

Subunternehmer *m* subcontractor; **wir werden die Elektroarbeiten an einen Subunternehmer weitergeben** = we will put the electrical work out to subcontract

◇ **Subunternehmervertrag** *m* subcontract; **der Subunternehmervertrag für sämtliche Elektroarbeiten im neuen Gebäude wurde an sie vergeben** = they have been awarded the subcontract for all the electrical work in the new building

Subvention *f* subsidy *oder* subvention *oder* grant; **die Industrie lebt von staatlichen Subventionen** = the industry exists on government subsidies; **der Staat hat die Subventionen für die Autoindustrie erhöht** = the government has increased its subsidy to the car industry

◇ **subventionieren** *vt* to subsidize; **die Regierung lehnte es ab, die Autoindustrie zu subventionieren** = the government has refused to subsidize the car industry

◇ **subventioniert** *adj* subsidized; **nicht subventioniert** = unsubsidized; **subventioniertes Programm** = grant-aided scheme

◇ **Subventionierung** *f* subsidizing *oder* subsidization; **die Subventionierung der Butter** = the subsidizing of butter *oder* the butter subsidization

Südafrika *n* South Africa

◇ **Südafrikaner/-in** *mf* South African

◇ **südafrikanisch** *adj* South African

(NOTE: Hauptstadt: **Pretoria** ; Währung: **Rand** *m* = rand)

Sudan *m* Sudan

◇ **Sudaner/-in** *oder* **Sudanese/Sudanesin** *mf* Sudanese

◇ **sudan(es)isch** *adj* Sudanese

(NOTE: Hauptstadt: **Khartum** = Khartoum; Währung: **sudanesisches Pfund** = Sudanese pound)

Südkorea *siehe* KOREA

Summe *f* sum *oder* amount *oder* total; **er setzte im Pachtvertrag eine sehr niedrige Summe an** = he put a very low figure on the value of the lease; **er verlor hohe Summen an der Börse** = he lost large sums on the stock exchange; **Summe der Aktiva** = total assets

Super(benzin) *n* premium *oder* super (petrol *oder* *US* gasoline); **der Wagen läuft nur mit Superbenzin** = the car only runs on premium

◇ **Supermarkt** *m* supermarket; **der Absatz in Supermärkten macht die Hälfte des Unternehmensumsatzes aus** = sales in supermarkets *oder* supermarket sales account for half the company's turnover

◇ **Superprovision** *f* overrider *oder* overriding commission

◇ **Supertanker** *m* supertanker

Surinam *n* Surinam
◇ **Surinamer/-in** *mf* Surinamese
◇ **surinamisch** *adj* Surinamese
(NOTE: Hauptstadt: **Paramaribo**; Währung: **Surinam-Gulden** *m* = Surinam guilder)

suspendieren *vt* to suspend; **er wurde bei vollem Gehalt suspendiert, während die polizeilichen Untersuchungen im Gange waren** = he was suspended on full pay while the police investigations were going on

Symbol *n* symbol *oder* token
◇ **symbolisch** *adj* symbolic *oder* token; **symbolische Zahlung** = token payment

Sympathiestreik *m* sympathy strike

Syndikat *n* syndicate

Syndikus *m* company lawyer *oder* corporate lawyer

Synergie *f* synergy

synthetisch *adj* synthetic

Syrien *n* Syria
◇ **Syr(i)er/-in** *mf* Syrian
◇ **syrisch** *adj* Syrian
(NOTE: Hauptstadt: **Damaskus** = Damascus; Währung: **syrisches Pfund** = Syrian pound)

System *n* system
◇ **Systemanalyse** *f* systems analysis
◇ **Systemanalytiker/-in** *mf* systems analyst
◇ **systematisch** *adj* systematic; **er forderte einen systematischen Bericht über den Vertriebsservice an** = he ordered a systematic report on the distribution service
◇ **Systemberater/-in** *mf* systems analyst

Tt

tabellarisch **1** *adj* tabular; **tabellarische Aufstellung** = tabulation **2** *adv* in tabular form; **tabellarisch darstellen** = to tabulate

◊ **tabellarisieren** *vt* to tabulate

◊ **Tabellarisierung** *f* tabulation

◊ **Tabelle** *f* **(a)** table *oder* chart; **versicherungsstatistische Tabellen** = actuarial tables **(b)** scale (*cf* GEHALTSTABELLE)

◊ **Tabellenkalkulation** *f* spreadsheet

◊ **Tabellierpapier** *n* listing paper

◊ **Tabulator** *m* tabulator

Tachograph *m* tachograph

Tag *m* day; **der Juni hat dreißig Tage** = there are thirty days in June; **der erste Tag des Monats ist ein gesetzlicher Feiertag** = the first day of the month is a public holiday; **drei volle Tage** = three clear days; **rechnen Sie mit vier vollen Tagen, bis der Scheck bei der Bank eingezahlt ist** = allow four clear days for the cheque to be paid into the bank; **zehn volle Tage vorher Bescheid sagen** = to give ten clear days' notice; **er arbeitet drei Tage und hat dann zwei Tage frei** = he works three days on, two days off; **sie hat sich zwei Tage frei genommen** = she took two days off

◊ **Tagebuch** *n* diary

◊ **Tagegeld** *n* subsistence allowance

◊ **Tagelöhner/-in** *mf* day worker *oder* day labourer

◊ **Tagesgeld** *n* money at call *oder* money on call *oder* call money

◊ **Tageskurs** *m* **(a)** *(von Devisen)* current rate of exchange **(b)** *(von Effekten)* current price

◊ **Tagesmenü** *n* set menu

◊ **Tagesordnung** *f* agenda; **der Prokurist setzte Finanzen ganz oben auf die Tagesordnung** = the company secretary put finance at the top of the agenda; **der Vorsitzende möchte zwei Punkte von der Tagesordnung streichen** = the chairman wants two items removed from *oder* taken off the agenda

◊ **Tagesordnungspunkt** *m* item on the agenda; **nach zwei Stunden diskutierten wir immer noch den ersten Tagesordnungspunkt** = after two hours we were still discussing the first item on the agenda

◊ **Tagespreis** *m* current price

◊ **Tagesproduktion** *f* daily production; **Tagesproduktion an Autos** = daily production of cars

◊ **Tagesumsatz** *m* daily sales returns

◊ **Tagesverbrauch** *m* daily consumption

◊ **Tageszeitung** *f* daily newspaper *oder* (a) daily

◊ **täglich** *adj & adv* daily; **täglicher Verbrauch** = daily consumption; **diese Zeitung erscheint täglich** = this paper comes out daily

◊ **Tagschicht** *f* day shift; **er arbeitet in der Tagschicht** *oder* **er macht die Tagschicht** = he works the day shift; **150 Mann arbeiten in der Tagschicht** = there are 150 men on the day shift

Tagung *f* conference; **die Tagung der Buchhändler findet dieses Jahr in Berlin statt** = the booksellers' conference is being held in Berlin this year

> die Qualität einer Tagung hängt auch von der Qualität der Umgebung ab
>
> ***TopBusiness***

Taktik *f* tactic; **die Direktoren planten ihre Taktiken, bevor sie in die Besprechung mit den Gewerkschaftsvertretern gingen** = the directors planned their tactics before going into the meeting with the union representatives; **seine normale Taktik ist, Aktien an einem Unternehmen zu kaufen, dann ein Übernahmeangebot zu inszenieren und mit Gewinn verkaufen** = his usual tactic is to buy shares in a company, then mount a takeover bid, and sell out at a profit

Talfahrt *f* downward slide *oder* decline

> die deutsche Landmaschinenindustrie rechnet für 1994 mit einer Fortsetzung ihrer Talfahrt
>
> ***Blick durch die Wirtschaft***

Talon *m* **(a)** talon *oder* renewal coupon *oder* renewal certificate **(b)** stub *oder* counterfoil

Talsohle *f* trough

Tanker *m* tanker

◊ **Tankerwrack** *n* wreck of a tanker; **Öl lief aus dem Tankerwrack** = oil poured out of the wreck of the tanker

Tankstelle *f* filling station; **er hielt an der Tankstelle, um vor der Auffahrt auf die Autobahn zu tanken** = he stopped at the filling station to get some petrol before going on to the motorway

Tansania *n* Tanzania

◊ **Tansanier/-in** *mf* Tanzanian

◊ **tansanisch** *adj* Tanzanian

(NOTE: Hauptstadt: **Dodoma** ; Währung: **tansanischer Schilling** = Tanzanian shilling)

Tante-Emma-Laden *m* corner shop

Tantieme *f* share *oder* percentage of profits

◊ **Tantiemen** *fpl* *(für Künstler)* royalty; **Tantiemen sind an den Buchabsatz gebunden** = authors' royalties are linked to book sales

Tara *f* tare

Tarif *m* tariff; **ermäßigter Tarif** = reduced rate *mpl* **Tarife** = scale of charges *oder* scale of prices
◇ **Tariflohn** *m* standard wage
◇ **Tarifpartner** *mpl* management and workers *oder* the two sides of industry
◇ **Tarifverhandlungen** *fpl* wage negotiations; **(autonome) Tarifverhandlungen** = (free) collective bargaining
◇ **Tarifvertrag** *m* union agreement

Tarnung *f* camouflage *oder* disguise *oder* front; **sein Restaurant ist Tarnung für einen Rauschgiftring** = his restaurant is a front for a drugs organization

Tasche *f* **(a)** bag **(b)** pocket
◇ **Taschengeld** *n* pocket money *oder* spending money *oder (umg)* pin money
◇ **Taschenkalender** *m* pocket diary
◇ **Taschenrechner** *m* pocket calculator; **er hat den Rabatt auf seinem Taschenrechner ausgerechnet** = he worked out the discount on his calculator; **mein Taschenrechner braucht eine neue Batterie** = my pocket calculator needs a new battery

Tastatur *f* keyboard; **englische Tastatur** = qwerty keyboard; **der Computer hat eine normale englische Tastatur** = the computer has a normal qwerty keyboard; **numerische Tastatur** = numeric keypad
◇ **Taste** *f* key; **auf der Tastatur sind 64 Tasten** = there are sixty-four keys on the keyboard
◇ **Tastenfeld** *n* keypad

tätig *adj* active; **tätige(r) Teilhaber/-in** = active partner; **tätig sein** = to be employed in *oder* to work; **sie ist im Marketing tätig** = she's in marketing; **das Unternehmen sucht jemanden, der erfolgreich in der Elektronikbranche tätig war** = the company is looking for someone with a background of success in the electronics industry; **das Unternehmen war bisher auf dem Computermarkt nicht nachweislich tätig** = the company has no track record in the computer market; **tätig werden** = to take action
◇ **tätigen** *vt* to conclude *oder* to effect; **Geschäfte tätigen** = to transact business
◇ **Tätigkeit** *f* occupation; **Einteilung von Tätigkeiten** = job classification
◇ **Tätigkeitsbereich** *m* sphere of activity; **Kontroverse um den Tätigkeitsbereich** = demarcation dispute

tatkräftig *adj* energetic

Tatsache *f* fact; **Tatsache ist, daß ...** = the fact of the matter is that ...; **Tatsache ist, daß sich das Produkt nicht für den Markt eignet** = the fact of the matter is that the product does not fit the market
◇ **tatsächlich** *adj* actual; **die tatsächliche Höhe der Direktorenspesen wird den Aktionären nicht mitgeteilt** = the actual figures for directors' expenses are not shown to the shareholders **2** *adv* actually *oder* in fact *oder* in practice *oder* really; **das Unternehmen macht tatsächlich einen akzeptablen Gewinn** = the company is really making an acceptable profit

Tausch *m* exchange *oder* swap *oder* barter
◇ **Tauschabkommen** *n* barter agreement *oder* barter arrangement
◇ **tauschen** *vt* to exchange *oder* to swap *oder* to switch *oder* to barter; **er hat seine Stelle mit ihr getauscht** = he swapped jobs with her; **er tauschte seinen alten Wagen gegen ein neues Motorrad** = he swapped his old car for a new motorcycle; **sie trafen ein Abkommen, Traktoren gegen Weinfässer zu tauschen** = they agreed a deal to barter tractors for barrels of wine
◇ **Tauschgeschäft** *n* barter (deal)
◇ **Tauschhandel** *m* barter(ing); **Tauschhandel treiben** = to barter

Täuschung *f* deceit *oder* deception; **arglistige Täuschung** = fraudulent misrepresentation

tausend *num* a *oder* one thousand; **tausend Dollar** *oder* **tausend Pfund** = a thousand dollars *oder* a thousand pounds *oder (umg)* a grand
◇ **Tausendmarkschein** *oder (umg)* **Tausender** *m* thousand-mark note (*cf* RIESE)

Taxe *f oder* **Taxi** *n* taxi; **er nahm ein Taxi zum Flughafen** = he took a taxi to the airport
◇ **Taxigebühr** *f* taxi fare; **Taxigebühren sind sehr hoch in New York** = taxi fares are very high in New York

taxieren *vt* to value *oder* to estimate
◇ **Taxpreis** *m* estimated price

Team *n* team
◇ **Teamarbeit** *f oder* **Teamwork** *n* teamwork

Technik *f* **(a)** *(Arbeitsweise, Verfahren)* technique **(b)** *(Technologie)* technology **(c)** *(als Studienfach)* engineering
◇ **Techniker/-in** *mf* **(a)** technician; **der Techniker ist da, um den Fotokopierer zu reparieren** = the repair man has come to mend the photocopier **(b)** engineer
◇ **technisch** *adj* technical *oder* technological; **die technische Abteilung** = the engineering department; **ein(e) technische(r) Berater/-in** = an engineering consultant; **das Dokument enthält alle technischen Daten zu dem neuen Computer** = the document gives all the technical details on the new computer; **technische Kurskorrektur** = technical correction
◇ **technisieren** *vt* to mechanize
◇ **Technisierung** *f* mechanization; **Technisierug landwirtschaftlicher Betriebe** = farm mechanization *oder* the mechanization of farms
◇ **Technologie** *f* technology; **die Einführung neuer Technologien** = the introduction of new technology
◇ **technologisch** *adj* technological; **die technologische Revolution** = the technological revolution

Teil 1 *m* **(a)** *(eines Ganzen)* part *oder* proportion; **ein Teil der Ausgaben wird zurückerstattet** = part of the expenses will be refunded; **ein Teil der Belegschaft macht Überstunden** = part of the workforce is on overtime; **ein Teil der Gewinne vor Steuern wird für Eventualitäten beiseite gelegt** = a proportion of the pre-tax profit is set aside for contingencies; **ein Teil der Ladung war beschädigt** = part of the shipment was damaged; **er führt neue Kunden ein und bekommt einen Teil der Vertreterprovision** = he introduces new customers and gets a cut of the salesman's commission; **nur ein kleiner Teil unserer Umsätze wird in Einzelhandelsgeschäften erzielt** = only a small proportion of our sales comes from retail shops; **zum Teil** = in part *oder* partly; **der Schaden an seinem Haus wurde zum Teil ersetzt** = he got partial compensation for the damage to his house; **nur zum Teil gesicherter Gläubiger** = partly-secured creditor **(b)** *(von Gebiet)* area *oder* district **2** *mn (Anteil)* share; **zu gleichen Teilen** = in equal shares; **Gewinn und Verlust zu gleichen Teilen tragen** = to share profit and loss equally **3** *n* piece *oder* component *oder* (spare) part; **der Fotokopierer will nicht funktionieren - wir müssen ein Teil austauschen** *oder* **ein Teil muß ausgetauscht werden** = the photocopier will not work - we need to replace a part *oder* a part needs replacing

teilabschreiben *vt* to write down; **der Wagen ist in den Geschäftsbüchern teilabgeschrieben** = the car is written down in the company's books

◇ **Teilabschreibung** *f* writedown

teilen *vt* **(a)** to divide **(b)** *vr* **sich teilen** = to share; **sich ein Büro teilen** = to share an office; **drei Unternehmen teilen sich den Markt** = three companies share the market; **sich die Differenz teilen** = to split the difference

Teilhaber/-in *mf* associate *oder* partner; **geschäftsführende(r) Teilhaber/-in** = active partner *oder* working partner; **stille(r) Teilhaber/-in** = sleeping partner; **jdn zum Teilhaber machen** = to take someone into partnership with you

◇ **Teilhaberschaft** *f* partnership

◇ **Teilhafter** *m* limited partner *(siehe auch* KOMMANDITIST)

◇ **Teilhaftung** *f* limited liability

◇ **Teilkasko(versicherung)** *f* third party, fire and theft insurance

Teillieferung *f* part delivery *oder* part order *oder* part shipment

Teilnahme *f* participation *oder* attendance

◇ **teilnehmen** *vi* to participate *oder* to attend; **der Vorsitzende forderte alle Manager auf, an der Besprechung teilzunehmen** = the chairman has asked all managers to attend the meeting; **keiner der Aktionäre nahm an der Jahreshauptversammlung teil** = none of the shareholders attended the AGM

Teilschaden *m* partial loss

teilweise *adv* in part *oder* partly; **teilweise eingezahlte Aktien** = partly-paid shares; **teilweise eingezahltes Aktienkapital** = partly-paid capital; **teilweise zu den Kosten beitragen** *oder* **die Kosten teilweise zahlen** = to contribute in part to the costs *oder* to pay the costs in part

Teilzahlung *f* **(a)** part payment *oder (US)* partial *oder* deferred payment **(b)** *(GB)* hire purchase (HP) *oder (US)* installment buying; **er kauft einen Kühlschrank auf Teilzahlung** = he is buying a refrigerator on hire purchase; **alle Möbel in diesem Haus wurden auf Teilzahlung gekauft** = all the furniture in the house is bought on HP

◇ **Teilzahlungskauf** *m (GB)* hire purchase (HP) *oder (US)* installment buying

◇ **Teilzahlungskreditinstitut** *n (GB)* hire-purchase company *oder (US)* installment credit institution

◇ **Teilzahlungssystem** *n (GB)* hire purchase *oder (US)* installment plan

◇ **Teilzahlungsvertrag** *m* hire-purchase agreement; **einen Teilzahlungsvertrag unterschreiben** = to sign a hire-purchase agreement

Teilzeitarbeit *f* part-time work; **er versucht, eine Teilzeitarbeit zu finden, wenn die Kinder in der Schule sind** = he is trying to find part-time work when the children are in school

◇ **Teilzeitarbeiter/-in** *mf* part-time worker *oder* part-timer

◇ **Teilzeitbeschäftigte(r)** *mf* part-time employee; **wir suchen Teilzeitbeschäftigte zur Bedienung unserer Computer** = we are looking for part-time staff to work our computers

◇ **Teilzeitbeschäftigung** *f* part-time employment

◇ **Teilzeitkraft** *f* part-timer

Telefax *n (Kopie, Gerät)* fax *oder* FAX; **er schickte ein Telefax an seine Zentrale** = he sent a fax to his head office; **können Sie ein Telefax an die kanadische Geschäftsstelle schicken, bevor sie geöffnet wird** = can you fax the Canadian office before they open?; **wir bekamen sein Telefax heute morgen** = we received his fax this morning; **per Telefax schicken** = to fax; **Informationen per Telefax schicken** = to send information by fax; **der Auftrag kam per Telefax** = the order came by fax

◇ **telefaxen** *vti* to fax

Telefon *n* (tele)phone; **das Telefon abnehmen** *oder* **ans Telefon gehen** = to answer the phone; **per Telefon** = by telephone

◇ **Telefonanlage** *f* telephone system; **bei uns wurde letzte Woche eine neue Telefonanlage installiert** = we had a new telephone system installed last week

◇ **Telefonat** *n* (tele)phone call; **ein Telefonat entgegennehmen** = to take a phone call

◇ **Telefonbuch** *n* (tele)phone book *oder* telephone directory; **seine Nummer steht im Hamburger Telefonbuch** = his number is in the Hamburg directory; **eine Nummer im Telefonbuch nachschlagen** = to look up a number in the telephone directory; **nicht im Telefonbuch stehen** = to be ex-directory

◇ **Telefongespräch** *n* (tele)phone call; **ein Telefongespräch entgegennehmen** = to take a telephone call; **ein Telefongespräch führen** = to make a telephone call

◇ **Telefonhandel** *m (Börse)* telephone trading

◇ **telefonieren** *vi* to make a call *oder* to make a (tele)phone call *oder* to be on the phone; **er telefonierte wegen eines Taxis** = he phoned for a taxi; **der geschäftsführende Direktor telefoniert mit Hongkong** = the managing director is on the telephone to Hong Kong; **er telefonierte mit dem Geschäftsführer** = he spoke to the manager on the phone; **sie telefoniert schon den ganzen Morgen** = she has been on the phone all morning

◊ **telefonisch 1** *adj* (by) telephone; **telefonische Bestellungen** = telephone orders; **seit wir den Katalog verschickt haben, sind viele telefonische Bestellungen eingegangen** = since we mailed the catalogue we have received a large number of telephone orders **2** *adv* by (tele)phone; **etwas telefonisch bestellen** = to order something by telephone *oder* to (tele)phone for something; **er rief telefonisch ein Taxi** = he telephoned for a taxi; **eine Bestellung telefonisch aufgeben** = to place an order by telephone; **er gab den Auftrag telefonisch an das Lager durch** = he phoned the order through to the warehouse; **telefonisch ein Zimmer buchen** = to reserve a room by telephone

◊ **Telefonist/-in** *mf* switchboard operator *oder* telephonist *oder* telephone operator

◊ **Telefonkarte** *f* phonecard

◊ **Telefonleitung** *f* telephone line

◊ **Telefon-Notizblock** *m* phone pad

◊ **Telefonnummer** *f* (tele)phone number; **die Telefonnummer steht auf dem Briefpapier des Unternehmens** = the phone number is on the company notepaper; **er hat eine Liste von Telefonnummern in einem kleinen, schwarzen Buch** = he keeps a list of phone numbers in a little black book; **können Sie mir Ihre Telefonnummer geben?** = can you give me your phone number?

◊ **Telefonsystem** *n* (tele)phone system; **wir ließen letzte Woche ein neues Telefonsystem installieren** = we had a new phone system installed last week

◊ **Telefonverkauf** *m* telephone selling; *mpl* **Telefonverkäufe** = telesales

◊ **Telefonzelle** *f* telephone kiosk *oder* call box *oder* telephone booth

◊ **Telefonzentrale** *f* **(a)** *(in einem Unternehmen)* telephone switchboard **(b)** *(Vermittlungsamt)* telephone exchange

Telegraf *m* telegraph

◊ **Telegrafenamt** *n* telegraph office

◊ **telegrafieren** *vti* to cable *oder* to telegraph *oder* to wire; **eine Bestellung telegrafieren** = to telegraph an order; **er telegrafierte die Vertragseinzelheiten nach New York** = he telexed the details of the contract to New York; **er telegrafierte seinem Büro mit der Bitte, ihm mehr Geld zu schicken** = he cabled his office to ask them to send more money

◊ **telegrafisch 1** *adj* telegraphic **2** *adv* by telegraph; **die Geschäftsstelle überwies ihm telegrafisch DM 3.000, um seine Kosten zu decken** = the office cabled him DM 3,000 to cover his expenses; **eine Nachricht telegrafisch übermitteln** = to send a message by telegraph

Telegramm *n* telegram *oder* cable *oder* cablegram *oder* wire *oder* *(GB)* telemessage; **ein internationales Telegramm senden** = to send an international telegram; **er schickte der Zentrale ein Telegramm, um mitzuteilen, daß das Geschäft abgeschlossen wurde** = he cabled *oder* wired the head office to say that the deal had been signed; **er schickte seinem Büro ein Telegramm mit der Bitte, ihm mehr Geld zu schicken** = he sent a cable to his office asking for more money

◊ **Telegrammadresse** *f* telegraphic address *oder* cable address

Teleheimarbeit *f* teleworking

Telekommunikation *f* telecommunications

◊ **Telekonferenz** *f* teleconference

Telex *n* *(Kopie, Gerät)* telex; **er schickte ein Telex an seine Zentrale** = he sent a telex to his head office; **wir bekamen sein Telex heute morgen** = we received his telex this morning; **per Telex schicken** = to telex; **der Auftrag kam per Telex** = the order came by telex

◊ **Telexbediener/-in** *mf* telex operator

Tendenz *f* tendency *oder* trend; **der Bericht weist auf inflationäre Tendenzen in der Wirtschaft hin** = the report points to inflationary trends in the economy; **die Börse wies eine lustlose Tendenz auf** = the market showed a tendency to stagnate; **eine fallende Tendenz bei Investitionen** = a downward trend in investment

◊ **Tendenzwende** *f* turnround

> eine Tendenz zur Konzentration oder Spezialisierung kennzeichnet auch den Spielwaren-Großhandel
> ***Frankfurter Allgemeine Zeitung***

Tenderverfahren *n* sale by tender; **Aktien im Tenderverfahren verkaufen** = to sell shares by tender

tendieren *vi (Börse)* to tend; **fester tendieren** = to firm; **leichter tendieren** = to ease; **niedriger tendieren** = to drift lower; **schwächer tendieren** = to edge down

> der Rentenmarkt tendierte schwach
> ***Süddeutsche Zeitung***

Termin *m* **(a)** *(Besprechung)* appointment; **er kam zu spät zu seinem Termin** = he was late for his appointment; **einen Termin für 14 Uhr machen** *oder* **auf 14 Uhr festsetzen** *oder* **anberaumen** = to make *oder* to fix an appointment for two o'clock; **sie mußte ihren Termin absagen** = she had to cancel her appointment; **sie notierte den Termin in ihrem Terminkalender** = she noted the appointment in her engagements diary; **ich habe heute keine Termine mehr** = I have no engagements for the rest of the day **(b)** date *oder* deadline *oder* delivery date; **letzter Termin** = closing date *oder* deadline; **einen Termin einhalten** = to meet a deadline **(c)** *(Börse)* **auf Termin kaufen** = to buy forward; **auf Termin verkaufen** = to sell forward

Terminal **(a)** *n* *(Computer)* terminal; **eine Computeranlage bestehend aus einem Mikroprozessor und sechs Terminals** = a computer system consisting of a microprocessor and six terminals **(b)** *mn* airport terminal *oder* terminal building

Terminbörse *f* futures exchange

◊ **Termineinlage** *f* term deposit *oder* time deposit

◊ **Termingeld** *n* (money on) term deposit

◊ **termingerecht** *adj & adv* on schedule; **termingerecht vorankommen** *oder* **termingerecht fertig sein** = to be on schedule; **das Projekt kommt termingerecht voran** = the project is on schedule

◊ **Termingeschäft** *n* forward contract; *npl* **Termingeschäfte** = futures

◇ **Terminhandel** *m* futures trading
◇ **Terminhändler** *m* futures trader
◇ **Terminjäger** *m* progress chaser
◇ **Terminkalender** *m* appointments book *oder* diary; **der geschäftsführende Direktor hat einen vollen Terminkalender. Ich bezweifle daher, ob er Sie heute empfangen kann** = the managing director has a full timetable *oder* a busy schedule of appointments, so I doubt if he will be able to see you today
◇ **Terminkauf** *m* forward buying *oder* buying forward
◇ **Terminkontrakt** *m* forward contract *oder* futures contract
◇ **Terminkurs** *m* forward rate *oder* futures price; **wie lauten die Terminkurse der Mark?** = what are the forward rates for the mark?
◇ **Terminlieferung** *f* future delivery
◇ **Terminmarkt** *m* forward market *oder* futures market
◇ **Terminplan** *m* schedule; **seine Sekretärin versuchte, mich in seinen Terminplan einzuschieben** = his secretary tried to fit me into his schedule
◇ **Terminplanung** *f* scheduling
◇ **Terminverkauf** *m* forward sale *oder* futures sale

> in 12 bis 18 Monaten sollen die deutschen Terminhändler direkt in den Handel der Ecu-Kontrakte in Paris eingreifen können
> ***Wirtschaftswoche***
> auch bei Aktien sind Luxemburger Fondsmanager flexibler. Sie dürfen ihre Portefeuilles wesentlich stärker an den Terminmärkten absichern
> ***Wirtschaftswoche***

Test *m* test; **bei uns müssen alle Kandidaten einen Test machen** = we make all candidates take a test

Testament *n* will; **er machte sein Testament 1987** = he wrote his will in 1987; **nach ihrem Testament geht ihr ganzer Besitz an ihre Kinder** = according to her will, all her property is left to her children; **ohne Testament sterben** = to die intestate
◇ **Testamentsbestätigung** *f* **gerichtliche Testamentsbestätigung** = probate; **der Testamentsvollstrecker erhielt eine gerichtliche Testamentsbestätigung** = the executor was granted probate
◇ **Testamentsvollstrecker/-in** *mf* executor; **er wurde zum Testamentsvollstrecker seines Bruders bestimmt** = he was named executor of his brother's will

testen *vt* to test; **ein Computersystem testen** = to test a computer system; **den Markt für ein Produkt testen** = to test the market for a product *oder* to test-market a product; **getestet werden** = to be on trial; **das Produkt wird in unseren Labors getestet** = the product is on trial in our laboratories
◇ **Testmarkt** *m* test market

teuer *adj* dear *oder* expensive *oder* costly *oder* highly-priced; **teures Geld** = dear money; **Immobilien sind sehr teuer in dieser Gegend** = property is very dear in this area; **Flugreisen Erster Klasse werden immer teurer** = first-class air travel is becoming more and more expensive; **Benzin ist teurer geworden** = petrol has increased in price
◇ **Teuerung** *f* price increases *oder* price rises
◇ **Teuerungsrate** *f* rate of price increases
◇ **Teuerungszulage** *f* cost-of-living allowance *oder* cost-of-living bonus

Text *m* text
◇ **Texteingabe** *f* keyboarding; **die Kosten für Texteingaben sind heftig gestiegen** = keyboarding costs have risen sharply
◇ **Texterfasser/-in** *mf* keyboard operator
◇ **Text- und Bildgestaltung** *f* layout

Textilwaren *fpl* dry goods

Textmarker *m* marker pen

Textverarbeitung *f* word processing *oder* text processing
◇ **Textverarbeitungsgerät** *n* word processor (machine)
◇ **Textverarbeitungsprogramm** *n* word-processing program; **laden Sie das Textverarbeitungsprogramm, bevor Sie mit der Eingabe beginnen** = load the word-processing program before you start keyboarding
◇ **Textverarbeitungssystem** *n* word processor (system)

Thailand *n* Thailand
◇ **Thailänder/-in** *oder* **Thai** *mf* Thai
◇ **thailändisch** *adj* Thai
(NOTE: Hauptstadt: **Bangkok** ; Währung: **Baht** *m* = baht)

Theater *n* theatre
◇ **Theaterbesucher/-in** *mf* theatregoer
◇ **Theaterkarte** *f* theatre ticket
◇ **Theaterkasse** *f* (theatre) box office

Thema *n* subject *oder* topic *oder* theme *oder* matter; **das Thema ist für uns erledigt** = as far as we are concerned the matter is closed

theoretisch 1 *adj* theoretical **2** *adv* theoretically *oder* in theory *oder* on paper; **theoretisch müßte der Plan eigentlich funktionieren** *oder* **gelingen** = in theory the plan should work
◇ **Theorie** *f* theory

thesauriert *adj* accumulated; **thesaurierter Gewinn** = accumulated profit

Ticket *n* ticket

tief *adj* deep *oder* low; **Aktienkurse sind auf dem tiefsten Stand seit zwei Jahren** = shares are at their lowest for two years; **der Markt hat den tiefsten Stand erreicht** = the market has bottomed out
◇ **Tiefpreis** *m* rock-bottom price
◇ **Tiefpunkt** *oder* **Tiefstand** *m* bottom *oder* low (point); **der Absatz hat den Tiefpunkt erreicht** = sales have reached rock bottom; **der Absatz ist auf einem neuen Tiefstand angelangt** = sales have reached a new low; **Aktien haben einen**

historischen Tiefstand erreicht = shares have hit an all-time low

> der durchschnittliche Arbeitsvorrat habe erneut einen historischen Tiefstand erreicht. Neben konjunkturellen Faktoren sei dies auch auf strukturelle Veränderungen wie etwa ‚Lean Production' zurückzuführen
> ***Blick durch die Wirtschaft***

Tiefstkurs *m* lowest price *oder* rate; **die Höchst- und Tiefstkurse an der Börse** = the highs and lows on the stock market

◇ **Tiefstpreis** *m* lowest price *oder* rock-bottom price

tilgen *vt* to pay off *oder* to redeem *oder* to amortize; **eine Hypothek tilgen** = to pay off a mortgage *oder* to redeem a mortgage; **eine Schuld tilgen** = to clear off *oder* to pay off a debt; **eine Schuldverschreibung tilgen** = to redeem a bond

◇ **Tilgung** *f* repayment *oder* redemption *oder* amortization *oder* discharge; **die Tilgung des Darlehens ist nächstes Jahr fällig** = the loan is due for repayment next year; **Tilgung einer Hypothek** = redemption of a mortgage; **Tilgung einer Schuld** = amortization of a debt; **Tilgung vor Fälligkeit** = redemption before due date

◇ **Tilgungsfonds** *m* sinking fund

◇ **Tilgungsrate** *f* repayment instalment; **letzte Tilgungsrate** = final payment *oder* final discharge

◇ **Tilgungssumme** *f* payoff

◇ **Tilgungstermin** *m* redemption date

◇ **Tilgungszeitraum** *m* payback period

> die Tilgung wird sich über drei Jahrzehnte erstrecken
> ***Neues Deutschland***

Time-sharing *n* *(Computer)* time-sharing; **Time-sharing erlaubt verschiedenen unabhängigen Computerbenutzern gleichzeitig on line zu sein** = time-sharing allows several independent computer users to be on-line at the same time

Timing *n* timing; **seine Ankunft zehn Minuten nach Ende der Sitzung war sehr schlechtes Timing** = his arrival ten minutes after the meeting finished was very bad timing

Tip *m* tip; **er gab mir einen Tip für eine Aktie, die aufgrund eines Übernahmeangebots steigen sollte** = he gave me a tip about a share which was likely to rise because of a takeover bid

tippen 1 *vti (auf der Schreibmaschine)* to type; **er kann recht schnell tippen** = he can type quite fast **2** *vi* **tippen auf** = to bet on *oder* to tip

◇ **Tippen** *n* typing

◇ **Tippfehler** *m* typing error; **die Sekretärin muß einen Tippfehler gemacht haben** = the secretary must have made a typing error

Tisch *m* table *oder* desk; **der Vorsitzende ist zu Tisch** = the chairman is out at lunch

◇ **Tischkalender** *m* desk diary

Titel *m* **(a)** title **(b)** *(Börse)* security

◇ **Titelseite** *f* cover *oder* front page; **unsere Anzeige erschien auf der Titelseite der Zeitung** = our ad appeared on the front page of the newspaper

Tochter(gesellschaft) *f* subsidiary (company); **die Gewinne des Konzerns wurden überwiegend von den Tochtergesellschaften im Fernen Osten beigesteuert** = most of the group profit was contributed by the subsidiaries in the Far East

> die jüngste Zielgruppe des Münchener Instituts sind die deutschen Töchter ausländischer Gesellschaften
> ***Süddeutsche Zeitung***
> die neugegründete Tochtergesellschaft der britischen Building Society will ein Prozent des deutschen Bauspar-Marktes erobern
> ***Frankfurter Allgemeine Zeitung***

Tod *m* death *oder* demise; **mit seinem Tod ging die Erbmasse an seine Tochter über** = on his death *oder* on his demise the estate passed to his daughter

◇ **Todesfall** *m* death; **Versicherungszahlung im Todesfall eines Betriebsangehörigen** = death in service; **Lebensversicherung auf den Todesfall** = whole-life insurance

Togo *n* Togo

◇ **Togoer/-in** *oder* **Togolese/Togolesin** *mf* Togolese

◇ **togoisch** *oder* **togolesisch** *adj* Togolese

(NOTE: Hauptstadt: **Lomé** ; Währung: **CFA-Franc** *m* = CFA franc)

Toner *m (print)* toner

◇ **Tonerpatrone** *f* toner cartridge

Tonnage *f* tonnage

◇ **Tonne** *f* **(a)** *(Gewicht)* ton *oder* tonne; **metrische Tonne (1000 kg)** = metric ton; **amerikanische Tonne (907 kg)** = *(US)* short ton; **britische Tonne (1016 kg)** = *(GB)* long ton **(b)** *(Behälter)* barrel *oder* cask *oder* drum **(c)** *(Mülltonne) (GB)* dustbin *oder (US)* trash can

Topmanagement *n* top management

◇ **Topmanager/-in** *mf* top manager

> der Internationale Währungsfonds hat das Topmanagement durch die Ernennung von drei neuen Stellvertretern des Geschäftführenden Direktors verstärkt
> ***Neue Zürcher Zeitung***
> auf Vorstandsebene rücken gleich zwei Topmanager des Konzerns nach
> ***Wirtschaftswoche***
> auffallend ist, daß die Topmanager und die leitenden Mitarbeiter über Lean Management sehr ähnlich denken, so daß sich eine Gegenüberstellung erübrigt
> ***TopBusiness***

Tor *n* gate

tot *adj* **(a)** *(gestorben)* dead; **die Gründer des Unternehmens sind alle tot** = the founders of the company are all dead **(b)** *(nutzlos)* **totes Kapital** = idle capital *oder* dead money **(c)** *(Stillstand)* **ein toter Punkt** = a deadlock *oder* standstill; **den toten Punkt überwinden** = to break the deadlock

total 1 *adj* total *oder* complete *oder* all-out *oder* full-scale **2** *adv* totally *oder* completely

◇ **Totalausverkauf** *m* closing-down sale

◇ **Totalschaden** *m* dead loss *oder* total loss; **das Auto wurde als Totalschaden abgeschrieben** = the car was written off as a total loss *oder* the car was a write-off

◇ **Totalstreik** *m* all-out strike

◇ **Totalverlust** *m* dead loss *oder* total loss; **die Fracht wurde als Totalverlust abgeschrieben** = the cargo was written off as a total loss

Tour *f* tour

◇ **Tourismus** *m* tourism

◇ **Tourist/-in** *mf* tourist

◇ **Touristeninformation** *f* tourist information

◇ **Touristenklasse** *f* economy class *oder* tourist class; **in der Touristenklasse reisen** = to travel economy class; **ich reise in der Touristenklasse, weil es billiger ist** = I travel economy class because it is cheaper; **er reist immer Erster Klasse, weil die Touristenklasse für ihn zu unbequem ist** = he always travels first class, because he says tourist class is too uncomfortable

◇ **Touristenvisum** *n* tourist visa

tragbar *adj* portable; **ein tragbarer Computer** = a portable computer; **eine tragbare Schreibmaschine** = a portable typewriter

◇ **tragen** *vt* **(a)** *(haben)* to bear *oder* to have; **das Aktienzertifikat trägt seinen Namen** = the share certificate bears his name; **der Scheck trägt die Unterschrift des Prokuristen** = the cheque bears the signature of the company secretary **(b)** *(übernehmen)* to bear *oder* to defray; **die Kosten der Ausstellung trägt das Unternehmen** = the costs of the exhibition will be borne by the company; **Stromkosten sind vom Mieter zu tragen** = electricity charges are payable by the tenant

◇ **Tragfähigkeit** *f* deadweight tonnage

Trägheit *f* inertia

◇ **Trägheitsverkauf** *m* inertia selling

Tranche *f* tranche

> die Haushaltzahlen, die den Internationalen Währungsfonds im Frühjahr bewogen haben, Russland die zweite Tranche von 1,5 Mrd.$ eines 3-Mrd.-$-Kredits auszubezahlen, sind wenig realistisch
> *Neue Zürcher Zeitung*

Transaktion *f* transaction

Transfer *m* transfer

◇ **transferieren** *vt* to transfer; **sie transferierte ihr Geld auf ein Sparkonto** = she transferred her money to a deposit account

◇ **Transferzahlung** *f* benefit *oder* allowance

Transit *m* transit

◇ **Transitgüter** *npl* goods in transit

◇ **Transitraum** *m* transit lounge

◇ **Transitvisum** *n* transit visa *oder* transit permit

◇ **Transitwaren** *fpl* goods in transit

Transport *m* transport *oder* transportation *oder* carriage *oder* carrying *oder* shipping; **einige der Waren wurden während des Transports beschädigt** = some of the goods were damaged in transit; **Entschädigung für auf dem Transport erlittene Schäden** *oder* **Verluste leisten** = to pay compensation for damage suffered in transit *oder* for loss in transit

◇ **transportabel** *adj* transportable

◇ **Transporteinrichtungen** *fpl* transport facilities

◇ **Transporter** *m* carrier

◇ **transportfähig** *adj* transportable

◇ **Transportflugzeug** *n* transport plane *oder* cargo plane *oder* freight plane *oder* freighter (aircraft)

◇ **transportieren** *vt* to transport; **das Unternehmen transportiert jährlich Millionen Tonnen von Waren per Bahn** = the company transports millions of tons of goods by rail each year

◇ **Transportkosten** *pl* haulage costs *oder* freight costs *oder* carriage; **bei einer Versteigerung übernimmt der Käufer die Transportkosten** = at an auction, the buyer pays the freight costs; **Transportkosten machen 15% der Gesamtkosten aus** = carriage is 15% of the total cost; **10% für Transportkosten einrechnen** = to allow 10% for carriage; **Transportkosten zahlen** = to pay for carriage

◇ **Transportmöglichkeiten** *fpl* transport facilities

◇ **Transportschaden** *m* damage in transit

◇ **Transportschiff** *n* cargo ship *oder* cargo boat

◇ **Transportunternehmen** *n* carrier *oder* transporter *oder* haulage firm *oder* shipping company; **wir benutzen nur angesehene Transportunternehmen** = we only use reputable carriers

◇ **Transportunternehmer** *m* haulage contractor *oder* haulier *oder* shipper

◇ **Transportverlust** *m* loss in transport

◇ **Transportweg** *m* **(a)** transport route; **auf dem Transportweg** = in transit **(b)** (transport) distance *oder* haul *oder* way; **es ist ein langer Transportweg von Hamburg nach Athen** = it is a long haul from Hamburg to Athens

Transrapid *m* German high-speed magnetic train

Trassant *m* *(fin)* drawer

◇ **Trassat** *m* *(fin)* drawee

Tratte *f* draft *oder* bill of exchange *(cf* BANKTRATTE)

treffen *vt* **(a)** *(betreffen)* to hit *oder* to affect; **das Unternehmen wurde durch die sinkenden Wechselkurse schwer getroffen** = the company was badly hit by the falling exchange rate; **die neue Gesetzgebung traf die kleinen Unternehmen am schwersten** = the new legislation has hit the small companies hardest **(b)** *(begegnen)* to meet *oder* *(US)* to meet with; **einen Vertreter im Hotel treffen** = to meet an agent at his hotel; **die beiden Parteien trafen sich im Büro des Anwalts** = the two sides met in the lawyer's office; **ich hoffe, ihn in New York zu treffen** = I hope to meet him in New York; **sich mit einem Verhandlungskomitee treffen** = to meet a negotiating committee **(c)** *vr* **sich treffen** = to meet *oder* *(US)* to meet with

◇ **Treffpunkt** *m* meeting place

treiben 1 *vt* **(a)** to drive; **Preise in die Höhe treiben** = to force prices up; **der Krieg trieb den Ölpreis in die Höhe** = the war forced up the price of oil **(b)** to do *oder* to carry on *oder* to pursue; **Handel treiben** = to trade **2** *vi (sich fortbewegen)* to drift; **das Unternehmen treibt in den Ruin** = the company is drifting towards financial ruin

◇ **Treibgut** *n* **Treib- und Strandgut** = flotsam and jetsam

> explosives Treibgut hat am Wochenende die bretonische Küste in ein Minenfeld verwandelt
> ***Hamburger Abendblatt***

Treibstoff *m* fuel

◇ **Treibstoffeinsparung** *f* saving in fuel *oder* fuel saving; **wir wollen eine Treibstoffeinsparung von 10% erreichen** = we are aiming for a 10% saving in fuel

◇ **Treibstoffverbrauch** *m* fuel consumption; **er hat einen Wagen mit geringem Treibstoffverbrauch gekauft** = he has bought a car with low fuel consumption

Trend *m* trend; **wir bemerken einen allgemeinen Trend, an den studentischen Markt zu verkaufen** = we notice a general trend to sell to the student market; **das Unternehmen nutzt einen Trend des Markts hin zu höheren Preisen aus** = the company is taking advantage of a shift in the market towards higher priced goods; **der Trend geht weg von althergebrachten Lebensmittelgeschäften** = there is a trend away from old-established food stores

Tresen *m (Ladentisch)* counter

Tresor *m* **(a)** *(Raum)* strongroom *oder* safe deposit *oder* (bank) vault **(b)** *(Schrank)* safe *oder* strongbox; **feuersicherer Tresor** = fire-proof safe

◇ **Tresorraum** *m* strongroom *oder* safety vault

treu *adj* loyal *oder* faithful *oder* true; **treue(r) Kunde/Kundin** = long-standing customer *oder* customer of long standing

◇ **Treu** *f* **auf Treu und Glauben** = on trust; **wir akzeptierten seine Aussage auf Treu und Glauben** = we took his statement on trust; **ein Angebot auf Treu und Glauben** = a bona fide offer; **Vereinbarung auf Treu und Glauben** = gentleman's agreement *oder (US)* gentlemen's agreement; **sie haben eine Vereinbarung auf Treu und Glauben, keine Geschäfte in dem Gebiet des anderen zu machen** = they have a gentleman's agreement not to trade in each other's area

◇ **Treuhand** *f* **(a)** trust **(b)** German state organization dealing with the sale of business enterprises from the former East Germany for the four years after reunification

◇ **Treuhandanstalt** *f* = TREUHAND (b)

> in Estland ist eine nach dem Muster der deutschen Treuhand zentral gegründete Privatisierungs-Agentur mit der Umwandlung der Staatsbetriebe in private Gesellschaften am weitesten vorangeschritten
> ***Die Wirtschaft***
> die Länder wollen nun verhindern, daß sie ihren ohnehin geringen Einfluß nach der Auflösung der Treuhandanstalt Ende dieses Jahres völlig verlieren könnten
> ***Frankfurter Allgemeine Zeitung***

Treuhänder/-in *mf* trustee *oder* fiduciary; **die Treuhänder des Rentenfonds** = the trustees of the pension fund; **er hinterließ seinen Besitz Treuhändern zur Verwaltung für seine Enkelkinder** = he left his property in trust for his grandchildren; **bei einem Treuhänder verwahrtes Dokument** = document held in escrow

◇ **treuhänderisch** *adj & adv* on trust *oder* fiduciary; **treuhänderisch hinterlegt** = in escrow

◇ **Treuhandgesellschaft** *f* trust company

◇ **Treuhandkonto** *n* escrow account

◇ **Treuhandvermögen** *n* trust fund

◇ **Treuhandvertrag** *m* trust deed

Trick *m* trick *oder* con (trick); **sie brachten die Bank durch einen faulen Trick dazu, ihnen ohne Sicherheiten einen Kredit von DM 75.000 zu geben** = they conned the bank into lending them DM 75,000 with no security

◇ **Trickbetrug** *m* confidence trick

◇ **Trickbetrüger/-in** *mf* confidence trickster *oder* con(wo)man

◇ **tricksen** *vi (umg)* to fiddle; **er versuchte, bei seiner Steuererklärung zu tricksen** = he tried to fiddle his tax returns

◇ **Trickserei** *f* fiddle

triftig *adj* valid *oder* sound *oder* good *oder* convincing; **eine triftige Entschuldigung** = a valid excuse; **einen triftigen Grund haben** = to have (a) good reason

Trinkgeld *n* tip; **Trinkgeld geben** = to tip; **er gab dem Taxifahrer zwei Dollar Trinkgeld** = he gave the taxi driver a two dollar tip; **sie gab dem Friseur** *oder* **der Friseuse zwei Mark Trinkgeld** = she tipped the hairdresser two marks

> Kellner müssen Trinkgelder dem Finanzamt als zusätzliches Entgelt angeben
> ***Wirtschaftswoche***

Trockenmaß *n* dry measure

Trödel *m* junk

Trust *m* trust

◇ **Trustzerschlagung** *f* trustbusting

Tschad *n* Chad

◇ **Tschader/-in** *mf* Chadian

◇ **tschadisch** *adj* Chadian

(NOTE: Hauptstadt: **N'Djamena** = Ndjamena; Währung: **CFA-Franc** *m* = CFA franc)

Tschechische Republik *f* Czech Republic

◇ **Tscheche/Tschechin** *mf* Czech

◇ **tschechisch** *adj* Czech

(NOTE: Hauptstadt: **Prag** = Prague; Währung: **Koruna** *oder* **tschechische Krone** *f* = koruna)

tüchtig *adj* capable *oder* competent *oder* efficient; **er braucht eine tüchtige Sekretärin** = he needs an efficient secretary; **es war eine tüchtige Leistung von dem Verkaufer alle Gebrauchtwagen zu verkaufen** = the salesman did well to sell all the secondhand cars

Tunesien *n* Tunisia
◇ **Tunes(i)er/-in** *mf* Tunisian
◇ **tunesisch** *adj* Tunisian
(NOTE: Hauptstadt: **Tunis** ; Währung: **tunesischer Dinar** = Tunisian dinar)

Tupfen *m* dot *oder* spot

Tür *f* door; **der Leiter der Finanzabteilung klopfte an die Tür des Vorsitzenden und trat ein** = the finance director knocked on the chairman's door and walked in; **der Name der Verkaufsleiterin steht an ihrer Tür** = the sales manager's name is on her door; **das Geschäft öffnete am 1. Juni (erstmals) seine Türen** = the store opened its doors on June 1st

Türkei *f* Turkey
◇ **Türke/Türkin** *mf* Turk
◇ **türkisch** *adj* Turkish
(NOTE: Hauptstadt: **Ankara** ; Währung: **türkische Lira** = Turkish lira)

Turnus *m* rotation
◇ **turnusmäßig** *adj & adv* in *oder* by rotation; **zwei Direktoren scheiden turnusmäßig aus** = two directors retire by rotation

Tycoon *m* tycoon

Typenraddrucker *m* daisy-wheel printer

typisch *adj* typical *oder* characteristic *oder* representative
◇ **Typung** *f* standardization

Uu

u.A.w.g. = UM ANTWORT WIRD GEBETEN répondez s'il vous plaît (RSVP)

U-Bahn *f (Untergrundbahn) (GB)* underground *oder (umg)* the tube *oder (US)* subway

übelnehmen *vt* **etwas übelnehmen** = to take something badly *oder* to take offence at something; **jdm etwas übelnehmen** = to hold something against somebody; **man kann ihr nicht übelnehmen, daß sie das englische Wort für ‚Stichtag' nicht weiß** = she can be excused for not knowing the English for 'Stichtag'

über *prep* **(a)** over *oder* more than *oder* in excess of *oder* plus; **Häuser, mit einem Schätzwert von über DM 250.000** = houses valued at DM 250,000 plus; **ein Laden, der auf Kunden über sechzig ausgerichtet ist** = a shop which caters to the over-60s; **Mengen über 25 Kilo** = quantities in excess of twenty-five kilos; **Pakete nicht über 10kg** = packages not over 10 kg; **der Teppich kostet über DM 300** = the carpet costs over DM 300; **die Umsatzsteigerung betrug über 25%** = the increase in turnover was over 25% **(b)** *(vermittels)* via; **wir schicken den Scheck über unsere Geschäftsstelle in New York** = we are sending the cheque via our office in New York

Überangebot *n* surplus *oder* excess supply *oder* glut; **ein Überangebot an Kaffee** = a coffee glut *oder* a glut of coffee

überarbeiten *vt* **(a)** to revise *oder* to rework; **der Vorsitzende überarbeitet seine Rede für die Jahreshauptversammlung** = the chairman is revising his speech to the AGM; **die Umsatzprognosen werden jährlich überarbeitet** = sales forecasts are revised annually **(b)** *vr* **sich überarbeiten** = to overwork
◇ **überarbeitet** *adj* **(a)** revised *oder* reworked **(b)** overworked

überbelegt *adj* **(a)** overcrowded; **das Krankenhaus war überbelegt** = the hospital was overcrowded **(b)** overbooked; **das Hotel** *oder* **der Flug war überbelegt** = the hotel *oder* the flight was overbooked **(c)** oversubscribed; **der Kursus war überbelegt** = the course was oversubscribed
◇ **Überbelegung** *f* overcrowding *oder* overbooking *oder* oversubscription

überbesetzt *adj* overstaffed
◇ **Überbesetzung** *f* overmanning

Überbestand *m* excess stock *oder (US)* overstocks; **wir werden den Überbestand verkaufen müssen, um im Lager Platz zu schaffen** = we will have to sell off the overstocks to make room in the warehouse

überbewertet *adj* overvalued *oder* overrated; **die Mark ist gegenüber dem Dollar überbewertet** = the mark is overvalued against the dollar; **diese Aktien sind mit DM 625 überbewertet** = these shares are overvalued at DM 625; **ihr ‚first-class Service' ist enorm überbewertet** = their 'first-class service' is very overrated

überbezahlt *adj* overpaid; **unser Personal ist überbezahlt und mit Arbeit nicht ausgelastet** = our staff are overpaid and underworked
◇ **Überbezahlung** *f* overpayment

überbieten *vt* to outbid *oder* to improve on (an offer); **wir boten DM 300.000 für das Lager, aber ein anderes Unternehmen hat uns überboten** = we offered DM 300,000 for the warehouse, but another company outbid us

Überblick *m* **(a)** overview *oder* perspective; **den Überblick verlieren** = to lose track (of things) **(b)** survey *oder* synopsis *oder* summary; **einen Überblick geben** = to outline

Überbringer/-in *mf* bearer; **der Scheck ist zahlbar an den Überbringer** = the cheque is payable to bearer
◇ **Überbringerscheck** *m* cheque to bearer

Überbrückungskredit *m* bridging loan

überbuchen *vt* to overbook
◇ **Überbuchung** *f* overbooking

Übereignung *f* transfer *oder* assignment
◇ **Übereignungsurkunde** *f* deed of assignment

Übereinkommen *n oder* **Übereinkunft** *f* arrangement *oder* understanding; **zu einer Übereinkunft über die Aufteilung des Marktes kommen** = to come to an understanding about the divisions of the market; **zu einer Übereinkunft mit Gläubigern kommen** = to reach an accommodation with creditors; **Übereinkunft auf Treu und Glauben** = gentleman's agreement

übereinstimmen *vi* **übereinstimmen mit** = to agree with *oder* to correspond with (something) *oder* to tally; **ich stimme mit dem Vorsitzenden überein, daß die Werte niedriger als normalerweise sind** = I agree with the chairman that the figures are lower than normal; **der tatsächliche Absatz und der von den Vertretern angegebene Absatz stimmen nicht überein** = the actual sales are at variance with the sales reported by the reps; **die beiden Berechnungen stimmen nicht überein** = the two sets of calculations do not agree; **die Rechnungen stimmen nicht überein** = the invoices do not tally; **die Zahlen der**

Wirtschaftsprüfer stimmen nicht mit denen der Buchhaltung überein = the auditors' figures do not agree with those of the accounts department

◊ **Übereinstimmung** *f* agreement

Überfahrt *f* crossing *oder* passage

überfällig *adj* overdue; **die Zinsen sind seit drei Wochen überfällig** = interest payments are three weeks overdue

überflüssig *adj* superfluous *oder* redundant; **überflüssiges Kapital** = redundant capital; **überflüssige Klausel eines Vertrags** = redundant clause in a contract; **die neue Gesetzgebung hat Klausel 6 überflüssig gemacht** = the new legislation has made clause 6 redundant

Übergabe *f* handover; **die Übergabe vom alten Vorsitzenden an den neuen verlief reibungslos** = the handover from the old chairman to the new went very smoothly

◊ **Übergabezeitraum** *m* handover period; **wenn der Besitzer eines Unternehmens wechselt, ist der Übergabezeitraum immer schwierig** = when the ownership of a company changes, the handover period is always difficult

◊ **übergeben** *vt* to hand over *oder* to present; **er übergab (die Verantwortung) an seinen Stellvertreter** = he handed over to his deputy; **sie übergab dem Anwalt die Unterlagen** = she handed over the documents to the lawyer

übergeordnet *adj* senior

Übergewicht *n* **(a)** overweight; **das Paket hat sechzig Gramm Übergewicht** = the package is sixty grams overweight **(b)** *(im Flugzeug)* excess baggage

Übergewinn *m* excess profit(s)

◊ **Übergewinnsteuer** *f* excess profits tax

Übergröße *f* outsize (OS)

Überhang *m* surplus *oder* glut

überhöht *adj* exorbitant *oder* excessive; **überhöhte Preise** = inflated prices; **Touristen wollen nicht die überhöhten Genfer Preise zahlen** = tourists don't want to pay inflated Geneva prices

überholt *adj* obsolete *oder* out of date; **ihr Computersystem ist seit Jahren überholt** = their computer system is years out of date; **als das Büro mit einem Textverarbeitungssystem ausgestattet wurde, waren die Schreibmaschinen überholt** = when the office was equipped with word-processors the typewriters became obsolete

Überkapazität *f* overcapacity *oder* excess capacity

> gleichzeitig schloß das Unternehmen das Werk in Puerto Rico, das es noch Ende 1992 ausbauen wollte. Grund: Überkapazitäten
>
> ***Capital***

überkapitalisiert *adj* overcapitalized

überkauft *adj* overbought; **der Aktienmarkt ist überkauft** = the market is overbought

Überlassung *f* cession

überlastet *adj* **(a)** *(Maschine)* overloaded **(b)** *(Person)* overstrained *oder* overworked; **unser Personal beschwert sich darüber, unterbezahlt und mit Arbeit überlastet zu sein** = our staff complain of being underpaid and overworked

Überlebensfall *m* **im Überlebensfall** = in case of survival; **Rente auf den Überlebensfall** = reversionary annuity

◊ **Überlebensrente** *f* reversionary annuity

überlegen 1 *adj* superior; **unser Produkt ist allen Konkurrenzprodukten überlegen** = our product is superior to all competing products **2** *vt* to consider

◊ **Überlegung** *f* consideration

◊ **Überlegungsfrist** *f* cooling off period *(on signing of a contract)*

übermäßig *adj* excessive; **übermäßige Kosten** = excessive costs

übermitteln *vt* to transmit

◊ **Übermittlung** *f* transmission; **die Übermittlung einer Nachricht** = transmission of a message

übernachten *vi* to stay; **der Vorsitzende übernachtet im Schönblick Hotel** = the chairman is staying at the Hotel Schönblick

Übernahme *f* **(a)** *(von Firmen)* takeover; **angefochtene Übernahme** = contested takeover; **vollkommene Übernahme** = absorption of one company by another; **die Schokoladenfabrik ist seine neuste Übernahme** = the chocolate factory is his latest acquisition **(b)** *(von Amt)* assumption **(c)** *(von Verantwortung, Risiko)* assumption *oder* acceptance (of risk)

◊ **Übernahmeangebot** *n* takeover bid; **ein Übernahmeangebot für ein Unternehmen machen** = to make a takeover bid for a company; **das Unternehmen machte seinem Konkurrenten ein Übernahmeangebot** = the company made a bid for its rival; **das Unternehmen wies das Übernahmeangebot zurück** = the company rejected the takeover bid; **ein Übernahmeangebot zurückziehen** = to withdraw a takeover bid; **die Bekanntgabe des Übernahmeangebots trieb die Aktienkurse in die Höhe** = the disclosure of the takeover bid raised share prices

◊ **Übernahmekonsortium** *n* **(a)** takeover consortium **(b)** *(Versicherung)* underwriting syndicate

◊ **Übernahmeobjekt** *n* takeover target

◊ **Übernahmeversuch** *m* takeover attempt; **der Übernahmeversuch wurde vom Aufsichtsrat zurückgewiesen** = the takeover attempt was turned down by the (supervisory) board

◊ **Übernahmezeitraum** *m* takeover period; **der Übernahmezeitraum ist immer problematisch** *oder* **schwierig** = the takeover period is always difficult

> das Unternehmen war vor kurzem noch eine Milliarde Dollar wert und heute werden zehn Milliarden und mehr für die Übernahme genannt
>
> *Capital*

übernehmen *vt* **(a)** *(Kosten)* to agree to pay *oder* to bear *oder* to defray *oder* to meet; **das Unternehmen wird Ihre Kosten übernehmen** = the company will meet your expenses; **das Unternehmen erklärte sich bereit, die Ausstellungskosten zu übernehmen** = the company agreed to defray the costs of the exhibition; **das Unternehmen übernahm die Verfahrenskosten für beide Parteien** = the company bore the legal costs of both parties **(b)** *(Risiko)* to assume; **alle Risiken übernehmen** = to assume all risks; **Haftung** *oder* **Garantie übernehmen für** = to underwrite; **die Regierung hat die Bürgschaft für die Entwicklungskosten des Projekts übernommen** = the government has underwritten the development costs of the project; **eine Versicherung übernehmen** = to underwrite an insurance policy **(c)** *(aufkaufen)* to take over *oder* to acquire; **ein Unternehmen übernehmen** = to acquire a company *oder* to take over a company; **ein Unternehmen, das von einem Konkurrenzunternehmen übernommen wurde** = a business which has been absorbed by a competitor; **das Unternehmen wurde von einem großen multinationalen Konzern übernommen** = the company was taken over by a large multinational **(d)** *(Aufgaben)* to take *oder* to take on *oder* to undertake *oder* to assume; **er hat viel zusätzliche Arbeit übernommen** = he has taken on a lot of extra work; **sie übernahm den Auftrag, die Umsatzsteuererklärungen vorzubereiten** = she took on the job of preparing the VAT returns; **der Käufer übernimmt die Unternehmensverbindlichkeiten** = the buyer takes over the company's liabilities; **eine Untersuchung des Markts übernehmen** = to undertake an investigation of the market; **sie hat die Verantwortung für Marketing übernommen** = she has assumed responsibility for marketing; **den Vorsitz übernehmen** = to take the chair; **in Abwesenheit des Vorsitzenden übernahm der Stellvertreter den Vorsitz** = in the absence of the chairman his deputy took the chair **(e)** *(ein Amt)* to take over; **der neue Vorsitzende übernimmt den Posten am 1. Juli** = the new chairman takes over on July 1st **(f)** *vr* **sich übernehmen** = to take on too much *oder* to overdo it; **die Firma hat sich (finanziell) übernommen** = the company overextended itself

Überproduktion *f* overproduction

Überprovision *f* overrider *oder* overriding commission

überprüfen *vt* to check *oder* to examine *oder* to inspect *oder* to investigate *oder* to review *oder* to verify *oder* to vet; **Bewerber überprüfen** = to screen candidates; **die Ladung durfte die Grenze passieren, nachdem der Zoll die Echtheit der Dokumente überprüft hatte** = the shipment was allowed into the country after verification of the documents by customs; **alle Kandidaten müssen vom geschäftsführenden Direktor überprüft werden** = all candidates have to be vetted by the managing director; **die Polizei überprüft die Papiere aus dem Safe des geschäftsführenden Direktors** = the police are examining the papers from the managing director's safe; **Rabatte neu überprüfen** = to review discounts; **die Richtigkeit einer Rechnung überprüfen** = to check that an invoice is correct

◊ **Überprüfung** *f* check *oder* checking *oder* examination *oder* inspection *oder* investigation *oder* review *oder* verification *oder* vetting; **die Sachverständigen fanden während der Überprüfung des Gebäudes einige Schäden** = the inspectors found some defects during their inspection of the building; **der Vertrag wurde zur Überprüfung an die Rechtsabteilung geschickt** = the contract has been sent to the legal department for vetting; **eine Überprüfung der Vertragshändler durchführen** = to conduct a review of distributors

überqueren *vt* to cross; **um zur Bank zu kommen, biegen Sie links ab und überqueren die Straße bei der Post** = to get to the bank, you turn left and cross the street at the post office; **die Concorde braucht nur drei Stunden, um den Atlantik zu überqueren** = Concorde only takes three hours to cross the Atlantic

überraschend *adj* **(a)** *(erstaunlich)* surprising **(b)** *(unerwartet)* unexpected *oder* surprise; **sie führten eine überraschende Prüfung der Spesenkonten durch** = they carried out a snap check *oder* a snap inspection of the expense accounts

überreden *vt* to persuade; **nach zehnstündiger Diskussion überredeten sie den geschäftsführenden Direktor zurückzutreten** = after ten hours of discussion, they persuaded the MD to resign

überregional *adj* national *oder* nationwide; **überregionale Kampagne** = national campaign; **überregionale Presse** = national newspapers *oder* the national press; **überregionale Werbung** = national advertising

überreichen *vt* to hand over *oder* to present; **ihm wurde anläßlich seines 25-jährigen Dienstjubiläums eine Uhr überreicht** = he was presented with a watch on completing twenty-five years' service with the company

überschätzen *vt* to overestimate; **er überschätzte die für die Ausrüstung der Fabrik benötigte Zeit** = he overestimated the amount of time needed to fit out the factory

Überschlag *m* estimate *oder* rough calculation; **Überschlag der Ausgaben** = approximation of expenditure

◊ **überschlagen** *vt* to make a rough estimate

überschreiben *vt* to make over; **seinen Kindern das Haus überschreiben** = to make over the house to one's children

überschreiten *vt* to exceed *oder* to overrun; **das Unternehmen überschritt die Frist zur Fertigstellung der Fabrik** = the company overran the time limit set to complete the factory; **die Vorjahreskosten überschritten erstmalig 20% der Einnahmen** = last year costs exceeded 20% of income for the first time; **seine Budgetgrenze überschreiten** = to overspend one's budget

Überschrift *f* heading

Überschuldung *f* overindebtedness *oder* owing too much money

Überschuß *m* excess *oder* surplus; **einen Überschuß auffangen** = to absorb a surplus; **ein Überschuß der Ausgaben gegenüber den Einnahmen** = an excess of expenditure over revenue; **die Regierungen versuchen Wege zu finden, um den Überschuß an landwirtschaftlichen Erzeugnissen in der EU zu reduzieren** = governments are trying to find ways of reducing the agricultural surpluses in the EU

◊ **überschüssig** *adj* surplus *oder* excess *oder* spare; **überschüssige staatliche Ausrüstungen** = surplus government equipment; **in den Geschäften wird überschüssige Butter verkauft** = surplus butter is on sale in the shops; **er investierte sein überschüssiges Kapital in ein Computergeschäft** = he has invested his spare capital in a computer shop; **wir versuchen, überschüssige Lagerkapazitäten zu vermieten** *oder* **zu verpachten** = we are trying to let surplus capacity in the warehouse; **wir machen einen Ausverkauf für überschüssige Ware** = we are holding a sale of surplus stock

> der deutsche Außenhandel wies im September einen Überschuß von 5,7 Milliarden DM aus. Von Januar bis September betrug der Überschuß 36,1 Milliarden DM
>
> *Blick durch die Wirtschaft*

überschwemmen *vt* to flood *oder* to deluge *oder* to inundate *oder* to swamp *oder* to glut; **die Vertriebsabteilung wurde mit Aufträgen** *oder* **Reklamationen überschwemmt** = the sales department was flooded with orders *oder* with complaints; **der Markt ist mit billigen Kameras überschwemmt** = the market is glutted with cheap cameras

◊ **Überschwemmungskatastrophe** *f* flood disaster; **eine Überschwemmungskatastrophe an der Südküste** = a flood disaster on the south coast

◊ **Überschwemmungsschäden** *mpl* flood damage

Übersee *(inv)* overseas; **die Gewinne aus Übersee sind weit höher als die aus dem Inland** = the profits from overseas are far higher than those of the home division

◊ **Überseehandel** *m* overseas trade

◊ **überseeisch** *adj* overseas

◊ **Überseemarkt** *m* overseas market

◊ **Überseeterminal** *m* ocean terminal

übersetzen *vt* to translate; **er bat die Sekretärin, den Brief vom englischen Vertreter zu übersetzen** = he asked his secretary to translate the letter from the English agent; **wir haben den Vertrag vom Deutschen ins Japanische übersetzen lassen** = we have had the contract translated from German into Japanese

◊ **Übersetzer/-in** *mf* translator

◊ **Übersetzung** *f* translation; **sie übergab der Buchhaltung die Übersetzung des Briefs** = she passed the translation of the letter to the accounts department

◊ **Übersetzungsbüro** *n* translation bureau

Übersicht *f* **(a)** *(Überblick)* overall view; **die Übersicht verlieren** = to lose track (of things) **(b)** *(Abriß)* outline *oder* summary; **die Verkaufsabteilung gab eine Übersicht über den Absatz in Europa in den ersten sechs Monaten** = the sales department has given a summary of sales in Europe for the first six months **(c)** *(Zusammenstellung)* survey *oder* review; **wir haben die Vertriebsabteilung gebeten, eine Übersicht über Konkurrenzprodukte zu erstellen** = we have asked the sales department to produce a survey of competing products **(d)** *(Aufstellung)* list *oder* table; **die tabellarische Übersicht der regionalen Vertreter wird gerade überarbeitet** = the list of regional sales reps is being revised

übersteigen *vt* to exceed; **der Umsatz überstieg im ersten Quartal DM 3 Mio.** = sales topped DM 3m in the first quarter

überstimmen *vt* to outvote; **der Vorsitzende wurde überstimmt** = the chairman was outvoted

Überstunden *fpl* overtime; **Überstunden machen** = to work overtime; **sechs Überstunden machen** = to work six hours' overtime

◊ **Überstundenlohn** *m* overtime pay *oder* call-back pay

◊ **Überstundentarif** *m* overtime rate; **der Überstundentarif ist das Eineinhalbfache des normalen Lohns** = the overtime rate is one and a half times normal pay

◊ **Überstundenverbot** *n* overtime ban

Übertrag *m* balance brought forward

◊ **übertragbar** *adj* transferable; **die Zeitkarte ist nicht übertragbar** = the season ticket is not transferable; **nicht übertragbar** = 'not negotiable'

◊ **übertragen** *vt* **(a)** *(Posten)* to bring forward *oder* to carry forward; **einen Saldo übertragen** = to carry over a balance; **Warenbestände übertragen** = to carry over stock **(b)** *(übergeben)* to assign *oder* to transfer; **er übertrug seine Aktien einer Familienstiftung** = he transferred his shares to a family trust; **jdm Aktien übertragen** = to assign shares to someone; **Gelder von einer Investition auf eine andere übertragen** = to switch funds from one investment to another; **Vollmacht übertragen** = to delegate authority

◊ **Übertragende(r)** *mf* assignor

◊ **Übertragung** *f* **(a)** *(Übergabe)* assignation *oder* assignment *oder* transfer; **Übertragung eines Patents** *oder* **eines Urheberrechts** = assignment of a patent *oder* of a copyright; **Übertragung von Aktien auf jdn** = assignation of shares to someone **(b)** *(eines Wechsels)* delivery

◊ **Übertragungsurkunde** *f* (deed of) conveyance

übertreffen *vt* to surpass *oder* to outdo *oder* to improve on; **die Verkaufszahlen des letzten Monats haben die Prognosen weit übertroffen** = last month's sales figures have exceeded all forecasts

übertreten *vt* to break *oder* to infringe *oder* to violate

überverkauft *adj* oversold; **der Aktienmarkt ist überverkauft** = the market is oversold

übervorteilen *vt* to cheat

überwachen *vt* to monitor *oder* to supervise; **er überwacht den Absatzverlauf** = he is monitoring the progress of sales; **wie überwachen Sie die Leistung der Handelsvertreter?** = how do you monitor the performance of the sales reps?

◊ **überwachend** *adj* monitoring *oder* supervisory; **er hat eine überwachende Funktion** = he works in a supervisory capacity

◊ **Überwachung** *f* monitoring *oder* supervision *oder* control; **Überwachung des Kassenbestands** = cash control

überwechseln *vi* to switch over (to); **wir sind zu einem französischen Anbieter übergewechselt** = we have switched over to a French supplier

überweisen *vt (Geld)* to transfer *oder* to remit

◊ **Überweisung** *f* transfer *oder* remittance; **Überweisung per Luftpost** = airmail transfer

◊ **Überweisungsauftrag** *m* (credit) transfer order

◊ **Überweisungsverkehr** *m* money transfer system

> unerheblich sei, aus welchen Gründen es zur verspäteten Überweisung gekommen war: Die Bank müsse auch ohne Verschulden haften
>
> ***Capital***

überwiegend *adj & adv* predominant(ly) *oder* main(ly); **er arbeitet überwiegend in der Bochumer Geschäftsstelle** = he works mainly in the Bochum office

überzählig *adj* surplus *oder* spare; **ein überzähliger Schuh** = an odd shoe

überzeichnen *vt* to oversubscribe; **die Emission war sechsfach überzeichnet** = the issue was oversubscribed six times

überzeugt *adj* convinced *oder* confident; **sind Sie überzeugt, daß das Verkaufsteam in der Lage ist, dieses Produkt zu verkaufen?** = are you confident the sales team is capable of handling this product?

überziehen *vt* **(a)** *(Konto)* to overdraw; **er hat seinen Kredit überzogen** = he has exceeded his credit limit **(b)** *(Redezeit, Sendezeit)* to overrun; **das Vorstandsmitglied hat seine Redezeit schon um 20 Minuten überzogen** = the director has overrun the time allotted for his speech by 20 minutes

◊ **Überziehung** *f* overdraft

◊ **Überziehungskredit** *m* overdraft (facility); **die Bank hat mir einen Überziehungskredit von DM 15.000 gewährt** = the bank has allowed me an overdraft of DM 15,000; **wir haben unseren Überziehungskredit überzogen** = we have exceeded our overdraft facility

◊ **überzogen** *adj* overdrawn; **Ihr Konto ist überzogen** = your account is overdrawn *oder* you are overdrawn

üblich *adj* normal *oder* standard *oder* usual; **es ist üblich, den Vertrag durch den geschäftsführenden Direktor unterschreiben zu lassen** = the usual practice is to have the contract signed by the MD; **unsere üblichen Bedingungen sind dreißig Tage Zahlungsziel** = our usual terms *oder* usual conditions are thirty days' credit; **der übliche Preis** *oder* **der übliche Satz** = the going price *oder* the going rate; **der übliche Quadratmeterpreis für Büroräume ist DM 90** = the going rate for offices is DM 90 per square metre; **wir zahlen den üblichen Lohnsatz für Schreibkräfte** = we pay the going rate for typists; **wir bezahlen die üblichen Tarife für Sekretärinnen** *oder* **wir bezahlen Sekretärinnen die üblichen Tarife** = we pay the market rate for secretaries *oder* we pay secretaries the market rate

übrig *adj* **(a)** rest of *oder* remaining; **der Vorsitzende ging nach Hause, aber die übrigen Direktoren blieben im Sitzungssaal** = the chairman went home, but the rest of the directors stayed in the boardroom **(b)** left over *oder* spare; **das Unternehmen hat kein Geld dafür übrig** = the company cannot afford it

◊ **übrigbleiben** *vi* to remain; **wir werden den alten Warenbestand zum halben Preis verkaufen und alles, was übrigbleibt, wird weggeworfen** = we will sell off the old stock at half price and anything remaining will be thrown away

Uganda *n* Uganda

◊ **Ugander/-in** *mf* Ugandan

◊ **ugandisch** *adj* Ugandan

(NOTE: Hauptstadt: **Kampala** ; Währung: **ugandischer Schilling** = Ugandan shilling)

Uhr *f* clock; **die Uhr im Büro geht vor** = the office clock is fast; **der Mikrocomputer hat eine eingebaute Uhr** = the micro has a built-in clock

◊ **Uhrzeit** *f* time

Ultimatum *n* ultimatum; **die Gewerkschaftsvertreter stritten untereinander darüber, wie sie dem Ultimatum der Unternehmensleitung am besten begegnen könnten** = the union officials argued among themselves over the best way to deal with the ultimatum from the management

Ultimo *m* month end

◊ **Ultimoabrechnung** *f* month-end accounts

um *adv (ungefähr, etwa)* about *oder* around; **um die** = in the region of; **um die hundert** = a hundred odd; **das Haus wurde für einen Preis um die DM 300.000 verkauft** = the house was sold for a price in the region of DM 300,000; **er verdiente ein Gehalt um die DM 75.000** = he was earning a salary in the region of DM 75,000

Umbau *m* rebuilding *oder* renovation; **die Wiedereröffnung des Geschäfts nach einem Umbau** = the reopening of the store after a refit

Umbruch *m* radical change

> dabei braucht Rußland in dieser Phase des gesellschaftlichen Umbruchs unbedingt einen starken Präsidenten
>
> ***Ostsee-Zeitung***

umbuchen *vt* **(a)** *(fin)* to transfer (to another account) **(b)** *(Karte)* **das Flugticket umbuchen** = to change one's plane ticket

◇ **Umbuchung** *f* **(a)** *(fin)* transfer **(b)** *(Karte)* **Umbuchung eines Flugtickets** = changing one's plane ticket

Umfang *m* extent *oder* range *oder* scale *oder* scope *oder* volume; **begrenzter Umfang** = small scale; **großer Umfang** = large scale

◇ **umfangreich** *adj* extensive *oder* heavy *oder* large-scale; **umfangreiche Entlassungen in der Bauindustrie** = large-scale redundancies in the construction industry; **umfangreiche Investitionen in neue Technologien** = large-scale investment in new technology; **ein umfangreiches Investitionsprogramm im Ausland** = a programme of heavy investment overseas; **ein umfangreiches Netz von Verkaufsstellen** = an extensive network of sales outlets

umfassend *adj* comprehensive *oder* extensive *oder* full-scale; **der geschäftsführende Direktor ordnete eine umfassende Überprüfung der Kreditbedingungen an** = the MD ordered a full-scale review of credit terms

umfinanzieren *vt* to refinance

umformulieren *vt* to redraft; **der ganze Vertrag mußte umformuliert werden, um den Einwänden des Vorsitzenden gerecht zu werden** = the whole contract had to be redrafted to take in the objections from the chairman

Umfrage *f* survey

umgehen 1 *vt* to avoid *oder* to evade *oder* to get round; **wir versuchten, das Embargo zu umgehen, indem wir die Waren von Kanada aus versendeten** = we tried to get round the embargo by shipping from Canada; **ein Verbot umgehen** = to beat a ban **2** *vi* **mit jdm umgehen** = to deal with *oder* to handle *oder* to treat (someone); **er kann einfach nicht mit dem Personal umgehen** = he finds it impossible to communicate with his staff

umgehend 1 *adj* immediate *oder* prompt; **umgehende Beantwortung eines Briefs** = prompt reply to a letter; **wir geben 5% Skonto für umgehende Bezahlung** *oder* **Begleichung** = we offer 5% discount for prompt settlement **2** *adv* immediately *oder* promptly; **er antwortete umgehend auf meinen Brief** = he replied to my letter very promptly; **wir werden uns umgehend um ihren Auftrag kümmern** = your order will receive immediate attention *oder* your order will be dealt with immediately; **er schrieb umgehend einen Beschwerdebrief** = he wrote an immediate letter of complaint

umgründen *vt* to reorganize a company's articles of association

umladen *vt* to reload *oder* to transfer *oder* to tranship

◇ **Umladeplatz** *m* transhipment point

Umlage *f* (apportioned) levy *oder* charge

Umlauf *m* **(a)** *(Geld)* circulation (of money); **in Umlauf befindlich** = circulating (money) *oder* (money) in circulation; **die in Umlauf befindliche Geldmenge nahm mehr zu als erwartet** = the amount of money in circulation increased more than was expected; **Geld in Umlauf bringen** = to circulate money *oder* to put money into circulation; **in freiem Umlauf sein** *oder* **in freien Umlauf bringen** = to circulate freely **(b)** *(Rundschreiben)* circular (letter)

◇ **umlaufend** *adj* circulating

◇ **Umlaufkapital** *n* circulating capital

◇ **Umlaufrendite** *f* running yield

◇ **Umlaufvermögen** *n* current assets

> demzufolge erhöhte sich die Umlaufrendite auf das neue Jahreshoch von 6,73 (6,62) Prozent
> ***Süddeutsche Zeitung***

umlegen *vt* to apportion; **die Kosten werden entsprechend den hochgerechneten Einnahmen umgelegt** = costs are apportioned according to projected revenue; **Kosten auf eine Tochtergesellschaft umlegen** = to pass costs on to a subsidiary company

◇ **Umlegung** *f* apportionment

umpacken *vt* to repack

umpolen *vt* to convert

> und niemand weiß genau, wie lange es dauert, Traktorenfabriken auf Expreßzüge umzupolen
> ***Russischer Kurier***

umrechnen *vt* to convert

◇ **Umrechnung** *f* conversion

◇ **Umrechnungskurs** *m* conversion price *oder* conversion rate

umreißen *vt* to outline; **der Vorsitzende umriß die Unternehmenspläne für das kommende Jahr** = the chairman outlined the company's plans for the coming year

Umrüstung *f* refit(ting)

Umsatz *m* turnover *oder* sales; **der Umsatz des Unternehmens ist um 23% gestiegen** = the company's turnover has increased by 23%; **wir machten unsere Kalkulationen auf der Grundlage des geschätzten Umsatzes** = we based our calculations on the forecast turnover; **höheren Umsatz haben als** = to outsell; **das Unternehmen hat einen höheren Umsatz als seine Konkurrenten** = the company is outselling its competitors

◇ **Umsatzanalyse** *f* sales analysis

◇ **Umsatzbericht** *m* sales report *oder* sales return; **täglicher** *oder* **wöchentlicher** *oder* **vierteljährlicher Umsatzbericht** = daily *oder* weekly *oder* quarterly sales return

◇ **Umsatzbeteiligung** *f* seller's commission

◇ **Umsatzkurve** *f* sales curve

◇ **umsatzlos** *adj* dormant *oder* inactive; **umsatzloses Konto** = dead account

◇ **Umsatzprognose** *f* turnover forecast *oder* sales projection; **wir stützten unsere Kalkulationen auf die Umsatzprognose** = we based our calculations on the turnover forecast; **der Vertriebsleiter wurde gebeten, Umsatzprognosen für die nächsten drei Jahre aufzustellen** = the sales manager was asked to draw up sales projections for the next three years

◇ **Umsatzrückgang** *m* drop in turnover

◇ **umsatzschwach** *adj* slow-selling *oder* low-volume; **umsatzschwacher Markt** = weak market

◇ **Umsatzstatistik** *f* sales analysis *oder* sales statistics; **die Umsatzstatistik der letzten sechs Monate prüfen** = to examine the sales statistics for the previous six months

◇ **Umsatzsteigerung** *f* increase in turnover *oder* sales increase

◇ **Umsatzsteuer** *f* turnover tax *oder* sales tax

◇ **Umsatzsteuererklärung** *f* sales tax return

◇ **Umsatzvolumen** *n* sales volume *oder* volume of sales; **das Unternehmen hat trotz der Rezession das Umsatzvolumen gehalten** = the company has maintained the same volume of business in spite of the recession

◇ **Umsatzzahlen** *fpl* turnover figures *oder* sales figures

◇ **Umsatzziel** *n* turnover target figure; **sie erreichten das Umsatzziel von DM 6 Mio. nicht** = they missed the target figure of DM 6m turnover

> im abgelaufenen Geschäftsjahr wies das Unternehmen mit 5,3 Milliarden Franc mehr Verlust als Umsatz auf
> ***Capital***
>
> da die Umsatzsteuer auf den ermäßigten Satz von sieben Prozent begrenzt würde, die Betriebe aber die Vorsteuer von fünfzehn Prozent abziehen könnten, komme es nicht zu einer zusätzlichen Belastung
> ***Die Zeit***

Umschalttaste *f* shift key

Umschlag *m* **(a)** envelope; **eine Zeitschrift in neutralem Umschlag verschicken** = to send a magazine under plain cover; **Informationen in einem zugeklebten Umschlag versenden** = to send the information in a sealed envelope **(b)** *(von Gütern, Lagern)* handling *oder* turnover *oder (auf Schiffen)* transhipment

◇ **umschlagen** *vt (von Gütern, Lagern)* to handle *oder* to turn over *oder (auf Schiffen)* to tranship

◇ **Umschlaghafen** *m* entrepot port *oder* port of transhipment

◇ **Umschlagsgeschwindigkeit** *f* rate of stock turnover

◇ **Umschlagspesen** *pl* handling charges

> im Lübecker Hafen wurden in den Monaten von Januar bis November 17.057 Millionen Tonnen umgeschlagen
> ***Hamburger Abendblatt***

umschulden *vt* to refinance *oder* to reschedule *oder* to roll over (a debt)

umschulen *vt* to retrain

◇ **Umschulung** *f* retraining

◇ **Umschulungskurs** *m* retraining course; **er mußte einen Umschulungskurs besuchen** = he had to attend a retraining course

Umschwung *m* reversal *oder* about-turn

umsehen *vr* **sich umsehen** = to look around *oder* to shop around; **er sieht sich nach einem neuen Computer um** = he is shopping around for a new computer; **Sie sollten sich auch woanders umsehen, bevor Sie Ihren Wagen zur Inspektion geben** = you should shop around before getting your car serviced; **es lohnt sich, sich umzusehen, wenn man eine Hypothek aufnehmen will** = it pays to shop around when you are planning to ask for a mortgage

umsetzen *vt* to turn over; **wir setzen DM 6.000 pro Woche um** = we turn over DM 6,000 a week

umsonst *adv* gratis *oder* free (of charge); **wir kamen umsonst in die Ausstellung** = we got into the exhibition gratis

umsteigen *vi (Verkehrsmittel)* to change *oder* to transfer; **in einen anderen Zug umsteigen** = to change trains; **in Ulm müssen Sie umsteigen** = you have to change at Ulm; **wenn Sie am Frankfurter Flughafen ankommen, müssen Sie auf einen Inlandsflug umsteigen** = when you get to Frankfurt airport, you have to transfer onto an internal flight

umstellen *vt* to switch over *oder* to convert; **die Fabrik wurde auf Gasheizung umgestellt** = the factory has switched over to gas for heating

umstoßen *vt* to overturn *oder* to reverse; **der Ausschuß stieß seine Entscheidung über Einfuhrquoten um** = the committee reversed its decision on import quotas

umstrukturieren *vt* to restructure *oder* to reorganize

◇ **Umstrukturierung** *f* restructuring *oder* reorganization *oder* shakeup; **die finanzielle Umstrukturierung des Unternehmens** = the financial restructuring of the company; **seine Stelle wurde bei der Umstrukturierung der Geschäftsstelle heruntergestuft** = his job was downgraded in the office reorganization *oder* in the reorganization of the office; **der geschäftsführende Direktor ordnete eine Umstrukturierung der Vertriebsabteilung an** = the managing director ordered a shakeup of the sales department

> die Umstrukturierung in Ostdeutschland kann nur dann vorangebracht werden, wenn es der Wirtschaftspolitik gelingt, den gegenwärtigen Konjunkturtrend umzukehren
> ***Die Wirtschaft***

umtauschbar *adj* exchangeable

◇ **umtauschen** *vt* **(a)** *(Geld)* to change *oder* to convert; **wir haben unsere Mark in Schweizer Franken umgetauscht** = we converted our marks into Swiss francs; **DM 1.000 in Dollars umtauschen** = to change DM 1,000 into dollars **(b)** *(Waren)* to exchange; **er tauschte sein Motorrad gegen ein Auto um** = he exchanged his motorcycle for a car; **Waren werden nur gegen Vorlage des Bons umgetauscht** = goods can be exchanged only on production of the sales slip; **einen Artikel gegen einen anderen umtauschen** = to exchange one article for another; **wenn die Hose zu klein ist, können Sie sie zurückbringen und gegen eine größere umtauschen** = if the trousers are too small you can take them back and exchange them for a larger pair

umverteilen *vt* to redistribute

◇ **Umverteilung** *f* redistribution; **die Regierung will eine Umverteilung des Vermögens durch Besteuerung der Reichen und Bezuschussung der Armen erreichen** = the government aims to redistribute wealth by taxing the rich and giving grants to the poor

umwandeln *vt* to change *oder* to transform *oder* to convert *oder* to commute; **er beschloß, Teile seines Pensionsanspruchs in eine Pauschalauszahlung umzuwandeln** = he decided to commute part of his pension rights into a lump sum payment

◇ **Umwandlung** *f* change *oder* transformation *oder* conversion *oder* commutation

Umwelt *f* environment; **soziale Umwelt** = social environment

◇ **Umweltauflage** *f* environmental protection regulations

◇ **Umweltbelastung** *f* environmental pollution *oder* pollution of the environment

◇ **umweltfeindlich** *adj* environmentally damaging

◇ **umweltfreundlich** *adj* environmentally friendly

◇ **Umwelthaftpflicht-Versicherung** *f* compulsory insurance against possible environmental pollution *(imposed on certain types of industrial installation)*

◇ **Umweltschaden** *m* damage to the environment

◇ **Umweltschutz** *m* environmental protection

umziehen *vi* to move (house); **das Unternehmen zieht von der Bismarckstraße in die Innenstadt um** = the company is moving from Bismarckstraße to the centre of town

◇ **Umzug** *m* move *oder* removal

unabhängig *adj* **(a)** *(unbeeinflußt)* independent; **unabhängiges Geschäft** = independent shop; **unabhängige Revision** = independent *oder* external audit; **unabhängiges Unternehmen** = independent company; **finanziell unabhängig** = self-supporting *oder* financially independent **(b)** *(autonom)* self-sufficient; **das Land ist unabhängig, was Öl anbetrifft** = the country is self-sufficient in oil

◇ **Unabhängigkeit** *f* **(a)** independence **(b)** self-sufficiency

unangemeldet *adj* unannounced; **unangemeldeter Vertreterbesuch** *oder* **unangemeldetes Verkaufsgespräch** = cold call

unannehmbar *adj* unacceptable; **die Vertragsbedingungen sind unannehmbar** = the terms of the contract are quite unacceptable

Unannehmlichkeiten *fpl* trouble; **mit der Bürokratie Unannehmlichkeiten haben** = to have trouble with red tape

unausgefüllt *adj (Formular)* blank

unbearbeitet *adj* untreated; **unbearbeitete Daten** = raw data

Unbedenklichkeitsbescheinigung *f* clearance certificate *oder* certificate of no objection *(certifying that one has no outstanding unpaid taxes, loans, etc.)*

unbedeutend *adj* insignificant *oder* minor *oder* negligible *oder* petty *oder* unimportant; **unbedeutende Ausgaben** = minor expenditure

unbefristet *adj* unlimited *oder* indefinite *oder* open-ended *oder (US)* open-end

unbefugt *adj* unauthorized; **unbefugter Zugang zu den Geschäftsunterlagen** = unauthorized access to the company's records

◇ **Unbefugte(r)** *mf* unauthorized person; **Zutritt zum Labor für Unbefugte verboten** = no unauthorized persons are allowed into the laboratory; **kein Zutritt für Unbefugte** = no admittance for unauthorized personnel

unbegrenzt *adj* unlimited; **die Bank bot ihm unbegrenzten Kredit** = the bank offered him unlimited credit

unbeladen *adj* unladen

unbelebt *adj* inactive

unbenutzt *adj* unused

unbeschadet *adj* notwithstanding *oder* regardless of *oder (jur)* 'without prejudice'

unbeschränkt *adj* **(a)** unlimited *oder* unrestricted *oder* open-ended *oder (US)* open-end; **unbeschränkte Haftung** = unlimited liability **(b)** absolute; **unbeschränktes Monopol** = absolute monopoly

unbesehen *adj* unseen; **etwas unbesehen kaufen** = to buy something sight unseen

unbesetzt *adj* vacant *oder* unoccupied *oder (Sitzplatz)* not taken

unbeständig *adj* changeable *oder* variable *oder* unsteady *oder* unsettled *oder* erratic

unbestätigt *adj* unconfirmed; **es gibt unbestätigte Berichte, daß unser Vertreter verhaftet wurde** = there are unconfirmed reports that our agent has been arrested

unbestimmt *adj* indefinite *oder* uncertain *oder* vague; **einen Fall auf unbestimmte Zeit vertagen** = to adjourn a case sine die *oder* indefinitely

unbeweglich *adj* immovable; **unbewegliches Vermögen** = immovable property

unbewohnt *adj* unoccupied *oder* vacant

unbezahlt *adj* unpaid *oder* outstanding *oder* owing; **unbezahlte Rechnungen** = unpaid invoices; **unbezahlter Urlaub** = unpaid holiday

uneinbringlich *adj* irrecoverable; **uneinbringliche Forderung** = bad debt *oder* irrecoverable debt; **das Unternehmen schrieb DM 80.000 an uneinbringlichen Forderungen ab** = the company has written off DM 80,000 in bad debts

uneingelöst *adj* unredeemed; **uneingelöstes Pfand** = unredeemed pledge; **uneingelöster Wechsel** = dishonoured bill

uneinheitlich *adj* varied *oder* mixed *oder* irregular *oder* unsteady

> die deutschen Aktienmärkte setzten am Dienstag zu Kurserholungen an. Die Tendenz war uneinheitlich, jedoch lag der Dax um 9,55 Punkte über Vortagschluß
> ***Süddeutsche Zeitung***

unentgeltlich *adj* free (of charge)

unerläßlich *adj* essential

unerlaubt *adj* unauthorized *oder* forbidden *oder* illegal *oder* illicit

unerledigt *adj* **(a)** *(Post)* unanswered **(b)** *(Auftrag)* unfinished *oder* unfulfilled; **unerledigte Aufträge** = back orders *oder* outstanding orders **(c)** *(Rechnung)* unpaid *oder* unsettled *oder* outstanding **(d)** *(schwebend)* pending; **Ablage für Unerledigtes** = pending tray

unerschwinglich *adj* exorbitant *oder* prohibitive; **die Entwicklungskosten des Produkts sind unerschwinglich** = the cost of developing the product is prohibitive

unerwartet *adj* unexpected; **sie führten eine unerwartete Prüfung der Spesenkonten durch** = they carried out a snap inspection of the expense accounts

unfähig *adj* **(a)** incapable *oder* unable; **der Personalchef war unfähig die neue Mitarbeiterin zu entlassen** = the personnel manager was unable to sack the new employee **(b)** incapable *oder* incompetent *oder* inefficient; **der Buchhalter erwies sich als unfähig mit dem neuen Computerprogramm umzugehen** = the accountant was incapable of working the new computer system
◊ **Unfähigkeit** *f* **(a)** inability **(b)** incompetence *oder* inefficiency

Unfall *m* accident; **einen Unfall haben** = to have an accident; **der Unfall kostete sechs Menschenleben** = six people died as a result of the accident
◊ **Unfallhaftpflichtversicherung** *f* accident liability insurance; **Unfallhaftpflichtversicherung des Arbeitgebers** = employers' liability insurance
◊ **Unfallrente** *f* accident benefit
◊ **Unfallversicherung** *f* accident insurance
◊ **Unfallversicherungspolice** *f* accident policy

unfrei *adj* carriage forward

Ungarn *n* Hungary
◊ **Ungar/-in** *mf* Hungarian
◊ **ungarisch** *adj* Hungarian
(NOTE: Hauptstadt: **Budapest** ; Währung: **Forint** *m* = forint)

ungeachtet *adj* despite *oder* in spite of *oder* regardless of; **ungeachtet aller Ermahnungen** = despite all warnings

ungebraucht *adj* unused; **ungebrauchte Fahrkarte** = unused ticket; **völlig ungebrauchter PC zu verkaufen** = unused PC for sale

ungedeckt *adj* uncovered; **ungedeckter Scheck** = uncovered cheque *oder (inf GB)* dud cheque *oder (inf US)* rubber check; **ungedecktes Geld** = fiat money

ungefähr 1 *adj* approximate *oder* rough; **die Verkaufsabteilung hat eine ungefähre Ausgabenprognose aufgestellt** = the sales division has made an approximate forecast of expenditure **2** *adv* approximately *oder* about *oder* roughly; **der Umsatz ist ungefähr doppelt so hoch wie im letzen Jahr** = the turnover is roughly twice last year's; **die Entwicklungskosten des Projekts werden sich ungefähr auf DM 75.000 belaufen** = the development cost of the project will be roughly DM 75,000

ungeklärt *adj* **(a)** uncleared *oder* unsettled; **ungeklärte Punkte aus der vorhergehenden Sitzung** = matters outstanding from the previous meeting; **die heikle Frage der Entlassungsabfindung des Vorsitzenden bleibt ungeklärt** = the thorny question of the chairman's golden handshake is still to be settled **(b)** unaccounted for; **es ist noch ungeklärt, wo die DM 50 geblieben sind** = DM 50 is still unaccounted for

ungelernt *adj* unskilled; **ungelernte Arbeitskraft** = unskilled worker *oder* manual labourer; **ungelernte(r) Gartenarbeiter/-in** = jobbing gardener

ungenau *adj* inaccurate *oder* inexact

ungenügend *adj* insufficient

ungenutzt *adj* unused; **ungenutzte Kapazität aufbrauchen** = to use up spare capacity

ungeprüft *adj* **(a)** untested *oder* unchecked **(b)** *(Bilanz)* unaudited; **ungeprüfte Geschäftsbücher** = unaudited accounts

ungerade *adj* odd; **ungerade Zahlen** = odd numbers; **Gebäude mit ungeraden Hausnummern sind auf der Südseite der Straße** = odd-numbered buildings *oder* buildings with odd numbers are on the south side of the street

ungerechtfertigt *adj* unjustified *oder* unwarranted; **ungerechtfertigte Entlassung** = unfair dismissal

ungesetzlich *adj* illegal *oder* unlawful; **ungesetzliche Verkäufe** = under-the-counter sales
◊ **Ungesetzlichkeit** *f* illegality

ungesichert *adj* unsecured; **ungesichertes Darlehen** = unsecured loan; **ungesicherte Verbindlichkeit** = unsecured debt

Unglück *n oder* **Unglücksfall** *m* accident *oder* disaster; **die Zahl der Unglücksfälle im Straßenverkehr steigt jährlich** = the number of traffic accidents is increasing annually

ungültig *adj* invalid *oder* null *oder* void; **ungültige Genehmigung** = permit that is invalid; **der Vertrag ist ungültig, wenn er ohne Zeugen unterschrieben wurde** = the contract is not valid if it has not been witnessed; **eine Ehe für ungültig erklären** = to annul a marriage; **einen Vertrag für ungültig erklären** = to void a contract *oder* to invalidate a contract
◇ **Ungültigkeit** *f* invalidity
◇ **Ungültigkeitserklärung** *f* invalidation

ungünstig *adj* adverse *oder* unfavourable; **ungünstige Handelsbedingungen** *oder* **Geschäftsbedingungen** = adverse trading conditions; **ungünstiger Wechselkurs** = unfavourable exchange rate; **der ungünstige Wechselkurs traf die Exporte des Landes** = the unfavourable exchange rate hit the country's exports

unilateral *adj & adv* unilateral(ly)

Universalversicherung *f* comprehensive *oder* all-in *oder* all-risks insurance *oder* policy

unkontrollierbar *adj* uncontrollable; **unkontrollierbare Inflation** = uncontrollable inflation

Unkosten *pl* costs *oder* expenditure

unkündbar *adj* irredeemable; **unkündbare Anleihe** = irredeemable bond

unlauter *adj* unfair; **unlautere Geschäftspraktik** = sharp practice; **unlauterer Wettbewerb** = unfair competition

unliniert *adj* unlined; **unliniertes Papier** = unlined paper

unmittelbar *adj & adv* direct(ly) *oder* immediate(ly)

unmodern *adj* old-fashioned

unmöglich *adj* impossible; **die staatlichen Bestimmungen machen es uns unmöglich zu exportieren** = government regulations make it impossible for us to export; **Fachpersonal zu bekommen, wird immer unmöglicher** = getting skilled staff is increasingly becoming impossible
◇ **Unmöglichkeit** *f* impossibility

unökonomisch *adj* uneconomic

unpersönlich *adj* impersonal; **ein unpersönlicher Führungsstil** = an impersonal style of management

unproduktiv *adj* unproductive; **unproduktives Geld** = dead money; **unproduktives Kapital** = idle capital

Unpünktlichkeit *f* unpunctuality; **er wurde wegen Unpünktlichkeit verwarnt** = he was warned for bad time-keeping

Unrecht *n* wrong *oder* injustice; **zu Unrecht** = wrongly *oder* unjustly
◇ **unrechtmäßig** *adj* illegal *oder* unlawful *oder* wrongful; **unrechtmäßige Entlassung** = wrongful dismissal
◇ **Unrechtmäßigkeit** *f* illegality *oder* unlawfulness *oder* wrongfulness

Unregelmäßigkeit *f* **(a)** *(von Abständen)* irregularity; **die Unregelmäßigkeit der Postzustellung** = the irregularity of the postal deliveries **(b)** *(Verstoß)* irregularity; **Unregelmäßigkeiten bei Aktiengeschäften untersuchen** = to investigate irregularities in share dealings

unrein *adj* unclean *oder* foul *oder* impure; **unreines Konnossement** = foul bill of lading

unrentabel *adj* unprofitable *oder* uneconomic(al) *oder* not commercially viable; **das ist ein unrentables Geschäft** = it is an uneconomic proposition; **die Regierung lehnte es ab, unrentablen Unternehmen zu helfen** = the government has refused to help lame duck companies

unrichtig *adj* incorrect *oder* false

unsauber *adj* unclean; **unsaubere Arbeit** = careless *oder* untidy work; **unsaubere Geschäftspraktik** = sharp practice; **unsaubere Handelsmethoden** = shady *oder* underhand trading methods

unschlüssig *adj* undecided *oder* irresolute *oder* hesitant; **unschlüssig sein** = to hesitate

unselbständig *adj* not independent

unseriös *adj* unsound *oder* unreliable *oder* untrustworthy *oder* dubious *oder* shady; **ich möchte einen seriösen Bauunternehmer, nicht so einen unseriösen Verein** = I want a reputable builder, not one of these fly-by-night outfits

unsicher *adj* uncertain *oder* shaky *oder* unstable; **der Markt ist unsicher** = the market is jumpy
◇ **Unsicherheit** *f* uncertainty *oder* instability; **am Jahresbeginn herrschte Unsicherheit** *oder* **gab es Unsicherheiten** = the year got off to a shaky start

unsichtbar *adj* unseen *oder* invisible; **unsichtbare Ein- und Ausfuhren** = invisible imports and exports *oder* invisibles; **unsichtbare Einkünfte** *oder* **Einkünfte aus unsichtbaren Leistungen** = invisible earnings; **unsichtbare Vermögenswerte** = invisible assets

Unstimmigkeit *f* discrepancy; **in den Büchern ist eine Unstimmigkeit** = there is a discrepancy in the accounts

untätig *adj* inactive

untengenannt *adj* undermentioned

unter *prep* under *oder* below; **unter Preis verkaufen** = to undersell; **wir geben keinen Kredit für Beträge unter DM 200** = we do not grant credit for sums of less than DM 200; **der Zinssatz liegt unter 10%** = the interest rate is under 10%; **DM 50 unter dem angegebenen** *oder* **ausgezeichneten Preis** = DM 50 off the marked price; **wir verkauften den Besitz unter Marktpreis** = we sold the property at below the market price

Unterauftrag *m* subcontract; **einen Unterauftrag abschließen** = to subcontract

Unterausschuß *m* subcommittee

unterbeschäftigt *adj* underemployed; **das Personal ist wegen der Drosselung der Produktion unterbeschäftigt** = the staff is underemployed because of the cutback in production

◊ **Unterbeschäftigung** *f* underemployment

unterbesetzt *adj* understaffed *oder* short-staffed *oder* shorthanded *oder* undermanned; **wir sind zur Zeit personell ziemlich unterbesetzt** = we are rather short-staffed at the moment

◊ **Unterbesetzung** *f* understaffing *oder* undermanning; **die Produktion des Unternehmens ist durch die personelle Unterbesetzung am Montageband beeinträchtigt** = the company's production is affected by undermanning on the assembly line

unterbewerten *vt* to underestimate *oder* to underrate *oder* to undervalue; **der Dollar ist auf den Devisenmärkten unterbewertet** = the dollar is undervalued on the foreign exchanges

◊ **Unterbewertung** *f* underestimate *oder* undervaluation

unterbezahlt *adj* underpaid; **unser Personal sagt, es sei unterbezahlt und mit Arbeit überbelastet** = our staff say that they are underpaid and overworked

unterbieten *vt* **(a)** *(billiger anbieten)* to undercut *oder* to undersell; **einen Konkurrenten unterbieten** = to undercut a competitor; **dieses Unternehmen wird nie unterboten** = this company is never undersold **(b)** *(weniger anbieten)* to underbid

◊ **Unterbietung** *f* price-cutting

unterbinden *vt* to stop *oder* to prevent; **die Einfuhr von Schmuggelware unterbinden** = to check the entry of contraband into the country

unterbrechen *vt* to interrupt *oder* to break off *oder* to suspend; **die Unternehmensleitung entschloß sich, die Verhandlungen zu unterbrechen** = the management decided to suspend negotiations

◊ **Unterbrechung** *f* interruption *oder* suspension *oder* stoppage

unterbreiten *vt* to present *oder* to submit; **dem Vorstand einen Antrag unterbreiten** = to put a proposal to the board

unterbringen *vt* to place; **Personal unterbringen** = to place staff

◊ **Unterbringung** *f* **(a)** *(Personal)* placement **(b)** placing; **die Unterbringung eines Aktienpaketes** = the placing of a line of shares; **die Unterbringung einer Aktienemission garantieren** = to underwrite a share issue; **die Unterbringung der Emission wurde von drei Konsortien garantiert** = the issue was underwritten by three underwriting companies

untere(r,s) *adj* lower *oder* low-grade; **untere(r) Angestellte(r)** = junior clerk; **ein unterer Beamter aus dem Wirtschaftsministerium** = a low-grade official from the Ministry of Trade; **es wurde bei einer Sitzung auf unterer Ebene entschieden, die Entscheidung zurückzustellen** = it was decided at a low-level meeting to put off making a decision

unterentwickelt *adj* underdeveloped; **unterentwickelte Länder** = underdeveloped countries; **Japan ist ein unterentwickelter Markt für unsere Produkte** = Japan is an underdeveloped market for our products

Untergebene(r) *mf* subordinate; **seine Untergebenen finden es schwierig, mit ihm zusammenzuarbeiten** = his subordinates find him difficult to work with

untergehen *vi* to sink *oder* to go down

untergeordnet *adj* junior *oder* low-grade *oder* low-level *oder* subordinate; **eine untergeordnete Delegation besuchte das Ministerium** = a low-level delegation visited the ministry

Untergeschoß *n* basement

Untergesellschaft *f* subsidiary

untergestellt *adj* stored *oder* in storage

Untergewicht *n* underweight; **die Packung hat zwanzig Gramm Untergewicht** = the pack is twenty grams underweight

Unterhalt *m* (up)keep *oder* maintenance

> fast jeder muß irgendwann zum Unterhalt eines anderen beitragen
>
> *Capital*

◊ **unterhalten 1** *vt* **(a)** *(Gäste)* to entertain **(b)** *(Beziehungen, Gebäude)* to maintain; **gute Kundenbeziehungen unterhalten** = to maintain good relations with one's customers; **Kontakte zu einem ausländischen Markt unterhalten** = to maintain contact with an overseas market **2** *vr* **sich unterhalten (a)** to talk *oder* to converse *oder* *(umg)* to chat **(b)** to enjoy oneself *oder* to have a good time

◊ **Unterhaltung** *f* **(a)** entertainment *oder* amusement; **den Konferenzteilnehmern wurde am Wochenende gute Unterhaltung geboten** = the conference delegates were well entertained at the weekend **(b)** maintenance; **die Unterhaltung der Firmengebäude kostet viel Geld** = maintenance of the company's buildings is very expensive **(c)** talk *oder* conversation *oder* chat; **während der Mittagspause führten die beiden Angestellten eine**

anregende Unterhaltung = during lunch break the two employees had an interesting chat

Unterhändler/-in *mf* negotiator *oder* mediator

Unterhaus *n* Lower House *oder (GB)* House of Commons *(the lower house of the British parliament)*

unterkapitalisiert *adj* undercapitalized; **das Unternehmen ist stark unterkapitalisiert** = the company is severely undercapitalized

Unterkunft *f* accommodation

Unterlagen *fpl* documents *oder* papers *oder* records; **er schickte mir die relevanten Unterlagen über den Fall** = he sent me the relevant papers on the case; **aus unseren Unterlagen geht hervor, daß unsere Rechnung Nummer 1234 noch nicht bezahlt wurde** = we find from our records that our invoice number 1234 has not been paid; **die Namen der Kunden werden in den Unterlagen des Unternehmens festgehalten** = the names of customers are kept in the company's records; **bitte senden Sie Ihre Bewerbung mit sämtlichen Unterlagen an die o.g. Adresse** = please send your application with all relevant documents to the above-mentioned address

unterlassen *vt* **(a)** *(nicht durchführen)* to fail *oder* to omit; **das Unternehmen unterließ es, das Finanzamt von der Adressenänderung in Kenntnis zu setzen** = the company failed to notify the tax office of its change of address; **er unterließ es, dem geschäftsführenden Direktor zu sagen, daß er die Unterlagen verloren hatte** = he omitted to tell the managing director that he had lost the documents **(b)** *(Zahlung)* to fail to pay *oder* to default

◊ **Unterlassung** *f* failure *oder* omission *oder* default; **pflichtwidrige Unterlassung** = nonfeasance

unterliegen *vt* to be liable to *oder* to be subject to; **der Vertrag unterliegt staatlicher Genehmigung** = the contract is subject to government approval; **Waren, die der Stempelsteuer unterliegen** = goods which are liable to stamp duty

untermauern *vt* to back up *oder* to substantiate *oder* to support; **er brachte einen Aktenordner voller Dokumente, um seinen Anspruch zu untermauern** = he brought along a file of documents to back up his claim

Untermiete *f* subtenancy; **in** *oder* **zur Untermiete haben** = to sublease; **sie hatten ein kleines Büro im Stadtzentrum in** *oder* **zur Untermiete** = they subleased a small office in the centre of town

◊ **Untermieter/-in** *mf* sublessee *oder* subtenant

◊ **Untermietvertrag** *m* sublease *oder* underlease

unternehmen *vt* to (under)take; **etwas** *oder* **Schritte unternehmen** = to take action; **etwas auf einen Brief hin unternehmen** = to act on a letter; **Sie müssen sofort etwas unternehmen, wenn Sie die Diebstähle unterbinden wollen** = you must take immediate action if you want to stop thefts

◊ **Unternehmen** *n* business *oder* company *oder* concern *oder* corporation *oder* enterprise *oder* establishment *oder* firm; **als arbeitendes** *oder* **gesundes Unternehmen verkauft** = sold as a going concern; **börsenfähiges** *oder* **börsennotiertes Unternehmen** = listed company; **gewerbliches Unternehmen** = commercial undertaking; **sie hat ein neues Unternehmen angefangen - ein Computergeschäft** = she has started a new venture - a computer shop; **die Chefs staatlicher Unternehmen werden von der Regierung ernannt** = bosses of state enterprises are appointed by the government; **ein Unternehmen liquidieren** = to put a company into liquidation

◊ **Unternehmensberater/-in** *mf* management consultant

◊ **Unternehmensberatung** *f* management consultancy

◊ **Unternehmensbereich** *m* division of a company

◊ **Unternehmensbeschreibung** *f* company profile; **er forderte eine kurze Unternehmensbeschreibung der möglichen Partner des Jointventure an** = he asked for a company profile of the possible partners in the joint venture

◊ **Unternehmensbilanz** *f* company balance sheet; **die Unternehmensbilanz für 1993 weist einen erheblichen Verlust auf** = the company balance sheet for 1993 shows a substantial loss

◊ **Unternehmensform** *f* form *oder* type of business *oder* enterprise

◊ **Unternehmensführung** *f* management; **Unternehmensführung mit Zielvorgabe** = management by objectives

◊ **Unternehmensgewinne** *mpl* corporate profits

◊ **Unternehmensgründung** *f* starting up *oder* setting up *oder* founding a business

◊ **Unternehmensgruppe** *f* group *oder* consortium

◊ **Unternehmensleiter/-in** *mf* manager; **oberste(r) Unternehmensleiter/-in** = chief executive *oder (US)* chief executive officer (CEO)

◊ **Unternehmensleitung** *f* management; **die Unternehmensleitung beschloß eine allgemeine Lohnerhöhung** = the management has decided to give an overall pay increase

◊ **Unternehmensplan** *m* corporate plan

◊ **Unternehmensplanung** *f* corporate planning

◊ **Unternehmenspolitik** *f* company policy; **es widerspricht der Unternehmenspolitik, mehr als dreißig Tage Kredit zu geben** = it is against company policy to give more than thirty days' credit

◊ **Unternehmensprofil** *n* company profile; **er forderte ein Unternehmensprofil der möglichen Partner des Jointventure an** = he asked for a company profile of the possible partners in the joint venture

◊ **Unternehmensrecht** *n* company law

◊ **Unternehmensspitze** *f* top management

◊ **Unternehmensstrategie** *f* company strategy

◊ **Unternehmenszusammenschluß** *m* **(a)** *(Fusion)* merger (of two companies) **(b)** *(Kombination)* combination (of two undertakings) *oder* combine

Unternehmer/-in *mf* **(a)** entrepreneur **(b)** employer *oder* industrialist; *pl* **die Unternehmer** = the business community

◇ **unternehmerisch** *adj* entrepreneurial; **eine unternehmerische Entscheidung** = an entrepreneurial decision

> von unternehmerischem Geschick ist zu sprechen, wenn es gelingt, trotz externen Widrigkeiten interne Verbesserungen zu erzielen
> *Neue Zürcher Zeitung*

Unternehmerlohn *m* employer's remuneration

◇ **Unternehmerrisiko** *n* risk taken by an entrepreneur

◇ **Unternehmertum** *n* **(a)** entrepreneurship *oder* enterprise; **freies Unternehmertum** = free enterprise **(b)** employers *oder* industrialists

◇ **Unternehmerverband** *m* employers' association

Unterpacht *f* subtenancy; **in** *oder* **zur Unterpacht haben** = to sublease

◇ **Unterpächter/-in** *mf* sublessee *oder* subtenant

◇ **Unterpachtvertrag** *m* sublease *oder* underlease

unterrichten *vt* to advise *oder* to inform; **jdn von etwas unterrichten** = to notify someone of something

unterschätzen *vt* to underestimate *oder* to underrate; **sie unterschätzten die Auswirkungen des Streiks auf ihren Absatz** = they underestimated the effects of the strike on their sales; **der Einfluß des Yen wird unterschätzt** = the power of the yen is underrated; **unterschätzen Sie nicht die Konkurrenz auf dem europäischen Markt** = do not underrate the strength of the competition in the European market; **er unterschätzte die für die Fertigstellung der Arbeit benötigte Zeit** = he underestimated the amount of time needed to finish the work

◇ **Unterschätzung** *f* underestimate *oder* underestimation; **die Zahl von DM 150.000 beim Umsatz war eine grobe Unterschätzung** = the figure of DM 150,000 in turnover was a considerable underestimate

unterscheiden *vr* **sich unterscheiden** = to differ *oder* to vary; **die beiden Produkte unterscheiden sich erheblich - das eine hat einen elektrischen Motor, das andere läuft mit Kraftstoff** = the two products differ considerably - one has an electric motor, the other runs on oil; **unser Sortiment unterscheidet sich erheblich im Design von dem unserer Konkurrenten** = our product range is quite different in design from that of our rivals

◇ **Unterschied** *m* difference; **was ist der Unterschied zwischen diesen beiden Produkten?** = what is the difference between these two products?

◇ **unterschiedlich** *adj* different *oder* varying *oder* differing *oder* variable; **jeder Mensch arbeitet unterschiedlich** = everyone has a different way of working; **die Hypothekenzinsen sind in jedem Land sehr unterschiedlich** = mortgage rates differ widely from country to country; **auf die Stellenanzeige haben sich die unterschiedlichsten Bewerber gemeldet** = there was a wide variety of applicants for the job

unterschlagen *vt* to embezzle

◇ **Unterschlagung** *f* embezzlement; **er wurde wegen Unterschlagung zu einer Freiheitsstrafe von sechs Monaten verurteilt** = he was sent to prison for six months for embezzlement

unterschreiben *vt* to sign; **einen Brief** *oder* **ein Dokument** *oder* **einen Scheck** *oder* **einen Vertrag unterschreiben** = to sign a letter *oder* a document *oder* a cheque *oder* a contract; **der Brief ist vom geschäftsführenden Direktor unterschrieben** = the letter is signed by the managing director; **der Scheck ist ungültig, wenn er nicht vom Leiter der Finanzabteilung unterschrieben wurde** = the cheque is not valid if it has not been signed by the finance director

◇ **Unterschrift** *f* signature; **ich bestätige die Richtigkeit durch meine Unterschrift** = in witness whereof I set my hand; **alle Schecks benötigen zwei Unterschriften** = all cheques need two signatures; **er fand auf seinem Schreibtisch einen Stapel Schecks zur Unterschrift vor** = he found a pile of cheques on his desk waiting for signature

◇ **Unterschriftsmappe** *f* folder for documents to be signed *oder* for signature book

◇ **Unterschriftsprobe** *f* specimen signature; **Unterschriftsproben auf einer Bankvollmacht geben** = to give specimen signatures on a bank mandate

unterstehen *vi* **jdm unterstehen** = to be subordinate to *oder* to report to someone; **er untersteht direkt dem geschäftsführenden Direktor** = he reports direct to the managing director; **die Verkäufer unterstehen dem Verkaufsleiter** = the salesmen report to the sales director

unterstellt *adj* **jdm unterstellt sein** = to be under somebody *oder* to report to someone *oder* to be answerable to someone; **er ist dem geschäftsführenden Direktor direkt unterstellt** = he is directly responsible to the managing director

unterstützen *vt* **(a)** to support *oder* to aid *oder* to assist *oder* to help; **der Geschäftsführer wird von zwei Stellvertretern unterstützt** = the MD is assisted by two deputies **(b)** to support *oder* to back (up); **sie hofft, daß die anderen Ausschußmitglieder sie unterstützen** = she hopes the other members of the committee will support her; **der Leiter der Finanzabteilung sagte, der geschäftsführende Direktor habe sich geweigert, ihn bei seiner Auseinandersetzung mit der Umsatzsteuerstelle des Finanzamtes zu unterstützen** = the finance director said the managing director had refused to back him up in his argument with the VAT office **(c)** to support *oder* to back; **wer unterstützt das Projekt finanziell?** = who is providing the backing for the project?; **er sucht nach jemandem, der sein Projekt finanziell unterstützt** = he is looking for someone to back his project; **die Bank unterstützt ihn bis in Höhe von DM 30.000** = the bank is backing him to the tune of DM 30,000 **(d)** to subsidize; **die Regierung unterstützt die Elektronikindustrie mit DM 50 Mio. jährlich** = the government is supporting the electronics industry to the tune of DM 50m per annum; **der Staat unterstützt Exportunternehmen mit günstigen Krediten** = the government helps exporting companies with easy credit **(e)** to endorse *oder* to second; **einen Antrag unterstützen** = to second a motion

◇ **Unterstützung** *f* **(a)** assistance *oder* help; **ohne die Unterstützung der Mitarbeiter wäre der Auftrag nicht termingerecht erledigt worden** = without the help of the employees the job would not have been finished on time **(b)** relief *oder* benefit *oder* aid; **Unterstützung beziehen** = to draw benefit *oder* to be on social security *oder (US)* to be on welfare; **staatliche Unterstützung** = state aid **(c)** support *oder* backing; **der Vorsitzende hat die Unterstützung des Ausschusses** = the chairman has the support of the committee; **die Designer entwickelten dank der Unterstützung des Verkaufsleiters ein äußerst marktfähiges Produkt** = the designers developed a very marketable product, thanks to the encouragement of the sales director **(d)** (financial) backing *oder* support; **er hat die finanzielle Unterstützung einer australischen Bank** = he has the backing of an Australian bank; **wir haben keine finanzielle Unterstützung der Banken** = we have no financial support from the banks; **das Unternehmen wird nur erfolgreich sein, wenn es genügend finanzielle Unterstützung hat** = the company will succeed only if it has sufficient backing; **das Unternehmen wurde mit finanzieller Unterstützung der Regierung gegründet** = the company was set up with financial help from the government

untersuchen *vt* to examine *oder* to explore *oder* to inquire into *oder* to inspect *oder* to investigate *oder* to study *oder* to survey; **wir untersuchen die Möglichkeit, eine Geschäftsstelle in London zu eröffnen** = we are exploring the possibility of opening an office in London

◇ **Untersuchung** *f* examination *oder* inspection *oder* investigation *oder* study *oder* survey; **die Regierung veröffentlichte eine Untersuchung zur Bevölkerungsentwicklung** = the government has published a survey of population trends; **er hat die Untersuchung der Regierung über Absatzmöglichkeiten gelesen** = he has read the government study on sales opportunities; **eine Untersuchung der Unregelmäßigkeiten bei Aktiengeschäften durchführen** = to conduct an investigation into irregularities in share dealings

◇ **Untersuchungsausschuß** *m* (i) investigating *oder* fact-finding committee *oder* commission; (ii) committee *oder* commission of inquiry; **die Regierung setzte einen Untersuchungsausschuß ein, der die Probleme von Kleinexporteuren untersuchen soll** = the government has appointed a commission of inquiry to look into the problems of small exporters

◇ **Untersuchungsbeamte(r)/-beamtin** *mf* investigating official

untertreiben *vt* to understate

untervermieten *vt* to sublease *oder* to sublet; **wir haben einen Teil unseres Büros an einen Unternehmensberater untervermietet** = we have sublet part of our office to a management consultant

◇ **Untervermieter/-in** *mf* sublessor

◇ **Untervermietung** *f* sublease *oder* underlease

unterverpachten *vt* to sublet

◇ **Unterverpächter/-in** *mf* sublessor

◇ **Unterverpachtung** *f* sublease *oder* underlease

unterversichern *vt* to underinsure

◇ **Unterversicherung** *f* underinsurance

Untervertrag *m* subcontract

Untervertreter/-in *mf* sub-agent

◇ **Untervertretung** *f* sub-agency

unterwegs *adv* **(a)** on the way; **der Kurier** *oder* **das Paket ist schon unterwegs** = the courier is already on his way *oder* the parcel is already on its way; **unterwegs nach** *oder* **zu** = on the way to *oder* en route to **(b)** *(auf Reise)* away *oder* travelling; **der geschäftsführende Direktor ist geschäftlich unterwegs** = the managing director is away on business; **die Vertreter sind dreißig Wochen im Jahr unterwegs** = the salesmen are on the road thirty weeks a year

unterworfen *adj* liable to *oder* subject to

unterzeichnen *vt* to sign; **einen Brief** *oder* **ein Dokument** *oder* **einen Scheck** *oder* **einen Vertrag unterzeichnen** = to sign a letter *oder* a document *oder* a cheque *oder* a contract; **ein Stapel Briefe wartet darauf, vom geschäftsführenden Direktor unterzeichnet zu werden** = a pile of letters is waiting for the managing director's signature

◇ **Unterzeichner** *m* signatory

◇ **Unterzeichnete(r)** *mf* undersigned; **wir, die Unterzeichneten** = we, the undersigned

◇ **Unterzeichnung** *f* signature

untragbar *adj* **(a)** unbearable *oder* intolerable **(b)** *(Preise, Steuern)* prohibitive

unumgänglich *adj* unavoidable *oder* inevitable

ununterbrochen *adj & adv* continual(ly) *oder* non-stop; **sie arbeiteten ununterbrochen, um die Buchprüfung rechtzeitig abzuschließen** = they worked non-stop to finish the audit on time; **die Unterredungen gingen stundenlang ununterbrochen weiter** = the discussions continued for hours on end

unverändert *adj* unchanged; **der Absatz liegt seit zwei Jahren unverändert bei DM 2 Mio.** = sales have stuck at DM 2m for the last two years

unverarbeitet *adj* raw *oder* unprocessed

unverbindlich 1 *adj* tentative; **wir schlugen Mittwoch den 10. Mai als unverbindlichen Termin für die nächste Sitzung vor** = we suggested Wednesday May 10th as a tentative date for the next meeting **2** *adv* tentatively; **wir schlugen unverbindlich den Mittwoch als möglichen Termin für unsere nächste Sitzung vor** = we tentatively suggested Wednesday as the date for our next meeting

unverkäuflich *adj* unsellable

◇ **unverkauft** *adj* unsold; **unverkaufte Artikel werden ausrangiert** = unsold items will be scrapped; **unverkaufte Ware** = unsold goods *oder* goods left on hand

unverlangt *adj* unsolicited; **unverlangtes Manuskript** = unsolicited manuscript

unvermeidlich *adj* unavoidable; **unvermeidliche Verspätungen der Flüge sind nicht auszuschließen** = planes are subject to unavoidable delays

unverpackt *adj* unpackaged *oder* loose

unversteuert *adj* untaxed

unverzinslich *adj* interest-free

unverzollt *adj* duty unpaid *oder* with no duty paid

unverzüglich *adj & adv* immediate(ly) *oder* prompt(ly) *oder* instant(ly)

unvorbereitet *adj* unprepared

unvorhergesehen *adj* unforeseen *oder* unexpected; **Fonds für unvorhergesehene Ausgaben** = contingency fund *oder* contingency reserve; **unvorhergesehenes Ereignis** = contingency; **unvorhergesehene Sonderausgaben** = contingent expenses

unwahr *adj* untrue

unwesentlich *adj* insignificant *oder* slight *oder* trivial

unwichtig *adj* unimportant *oder* minor *oder* petty

unwiderruflich *adj* irrevocable; **unwiderrufliches Akkreditiv** = irrevocable letter of credit; **unwiderrufliche Annahme** = irrevocable acceptance

unwirksam *adj* invalid; **unwirksame Genehmigung** = permit that is invalid

unwirtschaftlich *adj* uneconomic *oder* wasteful; **unwirtschaftliche Miete** *oder* **Pacht** = uneconomic rent

Unze *f* ounce

unzeitgemäß *adj* old-fashioned *oder* out of date

unzulänglich *adj* **(a)** *(mangelhaft)* inadequate *oder* incompetent *oder* defective **(b)** *(nicht ausreichend)* insufficient; **unzulänglich ausgerüstet** = underequipped

unzulässig *adj* inadmissable

unzuverlässig *adj* unreliable; **der Postdienst ist sehr unzuverlässig** = the postal service is very unreliable

Urabstimmung *f* strike ballot *oder* strike vote

> darüber hinaus bereite die Gewerkschaft sich auf eine mögliche Urabstimmung mit anschließendem Arbeitskampf vor
>
> *Sächsische Zeitung*

Urheberrecht *n* copyright; **Verletzung des Urheberrechts** = infringement of copyright *oder* copyright infringement

◇ **urheberrechtlich** *adj & adv* copyright; **urheberrechtlich schützen** = to copyright; **urheberrechtlich geschützt** = copyright *oder* copyrighted; **urheberrechtlich geschütztes Werk** = work still in copyright; **es ist gesetzlich verboten, ein urheberrechtlich geschütztes Werk zu kopieren** = it is illegal to photocopy a copyright work; **Werk, das nicht mehr urheberrechtlich geschützt ist** = work which is out of copyright

◇ **Urheberrechtsschutz** *m* copyright protection

◇ **Urheberrechtsvermerk** *m* copyright notice

Urkunde *f* document *oder* deed *oder* certificate; **rechtsgültige Urkunde** = legal document *oder* instrument

◇ **Urkundenbeweis** *m* documentary evidence *oder* documentary proof

◇ **Urkundenfälschung** *f* forgery; **er bekam eine Gefängnisstrafe wegen Urkundenfälschung** = he was sent to prison for forgery

◇ **urkundlich** *adj* documentary

Urlaub *m* holiday *oder* leave *oder (US)* vacation; **Urlaub nehmen** *oder* **in Urlaub fahren** = to take a holiday *oder* to go on holiday; **er ist für zwei Wochen in Urlaub** = he is (away) on holiday for two weeks; **wann nimmt der Geschäftsführer seinen Urlaub?** = when is the manager taking his holidays?; **der Generaldirektor macht in Florida Urlaub** = the CEO is on vacation in Florida; **in dieser Stellung bekommt man fünf Wochen Urlaub** = the job carries five weeks' holiday; **meine Sekretärin geht morgen in Urlaub** = my secretary is off on holiday tomorrow; **sie hat noch nicht ihren ganzen Urlaub genommen** = she has not used up all her holiday entitlement

◇ **Urlaubsanspruch** *m* holiday entitlement

◇ **Urlaubsgeld** *n* holiday pay

◇ **Urlaubszeit** *f* holiday season; **Absatz während der Urlaubszeit** = sales over the holiday period

Ursache *f* cause; **was war die Ursache für den Bankenkrach?** = what was the cause of the bank's collapse?

Ursprung *m* source *oder* origin

◇ **ursprünglich 1** *adj* initial *oder* original *oder* prime; **ursprüngliche Anschaffungskosten** *oder* **ursprüngliche Herstellungskosten** = historic(al) cost **2** *adv* initially *oder* originally

◇ **Ursprungsdaten** *pl* raw data

◇ **Ursprungsland** *n* country of origin

◇ **Ursprungszeugnis** *n* certificate of origin

Urteil *n* judgement *oder* judgment; **ein Urteil fällen** *oder* **sein Urteil zu etwas abgeben** = to pronounce judgement *oder* to give one's judgement on something

◇ **urteilen** *vi* to judge

◇ **Urteilsschuldner/-in** *mf* judgment debtor

Uruguay *n* Uruguay

◇ **Uruguayer/-in** *mf* Uruguayan

◇ **uruguayisch** *adj* Uruguayan

(NOTE: Hauptstadt: **Montevideo** ; Währung: **uruguayischer Peso** = Uruguayan peso)

USA *pl* **die** USA = the USA

◊ **US-Aktien** *fpl* dollar stocks *oder* US stocks *oder* American stocks

Usance *f* usage *oder* practice *oder* the customs of the trade

usw. *abk* etc.

Vv

Valuta *f* foreign currency

◇ **Valutaakzept** *n* foreign currency bill

◇ **Valutakonto** *n* foreign currency account

◇ **Valutareserven** *fpl* foreign currency reserves

> enorme Rubel- und Valutareserven sind dafür vonnöten
>
> ***Russischer Kurier***

variabel *adj* variable; **variable Kosten** = variable costs

◇ **Variabilität** *f* variability

◇ **variieren** *vti* to vary

Vaterschaftsurlaub *m* paternity leave

VB = VERHANDLUNGSBASIS

Venezuela *n* Venezuela

◇ **Venezueler/-in** *oder* **Venezolaner/-in** *mf* Venezuelan

◇ **venezuelisch** *oder* **venezolanisch** *adj* Venezuelan

(NOTE: Hauptstadt: **Caracas** ; Währung: **Bolivar** *m* = bolivar)

Verabredung *f* appointment *oder* engagement; **ich habe um zwei Uhr eine Verabredung** = I have an appointment at two o'clock; **geschäftliche Verabredung** = business engagement

Veralten *n* obsolescence

◇ **veraltend** *adj* obsolescent

◇ **Veralterung** *f* obsolescence; **geplante Veralterung** = planned obsolescence

◇ **veraltet** *adj* obsolete *oder* out of date; **ihr Computersystem ist völlig veraltet** = their computer system is completely out of date; **sie benutzen immer noch veraltete Maschinen** = they are still using out-of-date machinery

veränderlich *adj* variable *oder* changeable *oder* unsettled; **das wirtschaftliche Klima ist heutzutage leicht veränderlich** = the economic climate is at present rather unsettled

◇ **Veränderlichkeit** *f* variability

◇ **verändern** *vt* **(a)** to change *oder* to alter *oder* to amend *oder* to modify; **das Auto muß noch verändert werden, um die staatlichen Tests zu bestehen** = the car will have to be modified to pass the government tests; **das Design des Kühlschranks wurde erheblich verändert, bevor er in die Produktion ging** = the design of the refrigerator was considerably modified before it went into production **(b)** *vr* **sich verändern** = to change; **bei der Firma Sperzel hat sich vieles verändert** = there have been great changes at Sperzel's

◇ **Veränderung** *f* change *oder* alteration *oder* amendment; **an dem neuen Modell wurden mehrere wichtige Veränderungen vorgenommen** = the new model has had several important modifications

veranlagen *vt* to assess; **neu veranlagen** = to reassess

◇ **Veranlagung** *f* assessment *(cf* STEUERVERANLAGUNG)

veranlassen *vt* to arrange *oder* to set up; **eine Untersuchung veranlassen** = to set up an inquiry; **sie veranlaßte, daß er mit einem Auto vom Flughafen abgeholt wurde** = she arranged for a car to meet him at the airport

veranschlagen *vt* to estimate *oder* to budget; **wir veranschlagen für das nächste Jahr DM 30.000 Umsatz** = we are budgeting for DM 30,000 of sales next year

◇ **veranschlagt** *adj* estimated; **zu niedrig veranschlagt** = undervalued; **die Gebäude sind im Jahresabschluß zu niedrig veranschlagt** = the properties are undervalued on the balance sheet

◇ **Veranschlagung** *f* estimation; **zu niedrige Veranschlagung** = undervaluation

veranstalten *vt* to organize *oder* to put on *oder* to stage *oder* to hold *oder* to give (a party); **die Messe wird im Konferenzzentrum veranstaltet** = the exhibition is being staged in the conference centre; **das Unternehmen veranstaltete ein Fest auf einem Schiff, um Werbung für sein neues Rabattsystem zu machen** = the company gave a party on a boat to publicize its new discount system

◇ **Veranstalter** *m* organizer *oder* promoter *(cf* REISEVERANSTALTER)

◇ **Veranstaltungsort** *m* venue; **wir haben den Veranstaltungsort der Konferenz gewechselt** = we have changed the venue for the conference

verantworten (a) *vt* to accept responsibility for; **wenn Sie diese Mitarbeiter entlassen, müssen Sie die Folgen verantworten** = if you sack these employees you will have to take responsibility for the consequences **(b)** *vr* **sich verantworten** = to account for *oder* to answer for

◇ **verantwortlich** *adj* responsible *oder* accountable *oder* answerable *oder* liable; **die Gewerkschaft machte das Management für die schlechten Arbeitgeber-Arbeitnehmer-Beziehungen verantwortlich** = the union is blaming the management for poor industrial relations

◇ **Verantwortlichkeit** *f* responsibility; **ihm sind die Verantwortlichkeiten eines geschäftsführenden Direktors zu schwer** = he finds the responsibilities of being managing director too heavy

◇ **Verantwortung** *f* responsibility; **Abstellen von Waren auf Verantwortung des Eigentümers** = goods left here at owner's risk; **die Warensendung wurde auf Verantwortung des Eigentümers verschickt** = the shipment was sent at owner's risk

◇ **verantwortungsvoll** *adj* responsible; **eine verantwortungsvolle Stelle** = a responsible job; **er sucht nach einer verantwortungsvollen Stellung im Bereich Marketing** = he is looking for a responsible job in marketing

verarbeiten *vt* to process *oder* to treat *oder* to use

◇ **verarbeitend** *adj* processing; **verarbeitende Industrie** = processing industries

◇ **Verarbeitung** *f* processing

veräußern *vt* to dispose of *oder* to sell; **das Unternehmen veräußerte seine Beteiligungen in den USA** = the company has divested itself of its US interests; **Immobilien** *oder* **Vermögenswerte veräußern** = to dispose of property *oder* assets; **Pachtvertrag** *oder* **Unternehmen zu veräußern** = lease *oder* business for disposal; **überschüssige Warenbestände veräußern** = to dispose of excess stock

◇ **Veräußerung** *f* disposal; **Veräußerung von Wertpapieren** *oder* **Immobilien** = disposal of securities *oder* of property

◇ **Veräußerungsgewinn** *m* capital gains

◇ **Veräußerungsgewinnsteuer** *f* capital gains tax

◇ **Veräußerungswert** *m* disposal value

Verband *m (Bund)* association *oder* federation *oder* syndicate; **Verband der Reiseveranstalter** = tour operators' association *(cf* ARBEITGEBERVERBAND, BUNDESVERBAND, HANDELSVERBAND)

verbessern *vt* **(a)** *(besser machen)* to improve; **sie hoffen, die Cash-flow-Lage des Unternehmens zu verbessern** = they hope to improve the company's cash flow position **(b)** *(korrigieren)* to correct **(c)** *vr* **sich verbessern** = to improve; **wir hoffen, daß sich die Cash-flow-Lage verbessert, oder wir werden Schwierigkeiten bei der Begleichung unserer Rechnungen haben** = we hope the cash flow position will improve or we will have difficulty in paying our bills

◇ **verbessert** *adj* improved; **die Gewerkschaft lehnte das verbesserte Angebot des Managements ab** = the union rejected the management's improved offer; **verbesserte Auflage** = revised edition

◇ **Verbesserung** *f* **(a)** improvement; **es gibt keine Verbesserung der Cash-flow-Lage** = there is no improvement in the cash flow situation **(b)** correction; **zur Verbesserung des Manuskripts benutzt der Redakteur einen roten Stift** = editors use red pens to make corrections to manuscripts

◇ **verbesserungsfähig** *adj* capable of improvement *oder* capable of being improved (upon); **unsere Verkaufsleistung ist noch verbesserungsfähig** = there is scope for improvement in our sales performance

◇ **Verbesserungsvorschlag** *m* suggestion for improvement; **Kasten für Verbesserungsvorschläge** = suggestion box

verbieten *vt* to ban *oder* to forbid *oder* to prohibit; **dem Personal ist es verboten, den Vordereingang zu benutzen** = the staff are forbidden to use the front entrance; **die Regierung verbot den Verkauf von Alkohol** = the government has banned the sale of alcohol; **der Vertrag verbietet den Wiederverkauf von Waren in die Vereinigten Staaten** = the contract forbids resale of the goods to the USA

verbilligt *adj* reduced *oder* cheaper; **verbilligtes Benzin** = cut-price petrol

verbinden *vt* **(a)** to join *oder* to connect *oder* to link; **die Büros wurden verbunden, indem eine Tür in die Wand eingelassen wurde** = the offices were joined together by making a door in the wall; **ich verbinde gern Geschäftliches mit Vergnügen - warum besprechen wir das Geschäft nicht beim Mittagessen?** = I like to mix business with pleasure - why don't we discuss the deal over lunch?; **die Mikrocomputer im Büro sind mit dem Großrechner in der Zentrale verbunden** = the office micros interface with the mainframe computer at head office **(b)** *vr* **sich verbinden mit** = to join forces with *oder* to go into partnership with; **sich mit einem Freund geschäftlich verbinden** = to enter into a partnership with a friend

◇ **verbindlich** *adj* binding *oder* compulsory *oder* firm; **ein verbindliches Angebot für etwas machen** = to make a firm offer for something; **einen verbindlichen Auftrag für zwei Flugzeuge erteilen** = to place a firm order for two aircraft; **verbindliche Gebührenordnung** = fixed scale of charges; **sie machen ein verbindliches Preisangebot von DM 3,22 pro Stück** = they are quoting a firm price of DM 3.22 per unit; **die Vereinbarung ist für alle Parteien verbindlich** = the agreement is binding on all parties

◇ **Verbindlichkeit** *f* **(a)** obligation *oder* liability *oder* commitment; **ohne Verbindlichkeit** = 'without prejudice' **(b)** *pl* **Verbindlichkeiten** = accounts payable *oder* liabilities; **kurzfristige Verbindlichkeiten** = current liabilities; **langfristige Verbindlichkeiten** = long-term liabilities; **die Unternehmensbilanz weist die Vermögenswerte und Verbindlichkeiten auf** = the balance sheet shows the company's assets and liabilities; **seinen Verbindlichkeiten in voller Höhe nachkommen** = to discharge one's liabilities in full *oder* to meet one's obligations in full

◇ **Verbindung** *f* **(a)** connection *oder* contact *oder* communication; **mit jdm in Verbindung treten** = to get in touch with someone *oder* to contact someone; **wir haben mit der zuständigen Regierungsstelle Verbindung aufgenommen** = we have entered into communication with the relevant government department; **nach der Überschwemmung waren alle Verbindungen zur Außenwelt abgeschnitten** = after the flood all communications with the outside world were broken; **sich in Verbindung setzen mit** = to contact; **können Sie sich mit dem geschäftsführenden Direktor in seinem Club in Verbindung setzen?** = can you contact the managing director at his club? **(b)** *(tel)* line; **die**

Verbindung ist schlecht = the line is bad **(c)** *(Kombination)* combination; **die meisten Berufe sind eine Verbindung aus langweiligen und interessanten Aufgaben** = most jobs are a combination of boring and interesting work

verborgen *adj* hidden

Verbot *n* ban; **mit einem Verbot belegen** = to ban; **ein Verbot umgehen** = to beat the ban on something
◇ **verboten** *adj* **(a)** forbidden; **(das) Rauchen ist ihm verboten worden** = he has been forbidden to smoke *oder* he has been ordered to stop smoking **(b)** *(amtlich)* prohibited *oder* banned; **Rauchen verboten!** = No smoking!; **gesetzlich verboten** = illicit *oder* illegal *oder* unlawful

Verbrauch *m* consumption
◇ **verbrauchen** *vt* to consume *oder* to use
◇ **Verbraucher/-in** *mf* consumer; **Verbraucher protestieren über die Preiserhöhung für Gas** = gas consumers are protesting at the increase in prices
◇ **Verbraucherabholmarkt** *m* cash and carry
◇ **Verbraucherausgaben** *fpl* consumer spending
◇ **Verbraucherbefragung** *f* consumer survey
◇ **Verbraucherberatung** *f* consumer council
◇ **Verbraucherforschung** *f* consumer research
◇ **Verbrauchergruppe** *f* consumer group
◇ **Verbrauchermarkt** *m* hypermarket *oder* superstore
◇ **Verbraucherpanel** *n* consumer panel
◇ **Verbraucherpreis** *m* consumer price *oder* retail price
◇ **Verbraucherpreisindex** *m* retail price index *oder (US)* consumer price index
◇ **Verbraucherschutz** *m* consumer protection
◇ **Verbrauchertestgruppe** *f* consumer panel
◇ **Verbraucherverband** *m* consumer organization
◇ **Verbraucherverhalten** *n* consumer behaviour
◇ **Verbraucherwiderstand** *m* consumer resistance; **die letzten Preissteigerungen hatten einen großen Verbraucherwiderstand zur Folge** = the latest price increases have produced considerable consumer resistance

> zweieinhalb Jahre nach der Wiedervereinigung gibt östliches Verbraucherverhalten den Marktforschern noch immer Rätsel auf
> ***Focus***

Verbrauchsgüter *npl* consumer goods *oder* consumable goods
◇ **Verbrauch(s)steuer** *f* excise duty

Verbrechen *n* crime
◇ **verbrecherisch** *adj* criminal

verbreiten *vt* to spread *oder* to circulate
◇ **Verbreitung** *f* circulation

verbrennen *vti* to burn; **der Hauptbuchhalter verbrannte die Unterlagen, bevor die Polizei eintraf** = the chief accountant burnt the documents before the police arrived

verbringen *vt* to spend (time); **der Vorsitzende verbrachte den gestrigen Nachmittag mit den Wirtschaftsprüfern** = the chairman spent yesterday afternoon with the auditors

verbuchen *vt* to enter in a book *oder* in the books *oder* to register; **einen Posten verbuchen** = to post an entry

> in kürzester Zeit konnte der Jungunternehmer 100 000 Mark Gewinn verbuchen
> ***TopBusiness***

Verbund *m* combine
◇ **verbunden** *adj* associate *oder* affiliated; **eins unserer verbundenen Unternehmen** = one of our affiliated companies
◇ **Verbundsystem** *n* **(a)** integrated system **(b)** recycling system
◇ **Verbundwirtschaft** *f* integrated economy

verbürgen (a) *vt* to guarantee *oder* to authenticate **(b)** *vr* **sich für etwas/jdn verbürgen** = to vouch for something/somebody

Verdacht *m* **(a)** suspicion; **der Verdacht, geheime Unterlagen gestohlen zu haben, fiel auf ihn** = he was suspected of stealing secret documents **(b)** hunch; **etwas auf Verdacht kaufen** = to buy something on spec

verdanken *vt* **jdm etwas verdanken** = to owe something to somebody *oder* to have someone to thank for something; **es ist nicht der Bank zu verdanken, daß wir Verluste vermeiden konnten** = it was no thanks to the bank that we avoided making a loss

verdeckt *adj* hidden *oder* concealed; **er spielt mit verdeckten Karten** = he's playing things close to his chest

verderben *vti* to spoil; **die Hälfte der Warensendung war durch Wasser verdorben** = half the shipment was spoiled by water; **die Ergebnisse des Unternehmens wurden durch ein katastrophales letztes Quartal verdorben** = the company's results were spoiled by a disastrous last quarter
◇ **verderblich** *adj* perishable; **verderbliche Fracht** = perishable cargo; **verderbliche Waren** *oder* **Artikel** = perishable goods *oder* perishable items *oder* perishables; **leicht verderblich** = highly perishable

verdienen *vt* to make *oder* to earn; **DM 350 in der Woche verdienen** = to earn DM 350 a week; **gut verdienen** = to earn good money; **er verdient DM 150.000 im Jahr** *oder* **DM 75 in der Stunde** = he makes DM 150,000 a year *oder* DM 75 an hour; **er verdient pro Woche DM 850 netto** = he takes home DM 850 a week; **sie verdient gut im Supermarkt** = she is earning a good wage *oder* good wages in the supermarket; **unser Handelsvertreter in Paris verdient seine Provision mit Sicherheit nicht** = our agent in Paris certainly does not earn his commission
◇ **Verdienst 1** *m (Einkommen)* earnings *oder* income; **ihr Verdienst liegt bei DM 4000 monatlich** = her income is DM 4000 a month **2** *n* merit; **die hohen Verkaufszahlen des letzten**

Jahres waren alleiniger Verdienst der neuen Verkäuferin = last year's high sales figures are thanks to the new saleswoman

◇ **Verdienstausfallentschädigung** *f* compensation for loss of earnings

◇ **Verdienstausfallversicherung** *f* insurance against loss of earnings; **eine Verdienstausfallversicherung abschließen** = to insure against loss of earnings

◇ **Verdienstmöglichkeit** *f* earning capacity *oder* earning power *oder* earning potential; **er ist ein so guter Modedesigner, daß seine Verdienstmöglichkeiten sehr hoch sind** = he is such a fine fashion designer that his earning power is very large

verdoppeln *vtr* to double; **wir haben unsere Gewinne in diesem Jahr verdoppelt** *oder* **unsere Gewinne haben sich in diesem Jahr verdoppelt** = we have doubled our profits this year *oder* our profits have doubled this year; **die Darlehensverbindlichkeiten des Unternehmens haben sich verdoppelt** = the company's borrowings have doubled

> während sich der Anteil chinesischer Privatbetriebe bis zur Jahrtausendwende noch einmal verdoppeln wird, steht der Erfolg der russischen Entstaatlichungsprogramme noch in den Sternen
> *Wirtschaftswoche*

verdrängen *vt* to drive out *oder* to oust *oder* to displace; **sie haben ihre Konkurrenten auf den zweiten Platz des Computermarkts verdrängt** = they have beaten their rivals into second place in the computer market

◇ **Verdrängung** *f* driving out *oder* ousting *oder* displacing

◇ **Verdrängungswettbewerb** *m* cutthroat competition

> aber Unternehmen, insbesondere Banken, sind gezwungen, strategische und häufig sehr kostspielige Entscheide zu treffen, wenn sie vermeiden wollen, vom Markt verdrängt zu werden
> *Neue Zürcher Zeitung*
> sämtliche Akteure der Tourismusbranche müssen in einem harten Verdrängungswettbewerb um Marktanteile und Einflußsphären kämpfen
> *Die Zeit*

verdreifachen *vtr* to treble *oder* to triple; **die Übernahme der Ladenkette hat den Umsatz des Konzerns verdreifacht** = the acquisition of the chain of stores has tripled the group's turnover; **die Kreditaufnahmen des Unternehmens haben sich verdreifacht** = the company's borrowings have trebled; **die Schulden des Unternehmens verdreifachten sich in zwölf Monaten** = the company's debts tripled in twelve months

> bis Ende dieses Jahrzehnt soll sich diese Summe angeblich mehr als verdoppeln, wenn nicht gar verdreifachen
> *Der Tagesspiegel*

Verein *m* **(a)** club *oder* society *oder* association; **Mitgliederzahlen in umweltfreundlichen Vereinen stiegen enorm** = membership of environmental organizations has increased enormously **(b)** *(umg)* bunch *oder* crowd *oder* outfit; **sie haben einen Public Relations Verein zugezogen** = they called in a public relations outfit

vereinbaren *vt* to agree *oder* to arrange; **wir vereinbarten, die Besprechung in ihren Büroräumen abzuhalten** = we arranged to have the meeting in their offices; **für den Mietvertrag wurde eine Laufzeit von 25 Jahren vereinbart** = it has been agreed that the lease will run for 25 years; **die Vertragsbedingungen müssen noch vereinbart werden** = the terms of the contract are still to be agreed; **die Zahlen wurden von den beiden Parteien vereinbart** = the figures were agreed between the two parties; **vertraglich vereinbaren** = to covenant *oder* to stipulate; **vertraglich vereinbaren, jährlich DM 50 zu zahlen** = to covenant to pay DM 50 per annum; **vertraglich vereinbaren, daß der Vertrag über fünf Jahre läuft** = to stipulate that the contract should run for five years; **die vertraglich vereinbarten Gebühren bezahlen** = to pay the stipulated charges

◇ **vereinbart** *adj* agreed; **vereinbarte Bedingungen** = agreed terms; **ein vereinbarter Betrag** = an agreed amount

◇ **Vereinbarung** *f* agreement *oder* arrangement *oder* stipulation; **mündliche Vereinbarung** = unwritten *oder* verbal agreement; **schriftliche Vereinbarung** = written agreement; **eine Vereinbarung treffen** = to reach an agreement

vereinen *vt* to unite; **die Vereinten Nationen** = the United Nations (UN *oder* UNO)

vereinheitlichen *vt* to standardize

◇ **Vereinheitlichung** *f* standardization; **Vereinheitlichung von Design** = standardization of design

vereinigen *vt* to unite; **die Vereinigten Arabischen Emirate** = the United Arab Emirates (UAE); **das Vereinigte Königreich** = the United Kingdom (UK); **die Vereinigten Staaten von Amerika (USA)** = the United States of America (USA)

◇ **Vereinigung** *f* union *oder* federation

Vereinsbeitrag *m* club subscription

◇ **Vereinsmitglied** *n* club member

◇ **Vereinsmitgliedschaft** *f* club membership

◇ **Vereinssatzung** *f* club rules *oder* society statutes; **gemäß der Vereinssatzung wird der Vorsitzende für zwei Jahre gewählt** = under the society's constitution, the chairman is elected for a two-year period

verfahren *vi* to act *oder* to proceed; **die Anwälte verfahren gemäß unseren Anweisungen** = the lawyers are acting on our instructions

◇ **Verfahren** *n* **(a)** method *oder* process *oder* technique; **das Unternehmen hat ein neues Verfahren für die Stahlverarbeitung entwickelt** = the company has developed a new technique for processing steel **(b)** procedure; **ordnungsgemäßes Verfahren** = due process of the law

◇ **Verfahrenskosten** *pl (jur)* costs (of the proceedings)

◇ **Verfahrensweg** *m* procedure; **den üblichen Verfahrensweg einschlagen** = to follow the proper procedure

◇ **Verfahrensweise** *f* method *oder* practice *oder* modus operandi; **der Direktor hat in der Produktionsabteilung neue Verfahrensweisen**

angeordnet = the director has introduced new working methods in the production department

Verfall *m* **(a)** *(jur)* forfeit *oder* forfeiture; **der Verfall von Vermögenswerten** = the forfeiture of assets **(b)** *(Verfalltag)* date of maturity *oder* maturity date; **der Verfall eines Wechsels** = the maturity date of a bill

◇ **verfallen** *vi* to lapse *oder* to expire; **verfallen lassen** = to forfeit; **ein Patent verfallen lassen** = to forfeit a patent

◇ **Verfallerklärung** *f* statement of forfeiture; **gerichtliche Verfallerklärung** = foreclosure

◇ **Verfallklausel** *f* forfeit clause

◇ **Verfallsdatum** *n* **(a)** *(der Gültigkeitsdauer)* expiry date **(b)** *(der Haltbarkeit)* use-by date

◇ **Verfallsklausel** *f* forfeiture clause *oder* *(US)* acceleration clause

◇ **Verfalltag** *m* date of maturity *oder* maturity date

Verfälschung *f* falsification

Verfassung *f* constitution

◇ **Verfassungsänderung** *f* constitutional amendment; **einen Antrag auf Verfassungsänderung stellen** = to propose an amendment to the constitution

◇ **verfassungsmäßig** *adj* constitutional

verfehlen *vt* to miss

Verflechtung *f* amalgamation *oder* integration

> die Kooperation sieht unter anderem eine stärkere Verflechtung von Gremien der beiden Dachverbände sowie das gemeinsame Vertreten der Interessen der Textil- und Bekleidungsindustrie gegenüber der Politik vor
>
> ***Frankfurter Allgemeine Zeitung***

verfolgen *vt* to chase *oder* to pursue; **strafrechtlich verfolgen** = to prosecute

◇ **Verfolgung** *f* pursuit; **strafrechtliche Verfolgung** = criminal action *oder* prosecution

verfrachten *vt* to ship *oder* to transport; **Güter verfrachten** = to ship *oder* to transport goods

◇ **Verfrachter** *m* shipper *oder* transport agent

verfügbar *adj* available; **nicht verfügbar** = unavailable; **verfügbares Einkommen** = disposable personal income; **verfügbares Kapital** = available capital

> der Jahresanfang ist für die meisten Anleger der Zeitraum, in dem sie am intensivsten über die Aufteilung ihres Vermögens und ihres frei verfügbaren Einkommens nachdenken
>
> ***Börse***

◇ **Verfügbarkeit** *f* availability

◇ **verfügen 1** *vi* **über etwas verfügen** = to have have something at one's disposal **2** *vt (amtlich anordnen)* to order *oder* to decree

◇ **Verfügung** *f* **(a)** *(Disposition)* disposal; **viele Sekretärinnen haben heutzutage Computer zur Verfügung** = many secretaries nowadays have computers at their disposal **(b)** *(Anordnung)* order *oder* decree *oder* notice; **das Gericht erließ eine Verfügung, um den Streik der Gewerkschaft zu verhindern** = the court issued a writ to prevent the trade union from going on strike; **einstweilige Verfügung** = injunction; **das Unternehmen stellte einen Antrag auf Erlaß einer einstweiligen Verfügung, um seinen Konkurrenten daran zu hindern, ein ähnliches Produkt auf den Markt zu bringen** = the company applied for an injunction to stop its rival from marketing a similar product; **er erwirkte eine einstweilige Verfügung, die das Unternehmen daran hinderte, seinen Wagen zu verkaufen** = he got an injunction preventing the company from selling his car; **gerichtliche Verfügung** = writ; **jdm eine gerichtliche Verfügung zustellen** = to serve someone with a writ *oder* to serve a writ on someone; **ihm wurde eine gerichtliche Verfügung zugestellt** = he was served (with) a writ **(c) zur Verfügung stehen** = to be available *oder* to be at hand; **zur Verfügung stellen** = to make available *oder* to provide; **jdm etwas zur Verfügung stellen** = to place something at someone's disposal *oder* to provide someone with something; **jedem Vertreter wird ein Firmenwagen zur Verfügung gestellt** = each rep is provided with a company car; **Uniformen werden dem Personal vom Hotel zur Verfügung gestellt** = staff uniforms are provided by the hotel

Vergabe *f* allocation; awarding (of a contract)

◇ **vergeben** *vt* to allocate *oder* to assign *oder* to award; **einen Auftrag vergeben** = to place a contract; **einen Auftrag an jdn vergeben** = to award a contract to someone; **Unteraufträge vergeben** = to put work out to contract; **Arbeit an freiberufliche Mitarbeiter vergeben** = to put work out to freelancers; **sie vergibt die Schreibarbeiten des Büros an verschiedene örtliche Büros** = she farms out the office typing to various local bureaux

vergeblich 1 *adj* vain *oder* futile; **nach vielen vergeblichen Versuchen den Manager telefonisch zu erreichen, schickte er ihm ein Fax** = after many futile attempts to reach the manager by telephone, he sent him a fax **2** *adv* in vain *oder* vainly *oder* unsuccessfully; **er versuchte vergeblich einen interessanteren Job zu bekommen** = he tried in vain to find a more interesting job

vergessen *vti* to forget; **sie vergaß, eine Briefmarke auf den Umschlag zu kleben** = she forgot to put a stamp on the envelope; **vergiß nicht, wir essen morgen zusammen zu Mittag** = don't forget we're having lunch together tomorrow

vergeuden *vt* to waste; **bitte vergeuden Sie keine Zeit** = please try not to waste time

Vergleich *m* **(a)** *(jur)* *(Einigung)* arrangement *oder* settlement *oder* composition; **mit den Gläubigern zu einem Vergleich kommen** = to come to an arrangement with creditors; **einen Vergleich schließen** = to effect a settlement *oder* to arrange *oder* *(mit Gläubigern)* to compound; **die beiden Parteien haben einen außergerichtlichen Vergleich geschlossen** = the two parties settled out of court; **einen Vergleich zwischen zwei Parteien zustande bringen** = to effect a settlement between two parties **(b)** *(Relation)* comparison; **wie sieht der diesjährige Umsatz im Vergleich zu dem des Vorjahres aus?** = how do the sales this year compare with last year's?; **die Umsätze sind**

im Vergleich zum Vorjahr zurückgegangen = sales are down in comparison with last year; **der Umsatz in Europa ist gering im Vergleich zu dem in den USA** = sales in Europe are small in proportion to those in the USA

◇ **vergleichbar** *adj* comparable; **die beiden Zahlen sind nicht vergleichbar** = the two sets of figures are not comparable; **welches Unternehmen ist von vergleichbarer Größe?** = which company is of comparable size *oder* is comparable in size?; **der Inlandsabsatz ist nicht mit dem im Ausland vergleichbar** = there is no comparison between overseas and home sales

◇ **Vergleichbarkeit** *f* comparability

◇ **vergleichen** *vt* to compare; **vergleichen mit** = to compare with; **die Leiterin der Finanzabteilung verglich die Zahlen des ersten und zweiten Quartals** = the finance director compared the figures for the first and second quarters; **er verglich den Computerausdruck mit den Rechnungen** = he checked the computer printout against the invoices

◇ **Vergleichsjahr** *n* base year *oder* year of comparison

◇ **Vergleichsverfahren** *n* scheme of arrangement *oder* insolvency proceedings

◇ **verglichen** *adj* compared; **verglichen mit 1992 war letztes Jahr ein Jahr der Hochkonjunktur** = compared with 1992, last year was a boom year

vergriffen *adj* **(a)** *(Ware)* unavailable *oder* sold out *oder* out of stock; **dieser Artikel ist vergriffen** = this item has sold out **(b)** *(Buch)* out of print

vergrößern *vt* **(a)** to enlarge *oder* to expand *oder* to extend *oder* to increase; **das Unternehmen hofft, seinen Marktanteil vergrößern zu können** = the company hopes to increase *oder* to boost its market share; **wir mußten unseren Vertreterstab vergrößern** = we have had to expand *oder* to add to our sales force **(b)** *vr* **sich vergrößern** = to expand *oder* to increase; **der Absatzmarkt für CD-i vergrößert sich rasch** = the market for CD-i is expanding rapidly

◇ **vergrößernd** *adj* expanding; **das Unternehmen hat einen sich vergrößernden Marktanteil** = the company has an increasing share of the market

◇ **Vergrößerung** *f* expansion

Vergünstigung *f* concession *oder* reduction; **zusätzliche Vergünstigungen** = perks

> Bürger der Mitgliedsländer der Europäischen Union genießen die gleichen Vergünstigungen wie Franzosen, wenn sie Privatisierungsaktien kaufen
> ***Frankfurter Allgemeine Zeitung***

vergüten *vt* **(a)** *(Arbeit, Leistung, Dienst)* to remunerate *oder* to pay; **jdn für seine Dienste vergüten** = to remunerate someone for their services **(b)** *(Unkosten)* to reimburse; **der Vertreter bekommt alle Spesen vergütet** = the salesman has all his expenses reimbursed **(c)** *(Preis)* to refund; **bei Umtausch bekommen Sie den vollen Preis vergütet** = if you return the goods you will receive a full refund **(d)** *(Verlust, Schaden)* to compensate *oder* to indemnify; **bei Verlust Ihres Reisegepäcks vergütet Ihnen die Versicherung sämtliche Erstattungskosten** = in the event of luggage being lost, the insurance company will pay the full cost of replacement **(e)** *(Zinsen)* to pay; **die Bausparkasse vergütet die Sparkonten mit 7% Zinsen jährlich** = the building society pays 7% interest on all savings accounts

◇ **Vergütung** *f* **(a)** *(Arbeit, Leistung, Dienst)* payment *oder* remuneration *oder* *(US)* compensation; **Vergütung der Vorstandsmitglieder** = director's fees; **sie bekommt eine monatliche Vergütung von DM 2000** = she has a monthly remuneration of DM 2000 **(b)** *(Unkosten)* reimbursement **(c)** *(Preis)* refund(ing) **(d)** *(Verlust, Schaden)* compensation *oder* indemnity

Verhalten *n* behaviour *oder* conduct

◇ **Verhaltensregeln** *fpl* code of practice

Verhältnis *n* **(a)** *(Proportion)* proportion *oder* ratio; **das Verhältnis der Erfolge zu den Mißerfolgen** = the ratio of successes to failures; **im Verhältnis zu** = in proportion to; **die Gewinne stiegen in dem Verhältnis, wie die Gemeinkosten sanken** = profits went up in proportion to the fall in overhead costs **(b)** *(Beziehung)* relationship *oder* relations; **das Verhältnis zwischen dem Vorsitzenden und seinem Stellvertreter ist ein wenig gespannt** = relations between the chairman and his deputy are somewhat strained **(c)** *(Umstände, Bedingungen) pl* **Verhältnisse** = conditions *oder* circumstances; **unter normalen Verhältnissen** = under normal circumstances

◇ **verhältnismäßig** *adj & adv* relative(ly) *oder* proportionate(ly) *oder* proportional(ly); **Computer sind heutzutage verhältnismäßig zuverlässig** = nowadays computers are relatively reliable

verhandeln 1 *vt* **(a)** to negotiate; **Bestimmungen und Bedingungen verhandeln** = to negotiate terms and conditions; **über einen Vertragsabschluß verhandeln** = to negotiate a contract; **sie verhandelten zwei Stunden lang über den Preis** = they spent two hours bargaining about *oder* over the price; **mit jdm verhandeln** = to negotiate with someone; **die Unternehmensleitung lehnte es ab, mit der Gewerkschaft zu verhandeln** = the management refused to negotiate with the union; **er verhandelte mit der Bank über ein Darlehen in Höhe von DM 350.000** = he negotiated a DM 350,000 loan with the bank **(b)** *(jur) (einen Fall)* to hear *oder* to try (a case) **2** *vi* to negotiate; **hart(näckig) verhandeln** = to drive a hard bargain

◇ **Verhandlung** *f* negotiation; **Verhandlungen aufnehmen** = to enter into negotiations *oder* to start negotiations; **Verhandlungen führen** = to conduct negotiations; **Verhandlungen abbrechen** = to break off negotiations; **die Verhandlungen scheiterten nach sechs Stunden** = negotiations broke down after six hours; **Verhandlungen wiederaufnehmen** = to resume negotiations; **ein Geschäft nach harten Verhandlungen zufriedenstellend abschließen** = to strike a hard bargain

◇ **Verhandlungsausschuß** *m* negotiating committee

◇ **Verhandlungsbasis (VB)** *f* **(a)** basis for negotiation **(b)** *(Preis)* or near offer (o.n.o.) *oder* *(US)* or best offer (o.b.o.)

◇ **Verhandlungsführer/-in** *mf* negotiator

◇ **Verhandlungspaket** *n* package deal

◇ **Verhandlungsposition** *f* bargaining position

◇ **Verhandlungssache** *f* matter for negotiation

◊ **Verhandlungsstärke** *f* bargaining power

verhängen *vt* to impose *oder* to lay *oder* to put; **ein Handelsembargo über ein Land verhängen** = to lay an embargo on trade with a country; **sie versuchten, ein Rauchverbot zu verhängen** = they tried to impose a ban on smoking

◊ **Verhängung** *f* imposition

verheerend *adj* disastrous

Verheimlichung *f* concealment; **das Management verpflichtet alle Mitarbeiter zur Verheimlichung von interner Information** = the management insists on all employees maintaining confidentiality

verhindern *vt* to prevent; **wir haben die Türschlösser ausgewechselt, um zu verhindern, daß der ehemalige geschäftsführende Direktor in das Gebäude gelangt** = we have changed the locks on the doors to prevent the former MD from getting into the building; **wir müssen versuchen, das Übernahmeangebot zu verhindern** = we must try to prevent the takeover bid

verhören *vt* to question *oder* to interrogate; **die Polizei verhörte die in der Buchhaltung Beschäftigten vier Stunden lang** = the police questioned the accounts staff for four hours

verhüten *vt* to prevent

Verjährung *f* limitation

◊ **Verjährungsfrist** *f* statute of limitations

Verkauf *m* **(a)** sale; **diese Artikel sind nicht für den Verkauf an die Öffentlichkeit bestimmt** = these items are not for sale to the general public; **Verkauf auf Kreditkarte** = credit card sale; **Verkauf von Wertpapieren** *oder* **Immobilien** = sale *oder* disposal of securities *oder* of property; **Verkauf zum halben Preis** = half-price sale **(b) Abteilung Verkauf** = sales department; **die Leute vom Verkauf** = the people from sales *oder* from the sales department **(c) zum Verkauf** = for sale; **etwas zum Verkauf anbieten** = to offer something for sale *oder* to put something up for sale; **sie boten die Fabrik zum Verkauf an** = they put the factory up for sale; **sie bieten ihr Haus zum Verkauf an** = they put their house on the market; **zum Verkauf stehen** = to be on sale; **sein Geschäft steht zum Verkauf** = his shop is for sale; **ich höre, das Unternehmen steht zum Verkauf** = I hear the company has been put on the market

◊ **verkaufen** *vt* **(a)** to sell; **zu verkaufen** = for sale; **Autos** *oder* **Kühlschränke verkaufen** = to sell cars *oder* to sell refrigerators; **sie beschlossen, ihr Haus zu verkaufen** = they have decided to sell their house; **diese Artikel werden in den meisten Drogerien verkauft** = these items are on sale in most chemists; **wir verkauften in einer Woche 20.000 Artikel** = we shifted 20,000 items in one week; **die Handelsvertreter müssen hart arbeiten, wenn sie bis Ende des Monats alle Waren verkaufen wollen** = the salesmen will have to work hard if they want to move all that stock by the end of the month; **ein Produkt aggressiv verkaufen** = to give a product the hard sell; **etwas auf Kredit verkaufen** = to sell something on credit; **auf Termin verkaufen** = to sell forward; **er verkaufte seine Firma** *oder* **sein Geschäft** *oder* **seinen Anteil und zog sich an die Küste zurück** = he sold up and retired to the seaside; **mehr verkaufen als** = to outsell; **er hat mehr verkauft, als er liefern kann** = he is oversold **(b)** *vr* **sich verkaufen** = to sell; **diese Artikel verkaufen sich gut in der Vorweihnachtszeit** = these items sell well in the pre-Christmas period; **ihre Produkte lassen sich leicht verkaufen** = their products are easy to sell

◊ **Verkäufer/-in** *mf* **(a)** *(in Geschäft)* salesman *oder* salesgirl *oder* saleslady *oder* saleswoman *oder* shop assistant *oder (US)* salesclerk; **er ist der erste Verkäufer in der Teppichabteilung** = he is the head salesman in the carpet department **(b)** *(fin, jur)* seller *oder* vendor; **der Anwalt, der den Verkäufer des Grundstücks vertritt** = the solicitor acting on behalf of the vendor of the property

◊ **Verkäufermarkt** *m* seller's market

◊ **verkäuflich** *adj* saleable *oder* sellable; **ihr Haus ist schwer verkäuflich** = her house is difficult to sell; **ihre Produkte sind gut verkäuflich** = their products are easy to sell; **schnell verkäufliche Artikel** = fast-selling items; **eine schwer verkäufliche Ware** = a product which is difficult to sell *oder* a drug on the market *(cf* LADENHÜTER)

◊ **Verkaufsabschuß** *m* sales contract

◊ **Verkaufsabteilung** *f* sales department

◊ **Verkaufsaktion** *f* sales campaign

◊ **Verkaufsangebot** *n* sales offer *oder* offer for sale

◊ **Verkaufsargument** *n* selling point(s) *oder* sales pitch

◊ **Verkaufsaufforderung** *f* **ungewünschte Verkaufsaufforderung** = cold call

> verbessern will die Kommission auch den Schutz vor ungewünschten Verkaufsaufforderungen über elektronische Medien
>
> ***Blick durch die Wirtschaft***

◊ **Verkaufsautomat** *n* automatic vending machine

◊ **Verkaufsbedingungen** *pl* conditions of sale *oder* terms of sale

◊ **Verkaufsbesprechung** *f* sales meeting *oder* sales briefing; **alle Vertreter müssen an einer Verkaufsbesprechung des neuen Produkts teilnehmen** = all salesmen have to attend a sales briefing on the new product

◊ **Verkaufsbezirk** *m* sales area; **sein Verkaufsbezirk liegt im Nordwesten** = his sales area is the North-West

◊ **Verkaufserlös** *m* sales revenue *oder* proceeds of a sale

◊ **Verkaufsfläche** *f* sales area; **wir suchen nach einem Laden mit einer Verkaufsfläche von etwa 100 qm** = we are looking for a shop with a sales area of about 100 square metres

◊ **Verkaufsförderung** *f* merchandizing *oder* sales promotion; **Experte/Expertin für Verkaufsförderung** = merchandizer

◊ **Verkaufsförderungsabteilung** *f* merchandizing department

◊ **Verkaufsgespräch** *n* sales talk *oder* sales pitch

◊ **Verkaufskampagne** *f* sales campaign *oder* sales drive

◊ **Verkaufskommissionär** *m* selling agent (on commission)

◊ **Verkaufskonferenz** *f* sales conference *oder* sales meeting

◇ **Verkaufskunst** *f* salesmanship

◇ **Verkaufskurs** *m* selling price

◇ **Verkaufsleiter/-in** *mf* sales executive *oder* sales manager

◇ **Verkaufsmethode** *f* sales method; **er versuchte es bei mir mit der aggressiven Verkaufsmethode** = he tried to give me the hard sell

◇ **Verkaufsoption** *f* option to sell *oder (Börse)* put option

◇ **Verkaufsort** *m* point of sale (p.o.s. *oder* POS); **Werbematerial am Verkaufsort** = point of sale material *oder* POS material

◇ **Verkaufspersonal** *n* sales personnel *oder* sales staff

◇ **Verkaufspreis** *m* selling price *oder* retail price

◇ **Verkaufsprospekt** *m* sales prospectus *oder* sales brochure; *pl* **Verkaufsprospekte** = sales literature

◇ **Verkaufsprovision** *f* commission on sales

◇ **Verkaufsrekord** *m* sales record; **unser Spitzenvertreter hat einen neuen Verkaufsrekord pro Besuch aufgestellt** = our top salesman has set a new record for sales per call

◇ **Verkaufsschlager** *m* best-seller; **dieser Artikel war ein Verkaufsschlager** = this item has been a sellout

◇ **Verkaufsstatistik** *f* sales statistics; **die Verkaufsstatistik der letzten sechs Monate prüfen** = to examine the sales statistics for the previous six months

◇ **Verkaufsstelle** *f* **(a)** *(im Laden)* point of sale (p.o.s. *oder* POS) **(b)** *(Laden)* (sales) outlet *oder* retail outlet

◇ **Verkaufsteam** *n* sales team

◇ **Verkaufstechnik** *f* sales technique; **‚weiche' Verkaufstechnik** = soft sell

◇ **Verkaufsunterlagen** *fpl* sale documents; **schicken Sie mir bitte die vollständigen Verkaufsunterlagen** = please send me the complete documentation concerning the sale

◇ **Verkaufswagen** *m* mobile shop

◇ **Verkaufszahlen** *fpl* sales figures

◇ **Verkaufsziel** *n* sales target

Verkehr *m* **(a)** *(Straßenverkehr)* traffic; **der Verkehr in Großstädten wird immer mehr zum Problem** = traffic in big towns is becoming more and more of a problem **(b)** *(Verbindung)* contact *oder* communication; **die zwei Konkurrenten haben jeglichen Verkehr untereinander abgebrochen** = the two competing firms have broken off all contact with each other **(c)** *(Umlauf)* circulation; **Geld in den Verkehr bringen** = to put money into circulation *(cf* GESCHÄFTSVERKEHR, HANDELSVERKEHR, POSTVERKEHR)

verkehren *vi* **(a)** *(Boot, Bus, Zug)* to run *oder* to go; **dieser Zug verkehrt an Wochentagen** = this train runs on weekdays **(b)** *(Flugzeug)* to fly *oder* to go; **es gibt abends ein Flugzeug, das zwischen Düsseldorf und Manchester verkehrt** = there is an evening flight between Düsseldorf and Manchester

◇ **Verkehrsflugzeug** *n* commercial aircraft; **die Fluggesellschaft hat eine Flotte von zehn Verkehrsflugzeugen** = the airline has a fleet of ten commercial aircraft

◇ **Verkehrsmittel** *n* means of transport(ation); **die Besucher werden öffentliche Verkehrsmittel benutzen** = the visitors will be using public transport; **er wird mit einem privaten Verkehrsmittel fahren** = he will be using private transport

◇ **Verkehrsnetz** *n* traffic network *oder* transport network; **das öffentliche Verkehrsnetz** = the public transport system

◇ **Verkehrsstau** *m* traffic jam

◇ **Verkehrssteuer** *f* transfer tax *oder (GB)* ≈ stamp duty

◇ **Verkehrsunternehmen** *n* transport company *oder* common carrier

◇ **Verkehrsverbindung** *f* **(a)** *(Verkehrsweg)* communication **(b)** *(Anschluß)* connection *oder* link

◇ **Verkehrsverbund** *m* travel network

verklagen *vt* to take legal action *oder* to sue; **er verklagt das Unternehmen auf eine Abfindung in Höhe von DM 50.000** = he is suing the company for DM 50,000 compensation; **jdn verklagen** = to bring a lawsuit against someone *oder* to proceed against someone *oder* to take someone to court; **jdn auf Schadenersatz verklagen** = to bring an action for damages against someone *oder* to sue someone for damages

Verknappung *f* shortage; **die Einfuhrbeschränkungen haben zu einer Verknappung von Ersatzteilen geführt** = the import controls have resulted in a shortage of spare parts

verkraften *vt* to cope with *oder* to stand *oder* to take; **der Markt wird einen weiteren Preisanstieg nicht verkraften** = the market will not support another price increase

verkürzen *vt* to shorten; **die Kreditlaufzeit verkürzen** = to shorten credit terms; **unser Ziel ist es, die Lieferzeiten zu verkürzen** = we are aiming to speed up our delivery times

Verladedock *n* loading dock

◇ **Verladekosten** *pl* shipping charges *oder* shipping costs

◇ **Verladen** *n* lading

◇ **verladen** *vt* to load *oder* to ship

◇ **Verladung** *f* shipment

Verlag *m* publisher *oder* publishing company *oder* firm

Verlagerung *f* shift

Verlagshaus *n* publishing house

verlangen *vt* **(a)** *(fordern)* to demand; **eine ausführliche Erklärung für die Ausgaben verlangen** = to demand a full explanation of expenditure; **sie verlangte eine Rückvergütung** = she demanded a refund **(b)** *(berechnen)* to ask *oder* to charge; **er verlangt DM 60 pro Stunde** = he charges DM 60 per hour; **sie verlangen 1 Million DM für ihren Fuhrpark** = they want one million DM for their fleet of vehicles **(c)** *(erwarten)* to ask; **ein nicht verlangtes Geschenk** = an unsolicited gift; **das ist zu viel verlangt** = that is asking too much **(d)** *(erfordern)* to require; **es wird verlangt, daß eine Sekretärin 220 Anschläge pro Minute tippen kann** ≈ a secretary must be able to type 50 words a minute **(e)** *(fragen nach)* to ask for; **da ist ein Mann am Empfang, der Herrn Schmidt verlangt** = there is a man in reception asking for Mr Schmidt; **er verlangte die Akte der Schuldner von 1991** = he asked for the file on 1991 debtors

verlängern *vt* to extend *oder* to prolong *oder* to renew; **ein Abonnement verlängern** = to renew a subscription; **einen Miet-** *oder* **Pachtvertrag verlängern** = to renew a lease; **der Miet-** *oder* **Pachtvertrag muß nächsten Monat verlängert werden** = the lease is up for renewal next month; **eine Versicherung verlängern** = to renew an insurance policy; **einen Vertrag um zwei Jahre verlängern** = to extend a contract for two years

◊ **Verlängerung** *f* extension *oder* renewal

verlangsamen *vt* to slow down

◊ **Verlangsamung** *f* slowdown; **eine Verlangsamung der Expansion des Unternehmens** = a slowdown in the company's expansion

verläßlich *adj* reliable; **der Vertriebsleiter ist vollkommen verläßlich** = the sales manager is completely reliable

◊ **Verläßlichkeit** *f* reliability

verlassen *vt* **(a)** to leave *oder* to go away; **er verließ sein Büro früh, um zur Sitzung zu gehen** = he left his office early to go to the meeting **(b)** to abandon; **die Bauarbeiter verließen das Baugelände, weil sie es für zu gefährlich hielten** = the builders walked off the site because they said it was too dangerous; **die Mannschaft verließ das sinkende Schiff** = the crew abandoned the sinking ship **(c)** *vr* **sich verlassen auf** = to bank on *oder* to count on *oder* to depend on *oder* to rely on; **verlassen Sie sich nicht darauf, daß Ihr Haus verkauft wird** = do not bank on the sale of your house; **verlassen Sie sich nicht auf ein Bankdarlehen, um ihr Geschäft zu gründen** = do not count on a bank loan to start your business; **er verläßt sich darauf, daß er für die Gründung seines Geschäfts ein Darlehen von seinem Vater bekommt** = he is banking on getting a loan from his father to set up in business; **der Vorsitzende verläßt sich bezüglich Umsatzinformationen auf die Finanzabteilung** = the chairman relies on the finance department for information on sales; **wir verlassen uns bezüglich genauer Marktberichte nicht auf die Händler** = we do not rely on the agents for accurate market reports

Verlauf *m* course *oder* progress; **im Verlauf des Monats** = in the course of the month

◊ **verlaufen** *vi* to go *oder* to proceed *oder* to progress; **die Verhandlungen verlaufen normal** = (the) negotiations are proceeding *oder* are progressing normally

verlegen *vt* **(a)** to move *oder* to redeploy *oder* to relocate *oder* to transfer; **wir haben die Konstruktionsabteilung geschlossen und die Arbeitskräfte in die Werbe- und Verkaufsabteilungen verlegt** = we closed the design department and redeployed the workforce in the publicity and sales departments ; **der Auftrag wurde von unserer deutschen Fabrik in die Staaten verlegt** = the job was switched from our German factory to the States; **wir haben beschlossen, unsere Fabrik auf ein Gelände in der Nähe des Flughafens zu verlegen** = we have decided to move our factory to a site near the airport; **viele Unternehmen verlegen ihren Standort zurück in die Stadtzentren** = many businesses are relocating back into city centres **(b)** *(drucken lassen)* to publish

◊ **Verleger/-in** *mf* publisher

◊ **Verlegung** *f* redeployment

verleihen *vt* **(a)** *(verborgen)* to lend *oder* to loan **(b)** *(gegen Entgelt)* to hire (out) *oder* to rent (out)

◊ **Verleiher** *m* lender *oder* hirer *oder* hire firm

verleiten *vt* to tempt; **wenn Sie die Kreditkarten auf Ihrem Schreibtisch liegen lassen, verleitet das andere, sie zu stehlen** *oder* **verleitet das zum Stehlen** = leaving your credit cards on your desk encourages people to steal *oder* encourages stealing

verletzen *vt* **(a)** to injure *oder* to hurt; **zwei Arbeiter wurden bei dem Brand verletzt** = two workers were injured in the fire **(b)** to infringe *oder* to violate; **das Patentrecht verletzen** = to infringe a patent; **das Urheberrecht verletzen** = to infringe a copyright; **jds Interessen verletzen** = to prejudice someone's interest

◊ **Verletzung** *f* **(a)** injury; **die Abteilungsleiterin war wegen einer Verletzung zwei Wochen krankgeschrieben** = the head of department was off sick for two weeks due to injury **(b)** breach *oder* infringement *oder* violation; **Verletzung einer vertraglichen Zusicherung** = breach of warranty

verleumden *vt* **(a)** *(mündlich)* to slander **(b)** *(schriftlich)* to libel

◊ **Verleumdung** *f* **(a)** *(mündlich)* slander **(b)** *(schriftlich)* libel

◊ **Verleumdungsklage** *f* **(a)** *(mündlich)* action for slander *oder* slander action **(b)** *(schriftlich)* action for libel *oder* libel action

verlieren *vt* to lose; **er verlor DM 75.000 in dem Computerunternehmen seines Vaters** = he lost DM 75,000 in his father's computer company; **die Aktienmehrheit** *oder* **die Mehrheitsbeteiligung an einem Unternehmen verlieren** = to lose control of a company; **einen Auftrag verlieren** = to lose an order; **während des Streiks verlor das Unternehmen sechs Aufträge an amerikanische Konkurrenten** = during the strike, the company lost six orders to American competitors; **Kunden verlieren** = to lose customers; **ihr Service ist so langsam, daß sie Kunden verloren haben** = their service is so slow that they have been losing customers; **sie verlor ihre Stelle, als die Fabrik schloß** = she lost her job when the factory closed; **die Mark hat an Wert verloren** = the mark has lost value

verlockend *adj* attractive; **verlockendes Gehalt** = attractive salary; **verlockende Preise** = attractive prices

Verlust *m* **(a)** *(das Verlieren)* loss; **Abfindung für den Verlust des Amtes** = compensation for loss of office **(b)** *(fin)* loss; **mit Verlust** = at a loss; **er verkaufte den Laden mit Verlust** = he sold the shop at a loss; **das Unternehmen arbeitet mit Verlust** = the company is trading at a loss; **das Unternehmen arbeitet seit Monaten mit Verlust** = the company has been losing money for months; **das Unternehmen schloß das erste Geschäftsjahr mit einem Verlust von DM 3 Mio. ab** = the company reported a loss of DM 3m on the first year's trading; **Aktien wiesen an der Börse Verluste von bis zu 5% auf** = shares showed losses of up to 5% on the Stock Exchange; **die Bilanz weist einen Verlust auf** = the accounts show a deficit; **Verluste ausweisen** = to report a loss; **die Firma erlitt Verluste** = the company suffered a loss; **seine Verluste vermindern** = to cut one's losses; **nicht realisierter Verlust** = paper loss **(c)** *(jur)* forfeiture **(d)** *(von Waren)* leakage

◇ **Verlustfaktor** *m* downside factor *oder* loss factor

◇ **Verlustzone** *f* loss (situation); **in die Verlustzone geraten** = to go into the red

> im abgelaufenen Geschäftsjahr wies das Unternehmen mit 5,3 Milliarden Franc mehr Verlust als Umsatz auf
> ***Capital***

vermachen *vt* to leave *oder* to bequeath; **er vermachte seinen Besitz seinen Kindern** = he settled his property on his children

◇ **Vermächtnis** *n* bequest *oder* legacy

◇ **Vermächtnisgeber/-in** *mf* legator

◇ **Vermächtnisnehmer/-in** *mf* legatee

vermarkten *vt* to market *oder* to merchandize; **ein Produkt vermarkten** = to merchandize a product

◇ **Vermarktung** *f* marketing *oder* merchandising

vermehren (a) *vt* to increase *oder* to multiply; **die Gesellschaft vermehrte das Aktienkapital mit einer Bezugsrechtsausgabe** = the company increased its share capital with a rights issue **(b)** *vr* **sich vermehren** = to increase *oder* to multiply; **die Stadtbevölkerung hat sich erschreckend vermehrt** = the population of the town has multiplied at an alarming rate

vermeiden *vt* to avoid; **wir wollen die direkte Konkurrenz mit der Fa. Sperzel vermeiden** = we want to avoid direct competition with Sperzel's; **mein Ziel ist es, zu hohe Steuerzahlungen zu vermeiden** = my aim is to avoid paying too much tax

◇ **Vermeidung** *f* avoidance

Vermerk *m* note *oder* remark

◇ **vermerken** *vt* to note; **Ihre Beschwerde wurde vermerkt** = your complaint has been noted

vermessen *vt* **(a)** *(ausmessen)* to measure **(b)** *(Land, Gelände)* to survey

◇ **Vermessung** *f* **(a)** measurement **(b)** survey

vermieten *vt* to lease *oder* to let *oder* to rent (out) *oder* to hire (out); **Anlagen** *oder* **Ausrüstung vermieten** = to lease equipment; **ein Büro vermieten** = to let an office; **Büroräume zu vermieten** = offices to let; **Büros an kleine Firmen vermieten** = to lease offices to small firms; **wir vermieteten einen Teil des Gebäudes an ein amerikanisches Unternehmen** = we rented part of the building to an American company; **Wagen** *oder* **Geräte vermieten** = to hire out cars *oder* equipment

◇ **Vermieter** *m* lessor *oder* *(von Wohnung usw.)* landlord

◇ **Vermieterin** *f* lessor *oder* *(von Wohnung usw.)* landlady

◇ **Vermietung** *f* leasing *oder* letting *oder* renting

> so sind bei der Vermietung eines Dachgeschosses leicht 17 Mark je Quadratmeter und Monat möglich
> ***Capital***

vermindern (a) *vt* to diminish *oder* to lessen *oder* to reduce; **er hat seine Verluste vermindert** = he cut his losses **(b)** *vr* **sich vermindern** = to decrease *oder* to diminish *oder* to lessen; **die Zahl der Hauskäufer hat sich in den letzten sechs Monaten vermindert** = the number of people buying houses has decreased over the last six months

◇ **Verminderung** *f* reduction *oder* decrease

vermischen *vt* to mix; **‚Vermischtes'** = 'miscellaneous'

vermitteln 1 *vi* to mediate; **zwischen dem Geschäftsführer und dem Personal vermitteln** = to mediate between the manager and his staff; **in einem Streitfall vermitteln** = to arbitrate in a dispute; **die Regierung bot an, in dem Streit zu vermitteln** = the government offered to mediate in the dispute **2** *vt* **(a)** to arrange *oder* to find *oder* to obtain *oder* to procure; **er hat mir einen guten Anwalt vermittelt** = he put me in contact with a good lawyer **(b)** to arrange *oder* to negotiate; **das Arbeitsamt vermittelt Umschulungsprogramme für Langzeitarbeitslose** = the job centre arranges retraining programmes for the long-term unemployed **(c)** to find a job for *oder* to place; **Personal vermitteln** = to place staff

◇ **Vermittler/-in** *mf* intermediary *oder* mediator *oder* negotiator; **er lehnte es ab, als Vermittler zwischen den beiden Direktoren zu fungieren** = he refused to act as an intermediary between the two directors

◇ **Vermittlung** *f* **(a)** arrangement *oder* procurement; **durch die freundliche Vermittlung einer Kollegin habe ich einen neuen Job bekommen** = I found a new job with the help of one of my colleagues **(b)** mediation *oder* negotiation; **der Streit wurde durch die Vermittlung von Gewerkschaftsfunktionären beigelegt** = the dispute was ended through the mediation of union officials **(c)** placement *oder* placing; **die Zeitarbeitsagenturen sind bekannt für ihre schnelle Vermittlung von Arbeitskräften** = temp agencies are well-known for placing personnel rapidly **(d)** (i) *(Amt)* telephone exchange; (ii) *(in einer Firma)* switchboard; (iii) *(Mensch)* (switchboard *oder* telephone) operator; **die Vermittlung anrufen** = to call the operator *oder* to dial the operator; **ein Gespräch über die Vermittlung laufen lassen** = to place a call through *oder* via the operator

◇ **Vermittlungsangebot** *n* offer of mediation; **die Arbeitgeber lehnten das Vermittlungsangebot der Regierung ab** = the employers refused an offer of government mediation

Vermögen *n* **(a)** *(Reichtum, viel Geld)* fortune *oder* wealth; **er machte ein Vermögen durch Investitionen in Ölaktien** = he made a fortune from investing in oil shares; **sie hinterließ ihr Vermögen ihren drei Kindern** = she left her fortune to her three children **(b)** *(Besitz)* property *oder* estate; **bewegliches Vermögen** = moveable property *oder* moveables **(c)** *(fin)* assets; **er hat mehr Vermögen als Verbindlichkeiten** = he has an excess of assets over liabilities **(d)** *(Macht, Können)* power *oder* ability *oder* capacity *(siehe* EINFLUSSVERMÖGEN)

◊ **Vermögensabgabe** *f* capital levy *oder* wealth tax

◊ **Vermögensanlage** *f* investments

◊ **Vermögensaufstellung** *f* statement of financial affairs

◊ **Vermögensberater** *m* financial consultant

◊ **Vermögensbilanz** *f* financial statement

◊ **Vermögensbildung** *f* wealth creation

◊ **Vermögenseinkommen** *n* unearned income *oder* income from dividends

◊ **Vermögenseinkünfte** *fpl* unearned income

◊ **Vermögen(s)steuer** *f* capital levy *oder* wealth tax

◊ **Vermögensumverteilung** *f* redistribution of wealth

◊ **Vermögensverschleierung** *f* concealment of assets

◊ **Vermögensverwalter/-in** *mf* **(a)** investment *oder* portfolio manager **(b)** *(Bank)* trustee

◊ **Vermögensverwaltung** *f* **(a)** asset management **(b)** *(Bank)* trust business

◊ **Vermögenswert** *m* asset; **eingefrorene Vermögenswerte** = frozen assets; **immaterielle Vermögenswerte** = intangible assets; **materielle Vermögenswerte** = tangible assets

> Zahlungsverpflichtungen sind im Prinzip bei der Ermittlung des zu versteuernden Vermögens abzugsfähig
>
> ***Capital***
>
> die Vermögensabgabe wurde erst verringert und jetzt ganz aus dem Entwurf gestrichen
>
> ***Capital***

vernachlässigt *adj* neglected; **vernachlässigtes Unternehmen** = neglected business

verneinend *adj* negative

vernetzen *vt (Computer)* to network

◊ **Vernetzung** *f* networking

vernünftig 1 *adj* sensible *oder* reasonable; **jedes vernünftige Angebot wird angenommen** = no reasonable offer refused; **in dem Restaurant gibt es gutes Essen zu vernünftigen Preisen** = the restaurant offers good food at reasonable prices; **er gab uns sehr vernünftige Ratschläge** = he gave us some very sound advice **2** *adv* sensibly *oder* reasonably; **der Geschäftsführer reagierte sehr vernünftig, als sie ihm zu erklären versuchte, daß sie ihre Kreditkarten zu Hause gelassen hätte** = the manager of the shop was very reasonable when she tried to explain that she had left her credit cards at home

veröffentlichen *vt* to publish *oder* to issue *oder* to release; **die Gesellschaft veröffentlicht ihre Mitgliederliste jährlich** = the society publishes its list of members annually; **die Regierung weigerte sich, die Zahlen arbeitsloser weiblicher Arbeitskräfte zu veröffentlichen** = the government has refused to release figures for the number of unemployed women; **die Regierung hat die Zahlen nicht veröffentlicht, auf denen ihre Vorschläge basieren** = the government has not published the figures on which its proposals are based; **das Unternehmen veröffentlicht sechs Zeitschriften für die Geschäftswelt** = the company publishes six magazines for the business market; **eine neue CD veröffentlichen** = to release a new CD

◊ **Veröffentlichung** *f* publication; **die Veröffentlichung der neusten Handelsziffern** = the publication of the latest trade figures

Verordnung *f* directive *oder* decree; **die Regierung erließ eine Verordnung zu Einkommens- und Preissteigerungen** = the government has issued a directive on increases in incomes and prices; *pl* **Verordnungen** = regulations

verpachten *vt* to lease *oder* to rent (out)

◊ **Verpächter/-in** *mf* lessor

◊ **Verpachtung** *f* **(a)** lease **(b)** *(von Grundbesitz)* demise

verpacken *vt* to pack *oder* to package *oder* to wrap; **wieder verpacken** = to repack; **luftdicht verpackt** = packed in airtight packing; **der Computer wird in Schaumpolystyrol verpackt, bevor er befördert wird** = the computer is packed in expanded polystyrene before being shipped; **die Kekse sind in Plastik verpackt** = the biscuits are packed in plastic wrappers; **die Uhren sind in attraktiven Präsentationsschachteln verpackt** = the watches are packed in attractive display boxes; **Waren verpacken** = to package goods; **Waren in Kartons verpacken** = to pack goods into cartons; **als Paket verpacken** = to parcel; **eine Büchersendung als Paket verpacken** = to parcel up a consignment of books

◊ **Verpackung** *f* packing *oder* packaging *oder* wrapping; **luftdichte Verpackung** = airtight packaging; **was kostet die Verpackung?** = what is the cost of the packing?; **Verpackung ist inklusive** = packing is included in the price; **Porto und Verpackung** = postage and packing (p.& p.)

◊ **Verpackungsgewicht** *n* tare; **das Verpackungsgewicht berücksichtigen** = to allow for tare

◊ **Verpackungskiste** *f* packing case

◊ **Verpackungskosten** *pl* packing charges

◊ **Verpackungsmaterial** *n* packaging material

verpassen *vt* to miss; **ich kam später an, so daß ich den Großteil der Diskussion verpaßte** = I arrived late, so missed most of the discussion; **er verpaßte den Vorsitzenden um zehn Minuten** = he missed the chairman by ten minutes

verpfänden *vt* **(a)** **etwas verpfänden** = to pawn something *oder* to put something in pawn; **eine Uhr verpfänden** = to pawn a watch **(b)** to pledge; **Aktienzertifikate als Sicherheit verpfänden** = to pledge share certificates

verpflichten *vt* **(a)** to bind *oder* to commit *oder* to oblige; **jdn zu etwas verpflichten** = to engage someone to do something *oder* to oblige someone to do something; **der Vertrag verpflichtet uns zu einer jährlichen Mindestabnahme** = the contract engages us to a minimum annual purchase **(b)** *vr* **sich verpflichten** = to commit oneself *oder* to undertake; **sie verpflichteten sich, nicht in unserem Gebiet zu verkaufen** = they have undertaken not to sell into our territory

◇ **verpflichtet** *adj* obliged; **verpflichtet sein, etwas zu tun** = to be obliged *oder* to be under an obligation to do something; **nicht verpflichtet sein, etwas zu tun** = to be under no obligation to do something; **er ist nicht vertraglich zum Kauf verpflichtet** = he is under no contractual obligation to buy; **sich verpflichtet fühlen, etwas zu tun** = to feel obliged to do something; **er fühlte sich verpflichtet, den Vertrag zu kündigen** = he felt obliged to cancel the contract

◇ **Verpflichtung** *f* obligation *oder* commitment; *pl* **Verpflichtungen** = responsibilities

verplomben *vt* to seal; **der Zoll verplombte die Ladung** = the customs sealed the shipment

verrechnen 1 *vt* **(a)** *(begleichen)* to settle **(b)** *(Scheck)* to clear; **es dauerte zehn Tage, bis die Bank den Scheck verrechnet hatte** = the cheque took ten days to clear *oder* the bank took ten days to clear the cheque **(c)** *(verbuchen)* to credit *oder* to debit to an account *oder* to book; **die Überweisung wurde erst nach dem Wochenende verrechnet** = the money transfer was made after the weekend **(d)** *(gegeneinander aufrechnen)* **etwas mit etwas verrechnen** = to balance something with something *oder* to offset something against something **2** *vr* **sich verrechnen** = to miscalculate *oder* to make a mistake (in a calculation) *oder* to be out; **wir haben uns um DM 20.000 verrechnet** = we are DM 20,000 out in our calculations

◇ **Verrechnung** *f* settlement *oder* clearing *oder* clearance *oder* balancing; **einen Scheck zur Verrechnung ausstellen** = to cross a cheque; **‚nur zur Verrechnung'** = 'A/C payee only'; **bis zur Verrechnung eines Schecks sollte man mit sechs Tagen rechnen** = you should allow six days for cheque clearance

◇ **Verrechnungseinheit** *f* unit of account

◇ **Verrechnungsscheck** *m* crossed cheque

verringern *vt* **(a)** to decrease *oder* to diminish *oder* to depress *oder* to reduce *oder* to scale down *oder* to slow down; **das Fiasko der Werbekampagne verringerte die Verkaufszahlen** = the fiasco of the advertising campaign reduced the sales figures **(b)** *vr* **sich verringern** = to decrease *oder* to diminish; **die Nachfrage nach Eigentumswohnungen verringerte sich drastich** = the demand for owner-occupied flats fell dramatically

◇ **Verringerung** *f* decrease *oder* reduction *oder* slowdown

Versagen *n* failure

Versalien *mpl* capital letters *oder* block capitals

Versammlung *f* meeting *oder* assembly; **eine Versammlung abhalten** = to hold a meeting; **die Versammlung wird im Sitzungssaal abgehalten** = the meeting will be held in the committee room; **einer Versammlung eine Entschließung vorlegen** = to put a resolution to a meeting; **zu einer Versammlung sprechen** = to address a meeting

Versand *m* *(das Versenden)* dispatch *oder* consignment *oder* forwarding *oder* shipment; **der Streik verzögerte den Versand mehrere Wochen** = the strike held up dispatch for several weeks

> zur Zeit werden Verkaufsstelle und Filialen renoviert und die Verpackungslinie vorbereitet. Zielländer für den Versand werden u. a. Polen und die Slowakei sein
>
> *Prager Zeitung*

◇ **Versandabteilung** *f* dispatch department

◇ **Versandanweisungen** *fpl* forwarding instructions *oder* instructions for forwarding *oder* shipping instructions

◇ **Versandanzeige** *f* advice note; **laut Versandanzeige** = as per advice

◇ **Versandhandel** *m* mail-order selling

◇ **Versandhaus** *n* mail-order business *oder* mail-order firm *oder* mail-order house

◇ **Versandhauskatalog** *m* mail-order catalogue

◇ **Versandkosten** *pl* transport *oder* shipping charges *oder* shipping costs

◇ **Versandpapiere** *mpl* transport *oder* shipping documents

◇ **Versandschein** *m* dispatch note

◇ **Versandvorschriften** *fpl* forwarding instructions *oder* shipping instructions

versäumen *vt* to neglect *oder* to omit; **wenn Sie den Zahlungstermin versäumen, schicken wir Ihnen eine Mahnung** = if you miss the date for payment we will send you a reminder

◇ **Versäumnis** *n* **(a)** *(Unterlassung)* omission **(b)** *(jur)* default

◇ **Versäumnisverfahren** *n* default procedure; **im Versäumnisverfahren** = by default

verschärfen *vt* to increase *oder* to intensify *oder* to tighten (up on); **die Buchhaltung verschärft die Kontrolle über die Abteilungsbudgets** = the accounts department is tightening its control over departmental budgets

verschenken *vt* to give away; **wir verschenken einen Taschenrechner mit jedem Kauf in Höhe von DM 500** = we are giving away a pocket calculator with each DM 500 of purchases

verschicken *vt* to send *oder* to consign *oder* to dispatch *oder* to forward *oder* to ship; **einen Auftrag verschicken** = to send an order; **einen Brief verschicken** = to send *oder* to post *oder* to mail a letter; **die Warensendung wurde mit der Bahn verschickt** = the shipment was sent by rail

verschieben *vt* to defer *oder* to hold over *oder* to put back *oder* to put off *oder* to postpone; **die Sitzung wurde (um) zwei Stunden verschoben** = the meeting was put back (by) two hours; **die Sitzung wurde für zwei Wochen verschoben** = the meeting was put off for two weeks; **er fragte, ob wir den Besuch auf morgen verschieben könnten** = he asked if we could put the visit off until tomorrow

verschieden 1 *adj* different *oder* miscellaneous *oder* sundry *oder* various; **verschiedene Artikel** = miscellaneous items; **wir bieten zehn Modelle in jeweils sechs verschiedenen Farben an** = we offer ten models each in six different colours; **wir hatten heute die verschiedensten Besucher im Büro** = we had a variety of visitors at the office today; **eine Kiste mit verschiedenen Ausrüstungsgegenständen** = a box of miscellaneous pieces of equipment **2** *n* **Verschiedenes (a)** *(in Zeitungen, Listen)* miscellaneous *oder* sundry items *oder* sundries **(b)** *(als Tagesordnungspunkt)* any other business (AOB)

verschiffen *vt* to ship; **die Wagensendung wurde letzte Woche ins Ausland verschifft** = the consignment of cars was shipped abroad last week; **Waren in die USA verschiffen** = to ship goods to the USA

◇ **Verschiffung** *f* shipment *oder* shipping

verschleiern *vt* to conceal *oder* to cover up *oder* to disguise

◇ **Verschleierung** *f* concealment *(cf* VERMÖGENSVERSCHLEIERUNG)

Verschleiß *m* wear (and tear)

◇ **Verschleißerscheinung** *f* sign of wear; **normale Verschleißerscheinungen** = fair wear and tear

verschließen *vt* to lock (up) *oder* to close *oder* to shut; **fest verschließen** = to seal

verschlingen *vt* to consume *oder* to devour *oder* to swallow up; **unsere Gemeinkosten haben unsere ganzen Gewinne verschlungen** = our overheads have taken up all our profits

verschlossen *adj* locked *oder* closed *oder* shut *oder* sealed; **verschlossene Angebote** = sealed tenders; **das Unternehmen bat um verschlossene Angebote für das Lager** = the company has asked for sealed bids for the warehouse; **die Computer-Disketten wurden in einem verschlossenen Behälter verschickt** = the computer disks were sent in a sealed container; **die Information wurde in einem verschlossenen Briefumschlag verschickt** = the information was sent in a sealed envelope

Verschmelzung *f* merger

verschnüren *vt* to tie up; **das Paket ist mit Bindfaden verschnürt** = the parcel is tied up with string; **er verschnürte das Paket mit einer dicken Schnur** = he tied the parcel with thick string

verschrotten *vt* to scrap; **sie mußten 10.000 Ersatzteile verschrotten** = they had to scrap 10,000 spare parts

◇ **Verschrotten** *n* scrapping; **ein Schiff zum Verschrotten verkaufen** = to sell a ship for scrap

verschulden *vt* **(a)** to be to blame for *oder* to be at fault in *oder* to be responsible for **(b)** *vr* **sich verschulden** = to get into debt

◇ **Verschulden** *n* fault; **der Vorsitzende sagte, die zurückgegangenen Absatzzahlen seien das Verschulden eines schlecht motivierten Handelsvertreterstabs** = the chairman said the lower sales figures were the fault of a badly motivated sales force

◇ **verschuldet** *adj* indebted; **bei einer Immobiliengesellschaft verschuldet sein** = to be indebted to *oder* to be in debt to a property company *oder* to owe a property company money

◇ **Verschuldung** *f* state of indebtedness

◇ **Verschuldungsgrad** *m* gearing; **Reduzierung des Verschuldungsgrads** = degearing

> die Finanzpolitik muß auf allen Ebenen die Verschuldung durch strikte Ausgabendisziplin begrenzen
>
> *Die Wirtschaft*

verschweigen *vt* to hide *oder* to conceal *oder* withhold; **etwas vor jdm verschweigen** = to keep something back from someone

verschwenden *vt* to waste; **Geld** *oder* **Papier** *oder* **Strom** *oder* **Zeit verschwenden** = to waste money *oder* paper *oder* electricity *oder* time; **wir stellten überall die Heizung ab, um keine Energie zu verschwenden** = we turned off all the heating so as not to waste energy; **der geschäftsführende Direktor mag es nicht, wenn man seine Zeit mit unwichtigen Einzelheiten verschwendet** = the MD does not like people wasting his time with minor details

◇ **verschwenderisch** *adj* wasteful

versehen *vr* **sich versehen** = to be mistaken *oder* to make a mistake *oder* to slip up

◇ **Versehen** *n* mistake *oder* error *oder* oversight *oder* slip *oder* slip-up; **aus Versehen** = by mistake *oder* inadvertently; **aus Versehen legte sie meinen Brief in einen für den Vorsitzenden bestimmten Umschlag** = she put my letter into an envelope for the chairman by mistake

◇ **versehentlich 1** *adj* inadvertent; **die versehentliche Verschickung von alten Preislisten verursachte viele Probleme in der Verkaufsabteilung** = the inadvertent mailing of old price lists caused a lot of problems in the sales department **2** *adv* by mistake *oder* in error *oder* inadvertently; **sie schickten versehentlich die falschen Artikel** = they sent the wrong items by mistake; **der Brief wurde versehentlich an die Potsdamer Geschäftsstelle geschickt** = the letter was sent to the Potsdam office in error

versenden *vt* to send *oder* to dispatch *oder* to consign *oder* to forward *oder* to ship; **Waren in die USA versenden** = to ship goods to the USA

◇ **Versender/-in** *mf* sender *oder* consignor *oder* forwarder *oder* shipper

versetzen *vt* **(a)** to transfer *oder* to move; **der Buchhalter wurde in unsere österreichische Niederlassung versetzt** = the accountant was transferred to our Austrian branch **(b)** *(verpfänden)* to pawn

◇ **Versetzung** *f* transfer; **er beantragte seine Versetzung zu unserer Niederlassung in Österreich** = he applied for a transfer to our branch in Austria

versicherbar *adj* insurable

◇ **Versicherer** *m* insurer *oder* underwriter (of an insurance)

◇ **versichern** *vt* **(a)** *(gegen Betrag)* to insure *oder* to underwrite (an insurance) *oder* *(Leben)* to assure; **er war in Höhe von DM 300.000 versichert** = he was insured for DM 300,000; **sind Sie gegen Diebstahl versichert?** = do you have cover against theft?; **ein Haus gegen Feuer versichern** = to insure a house against fire **(b)** *(überzeugen)* to (re)assure; **der Geschäftsführer versuchte ihr zu versichern, daß sie ihren Job** *oder* **ihre Stelle nicht verlieren würde** = the manager tried to reassure her that she would not lose her job

◇ **versichert** *adj* insured *oder* *(in einer Lebensversicherung)* assured; **nicht versichert** = uninsured

◇ **der/die Versicherte** *mf* the insured *oder* assured (person) *oder* the life insured

◇ **Versicherung** *f* insurance *oder* *(Lebensversicherung)* assurance; **eine Versicherung abschließen** = to insure *oder* to take out a policy; **die Versicherung für ein Auto bezahlen** = to pay the insurance on a car; **der Schaden ist durch die Versicherung gedeckt** = the damage is covered by the insurance

◇ **Versicherungsanspruch** *m* insurance claim

◇ **Versicherungsantrag** *m* application for insurance *oder* proposal form

◇ **Versicherungsbeitrag** *m* insurance premium

◇ **Versicherungsdauer** *f* term of an insurance policy

◇ **versicherungsfähig** *adj* insurable

◇ **Versicherungsfall** *m* event covered by insurance

◇ **Versicherungsgesellschaft** *f* insurance company *oder* assurance company

◇ **Versicherungsmakler/-in** *mf* insurance broker

> Versicherungsmakler müssen die Interessen ihrer Kunden optimal wahrnehmen und haften für unvorteilhafte Empfehlungen
>
> ***Capital***

◇ **Versicherungsmathematiker/-in** *mf* actuary

◇ **versicherungsmathematisch** *adj* actuarial; **die Beiträge werden durch versicherungsmathematische Berechnungen ermittelt** = the premiums are worked out according to actuarial calculations

◇ **Versicherungsnehmer/-in** *mf* policy holder *oder* insured (party)

◇ **Versicherungspflicht** *f* statutory *oder* compulsory insurance

◇ **Versicherungspolice** *f* insurance policy

◇ **Versicherungsprämie** *f* insurance premium; **die Versicherungsprämie für ein Auto bezahlen** = to pay the insurance on a car

◇ **Versicherungsprämiensatz** *m* insurance rates

◇ **Versicherungsschein** *m* insurance certificate *oder* certificate of insurance; **vorläufiger Versicherungsschein** = cover note *oder* *(US)* binder

◇ **Versicherungsschutz** *m* insurance cover *oder* *(US)* coverage; **voller Versicherungsschutz** = full cover; **vollen Versicherungsschutz haben** = to be fully covered; **keinen ausreichenden Versicherungsschutz haben** = to operate without adequate cover

◇ **versicherungsstatistisch** *adj* actuarial; **versicherungsstatistische Tabellen** = actuarial tables

◇ **Versicherungssumme** *f* (the) sum insured *oder* assured

◇ **Versicherungsträger/-in** *mf* insurer *oder* underwriter *oder* *(bei Lebensversicherung)* assurer *oder* assuror

◇ **Versicherungsverein** *m* **Versicherungsverein auf Gegenseitigkeit (VVaG)** = mutual insurance company *oder* friendly society

◇ **Versicherungsvertrag** *m* insurance contract

◇ **Versicherungsvertreter/-in** *mf* insurance agent

◇ **Versicherungswert** *m* insured value

versiegeln *vt* to seal

◇ **Versiegelung** *f* seal

versorgen *vt* to supply *oder* to provide *oder* to furnish; **die Finanzabteilung versorgte den Ausschuß mit den Zahlen** = the finance department supplied the committee with the figures

◇ **Versorgung** *f* supply

◇ **Versorgungsbetrieb** *m* public utility

verspätet **1** *adj* **(a)** delayed *oder* late; **wir bedauern die verspätete Ankunft des Fluges aus Amsterdam** = we apologize for the late arrival of the plane from Amsterdam; **verspätete Lieferungen werden mit einer Strafe belegt** = there is a penalty for late delivery **(b)** *(Glückwunsch)* belated **2** *adv* **(a)** late; **die Ladung wurde verspätet gelöscht** = the shipment was landed late **(b)** *(beglückwünschen)* belatedly

◇ **Verspätung** *f* delay; **die Jahreshauptversammlung begann mit halbstündiger Verspätung** = there was a delay of thirty minutes before the AGM started *oder* the AGM started after a thirty minute delay

versprechen *vt* to promise; **sie versprachen, die letzte Rate nächste Woche zu zahlen** = they promised to pay the last instalment next week; **der Personalleiter versprach, sich um die Beschwerden des Büropersonals zu kümmern** = the personnel manager promised he would look into the grievances of the office staff

◇ **Versprechen** *n* promise; **ein Versprechen brechen** = to break a promise *oder* to go back on a promise; **ein Versprechen halten** = to keep a promise; **er sagt, er zahlt nächste Woche, aber er hält seine Versprechen nie** = he says he will pay next week, but he never keeps his promises; **die Unternehmensleitung brach ihr Versprechen, die Löhne allgemein zu erhöhen** = the management went back on its promise to increase salaries across the board; **das Unternehmen hielt sein Versprechen, unsere Konkurrenzprodukte nicht zu verkaufen, nicht ein** = the company broke their engagement not to sell our rivals' products

◇ **Versprechensurkunde** *f* deed of covenant

verstaatlichen *vt* to nationalize; **die Regierung beabsichtigt, das Bankensystem zu verstaatlichen** = the government are planning to nationalize the banking system

◇ **verstaatlicht** *adj* nationalized; **verstaatlichte Industrie** = nationalized industry

◇ **Verstaatlichung** *f* nationalization

verständigen *vr* **sich verständigen (a)** *(mitteilen)* to communicate **(b)** *(sich einigen)* to come to an agreement *oder* understanding

◊ **Verständigung** *f* **(a)** *(Mitteilung)* communication **(b)** *(Einigung)* agreement *oder* understanding

◊ **verständlich** *adj* clear *oder* comprehensible *oder* understandable; **verständlich machen** = to get across *oder* to make clear *oder* to get through; **ich konnte ihr nicht verständlich machen, daß ich um 14.15 Uhr am Flughafen sein mußte** = I could not get through to her that I had to be at the airport by 2.15

◊ **Verständnis** *n* understanding *oder (Mitgefühl)* sympathy; **der Geschäftsführer hatte kein Verständnis für seine Sekretärin, die sich über die zu hohe Arbeitsbelastung beschwerte** = the manager had no sympathy for his secretary who complained of being overworked

◊ **verständnisvoll** *adj* understanding *oder* sympathetic

verstärken *vt* to strengthen *oder* to increase *oder* to intensify *oder* to step up; **Arbeitskampfmaßnahmen verstärken** = to step up industrial action

versteckt *adj* hidden; **versteckter Fehler im Programm** = hidden defect in the program

versteigern *vt* to auction; **Waren versteigern** = to auction goods *oder* to sell goods by *oder* at auction; **die Fabrik wurde geschlossen und die Maschinen versteigert** = the factory was closed and the machinery was auctioned off; **versteigert werden** = to be auctioned *oder* to go under the hammer

◊ **Versteigerung** *f* auction *oder* sale by auction; **etwas zur Versteigerung anbieten** = to put something up for auction; **holländische Versteigerung** = Dutch auction

versteuern *vt* to pay tax (on)

◊ **versteuert** *adj* tax paid

verstorben *adj* dead

Verstoß *m* breach *oder* infringement *oder* offence; **Verstoß gegen das Urheberrecht** = infringement of copyright *oder* copyright infringement

verstreichen *vi* to (e)lapse *oder* to expire; **ein Angebot verstreichen lassen** = to let an offer lapse

Versuch *m* attempt; **die Firma unternahm einen Versuch, in den amerikanischen Markt einzudringen** = the company made an attempt to break into the American market; **all seine Versuche, Arbeit zu finden, sind fehlgeschlagen** = all his attempts to get a job have failed

◊ **versuchen** *vt* to attempt *oder* to try; **wir versuchen, ein Fertigungsunternehmen zu übernehmen** = we are attempting the takeover of a manufacturing company; **das Unternehmen versucht, auf dem Touristikmarkt Fuß zu fassen** = the company is attempting to get into the tourist market; **er versuchte, die Kündigung des Verkaufsleiters zu erreichen** = he attempted to have the sales director sacked

◊ **Versuchsballon** *m* trial balloon; **einen Versuchsballon steigen lassen** = to fly a kite

◊ **Versuchsprojekt** *n* pilot project; **er leitet ein Versuchsprojekt zur Ausbildung jugendlicher Arbeitsloser** = he is directing a pilot scheme for training unemployed young people

◊ **versuchsweise** *adv* on trial *oder* on approval

vertagen 1 *vti* to adjourn *oder* to hold over *oder* to postpone; **auf unbestimmte Zeit vertagen** = to postpone indefinitely *oder* to shelve; **der Vorsitzende vertagte die Konferenz auf 15.00 Uhr** = the chairman adjourned the meeting until three o'clock; **er vertagte die Sitzung auf morgen** = he postponed the meeting to tomorrow; **die Diskussion von Punkt 4 wurde auf die nächste Sitzung vertagt** = discussion of item 4 was held over until the next meeting **2** *vr* **sich vertagen** = to be adjourned *oder* to adjourn; **die Versammlung vertagte sich gegen Mittag** = the meeting adjourned at midday

◊ **Vertagung** *f* adjournment *oder* deferment *oder* postponement; **Vertagung einer Entscheidung** = deferment of a decision; **wegen der Vertagung der Vorstandssitzung mußte ich meine Termine ändern** = I had to change my appointments because of the postponement of the board meeting

> die Konsequenz ist, daß nun der ‚Aufschwung Ost' solange vertagt ist, bis die Konjunktur wieder anspringt
>
> ***Neues Deutschland***

verteidigen *vt* to defend

◊ **Verteidiger/-in** *mf* defence counsel

◊ **Verteidigung** *f* defence *oder (US)* defense; **er engagierte die besten Anwälte zu seiner Verteidigung gegen die Finanzbehörden** = he hired the best lawyers to defend him against the tax authorities

verteilen *vt* to allot *oder* to apportion *oder* to distribute *oder* to share *oder* to spread; **die Gewinne wurden unter den Aktionären verteilt** = profits were distributed among the shareholders; **das Risiko verteilen** = to spread a risk; **die Zahlungen über mehrere Monate verteilen** = to spread payments over several months; **die Zahlungen können über einen Zeitraum von zehn Jahren verteilt werden** = payments can be spaced out over a period of ten years; **neu verteilen** = to redistribute; **die Aufträge wurden unter den Fabriken des Unternehmens neu verteilt** = the orders have been redistributed among the company's factories

◊ **Verteiler** *m* distributor

◊ **Verteilernetz** *n* network of distributors *oder* distribution network

◊ **Verteilerzettel** *m* distribution slip

◊ **Verteilung** *f* allotment *oder* apportionment *oder* distribution *oder* shareout *oder* sharing *oder* spread; **eine Verteilung der Gewinne** = a shareout of the profits

vertikal *adj* vertical; **vertikale Integration** = vertical integration; **vertikale Kommunikation** = vertical communication

Vertrag *m* **(a)** contract *oder* agreement *oder* covenant; **der Vertrag ist für beide Parteien**

bindend = the contract is binding on both parties; **durch Vertrag** = contractually; **einen Vertrag (ab)schließen** = to enter into *oder* to sign a contract; **einen Vertrag für die Lieferung von Ersatzteilen abschließen** = to contract to supply spare parts; **einen Vertrag aufheben** *oder* **für nichtig erklären** = to void a contract; **einen Vertrag ausarbeiten** *oder* **aufsetzen** *oder* **entwerfen** = to draw up *oder* to draft an agreement *oder* a contract; **einen Vertrag brechen** = to break an agreement; **einen Vertrag unterschreiben** *oder* **unterzeichnen** = to sign a contract *oder* an agreement; **einen Vertrag als Zeuge unterschreiben** = to witness an agreement; **der Vertrag für den Ersatzteilvertrieb wurde an die Fa. Sperzel vergeben** = the supply of spare parts was contracted out to Sperzel's **(b)** *(pol)* treaty

◇ **vertraglich 1** *adj* contractual; **vertragliche Leistung** = contract work; **sich von einer vertraglichen Verpflichtung befreien** = to contract out of an agreement; **seine vertraglichen Verpflichtungen erfüllen** = to fulfill one's contractual obligations **2** *adv* contractually; **das Unternehmen ist vertraglich gebunden, seine Auslagen zu zahlen** = the company is contractually bound to pay his expenses; **sich vertraglich verpflichten** = to contract; **vertraglich verpflichtet sein** = to be under contract; **die Firma ist vertraglich verpflichtet, die Waren bis November zu liefern** = the firm is under contract to deliver the goods by November; **er ist vertraglich nicht verpflichtet zu kaufen** = he is under no contractual obligation to buy

◇ **Vertragsabschluß** *m* completion *oder* conclusion of a contract

◇ **Vertragsabschnitt** *m* paragraph in a contract; **schauen Sie bitte den Vertragsabschnitt über ‚Transportanweisungen' an** = please refer to the paragraph in the contract on 'shipping instructions'

◇ **Vertragsaufhebung** *f* cancellation of a contract

◇ **Vertragsbedingungen** *fpl* conditions *oder* terms of contract *oder* contract conditions; **er weigerte sich, einigen Vertragsbedingungen zuzustimmen** = he refused to agree to some of the terms of the contract; **laut den Vertragsbedingungen ist das Unternehmen für alle Schäden an dem Gebäude haftbar** = by *oder* under the terms of the contract, the company is responsible for all damage to the property

◇ **Vertragsbestimmung** *f* stipulation

◇ **Vertragsbruch** *m* breach of contract

◇ **vertragsbrüchig** *adj* **vertragsbrüchig werden** = to be in breach of contract *oder* to break an agreement *oder* treaty; **das Unternehmen ist vertragsbrüchig geworden** = the company is in breach of contract

◇ **Vertragsdauer** *f* term *oder* life of a contract *oder* agreement; **während der Vertragsdauer** = during the life of the agreement

◇ **Vertragsentwurf** *m* draft of a contract *oder* draft contract; **er schrieb den Vertragsentwurf auf die Rückseite eines Briefumschlags** = he drew up the draft agreement on the back of an envelope

◇ **Vertragshaftung** *f* contractual liability

◇ **Vertragshändler/-in** *mf* authorized *oder* appointed dealer *oder* distributor

◇ **Vertragspartei** *f* *oder* **Vertragspartner/-in** *mf* party to an agreement *oder* contracting party; **das Unternehmen ist keine Vertragspartei** = the company is not a party to the agreement; **Sie müssen die Erlaubnis aller Vertragspartner einholen, um die Bedingungen ändern zu können** = you have to get the permission of all the signatories to the agreement if you want to change the terms

◇ **Vertragspflicht** *f* contractual obligation(s); **seine Vertragspflicht erfüllen** = to fulfill one's contractual obligations

◇ **Vertragsrecht** *n* contract law *oder* law of contract

◇ **Vertragsstrafe** *f* penalty under a contract

◇ **Vertragstext** *m* text *oder* wording of a contract *oder* an agreement; **er schrieb Anmerkungen neben den Vertragstext** = he wrote notes at the side of the text of the agreement

◇ **Vertragsurkunde** *f* deed of covenant

◇ **Vertragsverlängerung** *f* extension of a contract

◇ **Vertragsverletzung** *f* breach of contract *oder* default

Vertrauen *n* **(a)** confidence *oder* trust; **Vertrauen in etwas** *oder* **jdn setzen** = to have faith in something *oder* someone; **der Aufsichtsrat hat volles Vertrauen in den geschäftsführenden Direktor** = the board has total confidence in the managing director; **die Handelsvertreter haben großes Vertrauen in das Produkt** = the salesmen have great faith in the product; **das Verkaufspersonal** *oder* **Verkaufsteam hat nicht viel Vertrauen in seinen Leiter** = the sales team do not have much confidence in their manager **(b) im Vertrauen** = in confidence; **jdm etwas (ganz) im Vertrauen sagen** = to tell someone something in (strict) confidence

◇ **Vertrauensbruch** *m* breach of confidence *oder* trust; **er war des Vertrauensbruchs schuldig** = he was guilty of a breach of trust

◇ **Vertrauensmann** *m (im Betrieb)* shop steward

◇ **Vertrauensstellung** *f* position of trust

◇ **vertrauenswürdig** *adj* trustworthy; **unsere Kassierer sind vollkommen vertrauenswürdig** = our cashiers are completely trustworthy

◇ **vertraulich 1** *adj* confidential; **bitte versehen Sie den Brief mit der Aufschrift ‚streng vertraulich'** = please mark the letter 'Private and Confidential'; **er schickte einen vertraulichen Bericht an den Vorsitzenden** = he sent a confidential report to the chairman; **er verstieß gegen den vertraulichen Charakter der Unterredungen** = he broke the confidentiality of the discussions **2** *adv* confidentially *oder* in confidence; **ich werde Ihnen den Bericht vertraulich zeigen** = I will show you the report in confidence

◇ **Vertraulichkeit** *f* confidentiality

vertreiben *vt* to distribute *oder* to market *oder* to sell; **dieses Produkt wird in allen europäischen Ländern vertrieben** = this product is being marketed in all European countries

vertretbar *adj* justifiable; **gerade noch vertretbarer Kauf** = marginal purchase

vertreten *vt* **(a)** *(Interessen)* **jdn vertreten** = to act for someone *oder* to act on someone's behalf *oder* to represent someone; **sie vertritt mich** = she is acting on my behalf; **Anwälte, die das**

amerikanische Unternehmen vertreten = solicitors acting on behalf of the American company; **die Minderheitsaktionäre wollen im Vorstand vertreten sein** = the minority shareholders want representation on the board; **drei Manager vertreten die Belegschaft bei den Gesprächen mit den Direktoren** = three managers represent the workforce in discussions with the directors; **er schickte seinen Anwalt und Buchhalter, um ihn bei der Besprechung zu vertreten** = he sent his solicitor and accountant to represent him at the meeting **(b)** *(stellvertreten)* **jdn vertreten** = to act as deputy for someone *oder* to act as someone's deputy *oder* to deputize for someone *oder* to replace someone *oder* to stand in for someone **er vertrat den Vorsitzenden, der eine Erkältung hatte** = he deputized for the chairman who had a cold **(c)** *(repräsentieren)* to represent; **ein amerikanisches Unternehmen vertreten** = to act as an agent for an American company; **unser französischer Vertriebshändler vertritt mehrere andere Konkurrenzunternehmen** = our French distributor represents several other competing firms; **er vertritt ein amerikanisches Automobilunternehmen in Europa** = he represents an American car firm in Europe

◇ **Vertreter/-in** *mf* **(a)** *(Firma)* agent *oder* representative *oder* sales representative; **der IBM-Vertreter sein** = to be the agent for IBM; **er ist als Vertreter für eine Versicherungsgesellschaft im Norden des Landes unterwegs** = he travels in the north of the country for an insurance company **(b)** *(Interessen)* representative; **der Vorstand lehnte es ab, die Vertreter der Belegschaft zu empfangen** = the board refused to meet the representatives of the workforce; **rechtliche(r) Vertreter/-in** = attorney **(c)** *(Stellvertretung)* replacement *oder* deputy; **als jds Vertreter fungieren** = to deputize for someone **(d)** *(pol)* canvasser *oder* supporter

◇ **Vertreterbesuch** *m* rep's visit *oder* sales call; **unangemeldeter Vertreterbesuch** = cold call

◇ **Vertreterprovision** *f* agent's commission

◇ **Vertretung** *f* **(a)** *(Repräsentation)* agency *oder* representation *oder* representative; **sie haben keine Vertretung in den USA** = they have no representation in the USA **(b)** proxy *oder* replacement; **in Vertretung** = per procurationem *oder* per pro; **einen Brief in Vertretung unterschreiben** *oder* **unterzeichnen** = to sign a letter per pro *oder* to p.p. a letter; **die Sekretärin unterzeichnete in Vertretung des Geschäftsführers** = the secretary signed per pro the manager; **die Sekretärin unterzeichnete den Brief in Vertretung, während der Geschäftsführer beim Mittagessen war** = the secretary p.p.'d the letter while the manager was at lunch

◇ **Vertretungsvereinbarung** *f* agency agreement

◇ **Vertretungsvertrag** *m* agency contract

◇ **Vertretungsvollmacht** *f* power of attorney *oder* authority to act as representative; **er hat keine Vertretungsvollmacht** = he has no authority to act on our behalf

Vertrieb *m* **(a)** *(Distribution)* distributorship *oder* distribution *oder* marketing *oder* sale *oder* selling; **die Fa. Sperzel macht den Vertrieb für mehrere kleinere Firmen** = Sperzel Ltd distributes for several smaller companies **(b)** *(Absatz)* sale(s) **(c)** *(Abteilung)* sales department; **die Leute vom Vertrieb** = the people from the sales department

◇ **Vertriebsabteilung** *f* marketing department *oder* sales department

◇ **Vertriebsagent/-in** *mf* distributor *oder* sales agent

◇ **Vertriebsgesellschaft** *f* marketing company *oder* distribution company *oder* distributor

◇ **Vertriebskosten** *pl* marketing costs *oder* cost of sales *oder* selling costs *oder* distribution costs

◇ **Vertriebsleiter/-in** *mf* distribution manager *oder* marketing manager *oder* sales manager

◇ **Vertriebsnetz** *n* network of distributors *oder* distribution network *oder* marketing network

◇ **Vertriebsorganisation** *f* sales *oder* marketing organization

◇ **Vertriebspolitik** *f* marketing policy *oder* marketing plans *oder* marketing strategy

◇ **Vertriebsrecht** *n* distributorship *oder* selling right

◇ **Vertriebsvertrag** *m* marketing agreement

◇ **Vertriebsweg** *m* channel of distribution *oder* distribution channel

vertun *vr* **sich vertun** = to make a mistake *oder* to be out (in one's calculations); **wir haben uns bei unseren Berechnungen um DM 40.000 vertan** = we are DM 40,000 out in our calculations

verunsichern *vt* to make unsure *oder* uncertain; **verunsichert sein** = to be unsettled *oder* rattled *oder* shaken; **der Markt war durch die Meldung des fehlgeschlagenen Übernahmeangebots verunsichert** = the market was unsettled by the news of the failure of the takeover bid; **die Märkte wurden durch die Ergebnisse des Unternehmens verunsichert** = the markets were shaken by the company's results

veruntreuen *vt* to embezzle *oder* to misappropriate *oder* to defalcate

◇ **Veruntreuung** *f* embezzlement *oder* misappropriation (of funds) *oder* defalcation; **er wurde wegen Veruntreuung der Gelder seiner Klienten zu einer Freiheitsstrafe von sechs Monaten verurteilt** = he was sent to prison for six months for embezzling his clients' money

◇ **Veruntreuungsklage** *f* embezzlement charge; **er erschien wegen einer Veruntreuungsklage vor Gericht** = he appeared in court charged with embezzling *oder* on a charge of embezzling *oder* on an embezzlement charge

verursachen *vt* to cause; **die Rezession verursachte hunderte von Konkursen** = the recession caused hundreds of bankruptcies

vervielfachen *vtr* to multiply; **Gewinne vervielfachten sich in den Jahren des Aufschwungs** *oder* **Booms** = profits multiplied in the boom years

Vervielfältigung *f* duplication

◇ **Vervielfältigungsapparat** *m* *oder* **Vervielfältigungsgerät** *n* duplicator *oder* duplicating machine

◇ **Vervielfältigungspapier** *n* duplicating paper

vervierfachen *vtr* to quadruple

vervollkommnen *vt* to perfect

Verwahrung *f* keeping; **in Verwahrung geben** = to deposit; **wir deponierten die Dokumente zur (sicheren) Verwahrung bei der Bank** = we put the documents into the bank for safekeeping
◇ **Verwahrungsort** *m* depository

verwalten *vt* to administer *oder* to manage *oder* to operate *oder* to run; **Immobilienbesitz verwalten** = to manage property; **er verwaltet einen großen Rentenfonds** = he administers a large pension fund; **schlecht verwalten** = to mismanage
◇ **Verwalter/-in** *mf* administrator *oder* manager
◇ **Verwaltung** *f* **(a)** *(Administration)* management *oder* administration *oder (umg)* admin; **schlechte Verwaltung** = maladministration **(b)** *(Behörde, Abteilung)* administration *oder (umg)* admin; **die Verwaltung sagt, sie brauchen den Bericht sofort** = admin say they need the report immediately; **die Leute aus der Verwaltung haben den Bericht zurückgeschickt** = the admin people have sent the report back
◇ **Verwaltungsapparat** *m* administrative machinery; **der kommunale Verwaltungsapparat** = the machinery of local government
◇ **Verwaltungsarbeit** *f* administration *oder (umg)* admin; **diese ganze Verwaltungsarbeit kostet mich viel Zeit** = all this admin work takes a lot of my time; **mit diesem Job ist zu viel Verwaltungsarbeit verbunden** = there is too much admin in this job
◇ **Verwaltungsausschuß** *m* management committee
◇ **Verwaltungsbezirk** *m* administrative district *oder (US)* precinct
◇ **Verwaltungsfachmann/-frau** *mf* administrator
◇ **Verwaltungskosten** *pl* administrative costs *oder (umg)* admin costs *oder* administrative expenses *oder* (the) expenses of the administration; **die Verwaltungskosten scheinen in jedem Quartal zu steigen** = admin costs seem to be rising each quarter
◇ **Verwaltungspersonal** *n* administrative staff *oder (umg)* admin staff
◇ **Verwaltungsrat** *m* board of directors (of a public sector institution) *(cf* AUFSICHTSRAT, VORSTAND)
◇ **verwaltungstechnisch** *adj* administrative; **verwaltungstechnische Einzelheiten** = administrative details

verwandt *adj* related

verwechseln *vt* to confuse *oder* to mix up

verweigern *vt* to refuse; **der Kunde verweigerte die Annahme der Waren** = the customer refused the goods *oder* refused to accept the goods
◇ **Verweigerung** *f* refusal

verwenden *vt* to use *oder* to utilize; **sie verwendeten ihre gesamten Ersparnisse für den Kauf des Ladens** = they spent all their savings on buying the shop
◇ **Verwendung** *f* use *oder* utilization

verwerfen *vt* to throw out *oder* to reject *oder (jur)* to dismiss; **der Vorschlag wurde vom Planungsausschuß verworfen** = the proposal was thrown out by the planning committee; **der Vorstand verwarf den von der Gewerkschaft vorgelegten Vertragsentwurf** = the board rejected the draft contract submitted by the union

verwirken *vt* to forfeit; **eine Anzahlung verwirken** = to forfeit a deposit; **die Waren wurden für verwirkt erklärt** = the goods were declared forfeit

verwirklichen *vt* to realize
◇ **Verwirklichung** *f* realization

> wird der Plan verwirklicht, ziehen die amerikanischen Benzinpreise mit den viel höheren Spritkosten in Europa und Japan gleich
> *Wirtschaftswoche*

Verwirkung *f* forfeit(ure)
◇ **Verwirkungsklausel** *f* forfeit clause

verwirren *vt* to confuse; **das Problem der Mehrwertsteuer einzubringen, verwirrt die Sache nur** = to introduce the problem of VAT will only confuse the issue; **der Vorsitzende war durch all die Fragen der Journalisten verwirrt** = the chairman was confused by all the journalists' questions

verzählen *vr* **sich verzählen** = to miscount; **der Ladenbesitzer verzählte sich, so daß wir 25 statt zwei Dutzend Tafeln Schokolade bekamen** = the shopkeeper miscounted, so we got twenty-five bars of chocolate instead of two dozen

verzeichnen *vt* to record; **das Unternehmen hat ein weiteres Jahr höherer Umsätze zu verzeichnen** = the company has recorded another year of increased sales; **Immobilienaktien verzeichneten einen Wertzuwachs von 10-15%** = property shares put on gains of 10%-15%
◇ **Verzeichnis** *n* **(a)** *(amtlich)* register *oder* record; **etwas in ein Verzeichnis eintragen** = to enter something in a register; **ein Verzeichnis auf dem laufenden halten** = to keep a register up to date **(b)** *(Namensliste)* register; **Verzeichnis der Aktionäre** = register of shareholders *oder* share register; **Verzeichnis der Obligationäre** = register of debentures *oder* debenture register **(c)** *(Aufstellung)* list *oder* schedule; **das Verzeichnis der Konferenzteilnehmer muß noch gedruckt werden** = the list of the conference delegates has still to be printed **(d)** *(comp, tel)* directory; **der neue Mitarbeiter hat versehentlich alle Verzeichnisse im Computer gelöscht** = our new member of staff has deleted all the directories on the computer by mistake **(e)** *(Inhaltsverzeichnis)* index; **das Verzeichnis befindet sich am Ende des Buches** = the index is at the back of the book

verzeihen *vti* to excuse *oder* to forgive

Verzicht *m* renunciation *oder* waiver
◇ **verzichten** *vi* to renounce *oder* to waive; **er verzichtete auf den Besitzanspruch** = he waived his claim to the estate
◇ **Verzichterklärung** *f* waiver *oder* disclaimer
◇ **Verzichtklausel** *f* waiver clause

> der Verzicht des Amtsinhabers auf aktive Einflußnahme gilt als Normalfall
> *Capital*

verzinsen *vt* to pay interest; **Bankeinlage, die mit 5% verzinst ist** = deposit which yields *oder* gives *oder* produces *oder* bears 5% interest; **größere Beträge mit 10% verzinsen** = to pay *oder* to allow 10% interest on large sums of money
◇ **verzinslich** *adj* interest-bearing
◇ **Verzinsung** *f* payment of interest *oder* interest payment

verzögern *vt* to delay *oder* to hold up; **das Unternehmen verzögerte die Bezahlung aller Rechnungen** = the company has delayed payment of all invoices; **der Streik wird den Versand für einige Wochen verzögern** = the strike will hold up dispatch for some weeks
◇ **verzögert** *adj* delayed *oder* held up; **wir bedauern die verzögerte Auslieferung ihrer Bestellung** *oder* **Beantwortung Ihres Briefes** = we are sorry for the delay in supplying your order *oder* in replying to your letter
◇ **Verzögerung** *f* delay *oder* hold-up

verzollen *vt* to declare (to customs) *oder* to pay duty; **nichts zu verzollen** = nothing to declare; **die Zollbeamten fragten ihn, ob er etwas zu verzollen hätte** = the customs officials asked him if he had anything to declare; **zu verzollende Güter** = goods which are liable to duty
◇ **verzollt** *adj* duty-paid; **verzollte Waren** = duty-paid goods
◇ **Verzollung** *f* payment of duty

Verzug *m* **(a)** delay; **in Verzug geraten** = to fall behind; **die Firma ist mit ihren Lieferungen in Verzug geraten** = the company has fallen behind with its deliveries; **in Verzug sein** = to be behind schedule **(b)** *(Zahlung)* default *oder* arrears; **in Verzug** = in default of payment; **die Firma ist in** *oder* **im Verzug** = the company is in default; **in (Zahlungs)verzug geraten** = to default; **mit den Zahlungen in Verzug geraten** = to allow the payments to fall into arrears *oder* to default on payments; **er kam mit seinen Hypothekenzahlungen in Verzug** = he fell behind with his mortgage repayments
◇ **Verzugsfall** *m* **im Verzugsfall** = in default of payment
◇ **Verzugszinsen** *pl* interest on outstanding payments *(cf* SÄUMNISZUSCHLAG)

Veto *n* veto; **Veto einlegen** = to veto; **ein Veto gegen eine Entscheidung einlegen** = to veto a decision
◇ **Vetorecht** *n* right of veto

via *adv* via; **nach Rom via Basel fliegen** = to fly to Rome via Basle

Video *n* video; **auf Video aufzeichnen** = to video
◇ **Videoband** *n* video tape
◇ **Videogerät** *n* video recorder
◇ **Videokamera** *f* video camera
◇ **Videokassette** *f* video cassette
◇ **Videotext** *m* videotext *(siehe auch* BILDTELEFON)

viel *adj & adv & indef pron* a lot (of) *oder* a great deal (of) *oder* much *oder* many; **das Unternehmen hat viel Geld aufnehmen müssen, um seine Schulden zu bezahlen** = the company has had to borrow a lot of money *oder* has had to borrow heavily (in order) to repay its debts **es muß noch sehr viel getan werden, bevor das Unternehmen wirklich rentabel gemacht werden kann** = there is a great deal of work to be done before the company can be made really profitable; **viele Leute sind arbeitslos** = lots of people are out of work

vielfach 1 *adj* multiple; **ein vielfacher Millionär** = a multimillionaire **2** *adv* many times *oder* in many cases *oder* in many ways; **vielfach bewährt** = tried and tested

Vielfalt *f* variety; **der Laden führt eine Vielfalt von Waren** = the shop stocks a variety of goods

Vierfache *n* four times the amount; **um das Vierfache** = four-fold
◇ **Vier-Tage-Woche** *f* four-day week

> in Wolfsburg wird die Vier-Tage-Woche eingeführt. Die Arbeitszeit wird zum 1. Januar von 36 für zwei Jahre auf 28,8 Wochenstunden verringert
> ***Blick durch die Wirtschaft***

◇ **vierte(r,s)** *adj* fourth; **viertes Quartal** = fourth quarter
◇ **Viertel** *n* **(a)** *(math)* quarter; **er zahlte nur ein Viertel des Listenpreises** = he paid only a quarter of the list price; **drei Viertel** = three quarters; **drei Viertel des Personals sind unter dreißig** = three quarters of the staff are less than thirty years old **(b)** *(Stadtteil)* area *oder* district *oder* quarter
◇ **Vierteljahr** *n* quarter; **die Miete für das erste Vierteljahr ist im voraus zahlbar** = the first quarter's rent is payable in advance; **die Raten sind zahlbar am Ende jedes Vierteljahrs** = the instalments are payable at the end of each quarter
◇ **vierteljährlich** *adj & adv* quarterly; **es wird eine vierteljährliche Gebühr für Strom erhoben** = there is a quarterly charge for electricity; **die Bank schickt uns einen vierteljährlichen Kontoauszug** = the bank sends us a quarterly statement; **wir haben vereinbart, die Miete vierteljährlich** *oder* **auf vierteljährlicher Basis zu zahlen** = we agreed to pay the rent quarterly *oder* on a quarterly basis
◇ **Viertelliter** *mn* (a) quarter of a litre *oder* (a) quarter litre
◇ **Viertelstunde** *f* (a) quarter of an hour

Vietnam *n* Vietnam
◇ **Vietnamese/Vietnamesin** *mf* Vietnamese
◇ **vietnamesisch** *adj* Vietnamese
(NOTE: Hauptstadt: **Hanoi** ; Währung: **Neuer Dong** = dong)

Vignette *f (Autobahngebührenmarke)* motorway toll sticker

VIP = VERY IMPORTANT PERSON; **unsere Besucher wurden wie VIPs behandelt** *oder* **empfangen** = we laid on VIP treatment for our visitors *oder* we gave our visitors a VIP reception
◇ **VIP-Lounge** *f* VIP lounge

Virus *m (auch Computer)* bug *oder* virus

Visitenkarte *f* business card

visuell *adj* visual

Visum *n* visa; **Visum zur mehrmaligen Einreise** = multiple entry visa; **Sie brauchen ein Visum, bevor Sie nach Amerika abreisen** = you will need a visa before you go to the USA

◊ **Visumantrag** *m* visa application

Vitrine *f* display case *oder* display cabinet *oder* showcase

Vizepräsident/-in *mf* vice-president *oder* vice-chair(wo)man *oder* deputy-chair(wo)man; **er ist Vizepräsident eines Industriekonzerns** = he is the vice-chairman of an industrial group

Volk *n* nation

◊ **Völkerrecht** *n* international law

◊ **Volkseinkommen** *n* national income

◊ **Volksentscheid** *m* referendum

> ein Volksentscheid sollte über die künftige Machtverteilung zwischen Präsident und Parlament befinden
>
> *Sächsische Zeitung*

Volkswirt/-in *mf* economist

◊ **Volkswirtschaft** *f* (macro-)economics *oder* national economy

◊ **volkswirtschaftlich** *adj* macro-economic

voll 1 *adj* full; **voller** = full of; **wir schickten einen Lastwagen voller Ersatzteile zu unserem Lagerhaus** = we sent a lorry full of spare parts to our warehouse; **voll machen** = to fill up; **ist der Container schon voll?** = is the container full yet?; **vergiß nicht, eine Sicherungskopie zu machen, wenn die Diskette voll ist** = when the disk is full, don't forget to make a backup copy; **mein Terminkalender ist total voll** = my appointments book is completely filled up; **der Zug war voll von Pendlern** = the train was full of commuters; **voller Fahrpreis** = full fare; **in voller Höhe** = (paid) in full; **Erstattung in voller Höhe** = full refund *oder* refund paid in full; **Schuldentilgung in voller Höhe** = in full discharge of a debt; **Zahlung in voller Höhe** = full payment *oder* payment in full; **voller Preis** = full price; **er kaufte ein Ticket zum vollen Preis** = he bought a full-price ticket; **sie hat eine volle Stelle** = she is in full-time work *oder* she works full-time *oder* she is in full-time employment; **drei volle Tage** = three clear days; **rechnen Sie mit drei vollen Tagen, bevor der Scheck von der Bank verrechnet wird** = allow three clear days for the cheque to be cleared by the bank; **voller Versicherungsschutz** = full cover **2** *adv* fully; **voll bezahlte Aktien** = fully-paid shares; **voll einbezahltes Kapital** = fully paid-up capital; **wir sind voll ausgelastet** = we are working at full capacity

◊ **Vollabschreibung** *f* full depreciation *oder* write-off; **Vollabschreibungen im Jahresabschluß berücksichtigen** = to allow for write-offs in the yearly accounts

◊ **vollautomatisch** *adj* fully automatic

◊ **vollautomatisiert** *adj* fully automated

◊ **Vollbeschäftigung** *f* full employment

◊ **Vollhafter** *m* full partner *(siehe auch* KOMPLEMENTÄR)

◊ **völlig 1** *adj* complete *oder* full **2** *adv* completely *oder* absolutely *oder* totally; **die Fabrik wurde bei dem Brand völlig zerstört** = the factory was totally destroyed in the fire; **die Fracht wurde durch Wasser völlig vernichtet** *oder* **verdorben** = the cargo was completely ruined by water

◊ **Vollkaskoversicherung** *f* comprehensive insurance

vollkommen 1 *adj* perfect *oder* complete *oder* absolute; **vollkommenes Monopol** = absolute monopoly **2** *adv* completely *oder* absolutely; **wir sind vollkommen an die Terminpläne unserer Lieferanten gebunden** = we are completely tied to our suppliers' schedules

Vollkosten *pl* full costs

Vollmacht *f* **(a)** (legal) power *oder* power of attorney; **seinem Anwalt wurde Vollmacht erteilt** = his solicitor was granted power of attorney **(b)** proxy; **Vollmacht erteilen** = to delegate; **in Vollmacht unterschreiben** = to sign by proxy **(c)** **per Vollmacht** = per pro; **die Sekretärin unterzeichnete per Vollmacht des Geschäftsführers** = the secretary signed per pro the manager; **einen Brief per Vollmacht unterschreiben** *oder* **unterzeichnen** = to p.p. a letter; **die Sekretärin unterzeichnete den Brief per Vollmacht, während der Geschäftsführer beim Mittagessen war** = the secretary p.p.'d the letter while the manager was at lunch

Vollsichtregal *n* display stand *oder* display unit

vollständig 1 *adj* complete *oder* full; **vollständige Adresse** = full address; **vollständige Sammlung** = complete collection **2** *adv* completely *oder* fully *oder* in full *oder* outright; **er akzeptierte unsere Bedingungen vollständig** = he accepted all our conditions in full; **die Bestellung sollte nur ausgeliefert werden, wenn sie vollständig ist** = the order should be delivered only if it is complete; **das Lagerhaus wurde durch einen Brand vollständig zerstört** = the warehouse was completely destroyed by fire; **geben Sie Ihren Namen und Ihre Adresse vollständig an** = give your full name and address *oder* your name and address in full

Vollstreckung *f* *(jur)* execution *oder* enforcement

◊ **Vollstreckungsaufschub** *m* stay of execution; **das Gericht gewährte dem Unternehmen einen zweiwöchigen Vollstreckungsaufschub** = the court granted the company a two-week stay of execution

volltanken *vti* to fill up (with fuel); **er tankte (den Wagen) voll** = he filled up the car with petrol

Vollversammlung *f* plenary meeting *oder* plenary session

vollziehen *vt* to carry out *oder* to implement

◊ **Vollzug** *m* implementation

Volumen *n* volume

von *prep* from *oder* of *oder* by *oder* about *oder* off; **DM 50 vom Preis nachlassen** = to take DM 50 off the price

vor *prep (zeitlich)* before *oder* ahead (of); **das Unternehmen hat viel Arbeit vor sich, wenn es seinen Marktanteil vergrößern will** = the company has a lot of work ahead of it if it wants to increase its market share; **vor der Jahreshauptversammlung wird eine Vorstandssitzung abgehalten** = there will be a board meeting before *oder* prior to the AGM *oder* there will be a pre-AGM board meeting; **ein Ausverkauf vor der Inventur** = a pre-stocktaking sale; **vor Steuern** = before tax *oder* pre-tax *oder* pretax; **Gewinn vor Steuern** = pretax profit *oder* profit before tax; **die ausgeschüttete Dividende entspricht einem Viertel des Gewinns vor Steuern** = the dividend paid is equivalent to one quarter of the pretax profit **(b)** *(räumlich)* in front of; **auf der Straße vor dem Büro ist eine Baustelle** = there are road works in front of the office; **der Name des Vorsitzenden steht vor allen anderen auf der Personalliste** = the chairman's name is in front of all the others on the staff list

vorankommen *vi* to get on; **mein Sohn kommt gut voran - er wurde gerade befördert** = my son is getting on well - he has just been promoted

voranmelden *vt* to give advance notice (of); **Sie müssen Abhebungen vom Konto sieben Tage voranmelden** = you must give seven days' advance notice of withdrawals from the account

◇ **Voranmeldung** *f* advance notice *oder* appointment *oder* booking; **Gespräch mit (namentlicher) Voranmeldung** = personal call *oder* person-to-person call

Voranschlag *m* estimate (of costs)

vorantreiben *vt* to chase *oder* to hurry up

Vorarbeiter/-in *mf* foreman *oder* forewoman *oder* chargehand *oder* overseer

voraus *adv* in front (of) *oder* ahead (of); **im voraus** = in advance *oder* forward *oder* up front; **im voraus bezahlen** = to pay in advance; **Fracht zahlbar im voraus** = freight payable in advance

◇ **Vorausberechnung** *f* advance calculation *oder* forecast

◇ **vorausbezahlt** *adj* prepaid

◇ **vorausgehend** *adj* preliminary *oder* prior

vorausgesetzt *conj* provided *oder* providing; **die Ware wird nächste Woche geliefert, vorausgesetzt, die Fahrer befinden sich nicht im Streik** = the goods will be delivered next week provided *oder* providing the drivers are not on strike; **vorausgesetzt, daß** = provided that *oder* providing; **vorausgesetzt, daß die Besprechung rechtzeitig anfängt** = provided that *oder* providing the meeting starts on time

Voraussage *f* forecast *oder* prediction

◇ **voraussagen** *vt* to forecast *oder* to predict; **Wirtschaftswissenschaftler sagten ein Sinken des Wechselkurses voraus** = economists have forecast a fall in the exchange rate

Voraussetzung *f* prerequisite *oder* (pre)condition *oder* requirement *oder* qualification; **das Unternehmen erfüllt nicht die Voraussetzungen für eine staatliche Subvention** = the company does not qualify for a government grant; **sie erfüllt die Voraussetzungen für Arbeitslosengeld(zahlungen)** = she qualifies for unemployment pay; **unter der Voraussetzung, daß** = on condition that *oder* on the understanding that; **wir akzeptieren die Bedingungen des Vertrags unter der Voraussetzung, daß dieser von unserem Aufsichtsrat genehmigt werden muß** = we accept the terms of the contract, on the understanding that it has to be ratified by our main board

voraussichtlich *adj* prospective

Vorauszahlung *f* advance payment *oder* money in advance *oder* money up front *oder* prepayment; **Vorauszahlung des Honorars verlangen** = to ask for prepayment of a fee; **sie fordern DM 30.000 Vorauszahlung, bevor sie das Geschäft überhaupt in Erwägung ziehen** = they are asking for DM 30,000 up front before they will even consider the deal; **er mußte eine Vorauszahlung leisten, bevor er das Geschäft abschließen konnte** = he had to put money up front before he could clinch the deal

Vorbehalt *m* reservation *oder* proviso *oder* qualification; **unter Vorbehalt** = conditional; **unter Vorbehalt annehmen** = to give a conditional acceptance; **Annahme eines Vertrags unter Vorbehalt** = qualified acceptance of a contract; **der Plan wurde unter Vorbehalt vom Vorstand genehmigt** = the plan received qualified approval from the board

◇ **vorbehalten** *adj* reserved; **Irrtümer und Auslassungen vorbehalten** = errors and omissions excepted

◇ **vorbehaltlich** *prep* subject to; **Vereinbarung** *oder* **Verkauf vorbehaltlich eines Vertragsabschlusses** = agreement *oder* sale subject to contract

◇ **vorbehaltlos 1** *adj* unconditional; **vorbehaltlose Annahme des Angebots durch den Aufsichtsrat** = unconditional acceptance of the offer by the board **2** *adv* unconditionally; **das Angebot wurde von der Gewerkschaft vorbehaltlos angenommen** = the offer was accepted unconditionally by the trade union; **das Angebot wurde am letzten Donnerstag vorbehaltlos angenommen** = the offer went unconditional last Thursday

vorbeikommen *vi* to call (in) *oder* to drop in; **der Vertreter kam letzte Woche zweimal vorbei** = the sales representative called in twice last week

vorbereitend *adj* preliminary

◇ **Vorbereitung** *f* arrangement *oder* preparation; **der Prokurist trifft alle Vorbereitungen für die Jahreshauptversammlung** = the company secretary is making all the arrangements for the AGM

Vorbesprechung *f* preliminary discussion *oder* preliminary meeting

Vorbestellung *f* **(a)** *(von Waren)* advance order; *pl* **Vorbestellungen** = dues **(b)** *(Reservierung)* advance booking

vorbeugend *adj* preventive; **vorbeugende Maßnahmen gegen Diebstahl ergreifen** = to take preventive measures against theft

vorbildlich *adj* exemplary *oder* model

Vorbildung *f* previous experience *oder* educational background

vorbringen *vt* to say *oder* to express *oder* to put forward *oder* to raise; **eine Beschwerde vorbringen** = to air a grievance; **der Führungsausschuß ist wertvoll, weil er es den Arbeitnehmervertretern erlaubt, ihre Beschwerden vorzubringen** = the management committee is useful because it allows the workers' representatives to air their grievances

vordatieren *vt* to date forward *oder* to postdate; **einen Scheck vordatieren** = to date a cheque forward *oder* to postdate a cheque

◇ **vordatiert** *adj* postdated; **er schickte uns einen vordatierten Scheck** = he sent us a postdated cheque; **sein Scheck war auf Juni vordatiert** = his cheque was postdated to June

Vorderseite *f* front; **die Vorderseite des Bürogebäudes ist auf der Bismarckstraße** = the front of the office building is on Bismarckstraße

vordränge(l)n *vr* **sich vordrängeln** = to jump the queue; **sie drängelten sich vor und bekamen ihre Exportgenehmigung vor uns** = they jumped the queue and got their export licence before we did

Vordruck *m* *(Formular)* form

voreilig 1 *adj* rash *oder* hasty; **voreilige Schlüsse ziehen** = to jump to conclusions **2** *adv* rashly *oder* hastily; **voreilig handeln** = to jump the gun

Vorentwurf *m* preliminary draft

Vorfinanzierung *f* pre-financing

vorführen *vt* to demonstrate *oder* to display *oder* to show; **die Direktion sah, wie das neue Lagersteuerungssystem vorgeführt wurde** = the managers saw the new stock control system being demonstrated; **er führte einen neuen Traktor vor, als er starb** = he was demonstrating a new tractor when he was killed

◇ **Vorführer/-in** *mf* demonstrator

◇ **Vorführmodell** *n* demonstration model

◇ **Vorführung** *f* demonstration *oder* display; **wir gingen zu einer Vorführung neuer Fernmeldetechnik** = we went to a demonstration of new telecommunications equipment

Vorgabe *f* standard *oder* norm

◇ **Vorgabezeit** *f* allowed time

Vorgänger/-in *mf* predecessor; **er übernahm im letzten Mai die Leitung von seiner Vorgängerin** = he took over from his predecessor last May; **sie benutzt dasselbe Büro wie ihr Vorgänger** = she is using the same office as her predecessor

vorgeben *vt* to pretend; **der Vorsitzende gab vor, die Höhe des letztendlichen Gewinns zu kennen** = the chairman pretended he knew the final profit; **er verschaffte sich Einlaß, indem er vorgab, ein Telefontechniker zu sein** = he got in by pretending to be a telephone engineer; **sie gab vor, Grippe zu haben und bat darum, den Tag frei nehmen zu dürfen** = she pretended she had 'flu and asked to have the day off

vorgehen *vi* to act *oder* to proceed; **gegen jdn gerichtlich vorgehen** = to proceed against someone *oder* to take *oder* to institute proceedings against someone

◇ **Vorgehen** *n* action *oder* procedure

◇ **Vorgehensweise** *f* procedure; **diese Vorgehensweise ist ganz unvorschriftsmäßig** = this procedure is very irregular

vorgelagert *adj* to be situated in front of something; **der Küste vorgelagert** = off-shore

vorgelegt *adj* presented *oder* produced *oder* submitted; **Zahlung laut vorgelegter Rechnung** = payment for account rendered; **beiliegend Zahlung laut vorgelegter Rechnung** = please find enclosed payment per account rendered

Vorgeschichte *f* past history; **ich kenne die derzeitige Vertragslage, aber können Sie mich genauer über die Vorgeschichte aufklären?** = I know the contractual situation as it stands now, but can you fill in the background details?

vorgesehen *adj* designated *oder* planned; **für Leichtindustrie vorgesehenes Land** = land zoned for light industrial use

Vorgesetzte(r) *mf* superior; **jeder Manager ist seinem Vorgesetzten gegenüber für genaue Angaben über den Absatz verantwortlich** = each manager is responsible to his superior for accurate reporting of sales

vorhaben *vt* to intend *oder* to have planned

◇ **Vorhaben** *n* intention *oder* plan *oder* project *oder* scheme

Vorhand *f* first option

vorher *adv* before(hand) *oder* formerly *oder* previously; **er ist derzeitig geschäftsführender Direktor der Fa. Müller, vorher arbeitete er aber bei der Fa. Sperzel** = he is currently managing director of Müller's, but formerly he worked for Sperzel's

◇ **vorhergehend** *adj* preceding *oder* previous

◇ **vorherig** *adj* **(a)** previous *oder* prior; **ohne vorheriges Wissen** = without prior knowledge **(b)** *(ehemalig)* former

◇ **Vorhersage** *f* forecast *oder* projection

> treffen die Vorhersagen der Pariser Behörde zu, wird dieser moderate Konjunkturaufschwung auch zu keiner neuen Belebung der Inflation führen
>
> *Neue Zürcher Zeitung*

vorig *adj* previous *oder* last

Vorkalkulation *f* preliminary calculation (of costs)

Vorkasse *f* payment in advance

> immer mehr Firmen seien dazu übergegangen, bei säumigen Zahlern nur gegen Vorkasse zu liefern
> *Frankfurter Allgemeine Zeitung*

Vorkaufsrecht *n* pre-emptive right; **jdm das Vorkaufsrecht einräumen** = to give someone first refusal of something

Vorkehrungen *fpl* **(a)** *(Vorsichtsmaßnahmen)* precautions; **Vorkehrungen treffen** = to take precautions **(b)** *(Vorbereitungen)* provision(s); **Vorkehrungen treffen für** = to make provision for

vorladen *vt* to summon(s) *oder* *(unter Strafandrohung)* to subpoena; **der Leiter der Finanzabteilung wurde von der Anklagevertretung vorgeladen** = the finance director was subpoenaed by the prosecution

◊ **Vorladung** *f* summons *oder* subpoena; **er warf die Vorladung weg und fuhr in Urlaub nach Spanien** = he threw away the summons and went on holiday to Spain

Vorlage *f* presentation *oder* production; **bei Vorlage von** = on production of *oder* on presentation of; **die Kiste wird vom Zoll bei Vorlage der relevanten Dokumente freigegeben** = the case will be released by the customs on production of the relevant documents; **Eintritt kostenlos bei Vorlage der Karte** = free admission on presentation of the card; **Waren können nur bei Vorlage der Verkaufsquittung umgetauscht werden** = goods can be exchanged only on production of the sales slip; **Scheck bei Vorlage zahlbar** = cheque payable on presentation

vorläufig 1 *adj* **(a)** *(vorübergehend)* temporary *oder* interim *oder* provisional **(b)** *(noch nicht endgültig)* preliminary *oder* provisional *oder* tentative; **vorläufige Baugenehmigung** = outline planning permission; **vorläufiger Etat** = provisional budget; **vorläufige Umsatzprognose** = provisional forecast of sales; **sie gelangten zu einer vorläufigen Einigung über den Vorschlag** = they reached a tentative agreement over the proposal; **sie schickten ihre vorläufige Annahme des Vertrages per Fax** = they faxed their provisional acceptance of the contract **2** *adv* provisionally *oder* temporarily; **der Vertrag wurde vorläufig angenommen** = the contract has been accepted provisionally

vorlegen *vt* to present *oder* to produce *oder* to submit *oder* *(GB)* to table; **eine Abrechnung vorlegen** = to render an account; **der Bericht des Finanzausschusses wurde vorgelegt** = the report of the finance committee was tabled; **er legte Dokumente vor, um seinen Anspruch zu beweisen** = he produced documents to prove his claim; **eine Rechnung zur Zahlung vorlegen** = to present a bill for payment; **einen Wechsel zur Annahme vorlegen** = to present a bill for acceptance; **die Verhandlungsführenden legten neue Zahlen vor** = the negotiators produced a new set of figures; **nochmals** *oder* **wieder vorlegen** = to re-present; **er legte den Scheck zwei Wochen später wieder vor, um die Zahlung von der Bank zu bekommen** = he re-presented the cheque two weeks later to try to get payment from the bank

Vorleistung *f* advance (payment)

vorletzte(r,s) *adj* last but one *oder* penultimate; **vorletzte Woche** *oder* **vorletzten Monat** *oder* **vorletztes Jahr** = the week *oder* month *oder* year before last

Vorliebe *f* preference

vormalig *adj* former

vormerken *vt* **(a)** to note down; **einen Termin vormerken** = to note down an appointment **(b)** to shortlist; **Sie sind als Bewerber für die Stelle vorgemerkt** = you have been shortlisted for the job

vormittags *adv* in the morning *oder* a.m.

Vorrang *m* priority; **Vorrang haben** = to have priority; **vor etwas Vorrang haben** = to have priority over *oder* to take priority over something; **die Senkung der Gemeinkosten hat Vorrang vor der Steigerung des Umsatzes** = reducing overheads takes priority over increasing turnover; **Obligationäre haben Vorrang vor Stammaktionären** = debenture holders have priority over ordinary shareholders

◊ **vorrangig 1** *adj* priority *oder* of prime importance *(Konkursverfahren)* **vorrangige Belastung** = prior charge **2** *adv* as a matter of priority; **etwas vorrangig behandeln** = to give something top priority

Vorrat *m* reserve(s) *oder* stock(s) *oder* store *oder* supply *oder* stockpile; *pl* **Vorräte anlegen** = to stock up *oder* to stockpile; **ich habe immer einen Vorrat an Briefumschlägen in meinem Schreibtisch** = I always keep a store of envelopes ready in my desk; **ein Vorrat an Rohstoffen** = a supply of raw materials

◊ **vorrätig** *adj* in stock; **nicht vorrätig** = out of stock; **der Artikel wurde unmittelbar vor Weihnachten ausverkauft, ist aber seit der ersten Januarwoche wieder vorrätig** = the item went out of stock just before Christmas but came back into stock in the first week of January ; **2.000 Sortimente vorrätig haben** = to hold 2,000 lines in stock; **wir haben diesen Artikel nicht vorrätig** = we are out of stock of this item; **mehrere nicht vorrätige Artikel sind seit Wochen bestellt** = several out-of-stock items have been on order for weeks; **diese Bücher sind zur Zeit nicht vorrätig** = those books are temporarily out of stock; **ein Produktsortiment nicht mehr vorrätig haben** = to sell out of a product line

◊ **Vorratsbewertung** *f* stock valuation

Vorrecht *n* privilege *oder* priority

◊ **Vorrechtsaktie** *f* preference share

Vorreiter/-in *mf* forerunner *oder* pioneer

Vorrichtung *f* device

vorschießen *vt* to advance; **jdm DM 500 vorschießen** = to advance someone DM 500 *oder* to make an advance of DM 500 to someone

Vorschlag *m* suggestion *oder* proposal; **dem Vorstand einen Vorschlag machen** = to make a proposal *oder* to put (forward) a proposal to the board

◇ **vorschlagen** *vt* to suggest *oder* to propose; **der Vorsitzende schlug vor, die nächste Sitzung im Oktober abzuhalten** = the chairman suggested (that) the next meeting should be held in October; **wir schlugen Herrn Schmidt für den Posten des Finanzleiters vor** = we suggested Mr Schmidt for the post of treasurer; **jdn als Vorsitzenden vorschlagen** = to propose someone as president; **jdn für eine Stelle vorschlagen** = to nominate someone for a post

Vorschrift *f* **(a)** *(Bestimmung)* rule *oder* regulation *oder* provision; **Dienst nach Vorschrift tun** = to work to rule **(b)** *(Anweisung)* instruction *oder* order *oder* direction *oder* directive

◇ **vorschriftsmäßig 1** *adj* due *oder* correct **2** *adv* duly *oder* in due form *oder* according to regulations

◇ **vorschriftswidrig** *adj & adv* contrary to (the) regulations *oder* against the rules *oder* irregular(ly)

◇ **Vorschriftswidrigkeit** *f* irregularity

Vorschub *m* *(print)* feed

Vorschuß *m* advance; **kann ich DM 300 Vorschuß auf mein nächstes Gehalt bekommen?** = can I have an advance of 300 marks against next month's salary?

◇ **Vorschußzahlung** *f* advance payment

vorsehen 1 *vt* **(a)** to plan *oder* to schedule; **die Besprechung ist für morgen vorgesehen** = the meeting is scheduled for tomorrow **(b)** to design(ate) *oder* to earmark; **das übrige Geld ist für F & E vorgesehen** = the rest of the money is earmarked for R & D **(c)** to provide for; **der Vertrag sieht eine jährliche Gebührenanhebung vor** = the contract provides for an annual increase in charges; **in den Plänen für das Bürogebäude sind keine Parkplätze vorgesehen** = there is no provision for *oder* no provision has been made for car parking in the plans for the office block **2** *vr* **sich vorsehen** = to be careful *oder* to take care

vorsichtig 1 *adj* careful *oder* cautious *oder* conservative; **seine Ausgabenkalkulation ist sehr vorsichtig** = his forecast of expenditure is very conservative; **bei vorsichtiger Schätzung** = at a conservative estimate; **ihr Umsatz stieg im letzten Jahr um mindestens 20%, und das ist wohl noch eine vorsichtige Schätzung** = their turnover has risen by at least 20% in the last year, and that is probably a conservative estimate **2** *adv* carefully *oder* cautiously *oder* conservatively; **der Gesamtumsatz beläuft sich, vorsichtig geschätzt, auf DM 6,3 Mio.** = the total sales are conservatively estimated at DM 6.3m

◇ **Vorsichtsmaßnahme** *f* precautionary measure *oder* precaution; **als Vorsichtsmaßnahme** = as a precautionary measure; **das Unternehmen traf nicht genügend Vorsichtsmaßnahmen gegen Brände** = the company did not take proper fire precautions; **Vorsichtsmaßnahmen gegen Diebstahl im Büro treffen** = to take precautions to prevent thefts in the office

Vorsitz *m* chairmanship *oder* presidency; **der Ausschuß trat unter Vorsitz von Herrn Müller zusammen** = the committee met under the chairmanship of Mr Müller; **die Sitzung wurde im Konferenzraum unter Vorsitz von Herrn Schmidt abgehalten** = the meeting was held in the committee room, Mr Schmidt presiding; **den Vorsitz führen** *oder* **haben** = to preside *oder* to be in the chair; **Herr Binding führte den Vorsitz** = Mr Binding was chairman *oder* acted as chairman; **den Vorsitz in einer Sitzung führen** = to preside over a meeting; **den Vorsitz führen bei** = to chair; **Frau Weber führte den Vorsitz bei der Versammlung** = the meeting was chaired by Mrs. Weber; **als Frau Weber krank wurde, übernahm Herr Müller den Vorsitz** = when Mrs. Weber became ill, Mr. Müller took the chair

Vorsitzende(r) *mf* **(a)** *(einer Sitzung)* chair *oder* chairman *oder* chairwoman *oder* chairperson; **Herr Vorsitzender** *oder* **Frau Vorsitzende** = Mr Chairman *oder* Madam Chairman; **Herr Binding war Vorsitzender** = Mr Binding was chairman *oder* acted as chairman; **bitte alle Fragen an den Vorsitzenden richten** = please address your remarks to the chair; **sich an den Vorsitzenden wenden** = to address the chair; **sie wurde zur Vorsitzenden gewählt** = she was voted into the chair **(b)** *(einer Firma)* chairman *oder* chairwoman *oder* *(US)* president; **Herr Jonathan D. Jones junior wurde zum Vorsitzenden des Unternehmens gewählt** = Mr. Jonathan D. Jones, Junior has been appointed president of the company **(c)** *(eines Vereins)* president; **er wurde zum Vorsitzenden des Sportvereins gewählt** = he was elected president of the sports club **(d)** *(Gewerkschaft, pol. Partei)* leader; **der Vorsitzende der Gewerkschaft der Eisenbahner** = the leader of the railwaymen's union

Vorsorge *f* **(a)** *(Vorsichtsmaßnahme)* precaution(s); **Vorsorge treffen** = to take precautions **(b)** *(Vorbereitung)* provision(s); **Vorsorge treffen für** = to make provision for *oder* to provide for

Vorspiegelung *f* pretence; **Vorspiegelung falscher Tatsachen** = fraudulent misrepresentation *oder* false pretences

Vorstand *m* **(a)** *(Gremium)* executive (committee) *oder* (managing) board (of directors); **sie wurde in den Vorstand berufen** = she was asked to join the board **(b)** *(Person)* chairman *oder* managing director *oder* head *(cf* AUFSICHTSRAT)

◇ **Vorstandsebene** *f* board level

◇ **Vorstandsetage** *f* boardroom; **Auseinandersetzungen in der Vorstandsetage** = boardroom battles

◇ **Vorstandsgremium** *n* management committee

◇ **Vorstandsmitglied** *n* director *oder* member of the board *oder* member of the executive *oder* committee member; **zwei Vorstandsmitglieder wurden auf der Jahreshauptversammlung abgesetzt** = two directors were removed from the board at the AGM; **sie wurden zu den Vorstandsmitgliedern gewählt** = they were elected members of the board; **die Wahl der Vorstandsmitglieder eines Verbands** = the election of officers of an association

◇ **Vorstandssitzung** *f* board meeting

◇ **Vorstandsvorsitzende(r)** *mf* chair(wo)man of the board; **der Jahresbericht des Vorstandsvorsitzenden** = the chairman's report

> unter dem Verdacht von Finanzmanipulationen in Milliardenhöhe ist der 4köpfige Vorstand festgenommen worden
> ***Neue Zürcher Zeitung***
>
> kräftige Zinssenkungen, das hieße eine schwächere Mark, ein Tabu für Deutschlands Banker, vom Vorstand bis zum Filialleiter
> ***Capital***
>
> auf Vorstandsebene rücken gleich zwei Topmanager des Konzerns nach
> ***Wirtschaftswoche***

vorstehen *vi* to be in charge *oder* to (be the) head *oder* to manage; **einer Abteilung vorstehen** = to be in charge of a department; **einem Geschäft vorstehen** = to manage a business

vorstellen *vt* **(a)** *(bekannt machen)* to introduce **(b)** *(bekanntmachen)* to present **(c)** *(darstellen)* to represent

◇ **Vorstellung** *f* **(a)** introduction *oder* presentation; **die Vorstellung des Projekts dauerte sehr lange** = the presentation of the project took a long time **(b)** idea; **der Manager hat merkwürdige Vorstellungen von Personalführung** = the manager has some strange ideas about personnel management

◇ **Vorstellungsgespräch** *n* interview; **ein Vorstellungsgespräch führen** = to interview; **wir führten zehn Vorstellungsgespräche, fanden aber keinen geeigneten Bewerber** = we interviewed ten candidates, but did not find anyone suitable; **wir luden sechs Personen zum Vorstellungsgespräch ein** = we called six people for interview; **ich habe nächste Woche ein Vorstellungsgespräch** *oder* **ich gehe nächste Woche zu einem Vorstellungsgespräch** = I have an interview next week *oder* I am going for an interview next week

Vorsteuer *f* *(MwSt.)* input tax

> da die Umsatzsteuer auf den ermäßigten Satz von sieben Prozent begrenzt würde, die Betriebe aber die Vorsteuer von fünfzehn Prozent abziehen könnten, komme es nicht zu einer zusätzlichen Belastung
> ***Die Zeit***

vortäuschen *vt* to pretend *oder* to fake

Vorteil *m* advantage; **es bringt keine Vorteile, vor Ausstellungsbeginn da zu sein** = there is no advantage in arriving at the exhibition before it opens; **Kenntnis zweier Fremdsprachen ist von Vorteil** = knowledge of two foreign languages is an advantage; **einer Konkurrenzfirma gegenüber im Vorteil sein** = to have an advantage over *oder* to have the edge on a rival company

◇ **vorteilhaft** *adj* advantageous *oder* favourable

vortragen *vt* **(a)** *(mitteilen)* to report *oder* to express *oder* to state **(b)** *(fin)* to carry forward *oder* to bring down; **vorgetragener Saldo: DM 965,15** = balance brought down: DM 965.15

vorübergehend 1 *adj* temporary; **vorübergehende Anstellung** = temporary employment; **vorübergehende Maßnahmen ergreifen** = to take temporary measures **2** *adv* temporarily

Vorverkauf *m* advance booking

◇ **Vorverkaufskasse** *oder* **Vorverkaufsstelle** *f* (advance) booking office

vorverlegen *vt* to advance *oder* to bring forward; **die Besprechung mit den amerikanischen Vertragshändlern wurden von 11 auf 9.30 Uhr vorverlegt** = the meeting with the American distributors has been brought forward from 11.00 to 09.30; **den Rückzahlungstermin vorverlegen** = to bring forward the date of repayment; **der Termin der Jahreshauptversammlung wurde auf den 10. Mai vorverlegt** = the date of the AGM has been advanced to May 10th; **der Termin für die nächste Sitzung wurde auf März vorverlegt** = the date of the next meeting has been brought forward to March

Vorvertrag *m* provisional contract

Vorwahl *f* area code *oder* dialling code; **die Vorwahl für Frankfurt ist 069** = the area code for Frankfurt is 069; **Internationale Vorwahl** = international dialling code

vorwegnehmen *vt* to anticipate; **die Aktien nehmen eine Aufwertung des Dollar vorweg** = shares are discounting a rise in the dollar

Vorweihnachtszeit *f* pre-Christmas period; **in der Vorweihnachtszeit ist immer viel los** = the pre-Christmas period is always very busy

vorweisen *vt* to show *oder* to produce; **er kann als Gebrauchtwagenhändler einiges vorweisen** = he has a good track record as a secondhand car salesman

Vorwurf *m* reproach *oder* accusation; *pl* **Vorwürfe machen** = to blame; **der geschäftsführende Direktor machte dem Hauptbuchhalter dafür Vorwürfe, daß er ihn nicht auf den Verlust hingewiesen hatte** = the managing director blamed the chief accountant for not warning him of the loss

vorzeigen *vt* to produce *oder* to show; **der Zollbeamte forderte ihn auf, die relevanten Dokumente vorzuzeigen** = the customs officer asked him to produce the relevant documents

◇ **Vorzeigen** *n* production

vorzeitig *adj* early; **vorzeitige Pensionierung** = early retirement; **sich vorzeitig pensionieren lassen** = to take early retirement

vorziehen *vt* to prefer; **wir ziehen den kleinen Eckladen dem großen Supermarkt vor** = we prefer the small corner shop to the large supermarket; **die meisten Kunden ziehen es vor, Bekleidung selbst auszusuchen, anstatt dem Rat des Verkäufers zu folgen** = most customers prefer to choose clothes themselves, rather than take the advice of the sales assistant

◇ **Vorzug** *m* **(a)** *(Vorrang)* preference **(b)** *(Vorteil)* advantage

◇ **Vorzugsaktien** *fpl* preference shares *oder* preferred shares *oder (US)* preferred stock; **Inhaber/-in von Vorzugsaktien** = preference shareholder; **kumulative Vorzugsaktien** = cumulative preference shares *oder (US)* cumulative preferred stock

◇ **Vorzugsaktionär/-in** *mf* preference shareholder

◇ **Vorzugsbedingungen** *fpl* preferential terms

◇ **Vorzugsfahrpreis** *m* concessionary fare

◇ **Vorzugsgläubiger** *m* preferred *oder* secured creditor

◇ **Vorzugspreis** *m* bargain *oder* discount price

◇ **Vorzugszins** *m* prime rate *oder* prime

◇ **Vorzugszoll** *m* preferential duty *oder* preferential tariff

Vreneli = Swiss gold coin

VVaG = VERSICHERUNGSVEREIN AUF GEGENSEITIGKEIT

Ww

Waage *f* **(a)** *(für kleine Sachen)* scales *oder* balance **(b)** *(für Lastwagen)* weighing machine *oder* weighbridge
◇ **waagerecht** *adj* horizontal *oder* level

Wachmann *m* (night)watchman *oder* security guard

wachsen *vi* to grow *oder* to increase; **die Computerbranche wuchs schnell in den 80er Jahren** = the computer industry grew fast in the 1980s; **das Unternehmen wuchs von einem kleinen Reparaturladen zu einem multinationalen Elektronikunternehmen** = the company has grown from a small repair shop to a multinational electronics business
◇ **Wachsen** *n* growth *oder* increase; **im Wachsen begriffen sein** = on the increase
◇ **wachsend** *adj* growing *oder* increasing; **ein wachsender Absatzmarkt** = a growth area *oder* a growth market
◇ **Wachstum** *n* growth; **das Unternehmen ist auf Wachstum ausgerichtet** = the company is aiming for growth
◇ **Wachstumsaktie** *f* growth share *oder* growth stock
◇ **Wachstumsbranche** *f* growth industry *oder* boom industry; **Technologie ist eine Wachstumsbranche** = technology is a booming sector of the economy
◇ **Wachstumsindex** *m* growth index
◇ **Wachstumsindustrie** *f* growth industry *oder* boom industry
◇ **Wachstumsmarkt** *m* growth market
◇ **Wachstumspotential** *n* growth potential; **Aktie mit Wachstumspotential** = share with growth potential *oder* with a potential for growth
◇ **Wachstumsrate** *f* growth rate

Wagen *m* car
◇ **Wagenpark** *m* fleet (of cars *oder* vans)

Waggon *m* wagon *oder* *(US)* freight car; **frei Waggon** = free on rail

> so werden im Hochgeschwindigkeitsverkehr speziell konstruierte Waggons mit elektronischen Bremsen eingesetzt
> *Die Wirtschaft*

Wagnis *n* risk
◇ **Wagniskapital** *n* risk capital *oder* venture capital

Wahl *f* **(a)** *(Auswahl)* choice *oder* pick; **treffen Sie Ihre Wahl** = take your pick; **wir haben keine andere Wahl** = we have no alternative **(b)** *(pol usw.)* election *oder* vote *oder* ballot; **geheime Wahl** = secret ballot; **eine (geheime) Wahl abhalten** = to ballot; **die Wahl der Vorstandsmitglieder eines Verbands** = the election of officers of an association; **die Wahl von Vorstandsmitgliedern durch Aktionäre** = the election of directors by the shareholders
◇ **wählbar** *adj* eligible
◇ **Wählbarkeit** *f* eligibility
◇ **Wahlbetrug** *m* ballot-rigging *oder* rigging of ballots
◇ **wählen** *vt* **(a)** *(Auswahl)* to choose *oder* to pick; **sie wählten die einzige Bewerberin zur Verkaufsleiterin** = they chose the only woman applicant as sales director; **der Vorstand wählte den Leiter der Finanzabteilung als Nachfolger für den in den Ruhestand tretenden geschäftsführenden Direktor** = the board picked the finance director to succeed the retiring MD; **der Verband wählte Stuttgart als nächsten Tagungsort** = the Association has picked Stuttgart for its next meeting **(b)** *(pol usw.)* to elect *oder* to vote; **sie wurde in den Ausschuß gewählt** = she was voted on to the committee; **sie wurde zur Präsidentin gewählt** = she was elected president; **die Vorstandsmitglieder eines Verbands wählen** = to elect the officers of an association **(c)** *(tel)* to dial; **eine Nummer wählen** = to dial a number
◇ **Wähler/-in** *mf* voter
◇ **Wahlhelfer/-in** *mf* canvasser *oder* electoral assistant
◇ **wahllos** *adj & adv* indiscriminate(ly) *oder* at random; **der Vorsitzende griff wahllos zwei Vertreterberichte heraus** = the chairman picked out two salesmen's reports at random
◇ **Wahlmöglichkeit** *f* choice *oder* option
◇ **Wahlresultat** *n* election result; **Manipulation der Wahlresultate** = ballot-rigging
◇ **Wahlstimmenwerbung** *f* canvassing; **Wahlstimmenwerbung an der Haustür** = house-to-house canvassing *oder* door-to-door canvassing
◇ **Wahlurne** *f* ballot box
◇ **wahlweise** *adv* alternatively
◇ **Wahlzettel** *m* ballot paper

wahrnehmen *vt* to look after *oder* to protect *oder* to safeguard; **die Interessen der Aktionäre wahrnehmen** = to safeguard the interests of the shareholders
◇ **Wahrscheinlichkeit** *f* probability *oder* likelihood

Währung *f* currency; **einheitliche Währung** = single currency; **fremde** *oder* **ausländische Währung** = foreign currency; **gesetzliche Währung** = legal tender; **harte Währung** = hard currency; **für Importe mit harter Währung bezahlen** = to pay for imports in hard currency; **Rohstoffe verkaufen, um harte Währung zu bekommen** = to sell raw materials to earn hard currency; **frei konvertierbare Währung** = convertible currency; **Geschäft mit verschiedenen Währungen** = multicurrency operation;

schwache *oder* **weiche Währung** = soft currency; **starke Währung** = hard currency; **eine Währung stützen** = to peg a currency
◇ **Währungsausgleich** *m* currency conversion compensation
◇ **Währungsdeckung** *f* currency backing
◇ **Währungseinheit** *f* monetary unit *oder* unit of currency
◇ **Währungsfonds** *m* monetary fund; **Internationaler Währungsfonds (IWF)** = International Monetary Fund (IMF)
◇ **Währungskorb** *m* basket of currencies
◇ **währungspolitisch** *adj* monetary
◇ **Währungsreserven** *fpl* (foreign) currency reserves
◇ **Währungsspekulant** *m* currency speculator
◇ **Währungssystem** *n* monetary system; **das Europäische Währungssystem (EWS)** = the European Monetary System (EMS); **das internationale Währungssystem** = the international monetary system
◇ **Währungsunion** *f* monetary union; **Europäische Währungsunion (EWU)** = European Monetary Union (EMU)

Wandel *m* change *oder* shift

> technologischer Fortschritt und die Liberalisierung der Märkte setzen internationale Banken einem steten Wandel aus
> *Neue Zürcher Zeitung*

Wandelanleihe *f* convertible loan
◇ **Wandelschuldverschreibung** *f* convertible bond *oder* convertible debenture

Wandlung *f* cancellation of a sale contract

Wandtresor *m* wall safe

Ware *f* article *oder* commodity *oder* goods *oder* merchandise *oder* product; **die Ware wird über zwei Häfen verschifft** = the merchandise is shipped through two ports; *pl* **Waren** = goods *oder* merchandise; **Waren auf Lager** = stock in hand; **sofort verfügbare Waren** = actuals; **Waren unter Zollverschluß** = goods in bond
◇ **Warenangebot** *n* range of goods
◇ **Warenannahme** *f* receiving department *oder* receiving office; **Angestellte(r) in der Warenannahme** = receiving clerk
◇ **Warenaufzug** *m* goods lift *oder (US)* freight elevator
◇ **Warenausfuhr** *f* export of goods
◇ **Warenausgang** *m* sale of goods; *pl* **Warenausgänge** = outgoing goods
◇ **Warenausgangsbuch** *n* sales book *oder* sales ledger *oder* sales day book (SDB)
◇ **Warenaustausch** *m* barter trade; **die Firma hat einem Warenaustausch mit Polen zugestimmt** = the company has agreed a barter deal with Poland
◇ **Warenbegleitschein** *m* docket *oder* delivery note
◇ **Warenbeschreibung** *f* trade description *oder* description of goods
◇ **Warenbestand** *m* stock *oder (US)* inventory; **den Warenbestand aufnehmen** = to take stock *oder (US)* to take inventory; **den Warenbestand zum Bewertungspreis kaufen** = to purchase stock at valuation; **ein Geschäft inklusive des bewerteten Warenbestands kaufen** = to buy a shop with stock at valuation; **den Warenbestand reduzieren** = to reduce stock; **Verzeichnis des Warenbestands** = stock figures
◇ **Warenbestellung** *f* order for goods; **Warenbestellung aus dem Ausland** = indent
◇ **Warenbörse** *f* commodity exchange *oder* commodity market
◇ **Warencode** *m* stock code
◇ **Warendumping** *n* dumping of goods; **Warendumping auf dem europäischen Markt** = dumping of goods on the European market
◇ **Wareneinfuhr** *f* import of goods
◇ **Wareneingang** *m* receipt of goods; *pl* **Wareneingänge** = goods received
◇ **Wareneingangsbuch** *n* purchase ledger
◇ **Warenexport** *m* export of goods
◇ **Warenhaus** *n* (department) store *oder* emporium
◇ **Warenimport** *m* import of goods
◇ **Warenkorb** *m* shopping basket; **der Preis eines durchschnittlichen Warenkorbs ist um 6% gestiegen** = the price of the average shopping basket *oder (US)* the market basket has risen by 6%
◇ **Warenkredit** *m* trade credit
◇ **Warenlager** *n* goods depot
◇ **Warenlieferung** *f* delivery of goods; **wir haben die Warenlieferung am 25. entgegengenommen** *oder* **abgenommen** = we took delivery of the stock on the 25th
◇ **Warenmuster** *n* sample of goods
◇ **Warenposten** *m* lot *oder* parcel *oder* item; **er verkaufte die Möbel als einen Warenposten** = he sold the household furniture as a job lot
◇ **Warenprobe** *f* sample
◇ **Warenquittung** *f* receipt for items purchased
◇ **Warensendung** *f* shipment *oder* consignment; **eine Warensendung ist eingetroffen** = a consignment of goods has arrived; **wir schicken wöchentlich zwei Warensendungen nach Frankreich** = we make two shipments a week to France; **zwei Warensendungen gingen durch den Brand verloren** = two shipments were lost in the fire
◇ **Warensortiment** *n* range *oder* line (of goods); **sie stellen ein interessantes Warensortiment an Gartengeräten her** = they produce an interesting line in garden tools

Warenterminbörse *f* commodity futures exchange
◇ **Warentermingeschäft** *n* commodity futures
◇ **Warenterminmarkt** *m* commodity futures market; **der Goldpreis stieg gestern am Warenterminmarkt um 5%** = gold rose 5% on the commodity futures market yesterday

> innerhalb des Bankgewerbes sind es vor allem die Volks- und Raffeisenbanken, die dank ihrer besonderen Nähe zur Agrarwirtschaft Interesse an einer Warenterminbörse haben
> *Neue Zürcher Zeitung*

Warentest *m* test of goods
◇ **Warenumsatz** *m* turnover of goods *oder* merchandise
◇ **Warenverkehr** *m* movement of goods *oder* goods trade; **es gibt mehr Warenverkehr auf den**

Autobahnen = there is an increase in goods traffic on the motorway

◇ **Warenvorrat** *m* inventory *oder* stock-in-trade

◇ **Warenwechsel** *m* trade bill

◇ **Warenzeichen** *n* trademark; **Sie können Ihre Betten nicht ‚Traumland' nennen - das ist ein eingetragenes Warenzeichen** = you cannot call your beds 'Traumland' - it is a registered trademark

◇ **Warenzustellung** *f* delivery of goods

warm *adj* **(a)** warm **(b)** *(Miete)* inclusive of heating; **die Wohnung kostet DM 2000 warm** = the flat costs DM 2000 including heating (costs) *(cf* KALT) **(c)** *(umg)* **warmer Regen** = windfall

warnen *vti* to warn; **die Regierung warnte vor möglichen Einfuhrzöllen** = the government warned of possible import duties; **er warnte die Aktionäre, daß die Dividende gekürzt werden könne** = he warned the shareholders that the dividend might be cut; **vor Imitationen wird gewarnt** = beware of imitations

◇ **Warnschild** *n* warning sign; **Warnschilder wurden um das Baugelände herum aufgestellt** = warning notices were put up around the construction site

◇ **Warnstreik** *m* token strike

◇ **Warnung** *f* warning; **eine Warnung geben** *oder* **aussprechen** = to issue a warning

> unmittelbar nach dem 31. März werden die Mitglieder in der ostdeutschen Metallindustrie zu Warnstreiks aufgerufen
>
> ***Sächsische Zeitung***
>
> die Warnstreiks erfaßten gestern erstmals auch das Saarland
>
> ***Welt der Wirtschaft***

warten 1 *vi* **(a)** to await *oder* to wait (for); **der Vertreter wartet auf unsere Anweisungen** = the agent is waiting for our instructions; **er wartete mit der Unterzeichnung des Pachtvertrages, bis er einzelne Punkte geprüft hatte** = he held back from signing the lease until he had checked the details; **wir warten auf die Entscheidung der Planungsabteilung** = we are awaiting the decision of the planning department **(b)** *(tel)* to hold on *oder* to hang on (while phoning); **bitte warten** = hold the line please; **der Vorsitzende spricht auf der anderen Leitung - wollen Sie warten?** = the chairman is on the other line - will you hold?; **warten Sie einen Moment, der Vorsitzende wird gleich sein Gespräch auf der anderen Leitung beenden** = if you hang on a moment, the chairman will be off the other line soon **2** *vt* to service *oder* to maintain; **der Wagen muß alle sechs Monate gewartet werden** = the car needs to be serviced every six months

◇ **Warteraum** *m* departure lounge

◇ **Warteschlange** *f* queue *oder (US)* line; **es bildeten sich Warteschlangen vor den Türen der Bank, als sich die Nachricht über ihren möglichen Zusammenbruch verbreitete** = queues formed at the doors of the bank when the news spread about its possible collapse

◇ **Wartung** *f* maintenance *oder* service; **das Gerät wurde zur Wartung eingeschickt** = the machine has been sent in for service; **der Computer ging zur Wartung an den Hersteller zurück** = the computer has gone back to the manufacturer for servicing; **die routinemäßige Wartung von Geräten** = the routine service of equipment

◇ **Wartungsdienst** *m* maintenance service; **wir bieten einen kompletten Wartungsdienst** = we offer a full maintenance service

◇ **Wartungs(hand)buch** *n* service handbook *oder* service manual

◇ **Wartungsvertrag** *m* maintenance contract *oder* service contract

waschen *vt* to launder; **Geld über eine Offshore-Bank waschen** = to launder money through an offshore bank

◇ **Waschzettel** *m* leaflet

wasserdicht *adj* watertight *oder* waterproof; **der Computer ist in einer wasserdichten Kiste verpackt** = the computer is packed in a watertight case; **die Teile werden in wasserdichten Verpackungen geschickt** = the parts are sent in waterproof packing

◇ **wasserfest** *adj* **(a)** waterproof **(b)** *(Tinte)* indelible

Wechsel *m* **(a)** *(Änderung)* change *oder* alternation *oder* exchange *oder* rotation; **die Position des Vorsitzenden im Wechsel vergeben** = to fill the post of chairman by rotation **(b)** bill of exchange *oder* draft; **einen Wechsel akzeptieren** = to accept a bill; **einen Wechsel auf eine Bank ziehen** = to make a draft on a bank; **einen Wechsel diskontieren** = to discount a bill *(cf* GELDWECHSEL)

> nur zur Erinnerung: 1988 nahm die Bundesbank Wechsel zum Diskontsatz von 2,5 Prozent entgegen
>
> ***Capital***

◇ **Wechselautomat** *m* change machine

◇ **Wechselbürgschaft** *f* guarantee on a bill

◇ **Wechselforderungen** *fpl* bills receivable

◇ **Wechselgeld** *n* **(a)** change; **behalten Sie das Wechselgeld** = keep the change; **du hast die Rechnung über DM 15,75 mit einem Zwanzigmarkschein bezahlt, also solltest du DM 4,25 Wechselgeld haben** = you paid the DM 15.75 bill with a twenty mark note, so you should have DM 4.25 change **(b)** *(Kleingeld zum Herausgeben)* float *oder* cash float; **die Vertreter haben jeweils DM 300 Wechselgeld** = the sales reps have a float of DM 300 each; **wir beginnen den Tag mit DM 50 Wechselgeld in der Kasse** = we start the day with a DM 50 float in the cash desk

◇ **Wechselkurs** *m* rate of exchange *oder* exchange rate; **die Kosten anhand eines festen Wechselkurses berechnen** = to calculate costs on a fixed exchange rate; **wie ist der heutige** *oder* **derzeitige Wechselkurs des Dollars?** = what is today's rate *oder* the current rate for the dollar?

◇ **Wechselkursfreigabe** *f* floating; **die Wechselkursfreigabe des Pfundes** = the floating of the pound

◇ **Wechselkurskorrektur** *f* exchange rate adjustment; **nach der Abwertung gab es eine Periode** *oder* **Phase von Wechselkurskorrekturen** = after the devaluation there was a period of readjustment in the exchange rates

◇ **Wechselkursmechanismus** *m* exchange rate mechanism (ERM)

◇ **Wechselkursschwankungen** *fpl* fluctuations in *oder* of the exchange rate

◇ **wechseln** *vt* to change; **einen Zwanzigmarkschein wechseln** = to change a twenty mark note; **jdm DM 50 wechseln** = to give someone change for DM 50; **den Besitzer wechseln** = to change hands; **das Geschäft wechselte für DM 300.000 den Besitzer** = the shop changed hands for DM 300,000
◇ **Wechselprolongation** *f* renewal of a bill
◇ **Wechselprolongationstermin** *m* renewal date of a bill; **wann ist der Wechselprolongationstermin?** = when is the renewal date of the bill?
◇ **Wechselprotest** *m* protest (of a bill); **Wechselprotest einlegen** = to protest a bill
◇ **wechselseitig** *adj* reciprocal; **wechselseitige Beteiligungen** = reciprocal holdings
◇ **Wechselstube** *f* bureau de change
◇ **Wechselverbindlichkeiten** *fpl* bills payable

Weg *m* way; **auf dem Weg** = en route; **auf dem Weg sein zu** *oder* **nach** = to head for; **seinen Weg machen** = to make one's way; **der Angestellte hat endlich seinen Weg in die Firmenspitze gemacht** = the employee has finally made it to the top
◇ **Wegbereiter/-in** *mf* pioneer *oder* trailblazer

wegen *prep* **(a)** due to *oder* owing to; **das Flugzeug hatte Verspätung wegen Nebel** = the plane was late owing to fog; **das Unternehmen zahlt Löhne für Mitarbeiter, die wegen Krankheit fehlen** = the company pays the wages of staff who are absent due to illness **(b) von Amts wegen** = ex officio

Wegerecht *n* right of way

wegkommen *vi* **gut wegkommen** = to do well; **schlecht wegkommen** = to do badly *oder* to lose out; **das Unternehmen ist bei dem Andrang** *oder* **Wettbewerb, billige Computer herzustellen, schlecht weggekommen** = the company has lost out in the rush to make cheap computers

weglassen *vt* to omit *oder* to leave out; **sie ließ das Datum auf dem Brief weg** = she left out the date on the letter

wegstehlen *vt* to steal; **das Konkurrenzunternehmen stahl uns die besten Kunden weg** = the rival company poached *oder* stole our best clients

Wegwerf- *pref* disposable
◇ **wegwerfen** *vt* to throw away *oder* to throw out
◇ **Wegwerfgesellschaft** *f* affluent society

wehren *vr* **sich wehren** = to resist; **das Unternehmen wehrt sich gegen das Übernahmeangebot** = the company is resisting the takeover bid

weich *adj* soft; **‚weiche' Verkaufstechnik** = soft sell; **weiche Währung** = soft currency

weigern *vr* **sich weigern** = to refuse; **sie weigerten sich zu zahlen** = they refused to pay
◇ **Weigerung** *f* refusal

Weihnachten *n* Christmas
◇ **Weihnachtsfeiertage** *mpl* Christmas holiday(s); **das Büro ist während der Weihnachtsfeiertage geschlossen** = the office is closed for the Christmas holiday
◇ **Weihnachtsgeld** *n* Christmas bonus

Weißbuch *n (pol)* White Paper

Weißrußland *n* Belarus
◇ **Weißrusse/Weißrussin** *mf* Belarussian
◇ **weißrussisch** *adj* Belarussian
(NOTE: Hauptstadt: **Minsk;** Währung: **Rubel** *m* = rouble)

Weisung *f* instruction *oder* directive
◇ **Weisungsrecht** *n* authority to issue directives

weit *adv* far; **bei weitem** = by far *oder* easily; **die Firma ist bei weitem die größte auf dem Markt** = the firm is easily the biggest in the market; **er ist bei weitem unser bester Vertreter** = he is easily our best salesman
◇ **weiter** *adj* further *oder* additional; **er lieh sich DM 300.000 und versuchte dann, noch weitere DM 75.000 zu leihen** = he had borrowed DM 300,000 and then tried to borrow a further DM 75,000; **weitere Aufträge werden von unserer Londoner Geschäftsstelle bearbeitet** = further orders will be dealt with by our London office; **weitere Details** *oder* **Einzelheiten erfragen** = to ask for further details *oder* particulars; **wir können nichts tun, solange wir auf weitere Instruktionen warten** = nothing can be done while we are awaiting further instructions; **der Flug von Frankfurt endet in New York - für weitere Reiseziele muß man auf Inlandsflüge umsteigen** = the flight from Frankfurt terminates in New York - for further destinations you must change to internal flights ; **er bat um weitere sechs Wochen Zahlungsaufschub** = he asked for a further six weeks to pay; **bis auf weiteres** = until further notice; **Sie müssen bis auf weiteres am 30. jedes Monats DM 600 bezahlen** = you must pay DM 600 on the 30th of each month until further notice
◇ **weiterbilden** *vt* to train further *oder* to retrain
◇ **Weiterbildung** *f* further education
◇ **weiterleiten** *vt* to refer *oder* to pass on *oder* to forward; **eine Frage an einen Ausschuß weiterleiten** = to refer a question to a committee; **wir haben Ihre Beschwerde an unseren Lieferanten weitergeleitet** = we have referred your complaint to our supplier
◇ **weitermachen** *vti* to carry on *oder* to keep on; **mit etwas weitermachen** = to get on with *oder* to proceed with something
◇ **weiterschicken** *vt* to send on *oder* to forward; **er schickte den Brief an seinen Bruder weiter** = he sent the letter on to his brother
◇ **weiterverarbeiten** *vt* to (re)process *oder* to finish
◇ **Weiterverarbeitung** *f* (re)processing
◇ **weiterverfolgen** *vt* to follow up; **eine Initiative weiterverfolgen** = to follow up an initiative
◇ **weitervergeben** *vt* to pass on; **Arbeit** *oder* **Aufträge weitervergeben** = to farm out work *oder* to subcontract; **die Elektroarbeiten wurden an die Fa. Sperzel weitervergeben** = the electrical work has been subcontracted to Sperzel's
◇ **Weiterverkauf** *m* resale; **etwas zum Weiterverkauf erwerben** = to purchase something

for resale; **der Vertrag verbietet den Weiterverkauf der Waren an die USA** = the contract forbids resale of the goods to the USA

◇ **weitgehend** *adv* largely; **sie haben sich weitgehend vom amerikanischen Markt zurückgezogen** = they have largely pulled out of the American market

◇ **weitverbreitet** *adj* widespread *oder* common

Welt *f* **(a)** *(Erde)* world; **diese Computermarke gibt es in der ganzen Welt** = this make of computer is available worldwide **(b)** *(Lebensbereich)* **die Welt der Anwälte** = the world of lawyers *oder* the legal world; **die Welt des Großkapitals** = the world of big business

◇ **Weltbank** *f* World Bank

◇ **Welthandel** *m* international trade *oder* world trade

◇ **Weltmarkt** *m* international market *oder* world market; **der Weltmarkt für Stahl** = the world market for steel

◇ **Weltumsatz** *m* world sales *oder* sales worldwide; **der Weltumsatz hat zwei Millionen Einheiten überschritten** = sales worldwide have topped two million units

◇ **Weltwährungsfonds** *m* International Monetary Fund (IMF)

◇ **weltweit** *adj* worldwide; **das Unternehmen hat ein weltweites Vertriebsnetz** = the company has a worldwide network of distributors; **die Rechte für ein Produkt weltweit haben** = to have world rights to a product

◇ **Weltwirtschaft** *f* global economy

◇ **Weltwirtschaftskrise** *f* *(1929-33)* **die Weltwirtschaftskrise** = the Great Depression *oder* the Slump

Wende *f* turning point *(often referred to as the point of German reunification)* **die Zahl der Arbeitslosen stieg nach der Wende drastisch an** = there was a dramatic rise in unemployment after reunification

◇ **wenden** *vt* **(a)** to turn **(b)** *vr* **sich wenden an** = to turn to *oder* to approach; **er wandte sich an die Bank, um einen Kredit zu bekommen** = he approached the bank with a request for a loan

> über vier Jahre nach der Wende haben sich im Osten eine ganze Reihe von raumfahrtorientierten mittelständischen Unternehmen mit wachsendem Erfolg auf dem Markt etabliert
>
> ***Süddeutsche Zeitung***

wenig *adj* little *oder* few; **wir haben so wenig von diesem Artikel verkauft, daß wir die Produktion eingestellt haben** = we sold so few of this item that we have discontinued the line; **zu wenig herausgeben** = to short change; **in der Zeit zwischen Weihnachten und Neujahr bekommen wir nur wenige Aufträge** = we get only a few orders in the period between Christmas and the New Year; **nur wenige Mitarbeiter bleiben länger als sechs Monate bei uns** = few of the staff stay with us more than six months; **wir haben einige wenige Kisten übrig** = we have a few odd boxes left

◇ **weniger 1** *comp adj* less *oder* fewer; **er verkaufte es für weniger, als er dafür bezahlt hatte** = he sold it for less than he had paid for it; **weniger werden** = to decline **2** *adv* less; **weniger als die Hälfte der Aktionäre nahmen das Angebot an** = less than half the shareholders accepted the offer

Werbe- *pref* advertising *oder* promotional

◇ **Werbeabteilung** *f* publicity department

◇ **Werbeagentur** *f* advertising agency *oder* publicity agency *oder* publicity bureau

◇ **Werbeaktion** *f* publicity campaign *oder* advertising campaign

◇ **Werbebeilage** *f* magazine insert

◇ **Werbebranche** *f* advertising; **er hat eine Stelle in der Werbebranche** = he has a job in advertising; **sie arbeitet in der Werbebranche** = she works in advertising

◇ **Werbeeinnahmen** *pl* advertising revenue

◇ **Werbeetat** *m* advertising budget *oder* promotion(al) budget *oder* publicity budget

◇ **Werbefachleute** *pl* advertising people *oder* advertising experts *oder* *(umg)* admen; **die Werbefachleute setzen Ballons als Werbematerial ein** = the admen are using balloons as promotional material

◇ **Werbefachmann** *m* advertising man *oder* advertising expert *oder* *(umg)* adman

◇ **Werbefeldzug** *m* advertising campaign; **sie arbeiten an einem Werbefeldzug, um eine neue Seifenmarke auf den Markt zu bringen** = they are working on a campaign to launch a new brand of soap

◇ **Werbefläche** *f* advertising space

◇ **Werbegag** *m* advertising gimmick *oder* publicity gag; **die PR-Abteilung hat sich diesen neuen Werbegag einfallen lassen** = the PR department thought up this new advertising gimmick

◇ **Werbegeschenk** *n* free gift *oder* premium offer *oder* *(umg)* giveaway *oder* freebie; **jeder Kunde, der eine Waschmaschine kauft, bekommt ein Werbegeschenk im Wert von DM 50** = there is a free gift worth DM 50 to any customer buying a washing machine

◇ **Werbegraphiker/-in** *mf* commercial artist

◇ **Werbekampagne** *f* publicity campaign *oder* advertising campaign

◇ **Werbekosten** *pl* advertising costs *oder* publicity expenditure; **die Verkaufserlöse decken kaum die Werbekosten** = the sales revenue barely covers the cost of advertising

◇ **Werbeleiter/-in** *mf* advertising manager *oder* publicity manager

◇ **Werbematerial** *n* publicity matter *oder* sales literature; **sie verschickten Werbematerial an 20.000 Adressen** = they made a leaflet mailing to 20,000 addresses

◇ **Werbemedium** *oder* **Werbemittel** *n* advertising medium

werben *vi* **(a)** to advertise *oder* to promote *oder* to publicize; **für ein neues Produkt werben** = to promote a new product; **mit der Kampagne soll für die Serviceleistungen des Fremdenverkehrsvereins geworben werden** = the campaign is intended to publicize the services of the tourist board **(b)** to attract *oder* to enlist *oder* to solicit; **um Kunden** *oder* **Wahlstimmen werben** = to canvass; **er wirbt um Kunden für seinen Friseursalon** = he's canvassing for customers for his hairdresser's shop

> so eine Dresdner AG, die in Leipzig mit ihrer breiten Palette von Elektromotoren um neue Kunden wirbt
> ***Sächsische Zeitung***

Werbeplakat *n* advertising placard
◇ **Werbeplakatträger** *m* sandwich man
◇ **Werbeprospekt** *m* publicity handout
◇ **Werbeschild** *n* *(im Schaufenster)* showcard
◇ **Werbeschreiben** *n* sales sheet
◇ **Werbeslogan** *m* publicity slogan *oder* advertising slogan
◇ **Werbespot** *m* *(TV, Radio)* commercial
◇ **Werbesymbol** *n* advertising symbol; **sie benutzen einen Bären als Werbesymbol** = they use a bear as their advertising symbol
◇ **Werbetafel** *f* advertising sign; **die meisten Gebäude in der Innenstadt sind mit Werbetafeln bedeckt** = advertising signs cover most of the buildings in the centre of the town
◇ **Werbetarif** *m* advertising rates
◇ **Werbeteam** *n* promotion team
◇ **Werbetext** *m* advertising copy *oder* publicity copy; **sie schreibt Werbetexte für eine Reisegesellschaft** = she writes copy for a travel firm; **aggressiver** *oder* **herabsetzender Werbetext** = knocking copy
◇ **Werbetextentwurf** *m* publicity copy
◇ **Werbetexter/-in** *mf* copywriter
◇ **Werbeträger** *m* advertising medium
◇ **Werbevertreter/-in** *mf* advertising agent
◇ **werbewirksam** *adj* effective (as publicity)
◇ **Werbezettel** *m* publicity leaflet *oder* *(US)* broadside
◇ **Werbezweck** *m* publicity purpose

> zwischen 220 und 230 Straßenbahnen in Prag sind derzeit als Werbeträger unterwegs. Damit werden rund 30% des heutigen gesamten Wagenparks für Werbezwecke genutzt
> ***Prager Zeitung***

Werbung *f* **(a)** *(Promotion)* advertising *oder* promotion *oder* publicity; **Werbung machen** = to advertise *oder* to promote *oder* to publicize; **Werbung für ein neues Produkt machen** = to advertise a new product **(b)** *(Reklame)* advertisement **(c)** *(TV)* commercial
◇ **Werbungskosten** *pl* tax-deductible business expenses

> bereits voriges Jahr hatte der Bundesfinanzhof entschieden, daß solche Rückzahlungen als Werbungskosten abzusetzen sind
> ***Capital***

Werdegang *m* background *oder* career; **wie ist sein Werdegang** *oder* **wissen Sie etwas über seinen Werdegang?** = what is his background *oder* do you know anything about his background?

Werft *f* shipyard *oder* dockyard

> seine ehrgeizigen Pläne, in Wismar auf der grünen Wiese eine supermoderne Werft zu bauen, scheiterten an den Vorbehalten aus Brüssel
> ***Süddeutsche Zeitung***

Werk *n* works *oder* factory *oder* mill *oder* plant; **nach dem Mittagessen wurden die Besucher durch das Werk geführt** = after lunch the visitors were shown round the plant; **Preis ab Werk** = price ex factory *oder* price ex works

◇ **Werksarzt/Werksärztin** *mf* company doctor; **das Personal muß einmal jährlich zum Werksarzt** = the staff have to see the company doctor once a year
◇ **Werks(s)pionage** *f* industrial espionage

Werkstatt *f* workshop *oder* shop *oder* *(Auto)* garage

> kleine ausländische Werkstätten reagieren flexibler, schneller und preisgünstiger auf Trendwechsel im Brillenmarkt
> ***Capital***

Werkstoff *m* material

Werkszeitung *f* house journal *oder* house magazine

werktätig *adj* working
◇ **Werktätige(r)** *mf* working person

Werkzeug *n* implement *oder* tool *oder* set of tools
◇ **Werkzeugmaschine** *f* machine tool

wert *adj* worth; **der Wagen ist auf dem Gebrauchtwagenmarkt DM 15.000 wert** = the car is worth DM 15,000 on the secondhand market; **kaufen Sie den Computer jetzt - er ist sein Geld wert** = buy that computer now - it is very good value; **lassen Sie es nicht reparieren - es ist nur DM 25 wert** = do not get it repaired - it is worth only DM 25
◇ **Wert** *m* value *oder* worth; **er importierte Waren im Wert von DM 850** = he imported goods to the value of DM 850; **im Wert steigen** *oder* **im Wert fallen** = to rise in value *oder* to fall in value; **an Wert verlieren** = to depreciate; **angemeldeter** *oder* **angegebener Wert** = declared value
◇ **Wertberichtigung** *f* provision *oder* valuation adjustment; **Wertberichtigung auf Anlagevermögen** = allowance for depreciation
◇ **Wertentwicklung** *f* performance; **die schlechte Wertenwicklung der Aktien an der Börse** = the poor performance of the shares on the stock market; **wie war die Wertentwicklung der Aktien?** = how did the shares perform?
◇ **Wertgegenstände** *mpl* valuable property *oder* valuables
◇ **Wertkarte** *f* charge card *oder* *(Österreich)* phonecard *(cf* TELEFONKARTE)

> über eine Funkverbindung an einer elektronischen Zahlstelle soll die fällige Gebühr von einer Wertkarte abgebucht werden
> ***Sächsische Zeitung***

wertlos *adj* worthless; **der Scheck ist wertlos, wenn er nicht unterschrieben ist** = the cheque is worthless if it is not signed
◇ **Wertminderung** *f* decrease in value *oder* depreciation; **Wertminderung von Aktien** *oder* **Beteiligungen** = dilution of equity *oder* of shareholding; **die Wertminderung der D-Mark** = the decline in the value of the mark

Wertpapier *n* security *oder* bond; **übertragbares** *oder* **begebbares Wertpapier** = negotiable instrument *oder* negotiable paper; *pl* **Wertpapiere** = securities *oder* stocks and shares; **börsennotierte Wertpapiere** = listed securities; **Wertpapiere der**

öffentlichen Hand = gilt-edged securities *oder* government securities

◇ **Wertpapieranlage** *f* investment in securities

◇ **Wertpapierbörse** *f* stock exchange

◇ **Wertpapierhandel** *m* stockbroking

◇ **Wertpapierhändler/-in** *mf* dealer on the stock exchange *oder* market-maker *oder* securities trader

◇ **Wertpapiermakler/-in** *mf* stockbroker

◇ **Wertpapiermarkt** *m* stock market *oder* securities market

Wertrückgang *m* fall in value *oder* depreciation; **der Wertrückgang des englischen Pfundes** = the fall in the value of sterling

◇ **Wertschätzung** *f (Achtung)* appreciation *oder* esteem *oder* respect

◇ **Wertschöpfung** *f* net product

◇ **Wertsteigerung** *f* appreciation *oder* increase in value

◇ **Wertsteuer** *f* ad valorem tax *oder* duty

◇ **Wertverlust** *m* depreciation; **der Wertverlust der D-Mark** = the decline in the value of the mark; **eine Aktie, die im Laufe des Jahres einen Wertverlust von 10% erlitt** = a share which has shown a depreciation of 10% over the year

◇ **wertvoll** *adj* valuable

◇ **Wertzoll** *m* ad valorem duty *oder* tax

◇ **Wertzuwachs** *m* appreciation *oder* gain; **die Immobilienaktien wiesen einen Wertzuwachs von 10%-15% auf** = property shares put on gains of 10%-15%

> entscheidend ist, ob die Lage der Immobilie so gut ist, daß sich Wertzuwachs und Mieteinnahmen auch langfristig einstellen
>
> ***Capital***

Wettbewerb *m* competition; **freier Wettbewerb** = free competition; **scharfer Wettbewerb** = keen competition

◇ **Wettbewerber** *m* competitor

◇ **wettbewerbsbeschränkend** *adj* restrictive; **wettbewerbsbeschränkende Geschäftspraktiken** = restrictive trade practices

◇ **Wettbewerbsbeschränkung** *f* restraint of trade

◇ **wettbewerbsfähig** *adj* competitive; **wettbewerbsfähige Auspreisung** = competitive pricing; **wettbewerbsfähiger Preis** = competitive price; **zu wettbewerbsfähigen Preisen** = competitively priced

◇ **Wettbewerbsfähigkeit** *f* competitiveness

◇ **Wettbewerbsfreiheit** *f* free competition; **die Wettbewerbsfreiheit der Fluggesellschaften** = the deregulation of the airlines

◇ **wettbewerbsunfähig** *adj* uncompetitive; **das Unternehmen hat sich durch überhöhte Preise wettbewerbsunfähig gemacht** = the company has priced itself out of the market

◇ **Wettbewerbsvorteil** *m* competitive advantage; **daß wir eine örtliche Geschäftsstelle haben, verschafft uns gegenüber der Fa. Sperzel einen Wettbewerbsvorteil** = having a local office gives us a competitive edge over Sperzel's

> Produktivitätsfortschritte sind aber gerade dort am größten, wo globaler Wettbewerb herrscht
>
> ***Capital***
>
> eine Beeinträchtigung der Handelsbeziehungen würde europäischen Konkurrenten erhebliche Wettbewerbsvorteile verschaffen
>
> ***Der Tagesspiegel***

Wette *f* *oder* **Wetteinsatz** *m* bet

◇ **wetten** *vti* to bet; **er wettete DM 100 auf das Wahlergebnis** = he bet DM 100 on the result of the election; **ich wette mit Ihnen um DM 20, daß die Mark gegenüber dem Pfund steigen wird** = I bet you DM 20 the mark will rise against the pound

Wettkampf *m* competition; **erbitterter Wettkampf um Marktanteile** = bitter competition to increase market share

wettmachen *vt* to make good; **einen Verlust wettmachen** = to make good a loss

Wettsteuer *f* betting tax

wichtig *adj* important; **sie hat um 10.30 Uhr eine wichtige Besprechung** = she has an important meeting at 10.30; **er ließ einen Stoß wichtiger Papiere im Taxi** = he left a pile of important papers in the taxi; **er ist zu einem wichtigeren Posten aufgestiegen** = he has been promoted to a more important job

◇ **Wichtigkeit** *f* importance

wickeln *vt* to wrap; **er wickelte das Paket in grünes Papier** = he wrapped (up) the parcel in green paper

Widerklage *f* counter-claim; **Widerklage erheben** = to counter-claim; **Müller verklagte Schmidt auf DM 50.000 Schadenersatz, und Schmidt erhob eine Widerklage über DM 100.000 für den Verlust des Amtes** = Müller claimed DM 50,000 in damages against Schmidt, and Schmidt entered a counter-claim of DM 100,000 for loss of office

Widerruf *m* cancellation *oder* revocation *oder* withdrawal

◇ **widerrufen** *vti* to cancel *oder* to revoke *oder* to withdraw

widersetzen *vr* **sich widersetzen** = to oppose *oder* to resist; **der Vorsitzende widersetzte sich allen Versuchen, die ihn zum Rücktritt bringen sollten** = the chairman resisted all attempts to make him resign

Widerstand *m* resistance; **Widerstand leisten (gegen)** = to resist; **den Weg des geringsten Widerstandes gehen** = to take the soft option; **der Vorschlag des Vorsitzenden stieß auf großen Widerstand der Banken** = the chairman's proposal met with strong resistance from the banks; **es gab erheblichen Widerstand seitens der Aktionäre gegen den neuen Plan** = there was a lot of resistance from the shareholders to the new plan

widrigenfalls *adv* failing which *oder* failing that

Wiederanlage *f* reinvestment

Wiederaufbau *m* reconstruction; **der wirtschaftliche Wiederaufbau eines Gebiets nach einer Katastrophe** = the economic reconstruction of an area after a disaster; **Europäische Bank für Wiederaufbau und Entwicklung (BERD)** = European Bank for Reconstruction and Development (EBRD)

Wiederauffüllung *f* restocking

Wiederaufnahme *f* resumption; **wir rechnen mit einer baldigen Wiederaufnahme der Verhandlungen** = we expect an early resumption of negotiations
◇ **wiederaufnehmen** *vt* to resume; **die Gespräche wurden nach zweistündiger Pause wiederaufgenommen** = the discussions resumed after a two hour break

Wiederausfuhr *f* re-export *oder* re-exportation; **der Wert von Wiederausfuhren ist gestiegen** = the value of re-exports has increased
◇ **wiederausführen** *vt* to re-export
◇ **Wiederausfuhrhandel** *m* re-export trade

Wiederbelebung *f* recovery; **die Wiederbelebung der Wirtschaft nach einer Rezession** = the recovery of the economy after a slump

Wiederbeschaffung *f* replacement
◇ **Wiederbeschaffungskosten** *pl* replacement cost(s) *oder* cost(s) of replacement
◇ **Wiederbeschaffungswert** *m* replacement value; **der Computer ist zum Wiederbeschaffungswert versichert** = the computer is insured at its replacement value; **Rechnungslegung zum Wiederbeschaffungswert** = current cost accounting

wiederbeschäftigen *vt* to re-employ
◇ **Wiederbeschäftigung** *f* re-employment

Wiedereinfuhr *f* reimport *oder* reimportation

Wiedereinreise *f* re-entry; **Visum, das zur Wiedereinreise berechtigt** = re-entry visa *oder* permit

wiedereinstellen *vt* **(a)** to reappoint *oder* to re-employ *oder* to re-engage; **Personal wiedereinstellen** = to re-engage staff **(b)** *(nach ungerechtfertigter Entlassung)* to reinstate; **die Gewerkschaft forderte, daß die entlassenen Arbeiter wiedereingestellt werden sollen** = the union demanded that the sacked workers should be reinstated
◇ **Wiedereinstellung** *f* reappointment *oder* re-employment *oder* reinstatement

wiedererlangbar *adj (Vermögen)* recoverable *oder* retrievable
◇ **wiedererlangen** *vt* to recover *oder* to retrieve
◇ **Wiedererlangung** *f* recovery *oder* retrieval

wiederernennen *vt* to reappoint *oder* to reassign; **er wurde für einen weiteren Zeitraum von drei Jahren zum Vorsitzenden wiederernannt** = he was reappointed chairman for a further three-year period
◇ **Wiederernennung** *f* reappointment *oder* reassignment

wiedereröffnen *vti* to reopen; **die Geschäftsstelle wird bald nach dem Umbau wiedereröffnen** = the office will reopen soon after its refit
◇ **Wiedereröffnung** *f* reopening; **die Wiedereröffnung des Geschäfts nach dem Umbau** = the reopening of the store after refitting

wiedergewinnen *vt* to recover *oder* to retrieve
◇ **Wiedergewinnung** *f* recovery *oder* retrieval

wiedergutmachen *vt* to make up for; **eine verspätete Zahlung wiedergutmachen** = to make up for a late payment
◇ **Wiedergutmachung** *f* compensation *oder* reparation

wiederholen *vti* to repeat; **er wiederholte langsam seine Adresse, damit die Verkäuferin sie aufschreiben konnte** = he repeated his address slowly so that the salesgirl could write it down
◇ **wiederholend** *adj* **sich wiederholend** = recurrent
◇ **wiederholt** *adj & adv* repeated(ly)

wiederkehrend *adj* recurring; **ständig wiederkehrend** = recurrent; **ein ständig wiederkehrender Ausgabeposten** = a recurrent item of expenditure

Wiedervereinigung *f* reunification

> die Investitionen in Werbung haben sich nicht mehr so stark entwickelt wie in den Jahren nach der Wiedervereinigung
>
> ***Süddeutsche Zeitung***
>
> zweieinhalb Jahre nach der Wiedervereinigung gibt östliches Verbraucherverhalten den Marktforschern noch immer Rätsel auf
>
> ***Focus***

Wiederverkauf *m* resale
◇ **Wiederverkäufer** *m* reseller; *(Einzelhändler)* retailer
◇ **Wiederverkäuferrabatt** *m* trade discount
◇ **Wiederverkaufswert** *m* retail value; **der Wiederverkaufswert der Waren auf Lager beträgt DM 3 Mio.** = the goods in stock have a retail value of DM 3 million

wiederverwerten *vt* to recycle
◇ **Wiederverwertung** *f* recycling

Wiederwahl *f* re-election; **sich zur Wiederwahl stellen** = to stand for re-election; **sie ist berechtigt, sich zur Wiederwahl zu stellen** = she is eligible to stand for re-election
◇ **wiederwählbar** *adj* eligible for re-election; **sie ist wiederwählbar** = she is eligible for re-election
◇ **wiederwählen** *vt* to re-elect; **der scheidende Vorsitzende wird bestimmt wiedergewählt** = the outgoing chairman is certain to be re-elected; **er wurde zum Vorsitzenden wiedergewählt** = he was re-elected chairman

wiegen *vti* to weigh; **er wog das Paket im Postamt** = he weighed the packet at the post office; **das Paket wiegte 125 Gramm** = the packet weighed 125 grams

Wiener Philharmoniker *m* Austrian gold coin

wieviel *adv* how much *oder (bei Mehrzahl)* how many; **wieviel kostet das?** = how much is that?; **wieviel Uhr ist es?** = what time is it? *oder* what is the time?; **wieviel Pfund sind zwanzig Mark?** = what are twenty marks worth in pounds?; **wieviele Flugzeuge am Tag fliegen von hier nach Dresden?** = how many planes a day fly between here and Dresden?; **um wieviel Prozent stieg der DAX heute?** = how many percent did the DAX rise today?

wild *adj* wild; **wilder Streik** = unofficial strike *oder* wildcat strike

willkürlich *adj* random *oder* arbitrary

Winterfahrplan *m* winter timetable; **das Busunternehmen hat seinen Winterfahrplan herausgebracht** = the bus company has brought out its winter timetable

◇ **Winterschlußverkauf** *m* winter sale *oder* end of season sale

wirklich *adv* really; **diese Waren sind wirklich billig** = these goods are really cheap

◇ **Wirklichkeit** *f* reality; **in Wirklichkeit** = in reality *oder* in fact; **das Bürogebäude gehört in Wirklichkeit dem Vater des Vorsitzenden** = the office building really belongs to the chairman's father; **in Wirklichkeit ist das Geschäft ein Buchladen, obwohl dort auch Schallplatten geführt werden** = the shop is really a bookshop, though it does carry some records

wirksam *adj* effective *oder* effectual; **wirksam bleiben** = to remain in effect; **wirksam werden** = to operate *oder* to become operative

◇ **Wirksamkeit** *f* effectiveness; **ich bezweifle die Wirksamkeit von Fernsehwerbung** = I doubt the effectiveness of television advertising

Wirkung *f* **(a)** effect; **mit Wirkung vom 1. Januar werden die Preise um 10% erhöht** = prices are increased 10% with effect from January 1st; **Klausel mit Wirkung vom 1. Januar** = clause effective as from January 1st **(b)** impact; **das neue Design hatte wenig Wirkung auf die Verbraucher** = the new design has made little impact on the consumer

◇ **Wirkungskreis** *m* sphere of activity

Wirtschaft *f* **(a)** *(Volkswirtschaft)* economy; **die Wirtschaft des Landes liegt am Boden** = the country's economy is in ruins; **staatlich gelenkte Wirtschaft** = controlled economy; **Schlüsselwerte für die Wirtschaft** = economic indicators **(b)** *(Handel, Geschäftsleben)* trade and industry *oder* commerce; **nach seinem Studium will er in die Wirtschaft gehen** = after graduating he intends to go into industry **(c)** *(Finanzwelt)* business world; **der Kanzler hat sich auf die Unterstützung der Wirtschaft verlassen** = the chancellor relied on the support of the business community

◇ **wirtschaften** *vi* to manage (money); **sparsam wirtschaften** = to economize

◇ **wirtschaftlich** *adj* **(a)** *(ökonomisch)* economic; **ich verstehe die wirtschaftlichen Aspekte der Kohleindustrie nicht** = I do not understand the economics of the coal industry; **wirtschaftliche Entwicklung** = economic development; **die wirtschaftliche Entwicklung der Region änderte sich völlig, als dort Öl gefunden wurde** = the economic development of the region has totally changed since oil was discovered there; **die wirtschaftliche Situation** = the economic situation; **das Land erlebte in den 60ern eine Zeit des wirtschaftlichen Wachstums** = the country enjoyed a period of economic growth in the 1960s **(b)** *(rentabel)* economic *oder* commercial; **es ist für das Unternehmen kaum wirtschaftlich, ein eigenes Lagerhaus zu haben** = it is hardly economic for the company to run its own warehouse; **die Wohnung wird zu einem wirtschaftlichen Preis vermietet** = the flat is let at an economic rent; **wirtschaftliche Auslastung** = commercial load **(c)** *(sparsam)* economical; **das neue Lagersteuerungssystem ist sehr wirtschaftlich** = the new stock control system is very economical **(d)** *(persönlich)* financial; **nach ihrer Beförderung verbesserte sich ihre wirtschaftliche Lage erheblich** = after her promotion her financial situation improved considerably; **wirtschaftliches Interesse** = vested interest

◇ **Wirtschaftlichkeit** *f* **(a)** *(Rentabilität)* economics *oder* profitability *oder* economic efficiency **(b)** *(Sparsamkeit)* economy

◇ **Wirtschaftsaufschwung** *m* upturn in the economy

◇ **Wirtschaftsbericht** *m* business news *oder* economic report

◇ **Wirtschaftsbüro** *n* trade bureau

◇ **Wirtschaftsentwicklung** *f* economic trend

◇ **Wirtschaftsgemeinschaft** *f* economic community; **die Europäische Wirtschaftsgemeinschaft (EWG)** = the European Economic Community (EEC) *(siehe auch* EG, EU)

◇ **Wirtschaftsgut** *n* (i) asset; (ii) commodity

◇ **Wirtschaftshilfe** *f* economic aid

◇ **Wirtschaftshochschule** *f* business school *oder* business college

◇ **Wirtschaftskorrespondent/-in** *mf* business correspondent *oder* financial correspondent; **der Wirtschaftskorrespondent von der Tageszeitung ‚Die Zeit'** = the business correspondent of 'Die Zeit'

◇ **Wirtschaftskriminalität** *f* white-collar crime

◇ **Wirtschaftskrise** *f* economic crisis *oder* economic depression; **die Regierung führte Einfuhrkontrollen ein, um die gegenwärtige Wirtschaftskrise zu lösen** = the government has introduced import controls to solve the current economic crisis

> Schweden und Finnland haben die schwerste Wirtschaftskrise der Nachkriegszeit erlebt
>
> *Börse*

◇ **Wirtschaftslage** *f* economic situation; **die allgemeine Wirtschaftslage** = the general situation of the economy

◇ **Wirtschaftsminister/-in** *mf* minister for economic affairs *oder* minister of trade and commerce ≈ *(GB)* President of the Board of Trade *oder (US)* Secretary of Commerce *oder* Commerce Secretary

◇ **Wirtschaftsministerium** *n* ministry of trade and commerce ≈ *(GB)* Department of Trade and Industry *oder* ≈ *(US)* Department of Commerce

◇ **Wirtschaftsmodell** *n* economic model

◇ **Wirtschaftsplaner/-in** *mf* economic planner; **die Wirtschaftsplaner der Regierung** = the government's economic planners

◇ **Wirtschaftsplanung** *f* economic planning

◇ **Wirtschaftspolitik** *f* economic policy; **die staatliche Wirtschaftspolitik** = the government's economic policy; **die Wirtschaftspolitik des Landes** = the country's economic policy

◇ **wirtschaftspolitisch** *adj* relating to economic policy

◇ **Wirtschaftsprognose** *f* economic forecast

◇ **Wirtschaftsprognostiker/-in** *mf* economic forecaster

◇ **Wirtschaftsprogramm** *n* economic plan(s); **das Wirtschaftsprogramm der Regierung** = the government's economic plans

◇ **Wirtschaftsprüfer/-in** *mf* **(a)** *(GB)* chartered accountant *oder* *(US)* certified public accountant **(b)** *(Buchprüfer)* auditor

◇ **Wirtschaftsprüfung** *f* auditing

◇ **Wirtschaftsraum** *m* economic area

> der Wirtschaftsraum um Singapur dürfte in den nächsten Jahren eine Insel der Stabilität darstellen
> ***Börse***

◇ **Wirtschaftsredakteur/-in** *mf* financial editor *oder* *(GB)* city editor

◇ **Wirtschaftsredaktion** *f* *(einer Zeitung)* business desk *oder* *(GB)* city desk

◇ **Wirtschaftssanktionen** *fpl* economic sanctions; **die westlichen Nationen verhängten Wirtschaftssanktionen über das Land** = the western nations imposed economic sanctions on the country

◇ **Wirtschaftssektor** *m* economic sector *oder* sector of the economy; **Technologie ist ein im Aufschwung begriffener Wirtschaftssektor** = technology is a booming sector of the economy

◇ **Wirtschaftsspionage** *f* industrial espionage

◇ **Wirtschaftssystem** *n* economic system; **das Wirtschaftssystem des Landes** = the country's economic system; **kapitalistisches Wirtschaftssystem** = capitalist economy

◇ **Wirtschafts- und Finanzkorrespondent/-in** *mf* financial correspondent

◇ **Wirtschaftsunion** *f* economic union

◇ **Wirtschaftsverband** *m* trade association

◇ **Wirtschaftswachstum** *n* economic growth

◇ **Wirtschaftswissenschaft** *f* economics

◇ **Wirtschaftswissenschaftler/-in** *mf* economist

◇ **Wirtschaftswunder** *n* economic miracle

◇ **Wirtschaftszweig** *m* branch of industry

wissen *vti* to know; **die Sekretärin des geschäftsführenden Direktors weiß nicht, wo er ist** = the managing director's secretary does not know where he is; **ich weiß nicht, wie ein Computer funktioniert** = I do not know how a computer works; **weiß er, wie lange es dauert, zum Flughafen zu kommen?** = does he know how long it takes to get to the airport?; **er wußte nichts von dem Vertrag** = he had no knowledge of the contract; **das weiß keiner so genau** = it is anyone's guess

◇ **Wissen** *n* knowledge

Wissenschaft *f* science

◇ **Wissenschaftspark** *m* science park

Woche *f* week; **er verdient DM 1.500 pro Woche** = he earns DM 1,500 a week *oder* per week; **sie arbeitet 35 Stunden pro Woche** = she works thirty-five hours per week *oder* she works a thirty-five-hour week; **zwei Wochen** = two weeks *oder* a fortnight; **ich sah ihn vor zwei Wochen** = I saw him a fortnight ago

◇ **Wocheneinnahmen** *fpl* weekly takings; **die Wocheneinnahmen wurden aus der Ladenkasse gestohlen** = the week's takings were stolen from the cash desk

◇ **Wochenkarte** *f* weekly ticket *oder* travelcard

◇ **wochenlang** *adj & adv* for weeks; **die Belegschaft arbeitete wochenlang mit Höchstgeschwindigkeit, um den Auftrag termingerecht zu erledigen** = the workforce worked at top speed for weeks on end to finish the order on time

◇ **Wochensatz** *m* weekly rate; **der Wochensatz für die Arbeit beträgt DM 750** = the weekly rate for the job is DM 750

◇ **Wochentag** *m* weekday *oder* workday; **an Wochentagen** = on weekdays

◇ **wöchentlich** *adj & adv* weekly; **wöchentlich bezahlt werden** = to be paid weekly *oder* by the week

◇ **Wochenzeitschrift** *f* weekly magazine *oder* a weekly

wohl *adv* well

◇ **Wohl** *n* welfare *oder* well-being; **der Vorsitzende ist am Wohl der Familien der Arbeiter interessiert** = the chairman is interested in the welfare of the workers' families

◇ **wohlbekannt** *adj* well-known

◇ **Wohlfahrt** *f* welfare *oder* social security

◇ **Wohlfahrtsstaat** *m* welfare state

◇ **wohlhabend** *adj* affluent *oder* prosperous *oder* rich *oder* wealthy *oder* well-off; **ein wohlhabender Börsenhändler** = a rich stockbroker; **ein wohlhabender Ladenbesitzer** = a prosperous shopkeeper; **eine wohlhabende Stadt** = a prosperous town

◇ **Wohlstand** *m* affluence *oder* prosperity *oder* wealth; **in Zeiten allgemeinen Wohlstandes** = in times of prosperity

◇ **Wohlstandsgesellschaft** *f* affluent society; **wir leben in einer Wohlstandsgesellschaft** = we live in an affluent society

◇ **Wohltätigkeitsbasar** *m* charity bazaar *oder* jumble sale

◇ **Wohltätigkeitsorganisation** *f* charitable *oder* voluntary organization

wohnen *vi* to live

◇ **Wohngeld** *n* housing benefit

◇ **wohnhaft** *adj* resident

◇ **Wohnsitz** *m* **(a)** *(Hauptwohnsitz)* domicile; **er hat seinen Wohnsitz in Dänemark** = he is domiciled in Denmark **(b)** *(Zweitwohnsitz)* secondary residence; **er hat einen Wohnsitz auf dem Lande, wo er seine Wochenenden verbringt** = he has a country residence where he spends his weekends

◇ **Wohnung** *f* flat *oder* *(US)* apartment; **er hat eine Wohnung im Stadtzentrum** = he has a flat in the centre of town; **sie kauft eine Wohnung in der Nähe des Büros** = she is buying a flat close to her office; **möblierte Wohnungen** = furnished lettings

◇ **Wohnungsbau** *m* house building

◇ **Wohnungsbaudarlehen** *n* home loan

◇ **Wohnungsmakler/-in** *mf* letting agent *oder* estate agent *oder (US)* real estate broker *oder* realtor

◇ **Wohnungsnot** *f* (serious) housing shortage

◇ **Wohnzimmer** *n* lounge *oder* living room

Wolle *f* wool

◇ **Wollballen** *m* bale of wool; **2.520 Wollballen wurden bei dem Feuer verbrannt** = 2,520 bales of wool were destroyed in the fire

Workaholic *m* workaholic

> Funktelefone: Erkennungsgeräte der Workaholics und Statussymbol entwöhnter Luxusuhrenträger
> ***Capital***

Workshop *m (Diskussionssitzung)* workshop

> aus dem ersten Workshop sind drei Teilnehmer auch diesmal dabei
> ***TopBusiness***

Workstation *f (Computer)* workstation

Wortführer *m* spokesman

Wortlaut *m* wording; **haben Sie den Wortlaut des Vertrags gelesen?** = did you read the wording on the contract?

Wrack *n* wreck; **sie retteten die Fracht aus dem Wrack** = they saved the cargo from the wreck

Wucher *m* usury

◇ **Wucherer/Wucherin** *mf* **(a)** *(Preistreiber)* profiteer **(b)** *(Geldverleiher)* usurer

◇ **Wuchergeschäft** *n* **(a)** profiteering **(b)** usury

◇ **Wuchermiete** *f* rack rent *oder* exorbitant rent

◇ **Wucherpreis** *m* exorbitant price

◇ **Wucherzins** *m* extremely high rate of interest

> mit dem Fahrzeug ausreisen darf ohnehin nur, wer schon ein neues Kennzeichen mit lateinischen statt kyrillischen Buchstaben führt. Die Schilder sind rar, folglich nur zu Wucherpreisen zu haben
> ***Focus***

Wucht *f* momentum

wühlen *vi* to rummage

◇ **Wühlkorb** *m (im Kaufhaus)* dump bin

◇ **Wühltisch** *m* bargain counter

Wunsch *m* wish *oder* request; **auf Wunsch** = on request; **die Versicherung kann auf Wunsch abgeschlossen werden** = the insurance cover is optional; **wir senden Ihnen auf Wunsch Muster** = we will send samples on request

würdigen *vt* to appreciate

◇ **Würdigung** *f* appreciation

Xx Yy

xerographieren *vt* to xerox
◊ **Xerokopie** *f* xerox; **der anderen Partei eine Xerokopie des Vertrags schicken** = to send the other party a xerox of the contract; **eine Xerokopie eines Briefes machen** = to make a xerox copy of a letter; **wir haben allen Agenten Xerokopien geschickt** = we have sent xeroxes to each of the agents
◊ **xerokopieren** *vt* to xerox; **ein Dokument xerokopieren** = to xerox a document; **sie xerokopierte alle Akten** = she xeroxed all the files
◊ **Xerox** *(Markenname einer Art von Fotokopierern)* Xerox
◊ **Xeroxkopierer** *m* xerox machine; **wir bekommen morgen einen neuen Xeroxkopierer aufgestellt** = we are having a new xerox machine installed tomorrow

◊ **Xeroxpapier** *n* xerox paper; **wir müssen Xeroxpapier für den Kopierer bestellen** = we must order some more xerox paper for the copier

Yen *m (Währungseinheit in Japan)* yen

Yuan *m (Währungseinheit in China)* yuan

Zz

Zahl *f* number *oder* figure; **die zunehmende Zahl von Entlassungen** = the increasing number of redundancies; **die Zahlen des letzten Jahres** = the figures for last year *oder* last year's figures; **die Zahl der Passagiere auf den Pendlerstrecken hat während des Sommers abgenommen** = passenger traffic on the commuter lines has decreased during the summer; **die Zahlen ermitteln** = to work out the figures; **in den roten Zahlen** = in the red; **mein Bankkonto ist immer noch in den roten Zahlen** = my bank account is still in the red; **das Unternehmen ist erstmalig seit 1990 aus den roten Zahlen heraus** = the company is out of the red for the first time since 1990; **in den schwarzen Zahlen** = in the black; **das Unternehmen hat sich in die schwarzen Zahlen gewirtschaftet** = the company has moved into the black; **in runden Zahlen** = in round figures

> die Bundesanstalt für Arbeit ist noch längst nicht aus den roten Zahlen
>
> ***Neues Deutschland***

zahlbar *adj* payable; **zahlbar innerhalb von sechzig Tagen** = payable at sixty days; **zahlbar bei Lieferung** = payable on delivery; **zahlbar bei Sicht** *oder* **auf Verlangen** = payable on demand; **zahlbar an Überbringer** = payable to bearer; **in Frankreich zahlbare Wechsel** = bills domiciled in France; **im voraus zahlbar** = payable in advance; **bei Zeichnung zahlbare Aktien** = shares payable on application

◊ **zahlen** *vt* to pay; **auf Anforderung zahlen** = to pay on demand; **bitte zahlen Sie den Betrag von DM 30** = please pay the sum of DM 30; **das Unternehmen zahlte erst, als wir ihnen einen Brief unseres Anwalts schickten** = the company only paid up when we sent them a letter from our solicitor; **DM 5.000 für ein Auto zahlen** = to pay DM 5,000 for a car; **wir zahlen gute Löhne für Fachkräfte** = we pay good wages for skilled workers; **in Raten zahlen** = to pay in instalments; **Steuern zahlen** = to pay tax; **Zinsen zahlen** = to pay interest; **Bausparkassen zahlen 10% Zinsen** = building societies pay an interest of 10% *oder* pay interest at 10%; **Zoll auf Importe zahlen** = to pay duty on imports; **wieviel zahlen sie Ihnen pro Stunde?** = how much do they pay you per hour?

zählen *vti* to count

Zahlenkolonne *f* column of figures; **eine Zahlenkolonne addieren** = to add up a column of figures

◊ **Zahlenkombination** *f* combination number; **ich habe die Zahlenkombination für das Schloß meiner Aktentasche vergessen** = I have forgotten the combination of the lock on my briefcase

◊ **zahlenmäßig** *adj* numerical

◊ **Zahlenreihe** *f* sequence of numbers; **schreiben Sie die Endsumme an das Ende der Zahlenreihe** = put the total at the bottom of the column

Zahler *m* payer; **säumiger Zahler** = slow payer *oder* defaulter

Zählmaschine *f* comptometer

Zahlschalter *m oder* **Zahlstelle** *f* payment counter *oder* office

Zahltag *m* pay day

Zahlung *f* payment; **Zahlung bei Erhalt der Rechnung** = payment on invoice; **Zahlung in voller Höhe** = full payment *oder* payment in full; **Zahlung per Kreditkarte** = payment by credit card; **Zahlung durch Scheck** = payment by cheque; **aufgeschobene Zahlung** = deferred payment; **das Unternehmen erklärte sich damit einverstanden, die Zahlungen drei Monate aufzuschieben** = the company agreed to defer payments for three months; **in Zahlung geben** = to trade in; **der Vorsitzende gab seinen alten Mercedes für ein neues Modell in Zahlung** = the chairman traded in his old Mercedes for a new model; **in Zahlung gegebener Gegenstand** = trade-in; **in Zahlung nehmen** = to take in/as part exchange; **sie lehnten es ab, meinen alten Wagen für den neuen in Zahlung zu nehmen** = they refused to take my old car as part exchange for the new one

◊ **Zahlungsanweisung** *f* money order *oder* money transfer order

◊ **Zahlungsart** *f* mode of payment

◊ **Zahlungsaufforderung** *f* demand *oder* request for payment *oder* call

◊ **Zahlungsaufschub** *m* moratorium *oder* deferment of payment; **die Banken verlangten einen Zahlungsaufschub** = the banks called for a moratorium on payments

◊ **Zahlungsauftrag** *m* payment order; **Zahlungsauftrag an eine Bank** = banker's order

◊ **Zahlungsbedingungen** *fpl* terms of payment *oder* payment terms

◊ **Zahlungsbilanz** *f* balance of payments

◊ **Zahlungsbilanzdefizit** *n* balance of payments deficit

◊ **Zahlungsbilanzüberschuß** *m* balance of payments surplus

◊ **Zahlungseinstellung** *f* stoppage of payments *oder* suspension of payments

◊ **Zahlungsempfänger/-in** *mf* payee

◊ **Zahlungserleichterungen** *fpl* easy terms; **wir bieten Zahlungserleichterungen** = we offer facilities for payment

◊ **zahlungsfähig** *adj* solvent; **als er das Unternehmen kaufte, war es kaum zahlungsfähig**

= when he bought the company it was barely solvent

◇ **Zahlungsfähigkeit** *f* solvency

> die im vergangenen Jahr deutlich gefallenen Zinsen haben die Zahlungsfähigkeit der meisten Firmen trotz Konjunkturkrise verbessert
> *Frankfurter Allgemeine Zeitung*

◇ **Zahlungsfrist** *f* term of payment *oder* time for payment *oder* period allowed for payment; **das Unternehmen ist auf die gewährten Zahlungsfristen seiner Lieferanten angewiesen** = the company exists on credit from its suppliers; **wir kaufen alles mit einer Zahlungsfrist von 60 Tagen** = we buy everything on sixty days credit

◇ **Zahlungsmittel** *n* **(a)** means of payment; **die Firma akzeptiert verschiedene Zahlungsmittel** = the company accepts various means of payment **(b)** currency *oder* money; **gesetzliches Zahlungsmittel** = legal currency *oder* legal tender

◇ **Zahlungsmoral** *f* paying habits; **Schuldner mit schlechter Zahlungsmoral** = slow payer; **er ist bekannt für seine schlechte Zahlungsmoral** = he is well known as a slow payer

> neben den um 2 auf 12 Prozent gesunkenen Zinssätzen für Kontokorrentkredite habe auch die hohe Zahl an Konkursen ihren Beitrag zur verbesserten Zahlungsmoral geleistet
> *Frankfurter Allgemeine Zeitung*

◇ **zahlungspflichtig** *adj* obliged *oder* liable to pay

◇ **Zahlungsschwierigkeiten** *pl* financial difficulties *oder* financial trouble; **die neue Computerfirma ist in Zahlungsschwierigkeiten** = the new computer firm is in financial trouble

◇ **Zahlungsstopp** *m* stoppage of payments

◇ **Zahlungstermin** *m* date for payment

◇ **zahlungsunfähig** *adj* bankrupt *oder* insolvent; **er wurde für zahlungsunfähig erklärt** = he was adjudicated bankrupt *oder* declared insolvent; **er war zahlungsunfähig** = he was in a state of insolvency

◇ **Zahlungsunfähigkeit** *f* insolvency

◇ **Zahlungsverkehr** *m* payment transactions

◇ **Zahlungsverpflichtung** *f* financial commitments *oder* duty *oder* liability to pay; **er konnte seinen Zahlungsverpflichtungen nicht nachkommen** = he was not able to meet his liabilities

> Zahlungsverpflichtungen sind im Prinzip bei der Ermittlung des zu versteuernden Vermögens abzugsfähig
> *Capital*

◇ **Zahlungsversprechen** *n* promise to pay

◇ **Zahlungsverzug** *m* delay in payment; **in Zahlungsverzug geraten** = to default

◇ **Zahlungsweise** *f* method *oder* mode of payment; **welches ist die beste Zahlungsweise?** = what is the best method of payment?

◇ **Zahlungsziel** *n* credit period *oder* time allowed for payment; **unser übliches Zahlungsziel ist 30 Tagen** = our usual credit terms are 30 days *oder* our usual conditions are 30 days credit

Zaire *n* Zaire

◇ **Zairer/-in** *mf* Zairean

◇ **zairisch** *adj* Zairean

(NOTE: Hauptstadt: **Kinshasa** ; Währung: **Zaïre** *m* = zaïre)

z.B. = ZUM BEISPIEL for example *oder* e.g.; **der Vertrag hat in einigen Ländern Gültigkeit (z.B. in Frankreich und Belgien), aber nicht in anderen** = the contract is valid in some countries (e.g. France and Belgium) but not in others

Zeche *f* **(a)** *(Bergwerk)* pit *oder* mine **(b)** *(Rechnung)* **die (ganze) Zeche bezahlen** = to foot the bill

Zedent *m* assignor

◇ **zedieren** *vt* to assign

Zehnergruppe *f oder* **Zehnerclub** *m* **(G10)** Group of Ten (G10)

Zehnpfennigstück *n* ten-pfennig coin

◇ **Zehnmarkschein** *m* ten-mark note

Zehnertastatur *f* numeric keypad

Zeichen *n* **(a)** *(Markierung)* sign *oder* token *oder* mark **(b)** *(in der Korrespondenz)* reference; **Ihr Zeichen** = your reference *oder* your ref.; **unser Zeichen: PC/MS 1234** = our reference: PC/MS 1234

zeichnen 1 *vi* **(a)** to draw **(b)** *(unterschreiben)* to sign **2** *vt* **(a)** *(abzeichnen)* to draw **(b)** *(entwerfen)* to draw up **(c)** *(fin)* to subscribe; **Aktien zeichnen** = to apply for shares *oder* to subscribe for shares; **die Hälfte der Bezugsrechtemission wurde von den Aktionären nicht gezeichnet** = half the rights issue was not taken up by the shareholders

◇ **Zeichner/-in** *mf* **(a)** artist *oder* drawer *oder* draughts(wo)man **(b)** subscriber; **Zeichner von Aktien** = subscriber to a share issue

◇ **Zeichnung** *f* **(a)** drawing *oder* draft **(b)** subscription; **Zeichnung einer Neuemission** = subscription to a new share issue; **bei Zeichnung zahlbare Aktien** = shares payable on application

◇ **Zeichnungsangebot** *n* subscription offer *oder* offer for sale

◇ **Zeichnungsberechtigte(r)** *mf* authorized signatory

◇ **Zeichnungsfrist** *f* subscription period (for new shares)

◇ **Zeichnungsliste** *f* subscription list; **die Zeichnungslisten werden am 24. September um 10 Uhr geschlossen** = the subscription lists close at 10.00 on September 24th

◇ **Zeichnungsquote** *f* take up rate

zeigen *vt* to display *oder* to indicate *oder* to show

Zeile *f* line

◇ **Zeilendrucker** *m* line printer *oder* computer printer

Zeit *f* time; **ich werde in ein paar Minuten Zeit haben** = I shall be free in a few minutes *oder* in a few minutes' time; **zur Zeit** *oder* **z.Zt.** = pro tem *oder* currently; **wir verhandeln zur Zeit mit der Bank über ein Darlehen** = we are currently negotiating with the bank for a loan

◇ **Zeitarbeit** *f* temporary work *oder* employment

◇ **Zeitarbeiter/-in** *mf* temporary worker *oder* temp; **Vermittlung für Zeitarbeiter** = temp agency

◇ **Zeitarbeitskräfte** *fpl* temporary staff

◇ **Zeitersparnis** *f* time-saving; **die Geschäftsleitung ist auf Zeitersparnis bedacht** = the management is keen on time-saving

◇ **Zeitkarte** *f (Wochen-, Monats-, Jahreskarte)* season ticket *oder* (weekly *oder* monthly) travelcard

◇ **Zeitlang** *f* **eine Zeitlang** = a while *oder* a time *oder* for a period of time

◇ **zeitlich** *adj* temporal *oder* time; **zeitlicher Rahmen** = time scale; **er arbeitet nach einem strengen zeitlichen Rahmen** = he is working to a strict time scale; **uns ist ein zeitlicher Rahmen bis Ende August gesetzt, um die gesamte Arbeit fertigzustellen** = our time scale is that all work should be completed by the end of August

◇ **Zeitlimit** *n* time limit

◇ **Zeitlohn** *m* time wage *oder* time pay *oder* time rate *(cf* AKKORDLOHN, STÜCKLOHN)

◇ **Zeitplan** *m* schedule; **das Gebäude wurde vor Ablauf des Zeitplans fertiggestellt** = the building was completed ahead of schedule; **dem Zeitplan voraus sein** = to be ahead of schedule; **ich muß Ihnen leider sagen, daß wir drei Monate hinter dem Zeitplan liegen** = I am sorry to say that we are three months behind schedule; **einen Zeitplan aufstellen** = to timetable

◇ **Zeitpunkt** *m* point in time; **güngstiger Zeitpunkt** = convenient moment

◇ **Zeitraum** *m* period; **über einen Zeitraum von sechs Jahren** = over a six-year period; **der Umsatz über einen Zeitraum von drei Monaten** = sales over a period of three months; **Geld für einen festgesetzten Zeitraum anlegen** = to deposit money for a fixed period

Zeitschrift *f* journal *oder* magazine *oder* periodical *oder* review

◇ **Zeitschriftenabonnement** *n* magazine subscription; **ein Zeitschriftenabonnement kündigen** = to cancel a subscription to a magazine

◇ **Zeitschriftenabonnent/-in** *mf* subscriber to a magazine *oder* magazine subscriber

◇ **Zeitschriftenbeilage** *f* magazine insert

◇ **Zeitschriftenständer** *m* magazine rack

◇ **Zeitschriftenzustellung** *f* **Zeitschriftenzustellung per Post** = magazine mailing

Zeitspanne *f* period *oder* lapse of time

zeitsparend *adj* time-saving; **eine zeitsparende Vorrichtung** = a time-saving device

Zeit- und Bewegungsfachmann *m* time and motion expert

◇ **Zeit- und Bewegungsstudie** *f* time and motion study

Zeitung *f* newspaper *oder* paper; **kostenlose Zeitung** = free paper *oder* giveaway paper

◇ **Zeitungsanzeige** *f* newspaper advertisement; **auf eine Zeitungsanzeige antworten** = to answer an advertisement *oder* an advert *oder* an ad in the paper; **er fand seine Stelle durch eine Zeitungsanzeige** = he found his job through an ad in the paper

◇ **Zeitungsausschnitt** *m* press cutting; **wir haben eine Akte mit Zeitungsausschnitten über Produkte unserer Konkurrenten** = we have a file of press cuttings on our rivals' products

◇ **Zeitungsausschnittdienst** *m* press cutting agency *oder* clipping service

◇ **Zeitungsbericht** *m* report in a newspaper *oder* newspaper report

◇ **Zeitungshändler/-in** *mf* newsagent

◇ **Zeitungsinserat** *n* newspaper advertisement; **ein Zeitungsinserat aufgeben** = to put an advertisement *oder* an ad in the paper

◇ **Zeitungskiosk** *m* newspaper kiosk

◇ **Zeitungsmeldung** *f* report in a newspaper *oder* newspaper report

◇ **Zeitungsstand** *m* news stand

Zeitverschwendung *f* waste of time; **es ist Zeitverschwendung, den Vorsitzenden um eine Gehaltserhöhung zu bitten** = it is a waste of time asking the chairman for a rise

◇ **zeitversetzt** *adj & adv* staggered; **zeitversetzte Ferien helfen dem Fremdenverkehrsgewerbe** = staggered holidays help the tourist industry; **wir müssen zeitversetzt zum Mittagessen gehen, damit immer jemand in der Telefonzentrale ist** = we have to stagger the lunch hour so that there is always someone on the switchboard

◇ **Zeitwert** *m* present value

Zentimeter *mn* centimetre *oder (US)* centimeter; **das Papier ist fünfzehn Zentimeter breit** = the paper is fifteen centimetres wide

◇ **Zentimeterpreis** *m* column-centimetre

Zentner *m* hundredweight

Zentralafrikanische Republik *f* Central African Republic

◇ **Zentralafrikaner/-in** *mf* Central African

◇ **zentralafrikanisch** *adj* Central African

(NOTE: Hauptstadt: **Bangui** ; Währung: **CFA-Franc** *m* = CFA franc)

Zentralbank *f* central bank

◇ **Zentralbankrat** *m* board of a central bank *oder (US)* Federal Reserve Board *oder (umg)* the Fed

> der Zentralbankrat hat seine Leitzinsen, den Diskont- und den Lombardsatz, mit 5,75 beziehungsweise 6,75 Prozent unverändert gelassen
> ***Frankfurter Allgemeine Zeitung***

Zentrale *f* head office *oder* main office *oder* headquarters; **das Personal in der Zentrale reduzieren** = to reduce headquarters staff; **Zentrale des Unternehmensbereichs** = divisional headquarters

Zentraleinkauf *m* central purchasing

zentralisieren *vt* to centralize; **der Einkauf wurde in unserem Hauptbüro zentralisiert** = all purchasing has been centralized in our main office

◇ **zentralisiert** *adj* centralized; **dem Konzern kommt eine hoch zentralisierte Organisationsstruktur zugute** = the group benefits from a highly centralized organizational structure

◇ **Zentralisierung** *f* centralization

Zentralregierung *f* central government

Zentralwert *m* median

Zentrum *n* centre *oder (US)* center; **industrielles Zentrum** *oder* **Zentrum der Industrie** = industrial centre; **Zentrum der verarbeitenden Industrie** = manufacturing centre

zerbrechlich *adj* fragile; **für die Versicherung zerbrechlicher Waren in Warensendungen wird eine Extraprämie erhoben** = there is an extra premium for insuring fragile goods in shipment

Zerobond *m* zero-coupon bond

zerstören *vt* to destroy *oder* to ruin *oder* to wreck

Zertifikat *n* certificate

Zession *f* cession *oder* assignment *oder* transfer
◊ **Zessionar** *m* assignee
◊ **Zessionsurkunde** *f* deed of transfer

Zettel *m* **(a)** *(unbeschrieben)* piece *oder* scrap of paper **(b)** *(Notiz)* note *oder* slip *oder* chit **(c)** (filing) card **(d)** *(Anhängezettel)* label **(e)** *(Bestellzettel)* coupon *(Handzettel)* leaflet *oder* handbill **(f)** *(Kassenzettel, Beleg)* receipt **(g)** *(Stimmzettel)* ballot paper **(h)**
◊ **Zettelkartei** *f* card index (file)
◊ **Zettelkasten** *m* card index *oder* slip box
◊ **Zettelkatalog** *m* card catalogue *oder* card index

Zeuge/Zeugin *mf* witness; **der geschäftsführende Direktor unterschrieb als Zeuge** = the MD signed as a witness; **der Vertrag muß in Anwesenheit von zwei Zeugen unterschrieben werden** = the contract has to be signed in front of two witnesses
◊ **Zeugnis** *n* reference *oder* letter of reference *oder* testimonial; **jdm ein Zeugnis schreiben** = to write someone a testimonial

z.Hd. = ZU HÄNDEN (VON) for the attention of (fao)

Ziel *n* aim *oder* goal *oder* objective *oder* target; **unser Ziel ist es, innerhalb von zwölf Monaten kostendeckend zu arbeiten** = our goal is to break even within twelve months; **eins unserer Ziele ist es, die Qualität unserer Produkte zu verbessern** = one of our aims is to increase the quality of our products; **ein Ziel erreichen** = to meet a target; **das Unternehmen erreichte alle seine Ziele** = the company achieved all its goals; **ein Ziel nicht erreichen** = to miss a target; **Ziele setzen** = to set targets; **wir setzten den Handelsvertretern bestimmte Ziele** = we set the sales forces certain objectives
◊ **Zielgruppe** *f* target group *oder* target audience
◊ **Zielkauf** *m* credit purchase
◊ **Zielkonflikt** *m* conflict of goals
◊ **Zielmarkt** *m* target market
◊ **Zielort** *m* final destination *oder* ultimate destination
◊ **Zielsetzung** *f* objective *oder* target; **langfristige** *oder* **kurzfristige Zielsetzung** = long-term *oder* short-term objective
◊ **Zielvorgabe** *f* target(-setting); **Unternehmensführung mit Zielvorgaben** = management by objectives

> die jüngste Zielgruppe des Münchener Instituts sind die deutschen Töchter ausländischer Gesellschaften
> ***Süddeutsche Zeitung***

ziemlich *adv (beträchtlich)* quite *oder* rather *oder (umg)* pretty; **sie ist eine ziemlich gute Verkäuferin** = she is a pretty good saleswoman; **er kann ziemlich schnell tippen** = he can type quite fast; **ziemlich viel** = quite a few *oder* quite a lot *oder* a good many; **in der Vorweihnachtszeit kommen ziemlich viele Aufträge** = quite a lot of orders come in the pre-Christmas period; **ziemlich viele unserer Mitarbeiter sind Frauen** = quite a few of our sales staff are women; **ziemlich viele Personalmitglieder sind in die Gewerkschaft eingetreten** = a good many staff members have joined the union

Ziffer *f* **(a)** *(Zahlzeichen)* digit **(b)** *(Zahl)* figure *oder* number

Zimmer *n* room; **das Zimmer des Vorsitzenden ist am Ende des Flurs** = the chairman's room is at the end of the corridor; **Zimmer zu vermieten** = room(s) for rent; **freies Zimmer** = vacancy; **alle Zimmer belegt** = no vacancies; **ich möchte ein Zimmer mit Bad für zwei Nächte** = I want *oder* I would like a room with bath for two nights
◊ **Zimmerbelegung** *f* occupancy rate; **während der Wintermonate ging die Zimmerbelegung auf 50% zurück** = during the winter months the occupancy rate was down to 50%
◊ **Zimmerreservierung** *f* *(im Hotel)* room reservations
◊ **Zimmerservice** *m* *(im Hotel)* room service

Zins *m* interest; **aufgelaufene Zinsen** = accrued interest; **einfache Zinsen** = simple interest; **feste Zinsen** = fixed interest; **hohe** *oder* **niedrige Zinsen** = high *oder* low interest; **Auflaufen von Zinsen** = accrual of interest; **5% Zinsen bekommen** = to receive interest at 5%; **das Darlehen wirft 5% Zinsen ab** = the loan pays 5% interest; **die Bank zahlt 10% Zinsen auf Bankeinlagen** = the bank pays 10% interest on deposits; **Zins und Zinseszins** = cumulative interest
◊ **Zinsabschlagsteuer** *f* tax on interest payments
◊ **Zinsbelastung** *f* interest charge
◊ **Zinserhöhung** *f* interest rate increase; **die kürzliche Zinserhöhung hat die Hypotheken verteuert** = the recent rise in interest rates has made mortgages dearer
◊ **Zinsertrag** *m* interest yield; **Konto mit 10% Zinsertrag** = account which earns interest at 10%; **Staatsanleihen mit 5% Zinsertrag** = government bonds which bear 5% interest; **Zertifikat mit 5% Zinsertrag** = certificate bearing interest at 5%
◊ **Zinseszins** *m* compound interest
◊ **Zinseszinsrechnung** *f* calculation of compound interest
◊ **Zinsfuß** *m* interest rate
◊ **zinsgünstig** *adj* low-interest *oder* at a favourable rate of interest; **zinsgünstiger Kredit** = soft loan
◊ **zinslos** *adj* interest-free; **zinsloses Darlehen** = interest-free credit *oder* loan; **das Unternehmen**

gewährt seinem Personal zinslose Darlehen = the company gives its staff interest-free loans

◇ **Zinsniveau** *n* interest rate level

◇ **Zinspolitik** *f* interest rate policy

◇ **Zinsrechnung** *f* calculation of interest

◇ **Zinsrückstände** *mpl* arrears of interest *oder* back interest

◇ **Zinssatz** *m* interest rate *oder* rate of interest

◇ **Zinsschein** *m* interest coupon

◇ **Zinssenkung** *f* cut in interest rates

◇ **Zinsspanne** *f* interest rate margin

◇ **Zinsthesaurierung** *f* accrual of interest

◇ **zinstragend** *adj* interest-bearing; **zinstragende Bankeinlagen** = interest-bearing deposits

◇ **Zinswucher** *m* charging very high interest

◇ **Zinszahlung** *f* payment of interest *oder* interest payment

◇ **Zinszuwachs** *m* accrual of interest

> von großer Bedeutung wird allerdings die Entwicklung des Zinsniveaus in den USA sein
> ***Börse***
> kräftige Zinssenkungen, das hieße eine schwächere Mark, ein Tabu für Deutschlands Banker, vom Vorsitzenden bis zum Filialleiter
> ***Capital***
> während in der Schweiz die Zinsspanne zwischen Soll- und Habenzinsen bei etwa 1,5 Prozent liegt, beträgt sie in Deutschland das Doppelte
> ***Der Tagesspiegel***

Zirkularkreditbrief *m* circular letter of credit

◇ **zirkulierend** *adj* circulating

zitieren *vt* to quote

> ‚Blödsinn zitiert man nicht'
> ***Focus***

Zivilprozeß *m* civil action *oder* lawsuit

◇ **Zivilrecht** *n* civil law

◇ **zivilrechtlich** *adj* civil; **zivilrechtliche Klage** = civil action

zögern *vi* to hesitate *oder* to hold back; **sie zögerte eine Weile, bevor sie den Job annahm** = she hesitated for some time before accepting the job

Zoll *m* **(a)** *(Warenzoll)* (customs) duty *oder* tariff; **Allgemeines Zoll- und Handelsabkommen (GATT-Abkommen)** = General Agreement on Tariffs and Trade (GATT) **(b)** *(Kontrollstelle)* customs; **etwas durch den Zoll bringen** = to take something through customs; **durch den Zoll gehen** *oder* **den Zoll passieren** = to go through customs **(c)** *(Zollbehörde)* customs; **er wurde vom Zoll angehalten** = he was stopped by customs; **ihr Auto wurde vom Zoll durchsucht** = her car was searched by (the) customs

◇ **Zollabfertigung** *f* customs clearance; **auf die Zollabfertigung warten** = to wait for customs clearance; **die Zollabfertigung vornehmen** = to effect customs clearance; **Zollabfertigung von Waren** = clearing of goods through customs

◇ **Zollabfertigungsschein** *m* (customs) clearance certificate

◇ **Zollabgabe** *f* customs duty

◇ **Zollager** *n* bonded warehouse

◇ **Zollamt** *n* customs office *oder* customs house

◇ **Zollanmeldestelle** *f* customs entry point

◇ **Zollbeamte(r)/Zollbeamtin** *mf* customs officer *oder* customs official

◇ **Zollbehörde** *f* customs (authorities)

◇ **Zolldeklaration** *oder* **Zollerklärung** *f* customs declaration

◇ **Zolleinfuhrerklärung** *f* inward manifest *oder* declaration inwards

◇ **Zollerklärungsformular** *n* customs declaration form

◇ **Zollformalitäten** *fpl* customs formalities

◇ **zollfrei** *adj & adv* free of duty *oder* duty-free; **er kaufte eine zollfreie Uhr am Flughafen** *oder* **am Flughafen kaufte er zollfrei eine Uhr** = he bought a duty-free watch at the airport *oder* he bought the watch duty-free; **Wein zollfrei einführen** = to import wine free of duty *oder* duty-free

◇ **Zollfreigabe** *f* release of goods from customs

◇ **Zollfreigebiet** *n (EU)* free zone

◇ **Zollkontrolle** *f* customs examination

◇ **Zollkrieg** *m* tariff war

◇ **Zollmakler/-in** *mf* customs broker

◇ **zollpflichtig** *adj* dutiable; **zollpflichtige Güter** *oder* **Waren** = dutiable goods *oder* dutiable items

◇ **Zollquittung** *f* customs receipt

◇ **Zollrückvergütung** *f* drawback *oder* customs refund

◇ **Zollschranke** *f* customs barrier *oder* tariff barrier; **Zollschranken für ein Produkt auferlegen** *oder* **aufheben** = to impose tariff barriers on *oder* to lift tariff barriers from a product

◇ **Zollsiegel** *n* customs seal

◇ **Zollstelle** *f* customs point *oder* customs post

◇ **Zolltarif** *m* customs tariff

◇ **Zollunion** *f* customs union

◇ **Zollunterlagen** *fpl* customs documents

◇ **Zollverschluß** *m* customs seal; **unter Zollverschluß** = bonded; **Einfuhr von Waren unter Zollverschluß** = entry of goods under bond; **Waren aus dem Zollverschluß nehmen** = to take goods out of bond

> die gemeinsame Zollabfertigung hätte den Grenzverkehr zwischen beiden Ländern beschleunigen sollen
> ***Prager Zeitung***
> zollfreier Handel in Mitteleuropa mit etwa 30 Prozent der bisher zollgeschützten Waren ist jetzt möglich
> ***Prager Zeitung***

Zone *f* zone *oder* area; **in Zonen aufteilen** = to zone

Zubehör *n* equipment *oder* fittings

zuerkennen *vt* to award; **Schadenersatz zuerkennen** = to award damages

Zufall *m* chance *oder* accident *oder* coincidence

◇ **zufällig 1** *adj* random *oder* chance; **zufällige Stichprobe** = random sample **2** *adv* at random *oder* by chance; **er war zufällig im Geschäft, als der Kunde seinen Auftrag aufgab** = he happened to be in the shop when the customer placed the order

◇ **Zufallsfehler** *m* random error

Zuflucht *f* refuge *oder* shelter

◇ **Zufluchtsort** *m* place of refuge *oder* sanctuary *oder* haven

Zufluß *m* influx; **ein Zufluß von Fremdwährung ins Land** = an influx of foreign currency into the country

zufrieden *adj* content(ed) *oder* happy *oder* satisfied; **ein zufriedener Kunde** = a satisfied customer
◇ **Zufriedenheit** *f* satisfaction; **Zufriedenheit am Arbeitsplatz** = job satisfaction
◇ **zufriedenstellen** *vt* to satisfy; **einen Kunden zufriedenstellen** = to satisfy a client
◇ **zufriedenstellend** *adj* satisfactory; **die Ergebnisse des Produkttests waren zufriedenstellend** = the results of the tests on the product were satisfactory
◇ **Zufriedenstellung** *f* satisfaction; **Zufriedenstellung der Kunden** = customer satisfaction

Zufuhr *f* **(a)** *(Versorgung)* supply **(b)** *(Einfuhr)* influx *oder* injection; **eine Zufuhr von Eigenkapital** = an injection of capital *oder* a capital injection
◇ **zuführen** *vt* **(a)** to supply **(b)** to introduce *oder* to bring in *oder* to inject (capital); **einem Unternehmen Kapital zuführen** = to inject capital into a business

Zug *m* train; **mit dem 7.30 Uhr Zug nach Frankfurt fahren** = to take the 07.30 train to Frankfurt; **er bekam seinen Zug** *oder* **er verpaßte seinen Zug** = he caught his train *oder* he missed his train

Zugabe *f* bonus *oder* premium offer

Zugang *m* access; **zu etwas Zugang haben** = to have access to something; **er hat Zugang zu hohen Risikokapitalsummen** = he has access to large amounts of venture capital

zugeben *vt* to admit; **der Vorsitzende gab zu, Geld aus dem Firmensafe genommen zu haben** = the chairman admitted he had taken the cash from the company's safe

zugelassen *adj* authorized *oder* licensed *oder* registered; **amtlich zugelassene(r) Wirtschaftsprüfer/-in** ≈ chartered accountant

Zugfahrkarte *f* train ticket
◇ **Zugfahrpreis** *m* rail fare; **die Zugfahrpreise sind um 5% gestiegen** = train fares have gone up by 5%

zugkräftig *adj* attractive *oder* eye-catching

zugreifen auf *vi (Computer)* to access
◇ **Zugriff** *m (Computer)* access
◇ **Zugriffszeit** *f (Computer)* access time

zugrunde *adv* **zugrunde richten** = to bankrupt *oder* to ruin *oder* to wreck

zugunsten *prep* in favour of; **DM 300 zugunsten von Herrn Schmidt einzahlen** = to pay in DM 300 to the credit of Mr Schmidt

zugute *adv* **zugute kommen** = to benefit; **den Exporten kam der gesunkene Wechselkurs zugute** = exports have benefited from the fall in the exchange rate

Zugverbindung *f* train *oder* rail connection; **wir haben eine gute Zugverbindung nach Köln** = we have a good train service to Cologne

Zuhause *n* home

zukleben *vt* to stick down *oder* to seal

Zukunft *f* future; **in Zukunft** = in future *oder* hereafter; **versuchen Sie, in Zukunft etwas vorsichtiger zu sein** = try to be more careful in future
◇ **zukünftig 1** *adj* future; **sie ist die zukünftige Präsidentin** = she is the president-elect **2** *adv* in future *oder* from now on

Zulage *f* **(a)** allowance; **Sozialhilfeempfänger erhalten eine Zulage für Winterkleidung** = people on social security receive an allowance for winter clothing; **von ihrem Onkel bekommt sie eine monatliche Zulage in Höhe von DM 400** = she receives a monthly allowance of DM 400 from her uncle **(b)** *(Prämie)* bonus; **wir bekamen eine Zulage von DM 100 für Sonntagsarbeit** = we received DM 100 extra pay for working on Sunday **(c)** (i) *(Gehaltserhöhung)* rise *oder (US)* raise; (ii) *(regelmäßig)* increment

zulassen *vt* **(a)** *(amtlich)* to authorize *oder* to license *oder* to register **(b)** *(erlauben, dulden)* to allow *oder* to permit **(c)** *(Zutritt gewähren)* to admit **(d)** *(Erlaubnis erteilen)* to admit

> die Lebensmittelbestrahlung zur Haltbarmachung ist in einigen Ländern der Europäischen Union zugelassen
> ***Neues Deutschland***

◇ **zulässig** *adj* **(a)** authorized *oder* licensed *oder* registered **(b)** allowable *oder* allowed *oder* permissible *oder* permitted **(c)** admissible
◇ **Zulassung** *f* **(a)** authorization *oder* licensing *oder* registration **(b)** licence *oder* permit *oder (von Kfz)* vehicle registration document **(c)** admission *oder* admittance; **Zulassung (von Aktien) zur Börse** = admission to the stock exchange *oder* listing on the stock exchange
◇ **Zulassungsbedingungen** *fpl (Börse)* listing requirements
◇ **Zulassungsbescheinigung** *f* test certificate *oder* certificate of approval
◇ **Zulassungspapiere** *npl* vehicle registration document
◇ **Zulassungsstelle** *f* registration office
◇ **Zulassungsverfahren** *n* admission procedure *oder* qualification procedure *oder (Börse)* listing procedure

zuletzt *adv* **(a)** *(als letzte(r,s))* last; **obwohl ich die erste in der Reihe war, wurde ich zuletzt bedient** = although I was first in the queue I was served last **(b)** *(schließlich, endlich, zum Schluß)* finally *oder* in the end *oder* last **(c)** *(zum letzten Mal)* last

Zulieferbetrieb *m* component firm *oder* subcontractor
◇ **Zulieferer** *m* supplier; **sie sind bedeutende Zulieferer für die Autoindustrie** = they are major suppliers of parts to the car industry

◇ **Zulieferindustrie** *f* industry which supplies components

zumachen 1 *vt* to close *oder* to shut **2** *vi* to close down *oder* to shut down; **in diesem Monat haben sechs Fabriken zugemacht** = six factories have shut down this month

Zunahme *f* gain *oder* growth *oder* increase *oder* rise

◇ **zunehmen** *vi* to grow *oder* to increase *oder* to multiply *oder* to rise; **Exporte nach Afrika haben um 25% zugenommen** = exports to Africa have increased by more than 25%; **Ladendiebstähle nehmen zu** = stealing in shops is on the increase

◇ **zunehmend 1** *adj* increasing *oder* mounting; **er trat angesichts zunehmenden Drucks von seiten der Aktionäre zurück** = he resigned in the face of mounting pressure from the shareholders **2** *adv* increasingly; **das Unternehmen ist zunehmend vom Exportmarkt abhängig** = the company has to depend increasingly on the export market

> die registrierte Arbeitslosigkeit hat, nach Monaten des Rückgangs, erstmals wieder leicht zugenommen
> ***Wirtschaftswoche***

Zunft *f* guild

zunichte *adv* **zunichte machen** = to destroy *oder* to ruin *oder* to wreck; **die Kosten machen die Umsatzerlöse zunichte** = costs have cancelled out the sales revenue

zunutze *adv* **sich etwas zunutze machen** = to take advantage of something *oder* to cash in on something

zurechenbar *adj* chargeable; **auf die Rücklage zurechenbare Beträge** = sums chargeable to the reserve; **zurechenbarer Gewinn** = attributable profit

◇ **zurechnen** *vt* to allocate *oder* to apportion *oder* to charge

◇ **Zurechnung** *f* allocation

zurechtkommen *vi* to cope *oder* to get along *oder* to get on; **der neue stellvertretende Geschäftsführer kam sehr gut zurecht, als der Geschäftsführer in Urlaub war** = the new assistant manager coped very well when the manager was on holiday; **wir kommen mit nur der Hälfte des Personals ganz gut zurecht** = we are getting along quite well with only half the staff; **wie kommt die neue Sekretärin zurecht?** = how is the new secretary getting on?

zurück *adv* **(a)** back; **‚an Absender zurück'** = 'return to sender'; **‚zurück an Aussteller'** = 'refer to drawer' **(b)** *(mit Zahlungen)* behind

◇ **zurückbehalten** *vt* to keep back *oder* to retain

◇ **Zurückbehaltung** *f* retention (of property)

◇ **Zurückbehaltungsrecht** *n* lien

zurückbekommen *vt* to get back *oder* to recover; **er bekam sein Geld in voller Höhe zurück, als er sich über den Service beschwerte** = he got a full refund when he complained about the service; **ich bekam mein Geld zurück, nachdem ich mich beim Geschäftsführer beschwert hatte** = I got my money back after I had complained to the manager; **ein Verfahren einleiten, um Eigentum zurückzubekommen** = to start a court action to recover property; **wir wollen das gesamte investierte Geld zurückbekommen** = we are aiming for the complete recovery of the money invested

zurückbezahlen *vt* to pay back *oder* to repay; **er hat mir alles zurückbezahlt** = he repaid me in full

zurückbringen *vt* to bring back *oder* to take back; **wenn Sie die Farbe nicht mögen, können Sie es zurückbringen und umtauschen** = if you do not like the colour, you can bring it back and change it; **als die Uhr nicht mehr richtig ging, brachte er sie zum Geschäft zurück** = when the watch went wrong, he took it back to the shop

zurückdatieren *vt* to backdate *oder* to antedate; **die Rechnung war auf den 1. Januar zurückdatiert** = the invoice was backdated to January 1st

zurückerstattbar *adj* refundable; **zurückerstattbare Anzahlung** = refundable deposit; *(als Sicherheitsleistung)* **nicht zurückerstattbare Kaution** = non-refundable deposit

◇ **zurückerstatten** *vt* to refund; **der Eintrittspreis wird zurückerstattet, wenn Sie Waren im Wert von DM 150 kaufen** = the entrance fee is refundable if you purchase DM 150 worth of goods; **wir erstatten das Geld in voller Höhe zurück, wenn die Ware nicht zufriedenstellend ist** = all money will be refunded if the goods are not satisfactory

zurückfallen *vi* to fall back *oder (an Besitzer)* to revert

◇ **Zurückfallen** *n* reversion

zurückfordern *vt* to claim back *oder* to reclaim

zurückgeben *vt* to give back *oder* to return; **unverkaufte Bestände an den Großhändler zurückgeben** = to return unsold stock to the wholesaler

zurückgehen *vi* to decline *oder* to decrease *oder* to drop *oder* to fall away *oder* to fall off *oder* to shrink; **der Absatz ist seit Ende der Touristensaison zurückgegangen** = sales have fallen off since the tourist season ended; **Importe gehen zurück** = imports are decreasing; **die Profite sind plötzlich zurückgegangen** = profits have slumped; **die Umsätze sind um 10% zurückgegangen** = sales have dropped (by) 10%

zurückgewinnen *vt* to win back *oder* to retrieve; **das Unternehmen kämpft darum, seinen Marktanteil zurückzugewinnen** = the company is fighting to retrieve its market share

◇ **Zurückgewinnung** *f* retrieval

zurückgreifen auf *vi* to fall back on; **auf Barreserven zurückgreifen** = to fall back on cash reserves

zurückhalten *vt* **(a)** to hold back *oder* to keep back; **Informationen zurückhalten** = to keep back information; **die Zahlungen werden**

zurückgehalten, bis der Vertrag unterzeichnet ist = payment will be held back until the contract has been signed **(b)** *vr* **sich zurückhalten** = to hold back; **Kapitalanleger halten sich bis zur Bekanntgabe des Haushaltplans zurück** = investors are holding back until after the Budget

zurückholen *vt* to fetch back *oder* to retrieve *oder* *(Geld)* to get back; **sich zurückholen** = to claw back; **von den für das Projekt abgestellten DM 1 Mio. holte sich der Staat DM 100.000 in Form von Steuern zurück** = of the DM 1m allocated to the project, the government clawed back DM 100,000 in taxes

◊ **Zurückholen** *n* retrieval

zurückkaufen *vt* **(a)** to buy back *oder* to repurchase; **er verkaufte das Geschäft im letzten Jahr und versucht jetzt, es zurückzukaufen** = he sold the shop last year and is now trying to buy it back **(b)** *(Auktion)* to buy in

zurückkehren *vi* to return; **die Streikenden kehren nach und nach an den Arbeitsplatz zurück** = the strikers are drifting back to work

zurücklegen *vt (Geld)* to put aside *oder* to save

zurücknehmen *vt* **(a)** to take back *oder* to withdraw; **der Vorsitzende forderte ihn auf, die Bemerkungen, die er über den Finanzleiter gemacht hatte, zurückzunehmen** = the chairman asked him to withdraw the remarks he had made about the finance director **(b)** to go back on; **sein Versprechen** *oder* **Wort zurücknehmen** = to go back on one's promise *oder* word

zurückrufen *vti* to phone back *oder* to ring back; **der geschäftsführende Direktor hat angerufen - können Sie ihn zurückrufen?** = the managing director rang - can you ring him back?; **der Vorsitzende ist in einer Besprechung, können Sie in einer halben Stunde zurückrufen?** = the chairman is in a meeting, can you phone back in about half an hour?; **Herr Schmidt rief an, als Sie nicht da waren, und fragte, ob Sie ihn zurückrufen würden?** = Mr Schmidt called while you were out and asked if you would phone him back

zurückschicken *oder* **zurücksenden** *vt* to send back *oder* to return; **einen Brief an den Absender zurückschicken** = to return a letter to sender; **das Geschäft schickte den Scheck zurück, weil das Datum nicht stimmte** = the store sent back the cheque because the date was wrong; **die Bank schickte den Scheck an den Aussteller zurück** = the bank referred the cheque to drawer

zurückstellen *vt* to put back *oder* to put aside *oder* to defer *oder* to pigeonhole *oder* to shelve; **der gesamte Expansionsplan wurde zurückgestellt** = the whole expansion plan was pigeonholed; **die Entscheidung wurde bis zur nächsten Sitzung zurückgestellt** = the decision has been deferred until the next meeting; **das Projekt wurde zurückgestellt** = the project has been put on the back burner *oder* the project was shelved

◊ **Zurückstellung** *f* deferment *oder* shelving; **Zurückstellung einer Entscheidung** = deferment of a decision; **die Zurückstellung des Projekts hatte sechs Entlassungen zur Folge** = the shelving of the project has resulted in six redundancies

zurückstufen *vt* to demote *oder* to downgrade; **er wurde vom Geschäftsführer zum Verkäufer zurückgestuft** = he was demoted from manager to salesman; **sie erlitt eine große Gehaltseinbuße, als sie zurückgestuft wurde** = she lost a lot of salary when she was demoted

◊ **Zurückstufung** *f* demotion; **er war sehr verärgert über seine Zurückstufung** = he was very angry about his demotion *oder* when he was demoted

zurücktreten *vi* **(a)** *(Vertrag)* to back out *oder* to pull out *oder* to withdraw; **die Bank trat von dem Vertrag zurück** = the bank backed out of the contract; **unsere australischen Partner sind von dem Vertrag zurückgetreten** = our Australian partners pulled out of the contract **(b)** *(von Amt, Posten)* to step down *oder* to stand down *oder* to resign *oder* to retire; **er trat von seinem Posten als Schatzmeister zurück** = he resigned from his post as treasurer; **sie trat als Leiterin der Finanzabteilung zurück** = she resigned as finance director

zurückübertragen *vt* to reassign *oder* to retransfer

zurückweisen *vt* to turn down *oder* to refuse *oder* to reject *oder* to repudiate; **das Unternehmen wies das Übernahmeangebot zurück** = the company rejected the takeover bid; **die Gewerkschaft wies die Vorschläge der Unternehmensleitung zurück** = the union rejected the management's proposals

◊ **Zurückweisung** *f* refusal *oder* rejection *oder* repudiation

zurückwerfen *vt* to set back; **das Projekt wurde durch schlechtes Wetter um sechs Wochen zurückgeworfen** = the project was set back six weeks by bad weather

zurückzahlen *vt* **(a)** to pay back *oder* to repay *oder* to redeem; **ein Darlehen zurückzahlen** = to pay back a loan; **Geld, das man jdm schuldet, zurückzahlen** = to repay money owed; **er wird das Geld in monatlichen Raten zurückzahlen** = he will pay back the money in monthly instalments; **er hat mir nie das Geld zurückgezahlt, das er sich geliehen hatte** = he has never paid me back the money he borrowed; **das Unternehmen mußte seine Ausgaben kürzen, um seine Schulden zurückzuzahlen** = the company had to cut back on expenditure in order to repay its debts; **eine Schuldverschreibung zurückzahlen** = to redeem a bond **(b)** *(Spesen)* to refund *oder* to reimburse

zurückziehen *vt* **(a)** to draw back *oder* to pull back *oder* to withdraw; **eine Klage zurückziehen** = to abandon an action; **ein Übernahmeangebot zurückziehen** = to withdraw a takeover bid **(b)** *vr* **sich zurückziehen** = to retire *oder* to withdraw; **sich aus der Öffentlichkeit zurückziehen** = to retire from public life; **einer der Kapitalgeber des Unternehmens hat sich zurückgezogen** = one of the company's backers has withdrawn

Zusage *f* **(a)** *(Versprechen)* promise **(b)** *(Annahme)* acceptance **(c)** *(Bestätigung)*

confirmation **(d)** *(Verpflichtung)* undertaking *oder* commitment **(e)** *(Zustimmung)* assent *oder* consent

◇ **zusagen 1** *vt* **(a)** to promise **(b)** to confirm **2** *vi* to accept

Zusammenarbeit *f* collaboration *oder* co-operation; **ihre Zusammenarbeit bei dem Projekt war sehr vorteilhaft** = their collaboration on the project was very profitable

◇ **zusammenarbeiten** *vi* to co-operate *oder* to collaborate; **die beiden Firmen haben bei dem Computerprojekt zusammengearbeitet** = the two firms have co-operated on the computer project; **mit einem französischen Unternehmen bei einem Bauprojekt zusammenarbeiten** = to collaborate with a French firm on a building project; **das Unternehmen arbeitet mit einem britischen Vertrieb zusammen** = the company has a tie-up with a British distributor

Zusammenbau *m* assembly

◇ **zusammenbauen** *vt* to put together *oder* to assemble; **es gibt keine Montageanleitung, in der angegeben ist, wie der Computer zusammengebaut wird** = there are no assembly instructions to show you how to put the computer together; **die Motoren werden in Japan hergestellt, die Karosserien in Schottland, und in Frankreich werden die Wagen zusammengebaut** = the engines are made in Japan and the bodies in Scotland, and the cars are assembled in France

zusammenbrechen *vi* to break down *oder* to collapse *oder* to crash; **der Markt brach zusammen** = the market collapsed

◇ **Zusammenbruch** *m* **(a)** *(Crash)* collapse *oder* crash *oder* failure; **finanzieller Zusammenbruch** = financial crash; **Anleger verloren mit dem Zusammenbruch des Unternehmens mehrere tausend Mark** = investors lost thousands of Deutschmarks in the collapse of the company; **der Zusammenbruch des Silbermarkts** = the collapse of the market in silver; **er verlor sein ganzes Geld beim Zusammenbruch der Bank** = he lost all his money in the bank failure **(b)** *(Beziehungen, Kommunikation)* breakdown; **wir können wegen des Zusammenbruchs der Telexleitungen keine Verbindung mit unserem Büro in Nigeria aufnehmen** = we cannot communicate with our Nigerian office because of the breakdown of the telex lines

zusammenfassen 1 *vt* **(a)** *(vereinigen)* to bracket together *oder* to group together *oder* to unite *oder* to combine *oder* to integrate; **der Absatz sechs verschiedener Vertretungen sind unter dem Stichwort ‚Europäischer Absatz' zusammengefaßt** = sales from six different agencies are grouped together under the heading 'European sales'; **im Verkaufsbericht sind alle europäischen Länder zusammengefaßt** = in the sales reports, all the European countries are bracketed together **(b)** *(kurz darstellen)* to summarize **2** *vi* to summarize

◇ **Zusammenfassung** *f* **(a)** *(Vereinigung)* union *oder* combination *oder* integration **(b)** *(kurze Darstellung)* summary *oder* synopsis *oder* résumé *oder* abstract *oder* précis; **der Vorsitzende gab eine Zusammenfassung seiner Gespräche mit der britischen Handelsdelegation** = the chairman gave a summary of his discussions with the British trade delegation; **eine Zusammenfassung der Geschäftsbücher anfertigen** = to make an abstract of the company accounts

Zusammenhang *m* **(a)** connection; **gibt es einen Zusammenhang zwischen seinem Streit mit dem Direktor und seiner plötzlichen Absicht, Lagerist zu werden?** = is there a connection between his argument with the director and his sudden move to become warehouse manager? ; **im** *oder* **in Zusammenhang mit** = in connection with *oder* in relation to; **ich möchte den geschäftsführenden Direktor im Zusammenhang mit den Umsatzprognosen sprechen** = I want to speak to the managing director in connection with the sales forecasts; **mit dem Vertrag in Zusammenhang stehende Dokumente** = documents in relation to the agreement **(b)** context *oder* background; **er erklärte die Zusammenhänge der Forderung** = he explained the background of the claim

◇ **zusammenhängend** *adj* related *oder* connected; **zusammenhängende Punkte auf der Tagesordnung** = related items on the agenda; **mit dem Vertrag zusammenhängende Unterlagen** = documents relating to the agreement

zusammenheften *vt* to staple together; **Papiere zusammenheften** = to staple papers together; **er konnte nicht einzelne Blätter entnehmen, weil das Dokument zusammengeheftet war** = he could not take away separate pages, because the documents were stapled together

zusammenkommen *vi* to come together; **zusammenkommen mit** = to meet *oder (US)* to meet with

zusammenlegen *vt* **(a)** *(Unternehmen)* to amalgamate *oder* to combine *oder* to merge **(b)** *(Aktien)* to consolidate *oder* to amalgamate **(c)** to pool; **Geld zusammenlegen** = to pool one's money; **Ressourcen zusammenlegen** = to pool resources

◇ **Zusammenlegung** *f* amalgamation *oder* consolidation *oder* merger

zusammenpacken *vt* to pack up; **er packte nach der Versammlung seine Papiere zusammen** = he gathered up his papers after the meeting

zusammenrechnen *vt* to add up *oder (umg)* to tot up; **sie rechnete die Zahlen im Kopf zusammen** = she totted up the figures in her head

zusammenrufen *vt* to call together *oder* to convene

zusammenschließen *vt* **(a)** to amalgamate *oder* to consolidate *oder* to integrate *oder* to merge **(b)** *vr* **sich zusammenschließen** = to amalgamate *oder* to combine *oder* to consolidate *oder* to merge *oder* to unite; **Belegschaft und Unternehmensleitung schlossen sich zusammen, um das Übernahmeangebot abzuwehren** = the workforce and management combined to fight the takeover bid; **die Direktoren schlossen sich mit den Managern bei der Ablehnung des Übernahmeangebots zusammen** = the directors united with the managers to reject the takeover bid; **die zwei Unternehmen schlossen sich zusammen** = the two companies have merged

◇ **Zusammenschluß** *m* amalgamation *oder* combination *oder* consolidation *oder* integration *oder* merger *oder* tie-up *oder* union

zusammensetzen *vt* **(a)** to put together *oder* to assemble **(b)** *vr* **sich zusammensetzen (aus)** = to consist (of) *oder* to be composed (of) *oder* to be made up (of)

Zusammenspiel *n* teamwork

zusammenstellen *vt* to group (together)
◇ **Zusammenstellung** *f* grouping (of shipments)

Zusammenstoß *m* collision *oder* crash; **das Auto wurde bei dem Zusammenstoß beschädigt** = the car was damaged in the crash
◇ **zusammenstoßen** *vi* to collide *oder* to crash

zusammenwirken *vi* to work together *oder* to cooperate
◇ **Zusammenwirken** *n* cooperation *oder* collaboration

zusammenzählen *vt* to add up *oder* to count up *oder (umg)* to tot up; **er zählte die Umsätze für die sechs Monate bis Dezember zusammen** = he counted up the sales for the six months to December; **sie zählte die Summen im Kopf zusammen** = she totted up the figures in her head

Zusatz *m* addition *oder* supplement
◇ **Zusatz-** *pref* additional *oder* supplementary
◇ **Zusatzklausel** *f* additional clause *oder* rider; **eine Zusatzklausel in einen Vertrag aufnehmen** = to add a rider to a contract
◇ **Zusatzkosten** *pl* additional costs
◇ **zusätzlich 1** *adj* **(a)** additional *oder* extra *oder* further *oder* supplementary; **das Unternehmen bittet um zusätzlichen Kredit** = the company is asking for further credit; **zusätzliche Zollgebühren müssen bezahlt werden** = additional duty will have to be paid **(b) zusätzliche Sicherheit** = collateral security **2** *adv* in addition; **zusätzlich zu dem Paket sollen zwölf Einschreibebriefe aufgegeben werden** = there are twelve registered letters to be sent in addition to this packet; **zusätzlich 10% für Porto berechnen** = to charge 10% extra for postage
◇ **Zusatzsteuer** *f* surtax

Zuschauer/-in *mf* **(a)** *(Theater, Konzert)* member of the audience; *pl* **die Zuschauer** = the audience **(b)** *(TV)* viewer **(c)** *(Sport)* spectator; **es waren 50.000 Zuschauer beim Fußballendspiel** = there were 50,000 spectators *oder* fans *oder* there was a crowd *oder* gate of 50,000 at the football final **(d)** *(Beistehend(e)r)* onlooker *oder* bystander

Zuschlag *m* **(a)** *(Preisaufschlag)* extra charge *oder* surcharge; **für ein Einzelzimmer muß man oft einen Zuschlag bezahlen** = there is often an extra charge for single rooms **(b)** *(zum Fahrpreis)* excess fare *oder* supplement **(c)** *(Extrazahlung)* bonus *oder* premium *oder* supplement; **sonntags bekommt er 50% Zuschlag** = he is paid time and a half on Sundays; **das Unternehmen zahlt ihm einen Zuschlag zu seiner Rente** = the company gives him a supplement to his pension **(d)** *(Auktion)* acceptance of a bid *oder* knockdown; **einem Bieter den Zuschlag erteilen** = to knock something down to a bidder **(e)** *(Auftragserteilung)* award (of a contract) *oder* acceptance (of a tender); **den Zuschlag für den Auftrag erhielt die Firma Sperzel** = the contract was awarded to Sperzel's
◇ **zuschlagen** *vt* **(a)** *(aufschlagen)* to add on *oder* to put on; **auf den Preis werden 20% zugeschlagen** = 20% is added on to the price **(b)** *(bei einer Auktion)* **einem Bieter etwas zuschlagen** = to knock something down to a bidder; **die Waren wurden ihm für DM 30.000 zugeschlagen** = the stock was knocked down to him for DM 30,000 **(c)** *(bei einer Ausschreibung)* to award; **der Auftrag wurde der Fa. Sperzel zugeschlagen** = the contract was awarded to Sperzel's
◇ **zuschlagsfrei** *adj* without extra charge
◇ **Zuschlagskalkulation** *f* calculation of additional costs

Zuschuß *m* allowance *oder* grant *oder* subsidy

> konkrete Maßnahmen werden aus öffentlichen Geldern bestritten und durch Zuschüsse der Europäischen Union gedeckt
> ***Prager Zeitung***

Zusicherung *f* **(a)** assurance *oder* guarantee *oder* undertaking; **sie gaben uns eine schriftliche Zusicherung, ihre Produkte nicht in Konkurrenz zu unseren zu verkaufen** = they have given us a written undertaking not to sell their products in competition with ours **(b) vertragliche Zusicherung** = warranty; **Verletzung einer vertraglichen Zusicherung** = breach of warranty

zuspielen *vt* to leak; **Informationen über den Auftrag wurden der Presse zugespielt** = information on the contract was leaked to the press; **sie entdeckten, daß der geschäftsführende Direktor dem Konkurrenzunternehmen Informationen zuspielte** = they discovered the managing director was leaking information to a rival company

zusprechen *vt* to award

Zustand *m* **(a)** *(Beschaffenheit)* condition *oder* state; **in gutem Zustand verkauft** = sold in good condition; **wie war der Zustand des Wagens, als er verkauft wurde?** = what was the condition of the car when it was sold? **(b)** *(Lage)* state of affairs *oder* situation; **gegenwärtiger Zustand** = current situation *oder* status quo; **der Vertrag ändert nichts am gegenwärtigen Zustand** = the contract does not alter the status quo

zustande *adv* **(a) zustande bringen** = to manage *oder* to achieve *oder* to bring about *oder* to bring off; **einen Vergleich zwischen zwei Parteien zustande bringen** = to effect a settlement between two parties **(b) zustande kommen** = to be achieved *oder* to materialize *oder* to come about *oder* to come off; **eine Einigung ist nicht zustande gekommen** = no agreement has been reached

zuständig *adj* **(a)** *(verantwortlich)* responsible; **er ist für den gesamten Absatz zuständig** = he is responsible for all sales **(b)** *(entsprechend)* relevant *oder* appropriate; **welches ist das zuständige Ministerium?** = which is the relevant government department? **(c)** *(jur)* competent; **das**

Gericht ist für diesen Rechtsfall nicht zuständig = the court is not competent to deal with this case
◇ **Zuständigkeit** *f* **(a)** responsibility **(b)** competence *oder* jurisdiction; **der Rechtsfall fällt in die Zuständigkeit des Gerichts** = the case falls within the competence of the court
◇ **Zuständigkeitsbereich** *m* **(a)** area of responsibility *oder* (terms of) reference *oder* scope **(b)** *(jur)* jurisdiction *oder* competence

zustehen *vi* **jdm steht etwas zu** = somebody is entitled to something; **50% des Geldes stehen ihm zu** = he is entitled to 50% of the money
◇ **zustehend** *adj* **sie hat noch nicht den ganzen ihr zustehenden Urlaub genommen** = she has not used up all her holiday entitlement

zustellbar *adj* deliverable; **wenn nicht zustellbar, bitte zurück an** = if undelivered, please return to
◇ **zustellen** *vt* **(a)** *(Brief)* to deliver **(b)** *(jur)* to serve (a writ); **jdm eine gerichtliche Verfügung zustellen** = to serve someone with a writ *oder* to serve a writ on someone
◇ **Zustellung** *f* **(a)** delivery; **Zustellung innerhalb von 28 Tagen** = delivery within 28 days **(b)** *(jur)* service (of a writ)

zusteuern *vi* **zusteuern auf** = to head for; **die Firma steuert auf eine Katastrophe zu** = the company is heading for disaster

zustimmen *vi* to agree *oder* to consent *oder* to approve; **vorbehaltlos zustimmen** = to rubber stamp
◇ **zustimmend 1** *adj* affirmative *oder* positive; **die Antwort war zustimmend** = the answer was in the affirmative *oder* the answer was yes **2** *adv* in agreement; **zustimmend nicken** = to nod in agreement
◇ **Zustimmung** *f* agreement *oder* assent *oder* consent *oder* approval *oder* sanction

Zustrom *m* inflow *oder* influx; **ein Zustrom billiger Arbeitskräfte in die Städte** = an influx of cheap labour into the cities

zuteilen *vt* **(a)** to allocate *oder* to allot; **Aktien zuteilen** = to allot shares **(b)** to ration *oder* to apportion; **Investitionskapital (in Rationen) zuteilen** = to ration investment capital *oder* to ration funds for investment
◇ **Zuteilung** *f* **(a)** allocation *oder* allotment; **Zahlung in voller Höhe bei Zuteilung** = payment in full on allotment **(b)** apportionment *oder* ration
◇ **Zuteilungsanzeige** *f (für Aktien)* letter of allotment *oder* allotment letter

Zutritt *m* admission *oder* admittance; **Zutritt gewähren** = to admit; **Zutritt nur für Mitarbeiter** = admittance for employees only; **Zutritt für Unbefugte verboten** = no admittance except on business

zuverlässig *adj* reliable; **wir haben zuverlässige Informationen über den Umsatz unseres Konkurrenten** = we have reliable information about our rival's sales; **das Unternehmen stellt ein äußerst zuverlässiges Produkt her** = the company makes a very reliable product
◇ **Zuverlässigkeit** *f* reliability
◇ **Zuverlässigkeitstest** *m* reliability test; **das Produkt hat den Zuverlässigkeitstest bestanden** = the product has passed its reliability test

zuversichtlich *adj* confident *oder* optimistic; **ich bin zuversichtlich, daß der Umsatz schnell steigt** = I am confident the turnover will increase rapidly

zuviel *indef pron* too much *oder* too many **(a)** *(adjektivisch)* **wir haben zuviel Arbeit** = we have got too much work; **wir haben zuviel Angestellte** = we have got too many employees **(b)** *(adverbial)* **der Verkaufsdirektor widerspricht dem Vorsitzenden zuviel** = the sales director contradicts the chairman too much **(c)** *(substantivisch)* **die Arbeit ist ihm zuviel geworden** = the work has become too much for him; **zuviel berechnen** = to charge too much *oder* to overcharge; **zuviel berechneter Betrag** = overcharge; **einen zuviel berechneten Betrag zurückzahlen** = to pay back an overcharge

zuvorkommen *vi* to pre-empt *oder* to forestall; **sie inszenierten ein Management-Buyout, um einem Übernahmeangebot zuvorzukommen** = they staged a management buyout to pre-empt a takeover bid

Zuwachs *m* accrual *oder* gain *oder* increase
◇ **Zuwachsrate** *f* rate of increase *oder* growth rate *oder* increment rate; **die Zuwachsrate bei den Entlassungen** = the rate of increase in redundancies

Zuwanderung *f* immigration *oder* influx

> durch die Zuwanderung von Arbeitskräften aus Drittländern verschärft sich die Situation weiter
> ***Blick durch die Wirtschaft***

zuweisen *vt* to allocate *oder* to assign
◇ **Zuweisung** *f* allocation *oder* assignment

zuwenden *vt* to grant money to
◇ **Zuwendung** *f* subsidy *oder* handout; **das Unternehmen lebt von Zuwendungen des Staates** = the company exists on government grants

zuzüglich *prep* plus; **zuzüglich Porto** = plus postage

Zwang *m* compulsion
◇ **Zwangsabgabe** *f* compulsory levy
◇ **Zwangsliquidation** *f* compulsory liquidation
◇ **Zwangsliquidationsbeschluß** *m* compulsory winding up order
◇ **Zwangsmaßnahme** *f* compulsory measure
◇ **Zwangsverkauf** *m* forced sale *oder* compulsory sale
◇ **zwangsversteigern** *vt* to put up for compulsory sale
◇ **Zwangsversteigerung** *f* compulsory sale
◇ **zwangsverwalten** *vt* to sequester *oder* to sequestrate; **das Unternehmen wird zwangsverwaltet** = the company went into receivership
◇ **Zwangsverwalter/-in** *mf* official receiver *oder* sequestrator

◇ **Zwangsverwaltung** *f* receivership *oder* sequestration

◇ **zwangsvollstrecken** *vi* **aus einer Hypothek zwangsvollstrecken lassen** = to foreclose

◇ **Zwangsvollstreckung** *f* foreclosure

> die leidige Zwangsabgabe hat zudem auch ihre Vorteile: Deutsche Anleger entdeckten die Aktie als Steuersparmodell
> ***Capital***
>
> die viertgrößte Bank Spaniens steht seit vergangenem Mittwoch unter Zwangsverwaltung
> ***Börse***

Zweck *m* purpose

◇ **Zweckentfremdung** *f* misuse; **Zweckentfremdung von Mitteln** = misuse of funds

Zweidrittelmehrheit *f* two-thirds majority

zweifelhaft *adj* doubtful *oder* dubious *oder* shady

Zweigniederlassung *f* branch *oder* subsidiary

◇ **Zweigstelle** *f* branch (office); **wir haben beschlossen, eine Zweigstelle in Chicago zu eröffnen** = we have decided to open a branch office in Chicago; **Zweigstelle der Post** = sub-post office

> beim derzeitigen Tempo wären die 5000 Sachbearbeiter in den 221 Zweigstellen noch acht Jahre ausgelastet
> ***Capital***

zweimal *adv* twice; **zweimal jährlich** = bi-annually *oder* twice yearly *oder* twice a year; **zweimal monatlich** = bi-monthly *oder* twice monthly *oder* twice a month

◇ **zweiseitig** *adj* bilateral; **zweiseitiger Handel** = reciprocal trade

◇ **zweistellig** *adj* in double figures *oder* double-digit; **wir haben eine zweistellige Inflationsrate** = inflation is in double figures; **wir haben seit einigen Jahren eine zweistellige Inflationsrate** = we have had double-digit inflation for some years

> die Unternehmensgewinne werden das honorieren und nach einem leichten Rückgang mit einer zweistelligen Rate nach oben gehen
> ***Börse***

zweite(r,s) *adj* second **(a) zweites Halbjahr** = second half-year *oder* second half; **die Zahlen des zweiten Halbjahres liegen über denen der ersten Jahreshälfte** = the figures for the second half are up on those for the first part of the year; **jeden zweiten Monat** = bi-monthly *oder* every two months *oder* every other month; **zweites Quartal** = second quarter **(b) zweiter Klasse** = second-class; **zweiter Klasse reisen** = to travel second-class; **der Preis einer Fahrkarte in der zweiten Klasse kostet nur die Hälfte einer Fahrkarte für die erste Klasse** = the price of a second-class ticket is half that of a first class; **ich finde Hotels zweiter Klasse genauso komfortabel wie die besten** = I find second-class hotels are just as comfortable as the best ones **(c) Waren zweiter Wahl** = seconds; **das Geschäft führt im Moment Waren zweiter Wahl** = the shop is having a sale of seconds **(d) etwas aus zweiter Hand kaufen** = to buy something secondhand

◇ **zweiteilig** *adj* two-part *oder* two-piece; **zweiteiliges Papier** = two-part stationery *oder* paper; **zweiteilige Rechnungen** = two-part invoices

◇ **Zweithypothek** *f* second mortgage

◇ **Zweitinserat** *n* readvertisement

◇ **zweitklassig** *oder* **zweitrangig** *adj* inferior *oder* second-rate *oder* secondary; **kaufen Sie nie etwas Zweitklassiges** = never buy anything second-rate

◇ **Zweitschrift** *f* duplicate

◇ **Zweizimmerwohnung** *f* two-room(ed) flat *oder* apartment

zwielichtig *adj* shady; **zwielichtiges Geschäft** = shady deal

zwingen *vt* to force *oder* to compel; **die Konkurrenz zwang das Unternehmen, die Preise zu senken** = competition has forced the company to lower its prices

Zwischenbericht *m* interim report

◇ **zwischenbetrieblich** *adj* inter-company

◇ **Zwischenbilanz** *f* interim balance sheet

◇ **Zwischendividende** *f* interim dividend

◇ **Zwischenfinanzierung** *f* bridging finance *oder* bridging loan

◇ **Zwischenhandel** *m* intermediate trade

◇ **Zwischenhändler** *m* middleman; **wir verkaufen direkt von der Fabrik an den Kunden und schalten den Zwischenhändler aus** = we sell direct from the factory to the customer and cut out the middleman

◇ **Zwischenlager** *n* temporary store

◇ **Zwischenlandung** *f* stopover; **ohne Zwischenlandung** = non-stop

◇ **zwischenstaatlich** *adj* international *oder* interstate

◇ **Zwischenstation** *f* intermediate stop *oder* stopover; **Zwischenstation machen** = to stop over

◇ **Zwischenstopp** *m* stopover; **einen Zwischenstopp einlegen** = to stop over; **auf dem Weg nach Australien legten wir einen Zwischenstopp in Singapur ein** = we stopped over in Singapore on the way to Australia; **mit dem Ticket kann man zwei Zwischenstopps zwischen Frankfurt und Tokio einlegen** = the ticket allows you two stopovers between Frankfurt and Tokyo

◇ **Zwischensumme** *f* subtotal

◇ **Zwischenzeit** *f* **in der Zwischenzeit** = in the interim *oder* in the meantime *oder* meanwhile

zwölf *num* twelve; *(die zwölf Mitgliedstaaten der EU)* **die Zwölf** = the Twelve

zyklisch *adj* cyclical; **zyklische Faktoren** = cyclical factors

◇ **Zyklus** *m* cycle

Zypern *n* Cyprus

◇ **Zypr(i)er/-in** *oder* **Zypriot/Zypriotin** *mf* Cypriot

◇ **zypr(iot)isch** *adj* Cypriot

(NOTE: Hauptstadt: **Nikosia** = Nicosia; Währung: **zyprisches Pfund** = Cyprus pound)

z.Zt. *abk* pro tem

Supplement

Anhang

UNITED KINGDOM - COUNTIES

County	*abbr*	*County Town*
ENGLAND		
Avon		Bristol
Bedfordshire	Beds	Bedford
Berkshire	Berks	Reading
Buckinghamshire	Bucks	Aylesbury
Cambridgeshire	Cambs	Cambridge
Cheshire		Chester
Cleveland		Middlesbrough
Cornwall		Truro
Cumbria		Carlisle
Derbyshire	Derbys	Matlock
Devon		Exeter
Dorset		Dorchester
Durham	Durham	
East Sussex	E. Sussex	Lewes
Essex		Chelmsford
Gloucestershire	Glos	Gloucester
Greater London		
Greater Manchester		Manchester
Hampshire	Hants	Winchester
Hereford & Worcester		Worcester
Hertfordshire	Herts	Hertford
Humberside		Hull
Isle of Wight	I.O.W.	Newport
Kent		Maidstone
Lancashire	Lancs	Preston
Leicestershire	Leics	Leicester
Lincolnshire	Lincs	Lincoln
Merseyside		Liverpool
Norfolk		Norwich
Northamptonshire	Northants	Northampton
Northumberland		Newcastle-upon-Tyne
North Yorkshire	N. Yorks	Northallerton
Nottinghamshire	Notts	Nottingham
Oxfordshire	Oxon	Oxford
Shropshire	Salop	Shrewsbury
Somerset		Taunton
South Yorkshire	S. Yorks	Barnsley
Staffordshire	Staffs	Stafford
Suffolk		Ipswich
Surrey		Kingston-upon-Thames
Tyne & Wear		Newcastle-upon-Tyne
Warwickshire	Warwicks	Warwick
West Midlands	W. Midlands	Birmingham
West Sussex	W. Sussex	Chichester
West Yorkshire	W. Yorks	Wakefield
Wiltshire	Wilts	Trowbridge

WALES

Clwyd	Mold
Dyfed	Carmarthen
Gwent	Cymbran
Gwynedd	Caernarfon
Mid Glamorgan	Cardiff
Powys	Llandrindod Wells
South Glamorgan	Cardiff
West Glamorgan	Swansea

SCOTLAND

Region	***Main town***
Borders	Newtown St Boswells
Central	Stirling
Dumfries & Galloway	Dumfries
Fife	Glenrothes
Grampian	Aberdeen
Highland	Inverness
Lothian	Edinburgh
Orkney	Kirkwall
Shetland	Lerwick
Strathclyde	Glasgow
Tayside	Dundee
Western Isles	Stornoway

USA - STATES

State	***abbr***	***Capital***
Alabama	(AL)	Montgomery
Alaska	(AK)	Juneau
Arizona	(AZ)	Phoenix
Arkansas	(AR)	Little Rock
California	(CA)	Sacramento
Colorado	(CO)	Denver
Connecticut	(CT)	Hartford
Delaware	(DE)	Dover
Florida	(FL)	Tallahassee
Georgia	(GA)	Atlanta
Hawaii	(HI)	Honolulu
Idaho	(ID)	Boise
Illinois	(IL)	Springfield
Indiana	(IN)	Indianapolis
Iowa	(IA)	Des Moines
Kansas	(KS)	Topeka
Kentucky	(KY)	Frankfort
Lousiana	(LA)	Baton Rouge
Maine	(ME)	Augusta
Maryland	(MD)	Annapolis
Massachusetts	(MA)	Boston
Michigan	(MI)	Lansing
Minnesota	(MN)	St Paul
Mississippi	(MS)	Jackson
Missouri	(MO)	Jefferson City
Montana	(MT)	Helena
Nebraska	(NE)	Lincoln
Nevada	(NV)	Carson City
New Hampshire	(NH)	Concord
New Jersey	(NJ)	Trenton
New Mexico	(NM)	Santa Fe
New York	(NY)	Albany
North Carolina	(NC)	Raleigh
North Dakota	(ND)	Bismarck
Ohio	(OH)	Columbus
Oklahoma	(OK)	Oklahoma
City Oregon	(OR)	Salem
Pennsylvania	(PA)	Harrisburg
Rhode Island	(RI)	Providence
South Carolina	(SC)	Columbia
South Dakota	(SD)	Pierre
Tennessee	(TN)	Nashville
Texas	(TX)	Austin
Utah	(UT)	Salt Lake City
Vermont	(VT)	Montpelier
Virginia	(VA)	Richmond
Washington	(WA)	Olympia
West Virginia	(WV)	Charleston
Wisconsin	(WI)	Madison
Wyoming	(WY)	Cheyenne
District of Columbia	(DC)	Washington

AUSTRALIA - STATES AND TERRITORIES

States

New South Wales	(NSW)	Sydney
Queensland	(Qld)	Brisbane
South Australia	(SA)	Adelaide
Tasmania	(Tas)	Hobart
Victoria	(Vic)	Melbourne
Western Australia	(WA)	Perth

Territories

Northern Territory	(NT)	Darwin
Australian Capital Territory	(ACT)	Canberra

CANADA - PROVINCES AND TERRITORIES

Provinces

Alberta	(Alta)	Edmonton
British Columbia	(BC)	Victoria
Manitoba	(Man)	Winnipeg
New Brunswick	(NB)	Fredericton
Newfoundland	(Nfld)	St John's
Nova Scotia	(NS)	Halifax
Ontario	(Ont)	Toronto
Prince Edward Island	(PEI)	Charlottetown
Québec	(Qué)	Québec
Saskatchewan	(Sask)	Regina

Territories

Yukon Territory	(YT)	Whitehorse
Northwest Territories	(NWT)	Yellowknife

BUNDESLÄNDER - GERMAN STATES

Bundesland	*Landeshauptstadt*	*State Capital*	*State*
Baden-Württemberg	Stuttgart	Stuttgart	Baden-Württemberg
Bayern	München	Munich	Bavaria
Berlin	Berlin	Berlin	Berlin
Brandenburg	Potsdam	Potsdam	Brandenburg
Bremen	Bremen	Bremen	Bremen
Hamburg	Hamburg	Hamburg	Hamburg
Hessen	Wiesbaden	Wiesbaden	Hesse
Mecklenburg-Vorpommern	Schwerin	Schwerin	Mecklenburg-Western Pomerania
Niedersachsen	Hannover	Hanover	Lower Saxony
Nordrhein-Westfalen	Düsseldorf	Düsseldorf	North Rhine-Westphalia
Rheinland-Pfalz	Mainz	Mainz	Rhineland-Palatinate
Saarland	Saarbrücken	Saarbrücken	Saarland
Sachsen	Dresden	Dresden	Saxony
Sachsen-Anhalt	Magdeburg	Magdeburg	Saxony-Anhalt
Schleswig-Holstein	Kiel	Kiel	Schleswig-Holstein
Thüringen	Erfurt	Erfurt	Thuringia

BUNDESLÄNDER ÖSTERREICH - AUSTRIAN PROVINCES

Bundesland	*Landeshauptstadt*	*Provincial capital*	*Province*
Burgenland	Eisenstadt	Eisenstadt	Burgenland
Kärnten	Klagenfurt	Klagenfurt	Carinthia
Niederösterreich	St. Pölten	St. Pölten	Lower Austria
Oberösterreich	Linz	Linz	Upper Austria
Salzburg	Salzburg	Salzburg	Salzburg
Steiermark	Graz	Graz	Styria
Tirol	Innsbruck	Innsbruck	Tyrol
Vorarlberg	Bregenz	Bregenz	Vorarlberg
Wien	Wien	Vienna	Vienna

KANTONE SCHWEIZ - SWISS CANTONS

Kanton	*Hauptstadt*	*Capital*	*Canton*
Aargau	Aarau	Aarau	Aargau
Appenzell- Außerrhoden	Herisau	Herisau	Appenzell-Außerrhoden
Appenzell- Innerrhoden	Appenzell	Appenzell	Appenzell-Innerrhoden
Basel-Land	Liestal	Liestal	Basel-Land
Basel-Stadt	Basel	Basel, Basle	Basel-Stadt
Bern	Bern	Bern(e)	Bern(e)
Freiburg	Freiburg, Fribourg	Freiburg, Fribourg	Freiburg
Genf	Genf, Genève	Geneva	Geneva
Glarus	Glarus	Glarus	Glarus
Graubünden	Chur	Chur	the Grisons
Jura	Delémont	Delémont	Jura
Luzern	Luzern	Lucerne	Lucerne
Neuenburg	Neuenburg, Neuchâtel	Neuchâtel	Neuchâtel
Nidwalden	Stans	Stans	Nidwalden
Obwalden	Sarnen	Sarnen	Obwalden
St. Gallen	Sankt Gallen	St. Gallen	St. Gallen
Schaffhausen	Schaffhausen	Schaffhausen	Schaffhausen
Schwyz	Schwyz	Schwyz	Schwyz
Solothurn	Solothurn	Solothurn	Solothurn
Tessin	Bellinzona	Bellinzona	Ticino
Thurgau	Frauenfeld	Frauenfeld	Thurgau
Uri	Altdorf	Altdorf	Uri
Waadt	Lausanne	Lausanne	Vaud
Wallis	Sitten, Sion	Sion	Valais
Zug	Zug	Zug	Zug
Zürich	Zürich	Zurich	Zurich

Local times around the world

Ortszeiten um die Welt

London time	*Londoner Zeit*	*1200*
Adelaide		2100
Algiers	Algier	1300
Amsterdam		1300
Ankara		1500
Athens	Athen	1400
Beijing	Peking	2000
Beirut		1400
Berlin		1300
Bern(e)	Bern	1300
Bombay		1730
Brasilia		0900
Brussels	Brüssel	1300
Bucharest	Bukarest	1400
Budapest		1300
Buenos Aires		0900
Cairo	Kairo	1400
Calcutta	Kalkutta	1730
Cape Town	Kapstadt	1400
Chicago		0600
Copenhagen	Kopenhagen	1300
Delhi		1730
Dublin		1200
Gibraltar		1300
Helsinki		1400
Hong Kong		2000
Istanbul		1500
Jerusalem		1400
Kuwait		1500
Lagos		1300
Lima		0700
London		1200
Luxembourg	Luxemburg	1300
Madeira		1200
Madrid		1300
Malta		1300
Mexico	Mexiko	0600
Montreal		0700
Moscow	Moskau	1500
Nairobi		1500
New York		0700
Oslo		1300
Ottawa		0700
Panama		0700
Paris		1300
Perth		2000
Prague	Prag	1300
Quebec		0700
Rangoon	Rangun	1830
Rio de Janeiro		0900
Riyadh	Riad	1500
San Francisco		0400

Local times around the world *(contd.)*

Ortszeiten um die Welt

Santiago		0800
Singapore	Singapur	2000
Stockholm		1300
Sydney		2200
Tehran	Teheran	1530
Tokyo	Tokio	2100
Toronto		0700
Tunis		1300
Vienna	Wien	1300
Warsaw	Warschau	1300

Weights and Measures - Maß- und Gewichtseinheiten

Metric Measures — *metrisches System*

Length	**Länge**	
1 millimetre (mm)	1 Millimeter (mm)	
1 centimetre (cm)	1 Zentimeter (cm)	= 10 mm
1 metre (m)	1 Meter (m)	= 100 cm
1 kilometre (km)	1 Kilometer (km)	= 1000 m

Weight	**Gewicht**	
1 milligramme (mg)	1 Milligramm (mg)	
1 gramme (g)	1 Gramm (g)	= 1000 mg
1 kilogramme (kg)	1 Kilogramm (kg)	= 1000 g
1 tonne (t)	1 Tonne (t)	= 1000 kg

Numbers / *Nummern*

one, two, three four	1,2,3,4	eins, zwei, drei, vier
five, six, seven, eight	5,6,7,8	fünf, sechs, sieben, acht
nine, ten, eleven, twelve	9,10,11,12	neun, zehn, elf, zwölf
thirteen, fourteen	13,14	dreizehn, vierzehn
fifteen, sixteen	15,16	fünfzehn, sechzehn
seventeen, eighteen	17,18	siebzehn, achtzehn
nineteen, twenty	19,20	neunzehn, zwanzig
twenty-one, twenty-two, twenty-three	21,22,23	einundzwanzig, zweiundzwanzig, dreiundzwanzig
thirty, thirty-one, thirty-two	30,31,32	dreißig, einunddreißig, zweiunddreißig
forty, fifty, sixty	40,50,60	vierzig, fünfzig, sechzig
seventy, eighty, ninety	70,80,90	siebzig, achtzig, neunzig
one hundred, a hundred and one	100,101	(ein)hundert, (ein)hunderteins
two hundred, three hundred	200,300	zweihundert, dreihundert
four hundred, five hundred	400,500	vierhundert, fünfhundert
six hundred, seven hundred	600,700	sechshundert, siebenhundert
eight hundred, nine hundred	800,900	achthundert, neunhundert
one thousand	1,000/1.000	(ein)tausend
ten thousand	10,000/10.000	zehntausend
one million	1,000,000/1.000.000	eine Million
one billion	1,000,000,000/1.000.000.000	eine Milliarde
one trillion	1,000,000,000,000/1.000.000.000.000	eine Billion

Decimals / *Dezimalen*

0.5 zero point five	0,5	null komma fünf
0.23 zero point two three	0,23	null komma zwei drei oder null komma dreiundzwanzig
2.5 two point five	2,5	zwei komma fünf

Money / *Geld*

one pound	£1	ein Pfund
one mark	DM 1	eine Mark
thirty pence or thirty pee	30p	dreißig Pence
one pound twenty-five or one twenty-five	£1.25 / £1,25	ein Pfund fünfundzwanzig
one mark twenty-five pfennigs	DM 1.25 / DM 1,25	eine Mark und fünfundzwanzig Pfennig oder eine Mark fünfundzwanzig
twenty-seven pounds thirty-six (pee)	£27.36 / £27,36	siebenundzwanzig Pfund und sechsunddreißig Pence
one dollar	$1	ein Dollar
ten cents or a dime	10¢	zehn Cents
twenty-five cents or a quarter	25¢	fünfundzwanzig Cents
thirty cents	30¢	dreißig Cents
one dollar twenty-five or one twenty-five	$1.25 / $1,25	ein Dollar fünfundzwanzig

Telephone numbers	*Telefonnummern*
071-921 3567	oh-seven-one, nine-two-one, three-five-six-seven null-sieben-eins, neun-zwei-eins, drei-fünf-sechs-sieben
030 885 51 42	null-drei-null, acht-acht-fünf, fünf-eins, vier-zwei oh-three-oh, eight-eight-five, five-one, four-two

Personnel Department
James Brown & Co. Ltd
12 Chapel Street
Liverpool L25 7AX

26th August 1994

Dear Sirs,

re: PM2/1994 Purchasing Manager

I have seen your advertisement in the 'Liverpool Echo' and would like to apply for the post. I am enclosing my CV.

From the CV you will see that I am currently employed in the purchasing department of Well & Goode Ltd, where my responsibilities cover purchasing of all stationery supplies for departments in the firm. I feel that the experience I have had in my current job would qualify me for a more responsible post such as the one which you are advertising.

I am also attaching a sheet with names of three people who are willing to give references about my character and work experience.

If selected for interview, I can come on any day of the week in the afternoon. However, I am planning to go on holiday from 7th to 21st September so if an interview can be arranged before those dates, this would be most convenient.

Yours faithfully,

Jonathan R. Porter

Firma
Franz Hegmann
Personalabteilung
Uferstr. 34
90471 Nürnberg

26. August 1994

Sehr geehrte Damen und Herren,

hiermit möchte ich mich um die Stelle als Abteilungsleiter, die Sie in der, Süddeutschen Zeitung' am 20.8.1994 ausgeschrieben haben, bewerben.

Ich bin schon seit mehreren Jahren in der Verkaufsabteilung der Firma Lenzen Export tätig. Mein Aufgabenbereich umfaßt sämtliche Bestellungen für den innerdeutschen Bereich. Ihre Stelle würde mir die idealen Voraussetzungen bieten, meine bisherigen Erfahrungen in einer verantwortungsvolleren Position zu nutzen. Ich bin kontaktfreudig und arbeite gerne selbständig.

Die üblichen Bewerbungsunterlagen habe ich beigelegt.

Vom 7. bis zum 21. September fahre ich in Urlaub und wäre Ihnen dankbar, wenn Sie mich vorher benachrichtigen würden.

Mit freundlichen Grüßen

Jörn Kienzle

CURRICULUM VITAE

Name:	Peter Smith
Address:	12 Oxford St RUGBY RG1 0XB
Telephone:	Home: (032) 123 4567 Office: (032) 987 6543
Date of Birth:	15th June 1965
Nationality:	British
Family:	Married, two children
Education:	"A" Levels (English, French, German 1973; Computer Studies 1978) BA (Com) University of Rugby 1986

Work Experience:

1986-1990	Assistant Sales Manager J. Brown Construction Ltd. 123 Cambridge Road OXFORD OX1 2XY
1990- present	Sales Manager (Export) Bell & Jones plc 45 London Road RUGBY RG2 3QY
Other qualifications:	Diploma in IBM word-processing Clean driving licence
Languages:	French (good) German (basic)

LEBENSLAUF

NAME	Dorothee Meyfarth
GEBURTSDATUM	12.12.1954
GEBURTSORT	Schlüchtern
ADRESSE	Mozartstraße 17 10783 Berlin
TELEFON	030 216 24 76
FAMILIENSTAND	verheiratet
AUSBILDUNG	
1965-73	Gutenberg Gymnasium Frankfurt Abschluß Abitur
1973-75	kaufmännische Lehre bei der Sparkasse Berlin Abschluß Bankkauffrau
1975-80	Studium der Betriebswirtschaft an der Technischen Universität Berlin Abschluß Diplombetriebswirtin
BERUFSPRAXIS	
1980-84	Exportkauffrau bei der Firma Elektro Krüger in Hannover
1984-90	Leiterin der Exportabteilung der Firma Hoffmann Medizintechnik in Hockenheim
1990-92	Unternehmensberaterin bei der Treuhand in Berlin
1992 bis heute	Mitglied der Unternehmensleitung mit Hauptverantwortungsbereich Osteuropa der Firma Globus Medizintechnik in Berlin
ZUSÄTZLICHE KENNTNISSE	Textverarbeitungsprogramme MS Word for Windows,Lotus 1-2-3 Führerschein Klasse drei
SPRACHEN	Englisch und Russisch

Using the Telephone

Telefongespräche

International Telephone Codes

Internationale Vorwahlen

Albania	Albanien	355
Algeria	Algerien	213
Andorra	Andorra	33 628
Angola	Angola	244
Argentina	Argentinien	54
Australia	Australien	61
Austria	Österreich	43
Bahamas	Bahamas	1 809
Bahrain	Bahrain	973
Bangladesh	Bangladesch	880
Barbados	Barbados	1 809
Belgium	Belgien	32
Benin	Benin	229
Bolivia	Bolivien	591
Brazil	Brasilien	55
Bulgaria	Bulgarien	359
Burma	Birma	95
Burundi	Burundi	257
Cameroon	Kamerun	237
Canada	Kanada	1
Central African Republic	Zentralafrikanische Republik	236
Chad	Tschad	235
Chile	Chile	56
China	China	86
Colombia	Kolumbien	57
Congo	Kongo	242
Costa Rica	Costa Rica	506
Croatia	Kroatien	385
Cuba	Kuba	53
Cyprus	Zypern	357
Czech Republic	Tschechische Republik	42
Denmark	Dänemark	45
Dominican Republic	Dominikanische Republik	1 809
Ecuador	Ecuador	593
Egypt	Ägypten	20
El Salvador	El Salvador	503
Ethiopia	Äthiopien	251
Falkland Islands	Falklandinseln	500
Finland	Finnland	358
France	Frankreich	33
French Guiana	Französisch-Guayana	594
Gabon	Gabun	241
Gambia	Gambia	220
Germany	Deutschland	49
Ghana	Ghana	233
Gibraltar	Gibraltar	350
Great Britain	Großbritannien	44
Greece	Griechenland	30
Guatemala	Guatemala	502

International Telephone Codes *(contd.)*

Internationale Vorwahlen

Guinea	Guinea	224
Guyana	Guyana	592
Haiti	Haiti	509
Honduras	Honduras	504
Hungary	Ungarn	36
Iceland	Island	354
India	Indien	91
Indonesia	Indonesien	62
Iran	Iran	98
Iraq	Irak	964
Ireland	Irland	353
Italy	Italien	39
Ivory Coast	Elfenbeinküste	225
Jamaica	Jamaika	1 809
Japan	Japan	81
Jordan	Jordanien	962
Kenya	Kenia	254
Korea	Korea	82
Kuwait	Kuwait	965
Lebanon	Libanon	961
Liberia	Liberia	231
Libya	Libyen	218
Liechtenstein	Liechtenstein	41 75
Luxembourg	Luxemburg	352
Madagascar	Madagaskar	261
Malawi	Malawi	265
Malaysia	Malaysia	60
Mali	Mali	223
Malta	Malta	356
Mauritius	Mauritius	230
Mexico	Mexiko	52
Monaco	Monaco	33 93
Morocco	Marokko	212
Mozambique	Mosambik	258
Namibia	Namibia	264
Nepal	Nepal	977
Netherlands	Niederlande	31
New Zealand	Neuseeland	64
Nicaragua	Nicaragua	505
Niger	Niger	227
Nigeria	Nigeria	234
Norway	Norwegen	47
Oman	Oman	968
Pakistan	Pakistan	92
Panama	Panama	507
Paraguay	Paraguay	595
Peru	Peru	51
Philippines	Philippinen	63
Poland	Polen	48
Portugal	Portugal	351
Puerto Rico	Puerto Rico	1 809
Romania	Rumänien	40
Russia	Rußland	7

International Telephone Codes *(contd.)*

Internationale Vorwahlen

Rwanda	Ruanda	250
Saudi Arabia	Saudi-Arabien	966
Senegal	Senegal	221
Sierra Leone	Sierra Leone	232
Singapore	Singapur	65
Slovakia	Slowakei	42
Slovenia	Slowenien	386
Somalia	Somalia	252
South Africa	Südafrika	27
Spain	Spanien	34
Sri Lanka	Sri Lanka	94
Sweden	Schweden	46
Switzerland	Schweiz	41
Syria	Syrien	963
Tanzania	Tansania	255
Thailand	Thailand	66
Togo	Togo	228
Trinidad & Tobago	Trinidad und Tobago	1 809
Tunisia	Tunesien	216
Turkey	Türkei	90
Uganda	Uganda	256
Ukraine	Ukraine	7
United Arab Emirates	Vereinigte Arabische Emirate	971
United Kingdom	Vereinigtes Königreich	44
United States of America	Vereinigte Staaten von Amerika	1
Uruguay	Uruguay	598
Venezuela	Venezuela	58
Vietnam	Vietnam	84
Zaire	Zaire	243
Zambia	Sambia	260
Zimbabwe	Simbabwe	263